W0400784

Evangelisches Lexikon für Theologie und Gemeinde

Band 1

herausgegeben
von
Helmut Burkhardt
und
Uwe Swarat
in Zusammenarbeit mit
Otto Betz
Michael Herbert
Gerhard Ruhbach
Theo Sorg

R. BROCKHAUS VERLAG WUPPERTAL UND ZÜRICH

© 1992 R. Brockhaus Verlag Wuppertal und Zürich
Umschlaggestaltung: Carsten Buschke, Solingen
Satz: Breklumer Druckerei Manfred Siegel KG
Druck u. Bindung: Mohndruck, Gütersloh
ISBN 3-417-24641-5

VORWORT zum ersten Band des ELThG

So wenig die christliche Gemeinde und ihre Theologen der Fachliteratur schlechthin entbehren können, so wenig können sie innerhalb dieser Literatur auf Lexika verzichten. Daher ist jede Generation neu vor die Aufgabe gestellt, über ihren Zugang zum christlichen Glauben auch lexikalisch Rechenschaft zu geben. Dabei dominiert zunächst oft – zumindest auf evangelischer Seite – das Interesse an Lexika zur Bibel. Das ist sachlich auch vollkommen berechtigt, denn die Bibel hat ihre unüberbietbare Qualität als Quelle der ständigen Erneuerung von Leben und Lehre der Kirche. Andererseits läßt sich aber auch nicht bestreiten, daß das geschichtliche Werden der Christenheit, ihre Arbeit und ihr Selbstverständnis in der Gegenwart sowie ihr Verhältnis zu Weltanschauungen und Religionen um sie her der wissenschaftlichen Erforschung und der lexikalischen Zusammenfassung bedürfen. Die Herausgeber, die Mitarbeiter und der Verleger des »Evangelischen Lexikons für Theologie und Gemeinde« (abgekürzt: ELThG) haben versucht, sich dieser nicht geringen Herausforderung zu stellen.

Unser Lexikon will den gegenwärtig erkennbaren Ertrag evangelisch-theologischer Arbeit zusammenfassen und zugleich zu dessen konstruktiv-kritischer Verarbeitung anleiten. Damit soll sowohl dem Bedürfnis nach kurzgefaßter, überblicksartiger Information über die wesentlichen theologischen Arbeitsgebiete entsprochen als auch eine Hilfestellung zu eigener Urteilbildung gegeben werden. Die Artikel stehen auf der Höhe des gegenwärtigen Standes der Wissenschaft und sind zugleich weitgehend allgemeinverständlich geschrieben.

»Theologie und Gemeinde« im Titel des Lexikons bezeichnen nicht nur seinen Gegenstand, sondern auch den Adressatenkreis. Der Theologe im kirchlichen Dienst wie im Lehramt braucht auf den Feldern, die nicht zu seinen Spezialgebieten gehören, einen zuverlässigen Überblick, Anregungen zu eigener Reflexion und Literaturhinweise als Angebot zu vertiefender Weiterarbeit. Auch diejenigen Pastoren, die ohne besonderes wissenschaftliches Interesse sind, werden doch nicht ganz ohne Fühlung mit der Theologie sein wollen. Die theologisch nicht ausgebildeten, aber doch interessierten Gemeindeglieder brauchen, weil sie Mitverantwortung tragen für den Weg der Kirche, eine auch für sie verständliche Basis-Information über die fachtheologische Arbeit. Schließlich werden auch diejenigen, die sich selbst nicht als Christen verstehen, aber aus beruflichen und persönlichen Gründen von christlicher Tradition und Gegenwart Kenntnis nehmen wollen, dankbar auf eine komprimierte Darstellung zurückgreifen.

Diesem Zweck entsprechend haben wir bei der Auswahl der Artikel nicht nach enzyklopädischer Vollständigkeit gestrebt, sondern uns auf das Unabdingbare konzentriert und bei der Darstellung auf äußerste Kürze bedrängt (ohne daß darunter die Verständlichkeit leiden sollte). So beginnt mit diesem ersten von drei Bänden ein Lexikon zu erscheinen, das in ca. 2.800 Artikeln die Hauptthemen und Hauptpersonen der biblischen Geschichte und Theologie, der Kirchen- und Theologiegeschichte, der Dogmatik, Ethik, Philosophie und Religionswissenschaft sowie der Praktischen Theologie, der Missionswissenschaft, der Konfessionskunde und der Sektenkunde behandelt. Die fachliche Betreuung haben wir im Kreis der Herausgeber so aufgeteilt, daß Otto Betz den Bereich Biblische Geschichte und Theologie verantwortet, Gerhard Ruhbach die Bereiche Kirchen- und ältere Theologiegeschichte sowie Konfessions- und Sektenkunde, Michael Herbst und Theo Sorg den Bereich Praktische Theologie. Die Systematische Theologie (Dogmatik, Ethik und neuere Theologiegeschichte), Philosophie, Religions- und Missionswissenschaft wurde von den beiden Unterzeichnenden betreut, die auch für das Projekt als ganzes herausgeberische Verantwortung tragen. Die wichtigsten Stichworte haben wir manchmal in zwei, meistens in drei oder auch mehr Teile aufgegliedert und um der fachlichen Kompetenz willen vielfach von verschiedenen Autoren bearbeiten lassen. Wir hoffen, daß wir in jeder Hinsicht zuverlässige Informationen geben können. Korrekturen, Kritik und Verbesserungsvorschläge sind uns herzlich willkommen und können an den Verlag gerichtet werden (Postfach 110152; D-W-5600 Wuppertal 11).

Ein besonderes Element der Anschaulichkeit weist das ELThG dadurch auf, daß zu vielen Personenartikeln ein Foto oder ein Bild geboten wird. Hinter allen theologischen Büchern und kirchlichen Entscheidungen stehen Menschen mit eigenem Gesicht, mit der nur ihnen eigenen Prägung und Geschichte.

»Evangelisch« heißt dieses Lexikon nicht nur deshalb, weil sich evangelische und katholische Theologie noch immer so stark unterscheiden, daß sie in einem solchen Lexikon schon aus arbeitsökonomischen Gründen nicht gleichgewichtig behandelt werden können. Das »evangelisch« zeigt natürlich auch eine inhaltliche Position an. Unser Lexikon will eine Stimme des deutschsprachigen Protestantismus sein, und zwar desjenigen Teils des Protestantismus, der vom Pietismus und der Erweckungsbewegung geprägt ist und sich für Impulse aus der weltweiten evangelikalen Bewegung offenhält. Diese Position hat sowohl die Auswahl der Stichworte als auch die Art ihrer Behandlung beeinflußt, natürlich auch den Kreis derer, die um Mitarbeit gebeten wurden. Als Herausgeber vertreten wir die Überzeugung, daß die Botschaft der Heiligen Schrift als ganze (und nicht nur in »zeitgemäßer« Auswahl) Anspruch auf bewußte persönliche Aneignung erheben kann. So gründet sich unser theologisches Urteil auf die Bibel, bezieht aber auch die Dogmen der Alten Kirche und die Bekenntnisse der Reformation mit ein. Wir verstehen sie als von der Bibel abgeleitete, von ihr her auch zu kritisierende, im wesentlichen jedoch schriftgemäße Normen.

Dieses theologische Profil wird natürlich je nach Mitarbeiter und Charakter des Stichwortes in unterschiedlicher Stärke erkennbar sein. Die theologische Weite, die wir für wichtig halten, und die unerläßliche fachliche Qualität des Lexikons ließen Raum auch für die Mitarbeit von Autoren, die sich selbst nicht als pietistisch oder evangelikal verstehen. Besonders freuen wir uns darüber, daß sich auch einzelne Katholiken beteiligt haben. Überhaupt wünschen wir uns auch katholische Leser und hoffen, daß sie ihre Kirche und Theologie – selbst dort, wo der Tenor kritisch sein mag – sachkundig und gerecht besprochen finden.

Das 1978 ebenfalls im R. Brockhaus Verlag Wuppertal erschienene einbändige »Evangelische Gemeindelexikon« (EGL) kann als Vorläufer des ELThG angesehen werden. Während unser ELThG jedoch ein theologisches und kirchliches Universallexikon ist, beschränkt sich das EGL im wesentlichen auf Bewegungen, Personen und Werke aus dem 19. und 20. Jahrhundert, die vom Pietismus und der Erweckungsbewegung beeinflußt sind. In dieser Spezialisierung wird es weiterhin seine Bedeutung behalten.

Der Verleger Dr. Ulrich Brockhaus hat nicht geringen Mut bewiesen, als er sich auf dieses neue Projekt einließ, und hat es mit starkem persönlichem Engagement vorangetrieben. Als Redakteur gab Verlagslektor Klaus Günther M.A. sein Bestes bei der Koordination zwischen Herausgebern, Autoren und Verlag. Er verdient dafür ebenso einen besonderen Dank wie die übrigen Verlagsmitarbeiter für ihren Einsatz. Ohne die Bereitschaft einer großen Zahl von Autoren, sich an diesem Projekt mit ihren Kenntnissen und ihrer Arbeitskraft zu beteiligen, wäre es niemals zu realisieren gewesen, und ohne die Kreativität und Sorgfalt, die die Mitherausgeber in ihren Fachgebieten investiert haben, hätten wir nicht dieses Niveau erreichen können. Dem kirchengeschichtlichen Bildarchiv der Theologischen Fakultät Erlangen verdanken wir eine große Zahl unserer Abbildungen (Bildnachweis in Bd. 3) und dem Hamburger Dozenten Günter Balders einige Expertisen in Problemfällen. Ihnen allen gilt unser herzlicher Dank – verbunden mit der Hoffnung, daß unsere gemeinsame Arbeit vielen Lesern nützt und dadurch Gott zur Ehre gereicht.

Wuppertal, im September 1992

Helmut Burkhardt
Uwe Swarat

Mitarbeiter

Dr. Hans-Jürgen Abromeit, Telgte
Pfr. Ernst Adomeit, Stuttgart
Dir. Karl Albietz, CH-Bettingen/Basel
KMD Dr. Christoph Albrecht, Berlin
Dr. Ulrich Asendorf, Laatzen

P. Günter Balders, Glinde
Pfr. Karl Baral, Oberreichenbach
OKR i.R. Prof. Dr. Ottokar Basse, Insel Juist
P. Arnulf Baumann, Wolfsburg
Dir. Hartmut Bärend, Bad Salzuflen
P. Erhard Berneburg, Sulingen
Prof. Dr. Otto Betz, Tübingen
P. Dr. Ulrich Betz, Hamburg
P. Werner Beyer, Falkenberg
Prof. Dr. Peter Beyerhaus, Tübingen
Prof. Dr. Wolfgang Bienert, Marburg
Dr. sc. Karl-Heinrich Bieritz, Berlin
Pfr. Manfred Bittighofer, Weissach i.T.
Pfr. Dr. Wolfgang J. Bittner, CH-Stettlen
Prof. Dr. Karlheinz Blaschke, Friedewald
Pfr. Jürgen Blunck, Essen
Dr. Markus Bockmühl, GB-Cambridge
Dr. Richard Böckler, Stuttgart
Dir. Karl-Heinz Bormuth, Marburg
Horst Born, Lörrach
Paul-Ludwig Böcking, Wienhausen
Prof. Dr. Hans Böttcher, Stockdorf
Dir. Edwin Peter Brandt, Hamburg
Prof. Dr. Martin Brecht, Münster
P. Martin Breitenfeldt, Bremen
Prof. Dr. Erich Bryner, CH-Zollikon-Zürich
Pfr. Adam Bube, Denkendorf
Prof. Dr. Eduard Buess, CH-Flüh
Pfr. Dr. Helmut Burkhardt, Grenzach-Wyhlen
Brigitte Burmeister, Göttingen
Prof. Dr. Eberhard Busch, Göttingen
Monika Büchel, Marienheide-Rodt

P. Dr. Joachim Cochlovius, Walsrode
OKR i.R. Dr. Lothar Coenen, Garbsen

OKR Dr. Martin Daur, Stuttgart
P. Johannes Demandt, Dietzhölztal-Ewersbach
Stud. Ass. Gerhard Diekmeyer, Tübingen
Prof. Dr. Michael Dieterich, Kernen-Stetten
Ph. D. J.D. Douglas, GB-St. Andrews
Prof. Dr. J Douma, NL-AP Kampen
Dr. Manfred Dreytza, Walsrode
Pfr.in. Ilse Dummer, Breklum
Prof. Dr. Otto Dürr, Reutlingen-Oferdingen
Prof. Dr. Edith Düsing, Hilchenbach

Pfr. Dr. Helmuth Egelkraut, Weissach i.T.
Dr. Beate Ego, Tübingen
Archivdir. Dr. Hermann Ehmer, Stuttgart
Priv.Doz. Pfr. Dr. Ulrich Eibach, Bonn
Pfr. i.R. Johannes Eichler, Friedberg
Dr. Winfried Eisenblätter, Hoisdorf
Ph.D. John Van Engen, Notre Dame, Indiana, USA

Samuel Fehr, Schorndorf
Pfr. Hans-Jürgen Feldmann, Bielefeld
Pfr. Hans-Georg Filker, Berlin
P.em. Sven Findeisen, Neumünster
Pfr. Dr. Felix Flückiger, CH-Affoltern i.E.
Pfr. Hartmut Fobel, Bielefeld
Pfarrer Reinhard Frische, CH-Riehen/Basel

Ph.D. W. Ward Gasque, Vancouver, Brit. Columb
Volker Gäckle, Wetzlar
Prof. Dr. Erich Geldbach, Bensheim-Auerbach
Burkhard Glasow, Haiger
Dagmar Gleiss, Stuttgart
Pfr. Jürgen Goetzmann, Köln
Dr. Reinhard Görisch, Marburg
Pfr. Dr. Hugald Grafe, Hildesheim
Dr. Hans Graßl, München
Dir. P. Martin Gresing, Bad Gandersheim
Pfr. Dr. Werner Grimm, Stuttgart
Dir. P. Klaus Goßmann, Münster
Prof. Dr. Hans Grüber, Hamburg
Dr. Willi Grün, Bremen
Christel Gutekunst, Stuttgart
P. Friedhardt Gutsche, Porta Westfalica
Klaus Günther M.A., Haan
Dr. Eberhard Güting, Osnabrück

Prof. Dr. Klaus Haacker, Wuppertal
Pfr. Klaus Haag, CH-Bettingen/Basel
Pfr. Dr. Eberhard Hahn, Tübingen
Dr. Heyo E. Hamer, Bocholt
OLKR i.R. Johannes Hasselhorn, Hermannsburg
Dr. Wilfrid Haubeck, Dietzhölztal-Ewersbach
Propst i.R. Dr. Karl Hauschildt, Neumünster
Ingeborg Hauschildt, Neumünster
Pfr. W. Hauser, Karlsbad-Langensteinbach
Pfr. Dr. Rüdiger Hauth, Witten
Dr. Hans Hauzenberger, CH-Basel
Prof. Dr. Lorenz Hein, Oldenburg/Holstein
OKR Gerd Heinrich, Kiel
P. Dr. Wolfgang Heinrichs, Siegen
Dr. Dagmar Heller, Bad Dürrheim
Dr. Heinzpeter Hempelmann MA, Ammerbuch
Dir. Pfr. Hanns-Chr. Henckel, Berlin
OKR Dr. Gerhard Hennig, Stuttgart
Pfr. Dr. Michael Herbst, Bielefeld
Bruno Herm †, Sinsheim
Sr. Dorothea Hesse, Bad Endbach
Prof. Dr. Joachim Heubach, Eutin-Fissau
Pfr. Dr. Rolf Hille, Tübingen
Wiss.Ass. Hans-Jürgen Hoeppke, Bielefeld
Wilfred Hoffmann, Neukirchen-Vluyn
Dekan Martin Holland, Neuenbürg
Stephan Holthaus, Lemgo
Priv.Doz. Dr. Heinrich Holze, Osnabrück
Pfr. Rolf G. Hülser, A-Feldkirchen/Kärnten

Hanspeter Jecker, CH-Liestal
Prof. Dr. Hartmut Jetter, Stuttgart
Reinhard Junker, Baiersbronn

Dr. Dominic Kaegi, Heidelberg
Superintendent i.R. Herwig Karzel, A-Salzburg
Dr. Rudolf Kassühlke, Altensteig
PD Dr. Lothar Käser, Schallstadt
Pfr. i.R. Otto Kehr, Stuttgart
Dr. Rudolf Keller, Erlangen
Siegfried Keller, Niedenstein
Pfr. Siegfried Kettling, Weissach i.T.
Dr. Hubert Kirchner, Schöneiche
LKR Martin Kleingünther, Bielefeld
Pfr. Dr. Karl Knauß, Remshalden-Grunbach
Wiss.Ass. Georg Knetsch, Würzburg
Prof. Dr. Jörg Kniffka, Merxheim
Präses i.R. Karl-Heinz Knöppel DD, Siegen
Dr. Arnold Köpcke-Duttler, Würzburg-Kist
Martin Krause, Celle
Semjon Krolzik, Hamburg
Diakon Volker Krolzik, Düsseldorf
Dr. Udo Krolzik MA, Hamburg
Pfr. Dr. Ralf-Dieter Krüger, Stuttgart
Pfr. Werner Küstenmacher, Gröbenzell

Prof. Dr. Werner Lachmann, Dexheim
Dr. Fritz Laubach, Marburg
Pfr. Dr. Gerhard Lehmann, Frankfurt/Main
Karsten Lehmkühler, Forchheim
Martin Liedholz, CH-Bettingen/Basel
Pfr. Dr. Helgo Lindner, Dautphetal-Holzhausen
Peter Lohmann, Eppingen-Adelshofen
Roswitha Lohse-Flitner, Göttingen
Pfr. Hans Luther, Berlin
P. Dr. Dietmar Lütz, Friedrichsdorf

Prof. Dr. Inge Mager, Göttingen
Wilfried Mann, Korntal-Münchingen
Dir. P. Horst Marquardt, Wetzlar
Pfr.in Dr. Lieselotte Mattern, Ludwigsburg
Prof. Dr. Dr. Rainer Mayer, Stuttgart
Pfr. Dr. Hans Mayr, Esslingen a. N.
Ruth Meili, Rödelsee
Baudir. Günter Memmert, Stuttgart
Diakon Walter Meng, Schorndorf
Pfr. Dr. Siegfried Meurer, Stuttgart
Pfr. Andreas Meyer, CH-Reinach
Kantor Gerhard Michael, Wuppertal
Pfr. Dr. Karl-Heinz Michel, Bad Camberg
J. Mitchell, Portland, Oregon, USA
Pfr. Johann-Friedr. Moes, Münster
Dr. Walter Mogk, Gröbenzell
Präses Pfr. Christoph Morgner, Siegen
Prof. Dr. Niels-Peter Moritzen, Erlangen
Superintendent i.R. Paul Gerhardt Möller, Vaduz/Liechtenstein
Dir. P. Peter Musall, Gelnhausen
Prof.em. Dr. Erwin Mülhaupt, Karlsruhe
Heinz Müller, Dietzhölztal

Dr. Reinhart Müller, Hermannsburg
Prof. Dr. Ludolf Müller, Tübingen

Pfr. Markus Nägeli, CH-Boll
Pfr. Dr. Heinz-Werner Neudorfer, Tübingen
Dr. Werner Neuer, Gomaringen
Präsident Pfr. Karl Heinz Neukamm, Stuttgart
Dr. Wolfgang Nixdorf, Greifswald
Dorothea Nowak, Hamburg
P. Siegfried Nüesch, CH-Rhineck

Pfr. Helmut Ockert, Porta Westfalica
P. Hans-Adolf Oelker, Berlin
Dr. Jörg Ohlemacher, Rehburg-Loccum

Prof. Dr. Lutz E. von Padberg, Everswinkel
Dr. Andreas Pawlas, Hamburg
Clark Peddicord, Gießen
Pfr. Arnold Pfeiffer, Idar-Oberstein
Prof. Dr. Horst-Georg Pöhlmann, Wallenhorst
Pfr. Detlef Puttkammer, Stuttgart

Prof. D. Dr. Carl Heinz Ratschow, Marburg-Marbach
Bernhard Rebsch, Obernhof/Lahn
Rev. Dr. Robert Redman, Erlangen
Pfr. Dr. Hans-Diether Reimer, Stadtlauringen
OKR Horst Reller, Hannover
KR Dr. Karl W. Rennstich, Bad Urach-Seeburg
Dr. habil. Rainer Riesner, Dusslingen
Dr. Eberhard Rieth, Neuffen
Pfr. Otto Rodenberg, Kassel
Prof.em. Dr. Hans Rohrbach, Bischofsheim/Rhön
Dieter Roll, Kassel-Wilhelmshöhe
Pfr. Leonhard Roth, Gunzenhausen
Pfr. Friedrich S. Rothenberg, Korbach
Dr. Ludwig Rott, Bergneustadt
Pfr. Dr. Andreas Rössler, Stuttgart
Prof. Dr. Gerhard Ruhbach, Bielefeld
Prof. Dr. Klaas Runia, NL-AC Kampen
KR Pfr. Hans Rupp, Marburg
Pfr. Dr. Jan Olaf Rüttgardt, Hannover

Dr. Gerhard Sautter, BR-Curitiba
Pfr. Dr. Traugott Ulrich Schall, Detmold
Otto Schaude, Reutlingen
P. Karl Schäfer, Marienheide
Prälat Rolf Scheffbuch, Ulm
Pfr. Winrich Scheffbuch, Stuttgart
Dr. Helga Scheible, Heiligkreuzsteinach
Dr. Christoph Scheilke, Münster
Dr. Dr. Thomas Schirrmacher, Bonn
Pfr. Dr. Karl-Heinz Schlaudraff, Deggingen-Bad Ditzenbach
Pfr. Dr. Wolfhart Schlichting, Augsburg
Dir. i.R. Edgar Schmid, CH-Riehen/Basel
Peter Schneider, Berlin
Prof. Dr. Dr. Theodor Schober, Loßburg
Prof. Dr. Lothar Schreiner, Wuppertal
Pfr. Hanns Schrödl, Weßling
Jürgen Schwarz, Müllheim

Prof. Dr. Hans Schwarz, Regensburg
OKR Dr. Hansjörg Sick, Karlsruhe-Durlach
Manfred Sitzmann, Falkenstein
Pfr. Dr. Rainer Sommer, Berlin
Landesbischof D. Theo Sorg, Stuttgart
Dr. Reiner Sörries, Kassel
Dr. Helge Stadelmann, Gießen
Prof. Dr. Hugo Staudinger, Paderborn
Pfr. Bernd Steinseifer, Freudenberg
Prof. Dr. Alma von Stockhausen, Freiburg-Littenweiler
Pfr. Claus-Dieter Stoll, Filderstadt
Richard Straube, Dautphetal
Dr. Franz Stuhlhofer, A-Wien
Prof. Dr. Dr. Robert Stupperich, Münster
Dr. Uwe Swarat, Hamburg

Carsten Peter Thiede, Paderborn
Pfr. Eberhard Troeger, Wiesbaden

Kulturreferent Wolfgang Urban, Rottenburg/N.

Pfr. Dr. Jan Veenhof, CH-Thun
Pfr. Wilfried Veeser, Kernen-Stetten

Superintendent Karl-Heinz Voigt, Berlin

Prof. Dr. Siegfried Wagner, Leipzig
Prof. D. Robert C. Walton, Ostbevern
Prof. Dr. Rudolf Weigand, Würzburg
Prof. Dr. Horst Weigelt, Bamberg
Pfr. Werner Weiland, Schriesheim
Wiss. Ass. Wolfgang Weiß, Würzburg
Dir. Pfr. Theodor Wendel, Marburg
Dr. Walter Werbeck, Höxter
Pfr. Martin Westerheide, Extertal
P. Hinrich C.G. Westphal, Hamburg
Pfr. Dr. Christof Windhorst, Löhne
Prof. John Winston, F-Limetz
Pfr.in Birgit Winterhoff, Halle/Westfalen
Prof. Dr. Wolfgang Wischmeyer, Mühlacker-Mühlhausen
Prof. Dr. Dr. Klaus Wittstadt, Würzburg-Randersacker
Pfr. Dr. Gottfried Wolff, Möser
Dr. Udo Worschech, Darmstadt
Pfr. Rolf Woyke, Burbach-Wahlbach

Dr. Peter Zimmerling, Reichelsheim
P. Klaus-Dieter Zunke, Hambühren

Abkürzungen biblischer Bücher

Am	Amos
Apg	Apostelgeschichte
1Chr	1. Chronik
2Chr	2. Chronik
Dan	Daniel
Eph	Epheser
Esr	Esra
Est	Ester
Gal	Galater
Hab	Habakuk
Hag	Haggai
Hebr	Hebräer
Hes	Hesekiel
Hiob	Hiob
Hld	Hoheslied
Hos	Hosea
Jak	Jakobus
Jer	Jeremia
Jes	Jesaja
Joel	Joel
Joh	Johannes
1Joh	1. Johannes
2Joh	2. Johannes
3Joh	3. JOhannes
Jona	Jona
Jos	Josua
Jud	Judas
Klgl	Klagelieder
Kol	Kolosser
1Kön	1. Könige
2Kön	2. Könige
1Kor	1. Korinther
2Kor	2. Korinther
Lk	Lukas
Mal	Maleachi
Mi	Micha
Mk	Markus
1Mo	1. Mose (Geneis)
2Mo	2. Mose (Exodus)
3Mo	3. Mose (Levitikus)
4Mo	4. Mose (Numeri)
5Mo	5. Mose (Deuteronomium)
Mt	Matthäus
Nah	Nahum
Neh	Nehemia
Obd	Obadja
Offb	Ofenbarung
1Petr	1. Petrus
2Petr	2. Petrus
Phil	Philipper
Phlm	Philemon
Pred	Prediger
Ps	Psalm(en)
Ri	Richter
Röm	Römer
Rut	Rut
Sach	Sacharja
1Sam	1. Samuel
2Sam	2. Samuel
Spr	Sprüche
1Thess	1. Thessalonicher
2Thess	2. Thessalonicher
1Tim	Timotheus
2Tim	Timopthus
Tit	Titus
Zef	Zefania

Außerkanonische Schriften, rabbinisches sowie urchristliches Schrifttum

a. neben dem Alten Testament

ApkAbr	Abraham-Apokalypse
ApkEl	Elia-Apokalypse
ApkMos	Mose-Apokalypse
ApkSedr	Sedrach-Apokalypse
Arist	Aristeasbrief
AscJes	Ascensio Jesaiae
AssMos	Assumptio Mosis
grBar	griechische Baruch-Apokalypse
syrBar	syrische Baruch-Apokalypse
EpJer	Epistula Jeremiae
3–4Esr	3.–4. Esrabuch
äthHen	äthiopisches Henochbuch
grHen	griechisches Henochbuch
hebrHen	hebräisches Henochbuch
slHen	slawisches Henochbuch
Jdt	Judit
JosAs	Josef und Asenat
Jub	Jubiläenbuch
LibAnt	Liber Antiquitatum Biblicarum (Pseudo-Philo)
1–4Makk	1.–4. Makkabäerbuch
MartJes	Martyrium des Jesaja
OdSal	Oden Salomos
OrMan	Gebet Manasses
PsSal	Psalmen Salomos
Sib	Sibyllinen
Sir	Jesus Sirach
TestAbr	Testament Abrahams
Test-Hiob	Testament Hiobs
TestXII	Testamente der Zwölf Patriarchen
TestRub	Ruben
TestSim	Simeon
TestLev	Levi
TestJud	Juda
TestIss	Issaschar
TestSeb	Sebulon
TestDan	Daniel
Test-Naph	Naphtali
TestGad	Gad
TestAss	Asser
TestJos	Josef
TestBenj	Benjamin
Tob	Tobit
VitAd	Vita Adae et Evae
Weish	Weisheit Salomos
ZusDan	Zusätze zu Daniel
ZusEst	Zusätze zu Ester

b. neben dem Neuen Testament

ActAndr	Andreas-Akten
ActJoh	Johannes-Akten
ActPaul	Paulus-Akten
ActPetr	Petrus-Akten
ActThom	Thomas-Akten
ApkPaul	Paulus-Apokalypse
ApkPetr	Petrus-Apokalypse
Barn	Barnabasbrief
1/2Clem	1./2. Clemensbrief
Did	Didache
Diog	Diognetbrief
EpJac	Apokryphet Jakobusbrief von Nag Hammadi
EvÄg	Ägypter-Evangelium
EvEb	Ebioniten-Evangelium
EvHebr	Hebräer-Evangelium
EvPetr	Petrus-Evangelium
EvPhil	Philippus-Evangelium
EvThom	Koptisches Thomas-Evangelium von Nag Hammadi
Herm	Hirt des Hermas
Herm mand	Hermas, mandata
Herm sim	Hermas, similitudines
Herm vis	Hermas, visiones
IgnEph	Brief des Ignatius an die Epheser
IgnMagn	– an die Magnesier
IgnPhld	– an die Philadelphier
IgnPol	– an Polykarp
IgnRöm	– an die Römer
IgnSm	– an die Smyrnäer
IgnTrall	– an die Trallianer
KOHipp	Kirchenordnung des Hippolyt
Laod	Laodicenerbrief
MartPol	Martyrium des Polykarp
Pap	Papias
Polyk	Polykarpbrief
Protev.	Protevangelium des Jakobus

c. Mischna-, Tosefta-, Talmudtraktate

Ar	Arakhin
Av	Avot
AZ	Avoda Zara
BB	Baba Batra
Bekh	Bekhorot
Ber	Berakhot
Bes	Besa (Yom Tov)
Bik	Bikkurim
BM	Baba Mesi'a
BQ	Baba Qamma
Dem	Demai
Ed	Eduyot
Er	Eruvin
Git	Gittin
Hag	Hagiga
Hal	Halla
Hor	Horayot
Hul	Hullin
Kel	Kelim
Ker	Keritot
Ket	Ketubbot
Kil	Kilayim
Maas	Maasrot
Mak	Makkot
Makh	Makhshirin
Meg	Megilla
Meil	Meila
Men	Menahot
Mid	Middot
Miq	Miqwaot
MQ	Moed Qatan
MSh	Ma'aser Sheni
Naz	Nazir
Ned	Nedarim
Neg	Nega'im
Nid	Nidda
Ohal	Ohalot
Orl	'Orla
Par	Para
Pea	Pe'a
Pes	Pesahim
Qid	Qiddushin
Qin	Qinnim
RHSh	Rosh HaShana
San	Sanhedrin
Shab	Shabbat
Sheq	Sheqalim
Shevi	Shevi'it
Shevu	Shevu'ot
Sot	Sota
Suk	Sukka
Taan	Ta'amit
Tam	Tamid
Tem	Temura
Ter	Terumot
TevY	Tevul Yom
Toh	Toharot
Uq	'Uqsin
Yad	Yadayim
Yev	Yevamot
Yom	Yoma
Yom Tov	s. Bes (Besa)
Zav	Zavim
Zev	Zevahim

d. Midraschim, Targumim

AgAg	Aggadat Aggadot Qoves midrashim qetanim
AgBer	Aggadat Bereshit
AgEst	Aggadat Ester
AgShir	Aggadat Shir HaShirim
ARN	Avot deRabbi Natan
b	Talmud Bavli (babylonischer Talmud)
BatM	Bate Midrashot
BemR	Bemidbar Rabba
BerR	Bereshit Rabba
BerRbti	Bereshit Rabbati
BerZ	Bereshit Zuta
BHM	Bet HaMidrash
CN	Codex Neofiti
DER	Derekh Eres Rabba
DevR	Devarim Rabba
DEZ	Derekh Eres Zuta
EkhaR	Ekha Rabba
EkhaZ	Ekha Zuta
EstR	Ester Rabba
Evel Rabbati	s. Sem (Semahot)
LeqT	Leqah Tov
m	Mischna
MegTaan	Megillat Ta'anit
MekhSh	Mekhilta deRabbi Shim'on b. Yohai
MekhY	Mekhilta deRabbi Yishma'el
MHG Bam	Midrasch Ha Gadol Bamidbar
MHG Ber	Midrasch HaGadol Bereshit
MHG Dev	Midrasch HaGadol Devarium
MHG Shem	Midrasch HaGadol Shemot
MHG Wa	Midrasch HaGadol Wayiqra
Midrash Zuta	s. EkhaZ, QohZ, RutZ, ShirZ
MMish	Midrasch Mishle
MShem	Midrasch Shemu'el
MShir	Midrasch Shir HaShirim
MTann	Midrasch Tanna'im
MTeh	Midrasch Tehilim
OsM	Osar Midrashim
Pesiqta Zutarta	s. LeqT (Leqah Tov)
PesK	Pesiqta deRav Kahana
PesR	Pesiqta Rabbati
PRE	Pirqe deRabbi Eli'ezer
QohR	Qohelet Rabba
RutR	Rut Rabba
RutZ	Rut Zuta
SAME	Sifre deAggadta Megillat Ester
SekhT	Sekhel Tov
Sem	Semahot (Evel Rabbati)
SER	Seder Eliyyahu Rabba
SEZ	Seder Eliyyahu Zuta
ShemR	Shermot Rabba
ShirR	Shir HaShirim Rabba
ShirZ	Shir HaShirim Zuta
Shoher Tov	s. MTeh (Midrasch Tehillim)
SifBam	Sifre Bamidbar
SifDev	Sifre Devarim
SifZ	Sifre Zuta
Sof	Soferim
SOR	Seder 'Olam Rabba
SOZ	Seder 'Olam Zuta
t	Tosefta
Tan	Tanhuma
Tanna deBe Eliyyahu	s. SER, SEZ
TFrag	Fragmenten-Targum (Targum Jerusalem II)
TJI	s. TPsJ
TJII	s. TFrag
TJon	Targum Jonathan
TO	Targum Onqelos
TPsJ	Targum Pseudo-Jonathan (Targum Jerusalem I)
WaR	Wayiqra Rabba
y	Talmud Yerushalmi
Yalq	Yalqut Shim'oni
YalqM	Yalqut Makhiri

Allgemeine Abkürzungen

Adj.	Adjektiv
afrikan.	afrikanisch
ägypt.	ägyptisch
allg.	allgemein
anglik.	anglikanisch
ao. Prof.	außerordentlicher Prof.
apostol.	apostolisch
arab.	arabisch
armen.	armenisch
asiat.	asiatisch
assyr.	assyrisch
äthiop.	äthiopisch
atl.	alttestamentlich
babylon.	babylonisch
baptist.	baptistisch
bes.	besonders
BGB	Bürgerliches Gesetzbuch
bibl.	biblisch
brit.	britisch
byz.	byzantinisch
charis-mat.	charismatisch
christl.	christlich
diakon.	diakonisch
dogmat.	dogmatisch
dt.	deutsch
engl.	englisch
europ.	europäisch
ev.	evangelisch
Ev./Evv.	Evangelium/-ien
evange-list.	evangelistisch
evtl.	eventuell
exeget.	exegetisch
franz.	französisch
FS	Festschrift
geb.	geboren
geistl.	geistlich
ge-schichtl.	geschichtlich
gesell-schaftl.	gesellschaftlich
gest.	gestorben
GG	Grundgesetz
gottes-dienstl.	gottesdienstlich
Gr.Kat.	Großer Katechismus
griech.	griechisch
hebr.	hebräisch
hell.	hellenistisch
hist.	historisch
hl.	heilig
islam.	islamisch
israelit.	israelitisch
ital.	italienisch
Jh.	Jahrhundert
johann.	johanneisch
Jt.	Jahrtausend
jüd.	jüdisch
kanon.	kanonisch
kath.	katholisch
keryg-mat.	kerygmatisch
kirchl.	kirchlich
Kl.Kat.	Kleiner Katechismus
klass.	klassisch
kopt.	koptisch
krit.	kritisch
lat.	lateinisch
liturg.	liturgisch
luth.	lutherisch
MA	Mittelalter
metho-dist.	methodistisch
mission.	missionarisch
mittelal-terl.	mittelalterlich
neuzeitl.	neuzeitlich
nördl.	nördlich
ntl.	neutestamentlich
o. Prof.	ordentlicher Prof.
ökumen.	ökumenisch
oriental.	orientalisch
orth.	orthodox
osman.	osmanisch
östl.	östlich
päd.	pädagogisch
paulin.	paulinisch
pers.	persisch
persönl.	persönlich
phil.	philosophisch
Pl.	Plural
polit.	politisch
prakt.	praktisch
Prof.	Professor
prot.	protestantisch
psych.	psychologisch
rabbin.	rabbinisch
rechtl.	rechtlich
ref.	reformiert
reformat.	reformatorisch
rel.	religiös
röm.	römisch
russ.	russisch
seelsor-gerl.	seelsorgerlich
semit.	semitisch
Sg.	Singular
SJ	Societas Jesu
skandi-nav.	skandinavisch
sog.	sogenannt
span.	spanisch
Subst.	Substantiv
südl.	südlich
syr.	syrisch
systemat.	systematisch
theol.	theologisch
theoret.	theoretisch
u.a.	und andere/unter anderem
u.ö.	und öfter
v.a.	vor allem
westl.	westlich
wirt-schaftl.	wirtschaftlich
wissen-schaftl.	wissenschaftlich
ZS	Zeitschrift
z.Zt.	zur Zeit

Literatur-Abkürzungen

AC	Archives contemporaines
ADB	Allgemeine Deutsche Biographie
AGP	Arbeiten zur Geschichte des Pietismus
AKG	Arbeiten zur Kirchengeschichte
ARG	Archiv für Reformationsgeschichte
AThANT	Abhandlungen zur Theologie des Alten und Neuen Testaments
AUU	Acta universitatis Upsaliensis
BAr	Bulletin archeologique du comite des travaux historiques et scientifiques
BBKL	Biographisch-bibliographisches Kirchenlexikon. Hrsg. von F.W. Bautz, 1970ff.
BBW	Brockhaus Biblisches Wörterbuch hg. von F. Grünzweig, J. Blunck u.a., 1982
BFChTh	Beiträge zur Förderung christlicher Theologie
BGBE	Beiträge zur Geschichte der biblischen Exegese
BHF	Bonner historische Forschungen
BHH	Biblisch-historisches Handwörterbuch, Landeskunde, Geschichte, Religion, Kultur, Literatur. 3 Bde, hg. von B. Reicke, L. Rost, 1962-1966
BhTAVO	Beihefte zum Tübinger Atlas des Vorderen Orients
BHTh	Beiträge zur historischen Theologie
BKG	Bibel, Kirche, Gemeinde
BKV	Bibliothek der Kirchenväter
BSHST	Basler Studien zur historischen und systematischen Theologie
BSLK	Bekenntnischriften der evangelisch-lutherischen Kirche
BSRK	Bekenntnisschriften der reformierten Kirche
BZNW	Beihefte zur Zeitschrift für die neutestamentliche Wissenschaft
CiW	Christ in der Welt
DS	Enchiridion symbolorum. hg. von. H. Denzinger, A. Schönmetzer
EdF	Erträge der Forschung
EHPhR	Etudes d'histoire et de philosophie religieuses
EKGB	Einzelarbeiten aus der Kirchengeschichte Bayerns
EKL	Evangelisches Kirchenlexikon. Kirchlich-theologisches Handwörterbuch, hg. von H. Brunotte, O. Weber, ^{2}1969
EKL^{3}	Evangelisches Kirchenlexikon. Internationale theologische Enzyklopädie, hg. von E. Fahlbusch u.a., ^{3}1985
ESL	Evangelisches Soziallexikon, ^{6}1970
EStL	Evangelisches Staatslexikon, 1966
Eus.h.e.	Eusebius: Historia Ecclesiastica
EvTh	Evangelische Theologie
FGLP	Forschungen zur Geschichte und Lehre des Protestantismus
FKDG	Forschungen zur Kirchen- und Dogmengeschichte
GBL	Großes Bibellexikon, 3 Bde., hg. von H. Burkhardt u.a., 1987-89
GCS	Griechische christliche Schriftsteller der ersten drei Jahrhunderte
GdKG	Gestalten der Kirchengeschichte, hg. von M. Greschat
GuW	Glauben und Wissen
HGA	Handbücherei für Gemeindearbeit
HOK	Handbuch der Ostkirchenkunde, 1971
HPhG	Handbuch philosophischer Grundbegriffe, 3 Bde., hg. von H. Krings, H.M. Baumgarten, Ch. Wild, 1973-1974
HWP	Historisches Wörterbuch der Philosophie, 1971ff, entstanden aus R. Eisler, Wörterbuch der philosophischen Begriffe
IKZ	Internationale kirchliche Zeitschrift
JBL	Journal of biblical literature
JET	Jahrbuch für evangelikale Theologie
JGP	Jahrbücher zur Geschichte des Pietismus
JThS	Journal of Theological Studies
JVWKG	Jahrbuch des Vereins für westfälische Kirchengeschichte
KDA	Kirchlicher Dienst in der Arbeitswelt
KGE	Kirchengeschichte in Einzeldarstellungen
KGMG	Kirchengeschichte als Missionsgeschichte
KIG	Kirche in ihrer Geschichte
KJ	Kirchliches Jahrbuch für die evangelische Kirche in Deutschland
KlProt	Klassiker des Protestantismus
KlT	Kleine Texte für (theologische und philologische) Vorlesungen und Übungen
KP	Der Kleine Pauly. Lexikon der Antike, 1962ff
KuD	Kerygma und Dogma
LexMA	Lexikon des Mittelalters
LThK	Lexikon für Theologie und Kirche. hg. von J. Höfer, K. Rahner, ^{2}1957-1968
MDF	Mitteldeutsche Forschungen
MdKI	Materialdienst des konfessionskundlichen Instituts
MGG	Musik in Geschichte und Gegenwart
MPG	J.P. Migne: Patrologiae cursus completus, Series Graeca
MPL	J.P. Migne: Patrologiae cursus completus, Series Latina
NCE	New catholic encyclopedia, 15 Bde., 1967
Neuner-Roos	J. Neuner, H. Roos: Der Glaube der Kirche in den Urkunden der Lehrverkündigung, ^{12}1986
NKZ	Neue Kirchliche Zeitschrift
NTD	Das Neue Testament Deutsch
NTS	New testament studies. London
NZM	Neue Zeitschrift für Missionswissenschaft
NZSTh	Neue Zeitschrift für systematische Theologie
OBO	Orbis biblicus et orientalis
ÖL^{2}	Ökumene-Lexikon, hg. von H. Krüger, W. Löser, W. Müller-Römheld, ^{2}1987
ÖR	Ökumenische Rundschau
PhA	Philosophische Abhandlungen. Frankfurt
PJ	Palästinajahrbuch des deutschen evangelischen Instituts
PRE	Paulys Real-Encyclopädie der classischen Alterthumswissenschaft
PuN	Pietismus und Neuzeit
QFRG	Quellen und Forschungen zur Reformationsgeschichte
RAC	Reallexikon für Antike und Christentum, 1950ff.
RBK	Reallexikon der byzantinischen Kunst, 1966ff.
RE	Realencyklopädie für protestantische Theologie und Kirche, begründet von J.J. Herzog, hg. von A. Hauck, 1854-1868, ^{2}1877-1888, ^{3}1896-1913
RGG^{3}	Religion in Geschichte und Gegenwart, ^{3}1956-1962, Reg.Bd. 1965
RLA	Reallexikon der Assyriologie, hg. von E. Ebeling, B. Meißner, 1928ff.
SGLG	Studia Graeca et Latina Gothoburgensia
SKG.G	Schriften der Königsberger Gelehrten Gesellschaft. Geisteswissenschaftliche Klasse
SMRT	Studies in medieval and reformation thought
TBLNT	Theologisches Begriffslexikon zum Neuen Testament, 1967-1971
TEH	Theologische Existenz heute
THAT	Theologisches Handwörterbuch zum Alten Testament, hg. von E. Jenni, C. Westermann, 1971-1974
ThB	Theologische Bücherei
ThBeitr	Theologische Beiträge
ThLZ	Theologische Literaturzeitung

ThStKr	Theologische Studien und Kritiken
ThWAT	Theologisches Wörterbuch zum Alten Testament, hg. von G.J. Botterweck, H. Ringgren, 1970ff.
ThWNT	Theologisches Wörterbuch zum Neuen Testament, hg. von G. Kittel u.a., 1933ff.
ThZ	Theologische Zeitschrift, Basel
TRE	Theologische Realenzyklopädie, hg. von G. Krause, G. Müller, 1976ff.
TU	Texte und Untersuchungen zur Geschichte der altchristlichen Literatur
WdF	Wege der Forschung
WUNT	Wissenschaftliche Untersuchungen zum Neuen Testament
ZAW	Zeitschrift für alttestamentliche Wissenschaft
ZEE	Zeitschrift für evangelische Ethik
ZEvKR	Zeitschrift für evangelisches Kirchenrecht
ZfB	Zentralblatt für Bibliothekswesen
ZKG	Zeitschrift für Kirchengeschichte
ZKTh	Zeitschrift für katholische Theologie
ZNW	Zeitschrift für neutestamentliche Wissenschaft und die Kunde der älteren Kirche
ZRGG	Zeitschrift für Religions- und Geistesgeschichte
ZSRG.K	Zeitschrift der Savigny-Stiftung für Rechtsgeschichte. Kanonische Abteilung
ZSTh	Zeitschrift für systematische Theologie
ZThK	Zeitschrift für Theologie und Kirche
ZZ	Zwischen den Zeiten

A Kempis, Thomas → Thomas a Kempis

A priori, religiöses → Anlage, religiöse

Aaron → Priester, Priestertum a) biblisch

Abaelard (1079-1142)

Petrus Abaelard (A.) sticht als eigenwillige Persönlichkeit und durch sein bewegtes Leben hervor; als Philosoph und Theologe steht er am Anfang der abendländisch christlich geprägten Geistesgeschichte, die er durch sein eigenständiges Denken befruchtet.

1. Sein Leben

A. wurde 1079 in Le Pallet (bei Nantes) in der Bretagne geboren. Der Familie, den Eltern, zwei Brüdern und einer Schwester, fühlte er sich zeitlebens verbunden. Nach Studien bei Roscalin von Compiègne und anschließend in Paris bei dem berühmten Logiklehrer Wilhelm von Champeaux, von dem er sich im Streit trennte, gründete er 21jährig eine Schule zunächst in Melun und dann in Corbeil bei Paris, von wo er sich in sein Elternhaus zurückzog. 1108 kehrte A. nach Paris zurück, studierte bei Wilhelm von Champeaux Rhetorik, überwarf sich aber neuerlich mit seinem Lehrer, weil A. ihn nötigte, »seine Lehre von den Universalien zu modifizieren, was seinem Ansehen ebenso sehr schadete, wie es dasjenige Abaelards hob« (R. Peppermüller, 8). Wilhelm verhinderte, daß A. sein Nachfolger wurde, worauf A. dann nach Melun zurückkehrte.

Zur Aufnahmefeier der Eltern ins Kloster (ca. 1113) reiste A. nochmals in die Bretagne. Von dort begab er sich an die Domschule nach Laon, um bei Anselm von Laon Theologie zu studieren. Anselm vermochte aber den wißbegierigen A. nicht zufriedenzustellen. A. ging nach Paris an die Domschule von Nôtre Dame und übernahm hier eine Lehrtätigkeit, die er mit großem Erfolg ausübte.

Eine Wende in seinem Leben bedeutete seine Beziehung zu Heloise, einer etwa zwanzig Jahre jüngeren Frau. Die hochgebildete Heloise lebte bei ihrem Onkel, dem Kanoniker Fulbert. Als Heloise ein Kind erwartete, brachte A. sie zu seiner Schwester in die Bretagne, wo sie ca. 1118 den Sohn Astralabius gebar. Fulbert ließ A. aus Rache entmannen.

Auf Wunsch A.s trat Heloise in das Kloster Argenteuil ein, er selbst wurde Mönch in St. Denis. Hier setzte er seine Lehrtätigkeit fort; 1120 verfaßte er seinen Traktat »Über die göttliche Einheit und Dreiheit«. Dieses Werk wurde auf Betreiben seiner Gegner auf der Synode von Soissons verurteilt. A. wurde ins Kloster St. Médard (bei Soissons) eingesperrt, konnte jedoch bald nach St. Denis zurückkehren. Hier überwarf er sich aber mit Abt und Konvent, da er an der Historizität des Namenspatrons des Klosters, des hl. Dionysius, zweifelte. Er floh vor den Nachstellungen der Mönche und erbaute im Umkreis von Troyes eine Andachtsstätte. Der der Hl. Dreifaltigkeit geweihten Kapelle gab er wie der sich schnell bildenden Kommunität den Namen »Paraklet« (Tröster). Scharenweise strömten Schüler zu A. in die Einsamkeit. Nun entfaltete A. eine große Wirksamkeit. Erneut befaßte er sich mit der Dreifaltigkeit, arbeitete an seiner »Dialektik« und vollendete das für die exegetische Methode grundlegende Werk »Sic et Non«.

1128 wurde A. Abt des Klosters St. Gildas de Ruys in der Bretagne. 1129 begegnete A. wieder Heloise; sie wird von A. in das Kloster Paraklet aufgenommen und dort als Äbtissin eingesetzt. A. und Heloise sehen sich nun wieder häufiger, was ihnen, wie sie in ihren Briefen betonen, zu großem Trost gereicht. Auch in St. Gildas geriet A. in Auseinandersetzungen und verließ 1135 das Kloster. Er ging schließlich wieder nach Paris und lehrte in St. Geneviève; hier waren unter seinen Schülern Johannes von Salisbury und Arnold von Brescia.

Um 1139 setzten Verfolgungen ein, die sich seit Jahren angekündigt hatten. Der Angriff ging von Wilhelm von St. Thierry aus, und Bernhard von Clairvaux schloß sich mit Vorwürfen an. Für Bernhard konnte durch Logik und Vernunft im Gegensatz zu A. die Richtigkeit der theologischen Rede nicht erwiesen werden. 1140 verurteilte die Synode von Sens 19 inkriminierte Sätze A.s, ohne ihn vorher gehört zu haben. A. appellierte an den Papst. Die Entscheidung des Papstes erging am 16. Juli 1140: A. wurde als Häretiker zu ewigem Stillschweigen verurteilt. Allerdings war A. nicht mehr, wie er beabsichtigt hatte, zur Klärung seiner Anklagen nach Rom gelangt. Wegen seiner angeschlagenen Gesundheit kam er nur bis Cluny. Der dortige Abt Petrus Venerabilis brachte ihm tiefes Mitgefühl entgegen. Am 21. April 1142 starb A. in Cluny. Petrus Venerabilis ließ den Leichnam zum Kloster Paraklet überführen. Er würdigte A. als einen Mann, der »treuer Diener Christi und der wahren Philosophie war« und »dessen Namen man allzeit mit Ehrerbietung nennen« wird (M. Fumagalli, 229).

Heloise wurde nach ihrem Tod 1164 neben A. beigesetzt. Hier blieben die Gebeine bis zur Französischen Revolution; 1817 wurden sie auf den Friedhof Père-Lachaise in Paris gebracht.

2. Das Werk

a. Philosophie

Unter den phil. Fragen beschäftigten A. vor allem die Logik bzw. Dialektik. Seine Logik ist Sprachlogik, die es ermöglicht, die Struktur von Sprache zu analysieren. Zentrale Frage dabei war: wie gelangt man zu Allgemeinbegriffen. Seine Antwort lautet: Durch Abstraktion. Das Verhältnis von Philosophie und Theologie stellt sich nach A. so dar, daß sie zwar ancilla theologiae (Magd der Theologie) bleibt, für diese aber unbedingt notwendig ist. A. bemüht sich, die Glaubenswahrheiten durch wissenschaftl. Erschließung evident zu machen und so zu aktualisieren. Auch sein »Sic et Non« will durch Gegenüberstellung widersprüchlicher Autoritäten dazu anleiten, wie in solchen Fällen anhand wissenschaftl. Methoden die Wahrheit gefunden werden kann.

b. Theologie

Seine erste theol. Schrift behandelt die Trinität. Kenntnis der Trinität reicht nach A. nicht zum Heil aus; heilsnotwendig ist vielmehr der Glaube an das Wunder der Menschwerdung. In seiner Begründung unterscheidet er sich von der bisherigen Tradition: nach ihm wird die Menschheit erlöst, indem die einzelnen Menschen von der in Christus manifest gewordenen Liebe Gottes existentiell ergriffen und verwandelt werden. Dieser personale Ansatz spielt auch in der Ethik A.s eine große Rolle. Gott sieht nicht auf die Werke als solche, sondern auf die Gesinnung des Menschen. Entscheidend ist die Absicht.

In der Sakramentslehre geht A. von fünf Sakramenten (Taufe, Firmung, Eucharistie, Krankensalbung, Ehe) aus. Nach A. kommt es bei den Sakramenten vor allem darauf an, daß der Mensch glaubt, er habe die caritas und werde von Gott so als gerecht angesehen.

Von A. ging bedeutender Einfluß aus, er hatte zahlreiche Schüler; direkt beeinflußt wurde von ihm Petrus → Lombardus, der sich bei der Abfassung seiner Sentenzen auf A. stützte.

Lit.: R. Peppermüller: »Abaelard«, TRE 1, 1977, 7-17; M.T. Fumagalli: Heloise und Abaelard, 1986; W. Krantz (Hg.): Der Briefwechsel mit Heloisa/Abaelard, 1989; T. Rudolf (Hg.): Petrus Abaelardus, 1079-1142. Person, Werk und Wirkung, 1980.

K. Wittstadt

Abdankung → Begräbnis

Abendgebet → Gebet

Abendmahl

a) biblisch

1. Die Stiftung des A.s durch Jesus wird im NT so früh, vielstimmig und doch im wesentlichen einhellig bezeugt, daß die Annahme, es sei als Kultlegende der Jerusalemer oder gar einer heidenchristl. Gemeinde entstanden, ganz unbegründet ist. Die von Jesus gesprochenen Einsetzungsworte (»Gabeworte« bzw. »Deuteworte«, Mk 14,22-24; Mt 26,26-28; Lk 22,19-20; 1Kor 11,23-25; vgl. Joh 6,51-58) lassen den Sinn des in einer Passanacht (14./15. Nisan) gefeierten A.s klar erkennen: Als der von Gott mit dem Geist gesalbte Messias-Menschensohn war Jesus dazu entschlossen, »dahinzugehen, wie über ihn geschrieben steht« (Mk 14,21), d.h. in Erfüllung von Jes 53 sein Leben als Lösegeld für die Vielen in den Tod zu geben (Mk 10,45; Joh 3,16; vgl. Jes 53,12; 43,3f). Deshalb gab er bei seinem letzten Mahl seinen Jüngern durch einen symbolischen Akt im voraus Anteil an der sühnenden Kraft seines Todes. Dabei deutete er das ungesäuerte Brot und den

Wein (des dritten Bechers des Passa) auf seinen Leib und sein Blut und teilte beides den Jüngern zu als Gabe des Heils und Unterpfand für die Sündenvergebung. Diese Deutung der Mahlelemente auf das Heilsgeschehen hat im Ritus des Passa-Seders ihr Vorbild, bei dem das ungesäuerte Brot, die Bitterkräuter und das Fruchtmus auf das Geschehen in der Passanacht bezogen werden (2Mo 12,8.26f; 13,7f.14; vgl. Mischna Pes 10,5); von der Passatradition her erklären sich auch die Wiederholung und der Gedächtnischarakter des Mahls (2Mo 12,24; 13,9). Die Wahl von Brot und Wein als symbolische Gaben, sowie deren Verteilung, war von der Weissagung Jes 53, speziell von deren Schluß (V. 12), nahegelegt: Der Gottesknecht gießt seine Seele = Leben aus, d.h. er vergießt sein Blut (V. 12c; vgl. 3Mo 17,11) und er »trägt die Sünden der Vielen« (V. 12e), »trägt sie mit seinem Leib hinauf auf das Holz« (vgl. 1Petr 3,24). Schließlich wird in Jes 53,12a vom »Verteilen« der Beute gesprochen, das den göttlichen Lohn für die Lebenshingabe des Gottesknechts bezeichnet; vgl. dazu das Brechen und Zuteilen des Brotes durch Jesus (Mk 14,22) und das »Verteilen« des Bechers (Lk 22,17).

2. Die Mahlfeier der Jerusalemer Urgemeinde, das sog. »Brotbrechen« (Apg 2,42.46; 20,7) schließt sich auch an die Tradition der gemeinsamen Mahle Jesu mit seinen Jüngern an; es gehört mit dem A. zusammen und feiert wie dieses die Gemeinschaft mit dem erhöhten Herrn. Dieses Brotbrechen wurde aus dem gemeinsamen Vermögen bestritten und in Herzenseinfalt erlebt (2,44-46); kennzeichnend war auch die freudige Erwartung der Wiederkunft des gekreuzigten und auferstandenen Herrn (Apg 2,46; 1Kor 11,26; vgl. 16,22 den Ruf »Marantha«!). Die Bindung an das Datum des Passa ging dabei verloren; das »Brotbrechen« bzw. »Herrenmahl« wurde oft am Abend, vor allem am »Herrentag« gefeiert (vgl. 1Kor 16,2). Identisch mit dem »Herrenmahl« ist auch das in Jud 12 (vgl. 2Petr 2,13) erwähnte »Liebesmahl« (agape).

3. Paulus, der den literarisch frühesten Bericht vom »Herrenmahl« (1Kor 11,20-34) bietet, betont den Gemeinschaftscharakter der abendlichen Feier und das Anteilgeben an den Speisen, obwohl er in Korinth keine Gütergemeinschaft voraussetzen kann (V. 17-22.33f). Christus ist das »für uns geschlachtete Passalamm« (1Kor 5,7). Der Apostel spricht vom »Herrenmahl« (1Kor 11,20) und vom »Tisch des Herrn« (1Kor 10,21), weil dieses Mahl wie das Passa (2Mo 12,14 vgl. 13,9) zum Gedächtnis des Herrn gefeiert wird (V. 24f); es ist von der Verkündigung seines Todes und der Erwartung seiner Wiederkunft begleitet (V. 26). Der Herr des Mahls ist der erhöhte Gottessohn und endzeitliche Adam; die Christen feiern das Mahl mit ihm als die Glieder an seinem Leib. Durch den Genuß der geistlichen Speise wird die Gemeinschaft mit dem Herrn der Kirche und auch die der Glieder untereinander gestärkt; das den Leib Christi bezeichnende Brot drückt die Einheit der Gemeinde aus (1Kor 10,16f). Das Kelchwort wird vom Apostel so formuliert, daß das sühnende Blut Christi als Antithese zu dem im damaligen Judentum soteriologisch bewerteten Blut der Beschneidung erscheint: »Der neue Bund in meinem Blut« (11,25; vgl. dazu 1Mo 17,13: »Mein Bund soll an eurem Fleisch ein ewiger Bund sein«; vgl. Röm 2,28; Gal 6,13). Das Blut des Messias, nicht das der Beschneidung, bewirkt die Vergebung der Sünden und schafft so die Voraussetzung für den Neuen Bund (Jer 31,34; vgl. 2Mo 24,8). Unwürdig ißt und trinkt, wer der »organischen« Gemeinschaft im Leibe Christi selbstsüchtig oder auch gedankenlos zuwiderhandelt (11,27-29); Krankheit und Tod sollten als Symptome der Sünde (vgl. Röm 5,12) eigentlich nicht mehr in der Gemeinde herrschen (V. 30), zumal sie vom Gottesknecht für uns (weg)getragen wurden (Jes 53,4; vgl. Mt 8,17).

4. Nach dem Zeugnis des JohEv.s starb Jesus, das wahre Passalamm (19,36; vgl. 2Mo 12,46), zu der Zeit, als im Tempel die Passalämmer geschlachtet wurden (18,28.39; vgl. 19,14). Das letzte Mahl Jesu mit seinen Jüngern kann demnach kein Passa gewesen sein (vgl. 13,29), oder es war, weil auch die johann. Schilderung Hinweise auf die jüd. Passafeier enthält (13,26f), ein vorgezogenes Passa. Mit der Fußwaschung, die Jesus beim letzten Mahl vollzog, schenkte Jesus seinen Jüngern auf sinnbildliche Weise »Anteil« an seiner Person (13,8) und Reinheit von Sünden (13,10). Stark betont und schon am Anfang bezeugt (1,29) wird die von Christus vollbrachte Erfüllung von Jes 53, der Verheißung des für uns leidenden Gottesknechts: Jesus ist das Lamm Gottes, das die Sünden der Welt wegträgt (Jes 53,7.12); auch mit seinen Wundern = »Zeichen« erfüllte er die Weissagung vom messianischen Gottesknecht, durch den sich der »Arm des Herrn« heilbringend offenbart (12,37f). Weil der Knecht Gottes durch seine Lebenshingabe die Sünden der Welt wegträgt und das Todesurteil über den Sünder aufhebt, schenkt die Gemeinschaft mit ihm das ewige Leben. Im Herrenmahl bietet er sich als das lebendige, vom Himmel kommende Brot, als das Manna der Endzeit an (6,50f). Sein Fleisch und sein Blut sind wahre Speise und wahrer Trank; wer sie

genießt, wird ewig leben durch die Auferstehung (6,52-58).

5. In Hebr 13,10-13 werden der Sühnetod Jesu und das Herrenmahl mit den blutigen Opfern, der Blutbesprengung am Großen Versöhnungstag und mit der Opfermahlzeit (2Mo 24,11) verglichen, wobei sie diese überbieten: Der »Tisch des Herrn« (vgl. 1Kor 10,21) ist gleichsam der Altar des Neuen Bundes (vgl. Mal 1,7.12; 1Kor 9,13; 10,18-21), von dem jedoch die Priester nicht essen dürfen (V. 10). Somit ist das Opfermahl der christl. Gemeinden nicht an einen heiligen Stand wie den von Priestern und Leviten noch an ein irdisches Heiligtum gebunden. Es ist ja das Mahl des endzeitlichen Hohenpriesters, der draußen vor dem Lager gelitten und das Gottesvolk durch sein eigenes Blut geheiligt hat (V. 12). Von daher gesehen ist die in der Alten Kirche aufkommende Auffassung abzulehnen, das Herrenmahl müsse analog zum Kult des Alten Bundes verstanden und als eine von einem Priester vollzogene Opferhandlung gefeiert werden (vgl. die Bezeichnung »Opfer« in Did 14,1; Ign, Eph 5,2: Opferaltar). Das Herrenmahl ist vielmehr ganz als Gabe des sich für uns opfernden messianischen Hohenpriesters zu verstehen; und das Priestertum aller Gläubigen wird in der dankbaren Annahme und im verkündigenden Gedenken an dieses Opfer auf Golgatha bewährt.

Lit.: O. Betz: Das Mahl des Herrn bei Paulus, in: Jesus der Herr der Kirche, 1970, 217-251 (Lit.); H. Feld: Das Verständnis des Abendmahls, 1976; J. Jeremias: Die Abendmahlsworte Jesu, 1935; H.W. Patsch: Abendmahl und historischer Jesus, 1972; S. Ruager: »Wir haben einen Altar«, KuD 36, 1990, 72-77; E.J. Schnabel: »Abendmahl«, GBL 1, 1987, 3-6.

O. Betz

b) theologiegeschichtlich

1. Für die frühe Kirche war das Hl. A. in Feier und Theologie auffallend unproblematisch. Sicherlich ist das A. von der ersten Generation der Christenheit an regelmäßig, zunächst täglich (Apg 2,42.46f), dann wöchentlich an jedem ersten Tag der Woche (Apg20,7 u.a.) gefeiert worden, und noch → Luther und → Calvin sind wie selbstverständlich so verfahren. Als Bezeichnung wurde in der → Alten Kirche »Herrenmahl«, »Eucharistie« oder auch »Passa des Herrn« gebraucht, der historisierende Begriff Abendmahl bzw. Nachtmahl ist erst im 16. Jh. aufgekommen. Am verbreitetsten ist im Abendland die Bezeichnung »Messe« geworden. Die paulin. Benennung »Herrenmahl« (1Kor 11,20) scheint am angemessensten zu sein und verdient gegenüber allen anderen den Vorzug.

Sicher ist, daß in der Alten Kirche nur Getaufte am Herrenmahl teilnehmen konnten, und die Ungetauften vorher ausdrücklich entlassen wurden. Schon früh, offenbar um 100 (vgl. die Didache und die Ignatianen, → Apostolische Väter), hat der Gemeindebischof (= Pfarrer) das Herrenmahl geleitet, ohne daß die Austeilung auf ihn beschränkt blieb. Je mehr Weihestufen sich ergaben (Clerus maior, clerus minor) desto mehr blieb die Eucharistiefeier, schon aus Gründen liturgischer Kontinuität, dem Bischof vorbehalten. Für die abendländische Kirche war das eher eine Frage der Ordnung, für die Ostkirche Gesichtspunkt der geheimnisvollen Anwesenheit des Herrn, die sich im Bischof repräsentierte.

Abendmahlstheologien finden sich in der Alten Kirche kaum und deshalb auch keine Abendmahlsstreitigkeiten. Die Anbetung und der Lobpreis, die → Doxologie also, sind angemessenere Umgangsformen mit dem Herrenmahl als theol. Reflexion.

Geregelt wurde allerdings der Verlauf der »Gläubigenmesse«. Dafür gibt es schon in der Didache (um 100) Zeugnisse, bei Justin (ca. 150) und dann die noch heute gefeierte Liturgie der Ost- und Westkirchen, nahezu abgeschlossen vorhanden bei Hippolyt (um 240). Die Chrystostomus- und die Basileios-Liturgie der Ostkirche haben die gleiche Grundstruktur wie die röm. Messe für die Herrenmahlsfeier bewahrt. Alle späteren Kirchenordnungen enthalten ebenfalls Herrenmahlliturgien, sogenannte Sakramentarien. Der Ausschluß vom Herrenmahl auf Zeit galt in der Alten Kirche als Kirchenzuchtmaßnahme für den einzelnen Christen, aber niemals wurde in der Aufkündigung der Kirchengemeinschaft (z.B. nach den großen Konzilien) auch der Ausschluß aus der Sakramentsgemeinschaft gesehen, auch wenn sie das faktisch im Laufe der weiteren Entwicklung bedeutete.

2. Im MA ist eine charakteristische Umakzentuierung festzustellen: Der Lobpreis der versammelten Gemeinde über den ausgeteilten und empfangenen Heilsgaben, zu denen natürlich vor allem Christus selbst zählt, verschob sich auf die reale Gegenwart Christi unter den Seinen. Weil das röm.-germanische Denken kaum Zugang zum östl. Symbolverständnis hatte, konnte die Anwesenheit Christi nur entweder realistisch oder spiritualistisch gedeutet werden. In diesem Sinn wurde der erste Abendmahlsstreit zwischen zwei Mönchen aus Corbie, Radbertus (gest. 859) und Ratramnus (gest. ca. 868) geführt, ähnlich auch der zweite Abendmahlsstreit

zwischen → Berengar von Tours und Lanfrank von Bec im 11. Jh. Dabei wurden die Formulierungen in Aussage und Abgrenzung immer härter und spitzfindiger. Mehrere Synoden verurteilten Berengar, der schließlich Widerruf leistete. Die Alternative Bild oder Wirklichkeit, Zeichen oder Wahrheit, hat die Auseinandersetzung verhärtet und belastet. Bis ins 20. Jh. hinein ist die Abendmahlsdiskussion zwischen ev. und kath., aber auch zwischen luth. und ref. Theologie von diesen Voraussetzungen aus geführt worden und wenig weitergekommen. Im 4. Laterankonzil 1215 wurde die Transsubstantiation dogmatisch festgestellt: »Sein Leib und sein Blut sind im Sakrament des Altars unter den Gestalten von Brot und Wein wahrhaftig enthalten, nachdem durch Gottes Macht das Brot in den Leib und der Wein in das Blut wesenverwandelt (!) sind«. Dies geschieht beim Sprechen der Einsetzungsworte über Brot und Wein durch den geweihten Priester. Die Substanz von Brot und Wein wandelt sich, nur die äußeren Eigenschaften, z.B. des Brotes, bleiben erhalten. Mit der Lehre von der Konkomitanz, daß nämlich der Glaubende Christus beim Empfang jeder einzelnen Gestalt des Sakramentes voll und ganz begegne, ergab sich, daß auf die Kommunion unter beiden Gestalten verzichtet und der ganze Christus in der Hostie als anwesend verehrt werden konnte. Die Einführung des Fronleichnamsfestes (1264) führte dann konsequent zur Elevation der konsekrierten Hostie und zur verehrenden Augenkommunion der Gemeinde. Im Spätmittelalter trat der kirchl. Charakter des Sakramentes weithin zurück, und entsprechend verstärkte sich der individualistische Umgang im Verständnis und in Kommunion. Daß die Beichte jetzt Voraussetzung zum Empfang des A.s wurde, hat weder der Beichte noch dem Herrenmahl gutgetan. Von daher ergaben sich Multiplizierungen (Mehrfachfeiern bei Unwürdigkeit) und Formalisierungen (z.B. im Zusammenhang mit dem Ablaß, mit den vielen Heiligenfesten etc.). Der Sinn für das »Geheimnis des Glaubens« ging zunehmend verloren.

3. Der Neuansatz der → Reformation bestand in der gemeinsamen Orientierung all ihrer Vertreter und Gruppen am Evangelium, wie es in der Hl. Schrift Alten und Neuen Testaments verkündigt worden ist. Daran mußten sich auch alle bisherigen Sakramente, ihr Verständnis und ihr Vollzug messen lassen. So wurde die Zahl der Sakramente, deren Einsetzung auf Christus selbst zurückgeführt wurde, auf drei bzw. zwei reduziert: Taufe, Beichte und Abendmahl, wobei die Beichte schon im 16. Jh. immer deutlicher der Taufe integriert und also als Taufvergewisserung verstanden wurde. Von wenigen Unterschieden abgesehen waren sich die Reformatoren in zentralen Aspekten der A.slehre einig:

Das A. hat Gabe-Charakter und Für-Charakter. Die Glaubenden werden mit Christus beschenkt, und Christus gibt sich, indem er seinen Geschöpfen ver-gibt, was sie von ihm trennt. Eingeladen sind Sünder, und würdig zu kommen ist, wer sich unwürdig weiß und fühlt. Weil Christus in den Alltag der Seinen hineintritt, sind die Gaben, die ihn bezeichnen, die alltäglichen Nahrungsmittel des Orientalen: Brot und Wein. Im Gehorsam gegenüber der Einsetzung Christi wird deshalb der Verzicht auf die Kelchkommunion der mittelalterl. Kirche von den Reformatoren nicht akzeptiert, sondern »in beiderlei Gestalt« A. gefeiert.

Das A. hat für die Reformatoren Gemeinschafts-Charakter; es versammelt das Volk Gottes unterwegs und darf nur mit der Gemeinde zusammen gefeiert werden. Abgelehnt werden also alle Privatmessen, aber auch die lat. Liturgie, an der sich die Gemeinde nicht beteiligen kann. Die »Deutsche Messe« wird ebenso selbstverständlich wie die Deutsche Bibel. Abgelehnt wird auch der Verzicht auf Kommunion durch »Augenkommunion« oder durch andere Formen privater Gemeinschaft mit Christus. Es empfangen alle das Gleiche: Brot und Wein, und trinken alle aus einem Kelch.

Das A. hat für die Reformatoren den Charakter der Danksagung, des Gotteslobes, der Verbindung der irdischen mit der himmlischen Gemeinde, der Erfahrung des neuen Lebens, an dem alle Glaubenden gegen jeden Augenschein schon jetzt Anteil haben.

Das A. hat nach reformat. Lehre den Charakter der Erinnerungsfeier. So ist Kirche immer Gedächtnisgemeinschaft (allerdings nicht im historisierenden Sinn in Erinnerung an die letzte Mahlfeier Jesu mit seinen Jüngern. Hier liegt das Mißverständnis Zwinglis begründet, daß das A. eigentlich nur einmal im Jahr, nämlich am Gründonnerstag, zu feiern sei). Kirche weiß, indem sie A. feiert, ihren Herrn gegenwärtig.

Nach den Vorstellungen des MAs, die weit bis ins 19. Jh. gegolten haben, war die Gegenwart Christi nur substantiell vorstellbar, und so kam es zu den schwierigen Denkmodellen der Transsubstantiation (Verwandlung von Brot und Wein in Leib und Blut Christi) und Konsubstantiation (Brot und Wein bleiben, was sie sind, aber Leib und Blut Christi verbinden sich geheimnisvoll mit ihnen; so die luth. Tradition) einerseits und dem Gedanken der Gegenwart Christi im Heiligen Geist andererseits, wobei Christus zur Rechten Gottes bleibt und von seiner Gemeinde zwar leiblich getrennt ist, aber der Geist vergegenwärtigt Christus im Glauben – parallel zum Empfang von Brot und Wein – und macht die Abendmahlsgaben zu sichtbaren »Wahrzeichen und Unterpfändern« Christi Anwesenheit (so Calvin und die ref. Tradition). Darin waren sich alle Reformatoren einig, daß die Realpräsenz Christi in Brot und Wein auf den Gottesdienst selbst beschränkt bleibt und eine Aufbewahrung (bzw. Aussetzung) des geweihten Brotes im Tabernakel (bzw. in der Monstranz) nicht erforderlich sei.

Im MA war der Streit um Trans- bzw. Konsubstantiation eine Schulauseinandersetzung zwischen Dominikanern und Franziskanern gewesen; Luther hat als ehemaliger Mönch die franziskanische Position vertreten, während Calvin sich mehr dem humanistischen Standpunkt geöffnet hat. Die Auseinandersetzung um das A. hat schon im 16. Jh. die reformat. Theologen entzweit und entsprechend auch die ihnen zugeordneten Kirchen. Kein Wunder, daß der Aufbruch zum A. in der Reformationszeit schon um 1550 stecken blieb und daß sich ev. A.sfrömmigkeit unentwickelt oder zumindest unterentwickelt darstellte. Der Streit der Theologen ergab für die Gemeinde oft genug Verunsicherung und damit Verzicht auf Umgang mit dem A., den die Amtskirche dann mit Verzicht auf Angebot beantwortete. Die → Aufklärung hat in den ev. Kirchen dem Denken des Glaubens und dem »tugendhaften« Leben, aber nicht dem »Geheimnis des Glaubens« und der sakramentalen Dimension des Lebens Vorschub geleistet. Der → Pietismus, die zweite prot. Erneuerungsbewegung, ist von Beginn an eher sakramentsfremd geblieben und hat seine besondere Frömmigkeit fast durchweg am A. vorbei entfaltet.

Durch die ökumen. Bewegung im 20. Jh. (und die wachsende Gemeinschaft unter Christen und Kirchen) hat sich die erstarrte kirchl. Situation verändert. Von den Anglikanern ließ sich lernen, daß tägliche A.sfeiern nicht nur im Katholizismus gehalten werden. Die verweigerte Interkommunion grub sich als tiefer Schmerz und Stachel in die Herzen vieler Christen ein. Lange und sorgfältig geführte Gespräche über die Eucharistie führten schließlich zum Lima-Dokument (1982), das die Weltkirchenkonferenz in Vancouver 1984 angenommen und zu weiterem Bedenken und Leben unter Christen und Kirchen empfohlen hat. Verschiedenes war dem vorausgegangen:

Der Aufbruch kommunitären Lebens im Protestantismus, beginnend mit der Errichtung der Michaelsbruderschaft 1931 und der Gründung von Taizé 1939 war auch ein Aufbruch zum regelmäßig gefeierten A.

Der Kirchenkampf im NS-Staat hat die Bekennende Kirche zunehmend mehr Kirchengemeinschaft als A.sgemeinschaft erfahren lassen. So hat die Bekenntnissynode der Altpreußischen Union in Halle 1936 das theol. Gespräch über das A. wieder aufgenommen. Nach 1945 wurde es weitergeführt und in den »Arnoldshainer Thesen« 1957 überraschend einmütig abgeschlossen.

Dadurch ermutigt haben Vertreter der »Konferenz Europäischer Kirchen« (Lutheraner, Reformierte und Unierte) 1973 nach mehrjährigen Gesprächen die Leuenberger Konkordie abgeschlossen, auf Grund deren – nach Rezeption durch die Gliedkirchen – volle Kanzel- und A.sgemeinschaft unter mehr als 80 europäischen Kirchen erklärt werden konnte. Inzwischen gibt es eine förmliche A.sgemeinschaft zwischen den Gliedkirchen der EKD und der methodistischen wie der altkatholischen Kirche. Die VELKD und die anglikanische Kirchengemeinschaft gewähren sich seit der Meißener Erklärung 1990 ebenfalls volle Interkommunion.

Die röm.-kath. Kirche hat im 2. Vatikanischen Konzil (1962-1965) ihre Theologie neu formuliert und gerade im Gottesdienst- und Sakramentsverständnis weitgehend auf reformat. Anfragen gehört. Das Lima-Dokument ist unter intensiver Mitarbeit röm.-kath. Theologen entstanden. Nicht das Verständnis vom A., sondern vom → Amt verhindert gegenwärtig die Interkommunion zwischen ev. und kath. Christen.

Ursächlich für diese Annäherung in der A.stheologie war vor allem ein Wechsel im »Paradigma«: War die Präsenz Christi unter Brot und Wein über Jh.e hin nur substanzhaft zu begreifen und also eine reale oder spirituale Verwandlung der Elemente in die Christuswirklichkeit hinein anzunehmen, so hat sich seit gut hundert Jahren anstelle von Substanz die »Person« als neue Deutekategorie für das Verwandlungs- und Begegnungsgeschehen im A. ergeben. Im bibl. Sprachgebrauch werden Fleisch und Blut, Leib und Seele u.a. als anthropologische Grundworte für den ganzen Menschen unter je einem bestimmten Aspekt gebraucht, also: das ist mein Leib/Blut = das bin ich selbst. Davon ausgehend hat die Sakramentstheologie der Gegenwart Wunder und Bedeutung des sakramentlichen Geschehens in bibl.-personalen Kategorien gedeutet. »Im A. schenkt sich der auferstandene Christus . . ., er gewährt uns Vergebung der Sünden und befreit uns zu einem neuen Leben aus Glauben« (Leuenberger Konkordie). »Im eucharistischen Mahl gewährt Christus Gemeinschaft mit sich selbst. Gott selbst handelt, indem er dem Leib Christi (sc. der Kirche) Leben schenkt und jedes Glied erneuert.

Die Eucharistie, die Wort und Sakrament einschließt, ist Verkündigung und Feier der Taten Gottes« (Lima-Dokument). So führt der Paradigmenwechsel von Substanz zur Person zu neuem Zugang zum A., zu neuer Begegnung mit dem sich in Wort und Sakrament durch den Geist vergegenwärtigenden Herrn.

Lit.: E. Bizer, W. Kreck: Die Abendmahlslehre in den reformatorischen Bekenntnisschriften, ²1959; W. Elert: Abendmahl und Kirchengemeinschaft in der alten Kirche hauptsächlich des Ostens, 1954; Gemeinsame röm.-kath./ev.-luth. Kommission (Hg.): Das Abendmahl, ⁹1981; W. Lazareth, H. Nissiotis (Hg.): Taufe, Eucharistie und Amt (Lima-Dokument), 1982; G. Niemeier (Hg.): Lehrgespräch über das Heilige Abendmahl, 1961; Th. Sartory: Die Eucharistie im Verständnis der Konfessionen, 1961; E. Schink, J. Schniewind, E. Sommerlath: Abendmahlsgespräch, 1952; A.V. Ström, G. Delling, G. Kretschmar, E. Iserloh, J. Staedtke, A. Peters, U. Kühn, G. Wingren: »Abendmahl I-V«, TRE 1, 1977, 43-229 (Lit.).

G. Ruhbach

c) systematisch-theologisch

1. Das A. wird systemat.-theol. in der Lehre von den Heilsmitteln (*media salutis*) zusammen mit dem Wort Gottes und der Taufe behandelt. Dieses Lehrstück von den Heilsmitteln steht vor der Behandlung der Kirche. Die *media salutis* sind Grund ihrer Möglichkeit. Dieses Lehrstück folgt der Darlegung über die Gnadenwirkungen des Hl. Geistes. Es zeigt die konkreten Weisen seines Wirkens. Zwischen der Behandlung der Wirkung des Hl. Geistes als Grund der *media salutis* und der Kirche als ihrer Folge also werden das Wort Gottes, die Taufe und das A. bedacht. Dieser Ort seiner dogmat. Behandlung sagt über das A. schon Entscheidendes: Im Wort Gottes, in der Taufe und im A. handelt Gott als Hl. Geist. Dieses sein dreifaches Wirken konstituiert und ereignet die Kirche.

2. Gott, der Hl. Geist, wirkt sein Heil wie durch sein Wort und durch die Taufe so durch das A., in dem Jesus in seinem sich hingebenden Handeln an die Jünger wie die Welt repräsentiert wird. Der das A. haltende Geistliche teilt den »Leib« und das »Blut« Jesu aus. Es ist der »Leib«, d.i. die Person Jesu und nicht nur sein »Fleisch«, die er austeilt. Damit greift als Wirken des Hl. Geistes die Koinonia Jesu Platz. Der ausgeteilte »Leib« Jesu gibt Anteil an seinem Wort, seinem Werk wie an seiner Person. Es geschieht im A. ein »kultisches« Gedächtnis. Das Gedächtnis macht im Geiste Gottes das in Jesu Person anwesende Heil präsent.

3. Das A. – als gottesdienstl. Handlung – setzt also das letzte Mahl Jesu mit seinen Jüngern, in dem er die gleichnishaften Deuteworte zu Brot und Wein gab, fort. Dieses Mahl geschieht »zum Gedächtnis Jesu«, d.h. im Heiligen Geist; denn nach Joh 14,26 erinnert der Geist an alles, was Jesus gesagt hat. In der Handlung des A.s ist der gekreuzigte Herr gegenwärtig. Brot und Wein werden als sein Leib und Blut empfangen, und wie Paulus 1Kor 11,26 sagt, wird damit der Tod des Herrn verkündigt, bis er kommt. Der Erhöhte gibt uns Anteil an seinem Tode. Aber er ist im A. ebenso als der Wiederkommende gegenwärtig. Das A. macht die Parusie des Herrn lebendig. Kreuz und Parusie sind im A. miteinander gegenwärtig, denn das A. ist ein Verweis auf die himmlische Mahlgemeinschaft in der Parusie Jesu Christi. Das A. gibt also Anteil an dem Tode wie an dem Kommen Jesu. Es geschieht in der Weise des »für euch«, d.h. das A. ist die Zuwendung in der Selbsthingabe des Herrn im Kreuz wie in der Parusie. Nicht »Opfer« geschieht im A., sondern Hingabe des Herrn an die Gemeinde und Hingabe der das Mahl feiernden Gemeinde an den Herrn. Zuwendung des dreieinigen Gottes zu seiner Gemeinde in Realpräsenz des gekreuzigten und wiederkommenden Herrn vollzieht die Vergebung der Sünden, die in der vorhergehenden Beichte angesagt ist. Im A. geschieht Kirche, indem der dreieinige Gott handelt und die Teilhaber des Mahles aus der empfangenen Liebe seines Kreuzes wie seiner Parusie zum gegenseitigen Dienst der Liebe füreinander wie zum gemeinsamen Dienst an der Welt freimacht. Die Mahlteilhaber handeln in der Gemeinschaft dieses Mahles und der Einheit aller Glaubenden auf Erden. Die universale Kirche baut sich in dem örtlichen Mahl auf. Sie baut sich auf in der Hingabe, die Röm 12,1 beschrieben wird. Es ist die »Darbringung unserer selbst durch, mit und in Jesus Christus als lebendige Opfergabe«. Die Gemeinde wird hineingenommen in die Hingabe Jesu für die Welt und glaubt darin an die Vollendung der Welt durch den dreieinigen Gott.

Lit.: H. Grass: Die Abendmahlslehre bei Luther und Calvin, ²1954; R. Koch: Erbe und Auftrag. Das Abendmahlsgespräch in der Theologie des 20. Jahrhunderts, 1957; U. Kühn: »Abendmahl IV«, TRE 1, 1977, 145-212 (Lit.); K. Lohmann, E. Schlink (Hg.): Das Opfer Jesu Christi und seine Gegenwart in der Kirche. Kontroversen und Klärungen zum Opferverständnis, 1983; E. Schlink: Ökumenische Dogmatik, 1983.

C.H. Ratschow

d) praktisch-theologisch

Hierbei geht es insbesondere um folgende Fragen:
(1.) Wer leitet und wer teilt aus?
(2.) Wer darf teilnehmen?
(3.) Auf welche Weise werden Brot und Wein ausgeteilt?
(4.) Wie kommuniziert die Gemeinde?
(5.) Wo stehen die Abendmahlsgeräte auf dem Altar?

Da das sog. *ius liturgicum* (Gottesdienstordnungs-Recht) den einzelnen evang. Landeskirchen zusteht, gibt es hier unterschiedliche Einzelregulierungen. Als gemeinsamer Grundsatz gilt: So nahe wie möglich am Wortlaut der Stiftungsworte bleiben!

1. Nach ev. Verständnis ist beim A. Christus selbst Gastgeber und Tischherr. Dem entspricht es, daß die Feier von einem Gemeindeglied geleitet wird, das dazu *rite* (ordnungsgemäß) beauftragt ist. In der Regel ist das ein Ordinierter; in Ausnahmefällen auch ein Gemeindeglied, das von der Kirchenleitung zugerüstet und ermächtigt worden ist. Bei der Austeilung können auch Kirchenälteste oder andere Mitarbeiter behilflich sein.

2. In der Frage, wer am ev. A. teilnehmen darf, stimmen die evang. Kirchen nicht nur mit dem gesamtökumen. Konsens überein (nur getaufte Christen), sondern haben auch an Luthers Grundsatz festgehalten: Es soll niemand zum Sakrament zugelassen werden, der nicht die grundlegenden Stücke des christl. Glaubens zuvor gelernt hat (Kl. Kat., Vorrede). Inzwischen haben alle ev. Landeskirchen besondere Ordnungen über eine mögliche Teilnahme von Kindern – also vor der Konfirmation – erlassen und über ein entsprechendes seelsorgerl. Vorgehen bei solchen Teilnehmern, die (noch) nicht getauft sind, aber doch am A. teilnehmen (möchten). Im übrigen gilt auch gegenüber röm.-kath. Christen der Grundsatz der eucharistischen Gastbereitschaft.

3. In den der ref. Tradition folgenden Kirchen wird in der Regel an der Form des Brots – geschnitten in quadratische Säulen – festgehalten; dabei wird dann auch wirklich das »Brot-Brechen« praktisch gehandhabt. In den luth. Kirchen hingegen ist an seiner Stelle die Hostie üblich; neben weißen Oblaten gibt es heute auch die Form der Brothostie. Außerdem findet auch dort der Gebrauch von echtem Brot immer mehr Eingang. Der Gestus, daß das Brot gebrochen und geteilt werden soll, kann hingegen auch mit Hostien mit einem größeren Durchmesser (sog. Konzelebrationshostien) vollzogen werden. Strittiger ist die Verwendung von Wein. Dabei hat der Rotwein mit seiner Symbolkraft gegenüber dem Weißwein den Vorzug. Anstelle von vergorenem Wein hat sich jedoch in der jüngeren Vergangenheit immer mehr unvergorener Traubensaft eingebürgert. Mit Rücksicht auf Alkoholkranke mag das durchaus eine seelsorgerl. Berechtigung haben. Die Rücksichtnahme gilt aber auch denen, die am bibl. Vorbild festhalten möchten und die den Alkoholgefährdeten empfehlen, den Kelch an sich vorüberziehen zu lassen. Überdies gibt es auch hygienische Gründe gegen die Verwendung von Traubensaft.

4. Vor der Teilnahme an der Kommunion ergeht die Einladung Jesu: »Kommt, denn es ist alles bereit!« (Lk 14,17). Dementsprechend treten die Kommunikanten aus den Bänken oder Stuhlreihen nach vorne (»wandelnde Kommunion«) und empfangen in Gruppen stehenderweise oder kniend das A. Bei der »fließenden« Kommunion gehen die Kommunikanten nacheinander zu dem, der das Brot austeilt, und danach zu dem, der den Kelch reicht. Bei der sog. Herrnhuter Form (»sitzende Kommunion«) bringen die Austeilenden die Elemente in die Reihen, wo sie dann von den Kommunizierenden weitergereicht werden.

In der ev. A.sfeier kommt dem Gemeinschaftskelch eine hohe Bedeutung zu. Viele Kommunikanten erkennen in dem gemeinsamen Trinken aus einem Kelch (1Kor 10,16.17) einen besonderen Symbolwert. Alle anderen Formen, wie der aus den USA gekommene Einzelkelch oder der aus den skandinav. Kirchen kommende Gießkelch, aus dem die Einzelkelche gespeist werden, sollten den Gemeinschaftskelch nicht verdrängen. Die in den letzten Jahren aufgrund der AIDS-Vorsorge aufgekommene Austeilungsform der Intinctio (die Hostie wird in den Kelch eingetaucht) hat in den ev. Kirchen keine allg. Anerkennung gefunden; sie entspricht jedenfalls nicht der Stiftungsanweisung: Trinket alle daraus! Die Intinctio sollte sich daher auf Notfälle (Krankenabendmahl) beschränken.

Einer von kath. Seite oftmals vorgetragenen Bitte entspricht es, daß in ev. Kirchen die Frage nach der Verwendung der übriggebliebenen Abendmahlsgaben zunehmend bedacht wird. Immerhin handelt es sich um Schöpfungsgaben mit einem hohen Gefühlswert, die zudem – auch wenn sie nicht konsekriert wurden – für die Verwendung bei der Feier des Hl. A.s bestimmt waren. Übriggebliebene Gaben sollten entweder nach der Mahlfeier verzehrt oder zu Kranken gebracht werden.

5. Nach altem Herkommen ist die »Brot-Seite« des Altars links; dorthin gehören daher die Hostiendose (griech. *pyxis*) und der Hostienteller (lat. *patene*). Auf die »Kelchseite«, rechts, gehören der Kelch (am besten mehrere, damit bei größeren Gruppen die Möglichkeit besteht, die Kelche häufig wechseln und sie jeweils sorgfältig reinigen zu können), die Kanne, Reinigungstücher und eine Schale mit Reinigungsalkohol. Das evtl. notwendige Nachfüllen der Weinkanne erfolgt in der Sakristei.

Lit.: W. Jannasch: »Abendmahl V.«, RGG[3] I, 44-48; Handreichungen der jeweiligen Landeskirchen (z.B. Einführung in die Abendmahlsagende der württembergischen Landeskirche, 1989).

H. Jetter

e) in Freikirchen

1. Allgemeines

Bei den aus der Erweckungsbewegung des 18./19. Jh.s hervorgegangenen sog. klass. ev. Freikirchen (Methodisten, Baptisten, Freie evang. Gemeinden, Brüderversammlungen) steht der Gedanke des Gemeinschaftsmahles im Vordergrund. In Aufnahme ntl. Aussagen betonen sie, daß der erhöhte Herr die Gläubigen an seinen Tisch einlädt, damit die Gemeinschaft mit ihm feiern und zugleich die Einheit des Leibes Christi sichtbar wird. Brot und Kelch sind Zeichen, die sie auf das Erlösungswerk im Opfertod Jesu am Kreuz hinweisen. Allein der Glaube empfängt in den Zeichen den Zuspruch der Vergebung. In Aufnahme bibl. Texte feiert die Gemeinde das Mahl des Herrn als Gedächtnismahl und als Hoffnungsmahl. Zur Teilnahme sind alle Glaubenden eingeladen, die der Versöhnung mit Gott durch Christus gewiß und als Versöhnte zu leben bereit sind. Die Interkommunion ist bei den Freikirchen nie so problematisiert worden wie in den Volkskirchen mit ihrem Sakramentsverständnis. Den Wein durch Traubensaft zu ersetzen, erweist sich nicht als Problem; eher löst die Frage, ob mit Gemeinschafts- oder Individualkelchen gefeiert werden soll, Diskussionen aus.

2. Besonderheiten

a. Die Ev.-methodist. Kirche spricht im Unterschied zu den anderen Freikirchen vom Sakrament des A.s, in dem Christus sich uns schenkt. Eingeladen sind alle, »die Verlangen nach der Gnade Gottes haben«; seit 1986 besteht Kanzel- und → Abendmahlsgemeinschaft zwischen der VELKD und der EmK.

b. In den Brüderversammlungen (darbystischer Prägung) wird jeden Sonntag das »Brotbrechen« gefeiert, das zentraler Bestandteil des Gemeindelebens ist. Dabei steht das Gedächtnis des Todes Jesu im Vordergrund.

c. Den Baptisten war die Darstellung der Einheit des Leibes Christi in der Ortsgemeinde so wichtig, daß sie in den ersten Generationen nur gläubig getaufte Christen zu ihrer Mahlfeier eingeladen hatten. Das führte 1853 in Barmen zum Bruch zwischen J. → Köbner und H.H. → Grafe. Nachdem Köbner namens der Baptistengemeinde die Glaubenstaufe als Voraussetzung zur Teilnahme am Abendmahl Grafe gegenüber geltend gemacht hatte, kam es ein Jahr später zur Gründung der ersten Freien evangelischen Gemeinde in Elberfeld-Barmen. Nach 1945 hat sich in den Baptistengemeinden die Praxis des »offenen Abendmahls« durchgesetzt, das mit allen Glaubenden gefeiert wird. Dabei besteht jedoch der Wunsch nach persönlicher Kenntnis, um einer Anonymität am Tisch des Herrn zu wehren. Das Herrenmahl wird einmal im Monat gefeiert.

Lit.: E. Brandt: Vom Gemeindeleben der Baptisten, in: G. Balders (Hg.): Ein Herr, ein Glaube, eine Taufe, FS 1984, [3]1990, 233ff; G. Jordy: Die Brüderbewegung in Deutschland, Bd. 2, 1981; H. Lenhard: Die Einheit der Kinder Gottes, 1977; W. Popkes: Abendmahl und Gemeinde, [2]1983; K. Steckel, C.E. Sommer (Hg.): Geschichte der Evangelisch-methodistischen Kirche, 1982; Wir feiern Abendmahl, EmK heute, Heft 33, 1980.

E. Brandt

Abendmahlsgemeinschaft

Das letzte Mahl Jesu war ein Jüngermahl und zugleich die Einsetzung des Mahles mit dem auferstandenen Herrn, »bis er kommt« (1Kor 11,26). → Paulus sieht in der Teilhabe an dem gesegneten Kelch und dem gebrochenen Brot »die Gemeinschaft des Leibes Christi« (1Kor 10,16). Diese Gemeinschaft mit Christus stiftet Gemeinschaft unter den Jüngern: »Denn ein Brot ist's: So sind wir viele ein Leib, weil wir alle an einem Brot teilhaben« (1Kor 10,17). Das Mahl ist die Gemeinschaft der → Gemeinde mit ihrem Herrn.

Die A. aller Getauften fand in den Auseinandersetzungen mit Häretikern (Trennung wegen der Lehre) und Schismatikern (Abspaltung wegen der Oberhoheit) eine Einschränkung. Sie wurden von der A. ausgeschlossen. Dieser Regel folgt die röm.-kath. Kirche wie die orthodoxen Kirchen. A. und

Kirchengemeinschaft werden gleichgesetzt. Die Zulassung zum Abendmahl bedeutet die Anerkennung der Gliedschaft am Leibe Christi.

Das Lateran-Konzil von 1059 wandte sich gegen eine Spiritualisierung der Gegenwart Christi im Abendmahl und bekräftigte gemäß den Einsetzungsworten die leibliche Gegenwart des Herrn in den Elementen von Brot und Wein durch »Wandlung«. Die luth. Reformation verwarf diese Transsubstantiation, hielt aber an der leiblichen Gegenwart des Herrn in, mit und unter Brot und Wein fest. Sie ordnete die Zulassung zum Abendmahl über ein Beichtgespräch: »Es ist eine große Sünde, das Sakrament zu verunehren und nicht recht zu brauchen« (Melanchthon, Unterricht der Visitatoren, 1527). Wegen des unterschiedlichen Verständnisses der Gegenwart Jesu Christi im Abendmahl zerbrach die A. zwischen Lutheranern und Reformierten.

Im Zeichen der Aufklärung traten die dogmat. Unterscheidungen zurück. 1817 kam es durch Verfügung des preußischen Königs zur Herstellung der A. zwischen Reformierten und Lutheranern im Königreich Preußen (Altpreußische Union). Zugleich erwachte durch den → Pietismus ein Interesse an der Gemeinschaft im Glauben; der Zugang zum Abendmahl wird dem persönlichen Glauben vorbehalten. Der → Baptismus betrachtete zunächst nur die als Gläubige Getauften als zum Abendmahl zugelassen. Später bürgerte es sich zunehmend ein, daß alle, die an Christus glauben, zum Abendmahl eingeladen sind. Damit war eine Art offene Kommunion etwa im Rahmen der Evangelischen → Allianz ermöglicht.

1973 wurde die Leuenberger Konkordie luth., unierter und ref. Kirchen in Europa als zwischenkirchl. Vereinbarung über den Zugang zum Abendmahl auf der Grundlage des »satis est« aus der Augsburgischen Konfession (CA VII) beschlossen: Wo ein gemeinsames Verständnis der → Rechtfertigung aus Gnaden allein besteht, und das Abendmahlsverständnis der Konkordie angenommen wird, gibt es eine wechselseitige Zulassung zum Abendmahl (wechselseitige offene Kommunion und Interzelebration). Dieses gilt für alle Mitgliedskirchen der → Evangelischen Kirche in Deutschland. Kirchengemeinschaft und A. wurden damit voneinander getrennt.

Aufgrund der Erfahrung mit Leuenberg wurde ein bilaterales Gespräch zwischen der → Evangelisch-methodistischen Kirche (EmK) und der → Vereinigten Evangelisch-Lutherischen Kirche Deutschlands (VELKD) geführt mit dem Ergebnis der Anerkennung der Ämter und der A. In ähnlicher Weise kam es zu einer Vereinbarung über wechselseitige offene Kommunion mit der → Anglikanischen Kirche (1990) und zur wechselseitigen Kommunion und Interzelebration mit der Altkatholischen Kirche. Die Dialoge mit der röm.-kath. Kirche führten zu dem Konvergenzpapier von Lima (1982), das aber keine rechtlichen Konsequenzen hatte. Der Dialog der → Deutschen Katholischen Bischofskonferenz und der Vereinigten Evangelisch-Lutherischen Kirche Deutschlands erbrachte einen Konsenstext »Kirchengemeinschaft in Wort und Sakrament« (1984). Von röm.-kath. Seite wurde für den weiteren Weg einer ökumen. Annäherung eine Veröffentlichung »Einheit vor uns« (1985) vorgelegt. Ev. Christen sind zur Eucharistie in besonderen Notfällen zugelassen. Kath. Christen ist eine Teilnahme am Abendmahl nicht gestattet.

Lit.: Bilaterale Arbeitsgruppe der Deutschen Bischofskonferenz und der Kirchenleitung der VELKD: Kirchengemeinschaft in Wort und Sakrament, 1984; Gemeinsame römisch-katholisch/evangelisch-lutherische Kommission (LWB): Einheit vor uns, 1985; Anglikanisch-lutherisch internationaler Fortsetzungsausschuß, 1987; Kirchliches Lehren in ökumenischer Verpflichtung, 1986.

H. Reller

Aberglaube

»Verkehrter Glaube« (aber = gegen, verkehrt), lautet die (nicht wörtl.) Übersetzung von lat. ***superstitio.*** In abwertendem Sinn für den vulgären Gebrauch magischer oder astrologischer Praktiken verwendet. Die im Begriff selbst liegende Kritik kann sowohl von einem aufgeklärten Rationalismus als auch von einem bibl. begründeten Offenbarungsglauben her erfolgen, wobei das erstere heute stark überwiegt. Der Begriff entfernt sich demnach zunehmend von seiner ursprünglich rel. Kritik. Es verbindet sich mit ihm die Bedeutung von Unsinn und die Verwerfung eines Realtitätsanspruches, was im christl. Sinn des Wortes nicht gemeint ist. A. beruht auf einer magischen Weltanschauung, allerdings werden diese Hintergründe im allg. nicht bewußt reflektiert. In der volkskundlichen Forschung vermeidet man den wertenden Begriff A. und spricht statt dessen allgemeiner von Volksglauben. Eine höher reflektierte Form ist der Okkultismus und Spiritismus. Die Parapsychologie erhebt den Anspruch, mit streng wissenschaftl. Methoden okkulte Phänomene zu untersuchen. Im A. findet sich aus den verschiedensten Traditionen herrührende Praxis, die in Zauberbüchern u.ä. gesammelt wurde. Teils stammen sie aus dem uralten heidnischen Bereich, teils sind sie der Form nach sogar christl., indem z.B. christl. Symbolik zu magischen Zwecken verwendet wird (L. Röhrich: »Zauberbücher«, RGG^3, VI, 1869ff). Oft steht deutlich erkennbar ein Analogiedenken hinter den Praktiken. Der A. ist unterscheidbar in einen noetischen und einen praktischen Bereich. Zum noetischen Bereich gehören alle Formen der Wahrsagerei oder Mantik (Glasrükken, Tischrücken, Pendeln, Buchstabentafel, Kartenlegen, Handlinienlesen, Horoskop, Bleigießen u.v.a.). Zum praktischen Bereich gehören vor allem Gesundheitszauber, ferner Schutzzauber, Amulette, Liebeszauber, Verfolgungszauber; sehr viele volkstümliche Zaubersprüche (L. Röhrich: »Zaubersprüche«, RGG^3, VI, 1873ff). Einen gewissen Raum nehmen auch zu meidende Bereiche ein, die angstbesetzt sind (Friedhof, offenes Grab, von Hexen beherrschte Gegenden), oder aber auch Unglückszeichen wie schwarze Katze, Käuzchenruf als Todeszeichen, Zahlensymbolik, Zahl 13, Tagewählerei.

Die Praktiken des A.s, insbesondere wo sie aktiv wahrgenommen werden, führen zu psychischen und geistl. Schäden, die in seelsorgerl. Gesprächen zutage treten. Für die Seelsorge ist eine gewisse psychotherapeutische Kenntnis unerläßlich, um pathologische Erscheinungen von okkult verursachten unterscheiden zu können. Im letzteren Fall ist die Anerkennung der Schuld in der persönlichen Beichte mit Zusage der Vergebung die richtige Art des geistl. Umgangs.

Lit.: K. Koch: Seelsorge und Okkultismus, [26]1985; L. Röhrich, P. Bauer: »Aberglaube«, RGG^3, I, 53-63.

K. Knauß

Abessinien → Äthiopien

Abfall vom Glauben → Apostasie

Ablaß

A. ist nur in der westl. Kirche und zwar seit dem 11. Jh. nachweisbar, zunächst in der theol. Diskussion, dann im kirchl. Vollzug. Voraussetzung dafür ist zum einen, daß die öffentliche Buße in den privaten Bereich verlagert wurde, und zum andern, daß – unter Einfluß germanischen Rechtsdenkens – persönliche Sündenstrafen durch Sachleistungen ersetzt werden können. So wird A. bis heute verstanden als »Nachlaß zeitlicher Strafe vor Gott für Sünden, deren Schuld schon getilgt ist, ... durch die Hilfe der Kirche, die im Dienst an der Erlösung den Schatz der Sühneleistungen Christi und der Heiligen autoritativ verwaltet und zuwendet«. (CIC, 1983, c. 992).

Eine Theologie des A.ses wurde von scholastischen Theologen (z.B. von → Albertus Magnus, → Bonaventura, → Thomas von Aquin) entworfen, von anderen jedoch verworfen (z.B. → Wyclif, → Hus, J. von Wesel, W. Gansfort u.a.). Die mittelalterl. Päpste benutzten den A. weithin als Belohnungs- und Disziplinierungsmittel (bei Teilnahme an Kreuzzügen, Wallfahrten, Besuch von Apostelkirchen in Rom, bei der Einführung des Heiligen Jahres u.a.) und zur umfassenden Finanzierung der Ausgaben der röm. Kurie. 1343 wurde von Clemens VI. der »Kirchenschatz« als offizielle Kirchenlehre erklärt.

M. → Luther hat mit den 95 Thesen 1517 den A. heftig kritisiert und die Vergebung aller Schuld auch auf die Befreiung von Sündenstrafen ausgedehnt. Nicht zufällig werden die 95 Thesen (These 1: das ganze Leben des Christen eine Buße) als entscheidender Markstein in der → Reformation angesehen. Das Konzil von Trient (1546 bis 1563) hat die Auswüchse des A.handelns behoben, aber die Theorie des A.ses gilt in der röm.-kath. Kirche bis zum heutigen Tag. K. Rahner hat ihn geistl. als »Fürbittehandlung der Kirche« interpretiert.

Lit.: G.A. Benrath: »Ablaß«, TRE 1, 1977, 347-364; W. Koehler: Dokumente zum Ablaßstreit, [2]1934; N. Paulus: Geschichte des Ablasses im Mittelalter, 3 Bde, 1922-1923; K. Rahner: Schriften zur Theologie II, 1955, 185-210; VII, 1967, 472-487.

G. Ruhbach

Abraham → Erzväter

Absolute, Das

1. Der Begriff

Der Begriff ist vom lat. *absolutus* (»losgelöst«) abzuleiten und kann erstens das unbedingte, ewige Sein bezeichnen, das in sich selbst notwendig ist im Gegensatz zu allem von ihm ursächlich abhängigen (und auf es zielgerichtet zustrebenden) Seienden. Insofern ist das A. Gegenstand der Metaphysik.

Zweitens kann das A. als eine letzte Gewißheit im Bereich der Erkenntnistheorie die Identität von Sein und Denken (die Reflexion über das Sein) beschreiben (vgl. → Aristoteles; → Hegel).

Drittens kann das A. ethisch als eine unbedingte und allg. gültige, weil in sich sinnvolle und notwendige moralische Norm verstanden werden im Kontrast zur Zeit- und Situationsbedingtheit menschlicher Konventionen.

2. Das Absolute in der idealistischen Philosophie

Das A. als Thema der Philosophie findet seine höchste Reflexionsgestalt im deutschen → Idealismus. Für den jungen J.G. → Fichte ist das »Ich« das absolute Prinzip der Transzendentalphilosophie, dem allein wahres Sein zukommt und das in titanenhafter Freiheit die Welt und ihre Wirklichkeit selbst entwirft und setzt. Erst in seinem Spätwerk erkennt Fichte als Grund und Grenze der Freiheit des absoluten Ich die Gottheit als das wahrhaft A. »Gott allein ist, und außer ihm ist nichts.«

Die eigentliche Philosophie des A.n entwarf F.W.J. → Schelling. Wie Fichte geht er vom absoluten Ich als dem letzten Realgrund der absoluten Freiheit aus, das er aber sogleich mit Gott identifiziert: »Gott ist nichts als das absolute Ich«. Diesen Gott stellt Schelling als die Aufhebung und Versöhnung aller Widersprüche und Entzweiungen vor. (Er ist gleichzeitig absolute Identität und totale Indifferenz von Geist und Natur, Ich und Nicht-Ich, Subjekt und Objekt). Er ist die absolute Einheit, in der alle Gegensätze ihren Ursprung und Ziel haben. Diese Versöhnung der Gegensätze vollzieht sich nun aber in Gott selbst in Form eines geschichtlichen Prozesses. Gott selbst tritt sich in einer Art Selbstentfremdung als Negation gegenüber, um in der Negation der Negation wieder zur Einheit mit sich selbst und damit zur Selbstaufhebung in der Absolutheit zu kommen. Die Geschichte ist der »Prozeß der vollendeten Bewußtwerdung und vollendeten Personalisierung Gottes«.

Der letztere Gedanke findet sich auch bei G.W.F. → Hegel wieder, in dessen Philosophie seine beiden Vordenker mit ihren Gedankenkomplexen selbst wieder zusammengefaßt und aufgehoben (im doppelten Sinne) werden. Das A. wird von ihm als der absolute Geist verstanden, der sich sowohl in der Welt- und Geistesgeschichte, als auch in den Naturvorgängen in immer neuen dialektischen Prozessen selbst entfaltet. Die Subjekt-Objekt-Spaltung ist bei ihm darin aufgehoben, daß der absolute Geist sich im endlichen Bewußtsein des Menschen selbst reflektiert, wodurch umgekehrt der Mensch selbst ein Teil des Weltgeistes ist. Auffallend an allen idealistischen, auf Absolutheit zielenden Systemen ist ein gewisser Hang zum Pantheismus, der Gott und Mensch bzw. Welt nicht mehr als Gegenüber denkt, sondern beide in jeweils verschiedener Weise identifiziert.

Die Kritik an derartigen Konzepten findet im 19. Jh. ihre bedeutendste Stimme in S. → Kierkegaard. Ein Zugang zum A.n ist für ihn nur in der radikalsubjektiven Entscheidung möglich. In der absoluten Wahl wählt der Mensch die Verzweiflung und damit das A. Im Gegensatz zu Schelling und Hegel findet im dialektischen Prozeß keine Versöhnung der Gegensätze statt, sondern die bleibende Unterschiedenheit von Gott und Mensch wird dokumentiert. Für Kierkegaard drückt sich aber gerade in diesem absoluten Unterschied zu Gott das absolute Verhältnis zu ihm aus. Die Skepsis Kierkegaards gegenüber einem rein intellektuellen Zugang zum A.n findet ihre Fortsetzung im → Agnostizismus, der die Möglichkeit einer phil. Behandlung des A.n überhaupt leugnet bzw. es für eine sinnleere Vokabel hält.

3. Das Absolute und der christliche Glaube

Vom Standpunkt des christl. Glaubens aus gesehen kann die Absolutheit Gottes allenfalls im Zusammenhang der Freiheit und Souveränität Gottes gegenüber seiner Schöpfung und den Geschöpfen thematisiert werden. Ansonsten ist aber bei der Rede von Gott der Begriff des A.n unangemessen, da er doch immer mit den phil. Vorstellungen der Unpersönlichkeit, Unwandelbarkeit, Leidenschaftslosigkeit etc. belastet ist. Demgegenüber stellt die bibl. Offenbarung Gott als in der Geschichte aktiv wirkende Persönlichkeit vor (vgl. 2Mo 3,14, wo die Selbstvorstellung Gottes im Sinne von »Ich werde mich – in der Geschichte – wirksam erweisen!« und nicht als Seinsprinzip gedeutet werden muß). Gott ist zwar Schöpfer dieser Welt, aber er geht nicht in ihr auf, sondern bleibt ihr gegenüber. Er schwebt nicht apathisch über der menschlichen Geschichte, sondern tritt in der Menschheit Christi in diese ein und erleidet am Kreuz den (Selbst-) Widerspruch des Menschen.

Die Antwort auf die Frage nach dem bibl. Gottesbegriff kann daher nicht ein System des A.n sein, das bei der Aseität Gottes (das An-sich-Sein Gottes) einsetzt, sondern nur die Nacherzählung seines geschichtl. Heilshandelns, das Gott selbst dem Menschen in der bibl. Offenbarung zugänglich gemacht hat.

Lit: W. Cramer: Das Absolute und das Kontingente, ^{2}1976; G. Huber: Das Sein und das Absolute, 1955; R. Kuhlen: »Absolut, das Absolute«, HWP 1, 12-31; J. Möller: Der Geist und das Absolute, 1951.

V. Gäckle

Absolutheit des Christentums

Die A.d.C. wird als theol. Frage seit dem Ende des → Idealismus diskutiert. Ihr Auftreten fällt zusammen mit dem näheren Bekanntwerden mit den großen Weltreligionen in der zweiten Hälfte des 19. Jh.s. Die A.d.C. wird verhandelt als die absolute Überlegenheit der christl. Religion den anderen Religionen gegenüber – wie → Hegel in seiner Religionsphilosophie vom Christentum als der »absoluten Religion« spricht. Ernst Troeltsch hat der Frage die Gestalt gegeben, daß das Christentum nicht dogmatisch absolut sei, daß es aber hist. den anderen Religionen gegenüber »höchststehend« sei. Das Problem ist damit auf die entwicklungsgeschichtliche Sicht verlagert – aber nicht gelöst. Heute wird die A.d.C. nicht mehr dogmatisch postuliert. Man verfährt oft wie G. Rosenkranz, daß Christus als das in seinem Wort stets absolut Neue sowohl dem Christentum wie den anderen Religionen gegenübersteht.

1. Zum rel. Glauben gehört in allen Religionen – auch im Buddhismus – die Überzeugung, mit dem eigenen Glauben der letztgültigen Wahrheit teilhaftig zu sein. Wer diese Überzeugung nicht aufbringt, hat an keiner Religion teil. So gewiß die Religionen alle die letztgültige Wahrheit über Gott, Welt und Mensch zu bringen überzeugt sind, sind sie Religionen. Die Christen haben in diesem Sinne stets ihren Glauben als letztgültige Wahrheit vertreten. Es ist eben in keinem anderen Heil als in Jesu Wort, Werk und Person (Apg 4,12). Der Muslim vertritt diese Überzeugung auch, und zwar in dem hist. Sinne, daß der → Koran zeitlich das letzte der heiligen Bücher und damit die abschließende → Offenbarung sei. Solche Konstruktionen sind Ausdruck der Überzeugung, der letztgültigen Wahrheit im eigenen Glauben teilhaftig zu sein. Kein rel. Glaube kann ohne diese Grundüberzeugung leben.

2. Der christl. Glaube hat stets diese Überzeugung vertreten. Aber wir haben zu zeigen, daß diese Grundüberzeugung, im christl. Glauben letztgültige Wahrheit zu leben, für Christen eine besondere Gestalt annimmt. Dies zeigen wir in dreifacher Richtung:

a. Christen leben in dreifacher Weise angefochten in ihrem christl. Selbstbewußtsein, und zwar erstens durch die Sakralisierung der christl. Botschaft, zweitens durch ihre Konfessionalisierung und drittens durch die Indigenisierung derselben. Die Sakralisierung der Botschaft Jesu ist allein dadurch gegeben, daß aus Jesus, dem israelit. Mann, der Kyrios wurde, der rel. verehrt wird. Die Konfessionalisierung zeigt, daß die christl. Wahrheit nur in der Gebrochenheit verschiedener konfessioneller Überzeugungen da ist. Die Indigenisierung bedeutet, daß die christl. Botschaft sich mit ihrem Eingehen in die verschiedenen Volkstümer und Kulturen »verändert«. Gott läßt sich auf die tief unterschiedenen Volkstümer und ihr Verstehen ein. Dies ist seine gnadenvolle immer erneute → Kondeszendenz. Das heißt: Wir haben als Inhalt unseres christl. Bewußtseins nicht eine zu Tage liegende Wahrheit, sondern durch Sakralisierung, Konfessionalisierung und Indigenisierung veränderte, verstellte und gebrochene Einsichten. Diese Tatsachen lassen uns in bezug auf die Vertretung unserer speziellen christl. Einsichten sehr bescheiden werden.

b. Christen begegnen Andersgläubigen mit der Liebe, die wir auch Ungerechten und Bösen schulden (Mt 5,43-48). Das heißt, Christen umgreifen Andersgläubige in der Liebe, die sie in ihren Überzeugungen achtet, ohne ihre Fremdheit zu leugnen. Paulus macht 1Kor 13 deutlich, daß diese Liebe zu einer Brücke des »Verstehens« werden wird, die uns mit Andersdenkenden verbindet. Diese Liebe läßt uns die tiefen Wahrheiten der fremden Religionen ahnen und macht uns deutlich, wieso die außerchristl. Religionen ihren Anhängern Lebenssinn und Weltgewißheit geben können.

c. Die Religionen sind ein Teil des Welthandelns Gottes. Wie er die Geschicke der Menschen leitet und regiert, wie er festsetzt, in welchen Grenzen sie wohnen sollen (Apg 17,26), so steht er hinter ihrer Suche nach Gott. Paulus hat Röm 1,22f deutlich gemacht, wieviel Leerheit und Selbsterhöhung die Menschen gerade in ihren Religionen investieren. Aber das ändert nichts daran, daß wir in allen Religionen, auch noch in der Entstellung, der Wirklichkeit des einen Gottes begegnen. Diese Einsicht läßt uns – wie angesichts der Schöpfung überhaupt – den Religionen mit der Ehrfurcht begegnen, die dem Welthandeln Gottes zukommt.

3. In dreifacher Hinsicht stehen Christen mit ihrer Wahrheitsüberzeugtheit den anderen Religionen sehr besonders gegenüber: Erstens mit der Bescheidenheit derer, die wissen, daß wir die Wahrheit nur in den »irdenen Gefäßen« unserer westeuropäischen Traditionen haben; zweitens mit der Liebe, die die Andersgläubigen als die, die sie sind, umgreift und sie hört; drittens in der Ehrfurcht, die den Menschen anderer Religionen als »Geschöpfen« des

einen Gottes zukommt. Diese dreifache Prägung christl. Umgangs mit den außerchristl. Religionen zeigt, wie der Christ, gerade weil er von der letztgültigen Wahrheit der christl. Botschaft überzeugt ist, sich von einer pauschalen Verurteilung anderer rel. Überzeugungen hüten muß, damit nicht er selbst, sondern das »Wort Gottes« zur Geltung kommt.

Lit.: H. Burkhardt: Die Wiederkehr der Religiosität, 1990; H.-G. Fritzsche: Lehrbuch der Dogmatik, Bd. I, 1964; S. Holm: Religionsphilosophie, 1960, 272ff; G.v.d. Leeuw: Der Mensch und die Religion, 1941; C.H. Ratschow: Die Religionen, HSTh Bd. 16, 1979; G. Rosenkranz: Was müssen wir heute unter Absolutheit des Christentums verstehen?, 1964; E. Troeltsch: Die Absolutheit des Christentums und die Religionsgeschichte, [3]1929.

C.H.Ratschow

Absolution → Beichte

Abstammungslehre → Darwin, Darwinismus; → Evolution

Abstinenz

A. (lat. Enthaltsamkeit; s.a. → Alkoholismus), bezeichnet die Enthaltung von Alkohol und anderen psychotropen Stoffen oder den Verzicht auf nichtstoffgebundenes süchtiges Verhalten.
Die Notwendigkeit zur A. ergibt sich aus der Unfähigkeit des Suchtkranken zum kontrollierten Umgang mit seinem Suchtmittel bzw. mit süchtigen Verhaltensweisen (z.B. Spielsucht).

1. Hindernisse für abstinente Lebensweise

a. Unkenntnis

In Gesellschaft und Gemeinde herrscht weithin die Meinung vor: Mäßigkeit genügt. Die gutgemeinte Aufforderung »Ein Glas schadet nicht« ist Verführung zum Rückfall.

b. Ächtung

Unsere Gesellschaft sieht Abstinente als komische Sektierer. Das bringt den abstinent lebenden Abhängigen in eine Außenseiterrolle, der er durch A. und Neuanfang gerade entgehen wollte.

c. Höchster Wert

Sein Suchtmittel ist für den Abhängigen zum Abgott geworden, auf den er nur über eine Wert-Neuorientierung verzichten kann.

2. Voraussetzungen dauerhafter Abstinenz

a. Persönlichkeits-Nachreifung

Die der Unfähigkeit des Abhängigen zur Lebens- und Konfliktbewältigung zugrundeliegenden Reifungsdefizite müssen angegangen werden (vertiefte Selbsterkenntnis, korrigierende emotionale Neuerfahrung, Einübung reiferer Beziehungsmodi), gerade auch, wenn A. durch geistlichen Neuanfang erreicht wurde. Der Nachreifungsprozeß sollte sich auch nach ambulanter oder stationärer Behandlung über Jahre fortsetzen und den Partner einbeziehen, sonst besteht Rückfallgefährdung durch unbewältigte Beziehungs-Konflikte.

b. Solidarität von Angehörigen und Gemeinde

Dauerhafte A. ist auch für den Ehepartner des Alkoholkranken notwendig. Die Wohnung des ehemaligen Abhängigen sollte alkoholfrei bleiben (Essenszubereitung, Gästebewirtung). Für Gemeindeveranstaltungen ist die beste Lösung genereller Alkohol-Verzicht, minimale Lösung wäre solidarische A. eines Teils der Gemeinde. Im Blick auf die Abendmahlsgemeinschaft wird volle Integration von Suchtkranken durch Verwendung von Traubensaft erreicht, Wein bringt akute Rückfallgefährdung. Zumindest ist ein Wahl-Angebot erforderlich, z.B. Saft in den ersten drei Reihen. Alkoholfreie Abendmahlsfeiern zu gesonderten Zeiten stellen eine wenig befriedigende Notlösung dar.

c. Selbsthilfegruppe

Der Anschluß an eine Selbsthilfegruppe (Blaues Kreuz, Freundeskreis u.a.) ist sowohl zur Förderung einer Behandlungs-Motivation mit Annahme der schmerzlichen Einsicht: »Ich bin Alkoholiker« wie auch als ganzheitliche Förderung nach ambulanter oder stationärer Therapie notwendig. Besondere Bedeutung hat das dort praktizierte Angebot einer Lebensgemeinschaft.

Lit.: H.H. Charles: Bibel und Alkohol. Biblische Aussagen als Orientierungshilfe, 1986; G. Döffinger: Suchtkranke und Gemeinde. Die Verantwortung der christlichen Gemeinde für Suchtkranke. [2]1977; E. Rieth: Ist Alkoholismus eine Krankheit?, 1985; ders.: Alkoholkrank? Eine Einführung in die Probleme des Alkoholismus für Betroffene, Angehörige und Helfer, [10]1989; ders.: Solidarischer Verzicht zur Hilfe für Suchtkranke?, 1989.

E. Rieth

Abtreibung

Unter A. versteht man die vorsätzliche Tötung der Leibesfrucht vor der Geburt. Der häufig verwende te Begriff »Schwangerschaftsabbruch« verdunkelt den Sachverhalt, daß A. nicht nur einen physiologischen Zustand der Frau beendet (dies geschieht auch durch einen Kaiserschnitt), sondern selbständiges menschliches Leben vernichtet. Noch problematischer ist der Begriff »Schwangerschaftsunterbrechung«, da er sowohl die Tötungshandlung als auch deren definitiven Charakter verhüllt.

Aber auch der Begriff A., der die gewaltsame Austreibung des Kindes aus der schützenden Gebärmutter umschreibt, ist nicht befriedigend, da auch er undeutlich läßt, daß es sich hierbei um Tötung menschlichen Lebens handelt.

Die ethische Bewertung der A. hängt entscheidend davon ab, welchen Status man dem vorgeburtlichen Leben zuerkennt. Völlig unstrittig ist, daß durch die Empfängnis (Vereinigung von Ei- und Samenzelle) ein biologisch eigenständiges Lebewesen entsteht, so daß A. in jedem Falle einen Tötungsakt darstellt. Bestritten wurde und wird allerdings immer wieder, daß mit der Befruchtung bereits menschlich-personales Leben vorliegt: In der mittelalterl. Theologie wurde z.B. unter dem Einfluß des → Aristoteles überwiegend die Theorie der Sukzessivbeseelung vertreten, nach welcher dem männlichen Embryo erst am 40., dem weiblichen am 80. Tag der vorgeburtlichen Entwicklung die Geistseele hinzugefügt wird, die ihn zum Menschen macht. Diese schon im Mittelalter (z.B. von → Albertus Magnus) kritisierte Auffassung entbehrt ebenso jeder Grundlage wie das von dem Biologen E. Haeckel 1866 formulierte sog. »biogenetische Grundgesetz«, nach dem die Leibesfrucht vor der Geburt zunächst tierische Entwicklungsstadien durchläuft. Nach den Erkenntnissen der modernen Humanembryologie (Blechschmidt u.a.) besitzt bereits die befruchtete Eizelle spezifisch menschlichen und individuellen Charakter. Humanembryologisch gilt das ontogenetische Grundgesetz: »Der Mensch wird nicht Mensch, sondern ist Mensch von Anfang an« (Blechschmidt). Da während der vorgeburtlichen Entwicklung nirgendwo eine Zäsur erkennbar ist, die ein vormenschliches von einem menschlich-beseelten Stadium trennt, spricht der empirische Befund ganz für die Theorie der Simultanbeseelung, die eine gleichzeitige Erschaffung von Geistseele und Leib in der Empfängnis annimmt. Diese Sicht findet ihre Bestätigung in der Bibel: Sowohl das AT (vgl. Ps 139,13; Jer 1,5 u.a.) als auch das NT (Lk 1,15.44; Gal 1,15 u.a.) spricht schon dem vorgeburtlichen Leben durchweg menschlich-personalen Charakter zu. Eine Leugnung des Menschseins ist in allen Phasen der pränatalen Entwicklung willkürlich und kann weder bibl. noch humanwissenschaftl. gerechtfertigt werden.

Für die ethische Bewertung ergibt sich daraus die folgenschwere Konsequenz, daß A. objektiv als Mord einzustufen ist (Barth, Bonhoeffer), da es sich bei ihr um die vorsätzliche Tötung eines wehrlosen und unschuldigen Menschen handelt, auch wenn subjektiv nicht immer das Bewußtsein vorhanden ist, daß ein Mensch getötet wird. A. ist eine eindeutige Übertretung des 5. Gebotes: »Du sollst nicht morden« (2. Mo 20,13). Schon die Alte Kirche (Didache, Tertullian, → Clemens v. Alexandrien, Augustinus, Synode v. Elvira u.a.) hat daher im (überwiegenden) Gegensatz zur heidnischen Antike von Anfang an A. grundsätzlich verworfen. Die mittelalterl. Kirche schwankte zwar unter dem Einfluß des vorchristl. Aristoteles in der Frage des Beginns menschlichen Lebens, bestritt gleichwohl aber nie die grundsätzliche Verwerflichkeit der A. Auch die stark vom Dekalog bestimmte Ethik der Reformatoren hielt daran fest, daß A. »ein furchtbares Verbrechen« (Calvin) darstellt. Reformat., röm.-kath. und orth. Ethik stimmen prinzipiell darin überein, daß das menschliche Leben von der Empfängnis an schutzwürdig ist und nicht angetastet werden darf. Die erst seit den 60er Jahren in Kirche und Theologie um sich greifende Propagierung eines Letztbestimmungsrechtes der schwangeren Frau in Grenzsituationen (bei Vertretern einer Situationsethik) oder gar eines (generell oder punktuell zuzugestehenden) »Rechtes« auf A. (bei Vertreterinnen der feministischen Theologie) steht im Widerspruch zur Hl. Schrift, zum reformat. Bekenntnis und zur Tradition der kath. und orth. Kirche.

Die grundsätzliche Verwerfung der A. kennzeichnet nicht nur die christl. Ethik, sondern ist für jede humanitäre Ethik konstitutiv. Denn das Grundrecht auf Leben ist die Voraussetzung für alle weiteren Rechte des Menschen. Die Infragestellung dieses Grundrechtes stellt die gesamte Ethik in Frage. Wer das Axiom der prinzipiellen Unverfügbarkeit menschlichen Lebens vor der Geburt preisgibt, kann es auch nicht mehr für den Menschen nach der Geburt plausibel machen. Die Ablehnung der A. findet sich daher keineswegs nur im spezifisch christl. Ethos, sondern auch in der vor- und außerchristl. Ethik (z.B. bei Hippokrates und der von ihm begründeten Medizin, im Judentum, Islam, Hinduismus und Buddhismus).

Da die Ablehnung der A. kein exklusives Merkmal christl. Ethik darstellt, sondern (als Konsequenz des allg. Tötungsverbotes) Teil einer alle Menschen verpflichtenden Schöpfungsethik, die grundsätzlich auch für Nichtchristen erkennbar ist (vgl. Röm 2,14f), muß das ungeborene Kind auch von der weltlichen Rechtsordnung geschützt werden. Das Recht des ungeborenen Menschen auf Leben ist ein von Gott verliehenes vorstaatliches Recht, das auch ein rel. neutraler Staat nicht preisgeben darf. Denn jeder Staat hat als von Gott autorisierte »Obrigkeit« die Pflicht, das Recht zu achten und dem Bösen durch Strafandrohung zu wehren (Röm 13,4). Die Rechtsstaatlichkeit jedes Staates steht und fällt damit, daß die von Gott gegebenen Rechte des Menschen durch die Rechtsordnung geschützt werden. Das deutsche Grundgesetz sichert daher ebenso das Lebensrecht des Ungeborenen zu (vgl. das Urteil des Bundesverfassungsgerichts vom 25. 2. 1975 zum GG Art. 2: »Jeder hat das Recht auf Leben und körperliche Unversehrtheit«) wie die UNO-Charta (deren »Recht auf Leben« sich laut Beschluß der UN-Vollversammlung vom 20. 11. 1959 ausdrücklich auch auf den vorgeburtlichen Menschen bezieht). Die seit der Einschränkung des Abtreibungsverbotes durch die Bolschewisten in der UdSSR (18.11.1920) um sich greifende Liberalisierung der Abtreibungsgesetze in vielen Staaten der Welt ist daher nicht nur aus christl., sondern auch aus humanitärer und rechtsstaatlicher Sicht abzulehnen. Abgesehen von dem (heute nicht oder äußerst selten vorkommenden) Grenzfall der sog. vitalen Indikation (bei der das Leben der Mutter bedroht ist) ist kein Staat berechtigt, die Schutzpflicht für das Lebensrecht des ungeborenen Menschen durch Indikationen oder Fristen einzuschränken oder gar ganz aufzuheben. Weder die sog. eugenische (bei befürchteter Erbschädigung des Kindes) noch die kriminologische (bei Vergewaltigung) oder soziale Indikation (bei einer psycho-sozialen Notlage) kann eine A. ethisch oder rechtsstaatlich legitimieren, da das Recht auf Leben immer Vorrang hat vor Einschränkungen der Lebensqualität. Der Staat ist daher auch in diesen Fällen nicht befugt, auf eine Strafandrohung teilweise oder generell zu verzichten. Ein Spielraum zur Flexibilität besteht nicht hinsichtlich der Strafandrohung als solcher, sondern allenfalls hinsichtlich des Strafmaßes, das (wie bei anderen Vergehen auch) entsprechend den Umständen und der (bei Schwangeren häufig verminderten) Schuldfähigkeit dem Einzelfall angepaßt werden kann.

Die eingeschränkte oder völlige Freigabe der A. führt erfahrungsgemäß zu einer Vervielfachung der A.szahlen und zur Pervertierung von Staat, Gesellschaft und Arzttum. Angesichts der Herausforderung durch die nachchristl. »Abtreibungsgesellschaft« hat die christl. Kirche die Aufgabe, in Verkündigung, Gebet, Seelsorge und diakon. Hilfe für den Schutz ungeborener Kinder und eine kinderfreundliche Gesellschaft einzutreten und den schuldig Gewordenen die Gnade der Umkehr und der Vergebung Gottes anzubieten. Sie hat als Anwältin des göttlichen Gebotes und der Menschenwürde das Bewußtsein dafür wachzuhalten, daß die humanitäre Grundlage von Staat und Medizin nur solange gegeben ist, solange das menschliche Leben von der Empfängnis bis zum natürlichen Tod respektiert wird.

Lit.: K. Barth: KD III/4, 1951, 473ff; R. Beckmann et al.: Abtreibung in der Diskussion, 1991; E. Blechschmidt: Wie beginnt das menschliche Leben?, [4]1976; K. Bockmühl: Die Beurteilung der Abtreibung in der Frühzeit der Kirche, ThB 3 (1972), 34-43; D. Bonhoeffer: Ethik, 1949, 194ff; E. Coreth: Das ungeborene Kind als Person, Arzt und Christ 27 (1981), 76-80; U. Eibach: Abtreibung – Selbstbestimmung contra Lebensschutz? 1991; Europäische Ärzteaktion: Alarm um die Abtreibung, 2 Bde, 1989; M. Gante: § 218 in der Diskussion, 1991; B. Häring: Das Gesetz Christl. Moraltheologie, 1954, 1008ff; P. Hoffacker et al. (Hg.): Auf Leben und Tod. Abtreibung in der Diskussion, [5]1991; J. Mausbach, G. Ermecke: Katholische Moraltheologie, III., 1953, 81ff; W. Neuer: Wann beginnt menschliches Leben?, factum 4 (1982), 27-29; 6 (1984), 26-28; K. Simpfendörfer: Verlust der Liebe. Mit Simone de Beauvoir in die Abtreibungsgesellschaft, 1990; H. Thielicke: Sex. Ethik der Geschlechtlichkeit, 1966, 243ff; W. Trillhaas: Sexualethik 1969, 133ff; B. u. C. Willke: Abtreibung – die fragwürdige Entscheidung, 1982.

W. Neuer

Adam

1. Das Wort A. wird in der Hl. Schrift stets in der Einzahl gebraucht und bezeichnet (mit dem Artikel *hā-* ʾādām) kollektiv den Menschen schlechthin, dient aber in 1Mo 1-5 und bei Paulus auch als Eigenname des ersten Menschen. Nach dem ersten Schöpfungsbericht (1Mo 1,26-30) wird der Mensch als Mann und Frau nach dem Bild und der Ähnlichkeit Gottes geschaffen; d.h. er gleicht in seiner Gestalt wie ein Sohn seinem Vater und ist als Krone der Schöpfung der Stellvertreter und Partner des unsichtbaren Gottes. Er hat den Auftrag, die Tiere zu beherrschen (1,28), ihr Leben zu schützen und den Frieden zu sichern (pflanzliche Nahrung! 1,29f); so offenbart er Gott als den gütigen Schöpfer einer sehr guten Welt (1,31). Deshalb soll er sich auf der Erde verbreiten (1,28); er wird Ahnherr eines ganzen Geschlechts und steht am Anfang der Geschichte (*tôlēdōth*, 5,1). Der zweite Bericht (1Mo 2,4b-25) ergänzt den ersten, zeigt aber die Fragwürdigkeit des menschlichen Daseins, sofern dieses ohne Bindung an Gott geführt wird. Der Mensch

(ʾādām) entstand ja als ein von Gott aus Erdenstaub (ʾădāmāh) geformtes Gebilde, dem der Lebenshauch eingeblasen wurde (2,7); dieser kann ihm jederzeit wieder entzogen werden, worauf der Mensch wieder zur Erde zurückkehrt (1Mo 3,19; Ps 139,15; Hiob 10,9; 22,4.6). Er bedarf auch eines Gegenübers, das ihm Gehilfin ist (1Mo 2,18.20); nach 2,22f wird Eva aus A. »gebaut« und »Männin« (ʾischschāh) genannt. Diese schöpfungsmäßige Zusammengehörigkeit von Mann und Frau wird durch die Übertretung von Gottes Verbot stark beeinträchtigt (3,7.12); das gleiche gilt vom Verhältnis Mensch-Tier (3,15), Mensch-Ackerland (3,17-19) und vor allem Mensch-Gott (3,22-24). Aber die Fürsorge Gottes für den Menschen hört nicht auf (3,21), und die Liebe der Frau ist stärker als die Furcht vor Leid und Schmerz (3,16.20). Jedoch gewinnt die Sünde die Oberhand (1Mo 4,7ff: Kain); durch den (teilweisen) Entzug des Gottesgeistes wird der fleischliche Mensch führungslos und böse (1Mo 6,3.5.12; 8,21).

2. Jesus konnte über die Weisung Moses hinaus zurückgehen zur »Grundordnung der Schöpfung« (*archē ktiseōs*, Mk 10,6), wenn es den eigentlichen Willen Gottes zu finden galt, so hinsichtlich der Ehe (Mk 10,6-9, vgl. 1Mo 1,27; 2,24 gegen 5Mo 24,1). In der Versuchungsgeschichte und auch bei den Heilungswundern erscheint Jesus als das Gegenbild zum ersten Menschen, weil er durch seinen Gehorsam die Anschläge des Teufels (Mk 1,13; Mt 4,1-11 par; vgl. 1Mo 3,15) und durch seinen lebenschenkenden Geist die Folgen des Falls überwand (Jes 11,6-9; Mk 3,4-6). Unter den Evangelisten hat besonders Johannes den Christus als lebendig machenden Geist und somit als endzeitlichen A. bezeugt: Der Sohn hat wie der Vater das Leben in ihm selbst (5,26); er kann deshalb Menschen heilen und sogar die Toten auferwecken (5,1-21.25-29); er verleiht den Geist des Lebens (20,22; vgl. 1Kor 15,45; 1Mo 2,7).

3. Für Paulus hat die Übertretung des einen Menschen dazu geführt, daß die Macht der → Sünde und mit ihr der → Tod als Strafe in die Welt hereinkamen und alle Menschen erreichten (Röm 5,12.16). Die Sünde wird nicht etwa vererbt; vielmehr übertreten alle Menschen wie der erste Gottes Gebot (5,12: »...weil sie alle gesündigt haben«; vgl. Röm 7,7-13; 1Mo 3; 4,7; 6,3ff; 8,21); sie unterliegen der Macht der Sünde und sind deshalb dem Tod verfallen (Röm 5,14.17.20f), der auch die Schöpfung beherrscht (8,20). Der Gehorsam des endzeitlichen Christus, der als präexistenter Gottessohn und als gerechter Gottesknecht die Gottebenbildlichkeit von 1Mo 1,26f besitzt (2Kor 4,4; Kol 1,15-20), gipfelte in seinem Sühnetod am Kreuz (Phil 2,6-11). Gottes Gnade in Christus wirkt mächtiger als die Übertretung A.s, weil sie den Sünder rechtfertigt (Röm 5,16; 5,6.8). Durch seine Auferstehung hat Christus auch über den durch A. verschuldeten Tod triumphiert (1Kor 15,21f); er wurde zum endzeitlichen A. und lebenschaffenden Geist (1Kor 15,45.47). Als solcher trägt er nicht mehr den irdischen, psychischen und vergänglichen Fleischesleib, sondern den Geistesleib der himmlischen Wesen (15,47f). Ja, er wird durch den Geist die Seinen in diese neue Leiblichkeit verwandeln (Phil 3,21), ihnen die verlorene Herrlichkeit (Röm 3,23) und Gottebenbildlichkeit wiedergeben (8,29); es strahlen jetzt schon Geist und Herrlichkeit von seinem Angesicht (2Kor 3,18; 4,6). Vollendet wird diese Verwandlung und Restitution mit der Auferstehung (Röm 8,29).

4. Die paulin. Lehre von der Kirche als dem geistl. Leib Christi ist ebenfalls auf dieser Typologie begründet: Wie Eva von Gott aus der Rippe A.s als dessen Frau »gebaut« wurde (1Mo 2,22f), so »baute« Gott die Kirche als endzeitliche Braut und geistl. Leib des zweiten A.; sie ist Geist von seinem Geist, ihre Glieder sind Glieder an seinem Leib (Eph 5,25-32; vgl. 1Mo 2,23f).

5. Nach gnostischer Vorstellung wurde der Leib des irdischen A. von den Mächten des bösen Demiurgen Jaldabaoth geschaffen. In umgekehrter Richtung wurde die Vorstellung vom Ebenbild (*eiko99n*) ausgewertet. Der himmlische Gott »Mensch«, der »erste Mensch« (Irenäus I,30), ist Träger des Urbilds (Ap Joh BG 100,14; 108.10; vgl. Jes 40,18); dementsprechend wurde die Bezeichnung »Sohn des Menschen« auf den himmlischen Christus angewendet.

Lit.: O. Betz: »Adam«, TRE 1, 1977, 414-424; ders: Der fleischliche Mensch und das geistliche Gesetz, in: Jesus, der Herr der Kirche, 1990, 129-196; H.-W. Park: Die Vorstellung vom Leib Christi, Diss. Tübingen 1988; H.-M. Schenke: Der Gott »Mensch« in der Gnosis, 1962.

O. Betz

Adelshofen

A., ursprünglich ein kleines Dorf, heute Stadtteil von Eppingen/Lkr. Heilbronn, ist Sitz des »Lebenszentrums Adelshofen«, eines freien Missionswerks innerhalb der ev. Landeskirche auf der Glaubensbasis der Ev. → Allianz. Die Anfänge des Lebenszentrums liegen in einem geistl. Aufbruch in der Kirchengemeinde im Jahre 1955 unter dem Ortspfarrer Dr. Otto Riecker. 1958 gründete er die »Bibelschule Adelshofen«. In einem vierjährigen Studienprogramm der von der → Europ. Evangelikalen Akkreditierungsvereinigung anerkannten Fachschule für Theologie und Mission werden gegenwärtig 60-70 Männer und Frauen für vollzeitliche Verkündigungsdienst in Gemeinde und Mission ausgebildet. Die Bibelschule ist Mitglied der → Konferenz bibeltreuer Ausbildungsstätten und der → Arbeitsgemeinschaft Evangelikaler Missionen.

Im einjährigen mission.-diakon. Trainingsprogramm der »Lebensschule« können junge Menschen geistl. Leben und Christsein im Alltag praktizieren. Das »Lebenszentrum« wirkt durch Freizeiten, Seminare, Treffen und gemeindeintegrierte Evangelisation nach außen. Träger ist die »Kommunität Adelshofen e.V.«, eine im Jahre 1962 entstandene ev. Bruder- und Schwesternschaft (z.Zt. 12 ledige Brüder/31 Schwestern), der seit einigen Jahren auch eine Familiengemeinschaft zugeordnet ist.

Lit.: »Geschaffen aus dem Nichts« (Selbstdarstellung im Eigenverlag); Aus dem Lebenszentrum Adelshofen (Rundbrief viermal pro Jahr); O. Föller: Verbindliches Leben; O. Riecker: ... mit 60 fing mein Leben an.

P. Lohmann

Adiaphora

Der Begriff A. (von griech. »das nicht Unterschiedene«) entstammt der Ethik der Stoa und war Bezeichnung für Dinge, die als ethisch neutral galten: Leben, Ruhm, Schönheit, Gesundheit und deren Gegenteil. Für die Stoiker waren sie weder erstrebenswert noch abzulehnen. Sie fielen einem zu, aber man wählte sie nicht. Doch man erkannte schon in der späten Stoa, daß sog. wertneutrale Dinge ihre sittliche Neutralität verlieren, sobald der Mensch mit ihnen umgeht. So wurde der Begriff A. mehr und mehr auf Handlungen und Handlungsbereiche des Menschen bezogen. Hinter dem Begriff steckt eine Fragestellung, die sowohl für das Recht wie für die Ethik bedeutsam ist: Was ist geboten? Was ist verboten? Was liegt in der Entscheidungsfreiheit des einzelnen? Es entstehen also ethische Freiräume, die weder durch ein Gebot noch durch ein Verbot abgedeckt sind.

Auch die christl. → Ethik hat diese Problematik aufgegriffen. Es gab zwei bedeutende Auseinandersetzungen in dieser Hinsicht. Bei dem sog. ersten adiaphoristischen Streit (1548-52) ging es darum, ob man um des kirchl. Friedens willen kath. Bräuche im ev. Gottesdienst wieder einführen solle (z.B. sieben Sakramente, Bilder, Fasten). → Melanchthon war dieser Meinung, der Lutherschüler → Flacius dagegen behauptete, »in statu confessionis« (wenn es um das Bekennen gehe) könne es keine A. geben.

Ein zweiter adiaphoristischer Streit fand gegen Ende des 17. Jh.s zunächst zwischen Lutheranern und Calvinisten statt hinsichtlich der Stellung zu den weltlichen Vergnügungen wie Tanz, Mode, Musik. Die Lutheraner hielten diese Dinge für harmlose A., und luth. Frömmigkeit hat bis heute eher dazu geneigt, sie als unbedenkliche Mitteldinge anzusehen. Die Calvinisten hielten sie für Sünde. Calvinistisch geprägte Frömmigkeit, gerade auch im englisch-amerikanischen Puritanismus, hat diese Meinung oft vertreten. In diesem Sinne haben damals auch Hamburger Pietisten aus Anlaß eines Theaterbaus entschieden, daß Theaterbesuch, aber auch Tanz, Tabakgenuß und ähnliche weltliche Vergnügen, an sich und nicht erst durch ihren Mißbrauch sündig seien. Diese Sicht hat im → Pietismus bis in die Gegenwart weitergewirkt.

Versucht man das Problem bibl.-theol. zu beleuchten, so wird man sagen können: In einer christl. Ethik sollten weder A. (als ethisch wertneutrale Freiräume) ausgegrenzt werden, noch sollte man bestimmte Mitteldinge grundsätzlich als verboten ansehen. Denn Christus hat uns nicht in erster Linie eine Summe von Geboten und Verboten hinterlassen, um das Verhältnis zu ihm zu regeln. Vielmehr hat er uns im Glauben an seine Person gebunden. Dabei schließen sich Bindung an Christus und bibl. Weisungen nicht aus. Die Weisungen der Schrift, die ohnehin nie alle möglichen Fälle abdekken können, sind vielmehr der Rahmen unseres Handelns. In jeder neuen Situation wird dieser Rahmen durch geistl. Prüfen im Sinne von Röm 12,2 zu füllen sein. So wird sich kein Gebiet dem Einfluß Christi entziehen. Damit unterliegen die Dinge und Handlungsbereiche, die gern als A. bzw. Mitteldinge angesehen werden, weder einer grundsätzlichen Verharmlosung noch einer grundsätzlichen Verteufelung. Vielmehr gilt, was K. → Heim in seiner Ethik so ausdrückt: »Die gesamte Schöpfung trägt den Widerstreit in sich: Alles ist gut, was aus Gottes Schöpferhand hervorgegangen ist; aber alles Geschaffene enthält an jeder Stelle die Möglichkeit einer dämonischen Lösung vom Schöpfer.« Jede Schöpfergabe an den Menschen und alles, was menschliches Kulturschaffen daraus gemacht hat, kann mißbraucht werden. Der edelste Kunstgenuß, die hingebungsvollste Arbeit können den Menschen vom Herrn und Schöpfer lösen und an das Geschaffene binden. Daneben kann froher Genuß verschiedenster irdischer Gaben Ausdruck dankbarer Hingabe an Gott sein (1Tim 4,4f; 6,17).

Die Frage wird immer wieder lauten müssen: Kann ich guten Gewissens für das danken, was ich gerade tue? Dieser dankbare Gebrauch wird nicht möglich sein, wo Dinge, die der eine unbeschadet tun bzw. genießen kann, dem Nächsten zur Versuchung werden und seinen Glaubensstand gefährden. Im NT behandelt Paulus diese Frage im Zusammenhang mit dem Genuß von Götzenopferfleisch (Röm 14; 1Kor 8). Auch kann der einzelne selber in Gefahr geraten. So erhält jede grundsätzliche Freigabe (1Kor 10,23; 6,12: »Es ist mir alles erlaubt«) ihre Grenze an der den Glauben schädigenden Macht, die bestimmte Dinge für bestimmte Menschen zu bestimmten Zeiten haben können. Dies gilt es geistl. zu prüfen. Paulus stellt hier kein enges Netz von Vorschriften auf.

Neben diesen mehr individualethischen Problemen entstehen in der modernen Welt vor allem in den Bereichen Umwelt, Technik und Wissenschaft große sozialethische Aufgaben. Denn auch hier gibt es keine wertneutralen Bereiche. Atomforschung und Genforschung mit ihren Ergebnissen und technologischen Möglichkeiten sind Warnsignale (vgl. → Bioethik; → Biotechnologie). Ein reines Verbieten allein nützt wenig. Ganz neue ethische Überlegungen müssen angestellt werden. Im Sinne eines ethischen Nachholbedarfs müssen die Folgen bestimmter Entscheidungen auf den genannten Gebieten neu bedacht werden. Wir müssen auch an die kommenden Generationen denken und Sachwalter ihrer Interessen werden. An die Stelle ethischer Freiräume tritt damit verantwortliche Haushalterschaft über alle Gaben Gottes.

Lit.: K.H. Bormuth: Alte Gebote, neue Moral; K. Heim: Die christliche Ethik, 1955, 138ff; N.H. Søe: Christliche Ethik, 1965, § 28; W. Trillhaas: Ethik, 1959, 63ff, ³1970, 75ff.

K.H. Bormuth

Adiaphoristische Streitigkeiten → Adiaphora

Adoptianer

Im 2. Jh. n.Chr. bildeten sich bei der Auseinandersetzung, wie Gott als Vater, Sohn und Hl. Geist sich zueinander verhalten, zwei Grundpositionen heraus: die → Logoschristologie und der → Monarchianismus. Der Monarchianismus teilte sich in zwei Ausprägungen auf, die Modalisten und die Dynamisten bzw. A. Während die Modalisten von drei zeitlich verschiedenen Offenbarungsweisen Gottes in der Geschichte sprachen, unterschieden die A. zwischen verschiedenen personhaft ausgebildeten Kräften Gottes. Christus ist durch Einwirken des Hl. Geistes Mensch geworden und in der Taufe mit dem Geist Gottes erfüllt, aber keineswegs zu Gott geworden. Unter Wahrung der Einzelpersönlichkeit Gottes wurde damit die Gottheit Christi fallengelassen und der Hl. Geist nur als unpersönliche Kraft angesehen.

Schon im 2. und 3. Jh. wurde diese Vorstellung von der Kirche, z.B. von Victor von Rom, verworfen. Nur durch die kirchl. Ketzerpolemik sind uns Namen erhalten wie Theodot der Gerber, Theodot der Wechsler, Asklepiades (u.a.) in Rom und dann besonders Paul von Samosata, von ca. 260-272 Bischof von Antiochia und Metropolit in Syrien. Mehrere Synoden und kaiserliche Hilfe waren erforderlich, um Paul seines Amtes zu entheben und den Adoptianismus endgültig niederzuringen. Lediglich im 8. Jh. gab es in Spanien noch einmal einen kurzen adoptianischen Streit, der von → Alkuin zu Gunsten der kirchl. Position beendet wurde.

Lit.: G. Kretschmar: Studien zur frühchristlichen Trinitätstheologie, 1956; F. Loofs: Paul von Samosata, 1924.

G. Ruhbach

Adoptianismus → Adoptianer; → Jesus Christus

Adoption

A., Annahme als Kind, ist die vollständige rechtliche Integration eines Minderjährigen in eine neue Familie. Durch die A. erlischt das Verwandtschaftsverhältnis zur Herkunftsfamilie, und der Adoptierte erhält die rechtliche Stellung eines ehelichen Kindes des Annehmenden (Volladoption – §§ 1741 ff BGB). Für die A. Volljähriger gelten Sonderregelungen (§§ 1767 ff BGB). Staatlich anerkannte A.svermittlungsstellen suchen für Kinder, die nicht in ihrer leiblichen Familie aufwachsen können, neue Eltern. Ihre Aufgabe ist es, das A.sverfahren mit allen Beteiligten gründlich vorzubereiten, die abgebenden und annehmenden Eltern umfassend zu beraten, die Vermittlung durchzuführen und das juristische Verfahren zum Abschluß zu führen. Sie haben außerdem die nachgehende Beratung und Begleitung der A.sfamilie sicherzustellen. Oberste Handlungsmaxime ist das Wohl des betroffenen Kindes. Das A.svermittlungsgesetz vom 1.1.1977 läßt nur speziell anerkannte Stellen bei Jugendämtern und freien Trägern der Jugendhilfe (z.B. Diakonie) zur A.svermittlung zu. Anderen Personen ist die A.svermittlung verboten.

Die A.svermittlung ist eine genuine Aufgabe der → Diakonie. Seit der Urgemeinde haben sich Christen, die von Gott angenommen und in die Gotteskindschaft eingesetzt – also adoptiert – wurden, zuständig und verantwortlich gefühlt für diejenigen, die keine Geborgenheit haben. Diese Motivation bewegte → J.H. Wichern und die Väter der Inneren Mission ebenso wie die jetzt in den A.sdiensten der Diakonie tätigen Fachleute. – Die ev. A.svermittlungsstellen widmen sich heute schwerpunktmäßig auch der Suche nach belastbaren A.s- oder Pflegeeltern für etwas ältere oder behinderte Kinder und der Beratung unfreiwillig kinderloser Paare.

Lit.: U. Gerber (Hg.): Ja – zum angenommenen Kind, [4]1987; P. Hillegaart (Hg.): Adoption: Kindeswohl und Kinderwunsch, 1990; V. Krolzik, W. Salzmann (Hg.): Kind um jeden Preis?, 1989.

V. Krolzik

Adveniat

Am 30. August 1961 wurde auf Initiative des Essener Bischofs Franz Hengsbach von der → Deutschen Bischofskonferenz A. gegründet. Der Name wurde von der zweiten Vaterunserbitte *Adveniat regnum tuum*, »Zu uns komme dein Reich«, genommen.

An der Aktion beteiligen sich seit dem Jahr 1961 alle 22 westdeutschen Diözesen, indem sie am Weihnachstfest eines jeden Jahres eine gemeinsame Kollekte für die seelsorgerl. Aufgaben der Kirche in Lateinamerika veranstalten. 1990 betrug das Kollektenergebnis DM 134 Mio. Von seiner Grundidee her ist A. weniger ein materielles als vielmehr ein spirituelles und pastorales Werk. »Dieses Werk hat einen Geist, ein kirchliches und pastorales Bewußtsein, es ist ein Werk echter, wirklicher Evangelisierung und deshalb beispielhaft und von Gott gesegnet« (Kardinal Sebastiano Baggio).

So will sich A. einordnen in die lange Tradition innerkirchl. Solidarität. Hilfsaktionen gab es in allen Jh.en, z.B. ordnete der Apostel Paulus in den vermögenden Gemeinden des griech.-kleinasiat. Raumes eine Kollekte an für die unter Verfolgung und Not leidende Urgemeinde in Jerusalem. Das Treffen der lateinamerikanischen Bischofskonferenz in Medellin 1968 erweiterte die bisher streng pastorale Intention A.s um die sozial-rel. und polit. Dimension, das von Puebla 1979 um die Grundidee der »Evangelisierung«.

Anträge auf eine Beihilfe für ihre pastorale Arbeit in Lateinamerika können alle Bischöfe, Priester, Ordensleute, Laienbewegungen, Pfarrgemeinderäte und andere kirchl. Institutionen einreichen. Im Jahre 1990 trafen über 8.000 Anträge bei A. ein. Dabei erarbeiten die Partner in Lateinamerika eigenständig ihr Konzept.

Lit.: Adveniat. 20 Jahre bischöfliche Aktion Adveniat. Dokumente/Projekte 21, 1981.

K. Wittstadt

Advent

Das lat. Wort *adventus*, »Ankunft«, bezeichnet im christl. Sprachgebrauch sowohl das erste Kommen Jesu Christi zu den Menschen, seine Erscheinung »im Fleisch« (1Tim 3,16), als auch seine Wiederkunft am Ende der Zeiten (1Tim 6,14). Daneben kannte die altprot. Orthodoxie in ihrer Lehre vom *triplex adventus domoni* (»dreifache Ankunft des Herrn«) noch das Kommen Christi im hl. Geist durch Wort und Sakrament. Die A.szeit ist durch beide Bedeutungsaspekte bestimmt: Sie ist Vorbereitungszeit auf das Geburtsfest Christi, das am 25. Dezember gefeiert wird, und sie steht im Zeichen der Erwartung seiner zweiten, endgültigen Ankunft. Unter beiden Aspekten ist sie eine Zeit freudiger Erwartung und bußbereiter Besinnung, die von der Gewißheit der Ankunft Christi hier und jetzt – in der Gemeinde und im Herzen der Glaubenden – lebt. Ihre liturg. Feier geht vermutlich auf einen östl. Brauch zurück, zur Vorbereitung auf das Fest der Erscheinung Christi (→ Epiphanias) zu fasten.

Dauer und Abgrenzung der A.szeit waren zunächst fließend. Die Kirchen des Abendlandes begehen heute vier A.ssonntage vor dem Weihnachtsfest. Neben endzeitlichen Themen begegnen in den gottesdienstl. Lesungen die Gestalten Johannes des Täufers (Mt 11,2-10), Marias (Lk 1,39-56) und der Bericht über den Einzug Jesu in Jerusalem (Mt 21,1-9), der prägend für die ev. A.sfrömmigkeit wurde. Die liturg. Farbe ist violett; das »Ehre sei Gott in der Höhe« wird nicht gesungen.

Zum adventlichen Brauchtum gehört der (vermutlich noch recht junge) A.skranz, der – als »Krone« gedeutet - den herrscherlichen Aspekt von *adventus* zum Ausdruck bringt (vgl. EKG 6: »Macht hoch die Tür«).

Lit.: K.H. Bieritz: Das Kirchenjahr. Feste, Gedenk- und Feiertage in Geschichte und Gegenwart, [3]1991.

K.H. Bieritz

Adventisten

1. Geschichte

Die Vorgeschichte der Gemeinschaft der Siebten-Tags-A. (STA) ist durch eine erwecklich ausgerichtete und von endzeitlich-apokalyptischen Motiven durchzogene Bewegung geprägt, die von dem Farmer und theol. Autodidakten William Miller (1782-1849) ins Leben gerufen worden war. Sie ist von Konrad F. Mueller eingehend beschrieben worden.

Nachdem der 22. Oktober 1844 als berechneter Termin für die Wiederkunft Christi verstrichen war, wurde die Enttäuschung unter den Adventgläubigen dadurch abgemildert, daß der Farmer Hiram Edson (1806-1882) die Gewißheit erhielt, Christus sei an dem Tag in das Allerheiligste des himmlischen Heiligtums eingetreten, um dort seinen »Schlußdienst« zu beginnen. Das Nichterscheinen Christi auf Erden ist somit erklärt; zugleich kann an der Naherwartung festgehalten werden. Dazu brachte Joseph Bates (1792-1872) von der Gemeinschaft der Siebten-Tags-Baptisten die Sabbatlehre mit. Der organisatorisch geschickte James White (1821-1881) heiratete 1846 die Visionärin Ellen Gould Harmon (1827-1915); bald nach der Hochzeit hielten sie den Sabbat.

Einige Zeit später sah Ellen G. White in einer Vision die Gesetzestafeln im himmlischen Heiligtum, wobei das Sabbatgebot hervorstach. Daraus folgerte man, daß die Heiligung des Sabbats (und nicht des Sonntags) die eigentliche Trennwand zwischen dem wahren Israel und den Ungläubigen sei. Die »Unterscheidungslehren« - vor allem die Engelsbotschaft nach Offb 14,6-12 und die Sabbatheiligung - führten zur Herausbildung eines eigenen kirchl. Selbstbewußtseins. Im Namen der 1863 gegründeten Gemeinschaft drückte man zwei fundamentale Sonderlehren (Sabbat und Naherwartung) aus. Ellen G. White gilt als endzeitliche Trägerin des »Geistes der Weissagung«.

2. Lehre

Die STA teilen mit allen Christen den Glauben an den dreieinigen Gott der Bibel. Die Bibel ist maßgebende Offenbarungsquelle und Grundlage des Glaubens, wobei Jesus Christus der zentrale Fixpunkt der Offenbarung ist. Der Mensch gelangt durch Christus wieder zu seiner ursprünglichen Bestimmung und gilt als Einheit. Von daher erklärt sich der Einsatz der STA auf den Gebieten der (Präventiv)Medizin, Vollwertkost, Gesundheitserziehung (Enthaltsamkeit von Alkohol, Tabak sowie Medikamenten- und Drogenmißbrauch). Die → Taufe wird an Glaubenden als Bekenntnistaufe vollzogen. Dem → Abendmahl mit ungesäuertem Brot und Traubensaft bzw. alkoholfreiem Wein geht die → Fußwaschung voraus. Der Sabbat wird geheiligt. Damit ihre Kinder am Sabbat nicht die öffentlichen Schulen zu besuchen brauchten, bauten die STA auf einer ganzheitlichen Pädagogik ihr eigenes Schulwesen auf. Sie unterhalten weltweit ca. 5.500 Schulen und Hochschulen mit ca. 40.000 Lehrkräften. Anklänge an einen in der Frühzeit zum Ausdruck gebrachten Ausschließlichkeitsanspruch finden sich heute nur noch in den Aussagen über die Schar der »Übrigen«, die herausgerufen ist, um Gottes Gebote zu halten. Der mission.-evangelist. Einsatz, auch unter Ausnutzung neuer Medien, ist vorbildlich. Heute gibt es mehr als sieben Mio. Adventisten in 190 Ländern.

3. Organisation

Die Einzelgemeinde ordnet im Rahmen allg. Regeln ihre Angelegenheiten durch den Gemeindeausschuß. Hauptamtliche Prediger werden von der Vereinigung zugewiesen. Mehrere Vereinigungen bilden einen Verband. Darüber gibt es zwölf Divisionen. Die Generalkonferenz, die alle fünf Jahre zusammentritt, ist die höchste Verwaltungs- und Rechtsinstanz. 1980 schuf die Generalkonferenz einen »Rat für zwischenkirchliche Beziehungen«. Eine vorsichtige Annäherung an Kirchen und ökumen. Arbeitsgemeinschaften ist zu beobachten. Die teils selbstgewählte, teils auferlegte Isolation, die den STA den Beigeschmack einer Sekte gaben, kann überwunden werden. Die Gemeinschaft ist heute als eine Freikirche anzusprechen.

Lit.: E. Geldbach: Freikirchen. Erbe, Gestalt und Wirkung (Bensheimer Hefte 70), 1989, 238-247; ders.: Die Adventisten. Eine konfessionskundliche Einordnung, MdKI 43, 1992 (Heft 3); K.F. Mueller: Die Frühgeschichte der Sieben-Tages-Adventisten (Studia Irenica IV), [2]1977; H.D. Reimer, O. Eggenberger: ... neben den Kirchen, [4]1985, 179-217; Abendmahl und Fußwaschung. Studien zur adventistischen Ekklesiologie, Bd. 1, 1991.

E. Geldbach

AEM → Arbeitsgemeinschaft evangelikaler Missionen

AfeT → Arbeitskreis für evangelikale Theologie

Afrika

1. Land, Leute, Religion

Die Römer bezeichneten das Land um Karthago nach dem dort ansässigen Stamm der Afri (Sg. Afer) als A. Im 15. Jh. wurde dieser Name für den gesamten Kontinent gebräuchlich, dessen Größe ca. 30 Mio. km² umfaßt (dreifache Fläche Europas). Die Landfläche liegt beiderseits des Äquators und wird von ca. 500 Mio. Menschen verschiedener Rassen und Stämme bewohnt, die sich unterschiedlich auf das Land pro km² verteilen: z.B. Sahara 1, an den ostafrikan. Seen 100, im Nildelta 760. Charakteristisch für die Wirtschaft ist einerseits die zunehmende Industrialisierung mit einem Anwachsen der städtischen Bevölkerung (Südafrika über 45 %), andererseits die Vorherrschaft der traditionellen Wirtschaftsformen. Die meisten Länder A.s stehen vor großen wirtschaftl. Problemen und sind auf → Entwicklungshilfe angewiesen. Die Religionsstatistik zeigt für 1984 bei 515 Mio. Bewohnern 45 % Christen, 41 % Muslime, 12 % Anhänger afrikan. Religionen und 2 % sonstiger Religionen. Das nördl. Drittel A.s ist überwiegend islamisch, die südl. zwei Drittel (Schwarzafrika) sind überwiegend christl.

2. Afrikanisches Christentum (1.-7. Jahrhundert)

Nach der Überlieferung war es der Evangelist Markus, der im Jahr 42 die Kirche in Ägypten gegründet hat. In Apg 2,10 werden unter den Heimatländern derer, die → Pfingsten in Jerusalem erlebt haben, Ägypten und Gebiete von Libyen bei Kyrene erwähnt. Das Christentum in Nordafrika, dem die Kirche bedeutende Theologen wie z.B. → Athanasius, → Augustin und → Tertullian verdankt, wurde ab dem 7. Jh. mit Ausnahme der Koptischen Kirche vom → Islam verdrängt. Außerhalb des islamischen Nordafrika hat die Koptische Kirche Äthiopiens (Frumentius 341 erster Bischof) bis heute Bestand.

3. Die katholische Afrika-Mission

Mit den portugiesischen Entdeckungen wurde auch die Missionsarbeit (v.a. Dominikaner, Kapuziner) aufgenommen (erstes Missionsbistum 1404 auf den Kanarischen Inseln), als deren Höhepunkt die Weihe des kongolesischen Königssohnes Dom Henrique zum Bischof (1518) angesehen werden kann. Nach dem geistl. Niedergang im 18. Jh. setzte die kath. Mission, auch angeregt durch die prot. Mission, im 19. Jh. verstärkt wieder ein, so daß heute etwa ein Drittel aller afrikan. Christen kath. ist.

4. Die protestantische Afrika-Mission im 19. Jahrhundert

Ein im → Pietismus und besonders in der → Erwekkungsbewegung wurzelnder rel. Aufbruch führte dazu, daß im europäischen Protestantismus ein neuer Missionswille erwachte. Dieser führte ab 1792 zur Entstehung von unabhängigen Missionsvereinen und -gesellschaften, denen der Missionsbefehl Jesu besonders am Herzen lag. In der frühen Missionsarbeit forderte (besonders in Westafrika, Church Missionary Society Sierra Leone ab 1804) das damals für Europäer mörderische Klima viele Opfer. Trotzdem konnte die Mission sich vor der kolonialen Aufteilung Afrikas (Berliner Konferenz 1885) im Küstenbereich und darüber hinaus (z.B. Uganda) etablieren. Die mission. Erschließung Inerafrikas wurde ab 1878 (Fanny Guinness, Livingstone Inland Mission) stark von den Glaubensmissionen (wie SIM, SUM, AIM) und dann auch von anderen evangelikalen Missionen mitgetragen. Afrikan. Christen, die eine der → Missionsschulen besucht hatten und in den Dienst ihrer Kirche eingetreten waren, beteiligten sich spontan und hingebungsvoll an der Missionsarbeit. Als afrikan. Missionare wanderten sie oft über die Grenzen eines Stammes oder Landes hinaus, um als Prediger oder Lehrer oft für sehr bescheidenen Lohn das Evangelium zu verkündigen. Daß heute zunehmend ostafrikan. Missionsgesellschaften gegründet werden, ist mit ein Zeichen dafür, daß das Christentum in A. Wurzeln geschlagen hat und schlägt. Begünstigt wurde dies durch die herkömmlichen afrikan. Religionen, in denen es z.B. ebenso eine Vorstellung von »Gott, dem letzten Ursprung allen Lebens« (Sundermeier, 126) und Erhalter des Menschen gibt wie ein reges Gebetsleben. »Wir haben im Zwielicht nach ihm (Christus) tastend gesucht. Jetzt sehen wir ihn im Morgenlicht des Tages« (Mbiti, 22). Ferner wurde die Ausbreitung des Christentums dadurch begünstigt, daß die Missionare sofort mit der Übersetzung der Bibel oder einiger Teile von ihr in die Stammessprachen begonnen haben. 1984 gab es bereits Bibelausgaben in 540 verschiedenen afrikan. Sprachen. Das Verhältnis der Missionen zum Kolonialismus war in der Regel ambivalent, eine Mischung aus Partnerschaft und Konflikt. Der von vielen vorhergesagte Abfall vom Christentum nach dem Ende der Kolonialzeit trat nicht ein.

5. Junge Kirche in Afrika heute

Aus Kolonien sind unabhängige Staaten, aus Missionskirchen selbständige afrikan. Kirchen mit zum Teil sehr verschiedenen Ausprägungen geworden. Da ist einerseits die alte kopt.-orth. Kirche in Ägypten und Äthiopien mit ihrem Reichtum an Tradition, Liturgie und Theologie sowie einer bewundernswerten Überlebenskraft; da gibt es die röm.-kath. Kirche und ihre weltweiten Strukturen, da gibt es jene Gemeinden und Kirchen, die aus der prot. Mission im 19. Jh. hervorgegangen sind und bewußt mit der Tradition der westl. Kirchen verbunden bleiben wollen. Es sind dies junge Kirchen, die nach neuen Wegen für ein echtes afrikan. Christentum suchen und von afrikan. Christen in ökumen. Gemeinschaft gestaltet und geleitet werden. Daneben gibt es aber auch jene Bewegung der Afrikan. Unabhängigen Kirchen (AUK), zu der man z.B. 1984 insgesamt 700 kirchl. Körperschaften rechnete. Diese Kirchen haben sich aus oft sehr verschiedenen Gründen von den Missionskirchen oder anderen AUK getrennt (vgl. Kirche Jesu Christi auf Erden durch den Propheten Simon Kimbangu in Zaire, → Kimbanguismus) und viele von ihnen haben sich afrikan. Traditionen besonders geöffnet (Stammesstrukturen, Heilungsrituale, Feste etc., vgl. Becken). Schließlich ist das Christentum vieler europ. Einwanderer im südl. A. zu erwähnen. Dieses ist in mancher Hinsicht konservativ ausgerichtet und verhält sich der Wirklichkeit der afrikan. Gegenwart gegenüber sehr distanziert oder gar ablehnend.

Das Christentum in Schwarzafrika ist auf prot. wie kath. Seite vielgestaltig und reich an innerem Leben. Man rechnet damit, daß im Jahr 2000 die Hälfte der schwarzafrikan. Bevölkerung Christen sein werden, die sich Jesu Botschaft zu eigen machen und kaum nach der Konfession der Missionare oder ihrer kirchl. Tradition fragen werden.

Lit.: Adeyemo: The indigenous church in Africa; E.A. Ayandele: The Missionary Impact on Modern Nigeria 1842-1914, 1966; D. Barrett: Schism and Renewal in Africa; H.-J. Becken: Wo der Glaube noch jung ist. Afrikanische Unabhängige Kirchen im südlichen Afrika, 1985; K. Fiedler: Ganz auf Vertrauen. Geschichte und Kirchenverständnis der Glaubensmissionen (in Afrika), 1992; H. Gründer: Christliche Mission und deutscher Imperialismus, 1982; Z. Kameeta: Gott in schwarzen Ghettos, 1984; J.S. Mbiti: Bibel und Theologie im afrikanischen Christentum, in: G. Löwner (Hg.): Theologie der Ökumene, Bd. 22, 1987; Th. Sundermeier: Nur gemeinsam können wir leben. Das Menschenbild schwarzafrikanischer Religionen, 1988; R.S. Wassing: Die Kunst des Schwarzen Afrika, 1977.

H. Hamer/Red.

Agape → Liebesmahl

Agende

A.n (vom lat. *agenda*, die zu »handelnden« Teile einer Kirchenordnung im Unterschied zu den zu »glaubenden« Teilen, den *credenda*) sind Bücher, die die feststehenden und wechselnden Stücke des Gemeindegottesdienstes und der Amtshandlungen enthalten. Diese Bücher heißen seit dem 16. Jh. im luth. Raum A.n, während die ref. Kirchen von Kirchenbüchern, die anglik. vom → Book of Common Prayer sprechen. Schon das NT kennt Ansätze zu festen gottesdienstl. Stücken, z.B. das → Vaterunser. Elemente eines urchristl. Gottesdienstes zählt Apg 2,42 auf: → Lehre, → Gemeinschaft, → Gebet und → Abendmahl. In den folgenden Jh.en bildeten sich immer festere Gottesdienstordnungen aus, z.B. das Missale Romanum. Luther (→ Deutsche Messe, 1526) hat die kath. Gottesdienstordnung vorsichtig im Sinne der Rechtfertigungsbotschaft gereinigt. Im 19. Jh. hat der preußische König Friedrich Wilhelm III. durch seinen gemäßigt luth. A.nentwurf für die Union in den preußischen Provinzen den → Agendenstreit ausgelöst (1822 bis 1829). Den Reformierten war der Entwurf zu lutherisch, extremen Lutheranern war er zu reformiert. A.n sind Versuche, den gemeinsamen Glauben in gottesdienstl. Formen zu übersetzen; sie sind Dokumente der Einheit. Zugleich machen sie den Gottesdienst wiedererkennbar und vertraut. Ihre Grenze wurde im → Pietismus scharf gesehen: das gottesdienstl. Feiern kann rituell erstarren. Im 20. Jh. haben sich vor allem die → Evangelische Michaelsbruderschaft und ähnliche Kreise um die Erneuerung der A.n verdient gemacht. Die in den 50er Jahren erschienenen A.n der VELKD und der EKU werden seit 1980 in einer gemeinsamen Kommission überarbeitet. Im Entwurf für eine »Erneuerte Agende« für VELKD und EKU (1990) soll Gemeinsamkeit und Freiheit zur Gestaltung gleichermaßen zum Ausdruck kommen: »Die Erneuerte Agende ist kein Buch zum Ablesen, sondern eine Vorlage für eigenständiges gottesdienstliches Handeln in Verbundenheit mit anderen Gemeinden und mit der Christenheit.«

Lit.: A. Niebergall: »Agende«, TRE 1, 1977, 755-784; 2, 1978, 1-91.

M. Herbst

Agendenstreit

Die Einführung der Union in Preußen durch → Friedrich Wilhelm III. sollte durch eine erneuerte → Agende begleitet und befördert werden. Sie wurde vom König selbst unter Bezug auf reformat. Agenden erarbeitet und 1822 durch Kabinettsorder allen Pfarrern der Landeskirche zur Pflicht gemacht. Hatten schon die Entwürfe von 1816 und 1817 für die Königl. Preuß. Armee Widerspruch erfahren, z.B. von F.D.E. → Schleiermacher, so erhob sich nun ein allg. Protest in Flugschriften und ausführlichen Stellungnahmen gegen die katholisierenden Tendenzen der Agende einerseits und gegen das auf Gottesdienstfragen ausgedehnte landesherrliche Kirchenregiment andererseits. Erst nach verschiedenen Kompromissen für Altpreußen und nach den Zugeständnissen liturg. Anhänge für Rheinland und Westfalen kam der Streit 1829 bzw. 1831/32 zum Ende. Auch wenn sich der König, aufs ganze gesehen, durchgesetzt hat, das Interesse an Gottesdienstfragen und an der Kirchenunion als solcher wurde jedenfalls belebt.

Lit.: O. Aust: Die Agendenreform, Diss. Breslau 1910; R.J. Eylert: Über den Werth und die Wirkung der für die ev. Kirche in den Königl. Preuß. Staaten bestimmten Liturgie und Agende, 1830; E. Foerster: Die Entstehung der preuß. Landeskirche unter der Regierung König Friedrich Wilhelms III., 2 Bde., 1905, 1907; J. Kampmann: Die Einführung der Berliner Agende in Westfalen, 1991.

G. Ruhbach

Agnostizismus

A. ist ein phil. Begriff, der eine erkenntniskritische Position bezeichnet und von dem griech. *agnoein* (nicht wissen) abzuleiten ist.

Im Unterschied zum → Atheismus verneint der A. nicht die Existenz Gottes, sondern viel grundsätzlicher jede Möglichkeit, überhaupt etwas Definitives über Gott (und die Welt) sagen zu können. Wer die Existenz Gottes in Abrede stellt, hat darum aus agnostischer Sicht schon »zuviel« gewußt. Insofern vertritt der Agnostiker eine Position jenseits von Atheismus und Theismus. Ein gemäßigter, nicht radikaler A. (→ Relativismus; → Skeptizismus) stellt eine starke phil., weil erkenntnistheoretisch kaum zu widerlegende Position dar.

Der A. ist eine im Bereich der technischen und naturwissenschaftl. Intelligenz weit verbreitete Haltung. Die bedeutendste, bis heute nachwirkende agnostische Position hat I. → Kant mit seiner Transzendentalphilosophie begründet, in deren Zentrum die Lehre von der Unerkennbarkeit des »Dings an sich« steht (vgl. K.H. Michel).

Positiv ist die erkenntnistheoretische Bescheidenheit zu würdigen, die mit der agnostischen Position verbunden ist. Der Mensch ist nicht »Gott«, er kann daher nichts Definitives, abschließend Wahres über die Welt sagen. Dazu müßte er – wie ein metaphysisch gedachter Gott – eine Position jenseits über der Welt einnehmen und diese total überschauen und durchschauen können. Das ist aber nur einem »Gott« möglich. Eine solche »göttliche« Fähigkeit des Menschen zu behaupten, hieße aber für den A. wiederum, zuviel zu wissen.

Zur Kritik

a. Problematisch ist ein A. darin, daß er dazu tendiert, sich selbst nun doch noch absolut zu setzen (vgl. den Dialog Gollwitzer/Weischedel). Gerade der konsequente Agnostiker müßte offen sein, auch die agnostische Haltung noch zu überwinden, wenn er sich nicht selbst widersprüchlich verhalten und wiederum »zuviel« wissen will, etwa, daß es keine Offenbarung, kein Reden Gottes gibt, das auch eine agnostische Position zu überwinden vermöchte.

b. Auch die agnostische Position lebt von Voraussetzungen. Sie ist Teil des sich nicht von selbst verstehenden, vielmehr schon eine bestimmte phil. Erkenntniskonzeption voraussetzenden cartesianischen Paradigmas der Subjekt-Objekt-Spaltung (→ Descartes; → Objektivismus).

c. Es ist sehr die Frage, ob eine agnostische Haltung den ethischen Herausforderungen zu genügen vermag, vor die der Mensch und die Menschheit sich grundsätzlich und aktual immer wieder gestellt sehen. Wie ist z.B. von einer agnostischen Position her die Würde des Menschen zu begründen?

Der A. ist einerseits darin richtig, daß er – selbstkritisch – zeigt, wie wenig der Mensch ohne Gott wirklich sicher und gewiß zu wissen vermag; er ist dann und darin problematisch, wenn er sich unabhängig von Gott selbst als Position begründen und nicht überwinden lassen will, dem Menschen aber nicht den nötigen Halt und die notwendige Orientierung zu geben vermag.

Im Gegensatz zum Subjekt-Objekt-Denken Descartes' steht das bibl. Sprachzeugnis von Erkenntnis als einem das Erkenntnis-Subjekt wie das Erkenntnis-Objekt miteinbeziehenden Akt der alle Skepsis überwindenden Begegnung (→ Erkenntnis; Hempelmann). Der A. ist daraufhin zu befragen, inwieweit er offen ist für das bibl. Zeugnis von einem Erkannt-Werden durch Gott, das die erkenntnistheoretische Skepsis die eigene Erkenntnis von Gott, Mit-Mensch und Welt allererst eröffnet.

Lit.: H. Gollwitzer, W. Weischedel: Glauben und Denken. Ein Streitgespräch, ^{2}1965; H. Hempelmann: »Erkennen/ Erkenntnis«, GBL 1, 1987, 325-333; I. Kant: Kritik der reinen Vernunft, ^{2}1787 (B); K.H. Michel: Immanuel Kant und die Frage der Erkennbarkeit Gottes, 1987; A. Seidel: »Agnostizismus«, HWP Bd. 1, 1971, 110-112.

H. Hempelmann

Agnus Dei

Das *Agnus Dei* (lat. »Lamm Gottes«, Joh 1,29) ist seit dem 6./7. Jh. Bestandteil der Abendmahlsliturgie. Es wurde von Solosängern und vom Chor (zunächst auch noch von der Gemeinde) beliebig häufig wiederholt, solange die Zeremonie des Brotbrechens dauerte. Die Anrede *Agnus* weist auf den Ursprung dieses Ritus in der Ostkirche hin, die von jeher das eucharistische Brot als »Lamm« bezeichnet. Mit dem Übergang von der Teilung des einen Brotes zur Oblatenausspendung (um 900) verlor der Gesang seinen Funktionsbezug und wurde nur noch dreimal gesungen. Seit dem 11. Jh. wurde das dritte *Miserere nobis* (»Erbarme dich unser«) durch das *Dona nobis pacem* (»Gib uns Frieden«) ersetzt, wodurch eine Verbindung zum Friedensritus bzw. zum Friedensgruß vor dem → Abendmahl hergestellt wurde. Das A.D. gehört zu den wenigen Stücken der altkirchl. Tradition, die Luther im Abendmahlsteil der → Deutschen Messe beibehielt, allerdings als Lied zur Ausspendung, um eine Verehrung der → Hostien zu vermeiden. Die luth. Gottesdienstordnungen sind ihm darin bis heute gefolgt, während die unierten → Agenden das A.D. unmittelbar vor die Ausspendung stellen, gleichsam als Rüstgebet vor dem Abendmahlsempfang.

Lit.: J.A. Jungmann: Missarum Sollemnia, 2 Bde., ^{5}1962; B. Stäblein: »Agnus Dei«, MGG 1, 1949-51, 148ff.

Chr. Albrecht

Agrapha

A. (von griech. *'ágrapha lógia*) nennt man solche Worte des irdischen Jesus, die nicht in den vier kanon. Evv. überliefert sind (z.B. Apg 20,35). Es handelt sich dabei entweder um (mündlich oder in verlorenen Schriften tradierte) echte Logien, die dann z.T. als Ergänzungen kanon. Texte oder in anderem Zusammenhang festgehalten wurden, oder um tendenziös veränderte bzw. frei erfundene Jesuslogien. Solche Worte kannte schon Papias von Hierapolis um 130 n.Chr. (Eus. hist. III 39,11). A. sind somit nicht (a) Worte des präexistenten (etwa Hebr 2,12f u.ö.), des auferstandenen (etwa Apg 1,4f u.ö.) oder erhöhten Herrn (z.B. Offb 1,11 u.ö.), (b) frei formulierte Zitate kanon. Jesuslogien und – mit Ausnahmen – (c) Worte der atl. Propheten oder der ntl. Apostel, die später als Herrenworte angesehen wurden.

Die wissenschaftl. Erforschung der A. erfolgt seit gut 100 Jahren. Die Entdeckung der Papyri und der koptisch-gnostischen Bibliothek von Nag-Hammadi gab ihr neuen Auftrieb und Auftrag zugleich. Von letzterer wird gegenwärtig besonders in den USA das sog. »Thomasevangelium«, eine Sammlung von über 100 teilweise stark gnostisch gefärbten Logien, für sehr wertvoll gehalten und hart umkämpft (vgl. W.D. Stroker).

Der Bestand an A. in o.g. Sinne ist großenteils eindeutig festzulegen, an den Rändern (vgl. etwa die Diskussion um 1Thess 4,15-17) und im Blick auf ihre Echtheit aber teilweise heftig umstritten. A. Resch (1906) bot ein erstes großes Werk über die A. J. Jeremias hat in seiner bis heute grundlegenden Arbeit von 1948 A. im NT, in Textvarianten oder -zusätzen zum NT, in apokryphen Schriften, bei den Kirchenvätern, in Liturgien und Kirchenordnungen, in gnostischen Schriften, im Talmud und bei islamischen Autoren untersucht, kategorisiert und ausgewertet. Nach O. Hofius bleiben nach Sichtung des umfangreichen Bestandes nur neun A. übrig, die formal wie inhaltlich synoptischer Tradition vergleichbar sind (vgl. O. Hofius, Agrapha, 108; ähnlich, aber mit größerer »Ausbeute« J. Jeremias, Jesusworte, 44f). Der hist. wie der theol. Aussagewert der A. ist aufs Ganze gesehen recht dürftig: Sie werfen ein zusätzliches Licht auf einzelne Aspekte der Verkündigung Jesu, bieten aber kaum Neues, das über die kanon. Evv. hinausginge.

Lit.: K. Beyschlag: Die verborgene Überlieferung von Christus, 1969, 146ff; F.F. Bruce: Außerbiblische Zeugnisse über Jesus und das frühe Christentum, 1911; O. Hofius: »Agrapha«, TRE 2, 1978, 103-110 (Lit.); ders.: »Unbekannte Jesusworte«, in: J. Jeremias: Unbekannte Jesusworte, ^{3}1962; A. Resch: Agrapha. Außerkanonische Schriftfragmente ^{2}1967; W.D. Stroker: Extracanonical Sayings of Jesus, in: Sources for Biblical Studies 18, 1989; P. Stuhlmacher: Das Evangelium und die Evangelien, 1983, 355-382.

H.-W. Neudorfer

Agricola, Johann (1492/94-1566)

A., eigentlich Johann Schneider, auch Islebius, geb. am 20. 4. 1492/94 in Eisleben, gest. am 22. 9. 1566 in Berlin. Schulbesuch in Braunschweig und Leipzig, dort Studium seit 1509/10; Lehrer in Braunschweig; seit 1515/16 Studium in Wittenberg; enge Freundschaft mit → Melanchthon und → Luther, den er 1519 zur Leipziger Disputation, als auch 1520 bei der Verbrennung der Bannandrohungsbulle begleitete. In Wittenberg hielt A. bibl. Vorlesungen. 1525 wurde er in Eisleben Schulrektor, dazu kamen Predigtdienst, exegetische Vorträge und eine

reiche literarische Tätigkeit: Bibelkommentare, Katechismen, Sprichwörtersammlungen. Als Prediger nahm A. 1526 und 1529 in Speyer, 1530 und 1547/48 in Augsburg und 1541 in Regensburg an den Reichstagen teil. Von 1536 bis 1540 war er wieder in Wittenberg. Es kam jedoch mit Melanchthon und Luther zu erheblichen Spannungen bis zum völligen Zerwürfnis im antinomistischen Streit: Für A. war das Gesetz vorchristl. Zuchtordnung, so daß auch in der → Buße nur das Evangelium wirkt, während Luther Gesetz und Evangelium zwar unterschied, aber in der Buße beides wirksam sah.

Seit 1540 war A. Hofprediger in Berlin, Generalsuperintendent und Visitator der Mark Brandenburg. Sein Lied »Ich ruf zu dir, Herr Jesu Christ« (EKG 244) wird noch heute in der ev. Kirche gesungen.

Lit.: J. Rogge: »Agricola, Johann«, TRE 2, 1978, 184-187; ders.: Johann Agricolas Lutherverständnis. Unter Berücksichtigung des Antinomismus, 1960 (Lit.).

Chr. Windhorst

Ägypten

Aufgrund von Papyrusfunden müssen wir schon in der zweiten Hälfte des 1. Jh.s in dem seit 30 v.Chr. zum Röm. Reich gehörenden Ä. (bei Sonderstellung Alexandrias) mit christl. Gemeinden rechnen, für die eine wichtige Voraussetzung die zahlenmäßig dem palästin. Mutterland vergleichbare starke jüd. Minorität im ganzen Land ist. Hier wurde in einem längeren Wachstums- und Auswahlprozeß die → Septuaginta (LXX) für die christl. Ökumene bereitgestellt und in Ober-Ä. durch AT-Übersetzungen das Koptische (arab. Verstümmelung von griech. *aigyptios*) als Literatursprache geschaffen, ein speziell für Ä. hochwichtiges Faktum. Weitere Voraussetzung ist der bunte kulturelle (griech., spätägypt., graeco-ägypt., lat.) und sprachliche (ägypt. mit drei verschiedenen Schriftarten: Hieroglyphen, Demotisch, Koptisch mit mindestens sechs Dialekten; griech.: Koine bis zu Diokletian Amtssprache, bis zur arab. Eroberung Sprache der Gebildeten; lat.) Rahmen des hell.-röm. Ä., der im Zusammenhang mit einer alten synkretistischen Denkweise steht und unterschiedliche Anfänge des Christentums begünstigt, die die spätere Markus-Tradition im großkirchl. Sinne berichtigte (vgl. die Apollos-Tradition Apg 18,23f in cod. D).

Mit Bischof Demetrios (188-231) wurde die alexandrinische Großkirche bestimmend für das Geschick der Kirche Ä.s, was sich auch darin zeigt, daß der Patriarchentitel bei den drei dominierenden Konfessionen mit der in der Antike bedeutendsten Stadt des Landes, Alexandria, bis heute verbunden ist. Wichtig für die Steigerung des kirchl. Einflusses im Sinne der späteren Orthodoxie war die kirchl. Übernahme von ursprünglich freien theol.-phil. Lehrinstituten (Pantainos, → Clemens von Alexandrien, → Origenes) in die später sog. Alexandrinische Katechetenschule unter Heraklas, der – wie auch dann Dionysios – verantwortlich ist für die bischöfliche Organisation des flachen Landes. So gelang ein allmähliches Zurückdrängen der vielfältigen Einflüsse des Anfangs, vor allem der → Gnosis und des → Manichäismus, die die Papyri in ihren vielgestaltigen Formen überliefern, nicht selten in einem kirchl. Kontext. Wichtigster Papyrusfund in diesem Zusammenhang sind die Nag Hamadi-Texte.

Die ägypt. Christenheit hatte in den Verfolgungen des 3. Jh.s und besonders in der diokletianischen Verfolgung so sehr zu leiden, daß sie mit letzterer ihre eigene bis heute gebrauchte Zeitrechnung verknüpfte: Diokletiansära = *aera martyrum* (seit 29.8.284). In der ersten Hälfte des 4. Jh.s unterstehen Alexandria etwa 100 Bischöfe, d.h. etwa einer je Metropole der 84 Gaue in den drei Bezirken Delta, Heptanomoi (mit Arsinoitis) und Thebais. Die nichtchristl. Kulte verschwinden aus der Öffentlichkeit erst mit der Schließung des letzten (auch außenpolit. wichtigen) Tempels auf Philae 552. Die kämpferische Auseinandersetzung mit ihnen und einer nichtchristl. Philosophie (Ermordung der Hypatia 416) muß im Zusammenhang ähnlich radikaler Ausdrucksformen ägypt. Christen in den dogmat. Streitigkeiten der Zeit gesehen werden.

Dabei ist das → Mönchtum, das in Ä. in seiner anachoretischen (→ Antonius 251-356) wie in seiner koinobitischen Form (→ Pachomios gest. 346; Schenute gest. 466) eine die Weltchristenheit prägende Form erhält, ein wichtiger Faktor. Es prägt im Zusammenhang mit den großen rel. und theol. Führergestalten der alexandrinischen Schule seit → Athanasios (gest. 373) im arianischen (→ Arius ca. 312-319 Presbyter in Alexandria) bzw. trinitarischen und im christologischen Streit das Gesicht der ägypt. Kirche bis heute durch den von der chalcedonensischen Reichskirche getrennten Monophysitismus, besonders unter den Patriarchen → Theophilos (gest. 412), → Kyrillos I. (gest. 444), Dioskuros I. (gest. 454).

In das Leiden der Kirchenspaltung, die verquickt ist mit dem Gegensatz zur byz. Orthodoxie (Melchiten) und Administration und einem Auseinanderdriften der sprachlichen und rel. Traditionen trifft nicht nur 619 die pers. Invasion, sondern 642 die endgültige arab. Eroberung unter dem Kalifen Umar. Sie führt dahin, daß nach der letzten großen Revolte von 829/30 unter den Abassiden-Kalifen der → Islam sich endgültig in Ä. etablierte und die Christen Minorität geworden sind trotz des soliden kirchl. Wiederaufbaus, den Benjamin I. (gest. 655), der bedeutende Patriarch der Eroberungszeit, geleistet hat. Für die starke Konversion zum Islam sind vor allem finanzielle und rechtliche Gründe ausschlaggebend, während Zwangskonversionen der Dhimmis nach Koran und Scharia die Ausnahme waren.

Der Umzug des Patriarchen in das von den Fatimiden neu gegründete Kairo unter Christodulos (gest. 1078) ist ebenso ein Zeichen der Arabisierung der Kopten wie die Übersetzung der Liturgie ins Arab. im 12. Jh. unter Gabriel II. (gest. 1145). Schon im 10. Jh. beginnt, dem syr. Beispiel folgend, Arab. auch in Ä. christl. Literatursprache zu werden mit der unter dem Namen des Severus stehenden Patriarchengeschichte. Das 13. Jh. ist dann ein goldenes Zeitalter einer zweisprachigen christl. Literatur in Ä. (Arsaliden). Ä. nimmt - obwohl unerobert - unter den Mamelucken am allg. Niedergang der arab. Welt nach dem Mongolensturm teil (Verlust der handelspolit. Bedeutung durch den portugiesischen Seeweg nach Indien). Als es 1516 Teil des osman. Reiches wird, bilden die Kopten Ä.s ein Millet (selbständige Nation mit juristischem, kulturellem und rel. Eigenleben) und werden in die Wirren seines Unterganges hineingezogen (Janitscharen, Napoleon. Expedition, Muhammed Ali (gest. 1849), Khedivenherrschaft), die nach der Eröffnung des Suezkanals (1869) dann 1914 zu einem förmlichen britischen Protektorat bis 1922 in Ä. führen. Aber erst 1956 endet die Anwesenheit britischer Truppen auf ägypt. Territorium, das seit der Revolution von 1952 ein zeitweise vom Militär und besonders vom zweiten Präsidenten Nasir bestimmter moderner Nationalstaat ist.

Für die neuere Kirchengeschichte Ä.s zeigen sich vor allem drei Probleme:

Die Frage der Unionen, vor allem mit der kath. Kirche, die seit dem Florentiner Unionskonzil 1439 akut ist und seit dem 17. Jh. zu Kirchenunionen mit Rom führte (uniertes Patriarchat seit 1895), aber auch die Auseinandersetzung mit prot. Kirchen (seit 18. Jh.).

Die Frage der Unionen und Abspaltungen ist heute verbunden mit der Frage nach der Weltöffnung der kopt. Kirche (Mitgliederzahl 5-7 Mio.), die seit 1954 Mitglied des Weltrates ist und sich intensiv am ökumen. Gespräch, zumal über christologische aber auch etwa über entwicklungs- und sozialpolit. Fragen Afrikas beteiligt.

Das steht im Zusammenhang damit, daß es bei aller Segregation und besonders der Verarmung von Kopten auf dem Lande über die Jahrhunderte eine kopt. Beamtenschaft (besonders Steuerbeamte) in den Städten gegeben hat, die für die Modernisierung der Kirche unter einigen Reformpatriarchen entscheidend geworden ist. Eine starke Wirkung besitzt dabei der Nationalgedanke, der im Zusammenhang mit westl. Forschung zu einer Wiedererweckung der hl. Sprache der Liturgie, die im bohairischen Dialekt überlebt hatte, und zu einer starken

Beteiligung der Laien im kirchl. Leben führte, verbunden mit einer von der eigenen Tradition genährten Rückbesinnung auf geistl. Werte, bei der bes. ein wiedererstarktes asketisches Mönchtum eine Rolle spielt. Die Marienerscheinung in Kairo nach der Niederlage Ä.s 1967 stellt sich als ein Sozialphänomen dar, das schlaglichtartig die Integration der kopt. Kirche in die ägypt. Gesellschaft beleuchtet. Im Laufe ihrer Geschichte besaß die Kirche Ä.s große Einflußgebiete: Cyrenaica, Nubien, → Äthiopien (bis 1959 unter dem kopt.-orth. Patriarchen), die sich über Afrika hinaus in der Gegenwart im Zusammenhang mit der ägypt. Emigration zu einem weltweiten Netz kopt. Kirchen erweitert haben.

Lit.: A.S. Atiya: A History of Eastern Christianity, 1968, 11-145; A. Böhlig: RAC 1, 128-178; C.W. Griggs: Early Egyptian Christianity, 1990; M. Krause, K. Hoheisel: RAC Suppl. 1, 14-88; O. Meinardus: Monks and Monasteries of the Egyptian Deserts, 1962; ders.: Christian Egypt Ancient and Modern, 1965; ders.: Christian Egypt. Faith and Life, 1970; C.D.G. Müller: Grundzüge des christlich-islamischen Ägypten von Ptolemäerzeit bis zur Gegenwart, 1969; ders: in: Die Kirche in ihrer Geschichte 1D2, 1981, 320-343; S. Timm: Christliche Stätten in Ägypten, BhTAVO B36, 1979; ders.: Das christlich-koptische Ägypten, BhTAVO B41, 1984ff; E. Wipszycka: Aegyptus 67, 1987, 117-167.

W. Wischmeyer

Ahldener Bruderschaft

Die A.B., der 1991 etwa 120 Pastoren, Diakone und ehrenamtliche Gemeindemitarbeiter aus verschiedenen Berufen angehören, trägt ihren Namen vom Dorf Ahlden am Südrand der Lüneburger Heide. Sie entstand aus der evangelistischen Arbeit von Pastor H. Kemner (geb. 1903) und wurde von ihm im November 1952 zusammen mit sechs Freunden gegründet. In der 1985 überarbeiteten Lebensordnung wird die A.B. beschrieben als »ein Zusammenschluß von Brüdern, die sich zu Jesus Christus als ihrem Herrn bekennen und die bereit sind, im gehorsamen Hören auf Gottes Wort und unter der Führung des Heiligen Geistes ihr Leben und ihren Dienst so auszurichten, daß Jesus Christus als ihr persönlicher Herr und Heiland dem Evangelium entsprechend bezeugt wird«. Die Bruderschaft trifft sich viermal im Jahr zum persönlichen Austausch über Gottes Wort, zur Seelsorge, zum Gebet und zum Abendmahl. Leiter auf Lebenszeit ist H. Kemner. Ein gewählter Bruderrat trägt in besonderer Weise die Verantwortung für die geistl. Ausrichtung. Nach dem Entstehen des Geistlichen Rüstzentrums in → Krelingen wurde von Mitgliedern der A.B. ein »eingetragener Verein« gegründet, der die Bruderschaft und die Belange des Rüstzentrums juristisch vertritt. Die A. B. e.V. ist satzungsmäßig verpflichtet, mit ihren Einrichtungen der Verkündigung des Evangeliums in der Bindung an die Bibel als dem geoffenbarten Wort Gottes zu dienen.

Lit.: H. Kemner: Da kann ich nur staunen, [3]1985; ZS Erweckliche Stimme, Monatsschrift des Geistlichen Rüstzentrums Krelingen.

J. Cochlovius

Ahnenverehrung

A. wird in fast allen traditionellen Kulturen ausgeübt. Sie gilt nicht allen Gestorbenen, sondern bevorzugt den starken, männlichen Ahnen und ist Pflicht der Nachkommen. Die Ahnen werden als fortlebend gedacht, der Kult wirkt auf sie ein und markiert zunächst die Trennung von der diesseitigen Existenz. Andererseits können die Ahnen auch auf die Lebenden einwirken und Segen oder Schaden vermitteln. Sie garantieren den Respekt vor der traditionellen Lebensordnung. Ihr Fortleben wird in einer anderen Welt vorgestellt, ihre Kraft ist aber auch am Grab, an Reliquien oder an der Repräsentation durch Namen oder Bild zugänglich. Ahnenkult hat Regeln für die rechte Zeit und Ordnung der Verehrung, kann aber auch individuell und spontan geübt werden.

Christl. → Mission hat zunächst Ahnenkult als mit dem ersten Gebot unvereinbar bekämpft. In der röm.-kath. Kirche gibt es Versuche, Ahnenkult zu christianisieren, aber keine allg. akzeptierte Ordnung. Manche christl. Afrikaner lehnen die Deutung des Ahnenkults als Götzendienst ab.

Wirkliche Christianisierung des Ahnenkults kann aber nicht in einer Anpassung bestehen, sondern nur in strenger Differenzierung: Bewahrung des ehrenden Angedenkens der Ahnen, aber Ablehnung kultischer Verehrung.

Lit.: H. Häselbarth: Die Auferstehung der Toten in Afrika, 1972; F.H. Thiel: Ahnen, Geister, Höchste Wesen, 1977.

N.-P. Moritzen

Aidlingen → Diakonissenmutterhaus Aidlingen

Akademie(n), Evangelische

1. Geschichte

Ev. A.n entstanden seit 1945 (erste Gründung Bad Boll durch E. Müller); als Anreger gilt H. → Thielicke. Vorläufer sind die Akademikerarbeit der Deutschen Christlichen Studentenvereinigung (D.C.S.V.) und die Evangelischen Wochen der Bekennenden Kirche während des »Dritten Reiches«.

Die ersten Aufgaben der Ev. A.n stellten sich aufgrund der Nachkriegssituation in Deutschland. Menschen unterschiedlicher Auffassungen und Interessen wurden zum Gespräch zusammengeführt. Durch gegenseitiges Aufeinander-Hören sollten die geistigen Grundlagen für einen sozialen, wirtschaftl. und polit. Wiederaufbau erneuert werden.

Es entwickelte sich eine Vielfalt von Begegnungsformen. Am Anfang standen Berufsgruppentagungen (z.B. für Juristen, Journalisten, Lehrer, Künstler usw.). Zuerst in der Industriearbeit zeigte sich dann, daß »Querschnittstagungen« aller z.B. in einem Betrieb beteiligten Berufe – vom Direktor bis zum Auszubildenden – als besonders hilfreich empfunden wurden. In Ausweitung der Verantwortung der A. wurde schließlich versucht, unterschiedliche Interessengruppen zu erreichen und ins Gespräch miteinander zu bringen (z.B. Sozialpartner, Verbände). Daneben entwickelte sich eine eigene Studienarbeit der A.n. Zu einzelnen Themen laden die A.n durch frei ausgeschriebene Tagungen ein.

2. Organisation

Bis Ende der 50er Jahre entstanden in rascher Folge 14 Ev. A.n. Sie sind seit 1947 im »Leiterkreis der Evangelische Akademien in Deutschland e.V.« zusammengefaßt, 1955 wurde in Bad Boll der »Leiterkreis Evangelischer Akademien und Laieninstitute in Europa« gegründet, dem 1969 der »Ökumenische Leiterkreis der Akademien und Laieninstitute in Europa« folgte. Denn inzwischen waren weitere Ev. A.n im Ausland und ebenfalls Kath. A.n gegründet worden. Hatten sich schon die einzelnen Ev. A.n nach Methoden und Arbeitsschwerpunkten unterschiedlich entwickelt, so gilt die Vielfalt erst recht für den ökumen. Zusammenschluß. Er umfaßt Werke mit Schwerpunkten auf Studien- und polit. Öffentlichkeitsarbeit, andere, die sich der Erwachsenenbildung zuwenden (Heimvolkshochschulen und Heimstätten), wieder andere, die ihre Aufgabe in der Sozialarbeit sehen, bis hin zu Kommunitäten und Retraite-Zentren.

3. Theologische Fragen

Das theol. Nachdenken über die Aufgaben und Ziele der A.arbeit begleitete diese von Anfang an. Im kath. Bereich wird aufgrund naturrechtlicher Auffassungen davon ausgegangen, daß auch Nichtchristen im polit., wirtschaftl. und sozialen Kontext zu Grundeinsichten kommen können, die dem Glauben gemäß sind, wenn sie sich im Schutzraum der Kirche dem Gespräch öffnen und der Vernunft folgen. E. Müller verstand die A. als »Dritten Ort«, an dem der Hl. Geist auch in weltl. Fragen zur Verständigung beitragen kann, wenn die Beteiligten in ihrer Situation von der Verkündigung des Evangeliums erreicht werden. Seit Ende der 60er Jahre wurde dieses Konzept jedoch in Frage gestellt durch die Forderung, die Kirche dürfe sich nicht als neutralen Ort verstehen, sondern müsse für die jeweils Benachteiligten Partei ergreifen. Damit trat die Problematik der Politisierung der A.arbeit in den Vordergrund. Von dieser Auseinandersetzung waren vor allem diejenigen Häuser betroffen, die sich schwerpunktmäßig der Sozialarbeit zugewandt hatten. Auf ökumen. Ebene stehen heute polit. Fragen wie Rassismus, Frieden, Weltwirtschaftsordnung, Umwelt auf der Tagesordnung.

Es ist den Ev. A.n nicht vorzuwerfen, daß sie ihre Tätigkeit von Anfang an nicht im engeren Sinn mission., also für Glauben und Kirche werbend, verstanden haben, sondern ihr Tun diakon. als Dienst der Kirche an der Gesellschaft auffaßten. Die A.n erreichten und erreichen auch heute noch gesellschaftl. Kreise und Gruppen, die sich auf anderem Wege von der Kirche nicht mehr ansprechen lassen. Voraussetzung der ev. A.arbeit aber ist, vom neuen Sein aus Gott zu wissen und von daher im sozialen Bereich zu denken und zu handeln. Wenn die frohe Botschaft des ntl. Glaubens als unpassend und unzeitgemäß empfunden und zurückgehalten wird, wenn sich die A.arbeit im Zusammenhang einer Glaubenskrise nur noch polit. versteht oder sich mit Interessengruppen identifiziert und folglich im Meinungskonzert der gesellschaftl. Gruppen und polit. Tendenzen nichts Spezifisches mehr zu sagen und einzubringen hat, dann hat sie ihren Auftrag verfehlt. Ein Hinweis für die Zukunft der Ev. A.n könnte von der Stätte der ersten Akademie, Bad Boll, ausgehen. Dort wirkten der Ältere und der Jüngere Blumhardt. Nur durch ihre geistl. Konzentration, durch die Lebens- und Glaubensgemeinschaft in ihrem Hause, durch ihre Spiritualität, konnte auch eine entsprechende soziale Wirkung von Bad Boll ausgehen.

Lit.: H.G. Jung: »Akademien«, TRE 1, 1977, 138-143; E. Müller: Bekehrung der Strukturen, 1973; ders.: Widerstand und Verständigung, 1987; E. Müller, H. Stroh (Hg.): Seelsorge in der modernen Gesellschaft, 1971.

R. Mayer

Akkommodation

Das lat. Wort bedeutet »Angleichung, Anpassung«. Der Begriff wird in verschiedenen Wissensgebieten verwandt, z.B. in der Biologie, um die Anpassung der Linse eines Auges an verschiedene Entfernungen zu kennzeichnen. Jedes Gelingen von Kommunikation setzt A. voraus, indem sich jeweils der Redende bzw. Gebende dem Hörer bzw. Empfänger annähert, ja einschränkt und preisgibt, um beim anderen »anzukommen«, verstanden zu werden. Jedes Übersetzen, ja bereits jedes Reden hat mit diesem Sachverhalt zu tun, der insbesondere in der Mission (z.B. schon im Ritenstreit der kath. Mission seit dem 17. Jh.) bis heute (Kontextualisierung, Enkulturation) das Grundlagenproblem berührt.

Zum theol. Gebrauch: In der Rhetorik sprach man bei den alten Griechen von dem »Heruntersteigen«, das ein Redner im Blick auf die begrenzte Fassungskraft seiner Zuhörer zu vollziehen habe. Von hierher scheint der Begriff, zunächst noch in seiner griech. Gestalt (*synkatábasis*), zu den frühen christl. Lehrern, den → Apologeten und den Kirchenvätern, gekommen zu sein (→ Tertullian, Hilarius, → Origenes): Gott gibt sich in seinen Offenbarungen nicht so zu erkennen, wie er ist, sondern wie die Menschen ihn verstehen können. Wird dieser Gedanke auf die Menschwerdung Christi angewendet, so entsteht die Gefahr, daß man in dem Menschen Jesus gar nicht mehr recht auf die Wirklichkeit Gottes stoßen kann. Phil. 2,7 spricht von der Entäußerung Christi (→ Kenosis). Deutet man sie im Sinne der griech. Metaphysik, dann kann solches Reden von Gott, ebenso wie die gesamte anthropomorphe Redeweise (→ Anthropomorphismus) der hebr. Tradition, nur als unangemessene, uneigentliche Sprechweise von dem höchsten Wesen verstanden werden, auch wenn sie – wie bei den Kirchenvätern (z.B. → Augustin) – dadurch eine positive Wertung erfährt, daß man sie als Ausdruck seines Heilsplans und seiner Liebe zum Menschengeschlecht ansieht. Neben dem lat. Wort A. (*accomodatio*) wird gleichbedeutend von der → Kondeszendenz (*condescensio*) gesprochen, wobei letzterer Begriff die genaue Wiedergabe des griech. *synkatábasis* darstellt.

Bei Luther steht der Begriff der Kondeszendenz ganz im Mittelpunkt der Theologie: »In unser armes Fleisch und Blut verkleidet sich das ewge Gut« (EKG 15), und auch seine Abendmahlslehre zeugt davon. Der Anspruch der metaphysischen und scholastischen Begrifflichkeit wird hier souverän gebrochen im Interesse der geschichtlich gegebenen Heilswirklichkeit. Dieser Durchbruch zur bibl. Sprache wird in der prot. Orthodoxie nicht voll festgehalten. Vielmehr wird die »göttliche Natur« nun wieder mit den Mitteln der phil. Gotteslehre (Unveränderlichkeit, Leidensunfähigkeit) ausgedeutet. Gottes A. bzw. Kondeszendenz konnte nur sehr begrenzt ausgesagt werden. Anders in den neu sich ausbildenden Wissenschaften und deren Ringen um das Weltbild der Moderne. → Kepler und → Galilei ziehen den A.sbegriff heran, um weltbildmäßige Schwierigkeiten mit der Bibel zu bewältigen (z.B. Jos 10: »Sonne, stehe still«). Hier ist es der Mensch, der die A. vollzieht: der bibl. Schriftsteller, der eine Sache nicht so darstellt, wie sie sich in Wirklichkeit verhält, sondern wie sie von dem unvollkommenen Fassungsvermögen der damaligen Leser bzw. Hörer aufgenommen werden konnte. Im Aufklärungszeitalter hat der A.sgedanke dann eine wahre Hochblüte erlebt. Nach J.S. → Semler, dem Hauptvertreter der A., hätten die bibl. Autoren die A. geübt als »Herablassung zu der Duldung unwahrer Vorstellungen an den unfähigen Christen«, sie werde aber überflüssig bei fortschreitender Bildung der Menschen. Probleme der Theologie des 20. Jh.s (→ Entmythologisierung, Sachkritik) sind hier bis in die Einzelheiten hinein vorgebildet. In der Frage der Bibelinspiration hatten die luth. Dogmatiker ebenfalls von einer A. gesprochen: Gottes Geist habe sich beim Diktieren dem Stil und der menschlichen Ausdrucksweise der einzelnen Schriftsteller angeglichen (Quenstedt), wobei man sich aber einig darin war, daß solches Eingehen auf die menschlichen Werkzeuge weder eine Beeinträchtigung des Wahrheitsgehaltes ihrer Sätze noch auch der sprachlich-stilistischen Vollkommenheit der bibl. Texte zur Folge gehabt haben könne.

Zwischen Orthodoxie und rationalistischer → Bibelkritik steht die A.skonzeption J.G. → Hamanns (1730-1788). Auch bei ihm ist Gott der Autor der Hl. Schrift (Inspiration), aber die A. oder, wie Hamann gerne sagt: »Herunterlassung« Gottes ist hier ganz konsequent gefaßt: Gottes Geist hat sich gedemütigt, erniedrigt. »Wir liegen alle in einem so sumpfichen Gefängnis, worin sich Jeremias befand. Alte Lumpen dienten zu den Seilen, ihn heraus zu ziehen; diesen sollte er seine Rettung zu danken haben...« Die luth. Dogmatik des 19. Jh.s (→ Erlanger Theologie) hat sich bemüht, die Menschlichkeit Jesu stärker zu akzentuieren als dies in der Orthodoxie möglich war, und zwar indem sie den der A. verwandten Begriff der → Kenosis (Entäußerung) heranzog, wobei sie die phil. Prämissen der Orthodoxie allerdings nicht überwinden konnte. Einen Schritt weiter in dieser Sache brachte die Theologie Hermann → Bezzels, der in seiner Schriftlehre ebenso wie in seiner Christologie ausdrücklich an Hamann anknüpfte.

Lit.: F. Blanke: Hamannstudien, 1956; K. Gründer: Figur und Geschichte. J.G. Hamanns: »Bibl. Betrachtungen« als Ansatz einer Geschichtsphilosophie, 1958; G. Hornig: Die Anfänge der historisch-kritischen Theologie, 1961 (zu Semler); K. Scholder: Ursprünge und Probleme der Bibelkritik im 17. Jahrhundert, 1966; M. Seitz: Hermann Bezzel, (1960), [2]1987.

H. Lindner

Akoimeten → Mönchtum

Aktion: In jedes Haus e.V. (AJH)

Schriftenmission, gegründet 1967 von der Deutschen Evangelischen → Allianz (P. Schneider). Gemeinnütziger Verein für systematische Hausmission; Nachbetreuung über Briefseelsorge und Bibelkurse. Interessierte werden in bestehende Gemeinden eingegliedert. Durch evangelistische Schriften soll jeder Haushalt erreicht werden. Überbringer sind Christen der örtlichen Gemeinden. In geistl. toten Gegenden erfolgt die Gebietsmission durch (haupt-/ehrenamtliche) »Hausmissionare«; Zusammenarbeit geschieht auf der Basis der Ev. → Allianz.

Motivation/Schulung der Mitarbeiter erfolgt in den örtlichen Gemeinden durch Seminare (Missionarisches Beten; Hausbesuchsmission; Missionarische Hauskreise). Verteil-/Werbe-/Nacharbeitsmaterial wird von der AJH zur Verfügung gestellt.

AJH ist Mitglied in der → Arbeitsgemeinschaft Evangelikaler Mission (AEM), in der → Arbeitsgemeinschaft Missionarischer Dienste (AMD) und im → Ring Missionarischer Jugendbewegungen (RMJ) sowie in der Arbeitsgemeinschaft »Every Home for Christ« (EHC, gegründet 1946, J. McAlister; Sitz: Colorado Springs, USA). In ca. 60 Ländern gibt es eigenständige Werke, in weiteren Ländern engagieren sich örtliche Kirchenverbände.

Mission. Schwerpunkte liegen im europ. Raum; überregionale Projekte laufen in Osteuropa und weltweit; gebetet wird um Öffnung moslemischer Gebiete für systematische Hausmission. Seit 1977 Sitz in Schwelm.

Lit.: H. Gschwandtner: Christus für jeden; J. Lee: Wenn tausend neben dir fallen.

H. Bittner

Aktualismus → Ontologie

Al Gazali → Islam

Albanien

Das Gebiet des heutigen A. war im Altertum großenteils von illyrischen Stämmen besiedelt, wurde im 2. Jh. v. Chr. von den Römern erobert und nach der Reichsteilung von 395 dem Oström. Reich zugeschlagen. Ob Paulus im heutigen A. gepredigt hat (»ich verkündigte das Evangelium bis nach Illyrien«, Röm 15,19), ist unsicher, da der geographische Begriff Illyrien sehr weit gefaßt war. Eine systematische Christianisierung des Küstenlandes fand im 4./5. Jh. statt, im 5. Jh. drang das Christentum auch in die Berggebiete vor. Mit der slawischen Landnahme (um 600) wurden die kirchl. Organisationsstrukturen wieder vernichtet. In den folgenden Jh.en geriet das albanische Kernland zunehmend unter morgen- und abendländische Einflüsse; im Spätmittelalter entstanden im nördl. A. die kath. Metropolen Antivari (Bar) und Dyrrachium (Durres), während der Süden in die griech.-orth. Kirchenorganisation hineinwuchs. Gegen Ende des 15. Jh.s war Nordalbanien überwiegend kath., Mittel- und Südalbanien weitgehend orth.

Gegen die türkische Eroberung leistete Nordalbanien unter der Führung von Georg Kastriota (Skanderbeg) energischen Widerstand, der mit dem Tod des Helden (1468) allerdings zusammenbrach. A. wurde zu einer türkischen Provinz; die Islamisierung der Bevölkerung ging bis ins 17. Jh. hinein nur langsam vor sich, intensivierte sich dann aber, weil viele sich durch einen Übertritt zum Islam günstigere steuerliche und wirtschaftl. Bedingungen sichern konnten; christl. Brauchtum wie Taufe, Heiligenverehrung und Wallfahrten blieben vielerorts erhalten, so daß es zu einem eigenartigen christl.-islam. Synkretismus kam. Die Bergstämme im Norden blieben weitgehend röm.-kath.

Im letzten Viertel des 19. Jh.s entstand eine albanische Nationalbewegung, deren Ziel die staatliche

Selbständigkeit war. Diese wurde nach den Balkankriegen 1913 erreicht, war aber nur von kurzer Dauer, da Italien im Ersten Weltkrieg das Land besetzte. 1919 erhielt A. seine Eigenstaatlichkeit zurück und wurde 1928 unter Ahmed Zogu zu einer Monarchie, bis Italien 1939 das Land erneut besetzte. 1946 wurde in A. die »Volksrepublik« unter Enver Hodscha ausgerufen.

In der Zwischenkriegszeit waren rund 21 % der albanischen Bevölkerung orth. 1922 hatte sich die orth. Kirche A.s für autokephal erklärt, was vom Patriarchat Konstantinopel erst 1937 anerkannt wurde. Rund 11 % der Albaner waren röm.-kath. (Erzbistümer Skutari und Durres). 68 % gehörten dem moslemischen Bekenntnis an, wovon der größere Teil Sunniten, ein kleinerer Teil Angehörige der Gemeinschaft der Bektaschiten war. Mit der Umwandlung A.s in einen kommunistischen Staat wurde das kirchl. und rel. Besitztum verstaatlicht, die rel. Schulen wurden aufgelöst und die Kirchen einer massiven Verfolgung ausgesetzt. Die Religionsverfolgung, die in mehreren Wellen vor sich ging und sich durch außerordentliche Brutalität auszeichnete, gipfelte 1967 in der Erklärung Enver Hodschas, A. sei jetzt der erste konsequent atheistische Staat der Welt; sämtliche 2169 rel. Gebäude (kath. und orth. Kirchen, Moscheen, Klöster usw.) waren zweckentfremdet oder zerstört worden. Art. 37 der Verfassung von 1976 bestimmte: »Der Staat erkennt keinerlei Religion an und fördert und betreibt atheistische Propaganda, um in den Menschen die wissenschaftliche Weltanschauung zu verwurzeln.«

Nach dem Tode Hodschas (1985) traten Lockerungen in der antikirchl. Politik des albanischen Staates ein. In privaten Räumen gefeierte Gottesdienste wurden nicht mehr behindert. 1990 wurden Verhaftungen aus rel. Gründen eingestellt, Gefangene freigelassen, der rel. Glaube als Sache des Gewissens jedes einzelnen und »religiöse Propagandatätigkeit« als nicht mehr strafbar erklärt. Der neue Verfassungsentwurf von Ende 1990 garantiert in Art. 53 die Gewissensfreiheit und gibt den Gläubigen das Recht zurück, ihren Glauben öffentlich verkündigen zu dürfen. Kirchen und Moscheen wurden den Religionsgemeinschaften wieder zur Verfügung gestellt. Die röm.-kath. und die orth. Kirche sowie die islam. Religionsgemeinschaften stehen jetzt vor Aufbauaufgaben, die praktisch am Nullpunkt beginnen müssen. Es ist beeindruckend, wie viel rel. Substanz in der langen und schweren Verfolgungszeit erhalten geblieben ist.

Lit.: G. Stadtmüller, B. Spuler: »Albanien«, TRE 2, 1978, 160-167; B. Tönnes: Sonderfall Albanien. Enver Hodschas »eigener Weg« und die historischen Ursprünge seiner Ideologie, 1980; ZS »Glaube in der 2. Welt«, Küsnacht, Zollikon, 1973ff, v.a. 1978/1 und 1990ff.

E. Bryner

Albertus Magnus (1193/1207-1280)

A. wurde zwischen 1193 und 1207 in Lauingen geboren. Sein Vater Marquard gehörte dem staufischen Ministerialenstand an. Im Jahre 1222 hielt sich A. in Oberitalien, in Venedig und Padua auf. Dort trat A. 1223 in den Dominikanerorden ein.

Von Padua ging er nach Köln, wo er nach dem Studium der Theologie die Priesterweihe empfing. Von 1243/44 - 1248 studierte er in Paris, um den Doktor der Theologie zu erwerben. Diese Pariser

Jahre brachten für A. den Durchbruch zum universalen Gelehrten. A. wollte die Werke des → Aristoteles in ihrer Gesamtheit erschließen und sie auch für den Theologen fruchtbar machen. Dies »erkannte er als seine Lebensaufgabe« (W.P. Eckert). So bestand A.' Leistung in der Grundlegung des christl. → Aristotelismus. Er legte den Grundstock zum Weltbild der Hochscholastik, in dem Glauben und Wissen sich zu einer höheren Einheit verbanden. Indem er Spiritualität und Vernunft einander zuordnete, war er wegweisend für das mittelalterl. Denken. Weitere Bedeutung erlangte A. als Naturphilosoph und -forscher. Vor allem die Zoologie und Botanik zogen ihn an.

Von 1248 bis 1254 lehrte A. am Generalstudium seines Ordens in Köln. 1254 wurde er Provinzial der deutschen Provinz des Predigerordens; dieses Amt versah er bis 1257.

Am 5. Januar 1260 ernannte ihn der Papst zum Bischof von Regensburg. Doch bereits nach zwei Jahren trat er von diesem Amt wieder zurück. 1263/64 zog A. als Kreuzzugsprediger durch Deutschland und Böhmen. Anschließend war er in Würzburg, Straßburg und Köln wieder innerhalb seines Ordens tätig. A. genoß so großes Ansehen als Wissenschaftler, daß ihn sein Ordensoberer 1269 nochmals als Professor nach Paris schicken wollte. A. lehnte wegen seines hohen Alters ab. Er empfahl, an seiner Stelle seinen ehemaligen Schüler → Thomas von Aquin zu schicken. Der Orden folgte seiner Empfehlung. Gegen Ende des Jahres 1270 begab er sich wieder nach Köln, wo er seinen ständigen Wohnsitz im Kölner Dominikanerkloster nahm. Hier starb er am 15. November 1280. Seine Seligsprechung erfolgte 1622. 1931 wurde er von Pius XI. heiliggesprochen und zum Kirchenlehrer erhoben. 1941 erklärte Pius XII. A. zum Patron der Naturwissenschaftler.

Im Blick auf die Erkenntnis Gottes schreibt A.: »Wollte ich nach gelehrten Geistlichen fragen, so ginge ich nach Paris, wollte ich aber nach den Geheimnissen Gottes fragen, so fragte ich bei dem ärmsten Menschen an, der auf Erden weilt und der mit Freuden aus Liebe zu Gott arm ist. Der weiß von Gottes Geheimnissen mehr als der weiseste Gelehrte auf Erden.«

A. hat in seinem Leben das Experiment des Glaubens und des Wissens gewagt. Nach seiner Auffassung kann nur die Predigt wirksam sein, die durch das Lebenszeugnis des Predigers gedeckt ist. Sein Schüler Ulrich von Straßburg bezeichnet A. als einen Mann, der in aller Wissenschaft nahezu göttlich war, so daß man ihn als ein wirkliches Wunder bezeichnen konnte.

Lit.: A. Fries (Hg.): Albertus Magnus. Ausgewählte Texte, Lateinisch-Deutsch, Texte zur Forschung, Bd. 35, [2]1987; P. Hoßfeld: Albertus Magnus als Naturphilosoph und Naturwissenschaftler, 1983.

K. Wittstadt

Albigenser

Nach ihrem Zentrum in Albi nahe Toulouse bezeichnete man eine südfranz. rel. Bewegung des 12./13. Jh.s als A. Sich selbst nannten sie »gute Christen« oder Katharer (»die Reinen«, im dt. Sprachraum zu »Ketzer« umgebogen), was bereits auf ihren kirchenkritischen Anspruch hinwies. Ihre Lehre stellte eine der größten Herausforderungen der Kirche dar, zumal sie nach neueren Forschungen gar nicht so »unchristlich« war, wie die vielfach verzerrte Überlieferung glauben machen wollte. Neben Bezügen zum → Manichäismus und zur → Gnosis lassen sich ihre Vorstellungen von der Präexistenz der Seelen, dem freien Willen und dem Endheil aller Seelen auf → Origenes und die Sekten der → Bogomilen und → Paulicianer zurückführen. Zunächst verwarfen die A., mit erheblichen Unterschieden zwischen den einzelnen Gemeinden, die Ehe, den Eid, den Kriegsdienst und das AT. Der äußere Druck der Kirche führte dann auf dem Konzil der Katharer von 1167 zur Radikalisierung ihrer Lehre im Sinne des Dualismus und zur Bildung einer Bistumsorganisation. Danach war für sie Gott als das gute Prinzip der Schöpfer der geistigen Dinge, dem das böse Prinzip, das alles Materielle geschaffen hat, unversöhnlich gegenüberstand. Jesus erscheint in den Mythen der A. teils als reiner Engel, teils als Emanation Gottes, sein Menschsein lehnen sie ebenso ab wie den Kreuzestod. Die Gemeinden der A. gliedern sich in den niedrigeren Stand der »Gläubigen« und den höheren der »Vollkommenen«, die sich harter → Askese unterwerfen (Verzicht auf alle durch Zeugung entstandenen Speisen, regelmäßiges Fasten, absolute Enthaltsamkeit). Der Eintritt in die »Kirche der Reinen« erfolgt durch eine Art Geistestaufe mittels Handauflegung, die den Menschen zum Tun des Guten befreit und seine Seele mit dem dazugehörigen Engelsgeist im Himmel verbindet.

Der wenn auch zeitlich und regional begrenzte Erfolg der A. begann mit ihrer bei der Bevölkerung populären Kritik an dem reichen Pomp und der Weltlichkeit der Kirche. Allerdings wollten sie diese nicht reformieren, verstanden sie sich doch selbst als die einzig wahre Kirche. Faszinierend wirkte auch ihre streng asketische Lebensführung. Vor allem aber boten sie eine einfache Erklärung des → Bösen an. Ihre Botschaft kam ohne → Fegefeuer und → Hölle aus und garantierte Heilssicherheit, so daß den Gläubigen die Furcht vor dem Jenseits genommen wurde. Anziehend wirkten auch ihre Gemeinden wegen ihrer demokratischen Struktur mit intensiver Beteiligung der Laien. So gab die Lehre der A. trotz aller Irrwege wichtige Anstöße zur spirituellen Neubelebung und zu einem neuen Kirchenmodell. Den berechtigten Anfragen der A. stellte sich das Papsttum nicht, im Gegenteil. Ihr Auftreten löste die ersten Aktionen der päpstlichen → Inquisition aus. In dem selbst für damalige Verhältnisse äußerst grausam geführten Albigenserkrieg (1209-1229), der erstmals den Kreuzzugsgedanken in einem christl. Land in die Praxis umsetzte, wurden die Kirche der A. und die blühende Kultur Südfrankreichs zerstört. Reste der A. konnten sich bis in das 14. Jh. in abgelegenen Pyrenäengegenden, in Nordwestitalien und in Sizilien halten. Die bleibende Bedeutung der A. ist die zeitlos gültige Anfrage nach der Übereinstimmung der Kirche mit dem → Evangelium.

Lit.: A. Borst: Die Katharer, [5]1986; D. Müller: »Katharer«, TRE 18, 1989, 21-30; G. Rottenwöhrer: Der Katharismus, 2 Bde., 1982.

L.E. v. Padberg

Albrecht-Bengel-Haus

Der Verein »Albrecht-Bengel-Haus e.V.« (ABH) in Tübingen, am 27. 12. 1969 gegründet, ist Träger eines Studienhauses mit dem Ziel, »solche evangelische Theologiestudenten (zu) fördern und zu einer geistlichen Gemeinschaft des Lebens, Betens, Forschens zusammen(zu)führen, die sich zum Dienst in Kirche und Mission gerufen wissen. Ihre Zurüstung soll geschehen in einer Verbindung von echter Wissenschaftlichkeit und klarer Ausrichtung auf die Heilige Schrift und das Zeugnis der Väter im Glauben« (Grundordnung). Der Verein unterhält ein Studienhaus mit rund 90 Zimmern, einem Andachtsraum, einer Bibliothek und den nötigen Seminarräume und bietet den Studenten und Studentinnen tägliche Andachten, studienbegleitende Vorlesungen, Übungen und Examensrepetitorien durch den Rektor, drei Studienleiter und drei Studienassistenten. Zudem soll durch regelmäßige Gemeindebesuche und Predigtübungen der Praxisbezug während des Studiums gefördert werden. Außerdem fördert der Verein in seinem Missionszweig Theologiestudenten aus der Dritten Welt. Vorsitzender des Vereins ist derzeit Dekan M. Holland.

Wer aufgenommen werden will, hat eine »Selbstverpflichtung« zu unterschreiben, wonach er in seinem persönlichen Leben Jesus Christus nachfolgen will.

Die Gründung des Vereins erfolgte nach Vorgesprächen verschiedener Synodaler mit Tübinger Theologieprofessoren und Vertretern der pietist. Gemeinschaftsverbände in Württemberg als Reaktion auf bibelkritische und atheistische Strömungen und Einflüsse an den theol. Fakultäten Ende der 60er Jahre. Die Kosten werden allein durch Spenden und Mitgliedsbeiträge gedeckt. Erster Studienleiter war Dekan W. Tlach.

Nach dem Konzept des ABH wurden mittlerweile Studienhäuser in Schriesheim bei Heidelberg, Marburg und Mainz eingerichtet.

Lit.: G. Maier (Hg.): Die Hoffnung festhalten, 1978.

M. Holland

Albrecht, Jacob (1759-1808)

A., geb. am 1. 5. 1759 bei Pottstown, Pa., als Sohn pfälzischer Einwanderer, gest. am 18. 5. 1808 Kleinfeltersville, Pa., USA, Gründer der Evangelischen Gemeinschaft (in den USA unter dem Namen Evangelical United Brethren Church; → Methodisten). Er erlebte 1790 als Ziegelbrenner seine Bekehrung, schloß sich bald darauf einer methodistischen »Klasse« an und wurde »Ermahner« (Laienzeuge). 1796 fing er an, unter den kirchl. vernachlässigten deutschen Siedlern in Pennsylvania, Maryland and Virginia auf deutsch zu predigen und führte kirchl. tote Kreise zu neuem Leben. 1800 entstanden drei »Klassen«, die gemeinsame Gebets- und Bibelstunden abhielten (Vorstufe der Gemeindebildung). A. fand jedoch weder bei den Methodisten noch bei der luth. Kirche, die sich beide auf die englischen Volksteile konzentrierten, Verständnis für die Einführung der deutschen Sprache in den Gottesdiensten. Folglich schlossen sich die deutschen Gemeinden enger zusammen. 1803 wurde A. von einigen Laien ordiniert. Seine Anhänger nannte man »Albrechtsleute«. 1807 tagte die erste »Konferenz« der von A. geführten Ev. Gemeinschaft, die sich den Namen »Neuformierte Methodistenkonferenz« gab, A. zum Bischof wählte und eine Kirchenordnung in Auftrag gab.

Lit.: R. Jäckel: Geschichte der Ev. Gemeinschaft I, 1892, 44ff; P. Meinhold: Ökumenische Kirchenkunde, 1962, 473ff.

K.H. Voigt

Albrecht von Mainz (1490-1545)

A., Markgraf von Brandenburg, geb. am 18. 6. 1490 in Berlin, gest. am 24. 9. 1545 in Mainz, Domherr in Mainz 1509, Priesterweihe 1513, Erzbischof von Magdeburg 1513 und Mainz 1514, Administrator von Halberstadt 1513, Kardinal 1518 und Kurfürst, Erzkanzler und Primas des Deutschen Reiches.

Um Ämterhäufung und Palliengelder zu finanzieren, durfte er in seinen Ländern den Ablaß vertreiben. Das rief → Luther mit den 95 Thesen auf den Plan, für dessen geistl. Anliegen A. kein Verständnis hatte. Seinem moderaten polit. Temperament und seiner humanistischen Gesinnung entsprach es, daß der Bewunderer des → Erasmus, Beschützer → Reuchlins und Förderer → Huttens nicht scharf reagierte, sondern zunächst – wohl auch unter dem Einfluß seines Dompredigers und Rates → Capito – eine konziliant abwartende Hal-

tung einnahm. Ohne seine traditionellen Glaubensüberzeugungen aufzugeben und obwohl A. am Dessauer Bündnis gegen die Bauernunruhen und die luth. Ketzerei beteiligt war (1525), hielt er doch an der Hoffnung auf Einheit der Kirche fest. In weiten Teilen seiner mitteldeutschen Länder breitete sich die → Reformation aus. Als sie 1541 seine Residenz Halle erreichte, wurde er unnachgiebiger Gegner der Reformation. Er residierte zuletzt in Mainz, das er der kath. Kirche erhielt.

Lit.: G.A. Benrath: »Albrecht von Mainz«, TRE 2, 1978, 184-187; J. May: Der Kurfürst, Cardinal und Erzbischof Albrecht II. v. Mainz und Magdeburg, I 1865, II 1875; H. Reber: Albrecht von Brandenburg. Kurfürst - Erzkanzler - Kardinal 1490-1545 (hg. von B. Roland), 1990.

Chr. Windhorst

Alexander von Hales (ca. 1185-1245)

A. ist geboren in Hales Owen (England) ca. 1185, vor 1210 in Paris, dort zunächst Magister regens (»Professor«) in der artes-Fakultät (Grundstudium), dann in der theol., zwischenzeitlich in England und in Universitäts-Angelegenheiten unterwegs. Im Jahre 1236 wird er Franziskaner und bringt so seinen theol. Lehrstuhl in den Orden mit. Er nimmt am 1. Konzil von Lyon (1245) teil und stirbt in Paris am 21. August 1245. Ehrenname: doctor irrefragabilis. Begründer der Pariser Franziskanerschule, Lehrer → Bonaventuras.

A. steht am Beginn der Hochscholastik des 13. Jh.s. Er führt, als Neuerung, die »Sentenzen« des Petrus → Lombardus als Unterrichtsbuch ein und begründet so das literarische Genus des Sentenzenkommentars. Von ihm selber gibt es, in Nachschriften erhalten und 1945 wiedergefunden, eine »Glosse« zu den Sentenzen, kein ausgeführter Kommentar, vielmehr kurze Bemerkungen und ausführliche Fragen im Wechsel. Überliefert sind ferner »Quaestiones disputatae« zu theol. Fragen (hg. bisher nur die vor 1236) und die »Summa fratris Alexandri«, eine Gesamtdarstellung der Theologie, deren Bücher I bis III im wesentlichen auf A. zurückgehen (Gott, Schöpfung, Sünde, Christus, Gesetz, Gnade, Glaube - die weiteren theol. »Tugenden« fehlen; das IV. Buch ist nicht von A.). A. knüpft an → Augustin und die heilsgeschichtliche Theologie des 12. Jh.s (Viktoriner) an und führt sie spekulativ weiter; die »neue« Philosophie (Aristoteles) spielt eine geringere Rolle.

Lit.: (lat.) Summa theol. seu . . . Summa Fratris Alexandri, 4 Bde., 1924-1948; Glossa in IV libros Sent., 4 Bde., 1951-1957; Quaest. disp. »antequam esset frater«, 3 Bde., 1960; W. Dettloff: »Alexander Halesius«, TRE 2, 1978, 245-248 (Lit. bis 1970); E. Gössmann: Metaphysik und Heilsgeschichte, 1964;

B. Steinseifer

Alexandrinische Theologie

Die altkirchl. Theologie wurde nicht nur im Schatten antiker Wissenschaftszentren wie Alexandria groß, sondern die jeweils eigenen geistesgeschichtlichen Traditionen prägten auch die entstehenden christl. »Schulen«. Dies trat besonders beim Streit um die richtigen Definitionen in der Christologie zutage zwischen der Schule von Antiochia und der im orientalischen Bereich immer mehr Anhänger findenden Schule von Alexandria (→ Ägypten).

Seit der Schule des Basilides (ca. 125-160), einem freien philosophischen Lehrinstitut, deren Orthodoxie aus manchen Gründen bestritten werden kann, (→ Gnosis/Gnostizismus; erst unter Bischof Heraklas, um 245, gab es wohl auch ein kirchl. Lehrinstitut) findet sich in der A. Th. eine christologische Lehrtradition, die man als Logos-Sarx (Wort-Fleisch)-Christologie bezeichnet und bei → Origenes und → Athanasius beobachten kann. Danach verbindet sich der göttliche Logos lediglich mit dem Leib des Menschen Jesus, nicht mit seiner Seele.

Diese Theorie geriet in wachsenden Gegensatz zur antiochenischen Theologie.

Im Zusammenhang damit steht eine spezielle Auffassung der Schriftauslegung: Die Allegorese, im vorchristl. Alexandria bei der Homer-Exegese zuerst in einem mittelplatonischen Kontext geübt, dann von Philo auf das AT angewandt, später im neuplatonischen Zusammenhang eine Methode der Interpretation von Texten, zu der man bewußt griff, um den Texten die gewünschte Deutung abzugewinnen. Das Doppelgesicht dieses Schriftverständnisses, zeigt sich auf der einen Seite in dem akribischen Bemühen um den Wortlaut des Textes und seinen wörtlichen Sinn und auf der anderen Seite in der »fast schrankenlosen Herrschaft der allegorischen Methode« (H.v. Campenhausen), die bei Origenes am deutlichsten zutagetritt. Das Logos-Sarx-Schema in der Christologie war zwar bei ihm und bei Arius und unter Voraussetzung des *homoousios* im Nicaenum bei Athanasius und später des → Nicaenoconstantinopolitanum verschieden verwendbar, doch besaß es bei allen Exponenten der A.Th. eine vergleichbare Funktion: Sicherung der → Erlösung durch → Inkarnation des göttlichen Logos, der im Menschen Jesus gleichsam den Platz seiner Seele einnimmt, sei es »philosophisch modern« als Stufungsgedanke subordinatianisch, so Dionysios von A., oder sei es homoousianisch (wesensgleich) wie in Nicaea I 325 formuliert. In der A.Th. verband sich also eine spezifische Art des Schriftgebrauchs mit einem eigenen theol.-rel. Frageinteresse.

Diese Verbindung macht das Besondere der A.Th. aus, fasziniert aber in der dezidierten Betonung des die Erlösung des Menschen garantierenden »Gottmenschen« zunehmend die orientalischen Christen innerhalb der Grenzen des Röm. Reichs. So wird A.Th. zu einer kirchenpolit. Macht im Osten, die sich beim Kampf um die Bischofsstühle ebenso wie bei dem Streit um die Definitionen der Konzilien äußert. A.Th. verliert damit im christologischen Streit zunehmend ihre lokale Beschränkung und wird immer stärker identisch mit monophysitischer Theologie, die wir in Syrien und auch in Antiochia selbst finden (Patriarch Severus 512-518, 538 in Alexandria).

An der Auseinandersetzung der »Schulen« von Alexandria und Antiochien sind viele Faktoren beteiligt, Formen der Volksreligionen, für uns schwer zu fassen, individuelle Weiterentwicklungen theol.-phil. Begriffe wie »Sein« und »Natur«, das für uns schwer durchschaubare antiochenische Schisma (330-413), kirchenpolit. Rivalitäten und persönliche Polemik, nicht zuletzt aber auch eine grundlegende theol. Sachdifferenz: Wo in Antiochia der Abstand zwischen Gott und Mensch betont wird und diese Differenzierung ihre Entsprechung in textnaher Bibelexegese und hist. Auslegung (gerade um der Typologie willen) und ihre dogmatische Extrapolation in der Lehre von den zwei Naturen Jesu findet, da lösen die Alexandriner die Menschlichkeit Jesu im göttlichen Wesen des Logos gleichsam auf und sehen das Werk Christi erst in der Vergottung des Menschen erfüllt. Die Alexandriner faßten die Inkarnation als die vollkommene Einheit Gottes und Christi, also als die volle Gottheit des Sohnes im einmaligen und einzigartigen Tun Gottes, in der gnädigen Herablassung des unwandelbaren Gottes, oder in der Kurzformel: die eine fleischgewordene Natur des Gott-Logos – zur Erlösung des Menschen.

Dabei können in der A.Th. im einzelnen durchaus verschiedene Akzente gesetzt werden, wie der Unterschied zwischen → Cyrill von Alexandria (444), seinem Nachfolger Dioskur, der 451 im Konzil von → Chalcedon, das sich auf Cyrill berief, exkommuniziert wurde, oder gar Eutyches zeigt. Daß diese Modifizierbarkeit der A.Th. in Chalcedon nicht anerkannt und benutzt wurde, daß zwar in der Definition von Chalcedon Entscheidendes aus Cyrill entlehnt, er aber nicht genannt und sein Nachfolger exkommuniziert wurde, »war die Tragödie des Vierten Allgemeinen Konzils, das zu einem langen Krieg und zu einer Spaltung der Kirche führte« (A. Grillmeier) und aus der Alexandriner Schule die Theologie der → Monophysiten machte.

Zusammenfassend ist zu sagen: Die A.Th. mit ihrem Logos-Sarx-Schema sucht in ihrer Hauptlinie die Erlösung des Menschen zu beschreiben aufgrund der Inkarnation des Gottmenschen, die die menschliche Gottebenbildlichkeit erneuert. Bedingt durch die kirchenpolit. Entwicklung mündet sie bei dem Großteil der orientalischen Kirchen in sog. Monophysitismus, obwohl A.Th. eine wichtige Basis des chalcedonensischen Bekenntnisses darstellt. So führt der Weg von einer bestimmten Form bibl. Hermeneutik, der Allegorese, zur Theologie der Konfessions- und Nationalkirche.

Lit.: C. Andresen (Hg.): Handbuch der Dogmen- und Theologiegeschichte I, 1982; K. Beyschlag: Grundriß der Dogmengeschichte, Bd. I, [2]1988, Bd. II/1, 1991; W.H.C. Frend: The Rise of the Monophysite Movement, 1972; A. Grillmeier: Jesus der Christus im Glauben der Kirche I, 1979.

W. Wischmeyer

Alkoholismus

Unter A. wird sowohl Alkoholmißbrauch wie Alkoholabhängigkeit verstanden. Auf Empfehlung der Weltgesundheitsorganisation der Vereinten Nationen (WHO) wurde 1964 der schwer zu definierende Suchtbegriff durch den der Abhängigkeit ersetzt. Sie wird als durch Beschwerden gekennzeichneter Zustand verstanden, der sich nach Entzug einer zuvor über längere Zeit konsumierten Droge einstellt, während erneute Zufuhr der Droge Besserung oder Verschwinden der Symptome ergibt.

Zu unterscheiden ist physische Abhängigkeit (körperliche und seelische Symptome nach Drogenentzug) und psychische Abhängigkeit (unwiderstehliches Verlangen nach weiterer Drogeneinnahme). Definition des Alkoholikers durch die WHO: Exzessiver Trinker, der geistige oder körperliche Störungen seiner mitmenschlichen Beziehungen oder ihrer sozialen und wirtschaftl. Funktionen aufweist.

Jellinek, der im Auftrag der WHO das Problem A. untersuchte und dabei neue Einsichten in den Entstehungszusammenhang des A. gewonnen hat, unterscheidet verschiedene Alkoholiker-Typen, u.a.:

Gamma-A., bei dem sich aus der anfänglichen psychischen Abhängigkeit zunächst der sog. Kontrollverlust und später eine physische Abhängigkeit entwickelt. Delta-A., getrunken wird »mäßig aber regelmäßig«. Gleichmäßige, über den Tag verteilte Alkoholaufnahme bei Unfähigkeit zur → Abstinenz, während die Kontrolle des Alkoholkonsums relativ lange erhalten bleibt. Zu Beginn physische Abhängigkeit, später erst psychische Abhängigkeit.

Epsilon-A., auch »Quartalstrinken« genannt. Während periodisch auftretender Stimmungsschwankungen Kontrollverlust. Die Zeiten zwischen den Perioden verkürzen sich allmählich, so daß sich aus dem Epsilon-A. meist ein Gamma-A. entwickelt.

Einer Hilfeleistung für den Alkohol-Kranken steht das nicht nur in der Gesellschaft, sondern auch unter Christen verbreitete moralische Mißverständnis des A. entgegen. Der Alkoholiker wird als lasterhafter Trunkenbold gesehen, der eigentlich Hilfe nicht verdient. Trotz eines entsprechenden Urteils des Bundessozialgerichts aus dem Jahr 1968 wird es heute noch von vielen abgelehnt, A. als Krankheit zu verstehen.

Jellinek unterscheidet bei der Krankheit A. vier Phasen:

- die voralkoholische - sechs Monate bis zwei Jahre;
- prodromale, - vier bis fünf Jahre;
- die kritische und chronische - zeitlich nicht mehr abgegrenzt.

(Die Zeitangaben beziehen sich auf erwachsene Männer, bei Frauen und Jugendlichen können die Fristen erheblich verkürzt sein.)

Kennzeichnend für die Krankheit A. ist der »heimliche Beginn«, d.h. weder der Betroffene noch seine Umgebung erkennen den Einstieg in den existenz- und lebensbedrohlichen Krankheitsprozeß. Der Alkoholiker unterscheidet sich in der voralkoholischen Phase weder nach Trinkmenge noch nach Häufigkeit des Konsums vom Normalkonsumenten.

Eine Heilung des A. im Sinne einer restitutio ad integrum, einer Rückkehr zum kontrollierten Trinken, gibt es nicht. Dem Alkoholiker bleiben deshalb nur die Alternativen: entweder lebenslange, konsequente Abstinenz d.h. Alkohol zu keiner Zeit und in keiner Form oder Asylierung in einer geschlossenen Einrichtung (z.B. nach Hirnatrophie, Korsakow-Syndrom oder einem der anderen Endzustände des A.) - Exitus.

Der erste Schluck führt nicht in jedem Fall zum sofortigen Rückfall. Doch der Toleranzbruch - das gleichsam körperliche, nicht steuerbare Verlangen nach weiterer Alkoholzufuhr - stellt sich nach kürzerer oder längerer Zeit wieder ein. Deshalb muß die von manchen Therapeuten vertretene Behandlungs-Zielsetzung »kontrolliertes Trinken« aus heutiger wissenschaftl. Sicht als Kunstfehler bezeichnet werden.

Aus der Einsicht: »Ich bin Alkoholiker«, ergibt sich die Notwendigkeit zur lebenslangen → Abstinenz. Damit geraten die Ursachen der Flucht in die Sucht, der mangelnden Lebensbewältigung und der gescheiterten Beziehungen ins Blickfeld. Über korrigierende emotionale Neuerfahrungen und Einübung neuer Beziehungsmodi zustandegekommene Persönlichkeitsnachreifung vermittelt den Einstieg in eine »zufriedene Nüchternheit« (anstelle einer zwanghaften, stets gefährdeten Alkohol-Vermeidung).

Von der Notwendigkeit seelsorgerl. Hilfe sprechen z.B. W. Schulte: »Erfolgreiche Alkoholikertherapie ist ohne Behandlung der Probleme Sinn, Ziel und Hoffnung nicht möglich«, und C.G. Jung: »Alkoholismus ist auf niederer Stufe das Äquivalent für den spirituellen Durst des menschlichen Wesens nach Ganzheit, anders ausgedrückt, für den Durst nach Gott.«

Also muß der Abstinente diesen Durst auf neue Weise befriedigen. Bewährt hat sich bei der Seelsorge an Alkoholikern das Angebot persönlicher

Beichte und ggf. des persönlichen Zuspruchs der Vergebung. Anschluß an Selbsthilfegruppen (Blaues Kreuz, Freundeskreise) ist unentbehrlich. Einbeziehung von Suchtberatungsstellen ist allein schon zur Regelung von Kostenfragen notwendig.

Lit.: K. Antons: Therapie des Alkoholismus, 1980; DHS (Hg.): Süchtiges Verhalten, 1985; J. Eisenburg (Hg.): Sucht, 1988; W. Feuerlein: Alkoholismus - Mißbrauch und Abhängigkeit, ^{3}1984; J. Odermatt: Alkohol heute, 1974; E. Rieth: Alkoholkrank?, ^{10}1989.

E. Rieth

Alkuin (ca. 730-804)

A., auch Alcuin, Alchuine, Albinus bzw. Flaccus genannt, wurde ca. 730 in York geboren und starb am 19. 5. 804 in Tours. Er war Priester und Lehrer an der Domschule zu York, nach der Begegnung mit →Karl dem Großen 781 ging er 782 endgültig in dessen Reich und wurde mit zahlreichen Aufgaben betraut: er wurde 796 Abt von St. Martin in Tours, theol. Lehrer (Revision des Bibeltextes, des röm. Messbuches, Mitverfasser der karolingischen Bücher, Bestreiter des span. → Adoptianismus), Organisator des Missionswesens, Verfasser verschiedener Bücher, Gedichte sowie zahlreicher erhaltener Briefe.

A. gilt als prägender Theologe der karolingischen Renaissance und hatte viele bedeutende Schüler, z.B. Einhart, Amalrich von Metz, Hrabanus Maurus.

Lit.: W. Edelstein: Eruditio und sapientia. Weltbild und Erziehung in der Karolingerzeit, 1965; W. Heil: Alkuinstudien I, 1966; K. Werner: Alcuin und sein Jahrhundert, ^{2}1881.

G. Ruhbach

Allegorese → Schriftauslegung

Alleluja → Halleluja

Allerheiligen

Die kath. Kirche begeht am 1. November das Hochfest A. Sie gedenkt an diesem Tage der »verherrlichten Glieder der Kirche, unserer Brüder und Schwestern, die schon zur Vollendung gelangt sind« (Meßbuch). Die 1. Lesung (Offb 7,2-4.9-14) verweist auf die »große Schar aus allen Nationen und Stämmen, Völkern und Sprachen«, die mit weißen Gewändern und Palmzweigen in den Händen vor dem Thron und dem Lamm stehen. Die 2. Lesung (1Joh 3,1-3) spricht von der Gotteskindschaft als dem Grund aller Heiligung. Als Evangelium werden die Seligpreisungen der Bergpredigt gelesen (Mt 5,1-12a).

Auch die luth. Kirche begeht den 1. November; unter der Überschrift »Gedenktag der Heiligen« bieten die Agende von 1955, das Lektionar von 1978 und die Erneuerte Agende von 1990 hierfür Texte und Lesungen an (Ps 89,2.6-8; Offb 7,9-17; Mt 5,2-12). Der Überlieferung nach schlug M. Luther, damaligem akademischen Brauch folgend, am Vorabend des A.festes 1517 seine 95 Thesen zu → Ablaß und → Buße an die Tür der Schloßkirche zu Wittenberg.

Das Fest hat seinen Ursprung in den Kirchen des Ostens, wo man schon im 4. Jh. zu unterschiedlichen Terminen ein Gedächtnis aller Märtyrer beging. Ein A.fest ist zuerst für England und Irland in der Mitte des 8. Jh.s bezeugt; in der 1. Hälfte des 9. Jh.s setzte es sich auch auf dem Festland durch.

Die östl. Kirchen des byz. Ritus begehen den Sonntag nach Pfingsten als Sonntag aller Heiligen.

Lit.: A. Adam: Das Kirchenjahr mitfeiern, ^{2}1980; H. Merkel: »Feste und Feiertage IV«, TRE 11, 1983, 115-132.

K.-H. Bieritz

Allerheiligstes → Messe; → Tabernakel; → Tempel

Allerseelen

Einen Tag nach → Allerheiligen, am 2. November, begeht die kath. Kirche den Gedenktag aller verstorbenen Gläubigen (so die Bezeichnung im Meßbuch). Kath. Christen schmücken zu A. die Gräber ihrer Verstorbenen und zünden Grablichter an. Am Nachmittag finden Prozessionen zu den Gräbern und Fürbittandachten statt; die Gräber werden mit Weihwasser und Weihrauch gesegnet. Die neuen liturg. Texte stellen die → Auferstehung Jesu in den Mittelpunkt; der früher stark dominierende Gerichtsgedanke tritt zurück.

Totengedenktage waren schon in der Antike verbreitet. Christen verbanden ihre Gebete für die Verstorbenen mit der Feier der Eucharistie. Eine Messe für die Seelen der Verstorbenen am Tag nach → Pfingsten schrieb Bischof → Isidor von Sevilla (636) seinen Mönchen vor. Abt Odilo von → Cluny führte 998 eine Gedächtnisfeier am 2. November für die Verstorbenen der ihm untergebenen Klöster ein. Sie verbreitete sich rasch über das ganze Abendland.

A. hat eine gewisse Entsprechung im Totensonntag, wie er von ev. Christen am Ende des Kirchenjahres (→ Ewigkeitssonntag) begangen wird.

Lit.: H. Merkel: »Feste und Feiertage IV.«, TRE 11, 1983, 115-132; K. Richter: Was ich vom Kirchenjahr wissen wollte, [2]1983.

K.-H. Bieritz

Allgegenwart Gottes → Gott, Eigenschaften

Allianz, Evangelische

Die Ev. A. ist entstanden als Ergebnis der evangelikalen Erweckungsbewegung des 18. und 19. Jh.s in Großbritannien. Immer deutlicher erkannte man, daß ein gemeinsamer mission. Dienst in der Heimat dringend erforderlich ist, der durch die Zerrissenheit der Christen aber empfindlich behindert wurde.

1845 fanden sich in Liverpool 217 an der Einheit unter Christen interessierte Pfarrer und Laien aus verschiedenen Denominationen zusammen, um die Möglichkeit gemeinsamen Zeugnisses und Dienstes zu prüfen. Dabei wurde eine große Konferenz vorbereitet, bei der im folgenden Jahr in London mehrere hundert Teilnehmer, vorwiegend aus Großbritannien, aber auch aus den USA, dem europ. Kontinent und teilweise aus Missionsgebieten anwesend waren. Es wurde eine Neun-Punkte-Basis aufgestellt, in der man einige wesentliche gemeinsame Grundaussagen zusammenfaßte, wie das Bekenntnis zur → Bibel als inspiriertem Wort Gottes, die Verlorenheit des Menschen und die → Erlösung durch Jesus Christus, die → Rechtfertigung des Sünders durch den → Glauben allein, die → Heiligung, das allg. → Priestertum aller Gläubigen und die Erwartung der Wiederkunft Christi.

Die Ev. A. verstand sich von Anfang an als Bruderbund (Ladies Committees wurden erst später gebildet, und für eine volle Mitarbeit der Frauen war die Zeit noch lange nicht reif!), in dem jeder nur in seinem eigenen Namen, nicht aber als offizieller Vertreter seiner Kirche auftrat. Für eine gegenseitige kirchl. Anerkennung waren die Auseinandersetzungen noch zu heftig.

Wichtige Ergebnisse waren die Schaffung von regelmäßigen weltweiten Konferenzen, im darauffolgenden Jahr die Gründung einer Zeitschrift (»Evangelical Christendom«), die Einrichtung einer weltweiten Gebetswoche und der praktische Einsatz für Menschen, die um ihres Glaubens und Gewissens willen verfolgt waren.

In den folgenden Jahren entstanden Zweigorganisationen auf der ganzen Welt, die untereinander in loser Verbindung standen.

Auf dem europ. Kontinent war der Beginn der A. oft sehr mühsam. In Deutschland etwa empfand man sie als fremdländisches Gewächs, das für → Großbritannien viel Segen bringe, aber in Deutschland nicht nötig sei.

In den USA verschwand nach vorübergehendem Höhepunkt die A. mit der Zeit praktisch ganz von der Bildfläche.

Nachdem in den USA 1943 die National Association of Evangelicals gegründet worden war, hielt man weltweit nach Verbündeten Ausschau. Es kam zu ersten Zusammenkünften, zunächst vor allem mit der britischen A. Den Kontinentaleuropäern waren aber die Amerikaner in vieler Hinsicht zu eng. So kam es 1952 zur Schaffung der Europäischen Evangelischen Allianz, zu der auch die Briten gehörten, die sich mit den Amerikanern zur World Evangelical Fellowship (WEF) zusammengeschlossen hatten. 1968 wurden auch die übrigen Europäischen Evangelischen Allianzen Mitglied des weltweiten Dachverbandes WEF.

In den letzten rund 25 Jahren ist auf vielen Gebieten ein neues Selbstbewußtsein der Evangelikalen festzustellen, das sich auch in der weltweiten A. auswirkt. Zunehmend wird wieder wie zu Beginn der A. theol. Grundsatzarbeit geleistet und die Verantwortung der Christen in der Öffentlichkeit erkannt. Verschiedene Arbeitsgruppen sind auf lokaler, regionaler und weltweiter Ebene tätig. Nach wie vor sind mission. und evangelistische Aktionen, wie auch gemeinsames Beten Hauptaufgaben der Allianzarbeit.

Seit Gründung des Ökumen. Rates der Kirchen setzte man sich mit dessen Arbeit und Stellungnahmen kritisch auseinander. In den letzten Jahren sah man sich zunehmend in der Befürchtung bestätigt, im Ökumen. Rat werde die Missionsaufgabe durch einen unverbindlichen Dialog zwischen den Religionen aufgelöst, der schließlich zu einem → Synkretismus führe.

Mit dem 1974 gegründeten Lausanner Komitee für Weltmission (→ Lausanner Bewegung) weiß man sich in den theol. Grundsätzen wie im mission. Auftrag verbunden. Zu einer Zusammenlegung der beiden Bewegungen ist es aber bis heute nicht gekommen.

Obwohl eine der Wurzeln der A. im Kampf gegen den damals wiedererstarkenden (romtreuen polit.) → Katholizismus lag, verstand man sich nicht als bloße Anti-Organisation gegen Katholizismus oder → Atheismus. Deshalb wurde auch bewußt nicht der Name Protestantische, sondern Evangelische A. gewählt. Nach wie vor besteht gegenüber der röm.-kath. Kirche als Organisation Skepsis. Viele Katholiken werden aber als Schwestern und Brüder im Glauben an Christus angesehen und gelegentlich sogar als Mitarbeiter aufgenommen.

Lit.: E. Beyreuther: Der Weg der Evangelischen Allianz in Deutschland, 1969; J. Cochlovius: Bekenntnis und Einheit im deutschen Protestantismus, 1989; H. Hauzenberger: Einheit auf evangelischer Grundlage. Vom Werden und Wesen der Evangelischen Allianz, 1986; D.M. Howard: The Dream that would not die. The birth and growth of the World Evangelical Fellowship 1846-1986, 1986; F. Laubach: Der Aufbruch der Evangelikalen, 1972.

H. Hauzenberger

Allianz-Mission

Die A.-M., damals »Deutsche China-Allianz-Mission« (DCAM), wurde 1889 als die erste assoziierte Mission der »China-Inland-Mission« (CIM) in Barmen gegründet. Ihre Wurzeln hatte sie in der Erweckungsbewegung Ende des 19. Jh.s. Den entscheidenden Anstoß zur Gründung gab Hudson Taylor (CIM) durch seinen Aufruf zur Missionierung Chinas. Ferner ist der dynamische schwedisch-amerikanische Evangelist F. Franson zu nennen, der von Prof. Th. Christlieb (Bonn) nach Deutschland eingeladen worden war und durch seinen evangelistischen Eifer großes Aufsehen, insbesondere in Barmen, erregte.

In Absprache mit H. Taylor gründete er zusammen mit dem Kaufmann C. Polnick die DCAM und warb um Missionare für China. Diese arbeiteten in China unter der Leitung der CIM, bis die DCAM im Jahre 1893 nach dem ersten Besuch von H. Taylor in Wuppertal ein eigenes Arbeitsgebiet erhielt.

Zum ersten Komitee gehörten zwei Mitglieder der Freien ev. Gemeinden und je ein Mitglied der Baptisten- und Brüdergemeinde sowie der Landeskirche. Die junge Glaubensmission wurde heftig kritisiert, da zum Komitee kein Theologe gehörte und sie auch nicht in der Lage war, finanzielle Garantien zu übernehmen. Nachdem auch ein Schweizer Zweig entstanden war, aus dem die heutige Schweizer A.-M. hervorging, kam es zur Umbenennung in »Allianz-China-Mission«. Bis die Missionare 1952 China aufgrund der polit. Situation verlassen mußten, waren 102 Missionare ausgesandt worden.

Nach 1952 wurden durch die A.-M. Missionsarbeiten in Japan (1953), in Brasilien (1955), auf den Philippinen (1983) und in Mali/Westafrika (1985) begonnen. Darüber hinaus wurden Missionare in Kooperation mit anderen Missionen und einheimischen Partnergemeinden nach Tansania, Kamerun und Europa entsandt. Nachdem 1960 der → Bund Freier evangelischer Gemeinden (BFeG) beschloß, seine auslandsmission. Tätigkeiten über die A.-M. wahrzunehmen, kam es zu einer engen personellen Verzahnung zwischen BFeG und A.-M., wobei die A.-M. jedoch ein rechtlich selbständiges Missionswerk blieb. Diese enge Zusammenarbeit führte zu einem starken Wachstum der A.-M. Die Einsatzbereiche der 130 Missionare (1992) sind neben Evangelisation und Gemeindebau theol. Ausbildung, Bibelübersetzung, medizinische Arbeit, landwirtschaftl. Projekte zur Selbsthilfe, Hungerhilfe, Kindertagesstätten, christl. Buchhandlungen und Radioarbeit.

Die A.-M. gehört zu den Gründungsmitgliedern der → Arbeitsgemeinschaft Evangelikaler Missionen (AEM).

Lit.: ZS Missionsbote, erscheint sechsmal pro Jahr.

H. Müller

Allmacht Gottes → Gott, Eigenschaften

Allversöhnung (Apokatastasis pantōn)

Müssen wir im Blick auf das kommende → Gericht von einem doppelten Ausgang der Geschichte sprechen, d.h. also von Verlorenen und Geretteten, oder wird der Heilswille Gottes sich bei allen Menschen durchsetzen? Wird Gott einmal über alle Widerstände des Menschen triumphieren, so daß alle, auch der Teufel, in die → Versöhnung eingeschlossen sind?

1. Kirchengeschichtlicher Überblick

Bei dem Kirchenvater → Origenes (185-254) finden wir zuerst die Lehre von der *apokatastasis pantōn*, nach der alle Geister, auch die Dämonen, geläutert zur Gottheit zurückkehren. Die Gesamtkirche lehnte Origenes ab. Später, im 9. Jh., behauptete Scotus Eriugena, die Verdammnis sei nur zeitlich. Schließlich werden alle, selbst der Satan, vergottet sein. Unter dem Einfluß → Augustins hat sich im Abendland die Auffassung vom doppelten Ausgang der Geschichte durchgesetzt. Die → Reformation schließt sich an Augustin an und verurteilt die A.slehre als widertäuferische Verirrung. Im XVII. Artikel »Von der Wiederkunft Christi zum Gericht« der Confessio Augustana wird gelehrt: »Daß unser Herr Jesus Christus am Jüngsten Tag kommen wird zu richten, und alle Toten auferwecken, den Gläubigen und Auserwählten ewiges Leben und ewige Freude geben, die gottlosen Menschen aber und die Teufel in die Hölle und ewige Strafe verdammen wird.«

In manchen Kreisen des → Pietismus wird die A.slehre wieder aufgegriffen. Gott wird nach einem Läuterungsgericht auch die Verdammten erretten. J.A. → Bengel erwartet die A., wenn er auch nicht öffentlich davon lehren wollte, während Ph.M. → Hahn, F.Chr. → Oetinger und J.M. → Hahn die Lehre öffentlich vertreten. Vater und Sohn → Blumhardt bekannten sich, wenn auch in maßvoller Weise, zur A. Als radikale Vertreter der A.slehre gelten: »Der Bund gläubiger Lehrer und Akademiker« (Born, Gräber, Heller, Geyer), ebenso auch der badische Pfarrer Theodor Böhmerle. Der radikale Flügel der A.slehre beruft sich dabei gern auf persönliche Inspiration und Erleuchtung. Die gemäßigten Vertreter sprechen zurückhaltend von der Lehre der A. und wollen sie auch nicht öffentlich verkündigen.

Aus der Theologie der letzten 50 Jahre ist neben dem Neutestamentler W. Michaelis vor allem auch K. → Barth zu nennen, der einem Heilsuniversalismus zuneigt. Das Endgericht ist bei Barth durch Golgatha aufgelöst, wobei das gewiß nicht als Heilstheorie verstanden werden darf. Barth selbst wehrte sich, ausgehend von der Freiheit Gottes, gegen die Konsequenz der A. in seiner Theologie. In der futuristischen Eschatologie der letzten Jahrzehnte ist der eschatologische Heilsuniversalismus unverkennbar. Alle haben an Gottes Zukunft teil. Das Thema »Gericht« wird ausgespart. C.-H. Ratschow spricht von der »Gerichtsvergessenheit« gegenwärtiger Theologie. Auch E. Brunner hält die A.slehre mit Gottes Heiligkeit für unvereinbar.

2. Biblischer Befund

Das Wort *apokatastasis pantōn* kommt im NT nur in Apg 3,21 vor. Hier geht es jedoch in erster Linie um die Verheißungen, die ihre volle Erfüllung erfahren. Die Stelle kann darum nicht als Beleg für die A.slehre verwendet werden.

Vom universalen Heilswillen Gottes spricht das NT in 1Tim 2,4; Eph 1,9-11; Kol 1,20; Phil 2,10-11; 1Kor 15,28; 2Kor 5,19; 1Petr 3,18-20; 4,6.

Daneben finden wir aber auch eine Reihe von Aussagen über einen doppelten Ausgang der Geschichte: Mt 25,46; Mk 9,44; Joh 3,36; 1Kor 1,18 und 2Kor 2,15; 2Thess. 2,10; 2Petr 3,7; Offb 21,8. Danach gibt es einen Ausschluß vom Heil für den, der das Gnadenangebot Gottes verachtet.

Die Vertreter der A.slehre deuten diese Bibelstellen meistens auf ein Läuterungsgericht hin, aber die Schrift gibt uns kein Recht, eine Weiter- und Höherentwicklung nach diesem Leben anzunehmen. Andererseits können die Bibelstellen von der allumfassenden Versöhnung nicht übersehen werden.

3. Systematische Überlegungen

Wir können keine Lehre über A., kein geschlossenes System über Gottes Handeln darstellen. Es bleiben, menschlich gesehen, widersprüchliche Aussagen. Die letzte Entscheidung gehört in Gottes Kompetenz. »Wir sollen die Schrift so unsymmetrisch lassen, wie sie . . . ist« (Brunner). Es gehört mit zur gefallenen Gestalt dieser Welt, daß wir viele Sachverhalte in der Schrift nur komplex (vielschichtig) sehen können. Alle Harmonisierungsversuche führen in die Sackgasse. Es gilt die Komplexität auszuhalten und darüber den lebendigen Gott anzubeten, der souverän handelt, in Heiligkeit und in Liebe. Die Spannung zwischen Gottes Heiligkeit und Gottes Liebe ist nicht auseinanderzureißen.

Man fragt: Ist das Heilswerk Gottes vollständig, wenn nur eine Minderheit gerettet wird, während die Masse der Ungläubigen verlorengeht? Das Heil Gottes gilt allen Menschen, nicht nur einer Minderheit. Die Versöhnung ist geschehen, ein für allemal, für alle Zeiten und für alle Menschen. Auch wenn viele das nicht wahrhaben wollen, so ist das Heil Gottes doch gültig, am Kreuz von Golgatha für alle erworben. Das bedeutet aber noch nicht: Alle werden gerettet. Die Liebe Gottes zwingt keinen Menschen. Man kann sich der Liebe Gottes gegenüber verschließen. Gott respektiert den Widerspruch des Menschen, der sich seinem Heil widersetzt. Die allumfassende Versöhnung Gottes, die in Jesus Christus Wirklichkeit geworden ist, hebt die Verantwortlichkeit des Menschen nicht auf. Die Hl. Schrift berichtet von Menschen, die am Widerspruch gegen Gott zugrunde gehen. Man kann am Ärgernis des Kreuzes zu Fall kommen. Es bleibt ein Rätsel, weshalb Menschen trotz werbender Liebe Gottes dem Evangelium absagen. Im Blick auf das Heil der Menschen steht die Allein-Wirksamkeit Gottes immer neben der Verantwortlichkeit des Menschen.

Im Grunde geht es bei den angeschnittenen Fragen um das rechte Verhältnis von → Gesetz und → Evangelium. Wo die rechte Zuordnung von Gesetz und Evangelium zugunsten des Evangeliums verschoben wird, führt dies konsequent in eine A.slehre. »Wer da meint, die Apokatastasis vertreten zu sollen, streicht das Gesetz, und wer nur den doppelten Ausgang des Gerichts vertritt, streicht das Evangelium« (C.H. Ratschow).

4. Missionarischer Aspekt

Der A.sglaube verwischt sehr leicht den Unterschied zwischen Gemeinde und Welt. Wenn Mission die Herausforderung des Menschen zu einer Entscheidung zum Ziel hat, wenn die Rettung aus der Verlorenheit verkündigt und geglaubt werden soll, dann hat das nur Sinn, wenn die Entscheidung Gottes nicht schon vorweggenommen wird. Ansonsten sind Missionare in der Gefahr, in ihrem Eifer nachzulassen.

5. Seelsorgerlicher Aspekt

Schließlich gilt es, darauf hinzuweisen, daß die Aussagen der Schrift weithin eine seelsorgerl. Intention haben. Der in der Sicherheit seiner eigenen Vorstellungen lebende Mensch muß auf den ganzen Ernst des Evangeliums angesprochen werden. Das Zeugnis vom Gericht wird hier zum Weckruf und zum Bußruf an den selbstherrlichen Menschen. Umgekehrt kann das Zeugnis von der allumfassenden Versöhnung, von dem allumfassenden Heilswirken Gottes gerade dem Menschen, der am Sieg Gottes zweifelt und über den Weg Gottes mit seiner Gemeinde resigniert, Zuspruch sein und Gewißheit vermitteln. Die Heilsgewißheit darf nie zur Heilssicherheit werden. Neben der Aussage, daß Gott alles in allem wirkt, steht die Ermahnung, daß wir unser Heil mit Furcht und Zittern schaffen sollen (Phil 2,12f). Allein in der Anbetung Gottes, der die Geschichte der Menschheit ans Ziel bringt, kommt unser Herz zur Ruhe.

Lit.: F. Groth: Die »Wiederbringung aller Dinge« im Württembergischen Pietismus, 1984; S. Kettling: Du gibst mich nicht dem Tode preis, 1989, 140ff.; H. Lamparter: »Die Hoffnung der Christen« 1967, 235; G. Müller: Apokatastasis ton panton (Bibliographie), 1969; E. Staehelin: Die »Wiederbringung aller Dinge«, 1960.

Th. Wendel

Allwissenheit Gottes → Gott, Eigenschaften

Aloger

Als A. (Unvernünftige bzw. Logosleugner) werden seit → Epiphanius von Salamis (gest. 403) verschiedene Bestreiter der Echtheit der johann. Schriften (Ev., Briefe, Offb.) bezeichnet. Quellenschriften sind zu ihnen nicht erhalten, Namen wie Montanus, Gaius von Rom sind überliefert. Gelegentlich wird der Gnostiker Kerinth als Verfasser der johann. Schriften genannt; von ihrer Lehre ist nichts bekannt.

Lit.: W. Bauer: Rechtgläubigkeit und Ketzerei im ältesten Christentum, ²1964, 209ff; A. Bludau: Die ersten Gegner der Johannisschriften, 1925; H. v. Campenhausen: Die Entstehung der christlichen Bibel, 1968, 173-311.

G. Ruhbach

Alt-Katholische Kirche → Altkatholiken

Altapostolische → Katholisch-apostolische Gemeinden

Altar

A., lat. *alta ara, altaria*, »hohe Opferstätte«. A.e kommen in allen Religionen vor. Im AT wird ein A. erstmals 1Mo 8,20 erwähnt. Möglicherweise opferten bereits Kain und Abel an A.en (1Mo 4,3). A.e können aus Erde (Lehm), (unbehauenen) Steinen, Holz oder Metall sein. An ihnen werden Brand-,

Speise- oder Rauchopfer gebracht. Sie können auch Denkmal, Erinnerung an Gotteserfahrung sein (1Mo 12,8; 26,25; 28,18). Nach dem Bau des Tempels in Jerusalem waren nur noch Brandopfera. im Vorhof und Räuchera. im Heiligtum wichtig (2Mo 27,1; 30,1-6). Im NT wird der A. nur noch in übertragener Bedeutung genannt (Hebr 13,10). Im Frühchristentum wurde in den Versammlungsräumen (→ Kirchenbau) ein Tisch zur Feier des Herrenmahls aufgestellt, oft ein zweiter für Gaben, die an Arme verteilt wurden. Als das Christentum im Röm. Reich anerkannt wurde, kamen in die Kirchen auch A.e.

Das → Abendmahl wird am (Opfer-)A. als Erinnerung an den Opfertod Jesu gefeiert. Überliefert sind Formen als Tisch-, Kasten- (über Märtyrergrab oder zur Aufnahme von Reliquien) und Blocka. Sie konnten aus Holz sein, schließlich wurde Stein bevorzugt. Zur Verzierung werden Metalle verwandt bis hin zu Prachta.en aus Silber und Gold. Von mittelalterl. A.en haben sich reichgestaltete *Antependien* (Vorderfronten) erhalten (Großcomburg b. Schwäbisch Hall). Seit der 2. Hälfte des 7. Jh.s werden auch Nebena.e errichtet. Zu Beginn des 11. Jh.s setzt sich der steinerne Blocka. durch mit *Stipes* (Sockel) und *Mensa* (Tischplatte), darin *Sepulcrum* (grabähnliche Vertiefung) zur Aufnahme einer Reliquie. Seit dem 13. Jh. erhält der A. auch eine *Retabel* (Rückwand) mit einem Bildprogramm. Daraus entwickelt sich in der Gotik ein meist dreiteiliges Flügelretabel, dessen Seitenflügel beweglich sein und schließlich auch aus zwei Flügelpaaren bestehen können. Im Laufe des Kirchenjahres wird so die Ansicht des A.s gewechselt (Wechsela., Wandela.). Die Bildthemen richten sich nach den Patrozinien, dann aber auch auf das Leben Christi. Die Darstellung erfolgt in Malerei oder Plastik, oft im Mittelschrein vollplastische Figuren, auf den Flügeln Malerei oder Reliefschnitzerei, Hintergründe erst in Gold als Sinnbild des Himmels, später Innenraum- und Landschaftsdarstellung. Der Schrein steht meist auf einer *Predella* (Sockel) und wird oft durch reichgeschnitztes *Gesprenge* (Aufsatz) bekrönt. Berühmte A.e in Blaubeuren, Klosterkirche; Creglingen, Herrgottskirche; Colmar, Museum Unterlinden; Schleswig, Dom. Im → Codex Iuris Canonici wird der A. stets als »mensa« bezeichnet, in der Praxis aber meist als »altare« gestaltet.

In der Reformation wird er folgerichtig wieder zum Tisch für das Herrenmahl. Im ersten ev. Kirchenbau (Schloßkirche zu Torgau, 1546, → Kirchenbau) ist der A. ein steinerner Tisch (mit figürlich gestalteten Füßen). In den ref. Kirchen bleibt es beim Abendmahlstisch bis heute; in dieser Tradition stehen auch die ev. Freikirchen. In luth. Kirchen kommt es bereits in der Spätrenaissance und dann im Barock auch zu ev. Retabela.en, allerdings stets mit christologischem Bildprogramm. Während ab Ende des 17. Jh.s der ev. A. mit Aufsatz zurücktritt, entwickelt sich in einigen Gegenden der Kanzela. (→ Kanzel), bei dem sich im Aufbau über dem A. die Kanzel befindet. Im 19. Jh. wird der A. meist wieder als Tisch gestaltet, gegen Ende des Jh.s auch mit reicher plastischer Gestaltung. Im 20. Jh., vor allem nach dem Zweiten Weltkrieg, wird auch in luth. Kirchen der schlichte Abendmahlstisch angeordnet, um den sich die Gemeinde zur Feier des Herrenmahls im Halb- oder auch Vollkreis scharen kann. Beim A.dienst (→ Liturgie) steht der Liturg vor oder hinter (*versus populum*, »zur Gemeinde gewandt«) dem A. In luth. Kirchen wird der A. oft mit textilem Behang (→ Paramente) geschmückt. Auf ihm liegt die meist weiße oder naturleinene A.decke, darauf die Bibel, und oft stehen auch A.leuchter und ein A.kreuz darauf.

Lit.: J. Braun: Der christliche Altar, 1924; C.-H. Ratschow, A. Stuiber, P. Poscharsky: »Altar«, TRE 2, 1978, 305-327.

G. Memmert

Alte Kirche

1. Überblick

Am Anfang der Geschichte der A.K. steht die Verkündigung der Osterbotschaft durch die Jünger Jesu, an ihrem Ende im 6. Jh. konfessionell unterschiedliche Kirchen im zerfallenden Römerreich und seinen Nachfolgestaaten (vgl. → Ägypten, → Byzanz). Damit ergeben sich als Themen der A.K.: die Ausbreitung des Evangeliums im röm. Reich und unter seiner Bevölkerung, die geistig-kulturelle Zusammenfassung der Welt in einem antiken Großreich mit einer bestimmten Einheitskultur (Verhältnis von Antike und Christentum), die »Christianisierung« dieses Reiches und seiner Gesellschaft, die Entwicklung von Institutionen, Frömmigkeit (in der Begegnung mit den vorgegebenen Religionen und Frömmigkeitsformen) und Theologie (vor allem in der Begegnung mit den phil. Strömungen, → Patristik), schließlich die Frage nach der unterscheidenden Nicht-Identifizierung, die dem Christentum ein Weiterleben nach dem Fall des röm. Reiches gestattete und die zugleich die Frage nach der Identität der Jesus-Bewegung mit den unterschiedlichen Christentümern des 6. Jh.s stellt. Dabei dürften geschichtsphil. und -theol. Modelle einer Dekadenztheorie, die in der späteren Geschichte der Kirche immer wieder vorgebracht wurden (»erste Liebe« des → Pietismus), sich ebenso als theol. unzureichend erweisen wie Fortschrittstheorien etwa der → Aufklärung und des Liberalismus.

Der Zeitraum der A.K. gliedert sich anhand der Kirchentypen in vier Abschnitte (C. Andresen): die frühkath. Kirche (bis 200), die altkath. Kirche (3. Jh.), die reichskath. Kirche (4. - Mitte 5. Jh.), die Konfessionskirchen (ab Mitte 5. Jh.).

2. Früh- und altkatholische Kirche (2./3. Jh.)

a. Zu Trägern der Veränderung werden zuerst Entscheidungen im Bereich der Gemeindeverfassung, später des → Bekenntnisses. Während »der Prozeß der gegenseitigen Durchdringung von episkopaler Ämterordnung und presbyterialer Gemeindeordnung« (Andresen) charakteristisch für die frühkath. Zeit ist, hat sich in der altkath. Kirche der monarchische Episkopat durch den Gedanken der apostol. → Sukzession im Zusammenhang mit den großen Erfolgen der christl. Mission durchgesetzt. Diese machte die christl. Minderheit zu Beginn der konstantinischen Zeit zur größten rel. Gruppe im röm. Reich. Dabei wurde die antike Stadt in ihren verschiedenen Rechtsformen als Organisationsbasis der Kirche fraglos akzeptiert. Die Bedeutung vorgegebener ökonomischer Verkehrswege und der vorgegebenen sozialen Strukturen, vor allem einzelner, den städtischen Oberschichten zugehöriger Christen und ihrer Häuser, für das Wachstum einer christl. Ökumene ist groß. Andererseits wird wohl der Zusammenhang mit dem sog. »Siegeszug der orientalischen Religionen im römischen Reich« weniger eng sein als früher angenommen. In diesem Prozeß spielen die Auseinandersetzungen mit der → Gnosis und mit anderen, vor allem charismatischen Randgruppen (→ Montanisten) eine Rolle. Sie stehen dabei in Zusammenhang mit der Ausbildung eines Kanons der christl. hl. Schriften und seiner großkirchl. Rezeption (vgl. die Auseinandersetzung mit → Marcion) und eines Glaubensbekenntnisses.

b. Katalysatorische Wirkung haben weiter die → Christenverfolgungen, die die Mitglieder eines ungesetzlichen Vereins mit der ganzen Schärfe des röm. Polizeistrafrechts treffen konnten. Verschiedene Formen der Verfolgung müssen unterschieden werden: Individuelle Anzeigen, lokale Pogrome, reichsweite Opfergebote (zuerst unter Decius Anfang 250), die sich bis zu speziellen reichsweiten Christenverfolgungen (zuerst unter Valerian 257) steigerten und ihren Höhepunkt in der Diokletianischen Verfolgung seit 303 fanden. Opfer »der (Ab-) Gefallenen« und uneindeutige Formen der Opferverweigerung gaben der Ausbildung des Kirchenrechtes und besonders des Bußinstituts Nachdruck und beförderten die ekklesiologische Diskussion, ja führten die Großkirchen in eine Zerreißprobe: Die Bewährung in der Verfolgung erschien einigen Gruppen als nota ecclesiae und wurde Grund für weit in die spätere Zeit hineinreichende Schismen (Donatisten, Melitianer).

c. Unter Aufnahme wichtiger Elemente des Synagogengottesdienstes (Lesungen, Gebete, Predigt), aber durchaus mit Betonung der eigenständigen christl. Elemente (Sakramente), bildete sich in diesen beiden ersten Abschnitten der Alten Kirchengeschichte auch die Grundform des Gemeindegottesdienstes mit seinen beiden zusammengehörenden Schwerpunkten als Wort- und Abendmahlsgottesdienst heraus.

d. In altkath. Zeit begegnen auch die ältesten Zeugen einer frühchristl. Kunst, vornehmlich als Grabeskunst (vgl. → Katakomben), aber auch → Kirchenbau und -dekoration (Hauskirche von Dura Europos um 250), die Indiz für Kulturadaptierung und wichtige Quelle für die Frömmigkeitsgeschichte (Bedeutung des Auferstehungsgedankens) sind.

e. Wichtigstes Erbe ist jedoch die Theologie, die in der frühkath. Zeit mit den altchristl. → Apologeten beginnt und in der altkath. Zeit mit → Origenes einen für die Geschichte des Christentums und der Theologie bis heute unüberholten Ausdruck gefunden hat. Dabei besitzen die Werke der christl. Schriftsteller in griech. und seit den Schriften Tertullians in lat. Sprache nicht nur Wert als Quelle der Patristik und der Sprache und Gedanken einzelner Autoren, sondern auch Modellcharakter für bleibende Fragen wie etwa die bibl. Auslegungsgeschichte oder das Verhältnis der christl. Botschaft zur Philosophie (Problem eines christl. Platonismus).

3. Reichskirche und Konfessionskirchen (4.-8. Jh.)

a. Der Übergang zur reichskath. Zeit stellt sich nicht als der Bruch dar, als der er aufgrund bestimmter Geschichtstheologien vom »Sündenfall der konstantinischen Zeit« gelegentlich gesehen wurde. Vielmehr konnten sich Tendenzen der älteren Zeit stärker entfalten, nachdem das Christentum rechtlich in den Rang einer vom röm. Staat zugelassenen Religion einrückte und seit 312 zunehmend vom konstantinischen Haus gefördert wurden. In theodosianischer Zeit wurde schließlich die öffentliche

Kultbetätigung im Sinne des Heidentums verboten (24. 2. 391). Damit erhielten die Kirchen nicänischer Prägung den Rang der Staatsreligion.

b. Entsprechend der hierarchischen Gliederung des Staates und in Anlehnung an seine Verwaltungsstruktur bildete sich in dieser Zeit die an der staatlichen Provinzverwaltung orientierte Metropolitanstruktur der Kirche heraus, weil man einen Zusammenhang zwischen der polit. und kirchl. Bedeutung der Städte sah. Das führte schließlich zur Pentarchie der Patriarchate als Ober-Metropolitanbezirke: Rom (für den gesamten Westen), Konstantinopel, Alexandria, Antiochia und - aus frommen Gründen - Jerusalem. Dabei sind gewisse kirchenpolit. Konstanten wie etwa die Verbindung von Rom und Alexandria im Einzelfall durchaus variabel.

c. Entscheidende Schnittstelle zwischen Staat und Kirche und zumindest theoretische Möglichkeit gesamtkirchl. Repräsentanz wurden die → Konzilien (Reichssynoden), mit denen die seit dem 3. Jh. belegten Provinzialsynoden, eine kirchl. Neuschöpfung in Analogie zum Provinziallandtag, seit Konstantin eine ökumen. Dimension erhielten. Es war freilich der Kaiser, der einlud und diese über Kirchendisziplin und -lehre entscheidenden Versammlungen leitete, von denen fünf aus altkirchl. Zeit durch spätere »gesamtkirchliche« Rezeption im Sinne der lat. und griech. Kirche den Rang eines ökumen. Konzils erhielten: → Nicäa I (325), → Konstantinopel I (381), → Ephesus (431), → Chalcedon (451) und → Konstantinopel II (553).

d. Frömmigkeitsgeschichtlich kam es seit der reichskath. Zeit zu einem Aufblühen des Heiligenkultes, bei dem die Adaption vorhandener nicht-christl. Lokalreligionen, wenn auch nicht wie zum Teil in der älteren Forschung behauptet, die entscheidende, aber doch eine gewisse Rolle spielte. Stärker wogen drei genuin christl. Faktoren: die Märtyrerfrömmigkeit, der Apostelkult und die Bedeutung des Hl. Landes. Gerade zu den bibl. Stätten im Hl. Land entwickelte sich bald ein Wallfahrtswesen. In der mit der Kaiserin Helena verbundenen Kreuzverehrung kann man den verbreitetsten Ausdruck dieser Frömmigkeit sehen, die sich aber nicht als Volksfrömmigkeit in einen Gegensatz zur Theologie bringen läßt, wie Ambrosius und seine »Inventionen« und Translationen von Märtyrern zeigen.

e. Die Wallfahrt in den Osten half auch der monastischen Lebensform reichsweit sehr schnell, Akzeptanz zu gewinnen. Im → Mönchtum kamen ältere Ansätze christl. → Askese zum Durchbruch, vor allem im syr. und ägypt. Raum, nachdem die Zeugnismöglichkeit des christl. Märtyrers verschwunden war. Die Hauptgestalten sind die Mönchsväter → Antonius (ca. 250-356) mit seiner radikalen Anachorese und → Pachomius, der um 323 seine koinobitischen Gemeinschaften zu gründen begann. Man versteht heute die Entstehung des Mönchtums weniger als eine Protestbewegung von Laien gegen eine verweltlichte Kirche oder als von stoischen, neuplatonischen oder neupythagoräischen Gedanken genährt, sondern betont vielmehr eine bibl. geprägte → Spiritualität, die in einer innerkirchl. Kontinuität steht. Die Attraktion des asketischen Lebens, die in allen sozialen Schichten zu finden ist, entspricht dabei durchaus einer auch in nichtchristl. Kreisen vorhandenen Mentalität.

f. Seit Beginn der reichskath. Zeit gab es ganz neue Möglichkeiten der Visualisierung des Christentums: nach dem Vorbild der kaiserlichen Stiftungen geben Bischofskirche und -palast sowie Memorialbauten selbst kleinen Landstädten und ihrem Umland einen städtebaulichen Akzent, oft mit Anlehnung der einzelnen Architekturformen an öffentliche Bauten. Kleidung und Privilegien der Kleriker, außerdem das Zeremoniell der Gottesdienste wurden durch Entlehnungen aus dem Hofzeremoniell bereichert.

g. Theol. sind in diesem Zeitabschnitt neben den schon erwähnten Fragen der Ekklesiologie (donatistischer Streit) vor allem die der Trinitätstheologie (→ Trinität) und der → Christologie bestimmend. Durch die Anfrage des → Arius nach der sachgemäßen und phil. stringenten Beschreibung des Sohnes in der denkerischen Konsequenz des Systems griech. Gotteslehre kam es auf dem Konzil zu Nicäa 325 zur alternativen Lösung im christologischen Streit, nämlich zur Behauptung der paradoxen ontologischen Identität von Vater und Sohn. Diese machte fortan nicht nur eine Identifikation von Platonismus und Christentum unmöglich, sondern eröffnete auch eine bibl.-hermeneutische Möglichkeit, deren theol. und kirchenpolit. Ausarbeitung vor allem durch Athanasius und die Kappadozier in Konstantinopel 381 zu einer Lösung führte.

Hier wurde das Bekenntnis zur Wesensgleichheit (→ Homoousie) des Sohnes mit dem Bekenntnis zur Wesensgleichheit des Geistes verbunden. Dadurch konnte in der Trinitätstheologie die Frage nach der »einen Wesenheit« von der nach den »drei Individualitäten« (Personen) unterschieden werden. Diese auf Schrift und Traditionen in der Schriftauslegung beruhende Lösung setzte aus sich aber den christologischen Streit heraus, der die erste Hälfte des 5. Jh.s beherrschte und die Einheit der Reichskirche gerade im bis dahin theol. führenden Osten beendete und erste nationale Konfessionskirchen schuf. Neben der theol. Sachfrage: »Gibt es in Jesus Christus eine göttliche und eine menschliche Natur?«, und »Wie ist die Einigung der beiden Naturen vorzustellen?«, spielte in diesem Streit besonders der kirchenpolit. Gegensatz von Alexandria und Konstantinopel eine Rolle wie auch der Gegensatz der theol. Schultraditionen Alexandrias (→ Alexandrinische Theologie; Einheitschristologie besonders Cyrills von Alexandria: »Eine fleischgewordene Natur des Logos«; die hypostatische Union, der die Unpersönlichkeit der menschlichen Natur im Inkarnierten entspricht) und der Schultradition Antiochiens (→ Antiochenische Theologie; Trennungschristologie: eine Person in den zwei Naturen; exponiertester Vertreter: der antiochenische Presbytermönch → Nestorius, 428 Patriarch von Konstantinopel, der sich um der theol. Eindeutigkeit willen die Volksfrömmigkeit des Ostens zum Feind machte, indem er gegen den Gebrauch des Ehrentitels »Gottesgebärerin« für Maria polemisierte).

Hinzu kamen die unterschiedlichen Charaktere der Protagonisten, vor allen → Cyrills und Dioskurs von Alexandria und des → Nestorius. Chalcedon, die glanzvollste Kirchenversammlung der alten Zeit, kam mit seiner Formulierung von der einen Person und den zwei Naturen, die in dem Inkarnierten »unvermischt und ungewandelt« (gegen die extreme alexandrinische Einheitschristologie), »ungeteilt und ungetrennt« (gegen extremen antiochenischen Dyophysitismus) vorhanden seien, zu einer Kompromißformel, zu einer Synthese des alexandrinischen Logos-Sarx(Fleisch)-Schemas und der antiochenischen Logos-Mensch-Trennungschristologie.

Die erwartete breite Zustimmung im Osten für die Dogmatisierung der Zweinaturenlehre (→ Jesus Christus) im Chalcedonense blieb aus. Das »klassische Dokument des theologischen Kompromisses« (Andresen) brachte im Osten vielmehr trotz des hier ausgesprochenen Verbotes jeder neuen Dogmatisierung in der Christologie die immer neu um einen Ausgleich mit Cyrill von Alexandria bemühte fragile Theologie der Neuchalcedonier hervor und stellte darüber hinaus die Weichen für den Auszug der Extremisten beider Richtungen aus der Reichskirche. Daß trotz der Anerkennung der Zwei-Naturen-Lehre der kurz zuvor im ägypt. Exil gestorbene Nestorius nicht rehabilitiert wurde, trieb viele Antiochener außerhalb der Reichsgrenzen nach Persien, wo auf der Synode von Seleukia-Ktesiphon 486 die nestorianische Lehre als Theologie der Apostolischen Kirche des Ostens anerkannt wurde und als solche dort ein Eigendasein führt.

Ebenso kränkte es die Monophysiten, daß auch ihre Vorkämpfer exiliert blieben oder wurden. Das wurde gerade für das von jeher stark auf die »eine Natur« fixierte Mönchtum Ägyptens und Syriens zum Anlaß, aus ihren Reihen gegen eine staatlich verordnete Orthodoxie (Melkiten: die Königstreuen) nationale monophysitische Gegenkirchen aufzubauen, in → Ägypten die der Kopten, im syr. Raum die nach ihrem späteren Organisator Jakob Baradai von Edessa (541-578) genannte Kirche der Jakobiten.

h. Der lat. Westen schätzte das Bekenntnis von Chalcedon, weil es dem Sonderweg seiner Theologie nahekam. Für ihn waren in reichskath. Zeit neben der Ausbildung des stadtröm. Primatsanspruches mehrere Kirchenvater charakteristisch und prägend: der Wanderer zwischen den Welten → Hieronymus (ca. 347-420), der gebildete Beamtenbischof → Ambrosius (339-397; Bischof seit 374, besonders aber Aurelius → Augustinus (354-430, Bischof seit 396), der als Bischof der kleinen nordafrikanischen Küstenstadt Hippo Regius in unermüdlicher Tätigkeit ein immenses literarisches Werk verfaßte und sich bis heute als der Motor theol. Neubesinnung und fortschreitender Erkenntnis für die abendländische Theologie darstellt. Insbesondere gilt das für die Gnadenlehre und für die Ekklesiologie.

Sein Tod 430 während der Belagerung von Hippo durch die Vandalen bedeutete keinen Abbruch dieser letzten Synthese reichskath. Theologie, der es auch noch einmal möglich war, eine Verbindung zur östl. Theologie zu schaffen, sondern Augustins Theologie gab dem Westen für das Zeitalter der Völkerwanderung und des MA.s die theol. Basis, die sich auch im Zerbrechen des röm. Reiches in der Völkerwanderung, in den konfessionellen Wirren der Germanenmissionen und im Dunkel des Frühmittelalters bewährte, gerade auch darin, daß sie die kurzschlüssige Identifizierung von Kirche und ihrer reichskath. Form verhinderte.

i. Schwieriger ist dagegen der Ausgang der A.K. in der östl. Reichshälfte wegen der byz. »Erfolgstheologie«, des Gegeneinanders von Reichskirche und Nationalkirchen und der damit verbundenen sprachlich-kulturellen und dogmat. Differenzierungen. In dieses sehr bewegte Spannungsfeld brach dann der Islam ein und errichtete bis 711 sein neues Großreich vom Indus bis nach Spanien, in dem die christl. Konfessionen des mittleren Ostens, soweit sie nicht im Bereich von Rest-Byzanz lebten, »Schutzbefohlene« minderen Rechtes waren.

Lit.: C. Andresen: Die Kirchen der alten Christenheit, 1971; ders. (Hg.): Handbuch der Dogmen- und Theologiegeschichte 1, 1982; G. Gottlieb: Christentum und Kirche in den ersten drei Jahrhunderten I, 1991; H. Lietzmann: Geschichte der alten Kirche, 4 Bde., [4]1961.

W. Wischmeyer

Altenheime → Altenhilfe

Altenhilfe

1. Die Situation der alten Menschen heute

Erhöhte Lebenserwartung und frühe Ausgliederung aus dem Arbeitsprozeß verlängern die Altersphase. Die Auflösung der Großfamilie führt zur Vereinzelung. Vorurteile und Altersfeindlichkeit der nachwachsenden Generationen mit ihrer Angst vor Zunahme der Pflegelasten vermehren Isolierung und Unwertgefühle der Älteren. Im »sozialen Netz« der Gesellschaft ist A. ein wichtiger Teil.

2. Altenhilfe in der Bibel

a. Gottes Handeln ist nach Jes 46,4 A. Der → Dekalog verpflichtet zur Achtung der Alten, die die Fürsorge einschließt. Die Alten sollen nicht Bittsteller sein (2Mo 20,12). Die Mißachtung der Älteren nimmt Gott ernst; sie ist mit ein Grund für Gottes Gericht und den Fall Jerusalems (Jes 3,5). Als Zeichen der gütigen Heimkehr und der Heilszeit verheißt Gott ein neues Miteinander von alt und jung (Sach 8,4f). Die Alten fühlen sich den Jungen gegenüber verantwortlich. Sie beten nicht nur um Hilfe für sich, sondern auch für das Weitergeben des Glaubens an die Enkel (Ps 71,18).

b. Im NT ruft Jesus aus dem Schatten des Todes ins Leben, das bleibt (Joh 5,24). Gottes Geist treibt die Alten, in Heiligung zu wachsen und zu reifen (Eph 4,13f). Sie leben inmitten der Familie Gottes (1Tim 5,1f).

3. Altenhilfe in der Gemeinde

a. A. ist nicht Betreuung, sondern Teilgeben an der Glaubens- und Handlungsgemeinschaft. Alte sind Gabe Gottes und haben Gaben. Im Gemeindeaufbau sind Alte mit ihrer Glaubenserfahrung, ihrer Weisheit und dem Zeit-Haben unentbehrlich. Fortbildung durch bibl. Unterweisung und Seelsorge helfen, Leiden, Trauer und Weltgeschehen mit den Augen des Glaubens zu sehen; der Zuspruch, zur neuen Schöpfung zu gehören, ermöglicht die Annahme des Sterbenmüssens.

b. Die offene A. bewahrt durch Altentagesstätten etc. vor Vereinsamung. Kranke erfahren Pflege durch Diakoniestationen. »Betreutes Wohnen« ermöglicht durch Mahlzeitendienste, Nachbarschaftshilfe usw. Selbständigkeit. Besuchsdienste gehen Isolierten und Bekümmerten nach. Pflegende Familienangehörige, die überfordert sind, werden unterstützt.

c. Stationäre A.: Den Übergang in ein Altenwohn- oder Pflegeheim empfinden viele als schwerwiegend. Vorbereitung und Geleit der Alten sind nötig. Der frühere Name »Spitäler des Hl. Geistes« zeigt, in wessen Auftrag der Dienst dort geschehen soll. Die Häuser der stationären A. bedürfen ausgebildeter Pflegepersonen, nicht nur zur leiblichen Versorgung und Rehabilitation, sondern auch zu persönlicher Zuwendung und zum Gespräch. Die Gemeinden müssen ihrer Verantwortung bewußt sein, geeignete und genügend Mitarbeiter zu finden.

d. Die Fähigkeit zur Sterbebegleitung in Haus und Heim muß neu erweckt werden. Worte der Bibel, Liedverse, Gebet und Zuspruch bezeugen Gottes Zusage: »Ich habe dich bei deinem Namen gerufen; du bist mein« (Jes 43,1).

4. Altenhilfe als Öffentlichkeitsauftrag

A. will Vorurteile und Gleichgültigkeit gegen die älteren Menschen und das Alter überwinden und zur Solidarität der Generationen ermutigen. Der Staat muß ständig erinnert werden, Mittel zur Pflege und für altengerechtes Wohnen zur Verfügung zu stellen.

Lit.: U. Lehr: Psychologie des Alterns, 1972; L. Rosenmayr: Die späte Freiheit. Das Alter – ein Stück bewußt gelebtes Leben, 1983; A. Roos (Hg.): Miteinander älter werden, 1990; M. Seitz: Erneuerung der Gemeinde. Gemeindeaufbau und Spiritualität, 1985; H.-J. Thilo: Für unsere alten Tage, 1988.

O. Kehr

Altersfürsorge → Altenhilfe; → Fürsorge

Altes Testament – Geschichte der Erforschung

Bei der Geschichte der Erforschung des AT geht es um die Hintergründe seiner Entstehung und die sich daraus ergebenden Folgen für sein Verständnis. Den breitesten Raum nimmt die sog. kritische bzw. liberale Forschung ein. Liberal bedeutet, daß die Forschung sich von Glaubens- und Bekenntnisbindungen losgesagt hat und angeblich »voraussetzungslos« arbeitet. Die hier gebotene Darstellung beschränkt sich weitgehend auf die deutschsprachige prot. Forschung.

Die Grundlagen für die neuzeitliche Erforschung des AT liegen in der → Reformation. Die Reformatoren, allen voran M. → Luther, brechen mit der herkömmlichen Schriftauslegung, indem sie die Hl. Schrift zum alleinigen Grund und Inhalt des Glaubens erklären (*sola scriptura*). Dahinter steht die Überzeugung, daß die Schrift das lebendige Wort Gottes, der »heyligen geysts eygen ... buch« ist (WA 38, 340, 8). Damit wird die Erforschung der Schrift zur vorrangigen Aufgabe der Kirche. Zugleich bricht man mit der mittelalterl. Lehre vom mehrfachen, besonders vom mystisch-spirituellen Schriftsinn und besteht darauf, daß der natürliche und grammatische bzw. hist. (*sensus literalis*) der gottgewollte ist. Die grammatische und hist. Erarbeitung des AT ist damit vorgegeben. Zugleich gerät die menschliche Seite des AT in den Blick. Sie steht aber unter der bibl. Letztwirklichkeit: Christus universae scripturae scopus est (WA 34, 16): Das AT empfängt sein Licht vom NT, und das AT weist auf das NT: »Wir müssen die Schrift in der Absicht lesen, Christus in ihr zu finden« (Calvin, CR 47, 125).

Anders die beginnende → Aufklärung, bei der hist. Interessen in den Vordergrund treten. Der von der Verkündigung der Kirche sich absondernde H. → Grotius legt in den 1644 in Paris erscheinenden »Annotata ad Vetus Testamentum« eine Auslegung vor, in der sich unter Rückgriff auf die mittelalterl. jüd. Exegese philologische Akribie, textkritischer Sachverstand (*critica sacra*) und profangeschichtl. Information unter Ausschluß heilsgeschichtl.-theol. Interessen paaren. Der hist.-anthropozentrische Ansatz, der die Möglichkeit ausschließt, daß Gott im bibl. Text redet, steht zwischen Humanismus und Aufklärung.

Der in Holland geborene und zum Rabbiner bestimmte B. → Spinoza (1632-77) will mit allen theol. Vorurteilen im Umgang mit dem AT aufräumen. Ratio und natura sollen die Schriftauslegung allein bestimmen. Der Auslegung muß eine Erstellung der bibl. Literaturgeschichte vorausgehen. Dem Pentateuch gilt sein besonderes Interesse. Dieser kann nicht von Mose stammen, eher schon ist Esra der große Sammler, doch nicht Vollender. Das sog. mosaische Gesetz ist nicht Gottes Gesetz, sondern, wie ähnliche Sammlungen, menschliche Erfindung, denn es ist contra naturam.

In dem Neologen J.S. → Semler (1725-91) setzt sich der radikale Rationalismus voll durch. Prüfstein aller Offenbarung sind Vernunft, ihr ethischer Wert und ihre Bedeutung für das freirel. Gemüt. Die Grundregeln der critica profana werden uneingeschränkt auf die Bibel angewandt. In der »Abhandlung von der freien Untersuchung des Canons« (1771) wird die Normativität des Kanons aufgelöst. Er ist eine zufällige hist. Schriftensammlung. Göttlich ist, was moralisch bessert, christl., was für die »Privatreligion« nützlich ist. Die für die Reformation unlösbare Zusammengehörigkeit von Gottes Wort und Schrift ist durchbrochen. Somit kann man nicht behaupten, daß die hist.-kritische Forschung das Erbe der Reformation fortführt.

Dieses Erbe findet sich dagegen bei J.G. → Hamann (1730-88), der die Bibel von der Inkarnation her liest. Er erkennt die Knechtsgestalt der Schrift und hält doch fest: »Gott ein Schriftsteller«. Die erdgebundenen Worte des AT sind Herablassung Gottes, der zum Menschen durch Menschen redet, sich damit dem Zugriff der Menschenkritik preisgibt, und doch so dem Menschen Rettung anbietet. Um sie zu erfassen, bedarf es der »Demut des Herzens«, die allein das AT recht lesen lehrt.

Der etwas jüngere J.G. → Herder (1744-1803), zunächst Schüler Hamanns, betont, ausgehend vom Schöpfungsglauben, die »Anthropomorphie« der Bibel. Die »Einfalt des Herzens« ist das beste Organ, die Schrift zu lesen. Er meint damit das ästhetisch-psych.-kongeniale Miterleben des Lesers. Die menschliche Seele ist eine göttlich-schöpferische Potenz, und was göttlich ist, bringt sie zum Schwingen. In dem Werk »Vom Geist der Hebräischen Poesie« (1782-1783) stellt er die Eigenständigkeit der hebr. Bibel heraus, doch indem er über die Herzensstimmung den Zugang zu ihr sucht, unterwirft er sie dem Urteil der Psyche.

Um die Wende vom 18. zum 19. Jh. zieht J.G. Eichhorn (1752-1827), der große Enzyklopädist der atl. Wissenschaft, die Einzelfäden der bisherigen Forschung in seiner »Einleitung in das AT« zusammen. »Rein historisch« ist der Kanon zu betrachten als Sammlung von Schriften »aus dem fernen Asien und aus dem grauen Altertum«. In ihnen kann man das »Aufsteigen des menschlichen Verstandes bis zur erhabenen Lehre des Einen Gottes verfolgen.« Im AT erkennt er poetische Gattungen sowie Stufen der Überlieferung. Nur die »höhere Kritik« kann zwischen Echtem, d.h. Ursprünglichem und späteren Hinzufügungen unterscheiden. Kanonizität bedeutet weder Echtheit noch Wahrheit. Es entsteht die Frage nach dem »tatsächlichen« Geschehen. Ziel ist der psych.-ästhetische Genuß des Ursprungsmysteriums, einer fernen Welt, eines fremden Wortes. In den Untersuchungen des Pentateuch arbeitet er mit der Quellenscheidung und führt zum Verständnis der Urgeschichte den Mythosbegriff ein, der die Darstellungsform einer kindlichen Sichtweise im Entwicklungsprozeß des menschlichen Verstandes ist. J.P. Gabler (1753-1823) weist auch die bibl. Theologie in den Rahmen der Geschichtswissenschaft ein: Ihre Aufgabe ist die Beschreibung des Inhalts der atl. Religion in der Ordnung ihrer geschichtl. Entwicklung.

Überschaut man den bisherigen Weg, muß man feststellen: Beim Übergang vom 18. zum 19. Jh. sind alle Elemente der hist.-kritischen Bibelauslegung voll entfaltet, die ein ausgereiftes Produkt der aufklärerischen Geisteshaltung ist, den Mensch zum Maß der Dinge macht und ganz dem Entwicklungsdenken verhaftet ist.

Der Kirchenvater des 19. Jh.s, F.D.E. → Schleiermacher (1768-1834), urteilt auf der Grundlage der bisherigen wissenschaftl. Forschung, seines Verständnisses des christl. Glaubens und des Kulturbewußtseins, »daß der Glaube an die Offenbarung Gottes in Christo von jenem (d.h. atl.) Glauben auf keine Weise irgend abhängig ist.« Die Kirche kann also das AT entbehren und der totalen Kritik anheimstellen.

W.L. → de Wette (1780-1849) möchte »Theologe der Kirche« sein, weshalb er nach den rel. Aussagen der Texte fragt. Bekannter ist er für seine literarkritische Abtrennung des Deuteronomiums vom Pentateuch, mit der er den »archimedischen Punkt« für die Pentateuchforschung lieferte, um die synagogal-kirchl. Tradition aus den Angeln zu heben (O. Eißfeldt). Im Gegensatz zu seinem Lehrer Gabler will er die Ergebnisse der Kritik nicht vor der Gemeinde verbergen, denn »jede Wahrheit ist besser als Irrtum«.

Mit dieser Entwicklung hielt die Erforschung des hebr. Textes und der Sprache Schritt. Zur Autorität der hebr. Sprachforschung wurde der Rationalist W. Gesenius (1786-1842), dessen Grammatik und hebr.-dt. Wörterbuch bis heute aufgelegt werden.

Der liberalen Erforschung des AT stellt sich eine heilsgeschichtl. und konfessionelle Orientierung entgegen. Der dem schwäbischen Pietismus entstammende J.T. → Beck (1804-1878) tritt in Basel de Wette gegenüber. Die Schrift ist ihm *theopneustos*, »Heilige Schrift, weil ihr Wort von Gott dem Heiligen herkommt«. In ihrer Leiblichkeit ist sie Gegenstand grammatisch-hist. Auslegung. Doch der eigentliche Ausleger der Schrift ist der Geist. In sich ist die Bibel eine »heilige Geschichte«, ein Organismus, der darum als ganzes zu verstehen ist.

Daneben ist der luth.-orth. E.W. → Hengstenberg (1802-1869) zu nennen, der gegen Schleiermacher in Berlin steht. Neben Kommentaren ist seine »Christologie des AT« in drei Bänden bekannt, die vom Dogma bestimmt ist mit einem Zug zur Allegorie in der Einzelauslegung.

Anders der der luth. Erweckung Sachsens entstammende Franz → Delitzsch (1813-1890), der der Bibel nicht als Rezensent (so Delitzsch über de Wette), sondern als vertrauender Hörer begegnet, wobei die offenbarungsgeschichtl. Ortsbestimmung, die Erfassung des hebr. Idioms und grammatikalisch-lexikographische Akribie für das Textverständnis wichtig sind. In allem sucht er die Begegnung mit dem Judentum. Kein prot. Theologe vor ihm hat so klar erkannt, daß das eigentliche Zentrum des AT die Erwählung Israels ist. Und doch treibt nach Delitzsch ein Ausleger dann jüd. Exegese, wenn er nur einen Augenblick absieht von der Gegenwart Jesu Christi in Israel, in dem das AT sein eigentliches Ziel hat. Unter heftigen Gewissenskämpfen erwägt er für den Pentateuch die Ergänzungshypothese, bei Jesaja die Frage mehrfacher Autorschaft, für die er sich dann in der vierten Auflage seines Jesajakommentars (1889) entschließt. Die zusammen mit C.F. → Keil herausgegebene, das ganze AT abdeckende Kommentarreihe erlebt z.Zt. eine Neuauflage.

Jüngerer Zeitgenosse und Antipode Delitzschs ist J. → Wellhausen (1844-1918), bekannt vor allem wegen der Pentateuchquellenhypothese (Graf-Kuenen-Wellhausen-Hypothese), deren umstürzende Bedeutung in der Spätdatierung der sog. Priestergesetze und der Behauptung der zeitlichen Vorrangigkeit der Prophetie besteht. Er ist der umkämpfteste Alttestamentler des 19. Jh.s. Die tumultarischen Reaktionen auf seine Hypothesen bewegen ihn, von der theol. in die phil. Fakultät zu wechseln. Er ist nicht Vater, sondern Vollender der Pentateuchkritik, ordnet sie in ein umfassendes Geschichtsbild ein und schreibt die Geschichte Israels bzw. der Entwicklung der israelit. Religion und des Kultus neu. Der Prozeß führt vom ungeregelten, dem grünen Baum zu vergleichenden Kultus zu der dem toten, zurechtgehauenen, mit Zirkel und Winkelmaß künstlich gestaltetem Holz gleichenden priesterlichen Religion. Es ist eine »Geschichte der Denaturierung«. Dabei ordnet Wellhausen die hypothetisch erhobenen Quellen zeitlich so an, daß das Geschichtsbild des AT auf den Kopf gestellt wird: anfangs das Kriegslager als Wiege der Nation und ältestes Heiligtum, dann der freie Kultus aus altarab.-polytheistischem Heidentum erwachsen, weiter die Propheten, die zum ethischen Monotheismus führen, schließlich das alles erstarren lassende Gesetz, das hinzielt auf das nomistische Judentum als konsequente Vollendung des AT. Wellhausens Überzeugungen wirken in Grundlinien bis heute fort.

Ihm zur Seite steht B. Duhm (1847-1928), der Prophetenforscher. Das Hervortreten der Propheten aus der mosaisch-gesetzlichen Periode ist undenkbar. Ihr Verdienst liegt in der Durchbrechung der Naturbindung der altisraelit. Religion, wodurch sie aus der Sphäre des Dämonischen und Dynamistischen in die der Sittlichkeit versetzt wurde. Offenbarung im Sinne der Dogmatik gibt es nicht. Prophetie ist Naturgabe.

Die Erforschung des Alten Orients brachte eine Fülle von Parallelen zu bibl. Texten und Institutionen hervor. Schöpfungsgeschichte, atl. Rechtsüberlieferung, Weisheit u.v.m. schienen nur ein Zweig am Baum altorientalischer Religion und Kultur zu sein. »Panbabylonismus« wie der »→ Bibel-Babel-Streit« führten zu einer öffentlichen Entrüstung. Die Assyriologie war nicht frei von Selbstüberschätzung. Die beträchtlichen Unterschiede zwischen Bibel und assyrisch-babylon. Überlieferung wurden nicht zur Kenntnis genommen.

Die von A. Eichhorn (1856-1926) ausgehende und von P. de Lagarde (1827-1891) bekannt gemachte »Religionsgeschichtliche Schule« will die Theologie als Religionsgeschichte verstehen. Und während auf der einen Seite die Gefahr besteht, daß der atl. Glaube in das Feld der altorientalischen Religionen einnivelliert wird, werden auf der anderen Seite Methoden entwickelt, die den oberflächlichen religionsgeschichtl. Vergleich zurückdrängen und Erkenntnisse der alten Welt erarbeiten, die zu einem tieferen Verständnis des AT führen. »Als Hauptgrundsatz muß gelten, daß eine Religion zunächst aus ihrer eigenen Entwicklungsreihe psychologisch verstanden werden muß.«

Daneben bricht am Ende des 19. Jh.s der Kampf um die Geltung des AT in der Kirche neu auf. Wortführer vieler ist der Dogmengeschichtler A. v. → Harnack (1851-1930), der erklärte: »Das Alte Testament im 2. Jahrhundert zu verwerfen war ein Fehler, . . .; es im 16. Jahrhundert beizubehalten war ein Schicksal, dem sich die Reformation noch nicht zu entziehen vermochte; es aber seit dem 19. Jahrhundert als kanonische Urkunde im Protestantismus zu konservieren, ist die Folge einer religiösen und kirchlichen Lähmung . . . Hier reinen Tisch zu machen und der Wahrheit in Bekenntnis und Unterricht die Ehre zu geben, das ist die Großtat, die heute – fast schon zu spät – vom Protestantismus verlangt wird.« Bedenkt man dazu, daß der Religionsgeschichtler P. de Lagarde ein sich an das Evangelium Jesu anschließendes deutsches Christentum ersehnt, dann werden die praktisch-polit. Konsequenzen der atl. Wissenschaft zu Beginn des 20. Jh.s deutlich.

H. Gunkel (1862-1932) lenkt durch die Einführung der Formgeschichte die atl. Forschung in eine neue Richtung. Erkenntnisse der Religionsgeschichte, -soziologie und -psychologie fließen zusammen. Ziel ist es, hinter die Quellen zurückzugreifen auf den ursprünglichen »Sitz im Leben« atl. Texte. Dabei ist die Funktion des kritischen Forschers nicht die des Richters (so Kuenen), sondern er bedarf eines feinen, künstlerischen Einfühlungsvermögens. Jede Gattung hat ihren Sitz im Volksleben, ihre jeweilige Stimmung, sprachliche Gestalt, Inhalte. Am Anfang stehen die reinen Formen, die sich im Laufe der Zeit verbrauchen bzw. in Mischformen übergehen. Von daher ist eine Datierung möglich. Dabei steht die mündliche Überlieferung, die Sage und Dichtung immer vor der schriftlich gefaßten Quelle. Ziel ist nicht nur eine Literaturgeschichte des AT, sondern auch eine Überlieferungsgeschichte. Zur Erklärung der Genesis führt er den Begriff der Sage ein, in der Psalmenauslegung erprobt er die Formgeschichte, die Propheten deutet er als Ekstatiker. Damit sind wir methodisch bis in die Gegenwart vorgedrungen. Zu oft wurde dabei vergessen, daß Gunkel die Kriterien der Gattungsforschung aus der nordgermanischen Sagenforschung bezog. Im Alten Orient hingegen ist die Schrift ein bis ins Altertum zurückreichendes Überlieferungsmedium.

Im Gefolge Gunkels entsteht die sog. Myth and Ritual School, vor allem von den Skandinaviern, allen voran dem Norweger S. Mowinckel (1884-1965) befruchtet, die Israels Glauben, Kultus und Literatur vornehmlich vom altbabylon. Neujahrsfest her verstehen will. Der Psalmenkommentar A. Weisers (ATD 14) orientiert sich in der Einleitung daran. Detaillierte Sprachforschungen zeigen aber heute, daß der Ruf *Jahwe malak* nicht »Jahwe wird König«, d.h. als Thronbesteigung, sondern »Jahwe herrscht« zu übersetzen ist. Genauere religionsgeschichtl. Vergleiche lassen erkennen, wie verschieden Israels Gottesverständnis von dem Babylons ist, kulturgeschichtl. Untersuchungen lassen die Verschiedenartigkeit der Königsvorstellung erkennen. Inneratl. Studien machen deutlich, daß die Vorstellung von der Königsherrschaft Jahwes nicht

Frucht des Exils, sondern urtümlicher Bestandteil des Glaubens Israels vom Sinai her ist. Durch Beiträge von L. Köhler, M. Noth, A. Alt, M. Buber, O. Eißfeldt, D. Michel, H.J. Kraus u.a. erwies sich, daß gerade in der Auseinandersetzung mit religionsgeschichtl. Befunden das AT seine Eigenart zeigt.

Für die Beschreibung der Geschichte Israels wurden im weiteren A. Alt (1883-1956) und M. Noth (1902-68) bestimmend. Die kritischen Bereiche waren Vätergeschichte, Mosetradition und Landnahme. Man kam zu der Überzeugung, daß die Erzväter keine unter sich verwandten Gestalten sind, sondern verschiedene Lokaltraditionen widerspiegeln. Die Landnahme erfolgte nicht als kriegerische Invasion, sondern als friedliche Infiltration. Mose hat mit dem eigentlichen Auszugsgeschehen kaum etwas zu tun, ja von einem mosaischen Israel kann nicht die Rede sein, Mose wurde erst später zum Kristallisationspunkt der verschiedenen Auszugsüberlieferungen. Der Alt-Noth-Schule tritt aus den USA die Albright-Bright-Schule gegenüber, die archäologisch die Verläßlichkeit der bibl. Geschichtsschreibung erhärten will.

Zu Beginn der dreißiger Jahre unternimmt es W. Eichrodt (1890-1978), in einer durch acht Auflagen gehenden »Theologie des Alten Testaments« neu die atl. Glaubenswelt in ihrer Offenbarungsqualität zu erfassen. Dabei gilt es ständig mit dem einen Auge in die allg. Religionsgeschichte, mit dem andern zum NT hinzuschauen. Die Aufgabe der atl. Theologie ist eine geschichtl. Doch wird das ganze AT vom Zentralbegriff des Bundes zusammengehalten. Von ihm aus läßt sich die strukturelle Einheit und die beharrende Grundtendenz der atl. Botschaft erfassen, die eigentlich eine Lebensbewegung ist, die zu einer bestimmten Zeit und an einem bestimmten Ort eingesetzt hat, um eine in der ganzen Religionsgeschichte einzigartig dastehende Gotteswirklichkeit offenbar zu machen.

G. v. Rad (1901-71) hat zu gleicher Zeit die Bedeutung des AT für Theologie und Kirche erkannt. Seine Forschungen schlagen sich ebenfalls in einer über mehr als sieben Auflagen gehenden Theologie des AT nieder. Er schließt dabei von formgeschichtl. Befunden auf theol. Tatbestände. Eine Theologie des AT muß eine Theologie der geschichtl. und der prophetischen Überlieferungen Israels sein, das sich zu allen Zeiten bemühte, seine Geschichte von bestimmten Eingriffen Gottes her zu verstehen. Im Zentrum einer solchen Darstellung steht deshalb das je und je ergangene lebendige Wort Jahwes, das die Geschichte Israels auslöste. Gegenstand der Theologie ist indes nicht die Geschichte Israels, wie sie sich tatsächlich vollzog, sondern das Kerygma, das berichtet, wie sie Israel im Glauben erlebte. Das Einheitsprinzip der verschiedenen atl. Überlieferungsblöcke ist nicht Gott oder der Bund, sondern eben »Israel«, das Gottesvolk, das Gegenstand eines Glaubens und Gegenstand der geglaubten Geschichte ist, denn jede Generation mußte sich neu als Israel begreifen.

Zum Kreis um G. v. Rad gehört H.W. Wolff, der sich mit der Frage der atl. Hermeneutik befaßt. Da über dem AT und NT der eine Gott steht, gibt es eine Strukturanalogie seines Handelns. Das über sich selbst hinausweisende AT wird somit in der typologischen Schriftauslegung, die den Text in seinem historischen Sinn ernst nimmt und es auf das NT hin liest und vom NT her versteht, recht erfaßt, denn Jesus Christus »ist das letzte Passahlamm«, ... »der letzte König« ... »der letzte Priester Israels« ... »der neue Moses«. So »weist das Neue Testament die echte Entsprechung zum alttestamentlichen Kerygma auf«. Sah A. Alt im apodiktischen Recht wie im Glauben der Väter eine religionsgeschichtl. nicht einnivellierbare Eigenart Israels, M. Noth in dem keine staatliche Ordnung zur Voraussetzung habenden atl. Gesetz und in der Geschichtsschreibung des AT etwas Einmaliges und G. v. Rad in der Eiferheiligkeit Jahwes ein Unikum der Religionsgeschichte, so erkennt H.W. Wolff, daß es für die atl. Prophetie zwar phänomenologische Parallelen in der Umwelt Israels gab, aber die atl. Propheten im ganzen als die ungefragt redenden Gottesboten, die vor allem Gottes eigenes Kommen zum Gericht und zum Heil für sein Volk und die Völkerwelt verkündigten, analogielos dastanden. Ihre Gotteserfahrung war ein singuläres Phänomen. Ihre Botschaft ist vorrangig und charakteristisch Zukunftswort. Dabei stehen sie in der Tradition ihres Volkes und setzen das Gesetz Moses und die Geschichte des Volkes einschließlich der Gottesoffenbarung am Anfang voraus. Hiermit ist in wesentlichen Zügen das atl. Geschichtsbild Wellhausens überholt. Das atl. Menschenbild zeichnete Wolff in der »Anthropologie des Alten Testamentes« (1973) nach.

Eine lexikographische Meisterleistung ist das von L. Köhler und W. Baumgartner herausgegebene »Lexicon in Veteris Testamenti Libros«, das internationale Anerkennung genießt. Mit dem von M. Noth gegründeten und von S. Herrmann und H.W. Wolff herausgegebenen »Biblischen Kommentar zum Alten Testament« entsteht ein umfassendes Kommentarwerk.

In der Moseforschung zeigen sich neue Tendenzen. Nach Jahren der Skepsis gilt es heute als unbestritten, daß Mose die zentrale Gestalt des Exodus ist. Der Kult wird in seiner Bedeutung neu eingeschätzt. Vor allem H. Gese hat gezeigt, daß der Kult nicht eine Leistung zur menschlichen Selbstrechtfertigung ist, sondern eine Gabe Gottes an sein Volk, damit es vor Jahwe stehen und Gott in seiner Mitte sein kann. Im Bereich der Pentateuchforschung sind bislang fest geglaubte Überzeugungen ins Wanken geraten. Neben extremen Spätdatierungen stehen Meinungen, die für eine sehr frühe Festigung und Formung der Überlieferung eintreten. Nicht nur ist die Abgrenzung der literarischen Quellen und ihre Zusammenfügung umstrittener denn je, auch ihre zeitliche Ansetzung, ja ihre Existenz wird ernstlich in Frage gestellt, wie R. Rendtorff feststellt. Für den geschichtl. Ablauf der Landnahme entwickelten N.G. Gottwald und G.E. Mendenhall in Anlehnung an das marxistische Geschichtsschema die sog. Revolutionshypothese, nach der Israel sich als unterdrückte Landbevölkerung gegen die herrschende kanaanäische Stadtkaste erhob. Und während H. Gese dafür eintritt, die überlieferungsgeschichtl. Arbeit nicht mit Maleachi aufhören zu lassen, sondern ihre Weiterführung über Apokryphen und Pseudepigraphen bis ins NT als legitim zu akzeptieren, vertritt B.H. Childs die Ansicht, daß der Kanon in seiner End- und Jetztgestalt die der Exegese und dem Glauben vorgegebene normative Grundlage sei.

Archäologie und Hebraistik führen in der deutschen Forschung ein Schattendasein. Ihre Zentren sind heute in den USA und Israel. Ob die mehr literarkritisch und theol. arbeitende deutsche Forschung am AT der angemessenere Weg ist, muß sich noch zeigen, denn an den Platz objektiver Methoden treten gern subjektive Ermessensurteile. Gleichzeitig muß gesagt werden, daß es in der Forschung am AT nationale und konfessionelle oder rel. Grenzen kaum mehr gibt.

Überblickt man den Weg der Erforschung des AT, legen sich folgende Schlußfolgerungen nahe:

Die sich ihrer Freiheit vom Glauben und Dogma rühmende Forschung findet sich nur allzuoft unter dem Diktat des Zeitgeistes und im Schlepptau der Philosophie wieder.

Auch sog. erwiesene Ergebnisse der Forschung erwiesen sich alsbald als überholt, nur um später wieder unter neuer Fragestellung aufzutauchen.

Eine adäquate Erforschung des AT scheint nur möglich, wo man dessen Selbstanspruch, sein Gottes-, Welt- und Menschenbild ernst nimmt.

Das AT hat sich denen, die ihm offen und unvoreingenommen begegneten, als lebendiges Gotteswort erwiesen.

Die hist. Forschung hat trotz aller Irrwege zu einem besseren Verständnis der ursprünglichen Aussageintention des AT beigetragen.

Wo die Kirche meinte, das AT hinter sich lassen zu können, hat sie auch den lebendigen Christusglauben verloren.

Lit.: G. Fohrer: Methoden und Moden in der alttestamentlichen Wissenschaft, ebd. 243-254; H.J. Kraus: Geschichte der historisch-kritischen Erforschung des Alten Testaments, ^{4}1988; W.S. La Sor, D.A. Hubbard, F.W. Bush: Das Alte Testament. Entstehung - Geschichte - Botschaft, hg. von H. Egelkraut, 1989; M. Noth: Die Knechtsgestalt des AT: Zugleich ein Beitrag zum Verständnis der neueren Geschichte der alttestamentlichen Wissenschaft, in: ders.: Gesammelte Studien zum AT II, 1969, 62-70; R. Smend: Die älteren Herausgeber der Zeitschrift für die alttestamentliche Wissenschaft, ZAW 100 (1988) Suppl., 2-21.

H. Egelkraut

Älteste

a) biblisch

1. Im Alten Testament

Wie viele seiner Nachbarvölker (1Mo 50,7; 4Mo 22,4.7) hat auch Israel - bereits zu ägypt. Zeit (2Mo 12,21) - Ä. Aufgrund von Alter, Weisheit und Ansehen repräsentieren Männer die Sippe, später die Stadt oder das ganze Volk. Deshalb wenden sich Mose bei der Übergabe des Gesetzes (5Mo 31,9), Jeremia bei seinem Trostbrief (Jer 29,1) oder Hesekiel in seiner Kritik (Hes 8,11f) vorzugsweise an die Ä.n. Deshalb auch spielen sie bei der Sühne einer Schuld des Volkes eine besondere Rolle (3Mo 4,15). Sie handeln und stehen für das ganze Volk, wenn sie einen König fordern (1Sam 8,4f) und ihn beraten (1Kön 20,7) oder später dann den zerstörten Tempel wieder aufbauen (Esr 6,7-14).

Neben diesem Amt der Stellvertretung üben 70 Ä. zeitweise eine Leitungsfunktion aus, indem sie Mose bei seiner Arbeit unterstützen und dafür an besonderer Geistbegabung teilhaben (4Mo 11,16-25).

Nach der Landnahme nehmen die für die jeweilige Stadt verantwortlichen Ä.n richterliche Funktion wahr; sie entscheiden »im Tor« z.B. in Sachen des Eherechts (5Mo 22,13-19; 25,7-9) und sind auch für die Durchführung des Richtsspruchs verantwortlich.

Insgesamt wird damit deutlich, daß Ä. zu dem Personenkreis gehören, der die Geschicke des jüd. Volkes verantwortlich mitbestimmt und damit in besonderer Weise vor Gott und den Menschen steht (vgl. Jos 23,1-6).

2. Im Neuen Testament

Zur Zeit Jesu sind Ä. mit den Hohenpriestern und Schriftgelehrten im Synhedrium vertreten und haben damit weiterhin großen Einfluß. Sie sind Beteiligte am Prozeß Jesu (Mt 26 parr.) und der Apostel (Apg 4,5; 5,21; 22,5; vgl. 6,12).

Schon früh übernimmt die christl. Gemeinde Leitungsstrukturen der jüd. Gemeinschaft und damit auch das Ä.namt (Apg 11,30 betrifft die Zeit um 45 n.Chr.). Zusammen mit den Aposteln (Personalunion war möglich: 1Petr 5,1; 2Joh 1) entscheiden sie Lehrfragen (Apg 15) und bilden das Leitungsgremium der christl. Gemeinden (1Tim 5,17; Apg 20,17.28: Älteste = → Bischöfe). Ä. können lehrend (1Tim 5,17), heilend (Jak 5,14) und bevollmächtigend (1Tim 4,14) tätig sein. Paulus und Barnabas setzen in den neugegründeten Gemeinden bald Ä. ein (Apg 14,23), denen sie in besonderer Weise die Sorge um die Gemeinde und die rechte Lehre ans Herz legen (Apg 20,28-31; vgl. 1Petr 5,1-3). Wegen ihrer herausragenden Funktion haben Ä. besonders auf bibl. Weisungen und guten Leumund zu achten (Tit 1,5-9; 1Tim 3,1-7).

Lit.: H. von Campenhausen: Kirchliches Amt und geistliche Vollmacht in den ersten drei Jahrhunderten, [2]1963; G.V. Lechler: »Presbyter, Presbyterialverfassung«, RE 12, 1883, 175-187; W. Michaelis: Das Ältestenamt, 1953; H.W. Neudorfer: Die Apostelgeschichte des Lukas, Bd. I, 1986, Bd. II, 1990; A. Schlatter: Die Geschichte der ersten Christenheit, [5]1971.

W. Weiland

b) theologiegeschichtlich

1. Die kirchenleitende Funktion, die die Ä.n in den frühchristl. Gemeinden neben und mit den Bischöfen innehatten, erfuhr bald eine bemerkenswerte Veränderung: einmal durch die zunehmend beherrschende Stellung des → Bischofs, dem die Presbyter zu- und nachgeordnet wurden, zum anderen durch die erklärte Unantastbarkeit des → Amtes, die sich mit dem Ausbau des hierarchischen Systems einstellte und sich in der Forderung der Lehr- und Amtssukzession niederschlug. Konnten im 2. Jh. die Ä.n noch vereinzelt als die Garanten authentischer Überlieferung, also als »Väter« bezeichnet werden, werden sie bereits im 3. Jh. zum Stand der Kleriker gerechnet. Aus dem Presbyter wird der Priester; in der röm.-kath. Hierarchie gliedert sich der Presbyterrat in die beiden Stufen des Priesters und des Bischofs.

2. Die abwehrende Haltung der Reformatoren gegenüber dem hierarchischen Amt und der Aufteilung der Gemeinde in → Kleriker und Laien führt bei → Calvin zu einer neuen Betonung des Dienstes der Ä.n: sie sind neben den Pastoren für Lehre, Leitung und Seelsorge in der Gemeinde verantwortlich, während den → Diakonen die praktische Fürsorgepflicht obliegt (Inst. IV,3.8.15). Diese Presbyterialverfassung ist kennzeichnend für die ref. Kirchen weltweit bis heute, die sich als »nach Gottes Wort reformierte Kirche« verstehen und darin die Kontinuität zur Alten Kirche sehen. In den luth. Kirchen wird der Kirchenälteste wesentlich als Berater des Pfarrers gesehen.

3. Die durch den englischen Puritanismus ausgelösten Reformbewegungen haben mit der Betonung des allgemeinen Priestertums aller Gläubigen für den Aufbau der Gemeinde die drei Dienste des Pastors, der Ä.n und der Diakonen eingeführt (vgl. Westminster Confession 1647, Art. 25 und 30). Sie alle werden von der Gemeinde gewählt, Ä. und Pastoren in der Regel ordiniert.

4. Die Freikirchen - vor allem kongregationalistischer Prägung - haben in der Regel ein Ä.nkollegium; der Pastor ist Mitä.r. Die Ä.n bilden die Gemeindeleitung und sind vor allem für Lehre und Seelsorge verantwortlich (neben der Gesamtverantwortung der Gemeinde). Heute werden die Ä.n nicht mehr auf Lebenszeit gewählt. Umstritten ist gegenwärtig die Frage, ob auch Frauen als Ä. berufen werden können.

5. In den Konvergenzerklärungen der Kommission für Glauben und Kirchenverfassung des ÖRK über »Taufe, Eucharistie und Amt«, Lima 1982, wird im dreigegliederten Amt des Bischofs, der Presbyter und der Diakone Ausdruck und Mittel der Einheit der Kirche gesehen (III, 22), wobei jedoch wieder das Amt des Bischofs (der *episkopé*) zur Sicherstellung der Einheit des Leibes Christi erforderlich gemacht wird (III, 23). Insbesondere kongregationalistisch geprägte Kirchen sehen darin dem ntl. Zeugnis widersprechende Tendenzen zur Klerikalisierung des Ä.namtes.

Lit.: P. Jacobs: Theologie reformierter Bekenntnisschriften, 1959; P. Meinhold: Ökumenische Kirchenkunde, 1962; E. Schütz: »Die Freikirchen vor der ökumenischen Diskussion um das kirchliche Amt«, Una Sancta 37, 1982, 133-141.

E. Brandt

c) systematisch- und praktisch-theologisch

Es fällt auf, daß die Bibel sowohl für Israel als auch für die Christenheit schon früh den Dienst der Ä.

kennt. Indem die Kirchen der → Reformation (→ Calvin) das Ä.namt wieder einrichten, folgen sie der Schrift und schenken den Gemeinden eine wertvolle und heute nicht mehr wegzudenkende Leitungsgestalt. Weg und Geschick der Gemeinde sollen nicht im Willen eines einzelnen Menschen stehen. Das gemeinsame Raten und Leiten ist ein gesundes, ja notwendiges Korrektiv für die irrende Einzelmeinung.

Freilich soll sich der Ä.nkreis in seinem Beraten von anderen Führungskollektiven unterscheiden: Er hat in allen Belangen nicht autonom zu entscheiden, sondern in Bindung an die Hl. Schrift. Darin trägt er dem Gedanken der Christokratie Rechnung (Eph 4,15f). Deshalb sind die Beschlüsse der Ä.nkreise nicht daran zu prüfen, ob sie zeit- oder publikumsgemäß sind, sondern daran, ob sie schriftgemäß sind. Dieser Maßstab ist Grenze und Prüfstein jeder Mehrheitsentscheidung.

Für das Amt des Ä.n ist es deshalb notwendig, die Bibel zu kennen und nach ihr zu leben. Diese Aufgabe kann nicht den Geistlichen überlassen bleiben. Im Gegenteil: Wenn Kirchenä. die Verantwortung dafür tragen, »daß der Gemeinde Gottes Wort rein und lauter gepredigt wird« (so z.B. die Grundordnung der badischen Landeskirche), dann haben sie ein in recht verstandender Weise kritisches Gegenüber zu den Geistlichen zu bilden. Die in den Landeskirchen häufig anzutreffende stillschweigende Arbeitsteilung, wonach die Pfarrer für das Theol.-Geistl., die Ä.n dagegen für Technisches und Verwaltungsarbeiten zuständig sind, ist bibl. unhaltbar und praktisch verhängnisvoll. In den Freikirchen nehmen die Ä.n in der Regel in geistl. Arbeitsgemeinschaft mit dem Pastor die Leitung der Gemeinde wahr.

Eine besondere Schlüsselstellung kommt bei diesen Fragen der Ä.nwahl zu. Während in ntl. Zeit → Paulus selbst Ä. einsetzte und darin Gottes Geist am Wirken sah (Apg 20,28; vgl. 4Mo 11,25), werden sie heute durch stimmberechtigte Kirchenmitglieder gewählt. Dabei spielen Quotendenken, Partei-, Gruppen- und Vereinszugehörigkeit nachweisbar eine wichtige Rolle. Nicht immer werden deshalb solche Gemeindeglieder Ä., die nach den Aussagen der Hl. Schrift dafür geeignet sind. Dies kann sich hindernd auf einen Gemeindeaufbau auswirken, der nach bibl. Gesichtspunkten konzipiert ist. Eine Lösung dieses Problems ist kaum anders vorstellbar, als daß eine Gemeinde als ganze eine geistl. Erneuerung erfährt. Viel wäre freilich schon gewonnen, wenn die bibl. Aussagen über das Amt der Ä.n den Gemeindegliedern bekannt und für die Kandidaten – nicht nur formal – verbindlich gemacht würden.

Lit.: s. unter a) biblisch

W. Weiland

Althaus, Paul (1888-1966)

Geb. am 4. 2. 1888, wuchs A. in einem hannoverschen luth. Theologenhaus auf. Sein gleichnamiger Vater, Paul Althaus (der Ältere), war bis 1912 Prof. für Systematische Theologie in Göttingen, dann in Leipzig. Neben seinem von der → Erlanger Theologie geprägten Vater übten auf den jungen A. das Lutherbild Karl → Holls, vor allem aber Adolf → Schlatter theol. formenden Einfluß aus. An Promotion und Habilitation in Göttingen 1913 und die Ernennung zum Privatdozenten 1914 schloß sich während des Ersten Weltkriegs eine Tätigkeit als Lazarettpfarrer in Lodz/Polen an. 1919 wurde er als o. Prof. nach Rostock berufen, 1925 nach Erlangen. Dort blieb er auch über die Emeritierung 1956 hinaus bis an sein Lebensende am 18. 5. 1966. Von 1926 bis 1964 war er Präsident der Luthergesellschaft.

Die wissenschaftl. Arbeit von A. ist von dem Willen bestimmt, Gott und Geschichte zu vermitteln, Theologie also nicht aus einem vorgegebenen Gottes- oder Offenbarungsbegriff abzuleiten, sondern die ganze, immer auch widersprüchliche Lebenswirklichkeit wahrzunehmen und Geschichte in diesem Sinne als von Gott geschaffene Begegnungsebene zwischen Gott und Mensch zu verstehen. Darum konnte es für ihn keine einlinigen Lösungen theol. Grundfragen geben, sondern nur die Vermittlung spannungsvoller Pole. Neben Gottes Heilsgegenwart in Christus will er (im Unterschied zu K. → Barth) auch sein Weltwirken anerkennen, als Glaubensgrund sieht er (anders als R. → Bultmann) sowohl die Verkündigung als auch das hist. Ereignis an, Evangelium und Gebot kann er (im Unterschied zu W. → Elert) auch positiv aufeinander beziehen.

Stark befruchtet wurde sein Denken durch intensive, durchaus auch kritische Lutherstudien und durch das ständige Gespräch mit der ntl. Exegese. Neben seiner eigenen Systematischen Theologie veröffentlichte er Gesamtdarstellungen von Luthers Dogmatik und Ethik sowie einen Kommentar zum ntl. Römerbrief. Seine Überzeugung vom verpflichtenden Rang der deutschen Nationalität ließ ihn dem Nationalsozialismus zeitweilig nicht kritisch genug gegenübertreten. Außer durch zahlreiche Veröffentlichungen wirkte er auch durch seine Persönlichkeit als akademischer Lehrer, einen über 30jährigen Dienst als Universitätsprediger und die von sehr vielen Studenten genutzten seelsorgerl. Sprechstunden.

Hauptschrift: Die christliche Wahrheit, 1947/48, [8]1969; Bibliographie: Dank an Paul Althaus, 1958, 246ff; H. Grass: s.u., 237ff;

Lit.:J. Baur: Vermittlung in unversöhnten Zeiten, KuD 34/1988, 168ff; H. Grass: Die Theologie von P. Althaus, NZSTh 8/1966, 213ff; P. Knitter: Die Uroffenbarungslehre von P. Althaus, EvTh 33/1973, 138ff; ders.: Towards a protestant theology of religions, 1974; W. Krötke: Das Problem ›Gesetz und Evangelium‹ bei W. Elert und P. Althaus, 1965; W. Wimmer: Eschatologie der Rechtfertigung, 1979.

U. Swarat

Altkatholiken

Die altkath. (in der Schweiz: christkath.) Kirchen entstanden zwischen 1871 und 1876 aus Gründen des 1870 vom 1. Vatikanischen Konzil beschlossenen Dogmas von der Unfehlbarkeit des Papstes. Ignaz von → Döllinger war der entscheidende Theologe in der Gründungsphase dieser Kirche. Zusammen mit dem Erzbistum Utrecht, das sich schon zu Beginn des 18. Jh.s von Rom gelöst hatte, bildeten 1889 die altkath. Kirchen in der Schweiz, Österreichs und Deutschlands die Utrechter Union, der sich später weitere altkath. Kirchen anschlossen, gegenwärtig mit 15 Diözesen, ca. 400 Priestern und 420.000 Mitgliedern. Die Kirchen sind episkopal-synodal verfaßt, ökumen. orientiert und stehen mit einer Reihe von Kirchen in erklärter Abendmahlsgemeinschaft, z.B. mit der EKD. Die röm.- kath. Ablaß- und Verdienstlehre wird abgelehnt, andere Lehren der abendländischen Tradition (z.B. die sieben Sakramente) sind beibehalten. Wie die anglikan. Kirche nehmen auch die A. in manchen Hinsichten eine Mittlerrolle zwischen dieser und jener Kirchengemeinschaft ein. Der Gottesdienst wird nach der erneuerten Meßliturgie in der Volkssprache gefeiert. Das Zölibat für Priester und Bischöfe wurde 1923 preisgegeben, seit 1982 ist die Ordination von Frauen zu Diakoninnen gestattet.

Lit.: V. Conzemius: Katholizismus ohne Rom, 1969; W. Küppers: Altkatholische Kirchen, in: F. Heyer (Hg.): Konfessionskunde, 1977, 534-574; W. Küppers: Altkatholizismus, TRE 2, 1978, 338-344; J.F. von Schulte: Der Altkatholizismus (Quellen und Dokumente), 1887, Neudruck 1965.

G. Ruhbach

Altlutheraner

→ Selbständige Ev.-luth. Kirche (SELK)

Altpietistischer Gemeinschaftsverband

Die ersten »Erbauungskreise« in Württemberg wurden durch Ph.J. → Spener und die Brüdergemeine (→ Brüder-Unität) beeinflußt. Im 18. Jh. wurde dieser → Pietismus durch J.A. → Bengel (1687-1752) gefördert und überwiegend innerhalb der ev. Landeskirche erhalten. Die Landesregierung erlaubte 1743 durch das »Pietistenreskript« das Abhalten von »Stunden«. Unter der Leitung eines Stuttgarter Brüderkreises fand 1857 die erste Landesbrüderkonferenz statt (Geburtsstunde des AGV). Einer der ersten Leiter (von 1857-1919) war Rektor Christian → Dietrich (1844-1919).

Ehrfurcht vor der Schrift, intensive Arbeit an der Bibel ist dem AGV von Bengel her eingeprägt worden. Der Heilsgeschichte und dem prophetischen Wort gilt besonderes Interesse. Von der Gemeinschaft her am Wort, mit dem Herrn und untereinander wird als Auftrag gemeinschaftspflegender, mission. und diakon. Dienst gesehen.

Es gibt ca. 580 Gemeinschaften in Württemberg und um Memmingen mit ca. 9.000 Besuchern, allerdings ohne eine feste Mitgliedschaft (40 Bezirke mit je 5-27 Gemeinschaften und je 1-3 »Bezirksbrüdern«, ca. 35 hauptamtlichen »Gemeinschaftspflegern«, ca. 15 »Gemeinschaftsschwestern« und je 1

Landesbeauftragten für Kinderarbeit, Jugendarbeit und Evangelisation). Normalerweise reden verschiedene Brüder vom »Brüdertisch« aus (ca. 1.000 ehrenamtliche »redende Brüder«) nach dem jährlich vom Verband zusammengestellten »Textplan«, der fortlaufende Bibeltexte vorsieht. In Verbindung mit der Gemeinschaft gibt es Kinderstunden, Jugend-, Freizeit- und Rüstarbeit, Veranstaltungen für die mittlere Generation, Bibelwochen und Evangelisationen, Bezirkskonferenzen, Brüder- und Mitarbeitertreffen und -kurse, Bibelseminare, Jugend-, Sing- und Posaunenchöre, größere Landesgemeinschaftskonferenzen in Stuttgart, Böblingen, Hülben und ein Landesjugendtreffen auf dem Schönblick. Im Winterhalbjahr besuchen je zwei Brüder die Gemeinschaften und Kreise eines Bezirks auf einer Brüderreise. Die Leitung des AGV obliegt dem Landesbrüderrat, davon bilden vier Brüder den Vorstand. Die notwendigen Mittel werden durch Opfer und Gaben aufgebracht. 58 eigene Häuser, das Erholungsheim Schönblick mit Jugend-Bibelhaus und Erholungsheim Lindenfirst für pflegebedürftige Gäste in Schwäb. Gmünd gehören zum AGV. Die Geschäftsstelle ist in Stuttgart.

Lit.: »Berufen zur Gemeinschaft« – Jubiläumsbuch 1982; J. Roessle: Von Bengel bis Blumhardt, [6]1981; Zeugnisse der Schwabenväter, hg. von J. Roessle, Bde. I-XII.

O. Schaude/K.-H. Schabel

Altpreußische Union → Union, Evangelische Kirche der

Altreformierte Kirche

Die Ev.-altref. Kirche ist eine »konfessionelle Freikirche« und besteht aus acht Gemeinden in der Grafschaft Bentheim (seit 1838) und fünf Gemeinden in Ostfriesland (seit 1854); seit 1950 ist sie »Körperschaft des öffentl. Rechts«. Die Ursprünge liegen in den Niederlanden, wo sich in den 30er Jahren des 19. Jh.s ref. Gemeinden um der Treue zum ref. Bekenntnis willen von der offiziellen (ref.) Kirche trennten (Acte van Afscheiding 1834). → Bekenntnisschriften sind die Confessio Belgica (1559), der Heidelberger Katechismus (1563) und die Dordrechter Lehrsätze (1618/19). Mit anderen ref. Kirchen verbindet sie die presbyterial-synodale Kirchenverfassung, der schlichte Wortgottesdienst und die seltene Abendmahlsfeier, mit anderen Freikirchen die Finanzierung aus freiwilligen Beiträgen. Die Mitgliedschaft im → Reformierten Bund und in der → Arbeitsgemeinschaft Christlicher Kirchen (ACK) zeigt Offenheit über das eigene Kirchentum hinaus.

Lit.: E. Fahlbusch: Kirchenkunde der Gegenwart, 1979, 145f; A. Klompmaker: »Evangelisch-altreformierte Kirche«, EKL[3] 1, 1199f.

B. Steinseifer

Ambrosianischer Lobgesang (Te Deum)

In der Art des von der Urgemeinde übernommenen atl. Psalmengesangs entstanden vor allem im 4. Jh. zahlreiche sog. nichtbibl. Psalmen, unter denen das Te Deum das bekannteste ist. Die Zuweisung an → Ambrosius (gest. 397) ist sicher falsch; denn es unterscheidet sich formal und inhaltlich von allen ihm authentisch zuzuweisenden Hymnen. Auch andere Zuweisungen haben sich als unhaltbar erwiesen. Dennoch hat sich die Bezeichnung des Te Deum als A. L. eingebürgert. Schon in den Anfängen des Mönchtums erhielt das Te Deum seinen Platz im Stundengebet, vorzugsweise in den sonntäglichen Metten. Mehr und mehr wurde es als festlicher Hymnus zu besonderen kirchl. Anlässen und Zeiten gesungen. Seit dem MA wurde es auch bei nichtkirchl. Anlässen (Krönungs-, Friedensschlußfeiern u.a.) herangezogen. Die im 17. Jh. einsetzenden mehrstimmigen, z.T. recht prunkvollen Vertonungen des Te-Deum-Textes für säkulare Feiern (z.B. das pompöse Werk von H. Berlioz aus Anlaß der Pariser Weltausstellung 1855) haben es in der ev. Kirche fast um seine Legitimation gebracht, so daß es auch bei kirchl. Anlässen und zu festlichen Gottesdiensten nur noch selten gesungen wird. Es sollte aber seinen Platz im Gottesdienst als Wechselgesang zwischen Chor und Gemeinde unbedingt zurückgewinnen.

Lit.: E. Kähler: Studien zum Te Deum, 1958; K.-H. Schlager, W. Kirsch: »Te Deum«, MGG 13, 1966, 164ff.

Chr. Albrecht

Ambrosius (ca. 339-397)

A. Aurelius (?), ca. 339 in Trier geboren und am 4. 4. 397 als Bischof in Mailand gestorben, einer der vier großen abendländischen Kirchenlehrer, war zunächst Statthalter in Ligurien und Aemilien, 374 vom Volk zum Bischof von Mailand akklamiert in einer Zeit, in der zahlreiche Staatsbeamte in den Kirchendienst überzugehen begannen. Er sorgte in Oberitalien für die endgültige Niederwerfung des

Arianismus (→ Arius/Arianismus), bestritt besondere Vorrechte des röm. Bischofs, beteiligte sich an der allg. Kirchenpolitik, wobei er den Kaiser als »Sohn« und nicht als »Herrn« der Kirche verstand und daher sogar → Theodosius den Großen zur öffentlichen Kirchenbuße zwang.

Als Prediger und Seelsorger war er eine eindrucksvolle Persönlichkeit und hat auch → Augustin zum Christentum gebracht. Interesse an Fragen der → Askese (Unterstützung der »Jungfrauen« der Stadt), der praktischen Gemeindearbeit (Hebung der Sittlichkeit), der Bibelauslegung in Kommentaren und Predigten sowie der Liturgie (Dichtung von mehreren Hymnen, nicht jedoch des sog. → Ambrosianischen Lobgesangs) zeichnet ihn besonders aus, aber er gilt auch als kundiger Theologe in der Abwehr des Arianismus, in der Entfaltung der Trinitäts- und Abendmahlslehre, auch der Mariologie. 19 exeget. und viele dogmat. Schriften sind erhalten, ebenfalls 91 Briefe. Er gilt als einer der großen Theologen, die das Christentum im Abendland durchzusetzen halfen und noch in der Gegenwart Bedeutung haben.

Lit.: Quellen (Übersetzung): BKV[2], Bde. 17, 21, 32, 1914-1917; H. v. Campenhausen: Ambrosius von Mailand als Kirchenpolitiker, 1929; ders.: Lateinische Kirchenväter, [6]1987, 77-108; E. Dassmann: »Ambrosius«, TRE 2, 1978, 362-386; ders.: Die Frömmigkeit des Kirchenvaters Ambrosius von Mailand, 1965.

G. Ruhbach

AMD → Arbeitsgemeinschaft Missionarische Dienste

Amen

A. (hebr. »so sei es, so ist es«) ist Ausdruck feierlicher Bejahung und Aneignung. Im AT bejaht das Volk Gottes durch das A. das ergangene Gotteswort (5Mo 27,14-26; Jer 28,6) oder eignet sich Gebete und Segensformeln an (Neh 8,6; 1Chr 16,36). A. ist im AT immer responsorisch: mit dem A. »übernahm die Gemeinde das ihr vorgesprochene Wort und erkannte es als ein in ihrem Namen gesprochenes und für sie verbindliches Wort an« (Kalb, 127). Im NT findet sich neben diesem responsorischen Gebrauch (1Kor 14,16; Offb 22,20) etwas gänzlich Neues: Jesus eröffnet Jüngerbelehrungen durch ein nichtresponsorisches A.: »Ich sage euch« (Mt 5,18; 6,2 u.ö.). Dieser einzigartige Gebrauch bekräftigt die Rede Jesu und betont deren prophetische Vollmacht. Neu ist auch A. als Titel Jesu: Er ist der A. (Offb 3,14; 2Kor 1,20), weil in ihm alle Verheißungen Gottes zum Ziel kommen.

In der frühen Christenheit bleibt der responsorische Charakter des A. erhalten. Augustin kann sagen: »Amen dicere est subscribere« (A. sagen heißt unterschreiben). Mit der Zeit aber wurde es immer mehr üblich, daß der Priester allein das A. sprach und die Gemeinde immer sprachloser wurde. Das A. verflachte zum liturg. Schluß-A. Im privaten Gebet blieb es als Ausdruck der Bekräftigung. Für Luther ist das A. Ausdruck des gewissen und rechtfertigenden Glaubens an Christus: »Amen ..., das ist: nicht zweifeln, daß es gewißlich erhört sei und geschehen werde. Denn es ist nichts anderes als eines ungezweifelten Glaubens Wort, der da nicht aufs Ungewisse betet, sondern weiß, daß Gott nicht lügt, weil er es zu geben verheißen hat« (Luther, 66). Auslegungen des A. fanden auch Eingang in das ev. Liedgut (EKG 241,9; 182,3 u.ö.). Auch der Pietismus kritisierte den gedankenlosen Gebrauch des A. Die Agendenreformen des 20. Jh.s sind bemüht, der Gemeinde das A. im Sinne des confessorischen und responsorischen A. zurückzugeben. In → Gottesdienst und Gebetsgemeinschaft soll eingeübt werden: Mit dem A. eignet sich die Gemeinschaft der Christen das Gesagte glaubend an.

Lit.: J. Jeremias, G. Krause: »Amen«, TRE 2, 1978, 386-402; F. Kalb: Grundriß der Liturgik, [2]1982, 127f; M. Luther: Der Große und der Kleine Katechismus, 1985.

M. Herbst

Amerika → Lateinamerika; → Nordamerika

Amesius, Wilhelm → Orthodoxie, protestantische

Amillennialismus → Tausendjähriges Reich

Amish

Die A. gehen auf Jakob Ammann zurück, durch den es zwischen 1693 und 1697 unter den Schweizer Brüdern zu einer Spaltung kam, als er strenge Kirchenzucht bis zur »Meidung« der Gebannten (auch von Tisch und Bett) einführte. Seine Anhänger waren gegen neue Kleidermoden (Gegensatz von »Knöpflern« und »Häklern«). Dieser Zug zum Hergebrachten wurde für die heute in Nordamerika lebenden A. kennzeichnend und verbindet sich mit dem rel. Motiv, sich nicht »dieser Welt gleichzustellen«. Das Rel. ist eine stets gegenwärtige Dimension in der täglichen Erfahrung, im Lebensablauf und dem bäuerlichen Jahresrhythmus. Die enge Bindung an die überschaubare, mit Pferd und Kutsche erreichbare Gruppe macht sie in ihren Gewohnheiten (z.B. Kindererziehung, Fürsorge für die Alten, Ablehnung der Lebensversicherung und Rente) traditionsorientiert. Errungenschaften der Moderne wie Traktor, Auto, Strom, Telefon, Radio, TV lehnen sie ab, ebenso den Kriegsdienst und die Beteiligung an Politik und Wirtschaft. Modernes »Wissen« steht traditioneller »Weisheit« gegenüber.

In jedem »Distrikt« gibt es auf Lebenszeit gewählte und für Gottesdienst und Leben der Gemeinschaft verantwortliche Bischöfe, Diener und Diakone, die keine formale Ausbildung haben. Die einfachen Gottesdienste werden auf deutsch gehalten (Gesangbuch: Ausbund). Mit der »Regel und Ordnung« wird eine große Geschlossenheit erreicht. Die Zahl der A. beträgt ca. 130.000 in 800 Gemeinden.

Lit.: J.A. Hostetler: Amish Society, [2]1974.

E. Geldbach

Ammon, Christoph Friedrich (1766-1850)

A., geb. am 16. 1. 1766 in Bayreuth, gest. am 21. 5. 1850 in Dresden, 1789 Prof. an der phil., 1792 an der theol. Fakultät in Erlangen, 1794 Prof. in Göttingen, 1804 wieder in Erlangen, 1813 Oberhofprediger in Dresden, dort auch Oberkonsistorialrat und ab 1831 Mitglied des Kultusministeriums, war für seine Zeit ein repräsentativer Theologe, Prediger und Kirchenpolitiker.

A. steht in der Tradition der Aufklärungstheologie, bezeichnet seinen Standpunkt aber als »rationalen Supranaturalismus«. In seiner Theologie geht er zwar von der vernünftigen (Gottes)Erkenntnis aus, sucht dann aber die Brücke zur bibl. → Offenbarung. Das erst im Glauben erreichte christl. Bewußtsein des heiligen Gottes sei die Vollendung der in uns schon angelegten moralischen Grundsätze und der natürlichen Religion.

A. hat allerdings den Einklang von → Vernunft und → Offenbarung als Systematiker nicht durchhalten können, was bisweilen den Eindruck schwankender Haltung erweckt. Er anerkennt gegenüber der → Orthodoxie den neuen »hermeneutischen Kanon«, daß »alte Schriftsteller nicht allein grammatisch, sondern auch historisch, genetisch, kritisch, oder im Zusammenhange mit den Ideen ihrer Zeit sowie ihrer eigenen Individualität erfaßt, dargestellt und beurteilt werden müßten«, und daß ihre Sinnwahrheit vom Ausleger »erst durch Rücksprache mit den Gesetzen der Vernunft überzeugen könne« (Die wahre und falsche Orthodoxie, 213). Andererseits kann er sich auch für konservative Ansichten aussprechen, z.B. für die Reformationsthesen von Claus → Harms. Aber im Gegensatz zu F.D.E. → Schleiermacher sah A. die Offenbarung nicht in der »jetzt geltenden« christl. Frömmigkeit, sondern im bibl. Zeugnis, besonders in Jesu Lehre und Person. Während der Gott der Vernunft ein Gott ist, den man sich denkt, wird das Gottesbewußtsein im Glauben rel. Erfahrung und lebendige Gottesbeziehung.

Jene Zeitgenossen, die in A.s nicht immer eindeutiger Stellung zwischen Rationalismus und Orthodoxie nur zeitweilige Anpassung an den zur Restauration neigenden Zeitgeist sahen, dürften ihm kaum gerecht geworden sein. Seine Theologie verrät eher eine in der Sache selbst begründete, echte und systematisch nicht bewältigte Spannung zwischen wissenschaftl. Aufklärung einerseits, bibl. Glaubenszeugnis sowie eigener Glaubenserfahrung andererseits. Dieser innere Zwiespalt deckt auch die Situation der Kirche seiner Zeit auf.

Lit.: C.F. Ammon: Christliche Sittenlehre, 3 Bde., 1795 (1923-29); Die Fortbildung des Christentums zur Weltreligion, 4 Bde., 1833-38; Die Geschichte des Lebens Jesu, 3 Bde., 1842-47; Summa Theologiae Christianae 1803, [4]1830; Die wahre und die falsche Orthodoxie, 1840.

E. Hirsch: Geschichte der neueren evangelischen Theologie, Bd. V, 1954, 60f.

F. Flückiger

Amos → Propheten Israels

Amphiktyonie → Israel a) biblisch

Amsdorf(f), Nikolaus von (1483-1565)

Geb. am 3. 12. 1483 in Torgau, gest. am 14. 5. 1565 in Eisenach, Studium in Leipzig und Wittenberg, dort Stiftsherr am Allerheiligenstift, Prof. für Philosophie und Theologie (1511 Lizentiat), 1513 und 1522 Rektor der Universität. 1516-24 prägende Freundschaft mit → Luther, den er 1519 zur Leipziger Disputation, 1521 nach → Worms begleitete und den »Überfall« vor der Wartburgzeit miterlebte. 1524 wurde A. Superintendent in Magdeburg, das er wie Goslar und Einbeck für die → Reformation gewann. 1542 wurde er von Luther zum Bischof von Naumburg »ordiniert und eingeweihet«, mußte aber 1547 dem altgläubigen Julius Pflug weichen. Seitdem geschätzter Berater seines Landesherrn in theol. und kirchl. Fragen; lebte von 1552 an in Eisenach.

A. war konsequenter Sachwalter der Theologie Luthers, verteidigte und verbreitete sie als die »wahre christliche Religion«. Er veröffentlichte weit über hundert Schriften. Theol. Prüfstein ist die → Rechtfertigung des Sünders aus Glauben – als alleinige Tat Gottes – ohne Werke, deren Schädlichkeit zur Seligkeit er im → majoristischen Streit behauptete. Auch in anderen theol. Kämpfen, besonders gegen den Opfercharakter des → Abendmahls, verfocht er streng luth. Lehre und trug so zur Festigung der luth. Kirche bei.

Lit.: J. Rogge: »Amsdorff, Nikolaus von«, TRE 2, 1978, 487-497; H. Stille: Nikolaus von Amsdorff. Sein Leben bis zu seiner Einweisung als Bischof von Naumburg (1483-1541), 1937.

Chr. Windhorst

Amt

Der Begriff A. bezeichnet hier den auf Dauer angelegten, im Rahmen einer Institution erteilten, in seinen Pflichten und Rechten durch Gesetze oder entsprechende Bestimmungen geregelten Auftrag an einzelne, die zentralen geistl. Aufgaben der Kirche wahrzunehmen.

a) biblisch

1. Das NT kennt noch kein A. gemäß der o.g. Definition. Beherrschend ist hier der Grundgedanke des Dienstes, griech. *diakonia*, den Jesus selbst als Inbegriff seiner Sendung versteht und auf den er zugleich seine Jünger verpflichtet (Mk 10,42ff. par). Vielgestaltig indessen prägt sich das Dienstmotiv, auf unterschiedliche Traditionen zurückgehend und solche begründend, in den ntl. »Ämtern« aus.

2. Jesus stiftet kein A., doch er beruft Jünger in seine Nachfolge und sendet sie aus zu verkündigen und zu heilen (Mk 6,7-13, par). Unter ihnen befindet sich die Gruppe der »Zwölf«, die wohl das Gottesvolk des AT symbolisiert, dem die Botschaft des Reiches Gottes vordringlich gilt (Mt 10,5ff). Auto-

risiert dadurch, daß sich der Auferstandene Petrus und den übrigen der »Zwölf« als ersten offenbart hat (1Kor 15,5), werden sie zu den Leitern der Urgemeinde in Jerusalem in deren Anfangsphase, mit Petrus an der Spitze. Ihr Kreis wird jedoch nicht ergänzt, als er durch Todesfälle schrumpft. Bei seinem ersten Besuch in Jerusalem findet Paulus die »Zwölf« offensichtlich nicht mehr vor. Sein Ansprechpartner ist Kephas (Petrus); daneben spricht er vom Herrenbruder Jakobus, der zu den »Aposteln« zählt, die, wenn auch Überschneidungen vorkommen, mit den »Zwölf« nicht identisch sind. Es handelt sich um Zeugen des Auferstandenen (Gal 1,19; 1Kor 15,7). Bei seinem zweiten Besuch in Jerusalem findet Paulus als sein verantwortliches Gegenüber eine Dreiergruppe – Kephas, Jakobus und Johannes -, die »Angesehenen« oder »Säulen« (Gal 2,6.9), die Leitungsämter innehaben. Aber auch dieses Gremium ist nicht von Dauer. Beim Konflikt zwischen Petrus und Paulus in Antiochien leitet der Herrenbruder Jakobus die Jerusalemer Gemeinde (Gal 2,12), und Lukas zufolge bildet sich dort ebenfalls ein Ältestenrat, griech. *presbytérion*, (Apg 11,30), dieser wahrscheinlich als Institution mit Kontinuität. Auch bei den »Sieben« (Apg 6) wird man nicht lediglich an »Armenpfleger« zu denken haben, sondern an den Gemeindevorstand der hell. Judenchristen in Jerusalem. Das Ältestenamt (→ Älteste), auf judenchristl. Boden entstanden, ist eine wichtige Wurzel dessen, was sich später als das A. herausbilden soll. Daneben spielen charismatische, z.T. ortsungebundene Dienste wie die von Propheten, Lehrern, Wanderaposteln eine eigenständige Rolle, bis sie schließlich in den ortsgebundenen Ämtern aufgehen (Did. 15,1).

3. Paulus liefert die wichtigsten theol. Grundgedanken über das A. im gesamten NT. Diesen Begriff freilich verwendet er nicht, sondern spricht von Diensten, griech. *diakoníai*, und Gnadengaben, griech. *charísmata*, durch die der Hl. Geist die Gemeinde als den Leib Christi erbaut (1Kor 12-14; Röm 12). Als Wirkungen des einen Geistes sind sie auf den einen Herrn bezogen und dürfen nicht gegeneinander ausgespielt werden. Zudem hat jeder in der Gemeinde sein Charisma; dadurch sind alle gleichrangig und gleichwertig – ein bleibendes und verpflichtendes Korrektiv gegen die Versuchung, ein A. als Mittel der Selbstverherrlichung oder Herrschsucht zu mißbrauchen. Die verschiedenen Dienste, wie das Bild vom Leib und den Gliedern (1Kor 12,12ff) zeigt, bedürfen einander. Sie sind weit gefächert und reichen vom Apostolat über die Gaben der Heilung, der Leitungsfunktionen bis hin zu Hilfstätigkeiten und zur → Glossolalie (1Kor 12,28).

In der theol. Diskussion gibt es den Versuch, von hierher eine Lehre vom kirchl. A. grundsätzlich in Frage zu stellen, indem die Situation paulin. Gemeinden verabsolutiert und zu einem für alle Zeiten verpflichtenden Modell erhoben wird. Darin wird zweierlei verkannt:

Zum einen: Da Paulus die Wiederkunft Christi noch zu seinen Lebzeiten erwartet (1Thess 4,15), dürfte er kein besonderes Interesse daran gehabt haben, dauerhafte Verhältnisse in den Gemeinden zu schaffen und zu hinterlassen. Es gab für ihn nicht die Notwendigkeit, das apostol. Zeugnis für eine Zeit zu sichern, in der es keine Apostel mehr gibt.

Zum anderen: Obgleich Paulus aus seinem Apostolat keinerlei hierarchische Stellung über den übrigen Gemeindegliedern für sich persönlich ableitet, keine Mittlerschaft zwischen Christus und den Getauften kennt, so kommt seinem Apostolat doch höchste Autorität zu. Er ist das »Amt« schlechthin. Die Apostel sind als Augenzeugen des Auferstandenen von diesem selbst in ihren Dienst berufen, Christus und sein → Evangelium zu verkündigen (1Kor 9,1; Gal 1,11ff). Christus hat »das Amt, das die Versöhnung predigt« (2Kor 5,18), die *diakonía tês katallagês* gegeben.

Versteht Paulus seinen Apostolat auch nicht institutionell und schließt er auch dessen Übertragbarkeit auf Nachfolger aus, so formuliert er doch Elemente, die für ein späteres Amtsverständnis wesentlich werden sollen: Entscheidend sind Einsetzung, Auftrag und Inhalt. Darüber hinaus begegnen bei Paulus neben dem Bild einer Gemeinde, die aus Charismatikern besteht, im Ansatz Strukturen mit einem Gefälle auf ein geordnetes A. hin. In der Aufzählung der Dienste in Korinth (1Kor 12, 28) werden die Wortdienste unter erstens, zweitens, drittens aufgeführt und den übrigen nicht mehr unter Ordnungszahlen erscheinenden somit betont vorangestellt.

4. Das Problem der Institutionalisierung stellt sich in den ntl. Gemeinden indessen bereits früh. Im Praeskript des Phil redet Paulus u.a. die dortigen »Aufseher und Diakonen«, griech. *epískopoi, diakonoi* an, deren Stellung somit respektierend. Im Eph erscheint die Gemeinde als auf dem Grund der »Apostel und Propheten« erbaut, deren Werk von »Evangelisten«, »Hirten« und »Lehrern« fortgesetzt wird (Eph 2,20; 4,11). Dabei entspricht vermutlich der »Hirte« dem »Aufseher«, dem Episkopos, woraus sich später der »Bischof« entwickelte. Der 1Petr, ähnlich die Apg, überliefert eine Ältestenverfassung mit Anklängen an das Hirtenamt (1Petr 5,1ff).

Judenchristl. Ältesten- bzw. Presbyteramt und

das aus hell. Tradition stammende Episkopenamt durchdringen einander. In den Pastoralbriefen (1Tim 3,1ff; 5,17ff; Tit 1,5ff) begegnen drei Ämter: Episkopen, Presbyter, Diakone. Dabei ist der Episkopos jedoch lediglich als primus inter pares (Erster unter Gleichberechtigten) zu verstehen. Die Pastoralbriefe mit ihrem, gemessen an der Frühzeit weiterentwickelten Amtsverständnis, als Verfallserscheinungen werten zu wollen, dürfte der hist. Situation nicht gerecht werden. Drei Faktoren nämlich sind es, denen der charismatische Gemeindetypus paulin. Prägung immer weniger gerecht werden kann: Das Anwachsen der Gemeinden, die Gefährdung durch Häresien, schließlich die äußere Bedrohung durch polit. Kräfte. Das Interesse der Pastoralbriefe gilt der kontinuierlichen Weitergabe des apostol. Evangeliums, der rechten Lehre, durch Männer, die dazu durch Ordination unter Handauflegung (1Tim 4,14) beauftragt sind.

b) theologiegeschichtlich

1. In nachntl. Zeit verfestigt sich der Amtsgedanke immer mehr. Clemens von Rom verficht an der Schwelle zum 2. Jh. die These, die rechtmäßig eingesetzten Bischöfe und Diakonen seien prinzipiell unabsetzbar (1Clem 42-44). Christus habe die → Apostel berufen, diese ihrerseits hätten Bischöfe und andere Amtsträger eingesetzt. Erstmalig klingt damit ansatzweise das später so wichtig werdende Motiv der apostol. Sukzession an, jedoch auf die Gesamtheit der Geistlichen, nicht auf die Bischöfe allein bezogen. Clemens unterscheidet ebenfalls als erster zwischen »Priestern« und »Laien« (1Clem 40,5). Das A., nunmehr im Sinne sakralrechtlicher Ordnung verstanden, läßt den ntl. Kerngedanken seiner dienenden Funktion zurücktreten.

Ignatius von Antiochien begründet um 110 n.Chr. die Auffassung vom monarchischen Episkopat und vom dreigliedrigen A.: Der → Bischof bildet die Spitze der Hierarchie, ihm sind die Presbyter (→ Älteste) und → Diakone untergeordnet.

Um die Mitte des 2. Jh.s wird der Sukzessionsgedanke energisch aufgegriffen (z.B. → Irenäus, → Tertullian, → Clemens von Alexandrien): Jeder Bischof folgt seinem Vorgänger in einer lückenlosen Kette, die bis auf die Apostel zurückreicht. Aber es ist noch an die Aufeinanderfolge von Lehrern in einem ununterbrochenen Verkündigungs- und Lehrgeschehen gedacht. Der Gedanke der → Sukzession durch Weihe findet sich erst bei → Cyprian von Karthago (ca. 250) voll ausgebildet.

Das Priestertum kulminiert in dem A. des Bischofs; ihm wohnt die ganze Fülle des A.s inne. Vor allem aber kommt es Cyprian darauf an, ihm als Inhaber der Schlüsselgewalt die Leitungsverantwortung, der auch das geistl. Lehramt eingegliedert ist, in der Kirche zuzuerkennen.

2. Im 3. Jh. sind die Grundlagen für ein Amtsverständnis gelegt, das lange Zeit vorherrschen soll und nur noch modifiziert und verfeinert wird. Es ist bis in die Gegenwart hinein wirksam und findet sich sowohl in der orth., der röm.-kath. und der anglik. Kirche.

a. Der röm.-kath. Typus umfaßt drei Weihestufen: Bischof, Priester (= Presbyter) und Diakon. Allein den in apostol. Sukzession stehenden Bischöfen ist die Fülle des A.s übertragen. Ihr Auftrag umfaßt das Lehramt, das liturg. A. (Vorsitz der Eucharistie, Sakramente) und das A. der Leitung (Jurisdiktion). An der Spitze des Bischofskollegiums steht der Papst, der sich von den übrigen Bischöfen durch den Jurisdiktionsprimat und das höchste Lehramt unterscheidet. Die Priester erhalten in ihrer Weihe ebenfalls ein unverlierbares sakramentales Siegel (*charakter indelebilis*). Sie gelten als Gehilfen der Bischöfe in deren Diözesen. In den Pfarreien der Bistümer leiten sie die eucharistische Feier, die ohne sie nicht vollzogen werden kann, sie verkündigen das Evangelium und versehen den Hirtendienst an den Gläubigen. Die Diakone dienen »dem Volke Gottes in der Diakonie der Liturgie, des Wortes und Liebestätigkeit in Gemeinschaft mit dem Bischof und seinem Presbyterium« (Lumen Gentium, 29). In der röm.-kath. Lehre wird zwischen Priestern und Laien aufgrund des Weihesakramentes unterschieden.

b. Im orth. Typus hat sich ebenfalls das dreigliedrige A. (Bischof, Priester = Presbyter, Diakon) herausgebildet. Die Bischöfe sind rangmäßig untereinander gleich. Einigen von ihnen (Metropoliten, Patriarchen) werden lediglich Ehrenvorrechte eingeräumt. Eine oberste Jurisdiktions- und Lehrgewalt der Bischöfe gibt es in der orth. Kirche nicht; diese versammeln sich jedoch zu Synoden und Konzilien. Im Unterschied zum röm. Katholizismus haben die Laien hier mehr Bedeutung. Ohne diese können keine Gottesdienste stattfinden; sie haben das Recht, ihre Geistlichen zu wählen, und wirken in der Leitung der Kirche mit. Kernstück der Amtsübertragung ist die Herabrufung des Hl. Geistes (→ Epiklese). Anders als in der röm.-kath. Kirche wird erst vom Bischof an aufwärts der Zölibat erwartet.

c. Den anglik. Typus verbindet mit dem röm.-kath. und orth. das dreigliedrige A. und die apostol. Sukzession der Bischöfe. Es unterscheidet sich von diesen aber durch die Verwerfung des Weihesakraments, darin reformat. Gedanken aufgreifend. Anders als in den o.g. Kirchen unterliegt hier das A. auch auf keiner Stufe dem Zölibat.

3. Mit der → Reformation Martin → Luthers beginnt eine grundlegende Neubesinnung über das A. Mit der Wiederentdeckung der → Rechtfertigung allein aus Gnaden und allein durch den Glauben wird der Gedanke einer besonderen Mittlerschaft des Heils Gottes durch das A. hinfällig; indem jedem Christen zugetraut wird, sich sein geistl. Urteil an der Hl. Schrift als einziger Norm christl. Lehre zu bilden, muß ein besonderes Lehramt der Kirche in Frage gestellt, ja, verworfen werden. Gegen die mittelalterl. These von der Überordnung der geistl. über die weltl. Gewalt argumentiert Luther mit dem Gedanken vom allg. Priestertum aller Gläubigen und begründet diesen bis 1525 mit der → Taufe. Weltlicher und geistl. → Beruf sind danach grundsätzlich gleichwertig. Ihnen allen gemeinsam wird das paulin. Dienstmotiv, gewonnen am Bild vom Leib und den Gliedern (1Kor 12), zur Verpflichtung. Der »Bischof« hat keine höhere geistl. Qualität als der »Priester«. Kirche wird nicht mehr vom A., sondern von der → Gemeinde her verstanden. Von »Klerikern« und »Laien« zu reden, erweist sich als unsachgemäß. Die Gemeinde überträgt das geistl. A.; sie kann es seinem Inhaber bei Unfähigkeit oder Mißbrauch aber auch wieder nehmen und abgesetzt »ist er ein Bürger und Bauer wie die anderen« (M. Luther, An den christlichen Adel, 1520). Kirchenleitung wird der Gemeinde, hier unter dem Aspekt der Dienstaufsicht, übertragen.

Indessen gibt Luther den Gedanken vom besonderen A. nicht preis und versteht es auch nicht lediglich als eine Funktion der Gemeinde. Niemand darf sich ohne Beauftragung durch die Gemeinde das A. anmaßen. Dieses nämlich ist von Gott gestiftet. Es gehört zu den Wesensmerkmalen der Kirche, und zwar um des öffentlichen und kontinuierlichen Dienstes an Wort und Sakrament, an Seelsorge und Beichte willen. Der Träger des A.s ist Diener am Wort in dessen verbaler und sakramentaler Gestalt. Das A. als solches aber gehört der Kirche als ganzer, die einzelne zu dessen Ausübung beruft und legitimiert.

Die Confessio Augustana (CA) von 1530 erkennt dem A. eine hohe Bedeutung zu. Artikel V »Vom Predigtamt« lautet: »Damit wir solchen Glauben erlangen, ist das Amt, das Evangelium zu lehren und die Sakramente auszuteilen, eingesetzt. Denn durch das Wort und die Sakramente, gleichsam als durch Instrumente, wird der Heilige Geist gegeben, der den Glauben wirkt, wo und wann Gott will, in denen, die das Evangelium hören.« Die CA stellt den Artikel über das A. dem über die Kirche (CA VII) voran. Dies läßt sich so interpretieren, daß, wie Wort und Sakrament, so auch das A. als gleichsam ausführendes Organ der Gemeinde gegenübersteht und sich nicht aus ihr ableiten läßt.

CA VII lautet: »Die Kirche ist die Versammlung der Heiligen, in welcher das Evangelium rein gelehrt und die Sakramente richtig (d.h. einsetzungsgemäß) verwaltet werden.« In der Formulierung »in welcher« kommt zum Ausdruck, daß das A. zwar im Gegenüber zur Gemeinde, jedoch nicht über ihr steht, sondern zugleich in ihr besteht. Wort und Sakrament sind für die Kirche konstitutiv; da diese jedoch ausgerichtet werden müssen, ist auch das A. konstitutiv, wenngleich in abgeleiteter Weise. CA XIV regelt, wer das A. ausübt in einer negativen Soll-Bestimmung: »niemand... der nicht ordnungsgemäß dazu berufen ist« (*»nemo... nisi rite vocatus«*). Obwohl die luth. Reformation die hierarchischen Strukturen verworfen hat, hält sie das A. des Bischofs für denkbar. Wichtig aber ist, daß neben dessen besonderen kirchenrechtl. Funktionen, dieser im Hinblick auf die geistl. Vollmacht den anderen Amtsträgern nicht übergeordnet ist (vgl. CA XXVIII).

4. Für die ref. Kirche wird Calvins Auffassung maßgeblich. Dieser lehnt ebenso wie die deutschen Reformatoren die hierarchischen Strukturen ab. Gleichwohl kommt er zu einer stärkeren Betonung des Amtsgedankens. → Calvin geht nämlich nicht von der Rechtfertigung und dem allg. Priestertum aus, sondern von der Königsherrschaft Christi, der seine Kirche durch Menschen leitet. Als Mutter führt die Kirche ihre Gläubigen zum ewigen Leben. Von Eph 4,5 her kommt Calvin dazu, mehrere, einander zugeordnete Ämter zu installieren, die als verschiedene Gestalten des Predigtamtes angesehen werden, und zwar hauptsächlich vier: Hirten, Lehrer, Älteste und Diakone (ordonnances ecclésiastiques, 1541). Das Hirtenamt mit Verkündigung, Sakramentsverwaltung, Leitung der Gemeinde und der Wahrnehmung der Kirchenzucht ist das grundlegende A. Das Lehramt der Theologie ist das Korrektiv des Hirtenamtes. Bei der Kirchenzucht sollen insbesondere die Ältesten helfen. Obwohl es auch bei Calvin keinen geistl. Unterschied zwischen Laien und Pastoren gibt, wächst deren Amtsautorität infolge der besonderen Hochschätzung der Lehre. Ein Teil der Sonderstellung, die sie als Kleriker eingebüßt haben, wird ihnen als Fachleuten wieder zuteil.

5. Im → Pietismus wird diese - auch im Luthertum anzutreffende - Tendenz auf eine Sonderstellung des geistl. A.s in der Kirche einer Kritik unterzogen und wiederum an dem Modell des allg. Priestertums aller Gläubigen gemessen. Jedoch kommt es dabei auch zu einer Verschiebung und Verengung. Während es nämlich Luther darum ging, die weltlichen Berufe aufzuwerten und dem Christen für seine Verantwortung in der Welt seine eigenständige Würde und Freiheit zu geben, ist der Pietismus in dieser Frage mehr am Inneren der Gemeinde interessiert. In seiner Schrift »Pia Desideria« aktualisiert → Spener den Gedanken des allg. Priestertums, indem er für »andere Versammlungen« eine Lanze bricht, »wo nicht einer allein auftrete zu lehren, ... sondern auch andere, welche mit Gaben und Erkenntnis begnadet sind« (55,16ff).

In seiner amtskritischen Sicht hatte Spener Vorgänger wie Fausto Sozzini (→ Antitrinitarier), für den jeder Christ das Recht hat, das Evangelium zu verkündigen, und Nachfolger wie den viel radikaleren Gottfried → Arnold, für den das geistl. A. in seiner zeitgenössischen Prägung Symptom des von ihm allenthalben wahrgenommenen Abfalls von den Anfängen der Urchristenheit ist. Arnold lehnt das A. nicht grundsätzlich ab, aber an die Stelle von Amtskriterien treten bei ihm persönliche Kriterien, an denen die »Amtsträger«, denen jegliche Sonderstellung in der Gemeinde bestritten wird, sich messen lassen müssen.

Der amts- und institutionskritische Ansatz, wie er im Pietismus wirksam wird, lebt heute auf vielfältige Weise fort. Er findet sich in evangelikalen Gruppen, die auf ein Gemeinschaftsmodell Spenerscher Prägung zurückgehen, ebenso wie in manchen Freikirchen (z.B. Baptisten, Bund Freier evangelischer Gemeinden in Deutschland, Pfingstgemeinschaften), ohne daß deswegen darauf verzichtet werden muß, daß einzelne Gemeindeglieder »hauptamtlich« im Verkündigungsdienst tätig sind.

Lit.: H. v. Campenhausen: Kirchliches Amt und geistliche Vollmacht in den ersten drei Jahrhunderten, ²1963; R. Frieling: Amt, in: Kommentar zu den Lima-Erklärungen über Taufe, Eucharistie und Amt, Bensheimer Hefte 59, 1983; A. Ganocy (Hg.) et al.: Der Streit um das Amt in der Kirche, 1983; S.S. Hartmann, D. Michel, C. Thomas, J. Roloff, R.P.C. Hanson, K. Schäferdiek, H. Fagerberg, C.H. Ratschow: »Amt«, TRE 2, 1978, 500-622; F. Horst, H. Conzelmann, E. Schott, H. Meyer: »Amt«, RGG³, 1, 334-343; E. Käsemann: Amt und Gemeinde im Neuen Testament. Exegetische Versuche und Besinnungen, 1. Bd., ²1963, 109-134; Taufe, Eucharistie und Amt, Konvergenzerklärungen der Kommission für Glauben und Kirchenverfassung des ÖRK, ⁴1983; U. Kühn: »Kirchliche Ämter«, EKL³, Bd. 2, 1217-1224.

H.-J. Feldmann

c) in der Gegenwart

In der Gegenwart ist mit dem Amtsbegriff in den ev. Kirchen eine Reihe von Problemen verbunden, die untereinander vielfach vernetzt sind, im folgenden aber der Übersicht wegen je für sich dargestellt werden sollen.

1. Das Amt in der ökumenischen Diskussion

Ein großes Hindernis auf dem Wege zu einer ökumen. Gemeinschaft ist nach wie vor das unterschiedliche Amtsverständnis der einzelnen Konfessionen. Auf der einen Seite halten die röm.-kath., die anglikan. und die orth. Kirchen aufgrund der weit zurückreichenden Tradition die Dreigliederung des A.es (Bischof, Presbyter-Priester, Diakon) sowie die apostol. Sukzession (im Sinne einer seit den Aposteln ununterbrochenen Reihe der Handauflegungen von Bischof zu Bischof) im Rahmen einer Anerkennung des A.es für wesentlich und betrachten die reformat. Sicht als defizitär (vgl. die Konvergenzerklärung der Kommission für Glauben und Kirchenverfassung des ÖRK von 1982, die sog. Lima-Texte). Andererseits kann nach ev. Verständnis der mit der entsprechenden Weihe verbundene, höhere geistl. Stand der Kleriker in Anbetracht der reformat. Wiederentdeckung des »Priestertums aller Gläubigen« nicht akzeptiert werden. Einen Weg zur Einigung könnte es bedeuten, wenn man auf röm.-kath., orth. und anglikan. Seite auf die apostol. Sukzession der Amtsträger im Sinne einer Kette bischöflicher Handauflegungen verzichten würde, da diese nicht nur ev. Christen ausgrenzt, sondern auch historisch höchstwahrscheinlich eine Fiktion ist. Statt dessen könnte man über eine apostol. Sukzession im Sinne einer Glaubens-, Lehr- und Lebenstradition reden, die freilich alle Kirchen zu einer gemeinsamen theol. und ethischen Rückbesinnung auf ihre bibl. Wurzeln zwingen würde.

2. Das Amt und die Ämter

Wenn es auch im ev. Raum keine hierarchische Gliederung des A.es gibt und auch ein Bischof als primus inter pares Pfarrer bleibt, so ist doch das Verhältnis des einen gemeindeleitenden A.es zu der Fülle der haupt- und ehrenamtlichen Dienste in der Kirche umstritten. Ist es im traditionellen Sinn als ein Gegenüber entsprechend dem Bilde »Hirte - Herde« zu verstehen, so daß alle Ä.er dem einen A. der Leitung und Verkündigung zugeordnet sind (Heubach, Sommerlath, P. Brunner), oder wäre es angemessener, angesichts der Pluralität der Ä.er,

Dienste und Charismen von einem partnerschaftlichen Miteinander gemäß dem Bild »Trainer – Mannschaft« zu sprechen (Krusche, Kühn u.a.)? Um es ntl. zu formulieren: Steht das »Amt, das die Versöhnung predigt« (2Kor 5,18) und in der Person des Apostels Paulus seinen ersten Ausdruck fand, der Vielzahl der Dienste und Charismen (vgl. 1Kor 12) gegenüber, oder ist es ein Teil des umfassenden Verkündigungs- und Dienstauftrages, der der ganzen Gemeinde gegeben ist?

Eine einlinige Antwort wird es für unsere aktuelle kirchl. Praxis auch in Zukunft nicht geben. Es sollte aber das Anliegen der ganzen Gemeinde werden, daß der Problematik, die hinter Stichworten wie »Pfarrerzentriertheit«, »Ein-Mann-Kirche« und »Service-Gemeinde« steht, durch eine aktivere Teilnahme aller Gemeindeglieder am kirchl. Leben begegnet wird, ohne daß dabei Luthers Mahnung zur Ordnung in einer Gemeinde überhört wird. Ein besonderes Problem stellt in diesem Zusammenhang das Handeln von Nichtordinierten beim Sakramentsvollzug (→ Taufe; → Abendmahl) dar. Viele Landeskirchen haben hier bereits den Weg einer freieren Praxis eingeschlagen.

3. Das Amt und die Gemeinde

Die empirische Beobachtung zeigt, daß das Verständnis des A.es mit dem jeweiligen Selbstverständnis einer Gemeinde im Zusammenhang steht. Je nach theol. Prägung und Frömmigkeitsstil ergeben sich Schwerpunkte im pastoralen, kerygmatischen, charismatischen, beratend-diakonischen, sozialethischen oder polit.-ökologischen Bereich. Die nötige Integrationsfähigkeit und Toleranz des Amtsträgers wird sich dabei aber immer neu am bibl. Zeugnis messen lassen müssen.

4. Das Amt und die Ausbildung

Ein wesentlicher Faktor der zunehmenden Distanzierung zwischen Theologen und Laien stellt die universitäre theol. Ausbildung dar, die in gleichem Maße wie sie den Theologen zum Fachmann und Wissenschaftler macht, dem Laien den Zugang zum Verkündigungsamt und die Mitsprache in theol. Sachfragen erschwert. Sie stellt den Amtsträger zwar nicht auf eine höhere geistl., aber doch auf eine höhere geistige Stufe und schließt den intellektuell schwächeren Christen vom A. aus.

Eine gemeinde- und damit praxisnähere Ausbildung könnte auf beiden Seiten bestehende Kommunikationsprobleme überwinden und zu einer gemeindenäheren Diskussion theol. Streitfragen führen.

5. Das Amt und sein Träger

Inwieweit ist die Person des Amtsträgers mit dem A. verknüpft? Welche Ansprüche darf das A. an seinen Träger stellen? Ausgehend vom ntl. Zeugnis, besonders den Pastoralbriefen (1Tim 3; Tit 1,5-9), ist anzumerken, daß das Programm der Lebensführung und des A.es identisch sein müssen. Auf der anderen Seite kann die Unterscheidung – nicht Trennung – des A.es in einen geistl. (Verkündigung und Seelsorge) und einen weltlichen (Organisation, Verwaltung etc.) Bereich einen ungeistl. Leistungs- und Erfolgsdruck (etwa im Sinne von »Bekehrungsquoten«) in Verkündigung und Seelsorge abwehren.

6. Das Amt und die Frau

Während die röm.-kath. und die orth. Kirchen eine Frauenordination ablehnen, macht sie in vielen reformat. Kirchen mittlerweile bis zu 50 % aller Ordinationen aus (→ Frau). Gleichwohl ist die Diskussion auch im ev. Raum noch in vollem Gange. Die theol. Argumentation wird erschwert durch die Tatsache, daß das heutige Pfarramt kein Äquivalent im NT besitzt. Die exegetische Auseinandersetzung kreist um die Texte 1Kor 14,34-36 und 1Tim 2,11-15, sowie um die griech. Begriffe *didaskein*, »lehren«, und *propheteuein*, »weissagen« (vgl. 1Kor 11,5).

Lit.: C.H. Ratschow: »Amt VIII. Systematisch-theologisch«, TRE 2, 1978, 593-622 (Lit.!); D. Rössler: Grundriß der Praktischen Theologie, 1986, 283-307; A. Schlatter: Das christliche Dogma, ([2]1923) 1977, 77-81.

V. Gäckle

Ämter Christi → Jesus Christus

Ämter, kirchliche → Kirchliche Ämter

Amtshandlung/-en

1. A. bezeichnen besondere Gottesdienste der Ev. Kirche, die bei besonderen Anlässen im Leben der Gemeindeglieder stattfinden, insbesondere bei → Taufe, → Konfirmation, → Trauung und → Begräbnis. Im weiteren Sinn gehören dazu z.B. die → Ordination von Pfarrern, die Einführungen in → kirchl. Ämter, Einweihungen und Jubiläen (»Goldene Konfirmation«). Neben der Bezeichnung A., die auf den kirchl. »Amtsträger« oder das zuständige Pfarramt hinweist, ist auch die Bezeichnung Ka-

sualgottesdienst im Blick auf den besonderen Anlaß (Kasus) üblich.

Richtlinien für Gestaltung, Verständnis, aber auch für eine mögliche Versagung von A.en sind in den Lebensordnungen der Landeskirchen festgelegt.

Eine direkte bibl. Begründung findet sich nur für die Taufe (Mt 28,18-20). Sie ist als ein von Jesus Christus eingesetztes Sakrament nicht an ein bestimmtes Alter gebunden, wiewohl sie die volkskirchl. Sitte in eine enge Verbindung mit der Geburt gebracht hat.

Der Zusammenhang der A.en mit besonderen Wendepunkten im Leben des einzelnen (insbesondere mit Geburt, Reife, Ehe und Tod) wurde durch die vergleichende Religionswissenschaft in der Vergangenheit deutlich herausgearbeitet. Solche Übergänge bedeuten im Leben des einzelnen wie auch für die jeweilige Familie eine besondere Herausforderung, die eine Neuorientierung nötig macht und Sinnfragen aufwirft, die nach Antwort, Begleitung und einer gesellschaftl. anerkannten, öffentlichen Begehung suchen. Von daher erfolgte eine theol. Neubestimmung der A.en als Stationsgottesdienste auf dem Lebensweg des einzelnen und seiner Familie. Bei solchen Anlässen behält das Wort der Verkündigung weiterhin seine Bedeutung. Ebenso wichtig werden aber auch die seelsorgerl. Begleitung und die gottesdienstl. Begehung durch Gebet, Verpflichtung, Segen und zeichenhafte Handlungen (Übergabe der Taufkerze, Handauflegung, Ringwechsel, Erdaufwurf u.a.m.).

2. Die Bedeutung der A. als lebensbegleitende Stationsgottesdienste wird gestützt durch Erkenntnisse der Bibelforschung, in denen auf das segnende Handeln Gottes im AT hingewiesen wird. Der Segen Gottes gilt insbesondere dem kreatürlichen Dasein des Menschen, also der Nachkommenschaft und Geburt, der Saat und Ernte, dem Gelingen in Arbeit, Familie und Politik. Das segnende Handeln Gottes umschließt all das, was M. Luther in der Erklärung zum ersten Glaubensartikel im Kleinen Katechismus über das Schöpferhandeln Gottes ausführte.

Die Unterscheidung zwischen einem segnenden und einem rettenden Handeln Gottes darf freilich nicht zu einer Trennung zwischen beidem führen. Es ist ja ein und derselbe Gott, der nach dem Zeugnis der Schrift irdisches Leben erhält und segnet, der durch seinen Sohn Jesus Christus Rettung und Heil für alle bewirkt und durch den Hl. Geist in die Nachfolge ruft. Im Glauben an den dreieinigen Gott bleiben segnendes und rettendes Handeln untrennbar miteinander verbunden, auch wenn die einzelnen A.en unterschiedliche Schwerpunkte haben:

So liegt in der Taufe (und Konfirmation) der Akzent deutlich auf dem rettenden Handeln Gottes, der in die Nachfolge Jesu Christi ruft. Bei der Trauung und kirchl. Bestattung kommt vor allem das bewahrende und segnende Handeln Gottes zum Ausdruck, das zu Dank und Vertrauen anleitet.

3. Neuere Umfrageergebnisse bestätigten, daß A.en für die meisten Gemeindeglieder eine wichtige, wenn nicht sogar die einzige Verbindung zu ihrer Kirche bedeuten.

Die kirchl. Bestattung ist die am meisten begehrte A. Die christl. Gemeinde nimmt Abschied von ihren verstorbenen Gemeindegliedern und geleitet die Hinterbliebenen durch → Verkündigung und → Seelsorge. Eine Bestattung von Ausgetretenen ist in der Regel nicht vorgesehen, da sie ja dem ausdrücklichen Willen des Ausgetretenen widersprechen. Ausnahmen sind jedoch möglich, z.B. wenn der Ausgetretene den Wunsch geäußert hat, wieder in die Kirche aufgenommen zu werden. Eine seelsorgerl. Begleitung der Hinterbliebenen ist in jedem Fall Auftrag der christl. Gemeinde. Mit Rücksicht auf die hinterbliebenen Gemeindeglieder sehen die geltenden Bestimmungen ausnahmsweise auch eine Bestattung von Ausgetretenen vor, wenn diese nicht dem ausdrücklichen Willen der Verstorbenen widerspricht.

Die Zahl der kirchl. Trauungen ist sehr zurückgegangen. Darin bekundet sich ein gesellschaftl. Trend zur freien Partnerschaft, aber auch eine gewisse Unsicherheit über das Verständnis einer ev. Trauung, bei der eine (standesamtlich geschlossene) Ehe unter Gottes Wort und Segen gestellt wird. So bringt heute die Entscheidung für eine kirchl. Trauung oft schon auch eine positive Einstellung zum Glauben und zu einer christl. Lebensführung zum Ausdruck.

Daß sich die Praxis der Taufe von Kleinkindern trotz einer kritischen theol. Diskussion gehalten hat, hängt damit zusammen, daß die eigentliche Bedeutung der Taufe überlagert wird von dem Bedürfnis nach einem Übergangsritus anläßlich der Geburt. Die in wenigen Kirchen übliche Segenshandlung an Neugeborenen könnte eine Möglichkeit sein, daß bei einer später stattfindenden Taufe deren ursprünglicher Sinn wieder deutlicher zum Tragen käme.

Die Konfirmation erinnert die als Kinder getauften Jugendlichen an ihre Taufe und leitet sie an, im Glauben anzunehmen und festzuhalten, was ihnen durch die Taufe zugesprochen worden ist. Für eine wachsende Zahl von nichtgetauften Jugendlichen dient heute die Konfirmandenzeit als Vorbereitung auf ihre Taufe. Mit der Konfirmation erhalten junge Christen das Patenrecht und die Zulassung zur Abendmahlsteilnahme in eigener Verantwortung.

4. Zusammenfassung

Die Bedeutung der A. in einer volkskirchl. Situation ist wieder neu entdeckt worden: Für viele kirchl. distanziert lebende Gemeindeglieder bedeuten die A. die oft einzige Verbindung zu ihrer Kirche, die für sie selbst allerdings außerordentlich wichtig ist.

Der theol. Begründungszusammenhang für A. wurde erweitert durch anthropologische, seelsorgerl. und gottesdienstl. Überlegungen, die eine die verschiedenen Aspekte einschließende (integrale) Praxis der A. nahelegen.

Die Deutung der A.en als »Stationsgottesdienste auf dem Lebensweg« zeigt ihre Bedeutung, enthält aber auch mögliche Versuchungen, sei es, daß sie abgleiten in eine »Bedürfnisreligion«, oder daß in falsch verstandener mission. Absicht das echte, menschliche Anliegen der Gemeindeglieder übergangen wird. Es ist das Wesen der Liebe Jesu Christi, daß er, indem er ganz für den Menschen da war, ganz bei Gott blieb. Das ist der Maßstab für eine verantwortete Praxis der A.en.

Lit.: F. Ahuis: Der Kasualgottesdienst 1985; D. Rössler: Grundriß der Praktischen Theologie, 1986 (4. Kap.); M. Seitz: »Unsere Kasualpraxis – eine gottesdienstliche Gelegenheit!«, in: Praxis des Glaubens, 1978, 42ff.

H. Sick

Amulett → Magie

Amyraldismus → Amyraut, Moyse

Amyraut, Moyse (1596-1664)

A., bedeutender franz.-ref. Theologe des 17. Jh.s, geb. 1596 in Bourgveil/Touraine, in der im selben Jahr auch Descartes geboren wurde, gest. 1664 in Saumur, Ort einer Akademie, die in seiner Zeit ihre Glanzzeit erlebte. A. wirkte an ihr seit 1633 im Geist seines Vorgängers John Camero.

In seinem Traitté de la prédestination (1634) suchte A. im Verständnis der ewigen Erwählung die Fronten zu lockern zwischen ref. Orthodoxie (das Heil hängt allein an Gottes Willen, der nur einige erwählt) und den liberalen Arminianern (Gott erwählt alle, aber das Heil hängt daran, ob wir es wollen). Nach A. gilt: Gott bestimmt alle zum Heil, wenn sie glauben (hypothetischer Universalismus); faktisch kommt es zum Heil aber nur im Wirksamwerden der Erwählung im Glauben (praktischer Partikularismus). Diese Lehre wurde auf hugenottischen Synoden anerkannt, hingegen von den Reformierten Hollands und der Schweiz (Konsensformel gegen Saumur 1675) bestritten. Bedeutsam war A. ferner durch seine Bibelauslegungen, durch sein Interesse an einer heilsgeschichtl. Sicht und an der Ethik (Morale chrétienne 1652ff) sowie durch seine Bemühung um eine Union mit den Lutheranern.

Lit.: M. Geiger: Die Basler Kirche und Theologie. Im Zeitalter der Hochorthodoxie, 1952, 101ff.

E. Busch

Anabaptisten → Täufer

Anachoreten → Mönchtum

Anakephalaiosis → Heilsgeschichte; → Irenäus von Lyon

analogia entis/analogia fidei

Unter a. entis (»Entsprechung des Seins«) wird seit der Scholastik das rückschließende Erkennen Gottes aufgrund der Gottähnlichkeit alles Geschöpflichen verstanden (→ Analogie).

Dagegen ist a. fidei eine von Karl → Barth entworfene, als erkenntnistheoretische Mitte seiner Dogmatik zu begreifende Denkstruktur, mit der er sich vor allem gegen die vom kath. Theologen Erich Przywara (re-)formulierte These von der a. entis (Kluxen, 225) wendet (Barth, KD I/1,239ff; KD II/1,67ff; 252ff; KD III/2,242ff; KD III/3,57ff; 115ff).

Barth hält »die analogia entis für die Erfindung des Antichrist« (KD I/1, VIII). Diese scharfe Ablehnung des von ihm für kath. Theologie als wesentlich identifizierten Erkenntnismittels, dessentwegen der ansonsten so ökumen. eingestellte Theologe auch meinte, »nicht katholisch werden« zu können (ebd.), ist begründet in der vor allem Barths theol. Frühzeit bestimmenden Abwehr aller theol. Konzeptionen, die das Wort Gottes in das Prokrustesbett vor-gegebener Weltanschauungen pressen. Die → Offenbarung als das Wort Gottes kann nur da vernommen werden, wo man alle Bevormundungen dieses Wortes vermeidet und darauf verzichtet,

Theologie im Rahmen offenbarungs-fremder Denkschablonen re-konstruieren zu wollen. Für die Kritik am »Neuprotestantismus« wird die Entdekkung der radikalen Autonomie Gottes (Rendtorff) leitend, der sich und sein Wort, das allein Jesus Christus ist, selber sagen können soll. Gott ist unaufhebbar »Subjekt« (Herr) seiner selbst und d.h. »Subjekt« auch noch im Prozeß des Erkannt-Werdens durch den Menschen und des Redens von ihm in der Theologie.

In der Konsequenz ergibt sich ein dreigliedriges Schema, das sowohl für die Entwicklung der Theologie Barths insgesamt wie für die Struktur seiner theol. Argumentation im einzelnen kennzeichnend ist (Spieckermann). Seine Nachzeichnung erlaubt es, zum einen die Ablehnung der a. entis wie zum anderen das Konzept und die zentrale Bedeutung der a. fidei zu erklären:

a. Radikale Abwehr aller offenbarungsfremden, das Evangelium nur verfremdenden, das Wort Gottes beschneidenden weltanschaulichen Vor-Gaben und ihrer Denkformen;

b. christologische Konzentration auf das eine Wort Gottes, das Jesus Christus ist. In ihm zeigt uns Gott, wer und wie er ist und wie er erkannt sein will.

c. Am Sein Jesu Christi sind allein die Kategorien abzulesen, mit denen dann auch außerhalb von »Jesus Christus« angemessen von der Wirklichkeit und vom Wirken Gottes zu reden ist.

Die a. entis setzt nun nach Barth – etwa in dem für sie wesentlichen Instrumentarium der *causa*-Begrifflichkeit (Gott als *causa prima*; das Geschöpf als *causa secunda*) – einen solchen, Gott und Mensch übergreifenden, damit der Wirklichkeit Gottes und der Offenbarung sachlich vor-gegebenen Zusammenhang voraus. Die reine Ungleichheit zwischen Gott und Mensch, die absolute Subjektivität Gottes und auch das Selber-Reden Gottes ist hier in Frage gestellt.

An die Stelle der a. entis setzt Barth die a. fidei. Gott ist nicht an sich – in → Analogie, Entsprechung – erkennbar; er ist für unser menschliches Denken und Erkennen nicht verfügbar. Er bleibt vielmehr auch im Geschehen des Erkannt-Werdens durch den Menschen, also als »Objekt« der Erkenntnis, noch »Subjekt« dieses Erkannt-Werdens. Dieses theol. Postulat füllt Barth, indem er an die Stelle eines vorauszusetzenden, eine allgemeine Gotteserkenntnis (natürliche Theologie) ermöglichenden, umfassenden Seinszusammenhangs die kontingente, dem Menschen als Erkenntnissubjekt nicht verfügbare Erkenntnisbeziehung setzt, in die Gott den Menschen als Objekt stellt und die es dem zuerst von Gott erkannten Menschen allererst ermöglicht, nun seinerseits Gott zu erkennen. Hinsichtlich der von Barth behaupteten schroffen Antithetik von a. entis und a. fidei hat der kath. Theologe H.U.v. → Balthasar die Frage gestellt, ob nicht Gotteserkenntnis »als analogia fidei die analogia entis in sich« enthalte (v. Balthasar, 390). W. Pannenberg weist auf einen Widerspruch im Ansatz Barths hin: einerseits übe Barth Kritik an jedem Zuschauerstandpunkt, also an einer Objektivation und damit einer Verfügbarkeit der Gott-Mensch-Beziehung; andererseits müsse sich jeder Analogiegedanke, also auch das Konzept einer a. fidei, »innerhalb der Sphäre der Objektivierung des Seins« bewegen (Pannenberg, 23). Diese Deutung der a. fidei von einer auch ihr »innewohnenden ontologischen Struktur her« hat wiederum E. Mechels mit dem Argument in Frage gestellt, für Barth liege der Sinn der a. fidei »nicht in dem Bestehen einer Ähnlichkeit zweier Größen und deren Feststellbarkeit unabhängig vom besonderen Modus der Begegnung zwischen Gott und Mensch«, sondern im besonderen »Modus der Entstehung einer Ähnlichkeit im Akt der Begegnung zwischen Gott und Mensch« (Mechels, 238). Die a. fidei sei also im Gegensatz zur a. entis »ontologisch voraussetzungslos« (ebd.).

Es bleibt die Frage, ob die a. fidei ohne die a. entis zu denken, ob also die Alternative, von der Barths Modell lebt, haltbar ist. Auch wenn Barth (vgl. a.) eine allg. Vergleichbarkeit ausschließt, so ist doch im Urbild Jesus Christus (vgl. b.) der Seinszusammenhang zwischen Gott und Geschöpfwelt gegeben und darstellbar. Unter diesem Gesichtspunkt des Rückblicks auf das Urbild erweist es sich als relativ belanglos, ob der von Barth verdammte Seinszusammenhang sich erst einem kreatürlichen Akt Gottes verdankt oder ob Gott und Mensch von vornherein als von einem solchen Seinszusammenhang umfangen gedacht werden.

Wie ist aber dann die uspründliche Intention Barths zu wahren, daß auch im zeugnishaften Reden von Gott Gott nicht verfügbar wird, sondern Subjekt der Erkenntnis seiner selbst bleibt? Bedenklich ist auch die Unbedenklichkeitserklärung, die Barth der *causa*-Terminologie als zentralem Instrumentarium scholastischen wie altprot. Analogie-Denkens ausstellt (KD III/3, 120; 130), ohne zu bemerken, daß schon durch die Verwendung dieser phil. belasteten Begrifflichkeit eben der Weltanschauungszusammenhang als Voraus-Setzung in seine Theologie eingeht, den allein auf der Ebene theol. Theorie abzuwehren vergeblich ist.

Lit.: H.U. von Balthasar: Karl Barth, [4]1976; K. Barth: KD I/1, 1932; II/1, 1940; III/2, 1948; III/3, 1950; H.-G. Geyer: »analogia fidei«, HWP Bd. 1, 1971, 213f; H. Hempelmann: »Unaufhebbare Subjektivität Gottes«? Probleme einer Lehre vom concursus divinus dargestellt an Hand von Karl Barths kirchlicher Dogmatik, 1992; W. Kluxen: »Analogie I«, ebd., 214-227; E. Mechels: Analogie bei Erich Przywara und Karl Barth, 1974; W. Pannenberg: Zur Bedeutung des Analogiegedankens bei Karl Barth, in: ThLZ Bd. 78 (1953), 17-23; H.-G. Pöhlmann: Analogia entis oder Analogia fidei? Die Frage der Analogie bei Karl Barth, 1965; O. Schwemmer: »analogia entis«, Enzyklopädie Philosophie und Wissenschaftstheorie Bd. 1, 1980, 98f; I. Spieckermann: Gotteserkenntnis. Ein Beitrag zur Grundfrage der neuen Theologie Karl Barths, 1985.

H. Hempelmann

Analogie

A., »Entsprechung«, »Ähnlichkeit« ist ein Begriff griech. Ursprungs, *aná lógon*, »gemäß dem Verhältnis (der Ordnung)«, und hat in der Geschichte seines Gebrauchs verschiedene Deutungen erfahren. Zunächst wurde er als mathematischer Terminus für verschiedene Zahlenrelationen verwendet; als erster benutzt Plato A. als phil. Begriff zur Kennzeichnung eines kosmischen Strukturprinzips: Gott hat die Dinge in der Welt so geordnet, daß sie »analog und ebenmäßig« sind (Tim 31a). Bei Aristoteles ist A. vor allem eine logische Struktur. Was dem Vogel die Flügel sind, ist dem Fisch die Flosse (De part. animal I, 4, 644a 18-23). Das eine aná lógon liegt vor, wo etwas »sich ebenso verhält wie ein anderes zu einem anderen« (Metaphysik V. Buch (Δ), 1016b 34f).

Indem die A. als logisches Instrument Strukturzusammenhänge zwischen verschiedensten Gebieten aufdeckt, ist sie darin zugleich auch von ontologischer Bedeutung, daß sie auf ein den verschiedenen Verhältnissen Gemeinsames hinweist. Im Neuplatonismus meint A. die Strukturähnlichkeit verschiedener Seinsstufen. Sie ist das metaphysische Band, das die Vermittlung hierarchisch unterschiedlicher Seinsstufen leistet (Kluxen, 218). In der Hochscholastik begegnet A. u.a. als Mittleres zwischen Univokation (Gemeinsamkeit des Sinnes) einerseits und bloßer Äquivokation (Gemeinsamkeit des Wortes) andererseits.

Bei → Thomas von Aquin findet sich die Unterscheidung von Attributions- (oder auch Proportions-) A. und Proportionalitäts-A. Erstere bezieht sich als *proportio* auf das bestimmte Verhältnis zweier Größen. Thomas von Aquin bedient sich der Kategorien der Partizipation und Kausalität, um diese Proportions-A. als A. durch Zuteilung (»Attribution«) auszusagen: Das Sein der endlichen Welt (Existenz der Geschöpfe) ist verursacht durch die Teilhabe an den (unendlichen) Vollkommenheiten Gottes. Die metaphysisch gewendete Denkfigur A. spielt damit eine zentrale Rolle sowohl hinsichtlich eines einheitlichen Begriffes von Gott und Welt als einem Wirklichkeitszusammenhang wie auch der Erkenntnis Gottes aus der Welt. Wie das endliche Seiende ontisch abhängig ist vom Unendlichen und »lebt« in der Teilhabe an Gott (→ analogia entis/analogia fidei), so ist umgekehrt die Wirklichkeit Gottes noetisch zugänglich aus dem, was sich in der vorfindlichen Erfahrungswelt als deren Teilhabe an der Wirklichkeit Gottes manifestiert: »Denn wir können Gott nur benennen von den Geschöpfen her. . . Und so wird das, was von Gott und den Geschöpfen gemeinsam ausgesagt wird, in dem Sinne ausgesagt, daß ein Verhältnis zu Gott besteht als zu ihrem Ursprung und ihrer Ursache, in der sich alle Vollkommenheiten der Dinge schon vor ihnen finden, und zwar in überragender Weise.« (Thomas: Summa theologiae I, qu 13, art. 5)

Neben der Proportionen-A. kennt Thomas die mit dieser nicht zu verwechselnde, wenn auch letztlich in ihr gründende Proportionalitäts-A.: Diese bezieht sich nicht auf ein bestimmtes Verhältnis zweier Größen, sondern setzt zwei Proportionen, die völlig verschiedenartig sein können, zueinander ins Verhältnis, indem sie das ihnen Gemeinsame identifiziert (z.B. »Sehen« als Gemeinsames einerseits eines körperlichen und andererseits eines geistigen Vorganges, also als »Eines« von zwei völlig verschiedenen Proportionen (zum Problem vgl. Kluxen, 222).

Die in der röm.-kath. Theologie bis heute verwendete Denkfigur der A. (analogia entis/analogia fidei) ist nach durchgängiger Rezeption in der altprot. Orthodoxie in der ev. Theologie des 20. Jh.s vor allem bei Karl → Barth und seiner Schule auf heftige Ablehnung gestoßen.

Lit.: Aristoteles: Metaphysik; W. Kluxen: »Analogie I«, HWP I, 1971, 214-227; Platon: Timaios; O. Schwemmer: »analogia entis«, Enzyklopädie Philosophie und Wissenschaftstheorie Bd. 1, 1980, 98f; Thomas von Aquin: Summa Theologiae; weitere Lit. s. → analogia entis/analogia fidei.

H. Hempelmann

Anamnese

Die A. (griech. »Gedächtnis«) ist nach ost- und westkirchl. Tradition ein Teil des Eucharistiegebetes im Anschluß an die Einsetzungsworte. In der A. wird von der Gemeinde nicht nur des Leidens und Sterbens Christi, sondern auch seiner Auferstehung und Himmelfahrt gedacht (»Solches tut zu meinem

Gedächtnis«). In einigen Gebetstexten findet sich auch der Ausblick auf Christi Wiederkunft (vgl. Mt 26,29). In den luth. und ref. Kirchen verkümmerte dieser Teil der Abendmahlsliturgie, was wohl damit zusammenhängt, daß in der ev. Theologie und Frömmigkeit das → Abendmahl durch Jahrhunderte hindurch einseitig auf den → Karfreitag bezogen wurde. Bei der unübersehbaren Wechselwirkung zwischen → Liturgie und Gemeindefrömmigkeit ist es begrüßenswert, daß es parallel zu einem veränderten Abendmahlsverständnis in den meisten neueren Gottesdienstordnungen zu einer Neubesinnung auf die A. gekommen ist.

Lit.: P. Brunner: Zur Lehre vom Gottesdienst der im Namen Jesu versammelten Gemeinde, in: Leiturgia, Bd. I, 1954; J.A. Jungmann: Missarum Sollemnia, 2 Bde., [5]1962.

Chr. Albrecht

Anarchismus

A. beabsichtigt die Abschaffung jeglicher Über- und Unterordnung im zwischenmenschlichen Bereich in Theorie und Praxis. Er richtet sich speziell gegen den Staat als den hervorgehobenen Repräsentanten von → Autorität in der Menschheitsgeschichte. Das Pathos des A. besteht in der Idee der Durchsetzung absoluter → Freiheit. Der Begriff geht auf den Frühsozialisten und Sozialphilosophen Pierre-Joseph Proudhon (1809-1865) zurück. Die phil. Wurzeln lassen sich jedoch bis in die Antike zurückverfolgen. Neben der Auffassung von der sittlichen → Autonomie des einzelnen, die jeder Ordnung vorzuziehen ist, spielt die Idee von einem goldenen, herrschaftsfreien Zeitalter, das an den Anfang oder an das Ende der Geschichte verlegt werden kann, eine grundlegende Rolle.

Der A. kennt, das liegt im Wesen der Sache, kein endgültiges phil. System. Man kann jedoch drei Grundmuster aufzeigen:

a. Individual-Anarchismus: Dieser Vorstellung gemäß sind alle zwischenmenschlichen Beziehungen auf ein Minimum zu beschränken. Sogar die Familie sollte aufgelöst werden (William Godwin, 1756-1836). Der einzelne soll sich selbst zum Einzigen werden (Max Stirner, 1806-1856).

b. Sozial-Utopismus: Nach Abschaffung der bisherigen Autoritäts- und Eigentumsverhältnisse ist aufgrund der Prinzipien von Gerechtigkeit und Gegenseitigkeit (Mutualismus) mit Hilfe freier Verträge (Föderalismus) ein Interessenausgleich zu gestalten (Proudhon). Eine staatenlose Ordnung auf den Grundlagen der Selbstverleugnung, des Gemeineigentums an Grund und Boden, der sozialen Gerechtigkeit und der Gewaltlosigkeit ist zu schaffen (Leo Tolstoi, 1828-1910).

c. Anarcho-Kommunismus: Karl Marx (1818-1883) hatte das herrschaftsfreie Reich der Gleichheit aller Menschen an das Ende der Menschheitsgeschichte verlegt. Michael Bakunin (1814-1876) wollte es sofort errichten. Peter Kropotkin (1842-1921) schließlich forderte zum Zweck seiner sofortigen Durchsetzung die Bildung konspirativer Zirkel zur Vorbereitung terroristischer Akte.

Mit diesem Überblick sind keineswegs alle Spielarten des A. beschrieben, aber die entscheidenden Wurzeln aufgedeckt: Kommunismus, Individualismus und Sozialutopie. Gemeinsam ist allen Spielarten der Kampf gegen die staatliche Herrschaft und die Auffassung von der individuellen Freiheit als dem obersten Wert. In der Stellung zum Privateigentum gibt es jedoch große Unterschiede: Von der rückhaltlosen Bejahung (Stirner) bis zur absoluten Verneinung (Kropotkin). Unterschiedlich ist auch die Stellung zur Gewalt. Im Gegensatz zu Bakunin und Kropotkin wird sie von Proudhon und Tolstoi abgelehnt.

Es fällt auf, daß anarchistische Ideen im 18./19. Jh. einen Höhepunkt erlebten. Dies hängt sozialgeschichtl. mit der Auflösung der ständischen Gesellschaft in der Epoche der industriellen Revolution und den damit verbundenen Orientierungskrisen zusammen. In der gegenwärtigen weltweiten Umbruchsituation mit beschleunigter wissenschaftl.-technischer Innovation hat der A. im Verbund mit dem Terrorismus neuen Nährboden gefunden.

Die theol. Stellungnahme wird auf das utopische Menschenbild des A. (Individualismus, Aktualismus, Perfektionismus) und auf die Aufhebung der Unterscheidung zwischen göttlicher und menschlicher Freiheit als den Ursachen der Irrtümer des A. hinweisen. Praktisch ist der A. ein Widerspruch in sich selbst, weil dort, wo Autorität und Ordnung schwinden, sich im gleichen Maße das Recht des Stärkeren durchsetzt, so daß Freiheit in Tyrannei, Gewaltlosigkeit in Terrorismus umschlägt. Im Rahmen theol. Sozialethik gilt es, aufgrund der im Evangelium dem Menschen zugesprochenen Freiheit, revidierbare Ordnungen zu suchen und zu gestalten, die dem Gotteswillen und der Nächstenliebe am ehesten entsprechen, so daß die Person des einzelnen am besten geschützt, dem Mitmenschen geholfen und der Gesamtheit gedient werden kann.

Lit.: G. Bartsch: Kommunismus, Sozialismus, Anarchismus, 1976; M. Rock: Anarchismus und Terror, [2]1979; H. Thielicke: Theologische Ethik II/2 (§ 2317-2335), [2]1966.

R. Mayer

Anathema → Exkommunikation

Anbetung → Gebet; → Gottesdienst

Andacht

A. ist konzentriertes Denken: es richtet sich ganz auf eine Mitte. Ein Mensch kann z.B. andächtig zuhören oder voller A. ein Bild betrachten. Seit dem 12. Jh. ist A. ein Begriff der christl. Frömmigkeit. Es geht dabei zum einen um das Hören auf das Wort Gottes, zum anderen um die Hinwendung des Herzens zu Gott, um ein Aufnehmen des Wortes, um die Anbetung Gottes und den Gehorsam gegenüber seinem Willen. Urbilder christl. A. sind Maria, die Mutter Jesu, die das Wort der Hirten hört, behält und im Herzen bewegt (Lk 2,19), und Maria, die Schwester der Marta, die sich Jesus zu Füßen setzt und seiner Rede zuhört (Lk 10,38).

Erst in zweiter Linie meint A. bestimmte liturg. Formen. Hier hat die christl. Kirche eine Vielfalt von Formen entwickelt:

Die → Stundengebete wie Mette, Vesper und Complet. Ihre festen Bestandteile sind Schriftlesung, Lied und Gebet.

Die Hausandachten, über Jahrhunderte hinweg prägender Ausdruck gelebter familiärer Frömmigkeit, gruppierten sich um die Mahlzeiten der Familie. Unsere Gesangbücher bieten eine knappe Form der Hausandacht an: Lied - Psalm - Lesung - Auslegen - Lied - Gebet - Segen.

Die Schulandachten, die Lehrer und Schüler als Schulgemeinde sammeln, und

die Passionsandachten, für die die Gesangbücher wiederum eine Ordnung anbieten, die je sieben A.en in vier Reihen (Mt, Mk, Lk, Joh) vorschlagen.

Im Unterschied zum → Gottesdienst liegt bei allen Formen der A. der Akzent stärker auf dem Gebet als Anbetung und Fürbitte als auf der Verkündigung. In der homiletischen Ausbildung wäre eine Unterweisung in dieser »kleinen Form« sinnvoll.

Zu den Formen der A. gehört schließlich auch die persönliche A. des Christen als »stille Zeit« der Meditation eines Bibelwortes und des persönlichen Gebetes.

Alle Gestalten der A. unterliegen dem Verfall der Formen geistl. Lebens. Die Hausandacht z.B. ist mit der Erosion des Christl. fast völlig verloren gegangen. Sie wurde dabei nicht zuletzt ein Opfer der verlorenen Gleichzeitigkeit des familiären Lebens. Die industrielle Gesellschaft verhindert gleichzeitiges Arbeiten, Essen, Ruhen und Feiern. Die »allgemeine Taktmäßigkeit und Langsamkeit des Lebens« (A. Vilmar, 1872) existiert nicht mehr. Wie kann dann aber der Glaube unter den Bedingungen der Zeit in der Welt existieren?

Frömmigkeit als Widerstandsbewegung bedarf der Erinnerung an Altes und der Entwicklung von Neuem. Christl. Familien z.B. wählen gemeinsam einen Abend, an dem sie eine Hausandacht gemeinsam feiern. Eine christl. Sabbatfeier bietet die Jesus-Bruderschaft Gnadenthal an.

Die »Losungen« und ein Gebetbuch auf dem Frühstückstisch geben Raum zu einer kurzen Andacht für alle, auch wenn sie nacheinander und nicht miteinander essen.

Eltern pflegen das Gebet am Bett ihrer Kinder mit Sorgfalt oder entlassen diese in Kindergarten oder Schule mit einem Segensgebet an der Haustür.

In der → Schülerarbeit wird von christl. Schülern die Schulandacht als »geistliches Pausenbrot« neu entdeckt.

Gebetszeiten in der Sakristei oder Gebetstreffen mit anschließendem Frühstück sind Hilfen der Gemeinde zur A.

Andachtsbücher, Breviere oder das »Evangelische Tagzeitenbuch« helfen in der Suche nach Sprache und Gestalt. Wichtig sind die Suche nach der angemessenen Gestalt, die stetige Einübung über eine längere Zeitspanne hinweg und die nüchterne Schlichtheit, die das Mögliche tut und nicht Unmögliches fordert.

Lit.: D. Bonhoeffer: Gemeinsames Leben, 1987 (Dietrich Bonhoeffer Werke, hg. von E. Bethge u.a., Bd. 5); Jesus-Bruderschaft Gnadenthal: Wir begrüßen den Sonntag. Feier zum Tag des Herrn, 1987; F. Kalb: Grundriß der Liturgik, ^{2}1982, 215-218; A. Mauder (Ev. Michaelsbruderschaft): Evangelisches Tagzeitenbuch. Ordnung für das tägliche Gebet, ^{3}1979; A. Niebergall: »Andacht« EKL^{1}, Bd. 1, 116-118; M. Seitz: »Frömmigkeit II«, TRE, 11, 1983, 674-683.

M. Herbst

Andachtsbücher → Erbauung/Erbauungsliteratur

Andreae, Jakob (1528-1590)

A., geb. am 25. 3. 1528 in Waiblingen, gest. am 7. 1. 1590 in Tübingen. Geprägt durch Erhard → Schnepf und Johannes → Brenz, wurde A. zum typischen Vertreter jener zweiten Generation, die die luth. Reformation durch das Augsburger → Interim (1548) hindurch bewahrte und den Aufbau der Landeskirchen zu einem ersten Abschluß brachte. A. war Pfarrer in Stuttgart, nach dem Interim Superintendent in Göppingen und Generalsuperintendent darauf (1553), 1562 auch Kanzler der Universität Tübingen und neben Brenz der für den Aufbau der württembergischen Kirche entscheidende Mann. Seinem Luthertum entsprang eine große ev. Weite und das schier rastlose Bemühen um die Einheit des Protestantismus.

Verständigungsbemühungen mit → Beza und der Briefwechsel mit dem Patriarchen von Konstantinopel blieben ohne Erfolg. Dagegen war A. als Experte auf dem Gebiet der Kirchenordnungen anerkannt und gefragt (z.B. in Baden-Durlach, Braunschweig, Hohenlohe, Kursachsen und verschiedenen Reichsstädten). Am nachhaltigsten hat A. das deutsche Luthertum durch seine Beharrlichkeit geprägt, mit der er die Verständigung unter den Kirchen der luth. Reformation betrieben und mit dem → Konkordienbuch von 1580 dann auch erreicht hat.

Lit.: M. Brecht: »Andreae, Jakob«, TRE 2, 1978, 672-680.

G. Hennig

Andreae, Johann Valentin (1586-1654)

Geb. am 17. 8. 1586 in Herrenberg, gest. am 27. 6. 1654 in Stuttgart, Enkel von Jakob → Andreae, wichtiger Vertreter der Reform-Orthodoxie des 17. Jh.s. Nach dem Studium und zahlreichen Reisen 1614 Pfarrer in Vaihingen, 1620 Superintendent in Calw, 1638/39 Hofprediger in Stuttgart (und entscheidend am Wiederaufbau der Landeskirche nach dem Dreißigjährigen Krieg beteiligt), 1651 Generalsuperintendent, 1654 Abt von Adelberg.

Unter den vielerlei Veröffentlichungen A.s, die anfangs auch die → Rosenkreuzer beeinflußten und die ihm den Vorwurf der Sympathie mit spiritualistischen Bewegungen einbrachten, verdient vor allem seine Reformschrift Christianopolis (1619) Beachtung: die einzige Utopie auf ev. Boden. Mit Berufung auf J. → Gerhard und J. → Arndt fordert darin A. anstelle einer Kirche, »die voller Fenster ist, wohinein einem jeden zu fliegen und sein Gesums nach Belieben darin zu treiben gestattet ist«, eine christl. »Bruderschaft«, die in der »Nachfolge Christi« lebt und mit ihren »Sitten« »Gleichheit – Erhaltung des Friedens – Ächtung des Reichtums« verwirklicht.

Lit.: Johann Valentin Andreaes Christianopolis und Theophilus, hg. (mit Einleitungen) von R. van Dülmen, 1972/73; R.v. Dülmen: »Andreae, Johann Valentin«, TRE 2, 1978, 680-683.

G. Hennig

Andreaskreuz → Kreuz

Anfechtung

Der christl. Glaube lebt als angefochtener Glaube. Einmal entsteht die A. des Glaubens durch die Leiden des Daseins, wie Hunger, Krankheit, Krieg oder alles Leiden der Kreatur. Diese erste Gestalt der A. nennt → Luther »das gemein creutz«. Eine zweite Gestalt der A. geht darüber hinaus und betrifft die sog. »geistliche Anfechtung«. In ihr steht die → Gnade Christi und die Barmherzigkeit Gottes auf dem Spiel. Sie droht unter Spott und Schmach zu vergehen. Beide Gestalten der A. haben es damit zu tun, daß Gottes väterliche Liebe in Frage gestellt zu sein scheint. Die A. also ist keine Sache theol. Überlegung oder theoretischen Erwägens. Sie gehört vielmehr in den Bereich der Lebenserfahrung des Glaubens. Sie entsteht aus der engen Verbindung von Glauben und Leben: Die väterliche Güte Gottes, von der der christl. Glaube überzeugt ist und lebt, wird durch die Leiden der Welt wie durch den Spott des Unglaubens unwahrscheinlich gemacht. Damit tritt der Glaube in seine Angefochtenheit. Es geht also in der A. um Gott. Seine Liebe wird durch die Welterfahrung, die offenbar nur den Zorn Gottes zeigt, in Frage gestellt. Die Leiden der Welt spotten der Liebe Gottes. Ja, in der A. entzweit sich scheinbar Gott selbst, so daß Gott gegen Gott zu stehen scheint. Luther sagt in seiner Genesis-Vorlesung: »Die Anfechtung kann nicht überwunden werden.... Sie ist nämlich der Widerspruch, in dem Gott selbst sich selbst widerspricht. Dies zu verstehen ist dem Fleisch unmöglich« (WA 45,202). Die jedem Verständnis verschlossene Eigenart der A., in der sich Gottes Liebe verbirgt und nur Zorn, Verwerfung und Tod erfahrbar wird, kennzeichnet diese Tiefe, mit der die Welterfahrung den Glauben bedroht und in seiner Gewißheit erschüttert. Widereinander stehen der »verborgene Gott«, der die Welt lenkt, und der »offenbarte Gott«, der durch die Bibel spricht - und es ist doch nur ein Gott! Man muß ja auch mit W. v. Loewenich (Luthers Theologia crucis 34) sagen: »Soll der Deus revelatus wirklich für den Glauben dasein, so muß er auch Deus absconditus sein«.

Dieses Gegenüber von »verborgenem« und »offenbartem« Gott ist nun zumal an dem → Gesetz erfahrbar, das dem → Evangelium entgegentritt. Der Christ - auch der gerechtfertigte Christ - verfängt sich wieder und wieder in den Maschen des Gesetzes, das sowohl als lex naturalis (natürliches Gesetz) wie als lex moralis (moralisches Gesetz), im → Dekalog wie in der → Bergpredigt auf ihn zukommt. Der Christ verfängt sich in den Maschen des Gesetzes, weil er es als der peccator (Sünder), der er ist, nicht erfüllen kann. Die Unerfüllbarkeit des Gesetzes oder die Angefochtenheit des Glaubens - beides ist nahezu identisch - kennzeichnet die Geschichte jedes Glaubens, die sich im immer erneuten Ringen um das Sünder-Sein des Christen vollzieht. Dieser Kampf des Christen entzündet sich an der überführenden Macht des Gesetzes Gottes. Wir können auch so sagen, daß der Christ als ein Gerechtfertigter dem Gesetz Gottes, das ihn als lex universalis umschlossen hält, ausgesetzt bleibt. Darin wird er dessen inne, daß sein Sünder-Sein an ihm unverändert haftet und ihn von Gottes Zusage reißt. Die Tatsache, daß der Christ Gerechter und Sünder zugleich ist, wird zum Kampf um die Zusage Gottes. Dieser Kampf ist die A. Diese Tiefe der Angefochtenheit ist dem Glauben notwendig, damit er einerseits nicht seiner selbst sicherer Glaube sei und damit andererseits die Zusage Gottes nicht in theoretischer Allgemeinheit über ihm bleibe, sondern ganz konkret im »für Dich« begriffen werden kann. An dieser Erwägung leuchtet die ganze Notwendigkeit der Anfechtung für den Glauben ein.

Lit.: H. Bandt: Luthers Lehre vom verborgenen Gott, 1958; H. Beintker: Die Überwindung der Anfechtung bei Luther, ThA 1, 1954; H. Bornkamm: Christus und das erste Gebot in der Anfechtung bei Luther, ZSTh 5 (1917), 453-477; M. Fischer: Erkenntnis gegen Anfechtung, 1945; E. Hirsch: Lutherstudien, 1954; K. Kitamori: Theologie des Schmerzes Gottes, 1977; W. v. Loewenich: Luthers Theologia crucis, FGLP 212, [5]1967; C.H. Ratschow: Der angefochtene Glaube, [6]1984; H. Thielicke: Theologie der Anfechtung, 1949; E. Vogelsang: Der angefochtene Christus bei Luther, 1932.

C.H. Ratschow

Angelologie → Engel

Angelsachsen → Germanen, Christianisierung der

Angelus Silesius → Scheffler, Johann

Anglikaner, Anglikanismus

Unter A. versteht man die anglikan. Kirchengemeinschaft, die auf allen Kontinenten der Welt verbreitet ist und sich in hist. Herkunft wie theol. Prägung auf die »Kirche von England« zurückführt. Sie hat gegenwärtig ca. 60-70 Mio. Mitglieder. Zwar ist die Kirche von England - wie die Reformationskirchen auf dem Festland - erst im 16. Jh. entstanden, aber sie legt Wert auf den Zusammenhang mit der ältesten Kirche in Britannien im 4. Jh., die ebenfalls romfrei war. Insofern wird der Bruch mit der mittelalterl. Kirche als längst nicht so tiefgehend empfunden wie auf dem Kontinent.

Die Kirche von England wurde von König Heinrich VIII. (1509-1547) 1534 auf Parlamentsbeschluß gegründet, nachdem Papst Clemens VII. dem Scheidungsbegehren des Königs nicht stattgab. Heinrich VIII. selbst war den reformat. Anliegen zeit seines Lebens nicht aufgeschlossen, und die Aufhebung der Klöster war keine reformat. Tat, sondern willkommene Übernahme des Klosterbesitzes durch die englische Krone. Allerdings gab es von → Luther und → Calvin geprägte Kreise in Cambridge, die z.B. Martin → Bucer als theol. Lehrer nach Cambridge holten. Ihr eigentlich reformat. Gepräge in Theologie und Liturgie erhielt die Kirche von England vor allem durch Thomas Cranmer, der von 1533 bis 1556 Erzbischof von Canterbury war. Auf ihn geht die »Ordnung der biblischen Lesungen« im Gottesdienst und das → Book of Common Prayer (1549) zurück, das zugleich Gottesdienstordnung für Priester und Gemeinden wie theol. Katechismus ist und ähnlich wie die Lutherbibel mehrfach revidiert, aber nie preisgegeben wurde. Ein reformat. Bekenntnis kennt die anglik. Kirche nicht; zwar sind die 39 Artikel von 1563 (früher 42 Artikel, 1542) sogar vom Parlament 1571 als verbindlich erklärt worden, aber sie haben nie den Rang und die Wirkung gehabt wie die Confessio Augustana in Deutschland.

Die »glorreiche Revolution« 1688 hat die Toleranz und ein Nebeneinander verschiedener Kirchengemeinschaften in England gebracht. Mit Kolonisation, Welthandel und Auswanderungsbewegung hat sich der A. überall in der Welt ausgebreitet.

Bis in die Gegenwart hinein wird der A. von drei Strömungen bestimmt:

1. Im 18. Jh. kam es unter den Brüdern John und Charles → Wesley wie unter George → Whitefield zur methodistischen Erweckung, die dann aus der anglik. Kirche ausgeschlossen wurde. Diejenigen A., die vom → Methodismus und später allerlei anderen freikirchl./erweckten Gruppierungen geprägt wurden, aber in der Staatskirche blieben, bildeten den evangelikalen Flügel im A., auch »low church« genannt. Hier wurde und wird Mission, Evangelisation, kirchl. Diakonie (damals Sklavenbefreiung) nachdrücklich vertreten. Etwa 30 % der A. rechnen sich diesem Flügel zu. Hier hat die Bezeichnung »→ evangelikal« ihren Herkunftsort.

2. Im 16. Jh. entstand unter H. Newman und J. Keeble die Oxford-Bewegung und der anglokath. Flügel der Kirche von England, die sog. »high church«: → Liturgie, kirchl. → Amt, → Sakramente und die Neueinrichtung der anglik. Mönchs- und Nonnenorden werden hier akzentuiert. Ca. 15% der A. gehören zu dieser Richtung, die klein, aber einflußreich ist und zur östl. Orthodoxie und zum Altkatholizismus (→ Altkatholiken) gute Kontakte pflegt.

3. Der restliche Teil, die gute Hälfte der A., gehört zur »broad church«. Hier versammeln sich »Volkskirchler«, die sich gegen alle dogmat., liturg. und kerygmat. Verengungen wehren und in der Offenheit gegenüber der Zeit und ihren Fortschritten die Hauptaufgabe der Kirche sehen. Theol. Pragmatismus und Liberalismus, wie z.B. in der Prozeß-Theologie vertreten, werden hier gepflegt.

Die Kirche von England hat zwei Provinzen: Canterbury und York. Sie lebt ohne jede staatliche Zuschüsse von ihrem Vermögen und den Spenden der Mitglieder in relativer Armut. Der König ernennt Bischöfe und höhere Geistliche; das Parlament beschließt – immer noch, ähnlich wie in Schweden und Dänemark – über die Kirchengesetze. Die Kirche von England unterhält zahlreiche Schulen und ist in der Sozialarbeit und im polit. Bereich (Toleranz, Minderheitenschutz, Kompromißfähigkeit, Engagement in der Dritten Welt u.a.) respektabel engagiert. Die übrigen anglik. Kirchen sind in 36 Provinzen und 405 Diözesen zusammengeschlossen.

Der A. legt Wert auf seine Sonderstellung zwischen Katholizismus und Protestantismus. So bezeichnen sich die anglik. Kirchen immer wieder als »wahrhaft katholisch und wahrhaft reformatorisch«, und das zu Recht. Reformat. sind sie in ihrer kompromißlosen Bejahung der Autorität der Hl. Schrift und der reformat. Rechtfertigungslehre, kath. sind sie in ihrer Auffassung vom dreigeteilten → Amt (Diakon, Priester, Bischof), wobei die Suprematsstellung und die Unfehlbarkeit des Papstes abgelehnt wird, und in ihrer liturgischen Praxis. Im übrigen gibt es in Lehre und Brauchtum, Ordnung und Spiritualität zahlreiche Unterschiede zwischen den einzelnen Kirchen, ihren Pfarrern und Gemeindegliedern, selbst innerhalb der gleichen Richtung.

Auf Grund dieser Gegebenheiten hat sich der A. von Beginn an in der ökumen. Bewegung engagiert und sich eine Art Brückenfunktion übertragen lassen in dem Sinne, daß die Berufung auf Schrift und Bekenntnis die Protestanten, auf Liturgie und apostolisch geweihtes Bischofsamt die Orthodoxen und Katholiken zur Mitarbeit am ökumen. Gedanken gewinnen könnte. Jedenfalls hat sich die pragmatische Beharrlichkeit der anglik. Kirche, die sich bei allen entstehenden Kirchenunionen beteiligt, durchaus als vorantreibender Faktor erwiesen.

Ausdruck der Zusammengehörigkeit des A. sind die alle zehn Jahre stattfindenden Lambeth-Konferenzen (Lambeth ist der Name des Londoner Amtssitzes des Erzbischofs von Canterbury). Zuerst fanden sie 1867 statt. 1888 wurde das bekannt gewordene »Lambeth Quadrilateral«, in dem die vier Säulen des A. beschrieben wurden, veröffentlicht:

- die Anerkennung der Autorität der Hl. Schrift,
- die gemeinsame Bezeugung des Glaubens, wie er in den altkirchl. Bekenntnissen (Nicaenum, Apostolicum, Athanasianum) formuliert ist,
- die Annahme der beiden von Christus gestifteten Sakramente Taufe und Eucharistie,
- die Anerkennung des einen Amtes in seiner dreifachen Gestalt.

In allen anderen Fragen gilt die als comprehensiveness beschriebene Haltung, die »Übereinstimmung in fundamentalen Fragen bei Tolerieren tragbarer Differenzen«. Wichtig ist an der neueren Entwicklung, daß sich der A. in einem eher liberal-abstrakten Sinn und die Anglikaner als einzelne, so oder so orientierte Christen in der anglik. Kirchengemeinschaft vorfinden, die schon eine Ökumene im kleinen ist und in der Tat Brückenbauerdienste zu verschiedenen Kirchen hin zu leisten vermag. Mit der Meißener Erklärung von 1990 ist inzwischen die volle Kirchen- und Abendmahlsgemeinschaft zwischen der anglik. und der luth. Kirche in Deutschland (VELKD) zustande gekommen.

Lit.: H.-H. Harms (Hg.): Die Kirche von England und die anglikanische Kirchengemeinschaft, 1966; St. Neill: »Anglikanische (Kirchen) Gemeinschaft«, TRE 2, 1978, 713-723.

G. Ruhbach

Anglikanischer Gottesdienst

So wie die anglik. Kirche unter allen reformat. Kirchen die größte Nähe zu Rom gewahrt hat, zeichnet sich auch ihr Gottesdienst durch eine besonders deutliche Abhängigkeit vom röm. Ritus aus. Erzbischof Thomas Cranmer von Canterbury, der Vater des Anglikanismus, vertrat ähnlich wie Luther die Auffassung, daß es auf gottesdienstl. Gebiet nicht um Neuschaffungen gehen könne, sondern nur darum, die tradierten Ordnungen an der Schrift zu prüfen und zu reinigen. Das Book of Common Prayer, das zuerst 1549 erschien, hat seine äußerst nachhaltige Bedeutung bis in unser Jh. gewahrt. Das Buch enthält außer der Ordnung für den sonntäglichen Hauptgottesdienst Formulare für Mette (Matins) und Vesper (Evensong) (s. jeweils → Stundengebet), den → Katechismus und die Ordnungen für die Kasualien. Ferner sind in ihm der Psalter, die Kollektengebete und die Lektionen für jeden Sonn- und Feiertag abgedruckt. Da der Anglikanismus weniger von Fragen der Dogmatik bestimmt ist als etwa Katholizismus und Luthertum, hat das Book of Common Prayer auch den Stellenwert einer Bekenntnisschrift (ähnlich wie die Liturgien der Ostkirche), zumal seit die 39 Glaubensartikel von 1562 als Anhang beigegeben wurden. Die Abendmahlsliturgie des Buches hat mehrfach Wandlungen durchgemacht. In der ersten Ausgabe ist die Nähe zu Luther unverkennbar. Bei der Revision von 1552 ist dann ein calvinistischer Einschlag bestimmend gewesen. Seit 1662 ist die Abendmahlsliturgie wieder stärker an die Ordnung des Missale Romanum angenähert. Das Book of Common Prayer wirkte prägend auf alle anglik. Kirchen außerhalb Englands (z.B. in den USA und in Südafrika). Für die Ausgestaltung der Gottesdienste ermöglicht das Buch sehr unterschiedliche Ausprägungen von ref. Nüchternheit bis hin zu festlich-prunkvollen Formen. Seine Sprachgestalt hatte für die englische Sprache eine ähnliche Bedeutung wie Luthers Bibelübersetzung für die deutsche. Seine weite Verbreitung verdankt es nicht zuletzt seiner Übersetzung in mehr als 200 Sprachen (wenn auch keineswegs immer vollständig). Ähnlich wie in der luth. Kirche ging die Zahl der Kommunikanten in den anglik. Gemeinden schon im 16. Jh. stark zurück. Erst im 19. Jh. fand ein allmählicher Wandel zu einem regelmäßigen Abendmahlsgang statt. In unserem Jh. begannen stärker divergierende Entwicklungen bei den anglik. Gottesdienstordnungen. Auch wurden sprachliche Modernisierungen erarbeitet und angeboten. In England erschien 1980 das Alternative Service Book, das jedoch recht umstritten ist. In vielen anglik. Gemeinden wird das unveränderte Book of Common Prayer weiterbenutzt.

Lit: P.F. Bradshaw: »Gottesdienst VII.«, TRE 14, 1985, 51-54; W. Nagel: Geschichte des christlichen Gottesdienstes, 1962; R. Stählin: Die Geschichte des christlichen Gottesdienstes, in: Leiturgia Bd. I, 1954.

Chr. Albrecht

Anglo-Katholizismus

→ Anglikaner/Anglikanismus

Angst

A. (althochdt. *angust*, lat. *angustus*, »eng«) bezeichnet ein qualvolles, beengendes Gefühl der Ausweglosigkeit, bei der man sich einer drohenden Vernichtung hilflos ausgeliefert sieht. A. geht mit vegetativen Symptomen einher wie Herzklopfen, pectanginösen Beschwerden, Hyperventilation, motorischer Unruhe, Tremor, Mundtrockenheit, kaltem Schweiß, Harndrang etc. sowie verhaltensmäßigen Varianten im Sinne von Angriff-, Flucht- oder Totstell-Reflex.

In der Bibel reden vor allem die Psalmen nachdrücklich und für den Geängsteten nachvollziehbar von der A. des Gläubigen, z.B. vor Feinden, Tod, Gericht usw. (Ps 25,17; 69,2f), aber auch von der errungenen Zuversicht, daß Gott aus der A. befreit (Ps 107,6). Jesu A. in Gethsemane (Mk 12,33f) zeigt, wie er auch mit den Geängsteten mitfühlt (Hebr 2,17f). So ist er es, der der A. seelsorgerlich begegnet: Joh 16,33; Mt 14, 22-33. Paulus weiß von der Überwindung der A. im Glauben (Röm 8,35).

Man unterscheidet:

1. Realangst, wobei die o.g. Erscheinungen im kausalen Zusammenhang mit Gefahrensituationen auftreten. Das Ausmaß dieser A. ist abhängig von der jeweiligen Persönlichkeitsstruktur, biographischen Hintergründen, psychovegetativer Konstitution etc.

2. Existenzangst, phil. als Grundbefindlichkeit des Daseins verstanden, die sich aus der Konfrontation mit dem absoluten Nichts ergibt (→ Heidegger). Nach → Kierkegaard resultiert diese A. aus dem »Schwindel der Freiheit« als Folge der phylogenetischen oder ontogenetischen Loslösung von der Geborgenheit, die der Mensch letztlich in Gott findet. Eine rel. Erziehung kann – je nach theol. Ausgangsbasis – angstlösend oder angstauslösend sein.

3. A. als Krankheitssymptom, die nach der neueren Hirnforschung durch Funktionsstörungen im Limbischen System ausgelöst und für psychiatrische Krankheitsbilder – inclusive A. – verantwortlich gemacht werden kann, so daß Psychopharmaka (Tranquilizer, Antidepressiva), die den Stoffwechselvorgang der Transmittersubstanzen beeinflussen, sich auch wirksam gegen Paniksyndrom erweisen.

4. Neurotische A. äußert sich als »frei flottierende« A. ohne bestimmten Bezug oder objektbezogen bei Phobien. Freud interpretierte diese A. als Signal aus dem Unbewußten, wo Konflikte zwischen Trieb (Es) und Kontrollinstanz (Über-Ich) stattfinden und die mißglückte Angstabwehr zu neurotischen Manifestationen mit Symbolcharakter führt. In der Psychoanalyse wird diese Angstabwehr gedeutet, um eine Katharsis zu ermöglichen. Verhaltenstherapeuten hingegen betrachten diese A. als erlerntes Verhaltensmuster, das durch die Konditionierung traumatischer Erlebnisse zustande kommt. Ihre Therapiemethode ist hauptsächlich in der systematischen Desensibilisierung (Wolpe) und operanten Konditionierung (Skinner) begründet. Kognitive Therapeuten vereinigen Tiefenpsychologie mit Verhaltenstherapie, wobei sie neurotisches Verhalten aus der irrationalen Selbstüberzeugung (irrational beliefsystem) ableiten, die in der Therapie aufgedeckt wird, um eine rationale Denkweise mit dementsprechendem Verhalten bewußt einzuüben (Beck).

Lit.: T. Beck, G. Emery: Anxiety Disorders and Phobias, 1985; J. Kriz: Grundkonzepte der Psychotherapie, 1985; R. Schulte, R. Tölle: Psychiatrie, 1977; J. Wolpe: Praxis der Verhaltenstherapie, 1977.

M. Horie

Anhalt, Evangelische Landeskirche von

Das Gebiet der Landeskirche ist identisch mit dem früheren Herzogtum A. (1212-1918) und dem Freistaat (1918-1934). Im Mittelalter war A. in seiner kirchl. Zugehörigkeit zersplittert (es gehörte teils zu Halberstadt, Magdeburg und Meißen) und gegen Ende des MAs war A. in die Köthener und Dessauer Linie aufgeteilt. Dadurch hat sich die → Reformation erst allmählich und in einem milden Sinn (Ablehnung der → Konkordienformel, Einflüsse des → Heidelberger Katechismus) durchgesetzt. Zu Beginn des 19. Jh.s war die Bevölkerung zu zwei Drittel ref., zu einem Drittel luth. Durch die Konversion des Fürsten (1825) wuchs auch der Katholizismus im Land, die Union gewann ebenfalls Einfluß; der Anschluß an die preußische Union wurde noch 1932 ausdrücklich abgelehnt.

Die Kirchenverfassung von 1920 wurde 1969 durch eine neue Verfassung ersetzt. Die Kirche wird vom Landeskirchenrat, dessen Vorsitzender Kirchenpräsident heißt, geleitet und hat fünf Kirchenkreise mit je einem Kreisoberpfarrer als leitendem Geistlichen. 1954 betrug die Zahl der Gemeindeglieder ca. 423.000, 1974 noch ca. 237.000; auch die Zahl der Pfarrer ging von 175 (1954) auf 98 (1974) zurück. Die antikirchl. Religionspolitik des sozialistischen Regimes hat deutliche Folgen gehabt. Neue Zahlen nach der Wende liegen noch nicht vor.

Lit.: H. Kars, R. Joppen: »Anhalt«, TRE 2, 1978, 734-743; E. Siedersleben: Geschichte der Union in der ev. Landeskirche Anhalt-Dessau, 1884; H. Wäschke: Anhaltische Geschichte, 3 Bde., 1912/13.

G. Ruhbach

Animismus

Der Begriff A. (von lat. *anima*, »Seele«) wurde zum ersten Mal von dem englischen Gelehrten E.B. Tylor (1832-1917) in die Fachwelt eingeführt. In seiner Theorie von der Entstehung der Religionen (Primitive Culture, 1871) entwarf er die Reihenfolge: Animismus, Polytheismus, Monotheismus. Der »primitive« Mensch, so Tylor, komme durch die Deutung von Träumen, Halluzinationen und anderen Erscheinungen zu der Überzeugung der Existenz eines seelischen Geistwesens, das auch Tieren, Pflanzen und Dingen innewohnen kann. Diese Geister gewinnen ein Eigenleben und werden zu Göttern, die das Leben des Menschen beeinflussen (Polytheismus). Auf der höchsten Stufe kommt es schließlich zur Vorstellung des Monotheismus.

Die Theorie Tylors stammt aus einer Zeit, die durch die Erforschung der Ursprünge zu einer Universaltheorie der Entwicklung der Menschheit zu kommen hoffte. Ihre Voraussetzungen haben sich als unhaltbar erwiesen. So ist es eine keineswegs notwendige Folge, aus der Idee einer Seele die Vorstellung eines Geistes und dann eines Gottes abzuleiten. Weiterhin finden sich animistische Vorstellungen im Sinne Tylors, die am Beginn der Entwicklung stehen sollen, gerade nicht oder nur selten in »primitiven« Kulturen, die heute noch existieren. Drittens sind die universalen Theorien Tylors unhaltbar, mit denen er bestimmte Begriffe der vielfältigen rel. Wirklichkeit überstülpt. Der Begriff A. sagt also, wie manche andere Theorie, mehr über das Selbstverständnis einer bestimmten europäischen Epoche aus und nur wenig über den Ursprung der Religionen. In der wissenschaftl. Diskussion wird der Begriff A. schon seit langem nicht mehr verwendet. Wenn er dennoch gelegentlich vorkommt, so geschieht es oft in Unkenntnis der ursprünglichen, von Tylor entwickelten A.-Theorie und meint so etwas wie Geisterglauben oder allg. Heidentum, neben anderen »ismen« wie Buddhismus u.ä.

Wer über das von Tylor mit seiner Theorie des A. erörterte Problem vom Ursprung der Religion nachdenkt, wird nicht umhin können, von einer → Offenbarung der Wirklichkeit Gottes auszugehen, die dem Menschen von Anfang an nicht völlig verschlossen ist (Röm 1,18-32). Es ist auffällig, daß in sog. »primitiven« Kulturen häufig Vorstellungen von einem einzigen Schöpfergott anzutreffen sind. Was wir vorfinden, sind gerade nicht animistische Glaubensvorstellungen, sondern Ahnung von Gottes Wirklichkeit, die der Mensch in seiner Sünde oft verkehrt.

Lit.: H. Cancik, B. Gladigow, M. Laubscher (Hg.): Handbuch religionswissenschaftlicher Grundbegriffe, Bd. I, 1988, 473-476; Don Richardson: Eternity in their hearts, 1981, deutsch: Ewigkeit in ihren Herzen, [3]1988; H. Waldenfels (Hg.): Lexikon der Religionen, 1988, 23.

G. Sautter

Anlage, religiöse

Der (schon von Schleiermacher verwendete) Begriff »religiöse Anlage« bezeichnet (ähnlich wie der 1905 von E. Troeltsch geprägte, von R. Otto und A. Nygren weitergebildete und bis in die 1930er Jahre lebhaft diskutierte Begriff »religiöses Apriori«) die dem Menschen eigene »schöpfungsmäßige Anlage zur Religion« (Lütgert). Während der Ausdruck rel. A. ein ontologischer Begriff ist und ganz allg. die wesensmäßig rel., d.h. auf die personale Gemeinschaft mit Gott ausgerichtete Konstitution des Menschen bezeichnet, meint der erkenntnistheoretische Begriff rel. Apriori speziell die der menschl. Vernunft inhärente Nötigung, den Gottesgedanken zu bilden. Beide Begriffe werden aber in der theol. Literatur z.T. inhaltlich verschieden gefüllt: Man findet sowohl ihre strikte Unterscheidung (z.B. bei K. Leese) als auch ihre Identifikation (z.B. bei W. Lütgert). Für eine theol. Beurteilung der beiden Begriffe ist es unumgänglich, die sachliche (1.) und die begriffliche Ebene (2.) auseinanderzuhalten:

1. Soweit der Ausdruck rel. A. die wesenhafte (sowohl das Sein als auch den Existenzvollzug bestimmende) personale Hinordnung des Menschen auf Gott bezeichnet, entspricht er unzweifelhaft der bibl. Offenbarung: Die Heilige Schrift bezeugt vom ersten bis zum letzten Kapitel, daß der Mensch aufgrund seiner (durch den Sündenfall zwar gestörten, aber nicht zerstörten) Gottebenbildlichkeit (1Mo 1,26; 5,1; 9,6; Ps 8) auf die Erkenntnis Gottes und auf die personale Gemeinschaft mit ihm, dem Ursprung und Ziel seines Lebens, angelegt ist. Ohne die Gemeinschaft mit Gott verfehlt er nach dem bibl. Zeugnis seine grundlegende Bestimmung und kann daher keine wirkliche Lebenserfüllung erfahren. Denn Gott hat die Menschen dazu berufen, daß sie »ihn suchen sollen, ob sie ihn wohl fühlen und finden könnten« (Apg 17,27). Das Verlangen des Menschen nach gültiger Wahrheit und letztem Sinn, unbedingter Liebe und Geborgenheit, wirklichem Frieden und Glück kann aufgrund der zu seinem Wesen gehörigen und deshalb unverlierbaren rel. A. nur in der Gemeinschaft mit Gott zum Ziel gelangen: »Du hast uns zu Dir geschaffen, und unser Herz ist unruhig, bis es Ruhe findet in Dir« (Augustinus, Conf. I, 1,1).

Die rel. A. hat zur Folge, daß der Mensch selbst

dann, wenn er vor Gott flieht, ihn ablehnt oder leugnet, sich als unausrottbar rel. (d.h. zur Gottesgemeinschaft berufenes) Wesen erweist, indem er irdische (geistige oder materielle) Güter zum höchsten Gut erklärt und sie mit rel. Eifer anzueignen sucht (vgl. Luthers Ermahnung im Großen Katechismus: »Woran Du ... dein Herz hängst..., das ist eigentlich dein Gott«, BSLK 560, 22-24). Die außerchristl. Religionen, aber auch die säkularen Ideologien sind unübersehbare Belege für die Unausrottbarkeit der dem Menschen eigenen rel. A.

Während die röm.-kath. und die orth. Kirche von der rel. A. ausgehen und ihr in Theologie und Kultus Rechnung tragen, stoßen Begriff und Sache der rel. A. in der neueren ev. Theologie teilweise auf Ablehnung, obwohl die Reformatoren die mit dem Begriff rel. A. gemeinte Tatsache einer das Sein des Menschen bestimmenden Hinordnung auf die Gemeinschaft mit Gott akzeptierten und sogar die Möglichkeit einer wirklichen Erkenntnis Gottes und seiner Gebote aufgrund der Schöpfungsoffenbarung (im Sinne von Röm 1,19f; 2,14f) unumwunden anerkannten. Insbesondere die → Dialektische Theologie (K. Barth, D. Bonhoeffer u.a.) hat angesichts der Erfahrung der um sich greifenden Säkularisierung im 20. Jh. und des durch und durch gnadenhaften Charakters aller Gotteserkenntnis die rel. A. des Menschen problematisiert. Sie vermochte allerdings die bibl., phil. und empirisch wohlbegründete Annahme einer rel. A. nicht überzeugend zu widerlegen.

2. Die sachliche Berechtigung des mit dem Begriff rel. A. Gemeinten bedeutet freilich nicht, daß die gegen den Begriff geäußerten Bedenken verfehlt wären: Indem der Begriff eine fundamentale offenbarungstheol. (und zugleich metaphysische) Grundbestimmung des Menschen mit dessen (leibseelischen) Anlagen parallelisiert, fördert er das Mißverständnis, als ob es sich bei der wesenhaften Religiosität des Menschen um eine bloß naturhafte Eigenschaft (neben anderen) handle. Damit aber wird zum einen die Tatsache verdunkelt, daß sich die menschliche Religiosität nicht naturhaft, sondern personal (als bewußtes Erkennen, Wollen und Handeln) entfaltet. Zum andern aber bleibt unberücksichtigt, daß die empirische Gestalt menschlicher Religiosität in bibl. Sicht stets Reaktion auf einen ihr vorausgehenden (schon in der Schöpfungsoffenbarung ergehenden) Anruf Gottes ist, dessen göttliche Absicht (nach Röm 1,21 Anerkenntnis und Lobpreis Gottes) in den nichtchristl. Religionen freilich verfehlt wird (Röm 1,21ff) und erst durch die Glauben weckende Christusoffenbarung zum Ziel gelangt. Noch größeren Bedenken als der Begriff rel. A. unterliegt die Bezeichnung rel. Apriori, da dieser (im Anschluß an Kant formulierte) Ausdruck die strikte kantische Trennung von subjektiver rel. Überzeugung und objektiver Wirklichkeitserfahrung voraussetzt und jeden Zusammenhang von »natürlicher« Religiosität und vorausgehender Schöpfungsoffenbarung verneint. Weniger mißverständlich als die Bezeichnungen rel. A. oder rel. Apriori wäre z.B. der Begriff wesenhafte Religiosität, da damit die den Menschen kennzeichnende Hinordnung auf Gott sowohl in ihrer personalen Eigenart als auch in ihrer geschöpflichen Konstanz besser zum Ausdruck gelangt. Aber welchen Begriff man auch bevorzugen mag, von der Sache her ist es entscheidend wichtig, die empirisch wahrnehmbare Religiosität des Menschen nie ausschließlich oder überwiegend als Produkt seiner rel. Veranlagung zu verstehen, sondern als ein Phänomen, das theol. nur aus dem Zusammenwirken mehrerer Faktoren (rel. Grundstruktur des Menschen, göttliche Offenbarung, menschlich-personale Antwort und u.U. dämonische Irreführung) begriffen werden kann.

Lit.: H. Burkhardt: Wiederkehr der Religiosität?, 1990; K. Leese: Recht und Grenze der natürlichen Religion, 1954; W. Lütgert: Schöpfung als Offenbarung, 1934 ([2]1984); A. Nygren: Religiöst apriori, 1921; R. Otto: Das Heilige, 1917; W. Pannenberg: Systematische Theologie, Bd. I, 1988; A. Schlatter: Das christliche Dogma, 1911; E. Troeltsch: Psychologie und Erkenntnistheorie in der Religionswissenschaft, 1905.

W. Neuer

Anonyme Christen

Mit diesem Begriff hat der röm.-kath. Theologe K. → Rahner Menschen bezeichnet, die sich selbst nicht Christen nennen, die jedoch aufgrund ihres Verhaltens in theol. voll gültigem Sinn als glaubende Christen zu bezeichnen seien.

Die Kirche hat immer bezeugt, daß der Weg zur Rechtfertigung des Menschen nur über den Glauben des einzelnen, sein ausdrückliches Bekenntnis zu Jesus (Joh 14,6; Apg 4,12; Röm 10,9f), seine Eingliederung in die Kirche und seine Teilnahme am sakramentalen Leben möglich ist. Andererseits hat bereits die alte Kirche bejaht, daß Gott »außerordentliche« Heilswege für Menschen kennt, die dem → Evangelium nie begegnet sind. Dachte man zunächst an die vor der geschichtl. Ankunft Jesu Geborenen (1Petr 3,18-20), so weitete sich der Blick auch auf die Menschen, die der christl. Verkündigung nie begegnen.

Auf die damit anstehenden Fragen hat die kirchl. Tradition mit dem Hinweis auf die Möglichkeit eines »unbewußten Glaubens« (*fides implicita*) bzw. einer unbewußt gewünschten Taufe (*baptismus in voto*) geantwortet. Damit hat sie die Frage, ob und inwiefern solcher Glaube auch in theol. Sinn wirklich christl. Glaube sei, bewußt offen gelassen (Hebr 11,6 oft als Hinweis auf Minimalforderungen).

Rahner wollte über diese vorläufige Antwort hinausführen. Das von ihm erkannte Problem lautet: Inwiefern kann eine sittliche Entscheidung eines Menschen, mit der dieser auf die Stimme seines Gewissens achtet und antwortet, theol. gesehen als genuin christl. Glaube bezeichnet werden, auch wenn jener Mensch im Lauf seiner Lebensgeschichte von der Verkündigung des Evangeliums nicht erreicht worden ist? Man müßte erklären können, inwiefern jener »anonyme Glaube« einerseits von der Gnade Jesu getragen ist und andererseits auf eine übernatürliche (also das bloß natürliche Gewissen übersteigende) Offenbarung Jesu antwortet.

K. Rahner hat darauf mit dem Argument geantwortet, jeder Mensch sei zwar nicht von Natur aus, wohl aber von Gottes Gnade her »immer schon« geformt und insofern von Gottes Heilsoffenbarung erreicht. Diese Denkvoraussetzungen erlauben ihm, den Menschen so zu interpretieren, daß er sich von Gottes Heilswillen her »immer schon« im Raum des Angebotes der Gnade Jesu vorfinde, insofern er »immer schon« sein Leben auf das Heil in Gott entwerfe. Damit sei er »immer schon« ein Mensch, der auf die Offenbarung Jesu antworten könne und, wenn er durch eine seinem Gewissen entsprechende Tat darauf antworte, damit auch wirklich »glaubender Christ«, selbst wenn ihn die geschichtl. ergangene Offenbarung Jesu nie erreiche. Die Überzeugungskraft dieses Entwurfes hängt unlösbar an den transzendentalphil. Voraussetzungen der Theologie Rahners. Seine Auffassung wird jedoch, losgelöst von diesen Voraussetzungen, öfters auch von ev. Theologen vertreten.

Die Bedeutung dieser Auffassung wird von ihren Vertretern einmal darin gesehen, daß damit der »Erfolg« der Mission sichergestellt sei, auch wenn nicht alle Menschen vom Evangelium unmittelbar erreicht werden. Andererseits folgert man aus diesem Denkansatz, daß jedes menschlich-rel. Bemühen, in welcher Gestalt es auch ergehe, genuin »christliches« Glauben sei, wenn es nur dem eigenen Gewissen verpflichtet bleibt. Das erst mache ein Gespräch mit allen anderen Religionen und Weltanschauungen möglich.

Der schärfste Einwand dagegen lautet, daß hier ein heilsgeschichtl. Problem, dessen Lösung in Gottes Heilsratschluß verborgen liegt, durch einen transzendentalphil. Gedankenschritt aufgehoben wird. Nichts verändere sich; der Mensch werde nur anders interpretiert. Weiter: Glaube werde sowohl vom → Bekenntnis wie von der kirchl. Gemeinschaft gelöst; christl. → Verkündigung mache nur noch bewußt, was »implizit« immer schon da sei, sei also im Grunde entbehrlich; Zeugnis bis hin zum Blutzeugnis für den Namen Jesu erscheine sinnlos, ja gar als bedenklich (warum sterben für etwas, das ja auch in anderen Religionen schon vollgültig, wenn auch in anderer Gestalt, da sei?); jede Religion werde damit zum »möglichen« Heilsweg; die »außerordentliche« Möglichkeit Gottes, Menschen in seiner Weisheit vielleicht auch auf Wegen, die menschlich unausdenkbar sind, zu erreichen und ihnen so seine Gnade zu schenken, werde plötzlich zu einem »ordentlichen« Heilsweg, der gleichberechtigt neben dem Weg des christl. Glaubens stehe. Im Grunde sei der Weg des »anonymen Christen« der Normalfall, während das christl. Bekenntnis zu Jesus als bloßer Sonderfall verstanden werden müsse.

Lit.: s.u. K. → Rahner. *W.J. Bittner*

Anrufung der Heiligen → Heilige, Heiligenverehrung

Ansbacher Ratschlag

1. Eines der ersten Bekenntnisse in der Reformationszeit ist der von Johann Rurer verfaßte »Ansbacher Evangelische Ratschlag« vom 30. September 1524, ein deutliches Bekenntnis zur Kraft des Wortes Gottes und Absage an »menschliche Satzung«.

2. An dieses fränkische Bekenntnis wollten die Theologen anknüpfen, die am 11. Juni 1934 den »Ansbacher Ratschlag« vorlegten. In ihm geschah unter Federführung des Erlanger Dogmatikers Werner → Elert und Mitarbeit seines Kollegen Paul → Althaus eine kritische Auseinandersetzung mit der → Barmer Theologischen Erklärung vom Mai 1934. Das knapp gehaltene thetische Dokument beschreibt Grundlagen und Aufgabe in acht Sätzen. Es wird der Gehorsam gegenüber dem Wort Gottes und den Bekenntnissen der ev.-luth. Kirche unterstrichen, aber sogleich die Unterscheidung von Gesetz und Evangelium als Notwendigkeit betont.

Man erkennt die Gestalt des Gesetzes »in der

Gesamtwirklichkeit unseres Lebens, wie sie durch die Offenbarung Gottes ins Licht gestellt wird«. Das → Gesetz »verpflichtet auf die natürlichen Ordnungen, denen wir unterworfen sind, wie Familie, Volk, Rasse«. Obwohl die Verfasser einräumten, daß es »gütige und wunderliche Herren, gesunde und entstellte Ordnungen« gibt, erkannten sie doch den Führer Adolf Hitler als »frommen und getreuen Oberherrn« und in der nationalsozialistischen Staatsordnung ein »Regiment mit ›Zucht und Ehre‹« und wußten sich daher »vor Gott verantwortlich, zu dem Werk des Führers« in ihrem »Beruf und Stand mitzuhelfen« (These 5).

Dies wollte eine theol. Stellungnahme sein und nicht eine polit. Kundgebung. So betonen die Autoren, daß die Kirche vor die Aufgabe gestellt bleibe, die Ordnungen »immer aufs neue zu überprüfen«. »Der unbedingt gültige Maßstab für die Überprüfung ist der Auftrag, den sie (= die Kirche) von ihrem Herrn erhalten hat.«

Wenn dieser Ratschlag auch sehr bald nur noch bei den → Deutschen Christen weiterlebte, weil sich die beiden Erlanger Verfasser vom Ansbacher Kreis distanzierten, so wird er doch in der Folgezeit immer wieder als Fehlurteil in bezug auf Hitler gebrandmarkt. Die Beurteilung wird jedoch die anstößige These 5 nicht isoliert sehen dürfen. Die beiden Professoren gehörten weder zu den Deutschen Christen noch waren sie Mitglieder der NSDAP, aber sie suchten das Gespräch innerhalb der luth. Kirche. An ihrer grundlegenden Kritik an »Barmen« hielten sie auch nach 1945 fest.

Daß der A. R. die »genuin lutherische Stimme« sei, ist früh bestritten worden (Trillhaas, 1934). In der Debatte über die Bewertung der Theologie Werner Elerts und Paul Althaus', die bis in die Gegenwart kontrovers geführt wird, wird der A. R. oft genannt.

Lit.: zu 1.: Der Ansbacher Evangelische Ratschlag, 30.9.1524, in: Die fränkischen Bekenntnisse. Eine Vorstufe der Augsburgischen Konfession, hg. von Landeskirchenrat der evang.-luth. Kirche in Bayern r.d.Rhs., 1930, 183-322; B. Schneider: Gutachten evangelischer Theologen des Fürstentums Brandenburg-Ansbach/Kulmbach zur Vorbereitung des Augsburger Reichstags von 1530, 1987 (= EAKGB 62), 28f.
zu 2.: Der »Ansbacher Ratschlag« zu der Barmer »Theologischen Erklärung«, in: Die Bekenntnisse und grundsätzlichen Äußerungen zur Kirchenfrage, Bd. 2: Das Jahr 1934, K.D. Schmidt, 1935, 102-104; P. Althaus: Bedenken zur Theologischen Erklärung der Barmer Bekenntnissynode, in: Korrespondenzblatt für die ev.-luth. Geistlichen in Bayern 1934, 318-320; W. Elert: Der Ansbacher Ratschlag von 1934, in: Korrespondenzblatt für die ev.-luth. Geistlichen in Bayern 1934, 478f; W.v. Loewenich: Erlebte Theologie. Begegnungen, Erfahrungen, Erwägungen, 1979, 175-177; H. Rößler: »Das Ende einer Freundschaft – Rektor D. Hans Lauerer und Pfarrer Hans Sommerer im bayerischen Kirchenkampf (1934)«, Zeitschrift für bayerische Kirchengeschichte 57 (1988), 73-85.

R. Keller

Anschar St. → Ansgar

Anselm von Canterbury (1033/34-1109)

A. wurde 1033 (oder Anfang 1034) in Aosta (Italien) geboren. Er trat 1060 in das Benediktinerkloster Bec (Normandie) ein, wurde dort 1063 Prior und Leiter der Klosterschule (als Nachfolger Lanfranks) und 1078 Abt. Nachdem Lanfrank 1089 als Erzbischof von Canterbury gestorben war, wurde Anselm auch dort sein Nachfolger, 1093, und damit Primas der Kirche von England. Im sog. »englischen Investiturstreit« setzte er sich sowohl mit König Wilhelm II. Rufus (1087-1100) wie auch mit König Heinrich I. (1100-1135), wenn nötig hart auseinander, verteidigte die Freiheit der Kirche vom Staat, ging notfalls ins Exil (1097-1100 und 1103-1106), konnte aber den Streit schließlich beenden (1107). Seine engl. bischöflichen Kollegen standen lange Zeit eher auf Seiten des Königs; A.s deutliches Eintreten für die Ehelosigkeit der Priester fand nicht den für ihn als Mönch selbstverständlichen Anklang. Am 21. April 1109 ist er in Canterbury gestorben und neben Lanfrank in der Kathedrale begraben worden. Durch seine Briefe, eine zeitgenössische Biographie (Eadmer) und andere Quellen ist viel aus seinem Leben bekannt. Er wird als Heiliger verehrt.

Sein eigentliches Vermächtnis sind freilich, neben 22 Gebeten und Meditationen und insgesamt 475 überlieferten Briefen A.s und an ihn, seine theol.-phil. Werke:

- Monologion (Selbstgespräch);
- Proslogion (Anrede);
- De grammatico (Über den Grammatiker);
- De veritate (Über die Wahrheit);
- De libertate arbitrii (Über die Freiheit des Willens);
- De casu diaboli (Über den Fall des Teufels);
- Epistola de incarnatione verbi (Brief über die Fleischwerdung des Wortes);
- Cur deus homo (Warum Gott Mensch wurde);
- De conceptu virginali et de originali peccato (Über die jungfräuliche Empfängnis und die Erbsünde);
- De processione spiritus sancti (Über den Hervorgang des Hl. Geistes);
- De concordantia praescientiae et praedestinationis et gratiae dei cum libero arbitrio (Über die Übereinstimmung des Vorherwissens, der Vorherbestimmung und der Gnade Gottes mit dem freien Willen),

dazu ein theol. Briefwechsel über das Meßopfer.

Die Besonderheiten, die A.s Werk kennzeichnen und es haben aktuell bleiben lassen über die Zeiten hinweg, sind im wesentlichen drei:

- die (theol.-phil.) Methode (1);
- seine sog. Satisfaktionslehre (2);
- sein besonderer Gottesbeweis (3).

Zu 1: In allen Werken gewährt A. dem Denken (*ratio*) entscheidende Funktion und wendet es in gedanklicher Strenge auf alle Themen der Theologie an. Nicht die Autorität (Kirchenväter) zählt, nicht die Bibel zu zitieren reicht aus, sondern durch Denken gewonnene Einsicht (*intellectus*) ist nötig. Die Kurzformel des »Programms« lautet: *fides quaerens intellectum* (der Glaube, der Einsicht sucht). Dies hat ihm den Ehrennamen »Vater der Scholastik« eingetragen (zeitlich und sachlich gemeint).

Zu 2: In seinem umfangreichsten Werk, Cur deus homo, entwickelt A. *sola ratione* (allein durch Denken) bzw. *rationibus necessariis* (durch notwendige Vernunftgründe) bzw. *more geometrico* (nach der Weise der Geometrie), unter methodischer Absehung von Glaube und Bibel und Christus (*remoto Christo*, »unter Beiseitesetzung Christi«), die Notwendigkeit der Inkarnation, allein aus der Verantwortlichkeit und Erlösungsbedürftigkeit und Selbsterlösungs-Unfähigkeit des Menschen vor Gott (*aut satisfactio aut poena*, »entweder Genugtuung oder Strafe«; wobei der Mensch die Strafe nicht tragen und die Genugtuung nicht leisten kann, vielmehr nur der Gottmensch = Jesus Christus, er aber, als Sündloser, sie nicht braucht und sie deshalb seinen Menschengeschwistern schenkt).

Zu 3: In der Schrift Proslogion (genaugenommen nur in Kap. 2-4) entwickelt A. aus dem Gedanken Gottes als *aliquid quo maius cogitari nequit* (»etwas, worüber hinaus Größeres nicht gedacht werden kann«) den Beweis, daß Gott notwendigerweise existieren müsse und dies auch der Ungläubige nicht bestreiten könne.

Die Stringenz des Beweises ist schon z.Zt. A.s (von dem Mönch Gaunilo) und bis zum heutigen Tage bestritten worden und wird verteidigt (daß es gar kein »Beweis« sein wolle, ist unrichtig); der sog. Satisfaktionslehre ging und geht es ebenso (positive Aufnahme z.B. Heidelberger Katechismus Fragen 12-18). A.s Verdienst bleibt, daß er der Theologie die Pflicht zum Denken nachdrücklich eingeschärft hat und selber dieser Pflicht unter den Bedingungen und Voraussetzungen seiner Zeit auf das Sorgfältigste nachgekommen ist.

Lit.: Maßgebliche lat. Gesamtausgabe: S. Anselmi ... Opera omnia, hg. von F.S. Schmitt, 6 Bde., 1938-1961; Nachdruck in 2 Bdn. (mit zusätzlicher hist. Einleitung) (1968) ²1984; Kann Gottes Nicht-Sein gedacht werden? Die Kontroverse zwischen Anselm von Canterbury und Gaunilo ..., hg. und übers. von B. Mojsisch, 1989;

K. Barth: Fides quaerens intellectum. Anselms Beweis der Existenz Gottes, (1931) ²1958; G. Gäde: Eine andere Barmherzigkeit. Zum Verständnis der Erlösungslehre Anselms von Canterbury, 1989; L. Hödl: »Anselm von Canterbury«, TRE 2, 1978, 759-778 (Lit.); ders.: »Anselm von Canterbury«, LexMA 1, 1980, 680-687 (Lit.); K. Kienzler: Glaube und Denken bei Anselm von Canterbury, 1981; H. Külling: Wahrheit als Richtigkeit. Eine Untersuchung zur Schrift De veritate von Anselm von Canterbury, 1984; J. Rohls: Theologie und Metaphysik. Der ontologische Gottesbeweis und seine Kritiker, 1987.

B. Steinseifer

Ansgar (801-865)

A., Erzbischof von Hamburg-Bremen und Missionar Skandinaviens. Von Leben und Wirken berichtet die »Vita Anskarii«, die sein Schüler Rimbert verfaßt hat. Geb. 801 in der Picardie, wächst A. im Kloster Corbie auf. 823 siedelt er nach Corvey um, wo er von König Ludwig dem Frommen mit der Skandinavienmission beauftragt wird. Eine erste Missionsreise, die an das Werk des Erzbischofs Ebo von Reims anknüpft, jedoch erfolglos endet, führt

A. 826 nach Dänemark. 829-831 unternimmt er eine Reise nach Ostschweden, wo es ihm gelingt, in Birka, einem Handelszentrum am Mälarsee, eine Missionsstation zu errichten. 831 wird A. zum ersten Bischof des neugegründeten Missionserzbistums Hamburg geweiht. Ein Jahr später ernennt Papst Gregor IV. ihn zum Legaten. Mit der Reichsteilung 843 und der Zerstörung Hamburgs durch dänische Wikinger gerät die Mission der Reichskirche in eine Krise. Der Erzbischofssitz wird 847/848 nach Bremen verlegt. Neue Missionsreisen führen A. wieder nach Skandinavien. In Dänemark (849) ist ihm diesmal mehr Erfolg beschieden: in Schleswig und Ribe werden sogar Kirchen errichtet. Im schwedischen Birka festigt er 852 die bereits geschaffene Organisation, doch verliert die Gemeinde im 10. Jh. durch den Rückgang des Handels an Bedeutung. Seine letzten Lebensjahre bemüht sich A. von Bremen aus um die Fortsetzung der Mission und widmet sich dem Aufbau seines Bistums. Er stirbt am 3. Febr. 865 in Bremen. Sein Wirken, das der Ausbreitung des christl. Glaubens in Nordeuropa gewidmet war, hat ihm den Ehrentitel »Apostel des Nordens« eingetragen. Die Skandinavienmission wurde durch ihn freilich nur angestoßen. Erst mit der Gründung eines Erzbistums in Lund (1104) kam sie zu einem vorläufigen Abschluß, nachdem sie unter Gregor VII. unter päpstlichem Vorzeichen neu belebt worden war.

Lit.: H. Dörries, G. Kretschmar: Ansgar. Seine Bedeutung für die Mission, 1965; G. Haendler: »Ansgar«, TRE 3, 1978, 5-7; H. Holze: Von der Reichskirche zur Papstkirche, KuD 36, 1990, 245ff.

H. Holze

Anthropologie → Mensch

Anthropomorphismus

1. Was ist Anthropomorphismus?

a. A. (griech.) ist »eine Anschauungsweise, die menschliche Eigenschaften oder Verhaltenswiesen Außermenschlichem zuschreibt«. Sie gilt als naiv und Kindern bzw. primitiven Völkern zugehörig. Schon in der vorsokratischen griech. Philosophie (Xenophanes) wurde der A. kritisiert, da unvereinbar mit dem Postulat des Gottgeziemenden. Ein geistigerer Gottesbegriff sucht den A. abzustreifen.
b. Sowohl AT als NT gebrauchen den A. unbekümmert.

2. Anthropomorphismus ermöglicht Erkenntnis Gottes

a. Gott zu erkennen ist unserem Verstand nicht möglich, weil Gott zu groß, unser Verstand dagegen zu klein ist. Gotteserkenntnis erscheint darum weithin unsicher.
b. Anders sieht es aus, wenn Erkenntnis Gottes nicht als eigenes Vermögen, sondern als Folge göttlicher Herablassung geschieht. Für eine solche ist der A. bezeichnend. Die ganze Bibel spricht von Gottes Herablassung zum Menschen. Gott redet und hört, kommt und geht, er ruht, wohnt, dient, verstummt. Gott liebt, und darum zürnt er auch. So menschlich bezeugt die Bibel Gott, als den lebendigen Gott. Der A. ist für dieses Gotteszeugnis unentbehrlich. Er ermöglicht Erkenntnis Gottes.
c. Solches Erkennen ist keine eigene Leistung. Es kommt aus dem »Staunen der Ehrfurcht vor dem Allmachtswunder der göttlichen Herablassung« (Barth, KD II,1,251).
d. »Die Anthropomorphismen der Bibel sind durchweg Aussagen über gottmenschliche Begegnungen« (Rosenzweig, 123).

3. Anthropomorphismus zielt auf das Leiden Gottes

a. Die im A. bezeugte Gotteswirklichkeit ist keine Idee, kein ruhendes, unbeteiligtes Prinzip, in dem Gott empfindungslos, unerschüttert sei. Da gilt die *apatheia* (griech. »Leidenslosigkeit«) als Maßstab.
b. Demgegenüber bezeugt der A. Gott als einen Leidenden und als Gott der Leidenden. Gott ist Liebe, und er ist darum sowohl leidensfähig als leidenswillig. Sein Schmerz (vgl. → Theologie des Schmerzes Gottes; vgl. auch → Reue Gottes), seine Passion, sein Kreuz sind Kernaussagen der Bibel. Gott leidet, kümmert sich, ängstet sich (Jes 63,9), ihn jammert des Menschen Elend (Hos 11,8f; Mt 9,36 u.a.).
c. Der A. wurzelt zutiefst in der Gottesabbildlichkeit des Menschen (→ Bild) nach 1Mo 1,27. »Die sogenannten Anthropomorphismen wären dann in Wahrheit Theomorphismen: ...wir können nur deshalb sehen, hören, reden, zürnen, lieben, weil Gott sieht, hört, redet, zürnt, liebt« (Rosenzweig, 122f). So »erscheint Gott nicht mehr anthropomorph, sondern der Mensch theomorph«.

Lit.: K. Barth: KD II, 1, 1958; O. Dreyer: Untersuchungen zum Begriff des Gottgeziemenden in der Antike, 1970; H. Kuitert: Gott in Menschengestalt, 1967; O. Rodenberg: Das unvergleichliche Wort, 1964; F. Rosenzweig: Die Schrift. Anmerkung über Anthropomorphismus, 1965, 121-128.

O. Rodenberg

Anthroposophie

A. (Weisheit vom Menschen) ist eine von Rudolf Steiner (1861-1925) begründete Weltanschauung. Sie versteht sich selbst als Wissenschaft oder als »Erkenntnisweg, der das Geistige im Menschenwesen zum Geistigen im Weltall führen möchte«, und zwar »vermittelt« sie »Erkenntnisse, die auf geistige Art gewonnen werden« (Anthroposophische Leitsätze 1 und 2). Steiner vertritt – phil. gesprochen – einen Monismus, also eine Lehre von der Einheit der Wirklichkeit, und zwar weder einen materialistischen noch einen spiritualistischen; vielmehr ermöglicht ihm die Tatsache, daß bei ihm das Materielle und das Geistige nichts grundsätzlich Verschiedenes, sondern im Grunde nur verschiedene Aggregatzustände der einen Sache sind, einen »Monismus, der die materielle und geistige Seite der Welt gleichermaßen anerkannte« (Hemleben). (Auch zwischen göttlichem Geist und Geistigem in der Schöpfung unterscheidet er nicht grundsätzlich.) Da nun Menschengeist und Weltengeistigkeit nicht grundsätzlich verschieden sind, können sich beide miteinander verbinden. Wie nun z.B. das Auge auf die Dinge der Außenwelt gerichtet werden kann, um diese wahrzunehmen, so ist auch das Denken nach Steiner ein Wahrnehmungsorgan, das nach dem Sichverbinden von Menschengeist und Weltengeistigkeit auf das menschliche Bewußtsein gerichtet werden und dieses zum Gegenstand des Denkens machen kann. Auf diese Weise kann die wahre Weltwirklichkeit erkannt werden. Steiner hat in verschiedenen Schriften den Weg der anthroposophischen Schulung beschrieben, die schließlich auch ermöglichen soll, in der »Akashachronik« zu lesen, einer angeblichen Weltenchronik, in der alles eingeschrieben ist, was je geschehen ist, und das der »Geistesforscher« nach Steiner lesen kann. Allerdings hat außer ihm in größerem Umfang niemand darin gelesen, was die große Bedeutung der Steinerschen Aussagen für die Anhänger der A. erklärt.

Große Bedeutung haben in den Steinerschen Anschauungen der »Christus« und das »Mysterium von Golgatha«. Allerdings handelt es sich dabei nicht um Person und Werk Christi, wie die Bibel sie kennt. Christus ist bei Steiner der Sonnengeist und zunächst zu unterscheiden von Jesus bzw. den beiden Jesusknaben. Steiner kennt die Reinkarnation nicht nur beim Menschen, sondern auch bei unserem Globus. In dessen jetziger (vierter) Inkarnation habe sich die Sonne von der Erde getrennt, wobei auch der Christus sich von der Erde abgesondert habe. Nun lebten zu Beginn unserer Zeitrechnung zwei Elternpaare namens Josef und Maria in Palästina, eins in Nazareth und eins in Bethlehem. Beide hatten einen Sohn mit Namen Jesus. Der bethlehemitische Jesus – er ist der des Mt-Ev.s – stammte aus der salomonischen Linie, in ihm reinkarnierte sich der Religionsstifter Zarathustra. Der andere, »nathanische« Jesus ist der des Lk-Ev.s. Sein Ich war der beim Sündenfall angeblich unschuldig gebliebene Teil Adams. Im 12. Lebensjahr des salomonischen Jesus verließ Zarathustra diesen und ging in den Körper des nathanischen Jesus, in dem er weiter heranreifte. Auch der Buddha ließ jetzt in den Leib dieses Jesus »seine Impulse aus der geistigen Welt einstrahlen«. Im 30. Jahr verließ das Ich des Zarathustra den nathanischen Jesus und machte dem Sonnengeist Christus Platz, der bei der Taufe in dessen Leib kam. Beim »Ereignis von Golgatha« floß das Blut Christi in die Erde, und Christus wurde »der Geist der Erde«. Jetzt geht die Menschheitsentwicklung wieder aufwärts. Die »objektive«, die Erdentwicklung hemmende Sünde, das Karma der Erde, ist mit Golgatha weggenommen. Das aber, was der Mensch persönlich zu verantworten hat, muß er selbst abtragen (Gesetz des Karma). Es handelt sich also bei Steiners Golgathageschehen nicht um eine personale Sühnetat zur Rettung des Menschen aus seiner Sünde und Verlorenheit, sondern um ein substanzhaftes Geschehen, das Bedeutung hat für die Erden- und Menschheitsevolution.

Die A. versteht sich als christl., ja als Vollendung des Christentums. Selbst im Zentrum, der Christologie, unterscheidet sie sich aber grundlegend von christl. Lehre. Tatsächlich hat sie auch ganz andere Quellen. Quelle ist für sie nicht die Bibel, sondern jene »Akashachronik«. Den Aussagen der Bibel wird nur so weit Richtigkeit zuerkannt, als sie der »Akashachronik« entsprechen.

Steiner war, nachdem er schon in früher Jugend übersinnliche Erlebnisse gehabt hatte, von einem »Meister« in die okkulte Esoterik eingeführt worden. Wichtig für seine Entwicklung waren außerdem die Beschäftigung mit Philosophen des deutschen → Idealismus, auch mit → Darwin und Haekkel und vor allem auch mit → Goethe. 1902-1913 war er Generalsekretär der deutschen Sektion der Theosophischen Gesellschaft, einer 1875 in New York von H.P. Blavatsky gegründeten Sekte, die viele okkulte Traditionen aufnahm und in sich zu vereinen suchte. 1913 wurde Steiner aus dieser Gesellschaft ausgeschlossen. Dann wurde von ihm die Anthroposophische Gesellschaft gegründet; nach Schwierigkeiten kam es dann 1923 zu seiner »Allgemeinen Anthroposophischen Gesellschaft«; diese hat heute in Deutschland ca. 16.000, weltweit ca. 60.000 Mitglieder, wozu ein noch größerer Freundeskreis kommt. Zentrum der A. wurde Dornach bei Basel (Schweiz) mit dem Goetheanum, wo außerdem auch die »Freie Hochschule für Geisteswissenschaft« ihren Sitz hat.

Steiners Tätigkeit führte zu vielen Auswirkungen in verschiedensten Bereichen, in denen die A. heute tätig ist, z.B. auf pädagogischem Gebiet (→ Waldorfschulen), auf medizinischem Gebiet (Krankenhäuser und mehr als 1.000 Ärzte in Deutschland und in der Schweiz), Heilmittelherstellung (Weleda AG, Wala oHG), biologisch-dynamische Landwirtschaft. Auch die selbständige → Christengemeinschaft geht auf Anregungen Steiners zurück.

Lit.: J. Badewien: Anthroposophie. Eine kritische Darstellung, 1985; K. Baral: Anthroposophie. Eine Orientierungshilfe, 1987; J. Hemleben: Rudolf Steiner, 1963; G. Wehr: Rudolf Steiner. Leben, Erkenntnis, Kulturimpuls, 1987.

K. Baral

Antichrist

1. Der Begriff

Die vom Christentum geprägte Bezeichnung Antichristus *(antichristos)* bezeichnet einen »Anstelle-Christus«, der sich an die Stelle *(anti)* des Christus stellt und insofern gegen ihn antritt. Der Ausdruck kommt nur in 1Joh 2,18.22; 4,3; 2Joh 7 vor, doch ist die Erwartung auch unter anderen Bezeichnungen gegenwärtig.

2. Vorstufen: Eschatologische Gegenspieler Gottes

Hebr. Bibel und Judentum wissen um »Gegenspieler«, die sich Gott und seinem Handeln in den Weg stellen (Pharao, Bileam, Saul, der König von Babel, Jes 14,12ff, Könige der Welt, vgl. Ps 2,1-3; Hes 38f; Dan 7-9). Damit verband sich bereits innerhalb des AT das Wissen, daß bei rel.-polit. Machtkämpfen auch die von Gott zurückgehaltenen Chaosmächte im Spiel sind, die Gottes Schöpfung und Ordnung durcheinanderbringen wollen (1Mo 1,1ff; Jes 14,12ff; Hes 28; 38f; Dan 2; 7-9; 11 usw.). Die sehr uneinheitlichen Vorstellungen (Irrlehrer; falscher Priester; ›Beliar‹; heidnischer König) spitzen sich immer mehr auf die Erwartung eines polit. Führers zu (vgl. AssMos 8; syr Bar 36-40, v.a. 39,5-7; 40,1-3; CD 1,14; 8,13; 20,15; IQpHab 2,1f; 8,8; 4QTest 21-30; Apk El 3; Sib 5,33f. 214-227. 363-385; Did 16,4; ApkPetr 2; Sib 2,165-168; MartJes 1-5, v.a. 3, wobei der Terminus ›Antichrist‹ nirgends vorkommt).

Methodisch ist es wichtig, die einzelnen Gegenspieler-Erwartungen deutlich zu unterscheiden. Die A.-Vorstellung konnte erst im Christentum durch das Wissen um das Kommen Jesu als des wahren Christus gebildet werden. Sie hat nicht alle Züge der Gegenspieler übernommen, sondern lebt aus dem Bild Jesu als des wahren Christus.

3. Die Texte des Neuen Testamentes

In der Endzeitrede (Mk 13,6.22; Mt 24,24) spricht Jesus von »Lügen-Christussen« (neben Lügen-Propheten, die von ihnen zu unterscheiden sind), die mit göttlichem Anspruch (Mk 13,6: »Ich bin's«; vgl. 2Mo 3,14) auftreten. Dahinter stehen polit. Ansprüche der Befreiungsbewegung (Zeloten; vgl. die Schilderung des Josephus), die zum Kampf gegen Rom aufrief.

Die Johannesbriefe (1Joh 2,18.22; 4,3; 2Joh 7) zeigen, daß das Wissen von einem kommenden A. zur Gemeindekatechese gehörte und Teil der konkreten Naherwartung des Endes war. Er wird nicht mit einem polit. Herrscher identifiziert, sondern mit Irrlehrern, die die wahre Menschwerdung des Christus in Jesus von Nazareth (offensichtlich mit prophetischem Anspruch) leugneten.

In 2Thess 2,3-12 wird »der Mensch der Gesetzes-Gegnerschaft« genannt, der Sohn des Verderbens, der vor allem in seiner rel. (gegen Gott, Tempel, Gottesdienst) und ethischen (Gesetzlosigkeit) Gestalt gezeichnet ist.

Die tiefste Entfaltung der A. -Erwartung geschieht in der Offenbarung in der Gestalt des »ersten Tieres« (Offb 13). Es trägt unverkennbar die Züge des polit. Herrschers (vgl. die Ausdeutung von Kap. 13 in Kap. 17). Die Bildersprache der Apokalyptik deutet das Geheimnis des A.en scharf aus, bewahrt aber gleichzeitig seinen Geheimnischarakter.

Die Offb spricht nie vom A.en, sondern gliedert ihn ein in die Vorstellung des → Bösen, das sich im Verlauf der Geschichte ausgestaltet. Hinter dem Bösen steht ein ›Vater‹ (der Schlangen-Drache von Kap. 12, also der Satan 12,9), der sich in einem Tier mit menschlichen Zügen inkarniert (13,1-10, der A.) und eine ›Anti-Passion‹ inszeniert (13,3 als Nachäffung von Karfreitag und Ostern). Dem ersten Tier wird eine Predigt-Arbeit zugeordnet (das zweite Tier als priesterliche Propaganda in 13,1-17: der falsche Prophet), die mit Fähigkeiten, die der christl. Geistesvollmacht ähnlich sind (Propaganda-Wunder, die der Unterdrückung der Menschen dienen), ihren Erfolg feiert. An die Stelle (= *anti)* der Dreiheit Vater-Sohn-Geist tritt die Anti-Dreiheit

Satan-Antichrist-falscher Prophet (vgl. 16,13!), an die Stelle der Heilsgeschichte Gottes tritt eine Anti-Heilsgeschichte, an die Stelle der Gemeinde Jesu tritt die Welt, die dem Tier verfällt und ihm zujubelt. Die Darstellung in Kap. 13 (vgl. Kap. 17) macht klar, daß es sich um eine priesterlich-rel. überhöhte und mit diktatorischer Vollmacht ausgestattete polit. Führerfigur handelt, die den gesamten öffentlichen und privaten Bereich auch des einzelnen kontrollieren kann (vgl. die totale wirtschaftl. Kontrolle in 13,16f). Obwohl der A. Menschenverächter ist, gewinnt er zunächst die ganze Welt für sich (13,3f). Die Kirche Jesu aber wird zum schärfsten Feind, zur unüberwindlichen (weil von Gott geborgenen) Größe (vgl. 12,13-17). Sie allein »überwindet« den A.en: durch das Zeugnis Jesu und in der Hingabe des Lebens im Märtyrertod (12,11; 13,7f).

Die Überwindung des A.en erfolgt durch die Ankunft Christi selbst (17,14; 19,11-21; 2Thess 2,8), ist also nicht innergeschichtlich durch polit. oder geistl. Mittel in Aussicht gestellt.

4. Theologische Voraussetzungen der Rede vom Antichristen

Der Verlauf der Geschichte liegt ganz in Gottes Händen, denen nichts entgleiten kann.

Mit dem Kommen Jesu hat in der Geschichte ein Umbruch stattgefunden: Zeit und Geschichte sind seither von Jesus geprägt und auf Jesus und seine Wiederkunft hin unterwegs. Durch Gottes Handeln kann normale Zeit plötzlich zur »Endzeit« werden.

Das gilt auch in einem allgemeineren Sinn: Mit dem Kommen Jesu tritt alles in eine neue, verschärfte Situation. Nur eine Kultur und eine Geschichte, die durch Christus geprägt worden ist, kann wirklich antichristl. werden. Antichristentum ist der Versuch, die christl. Spuren loszuwerden. Es kommt zur Umkehrung, zum Verfall der christl. Spuren hinein in die Anti-Gestalt des Bösen. Eine »christliche« Kultur kann nie in bloßes Heidentum zurückfallen. Sie kann in ihrer Tiefenstruktur nur noch antichristl. werden!

Die Vorstellung vom A.en setzt den Gedanken des Bösen voraus, das in umfassender Weise Person, Macht und Geist ist. Sie rechnet auch damit, daß sich das Böse erst im Verlauf der Geschichte der Welt (Profanhistorie) entfaltet und so erst langsam seine endgültige Gestalt annimmt. Diese Entfaltung des Bösen ist auf das Geschick der Gemeinde Jesu bezogen. Die Gemeinde treibt durch ihre Heiligkeit (Erkauftsein durch das Blut Jesu und Bewahrtsein durch Gott allein, vgl. Offb 12,11.14) das Böse zu seiner letzten Entfaltung an und wird umgekehrt so gereinigt und erprobt.

Sowohl das Böse wie auch der A. als die endzeitlich-geschichtl. Ausformung seines Wesens sind ganz in der Hand Gottes (*passivum divinum*). Gott läßt das nicht bloß zu: Er »gibt«, d.h. stößt die Entwicklung an, bestimmt, treibt an – und setzt gleichzeitig die Grenzen der Macht und der Zeit (vgl. 2Thess 2,6.8: »er wurde offenbart...«, bzw. Offb 13,5.7: »es wurde ihm gegeben...«; jedesmal ist Gott als alleiniges Subjekt zu verstehen).

5. Biblische Grundelemente der Rede vom Antichrist

Christologischer Bezug: Nur wo Christus kam, kann der A. an seine Stelle treten.

Lehrmäßige Entfaltung (Johannesbriefe): In der (innerchristl. beginnenden) lehrmäßigen Kritik an der vollen Menschwerdung Gottes, der Reduktion Jesu also auf ein ethisches Vorbild, liegt der »Geist des Anstelle-Christus«.

Ethische Umformung: Der A. ist der »Mensch der Gesetzlosigkeit (bzw. Widergesetzlichkeit)« (2Thess 2,3.7). Ethisierung des Christentums und Relativierung der Gebote gehen Hand in Hand (vgl. Mt 13,36-43 die beiden Unterscheidungsmerkmale des Unkrauts vom Weizen).

Politische Ausgestaltung (Offb): antichristl. Bewegung bleibt weder im christl.-lehrmäßigen Bereich noch in der ethischen Umformung stecken, sondern nimmt polit. (weltweite) Gestalt an. Die Wirklichkeit, die hinter der Bildsprache z.B. von Offb 13 steht, ist längst polit. und technische Realität.

Religiöse Überhöhung: Politische Systeme und Führergestalten pervertieren, sobald sie zum Gegenstand rel. Verehrung werden und so letzte Begründung für »Recht und Ordnung« zu sein vorgeben. Die äußere Form der Menschenfreundlichkeit schlägt damit zur tiefstmöglichen Form der Menschenfeindschaft um, indem sie dem Menschen die innerste Freiheit absprechen muß, sich nach Gott allein auszurichten. Erst in dieser rel. Überhöhung des polit. Systems tritt die antichristl. Gestalt vollends zutage. Gerade die Gemeinde Jesu wird als schärfster Feind erkannt: Wo Menschen die Freiheit, sich nach Gott allein auszurichten, genommen wird, bleibt nur noch die »Freiheit« des Blutzeugnisses, des Martyriums.

Vorbereitung in Vorabschattungen (vgl. 1Joh 2,18): der erwartete A. zeigt sich bereits in vielen gegenwärtigen antichristl. Irrlehrern, ja sein Geist ist bereits gegenwärtig (4,3; vgl. 2Thess 2,7). Im

Verlauf der Geschichte formt sich dieses Wesen aus, verdichtet und steigert sich in Bewegungen und in Einzelgestalten (Nero, Napoleon, Hitler...), die alle auch über sich hinausweisen auf den kommenden A.en.

6. Kirchliche Deutungen

Sehr früh erkannte man im röm. Kaiser (Nero bzw. Nero redivivus), der jedoch immer auch für das Gesamte des röm. Weltreiches steht, antichristl. Züge. Die Einzelperson und das System, das sie in ihrer Machtfülle trägt, sind nicht zu trennen.

Daneben standen früh bereits Identifikationen mit rel. Bewegungen (z.B. → Manichäismus) bzw. den beiden polit. Größen des aufkommenden MAs: Kaisertum und vor allem Papsttum (rel. und polit. Machtfülle: Rupert von Deutz; Joachim von Fiore; Luther; Melanchthon; Calvin).

Mit der beginnenden → Aufklärung wurde auch die A.-Vorstellung als mythologischer Rest belächelt. Kreise des Pietismus (→ Bengel, → Jung-Stilling) haben sie nie preisgegeben. In der Öffentlichkeit aber wirkte sie lange Zeit nur noch als (einflußreiche!) literarisch umsetzbare Gestalt (Dostojewski; J. Roth u.a.). Und doch war sie auch weiterhin Anlaß zu tieferem Denken, ja zu Geschichtsdeutungen von prophetischer Schärfe (z.B. W. Solowjew 1899, aber auf seine Weise auch Nietzsche 1895; J. Pieper 1950). Das Auftreten Napoleons wie Hitlers schärften zwar den Blick für die Möglichkeiten irdisch-polit. Ausgestaltung antichristl. Bewegung, wurden aber theol. nie aufgearbeitet. Die polit. Umwälzungen des 20. Jh.s, die Blüte eines polit.-rel. Führertums, die Erfahrungen der Fanatisierung von Massen durch Propaganda, die technisch perfekten Mittel zur Meinungsmanipulation, zur Massenvernichtung wie zur weltweiten polit. und wirtschaftl. Kontrolle zeigen, daß die Realität unserer Welt die Bildersprache der Apokalyptik längst eingeholt hat. An die Stelle des Lächelns tritt der Schrecken – und das Lob, das um den Sieg des kommenden Herrn weiß.

Lit.: J. Ernst: Die eschatologischen Gegenspieler in den Schriften des Neuen Testamentes, 1967; K.H. Michel: Wenn ihr dies alles kommen seht, 1992; F. Nietzsche: Der Antichrist, 1895; J. Pieper: Über das Ende der Zeit, [3]1980, 113-136; W. Solowjew: Die Erzählung vom Antichrist, 1898.

W.J. Bittner

Antijudaismus

1. Begriff

A. ist ein erst in neuester Zeit aufgekommener Begriff, der die innerhalb der Christenheit traditionelle negative Einstellung gegenüber dem → Judentum abgrenzen soll gegenüber dem seit Ende des 19. Jh.s auftretenden Antisemitismus.

Erscheinungen von Judenfeindschaft, die sich festmachen an dem Anderssein der Juden in Lebensstil und Religion, hat es seit der Antike in vielfachen Erscheinungsformen und mit unterschiedlichen Begründungen immer wieder gegeben. Der Begriff Antisemitismus, im letzten Viertel des 19. Jh.s entstanden, versuchte solchen Einstellungen einen wissenschaftl. Anstrich zu geben, insbesondere durch die – inzwischen als wissenschaftl. unhaltbar erwiesene – Theorie von einer »jüdischen Rasse«, der alle Übel der Welt zugerechnet wurden.

In der öffentlichen Diskussion wird nach wie vor der Begriff Antisemitismus auf alle Arten von Judenfeindschaft angewendet, auch auf solche aus dem christl. Bereich. Die Herausarbeitung des Phänomens des A. kann demgegenüber dazu helfen, den besonderen Anteil der Christenheit an der Entstehung und Ausbreitung von judenfeindlichen Vorstellungen, Gefühlen und Haltungen in den Blick zu bekommen.

2. Kennzeichen

A. äußert sich in einer Grundhaltung, die Christentum und Judentum in einem scharfen Gegensatz sieht. Sie begnügt sich nicht mit der Feststellung von Unterschieden, sondern versieht solche Feststellungen durchweg mit Wertungen, die die Überlegenheit des Christentums und die Minderwertigkeit des Judentums herausstellen sollen. Solche Grundhaltungen bestehen auch gegenüber anderen Religionen und Weltanschauungen. Gegenüber dem Judentum haben sie jedoch mit der Zeit eine solche Selbstverständlichkeit angenommen, daß sie häufig in ihrer Schärfe und Einseitigkeit gar nicht wahrgenommen werden. Die Einzigartigkeit des Verhältnisses von Christentum und Judentum, die aus der gleichen Wurzel erwachsen sind (s.u. 3.), machte zudem die Fragen von Zuordnung und Abgrenzung von Anfang an unausweichlich.

A. äußert sich in Denkschemata, die den Gegensatz oft von außen herantragen. Beim Lesen der Evv. wird oft ein Zwiespalt zwischen Jesus und seinen Jüngern einerseits und den Juden andererseits vorausgesetzt, der so in den Texten nicht zu finden ist, in denen durchaus auch positive Begegnungen erwähnt werden (z.B. Mk 12,28-34), zumal Jesus ebenso wie seine Jünger zum jüd. Volk gehören (vgl. Joh 4,22).

Ebenso wird oft ein Gegensatz zwischen dem »Gott des Alten Testaments« und dem »Gott des Neuen Testaments« konstruiert, während die Christen der ntl. Zeit nur das AT als ihre Bibel hatten und darin den einen Gott, den Vater Jesu Christi erkannten. Aus dem NT läßt sich darum auch nicht die oft zu findende Entgegensetzung einer vermeintlichen atl.-jüd. Ethik der Rache und Vergeltung gegenüber einer angeblich ntl.-christl. Ethik der Liebe entnehmen. Das Gebot der Nächstenliebe findet sich im 3Mo 19,18 und wird durchaus auch im Judentum beachtet.

Ebensowenig entspricht es dem bibl. Befund, wenn das AT häufig als »Gesetz« verstanden wird, das im Judentum zu »Gesetzlichkeit« geführt habe, dem das NT als »Evangelium« gegenübergestellt wird. Auch das NT respektiert die Gottesgebote des AT und stellt selbst neue Forderungen auf; auch das AT weiß von Gottes Barmherzigkeit und Liebe zu reden.

Besonders verhängnisvoll hat sich die Auffassung ausgewirkt, am Tode Jesu seien nicht nur einzelne Juden (ebenso wie Römer und andere Heiden) schuld, sondern das gesamte jüd. Volk der damaligen und aller folgenden Zeiten, das darum für ewig unter der Strafe Gottes stehe. Diese »Christusmord-« bzw. »Gottesmord-« Theorie, die sich nicht auf das NT berufen kann, hat seit dem frühen MA immer wieder zu Verfolgungen und Pogromen geführt, denen ungezählte Juden zum Opfer fielen.

Eng verbunden damit ist die Auffassung, die Erwählung Israels zum Volke Gottes sei als Folge des Kreuzestodes Jesu aufgehoben und die Christenheit sei nunmehr allein das Volk Gottes. Dabei wird verkannt, daß nach bibl. Überlieferung Gottes → Bund nicht einmal durch schweres Versagen der Menschen aufgehoben werden kann, weil Gott zu seinem Bund steht (vgl. Röm 9-11).

Solche und andere Denkschemata des A. haben sich tief in das Bewußtsein der vom Christentum geprägten Menschheit eingegraben und haben immer wieder judenfeindliche Handlungen veranlaßt und schließlich den Boden für den modernen, säkularisierten Antisemitismus bereitet. Das Bestreben, das Judentum herabzusetzen, um das Christentum um so heller erstrahlen zu lassen, hat aber auch dem Christentum selbst geschadet, das sich dem Gebot der Nächstenliebe verpflichtet weiß, aber Feindschaft und Haß gegenüber dem nächsten Nachbarn zuließ.

3. Ursachen

Die Entstehung des A. hat zu tun mit der Konkurrenzsituation zwischen Christen und Juden in der Anfangszeit, wie sie sich schon im NT abzeichnet. Durch die Entwicklung der Theorie vom »Gottesmord« und der »Enterbung« Israels durch die Kirche wurde sie verfestigt. Nach der konstantinischen Wende (313 n.Chr.) und dem Aufstieg des Christentums zur ausschließlichen Staatsreligion fand sich die Kirche in einem christl. Europa wieder, in dem das Judentum als einzige andere Religion geduldet wurde. Aus dieser Situation erklärt sich vor allem die Konfrontation zwischen der herrschenden Kirche und der (gerade noch) geduldeten Synagoge, die trotz ihrer bedrückten rechtlichen Lage doch immer als mögliche Bedrohung gesehen wurde. In Zeiten polit., sozialer und rel. Krisen entlud sich die Spannung immer wieder, da sie nie grundsätzlich von der Bibel her in Frage gestellt wurde.

4. Überwindung

Durch den von der nationalsozialistischen Judenvernichtungspolitik ausgelösten Schock setzte nach 1945 auch in den Kirchen ein Fragen nach den Ursprüngen der im → Holocaust gipfelnden Entwicklung ein. Nachdem zunächst jede Mitverantwortung an diesem Geschehen zurückgewiesen wurde, brach sich allmählich die Erkenntnis Bahn, daß die traditionelle kirchl. Einstellung zu den Juden wesentlich zu der Entwicklung beigetragen hatte. Die neueren kirchl. Erklärungen zum Verhältnis von Christen und Juden enthalten dementsprechend Bekenntnisse zu der christl. Mitverantwortung und Schuld am Holocaust (→ Kirche und Judentum). Eine Überwindung des A. wird mit dem Bewußtmachen der verschiedenen Denkschemata (s.o. 2) zu beginnen haben, um diese dann an der bibl. Botschaft zu messen und sie durch eine bibl. sachgemäße Sicht zu ersetzen.

Lit.: A. Baumann (Hg.): Was jeder vom Judentum wissen muß, [7]1992; W. Eckert, N.P. Levinson, M. Stöhr (Hg.), Antijudaismus im NT, 1967; EKD-Studie »Christen und Juden« 1975 bzw. bes. »Christen und Juden II. Zur Theologischen Neuorientierung im Verhältnis zum Judentum«; Ch. Klein: Theologie und Anti-Judaismus, 1975; R. Rendtorff, E. Stegemann (Hg.): Auschwitz. Krise der christlichen Theologie, 1980; R. Ruether: Nächstenliebe und Brudermord. Die theologischen Wurzeln des Antisemitismus, 1978.

Vgl. die Lit. zu → Kirche und Judentum.

A.H. Baumann

Antilegomena → Bibel a) Entstehung NT

Antimodernisteneid

Papst Pius X. (1903-1914) verlangte 1910 von jedem kath. Priester einen Eid auf die Verwerfung der »Irrtümer des Modernismus« gemeint sind die Ergebnisse der liberalen Theologie für Bibelwissenschaft und Dogmatik. Ab 1910 war dieser vor der Priesterweihe abzulegen. Dem Ansehen des Katholizismus in der Öffentlichkeit hat der A. sehr geschadet, ohne nach innen hin viel zu bewirken. 1967 trat ein allgemeines Bekenntnis zur Kirchenlehre, die professio fidei, an die Stelle des A.es.

Lit.: Quellen: D 3537-3550 (Neuner - Roos 54-57); professio fidei, in: K. Aland: Quellen zur Geschichte des Papsttums 2, 1356; K. Braig: Der Modernismus und die Freiheit der Wissenschaft, 1911; J. Mausbach: Der Eid wider den Modernismus und die katholische Wissenschaft, 1911; H. Mulert: Antimodernisteneid, 1911.

G. Ruhbach

Antinomie

A. ist ein phil. Begriff griech. Herkunft (*antinomía* »Widereinander/Widerstreit der Gesetze«) und meint die Widersprüchlichkeit von Aussagen innerhalb eines Aussagensystems oder den Selbstwiderspruch (der Gesetze oder Ordnungen) der Vernunft (Hinske/v. Kutschera, 393).

Schon Aristoteles hat auf den - auch für theol. Aussagen geltenden (gegen Barth, KD I, 1,7) - Sachverhalt hingewiesen, daß für den Fall, daß kontradiktorische Aussagen über ein- und denselben Gegenstand zugelassen werden, alles und damit nichts (Definitives) über diesen Gegenstand gesagt werden kann (Metaphysik, 1007 b 19 - 1008 a 34). Die Philosophie nimmt darum ein allg. Interesse wahr, wenn sie sich um das Aufspüren von A.n als Fehlerquellen und um deren Beseitigung bemüht. Die vielleicht bekannteste, schon in der Antike diskutierte A. hat ihren Niederschlag sogar im NT gefunden (Tit 1,12): Wenn ein Kreter sagt: »Alle Kreter lügen«, dann führt dies zu einem unauflösbaren Widerspruch: Sagt der Kreter die Wahrheit, dann lügen alle Kreter, also auch er selbst, dann sagt aber auch er nicht die Wahrheit.

Eine spezifisch phil. Prägung erfährt der Begriff A. in der um Reinigung der Vernunft von Fehlern und Fehlschlüssen bemühten »Kritik der reinen Vernunft«. → Kant zeigt (B 432ff), wie sich die Vernunft in A.n verstrickt, wenn sie die Fragen nach Anfang, Zusammensetzung, Freiheit sowie Ursache »der« Welt zu beantworten sucht. Für jede dieser Fragen können Antworten bewiesen werden, die zueinander in einem kontradiktorischen, sich ausschließenden Widerspruch stehen. So »beweist« Kant sowohl die für die kosmologischen → Gottesbeweise wichtige These: »Zu der Welt gehört etwas, das . . . ein schlechthin notwendiges Wesen ist«, als auch die Antithese: »Es existiert überall kein schlechthin notwendiges [sic!] Wesen, weder in der Welt, noch außer der Welt, als ihre Ursache« (B 481).

Kant selbst löst die Widersprüche nicht auf. Für ihn sind diese A.n Fehlschlüsse. Er bestreitet also, daß man überhaupt so denken dürfe. Die Rückfragen nach der letzten Ursache, dem letzten nicht mehr teilbaren Einfachen etc. dürfen uns nicht dazu verleiten, die erhaltenen Antworten als Eigenschaften der gegebenen Welt, unserer »Erscheinungen«, mißzuverstehen. Es handelt sich vielmehr nach Kant nur um Fragehinsichten. Diese stellen Perspektiven dar, die unsere Erkenntnis anleiten sollen, die aber nicht zu Eigenschaften einer an sich ja nicht erkennbaren Wirklichkeit (»Ding an sich«) hypostasiert werden dürfen. Angesichts dieser »Lösung« Kants ist freilich zu fragen, a) ob die ihn leitende Unterscheidung von »Erscheinung« und »Ding an sich« zwingend ist und b) ob sich die kosmologischen Fragen so einfach abweisen oder gar verbieten lassen. (Zur Sache vgl. Baumgartner, 105-113; zur Kritik an der Stringenz von Kants »Beweisen« vgl. Hübner, 244ff.)

Die Entdeckung möglicher Widersprüche als Resultat von Schlußverfahren, die in der klass. Mathematik als unbedenklich angesehen wurden, führt zur Begründung der modernen mathematischen Grundlagenforschung (Stegmüller, 353). Am bekanntesten ist die sog. Russel'sche A.: der Begriff einer Menge aller Mengen, die sich selbst nicht als Element enthalten. Enthält sich diese Menge als Element oder nicht? Ganz gleich, ob man die Frage bejaht oder verneint: in jedem Fall ergibt sich ein Widerspruch bei der Explikation dieses Begriffs: Ist die Menge aller Mengen, die sich selbst nicht als Element enthalten, Element ihrer selbst, dann steht das im Widerspruch zum Prädikat »die sich selbst nicht [!] als Element enthält«. Ist sie dagegen nicht Element ihrer selbst, dann steht das wiederum im Widerspruch zum Begriff der »Menge aller [!] Mengen«. Sowohl die Lösungsvorschläge für die semantischen A. (»Lügner-A.n«: die von A. Tarski vorgeschlagene Trennung von Objekt- und Metasprache ist letztlich nicht durchführbar) wie die für die logischen A.n (Hinske/Kutschera, 403ff; Davis/Hersh,

347-356), sind ihrerseits mit erheblichen neuen Problemen belastet.

Theol. ist der Sachverhalt, daß sich solche A.n nicht einfach »aus der Welt schaffen« lassen bzw. – vgl. die mathematische Grundlagenforschung – nicht mit Sicherheit vermeiden lassen und darum den Gewinn gesicherter Erkenntnis insgesamt bedrohen, als ein Hinweis auf die Begrenztheit jeder Vernunft und allen Erkenntnisvermögens (→ Erkenntnis) zu begreifen. Daß es nicht einmal in der Mathematik gelingt, »die« Vernunft als ein in sich widerspruchsfreies, abstraktes System zu konstituieren, ist ein Beleg für die bibl. bezeugte unüberholbare Individualität, Lokalität und Fleischlichkeit je einer Vernunft (1Kor 13,12; vgl. Hempelmann, 1636f), die am Beispiel der A. als ein bloß geschöpfliches, nicht aber göttliches Vermögen manifest wird, durch das sich der Mensch eben nicht von den Bedingtheiten und Begrenztheiten seiner Kreatürlichkeit lösen kann.

Lit.: Aristoteles: Metaphysik; K. Barth: KD I/1, [8]1964; H.M. Baumgartner: Kants »Kritik der reinen Vernunft«, 1985; Ph.J. Davis, R. Hersh: Erfahrung Mathematik, 1985; H. Hempelmann: »Vernunft/Verstand«, GBL 3, 1989, 1635-1637; N. Hinske, F.v. Kutschera: »Antinomie«, HWP Bd. 1, 1971, 393-405; K. Hübner: Kritik der wissenschaftlichen Vernunft, 1978; I. Kant: Kritik der reinen Vernunft (KrV), B ([2]1787); Stegmüller: »Wissenschaftstheorie«, in: Philosophie, hg. von A. Diemer, I. Franzel, 1958, 334-360.

H. Hempelmann

Antinomismus

Unter A. versteht man die (unbedingte oder bedingte) Ablehnung des Gesetzes Gottes. Unbedingter A. liegt dort vor, wo das Vorhandensein eines allgemeingültigen Sittengesetzes (und damit absolut verpflichtender Gebote bzw. Normen) grundsätzlich verneint wird. Der bedingte A. dagegen beschränkt sich darauf, die bleibende Geltung des Gesetzes als sittlichen Maßstab für den Christen zu bestreiten.

Abgesehen von gnostischen Strömungen in der alten Kirche und manchen Sekten des MAs ging die Christenheit bis zur Reformationszeit einhellig davon aus, daß das NT keinen strikten Gegensatz von Gesetz und Evangelium lehrt (→ Gesetz und Evangelium), sondern eine grundsätzlich positive Zuordnung vollzieht: Christus bringt nicht die Aufhebung, sondern die Erfüllung des Gesetzes (Mt 5,17-20; Röm 3,31; Gal 5,14.22). Dem Gesetz wird zwar jede Heilsfunktion aberkannt (Röm 3,28; 10,4; Gal 2,16), das sich in ihm manifestierende göttliche Gebot aber bleibt auch für die Glaubenden in Geltung (Mt 19,17-19; 22,37-40; Gal 5,14.22).

Die → Reformation hat an der altkirchl. und mittelalterl. Überzeugung festgehalten, daß das Gesetz auch für den Christen bleibende Bedeutung und Geltung behält. Sie unterschied einen dreifachen Gebrauch des Gesetzes (***triplex usus legis***): Der erste Gebrauch (***usus politicus*** oder ***civilis***) betrifft das Gesetz als notwendigen »Riegel« zur Eindämmung der Sünde, der Staat und Gesellschaft auch unter den Bedingungen des Sündenfalls ein Minimum an Menschlichkeit sichert. Der zweite Gebrauch (***usus theologicus*** oder ***elenchticus*** oder ***paedagogicus***) betrifft das Gesetz als »Spiegel« zur Sündenerkenntnis. Der dritte Gebrauch schließlich (***usus didacticus*** oder ***in renatis, tertius usus legis***) betrifft das Gesetz als »Regel« für den Glaubenden, die ihm zur Erkenntnis des Willens Gottes verhilft.

Alle drei Funktionen des Gesetzes wurden in der Reformationszeit von antinomistischen Theologen bestritten: Bei Thomas → Müntzer und manchen Wiedertäufern wurden die Schöpfungs- und Erhaltungsordnungen (Ehe, Familie, Staat) so grundsätzlich in Frage gestellt, daß man von einem radikalen, sogar den ***usus civilis*** bestreitenden A. reden kann. 1527 eröffnete der Freund und Schüler Luthers, Johann → Agricola (1494-1566), eine bis zu Luthers Tod nicht zur Ruhe kommende Debatte (den sog. ersten antinomistischen Streit) über die Berechtigung des zweiten Gebrauches des Gesetzes für die Glaubenden: Agricola meinte, daß nicht die Anklage des Gesetzes, sondern der Anblick der Kreuzesliebe Gottes den Menschen zur Sündenerkenntnis und Buße führe. Das Gesetz sei nicht Wegbereiter des Evangeliums, sondern ein mißlungener Versuch Gottes, auf den Menschen einzuwirken. Luther trat dieser Position (vor allem in seiner Schrift »Wider die Antinomer«; 1537) mit größter Entschiedenheit entgegen: »Woher weiß man . . ., was Sünde sei, wo das Gesetz und Gewissen nicht ist? Und wo will man lernen, was Christus ist, was er für uns getan hat, wo wir nicht wissen sollen, was das Gesetz sei . . .?« »Darum muß doch das Gesetz gepredigt werden, wo man Christus predigen will . . .« Nach Luthers Tod entwickelte sich zwischen einer Gruppe antinomistischer Theologen (Poach, Otho, Neander, Musculus), die sich auf den Reformator berief, und Anhängern Melanchthons (Mörlin, Wigand) der sog. zweite antinomistische Streit um den dritten Gebrauch des Gesetzes: Beide Gruppen waren sich darin einig, daß das Gesetz (entgegen der Auffassung Agricolas!) auch für den Christen seine Sünden aufdeckende Bedeutung behält und daß das neue Leben in Christus seine Motivation nicht vom Gesetz, sondern vom Hl. Geist empfange. Die antinomistische Gruppe bestritt aber heftig die These von Mörlin und Wigand, daß das Gesetz auch für die Gläubigen gültige Lehre (*doctrina*) und Regel (*norma*) bleibe. Der Streit wurde in der Konkordienformel (1577) endgültig gegen die Antinomisten entschieden: Die Kinder Gottes leben »im Gesetz« und wandeln »nach dem Gesetz Gottes«, obwohl sie »vom Fluch und Zwang des Gesetzes befreit sind« und nicht mehr »unter dem Gesetz, sondern unter der Gnade« leben (F.C. VI).

Daß die Entscheidung der Konkordienformel Luthers Theologie entspricht, wurde bis in neuere Zeit bestritten (z.B. von K. Holl, R. Seeberg, W. Elert, G. Ebeling, R. Bring), muß aber angesichts der geradezu zentralen Stellung des Dekalogs in Luthers Material-Ethik und den grundlegenden Untersuchungen von W. Joest und K. Bockmühl bejaht werden.

In der ev. Theologie des 20. Jh.s erlebte der A. trotz seiner klaren Verurteilung durch die Reformatoren eine neue Blüte. Alle drei Funktionen des Gesetzes wurden (und werden) von maßgeblichen theol. Strömungen einer Kritik unterzogen: K. Barths Interpretation des Gesetzes als »Gestalt des Evangeliums« (KD II/2) bedeutete eine erneute Abkehr vom zweiten Gebrauch des Gesetzes, und das die ev. Ethik seit Aufkommen der → Dialektischen Theologie beherrschende Modell einer Situationsethik stellte durch seine Leugnung unbedingt geltender göttlicher Gebote sowohl den ersten als auch den dritten Gebrauch des Gesetzes radikal in Frage. Die im gegenwärtigen Protestantismus verbreitete »Krise des Ethischen« (Pannenberg) ist in erheblichem Maße darin begründet, daß der in der Situationsethik zur Herrschaft gelangte moderne A. durch seinen radikalen Relativismus inhaltlich verbindliche Aussagen zur individuellen, sozialen und polit. Ethik unmöglich macht.

Lit.: P. Althaus: Gebot und Gesetz, 1952; K. Barth: Evangelium und Gesetz, 1934, [3]1961; ders.: KD II/2, 1945; K. Bockmühl : Gesetz und Geist, 1987; R. Bring: Gesetz und Evangelium und der dritte Gebrauch des Gesetzes in der lutherischen Theologie, 1943; W. Elert: Zwischen Gnade und Ungnade, 1948; G. Hammann: Nomismus und Antinomismus innerhalb der Wittenberger Theologie von 1524-1530, 1953; W. Joest: Gesetz und Freiheit, 1951, [4]1968; S. Kjeldgaard-Pedersen: Gesetz, Evangelium und Buße, 1983; J. Rogge: Johann Agricolas Lutherverständnis, 1960.

W. Neuer

Antiochenische Theologie

Antiochia am Orontes, eine ca. 300 v.Chr. durch Seleukos I. Nikanor gegründete Stadt, bis zur Zerstörung durch die Perser 540 n.Chr. drittgrößte Stadt im röm. Reich und Sitz des Statthalters der Provinz Syrien sowie Knotenpunkt der militärpolitischen Verwaltung, hat schon im Urchristentum große Bedeutung und ist ein wichtiges christl. Missionszentrum im ganzen 1. Jh. Der Proselyt Nikolaus, Diakon in Jerusalem, ist der erste bekannte Christ aus Antiochia. Die Stadt spielt eine entscheidende Rolle im Leben des → Paulus (Gal 2,1-10; Apg 11,22-26), besonders durch den Konflikt mit → Petrus (Gal 2,11- 14), der uns das labile Zusammenleben einer judenchristl. und heidenchristl. Gemeinschaft zeigt. In Antiochia wurde zuerst der Name »Christen« gebraucht (Apg 11,26). Kirchengeschichtl. wichtig wird die Tradition von einem siebenjährigen Bischofsamt des Petrus (1. Cathedra), die vielleicht im Zusammenhang damit steht, daß sich ein quasimonarchischer Episkopat an der Spitze eines dreigestaffelten Priestertums in Antiochia seit Ignatius (gest. ca. 115; → Apostolische Väter) so früh wie nirgends sonst durchgesetzt hat. Dies wird sicher als Grund dafür benutzt, daß die Metropole des Orients den Rang eines Patriarchates erhielt. Dadurch ist eine natürliche Rivalität mit Alexandria und später Konstantinopel, aber auch mit Jerusalem geschaffen, die für das kirchenpolit. Geschehen von hoher Bedeutung sein sollte. Bischof Serapion (gest. 211) eröffnet (oder befestigt?) neue Einflußbereiche der Stadt im syr.-sprachigen Hinterland der griech.-röm. Welt durch die Weihe von Palut zum Bischof von Edessa. Der in der decischen Verfolgung 250 im Gefängnis gestorbene Bischof Babylas gilt als Stadtheiliger. Die Überführung seiner Gebeine im Jahre 354 vom Stadtfriedhof in ein eigens errichtetes → Oratorium im kaiserlichen Residenzviertel Daphne dem Apollotempel gegenüber gilt als älteste Reliquientranslation. Konstantin stiftete der Stadt eine große oktogonale Basilika. Johannes → Chrysostomus (344/54 - 407), selbst Antiochener und 381-397 Kleriker der Heimatstadt, predigte einer im wesentlichen christl. Stadt.

Von der A.Th. des 3. und beginnenden 4. Jh.s, also von Paul von Samosata (Bischof 260-268) und dem Presbyter Lucian (gest. als Märtyrer 312), wissen wir zuwenig Authentisches und zuviel Polemisches von Gegnern bzw. hagiologischen Notizen, um uns ein genaueres Bild zu machen. Die sog. ältere Antiochenische Schule entzieht sich kritischen Blicken.

So sollte man aus diesen und anderen Gründen erst seit Diodor, Klostervorsteher und Lehrer der Exegese in Antiochia (gest. 394 als Bischof von Tarsos), von einer Antiochenischen Schule in der Christologie reden. Diodors literarisches Werk ist freilich durch seine Verurteilung von 499 bis auf Fragmente zerstört. Für seinen Schüler Theodor von Mopsuestia (ca. 352-428) ist – trotz seiner Verurteilung 544 im Drei-Kapitel-Streit – die Quellenlage besser. Auch Johannes → Chrysostomos, → Nestorius (gest. ca. 451) und Theodoret von Kyros (gest. 458) müssen wir zu dieser Antiochischen Schule rechnen, an deren Ende das Ausscheren der Dyophysiten als sog. Nestorianer aus dem Kirchen- und letztlich auch aus dem Reichsverband steht.

Das Werk Theodors kann trotz seines fragmentarischen Zustands die Charakteristika A.r.Th. am besten zeigen. Doch muß man sich hüten, diese mit der Vielfalt der Theologien im syr. Raum oder auch nur in der Stadt Antiochia zu identifizieren.

Auffällig sind eine von der alexandrinischen Tradition verschiedene Schriftauslegung (Textnähe, historische Auslegung, Interesse nicht an Allegorese, sondern Typologie) und, damit im Zusammenhang stehend, besondere Formen theol. Argumentation (ein eklektischer Stoizismus, der noch stärker durch → Plato als durch den Neuplatonismus geprägt ist) sowie ein andersgerichtetes theol. Erkenntnisinteresse (Sicherung eines strengen Monotheismus, der einen »Abgrund« zwischen Gott und Mensch offenbart; der Akzent liegt nicht so sehr auf der in Alexandria betonten Gottesebenbildlichkeit, sondern stärker auf der – dort natürlich ebenfalls ausgesprochenen – gnädigen Zuwendung). Das führt zu »einer dezidierten Herausstellung des Abstandes zwischen Gott und Mensch« (B. Drewery). Eben dies läßt die Antiochener in der Christologie das Wichtigste in der Lehre von den zwei Naturen in Jesus sehen: Gott sah sich auf einer neuen Stufe der menschlichen Sündengeschichte genötigt, die alte Schöpfungsordnung wiederherzustellen durch den »Gottmenschen«, »einen Gott im Gewand menschlicher Natur, der das Heil der Menschen wirkte«. Wie in Alexandria ist der Gedanke der Erlösung primär. Wenn aber dort das Denkmodell der Inkarnation mit dem Ziel der Vergottung des gottesebenbildlichen Menschen im Vordergrund steht, so geht es der A.n Th. bei der singulären Tat Gottes ebenfalls um die Erlösung des Menschen, hier aber als des wiederhergestellten Menschen der Schöpfung.

Dabei hat die A.Th. einen starken ethischen Zug: die individuelle Verantwortung ist durch die Ursünde nicht aufgehoben.

Die antiochenische Betonung der zwei Naturen in Jesus, die in ihrer Frühzeit von einer strikten Herausstellung des nicaenischen »homoousios« (griech. wesensgleich) ausgegangen war und später von der nicht zuletzt durch in ihrer Tradition stehende Theologen erreichten Lösung von Konstantinopel geprägt blieb, fand in der chalcedonensischen Orthodoxie eine Bestätigung. Das ist auch die Position der A.n Th.: die zwei Naturen sind in einer vollständigen Einheit verbunden. Wohl verbindet sich in Jesus der Logos mit dem Menschen, doch ebenso wie jede der beiden Naturen in Ewigkeit das Mittel, sie zu identifizieren, besitzt, nämlich die Person, so hat dieser Jesus Christus auch seine Individualität. Es ist also in der A.n Th. entscheidend, ob »von den zwei Naturen oder dem einen Heiland die Rede ist: davon hängt ab, ob es um die Einheit oder um die Zweiheit der Person geht« (Drewery).

Aber allein das Letzte sollte in der polemischen Sprache der Gegner das Feindbild charakterisieren, das sich bis heute als prägend durchgesetzt hat und die theol. Bestätigung faktisch in einer kirchenpolit. Niederlage hat untergehen lassen.

In justinianischer Zeit zur Emigration gezwungen, war die A.Th. Grundlage der apostol. Kirche des Ostens im Perserreich und am ungeheuren Missionserfolg dieser Kirche im MA beteiligt, während Syrien vor allem dank der Arbeit des Jakob Bardasai, des Severus von Antiochia und nicht zuletzt wegen der Ungeschicklichkeit byz. Kirchenpolitik zum überwiegenden Teil monophysitisch wurde.

Zusammenfassend läßt sich sagen: bei der A.n Th. handelt es sich um ein Logos-Mensch-Schema zur Beschreibung der → Erlösung des Menschen durch den souveränen und streng monotheistisch gedachten Gott. Durch die Natur des Logos wird in der Natur des Menschen bei Christus die Schöpfungswirklichkeit wiederhergestellt, und daher gilt es für die Menschen, eine starke ethisch geprägte Form der Erlösung zu vertreten. Mit ihrer strengen Theologie und Christologie, ihrer exegetischen Arbeit und ihrem hist.-typologischen Schriftverständnis wurde die A.Th. zu einem wichtigen Baustein des Bekenntnisses von Chalcedon 451, da manche Berührungspunkte mit der westl. Theologie (Leo I.) vorhanden waren. Doch die Kirchenpolitik nach 451 ließ sie als extrem dyophysitische Kirche nur im außerröm. Bereich groß werden.

Lit.: C. Andresen: Handbuch der Dogmen- und Theologiegeschichte I, 1982; B. Drewery: »Antiochien II.«, TRE 3, 1978, 104-113.

W. Wischmeyer

Antiphon

A. (griech., »Entgegnung, Wechselrede, Antwortgesang«). In der Alten Kirche gab es (außer einer rein solistischen Form) zwei Arten des Psalmengesangs: die *responsorische* Praxis (Vorsänger mit Antwort der Gemeinde oder des Chores) und die *antiphonale*, bei der zwei Halbchöre (auch Gemeindeteile) versweise abwechselten. Möglicherweise meint schon Eph 5,19 (»untereinander« Psalmen singen) diese Aufführungspraxis.

Das Substantiv A. wurde dann mit der Einführung eines festen Rahmenverses in die Psalmodie (5. Jh.) auf diesen Vers bezogen. Teilweise wurde die A. zweimal (vor und nach dem Psalm) gesungen, weniger häufig (z.B. im mönchischen Gebetsgottesdienst) auch am Anfang und nach jedem einzelnen Psalmvers. Die A. hat für die Psalmodie textliche und musikalische Bedeutung: Sie gibt dem Psalm einen Leitgedanken. So erhält beispielsweise der 98. Psalm, der in der luth. Agende für Weihnachten, für die Wochentage der Osterwoche sowie für den Sonntag Kantate vorgesehen ist, seinen kirchenjahreszeitl. Bezug durch die unterschiedlichen A.en. Musikalisch leitet die A. die folgende Psalmodie dadurch ein, daß sie im gleichen Psalmton steht, auf dessen Grundton sie kadenziert. Zeitweise hat die A. sich auch als Gesangsstück ohne Psalm verselbständigt. An solche Stücke knüpfen dann zum Teil auch Gemeindegesänge an, etwa das »Verleih uns Frieden gnädiglich«, das die lat. A. »Da pacem Domine« aufnimmt.

Lit.: J.A. Jungmann: Missarum Sollemnia (2 Bde.), [5]1962; B. Stäblein: »Antiphon«, MGG 1, 1949-51, 523ff.

Chr. Albrecht

Antisemitismus → Antijudaismus

Antitrinitarier

A. werden die Gegner des altkirchl. Dogmas von der Trinität genannt. Ein wesentlicher Ertrag der Theologiegeschichte bis Ende des 4. Jh.s ist die Sicherung des trinitarischen Dogmas von der Wesenseinheit Gottes als Vater, Sohn und Geist. Viele Theologen stellten bis dahin das Verhältnis der drei göttlichen Personen unterschiedlich dar. So kam es zu Lehrbildungen mit antitrinitarischem Charakter, die sich aber noch nicht gegen das altkirchl. Dogma richteten: Verschiedene Formen des Monarchianismus (→ Monarchianer), → Sabellianismus, Arianismus (→ Arius/Arianer). Ihre Vertreter werden nur mit begrenztem Recht A. genannt. Seit dem 17. Jh. bezeichnet die kirchl. Polemik die Gegner des reichsrechtlich verbindlichen trinitarischen Dogmas im 16. Jh. als A. Diese verband, daß ihre bibl. begründete Sicht von der Erneuerung der Christenheit in der antitrinitarischen Kritik eine gemeinsame Mitte hatte, während ihre sonstigen Lehren und Reformvorstellungen sehr verschieden waren. Sie wurden gespeist aus nominalistischen und, von Italien kommend, rationalistisch-humanistischen Quellen des 15. und 16. Jh.s, aus Täufertum (→ Täufer) und → Spiritualismus im 16. Jh. und bildeten eine über die → Reformation hinausgehende Gestalt des Christentums im Unitarismus, der aufgrund seiner weitergehenden Dogmenkritik besonders in England und Nordamerika zu den Wegbereitern des → Rationalismus und → Liberalismus wurde, im 20. Jh. durch Aufnahme weltanschaulicher und fremdrel. Elemente das Christl. z.T. verloren hat.

Ein klass. Vertreter der A. im 16. Jh. ist der spanische Jurist und Arzt Michael → Servet (1553 in Genf vom ref. Rat der Stadt verurteilt und verbrannt). 1531 veröffentlichte er »De trinitatis erroribus libri septem« (Sieben Bücher über die Irrtümer von der Trinität), 1553 sein Hauptwerk »Christianismi Restitutio« (Erneuerung des Christentums), in denen er seine Kritik vortrug um der einen alleinigen wesenhaften Gottheit Gottes des Vaters willen. Erst seit die A. 1562 in Polen und Siebenbürgen Zuflucht fanden, kam es zu Kirchengründungen: hier durch den Piemonteser Arzt G. Biandrata (1516-1588) und den Siebenbürger Pfarrer F. David (1510-1579, seit 1568 Bischof der Unitarier), in Polen durch Fausto Sozzini, Laientheologe aus Siena (1539-1604). Er einte verschiedene Gruppen, unter ihnen die »Non-Adoranten« (die Christus Nicht-Anbetenden) und legte mit nüchterner Bibelauslegung ein Fundament ihrer Lehre. Im »Rakower Katechismus« (1605) lag eine erste Bekenntnisschrift der »polnischen Brüder« oder »Sozzinianer« vor. Die Gegenreformation in Polen trieb die A. in die westl. Welt.

Heute zählen einige moderne Sekten zu den A.n, z.B. Zeugen Jehovas und Mormonen.

Lit.: G.A. Benrath: »Antitrinitarier«, TRE 3, 1978, 168-174; ders.: Die Lehre des Humanismus und des Antitrinitarismus, in: Handbuch der Dogmen- und Theologiegeschichte, hg. von C. Andresen, Bd. 3, 1-70 (Lit.!); A. v. Harnack: Lehrbuch der Dogmengeschichte III, [4]1910 (Neudr. 1964), 765-808; E.M. Wilbur: A History of Unitarism, Socinianism and its Antecedents, 1947; P. Wrzecionko (Hg.): Reformation und Frühaufklärung in Polen, 1977.

Chr. Windhorst

Antitypus → Typus, Typologie

Antonius (251-356)

Der Überlieferung nach war A. der Begründer der Anachorese (→ Mönchtum) in Ägypten. In der ein Jahr nach dem Tod des A. (357 n.Chr.) verfaßten »Vita Antonii« informiert uns → Athanasius, Patriarch zu Alexandrien, über sein Leben. Demnach ist A. 251 n.Chr. als Sohn wohlhabender Eltern in Mittelägypten geboren, wendet sich nach ihrem Tod, aufgerüttelt durch die Vollkommenheitsforderung Jesu (Mt 19,21), vom weltlichen Leben ab und zieht sich als Asket in die Einsamkeit der Wüste zurück. Nachdem er dort zwei Jahrzehnte in völliger Abgeschlossenheit im Kampf mit den Dämonen zu innerer Vollkommenheit gelangt ist, kehrt A. in die Öffentlichkeit zurück und belehrt die Mönche. Unter seinem Einfluß entsteht in der Wüste ein reiches monastisches Leben. In der Christenverfolgung Anfang des 4. Jh.s sucht A. in Alexandrien - vergeblich - den Märtyrertod. Zurück in der Wüste vollbringt A. zahlreiche Wunder, setzt sich - auf der Seite der bischöflichen Orthodoxie stehend - mit Häretikern auseinander und überzeugt selbst heidnische Philosophen von der Überlegenheit des christl. Gottes. 356 stirbt A. im Alter von 105 Jahren und wird an unbekannter Stelle von seinen Schülern beerdigt.

Ein ganz anderes Bild von A. vermitteln uns die 38 Logien, die in den »Apophthegmata Patrum«, einer aus dem 4 Jh. stammenden Sammlung von Vätersprüchen, aufgezeichnet worden sind. A. begegnet uns hier nicht als der von Sünden freie, sondern als der um das Heil ringende Eremit. Zwar flieht er vor den Versuchungen der Welt in die Wüste, doch gelangt er hier nicht zur Vollkommenheit, sondern wird in eine noch tiefere Erfahrung des Sünderseins hineingeführt. Darum unterwirft sich A. in Demut unablässiger → Buße und ist bemüht, sich betend für Gott zu öffnen. Um darin nicht gestört zu werden, verharrt A. konsequent in der Zurückgezogenheit des Eremitenlebens. Die Einsamkeit der Zelle, nicht aber die Öffentlichkeit der Welt, ist sein Lebensort. Nur einzelnen Schülern gibt er ein vollmächtiges Wort mit auf den Weg.

Die Apophthegmata geben uns, im Unterschied zur Vita des Athanasius, einen authentischen Einblick in anachoretisches Leben und Denken und stehen damit der hist. Gestalt des A. näher. Wirkungsgeschichtlich aber hat erst die Vita Antonii den Ruhm dieses ägypt. Eremiten in der Welt verbreitet und dadurch dem Mönchtum des Abendlandes wesentliche Anstöße vermittelt (vgl. Augustin, Conf. VIII, 6,15).

Lit.: Weisung der Väter, hg. von W. Nyssen, B. Miller, [2]1980, 15-24 (Antonius-Apophthegmata); BKV Bd. 31, 1917, 1-101 (Athanasius, Vita Antonii); H. Dörries: Die Vita Antonii als Geschichtsquelle, in: Wort und Stunde Bd. 1, 1966, 145ff; K. Heussi: Der Ursprung des Mönchtums, 1936, 78ff; H. Holze: Erfahrung und Theologie im frühen Mönchtum, 1992.

H. Holze

Äon, Äonenlehre

1. Der oft in feierlichen Wendungen (Ps 10,6; Neh 9,5) gebrauchte mehrdeutige Begriff Ä. (vom griech. *ʾ aiōn*, hebr. *ʿōlām*, in allen nordwestsemit. Sprachen verwendet) bedeutet im AT die sehr lange ununterbrochene Dauer und unübersehbare Zeit (vgl. Ps 41,14), sowohl die graue Vorzeit (5Mo 32,7; Am 9,11; Jes 45,21) als auch die immer weitergehende Zukunft (1Mo 9,12), dann auch die Lebenszeit des einzelnen, etwa den lebenslänglichen Dienst (2Mo 21,6; 5Mo 15,17; 1Sam 1,22; 27,12) und schließlich die grenzenlose Ewigkeit, die Gott eigen ist (1Mo 21,33; vgl. Jes 40,28). Diese qualifiziert sein Wirken (Jes 40,28; Ps 145,13), ferner sein Wesen und seine Gaben: die ewige Gnade (Jes 54,8) und Liebe (Jer 31,3), seinen Bund (4Mo 18,19; 25,13) und seine Verheißung (Jes 61,8; Ps 103,17); analog zum Tod als ewigem Schlaf (Jer 51,39.57; vgl. das Grab als »Haus der Ewigkeit«, Pred 12,5) ist das Auferstehungsleben der Gerechten ewig (Dan 12,2). »Ewigkeit« bedeutet aber nicht Zeitlosigkeit, sondern die ewige Dauer der Zeit.

2. Im apokalyptischen und rabbin. Schrifttum erhielt Ä., *ʿōlām*, auch die Bedeutung »Welt« als Wirklichkeit, in der wir leben (Jes Sir hebr 3,18; 16,7; Aboth 1,2; b Ber 9b): Gott ist der »Herr der Welt« (*ribbōn hā- ʿōlām*, R. Hasch. 3,6). Die Hoffnung auf das Leben in einer neuen, heilvollen Welt ewigen Lebens führte zur Lehre von zwei Äonen: a) »dieser (gegenwärtige) Äon« (*hā-ʿōlām haz-zāh*), b) der »kommende (zukünftige) Äon« (*hā- ʿōlām hab- bāʾ*). Beide sind aufeinander bezogen, aber doch wesensverschieden (b Pes 50a): »Dieser Äon« meint die gefallene, von Sünde und Tod gekennzeichnete Welt, der »kommende Äon« ist von Gottes Kraft und Leben erfüllt. Die Ä.lehre wurde zu einem Interpretament der rabbin. Exegese; man konnte vor allem plerophore Aussagen der Schrift auf die beiden Ä.en beziehen (m Sanh 6,2; 10,3). Die Gerechten, vor allem die Märtyrer (b Ber 61b; b Ab Zar 18a), und schließlich ganz Israel (m Sanh 10,1) erhalten Anteil am Leben der kommenden Welt bzw. sind für es bestimmt.

3. Auch im NT bedeutet Ä. (oft im Pl.) sowohl eine lange Dauer bzw. die Ewigkeit (Mt 6,13; Mk 3,29; Röm 1,25; 9,5) als auch »Welt« (Mk 4,19) im Sinne von *Kosmos.* Ä. kann sowohl die Vorzeit (Kol 1,26) als auch Gottes ewige Zukunft (Offb 11,15) und das ewige Leben (*zōē*) bezeichnen (Joh 6,51; 3,15f, Adj. *'aiōnios*). In den drei ersten Evv. und in den Paulus-Briefen erscheint auch die Lehre von den zwei Ä.en, deren Bezeichnung noch wechseln kann: »Dieser Äon« (*hoūtos ho' aiōn*) steht dem »künftigen Äon« (*'erchomenos*, Mk 10,30, vgl. Eph 2,7) oder auch »jenem Äon« (Lk 20,35) gegenüber. Nach Mk 10,30; Lk 18,30 ist das ewige Leben ein Gut des kommenden Ä.s. Dagegen bezeichnet »dieser Äon« die gefallene, dem Untergang geweihte Welt, von welcher der Christ sich distanzieren soll (Röm 12,2, vgl. 1Kor 7,31-34; Eph 2,2). Neu ist die matthäische Wendung vom »Ende der (= dieser) Welt« (Mt 12,40.49; 24,3; 28,20). Die Tatsache, daß Christus in diese Welt gekommen ist und Gott die Welt durch ihn mit sich versöhnt hat, bedeutet noch nicht den Anbruch des kommenden Ä.s; dieser wird erst mit der Parusie und der Niederwerfung aller Feinde offenbar (vgl. 1Kor 15,23-26).

Lit.: J. Licht: »'Olām, 'El 'Olām etc.«, Enzyclopedia Miqra'ith VI, 1971, 100-106; M. Rissi: »Äon«, BHH I, 1962, 103-104.

O. Betz

Apartheid → Rassenfrage, Rassismus

Apokalyptik

1. Der Begriff

A. ist vom griech. 'apokalýpto, »offenbaren«, »enthüllen«, »aufdecken« abgeleitet und bezeichnet eine Frömmigkeitsbewegung, in der die von Gott geschenkte Enthüllung der Geheimnisse, die über dem Verlauf der Weltgeschichte und der anbrechenden Endzeit liegen, gepflegt und (in »Apokalypsen«) weitergegeben wird. Die Bezeichnung wurde vor etwa 150 Jahren in Anlehnung an die »Apokalypse« des Johannes (Offb 1,1) geprägt, ist also keine Selbstbezeichnung.

2. Der Ursprung der Apokalyptik

a. Die Forschung hat bisher fast ausschließlich in der den Glauben Israels tödlich bedrohenden Religionspolitik unter Antiochus IV. Epiphanes (175-164 v.Chr.) den Ursprung apokalyptischen Denkens erkannt. Diese Sicht hat zwei Voraussetzungen: Das bibl. Buch Daniel reflektiert diese Bedrohung, ist die älteste uns bekannte Apokalypse und gewissermaßen als Urtyp zu begreifen. Die übrigen Apokalypsen sind Weiterentwicklungen dessen, was in dieser ersten Gestalt angelegt ist.

Unter dem Druck jener tödlichen Krise des Glaubens habe sich die bibl. Hoffnung auf Gottes Hilfe zur apokalyptischen Hoffnung umgestaltet: die Gegenwart sei »Endzeit«; himmlische Mächte würden jetzt in irdisches Geschehen, das in seiner Bedeutung die ganze Welt umfaßt, eingreifen; die gegenwärtige Weltzeit werde abgebrochen, damit eine völlig neue beginnen könne. A. wurde damit psychologisierend als Aufschrei einer winzigen Gruppe, eines »heiligen Restes« in einer äußersten geschichtl. Notsituation erklärt.

b. Dieses Erklärungsmodell wird immer fraglicher: Die verschiedenen Danieltraditionen sind aus sprachlichen und handschriftlichen Gründen (Qumran-Fragmente) um einiges früher anzusetzen.

Aufgrund von Qumran-Fragmenten ist zumindest der erste Teil des äthiopischen Henochbuches (1-36) auf spätestens Anfang des 3. Jh.s v.Chr. zu datieren, auf eine Zeit also, aus der wir von keiner akuten Bedrohung des Glaubens wissen. Die Entstehung der A. läßt sich darum nicht länger als Aufschrei in einer menschlich ausweglosen Situation erklären.

c. Ebenfalls offen ist die Frage nach der theol. (bzw. soziologischen) Einordnung. Ist A. aus der Weisheit zu erklären, oder als Weiterentwicklung und Aktualisierung der Prophetie zu verstehen? Inwiefern hängt sie mit dem Priestertum zusammen oder steht in Gegensatz zu ihm? Ist mit starkem außerisraelit. Einfluß (samaritanisch) oder gar Ursprung (pers.) zu rechnen? Eine Arbeitshypothese: Hinter der A. steht reiche priesterliche Erfahrung (vgl. Qumran-Essenismus, der ja selbst eine lange priesterliche Vorgeschichte gehabt haben muß), die (1) um die unlösbare Verbindung zwischen irdischer und himmlischer Welt (Tempelwissen!) auch für den Geschichtsverlauf weiß, (2) mit der aktiven Teilnahme himmlischer Wesen am irdischen Dienst (Tempelgottesdienst; vgl. Qumran-Liturgie) rechnet und teil hat sowohl (3) an priesterlicher Weisheitslehre (vgl. Hesekiel) wie (4) an echter Prophetie.

3. Literarische Eigenarten

Einige Besonderheiten tauchen in apokalyptischer Literatur gehäuft auf: Visionäre Schauungen;

himmlische Lehrgespräche, in denen dem Seher Auskunft über verschiedene Geheimnisse gegeben wird; Himmels- und Höllenreisen; die enthüllten Geheimnisse werden als Bilder gesehen, die ihrerseits einer Deutung bedürfen bzw. für tiefer gehende Deutung offen bleiben. Zu den Eigenheiten (Ausnahme: Offb) gehört die Pseudonymität, mit der die Verfasserschaft auf Größen der Vergangenheit (Henoch, Hiob, Abraham usw.) zurückgeführt wird.

4. Das apokalyptische Schrifttum

Die Entscheidung darüber, welche Schriften als Apokalypsen zu bezeichnen sind, hängt daran, welche Grundelemente man für konstitutiv apokalyptisch hält und welche allgemeiner als »eschatologisch« zu verstehen sind. Eine objektiv gültige Zusammenstellung ist deshalb nicht möglich.

a. Biblische Apokalypsen

Daniel und Offenbarung des Johannes. Einzelne Kapitel aus Prophetenschriften gehören zumindest zu Vorformen der A.: Hes 40-48; Sach 9-14; Jes 24-27; Joel u.a.

b. Jüdische Apokalypsen

äthHen; syrBar; 4Esra; Himmelfahrt Moses; Himmelfahrt Jesajas; slHen, grHen; ApkAbraham. Zumindest eng verwandt sind Jubiläen, Teile des TestXII (TestLevi und TestJuda); TestAbr; TestHiob; Teile der Sibyllinen; 3. Henoch.

c. Qumranschriften

Einige Schriften enthalten apokalyptische Elemente: Gebet des Nabonid (4QOrNab), PsDaniel-Fragmente (4QPsDan); Buch der Geheimnisse (1QMyst); Melchisedek-Fragment (11QMelch); Amram-Visionen (4QAmram); aram. Fragmente über das Neue Jerusalem; Fragmente über Zeitberechnungen (Perioden) aus Höhle 4. Eng verwandt sind die bedeutenden Liturgietexte (Sabbatlieder zum Brandopfer) aus Höhle 4 (4QSirSab, ed. C. Newsom) sowie die Kriegsrolle (1QM).

d. Frühchristliche Apokalypsen

Teile aus dem Hirten des Hermas. Verwandt sind die koptisch(-gnostische?) Petrus-Apokalypse und die Paulus-Apokalypse.

Vorstellungen, die uns in der A. begegnen, tauchen auch im NT auf, vor allem bei Johannes dem Täufer, Jesus (Mk 13 par.) und Paulus (1Kor 15,20ff; 1Thess 4,13ff; 2Thess 2,1-12).

5. Grundmotive apokalyptischen Denkens

a. apokalyptischer Erkenntnisvorgang

Drei Dinge spielen zusammen:

Beobachtungen an den bibl. Berichten (Schöpfungsgeschichte, Exodus, Geschichtskatastrophe beim Untergang des Nord- und Südreiches) zeigen typische Ereignisse, die sich in immer neuer Form wiederholen (weisheitlicher Aspekt). In der Wiederholung steigert sich das Ereignis und zieht die Geschichte in neue Dimensionen hinein (Periodisierungen: Dreier-, Vierer- bzw. Siebener-Reihen mit Steigerungen). Apokalyptische Ereignisse treffen schubartig ein, klingen ab, um dann verstärkt wiederzukehren. Der Geschichtsverlauf ist nicht linear, sondern rhythmisch.

Vertiefte Wahrnehmung der Gegenwart: Ereignisse im rel. und polit. Bereich werden an bibl. Einsichten gemessen und gedeutet. Das Wissen um Grundtypen (Abfall, Verfolgung, Lästerung usw.) hilft, gegenwärtige Vorgänge als Wiederholungen und Steigerungen wahrzunehmen.

Echte Erfahrung (Vision, Audition, himmlische Unterweisung in → Ekstase oder Himmelsreise). Das Geheimnis, das hinter geschichtl. Ereignissen steht, wird in Bild und Gleichnis gedeutet, bleibt aber letztlich → Geheimnis, das für immer neue Deutung und Vertiefung offensteht. Das Konkrete des einzelnen Ereignisses geht nicht verloren, aber das Typische tritt immer schärfer hervor.

b. Weltgeschichte

Erst die A. hat Geschichte als »Weltgeschichte« (Zielgerichtetheit, Universalität) wahrgenommen. Gott hält sie in Händen und führt sie zum Ziel (Gericht, Vollendung und Erneuerung der Welt). Als Grundsatz gilt: »Das Ende ist wie der Anfang« (ursprüngliche Schöpfung als Typos). Häufiger Bezugspunkt für die Deutung des Geschichtsverlaufs ist der Exodus (Auszug aus Ägypten).

c. Endzeit

Alles wird »in Bälde« geschehen. Die Gegenwart ist »letzte Zeit«, der gegenwärtige → Äon wird bald vom kommenden Äon abgelöst.

d. Himmel und Erde – Geschichte und Übergeschichte

Hier liegt die Überzeugung zugrunde, daß die irdischen Dimensionen der Geschichte (Leistung, Planung, Schuld, Bosheit usw.) nie ausreichen, Geschichte in ihrem tiefsten Geheimnis zu erklären. Es bestehen enge Zusammenhänge zwischen irdischer und unsichtbarer Welt (Tempelwissen! Vgl. Hiob

1-3; 1Kön 22,19ff; Jes 6,1ff; Hes 1-3 usw.). Im irdischen Geschichtsverlauf spiegeln sich himmlische Kämpfe ab (Offb 12,10ff), während irdisches Handeln (Gebet; Leiden; Opfer) in himmlisches Handeln eingreifen kann (Dan 9,20ff; 1QM). Die verfolgte Gemeinde ist mit der himmlischen unlösbar verknüpft: das Lob der himmlischen Gemeinde über den Machtantritt Gottes führt die irdische Gemeinde in tieferes Leid und Verfolgung, ja in weitere Steigerungen des Bösen. Das eine löst das andere geradezu aus. Grundsatz: Man muß um den Zusammenhang zwischen Himmel und Erde wissen und ihn einsehen können, um irdische Geschichte in ihrem Geheimnis zu verstehen.

e. Wachstum

Im Grundbild des Wachstums bis zur Ernte sprechen sich Zielgerichtetheit wie Steigerung innerhalb der Geschichte aus. Zwei Wachstumsbewegungen sind strikt aufeinander bezogen: Das Geheimnis des Bösen muß aus seiner Verborgenheit treten und sich zu seiner (gerichts-)reifen Gestalt auswachsen (→ Antichrist). Aber auch die Gemeinde wird geläutert und gereinigt. Die Unversehrbarkeit der Gemeinde treibt das Böse zum tiefsten Haß an; das Böse aber wird zum Mittel, durch das die Gemeinde zu ihrer vollendeten Gestalt heranreift.

f. Gott - und der kommende Erlöser

Das Ende, die Zeit der Ernte, wird nicht durch das Wachstum, sondern durch Gott allein festgelegt. Die letzte Geschichtsphase wird in verschiedenartiger Weise mit der Ankunft einer Erlösergestalt (Menschensohn, Messias) verbunden, die vor dem endgültigen Gericht, als Vollstrecker des Gerichtes oder als Herr der kommenden Friedenszeit kommen wird. Im Unterschied zu christl. Apokalypsen bleibt die Rolle, die jener Erlösergestalt zukommt, in jüd. Texten merkwürdig blaß.

g. Trostcharakter

A. will nicht Neugier befriedigen, sondern dem Trost der angefochtenen Gemeinde dienen: Gott hält dennoch alles in seiner Hand. Weil die Gemeinde dies weiß, kann sie in den himmlischen Lobgesang einstimmen, auch wenn die sichtbare Gestalt unserer Welt dazu keinen erkennbaren Anlaß mehr bietet.

Lit.: J.H. Charlesworth: Old Testment Pseudepigrapha, 1983/85 (umfassendste Ausgabe); E. Kautzsch: Die Apokryphen und Pseudepigraphen des Alten Testaments, (1900), 1975; W.G. Kümmel: Jüdische Schriften aus hellenistisch-römischer Zeit, 1970ff (umfassend, in Einzelbänden); P. Riessler: Altjüdisches Schrifttum außerhalb der Bibel, 1966; D. Hellholm: Apocalypticism in the Mediterranean World and the Near East, 1983; K. Koch, J.M. Schmidt (Hg.): Apokalyptik, 1982; Chr. Rowland: The Open Heaven. A Study of Apocalyptic in Judaism and Early Christianity, 1982.

W. Bittner

Apokatastasis → Allversöhnung

Apokryphen (AT)

Unter den atl. A. im engeren Sinne versteht man all diejenigen frühjüd. Schriften, die in der lat. Bibel (Vulgata) enthalten sind, in der hebr. Bibel jedoch nicht. Es handelt sich um mehrere eigenständige Werke (3/4 Esr, Tob, Jdt, Weish, Sir, Bar, EpJer, Or Man, 1/2 (3/4) Makk) sowie verschiedene Zusätze zu bibl. Büchern (ZusEst, ZusDan, Ps 151). Diese Schriften stammen vom 3. Jh. v. bis 2. Jh. n.Chr. Die meisten sind nur aus der christl. Ms.-Überlieferung erhalten; umfangreiche Fragmente besonders zu Sir wurden im 20. Jh. am Toten Meer und in der Kairo Genizah gefunden. Die A. insgemein, allen voran 1/2Makk sowie Weish, Sir und 4Esr sind für das Verständnis des antiken Judentums und des frühen Christentums wesentlich.

1Makk (frühes 1. Jh. v.Chr.) behandelt recht zuverlässig die jüd. Revolution gegen die hellenisierende Zwangsherrschaft des Seleukiden Antiochus IV. aus der sachlich-realpolitischen Perspektive der hasmonäischen Herrschaftsideologie. Dieses Werk ist in Theologie und Frömmigkeit vergleichsweise nüchtern und dem institutionellen Establishment verpflichtet (Kritik am Pietismus der Chasidim; → Chasidismus). Gott wird stets als »Himmel« umschrieben, aber seine Kraft und Güte dennoch gepriesen (z.B. 4,11.24ff); traditionell pharisäische Lehren wie Wunder, Engel, Auferstehung oder Unsterblichkeit fehlen. Prophetie ist gegenwärtig erloschen (4,46; 9,27; 14,41). 1Makk beschreibt auch den Beginn des jüd. Chanukkah-Festes 165 v.Chr. anläßlich der Wiedereinweihung des geschändeten Tempels in Jerusalem.

2Makk behandelt ohne sichtliche Abhängigkeit den gleichen Stoff wie 1Makk 1-7, jedoch aus ausdrücklich theol. (hasidäisch-pharisäischer) Perspektive. Für das NT wichtig sind der Vorsehungs- und Auferstehungsglaube sowie die Märtyrertheologie in 2Makk 6-7.

Die für das NT wichtigsten Weisheitsbücher der A. sind Sir und Weish (zahlreiche Anspielungen: vgl. Röm 1,18ff mit Weish 13-14; Röm 12,15 mit Sir

7,34; Mt 6,14 etc.). Sir wurde gegen 180 v.Chr. von Josua ben Sira in Jerusalem verfaßt und um 130 von seinem Enkel in Ägypten ins Griech. übersetzt (und mit dem jetzigen Prolog versehen). In den Spruchsammlungen des Sirach-Buches zeigt sich eine Konzentrierung der Weisheit auf nationale Tora-Frömmigkeit, ähnlich wie sie sich dann später im rabbin. Judentum entwickelt (vgl. bes. Sir 24; s. auch Bar 3). Gleichwohl aber geht es dem Verfasser hauptsächlich um Ethik und Spiritualität, nicht um das Ritualgesetz. Besonders wichtig ist auch die Betonung des geistl. begabten Schriftgelehrten (Sir 39), dem sozusagen das Erbe der Prophetie anvertraut ist. Israels Geschichte wird hier erstmals in die Weisheitslehre mit einbezogen (besonderer Preis der Väter, Sir 44-50). Für den Ursprung des atl. Kanons ist die schon im Prolog (Ende 2. Jh.) enthaltene Dreiteilung des atl. Kanons in Gesetz, Propheten und andere Schriften (vgl. auch 39,1; 44,3-5) wichtig.

Weish ist ein vermutlich im 1. Jh. v.Chr. in Alexandria verfaßtes Weisheitswerk. Ähnlich wie Spr und Pred ist Weish Salomo als dem symbolischen Urheber israelit. Weisheitslehre zugeschrieben (Weish 7-9). Wegen seiner hellen. Prägung (rhetorische Formen; Platonismus und Stoizismus: z.B. Unsterblichkeitslehre, Naturgesetz, vier Kardinaltugenden) steht Weish → Philo von Alexandria näher als der klass. Weisheitsliteratur; es geht jedoch stets um jüd. Apologetik. Wesentlich für das Verständnis der ntl. Christologie ist die personifizierte Weisheit als Gottes Logos (dazu bes. 18,15f). Trotz eines gewissen Universalismus liegt dem Verfasser in Kap. 10-18 daran, den heidnischen Götzendienst anzuprangern und Gottes geschichtliche Fürsorge an seinem Volk zu betonen. Viele Anspielungen bei Paulus machen wahrscheinlich, daß er Weish kannte oder mit dem gleichen Gedankengut eng vertraut war.

Zwei dem Esra pseudonym zugeschriebene Schriften sind in der Vulgata (mit OrMan) als Anhang enthalten. 3Esr ist ein alternatives Geschichtswerk zu 2Chr 35f und Esr. 4Esr ist die einzige Apokalypse in den A., nach der Zerstörung des zweiten Tempels (70 n.Chr.) entstanden und später vermutlich christl. redigiert (Kap. 1-2, 15-16). Kap. 3-14 sind ein Zyklus von sieben Visionen, in denen es um die seit der Tempelzerstörung brennende Theodizeefrage geht. Gottes Herrschaft über die Geschichte bringt schließlich den → Messias und das himmlische → Zion; bis dahin müssen die von Esra niedergeschriebenen 24 Bücher des Kanons und 70 außerkanonischen (geheimen) Bücher getreu verwaltet werden.

Jdt und Tob sind interessante Beispiele jüd.-hell. Novelle; das gleiche gilt für Sus (in ZusDan). Or Man ist ein bewegendes kurzes Erbauungsstück zu 2Chr 33,12; in der frühen Kirche wurde es wie andere A. liturg. verwendet.

Der unübersehbar reiche Einfluß der A. auf Theologie und Kultur des Abendlandes läßt sich hier nur andeuten (vgl. Metzger, 205-238). In der frühen Kirche wurden die A. zunächst mit LXX weithin als Teil des atl. Kanons akzeptiert und verwendet (ausgenommen Melito, Origenes, Hieronymus, Athanasius); seit dem 4 Jh. jedoch war ihr Einfluß in der westl. Kirche wesentlich größer. Die Reformatoren hielten die A. für »der heiligen Schrift nicht gleich gehalten und doch nützlich und gut zu lesen«; Luther fand hier viel Erbauliches. Auf kath. Seite führte jedoch die wachsende Skepsis der Protestanten 1546 am Konzil von Trient zur offiziellen Kanonisierung der gesamten Vulgata. In Musik und Kunst reicht der Einfluß der A. von M. Rinckarts beliebtem Gesangbuchlied »Nun danket alle Gott« (Sir 50,22-24) zu Händels Oratorium »Judas Maccabaeus« sowie zu Gemälden flämischer und italienischer Meister zu Tob und Jdt. Zur heutigen Bedeutung: Zwar lag Hieronymus mit seinem Votum für den hebr. Kanon sicher richtig; als »parakanonische« Verständnishilfen für die Zusammengehörigkeit von AT und NT sind jedoch die A. auch für Protestanten von bleibend großem theol. Nutzen und Gewinn.

Lit.: G. Blail: Die Apokryphen, 1988; E. Kautzsch: Die Apokryphen und Pseudepigraphen des Alten Testaments, 1962; W.G. Kümmel u.a.: Jüdische Schriften aus hellenistisch-römischer Zeit, 5 Bde., 1973ff; B.M. Metzger: An Introduction to the Apocrypha, 1957; G.W.E. Nickelsburg: Jewish Literature between the Bible and the Mishnah, 1981; L. Rost: Einleitung in die alttestamentlichen Apokryphen und Pseudepigraphen einschließlich der großen Qumran-Handschriften, ³1985.

M. Bockmühl

Apokryphen (NT)

Unter ntl. A. verstehen ev. und kath. Theologie übereinstimmend jene Schriften, die nach Form und Inhalt gewisse Ähnlichkeiten zu den 27 Büchern des NT aufweisen, aber nicht in dieses mitaufgenommen wurden, obwohl sie beanspruchen, von Aposteln verfaßt worden zu sein oder zumindest über die Apostel berichten. Vereinzelt schon ab dem frühen 2. Jh. entstand eine große Zahl solcher Bücher (etwa hundert oder mehr). Von vielen wissen wir nur den Namen; die noch erhaltenen Texte sind meist fragmentarisch, viele nur in syr., lat., kopt., äthiop. oder arab. Übersetzung.

Unter dem Namen des Apostels Petrus gibt es mehrere frühe A.: Petrusev., Petrusakten, Petrusapokalypse (alle drei entstanden im 2. Jh.). Beim Petrusevangelium fällt das apologetische Motiv auf: Der Auferstandene erscheint nicht nur den Gläubigen, sondern auch den röm. Soldaten (I, 38-42). Die Petrusakten berichten von den Kämpfen des Petrus mit dem (aus Samaria stammenden – vgl. Apg 8) Zauberer Simon in Rom und schließlich von Petri Martyrium. Die Petrusapokalypse beinhaltet eine ausführliche Schilderung Jesu von den zukünftigen Strafen für die Sünder. Der Kanon Muratori erwähnt sie nach der Johannesapokalypse als eine zwar rezipierte, aber doch auch umstrittene Schrift.

Wie unter dem Namen des Petrus gibt es auch unter dem Namen anderer Apostel (etwa Paulus oder Thomas) verschiedenste A. Über Entstehungszeit und -ort können im allg. nur ungefähre Aussagen gemacht werden. Diese A. besaßen bloß gebietsweise Verbreitung, mitunter allerdings sogar kanonsähnliche Anerkennung. Von den ntl. Textformen wurden Evv., Acta und Apokalypse häufig nachgeahmt, jedoch kaum Briefe.

Der Begriff »apokryph« bedeutete ursprünglich »verborgen« oder »geheim«. Die Gnostiker erhoben den Anspruch, solche geheimen, besonders heiligen und nur wenigen bekannte Schriften zu besitzen. Durch die Ablehnung seitens der Kirche erhielt »apokryph« die Nebenbedeutung »gefälscht«, »häretisch«. Viele der heute zu den A. gerechneten Bücher entstanden unter den Gnostikern. In den gnostischen Evv. verkündete der Auferstandene vor seiner Himmelfahrt noch geheime Offenbarungen. Die Apokalypsen sind diesen gnostischen Evv. ähnlich. Eine besondere Form hat das Ev. nach Thomas: Es besteht aus aneinandergereihten Sprüchen Jesu.

Auch die meisten altchristl. Kirchenordnungen berufen sich auf apostol. Autorität (etwa die Didache oder die Didaskalia), werden aber trotzdem nicht zu den A. gerechnet. Sie schließen sich der Form nach nicht an Bücher des NT an, und als offizielle Kirchenordnungen haftete ihnen auch nicht der Geruch des kirchlich Verbotenen an.

Im 2. Jh. entstanden auch judenchristl. Evv. (z.B. das Hebräerev.) und Kindheitsevv.: Protoevangelium des Jakobus (= Geburt Marias), Kindheitserzählung des Thomas.

Von den apokryphen Apostelakten sind die Acta Pauli besonders bekannt. Tertullian berichtet, daß sie von einem kleinasiat. Presbyter stammen, der wegen dieser Fälschung abgesetzt wurde. Das ist einer der seltenen Fälle, wo wir Hinweise auf den Verfasser einer solchen apokryphen Schrift haben. Wichtig sind auch noch die Andreas-, Johannes- und Thomasakten. Der Transitus Mariae (Himmelfahrt Marias) entstand im 5. Jh. und schildert Tod und Aufnahme Mariens in den Himmel. Ein Beispiel dafür, daß die Marienlehre z.T. dogmatisierte Volksfrömmigkeit ist.

Kennzeichnend für den Inhalt der ntl. A. sind die Betonung spektakulärer Wunder und der geschlechtlichen Enthaltsamkeit.

Die ntl. Apokryphen haben heute keine praktische Bedeutung mehr: Sie werden nicht von Laien, sondern nur von Theologen studiert, und niemand denkt daran, sie ins NT zu nehmen. Ihre wissenschaftl. Bedeutung besteht in zweierlei: Erstens machen sie den großen Qualitäts-Unterschied zwischen den Büchern des NT und den übrigen Schriften der Frühzeit der Kirche bewußt. Zweitens informieren sie uns über das damalige volkstümliche Christentum in und außerhalb der Kirche. Unsere hist. Kenntnis über Jesus und seine Apostel wird durch sie jedoch kaum erweitert.

Lit.: M. R. James: The Apocryphal New Testament, 1924, 1980; A. de Santos: Los Evangelios Apocrifos, 1956; W. Schneemelcher (Hg.): Neutestamentliche Apokryphen, Bd. 1, ^{6}1990; Bd. 2, ^{5}1989; K. Tischendorf: Evangelia Apocrypha, 1853;

B. Altaner, A. Stuiber: Patrologie, ^{9}1980, §§ 35-41; G. Kretschmar: »Apokryphen (NT)«, GBL 1, 1987, 74-82; R. McLachlan Wilson: »Apokryphen II«, TRE 3, 1978,316-362;

J. M. Robinson: The Nag Hammadi Library in English, 1977.

F. Stuhlhofer

Apollinaris (ca.315-ca.390)

A. wurde als Sohn des gleichnamigen Grammatiklehrers im syr. Laodicea geboren. Ab 360/1 war er Bischof in seiner Heimatstadt und starb wohl im Jahre 390, jedenfalls vor 392. Schon zu Lebzeiten war er ein heftig umstrittener Theologe, dessen Lehre von Christus seit 377 auf mehreren Synoden und 381 auf dem 2. Ökumen. Konzil in Konstantinopel als häretisch verurteilt wurde.

Bei A. begegnet zum ersten Mal in der Geschichte der Kirche das Problem des → Monophysitismus, d.h. der Lehre von der »einen Natur« Christi, in der die menschliche Natur Christi in dem Verdacht steht, von der göttlichen verschlungen zu werden. In einem Bekenntnis des A. an Kaiser Jovian (363) heißt es bereits: »Wir bekennen. . ., daß der eine Sohn nicht aus zwei Naturen (»physeis«) besteht, sondern eine physis des Gott-Logos, die Fleisch wurde und mit seinem Fleisch zusammen in einer Verehrung verehrt wird« (vgl. Lietzmann 250ff).

Phil. und theol. gleichermaßen hoch gebildet, gehörte A. zu den Anhängern des → Nicaenums (325). Mit → Athanasius kämpfte er für die Anerkennung der Lehre von der wesenhaften Einheit Christi mit Gott. Seit 346, als Athanasius auf seiner Rückreise aus abendländischer Verbannung Laodicea besuchte, verband beide eine lebenslange Freundschaft. Theol. stimmten beide gegenüber den Arianern (→ Arius/Arianer) darin überein, daß Christus, der Sohn Gottes, kein Geschöpf, sondern wesenhaft Gott sei. Wie aber ist dann das Wort zu verstehen, daß dieser Gott »Fleisch wurde« (Joh 1,14)? A. versteht Joh 1,14 so, daß sich in Christus Gott mit der menschlichen Natur vereinte und zum »Gott im Fleisch« wurde. Er betont: Es gibt nur einen Sohn Gottes, und dieser eine Sohn hatte auch nur eine fleischgewordene Natur, die vom göttlichen Logos, nicht aber von einer menschlichen Vernunft bestimmt wird.

Mit dieser Lehre erregte er den Widerspruch der Gegner, zu denen insbesondere die → Kappadozier Gregor von Nazianz und Gregor von Nyssa gehörten. Sie betonten gegenüber A. die menschliche Seite Christi, lehrten die Einheit zweier Naturen in Christus und formulierten den Grundsatz, daß nur der Christus die Menschen erlösen könne, der selbst Mensch im umfassenden Sinn gewesen sei, nach Leib, Seele und Geist.

Mit A. entwickelt sich aus dem trinitarischen der christologische Streit, der in den folgenden Jahrhunderten die Kirche tief erschütterte.

Das Werk des A. ist nur noch in Bruchstücken erhalten; einige Schriften sind unter dem Namen des Athanasius überliefert (Oratio contra Arianos IV; Contra Sabellianos).

Lit.: R.M. Hübner: Soteriologie, Trinität, Christologie. Von Markell von Ankyra zu Apollinaris von Laodicea: Im Gespräch mit dem dreieinen Gott, FS W. Breuning, 1985, 175-196; H. Lietzmann: Apollinaris von Laodicea und seine Schule. Texte und Untersuchungen, 1903 (ND 1970); E. Mühlenberg: Apollinaris von Laodicea, FKDG 23, 1969; ders.: »Apollinaris von Laodicea«, TRE 3, 1978, 362-371 (Lit.).

W.A. Bienert

Apolloniusmartyrium → Märtyrerakten

Apologeten, altkirchliche

Wie die Verkündigung so gehört auch die Verteidigung des Evangeliums von früh an zu den Grundaufgaben der Kirche. Sagt die Missionspredigt, worin das → Evangelium besteht, so antwortet → Apologetik auf kritische Einwände bzw. unbegründete Vorurteile gegenüber dem Evangelium. Apologetik steht somit am Anfang christl. Theologie; sie ist allerdings konkreter und situationsbezogener als diese. Hat es Theologie mit dem Bedenken und Befragen des Glaubens zu tun, so steht Apologetik im Gespräch mit bestimmten Gegnern des Christentums, mit Juden oder Valentinianern, mit Neuplatonikern oder Montanisten. Beschäftigt sich Theologie mit dem Grundproblem von Orthodoxie und Häresie, so interessiert sich Apologetik für die vielen Einzelfragen, die sich aus der Verkündigung des Evangeliums ergeben, z.B. für die Auferstehung der Toten.

Im 1. Petrus-Brief (3,15) wird Apologie als Rechenschaft über Glauben und Leben des Christen jedem Glaubenden als Aufgabe zugewiesen. Trotzdem kann nicht jede Verkündigung der christl. Botschaft schon als apologetisch bezeichnet werden. Im 1. Jh. erfolgte Apologetik gleichsam nebenbei, immer dort, wo und wann sie erforderlich wurde. Paulus gehört auch zu den bedeutendsten A. des Urchristentums (z.B. in Röm 1 und 2 in der Abwehr des heidnischen Lebensstils oder in Gal 3 in der Auseinandersetzung mit jüd. Schriftauslegung), aber sein Hauptberuf war die Missionspredigt und nicht deren Verteidigung.

Im 2. Jh. änderte sich die Situation. Die christl. Kirche hatte sich inzwischen konsolidiert und wurde von ihren Zeitgenossen als eigene Religion wahrgenommen. Wie bei jeder Minorität waren Gerüchte und Einwände schnell zur Hand; so in der ungebildeten Volksmasse, daß Christen Atheisten seien (weil sie die herkömmlichen Götter nicht verehren) oder Kannibalen (weil sie im Herrenmahl Leib und Blut Christi zu sich nehmen) oder Blutschande betreiben (weil sie einander den Friedenskuß geben) u.a. Solchen Verdächtigungen gegenüber konnten die A. weniger widerlegen als einfach bestreiten. Im übrigen war das Leben der Christen der beste Beweis für die Haltlosigkeit der gegen sie gerichteten Vorwürfe.

Die Gebildeten warfen der Kirche vor, sie wäre eine viel zu junge, traditionslose Religion ohne Argumente, Erfahrung und Lebensstil. Gegen solche Beschwerden traten nun mehrere Christen im 2. Jh. auf, die A. heißen, weil sie als A. (= Verteidiger) des Christentums wirkten und ihre Argumente in Apologien (= Verteidigungsschriften) vorbrachten. So haben die einen, wenigstens fiktiv, an die Kaiser unmittelbar geschrieben, Aristides an Hadrian (117-138), Justin an Antoninus Pius (138-161), Athenagoras an Marcus Aurelius, andere an Provinzstatthalter, so Tertullian in seinem berühmten Apologeticum an den für Nordafrika zuständigen Prokurator. Inhaltlich haben die A. - durchaus in Aufnahme phil. Argumente - die Götterverehrung der Heiden und deren Mythologie der Kritik unterzogen und den Monotheismus gepriesen. Sie haben die Loyalität der Christen gegenüber dem Staat (und die Fürbitte für den Kaiser) herausgestellt und die im Alltag bewährte Moralität, das »tugendhafte Leben«, von dem die Christen nicht nur reden wie die Philosophen, sondern das sie auch praktizieren.

Gegen den Vorwurf der allzu jungen Religion wird auf den Zusammenhang zwischen Judentum und Christentum verwiesen: bei Mose wären alle großen griech. Philosophen in die Schule gegangen, so daß das Christentum durchaus zu den Traditionsbesitzern zu zählen sei. Immer wieder aber wird von der Kirche, ihrem Glauben und ihren Gottesdiensten berichtet, um den Verdacht der Heimlichtuerei und des Mysterienkultes abzuwehren.

Die literarischen Formen, deren sich die A. bedienen, nämlich das Plädoyer des Anwalts oder der Dialog mit dem Widersacher, stammen aus der antiken Rhetorik und sind ebensowenig neu wie die apologetischen Methoden, die aus der hell. Philosophie bzw. der jüd. apologetischen Literatur (Weisheit Sal., Philo, Josephus) übernommen waren. So haben gelegentlich Christen und Heiden die gleichen Argumente gebraucht, nur in anderem, oft entgegengesetztem Sinne verstanden. Die verwendeten Motive (Topoi) waren neutrales Material geworden, das sich fast beliebig verwenden ließ und aus den unterschiedlichsten Florilegien stammte. Hierin liegt der Grund, warum die A. weithin nicht als originelle Denker eingeschätzt werden. Sie mußten sich durch die üblichen Schemata der Philosophie und der Rhetorik zunächst durchkämpfen, bevor sie ihre eigene Meinung entfalten konnten, und manche christl. Theologen sind in dieser Tradition erstickt und zu keiner eigentlich christl. Aussage mehr gekommen (z.B. Minucius Felix in seinem Octavius).

Immer haben sich die A. in einem »Mehrfrontenkrieg« befunden. Die eine Front, gegen die sich nahezu alle christl. Theologen abgrenzen mußten, war das Judentum, das seinerseits eine heftige antichristl. Apologetik betrieb. Um nicht als jüd. Sekte zu erscheinen, haben die A. versucht, den Abfall der Juden von der Moses-Offenbarung zu erweisen und die Christen als das wahre Gottesvolk zu legitimieren. Durch allegorische und typologische Auslegung des AT wurde die Erfüllung der messianischen Verheißungen durch Jesus und der besondere heilsgeschichtl. Auftrag des Christentums gegenüber dem alten Bundesvolk dargetan. Die andere Front, mit der sich eigentlich alle christl. Theologen beschäftigen, war der Gerichtshof des Staates und die literarische Auseinandersetzung mit der zeitgenössischen Philosophie. Im ersten Fall ist natürlich die christentumsskeptische Öffentlichkeit der röm. Behörden zu nennen, dann aber gibt es eine Reihe ernst zu nehmender Streitschriften gegen das Christentum von bekannten und weniger bekannten Philosophen wie Fronto, → Celsus, Porphyrius u.a. Zahlreiche A. haben ihnen gegenüber, mehr oder weniger überzeugend, die Überlegenheit des Christentums gegenüber allen anderen Religionen und Philosophien nachzuweisen versucht.

Die dritte Front apologetischer Auseinandersetzung sind die christl. Häretiker, die gegenüber der Großkirche den Anspruch auf reine Lehre erhoben und deshalb zu allen Zeiten der Widerlegung bedurften.

Die Zeit der A. im weiteren Sinn reicht bis ans Ende des 4. Jh.s. Nachdem das Christentum 380 Staatsreligion geworden war, traten die Auseinandersetzungen von außen nach und nach zurück, und die Apologetik wurde zur Theologie. Es verwundert daher nicht, daß die eigentlich sog. »altkirchlichen« A. in die Frühzeit des Christentums, also ins 2. Jh. gehören. Sie folgen auf die → Apostolischen Väter und werden gefolgt von den Frühkatholischen Vätern. Zu den A. gehören:

- Quadratus aus Kleinasien (Apologie an Hadrian, ca. 130);
- Ariston aus Pella (Dialog zwischen einem Christen und einem Juden über Christus, ca. 140);
- Miltiades aus Kleinasien (5-7 Apologien, ca. 160);
- Apollinaris aus Hierapolis (5 Apologien gegen Juden, Griechen und Montanisten, ca. 160), die Schriften von 1-4 sind sämtlich verloren gegangen.
- Melito von Sardes (eine verlorene Apologie an Mark Aurel, ca. 172 und eine erhaltene Passa-Predigt);
- Aristides von Athen (Apologie in syrischer Übersetzung an Hadrian, ca. 130);
- Justin von Rom, wohl der bedeutendste unter den altkirchl. A., (zwei Apologien gegen die Heiden, an Antoninus Pius, ca. 155, Dialog mit dem Juden Tryphon über das jüd. Gesetz und den Monotheismus, ca. 160);
- Tatian von Rom, Schüler Justins, hat neben seiner → Evangelienharmonie eine Werbeschrift an die Griechen (ca. 165) verfaßt;
- Athenagoras aus Athen (eine Apologie als »Bittschrift für die Christen«, an Mark Aurel, ca. 177, und eine theol. Abhandlung über die »Aufer-

stehung der Toten«, die sich sowohl an Philosophen wie an Christen selbst wendet);

- Theophilus von Antiochien (Apologie an Autolycus, ca. 180);

- Brief eines unbekannten Autors an den Heiden Diognet mit einer umfassenden Kritik am Heiden- und Judentum (ca. 150-180).

Lit.: L.W. Barnard: »Apologetik I«, TRE 3, 1978, 371-411 (Lit.); E.J. Goodspeed: Die ältesten Apologeten, (1914) 1984; A. Hauck: Apologetik in der Alten Kirche, 1918; W. Jaeger: Das frühe Christentum und die griechische Bildung, 1963.

G. Ruhbach

Apologetik

A. - Verteidigung des christl. Glaubens gegenüber der nichtchristl. Umwelt.

1. Theologische Begründung und Einordnung der Apologetik

a. Missiologisch-heilsgeschichtliche Begründung der Apologetik

Das NT unterscheidet grundlegend zwischen Kirche und Welt. Christen sind durch Gottes Berufung aus der Welt ausgesondert. Das neue Gottesvolk unterscheidet sich heilsgeschichtl. vom alten wesentlich dadurch, daß die ntl. Gemeinde nicht wie Israel als eine ethnisch (völkisch) geschlossene Größe aus den Völkern erwählt ist, sondern eine Gemeinschaft von Menschen aus den verschiedensten Völkern darstellt, die durch den Missionsauftrag Christi an alle Völker gewiesen ist (Mt 28,19-20).

Die Notwendigkeit zur A. erwächst aus dieser Spannung zwischen der → Erwählung der Kirche aus der Welt und ihrer Sendung in die Welt. Das Wort vom Kreuz steht im Widerspruch zu den vorfindlichen Kulturen der Völker, die durch Mission in die Nachfolge Christi eingewiesen werden sollen. Um Menschen vor allem beim Übergang von einem Kulturkreis in einen anderen von der Botschaft des Evangeliums zu überzeugen, muß sich der Missionar in die geistige Tradition seiner Hörer hineindenken. Nur mittels gründlicher Kenntnis der rel., ideologischen und phil. Denkvoraussetzungen lassen sich in Anknüpfung und Widerspruch die Widerstände gegen die Botschaft überwinden. Die Mission darauf denkerisch und praktisch vorzubereiten, ist seit den Tagen der Urchristenheit Aufgabe der A.

b. Ursprünge apologetischer Theologie im NT

- In den synoptischen Evangelien (Mt/Mk/Lk):

Ihre erste grundlegende Herausforderung zur A. erfuhr die entstehende Kirche in der Begegnung mit dem → Judentum. Die Synoptiker zeigen Jesus in Auseinandersetzung mit den einflußreichen jüd. Gruppierungen seiner Zeit (apologetische Streitgespräche Jesu mit Vertretern der Pharisäer, Sadduzäer, Zeloten usw. über die Steuerpflicht, das Sabbatgebot, die Totenauferstehung).

- Im Johannesevangelium:

Das vierte Ev. ist als ganzes zutiefst apologetisch bestimmt. Sein Aufbau und seine inhaltliche Darstellung sind von der Frage nach dem Selbsterweis Jesu als → Messias und Gottessohn geprägt.

- In der Apostelgeschichte und den apostolischen Briefen:

Die Apg des Lukas beschreibt das mission. Vordringen der Evangeliumsverkündigung in die hell.-röm. Welt. Dabei lassen sich an der Auseinandersetzung mit der Magie (8,4-25), dem Polytheismus (14,8-20) und der griech. Philosophie (17,16-34) typische Merkmale frühchristl. A. herausarbeiten.

Die Gesamtkonzeption des Römerbriefes zeigt eindrucksvoll die heilsgeschichtl. Argumentationsweise des Paulus gegenüber dem Juden- als auch gegenüber dem Heidentum und stellt innerhalb des NT den in sich geschlossensten apologetischen Entwurf dar. In profilierter Zuspitzung macht Paulus im Eingangsteil des ersten Korintherbriefes den Gegensatz zwischen menschlicher Weisheit und dem Wort vom Kreuz deutlich und bringt damit den Widerspruch zwischen Philosophie und christl. Theologie präzise auf den Punkt (1Kor 1,18-2,16).

Im ersten Petrusbrief findet sich der locus classicus (klassische Belegstelle) jeder christl. A.: »Seid allezeit bereit zur Verantwortung (griech. *pros apologian*) vor jedermann, der von euch Rechenschaft (*panti tō aitounti hämas logon*) fordert über die Hoffnung, die in euch ist« (1Petr 3,15).

c. Ort der Apologetik im Zusammenhang der theologischen Disziplinen

- Apologetik als Aufgabe systemat. Theologie

Die zusammenhängende und in sich schlüssige Entfaltung der christl. Glaubens- und Sittenlehre (→ Dogmatik und → Ethik) muß in wechselnden historischen Situationen und kulturellen Kontexten (→ Kontextualisierung) je neu begründet werden. Denkhindernisse und Einwände auf dem Weg zur bibl. Glaubenserkenntnis gilt es dabei zu überwinden. Dies ist die Funktion apologetischer Argumentation im Gesamtbemühen systemat. Theologie; sie hat ihren Ort besonders in den Einleitungen der

Dogmatik (Prolegomena) bzw. der Fundamentaltheologie, in deren Rahmen die Voraussetzungen und Grundlagen der christl. Offenbarung gegenüber zeitgenössischen Wahrheitsansprüchen dargelegt und verteidigt werden sollen.

– Praktisch-theologische Einübung in die Apologetik

Dialogfähigkeit bzw. Streitkultur etc. sind heute Stichworte, unter denen die Konkretion der A. in je unterschiedlichen Herausforderungen neu bedacht und praktisch eingeübt werden müßte. Grundlegend für die Glaubwürdigkeit christl. A. ist die Verbindung von persönlicher Glaubensgewißheit und intellektueller Redlichkeit. Sie nimmt die Wahrheitserkenntnis in der Argumentation des Gegenübers ernst und wird ihr deshalb gerecht, ohne dabei die Eindeutigkeit des christl. Bekenntnisses abzuschwächen oder gar preiszugeben. Von praktischer Relevanz erwiesen sich in Deutschland spezifische Institutionen, die man speziell mit apologetischen Aufgaben betraut hat, z.B. die → Evangelische Zentralstelle für Weltanschauungsfragen; sie knüpft an die Tradition der früheren »Apologetischen Zentrale« in Berlin an.

2. Geschichtstheologische Beobachtung und Konsequenzen aus der Geschichte der Apologetik

a. Unterschiedliche Bedeutung der Apologetik in der Theologie- und Kirchengeschichte

– Apologetischer Auf- und Durchbruch in der Alten Kirche

Der mission. Aufbruch des frühen Christentums in die heidnische Welt des röm. Imperiums und ihre hell. Kultur ist maßgeblich von der A. bestimmt. Die griech. Schriftsteller des 2. Jh.s und die lat. des 3. Jh.s gelten in der Theologiegeschichte als die »Apologeten« schlechthin. Als Verteidiger des Christentums gegen jüd. Positionen und gnostische Systeme bedienen sie sich der Methoden und Argumente antiker Philosophie; zu ihnen sind u.a. Justin der Märtyrer, Athenagoras und Tertullian zu rechnen (s. → Apologeten, altkirchliche). In der nächsten Entwicklungsphase versuchen die alexandrinischen Theologen (→ Alexandrinische Theologie) → Clemens und → Origenes die christl. Lehre mit der antiken Kultur zu versöhnen; bei Eusebius von Caesarea fungiert die A. bereits als »Praeparatio evangelica« (Vorbereitung auf das Evangelium). Sie erreicht mit dem »Gottesstaat« von Aurelius Augustinus einen umfassenden Gesamtentwurf christl. Geschichtstheologie, der in Auseinandersetzung mit dem röm. Reich konzipiert ist. Während dieser Epoche der Kirchengeschichte erwies sich A. als unabdingbares Erfordernis, um die hell. Welt mission. zu überwinden.

– Das Mittelalter als »tausendjähriges« Interim (Zwischenzustand) der Apologetik

Mit dem Schwinden der geistigen Kraft des Heidentums verlagert sich die apologetische Diskussion von der mission. Orientierung nach außen hin zum innerkirchl. Konflikt in der Auseinandersetzung zwischen orth. (rechtgläubigen) und häretischen (irrlehrerischen) Lehrentwicklungen. Diese innertheol. Problematik bestimmt das Mittelalter sowie die konfessionelle Kontroverstheologie in der Epoche der Reformations- und Gegenreformationszeit.

– Apologetik als Rückzug und Herausforderung in der Neuzeit

Mit der Renaissance (Wiedergeburt der antiken, vorchristl. Kultur) und dem Humanismus setzt in der lat. Kirche des Westens im 15./16. Jh. die kritische Abwendung vom christl. Erbe ein und erreicht in der europ. Aufklärung des späten 17. Jh.s und vor allem des 18. Jh.s ihren Höhepunkt. In den religionskritischen Systemen des 19. und 20. Jh.s findet diese Entwicklung ihren ideologischen Abschluß. Angesichts der Ideale von Toleranz, → Autonomie und Rationalität verlor das christl. Dogma seine absolute Gültigkeit in der Gesellschaft. Es bildete sich eine nachchristl. Kultur heraus, die die Theologie fortwährend zu apologetischen Einlassungen nötigte. Die in der Neuzeit erschienene apologetische Literatur ist nahezu unüberschaubar. Sie richtet sich gegen die rationalistische Bibelkritik, sowie den → Atheismus in allen seinen Begründungszusammenhängen. Einen durchgängigen Schwerpunkt bildet die Auseinandersetzung um ein sachgemäßes Natur- und Weltbild in der Diskussion zwischen den exakten Naturwissenschaften und der Schöpfungstheologie. Als herausragende Apologeten der Neuzeit seien beispielhaft genannt: Hugo → Grotius, John Henry → Newman, August → Tholuck, Martin → Kähler, Franz → Delitzsch sowie im 20. Jh. Karl → Heim und Walter Künneth. Die Letztgenannten versuchten von bibl. Positionen ausgehend, den neuzeitlichen Rationalismus und Kritizismus zu überwinden. Dennoch gleicht im Unterschied zur frühkirchl. Situation die neuzeitliche A. oft eher einem Rück- als einem Siegeszug. Gerade bei einer Reihe höchst wirksamer Theologen wie z.B. F.D.E. → Schleiermacher, E. → Troeltsch, P. → Tillich und R. → Bultmann, erweisen sich die kritischen Denkvoraussetzungen der neuzeitlichen Philosophien als so mächtig, daß ihre apologetischen Bemühungen scheiterten; obwohl diese prot. Denker die moderne Kultur mit der christl. Überlieferung aussöhnen möchten, gelingt es ihnen in zentralen Fragen nicht, eine schriftgemäße, am reformat. Bekenntnis orientierte Position durchzuhalten.

– Geschichtstheologische Herausforderung zur Apologetik

Die Entwicklung des Christentums um die Wende zum dritten Jt. neigt sich wieder zu ihrer apostol. Ausgangslage. In der bewußt nachchristl. Kultur der europ. Moderne ist jedoch kein Rückzug, sondern erneut die Kraft der apologetischen Mission gefordert; betrieben von einer Minderheitskirche, die ihre Bestimmung, »Fremdlinge in der Zerstreuung« zu sein (1Petr 1,1), bewußt annimmt und mission. lebt.

Dabei zeigt sich, daß argumentative A. nur bis zur Beseitigung von Denkhindernissen, die der Akzeptanz des Glaubens entgegenstehen, vordringen kann. Den Glauben selbst schafft nur Gott durch seinen Geist, wenn die Botschaft von Christus schriftgemäß verkündigt wird. Indem K. → Barth die rechte Zuordnung von apologetischer und kerygmatischer Aufgabe verkannte, wirkte sich seine Ablehnung der A. in der jüngsten prot. Theologiegeschichte negativ aus. A. kann zwar nur Vorbereitung bzw. Begleitung des Glaubenszeugnisses sein, aber als solche bleibt sie in der gegenwärtigen heilsgeschichtl. Epoche der Kirche unerläßlich.

Lit.: L.W. Barnard, K.G. Steck, H.-R. Müller-Schwefe: »Apologetik I-III«, TRE 3, 1978, 371-429; K. Barth: KD I/1, [8]1964, 24-35; K. Heim: Der evangelische Glaube und das Denken der Gegenwart, 6 Bde, 1975/76; A. Tholuck: Die Lehre von der Sünde und vom Versöhner oder: Die wahre Weihe des Zweiflers, [9]1871; O. Zöckler: Geschichte der Apologie des Christentums, 1907.

R. Hille

Apophatische Theologie

Der Begriff A.Th. oder Apophatismus ist von dem griech. Wort *apophasis*, »Verneinung«, abgeleitet. In der patristischen und der ostkirchl. Theologie der Gegenwart bezeichnet er die Unfaßbarkeit des göttlichen Wesens. Der Begriff und sein Synonym, »negative Theologie«, ist zum ersten Mal in den Schriften des Pseudo-Dionysius Areopagita (5. Jh.) nachweisbar. Er unterschied a.Th. und kataphatische bzw. positive Theologie. Die Begriffsunterscheidung fand durch Maximus Confessor weitere Verbreitung in der östl. Theologie, im Westen durch das Vierte Laterankonzil (1215) und durch die via negativa des → Thomas von Aquin. Der Apophatismus behauptet, daß Gott an sich nicht das Objekt direkter menschlicher Erkenntnis sein kann, weil alles menschliche Erkennen ein Sein als Gegenstand braucht und weil Gott jenseits von allem Seienden und damit auch jenseits menschlicher Begrifflichkeit existiert. Gott kann nur in der »Dunkelheit« jenseits der Grenzen menschlichen Erkennens erfahren werden. »Die verneinende Theologie ist demnach ein Weg zur mystischen Vereinigung mit Gott, dessen Wesen uns unerkennbar bleibt« (Losskij, 37f).

Lit.: K.-Chr. Felmy: Orthodoxe Theologie, 1990, 25-39 (Lit.); J. Hochstaffl: Negative Theologie, 1976; V. Losskij: Die mystische Theologie der östlichen Kirche, 1961, 31-57;

R. Redman

Apostasie

Der Begriff A. (griech. *apostasis*, später *apostasia*; Verb *aphistêmi*) bezeichnet in der atl. Umwelt zum einen den polit. Abfall von einem Bündnis (vgl. 2Mo 14,4; Hes 17,15; 2Chr 21,8.10), zum anderen den rel. Abfall von einer Gottheit bzw. einem Kult (zu beiden Bedeutungen vgl. 2Makk 5,8). In der LXX überwiegt die Bedeutung des rel. Abfalls »von Gott«, oder »vom Gesetz« (vgl. Apg 21,21), im kultischen Götzendienst oder ethischen Ungehorsam (vgl. Jos 22,16-23; 4Mo 14,9; Jes 30,1; Jer 2,19).

Eine entsprechende Bedeutung besitzt A. auch im NT (polit.: Apg 5,37; rel.: Lk 8,13; Hebr 3,12). Paulus rechnet mit einem massiven Abfall der Gemeinden und ihrer Glieder in den »letzten Zeiten« (2Thess 2,3; 1Tim 4,1). A. bezeichnet hier die freiwillige Abwendung vom Glauben zum Unglauben, bzw. von Gott zum »Mensch der Bosheit«, »Sohn des Verderbens« oder zu »verführerischen Geistern und teuflischen Lehren«.

Eine große kirchl. Bedeutung gewann das Problem der A. im Zuge der Christenverfolgungen des 2. und 3. Jh.s. Neben Mord und Ehebruch galt A. bis etwa zur Decischen Verfolgung (250/51) als unvergebbare Sünde. Allerdings mußte man bald die freiwilligen Apostaten von den schwach gewordenen *lapsi* (»Abgefallene«) unterscheiden, die nur unter Zwang ihrem Glauben absagten. Nach kath. Verständnis ist A. der freiwillige Abfall vom kath. Glauben überhaupt (CIC 646) oder vom Klerikerstand bzw. Ordinationsgelübde (CIC/1983, 751.1364), der mit Exkommunikation geahndet wird.

Begrifflich ist A. von Häresie (→ Irrlehre) zu unterscheiden, die nur eine lehrmäßige Abweichung von einer verbindlichen Glaubensnorm darstellt, während A. die völlige Verwerfung des Glaubens selbst bezeichnet.

Lit.: A. Schindler: »Häresie II.«, TRE 14, 1985, 318-34; H. Schlier: ThWNT I, 507-509.

V. Gäckle

Apostel/Apostolat

1. Das Amt des A.s (*apostolê*), des »Abgesandten«, »Boten« (*apostolos*, hebr. *schalûach*, aramaisierend *schalîach*) wird - was seine Entstehung und seine Sinngebung anlangt - seit der gründlichen Untersuchung von K.H. Rengstorf meist zum Schaliach-Institut der Rabbinen in Beziehung gesetzt. Kennzeichen des Shaliach ist die mit seinem Auftrag verknüpfte Vollmacht: Der Bote ist der Repräsentant der ihn sendenden Person oder Behörde (Ber 5,5). Dieses Schaliach-Institut ist freilich erst ab dem 2. Jh. n.Chr. als solches bezeugt; es entstand auf der Grundlage des schon im AT bekannten semit. Botenrechts, das zur Erklärung der formal-rechtlichen Aspekte der Sendung im NT genügt. Bei seinem Auftrag bezüglich der Christusgläubigen in Damaskus handelte → Paulus als bevollmächtigter Bote des Hohenpriesters (Apg 9,1f; 22,5; 26,12). Zusammen mit Barnabas war er auf seiner ersten Missionsreise ein Abgesandter (*apostolos*) der Gemeinde in Antiochien (Apg 13,2; 14,4.14); von Gemeindeaposteln ist auch in 2Kor 8,23; Phil 2,25 die Rede.

2. Von seinem Inhalt her ist jedoch das ntl. Apostelamt christologisch zu begründen: Durch seine »Ich-bin-gekommen«-Worte bzw. »Ich bin«-Worte gab Jesus sich indirekt als Gesandten Gottes zu verstehen; seine Vollmacht war speziell die des Menschensohns, d.h. des noch nicht inthronisierten → Messias (Mk 2,10). Paulus, der für uns wichtigste Zeuge hinsichtlich Herkunft und Charakter des Apostelamts, betonte, er sei nicht von und nicht durch Menschen gesandt (Gal 1,1) und habe sein Evangelium nicht auf menschliche Weise empfangen, sondern durch eine → Offenbarung Jesu Christi erhalten (Gal 1,12). Vielmehr wußte er sich zum A. berufen und auserwählt wie einer der Propheten Israels (Gal 1,15; vgl. Jes 49,1). Der Dienst der von Gott berufenen Propheten war zeitlich unbefristet; sie verkündigten das Wort vor allem in der Form des Botenspruchs; ihr Adressat war meist das ganze Volk. Für Paulus hat Gott das apostol. Evangelium vom Gottessohn durch seine Propheten vorausverkündigt (Röm 1,2); diese waren somit die Vorgänger der Apostel Christi, der Knechte des Messias und prophetischen Boten der endzeitlichen Erfüllung der prophetischen Weissagungen (vgl. Eph 2,20).

3. Der A. wurde durch die sichtbare Erscheinung des Auferstandenen berufen (1Kor 15,5-9), der ihn senden und zum Verkündiger dessen machen will, was er gesehen hat (Apg 22,15; 1Kor 9,1). Als Schlüssel für die Deutung des Damaskuserlebnisses muß dem A. Paulus vor allem die Erzählung von der Berufung des Propheten Jesaja gedient haben (Kap. 6). Wie bei diesem gehören bei Paulus das Schauen des Herrn und die Beauftragung zum Boten zusammen (vgl. 1Kor 9,1 mit Jes 6,1.8). Ferner hatten beide, Jesaja und Paulus, mit der Berufung ihre Botschaft erhalten (vgl. Jes 6,9f mit Gal 1,12); schließlich wurden sie dabei der Bereinigung ihrer Vergangenheit und Vergebung der Schuld bewußt (Jes 6,5-7; Gal 1,13; 1Kor 15,8f). Auf der Schau des erhöhten Herrn und dem prophetischen Charakter der Botschaft beruht die Einzigartigkeit und Unwiederholbarkeit des Apostelamts, das indes nicht auf die zwölf Jünger beschränkt blieb (1Kor 15,7; 2Kor 11,13).

4. Der sendende Christus gibt dem Amt und der Vollmacht seiner Boten deren Eigenart. Er bezieht diese in sein Heilswirken mit ein. Als »Knecht« des erhöhten Herrn, der selbst den Weg des stellvertretend leidenden Gottesknechts gegangen war, verstand Paulus den Empfang seines Apostelamts als Werk der Gnade (Röm 1,5; 15,15), die ihn zur Verkündigung verpflichtete (1,14-16). Die Gnadentat Gottes durch das Kreuz auf Golgatha ist deshalb zentrales Thema des Evangeliums, und das Leiden gehört zu den Kennzeichen des A.s (2Kor 4,7-18; Gal 6,17). Weil die Kraft Gottes am Kreuz unter dem Gegenteil offenbar wurde (1Kor 1,18.24; Röm 1,16), kommt auch bei dem seinen Herrn vertretenden A. diese Kraft in der Schwachheit zur Geltung (2Kor 12,7-10), und die Vollmacht des Boten Christi kann gerade im Verzicht auf apostol. Rechte bewährt werden (1Kor 9,18). Falsche A. stellen deshalb ihre eigene Person, Begabung und Autorität in den Vordergrund (2Kor 11,13-15; 12,11) und verleugnen somit die Theologie des Kreuzes.

5. Schon während seines Erdenwirkens hat Jesus, der selbst von Gott gesandt war (vgl. Joh 3,2; 12,44f; Hebr 3,1), die von ihm berufenen zwölf A. als bevollmächtigte Boten beauftragt und sie so zu A.n gemacht; dabei sollten sie das Evangelium vom anbrechenden Gottesreich durch Dämonenaustreibungen und Krankenheilungen bekräftigen (Mk 3,14f; 6,7; Mt 10,1.7; Lk 9,1). In diesem Sinne sprach Paulus von den »Zeichen des Apostels«, d.h. den Wundern, mit denen er in der heilbringenden Kraft seines Herrn wirkte (2Kor 12,12). Die erste Aussendung der Jünger sollte der Sammlung der zwölf Stämme des endzeitlichen Gottesvolkes und ihrem zukünftigen Dienst in der Gottesherrschaft dienen. Ihre erneute Berufung durch den Auferstan-

denen galt der Ausrichtung des Evangeliums von Christus unter Juden und Heiden bis hin zu den Enden der Erde, d.h. bis nach Spanien (Mt 28,16-20; Apg 1,8). Weitere Aufgaben dieser Nachfolger und Augenzeugen Jesu (Apg 1,22; 4,33) waren die Bewahrung der Jesusüberlieferung (vgl. Apg 2,42; Gal 2,2) und das Weiden der Herde (Joh 21,15-17), d.h. die Aufsicht über die Gemeinde (Apg 1,17.20. 24f; vgl. 1Petr 5,2.4). Zur apostol. Vollmacht gehörte schließlich die Verleihung des Hl. Geistes und der Zuspruch der Sündenvergebung (Joh 20,22f).

Lit.: C.K. Barett: Paulus als Missionar und Theologe, in: Paulus und das antike Judentum, 1992, 1-17; O. Betz: Die Vision des Paulus im Tempel von Jerusalem, in: Jesus, der Herr der Kirche, 1990, 91-102; Das Gnadenamt des Apostels Paulus und des Jüngers Johannes, ebd. 447-466; M. Hengel: Der vorchristliche Paulus, in: Paulus und das antike Judentum, 1992, 177-214; H.W. Neudorfer: »Apostel« GBL 1, 1987, 82-84; J. Roloff: Apostolat-Verkündigung-Kirche, 1965; S. Kim: The Origin of Paul's Gospel, ²1984.

O. Betz

Aposteldekret → Apostelkonzil

Apostelgeschichte → Lukas

Apostelkonzil

A. nennt man die in Apg 15,1ff geschilderte Zusammenkunft in Jerusalem, auf der über das Verhältnis von Juden- und Heidenchristen verhandelt wurde (auch »Apostelkonvent«, »Apostelversammlung«). Dieses »wichtigste Ereignis in der Geschichte der Urkirche« (Roloff, 222), das → Lukas auch äußerlich in die Mitte seiner Apg stellte, war eine Weichenstellung im Blick auf das Zusammenleben von Juden- und Heidenchristen und gab eine Antwort auf die theol. Frage nach dem Glauben an → Jesus als Heilsweg.

Die Beratungen (um 48 n.Chr.) zwischen Vertretern der juden- (Apostel, führend → Petrus und der Herrnbruder → Jakobus, »die Ältesten«) und heidenchristl. Gemeinden (→ Paulus, → Barnabas u.a.) waren nötig geworden, nachdem es in Antiochia zu Reibungen gekommen war. Dort hatten Judenchristen aus Judäa (Apg 15,1) ihre Gemeinschaft mit den Heiden und damit das Heil für diese von deren Beschneidung und Gesetzesobservanz abhängig gemacht (15,1b). Die Ankläger (15,5) machten daraus eine Grundsatzfrage mit dem Ziel, die Heidenchristen doch noch zum Übertritt zum Judentum zu bewegen und den schon früher zwischen Paulus und den Leitern der Urgemeinde erzielten Kompromiß (Gal 2,1-10) zu revidieren. Dahinter stand die theol. These, das Heil sei nur auf dem Umwege über den Eintritt in den (atl.) Gottesbund mit Israel zu erreichen, wogegen sich Paulus aufs schärfste verwahrte (Gal; später Röm 2-4). Er wollte den Heiden den direkten Weg zu Gott durch Christus ohne menschliche Vorleistungen freihalten (vgl. Eph 2). Der Konflikt wurde in diesem Sinne nach ausführlicher Debatte auf Vorschlag des Petrus und Jakobus auf der Basis der Bestimmungen gelöst, die schon das Zusammenleben Israels mit den im Land ansässigen Heiden regelten (3Mo 17f) und die ihrerseits auf die Noah gegebenen Gebote (1Mo 9,4) zurückgingen (»Aposteldekret«). Die meisten deutschen Ausleger sehen in Apg 15 einen alternativen Bericht über die Ereignisse, die auch Gal 2 zugrundeliegen, und geben dem paulin. Bericht den Vorzug. Eine Zusammenschau wird möglich, wenn man Gal 2 mit Apg 11,27-30 parallelisiert und in Apg 15 den Versuch von Judaisten sieht, die bereits (nach Gal 2,5-10) geschlossene Vereinbarung in Frage zu stellen und in ihrem Sinne zu revidieren. Diese Ansicht setzt die Abfassung des Gal chronologisch zwischen Apg 11 und 15 voraus (vgl. Neudorfer, Apg Bd. 1, 252ff), ergibt insgesamt ein weniger kompliziertes Bild der Ereignisse und nimmt die bibl. Texte zugleich ernster.

Lit.: F.F. Bruce: Zeitgeschichte des Neuen Testaments, 2, 1976, 80-91; H. Hübner: »Galaterbrief«, TRE 12, 1984 5-14; H.-W. Neudorfer: Apostelgeschichte Bd. 1/2, 1986/1990; ders.: Mehr Licht über Galatien?, JET 5 (1991), 47-62; J. Roloff: Apostelgeschichte NTD 5, ¹⁷1981, z.St.; A. Schmidt: Das historische Datum des Apostelkonzils, ZNW 81, 1990, 122-131.

H.-W. Neudorfer

Apostolikum → Apostolisches Glaubensbekenntnis

Apostolikumsstreit

Der sog. A. hat zwei Phasen: Der erste A., allerdings noch nicht so genannt, wurde im 17. Jh. ausgetragen, als → Calixt und seine Anhänger sich auf die Lehrübereinstimmungen der ersten fünf Jh.e beriefen. Ihnen gegenüber bezweifelten angesehene Theologen der luth. Orthodoxie (→ Calov, Hülsemann, → Quenstedt u.a.) den apostol. Ursprung des → Apostolikums und verwiesen darauf, daß viele der den Reformatoren wichtigen Lehraussagen, z.B.

die Rechtfertigung aus Glauben, dort nicht erwähnt seien und daß das Apostolikum folglich nicht als Unionsbekenntnis in Frage kommen könne.

Im 19. Jh. kehrte sich die Auseinandersetzung um: Die Kritik am Apostolikum kam von liberaler Seite und richtete sich einerseits gegen das »überholte Weltbild« des Apostolikums sowie gegen Einzelaussagen wie die Jungfrauengeburt, die Himmel- und Höllenfahrt, die Auferstehung des Fleisches u.a., andererseits gegen die im Zusammenhang mit den Kirchenunionen aufgekommene Verwendung des Apostolikums im sonntäglichen Gottesdienst sowie bei Konfirmation und Ordination. Neuformulierungen wie das »Nitzschenum« (1846) und das Biblikum (1910) setzten sich nicht durch. Pfarrer, die auf den Gebrauch des Apostolikums verzichteten, wurden von den zuständigen Kirchenleitungen in der Regel ihres Amtes enthoben, so u.a. J. Rupp in Königsberg 1845, E.G. Lisco und A. Sydow 1871/72 in Berlin, Chr. Schrempf 1892 in Württemberg, C. Jatho 1911 in Köln, G. Traub 1911 in Dortmund und F. Knote 1924 in Bayern.

Eine umfangreiche literarische Auseinandersetzung zwischen Befürwortern und Gegnern des Apostolikums fand jeweils statt; am bekanntesten geworden ist der »Fall Schrempf«, weil A. von → Harnack (Das apostolische Glaubensbekenntnis, 1892; in einem Jahr 26 Auflagen) und Universitätstheologen aller Richtungen in ihn eingriffen. Nach 1918 trat die Auseinandersetzung um das Apostolikum nahezu ganz zurück, weil der Streit um Verständnis und Geltung der Heiligen Schrift zunehmend in den Vordergrund kam. Der liturg. Gebrauch des Apostolikums ist seit dem → Kirchenkampf unbestritten. Zwischen 1960 und 1975 finden sich allerdings viele neuere Glaubensbekenntnisse, die entweder das Apostolikum ausdrücklich erweiternd paraphrasieren (z.B. J. Zink) oder erweiternd bzw. verkürzend interpretieren. So ist der A. einerseits beendet, wird aber auf anderer Ebene fortgeführt.

Lit.: H.-M. Barth: »Apostolisches Glaubensbekenntnis II«, TRE 3, 1978, 560-566; A. Harnack: Das apostolische Glaubensbekenntnis. Ein geschichtlicher Bericht nebst einem Nachwort, 1892; G. Ruhbach (Hg.): Glaubensbekenntnisse für unsere Zeit, ^{2}1985; A. v. Zahn-Harnack: Der Apostolicumstreit des Jahres 1892 und seine Bedeutung für die Gegenwart, 1950.

G. Ruhbach

Apostolische Konstitutionen

Die A.K. sind die umfangreichste Sammlung kirchenrechtl.-liturg. Schriften in der Alten Kirche in griech. Sprache. Apostolisch werden sie genannt, weil sie – irrtümlich – auf Clemens von Rom zurückgeführt wurden. Ihr wirklicher Verfasser, wahrscheinlich ein Arianer, außerdem Autor der unechten Ignatiusbriefe, ist dem Namen nach unbekannt; er hat die A.n K. ca. 380 in Syrien oder Konstantinopel geschrieben. Wohl wegen seiner häretischen Einschätzung fand sein Werk in der Ost- und Westkirche bestenfalls als Quellensammlung Beachtung. In den acht Büchern werden in den Büchern I bis VI die Didaskalia, eine syr. Kirchenordnung des 3. Jh.s., in Buch VII die (erweiterte) Didache und in Buch VIII die Kirchenordnung → Hippolyts mit zahlreichen Liturgien und Gebeten sowie die 85 Apostolischen Canones wiedergegeben.

Lit.: F.X. Funk: Didascalia et Constitutiones Apostolorum, 1905 (1965).

F.X. Funk: Die apostolischen Konstitutionen, 1891; M. Metzger: »Konstitutionen (Pseud-)Apostolische«, TRE 19, 1990, 540-544.

G. Ruhbach

Apostolische Sukzession → Sukzession, apostolische

Apostolische Väter

Der Begriff A.V. geht auf eine Textausgabe von J.B. Cotelier 1672 zurück und hat sich allg. durchgesetzt. Er meint Autoren und deren Schriften aus der zweiten Generation nach Jesu Tod, also die Schüler der Apostel. Allerdings ist durch die hist. Forschung die Entstehungszeit der einzelnen Texte offen geworden. Zu den A.n V.n zählen folgende Schriften: 1. Clemensbrief, 2. Clemensbrief, die Ignatiusbriefe, der Polykarpbrief, die Didache, Papias, der Barnabasbrief und der Hirt des Hermas, gelegentlich wird auch der Brief eines unbekannten Christen an den Heiden Diognet zu den A.n V.n gezählt, aber mittlerweile wird er längst unter die altkirchl. → Apologeten gerechnet. Das gilt auch für die Fragmente des Quadratus. Das Martyrium des Polykarp gehört zu den Märtyrerakten.

Der 1. Clemensbrief, ca. 96 entstanden, ist ein Brief der röm. an die korinthische Gemeinde. Sein Verfasser Clemens (Romanus) ist nicht weiter bekannt, in der röm. Bischofsliste gilt er als einer der ersten Päpste. Anlaß des Schreibens war ein Aufstand jüngerer Gemeindeglieder in Korinth gegen die eingesetzten Presbyter. Clemens stellt sich auf die Seite der Amtsträger und argumentiert erstmals in der Kirchengeschichte mit dem göttlichen Ursprung des Amtes (Kap. 42). Aufbau: 1-3 Einleitung, 4-39 Gemeindemahnungen, 40-58 Stellungnahme zu den Unruhen, 59-65 Schlußteil mit dem bekannten »allgemeinen Kirchengebet« (59-61). Beinahe wäre der 1Clem in den ntl. Kanon aufgenommen worden.

Der 2. Clemensbrief ist kein Brief, sondern eine Art Lehrpredigt. Er hat, wie Stiluntersuchungen zeigen, nicht Clemens Romanus zum Verfasser und wird auf 130 bis 150 datiert. Die 20 Kap. behandeln die Heilstat Christi und die ethischen Konsequenzen für die Glaubenden, dann Zweifel an der Auferstehung und Wiederkunft Christi, schließlich Fragen der Kirchenlehre und der Kirchenbuße.

Die Ignatiusbriefe sind schon in den ersten Jh.en der Kirchengeschichte von großer Wirkung gewesen. Das erklärt, warum es neben den sieben echten eine große Zahl unechter Ignatiusbriefe gibt, deren (unbekannte) Verfasser sich unter die Autorität des Ignatius stellen wollten. Ignatius war mit großer Wahrscheinlichkeit Bischof von Antiochien und hat um 115 in Rom den Märtyrertod erlitten. Auf dem Weg nach Rom schrieb er von Smyrna aus vier Mahn- und Trostbriefe an die Gemeinden in Ephesus, Magnesia, Tralles und Rom, von Troas aus drei Briefe nach Philadelphia, Smyrna und an Polykarp, den Bischof von Smyrna. Diese Briefe sind voll von Nachrichten zum Gemeindeaufbau und zur Theologie des Ignatius. Durchgehend in fast allen Briefen sind Gemeindeermahnungen, Hinweise auf die Eucharistie und den Bischof als deren Leiter zu finden. Erstmals begegnen bei ihm die Begriffe »Christentum« und »katholische Kirche«.

Die 14 Kap. des Polykarpbriefes gehen womöglich auf zwei verschiedene Briefe zurück. Daß Polykarp von Smyrna (gest. 155/156) ihr Verfasser ist, wird nur von wenigen Forschern bestritten. Inhaltlich besteht die Epistel weithin aus Mahnungen an die Gemeinde in Philippi, die sich eng an ntl., vor allem paulinische Formulierungen anschließen.

Die Didache bzw. Lehre der Apostel, erst 1873 entdeckt, gilt als älteste Kirchenordnung der frühen Kirche. Als ihr Entstehungsgebiet gilt Syrien (vielleicht Ägypten), die Abfassungszeit schwankt zwischen ca. 90 und ca. 130. Für die Geschichte des frühen Christentums und seiner Institutionen ist sie von großer Bedeutung. Nach einer Zweiwegelehre (1-6) bietet sie Anweisungen für Taufe und Patenamt, Fasten und Gebet, Agape- und Sonntagsfeier und Bestimmungen über Lehrer, Wanderapostel, Propheten, Bischöfe und Diakone (7-15), am Schluß (16) steht eine kurze Apokalypse. Ähnlich wie die Didache sind die meisten späteren Kirchenordnungen angelegt.

Papias, geb. um 70, nach → Irenäus Schüler des Apostels Johannes, nach → Eusebius von Cäsarea Bischof von Hierapolis/Kleinasien, verfaßte um 130 die fünf Bücher »Auslegungen der Worte (und Taten) des Herrn«, die nur im Fragment erhalten und in der Auslegung umstritten sind.

Der Barnabasbrief wird auf den Paulusmitarbeiter Barnabas (Apg 13,2) zurückgeführt, der Brief selbst gibt keinen Verfasser an. Als Entstehungsort gilt (mit Fragen) Ägypten, als Abfassungszeit 130 bis 150. Die 21 Kap. bieten nach einer Einleitung (1) eine Zweiwegelehre, ähnlich wie in der Did. (18-20), und einen Abschluß (21). In den zentralen Kap. 2-17 findet sich eine theol. Abhandlung zur Bedeutung des AT für die Kirche, wobei sich der Verfasser schroff antijüdisch äußert, allerdings wohl eher innergemeindlich orientiert als in einer Auseinandersetzung mit Juden selbst. Vielleicht wegen dieser Radikalität ist der Barnabasbrief relativ spät anzusetzen und hat schon in der Alten Kirche nur randhafte Bedeutung gehabt.

Der Hirt des Hermas, um 140 in Rom von einem sonst unbekannten Hermas abgefaßt, bezieht sich auf einen Hirten als eine Offenbarer-Gestalt, der dem Verfasser fünf Visionen, zwölf Gebote und zehn Gleichnisse mitteilt. Für die frühkirchl. Apokalyptik, aber besonders für die Entwicklung der ursprünglich rigorosen Bußlehre im Urchristentum (vgl. Hebr 6,5f) ist er von Bedeutung. Hier wird ausdrücklich die Möglichkeit einer (einmaligen?) → Buße auch für die Getauften unter Berufung auf den Auferstandenen selbst vertreten. Diese schlichte, nüchterne Schrift ist in der frühen Kirche von erheblicher Wirkung gewesen.

Lit.: J.A. Fischer: Die Apostolischen Väter I, 1956 (Text mit Übers.); K. Wengst: Die Apostolischen Väter II, 1984 (Text mit Übers.); weitere Lit. bei B. Altaner, A. Stuiber: Patrologie, [9]1980.

G. Ruhbach

Apostolisches Glaubensbekenntnis (Apostolikum)

a) theologiegeschichtlich

Mit A. wird eines der großen altkirchl. Bekenntnisse (Symbole) bezeichnet. Es ist nach Form und Inhalt triadisch-trinitarisch aufgebaut. Zum ersten Mal ist von einem »Bekenntnis der Apostel« in einem Brief der Mailänder Synode um 390 an den röm. Bischof Syricius die Rede. Der Name A. ist aber irreführend. Er geht auf eine Legende zurück, die der Bischof Rufin von Aquileja (345-410) als erster berichtet. Ihr zufolge haben die zwölf → Apostel dieses Bekenntnis nach Pfingsten formuliert, wobei jeder von ihnen je eine Aussage beigesteuert habe. Die Legende ist, obwohl sie die Namensgebung bewirkte, hist. unhaltbar.

Wie die Briefe des NT zeigen, lebte die Urgemeinde von der Gegenwart des Geistes und bildete noch keine expliziten Formen aus, um ihre Glaubensinhalte zu fixieren. Die Grundaussagen wurden variabel kombiniert. Allerdings scheinen bald die triadischen Gestalten des Taufbefehls (Mt 28,19) und des apostol. Segens (2Kor 13,13) prägend auf die Ausformung der Gemeindebekenntnisse gewirkt zu haben. Die Bekenntnisbildung ist in den einzelnen Kirchengebieten der alten Kirche unterschiedlich verlaufen. Der Osten kennt zwar gleichbleibende Grundmuster, aber bis spät ins 4. Jh. hinein keine endgültig formulierten Bekenntnisse. Anders ist es im Westen. Hier lassen die Tauffragen, die der röm. Presbyter → Hippolyt (um 225) in seiner Kirchenordnung aufgezeichnet hat, erkennen, daß zur Aufnahme in die christl. Kirche ein »trinitarisches« Bekenntnis gehörte. Ein Erstentwurf des A.s ist damit geschaffen. Denn aus den Tauffragen entwickelte sich die deklaratorische Form des Symbols, das sog. »Symbolum Romanum«. In der Folgezeit wurden alle drei Grundaussagen noch um einige Sätze ergänzt. So entstand das A. wie wir es heute kennen. Um 500 war es Taufbekenntnis der südgallischen Kirche. Die Franken haben es nach der Bekehrung Chlodwigs (Taufe um 496) als ihr Bekenntnis übernommen. Karl der Große hat es gekannt, und unter den Ottonen wurde es auch der röm. Kirche aufgenötigt. Seit dem 10. Jh. ist es Glaubensbekenntnis in der gesamten abendländischen Kirche. Infolgedessen wurde das A. auch 1564 in den Catechismus Romanus aufgenommen. In der Ostkirche hat es allerdings nie Eingang gefunden. – M. Luther hat im A. eine zutreffende Zusammenfassung der apostol. Predigt gesehen. Er nahm es darum in seine Katechismen auf und sicherte ihm damit einen tiefgehenden Einfluß in den Reformationskirchen, die zudem das A. zusammen mit zwei anderen altkirchl. Symbolen, dem Nicaeno-Constantinopolitanum (als eucharistisches Bekenntnis) und dem Athanasianum (im monastischen Raum aufbewahrt), ihren Bekenntnisschriften integrierten. Damit sollte die Kontinuität mit den Anfängen der christl. Kirche und das Selbstverständnis der Reformationskirchen ausgedrückt werden, auf den Glaubensfundamenten der einen wahren Kirche zu stehen. Aus den gleichen Gründen haben auch die ev. Freikirchen in Deutschland das A. rezipiert.

Allerdings gibt es seit langem Auseinandersetzungen um das A. (→ Apostolikumsstreit). Der → Kirchenkampf in der Zeit des Nationalsozialismus und die zahlreichen neuen Glaubensbekenntnisse seit ca. 1965 haben die zentrale Bedeutung des A. erneut erwiesen.

Lit.: Bekenntnisse der Kirche, hg. von H. Steubing et al., 1970, 15ff; H. Dörries: Das Bekenntnis in der Geschichte der Kirche, 1946; J.N.D. Kelly: Altchristliche Glaubensbekenntnisse, 1972; W. Trillhaas: Das apostolische Glaubensbekenntnis. Geschichte, Texte, Auslegung, 1953; F.E. Vokes, H.-M. Barth, H. Schröer: »Apostolisches Glaubensbekenntnis I-III«, TRE 3, 1978, 528-571.

U. Betz

b) systematisch-theologisch

1. Heilsgeschichte und Trinität

Das A. ist rein formal bestimmt durch die Verschränkung von Eckpfeilern der bibl. Heilsgeschichte (Schöpfung, Erlösung, Heiligung bzw. Vollendung) mit einer trinitarischen Gliederung (Vater, Sohn, Heiliger Geist). Während erstere die Gründung des christl. Glaubens auf geschichtl. Tatsachen aussagen, betont letztere die Bezogenheit dieses Glaubens auf den dreieinigen Gott. Dabei darf die trinitarische Gliederung der Heilsgeschichte nicht als Wirkungsgeschichte im Sinne einer göttlichen Aufgabenteilung mißverstanden werden, als ob der Vater nur für die Schöpfung »zuständig« wäre etc. Im Gegenteil ist Gott in allen seinen Werken als dreieiniger beteiligt. Die gegebene Gliederung beschreibt vielmehr die fortschreitende Offenbarungsgeschichte des dreieinigen Gottes, der sich in der Schöpfung und der Geschichte seines Volkes Israel als wirklich und geschichtsmächtig erweist, der sein Wesen aber erst in Jesus Christus »end-gültig« offenbart und es schließlich durch den Hl. Geist dem Menschen heilsam zugänglich macht (vgl. die Katechismuserklärung Luthers zum dritten Artikel).

2. Glaube und Bekenntnis

Das A. ist nicht die Beschreibung eines zeitlosen Prinzips, sondern das jeweils persönliche Bekenntnis eines Menschen, dessen Glaube sich konstitutiv auf die bibl. Heilsgeschichte bezieht. Er erkennt in seinem Glauben, daß diese Heilsgeschichte auch seine persönliche Lebensgeschichte bestimmt und auslegt. Somit ist das A. gleichzeitig sowohl Gottesbekenntnis als auch Ausdruck eines neuen Selbstverständnisses und einer neuen Selbstgewißheit, was unübertroffen in Luthers Erklärungen deutlich wird »*Ich* gläube, daß *mich* Gott geschaffen hat... erhält ... und täglich versorget ... *Ich* gläube, daß

Jesus Christus ... sei *mein* Herr, der *mich* verlornen und verdammpten Menschen erlöset hat ... *Ich* gläube, daß *ich* nicht aus eigener Kraft an Jesus Christ ... gläuben kann ..., sondern der heilige Geist hat *mich* durchs Evangelium berufen, ... er *mir* und allen ... Sunde reichlich vergibt und ... *mich* und alle Toten auferwecken wird ...; das ist gewißlich wahr.«

Insofern sind das Credo (»Ich glaube«) am Anfang und das Amen am Ende die notwendigen Klammern, die das A. als Ausdruck eines in Wort und Glaube bestehenden Beziehungsverhältnisses zwischen Gott und dem einzelnen Glaubenden erscheinen lassen. Anders ausgedrückt, findet durch das »Ich glaube« der christl. Glaubensinhalt (lat. *fides, quae creditur*) seinen Ausdruck durch den von der Begegnung mit Jesus herkommenden Heilsglauben (lat. *fides, qua creditur*). Credo und Amen wehren damit sowohl dem Mißverständnis eines Systems ewiger Wahrheiten als auch dem magischen Verständnis einer im Ausspruch heilswirkenden Gesetzesformel.

In diesem Sinne ist auch der von der Orthodoxie und im → Apostolicumsstreit vermißte reformat. Artikel von der Rechtfertigung aus Glauben in der äußeren Form des A.s durchaus implizit enthalten, da sich nach Paulus gerade im äußeren Bekenntnis (Mund), dem ein innerer Glaube entspricht (Herz), die Rechtfertigung vollzieht (Röm 10,9f).

3. Schrift und Kritik

Als sachgemäße inhaltliche Zusammenfassung und Elementarisierung des christl. Glaubens empfängt das A. eine von der Hl. Schrift abgeleitete Autorität. Zusätzliche Autorität gewinnt das A. durch sein hohes Alter und den Konsens aller christl. Kirchen, auch wenn es in vielen nicht in liturg. Gebrauch ist.

Umgekehrt kann es als Bekenntnis nicht - wie oft zu begründen versucht wurde - selbst zur Norm für die Auslegung, das Verständnis und letztlich die Kritik der Hl. Schrift dienen; letztere bezieht ihre Autorität nicht von einem Bekenntniskonsens christl. Kirchen, sondern aus ihrer vom Hl. Geist gewirkten »inneren Klarheit« (lat. *claritas interna*). Stattdessen ist das A. als Zusammenfassung bibl. Lehre und als Konsensdokument der 2.000 Jahre alten christl. Kirche selbst neben der Schrift das Kriterium für neue theol. Entwürfe und Auslegungsmethoden. So ist z.B. nicht die Jungfrauengeburt hist.- kritisch in Frage zu stellen, sondern letztere erfährt umgekehrt ihre Kritik und Grenze an der in der Schrift hist. bezeugten und seit 2000 Jahren bekannten Glaubensgewißheit der gott-menschlichen Zeugung Jesu.

Lit.: K. Barth: Credo. Die Hauptprobleme der Dogmatik dargestellt im Anschluß an das Apostolische Glaubensbekenntnis, 1935; ders.: Dogmatik im Grundriß, 1947; J.M. Lochman: Das Glaubensbekenntnis. Grundriß der Dogmatik im Anschluß an das Credo, 1982; W. Pannenberg: Das Glaubensbekenntnis, ausgelegt und verantwortet vor den Fragen der Gegenwart, 1972; J. Ratzinger: Einführung in das Christentum. Vorlesungen über das Apostolische Glaubensbekenntnis, 1968; G. Ruhbach, H. Schröer, M. Wichelhaus (Hg.): Bekenntnis in Bewegung. Ein Informations- und Diskussionsbuch, 1969; G. Ruhbach (Hg.): Glaubensbekenntnisse für unsere Zeit, 1971; H. Thielicke: Ich glaube. Das Bekenntnis der Christen, 1965.

V. Gäckle

Apostolizität → Bibel

Äquiprobabilismus → Probabilismus

Arbeit

1. Der Begriff Arbeit

Mit A. bezeichnen wir die menschliche Tätigkeit, die man (etwa zur Sicherung des Lebensunterhalts) tun muß, während → Freizeit die Beschäftigung bezeichnet, die man tun will.

2. Die Doppelbödigkeit der Arbeit

A. kann aus uneigennützigen Gründen durchgeführt werden, um anderen zu helfen, A. kann auch allein aus egoistischen Motiven geleistet werden, A. kann zerstörerische Wirkungen haben. A. kann als Freude empfunden werden, als menschliche Erfüllung, aber auch als Plage, Mühsal und Unterdrükkung. Es gab in der Kulturgeschichte Zeiten, in welchen man stolz auf seine A. war, die A. dem Menschen Würde verlieh. Es gab Zeiten, in welchen A. als reine Last gedeutet wurde. In der deutschen Gesellschaft hat sich in letzter Zeit ein Wandel vollzogen: Immer mehr Menschen können sich ein Leben ohne Berufsarbeit vorstellen (Krise der A.). Die Ursache der Krise mag darin liegen, daß der transzendentale Bezug zur A. in der Bevölkerung verloren gegangen ist. Der Verlust des Nationalstolzes hat ebenso zu einem Verlust am Sinn der A. geführt wie der Verlust an Gotteserkenntnis. Eine Desertation von der A. finden wir schon im 12. und 13. Jh, als Hunderttausende junger Menschen aus den bürgerlichen Kulturen Norditaliens und Südfrankreichs in die Wälder strebten, um der disziplinierenden A. zu entfliehen.

3. Ökonomische Sicht

Unter A. wird jede auf ein wirtschaftl. Ziel gerichtete, planmäßige Tätigkeit des Menschen verstanden, gleichgültig, ob es sich um körperliche oder geistige Kräfte handelt, und unabhängig vom Ziel reiner Bedarfsdeckung oder Gewinn- bzw. Einkommensmaximierung. A. kann auf eigenen Bedarf oder auf fremden Bedarf ausgerichtet sein. Sie umschließt ein rationales Verhalten und ist begründet in der Knappheit der zur Verfügung stehenden Güter dieser Erde und der Unbegrenztheit menschlicher Bedürfnisse.

A. ist die Grundlage des Reichtums. Die Produktivität der A. steigt mit zunehmender Spezialisierung, was A.steilung bedeutet, die immer weiter aufgefächert wurde. Von der einfachen A.steilung zwischen Mann und Frau kam es über berufsspezifische A.steilung (Hufschmied, Nagelschmied) bis zur internationalen A.steilung.

Die generelle wirtschaftswissenschaftl. Sicht besteht darin, A. als notwendigen Produktionsfaktor zu deuten.

Der Wert der A.sleistung bestimmt sich idealiter aus Angebot und Nachfrage auf dem A.smarkt. Der Preis für die A., der Lohn, ist Ausdruck des Potentials der menschlichen A.skraft.

Der freie Arbeiter wird so lange arbeiten, bis der Lohnsatz oder der Grenzertrag seiner A.sleistung dem Grenzleid entspricht, wobei angenommen wird, daß zunehmende A. zu überproportional ansteigendem Grenzleid führt. Wird die A.sleistung über diesen Punkt hinaus angeboten, dann wird der Arbeiter für sein Grenzleid nicht mehr kompensiert. Es ist rational, weniger zu arbeiten.

In der marxistischen Tradition wird das Schwergewicht auf die Entfremdung und Ausbeutung der A. gelegt (Mehrwert). Das Humanum der A. steht im Mittelpunkt. A. soll, von der Mühsal befreit, wieder schöpferische Züge gewinnen.

4. Soziologische Sichtweise

A. füllt einen wesentlichen Teil im Leben des Menschen aus. A. schafft Gemeinschaft, ist ein bedeutender Faktor im sittlichen, im Sozial- und Staatsleben. A. ist ein tragendes Element jedes Kultur- und Gesellschaftssystems und vom Stand der Zivilisation beeinflußt (Brunner). Durch allmähliche Spezialisierung der A. entstanden verschiedene Berufe, was eine wirtschaftl. Kooperation notwendig macht (vgl. → Markt).

Die fortlaufende Spezialisierung führte dazu, daß der Mensch mehr und mehr vom Subjekt zum Objekt der A. wurde. Die sozialen Beziehungen verarmten. Die starke Spezialisierung führte zu einem Verlust an Spontaneität, eine Ursache für die wachsende Bedeutung des Freizeitwunsches.

5. Kulturgeschichtliche Bemerkungen

a. Sicht der Antike

Von Urzeiten an ist A. als Mühe, Plage und Lustverzicht gedeutet worden. Geistige und staatspolit. Tätigkeiten wurden in der Antike ethisch höher bewertet als die körperliche A., die Sklaven zugewiesen war. Das griech. Wort für Handwerker (*banausos*) hat heute noch den degradierenden Klang, den es ethisch in der Antike hatte: körperliche A. verunglimpfte die Seele der Menschen.

b. Vom Sinn der Arbeit

→ Hegel betont, daß der Mensch der Anerkennung wegen arbeitet. Die Bedeutung der Beheimatung ist für ihn wichtig. Man arbeitet, um unabhängig und selbständig in dieser Welt werden zu können. Der Knecht muß arbeiten, der Freie darf arbeiten.

Während bei Marx die A. in den Dienst des Willens zur Macht gestellt wird, A. damit Gott entthront, finden wir bei Scheler, daß A. ein Trost für die Leiden dieser Welt ist. A. dient als Narkose, die den Menschen hilft, über die Sinnlosigkeit der Welt hinwegzusehen.

6. Theologische Aspekte der Arbeit

a. Im Alten Testament

Während in antiken Kulturen die Menschen geschaffen wurden, um die Götter von der Last der A. zu befreien, wird im AT überraschend ausgesagt, daß Gott selbst arbeitet. Dabei arbeitet Gott vor der Erschaffung der Menschen, der erste gemeinsame Tag Gottes mit den Menschen war ein Ruhetag. Die bibl. Lehre von der A. beginnt mit einer Lehre von der Ruhe (vgl. 1Mo 2,2f; → Sonntag/Sonntagsheiligung).

A. und Ruhe gehören zusammen. Menschliches Wirken ist nach beiden Seiten entgleitbar. Im AT wird Faulheit ebenso angeklagt wie die A.swut. Aus der Ruhe vor dem persönlichen Gott bekommt A. ihren Sinn. Aus der Gegenüberstellung mit dem Schöpfer erfährt der Mensch, was er zu tun und wie er es zu tun hat. Daher kommt sein A.sethos. Gott gibt den Menschen schon vor dem Sündenfall einen A.sauftrag (1Mo 1,28; 2,15). Auch nach der Katastrophe behält der Mensch diesen A.sauftrag über diese Erde. Allerdings wird die A. verflucht (1Mo 3,17-19).

Der Grund für die A. des Menschen ist im AT der Auftrag Gottes. Die Früchte der A. sollen dem Menschen selbst zugute kommen. Der Mensch soll sich davon in einem umfassenden Sinne nähren (Ps 104,13). Allerdings kann die A. nicht losgelöst werden von Gott. A. ist Auftrag Gottes an den Menschen. Er muß sie tun, der Lohn ist abhängig vom Segen Gottes (Spr 10,22). Die A. erhält im Ruhegebot eine Grenze, der Mensch darf sich nicht an die A. verlieren.

b. Im Neuen Testament

Das NT übernimmt die Sicht des AT. A. ist etwas Kreatürliches. Man braucht sie zum Lebensunterhalt. Jesus selbst war ein Arbeiter (Bauhandwerker), auch seine Jünger haben körperlich gearbeitet. Paulus kritisierte die Thessalonicher, weil sie sich der A. entzogen (2Thess 3,11).

A. wird im NT als Dienstmöglichkeit an den Menschen gedeutet. Mit den Früchten der A. sollen die Menschen ihren Lebensunterhalt bestreiten und in der Lage sein, anderen Menschen zu helfen. Paulus betont die A. im Werk des Herrn. Durch A. kann der Mensch keine neue Welt schaffen und sich nicht den Himmel verdienen.

c. Kirchengeschichtliche Bemerkungen

In der Kirchengeschichte gab es zunächst einen Weg zurück zur alten griech. Auffassung. Die vita contemplativa wurde der vita activa vorgezogen. Eine neue Sicht beginnt mit → Luther. Der Christ braucht durch sein Tun oder Nichtstun nicht mehr zu Gott hinzustreben. Nicht das eigene Werk rettet den Menschen vor Gottes Urteil, sondern Christi Werk. Der Mensch ist nun frei, seine A. nach den Grundsätzen der Vernunft rational zu ordnen. Luther kann daher den Begriff »Beruf« säkularisieren. Der Mönch hat keinen Beruf. Der wahre Gottesberuf verwirklicht sich innerhalb der Welt und ihrer A.

→ Bonhoeffer betont den göttlichen Auftrag der A. neu. Gott will, daß in der Welt der A. alles durch Christus, auf Christus hin und in Christus gestaltet wird. A. an sich ist nicht göttlich, A. aber um Christi willen, um des göttlichen Auftrags und Zieles willen, ist göttlich.

7. Die Krise der Arbeit

Es gibt einen Bruch zwischen dem christl. Bekenntnis und dem Alltag in der A. Die Spannung wurde wie folgt aufgelöst: Auf der einen Seite lebt der Mensch gespalten, am Feiertag als Christ, in der Welt der A. nach den Gesetzen dieser Welt. Diese gespaltenen Menschen bewirken wenig, weil sie nicht vertrauenswürdig sind. Auf der anderen Seite erleben wir, daß viele Christen mit ihrer weltlichen Tätigkeit unzufrieden sind. Sie bewerten nur die geistl. A. als menschliches Ziel und Grund ihres Geschaffenseins. Ihr Ziel ist es, eine geistl. A. zu finden. Auch hier beobachten wir einen Bruch, eine Unzufriedenheit. Gott hat den Menschen zur A. geschaffen, die A. hat von daher eine göttliche Würde, was das A.sethos beeinflussen müßte. Andere verstehen A. nur als Missionsmöglichkeit, was dem Sinn der A. nicht entspricht (A. ist nicht Mission). Auch dies wird zu einem innerlichen Bruch des Menschen führen. Betont werden sollte, daß die menschliche A. auch Gottesdienst ist, wie Luther es immer wieder betonte. Die profanen Tätigkeiten sind in Christus geadelt. Durch die A., die dem Nächsten Güter und Dienstleistungen zur Verfügung stellt, wird auch das Gebot der Nächstenliebe erfüllt. In der Verkündigung sollten die Hörer viel stärker in bezug auf ihre weltliche A. abgeholt werden.

Lit.: W. Bienert: Die Arbeit nach der Lehre der Bibel. Ein Beitrag zur evangelischen Sozialethik, 1954; E. Brunner: Das Gebot und die Ordnungen, 1939; H. Cremer: Arbeit und Eigentum aus christlicher Sicht, ²1984; H. Egelkraut: Die Arbeit, Segen oder Fluch. Eine biblisch-theologische Einführung, in: W. Lachmann et al.: Die Krise der Arbeitsgesellschaft, Chancen und Grenzen christlicher Verantwortung, 1984; M. Hengel: Die Arbeit im frühen Christentum, ThBeitr 17, 4, (1986) 174-212; R. Kramer: Arbeit, 1982; J.M. Lochman: Werk und Werkgerechtigkeit, Arbeit in christlicher und marxistischer Sicht, ZEE 22 (1978), 105-117; J. Moltmann (Hg.): Recht auf Arbeit - Sinn der Arbeit, 1979; M. Scheler: Arbeit und Ethik, in: M. Scheler: Frühe Schriften, 1971; H. Thielicke: Theologische Ethik, Bd. II/1, 1973; D. Sherman, W. Hendricks: Your Work Matters to God, 1987.

W. Lachmann

Arbeiterbewegung

Durch die preußische Agrargesetzgebung wurden die Bauern 1810 aus der Erbuntertänigkeit in die wirtschaftl. Selbständigkeit entlassen. Davon ausgeschlossen waren Inhaber kleiner, nicht spannfähiger Bauernstellen. Neben jenen Handwerksgesellen, die keine feste Anstellung gefunden hatten oder nicht zum Meister aufsteigen konnten, bildeten sie die Masse der Wanderbettler, die nach Tagelohn und Saisonarbeit nachfragten. Mit Beginn der Industrialisierung nahm die Zahl der Wohnsitzlosen ab, da sie nun als Lohnarbeiter zwar nicht ihre Armut, so doch ihre Obdachlosigkeit zum Teil überwinden konnten. Die A. unterschied sich von den Zünften, die mehr traditionell geprägt waren, durch ihr Standesbewußtsein als Arbeiter, die sich zur Bewegung zusammenschlossen. So waren die Träger der A. in der Regel nicht die proletarisierten Massen der Fabrikarbeiter, sondern die o.g. Handwerksgesellen.

Die überwiegende Zahl der Arbeiter um die Jahrhundertwende war ev., doch ihre geistige Prägung als A. bekam sie aus dem weltlichen Raum. Sie war nicht nur international, sondern auch interkonfessionell. Sie trat überwiegend in Gewerkschaften oder in polit. Parteien in Erscheinung. Viele christl. Arbeiter wurden sich ihrer besonderen Verantwortung als Christen bewußt, wobei die kath. Arbeiter deutlich früher als die ev. Unterstützung in der Pfarrerschaft fanden. Zwar wurde in den christl. Gewerkschaften überkonfessionell zusammengearbeitet, aber der ev. Flügel war zahlenmäßg im Rückstand und ist es bis heute sowohl in den Sozialausschüssen der CDU als auch in der 1955 neu gegründeten Christlichen Gewerkschaft geblieben.

Lit.: H. Mommsen, in: Marxismus im Systemvergleich, Geschichte Bd. 1, 1974, 108-155; E. Ortmann, H. Lutz: »Arbeiterbewegung«, ESL [7]1980, 39-46; H. Petrich: Pastor und Arbeiter, ca. 1923; ders.: Die geistigen Grundlagen der christlich-nationalen Arbeiterbewegung, 1923.

R.D. Krüger

Arbeiterkolonie

Anstalten der Nichtseßhaftenhilfe, meist dem → Diakonischen Werk angeschlossen. 1882 wurde in Bethel-Eckhardtsheim die erste deutsche A. »Wilhelmsdorf« von F. v. → Bodelschwingh (1831-1910) gegründet.

Um 1880 war ca. ein Prozent der Bevölkerung des Deutschen Reiches (ca. 400.000) wohnsitzlos. Mit der Industrialisierung hatte die Zahl der Obdachlosen beständig abgenommen. In den neuentstehenden Industriezentren fand die Schicht der ländlichen Vagabundierenden und verarmten Handwerksgesellen als Lohnarbeiter Unterkunft. Die periodischen Konjunkturkrisen (Gründerkrise und Große Depression 1875-1885) ließen aber die Zahlen der Obdachlosen und Kriminellen wieder ansteigen. Kleinere private, caritative und kommunale Arbeitsvermittlungen gab es erst ab ca. 1880, ein flächendeckendes Netz öffentlich-rechtlicher Arbeitsvermittlungen erst seit dem Arbeitsnachweisgesetz von 1922.

Die Wurzeln der Idee der A.: Von J.H. → Wichern (1808-1881) initiierte und von Perthes umgesetzte »Herbergen zur Heimat« als polit.-mission. Alternativprogramm zu den »wilden Herbergen« der Wandergesellen, die revolutionäre Pulverfässer waren. Mit ähnlichem Ansatz richtete auf röm.-kath. Seite Adolf → Kolping Gesellenhäuser ein.

In der Folge der Gründerkrise entstanden in den 70er Jahre des 19. Jh.s Vereine gegen Verarmung und Bettelei. Die Belästigung durch Türbettler sollte durch die Einführung zentraler Hilfsstellen in den Gemeinden abgebaut werden, die die Bedürftigkeit prüften. Gegen Arbeitsleistung wurde Naturalverpflegung und eine Übernachtung angeboten.

1818 wurden in Holland von einem früheren holländisch-ostindischen Kolonialbeamten Ansätze zu einer »inneren Kolonisierung« entwickelt. Es ging um Selbsthilfeleistungen der Betroffenen, denen Siedlungsland mit schlechtem Boden bei geringer Hilfe zur Urbarmachung zur Verfügung gestellt wurde.

Schon bei Bodelschwingh hatte die A. die Aufgabe der Wiedereingliederungshilfe für besondere Problemgruppen wie Strafentlassene, arbeits- und wohnsitzlose Alkoholiker und Menschen mit psychischen Beeinträchtigungen mit eingeschlossen. Grundvoraussetzungen für den Kolonieeintritt waren Freiwilligkeit und Verzicht auf äußeren Zwang. Zunächst wurde bis zur Jahrhundertwende landwirtschaftliche Arbeit, danach in Stadtkolonien u.a. in Berlin auch Beschäftigung in der Industrie angeboten. Stets hatten die A.n ein Auge auf besondere Problemgruppen ihrer Zeit: während des Zweiten Weltkriegs wurden bombengefährdete Menschen aufgenommen, nach dem Zusammenbruch 1945 Flüchtlinge, seit 1980 gibt es neben den A.n der Nichtseßhaftenhilfe die Bewegung der »Gefährdetenhilfen«. (→ Neue Arbeit)

Lit.: 100 Jahre Arbeit statt Almosen, 1984; W. John: Ohne festen Wohnsitz, 1988.

R.D. Krüger

Arbeiterpriester

Der A. wohnt außerhalb von Pfarrhaus und Kloster und ist von der Gemeindearbeit freigestellt. Er lebt von seiner Arbeit im Betrieb und bleibt gegenüber seiner Umgebung inkognito. Seine Geschichte beginnt mit der Eröffnung des Seminars der »Mission de France« 1942, nachdem 1941 P. Loew OP Dockarbeiter in Marseille geworden war, und der »Mission de Paris« 1943, der es vor allem um Großstadtmission ging.

Der Begriff A. (franz. prètre-ouvrier) wird erstmals vor dem Ersten Weltkrieg benutzt, als nach Lösung des Konkordats eine Reihe von Priestern aus Gründen der Selbsterhaltung zur Lohnarbeit gezwungen waren. Im heute üblichen Sinne wird er erst durch das »Journal d'un prètre-ouvrier en Allemagne« von Henri Perrin wieder eingeführt. Als die dt. Besatzungsmacht in Frankreich ca. 800.000 Arbeitskräfte für den Einsatz in deutschen Rüstungsfabriken rekrutierte und eine seelsorgerl. Betreuung durch franz. Geistliche untersagte, beschloß 1943 die Versammlung der Bischöfe, heimlich A. zu senden. So meldeten sich 1943/44, als einfache Arbeiter getarnt, 25 A. freiwillig zum Arbeitseinsatz nach Deutschland.

Viele A. waren körperlich und in ihrer Doppelfunktion überfordert. Dies führte u.a. zur Einschränkung des priesterlichen und rel. Lebens. Hinzu kam bei vielen ein eindeutiges Engagement für die Arbeiterklasse in kommunistischen Gewerkschaften. Aus diesen Gründen erfolgte 1951 durch das sanctum officium ein Verbot, die Zahl der A. zu erhöhen (Stand: ca. 100). 1954 wurde die körperliche Arbeit der A. auf drei Stunden täglich begrenzt, was aber die Hälfte der A. verweigerte. 1959 erging das endgültige Verbot jeglicher Fabrikarbeit für Priester; mit dem Dekret »Über Dienst und Leben der Priester« wurde sie 1965 (II. Vaticanum) wieder zugelassen.

Auswirkungen: In Lateinamerika verstehen sich A. häufig in Verbindung mit der Theologie der Befreiung. Die EKD-Synode 1955 in Espelkamp hat die Problematik der A. aufgegriffen. Bis 1974 war die → Gossner-Mission in Mainz und die ASIA mit dieser Aufgabe betraut, seit 1974 der Kirchliche Dienst in der Arbeitswelt (KDA) mit seinen Industriepfarrämtern. Nach dem ev. Verständnis vom allg. Priestertum ist mit dieser Aufgabe zugleich jeder ev. Christ betraut.

Lit.: G. Siefer: Die Mission der Arbeiterpriester, 1960; G. Brinkmann: »Arbeiterpriester«, ESL ^{7}1980, 46.

R.D. Krüger

Arbeitsgemeinschaft christlicher Kirchen (ACK)

In Wiederaufnahme der ökumen. Kontakte nach dem Zusammenbruch 1945 wurden 1947 die Ökumen. Centrale (ÖC) mit Sitz in Frankfurt und 1948 die ACK gegründet. Zu ihr gehörten zunächst als die wichtigsten Mitglieder die → Ev. Kirche in Deutschland (EKD), → Baptisten und → Methodisten, → Altkatholiken, → Mennoniten und → Heilsarmee sowie der → Bund Freier ev. Gemeinden und die → Brüder-Unität. 1974 erfolgte der Beitritt der röm.-kath. Kirche (Deutsche Bischofskonferenz) und der Griech.-orth. Metropolie, außerdem der → Selbständigen Ev.-Luth. Kirche und des → Christl. Gemeinschaftsverbandes Mülheim/Ruhr.

Bedingt durch die Teilung Deutschlands kamen die Verteter im Bereich der damaligen DDR ab 1963 getrennt zusammen, konstituierten sich im April 1970 als »Arbeitsgemeinschaft Christlicher Kirchen in der DDR« (AGCK) und setzten die ökumen. Zusammenarbeit eigenständig fort. Regelmäßige Arbeitskontakte bestanden zur ACK der Bundesrepublik Deutschland und Berlin (West). Mitglieder waren der Bund der Ev. Kirchen, die Ev. Brüder-Unität Herrnhut, die Ev.-methodistische Kirche, der Bund ev.-freikirchl. Gemeinden, der Bund Freier ev. Gemeinden, die Ev.-Luth. (altluth.) Kirche, der Kirchenbund Ev.-Ref. Gemeinden, der Gemeindeverband der Altkath. Kirche und die Mennonitengemeinde. Beobachterstatus hatten die Röm.-kath. Kirche (seit Mai 1990 volle Mitgliedschaft), die Russisch-orth. Kirche, die Siebenten-Tags-Adventisten, die Rel. Gesellschaft der Freunde (Quäker) und das Apostelamt Jesu Christi. Der Zusammenschluß der beiden deutschen Arbeitgemeinschaften erfolgte nach der Erarbeitung einer neuen Satzung im November 1991.

Die ACK ist ein eingetragener Verein. Gastmitgliedschaft ist möglich und wird auch in Anspruch genommen. Drei Mitgliederversammlungen im Jahr - außer den regionalen Zusammenkünften - vereinen die Delegierten (je nachdem 1-7); organisatorisch ist die ACK unabhängig vom Weltrat der Kirchen, es besteht aber freundschaftliche Zusammenarbeit.

Acht Aufgabenbereiche werden in der Satzung genannt:

1. Gegenseitige Information, Beratung und Zusammenarbeit im gemeinsamen Zeugnis, Dienst und Gebet;
2. Unterstützung der Zusammenarbeit zwischen den Kirchen auf lokaler, regionaler und internationaler Ebene;
3. Förderung des theol. Gesprächs mit dem Ziel der Klärung und Verständigung;
4. Vermittlung bei Meinungsverschiedenheiten zwischen einzelnen Mitgliedern;
5. Vertretung besonderer Anliegen einzelner Mitglieder auf deren Antrag;
6. Wahrnehnung gemeinsamer Aufgaben nach außen und in der Öffentlichkeit;
7. Vertretung gemeinsamer Anliegen der Mitgliedskirchen bei polit. Institutionen;
8. Unterrichtung der Öffentlichkeit über ökumen. Ereignisse und über den Stand ökumen. Bemühungen sowie Förderung des ökumen. Verantwortungsbewußtseins.

Die theol. Arbeit wird vom Deutschen Ökumen. Studienausschuß (DÖSTA) mit ca. 24 Mitgliedern betrieben, in der Regel zu Texten und Projekten des Weltrats der Kirchen. Die Ökumen. Centrale koordiniert die sonstige Arbeit der ACK und bemüht sich um Förderung der »Ökumene vor Ort«.

Handreichungen zur »Gebetswoche für die Einheit der Christen«, zur »Bibelwoche«, die seit 1952 erscheinende Vierteljahresschrift »Ökumenische Rundschau« (ÖR), der »Materialdienst« sowie verschiedene Arbeitshilfen der ÖC verdeutlichen die Arbeit der ACK.

Lit.: E. Fahlbusch: Kirchenkunde der Gegenwart, 1979, 228-230; E. v. Harling: Die ACK, KJ (1959), 357-381; H. Krüger: Möglichkeit und Grenze zwischenkirchlicher Zusammenarbeit in Deutschland, in: Konfession und Ökumene (1965), 83-92; W. Küppers: Die Anfänge der ACK, ÖR 22 (1973), 270-272; H. Luckey: Zwei Jahrzehnte deutsche Ökumene in freikirchlicher Sicht, KJ (1967), 371-416.

G. Ruhbach

Arbeitsgemeinschaft christlicher Lebenshilfen (ACL)

Ein freiwilliger Zusammenschluß von Therapie- und Seelsorgestätten in Europa, die bewußt christl. geführt sind. Ihr Angebot bibl. orientierter Lebenshilfe im Rahmen familienähnlicher Lebensgemeinschaften richtet sich überwiegend an junge Erwachsene in Krisensituationen: Drogenabhängigkeit, psychische Leiden und Verhaltensstörungen, soziale, familiäre sowie Glaubens-Schwierigkeiten, Persönlichkeitsreifung, Eßprobleme, okkulte Belastungen. Ein Haus bietet zusätzlich Begleitung während der Schwangerschaft als Alternative zur Tötung Ungeborener an.

Die ACL ist keine »Dachorganisation« mit Weisungsbefugnissen für die angeschlossenen Werke. Die einzelnen Häuser sind selbständig und haben unterschiedliche kirchl. Prägungen. Alle aber arbeiten auf der Grundlage der Bibel; ihre Mitarbeiter haben eine entschiedene Hinwendung zu Jesus vollzogen.

In zweimal jährlich stattfindenden Kontakt-Tagungen (entstanden 1971) tauschen die leitenden Mitarbeiter der Mitglieds-Häuser Erfahrungen aus, hören weiterbildende Referate über bibl., organisatorische, wirtschaftl., juristische und fachliche Themen und haben Gemeinschaft untereinander.

Eine Liste der in der ACL zusammengefaßten Häuser in Deutschland ist über die Geschäftsstelle in Gießen zu beziehen.

Lit.: »Leben will gelernt sein«. Die ACL stellt sich vor, hg. von der ACL, 3 1991.

R. Straube

Arbeitsgemeinschaft evangelikaler Missionen (AEM)

Die AEM ist der Dachverband von derzeit 52 evangelikalen Missionen in Deutschland mit über 1.800 Missionaren und Missionarinnen in fünf Kontinenten. Der freiwillige Zusammenschluß begann 1968. Nur wenige evangelikale Missionen konnten die 1961 in Neu Delhi vollzogene Verkoppelung von Internationalem Missionsrat und Ökumen. Rat der Kirchen bejahen. 1966 verbanden sich die meisten der weltweiten evangelikalen Missionen in Wheaton/USA zu einer Sammlungsbewegung. In der dort verfaßten Wheaton-Erklärung wird betont, daß die evangelikalen Missionen Mission als umfassenden Dienst der Liebe mit dem evangelistischen Wort und der diakon. Tat im Namen und in der Kraft Jesu Christi verstehen. Die deutschen evangelikalen Missionen konstituierten sich 1969 anläßlich der ersten Konferenz in Frankfurt zur AEM. Diese versteht sich als Bruderschaft innerhalb der Ev. → Allianz. Die Missionen kommen aus dem Bereich der Landeskirchen, Gemeinschaften und Freikirchen. Seit 1974 ist die AEM ein eingetragener Verein, dessen Geschäftsstelle in Korntal ist. Die AEM bekennt sich zur »Frankfurter Erklärung zur Grundlagenkrise der Mission« (1970) und zur »Lausanner Verpflichtung« (1974).

Die AEM gründete zur Durchführung ihrer Aufgaben verschiedene Arbeitszweige:

- Die Freie Hochschule für Mission, Korntal, bietet für künftige Missionare und für Missionare im Heimataufenthalt sowohl eine akademische Ausbildung als auch eine Fortbildung an.
- Durch die Deutsche Fernschule, Gießen, werden Missionarskinder im Ausland unterrichtet.
- Hilfe für Brüder, Stuttgart, unterstützt weltweit die Ausbildung einheimischer Mitarbeiter, Gemeindearbeit und diakon. Aufgaben.
- Christliche Fachkräfte International, Stuttgart, entsendet Christen als Entwicklungshelfer in die Dritte Welt.
- Arbeitskreis für evangelikale Missiologie fördert eine bibl. fundierte Missionswissenschaft.

Die Arbeitsschwerpunkte der einzelnen Missionen in über 100 Ländern sind so verschieden wie die Missionen selbst: Ausbildung und Entsendung von Missionaren; Evangelisation und Gemeindebau; Ausbildung einheimischer Theologen und Mitarbeiter sowie christl. Führungskräfte; Gesundheitsfürsorge, ärztliche Betreuung; Betreuung von Gastarbeitern und Flüchtlingen; Missionsdienst durch Massenmedien; Sprachforschung und Bibelübersetzung; Kinderheime, Schulen, Werkstätten.

W. Mann

Arbeitsgemeinschaft für Ausländermission (AfA)

Die AfA ist ein Zusammenschluß von Missionswerken (z.B. → Evangelischer Ausländerdienst - EAS), Kirchen, Gemeinden und Vertretern örtlicher Allianzkreise mit dem Ziel, die gemeinsamen Aufgaben im Bereich der Mission unter Ausländern in Deutschland zu koordinieren. Sie bietet ein Forum für Gespräche und den Erfahrungsaustausch, unterstützt Schulungen und Konferenzen, hält Kontakte zu örtlichen Allianz-Gruppen ebenso wie zu Ausländer-Gemeinden, fördert Kontakte von einzelnen Christen wie auch Gemeinden zu Ausländern, bietet dazu Hilfsmaterial in den jeweiligen Fremdsprachen und vermittelt bei Nachfrage Vertrauenspersonen. Die Arbeit geschieht in Verbindung mit der Ev. → Allianz. Die AfA gibt es seit 1978, sie zählt heute 24 Mitgliedsorganisationen.

Red.

Arbeitsgemeinschaft für biblisch erneuerte Theologie (AfbeT)

Die 1982 gegründete Arbeitsgemeinschaft für bibl. erneuerte Theologie (AfbeT) ist die theol. Arbeitsgruppe der Schweizerischen Ev. → Allianz. Sie »fördert auf wissenschaftlichem Niveau theologische Forschung und Lehre, welche der Heiligen Schrift verpflichtet ist und der christlichen Gemeinde in den aktuellen Herausforderungen dient« (Leitsatz).

Dies geschieht z.B. durch theol. Studientage und Doktoranden-Kolloquien, Stipendien und Druckkosten-Zuschüsse.

Die AfbeT sucht die Zusammenarbeit mit Vereinigungen, die ebenfalls auf der Glaubensbasis der Ev. Allianz stehen. Verbindungen bestehen zum → Arbeitskreis für evangelikale Theologie (AfeT), zur → Gemeinschaft Europäischer Evangelikaler Theologen (GEET) und zur Theologischen Kommission der Weltallianz (WEF).

Lit.: J.H. Schmid (Hg.): Unterwegs zu biblisch erneuerter Theologie, 1984, Theologie und Dienst, Heft 40.

H. Hauzenberger

Arbeitsgemeinschaft Jugendevangelisation (AGJE)

Die AGJE ist ein »Zusammenschluß von Personen, die in der Jugendevangelisation und in missionarischer Jugendarbeit tätig sind«. Sie wurde 1972 gegründet und umfaßt heute über 800 Mitglieder aus den verschiedensten Landeskirchen, Freikirchen und Jugendverbänden. Sie bildet damit eine konfessions- und verbandsübergreifende Plattform für jugendevangelistische Planungen und Aktionen. Aus ihrer Arbeit entstand die Idee zu den großen Jugendkongressen Christival I in Essen 1976 und Christival II in Nürnberg 1988.

Die Förderung der Jugendevangelisation geschieht durch Tagungen für ehren- und hauptamtliche Mitarbeiter in der Jugendarbeit, durch Tonkassetten für Mitarbeiterschulung (über den → Evangeliums-Rundfunk ausgestrahlt) und durch schriftliches Arbeitsmaterial. Als Schwerpunkt der Arbeit haben sich zunehmend die JET-Tage (Jugend-Evangelisationstage) herausgestellt, die regional in ganz Deutschland angeboten werden und sowohl grundsätzliche als auch praktische Themen behandeln. In der jährlichen Mitgliederversammlung werden die Weichen für die praktische Arbeit des Vorstands gestellt.

In der Satzung der AGJE ist definiert, wie die Mitglieder Jugendevangelisation verstanden wissen wollen:

Als Verkündigung des Heils allein in Jesus Christus,

als Ruf zur Umkehr und zur Nachfolge Christi,

als Anleitung zum verbindlichen Leben in der Gemeinde Jesu Christi und in der Welt.

Eine ausführliche theol. Erläuterung dazu gibt nähere Auskunft über diese Definition.

Lit.: J. Blunck: Missionarische Freizeiten; U. Parzany: Zeugen gesucht.

J. Blunck

Arbeitsgemeinschaft für das messianische Zeugnis an Israel (AmZI)

Die AmZI will das messianische Zeugnis des AT und NT an Israel fördern und das Verständnis für diese Aufgabe unter Christen wecken. Der Befehl zur Weltmission betrifft auch und zuerst das jüd. Volk. Denn der Messias Jesus ist der Weg, den Gott zur Rettung seines Volkes bestimmt hat. In Israel arbeitet die AmZI eng mit jüd.-messianischen (judenchristl.) und auch arab. Gemeinden und Werken zusammen und unterstützt sie in Gemeindebau, Evangelisation und Diakonie.

Als Verbindungsglied zwischen Christen im deutschsprachigen Raum und in Israel informiert die AmZI regelmäßig über Anliegen und Sachthemen aus Israel und bietet Möglichkeiten zur Unterstützung der dortigen Gemeinden.

Die AmZI wurde 1968 von Konrad Meyer gegründet. Die Arbeit wird durch Spenden des Freundeskreises getragen. Unter Wahrung ihres Charakters als Sammlung verschiedener landes- und freikirchl. Trägerschaften ist die AmZI mit dem Werk der Pilgermission St. → Chrischona verbunden. Als Mitglied der LCJE (Lausanne Consultation on Jewish Evangelism) steht sie im Austausch mit Werken und Personen, die international dasselbe Anliegen vertreten.

A. Meyer

Arbeitsgemeinschaft Missionarische Dienste (AMD)

In der 1946 unter dem Namen »Arbeitsgemeinschaft für Volksmission« gegründeten, seit 1967 in AMD umbenannten Arbeitsgemeinschaft sind die landeskirchl. sowie freikirchl. Ämter für Volksmission und freie Werke, die mit mission. Zielsetzung arbeiten, zusammengeschlossen. Die AMD ist Fachverband des → Diakonischen Werkes der EKD. Die AMD hat teil am Auftrag der Gemeinde Jesu Christi, allen Menschen die Botschaft vom Anbruch des Reiches Gottes zu verkünden und sie in seine rettende Gemeinschaft zu rufen. Sie arbeitet auf dem Boden der Hl. Schrift und weiß sich den reformat. Bekenntnissen verpflichtet. Die AMD will helfen, daß die Kirche Jesu Christi ihren mission. Auftrag in unserer Gesellschaft erfüllt.

Aufgaben: Förderung und Begleitung der → Evangelisation und des mission.-diakon. → Gemeindeaufbaus, Planung und Vorbereitung der → Bibelwochen in den Gemeinden, Förderung der theol.-mission. Arbeit durch Fachtagungen, Konsultationen, Theologenkongresse und Seminare für hauptberufliche und ehrenamtliche Mitarbeiter, Bibelkurse und Gemeindeseminare zu Grundfragen des Glaubens, Entwicklung neuer Formen mission. Arbeit im Freizeitbereich, Beobachtung rel. Bewegungen, Kontakte zu theol. Fakultäten und kirchl. Ausbildungsstätten, Zusammenarbeit mit ökumen. und weltmission. Einrichtungen, Erarbeitung und Herausgabe von mission. Schrifttum, Arbeitshilfen und Studienmaterialien, Zeitschrift für Verkündigung und Gemeindeaufbau »Das missionarische Wort«.

Zur Geschichte s. → Volksmission.

Lit.: H.H. Ulrich: Auf dem Weg zu einer missionierenden Kirche, 1962; ders.: Sammlung und Sendung, 1958; E. Beyreuther: Kirche in Bewegung. Geschichte der Evangelisation und Volksmission, 1968.

E. Adomeit

Arbeitsgemeinschaft Soldatenseelsorge (ags)

Die »arbeitsgemeinschaft soldatenseelsorge« (ags) (Bund Ev.-freikirchl. Gemeinden; Bund Freier ev. Gemeinden; Christlicher Verein junger Menschen; Cornelius-Vereinigung; Deutsche Ev. Allianz; Jugendbund für entschiedenes Christentum; Ev. Gnadauer Verband) besteht seit 1985 und will die seelsorgerl.-mission. Arbeit unter den Soldaten koordinieren und intensivieren. Ihr Dienst richtet sich an jeden Christen in der Bundeswehr und die Gemeinden/Gemeinschaften, aus denen die (jungen) Soldaten kommen. Das Ziel sind Hilfen für die Weitergabe des Evangeliums und ein in verantwortlicher Lebensführung gereiftes Glaubensbekenntnis in der Kaserne.

Die Leitung hat ein Kuratorium, dem auch der Ev. Militärbischof angehört. So geschieht die Arbeit der ags in Absprache mit der → Militärseelsorge und stellt sich als eigenständiger Dienst den geistl. Herausforderungen der speziellen Lebenssituation in der Bundeswehr mit folgenden Angeboten:

- Seminare zur Vorbereitung auf den Militärdienst,
- seelsorgerl. Begleitung während der Dienstzeit,
- Auskunft über und Aufbau von Soldatenbibelkreisen,
- Schulungsangebote,
- Soldaten- und Familienrüstzeiten,
- Arbeits- und Verteilmaterial,
- Rundbrief für Soldatenbibelkreise »NL Neue Lage«,
- Unterstützung und Durchführung von mission. Aktivitäten in den Kasernen.

Lit.: K.-D. Zunke: Bundte Zeiten, 1992.

K.-D. Zunke

Arbeitskreis für evangelikale Missiologie (AfeM)

Der AfeM wurde 1985 auf Anregung von Prof. Dr. George W. Peters (1907-88) und Initiative von Dr. Klaus Fiedler ins Leben gerufen und hat sich 1986 in Korntal als Verein konstituiert. Der AfeM will im deutschsprachigen Raum bibl. fundierte Missionslehre und Missionswissenschaft sowie erweckliche Missionsarbeit fördern, Verständnis und Verantwortung für die Weltmission wecken und vertiefen und damit auch die evangelikale Missionstheologie nach außen hin darstellen. Der AfeM führt missiologische Tagungen durch und gibt die Zeitschrift »Evangelikale Missiologie« heraus. Er fördert missiologische Forschungen und Veröffentlichungen und arbeitet dabei eng mit der → Arbeitsgemeinschaft Evangelikaler Missionen (AEM) und deren Freien Hochschule für Mission in Korntal sowie mit dem → Arbeitskreis für evangelikale Theologie (AfeT) zusammen. Der AfeM steht auf der Basis der Ev. → Allianz. Sein Missionsverständnis findet Ausdruck in der → Frankfurter Erklärung zur Grundlagenkrise der Mission und in der Lausanner Verpflichtung. Ende 1990 hatte der AfeM 131 Mitglieder (davon 13 Werke).

E. Troeger

Arbeitskreis für evangelikale Theologie (AfeT)

Der AfeT (gegründet Herbst 1977) ist ein Arbeitskreis der Deutschen Ev. → Allianz. Angesichts des als Folge der → Bibelkritik weithin empfundenen Substanzverlustes christl. Theologie will der AfeT in Rückbesinnung auf das Zeugnis der ganzen Hl. Schrift als Wort Gottes zu einer Erneuerung der Theologie beitragen.

Organe: Rundbrief an den Freundeskreis (zweimal jährlich); Jahrbuch für evangelikale Theologie, hg. seit 1987, seit 1990 zusammen mit der schweizerischen → Arbeitsgemeinschaft für bibl. erneuerte Theologie (AfbeT), enthält außer Aufsätzen und Dokumentation theol. relevanter Verlautbarungen aus dem Bereich der Ev. Allianz einen umfangreichen Rezensionsteil, der die ganze deutschsprachige - in Auswahl auch darüber hinausgehend - evangelikale theol. Produktion erfaßt.

Weitere Aktivitäten: Seit 1979 alle zwei Jahre eine Theologische Studienkonferenz (alle Referate werden jeweils in Buchform veröffentlicht); Forschungsförderung (Stipendien und Druckkostenzuschüsse für wissenschaftl. Arbeiten); seit 1987 jährliche Vergabe des Johann-Tobias-Beck-Preises zur Förderung schriftgemäßer theol. Literatur; Doktorandentreffen; Facharbeitsgruppen.

Die Arbeit des AfeT wird zum größten Teil finanziert durch Spenden aus dem Freundeskreis, die von dem mit dem Vorstand des AfeT personidentischen Förderkreis für evangelikale Theologie e.V. verwaltet werden.

Als Mitglieder gehören dem AfeT etwa 75 in Forschung und Lehre (überwiegend im Bereich freier theol. Ausbildungsstätten) tätige evangelikale Theologen an. Die Mitglieder des AfeT sind korporativ auch Mitglieder der → Gemeinschaft Europäischer Evangelikaler Theologen (GEET).

Lit.: H. Burkhardt: Zehn Jahre Arbeitskreis für evangelikale Theologie, in: JET 2, 1988, 103-111.

H. Burkhardt

Arbeitslosenversicherung → Sozialpolitik

Arbeitslosigkeit

1. Begriff der Arbeitslosigkeit

Als arbeitslos zählt, wer sich beim Arbeitsamt hat registrieren lassen, voll für den Arbeitsmarkt zur Verfügung steht und z.Zt. keine Beschäftigung ausübt. Verschiedene Arten der A. werden unterschieden: Friktionelle A. (Personalfluktuation), saisonale A. (z.B. Baubereich), zyklische A. (konjunkturell begründete A.), strukturelle A. Besonders betroffen von der A. sind Frauen, ältere Arbeitnehmer, gering Qualifizierte und Arbeitnehmer in strukturschwachen Sektoren und Regionen.

2. Folgen der Arbeitslosigkeit

Neben dem Einkommensverlust werden als Folgen der A. auch soziologische Aspekte genannt, da das Selbstwertgefühl der Arbeitnehmer sinkt (→ Arbeit gehört zum Lebenssinn des Menschen), eine hohe A. ruft gesellschaftl. Instabilitäten hervor. A. kann gesundheitsschädliche Auswirkungen haben, die Kriminalität steigern und bedeutet gesellschaftl. Verlust von potentiellem Einkommen und Verlust von Humankapital (der Arbeitslose verliert einen Teil seines beruflichen Wissens).

3. Ursachenerklärungen

Die Ursachen der A. sind vielfältig. Die wesentlichen Ursachen sind:

Struktureller Art: Im Laufe der wirtschaftl. Entwicklung werden durch Erfindungen und technischen Fortschritt bestimmte Branchen von anderen verdrängt. Statt Schmieden und Sattlern haben wir Automechaniker, statt Schreibern Computerfachleute. Reagiert die Gesellschaft nicht flexibel auf die neuen Entwicklungen, kommt es zur A.

Konjunktureller Art: Aus unterschiedlichen Gründen (sinkende Auslandsnachfrage, geldpolit. bedingte Zinsveränderungen, pessimistische Wirtschaftseinschätzung usw.) kann es zu Nachfrageschocks oder auch Angebotsschocks (Ölpreiserhöhungen, Steuererhöhungen) kommen, die zu einem Absinken der gesamtgesellschaftl. Nachfrage führen, wodurch dann auch weniger Arbeitskräfte benötigt werden.

Institutioneller Art: Gesellschaftl. Maßnahmen, die die Flexibilität in der Gesellschaft senken, sind ursächlich für die langsame Reaktion der Wirtschaft auf hohe A. In diesem Zusammenhang muß die nicht vollbeschäftigungskonforme Tarifpolitik (Lohnhöhe und Lohnstruktur) und Sozialpolitik genannt werden.

Wirtschaftspolit. Art: Mit Hilfe von staatlichen Nachfrageprogrammen sollte in der Bundesrepublik Deutschland seit 1975 das Beschäftigungsniveau auf die gewünschte Höhe angehoben werden. Da aber der Finanzierungsaspekt unbeachtet blieb (man ging von einer kurzfristigen A. aus) und die Reaktion der Tarifpartner nicht beachtet wurde, haben die staatlichen Instrumente zur Bekämpfung der A. das Problem verschärft (Budgetkonsolidierung).

4. Therapievorschläge

A. muß ursachenadäquat bekämpft werden. Eine Bekämpfung der A. ist möglich durch:

Erhöhung der Güternachfrage: Der Staat versucht über Haushaltsdefizite die Nachfrage im Rahmen von Beschäftigungsprogrammen oder Investitionshilfen anzuregen. Solche Maßnahmen verschärfen das Problem für die Zukunft, insbesondere die drohende hohe Staatsverschuldung kann den Staat manövrierunfähig machen. Wenn der Staat mit Hilfe der Notenpresse die Ausgaben finanziert, droht eine Inflation, die langfristig das Problem der A. verstärkt.

Verknappung des Arbeitsangebots: Gewerkschaften versuchen, das Arbeitsangebot zu reduzieren (35-Stunden-Woche, Verbot von Überstunden, Vorruhestand und Frühpensionierungen). Durch die Reduzierung der Arbeitszeit in Branchen mit einer hohen Beschäftigung werden aber keine Arbeitsplätze in strukturell schwachen Branchen oder strukturschwachen Regionen geschaffen.

Erhöhung der Arbeitsnachfrage: Das stärkste Mittel wäre eine direkte Subventionierung der Arbeitskosten und eine Ausweitung der Beschäftigung im öffentlichen Dienst sowie eine Behinderung der Rationalisierungsinvestitionen. Die hohe Steuerlast führt jedoch zum Steuerwiderstand. Eine Behinderung der Rationalisierungsinvestitionen senkt die internationale Wettbewerbsfähigkeit und wird langfristig Arbeitsplätze vernichten.

Koordination durch den Markt: Der Arbeitsmarkt ist durch ein bilaterales Monopol (Arbeitgeberverbände versus Gewerkschaften) gekennzeichnet. Durch Tarifvertrag werden die Löhne für einen Tarifbezirk festgelegt. Führt die Lohnhöhe nicht zu einem Ausgleich von Angebot und Nachfrage, folgt A. Eine Vermarktlichung des Arbeitsmarktes würde bedeuten, daß die Tarifparteien eine größere Lohnflexibilisierung erlauben. Es müßte einem Arbeitslosen freigestellt sein, unterhalb des Tariflohns seine Arbeitskraft anzubieten, um nicht vom Arbeitsmarkt ausgesperrt zu sein. Tarifautonomie führt zu ordnungspolitischem Fehlverhalten. Die Tarifparteien verursachen A., ohne direkt für die Folgen aufkommen zu müssen. Der Staat wird sogar für die Bekämpfung der A. verantwortlich gemacht. Nach den Prinzipien der sozialen Marktwirtschaft muß der, der Gestaltungsmacht hat, auch für die Folgen aufkommen.

Marktunterstützende Maßnahmen: Der Arbeitsmarkt wird dadurch effektiver (z.B. Umschulungsmaßnahmen, Umzugsbeihilfen, Verbesserung der Informationen über vorhandene Arbeitsplätze, Beratung über die zukünftigen Aussichten bestimmter Berufsgruppen).

Recht auf Arbeit: Eine Verankerung des Rechts auf Arbeit in der Verfassung bringt keine Lösung der A., da dann der Staat die volle Kontrolle über alle Arbeitsplätze haben müßte und indirekt die Freiheit der Berufswahl eingeschränkt wäre. Eine solche Lösung würde eine sozialistische Wirtschaftsordnung zur Folge haben und verstößt gegen einige Artikel des Grundgesetzes.

Die A. ist ein typisches Beispiel des Institutionenversagens. Weil der Markt nicht regulierend wirken kann, müssen andere Organisationen (Bürokratie, Politik) eingreifen. Die Folgen haben die Arbeitslosen zu tragen.

Lit.: H. Besters: Hindernisse für Vollbeschäftigung, in: Bundeszentrale für Politische Bildung (Hg.): Wirtschaftspolitik (Schriftenreihe Bd. 292), 1990 (kostenlos erhältlich, enthält sehr gute Beiträge zur Wirtschaftspolitik); S.F. Franke: Arbeitsmarktpolitik in der Demokratie. Zur Auseinandersetzung um Ursachen und Therapie der Arbeitslosigkeit. Zeitschrift für Wirtschaftspolitik 35/3, 1986; E. Görgens: Die Beeinträchtigung marktwirtschaftlicher Anpassungsfähigkeit durch ordnungspolitische Fehlsteuerungen: Das Beispiel Arbeitsmarkt, ORDO 40, 1989; Kirchliche Stellungnahmen finden sich in: C. Gremmels, F. Segbers (Hg.): Arbeitslosigkeit – Herausforderung der Kirchen. Dokumente – Projekte – Analysen, 1979; W. Lachmann: Einige populäre Vorstellungen zur Überwindung der Arbeitslosigkeit: Ökonomische Aspekte zu ihrer Bewertung, in: W. Lachmann et al.: Die Krise der Arbeitsgesellschaft. Chancen und Grenzen christlicher Verantwortung, 1984; ders.: »Möglichkeiten und Grenzen ursachenadäquater Bekämpfung der Arbeitslosigkeit«, Aus Politik und Zeitgeschichte, B. 34-35, 1991; Landeszentrale für Politische Bildung, Baden-Württemberg (Hg.): Arbeitslosigkeit, 1984 (enthält einige gute Übersichtsaufsätze); D. Meyer: Ein Recht auf Arbeit durch Einführung der 35-Stunden-Woche?, Zeitschrift für Wirtschafts- und Sozialwissenschaften 107/4, 1987; H. Schärf (Hg.): Beschäftigungsprobleme hochentwickelter Volkswirtschaften, 1979 (Beiträge der Jahrestagung des Vereins für Sozialpolitik aus dem Jahre 1987, die die Arbeitslosigkeit zum Thema hatten).

W. Lachmann

Arbeitsrecht, kirchliches

1. Das kirchl. A. regelt das Recht der in einem privatrechtlichen Dienstverhältnis beschäftigten kirchl. Mitarbeiter. Leitbild für das gesamte A. ist der Auftrag der Kirche, das Evangelium von Jesus Christus recht und glaubwürdig zu verkündigen. An diesem Auftrag orientiert, stehen nach kirchl. Auffassung alle Mitarbeiter gemeinsam mit dem kirchl. Arbeitgeber in einer gemeinschaftlichen Bindung (»kirchliche Dienstgemeinschaft«).

Die Kirchen haben die Freiheit, nach Art. 140 Grundgesetz in Verbindung mit Art. 137 Abs. 3 Weimarer Reichsverfassung »innerhalb des für alle geltenden Gesetzes« aufgrund des kirchl. Selbstbestimmungsrechts (Autonomie) ihr A. auszugestalten. Damit gewährleistet das Grundgesetz sowohl das selbständige Ordnen und Verwalten der eigenen Angelegenheiten durch die Kirchen als auch den staatl. Schutz anderer für das Gemeinwesen bedeutsamer Rechtsgüter. Dieser Wechselwirkung ist durch entsprechende Güterabwägung Rechnung zu tragen (Beschluß des Bundesverfassungsgerichts vom 25.3.1980, ZevKR 26,80).

Dieses Selbstbestimmungsrecht erstreckt sich über die öffentlich-rechtlich strukturierten kirchl. Körperschaften hinaus auch auf die der Kirche zugeordneten Einrichtungen unabhängig von ihrer Rechtsform, insbesondere auf die diakonisch-caritativen Einrichtungen (Bundesverfassungsgericht, Beschluß vom 4.6.1985, ZevKR 31, 77).

2. Die Arbeitsrechtsetzung erfolgt in der EKD überwiegend nach dem sog. Dritten Weg durch Arbeitsrechtliche Kommissionen (ARK), in die Kirchenleitungen und Mitarbeiterschaft eine jeweils gleich große Zahl weisungsfreier, nur dem Gewissen verantwortlicher Vertreter entsenden. Über Einwendungen gegen Kommissionsbeschlüsse entscheiden paritätisch besetzte Schiedskommissionen. Wirksame Beschlüsse der ARK und der Schiedskommissionen sind unmittelbar geltendes Recht. Dieses Modell soll unter Wahrung der kirchl. Autonomie Partnerschaft, Parität, kirchengemäße Konfliktlösung und Geltung für alle Mitarbeiter sichern. Die Rechtsetzung allein durch kirchl. Organe (Erster Weg) widerspricht dem Prinzip der Partnerschaft. Das Tarifvertragssystem (Zweiter Weg) steht mit seinem Konfliktlösungsmodell (Arbeitskampf mit Streik und Aussperrung) dem Selbstverständnis kirchl. Dienstes entgegen; auch ist der Arbeitskampf nach herrschender Meinung in der Kirche unzulässig und so dem Tarifvertragssystem die wesentliche Voraussetzung genommen. Nur in der nordelbischen Kirche und in Berlin-Brandenburg wurden bisher Tarifverträge unter Verzicht auf den Arbeitskampf abgeschlossen. In der kath. Kirche bestehen nach gleichen Grundsätzen Kommissionen zur Ordnung des diözesanen Arbeitsrechts (KODA); im Konfliktfall obliegt nach Abschluß eines Vermittlungsverfahrens die Letztentscheidung gemäß kath. Recht dem Bischof.

3. Wegen des Selbstbestimmungsrechts gelten Betriebsverfassungsgesetz und Personalvertretungsgesetze nicht in der Kirche und ihren Einrichtungen. Kirchl. Mitarbeitervertretungsgesetze und -ordnungen regeln die entsprechende Materie unter besonderer Verpflichtung der Mitarbeitervertreter gegenüber dem kirchl. Auftrag.

4. Für den einzelnen Arbeitsvertrag gilt das kirchl. A. innerhalb der Schranken des allg. Rechts; hierbei ist die Verpflichtung des Mitarbeiters zur Achtung der von der Ordnung der verfaßten Kirche anerkannten Grundwerte (Loyalitätspflicht) bis in die private Lebensführung hinein hervorzuheben, z.B. Achtung von Ehe und Familie (Beschluß des Bundesverfassungsgerichts vom 4.6.1985 a.a.O.). Die Arbeitsgerichte haben diese Grundwerte als Maßstab ihrer Entscheidung über eine Pflichtverletzung zugrundezulegen.

Lit.: W. Dütz: Das Bundesverfassungsgericht zur Kündigung kirchlicher Arbeitsverhältnisse, Neue Zeitschrift für Arbeits- und Sozialrecht, Beilage 1, 1986, 11; G. Grethlein, E. Spengler: Der Dritte Weg der Kirchen, Betriebs-Berater Beilage 10, 1980; R. Richardi: Staatliches Arbeitsrecht und Kirchliches Dienstrecht, 1984.

M. Kleingünther

Archäologie, biblische

Ausgrabungen in Palästina, dem Land beiderseits des Jordan, des Toten Meeres und der Araba-Senke wollten seit der Mitte des 19. Jh.s zunächst aus bibl.-apologetischen Gründen die Bibel, vornehmlich das AT, bestätigen (z.B. Woolleys »Entdeckung« der Sintflutablagerungen).

Inzwischen ist die Bibl. A. zu einem ernsthaften Forschungszweig herangereift, der vor allem in Israel, Nordamerika und England betrieben wird, dort den atl. Seminaren einer Hochschule angegliedert ist und Sitten und Gebräuche, Schrift und Sprache, Geschichte und Geschichtsdeutung des AT erhellen will. Die Bibl. A. leistet auch als bibl.-theol. Hilfswissenschaft wesentliche Beiträge zur Exegese des bibl. Textes.

Der geographischen und thematischen Abgrenzung der Bibl. A. gegenüber der Vorderasiat. A. (Türkei, Syrien, Mesopotamien) und der Ägyptologie steht die chronologische Begrenzung zur Seite. Hatten früher Alttestamentler mit Schwerpunkt Bibl. A. und Geschichte sich auch der vor- und frühgeschichtl. A. angenommen (z.B. vom Neolithikum bis zur Frühbronzezeit, ca. 8000-3000 v.Chr.), so bleibt nun für die Bibl. A. wegen der Beschränkung auf den bibl.-hist. Horizont nur noch die Zeit zwischen ca. 2200-400 v.Chr., bzw. die ntl. Epoche. Die Zeiträume werden grob wie folgt unterteilt: Mittelbronzezeit (ca. 2200-1600 v.Chr.), Spätbronzezeit (ca. 1600-1300 v.Chr.), Eisenzeit I (ca. 1300-900 v.Chr.), Eisenzeit IIA-B (ca. 900-600 v.Chr.) und die Eisenzeit IIC (oder III) (ca. 600-400 v.Chr.).

Die chronologische Zuordnung eines Fundes zu diesen hist. Epochen erfolgt grundlegend im Kontext der sich während der Jahrhunderte verändernden Keramikformen, Fremdimporte, Inschriften und der Paläographie. C-14-Untersuchungen und andere naturwissenschaftl. Methoden zur Altersbestimmung organischer Reste sind weitere Datierungshilfen. Die sog. »Keramik-Uhr« ist inzwischen derart verfeinert worden, daß Fundbestimmungen bis auf 25-50 Jahre exakt vorgenommen werden können. Dies setzt jedoch eine ungestörte Schichtenfolge voraus.

Neben den stratigraphischen (schichtenmäßigen) Ausgrabungen dienen vor allem die weniger kostspieligen Oberflächenbegehungen (surveys) und Schürfungen (Sondagen) der archäologischen Erforschung Palästinas. Die chronologische Zuordnung des aufgelesenen Scherbenmaterials sowie der Oberflächenfunde, die Ortsbestimmungen, die Verkehrswege und orts- sowie landeskundliche Beobachtungen können zusammengenommen bereits ein grobes Raster zur bibl.-hist. Siedlungsgeschichte eines Landstrichs abgeben.

Die Forschungsrichtungen der Bibl. A. sind so vielfältig geworden, daß sie bereits Spezialistentum verlangen, das sich häufig monographisch äußert in Studien über Keramik und Chronologie, Kunst und (Alltags-)Kultur, Paläographie und Geschichte, Religion und Religionsgeschichte, Siedlungs- und Territorialgeschichte usw. Diese Themen bilden die Grundlage für jede fundierte bibl.-exegetische Arbeit.

Lit.: Y. Aharoni: Das Land der Bibel, 1984; V. Fritz: Biblische Archäologie, 1988; M. Magall: Archäologie und Bibel, 1986; A. Millard: Schätze aus biblischer Zeit, 1986; B. Pixner: Wege des Messias und Stätten der Urkirche, 1991; H. Weippert: Palästina in vorhellenistischer Zeit, 1988; U. Worschech: Das Land jenseits des Jordan, 1991.

U. Worschech

Archäologie, christliche

Die materiellen Überreste der Kultur der Christen und ihrer nichtchristl. Zeitgenossen im röm. Reich und dessen Nachbargebieten von ca. 200 – ca. 600 bilden einen Schnittpunkt von Altertumswissenschaften, klass. Archäologie und Alter Geschichte, Kunstwissenschaften und hist. Theologie. Dabei treten schon im 3. Jh. zwei Gruppen von Monumenten auf, die auch in der Folgezeit die Hauptdenkmäler ausmachen werden: Dominierend sind Monumente aus dem Zusammenhang der Grabeskunst (Malerei, Relief, Inschriften), daneben der Kirchenbau und seine Ausstattung (Architektur, Malerei). Die christl. epigraphische Überlieferung (Grabinschriften, z.T. Epigramme) beginnt wohl noch Ende des 2. Jh.s mit der Aberkios-Inschrift, vor der Mitte des 3. Jh.s setzen in Rom die Katakombenmalereien (→ Katakomben) in den wachsenden Begräbnisstätten der röm. Kirche ein, wenig später die Sarkophage.

In der syr. Garnisonsstadt Dura-Europos entsteht zeitgleich ein Kirchenhaus (Versammlungsraum und Baptisterium, Malereien in New Haven, Yale Art Gallery). Die innovative Zeit des christl. Kirchenbaus beginnt unter Konstantin (Stiftungen): Vorgegebene Bauformen werden adaptiert für die Funktionen der Liturgie in den Großgemeinden (Basiliken, Zentralbauten). Kleinkunst (Lampen, Elfenbein- und Silberarbeiten) und Buchmalerei (Bibelillustration, ältestes Beispiel: Quedlinburger Itala, Anfang 5. Jh.) sind als weitere Denkmälergruppen hier zu nennen. Neben die Malerei tritt das Mosaik (Wand- und Boden-Mosaik). Dabei ist eine starke Bildhaftigkeit in allen Bereichen des Lebens der spätantiken und justinianisch-frühbyz. Zeit zu beobachten, und somit bleiben auch die künstlerischen Äußerungen der Alten Kirche grundsätzlich im Rahmen antiker Bildfreundlichkeit.

Es lassen sich aber sehr wohl Umgewichtungen aus bibl. Tradition beobachten, wie der fast gänzliche

Ausfall kultisch-rel. Vollplastik (im Gegensatz zum erhalten gebliebenen Kaiser- und Beamtenbild). Somit partizipiert die unter Christen übliche Kunst ebenso an allen vorgegebenen Gattungen wie an einer allg. Stilentwicklung in den in Frage kommenden vier Jh.en. Eine stilgeschichtl. Analyse muß dabei neben den sich wandelnden großen Zeitstilen (severisch, tetrarchisch, konstantinisch, theodosianisch, justinianisch) Eigentümlichkeiten in der jeweiligen Region und der jeweiligen Stilform berücksichtigen.

Unter kirchengeschichtl. Gesichtspunkt ergeben sich aus der frühchristl. Kunst nicht nur wichtige Anhaltspunkte für die Ausbreitungs- und Sozialgeschichte des frühen Christentums; die → Ikonographie liefert vielmehr wichtige Beiträge zur bibl. Auslegungsgeschichte und ihrer theol. Rezeption. Dabei sind die anfängliche Dominanz atl. Darstellungen und z.T. Besonderheiten in ihnen am wahrscheinlichsten zu erklären durch eine vorgegebene jüd. Bildkunst, von der nur ein zufälliger Bruchteil erhalten ist (Synagoge von Dura-Europos). In Anknüpfung an sie mußten christl. Künstler vorgegebene antike Bildschemata mit ihren Bedeutungsgehalten benutzen, häufig auch in nichtchristl. Werkstätten, um eine ntl. bzw. christl. Bilderwelt zu schaffen (→ Ikone). Ihrer allg. zu beobachtenden schnellen Verbreitung liegen wohl Bibelillustrationen und Musterbücher zugrunde.

Die Rezeption ins östl. und westl. MA (bei aller immer stärker ins Bewußtsein tretenden direkten Beeinflussung des mittelalterl. Westens durch → Byzanz) ist unterschiedlich: Während man im Westen von frühchristl. Kunst als von einer Voraussetzung mittelalterl. Kunst sprechen kann, an die immer wieder in Renaissancen angeknüpft wird, mündet im Osten die Kunst justinianischer Zeit kontinuierlich in die byz. Kunst ein. Als Kunstzentren können wir vor allem aufgrund der Überlieferung die westl. Residenzen Rom, Arles, Trier, Mailand, Ravenna, im Osten dann Konstantinopel ausmachen, während der große Einfluß von Antiochia und Alexandria für uns im einzelnen unklar bleibt. Daneben zeigen sich deutliche Überlieferungsschwerpunkte dort, wo es zu einem Abbruch der Siedlungskontinuität gekommen ist, in Kleinasien, Syrien, Nordafrika.

Wissenschaftsgeschichtl. gesehen entwickelte sich die christl. A. im Zusammenhang gegenreformat. Kirchengeschichtsschreibung (Cesare Baronio, Antonio Bosio) und hat dann am Ende des letzten Jh.s in der sog. Römischen Schule (Giovanni Battista de Rossi, Joseph Wilpert), bestimmt von apologetischen, z.T. kontroverstheol. Interessen, einen gewissen Höhepunkt erreicht mit einer bis heute gültigen Monumentalität der Denkmäler-Präsentation. Das hier bereitgestellte Material wurde ausgewertet gemäß dem neuerwachten Interesse an der Spätantike sowohl von kunst- und altertumswissenschaftl. Seite (Alois Riegl, Franz Cumont) wie auch in der prot. Kirchengeschichtsschreibung (Hans Lietzmann). Unter der Überschrift »Antike und Christentum« (Franz Joseph Dölger) enwickelte sich so ein bis heute mit Gewinn behandelter Fragenkomplex, der den Problemen in der sich christianisierenden Spätantike nachgeht. Im Zusammenhang damit, aber mit starkem kunstgeschichtl. Akzent, entstanden in den letzten Jahrzehnten einige Gesamtdarstellungen der christl. A.

Lit.: C. Andresen: Einführung in die Christliche Archäologie, KIG 1 B1, 1971; J. Beckwith: Early Christian andByzantine Art, PHA 1970; F.W. Deichmann: Einführung in die Christliche Archäologie, 1983; M. Gough: The Origins of Christian Art, 1973; A. Grabar: Die Kunst des frühen Christentums, 1967; ders.: Die Kunst im Zeitalter Justinians, 1967.

W. Wischmeyer

Archivwesen

Ein Archiv ist die Gesamtheit der Schriftstücke und anderer Unterlagen, die durch die Tätigkeit einer Behörde, Einrichtung oder von Personen erwachsen und wegen ihrer rechtl. oder geschichtl. Bedeutung zur dauernden Aufbewahrung bestimmt sind.

Die kirchl. Archive, vornehmlich in Klöstern und an Bischofssitzen, stehen am Anfang der abendländischen Archivgeschichte. Die Bestände des Vatikanischen Archivs setzen wegen zahlreicher Verluste jedoch erst um 1200 ein. Durch → Reformation und → Säkularisation wurden die kirchl. Archive vielfach vom Staat eingezogen, nicht selten aufgeteilt oder gar vernichtet. In den ev. Gebieten gingen die Akten der Konsistorien und sonstigen kirchl. Behörden in die staatl. Archive über. Weiterhin erwuchsen Archive bei den Pfarreien, deren wichtigster und häufig ältester Archivbestand die Kirchenbücher (Matrikeln) sind.

In der kath. Kirche ist das A. durch das Corpus Iuris Canonici (CIC) geregelt. Hier entstanden nach der Neueinteilung der → Diözesen zu Beginn des 19. Jh.s an den Bischofssitzen Ordinariats- oder Diözesanarchive, die vielfach auch älteres kirchl. Archivgut übernahmen. Bei den ev. kirchl. Oberbehörden konnte sich erst nach dem Ende des landesherrlichen Kirchenregiments (1918) ein eigenständiges A. (Landeskirchliche Archive) ausbilden.

Nach wie vor ist, neben der Bereitstellung der Unterlagen für die Forschung, die Bestandssicherung die wichtigste Aufgabe auch der kirchl. Archive. Die Sicherung nicht hauptamtlich verwalteter Archive (Pfarrarchive) erfolgt entweder durch Deponierung in Zentralarchiven (z.B. Kirchenbucharchive) oder durch Ausbau der Archivpflege. Ergänzend tritt dazu die Sicherungsverfilmung.

Veranlaßt durch die im Bund und den Ländern in den letzten Jahren erlassenen Archivgesetze, die den neueren Auffassungen auf dem Gebiet des Daten- und Persönlichkeitsschutzes Rechnung tragen und die Erhaltung wichtiger Informationen für die Zukunft sichern sollen, wird gegenwärtig auch das kirchl. A. durch den Erlaß von Archivordnungen neu geregelt.

Lit.: K. Dumrath et al.: Handbuch des kirchlichen Archivwesens, 1. Die zentralen Archive in der evangelischen Kirche, 1965; E.G. Franz: Einführung in die Archivkunde, 1989; Führer durch die Bistumsarchive der katholische Kirche in der Bundesrepublik Deutschland und in Westberlin, hg. von der Bischöflichen Fachkommission für die kirchlichen Archive in Deutschland, 1977.

H. Ehmer

Ardenti cura → Enzykliken, päpstliche

Aristides → Apologeten, altkirchliche

Aristoteles (384-322 v.Chr.)

1. Leben

A., geb. 384 v.Chr., gest. 322 v.Chr., gilt neben seinem Lehrer → Platon als der bedeutendste Philosoph der Antike. Über sein Leben gibt es überraschend wenige Primärinformationen. Gegen Ende des 3. Jh.s verfaßte Hermippos die maßgebende Biographie, die alle weiteren beeinflußte, so auch die Chronologie des Lebens des A. von Apollodoros von Athen aus dem 2. Jh. v.Chr. Nach dieser verließ A., Sohn des Nikomachos, der Leibarzt und Freund des Königs Amyntas III. von Makedonien gewesen sein soll, mit 17 Jahren seine Heimat, um in Athen der Akademie Platons beizutreten. Als nach dem Tode Platons (347) A. die Akademie wieder verließ, war er sowohl der hervorragendste Schüler als auch der scharfsinnigste Kritiker seines Lehrers. A. wandte sich nach Kleinasien zum Fürsten Hermeias von Atarneus und heiratete dessen Verwandte Pythias. Als ihn 343 eine Einladung Philipps, des Königs von Makedonien, erreichte, begab er sich in dessen Residenz Mieza, um – wie es eine spätere Überlieferung berichtet – als Lehrer des Kronprinzen Alexander (später »der Große«) tätig zu werden. Nach der Ermordung Philipps und dem Regierungsantritt Alexanders 336/335 ging A. zurück nach Athen und gründete im Lykeion, einer öffentlichen Wandelhalle (griech. *peripatos*; davon wurde evtl. der Begriff »Peripatetiker«, dt. die Umherwandelnden, abgeleitet) im Zentrum Athens, eine eigene Schule, der er 13 Jahre vorstand. Als 323 überraschend die Nachricht vom Tode des in Athen verhaßten Alexanders eintraf, hatte dies auch für seinen

Lehrer A. Konsequenzen. Gegen ihn wurde ein Prozeß wegen Gottlosigkeit eröffnet. Dem wahrscheinlichen Todesurteil entzog sich A. noch während des Prozesses durch Flucht, um, wie er selbst sagte, »den Athenern nicht ein zweites Mal Gelegenheit zu geben, sich gegen die Philosophie zu versündigen« (vgl. → Sokrates). In der makedonischen Stadt Euböa erkrankte und starb er im folgenden Jahr.

2. Schriften

Die uns erhaltene Ausgabe der Schriften des A., die Andronikos von Rhodos im 1. Jh. v.Chr. veranstaltete, umfaßt nur einen Bruchteil seines Werkes. Bei einer Vielzahl dieser Schriften dürfte es sich um Vortragsmitschriften der Schüler oder um unfertige Manuskripte handeln, die kaum für eine weitere Öffentlichkeit bestimmt waren. Die Ausgabe des Andronikos umfaßt u.a. Schriften zur Logik, die später als »Organon« (Handwerkszeug zum logischen Denken) zusammengefaßt wurden, naturwissenschaftl. Schriften (»Physik«) zur Biologie, Kosmologie, Meteorologie, Schriften zur Metaphysik (ontologische Schriften, die von einem früheren Herausgeber hinter den Büchern zur Physik, griech. *meta ta physika*, einsortiert wurden und über die Gründe und Zusammenhänge des Seins handeln), Schriften zur Ethik (am bekanntesten die Nikomachische Ethik), Schriften zur Politik, sowie zur Rhetorik und Poetik.

3. Aristoteles und Platon

Eine der wichtigsten Fragen und zugleich eines der schwierigsten Probleme der A.-Interpretation ist sein Verhältnis zur Philosophie seines Lehrers.

Der zentrale Unterschied zwischen beiden liegt in der jeweiligen Bestimmung des Allgemeinen und des Einzelnen. Während bei → Platon nur den intelligiblen (nur mit der Vernunft faßbaren) Ideen wahres Sein zukommt und die Einzeldinge lediglich durch »Teilhabe« als Abbilder der ideellen Urbilder existieren, betont A., daß Allgemeines und Einzelnes wechselseitig aufeinander bezogen sind. Auch bei ihm existieren die Einzeldinge als Teile des Allgemeinen und lassen sich nur von diesem her definieren (der einzelne Mensch läßt sich nur von seinem Wesen, nämlich vom allgemeinen Mensch-Sein her verstehen), umgekehrt aber ist das Allgemeine bzw. das Wesen (das Mensch-Sein) nur an den Einzeldingen (den einzelnen, konkreten Menschen) zu erkennen, existiert also nur in diesen und ist nicht von ihnen abtrennbar. Die Inanspruchnahme seiner Philosophie durch den mittelalterl. → Nominalismus, der die Wirklichkeit des Allgemeinen überhaupt leugnete, oder durch den aufgeklärten → Empirismus, der nur dem wissenschaftl. Nachprüfbaren Realität zugesteht, beruht auf einem Mißverständnis.

Eine weitere Differenz bedeutet die ontologische Bestimmung der Veränderung bzw. der Bewegung durch A. Für Platon stellte jede Veränderung einer Sache ein Hindernis der Erkenntnis dar; somit war für ihn eigentliche Erkenntnis nur am Ewigen und Unbewegten möglich, was seiner Philosophie einen statischen Zug verleiht. Dagegen gelingt es A., auch Wachstum und Bewegung ontologisch zu bestimmen, indem er den Anfangszustand einer Sache (z.B. Same oder Ton) als Status der Möglichkeit oder Potentialität (*dynamis*) bestimmt, während der Endzustand (Pflanze oder Tonkrug) den Status der Aktualität bzw. der Verwirklichung (*energeia*) besitzt.

4. Logik

Während bei Platon der Erkenntnisgegenstand noch eine deutliche Priorität gegenüber dem Erkenntnisweg, der Methode, besaß, gewinnt bei A. letztere zunehmend einen Selbstzweck. Im Anschluß an Sokrates betont A., daß es gültige Erkenntnis nur mittels wissenschaftl. reiner Methoden geben kann, die die Möglichkeiten des Selbstbetrugs der menschlichen Vernunft so weit wie möglich ausschließen.

In seiner Lehre von den 10 Kategorien (Substanz; Quantität; Qualität; Relation; Ort; Zeit; Lage; Besitz; Aktivität; Erleiden) bestimmt A. die Umstände, unter denen gültige Aussagen über einen Gegenstand überhaupt möglich sind.

Die Kategorienlehre wird in der Lehre von der Definition fruchtbar gemacht. Nachdem man sich über die Bedeutung sowohl des Wortes für eine Sache als auch der Sache selber verständigt hat, gilt es zum einen, die nächst höhere Gattung festzustellen (z.B. der Dackel ist ein Hund) und zum anderen die in derselben Gattung vorfindlichen Unterschiede zu benennen (im Gegensatz zur Dogge hat der Dackel kurze Beine), um eine klare Definition zu erzielen. Unter diesen Bedingungen bleiben Gott und das Sein undefinierbar, da es für sie keine übergeordneten Gattungen gibt.

Das berühmteste Stück der aristotelischen Logik ist die Syllogistik. Zu einer apodiktischen (in sich notwendigen im Unterschied zu einer durch Erfahrung ermittelten oder einer ungewissen) Aussage gelangt man, indem man aus zwei vorausgesetzten, als Prämissen dienenden Urteilen zu einem dritten Urteil als Fazit gelangt (z.B. 1. Sokrates ist ein Mensch; 2. Alle Menschen sind sterblich; 3. Sokrates ist sterblich).

Die »Topik« ist der einzige realistisch angelegte Teil des Organon. Er behandelt den weiten Bereich, in dem die Syllogistik keine Gültigkeit hat, da nur mit einer relativen Allgemeinheit der Aussagen gerechnet werden kann, z.B. im individuellen, polit. und geschichtl. Handeln des Menschen, das keine strenge Gesetzmäßigkeit erkennen läßt. Im Bereich der Erfahrung, die mit induktiven Schlüssen von der Beobachtung am Einzelnen auf das Allgemeine bzw. das Wesen zurückschließt, kann es somit immer nur Wahrscheinlichkeitsurteile geben.

Die logischen Schriften von A. sind von einem großen Optimismus in Bezug auf die menschliche Denk- und Wahrnehmungsfähigkeit geprägt, der sich mit einer tiefen Ablehnung jeglicher Paradoxa paart. Allem Seienden liegt eine vernünftige Ordnung zugrunde, und die menschliche Vernunft ist teleologisch (d.h. in ihrem Wesen zielgerichtet) auf ihre Entdeckung hin angelegt. Die Wahrnehmungsorgane und Geisteskräfte sind zwar, wie er zugesteht, nicht vollkommen, arbeiten aber in ihren Grenzen zuverlässig.

5. Theologie

A. unterscheidet die Philosophie und damit die Gesamtheit aller wissenschaftl. Disziplinen in drei Bereiche, die theoretische, die praktische und die poietische Philosophie. Die Poietik beschreibt das gesamte Gebiet der technischen Herstellung von Produkten. A. selbst gibt der theoretischen Philosophie eindeutig den Vorzug, deren Ausübung die höchste Tugend darstellt.

Das Ziel dieser theoretischen Philosophie ist allein die Erkenntnis der Wahrheit, die ihren Zweck in sich selbst trägt und keinem Zwang unterliegt, irgendeinen Nutzen hervorbringen zu müssen. Diese Zweckfreiheit ist konstitutiv für ihre hohe Würde, denn in der Antike galt das Nützliche als das Gemeine und war damit minderwertig. Das Erkennen vollzieht sich im Geiste (*nous*) des Menschen. Denn nur der *nous* des Menschen ist in der Lage, Gott, der als reiner Geist ihn an sich teilhaben läßt, zu erkennen.

Die Frage nach Gott als dem allgemeinsten Wesen setzt für A. beim Einzelding ein. Mittels der Kategorien muß geklärt werden, was das Wesen eines Gegenstandes ist. Nun läßt sich anhand der Kategorien weiter nach übergeordneten Gattungen fragen, bis man schließlich bei der letzten Gattung, dem Seienden, anlangt. Das Wesen dieses Seienden ist das eigentliche Ziel der Erkenntnis und damit der theoretischen Philosophie.

Diesem ontologischen Gedankengang entspricht bei A. ein zweiter, der ätiologischer (nach den Ursachen fragender) Natur ist. Es besteht zwar die theoretische Möglichkeit, die Frage nach den Ursachen bis ins Endlose fortzusetzen. Ein solcher Rückgang ins Unendliche würde aber den gesamten Prozeß und damit auch alles Bestehende sinnlos machen. Also ist für A. der Gedanke einer ersten Ursache eine logische Notwendigkeit. Gleichzeitig unterscheidet A. vier Ursachentypen. Bevor etwas entsteht, muß eine Materie (griech. *hyle*) vorhanden sein, die bewegt bzw. verändert werden kann (Materialursache; lat. *causa materialis*). Ferner bedarf es einer Ursache, die dieser Materie eine Form (griech. *morphe*; lat. *forma*) gibt (Formursache; lat. *causa formalis*). Diese Form ist die Bestimmtheit, die einen Gegenstand zu dem macht, als den wir ihn wahrnehmen. Um auch das Wachstum und die Veränderung ontologisch zu erfassen, nennt A., wie oben bereits erwähnt, den Zustand der ungeformten Materie »Möglichkeit, Potenialität« (*dynamis*), während die vollendete Einheit von Form und Materie den Zustand der Verwirklichung (*energeia*) darstellt. Die Form als das Bestimmende besitzt damit eine Priorität vor der Materie als dem Unbestimmten. Das bedeutet für A., daß die Form logisch und ontologisch vor der Materie existierte und – um dem Gedankengang vorzugreifen – Gott reine Form sein muß.

Zunächst unterscheidet A. aber noch eine Wirkursache (*causa efficiens*), die die Veränderung in Gang bringt, und schließlich muß es eine Zweckursache (*causa finalis*) geben, die das Ziel und den Anlaß der Veränderung darstellt. Führt man die genannten Ursachentypen an ihren Anfang zurück, gelangt man zur bekannten Formel des »unbewegten Bewegers«, der selbst die Ursache und das Ziel der Bewegung und Veränderung alles Seienden ist.

So treffen sich beide Gedankengänge des A. in dem Einen, schlechthin Allgemeinen, an dem »die Welt und die Natur hängen« und den A. letztlich Gott nennt. Gott ist somit die Bedingung der Möglichkeit, die Erfahrungswelt als Einheit zu denken.

Das Handeln dieses Gottes geschieht durch sein bloßes Sein. Insofern die Tätigkeit des reinen *nous* das Denken ist, dieses Denken aber von einem außerhalb sich selbst liegenden Gedachten bestimmt und damit verändert würde, muß sich Gott notwendigerweise selbst denken. Gott ist nach A. »das sich selbst denkende Denken«, bei dem Subjekt und Objekt identisch sind.

Letztlich trägt dieser Gottesbegriff die Tendenz der Selbstnegierung in sich. Von einem persönlichen, schöpferisch-handelnden Gott, der sich um seine Geschöpfe kümmert, kann keine Rede mehr sein. Die einzige Relation zwischen Gott und Mensch besteht im *nous* des Menschen, der aber nur fragmentarisch besitzt, was Gott in Reinheit ist. Folglich ist das einzige verbindende Moment und gleichzeitig die höchste menschliche Tugend das Denken und Erkennen Gottes, da darin der Mensch Gott am nächsten ist.

6. Physik

Zusammen mit der Mathematik und der beiden als Ziel übergeordneten Theologie gehört die Physik zum Bereich der theoretischen Philosophie. A. unternimmt hier den Versuch, eine Beschreibung alles Seienden zu geben. Mit einer unglaublichen Sammelleidenschaft registrierte und untersuchte A. sowohl Pflanzen, in erster Linie aber alle ihm bekannten Tiere.

Der zentrale und bis heute folgenreichste Grundgedanke seiner Naturerklärung ist der Nachweis einer überall wirkenden Zweckursache. Der ganze Kosmos ist von einer teleologischen Ordnung durchwaltet, die es in jedem Einzelnen zu erkennen gilt. Da sich die Aktivität Gottes jedoch allein im sich selbst Denken erschöpft, kann er unmöglich gleichzeitig dem Kosmos Zweck und Ziel geben. So meint A. die Zweckgerichtetheit alles Seienden ohne eine Größe behaupten zu können, die auf einen solchen Zweck hin plant.

Ein wesentlicher Bereich der aristotelischen Physik ist die Psychologie. Zunächst billigt A. jedem Lebewesen eine Seele zu, die das innerste Prinzip allen Lebens ist. Diese Seele verhält sich zum Leib wie die Form zur Materie. Weil aber in allem Seienden die Form nie getrennt von der Materie existiert, bedeutet das für die Seele als logische Konsequenz, daß sie mit dem sterblichen Leib auch untergeht. Das einzig Unsterbliche am Menschen bildet demnach sein *nous*, die Vernunft, die den ihr verwandten göttlichen *nous* zumindest fragmentarisch zu erkennen vermag und zu ethischen Entscheidungen fähig ist. Die Bezogenheit der Instanz des menschlichen nous auf Seele und Leib wird von A. allerdings kaum reflektiert.

7. Ethik

Die Frage nach dem guten und zweckgerichteten Handeln ist für A. die Grundfrage der praktischen Philosophie überhaupt. Er unterscheidet zunächst, wie bereits oben erwähnt, zwei Grundformen menschlichen Handelns: Die Poiesis als die handwerkliche Herstellung von Produkten, die ihr Ziel außerhalb ihrer selbst hat (und somit minderwertig ist), und die Praxis als ethisch relevantes Handeln im Vollzug einer bestimmten Tat, das Ziel und Zweck in sich selbst hat. Das Ziel allen menschlichen Tuns ist die Eudaimonia, die Glückseligkeit. Damit ist nicht private Lustmaximierung gemeint, sondern der Einklang eines Wesens mit seiner Zweckbestimmung.

Es gibt nun für A. zwei legitime Lebensformen ebenso wie zwei Arten von Tugenden. Die höhere Lebensform ist theoretische Existenz, die zweckfrei um ihrer selbst willen die Prinzipien und Gründe alles Seienden zu erkennen sucht und gemäß den dianoetischen (denkenden) Tugenden handelt.

Die zweite, niedere Lebensform spielt sich im sittlich-polit. Leben ab und wird von den ethischen Tugenden bestimmt. Letztere werden selbst nicht allein von der Vernunft (*Logikon*), sondern auch vom Begehrungsvermögen, dem unvernünftigen Teil (*Alogon*) des Menschen, bestimmt. In diesem Punkt setzt sich A. deutlich von Sokrates ab, für den allein die Erkenntnis für das Handeln verantwortlich ist. Hat ein Mensch das Gute erkannt, dann wird er es notwendigerweise auch tun. A. ist hier skeptischer. Zur Erkenntnis muß für ihn auch eine Kraft treten, die die Bewegung des Handelns in Gang bringt, eben das Begehrungsvermögen. Während die Vernunft durch Belehrung gebildet wird, bedarf das Alogon einer permanenten Erziehung. Sie geschieht in Form unablässiger Nachahmung fremden Handelns, bis es zur Gewohnheit und einer bestimmten Haltung (griech. *ethos*) wird und das Alogon sich konsequent dem Logikon unterordnet. Ethik ist demnach die philosophische Disziplin, die die Form und Entstehung des Ethos zum Gegenstand hat.

Inhaltlich sind die Tugenden des Alogon als die Mitte zwischen zwei entgegengesetzten Extremen, einem Zuviel und einem Zuwenig, bestimmt (so ist z.B. Tapferkeit die Mitte zwischen Feigheit und Tollkühnheit). Die wichtigste Tugend ist für A. die → Gerechtigkeit, die sich wiederum in die zuteilende und korrigierende Gerechtigkeit unterscheidet.

8. Staatslehre

Weil der Mensch ein Wesen ist, das in Gesellschaft mit anderen lebt, ist die Politik für A. höchste und eigentliche Form der Ethik, die den Einzelnen zum vollkommenen Staatsbürger macht. Dem entspricht auch, daß nach aristotelischem Verständnis der Staat kein Wohlfahrtsstaat im modernen Sinne sein sollte, sondern vielmehr ein Erziehungsstaat.

Vorbild und Grundlage des Staates ist das Hauswesen (*Oikonomia*). Der Staat ist sozusagen das Hauswesen aller Hauswesen und damit die Ganzheit der Teile. Demzufolge muß das Staatswesen auch dieser Gesamtheit dienen und ist dann korrupt, wenn es nur wenigen oder einem einzelnen dient. Der optimale Staat ist der, dessen Eudaimonia mit derjenigen seiner Bürger in Einklang ist und umgekehrt.

Lit.: Aristotelis Opera, hg. von der Academia Regia Borussica (I. Bekker/H. Bonitz), 5 Bde., 1831-1870, Nachdruck und Neubearbeitung von O. Gigon, 1960ff; W. Bröcker: Aristoteles, [4]1974; I. Düring: Aristoteles. Darstellung und Interpretation seines Denkens, 1966; H. Flashar (Hg.): Werke in dt. Übersetzung. Dt. Aristoteles-Gesamtausgabe, 20 Bde.; O. Gigon: »Aristoteles/Aristotelismus I«, TRE 3, 1978, 726-768; F.-P. Hager (Hg.): Logik und Erkenntnislehre des Aristoteles, 1972; ders. (Hg.): Metaphysik und Theologie des Aristoteles, 1969; ders. (Hg.): Ethik und Politik des Aristoteles, 1972; H. Schmitz: Die Ideenlehre des Aristoteles, (3 Bde.) 1985; I. Schüssler: Aristoteles. Philosophie und Wissenschaft, 1982; G.A. Seeck (Hg.): Die Naturphilosophie des Aristoteles, 1975.

V. Gäckle

Aristotelismus

Unter A. wird gemeinhin die in immer neuen Wellenbewegungen erfolgte Erneuerung aristotelischer Philosophie oder auch nur die eklektische Aufnahme von Teilen seines Denkens verstanden, die gleichermaßen in der Religions-, Philosophie- und Theologiegeschichte zu beobachten ist.

1. Antiker Aristotelismus

Während der ersten zweieinhalb Jh.e nach dem Tod des → Aristoteles erlitt sein Erbe einen beträchtlichen Niedergang und Verfall, in den auch die peripatetische Schule selbst hineingezogen wurde. Die mangelhafte Überlieferung seiner Lehre gipfelte in der ca. zwei Jh.e dauernden Unzugänglichkeit seiner wissenschaftl. Lehrschriften, die erst 86 v.Chr. wieder aufgefunden wurden. Nach der Wiederentdekkung seiner Lehrschriften setzte eine Flut von Aristoteles-Kommentaren ein, in denen der Versuch unternommen wurde, Lehre und Werk des Meisters zu systematisieren.

In der von theol. Fragen beherrschten, nach rel. Antworten suchenden und um ethische Maßstäbe ringenden Zeit der ersten drei nachchristl. Jh.e blieb dieser von rel. Desinteresse geprägte Spezialisten-A. jedoch eine esoterische Expertenbewegung ohne jegliche Breitenwirkung.

Dieses Bild änderte sich erst gegen Ende des 3. Jh.s, als durch Porphyrios der A. einerseits zum methodischen Handwerkszeug des Neuplatonismus degradiert wurde, damit aber andererseits die Geistesgeschichte sowohl des Okzidents wie des Orients für die nächsten 1200 Jahre bestimmte.

Porphyrios erkannte, daß der Neuplatonismus seinen durchaus rel. Anspruch auf umfassende Geltung nur mit einem wissenschaftl. Erkenntnisweg aufrechterhalten konnte, umsomehr als die unsystematische Hinterlassenschaft Platons in den Dialogen einer Hermeneutik bedurfte, die das dahinter verborgene System zum Vorschein brachte. Die einzige wissenschaftl. durchreflektierte Methode war nun aber die Logik des Aristoteles, einschließlich dessen Kategorienlehre. Die Porphyrios gestellte Aufgabe war es daher, den ontologischen Gegensatz beider Systeme zu überwinden. Er tat dies, indem er den Gültigkeitsbereich ontologischer Aussagen, die mit Hilfe der Kategorie der *ousia* getroffen wurden, auf den Bereich der Logik beschränkte. In der Metaphysik haben diese Seinsurteile dagegen keine Gültigkeit mehr. So konnte Porphyrios die aristotelische Logik integrieren, ohne die Metaphysik seines Lehrers in Frage stellen zu müssen. Damit der A. in den von Porphyrios gesetzten Grenzen seiner Gültigkeit blieb und nicht in den Bereich der platonischen Metaphysik eindrang (und evtl. schon in der Antike einen → Universalienstreit provoziert hätte), verfaßte jener seine Kommentare zur aristotelischen Logik. Das berühmteste Werk, die »Einführung in die aristotelische Kategorienlehre« (griech. *Eisagoge*; lat. *Quinque voces*; geschrieben um 275), wurde für das kommende Jahrtausend zur Grundlage des *collegium logicum* (Logikunterricht) sowohl der christl. wie auch der islam. Welt.

Das Christentum trat erst im 4. Jh. in eine ernsthafte Auseinandersetzung mit dem A. ein. Eine geistige Annäherung analog zum platonischen Einfluß auf die altkirchl. Theologie scheiterte hier aber von vornherein an der aristotelischen Doktrin von der Ewigkeit und Ungeschaffenheit des Kosmos, die im Widerspruch zum bibl. Schöpfungsglauben stand, ebenso wie auch die These von der Sterblichkeit der Seele vor der christl. Ewigkeitshoffnung nicht bestehen konnte. Lediglich die Logik des A., vermittelt durch die erwähnte Schrift des Porphyrios und durch die lat. Übersetzung und Kommentierung der Kategorienlehre und Hermeneutik (Categoriae und De interpretatione) durch Boethius (480-525), fand aufgrund ihrer vermeintlichen phil. Neutralität ein Heimatrecht in der christl. Theologie. Sie bestimmte die Terminologie und die Methodik der mittelalterl. Scholastik. Daß man mit dem Erkenntnisweg aber zugleich auch eine inhaltliche Vorentscheidung getroffen hatte, merkte man erst im ausgehenden Spätmittelalter, als es für die Einheit der Kirche schon zu spät war.

2. Islamischer und jüdischer Aristotelismus

Die islam. Welt des Vorderen Orients kam bereits im 7. und 8. Jh. durch syr. Christen und deren Übersetzungen aristotelischer Werke mit dem A. in Berührung. In erster Linie waren es die logischen Schriften (Organon) und die *Eisagoge* des Porphyrios, die wie in der christl. Theologie nun auch in der islam. zur methodischen Arbeitsgrundlage namhafter Aristoteles-Kommentatoren wie al-Kindi (ca. 800-870), al-Farabi (ca. 880-950) und des für den abendländischen A. bedeutenden Ibn Sina (bekannt als Avicenna; 980-1037; → Scholastik) wurden. Freilich vertraten alle einen mehr oder weniger mit (neu)platonischen Elementen vermengten A., wie es überhaupt unwahrscheinlich ist, daß es angesichts der Fülle der in Umlauf befindlichen, unechten und (neu)platonisch gefärbten Aristoteles-Schriften einen reinen A. gab. Dieser wurde erst von Ibn Rusd (bekannt als Averroes, 1126-1198; → Scholastik) wiederhergestellt. Seiner Verehrung des Aristoteles als größtem Gelehrten der wissenschaftl. Philosophie gab er in zahlreichen Kommentaren Ausdruck. Bisweilen war er konsequenter als jener und dachte Probleme zu Ende, die bei Aristoteles noch offen blieben. Daneben versuchte er analog zur christl. Scholastik mittels einer speziellen Hermeneutik für rel. Schriften die Übereinstimmung des Islam mit dem A. nachzuweisen.

Ganz anders verlief die Geschichte des A. im Judentum. Als Ausgangspunkt gilt der jüd.-hell. Philosoph und Synkretist Aristobul im 2. Jh. v.Chr., dessen Schriften den Ursprung einer bis ins 16. Jh. reichenden Tradition von Aristoteles-Legenden bilden. In anachronistischer Umkehrung der Geistesgeschichte wird ein jüd. Einfluß auf Aristoteles und ein jüd. Ursprung seiner Philosophie erzählt.

Unabhängig davon entstand im 12. Jh. eine umfangreichere und weitreichendere Beziehung zum A., begleitet von einer stark allegorisch-vergeistigenden Schriftauslegung, mittels der man aus bibl. Geschichtswahrheiten Vernunftwahrheiten herausexegesierte. Der berühmteste Vertreter des »voraverroistisch« jüd. A. ist Mose ben Maimon (Maimonides; 1135-1204). Geprägt vom spanisch-jüd. Avicennismus des 12. Jh. bemühte er sich um eine Synthese des A. mit dem AT. Unterhalb der Mondsphäre billigte er den Aussagen des Aristoteles uneingeschränkte Geltung zu, während er seine Aussagen über den Bereich oberhalb der Mondsphäre, d.h. die eigentlich theol. Thesen, vom jüd. Glauben her relativierte. Seine Wirkungsgeschichte läßt sich bis zu → Thomas von Aquin verfolgen.

3. Christlich-Scholastischer Aristotelismus

Voraussetzung für den Siegeszug des A. in der Hochscholastik des 13. Jh.s war die im 11. Jh. einsetzende Verbreitung der lat. Übersetzungen der ersten beiden Werke der Logik sowie der *Eisagoge* des Porphyrios, die schon früh die Grundlage des Logikunterrichts an den neu entstehenden Universitäten bildeten. Ein klass. Ausdruck der zeitgenössischen Lust am logischem Denken ist beispielsweise das theol. Programm »sola ratione« des → Anselm von Canterbury (1033-1109), der die logische Notwendigkeit der Glaubenswahrheiten zu begründen versuchte. Bis 1140 wurden auch die anderen Schriften des Organon, zunächst aus dem Arab. und Hebr., später auch aus dem Griech., übersetzt und als logica nova der logica vetus des Boethius angehängt. Am einflußreichsten für die Aristoteles-Rezeption der Hochscholastik wurde das Übersetzungswerk von Wilhelm von Moerbeke (ca. 1215-1286), der in großem Stil alte Übersetzungen überarbeitete und einige Schriften neu übersetzte. Von großer Bedeutung war ferner die Verbreitung der Kommentare des Avicenna, in denen sich ein neuplatonischer A. spiegelte, sowie später der Kommentar des Averroes. Es ist nicht unwesentlich, daß das mittelalterl. Abendland Aristoteles zunächst durch den arab.-islam. A. und seine spanischen Übersetzer kennengelernt hat.

Während die Kirche in der ersten Hälfte des 13. Jh.s die naturphil. und metaphysischen Schriften zunächst unter ein Vorlesungsverbot stellte, wurde nach dessen Aufhebung der Aristoteles-Unterricht bald zur institutionellen Grundlage der Universitäten erhoben und wirkte prägend auf die mittelalterl. Theologiegeschichte ein.

So nahm auch der zentrale Streitpunkt scholastischer Theologie, der → Universalienstreit, bei einem typisch aristotelischen Problem seinen Ausgangspunkt. Sind die Allgemeinbegriffe (lat. *universalia*) im platonischen Sinne als vom Einzelding getrennt existierende Wesenheiten zu denken (*universalia ante rem*)? Existieren sie – wie die Mehrzahl der dem Realismus verpflichteten Scholastiker im Anschluß an Aristoteles meinte – nur in den Einzeldingen (*universalia in rem*), oder – so lautete die am Ende des MAs siegreiche nominalistische Lösung – sind sie lediglich Begriffe unseres Verstandes ohne eigene Realität im Gegensatz zu den allein realen Einzeldingen (*universalia post rem*)?

Den Zenit erreichte der mittelalterl. A. in den beiden Dominikanern → Albertus Magnus (ca. 1200-1280) und dessen Schüler → Thomas von Aquin (1225/26-1274) mit seinem epochalen Hauptwerk »summa theologiae«. Beide befreiten die Philosophie aus ihrem methodischen Dienstverhältnis zur Theologie und gaben ihr ihre Eigenständigkeit zurück. Mittels dem *lumen naturale* (natürliches Licht) der menschlichen Vernunft ist der Mensch bis zu einem gewissen Grad zur phil. Erkenntnis fähig, vorausgesetzt, er läßt sich von der aristotelischen Logik anleiten. Die Vollkommenheit der Wahrheit wird ihm dann im Glauben an die übervernünftige Offenbarung mitgeteilt. (Aristotelische) Philosophie und Theologie, (logische) Vernunft und Glaube bilden hier als Unter- und Oberbau eine harmonische Synthese und stellen zwei gleichberechtigte, aufeinander aufbauende Erkenntniswege dar. Freilich hatte sich bereits Thomas mit rechts- und linksradikalen Gegenpositionen auseinanderzusetzen. Während auf der einen Seite die → Franziskaner, wie z.B. Bonaventura, der Philosophie eine derartige Selbständigkeit absprachen und für die unbedingte Autorität der Theologie eintraten, entstand auf der anderen Seite in den 60er Jahren des 13. Jh.s ein radikaler A. innerhalb der Pariser Artistenfakultät (Hauptvertreter Siger von Brabant), der im Anschluß an Averroes (daher der Name Averroismus) Thesen wie die Ewigkeit der Welt und die Einheit (im Sinne von Einzahl) des *nous*, an dem alle Menschen teilhaben können, vertrat. Konkret bedeutete dies, daß bei einer Spannung zwischen Aristoteles und der Schriftoffenbarung diese nicht wie bei Thomas gemäß der skizzierten Synthese und damit unter dem Primat der Theologie ausgeglichen wird, sondern gemäß den phil. Wahrheitsprinzipien die sich ergebenden Konsequenzen ausgehalten werden, was die unausgesprochene Folge eines doppelten (geoffenbarten und vernunftorientierten) Wahrheitsbegriffes nach sich zieht. Nach mehreren Verurteilungen trug schließlich der kirchl. A. eines Thomas von Aquin das Plazet der Kirche davon, das er in der kath. Kirche bis heute behauptet (CIC can. 1366, §2).

Freilich konnte auch er es nicht verhindern, daß sich das Spätmittelalter wieder stärker neuplatonischen und augustinischen Denkmodellen zuwandte. Es war letztlich Wilhelm von → Ockham, der mit seiner radikal-nominalistischen Lösung des Universalienstreits auch den A. radikal in Frage stellte.

Während die Renaissance mehr dem Platonismus zuneigte, blieb der A. als Schulphilosophie an den Universitäten vorherrschend und konnte weder vom Ockhamismus noch vom emporstrebenden → Humanismus verdrängt werden. So erlebte im 15. Jh. auch der Averroismus eine Wiedergeburt. Seine These von der Sterblichkeit der individuellen Seelen im Gegensatz zur Unsterblichkeit der überpersönlichen, einen Menschheitsseele wurde aber 1513 auf dem 5. Laterankonzil erneut verurteilt.

4. Reformation und Neuzeit

Für die Geschichte des A. seit dem 16. Jh. sind vor allem zwei Faktoren verantwortlich: Zum einen die reformat. Bewegung mit ihrem völlig neuen Verständnis theol. Denkens und zum anderen die Vertreter der mathematisch experimentellen Naturwissenschaften, deren Wissenschaftstheorie sich völlig von Aristoteles gelöst hat.

Obwohl der junge Luther das übliche aristotelische Grundstudium durchlief und als Sententiar selbst die Nikomachische Ethik auszulegen hatte, wird bei ihm schon früh eine deftige Polemik gegen Aristoteles laut, der ein »ranziger Philosoph« und »Schwätzer« sei. Beim reifen Luther konkretisiert sich diese Abneigung in einem totalen Umbau des vom A. bestimmten scholastischen Theologieverständnisses. Theologie ist für ihn nicht mehr Teil des kontemplativen Lebens, das dem aktiv-werktätigen Leben gegenübersteht, sondern Theologie vollzieht sich wesentlich in der göttlichen Infragestellung sowohl des phil.-denkenden wie des ethisch-handelnden Menschen durch die in Christus offenbarte göttliche Gerechtigkeit, die das zur menschlichen Selbstbehauptung vor Gott versklavte Denken und Handeln als Selbstgerechtigkeit und Sünde offenbart. Thema der Theologie kann damit nicht mehr die Aseität Gottes (das An-sich-sein Gottes) sein, sondern vielmehr das Verhältnis zwischen dem sündigen Menschen und dem rechtfertigenden Gott. Diese relationsontologische Denkweise löst vor allem in der Anthropologie die substanzontologische Betrachtung des Menschen mittels der aristotelischen Kategorien und Begriffe ab.

Ein höheres Ansehen genoß der A. im Denken → Melanchthons: Die Philosophie des A. leiste nicht nur einen wertvollen Beitrag zum Verständnis der Schrift, sondern die phil. Ethik führe auch zur Erkenntnis des göttlichen Gesetzes.

Der Erfolg des melanchthonischen A. ist seiner Einführung in den von Melanchthon geprägten und organisierten prot. Universitäten zu verdanken, wo er bis in das 18. Jh. hinein den Grundriß der Bildung und Wissenschaft bestimmte.

Kritik aus einer ganz anderen Richtung schlug dem A. vom aufstrebenden Empirismus entgegen. Weder bei Francis → Bacon, Galileo → Galilei und Isaac → Newton noch bei den späteren Denkern der → Aufklärung spielt die aristotelische Naturphilosophie eine bedeutende Rolle, wird sogar häufig überhaupt nicht mehr wahrgenommen. Es war schließlich I. → Kant, der mit seinem Nachweis der Unmöglichkeit gesicherter metaphysischer Einsichten den Niedergang des A. in der Aufklärung beschloß.

Nachdem freilich auch Kants Einsichten ihre Götterdämmerung erlebten und erleben, finden im 20. Jh. vor allem im Bereich der Biologie (vgl. die These von der Teleologie alles Seienden) und der Ethik (hoher Grad an Praktikabilität im Gegensatz zu Kants, im Theoretischen steckenbleibenden, kategorischem Imperativ) die Ansätze des alten Griechen neue Beachtung.

Lit.: H. Barth: Philosophie der Erscheinungen I, 1947; H. Dörrie: Platonica Minora, 1976, 508-523; H.J. Drossaart Lulofs: Aristoteles Arabus, in P. Moraux (Hg.): Aristoteles in der neueren Forschung, 1968; I. Düring: Von Aristoteles bis Leibniz (Antike und Abendland 4, 1954, 118-154); M. Grabmann: Mittelalterliches Geistesleben I, 1926; II, 1936; III, 1956; S. Horovitz: Die Stellung des Aristoteles bei den Juden des MA, 1911; P. Moraux: Der Aristoteles bei den Griechen von Andronikos bis Alexander von Aphrodisias, 1973; P. Petersen: Geschichte der aristotelischen Philosophie im protestantischen Deutschland, [2]1964; J. Reiners: Der aristotelische Realismus in der Frühscholastik (Diss. Bonn), 1907.

V. Gäckle

Arius/Arianer

Der alexandrinische Presbyter (Pfarrer) A. (ca. 265-336), der aus Libyen stammte und in Konstantinopel starb, gehört zu den am meisten bekämpften Häretikern der Alten Kirche. Das hängt damit zusammen, daß der nach ihm benannte Streit, der sich über mehr als sechs Jahrzehnte erstreckte (318-381) und bei dem es nur am Anfang um Person und Lehre des alexandrinischen Presbyters ging, von grundsätzlicher Bedeutung für die Kirche war.

Mehr als A. steht der alexandrinische Bischof → Athanasius (ca. 295-373; Bischof seit 328) im Zentrum der Ereignisse. Er stand im Kampf gegen A. und den Arianismus zeitweilig fast allein und hat ihm auch den Namen gegeben. Seine Schriften, die das Bild von den Ereignissen wesentlich mitbestimmt haben, gehören zu unseren Hauptquellen.

Im Kern ging es um die Frage: Wie läßt sich das christl. Bekenntnis zu dem einen Gott mit dem Glauben an die Göttlichkeit Christi vereinbaren? Für A., der die Einzigkeit Gottes betonte, war Christus ein Geschöpf, das erste Werkzeug, durch das Gott die Welt geschaffen hat. Für Athanasius aber durfte der Glaube an Christi Gottheit nicht angetastet werden, denn darin gründet unsere Erlösung. Das Problem der Einheit Gottes betrifft einerseits das Verhältnis von Theologie und Philosophie, fragt aber auch nach dem Zeugnis der Schrift. Nach der Anerkennung des Christentums durch Konstantin, der seit 324 Alleinherrscher im röm. Reich war, ging es in diesem Streit aber auch um das neue Verhältnis der Kirche zum Staat.

Drei Hauptphasen des arianischen Streites lassen sich unterscheiden:

1. Der Streit um Arius (318-325)

Am Anfang steht die Auseinandersetzung zwischen dem Presbyter A. und seinem Bischof Alexander in Alexandria. Durch die vielfältigen Kontakte des A. weitete sich der Streit bald über Ägypten hinaus aus und führte zu einem - die Kirche im Osten des röm. Reiches tief spaltenden - Konflikt über die Lehren des A. von der Geschöpflichkeit und Zeitlichkeit des Gottessohnes. Ausgelöst wurde der Streit wohl durch eine Auslegung von Spr 8,22ff, wo es von der Weisheit, die mit Christus, dem Schöpferwort Gottes, dem Logos, identifiziert wurde, heißt: »Gott schuf mich als Anfang seiner Wege . . .« (so in der griech. Übersetzung des AT, der sog. Septuaginta, der Bibel der Alten Kirche). War demnach also der Logos Gottes ein Geschöpf und hatte einen Anfang? Inwiefern war er dann aber Gott und sein Erlösungswerk Gottes Werk?

Kaiser Konstantin suchte auf seine Weise den in seinen Augen unnützen Streit um Worte beizulegen. Die Kirche sollte wieder einig werden zur ungeteilten Verehrung des höchsten Gottes im geeinten Imperium zum Wohle des Staates. Dazu berief er eine Reichssynode nach → Nicaea ein (325), die später als Erstes Ökumenisches Konzil bezeichnet wurde. Auf ihr wurde erstmals eine gesamtkirchl. Glaubensformel verabschiedet, das Nicaenum (später neu gefaßt und erweitert im Bekenntnis von 381, das sich zur Tradition dieser Formel bekennt und, bis heute, auch als »Nicaenum« bezeichnet wird). Besonderes Kennzeichen des nicaenischen Glaubens ist das Bekenntnis zur wesenhaften Einheit bzw. Gleichheit (Homoousie) von Gott-Vater und Sohn. In einer abschließenden Verwerfung wendet sich der Text von 325 gegen die Lehren des A. mit den Worten: »Die aber sagen: ›Es gab eine Zeit, da er (sc. der Sohn Gottes) nicht war‹, und: ›ehe er geboren ward, war er nicht‹, und: ›aus Nichtseiendem ist er geworden‹, oder die behaupten, er sei aus einer anderen Substanz (Hypostase) oder Wesenheit (*ousia*) [als der des Vaters] oder er sei geschaffen, wandelbar oder veränderlich, die verdammt die katholische und apostolische Kirche.«

Durch kaiserliche Veröffentlichung erhielt der Text sogar reichsrechtliche Verbindlichkeit, wurde aber wohl nie in einem Gottesdienst verwandt. Er war jedoch insofern Maßstab der Rechtgläubigkeit, als sich niemand ausdrücklich und öffentlich dagegen aussprechen durfte. Unter dieser Voraussetzung wurde sogar A. im Jahre 327 die Rückkehr in die Kirchengemeinschaft gestattet (allerdings nicht in Alexandria, wo man sie ihm bis zuletzt verweigerte).

2. Der Kampf gegen die Nicaener und das Nicaenum (327-361)

Es heißt, daß 318 Väter das Nicaenum unterzeichnet hätten. Nur zwei libysche Bischöfe wurden verurteilt und zwei weitere, Euseb von Nikomedien (am Kaiserhof!) und Theognis von Nicaea, wurden abgesetzt, weil sie ihre Unterschrift unter den Text verweigerten. Sie konnten aber wie A. bald wieder in die Kirchengemeinschaft zurückkehren und organisierten nun den Kampf gegen die Anhänger des Nicaenums.

Mit Unterstützung des Kaisers, der die Synoden auch als Gerichtshöfe (über Bischöfe) verstand, gelang es ihnen, die Hauptgegner nacheinander von ihren Bischofssitzen zu entfernen: Eustathius von Antiochien (327), Athanasius von Alexandrien (335) und Markell von Ankyra (336). Nach dem Tod Konstantins (337) änderte sich zwar die Situation. Aber Athanasius konnte erst 346 nach Alexandrien zurückkehren.

Unter Kaiser Konstantius II. (337-361), der zunächst nur über den Osten des Reiches, ab 353 aber wie einst sein Vater Konstantin als Alleinherrscher regierte, verschärfte sich der Kampf erneut. Konstantius wollte die Spaltungen in der Kirche überwinden, indem er gleichzeitig gegen zwei Seiten kämpfte: einerseits gegen die strengen Arianer (»Anhomöer« genannt, weil sie wie A. die Andersartigkeit von Gott-Vater und Gott-Sohn betonten) und andererseits gegen die strengen Nicaener (»Homousianer«, die wie Athanasius unter Berufung auf das Nicaenum an der wesenhaften Einheit des Sohnes mit dem Vater festhielten).

Ab 357 richtete sich der Angriff gegen das Nicaenum selbst (Athanasius, der Hauptverfechter, wurde erneut verbannt). Konstantius II. und die ihm getreuen Bischöfe suchten den Ausweg aus dem Problem durch Rückzug auf das einfache Zeugnis der Bibel. Man nennt diese Gruppe zumeist »Homöer«, weil sie an der »Gleichheit« von Vater und Sohn »nach der Schrift« festhalten wollten – gegen phil. Einflüsse bei den Anhomöern ebenso wie gegen unbibl. Begriffe bei den Nicaenern, die vom »Wesen oder der Substanz« (*ousia* bzw. *hypostasis*) Gottes sprachen. Ausdruck ihres Glaubens wurde das Reichsbekenntnis von Konstantinopel 360.

3. Die Zeit der »Neunicaener« (361-381)

Nach dem plötzlichen Tod Konstantius' II. (361) entstand unter Julian »Apostata« (361-363) zunächst große Verwirrung. Denn dieser Kaiser, obwohl Christ, wandte sich gänzlich vom Christentum ab und erhob die heidnische (neuplatonische) Philosophie zur Grundlage seines Staatswesens. Die verbannten Bischöfe durften wieder auf ihre Sitze zurückkehren, was die Verwirrung in der Kirche verstärken sollte. Da stellte Athanasius auf einer Synode in Alexandria (362) die Weichen für die neue Entwicklung: Alle, die sich zur wahren Gottheit von Vater, Sohn und Geist (dies war eine Neuerung aus dem Kampf des Athanasius gegen die sog. »Pneumatomachen«, die »Geistbekämpfer«) bekannten, sollten sich unter dem Nicaenum sammeln und dabei zugleich am Bekenntnis zur Einheit Gottes festhalten.

Athanasius hatte erkannt, daß die Lehre von der göttlichen Trias dem Nicaenum und seiner Betonung der Wesenseinheit Gottes nicht widersprechen muß, sondern ebenso bibl. sein kann. Die hier anklingende Lehre von der Dreieinigkeit mußte sich allerdings erst noch gegenüber dem phil. Denken behaupten. Daß dies gelang, war vor allem die Leistung der drei großen → Kappadozier. Ihre Trinitätstheologie bildete den geistigen Hintergrund des »nicaenischen« Bekenntnisses von Konstantinopel (381), später auch als »Nicaeno-Konstantinopolitanum« bezeichnet. Durch sie wurde der nicaenische Glaube (des Athanasius) im trinitarischen Dogma verankert und darin neu zur Sprache gebracht. Dieses Bekenntnis wurde seitdem – bis in die Gegenwart hinein – zum Grundbekenntnis der Kirche im (Abendmahls-)Gottesdienst.

Die von Kaiser Theodosius I. einberufene Synode von Konstantinopel (381), auf der sich der nicaenische Glaube im röm. Reich endgültig durchsetzte, ging als das 2. Ökumenische Konzil in die Geschichte ein. Damit war der Arianismus grundsätzlich überwunden, auch wenn er – noch bis ins 7. Jh. – unter den germanischen Völkern fortlebte (vor allem in der Form, wie er im Bekenntnis der »Homöer« von 360 von Bischof Wulfila angenommen und den Goten vermittelt wurde).

Lit.: H.Chr. Brennecke: Studien zur Geschichte der Homöer (BHTh 73), 1988; R. Lorenz: Arius judaizans? (FKDG 31), 1980; ders.: Die Christusseele im Arianischen Streit: ZKG 94 (1983), 1-51; H.-G. Opitz (Hg.): Athanasius Werke III (= Urkunden zur Geschichte des arianischen Streites 318-328), 1934-1935; H.-G. Opitz: Die Zeitfolge des arianischen Streites von den Anfängen bis zum Jahr 328: ZNW 33 (1934), 131-159; A.M. Ritter: »Arianismus«, TRE 3, 1978, 692-719; ders.: Arius: GdKG 1, 1984, 215-223; H.G. Thümmel: Aspekte und Probleme des sog. Arianischen Streites: ThLZ 109 (1984), 413-424.

W. A. Bienert

Arkandisziplin

Der Begriff begegnet erstmals 1678 bei J. Daillé, der unter *disciplina arcani* ein päd. Prinzip versteht, das der → Alten Kirche im 4. Jh. zugewachsen war. Inhaltlich meint A. »Geheimhaltung, Schweigepflicht« und begegnet in den oriental. und griech. → Mysterienreligionen, in denen der Eingeweihte Schweigen über den Verlauf der Kultveranstaltungen und Aufnahmeriten versprechen muß. Auch im Judentum gab es esoterische Traditionen: in die Gemeinschaft der Essener wurde nur aufgenommen, wer eidlich erklärte, nichts über deren Lehre nach außen zu tragen. Jahwe selbst und seine Namen wurden auch sonst mit höchstem Schweigen umgeben, schließlich wurden die apokalyptische Zukunftserwartungen wie die rabbin. Schriftauslegung in absichtlich dunkle Allegorese gehüllt.

In der christl. Kirche läßt sich eine A. nirgends feststellen. Die frühen Schauermärchen um das Herrenmahl gehen meist auf ungeprüfte Vorurteile in der heidnischen Gesellschaft zurück. Die Kirche hat über die Abendmahlsliturgie und -bedeutung immer deutlich Auskunft gegeben. Hier und dort gibt es zwar Empfehlungen, »das Heilige nicht vor die Säue« zu werfen, doch diese waren nicht esoterisch im Sinn einer Geheimlehre gemeint, sondern pädagogisch, nämlich daß man zurückhaltend und überlegt mit leicht mißdeutbaren Vorstellungen umgehen solle. Bei endzeitlichen Spekulationen erschien allerdings Reserve und Schweigen angebracht. Die *arcana Dei* wurden - nach Cyprian - nicht auf die Sakramente, sondern auf den Willen Gottes bezogen. Lediglich die alexandrinische Schule, besonders → Clemens und → Origenes scheinen einer phil.-rel. A. gegenüber offen gewesen zu sein. Nach der konstantinischen Wende hat es offenbar, regional allerdings unterschiedlich, die Sitte, aber nicht die Verpflichtung gegeben, das Glaubensbekenntnis sowie die Einsetzungsworte der Sakramente mit den sie umgebenden Liturgien vor Ungetauften geheim zu halten, aber das galt sicherlich nur für eine Übergangszeit, bis sich die Säuglingstaufe im 5. Jh. überall durchgesetzt hatte.

Erst Dietrich → Bonhoeffer hat in seinen letzten Lebensjahren (seit 1941) gegenüber einer dauernd redenden Kirche, welche die Verkündigung und das Leben des Glaubens in die Unverbindlichkeit rel. Sprache auflöst, die Einführung einer A. erneut erwogen. Sie soll »die Geheimnisse des christlichen Glaubens vor Profanierung schützen« und umgekehrt die nichtrel. Interpretation vor dem Rückfall in die rel. Sprache bewahren. Weltlichkeit und A. gehören so unauflöslich als »korrelative Verhaltensweisen des Christen« (J.M. Meier) zusammen; isoliert wird A. zu »liturgischer Möncherei«, an der Bonhoeffer nicht gelegen war. Ob die Lebensvollzüge des Glaubens ein Arkanum (Bitte, Dank, Lob, Tischgemeinschaft) und ein Profanum (Weltverantwortung) haben und brauchen, wird weiter zu bedenken sein; von Bonhoeffer ist dies - in einer neuartigen Terminologie - bestenfalls angedacht worden.

Lit.: H. Clasen: Die Arkandisziplin in der Alten Kirche, Diss. Heidelberg 1956 (Lit.); O. Perler: »Arkandisziplin« RAC 1, 1950, 667-676; D. Powell: »Arkandisziplin«, TRE 4, 1979, 1-8.

Zu Bonhoeffer: E. Bethge: Dietrich Bonhoeffer, 1967, 988-996; J.M. Meier: Weltlichkeit und Arkandisziplin bei Dietrich Bonhoeffer, TEH 136, 1966; G. Meuß: Arkandisziplin und Weltlichkeit bei Dietrich Bonhoeffer. Mündige Welt 3, 1959, 68-115.

G. Ruhbach

Armenfürsorge → Fürsorge

Armenien

Bei der ältesten Notiz zu einem Bischof in A. (Neruzanes: Eus. h.e. 7,46,2, ca. 250) muß offen bleiben, ob es sich bei A. um den seit 226 von den pers. Sasaniden regierten Staat handelt oder um die östl. Teile des röm. Kappadoziens, der 328-37 selbständigen Provinz Armenia Minor, im 6. Jh. in vier Provinzen gegliedert, dann Teil des byz. Heeresgruppenbezirks Armeniakon. Vom kappadozischen Caesarea aus und wohl angeregt durch die bedeutende Bischofsgestalt des Firmilian kommt es dann durch den angeblich der alten Dynastie der Arsakiden zugehörigen Gregor Illuminator (Krikor Lussavoritch) zur Christianisierung A.s. Das in den pers. und griech. Quellen A. genannte, zwischen Kaukasus und Taurus teilweise in Städten und Burgen wohnende Volk der Haik, das auf die Urartäer und thrakisch-phrygische Stämme zurückgeht, in verschiedenen Reichen unter starkem polit.-rel. Einfluß Persiens stand und seit dem Eingreifen Roms in Ostanatolien bei wechselnden Koalitionen zu einem Pufferstaat zwischen Ost und West wurde, ist so ca. 302 unter dem Arsakiden Tiridates III. der erste christl. Nationalstaat.

Neben Caesarea Cappadocia, wo bis 373 die armen. Katholikoi geweiht werden, können wir Edessa (Urfa) als zweites Einflußzentrum annehmen, worauf u.a. die apostol. Missionslegende mit Bartholomäus und Thaddäus weist. Die polit. Teilung zwischen Rom und Persien begünstigte die Schaffung einer eigenen Schrift im 5. Jh. durch Mesrop Maschtotz. Die dadurch entstandene eigene und übersetzte Literatur verstärkte die Eigentümlichkeiten der armen. Kulturnation, die sich zunehmend auch gegenüber → Byzanz vor Usurpationen schützen und profilieren mußte. Dabei wurde die Kirche zu einem wichtigen Faktor: Daß 451 das Konzil von Chalcedon nicht besucht werden konnte, führte zur Nichtanerkennung seiner Beschlüsse und gab → Nicäa 325 das Gewicht des einzigen anerkannten Konzils. Trotz der Zustimmung zum byz. Henotikon wurde die armen. Kirche infolge des 522 erfolgten endgültigen Bruches mit der Reichskirche zu den Monophysiten gerechnet (der Mensch gewordene Gott hat eine Natur aus zwei Naturen).

Nachdem A. von Mitte des 7. Jh.s bis Anfang des 10. Jh.s Teil der arab. Provinz Armenia war, gelang Anfang des 10. Jh.s einer Reihe von armen. Herrschern die Unabhängigkeit. Doch begünstigte die Dezentralisierung letztlich den Anschluß an das byz. Reich, dem Mitte des 11. Jh.s die Eroberung durch die Seldschuken ein Ende machte. Die Folge war eine armen. Wanderbewegung nach Westen, die zum kleinarmen. Königreich in Kilikien führte, das im Zusammenhang der Kreuzzüge eine Rolle spielte und dann 1375 mit der Eroberung von Sis durch die mamelukischen Ägypter endete. Doch blieb Sis ein Patriarchat unter dem seit der osmanischen Herrschaft eingeschränkten Katholikat in Aghtamar am Vansee, seit 1443 im Kloster Edschmiazin am Ararat. Daneben entstanden zu verschiedenen Zeiten die Patriarchate von Istanbul, seit 463 Führer des Ermeni Millet (alle sog. Monophysiten) im osmanischen Reich, und Jerusalem.

Das russische Vorrücken im Kaukasus im 19. Jh. brachte nicht nur eine Russifizierung, sondern führte letztlich durch die Jungtürken zum armen. Genozid, der in den Deportationen 1915/16 gipfelte. Trotz des Vertrages von Sèvres konnte sich 1919 ein eigenständiger armen. Staat infolge der polit. Konstellationen zwischen Türkei, Rußland und Iran nicht behaupten. Erst in der Gegenwart kann A. wieder seine Souveränität anstreben. Obwohl die Armenier wie selten ein Volk nationale und kirchl. Traditionen zu vereinen wissen, kam es schon im MA zu einzelnen Kirchenunionen mit dem Westen, seit 1740 unierte armen. Kirche (von Kilikien). Seit 1850 gibt es auch eine armen.-prot. Kirche, die infolge der Auswanderung ihren Schwerpunkt in den USA besitzt. In der Geschichte der christl. Kunst bildet die armen. Kunst eine eigene Provinz mit den Schwerpunkten Architektur (seit Ende des 4. Jh.s, besonders Kuppelbautypen) und Buchmalerei.

Lit.: A.S. Atiya: A History of Eastern Christianity, 1968, 303-356; R. Grousset: Histoire de l'Arménie des origines à 1071, 1984; F. Heyer (Hg.): Die Kirche Armeniens, 1978; H. Pasdarmadjan: Histoire de l'Arménie, 1949, ³1971.

W. Wischmeyer

Arminius/Arminianismus

Jacobus Arminius (Jacob Hermansz), ref. Theologe, wurde am 10. 10. 1560 in Oudewater geboren. Er verlor früh seine ganze Familie. Schulen besuchte er in Marburg und Utrecht. Nach dem Theologiestudium in Leiden, Auslandsstudien in Genf und Basel wurde er 1588 als ref. Prediger nach Amsterdam berufen. Im Gegensatz zur verschärften Prädestinationslehre, nach der Gott die Menschen bereits vor der Schöpfung zum Heil bzw. zur Verdammnis vorherbestimmt habe (Supralapsarismus), gelangte A. während seiner Amsterdamer Jahre zu der Überzeugung, daß Gottes Heilshandeln in Jesus Christus allen Menschen gelte, daß diejenigen selig würden, die sich bekehrten und glaubten, und daß Gott den Menschen die Möglichkeit gebe, gläubig zu werden, es den Menschen also offenstehe, die Gnade anzunehmen oder abzulehnen. Der offene Streit um diese Aussagen, die eine gewisse Nähe zur luth. Theologie zeigen, entbrannte 1604, nachdem A. 1603 Professor der Theologie in Leiden geworden war. Als Hauptgegner und Wortführer der orth. Calvinisten trat sein Kollege Gomarus auf. Der Theologenstreit wurde bald zur schweren Belastung für die junge niederländische Republik, Vermittlungsversuche der Staatsführung schlugen fehl. Bei derartigen Verhandlungen starb A. am 19. 10. 1609.

Seine Anhänger (Arminianer) reichten eine Bittschrift mit fünf erklärenden Artikeln bei den Staaten von Holland ein (Remonstration von 1610) und wurden darum Remonstranten genannt. Die Verwerfung der gemäßigten Erwählungslehre durch die Synode von Dordrecht (1618-1619, → Dordrechter Synode) führte zur Vertreibung von etwa 200 remonstrantischen Pfarrern. In Antwerpen gründeten sie 1619 die »Remonstrantische Bruderschaft«, die als kirchl. Gemeinschaft gegenwärtig in den Niederlanden etwa 40 Gemeinden umfaßt. Eine deutschsprachige, von Exulanten gegründete Gemeinde findet sich bis heute in Friedrichsstadt a.d. Eider (Schleswig-Holstein). Der Arminianismus betont die Entscheidungsfreiheit des Menschen und pflegt ein bibl., undogmat. und praktisches Christentum. Seine Theologie sucht die Nähe zur Kultur und Wissenschaft der Zeit (Hugo → Grotius). Das 1634 in Amsterdam gegründete Seminar öffnete sich früh für die → Aufklärung und später für den liberalen Protestantismus und wurde zu einem Zentrum für Forschung in Bibel und Theologie. Arminianischer Einfluß lebt im hochkirchl. Anglikanismus und im Methodismus durch J. Wesley, dessen Eltern durch die strenge Prädestinationslehre in Gewissensnot geraten waren und darum der englischen Staatskirche beitraten.

Lit.: G.J. Hoenderdaal: »Arminius/Arminianismus«, TRE 4, 1979, 63-69; F. Siegmund-Schultze: Die evangelischen Kirchen der Niederlande, 1922; H.E. Weber: Reformation, Orthodoxie und Rationalismus, II, 1951, 98-184.

J.O. Rüttgardt

Armut

1. Abgrenzung und Definition (absolute und relative Armut)

A. wird in der Literatur sehr unterschiedlich definiert. Generell bezeichnet der Begriff den Tatbestand eines Mangels, einer Unterausstattung mit materiellen oder auch immateriellen Gütern. Relative A. ist dabei bezogen auf das kulturelle, absolute A. auf das physische Existenzminimum. Objektive A. wird durch einen Vergleich zwischen den zur Verfügung stehenden und den für das Existenzminimum nötigen Mitteln festgestellt, subjektiv arm ist der, der einen Mangel empfindet. In bezug auf die Industrieländer wird oft von der neuen A. gesprochen. Dabei handelt es sich um relative A., die Betroffenen leben unter dem kulturellen, nicht aber unter dem physischen Existenzminimum. Schon Jesus spricht davon: »Arme habt ihr alle Zeit bei euch« (Mt 26,11). In vielen Entwicklungsländern dagegen ist absolute A. noch an der Tagesordnung. Sie ist für die Industrieländer vom nationalen zum internationalen Problem geworden.

2. Armut als Folge der Sünde

A. hat vielfältige Ursachen. Sie war nicht das ursprüngliche Ziel für den Menschen, sondern ist zunächst Folge der Herrschaft der Sünde in dieser Welt und damit nicht völlig zu verhindern. Im AT werden unter anderem die Faulheit (Spr 6,6-11; 24,30-34), die Zuchtlosigkeit (Spr 13,18) und die Genußsucht (Spr 21,17) als Sünden des einzelnen genannt, die seine A. zur Folge haben. Oft aber haben auch die Reichen die A. eines anderen durch Ungerechtigkeit verursacht. Die Gerichtspropheten geißeln die Reichen, weil sie die Armen unterdrükken und ihnen keine Hilfe leisten.

3. Armut als soziale Schuld

A. kann auch die Folge sozialer Schuld und falscher ordnungspolit. Rahmenbedingungen sein. Im 19. Jh. kam es in Deutschland zu einer zunehmenden Verarmung der Arbeiter durch ihre Ausbeutung. Diese wurde in der marxistischen Theorie besonders behandelt. Das Mehrprodukt des Arbeiters, das seine Reproduktionskosten überschreitet (Mehrwert), fiel nicht dem Arbeiter als Produzenten, sondern dem Eigentümer des Kapitals zu. Die »Soziale Frage« war die Konsequenz des Machtungleichgewichts auf dem Arbeitsmarkt. – In mancher Hinsicht ist die Situation in den Entwicklungsländern heute durchaus damit zu vergleichen.

4. Armut als religiöses Ziel

Erlaßjahr und Halljahr zeigen, daß Gott keine permanente Verarmung möchte. Jeder Mensch soll in der Lage sein, sich seinen Lebensunterhalt zu erarbeiten, so daß er nicht zu Lasten seiner Mitmenschen lebt. Aus der Gütergemeinschaft der Urgemeinde (Apg 2,44f) wurde oft fälschlicherweise das christl. Ideal der A. abgeleitet. Asketen zogen sich in die Wüste zurück und gaben ihr Eigentum auf. Die freiwillige A., die das Glück des Besitzlosen zum Ziel hat, wurde in Form der Klöster institutionalisiert, wurde im 11. und 12. Jh. volkstümlich (z.B. → Franziskaner) und in der kath. Kirche rel. Ideal. Jesus dagegen war wohl selbst nicht reich, tadelte aber auch den → Reichtum nicht generell. Im NT ist die A. keine verbindliche Forderung. Die Reformatoren lehnten die freiwillige A. als verpflichtendes rel. Ziel ab. Allerdings kann sie von

Gott gebotener und gesegneter Lebensweg für den einzelnen sein.

5. Armut als Aufgabe (Schutz des Armen)

Der Arme steht unter Gottes Schutz. Es besteht die Pflicht, ihm zu helfen (Spr 31,9). Im AT findet sich eine Reihe von Vorschriften zum Schutz der Armen. So war ihnen z.B. die Nachlese auf den Feldern und im Weinberg zu überlassen. In der Christenheit wurde die Bekämpfung der A. als gute Tat angesehen. Der Frühcalvinismus bezeichnete die A. sogar als moralisches Gebrechen. Im → Pietismus lag das Schwergewicht auf der Armen- und Krankenpflege. W.E. v. Ketteler (kath. Bischof von Mainz), A. Kolping, J.H. → Wichern (Gründer des Rauhen Hauses in Hamburg) und V.A. → Huber trugen von kath. und ev. Seite wesentlich zur Überwindung der Sozialen Frage bei. Schulze-Delitzsch und Raiffeisen führten die genossenschaftliche Selbsthilfe ein. Schon Wichern hatte erkannt, daß die A. durch Bildung und rel. Unterweisung erfolgreich bekämpft werden kann. Die Produktivität der Armen muß gesteigert werden. Das zeigt sich auch immer wieder in Entwicklungsländern. Jede Unterstützung, die nicht als Hilfe zur Selbsthilfe gegeben wird, bleibt langfristig wirkungslos oder hat sogar schädliche Folgen (→ Entwicklungshilfe). In den Industrieländern wird der Arme heute durch sozialpolit. Maßnahmen vor einer materiellen Verelendung geschützt.

6. Folgen der Armut

A. kann auch ein Ausdruck von Gerechtigkeit sein, wenn Reiche sie durch ihre Ungerechtigkeit verursacht haben (Am 2,6; Hab 1,13). Von der A. gehen auch Gefahren für den Armen aus. Deshalb wird sie wie der übermäßige Reichtum als zu verhinderndes Extrem angesehen (Spr 30,8). Gott hat den Auftrag gegeben, den Armen zu helfen, ihre Not zu lindern und mit ihnen gemeinsam zu überwinden. A. ist nicht nur ein Problem des einzelnen, sondern kann negative Folgen für die Gesellschaft haben, zu gesellschaftl. Instabilität führen. Dagegen ist die Überwindung materieller Not auch des einzelnen ein Gewinn für alle und kann sich sogar in einer Steigerung des allg. Lebensstandards auswirken. An der Bereitwilligkeit, an der Linderung und Überwindung der A. mitzuwirken, kann und wird die Glaubwürdigkeit des Christen gemessen werden.

Lit.: H. Burkhardt: Armut und Reichtum, in: W. Lachmann, R. Haupt: Entwicklungsförderung: Ost-West-Anpassung und Nord-Süd-Ausgleich, 1992; R. Clouse (Hg.): Armut und Reichtum. Vier Standpunkte, 1988; A.-L. Fenger: »Armut, A. Biblisch-historisch«, in: Neues Handbuch theologischer Grundbegriffe, hg. von Peter Eicher, Bd. 1, 1991, 66-77; H. Lampert: Sozialpolitik, 1980; G. Maier: Reich und Arm, 1980 (Theologie und Dienst 22); H. Sautter: Armut und Reichtum auf Weltebene und die Grenzen politischer Lösungsversuche, 1983; L. Vaskovics et al.: »Armut«, Staatslexikon Recht - Wirtschaft-Gesellschaft, hg. von der Görres-Gesellschaft, 1. Bd., 71985, 342-352.

W. Lachmann

Arndt, Ernst Moritz (1769-1860)

A., geb. am 26. 12. 1769 auf Rügen, gest. am 29. 1. 1860 in Bonn, Schriftsteller, Historiker. Als Kind eines Leibeignen geboren, studierte A. Theologie, Geschichte, Naturwissenschaft u.a. 1800 wurde er Dozent in Greifswald. Vor Napoleon nach Schweden geflohen, kehrte er 1810 nach Greifswald zurück, 1812 Sekretär des Freiherrn vom Stein in Petersburg, 1818 Prof. für Geschichte in Bonn, aber 1820 im Zusammenhang mit der Burschenschaftsverfolgung entlassen.

A.s unruhiger, wandlungsreicher Geist durchlief viele Stadien. Bewußt ev. erzogen, von der → Erweckungsbewegung beeinflußt, setzte er zeitweise auf die Französ. Revolution. 1806 bekämpfte er in »Geist der Zeit« die Überbewertung der Vernunft. Der »Katechismus für den Teutschen Kriegsmann« (1813) zielte darauf ab, den Streit zwischen Lutheranern, Reformierten und Katholiken zu beenden. In seinen rel. gestimmten Freiheitsliedern setzte A. Christentum und Deutschtum in eins. Als Mahner zur deutschen Einigkeit wurde der »Lehrer der Nation« mitschuldig am Aufkommen eines übersteigerten Nationalismus. Anfänglich für → Schleiermacher begeistert, wurde A. schließlich ein überzeugter Lutheraner. Sein Lied »Ich weiß, woran ich glaube« wird noch heute gesungen.

Lit.: G. Ott: Ernst Moritz Arndt, 1966.

F.S. Rothenberg

Arndt, Johann (1555-1621)

Johann A. (niederdeutsch für Adler), geb. am 27. 12. 1555 als Sohn des Dorfpfarrers Jakob Arndt und seiner Frau Anna in Ballenstedt im Herzogtum Anhalt. Ab 1575 Studium der Theologie an den Universitäten Helmstedt, Wittenberg, Basel und Straßburg.

Über A.s theol. Lehrer ist nichts bekannt. Wahrscheinlich hörte er in Wittenberg Polykarp Leyser, einen Vertreter der aufkommenden luth. Orthodoxie, die A. sich wohl über die Schriften des Martin → Chemnitz, des Mitverfassers der Konkordienformel (1577), erschlossen hat. Die Konkordienformel war auch für A. uneingeschränkte Lehrgrundlage, und er betrachtete sich zeitlebens als überzeugten Lutheraner.

Nach dem Studium wurde A. 1583 Diakon in Ballenstedt, 1584 Pfarrer in Badeborn. Als Johann Georg von Anhalt (1586-1618) immer deutlicher den Calvinismus einführte, mußte A. das Land verlassen. 1590 wurde er nach Quedlinburg berufen (Begegnung mit dem jungen Johann → Gerhard). 1596 veröffentlichte er die »Iconographia«, eine gegen die calvinist. Bilderfeindlichkeit gerichtete, eher milde Schrift; es blieb seine einzige kontroverstheol. Schrift. A. war nie eigentlicher Streittheologe.

Früh bildete sich bei ihm die Sicht heraus, daß das christl. Leben in Buße und bewußter Neuorientierung auf Christus hin geführt werden müsse. So verfaßte er 1597 im Zusammenhang mit einer Pestepidemie Bußpredigten unter dem Titel »Von den zehn ägyptischen Plagen«. Ebenfalls 1597 begann sein Bemühen, die mittelalterl. Mystik für die luth. Frömmigkeit fruchtbar zu machen, wobei er sich auf Luther selbst berief. Er veröffentlichte 1597 zunächst eine Neuausgabe der »Theologia Deutsch«, dann die Nachfolge Christi (1605), zwei geistreiche Büchlein des Doktor J. Staupitz (1605), Johann Taulers Postille (1621). Von 1599-1609 war A. Pfarrer an der Martinikirche in Braunschweig, an der vor ihm schon M. Chemnitz wirkte. In dieser Zeit schrieb er das Werk, das seinen Ruhm begründete: Die vier Bücher »Vom wahren Christentum« (ab 1605).

Aufgrund polit. Auseinandersetzungen in Braunschweig nahm er 1609 einen Ruf nach Eisleben an. Das fünfte und sechste Buch (Sammlung von Kleinschriften A.s) des weithin als »Sechs Bücher vom wahren Christentum« bekannten Werkes wurden erst nach seinem Tode angefügt. 1611 erfolgte A.s Berufung zum Generalsuperintendenten von Celle, wo er bis zu seinem Tod wirkte. 1612 erschien in Magdeburg das »Paradiesgärtlein voller christlicher Tugenden«, ein Gebetbuch, das ähnlich erfolgreich wie das »Wahre Christentum« werden sollte und später den meisten Ausgaben des »Wahren Christentums« angebunden wurde, 1616 eine »Evangelienpostille«, 1617 die »Katechismuspredigten« und die »Auslegung des ganzen Psalters Davids«. Am Ende seines Lebens sah sich A. erneut zahlreichen Angriffen seitens der luth. Orthodoxie ausgesetzt; er verteidigte sich in mehreren Traktaten. Am 11.5.1621 starb J.A. in Celle.

In seiner Hauptschrift »Vom Wahren Christentum« ging es A. um die Erneuerung des christl. Lebens. Deshalb war A. durchaus theologiekritisch. Obwohl er die Orthodoxie als Grundlage des christl. Lebens verteidigte, sah er keinen Nutzen in nicht ins Leben umgesetzter Wissensaneignung.

Das »Wahre Christentum« wurde so geschätzt, daß z.B. 1644 Johann Conrad → Dannhauer in Straßburg seine Gemeinde ermahnte, darüber nicht die Lektüre der Bibel zu vergessen. Allein zwischen 1605 und 1735 erschien das »Wahre Christentum« in über 130 Auflagen in vielen europäischen Sprachen. Bis zu Beginn des 20. Jh.s wurde das Werk regelmäßig neu aufgelegt (auch 1991 erschien eine Neuausgabe). A.s Wirkung auf die persönliche Frömmigkeit kann daher kaum überschätzt werden. Auch darf man A. als Vater des Frühpietismus bezeichnen.

Lit.: Johann Arndt's des hocherleuchteten Lehrers weil. General-Superintendenten des Fürstentums Lüneburg. Sechs Bücher vom Wahren Christentum nebst dessen Paradies-Gärtlein, Neudr. 1991.

Chr. Braw: Bücher im Staube. Die Theologie Johann Arndts in ihrem Verhältnis zur Mystik, 1986; W. Koepp: Johann Arndt. Eine Untersuchung über die Mystik im Luthertum, (1912) 1973; M. Schmidt: »Arndt, Johann (1555-1621)«, TRE 4, 1979, 121-129; W. Sommer: Gottesfurcht und Fürstenherrschaft. Studien zum Obrigkeitsverständnis Johann Arndts und lutherischer Hofprediger zur Zeit der altprotestantischen Orthodoxie, 1988; F.E. Stoeffler: »Johann Arndt«, GdKG 7, 1982, 37-51; E. Weber: Johann Arndts Vier Bücher vom Wahren Christentum als Beitrag zur protestantischen Irenik des 17. Jahrhunderts, ^{3}1978.

H.-J. Hoeppke

Arnold, Eberhard (1883-1935)

A. geb. am 26. 7. 1883 in Hufen bei Königsberg, gest. am 22. 11. 1935 in Darmstadt, war Begründer der Bruderhof-Bewegung. Zunächst geprägt vom CVJM und der Deutschen Christlichen Studentenvereinigung (DCSV), verbunden mit täuferischem Gedankengut, brachte ihm das Erlebnis des Proletarierelends im Ersten Weltkrieg die soziale Not nahe. Er wandte sich gegen ein bloßes »Erbauungsevangelium« und betonte die »Sendung« der Christen in die Welt. In Anknüpfung an die Ethik der → Bergpredigt und des Urchristentums, die → Jugendbewegung und den rel. Sozialismus (→ Sozialismus, religiöser) suchte A. nach neuen urchristl.-kommunistischen Lebensformen. So kam es zu den Versuchen gemeinsamen Lebens in Sannerz bei Schlüchtern (seit 1920), im Rhönbruderhof bei Fulda (seit 1927) und im Almbruderhof in Liechtenstein (seit 1934). Unter dem Druck des Nationalsozialismus wanderten die Anhänger der Bruderhof-Bewegung nach Amerika aus, wo sie sich mit den Hutterischen Brüdern vereinigten. Heute existieren Bruderhof-Gemeinschaften in den USA, England, Uruguay und Paraguay.

Lit.: »Arnold, Eberhard«, BBKL 1, 1975, 236ff; A. Pfeiffer: Religiöse Sozialisten, 1976.

A. Pfeiffer

Arnold, Gottfried (1666-1714)

A. wurde am 5.9.1666 in Annaberg/Erzgebirge geboren. Er besuchte das Gymnasium in Gera und studierte in Wittenberg Theologie. Während des Studiums entwickelte sich eine Abneigung gegen das orth. Luthertum. → Spener vermittelte A. eine Anstellung als Hauslehrer in Dresden, dann in Quedlinburg. In den folgenden Jahren (1693-1702) beschäftigte sich A. intensiv mit Jakob → Böhme und fand engen Anschluß an die Familie Johann Heinrich Sprögel. 1696 erschien A.s »Die Erste Liebe der Gemeinden Jesu Christi«, eine Studie zum frühen Christentum. Hier beschreibt er den Gottesdienst der ersten Christen, die sich zu Hausversammlungen trafen, ohne liturgische Formulare auskamen, keinen Priesterstand kannten usw. Das Buch machte enormen Eindruck in pietist. Kreisen und brachte ihm 1697 eine Geschichtsprofessur in Gießen ein. Doch schon 1698 gab er diese Stelle auf, da er die Universitätswissenschaft nicht als Weg zu Gott verstehen konnte, und ging nach Quedlinburg zurück, lebte zurückgezogen und widmete sich der Meditation. Hier verfaßte er das Werk, das ihn berühmt machen sollte, die »Unparteiische Kirchen- und Ketzer-Historie von Anfang des Neuen Testaments bis auf das Jahr Christi 1688« (1699/1700). 1701 erschien »Das Geheimnis der göttlichen Sophia«. Vom wahren Gläubigen fordert die Sophia u.a. den Eheverzicht, den A. selbst jedoch nicht übte. Auch kirchenkritische Töne waren zu hören. Dennoch übernahm er in Allstedt die Stelle eines Hofpredigers. 1705 ging A. nach Werben und nach kurzer Zeit als Superintendent nach Perleberg, wo er starb.

A.s radikaler Pietismus war stets von der Frage bestimmt, wie die Nachfolge des Christen gelebt werden könne. Idealbild für ihn wurde das »unverdorbene« Christentum der ersten drei Jahrhunderte. Mit seiner »Unparteiischen Kirchen- und Ketzer-Historie« kehrte er die gängige Kirchengeschichtsschreibung um. Kirchengeschichte ist für ihn Geschichte des Abfalls und Verfalls, der keineswegs mit der Reformation überwunden sei. Im Verfallsgedanken stimmte A. mit Frühaufklärern wie Chr. Thomasus oder S. Pufendorf überein. »Unparteiisch« meint nicht neuzeitl.-hist. Objektivität, sondern einen Standort jenseits aller Konfessionen. So vertritt er einen radikalen, kirchenkritischen, sich letztlich aber doch nicht von der Kirche abwendenden → Pietismus. Theologiegeschichtlich ordnete A. die Kirchengeschichte der praktischen Theologie zu. Kirchengeschichte wird Sache des Glaubensbewußtseins. A. trug damit der Einsicht Rechnung, daß der christl. Glaube in der beginnenden achristl. Moderne nicht länger Sache der rationalen Argumentation (wie in Orthodoxie und Aufklärung), sondern der Erfahrung sein könne. Auch durch seine Kirchenlieder ist A. bekannt geworden, z.B. durch »O Durchbrecher aller Bande« (EKG 262).

Lit.: Unparteiische Kirchen- und Ketzer-Historie, (1699/1700) 1967

J. Büchsel: Gottfried Arnold. Sein Verständnis von Kirche und Wiedergeburt, 1970; F.W. Kantzenbach: »Gottfried Arnold«, GdKG 7, 1982, 261-275; M. Schmidt: »Arnold, Gottfried«, TRE 4, 1979, 136-140; E. Seeberg: Gottfried Arnold. Die Wissenschaft und die Mystik seiner Zeit, (1923) 1964; T. Stählin: Gottfried Arnolds geistliche Dichtung, Glaube und Mystik, 1966; W. Wallmann: Der Pietismus, 1990, 89-95.

H.-J. Hoeppke

Arnoldshainer Konferenz (AKf)

Die AKf, die sich 1967 konstituierte, ist ein Zusammenschluß von zwölf Kirchenleitungen der EKD, die nicht zur VELKD zählen: Rheinland, Westfalen, Kurhessen-Waldeck, Hessen und Nassau, Pfalz, Baden, Lippe, Oldenburg, Bremen, Ev.-ref. Kirche Nordwestdeutschland, Berlin-Brandenburg sowie die Ev. Kirche der Union; Württemberg ist Gastmitglied. Ihre Zusammenarbeit dient dem Ziel, Übereinstimmung in den wesentlichen Bereichen des kirchl. Lebens und Handelns zu fördern und damit die Einheit der EKD zu stärken. Dazu gehören Fragen der Kirchengemeinschaft, Gottesdienst, Agenden, Ordination, Gemeinde und Amt, Strukturfragen und Verfassungsrecht, Mitgliedschaftsrecht, Dienst- und Arbeitsrecht, Aus- und Fortbildung, Ökumene. Die AKf faßt ihre Beschlüsse bei den im halbjährlichen Turnus stattfindenden Sitzungen der Vollkonferenz. In diese Vollkonferenzen entsenden die Kirchenleitungen je zwei Mitglieder, in der Regel den leitenden Geistlichen und den leitenden Juristen. Zur Unterstützung der Vollkonferenz arbeiten zwei ständige Ausschüsse: der Theol. und der Rechtsausschuß. Die Arbeit des Theol. Ausschusses wurde vor allem durch seine Voten »Pluralismus in der Kirche« (1977), »Das Mahl des Herrn« (1982), »Was gilt in der Kirche?« (1985) und »Sein Licht leuchten lassen« (1988) bekannt. Die Geschäftsstelle der AKf befindet sich in Berlin.

H. Jetter

Arzt und Seelsorger → Heilung; → Pastoralmedizin

Ärztliche Mission

1. Geschichtliches

Die Anfänge der Ä.M. sind eng mit dem pietist. Missionsaufbruch verknüpft. C.G. Schlegelmilch, der erste deutsche Missionsarzt (Hallesche Mission), starb 1730 kurz nach der Ankunft in Indien. Graf → Zinzendorf sandte 1735 einen Arzt nach Westindien, vorrangig um für die Gesundheit der Missionare zu sorgen. Während der folgenden 150 Jahre sandte Herrnhut allein 35 Missionsärzte aus. Im 19. Jh. kam es zur Gründung von Gesellschaften der Ä.M. z.B. 1838 in China; 1841: Schottland; 1887: England. Bedeutend wurde der Amerikaner Peter Parker, der als Arzt in China wirkte, und auf dessen Anregung hin 1840 das Institut für Ä.M. in Edinburgh entstand. Missionstheol. wurde Ä.M. oft als reine Hilfs- oder Zubringerfunktion der eigentlichen Verkündigung angesehen. Mit dem Aufblühen der Ä.M. nach 1870 begann aber allmählich eine Neuorientierung. Das Deutsche Institut für Ä.M. (DIFÄM), seit 1909 in Tübingen, erfüllte neben allen andern beratenden und betreuenden Aufgaben in den letzten Jahrzehnten eine wichtige Katalysatorfunktion in den missionstheol. Überlegungen. Als einer der bedeutendsten Vertreter der Ä.M. gilt Albert → Schweitzer.

2. Biblische Begründung der Ärztlichen Mission

a. Die Bibel kennt Zusammenhänge zwischen Sünde und Krankheit (Ps 32,1-4; Jes 1,4-6; Mt 9,1-8; 1Ko 11,30; Jak 5,13- 18), ohne daß Krankheit in jedem Einzelfall auf Sünde zurückgeführt wird (Hiob).
b. Jesus bezeugt: Die Prophetie des messianischen Rettens und Heilens findet in ihm ihre Erfül-

lung (Jes 35,5f; Mt 11,5). Bei verschiedenen Anlässen wird die Zusammenschau von Vergebung, Heil und körperlicher Heilung deutlich (Mt 9,35; Mk 2,1-12; Joh 5,14). Die Heilungen sind Zeichen der in Jesus angebrochenen Gottesherrschaft.
c. Krankenheilung gehört zum Missionsauftrag der Jünger (Mt 10,1. 8; Mk 16,16-20; Lk 9,1f; 10,9).
d. Das Vorbild der Sendung Jesu, in dem Verkündigung und Krankenheilung eine Ganzheit bilden, ist auch maßgeblich für die Mission der Jünger: »Wie Du mich gesandt hast in die Welt, so sende ich sie auch in die Welt« (Joh 17,18).
e. Ein Beauftragung zur Pflege von Kranken kann man aus der Geschichte vom barmherzigen Samariter (Lk 19, 25-37) ablesen.
f. Schon früh in der Missionsgeschichte spielen Krankenheilungen eine wichtige Rolle, so bei Petrus und Johannes (Apg 3) und bei Paulus (Apg 5,12-16; 19,11f; 28,8f). Diese Heilungen geschehen in der »Kraft Gottes« (Lk 5,17c). Der Arzt Lukas nimmt wohl an der zweiten Missionsreise des Paulus teil, doch über sein ärztliches Wirken wird nichts berichtet.
g. Beweggrund für Jesu heilendes Handeln ist vorrangig der Wille Gottes (Joh 5,20.30b; 6,38), seine Barmherzigkeit (Mt 9,36; 14,14; 20,34; Lk 10,33). Jesus zeigt noch einen wichtigen Antrieb zu »diakonischem Handeln«, nämlich »Dankbarkeit und Liebe zu ihm selbst« (Mt 25,31-46; 26,9-11).
h. Über die Ziele heilenden Handelns läßt Jesus keinen Zweifel und gibt damit auch die Richtung für die Ä.M. an:
- Er will Glauben wecken. Eine »absichtslose Liebe« kennt das NT nicht, sondern Gottes Liebe zielt darauf »daß die Welt gerettet werde« (Joh 3,16f);
- die Verherrlichung Gottes (Joh 9,3);
- Legitimierung des göttlichen Auftrages (Mt 9,6);
- Heilendes Handeln setzt Zeichen des anbrechenden Gottesreiches (Mt 12,28).

Fazit: Im NT sind Heilen, diakon. Dienst und verbale Verkündigung eine Einheit, die eindeutig dem Hauptziel dient: Dem Menschen das Heil anzubieten.

3. Kontemporäre Konzepte ärztlicher Mission

Bis in das 20. Jh. war die Ä.M. geprägt von folgenden Konzepten:
- Kurative, behandelnde Medizin;
- Weitgehende Institutionalisierung (z.B. Hospitäler, Kliniken, Heime);
- Naturwissenschaftl., auf physisches »Funktionieren« ausgerichtete Medizin;
- Spezialistentum, ohne Beteiligung der christl. Gemeinde.

Nach 1945 wurden diese Traditionen in Frage gestellt durch Entkolonialisierung, Verselbständigung der »Missionskirchen«, Bevölkerungsexplosion und immense Kostensteigerung infolge medizintechnischer Fortschritte. Finanzmangel zwang die Überseekirchen häufig, die ihnen überlassenen Missionskliniken aufzugeben. Ohnehin konnte nur ein Bruchteil der Kranken hier behandelt werden, ohne damit die Krankheitsursachen zu beseitigen. Eine Neuorientierung war zwingend. Dabei spielten u.a. die »Tübinger Konsultationen« (DIFÄM: 1964, 1967) eine große Rolle; die resultierende Neukonzeption (s.u.) der ÄM beeinflußte auch säkulare Organisationen wie die Weltgesundheitsorganisation der Vereinten Nationen (WHO):

a. Gesundheit ist nicht nur ein Gleichgewicht der Beziehungen zwischen Person, Gott, Umwelt und Mitmensch, sondern »andauernde siegreiche Auseinandersetzung mit den Mächten, die das Sein und die Güte Gottes verneinen« (McGilvray).

b. Die einseitig körperlich ausgerichtete »Reparaturmedizin« entspricht nicht dem NT und sollte einer »holistischen« (ganzheitlichen) Behandlung weichen.

c. Die Gemeinde muß wieder Zentrum heilenden Handelns werden unter Aktivierung der gottverliehenen Gaben (1Kor 12,9; Jak 5,14-16).

d. Schwerpunktmäßig soll die Ä.M. präventiv, nicht kurativ wirken z. B. im Basisgesundheitsdienst: Die Ä.M. geht aus den Institutionen in die Brutstätten der Krankheit: Familien, Slums und Dörfer. Unter Mitarbeit der christl. Gemeinde und/oder Dorfgemeinschaft werden die Ursachen der Krankheit (u.a. Fehlernährung, Wassermangel, Armut, aber auch Angst, Feindschaft, Haß) angegangen, letztere durch das Angebot des befreienden Evangeliums, verbunden mit Aufklärung und dem Wecken der Eigenverantwortung. Dies setzt neue Akzente für die Ä.M.: Integriert in eine Gemeinde, sind die Mitarbeiter vornehmlich Lehrer, Verkündiger, Ausbilder und Stimulatoren. Bei freiwilliger Mitarbeit der Bevölkerung ist dieses Konzept enorm kostensparend und entspricht mehr der »Geh-Struktur« des Missionsbefehls als den »Komm-Strukturen« der traditionell institutionellen Ä.M.

Lit.: D.M. Ewert (Hg.): A New Agenda For Medical Missions, 1990; H.R. Flachsmeier: Geschichte der evangelischen Weltmission, 1963; J. McGilvray: Die verlorene Gesundheit – das verheißene Heil, 1982; G. Propach (Hg.): Predigt und heilt, 1987.

H. Grüber

Aschermittwoch → Kirchenjahr

Aseität Gottes → Gott

Asien/Asiatische Theologie

Der größte Kontinent der Erde, in dem 58,6 % der Weltbevölkerung (1991 ca. 3 Milliarden, mit raschem Wachstum) wohnen, gliedert sich in sieben größere Kulturkreise: das semit. Westa., das nichtsemit.-moslemische Nordwesta., das ural- altaische Norda., das arisch-dravidische Süda., das sino- tibetanische Zentrala., das koreanisch-japanische Nordosta. und das malayo-polynesische Südosta. Diese Vielfalt macht Aussagen über ganz A. schwierig. Angesichts des beachtlichen Unterschiedes zwischen dem semit. Kreis und den ostasiat. Kulturen muß z.B. davor gewarnt werden, »asiatisches« Denken formelhaft dem europ. gegenüberzustellen (»meditativ« gegenüber »diskursiv« oder »zyklisch« gegenüber »linear«). Dennoch ist heute ein asiat. Gesamtbewußtsein im Entstehen begriffen (z.B. im Sport: »Asiatische Spiele«; in der Presse: »Asia-week«). Das rührt nicht zuletzt daher, daß die asiat. Länder in der zweiten Hälfte des 20. Jh.s polit. eine weitaus größere Rolle spielen, als sie es in der ersten getan haben. Auch wirtschaftl. sind Teile A.s (Westa., Japan) global entscheidende Machtfaktoren geworden. Andererseits gehören asiat. Länder zu den Entwicklungsländern (z.B. Indien) oder sogar zu den ärmsten der Erde (z.B. Bangladesh).

Richtig ist auch, von einer gesamtasiat. Intensität des Religiösen zu sprechen. Alle großen Weltreligionen sind auf asiat. Boden entstanden und bestimmen bis heute das Leben der Asiaten durch polit. Führungsanspruch (z.B. der Islam vielerorts, aber auch der Buddhismus in einigen Ländern), durch gegenseitige Konkurrenz (z.B. in Indien) oder durch ein harmonisches Miteinander, oft in den Anhängern selbst (z.B. in Japan). Der westl. Säkularismus und Atheismus ist in Sibirien, in China und in Hinterindien heimisch geworden. Ungefähre Zahlen: 800 Mio. Muslime, 700 Mio. Hindus, 500 Mio. Buddhisten, 500 Mio. Konfuzianer und Taoisten, 100 Mio. Angehörige von Stammesreligionen.

Der christl. Glaube lebt in allen asiat. Ländern in einer ausgesprochenen Minderheitssituation. Zu ihm bekennen sich etwa 4,5 % aller Asiaten, das sind 135 Mio. Ohne die Philippinen (weitaus kath.) wird ein Durchschnitt von 2,5 % (75 Mio.) errechnet. Diese Prozentzahl bewegt sich nur langsam nach oben. Stärkeres Wachstum verzeichneten im letzten Jahrzehnt nur die Kirchen in Südkorea (von 20 auf 30 % der Bevölkerung) und Singapore (von 9 auf 18 %). Zu suchen sind die Gründe für die relativ geringe Zahl der Christen in A. in der »lateinischen Gefangenschaft« der Kirche nach der Konstantinischen Wende im 4. Jh., in der islam. Barriere zwischen Europa und weiten Teilen A.s vom 7. bis 16. Jh. sowie in der geistigen Stärke der anderen Religionen, die den christl. Missionsbemühungen besonders des 19. Jh.s erfolgreich widerstanden.

Dabei schienen zunächst das altsyr. Christentum und die aus ihm erwachsene »Nestorianerkirche« mit ihrer Kaufmanns- und Mönchsmission längere Zeit größere Christianisierungsaussichten in West-, Süd- und Zentrala. zu bieten, auch noch im Mongolenreich der Großkhane zusammen mit der kath. Kirche. Später hat der Jesuitenorden besonders in Indien, China und Japan erfolgreich gearbeitet, aber sich auch an der Kernfrage der »Anknüpfung« an die vorfindlichen Religionen zerrieben (»Ritenstreit«). Die ev. Kirchen begannen ihre Missionstätigkeit im Jahre 1706 in der dänischen Kolonie Tranquebar in Südindien. Aus den Pioniermissionen des Westens wurden häufig stark mit den herrschenden polit. Kräften verbundene und vom »abendländischen« Selbstbewußtsein bestimmte Kolonialkirchen, bis diese in der ersten Hälfte des 20. Jh.s Selbständigkeit bzw. (innerhalb der kath. Weltkirche) den Status von eigenständigen Ortskirchen erlangten. Auf ev. Seite gewannen sie ein gemeinsames Forum in der Christlichen Konferenz A.s (CCA; entstanden 1957 bzw. 1973), auf kath. Seite in der Föderation Asiatischer Bischofskonferenzen (entstanden 1970).

Die Christen A.s müssen sich in zunehmendem Maße sowohl mit dem Nationalismus ihrer Heimatländer, der ihren Glauben als importierte »fremde« Religion ansieht, als auch mit »sezessionistischen« ethnischen Bewegungen, sowohl mit der Renaissance der nichtchristl. Religionen als auch mit atheistischen Philosophien auseinandersetzen. Viele treten für eine Erneuerung des Missionsbewußtseins ein, das aus der Liebe Gottes zu allen Menschen die Achtung aller Kulturen als auch die Befreiung von allen dunklen Mächten herleitet. »Asiatische Theologie« ist eigentlich konkret entweder japanische, chinesische, philippinische, koreanische oder indische Theologie. Was jedoch die verschiedenen kontextuellen Entwürfe weithin verbindet, sind die existentielle Art der Einsicht (Ch.-S. Song: »Theologie des Dritten Auges«), der Hang zur Versöhnung von Gegensätzen, die zentrale Stellung des Leidens Gottes und der Menschen, eine kirchenkritische

Haltung, die Aufnahme von Denkstrukturen und Begriffen aus den großen Religionen und die Hinwendung zur ganzheitlichen Befreiung des armen »Volkes« durch Christus (z.B. Min-Yung-Theologie in Korea, Dalit-Theologie in Indien).

Lit.: D.J. Elwood (Hg.): Wie Christen in Asien denken. Ein theologisches Quellenbuch, 1979; D.E. Hoke (Hg.): The Church in Asia, 1975; A. Pieris: Theologie der Befreiung in Asien, 1986; W. Schmidt: Der lange Marsch zurück. Der Weg der Christenheit in Asien, 1980; Ch.-S. Song: Theologie des Dritten Auges. Asiatische Spiritualität und christliche Theologie, 1989.

H. Grafe

Askese

a) theologiegeschichtlich

1. Der Begriff

Begrifflich zu unterscheiden ist zwischen A., Aszese und Aszetik. Alle Worte gehen auf das griech. Grundwort *askein*, »üben«, zurück.

A. meint Übung im weitesten Sinne des Wortes (lat. *exercitium*) und betrifft sämtliche Bereiche des Lebens von der Leibesübung über die Musik und Kunst bis hin zur ganzheitlichen Selbstbeherrschung des Menschen. Übung zielt auf Konzentration, die ein Ziel erreichen möchte und deshalb auch auf Verzicht, ohne den Konzentration nicht gelingen kann. Im Lat. gibt es in der Übersetzung für A. zwei Worte: *continentia*, »Zusammenfassung der Kräfte«, und *abstinentia*, »Verzicht«. Innerhalb der Bedeutungsgeschichte von A. hat sich weithin die Verengung von A. als bloßer Verzicht ergeben, die jedenfalls nicht bibl. ist.

Aszese findet sich vor allem im kath. Raum, hat immer einen weiten Sinn und meint den gesamten Bereich gelebter Nachfolge, also die geistl. Lesung (Bibel, Kirchenväter), Gebet und Stille, Zeit, Gehorsams- und Demutsübungen, kurzum: den christl. Lebensstil, wie ihn Paulus unter der »Frucht des Geistes« (Gal 5,22) beschreibt.

Aszetik, als Wort ebenfalls vor allem im Katholizismus verbreitet, meint die Lehre, die Einführung in geistl. Leben (Grundformen des geistl. Lebens in der Nachfolge, Grundvollzüge des geistl. Lebens in Glaube, Liebe, Hoffnung und Unterwegssein der Christen, die Gemeinschaftsbezogenheit des geistl. Lebens, die Dimensionen geistl. Lebens wie Einübung in Schriftlesung und Meditation, Gebet und Schweigen, im Leben in der Welt, in die verschiedenen Berufungen menschlicher und christl. Existenz etc.). Im Protestantismus ist eine Aszetik seit langem abhanden gekommen, vielleicht sogar seit dem 16. Jh. nie mehr vertreten worden. Aszetik wird daher als Aufgabe in der Ausbildung der haupt-, neben- und ehrenamtlichen Mitarbeiter in der Gemeinde zunehmend wichtig werden.

2. Askese in der Religionsgeschichte

A. und entsprechende Praktiken begegnen in den meisten Religionen und Weltanschauungen. Ein wichtiger Unterschied ist dabei zu beachten: es gibt Religionen, die eine grundsätzlich negative Einstellung zur Welt haben und diese in all ihren Ausdrucksformen so gut wie möglich zu überwinden trachten (»der Körper das Gefängnis der Seele«) wie die → Gnosis, der → Manichäismus, bestimmte Ausprägungen im → Hinduismus und → Buddhismus. Hier wird alles Körperlich-Irdische als Hauptquelle des Bösen angesehen und mit Hilfe der A. verworfen. Es gibt aber auch Religionen (wie das Judentum, das Christentum und den Islam), die ein grundsätzlich bejahendes Verhältnis zu ihrer kleinen und großen Lebenswelt haben. In ihnen hat A. eine andere Bedeutung.

Die asketischen Übungen sind in den einzelnen Religionen unterschiedlich rigoros, aber in der Praxis weithin ähnlich; sie meinen Verzicht auf Nahrung (bzw. Bejahung eines exklusiven Vegetarismus), auf Besitz (Vermögen, Kleidung, Wohnung u.a.), auf Geschlechtsverkehr, auf Schlaf u.a. In der Begründung der A. liegen die Unterschiede innerhalb der Religionen; so ist z.B. der Erwerb von besonderer »Macht« und Heiligkeit bzw. die Vermehrung »seelischer Energie« kein Motiv christl. A. Im Folgenden wird nur von der A. und ihren Wandlungen im Christentum die Rede sein.

3. Biblische Begründung

Asketische Übungen haben im Christentum nicht den Sinn, Gott gnädig zu stimmen, an der Erlangung des Heils mitzuwirken oder zur Überwindung der Sünde beizutragen. A. ist vielmehr Vollzug der Nachfolge Christi, Leben in der neuen, der geschenkten Existenz, Konkretion der eigenen Berufung (auch in Gemeinschaft), oder bibl. gesagt, »Heiligung« als Übung der Rechtfertigung. Sie betrifft den ganzen Menschen, ist Ausdruck der Indienstnahme durch Christus und der Verfügbarkeit des Glaubenden.

Die Ausdrucksformen christl. A. stimmen weithin mit den asketischen Übungen in anderen Religionen überein, aber ihre Begründung und Zielsetzung ist durchweg positiv orientiert: weitestgehende Hingabe und Übereignung an Christus, um deretwillen andere »Dienste in der Welt und für die Welt« nicht geleistet werden können. Jesus selbst war kein Asket im weltverneinenden Sinn, aber er hat exemplarisch gelebt, wie man dem Schöpferwillen entsprechend mit der Schöpfung umgehen und zu den schöpfungsgefährdenden Mächten eindeutig Nein sagen und leben kann: Die Versuchungsgeschichte am Anfang der Evv. (Mt 4,1ff par.) ist sprechendes Beispiel für die Wiedereinschärfung des ersten Gebotes.

Paulus verwendet dafür das Bild vom Wettkampf in der Arena und spricht von A. um des zu erreichenden Zieles willen (1Kor 9,24ff). Jesus spricht den reichen Jüngling nicht auf Verzicht auf Eigentum an, sondern auf den Ruf in seine Nachfolge, um deretwillen Verzicht auf Reichtum erforderlich wird (Mk 10,17ff), und die Erzählung von Maria und Martha (Lk 10,38ff) zielt – im Grundsinn jedenfalls – nicht auf die Vorordnung des kontemplativen vor das aktive Leben, sondern auf die rechte Einstellung des Christen, wenn Christus anwesend ist.

4. Frühe Kirche und Mittelalter

In der frühen Kirche stellte sich – sicherlich auch unter dem Eindruck der Verfolgung – die Vorstellung von der militia Christi (Kriegsdienst für Christus), im iroschottischen Mönchtum von der peregrinatio pro Christo (Wanderschaft für Christus) und dann weit verbreitet und oft mißverstanden, vom Kreuzzug ein.

Ihre besondere Ausprägung fand die A. im Eremiten- und im Mönchtum. Beides läßt sich seit dem 3. Jh. nachweisen und bestenfalls sekundär als Reaktion auf die konstantinische Wende darstellen. Es geht hier um eine besondere Lebensform existentieller Verfügbarkeit für Christus (Eremiten in der Wüste) und in Gemeinschaft (Koinobiten, die »gemeinsam leben«). Die Mauer (Claustrum, Kloster) um das Kloster herum ist nicht nur Schutz gegen Feinde, sondern sie symbolisiert auch eine alternative Lebensweise, die Abgeschlossenheit von der Welt.

Es ergab sich bald, daß das gemeinsame Leben Regeln erforderlich macht. → Pachomius und Basilius (→ Kappadozier), → Augustin und → Bendikt von Nursia, → Franz von Assisi und → Ignatius von Loyola haben in unterschiedlicher Weise Verbindlichkeiten für je ihre Gemeinschaft formuliert, die sich über Jh.e bewährt haben und auch von anderen Gruppen übernommen wurden. Freiwilligkeit war die Basis für solch besondere A., und bevor aus den zeitlichen »ewige« Gelübde wurden, ging viel Zeit dahin. In drei Bereichen kam die monastische A. besonders zum Ausdruck:

a. Im Blick auf Gott: »Dem Gottesdienst soll nichts vorgezogen werden«; daher wurden sieben Gottesdienste pro Tag gehalten und der Tag nach dem Gebet und der Schriftbetrachtung und nicht nach der Arbeit strukturiert.

b. Im Blick auf die Gemeinschaft; daher werden »Demut« und »Gehorsam« zu Grundhaltungen des Mönches.

c. Im Blick auf das persönliche Leben, das in letzter Konsequenz nur Gott und nicht mir selbst gehört; daher wird auf privates Eigentum und auf den Gebrauch der Sexualität verzichtet. Manche anderen asketischen Vollzüge treten hinzu, z.B. das Fasten, das Schweigen, die Nächstenliebe als Gastfreundschaft etc. Zentral wichtig ist, daß der Christ im Dienst Gottes zur Selbstfindung über Selbstverleugnung kommt und die Maßstäbe für Lebenserfüllung nicht mehr selbst setzt. Dabei wird er – persönlich und nach den Zeitumständen verschieden – auf das verzichten, was Gottes Willen und die Ausbreitung seines Reiches behindert.

Ins Problem trat die A., als im MA zwischen »Geboten« und »Räten« unterschieden wurde und damit das Mönchtum als eigentlich christl. Lebensform, als »Stand der Vollkommenheit« angesehen wurde, als die frei gewählte Ehelosigkeit des Mönches im Jahr 1074 zum Zwangszölibat für alle Priester wurde. Auch daß ursprünglich monastische Lebensweisen (z.B. Fasten, Verzicht auf Eigentum in Form von erzwungenen Geldspenden bis hin zum Ablaßwesen) in der Beichte allen Christen als Wiedergutmachung auferlegt wurde, hat die A. als Haltung freier Verfügbarkeit in ein Zwangs- und Machtmittel der Kirche verwandelt. Hinzu kam, daß durch die genannte Zwei-Stufen-Ethik aus Akten der Hingabe verdienstliche, gute Werke wurden, die sich ebenso klassifizieren ließen wie die Sündenkataloge.

5. Protestantismus

Gegen diesen fundamentalen Mißbrauch haben sich die Reformatoren mit Nachdruck gewandt. Von der Rechtfertigung des Sünders allein aus Gnaden her hat der Mönch Martin → Luther die Werkgerechtigkeit im Mönchtum und in der Kirche seiner Zeit bekämpft – in Verkündigung und Kirchenreform. Aber Luther wollte nicht das Mönchtum abschaffen, sondern reformieren, nicht auf A. verzichten, sondern sie auf ihren bibl. Grund zurückführen. Vom Fasten als »äußerer leiblicher Zucht« hat er viel gehalten, den sonntäglichen Gottesdienstbesuch hat er eingeschärft, Ehe und weltlichen Beruf hat er als Berufung Gottes ausgelegt, den Gehorsam gegenüber Eltern, Lehrern und Obrigkeit ebenso empfohlen wie die tägliche Schriftlesung und das Gebet. An einer geistl. Ordnung für das persönliche und gemeindliche Leben hat Luther mit allen anderen Reformatoren stets festgehalten. So hat die Reformation die A. wieder auf ihr Fundament zurückgeführt und eher gefördert als beschnitten. In den → Täufergruppen und besonders bei → Calvin, später im → Puritanismus und im → Pietismus kommt diese Einstellung besonders zum Ausdruck, und nicht unberechtigt hat der Soziologe Max Weber vom prot. Lebensstil als »innerweltlicher Askese« gesprochen.

Immer wieder haben sich auch in den Kirchen der Reformation Ansätze zu einem ev. Mönchtum gezeigt, so bei Gottfried → Arnold und Gerhard → Tersteegen, so in der prot. Thebais, in der Wiederherstellung des Schwanenordens und in der Erneuerung des mittelalterl. Mönchtums durch die anglikanische Kirche, und natürlich in der Diakonissenbewegung des 19. Jh.s. Im 20. Jh. breitet sich diese Vorstellung immer stärker in der kommunitären Bewegung aus: in ev. Orden (mit Regel und den drei Gelübden, Beispiel: Taizé, Casteller Ring, Jesus-Bruderschaft), in Tertiariergemeinschaften (mit Verbleiben im Beruf, aber regelmäßigen, verpflichtenden Zusammenkünften und geregeltem Leben, Beispiel: Michaels-Bruderschaft, Ansverus-Bruderschaft, Lebenswortbewegung) und Mischformen aus beidem, wie sie z.B. der Ordo pacis praktiziert.

Auch im Protestantismus haben sich in Verständnis und Umgang mit A. die beiden Grundmißdeutungen nicht vermeiden lassen: Gegenüber mittelalterl. Werkgerechtigkeit und Zwei-Stufen-Ethik hat sich ein verbreiteter antiasketischer Libertinismus durchgesetzt, bei dem zu fragen ist, ob die fast bedingungslose Weltbejahung im Protestantismus nicht längst überprüft und korrigiert werden muß. Andererseits begegnet immer wieder eine starre oder ängstliche Gesetzlichkeit, die aus der freien Hingabe des Glaubens legalistischen Zwang macht.

Gegenüber der gegenwärtigen Weltentwicklung und dem fast allg. gewordenen Verzicht auf A. wird von verschiedenen Seiten ein neuer, alternativer Lebensstil gefordert, eine »demokratische« A., »Konsumverzicht«, ja ein neues »asketisches Bewußtsein« überhaupt. Viele Christen beteiligen sich an diesen alternativen Bewegungen, und sicherlich gehen manche Grundeinstellungen, z.B. der rechte Umgang mit der Natur, auf die bibl. Botschaft zurück. Wie weit sich diese Postulate durchsetzen und eine postchristl. Welt verändern können, bleibt abzuwarten, aber zu hoffen.

Lit.: E. Benz: Die protestantische Thebais, 1963; J. Bergmann, L. Markert, J. Maier, J. Gribomont, M.J. Walsh, B. Jaspert, M. Seitz, R. Simon: »Askese I-IX«, TRE 4, 1979, 195-259 (Lit.); O.F. Bollnow: Vom Geist des Übens, 1978; H. v. Campenhausen: Die Askese im Urchristentum, 1950; F. Cramer, Fortschritt durch Verzicht, 1975; K.S. Frank: Askese und Mönchtum in der Alten Kirche, 1975; B. Lohse: Askese und Mönchtum in der Antike und in der alten Kirche, 1969; B. Lohse: Mönchtum und Reformation, 1963; P. Nagel: Die Motivierung der Askese in der alten Kirche, 1966; C.F. von Weizsäcker: Gehen wir einer asketischen Weltkultur entgegen?, in: Deutlichkeit, 1981, 56-86.

G. Ruhbach

b) systematisch-theologisch

Ausgangspunkt einer bibl.-theol. Wertung der A. muß die Bejahung der Leiblichkeit des Menschen sein. Damit wird einerseits die veräußerlichte Fastenaskese des Judentums und andererseits der hell. Leib-Seele-Dualismus überwunden (Leib = Kerker, in dem die Seele gefangen ist). Damit wäre das Verhältnis des Christen zur Welt folgendermaßen zu umschreiben:

Grundsätzlich ist der Christ vom Wesen dieser Welt erlöst. Er lebt im Kraftfeld Jesu Christi.

Andererseits ist der Christ den Strukturen und Gesetzen dieser Welt nicht entnommen. Das schließt Zucht und Verzicht, feste Formen und Ordnungen mit ein.

1. Biblisch-reformatorischer Aspekt

Die A. kann niemals als verdienstliches Werk verstanden werden, das uns immer mehr zur Vervollkommnung führt. Wir sind gerechtfertigt durch die Erlösungstat Jesu Christi. Wir sind aber noch auf dem Wege zur Vollendung, noch im Kampf mit dem ungöttlichen Leben. Gott bringt uns durch das Opfer Jesu Christi zurecht, zugleich heiligt er unser Leben durch Leiden, Kreuz und Anfechtungen (Christus, unsere Gerechtigkeit und unsere Heiligung). Er ordnet »den Pfahl im Fleisch« in unser Leben hinein. Gott erzieht durch Anfechtung und Leiden hindurch. Die göttliche Zuchtübung begegnet uns auch im Berufsleben, im ganz normalen Alltag, im Älterwerden. Bei dieser von Gott auferlegten A. gilt es, sich in Geduld zu üben und die Anfechtungen des Lebens zu bejahen.

2. Askese als leibliche Übung

Das geistl. Leben wird bei Luther auch als dauernde Übung verstanden, damit wir nicht faul und träge werden. Geistl. Training ist nötig, um in der Gemeinschaft mit Gott zu bleiben (legitimiert durch 1Kor 9,24-27). Dazu zählt der Kampf um die Stille, die Abwehr der antigöttlichen Einflüsse, Verzicht auf Zerstreuung, Absage an alles, was mich aus der geistl. Bahn werfen will, Übung in guten Werken. Solches Training ist nicht aus eigener Anstrengung, sondern nur in der Kraft des Geistes zu bewältigen.

3. Der missionarische Aspekt der Askese

Der Christ ist auf das Reich Gottes ausgerichtet. Das Reich Gottes muß wachsen. So kann z.B. das → Fasten als Zeichen des konzentrierten Kampfes mit dämonischen Kräften bei der Ausrufung der Herrschaft Gottes geboten sein (Mk 9,29). Zur Hingabe an Gottes Sache gehören auch die persönliche Opferbereitschaft und der Verzicht (Röm 12,2). Dabei muß gelten: Die A. kann niemals als gesetzliche Forderung erhoben werden, aber sie muß hier und da in der Freiheit des Geistes gewagt werden. Nur so bleibt die Leidenschaft des Christen für den Bau des Reiches Gottes überzeugend. »Ein Leben, das sich alle Wünsche des Fleisches gönnt, wird sich für den Dienst Christi schwer bereiten« (Bonhoeffer).

4. Der eschatologische Aspekt der Askese

Der wiederkommende Herr ruft die Christen in die Verantwortung (Lk 12,42ff; 1Kor 4,1ff) für das Reich Gottes, aber auch für die Welt. Die Welt vergeht mit ihrer Lust, sie ist und bleibt aber dennoch als Schöpfung Gottes das Feld unserer Bewährung. Angesichts der Hungersnöte in der Dritten Welt, der zunehmenden Umweltbelastungen und der sich immer weiter ausbreitenden Süchte ist ein neuer einfacher Lebensstil gefragt. Der Ausblick auf den kommenden Herrn und seine sichtbar werdende Herrschaft ermutigt uns, das Loslassen zu üben.

Lit.: K. Bockmühl: Überlegungen zum Thema »Einfacher Lebensstil«, in: Theologie und Lebensführung. Gesammelte Aufsätze II, 1982; ders.: Gesetz und Geist, 1987, 187ff; A. Köberle: »Der asketische Klang in der urchristlichen Botschaft«, in: Der Herr über alles, 178.

Th. Wendel

Asmussen, Hans (1898-1968)

a. Die Person

Geb. am 21. 8. 1898 in Flensburg, gest. am 30. 12. 1968 in Heidelberg; 1923-1933 Pastor in Flensburg, Albersdorf und Altona; 1933 vom nationalsozialistischen Regime aus dem Amt entfernt; führende Mitarbeit in der Bekennenden Kirche; 1945-1948 Präsident der Kanzlei der EKD; 1949-1955 Propst von Kiel. Durch seine Mitverfasserschaft an der → Barmer Theol. Erklärung 1934 und am Stuttgarter Schuldbekenntnis 1945 wurde A. einer der bedeutenden Theologen der ev. Kirche im 20. Jh.

b. Die Botschaft

Hauptthema A.s war die Kirchwerdung des Protestantismus, so das Programm des zur Barmer Theol. Erklärung 1934 gehörenden Vortrags A.s. Worum geht es bei dieser »Kirchwerdung«? Es geht um den Vorrang des Heiles vor dem Wohl, um Rettung und Seligwerden von Sündern, um die Furcht nicht vor denen, die den Leib töten können, sondern vor dem, der Leib und Seele verderben kann in der Hölle (Mt 10,28). In dieser Sicht ist A. auf das nach 1945 fällige Schuldbekenntnis zugegangen, wobei er forderte, daß »Christen die Frage nach der Schuld soviel wie möglich der Welt entziehen, um sie mit Gott und vor Gott zu regeln« (Lehmann, 89). A. hat gezeigt, wie die ev. Kirche seit 1945 hätte werden können.

Lit.: W. Lehmann: Hans Asmussen. Ein Leben für die Kirche, 1988.

O. Rodenberg

Assumptio Mariae → Maria, Marienverehrung

Ästhetik

1. Ästhetik als philosophische Disziplin

a. Der Begriff Ä. kommt vom griech. *aisthanesthai*, »durch die Sinne wahrnehmen«. Die Ä. soll als phil. Bemühung wissenschaftl. das Wesen des Schönen und Erhabenen im Unterschied zum Häßlichen bzw. nur Materiell-Sinnlichen erklären. Wichtigster Gegenstandsbereich der ästhetischen Forschung ist somit die Frage nach der Eigenart und dem Auftrag der Kunst. Dabei ist bereits die Unterscheidung zwischen dem Naturschönen und dem Kunstschönen vorausgesetzt. Ä. als eigenständige Disziplin der reinen Philosophie entstand im 18. Jh. und ist in ihrem Bezug zu den verschiedenen Kunstwissenschaften und der Kunstgeschichte als angewandten Wissenschaften zu bedenken. Die sieben freien Künste (*septem artes liberales*) bildeten im mittelalterl. Universitätsbetrieb die Grundlage der Wissenschaften überhaupt. Die grundlegende Bedeutung der Philosophie drückte sich in diesem Kontext schon in der Bezeichnung Artistenfakultät aus. Allerdings unterscheidet sich die durch Alexander Gottlieb Baumgarten (1714- 1762) entwickelte neuzeitl. Ä. grundlegend von der metaphysisch konzipierten Ä. des MA.s. Aber auch die Ä.en der Neuzeit differieren je nach phil.-weltanschaulichem Ausgangspunkt untereinander. Sie können beispielsweise idealistisch-spekulativ, phänomenologisch, existentiell, marxistisch oder in der gegenwärtigen Entwicklung informell bzw. kybernetisch ausgerichtet sein. Die Schwierigkeit, eine konsensfähige Theorie des Schönen wissenschaftl. zu begründen, erweist sich nicht zuletzt an den widersprüchlichen phil. Entwürfen.

b. In der Sache ist deshalb auf die philosophiegeschichtl. Entfaltungen der Ä. zu verweisen, die bis zu Platon (428/27- 348/47 v.Chr.) zurückreichen. Das Schöne ist nach Platon ontologisch (seinsmäßig) durch das Wesen der Idee bestimmt, d.h. der Mensch wird durch den Eros über alle Stufen des irdisch Schönen hinausbewegt zum Schauen der Schönheit an sich. Im schöpferischen Akt der Zeugung gewinnt der Mensch Anteil am unsterblich Göttlichen. Dabei vollzieht sich der Aufstieg zur reinen Idee der Schönheit schrittweise. Zu unterscheiden ist das Zeugen von Kindern im schönen Leib als Streben nach Verewigung durch Nach-Wuchs von dem Zeugen der Werke des Geistes aus der schönen Seele; letzteres erwächst aus der Sehnsucht nach Ewigkeit im Nach-Ruhm. So zeigt sich schon bei Platon die für die gesamte spätere Philosophie des deutschen Idealismus grundlegende Konzeption des Schönen als Mittel zur Rettung des Menschen aus der Not des Sterbenmüssens. Denn im jeweils geschichtl. Schönen leuchtet unverhofft die Idee der Schönheit selbst auf und vergönnt dem Menschen, so am ewig Göttlichen teilzuhaben. Im Sichtbarwerden der Idee der Schönheit kommt das ursprünglich Lichte und Helle, das ihr wesensmäßig eigen ist, zum Vorschein. Die Gestalt des Schönen erweist sich mathematisch an einer Art »mittleren Proportion« des Kosmos, die sich als maßgerechte, symmetrische Mischung des Seienden im Sinne der phythagoreischen Arithmetik berechnen läßt. Wo das Unbegrenzte und damit Unheimliche ins harmonisch rechte Maß gebracht ist, fallen dann auch die Ideen des Guten und Schönen in wahrer Einheit zusammen.

Bei Plotin (ca.205-270) wird das Seiende als solches und im Ganzen mit der Idee des Schönen identifiziert, denn die Idee des Schönen fügt die auseinanderstrebende Form der Materie, die Vielheit, zur harmonischen Einheit des Kosmos zusammen. Auch darin wird der Heilsaspekt des Schönen erkennbar. Die Anamnesis (die Wiedererkennung) leitet das ästhetische Bewußtsein der Seele aus der Zerstreuung zur absoluten Einheit des Geistes, in die sie heimkehrt.

F. Schiller (1759-1805) entwickelt seine Kunsttheorie ganz im Kontext der idealistischen Philosophie mit dem Ziel der Selbsterlösung des kreativen Genies.

Für F. W. → Schelling (1775-1854) herrscht in der Kunst das gleichgewichtige Zusammenspiel der realen, natürlichen Welt des Handelns mit der idealen Wirklichkeit des Bewußtseins bzw. des Wissens. Aber in allem endlich Schönen spiegelt sich nur gegenbildlich die absolute Schönheit des Unendlichen.

G. W. F. → Hegel (1770-1831) unterscheidet zwischen dem Naturschönen, das im Außersichsein der Idee auch nur eine äußerliche Schönheit besitzt und dem Kunstschönen, der aus dem Geist geborenen inneren Schönheit des freien Individuums.

Bei F. → Nietzsche (1844-1900) zerfällt mit der Heraufkunft des europäischen Nihilismus die metaphysische Einheit des Schönen und des Guten. Schön ist, was in einen lebenssteigernden dionysischen Rausch versetzt. Das Schöne reduziert sich positivistisch auf das Sinnliche, soweit es sich empirisch als schönes Erlebnis psychologisch beschreiben läßt. Die mathematisierbare und verfügbare Konstruktionsästhetik steht am Ende dieser rein strukturell argumentierenden Philosophie.

2. Perspektiven einer theologischen Ästhetik

a. Die Schönheit Gottes als Grund und Maß theologischer Ästhetik

Theologische Ä. geht als theo-logische Erkenntnis von der Schönheit und Herrlichkeit Gottes aus. Gott ist in seinem Lichtglanz, in der Würde seiner Herrlichkeit (hebr. *kabod*) der schlechthin Schöne, der um seiner selbst willen angebetet wird. Die Wahrnehmung der herrlichen, lichtvollen Schönheit als grundlegendem Wesensmerkmal Gottes weist in ihrer sprachlichen Äußerung über die bloß theoretische Darstellung der Eigenschaften Gottes hinaus. Sie führt zur Doxologie und nimmt hymnische Gestalt an. Die liturg. Feier der Herrlichkeit Gottes im Gottesdienst erweist sich mithin als Ursprung theol. Ä. Sämtliche bibl. Doxologien – nicht zuletzt die des Psalters – preisen die Schönheit Gottes; exemplarisch sei hingewiesen auf Ps 104,1.2: »Herr, mein Gott, du bist sehr herrlich; du bist schön und prächtig geschmückt. Licht ist dein Kleid, das du anhast.« Typischerweise folgt auf diese Anbetung der Herrlichkeit Gottes der Lobpreis seiner schöpferischen Macht sowie der Werke seiner Schöpfung. Der 105. Psalm setzt dies fort mit dem Lob der heilsgeschichtl. Taten Gottes. Diese Struktur ist für theol. Ä. grundlegend: Schönheit kann nur von ihrem Ursprung, von Gottes Wesen her erfahren werden. Sie manifestiert ihre wahrnehmbare Äußerung bzw. Verwirklichung in der Schöpfung und Heilsgeschichte. Dabei ist die Zuordnung des Ethischen und Ästhetischen, des Guten und des Schönen für theol. Ä. maßgebend und unverzichtbar. Die Herrlichkeit Gottes ist das Sichtbarwerden seiner Heiligkeit; umgekehrt ist die Heiligkeit Gottes der innere Grund seiner Herrlichkeit. Dieser unlösbare Zusammenhang von Heiligkeit und Herrlichkeit findet seinen tiefsten Ausdruck in der lichthaften Klarheit und Schönheit Gottes. In Gottes Licht koinzidieren das Gute und das Schöne in absoluter Vollkommenheit.

b. Die Ambivalenz des Ästhetischen in der gefallenen Welt

Die besonderen Ereignisse der Offenbarung Gottes machen den tiefen Zerbruch, in dem sich der Mensch unter der Sünde befindet, deutlich. Der Mensch erschrickt angesichts der Selbstoffenbarung der Herrlichkeit Gottes, weil er der darin enthüllten Heiligkeit Gottes nicht entspricht (vgl. z.B. Jes 6,1-7 oder Apg 9,3-5). Die unmittelbare Begegnung mit der Schönheit Gottes wird zum unerträglichen Gericht über den sündigen, unreinen Menschen. Das Licht Gottes erweist sich gegenüber der Sünde als verzehrendes Feuer. Theol. Ä. kann deshalb niemals oberflächlich im Sinne des Ästhetizismus gefällig sein. Sie verwehrt einen mystisch-romantischen Zugang zu Gott, wie ihn die idealistisch-phil. Ä. anstrebt, die von einer vorauszusetzenden Harmonie zwischen menschl. Schönheitssehnsucht und der Göttlichkeit des Schönen an sich ausgeht. Theologische Ä. kann weder die Erkenntnis noch die Erfahrung des Schönen von der ethischen Problematik der Gottesbeziehung des Menschen, also vom zentralen Thema der Sünde und Rechtfertigung des Gottlosen, ablösen.

In der Verselbständigung des Ästhetischen gegenüber dem Ethischen, d.h. dem Verlangen nach rel. Genuß Gottes ohne Heiligung bzw. dem atheistischen Gebrauch schöner Phänomene der Schöpfung ohne Schöpfer, liegt die Versuchung durch das nur scheinbar Ästhetische. Der schöne Schein, d.h. die nur noch äußere Erscheinung des Lichthaften, erweist sich als Charakteristikum des dämonisch Schönen. Der Satan, der sich als Engel des Lichts verstellt (2Kor 11,14), verführt mittels einer Gott geraubten Ä., die in ihrem innersten Wesen leer und nichtig bleibt. Der Konflikt zwischen dem menschlich-phil. Verständnis des Schönen einerseits und der theol. Offenbarung des Schönen andererseits läßt sich deshalb nicht auf das Problem zeitbedingter Geschmacksurteile reduzieren, sondern wurzelt in dem Gegensatz zwischen Gottes heiliger Herrlichkeit und dem trügerischen Glanz der Sünde bzw. des Satanischen. Der natürliche Mensch ist in diesen Gegensatz insofern hineingezogen, als er unter der bewahrenden Güte Gottes in der Schöpfung zwar noch die Schönheit Gottes erkennt, aber gleichzeitig versucht ist, diese Schönheit fern von Gott zu genießen und sie damit zu pervertieren und letztlich dem dämonisch Schönen zu verfallen (Röm 1,19-25). Diese Zusammenhänge der ästhetischen Zwiespältigkeit aufzudecken und heilsam (d.h. soteriologisch) zu überwinden, ist die grundlegende Aufgabe theol. Ä. in allen vielfältigen Bezügen menschlicher Kulturen und Künste.

c. Theologische Ästhetik im Horizont der Erlösung und Vollendung

Wahre Ä. setzt die Erneuerung der Gottesbeziehung durch Vergebung und Heiligung voraus. Ihr tiefstes Wesen erfüllt sich im liturg. Handeln der Kirche als dem Ort, an dem die Erneuerung der Schöpfung ihren Ursprung nimmt. Die Anbetung Gottes im Geist und in der Wahrheit (Joh 4,24) findet hier ihren schöpferisch angemessenen Ausdruck. Die erlöste *leiturgia* erfaßt und umfängt alle Bereiche künstlerischen Schaffens und stellt so die ursprüngliche Bestimmung der Kunst im Sinne des paradiesischen Kulturauftrages (1Mo 1,28) wieder her: Musik und Malerei, Sakralbau und Kunsthandwerk, Dichtung und liturg. Dramatik werden als Formen des Lobpreises und der Anbetung zum Gottesdienst. Charakteristisch für dieses geistl. Kunstverständnis ist u.a. 2Mo 31,1-11 wie überhaupt die Freude am Gotteshaus und den »schönen Gottesdiensten des Herrn« (Ps 27,4).

Dabei wird schon an der Kultkritik atl. Prophetie (z.B. Am 5,21-27) deutlich, daß in der gefallenen Welt selbst die liturg. Feier pervertiert wird, wenn dem gottesdienstl. Handeln nicht die alltägliche Existenz des praktischen Gehorsams entspricht.

Paulus vertieft den Zusammenhang von Liturgie und umfassendem Gottesdienst in den alltäglichen Lebensbezügen (Röm 12,1-2). Von daher eröffnet sich andererseits aber auch die Freiheit des Christen zu ästhetischer Gestaltung und Freude in der Welt. Denn in der Bindung an Christus ist das Schema der Welt überwunden. Je umfassender Heiligung gelebt wird, desto universaler kann sich Kunst als Manifestation christl. Existenz in allen ihren Formen frei entfalten.

Diese Freiheit hebt aber die Selbstentäußerung Gottes im Kreuz Christi als ästhetisches Skandalon nicht auf (vgl. Phil 2,5-11 zurückverweisend auf Jes 53,2-5). Gerade angesichts der elementaren Versuchung des Menschen, im Ästhetischen an sich Erlösung zu suchen, muß theol. Ä. bewußt das Ärgernis des Kreuzes wahren (1Kor 1,23). Die durch die schöpferische Güte dem Menschen erhaltene Befähigung zur Kunst und zu kreativem Gestalten darf nicht zum Versuch der Selbsterlösung mißbraucht werden. Die Signatur des Kreuzes bestimmt das heilsgeschichtl. Interim zwischen Erlösung und Vollendung auch als Kriterium christl. Ä. Darin entspricht theol. Ä. der Ambivalenz des Ästhetischen in der gefallenen Welt; sie widerspricht dadurch der Versuchung des Ästhetizismus, und sie verspricht schließlich zeichenhaft die Überwindung des Unästhetischen, das als eine Wirkung der Sünde zu bewerten ist.

Aufgehoben wird diese interimistische Spannung durch die eschatologische Vollendung, in der »Gott sein wird alles in allem« (1Kor 15,28). Die exklusive Alleinwirksamkeit Gottes ist die absolute Erfüllung des Ersten Gebotes und damit die vollkommene Verwirklichung der Ethik, der die universale Vollendung der ästhetischen Gestalt korrespondiert. Die Schönheit des neuen Jerusalem mit ihrer reinen Klarheit, als deren Licht die unmittelbare Gegenwart Gottes selbst alles erleuchtet und durchleuchtet, ist ästhetisches Realsymbol der ewigen Vollendung (vgl. Offb 21,1-22,5).

Lit.: Th.W. Adorno: Ästhetische Theorie, in: Ges. Schriften, Bd. 7, 1970; H.-E. Bahr: Poiesis. Theologische Untersuchung der Kunst, 1961; H.U. v. Balthasar: Herrlichkeit. Eine theologische Ästhetik, I-III/2, 1961-1972; R. Bohren: Daß Gott schön werde. Praktische Theologie als theologische Ästhetik, 1975; P. Brunner: Zur Lehre vom Gottesdienst der im Namen Jesu versammelten Gemeinde; in: Leiturgia 1, 1954; W. Dilthey: Die Epochen der modernen Ästhetik, in: Ges. Schriften Bd 6, 1924; M. Heidegger: Der Ursprung des Kunstwerkes, 1960; W. Janke: »Das Schöne«, HPhG Bd. 5, 1974; M. Schasler: Ästhetik als Philosophie des Schönen und der Kunst, Bd 1, Kritische Geschichte der Ästhetik von Plato bis auf die neuste Zeit, 1872; H. Thielicke: Kunst und Spiel, Ethik des Bildnerischen, in: Theologische Ethik Bd. III, 1964, 813-912.

R. Hille

Astralreligion

Glaube an die Gestirnsgottheiten und ihre rel. Verehrung. Bereits in prähist. Zeit lassen sich Kultorte einer A. nachweisen (z.B. Stonehenge bei Salisbury in Südengland, Ende des Neolithikums, ca. 1800 v.Chr.). Mehr wissen wir von der A. der orientalischen Hochkulturen in Ägypten und im Zweistromland. Die dominierenden orientalischen Götter im Umfeld Palästinas sind meist Astralgottheiten (z.B. Re in Ägypten ab 5. Dynastie, seit Hammurabi der ursprüngliche Sonnengott Marduk = Bel in Babylon). Dies ist durchaus nicht immer der Fall. In der germanischen oder griech. Religion spielen sie nur eine untergeordnete Rolle. Aber die Rangfolge der Götter war nicht zu allen Zeiten konstant. In ihnen spiegelte sich auch der Einfluß der Dynastien wieder. Ein mißlungener Versuch wurde von Amenophis IV. in Ägypten unternommen, mit dem Kult des Gottes Aton, der Sonnenscheibe, eine bestimmte monotheistische Theologie einzuführen. Auch in anderen Hochkulturen sind die Hauptgottheiten Astralgötter. Sie übernehmen dann meist auch die Funktion der Vegetationsgötter. Durch die dauernde Gefährdung durch A.en, besonders in der Zeit des babylon. Exils, war eine Abgrenzung Israels unerläßlich. Manche atl. Aussage wird nur von dem Hintergrund her verständlich, daß die Himmelskörper als Götter galten (z.B. Jes 14,12ff). Aber auch im NT ist eine A. als die Verkörperung des Feindes Gottes vorausgesetzt, insbesondere in der Offb (12,1), vielleicht auch in der synoptischen Apokalypse (Mt 24,29 par).

Im europ. Kulturkreis rühren als Relikte der A. manche Namen der Wochentage noch von den Astralgottheiten her, und zwar nicht nur von Sonne und Mond, sondern auch z.B. von Saturn (Saturday).

Die A. scheint bei uns zwar keinen Einfluß mehr zu haben, doch sollte man sich vergegenwärtigen, daß die → Astrologie, die zunehmend Bedeutung gewinnt, in ihrem Kern eigentlich eine A. ist. In einer alternativen Medizin gibt es auch zunehmend Bereiche, die von einem Glauben an die Mächte der Gestirne bestimmt sind. Die biologisch-dynamische Landwirtschaft – nicht zu verwechseln mit organisch-biologischem Landbau – richtet sich in der Zeitwahl für Aussaat und andere Tätigkeiten nach den Mondphasen, vorgeblich mit einer naturwissenschaftl. Begründung. Der Mond ist aber in den A. der Gott der Fruchtbarkeit. Die bibl. Beurteilung verwirft diesen Einfluß (vgl. Kol 2,16). Für Christen ist Landbau unter dem Einfluß einer A. abzulehnen.

Lit.: F.M.Th. de Liagre Böhl: »Babylonien II«, RGG[3], 1, 812-822; H. Jacobsohn: »Ägypten II«, ebd. 110-117; R. König: Sanfte Heilverfahren, 1987; A. Strobel: »Sternglauben«, GBL 3, 1989, 1483ff.

K. Knauß

Astrologie

Sterndeutekunst, die einen umfassenden Einfluß der Gestirne auf die irdische Welt postuliert. Sie muß nicht notwendig einen Zusammenhang herstellen zwischen den Gestirnskonstellationen (insbesondere zur Geburtsstunde) und dem Ergehen der Menschen. Will man diesen ausdrücklich bejahen, spricht man exakter von Genealogie, die von vielen früheren Vertretern der A. abgelehnt wird (z.B. Plotin), allerdings heute fast immer eingeschlossen ist. Die A. setzt in jedem Fall die Beseeltheit der Welt voraus (vgl. Plotin Enn. IV, 4,40ff), wobei ihre Anhänger sich die Wirkung über sympathische Kräfte vorstellen. Begründet wurden diese Ideen von dem Stoiker Poseidonius. Die Himmelskörper als Götter wirken demnach auf den irdischen Mikrokosmos, wobei den Tierkreiszeichen und den einzelnen Planeten (einschließlich Sonne und Mond) bestimmte Eigenschaften und Wesenskräfte zugeschrieben werden. Das ist die Grundlage für das Erstellen von Horoskopen. Während die Astronomie sich mit den Bewegungsgesetzen der Himmelskörper befaßt und ihre Stellungen berechnet, deutet die A. diese aufgrund von rel. Voraussetzungen zur Voraussage des geschichtl. und individuellen Ergehensverlaufes.

Die A. entspringt einer → Astralreligion. Die exakten astronomischen Kenntnisse insbesondere im babylon. Raum hatten rel. Hintergrund, auch wenn sie zu einer hervorragenden kalendarischen Praxis führten. Petosiris (Nechepso?) und Ptolemäus haben die einzelnen Bestandteile der A. später zu einem System verknüpft. Zur Übermittlung an die rel. Welt dienten die hermetischen Schriften. Doch das wichtigste und umfangreichste Handbuch der A. des Altertums sind die »Matheseos libri octo« des Julius Firmicus Maternus (ca. 335), der unzweifelhaft erst nach dieser Schrift Christ geworden ist, denn er schrieb später die heftig polemische Schrift »De errore profanarum religionum« (ca. 348), die sich mit bibl. Begründungen gegen die ägypt. und hell. Mysterienreligionen und gegen die A. wendet und die Kaiser Konstantius und Konstans zu deren Zerschlagung auffordert. Unter dem Einfluß der → Gnosis war die A. etwa im 3. Jh. in das Christentum eingedrungen, nachdem sie bis dahin deutlich abgelehnt worden war. → Augustin hat schließlich jede Beschäftigung mit der A. und anderen »Wissenschaften« als »eitle Neugier« radikal abgelehnt. Andererseits konnte Synesius von Cyrene (ca. 370-413) eine Vereinigung des Christentums mit der A., Alchemie und Magie unternehmen und dann dennoch Bischof werden. Dies zeigt die Vielschichtigkeit und Dauer des ganzen Prozesses. Im MA blühte die A. unter dem Einfluß »arabischer« Philosophen wieder neu auf (Al-Kindi und Thabit ibn Kurrah, 9. Jh.) und drang im 11./12. Jh. in die christl. Philosophie ein. Hier wird aber zwischen einer legitimen Beschäftigung mit den als natürlich gedachten Naturkräften und der verwerflichen eigentlichen A. unterschieden (→ Abaelard, Hugo v. St. Victor). Im 13. Jh. führte diese sorgfältige Bemühung um Unterscheidung zu der Idee eines neutralen Naturgesetzes in abendländischer Gestalt, und zwar unter der Exegese bestimmter Stellen der Genesis (Rob. Grosseteste u.a.). Insofern herrschten zwischen astrologischen und naturwissenschaftl. Lehren oft rege Wechselbeziehungen. Im Spät-MA und in der frühen Neuzeit gewann die A. neuen Einfluß, insbesondere in esoterischen Unterströmungen neben den Naturwissenschaften und ist heute fester Bestandteil einer neuheidnischen Vulgärreligiosität geworden. Allerdings wird in Kreisen der → Anthroposophie, → Theosophie und der → New Age-Bewegung der Anspruch wissenschaftl. Begründbarkeit erhoben.

Im AT wird die A. abgelehnt (5Mo 18,10ff; 3Mo 19,31; 20,6; Jes 47,13f), ebenso im NT (Kol 2,15ff). Ihr wird nicht die Wirklichkeit abgesprochen, doch stehen Mächte hinter ihr, die gegen Gott gerichtet sind und die Christus durch seinen Kreuzestod endgültig besiegt hat. 1Mo 1 vermeidet in offensichtlich apologetischer Absicht die Bezeichnung der Gestirne mit ihren üblichen Namen, weil sie im orientalischen Raum als Götternamen geläufig waren. Statt dessen werden die Gestirne als Lichter bezeichnet, und ihre Funktion wird darauf beschränkt, Licht zu geben und Zeiträume zu unterscheiden. Der Sprachgebrauch für Wahrsager und Sterndeuter ist nicht sehr spezifisch. Es werden zwar verschiedene Begriffe gebraucht, aber alle wahrsagerische Tätigkeit wird grundsätzlich verboten. Als terminus technicus ist das nur bei Dan 1,20 und 2,2 verwendete assyr. Lehnwort *'aschāf*, LXX: *magos* auf Astrologen zu beziehen. In Mt 2,1.7.16 bezeichnen die *magoi* sehr wahrscheinlich babylon. Astrologen. Eine Verwerfung der A. aus rein rationalistischen Gründen wird einem bibl. begründeten Glauben nicht gerecht. Es handelt sich vielmehr um Elemente einer nichtchristl. Religiosität unter dem Einfluß dämonischer Mächte und ist deshalb für Christen eindeutig abzulehnen.

Lit.: K. Knauß: Gott und Natur bei R. Grosseteste (Diss. Tübingen 1988); A. Strobel: »Stern, Sternbild, Sterndeutung«, GBL 3, 1989, 1481f; ders.: »Sternglauben«, ebd. 1483ff (Lit!); F. Strunz (C.-M. Edsman): »Astrologie«,RGG³ I, 664-666; L. Thorndike: History of magic and Experimental Science, 1923.

K. Knauß

Asyl Rämismühle → Heimstätte Rämismühle

Asylrecht

Unter A. versteht man das Recht, an einem bestimmten Ort oder in einem bestimmten Gebiet vor Bedrohung und Gewalt Schutz zu finden. Als Asyl dienten schon seit frühester Zeit geweihte Orte wie Altäre, Tempel und später auch Kirchen, Klöster und Friedhöfe. In diesen Fällen kann von einem rel. A. gesprochen werden. Im Unterschied dazu kennt man das weltliche A., bei dem an »profanen« Orten, in Städten, an Gerichtshöfen, in Botschaften oder in Ländern Asyl gewährt wird.

Im AT lesen wir in 2Mo 21,12ff; 4Mo 35,9ff; Jos 20 von A., das Menschen, die unabsichtlich einen anderen getötet hatten, gewährt wurde. So gab es besondere Freistädte für Asylsuchende (5Mo 4,41-43). Dagegen durfte derjenige nicht ungestraft bleiben, der absichtlich getötet (gemordet) hatte und dann Asyl suchte. Auf jeden Fall schränkte das A. die → Blutrache ein (4Mo 35,19).

Aber nicht nur bei Totschlag, sondern auch bei anderen Notlagen suchte man Asyl. Adonia (1Kön 1,50) und Joab (1Kön 2,28) begehrten in polit. unruhigen Zeiten vergeblich am Altar des Tempels zu Jerusalem Asyl.

In der Antike und im MA berief man sich bei unterschiedlichsten Delikten auf das A., zum Beispiel bei finanzieller Schuld, bei Meineid oder bei drohender Gefangenschaft. Im Mittelalter galt die Kirche für viele als Zufluchtsort. Nicht immer waren ihre Motive Barmherzigkeit und Nächstenliebe. Vielmehr diente das kirchliche A. häufig als Instrument im Machtkampf zwischen Kirche und Staat. So beachtete man keineswegs immer die von Kaiser Justinian aufgestellte Regel, nach der der Schutz der Kirche nicht für diejenigen zu gelten habe, die Unrecht tun (Cl. novella 17.7 pr.), sondern lediglich für diejenigen, die Unrecht erleiden.

Das rel. A. konnte in Zeiten der → Blutrache viel Unrecht verhindern. Aber seitdem die Autorität der Obrigkeit an Gewicht zugenommen hat und die Rechtsprechung in zunehmendem Maß zentral geregelt worden ist, hat das A. an Bedeutung verloren. Gleichwohl lebt heute das A. in außergewöhnlichen Fällen wieder auf. So z.B. im Jahr 1975 in den Niederlanden, als Gastarbeiter, zu denen auch türk. und syr. Christen gehörten, in Kirchengebäuden mit der Begründung Asyl suchten, falls man sie ausweisen würde, hätten sie um ihr Leben zu fürchten. Die niederländische Regierung griff praktisch nie ein, jedoch wohl kaum aus rel. motivierter Scheu gegenüber der »Heiligkeit« von Kirchengebäuden als vielmehr aus Furcht vor der öffentlichen Meinung.

In einem Rechtsstaat bleibt das A. in seiner weltlichen Form notwendig, um Ausländern, deren Leben im Konflikt mit den international geltenden Normen bedroht ist, Asyl zu gewähren.

Lit.: M. Greenberg: The Biblical conception of Asylum, JBL 78, 1959, 125-132; C. Houtman: Het altaar als asielplaats, 1990; M. Siebald: Das Asylrecht der römischen Kirche mit besonderer Berücksichtigung seiner Entwicklung auf germanischem Boden, 1930.

J. Douma

Aszetik → Spiritualität

Athanasianum → Bekenntnis

Athanasius (ca.295-373)

A. von Alexandria gehört zu den bedeutendsten Kirchenvätern der Alten Kirche - nicht nur wegen seines Kampfes gegen → Arius und den Arianismus und für die Anerkennung des nicaenischen Glaubens. Auch an der Ausformung des bibl. Kanons hatte er Anteil (Osterfestbrief von 367). Ferner warb er für das Mönchtum mit der Vita Antonii, einer Schrift, die nach dem Tod des ägyptischen Mönchsvaters → Antonius (356) entstand und schon kurz darauf ins Lat. übersetzt wurde. Neuere Untersuchungen (M. Tetz) haben wahrscheinlich gemacht, daß A. dabei eine ältere Lebensbeschreibung dieses Mönches überarbeitete und ein neues, bibl. begründetes Idealbild schuf, das die spätere

Entwicklung des christl. Mönchtums stark beeinflußte. Die Hauptbedeutung aber kommt A. zu als leidenschaftlichem Verfechter der nicaenischen Orthodoxie und Wegbereiter des trinitarischen Dogmas.

A. wurde um 295 in Alexandria geboren und stammte wohl aus einem heidnischen Elternhaus. Schon früh gefördert durch Bischof Alexander (311-328), gehörte er von Anfang an zu den entschiedensten Gegnern des → Arius. 325 begleitete er seinen Bischof als Diakon auf das Konzil nach → Nicaea und wurde unter etwas dramatischen Umständen 328 sein Nachfolger. Seine Gegner, Arianer und Melitianer (Anhänger einer schismatischen Gruppe in Ägypten; ähnlich den → Donatisten), erreichten es, daß eine Reichssynode in Tyrus (335) seine Absetzung beschloß und Kaiser Konstantin ihn nach Trier verbannte (335-337). Erst 346 konnte A. nach längerem Aufenthalt in Rom - auf seinen Bischofssitz zurückkehren. Insgesamt fünfmal mußte A. für seine Überzeugung in die Verbannung gehen.

Wohl in Trier entstand sein Doppelwerk: »Gegen die Heiden - Von der Menschwerdung des Logos«, in dem A. die Abkehr von der apologetisch-phil. Logoslehre vollzog und der altkirchl. Inkarnations- und Erlösungslehre ein neues Fundament gab. A. hebt hervor, daß nur Gott selbst die Erlösung des Menschen (als »Vergöttlichung«, vgl. De inc., 54) vollbringen kann. Das richtet sich nicht nur gegen die Lehre des Arius, sondern gegen jeden, der Christus nicht im Vollsinn als Gott bekennt.

In den 40er Jahren verfaßt A. drei umfangreiche Reden gegen die Arianer (die vierte Rede ist unecht!), die ihn zum Vorkämpfer gegen den Arianismus werden lassen. Erst nach und nach setzt sich bei ihm dabei die Erkenntnis durch, daß das Bekenntnis von Nicaea, auch wenn es den in der Bibel nicht belegbaren Begriff *homousios* verwendet, um die »Wesenseinheit« von Vater und Sohn zum Ausdruck zu bringen, zutiefst die bibl. Lehre von Gott und Christus bewahrt. Und je größer der Widerstand gegen das Nicaenum wird, umso entschiedener tritt A. dafür ein (von Kaiser Konstantius II. 356 erneut in die Verbannung geschickt).

In seinen Briefen an Serapion (360) nennt A. erstmals auch den Hl. Geist »wesenseins« mit Gott (ep. Serap. I 27), um Erlösung und Heiligung als alleiniges Werk Gottes festzuhalten. Zugleich legt er damit einen wesentlichen Grund für das später ausgeformte trinitarische Dogma, in das die Lehre des → Origenes von den drei göttlichen Hypostasen (Personen) integriert wird. Eine wichtige Voraussetzung für die weitere Entwicklung schafft A. 362 auf einer Synode in Alexandria, auf der er unter dem Nicaenum alle Gruppen zu vereinen sucht, die sich zur Einheit Gottes, aber auch zu den drei Personen (Hypostasen) bekennen. Als A. stirbt (373), liegt die polit. Macht im Osten des Reiches noch in den Händen seiner Gegner. Erst unter Theodosius I. setzt sich der nicaenische Glaube im gesamten röm. Reich endgültig durch.

Lit.: K.M. Girardet: Kaisergericht und Bischofsgericht, 1975; A. Laminski: Der heilige Geist als Geist Christi und Geist der Gläubigen (EThSt 23), 1969; G. Larentzakis: Einheit der Menschheit - Einheit der Kirche bei Athanasius (GrTS 1), ^{2}1981; D. Ritschl: Athanasius. Versuch einer Interpretation, in: ders.: Konzepte. Ges. Aufsätze I (BSHST 28), 1976, 21-73; H.-J. Sieben: Zur Entwicklung der Konzilsidee: ThPh 45 (1970), 353-389; M. Tetz: »Athanasius von Alexandrien«, TRE 4, 1979, 333-349 (Lit.); ders.: Athanasius und die Einheit der Kirche: ZThK 81 (1984), 196-219; ders.: Über nikäische Orthodoxie: ZNW 66 (1975), 194- 222; ders.: Athanasius und die Vita Antonii: ZNW 72 (1982) 1- 30.

W.A. Bienert

Atheismus

1. Atheismus als philosophisch-ideologisches Phänomen der Neuzeit

a. Zur Vorgeschichte

Der A. stellt als geistesgeschichtl. Macht vor allem eine Erscheinung der abendländischen Kultur dar, dessen wichtigste Ursprünge in der phil. → Aufklärung und der Franz. Revolution (1789) zu suchen sind. Allerdings findet sich der Begriff »Atheos« (Atheisten) bereits in antiken Quellen. Mit dem atomistischen Empirismus Demokrits begegnet im

5.-4. Jh.v.Chr. der erste naturphil. Entwurf eines materialistischen Weltbilds. Epikur (342-271 v.Chr.) vertrat bereits eine säkularistisch argumentierende Ethik. Die Apologie Platons macht im Kontext der Auseinandersetzung mit den Sophisten und der Anklage gegen Sokrates deutlich, daß der Vorwurf des A. strafrechtliche Konsequenzen nach sich ziehen konnte. Dabei ging es weniger um eine bloß theoretische Leugnung herkömmlicher Göttervorstellungen als vielmehr um den Zusammenhang von polit.-moralischer Ordnung und Religion in den griech. Stadtstaaten. Aus diesem Grund wurden zur Zeit der röm. Christenverfolgungen die Christen u.a. auch als A. angeklagt. Später hatte – im geschlossen theol.-phil. Denkgebäude des MAs – der A. im strengeren Sinne keinerlei Anknüpfungspunkte. Das Problem tauchte ernsthaft erst in der Renaissance wieder auf.

b. Die endzeitliche Eigendynamik des neuzeitlichen Atheismus

Die Geschichte des abendländischen A. stellt eine spezifische Gestalt der westl. Kultur dar und entwickelt in ihrer Säkularität ein deutliches Gefälle, das im Horizont einer heilsgeschichtl. Theologie als endzeitliches Ereignis im Sinne der bibl. → Apokalyptik gedeutet werden muß. Unterschiedliche phil., polit. und wissenschaftl. Ausgangspunkte bilden erste grundlegende Anstöße zur Entstehung des A., die sich zunehmend überlagern, miteinander verbinden und sich schließlich zu einem breiten Gesamtstrom des modernen Säkularismus verdichten und so gegenseitig verstärken. Die Entwicklung erhält durch die Rezeption des pantheistischen Neuplatonismus der ital. Renaissance einen ersten Impuls, der sich in einem neuen geistigen Klima machiavellistischer Staatsraison fortsetzt. Der engl. Empirismus, der den traditionellen Autoritätsglauben verdrängt, führt zum deterministischen Materialismus der Naturwisssenschaften und zeitigt als theol. Konsequenz dieses Ansatzes ein deistisches Gottesverständnis, das im 19. Jh. in den A. übergeht. Im 17. Jh. entfaltet sich in antiklerikalen Zirkeln franz. Intellektueller ein prinzipieller Skeptizismus, der Descartes (1596-1650) zu einem grundlegend neuen Versuch methodischer Suche nach einer letzten, unumstößlichen Gewißheit nötigt. Sind es im 17. und 18. Jh. vor allem die intellektuellen Eliten Europas, die die herkömmliche christl. Gotteslehre bezweifeln, so wird der A. im 19. Jh. zu einem gesamtgesellschaftl. Phänomen, das neben dem gebildeten Bürgertum auch die entwurzelten Massen der Industriegesellschaft erfaßt und den Kirchen entfremdet. Hierbei spielt die marxistische Ideologie, die die Religionskritik Ludwig Feuerbachs (1804-1872) voraussetzt, eine entscheidende Rolle. Durch die leninistische Revolution von 1917 erfährt die bürgerliche Franz. Revolution nicht nur eine Aufnahme ihrer atheistischen Voraussetzungen, sondern eine weitere polit. Radikalisierung und gesellschaftl. Breitenwirkung. Die geistesgeschichtl. Entwicklung im Westen erweist sich im 20. Jh. als zunehmend agnostisch, d.h. die Auseinandersetzung um die Existenz oder Nichtexistenz Gottes wird als theoretisch-wissenschaftl. nicht entscheidbar abgewiesen (→ Agnostizismus). Die Gottesfrage als solche wird im Zuge einer umfassenden Säkularisierung des Denkens überhaupt als irrelevant erklärt. Die Folge ist ein praktizierter A., der mit dem Verlust des theistischen Gottesbegriffs sich selbst als ideologisches Ziel überflüssig macht. Nach dem Zusammenbruch der marxistischen Staatsideologie (seit 1989) erweist sich der westl.-säkulare Agnostizismus international als stärkste Macht des sich realisierenden A.; während an den christl. Kirchen vorbei neuheidnische Religionsformen entstehen und die klass. Religionen des Islam, Hinduismus etc. eine Renaissance erfahren. Geschichtstheol. betrachtet, ist im Kontext der abendländisch-christl. Kultur mit der Franz. Revolution »der Mensch der Bosheit offenbart«, der sich als Widersacher Gottes »erhebt über alles, was Gott oder Gottesdienst heißt, so daß er sich in den Tempel Gottes setzt und vorgibt, er sei Gott« (2Thess 2,3f). Die eigendynamische Entwicklung des A. führt als gesellschaftl.- kulturelle Macht zu einem umfassenden Säkularismus, der in der Welt lebt »ohne Gott« und damit keine Hoffnung hat (vgl. Eph 2,12). Es handelt sich deshalb bei der Entstehung, den theoretischen Begründungen und vor allem der gesellschaftspolit. Durchsetzung des A. um ein grundlegend apokalyptisch-endzeitliches Phänomen des Antichristentums.

2. Klassische Grundformen des Atheismus und ihre Überwindung

a. Die rationalistisch-naturwissenschaftl. Begründung des A. geht davon aus, daß Wahrheit ausschließlich durch die Vernunft erkannt werden könne und daß die Vernunft auch in der Lage sei, dem Menschen alle zu seiner Existenzbewältigung notwendige Erkenntnis zu vermitteln. Die faszinierenden Erfolge der sog. exakten Naturwissenschaften, die dem neuzeitlichen Ideal der Mathematisierbarkeit und formalen Logik weithin entsprechen, bildeten das Leitbild für wissenschaftl. Erkenntnis überhaupt. Sie führten schließlich zum puren Positivismus (es gilt nur, was sich empirisch nachweisen läßt) und zum kritischen Rationalismus. Damit gerieten nicht nur die sich auf göttliche Offenbarung berufende Theologie, sondern auch die klass. Tradition phil. Metaphysik sowie die Geisteswissenschaften überhaupt in eine Grundlagenkrise.

Der Totalanspruch rationalistischer Skepsis erweist sich zunehmend als unhaltbar. Einerseits zeigt die Entwicklung der Naturwissenschaften selbst, daß die Komponente des forschenden Subjekts mit ihrer menschlichen Bedingtheit niemals aus dem Erkenntnisprozeß ausgeschlossen werden kann. Zum anderen wird umfassend deutlich, daß die eigentlichen Probleme, deren Lösung für eine sinnvolle Existenz unverzichtbar sind, überhaupt erst dann beginnen, wenn alle wissenschaftl. Fragen gelöst sind. Der Mensch ist auf eine Wahrheitserkenntnis verwiesen, die sehr viel weiter reicht und tiefere Dimensionen der Begründung erschließt als der kritische Rationalismus. So bleibt entweder der heroische Trotz angesichts der Absurdität des Seins oder das Wagnis und Geschenk des Glaubens auf dem Boden geoffenbarter Wahrheit. Diese Offenbarungswahrheit ist im Unterschied zur Willkür und Naivität des Aberglaubens nicht geringer, sondern höher als alle Vernunft.

b. Die sozialpolit. Begründung des A. hat sich mit dem Scheitern der marxistischen Ideologie selbst ad absurdum geführt, da mit der Verwirklichung des Sozialismus die Religion entgegen allen Prognosen nicht abgestorben ist, sondern nur für einige Jahrzehnte gewaltsam unterdrückt wurde. Dabei erwiesen sich beide Perspektiven der marxistischen Religionskritik als irrig: sowohl die Erwartung, daß sich mittels sozialem Wohlstand menschliches Elend notwendig in allgemeines Glück wandeln würde als auch die daran geknüpfte Hoffnung, mit sozialem Fortschritt werde sich der Glaube an Gott und die Erlösung durch Christus erübrigen.

c. Die psych. Begründung des A. geht seit Ludwig Feuerbach davon aus, daß Gott Wunschprojektion des Menschen sei, d.h. daß der Mensch Gott nach seinem Bild geschaffen habe. Die Theologie (die Lehre von Gott) sei deshalb als Anthropologie (Lehre vom Menschen) zu verstehen. Der Begründer der Psychoanalyse, Sigmund Freud (1856-1939), interpretiert Religion als infantiles Wunschdenken des Menschen, der sich nicht von dem illusionären Vertrauen auf eine starke Vaterfigur zu lösen vermag und die notwendige Selbständigkeit des reifen Erwachsenen verweigert.

Zum einen muß festgestellt werden, daß Wünsche als solche noch nichts über die Realität des Gewünschten aussagen. Zum anderen weisen grundlegende Bekehrungserfahrungen in der Geschichte der Christenheit darauf hin, daß Gott Menschen mitunter in einer Weise in den Weg tritt, die diese sich auch in kühnsten Träumen nicht ausgedacht hätten. Ihre Gottesbegegnung vollzog sich völlig konträr zu ihren bisherigen Wunschvorstellungen; z.B. die Bekehrung des Pharisäers und Verfolgers Saulus zum Apostel Jesu Christi. Ferner zeigt die Statistik über psychische Erkrankungen, daß Neurosen keinesfalls zwangsläufig im Bereich der Religiosität auftreten, sondern daß der Unglaube und die säkulare Lebensweise spezifisch psychische Krankheitssymptome hervorrufen können.

d. Die moralische Begründung des A. dürfte insgesamt für das moderne Bewußtsein am gewichtigsten sein: Es handelt sich um das sog. Theodizeeproblem, d.h. die Frage, wie ein guter und allmächtiger Gott all das Böse und das Übel in der Welt zulassen kann. Gott wird in dieser Form des A. vom Menschen wegen Nichtexistenz freigesprochen.

Gegenüber diesem Tribunal des Menschen muß von der bibl. Gottesoffenbarung her eingewandt werden, daß sich das Wesen der Liebe Gottes gerade in der Selbstpreisgabe der göttlichen Allmacht am Kreuz Jesu Christi erweist. Gott erleidet in Freiheit an sich selbst die Macht des Bösen und trägt selbst die Strafe für die Schuld des Menschen. Deshalb ist Gott dem, der seine Schuld bereut und zu ihm kommt, nahe. Gott erweist inmitten des Leidens um Christi willen und in Christus seine erbarmende Gegenwart.

Lit.: E. Coreth, J.B. Lotz: Atheismus kritisch betrachtet, 1971; O. Guinnes: Das Problem des Zweifels, 1979; H. Küng: Existiert Gott?, ^{2}1984; C.S. Lewis: Pardon, ich bin Christ. Meine Argumente für den Glauben, 1977; H.G. Pöhlmann: Der Atheismus oder der Streit um Gott, ^{3}1979; G. Stein (Hg.): An Anthology of Atheism and Rationalism, 1980; K.-H. Weger (Hg.): Argumente für Gott. Gott-Denker von der Antike bis zur Gegenwart, 1987; ders. (Hg.): Religionskritik von der Aufklärung bis zur Gegenwart, 1979; M. Weinrich (Hg.): Religionskritik in der Neuzeit, 1985.

R. Hille

Athenagoras → Apologeten, altkirchliche

Äthiopien

Der Vielvölkerstaat Äthiopien bildet im nordöstl. Afrika die Brücke zwischen Schwarzafrika, der arab. Welt und dem Indischen Ozean. Griechen und Römer nannten »Äthiopier« - die mit den verbrannten Gesichtern - alle Afrikaner südl. von Ägypten und die Anwohner des Indischen Ozeans.

Die älteste südarab.-sabäische Kultur erstreckte sich von Mesopotamien über die Arab. Halbinsel bis zum Hochplateau des heutigen Ä. Dort gründeten Semiten im 1. Jt. v.Chr. das Reich von Axum, das im 3. vorchristl. Jh. eine Weltmacht war.

Nach der Legende empfing die Königin von Saba bei ihrem Besuch in Jerusalem (1Kön 10) einen Sohn, der als Menelik I. um 1000 v.Chr. das Reich Axum gründete. Aus Ä. kam der Finanzminister der Kandake, der auf dem Heimweg von Jerusalem durch Philippus getauft wurde (Apg 8,26-38).

Um 350 bringen zwei syr. Kaufleute, Frumentius und Aedesius, den christl. Glauben nach Axum und gründen ohne priesterliche Ordination die äthiop.-orth. Kirche. Die Eroberung Nordafrikas durch den Islam im 7.-10. Jh. beendet das »Goldene Zeitalter von Axum« und trennt die äthiop. Kirche von der Christenheit.

Menelik II. von Shoa (1889-1913) schuf durch Eroberungen im Süden, Osten und Westen den Vielvölkerstaat in seinen heutigen Grenzen, erreichte dessen Anerkennung durch die europ. Mächte und machte Addis Abeba zur Hauptstadt. 1930 bestieg Ras Tefari als Haile Selassi I. den Thron, den er mit Unterbrechung durch den ital.-abessinischen Krieg (1936-41) bis September 1974 innehatte. Ein durch Dürrekatastrophen in Wollo und Tigray 1973/74 ausgelöster kommunistischer Militärputsch beendete die Geschichte des ältesten christl. Reiches in Afrika.

Anderthalb Jahrzehnte der Militärherrschaft haben die polit. Opposition blutig unterdrückt, das Land wirtschaftl. ruiniert und der Bevölkerung Gewaltherrschaft, Indoktrination, Hunger und Flüchtlingselend beschert. Trotz massiver Hilfe aus der UdSSR, Kuba und der DDR konnte weder der Bürgerkrieg gegen die Befreiungsbewegungen in Eritrea, Wollo und Tigray gewonnen noch durch Bodenreform, Alphabetisierung und Erziehungsprogramme die Unterentwicklung eines der ärmsten Länder der Erde behoben werden.

Die Schreckensherrschaft des Präsidenten Mengistu Haile Mariam endete mit seiner Flucht am 21. 5. 1991. Eine Woche später zogen die Truppen der EPRDF (Ethiopian Peoples Revolutionary Democratic Front) in Addis Abeba ein. Die Übergangsregierung unter Males Senawi steht vor der Aufgabe, das Land wiederaufzubauen, seine Menschen zu befrieden, seinen Völkern, allen voran dem größten der Oromo, die lange versprochene kulturelle Selbständigkeit zu gewähren und die Unabhängigkeit Eritreas anzuerkennen. Die orth. (monophysitische) Kirche, der 35% der Bevölkerung angehören, hat Revolution und Verfolgung - auch durch Anpassung - überdauert. Der (sunnitische) Islam, dem nach eigenen Angaben 50% der Bevölkerung angehören, fällt in den letzten Jahren durch aggressive Werbung auf.

Die ev. Kirchen, allen voran die Kale Hiwot und die Äthiopische Evangelische Mekane Yesus Kirche (EECMY) sind in Verfolgung und Leiden stark gewachsen und zählen jetzt über 2 Mio. Glieder. 250.000 gehören zur röm.-kath. Kirche. Bibeln und Bibelteile wurden und werden in 24 der 70 einheimischen Sprachen übersetzt. Dabei hilft auch das → Ev.-luth. Missionswerk in Niedersachsen (ELM), das die Arbeit der Hermannsburger Mission unter den Oromo in Wollega (dort seit 1927) und in anderen Synoden der EECMY in Verkündigung, Lehre, → ärztlicher Mission und Entwicklungsdiensten mit 20 Mitarbeiter/innen (1991) weiterführt.

Lit.: G. Arén: Evangelical Pioneers in Ethiopia (1830-1919), 1978; S. Brüne: Äthiopien. Unterentwicklung und radikale Militärherrschaft, 1986; F. Halliday, M. Molyneux: The Ethiopian Revolution, 1981; G. Hasselblatt: Äthiopien. Menschen-Kirchen-Kulturen, 1979; W. Heinrich: Ethnische Identität und nationale Integrität, 1984; Jahrbücher des ELM Hermannsburg unterrichten über die aktuelle Lage; W. Marwedel: Äthiopien zuerst - 50 Jahre missionarischer Dienst, 1978; H. Neubacher: Die Festung der Löwen, 1959.

R. Müller

Athos

Gebirgige östl. Halbinsel der Chalkidike (Athosgipfel: 1.935 m), in der Antike Akte, seit 1046 offiziell Hagion Oros genannt. 843 werden dort zuerst Eremiten erwähnt. Mitte des 9. Jh.s entsteht das erste Kloster, geleitet seit Ende des 9. Jh.s von Abt und Ältestenrat (Vorsitzender: Protos). Im 10. Jh. entwickelt sich das Verwaltungszentrum Karyais mit Kirche des Protos und Kellien (Zellen) für ihn und seine Beamten. 963/72 Gründung des ersten koinobitischen Großklosters, Megiste Lavra des Athanasios aus Trapezunt nach der Regel des Studiu-Klosters in Konstantinopel. Ihm folgen noch im 10. Jh. das Kloster Georgs des Iberers und Batopediu, die zu einer starken Zurückdrängung des Eremitentums führen. Die Blütezeit des A. ist das 11. Jh., aus dem die meisten Gründungen stammen: Xenophontos, Dochiariu, Esfignemu, Zografu,

Konstamonitu, Chiliandariu, H. Paulu, Karakallu, Stavroniketa, Xylurgu. Die kaiserliche Gunst führt zu einem großen Anstieg der Mönchszahlen. Dem Mode gewordenen Mönchsideal folgend, ziehen sich viele Große aus dem ganzen byz. Reich auf den A. zurück und hinterlassen ihren Besitz dem Kloster. 1046 grenzt ein Chrysobull die Rechtssphäre des Protos und der Klöster gegenseitig ab und schärft das bis heute gültige Verbot des Athanasios ein, daß Frauen, Kinder und Eunuchen das Hagion Oros nicht betreten dürfen. Der A. ist ein Mittelpunkt östl. Mönchtums geworden, der auch für die orth. slawischen Staaten seine Attraktion besitzt: 1198 Neugründung von Chilandar durch die Serbenkönige. Nach Verfallserscheinungen während der Lateinerzeit kommt es 1282 unter Andronikos II. zu einer neuen Blüte, die bis Mitte des 14. Jh.s währt. 1312 erfolgt die endgültige Schwächung des Protos-Amtes dadurch, daß die Klöster direkt dem Patriarchen in Konstantinopel unterstellt werden. Der Niedergang des A. beginnt mit den Verlusten im Katalanensturm 1307/08. Dann kommen die Wirren des Hesychasten-Streites. Der Mönch Gregorios Palamas setzt 1341 in Konstantinopel die Anerkennung des → Hesychasmus durch. Unter Johannes Kantakuzenos wird es üblich, die wichtigsten Bischofssitze des Reiches mit A.-Mönchen zu besetzen, die hesychastisch gesinnt sind. Ende des 14. Jh.s kommt die Lebensform der Idiorrhythmie auf (eigener Hausstand des Mönches mit Besitz und evtl. Dienern), die durch das Ende des byz. Reiches begünstigt wird. Ende des 17 Jh.s sind alle Großklöster idiorrhythmisch. Reaktion sind die Mönchsfamilien, die sich zu Skiten verbinden. Nach einem Niedergang bis ins 18. Jh. erhält 1783 der A. eine neue Verfassung. Um 1800 erfolgt die Rückverwandlung einer großen Zahl von Klöstern in koinobitische. 1912 wird der A. griechisch, 1923 erhält Griechenland die Schutzherrschaft über den autonomen Mönchsstaat (Verfassung 1926) unter dem griech.-orth. Patriarchen.

Lit: F. Dölger (Hg.): Mönchsland Athos, 1942; R. Galbiati: Berg Athos, 1983.

W. Wischmeyer

Atomenergie → Umweltethik

Auberlen, Carl August (1824-1864)

A., geb. am 19. 11. 1824 in Fellbach, gest. am 2. 5. 1864 in Basel; als Sohn eines Volksschullehrers besuchte er das Pädagogium in Eßlingen und das Ev. Seminar in Blaubeuren, ab 1841 Theologiestudium in Tübingen (Stift); als Schüler von H. Schmid und J.T. → Beck beschäftigte er sich vor allem mit älteren württembergischen Vertretern des → Pietismus: Roos, Steinhofer, → Oetinger; angeregt von F.B.X. von → Baader entwickelte A. Interesse an einem »Universalismus des Wissens und der Bildung«. Nach dem Vikariat bei W. Hofacker wurde er Repetent am Tübinger theol. Stift 1849-51 (bes. Oetinger-Studien). Von 1851-1864 war A. a.o. Prof. in Basel. Er gilt als Vertreter des »biblischen Realismus«, der sich bemüht, »den Gang der göttlichen Offenbarung von den Schöpfungsanfängen bis zur Einmündung der menschlichen Geschichte in die Ewigkeit als ein reich gegliedertes, durch die Einheit desselben Gottesgedankens beherrschtes Ganzes darzustellen«.

Die Bibel ist ihm »das von Gottes Geist entworfene Lichtbild dieses Offenbarungsganges«. Sein gegen den Rationalismus der Zeit gerichtetes, spekulatives, heilsgeschichtl. System hat über seinen Freund Friedrich → Fabri und Schüler wie Elias → Schrenk auf die → Gemeinschaftsbewegung und die Ev. → Allianz eingewirkt.

Lit.: C.A. Auberlen.: Die Theosophie Friedrich Christoph Oetingers nach ihren Grundzügen. Ein Beitrag zur Dogmengeschichte und zur Geschichte der Philosophie, 1847 (2. Aufl. mit Vorrede R. Rothes); ders.: Der Prophet Daniel und die Offenbarung Johannis, ^{2}1857; ders.: Die biblische Lehre vom Reich Gottes in ihrer Bedeutung für die Gegenwart, 1859; ders.: Die Offenbarung, 1861; G. Weth: Die Heilsgeschichte, 1931.

J. Ohlemacher

Audiovisuelle Medien → Medien, Medienarbeit

Auferstehung Christi

1. Die A. Chr. (*anastasis Jēsou Christou*) war ein endzeitliches, die Zukunft Gottes vorwegnehmendes Ereignis, das für den christl. Glauben grundlegende Bedeutung hat (1Kor 15,14f.17f; Phil 3,10f). Rein menschlich betrachtet ist die A. Chr. unbegreiflich; aber die Jünger Jesu waren von der Wahrheit des Ostergeschehens überzeugt und haben dessen Wirklichkeit von ihrer Erfahrung und ihrer Bibel her mit großer Kraft entfaltet. Das gilt sowohl für den Begriff A. als auch für die mit ihm gemeinte Sache. Im Judentum erwartete man die »Wiederbelebung der Toten« (*tĕḥijat mētîm*, m Sanh 10,1; vgl. Dan 12,2; Mt 27,53) als ein die Gesamtheit der

Gerechten bzw. die ganze Menschheit betreffendes eschatologisches Wunder; bei den Griechen glaubte man die Unsterblichkeit der Seele, aber Jesus stand allein und leiblich von den Toten auf.

2. Das Ostergeschehen war das schöpferische und heilsgeschichtl. entscheidende Werk Gottes. Der es zusammenfassend beschreibende Begriff *anastasis* wurde deshalb von den Jüngern vor allem als »Aufstellung« des Christus durch Gott verstanden (vgl. Apg 2,31f; 5,30f), und zwar in einer doppelten Bedeutung:
a. Gott hat den am Kreuz gestorbenen und ins Grab gelegten Christus von den Toten »auferweckt« (1Kor 15,3f.15; Apg 5,30; Gal 1,1) bzw. ihn »aufstehen lassen« (*anestēsen*, Apg 2,24.32); auf solche Weise hat er die Überwindung des Todes an der Person des → Messias im voraus verwirklicht und die Hoffnung auf eine Auferstehung der Glaubenden befestigt (Apg 2,39; 3,15; 4,10; 5,12-30f; Röm 1,4; 4,24f). Wie schon der Begriff A. anzeigt, betraf das Ostergeschehen die ganze Person des Christus, auch den Leib: Das Grab Jesu wurde leer angetroffen (Mk 16,6 parr; vgl. Joh 20,12); auch Paulus setzt diese Tatsache voraus (1Kor 15,4f.51-54). Die Identität der Person Jesu und die Realität seiner Leiblichkeit wurde bei den Erscheinungen des Auferstandenen von den Osterzeugen visuell erfahren und von den Evangelisten als solche betont (Lk 24,39; Joh 20,20.27), vgl. auch die Mahlgemeinschaft mit ihm (Lk 24,42f; Joh 21,5.10-13). Freilich besaß der Auferstandene als zweiter → Adam den zur Herrlichkeit verwandelten, pneumatischen und unvergänglichen Leib der Himmlischen (1Kor 15,45-49.53f), dieser war Voraussetzung für die zweite Weise der österlichen »Aufstellung« Christi.
b. Die A. Chr. bedeutet auch insofern eine Korrektur des Geschehens von Golgatha, als Gott den gekreuzigten »König der Juden« (Mk 15,34) an Ostern auch so »aufgestellt hat«, daß er ihn erhöhte, zu seiner Rechten inthronisierte und damit als »Herrn« (*Kyrios*) und »Gottessohn« eingesetzt hat (Apg 2,32-36; 5,31; 13,33; Röm 1,4; Phil 2,9-11; Mt 28,18f); von dort herrscht er über die himmlischen Mächte (Phil 2,10; Mt 28,18f). Diese Art von »Aufstellung« dient somit als ein Erweis der → Gerechtigkeit des Gekreuzigten (Joh 16,10). Empirische Bestätigung für die Wirklichkeit dieser zweiten Weise der A. ist vor allem der den Jüngern geschenkte Hl. Geist, den der Erhöhte von Gott erhalten und ausgegossen hat (Apg 2,33).

3. Beide Weisen der Aufstellung Christi werden insbesondere von der Hl. Schrift bestätigt, wobei in erster Linie David als prophetischer Zeuge gilt. Die A. ist schriftgemäß (1Kor 15,4), weil mit ihr die David gegebene Weissagung (2Sam 7,12-14) erfüllt wurde (vgl. Röm 1,3f; Apg 2,30; Hebr 1,5). Der König selbst hatte diese Erfüllung prophetisch vorhergesehen und die zweifache »Aufstellung« des Messias verkündigt:
a. seine Errettung aus dem Totenreich in Ps 16,8-11 (Apg 2,25-28; 13,35-37),
b. die Erhöhung und Inthronisation in Ps 110,1 (Apg 22,34; Hebr 1,13). Außerdem waren Jes 53 sowie Hos 6,2 (A. am dritten Tag) bedeutsam (1Kor 15,3-5; Röm 4,24f). Von Jes 53 her sind auch die Ankündigungen des Leidens und der A. Chr. (Mk 8,31; 9,31; 10,33f parr) Jesus durchaus zuzutrauen: Jesus übernahm die Rolle des leidenden Gottesknechts, der stellvertretend stirbt, dann aber wieder Licht sehen, d.h. zum Leben kommen wird (Jes 53,4-7.10-12).

4. Die sichtbare Erscheinung Christi und die Geistbegabung der Jünger beinhaltete für die letzteren auch die Berufung zum Zeugendienst, zur apostol. Verkündigung von Kreuz und Auferstehung (Apg 2,38ff; Joh 20,22f; 1Kor 9,1f für Paulus). Beides zusammen führte zu einem neuen Verstehen der Hl. Schrift (Lk 24,27.44-47; Joh 2,22; 7,39; 12,16).

5. Die A. Chr. bedeutet auch den Anfang der Auferstehung der Glaubenden. Jesus ist der »Erstgeborene« der Entschlafenen (Kol 1,18; Offb 1,5), die Erstlingsfrucht der endzeitlichen Ernte Gottes (1Kor 15,20.23f), der Erste der neuen Schöpfung (vgl. 2Kor 5,17), das Weizenkorn, das viel Frucht bringt (1Kor 15,35-38; Joh 12,24). Wie Gott ihn von den Toten »aufgestellt hat«, so wird er auch uns aufstehen lassen (1Kor 6,14; vgl. Röm 6,8); wir werden ihm gleichgestaltet werden (Phil 3,21).

6. Der auferstandene Christus ist nicht nur der Lebende und Regierende, sondern auch lebenschaffender Geist (1Kor 15,45), ein zweiter Adam schöpferischer Art (1Kor 15,22f), die Auferstehung und das Leben für uns (Joh 11,24f). Der durch ihn vermittelte Hl. Geist bewährt sich nicht nur als Kraft, die uns geistl. auferstehen und die Rechtsforderung des Gesetzes erfüllen hilft (Röm 4,25; 8,4f; vgl. 1Kor 15,17; 2Kor 4,10f; 1Joh 4,9; Eph 2,1-5); vielmehr ist er auch Unterpfand der Auferstehung von den Toten für die Getauften (2Kor 5,5). Eingelöst wird dieses Pfand bei der → Wiederkunft Christi (1Kor 15,23; Jes 53,12).

Lit.: O. Betz: Was wissen wir von Jesus?, [2]1967, erweiterte Fassung 1991; V. Hampel: Menschensohn und historischer Jesus, 1990; B. Klappert: Diskussion um Kreuz und Auferstehung, [5]1981; H.W. Neudorfer: »Auferstehung«, GBL 1, 1987, 138-141; (Lit.).

O. Betz

Auferstehung der Toten

1. Zur Sprache

A. sagen, heißt den Horizont unserer Welt grundsätzlich überschreiten ins »Eschaton« (»Letzte«) hinein. Hier kann man nicht gegenständlich beschreiben, sondern nur das uns Verheißene hinweisend »bedeuten«. Das geschieht im NT in der Sprache des Gleichnisses: Die griech. Wörter nehmen den allmorgendlichen Vorgang des »Aufwekkens« bzw. »Aufstehens« als Bild. Unsere dt. Wörter »Auf-er-weckung« und »Auf-er-stehung« sind schon theol. Fachsprache. Dabei ist grundlegend das Wort, das Gott die Aktivität beilegt: Wir können nur »auferstehen«, weil Gott »auferweckt«.

2. Biblische Grundlagen

Wenn – wie schon die jüd. → Apokalyptik es tut – die A. als entscheidendes Heilsereignis erwartet wird, dann wird daran Wesentliches für die bibl. Gesamtsicht deutlich. Im Blick auf Gott: Der »lebendige Gott« ist selbst Urheber und Inbegriff des Lebens. Scheidung von Gott und Tod gehören deshalb ebenso zusammen wie Vergebung der Sünde und Überwindung des Todes. So gewiß der Tod Gottes Werkzeug, gleichsam sein »Gerichtsvollzieher« ist, so gewiß ist er zugleich »der letzte Feind«, der abgetan werden muß (1Kor 15,26). Wer den Tod absolut setzt und die A. bestreitet (so die Sadduzäer), verneint damit Gottes Gottheit, erweist sich als praktischer Atheist (Mk 12,24.27).

Ebenso wichtig ist ein Denken von der A. her im Blick auf den Menschen: Er ist von Gott als Ganzheit entworfen (1Mo 2,7). »Auferweckung« ist von daher ein Protestwort gegen eine Scheidung des Menschen in einen materiellen, wesenhaft minderwertigen und deshalb vergänglichen Körper und eine geistige, wesenhaft gottähnliche und darum an sich unsterbliche Seele (Platonismus). Als Schöpfer des ganzen Menschen und der ganzen Welt ist Gott auch Erlöser und Vollender des Ganzen. A. sagt: Ich werde mit Leib und Seele erlöst, – nicht meine Seele vom Körper.

3. Die alles entscheidende Gottestat

Mit der Auferweckung und Erhöhung des für unsere Sünde gekreuzigten Jesus bricht die Vollendung, das »Eschaton«, an. Mit ihr ist die »alte Welt« wesenhaft überwunden. Jesu Osterleib ist das »erste Stück« der neuen, vollendeten Wirklichkeit, Unterpfand für das Ganze. Wie Jesu Sterben das Ende dieses ganzen »Weltschemas« (1Kor 7,31) als Konsequenz nach sich zieht, so Jesu Auferweckung die radikale Verwandlung der Schöpfung in die Vollendungsgestalt.

4. Jesu Auferweckung – Grund unserer Auferwekkung

Jesu Auferweckung ist nicht ein (vorgezogener) Sonderfall der allg. Totenauferstehung (wie sie die Apokalyptiker für das Ende der Tage erwarten); sie ist nicht »ein privates Ostern für einen privaten Karfreitag« (Formulierung nach J. Moltmann), sondern Fundament für das Heil aller. Entsprechend zieht Paulus aus dem Satz »Wäre Christus nicht erstanden« wahrhaft nihilistische Konsequenzen: Predigt, Glaube, Sündenvergebung, ewiges Leben wären Lüge und Illusion (1Kor 15,14-19).

Von dieser Konsequenz der Auferweckung Jesu spricht das NT in zwei Aussagenreihen, die einander aspekthaft zugeordnet werden. Die eine Blickrichtung zielt auf die Christen (klass. in 1Kor 15); die andere auf die ganze Menschheit, die vor ihren Richter gestellt wird (»allgemeine Totenauferstehung«). Im ersten Fall gilt: Die Auferweckung ist als solche heilshaft, weil sie aus der Christusgemeinschaft herauswächst: Wer ein Glied am (österlichen) Leib Christi ist (1Kor 12,27), wer mit dem »Erstling« Christus verwachsen ist (1Kor 15,20), wer im Glauben bereits »neue Kreatur« heißt (2Kor 5,17) und so bereits dem »Eschaton« (Endgültigen) zugehört, das der Tod nicht mehr erreichen kann, für den ist das »Mit-Christus-Auferstehen« (Röm 6,8) nichts als folgerichtig. Bei dem vierten Evangelisten ist die Konzentration auf die Christusgemeinschaft noch stärker: Die A. als zukünftiger Vorgang tritt ins zweite Glied. Jesus, als Person, »ist die Auferstehung und das Leben« (Joh 11,25). Wer an ihn glaubt, der »hat« das ewige Leben (Joh 6,47), »der wird leben, auch wenn er stirbt«, ja der wird (im geistl. Sinn) »nimmermehr sterben« (Joh 11,25f), »der wird den Tod nicht sehen in Ewigkeit« (Joh 8,51). Grund der A. ins ewige Leben ist die Christusverbundenheit jetzt und hier.

Im zweiten Fall wird unterstrichen, daß Jesus das universale »Schicksal« aller Menschen ist. Der Tod muß ausnahmslos alle herausgeben und sie vor den Richterstuhl Christi »befördern« (Offb 20,11-15). Hier geht es um eine letzte Entscheidung und Scheidung: Heilshaft ist diese A. für alle, die »im Buch des Lebens« stehen, also »in Christus« sind (vgl. die erste Linie); die andern verfallen »dem zweiten Tod«. Diesen beiden Linien entspricht sachlich die Rede von einer (nicht primär zeitlich, sondern qualitativ gemeinten) »ersten« und einer »zweiten Auferstehung« (Offb 20,5f) wie vom »zweiten Tod«: Er ist gegenüber dem biologischen Ende von anderer Qualität: Wer zu diesem Tode »aufersteht«, ist im Wortsinn »verloren«, d.h. er ist seiner geschöpflichen Bestimmung entfremdet, von dem Retter Christus geschieden.

Ein weiterer Aspekt ist zu nennen: »Leibliche Auferstehung« schließt ein, daß wir mit dem Ergebnis, der »Frucht«, der Wirkungsgeschichte unseres Lebens vor Gott gestellt werden (nicht als isolierte Seelen!): Was von unserm Tun und Lassen in das Werk Christi eingezeichnet ist, was zu seiner Ehre geschah, wird mit eingehen in die Ewigkeit. Die Arbeit »im Herrn« war »nicht vergeblich« (1Kor 15,58); dieses Werk »bleibt« und empfängt »Lohn« (1Kor 3,14; vgl. Offb 14,13: Die Werke öffnen keineswegs die Himmelstür, aber »sie folgen nach«). Andererseits gehört das christusfremde, selbstbezogene Werk zur Konkursmasse der Verlorenen, es »verbrennt« (1Kor 3,13).

5. Jesu Auferweckung – Maß unserer Auferwekkung

Aus der Art der Auferstehung Jesu ergeben sich wichtige Konsequenzen für das christl. Gesamtverständnis:

a. Jesu Grab erweist sich als leer, Jesus begegnet leibhaft; damit ist der platonische Dualismus (Körper-Seele) überwunden.

b. Jesus erscheint in einer ganz neuen Leiblichkeit, hat eine tiefe Verwandlung erfahren, muß immer neu seine Identität mit dem Gekreuzigten bezeugen; damit wird die »naive Sicht« (der Pharisäer wie auch der meisten Stammesreligionen heute) verneint, das neue Leben sei einfach eine gesteigerte Fortsetzung des alten (vgl. die Kategorie der »Verwandlung« bei Paulus 1Kor 15,51).

c. Jesu Auferstehung hat Anteil an dem streng einmaligen Charakter aller geschichtl. Gottestaten: Gerade so ist sie ein für allemal und ganz umfassend gültig (die Ostererscheinungen haben ein unwiderrufliches Ende!); damit ist jeder Lehre von einem »Rad der Wiedergeburten«, von »Seelenwanderung« und »Reinkarnation« ein deutliches Nein entgegengestellt.

6. Grenzfragen

Der Frage nach dem »Wie« der A. (etwa nach Stoff, Gestalt, Lebensweise des österlichen Leibes) stellt Paulus sein schroffes »Du Narr« entgegen (1Kor 15,36). Hier können wir uns nur »versteigen«, hier greifen unsere Begriffe nicht. Auf eine Identität der Atome kommt es gewiß nicht an (die frühe Christenheit hat es nicht erschreckt, wenn man die Asche ihrer Märtyrer verstreute); unsere Identität liegt »in Christus«. Paulus nennt den neuen Leib »pneumatisch« (1Kor 15,44), d.h. der Schöpfer-Geist wird ihn ganz gott-, ganz ewigkeitsgemäß formen. Weil es bei der A. um die Vollendung der Christusgemeinschaft geht, werden wir individuell gestaltet sein, zur Kommunikation befähigt (nicht – wie der Hinduismus lehrt – Tautropfen, die im All-Göttlichen auf- und untergehen). So werden wir uns gewiß auch »wiedererkennen«; besser: Wir werden als solche, bei denen Gottes Entwurf endlich voll verwirklicht ist, uns erstmalig wahrhaft erkennen, so wie wir in Gott »erkannt«, d.h. erwählt und geliebt sind (1Kor 8,3; 13,12; Gal 4,9).

Lit.: P. Althaus: Die letzten Dinge, [6]1956; G. Greshake, J. Kremer: Resurrectio mortuorum. Zum theologischen Verständnis der Auferstehung, 1986; S. Kettling: Du gibst mich nicht dem Tode preis, [2]1990, Teil A.V; H. Lamparter: Die Hoffnung der Christen, [2]1977, 67ff.

S. Kettling

Aufklärung

Der Begriff A. ist sowohl eine Epochen- als auch eine Standpunkt-Bezeichnung. A. wird oft vereinfachend als Position einer sich selbst ermächtigenden Vernunft (lat. *ratio*) verstanden, die sich selbst absolut setzt und damit jeden möglichen Anspruch durch göttliche Offenbarung bestreitet. Differenzierend ist zu sagen: A. erhebt zwar sehr wohl die Vernunft zur letzten Prüfungsinstanz für alle Fragen des Denkens, Glaubens und Handelns in Kritik jeglicher Heteronomie (Fremdbestimmung), v.a. durch institutionell verankerte Autoritäten wie Staat und Kirche; jedoch gelangt diese »Vernunft« zu überaus verschiedenartigen Gedankengebäuden. Die seit dem 16./17. Jh. von England (Bacon, Cherbury, Locke) ausgehende, dann in Frankreich (Voltaire, die Enzyklopädisten, Rousseau) Fuß fassende A. zeigt in diesen Ländern deutlich skeptizistische (Hume), religionskritisch-freidenkerische (Collins) sowie materialistische und atheistische Grundzüge (Helvetius, Holbach, Lamettrie), während die dt. A. im 18. Jh. weit gemäßigtere Denkgestalten hinsichtlich der Kritik und Bewahrung überlieferter christl.-abendländischer Metaphysiktradition besitzt. Das Spektrum der dt. A. reicht vom → Deismus (Reimarus) bis zum entschiedenen → Theismus (→ Wolff, → Lessing, → Kant).

In seiner Schrift »Was ist Aufklärung?« (1784) erklärt Kant: »Aufklärung ist der Ausgang des Menschen aus seiner selbst verschuldeten Unmündigkeit. Unmündigkeit ist das Unvermögen, sich seines Verstandes ohne Leitung eines anderen zu bedienen. Selbstverschuldet ist diese Unmündigkeit, wenn die Ursache derselben nicht am Mangel des Verstandes, sondern der Entschließung und des Muthes liegt, sich seiner ohne Leitung eines anderen zu bedienen.« (Ak. Ausg. VIII, 35). Kant kann als Vollender, zugleich aber auch als Kritiker der A. angesehen werden. Denn er hat das aufklärerische Vertrauen in die unbegrenzte Leistungskraft der Vernunft zwiefach erschüttert: zum einen durch seine Vernunftkritik, in der er die Erklärungsreichweite menschlicher Erkenntnis auf ein Diesseits der Grenze aller möglichen Erfahrung einschränkt, und zum anderen durch seine Lehre vom radikalen Bösen in der menschlichen Natur, womit er das Skandalon christl. Erbsündenlehre phil. aufnimmt und gegen die humanistische Annahme (Rousseau) einer ursprünglichen, bloß durch Kultur und gesellschaftl. Verhältnisse verdorbenen Güte des Menschen ins Feld führt. Hinsichtlich des Spannungsverhältnisses zwischen Vernunft und Offenbarung bezieht Kant die (aus seiner Systematik konsequent folgende) subtile Stellung: Sowenig Vernunft positiv eine objektive Aussage, d.h. ein Erkenntnisurteil über eine vielleicht geschehene göttliche Offenbarung treffen kann, ebensowenig vermag Vernunft die prinzipielle Möglichkeit oder die hist. Wirklichkeit solcher Offenbarung zu bestreiten.

(Vgl. → Autonomie, → Deismus, → Kant, → Lessing, → Physikotheologie, → Reimarus, → Rousseau, → Theismus, → Vernunft)

Lit.: E. Cassirer: Die Philosophie der Aufklärung, 1932; E. Hirsch: Geschichte der neueren evangelischen Theologie, Bde. 4 und 5, 1954; W. Philipp: Das Werden der Aufklärung, 1957; R. Piepmeier, M. Schmidt, H. Greive: »Aufklärung«, TRE 4, 1979, 575-615.

E. Düsing

Augsburger Bekenntnis und Apologie

Das A.B. (*Confessio Augustana*) ist die grundlegende reformat. Bekenntnisschrift der im → Konkordienbuch (1580) abgedruckten verbindlichen Bekenntnisse der luth. Reformation. Das im wesentlichen von Ph. → Melanchthon verfaßte Dokument ist eine Rechtfertigungsschrift der Evangelischen für Kaiser Karl V., die Melanchthon im Auftrag des Kurfürsten von Sachsen, Johann des Beständigen, 1530 für den Augsburger Reichstag verfaßte. Die kurzgefaßten Thesen des ersten Teils (Artikel 1-21) des A.B.ses wollen die reformat. »Lehre« zusammenfassen, der zweite Teil (Artikel 22-28) handelt von den »geänderten Mißbräuchen«. Es ist das Ziel des A.B.ses, nachzuweisen, daß die Reformatoren auf dem Boden der kath. Kirche stehen und diese erneuern, nicht aber durch eine neue Kirche ersetzen wollen. Die Abschlußkapitel des ersten und des zweiten Teils des A.B.ses betonen ausdrücklich, daß die reformat. Kirche keine neue Kirche, sondern die erneuerte kath. Kirche ist. Ein Selbstverständnis, an dem sich bis heute nichts geändert hat.

Der äußere Anlaß zur Abfassung des A.B.ses war die kaiserliche Ausschreibung des Reichstages in Augsburg mit dem Zweck, den »Zwiespalt« in der Kirche zu beseitigen und daher die »Meinung eines jeden in Liebe und Güte zu hören, zu verstehen und zu erwägen«. Am 25. Juni 1530 wurde das A.B. in seiner deutschen Fassung durch den kursächsischen Kanzler vor dem Kaiser und den Fürsten verlesen. Es war von einer Reihe angesehener Fürsten und von zwei Reichsstädten unterschrieben worden, angeführt vom Kurfürsten von Sachsen. Der Kaiser wies das A.B. zurück. Die ev. Stände betrachteten es fortan als ihre offizielle Bekenntnisschrift, was auf ihrem Konvent in Schmalkalden 1537 nochmals bestätigt wurde. Im Augsburger Religionsfrieden 1555 wurde es schließlich auch reichsrechtl. anerkannt. Es erlangte später geradezu eine weltgeschichtl. Bedeutung.

Das A.B. fußt auf anderen bekenntnisartigen Dokumenten der Evangelischen (Schwabacher, Marburger und Torgauer Artikel), die ihrerseits als Vorlage Luthers Bekenntnis von 1528 benützen, ein Anhang an seine Streitschrift gegen Zwingli »Vom Abendmahl Christi. Bekenntnis«. Es ist die entscheidende Vorform des A.B.ses und orientiert sich am Dreierschema der altkirchl. Bekenntnisse zu Vater, Sohn und Geist. Dieses trinitarische Grundmuster schlägt auch im A.B. durch, das nicht nur inhaltlich, sondern auch in seiner Struktur von den altkirchl. Bekenntnissen, besonders dem Apostolischen Glaubensbekenntnis geprägt ist. Dabei werden im Vergleich zum altkirchl. Bekenntnis die Aussagen über den dritten Glaubensartikel oder den Hl. Geist und seine Wirkungen stark erweitert; sie umfassen die Artikel 5-18; Art. 1 handelt »von Gott«, Art. 3 »vom Sohn Gottes«. Die Mitte des A.B.ses ist der Art. 4 »Von der Rechtfertigung« allein durch den Glauben, allein aus Gnaden. Mitte des Art. 4 wiederum ist die Formel: »um Christi willen« (*propter Christum*), die im Art. 3 im einzelnen entfaltet wird. Art. 1 und 3 behandeln den Grund der Rechtfertigung, Art. 2 »Von der Erbsünde« ihren Hintergrund, die Art. 5ff die Zueignung und die Folgen der → Rechtfertigung kraft des Hl. Geistes.

Die »Apologia Confessionis Augustanae«, die »Verteidigung des Augsburger Bekenntnisses«, will, wie ihr Name sagt, das A. B. gegen die Angriffe der Konfutation verteidigen. Die Konfutation (Widerlegung) wurde von den altgläubigen Reichsständen in Auftrag gegeben, um das A. B. zu widerlegen. Melanchthon verfaßte dagegen die Apologie. Am 22. September 1530 wurde sie im Namen der ev. Stände dem Reichstag überreicht. Der Kaiser verweigerte ihre Annahme. Melanchthon erarbeitete sodann eine verbesserte und erweiterte Ausgabe, die im April oder Mai 1531 erschien. Auf dem Schmalkaldischen Konvent der ev. Reichsstände 1537 wurde sie offiziell zur Bekenntnisschrift der Kirche der luth. → Reformation erklärt.

Die Apologie übernimmt die Gliederung und das Einteilungsschema des A.B.ses, dessen authentischer Kommentar sie sein will. Die Apologie ist wesentlich umfänglicher als das A.B. Die Artikel sind unproportioniert, sie sind kurz, wo ohnehin ein Konsens mit der Konfutation besteht, sie sind breit und ausführlich, wo die Vorwürfe der Konfutation widerlegt werden müssen. Besonders ausführlich ist der Art. 4 über die → Rechtfertigung, der allein ein Drittel des gesamten Textbestandes der Apologie umfaßt. Die Rechtfertigungslehre tritt in keiner reformat. Bekenntnisschrift so beherrschend in den Vordergund wie in der Apologie, wobei es ihr letztlich um die »Ehre Christi« geht, das eigentliche Grundmotiv der Apologie und der Reformation. Rechtfertigung ist Rechtfertigung »um Christi willen« (*propter Christum*). Nur weil Christus am Kreuz das Gericht auf sich genommen hat, das wir verdient haben, sind wir gerechtfertigt oder freigesprochen.

Trotz des z.T. scharfen polemischen Tons der Apologie gegen den altgläubigen Standpunkt ist sie in der Sache so entgegenkommend wie keine andere reformat. Bekenntnisschrift, z.B. in ihren Aussagen über → Abendmahl und → Opfer, über die Kirche, die → Sakramente, über → Glaube und → Werke, → Lohn und → Gnade, über die → Rechtfertigung als Gerechtsprechung und Gerechtmachung, sowie über die → Heiligen.

Lit.: Die Bekenntnisschriften der ev.-luth. Kirche, [3]1956; Unser Glaube - Die Bekenntnisschriften der ev.-luth. Kirche. VELKD-Ausgabe, [3]1991 (übersetzt und eingedeutscht); W. Maurer: Historischer Kommentar zur Confessio Augustana Bde. 1 und 2, 1976-1978; H. Meyer, H. Schütte (Hg.): Confessio Augustana, Bekenntnis des einen Glaubens, 1980.

H.-G. Pöhlmann

Augsburger Religionsfrieden

Der A.R., am 25. 9. 1555 auf dem Reichstag zu Augsburg zwischen den Reichsständen und König Ferdinand abgeschlossen, regelt seitdem die Koexistenz zwischen Altgläubigen und (zunächst so genannt) den Augsburger Religionsverwandten, (also den Anhängern der Confessio Augustana). Er enthält eine polit. unbefristete Festlegung, die sich in der Folgezeit bewährt hat. Der Westfälische Friede 1648, der die Reformierten ebenfalls in den Schutz des Reiches aufnahm, ist lediglich eine Erweiterung des A.R.s. Der A.R. bedeutet die Territorialisierung der Glaubensfrage *(cuius regio, eius religio)*, die Stärkung des landesherrlichen Kirchenregimentes und den Beginn des konfessionellen Zeitalters. Seine Hauptbestimmungen lauten:

1. Die Reichsstände bestimmen über die in ihrem Territorium geltende Konfession.
2. Die Untertanen haben das Recht der Auswanderung.
3. Geistliche Fürsten verlieren bei Konfessionswechsel ihr Herrschaftsgebiet *(reservatum ecclesiasticum)*.
4. In den Reichsstädten herrscht konfessionell Gleichberechtigung.

Die Konsequenzen des A.R.s lassen sich in der konfessionellen Verteilung der Bevölkerung z.T. noch bis in die Gegenwart in Deutschland erkennen.

Lit.: E. Walder (Hg.): Religionsvergleiche des 16. Jahrhunderts, [2]1960 (Text).

G. Pfeiffer: »Augsburger Religionsfrieden«, TRE 4, 1979, 639- 645; M. Simon: Der Augsburger Religionsfrieden, 1955; M. Wittenberg: Friede im Reich. Geschichte und Probleme des Religionsfriedens von Augsburg, 1956.

G. Ruhbach

Augustin/Augustinismus

A. wurde am 13. 11. 354 in Thagaste in Nordafrika geboren und starb am 28. 8. 430 als Bischof von Hippo Regius (heute: Bône) während der Belagerung der Stadt durch die Vandalen. Er ist vielleicht der bedeutendste Theologe der → Alten Kirche überhaupt. In seinem umfangreichen (großenteils erhaltenen) Werk verbindet er das Erbe der klass.-antiken Bildung mit der Tradition der Alten Kirche und gibt dem christl. Glauben eine eigene, lat. bestimmte Form, die das Abendland auf Dauer geprägt hat. (Auf den griech. Osten war sein Einfluß allerdings gering; auch umgekehrt war er vom griech. Denken und der griech. Theologie nur indirekt beeinflußt.)

Zur Besonderheit seines theol. Denkens gehört, daß es tief in persönl. Erfahrung wurzelt, daß Glaube, rel. Erfahrung und Denken bei ihm eine Einheit bilden. Seine Theologie hat sich schrittweise entwickelt und ist Teil seiner Lebensgeschichte. In seinen Schriften setzt er sich oft mit Problemen auseinander, die ihn persönlich oder in seinem Amt als Bischof herausforderten und zu einer ihn selbst und seine Zeitgenossen überzeugenden Antwort nötigten. Lediglich sein großes Werk »Über die Trinität« scheint ohne einen konkreten Anlaß entstanden zu sein. Aber dieses spekulativste Werk A.s zeigt auch, daß es im tiefsten die Frage nach Gott war bzw. die leidenschaftliche Suche nach Gott und nach Ruhe für die Seele (Conf. I, 1.5; IX, 33 u.ö.), die A. zeit seines Lebens beschäftigte.

Über sein Leben sind wir gut unterrichtet. Bald nach der Übernahme des Bischofsamtes 396 schrieb A. seine »Bekenntnisse« (*Confessiones*), eine Art Lebensbeichte, in der er den langen und verschlungenen Weg beschreibt, den Gott ihn bis zu seiner → Bekehrung und seiner → Taufe führte. So wurden die inständigen Gebete seiner Mutter Monnica schließlich doch noch, kurz vor ihrem Tod (387), erhört. Wenige Jahre vor seinem eigenen Tod unterzog A. sein literarisches Werk noch einmal einer kritischen Durchsicht (*Retractationes*, 426). Dadurch sowie durch die zahlreichen erhaltenen Briefe und die Lebensbeschreibung des Bischofs Possidius kennen wir auch den weiteren Lebensweg A.s.

A.s Vater Patricius, ein städtischer Beamter mit etwas Grundvermögen, war und blieb Heide. A.s Mutter Monnica war eine engagierte und gläubige Christin. A. schildert ausführlich seinen Bildungsweg: die Schulen in Thagaste und Madaura, dann das Studium der Rhetorik in Karthago. Das Theater zieht ihn an und das Thema »Liebe« (Conf. III,1), das den leidenschaftlichen A. zeitlebens beschäftigte. Mit 19 Jahren hat er mit einer Konkubine (ihren Namen nennt A. nicht) einen Sohn, Adeodatus. In seinem Studium begeistert er sich über Ciceros (verlorengegangene) Schrift Hortensius für die Philosophie. Aber die Frage nach dem Ursprung des Bösen läßt ihn nicht los. Die Antwort der Bibel – vor allem des AT – enttäuscht ihn.

Sehr zum Kummer der Mutter wendet sich A. dem → Manichäismus zu, einer aus Persien stammenden Religion (benannt nach ihrem Stifter Mani, 3. Jh.), die auf diese Fragen scheinbar einfache Antworten bereithält. Wie in der → Gnosis, deren Gedanken Mani aufgenommen und weiterentwikkelt hat, sind Gut und Böse wie Licht und Finsternis ursprünglich zwei getrennte, verfeindete Elemente. In der Welt sind sie jedoch miteinander vermischt. Daher rührt alles Übel. Erlösung heißt: Befreiung des im Leib und in der Materie gefangenen Lichtes und Sammlung der Lichtfunken. Der atl. Schöpfungsglaube wird verworfen, die Bibel als unvernünftig verspottet. Neun Jahre gehörte A. als »Hörer« dieser Gruppe an und erfuhr durch sie tatkräftige Unterstützung, als er als Professor der Rhetorik von Karthago 383 nach Rom und kurz darauf nach Mailand, dem Sitz des weström. Kaisers, ging.

Nach und nach wächst zwar die Skepsis gegenüber den einfachen Lösungen des Manichäismus und seinem dualistischen Fatalismus. Aber erst die Begegnung mit dem Mailänder Bischof → Ambrosius überzeugt A. von der Wahrheit und Überlegenheit des kath. Glaubens. Ambrosius hilft ihm auch durch seine geistl. (allegorische) Deutung der Schöpfungsgeschichte, ihre rationalistisch begründete Verwerfung durch die Manichäer zu überwinden. Die Philosophie des christl. Neuplatonismus erweist sich dem Dualismus der Manichäer überlegen. Dramatisch beschreibt A. seine Bekehrung in Mailand (Conf. VIII 8ff). Er entdeckt Paulus (Röm 13,13f) und entscheidet sich für den Weg einer asketisch bestimmten Nachfolge, angestoßen auch durch das damals überall entstehende Mönchtum. (Seine Kleriker-Gemeinschaft in Thagaste und Hippo Regius wird später selbst zum Vorbild monastischen Lebens.) Seinen Beruf als Rhetorikprofessor gibt A. auf. Er widmet sich zunächst in Cassiciacum mit Freunden einer kontemplativen Lebensform, die noch stark platonisch bestimmt ist, und läßt sich in der Osternacht 387 von Ambrosius taufen. Bald darauf kehrt er nach Nordafrika zurück, zuerst nach Thagaste, dann nach Hippo Regius, wo er 391 Priester, dann Hilfsbischof und 396 Bischof der kath. Gemeinde wird. Rund 34 Jahre versieht er dieses Amt als einer der führenden Bischöfe Nordafrikas.

In der Auseinandersetzung mit den Donatisten (→ Donatismus), die in Nordafrika zu dieser Zeit zahlenmäßig oft stärker sind als die mit Rom verbundene »katholische Kirche«, entwickelt A. seinen Kirchenbegriff. Kirche ist für ihn die eine universale Heilsgemeinde, außerhalb derer es kein Heil gibt (vgl. → Cyprian). Das Sakrament aber ist nicht abhängig von der Würdigkeit des Spenders, nur seine Wirksamkeit hängt ab von der Zugehörigkeit zur wahren Kirche.

In seinem umfangreichen Werk »Vom Gottesstaat« (De civitate Dei, verfaßt 413-426/7) zeigt sich A. als großer Verteidiger des Christentums gegenüber dem heidnischen Vorwurf, die Christen seien schuld am Untergang Roms (Anlaß: die Eroberung der »ewigen Stadt« durch die Goten, 410). Dabei entwirft A. ein umfassendes Bild von der Weltgeschichte und ihren treibenden Kräften, der Selbstliebe und der Gottesliebe, die sich im Gegenüber von irdischem Staat (*civitas terrena*) und Gottesstaat (*civitas Dei*) zeigen. Diese Gedanken hatten großen Einfluß auf das Verhältnis von Papsttum und Kaisertum im MA.

Zum »Lehrer der Gnade« (*doctor gratiae*) wird A. durch die Auseinandersetzungen mit den Lehren des britischen Mönchs → Pelagius (gest. 418) und seiner Anhänger über die Möglichkeit des Menschen, sein Heil aus eigener Kraft zu erlangen (Caelestius stellte die Notwendigkeit der Kindertaufe in Frage, 411; Julian von Aeclanum streitet mit A. über die Freiheit des Willens und die Vorherbestimmung des Menschen durch Gott zum Heil oder zur Verdammnis sowie um die Erlösungsbedürftigkeit der Kleinkinder, 418-430). Es ging diesen Verfechtern einer strengen asketischen Sittlichkeit um den Beitrag des Menschen zu seinem Heil, aber auch um die Frage nach Sünde und Schuld (Erbsünde). Ihnen gegenüber kämpft A. leidenschaftlich darum, daß Gottes Heil ganz und gar ein Gnadengeschenk ist. Gegen den Schicksalsglauben der Manichäer hatte A. einst die Entscheidungsfreiheit des Menschen betont. Nun hält man ihm diese Betonung des freien Willens als Argument gegen seine strenge Gnaden- und Erwählungslehre vor.

Wie die Donatisten (405; 412) so werden auch die Pelagianer verurteilt (416; 418) und als Häretiker unter Strafe gestellt. Aber diese Erfolge A.s werfen auch Fragen auf: Gegenüber den Donatisten hatte A. zuletzt sogar militärischen Einsatz befürwortet, um diese notfalls mit Gewalt zu ihrem Heil in der einen Kirche zu zwingen. Im pelagianischen Streit, in dem sich A. letztlich nicht völlig durchsetzen konnte, entwickelte er eine Lehre von der Erbsünde, wonach diese durch die Geschlechtslust weitergegeben wird. Sie hat mit dazu beigetragen, daß der Geschlechtstrieb und die Sexualität des Menschen insgesamt negativ bewertet wurden. Daß es A. letztlich um die reine Liebe, die Liebe zu Gott (*amor Dei*), um die reine Freude, die Freude an Gott (*delectatio*), um das Genießen Gottes (*fruitio Dei*) als höchste Form des Menschseins und der Erfüllung menschl. Lebens ging, wurde davon zwangsläufig überschattet. Auch seine Leistungen als Seelsorger, als Exeget und Prediger, durch die A. die Nachwelt ebenfalls stark beeinflußte, treten bisweilen in den Hintergrund. A.s Wirkungsgeschichte reicht über die Scholastik, das Mönchtum (Augustiner), aber auch über die Reformatoren (Luther war Augustiner-Eremit; Calvin) bis in die Gegenwart. Auch die Philosophie des Abendlandes hat A. nachhaltig geprägt.

Lit.: J. Bouman: Augustinus – Lebensweg und Theologie, 1987; P. Brown: Augustinus von Hippo. Eine Biographie, 1973; H. Chadwick: Augustin, 1987; K. Flasch: Augustin. Einführung in sein Denken, 1980; H.-I. Marrou: Augustinus und das Ende der antiken Bildung, 1981; C. Mayer (Hg.): Augustinus-Lexikon, 1986ff; ders.: Aurelius Augustinus, in: GdKG 2, 1984, 179-214; F. van der Meer: Augustinus der Seelsorger, [3]1958; A. Schindler: »Augustin/Augustinismus I«, TRE 4, 1979, 645-698 (Lit.).

W.A. Bienert

Augustiner → Orden und Kongregationen

Ausbildung, theologische

a) Universität/Kirchliche Hochschule

»Gott hat uns keine andere Treppe gegeben noch einen anderen Weg gewiesen, darauf wir gen Himmel gehen können, als sein liebes Wort, das heilig Evangelium« (M. Luther). Deshalb braucht eine ev. Kirche Menschen, die dieses Wort »öffentlich verkündigen« (CA 14), und bildet sie dafür aus.

1. Es bedurfte angesichts des trostlosen Zustands, in dem sich der »geistliche Stand« in den Entscheidungsjahren der Reformation befand, großer Anstrengungen, um einen ev. Pfarrstand heranzuziehen. Das Gros der Pfarrer war ungebildet, eben in der Lage, die kirchl. Handlungen zu vollziehen und die Messe zu lesen. Auf der anderen Seite begünstigten Humanismus und erwachende Städtekultur im 15./16. Jh. die Entstehung und Stiftung von Predigerstellen, in die man gebildete und fähige Theologen berief. Oft wurden diese »Prädikanten« dann die Wegbereiter der Reformation (M. Alber, A. → Blarer, J. → Brenz u.a.). Doch auch die »einfachen Pfarrer« behielt die Reformation, wenn möglich, im Amt. Nicht zuletzt für sie waren Luthers Lesepredigten (Kirchenpostille) und Katechismen als Hilfe gedacht.

Ende des 16. Jh.s waren die Dinge durch → Visitationen, Kirchenordnungen und Bildungseinrichtungen (z.B. Tübinger Stift) so weit gediehen, daß die A. der Pfarrer im wesentlichen an den Universitäten stattfand und einen wissenschaftl. Standard erreichte.

2. Ein geschlossenes Ausbildungsprogramm entwickelte die (Reform-)→ Orthodoxie, beispielhaft J. → Gerhard: Entscheidend ist die innere Einstellung des Studierenden. Sie drückt sich in eigener Herzensfrömmigkeit und in der Gestaltung des Tagesablaufs aus, geprägt von Schriftbetrachtung und Gebet. (Das Bibelwort ist die »Quelle«, die Gebete sind die »Kanäle« der »himmlischen Weisheit«. Nicht anders kommt man ins »Heiligtum« der Theologie als durch den »Vorhof« der alten Sprachen.) Der Studienverlauf ist klar in fünf Jahre mit je eigenen Schwerpunkten gegliedert. Wesentliche Anliegen der Reform-Orthodoxie kehren im → Pietismus bei → Spener und → Francke wieder. Die Pfarrer sollen »zum allerfördersten selbste wahre Christen sein und dann die göttliche Weisheit haben, auch andere auf den Weg des Herrn vorsichtig zu führen« (Spener, Pia Desideria, 1675).

Seit dem 19. Jh. ist die A. durch die Disziplinen der bibl. Exegese, der Kirchen- und Dogmengeschichte, der Systematischen Theologie (Dogmatik und Ethik) und der Praktischen Theologie umschrieben. Oft kamen die Absolventen direkt von der Universität in den Kirchendienst, zunächst einem Pfarrer als Helfer zugeordnet.

3. 1905 wurde in Deutschland die erste »Kirchliche Hochschule« in Bethel gegründet, auch als Protest gegen die »moderne Theologie« (F. von → Bodelschwingh). Weitere Gründungen folgten: Wuppertal und Berlin, eng mit der Geschichte der Bekennenden Kirche verbunden, 1946 dann Neuendettelsau u.a. Die Erwartung Bodelschwinghs, an kirchl. Hochschulen werde eine andere Theologie als andernorts gelehrt, hat sich freilich nicht bestätigt. Daß die kirchl. Hochschulen aber für das gemeinsame Leben der Studierenden und daß sie selbst »im Blick auf eventuell aufkommende Grenzsituationen (als) ein Zeichen der Freiheit der Kirche vom Staat« bedeutsam werden können (G. Ruhbach), bleibt richtig (so schon A. → Schlatter).

Neben kirchl. Hochschulen und Fakultäten gibt es eine Reihe freier Ausbildungsstätten. Bedeutsam für die Studierenden der Landeskirchen wurden solche Studienhäuser aus dem Pietismus, die sich als Angebot geistl. Lebensgemeinschaft und als »ergänzende Begleitung des normalen Studiengangs an der Universität« (Grundordnung → A.-Bengel-Haus, Tübingen) verstehen.

Aus dem mission. und bildungspolit. Interesse der Kirche, die A. ihrer Theologen in der Regel den theol. Fakultäten (→ Fakultäten, theologische) zu übertragen, folgt die Pflicht der Kirche, die Stellung und Ausstattung dieser Fakultäten aufbauend und kritisch zu unterstützen. Die landeskirchl. Examina machen deutlich, daß sie nicht nur Abschluß des Studiums sind, sondern Eingangsprüfungen für den kirchl. Dienst, der theol. Bildung und einen klaren Geist erfordert.

4. Schließt die wissenschaftl. A. zum Theologen mit der I. Dienstprüfung ab, so schließt die A. zum Pfarrer erst mit dem Vorbereitungsdienst (Vikariat) und der II. Dienstprüfung ab. Der Vorbereitungsdienst setzt sich aus pfarramtlichen Diensten (in Zuordnung zu einem Pfarrer und einer Gemeinde) und einer A. zusammen, die in der Regel den Predigerseminaren übertragen ist. Der Vorbereitungsdienst hat heute wesentliche Aufgaben in sich auf-

genommen, die früher der Praktischen Theologie an den Universitäten zu eigen waren, so daß sich diese desto mehr der »Theorie der Praxis« (F.D.E. → Schleiermacher) zuwenden kann.

Lit.: M. Heckel: Die theologischen Fakultäten im weltlichen Verfassungsstaat, 1985; G. Ruhbach: »Hochschulen, Kirchliche« TRE 15, 1986, 423ff.

G. Hennig

b) Seminar/Bibelschule

1. Bibelschulen sind Seminare zur Ausbildung von überwiegend jüngeren Mitarbeiterinnen und Mitarbeitern zum hauptamtlichen Dienst in Verkündigung, Seelsorge und Bildungsarbeit von Kirche, Gemeinschaft, freien Werken, Diakonie und Mission. Entstanden sind die ersten Bibelschulen nach 1920 als Ergänzung zu den staatlichen Wohlfahrtsschulen. Damals waren nur sehr kurze Ausbildungsgänge möglich, heute dauert die Ausbildung mindestens drei Jahre.

Angesichts der bildungspolit. Entwicklungen zu Beginn der 70er Jahre haben einige kirchl. Seminare ihre Arbeit beendet, andere (wie z.B. die Bibelschule Malche in Porta Westfalica und das Seminar für ev. Gemeindedienst der Arbeitsgemeinschaft MBK in Bad Salzuflen) bestehen heute noch. Wieder andere haben sich auf Grund ihrer besonderen (verbandsmäßigen u.a.) Prägung von kirchl. Veränderungen nie besonders beeindrucken lassen; schließlich sind im Laufe der letzten Jahrzehnte neu gegründete Bibelschulen hinzugekommen. Die meisten deutschsprachigen Bibelschulen/Seminare sind einerseits in der → Konferenz Missionarischer Ausbildungsstätten (KMA), andererseits in der → Konferenz bibeltreuer Ausbildungsstätten zusammengeschlossen.

Bei aller unterschiedlichen Prägung besteht Einheit in den grundsätzlichen Entscheidungen zu Fragen von Stoffplan und Methode. Leitend ist, daß eine gründliche theol. Ausbildung angeboten wird, wobei die bibl. Fächer hohe Priorität haben. Daneben spielt die Humanwissenschaft mit Psychologie, Pädagogik und Soziologie eine wesentliche Rolle. Wichtig ist weiter eine angemessene Theorie-Praxis-Vermittlung, die auch den Weg der Ausbildung mitprägen soll. Der seminaristische Arbeitsstil bestimmt das Unterrichtsgeschehen. Um auch die musisch-kreativen Fähigkeiten zu fördern, wird musische Bildung, Sport u.a. groß geschrieben. Mit alledem tritt das Angebot der Bibelschulen/Seminare als durchaus mögliche Alternative zum Studium der Theologie in Erscheinung. Allerdings bleibt im Blick auf die Wertschätzung und Anerkennung des aus dieser Ausbildung herauswachsenden Berufsstandes (Gemeindehelferin/Gemeindepädagoge/Jugendreferentin/Jugenddiakon etc.) neben dem Pfarrerstand noch vieles zu wünschen übrig.

Die Studierenden/Seminaristen/Seminaristinnen wohnen in der Regel während der Dauer der Ausbildung in den Wohnräumen der jeweiligen Bibelschulen/Seminare. Damit kann gemeinsames Leben sehr praktisch eingeübt werden. Die mittlere Reife plus Berufsabschluß oder das Abitur plus praktisches Jahr sind Bedingungen zur Aufnahme, neben den erwarteten geistl. und menschlichen Voraussetzungen (vgl. → Konferenz Missionarischer Ausbildungsstätten).

H. Bärend

2. Die → Freikirchen bilden ihre Pastoren auf eigenen Theol. Seminaren in 4- bzw. 5jährigen Lehrgängen aus. Die Eingangsvoraussetzungen und die Formen gemeinsamen Lebens ähneln denen der Bibelschulen, während die unterrichtlichen Anforderungen und die Stoffauswahl sich eher an der Universität orientieren. Die Ausbildung erstrebt einen Dreiklang von Wissen, Sein und Tun: Die Vermittlung solider theol. Kenntnisse verbindet sich mit Hilfestellungen zur persönlichen und geistl. Reifung und ständigem Bezug zur Gemeindepraxis.

Lit.: Festschrift Hundert Jahre Theologisches Seminar des Bundes Ev.-Freikirchl. Gemeinden, 1980

U. Swarat

Auslegung → Predigt; → Schriftauslegung

Australien

Ab 1788 kamen die ersten Europäer als Gefangene in die britische Strafkolonie. Ihnen folgten bis 1868 160.000 Verurteilte, darunter 25.000 Frauen. Weil sich unter den Gefangenen nicht wenige Iren befanden, hatte dies rel. Auswirkungen: Der Antagonismus von kath. Iren und anglik. oder methodist. Engländern bzw. presbyterianischen Schotten blieb bis in die jüngste Zeit erhalten. In den ersten 30 Jahren war das Lesen einer Messe verboten. Obwohl der erste röm.-kath. Bischof aus England stammte, war die Kirche bis zum Zweiten Weltkrieg nach Irland orientiert. Von dort kamen die meisten Priester und fast alle Bischöfe, darunter die Kardinäle Moran (Sydney bis 1911) und Mannix (Melbourne bis 1963). Die kath. Schulen, die unter großen Opfern gebaut und von den Orden unterhalten wurden, bildeten den geistigen und geistl. Mittelpunkt der kath. Bevölkerung. Die Bischöfe sahen in der Bildung den einzigen Weg aus der gesellschaftl. Diskriminierung. Daneben wurde die Identität durch strenges Verbot von Mischehen und durch festliche Begehung des St. Patrick's Tages gefördert. Zu polit. Turbulenzen kam es 1963 wegen der Forderung nach staatlichen Subventionen der Schulen, zumal der Anteil der Ordensleute unter den Lehrern immer mehr zurückging. Nach dem Zweiten Weltkrieg änderte sich die ethnische Zusammensetzung der kath. Kirche entscheidend durch Einwanderer aus Süd- und Südosteuropa. Das Zweite Vatikanum brachte eine ökumen. Öffnung. Die Jesuiten sind ökumen. besonders aktiv (Jesuit School of Theology in Melbourne, Zeitschrift Pacifica). Die anglik. Kirche war zwar nie Staatskirche, besaß aber lange Zeit besondere Privilegien. Erst 1962 löste sie sich von der Church of England. Die Diözese Sydney ist traditionell evangelikal eingestellt, während Melbourne liberal, Brisbane und Adelaide hochkirchl. einzustufen sind.

1977 entstand nach 50jährigen Verhandlungen die Uniting Church in Australia (UCA). Methodisten, Kongregationalisten und Presbyterianer wählten diesen Namen, um den anhaltenden Prozeß der Vereinigung auszudrücken. Allerdings versagte eine Minderheit der Presbyterianer die Zustimmung; sie bilden eine eigene Kirche. Die UCA zeigt großes Engagement in Fragen sozialer Gerechtigkeit und Mission.

Zu den kleineren Kirchen gehören die Lutheraner; sie gehen ursprünglich (1838) auf deutsche Einwanderer zurück, die wegen der preußischen Union nach A. auswichen. Sie erlebten Spaltungen, doch kam es 1966 zur Bildung der Lutheran Church of Australia, die nicht dem Lutherischen Weltbund angehört. Auch die Baptisten sind prozentual klein. Durch Einwanderer sind auch die orth. Kirchen vertreten, vor allem die griech.-orth. Kirche.

70% der ca. 17 Mio. Australier leben in den zehn großen Städten. Keine Gesellschaft der Welt ist so urbanisiert. Zwischen 1945 und 1989 kamen vier Mio. Einwanderer aus 129 Ländern. Wegen dieser Vielfalt und der Säkularisierung haben alle Kirchen Probleme. Katholiken (26% der Bevölkerung) weisen einen Gottesdienstbesuch von 40%, Anglikaner (24% der Bevölkerung) von 10%, und die Uniting Church (11% der Bevölkerung) von 15% auf. Nur die Pfingstkirchen wachsen stetig.

Alle Kirchen sind bemüht, eine »Australisierung« des Christentums voranzutreiben. Die Rolle der Frau in der Kirche sowie das Verhältnis des Christentums zu den Ureinwohnern sind ungelöste Probleme.

Lit.: I. Breward: Australia. »The Most Godless Place Under Heaven«?, 1988; M. Porter: Land of the Spirit? The Australian Religious Experience, 1990.

E. Geldbach

Austritt aus der Kirche → Kirchenaustritt; → Konfessionswechsel

Autokephalie

Im gegenwärtigen Sinn ist A. erstmals um 540 nachweisbar. Sie meint innerhalb der östl. Orthodoxie »die Selbständigkeit der Kirche eines durch polit. Grenzen umrissenen Gebietes bei Wahl und Weihe des Oberhauptes und der Regelung aller zwischen- und innerkirchlichen Angelegenheiten« (K.Ch. Felmy). Weil das Territorialprinzip vor dem Nationalprinzip galt und gilt, hat es immer wieder Rücknahmen und Erweiterungen der A. eines Kirchengebietes gegeben. So wird die Zahl der autokephalen Kirchen auch von den einzelnen Kirchen unterschiedlich angegeben. Wer das Recht zur Verleihung der A. hat, ist umstritten: entweder die jeweilige Mutterkirche oder die gesamte Orthodoxie, vertreten durch das Ökumen. Patriarchat in Konstantinopel. Nur ein panorthodoxes Konzil kann diese Frage endgültig entscheiden. Folgende Kirchen gelten in unterschiedlicher Reihenfolge als A.: Konstantinopel, Alexandrien, Antiochien, Jerusalem, Moskau, Serbien, Rumänien, Bulgarien, Zypern, Griechenland, Polen, Albanien, CSFR, Georgien, die Orthodoxe Kirche in Amerika u.a.

Lit.: E. Chrysos: Zur Entstehung der Institution der autokephalen Erzbistümer. BZ 62 (1969), 263-286; K.Chr. Felmy: »Autokephalie«, TRE 5, 1980, 1-4.

G. Ruhbach

Autonomie

1. Zur Begriffsgeschichte

Griech. »selbst Gesetz(sein)«, dt. »Selbstbestimmung, Selbstgesetzgebung«.

Mit diesem Begriff spricht im NT Paulus den Heiden zu, daß sie »sich selbst ein Gesetz« sind, insofern das Gesetz Gottes in »ihrem Herzen geschrieben« ist, wie ihr »Gewissen« es ihnen bezeugt und sie wegen ihrer Taten verklagt (Röm 2,14f). In Antike und Neuzeit wurde der A.-Begriff überwiegend im Sinne polit. und rechtlicher Selbstbestimmung verwendet. Bei den reformat. Glaubenskämpfen werden beide Dimensionen, allgemeine polit. und individuell-persönliche A. als Gewissensfreiheit und damit Freistellung der Religion, geltend gemacht.

2. Hauptpositionen der Autonomie

a. → Kant ist Begründer der Lehre, daß A. Grundlage der Sittlichkeit und der Würde des Menschen als einer selbständigen, freien und verantwortlichen Person ist. Wahre A. heißt für Kant allein die ethische Selbstgesetzgebung, in der der Mensch seinen Willen gemäß dem Sittengesetz bzw. kategorischen Imperativ (→ Imperativ, kategorischer) bestimmt, so daß A. verbindliches Übernehmen seiner Pflicht als oberstes Lebensprinzip einschließt. Im Vollzug solcher ethischen A. als der einzig sinnvollen, vernunftmäßigen Erfüllung seiner Freiheit unterwirft der Mensch sich unablässig der Selbstprüfung, ob die »Maxime«, d.i. die Richtschnur bzw. das leitende Motiv seines Wollens und Handelns, tauglich sei für eine »allgemeine Gesetzgebung«. Wohl findet der Mensch das Sittengesetz, also das Gesetz (*nomos*) für seine Selbstgesetzgebung, in sich selbst und bestimmt sich daraufhin – als Adressat und Urheber desselben – rein durch sich; doch verweist ihn der im → Gewissen begegnende innere Gerichtshof zugleich auf eine vor Gott, dem »allweisen Herzenskündiger«, schließlich zu leistende Verantwortung, die somit mehr einschließt als bloßes Sich-Verantworten vor sich selbst. Im Gegensatz zu der sich im Sittengesetz die zuverlässige Regel ihres Gebrauchs verleihenden autonomen Freiheit, die den sittlich guten Willen, der nur Gutes beabsichtigt, ausmacht, steht der regellose Freiheitsgebrauch, der vom Spiel der Willkür über Unzuverlässigkeit, Ungerechtigkeit und chaotische Regellosigkeit bis hin zur eigentlichen Destruktivität reicht und den bösen Willen ausmacht, der Böses hervorbringt. Völlige »Gesetzlosigkeit« macht das »absolute Böse« aus. Wird A. als bloße Unabhängigkeit von allem mißverstanden, so ist sie »das Schrecklichste, was nur sein kann«, weil dann stets »ungewiß« bleibt, ob der Mensch nicht seine Kräfte mißbrauchen wird, um »sich, andere und die ganze Natur zu destruieren« (Ethik- Vorlesung, hg. v. P. Menzer, Berlin, 1924, 152). Kants Analyse solchen Verhängnischarakters einer »Nomos«-losen Freiheit wirft viel Licht auf moderne Verfallsformen der A. (s.u. d. und e.).

b. Die Einheit von A. und Theonomie (Gottesgesetzlichkeit) vertreten (in atmosphärischer Nähe zu Luthers Freiheitsbegriff, vgl. → Freiheit) der späte → Fichte und der späte → Schelling. Durch sein In-Gott-Sein und -Leben nur ist der Mensch wahrer Freiheit fähig. Die Eigengesetzlichkeit des Durch- und In-sich-selbst-Lebens muß überschritten werden auf ein Leben aus Gott. Fichte verschmilzt sittliche Orientierung des Ich in sich selbst mit »gläubigem Gehorsam« Gott gegenüber, indem er die Aufnahme und Erfüllung des göttlichen Willens als höchsten Akt menschlicher Freiheit versteht. Das Erkennenkönnen des Wahren ebenso wie das Wollenkönnen des Guten gründet im Verhältnis des Menschen zu Gott; die endliche menschliche Freiheit beruht auf dem Teilgewinnen an Gottes unendlicher Freiheit. Fichte entwirft so eine Rückbindung der A. an die Macht, die als authentischer ursprünglicher Gesetzgeber menschliche A. überhaupt gewährt und ins Dasein gerufen hat. Der entscheidende sittliche Grundakt ist für den späten Fichte nicht mehr die reine A. des Ich aus sich, sondern eine höhere Ethik des freien Sich-Hingebens an Gott nach dem Vorbild Jesu, das er als spontanes Sichverschenken der zur selbstbewußten A. schon Erwachten faßt, nicht als naive Folgsamkeit eines Unmündigen.

c. Die Krise der A. diagnostiziert → Kierkegaard, indem er typische Verfallsformen derselben aufdeckt, und zwar besonders ein experimentierendes Sich-selbst-Gestalten nach wechselndem Gutdünken und ohne den Ernst einer ewigen Verantwortung vor Gott. Ein autonomes Selbst, das absolut sein eigener Herr und Meister sein will im Erproben von selbst erdachten Spielregeln, die es jederzeit auch wieder außer Geltung setzen kann, verstrickt sich zuletzt in eine Verzweiflung des Trotzes. Scheinbar heroisch, zieht diese das Leid ihres rätsel- und widerspruchsvollen Daseins jeder demütigen Bitte und Annahme göttlicher Hilfe vor. Im Extremfall rühmt der Mensch sich seiner Verlorenheit und hält in übersteigerter A. des auftrumpfenden Selbstseinwollens an seiner unaufhebbaren Qual fest, um im Haß gegen das Dasein und in Aufruhr gegen den Schöpfer sich selbst als existierenden Einwand gegen dessen Güte und Weisheit geltend zu machen. Wahrer Ernst hingegen besteht darin, daß ich weiß, Gott sieht auf mich und will mein verkehrtes autonomes Selbstseinwollen in Christus überwinden, – er, der Helfer, für den alles möglich ist –, so daß kein »Grundschade« im Selbst alles verderben muß.

d. Nietzsche verkündet – in Perversion der Kantischen Grundlegung sittlicher A. – die A. als eine »große Loslösung« von bisher als heilig Erachtetem und als eine »Umwertung aller Werte«. Entsprechend seiner programmatischen Erklärung, wer »das Große« nicht mehr in Gott finde, der »finde« es überhaupt nicht mehr, er müsse es leugnen oder aber selbst neu schaffen, fordert er ein Hindurchgehen durch alle »Entfremdung« bei der Loslösung von bislang anerkannten Werten und einen daraus erwachsenden machtvollen Willen zu universaler A. als einer »Selbst-Wertsetzung«. Nietzsche entwirft einen freigeisterischen Willen zu unbedingter, rechenschaftsloser A., die furchtlos versucht, althergebrachte Wertschätzungen umzukehren, das Perspektivische in jeder Wertschätzung zu durchschauen und für sich selbst eine »Unschuld des Werdens« in Anspruch zu nehmen.

Konsequent versteht Sartre in seinem atheistischen Existentialismus A. als das Erlaubtsein von allem. Wenn »Gott-Vater abgeschafft« ist, muß jemand da sein, um »Werte« zu erfinden; Wert soll deshalb der von jedem voluntaristisch gewählte beliebige Sinn heißen.

e. Im modernen Menschenbild der Humanwissenschaften wird A. als mühsam errungene zentrale Eigenschaft des Menschen in Hochkulturen und demokratischen Staatsformen angesehen und deshalb in der Pädagogik als übergeordnetes Lernziel eingesetzt. Nicht selten wird A. einfach als »Emanzipation« bezeichnet und diese als Überwindung von Fremdbestimmung, als Rollendistanz, Kritikfähigkeit an vorgegebenen Normen und schließlich als Fähigkeit zur Artikulation und Durchsetzung eigener Interessen und Bedürfnisse verstanden, wobei aber die im klass. A.-Begriff enthaltenen Tugenden wie z.B. Selbstdisziplin und Verzichtbereitschaft preisgegeben sind zugunsten lustbetonter Selbstverwirklichung (vgl. Düsing, Beck: Menschenwürde und Emanzipation, 1981, 51ff).

3. Wenn es um die Unterscheidung geht, ob A. als eine zu Unrecht sich selbst ermächtigende, von Gott abwendende Handlungsorientierung oder als möglicher positiver Faktor einzuschätzen ist, der zu einer christl. Ethik hinführt, zumindest jedoch mit bibl. Geboten kompatibel ist, so muß exakt die im A.-Begriff enthaltene Definition des »Selbst« und des »Gesetzes« geklärt werden, ob sie nämlich in einem Weltbild ohne Gott oder in Offenheit zur Transzendenz steht (vgl. → Aufklärung, → Freiheit, → Gewissen, → Kant, → Imperativ, kategorischer).

Lit.: J.G. Fichte: Die Bestimmung des Menschen, 1800; ders.: Anweisung zum seligen Leben, 1806; I. Kant: Kritik der praktischen Vernunft, 1788; ders.: Metaphysik der Sitten, 1797; S. Kierkegaard: Der Begriff Angst, 1844; ders.: Die Krankheit zum Tode, 1849; F. Nietzsche: Menschliches, Allzumenschliches, 1878; ders.: Jenseits von Gut und Böse, 1886; J. P. Sartre: L'existentialisme est un humanisme, 1946; F.W.J. Schelling: Über das Wesen der menschlichen Freiheit, 1809; H. Thielicke: Theologische Ethik, Bd. 1: Prinzipienlehre, 1958.

E. Düsing

Autorität

Nicht erst in jüngster Zeit nach einer hypertrophen A.sanmaßung (Führermythos) ist eine A.skrise sichtbar geworden. Vorboten zeigten sich u.a. im Autonomieanspruch der → Aufklärung und im Funktionsverlust des Vaterbildes in der Kleinfamilie. Ideologisch verhärtete Alternativen vereiteln eine sachliche A.sdiskussion: A. oder Freiheit, Bestimmtwerden oder Emanzipation, Ordnung oder Chaos? Als »bejahte Abhängigkeit« (Horkheimer) muß A. in ihrem hist., gesellschaftl. und situativen Wirkzusammenhang gesehen werden. Sie manifestiert sich je in eigener Gestalt im röm. Senat, in der patriarchalisch geordneten Großfamilie, in einem demokratischen, einem totalitären Staat, im kirchl. Leben, in der Erziehung. Infolge ihrer Wertüberlegenheit, ihres seinsmäßigen Gewichts und ihres Anerkanntseins gilt A. und hat etwas zu sagen. Ähnlich dem Vorbild-Nachfolge-Verhältnis entsteht eine Beziehung der Über- und Unterordnung, die aber Partnerschaft und Dialog nicht ausgrenzt. Person-A. lebt von dem ihr entgegengebrachten Vertrauen, und sie weiß sich verantwortlich gebunden an den umgreifenden Auftrag und an die, die ihr vertrauen (Auftrags-A.). Sie wird zur Mittlerin der Wahrheit, und das heißt »Wahrheit leben« (Bonhoeffer). Das A.-Sein bewirkt Glaubwürdigkeit und schafft günstige Bedingungen für die menschliche Entwicklung: Kinder erfahren Angenommensein, Verläßlichkeit, bergenden Halt und zugleich Herausforderung. Weil A. fördert, kann sie auch fordern. Die lat. Wörter, von denen sich A. herleitet, dürfen in diesem Sinn gedeutet werden: *auctoritas*, »Glaubwürdigkeit, Urheberschaft, Ansehen« und *augere*, »mehren, fördern«. Neben Person-A. gibt es Sach- bzw. Experten-A. Sie überzeugt kraft ihrer Fachkenntnis (Gewährs-A.). Das lat. Wort *potestas* akzentuiert anders als *auctoritas*, es meint »Amtsgewalt, Herrschaft«. Befehls-, Durchsetzungs-, Herrschafts-A. kann zum Inbegriff autoritärer Manipulation und unmündigen Gehorsams werden. Dem zuwider verlangt Mündigkeit den partnerschaftlich-kooperativen Umgangsstil. Die Amts-A. (institutionelle A.) beruft sich auf Titel, Status, Herkunft, Tradition, Amt. Fehlt ihr die Legitimation durch Person-A., bleibt sie Schein-A. Das trifft auch auf kirchl. Amtsträger zu und auf die A. einer kirchl. Äußerung. Sie bestimmt sich »allein danach«, ob sie »schrift- und sachgemäß und darin überzeugend ist« (Rat der EKD, 58/59). Christen wissen um die Versuchlichkeit menschlicher A.; maßgebend bleibt deshalb die Glaubenseinsicht, daß alle A. als Lehensautorität verstanden werden muß, die auf Glauben, Gebet und Vergebung angewiesen ist. Die A. Gottes ist Grund für den ganzen Aufbau des autoritativen Lebens, und die Glaubensgewißheit vom Getragensein menschlicher A. öffnet diese für den Anspruch des Nächsten.

Lit.: O. Dürr: Autorität, Vorbild, Strafe - Hindernisse neuzeitlichen Erziehens? 1970; E.E. Geißler (Hg.): Autorität und Freiheit, [5]1977 (Lit.!); Rat der EKD (Hg.): »Aufgaben und Grenzen kirchlicher Äußerungen zu gesellschaftlichen Fragen« (1970), in: Die Denkschriften der Evangelischen Kirche in Deutschland, Bd 1/1, 1978, 43ff.

O. Dürr

Außenmission des Bundes ev.-freikirchl. Gemeinden

→ Europäische Baptistische Mission

Ave Maria

Das A.M. (lat. »Sei gegrüßt, Maria«) ist in Kirchen mit ausgeprägter Marienfrömmigkeit ein häufig benutztes Gebet. Es besteht aus drei Textteilen: dem Engelsgruß an Maria (Lk 1,28), erweitert durch die Huldigung Elisabeths (Lk 1,42) und einen Gebetsschluß (Heilige Maria! Bitte für uns Sünder jetzt und in der Stunde unseres Todes). Es hat seine Stelle vor allem in den unterschiedlichen Andachtsgottesdiensten (Pia exercitia). In der Eucharistiefeier ist es nicht verankert, hat aber auch dort im Laufe der Liturgiegeschichte immer wieder Einlaß gefunden, z.B. im Rüstgebet des Klerus (Stufengebet), im Fürbittenteil, im mittelalterl. Prädikantengottesdienst als Predigteinleitung (so auch bei Zwingli!) oder am Ende der Messe.

Die Vulgata-Übersetzung des griech.«Begnadete« durch *gratia plena* »Gnadenvolle« hat Luthers Gegenreaktion (»Holdselige«) bewirkt; erst durch die Bibelrevision von 1956 wurde dem Urtext Rechnung getragen (»Hochbegnadete«). Es fällt einem ev. Christen nicht leicht, sich angesichts der verbreiteten kath. Andachtsfrömmigkeit zu vergegenwärtigen, daß es auch nach kath. Lehre keine Anbetung der Heiligen, sondern nur deren Verehrung gibt, zumal das A.M. vielfach in unmittelbarem Zusammenhang mit dem Vaterunser (z.B. im Rosenkranzgebet) gebetet wird.

Lit.: A. Adam: Grundriß Liturgie, 1985; J.A. Jungmann: Missarum Sollemnia (2 Bde.), [5]1962; A.-G. Martimort (Hg.): Handbuch der Liturgiewissenschaft (2 Bde.), 1967.

Chr. Albrecht

Averroes

→ Scholastik

Avicenna

→ Scholastik

Baader, Benedikt Franz Xaver von (1765-1841)

B.F.X. v. B. wurde am 27. 3. 1765 in München geboren, studierte in Wien Medizin, in Freiburg/Sa. Bergwerkskunde und hielt sich vier Jahre in englischen und schottischen Bergwerken auf, wurde 1808 Oberstbergrat und Mitglied der Bayerischen Akademie. 1826 bei Gründung der Universität München wurde er Honorarprofessor. Im Gegensatz zur Französischen Revolution forderte v.B. 1815 eine »innigere Verbindung der Religion mit der Politik«. Die Schrift wirkte auf Zar Alexander I. und die Entstehung der Hl. Allianz. V.B. wurde »literarischer Korrespondent« des Zaren, förderte die Vertretung der Bibelübersetzung durch Leander van Eß, die Einwanderung von Pietisten, besonders → Gossners und Lindls nach Rußland. 1822 brach er selbst nach St. Petersburg auf, um dort eine Akademie zur Reunion von Wissenschaft und Religion sowie zur Annäherung der christl. Konfessionen zu gründen. Er wurde aber an der russ. Grenze hart zurückgewiesen, löste sich vom → Pietismus und wandte sich künftig gegen ihn.

Unter Zar Nikolaus I. korrespondierte v. B. erneut mit russ. Regierungsstellen. Beeinflußt von russ. Schülern und Freunden, entstand sein ökumen. Spätwerk, das die drei großen christl. Konfessionen durch wissenschaftl. Besinnung aussöhnen wollte. Der päpstliche Primat wurde kritisiert, der monarchistischen Kirchenverfassung des Katholizismus, wie sie besonders De Maistre vertrat, wurde eine republikanische Kirchenverfassung im Sinne von Gemeindekirchen gegenübergestellt. Besonders stark trat die »abendländische Sendung der östlich-orthodoxen Kirche« hervor.

1834 gebrauchte v.B. den Begriff »christlich-sozial«. 1835 forderte er die Verantwortung des »fast bis zur Nullität« abgesunkenen Klerus für die »Prolétairs«. Zeitlebens rang er im Zeichen einer wahrhaft christl. Philosophie mit → Kant und dem deutschen → Idealismus, dessen Begriffssprache er aber weitgehend übernahm. Zentral ist die elementar christl. Erfahrung, »daß alles Wirken auf unserem Empfangen und alles Reden auf unserem Hören beruht, und im Licht, in dem die Christenheit steht« (A. → Schlatter). Schlatter trat »in eine tiefe Geistesgemeinschaft« mit ihm ein, distanzierte sich dann aber wegen v.B.s universalistischen Idealismus doch von ihm. Am 23. Mai 1841 starb v.B. in München, auf dessen Romantik er in Übereinstimmung, aber auch im Widerspruch zu → Schelling und → Görres umfassenden Einfluß gewann.

Lit.: F. von Baader: Erotische Philosophie, hg. von G.-K. Kaltenbrunner, 1991 (mit Literaturverzeichnis); E. Benz: Die abendländische Sendung der östlich-orthodoxen Kirche, Akademie der Wissenschaften und der Literatur, Abhandlungen der Geistes- und Sozialwissenschaftlichen Klasse, Jg. 1950, Nr. 8; A. Schlatter: Der Idealismus und die Erweckungsbewegung, Schlatter-Archiv beim Württembergischen Oberkirchenrat; A. Schlatter: Die philosophische Arbeit seit Cartesius, 1981 (³1923), 191ff.

H. Graßl

Babylonische Gefangenschaft → Exil, babylonisches

Bach, Johann Sebastian (1685-1750)

Geb. am 21. 3. 1685 in Eisenach als jüngster Sohn des Stadt- und Hofmusikers Johann Ambrosius Bach und seiner Frau Elisabeth Lämmerhirt. 1695 kam B. als Vollwaise zu seinem ältesten Bruder Johann Christoph, Organist in Ohrdruf, und wechselte 1700 von dort an die Michaelisschule in Lüneburg. Nach kurzer Tätigkeit als Hofmusiker in Weimar wurde B. im August 1703 Organist an der Neukirche in Arnstadt. Vier Jahre später tauschte er dieses Amt mit dem Organistenposten an St. Blasius in Mühlhausen; dort heiratete er am 17. 10. 1707 seine Cousine Maria Barbara. Im Juni 1708 verpflichtete ihn der Weimarer Herzog Wilhelm Ernst als Hoforganisten (1714 Konzertmeister). 1717 ging B. als Kapellmeister an den Hof des Fürsten Leopold von Anhalt-Köthen. In diese Zeit fallen der Tod seiner Frau und seine Eheschließung mit Anna Magdalena Wilcke am 3. 12. 1721. Von 1723 bis zu seinem Tod am 28. 7. 1750 wirkte B. als

Thomaskantor und städtischer Musikdirektor in Leipzig.

B.s umfangreiches, allerdings nur zu etwa zwei Dritteln erhaltenes Werk umfaßt bis auf die Oper alle wesentlichen Gattungen der Zeit; die Entstehung einzelner musikalischer Werke (Orgelmusik in Arnstadt, Mühlhausen und Weimar, Orchester- und Kammermusik in Köthen und geistl. Vokalmusik in Leipzig) ist traditionsgemäß weitgehend an das jeweilige Amt gebunden. Innerhalb der Geschichte der ev. Kirchenmusik nimmt B. mit seinen Kantaten, Messen, Motetten, Oratorien und Passionen, aber auch mit seinen choralgebundenen Orgelwerken eine überragende Stellung ein. Daran ändert auch die Tatsache nichts, daß sich einige seiner bekanntesten Kompositionen (Weihnachtsoratorium, h-Moll-Messe) überwiegend als Parodien weltlicher Vorlagen erwiesen haben. Neben die traditionelle musikwissenschaftl. Beschäftigung mit Bachs geistl. Kompositionen ist in den letzten Jahren eine spezifisch theol. Bachforschung getreten, die sich vor allem um die Klärung des Verhältnisses B.s zu den geistl. Strömungen seiner Zeit sowie eine theol. Interpretation seiner Texte bemüht.

Lit.: J.S. Bach, Neue Ausgabe sämtlicher Werke, 1954ff; Bach-Archiv Leipzig (Hg.): Bach-Dokumente I-IV, 1963-1979; Bach-Jahrbuch, 1904ff (mit Bibliographien); Beiträge zur theologischen Bachforschung, 1983ff; W. Schmieder (Hg.): Thematisch-systematisches Verzeichnis der musikalischen Werke von J.S. Bach - Bach-Werke-Verzeichnis (BWV), [2]1990; H.J. Schulze, Chr. Wolff (Hg.): Bach-Compendium; Analytisch-bibliographisches Repertorium der Werke J.S.Bachs (BC), 1986ff; Ph. Spitta: J.S. Bach, 2 Bde., 1873, 1880, [5]1962.

W. Werbeck

Bachofen, Johann Jakob (1815-1887)

B., geb. am 22. 12. 1815, gest. am 25. 11. 1887, entstammt einem vornehmen Basler Geschlecht, studierte Rechts- und Altertumswissenschaft, wurde 1844 ins Appellationsgericht in Basel gewählt. Sein Hauptanliegen aber war die Altertumsforschung. Im Gegensatz zur hist.-kritischen Methode der Quellenkritik (Niehbuhr, Mommsen) sieht er in der Mythologie der Antike symbolische Wiedergabe von Geschichte, deren hist. Wahrheit sich durch (insbesonders vergleichende) Mythendeutung aufweisen lasse. Schon in seinem frühen »Versuch über die Gräbersymbolik der Alten« (1859) zeichnet er seine letztlich rel., aus Symbolen abgeleitete Vision der Menschheitsentwicklung durch aufsteigende Aktualisierung von Potenzen, die im Kosmos - als Welt-Ei - angelegt sind.

In seinem Buch »Das Mutterrecht« (1861), zit. nach Bd. II/III der »Gesammelten Werke«, stellt B. den kosmischen Prozeß bzw. die Menschheitsentwicklung als Aufstieg vom erdhaft-stofflichen zum sonnenhaft-geistigen Leben dar. Dem tellurischen (erdhaften) Prinzip entspricht das weibliche Wesen bzw. die »Mutter« als Gebärerin, die wie die »Mutter Erde« (Demeter) stoffliches Leben hervorbringt, das sterben und wieder in das Dunkel der Erde zurückgehen muß. Rel. Symbol des Mutter-Zeitalters ist der aufgehende und wieder vergehende Mond. Am Anfang dieses Zeitalters kannte man nur die ungeregelte geschlechtliche Vermischung, den Hetärismus. Wer Vater eines Kindes war, stand nicht fest. Name und Abstammung der Kinder konnten nur von der Mutter her bestimmt werden. Das war der Ansatz zum Mutterrecht. Der Hetärismus wurde überwunden mit der Entstehung der Familie, dem festen Wohnsitz und dem Ackerbau. Das Leben im Matriarchat war geordnet durch Anpassung an die Natur und durch Bräuche, die - weil sie rel. waren - auch von den Männern respektiert wurden. So blieben mütterliche Namens- und Erbfolge bestehen. Die mutterrechtliche Gesellschaft entwickelte sich zur »Gynaikokratie« (Weiberherrschaft) und weiter zum kriegerischen, nach Herrschaft strebenden Amazonentum. Das führte zum Kampf der Geschlechter, in dem die mutterrechtliche Ordnung unterging und dem Patriarchat weichen mußte. Aber diese Wende war zugleich kosmisch bedingt: Das erdhaft-stoffliche wird verdrängt durch das sonnenhaft-geistige Prinzip. »Das Mutterrecht stammt von unten, ist chthonischer Natur und chthonischen Ursprungs; das Vaterrecht dagegen kommt von oben, ist himmlischer Natur und himmlischen Ursprungs; es ist das Recht der Lichtmächte, wie jenes das Gesetz des dunklen, in Finsternis erfüllten Erdschoßes. Es bezeichnet also eine höhere Stufe der Religion und der menschlichen Entwicklung als das stoffliche Naturrecht« (»Das Mutterrecht«, 163). Die Menschen im nun angebrochenen Vater-Zeitalter sind und bleiben zwar Erdgeborene, deren stofflicher Leib im Tode zerfällt, aber sie sind »zu einer ersten Erhebung aus der Materie zur Lichtnatur durchgedrungen«. Die kosmische bzw. Menschheits-Entwicklung ist noch nicht am Ziel, aber sie ist von der Bindung an das rein Stoffliche her zur Sonnenreligion, d.h. zur Offenheit für das Lichtvolle, Unvergängliche aufgestiegen. »Das Mondprinzip weicht dem Sonnenprinzip, das stoffliche Muttertum dem geistigen Vaterrecht. Diese Erhebung ist eine religiöse Tat« (»Das Mutterrecht«, 162). Die noch ausstehende Vollendung ist für B. die christl. Ewigkeitshoffnung, »wo das Sterbliche wird anziehen die Unsterblichkeit« (1Kor 15,53).

In der Altertumswissenschaft hat sich B.s Theorie nicht durchsetzen können, aber sie hatte Einfluß auf eine gewisse »kosmische« Philosophie (L. Klages) und neuerdings auf das feministische Schrifttum.

Lit.: C.A. Bernoulli: Johann Jakob Bachofen und das Natursymbol, 1934; A. Casena: J.J. Bachofens Geschichtsdeutung, 1983; Gesammelte Werke, hg. von K. Meuli, 10 Bde., 1943-67; K. Schefold: Die Religion des Archäologen J.J. Bachofen, 1987; U. Wassel: Der Mythos vom Matriarchat. Über Bachofens Mutterrecht und die Stellung von Frauen in früheren Gesellschaften, 1980.

F. Flückiger

Bäckermission → Berufsmissionen

Bacon, Francis (1561-1626)

B., Lord v. Verulam, geb. am 19. 1. 1561, gest. am 9. 4. 1626, Jurist, Philosoph, Naturwissenschaftler; aus einflußreicher Familie am Hof Elisabeths I.; Studium in Cambridge, Aufenthalt in Paris; polit. Laufbahn, aber erst unter James I. Aufstieg bis zum Lordkanzler (1618); wegen einer Bestechungsaffäre endete diese Karriere (1621), und B. konzentrierte sich auf die Wissenschaften.

Neben den »Essays« (1597, 1612, 1625) zu Themen des öffentlichen und privaten Lebens publizierte er Werke zu einer neuen Weise empirischer Naturbetrachtung, mit der er zur alten aristotelisch bestimmten Wissenschaftsmethode in Gegensatz trat: »Novum organum scientiarum« (Neues Werkzeug der Wissenschaften, 1620) und »De dignitate et augmentis scientiarum« (Über Würde und Wachstum der Wissenschaften, 1605, 1623) u.a. B. wollte die Trugbilder (*idola*) des Verstandes und der Sinne, die den Zugang zur Wirklichkeit verstellen, abbauen und das Verstehen der Dinge auf kritische Erfahrung *und* Experiment im Blick auf das daraus Machbare aufbauen und in Beziehung zum Handeln der Menschen setzen. Er sah ein neues Zeitalter kommen, dem er mit einer zukunftsorientierten Philosophie und Ethik zuarbeiten und Wissenschaft und Technik im Dienste der menschlichen Gesellschaft zu deren Wohl entwickeln wollte (Baconismus).

Lit.: Krit. Ausgabe in 14 Bdn.: The Works of Francis Bacon, ed. by J. Spedding (u.a.), 1858ff, 1963.

F.H. Anderson: F. Bacon: his career and his thought, 1962; K. Fischer: F. Bacon und seine Schule, 1904; W. Krohn: F. Bacon, in: Klassiker der Philosophie I, hg. von O. Höffe, [2]1985, 262-279, 488-490 (Bibliographie).

Chr. Windhorst

Bacon, Roger (ca. 1214-1292)

B. – nahezu alle Daten seines Lebens sind unsicher und nur ungefähr anzugeben – ist ca. (nicht vor) 1214 in England geboren, hat nach eigenen Angaben ca. 1227 zu studieren begonnen, ist ca. 1245 Magister artium (»Philosophieprofessor«) in Paris, kehrt ca. 1250 nach England (Oxford) zurück und wird jetzt oder bald danach Franziskaner. Von 1257 an ist er wieder für etwa 10 Jahre in Paris und wechselt dann nochmals hin und her; von ca. 1290 an bleibt er in Oxford und ist wohl bald nach 1292 gestorben.

B. ist eine ungewöhnliche Erscheinung in seiner Zeit. Aus seiner englischen Heimat kannte er die Schriften des → Aristoteles, nicht nur die logischen, und legte sie auch in Paris dem akademischen Unterricht zugrunde, obwohl dies dort seit 1210 mehrfach verboten worden war. Er bekennt und erweist sich als Aristoteliker (*soli Peripatetici Aristoteli consentientes remanserunt in veritate philosophiae*, »nur die Peripatetiker, die mit Aristoteles übereinstimmen, sind in der Wahrheit der Philosophie geblieben«), wenn auch mit neuplatonischen Elementen, und so ist es nicht verwunderlich, daß er fast alle Werke des Aristoteles kommentiert hat. In seinen »systematischen« Hauptwerken (Opus maius, Opus minus, Opus tertium, Ende der 1260er Jahre entstanden) plädiert er für eine universale »vollkommene Wissenschaft« (*scientia perfecta*), in der Sprachenkenntnis (und Sprachlogik) und »Naturwissenschaft« ihren notwendigen Platz haben. Heftige Attacken gegen den akademischen Schulbetrieb und die berühmten Lehrer der Zeit haben ihm Mißhelligkeiten bereitet, auch bei seinen Ordensoberen; z.B. kritisiert er → Alexander von Hales, daß er statt der Bibel die Sentenzen des Petrus Lombardus als Unterrichtsbuch verwendet. B. ist eher Philosoph als Theologe, versteht jedoch die Philosophie und sein eigenes phil. Bemühen ganz im Dienste der Theologie, die als solche es mit phil. Vorgehensweise zu tun habe. In seinem letzten Werk, dem Compendium studii theologiae (1292) wollte er eine kurze Gesamtdarstellung geben, doch fehlt der entscheidende theol. Teil. – B.s Ehrenname war: Doctor mirabilis (der bewundernswürdige Lehrer).

Lit.: M. Huber-Legnani: R. Bacon – Lehrer der Anschaulichkeit, 1984 (140-156: Bibliographie aller Werkausgaben; Lit. 1848-1983); Th. S. Malonex: R. Bacon – Compendium of the study of Theology. Edition and translation. . ., 1988 (Forschungsgeschichtl. Einleitung 1-30; Bibliographie 178-187).

B. Steinseifer

Baden, Ev. Landeskirche in

Die Ev. Landeskirche in B. entstand 1821 als ev.-prot. Kirche des Großherzogtums Baden aus der Union zwischen Lutheranern und Reformierten.

Nachdem 1807 im neu entstandenen Großherzogtum B. (verschiedene Fürstentümer mit z. T. wechselhafter konfessioneller Geschichte) zwangsweise eine Verwaltungsunion eingeführt worden war, kam die innere Einigung der beiden ev. Konfessionen im Zuge des Reformationsjubiläums 1817 in Gang.

Die Unionsurkunde wurde am 26. 7. 1821 unterzeichnet (Prälat: J.P. → Hebel); zur Bekenntnisgrundlage werden Confessio Augustana (CA), Heidelberger und Luthers Katechismus, »insofern und insoweit . . . als . . . das . . . Prinzip und Recht der freien Forschung in der Hl. Schrift . . . wieder laut gefordert und behauptet« wird. Bezüglich des → Abendmahls fand man eine Kompromißformel. Prägend war von Beginn an die Betonung der Vernunft und des Liberalismus, gegen die ein erwecklicher Aufbruch (A. → Henhöfer, Katechismusstreit) ankämpfte. Mit dem Ende des Großherzogtums 1918 ging die Kirchengewalt auf die Landessynode über. 1933 wurde das Amt des Kirchenpräsidenten durch das eines Landesbischofs (in Zusammenarbeit mit dem Oberkirchenrat) ersetzt. Während der Zeit des Nationalsozialismus steuerte die badische Kirchenleitung (J. Kühlewein) einen gemäßigten Kurs, der zur vorübergehenden Eingliederung (1934) in die Reichskirche führte. Im Zuge der Verfassungsreform nach 1945 nimmt die Badische Landeskirche als erste Gliedkirche der EKD die → Barmer theologische Erklärung als zusätzliche Bekenntnisschrift in ihre Grundordnung auf.

Lit.: G.A. Benrath: »Baden«, TRE 5, 1980, 97-112; H. Erbacher: Vereinigte Evangelische Landeskirche in Baden 1821-1971, 1971; A. Ludwig: Geschichte der evangelischen Kirche in Baden, ²1927; K. Muster: Die Reinigung der evangelischen Landeskirche in Baden 1945-1950, Diss. Kiel 1989; G. Schwinge: Die Erweckung in Baden im 19. Jahrhundert, Vorträge und Aufsätze aus dem Henhöfer-Jahr 1989, 1990; L. Wien: Ein Kelch, ein Brot. 150 Jahre Union in Baden, 1971.

D. Heller

Baden, Ev.-luth. Kirche in

Nachdem 1821 in Baden Lutheraner und Reformierte eine Union eingegangen waren, begann dort 1850 ein Wiedererstehen luth. Gemeinden. Pfarrer C. Eichhorn (Ihringen) stellte sich offen gegen die

Union und unterstellte sich mit seiner Gemeinde dem Kirchenregiment der ev.-luth. Kirche in Preußen. Allerdings fand er staatlicherseits keine Anerkennung. Erst 1856 wurde ein Duldungsedikt erlassen. Auch der Ispringer Pfarrer M. Frommel vollzog im Zusammenhang der Lehrstreitigkeiten, die in Preußen zur Abtrennung von selbständigen luth. Gemeinden führten, zusammen mit einigen Gemeinden die Lösung vom badischen Kirchenregiment und wurde deshalb seines Amtes enthoben. Im März 1865 kam es zur Gründung der ev.-luth. Kirche in Baden, die allerdings erst nach dem Ersten Weltkrieg die Rechte einer Körperschaft des öffentlichen Rechts erhielt. Sie ging eine Konföderation mit den Lutheranern in Hessen und Hannover ein und trat nach dem Zweiten Weltkrieg in eine organisatorische Verbindung zu ihnen. 1965 kam es zur Trennung von der → Selbständig- ev.-luth. Kirche (SELK), seit 1983 besteht jedoch wieder Kirchengemeinschaft zwischen beiden Organisationen. Die Ev.-luth. Kirche in B. ist Mitglied der VELKD.

Lit.: M. Roensch: Quellen zur Entstehung und Entwicklung selbständiger ev.-luth. Kirchen in Deutschland, 1987.

D. Heller

Bahai

Die Glaubensgemeinschaft beansprucht, als Offenbarungsreligion die älteren, zu ihrer Zeit gültigen Religionen abgelöst zu haben. Sie ging aus der Bewegung der Babi hervor, die dem shiitischen Islam mit demselben Anspruch gegenübertrat. Als Offenbarer gilt Mirza Husain Ali (1817-1892), der sich 1866 in Bagdad »Baha' Ullah«, Glanz Gottes, nannte und vom Exil in Akka aus vor allem durch Schriften und Sendschreiben wirkte. Sein Sohn Abdul Baha (1844-1921) unternahm ausgedehnte Reisen auch über den Orient hinaus in den Westen. Von 1921-1957 lag die Führung bei Shawki Effendi; ab 1963 bei einem Gremium in Haifa, dem »Universalen Haus der Gerechtigkeit«.

Grundtendenzen der Gemeinschaft sind moderne Rationalität, mystische Frömmigkeit und der Anspruch auf Universalität. Ihre Anhänger sind modernisierungswillig und z.T. recht gebildet. Die älteren Hochreligionen waren göttlichen Ursprungs, Abschnitte ihrer Schriften können zur Andacht verwendet werden. Die Bahai übernehmen derzeit keine polit. Verantwortung, aber proklamieren Grundsätze einer künftigen Weltordnung. Sie sind straff organisiert und zum Gehorsam verpflichtet. Die örtliche Gemeinschaft, die an vielen Orten die notwendige Mindestzahl von neun hat, pflegt außer dem Gottesdienst eine regelmäßige »Beratung« von Fragen des Gemeinwohls.

Weltweit werden ca. 6 Mio. Mitglieder angegeben, im Iran 300.000. Dort sind sie unter Khomeini verfolgt worden, in Ländern der Dritten Welt zahlenmäßig stark gewachsen.

Lit.: F. Ficicchia: Der Bahai, 1981; U. Schäfer: Sekte oder Offenbarungsreligion?, 1982.

N.-P. Moritzen

Bahnauer Bruderschaft

Die B.B., ein Zusammenschluß ev. Prediger, ist aus der Erweckungsbewegung Ostdeutschlands um die Wende des 20. Jh.s hervorgegangen. Pfarrer Carl Lange begann 1906 mit der theol. Ausbildung von Predigern, die im Ostpreußischen Gemeinschaftsbund eingesetzt wurden. In Preußisch Bahnau war das »Brüderhaus«.

Nach dem Zweiten Weltkrieg wurde die zerstreute Bruderschaft durch Pfarrer Max Fischer wieder gesammelt. In Unterweissach (Weissach im Tal/Württemberg) kam es 1948 zur Neugründung des Seminars unter der Bezeichnung »Evang. Missionsschule der Bahnauer Bruderschaft«. In einem vierjährigen Ausbildungsgang erfolgt die Zurüstung zum Verkündigungsdienst in Kirche, Gemeinschaftsbewegung und Mission. Das sich anschließende Anerkennungsjahr endet mit der Ordination und der Aufnahme in die Bruderschaft.

Die B.B. sieht ihren Auftrag neben der evangelistischen Verkündigung und dem mission. Gemeindeaufbau auch darin, die Verbindung zwischen → Pietismus und Theologie zu pflegen. Grundlage der Bruderschaft ist die verpflichtende Bindung an die Hl. Schrift in Übereinstimmung mit den reformat. Bekenntnissen und der → Barmer Theologischen Erklärung von 1934.

Die Bruderschaft hat ca. 380 Glieder im In- und Ausland.

Lit.: H. Bernecker, M. Bittighofer (Hg.): berufen – beauftragt, 75 Jahre Bahnauer Bruderschaft; Regelmäßig erscheint der »Freundesbrief«.

M. Bittighofer

Bahnhofsmission

Auf über hundert Bahnhöfen in Deutschland bieten die ev. und die kath. Kirche für Reisende (z.B. Behinderte, Alte, Mütter mit Kleinkindern, ausländische Touristen, Übersiedler, Asylsuchende, Flüchtlinge, alleinreisende Kinder), aber auch für Menschen, die ziellos unterwegs sind oder sich aus verschiedenen Gründen zum Bahnhof hingezogen fühlen (z.B. Ratlose, Suizidgefährdete, Alkohol- und Drogenabhängige, Strafentlassene, psychisch Gestörte, Menschen ohne Arbeit und Wohnung), ihre kurzfristigen und vermittelnden Dienste an.

B.en gibt es vor allem in Großstädten, auf Grenzbahnhöfen und in Orten mit großen sozialen Einrichtungen sowie an Verkehrsknotenpunkten als Erstanlaufstellen für Menschen in Not, ohne behördliche Schwellen. Die Träger dieser eindeutig kirchl. Arbeit (»Gastzimmer der Kirchen am Bahnhof«), die mit der Bundesbahn, dem Deutschen Roten Kreuz, den örtlichen Kirchengemeinden und kommunalen Sozialdiensten sowie ähnlichen Einrichtungen im Ausland kooperiert, sind im Verband der Deutschen Evangelischen Bahnhofsmission bzw. in der Katholischen Mädchensozialarbeit zusammengefaßt und als einer der ältesten ökumen. Dienste seit 1910 in der »Konferenz für kirchliche Bahnhofsmission« zusammengeschlossen. Diese von 3.000 Mitarbeitern und Mitarbeiterinnen (50% ev. und 50% kath., 80% davon ehrenamtlich) geleistete Arbeit der Kirchen (im »Dritten Reich« seit 1939 verboten und von 1945-1989 in der früheren DDR weitgehend behindert) wird in einer mobilen Gesellschaft mit wachsenden Wanderungsbewegungen und offenen europ. Grenzen immer mehr in Anspruch genommen. Die Zahlen sprechen für sich. Z.B. 1990: über 3,2 Mio. Erstkontakte - meist bei einer Tasse Tee, 900.000 Mahlzeiten für Hungernde, 52.000 Übernachtungen, 58.000 Weitervermittlungen als spezifische Hilfsdienste. Hier sind die Kirchen »am Zug«.

Lit.: K. Leipziger: »Bahnhofsmission«, ESL[7], 1980, 116f.
Th. Schober

Bahrdt, Carl Friedrich (1741-1792)

B., geb. am 25. 8. 1741 in Bischofswerda/Oberlausitz, gest. am 23. 4. 1792 in Halle. Als Sohn eines Leipziger Superintendenten und Professors war er selbst 1766 Professor der Theologie in Leipzig, 1769 in Erfurt, 1771 in Gießen, 1776 Direktor des Philanthropins (→ Basedow) in Graubünden, 1786 Generalsuperintendent in Dürckheim/Pfalz, 1778 wegen Häresie abgesetzt.

B. ist eine der schillerndsten Figuren des 18. Jh.s.

In 119 Schriften beschäftigte er sich mit Theologie und Pädagogik, Philologie und Soziologie, Politik und Jurisprudenz. Als Theologe vertrat er die Orthodoxie, den → Pietismus, die kritische Bibelwissenschaft - er wurde von J.S. → Semler zunächst gefördert, dann aber bekämpft -, schließlich einen aufgeklärten Naturalismus. Mit kritischen Äußerungen machte er sich nahezu alle Zeitgenossen, die ihn kannten, zu Gegnern. Als Verbreiter der → Aufklärung in weitere Kreise hinein hat er gleichwohl seine Wirkung gehabt.

Lit.: G. Röwenstrunk: Anfangsschwierigkeiten eines Rationalisten. C.F. Bahrdts orthodoxe und pietistische Phase, Diss. Heidelberg 1977; ders.: »Bahrdt, Carl Friedrich«, TRE 5, 1980, 132-133; B. Schyra: C.F. Bahrdt. Sein Leben und Werk, seine Bedeutung, Diss. Leipzig 1962.
G. Ruhbach

Baillie, John (1886-1960)

B., schottischer Theologe, stammte aus freikirchl. Pfarrhaus, studierte in Schottland und Deutschland. Er erhielt Lehraufträge in Theologie am Auburn Theological Seminary (1920) und am Union Theological Seminary in New York (1930) sowie am Emmanuel College in Toronto (1928), bevor er Theologieprofessor (1934) und Rektor (1950) am New College in Edinburgh wurde. Als einer der bedeutendsten Gelehrten der schottischen Kirche des 20. Jh.s versuchte B., den Liberalismus alter Schule mit dem Barthianismus zu verbinden, jedoch mit streng mystischem Einschlag. Aus tiefer Überzeugung unterstützte er die Ökumen. Bewegung, wurde Präsident des Weltrates der Kirchen und stellte sein diplomatisches Geschick auf den Weltkirchenkonferenzen von Amsterdam (1948) und Evanston (1954) unter Beweis. Seine 1957 vorgebrachte Forderung nach einer Union der nationalen Kirchen Schottlands und Englands blieb erfolglos. Unter B.s zahlreichen Veröffentlichungen sind besonders »Our Knowledge of God« (1939) und »Belief in Progress« (1950) zu nennen. Bekannt wurde er allerdings mit zwei weniger theol. Werken: »A Diary of Private Prayer« (1936) und »Invitation to Pilgrimage« (1942). Über das »Diary of Private Prayer« wurde gesagt, daß B. damit eine »Kette des Gebets um die Welt« geschlossen habe.

J.D. Douglas

Balfour Declaration → Judentum (nachbiblisch)

Balthasar, Hans Urs von (1905-1988)

1. Geb. am 12. 8. 1905 in Luzern; Studium der Germanistik in Zürich, Wien und Berlin; Promotion 1928 (Dr. phil.), gest. am 26. 6. 1988.

1929 Eintritt in den Jesuitenorden. Begegnungen mit Erich Przywara (Lebendiger Dialog zwischen Schultheologie und moderner Philosophie) und Henri de → Lubac (Reichtum der Kirchenväter). V.B. beginnt mit dem selbständigen Kirchenväterstudium (Augustin, Irenäus, Origenes, Gregor von Nyssa, Maximus Confessor) und tritt in einen lebendigen Kontakt mit der franz. Literatur (Péguy, Bernanos, Claudel). 1936 Priesterweihe in München; ab 1940 wirkt v.B. als Studentenseelsorger in Basel. Begegnung und bleibende Freundschaft mit Karl → Barth, an dem ihn die Weite der Erwählungslehre und die Christozentrik besonders anziehen (»K. Barth, Darstellung und Deutung seiner Theologie«, 1951). Seit dieser Zeit kommt es auch zu enger Zusammenarbeit mit der visionär begabten Ärztin Adrienne Kaegi-von Speyr (1902-1967). Herausgabe von Büchern Adriennes im 1947 gegründeten Johannes Verlag, Einsiedeln; gemeinsam Gründung der Johannesgemeinschaft, eines Säkularinstitutes, das von beiden exemplarisch für kirchl. Sendung in die Welt verstanden wird.

1950 tritt v.B. aus dem Jesuitenorden aus. Im Juni 1988 erfolgt v.B.s Erhebung in den Kardinalsstand. Zwei Tage vor der Erhebung stirbt v.B.

2. Im Mittelpunkt von v.B.s literarischem Werk steht die theol. Trilogie (15 Bände). Ihre Gesamtanlage geht von (den) drei Transzendentalien der klass. Philosophie aus: das Schöne (Teil I) und das Gute (Teil II) ist gleichzeitig das Wahre (Teil III). Die theol. Ästhetik (»Herrlichkeit«) fragt nach den Spuren, in denen Gottes Herrlichkeit in diese Welt einstrahlt und durch die er sich wahrnehmbar macht. Der zweite Teil (Theodramatik) umkreist das weite Feld des Handelns Gottes in und mit dieser Welt – vom trinitarischen Einsatz bis zur Wiederkunft Jesu und zur (geschichtl. und trinitarischen) Vollendung. Grundfrage ist das Verhältnis von göttlicher und menschlicher Freiheit. Der dritte Teil (Theologik) fragt umfassend weiter danach, wie Wahrheit der Welt und Wahrheit Gottes bei aller Spannung als Einheit auszusagen seien, und schließt mit einer breit entfalteten Pneumatologie.

In »Schleifung der Bastionen« (1952) artikuliert v.B. sein Anliegen der Distanzlosigkeit zur Welt. In »Wer ist ein Christ« (1965) und »Cordula oder der Ernstfall« (1966) warnt er jedoch scharf vor dem Abgleiten in eine Anpassung an die Welt: Weltnähe, aber nicht Weltverfall!

3. B. ging es um das umfassende Einbergen der Wahrheit Gottes, die im Denken der Geistesgeschichte »verstreut« liegt, in einen theol. Gesamtentwurf. Theologie hat dort einzusetzen, wo Gott einsetzt, sich handelnd und offenbarend zeigt. Darum muß die Theologie wahrnehmend, anbetend und so nach-denkend sein. Er wandte sich scharf gegen den Versuch, in der Theologie beim Menschen und dessen Voraussetzungen Maß zu nehmen (Karl Rahner). So war v.B.s Schau von Anfang an umfassend angelegt (Einbezug der ganzen Geistesgeschichte; Vorbild der Kirchenväter) und streng trinitarisch bezogen. Sie wurde im Verlauf ihres Entstehens immer tiefer heilsgeschichtl. und bibl. Sein Werk zeigt jedoch wie sein Leben, daß Theologie und Heiligkeit im Leben des Theologen eine untrennbare Einheit bilden müssen, die gleichzeitig von gehorsamer Existenz innerhalb der Kirche nicht zu trennen sind. Weil die Wahrheitsfrage gestellt blieb, waren für ihn christl. und kirchl. Theologie nicht voneinander zu scheiden.

Lit.: Bibliographie 1925-1990 (1991).

H.U. v. Balthasar: Prüfet alles, das Gute behaltet, 1986; ders.: Mein Werk. Durchblicke, 1990; K. Lehmann, W. Kasper (Hg.): Hans U. v. Balthasar: Gestalt und Werk, 1989. Zum Verhältnis zu Adrienne von Speyr: Erster Blick auf Adrienne von Speyr, [4]1989; Unser Auftrag, 1984.

W.J. Bittner

Baltikum

Übergreifender Begriff für die drei Staaten Estland, Lettland und Litauen; die Letten und Litauer gehören der baltischen Sprachfamilie an, die Esten sprechen eine finnisch-ugrische Sprache.

a) Estland

Die Christianisierung E.s ging vom Ende des 12. Jh.s an vom Erzbistum Lund (Dänemark) und vom Deutschritterorden aus. Die Reformation luth. Prägung faßte früh in E. Fuß; Reval, Narwa und Dorpat wurden von 1523 an ev. Das Luthertum der deutschen Herrenschicht E.s prägte fortan die estnische Kirchen- und Kulturgeschichte. Bedeutend war der Einfluß der Herrnhuter Brüdergemeine im 18. und 19. Jh.

1580/81 wurde E. von den Schweden, unter Peter dem Großen von den Russen erobert, wobei deutsche Sprache, deutsches Recht und die luth. Kirche als hier vorherrschende anerkannt wurden. E. erlebte gegen Ende des 19. Jh.s eine starke Nationalbewegung. Am 24. Jan. 1918 wurde der Freistaat E. ausgerufen. Im Gefolge des Hitler-Stalin-Paktes besetzten 1940 die Sowjets E., 1941 wurde es von der dt. Wehrmacht erobert und 1944 wieder in die Sowjetunion einverleibt. 1991 erhielt E. seine staatliche Unabhängigkeit zurück.

Von den rund 1,6 Mio. Einwohnern E.s sind 65% Esten und 28 % Russen, der Rest vor allem Ukrainer und Weißrussen. Die größte Kirche ist die Ev.-Luth. Kirche E.s. Die orth. Gemeinden, deren Glieder zumeist Russen sind, unterstehen dem Patriarchat Moskau. Außerdem gibt es Baptisten und eine kleine Methodistenkirche.

b) Lettland

Seit dem Ende des 12. Jh.s wurde das Gebiet des heutigen L. (Livland im Norden und Kurland im Süden) von deutschen Kaufleuten, Rittern und Missionaren erschlossen und allmählich christianisiert. Die Gründung von Stadt und Bistum Riga 1201 ist ein Kerndatum der lettischen Geschichte. Die Reformation Luthers faßte 1522 unter dem deutschen Klerus, dem deutschen Adel und der deutschen Stadtbevölkerung in Riga und seiner Umgebung rasch Fuß, so daß Luther bereits 1524 schrieb: »Das Evangelium geht auf und schreitet fort in Livland, besonders bei den Rigensern, ... so wunderbar ist Christus.« 1710 eroberte Peter der Große Livland. Kurland geriet unter russ. Einfluß, ging aber erst mit der dritten Teilung Polens 1795 ganz in russ. Besitz über. Im 19. Jh. leitete St. Petersburg eine gewaltsame Russifizierung der Deutschen ein und entfachte unter den Letten eine Massenkonversion zur Orthodoxie. Lettische Kultur und lettisches Nationalbewußtsein formten sich in der Auseinandersetzung zwischen Russen und Deutschen. Am 18. 11. 1918 wurde die Republik Lettland proklamiert, die bis zur sowjetischen Annexion von 1940 bestand. Nach dreijähriger deutscher Besetzung (1941-1944) erfolgte erneut die Eingliederung in die Sowjetunion. 1991 wurde L. wieder selbständig.

Von den rund 2,6 Mio. Einwohnern L.s sind 54% Letten, 33% Russen und der Rest zumeist Weißrussen und Ukrainer. Die hist. bedeutendste Kirche ist die Ev.-Luth. Kirche L.s. Die früher polnisch-litauischen Provinzen Lattgallen und Semgallen sind überwiegend röm.-kath. Außerdem gibt es in L. ein zum Patriarchat Moskau gehörendes orth. Bistum und zahlreiche Altgläubigengemeinden (Priesterlose), deren Mittelpunkt die Rigaer Grebenschtschikow-Gemeinde ist.

c) *Litauen*

In der Mitte des 13. Jh.s schlossen sich litauische Stämme erstmals zu einem Staat zusammen, der sich unter Gedimin (gest. 1341) weit in den Süden ausdehnte. Nachdem mehrere Missionsversuche erfolglos geblieben waren, nahm L. 1386 das röm.-kath. Christentum an. Im selben Jahr kam es zur dynastischen Verbindung mit Polen. Mit der weiteren Expansion bis hin zum Schwarzen Meer wurden große west- und südwestruss. Gebiete litauisch, deren Bevölkerung orth. war und dem Metropoliten von Kiew unterstand. Im 16. Jh. drang die → Reformation, insbesondere der → Calvinismus, ins litauische Kernland ein, wurde jedoch von der Gegenreformation wieder verdrängt. Mit der Union von Brest-Litowsk unterstellten sich große Teile der orth. Kirche der Oberhoheit des Papstes, behielten aber die herkömmliche Liturgie, Theologie und Spiritualität bei (griech.-kath. oder unierte Kirche). Durch die Teilungen Polens Ende des 18. Jh.s wurde L. zu Rußland geschlagen. Im 19. Jh. entstand eine ausgeprägte litauische Nationalbewegung. Im November 1918 wurde der litauische Freistaat gegründet; Wilna und Umgebung blieben als »Mittellitauen« unter polnischer Verwaltung. 1940 wurde L. an die Sowjetunion angeschlossen. Nach dreijähriger deutscher Besetzung (1941-1944) wurde es wiederum sowjetisch. 1991 erhielt L. seine staatliche Selbständigkeit zurück.

80% der 3,6 Mio. Einwohner sind Litauer, 9% Russen, der Rest Polen, Weißrussen und Ukrainer. Fast alle Litauer sind röm.-kath. Daneben gibt es eine ev.-luth. Minderheitskirche (Memelgebiet) und eine noch kleinere ref. Kirche (Kreis Birzau im Nordosten). Die Russen, Weißrussen und Ukrainer gehören der russ.-orth. Kirche (Moskauer Patriarchat) an.

Alle drei baltischen Staaten und ihre Kirchen hatten unter den in der Sowjetunion üblichen Repressalien, insbesondere unter der Russifizierung und der Kirchenverfolgung zu leiden. Mit der Lokkerung der Religionspolitik im Gefolge der Perestroika setzte ein umfassender kirchl. Aufbauprozeß ein, der sich seit dem Erhalt der staatlichen Unabhängigkeit intensiviert.

Lit.: H. Biezais, P. Hauptmann: »Baltikum«, TRE 5, 1980, 138-159.

E. Bryner

Bann → Exkommunikation

Baptismus/Baptisten

1. Definition

Der B. gehört zu den Erneuerungsbewegungen, die im Laufe der Kirchengeschichte dadurch entstanden sind, daß einzelne Christen im Hören auf die Heilige Schrift das aufzunehmen bereit waren, was sie als verbindliche Weisung für den einzelnen und die Gemeinde Jesu Christi erkannt hatten. Dabei charakterisiert den B. als reformat. geprägte freikirchl. Bewegung das Bemühen, die persönliche Christusnachfolge der verbindlichen Gemeinschaft der Gemeinde zuzuordnen, weil in der Gemeinde Jesu Christi als Modell des Reiches Gottes der Anbruch der Gottesherrschaft zeichenhaft sichtbar werden soll. Angesichts dieses Horizontes ist das starke mission. Engagement des B. zu erklären. Die bewußt gewählte Kirchenform des → Kongregationalismus betont die Eigenverantwortung und Selbstverwaltung der Ortsgemeinde. In ihr übt Christus als Herr der Gemeinde seine Herrschaft durch Wort und Geist aus. Der Name B., der zunächst Fremdbezeichnung war und erst später als Eigenname akzeptiert wurde, weist auf das äußerlich auffallende Unterscheidungsmerkmal, nicht aber auf das Wesen hin: Der B. ist keine Tauf-, sondern eine Gemeindebewegung. Erst aus der Konsequenz, Gemeinde nach dem NT bilden zu wollen, ergibt sich Lehre und Praxis der Glaubenstaufe. »Gemeinde gläubig getaufter Christen« ist daher lange in Gebrauch gewesene Selbstbezeichnung. Trotz des Einspruchs der die Kindertaufe praktizierenden Kirchen hält der B. in Lehre wie in Praxis an der bibl. bezeugten Glaubenstaufe fest.

2. Entstehung und Geschichte

a. Die theol. Wurzeln des B. reichen bis in das 16. Jh., als sich infolge der → Reformation Luthers und Zwinglis zunächst in der Schweiz, dann aber auch an vielen weiteren Orten Täufergemeinden bildeten. Wesentliche Überzeugungen, die von den Täufern aus der Schrift erhoben und konsequent verwirklicht wurden, für die sie Verfolgung und Martyrium auf sich nahmen, finden sich bei den späteren B.en wieder.

b. Hist. nachweisbar ist die Entstehung des B. erst für die Anfänge des 17. Jh.s in England. Der Puritanismus hatte mit seiner Forderung, die Hl. Schrift als Richtschnur für Glauben und Leben des einzelnen Christen wie der Gemeinde anzuerkennen, den Boden vorbereitet. Dadurch ausgelöst entwickelten sich der Presbyterianismus wie der Kongregationalismus, die auch in der Frage der Kirchenordnung dem ntl. Beispiel folgen wollten. Es kam zu Konventikelbildungen der »Nonkonformisten«, die von der anglik. Staatskirche bekämpft und verfolgt wurden. Zwei kongregationalistisch orientierte Gemeinden unter der Leitung von John Smyth (1570-1612) und Thomas Helwys (gest. 1616) flüchteten 1608 nach Amsterdam, wo die Glaubenstaufe an den Mitgliedern vollzogen wurde. Inwieweit hier mennonitischer Einfluß wirksam war, ist nicht exakt nachzuweisen, wohl aber zu vermuten. Während J. Smyth sich später den Waterländer Mennoniten anschloß, kehrte Th. Helwys 1611/12 mit einer kleinen Gemeindegruppe nach England zurück und bildete in der Nähe Londons die erste B.engemeinde in England mit deutlichen Abweichungen von mennonitischen Lehrauffassungen. Trotz massiver Verfolgung und der Inhaftierung Th. Helwys' gab es 1626 bereits fünf B.engemeinden mit etwa 150 Mitgliedern. Aufgrund ihrer Lehre der der ganzen Menschheit geltenden Versöhnungstat Gottes (general atonement; → Arminius/Arminianismus) kam es zur Bezeichnung der General Baptists. Unabhängig von ihnen entstand 1638 die erste Gemeinde der Particular Baptists, die in Aufnahme calvinistischen Gedankengutes die Versöhnung nur für den prädestinierten Teil der Menschheit lehrten. Um 1644 gab es allein in London bereits sieben Gemeinden der »Particular Baptists«. Hatten die »General« wie die »Particular Baptists« die Taufe bisher in Form von Übergießen bzw. Besprengung vollzogen, ist bei den »Particular Baptists« seit 1641 die Taufe durch Untertauchen des ganzen Körpers praktiziert worden. Diese Form wurde bald auch von den »General Baptists« übernommen. Es kam zu rascher Verbreitung des B. auf den britischen Inseln, wobei die methodistische Erweckungsbewegung von besonderer Bedeutung gewesen ist. Ferner sind John → Bunyan (1628-88), William → Carey (1761-1834) und die Gründung der Baptist Missionary Society 1792 sowie Charles Haddon → Spurgeon (1834-92) zu erwähnen. Im 19. Jh. wuchsen die »General« und die »Particular Baptists« zusammen aufgrund des in den Hintergrund tretenden strengen Calvinismus.

c. Infolge der Emigrationen verbreitete sich das baptistische Gedankengut bald auch in der Neuen Welt. Roger Williams (1603-83), leidenschaftlicher Verfechter der Religionsfreiheit sowie der Trennung von Kirche und Staat, gründete 1639 die erste B.engemeinde in Nord-Amerika (Providence/Rhode Island). Der B. entwickelte sich dort bald zu einer der stärksten Kräfte des rel. und polit. Lebens.

d. Vom geschichtl. älteren angelsächsischen B. ist der deutsche B. dadurch unterschieden, daß zu der täuferischen Tradition pietist. Gedankengut hinzukam. Dabei muß beachtet werden, daß die → Erweckungsbewegung zu Beginn des 19. Jh.s der geistl. Kontext für die Entstehung des kontinentaleuropäischen B. ist. Die Erweckungsbewegung bewirkte im Gegenzug zum Rationalismus eine neue Hinwendung zur Bibel, zu persönlicher Frömmigkeit, zu → Bekehrung, Heilsgewißheit, → Gebet. Johann Gerhard → Oncken (1800-84), in Varel/Oldenburg geboren, kam als junger Kaufmannsgehilfe nach Schottland und England und lernte dort freikirchl. Gemeindeleben in verschiedener Ausprägung kennen. Die starken calvinistischen Einflüsse, die er dort aufnahm, beeinflußten später Theologie und Praxis des deutschen B. Als Agent der Continental Society, einer 1818 gegründeten Missionsgesellschaft zur Verbreitung von Bibeln, Bibelteilen und christl. Traktaten, kam Oncken 1823 nach Hamburg. Er hielt sich zunächst zur ev.-ref. Kirche und führte in Häusern wie auf Schiffen im Hafen evangelistische Versammlungen durch; besondere Erwähnung verdient die Gründung der ersten Sonntagschule, die Oncken in Verbindung mit dem erweckten Pastor J.W. Rautenberg (1791-1865) 1825 in dem Hamburger Stadtteil St. Georg einrichtete.

Aufgrund des persönlichen Bibelstudiums stellte sich Oncken die Frage nach der rechten Gestalt der Gemeinde Jesu Christi, die er in der Staatskirche nicht verwirklicht sah. Von dem amerikanischen Professor Barnas Sears wurden Oncken und mit ihm sechs weitere Frauen und Männer am 22. 4. 1834 in der Elbe getauft. Am Tag darauf konstituierte sich die erste deutsche B.engemeinde »nach dem Vorbild der urchristlichen Gemeinden«, in der Oncken als Ältester und Prediger eingesetzt und von B. Sears ordiniert wurde.

Neben Oncken sind J. Köbner und G.W. Lehmann als Gründerväter des deutschen B. zu nennen, die aufgrund ihrer unterschiedlichen theol. Prägung für ein breites Fundament für die neue Gemeindebewegung sorgten. Julius Köbner (1806-84), Sohn eines in Dänemark tätigen Rabbiners, von Beruf Graveur, kam 1836 zur Hamburger B.engemeinde und wurde der theol. Schriftsteller, der die Prinzipien der freikirchl. Gemeindebewegung (Glaubens- und Gewissensfreiheit, Trennung von Kirche und Staat, Gemeinde der Glaubenden,

Rechtfertigung und Heiligung) nach außen wie nach innen vehement vertrat.

Gottfried Wilhelm Lehmann (1799-1822), Kupferstecher und Lithograph in Berlin, geistl. geprägt durch die böhmisch-luth. Kirche wie durch die Herrnhuter Brüdergemeine, vermittelte dem deutschen B. eine starke luth.-pietist. Prägung. Nach seiner Taufe 1837 wurde Lehmann eine der führenden Gestalten des B. in Preußen, der sich leidenschaftlich um das Gespräch mit Christen anderer Denominationen sowie um staatliche Anerkennung der Baptistengemeinden bemühte. Die Gründung des deutschen Zweiges der Evangelischen → Allianz geht wesentlich auf Lehmann (zusammen mit dem Berliner Pastor E. Kunze) zurück.

Trotz der Betonung der Unabhängigkeit und Selbstverwaltung der Ortsgemeinden kam es 1848 zur Gründung der Preußischen Vereinigung und 1849 zur Gründung des »Bundes der vereinigten Gemeinden getaufter Christen in Deutschland und Dänemark«. Der starke mission. Eifer führte zu einer erstaunlichen Verbreitung des B. auch außerhalb Deutschlands, vor allem in vielen osteurop. Ländern. Hatten die B.en die Eigenständigkeit ihrer Gemeindebewegung gegenüber dem angelsächsischen B. angesichts der Anfeindungen durch die Staatskirche betont, lassen sich in der weiteren Entwicklung die Einflüsse vor allem des amerikanischen B. nicht leugnen. Personell werden sie in der zweiten Generation erkennbar, als Rückwanderer aus Amerika dem deutschen B. wichtige Impulse und weiterführende Anregungen vermittelten. Wichtig für diese Zeit ist die Gründung einer Prediger- und Missionsschule in Hamburg 1880, die Gründung eines Diakonissenhauses »Bethel« in Berlin, der Beginn der Missionsarbeit in Kamerun 1891 und die rechtliche Anerkennung des deutschen Gemeindebundes 1888.

In der Zeit des Nationalsozialismus ist es dem deutschen B. kaum gelungen, die Unabhängigkeit der Kirche vom Staat überzeugend zu leben. Die Bemühungen um die Sammlung der Freikirchen zur »dritten Kraft« hatten nur teilweise Erfolg: 1938 traten die Mitglieder der → Elim-Gemeinden dem Bund der B.engemeinden bei, und 1941 kam es zum Zusammenschluß mit dem Bund freikirchl. Christen (die Christliche Versammlung und die »Offenen Brüder« darbystischer Prägung hatten sich 1937 zum Bund freikirchlicher Christen zusammengeschlossen). Seitdem ist in Deutschland die Bezeichnung »Evangelisch-freikirchliche Gemeinden« eingeführt, auch wenn nach 1945 eine große Zahl der Brüdergemeinden und Elim-Gemeinden den Bund verließ. In den östl. Bundesländern ist die Zusammenarbeit der Elim-, Brüder- und B.engemeinden im Bund Evangelisch-freikirchlicher Gemeinden bis 1990/91 intensiv gewesen.

3. Lehre

a. Allein die Schrift

Mit der Reformation bekennt sich der B. zum Grundsatz, allein die Hl. Schrift als Richtschnur für Glauben und Leben anzuerkennen. In konsequenter Fortführung des reformat. Ansatzes soll das umfassend gelten, für die Soteriologie ebenso wie für die Ekklesiologie. Die Bibel – wie sie unter der Anleitung des Hl. Geistes von ihrer Mitte, von Christus her, zu verstehen ist – bleibt für die Lebensgestaltung des Christen wie für die Gemeindeordnung verbindlich. Schriftliche Glaubensbekenntnisse haben im B. immer nur eine untergeordnete Rolle gespielt, da die Alleingültigkeit der Schrift nicht angetastet werden soll. Auf Anforderung von außen wurde das erste Glaubensbekenntnis in Hamburg 1837 vorgelegt. Seit 1977 ist die »Rechenschaft vom Glauben« im deutschsprachigen B. in Gebrauch (Deutschland, Österreich, Schweiz). Die Schriftauslegung ist Sache der versammelten Gemeinde, da der einzelne Christ durch den Hl. → Geist zum rechten Verstehen der Bibel angeleitet wird, selber aber auch der Korrektur und Ergänzung durch die Gemeinde bedarf.

b. Rechtfertigung und Heiligung

Allein aus Gnaden wird der Mensch vor Gott gerecht, der dem Sünder um des Verdienstes Christi willen bedingungslos das ewige Heil anbietet. Dieses Geschenk erfordert die Antwort des Glaubens, die jeder Mensch persönlich geben muß. Hierin ist er durch niemanden zu vertreten. Gottes Geist bereitet die Entscheidung des Menschen vor und wirkt Glauben. Die neue Schöpfung entfaltet sich in der Christusgemeinschaft, da der Hl. Geist zum Leben in der Heiligung befähigt: Der »Christus für uns« ist ebenso der »Christus in uns«. Darum gehört die Heiligung als Wirkung der Rechtfertigung untrennbar zur Heilserfahrung.

c. Glaube, Taufe und Gemeinde

Wer durch das Evangelium zur Umkehr geführt wird und die persönliche Antwort des Glaubens gegeben hat, wird durch die Taufe in den Leib Christi eingegliedert. Weil der Glaube konstitutiv zur Taufe gehört, setzt die Taufe das persönliche

Bekenntnis des Glaubens voraus. Der Täufling bekennt sich öffentlich zu Jesus Christus, wird seiner Herrschaft übereignet und verpflichtet sich zur Nachfolge in verbindlicher Gemeinschaft der Glaubenden. Die Gemeinde bezeugt mit dem Täufling das Ja Gottes zu ihm und verpflichtet sich zu verantwortlicher Bruderschaft. Der Taufe folgt die Aufnahme in die Gemeinde.

d. Die Gemeinde und ihre Ordnungen

»Jede Ortsgemeinde versteht sich als Manifestation des einen Leibes Christi und ordnet ihr Leben und ihren Dienst selbst« (Rechenschaft vom Glauben). Dazu gehört die Lehrverantwortung, Seelsorge, Mission und Diakonie wie die Berufung der Mitarbeiter und hauptberuflich tätigen Pastoren und Theologischen Mitarbeiterinnen (die Bezeichnung Pastorin ist in einzelnen Gemeinden bereits üblich, innerhalb des Gemeindebundes jedoch noch nicht offiziell eingeführt). Mitte des Gemeindelebens ist der Gottesdienst, an dessen Gestaltung möglichst viele Mitglieder beteiligt sind; er dient der Sammlung der Gemeinde in Lob und Anbetung Gottes, der bibl. Lehre und evangelistischen Verkündigung ebenso wie der Zurüstung der Gemeinde für die Sendung in der Welt. »Das allgemeine Priestertum aller Gläubigen ist die der christlichen Gemeinde von ihrem Herrn gegebene Grundstruktur« (RvG). Daraus ergibt sich die Ablehnung hierarchischer Strukturen und Vorrangstellung einzelner Dienste. Alle vom Hl. Geist verliehenen Gaben sind für Leben und Auftrag der Gemeinde wichtig und dienen der Auferbauung des Leibes Christi. Es gibt keinen Dienst, der grundsätzlich dem Pastor allein vorbehalten wäre. Zur überschaubaren Gemeinde gehören Gruppenarbeit und Hauskreise. Die Gemeinde wählt aus ihrer Mitte Diakone und Älteste, die die Gemeindeleitung bilden.

Die einzelnen Ortsgemeinden haben sich regional zu Vereinigungen und insgesamt zum Gemeindebund zusammengeschlossen, der jährlich eine Bundesratstagung durchführt, auf der alle Gemeinden durch Abgeordnete vertreten sind. Ohne daß von dort Weisungsbefugnis für die Ortsgemeinde ausgehen würde, wird das Maß an geistl. Einheit doch daran erkennbar, daß die Bundesleitung wie einzelne Organe des Bundes mit der Unterstützung der Ortsgemeinden rechnen können, wenn es um die Bewältigung übergemeindlicher Aufgaben in Diakonie und Mission sowie um die Verwaltung bundeseigener Werke geht. Dazu gehören der Oncken-Verlag in Wuppertal und Kassel, das Theologische Seminar in Hamburg, wo gegenwärtig über 80 Frauen und Männer für den Gemeindedienst ausgebildet werden, das Gemeindejugendwerk und Jugendseminar in Hamburg und die Bibelschulen Wiedenest und Berlin-Wannsee.

e. Gemeinde und Mission

Da die Gemeinde um der Sendung willen lebt, die Christus ihr übertragen hat, ist Mission ihre zentrale Lebensäußerung. Alles Handeln der Gemeinde ist auf diese Sendung auszurichten. Das äußert sich in Gesellschaftsdiakonie ebenso wie in der evangelistischen Verkündigung. Jedes Gemeindeglied weiß sich dem Missionsauftrag verpflichtet. Die Außenmission des Bundes arbeitet (in Verbindung mit der Europäisch-Baptistischen Missionsgesellschaft EBM) in Kamerun, in Sierra Leone, in Zentralafrika, Indien und Südamerika. Die Heimatmission fördert die mission. Arbeit einzelner Gemeinden durch Schulung der Mitarbeiter, Entwicklung von Konzepten, Bereitstellung von Material und Neugründung von Gemeinden.

f. Gewissensfreiheit

B.en gehören zu den Vorkämpfern für Glaubens- und Gewissensfreiheit, die sie von Anfang an bibl. begründet haben. Gott achtet den Menschen in seiner Entscheidung, daß er das Heil in Christus annehmen, aber auch ablehnen kann. Niemand darf in seiner Glaubensentscheidung unter Druck gesetzt oder bei der Ausübung seines Glaubens benachteiligt werden.

g. Trennung von Kirche und Staat

Die Trennung von Kirche und Staat ergibt sich nach baptistischem Verständnis aus dem Wesen der Gemeinde Jesu Christi, die Zeichen der zukünftigen Gottesherrschaft ist und damit als analogielose Größe in dieser Welt lebt. Dazu gehört auch die finanzielle Unabhängigkeit. Jede Gemeinde deckt ihren Haushalt durch freiwillige Spenden ihrer Mitglieder, Kirchensteuern werden nicht erhoben. Um der Freiheit für das Evangelium willen muß sich die Gemeinde ihre Unabhängigkeit von staatlichem Druck und gesellschaftl. Zwängen bewahren. In der Geschichte des deutschen B. hat das – im Unterschied zum angelsächsischen B. – bisweilen zu apolitischem Verhalten und zu einer Rückzugsmentalität geführt, die jedoch zunehmend durch sozial-diakon. Handeln überwunden wird: Diakoniewerke Albertinen, Bethel, Tabea sowie zahlreiche diakon. Einrichtungen unter der Trägerschaft von Ortsgemeinden bzw. Gemeindeverbänden.

h. Die Einheit der Kirche Jesu Christi

Die Einheit des Leibes Christi ist den B.en ein hohes Gut; sie gilt es zu bewahren und trotz einzelner Lehrunterschiede auch darzustellen. Darum haben die B.en die Entstehung der Evangelischen Allianz 1846 nicht nur nachdrücklich gefördert, sondern auch im Verlauf ihrer Geschichte intensiv vorangetrieben. Die geistl. Gemeinschaft mit Christen verschiedener Kirchen und Denominationen ist ihnen wichtiger als der organisatorische Zusammenschluß der Kirchen. Darum arbeiten B.en von 1948 an in der → Arbeitsgemeinschaft christlicher Kirchen mit und praktizieren einzelne Gemeinden Ökumene vor Ort; ein Beitritt zum ÖRK ist seitens des deutschen B. jedoch nicht vorgesehen. Die innerfreikirchl. Ökumene (Vereinigung evangelischer Freikirchen, seit 1926) gewinnt zunehmend an Bedeutung. Jahrzehntelang als Sektierer geächtet, wird die Stimme der Freikirchen heute im ökumen. Dialog bewußt gehört. Manche Ausprägungen des Volks- bzw. Landeskirchentums erschweren die Existenz und das Zeugnis der Freikirchen immer noch. Umso bedeutungsvoller sind die Lehrgespräche, die in jüngster Vergangenheit stattgefunden haben: auf internationaler Ebene zwischen den ref. Kirchen und dem Baptistischen Weltbund 1973-77, zwischen dem Baptistischen Weltbund und dem Vatikanischen Sekretariat für die Förderung der Einheit der Christen, 1984-1988, und mit dem Lutherischen Weltbund 1987-90, auf nationaler Ebene mit den luth. Kirchen 1980-81 bzw. in der ehemaligen DDR 1982-1983.

In der eigenen Konfessionsfamilie gibt es eine enge Zusammenarbeit auf der europäischen Ebene (European Baptist Federation) sowie im weltweiten Rahmen mit der Baptist World Alliance (BWA).

4. Verbreitung/Statistik

Mit seinen über 80.000 Mitgliedern bildet der Bund Evangelisch-Freikirchlicher Gemeinden die größte Freikirche in Deutschland. In Europa gibt es 752.247 Baptisten in 8.323 Gemeinden. Die stärkste Verbreitung haben die Baptisten in Nordamerika mit über 29 Mio. Mitgliedern. Zur BWA gehören über 35 Mio. Baptisten in 134.000 Gemeinden, wobei nur die getauften Mitglieder, nicht die Familienangehörigen gezählt werden.

Lit.: G. Balders: Ein Herr, ein Glaube, eine Taufe, FS, ^{3}1990; ders.: Theurer Bruder Oncken, 1978, ^{2}1984; Der Bund Evangelisch-Freikirchlicher Gemeinden. Eine Selbstdarstellung, 1992; E. Geldbach: Freikirchen. Erbe, Gestalt und Wirkung, 1989; J.D. Hughey: Die Baptisten. Lehre, Praxis, Geschichte, 1959; ders.: »Die Baptisten«, in: Die Kirchen der Welt, II, 1964; G. Jordy: Die Brüderbewegung in Deutschland I, 1979, II 1982, III 1986; H. Kirchner (Hg.): Freikirchen und konfessionelle Minderheitskirchen, 1987; H. Luckey: Johann Gerhard Oncken und die Anfänge des deutschen Baptismus, 1934, ^{3}1958; ders.: G.W. Lehmann und die Entstehung einer deutschen Freikirche, 1939; W.L. Lumpkin: Baptist Confessions of Faith, ^{4}1980; Rechenschaft vom Glauben, 1977; R.G. Torbet: The History of the Baptists, ^{10}1978; G. Westin: Der Weg der freien christlichen Gemeinden durch die Jahrhunderte, 1956.

E. Brandt

Baptisterium → Kirchenbau

Barclay, Robert → Quäker

Barfüßer → Mönchtum

Barlach, Ernst (1870-1938)

Bildhauer, Zeichner, Dramatiker, geb. am 2. 1. 1870 in Wedel, gest. am 24. 10. 1938 in Güstrow. B. fand seinen eigenen Stil erst 1906 auf einer Reise zu seinem Bruder nach Rußland. B.s Thema ist der Mensch in sozialer Randlage, vom Schicksal getroffen oder von seelischer Stimmung bewegt. Dabei suchte B. nicht das Individuelle, sondern das Allgemeingültige darzustellen, das sich in Gestik und Haltung ausdrückt. Zugleich erdverbunden und visionär, senken die Plastiken, in sich gekehrt, den Blick hinab oder nach oben. Die Titel weisen auf Abstraktion: Der Wartende, Die Verlassene, Die Trauer. Das Verständnis des Ewigen ist eher pantheistisch als christl. Trotzdem hat B. mit dem Gekreuzigten und dem Lehrenden Christus die moderne christl. Kunst beeinflußt. Sein Apokalypsezyklus hat keinen Bezug zur Bibel, und das Güstrower Ehrenmal ist kein Engel, sondern eine schwebende, trauernde Gestalt in langem Mantel mit geschlossenen Augen. Formelhafte Lieblingsthemen werden wiederholt aufgegriffen.

Einige Figuren sind aus Bronze, die meisten aus grobgeschnitztem Holz, gedrungen, manche in heftiger Bewegung. Das Gesicht, Füße und Hände sind groß und detailliert ausgearbeitet. Mit den realistischen Ehrenmalen, besonders in Magdeburg, hat B. seit 1929 neben Anerkennung auch Empörung erregt und 1937 Ausstellungsverbot erhalten. Erbittert erlebte er die Zerstörung einiger seiner Werke.

Auch als dramatischer Schriftsteller bleibt B. dem Christl. gegenüber distanziert.

Lit.: Ernst Barlach. Dramen-Prosa-Briefe, hg. von F. Droß, 5 Bde., 1956-68; C. Krahmer: Ernst Barlach in Selbstzeugnissen und Bilddokumenten, 1984; F. Schult: Ernst Barlach, Werkkatalog, 3 Bde., 1955/57/71.

R. Lohse-Flitner

Barmer Mission → Vereinigte Evangelische Mission

Barmer Theologische Erklärung

Wie immer man die Bekennende Kirche und ihren Weg z.Zt. des Nationalsozialismus beurteilen mag, die erste Reichsbekenntnissynode in Barmen und die einstimmig verabschiedete »Theologische Erklärung zur gegenwärtigen Lage der DEK« (Th.E.) war eine hist. Stunde innerhalb der ev. Kirchengeschichte. Zum ersten Mal seit dem 16. Jh. kamen Glieder »lutherischer, reformierter und unierter Kirchen« auf einer Synode zusammen und haben mit der Th.E. eine als »christliches, biblisch-reformatorisches Zeugnis« verstandene Erklärung gemeinsam abgegeben.

Allerdings haben die hist. Umstände zu diesem Schritt genötigt. Die deutschchristl. Kirchenleitung hatte die Einheit der DEK »dauernd und grundsätzlich durch fremde Voraussetzungen durchkreuzt« und damit die Kirche durch »verwüstende Irrtümer gesprengt«. So war der Zusammenschluß aller bekenntnisgebundenen Kräfte unumgängliche Notwendigkeit: »Es wäre Ungehorsam gegen Gott, jetzt nicht in gemeinsamer Arbeits- und Kampffront zusammenzustehen.« Die Vorbereitung der Barmer Synode und speziell der Th.E. zeigt jedoch, wie vielfältig und unterschiedlich die Meinungen der versammelten Vertreter waren und wie bis zum letzten Tag nicht feststand, ob die Synode tagen und was sie sagen würde. Die Th.E. wurde von einem Dreierausschuß (Hans → Asmussen, Karl → Barth, Thomas Breit) entworfen, verschiedentlich überarbeitet und von Asmussen in Barmen mit einem ausführlichen Vortrag eingebracht, der dann auch neben der Th.E. selbst Teil der Annahmeentscheidung wurde. Außerdem beschloß die Synode, daß »diese Erklärung den Bekenntnissynoden zur Erarbeitung verantwortlicher Auslegung von ihren Bekenntnissen aus übergeben« werden sollte.

Insofern war diese Erklärung nicht als Abschluß, sondern als Beginn eines theol.-geistl. Gespräches gedacht, das aber – von Württemberg und neuerdings der EKU abgesehen – weder damals noch nach 1945 stattgefunden hat. Mag sein, daß die Hitze der Auseinandersetzung und der Zusammenbruch der Bekennenden Kirche im März 1936 dieses Gespräch unmöglich gemacht hat. Nach 1945 hätte dieser Rezeptionsprozeß stattfinden müssen, aber er erfolgte nicht. Da die meisten alten und neuen Landeskirchen der EKD sich in einer Bringschuld gegenüber der Bekennenden Kirche empfanden, nahmen fast alle, freilich in unterschiedlicher Gewichtung, die Th.E. in ihre Grundordnung auf: Die einen betonen die in Barmen »bezeugte Gemeinschaft« (VELKD), die anderen bezeichnen die Th.E. als »für die versuchte und angefochtene Kirche wegweisendes Glaubenszeugnis« (EKU), und der → Reformierte Bund schließlich sieht in ihr ein Bekenntnis, auf einer Ebene stehend wie »die Bekenntnisse der Reformation, insbesondere der Heidelberger Katechismus«. Für viele Gliedkirchen der EKD gehört die Th.E. mittlerweile zur Bekenntnisverpflichtung bei der Ordination. All diese Vorgänge erschweren es, den synodalen Auftrag von 1934 auszuführen. So bleibt festzuhalten:

1. Hist. geurteilt, ist die Th.E. nichts anderes als was sie sein will, nämlich eine »Theologische Erklärung zur gegenwärtigen Lage«. Die Feststellung der Präambel (»wir befehlen es Gott, was dieses gemeinsame Wort für das Verhältnis der Bekenntniskirchen untereinander bedeuten mag«) verbietet es, von einem intendierten gemeinsamen Bekenntnis zu sprechen. »Theologisch« heißt die Erklärung, weil die Synode außerdem noch zwei weitere Erklärungen beschlossen hat:

a. eine »Erklärung zur Rechtslage der Bekenntnissynode der Deutschen Evangelischen Kirche«, die dann auf der 2. Reichsbekenntnissynode in Dahlem zur Voraussetzung für die institutionelle Konstituierung der Bekennenden Kirche wurde, und

b. eine »Erklärung zur praktischen Arbeit der Bekenntnissynode der DEK«, die die Konzeption eines bibl.-geistl. Gemeindeaufbaus in der Bekennenden Kirche beschrieb und, wirkungsgeschichtl. gesehen, in der Auseinandersetzung zwischen Kirche und NS-Staat die bei weitem größte Bedeutung hatte. Es bleibt zu bedauern, daß die Grundaspekte der dritten Erklärung von Barmen (geistl. Erneuerung des Pfarrerstandes, Aufbau und Sendung der Bekennenden Gemeinde) nach 1945 nicht aufgenommen wurden, weil dadurch die Th.E. ein Übergewicht erhielt.

2. Dogmat. geurteilt kann die Th.E. schon deswegen kein »Bekenntnis« sein, weil sie in ihren sechs Artikeln zu damals umstrittenen Fragen Stellung nimmt, aber andere für ein Bekenntnis zentrale Themen (z.B. die Autorität der Hl. Schrift, die Sakramentenlehre, die Eschatologie u.a.) überhaupt nicht behandelt. Schon 1934 wurde bedauert, daß die Th.E. sich nicht in einem einzigen Satz zum Verhältnis zwischen Christen und Juden/Judenchristen äußert, aber sicherlich hätte solche Formulierung die Einheit der Synode und die Annahme der drei Erklärungen gefährdet. Im »Schlußsatz« der Erklärung stellt die Synode ausdrücklich fest, daß die Anerkennung der sechs Artikel nichts anderes als »die unumgängliche theologische Grundlage der DEK als eines Bundes der Bekenntniskirchen« bedeute. Von hier aus seien alle kirchenpolit. Entscheidungen in der Zukunft zu bedenken. Trotzdem, der Synode sind theol. Grundaussagen von seltener Klarheit gelungen. Das zeigt auch die Rezeption der Th.E. durch andere verfolgte und bedrängte Kirchen im 20. Jh.

Die Th.E. richtet sich gegen die »Lehr- und Handlungsweise der herrschenden Kirchenpartei der Deutschen Christen und des von ihr getragenen Kirchenregimentes«, also höchstens indirekt gegen den NS-Staat. Von den → Deutschen Christen grenzt sich die Th.E. ab; deren Pluralismus von Offenbarungsquellen erklärt sie als häretisch. Dabei ist zu beachten, daß die höchstgewichtige Präambel mit zur Th.E. gehört. Jede der sechs Thesen hat ein Schriftwort zum Ausgang, eine (positive) These und eine Verwerfung der Gegenposition.

These 1 bekennt sich zu Jesus Christus »als dem einen Wort Gottes« und verwirft alle anderen Offenbarungsquellen außer ihm.

These 2 ist Konsequenz aus These 1 und erinnert an »Gottes Anspruch auf unser ganzes Leben«, der keinen anderen Herren neben sich duldet.

These 3, die wichtige Beschreibung der »Kirche als Gemeinde von Brüdern«, verweist diese in »Botschaft wie Ordnung auf den in Wort und Sakrament gegenwärtig handelnden Herrn«, alle anderen Herrschafts- und Gestaltungsansprüche an die Kirche finden nur hier ihren Maßstab.

These 4, Konsequenz aus These 3, weist darauf hin, daß alle Ämter der Kirche nicht »Herrschaft, sondern Dienst begründen« und lehnt besondere mit Herrschaftsbefugnissen ausgestattete Führer in der Kirche ab.

These 5, die einzige These mit zwei Verwerfungen, klärt das Verhältnis zwischen Kirche und Staat: Das Recht des Staates »als Anordnung Gottes in der noch nicht erlösten Welt für Recht und Frieden zu sorgen«, wird deutlich anerkannt. Die Aufgabe der Kirche besteht darin, den Staat in jedem Fall »an Gottes Reich, an Gebot und Gerechtigkeit und damit an die Verantwortung der Regierungen und Regierten zu erinnern«. Der Totalanspruch des Staates wie die Übernahme staatlicher Aufgaben durch die Kirche wird abgelehnt.

These 6 schließlich bestimmt das Verhältnis zwischen Kirche und Volk neu. Kirche ist nicht Kirche des Volkes und damit dem unklaren, so oder so sich artikulierenden Volkswillen unterstellt, sondern Kirche für das Volk, mit einem mission. Auftrag versehen. In diesem Auftrag allein gründet ihre Freiheit.

Lit.: A. Burgsmüller, R. Weth: Die Barmer Theologische Erklärung (mit allen Texten), 1983; Geschichte – Wirkung – Defizite, 1984; W. Hüffmeier, M. Stöhr: Barmer Theologische Erklärung 1934-1984, 1984; C. Nicolaisen: Der Weg nach Barmen. Die Entstehungsgeschichte der Theologischen Erklärung von 1934, 1985; G. Niemöller (Hg.): Die erste Bekenntnissynode der Dt. Ev. Kirche zu Barmen. Bde. I/II 1959; E. Wolf: Barmen. Kirche zwischen Versuchung und Gnade, [2]1970.

G. Ruhbach

Barmherzige Brüder und Schwestern

Eine Sammelbezeichnung für kath. Laienorden, die rel. Gelübde ablegen und fast durchweg in der Krankenpflege arbeiten. Nur wenige Priester - vor allem für die Krankenseelsorge - fanden Aufnahme. Zu den B.B.n und Sch. gehören z.B. die B.B. vom hl. Johannes von Gott (1540 in Spanien gegründet), die B.B. von Montabaur (1856 gegr.), die B.B. vom hl. Vincenz v. Paul (1810 gegr., auch in der rel. Unterweisung tätig) u.a.

Sehr viel zahlreicher als die B.B. sind die B.Sch.; zu ihnen zählen u.a. die Borromäerinnen (1652 gegr.), die Vincentinerinnen (1633 vom hl. Vincenz v. Paul gegr.) sowie andere Frauenorden wie die Elisabetherinnen, die Franziskanerinnen, die Clemensschwestern, die Dernbacher Schwestern u.a. Für die Haus- und Hospitalkrankenpflege waren sie über lange Zeit hin unentbehrlich; seit längerem haben die Eintritte erheblich nachgelassen.

Lit.: M. Heimbucher: Die Orden und Kongregationen der katholischen Kirche, 2 Bde., [3]1932-1934; H.C. Wendlandt: Die weiblichen Orden, 1924.

G. Ruhbach

Barmherzigkeit → Tugend, -en

Barnabasbrief → Apostolische Väter

Barock

B. von span. *barueco*, portug. *barocco*, »unregelmäßige Perle«, mittellat. *baroco* (seit 13. Jh.) spöttisch für einen in typisch scholastischer Manier abgefaßten, aber für sinnlos erachteten Syllogismus (franz. *baroque*, »sonderbar, überladen, bizarr«), im 18. Jh. ins Deutsche übernommen: »barockisch, barock« für veralteten Geschmack und schwülstig empfundene künstlerische Gestaltung. B. war also zunächst eine abwertende Bezeichnung für Architektur, Musik und bildende Kunst im 17. und 18. Jh. Erst im 19. Jh. entdeckt man diese zwei Jahrhunderte als zusammengehörige Epoche und gesamteuropäisches Phänomen im positiven Sinne: die Epoche und den Stil des B. (H. Wölfflin, Renaissance und Barock, 1888). Zuweilen wird B. auch zurückgeführt auf den ital. Maler F. Barocci (1530-1612) als Begründer barocker Malerei.

Der B. ist weder nur die Kunst der Gegenreformation noch des Absolutismus, wenn auch beidem eng verbunden. In seinen wuchtigen und repräsentativen, vielfältig divergierenden Ausprägungen kam er dem Herrschaftsanspruch der kath. Kirche sowie des absolutistischen Adels entgegen und wurde deren besondere Ausdrucksform. Seine vorbereitenden Ursprünge hat der B. in Humanismus und Renaissance Italiens, zumal im Rom Michelangelos mit dem Petersdom und Vignolas mit der Jesuitenkirche Il Gesù, einer Kreuzkuppelbasilika, die zum Prototyp des kath. Kirchenbaus der Folgezeit wurde. Die Schule Coreggios lieferte das neue Element der Malkunst dazu.

Alles, Form und Farbe, Gestalt und Raum, Plastik und Stukkatur, fügt sich im B. zusammen zu einem Gesamtkunstwerk, das den Betrachter nicht mehr nur Gegenüber des künstlerischen Objektes sein läßt. Er wird vielmehr einbezogen in das Kunstwerk, indem dies sich auf ihn hin öffnet, ebenso wie es ihn hinüberführt in ungeahnte Räume hinein. In den Kirchen gehen irdischer und himmlischer Raum ineinander über; denn Architektur, Malerei und Stukkatur wirken derart ineinander, daß der Besucher sich der irdischen Wirklichkeit entnommen fühlt (z.B. in der Wallfahrtskirche Birnau). In den Profanbauten: Schlössern, Residenzen und Parks wird die Räumlichkeit durch endlose Perspektiven durchstoßen. Der barocke Raum findet seine belebende Überhöhung durch Spiel, Tanz, Theater und Feste.

Der barocke Mensch ist »Schau-Spieler« (H.J. Schoeps), die Welt seine Bühne. »Die ganze Welt bewegt den Schauspieler«, stand an Shakespeares Globe-Theater in London, und der Dichter Andreas Gryphius (1616-1664) sinniert: »Der Mensch, das Spiel der Zeit, spielt, weil er allhie lebt im Schauplatz dieser Welt.« Die Welt aber findet mit allen Mitteln der Kunst ihre Abbildung unter Einbeziehung der vielfältigen Formensprache der Natur, so daß der Eindruck unendlicher Bewegtheit, der Fülle und Überladenheit entsteht, obwohl feste Gesetze der Symmetrie, der Ausgewogenheit der zentralen Achse, der Proportionalität gewahrt bleiben. Trotz der Fülle ist die von Maß, Gesetz und Ziel durchwaltete Welt ein göttlicher Kosmos, in dem das menschliche Ich sich selbst zu neuer überhöhter Geltung bringt und über sich selbst hinausweist.

Alle barocke Kunst stellt dies dar. So entstehen prachtvolle sakrale und profane Bauten: Kirchen, Klöster, Paläste, Parks, Plätze, Gebäudeensembles. Im kath. Süden Deutschlands und in Österreich gelangen im 18. Jh. zu höchster Meisterschaft: Fischer v. Erlach - Karlskirche Wien, Schloß Schönbrunn; J. Prandtauer - Kloster Melk; B. Neumann - Vierzehnheiligen, Würzburger Residenz, Kloster Neresheim; D. Zimmermann - Wallfahrtskirchen Steinhausen und Wies usw. Im prot. Norddeutschland war der Kirchenbau weniger ausgeprägt: G. Bähr - Frauenkirche Dresden und D. Pöppelmann - Dresdner Zwinger; J.L. Prey und E.G. Sonnin - St. Michaelis zu Hamburg, auch Schloß- und Palastbauten in Berlin und Potsdam sind Beispiele.

In der Malerei kommen die Impulse aus Italien. Die Bologneser Familie Carracci setzte mit der Ausmalung des Palazzo Farnese in Rom mit mythologisch-allegorischen Motiven 1595ff Maßstäbe, Michelangelo da Caravaggio mit der »Bekehrung des Paulus« (Rom 1600-1601). Höhepunkte sind die Deckenmalereien des P. da Cartona im Palazzo Barberini, des G.B. Baciccio in Il Gesù und des A. Pozzo in S. Ignazio (Rom), der mit seinen Fresken das Gewölbe in einen Idealraum überhöht, so daß Irdisches und Himmlisches ineinander übergehen. In der Kunst G.B. Tiepolos (Residenz Würzburg) erreicht die italienische Malerei des B. ihren Höhepunkt. Nördlich der Alpen prägen der Flame Rubens und der Niederländer Rembrandt, der - in prot. Tradition - besonders bibl., mythologische und hist. Themen aufgreift. Von den deutschen Malern sind A. Elsheimer, J. v. Sandrart, C.D. Asam, J.M. Rottmayr, J. Zick zu nennen.

Die Entwicklung der dt. Kirchenmusik des B. verdankt sich bes. H. Schütz, G.Ph. Telemann, D. → Buxtehude und J.S. → Bach. In der Dichtung, die in A. Gryphius und J.J.Ch. Grimmelshausen ihre größten Vertreter hat, zu denen auch der Kirchenliederdichter Paul → Gerhardt zu rechnen ist, herrscht eine dunkle Grundstimmung der Vergeblichkeit und Vergänglichkeit (»Vanitas!«) vor. Das Leben wird als unberechenbar und wechselhaftem Glück unterworfen empfunden und doch gelebt im Bewußtsein einer alles ordnenden und »zusammenhaltenden Macht« (W. Dilthey).

Lit.: F. Blume: »Barock«, MGG 1, (1949) 1989, 1275-1338; W. Flemming: Deutsche Kultur im Zeitalter des Barocks, (1937) 1970; W. Hager: Barock - Architektur, 1968; ders.: Barock - Skulptur und Malerei, 1969; Die Kunstform des Barockzeitalters, hg. von R. Stamm, 1956; P.A. Riedl: »Barock«, TRE 5, 1980, 241-251; A. Riegl: Die Entstehung der Barockkunst in Rom, 1908; H. Wölfflin: Renaissance und Barock (1888), Neuausg. bearbeitet von H. Rose, ^{4}1926.

Chr. Windhorst

Barth, Christian Gottlob (1799-1862)

B., geb. am 31. 7. 1799 in Stuttgart, gest. am 12. 11. 1862 in Calw. Mit L. → Hofacker, S. Kapff und A. Knapp war B. einer der Väter der württembergischen Erweckung im 19. Jh.; 1834 bis 1838 war er Pfarrer in Möttlingen und Vorgänger J.Chr. → Blumhardts.

Reisen nach England und Schottland brachten ihn in Verbindung mit der Ev. → Allianz, seine Beschäftigung mit F.Chr. → Oetinger und F. → Baader öffnete ihn für die Theosophie. Ab 1838 arbeitete er hauptberuflich im Calwer Verlagsverein (gegr. 1833) und bemühte sich um christl. Volksliteratur, besonders für die Jugend und den Schulunterricht. Er hat die Kinderrettungsanstalt Stammheim bei Calw gegründet, das Interesse für Heidenmission durch Predigten und Gründung von Missionsvereinen belebt, nicht zuletzt auch zahlreiche Lieder gedichtet, die z.T. im Gesangbuch Aufnahme gefunden haben. So gilt er als württembergischer Pietist mit weitem Horizont.

Lit.: W. Knopp: Ch.G. Barth. Leben und Wirken, 1886; K. Müller: Die religiöse Erweckung im Anfang des 19. Jh. 1925; J. Roessle: Von Bengel bis Blumhardt, ^{4}1966.

G. Ruhbach

Barth, Karl (1886-1968)

B. geb. am 10. 5. 1886 in Basel, gest. daselbst am 10. 12. 1968, aufgewachsen ab 1889 in Bern, Theologiestudium seit 1904 in Bern, Berlin, Tübingen und Marburg (Schüler von W. Herrmann). 1909 Vikar in Genf, 1911-21 Pfarrer in Safenwil, 1921 Honorarprof. in Göttingen, 1925 Prof. in Münster, 1930 Prof. für Systemat. Theologie in Bonn, 1935-1962 in Basel.

1. Als junger Pfarrer stand B. stark unter dem Einfluß der rel.-sozialen Bewegung, der sich auch in seinem ersten Buch, dem »Römerbrief« (1919) äußert. Theol. vertritt er einen »göttlichen Realismus und Universalismus«, der die Versöhnung nicht moralisch versteht, sondern real, fortschreitend im Weltgeschehen als Weltversöhnung. Diesen Standpunkt gab er bald auf; aus neuer Sicht nimmt er ihn später in der Versöhnungslehre der Dogmatik wieder ein. Bei einer Tagung der Religiös-Sozialen in Tambach (»Der Christ in der Gesellschaft«, 1919) trat sein Bruch mit dem rel. Sozialismus (und mit dem idealistischen Geschichtsdenken) hervor. Die soziale Revolution darf nicht einfach als Revolution Gottes bezeichnet werden, Gottes Handeln in der Geschichte ist unaufweisbar. Von hier aus nimmt B. auch bleibend eine kritische Haltung gegenüber dem Begriff der Heilsgeschichte ein.

In der zweiten umgearbeiteten Auflage des »Römerbriefs« (1922) kommt die »Theologie des Wortes«, auch als »→ Dialektische Theologie« bezeichnet, voll zum Durchbruch. Die zentrale Frage heißt: Wie kann menschliche Rede Wort Gottes sein? Gottes Transzendenz schließt jeden Versuch aus, Gott als Gegenstand, in endlich-zeitlichen Kategorien zu erkennen. Gott ist unverfügbar. Deshalb ist menschliche Rede von Gott inadäquat, nur zeugnishaft. Menschliche Rede (Predigt) ist als solche nicht schon Wort Gottes, sie wird ereignishaft »Wort Gottes«, wenn Gott selbst in der Kraft des Hl. Geistes sich durch dieses verkündigende Wort mitteilt und Glauben weckt. Erkenntnis Gottes ist die dem Glauben zuteil werdende Erleuchtung (Offenbarung) durch das Wort. Von hier aus wird jede natürliche Theologie abgelehnt. B. hat diese Ablehnung später (KD 1/2, 304ff) in der Religionskritik weitergeführt. Religion ist der Versuch, Endliches und Zeitliches zum Unendlichen und Ewigen zu machen und führt im Sinne von Röm 1,18ff zur Vergöttlichung des Kreatürlichen. Die Offenbarung bzw. der Glaube ist daher die eigentliche »Aufhebung« der Religion.

2. Ende der 20er Jahre zeigt sich bei B. eine bedeutsame Wandlung: Theologie reflektiert nicht mehr das »Wortgeschehen«, die Predigt, sondern die Lehre bzw. das Bekenntnis der Kirche. Das → Bekenntnis ist nicht Wort Gottes, sondern Antwort der Kirche auf das von ihr gehörte, offenbarende Wort. Im Bekenntnis wird die Glaubenserkenntnis der Kirche faßbar, die Dogmatik als Lehre reflektiert sie und überprüft sie vom Ursprungszeugnis der Offenbarung, von der Bibel her. Die intensive Beschäftigung mit kirchl. Bekenntnissen äußert sich in drei Büchern über das »Apostolische Glaubensbekenntnis« (»Credo«, 1935; »Confession de la foi de l'Eglise«, 1943; »Dogmatik im Grundriß«, 1947) und in der Vorlesung über das schottische Bekenntnis (»Gotteserkenntnis und Gottesdienst nach reformierter Lehre«, 1938). 1927 erschien die »Christliche Dogmatik im Entwurf«, 1932 dann der erste Band von B.s monumentaler Dogmatik, die nun betont »Kirchliche Dogmatik« (KD) heißt. Neu ist auch die Christologie: Das Wort ist in Jesus Christus Mensch geworden. Gott wird nun ganz anders, nicht nur eschatologisch in seiner Gottheit erkannt, sondern jetzt auch in seiner Menschlichkeit (vgl. »Die Menschlichkeit Gottes«, Theol. Studien 48, 1956). Das Christuszeugnis orientiert sich jetzt streng am Bekenntnis »wahrer Gott und wahrer Mensch«.

3. Methodisch liegt der KD ein dreifacher Ansatz zugrunde: Erstens, daß Gott nur erkannt werden kann, wann und wo er sich selber mitteilt in seinem Wort. Zweitens, daß dieses Wort in Jesus Christus Mensch geworden und dadurch in seiner Fülle offenbar geworden ist. Drittens, daß diese Fülle der Zuwendung Gottes in Christus Gnade ist, d.h. versöhnende Liebe Gottes, Annahme des Menschen durch Gott. Joh 1,14-18 könnte als Schlüsselwort zu B.s Dogmatik gelten.

Gottes gnädige Zuwendung in Christus wird im

NT als das »Wort vom Kreuz« (1Kor 1,18) verkündet, d.h. die Versöhnung gründet im vollbrachten Erlösungswerk durch Jesu Lebenshingabe am Kreuz. Aber B. verlegt die im Evangelium verkündete Gnade schon in den Satz, daß Gott alles durch Christus erschaffen hat (Joh 1,3; 1Kor 8,6; Kol 1,16; Hebr 1,2). Die Schöpfung ist schon der Gnadenbund. Christus ist nicht nur der erwählende Gott, er ist, der Schöpfung vorausgehend, auch der erwählte Mensch, das »durch ihn« der Schöpfung ist auch schon die Erwählung des Menschen, des durch ihn repräsentierten Menschenvolkes (KD II/2, 6f, 126, 133, 215ff). Erwählung ist nicht Auswahl, sondern Annahme. Allerdings ist das Ziel des Gnadenbundes in der Schöpfung noch nicht erreicht. Erst in der Menschwerdung Christi wird der Schöpfungsbund erfüllt (KD III/1, 314). Deshalb bestätigt die Versöhnungslehre die Annahme und Erhöhung aller Menschen in Christus (KD IV/2, 50ff, 64f, 74ff, 238ff, 303, 311). Jesu Tod gehört zur Erfüllung des Bundes bzw. zur Versöhnung. Er nahm als Richter das Gericht für unsere Sünden auf sich. Indem er menschliches Wesen annahm, nahm er nicht auch die Sünde an, sondern er hebt sie auf, indem er das Gericht erträgt und so die Erfüllung des Bundes ermöglicht (KD IV/1, 278ff). Ermöglichte Jesu Tod die Versöhnung, so ist diese als Versöhnungsakt schon in der Inkarnation geschehen. Christus hat, indem er Mensch wurde, die menschliche Natur bzw. das menschliche Wesen angenommen. Beide Naturen sind in ihm als in einer Person vereinigt. Indem er menschliche Natur annahm, nahm er unsere Natur und unser Sein und Wesen an. Darum bedeutet die Inkarnation »die Verheißung der grundlegenden Veränderung und Bestimmung dessen, was wir alle als Menschen sind. In Jesus Christus ist nicht nur ein Mensch, ist vielmehr das Menschliche aller Menschen als solches in die Einheit mit Gott versetzt und erhoben« (KD IV/2, 52).

Sowohl die Erwählung wie die Versöhnung werden ontologisch begründet. Menschliches Sein und Wesen wird in die Einheit mit der menschlichen Natur und dem menschlichen Wesen Jesu Christi aufgenommen.

Diese Sicht überträgt sich auch auf die Lehre vom Menschen. Jesus Christus ist »die Quelle unserer Erkenntnis des von Gott geschaffenen menschlichen Wesens« (KD III/2, 1/Leitsatz). Die Inkarnation ist für B.s christl. Humanismus die »ontologische und noologische (erkenntnistheorethische) Voraussetzung«, in deren Licht der Mensch nach christl. Verständnis zu sehen ist (Humanismus, Theol. Studien 28, 5). Noologische Voraussetzung heißt, in Jesus Christus das menschliche Wesen erkennen. Ontologische Voraussetzung heißt, daß in Jesus Christus wirklich die Natur, das Sein des Menschen hervortritt (KD III/2, 50, vgl. 54, 158f).

Nun ist aber Jesus Christus wahrer Gott und wahrer Mensch in einer Person, und beide Naturen sind auch nach B. nicht zu trennen. So ist das von der Person Jesu Christi abgeleitete Bild des menschlichen Wesens das gott-menschliche Wesen, was eschatologisch auf die neue Kreatur in Christus (2Kor 5,17) hinweisen könnte. Aber für B. ist der in Christus erfüllte Gnadenbund die Erwählung der Welt, der Schöpfungsbund. In dem Maß, als die Versöhnung in Christus ontologisch, nicht eschatologisch verstanden wird, muß dann auch die Welt, so wie sie ist, die mit Gott versöhnte Welt sein und die Menschen in ihrem Sein und Wesen wie Christus sein. Sünde und Unglauben, auch das Gericht, wären dann – jedenfalls als eschatologische Entscheidung und Verantwortlichkeit vor Gott – bereits aufgehoben.

B. erfuhr viele Ehrungen, war mehrfach Dr. h.c., begegnete aber auch Widerspruch. Als junger Pfarrer trat er der sozialdemokratischen Partei bei und geriet wegen gewerkschaftlich-polit. Aktivitäten in Kontroversen innerhalb seiner Gemeinde. In Deutschland enthielt er sich dann polit. Stellungnahmen. Aber von polit. Instanzen wurde er mit Mißtrauen beobachtet, weil er den Kirchen riet, am polit. »Aufbruch« des Dritten Reiches nicht mitzumachen (»Theologische Existenz heute!«, 1934), sondern bei ihrer Sache, nämlich der Verkündigung des Evangeliums, zu bleiben. Er entwarf auch die »Theologische Erklärung zur gegenwärtigen Lage der Deutschen Kirche« der Bekenntnissynode in Barmen-Gemarke 1934. Im Juni 1935 wurde er als Prof. in Bonn in den Ruhestand versetzt, nahm aber im gleichen Jahr eine Berufung nach Basel an, wo er bereits im Oktober seine Vorlesungen an der Universität aufnehmen konnte. Von Basel aus nahm er offen gegen den Nationalsozialismus Stellung, lehnte aber eine gleiche Stellungnahme gegen den Kommunismus ab, mit der Begründung, daß der Nationalsozialismus ein falscher Messianismus sei, eine rel. Verführung, wogegen der Kommunismus eine säkulare nicht antichristl., sondern achristl.-polit. Herrschaft sei, unter der er zwar nicht zu leben wünsche, die aber theol. als legitime Obrigkeit anerkannt werden müßte.

Lit.: Eine Übersicht über die umfangreiche Bibliographie findet sich im Anhang zu den Festschriften »Antwort«, 1956, und »Parrhesia«, 1966.

K. Barth: Der Römerbrief, 1919, [2]1922; Das Wort Gottes und die Theologie, Vorträge 1916-1923, 1924; Die Theologie und die Kirche, Vorträge, 1928; Fides quaerens intellectum, 1931; Die Kirchliche Dogmatik, 4 Bde. in 13 Teilbänden, 1932-1967; Eine Schweizer Stimme, 1945; Einführung in die evangelische Theologie, 1962; Theologische Fragen und Antworten, Vorträge, 1986; hingewiesen sei auf die in Zürich (Theologischer Verlag Zürich) geplante Gesamtausgabe der Werke Barths (incl. Nachlass). Einzelne Bde. sind bereits erschienen, so »Das christliche Leben« (KD IV/4, Fragmente aus dem Nachlass) Akad. Reihe II/7: Die christliche »Dogmatik im Entwurf« (1927), Akad. Reihe II, 14.

H.U. v. Balthasar: Karl Barth, 1976; E. Busch: Karl Barths Lebenslauf, 1975; E. Jüngel: Barth-Studien, 1982; W. Kreck: Grundentscheidungen in Karl Barths Dogmatik, 1978; B. Rothen: Die Klarheit der Schrift, Bd.2: Karl Barth. Eine Kritik, 1990.

F. Flückiger

Basedow, Johann Bernhard (1724-1790)

B., geb. am 11. 9. 1724 in Hamburg, gest. am 25. 7. 1790 in Magdeburg, studierte Theologie in Leipzig und Kiel, wandte sich danach der Reform des Schulunterrichts zu und wurde zu einem der führenden Vertreter der Aufklärungspädagogik. Er gilt als Mitbegründer des Philanthropismus; 1774 eröffnete er in Dessau sein Philanthropinum, die »Schule der Menschenfreundschaft«, ein Internat, in dem auch moderne Sprachen und Naturkunde gelehrt und Leibesübungen getrieben wurden. Der Religionsunterricht war als »Gottesverehrung« überkonfessionell.

B. war in der Naturverbundenheit J.J. Rousseau sehr zugetan. Er hat zahlreiche Methoden- und Elementarbücher verfaßt und der Erziehungsbegeisterung seines Jh.s mancherlei päd., rationalistische Impulse vermittelt.

Lit.: J.B. Basedow: Vorstellung an Menschenfreunde, 1906; ders.: Elementarbuch, 1909; ders.: Methodenbuch, 1913 (alle hg. von Th. Fritzsch).

A. Basedow: Johann Bernhard Basedow, 1924; J. Rammelt: Johann Bernhard Basedow, 1929; J. Schmitt: Der Kampf um den Katechismus in der Aufklärung. Diss. Oldenburg 1935.

G. Ruhbach

Basilides → Gnosis

Basilika → Kirchenbau

Basilius der Große → Kappadozier, die drei großen

Basler Konfession → Bekenntnisschriften (reformierte)

Basler Konzil (1431-1449)

Das Konzil von Basel wurde am 23. Juli 1431 eröffnet, ohne daß neben den verschiedenen Gelehrten ein einziger Bischof anwesend war. Papst Martin V. hatte Kardinal Cesarini zum Präsidenten des Konzils bestimmt. Doch als das Konzil begann, war bereits Eugen IV. (1431-1447) Papst. Wegen mangelnder Beteiligung löste der Papst am 18. Dezember 1431 das Konzil auf. Man verweigerte jedoch dem Papst den Gehorsam, ja lud ihn sogar zur Verantwortung vor das Konzil. Nikolaus von Cues schrieb zur Verteidigung des Konzils seine Concordantia Catholica. Nach zweijährigem Konflikt gab Eugen IV. nach und zog am 15. Dezember 1433 das Auflösungsdekret zurück. »In der Zwischenzeit hatte das Konzil damit begonnen, die konziliare Theorie in die Praxis umzusetzen und sich als höchste Gerichts- und Verwaltungsinstanz der Kirche zu etablieren« (H. Jedin). Die Zahl der Teilnehmer in Basel wuchs. Im April 1433 zählte man 275 Teilnehmer, im Juli bereits 366.

In den Jahren 1433 bis 1436 erließ das Konzil Dekrete zur Kirchenreform, z.B. über die regelmäßige Veranstaltung von Provinzial- und Diözesansynoden, über die kirchl. Liturgie, gegen den Konkubinat der Kleriker sowie gegen unbegründete Appellationen nach Rom. In den Dekreten zeigte sich auch das Ziel, die päpstliche Gewalt einzuschränken und dem Konzil selbst die Exekutive zu übertragen.

Zum Bruch zwischen Papst und Konzil kam es im Sommer 1437 über der Frage, wo das Unionskonzil mit den Griechen gehalten werden solle. Am 18. September 1437 verlegte der Papst das B.K. nach Ferrara. Im Januar 1439 wurde das Unionskonzil aus Geldmangel von Ferrara nach Florenz verlegt. Am 5. Juli 1439 wurde hier das Unionsdekret angenommen, in dem die Autorität des Papstes gegenüber der griech. Kirche, aber auch gegenüber dem Konzil ausdrücklich bestätigt wurde.

Die Mehrheit der Konzilsteilnehmer blieb jedoch in Basel zurück. Diese 400 Geistlichen, darunter etwa 20 Bischöfe und Äbte, verkündeten die Oberhoheit des Konzils als Glaubenswahrheit (16. Mai 1439) und alle, die dies verneinten, wurden zu Ketzern erklärt (→ Konziliarismus). Am 25. Juni 1439 wurde die Absetzung Eugens IV. bekanntgegeben. Man wählte Herzog Amadeus VIII. von Savoyen zum Papst, der sich Felix V. nannte.

Am 4. September 1439 erließ Papst Eugen IV. die Bulle »Moyses«. In dieser Bulle verdammte er »die verlorenen Menschen, die in Basel zurückgeblieben waren«.

Das B.K. kann als Höhepunkt der durch das Große Schisma (1378-1417) eingeleiteten konziliaren Epoche verstanden werden. H. Jedin hat herausgestellt, daß sich Reformgedanke und Konzil erst im Verlauf des Schismas zu einer regelrechten »Allianz« verbanden.

Allerdings erreichte das Konzil das Ziel einer »Reformation am Haupt (der Kirche)« nicht - zum einen wegen des Widerstands Eugens IV., zum anderen wegen der fehlenden Exekutive des Konzils. Hindernisse waren weiter »die inneren Spannungen der Synode und der Unwille vieler Betroffener, sich reformieren zu lassen. Schließlich war Europa kirchenpolit. bereits so partikularisiert, daß ein europ. Konsens über eine Gesamtreform bereits im 15. Jh. unmöglich geworden war« (J. Helmrath).

Lit.: J. Helmrath: Das Basler Konzil 1431-1449. Forschungsstand und Probleme, Kölner Historische Abhandlungen, Bd. 32, 1987; H. Jedin: Kleine Konzilsgeschichte, 1978.

K. Wittstadt

Basler Mission

1. Geschichte

Die B.M. (Evangelische Missionsgesellschaft in Basel), am 25. 9. 1815 durch Christian Friedrich → Spittler (1782-1867) und Pfr. Nikolaus von Brunn (1766-1849) als überkonfessionelles Missionsinstitut durch Deutsche und Schweizer als Tochter der »Deutschen Christentumsgesellschaft« gegründet, um Missionare nach dem Vorbild der »Knechtsgestalt Christi« auszubilden, wurde Ausgangspunkt der neueren Missionsbewegung auf dem Kontinent. In dem bis 1956 bestehenden Missionsseminar wurden mehr als 2.500 »Handwerker-Theologen« ausgebildet, die auch in holländ. und engl. Missionen und als Pfarrer deutscher Auswanderer in allen Teilen der Welt arbeiteten. Nach den ersten gescheiterten Unternehmen im Kaukasus (1822-37) und in Liberia (1827-30) begann die B.M. 1828 an der Goldküste (Ghana), 1834 in Indien und 1846 in Hongkong und Südchina, 1886 in der deutschen Kolonie Kamerun und 1912 in Nordtogo ihre eigene Arbeit. 1914 war die B.M. die größte Mission im deutschsprachigen Gebiet mit 450 Missionskräften auf 73 Hauptstationen in fünf Ländern mit 2.096 einheimischen Mitarbeitern, die 72.000 Christen und 56.000 Schüler in 865 Missionsschulen betreuten. Im Ersten Weltkrieg wurden alle Basler Missionare interniert oder repatriiert und das Eigentum der B.M. beschlagnahmt, da die B.M. als deutsche Mission gewertet wurde. 1921 übernahm die B.M. die Arbeit der Rheinischen Mission in Süd-Kalimantan und kehrte vor allem unter dem letzten deutschen Direktor Dr. Karl → Hartenstein (1926-1939) auf die alten Gebiete zurück. 1933 lehnte die B.M. die von den → Deutschen Christen geplante »Verkirchlichung der Mission« ab und schloß sich der Bekennenden Kirche an. Mit Kriegsausbruch 1939 wurde die B.M. zur rein schweizerischen Mission unter Präsident Alphons Koechlin (1936-1959), nachdem die Deutschen, die bisher alle Direktoren gestellt hatten, freiwillig aus der Leitung ausschieden. Nach Hartensteins Tod (1952) konstitutierte sich 1954 der Deutsche Zweig der B.M. mit Sitz in Stuttgart. Die aus der Arbeit der B.M. entstandenen Kirchen sind heute alle selbständig. In den 70er Jahren wurde die B.M. Gründungsmitglied der Kooperation Evangelischer Kirchen und Missionen in der Schweiz (KEM) und des Evangelischen Missionswerks in Südwestdeutschland (EMS). 1990 beschloß die B.M. auf der Gwatt-Konsultation, verstärkt auch die Partnerkirchen in den Leitungsgremien zu beteiligen.

2. Arbeit und Aufgaben

Charakteristisch für die B.M. war trotz enger kirchl. Bindungen ihre ökumen. Ausrichtung. Die Interessen des Reiches Gottes waren höher als die der Konfession und Nation. Mission als »gehorsamer Zeugendienst der bekennenden Kirche« bedeutete auch Wiedergutmachung begangenen Unrechts. So wurden seit 1850 für arbeitslose Inder Webereien und seit 1870 unter Leitung der 1859 gegründeten Basler Missionshandlungsgesellschaft (BHG) Ziegeleien gegründet und überall Schulen eingerichtet. 1857 führte die B.M. den Kakao in Ghana ein. Die BHG, die 1914 mehr als 2.000 Beschäftigte hatte, trennte sich 1917 von der B.M. und wurde zum eigenständigen Unternehmen. 1990 arbeiteten 108 Mitarbeiter der B.M. in verschiedenen Kirchen.

Lit.: K.W. Rennstich: Handwerker-Theologen und Industrie-Brüder als Botschafter des Friedens. Entwicklungshilfe der Basler Mission im 19. Jahrhundert, 1985; W. Schlatter und H. Witschi: Geschichte der Basler Mission (5 Bde.), 1916-1970.

K. W. Rennstich

Batak-Kirchen/Batak-Mission

Die ev. B.-K. in Indonesien entstanden aus rheinisch-unierter und aus niederländisch-ref. Missionsarbeit in Nord-Sumatra. Sie nennen sich nach dem Stammesvolk der Batak, bzw. nach einem seiner fünf Teilvölker. »Batak-Mission« bezieht sich auf die Wirksamkeit der Rheinischen Missions-Gesellschaft von 1861 bis 1940.

Der holländische Missionar G. v. Asselt taufte am 31. 3. 1861 die ersten drei Batak und schloß sich der Rheinischen Missions-Gesellschaft an.

Nach schweren Anfängen kam es seit 1880 zu einer zunehmenden Evangelisierung des Volkes. Sie wurde vor allem von den Missionaren I.L. Nommensen, P.H. Johannsen und A. Mohri getragen und von dem einheimischen Fürsten Raja Pontas Lumbantobing entscheidend gefördert. Nach 25 Jahren wurden drei einheimische Pastoren ordiniert. Nicht weniger schulten die Missionare auch Gemeindeglieder für eine verantwortliche Mitarbeit. Seit Ende des 19. Jh.s prägten Missionsschwestern, u.a. Elfriede Harder, die geistl. Haltung der Frauen und der Mädchen in Schulen und Heimen. Nach 80 Jahren war die Toba-Batak-Kirche für ihre finanzielle Selbständigkeit bekannt. Sie erhielt 1930 eine rechtliche Kirchenverfassung und wählte 1940 eine einheimische Leitung. 1951 erklärte sie ihr eigenes Bekenntnis, mit dem sie 1952 in den Luth. Weltbund aufgenommen wurde. 1962 gab sie sich eine neue Kirchenordnung, die die Rheinische Missions-Kirchenordnung von 1930 ersetzte. Ephorus D. theol. Justin Sihombing führte die Kirche mit geistl. Vollmacht 1942-1963. Sie ist die älteste von sechs Batak-Kirchen und zugleich die größte ev. Kirche in Südostasien (2,4 Mio. Mitglieder, 430 Pfarrer).

Übersetzt wurden in die Toba-Bataksprache: NT 1878, AT 1892, die Bibel in der Sprache von heute 1989. 1927 und 1963-1976 trennten sich aus nationalen, ethnisch-sprachlichen oder theol.-kirchenpolit. Gründen fünf Gruppen von der Toba-Batak-Kirche. Sie wurden als Kirchen anerkannt.

Aus der Arbeit niederländischer Mission entstand die Karo-Batak-Kirche. Sie wurde 1941 selbständig und wuchs zwischen 1965 und 1973 um die doppelte Mitgliederzahl. Die Karo-Batak-Kirche, die seit ca. 1960 eng mit deutschen Partnerkirchen kooperiert, hat heute ca. 205.000 Mitglieder und 127 Pfarrer.

Batakschen Christen haben im islamischen Indonesien wesentlich zur Inkulturation und nationalen Anerkennung des Christentums beigetragen. Die innere Situation ihrer Kirchen ist von Problemen ethnisch bestimmter Kirchenzugehörigkeit gekennzeichnet, wie sie für Volkskirchen charakteristisch sind. Der Islam stellt die Kirchen vor die Aufgabe, die christl. Identität durch überzeugendes Verhalten in der Bevölkerung zu bewähren. Die Batak-Kirchen arbeiten in der Gemeinschaft der Kirchen Indonesiens zusammen und sind Mitglieder der neuen ökumen. Organisation der → Vereinigten Evangelischen Mission »United in Mission«, Wuppertal. Mit Gemeinden und Kirchenkreisen in der Bundesrepublik bestehen Partnerschaftsverträge.

Lit.: D. Becker (Hg.): Mit Worten kocht man keinen Reis. Beiträge aus den Batak-Kirchen, 1987; U. Beyer: ». . .und viele wurden hinzugetan«. Karo-Batak-Kirche, 1982; A. Lumbantobing: Das Amt in der Batak-Kirche, 1961; G. Menzel: Peter Hinrich Johannsen, 1989; L. Schreiner: Das Bekenntnis der Batak-Kirche, [2]1984.

L. Schreiner

Bauer, Bruno (1809-1882)

Anfangs zum rechten, seit 1840 zum linken Flügel der Hegelschüler zählender Theologe, geb. am 6. 9. 1809 in Eisenberg (Sachsen), gest. am 15. 4. 1882 in Berlin.

B. studierte Theologie in Berlin (1828-34), u.a. bei Vatke und Marheineke, und war Privatdozent in Berlin und Bonn. Nach dem Entzug der Lehrerlaubnis (1842) war er in Rixdorf bei Berlin als freier

Schriftsteller und führender Kopf der Linkshegelianer tätig und hatte zeitweilig großen Einfluß auf Karl Marx. B. wollte die Hegelsche Philosophie mit der hist. Erforschung der Bibel verbinden: Die Offenbarung entwickelt sich geschichtlich. Gott erkennt sich schrittweise im Bewußtsein des Menschen. Davon geben die bibl. Texte Zeugnis. Doch die Betonung der geschichtl. Entwicklung christl. Lehre führte B. ab 1840 zur Aufgabe der Idee eines jenseits der Geschichte existierenden Inhaltes der Offenbarung sowie eines absoluten Geistes. Wirklich ist nur das menschliche Selbstbewußtsein in seiner Geschichte, alle Seinsaussagen über Gott und Christus sind der Versuch der Gemeinde, das in ihr wirkende Bewußtsein zu objektivieren. Damit wird B. zum scharfen Religionskritiker, aber auch zu einem wichtigen, leider kaum beachteten Vorläufer der religionsgeschichtl. Schule wie der redaktionsgeschichtl. Erforschung bibl. Texte.

Lit.: (Werke in Auswahl) B. Bauer: Kritik der Geschichte der Offenbarung. Erster Teil., 2. Bde, 1838; Kritik der evangelischen Geschichte des Johannes, 1840; Kritik der evangelischen Geschichte der Synoptiker, 2 Bde., 1841.

G. Lämmermann: Kritische Theologie und Theologiekritik. Die Genese der Religions- und Selbstbewußtseinstheorie Bruno Bauers, 1979; J. Mehlhausen: »Bauer, Bruno«, TRE 5, 1980, 314-317 (Lit.!); ders.: Der Umschlag in der theologischen Hegelinterpretation – dargetan an Bruno Bauer, in: G. Schwaiger (Hg.): Kirche und Theologie im 19. Jahrhundert, 1975.

K. Lehmkühler

Bauernkrieg, Deutscher

Unter dem B. versteht man die Erhebung der Bauern und überhaupt des »Gemeinen Mannes« im 16. Jh., die unter wirtschaftl. Druck, teilweise in sozialer Not lebten und denen polit. Rechte vorenthalten wurden. Zur Vorgeschichte gehören Bauernaufstände seit dem 13. und 14. Jh. in der Schweiz, in Flandern, Frankreich und England, im 15. Jh. z.B. die Bewegung um den Pfeifer von Niklashausen im Taubertal (1476), später der »Bundschuh« am Oberrhein 1493-1517 und der »Arme Konrad« in Württemberg 1514.

Die → Reformation gab den Bauern neuen Auftrieb in antiklerikaler Grundstimmung, im Kampf gegen Menschensatzungen, in Ablehnung aller nicht bibl. begründeten Forderungen und Gesetze der Herrschenden. Zum Ausbruch kam der B. mit der Erhebung der Stühlinger Bauern im Südschwarzwald (Mai-Juni 1524). Anfang 1525 griff diese Bewegung auf Schwaben über. Elsaß, Franken, Thüringen, Sachsen, Tirol, Kärnten wurden ebenfalls ergriffen.

Das Ziel der Bauern war, das »alte«, weil der Schöpfungsordnung entsprechende und in der Bibel gegründete, mit der Reformation auch den Laien zugänglich gewordene »göttliche Recht« wiederherzustellen. Ihre Forderungen fanden eine Zusammenfassung in den im Oberrheinischen entstandenen, von Sebastian Lotzer und Christoph Schappeler bearbeiteten »→ Zwölf Artikeln der Bauernschaft in Schwaben«, die schnelle und weite Verbreitung fanden. Zu den Forderungen gehörten: Freie Wahl des Predigers durch die Gemeinde, Verwendung des Kirchenzehnten in der Gemeinde, Abschaffung der Leibeigenschaft, kommunale Nutzung der Allmende, Freigabe von Fischfang, Jagd und Holzschlag, Einschränkung von Frondiensten.

Diese Forderungen erhoben auch andere Schichten der Bevölkerung – »der Gemeine Mann« – oder schlossen sich ihnen an und bildeten brüderliche Vereinigungen. Wo sich militante Gruppen gegenüber den friedfertigen durchsetzten, wo es an Führungskraft fehlte, kam es zu unkontrollierten Plünderungen, Brandschatzungen, Zerstörungen und Mordtaten wie in Kempten oder Weinsberg. Während der Schwäbische Bund die zur »Christlichen Vereinigung« zusammengeschlossenen Bauern Oberschwabens im Juli vernichtend schlagen konnte, waren die Bauernhaufen im Thüringischen unter Thomas Müntzer und Heinrich Pfeiffer schon im Mai 1525 von den Truppen Philipps von Hessen und Georgs von Sachsen in offener Feldschlacht vor den Toren von Frankenhausen niedergemetzelt worden, nachdem Luthers Vermittlungsversuche gescheitert waren. Der B. endete mit einer vernichtenden Niederlage des »Gemeinen Mannes«, selbst wenn in manchen Gegenden seine Forderungen anerkannt und auf dem Reichstag zu Speyer 1526 wenigstens beraten wurden.

Lit.: P. Blickle: Die Revolution von 1525, ²1981; ders.: Bauer, Reich und Reformation (FS G. Franz), 1982; G. Franz: Quellen zur Geschichte des Bauernkrieges, 1963; ders.: Der deutsche Bauernkrieg, ¹⁰1975; H.-J. Goertz: Pfaffenhaß und groß Geschrei. Die reformatorischen Bewegungen in Deutschland 1517-1529, 1987; G. Maron: »Bauernkrieg«, TRE 5, 1980, 319-338 (Lit.).

Chr. Windhorst

Baumgarten, Sigmund Jakob (1706-1757)

B., geb. am 14. 3. 1706 in Wolmirstedt (Sachsen), gest. am 4. 7. 1757 in Halle (Saale), lernte durch seinen Vater, der zum innersten Kreis des frühen hallischen → Pietismus gehörte, die pietist. Frömmigkeit kennen. Als er 1722 das Pädagogium in Halle begann, hatte er eine ungewöhnlich breite Ausbildung im Elternhaus erhalten, wozu die klassischen und modernen Sprachen (Französisch, Italienisch und Englisch), aber auch die Kenntnis von Logik, Philosophie und antiker Literatur gehörten. 1724 immatrikulierte er sich an der Friedrichs-Universität/Halle in Theologie. Seit 1725 unterrichtete er an der Lateinschule des Waisenhauses und wurde 1726 deren Inspektor. Nach seiner Ordination wurde er 1728 zum Predigeradjunkten bei seinem besonderen Förderer Gotthilf August → Francke, dem Sohn August Hermann Franckes, an die Marktkirche berufen. Außerdem hielt er an einigen Wochentagen im Waisenhaus Erbauungsstunden ab, zu denen Studenten, Bürger und Soldaten kamen. Im Herbst 1731 erhielt B. die Magisterwürde und begann mit philologischen, phil. und gelehrtengeschichtl. Vorlesungen an der Universität. An der theol. Fakultät hielt er ab 1732 als Adjunkt Vorlesungen, ab 1734 durch Ernennung aus Berlin als ordentlicher Professor. Seine Vorlesungen waren von Anfang an beliebt und fanden großen Zulauf. Zu seinen Schülern zählten sowohl der spätere streitbare orthodoxe Hamburger Hauptpastor Melchior → Goeze und Johann Christoph Wöllner, der als Minister → Friedrich Wilhelms II. von Preußen gegen die Aufklärung und einen theol. Rationalismus kämpfte, als auch der Hauptvertreter der deutschen Aufklärungstheologie, Johann Salomo → Semler.

Die Vertreter des hallischen Pietismus hatten erwartet, daß B. ihre theol. Auffassungen aufgrund seiner Begabung und seines hervorragenden Rufes als Wissenschaftler wirkungsvoll an der theol. Fakultät vertreten würde. Vielleicht war es zunächst der Neid auf seinen großen Lehrerfolg, der seine Kollegen veranlaßte, ihn als Vertreter der verbotenen Wolffschen Philosophie zu verdächtigen. Richtig ist, daß B. durch rationale Herleitung das orth. Dogma neu begründete und dabei vorsichtig das neue naturwissenschaftl. und hist. Denken aufnahm. Im Gegensatz zu seinen pietist. Kollegen verzichtete er auf alle biblizistische Erbaulichkeit und benutzte eine strenge wissenschaftl. Begrifflichkeit. Dies trug ihm den Vorwurf der kalten »Subtilität« von seiten der Pietisten ein. Er hielt jedoch am Offenbarungsbegriff wie auch am Offenbarungsinhalt fest, harmonisierte ihn nur mit der Vernunft. Im Anschluß an Langes und → Freylinghausens Kompendium der Dogmatik betont B. die pietist. Auffassung, daß die Wiedergeburt für die eigentliche Erleuchtung und den lebendigen Glauben notwendig ist. So half B. einerseits der Orthodoxie, sich klar verständlich zu machen und gegenüber dem Rationalismus zu behaupten, und andererseits der entstehenden deutschen → Aufklärung, einen Weg der Harmonie von Dogma und Vernunft zu finden.

Von B.s Werken sind uns nicht nur seine zahlreichen Universitätsschriften und Gutachten überliefert, sondern auch seine Vorlesungen. Semler, den B. selbst zum Erben in Halle herangebildet hatte, gab seine beiden Hauptvorlesungen mit einer ausführlichen Einleitung heraus: Evangelische Glaubenslehre, 3 Bde. 1759/60 (wohl die erste durchgängig in deutscher Sprache verfaßte Dogmatik) und Untersuchung theologischer Streitigkeiten, 3 Bde. 1762-1764. Seine Ethik »Unterricht vom rechtmäßigen Verhalten eines Christen oder theologische Moral« erschien ab 1738 in vielen Auflagen und war wohl zu der damaligen Zeit sein berühmtestes Werk. In seinen »Nachrichten von einer Hallischen Bibliothek«, 8 Bde. 1748-51, und deren Fortsetzung in den »Nachrichten von merkwürdigen Büchern«, 12 Bde. 1752-58, vermittelte er einer breiteren deutschen theol. Leserschicht im großen Umfang die englische deistische, antideistische und empirische Literatur.

Semler hat im »Ehrengedächtnis« für B. geschildert, wie dieser, zunehmend gesundheitlich geschwächt, ganz ans Haus gefesselt war und mit großer Würde und Glauben am 4. Juli 1757 starb. Seine Zeitgenossen rühmen immer wieder seine ruhige Gelassenheit, milde Friedfertigkeit und bei aller wissenschaftl. Strenge demütige Geduld mit anderen.

Lit.: K. Barth: Die protestantische Theologie im 19. Jahrhundert, 1961, 139-146; E. Hirsch: Geschichte der neuern evangelischen Theologie, Bd. 2, ⁵1975, 370-390.

U. Krolzik

Baur, Ferdinand Christian (1792-1860)

Geb. am 21. 6. 1792 im Pfarrhaus von Schmiden bei Stuttgart, blieb Ferdinand Christian Baur bis zu seinem Tod im engen Umkreis Württembergs. Er durchlief die damals für schwäbische Theologen schon mit der Gymnasialzeit beginnende Seminarausbildung, studierte in Tübingen als Glied des Ev. Stiftes (1809-14), wirkte kurze Zeit als Vikar und als Stiftsrepetent, wurde dann 1817 Prof. für Alte Sprachen am Seminar Blaubeuren und schließlich 1826 Ordinarius für hist. Theologie an der Universität Tübingen. Nach 34jähriger hoch angesehener Tätigkeit starb er dort am 2. 12. 1860. Obwohl die um ihn sich sammelnde → Tübinger Schule schon zu seinen Lebzeiten zerfiel und die auf seinen Tod folgenden sechs Jahrzehnte in der Theologie vom ganz anders gearteten → Historismus bestimmt waren, muß man B. doch – um der thematischen Breite und der wissenschaftl. Qualität seiner Schriften wie vor allem um der von ihm aufgeworfenen Frage nach einer Theologie der Geschichte willen – als einen der wesentlichen Theologen der Neuzeit anerkennen. Im 20. Jh. versuchten R. → Bultmann und seine Schule, B.s Arbeit fortzusetzen.

B.s Theologie ist wesentlich von der Geschichtsphilosophie → Hegels bestimmt: Die Geschichte wird als Ganzes genommen und als Prozeß der Selbsterkenntnis Gottes, des absoluten Geistes, angesehen. Dieser Prozeß vollzieht sich dialektisch durch These und Antithese hindurch auf eine jeweils neue Synthese hin. Theologie fällt bei B. darum mit Religionsgeschichte, bzw. – weil das Christentum die absolute Religion ist – mit Dogmen- und Kirchengeschichte zusammen. Kirchengeschichtsschreibung ist zu verstehen als Rückschau des in ihr sich selbst erkennenden Geistes auf das geschichtl. Gewordene: Das Wirkliche lernt sie als notwendig verstehen. Geschichtsschreibung hat deshalb laut B. stets nach der einen Idee als dem bewegenden Prinzip in der Vielfalt der Erscheinungen zu fragen. Nicht auf die handelnden Persönlichkeiten, sondern auf den Zusammenhang der Entwicklung kommt es an. Der traditionelle Glaube an die göttliche Lenkung der Weltgeschichte wird dadurch in das moderne Immanenzdenken übersetzt. Zugleich zeigt sich bei B. die Gefahr einer die Wahrnehmung einschränkenden Konstruktion des Geschichtsverlaufs: Das als notwendig Erscheinende wird als wirklich gesetzt. B.s Suche nach einem Gesamtzusammenhang der geschichtlichen Einzelheiten, der sich als Wirken Gottes verstehen läßt, bleibt der Theologie dennoch weiterhin aufgegeben.

Die Veröffentlichungen B.s umfassen Studien zur Religionsphilosophie und -geschichte (→ Manichäismus, → Gnosis), Konfessionskunde (Streit mit J.A. → Möhler), Geschichte des Urchristentums (Paulus, Johannesevangelium, Synoptiker), Dogmen- und Kirchengeschichte, alle mit umfassender Kenntnis aus den Quellen gearbeitet. Im Sinne der Hegelschen Dialektik sah er das Christentum als höhere Einheit von Heidentum und Judentum, die altkatholische Kirche um 180 n.Chr. als im JohEv sich spiegelnde Synthese aus judenchristl.-petrinischem und heidenchristl.-paulinischem Urchristentum, das Dogmenverständnis Hegels als die Vermittlung überwiegender Objektivität bis zur Reformation mit der allmählich überwiegenden Subjektivität bis Kant. Den Protestantismus verstand er als Loslösung der Idee der Kirche aus ihrer sichtbaren Erscheinung in der katholischen Kirche; seither komme es zu einem wachsenden Verständnis für individuelle Freiheit (auch vom Dogma) und für die Autonomie des Staates.

Am wirkungsvollsten wurden B.s Arbeiten zur Geschichte des Urchristentums. Zum ersten Mal wurde hier versucht, den Quellenwert der ntl. Schriften näher zu bestimmen, indem B. nämlich nach der Intention des jeweiligen Autors im Rahmen des vorausgesetzten dialektischen Prozeßes fragte (sog. Tendenzkritik). Dabei erwiesen sich ihm nur Gal, 1 u. 2Kor und Röm sowie Offb als echt apostol., weil den Gegensatz von Paulinismus und Judaismus in seiner ganzen Schärfe zeigend, während die Mehrzahl der ntl. Schriften in die Periode der Ausgleichsversuche von 70-140 n.Chr., die Pastoralbriefe, 1-3Joh und das JohEv sogar erst in die Jahre 140-170 gehörten. Seither gilt B. als Begründer der »historisch-kritischen Methode« in der Bibelauslegung.

Hauptwerke: Paulus, der Apostel Jesu Christi (1845, [2]1866/67); Lehrbuch der christlichen Dogmengeschichte ([3]1867) Nachdruck 1974; Ausgewählte Werke in Einzelausgaben, hg. von K. Scholder, 5 Bde., 1963-75.

Bibliographie: G. Fraedrich: s.u., 377ff.

Lit.: W. Dilthey: F.Chr. Baur, in: ders.: Gesammelte Schriften IV, 1921, 403ff; G. Fraedrich: F.Chr. Baur, 1909; P. Friedrich: F.Chr. Baur als Symboliker, 1975; W. Geiger: Spekulation u. Kritik. Die Geschichtstheologie F.Chr. Baurs, 1964; K. Scholder: F.Chr. Baur als Historiker, EvTh 21/1961, 435ff; ders.: »Baur, F.Chr.«, TRE 5, 1980, 352-359 (Lit.).

U. Swarat

Bavinck, Herman (1854-1921)

Führender Theologe der neocalvinistischen Erwekkungsbewegung des 19. Jh.s in der Niederländisch-Ref. Kirche, die bis heute in Nordamerika in der Christian Reformed Church nachwirkt. Ausgebildet an der Universität Leiden und am Theol. Seminar zu Kampen, wurde B. zunächst Pastor von Franeker (1881-82), bevor er als Prof. für systemat. Theologie nach Kampen (1882-1902), später an die Freie Universität Amsterdam (1902-20) berufen wurde. Sein Hauptwerk in vier Bänden »Gereformeerde Dogmatiek« (Reformierte Dogmatik) erschien zwischen 1885 und 1902.

In Frömmigkeit und Lebensstil fühlte B. sich stets seinen separatistischen Wurzeln verbunden, zeigte aber in seinem theol. Werk eine bemerkenswerte Offenheit und Sensibilität für die Entwicklungen des 19. Jh.s. So veröffentlichte er mehrere Essays zu Fragen der Pädagogik und Ethik (Familie, Frauenfrage, Krieg usw.) und nahm Stellung zu Themen des damals »jungen« Fachs Psychologie. Seine Schaffenskraft aber galt der Frage nach der Anwendbarkeit der akademischen Erkenntnisse seiner Zeit, um die dogmat. Tradition zu erneuern, wie sie sich in der ref. Orthodoxie des 17. Jh.s darstellte. B. verstand Theologie als systematisches Studium der Gotteserkenntnis, so wie sie in Christus offenbar wird; ein Studium, das Christus selbst und die Schöpfung in seinem Wort betrachtet. Die → Offenbarung sei der Kirche gleichsam in der Kapsel der Glaubensbekenntnisse gegeben und ist von dem einzelnen Theologen im Glauben je neu zu empfangen. B.s phil. Ausrichtung, wie sie in seinen Prolegomena zum Ausdruck kommt, war realistisch und speiste sich aus einer grundsätzlichen Befürwortung des zeitgenössischen kath. Neothomismus. So konnte er von »Ideen« sprechen, die in Gott zu finden seien. Diese Ideen werden sowohl in der Schöpfung als auch der menschlichen Gottebenbildlichkeit, ja sogar in der Prädestination evident. Gleichwohl bestand B. stets auf dem Primat der Schrift. Gegen Ende seines Lebens ermutigte er jüngere Kollegen, die schwierigen Herausforderungen anzunehmen, die die neueren exeget. Forschungen mit sich brachten, und zwar von einem konservativen Standpunkt aus. Während seiner gesamten Tätigkeit betonte B. die Vorrangigkeit des Geschenkes der Rechtfertigungsgnade Gottes. So wies er auch den Glauben, mißverstanden als menschliches Werk, aber auch jede andere Vorleistung zurück, die der Gnade Gottes vorhergehen oder sie bewirken könnte. B. beeinflußte eine Reihe niederländischer und amerikanischer ref. Theologen.

Lit.: H. Bavinck: Gereformeerde Dogmatiek, [4]1928-30.

J. van Engen

Baxter, Richard (1616-1691)

Puritanischer Theologe und Schriftsteller, geb. am 12. 11. 1616 in Rowton (Shroshire), gest. am 8. 12. 1691 in London.

Ohne Universitätsstudium wurde B. 1638 zum anglik. Pfarrer ordiniert, 1641-1659 (mit Unterbrechungen) arbeitete er in Kidderminster an einer beispielhaften Gemeindeerneuerung. Mit gleichgesinnten Pfarrern bildete er 1653 die Worcestershire Association zur Fortführung und Vertiefung der

Reformation. Die Grundsätze seiner Pastoraltheologie finden sich in »The Reformed Pastor« 1656. Als Parlamentsanhänger mußte er 1642 fliehen, 1645 schloß er sich der puritanischen Erhebung an und wurde Kaplan in Cromwells Heer. 1647 schwer erkrankt, verfaßte er seine bekannteste Erbauungsschrift »The Saints Everlasting Rest« (1650). Die Abfassung christl. Volksschriften wurde B. nun zum eigentlichen Lebensinhalt (insgesamt 141 theol. Titel). Seine Veröffentlichungen haben in England wie im deutschen → Pietismus große Wirkung gehabt. Kirchenpolit. forderte er das frühkirchl. Bischofsamt und die überschaubare Gemeinde. 1660 zum Hofkaplan Karls II. berufen, verlor er 1662 als Nonkonformist sein Amt. Es folgten unruhige und leidvolle Jahre, 1684/85 sogar Haft. Die Toleranzakte 1689 brachte Gewissensfreiheit, freilich auch für die Sekten. B.s Versuch, die ev. Gruppierungen auf der Basis einer »simple Catholic Christianity« in der anglik. Kirche wieder zusammenzuführen, war damit gescheitert.

Lit.: G.F. Nutthall: Richard Baxter, 1965; K.D. Pfisterer: »Baxter, R.«, TRE 5, 1980, 359-361; »The Reformed Pastor«, Abridged and Edited by James M. Housten, 1982.

J.O. Rüttgardt

Bayern, Ev.-luth. Landeskirche in

Das Bundesland Bayern hat nach dem Zweiten Weltkrieg seine gegenwärtige Abgrenzung gefunden; es besteht aus sieben Regierungsbezirken. In der Reichsstadt Nürnberg und ihrer Umgebung sowie in der Markgrafschaft Ansbach-Bayreuth war die Reformation bereits um 1535 fest eingeführt worden; sie ergriff dann weite Teile Frankens, Schwabens und Bayerns. Seit 1580 setzte allerdings die Gegenreformation den Katholizismus wieder weithin durch. Die kath. Landesherren behinderten die Entwicklung der ev. Kirche beträchtlich und gestatteten ihr selbst im Protestantenedikt vom 20. 5. 1818 noch nicht, den Namen »Kirche« zu führen.

Die → Erlanger Theologie (von → Hofmann, → Harleß, → Thomasius, F.H.R. → Frank u.a.) beeinflußte die konfessionelle Prägung der Kirche im Sinne eines entschiedenen Luthertums. W. → Löhe beförderte - weit über → Neuendettelsau hinaus - den Sinn der Gemeinden für Gottesdienst, Diakonie und Mission. Die Konsistorial- bzw. Kirchenpräsidenten A. von → Harleß und H. → Bezzel konsolidierten diesen Kurs. Die Verfassung vom 10. 9. 1920 (und der Staatsvertrag von 1924, geändert 1974) hat die Landeskirche in sechs Kreisdekanate mit gegenwärtig 74 Dekanaten und ca. 1.500 Kirchengemeinden eingeteilt. Ca. 70% der Bevölkerung in Bayern sind kath., ca. 27% ev.-luth., außerdem gibt es ca. 10.000 reform. Christen aus der hugenottischen Einwanderung. Der Kirchenkampf in der Zeit des Nationalsozialismus hat die Landeskirche verlebendigt und die Zahl landeskirchl. Einrichtungen nach Kriegsende wesentlich vermehrt. Galt die Landeskirche über Jahrzehnte als Bollwerk gegen liberalistische Entwicklungen, so scheint der am Bekenntnis orientierte Kurs der Kirche in jüngster Zeit nicht mehr voll gewährleistet zu sein (vgl. die Rosenheimer Erklärung 1991).

Lit.: H. Beck: Das kirchliche Leben der ev.-luth. Kirche in Bayern, 1909; M. Körner: Staat und Kirche in Bayern 1886-1918, 1977; G. Pfeiffer: »Bayern«, TRE 5, 1980, 361-387.

G. Ruhbach

Bayern, Landeskirchlicher Gemeinschaftsverband

→ Landeskirchlicher Gemeinschaftsverband in Bayern

Bayle, Pierre (1647-1706)

P.B., geb. 1647 in Carlat nördlich der Pyrenäen als Sohn des reformierten Ortspfarrers, gest. 1706 in Rotterdam als Privatgelehrter, nachdem er vorher an der dortigen École illustre Philosophie gelehrt hatte. Berühmt wurde B. durch den »Dictionnaire historique et critique« (1695-97), eine Sammlung von alphabetisch geordneten Kurzbiographien, in denen er geschichtlichem Denken in Europa den Weg zu bereiten suchte. Die B.-Interpretation ist nicht eindeutig. Erich Beyreuther hat jedoch nachgewiesen, daß er einen Zweifrontenkampf geführt hat. → Orthodoxie und → Aufklärung sind für ihn gleichermaßen rationalistisch ausgerichtet. Beide stellen den Versuch des Menschen dar, der Anrede Gottes im letzten auszuweichen. In seinem Lexikon will B. die Erbärmlichkeit des Menschen unabweisbar aufzeigen. Die Lösung besteht in der Erneuerung des reformatorischen Menschenbildes. Erst wenn Gott die Vernunft erleuchtet und das Gemüt eines Menschen verändert, erhält er eine neue Existenzmöglichkeit. Diese ist jedoch nur dialektisch in Zuspruch und Anspruch Gottes zu beschreiben. Ermöglicht ist diese Erkenntnis Gottes und Neuwerdung des Menschen durch die Fleischwerdung Christi. Die → Offenbarung ist nicht widervernünftig, sondern übervernünftig.

B. hat vor allem als geistiger Wegbereiter der Aufklärung weitergewirkt. In seinem tiefsten Anliegen, den Glauben aus jeder Form von rationalistischer Bevormundung zu befreien, hat ihn jedoch einzig Nikolaus Ludwig Graf von → Zinzendorf verstanden.

Lit.: E. Beyreuther: Die Paradoxie des Glaubens Zinzendorfs Verhältnis zu Pierre Bayle und der Aufklärung in: ders.: Studien zur Theologie Zinzendorfs, 1962, 201ff; E. Cassirer: Die Philosophie der Aufklärung, ²1932, 215ff; E. Hirsch: Geschichte der neueren Evangelischen Theologie, 1949ff, Bd. 1, 63ff.

P. Zimmerling

Beatenberg

Bibelschule, 1945 von Dr. Saturnin Wasserzug (1862-1950) und seiner Gattin Dr. Gertrud Wasserzug-Traeder (1894-1992) gegründet. Seit 1967 wird die Bibelschule von Rev. Peter Mayer geleitet. Während der dreijährigen Ausbildungsdauer können ca. 80 Schüler/innen gleichzeitig betreut werden. Die Ausbildung geschieht auf der Basis einer fundamentalistischen Glaubensgrundlage mit starker Betonung des → Dispensationalismus. In dem bereits 1934 gegründeten Bibelheim werden Freizeiten und Schulungen angeboten.

Zeitschrift: Bibel und Gebet.

Red.

Beck, Johann Tobias (1804-1878)

B., geb. am 22. 2. 1804 in Balingen, gest. am 27. 12. 1878 in Tübingen; Begründer des → Biblizismus in der Systematischen Theologie.

Prägenden Einfluß auf den jungen B. hatte die im schwäbischen Pietismus verwurzelte Bibelfrömmigkeit der Mutter. Neben die Lektüre der Schrift trat die staunende Betrachtung der Natur als Schöpfung Gottes. Beides nährte früh den Wunsch, das so Empfangene auch an andere weiterzugeben und Theologie zu studieren. 1818 trat B. ins Seminar Urach ein (enges Vertrauensverhältnis zu Prof. K.W.G. Köstlin, durch ihn angeregt Lektüre u.a. von Schriften → Herders). Während des Theologiestudiums in Tübingen (1822-27) machte eine langwierige und schmerzhafte Lebererkrankung weithin den Besuch von Lehrveranstaltungen unmöglich. Notgedrungen erwarb sich B. seine theol. Bildung zum größten Teil im Eigenstudium. Dies setzte er, neben der intensiven praktischen Gemeindearbeit, auch in den ersten Pfarrstellen fort: in der Bauerngemeinde Waldthann (1827-29) und in dem Beamtenstädtchen Bad Mergentheim (1829-36), wo er gleichzeitig das dortige Gymnasium leitete. Erste Veröffentlichungen in diesen Jahren erregten u.a. das zustimmende Interesse → Tholucks. 1836 erfolgte die Berufung auf eine von pietistischen Kreisen initiierte Stiftungsprofessur in Basel, als Gegengewicht gegen den liberalen → de Wette.

Die Basler Jahre waren die literarisch fruchtbarsten seines Lebens (1836 »Über die wissenschaftliche Behandlung der christlichen Lehre. Eine akademische Antrittsrede«, 1837 »Einleitung in das System der christlichen Lehre«, 1839 »Geburt des christlichen Lebens«, 1840 »Christliche Lehrwissenschaft«, 1842 der 2. Bd. der »Christlichen Reden«, 1843 »Umriß der biblischen Seelenlehre«), sie wurden aber überschattet durch den Tod seiner ersten Frau (1838) und die heftige Auseinandersetzung mit der → Basler Mission (1838 Becks öffentliche Kritik an der Vielgeschäftigkeit christl. Kreise).

1843 folgte B. einem Ruf als o. Prof. nach Tübingen, wo er bis kurz vor seinem Tod 1878 lehrte, neben F.Ch. → Baur bald zum Hauptanziehungspunkt der Fakultät wurde und als Lehrer und Seelsorger Generationen von Studenten prägte, z.T. auch über die deutschen Sprachgrenzen hinaus. Die literarische Frucht der Tübinger Zeit erschien zum größten Teil erst posthum, darunter seine ethischen und dogmatischen Vorlesungen (drei bzw. zwei Bde.), sowie der bedeutende Kommentar zum Römerbrief.

Mitbedingt durch seinen besonderen Studiengang war B. theol. niemandes Schüler. Trotzdem verweist er selbst immer wieder auf die Anregungen, die er durch die Schwabenväter empfing, allen voran → Bengel, daneben vor allem M.F. → Roos (dessen »Christliche Glaubenslehre« er 1844 neu herausgab) und auch F.Chr. → Oetinger. Dabei hinderte ihn sein früh entwickelter Biblizismus keineswegs daran, wie oft angenommen, die geistigen Bewegungen seiner Zeit aufmerksam und ggf. kritisch-engagiert zu verfolgen.

Grundlegend für B.s Theologie ist der Offenbarungsgedanke: Gott ist nur aus und durch Gott zu erkennen. Die christl. Offenbarung bildet ihre Wahrheit schrittweise in Natur und Geschichte hinein und stellt sich so nicht als zeitloses Begriffs-, sondern als geschichtl. Lehrsystem dar. Prinzip aller theol. Erkenntnis bzw. Rezeption der christl. Wahrheit ist der Glaube, der seinerseits in der Gewissenserkenntnis verwurzelt ist. Basis aller theol. Erkenntnis ist der in geschichtl. differenzierter Theopneustie entstandene Text der Hl. Schrift, in dessen Geistwort sich die christl. Wahrheit unüberholbar vorbildlich darstellt in einem lebendigen, gottmenschlichen Organismus. Sie vermittelt ihre Wahrheit in pneumatischer Auslegung, in der der Glaube jede Schriftstelle aus dem Kontext der ganzen Schrift und damit aus dem Geist der Schrift heraus erklärt, dabei die grammatisch-hist. und psych. Auslegung integrierend.

Durch seinen Biblizismus unbelastet von konfessioneller Befangenheit strebte B. in der Rechtfertigungslehre bewußt eine Korrektur der Reformation an (Rechtfertigung als Gerechtmachung) und stand dem Staat wie der ihm angepaßten verfaßten Kirche seiner Zeit äußerst kritisch gegenüber.

Die theol. bedeutendsten unter seinen Schülern sind C.A. → Auberlen, H. → Cremer, M. → Kähler und A. → Schlatter.

Lit.: K. Barth: Die protestantische Theologie im 19. Jahrhundert, [3]1960, 562-569; W. Hoffmann: Das Verständnis der Natur in der Theologie von J.T. Beck, Diss. Bonn 1975; K.-S. Pae: Eschatologie bei J.T. Beck, Diss. Tübingen, 1989; B. Riggenbach: Johann Tobias Beck. Ein Schriftgelehrter zum Himmelreich gelehrt. Lebensbild, größtentheils nach ungedruckten Quellen bearbeitet, 1888 (mit Bibliographie aller von Beck selbst herausgegebenen und bis dahin posthum erschienenen separaten Publikationen Becks, 485f); A. Schlatter: J.T. Becks theologische Arbeit, in: BzFchrTh 1904, 25-43; G. Sentzke: Die Theologie J.T. Becks und ihr Einfluß in Finnland, 2 Bde., 1949; H.-M. Wolf: Becks christliche Reden, 1967.

H. Burkhardt

Becket, Thomas (ca. 1118-1170)

Erzbischof von Canterbury, geb. um 1118 in London, gest. 29. 12. 1170 in Canterbury, entstammte einer normannischen Familie, studierte Theologie in Paris und Kirchenrecht in Bologna und Auxerre 1143-1148, wurde von Erzbischof Theobald von Canterbury geweiht und zum Archidiakon von Canterbury eingesetzt. 1155 berief Heinrich II. v. England B. zum Kanzler; er wurde dessen engster Berater und Freund. Zielstrebig füllte er das Staatsamt aus, übernahm sogar militärische Aufgaben und setzte sich gelegentlich auch gegen die Interessen der Kirche für das Königreich ein. Am 23. 5. 1162 wurde B. zum Erzbischof von Canterbury gewählt. Er gab alle Staatsämter auf und kämpfte nun für die Rechte und Freiheiten der Kirche.

Der Konflikt mit dem König war unausweichlich, als dieser versuchte, mit den »Constitutions of Clarendon« 1163 die Herrschaft über die englische Nationalkirche zu sichern, nachdem er zuvor straffällige Geistliche der weltlichen Gerichtsbarkeit zu unterstellen versucht hatte, der Erzbischof sich diesem Ansinnen aber nach anfänglicher Zustimmung wieder entzog. Die Constitutions schrieben in 16 Artikeln den Grundsatz der weltlichen Gerichtsbarkeit über Geistliche fest und verfügten, daß die Wahl der Bischöfe nur mit Zustimmung des Königs erfolgen konnte. Damit war die Selbständigkeit der Kirche erheblich eingeschränkt, und B. verweigerte sich diesem Kurs des Königs. Dieser versuchte daraufhin, ihm mit einem Prozeß wegen Veruntreuung während seiner Kanzlerzeit beizukommen. B. protestierte – vergeblich –, appellierte an Papst Alexander III. vergeblich. Schließlich floh B. nach Frankreich, wo er sechs Jahre im Exil mit schwierigen Kompromißverhandlungen zubrachte. Am 22. 7. 1170 kam es zu einer zweifelhaften Einigung. Der Erzbischof konnte am 30. 11. 1170 im Triumph nach Canterbury zurückkehren.

Als der König jedoch einigen Höflingen gegenüber zornig von der starren Haltung des Bischofs sprach, faßten diese das als versteckte Aufforderung auf und ermordeten den Erzbischof am Altar seiner Kathedrale (am 29. 12. 1170). Eine Welle der Empörung ging durch Europa. Alsbald wurde B. als Märtyrer verehrt, und man hörte von Wundern an seinem Grabe, das zur Wallfahrtsstätte wurde. 1172 versöhnte sich der König mit dem Papst unter Verzicht auf die Constitutions. B. wurde am 21. 2. 1173 heiliggesprochen. Der König tat öffentlich Buße an seinem Grabe (12. 7. 1174). Erst Heinrich VIII. beendete mit Verboten und der Zerstörung des Schreins die Verehrung B.s (1538). C.F. Meyer (»Der Heilige«), T.S. Eliot (»Murder in the Cathedral«, dt. »Mord im Dom«), J. Anouilh (»Becket ou l'honneur de Dieu«, dt. »Becket oder die Ehre Gottes«) gaben dem tragischen Konflikt ein dichterisches Nachspiel.

Lit.: A.J. Duggan: »Becket, Thomas«, TRE 5, 1980, 394-395; G.W. Greenway: The Life and Death of Thomas Becket, 1961; H. Wolter: Bedrohte Kirchenfreiheit (1153-1198), HKG(J) III/2, 1968, 67-143, 86-95 (Lit.).

Chr. Windhorst

Beda (672-735)

B., geb. 672 in Northumbrien, gest. am 25.5.735 in Jarrow. B. hat von 679 bis zu seinem Tod nur in den beiden Klöstern Wearmouth und Jarrow gelebt; 702 erfolgte die Priesterweihe, danach war er Lehrer, Prediger und vor allem Schriftsteller zu theol., chronologischen, naturkundlichen und hist. Fragen. Als Ausleger zahlreicher bibl. Bücher sowie vor allem als Historiker (nicht nur Englands) gilt er mit seiner »Kirchengeschichte« (731 vollendet) und seiner Abtsgeschichte als bedeutendster Historiker seines Jh.s. Er ist aber nicht heilig gesprochen. Schon auf seinem Grab in Durham steht sein Ehrentitel Beda Venerabilis (dt. »der Ehrwürdige«).

Lit.: P.H. Blair: The World of Bede, 1970; H.R. Loyn: »Beda«, TRE 5, 1980, 397-402.

G. Ruhbach

Beelzebub, Beelzebul

Der dunkle Name »Beelzebul« wurde nach Mk 3,22; Mt 10,25; 12,24-27; Lk 11,15.18f von Jesus und vor allem von seinen Gegnern gebraucht, und zwar im Kontext einer Kontroverse über das Wunderhandeln Jesu; dabei gibt es auch Hinweise für eine Erklärung dieses Namens.

Aus Mt 10,25 hat man geschlossen, daß B. ursprünglich ein Name Jesu war (M. Limbeck). Aber er meint den Teufel (»Satan« = Widersacher, Mk 3,22-26 par; Lk 11,18), obwohl dieser im damaligen Judentum nicht als Beelzebul, sondern als »Beliaal« (= »Nichtsnutz«) bezeichnet wurde. Das geschah vor allem in den Texten von Qumran, wo »Beliaal« das »Los der (bösen) Geister« beherrscht (Kriegsrolle 13,4-6 vgl. Mk 3,22 par). Die Schreibung »Beelzebub« (Vulgata, Peschitta) ist sicherlich sekundäre Gleichsetzung mit dem Namen Baal-Zebub (»Herr der Fliegen«) von Ekron in 2Kön 1,2, der dort eine despektierliche Bezeichnung für den kanaanäischen Zebul-Baal, den »Fürsten Baal«, ist. Die Bedeutung »Fürst Baal« steht auch hinter der despektierlichen Teufelsbezeichnung »Beelzebul« in den Evangelien (H.P. Rüger). Denn nach der Ansicht der Pharisäer ist B. der »Fürst (Oberste) der Dämonen« (Mk 3,22), und Jesus vergleicht seine Stellung mit der eines Königs in seinem Reich (Mk 3,24 par). Ferner wird der Name B. als »Herr der (himmlischen) Wohnung« übersetzt, wofür der Vergleich mit einem Hausherrn in Mt 10,25 bzw. mit einem Haus(halt) (Mk 3,25 par) sprechen könnte; allerdings ist die Bedeutung *zbl*, »Wohnung«, nicht gut zu belegen. Schließlich wird die Verbindung von *zbl* mit dem aram. Nomen *dbb*, »Feindschaft«, erwogen, und zwar wegen Mt 13,39, wo der Teufel als »Feind« erscheint (P. Billerbeck), oder auch die Übersetzung »Mistgott« (mit Hinweis auf die ähnliche Bedeutung von Belchirah in Asc. Jes. cap. 2-3).

Sprachlich und sachlich am besten paßt die Deutung von B. als »Baal der Fürsten« (sc. der Dämonen): Das vom Teufel geführte Reich des Bösen stellt den Gegensatz zur Gottesherrschaft dar (vgl. Lk 11,19f).

Lit.: M. Limbeck: Beelzebul – eine ursprüngliche Bezeichnung für Jesus?, in: H. Feld, J. Nolte: Wort Gottes in der Zeit, 1972, 31-42 (Lit.); H.P. Rüger: Die hebräische und aramäische Sprache als Hilfsmittel zum Verstehen des Neuen Testaments, in: E. Lubahn, O. Rodenberg: Von Gott erkannt, 1990, 126f.

O. Betz

Beerdigung → Begräbnis/Bestattung

Befreiungstheologie

1. Befreiungstheologie bezieht sich auf die Erfahrung sozialer Freiheitsberaubung

B. geht davon aus, daß Menschen unter gesellschaftl. Zwängen leben, von denen sie befreit werden müßten, und daß die bibl. Botschaft ihnen Befreiung zuspricht und sie dadurch befähigt, ihre Freiheit zu erringen. Die Empörung über die Unterdrückung von Menschen, denen die Freiheit, über sich selbst zu bestimmen, geraubt wurde und vorenthalten wird, drängt dazu, um Befreiung zu kämpfen. Die bibl. Geschichte Israels wird in aktueller Auslegung als Befreiungsgeschichte gelesen. Die Erfahrung des Auszugs »aus Ägypten, aus der Knechtschaft« (2Mo 20,2) wird zu einer Exodus-Theologie verallgemeinert. Gott wird verstanden als Befreier aus Situationen der Unterdrückung und Rechtlosigkeit. Die Erfahrung Israels in einzelnen bedeutsamen Momenten seiner Geschichte wird zum Hauptthema der Theologie und der durch sie geprägten Verkündigung. Ntl. Aussagen werden aus einer angeblichen Spiritualisierung zurückübersetzt in eine Konfrontation mit angeblich realen Verhältnissen. Materialistische Bibellektüre und sozialgeschichtl. Auslegung richten mit soziologisch (genauer: marxistisch) geschärftem Blick das Augenmerk auf die Klassenkämpfe, in deren Kontext die bibl. Texte entstanden sind.

2. Befreiungstheologie ist die Theologie derer, die um ihre Befreiung kämpfen

B. entsteht vor allem dort, wo Unterdrückung massiv erfahren wird. Sozial Benachteiligte machen sich Hoffnung in einer Theologie der Armen, durch Rassismus Zurückgesetzte in einer Schwarzen Theologie, unterdrückte Frauen in feministischer Theologie. Ähnlich vielfältig wie die Situation der Unterdrückung sind die befreiungstheol. Entwürfe. Die Situationsbezogenheit ist für sie wesentlich. Die bibl. Botschaft wird lebendig, weil und soweit sie die Befreiung der Betroffenen zum Thema hat. Sie wirkt als Ermutigung, für die eigene Befreiung zu kämpfen, weil sie Hoffnung weckt, daß dieser Kampf nicht vergeblich sein wird. Die großen Verheißungen der Bibel werden konkret auf die eigene Not bezogen, um diese als überwindbar erkennen zu lassen. Theologie der Befreiung ist Theologie der zu Befreienden. Sie entsteht unter dem Druck, der die Sehnsucht nach Befreiung hervortreibt. In diesem Sinne ist sie eine eigennützige Theologie derer, die sich durch sie Mut zusprechen. Sie will nicht eine für alle geltende, sondern eine parteiliche Klassen-, Rassen- oder Geschlechtstheologie sein. Die Theologie der Armen verdächtigt die Theologie der Reichen ihrer Mitschuld an der Situation der Armut, aus der sie befreien helfen soll. Ähnlich verdächtigt Schwarze Theologie die Theologie der Weißen als Hilfsmittel zur Herrschaftserhaltung der weißen Rasse, und feministische Theologie die Theologie der Männer, sie habe sogar das Gottesbild verfälscht. B. ist also Gruppentheologie mit kämpferischer Ausrichtung.

Die Theologie der Befreiung im engeren Sinne ist als Theologie der Armen in Lateinamerika entstanden. Einer ihrer wichtigsten Vertreter ist der Peruaner Gustavo Gutierrez. Als wichtige Daten ihrer Entwicklung werden die lateinamerikanischen Bischofskonferenzen von Medellin (1968) und Puebla (1979) genannt. Ihre kämpferischste Ausformung hat eine B. wohl in dem umstrittenen »Kairos-Dokument« aus Südafrika gefunden, wo der Kampf der unterdrückten Schwarzen gegen die herrschenden Weißen mißverständlich als Kampf zwischen Licht und Finsternis, Gut und Böse, Gott und Satan gedeutet wird, in dem es keine Versöhnung geben kann.

3. Befreiungstheologie will »konkrete« Theologie sein

»Das Evangelium des Alten und des Neuen Testamentes gibt es nur konkret« (Peter Eicher), d.h. als Befreiungsbotschaft bezogen auf reale Unterdrükkung. »In allen ihren Formen fordert die Theologie der Befreiung eine konkrete Verbindung zwischen der Reich-Gottes-Verkündigung und dem Kampf um Befreiung aus einer politisch gestützten Wirtschaftsform, welche die Armen noch immer zusehends ärmer und die Reichen reicher werden läßt« (P. Eicher). Eine soziologisch nicht spezifizierte Rede von Sünde wird als abstrakt empfunden. Eine sowohl Juden als auch Heiden als »allzumal Sünder« (Röm 3,23) einbeziehende bzw. sich in diesem Sinne auf Arme und Reiche, Schwarze und Weiße, Frauen und Männer beziehende Theologie gilt als irrelevant. Indem sie von einer alle gleichermaßen betreffenden Befreiung von Sünde redet, verschweigt sie angeblich die eigentliche Befreiungsbotschaft. Das Evangelium muß, um relevant zu sein, mit einer Analyse der gesellschaftl. Entwicklungen verbunden werden, wozu sich in der Blütezeit der Befreiungstheologie die marxistische Theorie empfahl. So entstand der Eindruck, daß das Reich Gottes durch polit. Kampf herbeizuführen sei. Konsequent konnte das Kreuz als etwas zu Überwindendes und die das Kreuz Jesu zum Heilszeichen verklärende Kreuzestheologie als »Sündenfall« der christl. Theologie bezeichnet werden (Ulrich Hedinger). Die Auferstehungsbotschaft konnte als Symbol des erhofften Sieges gedeutet werden.

4. Befreiungstheologie weist »protestantische« Elemente auf

Obwohl sie unter röm.-kath. Theologen entstanden ist, wird der B. in empfehlendem oder kritisierendem Sinn eine »protestantische« Tendenz nachgesagt. Das Bibelgespräch der Laien in Basisgemeinden und eine gewisse antihierarchische Stimmung erwecken diesen Eindruck. Allerdings sind die → Rechtfertigung des Sünders durch → Glauben allein oder die luth. Unterscheidung von Gesetz und Evangelium, bzw. der zwei Regierweisen Gottes, fremde Themen im Rahmen der B. Was nach reformat. Lehre Gottes Heilstat ist, wird in der B. als Aufgabe der Selbstbefreiung proklamiert. Was ein vorläufiges Ziel polit. Bemühung sein kann, wird umgekehrt zum Vorschein des Reiches Gottes erklärt. Statt im Rahmen des Möglichen konkrete Schritte polit. Befreiung einzuleiten, neigt befreiungstheol. Denken dazu, schwärmerische Erwartungen einer Totalbefreiung zu wecken. Statt realistisch Kompromisse anzustreben, redet sie sich in eine Unversöhnlichkeit hinein, die vermutlich in Enttäuschung umschlagen wird.

Lit.: P. Eicher (Hg.): Theologie der Befreiung im Gespräch, 1985; G. Gutierrez: Theologie der Befreiung, [6]1982; R. Hofmann (Hg.): Gottesreich und Revolution. Zur Vermengung von Christentum und Marxismus in politischen Theologien der Gegenwart, 1987.

W. Schlichting

Begarden und Beginen

1. Begarden

Die B., Männer, meist aus niederen sozialen Schichten, die, losgelöst von familiären und ehelichen Banden, eine besondere Form der Nachfolge Christi suchten, ohne sich an einen Orden zu binden, sind der rel. Laienbewegung des MAs zuzuordnen. Nur im belgischen Raum bildeten sie dauerhafte Gemeinschaften. Sie lebten in der Regel von handwerklicher Arbeit oder auch vom Handel. Die B. pflegten enge Beziehungen zu den Bettelorden und schlossen sich im 14. Jh. zum größten Teil den Franziskaner-Tertiaren an.

2. Beginen

Größere Bedeutung erlangten dagegen die B., die zu einer bedeutenden Frauenbewegung wurden. Sie breiteten sich ohne einheitliche Struktur und festgefügte Regeln nahezu in ganz Europa aus. Begine war eine Frau, die private Frömmigkeit über den im MA üblichen Rahmen hinaus praktizierte, ohne jedoch deshalb einer Ordensgemeinschaft anzugehören. Der Höhepunkt der Bewegung ist zwischen 1250 und 1350 anzusetzen. Vor allem gelten Nordwestdeutschland, Nordfrankreich und das heutige Belgien als Zentren des frühen B.tums. Adlige und bürgerliche Frauen sind unter den B. zu finden. Unter den ersten B. waren sowohl Jungfrauen wie auch Witwen und verheiratete Frauen, die dem ehelichen Leben entsagt hatten. Im Mittelpunkt des gemeinsamen Lebens stand die Verwirklichung der »evangelischen Räte«: Armut, Keuschheit, Gehorsam.

Von Anfang an verband sich mit dem Status der Begine die Vorstellung einer Lebensweise, die gleichermaßen Merkmale des geistl. wie des weltlichen Standes vereinigte und somit nicht eindeutig einzuordnen war. Der Eintritt in die Gemeinschaft vollzog sich ohne besondere Förmlichkeiten. Allerdings verloren die Schwestern jede Verfügungsgewalt über ihr Eigentum. In der Regel besaßen die B.häuser eine solide wirtschaftl. Grundlage. Häufig widmeten sich B. sozial-karitativen Tätigkeiten, nicht selten entstanden Konvente aus Gemeinschaften von Spitalschwestern, so z.B. das erste Mainzer B.haus (1259). Im 14. und 15. Jh. entwickelten die B. besondere Aktivitäten in der Krankenpflege. Nachrichten über Unterricht und Erziehung von jungen Mädchen liegen für Straßburg und Köln vor. Vereinzelt beteiligten sich Beginen auch an der Bestattung von Toten. Allgemein läßt sich sagen, daß sie die verschiedensten Berufe ausübten, einer der Haupterwerbszweige war jedoch das Textilhandwerk.

Die B. »rückten ihren halboffiziellen Status in die Nähe der Gemeinschaft der um Christus versammelten Jünger und sahen in der Armut und Bescheidenheit ihres Daseins nicht eine Zurücksetzung, sondern eine Auszeichnung, die ihnen von dem verliehen worden war, der die Herrlichkeit des Himmels verlassen und Knechtsgestalt angenommen hatte« (K. Elm).

Lit.: B. Degler-Spengler: Die religiöse Frauenbewegung des Mittelalters. Konversen-Nonnen-Beginen, in: Rottenburger Jahrbuch für KG 3, 1984, 75-88; K. Elm: Die Stellung der Frau in Ordenswesen, Semireligiosentum und Häresie zur Zeit der heiligen Elisabeth, in: Sankt Elisabeth. Fürstin, Dienerin, Heilige. Aufsätze, Dokumentation, Katalog der Ausstellung zum 750. Todestag der hl.

Elisabeth, 1981, 10-28; J. Grübel: Bettelorden und Frauenfrömmigkeit im 13. Jahrhundert. Das Verhältnis der Mendikanten zu Nonnenklöstern und Beginen am Beispiel Straßburg und Basel, 1987.

K. Wittstadt

Begräbnis/Bestattung

Seit ihren Anfängen stand die christl. Kirche denen vom Evangelium her bei, die starben, und denen, die über einen Toten trauerten. Um diese umfassende seelsorgerl. Begleitung geht es und nicht nur um die isolierte Begräbnishandlung. Das → Evangelium ermächtigte die Christen, dem → Tod zu widersprechen und sich der unverbrüchlichen Lebensgemeinschaft mit Christus zu trösten (Röm 14,7ff; vgl. Mt 26,29).

Die Alte Kirche versteht das B. zunächst als ein »Werk der Barmherzigkeit«. Erd-B. war die Regel nach dem Vorbild der Grablegung Jesu. Indem die Christen eigene B.gottesdienste halten, treten sie in Konkurrenz zu den antiken B.riten und -vereinen. Sie unterscheiden sich von diesen a) durch die Unaustauschbarkeit des in Christus begründeten Trostes, b) darin, daß sie B. als Sache der Gemeinde und nicht nur der Familie verstehen. Nicht von ungefähr erklärte Kaiser Julian Apostata (363) die Anziehungskraft des Christentums wesentlich mit dessen vorbildlichem B.wesen.

Die Reformation befreite das B. von den Umklammerungen kath.-spätmittelalterl. Theologie und Praxis; sie konzentrierte das B. wieder ganz auf den »fröhlichen Artikel unseres Glaubens von der Auferstehung« (M. Luther) und löste sich von der Vorstellung, daß es möglich ist, auf das Geschick des Menschen nach seinem Tod durch Gebete und Handlungen einzuwirken (Ablaßstreit!). Der Pfarrer soll »eine kurze Predigt tun vom Tod, von der Auferstehung... und denen zum Trost, die in Bekümmernis sind... Am Ende soll er die verstorbene Person der gnädigen Hand Gottes anbefehlen und die gegenwärtige Versammlung um Besserung des Lebens, ein christliches Sterben und fröhliches Auferstehen... bitten lassen...« (Württembergische Kirchenordnung, 1559).

Für den B.-Gottesdienst ist demnach konstitutiv:

1. Er wird gehalten – das letzte »Werk der Barmherzigkeit« an einem Menschen geschieht.

2. Er ist ein öffentlicher Gottesdienst – er »verkündigt« durch seine Liturgie und seine Predigt; er gibt dem Trauern Formen und Worte und spricht den Trost des Evangeliums aus: Röm 8,38ff.

3. Er hilft, einen Menschen und auch die Schuld, die andere mit diesem Menschenleben verbindet, aus der Hand zu geben – und er befiehlt ihn in Gottes »Hand« (vgl. Psalm 31,6 u.ö.). Weil es sich um ein unverwechselbares Menschenleben handelt, wird die Predigt biographisch reden, aber nicht das Lob des Menschen, sondern das Lob des auferstandenen Christus ins Zentrum rücken.

4. Er redet vom »Gericht« und vom letzten Wort über einen Menschen, das Gott sich vorbehalten hat; er bittet mit Berufung auf Jesus um das Urteil der → Gnade und die → Auferstehung zum ewigen Leben.

5. Er spricht das Evangelium und den → Segen den Versammelten zu und er nimmt sie aufs neue in Christi Schutz und Dienst.

Mit dem Begräbnis verbinden sich bis heute einige praktische und kirchenrechtliche Probleme:

a. Erstmals begehren auch Angehörige von aus der Kirche ausgetretenen Verstorbenen die ev. Begräbnisfeier. Dies ist jedoch nur im Ausnahmefall, z.B. bei vor dem Tod bekundetem Willen zum Wiedereintritt, möglich, da auch der Austritt als Wille des Verstorbenen zu achten ist. Auf jeden Fall haben die Angehörigen ein Recht auf seelsorgerl. Begleitung.

b. Besonders in der Großstadt wird das B. privatisiert: Wenige Angehörige und der Pfarrer als einziger Repräsentant der christl. Gemeinde versammeln sich. Dazu kommt eine enge zeitliche Begrenzung der Begräbnisfeier durch die Organisationsstruktur kommunaler Friedhöfe.

c. Das Begräbnis von durch Suizid Verstorbenen wird in der Regel heute nicht verweigert, ebensowenig wie die Beteiligung an Feuerbestattungen und Urnenbeisetzungen, wenn sie nicht eine atheistische Demonstration gegen die Auferstehung darstellen.

Ist es auch unwürdig, das B. zur »missionarischen Gelegenheit« der Volkskirche machen zu wollen, so kann doch die Wirkung nicht hoch genug eingeschätzt werden, die davon ausgeht, daß Menschen erleben, wie Christen Christen trösten, mit welcher Hingabe die Hl. Schrift ausgelegt und mit welch seelsorgerl. Gewissenhaftigkeit ein B.gottesdienst gehalten wird.

Lit.: B. Bürki: Im Herrn entschlafen, 1969 (Lit.); G. Hennig: Die kirchliche Bestattung (Studienbrief der Diakon. Werke, A 17, 1984); H. Wißmann, P. Walton, M. Brocke, F. Merkel: »Bestattung«, TRE 5, 1980, 730-757 (Lit.).

G. Hennig

Behindertenarbeit in der evangelischen Kirche

Neben der Fürsorge für Arme, Kranke und Waisen ist die Betreuung Behinderter eines der ursprünglichsten Betätigungsfelder der christl. Kirche. Ziel der diakon. Arbeit kann nicht allein die Kompensation der Behinderung durch entsprechende Hilfen und Dienste sein. Es stellen sich vielmehr Aufgaben der → Seelsorge und des Gemeindeaufbaus: Wert und Bedeutung eines Menschen hängen nach bibl. Sicht nicht ab von seiner Funktions- und Leistungsfähigkeit in der Gesellschaft. Die Gemeinde Jesu ist Gemeinde aller, der Behinderten und der Gesunden (vgl. U. Bach).

Zunächst sind verschiedene Arten der Behinderung zu unterscheiden: Beeinträchtigungen des Körpers, der Sinne, der Psyche (Seele) und des Verstandes. Daher beschäftigt die Diakonie in ihrer Hauptgeschäftsstelle vier Referenten für kirchl. B.

Entsprechend sind in den Diakonischen Werken der Gliedkirchen solche Referenten zu finden, in den neuen Bundesländern noch nicht überall.

Sie sind Ansprechpartner für diakon. Einrichtungen aller Art, die B. betreiben.

So erreicht die kirchl. Arbeit für Behinderte diakon. Heime aller Art, Frühförderzentren, Sonderkindergärten, Sonderschulen, integrierende Kindergärten und Schulen, Tagesstätten, Beratungs- und Therapiezentren, Krankenhäuser, Werkstätten für Behinderte, Wohnheime, Wohngruppen, Übergangseinrichtungen, sozialpsychiatrische Dienste, Angebote der Seelsorge und offener Arbeit u.a.m.

In Zusammenarbeit mit den Diakonischen Werken verfolgen die Fachverbände folgende Schwerpunkte: Fachwissen sammeln und bündeln, Spezialgebiete neu erarbeiten, Fachtagungen abhalten, Publikationen herausgeben, Mitglieder beraten, Mitarbeiterinnen und Mitarbeiter fördern und qualifizieren, Partnerkontakte knüpfen und pflegen, die Rechte der Behinderten aufmerksam verfolgen und zu stärken suchen, Behinderte und ihre Angehörigen begleiten.

Außerdem bieten einzelne Kirchengemeinden, Freikirchen und kleinere kirchl. Organisationen Menschen mit Behinderung(en) verschiedene Hilfen an, halten Freizeiten ab, organisieren Reisen und unterstützen so ihre Integration.

Der Verband ev. Einrichtungen für geistig und seelisch Behinderte – einer der größten diakonischen Fachverbände überhaupt – hat (1991) 174 Mitglieder (Rechtsträger), mit wenigstens 500 einzelnen Einrichtungen, in denen rund 70.000 Menschen mit einer geistigen und/oder psychischen Behinderung gefördert werden.

Lit.: U. Bach: Boden unter den Füßen hat keiner, 1980.

D. Gleiss

Beichte

Martin → Luther meinte noch, die Beichte als Gottes eigenes Gnadenwort an den Menschen sei so kostbar, daß nicht die Kirche ihre Gläubigen, sondern die Menschen ihren Pfarrer dazu drängen und in Pflicht nehmen müßten (Eine kurze Vermahnung zu der Beicht, 1529, WA 30/1, 233ff).

Heute ist dagegen die B. (vom althochdeutschen *bijiht* »Bekenntnis, Bejahung«) in ev. Gemeinden weitgehend in Vergessenheit geraten oder als röm.-kath. Zwangsinstitut abgelehnt. Auch in der kath. Kirche ist eine Erosion der Beichtpraxis zu beobachten.

1. Biblische Begründung der Beichte

Auch wenn die Praxis der Einzelbeichte, in der ein Mensch konkrete Sünden einem Beichtiger bekennt, um dann von diesem den Zuspruch der Vergebung Gottes zu erfahren, sich nicht mit einzelnen Bibelstellen belegen läßt, kann sie sich als dem bibl. Gesamtzeugnis gemäß nachweisen lassen.

Ps 32,1-5 weist auf die bis ins Psychosomatische reichenden Folgen unausgesprochener Schuld hin und rühmt die befreiende Wirkung der Vergebung Gottes. In der Geschichte von Davids Ehebruch findet sich ein kleines »Beichtgespräch«, in dem der durch Natan überführte König seine Schuld bekennt und aus Natans Mund Gottes Urteil hört (2Sam 12,13).

Jesu Wirken ist vollmächtiger Zuspruch von Sündenvergebung (vgl. nur Joh 8,1-11 oder Mt 9,1-8). Wiederum eine Art »Beichtgespräch« bietet Jesu Gespräch mit dem »Schächer« am Kreuz. Auf sein Eingeständnis hin hört er Jesu lösendes Wort: »Heute wirst du mit mir im Paradies sein« (Lk 23,39-43).

Jesus gibt diese Vollmacht zur Vergebung schließlich an seine Jünger weiter: Joh 20,19-23 (vgl. auch die »Schlüsselworte« Mt 16,13-20; 18,15-20). Die Mission der Jünger (und zwar als Repräsentanten der Gemeinde Jesu und nicht eines besonders vollmächtigen Amtes) ist es, die Vergebung zu den Menschen zu tragen.

So bleibt im NT das Bekenntnis der Sünden zentraler Aspekt der → Verkündigung. Wer Sünden bekennt, wird wahrhaftig und darf auf die Vergebung Gottes hoffen (1Joh 1,9f). In Jak 5,13-20 werden die Gläubigen aufgefordert, einander ihre Sünden zu bekennen. Auch geht es hier um den bereits in Ps 32 aufgewiesenen potentiellen (nicht zwangsläufigen; vgl. Joh 9,3) Zusammenhang von Sünde und Krankheit bzw. Vergebung und Heilung.

2. Zur Geschichte der Beichte

In der Alten Kirche finden wir eine öffentliche Buße bei bestimmten Sünden. Aus den Klöstern heraus fand die Einzelbeichte vor dem Bruder ihren Weg in die Gemeinden. Ab dem 7. Jh. finden sich Zeugnisse der Einzelbeichte vor dem absolvierenden Priester. Das Laterankonzil 1215 macht die mindestens jährliche Beichte zur verpflichtenden Bedingung für den Empfang der Eucharistie. Die scholastische Theologie kennt drei Elemente der Beichte: die Reue im Herzen (*contritio cordis*), das Bekenntnis mit dem Munde (*confessio oris*) und die Genugtuung durch Werke (*satisfactio operis*). Darauf antwortet der Priester mit dem göttlichen Gerichtsurteil: *Ego te absolvo*. Allmählich findet der → Ablaß in die Praxis des kath. Bußsakramentes hinein: die Absolution erläßt die Schuld, die Ablaßzahlung dagegen die zeitlichen Strafen (einschließlich der Fegfeuer-Strafen).

Die → Reformation erwuchs nicht zuletzt aus dem Widerstand gegen diese Praxis des Bußsakramentes. Luther litt als Mönch unter dem Bußakt, in dem der Priester als geistl. Richter stellvertretend das Urteil Gottes aussprach. »Dahinter stand das Bild eines Gottes, der in unerbittlicher Strenge das ewige Strafgericht vollziehen würde, wenn nicht der Sünder, von Angst und Reue getrieben, zur Buße finden würde« (H. Obst, TRE 5, 421). Luthers Entdeckung der Rechtfertigung des Sünders aus Gnaden durch den Glauben allein führte ihn auch zu einer Neubewertung der B.: sie wird zur Begegnung des Sünders mit der Liebe Gottes in Christus, nicht mit der unerbittlich fordernden Gerechtigkeit des richtenden Gottes. Gleichwohl hat Luther gegen die Abschaffung der Einzelbeichte in seinen Invokavit-Predigten heftig gekämpft: Ich will »mir die heymliche beicht niemants lassen nemen und wolt sie nit umb der gantzen welt schatz geben. Dann ich weys was trost und stercke sie mir gegeben hat. . . .ich were langst vom teuffel erwürgt, wenn mich nit die beichte erhalten hett!« (WA 10/3, 61f). Im Großen Katechismus sagt er schließlich: »Darümb wenn ich zur Beichte vermahne, so tue ich nichts anders, denn daß ich vermahne, ein Christen zu sein« (BSLK, 732). Luther hat auch die Beichtpraxis erheblich modifiziert: Ihr Hauptakzent liegt nicht auf des Menschen Tun; ihm bleibt die *confessio* (Bekenntnis). Das Eigentliche aber tut Gott: er schenkt die *absolutio* (Vergebung). Auch wehrt sich Luther gegen den Zwang zum lückenlos vollständigen Sündenbekenntnis unter Verweis auf Ps 19,13. Wir sollen die Sünden bekennen, die wir wissen und im Herzen fühlen. Auch beschränkte er die Vollmacht zur Absolution nicht auf den Priester.

Allerdings findet sich schon in den ersten Gottesdienstordnungen der Reformation (Formula Missae, 1523) eine katechetische Befragung als Zulassungsbedingung bei der Anmeldung zum Abendmahl. Sie verbindet sich mit einem Sündenbekenntnis und wird in den luth. Kirchen (in den ref. bleibt die Beichte ein Randphänomen) bald zur verpflichtenden Beichte vor dem Abendmahlsgang. So wurde neuer Zwang auf die B. gelegt, die zugleich immer mehr zu einem allgemeinen Sündenbekenntnis verflachte.

Der → Pietismus wehrte sich gegen die veräußerlichte B.; der Pfarrer K. Schade weigerte sich im »Berliner Beichtstuhlstreit« 1696-98, diese »Einzelbeichte« noch länger abzunehmen und führte eine Allgemeine B. ein. Diese verdrängte immer mehr die Einzelbeichte.

Im 19. Jh. (vor allem in luth. geprägten Erwekkungsgebieten, z.B. durch C. Harms in Kiel und W. Löhe in Bayern) und im 20. Jh., vor allem durch Bruderschaften (Michaelsbruderschaft), Kommunitäten und freie Werke (CVJM), gab es Ansätze zur Neuentdeckung der Einzelbeichte. Der Kirchentag 1956 mit einem großen Vortrag von Albrecht Schönherr über die B. gehört auch in diesen Zusammenhang. Die Geistliche Gemeinde-Erneuerung hat ebenso wie andere Gemeindeaufbau-Initiativen (Erlanger Kreis um Manfred Seitz) die Wiederentdeckung der Einzelbeichte im Umkreis des mission. Gemeindeaufbaus angeregt.

3. Formen der Beichte

Nimmt man Luthers Definition, so erkennt man die Beichte an zwei Stücken: dem Bekenntnis und der Vergebung, die der Beichtiger im Namen Gottes zuspricht, und die der Beichtende im Glauben annimmt. Damit ist die Einzelbeichte die eigentliche Form der Beichte.

Daneben gibt es aber noch beichtverwandte Formen des Sündenbekenntnisses: z.B. die Herzensbeichte, in der ein Sünder in der Stille vor Gott seine Schuld bekennt; ferner die Versöhnungsbeichte (Mt 5,23f), in der ein Christ den anderen um Vergebung bittet; ferner die allgemeine Beichte im Gottesdienst mit der allen verkündigten Vergebung Gottes; schließlich das → Confiteor, das Rüstgebet zu Beginn des Gottesdienstes, mit dem die Gemeinde ihre Unwürdigkeit bekennt, Vergebung erbittet und diese dann durch den Zuspruch von → Predigt und→ Abendmahl auch glaubend empfängt. Außerdem gibt es Formen des Bußgottesdienstes, die ganz unter dem Thema »Schuld und Vergebung« stehen.

4. Die Bedeutung der Beichte

In Dietrich Bonhoeffers »Gemeinsamem Leben« wird die Bedeutung der B. für Seelsorge und Gemeindeaufbau deutlich:

a. Die B. ist Durchbruch zur Gemeinschaft. Schuld macht einsam. Sie isoliert uns in jeder Beziehung, von Gott und vom Bruder. In der B. bleiben wir nicht länger allein. Unsere Gemeinschaft wird echt: sie wird tatsächliche Gemeinschaft von Sündern unter dem Kreuz Jesu.

b. Darum ist die B. Durchbruch zum Kreuz: sie demütigt unseren Stolz und tut weh. Sie bewahrt uns vor der billigen und ungewissen Vergebung, die wir uns selbst »zusprechen«. Warum fällt es leichter, dem heiligen Gott Schuld zu bekennen als dem Bruder, der doch auch ein Sünder ist?

c. B. ist Durchbruch zum neuen Leben: wir dürfen und können neu anfangen, denn das Alte ist vergangen.

d. So ist B. Durchbruch zur Gewißheit. Die Vergebung hat einen Zeugen. Was er gesagt hat, hat er im Auftrag Gottes gesagt: ich habe keinen Grund, die Gültigkeit der Vergebung länger in Zweifel zu ziehen.

5. Zur Praxis der Einzelbeichte

B. muß neu gepredigt und gelehrt werden, wenn sie wieder in den Gemeinden entdeckt werden soll. Die Lehre der B. gehört in jeden christl. Unterricht von der Universität bis zum Konfirmandenunterricht. Sie gehört aber auch als Angebot in das seelsorgerl. Gespräch.

Ihr Ort ist z.B. eine Sakristei, auf jeden Fall ein ruhiger und ungestörter Raum.

Der Beichtiger muß schweigen können (das Beichtgeheimnis ist durch das Strafrecht geschützt) und sollte selbst in der Praxis der B. leben. Der Pfarrer ist auch zum Hören der B. ordiniert; der Beichtende kann aber auch einem anderen als dem Pfarrer beichten.

Für den Vollzug machen manche → Agenden und Gesangbücher schlichte Vorschläge. Sie sind Sprachhilfen, die unsere Unsicherheit überwinden helfen. Unverzichtbar an ihnen sind nur das persönliche Bekennen konkreter Sünden und der indikativische Zuspruch der Vergebung, z.B.: »Auf Befehl unseres Herrn Jesus Christus und auf Grund seines Leidens und Sterbens spreche ich dich frei von allen deinen Sünden. Im Namen des Vaters und des Sohnes und des Heiligen Geistes. Amen« (der Beichtiger legt dabei dem Beichtenden die Hände auf).

Der Beichtiger steht nicht priesterlich über dem Beichtenden; er ist Sünder, dem Gott für einen anderen Sünder den Zuspruch der Vergebung in den Mund gelegt hat. So bedroht B. auch nicht Gemeinschaft durch Mit-Wissen, sondern begründet Gemeinschaft in der Vergebung. Knien beide während der B., wird dieser Tatbestand verdeutlicht.

Eine Verweigerung der Absolution (»binden«) kann angesagt sein, wenn der Beichtende nicht bereit ist, auch anderen zu vergeben, oder wenn er die bekannte Schuld auch in Zukunft nicht lassen will.

B. kann angesagt sein als Generalbeichte in der ersten Grundentscheidung eines Menschen für Jesus. Sie kann sinnvoll sein am Beginn eines neuen Lebensabschnittes, bei immer wiederkehrenden Sünden, bei bleibender Ungewißheit im Blick auf die Vergebung Gottes oder einfach als regelmäßige B. in einem Leben der Heiligung.

Wer gebeichtet hat, wird es immer wieder tun und wird aus Dankbarkeit versuchen, wiedergutzumachen, was durch seine Schuld an Schaden entstanden ist.

S.a. → Buße

Lit.: J.P. Asmussen, I.W. Frank, E. Bezzel, H. Obst, M. Mezger: »Beichte«, TRE 5, 1980, 411-439; E. Bezzel: Frei zum Eingeständnis, 1982; W. Böhme: Zeichen der Versöhnung, 21969; D. Bonhoeffer: Gemeinsames Leben, 141973; J. Busch: Stille Gespräche, 101977; M. Seitz et al.: Die Freude der Beichte, 1985; Th. Sorg: Das lösende Wort, 21976.

M. Herbst

Bekehrung

a) biblisch

1. Im Alten Testament

Wo die LÜ den Begriff »sich bekehren« bzw. B. hat, steht in der Vulgata regelmäßig *convertere* (»umwenden«) bzw. *conversio*, in der LXX bzw. im griech. Original des NT *epistrepho, epistrephomai* (»hinwenden«) bzw. *epistrophe*. In der LXX ist *epi-*

strepho Übersetzung von hebr. *schub* (»zurückkehren«). Dies ist zunächst keineswegs terminus technicus, sondern wird durchgehend, bis ins NT hinein (Mt 10,13; 12,44;24,18; Mk 5,30; Lk 2,39; 8,35; Joh 21,20; Apg 11,40; 2Petr 2,22; Offb 1,12), auch im wörtlichen, nichtrel. Sinn gebraucht. Zum rel. Terminus wird B. – religionsgeschichtl. ohne wirkliche Parallele (Nock) – auf dem Hintergrund des atl. Bundesgedankens: nach dem Abfall Israels von Gott und damit dem Bruch des von ihm gestifteten Bundes ist von Rückkehr zu Gott und damit in das von Gottes Seite nicht aufgehobene Bundesverhältnis die Rede (Beschreibung ohne den Begriff Ri 2 u.ö., der Begriff 5Mo 4,30; vgl. V. 23; 5Mo 30,2.8.10; vgl. 31,20.24). Der Ruf zu dieser Umkehr ist zentrale Aufgabe der atl. Prophetie (Jer 25,4; 26,5; 35,15; 44,4; vgl. 2Kön 17,13).

Adressat des Rufs zur Umkehr ist in der Regel kollektiv das ganze Volk Israel (bzw. gelegentlich der König als der Führer des Gottesvolks, 1Kön 13,33; 2Kön 23,25; 2Chr 36,13). Ziel der Umkehr ist durchgehend Gott selbst, nur einmal (Neh 9,29) das Gesetz. Darin zeigt sich (im Unterschied zum säkularisierten modernen Begriff B.) die Theozentrik des bibl. B.s-Begriffs. Gott seinerseits vergibt den Umkehrenden ihre Schuld (1Kön 8,34.36; Hos 14,2f als Bitte; Jes 44,22a; 55,7 als Zusage), gibt ihnen »Heilung« (Hos 14,5; Jes 9,12; 19,22) und Rettung (Jes 45,22).

Worin die Umkehr besteht, kommt in einer Reihe im Kontext des Begriffs gebrauchter Umschreibungen zum Ausdruck: Gottes Angesicht suchen (5Mo 4,30; Hos 3,5; 5,6; 2Chr 7,14; 15,2.4.12; 30,19); nach Gott fragen (Hos 7,10; Jes 9,12); Gott erkennen (Hos 2,10; 5,4; 6,3); sein Herz auf Gott richten (1Sam 7,3), sein Herz beschneiden (5Mo 30,6; Jer 4,4); sein Herz zerreißen (Joel 2,13); zu Gott flehen (1Kön 8,33ff; 2Chr 7,14); Gottes Namen bekennen (1Kön 8,33.35; 18,39); sich vor Gott demütigen (Jer 36,7; 44,10; 2Kön 22,19; 2Chr 7,14; 12,6f; 30,11; 33,12; 34,27; vgl. Hiob 22,23). Solche kultische Hinwendung zu Gott ist aber nur echt, wenn sie zugleich Gehorsam gegen Gottes Wort (5Mo 4,30; 30,2; Jes 6,10; Jer 12,17; 25,7; 26,3; 35,15; 44,5; vgl. Hos 11,10 dem Herrn folgen), Halten der Gebote (2Kön 17,13; Hos 12,7; Hes 18,21.27; 33,19; vgl. Neh 1,9; 2,29), ein Gutmachen von Wandel und Tun ist (Jer 18,11; 35,1). Wiederholt im unmittelbaren Parallelismus zu *schub* bzw. *epistrephein* ist hebr. *nicham* (Niphal) (»bereuen«) bzw. griech. *metanoein* (»sich umbesinnen«) gebraucht (Jes 46,8; Jer 8,5f; 31,18f) und kann dann schließlich sogar an die Stelle von *schub* bzw. *epistrephein* treten (Sir 48,15 und im NT, vor allem in den Evv.).

Negativ ist die Umkehr: Er- und Bekenntnis der Schuld (1Sam 7,3; 1Kön 6,47; Hos 14,3; Jer 3,13; Klgl 3,40) und Abwendung (*apostrephein*) von Sünde (1Kön 8,35; 2Chr 6,24; Hiob 36,10) und Ungerechtigkeit (1Kön 13,33; Mal 2,6).

Voraussetzung der Möglichkeit der Umkehr ist objektiv die Erwählung Israels, die in der Rettung aus Ägypten und dem Bundesschluß am Sinai für Israel erfahrbar wurde. Über die subjektiven Voraussetzungen wird im AT zunächst nicht reflektiert. Das ändert sich aber in dem Maße, in dem deutlich wird, daß Israel ständig neu aus dem Bund ausbricht und zu wirklicher Umkehr nicht bereit ist. Bereits bei den ältesten Schriftpropheten fällt auf, daß sie fast ausschließlich negativ feststellend von Umkehr reden (Am 4; Hos 5,4; 7,10; 11,5; Jes 6,10; 9,12; Jer 3,10; 5,3; 8,5; 18,11f; vgl. dazu H.W. Wolff). Wo Israel scheinbar umkehrt, da wird diese Umkehr als oberflächlich und unecht entlarvt (Hos 6; Jer 3,10). Dafür erscheint das Wort von der B. jetzt zunehmend im Zusammenhang eschatologischer Weissagung als Verheißung eines zukünftigen Ereignisses aufgrund eines besonderen, einen neuen Bund setzenden Eingreifens Gottes, das im Leben der Betroffenen einen grundlegenden inneren Wandel herbeiführt (Hos 3,5; Jes 44,22b; Jer 24,7; 31,18.31ff, vgl. auch Hes 36,26ff, eine Stelle, die mit der Verheißung der Erneuerung durch den Geist Gottes zugleich Anknüpfungsunkt für das ntl. Zeugnis von der → Wiedergeburt ist).

2. Im Neuen Testament

Diese Eschatologisierung des Rufs zur Umkehr führt im NT zu einer bedeutsamen Umformung des B.sverständnisses: Indem in der Umkehrbotschaft Johannes des Täufers und Jesu die Erfüllung der atl. Verheißung jener den ganzen Menschen erfassenden Umkehr angesagt wird (Mk 1,4.15; vgl. Mk 6,12; Mt 3,2; 4,17; Lk 5,32; 15,7.10; 24,47), wird deutlich, daß diese Umkehr ein je einmaliges, das weitere Leben des Menschen grundlegend bestimmendes Ereignis ist: Der Umkehrruf Jesu stellt die Hörer in ein letztes Entweder-Oder hinein, in dem sich zugleich bereits jetzt das ewige Geschick des Menschen entscheidet: Niemand kann zwei Herren dienen (Mt 6,24). Wer dem Ruf Jesu folgt, wird darin bereit zu vorbehaltloser Hingabe des Lebens an den Willen Gottes (Mt 6,10.33), wird bereit, alles um der sich realisierenden Herrschaft Gottes willen zu verlassen (Mt 19,21.27; vgl. 16,24ff), auch allen von Gott und dem Mitmenschen trennenden Stolz

(Mt 18,2f; vgl. 20,26f), um von ganzem Herzen Gott und dem Nächsten (selbst dem feindlich gesinnten) zu dienen (Mt 22,34ff; vgl. 5,38ff).

Das ganze NT hält konsequent am Gedanken der B. als einmaliger Lebenswende und grundlegendem Herrschaftswechsel fest, sowohl dort, wo ausdrücklich von B. die Rede ist (Apg 2,38; 3,19; 9,35; 11,21; 14,15; 15,19; 26,18.20; 1Th 1,9; 2Kor 3,16; 1Petr 2,25; 2Petr 3,9; Hebr 6,4-6), als auch dort, wo in anderen Begriffen und Formulierungen von dieser einmaligen Wende, in der ein Mensch Christ wird, die Rede ist (vgl. bes. die Rede vom Gläubigwerden Apg 4,4.32; 9,42; 11,17.21; 13,48; 14,1.23; 15,5; 16,34; 17,12.34; 18,8; 19,2; 2Th 1,10; Gal 2,16; 1Kor 3,5; Röm 13,11; Eph 1,13; → Wiedergeburt).

Neben dieser Rede von einer einmaligen B. findet sich im NT zwar auch die von einer wiederholten Umkehr (nur Lk 22,32b *epistrephein*, sonst *metanoein*: Lk 17,3f; Apg 8,22; 2Kor 7,9f; 12,21; 2Tim 2,25; Offb 2-3 u.ö. → Buße). Aber diese wiederholte Umkehr hebt die einmalige nicht auf, sondern setzt sie, im Sinne der ntl. Spannung von »Schon« und »Noch nicht« der Erfüllung der Verheißung, voraus (Röm 8,24; Phil 3,12; vgl. Lk 22,32a »Ich habe für dich gebeten, daß dein Glaube nicht aufhöre«).

Die objektive Voraussetzung der Möglichkeit der Umkehr ist mit der »Erfüllung der Zeit« (Mk 1,15) gegeben: wirkliche Umkehr ist jetzt möglich, weil mit dem Kommen, Sterben und Auferstehen Jesu die verheißene Gottesherrschaft sich durchzusetzen begonnen hat (»...denn das Reich Gottes ist nahe herbeigekommen«, Mt 4,17). Die subjektive Voraussetzung wird durch das diese Botschaft vermittelnde und im Geist Gottes auf den Menschen einwirkende Wort geschaffen. Dadurch allein wird das sonst dem Menschen Unmögliche möglich (Mt 19,26). Bekehrung ist deshalb eschatologische Gabe Gottes (Apg 5,31; 11,18; 13,48; vgl. Eph 2,8), der Ruf zur Umkehr Evangelium (Schniewind).

In der Gründung der B. auf den von Jesus in seinem stellvertretenden Leiden gestifteten neuen Bund (Mt 26,28 parr) wird definitiv der zunächst nur auf Israel gerichtete Umkehrruf (Mt 10,5f) zu allen Menschen hin entschränkt (Mt 28,19; Apg 17,30; Röm 1,5.14; 2,4) und damit zugleich universalisiert und individualisiert.

Lit.: E.K. Dietrich: Die Umkehr im AT und Judentum, 1936; H.W.C. Frend, M. Wolter: »Bekehrung I. Alte Kirche und Mittelalter«, TRE, 5, 1980, 440ff; O. Michel: Die Umkehr nach der Verkündigung Jesu, Ev Th 1938, 303-313; A.D. Nock: Conversion. The Old and New in Religion from Alexander the Great to Augustine of Hippo, 1933; J. Schniewind: Das biblische Wort von der Bekehrung, 1947; J.A. Soggin: THAT II, ³1984, 884-891; H.W. Wolff: Das Thema ›Umkehr‹ in der alttestamentlichen Prophetie, ZThK 1951, 137-148.

H. Burkhardt

b) theologiegeschichtlich

1. Das frühe Christentum empfand das in der B. eröffnete neue Leben so stark, daß der Gedanke der Einmaligkeit der B. das Wissen um die Notwendigkeit wiederholter → Buße zunächst zurückdrängte (vgl. die Diskussion bei Hermas, Mandata IV, 3), bzw. daß dann die Erkenntnis der bleibenden Sünde im Leben des Christen zur Institutionalisierung der Buße im Bußsakrament führte. Angesichts der nach der konstantinischen Wende zunehmenden Verweltlichung der Kirche kam es im → Mönchtum zu einer Rückbesinnung auf die Radikalität der urchristl. Umkehr, jetzt aber verengt auf die B. als Eintritt in die mönchische Existenz. Gleichzeitig behielt das Wort B. die Bedeutung der einmaligen Umkehr auch als Terminus der Missionssprache.

2. Auch in der Reformation dominierte die innerkirchl. Problematik: in der täglichen Buße ging es vor allem um die Echtheit des Christseins derer, die sich von der Taufe her schon Christen nennen, und um den evangelischen Charakter dieser Buße. Erst im → Pietismus, angesichts des beginnenden Zerfall des Corpus Christianum in der aufbrechenden europäischen → Aufklärung, rückte der Gedanke der B. zusammen mit dem der → Wiedergeburt als Anfang der christl. Existenz und als den ganzen Menschen erfassende Lebenswende neu in den Blick. So begegnet die ausdrückliche Unterscheidung zwischen (einmaliger) B. und (täglicher) Buße (→ Spener). Vor allem der hallische Pietismus war in seiner seelsorgerl. und pädagog. Arbeit, mitbedingt durch die persönliche Erfahrung A.H. → Franckes, gekennzeichnet durch seine Betonung der B. als biographisch fixierbarem Durchbruch zur Erfahrung der → Heilsgewißheit. In der Dogmatik dieser Zeit wurde die Lehre von der Aneignung des Heils entfaltet in der Lehre von der Heilsordnung, in deren Mittelpunkt die B. stand.

3. Formal unter pietistischem Einfluß nahm der Rationalismus bei → Kant den Gedanken der B. auf als »Revolution der Denkungsart« in der Wendung von empirischer zu rationaler Begründung der Sittlichkeit (d.h. vom → Eudämonismus zur Pflichtethik). Bei → Schleiermacher ist B. der Moment, in dem der Mensch sich über das Endliche erhebt und in un-

mittelbarer Erleuchtung ihm der Sinn für das Universum aufgeht (167), und zwar »von nun an auf immer« (265). In der Erneuerung des Pietismus in der → Erweckungsbewegung wurde die B. wieder zum »Grundartikel der christlichen Wahrheit« (Tholuck 117), und zwar, im bewußten Gegensatz gegen den Rationalismus unterschieden von B. als Entscheidung zu rechtschaffenem Leben, als Wende von der Sünde zum lebendigen Gott im Glauben an den Versöhner. Der Tag der B. ist deshalb kein Trauer-, sondern ein Freudentag, B. ist da, wo »Bußfertigkeit aus Liebe« ist (122). Die Unterscheidung von Bekehrtsein und Nichtbekehrtsein ist in der Erweckungsbewegung wie in der aus ihr entstehenden → Gemeinschaftsbewegung grundlegend für alle Verkündigung und Seelsorge.

4. Soweit die dem Entwicklungsgedanken verpflichtete → liberale Theologie den Gedanken der B. nicht überhaupt als gewalttätige Zumutung ablehnte, verstand sie B. als Unterwerfung unter die in der Person Jesu begegnende und zur rel.-sittlichen Selbständigkeit befreiende Macht des Guten (W. → Herrmann). Die → dialektische Theologie stellte die Forderung der B. unter den Verdacht des synergistischen Subjektivismus und machte Jesus Christus zum eigentlichen Subjekt der Bekehrung (K. → Barth). Die Besinnung auf die gesellschaftl. Verantwortung der Christen hat in den letzten Jahrzehnten vielfach dazu geführt, die B. als transsubjektives gesellschaftl. Phänomen zu deuten und von »Bekehrung der Strukturen« (E. Müller) zu sprechen oder B. als revolutionäre soziale Veränderung zu postulieren (Theologie der → Revolution).

Lit.: G. Bardy: Menschen werden Christen. Das Drama der Bekehrung in den ersten Jahrhunderten, 1988; K. Barth: KD IV, 2 § 66, 1955; H. Burkhardt: Die biblische Lehre von der Bekehrung, in: K. Heimbucher (Hg.): Dem Auftrag verpflichtet (zu Bekehrung in der Gemeinschaftsbewegung), 1988, 237-259; W.H.C. Frend, M. Wolter, P. Engelbert, F. Wagner: »Bekehrung I-II«, TRE 5, 1980, 440-469; S. Hausammann: Buße als Umkehr von Mensch und Gesellschaft, 1974; W. Herrmann: Ethik, [5]1921, § 23-24; I. Kant: Die Religion, 1798, 48-64; ders.: Der Streit der Fakultäten, 1798, A 82ff; E. Müller: Bekehrung der Strukturen, 1973; F. Schleiermacher: Über die Religion, 1799; J. Staedtke: Buße und Bekehrung in der Theologie der Revolution, in: H. Schulze, H. Schwarz: Christsein in einer pluralistischen Gesellschaft, 1971, 218-232; A. Tholuck: Predigten Bd. IV, 1843.

H. Burkhardt

c) systematisch-theologisch

1. Die im Gefolge der → Säkularisierung der einstmals christl. geprägten Gesellschaft Europas stetig zunehmende Erosion der Volkskirchen hat die Frage nach dem Christsein (Wer ist eigentlich ein Christ?) und Christwerden (Wie werde ich Christ?) neu auf die Tagesordnung kirchl. Synoden und Kommissionen gesetzt (M. Kruse). Der Verweis auf die → Taufe ist angesichts der heutigen Kindertaufpraxis immer weniger überzeugend. Christwerden geht weithin auf in einem mehr oder weniger bewußten Hineinwachsen in vom Christentum geprägte traditionelle Riten, Vorstellungen und Werte.

Dieses Verständnis des Christwerdens hat sich weit entfernt von dem ntl., in dem, vor allem im Wort B., das Christwerden als radikaler Bruch im persönlichen Leben des einzelnen Menschen beschrieben wird, in dem er sich bewußt von einem in eigener Regie geführten und deshalb von der → Sünde geprägten Leben ohne Gott abwendet und sich in vorbehaltlosem Glauben einem der Herrschaft Gottes verpflichteten Leben mit Gott zuwendet (1Thess 1,9).

2. Während man in allen theol. Richtungen in einem allgemeineren Sinn durchaus von immer wieder nötiger Umkehr (→ Buße) sprechen kann, ist die Auffassung, daß nur in der B. als einmaliger Lebenswende ein Mensch Christ werde, sehr umstritten. Da sie fast nur im Bereich des → Pietismus vertreten wird, gilt sie weithin als pietist. »Sonderfündlein«.

Tatsächlich aber liegt gerade darin ein wesentlicher Unterschied der christl. B. zu vergleichbaren nichtchristl. rel. oder auch nichtrel. Phänomenen: in allen Religionen und Weltanschauungen gibt es das Leben tiefgreifend verändernde Hocherlebnisse (wie in der Erleuchtung begabten Persönlichkeiten (»Heiligen« oder »rel. Genies«) zuteil werden, ist nach bibl. Zeugnis jedermann zur Umkehr gerufen (Apg 17,30), ist B. entsprechend konstitutiv für das Christsein: Es gibt kein Christsein ohne B., ohne daß der einzelne sein Leben bewußt unter die Herrschaft Gottes stellt.

3. So sehr es sich dabei um die Erfüllung der höchsten sittlichen Forderung handelt, Gott von ganzem Herzen zu lieben und seinem Willen sich unterzuordnen, ist B. doch nicht eine aus eigenen Kräften des Menschen hervorgebrachte Leistung, sondern durch den Geist Gottes gewirkte Annahme des Angebots der Gnade Gottes, sie ist wesentlich Glaubensakt (Mk 1,15), d.h. ein Wegsehen von den vermeintlichen eigenen Möglichkeiten und ein Sichverlassen auf die in Jesus Christus angebotene Gnade Gottes. Eben weil es sich hier nicht um irgendeine vereinzelte menschliche Bemühung, das Glied einer unendlichen Kette menschlicher Versuche, Gott na-

he zu kommen, handelt, sondern um die Erfüllung einer von Gott selbst gegebenen endzeitlichen Verheißung, nach der das Leben des einzelnen in der B. grundlegend erneuert werden soll (Jer 31), deshalb ist B. in bibl. Sicht je einmalig. Jede B. ist ein eschatologisches Ereignis, wie auch die christl. → Gemeinde, als Gemeinschaft von Bekehrten (1Petr 2,25), als solche eine eschatologische Größe ist. Was christl. B. ist, kann angemessen nur in den heilsgeschichtl. Linien der Bibel verstanden werden.

4. Einmaligkeit der B. heißt, daß es zu einer grundsätzlich biographisch erkennbaren Wende im Leben eines Menschen kommt. Das bedeutet aber keineswegs, daß diese Wende auch immer genau datierbar ist. Wie die Wende sich vollzieht, ist abhängig von individuellen (auch psycholog.) Gegebenheiten und Umständen. Sie kann sich über einen langen Zeitraum hinziehen, sie kann aber auch plötzlich erfolgen. Festzuhalten ist: Es muß in jedem Menschenleben zu einer Wende weg von dem ihm eigenen Hang zur Selbstherrlichkeit hin zur Gottesherrschaft kommen. Diese Einmaligkeit der B. steht allerdings keineswegs im Gegensatz zur Notwendigkeit stets neuer Umkehr: die grundlegende Wendung zu Gott muß, entsprechend der Spannung zwischen »Schon« und »Noch nicht«, in der christl. Existenz lebt (Phil 3,12), stets neu bewährt werden (→ Buße).

5. Als durch den Zuspruch der Vergebung der Sünde ermöglichter Eintritt in ein neues, ewigkeitliches Leben ist B. jetzt schon Rettung des einzelnen im Blick auf das kommende → Gericht Gottes. Sofern aber der ganze Mensch von dieser Erneuerung erfaßt und unter Gottes Herrschaft gestellt ist, kann B., wenn sie echt ist, nicht ohne soziale Folge bleiben. B. ist immer individuell, nie identisch mit der Änderung sozialer Strukturen, aber sie ist, gerade in unserer an ihrer Säkularität zerbrechenden Gesellschaft, konkreter Ansatz für soziale Veränderung (K. Bockmühl).

6. Als Beginn des Christseins, als Akt der Annahme des Heils und subjektive Voraussetzung spezifisch christl. → Ethik ist B. (und mit ihr → Wiedergeburt, die das gleiche Ereignis unter anderem Aspekt beschreibt) damit das zentrale Ziel aller → Evangelisation und → Mission.

Lit.: K. Bockmühl: Konkrete Umkehr. Die christliche Lehre von der Bekehrung zwischen Marxismus und moderner Theologie, 1989; H. Burkhardt: Die biblische Lehre von der Bekehrung, ^{2}1985; ders.: Bekehrung in der Volkskirche, in: ThBeitr 11/1980, 211-226; ders: The Experience of Conversion, in: H.I. Marshall (ed): Christian Experience in Theology and Life, 1988, 139-158; Glauben heute. Christ werden - Christ bleiben, hg. vom Kirchenamt der EKD, 1988; K. Heim: Die christliche Ethik, 1955, 111-121; W. James: Religiöse Erfahrung, 1907; H. Kasdorf: Die Umkehr. Bekehrung in ihren theologischen und kulturellen Zusammenhängen, 1989; W. Klaiber: Ruf und Antwort. Biblische Grundlagen einer Theologie der Evangelisation, 1990; Papers of the Consultation on Conversion, Hongkong 1988 (als Vervielfältigung hg. vom Institut für Missionswissenschaft und ökumenische Theologie in Tübingen); L.R. Rambo: »Conversion«, Encyclopedia of Religion, Vol. 4, 1987; A. Schlatter: Das Christliche Dogma, ^{2}1923, § 115; J. Schniewind: Evangelische Metanoia, in: ders.: Zur Erneuerung des Christenstandes, 1966, 9-20; ders.: Das biblische Wort von der Bekehrung, 1947; F. Wagner: »Bekehrung III«, TRE 5, 1980, 469-480.

H. Burkhardt

Bekennende Kirche → Kirchenkampf

Bekenntnis

a) biblisch

1. Im Alten Testament

Auszugehen ist vom hebr. Stamm *jādāh*, der im theol. Sprachgebrauch in zwei Bedeutungen vorkommt: (a) loben, preisen; (b) (Sünden) bekennen. »Beides ist ein Anerkennen, einmal des rettenden Wirkens Gottes, dann aber auch ein Anerkennen des eigenen Fehlweges, des eigenen Versagens« (Westermann, 675).

a. Das B. als Lobpreis Gottes ist Antwort auf Gottes rettendes, erhörendes und befreiendes Handeln. Aus solcher Erfahrung erwächst der Entschluß des Menschen, Gott zu loben (z.B. Ps 7,18; 18,50).

b. Das B. der Sünde *jādāh* vor allem im Hitpael (*hitwaddāh)* hat die Bedeutung »eingestehen, bekennen« (3Mo 5,5; 4Mo 5,7). Durch das B. seiner Schuld gibt ein Mensch Gott recht, erkennt er ihn an; vgl. das Beispiel Achans (Jos 7,19). Dieses Sündenbekenntnis findet sich vor allem im gottesdienstl. Zusammenhang.

Unabhängig vom Begriff *jādāh* findet sich im AT sowohl das B. des einzelnen zu Gott: »Du bist mein Gott« (Ps 31,15) als auch das B. des Volkes: »Jahwe ist unser Gott« (Jos 24,16ff). Diese Bindung an Gott ist exklusiv. Das B. zum alleinigen Gott in 5Mo 6,4 wird später zum grundlegenden jüd. B. erweitert, dem Schᶜmᶜa Israel (bestehend aus 5Mo 6,4-9; 11,13-21; 4Mo 15,37-41).

Die LXX übersetzt *hitwaddāh* meist mit *exhomologeisthai*.

2. Im Neuen Testament

Für das B. stehen im NT die Verben *homologein* und *exhomologeisthai* sowie das Substantiv *homologia*. Neben der allg. griech. Bedeutung (»übereinstimmen; eingestehen; offen erklären, behaupten; versprechen; anerkennen, bejahen«) kommen im NT folgende Bedeutungen vor:

a. Im atl. Sinn ist *exhomologeisthai* gebraucht: »Sünden bekennen« (Mt 3,6 par; Mk 1,5; Apg 19,18; Jak 5,16; vgl. 1Joh 1,9 *homologein*) und »loben, preisen« (Mt 11,25 par; Lk 10,21; Röm 14,11; 15,9; vgl. Hebr 13,15 *homologein*).

b. Semit. ist *homologein(en)* im Sinn von »sich zu jemandem bekennen« gebraucht (Mt 10,32 par; Lk 12,8; vgl. Offb 3,5). Wer sich öffentlich zu Jesus bekennt, zu dem bekennt er sich im Endgericht. An der Stellung zu Jesus fällt die Entscheidung über Heil und Verderben.

c. Wichtig ist der spezifisch christl. Gebrauch als B. zu Jesus Christus, der anerkannt wird und zu dem man sich öffentlich und verbindlich erklärt.

Im B. zu Jesus wird ihm ein Hoheitstitel beigelegt. Von späteren B. (z.B. Apostolikum) oder von geprägten Glaubensaussagen (z.B. 1Kor 15,3-5; Röm 4,25), die in festen Formulierungen das Heilswerk Jesu beschreiben, unterscheiden sich die ntl. B.e dadurch, daß in einem knappen Nominalsatz der Name Jesu mit einem Hoheitstitel verbunden wird, der die einzigartige Würde Jesu anerkennt: »Jesus ist der Messias=Christus« (Joh 9,22; 12,42; 1Joh 2,23; vgl. das Petrusbekenntnis in Mk 8,29 par), »Herr ist Jesus« (Röm 10,9f; Phil 2,11; vgl. 1Kor 12,3), »Jesus ist Gottes Sohn« (1Joh 2,23; 4,15). Ein zweigliedriges B. finden wir in 1Kor 8,6 zu Gott, dem Vater, und Jesus Christus, dem Herrn.

In Röm 10,9f zeigt sich der enge Bezug von Glaube und B. Mit dem B. bindet sich der Glaubende ganz an Christus, dessen gegenwärtige Herrschaft er anerkennt. Daraus ergibt sich die Verpflichtung zu einem dem B. entsprechenden Leben (1Tim 6,12; Hebr 4,14; 10,23).

Ein B. zu Christus wurde vor allem im gottesdienstl. Rahmen (vgl. 1Kor 12,3) ausgesprochen. Ein Taufbekenntnis wird - abgesehen von der Umkehrtaufe Johannes des Täufers - nirgends ausdrücklich erwähnt (Apg 8,37 ist von späteren Abschreibern eingefügt). In 1Tim 6,12 ist wohl ein B. des Timotheus bei seiner Ordination bzw. Beauftragung gemeint.

In 1Joh 4,2f und 2Joh 7 dient das B. zu Jesus, dem fleischgewordenen Gottessohn, der Abgrenzung gegenüber Irrlehrern.

Lit.: E.S. Gerstenberger, K. Wengst: »Glaubensbekenntnis(se) II; IV«, TRE 13, 1984, 386-388. 392-399 (Lit.); O. Hofius: EWNT II, 1981, 20-23.1255-1263; O. Michel: ThWNT V, 1954, 199-220; E.J. Schnabel: »Bekenntnis«, GBL 1, 1987, 179f; C. Westermann: THAT I, ⁴1984, 674-682.

W. Haubeck

b) theologiegeschichtlich

B. ist ein allg. rel. und ein speziell christl. Begriff. Im rel. Sinn bezieht sich ein B. entweder auf eine mündlich oder schriftlich fixierte Urkunde oder auf einen Akt des Bekennens verbaler oder handelnder Art. Im speziell christl. Sinn steht und fällt B. mit der Zuwendung Gottes zur Welt in → Jesus Christus und der antwortenden Zuwendung des Glaubenden zu Jesus Christus hin. Insofern das B. eine Grundlage christl. Glaubens ist (vgl. 2Kor 4,13), gehört es ins Zentrum christl. → Theologie hinein. Gleichzeitig lassen sich je nach dem »Sitz im Leben« verschiedene Formen des B.es unterscheiden: Bei der confessio steht der aktuelle, persönlich-subjektive Bekenntnisakt von einzelnen im Vordergrund; das *symbolum* (bzw. *credo*) ist meist eine über den aktuellen Anlaß hinausweisende Bekenntnisformel, die den Glauben einer größeren Allgemeinheit ausdrücken soll; schließlich wird der theol. Aspekt des B.es vor allem bei B.urkunden und Lehrdokumenten (*doctrina*) betont, in denen sich der christl. Identitätswille gegenüber Verfälschungen und Irrlehren schützt und verteidigt.

Wenn das Christentum als bekennende Religion und die Kirche ihrem Wesen nach als bekennende Kirche zu bezeichnen ist, so ist damit Grundlegendes über ihr Sein und ihren Auftrag auch im Sinn der Unterscheidung und Abgrenzung festgestellt.

1. Bekenntnis im Urchristentum und in der Alten Kirche

Relativ früh schon im Urchristentum ist es zu ausführlichen Zusammenstellungen christologischer Art gekommen. Paulus fand sie jedenfalls schon vor und zitierte bereits ausdrücklich: Phil 2,5-11 und 1Kor 15,3-5.

Je nach der Herausforderung durch die heidnische oder häretische Umwelt wurden im Laufe der Zeit die Christusbekenntnisse unterschiedlich ausgeformt; auch geographisch verläuft die Bekenntnisbildung verschieden. Neben dem eingliedrigen Christusbekenntnis hat es auch schon früh, jedoch relativ selten, zweigliedrige B.se zum Vater und Christus (vgl. 1Kor 8,6) und dreigliedrige Credos (z.B. im Taufbefehl von Mt 28,19, in der Segensformel 2Kor 13,13, sowie in 1Kor 12,4-6 und Eph 4,4-6) gegeben. Theol. aufeinander bezogen sind diese Teile erst seit der Entfaltung der Logoslehre ab dem späteren 2. Jh. und vollends seit dem trinitarischen Streit im 4. Jh. Kaiser Konstantin hat mit der Befreiung der Kirche von der Verfolgung auch großen Wert auf ihre einheitliche Gestalt in Lehre und Leben gelegt. Gab es bis zum 4. Jh. eine bunte Vielfalt von Glaubensbekenntnissen, so vereinheitlicht sich nun mit der werdenden Reichskirche auch das B. Dieser politisch notwendige Prozeß der Vereinheitlichung oder - negativ ausgedrückt - der Reduzierung der Vielfalt der B.se auf das eine B. bzw. eine B.schrift hat sich in auffälliger Parallelität in der Reformationszeit wiederholt.

Das sog. Nicaenum, 325 auf dem Konzil von → Nicaea angenommen und 381 auf dem Konzil von Konstantinopel endgültig beschlossen, wurde zum Credo des sonntäglichen Sakramentsgottesdienstes und ist es in der röm.-kath. und der orth. Kirche Griechenlands und Rußlands bis zum heutigen Tage geblieben. Größere Freiheit behielten die Provinzialkirchen zunächst für die Taufgottesdienste, in denen die älteren Glaubensbekenntnisse weiterlebten. Das sog. → apostol. Glaubensbekenntnis, in seiner jetzigen Gestalt etwa seit 500 als Taufbekenntnis der südgallischen Kirche nachweisbar, geht womöglich auf ältere bis ins 2. Jh. zurückreichende Credoformulierungen zurück. Über die Franken, die Merowinger und die Karolinger ist das Apostolicum dann wieder nach Rom gekommen und im 10. Jh. unter dem Druck der Kaiser vom Papst in Rom endgültig als das allg. abendländische Taufbekenntnis rezipiert worden. Mit dem Verzicht auf das sonntägliche → Abendmahl hat sich in den ev. Kirchen vor allem das Apostolikum gehalten und durchgesetzt. Die Zeit der frühen Kirche war für die B.bildung besonders grundlegend. Hatte das B. seinen ursprünglichen Entstehungsort in der Auseinandersetzung mit Unglauben und Irrglauben, in letzter Konsequenz im Martyrium, so traten im Laufe der Zeit auch andere Dimensionen hinzu: das B. bekam katechetische Bedeutung für den Taufunterricht und dann für den Taufgottesdienst selbst; es erhielt doxologische (lobpreisende) Bedeutung und seinen Ort innerhalb des Erinnerungsgebetes (→ Anamnese) in der Abendmahlsliturgie. Es hatte schließlich eine die gesamte Kirche verbindende und damit ökumen. Bedeutung, auch für das Verhältnis zwischen → Kirche und Staat. Nach der Erhebung des Christentums zur Staatsreligion im Jahre 380 trat auch die Auseinandersetzung um theol. Grundsatzfragen wie die Trinitätslehre und die Christologie in den Horizont der Bekenntnisbildung hinein. Ein Ergebnis ist das um 500 in Südgallien in lat. Sprache als antiarianisches Lehrbekenntnis verfaßte Athanasianum.

2. Bekenntnis im Mittelalter und in der Reformation

Das Mittelalter gehört zu den Perioden der Kirchengeschichte, zumindest der abendländischen, in denen die Lehrauseinandersetzungen über Jh.e zurücktreten und die Missionierung der bekannten und erreichbaren Völker im Vordergrund steht. Dafür genügten die überlieferten B.se vollauf. Erst mit der → Reformation im 16. Jh. wurde eine neue Lage geschaffen, die z.B. Luther vor Kaiser und Reich in Worms 1521 zu aktuellem Bekennen zwang. So sind die Anfänge der reformat. Bewegung wieder von der Vielfalt und Freiheit des christl. B.ses geprägt, das in jenen »Entscheidungsjahren« seinen eschatologischen Charakter zurückgewann. Luther hat das überlieferte Credo neu auf das Christusbekenntnis hin orientiert, z.B. das Nicaenum und Apostolicum in drei Artikel eingeteilt und diese seiner Katechismusauslegung zugrunde gelegt. Im übrigen waren Nicaenum, Apostolicum und Athanasianum reichsrechtlich abgesichert und hätten jeden Bestreiter in die juristische Illegalität gebracht. Auch deswegen haben die Reformatoren und ihre Anhänger die Glaubensbekenntnisse nie angetastet, sondern neu interpretiert (deutsche Übersetzungen für Gottesdienst, Katechismus, Glaubenslieder u.a.). Neu in der Reformationszeit ist die Gattung der Bekenntnisschriften, in der nicht etwa Theologen oder Gemeindeglieder, sondern die Reichsstände ihren Glauben in der neuen Lehrgestalt bekennen und lehrmäßig absichern. So kommt es zu einer Fülle neuer B.se, z.B. der Confessio Augustana, der Confessio Tetrapolitana, der Confessio Helvetica posterior, der Confessio Belgica, der Confessio Scotica u.a. Aus dem lebendigen B.akt wird so das ebenfalls situationsbezogene, aktuelle Lehrbekenntnis der reformat. Frühzeit (vgl. Luthers Bekenntnis von 1528, die Katechismen, die Schwabacher und Marburger Artikel von 1529 und schließlich die CA) und schließlich die territorialrechtliche Bekenntnisschrift, die im Jahr 1580 in einer ausgewählten Zahl für das Luthertum im sog. Konkordienbuch zusammengefaßt wurden. Während aber die Hochschätzung der altkirchl. Symbole und aller anderen B.se für Luther allein in ihrer Funktion begründet war, nämlich dem die Hl. Schrift und das Evangelium zusammenfassenden Zuspruch der Sündenvergebung, gewannen die B.se im Verständnis P. Melanchthons zunehmend ein Eigengewicht neben der Schrift als normative Kirchendoktrin. Die altprot. Orthodoxie hat in Fortsetzung dieser Entwicklung die Bedeutung der B.se als einerseits von der Hl. Schrift selbst normiert, andererseits aber als eine die Auslegung derselben und die kirchl. Lehre normierende Größe für → Apologetik und Polemik herausgestellt. Schließlich wird im Laufe der Zeit aus der B.schrift die Konfession als Ausdruck der Religions»partei« und später als Bezeichnung der Religions- bzw. Konfessionszugehörigkeit. Damit hat das Wesen und die Aufgabe des B.ses eine nicht unwesentliche Wandlung erfahren.

3. Das Bekenntnis in der Neuzeit

Als eine Reaktion auf diese Entwicklung kann man das B.verständnis des → Pietismus und der → Erweckungsbewegungen im 19. Jh. verstehen. Sie haben zwar die überkommenen B.se unangetastet gelassen. Trotzdem haben sie durch die Betonung des »Herzensglaubens« und der die → Rechtfertigung weiterführenden → Heiligung, kurzum: durch die Verlagerung des Interesses von der Lehre auf das Leben, die Geltung der B.se relativiert. Jedenfalls war im Pietismus der B.akt deutlich vor den B.text getreten. In der → Aufklärungszeit und -theologie konnten metaphysische Glaubenswahrheiten keine normgebende Funktion mehr beanspruchen. So wurde das überlieferte B. generell verdächtigt und weithin dispensiert oder aufgegeben. Die Unionsbewegung war mit eine Konsequenz dieses Trends. Trotzdem haben die Kirchenunionen im 19. Jh. hinsichtlich der B.frage ein doppeltes Resultat:

a. Die Unierten hatten zu entscheiden, ob sie die Union als Verwaltungsunion, - also unter Weiterbestand der bisher geltenden B.se - oder als Bekenntnisunion, d.h. unter Neuformulierung eines meist nur die Abendmahlsfrage betreffenden Lehrdokumentes, durchführen wollten. Letzteres ist nur in Baden und in der Pfalz geschehen.

b. Die Kirchen und Christen, die sich keiner Union anschlossen, wurden zu einer Rückbesinnung auf die reformat. B.se luth. oder ref. Herkunft geführt, was z.T. zu einem ausgesprochenen Konfessionalismus führte. In dieser Periode wurden die reformat. Bekenntnisschriften gleichsam neu entdeckt und als »symbolische Bücher« bezeichnet. Neben einer Intensivierung der B.bindung trat aber auch eine weitere Liberalisierung der B.bindung, was vielfach zu sogenannten »Apostolikumsstreitigkeiten« führte, wenn Pfarrer sich weigerten, im Gottesdienst oder Unterricht das Apostolikum zu verwenden. Die → liberale und vermittelnde Theologie, die bis zum Ende des Ersten Weltkriegs sehr stark die Landeskirchen bestimmte, rückte die B.bindung weithin an den Rand, ohne sie wegen ihrer hist. Dignität völlig preiszugeben. Sowohl durch die dialektische Theologie, als auch besonders durch den → Kirchenkampf im Dritten Reich rückte die B.frage wieder neu in den Vordergrund. Gegenüber einer von den → Deutschen Christen überfremdeten Kirche formierten sich Christen aller ev. Landeskirchen zur Bekennenden bzw. Bekenntniskirche. Die erste Bekenntnissynode von Barmen 1934 ermöglichte eine gemeinsame Theologische Erklärung. Historisch geurteilt ist diese Erklärung kein B. Nach dem Krieg haben viele Landeskirchen die Theologische Erklärung von Barmen in ihre Grundordnung aufgenommen und ihr damit einen bekenntnisähnlichen Charakter gegeben. Trotzdem wird man bis zum heutigen Tag von einer Theologischen Erklärung und nicht von einem Barmer Bekenntnis sprechen müssen.

Die seit Beginn des 20. Jh.s wachsende ökumen. Bewegung hat zunächst zu einer Rückbesinnung auf die eigene Konfessionalität geführt. Im Laufe der Zeit kam es dann aber zu geistl. gewachsenen Kirchenunionen, die in der Regel auch kürzere oder längere Vereinigungsurkunden im Gefolge hatten, z.B. das Statement of Faith der United Church of Christ in Kanada aus dem Jahr 1957. Anläßlich der Gründung der »→ Bekenntnisbewegung kein anderes Evangelium« kam es 1967 zu der Düsseldorfer Erklärung »Zu Lehre und Verkündigung« oder 1974 anläßlich des → Internationalen Kongresses für Weltevangelisation in Lausanne zur sog. Lausanner Verpflichtung. Erklärungen dieser Art haben das Gewicht einer theol. Lehraussage, aber nicht des B.ses, weil ein B. zu allen Zeiten von der Kirche als ganzer zu rezipieren ist im Unterschied zu B.akten oder -aussagen von einzelnen oder Gruppen. Schließlich bleibt darauf hinzuweisen, daß es seit 1960 im In- und Ausland zu einer großen Zahl von neuen Glaubensb.sen gekommen ist, die, meist in Jugendkreisen formuliert, das Apostolicum im gottesdienstl. Gebrauch ergänzen sollen. Diese Credotexte haben weitgehend zu einer Verlebendigung und einer Neubesinnung auch auf die alten B.se geführt.

Lit.: Auf dem Weg zu einem Bekenntnis des gemeinsamen Glaubens. Faith and Order Paper, ÖR 29 (1980) 367-376; K. Barth: Das Bekenntnis der Reformation und unser Bekennen, 1935; W. Beinert: Das Glaubensbekenntnis der

Ökumene, 1973; W. Beinert, K. Hoffmann: Glaubensbekenntnis und Gotteslob der Kirche, 1971; H. Dörries: Das Bekenntnis in der Geschichte der Kirche, ²1947; J.N.D. Kelly: Altchristliche Glaubensbekenntnisse, 1972; H. Lamparter: Das Wahrzeichen des Christenglaubens, 1965; W. Pannenberg: Das Glaubensbekenntnis, ausgelegt und verantwortet vor den Fragen der Gegenwart, 1972; G. Ruhbach et al.: Bekenntnis in Bewegung. Ein Informations- und Diskussionsbuch, 1969; A. van Ruler: Was glauben die Christen? 1972; H. Schröer: Unser Glaubensbekenntnis heute, 1971; Th. Sorg et al.: Credo heute, 1975; J. Trach (Hg.): Lebendiger Umgang mit Schrift und Bekenntnis. Theol. Beiträge zur Beziehung von Schrift und Bekenntnis und zu ihrer Bedeutung für das Leben der Kirche, 1980.

Texte: A. Hahan: Bibliothek der Symbole und Glaubensregeln der alten Kirche, ³1962; G. Ruhbach: Glaubensbekenntnisse für unsere Zeit, 1971; H. Steubing: Bekenntnisse der Kirche. Bekenntnistexte aus 20 Jahrhunderten, ²1970.

G. Ruhbach

c) systematisch-theologisch

Im B. legt man sich fest und formuliert in Kürze, woran man sich gebunden weiß und was man hofft und glaubt. Das B. sagt aus, wo Heil ist; es ist eine Zusammenfassung der Heilsbotschaft, die in der Verkündigung entfaltet wird. Religionsgeschichtl. verallgemeinernd kann man sagen: »Unter Bekenntnis versteht man die begriffliche Formulierung der Lebensmitte einer Religion« (G. Mensching).

1. Bekenntnis ist Zusammenfassung des Glaubensinhalts

Israel bekannte: »Jahwe ist unser Gott« (Jos 24,16-24). Das monotheistische Bekenntnis (5Mo 6,4) ist die zentrale Glaubensaussage Israels, die entfaltet wurde im sog. »geschichtlichen Credo« (v. Rad). Christen bekennen: Jesus ist der Christus (Mk 8,19), Jesus ist der Herr (1Kor 12,3), Jesus ist Gottes Sohn (Apg 8,37 nach dem Codex Laudianus). Aus ein- und zweigliedrigen Glaubensbekenntnissen, die den einzigen Schöpfer-Gott und Jesus, seinen Gesalbten, nannten, wurde das trinitarische Bekenntnis zu einem dreieinigen Gott, das durch zentrale Aussagen über die Heilsbedeutung des Todes und der Auferstehung Christi erweitert wurde.

2. Bekenntnis ist Ausdruck persönlicher Entscheidung

Wer sagt: »Ich glaube«, legt sich persönlich fest. Die im 6. Jh. bezeugte Erweiterung des Textes von Apg 8 durch den in älteren Handschriften fehlenden V. 37 zeigt, daß das Bekenntnis seinen Platz im Zusammenhang der → Taufe hatte. Getauft werden konnte nur, wer das Glaubensbekenntnis ablegte. Wer sich zum Glauben an Christus bekennt, gesteht öffentlich ein: Ich bedarf seiner. Das christl. Glaubensbekenntnis schließt das Sündenbekenntnis ein. Wer bekennt, daß er an Christus glaubt, bekennt damit auch, daß er ohne ihn verloren wäre. Zugleich enthält das Glaubensbekenntnis das Zeugnis, gerettet worden zu sein. Im Akt des Bekennens deckt man auf, wozu man steht und worauf man sich im Leben und Sterben verlassen will. Diese Festlegung schließt ausdrücklich oder stillschweigend eine Absage an andere Heilsangebote ein.

3. Bekenntnis ist Grundlage der Glaubensunterrichtung

Die inhaltliche Zusammenfassung der wichtigsten Glaubensaussagen dient auch dazu, Rechenschaft darüber abzulegen, was man glaubt, und solche, die ebenfalls glauben möchten, in den Glauben einzuführen. Eine Weitergabe des Glaubens setzt ein formuliertes Credo voraus, das im Unterricht erläutert wird und das die Unterrichteten sich einprägen, um, falls sie erkennen, daß das darin Ausgesagte ihre Rettung bedeutet, sich selbst dazu bekennen zu können.

4. Bekenntnis ist Klarstellung in der Auseinandersetzung

Israel formulierte sein B. zu Jahwe in entschiedener Abgrenzung gegen die Verehrung anderer Götter durch die Nachbarvölker. Das B. zu Jahwe stellte zugleich eine Verwerfung des Anspruchs anderer Götter dar. Ähnlich profilierte sich das christl. Glaubensbekenntnis in Auseinandersetzung mit entgegenstehenden Glaubensauffassungen. Das Auftreten Jesu hatte im Judentum Widerstand hervorgerufen. Wer sich zu Jesus bekannte, bekam diesen Widerstand zu spüren. Die Synagoge exkommunizierte die Christen um ihres B.es zu Jesus als dem Messias willen. Auch mit den Erfordernissen des im röm. Reich von Staats wegen eingeführten Kaiserkultes, der das B. verlangte: »Der Kaiser ist Herr« (*Kyrios Kaisar*), kam die Ausschließlichkeit des Christusbekenntnisses: »Jesus ist der Herr«, in Konflikt. Weil die Christen die Gottheit des Kaisers (und anderer Götter) bestritten, wurden sie als »Atheisten« bekämpft. Das Zeugnis für Christus wurde für viele zum Martyrium.

Alsbald wurden innerhalb der christl. Gemeinde selbst Klarstellungen notwendig. Schon Paulus mußte ein Evangelium, das »anders« gepredigt wird, verwerfen (Gal 1,6ff). Lehrstreitigkeiten kamen auf. Das christl. Glaubensbekenntnis mußte gegenüber irreführenden Auslegungen präzisiert und verteidigt werden (vgl. 1Joh 4,2f.). Gegenüber dem Arianismus mußte festgestellt werden, daß Christus »nicht geschaffen«, sondern »Gott von Gott«, »eines Wesens mit dem Vater« ist. Das Konzil von Nicaea formulierte im Jahr 325 ein entsprechendes Glaubensbekenntnis. Die trinitarischen und christologischen Bekenntnisse sind in Abgrenzung gegenüber abweichenden Glaubensauffassungen formuliert worden. Im Streit um das richtige Verständnis des christl. Glaubens bildeten sich Konfessionen, d.h. Bekenntnisgemeinschaften. Das Glaubensbekenntnis der Reformatoren verwarf die das Vertrauen auf Christus als den einzigen Heilsgrund untergrabenden Irrlehren des → Papsttums. Im Jahr 1528 verfaßte Luther ein »Bekenntnis«, in dem er ausführlich »vom Abendmahl« handelte und sich von der s.E. unbibl. Sakramentsauffassung → Zwinglis abwandte. 1530 legte die von der Verurteilung und Bekämpfung als Ketzer bedrohte luth. Reformbewegung dem Reichstag ihr »Augsburger Bekenntnis« als Beweisstück ihrer »katholischen« Rechtgläubigkeit vor. Als sog. »Deutsche Christen« ihre Lehre der Ideologie des Nationalsozialismus anpaßten, fanden sich Vertreter der bekenntnisverschiedenen ev. Kirchen als »Bekennende Kirche« zusammen und legten in Form der »Barmer Theologischen Erklärung« 1934 ein gemeinsames aktuelles Glaubensbekenntnis ab.

5. Bekenntnis ist Grundlage der Kirchengemeinschaft

Nachdem sich die christl. Kirche wegen der Auseinandersetzung über irreführende Lehren in Konfessionen aufgespalten hatte, wurde das im Konsens gemeinsam bejahte, von Kirchenversammlungen beschlossene, zur Grundlage der Unterrichtung bestimmte B. zur Grundlage der jeweiligen Kirchengemeinschaft. Amtsträger werden auf das B., z.B. die luth. Bekenntnisschriften, verpflichtet.

6. Bekenntnis kann Grundlage einer Einigung sein

Die Übereinstimmung im Glauben an Christus macht es notwendig, Spaltungen der christl. Kirche zu überwinden. Sooft Abgrenzungen gegen Irrlehren formuliert werden mußten, wurde auch der Versuch gemacht, Formulierungen zu finden, auf die man sich einigen kann. Die Konkordienformel von 1577 ist z.B. das Ergebnis von Einigungsbemühungen der nach Luthers Tod 30 Jahre lang zerstrittenen Lutheraner. Die Leuenberger Konkordie (1973) versuchte, den Gegensatz zwischen Lutheranern und Reformierten zu überwinden. »Konvergenzen« der getrennten Konfessionen werden festgestellt. Eine Aufhebung der gegenseitigen Verwerfungen zwischen der röm. Kirche und den Kirchen der Reformation wird empfohlen. Dabei ist jedoch zu beachten, daß der Wunsch nach Einheit nicht oberflächlich Erfüllung findet, indem auf eine Klärung der »wahren« Lehre ungenügende Sorgfalt verwandt wird. Denn das B. soll »die Lebensmitte der Religion im Akt des Bekennens lebendig« erhalten (G. Mensching).

Lit.: Unser Glaube. Die Bekenntnisschriften der ev.-luth. Kirche. Ausgabe für die Gemeinde. Bearbeitet von H.G. Pöhlmann, 1986; U. Asendorf, F.W. Künneth (Hg.): Leuenberg - Konkordie oder Diskordie? Ökumenische Kritik zur Konkordie reformatorischer Kirchen in Europa, 1974; W. Joest: Dogmatik Bd. I, 1984, 81-87; D. Lange (Hg.): Überholte Verurteilungen?, 1991; K. Lehmann, W. Pannenberg (Hg.): Lehrverurteilungen - Kirchentrennend? I, 1986 (Dialog der Kirchen, Bd. 4); In Statu Confessionis. Ges. Aufsätze von H. Sasse, hg. von F.W. Hopf, 1975, 13-69.

W. Schlichting

Bekenntnisbewegung

1. Die B. »Kein anderes Evangelium« (Gal 1,6) ist ein freier Zusammenschluß von bekennenden Christen. Sie »wissen sich gerufen, als einzelne und miteinander in ihren Kirchen um die schrift- und bekenntnisgebundene Verkündigung des Evangeliums zu beten und zu ringen, sich mit dem Evangelium zu ihrem Herrn und Heiland zu bekennen und nach ihren Möglichkeiten der Entstellung der Botschaft zu widerstehen«.

Die B. sieht sich bewußt in der Nachfolge der Bekennenden Kirche des Dritten Reiches. Galt es damals in erster Linie, den von außen in die Kirche eindringenden Einflüssen einer deutsch-christl. Ideologie entgegenzustehen, so sind es heute die sich innerhalb der Kirche ausbreitenden Irrlehren und Ideologien (Entmythologisierung; unbibl. Christologie; Totalanspruch der hist.-kritischen Methode; Feminismus; Synkretismus; immanente Eschatologie; Aushöhlung der zehn Gebote u.a. im Sexualstrafrecht oder in der Frage der → Abtreibung), die um Christi und der Gemeinde willen Widerspruch und Orientierungs- und Glaubenshilfe fordern.

2. Vorläufer der B. ist der sog. »Bethel-Kreis«. Einzelne Christen und Gruppen hatten sich seit Jahren an Kirchenleitungen gewandt mit der Bitte, Irrlehren zu wehren. Als aber dennoch immer häufiger modernistische Theologen auf Lehrstühle und in landes-

kichl. Prüfungskommissionen berufen wurden, bildete sich 1961 der Bethel-Kreis (u.a.: R. Bäumer, Th. Brandt, P. Deitenbeck, H. Frey, K. Brandt-Kreling, R. Lörcher, K. Sundermeier, P. Tegtmeyer), um mit gemeinsamer Stimme Widerspruch zu erheben.

Aus dem Behtel-Kreis entstand am 12. 1. 1966 die B. Sie lud zum 6. 3. 1966 in die Dortmunder Westfalenhalle zu einer öffentlichen Kundgebung unter dem Thema »Kreuz und Auferstehung Jesu Christi« ein, zu der 24.000 Besucher kamen.

Am 21. 3. 1966 schloß sich der ganze Bethel-Kreis der B. an, die dadurch zu einer bundesweiten Bewegung wurde. Besondere Beachtung fand die »Düsseldorfer Erklärung« vom 22. 11. 1967, die exemplarisch eine Gegenüberstellung von vom Zeitgeist geprägten Theologien und bibl. Heilsaussagen vornimmt.

3. Die B. versteht ihre Aufgabe in einem Dreischritt: Angesichts des geistl. Notstandes muß das Wächteramt (Hes 3, 17-19) wahrgenommen werden. Dies geschieht sowohl im Gegenüber zu Kirchenleitungen als auch im Gegenüber zur Gemeinde. Es kann aber nicht isoliert stehen, es bedarf dazu ebenso des Rufes zum Glauben wie der Hilfe im Glauben (Hes 34,11).

Alle zwei Monate erscheint ein »Informationsbrief« mit einer Auflage von 37.000 Stück.

Regionale und überregionale Veranstaltungen in Kirchenkreisen und Gemeinden wollen der Zurüstung zum bibelorientierten Glaubensleben und zur Auseinandersetzung mit glaubenszerstörenden Ideologien helfen.

Auch die »Gemeindetage unter dem Wort« sind aus der Arbeit der B. heraus erwachsen.

Die Mitglieder der B. arbeiten bewußt innerhalb ihrer Kirchen und sind nicht bereit, diese zu verlassen.

Zum Dienst in der Kirche gehören Lehrgespräche mit Kirchenleitungen und theol. Lehrern, die die Lehre und Praxis innerhalb der Kirche bestimmen und prägen. So suchte die B. federführend für die Konferenz Bekennender Gemeinschaft z.B. die Lehrauseinadersetzung zur Frage der → Gruppendynamik oder einer bibelgemäßen Schriftauslegung.

Die B. gründete am 31. 3. 1969 den »Theologischen Konvent«, der später auch von den anderen Bekennenden Gemeinschaften mitgetragen wurde.

Aus der Arbeit der B. heraus ist die Theologiestudenten begleitende Arbeit der »Studienstiftung ›Kein anderes Evangelium‹« erwachsen.

4. Organe der B. sind der Bundesarbeitskreis (BAK), der aus sich heraus einen Vorstand wählt (Geschäftsführender Ausschuß). Neben der bundesweiten Arbeit gibt es Landesgruppen und Arbeitskreise auf Ebene von Landeskirchen und Kirchenkreisen. Die B. ist Gründungsmitglied und stärkster Einzelverband der »Konferenz Bekennender Gemeinschaften in der EKD«.

Lit.: R. Bäumer, P. Beyerhaus, F. Grünzweig (Hg.): Weg und Zeugnis, 1980; H. Stratmann: Kein anderes Evangelium, 1970.

M. Westerheide

Bekenntnisschrift/-en

B.en sind eine Zusammenfassung christl. Lehraussagen, mit denen eine verfaßte Kirche ihre Glaubensgrundlagen formuliert, ihre Verkündigung normiert und sich gegenüber abweichenden Lehrinhalten abgrenzt. Sie verdanken ihre Entstehung meist konkreten theol. und kirchl. Auseinandersetzungen, in deren Folge die Identität der Kirche(n) durch eine klare Definition zwischen rechter und falscher Lehre, Glaube und Irrglaube verteidigt oder neu bestimmt werden mußte (so z.B. im Streit um den rechtfertigenden Glauben in der Reformationszeit oder dem Kirchenkampf im Nationalsozialismus).

1. Lutherische Bekenntnisschriften

Zu B.en im Sinne einer eine bestimmte Konfession begründenden Urkundensammlung kam es erst im Zuge der luth. → Reformation im 16. Jh. Die Bekenntnisse der luth. Reformation wollten von ihrer ursprünglichen Intention her keine territorial begrenzten »konfessionellen Abgrenzungsdokumente« einer von Rom getrennten Sonderkirche sein, sondern beanspruchten im Gegenteil, »ökumenische« Bekenntnisfeststellungen der einen kath. Gesamtkirche zu sein. Ihr Selbstverständnis ist es, die eine wahre Kirche zu reinigen und zu erneuern. Diese Sicht trägt ihre Wurzeln im Verständnis Luthers von seinem eigenen Reformwerk. Der Reformator verstand sich bis zu seinem Tode als kath. Christ, d.h. als Glied der einen ecclesia apostolica catholica. Seine grundsätzliche Anerkennung und Wertschätzung der drei altkirchl. Bekenntnisse (Nicaeno-Konstantinopolitanum, Apostolikum, Athanasianum) war nicht nur ein vom Reichsrecht (vgl. → Justinian I.) geforderter Loyalitätserweis, sondern Ausdruck seines in bewußter Kontinuität zu den Vätern stehenden Glaubens.

Das öffentliche Bekennen aus der Bedrängnis des Glaubens heraus war von Anfang an ein Wesenszug der sich auf das Wort Gottes berufenden reformat. Bewegung. Als Luther 1528, von schwerer Krankheit gezeichnet, seinen baldigen Tod erwartete, wollte er angesichts der Auseinandersetzungen um das Abendmahlsverständnis sein Lebenswerk mit einem persönlichen Bekenntnis (»Vom Abendmahl Christi. Bekenntnis«) abschließen, um evtl. Mißverständnisse und Streitigkeiten um sein theol. Vermächtnis zu vermeiden. Dieses aus persönlicher Anfechtung heraus geborene Bekenntnis wurde neben den Marburger, Schwabacher und Torgauer Artikeln zur Grundlage des von Philipp → Melanchthon verfaßten → Augsburger Bekenntnisses von 1530 (Confessio Augustana). Letztlich sind die kirchl. und polit. Not auch die Entstehungsmotive der CA, da ein Grundbekenntnis vom Kaiser für die auf dem Augsburger Reichstag zu verhandelnde Religionsfrage von den prot. Reichsständen eingefordert wurde. Das Ziel der Reichsstände, mittels des Bekenntnisses ihre Katholizität unter Beweis zu stellen, prägte den gegenüber Rom äußerst versöhnlichen Charakter der Schrift. Die CA ist vielleicht der stärkste Ausdruck des reformat. Willens zur Ökumene. In den ersten 21 Artikeln werden die Lehrpunkte herausgestellt, in denen man sich mit Rom im Konsens befindet (u.a. Rechtfertigung!). In den Artikeln 22-28 wurden dann die Punkte benannt, die »in Spannung« stehen (z.B. Abendmahl, Priesterehe, Messe, Klostergelübde, Bischofsamt). Nachdem die kath. Theologen eine Confutatio (Widerlegung) angefertigt hatten, mit der die CA aus der Sicht des Kaisers widerlegt war, verfaßte Melanchthon eine umfangreiche Apologie der CA (1531 erschienen), die zwar keine Berücksichtigung mehr fand, aber später in das Konkordienbuch als ev. B. einging.

Noch ein zweites prot.-kath. Verhandlungsdokument fand später Eingang in die ev. B.en: Es sind die von Luther verfaßten Schmalkaldischen Artikel von 1537, die als prot. Bekenntnis für das von Papst Paul III. nach Mantua einberufene, letztlich aber nicht zustande gekommene Konzil gedacht waren. Luther gliederte in dieser Schrift die Lehrartikel in drei Teile: 1. Artikel, in denen man sich mit Rom einig ist; 2. Artikel, die »in Spannung« stehen, aber für die prot. Seite unaufgebbar sind; 3. Artikel, über die man grundsätzlich verhandlungsbereit ist. Obwohl die Artikel in Schmalkalden nicht als offizielles Bekenntnis neben der CA anerkannt wurden, sorgte die große Resonanz und Anerkennung für ihre Aufnahme in das Konkordienbuch.

Die Idee eines alle christl. Lehren umfassenden Lehrschriftenbestandes geht auf Melanchthon zurück. So stammen auch bedeutende luth. B.e aus seiner Feder, z.B. die Wittenberger Konkordie (1536), für Einigungsverhandlungen mit den Straßburgern verfaßt, und die für das Konzil von Trient (1545-1563) bestimmte Confessio Saxonica. Ebenfalls für Trient verfaßte J. → Brenz seine Confessio Virtembergica. Weitere luth. B.e entstanden in Dänemark und Schweden.

Im Zuge der nach Luthers Tod im Luthertum allseits aufbrechenden Lehrstreitigkeiten verfaßte Melanchthon ein → Corpus doctrinae Christianae (bekannt als Corpus doctrinae Philippi), das außer den altkirchl. Symbolen nur eigene Schriften von Melanchthon enthielt. Freilich entstanden bald darauf zahlreiche antiphilippistische Corpora doctrinae, mit denen die gnesioluth. Seite auf die Provokation Melanchthons reagierte. Daneben findet sich eine Fülle von Bekenntnis- und Lehrformeln, die als sog. credenda (zu glaubende Lehren) in die Kirchenordnungen der sich ausbildenden Landeskirchen eingingen.

Alle diese regionalen Einzelbemühungen verloren mit der Konkordienformel (1577) und dem Konkordienbuch von 1580 an Bedeutung. Dieses Einigungswerk setzte einen Schlußpunkt unter die Lehrstreitigkeiten innerhalb des Luthertums, allerdings um den Preis der Trennung vom ref. Protestantismus und des Verlustes zahlreicher luth. Gebiete, weil eine starke Minderheit das Werk ablehnte.

Das Konkordienbuch geht zum großen Teil auf die Bemühungen der Herzöge Julius von Braunschweig-Wolfenbüttel, Ludwig von Württemberg und auf die Kurfürsten August von Sachsen und Ludwig von der Pfalz zurück, sowie auf den ungeheuren persönlichen Einsatz des schwäbischen Theologen Jakob Andreae (1528-90), der jahrelang durch ganz Deutschland reiste und schließlich über 8000 Unterschriften unter der Endredaktion des Werkes zusammentrug. Das Konkordienbuch besteht aus zwei Teilen. Im ersten werden die bisherigen, von der luth. Reformation anerkannten bzw. entworfenen Schriften wiederholt. Neben den drei altkirchl. Bekenntnissen ist dies an erster Stelle das Hauptbekenntnis, die CA, sodann die Apologie der CA, die Schmalkaldischen Artikel, Melanchthons Tractatus de potestate et primatu papae (Traktat über die Macht und den Primat des Papstes) sowie Luthers Kleiner und Großer Katechismus. Im zweiten Teil schließt sich die Konkordienformel an, die wiederum unterteilt ist in eine kurze Zusammenfassung aller umstrittenen Artikel (Epitome) und eine »Gründliche Erklärung« (Solida Declaratio), in der die in der Epitome aufgelisteten Artikel breit ausgeführt werden.

Es ist bei diesem Konkordienbuch gleichzeitig nicht zu verkennen, daß sich der Bekenntnischarakter gegenüber der reformat. Frühzeit gewandelt hat.

Es geht hier weniger um ein Bekennen, bei dem der christl. Glaube und mit ihm das Heil des Menschen auf dem Spiele steht, sondern vielmehr um innerkonfessionelle Lehrdifferenzen in der Zeit der reichsrechtlichen Sicherheit nach dem → Augsburger Religionsfrieden (1555).

2. Reformierte Bekenntnisschriften

Im Bereich der ref. Reformation liegt ein vom Luthertum grundsätzlich unterschiedenes Bekenntnisverständnis vor. Zwar gilt auch hier das Dogma der Unteilbarkeit der einen Kirche, aber anders als im Luthertum ist diese Kirche vor der endzeitlichen Vollendung nur in den zeitlich und räumlich begrenzten Partikulargemeinden und -kirchen sichtbar. Entsprechend kann auch ein Bekenntnis nur das konfessionelle Selbstverständnis einer bestimmten Gemeinde in ihrer Zeit und an ihrem Ort zum Ausdruck bringen und keine zeitlose und universale Allgemeingültigkeit beanspruchen (vgl. dazu das Schlußwort der Confessio Helvetica Prior von 1536). Das Prädikat »reformiert« bezieht sich deshalb auch nicht auf ein Bekenntnis, sondern auf die Kirche, die »nach Gottes Wort reformiert« worden ist und immer neu reformiert werden muß. Schon von daher ist es verständlich, daß es in den ref. Kirchen nicht zu B.en im engeren Sinne analog dem luth. Konkordienbuch gekommen ist. Die unternommenen Sammlungen ref. Bekenntnisse wie z.B. die Harmonia confessionum fidei orthodoxarum et reformatarum ecclesiarum (1581), das Corpus et syntagma confessionum fidei (1621) oder die Formula consensus Helvetica (1675) konnten sich auf lange Sicht nicht durchsetzen und blieben somit Privatinitiativen.

Die ref. Kirchen besitzen traditionell eine große Freiheit in der Preisgabe alter und Annahme neuer Bekenntnisse. So konnten zeitweise auch Dokumente wie die Institutio Calvins oder im 20. Jh. die → Barmer Theologische Erklärung (1934) den Rang einer B. erringen. Eine umfangreiche Sammlung von 58 ref. B.en bietet E.F.K. Müller (Bekenntnisschriften der reformierten Kirchen, 1903).

Auch für die Anfänge der Schweizer Reformation war das Bekenntnis Ausdruck reformat. Identität. Schon 1523 wurden Zwinglis Disputationsthesen wegweisend für die Zürcher Reformation. Ein klass. Dokument der deutsch-schweizer Reformation stellen die Berner Thesen von 1528 dar, die von Zwinglis Freunden B. Haller und F. Kolb verfaßt und von ihm selber begutachtet wurden. Sie dienten als Grundlage der → Berner Disputation, in deren Folge Bern zur Reformation überging.

Ein erstes Bekenntnis im eigentlichen Sinne war die Confessio Tetrapolitana von M. Bucer und W. Capito, mit der sich die vier oberdeutschen Reichsstädte Straßburg, Konstanz, Lindau und Memmingen auf dem Reichstag in Augsburg (1530) zum reformat. Glauben bekannten.

Für die Zusammenführung der Genfer und Zürcher Reformation ist die zwischen Calvin und Zwinglis Nachfolger → Bullinger geschlossene Unionsformel des Consensus Tigurinus (1549) von Bedeutung, die sich sowohl gegen die röm.-kath. wie gegen die luth. Sakramentslehre abgrenzte.

Das Reformiertentum in den anderen europ. Ländern brachte seine Überzeugungen in eigenen, oft von Calvin maßgeblich beeinflußten, Bekenntnissen zum Ausdruck. So entstanden z.B. unter den franz. → Hugenotten die Confessio Gallicana (1559), die streng calvinistische Confessio Scotica (1560) von J. Knox, die Confessio Belgica (1561) für den niederländischen Protestantismus, sowie eine Reihe osteurop. ref. Bekenntnisse.

Für das deutsche Reformiertentum bekam vor allem der Heidelberger Katechismus (1562) des Heidelberger Theologieprofessors Zacharias Ursinus eine größere Bedeutung, dessen gemäßigt ref. Charakter schon durch die Aufnahme von Elementen aus Melanchthons Pfarrerexamen und Luthers Kleinem Katechismus deutlich wird. Er verbreitete sich rasch auch in anderen ref. Kirchen Europas und wurde 1618/19 von der → Dordrechter Synode als B. anerkannt, deren antiarminianischen Artikeln selbst oft der Status einer B. zuerkannt wurde.

Vielleicht das bedeutendste ref. Bekenntnis der Reformationszeit ist das zweite Helvetische Bekenntnis von 1566 (Confessio Helvetica Posterior) geworden. Ein 1561 vom Zürcher Reformator Heinrich Bullinger anläßlich einer Pesterkrankung als persönliches theol. Testament verfaßtes Bekenntnis wurde 1566 von Genf und den deutschschweizer Orten als gemeinsames Bekenntnis anerkannt. Schon bald erklärten auch andere ref. Kirchen Europas ihre Zustimmung (Schottland, Polen, Ungarn, später Österreich und im 20. Jh. die Tschechoslowakei, Jugoslawien und Rumänien). Es stellt somit eine ref. B. von internationalem Rang dar.

Als letzte der ref. Kirchen Europas gelangte das angelsächsische Reformiertentum zur Bekenntnisbildung. Die in streng puritanischem Geist gestaltete Westminster-Confession von 1647 ist ein Ergebnis der englischen Revolution. Zentrum ist die calvinistische Prädestinationslehre, den Aufbau bestimmt die ref. Bundestheologie. Als Bekenntnis vor allem des presbyterianischen und kongregationalistischen Zweiges wurde es eine der Grundlagen der angelsächsischen Freikirchen in Amerika.

3. Die anglikanische Bekenntnisschrift

Die grundlegende B. der Kirche von England wurde das → Book of Common Prayer. Es wurde 1549 von Erzbischof Thomas Cranmer verfaßt und 1552 zunächst in calvinistischem, später in kath. Sinn revidiert. Seinen Kern bilden die 39 Articles of Faith, die zunächst nach der CA, 1562 nach der Confessio Virtembergica von J. → Brenz gestaltet wurden.

4. Baptistische, methodistische und evangelikale Bekenntnisschriften

Das aus der deutsch-schweizer Reformation hervorgegangene Täufertum legte bereits 1527 mit den → Schleitheimer Artikeln ein erstes Bekenntnis ab. Allerdings blieb für das Täufertum wie auch für später entstandene Freikirchen die Bedeutung von B.en untergeordnet.

Der englische Kongregationalismus gab sich in der Savoy-Deklaration, die auch die Westminster-Confession enthält, 1658 eine Bekenntnisgrundlage. Für den amerikanischen Kongregationalismus wurde dies die Cambridge Platform von 1648, die ebenso die Westminster-Confession aufnimmt. Im 20. Jh. ist das Statement of Faith von Grand Rapids (1944, erneuert 1961) erwähnenswert.

Die Westminster-Confession wurde mit einigen Abänderungen in der Sakramentslehre auch die Grundlage der Baptist Confession (1688) der englischen Regular Baptists. Für den amerikanischen Baptismus wurden dies die Philadelphia Confession (1742) und die weit verbreitete New Hampshire Confession (1833). Für den dt. Baptismus verfaßten auf Ersuchen der Hamburger Behörden J.G. Oncken und J. Köbner 1837 ein calvinistisch ausgerichtetes Bekenntnis. Zusammen mit einem mehr luth. ausgerichteten Bekenntnis der Berliner Gemeinde (1841) wurde 1847 der Text »Glaubensbekenntnis und Verfassung der Gemeinde getaufter Christen, gewöhnlich Baptisten genannt« erarbeitet, der fast 100 Jahre lang gültig blieb. Nach dem Zusammenschluß der Christl. → Versammlung mit den Baptisten wurde zunächst 1944 ein kurzes, neues Bekenntnis angenommen, 1977 dann eine umfangreichere »Rechenschaft vom Glauben«.

Der englische Methodismus übernahm neben den altkirchl. Bekenntnissen auch die 39 Glaubensartikel (in verkürzter Form) der Anglikanischen Kirche. Ansonsten bestand kein Bedarf einer Bekenntnisbildung. Lediglich die Bischöfliche Methodistenkirche in Amerika genehmigte 1904 einen deutsch-englischen Katechismus und stellte 25 Glaubensartikel an den Beginn ihrer »Doctrines and Discipline« von 1924.

Die europ. evangelikale Bewegung besitzt, da sie keine verfaßte Kirche ist, auch keine B. im eigentlichen Sinn. Gleichwohl gibt es einige Grundlagendokumente, die einer Identitätsbestimmung dieser bewußt offenen Bewegung gleichkommen. So verfaßte die Ev. → Allianz auf ihrer Gründungsversammlung in London 1846 eine doctrinal basis. Diese Glaubensgrundlage wurde von vielen nationalen Ev. Allianzen ebenso wie von vielen ihr verbundenen Werken, Vereinen und Gemeinschaften übernommen. Weitere bedeutende Lehrschriften der evangelikalen Bewegung sind die → Frankfurter Erklärung zur Grundlagenkrise der Mission (1970) und die »Lausanner Verpflichtung« (1974) zur Evangelisation und Mission.

5. Katholische Bekenntnisschriften

Die ostkirchl. Orthodoxie kennt keine B.en. Für sie ist allein die 787 abgeschlossene Lehrüberlieferung der ersten sieben altkirchl. Konzilien verbindlich.

Abgesehen von den drei altkirchl. Bekenntnissen ist auch der abendländische Katholizismus nie zu einer Bekenntnisbildung analog zu den reformat. Kirchen gekommen. Der kath. Glaube wird weniger durch bestimmte Lehrdokumente als durch die umfassende Lehrtradition, den Kultus und das hierarchische Amt bestimmt. Dieser Umstand hängt wesentlich mit seiner Geschichte zusammen. Nach den ausgefochtenen altkirchl. Lehrstreitigkeiten traten im MA die theol. Auseinandersetzungen hinter die polit. zurück. Ihre polit. wie rel. unangefochtene Stellung ließ keine echte Bekenntnissituation entstehen. Erst im 20. Jh. wurde der Begriff B.en neu aufgenommen (vgl. LThK II, 114ff). Unter anderen gelten demnach die im Zuge der Ketzerbekämpfung entstandenen antihäretischen Bekenntnisse als B.en, so z.B. die Professio Valdesii (1208) gegen die südfranz. → Waldenser und das Bekenntnis Firmiter des IV. Laterankonzils (1215) gegen die → Albigenser (Katharer). Ferner zählen auch die Lehrdokumente der Unionsverhandlungen mit den Ostkirchen dazu, so das von Ostrom vorübergehend anerkannte Bekenntnis, das Papst Clemens IV. 1267 dem oström. Kaiser Michael Paläologus vorlegte oder die Lehrbestimmungen für die Ostkirchen (Armenier) des Konzils von Florenz (1439).

Zur bedeutendsten kath. B. kam es erst durch das von der Reformation herausgeforderte Reformkonzil von Trient (1546-1563). Die Frontstellung gegen den Protestantismus zwang das Konzil zur Klärung der auswuchernden eigenen Lehrpositionen und zur Reduktion und Festlegung auf konkrete dogmat. Formulierungen. So entstanden neben einer Vielzahl weiterer Beschlüsse und Dokumente die bedeutenden Lehrdekrete über Schrift und Tradition, Erbsünde, Rechtfertigung und Sakramente.

Die nach dem Konzil (1564) verfaßte Professio fidei Tridentinae wurde durch das erste Vaticanum (1870) erweitert und wurde als Professio catholica fidei (Erklärung des katholischen Glaubens) dem → Codex Iuris Canonici von 1917 vorangestellt.

Ferner sind für den kath. Glauben sämtliche Lehramtsentscheidungen rechtlich verbindlich , die in Glaubensdekreten und Canones aller Ökumen. Konzilien (nach kath. Verständnis von Nicäa 325 bis Vaticanum II 1962-1965), sowie in päpstlichen Bullen, Enzykliken und Konstitutionen festgelegt und im »Enchiridion symbolorum et definitionum« (kurz »Denzinger/Schönmetzer«) gesammelt werden.

6. Ökumenische Bekenntnisschriften

Nachdem es bereits im 19. Jh. zu weltweiten konfessionellen Zusammenschlüssen einzelner Denominationen gekommen war (Anglikaner, Presbyterianer, Methodisten, Baptisten u.a.), fanden diese Bestrebungen im 20. Jh. eine interkonfessionelle Fortsetzung durch die → Ökumen. Bewegung, die mit der Gründung des Ökumenischen Rates der Kirchen (ÖRK) auf ihrer ersten Vollversammlung 1948 in Amsterdam ein Forum des ökumen. Dialoges und der Zusammenarbeit schuf. Die Mitgliedskirchen definierten ihre Übereinstimmung in einer 1961 in Neu-Dehli erweiterten Basis-Erklärung durch ein christologisches Bekenntnis: »Der ÖRK ist eine Gemeinschaft von Kirchen, die den Herrn Jesus Christus gemäß der Heiligen Schrift als Gott und Heiland bekennen und darum gemeinsam zu erfüllen trachten, wozu sie berufen sind, zur Ehre Gottes, des Vaters, des Sohnes und des Heiligen Geistes.« In der Folgezeit kam und kommt es zu einer Vielzahl von bilateralen und multilateralen Gesprächen und Erklärungen zwischen einzelnen Kirchen (z.B. der ev.-luth./röm.-kath. Dialog), die weniger das Ziel der Kirchenvereinigung als das der Kirchengemeinschaft anstreben. Auf nationaler dt. Ebene einigten sich in den Arnoldshainer Thesen von 1957 ref. und luth. Kirchen auf eine gegenseitige Abendmahlsgemeinschaft. In der Leuenberger Konkordie (1973) brachten die reformat. Kirchen Europas ihren Willen zur Kirchengemeinschaft zum Ausdruck im Bewußtsein, daß die kirchentrennenden Differenzen der Reformationszeit ausgeräumt werden können. Eines der bedeutendsten ökumen. Dokumente stellt die Konvergenzerklärung »Taufe, Eucharistie und Amt« (das sog. → Lima-Dokument) der Kommission für Glaube und Kirchenverfassung des ÖRK von 1982 dar, in der zwischen kath., orth. und reformat. Kirchen eine sehr weitgehende Übereinstimmung erreicht werden konnte.

Grundsätzlich können aber sämtliche ökumen. Erklärungen ebenso wie die Basis des ÖRK nur sehr bedingt als B.en verstanden werden, da es sich um bloße Absichts- bzw. Lehrerklärungen ohne rechtsverbindlichen Charakter handelt. Ob es wirklich »Dokumente wachsender Übereinstimmung« (s. Lit.) sind, wird sich am Zustandekommen eines verbindlichen gemeinsamen ökumen. Bekenntnisses in der Zukunft erweisen müssen.

Lit.: Quellen: Die Bekenntnisschriften der evangelisch-lutherischen Kirche, [10]1986 (=BSLK); H. Denzinger, A. Schönmetzer (Hg.): Enchiridion symbolorum et definitionum, [33]1965; J.N. Karmiris (Hg.): Dogmatica et Symbolica Monumenta Orthodoxae Catholicae Ecclesiae, 2 Bde. [3]1968/69; H. Meyer, H.J. Urban, L. Vischer (Hg.): Dokumente wachsender Übereinstimmung. Sämtliche Berichte und Konsenstexte interkonfessioneller Gespräche auf Weltebene, 1931-1982, 1983; E.F.K. Müller (Hg.): Die Bekenntnisschriften der reformierten Kirche (=BSRK), 1903; J. Neuner, H. Roos (Hg.): Der Glaube der Kirche in den Urkunden der Lehrverkündigung, [8]1971; H. Steubing (Hg.): Bekenntnisse der Kirche. Bekenntnistexte aus zwanzig Jahrhunderten, 1970.

H. Bornkamm Die Bedeutung der Bekenntnisschriften im Luthertum, in: ders.: Das Jahrhundert der Reformation, [2]1966, 219-225; H. Dörries: Das Bekenntnis in der Geschichte der Kirche, [2]1947; P. Jacobs: Theologie reformierter Bekenntnisschriften in Grundzügen, 1958; W. Lohff, L.W. Spitz (Hg.) Widerspruch, Dialog und Einigung. Studien zur Konkordienformel der luth. Reformation, 1977; W. Maurer: Historischer Kommentar zur Confessio Augustana, 2 Bde., [2]1979ff; W. Niesel: Die Bedeutung und die Rolle der Glaubensbekenntnisse in den ref. Kirchen, in: ders.: Gemeinschaft mit Jesus Christus. Vorträge und Voten zur Theologie, Kirche und ökumenischen Bewegung, 1964, 183-191; G. Ruhbach et al. (Hg.): Bekenntnis in Bewegung, 1969; E. Schlink: Theologie der luth. Bekenntnisschriften, [3]1948; J. Wirsching: »Bekenntnisschriften«, TRE 5, 1980, 487-511 (Lit.).

V. Gäckle

Bekenntnisschule

»Unter Bekenntnisschulen versteht das geltende Recht Schulen, in denen das Gepräge des Gesamtunterrichts von dem betreffenden Bekenntnis gewonnen wird. Eine Folge davon ist, daß grundsätzlich Lehrer dieses Bekenntnisses unterrichten und Schüler dieses Bekenntnisses unterrichtet werden.

Doch werden Lehrer und Schüler eines anderen Bekenntnisses durch den Begriff der Bekenntnisschule nicht schlechthin ausgeschlossen« (Maunz). Die Unterscheidung eines formalen B.begriffs, der die Homogenität des Bekenntnisses der Lehrer und Schüler verlangt, von einem materiellen, nach dem es um die Erziehung im Geist des Bekenntnisses geht, darf als überholt gelten. Zwar bieten nach Art. 24 des Reichskonkordats vom 20. 7. 1933 nur Lehrer, die der kath. Kirche angehören, die Gewähr, »den besonderen Erfordernissen der kath. Bekenntnisschule zu entsprechen«. In der gegenwärtigen Praxis erscheinen Ausnahmen um einer ökumen. Öffnung oder wegen der notwendigen Schülerzahl für einen geordneten Schulbetrieb tolerierbar. Entscheidend ist die geistige Ausrichtung der Erziehung. Im Unterricht und Schulleben sollen Kenntnisse, Fähigkeiten und Fertigkeiten so vermittelt und Gemüt, Wille, Gewissen, Kritik, kreatürliche Vitalität, Selbständigkeit, Vertrauen u.a. so gebildet und gepflegt werden, daß der Heranwachsende es versteht, sein Leben in den sozialen und geistigen Zusammenhängen und Abhängigkeiten seiner Zeit in dem vom Bekenntnis her gegebenen Sinn zu meistern.

Das Ende geschlossener konfessioneller Regionen durch die Mobilität der Bevölkerung sowie die strukturellen Veränderungen und der Ausbau des Schulwesens von der Mitte der 60er Jahre an engten die Einrichtung und Weiterführung von staatl. B.n auch dort ein, wo sie als Volksschulen üblich waren. Bereits mit der Entschließung vom 26. 3. 1957 hatte das Bundesverfassungsgericht festgestellt, »daß Eltern unter Umständen genötigt sind, ihre Kinder der Schule anzuvertrauen, die in ihrer weltanschaulichen Gestaltung den Wünschen der Eltern nicht entspricht«. Die Art. 3 GG verbürgte Gleichheit aller Bürger und das Freiheitsrechte Art. 4 GG begrenzen Erziehungsziele und Gestaltung der öffentlichen Schule auf einen allg. anerkannten Standard. Eltern, die »das natürliche Recht« und die ihnen »zuvörderst . . .obliegende Pflicht« der Erziehung der Kinder (Art. 6 GG Abs. 2) auch durch eine B. gewahrt wissen wollen, sind auf das Art. 7 Abs. 4 und 5 GG ausgeführte Recht zur Errichtung privater Schulen verwiesen → Kirche und Staat.

Waren die privaten Schulen in konfessioneller Trägerschaft, soweit es sich nicht um Ausbildungsstätten im diakon. Bereich handelt (z.B. Fachschulen für Sozialpädagogik), herkömmlich meist Gymnasien (Traditionsschulen mit altsprachlichem Schwerpunkt, Schulen mit reformpäd. Konzeption oder kompensatorischen Aufgabenstellung u.a.), so kam es seit Anfang der siebziger Jahre zu Gründungen freier ev. und kath. Grund- und Hauptschulen, die dem Willen solcher Eltern entsprachen, die für ihre Kinder eine eindeutig vom Bekenntnis geprägte Schulbildung wünschten. Beispielhaft hierfür wurden katholischerseits die Schulen nach dem Marchtaler Plan, bei denen der Fachunterricht weitgehend einer fächerübergreifenden Vernetzung gewichen ist, die auch die Inhalte des Religionsunterrichts voll einbezieht, und evangelischerseits die Schulen in Reutlingen und Bochum, die im Zusammenwirken von Eltern, Lehrern und Schülern nach dem Leitbild der »Schulgemeinde« (F.W. → Dörpfeld) aufgebaut wurden. In ihrer Folge entstanden inzwischen eine Reihe meist evangelikal ausgerichteter privater Grund- und Hauptschulen.

Lit.: H.J. Abromeit: Im Streit um die gute Schule, 1991; Evangelische Bekenntnisschulen, hg. von der Arbeitsgemeinschaft Ev. Bekenntnisschulen, 1985; W. Geiger: Die Einschulung von Kindern verschiedenen Bekenntnisses in öffentlichen Schulen, Staatskirchenrechtliche Abhandlungen Bd. 11, hg. von Friesenhahn, Hollerbach et al., 1980; Handbuch Freie Schulen, hg. von der AG Freie Schulen, 1984; H.B. Kaufmann: Die Christen und die Schule in staatlicher und freier Trägerschaft, 1989;Marchtaler Plan, hg. vom Schulamt der Diözese Rottenburg-Stuttgart, 1987; Th. Maunz: Handbuch des Staatskirchenrechts der Bundesrepublik Deutschland, [22]1978.

O. Basse

Bekenntnissynoden → Kirchenkampf

Belgien

1. Allgemein

B., dessen Name von der röm. Provinzbezeichnung *Belgica* herzuleiten ist, umfaßt ein Gebiet von ca. 30.500 km^2 mit 9,86 Mio. Einwohnern, das von der Kanalküste im Westen bis zu den Ardennen im Osten reicht. Die Bevölkerung ist schon seit der Völkerwanderung in zwei Sprachgruppen gespalten. Die niederländischsprachigen Flamen (ca. 57%) leben überwiegend im Norden und Westen, während die französischsprachigen Wallonen (ca. 34%) den südlichen und östlichen Teil Belgiens bewohnen. 86% der Belgier sind röm.-kath., während nur 1% der Bevölkerung (ca. 94.000) sich zu einer der 29 prot. Denominationen bekennt.

2. Kirchengeschichtlich

Die belgische Kirchengeschichte ist im wesentlichen von der röm.-kath. Kirche bestimmt.

a. Die römisch-katholische Kirche

Während vom 16.-18. Jh. der Katholizismus im habsburgischen B. einen streng antiultramontanen und antijesuitischen Episkopalismus favorisierte, begann nach dem napoleonischen Konkordat die Restauration des → Ultramontanismus. Diese wurde noch verstärkt, als im Zuge der Wiener Verträge B. den Niederlanden zugeschlagen wurde und mit Wilhelm I. der Niederlande ein bewußt prot. Monarch die Regierung B.s übernahm. Spannungen zwischen Klerus und König ergaben sich vor allem im Schulwesen. Seit 1827 sammelte Abbé Lammenais die Elite der liberalen Katholiken um sich, aus deren Reihen sich heftiger Protest gegen die königliche Bildungspolitik erhob. In die Enge getrieben, mußte Wilhelm I. vier Bischöfe ernennen und die Wiedereröffnung unabhängiger Priesterseminare zulassen.

Nach der Revolution und der Unabhängigkeitserklärung B.s am 4. 10. 1830 wurden Religions-, Presse- und Versammlungsfreiheit in der Verfassung verankert. In Art. 117 wurde die staatliche Besoldung von Amtsträgern anerkannter Religionsgemeinschaften (kath., ev., anglik., jüd. und seit 1974 auch islam.) festgeschrieben. Die Folge war ein breiter Aktivismus innerhalb des Katholizismus, der seinen Ausdruck in einem Aufschwung der inneren Missionierung, in freiem Volksschulunterricht und in der Rückkehr zahlreicher Ordensgemeinschaften, u.a. der Jesuiten mit ihrem Bildungsengagement, fand.

Wie stark der Ultramontanismus in B. wurde, zeigte auch die durch mehrere Päpste erfolgte Verurteilung Lammenais' und seiner Thesen von der Freiheit der Kirche und ihrer Trennung vom Staat, die vom belgischen Katholizismus ebenso rasch und kritiklos akzeptiert wurden wie die später erfolgten Dogmatisierungen - einmal der unbefleckten Empfängnis Mariens und zum anderen der Unfehlbarkeit des Papstes. So wurde das Antimodernistenedikt von Papst Pius X. (→ Antimodernisteneid, 1910) ebenso begrüßt wie die Dogmatisierung des → Thomismus als der offiziellen kath. Philosophie unter Papst Leo XIII. (Einführung eines Lehrstuhls für thomistische Philosophie in Löwen).

b. Die protestantischen Kirchen

Brüssel sah 1523 die ersten beiden Märtyrer der luth. Reformation, denen noch viele weitere vor allem aus der Täuferbewegung folgten. Ab 1540 gewann auch der Calvinismus zunehmend an Stärke, doch die kath. Inquisition im Zuge der Gegenreformation zwang viele prot. Gläubige zur Auswanderung nach England, Deutschland und Holland. So blieben nur wenige Gemeinden übrig, denen durch das Toleranzpatent des Habsburger Kaisers Joseph II. von 1781 zumindest formell die freie Religionsausübung garantiert wurde. Nach der Unabhängigkeit B.s schlossen sich 1839 die acht bestehenden prot. Gemeinden zur synodal verfaßten »Union des Eglises protestantes évangéliques de Belgique« zusammen. Daneben bildete sich schon 1834 eine kleine ev. Gemeinde in Brüssel, die sich 1837 der mission. ausgerichteten Société évangélique belge anschloß, die die Evangelisation B.s zum Ziel hatte. Nachdem etwa ein Dutzend Gemeinden gegründet werden konnten, wurde 1848 die »Eglise chrétienne missionaire belge« (Belgische Missionskirche) ins Leben gerufen. Beide Kirchen verzeichneten in den folgenden Jahrzehnten ein stetes Wachstum durch mission. Gemeindegründungen. Daneben ließen sich auch niederländische, schottische und deutsche Gemeinden vom Staat offiziell anerkennen.

Nach dem Ersten Weltkrieg begannen zum einen amerikanische Werke und zum andern episkopalistische Methodisten mit der Evangelisationsarbeit. 1924 schloß sich die »Fédération des Eglises protestantes de Belgique« aus den beiden alten reformierten Kirchen des 19. Jh.s, der freisinnigen Kirche, den Methodisten, den Baptisten und anderen ref. Freikirchen zusammen. Zudem entstanden vor und nach dem Zweiten Weltkrieg neben einer amerikanischen luth. Freikirche und einer mennonitischen Gemeinde zahlreiche Pfingstgemeinden und Erweckungsversammlungen. In den letzten Jahrzehnten schloßen sich die Eglise protestante de Belgique, die methodistische Kirche und die Eglise réformée de Belgique mit dem belgischen Teil der Gereformeerde Kerken zur »Vereinigten Protestantischen Kirche Belgiens« (V.P.K.B.) zusammen. Sie ist Mitglied im Ökumen. Rat der Kirchen (ÖRK), im Ref. Weltbund, im Methodistischen Weltrat und in der Konferenz Europäischer Kirchen (KEK).

3. Die kirchliche Situation der Gegenwart

In der kath. Kirche ist seit dem Zweiten Weltkrieg trotz vieler Aktivitäten und struktureller Neuansätze der Gottesdienstbesuch im Zuge der zunehmenden → Säkularisierung Westeuropas stark rückläufig. Besuchten nach dem Kriege noch 50% aller Belgier die sonntägliche Messe, sind es heute noch höchstens 30%. Dennoch sind Aufbrüche in Form einer neuen Hinwendung zum bibl. Wort, die Ablösung der lat. Sprache in der Liturgie durch die jeweilige Ortssprache, neue Methoden in der Katechese sowie die verstärkte Einbeziehung von Laien in das kirchl. Leben festzustellen. Kardinal L. Suenens bemüht sich verstärkt um den ökumen. Dialog und die Integration der charismatischen Bewegung in das kirchl. Leben. Die kleine prot. Minderheit wirbt mit einer Reihe mission. Aktivitäten um ihre soziale Anerkennung und um neue Mitglieder. Seit 1925 gibt es ev. Religionsunterricht an den Schulen und 1954 wurde in Brüssel die zweisprachige Faculté de Protestante de Bruxelles eröffnet, hinzu kommen Sendungen in Rundfunk und Fernsehen. Zudem sind etwa 30 Missionsgesellschaften evangelistisch tätig.

Lit.: E.M. Braekman: 150 ans de vie protestante en Belgique, Bulletin de la Société d'histoire du protestantisme belge VIII/7 (1980), 197-212 (mit Bibliographie); E. Brouette: »Belgien«, TRE 5, 1980, 511-525 (Lit.); G. Fritze: Die Missionsarbeit der belgischen Missionskirche, 1908; G. van Leeuwen: Der belgische Protestantismus im Prozeß der Neuorientierung, Diaspora (1974), 66-79.

V. Gäckle

Belgische Konfession → Bekenntnisschriften (reformierte)

Bellarmin, Robert (1542-1621)

B., geb. am 4. 10. 1542 in Montepulciano in der Toscana, gest. am 17. 9. 1621 in Rom, Kontroverstheologe des Jesuitenordens, Erzbischof, Kardinal. Er studierte am Jesuitenkolleg und trat 1560 den Jesuiten bei; 1570 zum Priester geweiht, wurde er Prediger und Theologieprofessor in Löwen; 1576-1588 lehrte er in Rom am Collegium Romanum Kontroverstheologie. Zum ersten Mal faßte er die kath. Polemik gegen die Reformation in Vorlesungen zusammen, die 1586-93 als sein literarisches Hauptwerk veröffentlicht wurden: »Disputationes de controversiis christianae fidei adversus huius temporis haereticos« (Disputationen über die Streitfragen des christlichen Glaubens gegen die Irrlehrer dieser Zeit). Hier wurden besonders Lehramt und Tradition der Kirche herausgestellt, was den luth. Dogmatikprofessor Johann → Gerhard dazu herausforderte, die Selbstevidenz der Hl. Schrift zu lehren und sie als alleinige Quelle der Lehre hervorzuheben.

B. stieg in Orden und Kirche zu höchsten Ämtern auf, oft kritisiert und selbst nicht unkritisch gegenüber Papst und Kirche. 1599 wurde er Kardinal, 1602-1605 war er Erzbischof von Capua. In seinem umfangreichen literarischen Werk finden sich neben (kontrovers)theol. auch katechetische und pastorale

Schriften mit weiter Verbreitung. B. wurde am 29. 6. 1930 heiliggesprochen und 1931 zum Kirchenlehrer erhoben.

Lit.: Opera omnia, 8 Bde. Neapel 1856-62; 12 Bde. Paris 1870-74. G. Galeota: »Bellarmini, Roberto«, TRE 5, 1980, 525-531; ders.: Robert Bellarmin, in: Klassiker der Theologie, hg. von H. Fries, G. Kretschmar, 1981, 346-362.

Chr. Windhorst

Belzebub → Beelzebub

Bender, Friedrich (1816-1902)

B., geb. am 9. 8. 1816 in Darmstadt, gest. am 27. 5. 1902 in Darmstadt, erweckter Hofprediger. Theologiestudium in Gießen und Tübingen, seit 1839 an der Hofkirche in Darmstadt. B. hielt eindrückliche Predigten vor großer Hörergemeinde. Er betreute die Missionskreise in Starkenburg. 1849 war er in Darmstadt an der Bildung des »Vereins für Innere Mission« und des »Frauenvereins zur Rettung sittlich verwahrloster Mädchen« beteiligt. 1858 gründete er das Diakonissen-Mutterhaus »Elisabethenstift«, an dem er 15 Jahre Hausgeistlicher war. 1868 rief er eine Herberge zur Heimat in Darmstadt ins Leben. Außerdem regte er die → Sonntagsschularbeit an.

Lit.: H. Steitz: Geschichte der Ev. Kirche in Hessen u. Nassau, 1965, 354, 381f; L. Tiesmeyer: Die Erweckungsbewegung in Deutschland, 1907.

G. Lehmann

Benedictus → Gottesdienst; → Messe

Benedikt von Nursia (ca. 480/90 – ca. 547)

Ital. Mönchsvater, Namenspatron des Benediktinerordens, über dessen Leben und Wirken jedoch nur Vermutungen möglich sind. Nach dem Zeugnis Gregors des Großen (Dial. II) ist B. um das Jahr 480/90 n.Chr. in der röm. Provinz Nursia als Sohn vornehmer Eltern geboren. Mit jungen Jahren beginnt er in Rom seine Studien, bricht diese jedoch aus Abscheu vor der Freizügigkeit des studentischen Lebens ab und zieht das Ordenskleid an. Sein monastischer Lebensweg führt ihn zunächst in die Sabiner Berge (Enfide), bald darauf in die Einsamkeit des Tals von Subiaco. Dort lebt er als Eremit, wird durch seine Askese aber so berühmt, daß eine Mönchsgemeinschaft ihn als Abt begehrt. Seine strengen Lebensforderungen stoßen jedoch nach kurzer Zeit auf heftigen Widerspruch. B. verläßt die Gemeinschaft und gründet (um 529) auf dem Monte Cassino auf den Mauern eines heidnischen Heiligtums ein eigenes Kloster. Über das dort sich entwickelnde zönobitische Leben erfahren wir nichts Näheres, so wie sich überhaupt das Leben B.s im Legendären verliert. Gestorben ist B. in der Mitte des 6. Jh.s. Hist. Verläßlichkeit kommt den Angaben Gregors kaum zu. Zweifellos geht es diesem Mönchspapst nicht um eine genaue Nachzeichnung des Lebensganges, sondern darum, eine hagiographische Vita zu verfassen, die beim Leser das Verlangen nach dem monastischen Leben wecken soll. Zugleich will sie die Selbständigkeit des abendländischen Mönchtums neben dem des Orients erweisen.

Auf B. wird die 73 Kapitel umfassende Regula Benedicti (RB) zurückgeführt. Diese Regel taucht jedoch erst mehrere Jahrzehnte nach dem Tod B.s als Lebensordnung eines südgallischen Klosters auf, so daß es fraglich ist, ob sie B. überhaupt zugeordnet werden darf. Unabhängig davon aber hat die RB weit über ihren Ursprung hinaus gewirkt, da sie die monastische Tradition des Orients (Apophthegmata, Basilius) und des frühen Abendlands (Cassian, Regula Magistri) aufgegriffen und in einer überzeugenden Synthese zusammengefügt hat. Bis heute ist die RB für die Klöster des Benediktinerordens verbindlich. Die Regel selbst nennt keinen Verfasser. Ob Gregor, der sie nachdrücklich empfiehlt (Dial. II,36), sie gekannt hat, ist umstritten. Mit Sicherheit aber hat sein päpstliches Lob zum Ruhm und zur späteren Ausbreitung dieser Regel wesentlich beigetragen.

Lit.: K.S. Frank: Benedikt von Nursia, in: M. Greschat (Hg.): Mittelalter I, 1983, 35-46; H. Holze: Erfahrung und Theologie im frühen Mönchtum, 1992; G. Holzherr: Die Benediktsregel, ²1982; B. Steidle (Hg.): Die Benediktusregel lat.-dt., ⁴1980; A. de Vogüé: »Benedikt von Nursia«, TRE 5, 1979, 538-549.

H. Holze

Benediktiner

Die B. gehen auf → Benedikt von Nursia (ca. 480 – ca. 547) zurück. Im Jahre 529 kam Benedikt von Subiaco nach Montecassino. Hier schrieb er seine weltberühmte Ordensregel. Diese Regel wurde die herrschende abendländische Zönobitenregel; dies verdankt sie letztlich ihrer in der Bibel verwurzelten Spiritualität. Die Regel diente Mönchen und Nonnen als Richtschnur für ein christl.-asketisches Leben. »Daß die Regel immer wieder mündlich und schriftlich erklärt und erläutert wurde – von Benedikts Zeitgenossen bis zur Gegenwart -, spricht nicht gegen, sondern für ihre charismatisch-pneumatische Aussagekraft« (B. Jaspert). Das erste Wort, das aus der Benedikts-Regel zu vernehmen ist, lautet: »Höre, mein Sohn, den Lehren des Meisters, und öffne das Ohr deines Herzens.« Der Meister ist eindeutig Christus. »Benedikt will den Menschen zu Christus führen, zum Mittelpunkt alles Lebens« (W. Nigg).

Gregor d.Gr. (590-604) hat durch seine »Dialogi« (Anekdoten aus dem Leben Benedikts) zur Wirkungsgeschichte Benedikts und seiner Regel einen entscheidenden Beitrag geleistet. Das 6.-8. Jh. hatte eine starke Ausbreitung des Mönchtums gebracht. Als erste Klöster folgten wohl angelsächsische Klöster der Benedikt-Regel. So eroberte sie sich auf dem Umweg über England im 8. Jh. nach und nach das europ. Festland. Karl der Große erhob die Regel zur Norm für alle Klöster seines Reiches. Im Karolingerreich entwickelte sich das B.-Kloster zum staatl. geförderten Kulturträger. Diesen Prozeß unterstützte die Reform und Vereinheitlichung benediktinischer Lebensweise durch Benedikt von Aniane (ca. 750-821).

Die von Cluny, Gorze, Hirsau und anderen Zentren ausgehenden Reformen des 10. Jh.s strebten nach einer Erneuerung des monastischen Lebens mit einer besonderen Betonung des liturg. Bereiches; deren Forderung nach Unabhängigkeit von weltlichem Einfluß mündet in den Investiturstreit. Eine radikale Erneuerung des Benediktinertums erstrebten im 12. Jh. die Zisterzienser. Nach der Blüte des Benediktinertums im 11./12. Jh. kam es im 13. Jh. zu Stagnation und Verfall. Die Reformation brachte für nahezu die Hälfte aller B.-Klöster in Europa das Ende. Eine neue Blüte brachte das 17. u. 18. Jh., als die B.-Klöster wieder zu Zentren der Wissenschaft und Kunst (Mauriner, B.-Akademien) heranwuchsen, was aber teilweise mit einer Entfremdung vom monastischen Geist verbunden war.

Die → Säkularisation (1803) führte zum fast völligen Niedergang der B., in den von ihr betroffenen Gebieten. Ein Neubeginn erfolgte in Verbindung mit Restauration und Romantik. Bis heute wirkt die von Solesmes (1832) und Beuron (1863) ausgegangene und von Maria Laach (1892) weitergeführte liturg. Erneuerung des kirchl. Lebens nach. 1883 entstand die Kongregation der Missionsbenediktiner von St. Ottilien.

Früh gab es auch Frauenkonvente, Benediktinerinnen. Ihre Anfänge werden zurückgeführt auf Scholastika, die Schwester Benedikts (gest. ca. 543).

Die benediktinische Ordensfamilie umfaßt derzeit weltweit ca. 10.000 männliche und 18.000 weibliche Mitglieder (einschließlich der verschiedenen Schwesternkongregationen). In Deutschland leben innerhalb der bayerischen Benediktinerkongregation 330, der Kongregation von St. Ottilien (einschließlich Mission) 665 und der von Beuron 770 Ordensangehörige.

Papst Paul VI. unterstrich die Bedeutung des benediktinischen Erbes, indem er am 24. Oktober 1964 Benedikt zum »Hauptpatron ganz Europas« erklärte.

Lit.: J. Duft: Regula Benedicti und abendländisches Leistungsprinzip, in: Studien und Mitteilungen zur Geschichte des Benediktiner-Ordens und seiner Zweige, 1980, 61-79; K.S. Frank: Grundzüge der Geschichte des christlichen Mönchtums, 1973; W. Nigg, H.N. Loose: Benedikt von Nursia. Der Vater des abendländischen Mönchtums, 1979; A. Schneider, A. Wienand (Hg.): Und sie folgten der Regel St. Benedikts. Die Cistercienser und das benediktinische Mönchtum, 1981; B. Steidle: Die Benediktusregel, 1978; A. de Vogüé: Die Regula Benedicti, 1983.

K. Wittstadt

Beneficium

B. (oder Pfründe) bezeichnet das mit einem kirchl. Amt verbundene Recht auf ein ständiges Einkommen aus einem (zumeist kirchlichen) Vermögen. So kann der Begriff eine dem kirchl. Amt gewidmete Vermögensmasse bezeichnen, aber auch das kirchl. Amt, das daraus versorgt wird. Im Falle eines B.s wird die Versorgung der Amtsträger nicht aus einem zentral verwalteten kirchl. Gehaltssystem gespeist, sondern durch Sondervermögen, Stiftungen etc. gesichert. Die geschichtl. Wurzeln dieses Beneficialsystems reichen bis in das frühe MA zurück. Der Lebensunterhalt von Priestern an Privatkirchen wurde durch eine Schenkung der privaten Stifter (z.B. von Landbesitz) gesichert, die als Leihe (*precaria*) dem Geistlichen zur Verfügung gestellt wurde. Im Eigenkirchenwesen des Frankenreiches wurde dieses System ab dem 9. Jh. erweitert: die Grundherren hatten Verfügungsgewalt über die Kirchen einschließlich des Kirchengutes. Der Grundherr vergab das kirchl. Amt an einen Amtsträger: das *officium* (Amt) hängt am *beneficium*.

Hatte bereits der Codex Iuris Canonici von 1917 das Beneficialsystem reduziert, so forderte das Zweite Vatikanische Konzil eine weitgehende Reform, wenn nicht Beseitigung des Pfründenwesens. Die → Diözese verwaltet nun die kirchl. Einkünfte zentral und garantiert die gleichmäßige Besoldung der Priester.

In der ev. Kirche beruhten die Pfarrdotationen bis ins 19. Jh. auf Pfründen. Reichten diese nicht aus, mußten die Gemeinden, sofern sie es vermochten, den Ausgleich leisten. So kam es auch hier zu sehr unterschiedlichen Besoldungen. Ende des 19. Jh.s wurde das Beneficialsystem durch ein zentrales Gehaltssystem abgelöst. Die Verwaltung verbliebener Pfründen ist zentral bei den Landeskirchen zusammengefaßt. Die Pfründen decken heute nur noch einen Bruchteil der Pfarrergehälter, die zum großen Teil aus Kirchensteuereinnahmen gespeist werden.

Lit.: P. Landau: »Beneficium«, TRE 5, 1980, 577-583.

M. Herbst

Bengel, Johann Albrecht (1687-1752)

B., geb. am 24. 6. 1687 in Winnenden, gest. am 2. 11. 1752 in Stuttgart; führender Theologe des kirchl. Pietismus in Württemberg. In einem luth. Pfarrhaus geboren, wuchs er nach dem frühen Tod des Vaters 1693 als Pflegekind des zum radikalen Pietismus tendierenden Pädagogen Spindler auf. 1703 wechselte er als Angehöriger des herzoglichen Stipendiums in das Tübinger Stift über. Nach dem phil. Grundstudium folgte 1704-1706 das Studium der Theologie. Da B. noch bis 1713 als Repetent und Vikar im Stift lebte, vermochte er, sich umfassende wissenschaftl. Kenntnisse anzueignen.

Nach einer längeren Studienfahrt zu unterschiedlichen Bildungseinrichtungen, insbesondere zu den Anstalten Franckes in Halle, trat B. 1713 die Stelle eines Präzeptors in der neu errichteten Klosterschule Denkendorf an. Die württembergischen Klosterschulen dienten der Vorbereitung auf das Theologiestudium. In dieser Tätigkeit wirkte B. 28 Jahre, aus ihr erwuchsen seine wissenschaftl. Werke. Mehrere Berufungen in eine Universitätslaufbahn zerschlugen sich. B. war kein bedeutender Prediger. Pietistische Seelsorge übte er durch Erbauungsstunden und seine ausgedehnte Korrespondenz. Erst in den letzten Lebensjahren wurde er in verantwortungsvollere Ämter berufen: 1741 Propst in Herbrechtingen, 1747 in den großen, 1748 in den engeren Ausschuß der Landschaft (Landtag), 1749 Prälat in Alpirsbach mit Sitz in Stuttgart als Mitglied des Konsistoriums, wo er 1752 verstarb.

B. war vor allem Exeget. Die wissenschaftl. Veröffentlichungen der Denkendorfer Jahre beginnen mit der Edition klass. und patristischer Texte (Cicerobriefe, 1719; Chrysostomus, De sacerdotio, 1725). Bereits 1725 kündigte B. eine textkritische Ausgabe des NT an, die 1734 in unterschiedlichen Ausgaben erschien. B.s Textkritik vermochte die Zahl der Handschriften nicht wesentlich zu erweitern. Bahnbrechend wurde jedoch deren Zusammenfassung in unterschiedlichen Familien (Nationen) und die erstmalige Bewertung von Textvarianten. Abdrucken ließ B. den Textus receptus des Erasmus, klassifizierte jedoch die wichtigen Varianten als überlegen, gleichwertig oder unterlegen. Dabei folgte er seiner Grundregel: *Proclivi lectioni praestat ardua* (Die schwierigere Lesart ist der leichteren vorzuziehen). Diese Regel sowie zahlreiche von B. vorgezogene Lesarten haben sich bis heute bewährt. Erst nach seinem Tod erschien eine eigene Übersetzung des NT 1753.

Aus der unterrichtlichen Behandlung des NT entstand B.s exegetisches Hauptwerk Gnomon (Fingerzeig) Novi Testamenti. Bereits 1725 angekündigt, erschien es 1742 und seitdem in immer neuen Auflagen. Das Werk bietet eine kontinuierliche Auslegung des NT und verbindet dabei in einzigartiger Weise philologische und hist. Wissenschaft mit erbaulicher Frömmigkeit und Lebenserfahrung.

Alle Bibelaussagen waren B. gleich bedeutungsvoll, so daß er aus Einzelaussagen gewagte Spekulationen entfalten konnte. Aus Hebr 12,24 entwickelte er seine eigentümliche Lehre vom himmlischen Blut Jesu. Besonders folgenreich wurde B.s »Entdeckung«, daß die »Zahl des Tieres« 666 in Offb 13,18 im Sinne von Jahren zu deuten und auf die Papstgeschichte zu beziehen sei. B. hat dieses Verständnis als persönliche Offenbarung aufgenommen und sich berufen gewußt, die verborgene Botschaft der Johannesapokalypse zu veröffentlichen (Die Erklärte Offenbarung Johannis oder vielmehr Jesu Christi. . . durch die prophetischen Zahlen aufgeschlossen, 1741; umfangreiche Auslegung im Gnomon, 1742; Sechzig erbauliche Reden über die Offenbarung, 1747). Die Offb wurde ihm zur wichtigsten Schrift des NT, in ihr glaubte B. den Schlüssel zur Deutung und Berechnung der Heilsgeschichte gefunden zu haben. Von der Überzeugung geleitet, daß die Einzelaussagen der Schrift ein harmonisches Ganzes bilden (Richtige Harmonie der vier Evangelisten, 1736), weitete B. seine heilschronologischen Spekulationen auf das AT, die Weltgeschichte und den gesamten Kosmos aus (Ordo temporum, 1741; Cyclus, 1745; Weltalter, 1746). Die chronologische Entfaltung des Heilsplanes Gottes aus der Bibel, die zeitliche Ordnung der gesamten empirischen Welt, war B. zum Hauptthema seines wissenschaftl. Lebenswerkes geworden. Den Anbruch des tausendjährigen Reiches mit dem Kommen Christi hatte er für 1836 berechnet.

Seine barocken Spekulationen haben sich als unhaltbar erwiesen, doch seine Grundüberzeugung, daß vor allem die Bibel das Medium der Gottesbegegnung sei, hat sich dem Pietismus tief eingestiftet, ebenso das Interesse am Chiliasmus und an der prophetischen Ausdeutung der Offb. Durch seine Schüler (→ Oetinger) und seine Schriften hat er auf das schwäbische Geistesleben und den deutschen → Idealismus erheblichen Einfluß ausgeübt. B. hat dem württembergischen Pietismus ein eigenes Gepräge verliehen und durch seine Kontroverse mit → Zinzendorf verhindert, daß sich Herrnhuter Frömmigkeit in Württemberg ausbreiten konnte. Die Bengelverehrung des Pietismus fand ihren Ausdruck darin, daß B. mit dem dritten Engel der Apokalypse Offb 14,9 (nach → Arndt und → Spener) identifiziert wurde und so seine Person heilsgeschichtl. Bedeutung gewann.

Lit.: E. Beyreuther: Geschichte des Pietismus, 1978; M. Brecht: »Bengel«, TRE 5, 1980, 583-589; G. Mälzer: Johann Albrecht Bengel. Leben und Werk, 1970; Pietismus und Bibel, hg. von K. Aland, 1970 (AGP 9).

J. O. Rüttgardt

Bengel-Haus → Albrecht-Bengel-Haus

Beratung

Gewöhnlich wird der Begriff B. nur in einer Addition gebraucht: »Seelsorge und Beratung« oder als Attribut: »beratende Seelsorge«. Lange Zeit galt B. als »weltliches« Geschäft im Gegenüber zur Seelsorge, als Anwendung psychotherapeutischer/psych. Erfahrung in zeitlich begrenzten Formen helfender Begleitung von einzelnen (Paaren und Gruppen) in für sie belastenden Situationen (Krisen). Mit der Verknüpfung von Seelsorge und B. verbindet sich aber auch die weitergehende fachliche Qualifizierung und Professionalisierung der kirchl./christl. Sorge für den einzelnen (Paare und Gruppen). Auf dem Hintergrund des »Priestertums aller Gläubigen« ist dies sicherlich eine bedenkliche Entwicklung. Andererseits ist es Ausdruck eines komplexeren und differenzierteren Beratungsbedarfs, was auch durch die Tatsache unterstrichen wird, daß sich neben und außerhalb der Gemeinde spezifische Beratungsstellen entwickelt haben (Psychosoziale Beratung angesichts von Problemen in Ehe und Familie, im Umgang mit Kindern, Krankheiten und Fragen im Kontext von Sexualität und Schwangerschaft/-skonflikten), die Beratung als eigenständigen Ausdruck von Diakonie und Verkündigung erfahrbar machen.

In Abgrenzung zur klass. Seelsorge und zur Therapie ist B. zu beschreiben als »fachkundige Partnerschaft auf Zeit«. Fachkundig meint die kompetente Anwendung einer beraterischen Methode und der dazugehörigen Rahmenbedingungen. Mit dem Begriff der Partnerschaft ist der herrschaftsfreie (nicht bewertende) Raum und der offene Kommunikationsstil intendiert. Und mit dem Hinweis auf Zeit ist die Korrespondenz von Problem und Problemlösung im Spiel. Denn Ziel von B. ist nicht das Erteilen/Mitteilen eines konkreten Rates, sondern der gemeinsame Versuch, dem Ratsuchenden neue Entscheidungsmöglichkeiten zu schaffen. Und die sind nicht in jedem Fall durch Problemlösungen, sondern durch besseres Verstehen und eine veränderte Sichtweise zu finden. Letztlich geht es darum, die eigenen Fähigkeiten zur (Selbst-)Hilfe zu (re-)aktivieren, ggf. auch durch den Erwerb neuer Fähigkeiten.

B. und Seelsorge sind ebensowenig gleichzusetzen wie eindeutig abzugrenzen: Seelsorge geschieht durch B., B. hat seelsorgerl. Aspekte. Entscheidend ist das Ergebnis: die größere Mündigkeit und Liebesfähigkeit des einzelnen aufgrund der erfahrenen befreienden, liebenden Zuwendung Gottes und der Menschen. S. a. → Deutsche Gesellschaft für Biblisch-therapeutische Seelsorge

Lit.: K. Baumgartner, W. Müller (Hg.): Beraten und Begleiten, 1990; H. Harsch: Theorie und Praxis des beratenden Gesprächs, 1973; M. Koschorke: Unterschichten und Beratung, in: Wege zum Menschen, 1973, 129-163.

P. Musall

Berdiajew, Nikolai Alexandrowitsch (1874-1948)

B., prophetischer russischer Philosoph und Gründer einer »Religionsphilosophischen Akademie« in Moskau und Paris, wurde am 6. März 1874 in Kiew geboren, am 24. März 1948 starb er im Exil in Clamart bei Paris, wo er seit 1924 gelebt hatte.

Die Philosophie B.s gehört wie die seiner Meister → Dostojewski und → Solowjew zu dem johanneischen Spiritualismus, zu dem östl. Christentum eines Reichs des Geistes und der Freiheit. In dieses hinein sind eine erstarrte orth. Kirche und das säkularisierte Abendland zu erlösen. B.s existentielle Philosophie hofft auf die schöpferische Dialektik des Göttlichen und Menschlichen, das Ineinanderfallen von Mensch-Gott und Gott-Mensch. Die Geschichte der Menschheit verläuft als Offenbarung der Tragödie Gottes im Gekreuzigten, als Sehnsucht Gottes und der Menschheit nach dem Reich des Geistes, das das Reich des Caesar überschreitet. Sinn der Tragödie der Geschichte sind die Geburt Gottes im Menschen und die Menschen-Geburt in Gott, die Gottwerdung (Theosis), die der menschlichen Freiheit bedarf und sich konkretisiert in der schöpferischen Berufung des Menschen. B.s Philosophie ist zu verstehen als Antwort auf die Krise des neuzeitlichen Humanismus, die zugleich eine Krise des hist. Christentums ist. Im Unterschied zu Nietzsches ekstatischem Schrei nach dem Übermenschen, in der Ablehnung eines rationalistischen Humanismus und eines Determinismus der Geschichte, entgegen einer Philosophie der Absurdität der Welt und der Verzweiflung läßt B. die Krise der Neuzeit umbrechen in einen neuen christl. Humanismus, der die Würde des Menschen in seinem Schöpfertum wiedergebären läßt. Diese christl. Philosophie lehrt, daß der Mensch kein Produkt der naturhaften Zwänge, kein Partikel eines kosmischen Räderwerks, kein Anhängsel des geschichtl. Fortschritts ist, sondern berufen zum schöpferischen Ebenbild Gottes. Für diese Philosophie ruht die Quelle des Tragischen in der Unmöglichkeit, das Sein durch Objektivierung zu erlangen. Der Mensch ist nur dann Person, wenn er ein freier Geist ist, der in sich das höchste Sein bildet. B. spricht von dem Licht des Johanneischen Christentums (Jakob → Boehme), das die menschliche Lehre und die Bitterkeit des Todes aufhebt. Wahrheit wird hier geschaffen als Weg eines persönlichen Lebens, als Transformation je dieses Menschen selbst, in dem das göttliche Licht aufleuchtet. Das Bild der menschlichen Persönlichkeit ist nicht allein ein Menschenbild, sondern auch ein Bild Gottes. Der Mensch als Kreuzung zweier Reiche, als leidreicher Widerspruch (Blaise → Pascal) trägt in sich das Abbild der naturhaften und geschichtl. Welt einerseits, ist andererseits in seiner Tiefe das sich erhebende Ebenbild Gottes. Er transzendiert das abgründige Böse in sich und erfährt in seiner konkreten Existenz, daß das Göttliche mit dem Menschlichen im gottmenschlichen Bild geheimnisvoll verbunden ist. Daß die Kehrseite der Gottebenbildlichkeit des Menschen die Mensch-Ebenbildlichkeit Gottes ist, ermöglicht B., die Epoche des Nationalsozialismus und des Stalinismus anzuklagen als allerunmenschlichste Epoche der Weltgeschichte, in der die Christen mit anderen Menschen berufen sind, das menschliche Antlitz zu wahren: das Ebenbild Gottes. B. verbindet die Tradition der phil. Gnosis mit der der ostkirchlichen Mystik und überspannt so den Osten und den Westen des euop. Christentums.

Lit.: N. Berdiajew: Von der Bestimmung des Menschen, 1935; ders.: Existentielle Dialektik des Göttlichen und Menschlichen, 1951; ders.: Von des Menschen Knechtschaft und Freiheit, 1954; P. Murdoch, Der sakramentsphilosophische Aspekt im Denken N. A. Berdjajevs, Diss. Erlangen, 1981; A. Köpcke-Duttler: Nikolai Berdiajews Weg einer schöpferischen Bildung, 2 Bde., 1982.

A. Köpcke-Duttler

Berengar von Tours (ca. 1005-1088)

B. ist bald nach 1000 in Tours geboren, war Scholasticus (Schulleiter) an St. Martin in Tours und Archidiakon von Angers und ist, hochbetagt, am 6. Januar 1088 auf St. Cosmas bei Tours gestorben. Er hat Briefe, Gedichte und Bibelkommentare verfaßt. Bekannt und wichtig ist er jedoch durch den von ihm ausgelösten Abendmahlsstreit, der ihn sowie Kirche und Theologie von der Mitte des Jh.s an beschäftigt. Im Anschluß an Gedanken Augustins sowie des Ratramnus von Corbie (9. Jh.) vertritt er eine »symbolische« Abendmahlsauffassung. Der darüber entstehende Streit beschäftigt ein Dutzend Synoden (Konzilien) zwischen 1050 und 1079. B. wird exkommuniziert, verurteilt, zur Anerkennung »kirchlicher« Abendmahlsformulierungen genötigt, wobei Lanfrank, der spätere Erzbischof von Canterbury, sein Hauptgegner ist. Ein röm. Konzil von 1059 hat ihm den von Kardinal Humbert von Silva Candida formulierten Satz abgenötigt, »daß Brot und Wein ... nach der Konsekration nicht nur Sakrament, sondern auch wahrer Leib und Blut unseres Herrn Jesus Christus sind und sinnenfällig, nicht nur sakramentlich, sondern in Wahrheit von den Händen der Priester gehandhabt und gebrochen und von den Zähnen der Gläubigen zerrieben werden« (DS 690). Diese zuhöchst »realistische« Abendmahlsauffassung hat B. (notgedrungenermaßen) anerkannt – und dann doch, in seinem »Scriptum contra synodum«, uminterpretiert. Dies ruft Lanfrank auf den Plan und löst seine Gegenschrift »De corpore et sanguine Domini« aus. B. antwortet mit dem »Rescriptum contra Lanfrancum« (früher »De sacra coena« genannt), seinem Hauptwerk. Auf der röm. Fastensynode 1079 unter Gregor VII. muß B. bekennen, »daß Brot und Wein durch das Geheimnis der heiligen Rede und die Worte unseres Erlösers der Substanz nach verwandelt werden in das wahre und eigentümliche und lebenschaffende Fleisch und Blut Jesu Christi unseres Herrn und nach der Konsekration wahrer Leib . . . und wahres Blut Christi . . . sind, nicht nur durch Zeichen und Kraft des Sakraments, sondern in Eigentümlichkeit der Natur und Wahrheit der Substanz«(DS 700). Die neue Formulierung ist differenzierter, weniger »drastisch«, aber gleichwohl »realistischer« als es B. mit der augustinischen Tradition wollte; in der Sprache deutet sich die spätere Wandlungs- bzw. Transsubstantiationslehre an. B. hat, unter Verwendung der »Dialektik«, Fragen aufgeworfen, die bis heute aktuell geblieben sind und (von den Konfessionen) unterschiedlich beantwortet werden.

Lit.: Neueste Ausgabe des Hauptwerkes Beringerius Turonensis, Rescriptum contra Lanfrancum, hg. von R.B.C. Huygens (CCCM 84), Turnhout 1988.

O. Capitani: »Berengar von Tours«, Lex MA 1, 1980, 1937-1939 (Lit. bis 1975); J. de Montclos: »Berengar von Tours«, TRE 5, 1980, 598-601 (Lit. bis 1977; Werkübersicht); ders.: Lanfranc et Béranger. La controverse eucharistique du XIe siècle, 1971.

B. Steinseifer

Berger, Fritz (1868-1950)

B., 1868 im Emmental (Schweiz) geboren, arbeitete als Wagner und Kleinbauer. 1899 erlebte er während eines gewohnheitsgemäßen Wirtshausbesuchs eine bruchhafte Umkehr und trat ins → Blaue Kreuz ein. Erst 1902 erfuhr B. die Gewißheit der Sündenvergebung. Bald drängte es ihn, seine Heilserfahrung in Versammlungen zu bezeugen. 1907 wurde er zum hauptamtlichen Mitarbeiter des Blauen Kreuzes im Kanton Bern gewählt. Aber wegen seiner evangelistischen Verkündigung wurde er zwei Jahre später von den Delegierten nicht mehr akzeptiert. B. gründete eine eigene Gemeinschaftsarbeit, ab 1914 → Evangelischer Brüderverein genannt. Unermüdlich predigte er schlicht und eindrücklich die Erlösung durch Christus. Die Arbeit breitete sich weiter in die Nordschweiz und (ab 1931) nach Deutschland aus. Bei B.s Tod (1950) wurden in fast 200 Orten Versammlungen gehalten, geleitet durch Älteste.

B.s Leben beeindruckt durch viele von ihm bezeugte göttliche Hilfserfahrungen, durch unerschrockenes mission. Wirken und seine stark prägende Persönlichkeit. Offenheit gegenüber anderen bibl. Auslegungen war nicht seine Stärke. Problematisch sind auch seine einseitige Betonung des Geschenktseins der Heiligung, seine Auslegung der Vergebungsbitte des Vaterunsers (Erinnerung an gewährte Vergebung), die dem Perfektionismus nahekommt, und gesetzliche Elemente (Haartracht und Mode der Frau, Abstand zur Welt, u.a. durch Meiden der Bild-Medien).

Lit.: F. Berger: Von der überschwenglichen Gnade Gottes in meinem Leben, ^{7}1988; A. Güdel: Fritz Berger und der Evangelische Brüderverein, 1980; Mein Wort behalten, 75 Jahre Evangelischer Brüderverein, 1985.

M. Liedholz

Berggrav, Eivind Josef (1884-1959)

B., geb. am 14. 10. 1884 in Stavanger als Sohn des Bischofs Otto Jensen, gest. am 14. 1. 1959 in Oslo, nahm 1917 mit seinen beiden Geschwistern den Namen der Großmutter B. an. Studium 1903-1908, 10 Jahre Lehrer, ab 1919 Pfarrer, 1929 Bischof in Halogaland, 1937 Bischof in Oslo. Vom überzeugten Glauben zu Beginn seines Lebens kam er durch jahrelange Skepsis wieder zu vertieftem Glauben und wurde Seelsorger für viele Menschen. Seit der

Besetzung Norwegens durch die dt. Wehrmacht gehörte er zum Zentrum des Widerstands. Von April 1942 bis April 1945 war er in seiner Hütte interniert, 1950 legte er aus gesundheitlichen Gründen sein Amt nieder.

B. war ein höchst vielseitiger Mann und wirkte vor allem auch als Journalist und Schriftsteller, Wissenschaftler (Religionspsychologe), Seelsorger, Kirchenführer und Ökumeniker, 1950-1954 war er einer der Präsidenten des Weltkirchenrates, Ehrendoktor von Lund, Kiel, Kopenhagen und vielen anderen Universitäten, Mitglied zahlreicher wissenschaftl. Gesellschaften, außerdem Vorsitzender der norwegischen Bibelgesellschaft und Gründer der United Bible Societies. Bischof H. → Lilje hat B. eine der »wenigen ganz großen Gestalten der jüngsten Kirchengeschichte« genannt.

Lit.: E.Berggrav: Der Durchbruch der Religion im menschlichen Seelenleben, 1929; ders.: Hirtenbriefe 1941-1945; ders.: Der Staat und der Mensch, 1946; ders.: Es sehnen sich die Völker, 1953.

A. Johnson: Eivind Berggrav. Mann der Spannung, 1955; S. Stolpe: Eivind Berggrav, 1951.

G. Ruhbach

Bergmann, Gerhard (1914-1981)

B., geb. am 25. 7. 1914 in Hagen, gest. am 20. 11. 1981 in Esslingen. B. kommt als Sechsjähriger mit seiner Familie nach Halver/Sauerland, wo er in einem Familienbetrieb aufwächst. Als 17jähriger findet er nach intensivem Fragen zum Glauben an Jesus Christus. Von 1934-38 besucht er das Prediger- und Missionsseminar St. Chrischona; nach dem Begabten-Abitur studiert er in Tübingen Theologie, Philosophie und Psychologie. Nach dem Zweiten Weltkrieg und kurzer Kriegsgefangenschaft schließt er seine Ausbildung ab, promoviert im Fachbereich Philosophie und wirkt dann als Pfarrer in Delmenhorst und Remscheid, bis er 1959 dem Ruf der → Deutschen Zeltmission als Evangelist folgt. In diesem Dienst ist er unermüdlich quer durch Deutschland unterwegs, findet mit der Christusbotschaft aber auch in Ländern Europas und Afrikas, in Südamerika, Indien und Japan Eingang. Mitten aus diesem Dienst wird B. nach einem Herzversagen abgerufen.

Die »Probleme einer fragenden Generation« hat B. sehr ernst genommen. Verschiedensten Themen hat er sich gestellt und sich leidenschaftlich bemüht, vom Wort Gottes her in Vorträgen und Schriften Antwort zu geben. Im »Tagebuch eines Evangelisten« läßt er in dieses Ringen hineinschauen, in dem es ihm zugleich auch um klare theol. Positionen zu tun ist. Mit »Alarm um die Bibel« zeigt B. die Wurzeln der Bibelkritik auf und ermutigt zum Festhalten am »Tatsachen-Evangelium«. B. arbeitet in der → Bekenntnisbewegung »Kein anderes Evangelium« mit und ist mit Referaten und Vorträgen an Universitäten, Pfarrkonferenzen und Bibelschulen, aber auch bei Konferenzen von Gemeinschaftsverbänden und Werken weiträumig tätig.

Lit.: G. Bergmann: Alarm um die Bibel, 1962; Tagebuch eines Evangelisten, 1966; Kirche am Scheideweg, 1967; Fragen um Gott heute, 1968; Probleme einer fragenden Generation, 1970; Kein Tag ohne Jesus, 1972; u.a.

K. Haag

Bergpredigt

a) biblisch

1. Die von Matthäus überlieferte B. (Mt 5-7), zu der Lukas in der »Feldrede« (6,17-49) und in der Spruchsammlung 12,22-34 Parallelstücke bietet, ist als Weisung für das neue Gottesvolk gedacht (vgl. 4,25 mit Mk 3,7f) und deshalb vor allem an der Übergabe der Tora nach 2Mo 19-20 (Sinaigesetzgebung) orientiert (vgl. 5,1-17 mit 2Mo 19,1-8; 5,21-48 mit 2Mo 20,1-18). Ihr Thema ist die angesichts der nahen Gottesherrschaft erforderliche Gerechtigkeit, die über die der Schriftgelehrten und Pharisäer hinausgehen (5,20), aber sich wie diese im Tun (a) der Gebote und (b) von guten Werken erweisen muß.

Zu a.: Der in den Geboten bekundete eigentliche Wille Gottes gipfelt im radikal verstandenen Liebesgebot, was im alltäglichen Handeln Gottes anschaulich wird – auch gegenüber den Ungerechten (5,38-48).

Zu b.: Das Tun von guten Werken wie Almosengeben, Beten und Fasten wird nur dann zur Gerechtigkeit angerechnet und belohnt, wenn es ausschließlich auf Gott und nicht auch auf den Beifall der Menschen bezogen ist (6,1-18) und das weltliche Sorgen durch das Trachten nach Gottes Herrschaft und Gerechtigkeit zurückdrängt (6,19-34, vgl. zu 6,1.33 auch Jes 56,1). Das Verhalten gegenüber dem Mitmenschen soll durch die Einübung des Endgerichts und den Blick auf das eigene Ungenügen geleitet und somit »gerecht« sein (7,1-23).

2. Die wesentlichen Aussagen der B. gehen sicher auf Jesus selbst zurück, dessen radikale Auslegung von Gottes Gerechtigkeit seine Hörer erschreckte (7,28f). Die Vollmacht Jesu ist in seinem messianischen Sendungsbewußtsein begründet, das in der Aussage: »Ich aber sage euch...« deutlich zum Ausdruck kommt. Trotz des scheinbaren Gegensatzes zur Mose-Tora soll diese keinesfalls aufgehoben werden; vielmehr wird der ursprüngliche und darum auch endzeitlich geltende Gotteswille enthüllt und erfüllt (Mt 5,17-20). Jesu Tora des neuen Bundes ist für Matthäus nicht ohne ein → Evangelium (vgl. 5,3-12). Denn der Messias ist dazu gekommen, alle Gerechtigkeit zu erfüllen (3,15), d.h. durch seinen Dienst der Liebe bis hin zur Lebenshingabe das Volk Gottes von seinen Sünden zu erretten (1,21).

Lit.: O. Betz: Bergpredigt und Sinaitradition, in: ders.: Jesus der Messias Israels, WUNT 42, 1987, 333-386 (Lit.).

O. Betz

b) theologiegeschichtlich

In der Tradition der Kirche gehören die Worte Jesu von Anfang an zum Kern der christl. Botschaft, auch wenn erst → Augustin ausdrücklich von der »Bergpredigt« (sermo Domini in monte, vgl. Mt 5,1) spricht und sie als »Regel für das vollkommene christliche Leben« betrachtet. Im 2. Jh. gibt es im Zusammenhang mit der Trennung der Kirche von der Synagoge eine Tendenz, Jesus als neuen Gesetzgeber und seine Lehre als »neues Gesetz« zu verstehen, das das Gesetz des Mose ablöse (z.B. Barn. 2,6; Justin, Dial. 11,2.4).

Häufiger begegnet jedoch die Frage nach der Erfüllbarkeit der Forderungen Jesu. In ihrer Radikalität scheinen sie nur von einem besonderen Stand erfüllt werden zu können, ebenso wie die – nicht in der B. enthaltenen, im weiteren Sinne aber stets als Teil davon betrachteten – Rufe Jesu zu vollkommener Nachfolge in Armut (Mt 19,21) und Ehelosigkeit (Mt 19,12), die bei der Entstehung des Mönchtums eine wichtige Rolle spielten. Demgegenüber heißt es bereits in der ältesten erhaltenen Kirchenordnung (um 100 n.Chr.): »Wenn du das ganze Joch des Herrn tragen kannst, wirst du vollkommen sein. Kannst du das aber nicht, dann halte, was du kannst« (Didache 6,2). Im MA unterschied man dann zwischen den Geboten für alle Christen und den »evangelischen Räten«. Aber der Protest der Armutsbewegung (Waldenser, Bettelorden) gegen die Verweltlichung der Kirche stützte sich erneut auf die B. und auf die radikalen Forderungen Jesu.

Im Täufertum des 16. Jh.s wird der Verzicht auf weltliches Gericht, auf Schwert und Gewalt sowie auf das Schwören mit der B. begründet. Luther verwarf die Unterscheidung zwischen »Räten« für vollkommene und »Geboten« für alle Christen. Er lehnte aber auch die Forderungen der Täufer ab, die B. zur Grundlage des polit. Lebens zu machen (vgl. → Zwei-Reiche-Lehre).

Lit.: G. Barth: »Bergpredigt I«, TRE 5, 1980, 603-618 (Lit.); U. Berner: Die Bergpredigt. Rezeption und Auslegung im 20. Jh., [3]1985; K. Beyschlag: Die Bergpredigt und Franz von Assisi (BFChTh 57), 1955; ders.: Zur Geschichte der Bergpredigt in der Alten Kirche: ZThK 74 (1977), 291-322; A. Schmidt: Augustinus zur Bergpredigt, 1952 (Übers.).

W. A. Bienert

c) systematisch-theologisch

1. Inhaltliche Einheitlichkeit der Bergpredigt

Der ursprünglich hist.-exeget. Begriff der B. ist in die systemat. Theologie eingegangen als Inbegriff spezifisch christl. Ethik. Diese Charakterisierung trifft allerdings nicht alle Aussagen der B. gleichermaßen: insbesondere die sog. → Goldene Regel ist eine jedermann verpflichtende Aussage allg. Ethik. Andererseits finden sich in den Evv. auch außerhalb der B. für die spezifisch christl. Ethik wichtige Weisungen Jesu (die Aussendungsrede Mt 10, vgl. 28,19f; die Nachfolgesprüche Mt 8,20-22 und 16,24ff; die Gemeinderegel Mt 18; die Worte zu Ehe und Eigentum Mt 19).

2. Die Adressaten der Bergpredigt

Nach Mt 5,1b ist die B. Jüngerunterweisung. Sie setzt also schon die neue Existenz dessen voraus, der dem Umkehrruf Jesu (→ Bekehrung) gefolgt ist

(5,13ff »ihr seid. . .«) und leitet zu einem Leben in der Nachfolge an. Nach Mt 5,1a allerdings ist auch »das Volk« als Mithörer gedacht: die B. richtet sich zwar als Handlungsanweisung primär an die Jünger, beschreibt aber grundsätzlich den Willen Gottes für jeden Menschen. Zwischen Hören und Befolgen des Wortes steht aber notwendig die Umkehr und Erneuerung des einzelnen.

So sind auch die Seligpreisungen Worte des hoffnungstiftenden Zuspruchs für solche, die, gegen den Widerspruch der Welt (5,10), im Sinne der B. »nach dem Reich Gottes und seiner Gerechtigkeit trachten« (6,33).

3. Die Intention der Bergpredigt

Die Weisungen der B. überfordern offensichtlich die natürliche sittliche Kraft des Menschen (vgl. Mt 19,26). Ihre Erhebung zum allgemeinverbindlichen Gesetz des Handelns wäre illusorisch und würde alle menschliche Ordnung wehrlos den Mächten des Chaos ausliefern.

Dies bedeutet aber keineswegs, daß die B. gar nicht Anweisung zum Tun sei, sondern nur Mittel der Sündenerkenntnis oder unerreichbares Ideal, auf dessen Verwirklichung es gar nicht ankomme, sondern nur auf die ihm entsprechende Gesinnung (Gesinnungsethik). Vielmehr ist vor allem nach Mt 7,15ff unmißverständlich klar, daß es Jesus um das Tun dessen geht, was er sagt (wobei natürlich der bewußt hyperbolische Charakter von Aussagen wie 5,29f zu berücksichtigen ist, vgl. 19,12). Die B. ist wirklich eine das atl. → Gesetz vollendende und überbietende Offenbarung des Willens Gottes für das konkrete Leben des Menschen. Als solche führt sie einerseits tatsächlich zunächst zur Erkenntnis der Sünde und Verlorenheit des Menschen (vgl. den Gebrauch der auf die B. zurückgehenden sog. »vier Absoluten« Ehrlichkeit, Reinheit, Selbstlosigkeit und Liebe als Beichtspiegel in der → Moralischen Aufrüstung) und in der gläubigen Annahme der Vergebung zu einer inneren Erneuerung, die bereit macht, antithetisch im Widerspruch zum Leben des natürlichen Menschen stehende Zeichen der kommenden und in Christus schon gegenwärtigen Herrschaft Gottes zu setzen (vgl. → Ethik).

Lit.: H. Burkhardt: Die Bergpredigt – eine allgemeine Handlungsanweisung? ThBeitr 15/1984, 137-140; K. Heim: Die Bergpredigt für die Gegenwart ausgelegt, 1946; G. Hörster: Die eschatologische Ethik der Bergpredigt, in: H. Burkhardt (Hg.): Begründung ethischer Normen, 1988, 99-114; A. Schlatter: Die Gabe des Christus, [2]1982; A. Strobel: Die Bergpredigt als ethische Weisung heute, ThBeitr 15/1984, 3-16.

H. Burkhardt

Bergson, Henri Louis (1859- 1941)

B., geb. am 18. 10. 1859 in Paris, 1900 Prof. für antike, später auch zeitgenössische Philosophie am Collège de France, emeritiert 1921; Mitglied der Académie Française (1914), 1927 Literaturnobelpreis. B., der sich zeitlebens stark polit. engagierte, starb am 4. 1. 1941 im besetzten Paris, nachdem er sich demonstrativ als Jude hatte registrieren lassen.

B. gilt als Begründer der sog. Lebensphilosophie, die im Sinne einer Gegenbewegung zum Materialismus und seinen verschiedenen Spielarten (Mechanismus, Determinismus) in allen Phänomenen den Ausdruck vitaler und schöpferischer Kraft (*élan vital*) sieht. Bereits in seinem ersten Werk »Les donnés immediates de la conscience« (1889; dt. »Zeit und Freiheit«) entwickelt B. den für ihn zentralen Kontrast zwischen gelebter Zeit (*temps vécu*), die wir subjektiv als Dauer (*durée*) erfahren, und gemessener Zeit, in der die mathematischen Naturwissenschaften Prozesse und Bewegung anhand räumlicher Modelle abbilden. In der Reduktion von Dauer auf gemessene Zeit sieht B. den Grundfehler des Mechanismus.Gegen den mechanischen Determinismus appelliert B. an die intuitive Selbsterfahrung, in der wir freies Handeln als die ganzheitliche Entfaltung einer Dauer empfinden, die sich nicht in räumlich distinkte Momente aufspalten läßt; Freiheit zu empfinden, heißt die Zeit als Dauer zu erfahren – eine Erfahrung, deren Realisierung das Gedächtnis ist (Matière et mémoire, 1896). Das Bewußtsein fungiert als ein »Filter« der Erinnerungen, indem es die inhomogene Mannigfaltigkeit des Erinnerten sukzessive anordnet. Unter diesem Aspekt hat B. der Verräumlichung der Dauer ein gewisses pragmatisches Recht zugebilligt: im Interesse von Konstanz und Eindeutigkeit, die für jedes Handeln unabdingbar sind, deuten wir Dauer immer schon im Medium räumlicher Zeit. B. will deshalb die Intuition, die als phil. Methode v.a. in »Introduction à la Métaphysique« (1903) etabliert wird, ausdrücklich auch als Instrumentarium verstanden wissen, die pragmatisch motivierte Einheit von Dauer und Raum aufzulösen (vgl. Deleuze 34ff).

Charakteristisch für die Entwicklung der B.schen Philosophie ist die bereits in »Matière et mémoire« vorbereitete Universalisierung der Grundbegriffe Raum und Dauer. Zunächst psych. als Formen der Auffassung gedacht, erscheinen sie in »L'évolution créatrice« (1907) kosmologisch als Formen der Darstellung der Dinge selbst. Kosmologie ist für B. »umgekehrte Psychologie«, und diese Umkehrung erlaubt ihm eine spekulative, vom Neuplatonismus (Plotin) inspirierte Interpretation der biologischen Evolution im Sinne einer produktiven Auseinandersetzung von Lebenselan und Materie. Vor diesem Hintergrund sind B.s späte religionsphil. Arbeiten zu sehen, die Gott als den letzten Ursprung aller Kreativität deuten: In der Schöpfung gibt Gott den Menschen selbst als ein »schöpferisches Geschöpf« frei, das sich in seiner Kreativität der Liebe Gottes würdig erweist (Les deux sources de la morale et de la religion, 1932). B.s Spätwerk weist nicht nur schöpfungstheol. deutliche Bezüge zum Christentum auf. In seinem Testament bekennt B.: »Meine Überlegungen haben mich mehr und mehr in die Nähe des Katholizismus gebracht, in dem ich die vollständige Erfüllung des Judentums sehe. Ich wäre konvertiert, hätte ich nicht seit einigen Jahren die ungeheuere Welle des Antisemitismus sich formieren gesehen, die sich über die Welt ergießen wird.«

Lit.: Oeuvres, Edition du Centenaire, 1959; Ecrits et paroles 1957-59; Mélanges 1972.

G. Deleuze: Le Bergsonisme, 1966 (dt. 1989); R. Ingarden: Intuition und Intellekt bei Henri Bergson, 1921; B. Russell: The Philosophy of Bergson, 1914.

D. Kaegi

Berkeley, George (1685-1753)

B., geb. am 12. 3. 1685 in der Grafschaft Kilkenny, Irland, gest. am 14. 1. 1753 in Oxford; seit 1734 anglik. Bischof von Cloyne, Irland.

B. ist vor allem aufgrund seiner früheren Werke über die Theorie menschlicher → Erkenntnis bekannt, obwohl seine späteren Schriften auch Politik, Ökonomie und apologet. Themen behandeln. Als Kritiker der atheistischen und materialistischen Tendenzen von Lockes Empirismus und Newtons Realismus stellte B. die Gültigkeit der Unterscheidung zwischen den Ideen, und den Phänomenen in Frage. Die Eigenschaften der Gegenstände, die wir wahrnehmen, sind wirklich Ideen, und unsere Erfahrungen der Dinge sind Ideenkomplexe. Die Wirklichkeit besteht nur aus Ideen und dem Geist, der sie wahrnimmt. B. vermied jeden Subjektivismus (und Solipsismus), indem er die objektive Natur der Ideen, die ihren Ursprung in Gott haben, betonte. Oft wird übersehen, daß B.s Ablehnung von Newtons Lehre von absolutem Raum und absoluter Zeit theol. begründet war; er befürchtete, daß dadurch das Universum als gleich ewig wie Gott bezeichnet werden könnte, anstatt als Schöpfung von ihm abhängig und ihm untergeordnet zu sein.

Lit.: G. Berkeley: Versuch einer neuen Theorie der Geschichtswahrnehmung, übersetzt von R. Schmidt, 1912; ders.: Eine Abhandlung über die Prinzipien der menschlichen Erkenntnis, übersetzt von A. Klemmt, 1964; C. Delkeskamp: »Berkeley«, TRE 5, 1980, 626-631 (Lit.); W. Röd: Geschichte der Philosophie 8, 1984, 111-132.

R. Redman

Berlin-Brandenburg, Ev. Kirche

Das Bistum Brandenburg, 948 gegründet und 1138 wiederbelebt, nahm 1539 unter Joachim II. die Reformation an und wurde 1571 mit dem Kurfürstentum vereinigt. Seit ca. 1200 ist das Christentum in Berlin nachweisbar, seit 1237 der erste Pfarrer in Cölln, seit 1470 ist B. ständige Residenz der Kurfürsten. 1613 trat Johann Sigismund zum Calvinismus über. Seine Konfession wurde jedoch – trotz manchen Druckes der luth. Bevölkerung – nicht aufgenötigt. Die Einwanderung der → Hugenotten und Salzburger in das Kurfürstentum (seit 1701 Königtum) veränderte die Kirchlichkeit des Landes nur geringfügig, ebenso der Frühpietismus (Ph.J. → Spener war seit 1691 Propst in St. Nikolai).

→ Friedrich II. förderte die Aufklärung, → Friedrich Wilhelm III. die Einführung der Union in Preußen. 1810 wurde die Berliner Universität mit einer bedeutenden theol. Fakultät begründet, 1850 der Evangelische Oberkirchenrat (EOK) in Berlin als erstes Zeichen einer allmählichen Lösung der Kirche vom preußischen Staat. 1922 wurde in der Verfassung der altpreußischen Union festgelegt, daß »sich die Kirche aus der Gemeinde aufbaut« und die Behördenkirche überwunden werden solle. 1933 wurde in Berlin-Dahlem von M. → Niemöller der Pfarrernotbund gegründet und Berlin damit zu einer der Keimzellen der »Bekennenden Kirche«. 1949 wurde durch eine neue Grundordnung die »Evangelische Kirche von Berlin-Brandenburg« geschaffen, 1961 wurde sie – durch den Mauerbau – in zwei regional getrennte Gebiete (mit je eigener Kirchenleitung und -verwaltung und Synode) geteilt. Ab 1949 war Otto → Dibelius Bischof, ab 1967 Kurt Scharf und ab 1977 Martin Kruse für den Westteil, Albert Schönherr und Gottfried Forck für den Ostteil des Kirchengebietes, seit 1991 sind beide Teile wieder zu einer Kirche (unter Bischof Kruse) vereinigt.

Lit.: 150 Jahre Evangelisches Konsistorium, 1967; G. Besier: Preußische Kirchenpolitik in der Bismarckära, 1980; G. Botta (Hg.): Die Hugenotten und Berlin-Brandenburg, 1971; W. Dreß: »Berlin-Brandenburg«, TRE 5, 1980, 631-638; ders.: Die Evangelische Kirche in Berlin-Brandenburg, JEB 10 (1967), 173-192; H. Herzfeld, G. Heinrich (Hg.): Berlin und die Provinz Brandenburg im 19. und 20. Jahrhundert, 1968; L. v. Ranke: Zwölf Bücher preußischer Geschichte (Hg. von W. Andreas), 1957; J. Schultze: Die Mark Brandenburg, 5 Bde, 1961-1969.

G. Ruhbach

Berliner Erklärung

Am 15. 9. 1909 wurde von 56 Vertretern, die zur guten Hälfte zur → Gemeinschaftsbewegung, ansonsten zur Ev. → Allianz gehörten, die Trennung von der → Pfingstbewegung vollzogen, die fortan ihren eigenen Weg ging. Das zentrale Dokument dieser Trennung ist die B.E., in der der Weg der Pfingstbewegung dargestellt und am bibl. Zeugnis beurteilt wird: Der in der Pfingstbewegung wirkende Geist sei ein Geist »von unten«. Deshalb könne diese Bewegung in ihrem »Lügen-Charakter« nicht als »von Gott geschenkt« anerkannt werden. Abzulehnen sei besonders die Lehre vom »reinen Herzen« (und die damit verbundene Erwartung, daß schon auf Erden »der Zustand der Sündlosigkeit« erreicht werden könne). Mit der Bitte, die Mitglieder der Gemeinschaftsbewegung mögen sich von dieser Bewegung und ihrem Führer, Pastor Jonathan → Paul, fernhalten, schließt die B.E. so: »Wir erwarten nicht ein neues Pfingsten, wir warten auf den wiederkommenden Herrn.«

Diese Erklärung führte zunächst zum zahlenmäßigen Rückgang der Gemeinschaftsbewegung, aber auch zu ihrer inhaltlichen Konsolidierung. Immer wieder wurde von den Pfingstlern des Mülheimer Verbandes (→ Christlicher Gemeinschaftsverband Mülheim/Ruhr) versucht, sich mit der Gemeinschaftsbewegung zu verständigen und die Spaltung rückgängig zu machen, aber bis in die Gegenwart hinein vergeblich. Immer wieder wurde der Gnadauer Verband (→ Evangelischer Gnadauer Verband) auch aufgefordert, sich von der B.E. zu distanzieren, aber ebenfalls vergeblich. Denn einmal sei die B.E. keine »offizielle Gnadauer Erklärung«, schon gar nicht eine »Gnadauer Bekenntnisschrift«, andererseits sei die B.E. ein »historisches Wort«, das aufzuheben weder erforderlich noch sinnvoll sei. So bedeutet die B.E. zwar einen wichtigen Markstein in der Geschichte der Gemeinschaftsbewegung, sie gibt die Enkel jedoch frei, im Gespräch mit den Gnadauer Vätern die geltenden Positionen auch anders als im Jahr 1909 zu formulieren.

Lit.: Text: J. Ohlemacher (Hg.): Die Gemeinschaftsbewegung in Deutschland. Quellen zu ihrer Geschichte 1887-1914 (Texte zur Kirchen- und Theologiegeschichte 23), 1977, 108-111.

J. Berewinkel: Zur Theologie der Gemeinschaftsbewegung, PuN 15, 1989, 109-113; P. Fleisch: Die Pfingstbewegung in Deutschland, 1957.

G. Ruhbach

Berliner Ökumene-Erklärung → Internationale Konferenz Bekennender Gemeinschaften

Berliner Missionsgesellschaft

Von erweckten Männern, die nach den Befreiungskriegen zu einem persönlichen Christusglauben gekommen waren, wurde 1824 die »Gesellschaft zur Beförderung der ev. Missionen unter den Heiden« gegründet. Unter ihnen waren ein Pfarrer, zwei Professoren der Theologie, viele Offiziere und Adlige.

Sie hatten schon vorher bestehende Missionen (Basel, Herrnhut) privat unterstützt. Bald bildeten sich in vielen Gemeinden Hilfsvereine, manchmal zum Verdruß der Kirchenoberen. Das erste Jahresfest wurde 1831 durch ein Verbot des Konsistoriums fast vereitelt. Der König selbst mußte eingreifen. 1834 entschied man sich, in eigener Verantwortung Missionare auszusenden, zuerst nach Südafrika; später auch nach China (1882) und (von Südafrika her) Ostafrika (1891). Die als bewußt luth. gegründeten Gemeinden wurden zentral von Berlin aus geleitet und visitiert. Als Evangelisch-Lutherische Kirchen wurden sie nach 1950 selbständig und (abgesehen von China, wo die Arbeit 1949 hatte verlassen werden müssen) schließlich Teil der Ev. Lutheran. Church in Southern Africa (ELCSA) bzw. in Tanzania (ELCT). Anstelle der B. M., die nach 1961 völlig handlungsunfähig geworden war, führte die 1963 gegründete Berliner Missionsgesellschaft (Berlin-West) e.V. die Arbeit weiter. Diese gab ihre Verantwortung 1974 – wie der Jerusalemsverein, die Deutsche Ostasienmission oder die Morgenländische Frauenmission – an das Berliner Missionswerk der Ev. Kirche in Berlin-Brandenburg (Berlin-West) ab.

Die alte B. M. (Sitz in Ost-Berlin) fusionierte 1985 mit dem Ökumenisch-Missionarischen Amt zum Ökumenisch-Missionarischen Zentrum/Berliner Missionsgesellschaft, einem Werk des Bundes der Ev. Kirchen in der DDR. Nach der Wende und der Vereinigung Deutschlands wurde dieses ÖMZ/BMG am 1. Juli 1991 aufgelöst, Rechtsnachfolgerin wurde die Ev. Kirche in Berlin-Brandenburg mit ihrem Berliner Missionswerk. Letzteres dient als regionales Missionswerk auch der Pommerschen Ev. Kirche, der Ev. Kirch im Görlitzer Kirchengebiet, der Ev. Landeskirche Anhalts und der Ev. Kirche in der Kirchenprovinz Sachsen und wird von der Ev. Kirche der Union mitgetragen. Die 1824 gegründete B. M. hat als rechtliche Größe unter diesem Namen aufgehört zu existieren.

Lit.: H. Lehmann: 150 Jahre Berliner Mission, 1974; ders.: Zur Zeit und zur Unzeit, Geschichte der Berliner Mission 1918-1972, 3 Bde. 1989; J. Richter: Geschichte der Berliner Missionsgesellschaft, 1924.

H. Luther

Berliner Stadtmission (SM)

Die B.S. wurde 1877 durch den Hofprediger Adolf → Stoecker als freies Werk in der ev. Kirche gegründet. Anlaß war die geistl. und sittliche (soziale) Not in der rapide wachsenden Hauptstadt Berlin. Mission. Aktionen auf den Hinterhöfen der Mietskasernen in den Arbeitervierteln mit Posaune, Chor und Schriften gehörten ebenso zu den Arbeitsformen wie kirchl. Unterricht, Besuche und Seelsorge z.B. in den dicht bevölkerten Laubenkolonien. In der Tradition der Inneren Mission (Wichern) werden bis heute → Evangelisation (Volksmission) und soziale Hilfe (Diakonie) miteinander verbunden. Ein Traum von Pfarrer Erich Schnepel war, in jeder Mietskaserne eine Wohnung als Kirche ganz nahe bei den Menschen einzurichten.

Ergänzend zur Innenstadtmission spielten mission. Einsätze im Umland eine wichtige Rolle. Im Dritten Reich stand die B.S. unter Hans Dannenbaum, einem bedeutenden Prediger, auf der Seite der Bekennenden Kirche. In der Nachkriegszeit setzte Heinrich Giesen neue originelle mission. Impulse, z.B. Wannsee-Strandpredigten, Foyer- und Minutenandachten in der Kaiser-Wilhelm Gedächtniskirche. Sein Nachfolger Gerhard Kiefel entwickelte die City-Station, ein christl. Restaurant mit Beratung und Seelsorge, vor allem für soziale Randgruppen (Obdachlose). 1961-1990 mußte die Arbeit, durch die Mauer getrennt, je eigenständig weitergeführt werden. Durch die »Wende« der polit. Verhältnisse steht die wiedervereinigte SM vor neuen mission. und sozialen Herausforderungen. Die Arbeit wird nicht durch Kirchensteuermittel finanziert, sondern trägt sich durch Spenden eines Freundeskreises aus ganz Deutschland.

Lit.: H.-G. Filker (Hg.): Bitte, kommen Sie zur Sache. Heinrich Giesen und die Berliner Stadtmission, 1992.

H.-G. Filker

Berner Disputation (1528)

Die B.D. fand vom 6.-26. Jan. 1528 statt als öffentliches Gespräch der Berner Geistlichen, unter Beteiligung Zwinglis und vieler Zürcher, mehrerer süddt. Reformatoren (z.B. → Bucer, → Capito) sowie luth. und »kath.« gesinnter Geistlicher u.a. Nach reform. Anfängen und Rückschlägen neigte sich Bern 1527 der Reformation zu (Mehrheit im Großen Rat); Stadtschreiber Peter Cyro trieb die Sache voran. Am 17. Nov. 1527 schrieben Schultheiß und Räte die D. aus und luden ein, bestimmten die Bibel als Maßstab und legten zehn »Schlußreden« bei (Thesen, von B. Haller und F. Kolb verfaßt). Diese wurden geordnet und kontrovers diskutiert und schließlich angenommen (235:46 Stimmen). Daraufhin wurden am 27./28. Jan. 1528 Bilder und Messe abgeschafft und am 7. Febr. das »Reformationsmandat« erlassen. Noch im gleichen Jahr findet eine zweite B.D. statt.

Die Schlußreden bezeugen Christus als »einig houpt« der Kirche, die »us dem worts gots geboren« ist, bestreiten die leibliche Gegenwart Christi in den Abendmahlselementen, lehnen die Messe als »lästerung« und »grüwel vor gott« ab, ebenso Heiligenanrufung, Fegfeuer und Seelmessen, fordern Abschaffung der Bilder, »wo si in gefar der vererung fürgestellt«, und treten für die Priesterehe ein – klassische ev. (reformat.) Anliegen. Die erste Schlußrede ist für die »Barmer Erklärung« von 1934 vorbildlich geworden. Die B.D. als Ereignis bedeutete die Etablierung der Reformation in Bern und war »die mächtigste Demonstration des Protestantismus vor dem Reichstag von Augsburg 1530« (Locher).

Lit.: Quellen: R. Steck, G. Tobler (Hg.): Aktensammlung zur Geschichte der Berner Reformation, 2 Bde., 1923; Übers.: Berner Synodus mit den Schlußreden der Berner Disputation und das Reformations-Mandat, 1978; G.W. Locher: Die Berner Disputation 1528, in: Zwingliana 14, 1978, 542-564; ders.: Die Berner Disputation 1528, in: 450 Jahre Berner Reformation, 1980, 138-155 (Lit.!).

B. Steinseifer

Berner Synodus (1532)

Der B.S. ist ein eigengeprägtes Dokument (Bekenntnisschrift) der Berner Kirche, ausgelöst durch Schwierigkeiten im Umkreis der jungen Berner Reformation, ausgearbeitet vor allem von Wolfgang → Capito (Straßburg), diskutiert und verabschiedet von einer → Berner Synode 9.-14. Jan. 1532 und offiziell bestätigt. Ziel ist die Einheit von Lehre und Leben bei Pfarrern und überhaupt (»heylsame leer / und ein besserlich / eerlich leben«). Der »Lehr-«Teil handelt im wesentlichen von Christus, wobei »der gantz louff Christi«, von der Auferstehung an, auch Himmelfahrt und Geistausgießung »samt volgendem handel im gewissen der glöubigen« (der »jnnwendige louff der gnaden« Schlüsselbegriff!) gemeint ist. Auch Sündenerkenntnis erfolgt an Christus (nicht: am Gesetz); »verstandt und erkantnuß Christi« bedeutet »ernüwerung deß herzens / und der jnnwendig geystlich / hymlisch mensch / der on sünd ist / so wyt er uß Gott geboren ist«. Der – bei diesem Verständnis – höchst wichtige »praktische« Teil handelt von Predigt und Predigt-Vorbereitung, Lebensstil und Seelsorge, wobei auch hier die Übereinstimmung von »leer und werck« vorrangig ist. Das (»vorpietistische«) Dokument ist bald in den Hintergrund getreten, jedoch im Pietismus zu neuem Ansehen gelangt (z.B. bei Zinzendorf). Vgl. → Berner Disputation

Lit.: Quelle(n): Maßgebliche Ausgabe: Der Berner Synodus von 1532. Editionen und Abhandlungen zum Jubiläumsjahr 1982, hg. von G.W. Locher, Bd. I: Edition, 1984 (Urtext, neuhochdt. Übers., lat. u. franz. Fassung; Verzeichnis der Ausgaben).

Der Berner Synodus von 1532 . . . (s.o.), Bd. II: Studien u. Abhandlungen, 1988 (Lit. bis 1984 bzw. 1987).

B. Steinseifer

Berneuchen/Berneuchener Bewegung

Die B.er Bewegung, entstanden aus dem christl. Zweig der dt. Jugendbewegung, hat ihren Namen nach den auf dem Rittergut B. der Familie von Viebahn (nordöstl. von Frankfurt/Oder) 1923-27 abgehaltenen »Berneuchener Konferenzen«, die ihren Niederschlag im »Berneuchener Buch« von 1926 fanden, dessen Untertitel lautet: »Vom Anspruch des Evangeliums auf die Kirchen der Reformation«. Zur Grundhaltung des Buches bekannten sich Männer wie W. Stählin, K.B. Ritter, L. Heitmann und P. Tillich, der die Arbeit ebenso produktiv wie kritisch begleitete. Sie gehörten auch zu den Gründern der »Evangelischen Michaelsbruderschaft«, die 1931 in Marburg gestiftet wurde. Jeder Gemeindeaufbau soll – nach einer Formulierung von P. Tillich – aus der »Symbolkraft der Verkündigung und des Gottesdienstes« heraus erwachsen. Angesichts des heraufziehenden Kirchenkampfes wählte man den streitbaren Erzengel als Leitbild. Um sie gruppiert sich der »Berneuchener Dienst«. Heute gehören zur Bruderschaft ca. 500 Männer aller Berufe im ganzen dt. Sprachraum, zur »Jungbruderschaft« und zur »Gemeinschaft St. Michael« auch junge Frauen, zum B.er Dienst ca. 800 Mitglieder, mehrheitlich Frauen. 1958 wurde im ehem. Dominikanerinnenkloster Kirchberg bei Sulz am Neckar das »Berneuchener Haus« als Zentrum der Bewegung und als Haus der Stille und Begegnung eingerichtet, das heute jährlich 3000 Gäste beherbergt. Die Bewegung wirkt bewußt in der Kirche und für diese in Verkündigung, Seelsorge, Diakonie und geistl. Übung. Am bekanntesten sind ihre ökumenische Spiritualität und ihre Gestaltung der Liturgie: Kirchenjahr (Wochensprüche), häufige Feier des Heiligen → Abendmahls (Eucharistie), Gesang der Psalmen in gregorianischer Form u.a. Wichtiger sind die Versuche der Gestaltung eines verbindlichen und gemeinschaftlichen christl. Lebens, z.T. in kleinen Kommunitäten.

Lit.: Das Berneuchener Buch, 1926, ND 1971; ZS: Quatember. Vierteljahreshefte für Erneuerung und Einheit der Kirche.

H. Mayr

Bernhard von Clairvaux (1090-1153)

B., geb. 1090, gest. am 20. 8. 1153; Heiligsprechung 1174, stammt aus burgundischem Adel und trat 1113 in das neugegründete Kloster Citeaux bei Dijon ein. Zwei Jahre später wird er Gründungsabt des Tochterklosters Clairvaux in der Diözese Langres. U.a. durch die Wirkung seiner Persönlichkeit gelangte der Zisterzienserorden im 12. Jh. zu seiner ersten Blüte.

B.s Leben ist geprägt von der Spannung zwischen der Sehnsucht nach Gott in klösterlichem Leben und dem Drang nach Aktivität. Von ersterer zeugen seine zahlreichen überlieferten Predigten und Traktate, die sich alle mit dem geistl. Leben befassen, von letzterem seine etwa 500 erhaltenen Briefe. Immer wieder tritt B. in kirchenpolit. und theol. Streitigkeiten auf den Plan (Papstschisma 1130, Auseinandersetzung mit P. → Abaelard, u.a.), weil er um Rat und Hilfe gebeten wird. Zwiespältige Berühmtheit erlangte er durch seine Werbung für den zweiten Kreuzzug (1147-1149). In allem ist der Maßstab für ihn die Ehre Gottes, die unangetastet bleiben muß, sowie die Buße und der Kampf gegen alles, was Gott feindlich gegenübersteht.

Von bleibender Bedeutung für die Nachwelt ist B. durch seine persönliche Spiritualität und seine Theologie, die in den Predigten und Traktaten zum Ausdruck kommt. Hauptwerk: 86 Predigten über das Hohelied. Hier wird die Beziehung zwischen Gott und Mensch als eine Liebesbeziehung dargestellt, die gekennzeichnet ist vom Wechsel zwischen An- und Abwesenheit Christi, von Sehnsucht und kurzen Momenten der Erfüllung. Geprägt ist seine Darstellung von einer nüchternen Emotionalität, die weder vor noch nach ihm zu finden ist.

B.s theol. Denken steht ganz in der Tradition der alten Väter. Neu ist die starke Betonung der Menschheit Jesu sowie das Hervorheben der persönlichen Gotteserfahrung. Der Glaube ist ein Weg, der sich in wachsender Liebe ausdrückt. Diese Erfahrung spielt sich speziell im meditativen Umgang mit der Hl. Schrift ab. Einfachheit und Demut ist die Haltung, in der der Mönch Gott Raum gibt. B. hat zunächst die Spiritualität der Zisterzienser geprägt (besonders die Frauenmystik): Das Kloster ist eine Schule der Liebe. Aber auch darüber hinaus ist sein Einfluß nachzuweisen (z.B. bei den Viktorinern, der »Devotio moderna«, später bei den Reformatoren). → Luther findet bei ihm u.a. die Vorstellung vom christl. Leben als Buße, die Betonung der Erfahrung, aber auch die rechte Einstellung zum monastischen Leben. Einflüsse auf den → Pietismus sind noch zu untersuchen (vgl. J. Arndt). Nach einer Zeit der Geringschätzung wird B. im 20. Jh. neu entdeckt.

Lit.: Textausgabe (lat.): J. Leclercq, C.H. Talbot, H.M. Rochais: Sancti Bernardi Opera, 8 Bde. 1957-1977; (dt.): A. Wolters: die Schriften des honigfließenden Lehrers Bernhard von Clairvaux, 6 Bde., 1934; Bernhard von Clairvaux: Sämtliche Werke lat./dt., hg. von G.B. Winkler, Bd. I, 1990 (wird fortges.).

Ch. Benke: Unterscheidung der Geister bei Bernhard von Clairvaux, 1991; Bernhard von Clairvaux. Entschiedenheit in Demut, vorgestellt von J. Leclercq, hg. von A. Altermatt, 1991; M. Diers: Bernhard von Clairvaux. Elitäre Frömmigkeit und begnadetes Wirken, 1991; D. Heller: Schriftauslegung und geistliche Erfahrung bei Bernhard von Clairvaux, 1990; U. Köpf: Religiöse Erfahrung in der Theologie Bernhards von Clairvaux, 1980; J. Leclercq: Bernhard von Clairvaux. Ein Mann prägt seine Zeit, 1990; E. Naszalyi: Mit Bernhard von Clairvaux ins Abenteuer der Liebe, 1989; B. Schellenberger: Bernhard von Clairvaux, in: G. Ruhbach, J. Sudbrack (Hg.): Große Mystiker, 1984, 107-121; P. Sinz: Das Leben des heiligen Bernhard von Clairvaux, 1962.

D. Heller

Bernstorff, Andreas Graf von (1844-1907)

B., geb. am 20. 5. 1844 in Berlin, gest. am 21. 7. 1907 ebenda. Als Sohn des preußischen Diplomaten Albrecht Graf v. B. wuchs er in verschiedenen europ.

Hauptstädten auf. In die Londoner Zeit fiel (1858) eine Begegnung mit dem Begründer der englischen Allianz, Sir Culling Eardley, dem er entscheidende Anstöße für ein bewußtes Leben als Christ verdankte. Nach dem Jurastudium in Berlin und Heidelberg versah er im Staatsdienst von 1864-1903 verschiedene Ämter (Legationssekretär in London, Wien, Washington, Landrat in Ratzeburg und Lauenburg, zuletzt als hoher Beamter im preußischen Kultusministerium).

Der unverheiratete B. gehört zusammen mit Eduard Graf von → Pückler und Jasper von → Oertzen zu den norddeutschen Initiatoren der ersten Gnadauer Konferenz (→ Ev. Gnadauer Verband) und ist damit einer der Väter der deutschen → Gemeinschaftsbewegung. Als Mitbegründer des ersten deutschen (→ Christlichen Vereins junger Menschen) CVJM unterstützte er tatkräftig die evangelistische Arbeit der Ev. → Allianz (z.B. mit J.H. → Wichern), redigierte 18 Jahre lang das Erbauungsblatt »Die Friedenshalle«, begründete 1864 die erste → Sonntagsschularbeit in Deutschland nach amerikanischem Vorbild und trat als theol. Laienschriftsteller hervor. »Mit Hand anzulegen am Aufbau des Reiches Gottes« war sein Lebensmotto.

Lit.: A. Graf von Bernstorff: Pastoralbriefe, o.J.; ders.: Er hat alles herrlich gemacht. Eine autobiographische Skizze, o.J. (1906); H. von Redern: Albrecht Graf v. Bernstorff, 1909.

J. Ohlemacher

Berthold von Regensburg (1210-1272)

B. gilt als der bedeutendste franziskanische Prediger deutscher Sprache. Um 1226 trat er in den seit 1221 in Regensburg ansässigen Franziskanerkonvent ein. Seine Studien absolvierte er wahrscheinlich am 1228 gegründeten ersten deutschen Studienzentrum der Franziskaner in Magdeburg. Zwischen 1235 und 1240 war B. als lector der Franziskaner tätig.

Sichere Zeugnisse seines Wirkens setzen mit dem Jahre 1246 ein; d.h. mit einer Visitation des Regensburger Frauenstifts Niedermünster, die er mit seinem Ordensbruder David von Augsburg durchführte.

B. war ein Mann des Wortes. Seine besondere Stärke war die Unmittelbarkeit zu seinen Zuhörern. Bis zu 200.000 Menschen sollen bisweilen bei seinen Predigten anwesend gewesen sein. Vor allem die Mittel- und Unterschichten in den Städten, aber auch die Landbevölkerung gehörten zu seinen Zuhörern.

1263 wurde B. von Papst Urban IV. als Prediger gegen die Häretiker in Deutschland, Frankreich und der Schweiz bestimmt.

Es wird berichtet, daß »die Wirkung seines Wortes auf die Hörer erschütternd war: ein Ritter gibt sein geraubtes Kirchengut dem Kloster zurück, Buhlerinnen entsagen ihrem sündigen Leben, Wundergeschichten knüpfen sich an sein Auftreten« (Gustav Ehrismann).

B. predigte vor allem über Tugenden und Laster, Himmel und Hölle, Gott und Teufel. Seine Predigt ›Von dem fride‹ hatte großen Einfluß »auf das Rechtsdenken des ›Schwabenspiegels‹« (Georg Steer).

B. hat seine Predigten nicht selbst herausgegeben, dies besorgten Personen, die ihn als Prediger erlebt haben. »Es ist gut denkbar, daß der Initiator und spiritus rector des literarischen Zentrums David von Augsburg war« (Georg Steer).

Lit.: F. Pfeiffer, J. Strobl, (Hg.): Berthold von Regensburg. Vollständige Ausgabe seiner deutschen (II) Predigten. 2 Bde., 1862-1880 (Neudruck 1965, mit einem Vorwort, einer Bibliographie und einem Überlieferungsgeschichtlichen Beitrag von Kurt Ruh); Berthold von Regensburg: Vier Predigten. Mittelhochdeutsch/Neuhochdeutsch. Übers. und hg. von W. Röcke, 1983; D. Richter (Hg.): Berthold von Regensburg. Deutsche Predigten (Überlieferungsgruppe) (Kleine deutsche Prosadenkmäler des Mittelalters), ⁵1968; D. Richter: Die deutsche Überlieferung der Predigten Bertholds von Regensburg. Untersuchungen zur geistlichen Literatur des Spätmittelalters (MTU 21), 1969; K. Ruh: Deutsche Predigtbücher des Mittelalters, in: Beiträge zur Geschichte der Predigt. Vorträge und Abhandlungen, hg. von H. Reinitzer (Vestigia Bibliae 3), 1981, 11-30; G. Steer: Rechtstheologische Implikationen der Helmbrecht-Dichtung Wernhers des Gartenaere, in: Poesie und Gebrauchsliteratur im deutschen Mittelalter. Würzburger Colloquium 1978, hg. von V. Honemann, K. Ruh, B. Schnell und W. Wegstein, 1979, 239-250.

K. Wittstadt

Beruf → Berufung

Berufsmission/-en

Unter B., in der Fachsprache »Standesmission« genannt, wird die Mission und → Seelsorge an Menschen, die durch ihren Beruf am regelmäßigen Besuch der → Gottesdienste und am Leben in und mit der Gemeinde verhindert werden, verstanden. Zum einen erfordert die spezielle Arbeitszeit in vielen Berufen eine gesonderte mission. und diakon. Zuwendung zu den Berufstätigen, zum anderen bringen die extremen psychischen Belastungen in einzelnen Berufsgruppen Probleme mit sich, die fachmännisches und kollegiales Verständnis notwendig machen.

So sind zumeist aus der → Erweckungsbewegung um die Jahrhundertwende in England, Holland, Deutschland und der Schweiz B.en entstanden. Von Christus ergriffene und von mission. Verantwortung erfüllte Christen wollten ihre Berufskameraden zu Jesus führen, indem sie ihnen aus der Erfahrung eigenen → Glaubens bezeugten, mit ihnen die Bibel lasen und beteten. So kam es nicht nur zu Einzelbekehrungen, sondern zur Erweckung vieler Angehöriger eines Berufszweiges, so daß es nötig wurde, aus privaten Wohnungen überzusiedeln in kirchl. Gemeinde- und Gemeinschaftshäuser oder in Vereinsräume des CVJM. Manche B.en haben auch eigene Klub- und Vereinshäuser für ihre Veranstaltungen.

Auch wenn nicht alle Zweige der B.en ausdrücklich die Bezeichnung: »Mission« tragen, so sind sie doch alle geprägt von einem mission. Anliegen und leisten echten Missionsdienst. Träger der B.en sind nur selten die Landes- und → Freikirchen. Zumeist werden Leitung der Zusammenkünfte, Verkündigung des Evangeliums und Seelsorge von Berufskollegen an Berufskollegen ausgeübt, allermeist in einem freundlichen Verhältnis zu den Kirchen am Ort.

1. Bäckermission. Schon 1888 entstand in Berlin die »Christl. Bäcker- und Konditorenvereinigung«, als Forstmeister Eberhard v. → Rothkirch erkannte, daß bei der normalen Nachtarbeit der Bäcker die Lehrlinge und Gehilfen von der Teilnahme an den abendlichen → Bibelstunden im CVJM ausgeschlossen seien. Weil damals am Sonntag die Lebensmittelgeschäfte offen waren, konnten Bäcker auch kaum den Gottesdienst besuchen. So wurde im CVJM eine besondere Bäckerbibelstunde gehalten. Diesem Beispiel folgten andere CVJM, mit denen die Bäckervereinigung stets eng verbunden blieb. Sechsmal jährlich erscheinen: »Lebensbrot« und »Der Jungbäcker«.

2. Binnenschiffermission gehörte zu den ersten Aufgaben, die A. → Stoecker bereits 1877 mit seinen Stadtmissionaren in Berlin in Angriff nahm (→ Berliner Stadtmission). 1904 wurde die erste »schwimmende Kirche« eingeweiht. Da die Schiffer nirgends ortsansässig sind und meist mit der ganzen Familie ihren Beruf ausüben, sorgen Schifferkinderheime für Erziehung und Schule. Schiffsjungen erfahren in den Entwicklungsjahren verständnisvolle Betreuung und erhalten Konfirmandenunterricht. Binnenschiffermissionare machen Besuche an Bord, halten Gottesdienste und helfen in Notfällen wie Krankheit, Geburt, Todesfällen etc. Es bestehen elf Missionsstationen.

3. Handwerkervereine. Schon im alten → Pietismus hören wir von Zusammenschlüssen »gläubiger Handwerksburschen«. Durch die geistl. Erweckungen um 1900 kam es zu christl. Handwerker- und Arbeitervereinen, die sich um das Wort Gottes sammelten und gegen Materialismus im Bürgertum und Liberalismus in den Kirchen auftraten. Durch die Schrumpfung vieler handwerklicher Berufe infolge der Industrialisierung haben sie keinen Sonderauftrag mehr. Sie sind zumeist in den örtlichen CVJM, Gemeinschaften oder im Männerwerk der Ev. Kirche aufgegangen.

4. Die Vereinigung »Christen in der Wirtschaft« – »Verband Christlicher Kaufleute« (VCK) besteht seit 1902, damals als »Verband gläubiger Kaufleute und Fabrikanten« gegründet. An seinen Richtlinien hat sich nichts geändert: »1. Brüderliche Stärkung untereinander angesichts vieler gemeinsamer Berufsfragen und -gefahren. 2. Einwirkung auf die Mitglieder zur Verwendung ihrer kaufmännischen Gaben und Fähigkeiten im Dienste des Reiches Gottes. 3. Missionsaufgabe an den noch fernstehenden Berufskollegen.« – Neben Wochenendtagungen, → Freizeiten und »Treffen junger Kaufleute« ist das viermal jährlich erscheinende Blatt »Kontakt« für die mission. Arbeit wichtig.

5. Die »Internationale Vereinigung Christlicher Geschäftsleute« (IVCG), in der sich Unternehmer, Gewerbetreibende, selbständige Kaufleute, Ärzte, Juristen, Ingenieure, Angestellte und Beamte in leitender Stellung seit 1952 in loser Form zusammenfinden, ist überkonfessionell. Es handelt sich um den seit 1965 verselbständigten europäischen Zweig der »Full Gospel Business Men's Fellowship«. Frühstückstreffen und Bankette »in angesehenen Lokalen« werden alle 1-2 Monate in größeren Städten veranstaltet, bei denen kurz persönliche Glaubenserfahrungen mitgeteilt werden. Es folgt ein Vortrag »durch einen profilierten Gastredner« über ein allg. interessierendes Problem oder ein Thema aus dem technischen oder wissenschaftl. Bereich. – Illustriertes Monatsblatt: »Geschäftsmann und Christ«.

6. Kellnermission, später in »Christl. Gasthausmission« umbenannt, seit 1970 »Missionarischer Dienst im Hotel- und Gaststättengewerbe«, entstand 1872 in Cannes (Südfrankreich), wo der Pfarrer der deutschen ev. Gemeinde das erste Kellnerheim für die sittlich und seelisch (Heimweh!) gefährdeten Hotelangestellten eröffnete. 1893 begann ein Kellner in Frankfurt (Main) unter seinen Kollegen mission. zu wirken. Aus diesen Anfängen erwuchs 1906 der »Internationale christl. Kellnerbund« und begann mit der Arbeit in England, Deutschland und der Schweiz. Das Monatsblatt: »Der Bote« (Zeitungsformat, 22.000 Expl. Auflage mit bibl. Artikeln auch in franz., span., ital. und serbo-kroatischer Sprache) wird zum größten Teil durch freiwillige »Botenverteiler« in die Gaststätten gebracht. Seit 1976 arbeitet die röm.-kath. Gastronomieseelsorge am »Boten« verantwortlich mit.

7. Die Ev. Lehrergemeinschaft in Württemberg besteht seit 1946. Sie geht auf ältere Zusammenschlüsse zurück, so auf den 1865 gegründeten »Verein christlicher Lehrgehilfen«, aus dem 1870 unter Rektor → Dietrich in Stuttgart der »Verein ev. Lehrer in Württemberg« wird. Wegen der Weigerung, sich gleichschalten zu lassen, erfolgt die Auflösung des Vereins durch den Nationalsozialismus. Lehrer, Erzieher sowie an ev. Erziehung Interessierte, die in der Ev. Kirche und christl. Gemeinschaften geistl. Heimat haben, sammeln sich monatlich in regionalen Zusammenkünften und auf drei überregionalen Tagungen mit Bibelarbeit und Fachreferaten zu gegenseitiger Stärkung im Glauben und zur Auseinandersetzung mit den geistigen Strömungen der Gegenwart, speziell im Blick auf Erziehung und Bildung in Schule und Haus. Das Organ, »Der Lehrerbote« erscheint monatlich.

8. Die »Christl. Vereinigung Deutscher Eisenbahner«, entstanden 1900, und die ihr wesensmäßig verwandte »Christl. Postvereinigung«, gegründet 1901, sehen ihren Auftrag im Ansprechen ihrer Berufsgenossen, in deren Sammlung zu Bibel- und Gebetskreisen nach Dienstschluß und in gelegentlichen → Evangelisationen. Der oft unruhige und unregelmäßige Dienst der Briefträger und die lange, nicht selten Tag und Nacht umfassende Abwesenheit des Zugpersonals erschweren das Beheimatetsein in einer geistl. Gemeinschaft. Sechsmal jährlich erscheint die »Christus-Post« (Postvereinigung), monatlich »Weg und Ziel« (Eisenbahnervereinigung).

9. Der 1904 gegründete »Deutsche Christliche Techniker-Bund«, der in enger Verbindung mit dem CVJM steht, arbeitet mission. unter Studierenden an Fachhochschulen des Ingenieurbereiches. Vorträge an Technischen Hochschulen und anderen Ausbildungsinstituten wollen als Zeugnis von Christus verstanden werden. Ein intensiver Reisedienst, Tagungen, Freizeiten und Hausbibelkreise sollen zur Glaubensstärkung von Christen beitragen, die verantwortlich in technischen Berufen stehen. Mitteilungsblatt: »Das Fundament«.

10. Seemannsmission. Bereits 1854 gründete J.H. → Wichern in Bremen das erste Seemannsheim. 40 hauptamtliche Seemannspastoren und -missionare in 28 deutschen und 49 ausländischen Häfen bemühen sich, die Seeleute in ihre Heime aufzunehmen, ihnen in Schwierigkeiten mit Rat und Tat zu helfen und sie vor den vielen Gefährdungen an Land zu bewahren. Der mission. Auftrag wird durch ein reiches Angebot persönlicher Seelsorge, durch regelmäßige Gottesdienste in den Heimen und durch → Bibelstunden sowie Bibelverbreitung und Schriftenmission erfüllt.

11. Die Zirkus- und Schaustellermission kümmert sich um den Stand der heimatlosen Artisten, Zirkusleute und Kabarettisten. Ihr Leben ist unruhig, weil ihr Engagement nur für eine Saison, oft nur für einen Monat läuft. An einem Ort und in einer Gemeinde heimisch sein, ist unmöglich. Ständiger Schulwechsel erschwert eine geordnete Ausbildung der Kinder.

Überraschend ist das Hervortreten rel. Empfindens bei Artisten, die um die Gefährlichkeit ihres Lebens wissen (Seiltänzer, Dompteure etc.). Mission. Dienst geschieht durch Besuche in den Wagen, Leihbüchereien während des Gastierens am Ort, Gottesdienste in der Manege.

Lit.: Jahresberichte und Verbandsblätter.

P.G. Möller/Red.

Berufung

a) biblisch

B. bedeutet in der Hl. Schrift die konkrete Anrede Gottes an den Menschen, die diesen unmittelbar und völlig in Anspruch nimmt. Aus seiner alltäglichen Existenz wird der Betreffende in ein besonderes Verhältnis zu Gott gerufen, auf einen neuen Weg gestellt, mit einem speziellen Dienst beauftragt. Dabei ist die göttliche freie Initiative (→ Erwählung) entscheidend. Die B. knüpft nicht an bei besonderen menschlichen Qualitäten, sondern ist Ausdruck der Souveränität und Herrschaft Gottes. Die Beanspruchung des Menschen für bestimmte Wege und Aufträge ist zugleich Hinweis darauf, daß der Mensch am Werk Gottes beteiligt wird. Gott will durch den Berufenen, den er sendet, an einem größeren Adressatenkreis handeln: zum Segen, zur Rettung, gelegentlich auch zum Gericht.

Im AT sind es einzelne Personen - z.B. Abraham (1Mo 12,1-4), Mose (2Mo 3,9f), Samuel (1Sam 3,10ff), die Propheten (Jes 6; Jer 1) - sowie das Volk Gottes (2Mo 19,4ff), denen solche B. zuteil wird. Durch das Ereignis der B. werden sie aus den ihnen geläufigen Zusammenhängen ausgesondert und einem neuartigen Sein und Tun gewidmet. Reinigung und Heiligung begleiten den Vorgang der B. (Jes 6) ebenso wie die Ausrüstung und Ermächtigung für den Dienst (Jer 1,9). Zudem verbindet sich die B. und Sendung mit der Zusage der besonderen Gegenwart Gottes, seines Schutzes, seiner aktuellen Führung und seiner Hilfe bei der Ausführung des Auftrags (Jos 1,5.9; Jes 43,1ff). Weil im Akt der B. der lebendige Gott sich dem Menschen offenbart, kann die angemessene Antwort des so Angeredeten nur ein waches Hören (»Rede, Herr, dein Knecht hört!«, 1Sam 3,10), gehorsames Ausführen (1Mo 12,4) und Bezeugen sein (Am 3,8).

Im NT werden Menschen in die Lebensgemeinschaft mit Jesus berufen (Mk 1,19; 2,17; 1Kor 1,9). Der Ruf in die Nachfolge Jesu bedeutet das verpflichtende Eingeführtwerden in Weg und Werk des Gottessohnes. Gottes B. ist Ausdruck seiner rettenden Gnade und Grundlage des Christseins (Gal 1,6). Dabei erfährt der Begriff der B. eine deutliche Entschränkung: Nicht nur Propheten und Apostel, sondern »die vielen« sind zur Gemeinschaft mit dem König berufen (Mt 22,14), wenngleich nur wenige dem Ruf Folge leisten. B. wird ntl. immer auf dem Hintergrund der Rettung (2Tim 1,9) gesehen, als ein Herausgerufenwerden aus der Finsternis ins Licht (1Petr 2,9). Weil Christus in heilsamer Initiative Menschen zu sich ruft, werden die Gläubigen als »Berufene Jesu Christi« (Röm 1,6) und »berufene Heilige« (Röm 1,7; 1Kor 1,2) angeredet. Die B. zur Gemeinschaft mit Christus verpflichtet die Christen zu einer entsprechenden Lebensführung (1Kor 7,17-24; 1Thess 4,7). Es gilt, der empfangenen B. würdig zu leben (Eph 4,1). Da mit der B. nicht nur die persönliche Wertschätzung und Errettung des einzelnen ins Auge gefaßt wird, vielmehr die Vollendung des Reiches Gottes und das Offenbarwerden seiner Herrlichkeit in der Welt (1Thess 2,12; 1Petr 5,10), wird der Gläubige unmittelbar in den Dienst der Herrschaft Gottes genommen und zu treuer, zeugnishafter Lebensführung (1Thess 2,12; 1Petr 1,15) und mission. Verkündigung (Mt 28,18-20; 1Petr 2,9) beauftragt. Die mit dieser Beauftragung und Sendung in die Welt notwendig gesetzte Unterscheidung und Fremdheit mit Blick auf die Wertmaßstäbe und Handlungsvorgaben der Welt wird getragen von der Verheißung der speziellen Macht-Gegenwart Christi (Mt 28,20) und seiner Hilfe (1Petr 5,10). Der Berufende ist dem Berufenen treu (1Thess 5,24; 1Kor 1,8f).

Lit.: K.L. Schmidt: ThWNT III, 1938, 488-502.

R. Frische

b) theologiegeschichtlich

1. Berufung und Beruf

Die Weite des bibl. B.sbegriffes, der nach dem NT sowohl das individuelle, persönliche Heilsangebot Gottes als auch die Heilszuwendung und die gesamte christl. Existenz beschreibt (Rö 1,1 u.ö.; 8,30; Eph 4,1; 2Petr 1,10 u.v.a.), konnte in der Theologiegeschichte nur selten durchgehalten werden. Der Begriff erfuhr bereits in der → Alten Kirche im Zuge der Konstantinischen Wende und den damit einhergehenden volkskirchl. Strukturen eine Verengung. In dem Maße, wie mit der allg. Kindertaufe die individuelle B. zum Heil an Bedeutung verlor, wurde unter B. mehr und mehr die besondere B. (*vocatio*) in den geistl. Stand des Mönchtums verstanden. Inhaltlich bestand diese B. in der Beachtung der evangelischen Räte (Gehorsam, Armut, Keuschheit), während das allgemeine, »unberufene« Laienvolk lediglich die Gebote zu halten hatte. Hintergrund dieser Entwicklung ist der Versuch, die verlorengegangene Individualität der B. durch eine Einschränkung von Begriff und B.sempfänger zu sichern.

Gegenüber dieser Unterscheidung eines Zwei-Klassen-Christentums erhob sich der Protest der luth. → Reformation. Nach Luther gibt es keine B. in einen höheren »geistlichen« im Gegensatz zu einem allgemeinen »weltlichen« Stand, sondern jeder Christ erfährt von Gott eine doppelte B. zum Heil und zum Welthandeln in seinem irdischen Beruf: »Wir üben einen zweifachen Beruf aus, einen geistlichen [vocatio interna] und einen äußerlichen [vocatio externa]. Der geistliche Beruf besteht darin, daß wir alle durch das Evangelium zur Taufe und zum christlichen Glauben berufen worden sind ... Dabei handelt es sich um eine allgemeine und gleiche Berufung. ... Die andere Berufung, nämlich die äußerliche, enthält eine Unterscheidung; sie ist irdisch, wenngleich auch göttlich« (WA 34/2,300.306). Die Aufwertung des werktäglichen »Berufs« des Christen im Rahmen der göttlichen Schöpfungs- und Erhaltungsordnung, den Luther ebenso als Gottesdienst bezeichnet wie den sonntäglichen Kirchgang, kann kaum überschätzt werden. Für Luther findet die B. zum Glauben an Christus ihr Wirkungsfeld im Rahmen des christl. Weltauftrags in den Schöpfungs- und Erhaltungsordnungen von Ehe, Familie, Arbeit, Obrigkeit etc. Damit werden B. und Beruf eng verklammert und die erstere für den letzteren ethisch fruchtbar gemacht.

Luthers enge Verbindung von innerer und äußerer B. ging allerdings in dem Maße wieder verloren, wie in Folge der Industrialisierung und des neuzeitlich-modernen Berufsbildes der Beruf nicht mehr als gottgegebener, über Generationen hinweg festgelegter Stand verstanden wurde.

2. Berufung und Erwählung

Eine zweite Entwicklungslinie hinsichtlich des B.sbegriffs ist in dessen Verhältnisbestimmung zur → Erwählung zu beobachten.

Während im NT die ewige Erwählung ihren erfahrbaren Ausdruck in der geschichtl. B. des einzelnen findet (Röm 8,30; 2Petr 1,10 u.ö.), trat bereits in der → Erwählungslehre Augustins eine Verkürzung des B.sbegriffs ein, indem er ihn zur Erwählung im prädestinatianischen Sinne in einen Gegensatz setzte. Die B. ist demnach nur wirksam, wenn sie einem Erwählten widerfährt. Für alle anderen Menschen, die auch den Ruf Gottes hören, vielleicht sogar darauf eingehen, ist diese B. aber aufgrund ihrer Nichterwählung zum Heil nutzlos und somit nur ein Schein.

Diese Unterscheidung von B. und Erwählung setzt sich bei Calvin und in der altprot.-ref. Theologie fort. Zwar ist für Calvin die B. ein Zeugnis für die Erwählung, aber deren Gültigkeit entscheidet sich letztlich daran, ob ein Mensch in der Treue zum Glauben und d.h. in der Heiligung beharrt (*perseverantia sanctorum*), was Gott allein seinen Erwählten ermöglicht. Das Fortschreiten in der individuellen Heiligung dient somit der Vergewisserung der eigenen B. Calvin unterscheidet damit zwischen einer allgemeinen, äußeren und letztlich uneigentlichen B. (*vocatio universalis*) durch das gepredigte Wort und der besonderen, inneren und eigentlichen B. (*vocatio specialis*), die sich in der Erleuchtung durch den Heiligen Geist vollzieht (Inst. III,24,8).

Mit dieser Theoretisierung der B. tragen Augustin und Calvin der Erfahrung Rechnung, daß nur ein geringer Teil der Menschen, denen das Evangelium verkündigt wird, es auch annehmen bzw. beständig daran glauben und danach leben. Es wird an diesem Schema aber auch deutlich, wie das übergeordnete Prinzip der doppelten Erwählung die B.sgewißheit des einzelnen und damit auch die geschichtl. und erfahrbare B. selbst in Frage stellt und ihres Sinnes entleert.

Der Widerspruch von seiten der luth. Orthodoxie ließ daher auch nicht lange auf sich warten. So werden im Interesse sowohl der Einheit des Gottesbegriffs als auch der → Heilsgewißheit in der Konkordienformel (1577) gerade der Ernst und die Echtheit der B. Gottes betont (SD XI), der will, daß alle Menschen gerettet werden und zur Erkenntnis der Wahrheit kommen (1Tim 2,4). Die altluth. Dogmatiker betonten damit sowohl gegenüber der kath.-monastischen Tradition und ihrer Beschränkung der B. auf den Mönchsstand, als auch gegenüber der ref. Theologie und ihrer Begrenzung der eigentlichen B. auf die Erwählten gerade die Allgemeinheit der besonderen B.

Freilich konnten sie dies nur um den Preis einer anderen Verkürzung des bibl. B.sbegriffs erreichen. Denn während im NT auch die Heilszueignung und -aneignung zur B. zählen, können die orth. Lutheraner lediglich das am Anfang stehende göttliche Heilsangebot als B. auffassen, der dann Erleuchtung, Glaube, Bekehrung und Wiedergeburt folgen.

In der Neuzeit ist das reformat. Ringen um den bibl. B.sbegriff aufgrund der ganz anderen Voraussetzungen der → Aufklärung in Vergessenheit geraten. Sowohl für die Aufklärung wie für den Neuprotestantismus des 19. Jh.s bildet die freie, sittlich-moralische Selbsttätigkeit des Menschen die Grundlage theol. Denkens. Von einer B. Gottes kann daher nur noch im Sinne einer Kooperation des Menschen gesprochen werden, dessen Bereitschaft, sich berufen zu lassen, die Grundlage für die Einheit des göttlichen und menschlichen Geistes und damit auch für vernunftgemäßes, sittlich-moralisches Handeln bildet (Ph.K. Marheineke 1780-1846).

Lit.: K. Bockmühl: Gesetz und Geist. Eine kritische Würdigung des Erbes protestantischer Ethik, Bd. I, 1987; K. Holl: Die Geschichte des Worts Beruf, in: ders.: Gesammelte Aufsätze zur Kirchengeschichte, Bd. III. Der Westen, 1928, 189-219; F. Wagner: »Berufung III.«, TRE 5, 1980, 688-713; M. Weber: Die protestantische Ethik und der Geist des Kapitalismus, in: ders.: Gesammelte Aufsätze zur Religionssoziologie, Bd. I, [6]1972, 17-206.

V. Gäckle

c) systematisch-theologisch

Durch Einberufung in die Gemeinschaft mit Christus wird der Mensch zu einer »neuen Schöpfung« und dann als Repräsentant und Botschafter Christi ausgesandt. Urheber, Subjekt, Autor und Autorität der B. ist Gott. Daher setzt B. einen lebendigen, redenden Gott voraus. »Rede, Herr, dein Knecht hört!«: Das ist die erste Reaktion des Berufenen in bezug auf Gott. Gottes Berufen ist ein Herausrufen aus den alten Verhältnissen (1Mo 12,1). Abraham wird durch seinen Gehorsam zum »Vater des Glaubens«. Die Gläubigen sind ebenfalls aus der Welt berufen, nicht im Sinne einer geographischen Distanz von der Welt, vielmehr als geistl.-sittliche Scheidung vom »Zeitgeist«, vom Geist der Gesellschaft (1Kor 5,10).

Gott beauftragt, wen er beruft. Leben für Gottes Aufträge: Das ist die konkrete Konsequenz der B. Dabei bedeutet B. zum Sendungsauftrag die Preisgabe der Selbständigkeit. B. zielt auf → Gehorsam und Gefolgschaft.

Gott beruft Mitarbeiter unter den Menschen. Er will sein Werk auf Erden, sowohl das der Erhaltung wie dasjenige der Erneuerung seiner Schöpfung nicht ohne die Mithilfe von Menschen ausrichten. Dem Reich Gottes dienen in Wort und Tat: Dies ist Sinn und Absicht der B.

In Reaktion auf das mittelalterl. Mönchsethos wertete M. Luther den bürgerlichen Beruf als den eigentlichen Gottesdienst des Christen. Der Dienst der Magd, welche die Stube fegt, sei höher zu achten als das Leben der Mönche. Gute Werke finden, so Luther, ausschließlich im Pflichtenbereich des einzelnen statt, wie er durch seinen Beruf und Stand definiert ist. Gott berufe die Menschen mit ihren Gaben, Anlagen und Neigungen zu den verschiedenen Ständen und Ämtern der Erde.

Der schöpfungsmäßige Beruf gibt nach Meinung der Reformatoren Ort und Maßstab ab nicht nur für die bürgerliche Rechtschaffenheit und das Leben in den Erhaltungsordnungen Gottes, die man von allen Menschen erwartet, sondern auch im besonderen für die Heiligung, ja sogar für die Vollkommenheit, das Ideal des christl. Lebens. Die → Reformation sieht also das Leben im schöpfungsmäßigen, bürgerlichen Beruf nicht als die notwendige Basis, als den Ausgangspunkt für weitergreifende Ziele und Aufgaben an – etwa nach dem Vorbild der auf die Mission ausgerichteten Zeltmacherarbeit des Paulus, die nichts anderes darstellt als die materielle Ermöglichung einer Menschen gewinnenden und gemeindebauenden Tätigkeit.

Allerdings traf Luther mit seiner Reduktion des bibl. Begriffs der B. auf die Bedeutung des Zivilberufs auch die Mission, denn das Mönchtum hatte über weite Strecken den mission. Arm der Kirche dargestellt. Der reformat. Begriff des Berufs will nichts wissen von einem Herausgerufenwerden aus vorhandenen Verhältnissen um eines göttlichen Auftrags willen. Die Confessio Augustana stellte dem wandernden Mönch das Ideal der geordneten Existenz am Ort gegenüber. »Für uns heißt Vollkommenheit, daß jeder einzelne mit wahrem Glauben seiner Berufung gehorcht« (Art. 27 Apologie). Jesu Wort vom Verlassen der Familie um der Sendung willen soll ausschließlich für die Situation der Verfolgung um des Glaubens willen gelten. E. Neumeister dichtet noch zu Beginn des 18. Jh.s »Vor Zeiten hieß es wohl: Geht hin in alle Welt. Jetzt aber: Bleib allda, wohin dich Gott bestellt!«

Dieses Einschrumpfen der christl. B. auf bürgerliche Berufspflicht und die dadurch bewirkte Verschlossenheit gegenüber dem Gedanken an Berufswechsel und vollzeitlichen Dienst in Gemeinde und äußerer Mission wurden in der Neuzeit noch einmal zementiert durch A. → Ritschl, den Vater der liberalen Theologie. Er wollte die Aufgaben des Reiches Gottes nur im bürgerlichen Beruf finden und nur auf diesem Boden die Nachfolge Christi gelten lassen. Der Christ habe es nicht nötig, Familie, Stand und Volk aufzugeben, um den Menschen in Asien oder Afrika zu dienen (A. Ritschl, Die christliche Vollkommenheit, 1874, S. 12). Demgegenüber machte K. → Barth die bibl. Rangordnung von »Berufung« und »Beruf« erneut geltend. Die Mitarbeit am Reiche Gottes ist das eigentliche Lebensziel des Menschen, und Christen sind darum nie ihrem Beruf, sondern »ganz und gar Gott verantwortlich« (KD III/4, 591.690ff).

Die theol. Kritik richtet sich also gegen die übermächtige Stellung der Idee des Zivilberufs im reformat. Bekenntnis, nach welchem der Dienst des Gläubigen »im Beruf, mit dem Beruf, dem Beruf gemäß« geschieht. Diese Formeln schließen den Menschen in seinen Beruf ein und nehmen ihm seine Unmittelbarkeit zu Gott. Mit Recht wandte E. → Troeltsch ein, daß der Glaubende durch seinen Beruf, per vocatione Gott diene. Der bürgerliche Beruf, der Auftrag innerhalb der Erhaltungsordnung, wird allerdings überboten durch die B., die aus dem Erlösungswerk Gottes an uns ergeht. Die B., Aufbietung und Ermächtigung zum Sondereinsatz, hat Vorrang vor dem Beruf. Der Christ soll und darf offen sein für die besondere B. und Führung durch den Heiligen Geist, den Führer der Mission. Der einzelne Gläubige und die Gemeinde sollen ein offenes Ohr haben für die B.en Gottes im Welthorizont (Apg 13,1ff).

Zwischen Beruf (im Sinne der regelmäßigen bürgerlichen Tätigkeit, der einer nachgeht) und göttlicher B. muß deutlich unterschieden werden. Der Begriff der B. darf nicht auf den des Berufs eingeschmolzen werden. Neben dem bürgerlichen Dauer-»Beruf« steht die ereignishafte, aktuelle B., neben der regelmäßigen Arbeit in der Schöpfungs- und Erhaltungsordnung Gottes die B. in den Dienst im Rahmen der Heilsgeschichte Gottes.

So hat der Christ zwei Berufe: den Kulturauftrag (1Mo 1,28) und den Missionsauftrag (Mt 28). Dabei begleitet das diakon. Handeln zeichenhaft das verkündigte Wort. Als Teil der Erhaltungsordnung ist die Arbeit im Beruf die Grundlage für alles andere Tun des Christen. Die aktuelle B. kann sich sehr wohl von der hauptberuflichen Tätigkeit des Gläubigen unterscheiden. Die Gemeinde ist der Ort, wo die Beauftragung des Christen erfolgt, geprüft und bestätigt wird (Apg 13,2).

Jenes »der Herr sprach zu mir« und das Herausgerufenwerden aus dem Zivilstand in die besondere Aufgabe des Reiches Gottes muß als Möglichkeit dauernd offen bleiben. Daran entscheidet sich das Schicksal der Gemeinde und der Mission.

Lit.: K. Bockmühl: Gesetz und Geist. Eine kritische Würdigung des Erbes protestantischer Ethik, 1987.

R. Frische

Beschneidung

1. Die B. war ursprünglich wohl ein apotropäischer (Unheil abwehrender) Ritus, der anläßlich der Geschlechtsreife des Mannes vollzogen wurde, so bei den Ägyptern und Phöniziern (vgl. dazu 2Mo 4,24-26; Jos 5,2f). In Israel erhielt er eine neue Deutung. Nach 1Mo 17,12; 3Mo 12,3 sollte das männliche Kind am 8. Tag nach der Geburt (in der Regel vom Vater 1Mo 21,4, vgl. Lk 1,59; 2,21) beschnitten werden; die bildliche Rede von der B. des Herzens, der Lippen, des Ohrs (3Mo 26,41; Jer 4,4; 1QpHab 11,13; Od Sal 11,1-3 u.a.) läßt eher an einen Akt der Reinigung und Weihe denken, ebenso die Tatsache, daß die B. als »Zeichen des Bundes« mit Gott verstanden wurde (1Mo 17,11.13, vgl. Apg 7,8). Als sie später vom Syrerkönig Antiochus IV.(175-164 v.Chr.) und vom röm. Kaiser Hadrian (117-138) unter Androhung der Todesstrafe verboten wurde (1Makk 1,48.60, Spart. Hadr. 14), erlangte sie Bekenntnischarakter; die atl. Rede vom Bund wurde vor allem auf den Bund der B. bezogen und dem Blut der B. sühnende Wirkung zugeschrieben (PRE 29; Tg PsJ zu 2Mo 4,26).

2. Für Paulus war das Bundessiegel der B. eine Auszeichnung für die Juden (Röm 3,1f; Phil 3,5). Aber er hat sie mit dem Vollzug des Gotteswillens verbunden (Röm 2,25), denn entscheidend ist die B. des Herzens (2,29). Die Geschichte Abrahams zeigt, daß der Glaube an die Verheißung dem Gebot der B. voraufging (Röm 4,9-22); die letztere ist deshalb vor allem das »Siegel« des Glaubens, den Gott zur Gerechtigkeit angerechnet hat (4,11). Von daher wird die B. ein Typus der Taufe auf Christus (Kol 2,11), die als ein im Kreuz Christi begründetes Sakrament vollauf genügt. Deshalb wäre die B. getaufter Heiden geradezu ein Mißtrauensvotum gegen den Gnadenerweis Gottes auf Golgatha (Gal 2;3; 5,1-6; vgl. Apg 15,8-11). Die Fassung des Becherworts beim Herrenmahl (1Kor 11,25): »Dieser Kelch ist der neue Bund in meinem Blut« ist gegen eine Überschätzung der B., des »Bundes im Fleisch« (1Mo 17,13) gerichtet: Nur das Blut Christi schenkt uns das Heil; durch die Tat des Heilands – und nicht durch die B. – wird der ganze Mensch gerettet (vgl. Joh 7,21-24).

Lit.: K. Galling, G. Brennecke: »Beschneidung I und II«, RGG[3], Bd. 1, 1090-92; H. Wißmann, O. Betz, F. Dexinger: »Beschneidung«, TRE 5, 1980, 714-724.

O. Betz

Besessenheit → Satan

Besonnenheit → Tugend/-en

Besprengung → Taufe

Bessarion (1403-1472)

B., geb. am 2. 1. 1403 in Trapezunt, gest. am 18. 11. 1472 in Ravenna. Nach Studien in Konstantinopel, wo Basileos (?) 1423 Mönch wird und den Namen des ägypt. Anachoreten B. annimmt, wird er dort 1426 Diakon und 1431 Priester. Er lebt einige Jahre auf der Peloponnes als Schüler des Georgios Gemistos Plethon, des Wiederentdeckers und Propagandisten Platons und des Neuplatonismus für den byz. Osten, wo bis dahin der → Aristotelismus dominiert.

B. wird 1436 von Kaiser Johannes VIII. Paläologos als Hegemun eines konstantinopolitanischen Klosters eingesetzt und 1437 zum Erzbischof von Nicaea ernannt. Dies steht im Zusammenhang der Unionsverhandlungen mit dem Westen, die zum Konzil von Ferrara-Florenz 1438/39 führen, auf dem B. einer der Sprecher der byz. Seite ist und zum Wortführer der unionsfreundlichen Griechen wird. Dabei geht B. von einer grundsätzlichen Identität der östl. und westl. Trinitätsformeln aus und kann so den westl. Zusatz des → Filioque im sog. → Nicänum, der für die Byzantiner seit Photios unannehmbar ist, als Erklärung deuten, deren Aufnahme man den unierten Griechen aber erlassen soll.

Nach der Rückkehr nach Konstantinopel erreicht B. dort 1439 die Ernennung zum Kardinal der röm. Kirche. Wieder in Italien wird er Kardinalprotektor der Basilianer und der Franziskaner und betreibt deren Reform. Mehrfach ist B. aussichtsreicher Kandidat für den röm. Bischofsstuhl. Das noch nicht vollständig edierte literarische Werk B.s zeigt neben dem theol. Schwerpunkt, besonders im ökumen. Gespräch zwischen Ost- und Westkirche, deutlich einen zweiten humanistischen Schwerpunkt, der, wie auch sein persönl. Umgang in der sog. Academia B.s, seine große unmittelbare Wirkung für den westl. Humanismus und die Renaissance begründet (Poggio, Lorenzo Valla, Platina). Die von B. in den Westen gebrachten Handschriften bilden vor dem Hintergrund der Eroberung Konstantinopels 1453 einen wichtigen Grundstock für das klass. und patristische Studium der Folgezeit und sind bis heute ein bedeutender Fundus der Biblioteca Marciana in Venedig.

Lit.: H.-G. Beck: Kirche und theologische Literatur im byzantinischen Reich, Byz. HB 2, 1, 1959; L. Mohler: Kardinal Bessarion, (1923), 1967.

W. Wischmeyer

Bestattung → Begräbnis/Bestattung

Besuch/Besuchsdienst → Hausbesuch

Bethel

B. wurde 1867 als Epileptikeranstalt von Kreisen gegründet, die der → Inneren Mission gegenüber aufgeschlossen waren, 1869 kam das Diakonissenmutterhaus Sarepta hinzu. 1872 übernahm F. von → Bodelschwingh die Leitung beider Häuser und leitete den planmäßigen Auf- und Ausbau B.s ein, das bereits wenige Jahrzehnte später in Umfang und Konzeption einzigartig in der Welt dastand. Bis in die Gegenwart hinein sind Bethel, Sarepta und das Brüderhaus Nazareth (1877 gegründet) drei selbständige Korporationen geblieben und im Verband der von Bodelschwinghschen Anstalten Bethel (vBAB) miteinander verbunden.

Durch den Zustrom von → Diakonissen und → Diakonen nicht nur aus dem Gebiet der Minden-Ravensberger Erweckung konnten bald Arbeitsgebiete weit über das Ravensberger Land hinaus übernommen werden: In der Krankenpflege, in der Gemeinde- und Erziehungsarbeit sowie in der → Mission. Dem ersten Leiter (nicht Gründer) B.s folgten 1910 sein jüngster Sohn Friedrich von Bodelschwingh (Pastor Fritz), 1946 Rudolf Hardt, 1960 der Enkel (im weiteren Sinn) »Vater« von Bodelschwinghs, Friedrich von Bodelschwingh, 1969 Alex Funke und 1979 Johannes Busch in der Anstaltsleitung. Neben den genannten Arbeitsfeldern kam die Betreuung der Nichtseßhaften und der schwererziehbaren Jugend mit der Gründung der Arbeitskolonie Wilhelmsdorf 1882 (heute Eckardtsheim), Freistatt im Wietingsmoor bei Bremen (1898) und Hoffnungsthal-Lobetal bei Berlin (1905) hinzu. 1906 wurde die »Ev. Missionsgesellschaft für Deutsch-Ostafrika« von Berlin nach B. verlegt und zum Glied der Anstalten. Unter dem Namen Bethelmission arbeitete sie seitdem in verschiedenen Teilen Ostafrikas; 1970 schloß sie sich mit der Rheinischen Mission zur »Vereinigten Ev. Mission« (VEM) zusammen. Jüngstes Kind B.s ist die Zweiganstalt Homborn bei Hagen (1967/68), vornehmlich für Epileptiker eingerichtet.

Ein weiteres Arbeitsfeld B.s liegt in der vielfältigen Erziehungs- und Ausbildungsarbeit. 1890 wurde das Kandidatenkonvikt begründet, 1905 die Theologische Schule (heute Kirchliche Hochschule mit 10 Professuren und ca. 450 Studenten), 1919 die Heimvolkshochschule Lindenhof als Fortbildungsstätte, zunächst vornehmlich für Junglandwirte, 1922 die Bethelschule, die bald darauf als Aufbaugymnasium für Jungen und neusprachliches Gymnasium für Mädchen getrennt voneinander weitergeführt und 1971 wieder zusammengelegt wurde, 1963 die Mamre-Schule für epileptische Kinder (heute ca. 180 Schüler, 18 Klassen, 40 Lehrkräfte inkl. Teilzeitbeschäftigte), 1964 das Heilpädagogische Institut zur diakon. Spezialausbildung (heute Ev. Fachhochschule Bochum) und 1970 die Patmos-Schule, eine Sonderschule für geistig Schwerstbehinderte (ca. 40 Schüler, 4 Gruppen, 10 Lehrkräfte). Schon bald nach der Gründung haben Sarepta und Nazareth eigene Krankenpflegeschulen aufgebaut, und von B. aus nahm die heute im ganzen Bundesgebiet verbreitete Pflegevorschule ihren Anfang.

Von Beginn an wurde die diakon. Arbeit B.s von einer intensiven Schriftenmission (Literaturarbeit) begleitet (Bote von Bethel, Monatsblatt Beth-El, Sonntagsblatt »Für Herz und Haus«, Jugendblatt »Deutsche Jugend«, Kindergabe, ab 1917 Tageszeitung »Aufwärts«, Arbeitsbericht der von Bodelschwinghschen Anstalten, u.a.). Während des Dritten Reiches wurde die Arbeit B.s aufs schwerste behindert; trotzdem gelang es, im Kampf um die Euthanasie 1941 der Vernichtungsaktion Hitlers erfolgreichen Widerstand zu leisten. Im Krieg wurden mehrere Häuser (mit ca. 1.100 Betten) durch Bomben zerstört, so daß nach 1945 eine intensive Aufbauarbeit beginnen mußte, die inzwischen durch eine weitgespannte Zielplanung unter Berücksichtigung moderner Gesichtspunkte von Therapie und Rehabilitation weitergeführt wird.

Bethel betreut gegenwärtig ca. 8.700 Menschen, davon ca. 2.000 epileptisch und 900 psychiatrisch Kranke, 350 geistig Behinderte, 800 Nichtseßhafte, 250 in der Jugendhilfe Versorgte, 1.100 akut Kranke, 600 Senioren, 2.000 Schülerinnen und Schüler, 450 Studierende, und hat ca. 5.800 Bettplätze. Zur Korporation Nazareth gehören 712 Diakoninnen und Diakone (davon 527 aktiv, 185 im Ruhestand, außerdem 159 Diakonenschülerinnen und -schüler). Zur Korporation Sarepta zählen 725 Diakonissen (davon 150 aktiv, 575 im Feierabend), 320 Ravensberger Schwestern (davon 167 aktiv, 153 im Ruhestand), ca. 100 Schülerinnen. Die Gesamtzahl der in den vBAB tätigen Mitarbeitern beträgt z.Zt. ca. 9.230 (incl. der Teilzeitbeschäftigten; davon gehören 443 zu Nazareth und Sarepta); von ihnen arbeiten ca. 7.200 in Bethel selbst, unter ihnen ca. 40 Theologen, 270 Ärzte, 200 Lehrerinnen und Lehrer. Hinzu kommen die Lobetal/Hoffnungsthaler Anstalten bei Berlin mit z.Zt. 1.134 betreuten Menschen (100 epileptisch Kranke, 642 geistig Behinderte, 392 Senioren), also 1.134 Bettplätze und 764 Mitarbeiter.

Lit.: Vgl. Friedrich von → Bodelschwingh.

G. Ruhbach

Bethel-Mission → Vereinigte Evangelische Mission

Betheler Bekenntnis

Die Kirchenwahlen am 23. Juli 1933 brachten den → Deutschen Christen einen großen Wahlerfolg in nahezu allen Landeskirchen. Die Gruppe »Evangelium und Kirche«, aus der die spätere Bekennende Kirche hervorging, konzentrierte sich daraufhin auf die Aktualisierung der reformat. Bekenntnisse. Fritz von → Bodelschwingh wurde gebeten, er möchte ein prägnantes neues Bekenntnis zu »allen jetzt umkämpften Fragen in der Sprache unserer Zeit« erarbeiten lassen. Darauf kamen auf F. von Bodelschwinghs Einladung vom 15.-25. 8. 1933 D. Bonhoeffer und Hermann Sasse in Bethel zusammen, außerdem die Betheler Georg Merz und Gerhard Stratenwerth. Wilhelm Vischer (Bethel) hat den Abschnitt »Kirche und Juden« in der ersten Fassung entworfen. Das »Betheler Bekenntnis« in dieser Fassung ist erst 1959 veröffentlicht worden.

Am 26. 8. 1933 gab von Bodelschwingh den fertiggestellten Entwurf an etwa 20 Personen mit der Bitte um Prüfung und Mitarbeit heraus. Als Adressaten des intendierten Bekenntnisses wurden »die Brüder im Amt« benannt.

Es dauerte bis Mitte Oktober 1933, bis die meisten Stellungnahmen in Bethel wieder eingegangen waren. Ein Redaktionskreis wurde gebildet, der Entwurf und die Stellungnahmen zu einer abschließenden Fassung zusammengearbeitet. Im Januar 1934 erschien der Text unter dem Titel »Das Bekenntnis der Väter und die bekennende Gemeinde« (von Martin Niemöller hg.) im Druck. Der Erstentwurf aus sechs Kapiteln bestehend, bietet solide luth. Theologie:

I. Von der Hl. Schrift,
II. Was ist Reformation?,
III. Von der Dreieinigkeit Gottes,
IV. Von Schöpfung und Sünde,
V. Von Christus,
VI. Vom Hl. Geist und von der Kirche,
VI. b. Kirche und die Juden,
Die Absicht, Lehre und Irrlehre zu scheiden,

wird deutlich etwa in dem Satz: »Allein aus dem Gehorsam gegen das Wort Gottes aus der Schrift erkennen wir den Schöpfer, nicht aus irgendeiner Deutung des Geschehens in der Welt.« Durch »rechte Verkündigung« habe die Kirche die weltliche Obrigkeit in »die Schranken ihrer eigenen Ordnung« zu weisen und dadurch zugleich den Menschen unter der Obrigkeit vor »dem Betrug des Teufels« zu bewahren, »der ihn eine schrankenlose Obrigkeit als Lebensspender und Heiland anbeten lassen will«. Der Versuch, eine Reichskirche rein arischer Rasse zu schaffen, wird als Widerspruch zum Ev. beschrieben: »Denn damit würde ein Rassengesetz vor dem Eingang zur Kirche aufgerichtet und wäre eine solche Kiche selbst zur judenchristlichen gesetzlichen Gemeinde geworden.«

Dagegen ist der Endtext mit acht Kapiteln:
I Von der Reformation,
II Von der Hl. Schrift,
III Von dem Dreieinigen Gott,
IV Von der Schöpfung und Sünde,
V Von Christus,
VI Vom Hl. Geist und Seinen Gaben,
VII Von der Kirche
VII b. Die Kirche und die Juden –,
VIII Von der Geschichte und vom Ende aller Dinge,
dem Bonhoeffer und Sasse ihre Zustimmung versagten, ein offensichtlich entschärfter Kompromiß, der keine besondere Wirkung mehr hatte und von der → Barmer Theologischen Erklärung Ende März 1934 in den Schatten gestellt wurde. 1948 hat der Chronist des Kirchenkampfes Wilhelm Niemöller immerhin geschrieben: »So ist das Betheler Bekenntnis ein Zeugnis von der Gebundenheit und Freiheit der Kirche geworden, eine Auseinandersetzung und eine Dienstanweisung, ein Gutachten und ein Ratschlag, in alledem ein Anlaß für die Dankbarkeit vieler.«

Lit.: Erstentwurf in Dietrich Bonhoeffer: Gesammelte Schriften (hg. von E. Bethge) II, 1959, 90-119, die Endfassung »Das Bekenntnis der Väter und die Bekennende Gemeinde 1934«, auch in Bethel 25: Das Betheler Bekenntnis (hg. von J. van der Kooi), 1983.

Über das Betheler Bekenntnis: G.Ch. Carter: Confession at Bethel, August 1933 – enduring Witness, Diss. phil. Milwaukee, 1987; J. van der Kooi: Bethel 25, 1983, 5-21; C.-R. Müller: Bekenntnis und Bekennen. Dietrich Bonhoeffer in Bethel, 1989; G. Ruhbach: Das Betheler Bekenntnis, in: W. Hauschild, G. Kretschmar: Die luth. Kirchen und die Bekenntnissynode von Barmen, 1984, 56-72.

G. Ruhbach

Bettelorden → Orden und Kongregationen

Beza, Theodor (1519-1605)

B. ist am 24. Juni 1519 in Vézelay (Südfrankreich) geboren, studiert in Orléans Jura, widmet sich später in Paris humanistischen Studien und wird darüber zum Anhänger der → Reformation. In Lausanne ist er zehn Jahre lang Prof. für Griechisch. 1558 kommt er erstmals nach Genf (Pfarrer, Rektor der Akademie), ist danach nochmals in Frankreich tätig (Religionsgespräche), geht dann 1563 endgültig nach Genf, wird Nachfolger → Calvins als Moderator der Pastoren (bis 1580) und bleibt hier als Ratgeber in kirchl. und weltlichen Angelegenheiten bis zu seinem Tode am 13. Oktober 1605.

Seine Theologie ist Calvin nahe, jedoch stärker durch die aristotelische (Schul-)Philosophie bestimmt (Übergang zur altprot. Orthodoxie). Sie ist verstreut über viele (polemische) Gelegenheitsschriften und zusammenfassend greifbar in der »Confession de la Foy chrestienne« (Bekenntnis des christl. Glaubens, 1559; lat. 1560) sowie in den »Quaestiones et responsiones christianae« (Christl. Fragen und Antworten, 1570 und 1576). Mehrfach aufgelegt wurde seine kommentierte Übers. des NT; eine griech. Handschrift des NT ist nach ihm benannt (Bezae Cantabrigiensis). Mit und neben → Bullinger bemühte er sich um die Gemeinsamkeit der Reformierten. Sein umfangreicher Briefwechsel bezeugt weitläufige Verbindungen.

Lit.: Bibliographie: F. Gardy: Bibliographie des oeuvres théologiques, littéraires, historiques et juridigues de Théodore de Bèze, 1960; P.-F. Geisendorf: Th. de Bèze, Genf (1949) ²1967 (Bibliographie bis 1944).

Briefe: Correspondance de Théodore de Bèze, bisher 15 Bde., 1960-1991 (Briefwechsel bis 1574).

W. Kickel: Vernunft und Offenbarung bei Theodor Beza, 1967 (Werke, Lit.); J. Raitt: »Beza Theodor«, TRE 5, 1980, 765-774 (Lit.).

B. Steinseifer

Bezzel, Hermann (1861-1917)

B., geb. am 15. 5. 1861 in Wald/Mittelfranken, gest. am 8. 6. 1917 in München. Studium in Erlangen, 1884 Gymnasiallehrer in Regensburg, 1891 Direktor der Diakonissenanstalt in Neuendettelsau, 1909 Präsident des Oberkonsistoriums der Landeskirche in München.

Immer war er bedeutender Seelsorger und Prediger, geistl. Schriftsteller, luth. Theologe, der von der Heidelberger Disputation Luthers (1518) aus eine »Kondeszendenz-Theologie« ähnlich wie J.G. → Hamann vertrat und in schweren Zeiten Bischof mit hervorragender Leitungsbegabung wurde. Gewirkt hat er durch seine Predigten (3 Bde.), vor allem durch seine Pastoraltheologie (Der Dienst des Pfarrers, 1916).

Lit.: H. Kemner: Wächter im Bischofsamt, 1968; J. Rupprecht: Hermann Bezzel, 1937; J. Schieder: Hermann Bezzel. Ein Christuszeuge im Dienst der Kirche, 1961; Th. Schober: Hermann Bezzel. Ein lutherischer Diakon und Bischof, 1961; M. Seitz: Hermann Bezzel. Theologie seiner Verkündigung, 1960; ders.: »Hermann Bezzel«, TRE 5, 1980, 774-777.

G. Ruhbach

Bhagavadgita

»Der Gesang des Erhabenen«, der wohl am weitesten verbreitete Teil der heiligen Schriften (in Sanskrit) des Hinduismus, ist überliefert als Teil des viel größeren Epos des Mahabharata. Seit den Reformbewegungen des Neohinduismus wurde er auch in viele Landessprachen übersetzt und als private erbauliche Lektüre verwendet.

Die Gita ist ein Lehrgedicht; sie stammt aus der Zeit um 300 v.Chr. und reflektiert die Problemstellung angesichts der erfolgreichen Ausbreitung der mönchischen Religionen des Buddhismus und des Jainismus. Der Text wird auf den Gott Krishna zurückgeführt, der dem Fürsten Arjuna in der Gestalt des Wagenlenkers dient und dessen Zögern im Kampf gegen die feindliche Partei, in der er Verwandte hat, zu überwinden sucht. Dabei werden Grundgedanken des Hinduismus in einem monotheistischen Zusammenhang entfaltet. Krishna ist der einzige, wirkliche, höchste Gott. Zur Erlösung vom Kreislauf der Wiedergeburten führen die Wege der treuen Pflichterfüllung (*Karma*), der methodischen Versenkung (*Yoga*) und der Hingabe an die Gottheit (*Bhakti*). Die Gita betont die Pflicht zum Tun – gegenüber der Neigung, die Pflichten zugunsten asketischer Heilssuche aufzugeben. Die Pflichten ergeben sich aus der Kaste (*Varna*), und den drei Kasten entsprechen drei Qualitäten (*Gunas*), mit denen alles ausgestattet ist. Diese Pflicht zum Tun hat die Schrift in der Neuzeit so populär werden lassen. Damit das Tun des Menschen ihn nicht von neuem in Schuld und Bindung (*Karma*) des Geburtenkreislaufes hineinfesselt, wird die begierdelose Pflichterfüllung (*nish kama karma*) empfohlen. Es gilt zu handeln, ohne auf die Frucht des Handels ausgerichtet zu sein. D.h. die Berufstätigkeit kann und soll so gelebt werden, daß die liebende Hingabe an Krishna auch darin alles durchdringt.

Diese Schrift sucht verschiedene Elemente des Hinduismus in eine Synthese zu bringen: sie spricht Menschen der Neuzeit besonders an und hat auch im Westen eine weite Verbreitung erfahren; dazu trug zuletzt auch die ISKCON (Internationale Gesellschaft für Krishna-Bewußtsein) bei, die diese Schrift in vielen Sprachen und Ländern der Welt verbreitet hat.

In der späteren Entwicklung des Hinduismus wurde die Auslegung dieser Schrift (sowie der Upanishaden und des Brahmasutras) zur Aufgabe jedes großen Hindulehrers, der als orthodox gelten wollte. Die Bewegung der → Bhakti-Frömmigkeit tritt bei ihr erstmalig deutlich ans Licht.

Lit.:F. Huber: Die Bhagavadgita in der neueren indischen Auslegung und in der Begegnung mit dem christlichen Glauben, 1991; K. Mylius (Hg.): Die Bhagavadgita, 1979.

N.-P. Moritzen

Bhakti-Religion

Die B.-Frömmigkeit des Hinduismus ist immer wieder auch Protestbewegung gegen die Kastenordnung, die Vorrechte von Priestern/Brahmanen und den Ausschluß der Kastenlosen gewesen.

Sie äußert sich im öffentlichen und gemeinsamen Singen von Anbetungsliedern; im öffentlichen Gesang und in der Darstellung der (sonst geheimgehaltenen) heiligen Geschichte, in ekstatischer Ergriffenheit, wobei die Anhänger oft Kastenregeln nicht beachten. So hat diese Frömmigkeit den Tempelkult und die Wallfahrten belebt und umgeformt und zur Massenbeteiligung geführt.

In gedanklicher Hinsicht hat die B.-Frömmigkeit sich seit Ramanuja (1050-1137) als anerkannte Richtung des Vedanta mit einem persönlichen Gottesbegriff (Dvaita oder Visishtadvaita) entfaltet. Das Christentum hat besonders in Südindien eine Nähe zur B.-Frömmigkeit, erkennbar an den Formen der Frömmigkeit. Was Abendländer bisweilen als »Pietismus« einstufen, hat auch hier einen Hintergrund.

Lit.: W. Eidlitz: Die indische Gottesliebe, 1955; A. Hohenberger: Ramanuja. Ein Philosoph indischer Gottesmystik, 1960.

N.-P. Moritzen

Bibel

a) Entstehung

I. Das Alte Testament

Das AT – kanonische Heilige Schrift für Juden und Christen – ist eine Sammlung von 39 Schriften (nach der Zählung der Luther-Bibel). Nach jüd. Zählung sind es nur 24 Bücher, da 1/2 Sam, 1/2 Kön, 1/2 Chr, Esr/Neh und die Zwölf kleinen Propheten (Hos – Mal) als je ein Buch gerechnet werden. Die LXX zählt 46 Bücher, da sie zusätzlich sieben sog. »apokryphe« oder »deuterokanonische« Schriften enthält: Jdt, Tob, 1/2 Makk, Weish. Sir, PsSal und ZusDan. Die christl. Kirche bekennt die o.g. Sammlung der 39 Bücher als »Wort Gottes«. Ihr Wesen als geistgewirktes Wort wird nicht anders als durch die Hl. Schrift selbst erkannt (Calvin).

1. Sieht man die Patriarchen-Überlieferungen auf dem Hintergrund der altorientalischen Umwelt, wird ihr hohes Alter durchaus wahrscheinlich. Auf die ägyptische Färbung der Josefsgeschichte ist wiederholt hingewiesen worden. Die Struktur von 1Mo wird anhand der zehnfachen Verwendung der Toledot-Formel (LU: »Dies ist die Geschichte von. . .«; 2,4; 5,1; 6,9; 10,1; 11,10; 11,27; 25,12.19; 36,1; 37,2) sichtbar. In 2-5Mo finden sich einige Hinweise auf eine Schreibtätigkeit Moses: 2Mo 17,14; 4Mo 33,2 (Geschichtsberichte), 2Mo 24,4; 34,27 (Gesetzestexte), 5Mo 31,22 (poetische Texte). Auch wenn damit die Frage nach dem Umfang der ursprünglich auf Mose zurückgehenden Teile des Pentateuch noch nicht geklärt ist, müssen solche redaktionellen Hinweise geschichtl. ernst genommen werden. Mose empfing nach bibl. Zeugnis die Zehn Gebote als Inhalt einer Bundesbeziehung unmittelbar von Gott (2Mo 20,1). Die Botschaft von der Einzigkeit Gottes, die Ausschließlichkeit seiner Verehrung (1. Gebot) und das hochstehende Ethos stehen im Alten Orient analogielos da. Zu den Sammlungen von Rechtssätzen (2Mo 21-23 u.ö.) finden sich zahlreiche Parallelen im Recht der Nachbarvölker Israels.

2. In der Periode nach der anfänglichen Eroberung Kanaans konnte eine mit einer Bundeserneuerung verbundene Novellierungen der mosaischen Gesetze vermerkt werden (Jos 24,25f; 1Sam 10,25). Ereignisse und Taten Gottes im Zusammenhang mit der Eroberung wurden früh in eigenen erzählenden Werken festgehalten: »das Buch der Kriege des HERRN« (4Mo 21,14), »das Buch des Redlichen« (Jos 10,13; 2Sam 1,18). Neben der schriftlichen Fixierung lief die mündliche Weitergabe von Ereignissen durch geübte Erzähler (»Spruch-Dichter«) weiter: 2Mo 15; 4Mo 21,27.

3. Die Epoche des geeinten Reiches unter David und Salomo (ca. 1010-930) gilt mit Recht als das »goldene Zeitalter« der hebr. Literatur. Ob (erst oder schon) in diese Zeit die Endredaktion des Pentateuch fällt, ist noch eine umstrittene Frage. Die seit über 200 Jahren übliche Einteilung des Pentateuch in die Quellen J (= Jahwist), E (= Elohist), D (= Deuteronomist) und P (= Priesterschrift) ist nach wie vor nur eine Arbeitshypothese. Sie wird nicht nur von vielen evangelikalen Forschern, sondern auch von hist.-kritischen Wissenschaftlern (R. Rendtorff) und im Raum der jüd. Exegese abgelehnt (Cassuto). In der deutschsprachigen AT-Forschung macht sich in der Pentateuchfrage eine tiefe Grundlagenkrise breit. Weitgehend anerkannte

Auffassungen über die Entstehung des Pentateuch gibt es nicht mehr.

In der davidisch-salomonischen Epoche entstehen Erzählungen von Sauls und Davids Regierung, Meisterwerke der Erzählkunst, die den »Duft der Realität« (Schadewaldt) atmen. Ihre Besonderheit liegt, wie auch in den weiteren Teilen von 1/2 Samuel und (später) 1/2 Könige in der Theonomie der Geschichte Israels: Gott greift in das irdische Geschehen ein, er hält seinen Bund aufrecht, in Gericht oder Heil. Die Geschichtsschreibung steht unter konsequent prophetischem Blickwinkel, sie beleuchtet die Glaubens- und Gehorsamsbeziehung des jeweiligen Königs zu Gott. In diese Epoche fällt auch der Beginn der Sammlung der Psalmen, als »Lieder- und Gebetsbuch Israels«. In der Zeit Salomos erreicht die Weisheitsdichtung ihren ersten Höhepunkt (1Kön 5,9ff). Sprüche sieht menschliches Leben und Schöpfungswirklichkeit im Licht der Erfahrung und auf dem Hintergrund derWirklichkeit Gottes , dem seine Schöpfung nicht entgleitet. Die Ehrfurcht vor dem Herrn ist der Anfang der Weisheit (Spr 1,7). Hiob und Prediger verschweigen nicht das Rätselhafte, Unergründliche des Lebens und der Schöpfung und verweigern der Warum-Frage die Antwort. Hiob schaut Gott und lernt ihn tiefer kennen als zuvor (Hiob 42,5), das ist genug. Atl. Weisheit ist nirgendwo auf rein gedankliche Problembewältigung reduziert.

4. Die Epoche der getrennten Reiche (Nordreich Israel mit Samaria als Hauptstadt bis 722 v.Chr., Südreich Juda mit Jerusalem bis 587 v.Chr.) steht unter der prägenden Wirkung von Israels Propheten. Schon in der frühen Königszeit hatte es Gruppen von Propheten unter geistl. Führung Samuels (1Sam 19,20; vgl. 1Sam 9,9; 2Sam 24,11) gegeben. Elia und Elisa waren im 9. Jh. dem Versuch entgegengetreten, den HERRN, Israels Gott, mit der kanaanäischen Gottheit Baal zu identifizieren. Der ethisch orientierte Glaube an den HERRN war zutiefst geschieden von einer Verehrung unpersönlicher Fruchtbarkeitsmächte.

Immer wieder erlebten Israeliten den unwiderstehlichen Zugriff Gottes im Erleben der Berufung zum Propheten (hebr. *nabi*, »der Ge-/Berufene«). Im Gesicht (Vision) und/oder Hörerlebnis (Audition) vernahmen sie Gottes Reden. Der Herr begleitete durch das Wort der Propheten Israels Weg in Vergangenheit, Gegenwart und Zukunft mit seinem Anspruch und Zuspruch. Amos und Hosea (um 750) zogen die sozialen Sünden einer geistl. tauben Wohlstandsgesellschaft ans Licht und kündeten dem Nordreich den Untergang an. Jesaja und Micha bekräftigten mitten in der Bedrohung durch die Assyrer (um 700) für das Südreich die alten Verheißungen eines Messias-Königs aus davidischem Geschlecht (vgl. 2Sam 7,14 mit Jes 9,1-6 und Mi 5,1f). Jeremia wirkte in den letzten Jahren des Südreichs Juda. Er sagte die Eroberung Jerusalems durch die Babylonier voraus. Die sog. »Leidensgeschichte Jeremias« (Jer 26-39) weist über ihn hinaus auf den einen Knecht Gottes und dessen Leiden. Jer verkündet einen »Neuen Bund« (Jer 31), den Gott selbst aufrichten wird, und dessen Grundlage die Sündenvergebung ist. Nahum, Habakuk und Zefanja wirkten in etwa zeitgleich mit Jeremia. Habakuk verkündete die Botschaft, daß der Gerechte durch seinen Glauben leben werde (Hab 2,4). Die Klagelieder geben Zeugnis von der Katastrophe der Eroberung Jerusalems. Dem Beter enthüllt sich die Schau, daß der Herr im Ende des Zusammenbruchs aus Güte einen neuen Weg eröffnet (Klgl 3,22-25). Israel hatte die zahllosen durch die Propheten übermittelten Warnsignale Gottes mißachtet. Die Verbannung nach Babylon ist darum kein Schicksal, sondern Strafe für die Schuld von Generationen. 1/2Könige, im Exil entstanden, zeigen die Wechselwirkung von Gehorsam und Ungehorsam gegenüber dem prophetischen Umkehrruf und Israels geschichtl. Ergehen.

5. Israel zog nicht ohne Begleitung durch das prophetische Wort ins Exil. Hesekiel weissagte die nationale und geistl. »Totenauferstehung«, Israels Erneuerung durch Gottes Geist, die Rückkehr ins Land und die Herrschaft des einen Hirten-Königs (Hes 36-37). Daniel, der den Wechsel vom neubabylonischen zum medopersischen Weltreich miterlebte, schaute das Kommen eines »Menschensohnes« (Dan 7). Mit dessen Herrschaft beginnt das Reich Gottes, das alle vorhergehenden irdischen Weltreiche unwiderbringlich ablöst. Auch wenn im Buch Ester Gott namentlich nicht genannt wird, bezeugt die Handlung deutlich seinen Schutz (vgl. Est 4,14) über den Juden angesichts eines Ausbruchs von Antisemitismus im Perserreich.

6. Das Kyrus-Edikt (538) erlaubte den Juden die Rückkehr aus Babylonien. Angesichts der kümmerlichen und unsicheren Lage in Judäa erforderte die Rückkehr Glaubensmut. Haggai und Sacharja spornen die Heimkehrer zum Wiederaufbau des Tempels an (Einweihung 516). Nach Ansätzen bei Jesaja (24-27) und Hesekiel finden wir bei Sacharja und Daniel eine ausgeprägte Apokalyptik. Gerichtsankündigung und Heilserwartung gelten nicht nur Israel und den Völkern, sondern nehmen weltweite,

ja kosmische Dimensionen an: Gott ruft die Toten zur leiblichen Auferstehung und zum Gericht – mit doppeltem Ausgang. Möglicherweise sind auch Obadja und Jona dieser Epoche zuzuordnen. Esra setzt sich nach 450 im persischen Auftrag für die rel. Neuordnung der jüd. Gemeinde ein. Das Gesetz (die schriftliche Sammlung der Weisungen Gottes) wird zum Mittelpunkt des Glaubens. Nehemia, der zeitweilig wohl parallel zu Esra wirkte, fördert die polit. Wiederherstellung Jerusalems (Mauerbau, Neh 2-6). 1/2Chronik, in dieser Zeit entstanden, zeichnet die Geschichte des Südreichs Juda nach. Der Verfasser will der nachexilischen Gemeinde zeigen, wie sie jetzt unter dem Willen Gottes leben kann: der Tempel, die Priesterschaft und das Hören auf das prophetische Wort Gottes bilden Leitmotive. Mit Maleachi (um 400) stehen wir an der Schwelle der atl. Zeit im engeren Sinne. Die folgenden Jh.e des Judentums sind u.a. geprägt vom Wissen, daß ein vollmächtiges prophetisches Wort zur Gegenwart fehlt.

Lit.: J. Bright: Geschichte Israels, 1966; U. Cassuto: The Documentary Hypothesis, 1961; R.K. Harrison: Introduction to the Old Testament, 1970; La Sor, Hubbard, Bush: Das Alte Testament. Entstehung, Geschichte, Botschaft, hg. von H. Egelkraut, [2]1990.

M. Dreytza

II. Das Neue Testament

1. In seiner äußeren Lehrweise war Jesus anderen jüd. Lehrern verwandt (B. Gerhardsson). Wie sie formte er Aussprüche, die leicht auswendig zu lernen waren. Im Gegensatz zu den Schriftgelehrten wollte er aber »Gesetz und Propheten« nicht bloß auslegen, sondern »erfüllen« (Mt 5,17). Jesus wußte sich nämlich im Besitz des endzeitlichen Geistes (Mt 12,28 par) und sprach mit messianischer Autorität. Die analogielose Einleitungswendung »Amen, ich sage euch« kennzeichnete sein Reden als Offenbarungswort.

Besondere Aufgabe der Jünger war es, Jesu Worte und Taten zu bewahren. Er unterwies sie als seine Schüler (hebr. *talmidim*, griech. *mathetai*) und sandte sie auch zur Verkündigung aus. Dabei gab er ihnen an seiner Vollmacht Anteil: »Wer euch hört, hört mich; wer euch verachtet, verachtet mich; wer mich verachtet, verachtet meinen Aussender« (Lk 10,16). Hinter dieser Konzeption des Apostolats steht altjüd. Botenrecht: »Der Gesandte eines Menschen ist wie dieser selbst« (Ber V,5 u.ö.).

2. Der Auferstandene erneuerte die Sendung der Zwölf. Sie waren nun »Zeugen« seiner irdischen Wirksamkeit und der Auferstehung (Apg 1,21f). Als »Augenzeugen und Diener des Worts« (Lk 1,2) hatten sie in der Jerusalemer Urgemeinde maßgeblichen Einfluß auf Formung und Sammlung der Jesus-Überlieferungen. Diese müssen bald aus dem Aram. und Hebr. ins Griech. übersetzt worden sein, da man seit Beginn zweisprachig war (Apg 6,1). In die erste Zeit gehören auch bekenntnisartige Zusammenfassungen des Heilswerks Jesu, wie sie in 1Kor 15,3ff oder den Petrus-Reden der Apg erhalten sind. Ebenfalls ins frühe Judenchristentum weist der Brief des Herrenbruders Jakobus mit seiner starken Betonung der Ethik.

3. Paulus sah sich als letztberufenen → Apostel (1Kor 15,8) und damit als direkten Gesandten des Messias Jesus (1Kor 9). Für sein gesetzesfreies Evangelium an die Heiden beanspruchte er die volle Autorität der Christus-Offenbarung bei Damaskus (Gal 1). Manche Weisungen gab er dagegen nur mit der Vollmacht eines ntl. Propheten (1Kor 7,40), der in der Gemeinde geprüft werden darf (1Thess 5,20f). Paulus war auch Träger der verbindlichen Jesus-Überlieferung (1Kor 11,23ff u.ö.).

Aufgrund der damaligen Gepflogenheiten und der Abfassungsverhältnisse (Gefangenschaften) ist bei den Briefen mit einer Beteiligung von »Sekretären« zu rechnen (vgl. Röm 16,22). An vielen Stellen läßt Paulus die Argumentationsweise des unter Gamaliel ausgebildeten Schriftgelehrten (Apg 22,3) erkennen. Um die Zeit des sog. → Apostelkonzils (um 48 n.Chr.) warnte der Galaterbrief heidenchristl. Gemeinden vor dem Rückfall ins Judentum. 1/2Thessalonicher beantworteten um 50/51 eschatologische Fragen. Gegen 54/55 entstanden 1/2Korinther als Wort zu drängenden Gemeindeproblemen. Danach wollte sich Paulus der ihm unbekannten röm. Gemeinde mit einer Zusammenfassung seines Rechtfertigungsevangeliums vorstellen. Der Römerbrief (57) beweist die gemeindeübergreifende Autorität des Apostolats. Epheser, Kolosser, Philemon gehören eng zusammen und stammen wie Philemon aus einer Gefangenschaft in Ephesus, Cäsarea oder Rom. Im Kolosserbrief geht es um die kosmische Bedeutung Jesu. Philemon gibt Einblick in die persönliche Seelsorge des Paulus. Besonders groß muß der Anteil eines Mitarbeiters am Epheserbrief gewesen sein, wobei vermutlich der Kolosserbrief als Vorlage diente. Der Philipperbrief illustriert die enge Zusammengehörigkeit von Ethik und Dogmatik. 1Timotheus und Titus können nach der Freilassung des Apostels aus einer ersten röm. Gefangenschaft geschrieben sein, 2Timotheus (vor

68), als in einer zweiten sein Tod feststand (2Tim 4,6). Von manchen wird auch eine Datierung vor dem Rom-Aufenthalt versucht. Diese sog. Pastoralbriefe sind so etwas wie ein Vermächtnis an Mitarbeiter, doch wird die paulin. Herkunft von vielen Auslegern bezweifelt. Der Hebräerbrief gehört im weiteren Sinn in den Paulus-Kreis und dürfte noch vor der Tempelzerstörung (70) zu datieren sein. In zeitgemäß geschulter Auslegung des AT zeigt er Jesu unüberbietbare, endgültige Heilsbedeutung.

4. 1Petrus wurde wahrscheinlich am Beginn der neronischen Verfolgung (gegen 65) in Rom verfaßt. Er spiegelt die theol. Nähe des Petrus zu Paulus, wobei offenbar auch Silvanus als Mitverfasser (1Petr 5,12) eine Rolle spielte. 2Petrus ist dem Brief des Herrenbruders Judas nahe verwandt. Die genauere Beziehung zu Petrus bestimmen auch evangelikale Exegeten verschieden.

5. Als zwischen 60 und 70 die apostol. Generation fast völlig erlosch, war das der entscheidende Anlaß zur Entstehung der synoptischen Evangelien. Sie sollten in verschiedenen Kirchengebieten die Jesus-Überlieferung auch für die nächste Generation sichern. Auch wenn die Synoptiker sich in Aufbau, Stoffwahl und Wortlaut eng berühren, sind die Argumente für eine direkte Abhängigkeit voneinander nicht unbedingt zwingend (M.E. Boismard). Festgeprägte mündliche Überlieferung und frühe schriftliche Notizen (vgl. Lk 1,ff) können als Erklärung dienen, doch wurden meist Markus und eine Redenquelle (Q) als Vorlage für Matthäus und Lukas angenommen (Zwei-Quellen-Theorie). Übereinstimmend mit inneren Gründen weisen altkirchl. Nachrichten für Markus auf eine Abfassung durch den Petrus-Begleiter in Rom. Ob ein Fragment des Markusevangeliums in der 7-Höhle von Qumran gefunden wurde (7Q5), ist umstritten. Lukas konnte sich als frühes Mitglied der Antiochener Gemeinde und als Mitarbeiter des Paulus sowie im Kontakt mit Markus (Kol 4,10.14; Phlm 24) Informationen verschaffen. Auch Überlieferungen aus dem Kreis der leiblichen Familie Jesu (Lk 2,19.51; 24,18) dürften mitverarbeitet sein. Die Apostelgeschichte beschreibt den gewaltlosen Weg des Evangeliums bis in die Reichshauptstadt. Sein Doppelwerk stellt Lukas in eine Reihe mit bedeutenden antiken Historikern (E. Meyer). Inhalt und Form erweisen das Matthäusevangelium als judenchristl. Die alte Kirche sah eine Verbindung zum Zwölferapostel. Indizien legen das für manche Überlieferungen nahe, während das Gesamtwerk eher aus einer schriftgelehrten »Schule« (K. Stendahl) stammt.

6. Die Offenbarung schrieb der Zebedaide Johannes, um die Gemeinden Kleinasiens auf eine staatliche Verfolgung unter Nero (um 65) oder Domitian (um 95) vorzubereiten. Viele verschlüsselte Hinweise müssen zeitgeschichtl. verstanden werden. Doch drang der Blick des Sehers auch bis ans Ende der Zeiten vor. Interne Beobachtungen (Sprache, Topografie usw.) stützen die altkirchl. Tradition, nach der auch das Johannesevangelium auf den Apostel Johannes zurückgeht. Offenbar nach seinem Tod, den alte Nachrichten unter Trajan (98-117) verlegen, gab ein Schülerkreis das Werk heraus (Joh 21,23ff). Das könnte die Stilunterschiede zur Offb erklären. Doch wird auch wieder eine Abfassung vor 70 als Missionsschrift für Juden in Palästina oder Kleinasien vertreten. Die älteste ntl. Handschrift (Papyrus 52 aus Ägypten) schließt jedenfalls eine Datierung nach dem ersten Viertel des 2. Jh.s aus. Die Qumran-Funde (seit 1947) haben die johanneischen Denkformen als palästinajüd. erwiesen. Das Evangelium kämpft ebenso wie die eng verwandten Briefe (1/3 Joh) gegen eine Scheinmenschlichkeit Jesu, wie sie u.a. in der Gnosis behauptet wurde.

Lit.: K.B. Aland: Der Text des NT, [2]1989; O. Betz: Was wissen wir von Jesus?, 1991; M.E. Boismard, A. Lamouille: Die Werkstatt der Evangelisten, 1980; F.F. Bruce: Zeitgeschichte des NT I/II, 1975/76; O. Cullmann: Der johanneische Kreis, 1975; L. Goppelt: Die apostolische und nachapostolische Zeit, [2]1966; ders: Theologie des NT, 1985; W. Grundmann: Die frühe Christenheit und ihre Schriften, 1983; D. Guthrie, J.A. Motyer: Brockhaus Kommentar zur Bibel IV, 1985; M. Hengel: Zur urchristlichen Geschichtsschreibung, [2]1984; J. Jeremias: Neutestamentliche Theologie I, [3]1988; W.G. Kümmel: Einleitung in das NT, [21]1983; F. Neugebauer: Die Entstehung des Johannesevangeliums, 1968; B. Pixner: Wege des Messias und Stätten der Urkirche, 1991; R. Riesner: Jesus als Lehrer, [3]1988; ders.: Die Frühzeit des Apostels Paulus, 1992; J.A.T. Robinson: Wann entstand das NT?, 1986; C.P. Thiede et al.: Das Petrusbild in der neueren Forschung, 1987.

R. Riesner

III. Der Kanon

1. Nach der Vorbereitung im Alten Bund hat Gott das letzte Wort über den Heilsweg in dieser Weltzeit durch seinen Sohn Jesus Christus gesprochen (Hebr 1,1f). Er betrachtete sich selbst als letzten Gottesboten (Mt 21,33ff parr) und beanspruchte die unverbrüchliche Geltung seines Worts (Mt 24,35 parr). Mit Jesu Aufnahme in den Himmel und dem Tod der von ihm direkt berufenen Apostel ist

die Heilsoffenbarung abgeschlossen. Weil naturgemäß auch die Überlieferung von dieser Offenbarung begrenzt ist, mußte sich die christl. Kirche klar werden, welche Schriften dafür in Betracht kamen. Schon Israel hatte sich die Frage nach einem »Kanon«, d.h. einer Sammlung verbindlicher Bücher gestellt.

2. Seit dem Bundesschluß am Sinai besaß das alte Gottesvolk eine normative Überlieferung (2Mo 24,7f u.ö.). Gleich welchen Umfang das Gesetzbuch hatte, das bei der Reform unter Josia (2Kön 22) um 622 wiedergefunden wurde, es bedeutete einen wichtigen Schritt zur Kanonisierung des Pentateuchs. Spätestens unter Esra war dieser Prozeß abgeschlossen. Der Propheten-Kanon scheint gegen 117 v.Chr. (Vorwort zu Sir) festzustehen. Nach der vorherrschenden Ansicht wurde über die dritte Gruppe der »Schriften« erst um 100 n.Chr. auf einer Gelehrtenversammlung in Jamnia entschieden, die gegen das Christentum gerichtet war. Doch wird neuerdings (S.Z. Leiman, R.T. Beckwith) der Abschluß des hebr. Kanons schon in der Makkabäer-Zeit (um 165 v.Chr. vgl. 2Makk 2,13f) vertreten. Das würde die Entscheidung der Reformationskirchen begünstigen, die atl. Apokryphen (Bar, Tob, Judith, 1/2Makk, Weish, Sir, Stücke zu Dan und Esth) auszuschließen. Sie hatten nicht nur in der jüd. Diaspora hohes Ansehen genossen, während ihre Beurteilung in der Alten Kirche schwankte. In manchen luth. Bibelausgaben sind sie anhangsweise mitgedruckt. Die kath. Kirche hat sie auf dem Konzil von Trient (1546) endgültig angenommen. Die griech.-orth. Kirche übernahm auf der Synode von Jerusalem (1672) nur Tob, Judith, Weish und Sir.

3. Das überlieferte Wort Jesu hatte neben dem christologisch gedeuteten AT in der Kirche immer unbestrittene Geltung (1Kor 7,10ff u.ö.). Die apostol. Briefe fanden bald über die Gemeinden hinaus, an die sie gerichtet waren, Verbreitung und Anerkennung. Schon in der zweiten Hälfte des 1. Jh.s kennt 2Petr 3,16 mehrere Paulus-Briefe als »Schrift«. Eine Sammlung von dreizehn seiner Briefe wurde offenbar schon vor Ende des 1. Jh.s (in Ephesus?) herausgegeben. Zu Anfang des 2. Jh.s bildete sich der Vier-Evangelien-Kanon heraus. Das Nachdenken der Kirche wurde durch die Schriftensammlung des Irrlehrers Marcion (um 144) beschleunigt. Bereits am Ausgang des 2. Jh.s waren drei Viertel der ntl. Schriften in den rechtgläubigen Gemeinden anerkannt (vgl. Muratorisches Fragment u.ä.). Vor allem Hebr, Jak, 2Petr, 2/3Joh und Jud blieben jedoch weiter Antilegomena, d.h. Schriften, denen von manchen Gemeinden widersprochen wurde.

Zum ersten Mal sind alle heutigen 27 Schriften des NT im 39. Osterfestbrief (367) des Alexandriner Patriarchen Athanasius für das ägypt. Kirchengebiet als verbindlich aufgezählt. Diesem Urteil schlossen sich westl. Provinzsynoden in Rom (382) und Nordafrika (393, 419) an. Schon um 360 hatte eine kleinasiatische Provinzsynode in Laodizea ein bis auf die fehlende Offb übereinstimmendes Schriftenverzeichnis erstellt. Die westsyr. Kirche glich sich im Lauf des 6. Jh.s an. Ostsyrer, Kopten und Äthiopier weichen bis heute ab. Bei Athanasius begegnet auch der griech. Begriff *kanon* für ein in der Kirche zusammengestelltes »Verzeichnis« hl. Schriften. Bald darauf wurde dann der Ausdruck *canon* in der lat. Theologie im Sinn eines normativen »Maßstabes« gebraucht.

4. Der Katholizismus neigt dazu, die Rolle der Kirche bei der Kanon-Bildung überzubetonen. Lange Zeit aber hatten offizielle Machtsprüche keine entscheidende Bedeutung. Es vollzog sich vielmehr ein Prozeß des gegenseitigen Überzeugens. Wie wenig man aus eigener Vollmacht beschließen wollte, zeigt die Suche nach Abgrenzungskriterien, die man aus den bereits anerkannten Autoritäten gewann. Man fragte vor allem nach der Apostolizität von Schriften, womit nicht ausschließlich Verfasserschaft, sondern vor allem auch die inhaltliche Übereinstimmung mit dem apostol. Christus-Zeugnis gemeint war. Eine Unterbewertung der Kirche brachte den Protestantismus in die Gefahr, den Kanon einseitig mit dem »inneren Zeugnis des Heiligen Geistes« beim einzelnen zu begründen. Dieser Subjektivismus fand eine konsequente Fortsetzung in der → Aufklärung, deren Frage nach dem »Kanon im Kanon« bis heute nachwirkt.

5. Luther äußerte Bedenken gegen Hebr, Jak, Jud und Offb und stellte sie an den Schluß des NT. Damit wies er darauf hin, daß der Umfang des Kanons in der Kirche diskutiert werden darf. Im Gegensatz zur modernen Kanonkritik hat der Reformator aber seine persönliche Meinung dem überwiegenden Zeugnis der früheren Kirche untergeordnet und den ntl. Kanon faktisch beibehalten. Für den Ausschluß der atl. Apokryphen konnte er sich auf das Urteil großer altkirchl. Theologen wie Athanasius und Hieronymus berufen.

6. Der Name Bibel als Zusammenfassung von AT und NT geht auf den bedeutenden altkirchl. Exege-

ten Origenes in der Mitte des 3. Jh.s zurück (griech. *ta biblia*, »die Bücher«).

Lit.: R.T. Beckwith: The Old Testament Canon of the New Testament Church, 1985; F.F. Bruce: The Canon of Scripture, 1988; J.D. Kaestli et al.: Le Canon de l'Ancien Testament, 1984; S.Z. Leiman: The Canonization of the Hebrew Scriptures, 1976; G. Maier (Hg.): Der Kanon der Bibel, 1990; B.M. Metzger: The Canon of the New Testament, 1988; A. Sand, A. Ziegenaus: Handbuch der Dogmengeschichte I/3a [1-2], 1974, 1990; F. Stuhlhofer: Der Gebrauch der Bibel von Jesus bis Euseb, 1988; T. Zahn: Grundriß der Geschichte des neutestamentlichen Kanons, [3]1985.

R. Riesner

b)

1. Für Christen der ersten Generation galt das AT wie selbstverständlich als »Die Schrift«, und natürlich war das AT auch die Bibel Jesu selbst. Was verheißen war, ist in Jesus erfüllt worden: der erwartete Messias ist da, der neue Adam, der die Erwählung des atl. Bundesvolkes auf die ganze Menschheit ausdehnt, der das Gesetz nicht aufhebt, sondern in seinem tiefen, den ursprünglichen Liebeswillen Gottes mit seiner Schöpfung aufdeckenden Sinn erfüllt. → Die Typologie, das Paradigma von Verheißung und Erfüllung, ist die älteste, schon bei Paulus anzutreffende Auslegungsmethode, die die unauflösliche Einheit von AT und NT bewahrt.

2. Schon in der frühen Kirche wurde die B. zur Grundlage für die Liturgie des christl. Gottesdienstes; in der Ostkirche ist diese Verankerung stärker festgehalten worden als im Westen. Das Tagzeitengebet und die Abendmahlsliturgie auch im Westen sind ganz und gar von der B. geprägte Gottesdienstordnungen.

3. Die Auseinandersetzung der Kirche mit Markion einerseits und den verschiedenen »gnostischen« Gruppierungen andererseits, die auf je unterschiedliche Weise das Evangelium von Christus enthistorisierten und zu einem neuen, spekulativen Mythos machten, hat zur Bildung des NT neben dem AT geführt. Eine wichtige auslegerische Entscheidung war die Beibehaltung der vier Evangelien nebeneinander und damit die Bereitschaft, Offenheiten, Unterschiede, ja Gegensätze (z.B. die Fußwaschung in Joh 13 anstelle der Einsetzung des Herrenmahles am Gründonnerstag bei den Synoptikern) in der Christusüberlieferung zu akzeptieren und stehen zu lassen, statt diese in einer → Evangelienharmonie auszugleichen, wie es Tatian und nach ihm viele andere taten. Darin kommt die Treue zum geschichtlich-inkarnatorischen Ursprung der Gottesoffenbarung in Jesus ebenso zum Ausdruck wie in der Apostolizität als Kriterium für die Aufnahme der einzelnen Schriften in den Kanon des NT. Insofern ist Entstehung, Wachstum und Abschluß des NT eine theol.-geistl. Entscheidung, ein Stück Glaubensbekenntnis.

4. Die älteste Form der Schriftauslegung war die Predigt (Homilie); vielleicht waren einzelne Briefe des NT (z.B. 1Petr) bereits als Predigten konzipiert. Womöglich sind Evangelien- und Apostellesungen im Gottesdienst als Predigt gehört und aufgenommen worden. Jedenfalls wurden von der frühen Kirche an (2 Clem.; Joh. → Chrysostomus) bis in die Gegenwart hinein einzelne Predigten und Predigtsammlungen (Postillen, z.B. von Nikolaus von Lyra, M. → Luther, J. → Arndt) aufbewahrt. Als zweite Gattung der Auslegung entwickelte sich der Kommentar, den wir von → Origenes an über → Augustin, → Bernhard von Clairvaux, → Thomas von Aquin, Martin Luther bis in die Gegenwart hinein immer reicher ausgebaut vorfinden. Vor der Kommentierung steht die Textfeststellung (Origenes, Hieronymus) und die Kapitel- und Verseinteilung (Scholastik, 18. Jh.), dann folgt bis ins späte MA hinein, in der Regel unkommentiert, die Auslegung früherer Autoritäten, die neben die einzelnen Verse gesetzt wird, aber auch die selbständige Auslegung des jeweiligen Theologen (Glossa ordinaria). Durch die Zusätze der »Väter« hat sich neben der Schrift wie selbstverständlich die (abgeleitete) Autorität der Tradition ergeben.

Die dritte Gattung der Schriftauslegung war die theol. Abhandlung bis zum umfangreichen dogmat. Buch. Denn selbstverständlich war alle Lehre der Kirche (von den Traktaten der altkirchl. Väter an über die Sentenzenkommentare oder die Quaestionenliteratur der Scholastik bis zu den reformat. Bekenntnisschriften und den loci Melanchthons bzw. der Institutio Calvins) gedanklich verarbeitete Schriftauslegung. Das gilt auch für die theol. Literatur bis zum heutigen Tag, nicht nur für die Dogmatik und Ethik. Wer zu bestimmten Fragen der Meinung ist, er müsse die Heilige Schrift »fortschreiben« oder »gegenbürsten«, verläßt das Fundament des Glaubens und spricht sich selbst das Urteil.

5. Origenes (gest. 254) ist der erste, der über die »Methoden« der Schriftexegese Rechenschaft abgibt. Die B. ist für ihn wie der menschliche Organismus ein lebendiges Ganzes, und so gibt es eine somatische (wörtliche), eine psychische (moralische) und eine pneumatische (geistl.) Schriftauslegung, die der Reihe nach anzuwenden ist. Der Wortsinn ist für ihn durchaus wichtig, aber er kann übergangen werden,

wenn er anstößig oder unlogisch erscheint. Psychischer und pneumatischer Schriftsinn sind oft identisch; nur wenige, besonders gereifte oder gebildete Christen sind in der Lage, den geistl. Sinn herauszufinden. Der Gewinn dieser Methode liegt darin, daß damit alle Schwierigkeiten und Widersprüche der Bibel auflösbar und erklärbar werden.

Den gleichen dreifachen Sinn kennt auch Hieronymus. Augustin spricht in seiner, noch für Luther wichtigen Schrift »De spiritu et littera« nur von zwei Schriftsinnen, dem wörtlichen und dem geistl., wobei die Rede vom geistl. Sinn bei ihm wie bei seinen Vorgängern immer auf die grundsätzliche Inspiriertheit der Bibel (ihres Sinnes mehr als ihrer Buchstaben) verweist. Dies ist gemeint mit der bei Hugo von St. Victor (gest. 1141) wohl zuerst überlieferten und dann oft, z.B. von M. Luther aufgenommenen Feststellung: »Die Heilige Schrift legt sich selbst aus«.

Im hohen MA begegnet schließlich der vierfache Schriftsinn, den Augustinus von Dacia (gest. 1283) am Beispiel »Jerusalem« folgendermaßen entfaltet:

a. Wörtlich-literarisch: Stadt in Judäa,

b. moralisch-tropologisch: Die gläubige Seele und ihr Tun,

c. anagogisch-eschatologisch: die triumphierende Kirche,

d. geistlich-allegorisch: die streitende Kirche in der Welt.

Weil die geistl. Auslegung im MA mehr und mehr dominierte und den Wortsinn entweder überflüssig machte oder nur als Vorstufe des eigentlichen, übertragenen Sinnes erscheinen ließ, wurde die Schriftauslegung im MA beliebig und zum willkommenen Macht- und Disziplinierungsmittel in den Händen derer, die die einzelnen Schriftsinne kannten und beherrschten. Im MA trat die Tradition (also die Kirche) neben und über die Schrift, wenn die Kirche z.B. in Synodalentscheidungen Laien die Bibellektüre ohne Anleitung eines Klerikers untersagte.

6. Die Bewegung des Humanismus, die im 15. Jh. einsetzte, ging wieder auf den originalen Bibeltext zurück, edierte die hebr. B. (1514-1517 in Alcalá) und das griech. NT (1516 in Basel) und vermittelte der Reformation wichtige Impulse. Laurentius Valla (1407-1457) und → Erasmus von Rotterdam (1469-1536), Johann → Reuchlin (1455-1522) und Philipp → Melanchthon (1497-1560) sind besonders zu erwähnen; Melanchthon wird auch Bindeglied zur Wittenberger Reformation.

Trotzdem erfolgte die Reformation M. Luthers nicht von der Wiederentdeckung des bibl. Textes, sondern der bibl. Botschaft aus. Die sog. reformat. Entdeckung erschloß sich nicht schlagartig, sondern allmählich auf dem Wege sorgsamen Bibelstudiums im Zusammenhang mit Luthers Vorlesungen über die bibl. Bücher an der Universität Wittenberg. Dabei wurde ihm das neue Verständnis von Gerechtigkeit zur Wendeerfahrung für seinen weiteren Weg; an diesem Wort wurde ihm deutlich, wer Christus ist und wo die Mitte der bibl. Botschaft liegt. »Was Christum treibet« wird fortan für Luther zum Kriterium seiner Predigt und für zentrale und randhafte Schriften innerhalb des NT, und der Psalter - Luther hat ihn als Mönch in jeder Woche ganz gebetet - galt ihm zeitlebens als »kurze Bibel«.

Zu seiner zentralen Einsicht kam Luther von der Exegese des Wortsinns her, der für ihn immer mehr zum entscheidenden, zum eigentlich geistl. Schriftsinn wurde. Die allegorische Auslegung trat bei ihm zunehmend zurück, ohne daß sie ganz aufhörte, und die übrigen »Schriftsinne« ergaben sich für ihn aus dem wörtlichen Gebrauch der Schrift. So werden paranetische Texte tropologisch und eschatologische Texte anagogisch ausgelegt. Luther wies den mehrfachen Schriftsinn nicht ausdrücklich ab, aber er fand alles, was zum rechten Verständnis der Bibel nötig war, im Wortsinn der Schrift. Freilich begnügte er sich niemals mit der philologisch-hist. Arbeit allein, obwohl er die bibl. Sprachen als »Scheiden des Geistes« schätzte und achtete. Die Schrift wurde ihm vielmehr zum Wort: nicht aus dem Lesen, aus dem Hören entsteht der Glaube. Deshalb zielt Exegese nicht zuerst auf Wissen und Verstehen des Textes, sondern auf Predigt, auf Verkündigung des Wortes Gottes. Hier liegt der unvergängliche Neuansatz Luthers, daß die B. zum mich angehenden und mich verwandelnden Wort der Liebe Gottes wird. Deswegen nannte Luther die Kirche auch »Schöpfung aus dem Wort« und unterstrich: »Das ganze Leben und das ganze Wesen der Kirche besteht im Wort Gottes.« Eine lediglich hist. Exegese, die keine Beziehung zum Ausleger und zur Gemeinde findet, war für Luther undenkbar: Die Schrift wird zum Wort, das Wort schafft Begegnung und führt zum Glauben, der »herzliches Vertrauen« ist. Den methodischen Zugang zum Wort der Schrift beschrieb Luther in einem durchaus traditionellen Dreischritt, wie er im Mönchtum seit eh und je geübt wurde: → Gebet, → Meditation, → Anfechtung. Im Gebet entfaltet sich der Begegnungs-, in der Meditation der Übungs- und in der Anfechtung der Bewährungscharakter des göttlichen Wortes. Dabei bleibt der Geist mit der Schrift als äußerem Wort verbunden (gegen die Schwärmer), er wirkt im Gottesdienst der Gemeinde ebenso wie im »Kämmerlein« (gegen die Spiritualisten) und er hat an der Schrift genug, um das Evangelium zu entfalten (sola scriptura, gegen die Gleichordnung und damit faktische Vorordnung der Tradition vor die Schrift in der röm. Kirche des MAs). Die B. vermittelt den Hl. Geist, und dieser läßt die Schrift als Wort Gottes erfahren.

7. Der komplizierte Weg, den Luther der Kirche zutraut, ist oft genug in der Folgezeit eingeengt oder verlassen worden. Schon Melanchthon und Calvin haben aus Luthers Einsichten eine ev. → Dogmatik und → Ethik gemacht, und in der zweiten Generation der Reformation, der sog. altprot. Orthodoxie wurde nicht das Wort Gottes, sondern erneut die Hl. Schrift zum Fundament für Leben und Lehre der Kirche erklärt. Im → Pietismus wurde das Anliegen Luthers neu lebendig. »Je reichlicher das Wort Gottes unter uns wohnen wird, je mehr werden wir Glauben und dessen Früchte zuwege bringen«, so betonte → Spener und führte deshalb neben dem Gottesdienst Gesprächskreise ein, in denen sich die Gemeinde über das gehörte und erfahrene Wort Gottes austauschen sollte. A.H. → Francke empfahl Luthers Zugang zur Schrift (Gebet, Meditation, Anfechtung) als Hilfe für ein ertragreiches Theologiestudium, und J.A. → Bengel gab Theologen und Nichttheologen gute Ratschläge zum »rechten Umgang mit Gottes Wort«.

8. Mit der → Aufklärung rückte ein ganz anderes Interesse gegenüber der Bibel in den Vordergrund: die Inspiriertheit der Schrift wurde aufgegeben und durch die Vernunftgemäßheit ersetzt; das »Wesentliche am Christentum«, die »Teilhabe an den Gedanken Gottes«, die »Liebe zum Nächsten und zu Gott«, darin hat der von England ausgehende → Deismus um 1700 den Grundsinn der Bibellektüre erblickt. Die Bibel wurde nun als Buch wie jedes andere gelesen und mit den Methoden der wissenschaftl. Kritik beurteilt. Neben die philologisch-hist. Auslegung trat im Laufe der Zeit die psychologische, die sozialgeschichtl.-materialistische, die polit., die interaktionale, die feministische Auslegung etc., und andere methodische Zugänge werden immer neu auftreten. Ein wahrhaft vielfacher Schriftsinn mit all seinen damit verbundenen Problemen hat sich in der Neuzeit eingestellt. Die → Dialektische Theologie hat allerdings zu einer neuen Wort-Gottes-Theologie (K. Barth, D. Bonhoeffer) und in ihrem Gefolge auch zu erneuerter »Biblischer Theologie« (O. Michel, H. Gese, P. Stuhlmacher) geführt. Soweit die genannten Methoden nicht beanspruchen, die einzig möglichen zu sein und die absolut richtige Auslegung zu bieten, wird man mit Zurückhaltung und Interesse auf ihre Ergebnisse achten. Soweit sie einen geistl. Zugang zu Gott und seinem Wort behindern oder verbieten, wird allerdings zu widersprechen sein. Andererseits meint geistl. Umgang mit der B. niemals Verzicht auf menschliche Zugangswege. Daß der literarische Schriftsinn der geistl. ist, wie Luther gezeigt hat, bedeutet, die Menschwerdung Gottes in Christus ernst zu nehmen und deshalb auch Aufmerksamkeit für die jeweiligen Auslegungsangebote der Zeit aufzubringen, freilich ebenso auch Prüfung dieser Methoden auf die Berechtigung ihres Ansatzes, ihrer Schritte und ihrer Ergebnisse.

Lit.: H. Bornkamm (Hg.): Luthers Vorreden zur Bibel, 1967; H. von Campenhausen: Die Entstehung der christlichen Bibel, 1968; E. von Dobschütz: Die Bibel im Leben der Völker, ^{3}1952; M. Kähler: Aufsätze zur Bibelfrage, 1967; W.G. Kümmel: Das Neue Testament. Geschichten der Erforschung seiner Probleme, 1958; M. Nicol: Meditation bei Luther, ^{2}1991; R. Schäfer: Die Bibelauslegung in der Geschichte der Kirche, 1980; M.E. Schild: Abendländische Bibelvorreden bis zur Lutherbibel, 1970.

G. Ruhbach

c) systematisch-theologisch

1. Zur Bedeutung der Lehre von der Bibel: Die Heilige Schrift als Wort Gottes.

In Lehre und Leben der Christenheit hat die B. traditionell eine grundlegende und zentrale Bedeutung.

Den Außenstehenden muß diese beherrschende Stellung der B. in der Christenheit und für den einzelnen Christen befremden: diese Zuwendung zu dem einen, in seiner Endgestalt mittlerweile fast 2000 Jahre alten Buch erweckt den Eindruck einer einseitigen Fixierung auf eine ferne Vergangenheit und einer dem gegenwärtigen Leben gegenüber fremden geistigen Unselbständigkeit.

Tatsächlich aber ist das Christentum weder Buchreligion noch kann es, ohne sich selbst zu verlieren, von diesem Buch gelöste Geistreligion werden, vielmehr ist es wesentlich Wortreligion, als solche allerdings auch Religion eines Buches, eben darin aber auch Religion des durch dieses Buch als lebendigem Wort wirksamen Gottesgeistes (Michel, 137).

Denn so sehr die B. maßgeblicher Erkenntnisgrund der Theologie (*principium cognoscendi*) ist, so ist sie darin doch nicht für sich verstehbar, sondern nur im Zusammenhang der christl. Gottes- und Selbsterkenntnis.

Gott ist redender Gott. Das ist die grundlegende bibl. Aussage über Gott. Durch sein Wort wurde die Welt aus dem Nichts ins Dasein gerufen. In ihr schuf er den Menschen als sein Ebenbild, seinerseits des Wortes mächtig (1Mo 2,18ff) und als Empfänger des Wortes Gottes in der Antwort des Gotteslobes höchste Erfüllung des Lebens findend (Jes 38,19;

Eph 1,12). Der Mensch aber mißbrauchte seine Würde, er dankte Gott nicht und suchte sich selbst an Gottes Stelle zu setzen.

Da setzte Gott durch sein Wort einen neuen Anfang: er rief Abraham heraus aus den Völkern, machte nach seiner Verheißung Abrahams Nachkommenschaft, Israel, zu seinem Volk, gab ihm durch Mose seine Weisung, die Offenbarung seines heiligen Willens, rief es durch das Wort des Propheten immer wieder zu sich zurück. Zuletzt aber und definitiv redete Gott zu Israel und zugleich zur ganzen Menschheit durch Jesus, seinen Sohn (Hebr 1,1). In ihm wurde die Menschenfreundlichkeit Gottes manifest (Tit 3,4), Gottes Reden wurde Fleisch (Joh 1,14; Röm 8,3). Entsprechend kann nun die ganze Botschaft, die der Christenheit anvertraut ist, gründend im atl. Gotteszeugnis, aber gipfelnd in Wort und Tat Jesu, als »Wort Gottes« bezeichnet werden (Apg 4,31; 11,1 u.ö.; vgl. 1Kor 14,36; 2Kor 2,17; 4,2) als dessen Übermittler die Apostel »Diener des Wortes« sind (Lk 1,2; Apg 6,4), im Dienst nicht des Buchstabens, d.h. des Gesetzes, sondern des Geistes, d.h. als Botschafter der Versöhnung in Christus (2Kor 3,6; 5,19f).

Dieses persönliche Reden Gottes geschah immer in die Geschichte der Menschen hinein. Als über den Augenblick des Geschehens hinaus neue Geschichte setzend, bleibende Weisung gebend und zukünftiges Geschehen ankündigend, wurde dieses Wort von Anfang an Gegenstand des Erinnerns, geschichtl. Überlieferung, auch in der Gestalt schriftlicher Fixierung (Ps 102,19, vgl. dazu etwa in Apg 1,1 die Bezeichnung des ganzen LkEv.s als »Wort«), um dann in neuer Situation neu von Gott her reden und in seine Wegspur einweisen zu können (1Kor 9,10; Röm 4,23).

Dabei liegt der Ermöglichungsgrund dafür, daß das Wort von damals auch heute sich als gültig und wirksam erweist, weder primär in einer verschiedene Zeiten verbindenden innergeschichtl. Gesetzmäßigkeit noch in der Konstanz des Menschlichen über den Wandel der Zeiten hinweg, sondern in Gottes Treue zu sich selbst und seinem Wort.Der damals wirksam sprach, redet auch heute noch, und zwar in der Kontinuität der durch sein Wort damals in Gang gesetzten Geschichte, und in der Kraft des heute durch sein Wort wirkenden Geistes.

2. Der Ursprung der Bibel in Gott: Die Lehre von der Inspiration der Heiligen Schrift

Bereits in vorchristl. Zeit wurden im Judentum die Schriften des heutigen AT als »Heilige Schriften« grundsätzlich von allem anderen überlieferten Schrifttum unterschieden (Burkhardt, 73-128, vor allem zu Philo Alexandrinus). Das Christentum übernahm, unter Einschluß des ntl. Schrifttums, diese Unterscheidung und kennzeichnete das Wesen dieser Schriften dogmat. vor allem durch den Begriff des Wortes Gottes. Damit stellte sich aber die Frage, mit welchem Recht und in welchem Sinn diese in ihrem Ursprung doch offensichtlich von Menschen verfaßten Schriften eigentlich Wort Gottes genannt und damit in ihrem Ursprung auf Gott zurückgeführt werden können.

Traditionell wird diese Frage vor allem durch die Auffassung von der Inspiration der Bibel beantwortet.

Der Begriff der Inspiration geht unmittelbar auf die Vulgata-Version von 2Tim 3,16 zurück: *Omnis scriptura divinitus inspirata* (alle göttlich eingehauchte Schrift). Dabei legt der Begriff des *in-spirare* (»einhauchen«) die Vorstellung einer sozusagen mechanischen Einflößung des bibl. Textes nahe. Dem griech. Wortlaut von 2Tim 3,16 dagegen (*theopneustos*, »von Gott gehaucht«) fehlt dieser durch das »in« hinzugefügte räumliche Aspekt der lat. Übersetzung. Über das »Wie« des Vorgangs ist hier keine Aussage gemacht. Es wird nur vorausgesetzt, daß bei der Entstehung der Schrift (genauer: jeder Schriftstelle, vgl. Joh 19,37) Gottes Geist (*pneuma*, »Hauch«) am Werk war, so daß sie Menschen »weise zur Erlangung des Heils durch Glauben an Christus Jesus zu machen« vermag (V. 15) und der sittlichen Erneuerung des Menschen nützlich ist (V. 16f). Immerhin legt die Wirkung am Leser (»weise«, »geschickt zu jedem guten Werk«) einen möglichen Rückschluß auf ein entsprechendes Wirken des Geistes auch im Autor nahe.

Auch in 2Petr 1,21 hat die lat. Übersetzung den Gedanken des Ein-hauchens eingetragen, indem sie die Aussage, daß die bibl. Prophetie hervorgebracht worden sei von »Menschen Gottes, die, getrieben (oder: ergriffen: *pheromenoi*) vom heiligen Geist, sprachen«, übersetzt mit *Spiritu sancto inspirati locuti sunt Dei homines.* Anders als in 2Tim 3 findet sich hier eine ausdrückliche Aussage darüber, wie »jede Prophetie der Schrift« (V. 20), und damit (wie in 2Tim 3,16) die ganze Schrift des AT, entstanden ist: »Inspiration« vollzog sich danach als Einwirken des Geistes Gottes auf den Willen des Menschen, nicht also unter Ausschaltung seiner Person mit ihrem Wollen, Denken und Fühlen, sondern nur als Ausschaltung der Eigenmächtigkeit des menschlichen Willens und Ausrichtung auf Gottes Wahrheit und Willen.

Vom Wirken des Geistes Gottes bei der Entstehung eines Schriftwortes ist auch sonst im NT wiederholt die Rede: David sprach im Heiligen Geist

(Mk 12,36 = Mt 22,43); der Hl. Geist sagte (voraus) durch den Mund Davids (Apg 1,16), durch den Propheten (Apg 28,25); Gott redet durch den Hl. Geist durch den Mund Davids (Apg 4,25), durch den Mund der heiligen Propheten (Apg 3,18.21); der Hl. Geist redet (Hebr 3,7), offenbart (9,8), bezeugt (10,15); Gott redet durch die Propheten (Hebr 1,1).

Dabei tritt der Prophet, durch den Gott redet, z.T. so weit zurück, daß er, in abgekürzter Redeweise, gar nicht mehr erwähnt wird (so vor allem in Hebr). Trotzdem ist er keineswegs nur willens- und bewußtloses Organ, wie der Ausdruck »durch den Mund des ...« annehmen lassen könnte (Apg 1,16 u.ö.), vielmehr kann im gleichen Atemzug auch nur der Prophet selbst genannt und von ihm gesagt werden, er habe als solcher »gewußt« (Apg 2,30), was er zu verkünden habe. So kann zwar einerseits gelegentlich die Sprache hell. Inspirationsmantik aufgenommen werden (Bibelworte als *logia* »Orakelspruch«, Apg 7,38; Röm 3,2; Hebr 5,12; als *chrematismos* »Orakel«, Röm 11,4, vgl. Hebr 8,5), damit muß aber keineswegs die Ausschaltung der Persönlichkeit des Propheten verbunden sein (Jesaja »wagt zu sagen ...« Röm 10,20). Selbst Philo Alexandrinus, der für sein Inspirationsverständnis in noch viel höherem Maße die Terminologie der hellen. Inspirationsmantik übernimmt, versteht, wie neuere Untersuchungen zeigen, die Inspiration keineswegs in einem das menschliche Bewußtsein ausschließenden Sinn, sondern als eine das Bewußtsein des Propheten im Sinne der Weisheit verändernden Einwirkung des Gottesgeistes (Burkhardt).

Die theol. konzentrierenden und deutenden Aussagen über Gottes Wirken bei der Entstehung der Schrift sind nun, gleichsam empirisch zu ergänzen durch Aussagen der bibl. Schriften selbst über ihre Entstehung.

Dabei sind drei Grundformen von Erkenntnis zu unterscheiden, in denen die Schrift sich gründet:
a. Unmittelbare Wortoffenbarung, insbesondere in Gestalt der Audition, aber auch der Vision (Erzväter, Mose, Propheten). Diese Offenbarung wurde teilweise vom Empfänger selbst niedergeschrieben, teilweise wurde sie Gegenstand mündlicher und schriftlicher Überlieferung, bis hin zu den heute uns vorliegenden Büchern der Schrift.
b. Offenbarung durch die Geschichte (Exodus, Einlösung der Landverheißung usf.). Diese Taten Gottes wurden in Dichtung (2Mo 15) und Prosa (2Mo 14) als Geschichtsberichte überliefert und gedeutet. Während der menschliche Geist bei der Wortoffenbarung sich wesentlich rezeptiv verhält, ist er hier offensichtlich aktiver beteiligt (vgl. Lk 1,1-4).
c. Offenbarung in der individuellen Erfahrung und im natürlichen Leben (Gebete, Weisheitsliteratur). Offensichtlich ist hier der menschliche Geist noch stärker beteiligt, anscheinend geradezu selbsttätig. Die B. spricht allerdings auch bei der Erkenntnis Gottes aus den Werken der Schöpfung von Offenbarung, Röm 1,19. Entsprechend fallen nach dem Urteil der bibl. Spitzenaussagen über Inspiration auch so entstandene Schriften unter die Kategorie der inspirierten. Inspiration kann also nicht nur im engeren, ursprünglich prophetischen Sinn des Wortempfangs, sondern auch in einem weiteren Sinn verstanden werden als vom Geist Gottes geleiteter und insofern inspirierter Weisheit.

Inspiration in dem weiten Sinn von 2Tim 3,16, im Zusammenhang mit den anderen ntl. Aussagen, bedeutete dann: Gott hat die Herzen von ihm berufener Menschen auf das hin gelenkt, worauf es ihm im Verfolg seines Heilsratschlusses ankam: Er befreite ihren Willen von seiner sündigen Eigenmächtigkeit (vgl. auch 2Kor 10,5) und machte zugleich ihren Verstand hellsichtig, nicht nur Gottes unmittelbares Offenbarungswort, sondern auch sonst das Offenbarwerden seiner Wahrheit in Geschichte und Schöpfung wahrzunehmen.

Die Inspiration vollzog sich also als eine formal unterschiedliche Art der Einwirkung des Geistes Gottes auf die Autoren der B. Trotzdem ist die seit der Romantik (Herder, Schleiermacher) aufgekommene Bezeichnung Personalinspiration mißverständlich und nicht ausreichend. Der romantische Gedanke der Personalinspiration setzt den der Kongenialität voraus. Inspiration ist aber nicht Selbstwirksamkeit eines vergöttlichten Menschengeistes, sondern aktuelles Einwirken des Gottesgeistes auf den Menschengeist.Aber auch die Theorie von der sog. Realinspiration (nicht die Schrift selbst, wohl aber bestimmte ihrer Inhalte sind inspiriert, insbesondere allgemeine rel.-ethische Wahrheiten oder Aussagen über den Weg der Erlösung des Menschen) ist nicht haltbar: sie steht nicht nur im offenen Widerspruch zum bibl. Selbstzeugnis, sondern verdinglicht mit ihrer Trennung von Form und Inhalt die Offenbarung. Man wird also, das berechtigte Element der Personalinspiration mit einschließend, präziser von Verbalinspiration reden müssen, und zwar in dem Sinne, daß die Heilige Schrift auf ein aktuelles Wirken des Geistes zurückzuführen ist, das dazu berechtigt, das Ganze der Heiligen Schrift (*tota scriptura*) Wort Gottes (*verbum Dei*) zu nennen. Ähnlich spricht man auch, noch formaler vor allem die Ganzheit der Heiligen Schrift in den Blick nehmend, von Ganzinspiration (G. Maier).

3. Die Begrenzung der Heiligen Schrift auf die biblischen Schriften: Die Lehre vom biblischen Kanon

Die Frage nach dem Verständnis der B. als Kanon (s.o. III.) gliedert sich in zwei Teilfragen:

a. Warum gibt es überhaupt eine solche Begrenzung heiliger Schriften auf einen Kanon, d.h. eine definitiv begrenzte Zahl von für Leben und Lehre der Christenheit verbindlich maßgebenden Schriften?

b. Warum gehören bestimmte Schriften zu diesem Kanon, andere nicht?

Zu a.: An sich wäre durchaus denkbar, daß, eingebettet in einen großen Strom heiliger (auch mündlicher) Tradition die Liste heiliger Schriften für neue inspirierte Schriften offen wäre. So haben sich in der Geschichte des atl. Kanons an das schon in gewissem »kanonischen« Ansehen stehende Korpus mosaischer Schriften mit ihrer Dokumentation der grundlegenden Offenbarungsereignisse von Exodus und Sinai die Berichte von weiteren geschichtl. Erfahrungen Israels angegliedert. Diese Entwicklung kam zwar innerhalb des Judentums schon in vorchristl. Zeit zu einem gewissen Abschluß (nach Josephus deshalb, weil die Sukzessionsreihe der zur biblischen Autorschaft legitimierten Propheten in der Perserzeit abbrach, cAp.I,37-41). In der frühen Christenheit schloß man sich, darin Jesus und den Aposteln folgend, an diese dem Umfang nach längst feststehende Sammlung der atl. Hl. Schriften bewußt an, erweiterte sie aber um das apostol. Schrifttum. Der Grund dafür lag in dem neuen, das AT erfüllenden und zugleich überbietenden Offenbarungshandeln Gottes in Christus. Sofern dieses aber nicht nur ein, und sei es auch noch so wichtiges, Ereignis neben anderen ist, sondern als eschatologisches zugleich endgültig ist (Hebr 1,1f), findet mit der Sammlung der ntl. Schriften der bibl. Kanon seinen definitiven Abschluß. Der Kanon der B. ist also grundsätzlich und unwiderruflich geschlossen.

Zu b.: Mit dieser geschichtl. Begründung der Abgeschlossenheit des Kanons hängt zusammen, daß für die Zugehörigkeit jeder einzelnen Schrift zum ntl. Kanon keine absoluten, theoretischen Kriterien angegeben werden können, sondern nur »relative«, d.h. Kriterien, die auf dies kontingente geschichtl. Ereignis der Offenbarung in Christus zurückverweisen: Zum einen weist das Kriterium der *Apostolizität* (Autorschaft eines Apostels) auf die persönliche Autorisierung der → Apostel zum grundlegenden Christuszeugnis durch Jesus (Kanon Muratori, 44f: »daß Christus die Regel der Schrift und ihr Prinzip sei«) und damit den hist. Ursprung der Heilsbotschaft zurück (O. Weber: Kriterium der Originalität); zum anderen verweist das Kriterium der *Katholizität* (kein bloßes Privatschreiben, sondern für die ganze Kirche bestimmt, Kanon Muratori 60-62) auf die Zugehörigkeit einer Schrift zur B. des neuen Gottesvolkes. Zum Kriterium der Katholizität könnte auch die Annahme einer Schrift durch die »allgemeine« Kirche, d.h. die ganze Christenheit, gerechnet werden. Um aber das Mißverständnis zu vermeiden, die Kirche habe in eigener Vollmacht den Kanon festgesetzt und stehe insofern über ihm, ist es ratsam, zum dritten von der *Autopistie* der Schriften des Kanons zu sprechen, in der sie sich durch sich selbst die glaubende Anerkennung durch die Kirche geschaffen haben (*testimonium Spiritus Sancti internum*) und in dieser Wirkung auf ihren Ursprung in Gott zurückweisen.

Keines dieser Kriterien kann für sich allein stehen oder gar die Zugehörigkeit einer Schrift zur Bibel zwingend »beweisen«. Das Kriterium der Apostolizität ist nur anwendbar, wenn man es auf Apostelschüler (etwa Markus und Lukas) ausweitet; das Kriterium der Katholizität für sich genommen schließt spätere Schriften,die auch an die ganze Kirche gerichtet oder sogar von ihr sind (wie etwa ökumen. Bekenntnisse) nicht aus; und das Kriterium der Autopistie ist gegen Subjektivismus nicht geschützt. Gemeinsam aber sind sie Hilfe zum Annehmen und Verstehen der Begrenzung des Kanons auf die uns vorliegenden bibl. Schriften.

4. Eigenschaften der Schrift als Wort Gottes

Als berufendes Wort, als Wort der Verheißung wie des Befehls, ist die bibl. Offenbarung vor allem persönliche Anrede. Solche Anrede impliziert aber (in unterschiedlicher Weise) immer auch bestimmte Sachinformation bzw. setzt die Kenntnis bestimmter Sachverhalte voraus. Während menschliche Rede immer wieder auch fehlinformiert, irregeführt und irreführend ist, zeichnet sich nach bibl. Zeugnis Gottes Reden dadurch aus, daß es unbedingt vertrauenswürdig ist: Gott hält, was er verspricht (Ps 33,4). Gottes Wort ist »nichts als Wahrheit« (Ps 119,160), denn nichts ist vor ihm verborgen (Ps 139) und er allein ist wirklich wahrhaftig (Röm 3,4). Sein Reden ist aber auch klar und unmißverständlich (Micha 6,8). Und es ist wirksam »wie ein Hammer, der Felsen zerschmeißt« (Jer 23,29).

In der Anwendung solcher Aussagen auf das geschriebene Wort der B. entstanden aber Fragen, die immer wieder zu theol. Auseinandersetzungen führten.

a. Wahrheit

Was bedeutet das Bekenntnis, daß die B. »wahr« sei? In welchem Sinn kann sie, die zugleich doch Wort irrtumsfähiger und irrender Menschen ist, »wahr« sein? Am einfachsten wäre dies Problem gelöst, wenn in der Entstehung der Bibel der menschliche Anteil möglichst gering anzusetzen wäre, die Autoren nur willen- und bewußtlose Werkzeuge des göttlichen Offenbarungshandelns wären (Verbalinspiration im herkömmlichen Sinn etwa der Diktatinspiration). Das Ergebnis wäre dann als ganz »göttlich« und deshalb auch absolut wahr zu denken (Irrtumslosigkeit der Schrift). Das biblische Selbstzeugnis über ihre Inspiration widerspricht aber dieser Konzeption. Wo dagegen der Inspirationsgedanke im Blick auf die Schrift als zeitbedingte Vorstellung konsequent preisgegeben wird, rechnet man in der Schrift grundsätzlich mit Fehlern aller Art, von der historischen Unrichtigkeit bis hin zur theologischen Irrlehre (→ Bibelkritik).

Die vermittelnden Positionen der Personal- und der Realinspiration versuchen, die Wahrheit der Bibel auf die Ethik oder die Soteriologie zu beschränken. In den Linien der nachkantischen Trennung von Glauben und Wissen führt eine solche Reduktion tendentiell zu einem geschichts- und weltlosen Lebens- und Heilsverständnis (Ethizismus, Gnosis).

Bleibt man dagegen im Sinne der Lehre von der Verbalinspiration dabei, daß die ganze B. als Wort des dreieinigen Gottes anzusehen ist, so ist entsprechend auch am ungeteilten Wahrheitsanspruch der ganzen B. festzuhalten. Dies wird aber nur möglich sein, wenn man über die zur Geschichtslosigkeit neigende herkömmliche Lehre von der Verbalinspiration hinaus zu einer konsequent dem bibl. Offenbarungsverständnis entsprechenden geschichtl. Lehre von der Verbalinspiration kommt. Denn ihr Wahrheitsanspruch darf nicht an den Maßstäben der Vollkommenheitsideale menschlicher Vernunft gemessen werden. Vielmehr ist Gottes Wahrheit eine geschichtl. sich offenbarende und vermittelnde. Es gehört zu ihrer Eigenart, daß sie sich dabei auf erkenntnismäßige Bedingtheiten der menschlichen Zeugen einläßt (→ Hamann: Offenbarung als Kondeszendenz des Heiligen Geistes). Die so verstandene Inspiration löst die bibl. Zeugen nicht aus allen Zusammenhängen heraus, sondern stellt sie mit ihrer persönlichen Eigenart und unaustauschbaren geschichtl. Situation in den Dienst des Offenbarungshandelns Gottes. Sie befreit sie nicht von Vernunft, Wille und Gefühl, sondern von der sie bestimmenden sündigen Eigenmächtigkeit und macht die Zeugen damit fähig, Gottes Wahrheit und Willen adäquat zu erkennen und zum Ausdruck zu bringen. Das eigentliche Problem besteht also nicht in der Menschlichkeit des bibl. Wortes (der Mensch ist als Gottes Ebenbild zum Gegenüber Gottes geschaffen und als solcher mit Sprache begabt), sondern in der Sünde des Menschen.

Grundsätzlich ist also von der Vertrauenswürdigkeit der Schrift in allen ihren Aussagen auszugehen. Doch ähnlich wie der Umfang des Kanons zwar grundsätzlich geschlossen ist, faktisch aber angesichts der textkritischen Gegebenheiten (Gesichertheit des Großteils des Textes bei bleibender Unsicherheit in einzelnen Fällen, von im Blick auf den Wortsinn ganz unerheblichen Varianten bis hin zur Frage der Zugehörigkeit einer ganzen Perikope zum bibl. Text, vgl. Joh 8) die Kanonsgrenze nicht präzise festzulegen ist, so gibt es auch in der Wahrheitsfrage an den Rändern der B. Unschärfen (selbst die »Chicago-Erklärung über biblische Irrtumslosigkeit« spricht in Art. 13 von unchronologischen Erzählabläufen, ungenauen Zitierungen u.ä.). Solche »Unschärfen« haben ihren Grund in der Geschichtlichkeit der Inspiration und den mit ihr gegebenen Abhängigkeiten der Autoren, deren Korrektur Gott offensichtlich nicht für nötig hielt und die dem Charakter der Schrift als Wort Gottes in der Niedrigkeitsgestalt menschlichen Wortes nicht widersprechen und trotz bleibender Unsicherheiten menschlicher Erkenntnis doch Gewißheit des Glaubens ermöglichen. Das Postulat absoluter Irrtumslosigkeit dagegen ist nicht von den bibl. Gegebenheiten bestimmt, sondern von aus einem idealistischen Gottesbild abgeleiteten Wunschvorstellungen.

b. Klarheit

Als Gottes Wort will die B. von jedermann gehört sein. Diese Zielbestimmtheit setzt Klarheit und Verständlichkeit des Wortes voraus. Aber kann sie als Wort Gottes denn jedermann verständlich sein? Muß die Bibel als Wort des Geistes dem »natürlichen Menschen«, der »nichts vernimmt (= annimmt) von dem, was des Geistes Gottes ist« (1Kor 2,14) nicht notwendig verschlossen bzw. Gegenstand bloßen Mißverständnisses sein? Müßte der Mensch nicht erst zum »geistlichen Menschen« erneuert sein? So sollte nach kath. Verständnis nur der zum Lehramt bevollmächtige »Geistliche« die Schrift auslegen, nach der im → Pietismus weitverbreiteten sog. »pneumatischen« Exegese nur der Wiedergeborene. Richtig ist, daß die bibl. Botschaft als Herrschaftsanspruch Gottes wie als Zuspruch seiner Gnade im Wort vom Kreuz den Intentionen des von der Sünde bestimmten »natürlichen« Menschen zuwiderläuft, von ihm also, so wie er ist, nicht angenommen werden kann, und bei ihm also in besonderer Weise die Neigung zur Umdeutung des angeblich »undeutlichen« Wortes besteht. Trotzdem aber ist das Wort in der uns vorliegenden Gestalt menschlicher Rede in sich selbst klar und grundsätzlich jedermann zugänglich (*claritas externa*). Nur deshalb kann es auch beim Leser (»wo und wann es Gott gefällt«, CA V) den inneren Widerstand überwinden und zu geistl. Erneuerung führen (*claritas interna*). Die Interpretationsbedürftigkeit der B. aufgrund hist. und kultureller Distanz des Lesers zum bibl. Autor ist demgegenüber nur ein relatives Hindernis. Die Bibel ist allerdings »kein müheloser Besitz« (Schlatter).

c. Wirksamkeit

Unter dem Einfluß spiritualistischen Denkens wurde immer wieder versucht, das bibl. Wort als »toten Buchstaben« abzuwerten und geistl. Wirkungen nur aus neuen, unmittelbaren Aktionen des Geistes zu erwarten (unter Berufung auf den Gegensatz von »Buchstabe« und »Geist« in 2Kor 3,6, wo mit diesen Begriffen aber der Unterschied von Gesetz und Evangelium bezeichnet wird). Nach bibl. Verständnis ist aber auch das geschriebene Wort durchaus lebendig und wirksam (Hebr 4,12). Das in der Auseinandersetzung mit spiritualistischem Denken ausgebildete Bekenntnis der luth. Orthodoxie, daß das Wort den Geist »in sich« habe, darf nur nicht animistisch-magisch mißverstanden werden. Wort und Geist sind untrennbar verbunden, weil der lebendige und allgegenwärtige Gott auch heute zu seinem einst gegebenen Wort steht und durch es redet und wirkt.

Lit.: H. Burkhardt: Grenzen des Kanons. Motive und Maßstäbe, ThBeitr 1/1970, 153-160; ders.: Motive und Maßstäbe der Kanonbildung nach dem Canon Muratori, ThZ 30/1974, 207-211; ders.: Die Inspiration heiliger Schriften bei Philo von Alexandrien, 1988; H. Frey: Die Krise der Theologie, 1971; N.L. Geisler (Hg.): Inerrancy, 1979; H. Lindner: Hamann über Bibel und Offenbarung, in: ders.: J.G. Hamann, 1988; G. Maier (Hg.): Der Kanon der Bibel, 1990; ders.: Biblische Hermeneutik, 1990; H. Marshall: Biblische Inspiration, 1986; O. Michel: Paulus und seine Bibel, ²1972; K.H. Ohlig: Die Begründung des neutestamentlichen Kanons in der alten Kirche, 1972; C.H. Ratschow: Zur Frage der Begründung des neutestamentlichen Kanons aus der Sicht des systematischen Theologen, NZSyTh 2/1960, 150-160; ders: Lutherische Dogmatik zwischen Reformation und Aufklärung I, 1964; O. Rodenberg: Die Gemeinde Jesu Christi und die Bibel, 1966; ders.: Wort und Geist, 1969; B. Rothen: Die Klarheit der Schrift, 2 Bde., 1990; A. Schlatter: Das christliche Dogma (§ 89), ³1977; E. Schnabel: Inspiration und Offenbarung. Die Lehre vom Ursprung und Wesen der Bibel, 1986; H. Stadelmann: Grundlinien eines bibeltreuen Schriftverständnisses, 1985; O. Weber: Grundlagen der Dogmatik Bd. 1, 1959.

H. Burkhardt

Bibel-Babel-Streit

Der B. entzündete sich an drei Vorträgen über »Babel und Bibel: Babel als Erklärer und Illustrator der Bibel« des bedeutenden Assyriologen Friedrich → Delitzsch (1850-1922), die dieser in den Jahren 1902ff auch publizierte. Den einen hielt er am 13. 1. 1902 vor der Deutschen Orient-Gesellschaft in Anwesenheit des deutschen Kaisers Wilhelm II. Er sprach sich darin für die Originalität der babylon. Literatur, Kultur und Religiosität gegenüber dem AT und seiner Anschauungswelt aus. Die bibl. Urgeschichte (Schöpfungs- und Sintfluterzählungen, Genealogien und Turmbaugeschichte), Gesetzgebung (Bundesbuch), Hymnen- und Gebetsliteratur (Psalmen) u.a.m. seien von den wesentlich älteren babylon. Textvorlagen formal und inhaltlich abhängig und deshalb von geringerem Wert. Delitzsch löste mit seinen Vorträgen eine heftige literarische Diskussion aus, in welcher bei allem Zugeständnis an den engen Zusammenhang, der zwischen dem AT und dem antiken Vorderen Orient besteht, die Besonderheit, Andersartigkeit und Unableitbarkeit des bibl. Zeugnisses herausgestellt wurden. Delitzsch ließ sich davon nicht überzeugen und gelangte schließlich zu der Auffassung, daß das AT für die christl. Kirche völlig entbehrlich sei. Dabei trat neben seine probabylon. Anschauungen auch antisemit. Gedankengut.

Lit.: F. Delitzsch: Die große Täuschung, 2 Teile, 1920/21.

S. Wagner

Bibelarbeit

1. Begriff

B. ist ein häufig gebrauchter, aber keineswegs eindeutiger Begriff. Während → Predigt die → Verkündigung im → Gottesdienst meint, bezeichnet B. die intensivere Beschäftigung mit einem bibl. Text in nichtgottesdienstl. Form (Jugendgruppe, Gemeindekreis, Gemeinde- und Kirchentag u.a.). Andacht oder Biblische Besinnung stehen für eine Kurzansprache (mit Lied/Gebet), die sich auf wenige Aspekte eines Textes konzentriert. B. setzt voraus, daß die Teilnehmer eine aufgeschlagene Bibel vor sich haben und die Auslegung am Text kritisch mitverfolgen, ggf. am Ende Rückfragen stellen oder eigene Entdeckungen am Text bzw. Konkretionen für den Alltag anfügen. Dieses Verständnis von B. ist darauf aus, bibl. Texte in ihrer Ganzheit und im Kontext eines bibl. Buches besser zu verstehen. Dem »Bibelarbeiter« kommt dabei besondere Verantwortung zu. Die Form der »Bibelstunde« in ihrer pietist. Tradition ist hier wirksam.

Ein anderes Verständnis von B. legt Wert auf das gemeinschaftliche Studium der Bibel. Ziel ist die Teilnahme aller am Verstehen des Textes und seiner Übertragung ins Heute. Als 1919 der Begriff B. erstmals verwendet wird, hat er genau diese Stoßrichtung. Angeregt durch die Arbeitsschulbewegung (H. Gaudig) mit ihrem Anliegen eines selbständigen Umgangs der Schüler mit Büchern u.a. entwickeln sich in den ev. Jugendverbänden Umgangsformen mit der Bibel, die ein aktives Mitdenken, Mitreden und Mitwirken der Jugendlichen fördern und ihre Lebenswelt bewußt in das Gespräch mit dem Bibeltext einbeziehen. Der Begriff B. taucht zuerst im Ev. Verband für weibliche Jugend auf, wird dann vom → CVJM, der → DCSV (Dt. Christl. Studentenvereinigung), den Schülerbibelkreisen u.a. übernommen, später auch von den Ortsgemeinden z.B. in der Hauskreisarbeit (→ Hauskreis). So ist die B. »zum Geschenk der Jugend an die ganze Kirche geworden« (O. Hammelsbeck).

2. Ziele

»Wer die Bibel nicht kennt, kennt Jesus nicht« (Hieronymus). B. will durch intensives Bibelverstehen zu einer tieferen Christuserkenntnis helfen, die Aktualität der Bibel für heute verdeutlichen, die Mündigkeit und das geistl. Urteilsvermögen der Christen fördern und durch das gemeinschaftl. Schriftstudium Gemeinde von der Basis her bauen.

3. Methoden

Das Gespräch muß für die B. maßgebend sein. Im Spannungsbogen von Text und Lebenssituation der Teilnehmer wird der Einstieg einmal stärker bei der Bibel und ein anderes Mal mehr bei den Lebensfragen liegen. Besonders in der Jugendarbeit sind vielfältige Arbeitsformen erprobt worden. Bevorzugt werden kreative Methoden, die eine stärkere Betroffenheit der Person in ihrer Ganzheit ermöglichen. Es ist darauf zu achten, daß die Methodenwahl der Intention des Textes entspricht.

Lit.: W. Erl, F. Gaiser: Neue Methoden der Bibelarbeit, 1969 u.ö.; J. Henkys: Bibelarbeit. Der Umgang mit der Heiligen Schrift in den ev. Jugendverbänden nach dem Ersten Weltkrieg, 1966; W. Langer (Hg.): Handbuch der Bibelarbeit, 1987; O. Schweitzer: Werkbuch Bibelarbeit, 1988; Th. Vogt: Bibelarbeit. Grundlegung und Praxismodelle einer biblisch orientierten Erwachsenenbildung, 1985; K. Wegenast: »Bibel V.«, TRE 6, 1980, 93-109.

F. Gutsche

Bibelauslegung → Schriftauslegung

Bibelbund

Der B. wurde 1894 in Pommern von fünf luth. Kirchenvertretern und einem Professor gegründet, um gegen den zunehmenden Einfluß der liberalen Theologie vorzugehen. Dabei bekannten sich die Mitglieder zum Glauben an die irrtumslose Offenbarung Gottes in seinem Wort. Zunächst auf eigenen Konferenzen, ab 1901 dann im Organ »Nach dem Gesetz und Zeugnis« kämpfte der B. gegen die religionsgeschichtl. Schule, gegen die Quellenscheidung und die rationalistische Bibelauslegung. Zielgruppe waren luth. Pfarrer. Vertreter der Gemeinschaftsbewegung und der Freikirchen blieben zunächst eine Minderheit.

Bekannte Mitglieder des B. waren Superintendent Wilhelm Kölling, Vertreter einer orthodoxen Verbalinspirationslehre, Eduard Rupprecht, Gegner der Quellenscheidung im Pentateuch, sowie die Professoren Theodor Beyer und Friedrich Hashagen als Kontrahenten des Liberalismus. Unter der Wirksamkeit des Pfarrers Wilhelm Möller fand der B. auch in der atl. Wissenschaft Beachtung, obwohl ihm allgemeine Anerkennung versagt blieb.

Nach dem Zweiten Weltkrieg und dem Verlust der Ostgebiete stand der B. vor einer Neustrukturierung. Der Einfluß eines biblizistischen → Pietismus und die steigende Mitgliederzahl von Freikirchlern veränderte die Zusammensetzung des B.s. 1954 wurde der Name des Organs in »Bibel und Gemeinde« geändert. Nun machte sich auch die schon vor dem Krieg bestehende Zusammenarbeit mit angloamerikanischen Fundamentalisten bemerkbar, insbesondere mit der Gruppe um Carl McIntire. Unter der Schriftleitung von Fritz Rienecker und Samuel Külling wurde die apologetische Ausrichtung fortgeführt und vertieft, ohne von der ursprünglichen Glaubensbasis abzurücken. Seit den 70er Jahren unterstützt der B. die neu gegründeten freien theologischen Ausbildungsstätten in Basel (FETA) und Gießen (FTA).

Lit.: ZS Bibel und Gemeinde (vierteljährlich) im 92. Jg.
St. Holthaus: Protestantischer Fundamentalismus in Deutschland, Diss. Leuven, 1992, 174-208.

St. Holthaus

Bibelforscher → Jehovas Zeugen

Bibelfreizeit → Freizeit/-en

Bibelgesellschaften → Bibelverbreitung

Bibelkanon → Bibel (Entstehung)

Bibelkonkordanzen → Biblische Nachschlagewerke

Bibelkränzchen → Schülerarbeit

Bibelkreis → Hauskreis

Bibelkritik

a) historisch

Die eigentliche Zeit der B. beginnt mit der → Aufklärung im 17. Jh.

1. Gründe der aufklärerischen Bibelkritik

Die B. der Aufklärung hat vor allem folgende Gründe:

- Eine zunehmende Dogmenmüdigkeit und -feindlichkeit, die als Reaktion auf spätscholastische Spitzfindigkeiten und konfessionelle Lehrstreitigkeiten (bis hin zum Religionskrieg!) zu verstehen ist, bewirkt, daß man nur noch am sittlichen Gehalt der Hl. Schrift und des christl. Glaubens interessiert ist, die dogmatischen Aussagen dagegen kritisiert und abweist.
- Die Erschütterung der hist. Zuverlässigkeit antiker Geschichtswerke (wie Homer, Vergil) führt rasch zum Zweifel auch an den bibl. Geschichtsaussagen und schließlich zu einem prinzipiellen Skeptizismus gegenüber geschichtl. Überlieferung (s. Lessings Geringschätzung von nur »zufälligen Geschichtswahrheiten«).
- Das Erstarken einer »natürlichen Religion« führt zum Postulat überzeitlicher Wahrheiten (nach Auffassung der meisten Aufklärungsphilosophen), die jedem Menschen von Natur aus ins Herz gegeben und darum auf vernünftige Weise zugänglich sind. Diese haben damit auch als Maßstab einer kritischen Bibelauslegung zu gelten und machen in letzter Konsequenz die Bibel überflüssig.

2. Der Weg der Bibelkritik bis zu J.S. Semler

Die B. der Aufklärung entwickelte sich in mehreren Wellen:

Ihren Anfang nahm sie in Holland, wo sich nach 1609 eine vernünftig-natürliche Religiosität herausbildete, in der man die Bibel rational und dogmenkritisch auslegte und ihr wesentliches Ziel in einer sittlichen Lebensführung sah (→ Arminius/Arminianismus, → Sozinianer, H. → Grotius, B. → Spinoza).

In Frankreich schrieb R. Simon in gegenreformat. Betonung der kirchl. Lehrautorität eine »Kritische Geschichte« des AT und NT (1678ff).

Nach der »Toleranzakte« (1689) blühte in England die deistische B. auf, die im Eintreten für ein mysterienfreies, antidogmat. und antiklerikales Christentum die bibl. Offenbarungsaussagen rigoros auf die moralischen Lehren der natürlichen Religion reduzierte (J. Toland, M. Tindal u.a.m.).

In Deutschland konnte die B. erst nach dem Rückgang der Orthodoxie Fuß fassen. Nach 1752 wurden die deistischen Bibelwerke bekannt, ab 1774 veröffentlichte G.E. → Lessing Auszüge aus der bibelkritischen »Apologie« des H.S. → Reimarus, was den »Fragmentenstreit« auslöste. Wegweisend wurde J.S. → Semler, der in der Bibel das jeder Kritik enthobene »Wort Gottes« (als überzeitliche, allgemein-moralische Lehre Christi) von der »Heiligen Schrift« (als ihrer geschichtlich gewordenen äußeren Gestalt) zu unterscheiden lehrte. Die sich aus dieser Unterscheidung ergebende Möglichkeit der hist.-kritischen Untersuchung der Hl. Schrift (Text, Sprachgebrauch, zeitgeschichtlicher Kontext, Kanonbildung), machte Semler zum Vater der hist.-kritischen Hermeneutik.

3. Die moderne historisch-kritische Bibelforschung

Die Exegese im 19. Jh. griff die Möglichkeit auf, in der Hl. Schrift zu differenzieren, z.B. »Kanonisches« von »Apokryphischem« (F.D.E. → Schleiermacher) oder den »historischen Jesus« von seiner nachträglichen »mythischen Einkleidung« (D.F. → Strauß) zu unterscheiden, womit beidesmal eine Sachkritik am Bibeltext anhand eines ihm übergeordneten Maßstabs verbunden war, sei es »der Gemeingeist der christlichen Kirche« oder die hegelianische »Glaubensidee« vom Gottmenschen.

In den Bahnen solcher oder ähnlicher Unterscheidungen entwickelte sich die hist.-kritische Bibelforschung im 19. Jh. zu einer hohen Blüte. Philologische, hist.-, literar-, gattungs- und religionsgeschichtl. Untersuchungen brachten eine Fülle von Erkenntnissen vor allem zum AT (W.M.L. → De Wette, F.J. Wellhausen, H. Gunkel u.a.); in der ntl. Wissenschaft galt das Hauptinteresse der synoptischen Frage und der »Leben-Jesu-Forschung« (F.Chr. Baur, H.J. Holtzmann, W. Wrede, J. Weiß u.a.). Dazwischen gab es eine Reihe Forscher, die sich der radikalen B. verschlossen und von einem eher biblizistischen Standpunkt aus beachtliche Ergebnisse vorlegten (F. → Delitzsch, H. → Cremer, M. → Kähler, A. → Schlatter).

Die Methodik der hist. Kritik wurde 1898 von E. Troeltsch in den drei Prinzipien der »Kritik«, »Analogie« und »Korrelation« zusammengefaßt, nach denen sich auch die Bibelforschung zu richten habe. Dieser Arbeitsweise schlossen sich weithin die Exegeten im 20. Jh. an (R. → Bultmann, E. Käsemann u.a.), wobei es auch zur Kritik an der grundsätzlich a-theol. Methodik kam (J. → Schniewind, O. Michel u.a.).

Lit.: H. Kraus: Geschichte der historischkritischen Erforschung des Alten Testaments, [3]1982; W. Kümmel: Das Neue Testament, Geschichte der Erforschung seiner Probleme, [2]1970; K. Michel: Anfänge der Bibelkritik. Quellentexte aus Orthodoxie und Aufklärung, 1985; K. Scholder: Ursprünge und Probleme der Bibelkritik im 17. Jahrhundert, 1966.

K.-H. Michel

b) systematisch

Von B. ist dort zu sprechen, wo Methode und Ergebnis der Schriftauslegung von einer grundsätzlich kritischen Haltung gegenüber der → Bibel bestimmt sind. Diese Haltung setzt voraus, daß die Bibel nicht als ein schlechthin besonderes, sondern nur als ein Buch wie jedes andere anzusehen und zu behandeln ist. Während eine solche Einstellung zur Bibel in ev., teilweise aber auch in kath. Theologie heute weithin selbstverständlich geworden ist, wird sie im ev. Bereich vor allem von Evangelikalen (Lausanner Verpflichtung Art. 1), aber auch der offiziellen kath. Lehre (Dei Verbum 11) abgelehnt.

Aber so wie die grundsätzlich kritische, nach sachfremden Kriterien verfahrende Einstellung zur Bibel wissenschaftstheoretisch fragwürdig ist, so nicht weniger eine prinzipiell konservative Einstellung, die dazu neigt, hist. Theorien über die Bibel (z.B. die Entstehung bestimmter Bücher betreffend) absolut zu setzen und ihre Kritik als B. zu bezeichnen. Aufgabe der Exegese ist nicht die Vertretung irgendwelcher kritischer oder unkritischer Prinzipien und Theorien, die an die Bibel herangetragen werden, sondern die möglichst genaue Erfassung der eigenen Aussageintention des Bibelworts aufgrund seiner uns vorliegenden überlieferten Gestalt (»So muß Geschichte als Geschichte gesehen werden, Dichtung als Dichtung, Übertreibung als Übertreibung«, Chicago-Erkärung, Exposition, vgl. Dei Verbum 12).

So ist nicht nur die Unterwerfung bibl. Aussagen unter die als absolute Wahrheitskriterien aufgefaßten Kriterien von Analogie und Korrelation (E. → Troeltsch) B., sondern auch eine vermeintlich »geistliche«, tatsächlich aber willkürliche Allegorese, oder eine vermeintlich »bibeltreue«, tatsächlich aber den bibl. Text vergewaltigende Harmonisierung.

Gelegentlich wird versucht, eine Lösung des Problems in Zugeständnissen im Blick auf die Form (Sprache der Bibel), nicht aber den Inhalt (Sachkritik) zu finden. Aber Form und Inhalt sind prinzipiell nicht zu trennen. Nicht die Art des Gegenstands der Auslegung entscheidet über Bibeltreue oder B., sondern die persönliche Einstellung des Auslegers: seine Unterordnung unter das Schriftwort als Wort Gottes und die in der Verantwortung vor Gott geübte Wahrhaftigkeit seiner Auslegung (in Offenheit und Korrekturbereitschaft). Die Bibel so nehmen, wie sie uns gegeben ist, kann nie B. sein.

Lit.: Alle Welt soll sein Wort hören. Lausanne-Dokumente 1974; H. Burkhardt: Die Bibel - Wort von Menschen und doch Gottes Wort, in: anruf 81/83, Heft 7/8, 14-18; N.L. Geisler: Inerrancy, 1979; G. Maier: Biblische Hermeneutik (XII Offenbarung und Kritik), 1990; O. Semmelroth, M. Zerwick: Vaticanum II über das Wort Gottes, 1966.

H. Burkhardt

Bibellese

B.n sind methodische Anleitungen für das systematische, fortlaufende Lesen der Bibel innerhalb eines bestimmten Zeitraumes.

Grundlage für die meisten B.n im dt. Sprachraum ist der von der Ökumenischen Arbeitsgemeinschaft für Bibellesen erarbeitete Textplan. Dabei wird das AT in einem Acht-Jahres-Turnus und das NT in einem Vier-Jahres-Turnus angeboten. Herausragendes Merkmal dieses Textplanes ist, daß er die wichtigsten Festtage des Kirchenjahres in der Lesung berücksichtigt und die im jeweiligen Jahr regierenden Evv. aufnimmt. Andere B.n verfolgen nicht dieses Ziel. Alle B.n bieten entsprechend ihrem Zeitraum für jeden Tag kürzere oder längere Textabschnitte an. Der Bibelleseplan soll zwischen schwerer und leichter Lektüre wechseln, daß der Leser nicht ermüdet. Er soll auch zwischen Lesungen aus dem AT und dem NT wechseln. Bei dieser Abwechslung wird darauf geachtet, daß ntl. Bücher bestimmte Aussagen des AT aufnehmen und diese Entsprechungen möglichst in einem Jahresplan erkennbar werden lassen.

Geachtet wird auf gleichmäßige Verteilung von Geschichts-, Lehr- und prophetischen Büchern; innerhalb eines Buches wird fortlaufend und in der kanon. Reihenfolge gelesen.

B.hilfen werden als periodische Quartalshefte und Jahrbücher angeboten. Sie erscheinen mit kurzen oder ausführlicheren Erklärungen, bzw. Auslegungen, um den gelesenen Text zu erhellen und in die Gegenwartssituation zu übertragen.

Darüber hinaus gibt es zielgruppenorientierte B.n für Kinder und Jugendliche in einer der Zielgruppe entsprechenden Gestaltung. Undatierte B.n mit vielen Sacherklärungen zu den Inhalten eines bibl. Buches bieten sich für den Einsteiger in B.n an. Thematisch orientierte B.n wenden sich an solche Bibelleser, die sich mit einem speziellen Thema gründlich beschäftigen wollen.

Lit.: Bibellesen des Bibellesebundes; Die ersten 100 Tage mit der Bibel, Lichtstrahlen, Neukirchener Kalender, Start in den Tag, Termine mit Gott.

K. Schäfer

Bibellesebund (BLB)

Der B. ist ein freies Missionswerk. 1867 in England gegründet, hat er sich von dort aus auf alle fünf Kontinente ausgebreitet. Heute ist der B. in 100 Ländern der Welt vertreten.

Seit 1947 gibt es den B. in Deutschland. Zu ihm zählen heute 40 Mitarbeiter und Mitarbeiterinnen. Generalsekretär ist Pastor Reinhold Frey. Die Zentrale des B. befindet sich in Marienheide bei Gummersbach.

Ziel des B.s ist es, Menschen in die Nachfolge Jesu einzuladen und ihnen zu helfen, als Christen zu leben und aktiv in ihrer Gemeinde mitzuarbeiten. Dies geschieht durch Freizeiten im In- und Ausland, Seminare, Fachtagungen, Schulungen, Bibeltage, Evangelisationen, Frauentage, Kinderwochen, Kindertage, die Strandmission an der Nord- und Ostsee und die Herausgabe von Bibellesehilfen und Büchern mit christl. Inhalt sowie mit audiovisuellem Material für unterschiedliche Altersstufen. In diesem Sinn versteht sich der B. als »Dienstleistungsunternehmen« für Kirchen, Freikirchen und Gemeinschaften. Er bildet deshalb keine eigenen Kreise oder Gemeinden.

Finanziell wird die Arbeit des B.s durch Spenden ermöglicht. 1925 wurde B. in der Schweiz gegründet, 1984 in Österreich, obwohl dort schon 1959 mit der Arbeit begonnen wurde. Zielsetzung und Arbeitsweise des B.s sind in allen drei Ländern gleich.

Lit.: ZS BLB-Nachrichten (zweimonatlich)

M. Büchel

Bibelschule → Ausbildung, theologische (b)

Bibelstunde

Die B. als regelmäßige Gemeindeveranstaltung dient dem Zweck, den Teilnehmern zu besserer Kenntnis und vertieftem »Verständnis des Schrifttextes mit allen Folgerungen für das christliche Leben« (Parsch, 21) zu verhelfen. In der B. werden normalerweise einzelne bibl. Bücher Abschnitt für Abschnitt durchgearbeitet (durch Vortrag und/ oder Gespräch). Obwohl sie noch in den 50er Jahren als unverzichtbarer Bestandteil des Gemeindelebens galt, ist sie sowohl von der praktischen Theologie als auch von der kirchengeschichtl. Forschung nicht hinreichend gewürdigt worden.

Die B. ist ein Kind des → Pietismus, der in ihr das Instrument fand, »das Wort Gottes reichlicher unter uns zu bringen« (Spener). Ihre Ursprünge sind im ref. Bereich zu suchen. Hier konnte angeknüpft werden an eine lebendige Tradition von Schriftauslegungsgottesdiensten (vgl. u.a. Zwinglis »Prophezei« [Ausdruck nach 1Kor 14,28ff; 1525]; Calvins Genfer Congrégation mit Ansätzen zur Aussprache; Jan Laskis Ordnung der niederl.-ref. Gemeinde London 1550) und an die am Niederrhein, in Ostfriesland und in der niederl. Kirche praktizierten katechetischen Übungen, bei denen die Zuhörer der Auslegung erbauliche Beiträge hinzufügen durften (so vom Weseler Konvent 1568 festgestellt). Erbauungsversammlungen dieser Art wurden durch Theodor Undereyck in Mülheim/Ruhr seit 1665 (1661 ?) wöchentlich durchgeführt und durch Gerhard Tersteegen fortgesetzt (Nachschriften »Geistliche Brosamen« postum 1771-1773). Jean de Labadie verlangt 1668 »L'Exercice prophétique«, »apostolische Kirchenversammlungen nach dem Muster von 1Kor 14« und führte sie in seiner von der ref. Kirche separierten Gemeinschaft ein: »Dabei wird das Wort nicht von hoher Kanzel herab verkündigt, sondern wir alle sitzen auf den gleichen Bänken,

Arme und Reiche ohne jeden Unterschied durcheinander ... Es darf nämlich jeder, der will und kann, über die vorgenommenen Texte reden und wird mit einfältigem, demütigem Herzen angehört« (Labadie 1669; bei Wallmann, 30). Unter labadistischem Einfluß vollzog sich 1674/75 in Frankfurt/Main die Umgestaltung des – seit 1670 unter Speners Obhut gehaltenen – Collegiums pietatis »aus einer religiösen Lesegesellschaft (in) eine Übung der Bibelauslegung« (Wallmann, 45, im Anschluß an W. Bellardi); denn »fleissige [Be-]handlung deß Göttlichen Worts (die nicht bloß in anhörung der Predigten bestehet, sondern auch lesen, betrachten, darvon [sich] unterreden ... in sich fasset) das vornehmste mittel etwas zu bessern seyn muß.« (PD, 56f). Ebenfalls sich auf 1Kor 14 berufend, empfiehlt Spener deshalb: »Wo zu gewissen zeiten unterschiedliche auß dem Predigtampt... oder doch unter dirigirung deß Predigers andere mehrere auß der Gemeinde, welche Gott mit ziemlicher erkantnuß begabet oder in derselben zu zunehmen begierig sind, zusammen kämen, die Heilige Schrifft vor sich nehmen, darauß offentlich lesen und über jegliche stelle derselben von dem einfältigen verstand und was in jeglichem zu allerhand unser erbauung dienlich wäre, brüderlich sich unterredeten« (PD, 55). Während Spener selbst wegen der Gefahr des Separatismus an seinen späteren Wirkungsorten keine besonderen Erbauungsversammlungen mehr einrichtete, sind sie im luth. Württemberg als – vielfach von Laien privat gehaltene – »Stunden« dauerhaft heimisch geworden und haben entscheidend zur biblizistischen Prägung des dortigen Pietismus beigetragen. Dort ist auch zuerst der Name »Bibelstunde« nachweisbar (1742; Wurster, 16). Ausdrücklich auf das württembergische Vorbild verweist J.H. Wichern in seiner »Denkschrift« (1849), in der er die feste Verankerung der B. im Gemeindeleben fordert und durch die Innere Mission gefördert sehen will. B.n sollen »Schrift-Auslegungen sein« und sich »von jeder Predigtform formell unterscheiden« (Wichern, 1, 217). Jedoch setzte sich meist die klass. Predigtform der Homilie auch für die B.n durch. Angefangen in den von der Erweckungsbewegung berührten Kirchengebieten begannen in ganz Deutschland die Pfarrer regelmäßig Gemeinde-B.n zu halten, die endgültig die nicht mehr zu realisierenden Wochengottesdienste, aber auch obrigkeitlich eingeführte Betstunden ablösten. Zahlreiche B.nreihen erschienen in Buchform (von Wilh. Friedr. Besser, Karl Gerok u.a.). Auch in manchen kath. Kirchengemeinden hielt die B. Einzug. Vielfache Versuche seit Anfang des 20. Jh.s, den Gemeinschaftscharakter der Versammlungen besser zu nutzen und deshalb die B.n als »Bibelbesprechstunden« zu halten, scheiterten weithin am methodischen Unvermögen der Pfarrer und der Zurückhaltung der Laien. Anders als in den kirchl. B.n wurden in den zahlreichen »Vereinen« (Jungmännerwerk; Verband für weibliche Jugend; CVJM; Schülerbibelkreise u.a.), den Freikirchen und den landeskirchl. Gemeinschaften B.n weiterhin von Laien gehalten, gelegentlich, wohl unter dem Einfluß der angelsächsischen Erweckungsbewegung, stärker mit einem evangelistischen Akzent versehen (»Zeugnis«; so vor allem im DCSV). Nach dem Ersten Weltkrieg trat in den Jugendverbänden neben und bald an die Stelle der alten »Vereinsbibelstunde« ein systematisches Bibelstudium in Gestalt der → Bibelarbeit. Sie hat in methodischer Hinsicht die Praxis der Gemeinde-B.n zunächst nur wenig beeinflußt. Ob nach der in den 50er Jahren einsetzenden Krise der klass. B. nun in vielen Kirchengebieten und Gemeinden ihr Ende gekommen ist, muß offen bleiben. In den letzten Jahrzehnten sind neue Formen des gemeindlichen Umgangs mit der Bibel wirksam geworden (→ Bibelwoche; Bibelseminare; »Bibelarbeit mit der Gemeinde«; → Hauskreise; vgl. die zahlreichen Impulse aus anderen Kontinenten und Kulturen und aus der Kommunikationstheorie; Einsatz nonverbaler Medien). Dabei stellt sich die weithin anzutreffende Vorherrschaft der historisch-kritischen Exegese als des alleinigen Auslegungsschlüssels als nicht unproblematisch für das gemeinsame Arbeiten von Theologen und Laien mit der Bibel heraus. Das Kernstück der »alten« Gemeinde-B., die Bibelansprache als Monolog (neuerdings Bibelauslegungsrede genannt), lebt in den Bibelvorträgen bei Bibelwochen, Konferenzen und auf Kirchentagen (dort unter der irreführenden Bezeichnung »Bibelarbeit«) weiter. In einigen Freikirchen und Gemeinschaften hat die an nordamerikanische Vorbilder angelehnte Gemeindebibelschule (GBS) mehr oder weniger erfolgreich den Platz der B. eingenommen.

Lit.: Ph.J. Spener: Pia desideria, hg. von K. Aland, ^{3}1964 (KlT 170); J.H. Wichern: Sämtliche Werke, hg. von P. Meinhold, Bd. I, 1962.

S. de Diétrich: Die Wiederentdeckung der Bibel. Grundlegung, methodische Fragen, praktische Anwendung, 1948; A. Funke: »Bibelstunden«, EKL[1], Bd.1, 1956, 469-471; J. Henkys: Bibelarbeit. Der Umgang mit der Heiligen Schrift in den ev. Jugendverbänden nach dem Ersten Weltkrieg, 1966; W. Jentsch: Vom Mörtel der Methodik. Theologische u. praktische Fragen um eine Erneuerung der Gemeindebibelstunde, PBl 57, 1957, 323-339; E. Lerle: Homiletik des Gesprächs in der Bibelstunde, 1969; P. Parsch: Wie halte ich Bibelstunde, ^{2}1957 (kath.); W. Schenk: Bibelarbeit und Bibelwoche. Notwendigkeit und Möglichkeit exegetischen Gottesdienstes, 1971 (HGA 53); J. Schneider: Die Bibelstunde, 1968; J. Wallmann: Der Pietismus, 1990 (KIG O2); H.-R. Weber: Bibelstudien. Erfahrungen mit der Bibel in vier Kontinenten, 1988; E. Weismann: Der Predigtgottesdienst und die verwandten Formen IV. Die Bibelstunde: Leiturgia III, 1956, 94-96; G. Wieske: Betrifft: Gemeindebibelschule. Ein Weg zu gesundem Gemeindewachstum, [2]1977 (freikirchl.); F. Winter: Bibelstunde (Bibelauslegungsrede), Handbuch der Praktischen Theologie 2, 1974, 285f; P. Wurster: Die Bibelstunde. Ihre Geschichte, Aufgabe und praktische Gestaltung, ([1]1912), [3]1923.

G. Balders

Bibelübersetzung/-en

1. Allgemeines

Es ist eine Besonderheit des Christentums, zum Teil auch des Judentums, daß die Hl. Schriften in die Sprachen der Völker übersetzt werden. In anderen Religionen sind die hl. Schriften meistens nur Gelehrten zugänglich. Überall dort, wo Menschen im Gehorsam gegen den Missionsbefehl Jesu (Mt 28,18-20) die Gute Nachricht verkündigt und wo sich christl. Gemeinden gebildet haben, sind über kurz oder lang B.en entstanden. Die Geschichte der B.en ist deshalb zugleich ein Teil der Missionsgeschichte.

Übersetzt wurde in der Vergangenheit zunächst das, was für den Glauben wichtig, für Lesung und Predigt im Gottesdienst notwendig, für die Unterweisung wünschenswert war, z.B. Evv., Ps., Geschichten aus dem AT, dann das NT - auch in zwei- oder mehrsprachigen Ausgaben - schließlich die Bibel. B. ist ein Prozeß. Er kann sich über längere Zeiträume, über Generationen, Jahrhunderte hinziehen. B.en gibt es als Nacherzählungen, mitunter auch gereimt oder als wörtliche Wiedergabe. Die Tendenz geht aber im Lauf der Zeit immer dahin, eine B. zu erstellen, die sowohl dem Originaltext wie auch dem Hörer bzw. Leser gerecht wird. Gelingt beides, dann wird sie von den Gläubigen angenommen und kann über Jahrhunderte maßgeblicher Text sein.

Eine B. kann für eine junge Kirche von großer Bedeutung sein. Mit ihr wird die theol. Begrifflichkeit vereinheitlicht, die Sprache der Kirche geprägt, die ihren Niederschlag in Liedern und Gebeten findet. Es gibt viele Stämme und Völker, die der B. die Schriftform ihrer Sprache oder ihre Literaturfähigkeit verdanken.

2. Die ältesten Bibelübersetzungen

Die erste greifbare B. kommt aus dem 3. Jh. v.Chr. Der Aristeasbrief (ca. 100 v.Chr.) erzählt, der ägypt. Herrscher Ptolemäus II. Philadelphus (284-247 v.Chr.) habe eine Übersetzung der jüd. Tora ins Griech. gefordert. Das Werk sei von 72 jüd. Gelehrten in 72 Tagen vollendet worden. Daher trägt diese Übersetzung den Namen → *Septuaginta* (die Siebzig = LXX), der später auf die restlichen Teile des AT übertragen wurde, die in den folgenden zwei Jh.en übersetzt worden sind. Die Übersetzung war notwendig, weil den Juden in Alexandria die Kenntnis des Hebr. verloren gegangen war. Die LXX wurde auch von den Christen angenommen. Obwohl das Judentum später andere Übersetzungen ins Griech., aber auch ins Aram. (Targume) herstellte, blieb die LXX die Bibel der frühen Christenheit. Sie diente neben dem griech. verfaßten NT als Vorlage für B.en, die im Laufe der ersten Jahrhunderte von Christen in Lat., Syr., Armen., Koptisch (Sammelbegriff für die zwei Dialekte Bohairisch und Sahidisch), Georgisch, Äthiop. erstellt worden sind. Daß Teile darüber hinaus früh auch ins Arab. übersetzt wurden, wird vermutet. Bekannt ist die Übersetzung des NT durch → *Wulfila* ins Gotische (4. Jh.). Sie stellt die erste Übersetzung in eine germanische Sprache dar. Es ist anzunehmen, daß es Übersetzungen von Bibelteilen in weitere Sprachen gegeben hat (z.B. Iranisch, Nubisch).

Unter den genannten Tochterübersetzungen der LXX haben die *Peschitta* (die Einfache) bei den syr. sprechenden Christen des Ostens und die *Vetus Latina* (die alte Lateinische), oft auch *Itala* genannt, bei den Christen Nordafrikas und des Weström. Reiches Bedeutung erlangt.

Hieronymus erhielt von Papst Damasus I. 383 n.Chr. den Auftrag, die altlat. Übersetzung der Evv. zu revidieren. Seine revidierten Evv. und die überarbeiteten anderen Teile des NT haben sich schnell durchgesetzt. Beim AT begnügte sich Hieronymus nicht mit einer Bearbeitung, er übersetzte neu aus dem Hebr., ausgenommen die → Apokryphen, die nur in griech. Sprache verfaßt sind. Dies stieß auf Widerstände, hatte doch die LXX auch in der lat. Kirche ein hohes Ansehen, und die Vetus Latina, die von ihr abhing, war allzu vertraut. Tatsächlich hat die B. des Hieronymus, die dann unter dem Namen *Vulgata* (die Allgemeine) bekannt wurde, Jahrhunderte gebraucht, bis sie sich allg. durchsetzte. Ab dem 9. Jh. wurde sie die maßgebliche B. für die von Rom abhängigen Kirchen, während die LXX in ursprünglicher oder überarbeiteter Fassung der maßgebliche Text für die von Byzanz beeinflußten Kirchen blieb.

Im MA bildete sich die sog. Dreisprachendoktrin, nach der es die Bibel nur in den drei hl. Sprachen Hebr., Griech., Lat. geben durfte, weil man glaubte, daß die anderen Sprachen zu primitiv und als Gefäß für das göttliche Wort nicht geeignet seien. Dagegen haben sich bereits die beiden Brüder → Cyrillus und Methodius (9. Jh. n.Chr.) gewehrt, auf die die kirchenslawische B. zurückgeht, die aus dem Griech. übersetzt worden ist. Sie ist auch die einzige B. des MAs, die kirchenamtliche Autorität wie auch Bedeutung für das kirchl. Leben erlangt hat und noch heute nach mehreren Revisionen im Gebrauch ist. Allen anderen B.en des frühen und späten MAs, in Deutsch (Ober- und Niederdeutsch), Ital., Franz., Engl., Tschechisch, Portugiesisch, Spanisch, Niederländisch, jeweils Übersetzungen aus der Vulgata, ist die kirchl. Anerkennung versagt worden; einige sind sogar verboten oder konfisziert, ja verbrannt worden. Die Vulgata war der einzig erlaubte Bibeltext. Nationalsprachliche B.en dienten, wenn sie geduldet wurden, allenfalls der privaten Erbauung.

3. Die Bibelübersetzungen der Reformationszeit

Eine entscheidende Änderung erfolgte durch → Humanismus und → Reformation. Der Humanismus forderte auf, zu den Quellen zurückzukehren; bezeichnend dafür ist die Herausgabe des griech. NT durch → Erasmus von Rotterdam 1516. Die Reformation berief sich auf das Schriftprinzip »allein die Hl. Schrift«. Beides hat M. Luther bahnbrechend in seiner B. vereinigt. Angeregt durch Philipp → Melanchthon hat er den zwangsweisen Aufenthalt auf der (1521/22) Wartburg dazu genutzt, das NT in zehn Wochen aus dem Griech. ins Dt. zu übersetzen und im Sept. 1522 zu veröffentlichen (Septembertestament). Mehr Zeit hat er für die Übersetzung des AT aus dem Hebr. gebraucht, wobei er sich von befreundeten Gelehrten beraten und helfen ließ. Seine erste komplette B. erschien erst 1534, einschließlich der Apokryphen. Wenige Wochen vorher war seine B. bereits in Niederdeutsch durch → Bugenhagen in Lübeck herausgebracht worden.

Luther ist nicht der erste, der die Bibel ins Dt. übersetzt hat, und nicht der einzige seiner Zeit. Vor ihm gab es gedruckte Bibelausgaben in Oberdeutsch und Niederdeutsch. Neben ihm haben die Pastoren in Zürich das AT übersetzt, nachdem H. → Zwingli Luthers NT 1524 der alemannischen Mundart angeglichen hatte. Die Zürcher Bibel erschien bereits 1529. Sie wurde die maßgebliche B. für die Reformierten in der Schweiz. Dennoch war die B. Luthers bahnbrechend. Luther hatte sich von der Vulg. gelöst, die Apokryphen zwischen AT und NT angeordnet und die traditionelle Reihenfolge der Schriften des NT geändert. Luther ist der erste, der die Probleme des Übersetzens durchdacht und die Grundprinzipien seiner B. veröffentlicht hat (z.B. Sendschreiben vom Dolmetschen, 1530). Mit seiner einmaligen Übersetzungsleistung hat er den Beweis erbracht, daß die Bibel in jede Sprache übersetzt werden kann. Luther hat seine eigene B. mehrfach revidiert und damit deutlich gemacht, daß B. eine permanente Aufgabe ist. Mit all dem hat er Maßstäbe gesetzt. Tatsächlich hat die B. Luthers eine Reihe von B.en in andere europ. Sprachen direkt oder indirekt beeinflußt (England, Holland, Finnland, Dänemark, Norwegen, Litauen, Italien u.a.). Die Übersetzung der Bibel ins Dt. ist ein genuin reformat. Akt: Nicht nur wenige Eingeweihte haben die Bibel, vielmehr wird allen Christen (»allgemeines Priestertum«) »das Wort erteilt«.

Die Lutherbibel ist zum Volksbuch geworden. Ihre Sprache hat sich im Laufe der Zeit in allen deutschen Landen durchgesetzt und später auch das Niederdeutsche verdrängt. Von der kath. Kirche ist sie abgelehnt worden, weil sie keine Übersetzung aus der Vulg. war. Dennoch hat sie fast alle kath. B.en sprachlich beeinflußt. Die ersten waren sogar von ihr weitgehend abgeschrieben, verändert vor allem dort, wo sie von der Vulg. abwich (Emser NT, Dietenberger B.). Das Konzil von Trient legte 1546 fest, daß die Vulg. der authentische Bibeltext ist, dem alle B.en zu folgen haben. Aufgrund dieser verhängnisvollen Entscheidung gab es seitdem in allen europ. Sprachen keine für alle Christen gemeinsame B. mehr. Die Protestanten übersetzten aus den Originalsprachen, die Katholiken aus der Vulg. mit der Folge, daß die Namen bibl. Personen und Orte unterschiedlich überliefert wurden (inzwischen durch die »Loccumer Richtlinien« weitgehend vereinheitlicht). Die Reformation hat eine B.sbewegung in Gang gesetzt, die auch vor kath. Ländern nicht Halt machte. Im Laufe der Zeit ist die Bibel in fast alle europ. Volkssprachen übersetzt worden.

4. Bibelübersetzungen seit 1900

Mit der Gründung der Bibelgesellschaften beginnt in der Geschichte der B.en ein neues Kapitel. Bis zur Reformation war die Bibel in 33 Sprachen übersetzt worden, die meisten davon in den ersten Jahrhunderten. Bis zum Ende des 18. Jh.s gab es die Bibel oder Teile von ihr in 71 Sprachen. Im 19. Jh. wurden Teile der Bibel in 472 weitere Sprachen übersetzt. Diese erstaunliche Entwicklung hängt mit der prot.

Mission in Afrika und Asien zusammen. Wo immer die Mission Fuß faßte, begannen die Missionare aus Europa oder USA mit der Übersetzung der Bibel. Bedeutende B.en sind so entstanden, z.B. in Tamil (von Ziegenbalg), Hindi und Bengali (von Carey), Suaheli (von Krapf).

Im 20. Jh. erlebt die B.sarbeit einen neuen Aufschwung. Neben die Bibelgesellschaften treten seit 1934 die → Wycliff-Bibelübersetzer. Geleitet von der Überzeugung, es sei »Gottes Wille, daß jedermann das Wort Gottes in seiner eigenen Sprache vernehme«, gehen die Wycliff-Bibelübersetzer auch zu entlegensten und kleinsten Stämmen, entwickeln eine Schrift für deren Sprache, übersetzen die Bibel und lehren die Menschen lesen. Ein Spezifikum ihrer Arbeit ist die intensive Beschäftigung mit der Linguistik (seit 1934 Summer Institute of Linguistics).

Die jungen Kirchen, die mit der Bildung eigenständiger Staaten in der zweiten Hälfte des 20. Jh.s entstanden, erkennen die Bedeutung der B.en für ihre eigene Identität und Mission und fördern diese Arbeit. Sie lassen sich dabei von den Bibelgesellschaften beraten und helfen. Im Unterschied zum 19. Jh. werden jetzt B.en geplant und Übersetzer ausgebildet. Neu ist die Beteiligung der kath. Kirche. War die Arbeit der Bibelgesellschaften im 19. Jh. noch durch die Päpste verboten und waren B.en nicht erwünscht, so vollzog die kath. Kirche mit dem Zweiten Vaticanum (1962-1965) eine bedeutende Wende. Schon 1968 kam es zu einem gemeinsamen Abkommen zwischen dem Weltbund der Bibelgesellschaften und dem Sekretariat für die Einheit der Christen, das die Grundprinzipien der interkonfessionellen Zusammenarbeit bei der B.sarbeit regelt. Seitdem sind über 160 interkonfessionelle B.en aus den Ursprachen der Bibel erstellt worden, vornehmlich in den Entwicklungsländern. In den orth. Kirchen zeichnet sich gegenwärtig eine Wende ab. Die Griech., die Armen., die Georgisch-orth. Kirche arbeiten an neuen B.en. Andere orth. Kirchen revidieren ihre alten B.en.

Ende des 19. und Anfang des 20. Jh.s galt das Interesse den möglichst wörtlichen B.en. Im deutschen Sprachraum seien als Beispiele genannt die Elberfelder B. (1871; rev. NT 1975, AT 1985) und die Menge-Bibel (1926), die beide heute noch verbreitet werden. Neben anderen jüd. AT-Übersetzungen ist die von M. Buber/F. Rosenzweig (1925-29, rev. 1956/57) zu nennen. In der zweiten Hälfte des 20. Jh.s gewinnen die umgangssprachlichen B.en weltweit an Bedeutung. Im dt. Sprachraum hat die Übertragung des NT von J. Zink (1965) hohe Bekanntheit erreicht. Als typisch umgangssprachliche B. gilt die Gute Nachricht (NT 1971) bzw. Die Bibel in heutigem Deutsch (1982). Sie ist interkonfessionell erarbeitet worden, wie auch z.T. die kath. »Einheitsübersetzung« (1980), deren NT und Psalmen ökumen. sind. Neben den umgangssprachlichen sind in Europa in jüngster Zeit mundartliche Übersetzungen von Bibelteilen veröffentlicht worden.

Überraschend haben sich die in und nach der Reformationszeit entstandenen B.en erhalten, vor allem in den ev. Kirchen Europas. Allerdings war es nötig, sie zu revidieren. Auch die Lutherbibel hat einen langen Revisionsprozeß durchlaufen, der 1984 zum Abschluß gekommen ist. Bemerkenswert für unsere Zeit ist, daß die Kirchen in Europa nicht mehr mit einer B. auskommen. An die Seite der traditionellen B.en treten umgangssprachliche, speziell für die Evangelisation. Dies entspricht der Lage der europ. Kirchen, die gekennzeichnet ist durch ihr großes Erbe einerseits und die Vermittlung desselben an die heutige und kommende Generationen andererseits. Wie sehr die B.sarbeit im 20.Jh. systematisch betrieben wird, veranschaulichen Zahlen. Gegenwärtig gibt es die ganze Bibel in 314, das NT in weiteren 715 und Teile der Bibel in weiteren 899 Sprachen. Darüber hinaus befinden sich ca. 600 B.sprojekte in Arbeit. Es gibt kein Buch, das so viel übersetzt worden ist wie die Bibel.

Lit.: Bibel in der Welt, Jahrbuch des Ev. Bibelwerks/ Deutsche Bibelgesellschaft, Bde. 13 (1971), 14 (1973), 18 (1978); S.P. Brock, K. Aland, V. Reichmann, B. Aland, G. Mink, Ch. Hannick, P. Schäfer, W.I. Sauer-Geppert, B. Stolt, B. Hall, E. Bryner, W. Gundert, R.W.F. Wootton: »Bibelübersetzungen I-V«, TRE 6, 1980, 160-311; J. Gnilka, H.P. Rüger (Hg.): Die Übersetzung der Bibel – Aufgabe der Theologie, Texte und Arbeiten zur Bibel, Bd. 2, 1985; R. Kassühlke: »Bibelübersetzung«, ÖL [2]1987, 165-168; E.A. Nida, C.R. Taber: Theorie und Praxis des Übersetzens, 1969; E.A. Nida: Gott spricht viele Sprachen, 1966; J. de Waard, E.A. Nida: From One Language to Another, 1986.

S. Meurer

Bibelverbreitung

1. Bis zur Erfindung des Buchdrucks

Die frühen christl. Gemeinden haben viele ihrer gottesdienstl. Formen von den Synagogen übernommen. Dazu gehört auch der Gebrauch der anerkannten hl. Schriften, zunächst des AT, später auch der ntl. Bücher, für liturg. Lesungen und Verkündigung. Wegen der handschriftlichen Vervielfältigung und des teuren Schreibmaterials war der Privatbesitz von Bibeln lange die Ausnahme. Auch die einzelnen Gemeinden konnten sich nur nach und nach die ganze Sammlung zulegen. Als Ausgabeform wurde seit dem 2. Jh nicht mehr die Rolle, sondern der Kodex (aufeinandergelegte Einzelblätter gleichen Formats) bevorzugt. Die → Bibel war das Buch der Gemeinde und Korrektiv ihrer Lehre und Praxis. Tertullian (Apol. 31,1) weist darauf hin, daß sie vor den Heiden zwar nicht geheimgehalten wurde, daß man sie aber auch nicht zu Zwecken der Werbung weitergab. Bibl. Schriften zu besitzen, galt in Zeiten der Verfolgung als Beweis dafür, Christ zu sein. Wesentlicher Faktor für die B. in dieser Zeit war die → Bibelübersetzung in die Sprache des jeweiligen Gebietes.

2. Bibelverbreitung im 15. und 16. Jahrhundert

Die Erfindung des Buchdrucks mit beweglichen Lettern brachte um 1450 eine wichtige Voraussetzung für die schnelle Ausbreitung humanistischer Bildungsideen und kirchl. Erneuerungsbestrebungen. Der humanistische Drang »Zurück zu den Quellen« wurde im christl. Rahmen als Ruf zurück zur Bibel verstanden. Das erste von Gutenberg gedruckte Buch war eine Bibel. Noch vor → Luther erschienen 14 verschiedene Ausgaben in Hoch- und Niederdeutsch. Johannes → Reuchlin veröffentlichte 1506 die erste brauchbare hebr. Sprachlehre, → Erasmus von Rotterdam 1516 die erste kritische Ausgabe des griech. NT mit eigener lat. Übersetzung. Beide Werke haben die Bibelwissenschaft in Europa nachhaltig verändert.

Statistiken über die Höhe der Bibelauflagen aus dieser Zeit liegen nicht vor. Bekannt ist, daß zu Luthers Lebzeiten etwa 430 Voll- oder Teilausgaben seiner Übersetzung gedruckt wurden. Im Durchschnitt schätzt man für jede Auflage 2000 Stück. Das überrascht um so mehr, wenn man weiß, daß der Preis für eine Bibel dem Lohn eines Handwerkers für etwa zwei Monate entsprach. Katholischerseits wurden zunächst eigene Ausgaben dagegengesetzt, später befürchtete man, die unkontrollierte Bibellektüre durch »die Magd in der Küche und den Knecht im Stall« könne noch größeren Schaden für die Kirche anrichten. Deshalb schränkte das Tridentinische Konzil Druck und Verbreitung von Bibeln drastisch ein (Decretum de editione et usu librorum sacrorum, 1546).

3. Bibelverbreitung im frühen Pietismus

Das Anliegen, Gottes Wort unter die Menschen zu bringen, bekam durch den → Pietismus einen neuen Auftrieb. Ein herausragender Förderer war derFreiherr C.H. von → Canstein, der in Verbindung mit A.H. → Francke in Halle 1710 eine Bibelanstalt gründete, die später seinen Namen bekam. Statt die Bibel bogenweise zu setzen und nach dem Druck des Bogens den Bleisatz wieder auseinanderzunehmen, nutzte von Canstein bald die neue Technik des »stehenden« Satzes aus: Nachdem die enormen Kosten für den Satz des NT, dann der ganzen Bibel, durch Spenden gedeckt waren, konnte man zu sehr viel günstigeren Bedingungen die Bücher drucken und verkaufen. Bis zu von Cansteins Tod 1719 konnte die Anstalt 80.000 Bibeln und 100.000 NT unters Volk bringen, bis 1804 waren es in Deutschland und auf dem Balkan etwa 3 Mio. Bibeln.

4. Die Bibelverbreitung seit 1804

Das Jahr 1804 brachte die Gründung der Britischen und Ausländischen Bibelgesellschaft, an der sich fast alle prot. Denominationen beteiligten. Erklärtes Ziel war von Anfang an die B. in aller Welt. Auf Anregung dieser Gesellschaft und mit ihrer Hilfe wurden im Lauf der Zeit weitere Bibelgesellschaften gegründet. Durch diese und die etwa gleichzeitig entstandenen Missionsgesellschaften kam es dann wirklich zu einer systematischen, weltweiten Verbreitung bibl. Schriften. Im Jahr 1946 entstand der Weltbund der Bibelgesellschaften (United Bible Societies), dem sich bisher über 100 nationale Gesellschaften als Voll- oder assoziierte Mitglieder angeschlossen haben.

Seit den Enzykliken »Providentissimus Deus« von Leo XIII. (1893) und »Divino afflante spiritu« von Pius XII. (1943) ist auch im modernen Katholizismus eine organisierte B. in Gang gekommen. Seit 1933 existiert in Stuttgart das Kath. Bibelwerk. Die 1969 gegründete Kath. Bibelföderation fördert und koordiniert die B. und den Gebrauch der Bibel innerhalb der kath. Kirche, weitgehend in Absprache mit dem Weltbund der Bibelgesellschaften. Ähnliche Entwicklungen gibt es seit einigen Jahren auch in den orth. Kirchen verschiedener Länder.

Der Weltbund der Bibelgesellschaften nennt für 1989 folgende Verbreitungszahlen:

15.686.040 Bibeln, 12.840.391 NT, 32.598.011 Bibelteile, 16.788.051 Bibelteile für Leseanfänger und ca. 670 Mio. bibl. Auswahltexte.

In diesen Zahlen ist die B. durch private und konfessionelle Verlage und Unternehmungen nicht erfaßt.

Lit.: Die Bibel in der Welt (Jahrbücher), hg. im Auftrag der Deutschen Bibelgesellschaft/Evang. Bibelwerk, Stuttgart; Statistiken der United Bible Societies; W. Gundert: Geschichte der deutschen Bibelgesellschaften im 19. Jahrhundert, Texte und Arbeiten zur Bibel, Bd. 3, 1987.

R. Kassühlke

Bibelwerke → Bibelverbreitung

Bibelwissenschaft, moderne

Seit dem 18. Jh. hat sich die B. in verschiedene Disziplinen und Teilbereiche (AT, NT; Exegese, Einleitung, Geschichte) aufgegliedert. Gerade die letzten Jahrzehnte seit den 60er Jahren haben in allen Bereichen einen Zustrom an Erkenntnissen und Literatur gebracht, der heute kaum noch zu überblicken ist.

Keines der atl. und ntl. Bücher ist uns im Original erhalten geblieben. Darum versucht die Textkritik anhand des Vergleichs mit allen verfügbaren Abschriften und Übersetzungen dem Urtext so nahe wie möglich zu kommen. Hier haben die Textfunde von Qumran am Toten Meer sowohl für die atl. als auch ntl. Forschung einen gewaltigen Fortschritt gebracht.

Die Philologie, besonders die vergleichende Semitistik hat für das AT im Vergleich mit dem Arab., dem Akkad., neuerdings auch mit dem Ugarit. und (noch ganz in den Anfängen) mit dem Eblaitischen viel zur Erhellung von Text, Sprache und Auslegung beitragen können. Neuerdings wird auch die Verbindung der semit. mit den hamitischen Sprachen deutlicher beachtet. Die Anwendung von Fragestellungen der Semantik und allg. Linguistik seit den 60er Jahren hat viel für die Wortinhaltsforschung und Lexikographie beigetragen.

Das AT ist in Hebräisch (und zu Teilen: Dan 2-7, Teile aus Esr und Neh in Aram.), das NT in einer Variante des Koine-Griechisch, der hell. Volkssprache, die zwischen dem 4. Jh. v.Chr. und 6. Jh. n.Chr. gebräuchlich war, geschrieben. In den letzten Jahrzehnten haben eine Fülle von hebr. Inschriften (Briefe, Verträge, Denkmäler, Siegel) und von griech. Papyri den Wortschatz beider Sprachen erhellt.

Die Kenntnis des zeitgeschichtl. Hintergrunds trägt viel zum Verständnis der bibl. Botschaft bei: Kenntnis der juristischen, soziologischen, rel. Gepflogenheiten, der Orte, des Landes, des Klimas und der Geschichte. Doch gilt es darüber nicht zu vergessen, daß die Bibel auch den nicht geschichts- und umweltkundigen Leser mit ihrer Botschaft unmittelbar im Herzen treffen und ansprechen kann.

Religion gehört zum Menschsein, ist universal. Der Gott Abrahams und Vater Jesu Christi hat sich aber in ganz spezifischen Ereignissen atl. und ntl. Geschichte offenbart. Der Glaube Israels vollzog sich in der Aufnahme, Ablehnung und Umformung rel. Vorstellungen ihrer Zeit. Kriterium und Maßstab bildete die Erfahrung mit dem lebendigen Gott (»Ich bin Jahwe«), seine Heilstaten in der Geschichte (Exodus, Versorgung in der Wüste u.a.) und sein immer neues Reden durch das Wort der Propheten. Zum Wesen ihres Bundesgottes gehört die Heiligkeit. Religion und Ethik sind darum auch für Israel nicht zu trennen. Dies muß man auch bei sog. »religionsgeschichtlichen Parallelen« beachten. In atl. und ntl. Wissenschaft gab es zahlreiche Versuche, besonders im Rahmen der sog. »religionsgeschichtlichen Schule«, den Glauben Israels bzw. der ntl. Gemeinde aus dem Fluß menschlicher Religionsgeschichte zu erklären. Dabei wurde nicht genügend berücksichtigt, daß Gottes Offenbarung unableitbare Züge trägt. Sowohl seine Offenbarung in der Schöpfung, am Sinai (in der Erwählung Israels) und in der Sendung Jesu, seinem Kreuzestod und seiner Auferstehung sind einmalig und unwiederholbar.

In der Bibel finden sich charakteristische Formen (ein kunstvoller Parallelismus als Stilmittel in poetischen Texten, z.B. Psalmen, Sprichwörter, Rätsel, Rhythmen) und Gattungen (Gleichnisse, Weherufe, Liebeslieder u.a.). Aus ihnen läßt sich etwas über den Trägerkreis, die Festigkeit und die Absicht einer Überlieferung entnehmen (erschließen). Das alles versucht die Arbeitsweise der Formkritik herauszufinden.

Die ganze Bibel ist bei aller Unterschiedlichkeit doch eine Einheit, sie gleicht einem Dom. Die Literarkritik versucht nun – im Bild gesagt – herauszufinden, aus welchem Steinbruch einzelne Blöcke stammen. Manchmal weisen die bibl. Schreiber selbst auf benutzte Quellen hin (»Buch der Kriege des Herrn« 4Mo 21,14; vgl. auch Jos 10,13; Lk 1,1-4). Wo sie das nicht tun, sind wir auf Vermutungen angewiesen. In den letzten 250 Jahren herrschte die Arbeitshypothese einer (vorwiegend) Vier-Quellen-Theorie vor, was die Entstehung des Pentateuchs betrifft. Wo sich eine literarkritische Theoriebildung (der Sache nach durchaus legitim) mit einem Geschichtskritizismus verbindet, ist äußerste Skepsis geboten.

AT und NT bilden nach alter, christl. Lehre eine innere Einheit, die zutiefst in der Inspiration der Heiligen Schrift begründet ist. Darum bemüht sich die Biblische Theologie um die Frage nach dem Verhältnis der beiden Testamente zueinander. Stehen sie in Beziehung von Verheißung zur Erfüllung, des Vorbildes (Typos) zur Wirklichkeit usw.? Das AT nimmt den Leser auf eine Gefällstrecke mit, die im NT am Kreuz Jesu Christi ihr Ziel und zugleich eine neue Ausrichtung findet. Die Apostel haben das AT neu im Licht des Kommens Jesu Christi lesen gelernt. Dieser Theologie liegt zugleich eine heilsgeschichtl. Schau zugrunde. Die einzelnen Aussagen bibl. Bücher müssen nicht nur im hist.-zeitgeschichtl. Kontext, sondern auch im gesamtbibl. Zusammenhang ausgelegt werden. Hier gilt der Grundsatz *sacra*

scriptura sui ipsius interpres, »Die Hl. Schrift – ihr eigener Ausleger«.
→ Altes Testament, Geschichte der Erforschung;
→ Neues Testament, Geschichte der Erforschung

Lit.: P. Alexander: Großer Bildführer zur Bibel, ^{3}1990; F.F. Bruce: »Bibel«, GBL 1, ^{2}1991, 201-205; H.J. Kraus: Geschichte der historisch-kritischen Erforschung des AT, ^{5}1982; W. G. Kümmel: Das Neue Testament ^{2}1970; H.I. Marshall: New Testament Interpretation, 1977.

M. Dreytza

Bibelwoche

1. Mehrere tausend Gemeinden in den Kirchen Deutschlands und im deutschsprachigen Europa führen jährlich die B. durch. 1937 offiziell gegründet, entstand die B.narbeit in Aufnahme der geistl. Impulse der Barmer Bekenntnissynode und in Reaktion auf die durch den Staat erzwungene Reduktion kirchl. Arbeit in den Auseinandersetzungen und Herausforderungen der Jahre 1934/35 im Kontext der volksmissionarischen Arbeit.

2. Die Bibelwoche wird bestimmt durch:
- Zusammenhängende Lektüre von jeweils sieben Texten bzw. ganzen bibl. Büchern im jährlichen Wechsel zwischen AT und NT;
- Intensive → Bibelarbeit in Einheit von wissenschaftl. Exegese und glaubender Aneignung;
- Kerygmatische Exegese mit der Erwartung, in den bibl. Texten »Jesus Christus ..., das eine Wort Gottes« zu hören (vgl. Barmer Theol. Erklärung, These I);
- Seelsorgerliche und zeitbezogene Anwendung im Brückenschlag zur Lebenswelt der Gegenwart.

3. Auch während der erzwungenen Trennung Deutschlands wurde die B. ohne Unterbrechung in Kooperation von der »→ Arbeitsgemeinschaft Missionarische Dienste« (AMD) in der DDR und in der BRD vorbereitet und getragen.

Im halben Jahrhundert B.ngeschichte haben sich die äußeren Strukturen zum Teil gewandelt. Die Formen sind vielfältiger geworden. Die Ziele blieben in ihrer Kontinuität erhalten. Eine neue Dimension hat die B. durch die ökumen. Gestaltung gewonnen. Zunehmend wird die B. als »kleiner biblischer Intensiv-Kurs« durchgeführt. So entstehen über die Möglichkeiten einer Vortrags-B. hinaus neue Formen und Chancen dialogischer B.

4. Die von der »Arbeitsgemeinschaft Missionarische Dienste« in der EKD (Stuttgart) in Gemeinschaft mit den Bibelgesellschaften angebotenen vielfältigen Arbeitsmaterialien spiegeln die Weiterentwicklung der letzten Jahre wider. Bei ihrer Entstehung werden die Ergebnisse der exeget. Arbeit und die Gestaltungsideen zunächst in der Praxis erprobt.

Lit.: W. Baur, R. Michel, D. Puttkammer: Die Bibelwoche (Studienbrief B1 neu), 1993; W. Baur, K.-J. Wrage: Der Bibel begegnen – Impulse zur Bibelwoche (Studienbrief B8), 1985; W. Baur, D. Puttkammer: Gemeinsam Bibel lesen (Studienbrief B9), 1989. (Studienbriefe im Selbstverlag der AMD, Stuttgart)

D. Puttkammer

Bibliolatrie

B. bedeutet wörtlich »Bibelanbetung«. Gemeint ist eine Verabsolutierung einzelner Schriftworte unter Mißachtung ihres gesamtbibl. und heilsgeschichtl. Kontextes, die häufig bei christl. Sondergruppen und Sekten anzutreffen ist. Auch das Verständnis des täglichen Losungswortes als persönliches Orakelwort, losgelöst aus dem bibl. Kontext, kann eine Form der B. sein.

V. Gäckle

Biblische Nachschlagewerke

Während dem Bibelleser wie auch dem Ausleger früher nur wenige Hilfsmittel zur Verfügung standen, muß man heute unter einem sehr großen Angebot auswählen. Im folgenden kann nur eine repräsentative Auswahl heutiger deutschsprachiger Nachschlagewerke kurz vorgestellt werden.

1. Atlanten lassen die geographischen Zusammenhänge verstehen, die oftmals für die bibl. Geschichte grundlegend waren. Große Werke sind der kath. »Herders Großer Bibelatlas« (1989), »Der Bibel-Atlas« (1982) der jüd. Forscher Y. Aharoni und M. Avi-Yonah, K. Hartmann »Atlas-Tafel-Werk zu Bibel und Kirchengeschichte I« (1992). Verbunden mit dem »Studienatlas zur Bibel« (1983) ist die Sammlung großartiger Luftaufnahmen »Erez Israel« (1987) aus dem »Pictorial Archive« in Jerusalem. Ebenfalls zu nennen sind hier die »Luftbilder bibl. Stätten« (1987: Israel, 1989: Jordanien). Bildmaterial verschiedener Art bietet auch P. Alexander, »Großer Bildführer zur Bibel« (o.J.). Einem ersten Überblick können dienen: H.H. Rowley »Atlas zur Bibel« (^{11}1991), der »Bibelatlas« (^{2}1989) sowie der »Stuttgarter Bibelatlas« (1989) und »Der Neue Bibelatlas« (1992). Reiche Illustration mit geschichtlicher und sachlicher Erklärung kombiniert A.R. Millard,

»Schätze aus bibl. Zeit« (1992), und ders., »Die Zeit der ersten Christen« (1990). Auf dem Weg von einem Orts- zu einem Reallexikon ist O. Keel und M. Küchler, »Orte und Landschaften der Bibel« (1982ff).

2. Reallexika, die nur archäologische Informationen über bibl. Sachen bringen, gibt es wenige. Zu nennen sind K. Galling, »Biblisches Reallexikon« ([2]1977) und A. Negev, »Archäologisches Bibellexikon« (1991) sowie für einen weiteren Kreis J.A. Thompson, »Hirten, Händler und Propheten« (1992). Eine reiche Fundgrube bildet B. Reicke und L. Rost, »Biblisch-historisches Handwörterbuch I-IV« (1966-79), in dem auch Person- und Begriffsinformationen erscheinen.

3. Personallexika konzentrieren sich auf bibl. Gestalten. Wissenschaftlichen Ansprüchen genügen M. Bocian, »Lexikon der biblischen Personen« (1989), O. Odelain und R. Séguineau, »Lexikon der bibl. Eigennamen« (1981) sowie »Reclams Lexikon der Heiligen und bibl. Gestalten« ([6]1987), für einen weiteren Kreis sind bestimmt H. Achterberg, »Zeugen des Evangeliums« (1987), F. Hauss, »Biblische Gestalten« ([7]1989), A. Meister, »Biblische Namen« ([5]1988) und H. Schmoldt, »Kleines Lexikon der bibl. Eigennamen« (1990).

4. Bibellexika bieten in der Regel geographische, historische, sachliche und Person-Informationen sowie meist auch in begrenztem Umfang die Erörterung bibl.-theol. Begriffe. Die Entwicklung der kath. Bibelwissenschaft vor und nach dem Zweiten Vatikanischen Konzil spiegelt in seinen verschiedenen Auflagen H. Haag, »Das Bibel-Lexikon« (1951-82), das jetzt durch das »Neue Bibellexikon« (1991ff) von M. Görg und B. Lang ersetzt wird. An einen weiteren Kreis wendet sich auf kath. Hintergrund »Knaurs großer Bibelführer« (1985) und »Die Bibel von A-Z« (o.J.). Aus der von A. Schlatter begründeten, gemäßigt konservativen Tradition Württembergs kommt das »Calwer Bibellexikon« (begr. 1884, letzte Bearb. 1967, eine Neuausgabe ist in Arbeit). Das erste dt. Werk auf evangelikalem Hintergrund war F. Rienekker, »Lexikon zur Bibel« (1960). Es wird an Ausführlichkeit und wissenschaftlicher Fundierung übertroffen durch »Das Große Bibellexikon I-III« (1987-89). Ebenfalls aus dem evangelikalen Bereich stammt das stärker konkordanzhafte »Jerusalemer Bibellexikon« (1990). Über die gegenwärtig vorherrschenden exegetischen Meinungen informieren ausführlich entsprechende Artikel in »Theologische Realenzyklopädie« (1977ff) sowie auf etwas älterem Stand »Die Religion in Geschichte und Gegenwart I-VI« ([3]1957-65). Dieselbe Ausrichtung besitzen eine Reihe einbändiger Werke, die sich in der Regel an Nichtspezialisten wenden, wie »Kleines Stuttgarter Bibel-Lexikon« ([5]1985), das kath. »Praktische Bibellexikon« ([10]1990) von A. Grabner-Haider, »Reclams Bibellexikon« ([4]1987) und C. Geritzen, »Lexikon der Bibel« (1990). Konservativer ausgerichtet sind »Kleines Bibellexikon« (1989) sowie D. und P. Alexander, »Handbuch zur Bibel« ([4]1983). Zu Spezialaspekten kann man noch nennen: V. Fritz, »Kleines Lexikon der bibl. Archäologie« (1987), H.H. Schmitt und E. Vogt, »Kleines Wörterbuch des Hellenismus« (1988), H. Laag, »Kleines Wörterbuch der frühchristl. Kunst und Archäologie« (1990), M. Lurker »Wörterbuch bibl. Bilder und Symbole« ([4]1990), J. Maier und P. Schäfer, »Kleines Lexikon des Judentums« ([2]1987), M. Zohary, »Pflanzen der Bibel« ([2]1986).

5. Begriffslexika. Nur für mit den bibl. Sprachen Vertraute eignen sich »Theol. Wörterbuch zum AT I-VI« (1973-89) und »Theol. Wörterbuch zum NT I-X« (1933-79). Wem die teilweise monographienartigen Artikel dieser Lexika zu umfangreich sind, der wird eher zu »Exegetisches Wörterbuch zum NT I-III« (1980-83) und »Theol. Handwörterbuch zum AT I-II« ([4]1984/ [3]1984) greifen. Auch ohne griech. Sprachkenntnisse kann das auf wissenschaftl. Grundlage erarbeitete »Theol. Begriffslexikon zum NT I-II« ([5]1990) benutzt werden. Erste gediegene Information findet man bei X. Léon-Dufour, »Wörterbuch zum NT« (1981), ders. »Wörterbuch zur bibl. Botschaft« ([2]1981) sowie W.H. Schmidt und G. Delling, »Wörterbuch zur Bibel« (1971), an ein sehr breites Spektrum wendet sich F. Grünzweig, »Bibl. Wörterbuch« ([3]1988).

6. Konkordanzen zu dt. Bibelübersetzungen: »Bibel von A-Z« (LÜ 1984, 1986), »Bremer Bibl. Handkonkordanz« (LÜ 1964, 1989), »Calwer Bibelkonkordanz« (LÜ 1912, 1983), »Elberfelder Bibelkonkordanz« (1962, Die Konkordanz zum rev. Text ist in Vorbereitung . . .), »Große Konkordanz zur Lutherbibel« (1989), F. Hauss, »Bibl. Taschenkonkordanz« ([8]1990), H. Roessle, »Kleine Konkordanz« (1989), H. Hartmann, »Kleine Konkordanz zur Lutherbibel 84« ([3]1989), F.J. Schierse, »Konkordanz zur Einheitsübersetzung der Bibel« ([2]1986). Zum griech. NT: Schmoller, »Handkonkordanz« ([26]1989); Aland, »Vollständige Konkordanz zum griech. NT« (1983); zum hebr. AT: »Konkordanz zum Hebr. AT« ([3]1992), bearbeitet von G. Lisowsky, hg. von H.P. Rüger.

7. Bibelkunden u.ä. Die meisten bibelkundlichen Lehrbücher bieten auch Grundinformationen zu Entstehung und Theologie der bibl. Schriften, wobei meist die gegenwärtigen Mehrheitsmeinungen zugrundegelegt sind: H. Merkel, »Bibelkunde des NT« ([3]1988), besonders ausführlich H.A. Mertens, »Handbuch der Bibelkunde« ([2]1990), H.D. Preuss und K. Berger, »Bibelkunde des AT und NT I-II« ([4]1989/91), H.H. Schmid, »Kleine Bibelkunde« ([2]1988), C. Westermann, »Abriß der Bibelkunde« ([13]1991). Aus dem evangelikalen Bereich stammen H.W. House, »Chronologische Tabellen und Hintergrundinformationen zum NT« (1983) sowie J.J. Walton, »Chronologische Tabellen zum AT« (1992).

R. Riesner

Biblische Theologie

Der Begriff »Biblische Theologie« wurde im 17. Jh. geprägt und bekam programmatische Bedeutung, als die altprotestantische Dogmatik nicht mehr nur von kath. Seite, sondern auch vom → Pietismus und von der → Aufklärung her in Frage gestellt wurde. Seit dieser Zeit stand der Begriff für die Erkenntnis, daß die Autorität der Bibel nicht nur in der Form isolierter Belege für die Lehrsätze der Dogmatik zur Geltung zu bringen ist, sondern nach einer zusammenhängenden Darstellung verlangt. Dabei verband sich mit dem Begriff »Biblische Theologie« auch die Erwartung einer Entlastung von komplizierten Denkgebäuden und die Offenheit für eine Kritik an dogmat. Begriffsbildungen vom Zeugnis der Bibel her.

Auf die grundlegende Unterscheidung zwischen dogmat. und exeget. Schriftauslegung folgte bald die Einsicht in die Vielfalt der Stimmen innerhalb der Bibel selber. Im Geiste der Aufklärung wurde diese Vielfalt vorzugsweise auf einen stufenweise fortschreitenden Erkenntnisprozeß zurückgeführt. Die Versuche einer zusammenfassenden Darstellung der B. Th. wurden seit dem frühen 19. Jh. zugunsten einer getrennten Behandlung der beiden Testamente meist aufgegeben. Die Vielfalt des bibl. Zeugnisses und die Fülle der Probleme, auf die die Bibelwissenschaft gestoßen ist, erschweren bis heute jede Bemühung, die Botschaft der Bibel lehrhaft zusammenzufassen.

Im 20. Jh. steht der Begriff der B. Th. vor allem für zwei Anliegen, die sich miteinander verbinden können, aber doch klar unterschieden werden müssen: Auf der Ebene der Systematischen Theologie steht der Begriff für die vor allem von Karl → Barth angestoßene Rückbesinnung auf die Hl. Schrift als die maßgebliche Quelle kirchl. Lehre und Verkündigung. Dabei geht es um die grundsätzliche Unabhängigkeit der Theologie gegenüber philos. Prämissen, seien sie rationalistisch oder idealistisch. D.h., daß die Parole »biblisch« der Vieldeutigkeit des Begriffs Theologie und der Beliebigkeit theol. Ansätze kritisch gegenübergestellt wird. Im Bereich der Bibelwissenschaft ist die Vielfalt exeget. Fragestellungen und Methoden der Hintergrund, vor dem das Anliegen der B. Th. mit dem Akzent auf Theologie zu verstehen ist, und zwar in einem doppelten Sinne: Gegenüber der Gefahr der Zersplitterung der Bibelwissenschaft in eine Fülle von Teilbereichen und gegenüber der Überbetonung der Vielfalt des bibl. Zeugnisses geht es um die Bemühung um Einheit und Ganzheit, um die Herausarbeitung der wesentlichen und zentralen Gehalte des bibl. Zeugnisses. Und gegenüber der Gefahr einer distanzierten, historistischen Untersuchung und Beschreibung bibl. Phänomene geht es um ein Hören auf die Bibel in der Erwartung richtungweisender Antworten auf Menschheits- und Gegenwartsfragen. (In diesem Sinne steht der Ausdruck »Biblische Theologie« heute oft für das, was früher »theologische Exegese« genannt wurde). Exeget. Arbeit, die diesem Anliegen verpflichtet ist und bestimmte Themen gesamtbibl. erforscht, ist noch keine Systematik, sondern bewegt sich noch ganz auf der hist. Ebene, dient aber der Bemühung um Schriftgemäßheit im Bereich der Systematischen Theologie. Die beiden Ebenen theol. Arbeit – das Eindringen in die Textwelt der Bibel und das eigene Durchdenken und Entfalten christl. Wahrheitserkenntnis in der Systematik – sind aufeinander bezogen, aber nicht zur Deckung zu bringen.

Das Hauptproblem der B. T. ist das Neben- und Nacheinander der beiden Testamente, das nach einer hist. und theol. Verhältnisbestimmung ruft. Eine Preisgabe des AT wäre ein später Sieg des Häretikers Marcion aus dem 2. Jh., dessen Polemik gegen den Gott des ATs im 20. Jh. von Adolf von Harnack und den »Deutschen Christen« neu aufgelegt worden war. Auch die Erkenntnis, daß das AT primär die Bibel der Juden ist, darf nicht zur Distanzierung vom AT führen; denn das wäre ein Bruch mit der Urkirche, die ebenfalls nur das AT als Heilige Schrift kannte. Wie die Zusammengehörigkeit von Altem und Neuem Testament jedoch zu denken ist – als Entsprechung von Verheißung und Erfüllung oder als zusammenhängender geschichtl. Prozeß (im Sinne einer »Heilsgeschichte« oder einer »Traditionsgeschichte«) – ist Gegenstand vieler Abhandlungen der letzten Jahrzehnte.

Angesichts der Vielfalt von Stimmen innerhalb des Alten wie auch des Neuen Testaments ist wiederholt der Versuch gemacht worden, eine »Mitte« des

Alten wie auch des Neuen Testaments zu bestimmen. Abgesehen davon, daß das AT eine theozentrische und das NT eine zugleich christozentrische Schriftensammlung darstellt, konnten derartige Versuche sich nicht durchsetzen. Die Dreiteilung des atl. Kanons in Tora, prophetische Bücher und (übrige) Schriften (insbesondere »poetischer« Art) will ebenso respektiert werden wie das Nebeneinander von vorösterlicher Jesusüberlieferung und nachösterlichem apostol. Zeugnis im NT.

In weniger zugespitzter Form ist die Herausarbeitung zentraler Inhalte des bibl. Zeugnisses und ihre Unterscheidung von eher peripheren Gedanken eine notwendige Aufgabe, wenn verhindert werden soll, daß seltene und unbetonte bibl. Aussagen überbewertet oder nach Art mancher Sekten in den Mittelpunkt der Verkündigung gestellt werden. Was sich in diesem Sinne als bibl.-theol. weniger zentral erweist, ist freilich nicht als im Grunde »unkanonisch« auszuscheiden, sondern behält den Rang eines Nebentones, der von Zeit zu Zeit auch gehört werden muß und sich als das Wort zur Stunde erweisen kann.

Für das Fragen nach der Einheit in der Vielfalt des bibl. Zeugnisses ist es wichtig, die Bibel nicht am Maßstab einer durchkonstruierten systemat. Theologie zu messen. Die Bibel ist kein Buch, sondern eine Bibliothek heiliger Schriften, und ihre Einheit kann nicht in einer durchgängigen einheitlichen Terminologie liegen, sondern in einer Einheit der Sache, deren Identität nicht an der Oberfläche der Texte nachweisbar ist. Zum ganzheitlichen Verstehen der Bibel ist es nötig, in unterschiedlicher Ausdrucksweise sachlich übereinstimmende Grundaussagen zu erkennen. So lassen sich über die Unterschiede im Sprachgebrauch hinweg theol. Gemeinsamkeiten zwischen scheinbar unvereinbaren »Positionen« bibl. Autoren (wie z.B. Paulus und Jakobus) ermitteln. Eine Exegese, die sich auf das Nachzeichnen der unterschiedlichen Ausdrucksweise beschränkt und sich am endlosen Differenzieren berauscht, bekommt diese Tiefenstruktur der bibl. Texte nicht zu Gesicht.

Lit.: K. Haacker et al.: Biblische Theologie heute (BThSt 1), 1977; ders.: Neutestamentliche Wissenschaft. Eine Einführung in Fragestellungen und Methoden, 1981, [2]1985, § 9; H.-J. Kraus: Die Biblische Theologie. Ihre Geschichte und Problematik, 1970; O. Merk: Biblische Theologie des Neuen Testaments in ihrer Anfangszeit, 1972; J. Roloff: Neues Testament (Neukirchener Arbeitsbücher), 1977, § 18.

K. Haacker

Biblizismus

Der Begriff B. hat im dt. Sprachraum eine Bedeutungsveränderung erfahren. Während F.A. Tholuck (1799-1877) und M. Kähler (1835-1912) ihn kritisch verwendeten, Kähler z.B. zur Kennzeichnung eines unvermittelten und unmethodischen »biblischen Positivismus«, hat sich im 20. Jh. ein vorwiegend theologiegeschichtl. Sprachgebrauch durchgesetzt. B. wird nun verwendet, um die heilsgeschichtl. Entwürfe aus dem 17.-19. Jh. zu bezeichnen (→ Bengel, → Oetinger, Ph.M. → Hahn, J.M. → Hahn, G. → Menken, J.T. → Beck und J.v. → Hofmann). Neuerdings wurde vorgeschlagen, B. allg. als Denkrichtung zu verstehen, »die in allen Fragen des Glaubens, der Lehre, des Handelns und der persönlichen Frömmigkeit, oft bis in die Sprache hinein, die Bibel als das geschichtlich offenbarte Wort Gottes in ihrer Ganzheit oder im einzelnen möglichst nachdrücklich, ausschließlich und unmittelbar als Norm oder Quelle zur Geltung bringen will« (Karpp).

Nach diesem sehr erweiterten Sprachgebrauch wäre z.B. das Bibelverständnis des → Ev. Gnadauer Verbandes oder der Ev. → Allianz B. Sinnvoller ist die Begrenzung des Begriffs auf seinen ursprünglichen kritischen Gehalt. K. → Barth hat in seiner Darstellung der Theologie G. Menkens darauf hingewiesen, daß das Dogma als Korrektiv zum persönlichen Schriftgebrauch erhalten bleiben muß (Barth, 477). B., kritisch verstanden, ist demnach ein Bibelverständnis, in dem der geschichtl. Bezug des geoffenbarten Wortes Gottes nivelliert und die christologische bzw. soteriologische Intention der Schrift vernachlässigt wird. Biblizistischer Umgang mit der Bibel wahrt zwar energisch das reformat. *sola scriptura*, nicht aber in gleicher Weise das *solus Christus* und das *sola fide*.

Die notwendige theol. Auseinandersetzung mit dem B. muß sein Eintreten für die unverkürzte Geltung des geoffenbarten Wortes in Dogmatik und Ethik würdigen, gleichzeitig aber vor den Gefahren des Dogmatismus, der Werkgerechtigkeit und der Spaltung in der Gemeinde warnen. Das Anliegen des B. wird desto fruchtbarer werden, je stärker es in das reformat. *solus Christus* eingebettet wird.

Lit.: K. Barth: Die protestantische Theologie im 19. Jahrhundert, (1946), 1975; H. Karpp: »Biblizismus«, TRE 6, 1980, 478-484 (Lit.).

J. Cochlovius

Biedermann, Alois Emanuel (1819-1885)

B. wurde geb. am 2. 3. 1819 in Bendlikon am Zürichsee, am 25. 1. 1885 starb er in Zürich. Sein Theologiestudium begann er 1837 in Basel, wo ihn → de Wette besonders beeindruckte, ab 1839 Studium der Theologie (bei W. Vatke) und Philosophie in Berlin, Anschluß an die Gruppe der Junghegelianer. Er stand Feuerbach und besonders D.F. Strauß nahe, bedauerte aber, daß deren Religionskritik nur destruktiv war, ohne den Versuch eines Neuaufbaus im Sinn einer Versöhnung von Christentum und modernem Denken. 1843 wurde B. Pfarrer in Münchenstein bei Basel. 1850 kam er als a.o. Prof. nach Zürich, 1860 wurde er o. Prof. für Dogmatik. Er war ein profilierter Vertreter der liberalen Theologie und auch der von dieser Theologie geprägten kirchl. Reformbewegung. B. war eine Zeitlang Mitglied des Zürcher Kantonsrates, wo er seine Ansichten auch polit. vertreten konnte. Zusammen mit Pfarrer Heinrich Lang in St. Gallen war er eigentlicher Initiator der Reformbewegung, die u.a. auch die Abschaffung der Bekenntnisverpflichtung in den schweizerischen Landeskirchen erreichte.

1869 erschien B.s Hauptwerk, die »Christliche Dogmatik« (eine 2. erweiterte Auflage erschien in 2 Bdn. 1884/85). Von der Religionskritik der »Junghegelianer« weicht B. insofern ab, als er der Religion gegenüber dem phil. Erkennen eine »eigenständige Sphäre« des Geistes zuerkennt. Religion, als Gottesbeziehung, gründet im Gefühl oder im »Herzen«, sie ist der »Selbstverwirklichungsprozeß des endlichen Geistes auf der Basis der Natur«. Das Ziel ist die Erfüllung der Gottesebenbildlichkeit, d.h. die Übereinstimmung des menschlichen Geisteslebens mit dem absoluten Geist (Christl. Dogmatik, § 755). Die Sünde ist nach B. nicht angeboren, aber sie geschieht im Leben als Folge der Endlichkeit des menschlichen Geistes. Sie ist das »Sich-selbst-seinwollen« anstelle der dem Menschen bestimmten Ausrichtung auf Gott. Aber das christl. »Prinzip der Gotteskindschaft« ist die im Glauben geschehende Erlösung. Dieses Prinzip ist in der Person Jesu Christi erstmals geschichtl. hervorgetreten, deshalb ist Jesus Christus der Ausgangspunkt und das Vorbild des christl. Prinzips der Erlösung. Dieses Prinzip ist aber nicht an die Person Jesu Christi gebunden. Im Unterschied zu Feuerbach und Straß will B. die Religion nicht auf bloße Anthropologie reduzieren. Er bestreitet nicht das Sein Gottes und sieht in der Religion eine tatsächliche Gottesbeziehung. Aber die rel. Vorstellung von dieser Beziehung versteht er als subjektiv-sinnlich und nicht der begrifflichen Realität entsprechend. Der Begriff aber ist für ihn, der Logik Hegels gemäß, das »begriffene« Sein. Gott, das absolute Sein, ist unpersönlich, weil eine unendliche Person undenkbar ist. Es ist offenkundig, daß die phil. Grundlage der Theologie B.s die idealistische, im Grund monistische Totalitätsanschauung der idealistischen Philosophie ist, welche die Wirklichkeit aus der Beziehung des absoluten Geistes als Weltgrund zu dem endlichen Sein zeitlicher, welthaft-geistiger Realität des Kosmos versteht. Es ist ein phil. Gottesbegriff, von dem her B.s Kritik an den rel. Vorstellungen erfolgt.

Lit.: Ausgewählte Vorträge und Aufsätze, 1885; Christliche Dogmatik, 1869 (2. erweiterte Auflage I/II 1884/85); Die freie Theologie oder Philosophie und Christentum in Streit und Frieden, 1844; Unsere junghegelsche Weltanschauung oder der sog. neueste Pantheismus, 1849.

R. Dellsperger: Alois Emanuel Biedermann. Freie Theologie, in: »Gegen die Gottvergessenheit«, hg. von S. Leimgruber, M. Schoch, 1990, 86ff; R. Germann-Gehret: Alois Biedermann (1819-1885). Eine Theologie des gottseligen Optimismus, 1986; K. Nieck: Das Problem der wissenschaftlichen Grundlegung bei A.E.Biedermann, Diss. Zürich 1944; F. Schneider: A.E. Biedermann. Diss. Bonn 1939.

F. Flückiger

Biel, Gabriel (ca. 1410-1495)

B., geb. vor 1410 in Speyer, gest. am 7.12.1495 in Einsiedel bei Tübingen, Prediger und Theologe. Um 1432 Priester in Speyer; Studienaufenthalte 1432 bis 1438 in Heidelberg, 1451-57 in Erfurt und Köln. Von 1457-1465 war B. Domprediger in Mainz im Geist der → Devotio moderna, der B. sich besonders verbunden fühlte. Dies zeigt sein Einsatz für die »→ Brüder vom gemeinsamen Leben«, die sich einer von der → Mystik geprägten innerlichen und zugleich glaubwürdigen praktischen Frömmigkeit in gemeinschaftlicher Lebensform verschrieben hatten, ohne jedoch die Mönchsgelübde abzulegen. Die Einrichtung von Häusern für die Brüder wurde nun seine Aufgabe: 1483 in Marienthal, 1465 in Königstein, 1468 in Butzbach, wo er Rektor wurde und die drei Häuser unter seiner Leitung zu einem Generalkapitel vereinigte. Weitere Gründungen folgten in Wolf (Mosel) und Stift Urach, wo B. 1479 Probst wurde, in Herrenberg, Dettingen, Tübingen, Tachenhausen und Einsiedel bei Tübingen.

Krönung seiner theol. Laufbahn war die Übernahme einer Professur für Theologie in Tübingen 1484-1492, wo er im Sinne des Nominalismus → Ockhams lehrte. Zweimal versah er das Amt des Rektors der Universität. Nach seiner Emeritierung lebte er in Einsiedel, wo er auch starb und begraben wurde. Seine Hauptwerke waren die 1488 gedruckte »Auslegung des Meßkanons«, eine Deutung der Messe, die Generationen von Priestern, auch Martin Luther, bis ins 17. Jh. tief prägte; die von W. Steinbach 1501 in Tübingen herausgegebene »Sammlung über die vier Bücher der Sentenzen« (Collectorium), der Ockhams Sentenzenkommentar zugrunde lag. B. entwickelte den Grundgedanken, daß Gott in freiwilliger Selbstbindung seine absolute Macht begrenzt hat, um dem Menschen seine Gnade zuzueignen. So setzt er eine Heilsordnung, an die er sich – allein aus Gnade! – hält. Der Mensch seinerseits tut aus freier Willensentscheidung, »was in ihm ist«, um das Heil durch gute Werke zu erlangen. Diese sind verdienstlich, weil Gott in seiner Gnade sie so akzeptiert und weil die Akzeptanz des Menschen in Gottes Vorherbestimmung begründet ist, – eine doppelte Argumentation zum Schutz gegen den Vorwurf des Pelagianismus. B.s Theologie hatte europaweite Wirkung. In Salamanca, Spanien, und in Coimbra, Portugal gab es bis ins 17. Jh. theol. Lehrstühle mit der Verpflichtung, B.s Collectorium zu kommentieren (Gabrielisten).

Lit.: U. Bubenheimer: Gabriel Biel, in: Gestalten der Kirchengeschichte 4, 308-319; W. Dettloff: »Biel, Gabriel«, TRE 6, 1980, 488-491; (Werke B.s und Lit.); H.A. Oberman: Spätscholastik und Reformation, Bd. 1: Der Herbst der mittelalterlichen Theologie, 1965; ders.: Werden und Wertung der Reformation. Vom Wegestreit zum Glaubenskampf, 1977.

Chr. Windhorst

Bienenberg → Europäische Mennonitische Bibelschule

Bild, Bilderverehrung

a) biblisch

1. Im Alten Orient repräsentiert das B. die abgebildete Sache oder Person und steht gewöhnlich im Zusammenhang mit der Verehrung von Gottheiten. Es erscheint als Statue oder Plastik, aber auch als Reliefschnitzerei oder Malerei in verschiedener Größe und verschiedenen Räumlichkeiten und wird von kunstfertigen Handwerkern erstellt.

Das Bild ist Symbol für Wesen und Macht der dahinterstehenden Gottheit. So begegnet im kanaan. Bereich typischerweise der Stier als Symbol für Macht und Fruchtbarkeit (vgl. 2Mo 32,4; 1Kön 12,28f).

Keineswegs wird das B. mit der Gottheit gleichgesetzt (so könnte die prophetische Bildpolemik mißverstanden werden, z.B. Jes 42,17; 44,19), sondern als deren Wohnung oder Körper angesehen. Durch das materiell-greifbare und lokalisierbare B. ist die Kontaktaufnahme in Gebet und Anrede mit der immateriell-gedachten Gottheit möglich. Wer vor dem B. betet oder Opfer bringt, meint also nicht das B. selbst, sondern gebraucht es als Kommunikationsort.

2. Das AT nimmt in der Bilderfrage eine doppelte Stellung ein: Zum einen kennt es ein grundlegendes Bilderverbot (2Mo 20,4f), mit dem jeder Fremdgötterkult ausgeschlossen wird; zum andern würdigt es den Menschen als Abbild des ihn erschaffenden Gottes (1Mo 1,26f).

a. »Bild« wird im AT in einem allgemeinen, beschreibenden Sinn gebraucht (hebr. *zelem*, von »behauen, schnitzen«) und funktional für ein Götzenbild (hebr. *pesel*, »behauen« oder *masseka*, »gießen«). Trotz des B.verbots und der Polemik der Propheten ist die Existenz von Andachts- wie Kultbildern und der damit verbundene Kult in Israel durch das AT selbst wie auch durch archäologische Funde belegt. Die prophetische Kritik setzt den B.mißbrauch voraus (vgl. Ri 6,25; 1Kön 11,5-8; 16,31-33; Jer 19,4f; Hes 8,5ff; Hos 11,2) und führt zu einer Normverschärfung. Auch die Jahweverehrung konnte, wohl unter kanaan. Einfluß, vergegenständlicht werden (2Mo 32,1ff; 4Mo 21,8f; Ri 8,26f; 1Kön 12,28; umstritten ist die Bedeutung von Inschriften, die »Jahwe und seine Aschera« nennen). Die später als Gedenksäulen interpretierten Steinmale der → Erzväter (*mazzebot*, 1Mo 28,18.22; 35,14; vgl. Jos 4,4-9) sind ursprünglich wohl als B. verstanden worden. Deshalb wird ihr späteres Vorkommen bekämpft (1Kön 14,23; 2Kön 18,4; 23,14; Hos 3,4; Mi 5,12). Israels bildlose Gottesverehrung war zwar nicht Realität, als theol. Forderung aber nahezu einzigartig und eine notwendige Konsequenz aus der Einzigkeit und Ausschließlichkeit Jahwes.

b. Die Bezeichnung des Menschen als Gottes Abbild (*Imago Dei*) findet sich ausschließlich in 1Mo 1,26f; 5,1; 9,6; anklingend auch in Ps 8,6f und in Übertragung auf das menschliche Vater-Sohn-Verhältnis in 1Mo 5,3. Die auffällige Parallele zur ägypt. Königsideologie legt nahe, daß der Mensch damit funktional als Repräsentant Gottes gegenüber der übrigen Schöpfung verstanden wird (*zelem*). Dazu hat ihm der Schöpfer gottähnliche Fähigkeiten (*demut*) gegeben, die ihm auch qualitativ eine Vorrangstellung in der Schöpfung verschaffen. Nicht zuerst der aufrechte Gang, sondern der Verstand, die Anlage zur Religion, das Personsein usw. machen die Gottabbildlichkeit aus.

Insofern beinhaltet sie auch seinen »Charakter als ein von Gott anzuredendes Du und als ein vor Gott verantwortliches Ich« (K. Barth). Die Gottabbildlichkeit des Menschen hat also im Schöpfer ihre bleibende Grenze. Das Überschreiten dieser Grenze im Sündenfall (1Mo 3) führt nicht zum Verlust der Gottabbildlichkeit - sie wird dem Menschen in 1Mo 9,6 nach wie vor zuerkannt -, aber zu ihrer Verzerrung.

3. Im NT spielt das allgemeine Bilderverständnis nur eine geringe Rolle.

a. Im Unterschied zum zeitgenössischen Judentum sind Jesus und die urgemeindlichen Christen in der B.frage auffällig unbekümmert. Da im Mittelpunkt ihres Glaubens nicht Bilder, sondern Christus und seine Botschaft stehen, findet sich im NT weder eine positive noch eine negative Stellungnahme zur Bilderfrage. Bei der Streitfrage um die Steuermünze (Mt 22,15-22; Mk 12,13-17; Lk 20,20-26) geht Jesus auf das für die Juden Ärgerliche des Kaiserbildes nicht ein. Der mit Bildern zu treibende Kult konnte und kann jedoch auch für Christen zu einer großen Herausforderung werden. Im apokalyptischen Zusammenhang der Offenbarung (13,14f; 14,9.11; 15,2; 16,2; 19,20; 20,4) wird die vom Antichristen geforderte Bildverehrung zum eschatologischen Scheidungsmerkmal, an dem das atl. B.verbot nochmals entscheidend zur Geltung kommt.

b. Der Mensch bleibt als Sünder allgemein Gottes Abbild (1Kor 11,7; Jak 3,9) und behält damit eine göttliche Würde.

c. Ausführlich wird von Christus als dem B. Gottes gesprochen (2Ko 4,4; Kol 1,15; Hebr 1,3; vgl. Phil 2,6). B. (griech. *eikon*, vgl. *charakter, morphe, homoiosis, typos, doxa*) beschränkt sich hier nicht nur auf die repräsentative Funktion. Im Unterschied zum sündigen Menschen ist Christus Gottes unmittelbare Entsprechung. An ihm ist abzulesen, wie Gott den Menschen ursprünglich gewollt hat. Christus als das Ebenbild Gottes ist nicht nur der Gottähnliche, sondern der Gottgleiche, der auf der Seite des Schöpfers steht.

d. In hauptsächlich paränetischen Texten wird von christusgläubigen Menschen als Gottes oder Christi Abbild im Sinne des »neuen Menschen« gesprochen (Röm 8,29; 1Kor 15,49; 2Kor 3,18; Eph 4,24; Kol 3,10; vgl. Röm 1,23). In 1Kor 15 stellt Paulus dem alten → Adam Christus als den neuen gegenüber. Das wahre Gottesbild ist nicht der alte, sondern der neue Mensch. So sehr dieser einerseits eschatologisches Ziel ist, so sehr soll andererseits seine ethische Qualität schon jetzt im täglichen Christsein zur Geltung kommen und Christus darin Gestalt finden. Indem der Mensch sich mit Christus als dem Bild Gottes verbinden läßt, findet er zu seiner gottgewollten, ursprünglichen Gottabbildlichkeit. Dieses Verständnis entspricht auch der atl. Sicht, wonach die Gottabbildlichkeit des Menschen nicht von seiner - durch den Sündenfall verzerrten - ethischen Verantwortung in der Schöpfung zu lösen ist.

Lit.: K.-H. Bernhardt: Gott und Bild, 1956; H. Brunner, R. Kannicht, K. Schwager: Wort und Bild, 1979; W. Gross: Die Gottesebenbildlichkeit des Menschen, ThQ 161, 1981, 244-264; O. Keel: Die Welt der altorientalischen Bildsymbolik und das Alte Testament, 1977; A. Lemaire: Who or what was Yahwe's Ashera? BAr X.6, 1984, 42-51; B. Ockinga: Die Gottebenbildlichkeit im alten Ägypten und im Alten Testament, 1984; C. Westermann: Genesis, BK AT I/1, 1974, 203-214.

C.D. Stoll

b) theologiegeschichtlich

In Abgrenzung zu den heidnischen B.erkulten und aus Loyalität zum atl. B.erverbot lehnten Kirchenväter wie Tertullian, Clemens und Origines nicht nur die Verehrung, sondern schon die Herstellung von B.ern als Götzendienst ab. Doch bereits im 3./4. Jh. führten der Einfluß spätantiker Kultur, die ausgedehnte Heiligenverehrung und das Bedürfnis des Kirchenvolkes nach bildhafter Vorstellung zu einer Aufweichung des B.erverbots, die freilich von Kirchenführern (z.B. Epiphanius, gest. 403) und Synoden (z.B. Elvira, 306) mit Verweis auf die Undarstellbarkeit der göttlichen Dreieinigkeit strikt bekämpft wurde. Demgegenüber beriefen sich die Befürworter auf die Inkarnation Gottes in Christus und die Notwendigeit der moralischen Erzeihung ungebildeter Laien. Sie fanden v.a. unter den Mönchen des Ostens breite Zustimmung.

Als Kaiser Leo III. im Jahr 726 in Byzanz ein angeblich wundertätiges Christusbild entfernen ließ, brach der B.erstreit aus, in dem die Ikonoklasten (B.erbekämpfer) geltend machten, daß die göttliche Natur Christi nicht darstellbar ist, der aber im Jahr 843 mit einem Sieg der Ikonodulen (B.erverehrer) endete. Die Ikonenverehrung der Ostkirchen gilt dem im Abbild vergegenwärtigten Urbild. In der Westkirche wurde eine eher päd. Begründung der Bilder bevorzugt: Analphabeten sollten an B.ern die bibl. Geschichte abzulesen lernen (Gregor der Große, ep.XI, 13). In diesem Sinne hat auch Luther Illustrationen begrüßt, während der ref. Heidelberger Katechismus nur die Predigt für lebendig hielt und auch in erzählenden Bildern nur stumme Götzen erkennen konnte (Frage 98).

Im Gegensatz zur radikalen Verwerfung der B.er durch → Zwingli und → Calvin haben die luth. Reformatoren die B.erfrage nicht abschließend geregelt. Unter → Karlstadts Einfluß kam es mancherorts zum B.ersturm, während Luther eine gemäßigte Position einnahm (Invokavitpredigten). Luthers Äußerungen zu den B.ern sind ambivalent und situationsbezogen, weshalb sie nicht dogmatisch ausgelegt werden dürfen. B.er sind ihm gleichermaßen Hilfsmittel für die christl. Verkündigung wie sie für den Glaubenden letztlich überflüssig sind. Eine B.erverehrung im eigentlichen Sinne ist im Protestantismus nicht zu finden.

Wie in der kath. sind auch in den ev. Kirchen die B.er eine Frage der Volksfrömmigkeit. Ungeachtet der b.erfeindlichen Tendenz in der Reformation erfreuen sich die luth. Kirchen bis ans Ende des Barocks einer überreichen bildlichen Ausschmückung. Altar, Kanzel und die Brüstungen der Emporen erzählen die Heilsgeschichte. Die Illustration der Bibel in Hunderten von Holzschnitten oder Kupfern wird zum Merkmal der Lutherbibel. Die mit dem 19. Jh. einsetzende B.losigkeit des ev. Kirchenraumes ist weniger eine theol. als vielmehr von Rationalismus und Aufklärung getragene Entwicklung. Seit dieser Zeit bleibt das rel. B. bei den Evangelischen weitgehend auf den privaten Bereich beschränkt. Gedruckte Bilderbibeln sowie der mit B.ern geschmückte Konfirmationsschein oder Patendank zieren das ev. Haus. Ihr Stil und ihre Motive (Der Gute Hirte, Christus, klopft an die Herzenstür) sind von den gleichzeitigen kath. B.ern nicht verschieden.

Zur Geschichte des Gedankens der menschlichen Gottebenbildlichkeit s. → Mensch.

Lit.: G. Lanczkowski, P. Welten, J. Maier, H.G. Thümmel, W.v. Loewenich, R. Volp: »Bilder«, TRE 6, 1980, 515-568; J. Rohls: »...unser Knie beugen wir doch nicht mehr«. Bilderverbot und bildende Kunst im Zeitalter der Reformation, ZThK 81,1984, 322-51; R. Sörries: Eine Christusikone des Pietismus. Kirche und Kunst 59, 1981, 39-48; ders.: Die Evangelischen und die Bilder, 1983; M. Stirm: Die Bilderfrage in der Reformation, 1977.

R. Sörries/Red.

c) systematisch-theologisch

Gott kann grundsätzlich nicht abgebildet werden, da er nicht zu sehen ist; d.h. das menschliche Auge kann seinen Anblick nicht ertragen: »Kein Mensch wird leben, der mich sieht« (2Mo 33,20). Der Schöpfer aller Dinge kann nicht Gegenstand künstlerischer Schöpfung sein. Die B.er, die Menschen geschaffen haben, sind stumme Götzen (Hab 2,18; 1Kor 12,2), die nichts vermögen. Der lebendige Gott aber redet: »So spricht der Herr«, verkündigen seine Propheten. Der Mensch selbst ist Gottes Abbild (1Mo 1,27). In dem durch Gottes Wort bewegten Leben des Menschern stellt Gott sich dar. Also kann der Mensch Gott nicht wie einen Gegenstand betrachten. Im Gegensatz zum B.erkult benachbarter Religionen war dem Gottesvolk Israel die Verehrung, aber auch schon die Herstellung von B.ern verboten (2Mo 20,4). Neben einer strengen Auslegung des B.erverbotes kannte das spätere Judentum auch eine solche, die Abbildungen erlaubte.

Als Gott Mensch wurde, machte er sich in dem Menschen Jesus sichtbar (Joh 1,14; 1Joh 1,1-3). Er ist »das Ebenbild des unsichtbaren Gottes« (Kol 1,15). Im Leben Jesu griff Gott rettend in das Menschenleben ein, das die Gottebenbildlichkeit im Sündenfall verspielt hatte und nun wieder »verklärt« werden soll »in sein Bild« (2Kor 3,18).

Lit.: A. Dempf: Die unsichtbare Bilderwelt. Eine Geistesgeschichte der Kunst, 1959; H.-J. Geischer (Hg.): Der byzantinische Bilderstreit (TKTG Heft 9), 1968; G. van der Leeuw: Vom Heiligen in der Kunst, 1957.

W. Schlichting

Bilderbibel

Zu unterscheiden ist zwischen bebilderten Textbibeln und B.n im engeren Sinn, bei denen der Text zurücktritt. Seit der altchristl. Zeit bis ins 12. Jh. wurden eigentlich nur Teile der Bibel (bes. AT, Psalter, Apokalypse), meist nach bestimmten ikonographischen Themenkatalogen (vgl. die Libri Carolini 790) bebildert bzw. ornamental (Irland: 7./8. Jh.) ausgeschmückt. Seit der Ottonenzeit wurden reich bebilderte Evangeliare angelegt. Mit der Reformbewegung des 11./12. Jh.s gewann die B. »als besonders sinnfälliges Autoritätszeichen der Kirche« (Knappe, 140) neue Bedeutung, was sich auch in der nun eher allegorisch-kommentierenden als bloß illustrierenden Bebilderung zeigt. Im Spätmittelalter werden neue Formen, Themen und Auftraggeber (Prunkhandschriften für Laien bis ins 16. Jh.: Andachtsbücher, Psalter, B.n) wichtig. Neben reine Textbibeln treten zunehmend reich illustrierte, lehrhafte Bibelbearbeitungen (Reim-, Historien-, Armenbibeln, Bible moralisée u.a.). Seit Mitte des 15. Jh.s beginnt der Siegeszug von Buchdruck und Druckgraphik (Blockbücher ca. 1430ff; Kölner Holzschnittbibel 1478/79). Vom Jh.-Ende an werden Bilderfolgen zur Bibel beliebt (Schongauer ca. 1480, → Dürer 1496ff, → Cranach u.a). In der Reformationszeit gewinnen Bibel und Bibelübersetzung neue Bedeutung, was sich etwa in Wittenberg bei Bibel-Illustrationen zunächst noch wenig auswirkt (nicht durchgehend illustriert: Bilder v.a. zu AT, Psalter und Apokalypse), auch wenn etwa Luther bebilderte »Laienbibeln« forderte. Sehr häufig finden Abbildungen zugleich in ev. und kath. Bibelausgaben Verwendung, auch lehrhaft-informative Illustrationen und Karten. Bis ins 18. Jh. und die Aufklärungszeit wirken die Vorbilder des 16. Jh.s nach. Einen Aufschwung der Bibelillustrationen und B. bringt das 19. (Blake 1818, Schnorr von Carolsfeld 1852-1862; Doré 1867) und 20. Jh. (Corinth, Kubin, Beckmann, Chagall u.a.), auch bei den sehr verbreiteten »Familienbibeln«.

Lit.: W. Eichenberger, H. Wendland: Deutsche Bibeln vor Luther, 1977; K.A. Knappe: »Bibelillustrationen«, TRE 6, 1980, 131-160; H. Rost: Die Bibel im Mittelalter, 1939; Ph. Schmidt: Die Illustration der Lutherbibel 1522-1700, 1962; P.H. Vogel: Europäische Bibeldrucke des 15. und 16. Jh.s in den Volkssprachen, 1962.

G. Knetsch

Bilderstreit → Bild, Bilderverehrung

Bildung

Der Begriff »Bildung« wird mit unterschiedlicher Akzentuierung gebraucht und ist weithin umstritten. Es ist aufschlußreich, daß kurz vor der Jahrhundertwende in einem recht kurzen Artikel in Meyers Konversationslexikon von einem »bevorzugten Schlagwort des Zeitalters« die Rede ist, das »mit den meisten sogenannten geflügelten Worten das Schicksal« teile, »daß sein Gepräge, wie bei einer abgegriffenen Münze, sich verwischt hat und sein Sinn vieldeutig geworden ist«.

Versuche einer Definition reichen von dem Bonmot, B. sei das, was übrig bleibt, wenn man vergessen hat, was man gelernt hat, bis hin zu der vom Deutschen Institut für Bildung und Wissen geprägten Zielbestimmung: »Ziel der Bildung und Erziehung ist der Mensch, der im Ringen um ein richtiges Verhältnis zu Gott, zu den anderen Menschen und zur Welt eine Haltung gewonnen hat, aus der heraus er im Leben und Handeln der Wirklichkeit gerecht wird und so in einer jeweils einmaligen Verwirklichung zu einer Vollendung seiner selbst kommt. Dieses Ziel ist niemals endgültig erreicht und gesichert; Bildung ist daher eine permanente Aufgabe, die nur von ihrem Ziel her definierbar ist.«

In dieser Definition werden B. und → Erziehung zusammen genannt. Tatsächlich werden diese beiden Begriffe zuweilen fast synonym gebraucht. Andererseits jedoch wird die Erziehung – auch im Artikel 6 des Grundgesetzes – primär den Eltern zugeordnet, während schulische Einrichtungen der verschiedensten Art dem »Bildungswesen« zugerechnet werden, das der Aufsicht des Staates untersteht. Dabei wird zumeist noch zwischen allgemeinbildenden und berufsbildenden Anstalten bzw. Fächern unterschieden. Außerdem unterscheidet man z.B. in Deutschland im Hinblick auf die Qualifikationen zwischen dem Hauptschulabschluß, der Mittleren Reife, dem Abitur und den Abschlußprüfungen der Universitäten, Hochschulen und Fachhochschulen.

Die Verbindung der B.sgänge mit entsprechenden Qualifikationen hat vor einigen Jahrzehnten zu der Tendenz geführt, auch den B.sbegriff selbst an nachweisbaren Qualifikationen und kontrollierbaren Fähigkeiten zu orientieren. Dieser Tendenz entsprechen Begriffe wie »höhere Bildung«, Fachschulb., Universitätsb. und dergleichen. Dabei wird B. einseitig dem Lernen zugeordnet. Wie Ballauf schreibt, meint man »dadurch einen nüchternen pädagogischen Begriff gegenüber dem traditionsüberladenen Bildungsgedanken gewonnen zu haben«.

Trotz derartiger Bestrebungen herrscht jedoch weithin Einigkeit darüber, daß B. grundsätzlich mehr ist als eine bloße Aneignung von Wissen und Fertigkeiten. Sie soll vielmehr die gesamte Haltung des Menschen prägen. Es geht also primär um eine personale Qualität. Das jedoch bedeutet: B. kennzeichnet einerseits den jeweiligen Menschen als Individuum, prägt jedoch andererseits auch die Beziehungen zwischen ihm und anderen Personen. Diese Grundkonzeption hat sich auch gegenüber Tendenzen behauptet, die in einer einseitig emanzipatorischen Akzentuierung B. auf Selbstfindung und Selbstbestimmung als Voraussetzung von »Selbstverwirklichung« festzulegen suchten. Andererseits jedoch schließt ein personales Verständnis des B.sbegriffs auch alle Bestrebungen aus, einen bestimmten Menschentyp - etwa den des Hitler-Jungen und späteren SS-Mannes oder auch den des Jungen Pioniers und späteren Angehörigen der Nationalen Volksarmee - zum Idealbild zu erklären, auf das hin gebildet und erzogen wird.

In diesem Zusammenhang verdient es Beachtung, daß der Christ im Gegensatz zu den Vertretern ideologischer Systeme kein im Sinne eines bestimmten Typs festgelegtes »Menschenbild« hat. Bezeichnenderweise gehören zu den von vielen christl. Kirchen verehrten Heiligen Menschen völlig verschiedener Art. Schon die unmittelbaren Jünger Jesu unterscheiden sich erheblich voneinander. Gemeinsam ist ihnen allerdings, daß sie in ihrem gesamten Leben und Handeln dem Hauptgebot der Gottes- und Nächstenliebe zu entsprechen suchen und daß sie angesichts der verzeihenden Liebe Gottes auch ihrerseits stets zur Vergebung bereit sind.

Lit.: T. Ballauf: Pädagogik - Eine Geschichte der Bildung und Erziehung, 3 Bde. 1969-73; W. Brezinka: Metatheorie der Erziehung, [4]1978; L. Kerstiens: Der gebildete Mensch, 1966; Th. Litt: Technisches Denken und menschliche Bildung, [3]1964.

H. Staudinger

Billy Graham Evangelistic Association

→ Graham, Billy

Binnenschiffermission → Berufsmissionen

Bioethik

Erkenntnisse und Fragestellungen der letzten 20 Jahre haben im Blick auf den verantwortlichen Umgang mit menschlichem Leben, darüber aber auch mit Leben überhaupt, eine neue Akzentsetzung in der → Ethik notwendig gemacht, die durch den Begriff B. bezeichnet wird.

1. Der Mensch ist herausgefordert, seine Welt zu gestalten. Darf er dabei alles, was er kann? Das ist nicht der Fall. Können und Verantwortungsfähigkeit sind nicht identisch, deshalb wird das Können reglementiert. Das Können wird begrenzt durch die jeweils konkret bestimmten Aufgaben, die einem gestellt sind. Darüber hinaus fordern unsere begrenzten Mittel und die verfügbare Zeit, daß wir aus der Fülle dessen, was wir tun könnten, eine Auswahl treffen. Und schließlich stimmen alle Menschen darin überein, daß bestimmte Möglichkeiten eigentlich Unmöglichkeiten sind, wie z.B. alle kriminellen Handlungen.

Darf der Mensch alles, was die Natur auch macht? Das anzunehmen wäre ein naturalistischer Fehlschluß. In der Natur ereignen sich Steinschläge, bei denen Menschen getötet werden. Dennoch kann damit kein Steinwurf eines Menschen gerechtfertigt werden, der einen Menschen tötet. Die Natur muß sich nicht verantworten, der Mensch aber trägt Verantwortung für seine Handlungen.

Darf der Mensch alles tun, was Leid und Krankheit beseitigt? Durchaus nicht, denn es ist keineswegs klar, was Leid und Krankheit sind und welche Mittel zu ihrer Beseitigung angemessen sind.

Auch hier gilt, daß der Zweck nicht die Mittel heiligt. In der indischen Gesellschaft etwa kann dunkle Hautfarbe oder weibliches Geschlecht als Krankheit eingestuft werden. Therapeutische Ziele und Methoden bedürfen also selbst der kritischen Prüfung.

2. Der Mensch muß sein Handeln verantworten, deshalb stellt sich die Frage, vor welcher Instanz. Da seine Handlungen Folgen für Mitmenschen und Nachkommen haben, genügt es nicht, wenn der einzelne sein Handeln vor sich selbst verantwortet. Aber auch der Mitmensch ist nicht die letzte Instanz:

Gott, der Schöpfer, hat dem Menschen die Möglichkeit und Fähigkeit gegeben, seine Welt und sich selbst zu gestalten. Dies kommt in der Sonderstellung des Menschen bei der Schöpfung (1Mo 1,26.28) zum Ausdruck. Der Mensch soll nun als Gottes Ebenbild, d.h. als Repräsentant des göttlichen Willens auf Erden helfen, daß die Möglichkeiten der Schöpfung sich entfalten können. Der Sündenfall hat diese Bindung an Gott gelöst, indem der Mensch nunmehr seine Gestaltungsaufgabe unabhängig vom göttlichen Willen, aus der eigenen Erkenntnis um Gut und Böse wahrnehmen will.

Tatsächlich sind wir bei der Gestaltung der Schöpfung auf die Kenntnis des göttlichen Willens angewiesen, soll es nicht zur Katastrophe kommen, wie etwa beim Turmbau zu Babel (1Mo 11).

3. Wie sieht eine christliche Bioethik in Grundzügen aus?

Grundlinien einer christl. B. bestimmen den Menschen als Empfangenden inmitten einer sinnvollen, auf Vollendung angelegten Schöpfung. 1Mo 1 verweist den Menschen auf eine Grundordnung, die er empfängt und nicht zerstören darf. Ps 104 verweist auf ein sinnvolles Zusammenspiel aller, die an der Schöpfung teilhaben, und auf deren letzten Grund, den göttlichen Atem/Geist (hebr. *ruăch*). Röm 8 verweist auf den Prozeßcharakter unserer Wirklichkeit, die einer Vollendung entgegengeht, wobei aus dem Wissen um die mögliche heile Welt ein Leiden an der zerstörten Gegenwart entsteht.

Daraus ergeben sich folgende bioethische Grundsätze:

a. Menschliches Handeln darf nicht den Bestand und Fortbestand einer Art von Lebewesen und Lebensraum gefährden und zerstören.

b. Menschliches Handeln muß den jeweils eigenen Sinn der Naturteile ernst nehmen! Naturteile sind »an sich wert« und nicht nur »für uns wertvoll«.

c. Menschliches Handeln muß sich der Aufgabe verpflichtet wissen, unsere Wirklichkeit für spätere Generationen zu bewahren.

d. Leiden hat eine wichtige korrigierende Bedeutung für menschliche Handlungen, da es deren Folgen sichtbar macht.

e. Die Offenheit gegenüber weiteren Veränderungen (Korrektur oder weitere Entfaltung) bestimmt den Wert einer Handlung.

4. Anwendung auf die Beurteilung der → Biotechnik (→ Gentechnik):

a. Der Mensch darf durchaus Neues schaffen, nur kann er die Welt nicht vollenden.

b. Wenn biotechnische Handlungen nicht korrigierbare Folgen haben können, sind sie negativ zu bewerten, da sie eine mögliche Zukunft verschließen.

c. Wenn Biotechnik in Konkurrenz zu anderen Verfahren tritt, ist das Verfahren zu bevorzugen, welches offener gegenüber Veränderungen ist.

d. Wenn biotechnisches Handeln den »Eigensinn« einer Art von Lebewesen mißachtet oder sogar zerstört, weil es nur den Sinn für den »Hersteller« wahrnimmt, ist es abzulehnen.

e. Biotechnik erweckt den Eindruck, daß Leiden und Krankheit grundsätzlich beherrschbar sind und beseitigt werden können; demgegenüber muß der positive Sinn des Leidens festgehalten werden.

f. Behindertes Leben darf nicht als minderwertiges Leben stigmatisiert werden; es muß das Recht bestehen bleiben, daß behindertes Leben ausgetragen werden darf.

g. Experimente mit menschlichem Leben sind nicht zu rechtfertigen.

5. Welche Bedeutung haben bibl.-christl. Normen in einer säkularen Gesellschaft, und sind sie durchsetzbar? Wäre die Durchsetzung bibl.-christl. Normen nicht eine heute überholte Bevormundung der Menschen durch die Kirche?

Tatsächlich urteilen wir alle nicht nur aufgrund der technischen, pragmatischen, sozialen oder rechtlichen Richtigkeit, sondern immer auch nach übergeordneten Normen.

Es ist also nicht strittig, daß alles Handeln an übergeordneten Prinzipien gemessen werden muß. Strittig ist nur, wie diese Prinzipien aussehen und wie sie zu gewinnen sind. In diesen Streit müssen sich auch die bibl.-christl. Normen begeben, wenn sie heute als zutreffend sich erweisen und somit durchsetzbar werden sollen. Es muß gezeigt werden, inwiefern bibl.-christl. Normen ein Handeln begründen, das eine Welt des Lebens gestaltet. Eine Welt des Lebens meint nicht nur eine Lebenswelt für den einzelnen, sondern für alle Menschen, gegenwärtig lebende und auch zukünftige, und auch für die übrige Natur. Es muß also aufgewiesen werden, daß das christl. Welt- und Menschenbild diese gesamte Wirklichkeit im Blick hat und daraus seine Normen entwickelt.

Neben dieser theoretischen Aufgabe gibt es auch eine praktische: die bibl.-christl. Normen müssen in die polit. Entscheidungsprozesse eingeführt und durchgesetzt werden. Christen müssen sich also polit. engagieren. Das bedeutet zunächst einmal, daß Christen ihren eigenen Prinzipien entsprechend handeln. Jesus fordert dazu auf, eine Lebenswelt für andere zu schaffen: nicht selber gut sein, sondern gut machen, nicht gesund oder fromm sein, sondern gesund oder fromm machen ist sein Interesse. Was Jesu Taten und Botschaft prägt, das ist die gegenwärtig auf Erden anbrechende Selbst-Durchsetzung des Reiches Gottes, das die Menschen in ihrem ganzen Wesen ergreift und damit auch ihr Handeln, das immer auch polit. Handeln ist, betrifft.

Von dieser polit. Dimension allen Handelns ist der Bereich des Politischen im engeren Sinn zu unterscheiden, der z.B. dann gemeint ist, wenn man sagt, jemand übernimmt ein polit. Amt oder jemand wechselt aus der Wirtschaft in die Politik. In demokratischen Staaten sind alle Bürger für diese Aufgabe delegiert, wenn auch mit unterschiedlichen Vollmachten ausgestattet. Der Christ ist aufgerufen, diese Vollmachten zu nutzen und aufgrund seines Glaubens zu gestalten.

Zu Einzelproblemen der B.: → Abtreibung, → Eugenik, → Euthanasie, → Gentechnologie, → Geburtenregelung, → Krieg, → Künstliche Befruchtung, → Suizid, → Todesstrafe, → Umweltethik

Lit.: K. Bockmühl: Theologie und Lebensführung. Gesammelte Aufsätze II, 1982; U. Eibach: Medizin und Menschenwürde, [3]1988; O. Höffe: Sittlich-politische Diskurse, 1981; R. Kollek, U. Krolzik: Gentechnik und christliche Ethik, EZW-Texte: Information Nr. 95 VIII/1985; R. Löw: Leben aus dem Labor. Gentechnologie und Verantwortung - Biologie und Moral, 1985; T. Rendtorff: Ethik, 2 Bde. 1980/81.

U. Krolzik

Biographie

B. bedeutet Lebensbeschreibung, von griech. *bios*, »Leben«, und *graphein*, »schreiben«. Der Ausdruck ist spät; die griech. bzw. lat. Autoren begnügen sich mit *bios* oder *vita*. Als Gattung gehört sie sowohl zur Literatur als auch zur Geschichtswissenschaft. Vor allem die ältesten erhaltenen B.n sind zugleich wesentliche Geschichtsquellen: z.B. Xenophon, »Memorabilia«, »Agesilaos«, die Viten des Cornelius Nepos, Philos Mose-Vita, Tacitus' »Agricola«, die Doppel-Lebensbeschreibungen des Plutarch, Suetons Caesaren-Viten u.a.m. Ein noch immer weitverbreitetes Fehlurteil versucht, eine generelle hist. Zuverlässigkeit antiker B.n gegen die frühchristl. Lebensbeschreibungen abzuheben, denen legendenhaftes, wundersüchtiges, unkritisches Vorgehen unterstellt wird. Dabei wird aus einem meist anti-christl. Vorverständnis heraus übersehen, daß auch die säkulare Biographie nicht wertfrei oder absichtslos war. Schon der erste Satz etwa der Sokrates-Erinnerungen des Xenophon, die unkritisch positive Darstellung des Atticus in der gleichnamigen Vita des Cornelius Nepos oder die zugestandene Einseitigkeit des taciteischen »Agricola« (3,3) fallen gegen die nüchterne Sachlichkeit der Jesus-Vita des Lukas (1,1-4) spürbar ab. Ungeachtet aller Neuheit dürfen bereits die Evangelien in die Gattung B. eingeordnet werden, ist doch auch die säkulare B. keineswegs stets auf lückenlose, wertneutrale Gesamtschau ausgerichtet. Das für antike B.n seit Antigonos von Karistos (3. Jh. v.Chr.) gelegentlich betonte Kriterium persönlicher Bekanntschaft mit dem Gegenstand der B. wird von der neueren Forschung auch für die vier Ev. nicht mehr durchwegs bestritten; für die erste große B. der nachbibl. Literatur ist es zweifelsfrei erfüllt. Die »Vita Antonii« (Leben des Antonius) des Athanasius (ca. 357 n.Chr.) beschreibt nicht nur eine Gestalt, die der Autor persönlich kannte, sie steht auch am Anfang der langen Reihe bis heute fortgesetzter Heiligenviten, in deren Verlauf die strengeren Maßstäbe der Frühzeit gleichwohl nicht immer gewahrt wurden. Daß solche Abweichungen vom Ideal, wie es Lukas in seinem Prolog formuliert hatte, nicht auf die mittelalterl. und nachmittelalterl. Viten christl. Gestalten begrenzt blieben, zeigen beispielsweise die literarisch brillanten, hist. aber zweifelhaften B.n Thomas Carlyles über Oliver Cromwell und Friedrich den Großen im 19. Jh. oder Friedrich Gundolfs über Goethe noch im 20. Jh.

Die als literarisches Meisterwerk gerühmte Wallenstein-B. Golo Manns (1971) verdeutlicht den Grenzfall zwischen penibler Historiographie und romanhafter Ausgestaltung auf höchstem Niveau; in diesem Bereich taten sich unter christl. Autoren v.a. auch Reinhold Schneider (»Das Leiden des Camoes«, 1930 u.a.) J. Klepper (»Der Vater«, 1937) und Gertrud Fussenegger (»Maria Theresia«, 1980) hervor. Maßstabsetzend für B.n nicht nur aus christl. Perspektive wäre nach wie vor, was der Biograph Karls des Großen, Einhard, ca. 833 schreibt: Er wollte »so kurz wie möglich« berichten und »gab sich Mühe, nichts wegzulassen«, was er in Erfahrung bringen konnte, und »auch nicht durch Weitschweifigkeit solche Leser abzuschrekken, die an allem Modernen etwas auszusetzen haben« (Prologus, 1).

Lit.: J.L. Clifford: Biography as an Art, 1962; A. Dihle: Die Entstehung der historischen Biographie, 1987.

C.P. Thiede

Biotechnik/Biotechnologie

Biotechnik ist die technische Nutzbarmachung von Lebensprozessen. Auf wissenschaftl. Grundlage zählt sie zu den jüngsten Techniken, hat aber als angewandte Technik ohne wissenschaftl. Hintergrund eine sehr lange Geschichte. So nutzten die Ägypter die Lebensprozesse der Hefepilze bereits um 4000 v. Chr. beim Brotbacken. Um 3500 v. Chr. wendeten sie die Technik zur Wein- und Biergärung an. Handelte es sich bis dahin um ein eher zufälliges Verfahren, wurde es ab 1500 v. Chr. zu einer Technik, die sich bewußt eines Hilfsmittels bediente, denn ab da waren die Ägypter in der Lage, fast reine Hefe herzustellen, die sie gezielt einsetzen konnten.

Die Grundlagen für eine wissenschaftl. fundierte B. wurden erst in den sechziger Jahren des 19. Jh.s durch Louis Pasteur gelegt. Es entstand die Wissenschaft: Biotechnologie, die systematisch die biologischen Prozesse der B. erforschte und dadurch ganz neue Techniken entwickeln konnte.

Biotechnologie ist die Wissenschaft des Zusammenwirkens von biologischen und technischen Systemen und bemüht sich deshalb nicht nur um den Einsatz biologischer Systeme in der Technik, wie die Biotechnik, sondern auch um die Anpassung der Technik an biologische Systeme (z.B.: Arbeitsplatzökonomie oder Gestaltung eines Flugzeuges nach Vorbild der Vögel).

Biotechnik ist heute vor allem darum bemüht, biotechnologische Erkenntnisse so umzusetzen, daß sie in technisch nutzbare Prozesse einbezogen werden können. Meist handelt es sich dabei um industrielle oder andere wirtschaftl. Produktionsprozesse. Einzelne traditionelle Teilprozesse werden dabei durch biologische Systeme – meist Mikroorganismen – ersetzt. Der Vorteil liegt zum einen im geringeren Energieaufwand: Biologische Systeme nutzen zur Arbeit Enzyme, das sind Biokatalysatoren, die nur 1/100 bis 1/1.000.000 der Aktivierungsenergie des besten chemischen Katalysators benötigen. Neben der hohen Energieersparnis werden in manchen Fällen auch aufwendige technische Anlagen wie Hochdruck- oder Hochtemperaturreaktoren überflüssig. Der zweite Vorteil biologischer Systeme besteht darin, daß sie viele verschiedene Stoffe verarbeiten können, meistens ohne umweltgiftige Rückstände zu produzieren, die sonst unter größtem technischen Aufwand entsorgt werden müßten.

Um die Effizienz weiter zu steigern, wird im zunehmenden Maße ein besonderer Zweig der Biotechnik, die Gentechnik, eingesetzt. Die Gentechnik hat eine umfangreiche öffentliche und interne Diskussion um die ethische Problematik dieser neuen Techniken ausgelöst (→ Gentechnik, → Bioethik).

Durch die gentechnische B. wurde es möglich, völlig neue und nützliche Lebewesen zu schaffen, die für die Industrie oftmals einen hohen Nutzwert haben. Diese Organismen können seit einiger Zeit patentiert werden.

Die Anwendungsbereiche der Biotechnik erstrecken sich von der Pharmakologie, die Medikamente biotechnisch herstellt, über die Futterindustrie, in der Bakterien bestimmte Abfälle in Mastfutter umwandeln, bis hin zum Bergbau, wo Bakterien in ansonsten unrentablen Lagerstätten Erze abbauen. Weiter verwendet man B. im Umweltschutz, z.B. Bakterien als Indikatoren des Verschmutzungsgrades. In der Landwirtschaft versucht man, mit Hilfe der B. den Ertrag zu steigern und Schädlinge gezielt und für Mensch und Tier unschädlich zu bekämpfen.

Für die Ethik von besonderer Bedeutung ist die Anwendung von B. auf den Menschen (→ Gentechnologie, → Künstliche Befruchtung).

Lit.: J. Herbig: Der Bioboom, 1984; J. Rifkin: Genesis Zwei. Biotechnik – Schöpfung nach Maß, 1986; Biotechnik, in: Wirtschaftswoche 26 (1985) S. 82-94.

S. Krolzik

Bischof/Bischofsamt

a) biblisch

Das griech. Wort *episkopos* meint ursprünglich »Aufseher« und ist im außerbibl. Sprachgebrauch eine Bezeichnung verschiedener öffentlicher Ämter. Im NT findet sich die früheste Erwähnung in Phil 1,1: »Bischöfe und Diakone« ohne genauere Kennzeichnung der Amtspflichten. »Älteste« und »Bischöfe« bedeuten in der Gemeindeleitung noch nichts Verschiedenartiges oder gar Gegensätzliches (vgl. Apg 20,17.28). In 1Petr 2,25 wird Christus selbst als B. und Hirte bezeichnet; Verbindungslinien zum atl. Bild von Gott als dem Hirten über sein Volk (Hes 34) und zum Bild vom guten Hirten (Ps 23) sind deutlich.

Dies wird nun auch auf die »Ältesten« und »Bischöfe« als Hirten der Gemeinde übertragen (vgl. 1Petr 5,1-5; Apg 20,28). In Qumran findet sich das hebr. Äquivalent zu *episkopos*, nämlich *mebaqqer*, »Aufseher«; dieser soll wie ein Vater oder Hirte die Angehörigen des ihm unterstehenden »Lagers« leiten (CD 13,6-13). Die Herleitung des ntl. B.amtes von Qumran bzw. vom Tempelpriestertum bleibt jedoch ungesichert. Eine gewisse Verfestigung des Begriffs ist in den Pastoralbriefen zu erkennen (vgl. 1Tim 3,1-7; Tit 1,5-9). Hier werden bestimmte Voraussetzungen genannt, die notwendig sind, um als B. bestimmt oder gewählt werden zu können. Ob in den Pastoralbriefen schon die Ausbildung eines sog. »monarchischen« B.amtes vorliegt, ist umstritten. Kraft und Vollmacht für besondere Leitungsdienste erhielten Älteste und B. im Bewußtsein der Gemeinde durch den Hl. Geist.

b) theologiegeschichtlich

Der ntl. Befund macht deutlich, daß in den ersten Gemeinden verschiedene und mannigfaltige Leitungsstrukturen bestanden. In den frühchristl. Ignatiusbriefen kommt es zu einer deutlich profilierten Stärkung des B.samtes, seine Abbildfunktion wird beschrieben: »Den Bischof müssen wir also offensichtlich wie den Herrn selbst ansehen« (Ign. 6,1), freilich in Zuordnung zum Presbyterium. In Abwehr von womöglich gnostischem Gedankengut und umherziehenden Predigern wird der Amtscharakter hervorgehoben, eine Entwicklung, die durch vielerlei inner- und außerkirchl. Einflüsse verstärkt wird. In der Didache, später in der Kirchenordnung Hippolyts von Rom wird von einem ausgeprägten B.samt gesprochen. Die Weihe des B.s ist ein Unterscheidungsmerkmal gegenüber den Presbytern. Hinzu kommt nun der - schon im 1. Clemensbrief ausgesprochene - Gedanke der apostol. Sukzession (Irenäus von Lyon, Tertullian), der die Autorität und Vollmacht des B.s im apostol. Ursprung sichern möchte.

Eine weitere Ausgestaltung im sakral-juridischen Sinn geschieht durch Cyprian von Karthago: Der eine Episkopat als überall vertretenes B.samt, das konstitutiv für die Existenz der Kirche wurde. Die Entwicklung zum monarchischen Episkopat fand im 3. Jh. ihren Abschluß. Das B.samt wurde durch B. Leo I. von Rom zum Anspruch auf den päpstlichen Primat fortgeführt. Zur Festigung und Hierarchisierung des B.samtes trug die konstantinische Wende bei. Die B.e wurden höchsten Staatsbeamten gleichgestellt und genossen bestimmte Vorrechte. Es kam zur Errichtung von Metropolitansitzen, von denen aus eine Kirchenprovinz geleitet wurde. In den Kirchentümern des Westens (Franken) kamen die B.e aus dem Adel. Sie waren Träger hoher Bildung. Im östl. Teil der Kirche, nach der Ordnung des B.samtes durch Kaiser Justinian (527-565), entstammten die B.e in der Regel dem Mönchsstand.

Im MA folgte im Westen der Ausbau des B.samtes zu reichsfürstlicher Stellung. Auf Seiten der reformat. Bewegung gab es keine einheitliche Stellung zum B.samt. Im ref. Bereich verschwand es aus den Kirchenverfassungen (vor allem aufgrund der Ämterlehre Calvins). Luther reagierte in seinen Überlegungen zum B.samt auf aktuelle Herausforderungen. Er hat nur vereinzelt B.e eingesetzt. Einig war man sich in der Ablehnung des höheren Weihecharakters und einer Herleitung des B.samtes aus göttlichem Recht. In Art. 28 der CA wird das B.samt in reformat. Verständnis vorgestellt. Durch die aus besonderer Situation geborene Einsetzung der Landesherrn als »Notbischöfe« kam es aber zur Vermischung von weltlicher und geistl. Obrigkeit.

So wurden Visitatoren (Superintendenten u.ä.) bestellt, die besondere Aufsichtsaufgaben übernahmen. Visitation, Ordination und die Seelsorge an den Pfarrern gehörte zum Aufgabenbereich dieser Leitungsebene. In den luth. Kirchen Skandinaviens und in der anglik. Kirche blieb das B.samt bestehen, z.T. noch in der Sukzession (Schweden). Im anglik. Bereich wurde es als Amt der Einheit besonders hervorgehoben. In der Herrnhuter → Brüdergemeine wurde im 18. Jh. das B.samt als priesterl. Amt ohne Leitungsbefugnis eingeführt. Im 19. Jh. kam es im Luthertum zu einer Neubesinnung auf das B.samt. Nach der Aufhebung des landeskirchl. Summepiskopats 1918 wurden in den prot. Landeskirchen Deutschlands neue geistl. Leitungsämter geschaffen, später meist Landesbischof, teilweise auch Kirchenpräsident oder Präses genannt, die durch einzelne Persönlichkeiten (→ Wurm, Meiser, → Dibelius, → Lilje, → Niemöller) ihr besonderes Gewicht bekamen. In der Ökumene kam es zur Bildung des synodalen B.samtes auch im ref. Bereich. In der röm.-kath. Kirche wurde durch das II. Vaticanum das Kollegium der B.e in seiner Leitungsaufgabe unter Führung des Papstes neu betont.

c) systematisch-theologisch

Als Konsequenz des ev. Verständnisses der Einheit des kirchl. Amtes wird das B.samt in CA 28 hinsichtlich seiner Funktion nach göttlichem Recht als identisch mit dem Predigtamt beschrieben. Nach göttlichem Recht ist eine Differenzierung der verschiedenen Ämter oder Amtsstufen nicht gegeben.

Die Notwendigkeit des B.samtes in einem reformat. Kirchenwesen ist nur im Bereich des menschlichen Rechts gegeben. Im prot. Bereich innerhalb und auch außerhalb Deutschlands hat sich als Ergebnis einer hist. Entwicklung das »synodale Bischofsamt« herausgebildet. Man wird dies im Hinblick auf den ntl. Befund begrüßen, der einen monarchischen Episkopat im röm.-kath. Sinn noch nicht kannte.

Es wird allerdings theol. zu überlegen sein, ob das B.samt als »Amt der Einheit« gerade in einer pluralistischen, oftmals verwirrenden volkskirchl. Situation nicht stärker betont werden müßte. Hier könnten ökumen. Erfahrungen, in reformat. Sicht bearbeitet, aufgenommen werden.

d) praktisch-theologisch

Die Schwierigkeit des ev. B.samtes besteht darin, bei der Wahrnehmung hervorgehobener Leitungsaufgaben zugleich deutlich zu machen, daß es seine Würde allein vom Predigtamt her empfängt. Dabei ist zu beachten, daß in den letzten Jahren im Umgang mit Medien und interessierter Öffentlichkeit eine starke Konzentration auf die Person des B.s erfolgt. Auch durch den Einfluß des kath. B.sbildes wird - soziologisch gesprochen - als Vertreter der institutionalisierten Kirche ein »Gesicht« erwartet. Der Landesbischof als Pfarrer, der in das kirchenleitende Amt berufen ist, nimmt neben der öffentlichen Verkündigung des Wortes (Kanzelrecht auf allen Kanzeln seiner Landeskirche) auch die Ausübung kirchenleitender und kirchenrechtl. Kompetenzen wahr. Die Leitung der obersten Kirchenbehörde gehört ebenso zu seinen Aufgaben wie die Repräsentanz nach außen; dazu kommen in den meisten ev. Kirchen die klass. Aufgaben von Ordination, Visitation und Seelsorge an Seelsorgern. Die Verantwortung für die Gesamtkirche im Wechselspiel zu den synodalen Gremien ist je nach landeskirchl. Verfassung verschieden.

Da die meisten Landeskirchen in Deutschland für die Aufgaben eines B.s de facto zu groß sind, haben sich Zwischenebenen der Leitung (Sprengel) als zweckmäßig erwiesen. Diese Untergliederungen (Prälaten, Landessuperintendenten, Kreisdekane) sind z.T. hist. älter als das leitende B.samt.

Lit.: M. Brecht: Martin Luther und das Bischofsamt, 1990; H.v. Campenhausen: Kirchliches Amt und geistliche Vollmacht in den ersten drei Jahrhunderten, 1953; G. Tröger: Das Bischofsamt in der ev.-luth. Kirche, 1965.

Th. Sorg/F. O. July

Bittgebet → Gebet

Bitzius, Albert → Gotthelf, Jeremias

Blankenburger Allianzkonferenz

Die B.A. gilt als das bedeutendste Zentrum der Deutschen Evangelischen → Allianz (DEA).

1. Geschichte.

Anna von Weling (1837-1900) kaufte im März 1886 ein Haus in Bad Blankenburg, das sie u.a. zu einem »Eigenheim für die Evangelische Allianz« machen wollte. Dorthin wurde vom 13.-15. 9. 1886 zur ersten B.A. eingeladen, die mit 28 Teilnehmern aus verschiedenen Denominationen stattfand, unter ihnen Dr. Friedrich W. Baedeker und Ernst Gebhardt. Die »Allianzkonferenzen zur Vertiefung des Glaubenslebens« wurden jährlich wiederholt und wuchsen schnell: 1887 kamen 45, 1889: 70, 1897: 300, 1899: 1.000, 1919: 2.400, 1920: 3.700, zum Jubiläum 1936 über 5.000 Teilnehmer. Das Wachstum forderte Neubauten: 1889 »Konferenzhaus«, 1898 (alte) »Konferenzhalle« (800 Plätze), 1906 unter Modersohn in zehn Wochen die heute noch genutzte stilvolle große Konferenzhalle mit 2.000 Plätzen. Oft mußten wegen Überfüllung Räume parallel genutzt werden. - A.v. Weling betrachtete nach dem Vorbild Pennefathers in Mildmay alle Teilnehmer (1899: 1.000!) als persönliche Gäste. Nach A.v. Welings Tod übernahm unter erheblichen Übergangsschwierigkeiten ein Komitee die Leitung der B.A.

Ab 1890 erfolgte die Herausgabe des »Evangelischen Allianzblattes«, das unter der Redaktion von Bernhard Kühn (ab 1903) einen scharf kritischen Ton gegen die Landeskirchen anschlug, so daß erhebliche Spannungen auftraten, die erst unter Kühns Nachfolger Otto Dreibholz (ab 1914) abgebaut werden konnten. Gustav F. Nagel übernahm 1919 die Redaktion. Zu seiner Zeit (ab 1924) fanden die Sitzungen des Zentral-Ausschusses der DEA in Blankenburg statt. Das Ev. Allianzblatt wurde Organ der DEA (bis 1941/1949-1973), Nagel 1926 Vorsitzender der DEA.

Ab 1896 bis 1913 und ab 1951 erschien nach jeder Konferenz ein Berichtsband, in den anderen Jahren wurde ausführlich im Evangelischen Allianzblatt über die B.A. berichtet. Zeitweise (1893-1912) verstand sich die B.A. mit dem dazugehörigen Allianzhaus als »Mitteldeutscher« oder »Blankenburger Zweig« neben anderen Zweigen der DEA: Berliner, Hamburger, Westdeutscher, Provinz-Sächsischer, Bayrischer oder Süddeutscher Zweig.

Dem Zweiten Weltkrieg erlag die Allianzarbeit in Blankenburg. Erst am 24. 8. 1947 konnte wieder ein Allianztag stattfinden (Ernst Modersohn und Martin Funk); danach wachsende Konferenzen und Verjüngung der Besucher (70 % Jugendliche). 1949 fand die erste spezielle Jugendversammlung statt, später gestaltete ein Jugendarbeitskreis das Jugendprogramm. Schwierige Quartierprobleme wurden durch Gemeinschaftsquartiere in Sälen und später durch Zeltplätze bewältigt. 1983 wurde für die Arbeit in Blankenburg und in der DDR der erste hauptamtliche Vorsitzende, Manfred Kern, angestellt. 1982 wurde die GmbH aufgelöst und die Bildung einer »Zentralen kirchlichen Gemeinschaft« angestrebt. Nach der Wiedervereinigung 1990 ist die B.A. wieder zur zentralen Konferenz der DEA erklärt worden. Zur Zeit (1992) ist Superintendent Jürgen Stabe Vorsitzender.

2. Charakter

Die B.A. war von den englischen Heiligungs-Konferenzen in Keswick und Mildmay inspiriert und wie diese eine »Allianzkonferenz zur Vertiefung des Glaubenslebens«. Betont wurden: Bibeltreue, Heiligung, Allianzgesinnung (Gemeinschaft der Heiligen), Aufruf zur Glaubensentscheidung (besonders in den durch General Georg von Viebahn geleiteten Schlußversammlungen), lebendige Erwartung der Wiederkunft. Ursprünglich war jeder letzte Konferenztag dem Thema Hoffnung gewidmet. Abgelehnt wurden Unentschiedenheit und Schwärmerei. Die B.A. war nach 1905 bis 1909 stark an der Abwehr der Pfingstbewegung beteiligt. Von den Verantwortlichen der B.A. erging die Einladung zur Konferenz nach Berlin, auf der die sog. »Berliner Erklärung« (1909) verabschiedet wurde, die als Allianzdokument zu werten ist.

Zahlreiche Laien aus Adel und Offiziersstand gaben der B.A. Profil. Als betonte Bibelkonferenz sollte stets ein bibl. Buch im Zusammenhang, manchmal in Auswahl, ausgelegt werden. Berichte aus der Inneren und Äußeren Mission brachten Verbindung mit vielen Reichsgotteswerken, die auch finanziell unterstützt wurden. Die B.A. versammelte eine internationale Gemeinschaft, einmal waren 16 Sprachen vertreten!

3. Wirkung

Auf Anregung der B.A. entstanden ähnliche Allianzkonferenzen in Wandsbek (1900), Nürnberg (1904), Heilbronn (1905), Mannheim (1920), Pforzheim (1920), München (1925), Karlsruhe (1933) u.a.. In zahlreichen Städten wurden »Blankenburger Tage« gehalten. Viele Menschen gehorchten in Blankenburg dem Ruf in die Nachfolge Jesu, empfingen seelsorgerl. Hilfe und die Berufung in den hauptberuflichen Dienst in Gemeinde und Mission.

Lit.: W. Beyer, J. Dreßler: Ein Leib sind wir in Christus. 100 Jahre Evangelisches Allianzwerk Bad Blankenburg 1886-1986; F.H.O. Melle: 50 Jahre Blankenburger Konferenz. Festschrift, 1936; R. Möller: 25 Jahre Allianzkonferenz in Heilbronn 1905-1930. Jubliäumsschrift.

W. Beyer

Blarer (Blaurer), Ambrosius (1492-1564)

Oberdeutscher Reformator, geb. am 4. 4. 1492, gest. am 6. 12. 1564. B. entstammt einer Konstanzer Patrizierfamilie und gehört mit seinem Bruder Thomas, seiner Schwester Margareta und den Vettern Johannes und Konrad Zwick zur Gruppe der die Reformation in Konstanz wesentlich tragenden jungen Führungsschicht. B. nahm 1505 sein Studium in Tübingen auf. Seit 1510 Benediktinermönch (in Alpirsbach) wurde er 1512 Magister artium. Er unterhielt freundschaftliche Beziehungen zu → Melanchthon und wandte sich humanistischen Studien zu, kehrte jedoch ins Kloster zurück und stieg dort bis zum Prior auf. Durch seinen Bruder Thomas, der in Wittenberg studierte, und durch die Lektüre der Schriften → Luthers wurde B. für die → Reformation gewonnen. 1522 verließ er das Kloster. Diesen Schritt stellte er 1523 in seiner Schrift »Wahrhafte Verantwortung Ambrosii Blauerer... warum er aus dem Kloster gewichen...« als befreienden Schritt zum lebendigen Glauben dar.

Seit 1525 predigte B. in der Konstanzer St. Stephans-Kirche. Er griff auch publizistisch in die wesentlich vom Rat bestimmte und verantwortete reformat. Entwicklung und kirchl. Neuordnung der Stadt ein, beteiligte sich an der Maidisputation 1527 und an der Erneuerung des → Gottesdienstes und des Kirchenwesens überhaupt. B. unterhielt zahlreiche persönliche Beziehungen zu den Reformatoren benachbarter Städte, wie W. → Capito und M. → Bucer in Straßburg, J. → Oekolampad in

Basel und H. → Zwingli in Zürich, dessen Abendmahlsauffassung er aber nicht teilte. Vor allem in den 30er Jahren wirkte B. an der Einführung der Reformation in mehreren Städten der Schweiz und Schwabens (Memmingen, Ulm, Isny) mit (in Augsburg kaum erfolgreich).

Von 1534-38 arbeitete er im Auftrag Herzog Ulrichs an der Reformation Württembergs und der Neuordnung der Tübinger Universität mit. Daß B. die Wittenberger Konkordie von 1536 und die Schmalkaldischen Artikel von 1537 nicht unterschrieb, führte mit zur Entlassung aus diesem Dienst und damit auch in persönliche Isolierung. Offenbar wollte er sich theol. nicht festlegen, wie er sich überhaupt der dogmat. Spekulation möglichst entzog und die praktische Seite des Christentums in Liebe und Heiligung entschieden betonte. Seit 1540 lebte er ganz in Konstanz. Kurz vor der Eroberung der Stadt durch habsburgische Truppen 1548 wich er in die Schweiz aus. In Biel übernahm er noch einmal ein Pfarramt 1551-1559. Er starb vereinsamt und resigniert in Winterthur. Seine tiefe Frömmigkeit und sprachliche Kraft bezeugen nicht zuletzt seine Lieder. Drei befinden sich noch heute im EKG, unter ihnen »das älteste ev. Kirchenlied« (M. Jenny) »Wies Gott gefallt, so gfallts mir auch«.

Lit.: M. Jenny: »Blarer, A.«, MGG 15, 1989, 837-839; B. Moeller (Hg.): Der Konstanzer Reformator Ambrosius Blarer 1492-1564. Gedenkschrift zu seinem 400. Todestag, 1964 (Lit.); ders.: »Blarer, Ambrosius«, TRE 6, 1980, 711-715; H.-Ch. Rublack: Die Einführung der Reformation in Konstanz von den Anfängen bis zum Abschluß 1531 (QFRG 40), 1971.

Chr. Windhorst

Blasphemie

B. wird seit der Zeit der Kirchenväter mit Gotteslästerung übersetzt. Sie ist so alt wie der rel. Gottesglaube selbst und bezeichnet Handlungen und Worte, durch die die Gottheit verletzt, in ihrer Würde angetastet sowie in ihrem Macht- und Hoheitsrecht eingeschränkt wird. AT und NT kennen B. Sie kann sich bewußt gegen Gott und seine Diener auf Erden richten, in offener Schmähung Gottes (3Mo 24,11; Ps 74,10; Offb 13,6; 16,11), durch Abwendung von Gott und seinem Wort (Jes 1,4; 5,24), besonders durch die Verwerfung Jesu (Mt 27,39f) und den Widerspruch gegen das Evangelium (Apg 13,45; 18,6; 1Tim 1,13; 1Petr 4,4); aber auch Handlungen, die scheinbar nicht gegen Gott gerichtet sind, können als B. gelten (Jes 52,5; Spr 14,31). B. kann sogar darin bestehen, daß Menschen in ihrer Verblendung andere der Gotteslästerung bezichtigen (gegenüber Jesus: Mk 2,7; Mt 26,65; gegenüber den Christen: 1Tim 1,13). Andererseits kann das sündige Verhalten der Christen Anlaß zur B. sein (1Tim 6,1; Jak 2,7; Tit 2,5). Wenn auch B. bei den christl. Völkern vielfach unter Strafe stand, sollte sie doch nicht Gegenstand weltlicher Strafverfolgung sein. Sie ist ein geistl. Problem. Die Gemeinde hat sie zu dulden (Offb 2,9; 1Petr 4,4), sich aber auch betend für die Überwindung des Lästerers durch Gottes Gnade einzusetzen. Paulus bleibt hier das bedeutende Beispiel (vgl. 1Tim 1,12-17).

Lit.: EStL[3] Bd.1, 1192-1194; K. Goldammer: »Gotteslästerung«, RGG[3] Bd.2, 1804f; K. Steckel: »Gotteslästerung«, Calwer Bibellexikon, [4]1979, 454f.

K.H. Bormuth

Blaues Kreuz

Das B.K. sieht seine Aufgabe darin, auf der Grundlage des Evangeliums von Jesus Christus, Suchtgefährdeten – vor allem Alkoholabhängigen und ihren Angehörigen – umfassend zu helfen. Es arbeitet überkonfessionell. Das B.K. wurde im Jahre 1877 in der Schweiz gegründet und arbeitet seit 1885 in Deutschland. Es besteht aus Begegnungsgruppen und Ortsvereinen mit etwa 10.000 alkoholfrei lebenden Mitgliedern und Freunden. Es ist dem Internationalen Bund des Blauen Kreuzes angeschlossen, zu dem noch über 30 andere nationale Verbände mit rund 250.000 Mitgliedern gehören. Das B.K. ist bestrebt, dem Mißbrauch des Alkohols und anderer Suchtmittel auch in der Öffentlichkeit entgegenzuwirken und der Suchtgefährdung vorzubeugen (Prophylaxe); dabei wird Wert gelegt auf gute Zusammenarbeit mit Kirchen und Gemeinden, Seelsorgern und Ärzten, Psychologen und Sozialarbeitern, Beratungsstellen, Verbänden und Behörden. Wesentlich für das Verständnis z.B. des Alkoholikers ist, daß sehr häufig die Ursachen der Sucht im psychischen Bereich liegen. Eine weithin unbewältigte Vergangenheit in unterschiedlichen Abhängigkeiten ist der vielschichtige Ansatzpunkt zur Ausbildung der Sucht. Das B.K. arbeitet in seinen Einrichtungen (Fachkliniken, Rehabilitations-Einrichtungen, Wohngemeinschaften) seelsorgerl. und fachlich, d.h. es bietet seelsorgerl. das Heil Gottes an und versucht, therapeutisch zur Heilung beizutragen (s.a. → Alkoholismus).

Lit.: H. Klement: Das Blaue Kreuz in Deutschland. Mosaiksteine aus über 100 Jahren evangelischer Suchtkrankenhilfe (Lit.); Handbuch für die Suchtkrankenhilfe, hg. von H. Klement, R. Wendt, H. Witteck, ^{3}1988.

L. Roth

Bleckmarer Mission → Lutherische Kirchenmission

Blindendienst, christlicher → Evangelischer Blinden- und Sehbehindertendienst in Deutschland

Blindenmission → Christoffel-Blindenmission

Blondel, Maurice (1861-1949)

Der Philosoph B., geb. am 2. November 1861, gest. am 4. Juni 1949, ist aufgewachsen in einer alten burgundischen Familie in Dijon, die ihn mit einem selbstverständlich gelebten und dennoch offenen kath. Glauben umgab. Aus apostol. Erwägungen ging B. zum Studium ans Zentrum des laizistischen Denkens von Frankreich, die Ecole Normale Supérieure. Er wollte sich bewußt den Herausforderungen seiner Gegenwart stellen, die im Christentum eine hist. und längst überwundene Größe sahen. Zehn Jahre arbeitete er an der phil. Dissertation »L'Action«, einer phil. Analyse menschlichen Handelns. Von der Methodik her ein streng phil. Werk, inhaltlich jedoch eine Apologie des Christentums.

Die Verteidigung der strengen Vernunftgemäßheit seiner These gegenüber der säkularen Philosophie (Léon Brunschvicg) trägt ihm von kirchl. Theologen den Vorwurf ein, im Kantischen Sinn bloß die Immanenz ernst zu nehmen. In den »Lettres . . .« (dt.: Zur Methode der Religionsphilosophie) legt B. 1896 eindrücklich seine religionsphil. Methode vor, durch die er eine bloß innerkirchl. und sich argumentativ aufs Dogma berufende → Apologetik als ungenügend zurückweist. B. erkannte auch (im Gegenüber zu A. Loisy) den aufkommenden → Modernismus in seiner Grundproblematik, dem er in eindrücklicher Analyse und brillanter Überwindung des → Historismus und Relativismus begegnete (Histoire et Dogme 1904). 1897 erhielt er einen Lehrstuhl in Aix en Provence, den er ab 1914 ganz versehen konnte – bis ihn die zunehmende Erblindung 1927 zum Rücktritt zwang. Nun widmete er sich literarischen Arbeiten. 1934-1937 legte er eine Gesamtdarstellung seiner Philosophie in der Trilogie »Denken, Sein und Tun« vor, auf die wenig später zwei Bände der noch geplanten religionsphil. Trilogie folgten (Synthese zwischen phil. und genuin christl. Denken).

B. versuchte auf streng phil. Weg nicht nur die unbedingte Angewiesenheit des Menschen und der Welt auf Transzendenz zu erweisen (was bloß zum Theismus führen würde), sondern darüber hinaus die Denk-Notwendigkeit des christl. geoffenbarten Weges Gottes in Jesus Christus durch Tod und Auferstehung zur Sühne der menschlichen Schuld.

Seine Methode kann als Immanenz-Methode gekennzeichnet werden: Er will die Vernunft (ihre Fähigkeit zu Wahrnehmung und Urteil) dazu führen, sich selbst so ernst zu nehmen, daß sie im Natürlichen (Immanenz) die unleugbaren Spuren des Übernatürlichen (Transzendenz) erkennt, ja darin sogar den christl. geoffenbarten Gott erkennt und so die eigene Verwiesenheit auf ihn vernünftig einsehen muß.

Die Immanenzmethode B.s wurde vor allem von J. Maréchal (kantisch-transzendentalphil.) an Karl → Rahner vermittelt, der sie existentialistisch (→ Heidegger) ausarbeitete. In ganz anderer Art wurde das darin anklingende Problem der Finalisierung von Natur auf Gnade (und Offenbarung) von Henri de → Lubac (Surnaturel) und Hans Urs von → Balthasar aufgenommen. So ist B. in der wechselseitigen Durchdringung von christl. Offenbarung und Philosophie sowohl auf der Ebene der Geschichte wie der menschlichen Freiheit ein bahnbrechender Philosoph geworden.

Lit.: M. Blondel: Die Aktion, 1965; (dt.) Logik der Tat (Auszüge aus L'Action), ^{2}1986; Geschichte und Dogma, 1963; Tagebuch vor Gott 1883-1894, 1964; Zur Methode der Religionsphilosophie, 1974.

Bibliographie: P. Henrici: Maurice Blondel (1861-1949) und die »Philosophie der Aktion«, in: E. Coreth (Hg.): Christliche Philosophie im katholischen Denken des 19. und 20. Jahrhunderts, Bd. 1, 1987, 543-584; Hj. Verweyen: Gottes Letztes Wort, 1991, 149-156.314-320 (Lit.); R. Virgoulay, Cl. Troisfontaines: Maurice Blondel, 2 Bde., 1975-1976.

W.J. Bittner

Blumhardt, Christoph Friedrich (1842-1919)

B., geb. am 1. 6. 1842 in Möttlingen, gest. am 2. 8. 1919 in Jebenhausen. Nach Theologiestudium, Vikariatsdienst und Mitarbeit im Werk des Vaters Johann Christoph → Blumhardt, der 1852 das »Königliche Württembergische Bad für die Oberen Stände« in Boll zur Sorge für insbesondere psychisch kranke Menschen übernommen hatte, wurde B. nach dessen Tod 1880 mit der Leitung Bad Bolls betraut. Eingebunden in pietist. Traditionen sah er wie sein Vater in der Verkündigung des Reiches Gottes und des Kampfes gegen die Finsternis den Mittelpunkt seiner Wirksamkeit. Dabei legte er auf die Bekämpfung der irdischen Ungerechtigkeit (Egoismus im privaten und sozialen Bereich) einen starken Akzent und artikulierte von hierher auch seine Kritik an der bestehenden Kirche, die für ihn als Großinstitution irreparable Schäden aufwies und deshalb durch eine »Gemeinde-Kirche« ersetzt werden sollte. Freilich war dies eine noch nicht ausgereifte Konzeption, der es an der Beschreibung fehlte, wer jener Gemeinde angehören und wie man sich ihr anschließen könne.

Neben dem pietist. Gedankengut, beispielsweise P.J. → Speners und besonders der württembergischen »Väter« J.A. → Bengel und F.C. → Oetinger, waren es offensichtlich auch der deutsche Idealismus und das Fortschrittsdenken des 19. Jh.s, wie es im Liberalismus und Sozialismus zutage trat, die die Reich-Gottes-Vorstellungen B.s prägten. Letztlich zwar sah er die Ankunft des Reiches Gottes als Gottes Werk allein, aber andererseits vermochte er nicht nur auf die Manifestation des Geistes (wie noch sein Vater) zu trauen, was seines Erachtens einer allzu genügsamen Passivität Vorschub zu leisten drohte, sondern er wollte in aktivem Eintreten gegen Armut und Elend den Anbruch des Reiches Gottes schon in dieser Welt enthüllen. Aufgrund einer deutlichen Betonung schöpfungstheol. Aspekte war seine Heilserwartung ebenso universal wie diesseitig und fand so ihren Ausdruck in einem optimistischen Menschen- und Geschichtsbild. Fast folgerichtig trat B. – damals eine aufsehenerregende Ausnahme und erwartungsgemäß mit dem Entzug des Pfarrer-Titels durch das Konsistorium verbunden – als Theologe der SPD bei und war für diese dann auch Abgeordneter im Stuttgarter Landtag von 1900-1906.

Erwähnenswert ist allerdings, daß der späte B. mehr und mehr die Unzulänglichkeit menschlicher Aktivität, auch jene der Partei und insgesamt der Bewegung des Sozialismus, erkannte und sich infolgedessen von aller polit. Mitgestaltung zurückzog. Die desillusionierenden Erfahrungen des Ersten Weltkrieges bestätigten schließlich die von B. längst gewonnene Einsicht, daß die Herbeiführung des Reiches Gottes menschlicher Verfügungsgewalt gänzlich entzogen sei und allein in der Hand Gottes liege.

B.s Persönlichkeit und »Theologie« haben beträchtliche Wirkungen ausgeübt. Sowohl die Schweizer Pfarrer H. → Kutter und L. → Ragaz, auf die die europ. Bewegung des rel. → Sozialismus (→ Sozialismus, rel.) zurückgeht, als auch namhafte Theologen des 20. Jh.s wie E. → Thurneysen und K. → Barth verdankten B. wichtige und entscheidende Impulse.

Lit.: Chr.F. Blumhardt, . . . damit Gott kommt. Gedanken aus dem Reich Gottes, hg. von W. Bittner, 1992.

E. Jäckh: Chr.F. Blumhardt, 1950 u.ö.; E. Kerlen: »Blumhardt, Chr.F.«, TRE 6, 1980, 719-721; K.-J. Meier: Chr.F. Blumhardt, Christ – Sozialist – Theologe, 1979; G. Sauter: Die Theologie des Reiches Gottes beim älteren und jüngeren Blumhardt, 1962; E. Thurneysen: Chr.F. Blumhardt, 1926; C. Troebst, D. Ising: Chr.F. Blumhardt, 1842-1919, Mahner zwischen den Fronten, 1992.

G. Ruhbach/U. Scheffbuch

Blumhardt, Johann Christoph (1805-1880)

B., geb. am 16. 6. 1805 in Stuttgart, gest. am 25. 2. 1880 in Bad Boll. Unter dem Einfluß des württembergischen → Pietismus studierte er in Tübingen Theologie, wurde 1830 Lehrer am Missionshaus in Basel, 1838 schließlich Pfarrer in Möttlingen.

Der jahrelange geistl. Kampf um die Genesung der psychisch und somatisch schwer belasteten jungen Frau Gottliebin Dittus, der Ende 1843 zur endgültigen Heilung führte, bedeutete für B. eine entscheidende Lebenswende: Krankheit erschloß sich ihm als Besessenheit, und der Gebetskampf um die Heilung der G. Dittus wurde ihm zur Erfahrung der Dämonen überwindenden Macht Gottes: »Jesus ist Sieger.« Eine Buß- und Erwekkungsbewegung in Möttlingen brach aus, das Angebot von Beichte und Absolution wie das Gebet der Krankenheilung wurde von B. praktiziert – mit unglaublichem Zulauf aus der näheren und ferneren Umgebung. B. gab daher 1852 das Gemeindepfarramt auf und widmete sich hauptberuflich in Bad Boll den neuen Aufgaben in einem stets wachsenden »geistlichen Sanatorium« mit Schriftlesung, Seelsorge und Heilungsgebeten über den zahllosen Menschen in Not aller Art, die ihn um Hilfe angingen. Seine beiden Söhne Christoph und Theophil unterstützten ihn dabei.

Es ging B. vor allem um die reale Erfahrung der Kraft Christi, der in Wort und Geist gegenwärtig ist, um die Befreiung des Glaubenden von Bindungen aller Art, um den erfahrenen Durchbruch zu Buße, Heilung und Freude schon jetzt auf der Erde. Die Erfahrungen, die B. und die Gemeinde Jesu machen, sind allerdings nichts als Zeichen, Vorwegnahmen des kommenden Reiches Gottes. Daher verbindet sich real bestätigte Heilsgewißheit mit gesteigerter Endzeiterwartung, wenn einmal die Macht der Finsternis endgültig gebrochen sein wird: »Daß Jesus siegt, bleibt ewig ausgemacht, sein wird die ganze Welt . . .!«

Die württembergische Erweckungsbewegung und die säkular gewendeten Reich-Gottes-Vorstellungen des rel. Sozialismus, die → dialektische Theologie und die charismatische Erneuerung im 20. Jh. wurden durch B. maßgeblich beeinflußt, auch die Medizin des 20. Jh.s ist wegen seiner »Ganzheitsschau« an B. interessiert. Leider ist der Nachlaß B.s immer noch nicht gänzlich aufgearbeitet.

Lit.: J.Chr. Blumhardt, Ges. Werke, hg. von G.Schäfer, 1979ff;

O. Bruder: Zu den Heilungen Blumhardts, in: Ev. Theol. 9, 1949/50, 478-480 (vgl. auch 151-169); E. Jäckh: Blumhardt, Vater und Sohn und ihre Botschaft, 1925 u.ö.; G. Sauter: Die Theologie des Reiches Gottes beim älteren und jüngeren Blumhardt, 1962; J. Scharfenberg: Johann Christoph Blumhardt und die kirchliche Seelsorge heute, 1959; ders.: »Blumhardt, Johann Christoph«, TRE 6, 1980, 721-727; F. Zündel: Johann Christoph Blumhardt, 1888 u.ö.

G. Ruhbach

Blutrache

B. bezeichnet die Tötung eines Täters und seiner (meist) unbeteiligten Verwandten durch die nächsten Verwandten des Opfers als Rache bei Mord und Ehrverletzung. Oft führt diese B. zu erneuter B. durch die bestrafte Sippe. B. war in nichtindustriellen Gesellschaften weit verbreitet und findet sich meist dort, wo es keine organisierte Obrigkeit gibt. Bei den Germanen und anderen Völkern konnte der Kreislauf der B. durch die Zahlung eines »Wergeldes« (»Blutgeldes«) unterbrochen werden. Das NT kennt keine B., da die »Rache« Aufgabe der Obrigkeit ist (Röm 13,4). Im AT wird zwar von Fällen der B. berichtet; das Gesetz kennt jedoch keine B. im eigentlichen Sinn, auch wenn der *go'el*, wörtl. »Erlöser« (gemeint ist der allernächste Verwandte), in der Literatur oft als Bluträcher angeführt wird. Generell ist im AT die B. zum einen durch das → Asylrecht (vgl. 5Mo 4,41-43) und zum andern durch das Talionsrecht (»Auge um Auge«, 2Mo 21,24) entscheidend eingeschränkt. Dagegen spricht, daß a) der *go'el* nur einen Mörder und den Mörder selbst, nicht jedoch dessen Verwandte aufspüren durfte (Verbot der Sippenhaft in 5Mo 24,16); b) der *go'el* unter der Aufsicht der Obrigkeit stand und nur nach einer Gerichtsverhandlung an der Hinrichtung beteiligt war (2Mo 21,14.18-25; 5Mo 19,15-21); c) der *go'el* auch zum Freikauf aus der Sklaverei (3Mo 25,47-55), zu weiteren Auslösungen und zum Levirat (Rut 3-4) verpflichtet war; d) Gott selbst Israels *go'el*, also Israels Retter und Rächer, ist. Der *go'el* sorgt also nur als Ankläger für die Bestrafung durch die Obrigkeit.

Lit.: Handwörterbuch der deutschen Rechtsgeschichte, Bd. I, 1971, 778ff; F. Klausberger: »Blutgeld«, »Blutrache«, Neues Wörterbuch der Völkerkunde, hg. von W. Hirschberg, 1988, 63f; F. Vivelo: Handbuch der Kulturanthropologie, 1981.

Th. Schirrmacher

Bockmühl, Klaus (1931-1989)

Ev. Theologe, geb. am 6. 5. 1931 in Essen, gest. am 10. 6. 1989. Geistl. geprägt von der Jugendarbeit Pastor Wilhelm → Buschs (Weigle-Haus, Essen), studierte er von 1951 bis 1958 ev. Theologie, Philosophie und Soziologie in Wuppertal, Göttingen, Tübingen, Basel und London. 1958-1961 war er Assistent bei Jürgen Moltmann in Wuppertal. Nach der Ordination (1961) und einer kurzen Zeit als Hilfsprediger in Düren (1961/62) wurde er Assistent bei Hendrik van Oyen in Basel (1962-1965). Danach wirkte er als Studentenpfarrer in Heidelberg (1965-1968) und als Dorfpfarrer in Schmieheim (1968-1971). Die letzten 18 Jahre seines Lebens bis zu seinem Tod lehrte B. zunächst als Dozent für Dogmatik und Ethik am Predigerseminar St. Chrischona bei Basel (1971-1977) und schließlich (seit 1977) als Professor für Systematische Theologie am Regent College in Vancouver (Kanada).

B. widmete seine theol. Lebensarbeit einer geistl. Erneuerung des Protestantismus, den er von einem an die Wurzel gehenden Verlust der Wirklichkeit Gottes und (daraus resultierend) einem erschreckenden Zerfall des christl. Ethos bedroht sah. Durch eine entschiedene Rückbesinnung auf die Hl. Schrift als unbedingte Autorität für alle Fragen der Dogmatik und Ethik und durch eine kritische Anknüpfung an die reformat. Theologie und das geistl. Erbe des → Pietismus und anderer Erneuerungsbewegungen (v.a. der Oxfordbewegung Frank Buchmans) in prüfender Offenheit für die geistl. Traditionen anderer Konfessionen wollte B. zu einer Überwindung von Engführungen, Defiziten und säkularen Überfremdungen des zeitgenössischen Protestantismus beitragen. Aufgrund dieser Zielsetzung wurden seine Veröffentlichungen zu einem Bußruf, der ihn bei aller Verbundenheit mit dem neueren Pietismus daran hinderte, zum Parteigänger einer theol. oder kirchl. Richtung zu werden.

Obwohl B. auch zur Dogmatik (z.B. zur Theologie Barths und Bultmanns) und zur Missionstheologie beachtliche Beiträge verfaßt hat, lag der Schwerpunkt seiner theol. Arbeit eindeutig im Bereich der Ethik, der er die meisten Untersuchungen widmete. Dabei ging es ihm vor allem um eine Überwindung des in der neueren ev. Theologie verbreiteten (die unbedingte Gültigkeit der Gebote Gottes bestreitenden) situationsethischen → Antinomismus und eine Wiedergewinnung der pneumatischen Dimension ntl. Ethik (Liebe zu Gott, Geistesleitung, überpflichtige Werke u.a.). In seinem bedeutendsten Werk »Gesetz und Geist« (einer umfangreichen Analyse der reformat. Ethik) arbeitete B. einerseits die übersituative Geltung des göttlichen Gebotes und andererseits die situativ und individuell flexible Führung durch den Hl. Geist als die beiden unaufgebbaren Brennpunkte christl. Ethik heraus. Die reformat. Ethik hat nach B. durch ihre Konzentration auf den Dekalog einseitig den ersten Aspekt betont, während der zweite Aspekt kaum zur Geltung kam. B.s ethische Veröffentlichungen beschränkten sich nicht auf eine Darlegung der theol. Fundamente christl. Ethik, sondern befaßten sich auch mit vielen Fragen der speziellen Ethik: Er bemühte sich ebenso um eine bibl. verankerte Sozialethik und Umweltethik wie um eine geschöpflich und geistl. begründete Individualethik. Seine ethischen Publikationen zeichnen sich durch eine bemerkenswerte Konkretheit und Aktualität aus. Es ging B. nie um eine bloße Darlegung rechter Lehre, sondern stets um die Zurüstung der Gemeinde Jesu zu einem Dienst, welcher sich den Herausforderungen der Gegenwart stellt und diese zu bewältigen sucht. Diesem Ziel dienten auch seine Arbeiten zum Marxismus und anderen Ideologien, die Musterbeispiele einer nicht nur apologetischen, sondern vor allem auch selbstkritischen Auseinandersetzung sind.

B. blieb trotz der beachtlichen bibl. Substanz und der Aktualität seines theol. Schaffens in der ev. Theologie weitgehend unbeachtet, so daß eine ernsthafte Würdigung seines Werkes erst noch geleistet werden mußt.

Lit.: Leiblichkeit und Gesellschaft, 1961, ²1980; Atheismus in der Christenheit, 1969, ²1985; Was heißt heute Mission?, 1974; Gott im Exil? Zur Kritik der ›neuen Moral‹, 1975; Umweltschutz-Lebenserhaltung, 1975; Evangelikale Sozialethik, 1975; glauben und handeln. Beiträge zur Begründung ev. Ethik (Ges. Aufsätze), 1975; Herausforderung des Marxismus, 1977; Theologie und Lebensführung. Ges. Aufsätze II, 1982; Gesetz und Geist, 1987; Hören auf den Gott, der redet, 1990.

M. Bockmühl, H. Burkhardt (Hg.): Gott lieben und seine Gebote halten. In memoriam K. Bockmühl, 1991 (Bibliographie).

W. Neuer

Bodelschwingh, Friedrich von, d.Ä. (1831-1910)

B., geb. am 6. 3. 1831 in Tecklenburg, gest. am 2. 4. 1910 in Bethel. B. wurde als sechstes Kind des westfälischen Landedelmanns, Oberpräsidenten und Finanzministers → Friedrich Wilhelms IV., Ernst von B., geboren und wuchs in Berlin u.a. als Spielgefährte des späteren Kaisers Friedrich III. auf. Von daher hatte er allezeit gute Beziehungen zum kaiserlichen Hof. Zunächst erlernte er von 1849 bis 1851 die Landwirtschaft und war dann als Gutsverwalter in Pommern tätig. Von einer Missionspredigt angerührt, entschloß er sich 1854, Theologie zu studieren und Missionar zu werden. Er studierte in Basel (→ Auberlen), Erlangen und Berlin; W. → Löhe in → Neuendettelsau und Christoph → Blumhardt in Bad Boll wurden seine eigentlichen Lehrer in praktischer Theologie. Nach Studienabschluß wurde er 1858 Hilfsprediger und Pastor der deutschen Gemeinde in Paris und nahm sich dort besonders der Lumpensammler und Straßenkehrer an. Von 1864 bis 1872 wirkte er als Pastor in Dellwig bei Unna, wo er 1869 innerhalb von 14 Tagen seine vier Kinder an einer Keuchhustenepidemie verlor.

1872 übernahm B. in Bielefeld die Leitung des 1869 gegründeten Diakonissenhauses und des ihm angegliederten Pflegehauses für epileptische Kinder. Schritt für Schritt baute er nun in einem Seitental des Teutoburger Waldes → Bethel als Heimstatt für die von der Gesellschaft geächteten Epileptiker auf, wobei er bewußt die Gründung einer Anstalt vermied, sondern das Modell einer Großfamilie in Leben und Arbeiten vor Augen behielt. Ziel seiner Wirksamkeit war weniger die Durchführung eines sozialen Programms als der Wille, auch den Kranken ihre Gottesebenbildlichkeit (→ Mensch) zu verkündigen und sie zur → Nachfolge Christi aufzurufen.

Aus diesem Ziel heraus kam es 1877 zur Gründung der Diakonenanstalt Nazareth. Wenig später wandte sich B. der Nichtseßhaftenfürsorge zu und gründete die Kolonistenhöfe von Wilhelmsdorf und später Freistatt bei Sulingen und Hoffnungsthal bei Berlin, um durch Arbeit und Gemeinschaft der Verelendung der Wanderarmen abzuhelfen (»Arbeit statt Almosen«). Er knüpfte dafür Beziehungen zur Regierung und zur Sozialdemokratie, wurde Abgeordneter im Parlament und unbequemer Mahner des ganzen deutschen Volkes. Mit der Gründung des Vereins »Arbeiterheim« baute er in der Nähe Bethels eine Eigenheimsiedlung für Arbeiter auf und nahm damit den Gedanken des sozialen Wohnungsbaus vorweg.

In Bethel war mit der Gründung des Hauses Morija die Betreuung der seelisch und geistig Kranken aufgenommen worden. 1890 trat B. in den Vorstand der 1886 gegründeten »Ev. Missionsgesellschaft für Deutsch-Ostafrika«, die 1906 nach Bethel verlegt wurde. Die Einsicht in die Zusammengehörigkeit von Innerer und Äußerer Mission ließ B. diesen Missionszweig in sein Werk integrieren und in Ostafrika ein kleines Bethel (Epilepsie- und Geisteskrankenhaus in Lutindi) aufbauen.

1890 begründete B. ein Kandidatenkonvikt, um das Interesse für → Diakonie auch in der Pfarrerschaft zu wecken. Hieraus erwuchs 1905 die Theologische Schule, die ursprünglich als freie theol. Fakultät gegen die herrschende liberale Theologie geplant war. In der Gründung dieser Hochschule kommt B.s Beitrag zur Studienreform und praxisbezogenen → Ausbildung des Theologen zum Ausdruck.

Aus dem Nichts hatte er so in vier Jahrzehnten das größte diakon. Werk der Welt aufgebaut und wurde als Pastor der Zionsgemeinde zum Anwalt der Notleidenden in Deutschland und aller Welt.

Lit.: Friedrich von Bodelschwingh: Ausgewählte Schriften, 3 Bde., hg. von A. Adam, 1955 bis 1964; ders.: Briefwechsel, Teil 1 bis 12, hg. von A. Adam 1966 bis 1974.

A. Funke: Friedrich von Bodelschwingh, 1980; M. Gerhardt, A. Adam: Friedrich von Bodelschwingh, 3 Bde., 1950 bis 1958; B. Gramlich: Bodelschwingh, Bethel und die Barmherzigkeit, 1964; ders.: Friedrich von Bodelschwingh. Werk und Leben, 1981; M. Hellmann: Friedrich von Bodelschwingh der Vater, in Vorb.; K. Pergande: Der Einsame von Bethel, 1953.

G. Ruhbach

Bodelschwingh, Friedrich von, d.J. (1877-1946)

B., geb. am 14. 8. 1877 in Bethel, gest. am 4. 1. 1946 ebenda. Als jüngster Sohn des ersten Leiters von → Bethel wurde er nachhaltig von der Autorität seines Vaters geprägt. Von früh an empfing er in der Gemeinschaft von Gesunden und Kranken bleibende Eindrücke. Sein Theologiestudium in Bonn, Basel, Tübingen und Greifswald brachte ihn in enge Verbindung mit H. → Cremer und A. → Schlatter, die bis zu deren Tod andauerte. Von Natur aus schüchtern, fühlte sich der hochbegabte B. eher zur Wissenschaft gezogen; er folgte aber 1901 dem Ruf seines Vaters und übernahm 1910 nach dessen Tod die Leitung der Betheler Anstalten. Bald wuchs B. in sein Amt hinein und verschaffte sich als Prediger, Seelsorger und Vermittler zwischen mancherlei gegensätzlichen Traditionen Respekt und Verehrung. Anders als sein Vater nahm er die Leitungsaufgaben weniger autokratisch als kollegial über eigens dafür geschaffene Gremien wahr. Der gewaltige Aufschwung, den Bethel unter seiner Hand erfuhr, ist ein deutliches Zeichen für seine Führungsqualitäten. Neue Pflegehäuser wurden errichtet, die eine stärkere Differenzierung der Kranken ermöglichten, Zweiganstalten wie Eckardtsheim wurden gebaut und ausgebaut, das Schulwesen in Bethel wurde erweitert, die Kapazität der Theologischen Schule vergrößert und auch die Arbeit der Bethelmission intensiviert. Die medizinische Forschung, besonders der Epilepsie, wurde vorangetrieben, die Arbeitstherapie nach noch heute modernen Gesichtspunkten weitergeführt, die Fürsorge für Flüchtlinge, Auswanderer und Fremdenlegionäre wie die Betreuung der Nichtseßhaften mit allem Nachdruck betrieben. In der Zeit der großen Arbeitslosigkeit rief B. einen freiwilligen Arbeitsdienst ins Leben.

Als neues Arbeitsgebiet kam die bald lebhaft blühende Schriftenmission Bethels hinzu. Nur die Zeit der beiden Weltkriege führte zu einer Stagnation im Aufbau, in den Kriegsjahren 1943 bis 1945 sogar zur Zerstörung mehrerer Häuser durch Bomben.

Im beginnenden → Kirchenkampf hielt sich B. zurück, erschien jedoch als der geeignete Repräsentant des bekenntnisgebundenen Protestantismus und wurde am 27.5.1933 von den Bevollmächtigten der Landeskirchen zum Reichsbischof der Deutschen Ev. Kirche gewählt. Durch die Einsetzung A. Jägers zum Staatskommissar für die preußische Landeskirche sah sich B. jedoch bereits 27 Tage später gezwungen, sein Amt zur Verfügung zu stellen. Blieb er selbst auch während des weiteren Kirchenkampfes im Hintergrund, so stellte er Bethel immer wieder für Tagungen den Gremien der Bekennenden Kirche zur Verfügung, arbeitete selbst als Vorsitzender der »Arbeitsgemeinschaft der missionarischen und diakonischen Werke der DEK« mit und stand vielen Ratsuchenden zur Seite. Erst als der NS-Staat mit seiner Euthanasie-Aktion das Leben seiner Kranken bedrohte, trat B. den Staatskommissaren in den Weg und erreichte zusammen mit anderen den Abbruch der ganzen Aktion.

Am 4. 1. 1946, mitten im Wiederaufbau Bethels stehend, starb er als todkranker Mann.

Lit.: F. von Bodelschwingh: Lebendig und frei, Band 1-3, 1949; ders.: Der Weg zum Bruder, 1953.

W. Brandt: Friedrich von Bodelschwingh. Nachfolger und Gestalter, 1967; M. Hellmann: Friedrich von Bodelschwingh d.J., 1988 (Lit.).

G. Ruhbach

Bodin, Jean (1530-1596)

B., geb. 1530 in Angers, gest. 1596 in Laon, Jurist und Vorkämpfer der Toleranz, 1576 Abgeordneter der Ständeversammlung in Blois, Humanist und Freund der → Hugenotten. Er lebte im Übergang zwischen mittelalterl. Humanismus und neuzeitlicher → Aufklärung, war Theoretiker des Absolutismus und zugleich Vordenker der Demokratie, die er vom Naturrecht her begründete. Er vertrat den Aberglauben seiner Zeit (Hexenverfolgungen) einerseits und die neuzeitliche hist. Kritik (Ablehnung der Erbsündenlehre) andererseits. Religionsphil. ging er von der Existenz einer natürlichen Religion aus, deren Grundgesetz der Dekalog ist und die die Grundlage und den Ausgangspunkt für alle positiven Religionen darstellt.

Bedeutung hat B. auch für die Klimaforschung gehabt.

Lit.: F. Bezold: Jean Bodin. Okkultist und seine Dämonomanie, in: ders.: Aus Mittelalter und Renaissance, 1918, 294ff; F. Meinecke: Die Idee der Staatsraison, 1925; A. Schmitz: Staat und Kirche bei Jean Bodin, 1939.

G. Ruhbach

Boethius (ca. 480-524/26)

Anicius Manlius Severinus B., geb. um 480 in Rom, stammte aus vornehmem Geschlecht und erhielt eine hervorragende Ausbildung. Nach dem frühen Tod seines Vaters nahm sich der Senator Quintus Aurelius Memmius Symmachus, dessen Tochter Rusticiana B. später heiratete, seiner an. So gehörte er zu dem Kreis röm. Patrizier, die unter den Ostgotenkönigen zwar Staatsämter bekleideten, aber stets die Wiederherstellung der (ost)röm. Herrschaft in Italien zumindest wünschten. B., der in Alexandria studiert hatte und bereits mit seinen ersten Schriften erfolgreich war, wurde von Theoderich zunächst mit wissenschaftl., dann mit immer bedeutenderen polit. Aufträgen betraut. 510 war er alleiniger Konsul. 522 wurden seine noch sehr jungen Söhne Konsuln (die Kosten konnte er sich offenbar leisten) und B. selbst Kanzler. Doch bereits im folgenden Jahr löste ihn Cassiodorus ab. Denn B. verteidigte den Senator Albinus, den man der Konspiration mit Ostrom beschuldigte, wurde in dessen Prozeß mit hineingezogen und bei Pavia gefangen gesetzt. 524 (oder 526 wie Symmachus) wurde er, ohne Möglichkeit sich zu verteidigen, wegen Hochverrats verurteilt und hingerichtet. Man muß nicht auf die Unschuld des B. pochen, um Theoderichs Gewalttätigkeit sichtbar zu machen. Sie wurde zweifellos dadurch verstärkt, daß die Ostgoten Arianer waren und er sich seit der Aufhebung des akazianischen Schismas zwischen Rom und Byzanz (519) isoliert und bedroht fühlte. Dieser Zusammenhang hat zu der Fehleinschätzung geführt, B. sei als Märtyrer des kath. Glaubens gestorben.

Zum umfangreichen Werk des B. zählen:

- Übersetzungen und Kommentare zu logischen Schriften des Aristoteles und zur Isagoge des Porphyrios zu Aristoteles' Kategorien.
- Von den Schriften zum Quadrivium (die Bezeichnung stammt von B.) sind die Arithmetik und die fünf Bücher über die Musik erhalten.
- Echt sind auch vier theol. Traktate, die unter rein logischem Aspekt trinitarische und christologische Spezialfragen abhandeln.
- Das berühmteste Werk des B. ist der in der 1-3jährigen Gefangenschaft verfaßte »Trost der Philosophie«, im MA bereits übersetzt und neben

der Bibel das am meisten gelesene Buch. In einem regelmäßig von Gedichten unterbrochenen Dialog führt die Philosophie in kunstvoll sich steigernder Argumentation ihren zunächst kaum ansprechbaren Schüler durch die Trostgründe der stoischen Argumentation hindurch, immer höher hinauf bis zur Betrachtung des höchsten Gutes Platons und Plotins. B. sucht also in seiner Erniedrigung nicht die Nähe des erniedrigten Gottes der Christen, sondern er richtet sich auf an der phil. Lehre von der absoluten Güte des ewigen Lenkers, vor dessen Allmacht und Größe menschliches Glück und Unglück bedeutungslos werden.

Lit.: Boethius: Trost der Philosophie, lat. und dt., hg. von E. Gegenschatz und O. Gigon, ^{4}1986; L. Pozzi: »Boethius«, TRE 7, 1981, 18-28; E. Reiss: Boethius, 1982 (engl. Lit.).

H. Scheible

Bogomilen

Die B. waren eine mittelalterl. Sekte, die sich vom 10. bis zum 15. Jh. in Ost- und Westeuropa ausbreitete. Zunächst fand sie Zulauf im bulgarischen Raum. Als ihr Gründer wird ein Pope Bogomil bezeichnet, der zur Zeit des Zaren Peter von Bulgarien (927-969) lebte. Bogomil und seine Anhänger lehnten die orth. Kirche, ihre Hierarchie und Liturgie ab, ebenso die Sakramente, insbesondere Taufe und Ehe, und betonten das asketische Leben. Das Vaterunser galt ihnen als einzig gültiges Gebet. Sie betrachteten den Teufel als Schöpfer der Welt und »jüngsten Sohn Gottes« neben Christus. Christus ist nur Engelwesen. Sich selbst sahen die B. als in der Welt gefangene, durch Seelenwanderung sich erlösende Engelwesen. Seit 1018 (Untergang des bulgarischen Reiches) erfolgte die Ausbreitung des Bogomilismus im byz. Reich, wo sie trotz Verfolgung Einfluß gewannen. Doch kam es innerhalb der Sekte zur Spaltung. Bis ins 16. und 17. Jh. hielten sich B.gemeinden in Bulgarien, die dann aber weitgehend von Franziskanern missioniert wurden. Die B. missionierten ihrerseits auf dem Balkan (Serbien, Bosnien), aber auch in Frankreich, wo sie die Katharer zur Annahme ihres radikalen Dualismus bewegen konnten.

Lit.: I. von Döllinger: Beiträge zur Sektengeschichte des Mittelalters, 2 Bde., (1890) 1968; J.A. Illió: Die Bogomilen in ihrer geschichtlichen Entwicklung, 1923; R. Kützli: Geschichte, Kunst, Kultur, 1977; A. Schmaus: Der Neumanichäismus auf dem Balkan, in: Saec. 2 (1951) 271-299; G. Wild: Bogomilen und Katharer in ihrer Symbolik, 1970.

H.-J. Hoeppke

Böhl, Eduard (1836-1903)

B., geb. am 18. 11. 1836 in Hamburg als Sohn eines luth. Vaters und einer kath. Mutter, gest. am 24. 1. 1903 in Wien, studierte Theologie in Halle (bei J. Wichelhaus) und in Erlangen (bei J. von Hofmann und F. Delitzsch), wurde verständnisvoller Schüler und Schwiegersohn H.F. Kohlbrügges und nahm in Basel, wo er sich im AT habilitierte, das ref. Bekenntnis an. Von 1864-1899 wirkte er als Prof. für Systematische Theologie in Wien.

Als ein origineller Außenseiter und Querdenker unter den Theologen seiner Zeit meinte er: »Die Theologie muß wirklich umkehren und ihren bisherigen Führern Valet sagen« (in: Von der Incarnation des Göttlichen Wortes, 1884). Indem ihm das Christuszeugnis der Schrift als das Maß für alle christl. Theologie galt, focht er für die – durch das Evangelium Jesu Christi bestimmte und gewonnene – Einheit der beiden Testamente (Die alttestamentlichen Citate im NT, 1879; Christologie des AT, 1882). Zugleich mühte er sich um die Wiederentdeckung der freien Sündergnade Gottes in Christus, so wie sie M. Luther auf den Leuchter gesetzt hatte (Von der Rechtfertigung durch den Glauben, 1889). Sein immer noch anregendes, tiefgründiges Hauptwerk: Dogmatik. Darstellung der christlichen Glaubenslehre auf reformiert-kirchlicher Grundlage, 1887.

Lit.: »Böhl, E.«, RE^{3}, Bd. 23, 1903, 244-249.

E. Busch

Böhm, Georg → Kirchenmusik

Böhme, Jacob (1575-1624)

B. wurde 1575 in Alt-Seidenberg als Bauernsohn geboren. Er wurde Schuhmacher und siedelte sich in Görlitz an. Seit 1613 wandte er sich dem Handel zu. In seiner Erstlingsschrift »Aurora« schrieb er 1612 seine bereits 1600 eingegebene Schau nieder. Eine Abschrift gelangte 1613 in die Hände des Görlitzer Pfarrers Gregorius Richter und löste die Auseinandersetzung B.s mit der luth. Orthodoxie aus. B. mußte sich einem Schreibverbot fügen. Ab 1619 begann er erneut zu schreiben. Er wollte mit seinen Schriften zur Umwandlung des alten Adams in den neuen Menschen dienen. 1624 erschien anonym die einzige Druckschrift B.s: »Der Weg zu Christo«. Richter wandte sich erneut gegen B., der sich mit einer »Schutz-Rede« verteidigte. Die Auseinandersetzung ging bis zum Dresdner Hof. Am 16. 11. 1624 starb B. in Görlitz.

B. nahm neuplatonisch-pansophistisches Gedankengut auf, um den von ihm erfahrenen Gott zu beschreiben. Gott gilt ihm als handelnde, lebendige Person, die sich selbst setzt. Dennoch wird Gott nicht zum abstrakten Gedanken: »Außer Christo hat der Mensch keinen Gott.« Einer reinen Naturmystik ist damit gewehrt. B. wandte sich gegen einen toten »buchstabischen« Glauben und gegen bloße Lehrformeln seiner Zeit. Gegen den rational-argumentativen Zug der Orthodoxie setzte er den »wesentlichen Glauben«. Der Wiedergeborene entdeckt die Hl. Schrift als lebendiges Geist-Wort und den gelebten Gotteswillen. B. war von Anfang an umstritten. Die Orthodoxie bekämpfte ihn. Gottfried → Arnold suchte ihn zu rehabilitieren (Kirchen- und Ketzer-Historie, 1699/1700). Freimaurer und Vertreter des Rationalismus beriefen sich auf seine Esoterik, der frühe → Pietismus schätzte seine Betonung der Wiedergeburt, gelegentlich auch seine Christusmystik und Theosophie. Sein Gedankengut wirkte auch auf Romantik und den deutschen Idealismus.

Lit.: Des Gottseeligen Hoch-Erleuchteten Jacob Böhmens Teutonici Philosophici Alle Theosophischen Wercken, 15 Bde., 1682; Jakob Böhmes Werke. Studienausgabe in Einzelbänden, hg. und erläutert von G. Wehr, 1975ff.

H. Bornkamm: Luther und Böhme, 1925; H. Grunsky: Jacob Böhme, 1956 (Lit.); E.H. Pältz: Jacob Böhme, in: GdK, 1982, 79-98; ders.: Jacob Böhmes Gedanken über die Erneuerung des wahren Christentums, JGP 4 (1979), 83-118.

H.-J. Hoeppke

Böhmisch-Mährische Brüder-Unität → Brüder-Unität

Böhmische Brüder → Brüder-Unität

Bohne, Gerhard (1895-1977)

B., geb. am 2. 4. 1895 in Zeutsch/Thüringen, gest. am 11. 6. 1977 in Kiel,studierte Theologie und Pädagogik in Leipzig und Thüringen und promovierte bei dem geisteswissenschaftl. ausgerichteten Pädagogen Eduard Spranger mit einer Arbeit über »Die religiöse Entwicklung der Jugend in der Reifezeit« (Leipzig 1922). Diese Verbindung von Theologie und Pädagogik mit einem rel.- und entwicklungspsycholog. Interesse bleibt für B. zeitlebens typisch. Von 1920 bis 1930 wirkt B. als Studienrat in Altenburg und Jena. Seine Erfahrungen als Soldat im Ersten Weltkrieg verarbeitet er durchaus eigenständig im Gespräch mit der sogenannten → Dialektischen Theologie (vor allen Dingen mit Karl Barth) in dem Buch »Das Wort Gottes und der Unterricht« (1929). Damit leitete er eine neue Epoche der Religionspädagogik ein. Die Leitkategorie der bisherigen Religionspädagogik war die Entwicklung einer reifen rel. Persönlichkeit im Rahmen der herrschenden Kultur. B. stellt neben den Begriff Kultur den der Krise und neben die Entwicklung die Entscheidung. Die Verkündigung Jesu vom Kommen des Gottesreiches ist die ewige Krise aller Kultur. Für die Erziehung - auch die rel. Erziehung - ist wichtig, die Gesetze und Erfahrungen zu beachten, mit denen die Entwicklung von jungen Menschen beschrieben werden kann. Darüber hinaus muß der christl. Erzieher versuchen, der Wirklichkeit des lebendigen Gottes Raum zu schaffen, damit auch das Kind und der Jugendliche die Entscheidung für Gott fällen kann. Die Entwicklung eines Menschen kommt erst zum Ziel, wenn er Gott begegnet. Diesen Grundansatz hat B. in seinen weiteren Werken und als Professor in Frankfurt a.d. Oder (1930), Elbing (1932) und Kiel (seit 1933) durchgehalten. Im sog. Dritten Reich hat sich B. auf ein Gespräch mit der nationalsozialistischen Ideologie eingelassen, wurde aber 1938 wegen unnationalistischer Gesinnung abgesetzt und mit Rede- und Schreibverbot belegt. 1939-1945 war B. Kriegsteilnehmer. Beide Söhne fallen im Krieg. Von 1948 bis zu seiner Emeritierung 1961 wirkt B. wieder in Kiel an der Pädagogischen Akademie und in der ev.-theol. Fakultät und prägt weite Kreise von Religionslehrern. Sein Versuch, neue »Grundlagen der Erziehung« (2 Bde, [2]1958, 1960) zu legen, fand nur wenig Resonanz. Die damit gestellte Aufgabe, den christl. Glauben mit der Pädagogik ins Gespräch zu bringen, bleibt uns aufgetragen.

Lit.: S. von den Steinen: Pädagogik und Theologie im Werk des Religionspädagogen Gerhard Bohne, Diss. Münster, 1974; B. Vrijdaghs, in: Klassiker der Religionspädagogik (hg. von H. Schroer, D. Zilleßen), 1989, 223-235; Bibliographie in: Gottes Wort in der ev. Unterweisung (FS, hg. von R. Bohnsack u.a.), 1965.

H.-J. Abromeit

Bonaventura (ca. 1217-1274)

B. (ursprüngl. Name Johannes Fidanza), Franziskaner, Bischof, Kardinal, Heiliger und Kirchenlehrer (*doctor seraphicus*), ist der erste große franziskanische Theologe der Hochscholastik (13. Jh.). Er ist ca. 1217 in Bagnoregio bei Orvieto (Italien) geb., besucht dort den Unterricht der Franziskaner und erlebt eine wunderbare Heilung nach Anrufung des Hl. Franz durch seine Mutter. 1235 geht er nach Paris, studiert dort die »artes« (Grundstudium) und tritt 1243 in den Franziskanerorden ein. Er studiert Theologie (wichtigster Lehrer: → Alexander von Hales), durchläuft die üblichen akademischen Stufen bis zur Licentia docendi (»Habilitation«) 1254 und lehrt dann als Magister regens (»Professor«) in Paris. 1257 wird er zum Generalminister (Leiter) des Ordens gewählt und versieht dies Amt bis fast an sein Lebensende. 1273 wird er zum Kardinal erhoben und zum Bischof geweiht. Er nimmt am 2. Konzil von Lyon (1274) und seiner Vorbereitung teil und stirbt in Lyon am 15. Juli 1274. Papst Sixtus IV. spricht ihn 1482 heilig, 1588 erhebt ihn Papst Sixtus V. zum Kirchenlehrer (*doctor ecclesiae*).

In seinen Schriften behandelt B. das Gesamtgebiet der Theologie der Zeit (ausführlich im Sentenzenkommentar, zusammengefaßt im »Breviloquium«, einzelnes in »Quaestiones disputatae«, in Bibelkommentaren und Predigten) sowie Fragen des Ordenslebens und franziskanischer Spiritualität (u.a. zwei »offiziöse« Biographien des Hl. Franz). Franz von Assisi ist B.s geistl. Vorbild (*dux et pater noster*, unser Führer und Vater), → Augustin sein wichtigster theol. Gewährsmann (*doctor praecipuus*, vornehmlichster Lehrer); die »neue« Philosophie (→ Aristoteles/→ Aristotelismus) kennt er, billigt aber der Philosophie keine eigenständige Rolle zu; die Bibel und – als ihre Mitte – Christus stehen im Zentrum. Im Franziskanerorden hat er der (wissenschaftl.) Theologie definitiv Heimatrecht verschafft.

Lit.: Lat. Gesamtausgabe: S. Bonaventurae .. Opera omnia, 10 Bde., 1882-1902; Auswahl: Opera theol. selecta, 5 Bde., 1934-1964; neuere dt. Übers.: J. Kaup: Itinerarium mentis in Deum, und: De reductione artium ad theologiam, 1961; W. Nyssen: Collationes in Hexaemeron, 1964.

H. Baum: Das Licht des Gewissens, 1990; J.G. Bougerol: Bibliographia Bonaventuriana, 1974 (bis 1973); ders.: Introduction à Saint Bonaventure, 1988 (franz.); W. Dettloff: »Bonaventura«, TRE 7, 1981, 48-55 (Lit. bis 1978); A. Gerken, G. Binding: Bonaventura, LexMA 2, 1983, 402-407 (Lit. bis 1978); H. Heinz: Trinitarische Begegnungen bei B., 1985; K. Hemmerle: Theologie als Nachfolge. Bonaventura – ein Weg für heute, 1975; R. Jehl: Melancholie und Acedia, 1984; J. Ratzinger: Die Geschichtstheologie des hl. Bonaventura, 1959; M. Schlosser: Cognitio et amor. Zum Kognitiven und voluntativen Grund der Gotteserfahrung nach Bonaventura, 1990.

B. Steinseifer

Bonhoeffer, Dietrich (1906-1945)

1. Leben

B., geb. am 4. 2. 1906 in Breslau, gest. am 9. 4. 1945 in Flossenbürg, war Pfarrer, Theologe und Widerstandskämpfer gegen das nationalsozialistische Regime Adolf Hitlers. Er stammte aus bürgerlichem Elternhaus und wuchs in Breslau und Berlin auf. Nach dem Theologiestudium in Tübingen und Berlin promovierte er, erst 21jährig, bei Reinhold Seeberg und habilitierte sich mit 24 Jahren für Systematische Theologie in Berlin.

Als Vikar in Barcelona (1928/29), Studentenpfarrer an der Technischen Hochschule Berlin (ab 1931) bei gleichzeitiger Betreuung einer Konfirmandenklasse im Arbeiterviertel Berlin-Wedding (1931/32) und im späteren Auslandsdienst an der Deutschen Gemeinde in London (1933-35) sammelte er pfarramtliche Erfahrungen. Ab 1931 nahm er gleichzeitig als Privatdozent sein akademisches Lehramt wahr. Seit 1931 gewann er auch intensive Kontakte zu der damals noch jungen ökumen. Bewegung. Bei der Machtergreifung Hitlers 1933 finden wir B. in der ersten Reihe des kirchl. Widerstandes. Bereits 1933 erarbeitete er zusammen mit dem Erlanger Theologen Hermann Sasse das »→ Betheler Bekenntnis«, das die Bekenntnisgrundlage für den kirchl. Widerstand bieten sollte, aber später gegenüber der »→ Barmer Theologischen Erklärung« von 1934 nicht zum Zuge kam. Im »Betheler Bekenntnis« wird auf die Bedeutung der »Judenfrage« für die Kirche hingewiesen.

1935, seit seiner Rückkehr vom Londoner Pfarramt, übernahm B. die Leitung eines Predigerseminars der Bekennenden Kirche in Finkenwalde. Nach Schließung von Finkenwalde durch die Gestapo (1937) leitete er die Vikarsausbildung weiter in Form von Sammelvikariaten in Köslin, Groß-Schlönwitz und Sigurdshof (bis 1940).

1939, kurz vor Kriegsbeginn, erhielt B. die Gelegenheit, für einige Jahre in die USA zu gehen. Daß er nach langem inneren Ringen aus New York nach Berlin zurückkehrte, muß als seine äußere Lebenswende betrachtet werden. Seit seiner Rückkehr aus den USA wurde er von seinem Schwager Hans v. Dohnanyi, der zum Stab der militärischen Abwehr unter Admiral Canaris gehörte, in die Verschwörung gegen Hitler einbezogen. B.s Teilnahme bestand vor allem darin, über seine ökumen. Kontakte Friedensbedingungen der Alliierten zu erkunden, um der Widerstandsbewegung freien Rücken für den Putsch gegen Hitler zu verschaffen.

Im April 1943 kam es zur Verhaftung, aber erst nach dem Scheitern des Stauffenberg-Attentates vom 20. Juli 1944 wurden nach und nach die Zusammenhänge des Putschversuches bekannt. 1945 wurde B. ins KZ Buchenwald, dann ins KZ Flossenbürg verbracht, wo er wenige Tage vor Kriegsende zusammen mit anderen Widerstandskämpfern auf persönlichen Befehl Hitlers hin ermordet wurde.

2. Werk und Wirkung

Theologisch hat B. als vielfacher Anreger gewirkt. Er gehört zu den meistzitierten Theologen der Gegenwart. Besonders die unter dem Titel »Widerstand und Ergebung« posthum herausgegebenen Briefe erregten Aufmerksamkeit. Die Stichwörter »mündige Welt«, »nicht-religiöse Interpretation biblischer Begriffe«, »religionsloses Christentum«, »unbewußtes Christentum«, das »Für andere Dasein« als »Transzendenzerfahrung« u.a. wurden kontrovers diskutiert und meist einseitig rezipiert.

Erst aufgrund dieser Differenzen kam es zu einer Rückfrage nach den frühen akademischen Schriften, die aber bis heute zu wenig beachtet werden. Im Kirchenkampf fanden B.s Beiträge aus der Finkenwalder Zeit über Abendmahl, Gebet, Beichte, Meditation und Nachfolge Jesu Beachtung, werden heute aber weitgehend übergangen, wenn nach Zusammenhängen von B.s Tätigkeit im Widerstand gefragt wird. So schwankt die B.-Interpretation in ihren Extremen zwischen einem »evangelikalen« und einem »politischen« B. Nur eine Gesamtinterpretation seiner Schriften und eine Gesamtsicht von Leben und Werk ermöglichen es, die Zusammenhänge zu erhellen. Die Mitte von B.s Theologie bildet die Frage, »wer Christus für uns heute eigentlich ist«. Immer entschlossener hat er im Verlauf seines Denkens die Weltwirklichkeit in die Christuswirklichkeit einbezogen. Es ging ihm um die Nachfolge Jesu in ihrer ganzen Konkretion und »Diesseitigkeit«. Der Vorbildcharakter seines Lebens und Werkes besteht deshalb nicht darin, daß er ein Normaldogmatiker wäre, sondern daß er ein »Zeuge Jesu Christi unter seinen Brüdern« (Gedenktafel in Flossenbürg) war, der sich im Glauben berufen sah, auch polit. Verantwortung zu übernehmen, der aber nicht Theologie durch Politik ersetzte.

Lit.: Dietrich Bonhoeffer Werke (DBW) seit 1986 neu herausgegeben.

Wichtige Schriften: Sanctorum Communio (SC), 1930; Akt und Sein (AS), 1931; Nachfolge (N), 1937; Gemeinsames Leben (GL), 1939; Posthum: Widerstand und Ergebung (WE); Ethik (E).

E. Bethge: Dietrich Bonhoeffer (Biographie), [6]1986; E. Bethge, R. Bethge, Chr. Gremmels: Dietrich Bonhoeffer – Bilder aus seinem Leben, 1986; G. Huntemann: Der andere Bonhoeffer, 1989; R. Mayer: Christuswirklichkeit (Theologie), [2]1980; R. Mayer, P. Zimmerling (Hg.): Dietrich Bonhoeffer heute. Die Aktualität seines Lebens und Werkes, 1992.

R. Mayer

Bonifatius VIII. → Papst, Papsttum

Bonifatius (Wynfreth) (672/75-754)

1. Leben und Wirken

Der angelsächsische Mönch B. gehört als Gelehrter, Kirchenorganisator und Missionar zu den herausragenden Gestalten der frühmittelalterl. Kirchengeschichte. Geboren 672/675 in der Nähe von Exeter/Wessex, erlitt er als Missionserzbischof am 5. Juni 754 bei Dokkum/Friesland den Märtyrertod. Der aus niederem Adel stammende B. wurde bereits als Junge einem Kloster übergeben und erhielt dort eine umfassende Bildung. Schon bald erwarb er sich den Ruf eines hervorragenden Gelehrten, insbesondere auf den Gebieten der Metrik und Grammatik. Auch als Prediger und Kirchenpolitiker war B. bekannt, so daß er 717 zum Abt des Klosters Nursling berufen wurde. Aber B. wollte seine monastische Existenz nicht in der Abgeschiedenheit eines Klosters realisieren, sondern drängte auf das Missionsfeld. So verließ B. 718 seine Heimat, um auf dem Kontinent zu wirken. In Rom versicherte er sich zunächst der Unterstützung durch den Papst. Gregor II. erteilte ihm allg. Missionsvollmacht für die heidnischen Germanen und verlieh ihm den Namen des am Vortag gefeierten röm. Heiligen. Fortan nannte sich Wynfreth nur noch B.

Nach Lehrjahren bei dem Missionar Willibrord in Friesland bemühte sich B., 722 zum Bischof erhoben, in Hessen und Thüringen um die Christianisierung des Volkes und den Aufbau einer kirchl. Struktur. 723 fällte er bei Geismar die von den Heiden rel. verehrte Donareiche und erbaute aus ihrem Holz die Peterskirche in Fritzlar. Gregor III. ernannte den 732 zum Erzbischof geweihten B. 737/738 zum päpstlichen Missionslegaten für Germanien und beauftragte ihn mit der Kirchenorganisation in Bayern, Hessen, Thüringen und Alamannien. Diese Aufgabe, zu der stets der Kampf mit dem fortbestehenden Heidentum gehörte, konnte B. nur in Zusammenarbeit mit den Frankenherrschern und zahlreichen angelsächsischen Helfern bewältigen, die er vor allem in den von ihm errichteten Klöstern und Bistümern einsetzte. Zum geistigen Zentrum des B.-Kreises wurde das 744 gegründete Kloster Fulda. Mit den Frankenherrschern Karlmann und Pippin ergab sich für B. eine gute Zusammenarbeit. In einer Serie von Reformsynoden seit 742/43 gelang so der Durchbruch zur Erneuerung der fränkischen Landeskirche. Freilich mußte B. sich innerkirchl. Opposition erwehren, weshalb manche seiner Pläne unausgeführt blieben. In seinen letzten Jahren rückte B. an den Rand des kirchenpolit. Geschehens. Gleichwohl wurden seine Ansätze von einheimischen Kräften aufgenommen. Während B. sich an den Ausgangspunkt seiner mission. Tätigkeit nach Friesland begab und dort von beutegierigen Heiden erschlagen wurde, begründete der Frankenherrscher Pippin das von B. mit vorbereitete Bündnis mit dem Papsttum, das zur Grundlage des christl. MAs werden sollte.

2. Missionsmethode und Bedeutung

Die asketische Heimatlosigkeit angelsächsischer Prägung war für B. Lebensprogramm, weshalb seine Arbeit stets mission.-seelsorgerl. ausgerichtet war. Dem sollte auch die Kirchenorganisation dienen. Daher kam es B. sehr darauf an, daß seine Bemühungen getragen wurden von den Gebeten geistl. Freunde in ganz Europa. Diese Gebetsverbrüderung hat ihm die Kraft zu seinem entbehrungsreichen und spannungsvollen Leben gegeben. Dazu suchte er die Verbindung mit angelsächsischen Mitarbeitern, die er in großer Zahl auf den Kontinent rief. Mit ihrer Hilfe gründete B. zahlreiche Klöster, die das Land als Pflanzstätten des Glaubens und der Bildung überziehen sollten und die überdies der Erhöhung der Lebensqualität dienten. Hier wurde der einheimische Klerus ausgebildet, und von hier ging die planvolle Christianisierung des Volkes aus. Gemäß der damals üblichen Missionsmethode suchte B. stets den Kontakt zu den Herrscherhäusern, wuchsen sie doch damals mehr und mehr in ihre Rolle als Beschützer der Kirche und Ausbreiter des Glaubens hinein. Darüber hinaus war B. in besonderer Weise dem päpstlichen Stuhl verbunden. Man hat B. den »Apostel der Deutschen« genannt. Dieses spätere Etikett verkennt sowohl die europ. Bedeutung des Angelsachsen wie auch die Tatsache, daß er aufgrund der Umstände eher Organisator denn Missionar war. Auf jeden Fall gehört B. zu den Initiatoren und Baumeistern des christl. Abendlandes.

Lit.: A. Angenendt: Das Frühmittelalter, 1990, 268ff; L.E. v. Padberg: Wynfreth-Bonifatius, 1989; Th. Schieffer: Winfrid-Bonifatius und die christliche Grundlegung Europas, [2]1972; J. Semmler: »Bonifatius (Winfrid)«, LexMA Bd. 2, 1983, 417-420.

L.E. v. Padberg

Book of Common Prayer

Das B.C.P. ist das liturg. Formular der englischen Staatskirche (Church of England), steht gleichzeitig im Rang einer → Bekenntnisschrift und hat sowohl für den Gottesdienst als auch für den Privatgebrauch als Gebetbuch Geltung.

Edward VI. führte es 1549 landesweit ein. An der Ausarbeitung, besonders an der zweiten Fassung von 1552, war der Erzbischof von Canterbury, Thomas Cranmer, maßgeblich beteiligt. Diese zweite Fassung ist abendmahlstheol. deutlich an → Bucer angelehnt. Weitere Ausgaben fanden 1559, 1604 und 1662 statt. Im 19. Jh. gewann der Anglokatholizismus Bedeutung, so daß Teile des röm. Meßordinariums in die Ordnung des Gebetbuches eingefügt wurden. Seit 1906 arbeitete eine Revisionskommission an einer Neuausgabe, die jedoch 1928 vom Parlament abgelehnt wurde. Das löste eine grundsätzliche Debatte darüber aus, ob das Parlament über liturg. Vorlagen abzustimmen überhaupt das Recht habe. Erst 1965 wurde der Church of England zunächst für 15 Jahre und ab 1974 unbefristet das Recht zur Eigenrevision liturg. Vorlagen zugestanden.

Das B.C.P. enthält neben den 39 Artikeln der Church of England und einem kurzen Katechismus weitere fünf Teile: einen Gebetsteil (Gebet der Tageszeiten, Gebete durch das Jahr, Litaneien); gottesdienstl. Liturgien (Taufe, Abendmahl, Kollektengebete, Lesungen etc.); weitere Zeremonien (Konfirmation, Trauung usw.); die Psalmen; Ordnungen für die Ordination.

Ab 1965 wurden sog. »Alternative Services« vorgelegt. Zwar gelang es dadurch, den anglokatholischen und den evangelikalen Teil der englischen Hochkirche zusammenzuhalten, doch ist die liturg. Einheit stark aufgebrochen worden.

Lit.: K. Böhme: Die Krisis der englischen Staatskirche. Der Streit um das Book of Common Prayer, 1929; J. Cuming: A history of Anglican liturgy, 1969; H. Davies: Worship and theology in England, 5 Bde., 1961-1975; A. Niebergall: »Agende (16. . .)«, TRE 2, 1978, 36-43.85-90 (Lit.).

H.-J. Hoeppke

Boos, Martin (1762-1825)

B., geb. am 25. 12. 1762 in Huttenried, gest. am 29. 8. 1825 in Sayn. Theologiestudium in Dillingen, u.a. bei Sailer, der ihm zeitlebens nahestand. 1787-1798 Kaplan im Allgäu, wo durch seine Christus-Predigt die Allgäuer Erweckungsbewegung entstand. Vom bischöflichen Ordinariat Augsburg angeklagt, floh B. 1799 nach Linz. Ab 1806 Pfarrer in Gallneukirchen, wo es wieder zu einer Erweckung und zur Spaltung der Gemeinde kam. B. wurde 1816 vorübergehend in Untersuchungshaft genommen, ging dann nach Preußen, wo er 1817 als Religionslehrer in Düsseldorf und ab 1819 als Pfarrer in Sayn wirkte.

B. vertrat einen Christozentrismus (»Christus für uns und in uns«), von wo die allmähliche Auflösung des kath. Glaubens-, Sakraments- und Kirchenbegriffs erfolgte.

Lit. G. Geiss: Martin Boos, 1937; BBKL I, 699-701 (Lit.).

Red.

Booth, William (1829-1912)

B., geb. am 10. 4. 1829 in Nottingham, gest. am 20. 8. 1912 in Hadley Wood, Begründer der → Heilsarmee in über 50 Ländern und Kolonien. B. gab 1852 seinen kaufmännischen Beruf auf, besuchte das Predigerkolleg und wirkte zunächst in der Methodistenkirche als Evangelist mit großen Erfolgen. Nach der Trennung von der Methodistenkirche verschlossen sich ihm mehr und mehr die Kirchentüren und B. mußte in Zirkuszelten, Theatern oder im Freien evangelisieren. Im Zuge seiner Übersiedlung nach London gründete er im Anschluß an eine Zeltmission am 2. 7. 1865 auf dem Londoner Quäkerfriedhof Whitechapel für die Arbeit in den Elendsvierteln die Ostlondoner Mission (ab 1869 Christliche Mission), die er 1877/78 umorganisierte, ihr am 1. 1. 1879 den Namen »Salvation Army« (Heilsarmee) gab und deren erster »General« wurde.

Von großer Tatkraft, gequält vom Elend des Industrieproletariats, verband er aggressive Evangelisation mit praktischer Hilfe im Kampf gegen Trunksucht, sittliche Verwahrlosung und Arbeitslosigkeit. Nach seinem Tode 1912 nahmen nicht weniger als 35.000 Menschen an einem Gedenkgottesdienst in London teil. Sein Buch »In Darkest England and the Way Out« (Nachdruck 1970) wurde grundlegend für die Arbeit der Heilsarmee.

Lit.: R. Collier: Der General Gottes William Booth - Die Geschichte der Heilsarmee, [3]1991; V. Conzenius: William Booth - General der Heilsarmee, 1982; J. Hoffmann-Herreros: Catherine und William Booth - Sozialarbeit und Seelsorge der Heilsarmee, 1989.

E. Geldbach/Red.

Bornhäuser, Karl (1868-1947)

B., geb. am 19. 5. 1868 in Mannheim, gest. am 27. 3. 1947 in Marburg (Lahn) war ev. Theologe. Während seines Studiums in Halle und Greifswald erhielt er seine theol. Prägung von H. → Cremer, M. → Kähler und A. → Schlatter. Nach dem Pfarramt in Karlsruhe und Sinsheim wurde er 1894 Divisionspfarrer in Rastatt. Es folgte die Berufung zum a.o. Prof. für Praktische Theologie nach Greifswald (1902), Halle (1905) und als o. Prof. nach Marburg (1907), wo er zusammen mit E. Schaeder, W. → Lütgert und J. Kögel zum Kreis der sog. »Biblizisten« zählte. Seine

Vorliebe für die bibl. Bücher brachte er in Vorlesungen zur ntl. Exegese zum Ausdruck, in denen er versuchte, die Texte so exakt wie möglich von ihrem jeweiligen Zeithintergrund her zu verstehen.

Lit.: Das Recht des Bekenntnisses zur Auferstehung des Fleisches, 1902; Das Wirken des Christus durch Taten und Worte, ²1924; Die Bergpredigt, ²1927; Das Johannesevangelium, eine Missionsschrift für Israel, 1928; Empfänger und Verfasser des Briefs an die Hebräer, 1932; u.v.a.

A. Uckeley: Karl Bornhäuser in memoriam, ThLZ 74 (1949), 761ff.

V. Gäckle

Borromäerinnen → Orden und Kongregationen

Das Böse

1. Begriff und Problemhorizont

Das B. (gr. *to kakon* bzw. *poneron*; lat. *malum*) bezeichnet grundlegend ein doppeltes Problem. Zum einen geht es um die radikale ethische Entgegensetzung von gut und böse, die vom Menschen sittliche Werturteile und Entscheidungen verlangt. Zum anderen werden mit gut und böse auch Aussagen über Seinszustände der Wirklichkeit (wie Krankheit, Leid, Katastrophen etc.) beschrieben, die der Mensch in ihrem Sosein als böse erfährt. Die letztere ontologische Verwendung des Begriffs »böse« wird in der theol. und phil. Tradition u.a. durch den Terminus »Das Übel« charakterisiert. Bei der Frage nach dem Wesen des B.n sind die folgenden elementaren Probleme zu klären: In welchem Verhältnis steht das moralisch B. zum ontologischen Übel? Nach welchen erkenntnistheoretischen Kriterien kann der Unterschied von gut und böse bestimmt werden? Worin ist der Ursprung des B.n zu sehen – im Menschen selbst (also anthropologisch) oder in satanischen Mächten bzw. einer negativen Kehrseite Gottes (also metaphysisch)? Wie kann das B. überwunden werden? Die letztgenannte Frage bestimmt weitgehend die gesamte Philosophie- und Religionsgeschichte.

2. Der Ursprung des Bösen

Die Bibel und in ihrer Folge die klass. christl. Theologie sieht das B. in der metaphysischen Realität des Satanischen bzw. des Dämonischen begründet. → Satan wird dabei als eine geschaffene, personale Wirklichkeit verstanden, die Gott als dem guten Schöpfer zwar prinzipiell unterworfen ist, sich diesem aber dennoch in universaler Dimension radikal entgegenstellt. Der Satan unterwirft sich durch seine Verführungskunst den Menschen und bestimmt dadurch sowohl diese Welt als auch den gegenwärtigen → Äon (Weltzeitalter). Im fundamentalen Unterschied zur außerchristl. Religionsgeschichte (z.B. dem Parsismus, der ägypt. und babylon. Mythologie oder dem Hinduismus) wird Gott selbst in der Bibel nie mit dem B.n identifiziert.

Im Sinne des eben genannten metaphysischen → Dualismus gibt es nach bibl. Vorstellung weder böse Wesenszüge in Gott noch böse Götter, die als Dämonen Gott gleichrangig gegenüberstehen oder seine Macht begrenzen könnten. Gott ist vielmehr der absolut Gute (Mk 10,18) und der in seiner Göttlichkeit konkurrenzlos Einzigartige (2Mo 20,2-5 und 5Mo 6,4f), während die Götter der Heiden um ihrer Nichtigkeit willen verspottet werden (Jes 40,18-20 und 46,5-9).

Aus der Tatsache, daß Gott als der schlechthin Gute die von ihm geschaffene Kreatur, selbst wenn sie sich als satanischer Widerspruch gegen ihn wendet, nicht zu fürchten hat, darf aber nicht gefolgert werden, daß das B. an sich ohnmächtig oder nichtig wäre (so z.B. K. Barth, KD III/2 § 50). Das B. tritt vielmehr mit eigenständiger Verführung an den Menschen heran, um ihn von Gott abzuziehen (1Mo 3,1-6 sowie in Analogie Mt 4,1-11) und bedroht als höchst aktive Macht seine Existenz in der Welt (Eph 6,10-17). Unter den neueren Dogmatikern hat besonders K. Heim in seinem Werk »Jesus der Weltvollender« die Wirksamkeit satanischer Mächte gegenüber der neuzeitlichen Leugnung des Dämonischen (vgl. z.B. H. Haag, Abschied vom Teufel) realistisch dargestellt.

3. Die ethische Verantwortung angesichts des Bösen

Der furchtbare metaphysische Hintergrund des B.n – in Gestalt der personalen Verführungsmacht Satans und seiner Dämonen – entläßt den Menschen jedoch keinesfalls aus der ethischen Verantwortung für sein Handeln. Gerade der Bericht vom Sündenfall macht deutlich, wie Gott den verführten Menschen nicht von seiner Verantwortung freispricht, sondern ihn zur Rechenschaft zieht (1Mo 3,9-14). Die teuflische Verführung entschuldigt die Sünde des Menschen nicht.

Der Mensch weiß vielmehr auf Grund des Gebotes in seinem Gewissen, das ihn von seiner Schuld überführt (Hebr 4,12), was gut und böse ist (1Mo 3,22). Sowohl das ins Herz geschriebene Gesetz des

Gewissens (Röm 2,14f) als auch das durch Offenbarung geschenkte Gebot Gottes stellt den Menschen in die sittliche Verantwortung des Gottes (Röm 2,11-13), der ihn richtet.

Damit ist theol. nicht nur die metaphysische Entschuldigung abgewiesen, die den menschlichen Ungehorsam mit dem Hinweis auf ihren satanischen Ursprung begründet, sondern auch jeder Rechtfertigungsversuch, der das B. als seinsmäßig unumgänglich im Sinne des ontologischen → Dualismus beschreibt. Der ontologische Dualismus, in der Tradition des phil. → Idealismus seit Platon, definiert die leiblich-materielle Seite des Seins als solche als wesensmäßig böse, während sie das geistig-seelische bzw. intelligible Sein als prinzipiell gut auffaßt. Diese ontologische Aufteilung des Guten und B.n bestimmt auch wesentlich die asiatischen Hochreligionen des Hinduismus und Buddhismus. Der Leib-Seele-Dualismus verkennt jedoch, daß Leib, Seele und Geist gleichermaßen ursprünglich sehr gut geschaffen sind (1Mo 1,31), und daß das B. eine Folge der menschlichen Sünde in der Welt darstellt (Röm 5,12). Das B. muß nach bibl. Verständnis strikt und primär auf die sittliche Eigenverantwortung des Menschen vor Gott bezogen werden und darf nicht als Folge eines der Schöpfung implizierten Mangels entschuldigt werden.

4. Die anthropologische Unterscheidung der Radikalität und Relativität des Bösen

Die auf den schuldig gewordenen Menschen bezogene ethische Unterscheidung von gut und böse muß anthropologisch sowohl in ihrer Radikalität wie auch Relativität betont werden. Vor Gott ist der Mensch als ganzer und in allen seinen Bezügen radikal der Macht der Sünde, d.h. dem B.n, verfallen, aus dem er sich nicht durch eigene Kraft befreien kann (Röm 7,14-25). Diese Verfallenheit betrifft ihn in seiner Individualität nach Geist, Seele und Leib wie auch in seiner Sozialität. Mit dieser theol. Feststellung wird jeder Optimismus im Blick auf den »guten Menschen«, wie er in der phil. Anthropologie und im Kontext verschiedener rel. Wege der Selbsterlösung beschrieben wird, zurückgewiesen.

Das B. darf deshalb auch nicht als ein notwendiges Moment im Prozeß der Selbstvergötterung des Seins (Theogonie) wie z.B. bei den Philosophen F.W. → Schelling und F. → Baader noch als bloßes Durchgangsstadium in der Geschichte des Absoluten wie bei G.W.F. → Hegel oder als notwendiges metaphysisches Nichts gegenüber dem Sein wie bei M. → Heidegger verharmlost und somit entschuldigt werden.

Ungeachtet der unaufhebbaren und grundlegenden Schuldverflochtenheit des Menschen in das radikal B. differenziert gerade wegen der nach dem Sündenfall fortbestehenden individuellen Verantwortung des Menschen die theol. Anthropologie durchaus zwischen ethisch guten und bösen Taten bzw. Verhaltensweisen. Die Zehn Gebote (→ Dekalog), die → Bergpredigt und die apostol. Ermahnungen (Paränesen) des NT sprechen beispielsweise in je unterschiedlichem Kontext Menschen auf ihre sittliche Verantwortung vor Gott und füreinander an, indem sie zeigen, wie das B. in konkreten Situationen zu vermeiden ist bzw. durch das Tun des Guten überwunden werden kann. In der Gestaltung des Lebens und im Vollzug des Glaubensgehorsams treten also durchaus praxisrelevante Unterschiede von gut und böse zu Tage, die auch im Gericht Gottes ein je unterschiedliches Urteil finden. Dies wird exemplarisch an dem Völkergericht gegenüber den Ungläubigen, die Christus nicht gekannt haben (Mt 25,31-46), und an dem Preisgericht, das Christus an den Gläubigen vollzieht (1Kor 3,11-15), deutlich.

5. Das Böse und das Übel

Mit der Bibel ist theol. strikt zwischen dem B.n als ethischer Realität und dem Übel, d.h. den vorfindlichen Mißständen in der Welt, zu unterscheiden. Das Übel bezeichnet die Folgeerscheinungen der Sünde in Gestalt von Krankheit, Leid, Tod, sozialem Unrecht, polit. Unterdrückung etc. Das Übel ist als die sichtbare Wirkung der unsichtbaren, ethischen Wirksamkeit der Sünde zu betrachten. Das metaphysische Ereignis der Sünde äußert sich demnach in geschichtl. Konkretionen physischer Übel in der Welt und der Menschheitsgeschichte. Dieser Vorgang ist nicht umkehrbar. Das bedeutet, daß durch die Beseitigung einzelner medizinischer, sozialer, polit., ökologischer Mängel und Mißstände das Übel als solches nicht grundlegend aus der Welt geschafft werden kann. Hier liegt die verhängnisvolle Illusion von Karl Marx und Sigmund Freud im Umgang mit dem B.n, die durch wirtschaftspolit. bzw. tiefenpsych. Maßnahmen an der eigentlichen Wurzel des Übels, der Sünde, vorbei die Menschen von ihren Übeln befreien wollen. Wegen der Radikalität des im Herzen, d.h. dem Personzentrum des Menschen, wurzelnden Bösen (1Mo 6,5; 8,21) können soziale und psych. Analysen bzw. Verbesserungen nur partiell die Symptome des ontologisch B.n lindern, dieses aber nicht beseitigen.

Damit sind aber die im Zusammenhang des relativ Guten und des relativ B.n (vgl. 4.) beschriebenen Erkenntnisse, die ihren konkreten Niederschlag z.B. in der Aggressionsforschung von Konrad Lorenz sowie in Konzepten der Sozialethik, der polit. Rechtskultur etc. finden, theol. anerkannt und positiv aufgenommen. Sie behalten ihren relativen Wert im Blick auf die Steigerung der Lebensqualität und die Verwirklichung menschenwürdiger Lebensverhältnisse.

6. Die Lösung des → Theodizeeproblems und die Überwindung des Bösen

Das sog. Theodizeeproblem, nämlich die Frage, wie ein guter allmächtiger Gott das B. in der Welt zulassen könne, beruht wesentlich auf einer falschen Zuordnung der Sünde als dem ethisch B.n und dem Übel als der Realisation des ontologisch B.n. Die Anklage gegen Gott, der das Übel nicht verhindert, verkennt die Freiheit des Menschen zur Sünde und damit die Situation des Menschen vor Gott. Der Mensch trägt durch seine Sünde die Verantwortung für das Übel in der Welt, und dieses kann nur beseitigt werden, wenn zuvor die Sünde überwunden ist. Das Problem »Wie kann Gott das Übel zulassen?« muß also umgekehrt werden in die Frage »Wie bekomme ich sündiger Mensch einen gnädigen Gott?« Die neuzeitliche Theodizeefrage muß durch die reformat. Frage nach der Rechtfertigung des Sünders ersetzt werden. Denn erst in der gnädigen Vergebung der Sünde durch den stellvertretenden Opfertod Jesu Christi schafft Gott – allein aus Gnade – die Voraussetzung für die Befreiung des Menschen auch vom ontologischen Übel. Deshalb ist Christus nicht nur der Welterlöser, der durch sein Kreuz das ethisch B., die Sünde, überwunden hat, sondern auch der Weltvollender, der mit seiner Wiederkunft das ontologisch B., das Übel, vernichten wird.

Lit.: K. Barth: KD III/3, 1950; H. Haag: Abschied vom Teufel, 1969; K. Heim: Jesus der Weltvollender, 1952; K. Lorenz: Das sogenannte Böse, 1971; K. Lüthi: Gott und das Böse, 1961; O. Michel: Gestaltwandel des Bösen, 1976; W. Oelmüller: »Das Böse«, Handbuch philosophischer Grundbegriffe, Bd. 1, 1973; P. Riceur: Phänomenologie der Schuld, Bde. 1 und 2, 1971; S. Vierzig: Das Böse, 1984.

R. Hille

Bosnien-Herzegowina

Das von illyrischen Stämmen besiedelte, 10 n.Chr. endgültig ins röm. Reich eingegliederte Gebiet des heutigen B.-H. kam bei der Teilung des röm. Imperiums von 395 zum Westreich, 530 zum Byzantinischen Reich und blieb stets im polit. und kulturellen Spannungsfeld zwischen Ost und West. Das Christentum, das von Dalmatien und Pannonien her Eingang gefunden hatte, wurde nach den Einfällen der Awaren und Slaven (6./7. Jh.) fast vernichtet, erfuhr aber kurz darauf wieder einen Aufschwung. Das zeitweise polit. selbständige B. wurde von Kroaten, Ungarn und Serben umkämpft. Während der Osten und Süden kirchl. unter byz. Einfluß stand, setzte sich im Westen, nicht zuletzt durch das Wirken der Franziskanermission, die röm.-kath. Kirche durch. Ob die sog. »Bosnische Kirche« eine Gründung der dualistischen Sekte der → Bogomilen oder eine von Rom abgefallene Glaubensgemeinschaft war, ist umstritten. Im 15. Jh. wurden B. und H. von den Türken unterworfen. Große Teile der Bevölkerung, insbesondere des Adels, traten zum Islam über. Nach mehreren Aufständen gegen die türkische Besatzungsmacht im 19. Jh. übergab der Berliner Kongreß (1878) B.-H. der österreichisch-ungarischen Verwaltung. 1908 annektierte Österreich-Ungarn B. und H. Die erbitterte Feindschaft der Serben gegen die Doppelmonarchie führte 1914 zur Ermordung des österreichischen Thronfolgers und damit zum Ausbruch des Ersten Weltkrieges. 1918 wurde B.-H. Teil des neuerrichteten »Königreiches der Serben, Kroaten und Slowenen«. 1941 kam B.-H. zu Kroatien. 1945 wurde es eine der sechs Teilrepubliken Jugoslawiens. Das Parlament von B.-H. trat am 14. 10. 1991 aus dem zerfallenden jugoslawischen Staatsverband aus und erklärte die polit. Unabhängigkeit des Landes. Der erbitterte Nationalitätenkrieg ließ eine zur Zeit völlig unübersichtliche Lage entstehen; mehr als eine Mio. Menschen befinden sich auf der Flucht.

Die Bevölkerung des 51.240 km^2 umfassenden Gebietes zeichnet sich durch eine ethnische und rel. Vielfalt aus. Während 1910 der Anteil der Serben 43%, der Muslime 32% und der Kroaten 23% betrug, machten 1991 die Muslime 44%, die Serben 31% und die Kroaten 17% der über 4,3 Mio. Einwohner aus. Die serbisch-orth. Kirche verfügt über fünf Eparchien in B.-H., die röm.-kath. Kirche über ein Erzbistum mit Sitz in Sarajewo und drei Suffraganbistümer. Die Muslime, ob praktizierende Gläubige oder nicht, fühlen sich weder als Serben noch als Kroaten und kämpfen derzeit um ihr Überleben als eigenständige muslimische Nation.

Lit.: J. v. Antwerp Fine: The Bosnian Church: A new interpretation, 1975; P. Ramet: Die Muslime Bosniens als Nation, in: A. Kappeler et.al. (Hg.): Die Muslime in der Sowjetunion und in Jugoslawien, 1989, 107-114.

E. Bryner

Bossuet, Jaques-Bénigne (1627-1704)

B., geb. am 27. 9. 1627 in Dijon, gest. am 12. 4. 1704 in Paris. Früh für den kirchl. Dienst bestimmt, wirkte er ab 1659 in Paris als geschätzter Prediger (Grabreden). Als Kanzelredner entwickelte er die franz. Rhetorik im 17. Jh. bis zur Vollkommenheit. Phil. Cartesianer, ließ er sich in seiner Theologie von der Bibel und den Kirchenvätern leiten, insbesondere einem strengen Augustinismus (→ Augustin/Augustinismus). Anfängen hist. Bibelkritik trat er entschlossen entgegen. Freie Forschung schien ihm mit der Einheit der Kirche und des Dogmas nicht vereinbar. Am Hof Ludwigs XIV. war er bald der führende kath. Theologe, der nicht nur Bildung und Theologie, sondern auch Kirche und Absolutismus zu vereinen wußte. 1670 beauftragte ihn der König mit der Erziehung seines Sohnes, 1681 übernahm B. das Bischofsamt von Meaux. 1682 leitete er die Versammlung des franz. Klerus, die die Grundsätze des → Gallikanismus (Eigenständigkeit der franz. Kirche und Krone gegenüber dem Papst) definierte. Als Theologe der → Gegenreformation bekämpfte er den Jansenismus (→ Jansen/Jansenismus), den → Quietismus und vor allem die Protestanten. Durch Unionsverhandlungen veranlaßt, korrespondierte er mit dem Abt von Loccum, Molanus, und mit → Leibniz. Große Beachtung fand seine 1671 erschienene »Exposition de la doctrine de l'Église catholique«, in der er den Katholizismus im Gegensatz zum Protestantismus als einfach zu glauben und leicht zu vollziehen darstellt. Polemische Ziele verfolgt auch der »Discours sur l'histoire universelle« 1681, in dem die Weltgeschichte als Fügung der verborgen wirkenden göttlichen Vorsehung gedeutet wird.

Lit.: J. Le Brun: »Bossuet«, TRE 7, 1981, 88-93; K. Löwith: Weltgeschichte und Heilsgeschehen, 1953, 129-135.

J. O. Rüttgardt

Bousset, Wilhelm → Neues Testament, Geschichte der Erforschung

Brahmanische Religion → Hinduismus

Brandopfer → Opfer

Brandström, Elsa (1889-1948)

B., geb. am 26. 3. 1888 als Tochter des schwedischen Gesandten in St. Petersburg, gest. am 4. 3. 1948 in Cambridge/Mass.

Als Delegierte (seit 1914) des schwedischen Roten Kreuzes organisierte sie während des Ersten Weltkriegs eindrucks- und wirkungsvoll Unterstützungsmaßnahmen für deutsche und österreichische Kriegsgefangene in Rußland (»Engel von Sibirien«). Nach 1928 begründete sie mit amerikanischer Unterstützung die Sanatorien und Heime für deutsche Gefangene und Kriegswaisen in Deutschland. Vom christl. Geist bestimmt, gehört sie zu den großen Förderern der Humanität und Nächstenliebe im 20. Jh.

Lit.: Elsa Brandström: Unter Kriegsgefangenen in Rußland und Sibirien 1914 bis 1920, 1921.

G. Ruhbach

Brauchtum, kirchliches

a) katholisch

Kath. B. können alle volkstümlichen Formen des Frömmigkeitslebens in kath. Regionen genannt werden. Das B. begleitet und bereichert den Mitvollzug und die Gestaltung von Jahreslauf und liturg. Kirchenjahr, umfaßt die Lebensstationen wie

Geburt, Taufe, Heirat, Tod/Bestattung und Totengedenken, gibt dem Bereich der menschlichen Arbeit, den Tätigkeiten in Landwirtschaft, Handwerk und Handel, einen Ausdruck im Glaubensleben und entspricht dabei oft regionalen Besonderheiten. B. ist der Tradition verpflichtet und hält damit die Erinnerung an Vergangenheit und Herkunft in der Gegenwart lebendig. B. lebt von der Gemeinschaft und wirkt daher Gemeinschaft stiftend und fördernd. Im weitesten Sinne gehören zum kath. B., die Vorzeit der Fastenzeit markierend, die Fastnacht oder auch Märkte und Volksfeste, insofern sie mit Kirchweihfesten, Patrozinien oder Erntedankfesten in Zusammenhang stehen. Spezifische Ausdrucksformen besitzt das kath. B. in der privaten und häuslichen Frömmigkeit (»Herrgottswinkel«, Haussegen, Segnungen des Viehs, der Feldfrüchte, Kräuter und Speisen), in der Reliquien- und Heiligenverehrung mit ihren regionalen und lokalen Besonderheiten, in besonderen Arten des Gottesdienstes wie Prozessionen (Flurumgänge, Reiterprozessionen) und Wallfahrten mit deren jeweiligen volksfrommen Ausprägungen.

Das rel. B. im kath. Raum als in der Tradition wurzelnde und gemeinschaftlich getragene Handlung zeigt dabei eine unübersehbare Vielfalt. Es entfaltet sich in lokalen und regionalen Gepflogenheiten, unterscheidet sich national und geographisch nach Landstrichen und Kontinenten. In Mittel- und Südamerika begegnet ein jeweils eigenes, von den Kulturen der Ureinwohner durchwachsenes, mit den Bräuchen der Kolonisatoren und Einwanderer amalgamiertes, in sich reich geschichtetes B. Dieses hebt sich wiederum vom B. in den verhältnismäßig jungen afrikanischen Kirchen grundlegend ab. Ebenso wurzelt das vielgestaltige europ. B. in völlig anderen Überlieferungssträngen, die über die volkstümliche Frömmigkeit in das gemeinschaftl. Glaubensleben eingebettet und verwoben sind. In der Akzeptanz von Volksfrömmigkeit und B. wird in der kath. Kirche eine bis in die Zeit des frühen Christentums verfolgbare Tendenz sichtbar, überkommene jüd. oder heidnische Bräuche nicht einfach zu bekämpfen, sondern im christl. Sinne »getauft« zu integrieren. Eine Bündelung besitzt die weltumspannende Vielfalt des kath. B.s in der Liturgie der Meßfeier und in der Liturgie des Kirchenjahrs. Sie bieten den Rahmen, auf dessen Fundament das jeweilige B. gestalterisch wirkt, alle Lebens- und Erfahrungsbereiche in den Gottesdienst miteinbezieht und somit das ganze irdische Dasein gottesdienstl. erfahren läßt. Da sich im B. neben spezifisch christl. Elementen zuweilen mehr oder weniger deutlich Spuren älterer Kulte und früherer Religiosität finden, wird das B. gelegentlich des Aberglaubens, der Magie, des Heidnischen verdächtigt. Dies ist nicht von der Hand zu weisen. Aus dieser Sicht heraus versuchte die außer- und innerkirchl. Aufklärung des 18. und 19. Jh.s, die den Josephinismus und die Säkularisation geprägt haben, das B. als suspekt einzudämmen und sogar zu unterbinden. Es kam im Zuge der Franz. Revolution nach 1789 in Frankreich, in Österreich unter Joseph II. (1741-1790) und Leopold II. (1747-1792) und in Süddeutschland sowohl staatlicher- wie kirchlicherseits – beispielhaft zu nennen wären Erlasse des Konstanzer Generalvikars Ignaz Heinrich von Wessenberg (1774-1860) – zu regelrechten Einschränkungen und Verboten von Wallfahrten, Bittgängen und zu einer Reinigung des Kultus. Doch ist es kaum gelungen, die volkstümliche Frömmigkeit völlig zu beseitigen. Manches überlebte im Stillen, vieles, besonders althergebrachte Wallfahrten oder Prozessionen konnten wiederbelebt werden. Neues trat sogar hinzu und konnte allg. Anerkennung finden.

In den jüngeren offiziellen kirchl. Äußerungen zum kath. B. zeichnet sich eine deutlich positive Einstellung ab. Das Vaticanum II hält so in der »Konstitution über die heilige Liturgie« fest, daß nicht »starre Einheitlichkeit« zur Pflicht gemacht werde, vielmehr fördere die Kirche »das glanzvolle geistige Erbe der verschiedenen Stämme und Völker; was im Brauchtum der Völker nicht unlöslich mit Aberglauben und Irrtum verflochten ist, das wägt sie ab, und wenn sie kann, sucht sie es voll und ganz zu erhalten« (SC 37). Und im »Dekret über die Missionstätigkeiten der Kirche« heißt es, daß »aus Brauchtum und Tradition der Völker, aus Weisheit und Wissen, aus Kunststil und Fertigkeit« alles entlehnt werden soll, »was beitragen kann, die Ehre des Schöpfers zu preisen, die Gnade des Erlösers zu verherrlichen, das Christentum recht zu gestalten«. »Die besonderen Traditionen, . . . die vom Evangelium erleuchteten Gaben der verschiedenen Völkerfamilien, werden in die kath. Einheit hineingenommen« (AG 22 und 23). Die vom Konzil 1965 vorgezeichnete Linie griff Papst Paul VI. 1975 im Rundschreiben »Evangelii nuntiandi«. In ähnlich zustimmender Weise behandelt 1975 die »Gemeinsame Synode der Bistümer der Bundesrepublik Deutschland« in ihrem »Beschluß: Gottesdienst« das B., wenn in ihm gleich den Sakramentalien und anderen Gottesdienstformen ein »Vorfeld und eine Ausweitung der Sakramente« »auf die gesamte menschliche Wirklichkeit hin« gesehen wird. »Religiöse Bräuche« werden verstanden als »Zeichen des Handelns Gottes und der Antwort des Menschen«. Besondere Beachtung verdienen »jene Zeichen und Formen aktiven Mittuns«, die eng mit der Eucharistiefeier und den Feiern des Kirchenjahrs verbunden sind. In Bräuchen wird das »Wort in ›Aktion‹« erlebt. Sie sind »sichtbare und greifbare Formen der Verkündigung, die eine rein intellektuelle Ausübung der Frömmigkeit verhindern« (Gemeinsame Synode, 219), sind eine Hilfe, »daß« nach den Worten der Diözesansynode der Diözese Rottenburg-Stuttgart von 1985/86 »Glaubenswahrheiten emotional tiefer eingeprägt werden« (Beschlüsse der Diözesansynode VI,7). Darum gilt es, die kath. Bräuche zu bewahren, zu pflegen und gerade dort neu zu entwickeln, wo »sie regionale oder für bestimmte Gruppen Bedeutung haben, da sie besonders eng mit kulturellen und gesellschaftlichen Lebensverhältnissen verbunden sind« (Gemeinsame Synode, 219).

Lit.: H. Bächtold-Stäubli: Handwörterbuch des deutschen Aberglaubens, Bd. 1-10, (1937-1942) 1987; I. Carius: Gebildbrote, Brauchtum im Jahres- und Lebenslauf, 1982; N. Curti: Volksbrauch und Volksfrömmigkeit im katholischen Kirchenjahr, 1964; N. Henrichs: Kult und Brauchtum im Kirchenjahr, 1967; G. Kampfhammer (Hg.): Brauchtum in den Alpenländern. Ein lexikalischer Führer durch den Jahreslauf, 1977; H. Kirchhoff: Christliches Brauchtum, 1984; L. Kriß-Rettenbeck: Bilder und Zeichen religiösen Volksglaubens, 21971; W. Mezger: Narrenidee und Fastnachtsbrauchtum. Studien zum Fortleben des Mittelalters in der europäischen Festkultur, 1989; F. Nießen: Botschaft des Brotes, 1985; Th. Schnitzler: Kirchenjahr und Brauchtum neu entdeckt, 1977; Volksfrommes Ostern. Texte und Bilder, hg. von W. Groß, W. Urban, 1990; H.W. Wolf: Das Brauchbuch. Alte Bräuche, Neue Bräuche, Antibräuche, 1992.

W. Urban

b) protestantisch

In einem weiteren Sinne lassen sich dem kirchl. B. alle Handlungen zuordnen, in denen der Glaube des einzelnen wie der Gemeinde in Verbindung mit tageszyklisch, jahreszyklisch und lebenszyklisch wiederkehrenden Anlässen Ausdruck und Gestalt findet. In einem engeren Sinne versteht man unter kirchl. B. jene Handlungen, Gewohnheiten und Ausdrucksformen, die zwar nicht in Kirchen- und Gottesdienstordnungen festgeschrieben sind, aber dennoch Frömmigkeit und Glaubenspraxis des einzelnen wie der Gemeinde nachhaltig prägen und stabilisieren.

1. Zum B., das den Tageslauf begleitet, gehören das Morgen- und Abendgebet, das Tischgebet, die → Andacht bzw. die regelmäßige Bibellektüre des einzelnen, der Familie, der Gemeindegruppen. Seine Wurzeln reichen weit zurück: Schon zu ntl. Zeit bildeten sich – vermutlich vom Judentum übernommene – Gebetsstunden heraus. Morgen- und Abendgebet wurden bald, wo dies möglich war, auch in der Gemeinde begangen; als Morgenlob (Laudes, im ev. Bereich auch Mette genannt) und Abendgebet (Vesper) bilden sie den Grundbestand des kirchl. Tagzeiten- bzw. → Stundengebets. Tägliches Glockengeläut zum Morgen, zum Mittag, zum Abend und zur Nacht erinnert an diese Ordnung und ruft den einzelnen wie die Gemeinde zu Gebet und Andacht.

2. Ein umfangreiches B. rankt sich um die christl. Woche (z.B. den Freitag als Fastentag), um die Begehung des Sonntags, den sonntäglichen Kirchgang und seine Vorbereitung. Es reicht von überlieferten Gewohnheiten, die vorschreiben, was am Sonntag zu tun und zu lassen ist (Sonntagsheiligung), über Kirchgangssitten bis hin zur Kleider- und Sitzordnung für den Gottesdienst, in der sich immer auch gesellschaftl. Strukturen spiegelten und spiegeln (z.B. Trennung nach Geschlechtern bzw. »Ständen«). Eine besondere Bedeutung kommt dabei der Abendmahlssitte zu, die in früheren Zeiten oft auch Mittel sozialer Kontrolle und Disziplinierung war (Häufigkeit, Anlässe und Zeitpunkte, Verhalten vor und nach dem Empfang, Bedingungen für Zulassung und Ausschluß usw.). Daß im Verlauf gesellschaftl. Wandels überliefertes B. seine selbstverständliche Geltung verliert und nur noch partiell (von einzelnen und Gruppen, in bestimmten Regionen) praktiziert wird, darf nicht darüber hinwegsehen lassen, daß sich je und je auch neue Gewohnheiten bilden (z.B. neue Formen der Kommunion, Familiengottesdienste, Kinderabendmahl usw.).

3. Von geradezu unüberschaubarer Fülle ist das B., das sich mit dem Kirchenjahr (hier besonders mit dem Weihnachts- und Osterfestkreis, aber auch mit dem Erntedank- und Reformationstag, dem Toten- bzw. Ewigkeitssonntag, Johannis, Michaelis, Martini usw.) verbindet. Der Zusammenhang, aber auch die Differenz von allg. und kirchl.-rel. Kultur ist hier augenfällig: So kommt z.B. dem Weihnachtsfest mit seinem B. (Baum-, Licht- und Engelsymbolik, Geschenke u.a.) eine ungebrochene, womöglich noch wachsende gesamtkulturelle Bedeutung zu, die sich z.B. in der »Überdehnung«

der Weihnachtszeit in eine immer längere Vor- und Nachfeier hinein zeigt; zugleich löst es sich jedoch mehr und mehr von seinem überlieferten kirchl.-rel. Grund und zieht neue Bedeutungen und Werte an sich (als Fest der Familie, des Kindes, des »Heims«, des »Friedens« usw.). Es wird so zu einem bedeutsamen Ausdruck und Integrationsfaktor »bürgerlicher Religiosität« (→ Zivilreligion), die keineswegs mit dem von den Kirchen verkündeten und von den Christen gelebten Glauben identisch ist. Dem kommt entgegen, daß viele Elemente des überlieferten B.s, dessen Ursprünge sich meist im einzelnen nur schwer erhellen lassen, aus vor- bzw. außerchristl. Zusammenhängen stammen und erst sekundär eine christl. Deutung erfuhren.

4. Das gilt auch für das B., das sich mit bestimmten Phasen bzw. Knotenpunkten des Lebenszyklus und ihrer kirchl.-rel. Begehung verbindet. In traditionell christl. geprägten Gesellschaften fungieren Handlungen, die nach Ursprung und Wesen auf die Teilhabe an der kirchl. Gemeinschaft bezogen sind (z.B. Taufe, Erstabendmahl und Konfirmation), zugleich als »Übergangsriten«, die für den gesellschaftl. Status wichtige »Schwellen« im Leben des einzelnen und der Familien rituell auszeichnen, begleiten und absichern. B. und Sitte im Zusammenhang dieser Handlungen richten sich häufig primär auf deren sozialen Sinn und können darum auch relativ bruchlos (wie das Beispiel der Jugendweihe in Ostdeutschland, aber auch der Bestattung und der Trauung zeigt) auf nichtchristl. Vollzüge übergehen. Wie sich am Verhältnis von Konfirmations- und Taufsitte (ungebrochene Hochschätzung der Konfirmation bei wachsendem gesellschaftl. Desinteresse an der Taufe) aufweisen läßt, können sie dem von den Kirchen intendierten Sinn manchmal geradezu entgegenlaufen. Dennoch bedürfen – auf all den hier genannten Ebenen – das Evangelium Jesu Christi und der Glaube der Christen immer wieder der kulturellen Verwirklichung auch in Sitte und B. In ihnen gewinnt der Glaube – der sonst zur leib- und blutlosen Idee verkäme – eine das Leben in seinen sozialen und kulturellen Bezügen bestimmende, prägende Gestalt.

Lit.: W. Heim: Volksbrauch im Kirchenjahr heute, 1983; H. Kirchhoff: Christliches Brauchtum – Von Advent bis Ostern, 1984.

K.-H. Bieritz

Braunschweig, Ev.-Luth. Kirche

Das Gebiet der Landeskirche entspricht dem des bis 1918 bestehenden Herzogtums Braunschweig-Wolfenbüttel. Seit ca. 1600 existieren die Kirchen von Hannover und Braunschweig getrennt, 1922 bildete sich die Braunschweigische ev. luth. Landeskirche im jetzigen Umfang als Kirche. Die Kirchenordnungen von 1528 (von → Bugenhagen für Braunschweig) und 1569 (Braunschweig-Wolfenbüttel) haben die → Reformation durchgesetzt; 1576 wurde in Helmstedt die älteste niedersächsische Universität gegründet, an der sich der sogenannte Calixtinismus (→ Calixt), eine die Versöhnung der getrennten ev. Konfessionen fördernde theol. Richtung durchsetzte. → Pietismus und → Erweckungsbewegung gingen an der Landeskirche weithin vorbei, so daß die Unkirchlichkeit rascher als anderswo zunahm. Der Kirchenkampf gegen das gemäßigte deutschchristl. Kirchenregiment verlief ebenfalls gemäßigt.

Die Landeskirche hat bei ca. 550.000 Protestanten 13 Propsteien, 392 Gemeinden und 324 Pfarrstellen. Sie gehört zur VELKD und zur niedersächsischen Konföderation; sie fördert mit den anderen Kirchen der Konföderation das Ev.-Luth. Missionswerk in Niedersachsen (Hermannsburg) und die Ev.-Luth. Kirche Japans, die Tamilenkirche in Südindien sowie die Kirchen in Neu-Guinea und Tansania.

Lit.: H.-W. Krumwiede, K. Jürgens: »Braunschweig I/II«, TRE 7, 1981, 141-150.

G. Ruhbach

Breklum

1876 gründete in B., einem Kirchdorf 15 km nördl. von Husum, der Hauptpastor Christian Jensen (1839-1900) die »Schleswig-Holsteinische ev.-luth. Missionsgesellschaft« (»Breklumer Mission«). 1877 wurde das Missionsseminar eröffnet; 1881 reisten die ersten beiden Missionare (Pohl und Bothman) nach Indien aus. Die Mission im Bastarland scheiterte am Maharadscha von Jagdalpur, wurde aber im Jeypurland (Orissa) fortgeführt. Unterbrochen durch die Weltkriege ging die Missionsarbeit bis 1978 weiter. 1950 erfolgte die Gründung der JELC (Jeypur Ev.-Luth. Church).

1879 wurde eine Brüderanstalt zur Ausbildung von Diakonen eröffnet, die von 1882 bis 1931 als Predigerseminar für Pastoren deutscher luth. Gemeinden in Nordamerika bestand. 1882-1893 folgte der Aufbau eines christl. Gymnasiums (gegen den Unglauben der gebildeten Stände), dem die Regierung aber die Anerkennung versagte. 1896 wurde ein Verein für Evangelisation gegründet, der im → Kirchenkampf zur Zeit des Nationalsozialismus durch volksmission. Schriften besondere Bedeutung bekam. Die Gründung eines christl. Sanatoriums (1899) für psychisch Kranke erweiterte das Angebot christl. Seelsorge. Dieses Sanatorium besteht bis heute. 1912 übernahm die Breklumer Mission zusätzlich ein Arbeitsfeld in Tanzania, 1921 eines in China. 1945-1970 bestand ein Katechetisches Seminar für Gemeindehelfer und -helferinnen. 1970 erfolgte die Umwandlung der Missionsgesellschaft in ein regionales Missionswerk: »Nordelbisches Zentrum für Weltmission und kirchlichen Weltdienst« (mit Partnerkirchen in Indien, Tanzania, Papua-Neuguinea und Hongkong). Die Häuser in B. wurden zur Tagungsstätte, in der Themen des weltmission. Auftrags mit der Anleitung zum mission. Gemeindeaufbau verbunden werden.

Lit.: E. Evers: Christian Jensen, (1912) [4]1924; E. Pohl: Aus den Anfängen der Breklumer Mission, (1902) [6]1966; M. Pörksen: Die Weite eines engen Pietisten, 1956.

I. Dummer

Bremische Evangelische Kirche (BEK)

Gliedkirche der EKD überwiegend auf dem Gebiet der Stadt Bremen mit ca. 320.000 Mitgliedern (1991) in 69 Gemeinden.

1. Geschichtliches

Willehad weihte 789 eine erste Holzkirche. Bremens Dom wurde für lange Zeit Ausgangspunkt der Nord- und Ostmission. Erstes ev. Zeugnis war die Predigt des Niederländers Heinrich v. Zütphen am 9. 11. 1522. Der röm. Gottesdienst wurde 1527 verboten (Ausnahme: der - geschlossene - Dom). Bremen war zunächst luth. In der Folgezeit setzte sich jedoch calvinistisches Gedankengut und damit 1595 eine ref. Kirchenordnung durch (Ausnahme: der nun luth. Dom). Erst im 19. Jh., vorangetrieben durch den späteren Bürgermeister Joh. Smidt, verfestigte sich das konfessionelle Nebeneinander: Luth. Pfarrer wurden wegen starker Zuwanderungszahlen an ref. Gemeinden berufen. Einzelgemeinden bildeten eine Union. Unter Smidts Ägide wurden geistl. Aufsichtsbehörden abgeschafft. Die Gemeinden unterstanden allein der Hoheit des Senats. Im ausgehenden 19. und beginnenden 20. Jh. findet sich in Bremen eine intensive Tätigkeit der Inneren Mission (diverse Gemeindegründungen) sowie unreglementierte Streitigkeiten zwischen »liberalen«, »positiven« und »radikalen« Theologen. 1920 wurde nach der Auflösung kirchl. Bindung an den Staat (Weimarer Reichsverfassung) eine Form gesucht, die Majorisierung von Minderheiten in der Kirche verhindern sollte. Auf Wunsch »positiver« Gemeinden, die eine Dominierung durch »Liberale« fürchteten, wurde festgeschrieben: Glaubens-, Gewissens- und Lehrfragen sind allein von den Einzelgemeinden zu entscheiden. 1933 wurden Kirchenausschuß (Leitungsgremium) und Kirchentag (Kirchenparlament) aufgelöst. »Landesbischof« wurde der deutschchristl. Domprediger H. Weidemann. Zur Bekennenden Kirche zählten sich vier Gemeinden und neun Pastoren. Die BEK konnte erst 1953 Gliedkirche der EKD werden, da Einzelgemeinden in der Grundordnung der EKD ihre Glaubens-, Gewissens- und Lehrfreiheit bedroht sahen und eine Kompromißformel gefunden werden mußte.

2. Gegenwärtige Gestalt und Eigenart

Heute überwiegen »evangelische« Kirchengemeinden, aber auch luth. und ref. bestehen nebeneinander. Eine gemeinsame Basis ist formal durch die Präambel der Verfassung (»... Evangelium von Jesus Christus, wie es in der Heiligen Schrift bezeugt und durch die Bekenntnisschriften der Reformation neu ans Licht getreten ist«) gegeben. Durch die BEK ausgebildete Theologen entscheiden bei der Ordination selbst über eine Bekenntnisfestlegung zusätzlich zur Präambel. Die verbriefte Freiheit führt heute überdies zu einer bunten Fülle von Richtungsgemeinden. Einige Gemeinden änderten in neuerer Zeit ihren Bekenntnisstand (Wechsel ref./luth.; zwei andere gewannen eine evangelikale Prägung, die ihren Ausdruck auch in einer neuen Gemeindeordnung fand). Die kirchenpolit. unbedeutende Minderheit erwecklich-mission. Gemeinden erfreut sich wachsenden Zulaufs. Das Prinzip der Personalgemeinde ist ausgeprägt. Der Mitarbeiterstab Bremer Gemeinden ist vergleichsweise groß, ebenso aber die von einem Pastor zu betreuende Zahl von Menschen. Es gibt gemeinsame Einrichtungen der BEK. Der Präsident der BEK muß ein Laie sein. Der leitende Theologe nennt sich »Schriftführer« (ursprüngl. Bedeutung: Protokollant, Sekretär).

Lit.: M. Breitenfeldt: Bremens fromme Szene. Gemeinden, Gemeinschaften, Dienstgruppen im evangelischen Raum. Eine Bestandsaufnahme im Auftrag der Bremischen Evangelischen Kirche, 1991; C. Heitmann: Von Abraham bis Zion. Die Ortsgemeinden in der Bremischen Evangelischen Kirche, 1985; G. Schmolze u.a. (Hg.): Hospitium Ecclesiae. Forschungen zur Bremischen Kirchengeschichte, 1954ff.

M. Breitenfeldt

Brentano, Clemens Maria Wenzeslaus (1778-1842)

B., geb. am 8. 9. 1778 in Ehrenbreitstein, gest. am 28. 7. 1842 in Aschaffenburg, aus dem lombardischen Adelsgeschlecht der Brentano di Tremezzo, Sohn des Kaufmanns Pietro Antonio B. und einer Jugendfreundin Goethes, der Maximiliane von La Roche; Schulzeit am Jesuitengymnasium von Koblenz, nach praktischer Ausbildung in einem Handelskontor Studium der Bergwissenschaften in Halle und, ab 1798, der Medizin in Jena. In diesem Jahr Beginn der dichterischen Entwicklung mit der Arbeit am Roman »Godwi«, der 1801 erscheint. B. nimmt Kontakt zu literarischen Kreisen auf und entwickelt sich schnell zu einer der prägenden Gestalten der deutschen Romantik. Der Suchende (ab 1801 studiert er in Göttingen Philosophie; die christl. Verwurzelung seiner kath. Familie ist zu dieser Zeit verdrängt) freundet sich mit Achim von Arnim an, der 1811 seine Schwester Bettina heiratet; aus ihrer Zusammenarbeit entstehen bis heute

wirksame Unternehmungen, darunter die Volksliedsammlung »Des Knaben Wunderhorn« (ab 1805).

Persönliche Tragik (seine erste Frau stirbt bei der Totgeburt des dritten Kindes, nachdem auch die ersten beiden Kinder früh verstorben waren; die zweite Ehe endet in der Scheidung) führt ihn wieder näher zum Glauben. Der bis heute umstrittene Höhepunkt dieser Entwicklung ist seine Hinwendung zur Dülmener Mystikerin und Stigmatisierten Anna Katharina Emmerick, deren Visionen er aufzeichnet und publiziert. Nach ihrem Tod (1824) stellt er sich fast ausschließlich in den Dienst kath. Publizistik. In dieser Zeit entstehen zwei herausragende Märchen, »Geschichte vom braven Kasperl und dem schönen Annerl« und »Gockel, Hinkel, Gackeleia« (beide 1838). Neben Theaterstücken (vor allem Ponce de Leon, 1804), beanspruchen auch seine Gedichte, darunter die bewegende Ballade »Die Gottesmauer«, einen bleibenden Platz in der deutschen Literaturgeschichte.

Lit.: Brentano: Werke, hg. von W. Frühwald, B. Gajek, F. Kemp, 4 Bde., 1963ff.

H. Kastinger Riley: Clemens Brentano, 1985.

C.P. Thiede

Brenz, Johannes (1499-1571)

B. wurde 1499 als Sohn des Schultheißen der Reichsstadt Weil der Stadt geboren. An der Universität Heidelberg gehörte er einem Kreis für die bibl. Sprachen begeisterter humanistischer Theologen wie → Oekolampad, → Bucer und → Schnepf an. 1518 begegnete er dort Luther bei dessen Disputation anläßlich des Kapitels der Augustinereremiten und wurde von da an einer seiner treuesten Parteigänger in Südwestdeutschland. Von 1522 bis 1548 war B. Prediger an der Michaelskirche der Reichsstadt Schwäbisch Hall. Aus dieser Tätigkeit erwuchs sein umfassendes exeget. Werk, das ihn über Jahrhunderte hinweg zu einem der geschätztesten luth. Bibelausleger werden ließ. Schon 1524 verhalf er der Reformation in Hall zum Durchbruch. Alsbald wirkte er auch über die Stadt hinaus. Den Bauernkrieg lehnte er wegen des von Gott gebotenen Gehorsams gegen die Obrigkeit zwar ab, mahnte aber energisch eine Abhilfe der berechtigten Forderungen der Bauern an.

B. wurde zum Ratgeber der benachbarten ev. Ritterschaft und Reichsstädte, vor allem aber des Markgrafen Georg von Brandenburg-Ansbach, der ihn am Marburger Religionsgespräch 1529 und am Augsburger Reichstag 1530 beteiligte. Im Abendmahlsstreit trat B. 1525 als Führer der fränkischen Pfarrer auf, die mit Luther gegen Oekolampad und Bucer für den Wortlaut der Einsetzungsworte und die wirkliche Gegenwart von Leib und Blut Christi im Abendmahl eintraten und der Ausbreitung der schweizerischen Abendmahlslehre Einhalt geboten. B. rechnete mit der Allgegenwart Christi und der Kraft seines Wortes. So wurde er bis in seine letzten Schriften gegen die Schweizer zu einem der konsequentesten Verfechter luth. Christologie und Rechtfertigungslehre. Zu den Ruhmestiteln von B. gehört auch seine Ablehnung der Todesstrafe für die aufkommenden Täufer.

Schon früh trat B. als einer der fähigsten Organisatoren neuer Gottesdienst-, Schul- und Kirchenordnungen in Erscheinung. Sein Katechismus von 1535 erreichte nach dem Luthers weiteste Verbreitung. B. bejahte die Verantwortung der christl. Obrigkeit für die Kirchenleitung uneingeschränkt. Voll umsetzen konnte B. diese dann im Luthertum wirksam gewordene Konzeption, nachdem er, infolge des Interims aus Hall vertrieben, als Landespropst in die Dienste Herzog Christophs von Württemberg getreten war, in der Großen Württembergischen Kirchenordnung von 1559. Als Antwort auf das Trienter Konzil verfaßte er 1551 die bedeutende Confessio Virtembergica. Die Bemühungen des alten B. galten der Einigung des zerstrittenen Luthertums. Als er 1571 starb, war den Zeitgenossen bewußt, daß sie eine der führenden Gestalten der Reformation verloren hatten.

Lit.: Johannes Brenz, Werke, 1970ff.

M. Brecht: »Brenz, Johannes«, TRE 7, 1981, 170-181 (Lit.).

M. Brecht

Brevier

Seit dem 11. Jh. wurden die in mehreren Büchern verteilten Bestandteile des Tagzeiten- oder → Stundengebetes (Officium divinum; Horae canonicae) der Ordnung des Kirchenjahres entsprechend in einem eigens für die Stundengebete zusammengestellten Buch, dem B., gesammelt. Es fand seine Verwendung sowohl im öffentlichen Stundengebet der Kirchen- bzw. Klostergemeinde als auch im privaten Gebrauch. Bedeutend für die monastische Tradition wurde das auf die Benediktiner zurückgehende Breviarium Monasticum der älteren Orden. Demgegenüber entwickelte sich das davon liturg. unterschiedene Breviarium Romanum der Säkularkirchen selbständig. Unmäßige Ausweitungen des Stundengebetes machten eine Normierung notwendig. Am 9.7.1568 gab Papst Pius V. das für die röm.-kath. Kirche verbindliche Breviarium Romanum heraus. Nur jene Kirchen und Orden, deren Stundengebetsordnung älter als 200 Jahre war, durften ihr B. beibehalten. Seit dem II. Vatikanischen Konzil darf das B. auch in den jeweiligen Landessprachen benützt werden.

Ein B. mit langer Tradition stellt in der Anglikanischen Kirche das → Book of Common Prayer (1549 eingeführt) dar, das täglich zweimal in einem öffentlichen Gottesdienst benutzt wird. Anstelle des verdienstlichen Stundengebetes im Sinne eines frommen Werkes schlug Luther ein liturg. Gebet für die Pfarrfamilien vor. Im 19. Jh. unternahm W. → Löhe den Versuch, im Zusammenhang mit einer liturg. Spiritualität auch das B. in ev. Familien und Häusern heimisch zu machen (Agende, 1844; Haus-, Schul- und Kirchenbuch, 1859) und damit den Gottesdienst während der Woche neu zu ordnen.

Bedeutende ev. B.e im 20. Jh. stammen z.B. von F. Buchholz, dessen Alpirsbacher Antiphonale (1937ff) aus der kirchl. Arbeit von Alpirsbach hervorging, und aus der → Berneuchener Bewegung (Gebet der Tageszeiten, 1929). Tiefenpsychologische Erkenntnisse nimmt E. Hertzsch in seinem »Evangelischen Brevier« (1959) auf. (s.a. → Stundengebet).

Lit.: H. Goltzen: Der tägliche Gottesdienst, in: Leiturgia III, 99-296; J.A. Jungmann (Hg.): Brevierstudien, 1958.

V. Gäckle

Briefseelsorge

B. in der Christenheit zeigt sich bereits in den 21 Briefen des NT und findet ihre Fortsetzung in den vorwiegend an einzelne gerichteten Briefen der Kirchenväter und der Reformatoren. Eine neue Blütezeit erlebte die B. im → Pietismus und durch die Erweckungsbewegungen im 19. Jh. Während der Diktatur des Nationalsozialismus in Deutschland und im Kriege war der Brief oft das einzige Mittel seelsorgerl. Begleitung. Die heutige anonyme Massengesellschaft fordert den persönlichen Briefwechsel und damit auch die B. ganz neu heraus. Institutionalisierte Antwortversuche sind einerseits thematisch orientierte »Briefkurse« (z.B. »Projektgruppe Glaubensinformation Hamburg«, »Katechismusbriefe« im Anschluß an den Ev. Erwachsenenkatechismus) und die persönliche Briefberatung andererseits. Letztere hat sich insbesondere im Zusammenhang mit den Katechismusbriefen entwickelt: seit 1976 existiert die Ev. B. München, begründet von W. Jentsch. Auch der → Evangeliums-Rundfunk Wetzlar und kirchl. Sonntagszeitungen bieten Hörern bzw. Lesern briefliche Glaubens- und Lebensberatung an. Der Brief erlaubt Intimität auf Distanz und ein wiederholtes Lesen. Andererseits bedeutet die Notwendigkeit, Namen und Anschrift anzugeben für viele Menschen ein Hindernis, sich an die B. zu wenden; sie ziehen die Anonymität bei der → Telefonseelsorge vor. B. ist daher »keine Massen- sondern eine Maßarbeit«; sie möchte »die großen Taten Gottes dem einzelnen in seiner Not durch kleine Briefe Christi (1Kor 3,2f) bekannt machen.« (Jentsch)

Lit.: M. Himmelreich: Helfende Briefe in der Gemeinde, Studienbrief A 13, der AG Missionarische Dienste, 1984; W. Jentsch: Schreiben befreit. Einführung in die Briefseelsorge, 1981; H.-G. Lubkoll: Unter Gottes gutem Wort. Schicksale in Leserbriefen und Antworten, 1981; ders.: Ich habe es mir von der Seele geschrieben. Leserbriefe und Antworten, 1984; Chr. Meves: Antworten Sie gleich! Lebenshilfe in Briefen, 1977.

H. Böttcher

Broad Church → Anglikaner/Anglikanismus

Brockhaus, Carl Friedrich Wilhelm (1822-1899)

B. geb. am 7. 4. 1822 als sechstes von vierzehn Kindern des Lehrers Friedrich Wilhelm B. und dessen Ehefrau Katharine Wilhelmine, geb. Kruft, in Himmelmert bei Plettenberg, gest. am 9. 5. 1899 in (Wuppertal-)Elberfeld, Elementarschullehrer, Missionar, Mitbegründer und maßgeblicher Führer der deutschen »Brüderbewegung« (→ Versammlung, christliche).

B. besuchte 1840-42 das Lehrerseminar in Soest, eine erste Anstellung fand er in Breckerfeld (bei Hagen). Er erlebte im Dez. 1845 eine Bekehrung und entfaltete sofort einen großen mission. Eifer. Nach seiner Heirat fand er in Elberfeld, der damaligen »Hochburg« der → Erweckungsbewegung, eine Anstellung. Dort war er neben seinem Lehrerberuf als Sekretär in der frisch gegründeten »Evangelischen Gesellschaft für Deutschland« sowie der »Wuppertaler Traktatgesellschaft« tätig. Im Auftrag dieser Vereine verfaßte er mehrere Traktate, die besonders auf die soziale Frage eingingen. Die Ursache der sozialen, polit., aber auch kirchl. Mißstände sah B. in der Glaubenslosigkeit seiner Zeit. 1849 zählte er zu den Mitbegründern des »Elberfelder Erziehungsvereins«; 1850 wurde er Schriftführer des im gleichen Jahr gegründeten »Evangelischen Brüdervereins«. 1851 gab er seinen Lehrerberuf auf, löste sich von den amtskirchl. geführten Vereinen und trat dem von H. Neviandt, H.H. Grafe u.a. gegründeten Evangelischen Brüderverein als hauptberuflichen Schrift- und Geschäftsführer bei. In dieser Zeit kam er mit der Lehre John Nelson → Darbys (1800-1882) in Berührung, die ihn in zunehmende Distanz zur Landeskirche und schließlich auch zum Brüderverein brachte. B. trennte sich von dem Verein. Seine Arbeit wurde seitdem durch Spenden finanziert. Es wuchs bei ihm die Einsicht, daß die Kirche in ihrer herkömmlichen Verfaßtheit nicht mehr in der Lage sei, Glauben zu wecken und dem Glaubenden Raum zu geben. B. vertrat eine Heiligungstheorie, die das Gerechtsein des Bekehrten und seine Unterschiedenheit von der »Welt« akzentuierte. Die Gemeinde bildeten, nach seiner gewonnenen Erkenntnis, ausschließlich die Christen, die sich an einem Ort in geistl., nicht institutioneller

Verbundenheit, versammelten, um sich gegenseitig zu erbauen und miteinander das → Abendmahl zu feiern. In Radikalisierung des allg. Priestertums lehnte er Ämter in der Gemeinde ab.

Seit spätestens 1853 organisierte B. die deutsche »Brüderbewegung« von Elberfeld aus und gab mit dem »Botschafter. . .« (»in der Heimath«, seit 1854 »des Heils in Christo«) ein eigenes Blatt heraus. U.a. mit Darby erarbeitete er eine deutsche Übersetzung der Bibel (sog. Elberfelder Übersetzung), die sich durch eine enge Anlehnung an den hebr., bzw. griech. Urtext auszeichnet. Neben dem »Botschafter« verfaßte B. zahlreiche Traktate und Liedtexte, die in dem 1858 erschienenen ersten Gesangbuch der »Versammlungen« (»Kleine Sammlung Geistlicher Lieder«) Aufnahme fanden. Außer durch seine Schriften organisierte B. die deutsche Brüderbewegung in Konferenzen und durch seine Reisetätigkeit, die ihn schwerpunktmäßig durch das Rheinland, Westfalen, Hessen-Nassau, Baden und Württemberg, Schlesien sowie nach den Niederlanden und der Schweiz führte. Das Verhältnis zu den Landes- aber auch Freikirchen (Baptisten, Freie evangelische Gemeinde, Methodisten u.a.) blieb gespannt, da er keine von ihnen als gleichfalls apostol. Gemeinde anerkannte.

In den letzten Lebensjahren beschäftigte sich B. fast ausschließlich mit der Herausgabe von Schriften. Die Arbeit seines Vaters übernehmend, konnte später sein Sohn, Rudolf Brockhaus (1856-1932), den bis heute bestehenden Verlag in Wuppertal aufbauen.

Lit.: U. Bister: Die Brüderbewegung in Deutschland von ihren Anfängen bis zum Verbot des Jahres 1937 – Unter besonderer Berücksichtigung der Elberfelder Versammlung, Diss. Marburg/Lahn, 1983; E. Eylenstein: Carl Brockhaus. Ein Beitrag zur Geschichte der Entwicklung des Darbysmus, ZKG 46, 1927, 275-312; P. v. Gebhardt: Die Geschichte der Familie Brockhaus aus Unna in Westfalen, 1928; E. Geldbach: Christliche Versammlung und Heilsgeschichte bei John Nelson Darby, ^{3}1973; ders.: Freikirchen. Erbe, Gestalt und Wirkung, 1989; W.E. Heinrichs: Freikirchen – eine moderne Kirchenform. Entstehung und Entwicklung von fünf Freikirchen im Wuppertal, ^{2}1990; Mit Bibel und Botschaft fing's an. 125 Jahre R. Brockhaus Verlag, 1978; G. Jordy: Die Brüderbewegung in Deutschland, Bde. 1-3, 1979ff.

W. Heinrichs

Brot für die Welt (BfdW)

1. Geschichte

Die Anfänge der Aktion BfdW gehen zurück auf die Fusion des Hilfswerkes der EKD und des Centralausschusses der Inneren Mission im Jahre 1957. Träger war und ist die »Diakonische Arbeitsgemeinschaft evangelischer Kirchen«, die sich aus Vertretern der Ev. Landes- und Freikirchen zusammensetzt. Sie verstand die Aktion als Antwort auf die Hilfe, die die Deutschen in den Jahren nach 1945 von Kirchen aus der Ökumene und von zahlreichen unbekannten Spendern aus dem Ausland erhalten haben. Über die Mittelvergabe sowie über deren Kriterien entscheidet der »Ausschuß für ökumenische Diakonie – zugleich Verteilungsausschuß Brot für die Welt«. Ihm gehören z.Zt. 36 Mitglieder an.

2. Vergabepolitik und Arbeitsweise

BfdW ist nicht selber Träger von Entwicklungsprogrammen, sondern unterstützt die Bemühungen einheimischer kirchl. Träger oder ökumen. arbeitender Gruppen. Es geht dabei um »Hilfe zur strukturellen Neuordnung«. Bewußtseinsbildungsprogramme und Menschenrechtsarbeit werden als »notwendige Voraussetzungen bzw. Ergänzungen rein wirtschaftlicher Maßnahmen« gesehen. Die Informations- und Öffentlichkeitsarbeit in Deutschland ist intensiviert worden, um auf den Zusammenhang zwischen der Armut der Entwicklungsländer und dem Reichtum der Industrieländer hinzuweisen. Entsprechend gehören auch Spendenwerbung und Informationsarbeit so zusammen, daß sie bewußtseinsverändernd wirken.

In den vergangenen Jahren (etwa seit 1984) wurde verschiedentlich öffentliche Kritik am theol. Kurs des Hilfswerkes geübt. Verschiedene evangelikale Vereinigungen und Persönlichkeiten fragten nach dem bibl. Fundament der Arbeit, wenn z.B. alle Menschen der Welt zu Brüdern und Schwestern erklärt würden unabhängig von ihrer Beziehung zu Christus. Auch wurde in Frage gestellt, ob in der Praxis von BfdW Heil und Wohl, Mission und Diakonie noch in Bezug zueinander stehen.

Lit.: Brot für die Welt – Darstellung, Grundsätze, Perspektiven, 1979; H.-O. Hahn, in: Handbücher für Zeugnis und Dienst der Kirche, Bde. I-VII; Jahresberichte und Arbeitshilfen Brot für die Welt; Brot für die Welt – quo vadis, idea-Dokomentation 37/1985; Ist »Brot für die Welt« noch biblische Diakonie?, idea-Dokumentation 11/1988.

R.D. Krüger

Brotbrechen → Abendmahl

Bruder

1. Während im AT der Begriff »Bruder« neben der leiblichen Bruderschaft auch für verwandtschaftliche (1Mo 14,16), ethnische (2Mo 2,11) sowie freundschaftliche (2Sam 1,26) Beziehungen verwendet wird, wird im NT damit überwiegend der Mitchrist bezeichnet. Als Kinder des einen himmlischen Vaters gelten die an Jesus Christus glaubenden und mit dem Heiligen Geist erfüllten Männer und Frauen als »Brüder«, was im NT immer auch die Schwesternschaft impliziert (Gal 3,26-29). Als Brüder und Schwestern sind die Gemeindeglieder trotz verschiedener Gaben und Aufgaben prinzipiell gleichgestellt. Als »Sohn Gottes« ist Jesus der »Erstgeborene unter vielen Brüdern« (Röm 8,29; Hebr 2,11f), der durch die Heilstat in Kreuz und Auferstehung erst die Möglichkeit der Bruderschaft »in Christus« begründet hat. Von daher kann es im NT nirgends eine humanistisch-idealistische Bruderschaft aller Menschen unter Absehung ihrer Beziehung zu Christus geben.

2. In der Alten Kirche trat spätestens seit der volkskirchl. Entwicklung im Konstantinischen Zeitalter die Spannung zwischen Anspruch und Wirklichkeit des »Bruder«-Begriffs hervor, der sich folglich im MA zu einem elitären Titel exklusiver - in der Regel mönchischer - Kreise entwickelte.

Luther stellte diesem exklusiv-elitären Verständnis den ntl. Gedanken der sich in der Feier des → Abendmahls sakramental realisierenden Bruderschaft gegenüber, die es im Glauben zu begreifen gilt (Sermon von dem hochwürdigen Sakrament des heiligen wahren Leichnams Christi und von den Brüderschaften, 1519, WA 2,738-758). Freilich kam es auch im prot. Raum, namentlich im Pietismus und der Erweckungsbewegung in Kritik und Abgrenzung zur volkskirchl. Anonymität erneut zu bruderschaftlichen Bewegungen, die teils innerhalb (Gemeinschaftsbewegung), teils außerhalb (Zinzendorfs Brüdergemeine und Freikirchen) der Volkskirche wirkten. Im 20. Jh. wurde im prot. Raum der Wert von bruderschaftlichen Gemeinschaften in Form von Diakonen- und Diakonissenhäusern sowie Kommunitäten neu entdeckt, ohne dabei den »Bruder«-Titel exklusiv im Sinne einer höheren Geistlichkeit zu gebrauchen.

Lit.: W. Günther: »Bruder«, TBLNT 1, [4]1986, 146-149; G. Krause, R. Stupperich, G. Hage, J. Graf Finkenstein: »Bruderschaften/Schwesternschaften/Kommunitäten«, TRE 7, 1981, 195-212; H.v. Soden: »adelphos«, ThWNT I, 1933, 144-146.

V. Gäckle

Bruder- und Schwesternschaft/-en

1. Ein ökumenisches Phänomen

B.-u.S.en stellten ein Phänomen ökumen. Ausmaßes dar. Die kath. Kleinen Brüder Jesu, die auf Charles de → Foucauld zurückzuführen sind, wie auch die ev. Communauté de Taizé unter Roger Schutz sind gleichzeitig nach dem Zweiten Weltkrieg entstanden. Es gibt diese neuen B.- u. S.en mittlerweile in fast allen ev. Konfessionen und in den meisten europ. wie auch amerikanischen Ländern. Dabei sind sie insgesamt dynamische Minderheiten, d.h. die Zahl derjenigen, die in Kommunitäten leben, ist im Verhältnis zur Gesamtzahl ev. Christen gering.

2. Begriff

Eine Begriffsklärung ist nicht einfach. B.- u. S.en sind Gemeinschaften, »in denen Männer und Frauen inmitten der Welt des Berufs, der Ehe und der Familie den Schritt aus der Unverbindlichkeit eines weithin bürgerlich angepaßten Christseins ohne Entscheidung zu einer verbindlichen und verpflichtenden Gestalt gelebten Glaubens vollziehen« (J. Halkenhäuser). Kommunitäten sind »Gemeinschaften von Personen, die sich einer geregelten Form gemeinsamen Lebens und bestimmten, feierlich geleisteten Verpflichtungen unterworfen haben« (G. Heinz-Mohr). Es handelt sich nicht nur um Gruppen eheloser Männer bzw. Frauen. In jüngerer Zeit sind verstärkt geistl. Lebensgemeinschaften als Familienkommunitäten, Großfamilien, therapeutische Gemeinschaften u.a. geistl. Zellen entstanden (I. Reimer).

3. Geschichte

Im 20. Jh. hat es drei Entstehungswellen gemeinschaftlichen Lebens gegeben. Zunächst entstanden vor und nach dem Ersten Weltkrieg, im Zusammenhang mit der → Gemeinschaftsbewegung und dem Protest der → Jugendbewegung gegen das wilhelminische Deutschland, angesichts der Erschütterungen des Ersten Weltkriegs, der Neuordnung des kirchl. Lebens in der Weimarer Republik und der Neuorientierung der Theologie in den zwanziger Jahren verschiedene Bruderschaften: z.B. die Bahnauer Bruderschaft für Diakonie (1906), die Pfarrer-Gebetsbruderschaft (1913), die Sydower Bruderschaft für Pfarrer (1922), der Freudenstädter Kreis für Pfarrer (1928), die Hochkirchliche St. Johannes-Bruderschaft (1929) und die Evangelische

Michaelsbruderschaft (1931). Diese Bruderschaften hatten sich meist im Geist erwecklich-pietistischen Lebens, hochkirchl.-liturg. Strömungen und mit Impulsen aus der Bruderschaft vom Gemeinsamen Leben in der Nachfolge Thomas' a Kempis (gegründet 1905 in der Schweiz) und der Gruppenbewegung gebildet. Sie waren Zusammenschlüsse ohne vita communis, aber unter einer gemeinsamen geistl. Lebensregel mit gewissen Verbindlichkeiten.

Nach dem Zweiten Weltkrieg entstanden dann regelrechte Kommunitäten mit verbindlichem gemeinsamen Leben. Ihre Gründung hing mit dem Zusammenbruch von 1945 und einem Suchen nach neuen Werten und Lebensformen zusammen. Es bildeten sich ev. Orden in der Traditionslinie vorreformat. Regeln: Die Evangelische Marienschwesternschaft (1947), der St. Johannis-Konvent vom Gemeinsamen Leben (1947), die Christusbruderschaft Selbitz (1949), die Communität Casteller Ring (1950), die Kommunität Imshausen (1955), die Christusträger (1961), die Jesus-Bruderschaft Gnadenthal (1961), die Kommunität Adelshofen (1962). Schließlich entstanden in den sechziger Jahren familiäre geistl. Lebensformen als Erneuerungs-Nischen in einer Zeit gesellschaftl. Auflösung: Die Familienkommunität der Jesus-Bruderschaft (1968), die Offensive Junger Christen (1968), die Basisgemeinde Wulfshagener Hütte (1973) u.a.

Hist. Wurzeln der Aufbrüche liegen im Pietismus der Herrnhuter → Brüder-Unität, in der Brudergesellschaft auf der Otterbeck (bei Mülheim/Ruhr), die auf Gerhard Tersteegen zurückgeht, und in den Diakonen- bzw. Diakonissenhäusern des 19. Jh.s.

4. Selbstverständnis

Das Selbstverständnis der B.- u. S.en wird erkennbar an ihrem Verhältnis zu Kirche und Welt. Als verbindliche Lebensgemeinschaften stellen sie ein mittlerweile unübersehbares Gegengewicht zur Verweltlichung und Verbürgerlichung der Christenheit dar. Christsein jenseits der Norm – so könnte man den gelebten Glauben dieser Lebensgemeinschaften beschreiben. Ihr Anderssein bedeutet für die verfaßte Kirche eine heilsame Unruhe. Indem sie ihren Stand als »in der Kirche, mit der Kirche, im Gegenüber zur Kirche« definieren, wird für sie ein Dienst in der Kirche möglich. Dieser geschieht durch stellvertretende Fürbitte für die Kirche und die Welt in regelmäßigen Tagzeitengebeten. Als Dienstgruppen innerhalb der verfaßten Kirchen zeichnen sie sich durch Verfügbarkeit und Freiheit zu außerordentlichem Engagement aus. Ihr Einsatz kann unbürokratisch, sogar unkonventionell erfolgen. Als verbindliche Lebensgemeinschaften bilden sie Veranschaulichungsfelder gelebter Nachfolge. Diese Nachfolgegruppen betreiben im Raum der Kirche, aber auch der säkularen Gesellschaft durch ihr ansteckendes Beispiel eine neue Form von Lebensstilmission. Es sind Experimentalsiedlungen, die die Chance haben, zu Anregern neuer Gestaltungsformen von Christsein zu werden. Sie stellen so etwas wie eine »Vorform christlicher Existenz in einer nachmodernen Welt« (G. Heinz-Mohr) dar. Dadurch werden sie zu Zeichen des Reiches Gottes inmitten des praktischen Atheismus und Konsumismus der gegenwärtigen Gesellschaft. Ihr großer Vorteil besteht darin, daß sie im gemeinsamen Leben zeigen: Christen können auch unter den Bedingungen der Moderne Christsein leben. Das macht sie zu Hoffnungsträgern für Kirche und Welt.

5. Christsein unter den Bedingungen der Moderne

Die moderne Industriegesellschaft ist auf der Suche nach neuen Gestaltungen des Zusammenlebens. Gelebte Geschwisterschaft, geöffnete Familien, die Erfahrung von Gastfreundschaft und Freundschaft stellen ein Kontrastprogramm zur »metaphysischen Einsamkeit« (Heinrich Vogel) des modernen Menschen dar. Kommunitäten wollen »brüderlich offen sein für die Menschen« (Regel von Taizé). Indem sie die Welt bejahen, ohne sich ihr anzugleichen, gehen von ihnen heilende Impulse in ihre Umgebung aus. Angesichts der Unfähigkeit zur Gemeinschaft, ja zur Beziehung überhaupt, wird eine neue Gemeinsamkeit immer mehr zum eigentlichen Ziel des modernen Menschen (Wilhelm Scheiter). Viele der Kommunitäten sind zu Begegnungszentren sowohl zwischen den Konfessionen als auch zwischen den verschiedenen Rassen geworden. Der »Dienst der Einheit« ist ein wesentliches Element für die meisten christl. Lebensgemeinschaften. Indem die Einheit auf dem Weg der Vereinigung getrennter Positionen gesucht wird, wachsen Einstellungen, die für das Leben in pluralistischen Gesellschaften von großem Wert sein können (Günter Krüger).

6. Formen gemeinsamen Lebens

Magna Charta des gemeinsamen Lebens der B.- u. S.en ist Apg 2,42. Die Hochschätzung der Bibel, der Gemeinschaft, des Abendmahls und des Gebets ist allen Kommunitäten gemeinsam. Die Gliederung des Tages nach festen Gebetszeiten wehrt einer Überschätzung des Machbaren in einer von der Technik geprägten Gesellschaft. Eine ausgeprägte Abendmahlsfrömmigkeit läßt die Gegenwart Gottes in der Welt neu greifbar und erfahrbar werden. Die meisten

Kommunitäten haben ein reiches gottesdienstl. Leben mit verschiedensten Formen gottesdienstl. Feiern. Entscheidend ist für die Lebenspraxis geistl. Gemeinschaften auch die Spannung zwischen Kontemplation und Aktion. Stille und Arbeit sind aufeinander bezogen. Erstere ist keineswegs Selbstzweck, sondern Inspirationsquelle für das Engagement in der Gemeinschaft und in der Welt.

In erneuerter Form finden sich die alten ev. Räte der Armut, der Keuschheit und des Gehorsams in den Kommunitäten wieder. Das Leben in der Gemeinschaft trägt asketische Züge im Sinne einer Zivilisationsaskese bzw. Konsumaskese. Es geht um die Praxis eines einfacheren Lebensstils. Der häufig geübte Verzicht auf Privateigentum, zumindest jedoch die Relativierung des Privatbesitzes, bedeuten einen Anstoß angesichts des Konsumverhaltens der übrigen Gesellschaft. Die Mitglieder der meisten Kommunitäten haben sich auch zur Ehelosigkeit verpflichtet, um frei und verfügbar zu sein für den Dienst. Schließlich gehört zur Verbindlichkeit des gemeinsamen Lebens auch die Anerkennung einer übergeordneten Autorität, in der die Kraft gemeinsamen Lebens konkret wird. Männer und Frauen der Kommunitäten haben erkannt: Der sich selbst bindende Mensch erfährt die höchste Freiheit, nämlich die Freiheit von sich selbst. Dabei wird dieser Gehorsam konkret, indem man nicht mehr für sich selbst lebt, sondern für den, der für uns gestorben und auferstanden ist, Christus. Das Zusammenleben auf engem Raum, das nicht auf gegenseitige Sympathie gegründet ist, erfordert Problemlösungsmechanismen für den Alltag. Hier sind offene Austauschmöglichkeiten und die Inanspruchnahme von Seelsorge unentbehrlich. Die Verbindung von Kontemplation und Aktion, von Stille für Gott und Arbeit für die Welt, hält in den Kommunitäten die Spannung christl. Existenz wach, als Christen zwar in der Welt zu leben, aber die eigenen Maßstäbe nicht von der Welt zu haben und die Heimat in der Welt Gottes zu suchen.

7. Gefährdungen und Chancen

Es soll nicht verschwiegen werden, daß es auch starke Gefährdungen gemeinsamen geistl. Lebens gibt. Sehr schnell kann sich ein ausgesprochenes Elitebewußtsein unter den Mitgliedern entwickeln, das bis zur Ablösung von der Gesamtkirche führen kann. Ebenso besteht die Gefahr einer zu starken Abhängigkeit von der prägenden Leiterpersönlichkeit. Manche Kommunitäten sind daran zerbrochen, daß sie den Unterschied zwischen einer psychischen und einer pneumatischen Gemeinschaft im Sinne Dietrich Bonhoeffers nicht genügend beachtet haben. Eine geistl. Gemeinschaft beruht nicht auf gegenseitiger Sympathie, sondern auf dem gemeinsamen Herrn und dem damit gegebenen gemeinsamen Ziel.

Die ev. Kirche braucht solche Gnadenorte (Manfred Seitz), wie sie die Kommunitäten darstellen. Es wäre zu wünschen, daß hier eine »neue, bindende Form christlicher Gemeinde in dieser Welt« (Heinz-Dietrich Wendland) wächst.

Lit.: D. Bonhoeffer: Gemeinsames Leben, 1939; Frei für Gott und die Menschen. Evangelische Bruder- und Schwesternschaften der Gegenwart in Selbstdarstellungen, ^{2}1964; J. Halkenhäuser: Kirche und Kommunität. Ein Beitrag zur Geschichte und zum Auftrag der kommunitären Bewegung in den Kirchen der Reformation, ^{2}1985; ders.: »Kommunitäten, Bruder- und Schwesternschaften«, ÖL^{2}, 694-698; G. Heinz-Mohr: Christsein in Kommunitäten, 1968; G. Krüger: Lebensformen christlicher Gemeinschaften, 1969; I. Reimer: Verbindliches Leben in Bruderschaften, Kommunitäten, Lebensgemeinschaften, 1986; I. Reimer (Hg.): Alternativ leben in verbindlicher Gemeinschaft. Evangelische Kommunitäten, Lebensgemeinschaften, Junge Bewegungen, ^{3}1986; W. Schleiter: Evangelisches Mönchtum? Entwicklung und Aufgabe der Bruder- und Schwesternschaften in der Kirche, o.J.; Taizé. Ein gemeinsames Leben: Frère Roger in Briefen und Tagebüchern, 1987; M. Thurian: Taizé. Aktion und Kontemplation. Das geistliche Leben des modernen Menschen, 1963.

P. Zimmerling

Brüder-Unität, Herrnhuter Brüdergemeine

Als Glaubensflüchtlinge gründeten deutschsprachige Mähren, die Nachkommen der Böhmischen Brüder (Alte Brüder-Unität) waren, mit Einwilligung des Reichsgrafen Nikolaus Ludwig von → Zinzendorf (1700-1760) auf dessen Landgut in Berthelsdorf/Oberlausitz die Siedlung Herrnhut. Durch Zuzug von Erweckten aus allen Teilen Deutschlands kam es untereinander zu Spannungen, denen Zinzendorf (zusammen mit dem luth. Ortspfarrer J.A. Rothe) durch freiwillige Verpflichtung auf grundlegende Statuten und durch intensive seelsorgerl. Bemühungen begegnete. Der Durchbruch geschah bei einer Abendmahlsfeier am 13. 8. 1727, die zu einer tiefen Erfahrung der in Christus geschenkten Einheit wurde und mission. und diakon. Energie freisetzte. Man verstand sich in Anknüpfung an die böhmisch-mährische Tradition als Erneuerte B.-U.

Es wurden nun zahlreiche Kontakte in ganz Europa gesucht; daraus erwuchs im 18. Jh. eine groß angelegte Besuchstätigkeit (Diasporaarbeit). Fromme und Inspirierte sollten zu einer »Kette« aller verstreuten Kinder Gottes verbunden werden. Besonders im Werben des Grafen um Separatisten und Sektierer und seinen z.T. erfolgreichen Eingliederungsversuchen dieser Gruppen in die ev. Ortsgemeinden lernte er seine originär pietist. Prägung (u.a. durch A.H. → Francke) an der luth. Rechtfertigungslehre messen und entwickelte eine Kreuzestheologie, deren Christozentrismus und ökumen. Offenheit wichtige Merkmale der Herrnhuter wurden. Die daraus gespeisten Ausformungen einer übersteigerten Gefühlsfrömmigkeit während der sog. »Sichtungszeit« der 40er Jahre wurden von Zinzendorf zurückgenommen, riefen aber besonders die Kritiker auf den Plan. Gegen den Willen des Grafen, der ursprünglich eine nur inner- und zwischenkirchl. Erneuerungsbewegung wollte, kam es doch zu einer selbständigen Brüderkirche. Seit 1732 begann von Herrnhut aus – nach der dänisch-hallischen Mission – die erste weltweite ev. Missionsarbeit, die u.a. zu den Negersklaven der Karibik, den Eskimos Grönlands und den Indianern in Nordamerika und Surinam führte.

An der Spitze der aus dieser Mission hervorgegangenen 19 Unitätsprovinzen steht die alle sieben Jahre zusammentretende Unitätssynode der weltweiten B.-U. (engl. Moravian Church, d.h. Mährische Kirche). Jede Unitätsprovinz besitzt aber ein hohes Maß an Selbständigkeit mit eigener Synode und Kirchenleitung. Insgesamt zählt die B.-U. über 500.000 Mitglieder, woran die überseeischen Provinzen den größten Anteil haben (allein Tansania ca. 200.000). Zur Europäisch-Festländischen B.-U. (ca. 23.000 Mitglieder; Stand jeweils 1990) gehören neben Deutschland (7.500) die Niederlande (ca. 15.000, überwiegend Surinamer), Dänemark, Schweden und die Schweiz. Sie gehörte 1948 zu den Gründungsmitgliedern des Ökumen. Rates der Kirchen und ist in der Bundesrepublik Deutschland sowohl der Ev. Kirche in Deutschland vertraglich angeschlossen (ohne Stimmrecht) als auch Gast-Mitglied in der Vereinigung Ev. Freikirchen. Ferner ist sie Mitglied im Ev. Missionwerk in Deutschland und im Ev. Missionswerk in Südwestdeutschland.

Neben diakon. Aufgaben (v.a. Heime und Schulen) stellt die jährliche Herausgabe der seit 1731 erscheinenden Losungen (inzwischen in 40 Sprachen übersetzt) eine wichtige ökumen. Aufgabe dar. Das Zusammenwachsen der durch die deutsche Teilung geschaffenen Distrikte Herrnhut (Osten) und Bad Boll (Westen) soll in der gemeinsamen Synode ab 1992 weiter Gestalt gewinnen.

Lit.: H.-C. Hahn, H. Reichel (Hg.): Zinzendorf und die Herrnhuter Brüder, 1977; D. Meyer: »Brüderunität, Brüdergemeine«, TRE 7, 1981, 225-233; P. Zimmerling: Nachfolge lernen, 1990.

H. Fobel

Die Brüder/Schwestern vom gemeinsamen Leben

Ihr Begründer ist der Niederländer Geert Groote (1340-1384), der über Bußpredigten Männer sammelte, die in brüderlicher Gemeinschaft ohne ein lebenslang geltendes Gelübde zusammenlebten. »Wir sind keine Mönche, sondern unser Streben und Wollen richtet sich darauf, in der Welt fromm zu leben.« So entstanden – meist gegen den Widerstand der etablierten Orden – Brüderhäuser in Deventer und anderen niederländischen Städten, aber auch in Deutschland (z.B. Köln, Münster, Herford, Hildesheim, Magdeburg bis Kulm). Parallel dazu wurden Schwestern-Häuser gegründet, bis 1450 schon 87.

Sie alle lebten in persönlicher Frömmigkeit, Gehorsam gegen Gott und Liebe zum Nächsten, gegenseitigen Sündenbekenntnissen, über Predigt und Seelsorge miteinander und für die Welt. Die »Nachfolge Christi« wahrscheinlich von Thomas von Kempen stammend, ist das reifste Werk ihrer Spiritualität. Sie gehören zur Devotio Moderna und haben den christl. Humanismus (Erasmus von Rotterdam ist im Brüderhaus Deventer aufgezogen worden) und die Reform der Kirche gefördert. Luther und → Melanchthon haben sich über die B. positiv geäußert: »Solche Klöster und Brüderhäuser uns über die Maßen gefallen« (Luther), aber die meisten ihrer Häuser haben sich dann doch der Reformation verschlossen, weil sie meinten, sie lebten bereits reformat.

Lit.: W. Leesch u.a. (Hg.): Monasticum Fratrum Vitae communis I-III, 1977ff; A.G. Weiler, W. Perssons: G. Grote en de Devotio moderna, 1984; G. Rehm: Die Schwestern vom gemeinsamen Leben im nordwestlichen Deutschland, 1985; R. Stupperich »Brüder vom gemeinsamen Leben«, TRE 7, 1981, 220-225.

G. Ruhbach

Brüderbewegung → Versammlung, christliche

Brüdergemeinde → Versammlung, christliche

Brüdergemeine → Brüder-Unität

Brüdermission → Brüder-Unität

Brüderverein, evangelischer (Bergerianer) → Evangelischer Brüderverein

Brüderversammlung → Versammlung, christliche

Brunner, Emil (1889-1966)

B. wurde geb. am 23. 12. 1889 in Winterthur und starb in Zürich am 4. 4. 1966. Er wuchs in einem Elternhaus auf, das vom Geist Chr. → Blumhardts aus Bad Boll berührt war. Der junge Pfarrer begeisterte sich an Karl Barths Römerbrief von 1919 und schloß sich der von diesem ausgehenden theol. Erneuerungsbewegung, »Dialektische Theologie« genannt, an. In deren Geist ist seine Auseinandersetzung mit Schleiermacher geschrieben: »Die Mystik und das Wort« (1924). 1924 wurde B. als ordentlicher Prof. für systematische und praktische Theologie an die Universität Zürich berufen.

Sein theol.-kirchl. Wirken ist durch das jeweilige Umfeld bestimmt.

1. B.s Stellung innerhalb der »Dialektischen Theologie«. Die Konfrontation mit Karl → Barth entzündete sich an der unterschiedlichen Beurteilung des Verhältnisses zwischen der Konzentration auf die Neuauslegung der Bibel und der Auseinandersetzung mit den herrschenden Strömungen der Zeit. Während Barths ganze Leidenschaft der theol. Auslotung des bibl. Offenbarungszeugnisses galt, kreiste B.s Denken um die Frage, wie dieses Zeugnis dem säkularisierten Menschen unserer Zeit verständlich gemacht werden könnte. »Es ist möglich, daß ein Seelsorger wegen des Was in den Himmel, wegen des Wie in die Hölle käme.« Indem sich B. vom »Was«, vom Inhalt der Offenbarung her, auf das »Wie«, die Frage ihrer Weitervermittlung, konzentrierte, treten Anthropologie, die Lehre vom Wesen des Menschen, und die Ethik, die Lehre vom Auftrag des Menschen, in den Vordergrund: »Das Gebot und die Ordnungen« (1932) und »Der Mensch im Widerspruch« (1937).

2. Schon früh faßte B. in der angelsächsischen Welt Fuß. Als dort die Ökumen. Bewegung in Gang kam, stellte er sich voll in ihren Dienst und suchte sie gegen alle bloß humanitäre Begründung des bibl.-theol. Fundaments zu vergewissern. Die Schriften »Das Wort Gottes und der moderne Mensch« (1937) und »Wahrheit als Begegnung« (1938) entstanden im Zusammenhang mit Vortragsreisen in Nord- und Osteuropa und einer Gastprofessur in den USA.

3. Entscheidend wußte sich B. der angestammten Schweizer Kirche verpflichtet. Um die Erneuerung der Kirche ging es ihm, wenn er sich für einige Zeit in der von Frank Buchman ausgehenden »Oxfordgruppen-Bewegung« engagierte. Unter deren Aufruf zur persönlichen Aneignung des Evangeliums in »Beichte«, »Stiller Zeit«, im Hören auf den Anruf Christi, im frei abgelegten Zeugnis erfahrener Wandlung erlebte B. selbst eine innere Befreiung. Hier wurde das pietist., von Blumhardt geprägte Element in seinem geistl. Erbe lebendig. Das kirchenkritische Werk »Das Mißverständnis der Kirche« (1951) wurzelt in diesen Erfahrungen.

Wie für die angestammte Kirche so wußte sich B. mitverantwortlich für die Gestaltung der staatlichen Ordnung. Mitten im Krieg entstand »Gerechtigkeit. Eine Lehre von den Grundgesetzen der Gesellschaftsordnung« (1943). Eine gewisse Zusammenfassung seines theol. Denkens bietet die dreibändige Dogmatik (1946-1960).

Viele Glieder und Diener insbesondere der Schweizer Kirche verdanken B. Wesentliches für ihr Leben und ihren Dienst. Ein Wort ist vielen haften geblieben: »Nur aus dem Gebet heraus kann man ein richtiger Theologe sein. Oratio facit theologum«.

Lit.: H.H. Brunner: Emil Brunner und sein Ältester, Emil Brunner in seinem und meinem Leben, 1986; W. Kramer, H. Sonderegger (Hg.): Emil Brunner in der Erinnerung seiner Schüler, 1989; H. Leipold: Missionarische Theologie. E. Brunners Weg zur theologischen Anthropologie, 1974.

E. Buess

Brunner, Peter (1900-1981)

B., geb. am 25. 4. 1900 in Arheilgen (Darmstadt), gest. am 24. 5. 1981 in Heidelberg, war einer der führenden luth. Theologen der Nachkriegszeit. Nach dem Studium in Gießen, Marburg, Boston und Cambridge/USA studierte er auch in Frankreich bei E. Gilson kath. Theologie. Neben dem Gemeindepfarramt promovierte (1924) und habilitierte (1927) er sich in Gießen. Diese spannungsvolle Parallelität zwischen der theol. Reflexion und dem Gottesdienst als ihrem Ausgangspunkt, Zentrum und Ziel blieb auch grundlegend für sein theol. Denken (vgl. seine Lehre vom Gottesdienst in Leiturgia I, 1954).

Während des Dritten Reiches verlor B. seinen Lehrstuhl und wurde im Kampf für seine damalige Gemeinde 1934 für kurze Zeit in das Konzentrationslager Dachau verschleppt. (Diese Episode bildete den Hintergrund für den Roman »Das Dorf auf dem Berge« von O. Bruder, ^{6}1960.) Von seinem Wuppertaler Gemeindepfarramt aus griff B. im Rahmen einer illegalen Lehrtätigkeit für die Bekennende Kirche auch anschließend in den Kirchenkampf ein. Nach dem Kriege war B. von 1947-1968 Prof. für Systematische Theologie in Heidelberg.

B. erwies sich auch nach dem Kriege als einer der profiliertesten und streitbarsten Vertreter der deutschen luth. Theologie. Seine Theologie war stets eine auf die theol. Fragen und Herausforderungen der Zeit antwortende Theologie. Ihr Grundmotiv ist der ewige und freie Liebeswille Gottes im Sohn, den Gott in einer dramatischen Geschichte von der Schöpfung bis zur Vollendung, das personale »Ja« des Menschen einschließend, verwirklicht. So verfocht B. in der Auseinandersetzung mit K. → Barth die Geschichtlichkeit des in der Realdialektik von → Gesetz und Evangelium sich vollziehenden Handelns Gottes. Gegen die gnostische Verflüchtigung des Heilsgeschehens in der Theologie R. → Bultmanns machte er die Leiblichkeit der Fleischwerdung und Auferstehung Christi geltend. Einer Politisierung der Theologie und der Predigt widersprach er mit dem Hinweis auf die bestehende Spannung zwischen Schöpfung und Erlösung, die die Grundlage der luth. Zwei-Reiche-Lehre bildet und allein von Gott in seiner Zukunft aufgelöst wird.

Lit.: P. Brunner: Die Lehre vom Gottesdienst, in: Leiturgia I, 1954, 83-361; ders.: Pro Ecclesia I und II, 1962/66; ders.: Bemühungen um die einigende Wahrheit, 1977.

E. Schlink, A. Peters (Hg.): Zur Auferbauung des Leibes Christi. Festschrift für P. Brunner zum 65. Geburtstag, 1965 (mit vorläufiger Biographie).

V. Gäckle

Bruno, Giordano (1548-1600)

G. (ursprünglich Filippo) B., geb. 1548 in Nola, trat sehr jung in Neapel in den Dominikanerorden ein. Schon während seines Theologiestudiums befaßte er sich intensiv mit den antiken Philosophen, aber auch mit wissenschaftl. Randgebieten wie Kabbala und der Gedächtniskunst des Raimundus Lullus. Aus seinem umfassenden Wissen und seiner poetischen Begabung entwickelte er eine Philosophie, die durch ihre Weite und Modernität zwar über seine Zeit hinaus zu wirken vermochte, jedoch, in sich nicht frei von Widersprüchen, Mißverständnisse

und – besonders verhängnisvoll – das Mißtrauen der Theologen jeglicher Herkunft geradezu herausforderte.

Bereits 1576 mußte er sich einer Anklage wegen Häresie durch Flucht nach Oberitalien entziehen und lebte fortan überwiegend von Privatunterricht. 1578 kam er über Lyon nach Genf. Nach anfänglichem Interesse wandte er sich bald vom → Calvinismus ab und ging nach Toulouse. Dort wurde er magister artium und erklärte zwei Jahre Aristoteles' De anima, bis er wegen Kriegswirren nach Paris ging. König Heinrich III. förderte ihn, und B. widmete ihm sein erstes phil. Werk (De umbris idearum mit einer ars memoriae). Mit seiner Empfehlung ging B. 1583 nach England. Eine Vorlesung in Oxford mußte er wegen seines Eintretens für das heliozentrische Weltbild des Kopernikus abbrechen, blieb aber als Gast des franz. Gesandten in London. Hier brachte er zwei Trilogien phil. Dialoge in italienischer Sprache heraus, darunter Del' infinito, universo e mondi (gegen Aristoteles wird die Unendlichkeit des Universums und eine Vielzahl von Welten gelehrt) und das erkenntnistheoretische Werk Degli eroici furori (Erkenntnisdrang mit sinnlicher Leidenschaft verglichen). 1585 kehrte er nach Paris zurück. 1586 floh er wegen eines Gelehrtenstreits über Aristoteles nach Deutschland und las an der Universität Wittenberg zwei Jahre über Aristoteles und die Kunst des Lullus. 1588 hielt er seine Oratio valedictoria, in der er als große Deutsche u.a. Kopernikus und Luther pries. Er ging zuerst nach Prag, dann nach Helmstedt, wo er die Gunst des Herzogs Julius von Braunschweig (gest. 1589) genoß, und kam im Sommer 1590 nach Frankfurt a.M. Er selbst mußte zwar Anfang 1591 nach Zürich weichen, doch seine drei in Wittenberg und Helmstedt verfaßten lat. Lehrdichtungen (Prosa mit Verseinlagen) naturphil. Inhalts wurden in Frankfurt gedruckt, darunter De monade, numero et figura. Im Sommer 1591 erhielt er eine Einladung nach Venedig und nahm an. 1592 zog er zu Giovanni Mocenigo, der ihn bald im eigenen Haus festsetzte und bei der Inquisition verklagte. B. wurde verhaftet, 1593 nach Rom überführt und dort sieben Jahre gefangen gehalten. Anfänglich eher zur Unterwerfung geneigt, lehnte er immer entschiedener einen Widerruf seiner – wie er in der Verteidigung stets betonte – phil. Ansichten ab. Am 17. Februar 1600 wurde er nach schwerer Folter auf dem Campo dei fiori, wo jetzt sein Denkmal steht, verbrannt.

Lit.: G. Bruno: Von den heroischen Leidenschaften, 1989; M. Ciliberto: Giordano Bruno, 1990 (ital.); K. Heipcke, W. Neuser, E. Wicke (Hg.): Die Frankfurter Schriften Giordano Brunos und ihre Voraussetzungen, 1991; J. Kirchhoff: Giordano Bruno, 1980.

H. Scheible

Bruns, Hans (1895-1971)

B., geb. am 7. 10. 1895 in Stade, gest. am 8. 3. 1971 in Marburg/Lahn, studierte Theologie in Tübingen und Göttingen, wurde 1923 Pfarrer in Hollen/Ostfriesland, seit 1934 Pfarrer im → Deutschen Gemeinschafts-Diakonieverband.

Zum lebendigen Glauben kam er bei einer Tagung der durch F. → Buchman inspirierten Gruppenbewegung (Marburger Kreis) und wirkte seitdem vor allem als vielbegehrter, begabter und fruchtbarer Evangelist – auch über das schriftliche Wort der Bibelauslegung, der thematischen Betrachtung und vor allem durch seine in das Deutsch des Zeitgenossen übertragene Bibelparaphrase mit hilfreichen Erklärungen zum Text (Auflage ca. 1 Mio.). Seine zahlreichen Evangelisationen betrachtete er als »Geburtshilfe« zum lebendigen Christsein und wandte sich besonders an Studenten und Pfarrer. Der → Pfarrergebetsbruderschaft war er über viele Jahre hin aktiv verbunden.

Lit.: C. Georgi: Hans Bruns – Sehr direkt, 1974.

G. Ruhbach

Buber, Martin (1878-1965)

B., geb. am 8. 2. 1878 in Wien, gest. am 13. 6. 1965 in Jerusalem. B. war ein einflußreicher jüd. Religionsphilosoph, dem das Judentum im 20. Jh. seine Erneuerung wesentlich mitverdankt. Seit 1938 war er Prof. an der Universität Jerusalem. Über seinen Großvater, den Lemberger Midraschforscher Salomo B., wurde er schon früh mit dem → Chasidismus und dessen Hauptperson, dem Baal-Schem, vertraut und so mit einer Bewegung, die ähnlich dem dt. → Pietismus Glauben an Gott mit Leben vor Gott verband. In den »Chassidischen Büchern« (1927) hat B. darüber berichtet.

B.s überlegene Kenntnis der abendländischen Philosophie ließ ihn einen neuen Akzent - vom jüd. Glauben aus - in die Denkgeschichte einbringen. Im Gegensatz zur Subjekt-Objekt-Spaltung (Ich - Es, von Descartes bis Freud so entwickelt) bzw. zur Daseinsanalyse der Existenzphilosophie spricht er vom »dialogischen Leben«, von der Ich-Du-Beziehung zwischen Gott und Mensch (als dem Ur-Ich und dem Ur-Du), die dann zu einer analogen Beziehung zwischen Mensch und Mensch werden kann. Dies braucht nicht zuerst Erkenntnis, sondern Leben und Liebe. Mit F. Ebner und F. Rosenzweig betonte er damit die Verantwortung als Grundkategorie menschlicher Existenz, allerdings auch die Notwendigkeit von Religion und Glauben für Menschsein überhaupt. Die Konsequenz seiner Position für Soziologie, Psychologie und Pädagogik hat er selbst in vielen Schriften formuliert und im Aufbau des Staates Israel zu realisieren versucht. Neben dem Chasidismus und der Ich-Du-Philosophie ist der Zionismus die dritte Triebkraft seiner Wirksamkeit.

Lit.: Ges. Werke, 1962ff.

H. Kohn: Martin Buber sein Werk und seine Zeit 1930; H.J. Kraus: Gespräch mit Martin Buber, Ev Th [12]1952/53, 59-77; W. Nigg: Martin Bubers Weg in unserer Zeit, 1940; Ch. Schütz: »Buber, Martin«, TRE 7, 1981, 253-258 (Lit.).

G. Ruhbach

Bucer (Butzer), Martin (1491-1551)

B., geb. am 11. 11. 1491, gest. am 28. 2. 1551, stammte aus Schlettstadt im Elsaß und besuchte dort die humanistisch geprägte Lateinschule. Seit 1507 im Dominikanerkloster studierte er Theologie im Geiste des Thomas von Aquin. Nach der Priesterweihe kam er 1516 zum Studium nach Heidelberg. Hier prägte ihn die Lektüre des → Erasmus. Die Begegnung mit → Luther bei der Heidelberger Disputation 1518 gewann ihn für die reformat. Theologie. Mit päpstlichem Dispens seit 1521 Weltpriester, heiratete er 1522 die ehemalige Nonne Elisabeth Silbereisen. Unter dem Patronat F.v. Sickingens war er Pfarrer in Landstuhl, später Prediger in Weißenburg. Als ihn der Bann des Speyrer Bischofs traf, wandte er sich 1523 nach Straßburg. Er widmete sich der Bibelauslegung und predigte im Münster. Zunächst neben → Capito wurde er bald der führende Kopf der Reformation in Straßburg, die er in Auseinandersetzung mit Täufern und »Schwärmern« zu konsolidieren suchte.

B. verfaßte zahlreiche Gutachten, Streitschriften, Bibelkommentare. Das bleibende Motiv seiner Theologie und kirchenpolit. Arbeit kam schon 1523 im Titel seiner ersten Schrift zum Ausdruck: »Daß niemand sich selbst, sondern andern leben soll, und wie der Mensch dahin kommen kann«. In »Von der wahren Seelsorge und vom rechten Hirtendienst« faßte er 1538 programmatisch zusammen: Kirche und Obrigkeit formen gemeinsam christl. Gemeinschaft mit dem Ziel der Einheit, des Wohlergehens und des Friedens. Stets ging es ihm darum, »daß die Menschen nicht für sich geboren werden, sondern für Gott, die Kirche, das Vaterland und jeden Nächsten« (De regno Christi - Über die Herrschaft Christi, 1550).

B.s sozial und ethisch ausgerichtete Theologie war geprägt vom Erfahrungshorizont der Reichsstadt und wurde zugleich modellhaft für viele Städte und Territorien. So wirkte B. an der Reformation in Augsburg, Biberach, Memmingen und Ulm mit.

Landgraf → Philipp holte ihn als Berater nach Hessen. Für den Erzbischof von Köln, Hermann von Wied, verfaßte B. die »Kölner Reformation« (1542/43) zusammen mit → Melanchthon, die → Karl V. jedoch mit Gewalt unterdrückte. Anfragen und Bitten um Hilfe kamen aus Italien, Frankreich, England. Unermüdlich um Einheit bemüht, vermittelte B. jahrelang im Abendmahlsstreit, bis er mit der Wittenberger Konkordie 1536 ein gutes Ziel erreichte. An den Religionsgesprächen von Hagenau, Worms und Regensburg war B. 1540/41 beteiligt. Da er aber das Augsburger Interim 1548 ablehnte, mußte er Straßburg verlassen und ging 1549 nach England, wo er noch auf die Entwicklung der Englischen Kirche einwirkte. Er starb als einer der bedeutendsten Reformatoren in Cambridge.

Lit.: bisher erschienen: Martini Buceri opera omnia. Ser. I: Deutsche Schriften, 10 Bde., hg. von R. Stupperich, 1960ff; Ser. II: Opera latina, 5 Bde., hg. von F. Wendel u.a., 1954ff; Ser. III: Correspondance, 2 Bde., hg. von J. Rott, 1979ff.

Bibliographia Bucerana. Bearbeitet von R. Stupperich (SVRG 169) 1952, 37-96; M. Greschat: Martin Bucer. Ein Reformator und seine Zeit 1491-1551, 1990; M. de Kroon, F. Krüger: Bucer und seine Zeit. Forschungsbeiträge und Bibliographie, 1976; R. Stupperich: »Bucer, Martin«, TRE 7, 1981, 258-270.

Chr. Windhorst

Buchhandel, Evangelischer

Im deutschsprachigen B. zählt nach allgemeinem Verständnis zum E.B., wer Mitglied in der »Vereinigung Evangelischer Buchhändler e.V.« ist. Dieser Zusammenschluß, kurz VEB genannt, ist als buchhändlerischer Fachverband Mitglied des Diakonischen Werkes der Ev. Kirche in Deutschland. Er nimmt seine fachspezifischen Aufgaben im B. innerhalb des Börsenvereins des deutschen B.s wahr und vermittelt seine diakon. Anliegen durch das Gemeinschaftswerk Evangelischer Publizistik in den Raum der Kirche. Der gemeinnützige Verein »will zur Verbreitung der christlichen Botschaft beitragen und deshalb jene zusammenschließen, die speziell im Buchhandel evangelische Literatur und andere Medien verbreiten« (Satzung § 2,1).

Zur VEB (gegründet am 11. 5. 1925 in Leipzig) gehören derzeit 196 Sortimenter sowie 90 Verleger (Stand: Mai 1992). Innerhalb der Vereinigung begegnen sich Gemeindeglieder der Landeskirchen wie der Freikirchen, Anhänger der Evangelischen Allianz wie Befürworter des Ökumen. Rates der Kirchen in Genf, Kirchen oder kirchliche Verbände als Unternehmer ebenso wie Privatunternehmer. Die fruchtbare Spannung, die sich einerseits aus der unterschiedlichen christl. Herkunft und andererseits aus der fachspezifischen Ausrichtung in Verleger und Buchhändler ergab, diente dem mission. Impuls, durch das Buch und die ihm verwandten Medien zur Klärung der Grundfragen menschlicher Existenz beizutragen und die Botschaft des Evangeliums von Jesus Christus dem Zeitgenossen zu erschließen.

Die VEB hat sich von jeher um die Nachwuchs- und Fortbildungsarbeit bemüht. Die Aktivitäten ihrer Mitglieder unterstützt sie durch Öffentlichkeitsarbeit, z.B. durch Werbemittel. Nach dem Zweiten Weltkrieg hat sie verstärkt die Beziehung zum kath. Buchhandel gepflegt. Diese Bemühungen finden heute Ausdruck in gelegentlich gemeinsam durchgeführten Hauptversammlungen der beiden Verbände, ökumen. ausgerichteten Buchtagen sowie Gottesdiensten und der gemeinsam verantworteten Nachwuchs- und Fortbildungsarbeit. Mit besonderer Energie haben die Mitglieder in den ehemals getrennten deutschen Staaten freundschaftliche Kontakte aufrecht erhalten und gemeinsame Tagungen durchgeführt. Eine Aufgabe für die Zukunft dürfte es sein, die beiden konfessionellen Verbände inhaltlich und organisatorisch stärker miteinander zu verbinden und auf diesem Wege modellhaft ökumen. Strukturen zu entwickeln.

Lit.: Der Evangelische Buchhandel. Eine Übersicht seiner Entwicklung im 19. und 20. Jh. mit 600 Firmengeschichten aus Deutschland, Österreich und der Schweiz, hg. von der Vereinigung Ev. Buchhändler Stuttgart, 1961; W. Ryser: Die Vereinigung Evang. Buchhändler 1961-1990. Mit einem Beitrag von H. Laurentius, hg. von der Vereinigung Ev. Buchhändler, 1992.

J. Schwarz

Buchman, Frank N.B. (1878-1961)

B., geb. am 4. 6. 1878 in Pennsburg/USA, gest. am 7. 8. 1961 in Freudenstadt, luth. Theologe, 1902 ordiniert, zunächst an den sozialen Aktivitäten der europäischen Kirchen interessiert, besuchte er 1904 F. → Stöcker, F. von → Bodelschwingh d.Ä. in Bethel und das Rauhe Haus in Hamburg. Eine Lebenswende brachte ihm 1908 die Teilnahme an der → Keswick-Konferenz, und damit verbunden die Lebensbegegnung mit Christus, das Geschenk der Heilsgewißheit und die Bereitschaft zu neuem Dienst. 1909 wurde er durch J. → Mott zum Studentensekretär des CVJM berufen, zwischen 1916 und 1922 wirkte er, durch zahlreiche Reisen unterbrochen, als Dozent für Pastoraltheologie. 1921 versammelte er, um die Konsequenzen der Entscheidung für Christus zu verdeutlichen, eine sich um ihn scharende Gruppe, Oxford-Gruppe genannt (→ Marburger Kreis), und versuchte bis 1937, durch Konferenzen und Vorträge den Weltfrieden zu stabilisieren. (Erinnerung an die allen Menschen innewohnenden vier Absoluten: Ehrlichkeit, Reinheit, Selbstlosigkeit, Nächstenliebe). Ab 1938 nannte er - angesichts des drohenden Krieges - seine Bewegung »Moralische Aufrüstung« (moral and spiritual rearmament of the nations, unter Berufung auf Eph 6,10ff, Abkürzung MRA). Ab 1946 setzte er sich in neu gegründeten Weltkonferenz-Zentren in Caux bei Genf und auf der Mackinac Island (Mich./USA) für Versöhnung der Völker und mehr Gerechtigkeit und Frieden in der Welt ein, wobei die Hoffnung auf das kommende Reich Gottes auf dieser Erde die Evangeliumsverkündigung deutlich zurücktreten ließ. Deshalb erfolgte eine Spaltung seiner Bewegung in eine mehr christl. und eine mehr ethisch orientierte Richtung.

Lit.: F. Buchman: Für eine neue Welt, 1961; G. Lean: Frank Buchman: Diplomat des Herzens, 1992; P. Howard: Die Geschichte von Frank Buchman und den Männern und Frauen der Moralischen Aufrüstung, 1954; K.Bockmühl, Th. Spoerri: Dynamik aus der Stille, [2]1971.

G. Ruhbach

Büchsel, Carl (1803-1889)

B., geb. am 2. 5. 1803 in Schönfeld (Uckermark), gest. am 14. 8. 1889 in Berlin, ev. Theologe. B. studierte in Berlin Mathematik und Theologie, letzteres vor allem bei → Neander und → Hengstenberg, wurde 1827 Hilfsprediger in Schönwerder, 1829 Pfarrer in Schönefeld und 1841 Superintendent in Brüssow, wo eine Erweckung entstand. Von 1846 bis 1853 war er Pfarrer an der Matthäuskirche in Berlin, danach General-Superintendent der Neumark und Niederlausitz bis 1884.

B. war ein eindrucksvoller und mutiger Prediger und Seelsorger. Seine »Erinnerungen aus dem Leben eines Landgeistlichen« (1861) haben quellenkundlichen Wert und bilden die ersten Ansätze zu einer rel. Volkskunde, die bis heute ihre Aktualität nicht verloren haben. Außerdem wurden sie vielen Pfarrern eine Hilfe für eine am Evangelium ausgerichtete Amtspraxis.

Lit.: Erinnerungen eines Landgeistlichen, Neuausgabe 1966.
H. Brandenburg: Büchsel und Frommel. Zwei Zeugen Christi aus Nord und Süd, 1966.

S. Rodenberg/Red.

Büchsel, Hermann Martin Friedrich (1883-1945)

B., geb. am 2. 7. 1883 in Stücken, Kreis Zauche-Belzig, Lic.theol. in Halle 1907, Habilitation in Halle

1911, a.o. Prof. in Greifswald 1916, o. Professor in Rostock 1918, am 2. 5. 1945 von sowjetischen Soldaten erschossen.

F. B., ein Pfarrerssohn aus der Mark Brandenburg, verband als Exeget hist. und syst. Interessen. Nach Studien in Tübingen (u.a. bei Schlatter, Häring und Holl) erhielt er seine Prägung an der Hallenser Fakultät (Kähler, Lütgert), an der er sich 1911 mit einer Arbeit über den Begriff der Wahrheit in den Evv. und den Briefen des Johannes habilitierte.

Arbeiten über → Fichte, über die Stellung der Theologie im System der Wissenschaften in Auseinandersetzung mit P. → Tillich, über das Christentum Luthers angesichts der rel. Strömungen der Gegenwart zeugen von der Weite seiner Gesichtspunkte. 1926 erschien seine Schrift »Der Geist Gottes im Neuen Testament«, 1935 die »Theologie des Neuen Testaments. Geschichte des Wortes Gottes im Neuen Testament« ([2]1937). Diese beansprucht, in Unterscheidung von monographischen Einzelstudien und deren Referat, durch ihren Aufbau »Rede von Gott« zu sein (III). Das »Evangelium und seine Geschichte« sollen als grundlegend in theol. Methode zur Sprache kommen (4f). Eine »rein historische« Darstellung des Themas im Sinne F.C. → Baurs will der Entwurf nicht sein. (Kritisch: O. Merk, Die Theologie des Neuen Testaments in ihrer Anfangszeit, 1972, 252).

Den Schwerpunkt der Arbeit B.s bildeten Kommentare und exeget. Studien zur Apokalypse, zu den Johannesbriefen (Theol. Handkommentar), zum JohEv (NTD), zum Hebräerbrief, zur Septuaginta. B. verfaßte zahlreiche Artikel in den ersten vier Bänden des ThWNT. Ein Kommentar zum JohEv im Nachlaß blieb ungedruckt.

Lit.: G. Delling: RGG[3], I, 1957, 1496; G. Händler: ThLZ 116 (1991) 11f; ThWNT X/1, 89f; G. Quell: ThLZ 73 (1948), 176-178, ThLZ 82 (1957), 311-316 (Bibliographie).

E. Güting

Buddeberg, Ernst (1873-1949)

B., geb. am 11. 9. 1873 Köln, gest. am 9. 1. 1949 Bad Liebenzell, ev. Theologe. Student in Halle und Berlin bei M. → Kähler und A. → Schlatter. Lehrer am → Johanneum; 1901 Pfarrer der ref. Gemeinde Heiligenhaus (Velbert); 1908 Inspektor der → Ev. Gesellschaft für Deutschland; 1914 Pfarrer der luth. Gemeinde Elberfeld; von 1934-1946 war B. Leiter der → Liebenzeller Mission als Nachfolger seines Schwiegervaters Heinrich → Coerper. Verwurzelt im rheinischen und niederländischen → Pietismus und geprägt von der Glaubensruhe des älteren Pietismus, betonte er vor allem die objektiven Grundlagen des Heils. In der Abgrenzung gegen die → Pfingstbewegung leistete er durch das Referat: »Wo fängt die Schwärmerei an?« (Gnadauer Konferenz 1910) einen wesentlichen Beitrag. Verfasser zahlreicher Kleinschriften zur Vertiefung des Glaubenslebens.

Lit.: E.F. Buddeberg: Ernst Buddeberg - Ein Leben aus Glauben, 1989; A. Pagel: Sie wiesen auf Jesus, 1975; H. v. Sauberzweig: Er der Meister, wir die Brüder, [2]1977.

H. Egelkraut

Buddeus, Johann Franz (1667-1729)

B., geb. am 25. 6. 1667 in Anklam, gest. am 19. 11. 1729 in Gotha, studierte Theologie und Philosophie, wurde 1693 Prof. der Philosophie in Halle, 1705 Prof. der Theologie in Jena.

Er gehört in die Übergangszeit zwischen milder Orthodoxie und Aufklärung hinein. Er betonte wie manche Frühpietisten die fromme »Praxis«, als Philosoph den praktischen »Nutzen« des Denkens für das Leben. Als Theologe lehnte er Bibelkritik und ev. Unionismus ab, aber er wehrte sich zugleich gegen eine zu spitzfindig betriebene Dogmatik. So hat er als geistl. orientierter Vermittlungstheologe anders als die meisten seiner Kollegen seit Anfang des 18. Jh.s seine Vorlesungen in Deutsch (!) gelesen. → Spener, → Zinzendorf und → Spangenberg schätzte er sehr.

Lit.: J. Kunze: »Buddeus«, RE 3, [3]1897, 518-522; A.F. Stolzenberg: Die Theologie des J.F. Buddeus und des Ch.M. Pfarr, 1926.

G. Ruhbach

Buddhismus

Der B. geht zurück auf Siddharta Gautama aus dem Geschlecht der Shakya, der zwischen etwa 560 und 480 v.Chr. in Nordindien im Bereich des Gangestales (Varanasi und Patna) und der Himalaya-Vorberge lebte und wirkte.

Siddharta gehörte zur Kriegerkaste, d.h. zum Adel, und lebte in einer rel. Umbruchszeit mit einer bereits recht entwickelten Stadtkultur. Er zog mit 29 Jahren aus dem Haus, d.h. auch weg von Frau und Sohn, in die »Hauslosigkeit« eines wandernden Asketen. Zuerst bei zwei Lehrern der Meditation, dann mit gleichgesinnten in strenger → Askese suchte er Gewißheit der Erlösung. Danach wandte er sich von der strengen Askese ab und dem »mittleren Weg« zu; unter einem heiligen Pipal-Baum bei Bodh Gaya erreichte er in einer Vollmondnacht 537 v.Chr. eine Erleuchtung, die ihn zum Erleuchteten (»Buddha«) machte. Seine erste Predigt bei Benares setzte »das Rad der Lehre« in Gang und begründete eine Mönchsgemeinschaft, die dem »edlen achtfachen Weg« folgte, von Almosen der Laienanhänger lebte und die Lehre weitergab. Vierzig Jahre lang wirkte Buddha als wandernder Prediger und unbestrittene Autorität der Mönche. Nach seinem Tod wurde er eingeäschert, die Aschenreste wurden an umliegende Orte verteilt, die sie in Stupas (Sakralbauten zur Aufbewahrung von Reliquien) beisetzten: Anfang eines buddhistischen Kultus.

Die Grundformel, mit der Laien ihre Zugehörigkeit ausdrücken, lautet: Ich nehme meine Zuflucht zu Buddha; ich nehme meine Zuflucht zur Lehre; ich nehme meine Zuflucht zur Mönchsgemeinschaft. Alle buddhistischen Richtungen sehen Buddha als die grundlegende Instanz an; die Nachrichten über sein Leben sind in Legenden eingebettet, die die Bedeutung der Lehre veranschaulichen sollen. Sie unterscheiden die geschichtl. Gestalt des Menschen Siddharta Gautama von der in ihm verkörperten, aber außerzeitlichen Lehre. Später entwickelt sich eine Lehre von drei Verkörperungen Buddhas, nämlich außerhalb von Zeit und Vergänglichkeit als Lehrkörper, auf der Erde als hist. Buddha, und dazwischen in der Überwelt der verschiedenen Himmel als Bodhisattva, der kraft seiner Verdienste den Heilsuchenden helfen kann. Dabei wird eine große Zahl von Bodhisattvas (Erleuchtungswesen) angenommen, viele auch kultisch verehrt, und auch Buddha ist nicht einmalig, er kehrt in allen Welten und in allen Zeiten wieder. Der nächste Buddha heißt Maitreya (der Erbarmende). Die Hauptrichtungen sind das Theravada (die Schule der Alten), heute prägend in Sri Lanka, Birma und Thailand; das Mahayana (das große Fahrzeug), das in verschiedenen weiterentwickelten Schulen im sinojapanischen Kulturkreis und in Südostasien vertreten ist, und das stark rituelle Vajrayana (Diamantfahrzeug), das in Tibet und der Mongolei prägend war. Die verschiedenen Richtungen haben keine gemeinsame Form der Hl. Schriften, d.h. das Mahayana und das Vajrayana haben je einen umfangreicheren Kanon.

Die Lehre des B. ist neben den Regeln für die Mönche der eigentliche Gehalt der buddhistischen Schriften. Sie geht nicht von Gott oder Göttern aus, sondern von einer Analyse des menschlichen Daseins als leidvoll. Dies Leiden wird mit Hilfe der Lehre von der Wiedergeburt auf das Verhalten des Menschen selber zurückgeführt, der sich von Gier, Haß und Verblendung treiben läßt. So kann die Kette der bedingten Entstehung nur durch ethische Disziplin, Selbstkontrolle und bewußtes Streben nach Erleuchtung, d.h. Abbau von Gier, Haß und Verblendung unterbrochen, das Leiden beendet werden. Der B. hat diese Gedanken sehr gründlich ausgebaut, vertieft und variiert. Er hat für eine mönchisch orientierte Religion eine erstaunlich weite Verbreitung über den größten Teil Asiens erreicht. Dabei hat er Förderung von manchen Herrschern (Asoka, gest. 227 v.Chr.) erfahren. Er hat sich mit der vorgefundenen Volksreligiosität arrangieren können, etwa in einer Art Arbeitsteilung, daß der B. für die Ethik und die Probleme des Todes und der Zukunft der Verstorbenen, die Volksreligion (Geister) für die Gestaltung und Problemlösung im Diesseits in Anspruch genommen wird.

Dabei sind verschiedene Schulen des B. entstanden, die in der Praxis recht verschiedene Schwerpunkte setzen, aber einen buddhistischen Kern bewahren. So ist der in Japan vertretene Zen-B. vorrangig auf Meditation als Weg zur Erleuchtung ausgerichtet; andere Richtungen des Mahayana (z.B. Tendai) sind stark durch ein komplexes Ritual zur Erlösung bestimmt. Im Jodo-shin (Japan) steht die Anrufung des Bodhisattva Amida im Vordergrund, es wird Erlösung durch Glauben allein ohne eigene Verdienste gelehrt, und die Organisation ist ohne Mönchtum aufgebaut.

Die Vergänglichkeit alles Irdischen bezieht der B. auch auf seine eigene Gestalt; er geht von einem schrittweisen Verfall der Lehre und der Mönchszucht aus. Im jetzigen Jahrhundert aber ist ein eigentümlicher Aufschwung zu beobachten. Dabei spielt das Interesse westlicher Sucher eine wesentliche Rolle, die sich zunächst dem Theravada-B. als einer Religionsphilosophie zugewandt haben; nach 1945 begann eine Zuwendung zum Zen-B. als einer existentialistischen Praxis; neuerlich findet der tibetische B. Interesse. Nur ein Teil der Interessenten wird im eigentlichen Sinne Buddhist.

Daneben sind Reformbewegungen von Laien entstanden; in Japan sind sie mit der Schule Nichirens verbunden.

Lit.: H. Dumoulin (Hg.): Buddhismus der Gegenwart, 1970; E. Konze: Kurze Geschichte des Buddhismus, 1984; H.W. Schumann: Der historische Buddha, 1982; ders.: Buddhismus - Stifter, Schulen und System, 1976.

N.-P. Moritzen

Bugenhagen, Johannes (1485-1558)

B. (genannt Pomeranus) wurde am 24. 6. 1485 als Ratsherrensohn in Wollin/Pommern geboren. 1501 begann er sein Studium in Greifswald, 1504 wurde er Rektor an der Treptower Stadtschule, nach der Priesterweihe leitete er als Vikar ab 1509 das Collegium an der Treptower Marienkirche. Um 1520 kam er mit Luthers Schriften in Berührung und begann 1521 erneut, in Wittenberg zu studieren. Hier entwickelte sich auch eine Freundschaft mit → Melanchthon. Schon bald hielt B. selbst Vorlesungen über die Psalmen. 1522 heiratete er und wurde 1523 Wittenberger Stadtpfarrer. Seine Gabe der Kirchenleitung eröffnete ihm umfangreiche Tätigkeiten in Wittenberg und weit darüber hinaus. Gleichzeitig hielt er exeget. Vorlesungen, schrieb Kommentare und weitere Schriften zu den Auseinandersetzungen der Zeit.

Von 1528-1542 begann für B. eine umfangreiche Reise- und Visitationstätigkeit. Er gab Braunschweig, Hamburg, Lübeck und Pommern Kirchenordnungen, auch folgte er der Bitte Christians III., Dänemark, Norwegen und die Herzogtümer Schleswig und Holstein zu reformieren. In Kopenhagen eröffnete er die Universität und hielt dort Vorlesungen. Trotz ehrenvoller Berufungen kehrte er nach Wittenberg zurück, wo er erst 1533 zum Doktor der Theologie promoviert wurde und die Superattendentur für den gesamten Kurkreis rechts der Elbe erhielt. Zwischen → Luther und B. entwikkelte sich schon früh ein freundschaftliches und seelsorgerl. Verhältnis. B. wurde Luthers Beichtvater. Fast bis zu seinem Tod blieb B. Stadtpfarrer und Professor. Er starb am 20. 4. 1558 in Wittenberg.

B. wirkte vor allem im Bereich der Kirchenordnung. Seine Leitungsgabe konnte er hier voll entfalten. Schwierig gestaltete sich oft die Durchsetzung der Kirchenordnungen, nicht deren formelle Annahme. B. hatte hauptsächlich die Bereiche von Predigt, Gottesdienst, Schule und Universität im Blick. So trug er zur Entwicklung des ev. Schulwesens bei. Auch die Diakonie suchte er zu fördern. Als Grundmuster für alle weiteren luth. Kirchenordnungen kann seine Braunschweiger Kirchenordnung von 1528 angesehen werden. Die Kirchenordnung darf nach B. niemals von ihrer theol. Substanz losgelöst werden.

B.s Kirchenordnungen sind ihrer Substanz nach bis heute liturg. wie verfassungsrechtliche Grundlage vieler nordeurop.-luth. Kirchen.

Lit.: Johannes Bugenhagen. Ausgewählt und übersetzt von J. Rogge, 1962.

J. Bergsma: Die Reform der Meßliturgie durch Johannes Bugenhagen (1485-1558), 1966; W. Leege: Bugenhagen als Liturgiker, Diss. Königsberg, 1925; K.A.T. Vogt: Johannes Bugenhagen Pomeranus. Leben und ausgewählte Schriften, 1867.

H.-J. Hoeppke

Bulgarien

Das Gebiet des heutigen B., das in der Spätantike die röm. Provinzen Mösien und Thrazien umfaßte, wurde vom 2. Jh. an von Griechenland und vom Donauraum aus christianisiert. Im Gefolge der Völkerwanderung wurde die junge Kirche weitgehend zerschlagen. 864/65 führte Chan Boris (nach der Taufe Michael) das Christentum byz. Prägung in seinem Reich ein. Mit der Ankunft der Schüler der Slawenlehrer → Cyrill und Method 885 begann in B. eine Zeit kirchl. und kultureller Blüte. Unter dem byz. Kaiser Basileios II., dem »Bulgarentöter«, erlitt B. eine vernichtende militärische Niederlage und wurde ins oström. Reich eingefügt (1018). Gegen Ende des 12. Jh.s stieg B. erneut zu einer polit. und kulturellen Großmacht auf. Mit dem Einfall der Osmanen im 15. Jh. setzte eine Epoche der Fremdherrschaft ein, die bis 1878 bzw. 1908 dauerte. Nach einer wechselvollen Geschichte in der ersten Hälfte des 20. Jh.s wurde in B. 1946 die »Volksrepublik« ausgerufen und eine kommunistische Regierung eingesetzt, die bis zum Sturz des KP-Chefs Todor Schiwkoff im November 1989 die Geschicke des Landes bestimmte. Seither entwickelt sich B. zu einer Demokratie mit marktwirtschaftl. Ordnung.

Der Bulgarisch-Orthodoxen Kirche gehören etwa 75% der rund 9 Mio. Einwohner B.s an. Ihr steht der Patriarch in Sofia vor; sie ist in elf Metropolien eingeteilt. Unter kommunistischer Herrschaft war sie zahlreichen Repressalien und Verfolgungen ausgesetzt, doch blieb viel geistl. und kirchl. Substanz erhalten. Ende 1989 setzte ein umfassender Erneuerungsprozeß ein. Neben der orth. Kirche gibt es Katholiken des röm. und des byz. Ritus (Unierte, zusammen ca. 50.000 Gläubige), die Armenisch-Apostolische Kirche, Verbände von kongregationalistischen, methodistischen, baptistischen, pfingstlerischen und adventistischen Gemeinden (ca. 25.000 Glieder), sowie Muslime (10-15% der Bevölkerung).

Lit.: A. de Santos Atero, F. Heyer: »Bulgarien I, II«, TRE 7, 1981, 361-375; H. Christov: Bulgaria 1300 Years, 1980; Kirchen- und Glaubensbekenntnisse in der Volksrepublik Bulgarien, Ausgabe der ökumenischen Abteilung des Hl. Synod, 1975; ZS »Glaube in der 2. Welt«, Küsnacht/Zollikon 1973ff, ^{5}1991, ^{2}1992.

E. Bryner

Bullinger, Heinrich (1504-1575)

B. ist am 4. 7. 1504 in Bremgarten (Schweiz) geboren (Priestersohn), besucht von 1516 an die Schule in Emmerich (Niederrhein) und studiert ab 1519 in Köln (Abschluß 1522: Magister artium); humanistisch geprägte Lehrer an beiden Orten bestimmen die Richtung. Ohne eigentliches Theologiestudium, vielmehr über die Lektüre der Kirchenväter, kommt er zur Bibel und schließlich (ca. 1522/23) zur → Reformation. 1523-1528 ist er Lehrer an der Schule des Zisterzienserklosters Kappel bei Zürich, hält bibl. Vorlesungen, führt das Kloster der Reformation zu, lernt → Zwingli kennen, heiratet. 1529-1531 ist er Prediger in seiner Heimatstadt Bremgarten. Am 9. 12. 1531, nach Zwinglis Tod, wird er dessen Nachfolger als Antistes (Leiter) der Zürcher Kirche und bleibt dies bis zu seinem Tode am 17. 9. 1575, also fast 44 Jahre.

Er trägt zur Konsolidierung der Reformation in Zürich bei, durch Klärung des Verhältnisses Kirche-Obrigkeit (Freiheit der Predigt; Alleinzuständigkeit des Rates in Disziplinarsachen), Weiterführung der Synoden, ausgedehnte Predigttätigkeit (dreimal wöchentlich; fortlaufende Auslegung bibl. Bücher), Aufmerksamkeit auf das Schulwesen, Arbeit an Liturgie und Kirchenordnung sowie Seelsorge (Eheberatung!). Er hat (gedruckte) Kommentare zu fast allen Büchern des NT verfaßt und viele theol. Kleinschriften; er hat an Bekenntnisformulierungen mitgewirkt, und das Zweite Helvetische Bekenntnis von 1566 ist sein Werk (→ Bekenntnisschriften, ref.). Der außerordentlich umfangreiche Briefwechsel (ca. 12.000 Briefe von und an B.!) ergibt, »daß Bullinger zu den bestinformierten und einflußreichsten Männern der damaligen Zeit gehörte und tatsächlich wie ein Patriarch dastand« (Büsser). In seiner Theologie spielt der Bundes-Gedanke eine zentrale Rolle. Außerdem hat er sich mit der Schweizergeschichte und Genealogie (der eigenen Familie) befaßt.

Lit.: Maßgebliche Gesamtausgabe (im Erscheinen): Heinrich Bullinger Werke, 2. Abt.: Briefwechsel, Bde. 1-4, 1973-1989 (Briefw. d. Jahre 1524-1534); 3. Abt.: Theologische Schriften: Bd. 1, 1983 (Exegetische Schriften der Jahre 1525-1527); Bd. 2, 1991 (unveröffentlichte Werke der Pappeler Zeit. Theologica); 4. Abt.: Historiographische Werke (noch nichts erschienen); Sonderbd.: Studiorum ratio – Studienanleitung, 2 Bde., 1987; ferner: Diarium (Tagebuch) . . ., 1904, Nachdruck 1985.

H. Bullinger Werke: 1. Abt.: Bibliographie; Bd. 1, 1972

(gedruckte Werke B.s); Bd. 2, 1977 (Lit. über H. Bullinger bis 1974 bzw. 1976); ferner: J.W. Baker: H. Bullinger and the Covenant. The other reformed tradition, 1980; F. Büsser: »Bullinger, Heinrich«, TRE 7, 1981, 375-387 (Lit. bis 1977); P. Biel: Doorkeepers at the house of rigtheousness. H. Bullinger and the Zürich clery 1535-1575, 1991; W. Hollweg: H. Bullingers Hausbuch, 1956; G.W. Locher: Die Zwinglische Reformation im Rahmen der Europäischen Kirchengeschichte, 1979, 584-614; C. Pestalozzi: H. Bullinger. Leben und ausgewählte Schriften, 1858; J. Staedtke: Die Theologie des jungen Bullinger, 1962, 261-292 (Arbeiten B.s bis 1528).

B. Steinseifer

Bultmann, Rudolf (1884-1976)

B., geb. am 20. 8. 1884 in Wiefelstede als Sohn des ev. Pastors Arthur B., Studium der Theologie in Tübingen, Berlin und Marburg, dort Promotion 1910 und Habilitation 1912; 1916 a.o. Prof. in Breslau, 1920 o. Prof. in Gießen, 1921 in Marburg, emeritiert 1951. Am 30. 7. 1976 starb B. in Marburg.

Seiner Herkunft nach ist B. Vertreter der liberalen, insbesondere der hist.-kritischen Theologie, der auch sein erstes größeres Werk, die »Geschichte der synoptischen Tradition« (1921) zugehört: Die Evv. seien nicht Biographie des hist. Jesus, sie verkündeten den Christus des Glaubens, den Gottessohn, der in göttlicher Vollmacht gewirkt, der gelitten hat, gestorben und auferstanden ist und erhöht wurde. Die synoptischen Evv. seien Gemeindebildung, in welche die palästinische Jesusüberlieferung unter dem Gesichtspunkt der Verkündigung und des Kultes eingearbeitet wurde. Der hist. Jesus sei darin nicht mehr erkennbar. Mit diesem Ergebnis gab B. eine wichtige Position der liberalen Theologie preis: Die Berufung auf Jesus in Abgrenzung gegen den Christus des »Dogmas«. Der Glaube der nachösterlichen Gemeinde, welche die Evv. geschaffen hat, ist entstanden aus der Verkündigung des Mensch gewordenen, für uns gestorbenen, auferstandenen und zum Herrn erhöhten Jesus Christus. Auch der Jesus der Evv. gehört in dieses *kerygma*, d.h. in diese Christusbotschaft.

Von hier aus ist es verständlich, daß B. sich der → Dialektischen Theologie zuwandte, zu deren Mitbegründern er gehört. Jede Gotteserkenntnis aus der Geschichte, aus der Natur oder aus einer rel. Anlage im Menschen lehnt er ab. Es gibt keinen andern Zugang zu Gott als durch den Glauben. Aber wie kommt es zum Glauben? Karl → Barth sagt: Durch die Predigt, wobei nicht der Prediger macht, daß sein Menschenwort zum Wort Gottes wird, sondern der Hl. Geist, also Gott selber. B. sagt ebenfalls, daß Gott durch die Christusbotschaft redet, und daß der Glaube Antwort auf die Begegnung mit Gott in seinem Wort ist. Aber er sagt nicht mehr, daß Glaubenserkenntnis eine Erleuchtung durch den Geist Gottes voraussetzt (1Kor 2,6ff). Die Frage, wie Verkündigung vollzogen und verstanden werden kann, beantwortet er nicht theol., sondern von anthropologischen und phil. Prämissen her. Das gilt sowohl in bezug auf das ntl. Kerygma, wie in bezug auf den Glauben.

Zur Kritik am ntl. Kerygma: Die ntl. Christusbotschaft ist nach B. ein Mythos. Die Menschen des bibl. Zeitalters hätten die Welt von undurchschaubaren, auch dämonischen Mächten beherrscht gesehen, und diese Mächte hätten sie in mythischen Vorstellungen verobjektiviert. Der moderne Mensch aber denkt wissenschaftlich. Er erklärte die Welt rational nach Ursache und Wirkung, und indem sie für ihn Gegenstand des Erkennens sei, machte er sie sich verfügbar. Wegen des Kausalitätsprinzips gebe es für ihn keine geheimnisvollen Mächte mehr. Das mythische oder mythologische Denken sei ihm fremd und unverständlich geworden. Aus diesem Grund kann nach B. das ntl. Kerygma heute nicht mehr verstanden und akzeptiert werden. Daß das ntl. Christuskerygma Mythologie sei und nicht mehr verstanden werde, wird aber von B. nicht am Kerygma selber aufgezeigt, sondern am Gegensatz des bibl. Weltbildes zum modernen wissenschaftl. Weltbild, wobei er sagt, daß das Kerygma vom damaligen Weltbild abhängig sei: die Welt sei in drei Stockwerke gegliedert – Himmel, Erde, Unterwelt-, der Himmel sei die Wohnung Gottes und der Engel, die Unterwelt die Hölle; Satan und seine Dämonen wirkten auch auf der Erde. Da es unmöglich sei, dieses überholte Weltbild zu »repristinieren«, könne auch das mythische Kerygma, d.h. insbesondere der Sühnetod Jesu, die Auferstehung und Erhöhung, nicht mehr beibehalten werden. B. fordert deshalb die »Entmythologisierung« der ntl. Verkündigung. Entmythologisierung heisst aber nicht einfach Eliminierung. Beizubehalten sei das, was nach B. der »eigentliche Sinn« des Mythos ist, nämlich das christl. Existenzverständnis bzw. Selbstverständnis, das sich im Mythos bloß in falscher, zeitbedingter Objektivierung ausgesprochen habe.

Und entsprechend der Reduktion der Verkündigung auf ein Selbstverständnis ist es dann auch dieses Selbstverständnis, das sich als Glaube in der Verkündigung kund tut und im Hörer wiederum den Glauben, also das christl. Selbstverständnis, weckt. Glaube ist das Verständnis der eigenen Existenz als einer von Gott angesprochenen. Im Unterschied zum erklärenden und objektivierenden Denken der Wissenschaft ist das Sich-selbst-Verstehen nicht verfügend. Von Gott kann nicht gegenständlich gesprochen werden. Ich kann nicht sagen, wer Gott ist, aber ich bin als Glaubender gewiß, daß das Wort, das mir begegnet, Gnade ist, und daß die Transzendenz, die sich mir öffnet, Liebe ist. Und das macht mich frei von der Weltangst und Weltverfallenheit, aber auch von aller selbstgeschaffenen Sicherheit. Gott bleibt aber der verborgene, unbekannte Gott. Glauben heißt also nicht »glauben an ...«, sondern immer nur »glauben, daß ...«.

B.s Theologie bewirkte eine jahrelange Diskussion über Kerygma und Mythos, Glauben, Verstehen und Auslegen (→ Hermeneutik). Im Grunde geht es um die Frage, wie die Transzendenz (Gottes) vom Menschen ausgesagt und verstanden werden kann. In Anlehnung an Heideggers Existenzphilosophie will B. dieses Verstehen als anthropologische Möglichkeit aufzeigen. → Heidegger sieht, daß der Mensch der Welt verfallen, in Sorge und Lebensangst lebt und sich zu sichern sucht. Die Existenzphilosophie will aber zeigen, wie im Prozeß des Sich-selbst-Verstehens die Möglichkeit besteht, aus der Weltverfallenheit zur Freiheit, d.h. zur Eigentlichkeit seiner Existenz zu kommen. B. übernimmt dieses Schema, sagt aber, daß diese Möglichkeit nur ergriffen werden kann, wenn der Mensch durch die Begegnung mit Gott im Christus-Kerygma aus der Weltverfallenheit herausgerufen wird zur Freiheit von den Mächten der Welt und von der Weltangst. Glaube ist also Selbstverständnis und Gottesbeziehung in einem, deshalb der Satz, daß man von Gott nicht anders als in bezug auf die menschliche Existenz reden kann.

Innerhalb der Schule B.s verlegte sich die Debatte besonders auf Probleme der Hermeneutik, d.h. der Textauslegung. Es gab auch neue Positionen von B.s Ansatz aus. Wenn das Kerygma ein Mythos ist, dann ist für Herbert Braun auch Gott ein Mythos. »Gott« erfahre ich, wo mir menschliche Liebe, Geborgenheit begegnet. »Gott« ist eine Möglichkeit mitmenschlicher Beziehung. Auch Dorothee Sölle erkennt, von B. herkommend (vgl. Sölle, Politische Theologie, 1971) in der Entmythologisierung den »Tod« Gottes. Aber das »Absolute« in der Christusbotschaft bleibe, nämlich die Liebe. Wenn der Christ durch die Botschaft zur Freiheit kommt, wird er auch zur Liebe aufgerufen. Die Liebe – für B. noch ein Akt Gottes – ist nur Gesetz, welches der Christ durch sozialpolit. Werke in die Praxis umzusetzen hat. Das ist die Umkehrung von B.s Intention. Aber man muß fragen, ob diese Umkehrung nicht schon angelegt ist, wenn die Botschaft von Gottes Handeln in Christus auf ein menschliches Selbstverständnis zurückbezogen wird. Und ist es nicht tatsächlich eine Inkonsequenz, wenn Gott nicht auch in die existentiale Interpretation einbezogen wird?

B. beweist die Notwendigkeit der Entmythologisierung nicht am Kerygma selbst, sondern so, daß er die Entmythologisierung als Parallele zum Wechsel vom bibl. Weltbild zum Weltbild der modernen Wissenschaft versteht. Aber das alte Weltbild ist nicht mythisch, es ist real das Bild, wie sich die Welt dem menschlichen Auge darstellt. Diese Sicht wird durch die Wissenschaft nicht aufgehoben, sondern relativiert. Das wissenschaftl. Weltbild ist nicht unmittelbar anschaulich, es beruht auf Berechnung und kann nur am Modell anschaulich gemacht werden. Das bibl. Weltbild ist auch nicht »dreistöckig«. Die Unterwelt (Scheol, Abyssos, Hades) gehört nicht zur Schöpfung. Die bibl. Schöpfungsgeschichte erwähnt sie nicht, dafür steht 1Mo 1,1 und 2,4 und durch die ganze Bibel häufig der Ausdruck »Himmel und Erde« für die geschaffene Welt. Andererseits kann auch vom »Wohnen« Gottes im Himmel nur bildlich gesprochen werden. Gott »wohnt« auch zu Zion und bei seinem Volk (Ps 68,17; 78,3; 132,13), aber aller Himmel Himmel können ihn nicht fassen (1Kön 8,8.27).

B.s Frage nach der rechten Interpretation der bibl. Christusbotschaft müßte unabhängig von der Weltbild-Diskussion beantwortet werden. Sachgemäßer wäre es auch, wenn man anstelle des an die

Bibel herangetragenen Mythosbegriffs den bibl. Ausdruck Prophetie setzte. Die bibl. Rede vom Handeln Gottes ist prophetische Rede. Prophetie deckt in bestimmten Situationen das sonst verborgene Tun Gottes auf. Aber der Prophet verfügt nicht über Gott, Gott verfügt über ihn. Prophetie greift nicht nach dem Sein Gottes, sondern sie erkennt und bekennt ihn in seinem Namen. Eine bibl. Theologie, die von einer Besinnung über Prophetie und prophetische Rede ausgehend nach der rechten Textauslegung, nach dem rechten Reden von Gott und zu Gott fragt, könnte eine bibl. Antwort geben auf die Frage, was Reden von Gott und was »Verstehen« im Zusammenhang dieser Rede bedeutet, und sie könnte der Theologie auch helfen, von der Bindung an eine bestimmte Philosophie frei zu werden.

Lit.: Das Evangelium des Johannes, 1941; Die Geschichte der synoptischen Tradition, 1921; Jesus, 1926; Glauben und Verstehen I-IV, 1933-1965 (Ges. Aufsätze); Jesus Christus und die Mythologie, 1964; Neues Testament und Mythologie, 1941 (erschienen in Kerygma und Mythos I, 1948, neu hg. von E. Jüngel, 1985); Theologie des NT, 1953; Das Urchristentum im Rahmen der antiken Religionen, 1949.

K. Barth: Rudolf Bultmann. Ein Versuch, ihn zu verstehen, ThSt 34, 1952; G. Bornkamm: Die Theologie Rudolf Bultmanns in der neueren Diskussion, in: Ges. Aufsätze zum NT, Bd. 3, 1974; F. Flückiger: Existenz und Glaube, 1966; B. Jaspert (Hg.): Bibel und Mythos, 1991; O.Michel: Heilsereignis und Wortgeschehen im NT, in: ders., Dienst am Wort, 1986, 186-197; Kerygma und Mythos I-VI, hg. von H.W. Bartsch, I-VI. 1948-1961/62; W. Schmithals: Die Theologie Rudolf Bultmanns, 1966.

F. Flückiger

Bund

a) biblisch

1. Die Etymologie des hebr. Nomens *bĕrīt* (griech. *diathēkē*, »Verfügung«) ist umstritten; von akkad. *birit*, »zwischen« (M. Noth); von *bārah*, »ersehen«, »erachten« (E. Kutsch) oder von *bārāh* II, »essen«). Es empfiehlt sich die Ableitung von akkad. *bīritū*, »Band«, »Fessel« (vgl. griech. *synthesia*, »binden«). Es ist kennzeichnend für das Alte Israel, daß ein Bund

a. zwischen ungleichen Partnern abgeschlossen werden konnte, unter Menschen (Jos 9,6.11; 1Sam 11,1) und vor allem zwischen Gott und Menschen, so mit Abraham (1Mo 17), David (2Sam 7), dem Volk Israel (2Mo 24);

b. - damit zusammenhängend -, daß Gott den B. »setzt«, »gibt«, »aufstellt«, »befiehlt«;

c. daß dieser eine Verpflichtung enthält und mit → Gesetz und Gebot gleichgestellt werden kann (5Mo 4,13; 33,9);

d. wie ein Gesetz oder Gebot »beachtet« und nicht gebrochen werden darf. Der Bruch des eidlich bekräftigten B.es (5Mo 29,12) wird mit der Todesstrafe bedroht, was u.a. durch ein Zeremoniell mit zerschnittenen Tieren angezeigt wird (1Mo 15; Jer 34,18-20).

Aber der vom Gott Israels gewährte B. bezeugt dessen Gnade (5Mo 7,9.12) und Treue (Ps 89,25.34). Vor allem wird ein neuer B. verheißen, bei dem Gott das Gesetz den Menschen ins Herz schreibt und ihnen die Sünden vergibt (Jer 31,31-34); erneuerte, von Gottes Geist geleitete Menschen werden seine Partner sein (vgl. Hes 36,26f).

2. Diese Verheißung eines neuen B.es hat weniger die Theologie der Rabbinen als vielmehr a.) den Glauben der Qumrangemeinde, sowie b.) das Wirken Jesu und die Verkündigung der Apostel geleitet.

Zu a.: die Damaskusschrift (CD) spricht von der jetzt schon existierenden »Gemeinde des neuen Bundes im Land Damaskus« (CD 6,19; 20,12), die sich als Kennzeichen der Buße zu einem besonders strikten Gesetzesgehorsam verpflichtet weiß (6,17ff; 20,10-13).

Zu b.: Dagegen ist der von Jesus initiierte neue B. durch seinen Sühnetod und die durch ihn erwirkte Sündenvergebung ermöglicht (Mk 14,24 parr; vgl. 1Kor 11,25; Hebr 8,8-13; 10,14-18). Die Glieder der neuen Bundesgemeinde werden durch den Geist des erhöhten Herrn verwandelt (2Kor 3,17f) und vom »Gesetz des Geistes des Lebens in Christus Jesus« dazu befreit, die Rechtsforderung des Gesetzes zu erfüllen (Röm 8,2-4.9-11).

Lit.: E. Kutsch: Sehen und Bestimmen. Die Etymologie von Berit. FS K. Galling, 1970; V. Korosec: Hethitische Staatsverträge. LRST 60, 1931, 165-178; M. Weinfeld: ThWAT I, 1973, 781-808.

O. Betz

b) theologiegeschichtlich

Bei den Kirchenvätern, besonders bei Augustin, spielte der Begriff des »Gnadenbundes« bereits eine gewisse Rolle, doch erst in der ref. Theologie kam es zur Entwicklung einer umfassenden Bundestheologie. Erste Ansätze hierzu finden sich bei → Zwingli. Später begegnen auch bei → Bullinger und → Calvin föderaltheol. Gedanken, die dann von ref. Theologen anderer Länder übernommen wurden. Die wichtigsten Vertreter in Deutschland waren Olevian, Ursin und → Hyperius, in England Perkins, Amesius und die Verfasser der Westminsterkonfession, in Holland De Brès, Gomarus und → Coccejus.

In den meisten dieser Vorstellungen bildet der Bundesgedanke die Grundlage zur Beschreibung des Verhältnisses zwischen Gott und Mensch. Ursin beschreibt den »Gnadenbund« als »ein gegenseitiges Versprechen und Übereinkommen zwischen Gott und den Menschen, wobei Gott den Menschen zusichert, er werde sich ihnen gnädig erweisen, und die Menschen sich Gott gegenüber dazu verpflichten, Buße zu tun, Glauben zu üben und in Gott wohlgefälligem Gehorsam zu leben.«

Eine solche Definition gab freilich Anlaß zu Diskussionen darüber, welcher Stellenwert den Voraussetzungen im Gnadenb. zukommt. Ist der Gnadenb. seinem Wesen nach an Bedingungen geknüpft oder frei davon? Die meisten Theologen entschieden sich für letzteres. Schon Calvin war der Ansicht, der Bund im AT sei im wesentlichen mit dem des NT identisch. Verschieden sei nur die »äußere Darbietung« (Institutio II, 10, 2).

Nach und nach kamen weitere Bundestheorien hinzu. Gegen Ende des 16. Jh.s wurde die Auffassung vertreten, Gott habe mit Adam vor dem Sündenfall einen »Werkbund« geschlossen, in dessen Mittelpunkt das Verbot stand, vom Baum der Erkenntnis zu essen. Problematisch an dieser Theorie ist jedoch, daß sie allzu leicht zu der Vorstellung führt, es gebe zwei Heilswege: vor dem Sündenfall den Weg, der auf menschlicher Leistung beruhe, nach dem Sündenfall den Weg der göttlichen Gnade. Die Zukunft des Menschen war jedoch von Anfang an abhängig von Gottes Gnade. Gehorsam war nie die Heilsbedingung, wie es die Westminsterkonfession formuliert (Westminsterkonfession, VII, 2), sondern lediglich der Heilsweg.

In der Mitte des 17. Jh.s wurde der Bundesgedanke von → Coccejus nochmals weiterentwickelt. Er wurde nun auch auf den ewigen Ratschluß Gottes und das Verhältnis der drei göttlichen Personen zueinander angewandt. Diese Form des Bundesgedankens bezeichnete Coccejus als »Erlösungsbund«. Demnach trafen Gott der Vater, der Sohn und der Heilige Geist eine Art Übereinkommen, dessen Ziel die → Erlösung des Menschen war. Jede der drei göttlichen Personen sollte dabei eine bestimmte »Aufgabe« übernehmen. Heute lehnen viele ref. Theologen diese Theorie als eine Spielart scholastischer Spekulation ab.

Die Bundestheologie wirkt sich in der ref. Theologie stets dann aus, wenn es um die Rechtfertigung der Kindertaufe geht (vgl. Heidelberger Katechismus, Frage 74).

Lit.: J. Guhrt: TBLNT I, [8]1990, 157-161; L. Perlitt: Bundestheologie im Alten Testament, 1970; G. Schrenk: Gottesreich und Bund im älteren Protestantismus vornehmlich bei Johannes Coccejus, 1923; M. Weinfield: ThWAT I, 1972, 781-808.

K. Runia

c) systematisch-theologisch

Der Begriff des B.es weist in seiner bibl. Bedeutung (s.o.) zum ersten auf den heilsgeschichtl. Charakter des göttlichen Heilshandelns, zweitens auf das Verhältnis sowohl der Kontinuität wie der Diskontinuität von AT und NT und drittens auf das Verhältnis zwischen Gott und Mensch.

1. Die verschiedenen atl. Bundesschlüsse (Noahb., Abrahamsb., Sinaib. und dessen Erneuerung im Moabb. und Sichemb.) lassen die sukzessive Vorbereitung der Erlösung und Erwählung in Christus im Rahmen einer Heilsökonomie erkennen, ungeachtet des jeweils verschiedenen Charakters der einzelnen B.esschlüsse. Es widerspricht daher dem geschichtl. Charakter des bibl. B.esgedankens, wenn K. → Barth den B. als den inneren Grund der Schöpfung prinzipialisiert. Die Schöpfung dient bei Barth lediglich als Voraussetzung für die sowohl atl. wie ntl. Darstellung des vor Grundlegung der Welt in Gott selbst geschlossenen Gnadenb.es (KD III/1).

2. Gegenüber dem auf der Basis des mosaischen Gesetzes geschlossenen Sinaib. hebt sich der B. des NT im Blut Jesu durch seine Bedingungslosigkeit und geistgewirkte Erfüllbarkeit scharf ab. Hatte der Sinaib., dessen Gültigkeit an die Bedingung des Gehorsams geknüpft war (2Mo 19,5), nach Paulus die päd. Funktion der Aufdeckung menschlicher Schwachheit und Schuld (Gal 3,15-24), so befreit der neue B. (Jer 31,31-34) durch das Blut Christi nicht nur von Sünde und Schuld, sondern durch die im B. enthaltene Gabe des Geistes (Hes 36,26f) auch zu einem neuen Gehorsam gegenüber dem vom Mißbrauch durch die Sünde befreiten ursprünglichen Gotteswillen im Gesetz des Geistes bzw. Christi (Röm 8,2-4; 13,8-10; Gal 6,2).

Gleichwohl wird durch den Begriff B. auch im NT die Kontinuität des zielgerichteten Heilshandelns des einen Gottes sichtbar gemacht, der seine Bundesverheißungen an Abraham nicht vergessen hat (Gal 3,15f; 4,21ff).

3. Schließlich wirft der Begriff des B.es auch ein Licht auf die Wechselseitigkeit des Verhältnisses von Gott und Mensch. So sehr der B.esschluß im

AT wie NT von Gott ausgeht, der sich in äußerster Einseitigkeit gegenüber seinem ungleichen B.espartner in die Pflicht nimmt (vgl. z.B. 1Mo 15 – nur Gott geht durch die gespaltenen Tiere und spricht sich damit im Falle seiner potentiellen Untreue das Todesurteil zu), bleibt der Mensch nie in der bloßen Zuschauerrolle verhaftet. Auch nach dem NT soll aus der passiv im Glauben empfangenen Versöhnung die Nachfolge in aktiver Liebe erwachsen, ohne daß dies jemals zur Bedingung des Heils erhoben würde.

Lit.: K. Barth: KD, Bd. III 1, [2]1947; E. Brunner: Dogmatik II, 1950, 251ff; H. Heppe: Dogmatik der ev.-ref. Kirche, (1861) neu hg. von E. Bizer, [2]1958; O. Weber: Grundlagen der Dogmatik, 1955, 323ff.

V. Gäckle

Bund der Evangelischen Kirchen in der DDR

Der Bund der Ev. Kirchen in der DDR (BEK) bestand vom 10. Juni 1969 bis zum Wiedereintritt seiner Gliedkirchen in die EKD im Juni 1991. Zu ihm gehörten die acht Ev. Landeskirchen der DDR, außerdem die Ev. Brüder-Unität, Distrikt Herrnhut (ab 1970). Der BEK entstand einerseits durch massiven Druck der Staatsorgane der DDR, die seit Einführung der DDR-Verfassung von 1968 nicht nur alle kirchl. Zusammenarbeit auf der Ebene der EKD blockierten, sondern auch jeden Kontakt zu den EKD-Mitgliedskirchen in der DDR ablehnten. Andererseits standen hinter der in freier kirchl. Entscheidung beschlossenen Gründung des BEK zugleich der Wunsch nach engerer Zusammenarbeit zwischen den Ev. Kirchen in der DDR und die Notwendigkeit, konkreter auf Probleme und Aufgaben der DDR-Umwelt zu reagieren. Der BEK verstand sich keineswegs als Notbehelf, sondern formulierte in seiner Ordnung das Ziel, die »vorgegebene Gemeinschaft« zu vertiefen und als »Zusammenschluß von bekenntnisbestimmten und rechtlich selbständigen Gliedkirchen... in der Einheit und Gemeinsamkeit des christlichen Zeugnisses und Dienstes« zusammenzuwachsen.

Seine Leitungsstrukturen zeigten besondere Akzente: Neben der Bundessynode (60 Mitglieder) stand die Konferenz der Ev. Kirchenleitungen, der die leitenden Geistlichen der Gliedkirchen, je ein weiterer Vertreter der acht Kirchenleitungen, der Präses der Synode, sieben von der Synode gewählte Mitglieder, der Leiter des Sekretariats und der Direktor der Brüder-Unität angehörten. Das Sekretariat wurde bewußt klein gehalten, lediglich sein Leiter trug den Titel »Oberkirchenrat«. Durch die Bildung von vier Kommissionen und sechs Ausschüssen wurden Arbeitsgremien eingerichtet, die Konferenz und Synode beraten und Entscheidungen vorbereiten sollten. Sie umfaßten alle kirchl. Arbeitsbereiche: Ausbildung, Ökumene, Theologie, Zeugnis und Gestalt der Gemeinde, Kirche und Gesellschaft, kirchl. Erziehung und Unterweisung, Jugendarbeit, Publizistik, Finanzen, Recht/Verwaltung/Organisation. In die Kommissionen und Ausschüsse wurden nicht nur Theologen, sondern auch Gemeindeglieder berufen. Als weiteres Arbeitsinstrument wurde 1974 die Theol. Studienabteilung eingerichtet.

Auch wenn das Vorhaben der Eisenacher Delegiertenkonferenz 1979, den BEK zu einer »Vereinigten Evangelischen Kiche in der DDR« zusammenzuführen, an der fehlenden Mehrheit in der Synode Berlin-Brandenburg scheiterte, beschloß die Bundessynode 1985 eine »Gemeinsame Erklärung zu den theologischen Grundlagen der Kirche und ihrem Auftrag in Zeugnis und Dienst« und bezeichnete die Gemeinschaft des Bundes »als Kirche im theologischen Sinn des Wortes«. Die besondere Zeugnis- und Dienstgemeinschaft im BEK führte nicht nur zur gemeinsamen Aufgabenwahrnehmung gegenüber der Ökumene und der Regierung der DDR (z.B. Grundsatzgespräch vom 6. 3. 1978, Gestaltung des Lutherjahres 1983), sondern auch zu für alle verbindlichen Arbeitsergebnissen, z.B. gemeinsames Pfarrerdienstgesetz, Rahmenplan für die kirchl. Arbeit mit Kindern und Jugendlichen, Leitsätze zum konfirmierenden Handeln, Grundsätze zur Teilnahme von Kindern am Abendmahl, Konzeptionen für die Ausbildung hauptamtlicher Mitarbeiter, Gottesdienst zur Eheschließung zwischen Christ und Nichtchrist. Von besonderer Bedeutung waren die jährlichen Bundessynoden. Sie vermittelten inhaltliche Leitlinien für die Arbeit des Bundes (1971: Kirche für andere – Zeugnis und Dienst der Gemeinde; 1973: Kirche nicht neben, nicht gegen, sondern im Sozialismus; 1974: Kirche als Gemeinschaft von Lernenden; 1977: Der Laie in Gemeinde und Kirche; 1984: Christliche Verantwortung für die Schöpfung; 1987: Bekennen in der Friedensfrage). Seit Anfang der 80er Jahre gehörten Aufgaben der Friedensverantwortung, seit 1985 zusätzlich Fragen des konziliaren Prozesses zu den regelmäßigen Arbeitsschwerpunkten. Durch ihre gesellschafts- und staatskritischen Äußerungen und Beschlüsse trug die Bundessynode wesentlich zur Wende von 1989 bei.

Lit.: Gemeinsam unterwegs, Dokumente aus der Arbeit des Bundes..., 1989; Kirche als Lerngemeinschaft, Dokumente aus der Arbeit des Bundes..., 1981; Mitteilungsblatt des Bundes der Ev. Kirchen der DDR, 1971-1991.

W. Nixdorf

Bund Deutscher Gemeinschafts-Diakonissen-Mutterhäuser

Gründungsdatum: 4. 4. 1922. Der »Bund« hatte sich von Anfang an zum Ziel gesetzt, neben der Förderung der weiblichen Diakonie innerhalb der deutschen → Gemeinschaftsbewegung die bibl. → Bekehrung zur Hauptbedingung für die Aufnahme von Schwestern zu machen. Neben dem → Deutschen Gemeinschaftsdiakonieverband gehört der Bund zum → Evangelischen Gnadauer Gemeinschaftsverband. Im Juni 1991 erfolgte die Wiedervereinigung des Bundes Ost und West. Gegenwärtig gehören folgende Diakonissenmutterhäuser dazu:

- Mutterhaus Salem-Lichtenrade in Bad Gandersheim,
- Mutterhaus Kinderheil in Bad Harzburg,
- Diakonissenhaus St. Michael in Berlin,
- Diakonissenhaus Lobetal in Lübtheen/Mecklenburg,
- Diakonissenhaus Zion in Aue/Sachsen,
- Diakonissenhaus Puschendorf bei Nürnberg,
- Mutterhaus Aidlingen in Württemberg,
- Mutterhaus Liebenzell in Württemberg,
- Diakonissenhaus St. Chrischona bei Basel.

In diesen Mutterhäusern tun rund 2.000 Diakonissen ihren Dienst der Liebe in Tat und Wort: in der tätigen Diakonie und in der Verkündigung des Evangeliums in vielfältiger Ausprägung.

M. Gresing

Bund evangelisch-reformierter Kirchen in Deutschland → Reformierter Bund

Bund evangelisch-freikirchlicher Gemeinden → Baptisten; → Elim-Gemeinden; → Versammlung, christliche

Bund Freier evangelischer Gemeinden

a) in Deutschland

1. Geschichte

Ihre geistl. Wurzeln haben die Freien ev. Gemeinden in den Erweckungen des 19. Jh.s. Sie entstanden zuerst in der Schweiz und in Frankreich und 1854 durch Hermann Heinrich → Grafe auch im Wuppertal. Die Lehre von der → Gemeinde und dem → Abendmahl als Mahlgemeinschaft der Glaubenden führte zur Trennung von der Volkskirche. 1950 hatte sich aus polit. Gründen der B.F.e.G. in der DDR gebildet. Nach der Wiedervereinigung gliederte er sich am 1. 1. 1991 mit 20 Gemeinden, knapp 900 Mitgliedern und 14 Pastoren wieder in den B.F.e.G. Deutschlands ein.

2. Gemeindeverständnis

Die Bibel gilt als das vollkommene Wort Gottes und soll den Glaubensinhalt und das Leben ordnen. Darum ist den Freien ev. Gemeinden das NT normativ für ihr Gemeindeverständnis. In Gemeinden von Glaubenden soll die ntl. Beschreibung der Gemeinde als Leib des Christus sichtbar werden. Als Voraussetzung für die Mitgliedschaft wird das persönliche Bekenntnis zu Jesus Christus erwartet.

Die → Taufe von Glaubenden wird gelehrt und praktiziert. Weil aber der Einigkeit der Gemeinde Vorrang vor der Einheit in Lehrmeinungen gegeben wird, soll auch die Gewissenshaltung derer respektiert werden, die ihre Kindertaufe als gültig ansehen.

Am Abendmahl kann teilnehmen, wer seines Heils in Christus gewiß ist und nicht gegen die Gebote Jesu lebt.

Der Dienst von Pastoren und → Ältesten ist üblich, begründet aber keine Hierarchie, sondern ist in das allgemeine Priestertum der Glaubenden eingeordnet.

3. Strukturen

Die Gemeinden entsprechen dem kongregationalistischen Gemeindebild und verantworten ihre Aufgaben selbständig. Die Finanzierung geschieht durch freiwillige Spenden.

Untereinander pflegen die Gemeinden eine freiwillige, enge Gemeinschaft gemäß der Präambel ihrer Verfassung: »Der Bund Freier evangelischer Gemeinden ist eine geistliche Lebens- und Dienstgemeinschaft selbständiger Ortsgemeinden.«

4. Zahlen und Dienste

1992 zählt der Gemeindebund über 300 Ortsgemeinden, 27.000 Mitglieder, die auf Grund ihres persönlichen Bekenntnisses aufgenommen wurden, und etwa 250 Pastoren im aktiven Dienst. Zu den Gottesdiensten kommen mehr als 30.000 regelmäßige Besucher.

Der gemeinsame Dienst geschieht u.a.

- in der »→ Allianz-Mission im Bund Freier evangelischer Gemeinden« mit ca. 130 Missionaren/innen,

- der Inlandmission mit über 30 Pastoren,
- den diakon. Werken »Bethanien« in Solingen und »Elim« in Hamburg,
- dem Frauen-, Jugend- und Kinderwerk,
- dem Theol. Seminar in Ewersbach bei Dillenburg,
- dem Bundesverlag in Witten.

5. Zwischenkirchliche Beziehungen

Freie ev. Gemeinden betrachten sich als Teil der Gesamtgemeinde Jesu und pflegen Gemeinschaft innerhalb der Evangelischen → Allianz und der Vereinigung Evangelischer Freikirchen.

Das zwischenkirchl. Gespräch findet vor allem auf der Ebene der → Arbeitsgemeinschaft Christlicher Kirchen (ACK) statt, in der sie Gastmitglied sind. Zum Ökumen. Rat der Kirchen unterhalten sie keine Beziehungen.

Lit.: K. Bussemer: Die Gemeinde Jesu Christi, 1976; E.W. Erdlenbruch, H.-A. Ritter: Freie evangelische Gemeinden, 1990; W. Haubeck, G. Hörster: Berufen zum Diener des Wortes Gottes, 1987; Ein Act des Gewissens. Dokumente zur Frühgeschichte der Freien evangelischen Gemeinden, 2 Bde., hg. von W. Dietrich, 1988; H. Lenhard: Die Einheit der Kinder Gottes, 1977.

K.H. Knöppel

b) in der Schweiz

1. Geschichte

Karl von Rodt (1805-1861) wurde von der Erweckungsbewegung in Genf geprägt. Er schloß sich in Bern einer kleinen Gruppe an, der »Eglise de Dieu« (1829). Die Absonderung von der Staatskirche bewirkte, daß er von der Regierung verbannt wurde. Nachdem ein Umschwung in Bern 1831 die Glaubens- und Gewissensfreiheit brachte, kehrte von Rodt zurück. In der Stadt und der Umgebung gründete er die ersten Freien Gemeinden. Ein Bund entstand 1834 und umfaßte drei Jahre später 45 Ortsgemeinden. Etwa ab 1850 wurden diese »Freie Evangelische Gemeinden« genannt. Eine ähnliche Entwicklung ging von Stephan Schlatter (1805-1880) in St. Gallen aus. 1877 kam es zur Gründung eines Bundes in der gesamten Deutschschweiz. Nachdem um die Jahrhundertwende die Aktivitäten erloschen waren, wurde 1910 der bis heute bestehende B. neu gegründet.

Die Arbeit von Karl von Rodt hatte Ausstrahlung in viele Teile Europas und gab dazu Anlaß, daß 1948 der »Internationale Bund Freier ev. Gemeinden« in Bern gegründet wurde.

2. Lehre und Praxis

Grundlage ist die Bibel, das von Gott inspirierte Wort. Ein Mensch wird allein durch den Glauben an Jesus und sein Erlösungswerk gerettet. Im geistl. Leben soll der Christ ständig wachsen. Dazu kommt, daß er in Wort und Tat das Evangelium in der Welt bekannt macht.

Es werden nur gläubige Menschen getauft. Die Gläubigentaufe wird als Schritt des Gehorsams erwartet, ist aber nicht Voraussetzung für die Gemeindezugehörigkeit. Am → Abendmahl können alle teilnehmen, die sich zu Jesus Christus bekennen.

3. Struktur

Die Gemeinden werden von → Ältesten geleitet, zu denen auch der Verkündiger gehört. Jede Ortsgemeinde ist ein selbständiger eingetragener Verein. Dies ermöglicht große Entfaltungsmöglichkeiten, aber auch Unterschiede zwischen den Gemeinden. Der B. hat nur beratende und keine bestimmende Funktion.

Der B. ist ebenfalls als Verein organisiert. Oberste Instanz ist die Delegiertenkonferenz. Jede Gemeinde entsendet zwei Delegierte und den/die vollamtlichen Verkündiger. Ausführendes Organ ist die Bundesleitung.

4. Statistik

55 Gemeinden mit 46 Zweigstellen haben ca. 6.000 Mitglieder. Dazu kommen etwa 3.500 junge Menschen. Bundeswerke sind: Europamission, Inlandmission, Kinder- und Jugendarbeit, Medienarbeit, Kinderheim, Jugendhaus, Alten- und Pflegeheim, Bauhilfsgenossenschaft.

Lit.: A. Mauerhofer: Eine Erweckungsbewegung im 19. Jahrhundert, 1987.

S. Nüesch

Bundesbuch → Pentateuch

Bunsen, Christian Carl Josias, Freiherr von (1791-1860)

B., geb. am 25. 8. 1791 in Korbach, gest. am 20. 11. 1860 in Bonn. Als Freund → Friedrich Wilhelms IV. war er preußischer Diplomat in Rom, Bern und London, ein weit gebildeter und interessierter

Mann. 1841 glückte ihm durch geschickte Verhandlungen die Errichtung des preußisch-englischen Bistums Jerusalem. In Rom gründete er die deutsche ev. Gemeinde und komponierte für sie eine eigene Liturgie, in England gab er nach dem Vorbild des → Book of Common Prayer das »Allgemeine ev. Gesang- und Gebetbuch« der Gemeinde in die Hand. Ansonsten war er eher liberaler Gesinnung und für Gewissens- und Glaubensfreiheit, gegen F. Stahl Befürworter der Union in Preußen. Immer setzte er sich für eine »Gemeindekirche« anstelle der Amtskirche ein, schrieb in seinen letzten Lebensjahren an einem »Bibelwerk für die Gemeinde« und wirkte mit bei der Begründung der Deutschen Ev. → Allianz.

Lit.: E. Geldbach: Reform der Kirche, in: ZRGG 27, 1975, 153-165.

G. Ruhbach

Bunyan, John (1628-1688)

Der am 28. 11. 1628 in Elstow bei Bedford getaufte Sohn eines Kesselflickers ist einer der einflußreichsten Erbauungsschriftsteller der Neuzeit. Mit 16 Jahren nahm er am von 1642-48 währenden Bürgerkrieg teil und stand auf der Seite der Parlamentspartei. In den Streitkräften der → Puritaner wimmelte es damals von schwärmerischen Vorstellungen. B. erlebte auf diese Weise die rel. Vielfalt des Puritanismus. 1647 heiratete er. Seine Bekehrung zum Christen fand unter langen Anfechtungen zwischen 1650 und 1655 statt. Er beschrieb sein inneres Werden in »Grace Abounding to the Chief of Sinners« (1666). Geistl. wurde er begleitet von der Gemeinschaft der Independents in Bedford unter Leitung des John Gifford, der B. auch taufte. Dennoch vertrat B. später die Wiedertaufe nicht.

Nachdem Karl II. 1660 das Haus der Stuarts wieder installieren konnte, ist die Zeit der Independenten vorbei. 1662 erfolgt im Act of Unity die Wiederherstellung der englischen Staatskirche und die allgemeine Verpflichtung auf das → Book of Common Prayer. B. wurde in den folgenden Jahrzehnten wiederholt inhaftiert, durfte aber an Gemeindeversammlungen teilnehmen und wurde, noch inhaftiert, 1672 zum Pastor der Bedforder Gemeinde gewählt. In der Haft schrieb er mehrere Erbauungsbücher, so 1680 »The Life and Death of Mr. Badman« und »Pilgrim's Progress« (1678). Dies Buch, in dem B. den Weg des Christen in der Welt beschreibt, verbreitete sich außergewöhnlich rasch, wurde noch zu B.s Lebzeiten ins Französische und Holländische, später in über 200 Sprachen übersetzt (dt. zuerst 1751; zahlreiche Neuübersetzungen im 19. Jh.). Jeder Christ, ob gebildet oder nicht, kann sich in der erfahrungsbezogenen Offenheit der Gestalt des »Christ« wiederfinden. Berühmt geworden, konnte B. ohne Behelligung seitens der Behörden fortan große Versammlungen der Independenten abhalten. Am 31. 8. 1688 starb er in London.

Lit.: The Whole Works of John Bunyan, hg. von George Offor, 3 Bde., 1853-1862.

J. Bunyan: Überreiche Gnade für der Sünder größesten, 1666, übers. und erläutert von E. Hirsch, 1966; ders.: Pilgerreise zur seligen Ewigkeit, 1975; R.L. Greaves: John Bunyan, 1969; Chr. Hill: A turbulent, Seditious and Factious People, John Bunyan and his Church 1628-1688, 1988; E.H. Pältz: John Bunyan. Ein Pilgrim Gottes, 1956; R. Sharrock: John Bunyan, ²1968.

H.-J. Hoeppke

Burckhardthaus

Seit 1. 6. 1992 sind die beiden Burckhardthäuser in Gelnhausen und Berlin/Potsdam als »Evangelisches Institut für Jugend- und Sozialarbeit e.V.« wieder unter einem gemeinsamen Dach. In Berlin/Potsdam wird der Aufbau und die Entwicklung von Jugendarbeit in den neuen Bundesländern im Vordergrund stehen. Ansonsten geht es auch dort wie in Gelnhausen um bundeszentrale, berufliche Fort- und Weiterbildung primär hauptamtlicher Mitarbeiter/Mitarbeiterinnen in der Kirche (und bei anderen Trägern). Die berufsbegleitenden, zumeist qualifizierenden Langzeitprogramme orientieren sich an folgenden Schwerpunkten:

- Beratung und Supervision
- Sozial- und Jugensozialarbeit
- Theologische Fortbildung (und Bibliodrama)
- Kulturelle Bildung (Dialog von Kirche und Kunst).

Durchgehende Bezugspunkte aller Programme sind neben dem Bezug zur Jugendarbeit und der Orientierung an den Bedingungen im Gemeinwesen frauen- und mädchenspezifische Fragen und die ökumen. Dimension.

Die Ursprünge des B.es liegen in dem 1893 in Berlin von Pfarrer Johannes Burckhardt gegründeten »Vorständeverband der evangelischen Jungfrauenvereine Deutschlands«. Die Jugendverbandsarbeit für die weibliche Jugend verbindet sich mit dem B. (Gründungmitglied des YWCA) ebenso wie die Ausbildung von Gemeindehelferinnen (1901 beginnt Burckhardt die Ausbildung von »Berufsarbeiterinnen der Inneren Mission«; 1926 wird diese Arbeit in die von Anna Paulsen und Wilhelm Thiele geleitete »Bibel- und Jugendführerschule« überführt). Das ist der Beginn weiblicher beruflicher Sozialarbeit.

Die Verbandsarbeit wird nach 1945 an die Landeskirchen abgegeben, und 1971 wird auch die Ausbildung von Gemeindehelferinnen eingestellt und die Umwandlung zum Fortbildungsinstitut für kirchl. Mitarbeiter/Mitarbeiterinnen aus unterschiedlichen Grundberufen vollzogen. Geblieben ist das Bemühen, christl. Glauben und soziale Not konkret aufeinander zu beziehen - im ständigen Dialog zwischen Theologie und Humanwissenschaften.

Lit.: P. Musall: Vom Vorständeverband zum Institut (Jahresbericht 1978); B. Thiele: Jugendarbeit als Spiegel des Zeitgeschehens, 1968.

P. Musall

Bürgerrechte → Menschenrechte

Bürgertum

Nach dem Niedergang des Städtewesens im weström. Reich keimten seit dem 11. Jh. in Europa neue Stadtgemeinden auf, die an antike Traditionen anknüpften. Das europäische B. wuchs v.a. im 12. und 13. Jh. aus Fernhandel und Handwerk empor, indem es gegen feudale Stadtherren die Selbstverwaltung durchsetzte. Inmitten der Naturalwirtschaft legte es den Grund zur Geldwirtschaft und durchbrach mit der städtischen Autonomie auf genossenschaftlicher Grundlage die herrschaftlich organisierte Feudalordnung.

Mit → Humanismus, → Renaissance und → Reformation erreichte das B. in weiten Teilen Europas eine geistige Führungsrolle und die wirtschaftl. Vormachtstellung. In der frühbürgerlichen Bewegung des 16. Jh.s stellte es die führende Kraft in der Gesellschaft dar, ohne jedoch die polit. Macht an sich bringen zu können. Gegenüber der adlig-höfischen bildete sich die bürgerliche Kultur aus.

In der europ. Aufklärung des 18. Jh.s erhob sich das B. zu neuem Selbstbewußtsein und bildete in Philosophie und Rechtswissenschaft ein gegen den Absolutismus gerichtetes System von Theorien aus, wobei die Menschen- und Bürgerrechte, die Lehre von der Gewaltenteilung und die Idee der Volkssouveränität hervorgebracht wurden. Nach der Glorreichen Revolution 1688 in England und der amerikanischen Unabhängigkeit 1776 brachte die Französische Revolution 1789 erstmals in Europa den »dritten Stand« an die polit. Macht und die bürgerlichen Ideale von Freiheit und Gleichheit zum Durchbruch. Seitdem drängten Liberalismus und demokratische Bewegung zum bürgerlichen Verfassungsstaat, der zumeist auf dem Wege der Reform von oben verwirklicht wurde. In ihm wurde die bürgerliche Freiheit auf alle »Staatsbürger« ausgedehnt.

Im Zuge der industriellen Revolution steigerte das B. die Geldwirtschaft zum voll entfalteten → Kapitalismus, die Industrialisierung brachte die Industriegesellschaft hervor, in der die nicht bewältigte »Soziale Frage« sozialistische Bewegungen aufkeimen ließ. Unter ihnen wurde der Marxismus zur stärksten Herausforderung der »Bourgeoisie«. Die technologische Fortentwicklung brachte jedoch den Rückgang der Arbeiterschaft und ihre Verbürgerlichung mit sich.

Obwohl die bürgerliche Gesellschaft in der zweiten Hälfte des 20. Jh.s von systemkritischen Bewegungen von innen heraus in Frage gestellt und in ihrem Selbstverständnis als »spätbürgerlich« verunsichert wurde, erscheint ihr Fortbestand besonders nach dem Zusammenbruch des sowjetisch-sozialistischen Ostblocks 1990/91 gesichert. Die in der europäischen Stadt des Mittelalters geborene bürgerliche Kultur und Zivilisation hat mit ihren im 19. Jh. geschaffenen Grundlagen von Konstitution und Maschine nach dem Zweiten Weltkrieg ihren Einfluß auf die gesamte Welt bewiesen, dabei aber auch mit der Entstehung verbürgerlichter Eliten und mit der Industrialisierung in außereuropäischen Gebieten gewachsene Strukturen zerstört.

Lit.: K.D. Bracher: Ende des bürgerlichen Zeitalters?, in: Aus Politik und Zeitgeschichte, Beilage zu »Das Parlament« B 48/1978; O. Gmelin: Naturgeschichte des Bürgers, 1929; G.W.F. Hegel: Die bürgerliche Gesellschaft, in: Grundlinien der Philosophie des Rechts, 1821 (1976); W.H. Riehl: Die bürgerliche Gesellschaft, (1851) 1976.

K. Blaschke

Burgunder → Germanen, Christianisierung der

Busch, Johannes (1905-1956)

B., geb. am 11. 3. 1905 in Wuppertal, gest. am 14. 4. 1956 in Bochum nach einem Autounfall bei einer Dienstfahrt. Aufgewachsen in Frankfurt/M. Die geistl. Wurzeln lagen (über den Vater Pfr. Dr. Wilhelm Busch) im Baseler und im rheinischen und (über die Mutter Johanna, geb. Kullen) im schwäbischen → Pietismus.

Nach dem Theologiestudium in Bethel, Tübingen, Basel, Münster (K. Barth) wurde B. 1930 Pfarrer in einem Bergarbeiterbezirk von Witten/Ruhr. Als aktives Glied der Bekennenden Kirche im Kirchenkampf wurde B. zum Bundeswart des Westdeutschen Jungmännerbundes und später zum Landesjugendpfarrer von Westfalen berufen. Nach seiner Rückkehr aus engl. Kriegsgefangenschaft wurde B. zum sog. »Reichs-Evangelisten« und »Reichs-Seelsorger«. Neben Predigten, Evangelisationen, Rüstzeiten und Vortragsdiensten war es B. wichtig, einzelnen zum Glauben zu helfen. Für B.s Verkündigung waren bezeichnend: Ehrfurcht vor der Bibel, das Liebmachen des Heilandes der Sünder, der Aufruf zum brennenden missionarischen Einsatz. B. war ein demütiger und zugleich vital-fröhlicher Christ, voll Erbarmen mit einzelnen Suchenden. Sein Einsatz galt dem »freien Werk in der Kirche« und der Mitverantwortung des Laien in der Kirche.

Lit.: J. Busch: Stille Gespräche. Seelsorger für Mitarbeiter, [13]1985; W. Busch: Johannes Busch. Ein Botschafter Jesu Christi, 1956.

R. Scheffbuch

Busch, Wilhelm (1897-1966)

B., geb. am 27. 3. 1897 in Elberfeld, gest. am 20. 6. 1966 in Lübeck auf der Rückreise von einem Evangelisationseinsatz auf Rügen; älterer Bruder von Johannes → B. (gemeinsame geistl. Wurzeln vgl. dort). Im Ersten Weltkrieg wurde B. als Freiwilliger und Offizier, vor Verdun »von Jesus persönlich ergriffen«. Nach dem Theologiestudium in Tübingen (bei A. Schlatter und K. Heim) war er ab 1924 38 Jahre Pfarrer in Essen/Ruhr, zuerst in einer Bergarbeitergemeinde, dann ab 1930 Jugendpfarrer und Leiter des Weigle-Hauses.

Im Ringen um die unverfälschte Wahrheit des bibl. Evangeliums und um die Freiheit ev. Jugendar-

beit wurde B. ein kompromißloser Vorkämpfer der Bekennenden Kirche (mehrfach inhaftiert; Reichsredeverbot). B.s evangelistische Gabe bestand darin, das bibl. bezeugte Heilsangebot theol. verantwortet, packend-anschaulich, fröhlich-werbend, gewissen- und glaubensweckend in Rede, Buch (Andachtsbücher, Predigtbände, Lebensbilder) und in aufrüttelnden Zeitschriftenartikeln weiterzugeben und das auch einem Schülerkreis (Parzany, Demmer, Währisch, Teschner, Eißler, W. Scheffbuch u.a.) zu vermitteln. B. war als Evangelist, als Leiter der Essener »Tersteegen«-Glaubenskonferenz, als Schriftleiter des auflagenstarken Monatsblattes »Licht und Leben«, als evangelistischer Schriftsteller so etwas wie der »geheime Präses« des deutschen → Pietismus und zugleich ein prophetisch-kritischer »Rufer zur Sache« des Evangeliums im Nachkriegsprotestantismus.

Lit.: W. Busch: Verkündigung im Angriff. Gesammelte Aufsätze über Jugendarbeit, Kirche, Theologie und Pietismus, hg. von H. Währisch, 1968; W. Busch: Jesus unser Schicksal, [32]1992, auch in engl., franz., ital.; U. Parzany: Im Einsatz für Jesus. Programm und Praxis des Pfarrers Wilhelm Busch, 1973.

R. Scheffbuch

Buße

a) biblisch

»Buße«, »Buße tun« ist Luthers Wiedergabe der bibl. Begriffe, die ein Sich-Hinwenden des eigenwilligen Menschen, und vor allem des abtrünnigen Volkes, zu Gott bedeuten.

1. Im AT wird der Vollzug der B. durch das Verbum *schūb* (LXX *epistrephō*) beschrieben, das nicht etwa in übertragenem Sinn ein Bereuen, sondern das konkrete, ursprünglich räumlich gedachte »Sich-Abwenden« (*schūb min* = *apostrephō*) vom Bösen (Jer 18,8; 44,5; Hes 14,6; 18,21.30), besonders vom Götzendienst (Hes 14,6), voraussetzt. Der Ruf zur B. ist ein besonderes Kennzeichen israel. Frömmigkeit und der prophetischen Verkündigung, vor allem bei Jeremia und Hesekiel (Jer 3,14; 4,1; 8,4-7; vgl. Klgl 5,21; Hes 3,16-21; 18,31f; Jes 10,22; 55,7; Hos 14,2-4; Joel 2,12f); er läßt erkennen, daß eine bloß rituelle Sühne, etwa durch ein Schuldopfer (3Mo 4), nicht ausreicht. Aber für echte B. und sittliche Erneuerung werden die Reue Gottes, sein gnädiges Erbarmen in Aussicht gestellt (Joel 2,12-27; Jes 55,7). Ausdruck einer öffentlichen B. waren das → Fasten und das Tragen eines härenen Bußgewandes (*saq*), sowie das Zerreißen der Kleider (Joel 2,13). In besonderen Nöten konnte ein → Buß- und Bettag gehalten werden; auch sind Bußliturgien und Bekenntnisse des ganzen Volkes überliefert (Hos 6,2ff; Jes 63). Letztlich ist die Umkehr Israels das Werk Gottes, der das Geschick seines Volkes wendet (Jer 31,18.20; vgl. 30,3.18; 33,7.11).

2. Im Judentum wurde das Nomen *teschūbāh*, »Umkehr«, »Buße« geprägt. Von der B. bestimmt sind das Neujahrsfest (1. Tischri) und der Große Versöhnungstag (10. Tischri), sowie die zwischen ihnen liegenden Tage. Die Bedeutung der B. wird auch daran ersichtlich, daß sie zu den präexistenten Größen gehört. Eine Bußbewegung hat zur Bildung der sogenannten Qumrangemeinde geführt, wobei die einzelnen Bußwilligen die Abkehr vom Bösen durch den Auszug aus dem Kulturland und die Hinwendung zu Gott durch gewissenhafte Erfüllung der Tora bekräftigten (CD 4,2f; 1 QS 5,1ff). Den Qumranfrommen nahe stand Johannes der Täufer, der wegen des drohenden Gerichts zur B. rief, aber die Früchte der B. auch im weltlichen Stand und Beruf bringen hieß (Mk 1,4f; Lk 3,12-14).

3. Im NT wird die B. vor allem durch die griech. Wörter *metanoein, metanoia* ausgedrückt, die das Umkehren im Sinne eines Umdenkens und neuen Sich-Selbst-Verstehens bezeichnen. Buße-tun heißt bei Jesus Umkehren in die offenen Arme Gottes und Glauben an das in der messianischen Sendung begründete Evangelium (Mk 1,15; Mt 18,3; Lk 14,15-24; 13,1-3). Bei Paulus und Johannes tritt der Begriff B. zurück. Diese ist im Glauben an die Botschaft vom Kreuz mit vollzogen, die für die Juden ein Ärgernis und für die Griechen Torheit war und deshalb ein radikales Umdenken und Sich-Verlassen auf Gottes Weg erforderte.

Lit.: R. Hermann: »Buße«, RGG[3], I, 1534-38; O. Michel: ThWNT IV, 1943, 630-633; H. Wißmann, P. Welten, L. Jakobs, J. Becker, G.A. Benrath: »Buße I. - VI.«, TRE 7, 1981, 430-473.

O. Betz

b) theologiegeschichtlich

1. In der Alten Kirche

In nachapostol. Zeit ergab sich auf dem Hintergrund eines verkürzten Sünden- und Vergebungsverständnisses das Problem, wie innerhalb der Gemeinde mit Christen umgegangen werden sollte, die nach ihrer → Taufe und der damit geschenkten umfassenden Sündenvergebung erneut in Sünde gefallen waren. Für leichtere Sünden konnten im Anschluß an das öffentliche Sündenbekenntnis vor der Gemeinde die drei klass. Bußleistungen des Betens, Fastens und Almosengebens erbracht werden, die eine ewige Bestrafung abwenden würden. Schwieriger gestaltete sich das Problem bei den drei unvergebbaren Todsünden (Abfall vom Glauben, Mord und Ehebruch). Für diese Sünden wird erstmals in der Schrift »Hirt des Hermas« (um 140 in Rom entstanden) die Möglichkeit einer zweiten B. nach der Taufe eröffnet. Diese Schrift betont gleichermaßen die Barmherzigkeit Gottes, die auch für schwere Sünden eine umfassende Vergebung gewährt, wie andererseits den Ernst und die Strenge der B. Wurde nach dieser einmaligen Gelegenheit der B. erneut eine Todsünde begangen, dann ging der Sünder der ewigen Verdammnis entgegen.

Diese Sicht teilte auch → Tertullian (um 210), der seinerseits besonderen Wert auf die genugtuende Bußleistung legte und als erster eine gewisse Systematisierung der B. vornahm: Durch das Bekenntnis (*confessio*) wird die Genugtuung (*satisfactio*) »disponiert« und die B. (*paenitentia*) »geboren«, die wiederum Gott gnädig zu stimmen vermag. Die B. wurde von Tertullian als Werk verstanden, das eine sündentilgende Wirkung entfaltet.

Über dem Problem der kirchl. Handhabung der Bußzucht kam es in der ersten Hälfte des 3. Jh.s in Rom zu zwei Schismen. In der Auseinandersetzung zwischen Hippolyt und Bischof Calixt I. (217) ging es ebenso um den Vorwurf der bischöflichen Laxheit bei der voreiligen Gewährung der Vergebung, wie im Schisma zwischen dem röm. Presbyter Novatian und seinem Bischof Cornelius (251), bei dem es um die Frage der Wiederaufnahme von Abgefallenen während der decischen Verfolgung (250/251, → Christenverfolgungen) ging. Dasselbe Problem behandelte auch Cyprian von Karthago im Sinne einer gemäßigten Position, die eine grundsätzliche Vergebungsbereitschaft und Wiederaufnahme der Bußfertigen vertrat, freilich nicht ohne vorherige Bestrafung, Genugtuungsleistung und Bewährungszeit.Epochale Bedeutung für das kath. Bußinstitut bekam Cyprian aber durch seine Verknüpfung der Bußzucht mit dem Bischofsamt, dem von Jesus die Schlüsselgewalt des Lösens und Bindens übergeben worden sei (vgl. Mt 16,19).

Diesen Standpunkt vertrat auch 150 Jahre später Augustin: Nur die kath. Kirche habe das Recht, Sünden zu vergeben. Daher könne es auch nur innerhalb der Kirche das Heil geben. Augustin betonte neben der unbegrenzten Sündenvergebung vor allem auch den Strafcharakter der B., da für jede Sünde eine Genugtuung erbracht werden müße, wenn man der göttlichen Bestrafung entgehen wolle. Gleichwohl vertiefte Augustin das Sünden- und Bußverständnis dahingehend, als er auch die unser ganzes Leben begleitenden alltäglichen Sünden in ihrer Schwere und Vergebungsbedürftigkeit erkannte: Die Buße muß unser ganzes Leben durchziehen.

Eine Bußtheorie ganz eigener Art entwickelte im Osten Origenes. Sünde und Buße sind hier ein wesentlicher Teil des heilsgeschichtlichen Weltprozesses. Subjekt von Sünde und B. ist nicht nur der Mensch, sondern sind alle »Logoswesen«, also auch Engel und Dämonen, sogar der Satan selbst. Dieser Prozeß, der bereits in präexistenten Welten begonnen hat, erstreckt sich auch in künftige Welten hinein, in denen der reinkarnierte Sünder Gelegenheit hat, für die Verfehlungen seines vorigen Lebens B. zu tun (für die Sünde eines Tages muß mit einem Jahr Strafe gerechnet werden). Am Ende ewiger Weltzeiten steht für Origenes die »Wiederbringung aller Dinge« (Apg 3,21; → Allversöhnung), bei der alles in Gott zurückkehrt und vereint wird.

2. Im Mittelalter

Zu einer gewaltigen Ausweitung des Bußwesens kam es im Zuge des aufstrebenden Mönchtums. Mittels ständiger und strenger Selbstbeobachtung unter Anleitung eines Beichtvaters und Seelenführers (in der Regel Abt oder erfahrene Mönche) wurde das Bewußtsein der Sünde vertieft, so daß das gesamte Mönchsleben als B. galt. Seine Grundstimmung sollte die Trauer über die eigene Sünde sein. Ab dem 6. Jh. kam der Eintritt in das mönchische Leben einer zweiten Taufe gleich. Eine wesentliche Reform gegenüber der öffentlichen B. in der Alten Kirche bedeutete die Einführung der Privatbeichte durch das Mönchtum, die sich bald in der ganzen Kirche durchsetzte und die alte Form mehr und mehr verdrängte. Der Beichtvater fungierte dabei als Arzt und Richter, der die Seele des Sünders kurierte, indem er als Stellvertreter Gottes die Tilgung der Sünde durch eine bestimmte Bußleistung festlegte. Damit war die prinzipielle Wiederholbarkeit der B. und Vergebung vorgesehen. Die Übung der B. in der Privatbeichte wurde geradezu zu einem Kern mittelalterl. Frömmigkeit, so daß schließlich das IV. Laterankonzil (1215) es für jeden kath. Christen zur Pflicht machte, sich wenigstens einmal im Jahr in die Privatbeichte zu begeben.

Bei der Festsetzung der Bußleistungen konnte der Beichtvater auf eine immer größer werdende Zahl von – ursprünglich aus dem iroschottischen und angelsächsischen Mönchtum stammenden

→ Bußbüchern (*libri poenitentiales*) zurückgreifen, in denen für jede Sünde die entsprechende Strafe kasuistisch festgelegt war (die sog. Tarifbuße). Hinter dieser Verrechnung der einzelnen Sünden mit konkreten Genugtuungsleistungen wird der Einfluß germanischen Rechtsdenkens deutlich. Das Verhältnis zu Gott wurde als Rechtsverhältnis begriffen und die Tarifbuße erzeugte eine Rechtssicherheit gegenüber Gott und seinen strafenden Schicksalsschlägen sowie die Abwendung der ewigen Verdammnis bzw. die Milderung der Fegefeuerstrafen für die zeitlichen Sünden. Diese Verrechtlichung des Gottesverhältnisses ging so weit, daß Bußstrafen mit einer Sachleistung bzw. mit einem Geldbetrag abgegolten werden konnten. Damit war das Ablaßwesen geschaffen (→ Ablaß).

Angesichts der weitreichenden Bedeutung der B. im MA, nahm auch ihre theol. Reflexion einen immer breiteren Raum ein. Im Decretum Gratiani (um 1140) werden drei Teile der B. unterschieden, die für das kath. Bußinstitut bis heute konstitutiv geblieben sind: 1. die »Zerknirschung« bzw. Reue des Herzens (*contritio cordis*); 2. das Bekenntnis mit dem Mund (*confessio oris*); 3. die Genugtuung mit Werken (*satisfactio operis*). Die B. ist also im Wesentlichen ein Akt des Büßers, auf den der Priester mit der Absolution (»Ego te absolvo!«) im Namen Christi antwortet. Seit Thomas von Aquin wurde die B. endgültig zu den Sakramenten gezählt.

Die Bedeutung der B. im MA wird ferner durch die immer neu aufkommenden Bußbewegungen deutlich, die durch Europa zogen und zu neuem Bußernst aufriefen. Erwähnenswert sind dabei zum einen die Bettelorden (vor allem die Franziskaner) und zum anderen die in Folge von Pestepidemien entstehenden Geißlerbewegungen (→ Geißler), die eine öffentliche und blutige Selbstgeißelung praktizierten.

Angesichts derartiger Exzesse wurde im Spätmittelalter vermehrt Kritik an der sakramentalen Bußpraxis laut (→ Marsilius von Padua, John → Wicliff, Jan → Hus), und es ist bezeichnend, daß die → Reformation Luthers an der Kritik des kath. Bußverständnisses ihren Ausgang nahm.

3. In der Reformation

Die erste der 95 Thesen enthält bereits seinen reformat. Ansatz: »Unser Herr und Meister Jesus Christus wollte mit seinem Wort ›Tut Buße etc.‹ (Mt 4,17), daß das ganze Leben des Gläubigen Buße sei.« Die zweite These fügt an, daß sich diese B. nicht auf die sakramentale B. der Kirche beziehen könne. In diesen Sätzen kommt Luthers vertieftes Verständnis der Sünde zum Ausdruck. Er sah die Sünde nicht nur in einzelnen Akten lebendig, sondern verstand sie als eine Grundkonstante der menschlichen Natur nach dem Sündenfall, die in allem menschlichen Tun, auch im besten Werk, virulent ist. Dementsprechend sprengt es nicht nur die menschlichen Möglichkeiten, sie durch vermeintlich genugtuende Werke abzuleisten, sondern es wäre auch vor Gott der falsche, weil selbstrechtfertigende Weg. Die Vergebung der Sünde beruht einzig und allein auf der Zusage des Evangeliums, daß Christi Kreuzestod die Schuld des Menschen getilgt hat. Der Sünder soll und kann nicht mehr zu seinem Heil tun, als sich immer wieder neu glaubend auf diese Zusage zu beziehen. Die B. versteht Luther nicht als einen zweiten Gnadenakt Gottes gegenüber der Taufgnade, sondern als deren immer neue Aktualisierung. In der B., so ist die erste These zu verstehen, realisiert sich die christliche Existenz. Die Reue und der Glaube an die Verheißung sind für Luther die wesentlichen Elemente der B. (vgl. CA 12), die damit auch ihren sakramentalen Charakter verliert. In Reue und Glaube wird die Grundspannung christl. Existenz zwischen Gericht und Gnade, bzw. Gesetz und Evangelium im Leben des einzelnen lebendig.

Insofern hat die B. immer das Ziel, den Menschen aus der Selbstverzweiflung zur Gewißheit der Vergebung und des Heils zu führen. Deshalb soll der Glaubende nicht in Form endloser Selbstüberprüfung auf sich blicken, sondern sich an das Verheißungswort Jesu klammern, das allein gewiß ist. Weil aber Gott das Evangelium dem Menschen immer nur durch das äußere Wort der Schrift, der Predigt, der Sakramente oder des brüderlichen Trostes zusagt, sollen auch Beichte und Absolution als Form des Evangeliums erhalten bleiben (vgl. BSLK 449.453ff). Jedoch ist nach reformat. Verständnis jeder Christ dazu befähigt und berechtigt, die Beichte abzunehmen, die Vergebung zuzusprechen und Seelsorge zu üben.

Im sog. Antinomistischen Streit (1527 und 1536) widersprach J. → Agricola zunächst Melanchthons und später Luthers Auffassung, daß die B. ihren Anfang nehme im erschrockenen Gewissen angesichts der Predigt des Gesetzes. Demgegenüber vertrat er die Position, daß die B. mit der Beschämung angesichts der Gnade des Evangeliums einsetze. Agricola konnte sich mit dieser These allerdings nicht durchsetzen.

Von ganz anderen Voraussetzungen her entwikkelte H. → Zwingli in Zürich seine Bußauffassung. Die Ordnung der Privatbeichte und Absolution wurde abgeschafft und die Gemeinde auf die Möglichkeit verwiesen, im Gebet ihre Sünden direkt vor Gott zu bringen und sich auf die Absolutionszusage der Hl. Schrift zu berufen (nach 1Joh 1,9). Dagegen spielte in Bezug auf grobe Sünden und Ärgernisse die Kirchenzucht in Form des Bannes eine bedeutende Rolle, die Zwingli sogar als Aufgabe der weltlichen Obrigkeit betrachtete.

Der öffentlichen Bußzucht kam auch im Bereich des Täufertums eine wesentliche Bedeutung zu, da ihr hier die Aufgabe zufiel, mittels Bann und äußeren Strafen die Gemeinde rein zu erhalten (vgl. Artikel über den Bann in den → Schleitheimer Artikeln 1527).

Auch J. Calvin schaffte in Genf den Bußzwang ab und stellte die B. auf eine fakultative Basis. Er zog das allsonntägliche Schuldbekenntnis der Privatbeichte vor. Besonderes Gewicht legte Calvin dagegen auf die sichtbaren Früchte der B., d.h. auf die konkreten Fortschritte in der persönlichen Heiligung. Um diese zu fördern, spielte auch bei ihm die – ebenfalls mit Hilfe staatlicher Gewalt durchgesetzte – Kirchenzucht eine so wichtige Rolle, daß Calvin sie neben der evangelischen Wortverkündigung und der rechten Sakramentsverwaltung als drittes Kennzeichen der wahren Kirche rühmen konnte.

Ungeachtet dieser prot. Erneuerungen der B. schrieb der Katholizismus auf dem Reformkonzil von Trient das mittelalterl. Bußverständis fest. Zu einer wirklichen kath. Erneuerung des Bußwesens kam es durch → Ignatius von Loyola (1491-1556) und den von ihm gegründeten Jesuitenorden. In seinen »Exercitia spiritualia« (geistliche Übungen) leitet er anhand der Meditation des Lebens und Leidens Jesu zu einer methodischen und psych. Reflexion über die eigenen Sünden an. Ziel war allerdings nicht die Traurigkeit über die eigene Sünde, sondern die Reinigung der Seele zum Lob Gottes.

4. In Orthodoxie, Pietismus, Aufklärung und Neuzeit

Gegenüber dem sehr weitgefaßten reformat. Verständnis der B. als Grundvollzug christl. Existenz in Reue und Glauben als ständiger Aktualisierung der Taufgnade, erfährt die B. in der altprot. Orthodoxie eine gewisse Verengung, indem sie in den »Heilsweg« eingereiht wird. Sie gilt nunmehr nur noch als ein bestimmtes Moment im umfassenden Vorgang der → Bekehrung. Innerhalb des Bekehrungsvorgangs gelten die beiden Bußelemente Reue und Glaube nun als die menschliche Antwort auf die vorlaufende göttliche Heilszueignung.

Der → Pietismus betonte gegenüber einer gewissen theoretisierenden Verkrustung der B. verstärkt die praktische Erfahrbarkeit derselben sowohl bei der Bekehrung als auch im alltäglichen Umgang mit Sünde und Vergebung. Der reformat. Zusammenhang der einmaligen Umkehrbuße (→ Bekehrung) mit dem lebenslangen B.-Tun des Christen wird bei Ph.J. Spener durch die Unterscheidung zwischen der »großen« und der »kleinen« B. gewahrt. Hingegen droht er bei A.H. → Francke durch die im Vergleich zur altprot. Soteriologie analoge Beschränkung der B. auf den der Bekehrung vorhergehenden »Bußkampf« verloren zu gehen und auf ihr Element der Reue beschränkt zu werden. Diese Reduzierung der B. auf das Element der Reue verdichtete sich in der aufgeklärten und neuprot. Theologie des 18. und 19. Jh. zunehmend. Die B. wurde damit als eine vom Sünder zu erbringende Vorleistung zum ersten Teil der Bekehrung degradiert, der dann im zweiten Teil der von Gott geschenkte Glaube folgt.

Wie der Begriff der B. im Kontext des immanenten Weltbildes der Neuzeit verwendet wurde, ist exemplarisch bei W. Herrmann zu beobachten. Nach seiner Ansicht entsteht die B. unter dem sittlichen Erlebnis der Kraft und Güte der Person Jesu. Indem der Mensch von der personifizierten Macht des Guten in der Person Jesu überwältigt wird, beginnt er, ihr zu vertrauen und zu glauben. Er erfährt dabei seine eigene Unvollkommenheit und fängt an, sich gemäß dem sittlichen Vorbild Jesu in Gottes- und Nächstenliebe zu üben. Entsprechend den immanenten Voraussetzungen seiner Theologie redet Herrmann an keiner Stelle von einer wirklichen Tat Gottes im Vollzug der B. .

Dies hat umso mehr sein Schüler K. Barth getan. B. geschieht, indem Gott in Christus ganz für den Menschen ist und damit diesen zu einem Sein für Gott motiviert. War bei W. Herrmann überhaupt nicht von einem Handeln Gottes die Rede, so ist bei K. Barth der Sünder an seiner »Umkehr« (diesen Begriff verwendet Barth anstelle von B.) nicht mehr wirklich beteiligt. Die Umkehr des Sünders zu Gott ist nur in Christus stellvertretend vollzogen. In diese Umkehr Jesu Christi sind alle Menschen in einem ontologischen Zusammenhang einbezogen. Die Frage nach der menschlichen Aktivität im Vorgang der Umkehr bzw. der B. bleibt somit unbeantwortet. Konkret wird Barth erst wieder, wenn es um die Folgen dieser Umkehr geht. Diese sollen zu einem aktiven Engagement nicht nur im persönlich-rel. oder kirchl. Bereich, sondern auch in Gesellschaft und Politik führen.

Lit.: K. Barth: KD IV/2, 1955; ders.: IV/4, 1967; H. v. Campenhausen: Die Schlüsselgewalt der Kirche, EvTh 4 (1937), 143-169; ders.: Kirchliches Amt und geistliche Vollmacht in den ersten drei Jahrhunderten, ²1963;

S. Hausammann: Buße und Umkehr und Erneuerung von Mensch und Gesellschaft, 1974; W. Herrmann: Die Buße der ev. Christen, in: ders.: Gesammelte Aufsätze, hg. von F.W. Schmidt, 1923, 28-81; H. Karpp: Buße und Ablaß im Altertum und Mittelalter, ThR 21 (1953), 121-136; B. Poschmann: Paenitentia secunda. Die kirchliche Buße im ältesten Christentum bis Cyprian und Origenes, (1940) 1964.

V. Gäckle

c) systematisch-theologisch

Zu B. kommt es, wo ein Mensch im Licht des Wortes Gottes seine → Sünde erkennt (Röm 3,20; 7,7), aufgrund der Anklage seines Gewissens bereut (Lk 15, 17 »Da schlug er in sich«; Apg 2,37 »Als sie das hörten, ging es ihnen durchs Herz«), sie vor Gott bekennt (Ps 32, 3-5; 38, 19; 1Joh 1,9, vgl. → Beichte) und im Vertrauen auf Gottes Güte um Vergebung bittet (Mt 6,12; Lk 15,18.21).

Solche B. steht am Anfang des christl. Lebens (→ Bekehrung), wird aber, um der bleibenden Sündhaftigkeit auch des Glaubenden willen (Röm 7,14ff; 2Kor 7,9; 12,21; Jak 5,18f; vgl. Lk 17,3f; Offb 2-3) immer wieder nötig (Mt 6,12 steht nicht zufällig die Bitte um Vergebung neben der um das tägliche Brot in V.11). Um der theol. Klarheit willen empfiehlt es sich, die wiederholte B. auch begrifflich von der einmaligen B. (=Bekehrung) zu unterscheiden.

B. und Vergebung sind der Grundvollzug der ständigen geistl. Erneuerung des Christen, aus der stets neu die Bereitschaft zur Hingabe des Lebens im → Dienst für Gott erwächst (Röm 12,2). Als Neinsagen zur eigenen Sünde ist B. Trauer über sich selbst. Als Antwort auf die in Christus offenbare Güte Gottes (Röm 2,4) ist B. Freude an Gott.

Lit.: A. Schlatter: Das christliche Dogma, ³1977 (§ 70-71 Die Reue; § 116 Die Reue und der Glaube; § 117 Die Gemeinsamkeit der Buße; § 119 Die Verbundenheit der Liebe mit dem Glauben und der Reue); J. Schniewind: Die Freude der Buße. Zur Grundfrage der Bibel, 1956.

H. Burkhardt

Bußbücher

B. sind für die Hand des Beichtvaters gedachte Kataloge mit präzisen Angaben einer Buße für eine bestimmte Sünde, zum Beispiel Fasten, Gebete, Züchtigungen, Geldstrafen u.a. Die älteren B. sind in den Klöstern Irlands, Englands und Schottlands seit 450 nachweisbar. Im 7. und 8. Jh. wurden sie präzisiert und mit der iroschottischen Mission auch auf den Kontinent gebracht. Da die verschiedenen B. die einzelnen Sünden unterschiedlich beurteilten, herrschte im MA beträchtliche Unsicherheit in der Beichtpraxis. Die Karolingische Reform und Papst Gregor VII. versuchten zwar, zu Vereinheitlichungen zu kommen, aber vergebens. Erst das Decretum Gratianum um 1140 beendete die Tradition der B.

So problematisch die Verdinglichung der Sündenstrafen war, so haben die B. doch zur Verfeinerung des Gewissens beigetragen. Hist. gesehen sind sie wertvolle Zeugnisse für die Beichtpraxis und Sittengeschichte ihrer Zeit.

Lit.: F. Liebermann: Zu den Bußbücher der lateinischen Kirche, in: ZSavRGkan 10, 1920, 292-301; H.J. Schmitz: Bußbücher und die Bußdisziplin der Kirche I/II, 1883, 1898.

G. Ruhbach

Buß- und Bettag

Neben dem B., wie er allgemein von ev. Christen am Mittwoch vor dem Ewigkeitssonntag begangen wird, sind in manchen Landeskirchen noch weitere B.e üblich. Ihr Ursprung liegt in den Quatembertagen (von lat. *quattuor tempora*, »vier Zeiten«), die ihrerseits an heidnisch-röm. Ernte- und Aussaattage anknüpfen und auf den Beginn der Jahreszeiten bezogen sind; sie werden heute von der kath. Kirche in der ersten Woche der Fastenzeit, in der Woche vor → Pfingsten, in der ersten Oktoberwoche und im Advent begangen.

Obwohl Luther an diesem Brauch Kritik übte, knüpften Kirchenordnungen der Reformationszeit daran an und schrieben B.e vor, die häufig zu den überlieferten Zeiten, mancherorts auch monatlich, begangen wurden. Die gesamte Bevölkerung wurde angesichts aktueller Notstände und Bedrohungen (z.B. bei Kriegsgefahr) zu → Buße und → Gebet aufgerufen. Dieser Sinn trat später zurück zugunsten eines stärker auf den einzelnen bezogenen Verständnisses; es wurde üblich, den Tag zum Abendmahlsgang und zur Gewissensprüfung zu nutzen. Der heutige B. geht auf Vorschläge der Eisenacher Konferenz ev. Kirchenleitungen von 1853 und 1878 zurück, die 1893 von den meisten deutschen Landeskirchen übernommen wurden. Die gottesdienstl. Lesungen aus Röm 2,1-14 und Lk 13,(1-5) 6-9 stimmen im Ruf zur Buße (kein Ansehen der Person vor Gott; Gleichnis vom Feigenbaum) überein.

Der schweizerische »Eidgenössische Dank-, Buß- und Bettag« wurde auf Beschluß der Tagsatzung seit 1797 jeweils am 17. September begangen und 1832 auf den dritten Sonntag im September verlegt. Er war gedacht als ein Tag »der frommen Andacht und ernsthaften Betrachtungen über den sittlichen Zustand des Volks« (Ph.A. Stapfer).

Lit.: R. Pfisterer: Kirchengeschichte der Schweiz, 1985; F. Schulz: Die Ordnung der liturgischen Zeit in den Kirchen der Reformation, LJ 32, 1982, 1-24.

K.-H. Bieritz

Buxtehude, Dietrich (1637? -1707)

Der Organist und Komponist B. wurde wahrscheinlich 1637 in Oldesloe (Holstein) geboren und starb am 9. 5. 1707 in Lübeck. Er war Sohn des Lehrers und Organisten Johannes B., der ihn auch unterrichtete. Seit 1660 war B. Organist an der Deutschen Kirche St. Marien in Helsingör. Seit 1666/67 sind erste Kompositionen nachweisbar. 1668 übernahm er das Organistenamt an St. Marien zu Lübeck, 1669 auch das Amt des »Werkmeisters« (leitender kirchl. Verwaltungsbeamter). Am 3. 8. 1668 heiratete er Anna Margareta Tunder, eine Tochter seines Vorgängers im Organistenamt, Franz Tunder.

Zu B.s Pflichten als Organist gehörten das Spielen zum Eingang und Ausgang der Gottesdienste (Choralbegleitung in Lübeck war damals unüblich) sowie zur Kommunion. Dazu waren die sog. »Abendmusiken« und besondere Musiken für die Kaufleute Lübecks seine Hauptaufgabe, für die wahrscheinlich der größte Teil seiner geistl. und weltlichen Kompositionen entstand, von denen ein großer Teil nicht erhalten ist.

Als künstlerisch bedeutend gilt neben dem Orgel- und Klavierwerk vor allem das Vokalwerk: Kantaten, Arien und Choräle (eine »Missa brevis«), überwiegend aus der Zeit von 1676 bis 1687. Die Werke der letzten 20 Lebensjahre fehlen.

B. wirkte über seinen Schüler Nikolaus Bruns (1665-1697), aber auch über Andreas Werckmeister (1645-1706), J.G. Walther (1684-1748) sowie über J.S. → Bach (1685-1750), der ihn 1705 besuchte, nach Nord- und Mitteldeutschland, blieb aber selbst ganz dem norddeutschen Raum, den er nie verließ, verhaftet - in seiner Kunst von schöpferischem Geist beseelt, ein einzigartiger und der letzte Zeuge des norddeutschen Musikbarock. Das Motto »Non hominibus, sed Deo« (»Nicht für Menschen, sondern für Gott«) zeugt von der luth. Auffassung, alles geschehe für Gott und sei Gottes-Dienst, auch wenn er mit weltlicher Musik die Herzen der Menschen erfreuen wollte.

Am 16. Mai 1707 wurde B. in der Lübecker Marienkirche beigesetzt.

Lit.: F. Blume: »Buxtehude«, MGG 2, 1989, 548-571 (dort Werkausgaben und Lit.); C.A. Moberg: Dietrich Buxtehude, 1946; A. Pirro: Dietrich Buxtehude, 1913; W. Stahl: Geschichte der Kirchenmusik in Lübeck bis zum Anfang des 19. Jahrhunderts, 1931; ders.: Dietrich Buxtehude, 1937.

Chr. Windhorst

Buxtorf, Johann der Ältere (1564-1629)

B. der Ältere - auch »Vater« bzw. »der Erste« genannt - wurde 1564 in Kamen/Westfalen geboren und starb 1629 in Basel. Er lehrte dort von 1591 an als Prof. für Hebr. an der Universität und gilt als der eigentliche Begründer der rabbin. Studien bei den Christen, die er durch weit verbreitete Hilfsmittel zur Erforschung der hebr. Bibel und ihrer Masora, sowie des rabbin. Schrifttums (Mischna, Targumim, Midraschim) in Gang brachte und förderte.

Zu seinen wichtigsten Werken zählen die Herausgabe der rabbin. Bibel mit hebr. Text, Masora und verschiedenen Kommentaren (1618-19), dazu als Ergänzung »Tiberias, Commentarius Masorethicus« (1620), dann ein Lehrbuch für die hebr. Grammatik (1605), das später mit dem Titel »Epitome Grammaticae Hebraeae« in insgesamt 16 Auflagen erschien und 1656 ins Englische übersetzt wurde. Als Wegweiser durch die rabbin. Literatur diente lange Zeit sein Lexicon Chaldaicum Talmudicum, das vom Sohn J. Buxtorf 1639 vollendet wurde und bis 1735 in zahlreichen Auflagen erschien; 1866 wurde es noch einmal gedruckt. Wichtig sind auch die Concordantiae Bibliorum hebraicae (1632). Besonders verdienstvoll ist die bibliographische vierbändige »Bibliotheca hebraica rabbinica« (1618-19), in der 324 Schriften, nach dem hebr. Alphabet geordnet, aufgeführt sind. B. konnte auf die Arbeiten jüd. Autoren wie des Nathan Jechiel und Elia Levita zurückgreifen, führte aber auch eine umfangreiche Korrespondenz mit Juden in Deutschland, Holland und der Türkei. Wegen seiner bahnbrechenden wissenschaftl. Arbeitsweise und Gelehrsamkeit stand er auch bei jüd. Gelehrten in hohem Ansehen. Von dieser Seite wurde ihm jedoch sein etwas oberflächliches und Bagatellen kritisierendes Werk »Synagoga Judaica« übel genommen (Juden-Schul 1603), ferner die erklärte Absicht, die Juden zum christl. Glauben zu führen.

Lit.: J. Herrmann: Johannes Buxtorf aus Kamen, 1948 (Privatdruck); E. Kautzsch: Johannes Buxtorf der Ältere, 1879

O. Betz

Buxtorf, Johann der Jüngere (1599-1644)

B. der Jüngere, Sohn des Vorigen, wurde nach dem Tode seines Vaters der Nachfolger auf dem Hebräischen Lehrstuhl in Basel, wo er dessen Werk und Korrespondenz fortsetzte mit der Absicht, das jüd. Schrifttum unter den Christen bekanntzumachen. Dabei wirkte er im gleichen Geiste wie sein Vater (»non ovum ovo similius, quam Buxtorf pater et filius«); vor allem besorgte er Ausgaben von dessen Werken. Von seinen eigenen Schriften ist besonders kennzeichnend eine Blütenlese charakteristischer Aussagen von jüd. Weisen, vor allem der alten Zeit (1648). Sie trägt den die Arbeit der Buxtorf-Dynastie illuminierenden Titel: »Florilegium Hebraicum continens elegantes Sententias, Proverbia, Apophtegmata: ex optimis quisbusque maxime vero priscis Hebraeorum Scriptoribus collectum ... et alphabetice dispositum«. Ferner hat B. II wichtige hebr. Werke des MAs ins Lat. übersetzt, so die Mischne Torah und den Moreh Nebukhim des Maimonides, sowie den Kusari des Jehuda Ha-Levi. Mit Ludovicus Cappellus hatte B. II einen mit großer Erbitterung und dogmatischer Grundsätzlichkeit geführten Streit über die Unversehrtheit und Zuverlässigkeit des masoretischen Bibeltextes, in dem er die Ursprünglichkeit der hebr. Vokalisierung behauptete (»De Linguae Hebraicae Origine et Antiquitate« 1644).

Lit.: A. Berthold (W. Baumgartner): »Buxtorf«, RGG ^{3} I, 1556 f; K. R. Hagenbach: Die theologische Schule Basels und ihre Lehrer, 1860, 27 ff; M. Kayserling: »Buxtorf, Johannes I und II«, The Jewish Encyclopedia, Bd. III, 1892, 444-446.

O. Betz

Byzanz

So sehr B. dadurch geprägt ist, Nachfolgestaat des Röm. Reiches zu sein (Selbstbezeichnung: Romaioi), so schwer wiegen die dramatischen Veränderungen seiner inneren und äußeren Geschichte, die zu einem byz.-griech. Nationalstaat führen, der bestimmt ist durch die Auseinandersetzung mit dem europ. Westen, der osteurop. und der sich schnell wandelnden islam. Welt.

a) politisch

Die megarische Kolonie Byzantion (ca. 660 v.Chr.) bekommt nach wechselvollem Geschick ihre große Stunde im Jahre 324 n.Chr., als ihr Kaiser Konstantin zur Erinnerung an seine Siege und jetzt erlangten Alleinherrschaft den Namen Konstantinopolis gibt und sie dann 328 endgültig als Regierungssitz bestimmt, der am 11.5.330 festlich eingeweiht wird. In vielen Einzelheiten nach dem Vorbild Roms gestaltet, bestimmt die Mischung aus den Formen röm. Staatsarchitektur, von überall her herangeschleppten Reliquien zur Betonung des kirchl. Ranges und antiken Kunstwerken zur Ersetzung fehlender Traditionen über ein Jahrtausend lang die sich an dieser Vergangenheit orientierende geistige und künstlerische Entwicklung des Neuen Rom. Als Residenz wird B. zunehmend Mittelpunkt erst eines administrativen Teiles des spätantiken Römerreiches, dann des sich in dessen territorialen Resten neu bildenden byz. Staates.

Dabei ist der Name Kaiser Justinians (527-565) in besonderer Weise mit der Geschichte des frühbyz. Staates verbunden: Reintegration Italiens, Nordafrikas, einiger Teile von Spanien in das Reich, damit verbunden eine Schwächung der Reichsgrenze gegen Persien, durch handels- und religionspolit. Engagement im arab.-ostafrikanischen Raum (Nubien, Äthiopien, Jemen) kompensiert; Corpus Iuris Civilis mit allen Fragen zu einer Ordnung des weltlichen und geistl. Lebens; Ziel der Wiederherstellung der kirchl. Einheit, besonders Rückgewinnung der sog. Monophysiten durch die Verurteilung der Drei Kapitel (Theodor von Mopsuestia, Ibas von Edessa, Theodoret von Cyrus) bei gleichzeitigem Kampf gegen Häretiker und Paganismus (529 Schließung der Akademie Athen).

Doch das justinianische Großreich fällt zusammen. Es kommt der frühislam. Aufbruch, der bis 640 Armenien, Syrien und Palästina, 650 Ägypten und die Cyrenaica unter arab. Herrschaft bringt. Zwischen 674 und 718 wird Konstantinopel selbst mehrfach belagert. Die kleinasiat. Grenze am Taurus wird ständiger Kriegsschauplatz, bis B. 1071 infolge der gegen die Seldschuken verlorenen Schlacht von Mantzikert auch den größten Teil Kleinasiens verliert (im gleichen Jahr Verlust von Bari an die Normannen).

Gleichzeitig dringen Avaren und in ihrem Gefolge Slaven und Bulgaren auf dem Balkan ein. Das erste bulgarische Reich gerät jedoch mit dem Übertritt des Khans Boris 865 zum Christentum unter den polit.-kulturellen Einfluß von B.s, um 870 auch Serbien. Damit ist eine Linie des byz. Einflusses vorgezeichnet, die gewissermaßen den Verlust der Vorherrschaft im Mittelmeerraum kompensiert und in einer im Bilderstreit neu errungenen Konzentration auf die kulturelle Identität B.s zu einer neuen Expansion findet, die in der offiziellen Christianisierung des Kiewer Rus ca. 988 gipfelt: Als christl. Fürsten treten die Herrscher von Kiew nach der Taufe der Prinzessin Olga-Helena in die byz. Familie der Fürsten ein, an deren Spitze der Kaiser von B. steht.

Das Verhältnis zum westl. Kaisertum bleibt schwankend. Karl der Große gerät durch die röm. Krönung und Akklamation 800 in einen prinzipiellen Gegensatz zu B. Michael II. erkennt ihn schließlich als Imperator an, nennt sich aber Basileus Rhōmaion, seit 869/70 versagt B. dem abendländischen Kaisertum jede Anerkennung.

Stärker als die Schwierigkeiten um → Photius (s.u. II) zeigt das Schisma von 1054 das Auseinanderleben von Ost und West an, das im Zusammenhang der in B. nie verstandenen Kreuzzugsideen seinen Höhepunkt in der Eroberung Konstantinopels und der Errichtung des lat. Kaiserreiches 1204 findet. Zugleich stellt diese Zeit eine Epoche eines ungeheuren Kulturtransfers zwischen Ost und West dar. Die von Nicäa ausgehende Rückeroberung der Hauptstadt 1261 durch die Paläologen leitet noch einmal eine Restauration und vor allem kulturelle Blüte des durch Bürgerkriege geschüttelten und von Serben und besonders Osmanen bedrohten Restreiches ein, das am 29. 5. 1453 mit der Eroberung Konstantinopels durch Mehmed II. als Staat endet.

b) kirchengeschichtlich

Kirchengeschichtl. verbinden sich die Anfänge byz. Theologie mit dem christologischen Streit, und es zeigt sich schon hier eine für B. typisch bleibende Verbindung von Theologie, Frömmigkeit und dem Gedanken einer Reichseinheit, der häufig als Caesaropapismus angesprochen wird. Schlaglichtartig wird das in der vom Kaiser abhängigen Stellung des Patriarchen von Konstantinopel sichtbar, der dann traditionell die zweite Stelle der kirchl. Pentarchie vor Alexandria, Antiochia und Jerusalem inne hat, unmittelbar nach Alt-Rom.

So gehören die meisten Bewegungen, die hier zu erwähnen sind, ebenso in die polit. Geschichte. Deshalb ist das Werben um einen Konsensus mit dem christologischen Bekenntnis des Konzils von → Chalcedon 451 und die Bemühung um einen Ausgleich mit der Theologie des → Cyrill von Alexandria direkt verbunden mit der Frage des Bestandes des Reiches und mit einem religionspolit. Diktat, das letztlich in Syrien und Ägypten der arab. Invasion die Türe öffnet. Kaiser → Justinian, dessen Kampf gegen den sog. zweiten Origenismus (→ Evagrius Ponticus) ein Vorspiel zu der die ganze byz. Theologie und Frömmigkeitsgeschichte durchlaufenden Auseinandersetzung mit asketisch-mystischen Aufstiegstheorien darstellt (Pseudo-→ Dionysius Areopagita), ist selbst der wichtigste neuchalcedonensische Theologe. Ihm gelingt es, die theopaschitische Formel in Rom durchzusetzen (Gott hat in der trinitarischen Person des Sohnes am Kreuz gelitten.), und er betreibt mit Nachdruck die Verurteilung der Drei Kapitel (s.o. I). Auf monophysitischer Seite sind seine großen Gegner Severus von Antiochia (gest. 538) und Julian von Halikarnassos, die dann zu einer kirchl. gefestigten oppositionellen Konfession werden (Jakobiten), während der Nestorianismus außerhalb des Reiches dogmat. und kirchl. in Persien sein Eigenleben führt und dadurch zur »Persischen Kirche« wird. Daß in gewisser Weise byz. Theologie auch eine polit. Erfolgstheologie ist, zeigt sich im Kampf um den → Monotheletismus, dessen stärkster Bekämpfer → Maximus Confessor (gest. 662) wird (der universalste Geist des 7. Jh.s und vielleicht der letzte selbständig denkende Theologe der byz. Kirche), und vor allen Dingen im Bilderstreit, der die Geschichte, Kirchenpolitik und Theologie des 8. und 9. Jh.s in Atem hält und seine Tiefenschärfe darin besitzt, daß die Christologie längst eine Eikon-Lehre (Lehre vom Bild bzw. der Rolle einer rel. Abbildung für die Frömmigkeit) geworden ist.

Der im islam. Gebiet lebende → Johannes von Damaskus (gest. ca. 753, Hauptwerk: Quelle der Erkenntnis) entwickelt, ganz aus der Lehre älterer Theologie schöpfend, die für die byz. Orthodoxie gültige Normaltheologie: Die Bilderverehrung (→ Bild, Bilderverehrung) bedeutet ein Bekenntnis zur

Verklärung der Welt durch die Menschwerdung des Logos. Trotz verschiedener Synoden (besonders Nicäa II, 787) dauert es bis 843, als Kaiserin Theodora und Michael III. in den Bahnen des Patriarchen Nikephoros (gest. 828) und des Theodor Studites (gest. 826) den Bilderfreunden zum Sieg helfen. Sie haben damit die bis heute gültige Vorstellung von einer Ikone als Kultbild, das, wenn nicht angebetet, so doch verehrt werden muß, weil es Gnadenträger ist, endgültig legitimiert.

Vom 9. Jh. an beginnen die Streitigkeiten zwischen Ost und West, die sich am westl. Zusatz zum Nicaeno-Constantinopolitanum über den Ausgang des Geistes vom Vater »und vom Sohn«, *filioque*, entzünden. Dieser Zusatz tritt als Streitobjekt in den Vordergrund, als 863 der durch Papst Nikolaus I. abgesetzte Patriarch → Photius (858-867 und 877-886) den Vorwurf erhebt, die Einheit der → Trinität werde durch die Einführung zweier Prinzipien zerstört und der Zusatz sei ein Verstoß gegen das Verbot des Konzils von → Ephesus 431. Hiermit geht Photius gegen röm. Primatsansprüche vor. Angefangen mit dem photianischen Schisma wird diese Lehre fortan ein primärer Kontroverspunkt zwischen Griechen und Lateinern werden, obwohl sie formal 1054 beim Schisma keine Rolle spielt, als der Kardinallegat Humbert von Silva Candida die Bannbulle gegen den Patriarchen Michael Kerullarios auf dem Altar der Hagia Sophia niederlegt und daraufhin der Patriarch eine Synode veranlaßt, das Anathem (Verfluchung) gegen die Lateiner zu verhängen.

Die disziplinären Fragen, die Sitte des Westens, ungesäuertes Brot (Azymen) bei der Eucharistie zu benutzen, das röm. Sabbatfasten, der Zölibat zeigen, daß es im Westen kein echtes Leben der Kirche, keine Eucharistie gibt, und daß dort, wo kein Zusammenhang mit dem sakramentalen Leben der Kirche besteht, auch dogmat. Irrglaube herrscht. Erst die polit. Situation, nähere Kenntnis der lat. Theologie und die platonische Philosophie machen einen Teil der Griechen zu Unionsfreunden (→ Bessarion, Synode von Ferrara-Florenz 1438/39, das letzte wirklich ökumen. Konzil der Gesamtkirche). Zu dieser Zeit währen schon die Auseinandersetzungen um den → Hesychasmus und das Werk Symeons, des Neuen Theologen (ca. 949-1022), und des Gregorios Palamas (1296/97-1359).

Ausgangspunkt für Symeon ist die seit dem 5. Jh. bekannte sog. Monologia, das Jesusgebet, das mit einer Vision des Taborlichtes in Verbindung gebracht wird, einem der Mittel der Energie Gottes: Gottes Gnade oder das Gottesreich. Nach Symeon gehört dieses Sichtbarwerden der Gnade in den Lichtvisionen notwendig zum Christentum: die Gottesschau ist Vorbedingung christl. Lebens. Aus ihr kommt die notwendig spürbare Erfahrung von Versöhnung und Vollendung in Gott. Dabei ist die Vision sowohl Garantie wie Vorbedingung. So bringt Symeon die alten Traditionen der Hesychia, der ruhenden Kontemplation, die besonders im monastischen Bereich ihre Anhänger haben, in ein System. Als der kalabrische Mönch Barlaam (gest. 1350 als lat. Bischof von Gerace, 1351 in Konstantinopel als Häretiker verurteilt) Symeon angreift und ihm Messalianismus (→ Euchiten) vorwirft, entfesselt er eine der schwersten theol. Kontroversen der byz. Geschichte. Er findet einen großen Gegner in dem Athos-Mönch und Hesychasten Palamas, dessen Nachwirkungen weit über die Existenz von B. hinausgehen. Palamas entwickelt eine Theologie des Hesychasmus, in der das göttl. Wesen in einem letzten undurchdringlichen Dunkel im Hintergrund steht: Wesen Gottes oder seine Gutheit ist »das ganz Andere«, jenseits auch aller rel.-mystischer Erfahrung und aller Begriffe.

Es ist für die Geschichte und den Ausgang der byz. Theologie charakteristisch, wie zunehmend neben das Argument des Väterbeweises die Methode der latein. Scholastik im antipalamitischen Kampf tritt, die dann auch von Palamiten selbst gebraucht wird (Johannes → Duns Scotus bei Gennadios Scholarios). Während es so zunehmend in der Theologie zu einem Ausgleich zwischen Ost und West kommt, konzentriert sich die hesychastische Mystik weiter ungebrochen aufs Mönchsleben.

Aus einer Vielzahl von liturg. Schemata (Syrien: Jakobus; Addai und Mares; Ägypten: Markus; Basileos) setzen sich in und durch Konstantinopel in der griech. Orthodoxie die junge und heute am weitesten verbreitete Chrysostomos- und die ältere Basileios-Liturgie durch, die heute die bekanntesten, nur in einzelnen Gebeten verschiedenen Liturgien darstellen. In der byz. Liturgie vollzieht sich sinnfällig das ordentliche Lehramt der Kirche. Sie bringt bildhaft-sakramental das Heilswerk Christi und die Vorwegnahme himmlischer Liturgie zum Ausdruck (→ Orthodoxe Kirchen des Ostens).

c) kulturell

1. Ein Charakteristikum byz. Literatur besteht darin, daß die gewöhnlich gezogene Trennungslinie zwischen theol. und profaner Literatur nicht zutreffend ist, weil beide Bereiche von Theologen und Laien bearbeitet werden. Das zweite Charakteristikum liegt in der Trennung von hochsprachlicher und volkssprachlicher Literatur. Wir besitzen seit

ca. 1100 solche volkssprachlichen Texte. Das Mönchtum spielt für eine neben der eigentlich theol. Literatur existierende Erbauungsliteratur eine große Rolle mit den Gattungen der Heiligenleben und der »Sprüche der Väter«. Die justinianische Zeit ist auch eine hohe Zeit der Literatur mit den Historikern Prokop von Caesarea und Johannes Malalas; auch der Grundstock der Gedichtsammlung Anthologia Palatina wird hier gelegt. Johannes Damascenus (s.o. II) ist wahrscheinlich der Autor des hagiographischen Romans Barlaam und Joasaph.

In der sog. makedonischen Renaissance (9.-11. Jh.) spielen neben dem Kaiser Konstantin VII. Porphyrogennetos als enzyklopädischer Autor der Patriarch Photius (s.o. II), Exeget und gelehrter Humanist, wie sein Schüler Arethas (Apokalypse-Kommentar, Plato-Ausgabe, wichtig für die Umschrift klass. Literatur von Majuskel in Minuskel) eine bedeutende Rolle. Als Chronisten sind Michael Psellos, Michael Attaleiates und der den älteren Theophanes fortschreibende Johannes Skylitzes hier zu nennen.

Für die Komnenenzeit (1081-1185) ist das Werk des Ehepaares Nikephoros Bryennios (memoirenhafte Familien- und Zeitgeschichte) und der Anna Komnena (Alexias über ihren Vater Kaiser Alexios I.) höchst bezeichnend, ebenso die versifizierte Weltchronik des Konstantin Manasse und die Homerkommentare des Philologen Johannes Tzetzes. Aber der vielseitigste Autor des 12. Jh.s ist Theodoros Prodromos (Katz-Mäuse-Krieg; Kommentare zu Johannes Damascenus; Heiligenviten; rel. Epigramme; dichtet teilweise in der Volkssprache).

Aus der Lateinerzeit ist Nikolaus Mesarites und der nicänische Herrscher Theodoros II. Dukas Laskaris (1254-58) zu nennen mit seiner im Geist des christl. Humanismus geschriebenen Kosmologie. Aus der Paläologenzeit (1259-1453) muß neben den Kaisern Michael VIII. und Johannes VI. Kantakuzeno, der bedeutende Gelehrte und Literat Theodoros Metochites erwähnt werden, der gleichzeitig als Staatsmann die byz. Politik bestimmt und ein vielfältiges literarisches Werk hinterlassen hat. Von dem 1460 auf Befehl des Patriarchen Gennadios Scholarios verbrannten Werk »über die Gesetze« des Georgios Gemistos Plethon, dem Staatskonzept eines selbständigen Denkers, sind uns nur Fragmente erhalten. Mit Gemistos Plethon steht am Ende der byz. Literatur eine Gestalt, die in vielem an Julian Apostata (gest. 363) erinnert. Dabei vermittelt er über → Bessarion wichtige Impulse an den westl. Humanismus.

2. Die byz. Kunst wird stilgeschichtlich gewöhnlich in drei große Abschnitte unterteilt:

Früh-, Mittel- und Spätbyzantinisch.

a. Die frühbyz. Kunst ist eine so ungebrochene Fortsetzung der spätantiken röm.-hell. Reichskunst auch in ihrer christl. Bildthematik und der Architektur, daß die Forschung sie entweder mit der justinianischen Zeit im 6. Jh. beginnen läßt bzw. sie damit identifiziert oder ihre Anfänge mit der Zeit Konstantins des Großen gegeben sieht (→ Archäologie, christliche). Die Verluste durch den Bildersturm im 8. Jh., gerade was die Kunst des 5. und 6. Jh.s angeht, spielen hier natürlich eine große Rolle. Dabei wird aber doch deutlich, daß die dogmengeschichtl. Streitpunkte der Zeit vor dem Bilderstreit keinen Niederschlag in der Bildthematik gefunden haben (ebensowenig in der Dichtung).

b. Von der Kunst der Zeit des Bilderstreites haben wir nur Beispiele in den byz. Gebieten Italiens und in Palästina. Die mittelbyz. Kunst beginnt nach 860 und ist bestimmt durch die makedonische Renaissance an ihrem Anfang, eine eklektische Auseinandersetzung mit antiken Vorbildern, und setzt sich fort in einer Steigerung zu Pathos und Expressivität.

c. Kunstgeschichtl. verhältnismäßig dunkel bleibt die Lateinerzeit, aus der aber im Serbenreich einige hervorragende Beispiele neohell. Stils erhalten sind (Studenica). Auf dem Balkan (Ohrid) sind dann auch ebenso hervorragende Beispiele spätbyz. (paläologischen) Stils erhalten wie auch in Griechenland (Mistra, Thessaloniki) und in der Hauptstadt selbst (Kahriye Cami: Chorakirche; Fethiye Cami: H. Pammakaristos).

Erst in der nachbyz. Kunst wird die Kunst im byz. Raum zu einer rein kirchl. Angelegenheit. Die Buchmalerei ist für die Bibelillustration sehr wichtig und leicht beweglicher Bildträger für die Verbreitung von Bildmustern (Ikonographie). Die Plastik beschränkt sich nach dem Bilderstreit auf das Relief. Eine typisch byz. Architekturform ist die Kreuzkuppelkirche. Reichere Kirchen haben ein oft in Wand- bzw. Deckenmosaik ausgeführtes vorgegebenes Bildprogramm, das von den atl. Vorläufern über das Dodekaortion (zwölf Hauptfeste des Kirchenjahres) und die Kirche mit ihren Lehrern bis zum Pantokrator führt. Dazu kommt die Ikonostase (Bilderwand), eine Trennung zwischen Templon und Laienraum, bei der sich im Laufe der Zeit anstelle von Vorhängen die Anbringung von beweglichen Ikonen nach einem ebenfalls genau festgelegten Bildprogramm einbürgert; seit dem

14. Jh. voll entwickelt, werden sie symbolisch als Zeichen der Trennung zwischen göttlicher und menschlicher Welt gedeutet und zugleich als Bilder der Erfahrbarkeit der göttlichen Welt im Diesseits.

Dabei kommt die → Ikone vom spätantiken Tafelbild her und ist bis heute eine flache, rechteckige Holztafel. Die Masse der heute zu findenden Ikonen stammt aus postbyz. Zeit. Man kann Wachs- und Temperamalerei, bemalte Keramik, Mosaik- und Emaille-Ikonen unterscheiden, dazu Reliefikonen in Elfenbein, Steatit, Holz, Stein oder Edelmetall. Der Rahmen kann sich weit auf das Bild selbst erstrecken. Die auf Ständern in der Kirche ausgelegten Festtagsikonen werden sowohl bei Gottesdienstbeginn durch Kuß und Kerzen verehrt wie auch zur privaten Andacht. Dazu kommt die Beräucherung. Bei den Sakramenten und Weihungen (Beichte, Eheschließung, Wöchnerinnensegnung und Taufe, Exequien) spielen die Ikonen eine wichtige Rolle und besitzen gerade dadurch auch bis heute eine große Bedeutung für die monastische und familiäre Frömmigkeit.

Lit.: H.G. Beck: Kirche und theologische Literatur im byzantinischen Reich, 1969; I. Hutter: Frühchristliche Kunst. Byzantinische Kunst, 1968; G. Ostrogorsky: Geschichte des byzantinischen Staates, [3]1963; W.F. Volbach, J. Lafontaine-Dosogne: Byzanz und der christliche Osten, 1968.

W. Wischmeyer

Cajetan (1469-1534)

Eigentlich Thomas de Vio, nach seiner Heimatstadt Gaeta (Italien) Cajetanus genannt, geb. am 20.2.1469, 1508 Generalmagister des Dominikanerordens, 1517 Kardinal, gest. am 9.8.1534 in Rom, hervorragender Vertreter einer »innerkatholischen« Reform, der wohl bedeutendste Gegner → Luthers, ein Theologe von hohem Niveau und persönlicher Integrität.

Neben zahlreichen Gutachten und Entscheidungshilfen für die röm. Päpste - wozu die abschließende Formulierung der röm. Ablaßlehre (1518) genauso gehörte wie Gutachten in der Ehesache Heinrichs VIII. von England oder zu den Verhandlungen auf dem Augsburger Reichstag (1530) - liegen C.s Verdienste um die röm.-kath. Kirche vor allem auf vier Gebieten:

a. Die Abwehr des → Konziliarismus und die Formulierung einer streng auf das Papstamt konzentrierten Ekklesiologie ist entscheidend C.s Verdienst.

b. Die Durchsetzung der Theologie des → Thomas von Aquin zu einer die röm. Kirche bis ins 20. Jh. bestimmenden Theologie verdankt sich wesentlich C. (sein durchgehender Kommentar zur Summa des Thomas ist in der offiziellen Thomas-Ausgabe Papst Leos XIII. abgedruckt).

c. Unter dem Eindruck seiner Begegnung mit Luther wandte sich C. in seinem letzten Lebensjahrzehnt fast nur noch der Auslegung der Bibel zu. Viele seiner exegetischen Erkenntnisse (und viele seiner »innerkatholischen« Reformvorschläge) fielen freilich der Zensur und dem Geist des Konzils von Trient zum Opfer.

d. Bei dem C. übertragenen Verhör Luthers in Augsburg (12.-14. 10. 1518) begegneten sich röm.-thomistische und ev.-luth. Theologie in ihren besten Vertretern, erkannten und formulierten (auch in den anschließenden literarischen Auseinandersetzungen) den Unterschied zwischen ev. und kath.: nicht auf dem Gebiet des Ablasses, der zunächst Anlaß war, sondern auf dem Gebiet der Ekklesiologie und der Sakramentslehre, mit anderen Worten in der Frage der → Rechtfertigung: ob der Mensch Gott allein auf sein »Wort« (lat. *promissio*) hin glauben und seiner Seligkeit gewiß sein solle und dürfe (Luther), oder ob er Glied der röm. Kirche und der von ihr verwalteten Sakramente teilhaftig sein müsse, um zu jenen »guten Werken« befähigt zu werden, die er zu seiner Rechtfertigung und Seligkeit beizutragen (lat. *cooperari*) habe (Cajetan).

Lit.: M. Brecht: Martin Luther I, 1981, 237 ff; G. Hennig: Cajetan und Luther. Ein historischer Beitrag zur Begegnung zwischen Thomismus und Reformation, 1966.

G. Hennig

Calixt, Georg (1586-1656)

C. (Kallisen), Georg (1586-1656), lutherischer Kontrovers- und Unionstheologe. Als ein ohne Konkordienformel und Ubiquitätsvorstellung erzogener und von den moderaten Prinzipien → Melanchthons geprägter Student war der schleswig-holsteinische Pfarrersohn C. 1603 an die welfische Universität Helmstedt gekommen. Er widmete sich zunächst dem Aristotelesstudium, erwarb sein theol. Wissen überwiegend als Autodidakt und vertiefte das Erlernte auf zwei ausgedehnten Bildungsreisen in Deutschland, Frankreich und England. Das Zusammentreffen mit Katholiken und Reformierten legte den Grund zu seinen späteren Bemühungen um interkonfessionelle Annäherung. Von 1614 bis zu seinem Tod lehrte C. als Prof. für Kontroverstheologie in Helmstedt. Im ersten Jahrzehnt seiner Wirksamkeit verhalf er einer späthumanistisch-frühaufklärerisch akzentuierten orth. Theologie zum Siege, die ebenso zeitgemäß sein wollte wie auf den durch den Konfessionsstreit ausgelösten Religionskrieg (1618-48) zu antworten suchte. C.s Fernziel war die Aufhebung der Kirchenspaltung des 16. Jh.s. Zu diesem Zweck nahm er eine Unterscheidung zwischen wissenschaftl. Theologie und persönlichem Heilsglauben sowie zwischen heilsnotwendigen fundamentalen und weniger wichtigen Glaubenssätzen vor, arbeitete als Hilfe zum gemeinsamen Handeln eine theol. Ethik aus und reflektierte in drei gelehrten Monographien über die letzten Dinge. Gleichfalls um seines Zieles willen schrieb er als einer der schärfsten und patristisch gebildetsten Kontroverstheologen gegen Katholiken, Reformierte und luth. Wahrheitsfanatiker. Andererseits appellierte er als weitherziger und friedfertiger Theologe an Duldsamkeit, Gesprächsbereitschaft und gemeinsames Suchen nach der Wahrheit mit Hilfe der Hl. Schrift sowie der kirchl. Tradition der ersten fünf Jh.e (*consensus antiquitatis*). Das auf der reformat. Theologie und den → Bekenntnisschriften fußende Luthertum verwarf C.s Position als Religionsmischerei und Verrat an der → Reformation. Im Synkretistischen Streit (1648ff), der sich gegen die Helmstedter Irenik ebenso richtete wie gegen die reformiertenfreundliche Kirchenpolitik des Großen Kurfürsten, erreichte das konfessionelle Zeitalter seinen theol. Höhepunkt und Niedergang zugleich. Eine von kursächsischen Lutheranern (A. Calov) 1655 versuchte reichsweite Verurteilung des Calixtinismus mißlang. Andererseits scheiterten auch alle Unionsversuche im 17. und 18. Jh. auf calixtinischer Grundlage. Gleichwohl sind unter C.s dogmatischen, exegetischen, polemischen und unionstheol. Schriften - die letzteren als Anregung, Mahnung und Verheißung zumal im Zeichen der Ökumene - von bleibendem Interesse.

Lit.: Werke in Auswahl, hg. v. I. Mager, 4 Bde., 1970-82; I. Mager: Georg Calixt, in: GdKG 7, 1982, 137-148; J. Wallmann: »Calixt, Georg«, TRE 7, 1981, 552-59 (Lit.).

I. Mager

Calov, Abraham (1612-1686)

Bedeutender Theologe der luth. Orthodoxie. Nach phil. und theol. Studien in Königsberg und Rostock wurde der aus dem preußischen Mohrungen stammende C. 1640 a.o. Theologieprofessor in Königsberg, wo er gegen die Religionspolitik des Großen Kurfürsten opponierte und sich in Auseinandersetzung mit dem Hofprediger Bergius als konfessionsbewußter Lutheraner profilierte. 1643 ging C. als Pastor und Rektor des berühmten akademischen Gymnasiums nach Danzig. Auch hier setzte er sich nachhaltig für die Stärkung des städtischen Luthertums ein. Während des auf polnische Initiative einberufenen, am Ende ergebnislos verlaufenen Religionsgesprächs in Thorn (1645) geriet C. in Berührung und Konflikt mit → Calixt und war seitdem

einer der Hauptautoren im Synkretistischen Streit, obgleich Calixt ihm selbst nie antwortete. 1650 folgte C. dem Ruf nach Wittenberg als Professor, Pastor und Generalsuperintendent. Seine Wittenberger Antrittsrede über das falsche Verlangen nach Eintracht zwischen den Konfessionen markiert sein Anliegen und seinen ablehnenden Standpunkt. Seit 1660 Professor primarius, verhalf C. der Wittenberger Universität zu ihrer letzten Blüte, hatte es aber auch zu verantworten, daß der Große Kurfürst 1662 seinen Landeskindern das Studium am Ursprungsort der Reformation verbot.

Die Abwehr des Synkretismus und der literarische Kampf gegen Reformierte, Arminianer und Sozinianer zeigt den Streittheologen C.; gleichzeitig war er ein beliebter akademischer Lehrer, hervorragender Kenner der bibl. Sprachen und mitreißender Prediger. Neben frühen phil. Studien zur Stützung der bibl. Wahrheit sind seine gelehrten Bemühungen um die Auslegung der verbalinspirierten Hl. Schrift (Biblia Illustrata, 1672) gegen erste Versuche einer kritischen Exegese (H. Grotius) ebenso zu nennen wie seine zwölfbändige Dogmatik (Systema locorum theologicorum, 1655-77), in welcher die luth. Hochorthodoxie ihren klass. Ausdruck fand. Wegen seiner Gemeindeerfahrung konnte C. J. → Arndts Bücher vom wahren Christentum empfehlen und auch Ph.J. → Speners Anliegen in den Pia Desideria mittragen. Bedingung für diese Offenheit aber blieb ein mit der luth. Lehre übereinstimmender Glaube, für dessen in allen Stücken fundamentale Sätze die Hl. Schrift alleiniger Maßstab und Beweis ist.

Nachdem der Rückhalt am Hofe und in der kursächsischen Geistlichkeit immer mehr schwand und C. fünf Ehefrauen sowie 13 Kinder überlebt hatte, neigte sich mit dem Tod des 74jährigen die Epoche der luth. Orthodoxie ihrem Ende zu.

Lit.: J. Wallmann: »Calov, Abraham«, TRE 7, 1981, 563-568 (Lit.).

I. Mager

Calvin, Johannes (1509-1564)

J.C. (eigentlich Jean Cauvin) ist am 10. Juli 1509 in der Bischofsstadt Noyon (Picardie, Nordfrankreich) geboren. Durch den Vater, Verwalter beim Domkapitel, hatte er früh Zugang zu kirchl. Pfründen, die ihm ein sorgloses Studium ermöglichten. Dieses begann er 1523 in Paris, lernte Latein, studierte Philosophie, beschäftigte sich mit den Kirchenvätern und erwarb 1524 den Grad des Magister artium. Anschließend studierte er in Orléans und Bourges Jura, lernte Griechisch und kam mit Humanisten und humanistischem und reformat. Gedankengut in Berührung. 1531 war er wieder in Paris und trieb vornehmlich Klassische Philologie; Theologie studiert im eigentlichen Sinne hat er nie.

In die Jahre 1533/34 (wahrscheinlich) fällt sein Übergang zur Reformation, den er später als »subita conversio« (»plötzliche Bekehrung«) bezeichnet. Im Zusammenhang mit Wirkungen der (»reformatorischen«) Rektoratsrede seines Freundes Nikolaus Cop flieht er Ende 1533 aus Paris, verzichtet 1534 auf seine Pfründe aus Noyon, gelangt über Straßburg nach Basel und arbeitet dort die erste Ausgabe seiner »Institutio« aus. 1536 wird er auf der Durchreise von Guillaume → Farel in Genf festgehalten, wo am 25. Mai die Reformation eingeführt worden war. C. bleibt, wird »Lektor der Hl. Schrift«, dann Prediger, verfaßt 1537 die »Articles concernant l'organisation de l'Église« (Psalmengesang; sonntägliche Abendmahlsfeier; Ältestenamt) sowie einen Katechismus (als Abhandlung, deshalb nicht erfolgreich) (die »Confession de Foi« von 1537 wird jetzt Farel zugeschrieben).

Nach Differenzen mit dem Rat werden Farel und C. 1538 ausgewiesen. Über Bern und Zürich kommt C. nach Straßburg, betreut dort die franz. Flüchtlingsgemeinde, heiratet die Witwe Idelette de Bure (gest. 1549; eine Tochter ist früh gestorben), widmet sich seiner theol. Schriftstellerei (zweite Ausgabe der »Institutio« 1539, Kommentar zum Römerbrief 1540, Gottesdienstformulare 1540, Abendmahlstraktat 1541) und nimmt mit Martin → Bucer, der ihn stark prägt, an den ev.-kath. Religionsgesprächen in Worms und Regensburg 1540/41 teil.

1541 kehrt C. auf dortige Bitten nach Genf zurück und lebt und wirkt hier bis an sein Lebensende. 1541 veröffentlicht er die »Ordonnances Ecclésiastiques« (Kirchenordnung) mit dem berühmten vierfachen Amt (von Bucer vorgeprägt): pasteurs (Pastoren: Wortverkündigung); docteurs (Lehrer: Jugendunterweisung und theol. Lehre); anciens (Älteste: zusammen mit den Pastoren im »consistoire«, heute Presbyterium: Kirchenzucht); diacres (Diakone: Sorge für Kranke und Arme, Verwaltung der kirchl. Finanzen). 1542 erscheint der Katechismus in völlig neuer Gestalt (373 Fragen und Antworten; »Glaube« kommt nun vor dem »Gesetz«; starke Betonung der Kirchenzucht). 1549 gelingt ihm das Zustandekommen des »Consensus Tigurinus« (Lehrübereinkunft zwischen Zürich und Genf; ähnliche Versuche mit den Lutheranern, 1556/59, scheitern).

Mitwirkung C.s an Verbannungen (Jerome Bolsec, wegen Ablehnung der calvinist. Prädestinationslehre, 1553) und Hinrichtungen (Michael Servet, Bestreitung der Trinitätslehre, 1555) hinterlassen Befremden, so sehr sie sich im Rahmen der Zeit bewegen. In seinem Eintreten für die Freiheit der Kirche (eigene kirchl. Disziplinargewalt) wie insbesondere für eine strenge Kirchenzucht (wie Bucer) bleibt C. in Genf lange umkämpft und angefochten, auch geschmäht; erst 1555 gewinnen seine Anhänger auch in den weltlichen Leitungsgremien die Mehrheit. Mit der Gründung der Akademie in Genf 1559 (theol. und juristische Fakultät) geht ein Wunsch C.s in Erfüllung. Am 27. Mai 1564 stirbt er in Genf; sein Grab ist, seinem Wunsch gemäß, unbekannt.

C. hat neben Kirchenordnung, Gottesdienstordnung und Katechismus sowie kleineren theol. Traktaten und frühen philologischen Arbeiten vor allem zahlreiche gründliche Bibelkommentare, Predigten und einen umfangreichen Briefwechsel (europaweit) hinterlassen. Zusammengefaßt greifbar sind seine Gedanken jedoch in seinem Hauptwerk, der »Institutio Christianae Religionis« (»Unterricht in der christlichen Religion«), das sich, von Ausgabe zu Ausgabe erweitert (lat. 1536, 1539, 1543, 1550, 1559; franz. 1541, 1545, 1560), vom Katechismus zur umfangreichen Dogmatik entwickelt hat, der bedeutendsten reformat. des 16. Jh.s nach allg. Urteil.

In seiner Letztgestalt behandelt es in vier Büchern (wohl an den Sentenzen des Petrus Lombardus orientiert) und insgesamt 80 Kapiteln den gesamten theol. Stoff, mit charakteristischen Akzenten: ausführliche Schriftlehre (I,6-10; Autorität der Schrift durch das »arcanum testimonium spiritus«, das »innere Zeugnis des Geistes«, I,7); Betonung der Bildlosigkeit Gottes (I,9) und der Trinität (I,13, vielleicht durch Servet ausgelöst); Gewichtung des

AT (II,10-11); Notwendigkeit der Menschwerdung Christi (II,12, Gedanken Anselms von Canterbury aufnehmend); die Lehre vom dreifachen Amt Christi (II,15); Voranstellung der »Heiligung« (»Leben eines Christen«, III,6-10) vor der Rechtfertigung (III,11-18); Erwählungslehre (III,21-24; »doppelte Prädestination« im Anschluß an Augustin); schließlich das ganze umfangreiche vierte Buch von der Kirche (IV,1: Kirche als »Mutter«, von der man sich nicht trennen darf; IV,3: Ämter der Kirche; IV,12: Kirchenzucht) und den Sakramenten (IV,16: Plädoyer für die Kindertaufe; IV,17: »mittlere« Abendmahlslehre, »Spiritualpräsenz«) sowie »Vom bürgerlichen Regiment« (IV,20).

C.s Theologie ist bibelorientiert, um Übereinstimmung mit den Vätern (Alte Kirche) bemüht und von gedanklicher Strenge. C. ist darin »Ökumeniker«, daß die Kirche und ihre Einheit für ihn ein vorrangiges Ziel sind und er sich innerreformat. um Ausgleich und Konsens bemüht. Hinsichtlich der kath. Kirche (seiner Zeit) ist er dagegen schroff ablehnend und polemisch (»Tyrannei des Papsttums«, IV,5). Gleichwohl gibt es heute auch eine wissenschaftl. kath. C.forschung. Auf den (ref.) Protestantismus ist C. bzw. Genf (weltweit) von großem Einfluß geworden.

Lit.: Gesamtausgabe: Ioannis Calvini opera quae supersunt omnia, hg. von G. Baum et al., 59 Bde, 1863-1900; Auswahl: Ioannis Calvini opera selecta, hg. von P. Barth et al., 5 Bde., 1926-1936 u.ö.; »Institutio«, übers. von O. Weber, (1955) [5]1988.

W. Nijenhuis: »Calvin, Johannes«, TRE 7, 1981,568-592 (Lit.); A. Ganoczy: Jean Calvin, in: Klassiker der Theologie 1, hg. von H. Frier, G. Kretschmar, 1981, 329-345.419-421; R. Stauffer: J.Calvin, in: GdKG 6.2, 1981, 211-240; G.W. Locher: J.Calvin, in: Protestantische Profile, hg. von K. Scholder et al., 1983, 78-93; W. Neuser: »Calvins Theologie«, EKL[3] 1, 1986, 621-630.

W. Niesel: Die Theologie Calvins, (1938) [2]1957; W.F. Dankbaar: Calvin. Sein Weg und sein Werk, (1959) [2]1966; F. Wendel: Calvin. Ursprung und Entwicklung seiner Theologie, 1968; W. Neuser: Calvin, 1971; H. Schützeichel: Die Glaubenstheologie Calvins, 1972.

Calvinus Ecclesiae Doctor, hg. von W.H. Neuser, 1980; Calvinus Ecclesiae Genevensis custos, hg. von W.H. Neuser, 1984; In honor of John Calvin, hg. von E.J. Furcha, 1987; Calvin. Erbe und Auftrag: FS., W.H. Neuser, hg. von W. van't Spijker, 1991.

H. Schützeichel: Katholische Calvin-Studien, 1980; K. Reuter: Vom Scholaren bis zum jungen Reformator, 1981; A. Ganoczy, St. Scheld: Die Hermeneutik Calvins, 1983; M. Jenny: Luther, Zwingli und Calvin in ihren Liedern, 1983; W. Balke: Calvin und die Täufer, 1984; H. Schützeichel: Katholische Beiträge zur Calvin-Forschung, 1988; P.Ch. Böttger: Calvins Institutio als Erbauungsbuch, 1990; M. de Kroon: Martin Bucer und Johannes Calvin, 1991.

B. Steinseifer

Calvinismus

C. ist die geschichtliche Gesamtwirkung, die von der Genfer Reformation J. → Calvins (1509-1564) ausging, und zwar vor allem in die westl. Welt, dazu in östl. Gebiete (Ungarn, Polen), z.T. auch nach Deutschland. Es versteht sich, daß die Gesamterscheinung des C. über die mehr oder weniger von Calvins Theologie beeinflußten ref. Kirchen hinausgeht. Es versteht sich ferner, daß sich im Lauf der Geschichte die Anstöße Calvins mit mannigfachen anderen Faktoren vermählten und umformten. Damit ist umso mehr zu rechnen, als Calvin in der ref. »Welt« kaum je dieselbe Autorität genoß wie M. Luther im »Luthertum«. Von einer geringfügigen Ausnahme abgesehen, schmückt sich denn auch keine der ref. Kirchen mit seinem Namen.

Es ist gleich genauer zu sagen: Der C. bildete sich aus, indem Calvins Anstöße in den verschiedenen Regionen je in ihrer Weise, durch ihre Verschmelzung mit den Denkweisen anderer Theologen je eine eigene Formung erhielten. Dabei brachen freilich die in Calvins Theologie zusammengehaltenen starken Spannungen mehr oder weniger auseinander. Erst nachdem etwa Calvins Nachfolger Th. → Beza, über seinen Lehrer hinausgehend, die Prädestinationslehre in die Mitte seines theol. Systems gerückt hatte, entstand ein Denken, das als solches im franz. Sprachraum, in England, teils auch in den Niederlanden wirksam wurde. Dabei nahm in England der C. auch stark Anschauungen des Straßburger Reformators M. → Bucer in sich auf. Hingegen trat in Deutschland durch das Zusammenfließen von Calvins mit → Melanchthons Einsichten ein spezifisch »milder« C. hervor. Wiederum kam es im Bereich der Reformation → Zwinglis durch das Wirken seines Nachfolgers und Calvin-Freundes H. → Bullinger zu einer nochmals anderen Prägung des C.

Man hat also den C. als einen Komplex zu verstehen, der in der nachcalvinischen Zeit verschiedenartige Ausprägungen umfaßte. O. Weber unterscheidet dabei vier »Hauptformen des C.«, die am Ende des 16. und im 17. Jh. hervortraten:

1. Die calvinistische Orthodoxie, die sich über Beza in den westl. Ländern ausbreitete. Ihr Schibboleth war die Lehre von der vorzeitlichen Erwählung einer bestimmten Anzahl von Menschen zum Heil (Prädestination). Diese Lehre handelt von einer Erkenntnis, die den zeitweise hart bedrängten »Kirchen unter dem Kreuz« in Frankreich (→ Hugenotten), in den Niederlanden, auch in England und Schottland eine Quelle der Kraft war. Erst sekundär war die Lehre auch Gegenstand theol. Nachden-

kens. Die Frage, ob der ewige Erwählungsratschluß den Sündenfall als gegeben voraussetze (»Infralapsarismus«) oder als Ermöglichung einer späteren Errettung allein aus Gnaden erst notwendig mache (»Supralapsarismus«), war der Anlaß für die ref. Synode in Dordrecht (1618/19). Wichtiger war hier die Abgrenzung gegen die frühaufklärerischen Arminianer. Diese schränkten die Annahme einer Vorherbestimmung ein zugunsten der Behauptung menschlicher Willensfreiheit, durch die Menschen selbst an ihrer Bestimmung zum Heil oder Unheil beteiligt sind.

2. Die deutsch-reformierte Tradition formte sich unter Aufnahme von Melanchthons Theologie in der Pfalz (Heidelberg) und strahlte von da aus an den Niederrhein, nach Hessen (Herborn, Marburg), nach Ostfriesland (aber mit eigenen Prägungen durch J. → Laski), nach Bremen und Brandenburg. Ihr charakteristisches Dokument ist der → Heidelberger Katechismus (1563). Dessen zentraler Gedanke ist die Erkenntnis Jesu Christi als des »einen Trosts im Leben und im Sterben« und das Verständnis des göttlichen Gebots als der Anleitung, auf diesen Trost mit einem Leben in der »Dankbarkeit« zu antworten. Ein unmittelbares Interesse an der Prädestinationslehre ist hier kaum erkennbar.

3. Die »Föderaltheologie« (abgeleitet vom lat. *foedus*, »Bund«) vertreten von dem Niederländer J. → Coccejus und seiner Schule. Sie wandelte das orthodoxe Nachdenken über die Heilswahrheit in das Erforschen der Heilsgeschichte um, indem sie die stufenweise sich vollziehende Durchführung von Gottes ewigem Bundeswillen im Lauf der Geschichte in den Blick nahm. Da für sie das Ziel der Geschichte das Reich Gottes ist, entdeckte sie dabei die → Eschatologie neu, doch so, daß dieses Ziel leicht als das Ergebnis des Geschichtslaufs verstanden werden konnte. Der Beitrag der Föderaltheologie für das geschichtliche Denken der Neuzeit überhaupt wie insbesondere für das Verständnis der Bibel als einer geschichtlichen Urkunde ist beträchtlich.

4. Der Puritanismus in England richtete sein Interesse nicht so sehr auf den ewigen Erwählungsratschluß Gottes als auf die Wahrnehmung der »Früchte«, die sich im Leben der Erwählten unfehlbar zeigen müßten. Dadurch wandelte sich hier der Objektivismus der calvinistischen Orthodoxie in eine Konzentration auf den subjektiven Vollzug des Lebens eines Erwählten, verbunden mit einem energischen Gestaltungswillen. Das Verständnis der Kirche wurde dabei von der bewußten Teilnahme der Gläubigen an der Gemeinde her gefaßt, und es wurde dabei als ihr Wesensmerkmal teils ihre presbyterianisch-synodale Verfassung (Th. Cartwright), teils die »Kirchendisziplin«, d.h. die Beobachtung des rechten Wandels ihrer Glieder herausgestellt. Letzteres führte zum Kongregationalismus, zu freikirchl. Bildungen, auch zur Mentalität der in die »neue Welt« aufbrechenden »Pilgerväter« (1620). Die Betonung, daß sich der Glaube in einem frommen, sittenstrengen Wandel in Selbstverleugnung zeige (R. Baxter, J. Bunyan), wurde in den Niederlanden unter dem Stichwort der »Präzisheit« (G. Voet) aufgegriffen, und sie regte W. Amesius zu einem Denken an, das zentral an der persönlichen Erfahrung der Gläubigen orientiert ist.

Obwohl sich diese Formen des C. untereinander kaum berührten, läßt sich doch von einer gemeinsamen Stoßrichtung des C. sprechen. Wichtig ist hierbei zu beachten, daß die vorgegebene Hervorhebung der Erwählungslehre im Ausgangspunkt des C. sich keineswegs lähmend auswirkte. Das lag nicht nur daran, daß diese Lehre immer wieder durch die von Calvin doch auch gelehrte Christuserkenntnis »gemildert« wurde. Das lag auch daran, daß hier die als Norm anerkannte Schrift für Korrekturen sorgte. Das strenge Ernstnehmen gerade der Schrift und speziell auch des AT wurde dabei zur Wiege der wissenschaftl. Bibelauslegung (besonders in Basel und Leiden) und brachte schon früh in den Niederlanden Gespräche mit der Judenschaft mit sich.

Noch folgenreicher war, daß sich die drei letzten der Hauptformen des C., je in ihrer Weise, von der Betrachtung des zwar nicht bestrittenen, aber dem Menschen doch verborgen bleibenden Erwählungsratschlusses abwandten, um die Aufmerksamkeit vielmehr auf seinen irdischen Vollzug an den Menschen, in der Geschichte, im Wandel der Gläubigen zu richten. Indes hat auch die strenge calvinistische Orthodoxie die Verbindung von Glaube und Handeln herausgestellt. Darum hatte im Gegenzug zu ihr der → Pietismus im Bereich des C., im Unterschied zur luth. Spielart, eher das Gepräge eines passiv-mystischen Sich-in-sich-Versenkens.

Wiederum ermöglichte die von der Kirchendisziplin abgeleitete »innerweltliche Askese« in der Verbindung mit einem Erkennenwollen des Erwähltseins aus den »Früchten« unserer Arbeit die Geburt des frühkapitalistischen Wirtschaftsethos (so die These von M. Weber). Ferner begünstigte der von der Gemeinde der Gläubigen her bestimmte Kirchenbegriff die Aktivität von Nichttheologen (G. → Coligny) und förderte das schon bei Calvin gegebene Interesse am Politischen den Gedanken einer Durchdringung der »Welt« nach Gottes Willen (O. → Cromwell). Schließlich verknüpften sich diese

Überzeugungen mit der vom Eigenwert menschlicher Individualität, die aufgrund des persönlichen Erwähltseins entdeckt wurde, und das in einer Weise, daß der C. der Nährboden für die Entwicklung eines Widerstandsrechts gegen Tyrannen wurde. Damit war er zugleich Nährboden für die Idee der Demokratie und der Menschenrechte (zunächst in der »neuen Welt«).

So begann der C. freilich eine säkulare Gestalt anzunehmen. Gleichzeitig ließ die an der Erfahrung orientierte Selbstbeobachtung den C. an der Wende zum 18. Jh. teils in die Aufklärung, teils in den Pietismus (so die These von A. Ritschl) übergehen. Unter dem Einfluß der Romantik lebte der C. als Neo-C. wieder auf. Vor allem durch das Wirken des Holländers A. → Kuyper (1837-1920) wurde dieser zu einer antiliberalen Sammlungsbewegung des »bibelgläubigen reformierten Volks« mit dem Ziel einer christl. Durchdringung aller Gebiete des Volkslebens. Neue Vertreter (G.C. Berkouwer, A.A. Ruler) grenzen sich ab gegen die in der Tat den C. kritisch sichtende, ref. Theologie K. Barths, während deutsche Anhänger des Neo-C. 1933 für eine Bejahung des Dritten Reiches anfällig waren.

Lit.: K. Halaski (Hg.): Die reformierten Kirchen, 1977; J.T. Mc Neill: The History and Charakter of Calvinism, 1954.

E. Busch

Cambridge Platonists

Während und nach der englischen Revolution (1640-1660) wurde die phil.-theol. Bewegung des Cambridge Platonismus von Benjamin Whichcote (1609-1683) begründet. Mit Ausnahme des Oxford-Dozenten Henry More (1614-1687) kamen die Anhänger dieser neuen mystisch-rationalistischen Theologie vom Emmanuel College in Cambridge. Die C. P. waren puritanisch erzogen worden, lehnten den Puritanismus insgesamt jedoch ab. Gestützt auf die Lehre Platons und besonders auf den Neuplatonismus Plotins, sowie auf den christl. Platonismus der Florentinischen Akademie von Marsilio Ficino (1433-1499; Theologica Platonica, 1474) und auf die Lehre von Giovanni Pico della Mirandola (1463-1494; Prisca Theologia) haben sie einen eigenen christl. Platonismus entwickelt.

Das Resultat war eine Theologie, die große theol. Auseinandersetzungen vermied, die Idee der Toleranz verteidigte und die direkt die Entstehung der Partei der Latitudinarier und auch den → Deismus in der Staatskirche beeinflußte. Die Bereitschaft der C. P., die Freiheit des Gewissens zu verteidigen, gründet in ihrer Überzeugung, daß die Vernunft die Wahrheit auswählt. Auf dieser Grundlage propagierten sie die Einheit von natürlicher und geoffenbarter Religion und den Zusammenhang von Religion und neuer Naturwissenschaft.

Konsequent lehrten die C. P. die Harmonie von Glauben und Vernunft und betrachteten dabei den Glauben als die höchste Erfüllung der Vernunft. Die Seele, die für sie ihren Ursprung in Gott hat, und die Vernunft, die als Auge und Licht der Seele die Wahrheit erkennt, spielten eine wesentliche Rolle in ihrer Theologie. Die Vernunft entdeckt das Natürliche in der Welt und empfängt von Gott das Übernatürliche, bleibt aber unvollkommenes Ebenbild der göttlichen Vernunft. Jüngerschaft heißt durch intellektuelles Streben und Üben einer strengen Sittlichkeit in Güte, Gerechtigkeit und Wahrheit, die deiformity bzw. Gottähnlichkeit zu erlangen. In Auseinandersetzung mit → Hobbes und → Descartes entwickelten die C. P. ihre Weltanschauung.

Lit.: E. Cassirer: »Die platonische Renaissance in England und die Schule von Cambridge«, in: Studien der Bibliothek Warburg, Bd. XXIV, 1932; G.R. Cragg (Hg.): »The Cambridge Platonists«, in: The Library of Protestant Thought, 1968; J. Gascoigne: Cambridge in the Age of the Enlightenment. Science, Religion and Politics from the Restoration to the French Revolution, 1989; F.J. Powicke: The Cambridge Platonists. A Study, 1926.

R.C. Walton

Camp Meetings → Erweckungsbewegung

Campingmission → Volksmission

Campus für Christus (CfC)

CfC ist ein deutsches Missionswerk mit ca. 150 vollzeitlichen Mitarbeitern, dessen Ursprünge in der amerikanischen Mutterorganisation liegen, die 1951 von Dr. Bill Bright in Kalifornien gegründet wurde. In Deutschland entstand CfC während der Studentenrevolten 1968 an der Freien Universität in Berlin und ist verbunden mit Agape Europe (Campus Crusade for Christ) mit 20.000 Mitarbeitern in aller Welt. Ursprünglich aus einer Erneuerungsbewegung der Reformierten Kirche (→ Presbyterian) hervorgegangen, ist CfC durch die »→ Keswick«-Theologie und die weltmission. Impulse der Student Volunteer Movement (→ Deutsche Christliche Studenten Vereinigung) geprägt und arbeitet auf der Grundlage der Evangelischen → Allianz. CfC betont das Werk des Heiligen Geistes in dem Glaubenden als Impuls zur persönlichen Anteilnahme am Missionsauftrag der Kirche. Hauptarbeitsgebiete sind neben dem Einsatz an den Hochschulen der Welt (daher der Name »Campus«) die Beratung von Gemeinden hinsichtlich missionarischen Gemeindeaufbaus (»Aktion: Neue Schritte«), Seelsorge unter Politikern und Führungskräften und die Aussendung mission. Fachkräfte in die Entwicklungshilfe.

Lit.: ZS: »Impulse«, vierteljährlich

C. Peddicord

Canstein, Karl Hildebrand Frhr. von (1667-1719)

C., geb. am 4. 8. 1667 in Lindenberg bei Berlin, gest. am 19. 8. 1719 in Berlin, aus alter Adelsfamilie, Sohn des brandenburgischen Obermarschalls und Kammerpräsidenten Raban von Canstein, studierte Jura, um nach einer Bildungsreise zunächst am Berliner Hof, dann im brandenburgischen Militär zu dienen. Dort schwer erkrankt, gelobte er Gott, »ihm sein Leben lang zu dienen«. Zurück in Berlin übernahm C. keine öffentlichen Ämter mehr.

Die Begegnung mit → Spener gab seinem Leben eine neue Richtung. 1694 hielt dieser C.s Mutter die Grabrede. Es entwickelte sich eine tiefe Freundschaft. C. fand in Spener seinen geistlichen Vater, dieser einen jungen Freund und unentbehrlichen Helfer. Spener vermachte ihm seinen handschriftlichen Nachlaß, aus dem C. 1711 die »Letzten Theologischen Bedenken« herausgab, mit deren Vorrede er die erste Spener-Biographie lieferte. Ab 1697 entstand auch zu A.H. → Francke eine enge Freundschaft. Das Waisenhaus in Halle zu fördern, Zöglinge und Spenden zu vermitteln, aus den eigenen Einkünften zu geben, was möglich schien, das wurde C. zum Lebenswerk. 1710 erschien sein »Vorschlag, wie Gotteswort den Armen zur Erbauung in die Hände zu bringen sei«. Durch stehenbleibende Drucksätze konnten preisgünstige Bibeldrucke erstellt werden. C. rief zu Spenden auf, die größte Summe kam von ihm selbst. Tatkräftig baute er das Bibelwerk auf, das 1721 nach ihm benannt wurde. Zum ersten Mal gelangte die Lutherbibel in die Hände des Volkes.

Lit.: P. Schicketanz: Carl Hildebrand von Cansteins Beziehungen zu Philipp Jacob Spener (AGP 1), 1967; ders.: »Canstein«, TRE 7, 1981, 614-617.

J.O. Rüttgardt

Cantus firmus → Liedgut/Liederbücher

Capito, Wolfgang Fabricius (1478-1541)

C., geb. 1478 in Hagenau, gest. am 4. 11. 1541 in Straßburg, stammte aus der Familie des Hufschmieds (daher Fabricius) und Ratsherrn Joh. Köpfel, studierte in Ingolstadt, Heidelberg und Freiburg Medizin, Jura und Theologie, erwarb den Doktorgrad und lehrte Theologie. Er folgte Berufungen als Prediger: 1512-15 am Kanonikerstift in Bruchsal, wo er Hebr. studierte; 1515-20 am Münster zu Basel, wo er in Verbindung zu → Erasmus trat, den hebr. Psalter herausgab sowie eine hebr. Grammatik, mit → Luther Briefkontakt hatte und sich für die Reform des Klerus einsetzte; 1520-23 am Mainzer Dom, wo er u.a. als vermittelnder Befürworter Luthers wirkte. 1523 wurde er Probst an St. Thomae in Straßburg, dazu 1524 Pfarrer von Jungsanktpeter; im Barfüßerkloster hielt er atl. Vorlesungen. So wurde er einflußreicher Straßburger Bürger und bis etwa 1530 neben Bucer führender Kopf der Reformation in Straßburg. Zu einer zeitweisen Entfremdung mit → Bucer kam es durch C.s

freundliche Haltung gegenüber den → Täufern, denen er in Straßburg Aufnahme gewährte, bis er 1534 einen härteren Kurs gegen sie einschlug. Nach Beteiligung an den Religionsgesprächen in Hagenau und Worms starb er an der Pest.

C. war zweimal verheiratet: 1524-31 mit der Ratsherrentochter Agnes Roettel, seit 1532 mit der Witwe → Oekolampads, Wibrandis Rosenblatt. C. lehrte - auch in seinen Schriften - ein ethisches Christentum, orientiert am Liebesgebot Jesu. Sein kirchl. Handeln war stets am Gedanken der Einheit der Kirche orientiert. Sein Lied »Gib Fried zu unserer Zeit« findet sich noch heute im Gesangbuch (EKG 389).

Lit.: J.K. Kittelson: Wolfgang Capito. The Council and Reform of Straßbourg, in: ARG 63 (1972), 126-140; ders.: Wolfgang Capito, from Humanist to Reformer (SMRT 17), 1975; M. Lienhard: »Capito«, TRE 7, 1981, 636-640 (Lit.); B. Stierle: Capito als Humanist (QFRG 42), 1974.

Chr. Windhorst

Carey, William (1761-1834)

C., geb. am 17. 8. 1761, gest. am 9. 6. 1834, gehört zu den bedeutendsten englischen Pioniermissionaren. Er erlernte das Schuhmacherhandwerk. Mit 18 Jahren verließ er seine → Anglikanische Kirche, um sich den → Baptisten anzuschließen. Als Baptistenprediger verdiente er seinen Lebensunterhalt überwiegend durch seinen Handwerksberuf.

Von den Berichten ergriffen, die ihn von den Entdeckungsreisen Cooks in die Südsee 1786 erreichten, wuchs in ihm die Überzeugung von der Verpflichtung zur Äußeren Mission. Auf seine Anregung hin entstand 1792 die Baptist Missionary Society, als deren Missionar er 1793 nach Indien reiste. Dort mußte er zunächst als Verwalter auf einer Indigo-Plantage arbeiten, um der missionsfeindlich eingestellten und beherrschenden East India Company auszuweichen und seinen Unterhalt zu sichern. Fünf Jahre später ließ er sich in dem dänischen Serampore nieder. Dort erhielt er 1799 Verstärkung durch die beiden tüchtigen Missionare Joshua Marshman und William Ward. Mit ihnen begann er 1800, die Bibel und Bibelteile in 35 indische Stammessprachen zu übersetzen. Die Serampore Press, eine eigene Druckerei, druckte und vertrieb die insgesamt 46 Übersetzungen. Darüber hinaus widmete sich C. dem Studium des Sanskrit und übersetzte einige Sanskrit-Klassiker ins Englische. Aufgrund seiner in der Freizeit verfaßten Dialoge in Bengali gilt C. als Begründer der modernen bengalischen Prosaliteratur. In Anerkennung seiner guten Sprachkenntnisse erhielt er 1801 eine gut bezahlte Lehrerstelle am Fort William College bei Kalkutta, an dem er für die sprachliche Ausbildung der zukünftigen Kolonialbeamten verantwortlich war. Zusammen mit seinen Kollegen gründete er Internatsschulen und ein weiterführendes College nach britischem Vorbild. Sozialpolitisch engagiert erreichte er das Verbot der Witwenverbrennung. Zur Erholung legte er einen indischen botanischen Garten an, durch den er auch als Botaniker in Indien

und Europa bekannt wurde. Geschichtlich bedeutsam ist C. jedoch vor allem als Pioniermissionar, Übersetzer, Linguist und Erzieher.

Lit.: M. Drewery: William Carey. Shoemaker and Missionary, 1978; K.S. Latourette: A History of the Expansion of Christianity, Bd. IV, 1941, 66-69, Bd. VI, 1944, 104-108; J.C. Marshman: The Life and Times of Carey, 1859; E.A. Payne: Carey and his biographers, in: Baptist Quarterly 1966, 328ff (Lit.); R. Steiner: William Carey, in: ders.: Pioniere des Wortes, 1982, 21-34.

H. Hamer

Caritas, Caritasverband

C. ist die ntl. Bezeichnung für die Liebe, die Gott den Menschen zuwendet und auf die der Mensch in der Gottes- und Nächstenliebe antwortet. Sie umschließt die Menschen aller Rassen, Religionen und Nationen. Aufgrund ihrer Zugehörigkeit zur Kirche sind alle Gläubigen zu caritativem Tun verpflichtet.

In den C.verbänden sind fast durchweg die sozialen kath. Einrichtungen innerhalb einer Diözese organisatorisch zusammengefaßt. Die institutionalisierte C. greift heute über den Bereich der Pfarrei und der Diözese hinaus und erstreckt sich in der Regel auch auf das Gebiet der staatlichen Fürsorge. Am 9. November 1897 wurde der »Caritasverband für das katholische Deutschland« als Verein gegründet. Heute untersteht der Deutsche Caritasverband (DCV), die Vereinigung der Diözesancaritasverbände, der Aufsicht der deutschen Bischöfe. Der DCV nimmt nach dem Statut der → Deutschen Bischofskonferenz die Aufgaben einer Zentralstelle wahr.

Auf gesamtkirchl. Ebene koordiniert die »Caritas internationalis« die Arbeit der einzelnen caritativen und sozialen Organisationen. Sie ist vom Papst ermächtigt, die kath. Organisationen, insbesondere bei den Vereinten Nationen, zu vertreten. Ihren Sitz hat sie im Vatikanstaat. Daneben errichtete Papst Paul VI. am 15. Juli 1971 den Päpstlichen Rat »Cor unum« zur Förderung des menschlichen und christl. Fortschritts. Ziel dieser Institution ist die bessere Zusammenarbeit zwischen Papst, allen Bischöfen und den kath. sozialen Einrichtungen.

Lit.: A.E. Hierold: Grundlegung und Organisation kirchlicher Caritas. Unter besonderer Berücksichtigung des deutschen Teilkirchenrechts, 1979; R. Völkl: Nächstenliebe die Summe der christlichen Religion? Beiträge zu Theologie und Praxis der Caritas, 1987.

K. Wittstadt

Carlyle, Thomas (1795-1881)

C., geb. am 4. 12. 1795 in Ecclefechan (Dumfries), gest. am 4. 2. 1881 in London, Essayist und Historiker.

Der reizbare und launische Schotte Carlyle war einer der einflußreichsten Schriftsteller und Sozialkritiker seines Zeitalters. Wie sein Aufsatz Past and Present (1843) zeigt, führten seine bescheidene Herkunft und calvinistische Strenge zu einer unbarmherzigen Verurteilung der sozialen Gegensätze in der industriellen Gesellschaft. Carlyle warnte frühzeitig vor einer für ihn unvermeidlichen Revolution. Die Latter-Day-Pamphlets (1850) zeigen seine Skepsis gegenüber der Fähigkeit der Demokratie soziale Gerechtigkeit zu schaffen und lösten eine Welle des Protestes gegen ihn aus. Nach Aufgabe des Theologiestudiums befaßte er sich mit klass. und romantischer Literatur Deutschlands. Dies schlägt sich in seiner fiktiven Biographie Sartor Resartus (1833/34) nieder, mit der Carlyles Vermittlung dt. Literatur und Philosophie im angelsächsischen Raum beginnt. Beeinflußt von Goethe und Hegel entwickelt Carlyle in Heroes and Hero Worship (1841) und in The History of Friedrich II of Prussia, called Frederick the Great (1858-1865), sowie in anderen Schriften die oftmals mißverstandene Idee des schöpferischen Helden, der Ordnung aus dem Chaos schafft.

Lit.: J.A. Froude: Thomas Carlyle, Vol. 1-4, 1882-1884. H. Bloom (Hg.): Modern Critical Views of Thomas Carlyle, 1986; I. Campbell: »Carlyle and Europe«, in: The Carlyle Society Occasional Papers 7, 1976-77; K.J. Fielding, R.L. Tarr (Hg.): Carlyle Past and Present. A Collection of New Essays, 1976.

R. C. Walton

Carpzov, Johann Benedikt (1607-1657)

C., geb. am 22. 6. 1607 in Rochlitz (Sachsen), gest. am 22. 10. 1657 in Leipzig, orthodoxer Lutheraner. Nach Studien in Wittenberg und Leipzig wirkte C. seit 1637 als Geistlicher an der Thomaskirche und seit 1643 zusätzlich als Theologieprofessor in Leipzig.

Im Unterschied zu seinem Lehrer und Kollegen J. Hülsemann, der sich im Streit gegen den Synkretismus → Calixts beteiligte, verhielt sich C. zurückhaltend und gab den Kontakt zu Helmstedt nicht auf. Seine ihn überdauernde literarische Hinterlassenschaft besteht in einer hist.-systematischen Einführung in die luth. Bekenntnisschriften (Isagoge in libros ecclesiarum lutheranarum Symbolicos, 1665) sowie in einer an Einfallsreichtum und Variations-

vielfalt kaum zu überbietenden homiletischen Anweisung für die Sonntags- und Festperikopen des Kirchenjahres (Hodegeticum, 1656). Dieser Spiegel der rationalen und zugleich verkünstelten orth. Predigt kann Ph.J. → Speners Bemerkung in seinen Pia Desideria 1675 illustrieren, daß »die Cantzel nicht der jenige Ort ist, da man seine kunst mit pracht sehen lassen, sondern das Wort deß HERRN einfältig aber gewaltig predigen . . . solte«.

Lit.: G. Müller: »Carpzov«, RE³, 3, 1897, 727.

I. Mager

Carpzov, Johann Benedikt (1639-1699)

C., geb. am 24. 4. 1639 in Leipzig, gest. am 23. 3. 1699 ebenda, orthodoxer Lutheraner und Gegner des → Pietismus. Als Sohn des vorigen studierte C. in Leipzig, Jena, Basel und Straßburg. 1665 wurde er Professor in der phil., 1678 in der theol. Fakultät in Leipzig. Daneben war er wie sein Vater Pastor an der Thomaskirche. Sowohl bei Speners Berufung zum Oberhofprediger nach Dresden als auch bei A.H. → Franckes Gründung eines Collegium Philobiblicum an der Leipziger Universität (1686) verhielt C. sich abwartend. Doch als das neue exegetische Lehrangebot eine studentische Erweckung auslöste, wuchs sein Argwohn. Aus Sorge um die wissenschaftl. Theologie erhoben sich 1689 mit C. die Vertreter des orth. Luthertums an der Universität und in der Stadtgeistlichkeit gegen die als »Pietisten« verspotteten Anhänger Franckes. In Streitschriften und Gutachten kämpfte die sich durch eine ganz neue Theologie und Frömmigkeit bedroht fühlende Orthodoxie gegen die junge pietistische Bewegung. C. zog die Parallele zwischen ihr und Th. → Müntzer, war aber am Ende weder Spener, Francke und Chr. Thomasius gewachsen, noch konnte er den Sieg des Pietismus unter kurbrandenburgischer Schirmherrschaft in der 1694 gegründeten Universität Halle aufhalten.

Lit.: G. Müller: »Carpzov«, RE³, 3,1897, 727f; E. Beyreuther: »Carpzov«, RGG³ I, 1957, 1623f; ders.: A.H. Francke, ²1961.

I. Mager

Cärularius (Kerularios) → Orthodoxe Kirchen des Ostens

Cassian, Johannes (360-430/35)

Abendländischer Mönchstheologe, geb. 360 n.Chr. in der Dobrudscha (heute Rumänien). Aufgewachsen in einem christl. Elternhaus mit umfassender Geistesbildung (griech. Sprachstudium), unternimmt C. eine Pilgerreise nach Palästina, wo er in Bethlehem einem Kloster beitritt. In dem Verlangen, die anachoretische Lebensweise kennenzulernen, begibt er sich schon bald nach → Ägypten und wird dort für mehr als ein Jahrzehnt Schüler der Mönchsväter. Gegen Ende des 4. Jh.s gerät er jedoch in die Auseinandersetzungen, die um die Theologie des → Origenes ausgetragen werden. C. muß Ägypten verlassen, wird 403 in Konstantinopel von Joh. → Chrysostomus zum Diakon geweiht und gelangt schließlich nach Südgallien. In Marseille gründet er 415 ein Frauen- und ein Männerkloster.

Auf Veranlassung des Bischofs Castor aus Apt verfaßt er für beide Häuser monastische Leitlinien. In »De institutis coenobiorum« (419-426) erläutert C. die in den Klöstern Palästinas und Ägyptens üblichen Lebensregeln; zugleich entfaltet er in Anlehnung an die Acht-Laster-Lehre das zugrundeliegende monastische Ideal. In den »Collationes« (420-429) schildert C. in der Form des Dialogs die geistige Welt der ägypt. Mönchsväter. Themen dieser »Gespräche« sind das unablässige Gebet, die Vielfalt der Gnade Gottes, die Wege zur Ruhe der Seele etc. Als drittes Werk schreibt C. kurz vor dem Konzil zu Ephesus (431) »De incarnatione Domini«, eine gegen → Nestorius gerichtete Apologie des kath. Christusbekenntnisses. Sie ist die einzige abendländische Stimme in dieser bedeutenden Lehrkontroverse der Ostkirche. C. stirbt um 430/35 in Marseille.

Die Bedeutung seines Werks besteht darin, daß er die geistige Welt der ägypt. Anachoreten dem abendländischen Mönchtum nahe bringt. Dazu greift C. auf die origenistische Spiritualität des → Evagrius Ponticus zurück, nach der das Ziel des monastischen Lebens der stufenweise Aufstieg der Seele zur vollkommenen Gottesschau ist. Grundgedanke bei C. ist, daß der Mönch den Weg einer sich allmählich vertiefenden inneren Läuterung zu gehen hat, bis sein Leben auf die Erfahrung Gottes hin transparent wird. Zugleich hat C., wie seine in der Auseinandersetzung mit der Gnadenlehre Augustins entstandenen Ausführungen über das Problem des freien Willens zeigen (vgl. Inst. XII; Coll.XIII), abendländische Fragestellungen aufgegriffen (Semipelagianismus). Eine Klosterregel ist uns aus seiner Hand nicht erhalten geblieben. Auf das abendländische Mönchtum hat C., wie die Regula Benedicti zeigt (RB 42,3.5; 73,5), prägend gewirkt und kann darum mit Recht zu seinen Vätern gerechnet werden.

Lit.: Cassian, Schriften, BKV Bd. 7/8, 1879; O. Chadwick: John Cassian, [2]1968; K.S. Frank (Hg.): Frühes Mönchtum im Abendland, Bd. 1, 1975, 107-193; H. Holze: Erfahrung und Theologie im frühen Mönchtum, 1992.

H. Holze

Cassiodorus (Flavius) Magnus Aurelius C. Senator (ca. 485-ca. 580)

C., geb. ca. 485, gest. gegen 580, dessen Vater und Großvater schon hohe Staatsämter innehatten, erhielt bereits 506/7 eine wichtige Aufgabe in der Kanzlei Theoderichs. Nach → Boethius' Sturz (523) bis über Theoderichs Tod (526) hinaus war er Kanzler. 527 auf einen Statthalterposten mit militärischer Befehlsgewalt abgeschoben, machte ihn 533 Amalasuintha zum Obersten der Praetorianergarde. Das blieb er auch nach ihrer Ermordung (535), bis zur Eroberung Roms durch Justinians Feldherrn Belisar (537).

Schriften aus C.' Amtszeit: Reden, nur in Fragmenten erhalten; 12 Bücher Gotengeschichte, nur aus der Epitome des Jordanes (Getica) bekannt; 12 Bücher Variae enthalten von C. verfaßte königliche Schreiben; als 13. Buch zählt De anima.

Mit dem Ende des ostgostischen Reiches wurde C.' Plan, in Rom eine theol. Akadamie zu gründen, hinfällig. Er widmete sich aber fortan ausschließlich theol. und phil. Studien, was er später (wohl in Anlehnung an Augustin) »Bekehrung« nannte. Bis 540 dürfte er in Ravenna geblieben sein. 550 ist er in Konstantinopel. Nach seiner Rückkehr (ab 554) gründete er auf seinem Familienbesitz bei Squillace das Kloster Vivarium und auf dem Monte Castello eine Einsiedelei. C. war dort selbst nie Abt, wahrscheinlich nicht einmal Mönch, ist auch nicht der Verfasser der Regula magistri. Er ließ seine Mitarbeiter griech. Werke ins Lat. übersetzen und die Mönche vor allem abschreiben. Da dies zur Tradition in den Klöstern des Mittelalters wurde, darf man C. als den Retter der antiken Literatur bezeichnen.

Die Schriften der zweiten Phase umfassen exegetische Werke: Psalmenkommentar (selbständige Verwendung von Augustins Enarrationes); Römerbriefauslegung (Bearbeitung des Kommentars des Pelagius), Lehrbücher: Institutiones (Anleitung zum Bibelstudium mit einem Abriß der sieben freien Künste für die Mönche); De orthographia (Grammatik für die Schreiber von Vivarium). Irrtümlich C. zugeschrieben wurde die Historia ecclesiastica tripartita des Epiphanius und die Übersetzung der Jüdischen Altertümer des Flavius → Josephus.

Lit.: Ake Fridh: »Cassiodor«, TRE 7, 1981, 657-663; J.J. O'Donnell: Cassiodorus, 1979 (engl.).

H. Scheible

Casteller Ring

Die Communität Casteller Ring (CCR), 1950 von Christel Schmid und Maria Pfister in Castell/Unterfranken gegründet, gehört zu den neueren ev. → Bruder- und Schwesternschaften. Das geistl. Zentrum ist seit 1957 Schloß Schwanberg bei Rödelsee. Die CCR versteht sich bewußt als Glied der Volkskirche und zugleich - nach dem Nicaenum - als Teil der »Einen, Heiligen, Katholischen und Apostolischen Kirche«. »Frei für Gott und das Kommen Seines Reiches und für den Dienst in der Welt« ist der Grundgedanke allen Lebens und Arbeitens. So lebt die ca. 35 Frauen umfassende CCR nach Apg 2,42 aus dem täglichen Umgang mit dem Wort Gottes und dem häufigen Empfang des → Abendmahls. Das viermalige Stundengebet und die persönliche stille Zeit ordnen den Tag in Lob und Anbetung Gottes; daneben steht der regelmäßige Dienst der Fürbitte für Kirche und Welt. Die CCR lebt nach den drei ev. Räten: Sie versteht die → Gütergemeinschaft umfassend als Gemeinschaft des Teilens aller materiellen, geistigen und geistlichen Güter; die frei gewählte → Ehelosigkeit, die die Freiheit zur größeren Verfügbarkeit gibt, ist praktizierbar, weil im DU Christi die Erfüllung erfahren wird; der mündige → Gehorsam schließt die Bereitschaft ein, den eigenen Willen unter den Willen Gottes zu stellen und die Gemeinschaft der Schwestern als gottgewiesenen Ort christl. Existenzverwirklichung bleibend zu bejahen. Die CCR will damit eine Möglichkeit der Christusnachfolge verwirklichen und sieht in diesem Wege eine volle Lebenserfüllung. Aufgaben: die Tagungsstätte Schloß Schwanberg; das Vorseminar für soziale Frauenberufe mit Schule und Internat; Konfirmandentage und -wochenenden, Schüler- und Jugendtreffen; Meditationstagungen, Tage der Besinnung, Einzelretraiten und Familienferien; Außenstationen in einem Kindergarten, in der Jugend- und Mütterarbeit umliegender Pfarreien, in einer Sozialstation und im Krankenhaus.

Lit.: J. Halkenhäuser: Kirche und Kommunität, 1978; Schwanbergbrief (zweimonatlich).

R. Meili

Catechismus Romanus

Die Herausforderung der → Reformation führte innerhalb der kath. Kirche zu einer Selbstbesinnung. Der Klärungsprozeß erfolgte auf dem Konzil von Trient (1545-1563). Durch seine Dekrete setzte das Konzil im Bereich der kath. Kirche der »doktrinären Verwirrung« (H. Jedin) ein Ende. Auf die Dekrete des Konzils gestützt, gab der C.R., der auch Katechismus des Trienter Konzils genannt wird, eine Zusammenfassung der christl. Lehre für Klerus und Volk.

Am 18. November 1547 wurden sechs Konzilsväter mit der Erarbeitung eines Katechismus beauftragt. Wie dringlich dieses Anliegen gesehen wurde, zeigt, daß auch Kaiser Ferdinand I. - er wünschte einen kontroverstheologischen Katechismus - und der König von Frankreich, Karl IX., sich dafür einsetzten.

Die Päpste Pius IV. und Pius V. kümmerten sich persönlich um die Erarbeitung des Werkes, das zugleich Antwort und Angebot an die Reformation sein sollte. Im Oktober 1566 erschien der C.R. Unter der Aufsicht von Karl Borromäus hatten drei italienische und ein portugiesischer Theologe an dem Werk gearbeitet. Alle vier waren der Überzeugung, daß es letztlich im C.R. nicht um Verurteilungen gehen könne, sondern um eine innere Reform der Kirche.

Der Adressatenkreis des C.R. waren die Pfarrer; ihnen sollte er helfen bei Katechese und Predigt, bei der Sakramentenspendung und der Verkündigung des Evangeliums.

Der Inhalt der Heilslehre wird im C.R. in folgende vier Hauptstücke eingeteilt: das apostol. Symbolum, die Sakramente, den Dekalog und das Gebet des Herrn. In dieser Aufteilung »wird eine ganz durchsichtige Heilslinie, frei von jeder antireformatorischen Tendenz, in der sowohl theologisch wie pädagogisch richtigen Ordnung der credenda und der agenda verfolgt« (E. Feifel).

Der C.R. bringt an keiner Stelle die Reformatoren in Verbindung mit Häretikern oder Schismatikern. Vielmehr finden sich im C.R. zahlreiche Anlehnungen an → Luther. So ist z.B. die Erklärung des Vaterunser in Übereinstimmung mit den Katechismen Luthers nicht in sechs, sondern sieben Bitten eingeteilt. Der Text des Vaterunser ist der gleiche wie in Luthers Kleinem Katechismus.

Wohl werden auch die Unterschiede zu den Reformatoren deutlich; z.B. sagt der C.R., daß in Zweifelsfragen die Kirche die Hl. Schrift auslegt, ferner betont er, daß die Hl. Schrift zugleich mit den Überlieferungen, die Glaube und Sitte betreffen, mit gleicher Bereitschaft anerkannt werde.

Nach dem C.R. ist die Kirche die Kirche Christi, sein Kirchenbild ist bibl. fundiert. Es steht nicht die hierarchische Seite im Vordergrund, sondern die pneumatische Sicht der Kirche, »somit hält er das Gespräch mit den Andersgläubigen offen« (G. Bellinger).

Ziel des C.R. ist, die Gläubigen zu Jesus Christus, dem Gekreuzigten, zu führen.

»Gott ist nach dem C.R. nicht nur Vater der Christen, sondern auch Vater aller Menschen« (Cat. Rom I,2,8; IV,9,2). Die Wirkungsgeschichte des C.R. läßt sich ablesen an den zahlreichen Auflagen und Übersetzungen sowie an den Kommentaren und Kompendien.

Lit.: Deutsche Übersetzung des C.R.: M. Gatterer: Das Religionsbuch der Kirche ³1940;

G. Bellinger: Der Catechismus Romanus und die Reformation. Die katechetische Antwort des Trienter Konzils auf die Haupt-Katechismen der Reformation, 1970.

K. Wittstadt

Caux → Moralische Aufrüstung

Celsus

Ein hinsichtlich Lebensdaten, Biographie und Wirksamkeit unbekannter mittelplatonischer Philosoph, der um 180 eine gelehrte Streitschrift (»Der wahre Logos«) gegen die Christen herausbrachte, die offenbar unter seinen Zeitgenossen Eindruck machte. Ihr Text ist nur durch die späte Gegenschrift des → Origenes (»Contra Celsum«, acht Bücher, ca. 245) erhalten, der C. in längeren Auszügen wörtl. zitiert und widerlegt. C. bezeichnet Juden und Christen als Religionen des »Aufstandes«, welche die bewährten Traditionen der Antike auflösen und angesichts des Angriffs der Barbaren in ihrem Bestand gefährden. Seine sehr informierte und sachkundige Auseinandersetzung mit dem Christentum ist eine der letzten großartigen Apologien für die heidnische Antike. Origenes hat sich ausführlich und nicht ohne Mühe mit seinen Argumenten auseinandergesetzt.

Lit.: C. Andresen: Logos und Nomos. Die Polemik des Kelsos wider das Christentum (mit Textauszügen des C.), 1955; H. Chadwick: Origen, c. Celsum, 1953; H.O. Schröder: Celsus und Porphyrius als Christengegner, in: Die Welt als Geschichte 17, 1957, 190-202; W. Völker: Das Bild vom nichtgnostischen Christentum bei Celsus, 1928.

G. Ruhbach

Central-Ausschuß für die innere Mission
→ Innere Mission

Centurien, Magdeburger

Die C. sind die erste umfangreiche protestantische Darstellung der Kirchengeschichte. Geistiger Kopf dieses außerordentlichen Werkes war der Gnesiolutheraner Matthias → Flacius Illyricus (1520-1575), der mit einem Mitarbeiterstab von 1559 bis 1574 pro Jahr einen Band herausgab, der jeweils ein Jahrhundert der Kirchengeschichte behandelte (insgesamt 13 Bde., das Werk endet mit dem 14. Jh.). Für den Vertrieb wurde eigens ein Subskriptionsverfahren entwickelt. Das in lat. Sprache verfaßte Werk (Ecclesiastica historia integram ecclesiam Christi ideam ... secundum singulas centurias ...) wurde mehrfach nachgedruckt, zuletzt in Basel 1724.

Der Kirchengeschichtsschreibung nach der Reformation ging es um den Nachweis, wer in der Kontinuität der wahren Kirche Jesu Christi stehe. Mit dieser Legitimationsabsicht sammelten und ordneten die C. das hist. erreichbare Wissen, um es der konfessionellen Polemik zur Verfügung zu stellen. Gemäß prot. Verständnis war das Autorenteam der Meinung, an der rechten Lehre, insbesondere der der → Rechtfertigung, sei die wahre Kirche zu erkennen. Dementsprechend schenkten sie der Dogmengeschichte, aber auch den Ketzern als Momenten der hist. Entwicklung besondere Aufmerksamkeit. In ihrer Forderung nach kritischer Betrachtung der geschichtl. Quellen und vor allem in ihrer Konzentration auf Gott als den Herrn der Geschichte sind die C. über ihre Entstehungszeit hinaus ein wegweisendes Werk.

Lit.: H. Scheible: Die Entstehung der Magdeburger Centurien: Ein Beitrag zur Geschichte der historiographischen Methode, 1966; P. Meinhold: Geschichte der kirchlichen Historiographie, Bd. 1, 1967, 276-295 (Übersetzung des Vorworts).

L.E. v. Padberg

Cerinth → Häretiker und Schismatiker

Chagall, Marc (1887-1985)

Ch., geb. am 7. 7. 1887 in Witebsk/Weißrußland, gest. am 28. 3. 1985 in Saint-Paul-de-Vence/Frankreich.

Ch. entstammte der Welt des osteuropäischen Judentums, von der er zeitlebens nachhaltig geprägt blieb. Nach Studien an russischen Kunstakademien ermöglicht ihm ein Stipendium 1910 bis 1914 in Paris die Bekanntschaft mit der europäischen Malerei, wobei Ch. sich jedoch keiner Schule anschließt, sondern zu seinem eigenen Stil findet. 1922 siedelt er endgültig nach Frankreich über. Es entstehen die Bilder phantastisch-traumhaften Inhalts, die so bezeichnend für sein Werk sind. Als er 1930 den Auftrag erhält, Radierungen für eine illustrierte Ausgabe der Bibel zu schaffen, findet er zu dem eigentlichen Thema seiner Kunst: die Darstellung der bibl. Botschaft. Wie nur wenigen Künstlern dieses Jh.s gelingt ihm die Übertragung der bibl. Geschichten mit ergreifender Ausdruckskraft, geprägt von seinem jüd. Glauben und seinen persönlichen Erfahrungen. In der Zeit der Judenverfolgung in den dreißiger und vierziger Jahren taucht als zentrales Thema seiner Bilder immer wieder der gekreuzigte Jesus auf, den er als den leidenen Juden schlechthin versteht. Nach seinem Exil in den USA von 1941 bis 1945 kehrt Ch. nach Frankreich zurück. Seine Schaffenskraft bewährt sich in vielen Techniken, die Bibel bleibt dabei das große Thema. 1955 bis 1966 entsteht der große Gemäldezyklus »Message Biblique«, der in dem gleichnamigen Museum in Nizza, das auch andere Werke Chagalls zur Bibel aufnimmt, ausgestellt wird. Ab 1957 wendet sich Ch. auch der Glasmalerei zu. Sie ist vielleicht der Höhepunkt seines Schaffens, kulminierend in den großen Glasgemäldezyklen in Jerusalem, Zürich und Mainz.

Lit.: R. Sommer: Marc Chagall als Maler der Bibel, [2]1991 (Lit.).

R. Sommer

Chalkedon, Konzil von

Das vierte Ökumenische Konzil fand im Oktober 451 in der Nähe von Konstantinopel statt und war vielleicht die bedeutendste Kirchenversammlung der → Alten Kirche. Zugleich markiert es einen tiefen Einschnitt in der Kirchen- und Theologiegeschichte. Seine wichtigste Lehrentscheidung war die sog. christologische Formel, die zwar die Verbindung zwischen den Kirchen in Ost und West festigte, dafür aber die östl. Christenheit spaltete.

In dieser Formel wird Christus bekannt als »wahrer Gott und wahrer Mensch. . ., der in zwei Naturen unvermischt und unverwandelt, aber auch ungetrennt und ungesondert erkannt wird«. So wird das Persongeheimnis Christi umschrieben und gegenüber möglichen Irrtümern, die in einer Vermischung oder in einer Trennung der beiden Naturen liegen, abgegrenzt. In dieser Formel ist der berühmte Lehrbrief Papst Leos I. (440-461) an Bischof Flavian von Konstantinopel (446-449) berücksichtigt und als rechtgläubig erkannt. Auf der »Räubersynode« von Ephesus (449) war er nicht zum Zuge gekommen. Damals war Flavian unter dramatischen Umständen abgesetzt worden, und Dioskur von Alexandrien (444-451; gest. 454) hatte sich mit der Verwerfung der Zwei-Naturen-Lehre durchgesetzt. Die damaligen Entscheidungen wurden nun wieder aufgehoben.

Daß es zu diesem Umschwung kam, hängt vor allem mit dem Wechsel in der polit. Führung zusammen. Kaiser Theodosius II. (408-450) war ganz plötzlich gestorben, und seine Schwester Pulcheria hatte mit dem Offizier Markianos die Regentschaft übernommen. Sie waren es, die das Konzil von Ch. einberiefen, das ursprünglich in Nicaea stattfinden sollte. Flavian wurde rehabilitiert und Dioskur für abgesetzt erklärt. Erneut ging es recht dramatisch zu. Verurteilt wurden nun einerseits die Lehren des Nestorios (Dyophysitismus) und andererseits die des Konstantinopler Archimandriten Eutyches, um dessen Christologie zwischen 448-451 besonders heftig gestritten worden war (Monophysitismus, d.h. die Behauptung nur einer Natur Christi). Die Absetzung des ägypt. Patriarchen Dioskur führte jedoch zur Bildung selbständiger Kirchen in → Ägypten (Kopten), aber auch in → Syrien (Jakobiten) und → Armenien,deren Glieder wie die der später entstandenen äthiopischen Kirche oft auch als »→ Monophysiten« bezeichnet werden, obwohl sie sich aus der Tradition → Cyrills von Alexandrien verstehen. Umgekehrt ist aus der Tradition der »→ Nestorianer« die sog. »Apostolische Kirche des Ostens« bei Ostsyrern/Assyrern hervorgegangen. Mit Ch. setzt sich der Konzilsgedanke in der Kirche endgültig durch. Die Entscheidungen von Nicaea 325, Konstantinopel 381 und Ephesus 431 gelten von nun an als verbindliche Lehrgrundlage.

Unter den rechtlichen Bestimmungen war vor allem die Unterstellung des Mönchtums unter die Aufsicht der Bischöfe bedeutsam. Umstritten, und von Rom nicht anerkannt, blieb Kanon 28, der, ohne Beteiligung der päpstlichen Legaten verfaßt, den Bischof von Konstantinopel dem röm. Bischof fast gleichstellte. Der Streit um diesen Kanon führte zu einem Dauerkonflikt, der mit zur Entfremdung zwischen Ost- und Westrom beitrug.

→ Konzile, kirchliche

Lit.: J. Alberigo et al. (Hg.): Conciliorum oecumenicorum decreta, [3]1973, 75-103; P.-T. Camelot: Ephesus und Chalcedon, 1963; A. Grillmeier, H. Bacht (Hg.): Das Konzil von Chalkedon I-III, (1951-1954) [5]1979; A. Grillmeier: Jesus der Christus im Glauben der Kirche Bd. I, [2]1982; H.J. Sieben: Die Konzilsidee der alten Kirche, 1979; L.R. Wickham: »Chalkedon«, TRE 7, 1981, 668-675.

W.A. Bienert

Chalmers, Thomas (1780-1847)

Ch., geb. am 17. 3. 1780 in Anstruther, gest. am 31. 5. 1847 in Edinburgh. Presbyterianischer Theologe, von der → Erweckungsbewegung erfaßt und in Glasgow unter Industriearbeitern wirkend. In Verbindung mit den sich bildenden Gewerkschaften entwickelte er u.a. ein funktionierendes Selbsthilfesystem »Arme für Arme«, das sich auch anderenorts in Europa, z.B. in Deutschland, Beachtung verschaffte (z.B. bei J.H. → Wichern und Th. → Fliedner), aber wegen seines sozialutopischen Charakters deutliche Grenzen hat.

1813 wurde Ch. Prof. für Ethik und Theologie in St. Andrews, 1827 in Edinburgh. Als solcher wurde er zu einem der wirkungsvollsten Vertreter der Gemeindefreiheit gegenüber staatlicher Bevormundung. Als er das Recht der Patronatsgemeinden auf freie Pfarrwahl nicht durchsetzen konnte, verließ er 1843 die schott. Staatskirche (mit 203 anderen Synodalen) und begründete eine ökonomisch gut abgesicherte lebendige Freikirche. Er gilt zu Recht als einer der großen angelsächsischen Sozial- und Kirchenreformer während der ersten Hälfte des 19. Jh.s, keineswegs nur in Schottland. Die 38 Bde. seiner Schriften, zwischen 1848 und 1852 z.T. posthum herausgegeben, zeugen von seiner reichen literarischen Wirksamkeit.

Lit.: U. Gäbler: Auferstehungszeit (über Chalmers: 29-54), 1991; K. Holl: Chalmers und die Anfänge der kirchlich-sozialen Bewegung, in: Ges. Aufsätze III, 31928, 404-436; H.D. Rack: »Chalmers, Thomas«, TRE 7, 1981, 676-679; H. Watt: Thomas Chalmers and the Disruption, 1943.

G. Ruhbach

Charisma → Geistesgaben

Charismatische Bewegung

Um das Jahr 1960 wurde in den USA der pfingstlerische Impuls (→ Pfingstbewegung) in den episkopalen, luth., ref. und baptist. Kirchen wirksam, seit 1966/67 auch in der kath. Kirche. Die Träger waren hier nicht erweckliche Kreise, sondern meist Pfarrer und Ordensleute. Bei diesem Übergang kehrte sich die Wirkweise der »pfingstlerischen« Erfahrungen um: führte bei den freikirchl.-mission. ausgerichteten Pfingstlern das »Wirken des Hl. Geistes« zur Gründung immer neuer Pfingstgemeinden und -verbände, so ging es den kirchl. »Charismatikern« nun primär um eine geistl. Erneuerung ihrer Gemeinden, denn sie wollten in ihren Kirchen bleiben. Bald wurde es nötig, sich von gewissen pfingstlerischen Vorstellungen, Lehren und Praktiken zu distanzieren: z.B. von einem dynamistischen Geistverständnis und drängerischem Vorgehen bei der Vermittlung von Geistwirkungen (»Geistestaufe«), von fundamentalistischen Tendenzen, von der Überbewertung einzelner charismat. Erscheinungen. Daraufhin setzte sich die Bezeichnung, *charismatic renewal*, »Charismatische Erneuerung(sbewegung)« durch. Hiermit wurde der paulin. Begriff *charisma* aufgegriffen (1Kor 12,4ff; Röm 12,4-8) und ausgelegt als Entdeckung und Förderung der »→ Geistesgaben« zur »geistlichen Erneuerung der Kirche und Gemeinde«.

Als 1962 die C. durch den luth. Pfarrer Arnold Bittlinger nach Deutschland kam und in den 70er Jahren auch in der damaligen DDR, besonders aber in der kath. Kirche wirksam wurde, ist dieser Gemeindebezug stets betont worden (offizielle Bezeichnung: »Charismatische. . .« bzw. »Geistliche Gemeinde-Erneuerung«). Seit den 80er Jahren wurde die Szene unübersichtlicher, weil pfingstlerische Missionswerke auftraten (»→ Geschäftsleute des vollen Evangeliums«, »→ Jugend mit einer Mission«, »→ Jugend-, Missions- und Sozialwerk Altensteig« u.a.) und die amerikanische evangelikale → Gemeindewachstums-Bewegung (Church Growth, Fuller Institut) sich mit der C.B. verband. Dadurch entstand, nach der pfingstlerischen und der charismat. Welle, eine sog. »dritte Welle«, deren Kennzeichen sind: eine weltweite Verflechtung der Bewegungen (dadurch ihre verstärkte Wirkung), die Bildung freier Gemeinden mit z.T. stark charismat. Prägung (z.B. »Christliche Zentren«), Heilungs- und Befreiungsdienst als Mittel einer wirksamen Mission (John Wimber). Von diesen drei »Wellen« oder »Strängen« dürften heute weltweit über 200 Mio. Christen geprägt sein; sie bilden somit nach der kath. Kirche die größte »Konfessionsfamilie«.

Man wird dem pfingstlerisch-charismat. Phänomen jedoch nicht gerecht, wenn man es allein mit konfessioneller Brille betrachtet oder lediglich als eine neue Frömmigkeitsform wertet. Insofern hier der Hl. Geist als Kraft erfahren wird (der paulin. Begriff *dynamis*), tritt mit dieser Bewegung eine Dimension des christl. Glaubens neu hervor, die zur worthaften Verkündigung des Evangeliums (Wort Gottes) und zur Gewinnung eines existentiellen Gottesverhältnisses (»Gottvertrauen«, Glaube) hinzutritt. Hier wird der Gottesbezug als Wirken Gottes am ganzen Menschen und in allen Lebensbezügen leibhaftig erfahren (Geisterfüllung, Glossolalie, Heilung und Befreiung, intuitive Erkenntnis, Prophetie). Die geistl. Dimension sowohl des Christenlebens wie der kirchl. Gemeinschaft wird nicht nur als Glaubensgegenstand, sondern als Wirklichkeit erlebt: in charismat. Gottesdiensten, Glaubenskursen, Gebetskreisen und in charismat. geprägter Seelsorge. Die zahlreichen theol. Implikationen dieser Geisterfahrung und die kirchenumbildenden Kräfte, die im Ansatz der C.B. enthalten sind, wurden bisher jedoch noch kaum zur Wirkung gebracht; in Deutschland wurde die C. bisher im wesentlichen nur als Frömmigkeitsbewegung gelebt. Da es sich bei dieser charismat. Frömmigkeit nach pietist.-evangelikaler Tradition um die Gewinnung einer entschiedenen Glaubenshaltung handelt (»Lebensübergabe«, → Bekehrung), stoßen die Charismatiker in ihren Kirchengemeinden vielfach auf Widerstand: Abwehr nicht nur »liberaler« Christen gegen eine gravierende Glaubensentscheidung, Vorbehalte traditioneller Kreise gegen »Emotionales« und evangelikaler Kreise gegen »Pfingstlerisches« (→ Berliner Erklärung). Hingegen wird die C.B., trotz mancher Einseitigkeiten und Eigenwilligkeiten ihrer Vertreter, von den Kirchenleitungen zumeist positiv eingeschätzt.

Lit.: N. Baumert SJ (Hg.): Jesus ist der Herr. Kirchliche Texte zur katholischen Charismatischen Erneuerung, 1987; H. Kirchner u.a. (Hg.): Charismatische Erneuerung und Kirche, 1983/1984; H.-D. Reimer: Wenn der Geist in der Kirche wirken will. Ein Vierteljahrhundert charismatische Bewegung, 1987; Berichte im »Materialdienst der Ev. Zentralstelle für Weltanschauungsfragen«, Stuttgart; L. Christenson: Komm Heiliger Geist, 1989; F.C. Sullivan (kath.): Die Charismatische Erneuerung. Biblische und theologische Grundlagen, 1986.

H.-D. Reimer

Chasidäer → Chasidismus

Chasidismus

1. Als Ch. wird eine während des 18. und 19. Jh.s vor allem in Osteuropa (Podolien und Galizien, Weißrußland und der Ukraine) blühende Bewegung jüd. Frömmigkeit bezeichnet. Das hebr. Wort *chāsîd* meint den Frommen, der von der Liebe zu Gott und der Güte gegenüber den Menschen geleitet ist (vgl. 1Sam 2,9; Ps 4,4); Gott selbst ist gütig (*chāsîd*; Jer 3,12; Ps 145,17). In der Religionsnot unter Antiochus IV. Epiphanes (175-164 v.Chr.) blieben die »Frommen« standhaft (1Makk 7,13); aus ihnen ging die Gemeinschaft von Qumran hervor, deren Name »Essener« von diesen Frommen (*chāsîdîm*) herzuleiten ist. Bei den Rabbinen gilt der *chāsîd* als Heiliger, der den Willen Gottes auf hervorragende Weise verwirklicht.

Im MA (ca. 1150-1250) blühte vor allem in Mainz, Worms, Speyer und Regensburg der aschkenasische (westliche) Ch., der eine esoterische, den Geheimnissen der Schöpfung und der himmlischen Welt gewidmete Theosophie und eine asketische Ethik der Heiligung vertrat (Sefär Chāsidim).

2. Der neuzeitliche, osteuropäische Ch. wollte das → Judentum aus der schweren Krise führen, die durch Verfolgung, wirtschaftl. Notstand und vor allem durch das Scheitern der pseudo-messianischen, antinomistischen und auch nihilistischen Bewegungen des Sabbatai Zwi (1626-1676) und des Jakob Frank (1726-1791) unter den aschkenasischen Juden entstanden war. Als Begründer des Ch. gilt Israel ben Eliezer (1700-1760), genannt Baal Shem Tob = »Meister des guten (d.h. göttlichen und wunderkräftigen) Namens«, aus Miedzyborz in Podolien. Ihm gelang es, die auch von Sabbatai Zwi und Jakob Frank übernommene → Kabbala des »Buches des Glanzes« und besonders die Lehre Isaak Lurjas in volkstümlicher Weise auszulegen: Die Selbsteinschränkung Gottes zugunsten der Schöpfung (Tzimtzum), seine Anpassung an den Menschen in den Kräften der Zehn Sephîrôth, seine Einwohnung im exilierten Volk Israel (Schekhinah), dann die Göttlichkeit des Seelenfunkens, die Seelenwanderung und die Wiederherstellung der gefallenen Welten (Tiqqûn) – all dies wurde nun auf die Praxis einer gesetzestreuen, aber von ekstatischer Freude erfüllten Existenz ausgerichtet.

Die nur mündlich überlieferte Lehre des Baal Shem Tob ist in der Form von Gleichnissen, symbolischen Märchen und aphoristischen Aussagen erhalten, in denen seine charismatische Person oft ins Legendarische erhoben erscheint; auch Wunder wurden ihm zugeschrieben. Sein 1766-1773 amtierender Nachfolger Rabbi Bär, der »Maggid« (= Prediger) aus Mesritsch (Wolhynien), bot eine eher systematisch geordnete Lehre und war Haupt einer Schule, aus der bedeutende chasidische Häupter wie Pinchas von Korsces, Elimelekh von Lisensk, M. Mendel von Witebsk hervorgingen; auch R. Nachman von Brazlaw verdient Erwähnung. Neben der besonders von M. Buber interpretierten und an Personen orientierten Literatur gibt es Homilien, in denen die dem Ch. eigene → Theosophie entfaltet wird (K.E. Grözinger).

3. Die Chasidim bildeten eigene Gruppen innerhalb der von Rabbinern geleiteten jüd. Ortsgemeinden. Sie pflegten eine innige Gemeinschaft mit ihren hochgeschätzten Lehrern, mit denen sie auch gemeinsame Mahle hielten. Dagegen haben die Leiter der offiziellen Judenschaft, vor allem der Gaon Elia von Wilna, die Chasidim wegen ihrer

Lebensführung (auffallende Kleidung, strenge Askese oder auch froher Genuß der Gottesgaben) und ihrer Lehren (kosmische Auslegung der Gebote, Befriedung aller Menschen, auch der Bösen, intensive Messiaserwartung) bisweilen scharf kritisiert; 1772 und 1781 wurde auf Betreiben ihrer Gegner der Bann über sie verhängt. Aber ernsthaft beeinträchtigt wurde diese charismatische Bewegung eher durch die aufkommende Aufklärung (im Judentum: Haskalah), den Feind aller metaphysischen und theosophischen Spekulation.

4. Mit ihrer im Leben bewährten Lehre verfolgten die chasidischen Lehrer das Ziel, die irdische Welt mit der himmlischen zu vereinigen und die kabbalistisch vorgestellten Lichtkräfte des lebendigen Gottes im Menschen wirken zu lassen. Gott ist in allen Dingen, da »alle Lande von seiner Herrlichkeit erfüllt sind« (Jes 6,3); durch seine »Einwohnung« ist er mit dem jüd. Volk und dem Land Israel besonders eng verbunden. Diese Herablassung und Güte Gottes ist für den Frommen Grund zu Freude und Demut sowie zum ekstatischen Aufschwung der eigenen, von Liebe zu Gott erfüllten Seele aus den Bindungen der materiellen Welt.

Diese Erhebung geschieht durch zielgerichtete Konzentration auf das göttliche Leben, durch intuitives Erkennen von Gottes Willen, durch »lebendes«, d.h. leidenschaftliches Gebet nach dem sefardischen Ritus, durch das Studium der Thora und durch Singen und Tanzen. Auch die Liebe zum Nächsten wird auf eine höhere Ebene gerückt: Ein jeder Mensch, auch der scheinbar Gott-lose, trägt einen Funken des göttlichen Lebens in sich, so daß man für alle Geschöpfe, einschließlich der Feinde, betend, liebend und helfend eintreten soll. Mit der Reinigung des Leibes – das Tauchbad gewinnt gesteigerte Bedeutung – und dem Anhangen der Seele an Gottes Kraft schaltet sich der Chasid in das Wirkungsfeld der Ökonomie des Schöpfers ein und wird zu einem kosmischen Helfer. Er stärkt den Segensfluß der göttlichen Güte gegenüber der dunklen »linken Seite« des strafenden Gerichts und der dämonischen Welt der Kelippoth, der Schalen der zerbrochenen Gefäße, aus denen die materielle Welt entstand.

Lit.: M. Buber: Die Legende des Baalshem, 1907; ders.: Die Erzählungen der Chasidim, 1949; J. Dan: »Chasidismus (aschkenasischer)«, TRE 7, 1981, 705-710; S. Dubnow, S.A. Horodetzky: »Chasidismus«, Encyclopaedia Judaica Bd. V, 359-386; K.E. Grözinger: »Chasidismus (osteuropäischer)«, TRE 17, 1988, 377-386; J. Maier: Geschichte der jüdischen Religion, 1972, 312-319. 505-522.

O. Betz

Chemnitz, Martin (1522-1586)

Bedeutender luth. Theologe der Spätreformation, geb. am 9. 11. 1522 in Treuenbrietzen, gest. am 8. 4. 1586 in Braunschweig. Wegen des frühen Todes des Vaters verlief der schulische und universitäre Weg des gebürtigen Kurbrandenburgers wechselvoll und wenig erfolgreich. Nach flüchtigen Begegnungen mit → Luther in Wittenberg wandte sich Ch. auf → Melanchthons Rat der Mathematik und Astrologie zu. Erst als Bibliothekar und Kalendermacher Herzog Albrechts v. Preußen (seit 1550) vertiefte er sich autodidaktisch in das Studium der Kirchenväter und der luth. Dogmatik (Gesetz und Evangelium). Infolge des Osiandrischen Streites verließ er Königsberg 1553 und folgte dem Ruf der Stadt Braunschweig als Koadjutor des Superintendenten J. Mörlin (1554). 1567 trat er Mörlins Nachfolge an und blieb bis zu seinem Tode in Braunschweig.

Nach dem Wormser Religionsgespräch (1557) erfolgte der Bruch mit Melanchthon und die Hinwendung zur Theologie Luthers (wenn auch unter Beibehaltung der Methodologie des Praeceptors). In den frühen 60er Jahren kämpfte Ch. zusammen mit Mörlin gegen die ref. Abendmahlslehre A.R. Hardenbergs in Bremen, festigte durch zahlreiche antimelanchthonische Corpora Doctrinae den luth. Bekenntnisstand in Nord- und Ostdeutschland, half 1568/69 bei der Einführung der Reformation in

Braunschweig-Wolfenbüttel (Abfassung des Lehrteils der Kirchenordnung Herzog Julius' von 1569), opponierte Anfang der 70er Jahre wirksam gegen den Wittenberger → Kryptocalvinismus, setzte sich 1574-1580 entscheidend neben J. → Andreae für das Zustandekommen und die Annahme der Konkordienformel sowie des Konkordienbuchs in Nord- und Mitteldeutschland ein und lenkte die stadtbraunschweigische Kirche gegenüber geistl. Ministerium, Magistrat und Landesfürst als unbestechlicher Wächter (Hes 3,17). 1578 brach er mit Herzog Julius wegen der Weihe seines Sohnes Heinrich Julius zum Bischof von Halberstadt. Neben seinen kirchenleitenden und kirchenpolit. Leistungen gilt Ch. als scharfsinniger Kritiker des Tridentinums (Examen Decretorum Concilii Tridentini, 1566-1573), als Schöpfer der orth. Zweinaturenlehre mit modifizierter Ubiquitätsvorstellung zur Begründung der leiblichen Realpräsenz (De duabus naturis in Christo, 1570) und schließlich als luth. Melanchthonianer und Stabilisator des spätreformat. Luthertums (zahlreiche Lehrschriften, Loci theologici 1591/92, Evangelienpostille 1593/94). Nach Ansicht eines zeitgenössischen Katholiken hätte dem Luthertum ohne Ch. eine wesentliche Stütze gefehlt: »Ihr Protestanten habt zwei Männer, die Martin heißen. Wäre der zweite nicht gewesen, hätte der erste keinen Bestand gehabt.«

Lit.: W.A. Jünke (Hg.): Der zweite Martin, FS, 1986; Th. Mahlmann: »Chemnitz, Martin«, TRE 7, 1981, 714-721 (Lit.).

I. Mager

Cherub, Cherubim → Engel

Chesterton, Gilbert Keith (1874-1936)

Ch., geb. am 29. 5. 1874 in London, gest. am 14. 6. 1936 in London, war Journalist, Schriftsteller, Philosoph und kath. Gegenspieler von G.B. Shaw. Er wurde bekannt durch seine Erzählungen (und Verfilmungen), z.B. des Priesterdedektivs Father Brown, Aufsätze (z.B. Häretiker, dt. 1912, Orthodoxie, dt. 1909), Gedichte und Biographien. Seine Autobiographie trägt den Titel »Der Mann mit dem goldenen Schlüssel«, dt. 1936. Ch. gilt als überzeugter christl. Moralist kath. Prägung.

G. Ruhbach

Chicago-Erklärung zur Irrtumslosigkeit der Heiligen Schrift → Fundamentalismus

Children of God/Kinder Gottes

1. Die Gemeinschaft der »Children of God« (ChoG) wird zu den sog. »Jugendreligionen« gezählt. Sie geht zurück auf die Aktivitäten eines freien Erweckungspredigers namens David Berg (geb. 1919 in Oakland/Ca.), der im Sommer 1968 unter den Hippies von Los Angeles missionierte und erste Anhänger fand. Diese nannten sich zunächst »Revolutionäre für Jesus«, dann »Children of God«. Spätere Bezeichnungen waren »Familie der Liebe« (Ende der 70er Jahre) und »Heaven's Magic« (Ende der 80er Jahre). David Berg hatte schon sehr früh den Namen »Mose David« bzw. »MO« angenommen.

Mit Hilfe seiner vier Kinder (ein Sohn verunglückte 1973 tödlich, eine Tochter verließ inzwischen die Gemeinschaft) konnte Berg Tausende junger Menschen in den westl. Ländern, seit 1971 auch in Deutschland, in seinen Bann ziehen. In den großen Städten entstanden »Kolonien« (Ortsgruppen) als Ur-Zellen einer geplanten »Welt-Kolonisation«. Als die Öffentlichkeit (besonders Presse und Kirchen) in den verschiedenen Ländern auf die bekannt gewordenen Praktiken dieser Gemeinschaft zunehmend kritisch reagierte, sahen sich die ChoG 1977 gezwungen, in den Untergrund zu gehen. Um 1980 verließen fast alle ChoG die USA und Deutschland und wanderten nach Südamerika und Ostasien aus. Anzeichen weisen jedoch auf ihre Rückkehr hin (verstärkte Mission in Ostdeutschland). Zur Zeit (1992) befindet sich die Weltzentrale der Sekte auf einer Farm in Macao (bei Hongkong), die von David Bergs Kindern Jonathan und Faithy geleitet wird. Der Sektengründer selbst soll sich in der Nähe von Lissabon versteckt halten. Die Mitgliederzahl wird weltweit auf etwa 9.000 geschätzt.

2. Grundlage des Lebens und Glaubens der ChoG sind die von D. Berg im Comic-Stil verfaßten »MO-Briefe« (inzwischen über 2000), die absolute Autorität beanspruchen. Die »Kinder Gottes« verstehen sich als »auserwähltes Volk«, das von D. Berg, dem »König« und »Propheten der Endzeit« geführt wird. Sie tun den »Willen Gottes«, wenn sie seine Anweisungen und Lehren genau befolgen. In dualistischer Weise sehen sich die ChoG ausschließlich positiv, während das »System« (die Welt und die traditionellen Kirchen) negativ beurteilt und mit aggressiver Ablehnung bedacht wird. Das Alltagsleben der »Kinder Gottes«, die keiner geregelten Arbeit nachgehen, wird von »litnessing« (Verteilen von Werbematerial) und Spendensammeln bestimmt. Die weiblichen Mitglieder setzen auch Se-

xualität (»Flirty Fishing«) zum Zwecke der Mission ein (»Prostitution für Jesus«). Die Paare in den Wohngemeinschaften leben unverheiratet zusammen und sind normalerweise Eltern von zahlreichen »Jesus-Kindern«.

Lit.: MO-Briefe; F.-W. Haack: Die neuen Jugendreligionen, 1989; R. Hauth: Die Kinder Gottes – Weg und Irrweg einer Jugendsekte, 1981. *R. Hauth*

Chiliasmus → Tausendjähriges Reich

China

1. Land, Leute, Religion

C. ist mit 9,56 Mio. km^2 Landfläche etwa so groß wie Europa. Mit einer Bevölkerung von über 980 Mio. ist es jedoch doppelt so volkreich. Es verfügt über reiche Bodenschätze und eine 5.570 km lange Küste mit bedeutenden Häfen. Das Land ist geprägt von vielen Gebirgszügen und drei großen Stromgebieten. Immer wieder kommt es zu Dürrekatastrophen und Überschwemmungen. Die Bevölkerung besteht aus mehr als 50 Volksgruppen. Sie wächst jährlich um ca. 1,7%. C. wurde als ein Land mit Religiosität ohne Religionssystem bezeichnet, in dem »weder Gott noch Gesetz« (Granet 318) das rel. Leben und Denken bestimmen. Die bei Hofe anerkannten »Herrenreligionen« wie z.B. → Konfuzianismus oder → Buddhismus sind immer wieder mit der Volksreligion → Taoismus eine Verbindung eingegangen. So ist verständlich, daß das rel. Leben in Ch. weder durch Dogmen noch durch Institutionen bestimmt wurde. Neben diesen Religionen sind die islam. Gemeinden der Volksgruppen im N und SW Ch.s von Bedeutung.

2. China-Mission bis 1949

Die kath. Mission hat eine wechselvolle Geschichte: Von 635-855 wirkte die Nestorianer-Mission mit einer blühenden Mönchskirche; 1292-1386 schloß sich die Franziskaner-Mission zur Zeit der Mongolenherrschaft an. Nach 1582 missionierten die Jesuiten bis ins 18. Jh. hinein. 1842 (Vertrag von Nanking) wurde Ch. durch die Kolonialmächte gewaltsam geöffnet. Die kath. Missionare konnten mit Resten früherer Gemeinden wieder eine neue Missionskirche aufbauen. 1946 umfaßte die kath. Mission 20 Erzbistümer und 79 Bistümer mit insgesamt (1948) 3,275 Mio. Gläubigen.

Die prot. Ch.-Mission begann im 19. Jh. ebenfalls im Zusammenwirken mit den Kolonialmächten, zu denen ab 1897 auch Deutschland mit seinem Stützpunkt Tsingtau gehörte. Während J. Hudson → Taylor ab 1866 als Gründer und Leiter der internationalen China-Inland-Mission ein interkonfessionelles Christentum flächendeckend für ganz Ch. forderte, hatten andere Missionsgesellschaften und Denominationen in einzelnen Provinzen mit dem Aufbau konfessionell gebundener Gemeinden und Kirchen begonnen. Es beteiligten sich aus dem deutschsprachigen Raum im 19. Jh. die Basler Missionsgesellschaft und Rhein. Missionsgesellschaft (beide 1847), Berliner Missionsgesellschaft (1882), Ostasien-Mission (1885), Allianz-Mission Barmen (1890), Hildesheimer Blinden-Mission (1897) und Liebenzeller Mission (1899). Sie gründeten Gemeinden, bauten Schulen und errichteten Hospitäler. Aus den → Missionsschulen, die dem Gemeindeaufbau dienen sollten, wurden oft Vermittlungsstätten der Kultur und Technik des Westens. Die klass. chinesische Bildung verlor an Bedeutung, zahlreiche Mädchenschulen konnten entstehen. Oft geriet die Mission in die Gefahr, selbst »kolonisierende Macht« zu werden. Für die Chinesen war die Verbindung von christl. Mission mit westl. Kultur und Politik kaum noch zu durchschauen. Hinzu kam, daß der Absolutheitsanspruch des Christentums und die Intoleranz vieler Missionare denjenigen unverständlich blieb, die an eine Relativität allen Seins glaubten und für Toleranz in einer harmonischen Gesellschaft eintraten, in der gegensätzliche Prinzipien wie Yin und Yang ganz natürlich zusammengehören. Die Reaktion bestand aus gewaltsamen Aufständen, nationalistischen Parolen und Äußerungen des Hasses gegen das Christentum als fremde Religion. Trotzdem wuchs die Zahl der getauften Christen von ca. 100 (1850) auf 1.401.777 (1949), die zuletzt von 2.024 chinesischen Pfarrern betreut wurden. In jener Zeit dominierten in den Missionsgemeinden eindeutig die Missionare, bis am 1. Oktober 1949 in Beijing Mao Zedong die Volksrepublik China ausrufen ließ.

3. Chinesische Christenheit in der Volksrepublik China

Was 1922 durch die Gründung des NCCC (National Chinese Christian Council) bereits in die Wege geleitet wurde, gewinnt nach 1949 sehr schnell Gestalt: Eine unabhängige, eigenständige chinesische Christenheit. Im Jahr 1950, da alle ausländischen Missionare ausgewiesen wurden, tritt eine von der

Regierung begünstigte Patriotische Drei-Selbst-Bewegung (Selbstverwaltung, -erhaltung, -ausbreitung) an die Öffentlichkeit. Sie übernimmt nach ihrer offiziellen Gründung 1954 die Funktionen des früheren NCCC. Wichtig wurde jetzt der Dienst des Christen am Volk in einer der vielen Arbeitsbrigaden/Produktionseinheiten und die Pflege eines patriotischen Geistes. Für die röm.-kath. Christen bildete sich 1957 die Chinesische Patriotische Kath. Vereinigung, die ohne eine Rücksichtnahme auf den Papst bis 1966 ca. 40 neue Bischöfe hat weihen lassen. Die Chinesen unterscheiden jetzt offiziell zwischen einer prot. Religion und einer kath. Religion. Beide waren mit allen anderen rel. Gruppen während der Kulturrevolution (1966-1976) schweren Verfolgungen und Mißhandlungen ausgesetzt. Als »Graswurzel-Gemeinden« (*Fung*) konnten sie verstreut meist nur in Form von kleinen Hauskreisen oder Gebetsgemeinschaften überleben. 1975 verkündeten Partei und Regierung die Modernisierung Ch.s bis zum Jahr 2000. Die einsetzende geistige Liberalisierung führte dazu, daß 1978 erneut die Religionsfreiheit in der Verfassung verankert wird: »Bürger haben die Freiheit, an Religion zu glauben, und die Freiheit, nicht an Religion zu glauben, sowie die Freiheit, Atheismus zu propagieren« (Art. 46).

Nunmehr werden zahlreiche prot. und kath. Kirchen wieder eröffnet. 1980 übernahm der neu gegründete CCC (Chinese Christian Council) auf prot. Seite die Leitung der chinesischen Christenheit. Im selben Jahr bildete sich für die Versorgung der kath. Christen ein Komitee für die Angelegenheiten der kath. Kirche in China und eine eigene Bischofskonferenz. In der Folgezeit entwickelt die chinesische Christenheit eine erstaunliche missionarische Aktivität, die von den Gemeinden ausgeht. Aber auch der innere Aufbau begann neu: Die Ausbildung von Nachwuchskräften, die Versorgung der Gemeinden mit Bibeln und Gesangbüchern, die Verteilung von christl. Literatur und Arbeitshilfen für ehrenamtliche Mitarbeiter. Bei dem Berg von praktischen Aufgaben kann eine eigenständige chinesische Theologie erst nachrangig in Angriff genommen werden. Über die von Christen 1985 initiierte Diakoniestiftung werden auch ausländische Mitarbeiter an den Entwicklungsprojekten im Gesundheits- und Erziehungswesen wie im Sozialdienst unter der ländl. Bevölkerung beteiligt. Mit Hilfe ausländischer Kirchen konnten mehr als 2 Mio. Bibeln neben anderer Literatur in China gedruckt werden.

Lit.: R.P. Kramer: »China«, TRE 7, 1981, 747-760 (Lit.); G. Malmquist: »Chinesische Religionen«, ebd. 760-782 (Lit.); B. Whyte: The unfinished encounter. China and Christianity, 1988.

H. Hamer

China-Inland-Mission → Überseeische Missionsgesellschaft

Chor

Wie im profanen Griech. dient Choros auch im christl. Sprachgebrauch sowohl zur Bezeichnung der singenden Gruppe als auch (abgeleitet) des Platzes, von dem aus sie singt. Schon in der → Alten Kirche entwickelt sich die kunstvolle musikalische Gestaltung von Solo- und Chorgesang, mit denen im Gottesdienst bestimmte Teile begleitet wurden (z.B. der Introitus als Einzugsmusik für den Klerus). Mit dem Beginn der Mehrstimmigkeit im 11. Jh. (zunächst in schlichten Parallelführungen der Stimmen) beginnt auch in der Kirche eine neue Epoche der Chormusik, so daß Ch. schließlich als Begriff für die mehrstimmige Vokalkomposition verwendet werden kann. Die paulin. Weisung 1Kor 14,34 hat man im kirchl. Chorwesen besonders lange beherzigt. Dies führte im MA zur Blütezeit der Knabenchöre. In England hat die Verbindung von Kirchen- und Schulmusik zu einer bis in die Gegenwart reichenden breiten Knabenchortradition geführt. Die Chorzahlen halten sich bis ins 18. Jh. in engen Grenzen. Das Chorwesen erlebte vor allem im 19. Jh. eine breite Entfaltung (Massenchöre bei Oratorienaufführungen).

Der Ch. hat im → Gottesdienst einerseits die Funktion des »Musikausschusses« der Gemeinde, an deren Stelle er singt; andererseits tritt er der Gemeinde auch verkündigend gegenüber (etwa mit einer bibl. Spruchmotette oder einer Kantate).

Lit.: W. Blankenburg: »Chor«, MGG 2, 1952, 1230ff; ders.: Der mehrstimmige Gesang und die konzertierende Musik im evangelischen Gottesdienst, in: Leiturgia IV, 1961.

Chr. Albrecht

Choral → Liedgut

Chrischona, Pilgermission St.

Die Pilgermission St. Ch. ist ein internationales, weitverzweigtes Missionswerk mit Sitz in Bettingen/Basel. Am 8. 3. 1840 hat Chr.Fr. → Spittler in der Kirche »St. Chrischona« mit der Ausbildung junger Männer für mission. Aufgaben begonnen. »Pilgermission« sollte dabei nicht Name, sondern »Programm« sein. Spittler lag alles daran, daß Christen, die wie »Pilger« zum ewigen Ziel unterwegs sind, Mission treiben. Nach wechselvollen Jahrzehnten übernahm C.H. → Rappard 1868 die Leitung des Werkes und gab ihm als Evangelistenschule das Gepräge. Die Nachfolger waren 1909-46 Friedrich Veiel-Rappard, 1947-67 Hans Staub, 1967-91 Edgar Schmid und seit 1991 Karl Albietz.

Im Prediger- und Missionsseminar haben seit 1840 etwa 3.500 junge Männer eine meist vierjährige Ausbildung erhalten. In den ersten Jahrzehnten waren sie vielfach unter Auswanderern in Nordamerika, aber auch als Bibelboten, Schriften-Kolporteure oder Prediger im europäischen Bereich oder als Missionare in Abessinien, Palästina oder Ägypten eingesetzt, während sich mit der Ausweitung der Gemeinschaftsarbeit Aufgaben in Gemeinschaften und Stadtmissionen, in Kinder- und Jugendarbeiten, in Heimen und kirchl. Diensten und in Missionswerken ergeben haben. Seit 1909 haben über 2.000 junge Frauen die Bibelschule für Frauen (seit 1958 als zweijähriger Kurs, seit 1975 mit Katechetischem Seminar) absolviert. Sie haben als Gemeindehelferinnen oder Katechetinnen in Kinder- und Jugendwerken, in der Diakonie oder als Heimleiterinnen und Missionarinnen Aufgaben gefunden. Seit 1968 werden in der → Kurzbibelschule (drei Kurse zu je drei Wochen) Mitarbeiter für den ehrenamtlichen Dienst in Gemeinden zugerüstet. An diesen Schulen sind elf Dozenten voll- und zehn teilzeitlich tätig.

Das Diakonissen-Mutterhaus (1925 gegründet) bietet Frauen die Möglichkeit, in verbindlicher Glaubens-, Dienst- und Gütergemeinschaft zu leben. Die etwa 240 Diakonissen stehen in Alters- und Pflegeheimen, in der Krankenpflege, im Fürsorgedienst und in der Gemeinde- und Kinderarbeit im Einsatz.

Gemeinschaften der Pilgermission entstanden in der Schweiz (seit 1869), in Frankreich (Elsaß, seit 1876), in Deutschland (seit 1875) und im südl. Afrika (seit 1966). In etwa 170 Gemeinde- und Stadtmissionsbezirken wirken über 200 Prediger und Gemeindehelferinnen. Ziel des Dienstes ist, Menschen zum Glauben an Jesus Christus zu rufen (→ Evangelisation), sie im Glauben durch Gottes Wort zu festigen und zur Mitarbeit im Dienst zu motivieren und zu schulen (→ Gemeinschaftspflege).

Der Literaturarbeit wissen sich seit 1908 die Buchhandlungen der Pilgermission und seit 1919 der Brunnen-Verlag in Gießen und Basel verpflichtet. Mitarbeiter der Ch.-Mission (erste Anfänge bereits 1855) wirken in Verbindung mit der DMG in Äthiopien, Kenia, Südafrika, Chile und Peru, während andere ehemalige Seminaristen und Bibelschülerinnen mit rund 30 Missionsgesellschaften auf allen Erdteilen im missionarischen Dienst stehen.

Lit.: E. Schmid: Wenn Gottes Liebe Kreise zieht, 1990; Chrischona-Magazin (monatl.), Chrischona aktuell (vierteljährl.).

K. Haag

Chrischona-Mission → Chrischona Pilgermission St.

Christ

»Christ« (griech. *christianós*) als Bezeichnung für die Anhänger Jesu kommt im NT nur dreimal vor: Apg 11,26; 26,28; 1Petr 4,16.

1. Sprachliches

Der Begriff ist gebildet aus dem Wortstamm von *christos* (= hebr. *maschiach*, »der Gesalbte«) und der Endung *-ianós*. Im lat.sprachigen Bereich bezeichnete sie die Zugehörigkeit zu bzw. die Anhängerschaft einer Person. Im NT begegnen noch die *Herodianoí* (Mt 22,16; Mk 3,6; 12,13) als Parteigänger des Herodes Antipas. → Josephus nennt sie auch solche, »die die Anliegen des Herodes im Sinn haben« (Ant 14,450). Später wurde die Endung »-ianus« zum Kennzeichen für Sektenangehörige. Demnach sind die »Christen« die Gruppe der Anhänger des von ihnen als Christus verehrten Jesus von Nazareth.

2. Geschichtliches

»Christen« wurden Jesu Anhänger genannt, als sie begonnen hatten, ihn als erhöhten Weltherrn zu bezeugen. Es war vermutlich eine polemisch-ausgrenzende Bezeichnung (ähnlich später dem Spottnamen »Pietist«), die voraussetzt, daß sie sich auch für Außenstehende bereits deutlich von der sie entbindenden jüd. Gemeinde unterschieden. Dies geschah zuerst Ende der 30er Jahre in Antiochia in Syrien (Apg 11,26), wobei der Zusammenhang von charakteristischer Lehre und entsprechender Benennung noch durchschimmert. Der Ausdruck wird hier synonym mit dem semit. geprägten Wort »Jünger« gebraucht. Rund 20 Jahre später scheint sich die Bezeichnung schon weitgehend eingebürgert zu haben: Herodes Agrippa II. benutzt sie wie selbstverständlich im selben Sinn → Paulus gegenüber (Apg 26,28). Im 1Petr (Anfang der 60er Jahre) ist *christianós* bereits zum festen Terminus im Gegenüber zu Nichtchristen geworden (4,16).

3. Inhaltliches

Das Wort wird im NT nicht eigens »definiert«, weil es keiner Definition bedarf. Die Zeitgenossen der frühen Gläubigen hatten ein gutes Gespür dafür, was die Christen zentral ausmachte: ihre Beziehung auf und zu Christus. Erst im 2. Jh. gebrauchten die Apologeten es als Selbstbezeichnung. Mehr vom Inhalt her sind Synonyme bestimmt, die die Christen für sich selbst verwendeten: Sie nannten sich »die Jünger« (Apg 11,26), »die Gläubigen« (Eph 1,1), »die Heiligen« (Röm 1,7) usw.

Lit.: F. Blass, A. Debrunner: Grammatik des ntl. Griechisch, [13]1970, 5,2; F.F. Bruce: Zeitgeschichte des NT 2, 68f.

H.-W. Neudorfer

Christen für den Sozialismus

Als die technische Entwicklung im 19. Jh. die Industrialisierung ermöglichte, führte ein die menschliche Arbeitskraft ausbeutender (Manchester-) → Kapitalismus zur Entstehung des Proletariates und zu dessen wachsender Verelendung. Die Anregung und Anleitung einer Arbeiterbewegung zur Selbsthilfe, ggf. auf revolutionärem Wege, wurde überwiegend von religionskritischen Autoren und Organisatoren gegeben. Karl → Marx entwickelte seine Theorie des Klassenkampfes, die ausdrücklich von einer Verwerfung der Religion ausging, die wie schmerzbetäubendes »Opium des Volkes« wirke, während Bewußtmachung der ökonomischen Gesetzmäßigkeiten und des sie verschleiernden ideologischen Überbaus geboten sei. Die → Arbeiterbewegung geriet damit unter den Einfluß des → Marxismus. Daraus folgte eine Entfremdung der Arbeiterschaft gegenüber der Kirche.

Verspätet stellte sich bei Christen die Erkenntnis ein, trotz einzelner diakonischer Bemühungen Wichtiges versäumt zu haben. Statt die Ausgebeuteten zu »vertrösten« auf jenseitiges Heil, hätten Christen ihnen beistehen und sich ihre Anliegen zu eigen machen müssen. Die Bewegung des Religiösen Sozialismus (→ Sozialismus, religiöser) versuchte durch eine Theologie, die das Reich Gottes nicht mehr als Verheißung individueller Seligkeit, sondern konkret als Ermutigung zu sozialem Fortschritt zu erfassen lehrte, Versäumtes wiedergutzumachen, jedoch mit geringer Wirkung. Als sich in den sechziger und siebziger Jahren des 20. Jh.s ein Bewußtsein dafür verbreitete, daß den wohlhabenden Industrienationen eine von Hunger und Krankheit geplagte sog. Dritte Welt gegenüberstünde, als der Nord-Süd-Konflikt den Ost-West-Gegensatz abzulösen begann, gewannen sozialistische Denkformen neue Aktualität. Die marxistische Theorie erhob den Anspruch, daß sie geeignet sei, sowohl die treffende Diagnose als auch die hilfreiche Therapie für ein Weltproblem zu bieten; sie verband sich mit dem Schuldkomplex der Christen, in der sozialen Frage versagt zu haben. Um nicht abermals zu versagen und um statt guter Worte helfende Maßnahmen zu ergreifen, entschieden sich »Christen für den Sozialismus«. Die Bewegung entstand in Chile, wo sich an eine sozialistische Regierung, die jedoch bald wieder gestürzt wurde, große Hoffnungen knüpften. Auch in Westeuropa fand sie zahlreiche, überwiegend theoretisierende Anhänger. Als Haupteinwand gegen diese Bewegung erhebt sich die kritische Beobachtung, daß sie die christliche Botschaft auswahlweise in den Rahmen des dieser Botschaft wesensfremden Gedankensystems des Marxismus einzeichnet.

Lit.: M. Veit: »Christen für den Sozialismus«, EKL[3] I, 1986, 666-668.

W. Schlichting

Christengemeinschaft

Die C. wurde 1922 in Breitbrunn/Ammersee als christl. Ableger der → Anthroposophie von Rudolf Steiner selbst und seinem Mitarbeiter Friedrich Rittelmeyer (1876-1938), ehemals Pfarrer an der St. Lorenzkirche in Nürnberg, begründet. Rittelmeyer war der erste Erzoberlenker der C., ihm folgten Emil Bock u.a. Die C. begreift sich als rel. Erneuerungsbewegung, als »dritte Kirche« jenseits von Katholizismus und Protestantismus. Kath. geprägt ist sie in ihrer liturgischen Form; ev. geprägt ist sie in ihren Mitgliedern, die fast durchweg aus dem Protestantismus kommen und sich über dessen nüchterne Gestaltungsform hinaussehnen. Zentrum ist die sonntägliche Menschenweihehandlung, die in ständigem Hinweis auf den »Christus in dir« und die »Durchchristung« des ganzen Menschen unter Wort- und Sakramentsfeier ihre Ausrichtung findet. Priesterseminar, in dem auch Frauen ausgebildet werden, Verlag (Urachhaus) und Kirchenleitung befinden sich in Stuttgart. Die C. hat sieben Sakramente, die den Lebensaltersstufen, wie sie die Anthroposophie deutet, entsprechen. Theologie, Anthropologie und Schriftauslegung weisen in vielerlei Hinsicht Anleihen aus der Anthroposophie und fernöstlichen Religionen auf. Sünde wird als Krankheit und Erlösung als »Durchgeistung« verstanden. Ca. 120 Pfarrer tun an ca. 100 Gemeinden und ca. 25.000 Mitgliedern ihren Dienst. Die C. hat als synkretistische Religionsgemeinschaft mit stark esoterischen Zügen zu gelten und wird von keiner christl. Kirche als Kirche anerkannt.

Lit.: F. Heyer: »Christengemeinschaft«, TRE 8, 1981, 10-13; ders.: Konfessionskunde, 1977, 735-742 (Lit.); W. Stählin (Hg.): Evangelium und Christengemeinschaft, 1953; K.V. Stieglitz: Rettung des Christentums? Anthroposophie und Christentum, 1965.

G. Ruhbach

Christentum als Weltreligion

Der Begriff C. erscheint zum ersten Mal bei den apostol. Vätern. → Ignatius von Antiochien redet von C. im Unterschied zum → Judentum (Magn 10,3), um die Heidenchristen gegen Judentum und → Judenchristen abzugrenzen. Der Begriff C. zeigt damit schon bei seiner ersten Verwendung den Weltanspruch der von Jesus begründeten Religion, denn er wird von denen erstmals zur Definition ihrer selbst gebraucht, die in der Folge dieses Weltanspruchs vom → Heidentum zum C. übergetreten sind.

Von Anfang an versteht sich das C. als die einzige, für alle Menschen gültige Heilsoffenbarung Gottes. Andere Religionen bieten nach dem Selbstverständnis des C. keine legitimen Heilswege. Dem daraus sich ergebenden globalen Auftrag zur Mission kommt die geographische Lage Palästinas am Schnittpunkt dreier Kontinente und die geschichtl. Situation zur Zeit Jesu entgegen: Der Kulturraum des Mittelmeeres mit seinem lebhaften Austausch, die Verwendung einer Einheitssprache im röm. Reich und die günstigen Verkehrsverbindungen. Das von Beginn an vorhandene Selbstverständnis des C.s als einer für die Welt gültigen Religion trifft somit auf einen vorbereiteten Boden.

Trotz dieser besonderen geschichtl. Situation kam es bei der Ausbreitung des C.s in den ersten vier Jh.en zu heftigen und blutigen Verfolgungen der jungen Religion, die in der Religionsgeschichte ohne Parallele dastehen. Doch am Ende des 5. Jh.s war das C. zur beherrschenden Religion des Kulturgebietes um das Mittelmeer herum geworden und es gab christl. Ausstrahlungen bis nach → Irland und → England, Persien, → Armenien und → Indien. In den 1000 Jahren zwischen 500 und 1500 gingen dem Ch. große Gebiete an den neu entstandenen → Islam verloren, wobei der Verlust vieler Gebiete nicht nur auf die kriegerische Ausbreitung des Islam zurückzuführen war, sondern auch auf die inneren Spaltungen in den Kirchen. Im gleichen Zeitraum gewann das C. die Länder in Ost- und Nordwesteuropa, aus denen dann die Entdeckungsreisenden kamen, die etwa ab 1500 die Kontinente und Meere erforschten und damit dem C. Wege in die gesamte Welt eröffneten. Im frühen 17. Jh. kam es zuerst in den kathol., nicht viel später bei den prot. Kirchen zu mission. Bemühungen in den neu entdeckten Gebieten und schon Ende des 18. Jh.s gab es Christen in allen fünf Erdteilen. Das Ch. war damit auch von seiner Ausdehnung her eine Weltreligion geworden. Die Gründe für diese Mission waren nicht nur Machtinteressen, sondern auch die Rückbesinnung auf den Auftrag zur Weltmission des Gründers der Religion, Jesu von Nazareth (Mt 28,18-20).

Am Ende des 20. Jh.s bilden die Christen mit 1,6 Milliarden von allen Weltreligionen die größte Gruppe. Bedeutsam ist, daß zu den traditionell christl. Ländern einige der Staaten mit weltweit großem polit. Einfluß gehören. Bei der zahlenmäßigen Vorrangstellung des C.s in der Welt darf allerdings nicht übersehen werden, daß das Wachstum des C.s in den letzten 50 Jahren geringer war als das der anderen Weltreligionen: C.: 47 %; Buddhismus 63 %; Hinduismus 117 %; Islam 235 %. Dazu kommt eine innere Abwendung von christl. Werten bei großen Bevölkerungsteilen der alten christl. Länder. So ist das C. zwar eine Weltreligion, doch der Anspruch, den einzigen Weg zum Heil des Menschen aufzuzeigen, erfordert immer neu eine Rückbesinnung auf den Inhalt dieses Heils und eine mission. Bemühung zur Rückgewinnung der entchristlichten Bevölkerung der »christlichen« Länder und der noch nicht vom christl. Glauben erreichten Völker der Welt.

Lit.: H. Braun, E. Wolf, A. Lehmann, K.E. Løgstrup, H.H. Schrey, E. Beyreuther: »Christentum«, RGG^3, 1685-1730; G. Gallup Jr.: Die Weltchristenheit im Vergleich mit anderen Religionen, idea Dokumentation 20/86; K.S. Latourette: A History of the Expansion of Christianity, 1937-45.

G. Sautter

Christentumsgesellschaft, Deutsche

1779/80 wurde die C. in Basel von J.A. Urlsperger gegründet, um Rationalismus und Entkirchlichung abzuwehren. »Die Förderung reiner Lehre und wahrer Gottseligkeit«, zweier Grundziele des Frühpietismus, sollte ihr Ziel sein. Der Name kommt von C.G. → Blumhardt. Zentrum war und blieb Basel, auch als sich vorwiegend in Deutschland, aber auch sonst in Europa ca. 40 Partikulargesellschaften gebildet hatten. Die Verbindung untereinander wurde durch »Sendboten« hergestellt, die über Verkündigung und christl. Literatur die → Erweckungsbewegung im 19. Jh. mit in die Wege leiten halfen. → Jung-Stilling, → Lavater und → Oberlin, der Kreis um J.M. Sailer und die Erweckung im Allgäu und viele andere gehörten zu ihr. 1795 wurde C.F.A. → Steinkopf, 1808 C.F. → Spittler ihr Sekretär. Beide förderten die Beziehung zur angelsächsischen Ev. → Allianz und in je ihren Werken die aufbrechende Erweckungsbewegung über → Bibelverbreitung und → Volksmission.

War die C. zunächst wichtiges Bindeglied zwischen Früh- und Neupietismus, so trat sie im 19. Jh. immer mehr hinter den Trägern und »Werken« der Erweckungsbewegung zurück. Die 1786 erstmals erschienene Monatsschrift »Sammlungen für Liebhaber christlicher Wahrheit und Gottseligkeit« wurde erst 1912 eingestellt und hielt bis dahin die Basler Zentrale mit den verschiedenen Partikulargesellschaften in Verbindung. Keine Frage, daß sie ein wichtiger Förderer der Erweckung und des geistl. Lebens geworden ist.

Lit.: E. Staehelin: Die Christentumsgesellschaft in der Zeit der Aufklärung und der beginnenden Erweckung, 1970; ders.: Die Christentumsgesellschaft in der Zeit von der Erweckung bis zur Gegenwart, 1974; Jahrbuch Pietismus und Neuzeit 7: Die Basler Christentumsgesellschaft, 1981.

G. Ruhbach

Christenverfolgung/-en

1. Zum Begriff

Vielerlei Assoziationen sind mit dem Wort C. gegeben. Zunächst die Erinnerung an das Herrenwort, daß der Nachfolger Christi immer auch am Kreuzesweg Jesu beteiligt werde (Mt 5,11; 10,16ff; Mk 13,9ff, die vielen Berichte in der Apg; 2Kor 6,4ff; 11,23ff; 1Petr 4,12ff; 5,8-10; Offb 2,10; 2,13 u.a.). Was für den einzelnen gesagt wurde, galt auch der Kirche als Nachfolgegemeinschaft, besonders wenn sie in der Naherwartung ihres Herrn mit den »Wehen der Endzeit« rechnen mußte. Insofern war Verfolgung eher etwas Normales; Kreuz und Leid galt zu allen Zeiten als Kennzeichen des Christen und der Kirche. Wie man damit umgeht, das war die zentrale Frage.

C. meint aber auch die gegebene Wirklichkeit, die Widerstände einer nichtchristl. Welt bzw. ihrer staatlichen Repräsentanten in Form beruflicher Schikane, Behinderung von Lebens- und Wirkungsmöglichkeiten, Ausbildungsverbote für Christenkinder und damit gewaltsame Zuordnung der Christen zur Unterschicht einer Gesellschaft. C. meint schießlich Behinderung bis Verbot der Religionsausübung, Einkerkerung und Ermordung von Christen allein auf Grund ihres Bekenntnisses (Mt 5,11: um meines Namens willen; das ***nomen istud***). Dazu gehören dann endlich die verschiedenen Maßnahmen selbst, die gegen Christen oder auch von Christen gegen Christen ergriffen wurden (z.B. während der staatlichen Verfolgungen in den ersten Jh.en, in den Glaubens- und Konfessionskriegen des hohen und späten MAs, die Sektenpogrome, die Inquisition, die Hexenprozesse u.a.). Bei fast allen C.en sind die Motive vielfältig und vermischt: So begegnen rel. und ideologische, ökonomische und ethnische, nationalistische und polit. Begründungen, die dann unterschiedlich legitimierte Zweckbündnisse gegen Christen erlauben. Voraussetzung für C. ist eine nichtchristl. Mehrheit; je toleranter eine Gesellschaft ist, desto eher kann sie Minoritäten integrieren bzw. akzeptieren. Je totalitärer, ideologischer ihr Anspruch ist, desto eher wird es zu C. kommen. Die Kirche hat die Standhaftigkeit in der Verfolgung immer als Bewährung des Glaubens angesehen, aber in der Regel vor dem Drang zum Martyrium (Überschätzung der Widerstandskräfte) gewarnt. Das Martyrium galt als Bluttaufe und sicherte den Glaubenszeugen einen Ehrenplatz im kirchl. Gedenken. Viele Märtyrer wurden später zu Heiligen und an ihrem Todestag dankbar verehrt. Zu einer Theologie des Martyriums ist es allerdings weithin nicht gekommen.

2. In der Alten Kirche

Über C.en in der → Alten Kirche ist vielfach pauschal und einseitig aus der Sicht christl. Märtyrerverehrung berichtet worden. In den ersten 100 Jahren ihrer Geschichte blieb die Kirche weithin unbehelligt, solange sie in den Augen des röm. Staates als Sekte galt und an den Privilegien des Judentums teil hatte. Die Vertreibung der Juden aus Rom unter Claudius schloß möglicherweise eine lokal begrenzte C. ein. Nero, unter dem wahrscheinlich auch Petrus den Märtyrertod erlitt, hat ebenfalls keine allg. C. durchgeführt, sondern nur den Verdacht der Brandstiftung Roms von sich auf die christl. Minorität der Stadt abgelenkt und diese für kriminelle Taten haftbar gemacht. Zu eingeschränkten Verfolgungen ist es unter fast sämtlichen Kaisern von Domitian (81-96) bis Aurelius Commodus (180-192) gekommen. Ausgelöst wurden sie wahrscheinlich durch eine verstärkte Betonung des Kaiserkultes und die als Gehorsamsverweigerung und damit als Heraustreten aus der staatlichen Ordnung empfundene Haltung der Christen.

Die juristische Grundlage der Verfolgungen ist immer noch nicht ganz geklärt. Wahrscheinlich wurden sie nicht durch ein besonderes kaiserliches Gesetz veranlaßt, sondern auf Grund der Polizeivollmacht (*coercitio*) der einzelnen Provinzstatthalter angeordnet. Die Verfolgungen bis 250 waren territorial begrenzt und gingen mehr oder weniger blutig aus. Das bekannte Reskript Trajans regelte um 115 auf eine Anfrage des Statthalters Plinius das Verfahren gegen die Christen folgendermaßen: anonyme Anzeigen seien nicht zu berücksichtigen; jeder Christ aber, der das Kaiseropfer verweigere, solle wegen Widerstands gegen die Staatsgewalt mit dem Tode bestraft werden. Nur der Vollzug des Opfers garantiere Straffreiheit. Wer aber unbegründete, böswillige Anzeige erstatte, müsse selbst mit Strafverfolgung rechnen. Nach dieser Regelung wurde offenbar die nächsten 150 Jahre gegenüber den Christen verfahren. Septimius Severus präzisierte 202/203 die Haltung des Staates durch ein generelles Verbot, zum Christentum überzutreten. Eine auf Katechumenen und die sie unterweisenden Katecheten beschränkte Verfolgung war das Resultat.

Neben dem genannten Verfahren wurde gelegentlich auch die röm. Kriminalprozeßordnung auf die Christen angewandt, vor allem auf Grund fiktiver Anschuldigungen wie Ritualmord und Inzest. Seit dem 2. Jh. existieren Märtyrerakten, die die Schicksale der Christen glorifizierend beschreiben, und andere apologetische Werke christl. Theologen, die sowohl gegen das staatliche Vorgehen protestieren als auch den untadeligen Lebenswandel der Christen hervorheben (Justin, Tertullian u.a.). Aufs ganze gesehen, konnte sich die Kirche bis 250 aber ohne größere Beeinträchtigung festigen und ausbreiten. Erst unter Decius (249-251) kam es zur ersten großen C. im röm. Reich. Verschiedene Gründe sind dafür anzugeben:

a. die im Zusammenhang mit der Tausendjahrfeier Roms vollzogene Staatsreform, die bewußt rel. im Sinne der Festigung des Kaiserkultes orientiert war,

b. die unübersehbar gewordene Größe der Kirche, die sich betont vom staatlichen Leben fernhielt und als ein eigener »Staat im Staat« Verdacht erregte,

c. der Protest zahlreicher Berufsgruppen gegen die Kirche (Priester, Veranstalter von Spielen, Götzenbildhersteller u.a.), die sich in ihrer Existenz bedroht fühlten, und

d. die Bedrohung des Reiches durch äußere Feinde (Germanen, Perser u.a.), welche die Einigung im Inneren erforderlich machte.

So erließ Decius 250 ein allg. Opfergebot, über dessen Vollzug sich jeder Bürger eine Bescheinigung ausstellen lassen mußte. Viele Christen wurden gefangen gesetzt und hingerichtet, eine größere Zahl wurde allerdings abtrünnig und leistete das Opfer. Mit dem Tod des Kaisers hörten die Verfolgungen aber bereits 251 wieder auf, sie wurden jedoch durch seinen Nachfolger Valerian verschärft fortgesetzt. 257 erließ dieser ein generelles Versammlungsverbot für Christen, 258 ordnete er die Inhaftierung und Hinrichtung des christl. Klerus an, um die Kirche an ihrer Wurzel zu treffen und ihre Organisation zu zerstören. Doch sein Sohn Gallienus, der eine Christin zur Frau hatte, stellte 260 die Verfolgung abermals ein. Eine 40jährige Duldungszeit schloß sich an.

Aus ähnlichen Gründen wie Decius führten Diokletian und seine Mitherrscher seit 303 die zweite und letzte allg. C. durch, die bis 313 anhielt. Zu den bisherigen Maßnahmen trat die Zerstörung der Kirchen, die Einziehung und Vernichtung christl. Schrifttums und die Deportation und Verbannung standhaft gebliebener Christen in die Bergwerke. Während die Verfolgung im Westen des Reiches nur zögernd durchgeführt wurde, kam es im Osten zu hohen Blutopfern. Die genaue Zahl der Märtyrer ist unbekannt, wahrscheinlich eher geringer als größer. Ein Kalender aus Rom 354 zählt 50 Märtyrergedenktage auf, wobei ca. 30 der genannten Toten ins 1. Jh. gehören.

Die kaiserlichen Toleranzedikte von 311 und 313 ließen die Kirche als Siegerin aus dem Entscheidungskampf hervorgehen. Nur während der Auseinandersetzung zwischen Konstantin und Licinius kam es um 323 noch einmal zu einer begrenzten Verfolgung in den Licinius unterstellten Gebieten, ebenso in der kurzen Regierungsperiode Julians des Abtrünnigen (361-363). Mit der Erhebung des Christentums zur Staatsreligion unter Theodosius I. 380 fand die Zeit der allg. Verfolgungen ihren endgültigen Abschluß. Im persischen wie im germanischen Raum ist es freilich noch zu gelegentlichen Verfolgungen gekommen, bis sich die Kirche in Mitteleuropa durchsetzte und im Orient eine abgekapselte, aber offiziell anerkannte oder zumindest geduldete Minoritätenexistenz erkämpft hatte.

3. Unter islamischer Herrschaft

Die Herrschaft des → Islam brachte zunächst den selbständig gewordenen nationalen Sonderkirchen der Kopten in Ägypten, der Jakobiten in Syrien und der Nestorianer in Persien Befreiung von der Bedrückung durch die Großkirche, setzte aber die Angehörigen der griech. Reichskirche wie die kath. Christen in Nordafrika und Spanien erheblicher Bedrängnis aus, die sich in kurzen, aber heftigen Verfolgungen entlud. Dadurch, daß die Christen vom Islam generell als »Schriftbesitzer« anerkannt und damit von der Zwangsbekehrung ausgenommen waren, gelang es ihnen allerdings bald, als minderprivilegierte Klasse ihren Glauben auch unter muslimischer Oberhoheit weiter auszuüben. Jedenfalls war die Zahl der abtrünnigen Christen bei weitem größer als die der verfolgten.

Im 20. Jh. bis in die Gegenwart hinein entwickelte der Islam in zahlreichen Ländern eine ausgesprochen militante, antichristl. Religionspolitik, der viele Christen zum Opfer fielen oder zumindest schweren Benachteiligungen und Bedrückungen ausgesetzt waren und noch sind. Freilich darf man derlei Gewaltakte nicht aus dem allg. Zusammenhang panislamischer Expansionspolitik einerseits und Selbständigkeitsbestrebungen einzelner Staaten, vor allem in Afrika und Asien, andererseits herauslösen.

4. Innerhalb der Kirche

Leider haben auch christl. Kirchen selbst Verfolgungen initiiert oder durchgeführt, immer wieder durch die Kirchengeschichte hindurch gegen Juden und Häretiker, aber auch gegen andersdenkende Christen und Nichtchristen (Hypatia in Alexandrien, Meister → Eckhart, J. → Wyclif, J. → Hus, M. → Luther, M. Servet, G. → Galilei u.a.). Zwar hat die Einführung der Inquisition das willkürliche Akkusationsverfahren im MA juristisch verbessert, aber sie gab denen, die sie durchführten, so viel Spielraum zum Mißbrauch und zur Gewalt, daß die Inquisition als solche in Verruf kam. Was z.B. zur Zeit der Gegenreformation (→ Täufer, Böhmische Brüder, → Hugenotten, → Waldenser, Salzburger u.a.), aber auch angesichts der Einführung der Union im ev. Preußen (Altlutheraner) Christen einander angetan haben, darf nicht verschwiegen und nicht entschuldigt werden, obwohl auch hier zahlreiche verschiedene Motive rel. und profaner Art zusammengewirkt haben.

5. In den Missionsgebieten

Oft genug war im Zusammenhang mit der Kolonisierung das Christentum eingeführt worden. Allerdings waren vielfach christl. Missionen schon lange vor der Kolonisation am Werk und wurden oft erst nachdrücklich von dieser »beschlagnahmt«. Jedenfalls sind C.en in den ehemaligen Missionsgebieten oft als Reaktion auf polit., kulturelle und rel. (Zwangstaufe) Gewaltanwendung zu werten. Aber auch dort, wo Mission nur mit dem Wort und sozialer wie medizinischer Hilfe betrieben wurde, gab es Pogrome gegen Christen, weil diese die rel. Weltordnung (Tabu) oder ihre rel. Repräsentanten (Medizinmann, Gottkönig) in Frage stellten. Von weitreichenden, systematisch betriebenen Verfolgungen kann aber weder in Afrika noch in Indonesien noch in Japan gesprochen werden.

6. Im 20. Jahrhundert

Im 20. Jh. ist es allerdings wieder zu allgemeineren C. gekommen, die ebenso wie ihre Vorgänger nirgends ausschließlich rel. motivierbar sind. In Europa führte das Aufkommen verschiedener Ideologien und Ersatzreligionen seit der Franz. Revolution zu einer immer stärkeren Entfremdung der Bevölkerung von der Kirche. Die Franz. Revolution brachte dabei eine neue Erfahrung, daß nämlich das Christentum von der ideologisierten Vernunft als Religion verfolgt wurde. Die Trennung der Kirche vom Staat und die (in Frankreich gewaltsame) Loslösung der säkularen Gesellschaft von der Religion wurde deutlich. Im Marxismus-Leninismus wie im Nationalsozialismus nahmen neuzeitliche Ideologien ausgesprochen christentumsfeindliche Züge an.

Nach der vormals engen Verbindung von Staat und Kirche in Rußland führte die Revolution 1917 alsbald zur Unterdrückung der Kirche und zu zahlreichen Hinrichtungen von Christen als Konterrevolutionären. In der Zeit von 1917-1939 kam es zu mehreren harten Verfolgungswellen, die vordergründig die Gegner des Sozialismus, in Wirklichkeit aber die Kirche überhaupt treffen sollten und den Bestand ihrer Glieder erheblich dezimierten. Die Zahl der Opfer geht in die Millionen und ist nur deshalb nicht genau erfaßbar, weil die Verurteilung von Gegnern des Regimes und Anhängern der Kirche nicht klar unterscheidbar ist.

Neben den russischen Kirchen waren auch die Kirchen im → Baltikum (Litauen, Estland und Lettland) und nach dem Zweiten Weltkrieg in den übrigen Ostblockstaaten in der Ausübung ihres Glaubens nahezu total eingeschränkt worden. Zwar gab es fast nirgends offiziell durchgeführte Verfolgungen von Christen. Diese wurden geduldet, soweit sie die rel. Betätigung auf den Kultraum beschränkten und sich gegenüber dem Staat loyal verhielten. In → Bulgarien und Kuba zeitweise, aber in → Albanien systematisch war es allerdings zu allgemeineren C. mit zahlreichen Opfern gekommen, und in → Jugoslawien hatten die zumeist kath. Kroaten nach 1945 schwer zu leiden gehabt, allerdings auch dadurch bedingt, daß sich gerade Kroaten während der Hitlerzeit in größerer Zahl an den Ausschreitungen des faschistischen Regimes beteiligt hatten. Das Ausmaß der Verfolgungen läßt sich auch hier nicht übersehen. Die Kirchen in der DDR hatten von 1948 an bis zur Wende ebenfalls unter erheblichen Beeinträchtigungen zu leiden.

In der Zeit des Nationalsozialismus sind viele Christen, Theologen und Nichttheologen aus Deutschland und den von Deutschen besetzten Gebieten in Gefängnissen und Konzentrationslagern umgekommen. Der Widerstand der Christen richtete sich vornehmlich gegen den nationalistischen und biologisch-rassistischen Totalitätsanspruch des Hitlerstaates (→ Kirchenkampf). Auch der spanische Bürgerkrieg 1936 kostete zahlreichen Christen, vor allem Priestern, das Leben.

Schließlich ist das neu erwachte Nationalbewußtsein in vielen asiatischen, afrikanischen und lateinamerikanischen Staaten als einer von mehreren Gründen für blutige C.en zu nennen, zumal der Nationalismus dort oft mit der Wiedergeburt alter rel. Vorstellungen verbunden war und seine Vertreter in den christl. Kirchen durchweg den Wegbereiter des verhaßten europäisch-amerikanischen Kolonialismus erblickten.

Die griech. Christen in Kleinasien hatten schwere Bedrängnisse durch die Türken zu bestehen; das durchweg christl. armenische Volk wurde seit 1894 in verschiedenen Vernichtungsaktionen entsetzlich dezimiert oder gewaltsam islamisiert, weil die Jungtürken in ihnen zugleich potentielle Gegner des türkischen Nationalstaates sahen. Der chinesische, japanische und koreanische Nationalismus forderte den dortigen Christen ebenfalls einen beträchtlichen Blutzoll ab. Wie die Auseinandersetzung vor allem zwischen Christentum und Islam in den jungen afrikanischen Staaten verläuft, bleibt abzuwarten. Ein erhebliches Ausmaß hat die Verfolgung von Christen in den Diktaturen Mittel- und Südamerikas angenommen. Tausende von Priestern und Gemeindegliedern wurden verschleppt, gefoltert und getötet, seit sich Teile der Kirche auf die Seite der verarmten Landbevölkerung und der von Ausrottung bedrohten Ureinwohner gestellt haben und die ungerechten Besitzverhältnisse in diesen Ländern beim Namen nennen (Basisgemeinden). In eine schwierige Position geraten viele nordatlantische Missionsgesellschaften, deren Heimatländer oft genug an der Aufrechterhaltung der vorhandenen Strukturen zum Nutzen der eigenen Wirtschaft interessiert sind und damit indirekt auch die C. unterstützen. Unter solcher Bedrängnis hat die Kirche Lateinamerikas eine eigene »Theologie der Befreiung« ausgebildet, in der sich Elemente marxistischer Wirtschaftstheorie mit christl. Anthropologie, Soteriologie und Zukunftshoffnung verbinden (Kirche der Armen). Der Leidensweg der lateinamerikanischen Kirchen und dessen geistl. Verarbeitung zu einer neuen → Spiritualität hat großen Einfluß auf die Entwicklung der Kirchen der Dritten Welt. Es zeigt sich jedenfalls, daß die C.en auch im 20. Jh. nirgends allein durch antikirchl. Emotionen ausgelöst wurden, sondern immer mit anderen Faktoren vornehmlich polit. und weltanschaulich-ideologischer Art gekoppelt waren. Märtyrer wie D. → Bonhoeffer, M. Kolbe und O. Romero sind im Unterschied zu den Verfolgungen in der Alten Kirche nur selten namentlich zu benennen. Anonym gebliebene Christen hatten dafür einzustehen, wo die Kirchen im Verlauf ihrer Geschichte Bindungen eingegangen waren, die nicht zum Vollzug ihres Auftrags gehörten und dadurch Gegenimpulse hervorriefen, an denen die Kirchen selbst in der Regel nicht schuldlos waren.

Lit.: H. v. Campenhausen: Die Idee des Martyriums in der alten Kirche, ²1964; W.C. Fletcher: A Study in Survival. The Church in Russia 1927-1943, 1965; R. Freudenberger, K. Schäferdiek, F. Stoeßel: »Christenverfolgung«, TRE 8, 1981, 23-62; R.M. Grant: Christen als Bürger im römischen Reich, 1981; G. Hamburger: Verfolgte Christen. Berichte aus unserer Zeit, ³1979; A. v. Harnack: Die Mission und Ausbreitung des Christentums I/II, ⁴1924; M. Lange, R. Iblacker (Hg.): Christenverfolgung in Südamerika, ²1981; J. Lepsius: Der Todesgang des armenischen Volkes, 1919; J. Moreau: Die Christenverfolgungen im römischen Reich, 1961; W. Scheffbuch: Christen unter Hammer und Sichel, ⁴1973; B. Spuler: Die Gegenwartslage der Ostkirchen, 1948; G. Vicedom: Das Geheimnis des Leidens der Kirche, 1963; G. Weth: Chinas rote Sonne, 1972.

G. Ruhbach

Christi Himmelfahrt → Himmelfahrt Christi

Christian Science → Christliche Wissenschaft

Christkatholische Kirche → Altkatholiken

Christlich-soziale Bestrebungen

Die Wortschöpfung christlich-sozial geht auf Franz von → Baader (1765-1841) zurück, der darunter die »Einbürgerung der Proletarier« in eine ständisch gegliederte Gesellschaft mit arbeitsangemessenem Lohn verstand. Sie wird von Johann Hinrich → Wichern (1808-1881) 1848 auf dem Wittenberger Kirchentag verwandt, um zur »christlichen Wiedergeburt sozialer Verhältnisse des Volkslebens« zu gelangen. Die Innere Mission, die nun entsteht, ist Antwort auf die auch sozial bedingte Abkehr der Massen von der Kirche. Wicherns »rettende Liebe« beruhte indes nicht auf einer Gesellschaftsanalyse, sondern bezog sich im Rahmen einer individuellen Diakonie auf die Opfer eines wirtschaftl.-sozialen Systems im Gegenüber zu sozialistischen Modellen.

Ebenfalls 1848 veröffentlichte Victor Aimé Huber (1800-1869) die Schrift »Die Selbsthilfe der arbeitenden Klassen durch Wirtschaftsvereine und innere Ansiedlung«. Er hatte erkannt, daß die soziale Frage als Folge der Klassenstruktur der Gesellschaft und der wirtschaftlichen Faktoren anzusehen ist. Er war sich aber auch bewußt, daß Millionen nicht deshalb im Elend sind, »weil sie an das Riesenrad der englischen Industrie gefesselt. . ., sondern weil sie selbst und ihre Brotherren, jeder Teil in seiner Weise, Knechte der Sünde und Torheit (sind) und der Liebe wie der Wahrheit ermangeln«. Seine Lösung einer genossenschaftlichen Selbsthilfe in Vereinen und Wohnkolonien hatte zwar wenig praktische Bedeutung, lehnte sich aber an englische Versuche an.

Auf der britischen Insel hatten Frederick Denison Maurice (1805-1872), Charles Kingsley (1819-1875) u.a. einen christl. Sozialismus entwickelt, der die Gewissen gegenüber der sozialen Frage auch in der Anglikanischen Kirche schärfte und zusammen mit einer vor allem vom → Methodismus beeinflußten Gewerkschaftsbewegung (→ Gewerkschaften) das Abgleiten der Arbeiterschaft in einen atheistisch-weltanschaulichen Sozialismus verhinderte. In gewisser Weise ist auch die → Heilsarmee als eine christl. soziale Bewegung zu verstehen.

In Deutschland versuchte R. Todt 1877 mit dem Buch »Der radikale deutsche Sozialismus und die christliche Gesellschaft« ein Gespräch mit dem Sozialismus. Es zeigt sich, daß christl. soziale Anstrengungen zwischen einer befürchteten und abzuwendenden Revolution und einer von den Herrschenden betriebenen Restauration angesiedelt waren. Dies gilt auch für die »Christlich-soziale Arbeiterpartei«, die der Hofprediger Adolf → Stoecker (1835-1909) 1878 gründete, die jedoch die großstädtischen Arbeiter als Zielgruppe verfehlte und daher eine kümmerliche Existenz fristete. Ab 1882 gab es ev. Arbeitervereine, die parallel und im Kontrast zu den röm.-kath. c.-s. Vereinen entstanden. 1890 gründeten deren Leiter L. Weber und A. Stoecker den »Evangelisch-sozialen Kongreß«, dem führende Wissenschaftler, u.a. Max Weber (1864-1920), Rudolf Sohm (1841-1917) und Adolf von Harnack (1851-1930) angehörten. Spannungen zwischen »Alten« und »Jungen«, letztere vor allem durch die Sekretäre Paul Göhre (1864-1928) und Friedrich Naumann (1860-1919) vertreten, führten 1896 zum Austritt Stoeckers und seiner Freunde, die 1897 die »Freie kirchlich-soziale Konferenz« (ab 1918 Kirchlich-sozialer Bund unter R. Seeberg und R. Mumm) gründeten. Nach einer Palästinareise rückte Naumann von der Vorstellung ab, Jesus sei sozialer Revolutionär gewesen. Er wandte sich dem Liberalismus zu und erreichte mit anderen, daß dieser sich den sozialen Fragen weiter öffnete.

Um eine Vermittlung zwischen Christentum und Sozialismus ging es den »religiös-sozialen« Schweizern Hermann Kutter (1869-1931) und Leonhard Ragaz (1868-1945), die dem Internationalen Bund Religiöser Sozialisten zuzurechnen sind. Der Kirchlich-soziale Bund und der »christliche Volksdienst« schufen 1929 die Partei »Christlich-sozialer Volksdienst«, der bei der Reichstagswahl am 14. 9. 1930 2,5 % (14 Mandate) erringen konnte.

Nach dem Zweiten Weltkrieg erkannte die Kirche die Lösung sozialer Probleme als eine ihr zukommende Aufgabe. Der »Kirchliche Dienst in der Arbeitswelt« sucht mit Hilfe von Industrie- und Sozialpfarrämtern dem gerecht zu werden. Eine »Kammer für soziale Ordnung« sowie die Sozialakademie in Friedewald und das Sozialwissenschaftliche Institut in Bochum wurden von der EKD geschaffen.

Im katholischen Raum waren der »Gesellenvater« Adolf Kolping (1813-1865) und der Mainzer Bischof W.E. Freiherr von Ketteler (1811-1877) aktiv. 1890 wurde der »Volksverein für das katholische Deutschland« als zusammenfassende Organisation c.-s. B. gegründet. Ein Jahr später veröffentlichte Papst Leo XIII. die erste Sozialenzyklika »Rerum novarum«, die Recht und Pflicht zur Staatsintervention und die Koalitionsfreiheit der Arbeiter unterstrich. Die Soziallehre des Lehramts wurde immer weiter verfeinert und ist zum Schluß greifbar in den beiden Sozialenzykliken Johannes Pauls II. »Laborem exercens«, in der betont wird, daß der personale Einsatz von Arbeit vor dem instrumentalen Einsatz von Kapital Vorrang hat, und »Centesimus annus« (1991). Kath. Politiker hatten maßgeblichen

Anteil an der Sozialpolitik der Weimarer Zeit und nach dem Zweiten Weltkrieg.

Die ökumenische Bewegung wurde stark von c.-s. Ideen gespeist, vor allem die Bewegung für Praktisches Christentum (1. Weltkonferenz Stockholm 1925). Die sozialen Versäumnisse der Kirchen gaben Anlaß, sich mit Wirtschaftsfragen zu beschäftigen. Mit der Entkolonisierung rückten diese Fragen in einen weltweiten Horizont. Der Nord-Süd-Konflikt zwischen reichen und armen Ländern verlangt nach einer Lösung. Heute ist der Prozeß für Gerechtigkeit, Frieden und Bewahrung der Schöpfung Ausdruck dieser ökumenischen c.-s. Bemühungen. Nach dem Zerfall der östl. Planwirtschaft bedarf es der Rückfragen an das wirtschaftl.-monitäre System von Bretton Woods (Abkommen über Int. Währungsfonds und Weltbank 1944). Insbesondere geht es um eine demokratische Kontrolle der Börsen und der Finanzmärkte sowie um den Aufbau einer internationalen Kartellbehörde. Die Kirchen haben für eine zukünftige internationale Ordnung und auf dem Felde der Wirtschaftsethik den Maßstab der Gerechtigkeit deutlich ins Spiel zu bringen.

Lit.: G. Brakelmann: Die soziale Frage des 19. Jahrhunderts, [6]1979; Friedewälder Beiträge zur sozialen Frage, 1950 ff; Zeitschrift für evangelische Ethik; Ev. Soziallexikon, 1980 (7. A.); A. Rauscher: Katholische Soziallehre. Entwicklungen, Probleme, Aufgaben, in: Kirche und Gesellschaft 1989, 3-16; U. Ruh: Vatikan: Grundsätzliches zur kirchlichen Soziallehre, in: Herder-Korrespondenz 43, 1989, 352ff.

E. Geldbach

Christliche Blindenmission im Orient e.V. → Christoffel Blindenmission

Christliche Fachkräfte International

Auf Bitten überseeischer Kirchen hin wurde »Christliche Fachkräfte International e.V.« (CFI) 1984 von der Aktion → Hilfe für Brüder gegründet. Die Zusammenarbeit mit diesem Hilfswerk ist sehr eng. Durch CFI werden ausschließlich qualifizierte Mitarbeiter in solche Projekte nationaler ev. Kirchen der Dritten Welt vermittelt, wo einheimische Mitarbeiter nicht vorhanden sind. Durch den zeitlich begrenzten Einsatz (drei oder vier Jahre mit Möglichkeit der Verlängerung) sollen die einheimischen Mitarbeiter so unterstützt und weitergebildet werden, daß sie so bald als möglich die Aufgaben selbständig weiterführen können. Neben den beruflichen Gaben kommt deshalb der persönlichen Eignung der Bewerber in Glauben und Leben große Bedeutung zu, damit sie sich in die Gemeinschaft der überseeischen mission. und bekennenden Kirchen einfügen können. Zu den kirchl. Projekten in Asien, Afrika und Südamerika, in die bisher Entwicklungshelfer vermittelt wurden, gehören Schulen, landwirtschaftl. Maßnahmen, Wasserbau, Gesundheitsdienste und Krankenhäuser, Ausbildungsstätten, Flüchtlingshilfe und Sozialdienste. CFI wurde 1985 von der Bundesregierung als Entwicklungsdienst anerkannt. Sitz der Geschäftsstelle ist in Stuttgart.

Lit.: »Christliche Fachkräfte International«, vierteljährliches Berichtsblatt.

W. Scheffbuch

Christliche Pfadfinder → Verband christlicher Pfadfinder

Christliche Postvereinigung → Berufsmissionen

Christliche Welt → Rade, Martin

Christliche Wissenschaft (Christian Science)

Begründerin ist die US-Amerikanerin Mary Baker Eddy (1821-1910), die 1862 durch den Geistheiler P.H.P. Quimby von chronischer Krankheit geheilt wurde. Ihre Lehre wurde in ihrem Buch Science and Health (Wissenschaft und Gesundheit mit Schlüssel zur Heiligen Schrift 1875, letzte Fassung 1910) niedergelegt; an diesem Werk darf nichts ausgelegt oder verändert, es darf nur gelesen werden und hat kanonische Bedeutung neben der Bibel.

Nach M.B. Eddy gibt es in der Materie kein Leben; diese ist sterblicher Irrtum, zeitlich und unwirklich. Gott ist Geist und der Mensch als sein Ebenbild geistig. Der Mensch hat zu Lebzeiten einen ständigen Kampf mit den Gegenpolen von Geist und Materie zu bestehen: Erlösung meint die Überwindung des Irrtums Materie, meint Heilung von Krankheit und geschieht durch die Erkenntnis der allein wirksamen göttlichen Macht und der realen Überwindung von Sünde, Krankheit und Tod. Jesus hat als erster diese »Wissenschaft« gelehrt, gelebt und seinen Jüngern aufgetragen (das »Prinzip des Heilens«: nicht der Heiler, sondern die Wahrheit heilt).

1879 wurde in Boston die Church of Christ (Scientist) gegründet, ab 1892 ist der gegenwärtige Name und die heutige Organisation (Mutterkirche in Boston mit ca. 3.000 Zweigkirchen in 50 Ländern, in Deutschland ca. 120) nachweisbar. Jede Kirche (oder Vereinigung) hält eine Sonntagsfeier und eine Mittwochabendversammlung. Diese Feiern sind extrem schlicht (ohne Liturgie, Predigt, Sakramente) und beschränken sich auf Lesungen aus der Bibel und dem »Lehrbuch« (am Mittwoch gelegentlich auch auf Heilungsberichte). Ein Lesezimmer mit Bibel, den Schriften von M.B. Eddy und den Veröffentlichungen des Verlages in Boston steht in der Regel für Interessenten zur Verfügung. Seit 1908 erscheint – ununterbrochen bis in die Gegenwart – die angesehene Tageszeitung »The Christian Science Monitor« in den USA.

Diese Kirche ist eindeutig als Sekte anzusehen, weil sie die Christusoffenbarung verdunkelt.

Lit.: K. Hutten: Seher, Grübler, Enthusiasten, [12]1982; M. Kießig, H. Reller (Hg.): Handbuch Religiöse Gemeinschaften, [3]1985, 253-264; H.-D. Reimer: Metaphysisches Heilen, 1966.

Die Universitäts-Bibliothek Erlangen unterhält eine Christian Science Sammlung.

G. Ruhbach

Christlicher Blindendienst → Evangelischer Blinden- und Sehbehindertendienst in Deutschland

Christlicher Gemeinschaftsverband Mülheim a.d. Ruhr

Der Christliche Gemeinschaftsverband Mülheim a.d. Ruhr (CGV) ist der älteste Teil der deutschen → Pfingstbewegung und entstand 1905 aus der → Erweckungsbewegung in Deutschland.

In dieser war das Verlangen nach einem »Mehr« an Kraft zum Zeugnis für Jesus und im persönlichen Leben aufgebrochen. Daraufhin kam es zu tiefgreifender Buße, tiefer Liebe zu Jesus und Erfüllung mit Heiligem Geist. Auch Gaben des Heiligen Geistes taten sich auf.

Die sog. »→ Berliner Erklärung« bewirkte die Abspaltung von der Gemeinschaftsbewegung.

Das Lehrzeugnis des CGV bewegt sich auf dem Boden der Bekenntnisse der ev. Landeskirchen.

Besonderer Wert wird auf persönliche Entscheidung für Jesus Christus, Buße, Wiedergeburt und Erneuerung im Hl. Geist sowie auf aktive Teilhabe am Gottesdienst gelegt. Erklärtes Ziel ist, Menschen für Christus zu gewinnen und sie im Glauben zu fördern.

In der Regel wird die → Taufe an gläubig Gewordenen vollzogen. Kirchenaustritt wird nicht gefordert.

Die organisatorische Ordnung: Basis ist die Ortsgemeinde. Mehrere Ortsgemeinden bilden einen Bezirk, mehrere Bezirke einen Bund und die Bünde zusammen ergeben den Verband. Dementsprechend gibt es Orts-, Bezirks- und Bundesälteste. Die Bundesvorsteher bilden den Ältestenrat. Aus ihnen wird der Verbandsvorsteher oder »Präses« gewählt. Das verfassungsgebende Gremium ist der »Hauptbrüdertag«. Der CGV hat die Rechtsform einer Gesellschaft mit beschränkter Haftung.

Außenmission betreibt der CGV in Indonesien, Sambia und Osteuropa.

Lit.: Festschrift zum 75jährigen Bestehen des Christlichen Gemeinschaftsverbandes Mülheim a.d.Ruhr, 1990; E. Giese: Und flicken die Netze, 1976; ders.: Jonathan Paul, ein Knecht Jesu Christi, 1964; C. Krust: Was wir glauben und bekennen, 1963; ders.: 50 Jahre deutsche Pfingstbewegung, 1956.

S. Keller

Christlicher Kalender → Kirchenjahr

Christlicher Missionsverein für Österreich → Österreich

Christlicher Sängerbund

Der CS, gegr. 1879 in Elberfeld (heute Wuppertal), ist eine Vereinigung von etwa 1.000 Chören aus Freikirchen, Kirchen und Gemeinschaften mit ca. 22.000 Chormitgliedern in gemischten Chören, Frauen- und Männerchören sowie Jugendchören; ein Arbeitszweig Kindermusik ist im Aufbau. Von 1951-91 bestand die Arbeitsgemeinschaft ev. Gemeindechorwerke in der DDR; die enge Zusammenarbeit blieb immer erhalten. Der CS ist heute in 15 Landesverbände und den Männerchorverband gegliedert. Die Aufgabe des CS besteht in der Pflege und Förderung geistl. Singens in der Gemeinde und bei mission. Anlässen. Das Evangelium von Jesus Christus ist Grundlage für das Verständnis der Aufgabenstellung wie der Mitgliedschaft. Der CS führt Chorleiterseminare und Singfreizeiten sowie eine Vielzahl von Schulungsveranstaltungen durch, er gibt Fachliteratur heraus und unterhält einen Musikverlag, den Verlag Singende Gemeinde, dessen Name Programm und Verpflichtung ist.

Bei der Herausgabe von Chormusik gilt der evangeliumsgemäßen Textgestalt besondere Aufmerksamkeit. Der CS wurde stark beeinflußt von der → Erweckungsbewegung im 19. Jh. und der Singbewegung im 20. Jh.; viele andere Strömungen haben das Werk immer neu belebt. Eine der prägendsten Gestalten als Chorpädagoge und Komponist ist Paul Ernst Ruppel (geb. 18. 7. 1913). Sitz und Geschäftsstelle des CS ist in Wuppertal. Der CS gehört dem Verband ev. Kirchenchöre (VeK) und der Arbeitsgemeinschaft freikirchlicher Chorwerke in Europa (AfC) an.

Lit.: Hundert Jahre CS 1879-1979, FS, hg. von W. Schmidt, 1979; ZS Der Gemeindechor.

G. Michael

Christlicher Sozialismus → Christlich-soziale Bestrebungen

Christlicher Verein Junger Männer/ Christlicher Verein Junger Menschen – CVJM/YMCA

Eine Erweckung in einem Textilhaus in London löste 1844 die Gründung des ersten CVJM aus (Young Men's Christian Association YMCA). Die Initiative ging vom 23jährigen George Williams aus. Er wollte mit der Vereinsform die Ausbreitung des Evangeliums auch unter den Handlungsgehilfen anderer Tuchfirmen erreichen. Das mission. Ziel und die Verantwortung der Laien, der persönliche Glaube und das offensive Christuszeugnis, die Evangelisation und der soziale Dienst, die interkonfessionelle Weite und die internationale Breite prägten von Anfang an die Arbeit des CVJM. Schnell breitete sich die Idee aus (z.B. 1851 in Boston, 1952 in Genf – durch Henri Dunant – und in Paris), korrespondierend mit der Bewegung der Missions-Jünglingsvereine in den deutschen Ländern. Diese gingen auf Gründungen in Stuttgart (1805/15), in Barmen (1823) und in Bremen (1834: »Hülfsverein für Jünglinge«) zurück.

Die Jünglingsvereine unterschieden sich von den CVJM durch ihr Verhältnis zu den ev. Kirchen; sie arbeiteten als freie Werke in den Kirchen, die CVJM dagegen übergemeindlich, sich selbst finanzierend, in eigenen Häusern, mit eigenen hauptamtlichen Mitarbeitern und der Unterscheidung von eingeschriebenen und tätigen Mitgliedern. So auch der erste CVJM in Deutschland, 1883 durch den Deutsch-Amerikaner Friedrich von Schlümbach und den Oberförster Eberhard von Rothkirch in Berlin gegründet. In vielen Städten bildeten sich CVJM.

Nach dem Zweiten Weltkrieg wird der Name CVJM auch für die Jünglingsvereine gebräuchlich, so daß heute beide Formen – die übergemeindliche und die gemeindlich arbeitende – CVJM heißen. Durch die Aufnahme von Mädchen und Frauen änderten viele CVJM ihren Namen in »Christlichen Verein Junger Menschen«, auf den sich heute die Abkürzung »CVJM« bezieht.

Regionale Zusammenschlüsse der Missions-Jünglingsvereine gibt es seit 1848 (Rheinisch-Westfälischer Jünglingsbund, Wuppertal), in die sich später die CVJM integrierten: 1919 Arbeitsgemeinschaft der CVJM Deutschlands. Seit 1882 (erste Nationalkonferenz bei Detmold) schließen sich die regionalen Bünde enger zusammen. 1900 gibt es die erste Satzung der »Nationalvereinigung evangelischer Jünglingsbündnisse in Deutschland«. Der heutige CVJM-Gesamtverband in Deutschland e.V. ist der Zusammenschluß von 12 Werken und Verbänden: CVJM-Westbund, Evangelisches Jugendwerk in Württemberg, CVJM-Landesverband Bayern e.V., CVJM-Nordbund e.V., CVJM-Landesverband Baden e.V., CVJM-Pfalz e.V. – Ev. Jugendverband, CVJM-Ostwerk, CVJM-Landesverband Sachsen e.V., Evangelisches Jungmännerwerk/ CVJM Thüringen, CVJM Görlitzer Kirchengebiet, Arbeitsgemeinschaft der CVJM Deutschlands, Christliches Jugenddorfwerk Deutschlands. Sie erreichen über die örtlichen Vereine, Jugendwerke und Jugenddörfer ca. 250.000 junge Menschen regelmäßig.

Der CVJM-Gesamtverband fördert die Zusammenarbeit seiner Mitglieder und erfüllt Gemeinschaftsaufgaben, z.B. die Ausbildung (CVJM-Sekretärschule) und Fortbildung hauptamtlicher Mitarbeiterinnen und Mitarbeiter, im Rahmen der internationalen Arbeit den CVJM-Weltdienst, die Koordinierung von Fachbereichen (Sport, Bläserarbeit, Musik, Jugendpolitik) und altersspezifischer Bereiche (Jungschar-, Jugend-, Junge-Erwachsenen-Arbeit) sowie die Herausgabe von Arbeitshilfen. Er ist Mitglied in der Arbeitsgemeinschaft der Evangelischen Jugend, im Diakonischen Werk der EKD, in der Arbeitsgemeinschaft Missionarische Dienste und im Weltbund der CVJM, dem 90 Nationalverbände mit ca. 25 Mio. Mitgliedern angehören (Sitz: seit 1878 Genf).

Die Grundlage der CVJM-Arbeit ist die bei der Gründung des Weltbundes 1855 verabschiedete sog. Pariser Basis: »Die Christlichen Vereine Junger Männer haben den Zweck, solche jungen Männer miteinander zu verbinden, welche Jesus Christus nach der Heiligen Schrift als ihren Gott und Heiland anerkennen, in ihrem Glauben und Leben seine Jünger sein und gemeinsam danach trachten wollen, das Reich ihres Meisters unter jungen Männern auszubreiten.« (Bei der Formulierung der theologischen Grundlage des 1948 in Amsterdam gegründeten Weltrates der Kirchen stand diese Basis Pate.) Im Hinblick auf die Erweiterung der Arbeit beschloß der CVJM-Gesamtverband 1985 eine Zusatzerklärung: »Die CVJM sind als eine Vereinigung junger Männer entstanden. Heute steht die Mitgliedschaft allen offen. Männer und Frauen, Jungen und Mädchen aus allen Völkern und Rassen, Konfessionen und sozialen Schichten bilden die weltweite Gemeinschaft im CVJM. Die Pariser Basis gilt heute im CVJM-Gesamtverband in Deutschland e.V. für die Arbeit mit allen jungen Menschen.«

Lit.: W. Stursberg: Glauben - Wagen - Handeln, ³1987; K. Kupisch: Der deutsche CVJM, 1958.

D. Roll

Christlicher Volksdienst

Der C. V. war die einzige ev. Partei, die sich in der Weimarer Republik formierte. Im Unterschied zu der von ev. Wählern favorisierten Deutschnationalen Volkspartei (DNVP) ging es dem CV um eine entschieden christl. Politik, die sich von monarchistischen und nationalistischen Neigungen freihält, die Demokratie bejaht und für soziale Gerechtigkeit eintritt. Der CV entstand am 12./13. 11. 1927 in Nürnberg aus christl.-sozialen Gesinnungsgemeinschaften, die sich 1924 aufgrund eines Aufrufes des Betheler Pastors Samuel Jaeger »zur Rettung von Volk und Vaterland« gebildet hatten und auf ein Geltendmachen des »Willens Gottes im öffentlichen Leben« zielten. Nach dem am 28. 12. 1929 erfolgten Zusammenschluß mit der Christlich-sozialen Reichsvereinigung unter Pfr. R. Mumm zum Christlich-sozialen Volksdienst (CSV) erzielte die Partei bei der Reichtstagswahl am 14. 9. 1930 mit 2,5% der Stimmen und 14 Mandaten ihren beachtlichsten Wahlerfolg. Mit 6,7 % der Stimmen am erfolgreichsten war der Volksdienst in Württemberg, wo die Partei unter der Führung von P. Bausch und K. Simpfendörfer nicht nur von Teilen des Pietismus und der Pfarrerschaft (M. und Th. Haug), sondern auch von führenden Universitätstheologen wie A. Schlatter und K. Heim unterstützt wurde. Am 30. 6. 1933 wurde der Volksdienst aufgelöst, nachdem er jahrelang einen energischen Kampf gegen den Nationalsozialismus geführt hatte (vgl. das weitverbreitete CV-Flugblatt »Hakenkreuz oder Christuskreuz?«). Nach dem Zweiten Weltkrieg schlossen sich die meisten Politiker des CSV der CDU an.

Lit.: P. Bausch: Lebenserinnerungen und Erkenntnisse eines schwäbischen Abgeordneten, 2. Aufl. o.J.; K. Buchheim: Geschichte der christlichen Parteien in Deutschland, ²1966; G. Opitz: Der Christlich-soziale Volksdienst, 1969.

W. Neuer

Christlieb, Theodor (1833-1889)

Ch., geb. am 7. 3. 1833 in Birkenfeld/Württemberg, gest. am 15. 8. 1889 in Bonn; zunächst Pfarrer in Württemberg, ab 1868 Prof. für Praktische Theologie in Bonn. Von 1858-1865 war er Pfarrer der dt. Gemeinde in London-Islington und kam dort mit der angelsächsischen Erweckung in lebendige Verbindung, deren Grundziele er auch in Deutschland zu verwirklichen suchte - gegen den beträchtlichen Widerstand seiner Fakultät und Kirche. 1880 begründete er mit F. → Fabri den Westdeutschen Zweig der Ev. → Allianz, 1881 lud er (mit Hilfe A. → Stökkers) den umstrittenen Deutschamerikaner F. von Schlümbach ein, in Berlin und im sonstigen Deutschland zu evangelisieren, 1884 gründete er den Dt. → Evangelistenverein und 1886 eröffnete er das → Johanneum in Bonn, eine Evangelistenschule für Nichttheologen unter seiner Leitung, die 1893 nach seinem Tod in (Wuppertal) Barmen Heimat fand und bis heute existiert. 1888 rief er mit vielen anderen den

Gnadauer Verband für Evangelisation und Gemeinschaftspflege (→ Gemeinschaftbewegung, → Evangelischer Gnadauer Verband) ins Leben. 1887 war seine »Geschichte der Predigt« erschienen.

Ch. zählt zu den wenigen akademischen Theologen, die den Neupietismus förderten und dem landeskirchl. Pietismus nach der → Erweckungsbewegung zahlreiche Impulse inhaltlicher wie organisatorischer Art vermittelten. Ob → Evangelisation und → Volksmission in Deutschland so nachdrücklich ohne ihn betont und betrieben worden wäre, darf mit Fug bezweifelt werden. Alfred Christlieb, der bekannte Heidberger Pfarrer und Vorsitzende des → Pfarrergebetsbundes, setzte die Arbeit seines Vaters mit anderen Mitteln fort.

Lit.: A. Pagel: Professor Theodor Christlieb, 1956; Th. Schirrmacher: Thomas Christlieb und seine Missionstheologie, 1985.

G. Ruhbach

Christoffel, Ernst J. (1876-1955)

C., geb. am 4. 9. 1876 in Rheydt, gest. am 23. 4. 1955 in Isfahan/Iran. Als Missionar versuchte er, durch die Tatpredigt die Not zahlloser Blinder im Orient zu lindern. 1904 wird er zusammen mit seiner Schwester als Lehrer und Leiter von zwei Waisenhäusern nach → Armenien gesandt. Unter dem Eindruck der Not der Blinden gründet er 1908 eine eigene Blindenmission, nachdem alle anderen Missionsgesellschaften abgesagt hatten. 1909 entsteht

in Malatia das erste Blindenheim. Nach dem Ersten Weltkrieg werden 1919 alle Deutschen aus der Türkei ausgewiesen. Als C. 1924 in die Türkei reisen darf, aber keine Genehmigung zur Reise nach Malatia bekommt, zieht er weiter nach Täbris/Iran, um die Möglichkeiten einer neuen Blindenarbeit zu erkunden. 1929 entsteht die erste Missionsstation in Isfahan. Nach der russ. und englischen Besetzung des Iran (1941) wird C. 1943 interniert.

In Nümbrecht (Bergisches Land) gründet er nach Ende des Zweiten Weltkriegs ein Heim für pflegebedürftige Kriegsblinde. Als 75jähriger reist er 1951 erneut nach Persien aus. C. schuf Blindenalphabete in orientalischen Sprachen und erzog einheimische Blinde zu Lehrern und Evangelisten. Seine Tat der Liebe findet heute durch die »Christoffel Blindenmission e.V. Bensheim« ihre Fortsetzung.

Lit.: E.J. Christoffel: Aus der Werkstatt eines Missionars, 1973; F. Schmidt-König: E.J. Christoffel, Vater der Blinden im Orient, ²1969.

E. Geldbach

Christoffel-Blindenmission

Die CBM geht zurück auf den Orient-Missionar E.J. → Christoffel (1876-1955), der zunächst in der Türkei (1908) und später in Persien (ab 1924) Heime für Blinde, Taubstumme, Krüppel und Elende gründete.

Von Beginn an entstanden Freundeskreise in Deutschland, Österreich und der Schweiz. 1975 erfolgte die Gründung von CBM-International als Zusammenschluß von Freundeskreisen aus den USA, Kanada und Australien.

Der Auftrag der missionarischen Diakonie, speziell an Blinden und Augenkranken, wird heute von 176 Mitarbeitern in Deutschland (Missionszentrale in Bensheim und Heim für Kranke und Sehbehinderte in Nümbrecht) und 205 Mitarbeitern unter insgesamt 8.000 Fachkräften in 96 Ländern der Dritten Welt wahrgenommen. Der Missionsbrief »Berichte« erscheint sechsmal jährlich in einer Auflage von 520.000 Exemplaren. *Red.*

Christologie → Jesus Christus

Christus für alle

»Christus für alle« (CFA) ist der Schweizer Zweig der internationalen Bewegung »Every Home for Christ«, in Deutschland »→ Aktion: In jedes Haus«

(AJH), in Österreich »Evangelium in jedes Haus« (EIJH). Die Arbeit in der Schweiz begann 1975 durch Karl Albietz, damals Jugendsekretär der Chrischona-Gemeinden. Zusammen mit vielen Christen aus praktisch allen Denominationen der Schweiz konnten bis 1983 in einem ersten Durchgang alle Haushalte der deutschen Schweiz erreicht werden. Der zweite Durchgang in ähnlicher Art, aber mit neuem Verteilmaterial, wird 1992 abgeschlossen. Leiter des Werkes ist heute Daniel Blaser. Kennzeichen der Aktion ist die systematische Verteilung von evangelistischen Schriften. In jedem Haushalt eines Dorfes oder einer Stadt wird je eine Schrift für Kinder und Erwachsene oder ein evangelistisches Magazin für die ganze Familie abgegeben. Mit einem Gutschein können die Empfänger weitere Unterlagen anfordern, unter anderem ein Evangelium oder einen Bibelfernkurs. Interessenten werden auf schriftlichem Weg begleitet und auf Wunsch in bestehende Gemeinden in ihrer Umgebung zur weiteren Betreuung eingeladen.

K. Albietz

Christusbruderschaft Falkenstein

Die Christusbruderschaft Falkenstein e.V. ist ein ev. Laienorden, für den die Bibel und das Bekenntnis der ev.-luth. Kirche maßgeblich sind. Sie entstand aus Wortverkündigung und Seelsorge des Pfarrerehepaares Walter und Hanna Hümmer in der Gemeinde Schwarzenbach/Saale. Aus dem geistl. Aufbruch erwuchs 1945-1949 die Bruderschaft. Das gemeinsame Leben wurde geprägt von den »evangelischen Räten« Armut, Keuschheit und Gehorsam. Noch 1949 wurde Pfarrer Hümmer nach Selbitz gerufen, wo das rasche Wachstum der Gemeinschaft (bis zu ca. 180 Geschwister) mehrere Baumaßnahmen notwendig machte: ein Mutterhaus und ein Gästehaus wurden errichtet, ein Alten- und Pflegeheim übernommen.

Nach dem Tode des Gründerehepaares 1972 bzw. 1977 begann ein inneres Ringen um Weg und Auftrag der Bruderschaft. Neue Impulse wurden in sie hineingetragen (so z.B. stark psychoanalytisch ausgerichtete Seelsorge, Ausdrucksformen der sog. »Charismatischen Gemeindeerneuerung«, intensives gesellschaftspolitisches Engagement), was zu einer Entfremdung innerhalb der Gemeinschaft führte. Der Minderheit, die sich teils wegen bibl.-theologischer Bedenken, teils wegen ihrer Auffassung vom speziellen Auftrag der Bruderschaft, den neuen Einflüssen nicht öffnen wollte, wurde nahegelegt, einen eigenen Zweig zu gründen.

Im Oktober 1984 konnte von dieser Gruppe das ehemalige Krankenhaus in Falkenstein/Opf. als neues Mutterhaus erworben werden, im Jahre darauf auch eine kleine Pension als Gästehaus. Der tägliche Lebensrhythmus der Bruderschaft gliedert sich durch regelmäßige Zeiten der Stille und des Gebets. Aus diesem Gebetsdienst speist sich der Verkündigungsdienst in Bibelfreizeiten, Evangelisationen und Gottesdiensten sowie der praktische Dienst in Haus, Gästebetreuung und Krankenpflege. Z.Zt. besteht die Bruderschaft aus 17 Schwestern und 12 Brüdern. Ein engerer Kreis (Tertiärgeschwister) und ein weiterer Kreis von Freunden umgibt und begleitet sie.

Lit.: Christusbruderschaft Selbitz (Hg.): Denn er hatte seinem Gott vertraut, 1973; H. Hümmer: ER trat zu ihnen, ^{2}1985. Zweimal jährlich erscheint der Rundbrief der Christusbruderschaft Falkenstein.

Br. M. Sitzmann

Christusbruderschaft Selbitz

Die ev. Kommunität entstand in den ersten Nachkriegsjahren aus einer erwecklichen Jugendarbeit durch das Pfarrerehepaar Walter und Hanna Hümmer. Eine Bleibe fanden die ersten Schwestern und Brüder in Selbitz bei Hof, wo in den folgenden Jahren ein Mutterhaus, ein Gästehaus und ein Alten- und Pflegeheim gebaut wurden. Bis zum Tod der Gründer 1972 bzw. 1977 war ein schnelles Wachstum der Gemeinschaft zu verzeichnen. Auf dem Weg in die zweite Generation gab es zunächst eine Krise, in deren Folge es 1984 zu einem Auszug einer Gruppe nach Falkenstein/Opf. kam. In Selbitz blieben ca. 110 Schwestern und 5 Brüder. Sie leben nach den Ev. Räten in Gütergemeinschaft, Ehelosigkeit und Gehorsam. Der Tag ist vom »Bete und Arbeite« der monastischen Tradition geprägt. Anbetung geschieht in den Stundengebeten und im persönlichen inneren Gebet. Die Dienste konzentrieren sich auf den Bereich der Diakonie in Pflege und Seelsorge, sowie auf die Verkündigung, durch Retraite- und Freizeitarbeit, aber auch durch künstlerische Gestaltung. Sie geschehen in Selbitz sowie in mehreren Gemeinden der Ev. Luth. Kirche in Bayern, in deren Raum die Kommunität lebt. Seit einigen Jahren existiert eine Zelle auch in Botswana/Südliches Afrika. Die C. unterhält enge Beziehungen zu anderen Orden und Kommunitäten und ist dem ökumen. Auftrag verpflichtet. Sie vereinigt in sich pietist., hochkirchl. und charismat. Wesenszüge. Die Leitung haben derzeit Sr. Renate Heckel, Br. Markus Wächter. Ihr Pfarrer ist Dr. Hans Häselbarth.

Lit.:Denn er hatte seinem Gott vertraut. Zum Gedenken an Walter Hümmer, 1973.

Christusbruderschaft Selbitz

Chronologie

a) Altes Testament

Die atl. C. war noch bis ins 19. Jh. hinein Skelett für hist. Abläufe im Vorderen Orient. Jedoch wurde durch die Palästinaforschung des letzten Jh.s bald erkannt, daß Unklarheit bezüglich paralleler und sukzessiver Ereignisabläufe bestand, und daß die LXX erhebliche chronologische Varianten aufwies. In jedem Fall erschwerten diese Tatbestände die Übertragung der atl. Geschehnisse auf die absolute C. unseres Kalenders.

Der Kanon des Ptolemäus und andere klass. Quellen (Manetho, Berossus, Josephus) sowie archäologische Daten, babylonische Limmu-Listen (Eponyme der »Jahresbeamten«) und astronomische Angaben ermöglichten es, ab ca. 620 v.Chr. die Irrtumsspanne derart zu verringern, daß durch Berechnungen nach oben und unten die historischen Ereignisse im vorhellen. Vorderen Orient ab 911 v.Chr. bis auf ein Jahr genau datiert werden können (so z.B. orientiert an der Sonnenfinsternis am 15. Juni 763 v.Chr. im Jahr des Limmu Bur-Sagale). Vor allem assyr. und ägypt. Königslisten und daraus gewonnene Querverbindungen zu hist. Ereignissen beider Länder ergeben eine Datierung der Ereignisse zwischen 2100-900 v.Chr., jedoch mit Abweichungen von ca. zehn Jahren. Alle Daten vor 3500-2000 v.Chr. und älter sind jedoch recht grob und manchmal mit großer Unsicherheit behaftet. Mit Ausnahme der Urgeschichte (1Mo 1-11) bewegt sich die atl. Wissenschaft aber auf relativ sicherer chronologischer Grundlage.

Die → Erzväterzeit (ca. 2000-1700 v.Chr.) kann mit Infiltrationen und Bevölkerungsverschiebungen an den Randgebieten des palästinischen Kulturlandes während der Mittelbronzezeit II in Verbindung gebracht werden, folgt man der bibl. C. Ferner werden gerne soziale (Halbnomadentum) und hist. Tatbestände (1Mo 14; die Hyksos und Josef) angeführt, um diese Datierung zu belegen. Andere Forscher verknüpfen aufgrund literarkritischer Erwägungen die Erzväter mit der »aramäischen Wanderung« um 1400 v.Chr. Problematisch ist in diesem Zusammenhang auch die Frage des frühen (um 1400 v.Chr.) und späten (um 1260 v.Chr.) Exodus und der Landnahme. Verknüpfungen mit den Schasu-Jahwe (ägypt. Inschrift von Amenophis II.) und den Habiru (Amarnabriefe) ermöglichen den sozialen und hist. Hintergrund der Frühdatierung des Exodus (vgl. 2Mo 12,40 mit 1Mo 15,13.16), wobei die Eroberung Jerichos ein (Dauer-)Problem bleibt. Ebenfalls auf literarkritischen Untersuchungen basiert die Auffassung, daß die Landnahme (und der voraufgegangene Exodus) um 1250 v.Chr. erfolgt ist (Merneptah-Stele). Gewichtig ist hier das archäologische Zeugnis: die meisten der in der Bibel erwähnten, von Israel eroberten Städte (vgl. Jos) sind um 1200-1150 v.Chr. zerstört worden. Historizität und Datierung von Exodus und Landnahme werden die atl. Wissenschaft daher noch weiterhin beschäftigen.

Von dem Eponymenjahr 911 v.Chr. ausgehend, ergeben sich sichere Daten von Saul bis Salomo (der Tempelbau in seinem vierten Jahr datiert nach 1Kön 6,1 in das Jahr 967 v.Chr.), die Reichsteilung zwischen Nordisrael und Juda vollzog sich 931/30 v.Chr. Die Schlacht bei Karkar (Ahabs Tod) 853 und die Thronbesteigung Jehus 841 lassen sich aufgrund der Limmu-Listen fixieren. Die dazwischen liegenden und nachfolgenden Daten der Könige Israels und Judas sind leicht zu errechnen, können aber hinsichtlich der Doppelregentschaften und der inklusiven oder exklusiven Zählweise bei der Thronbesteigung (Akzessionsjahr) gelegentlich Schwierigkeiten bereiten. Jedenfalls gilt das Ende des Nordstaates Israel mit der Eroberung Samarias 722/21 v.Chr. als gesichert, ebenso die Eroberung Jerusalems am 15./16. März (2. Adar) 597 v.Chr. und der Fall der judäischen Hauptstadt im Jahre 587 v.Chr. Bereits in den letzten Jahren der Könige Israels und später Judas finden sich die meisten der israelit. Herrschernamen auf Inschriften der Assyrer bzw. Babylonier wieder und erlauben so chronologische Querverbindungen. Die nachfolgenden Daten der pers. Geschichte in Verbindung mit bibl. Angaben sind völlig unproblematisch: danach erreichte Esra 458 v.Chr. Jerusalem und Nehemia im Jahre 445 v.Chr.

Lit.: J. Finegan: Handbook of Biblical Chronology, 1964; E.R. Thiele: The Mysterious Numbers of the Hebrew Kings, 1965; A. Ungnad: »Eponymen«, RLA II, 1938, 412-457 (vollständige Eponymenlisten).

U. Worschech

b) Neues Testament

Um eine Geschichte des Urchristentums schreiben zu können, benötigt man ein chronologisches Gerüst. Das NT bietet zwar keine umfassende Ch., läßt aber einige grundlegende Daten der Urchristentumsgeschichte erkennen. Jesus wurde vor dem Tod des jüd. Königs Herodes dem Großen (gest. 4 v.Chr.) geboren (Mt 2,1; Lk 1,5). Wenn man den Stern der Weisen (Mt 2,1-12) mit einer Jupiter-Saturn-Konjunktion verbindet, dann war das Geburtsjahr 7 v.Chr. Johannes der Täufer trat im 15. Jahr der (Mit)-Regentschaft des röm. Kaisers Tiberius, d.h. 26/27 n.Chr., auf (Lk 3,1). Jesus begann seine öffentliche Wirksamkeit wahrscheinlich im darauffolgenden Jahr, das nach einer apokalyptischen Berechnung als messianisches Jobeljahr galt (vgl. Lk 4,16ff). Nach zwei Passafesten (Joh 2,13; 6,4) kam es dann 30 n.Chr. zum Todespassa. In diesem Jahr lag der Passa-Festabend (14. Nisan) auf Freitag (vgl. Joh 18,28; 19,14), dem 7. April. Die Stephanus-Verfolgung und mit ihr die Berufung des → Paulus (Apg 7-9) darf nicht zu weit von Kreuz und Auferstehung Jesu abgerückt werden. Nach den ältesten Traditionen kommt man dafür ins 2. Jahr nach der Kreuzigung Jesu (31/32 n.Chr.). Ein einschneidendes Ereignis war die Verfolgung der Jerusalemer Urgemeinde durch den jüd. König Agrippa I. (vor 44 n.Chr.). Seit dieser Zeit lag die Leitung in Jerusalem nicht mehr beim Zwölferkreis, sondern beim Herrenbruder Jakobus (Apg. 12).

Die sog. erste Missionsreise des Paulus (und Barnabas) nach Süd-Galatien (Apg 13-14) kann man auf 46/47 n.Chr. ansetzen. Nach dem → Apostelkonzil von 48 n.Chr. (Apg 15) missionierte Paulus 49-51 n.Chr. eigenständig in Mazedonien und Achaja (Apg 16-18). Nach einem ca. dreijährigen Aufenthalt in Ephesus (Apg 20,31) besuchte der Apostel nochmals seine griech. Gemeinden, um 57 n.Chr. eine Kollekte nach Jerusalem zu überbringen (Apg 20; Röm 15,22ff). Nach seiner Festnahme in der heiligen Stadt, zweijähriger Haft in Caesarea Maritima (Apg 24,27) und einer Überwinterung in Malta erreichte Paulus 60 n.Chr. Rom (Apg 27-28). Die altkirchl. Überlieferung weiß von einer nochmaligen Freilassung und einem Martyrium (wie Petrus) unter Kaiser Nero (zwischen 64 und 68 n.Chr.). Schon 62 n.Chr. war der Herrenbruder Jakobus in Jerusalem hingerichtet worden. Am Beginn des Jüdischen Krieges (66-70 n.Chr.) floh die Jerusalemer Gemeinde ins Ost-Jordanland, kehrte aber wenige Jahre später wieder zurück. Nach der altkirchl. Tradition lebte der Zwölferjünger Johannes bis in die Zeit des Kaiser Trajan (98-117) in Ephesus. Der Bar-Kochba-Aufstand (132-135 n.Chr.) gehört nicht mehr zur vom NT abgedeckten Zeit.

Lit.: R. Jewett: Paulus-Chronologie, 1982; W.G. Kümmel: Einleitung in das NT, [21]1973; G. Ogg: »Chronologie des NT«, GBL 1, 240-245; R. Riesner: Die Früh- zeit des Apostels Paulus, 1992; A. Strobel: »Zeitrechnung«, BHH III, 1966, 2211-2228; ders.: Ursprung und Geschichte des frühchristlichen Osterkalenders, 1977.

R. Riesner

c) christliche Zeitrechnung

In der Frage der Zeitrechnung treffen nicht nur naturwissenschaftl. und mathematische Fragen zusammen, sondern im täglichen Bereich ebenso Einflüsse verschiedener Kulturen wie einer Reihe liturgischer Probleme im Zusammenhang des christl. Festkalenders.

1. Stunde und Tag

Bis zu den mechanischen Schlaguhren des 14. Jh.s war eine gleichlange Stundeneinteilung des Tages unbekannt. Vorher orientierte man sich am Schattenmaß eines senkrechten Stabes, den ungleich langen sog. Temporalstunden. Daraus entstehen im Kirchenbereich die Horae, an denen Gebete verrichtet werden müssen und die im Westen seit dem 7. Jh. durch Glockenläuten angezeigt werden. Der 24stündige Tag (Ägypten, Babylonien) wird bei den Juden und Griechen von Sonnenuntergang an gerechnet (christl. Vigilfeiern und Sonntagseinläuten), bei den Römern von Mitternacht an.

2. Woche

Die Tageszählung der julianischen Kalenderreform von 46 v.Chr. bleibt im Rahmen der dreiteiligen röm. Monatsgliederung (Kalenden, Nonen, Iden). Durch jüd. Einfluß verbreitet sich seit dem 1. Jh. v.Chr. die nicht an Jahreszeiten oder astronomischen Konstellationen orientierte kontinuierliche Sieben-Tage-Woche, die in Analogie zur Schöpfungserzählung (1Mo 1) einen Ruhetag am Ende der Woche besitzt. Vorgänger eines an den Planeten orientierten Sieben-Tage-Zyklus sind bekannt. Die Orientierung selbst hat sich in den röm. Tagesnamen erhalten, die in vielen romanischen Sprachen z.T. heute noch gebraucht werden. Die Christen übernehmen das 7-Tage-Schema, zeichnen aber den 1. Tag nach dem Sabbat als österlich bestimmten Herrentag aus. Konstantin I. gibt 321 diesem Wochenschema bürgerliche Geltung. Erst in der Gegenwart wird aufgrund des »Wochenendes« und internationaler Kalenderübereinkünfte stärker mit dem Montag als dem ersten Wochentag gerechnet.

3. Monate

Hier schließt sich die Kirche im allgemeinen dem Namens- und Zählsystem des Julianischen Kalenders an, wenn nicht alte und literarisch verfestigte Traditionen übernommen werden (Ägypten).

4. Jahre

Bei aller Akzeptierung des Julianischen Kalenders verlangt für die → Alte Kirche der Zusammenhang von Passa und Ostern einen Rückgriff auf den solilunaren jüd. Kalender. Zugleich aber zeigt sich die Trennung vom Judentum auch in der Trennung des Ostertermines im Streit des 2. Jh.s um die ältere quartodezimanische Osterfeier (14. Nisan = babylon. Name des 1. jüd. Monats nach dem Frühlingsäquinoktium): 325 (Nicäa) wird der erste Sonntag nach dem dem Frühlingsäquinoktium folgenden Vollmond als allgemein verbindlicher Ostertermin festgelegt.

Damit setzt sich die wohl zuerst in Rom zu findende Trennung von Passa und Ostern durch. Doch muß auch weiterhin der Unsicherheit der Festberechnung mit den das Datum des folgenden Osterfestes anzeigenden Osterfestbriefen begegnet werden. Wenn für das Frühlingsäquinoktium der 21. März als festes Datum angenommen und die Osterfeier um eine Woche verschoben wird, wenn Frühlingsvollmond und Sonntag zusammenfallen, ergeben sich als Eckdaten des Osterfestes der 22. März und der 25. April. Dionysius Exiguus gelingt im 6. Jh. durch Verbindung des 19jährigen Mondzirkels und der 84jährigen solilunaren Periode zur 532jährigen alexandrinischen Periode eine allgemein rezipierte Osterberechnung, die zugleich den Zusammenhang mit einer Inkarnationszeitrechnung vermittelt. Diese wird durch Beda Venerabilis zur verbreitetsten im westl. Abendland und auch beibehalten, als 1582 unter Gregor XIII. die notwendige Reform des Julianischen Kalenders dekretiert wird. Doch ist die Einführung des gregorianischen Kalenders polit. sehr umstritten und führt noch 1923 bei ihrer Einführung in Griechenland zu einer bis heute bestehenden großen schismatischen Bewegung. Die evangelische Kirche im Deutschen Reich akzeptiert endgültig erst 1776 auf Antrag Friedrichs des Großen den Neuen Kalender, so daß von da an in Deutschland wieder ein Datum gilt und vor allen Dingen das Osterfest am selben Tag gefeiert werden kann.

5. Jahreszählung und -anfang, Tageszählung.

Die röm. Jahreszählung nach den Konsuln und schließlich auch das Indiktionsjahr (eine 287 durch Diokletian geschaffene, fünf-jährige Steuerperiode) werden im 6. Jh. n.Chr. abgelöst durch die Rechnung nach Herrschaftsjahren (Justinian). Dieser östl. Brauch wird im Westen übernommen. Erst langsam setzen sich hier im 8. Jh. die 525 in den Ostertafeln des Dionysios Exiguus zuerst belegten »Jahre unseres Herrn Jesu Christi« durch, eine bewußte Änderung der ägypt. Zeitrechnung der Jahre nach Diokletian. In Byzanz (in Rußland bleibt es so bis zu Peter dem Großen) wird nach dem konstantinopolitanen Weltjahr gezählt: ab anno mundi 5508/9. Dort war allgemein der Jahresbeginn am 1.9., von Konstantin 312 als Beginn des 2. Indiktionszyklus (Periode von 15 Jahren, bis 1806 gebräuchlich) eingeführt gegenüber dem allg. spätröm. Jahresbeginn am Geburtstag des Kaisers Augustus: 23.9. Der September-Jahresbeginn ist auch im Westen bekannt, aber dort finden wir neben vielen anderen häufiger den Paschalstil (mit Jahreslängen, die bis zu 35 Tagen schwanken) und den Nativitätsstil (25.12.). Es setzt sich aber der Circumcisionsstil (1.1.) als allgemeine Berechnungsform durch, die schon auf den julianischen Kalender zurückgeht und mit der Wiedereröffnung der Mittelmeerschiffahrt zusammenhängt. Neben der dort ebenfalls vorgegebenen durchlaufenden Zählung der Tage im Monat entwickelt sich seit dem 7. Jh. die Datierung der Tage nach dem Kirchenfestkalender, der jeweils lokal eigene Akzente besitzen kann (regional verehrte Heilige, verschiedene Festtermine für allgemein anerkannte Heiligenfeste; zu den Kalendern der Bistümer kommen die der Orden).

Lit.: A. Cappelli: Cronologia, Cronografia e Calendario Perpetuo, [3]1969; H. Grotefend, Th. Ulrich: Taschenbuch der Zeitrechnung, [11]1971.

W. Wischmeyer

Chrysostomus, Johannes (ca. 350-407)

Ch., geb. ca. 350 in Antiochien, gest. am 14. 9. 407 in Komana. Er war bereits als Christ aufgewachsen, allerdings erst 372 getauft und studierte bei → Diodor von Tarsus. Er lebte zunächst als Asket und Mönch, wurde 381 Diakon und dann 386-397 Priester in Antiochien, wo er seinen Ruf als bedeutender Prediger erwarb. 397-404 war er Patriarch in Konstantinopel; die letzten Lebensjahre lebte er dann in der Verbannung. Seine Tätigkeit in Konstantinopel wurde ihm durch allerlei polit. und kirchenpolit. Intrigen erschwert, die am kaiserlichen Hof und in der Kirche herrschten. Ch. war Opfer, nicht Beteiligter an diesen Machenschaften. Eine Zeit lang wurden er und seine Anhänger förmlich verfolgt, nur das

Abendland unterstützte ihn. Kaiser Theodosius II. ließ 438 seine Gebeine feierlich in der Apostelkirche in Konstantinopel bestatten und hat ihm damit eine späte Anerkennung verschafft.

Ch. gilt als der bedeutendste Prediger (daher der Name Chrysostomus = Goldmund) und Seelsorger der östl. Alten Kirche. Sein Schrifttum ist so umfangreich überliefert wie nur das Augustins im Westen; es besteht vor allem aus Predigten (exegetische Predigten, Predigten zu bestimmten Anlässen, die ihm am meisten Ärger brachten), aus moraltheol. Abhandlungen (z.B. über das Amt, über Kindererziehung, Buße, Leiden etc.) und aus Briefen. Viele unter seinem Namen bekannte Schriften sind unecht; die sogenannte Chrysostomus-Liturgie, die bis in die Gegenwart hinein zentrale Liturgie der orthodoxen Kirchen ist, stammt sicherlich nicht von ihm.

Lit.: Deutsche Übersetzungen in der Bibliothek der Kirchenväter.

H. von Campenhausen: Griechische Kirchenväter, [7]1986; R. Kaczynski: Das Wort Gottes in Liturgie und Alltag der Gemeinden des J. Chrysostomus, 1974; A. Kulemann: Das christliche Lebensideal des Chrysostomus, 1924; J.M. Leroux: »Johannes Chrysostomus«, TRE 17, 1988, 118-127; H. Lietzmann: »Johannes Chrysostomus«, RE 9, 1916, 1811-1828; A.M. Ritter: Charisma im Verständnis des J.Chrysostomus und seiner Zeit, 1972; P. Stockmeier: »J. Chrysostomus«, GdKG 2, 1984, 125-144.

G. Ruhbach

Church Growth → Gemeindewachstumsbewegung

Church of God → Pfingstbewegung

Church of South India (CSI)

Die CSI ist ein Zusammenschluß der anglikanischen, presbyterianischen, kongregationalistischen, methodistischen Kirche und der Gemeinden der Basler Mission in Südindien. Diese Union kam nach fast dreißigjährigen Verhandlungen 1947 zustande. Als Bekenntnisgrundlage gelten in ihr die Heilige Schrift, das Nicänum und Apostolicum, Taufe und Abendmahl als Sakramente sowie das altkirchl. Bischofsamt. Mit fast zwei Millionen Angehörigen ist sie die zweitgrößte Kirche Indiens und auf vier südindische Bundesstaaten mit verschiedenen Sprachen verteilt. Entsprechend hat sie vier theol. Ausbildungsstätten, außerdem das United Theological College in Bangalore, in dem nur in Englisch doziert wird.

Die CSI hat 21 Diözesen und 8.700 Gemeinden, die Synode ist das oberste Leitungsorgan der Kirche. Die CSI ist Mitglied des Weltrates der Kirchen. Sie erkennt drei ordinierte Ämter an, das Diakonen-, das Pfarr- und das Bischofsamt. Seit 1982 werden auch Frauen ordiniert. Eine neue, weitgehend der anglikanischen Liturgie entsprechende Gottesdienstordnung hat sich entwickelt. Hauptanliegen der CSI sind Evangelisation und schwerpunktorientierte Sozialarbeit neben dem Dialog mit anderen Religionen. Die Hoffnung, daß die CSI ein Modell für weitere Kirchenunionen werden könne, hat sich allerdings abgeschwächt.

Lit.: H.-W. Gensichen: Die Kirche von Südindien, [2]1965; H. Grafe (Hg.): Ev. Kirche in Indien, 1981, 127-148; J.L. Newbegin: The Reunion of the Church, 1948.

G. Ruhbach

Civil Religion → Zivilreligion

Claudius, Matthias (1740-1815)

C. (Pseudonym Asmus), geb. am 15. 8. 1740 in Reinfeld/Holstein als Pfarrerssohn, gest. am 21. 1. 1815 in Hamburg, bestattet in Wandsbek. Volkstümlich bekannter Lyriker und Publizist. Nach abgebrochenen Studien in Jena 1759-62 (Theologie, Rechts- u. Staatswissenschaft) lebt C. jahrelang im Elternhaus, dazwischen 1764/65 als Sekretär in Kopenhagen. Ab 1768 ist er Journalist in Hamburg, 1771-75 im (dänisch regierten) Wandsbek Redakteur der Zeitung »Der Wandsbecker Bothe« (Nachrichten, Feuilleton), 1776/77 Beamter einer Reformbehörde und Redakteur in Darmstadt. Danach bleibt C. bis zum Lebensende fast ununterbrochen in Wandsbek als Schriftsteller. Erst ab 1788 ist er durch Protektion des dänischen Kronprinzen als Revisor einer Bank in Altona auch materiell gesichert. Seine Lebensmitte ist die Familie (1772 Heirat

mit der Handwerkerstochter Rebekka Behn, zwölf Kinder); wegbegleitende Freunde sind u.a. Gerstenberg, → Klopstock, → Hamann, → Herder, Voß, F.H. → Jacobi, F.L. Stolberg.

1775-1812 publiziert C. in sieben Bdn. (acht Teilen) »Asmus omnia sua secum portans, oder Sämmtliche Werke des Wandsbecker Bothen«, eigenwillige Sammlungen von Lyrik, Prosadichtung, Aufsätzen u.ä., in Stil und Sprache bewußt einfach (oft nur scheinbar naiv), liedhaft bzw. volkstümlich (zuweilen gekünstelt); kaltes Gelehrtentum und jeglichen Ästhetizismus lehnt C. ausdrücklich ab. Seine im Luthertum verankerte Frömmigkeit speist sich v.a. aus Bibel und Gesangbuch. Den Titel der Zeitung, die ihn berühmt gemacht hatte, umdeutend, versteht C. sich als Bote christl. Daseinsfreude und Glaubenszuversicht; er thematisiert genügsames Glück in Familie, Alltag und Natur, Sündhaftigkeit und Lebensleid, Bestimmung zum Tod (»Freund Hain«) und Ewigkeitshoffnung als unauflösliches Sinnganzes menschlicher Existenz. Sein Denken nimmt Elemente der theol. und literarischen Aufklärung (Neologie, Empfindsamkeit) wie auch des → Pietismus auf (Wegbereiter der → Erweckungsbewegung); für andere Religionen und Konfessionen ist er bemerkenswert aufgeschlossen (Verbindung zu kath. Kreisen um A.v. Gallitzin und J.M. → Sailer) und erregt Aufsehen als Übersetzer franz. Mystiker (St. Martin, Fenelon). Überzeugt vom Gottesgnadentum aller Monarchen (bei deutlicher Kritik fürstlicher Willkür), bekämpft C. die demokratischen Ideen der Französischen Revolution, ebenso den dezidiert offenbarungsfeindlichen Rationalismus der Spätaufklärung.

Bedeutende Einzeltitel, Lyrik: z.B. »Der Tod und das Mädchen«, »Täglich zu singen«, »Abendlied« (»Der Mond ist aufgegangen«), »Der Mensch«, »Motet«, »Kriegslied«, »Frau Rebekka mit den Kindern, an einem Maimorgen«, »Die Sternseherin Lise«; Prosa: z.B. »Nachricht von meiner Audienz beim Kaiser von Japan«, »Paul Erdmanns Fest« (daraus bearb. das Erntedanklied »Wir pflügen und wir streuen«), »Der Besuch im St. Hiob zu * * «, »An meinen Sohn Johannes 1799«, »Predigt eines Laienbruders zu Neujahr 1814«, mehrfach »Briefe an Andres«.

Lit.: Sämtliche Werke, hg. v. J. Perfahl, R. Siebke, H. Platschek, [5]1984; Ausgewählte Werke hg. v. W. Münz, 1990. (Beide ausführlich kommentiert.)

P. Berglar: Matthias Claudius in Selbstzeugnissen und Bilddokumenten, 1972; F. Debus (Hg.): Matthias Claudius - 250 Jahre. Werk und Wirkung, 1991; H. Glagla, D. Lohmeier (Hg.): Matthias Claudius 1740-1815, 1990; R. Görisch: Matthias Claudius oder Leben als Hauptberuf, 1985; G.W. Röpke (Hg.): In Wandsbek zu Hause. Essays zur Würdigung des »Wandsbecker Boten« Matthias Claudius, 1990; H. Rowland: Matthias Claudius, 1990.

R. Görisch

Clemens von Alexandrien (160-ca. 215)

C., geb. ca. 160, wahrscheinlich in Athen als Sohn heidnischer Eltern. Nach verschiedenen Reisen hielt er sich als freier christl. Lehrer in Alexandrien auf; die Verfolgung des Septimius Severus (202) bewog ihn zur Auswanderung nach Kleinasien, wo er ca. 215 starb.

C. gilt als der erste umfassend gebildete christl. Gelehrte, der sich in der Bibel ebenso gut auskannte wie in der Philosophie und in der Literatur seiner Zeit. Von seinen zahlreichen Schriften ist außer

Fragmenten nur eine Trilogie (Mahnrede an die Heiden, der Pädagoge, Teppiche) erhalten geblieben. Hier versucht er als Apologet der Kirche zu zeigen, daß die gesamte vorchristl. Philosophie ihren Höhepunkt und ihre Zusammenfassung im Christentum fände; außerdem gibt er Anweisungen für christl. Leben im Alltag und bemüht sich um Unterscheidungen zwischen wahrer und falscher »Gnosis«. Von großer Wirkung war eine Predigt über Mk 10,17ff mit der Überschrift: »Welcher Reiche wird gerettet werden?« Nicht Weltflucht, sondern einfaches, an Christus hangendes Leben empfiehlt er Christen und Nichtchristen. Die Wirkung seines Lebenswerkes auf viele Christen nach ihm (z.B. auf → Origenes) war beträchtlich.

Lit.: Dt. Übersetzung seiner Schriften in der Bibliothek der Kirchenväter.

F. Buri: Clemens Alexandrinus und der paulinische Freiheitsbegriff, 1939; H. von Campenhausen: Griechische Kirchenväter, ⁷1986; A. Méhart: »Clemens v. Alexandrien«, TRE 8, 1981, 101-113; J. Meifort: Der Platonismus bei Klemens von Alexandrien, 1928; J. Munck: Untersuchungen über Klemens von Alexandrien, 1933; W. Völker: Der wahre Gnostiker nach Klemens von Alexandrien, 1952.

G. Ruhbach

Clemensbriefe → Apostolische Väter

Cluny, Cluniazenser

Die Benediktinerabtei C. (nordwestl. von Mâcon) hat als Zentrum einer der bedeutendsten monastischen Reformbewegungen entscheidend zum Aufschwung des Mönchtums im Hochmittelalter beigetragen. Zur Sicherung seines ewigen Heils und zur Förderung des kath. Glaubens hat Herzog Wilhelm III. von Aquitanien 910 dem Kloster seinen Besitz in C. geschenkt. Die Abtei erhielt das Recht der freien Abtswahl und wurde zum Schutz vor weltlichen und geistl. Übergriffen direkt dem Papst unterstellt. Dies und päpstliche Reformlizenzen trugen maßgeblich zur Blüte C.s bei. Sie wurde überdies begünstigt durch die ungewöhnlich langen Abbatiate von fünf Äbten (910-1049), unter denen Odilo (994-1049, genannt der »Erzengel der Mönche«) herausragt. Ziel der cluniazensischen Reform war die Besinnung auf das monastische Wesen. Man wollte das in früheren Zeiten Bewährte zu neuem Leben erwecken und auf breiter Basis durchsetzen. Im Vordergrund standen die Intensivierung liturgischer Gebetsdienste und tägliche Meßgottesdienste, wozu die Mönche von Laienbrüdern von der Feld- und Handarbeit entlastet werden sollten. Das Bild des ständig betenden C. ist dennoch falsch, der Tagesablauf ließ auch Raum zu individueller Gestaltung. Einen wichtigen Platz nahm das Totengedächtnis ein, das zum einen den Klosterverband einigte und zum anderen Anreize schuf, sich durch Stiftungen das Gebet der Mönche zu sichern.

Durch geschickte Zurückhaltung in den polit. und geistigen Auseinandersetzungen der Zeit und die Konzentration auf die monastische Reform gelang es den Äbten, C. zur Spitze eines zentralistisch strukturierten Klosterverbandes auszugestalten. Unter Erzabt Hugo (1049-1109) gehörten ca. 200 Abteien, Priorate und Eigenkirchen zum *ordo cluniacensis*, unter C.s Einfluß standen ca. 1200 Klöster in ganz Europa. Diese größte Klostergruppe des damaligen Abendlandes wirkte mit ihrem Gedankengut natürlich auch auf die Umwelt. Besondere Bedeutung kommt dem von Abt Odilo propagierten Gottesfrieden zu (Abwehr des Schwert- und Faustrechts des Adels, Begründung des christl. Rittertums). Mit der Idee der *libertas ecclesiae* förderte C. den Investiturstreit und die gregorianische Reform (Eindämmung des weltl. Einflusses auf die Kirche), wurde so aber auch zum Wegbereiter eines päpstlichen Zentralismus. Trotz dieser Zusammenhänge spielte C. in diesen Auseinandersetzungen keine zentrale Rolle, war es doch noch der Idee einer geistl.-weltl. Harmonie verpflichtet.

Sichtbarer Ausdruck der Bedeutung C.s war die großartige Klosterarchitektur. Die Klosterkirche C. III (ab 1088) war die größte Kirche des Abendlandes (187 m lang). Im 12. Jh., als andere Ideen attraktiver wurden, setzte der Niedergang C.s ein. Durch starke Orientierung an der national-französischen Politik schwand der europäische Einfluß. 1790 schließlich wurde C. säkularisiert, die letzten 35 Mönche vertrieb man. Gleichwohl verbindet sich bis heute der Name C. mit dem Reformbemühen des mittelalterl. Mönchtums.

Lit.: J. Wollasch: Mönchtum des Mittelalters zwischen Kirche und Welt, 1973; K.S. Frank: »Cluny«, TRE 8, 1981, 126-132; N. Bulst u.a.: »Cluny«, LexMA 2, 1983, 2172-2194.

L.E.v. Padberg

Coccejus, Johannes (1603-1669)

J.C. (eigentl. Coch/Cock) ist am 30. 7. oder 9. 8. 1603 in Bremen geboren und hat hier, als Schüler und Student, gründliche Kenntnisse der alten Sprachen erworben und die bisherige Föderaltheologie kennengelernt. 1626-1630 studiert er in Franeker,

1630 kurz in Leiden und Groningen, wird 1630 Prof. für Biblische Philologie in Bremen und heiratet dort 1635 (ein Sohn, drei Töchter). 1636 geht er als Prof. für Hebräisch nach Franeker, kann sich aber seit 1643 stärker (systematisch-)theol. Fragen widmen. 1650 wird er Prof. der Theologie in Leiden und lehrt und wirkt dort bis zu seinem (Pest-)Tode am 5. November 1669.

C. ist zunächst stärker Bibelausleger (Kommentare zu fast allen bibl. Büchern, Lexikon), später (bibelorientierter) syst. Theologe. Sein Programm einer *philologia sacra* (heiligen Philologie) zielt, bei aller Sorgfalt der Auslegung, immer auf Glaube, Leben und Frömmigkeit der Gegenwart (*ad pietatem*). Unter dem Gedanken der Bundschlüsse Gottes systematisiert er die bibl. Heilsgeschichte; dieser »→ Föderaltheologie« (*foedus*, »Bund«) hat er, nach Vorgängern, in der ref. Theologie Heimatrecht verschafft. Im übrigen ist »die coccejanische Theologie . . . eine den deutschen Pietismus tief beeinflussende Macht geworden« (Schrenk). Die letzten 15 Jahre seines Lebens sind von Auseinandersetzungen über seine Theologie mitgeprägt (Sabbatfrage; Weise der Geltung des AT in der christl. Kirche).

Lit.: W. J. van Asselt: Amicitia Dei. Een onderzoek naar de structuur van de theologie van J.Coccejus, 1988 (dt. Zus.); H. Faulenbach: »Coccejus, Johannes«, TRE 8, 1981, 132-140 (Lit. bis 1979; neuere Werkausg. gibt es nicht); ders.: J.Coccejus, in: GdKG 7, 1982, 163-176; ders.: Weg und Ziel der Erkenntnis Christi. Eine Untersuchung zur Theologie d. J.Coccejus, 1973; G. Schrenk: Gottesreich und Bund im älteren Protestantismus vornehmlich bei J.Coccejus, 1923 (Nachdruck 1985).

B. Steinseifer

Codex Iuris Canonici

CIC, das »Gesetzbuch des Kanonischen Rechts«, Hauptquelle des geltenden Rechts der kath. Kirche. Weil das kirchl. Recht nur in voluminösen Sammlungen verschiedenartiger Gesetze vorlag (→ Corpus Iuris Canonici), gab Pius X. 1904 den Auftrag zur Erarbeitung eines modernen kirchl. Gesetzbuches, das 1917 veröffentlicht wurde und Pfingsten 1918 in Kraft trat. Es enthielt 2414 Canones in fünf Büchern. Nach dem II. Vatikanischen Konzil erfolgte die bereits 1959 angekündigte Revision des CIC durch verschiedene Arbeitsgruppen, deren Entwürfe den Bischöfen und Fachleuten zur Stellungnahme zugesandt wurden. Einzelne Teile wurden bereits vorab in Kraft gesetzt, z.B. das neue Mischehenrecht 1970. Am 25. 1. 1983 wurde der neue CIC veröffentlicht; er trat am 27. 11. 1983 in Kraft. Inzwischen liegt der CIC in amtlichen Übersetzungen in allen wichtigen modernen Sprachen vor. Verbindlich ist jedoch nur die lat. Fassung.

Dieser neue CIC besteht aus 1752 Canones in sieben Büchern. Das 1. Buch enthält die allg. Normen einschließlich der Bestimmungen über die Ausübung der Leitungsgewalt und über die Kirchenämter (cc. 1-203). Das mit »Volk Gottes« betitelte 2. Buch (cc. 204-746) handelt von den Gläubigen allg., von der hierarchischen Verfassung der Kirche, den Rechten und Pflichten der Amtsträger auf den verschiedenen Ebenen, vom Papst und allg. Konzil über die Bischöfe bis zum Pfarrer; schließlich folgt das Recht der geistl. Gemeinschaften (Ordensrecht). Auf das relativ kurze 3. Buch mit den Normen über den Verkündigungsdienst (Predigt und Katechese, Schulen und Universitäten, soziale Kommunikationsmittel) folgt das 4. Buch über den Heiligungsdienst der Kirche (cc. 840-1253), in dem die Normen über die sieben Sakramente (mit einem detaillierten Eherecht) am ausführlichsten sind. Im kürzesten 5. Buch über das Kirchenvermögen (cc. 1254-1310) wird nur ein Rahmen abgesteckt. Die kirchl. Strafbestimmungen (cc. 1311-1399) kennen nach wie vor einige Strafen, die bereits mit Begehung einer schweren Straftat zugezogen werden, z.B. Exkommunikation wegen Glaubensabfalls oder Abtreibung, in der Regel jedoch durch den Bischof oder durch Richterspruch zu verhängen sind. Das Prozeßrecht (cc. 1400-1752) regelt außer dem allg. Streitverfahren noch besonders den Eheprozeß, den Strafprozeß und einige Verwaltungsverfahren. Bei der Interpretation und Anwendung aller Normen ist das »Heil der Seelen« zu beachten, »das in der Kirche immer das oberste Gesetz sein muß« (c. 1752). Parallel zu diesem CIC für die lat. Kirche wurde 1990 nach langen Vorarbeiten erstmals ein umfassender Codex Canonum Ecclesiarum Orientalium veröffentlicht, der in 30 Titeln das für die mit Rom unierten orientalischen Kirchen geltende Kirchenrecht enthält.

Lit.: Codex des kanonischen Rechtes. Lat.-dt. Ausgabe mit Sachverzeichnis, [3]1989; Handbuch des katholischen Kirchenrechts, hg. v. Listl-Müller-Schmitz, 1983; Münsterischer Kommentar zum CIC, 1985ff; Codex Canonum Ecclesiarum Orientalium, 1990.

R. Weigand

Coerper, Heinrich (1863-1936)

C., geb. am 3. 3. 1863 in Meisenheim/Glan, gest. am 8. 7. 1936 in Lahr-Dinglingen. Nach dem Studium in Halle, Tübingen, Utrecht, Bonn und Berlin war C. Pfarrer in Heidelberg (Kapellengemeinde), Essen und Straßburg. Anschließend wurde er theol. Lehrer am → Johanneum in Barmen.

1899 trat C. in die Arbeit des von Johannes Rischmann soeben gegründeten Deutschen Zweiges der China-Inland-Mission (Hudson → Taylor) ein, die er 1902 unter dem Namen → Liebenzeller Mission nach Bad Liebenzell (Schwarzwald) verlegte. 1910 rief C. die → Süddeutsche Vereinigung für Evangelisation und Gemeinschaftspflege ins Leben, aus der eine umfangreiche Gemeinschaftsarbeit in Württemberg, Baden und Bayern erwuchs. 1933 trat C. aber mit dem ihm nahestehenden Kreis aus dem Verband aus, um den Liebenzeller Gemeinschaftsverband als heimatmission. Zweig der Mission zu gründen. Auf dem Höhepunkt waren 173 Missionare für das Werk tätig.

Lit.: K. Koch: Heinrich Coerper und sein Werk, 1964; E. Kühn, W. Grünewald (Hg.): Pfarrer Heinrich Coerper. Zum Gedächtnis an Gründer der Liebenzeller Mission, 1951; W. Reiter: Die Liebenzeller Mission und ihr Werk. Zum 100. Geburtstag ihres Gründers Heinrich Coerper, in: Zeitschrift für Kulturaustausch 13, 1963, 110ff.

S. Rothenberg

Coligny, Gaspard de, seigneur de Châtillon (1519-1572)

C., geb. 1519, gest. am 24. 8. 1572 in Paris, Admiral von Frankreich und Hugenottenführer. Nach humanistischer Erziehung und Ausbildung am Königshof schlug er die militärische Laufbahn ein: 1547 Generaloberst der Infanterie, 1552 Admiral von Frankreich, 1555 Statthalter der Picardie. In der Endphase jahrzehntelanger Kämpfe Frankreichs gegen Habsburg geriet C. 1557 in spanische Gefangenschaft, wo er sich unter dem Einfluß seines jüngeren Bruders, seiner ersten Gemahlin de Laval und → Calvins zum ev. Glauben durchrang.

Das Jahr 1559 brachte nicht nur die schwere Niederlage Frankreichs und den plötzlichen Tod König Heinrichs II. (regierte seit 1547), sondern auch die Konstituierung der ref. Kirche Frankreichs, zu der sich C. öffentlich bekannte. Unter Franz II. (1559-60) von der Macht verdrängt, trug C. als überzeugter Hugenotte (→ Hugenotten) die Beschwerden der grausam verfolgten Minderheit den staatlichen Gremien vor.

Der Royalist C. verband sich mit dem Kanzler L'-Hôpital, den die Königinmutter Katharina v. Medici für ihren Sohn Karl IX. (1560-74) ernannt hatte. Die polit. Lösung des Religionskonfliktes durch die rechtliche Anerkennung der neuen Konfession scheiterte trotz des Toleranzediktes von 1562. In den folgenden Hugenottenkriegen spielte C. als militärischer und polit. Führer eine immer größere Rolle. Am Ende des 3. Religionskrieges 1570 erzielte er günstige Zugeständnisse für die Hugenotten im kirchl. sowie militärischen Bereich und gewann zunehmenden Einfluß auf den jungen König. Er forderte zumindest völlige Gleichberechtigung der Reformierten und eine antispanische Kriegspolitik in Verbindung mit dem ev. Ausland. Im Kampf der beiden rivalisierenden Konfessionsparteien um die Staatsmacht sah Katharina ihre Position bedroht und ließ durch eine spontane Aktion C. im Zuge des Massakers an den Hugenotten in der Bartholomäusnacht (24.8.1572) in Paris töten. Dem »vielleicht berühmtesten Mann der damaligen Welt«, bedeutenden Hugenottenführer und praktizierenden Calvinisten wurden erst 300 Jahre später verschiedene Denkmale errichtet.

Lit.: K. Kupisch: Coligny, 1951; J. Shimizu: Conflict of Loyalties, 1970; ders.: Actes du colloque l'amiral de Coligny, 1974.

W. Mogk

Collenbusch, Samuel (1724-1803)

C., geb. am 1. 9. 1724 in Wichlinghausen bei Barmen, gest. am 1. 9. 1803 in Barmen. Arzt und pietist. Laientheologe. Aufgewachsen in einer von schlichter Bibelfrömmigkeit geprägten Kaufmannsfamilie, studierte C. Medizin in Duisburg und Straßburg. Nachdem er sich zunächst mit der Anlage eines Schmelzofens als Unternehmer versucht hatte, ließ er sich in Duisburg als praktischer Arzt nieder. Seit 1784 wirkte er als Badearzt in Barmen. 1789 promovierte er zum Dr. med. (»Observationes medicae de utilitate et noxis aquae martialis Schwelmensis«). In den letzten zehn Lebensjahren war C. erblindet.

Entscheidende geistl. Anstöße empfing der junge C. 1742 von seinem Konfirmator G. Wülfing (das »Geheimnis Christi für uns«) und, während des Studiums in Duisburg, in der Seelsorge → Tersteegens (1745). In der durch die Begegnung mit dem württembergischen Kandidaten J.L. Fricker (1760) vermittelten Beschäftigung mit Schriften von → Leibniz, → Bengel und → Oetinger geht ihm das für sein Denken künftig bestimmende »Geheimnis Christi in uns« auf: die Rechtfertigung durch Vergebung führt über die Gerechtmachung und Heiligung zur Vollkommenheit. Grundlegend ist für C. in allem die unbedingte Autorität der Bibel mit ihrer Bezeugung der Werke und Wege Gottes (Gedanke der → Heilsgeschichte). Gott selbst ist Liebe. Auch seine Heiligkeit ist nichts als sich selbst zum Menschen erniedrigende Liebe. Die Versöhnung besteht deshalb nicht in der Abwendung des Zornes Gottes im Strafleiden Jesu, sondern in seinem vollkommenem Gehorsam, in dem er das sündliche Fleisch, an dem auch Jesus kraft seiner Erniedrigung teilhat (→ Kenosis), überwindet und solcher Gehorsam zum Lösegeld und Sühnopfer zugunsten der Sünder wird.

In Duisburg und später auch Barmen sammelt sich ein aus allen sozialen Schichten stammender Kreis von »Bibelverehrern« um C., mit denen er gemeinsam die Bibel studiert und die dann auch über seinen Tod hinaus im rheinischen Pietismus sein geistiges Erbe wachhalten. C.s Schriftstudien fanden ihren Niederschlag in zahlreichen kleinen, erst posthum veröffentlichten Aufsätzen und einem weitgestreuten Briefwechsel u.a. mit → Oetinger, → Wizenmann (der wesentliche Anstöße von C. empfing) und → Lavater (dem C. in eindringlicher freundschaftlicher Kritik begegnete). Diese schriftlichen Zeugnisse spiegeln nicht nur C.s Versuch, durch vertiefte Schriftkenntnis über traditionelle orthodoxe Positionen hinauszukommen, sondern zugleich seine intensive und leidenschaftliche Auseinandersetzung mit dem Rationalismus der Aufklärung (→ Lessing, → Mendelssohn, → Kant). H. Cremer weist darauf hin, daß C. durch Vermittlung des aus Duisburg stammenden reformierten Erlanger Theologen Chr. → Krafft entscheidender Anreger der → Erlanger Theologie und damit »der eigentliche Ausgangspunkt der neueren lutherischen Theologie« geworden sei (Cremer, 23). Ausdrücklich dem geistigen Erbe C.s verpflichtet wußte sich G. → Menken in Bremen, einer der wichtigsten Wegbereiter der → Erweckungsbewegung.

Lit.: Aus dem Nachlaß eines Gottesgelehrten. Aufsätze, Briefe und Tagebuchblätter von Dr. Samuel Collenbusch, hg. von H. Cremer, 1902; E. Moltmann-Wendel: »Collenbusch«, EKL^3 1, 807 (Lit.).

H. Burkhardt

Comenius, Johannes Amos (1592-1670)

C. (Jan Amos Komensky), tschechischer Theologe und Pädagoge, letzter Bischof der Böhmisch-Mährischen → Brüderunität, geb. am 28. 3. 1592 in Nivnice (Südmähren), gest. am 15. 11. 1670 in Amsterdam. C., durch die Religionsverfolgungen des → Dreißigjährigen Krieges und die Kriegswirren des 17. Jh.s mehrfach vertrieben, wirkte als Lehrer, Prediger und Bildungsreformer in Polen, England, Schweden, Ungarn und zuletzt in Holland. Seine pädagogisch-didaktischen Schriften wie z.B. die Große Unterrichtslehre (Didactica magna), die elementarisierte Sach- und Sprachlehre Janua linguarum reserata (→ Geöffnete Sprachtür) und das bebilderte Unterrichtswerk Orbis sensualium pictus (Die sichtbare Welt in Bildern) machten ihn schon zu Lebzeiten zu einem bedeutenden europäischen Pädagogen.

Sein theol.-päd. Hauptwerk Pansophia (eine allumfassende Weisheitslehre), in wichtigen Teilen erst 1935 in Halle entdeckt, läßt erst heute deutlich werden, daß C. eine universale Theologie entworfen hat, die Theologie, Pädagogik und politische Verantwortung miteinander verbindet und in den Dienst der Bewahrung und Verbesserung dieser Welt stellt. Seine Pädagogik ist auf das Heilshandeln Gottes bezogen und auf die Bewahrung und Vollendung der Schöpfung ausgerichtet. Der Mensch wird als Partner am Heilswirken Gottes beteiligt. Im Mittelpunkt steht für C. nicht die erforschende, sondern die vernehmende Vernunft, die sich durch Gottes Weisheit leiten läßt. C. hat als Prediger und Bischof der Brüderunität Trostschriften, ein Gesangbuch, Friedensschriften und eine Mahnschrift für ein einzuberufendes Weltkonzil der Kirchen veröffentlicht. So zählt er zu den Vätern des konziliaren Prozesses. Am bekanntesten wurde seine Schrift »Vermächtnis der sterbenden Mutter der Brüderunität«.

Lit.: J.A. Comenius: Orbus sensualium pictus. Die bibliophilen Taschenbücher, [2]1979.

V.-J. Dieterich: Johann Amos Comenius, 1991; K. Goßmann, H. Schröer: Auf den Spuren des Comenius. Texte zu Leben, Werk und Wirkung, 1992; K. Goßmann, Ch. Scheilke: Jan Comenius. Theologische und pädagogische Deutungen, 1992; B. Uher: Jan Amos Komensky. Comenius, Lehrer der Völker, 1991.

K. Goßmann

Common Prayer Book → Book of Common Prayer

Communicatio idiomatum → Abendmahl; → Jesus Christus

Communio Sanctorum

Im → Apostolischen Glaubensbekenntnis folgt auf das Bekenntnis zur »heiligen, katholischen (allgemeinen, christlichen) Kirche« die Formel »Gemeinschaft der Heiligen«, lat. *sanctorum communionem.* In der Vorform des Apostolicums, dem sog. Romanum, fehlt allerdings diese Formel noch. Als Bestandteil eines Glaubensbekenntnisses ist sie zum ersten Mal in der sog. Fides Hieronymi bezeugt, einem vermutlich Hieronymus im antiochenischen Kirchengebiet um 377 n.Chr. abverlangten Bekenntnistext. Die beiden nächstfolgenden Zeugen sind das Symbol bei Niketas von Remesiana (um 395) und das bei Faustus von Reji (um 450). Außerhalb eines Bekenntniskontextes taucht c.s. auch in einem kaiserlichen Reskript an den Praefectus praetorio von Konstantinopel aus dem Jahr 388, in den Akten der Synode zu Nîmes im Jahr 396 und in einem (nur lateinisch erhaltenen) Synodalschreiben des Bischofs Theophilus von Alexandrien vom Jahr 401 auf.

Der Sinn, den diese Formel für die altkirchl. Autoren gehabt hat, ist nicht immer sicher zu erkennen und in der Forschung daher auch umstritten. Faustus von Reji versteht c.s. jedenfalls eindeutig als Verbindung der irdischen Kirche mit den vollendeten Heiligen im Sinn der kirchl. Märtyrer(reliquien)verehrung. Niketas von Remesiana rechnet zu den »Heiligen« auch die atl. Patriarchen und Propheten, die heiligen Menschen aller Zeiten und die Engel; mit ihnen allen sei der Gläubige in der Kirche verbunden. Als Wechselbegriff für die irdisch-sichtbare Kirche haben c.s. zunächst anscheinend nur die → Donatisten (Anfang 5. Jh.) gebraucht. Dagegen führt der Gebrauch der Formel in der Fides Hieronymi und den übrigen o.g. Zeugen noch auf eine ganz andersgeartete Bedeutung, insofern er nämlich wahrscheinlich macht, daß die Formel ursprünglich aus der griech. Kirche stammte und *tôn hagiôn koinônian* hieß. Das aber bedeutet nach dem ganz überwiegenden kirchl. Sprachgebrauch die »Anteilhabe an den heiligen Gütern«, *ta hagia* (Dualis), d.h. an den Abendmahlselementen. Der lat. Genitiv *sanctorum* gehört dann nicht zum personalen *sancti*, sondern zum neutrischen *sancta*. Daß dies tatsächlich der ursprüngliche Sinn von c.s. ist, wird sowohl dadurch bestätigt, daß das Verständnis der griech. Formel klar und einfach, das der lat. dagegen mehrdeutig ist, als auch durch die Feststellung, daß c.s. nicht nur in der Fides Hieronymi, sondern etwa auch im Antiphonar von Bangor (7. Jh.) eindeutig nicht als Apposition oder Attribut zur »heiligen katholischen Kirche« zu verstehen ist. »Credo... sanctorum communionem« bedeutete ursprünglich also: »Ich glaube, daß ich in den Abendmahlselementen Anteil empfange an den Heilsgütern.«

Die röm.-kath. Lehre vom frühen MA bis hin zum II. Vaticanum versteht c.s. primär als geistl. Gütergemeinschaft zwischen den drei »Ständen«, der (auf Erden) streitenden, der (im Fegefeuer) leidenden und der (im Himmel) triumphierenden Kirche durch Verehrung der Heiligen und wechselseitige Zuwendung von Verdiensten. In den Ostkirchen ist das Apostolicum nicht gebräuchlich; man kennt jedoch den Begriff der Gemeinschaft der Heiligen und versteht darunter die Gemeinschaft der Liebe zwischen der örtlichen und der universalen Kirche wie auch zwischen der irdischen und der triumphierenden Kirche. Martin Luther sieht c.s. im Apostolicum als Apposition zu »Kirche« an und erklärt es im Großen Katechismus als »eine Gemeine der Heiligen, das ist eine Gemeine, darin lauter Heiligen sind, oder noch klärlicher: eine heilige Gemeine«. Darin drückt sich sein Kirchenverständnis aus, das statt auf eine hierarchisch geordnete Heilsanstalt auf eine Personengemeinschaft geht. Zugleich versteht er die c.s. als das Geschehen eines gegenseitigen *communicare*, eines Dienstes der irdischen Gläubigen aneinander in leiblicher und geistl. Hinsicht. Johannes Calvin (Inst. IV,1,3) deutet dieses Bekenntnis auf die gegenseitige Mitteilung von Gott gewährter Wohltaten, durch die die Einheit der Kirche gewahrt wird.

Eine dogmatische Prüfung der verschiedenen Deutungen muß von dem ntl. Begriff der »Gemeinschaft« ausgehen. Nach ihm entsteht die Verbindung der Gläubigen untereinander nicht durch ihr eigenes Handeln, sondern durch die gemeinsame Teilhabe an Christus und seinen Gaben; Christengemeinschaft ist wesentlich Christusgemeinschaft (1Kor 1,9; 10,16ff). Das gegenseitige Sich-Annehmen ist eine Folge des Angenommenseins durch Christus (Röm 15,7); die Horizontale des Gemeinschaftsbegriffs gründet in der Vertikalen.

Das sakramentale Verständnis der c.s. hat also darin seine bleibende Bedeutung, daß es die gemeinsame Teilhabe am Heil in Christus als Grundlage jeder christl. Gemeinschaft festhält. Diese Teilhabe an Christus wird durch Wort und Glaube vermittelt und gewinnt in → Taufe und → Abendmahl sichtbar gemeindegründende und -bauende Gestalt. Das interpersonale Verständnis der c.s. fügt dem die notwendige Kommunikation der Gläubigen im gegenseitigen Anteilgeben und -nehmen hinzu. Die Gliedschaft am Leibe Christi bewirkt sowohl, daß alles, was Christi ist, ebenso den Gläubigen gehört, als auch, daß das, was ein Glied an Gaben oder Mangel hat, ebenso allen anderen eigen ist. C.s. heißt deshalb immer auch Dienst aneinander.

Die Deutung der c.s. auf die Heiligenverehrung erinnert zwar mit Recht daran, daß die Gemeinde Jesu auch ihre im Glauben vollendeten Glieder mit einschließt (vgl. Hebr 12,22-24). Sie vergißt jedoch, daß die geistl. Gaben oder Gebete der Verstorbenen genau so wenig unseren gegenwärtigen Mangel beheben, wie wir ihnen helfen können; die in besonderem Sinne »Heiligen« können uns nur ein Ansporn sein zu eigenem Wirken.

Lit.: P. Althaus: Communio Sanctorum. Die Gemeinde im lutherischen Kirchengedanken, 1929; M. Basarab: Communio sanctorum nach orthodoxem Verständnis, Una Sancta 43/1988, 284ff; St. Benko: The Meaning of Sanctorum Communio, 1964; W. Elert: Abendmahl und Kirchengemeinschaft in der alten Kirche, (1954) [2]1985, 5ff, 166ff; Internationale katholische Zeitschrift Communio 17/1988 (mit Beiträgen von H.U.v. Balthasar, Chr. Schönborn, B. Hallensleben); E. Lamirande (kath.): Gemeinschaft der Heiligen, 1963; F. Schulz: Communio Sanctorum, KuD 12/1966, 154ff.

U. Swarat

Computer-Technik

1. In der Verwaltung

C. hielt seit Mitte der 60er Jahre unter dem Namen Elektronische Datenverarbeitung (EDV) Einzug in die Kirche, zunächst im Melde-, dann auch im Rechnungswesen. Ab etwa 1977 werden mit C. meist Personal Computer (PC) bezeichnet. Im Unterschied zu den Großrechenanlagen der EDV hat beim PC jeder Benutzer einen eigenen Rechner zur Verfügung. Seit der massenhaften Verbreitung von PCs gehört elektronische Textverarbeitung zum Haupteinsatzgebiet von C. in der Kirche. Daneben werden PCs verstärkt für den Austausch von Melde- und Buchhaltungsdaten zwischen Kirchenzentralen und Außenstellen eingesetzt.

2. In der Theologie

Die erste Anwendung begann 1967 an der Universität von Nancy mit der Erfassung des hebr. AT. Der griech. Urtext des NT wurde ab 1978 im Institut für ntl. Textforschung in Münster mit C. wissenschaftl. aufbereitet. 1979 erstellten Kent Ochel und Bert Brown in Texas mit »The Word Processor« ein Suchprogramm mit dem englischen Bibeltext in der King-James-Version.

Vergleichbares für die Lutherübersetzung wird seit 1987 von der Dt. Bibelgesellschaft in Stuttgart veröffentlicht.

Lit.: H.-F. Angel: Computer im Pfarrbüro, 1990; ASCII-Bibel (Rev. Elberfelder Bibel), 1989; Diskettenversion der Lutherbibel mit COBRA-Suchprogramm, [3]1990; ELBIKON (Elektronische Bibel-Konkordanz), 1991; J.J. Hughes: Bits, Bytes and Biblical Studies, 1987; W. Küstenmacher: Das Christliche Computerbuch, 1990.

W. Küstenmacher

Concursus divinus → Vorsehung

Confessio Augustana → Augsburger Bekenntnis

Confessio Gallicana → Bekenntnisschriften (ref.)

Confessio Helvetica → Bekenntnisschriften (ref.)

Confessio Tetrapolitana → Bekenntnisschriften (ref.)

Confessio Virtembergica → Bekenntnisschriften (luth.)

Confiteor

»Wir sind hier zusammengekommen, um miteinander das Wort Gottes zu hören, ihn im Lied und Gebet anzurufen und das Mahl des Herrn zu feiern. Weil wir aber von Gottes Weg abgewichen sind und aus eigener Kraft nicht zurückfinden können, laßt uns unseren himmlischen Vater um sein Erbarmen anrufen.« So eröffnet nach dem Entwurf der »Erneuerten Agende« (1990, 33) der Liturg das C. (»ich bekenne«) zu Beginn des Gottesdienstes, und die Gemeinde stimmt ein: »Der allmächtige Gott erbarme sich unser, er vergebe uns unsere Sünde und führe uns zum ewigen Leben« (a.a.O.).

Das C. ist keine Beichte (es fehlt sowohl das persönliche Bekennen einzelner Sünden als auch der indikativische Zuspruch der Vergebung), sondern ein fakultatives Rüstgebet zur Vorbereitung der ganzen Gemeinde auf den Gottesdienst: nie anders denn als Sünder kommen wir vor Gott zusammen. Das C. hat seine Wurzeln (etwa seit dem 9. Jh.) zum einen im Akzeß, einem Sündenbekenntnis der Priester in der Sakristei, zum anderen im Stufengebet, einem Gebet um Vergebung, das von den einziehenden Priestern an den Altarstufen gebetet wurde und mit dem Vergebungswunsch (z.B. *misereatur tui*, »Er erbarme sich deiner!«) schloß. Die Gemeinde hatte seit dem MA zwischen Predigt und Mahlteil eine Art Beichte in der »Offenen Schuld«.

Luther hat kein C. in die »Deutsche Messe« aufgenommen. Reformat. Gottesdienstordnungen kennen dann aber das C. als Rüstgebet der Geistlichen in der Sakristei, als Rüstgebet der ganzen Gemeinde zu Beginn des Gottesdienstes oder als »Offene Schuld« nach der Predigt. In der Zeit des Verfalls der liturgischen Formen fiel das C. nahezu völlig aus; erst Friedrich Wilhelm III. fügte 1829 in die preußische Agende wieder ein C. ein. Verhängnisvoll ist aber jetzt die (psych. verständliche, aber theol. unhaltbare) Verknüpfung des Sündenbekenntnisses mit dem → Kyrie und des Vergebungszuspruchs mit dem → Gloria, obwohl Kyrie und Gloria sich gerade nicht auf Schuld und Vergebung beziehen. In den neuen Agenden ist das C. wieder das Rüstgebet der ganzen Gemeinde, die sich ihrer

Unwürdigkeit und Sünde vor Gott bewußt wird und um Vergebung bittet. Es ist kein magischer Reinigungsakt des Christen. »Der ganze Gottesdienst ist für ihn Sündenvergebung und Gnadenzuspruch« (Mahrenholz, in: Kalb, Grundriß, 114).

Sinnvoll ist neben der eingangs zitierten Grundform des C. eine kirchenjahresgemäße oder situative Formulierung des C., die in den gemeinsamen Ruf um das Erbarmen Gottes einmündet. Das C. kann dann (wie im Entwurf der »Erneuerten Agende«, 33f) vom Liturgen abgeschlossen werden: »Nimm von uns, Herr, unsere Sünde und verleihe uns, daß wir mit lauterem Herzen und reinen Lippen diesen Gottesdienst feiern und dich preisen. Durch Jesus Christus, unsern Herrn. Amen.«

Von der Akzeß zu lernen ist, daß alle im Gottesdienst mitarbeitenden Christen sich vor dem Gottesdienst in der Sakristei zum Gebet und somit zur Zurüstung auf den Gottesdienst treffen können.

Lit.: F. Kalb: Grundriß der Liturgik, [2]1982, 111-115; B. Klaus: Die Rüstgebete, in: K.F. Müller und W. Blankenburg (Hg.): Leiturgia, Bd. II, 1, 1955, 524-560.

M. Herbst

Congregatio de Propaganda Fide

(heute: S. Congregatio pro Gentium Evangelizatione seu de Propaganda Fide)

Mit den Entdeckungen der Gebiete in Übersee im 15. Jh. stellte sich die Frage der Missionierung dieser Gebiete. Im Testament der Königin Isabella von Kastilien-Leon und Aragonien steht: »Es war unser Wunsch, alle Kräfte einzusetzen, um die Völker dieser neuen Länder zu unserer heiligen Religion zu bekehren, ihnen Priester, Ordensleute ... zu schicken.« Die Betreuung der zum Glauben gelangten Gebiete erforderte eine Konzentration aller Kräfte. So entstand nach mehreren vergeblichen Versuchen zur Betreuung der Missionsgebiete die Propaganda-Kongregation. Sie wurde am Epiphaniefest 1622 von Papst Gregor XV. gegründet. Am 22. Juni unterzeichnete der Papst die offizielle Errichtungsbulle »Inscrutabili«. Sie umschrieb Rechtsgrundlage und Aufgabenbereich der neuen Institution. Die Ausbreitung des Glaubens wird als Hauptaufgabe des päpstlichen Hirtenamtes voll und ganz für den Papst beansprucht. Die neue Kongregation sollte »die Wende von der Kolonialmission zur rein kirchlichen Mission anbahnen« (J. Glazik). Das heißt, der Kongregation ging es um ein neues Konzept von Mission. Dazu gehörte die Heranbildung eines einheimischen Klerus; ein bodenständiges Christentum sollte sich entfalten, und eine der eigenen Art entsprechende Kirche sollte begründet werden. In einer Instruktion der Kongregation aus dem Jahre 1659 heißt es: »Eifert nicht und argumentiert nicht, um diese Völker dazu zu bewegen, daß sie ihre Riten, ihre Gewohnheiten und ihre Sitten ändern ... Was wäre absurder, als Frankreich, Spanien, Italien oder irgend ein anderes europäisches Land zu den Chinesen zu verpflanzen? Verpflanzt zu ihnen nicht unsere Länder, sondern den Glauben.« Auch das von Gregor XVI. (1840) errichtete Werk der Glaubensverbreitung hatte als eines seiner Ziele die Stärkung der einheimischen Kirchen. Der aktive Anteil der Kongregation an einer Entwicklung zur Mündigkeit dieser Kirchen ist nicht zu übersehen.

Innerhalb der weiteren Entwicklung ist die Enzyklika »Rerum Ecclesiae« (1926) von Pius XI. zu nennen, die als Magna Charta der modernen Missionsbewegung gilt. Die im Zusammenhang mit dem II. Vatikanum (1962-1965) erfolgte Kurienreform hatte eine Umbenennung der Propaganda-Kongregation zur Folge. Die heutige Bezeichnung lautet: »Kongregation für die Evangelisation der Völker oder für die Glaubensverbreitung«. Sie ist die oberste Instanz für alle Missionen und die gesamte mission. Tätigkeit. Sie regt mission. Initiativen und die Sammlung von Hilfsmitteln an.

Ausrichtung und Auftrag der Kongregation lassen sich nach dem II. Vatikanum in folgender Weise umschreiben: Gemeinsam mit dem Sekretariat zur Förderung der Einheit der Christen soll die Kongregation Wege und Mittel suchen, »um eine brüderliche Zusammenarbeit mit den Missionsunternehmungen anderer christlicher Gemeinschaften zu ermöglichen und zu ordnen, damit man so miteinander leben könne, daß das Ärgernis der Spaltung, soweit wie möglich, beseitigt werde«. Deshalb sollen alle im Missionsdienst Tätigen »ein Herz und eine Seele« (Apg 4,32) sein.

Lit.: J. Glazik: Die Gründung der Propaganda-Kongregation, in: Handbuch der Kirchengeschichte, Bd. IV, 1967; J. Greco: Leitung und Ordnung der Missionsarbeit, in: J. Schütte (Hg.): Mission nach dem Konzil, 1967, 294-314; O. Stoffel: Die katholischen Missionsgesellschaften. Historische Entwicklung und konziliare Erneuerung in kanonischer Sicht, NZM 33, 1984.

K. Wittstadt

Consensus Tigurinus → Bekenntnisschriften (ref.)

Contarini, Gasparo → Reformation

Corpora Doctrinae

Corpora Doctrinae (CD; »Lehrsammlungen«) sind Sammlungen von regional oder lokal geltenden Bekenntnisschriften, die zwischen 1560 und 1580 in mittel-, nord- und ostdeutschen Territorien und Städten zusammengestellt wurden. Der Begriff geht auf → Melanchthon zurück, der 1558 erstmals eine Lehrzusammenfassung so bezeichnete. In der Auseinandersetzung zwischen orth. und gemäßigten Lutheranern kam eine wahre Fülle von CD zustande, auf Grund deren das → Konkordienbuch 1580 als gesamtluth. CD festgelegt wurde. Lokale CD blieben auch weiter in Kraft, besonders bei den Ständen, die das Konkordienbuch nicht anerkannten. Die ref. Kirchen kennen keine CD.
→ Bekenntnisschriften (lutherisch)

Lit.: W.-D. Hauschild: Corpus Doctrinae und Bekenntnisschrift, in: M. Brecht, R. Schwarz (Hg.): Bekenntnis und Einheit der Kirche, 1980, 235-252; I. Mager: Das Corpus Doctrinae der Stadt Braunschweig im Gefüge der übrigen niedersächsischen Lehrschriftensammlungen, in: Die Reformation in der Stadt Braunschweig, 1978, 111-122. 139-143.

G. Ruhbach

Corpus Iuris Canonici

Unter C. wird seit dem 16. Jh. die aus sechs Teilen unterschiedlichen Charakters bestehende Sammlung des kath. kirchl. Rechts verstanden.

1. Das Dekret Gratians (ursprünglicher Titel: Concordia discordantium canonum) entstand als Privatarbeit um 1140. Gratian, gelehrter Mönch in Bologna, sammelte in fast 4000 Kapiteln das überlieferte Recht, besonders aus Canones der Konzilien, päpstl. Dekretalen und patristischen Texten. Der erste Teil dieses Werkes enthält in 101 Distinktionen die Lehre von den Rechtsquellen, das Ordinations- und das Wahlrecht (Zitationsweise: D.61 c.13). Der zweite Teil behandelt in 36 Rechtsfällen (Causae), die in Fragen (Quaestiones) gegliedert sind, das kirchl. Prozeß-, Vermögens-, Straf- und Eherecht (Zitierweise: C.27 q.2 c.10). C.33 q.3 wurde zu einem eigenen Bußtraktat mit sieben Distinktionen ausgeweitet. Der dritte Teil bringt in fünf Distinktionen das Recht der übrigen Sakramente und Sakramentalien (Zitierweise: de cons. D.4 c.151).

2. Der Liber Extra (-vagantium decretalium) wurde 1234 von Gregor IX. als offizielles kirchl. Gesetzbuch publiziert. Er enthält in fünf Büchern mit zahlreichen Titeln 2139 Kapitel, überwiegend päpstliche Dekretalen der letzten 100 Jahre, darunter 195 von Gregor selbst stammende, die zum Teil zur Entscheidung von Kontroversen neu geschaffen wurden. Der Redaktor Raymund von Penafort entnahm das meiste Material fünf früheren (meist privaten) Dekretalensammlungen (Zitierweise: X 2.28.45).

3. Der Liber Sextus wurde 1298 von Bonifaz VIII. publiziert. Er enthält 359 Texte in 77 Titeln, die teilweise von den vorausgehenden Päpsten stammen, überwiegend jedoch von Bonifaz selbst herrühren und meist abstrakt formuliert sind. Am Schluß des Werkes sind 88 Rechtsregeln enthalten. Zitiert wird VI. 1.16.8.

4. Die Clementinen enthalten im wesentlichen Gesetze Clemens V. (1305-14) und des Konzils von Vienne, wurden jedoch erst von Johannes XXII. 1317 publiziert. Sie enthalten in der gleichen Ordnung wie die beiden vorausgehenden Gesetzbücher 106 Kapitel, die gewöhnlich zitiert werden: Clem. 5.3.1.

5. Die 20 Extravaganten Johannes XXII. wurden privat gesammelt und erst 1500 (ebenso wie die folgende Sammlung) durch den Pariser Kanonisten Jean Chappuis in 14 Titeln geordnet an die päpstlichen Gesetzbücher angefügt.

6. Die Extravagantes Communes enthalten 74 ausgewählte päpstliche Gesetze aus dem 14. und 15. Jh., die eine private Sammlung darstellen, zitiert: Extrav. com. 3.8.3.

Das C. war bis zum Inkrafttreten des → Codex Iuris Canonici 1918 geltendes Recht der kath. Kirche.

Lit.: Decretum Gratiani emendatum et notationibus illustratum una cum glossis, Gregorii XIII P.M. iussu editum, Decretales D. Gregorii papae IX . . ., Liber Sextus Decretalium. . ., Rom 1582 (sog. Editio Romana); Corpus Iuris Canonici. Editio Lipsiensis secunda, instruxit Aemilius Friedberg, 1879, 1881 (Nachdruck 1959 u.ö.).

R. Weigand

Corvey (Korvei)

Benediktinerkloster an der Weser bei Höxter, Tochterkloster von Corbie an der Somme in Frankreich; 822 von Ludwig dem Frommen gegründet, der C. große Ländereien schenkte. Heinrich III. verlieh 1039 dem Abt den Fürstenrang; C. unterstand unmittelbar dem päpstlichen Stuhl. Es hatte eine hervorragende Bibliothek, die nach und nach verloren ging. Hoffmann von Fallersleben war mehrere Jahre an ihr Bibliothekar und wird durch ein Denkmal an einer Außenmauer geehrt. 1803 wurde das Kloster säkularisiert und kam 1815 an Preußen. Mehrmals restauriert, ist es gegenwärtig ein Kultur- und Begegnungszentrum geworden.

G. Ruhbach

Cranach, Lukas der Ältere (1472-1553)

C., geb. 1472 in Kronach (daher der Name), gest. am 16. 10. 1553 in Weimar, gilt als Maler der Reformation, obwohl er auch später noch Heilige und Madonnen malte. 1500-1504 hatte er in Wien eine besonders produktive Phase. Von Kurfürst → Friedrich dem Weisen wurde er 1505 nach Wittenberg berufen, wo er zu Ansehen gelangte, Ratsmitglied und Bürgermeister wurde. Er befreundete sich mit → Luther, dessen Lehren er in seiner großen Werkstatt unterstützte. Illustrierte Flugblätter und Propagandaschriften halfen der Verbreitung der Reformation. In den 26 Holzschnitten »Passional Christi und Antichrist« stellte C. dem Leben und Leiden Christi das weltliche, üppige Leben des Papstes gegenüber. Gottes Gnade steht über dem Gesetz, dem Verdienst, der Vergeltung. Zu diesem Gedanken gehören die mehr als 20 Variationen von Christus, der die Kinder segnet, oder die Ehebrecherin, die Christus an die Hand nimmt. Auf den Tafeln oder unter den Holzschnitten sind Bibelzitate in deutscher Sprache zugefügt, so daß Luthers Forderung entsprochen wurde, das Bild mit der Hl. Schrift zu verbinden. Neben christl. Bildern, auch atl.en, entstanden viele zur Mythologie, auch Allegorien. Ebenso reich war die Porträtmalerei: Luther und seine Frau, Melanchthon, Bürgerliche und Adlige. Prägnante Physiognomien, geschmeidige Formen, prachtvolle Ausstattung zeigen den Menschen vor dunklem Hintergrund oder in freier Landschaft. C.s glatter, eleganter Stil erfreute sich großer Beliebtheit.

Lukas Cranach der Jüngere führte die Werkstatt im Sinn seines Vaters fort, ebenfalls in dem Bemühen, die Gedanken der Reformatoren zu verbreiten.

Lit.: M.J. Friedländer, J. Rosenberg: Die Gemälde von Lukas Cranach, 1932, 1979; W. Schade: Die Malerfamilie Cranach, 1974; Katalog der Ausstellung Lukas Cranach, 2 Bde, 1974/76.

R. Lohse-Flitner

Creatio continua → Schöpfung

Creatio ex nihilo → Schöpfung

Credo → Apostolisches Glaubensbekenntnis; → Bekenntnis; → Ordinarium und Proprium

Cremer, Hermann (1834-1903)

C., geb. am 18. 10. 1834, gest. am 4. 10. 1903, wuchs in Unna/Westfalen in einem von lebendiger Frömmigkeit geprägten Elternhaus auf, das enge Verbindung zu - auf S. → Collenbusch (1724-1803) zurückgehenden - erweckten Kreisen hatte. Seine Mutter entstammte einer in bewußter Entscheidung zum christl. Glauben übergetretenen jüd. Familie. In seinem Studium hatten vor allem A. Tholuck in Halle und J.T. → Beck sowie pietist. Kreise Bengelscher Prägung in Tübingen maßgeblichen Einfluß auf seine geistl.-theol. Entwicklung.

Nach Abschluß des Studiums und Lizentiaten-Promotion in Tübingen wurde C. 1859 zunächst Landpfarrer in Ostönnen bei Soest. Hier entstand sein bekanntestes Werk, das »Biblisch-theologische Wörterbuch«. 1870 erhielt er, gegen hartnäckigen Widerstand des Protestantenvereins, eine Professur für systematische Theologie an der Ev.-Theol. Fakultät der Universität Greifswald. Mit diesem Lehrstuhl war das Hauptpastorat an der St. Marienkirche verbunden, das C. 19 Jahre lang versah.

Vor allem durch C.s akademische Lehrtätigkeit erlebte die Theol. Fakultät Greifswald einen bedeutenden Aufschwung; C. wurde als »Haupt der Greifswalder Schule« bezeichnet. Dabei ging es ihm selbst allerdings weniger um eine seiner Person verpflichtete »Schule« als vielmehr um die Ausbildung seiner Studenten im Sinne einer umfassenden Hilfe zum Glauben und Verkündigen.

Eine enge und herzliche Freundschaft verband C. seit der gemeinsamen Studienzeit mit Martin Kähler und später mit Adolf Schlatter, der von 1888 bis 1893 neben C. in Greifswald lehrte. Zusammen mit Schlatter gründete er 1897 die Zeitschrift »Beiträge zur Förderung christlicher Theologie«. C.s Einfluß reichte weit über den akademischen Bereich hinaus. Als Konsistorialrat übernahm er kirchliche Verantwortung in der pommerschen Provinz- und in der Preußischen Generalsynode, als Redner war er vor allem in Vereinen der Inneren Mission und zeitweise auch beim Ev.-Sozialen Kongreß geschätzt.

Als luth. Theologe war C. entschieden Bibeltheologe. Er war von der alleinigen Autorität der Hl. Schrift in allen Fragen des Glaubens überzeugt. Schon in seinem bedeutenden »Biblisch-theologischen Wörterbuch der neutestamentlichen Gräzität« trat seine zeitlebens beibehaltene Arbeitsweise zu Tage, indem er die Offenbarung Gottes allein in engem Anschluß an die Schrift und durch reiche Ausschöpfung ihres Erkenntnisgehaltes zu erfassen suchte. Dabei teilte C. die reformat. Erkenntnis, daß die Hl. Schrift ihr inhaltliches Zentrum und ihr Ziel in Jesus Christus und der in ihm begründeten Glaubensgerechtigkeit habe. Beides, das reformat. Schriftprinzip und die Rechtfertigungslehre, sah er in der liberalen Theologie gefährdet. Nach C.s Urteil führte sie aufgrund ihrer rationalistischen bzw. idealistischen Prämissen zur Aushöhlung und zur Moralisierung des Evangeliums. Als Hauptgegner C.s sind Ritschl und Harnack zu nennen. Auf dessen berühmte Vorlesung »Das Wesen des Christentums« (1899/1900; veröffentlicht 1900) antwortete C. mit einer Vorlesung und Schrift unter gleichlautendem Titel (1901). C. hoffte, durch sein Lebenswerk zur »Überwinterung des Evangeliums« in Deutschland und zur notwendigen Besinnung auf das reformat. Erbe in Theologie und Kirche beizutragen.

Lit.: Biblisch-theologisches Wörterbuch der neutestamentlichen Gräcität, (1866/67), ab der 10. Auflage hg. v. J. Kögel, [11]1923; Die paulinische Rechtfertigungslehre im Zusammenhange ihrer geschichtlichen Voraussetzungen, (1899) [2]1900; »Die christliche Lehre von den Eigenschaften Gottes«, BFChTh 1.4, 1897. Neudruck hg. v. H. Burkhardt, 1983, [2]1984; Arbeit und Eigentum in christlicher Sicht, 1907, Neudruck, hg. von H. Burkhardt, 1984.

E. Cremer: Hermann Cremer. Ein Lebens- und Charakterbild, 1912 (mit Bibliographie); R. Stupperich (Hg).: Hermann Cremer - Haupt der »Greifswalder Schule«. Briefwechsel und Dokumente, MDF 97, 1988 (mit Bibliographie).

G. Diekmeyer

Cromwell, Oliver (1599-1658)

C., geb. am 25. 4. 1599 in Huntingdon, gest. am 3. 9. 1658 in London, britischer Feldherr und Staatsmann, Führer der Puritaner, stammte aus verarmtem Landadel und wuchs im Geist des → Puritanismus auf. Nur kurz besuchte er ein College in Cambridge bis zum Tode des Vaters 1617, als er nach London ging, um sich juristische Kenntnisse für die Führung seines Gutes anzueignen, dessen Verwaltung er dann übernahm. 1620 heiratete er Elizabeth Burchier, mit der er neun Kinder hatte. 1628 wurde

er ins Parlament gewählt, trat aber polit. nicht hervor. Als 1640 der despotische König Karl I. von England zur Deckung hoher Kosten für Kriegszüge gegen Schottland an das Parlament herantrat, dieses aber den Forderungen nicht entsprach, tat sich eine folgenschwere Kluft zwischen Parlament und König auf, die eine derartige Feindschaft zur Folge hatte, daß der König aus London floh und der Bürgerkrieg zwischen Parlamentariern und Royalisten nicht mehr aufzuhalten war.

Zwar war C. als Parlamentarier an diesen Vorgängen mitbeteiligt, seine eigenen Aktivitäten entfaltete er aber mehr in der Vorbereitung und Durchführung militärischer Aktionen. Schnell und erfolgreich durchlief er die militärische Karriere vom Kavallerieoffizier 1642 bis zum Lieutenant General 1644. Als Führer des Heeres errang er den wichtigen Sieg von Marsten Moor bei York 1644 mit seinen sorgfältig ausgesuchten, gut trainierten und hochmotivierten Soldaten, den sog. »Ironsides«.

Mit diesem Erfolg wuchs auch sein polit. Gewicht. C. stieg zum Führer der Independenten im Parlament auf und schuf die »New Model Army«, in der Adlige von der Heeresleitung ausgeschlossen wurden. Mit der Einführung der »Self-Denying Ordinance« trennte er Heer und Parlament, da kein Parlamentsmitglied Heeresoffizier sein durfte. Damit war die Armee ein gesondertes Machtinstrument geworden, auf das C. sich in Zukunft stets stützen konnte.

Nach der für C. siegreichen Schlacht von Naseby floh Karl I. nach Schottland. 1646-48 versuchte C., zwischen Parlament und König zu vermitteln. Als man ihn jedoch des Royalismus verdächtigte, Karl I. in überheblicher Torheit alle Kompromißvorschläge ablehnte und verräterische Verhandlungen mit den Schotten führte, versicherte C. sich aufs neue der Schlagkraft seiner Armee und vernichtete in der Schlacht bei Preston die ins Land eingefallenen Schotten völlig. Damit war das Ende Karls I. gekommen. Wegen Hochverrats wurde er zum Tode verurteilt und am 30.1.1649 hingerichtet. Damit war die Monarchie abgeschafft, das Oberhaus wurde aufgelöst und England als Republik (Commonwealth and Free State) vom »Rumpfparlament« regiert.

C. wurde Präsident des Staatsrates, der ihn dazu bestimmte, einen Rachefeldzug gegen Irland zu unternehmen. Den beendete er im Mai 1650 erfolgreich, um sogleich gegen Schottland ins Feld zu ziehen. Mit dem höchsten militärischen Rang und entsprechenden Befugnissen ausgestattet, auf dem Höhepunkt seiner soldatischen Karriere angelangt, führte C. in zwei schwierigen Schlachten bei Dunbar 1650 und bei Worcester – mitten in England – 1651 die Entscheidung gegen die Schotten herbei. Er sicherte damit die Herrschaft Englands über Schottland und den Bestand Großbritanniens. Damit waren die Kriegshandlungen in England beendet.

C. konnte sich der Ordnung des Staatswesens zuwenden. Dabei kam es zur Auflösung des Rumpfparlaments, von dem die Militärs sich ungerecht behandelt fühlten. C. setzte statt dessen ein »Parlament der Heiligen« ein, das sich aber auch als unfähig erwies und aufgelöst wurde. Schließlich ließ sich C. zum Lordprotector über England, Irland und Schottland ernennen. Da weitere parlamentarische Versuche fehlschlugen, teilte C. das Land in zwölf Bezirke auf, die von je einem Major General verwaltet wurden. Über sie konnte C. nach Art einer Militärdiktatur seine innenpolitischen Absichten direkt durchsetzen. Zu Reformen, etwa in Hinsicht auf die Sozialstruktur der englischen Gesellschaft, reichte jedoch die Kraft nicht. Die Reform der anglik. Kirche im puritanischen Sinne führte zu großer Verwirrung.

Außenpolitisch verfolgte C. einen eher aggressiven Kurs: führte Krieg gegen Spanien und setzte englische Handelsinteressen gegen Holland und Schweden durch. Als er 1658 starb, hinterließ er ein straff geführtes Imperium, das sein ältester Sohn Richard als Nachfolger nicht zu halten vermochte. 1660 kehrte die Monarchie zurück. C.s Gebeine wurden exhumiert und öffentlich zur Schau gestellt, – die posthume Strafe für den Frevel am Königtum!

Die Persönlichkeit C.s hat rätselhafte Züge und ist in der Forschung kontrovers beurteilt worden. Gewiß war er von tiefer und zugleich praktischer Frömmigkeit des puritanischen Christentums. Ihre Basis waren die unmittelbar ins Leben sprechende Bibel, das Gebet und der feste Glaube, er sei ein Werkzeug Gottes und handle im Auftrag Gottes. Sich dem zu entziehen, wäre schwere Sünde gewesen. Mit seiner Sache stand Gottes Sache auf dem Spiel; seine Siege waren Gottes Siege und Zeichen der Verwerfung des Königs. C.s Einsatz galt der Gewissensfreiheit, der bürgerlichen Freiheit seines Volkes sowie der Toleranz im Rahmen eines vom Christentum geprägten »Lebens in Gottseligkeit und Ehrbarkeit« (»a life of godliness and honesty«).

Lit.: Oliver Cromwell's Letters and Speeches, hg. v. Th. Carlyle, 2 Bde., 1845; The Writings and Speeches of Oliver Cromwell, hg. v. W.C. Abbott, 4 Bde., 1937-1947. G. Drake: »Cromwell, Oliver«, TRE 8, 1981, 236-238; Ch. Hill: God's Englishman. Oliver Cromwell and the English Revolution, 1970; H. Kittel: Oliver Cromwell. Seine Religion und seine Sendung, (AKG 9), 1928.

Ch. Windhorst

Crüger, Johann → Liedgut/Liederbücher

Cuius regio eius religio → Augsburger Religionsfrieden

Cullmann, Oscar (geb. 1902)

Ev. Theologe, geb. am 25. 2. 1902 in Straßburg; 1930 Professor für NT, ab 1936 auch für Geschichte der Alten Kirche an der Universität Straßburg; 1938 Professor für NT sowie Alte und Mittlere Kirchengeschichte an der Universität Basel; Pariser Professuren für Geschichte des frühen Christentums an der École des Hautes-Etudes (seit 1949) und an der Sorbonne (seit 1954) sowie für NT an der Faculté Libre de Théologie Protestante (seit 1953); 1962-65 offizieller Beobachter beim Zweiten Vatikanischen Konzil; 1972 Mitglied des Institut de France.

C. wurde frühzeitig sowohl durch die historische Arbeit des Liberalismus als auch durch den Aufbruch der dialektischen Theologie und den exegetischen Ansatz der Formgeschichte geprägt. Internationale Bedeutung erlangte C.s vielfältige historische Arbeit durch die Betonung der → Heilsgeschichte als Grundstruktur bibl. Denkens. Ausgehend von der ntl. Christologie und Eschatologie, konkret von der Einsicht, daß mit dem Kommen Jesu Christi, sodann mit dem Anbruch seiner Königsherrschaft die endzeitliche Erfüllung begonnen hat, die sichtbare Vollendung des Reiches Gottes aber noch aussteht, zeichnet C. einen einmaligen Geschichtsverlauf, der, vorbereitet im AT und gegründet auf das Christusgeschehen (Kreuz und Auferstehung) als »Mitte«, der zukünftigen Vollendung entgegengeht.

Im weiteren ist C. seit den 50er Jahren durch wichtige Beiträge zu ökumen. Fragen hervorgetreten, als Verfechter eines »realistischen Ökumenismus der Einheit durch Vielfalt«.

Lit.: Le probleme littéraire et historique du roman pseudo-clémentin, EHPhR 23, 1930; Christus und die Zeit, (1946) [3]1962; Die Tauflehre des NT, AThANT 12, (1948) [2]1958; Petrus. Jünger-Apostel-Märtyrer, (1952) [2]1960; Die Tradition als exegetisches, historisches und theologisches Problem, 1954; Der Staat im NT, (1956) [2]1961; Unsterblichkeit der Seele und Auferstehung der Toten, ThZ 12 (1956) 126-156, 1986; Die Christologie des NT, (1957) [5]1975; Heil als Geschichte, (1965) [2]1967; Vorträge und Aufsätze 1925-1962, 1966; Der johanneische Kreis, 1975; Einheit durch Vielfalt, (1986) [2]1990.

K.H. Schlaudraff: »Heil als Geschichte«?, BGBE 29, 1988; ders., F. Christ, in: S. Leimgruber, M. Schoch: Gegen die Gottvergessenheit. Schweizer Theologen..., 1990, 206-222. 539-545.

K.H. Schlaudraff

Culmann, Philipp Theodor (1824-1863)

C., geb. am 13. 11. 1824 in Bergzabern/Pfalz, gest. am 22. 10. 1863 ebenda; Vertreter einer im bewußten Gegensatz zur nachkantianischen Bewußtseinsphilosophie stehenden spekulativ-theosophischen Theologie.

Während des Studiums in Erlangen (1844-47) empfing C. bleibende Prägung durch den jungen christl. Philosophen E.A.v. Schaden (1814-1852), einen Schüler F.v. → Baaders, der ihn auch in das Spätwerk F.W.J. → Schellings und die spekulative Mystik J. → Böhmes und St. → Martins einführte. Nach halbjährigem Zusatzstudium in Berlin und Vikariat in Kaiserslautern wurde C. 1851 Pfarrer in Freckenfeld, 1859 - bis zu seinem frühen Tod - in Speyer. Sein Hauptwerk, die 1863 in ihrem ersten Teil erschienene Christliche Ethik (seit 1864 posthum durch den Abdruck des Entwurfs zum 2. Teil ergänzt), geht aus von einer in Analogie zur Trinität spekulativ entwickelten Lehre von der Gottebenbildlichkeit des Menschen: Als »Abgrund des Hungers und Begehrens« nach Gott ist der Mensch Abbild des »Zuges des Vaters zum Sohne«. Ziel der Ethik ist die Vollendung der mit der »Vaterhypostase« von der Schöpfung her gegebenen anfänglichen Gottebenbildlichkeit in der »Assimilierung« des Sohnes und des Geistes in Erlösung und Heiligung. Das in mehreren Auflagen (zuletzt 1927) erschienene Buch hatte vor allem auf die → Gemeinschaftsbewegung bedeutenden Einfluß (Ohlemacher).

Lit.: Ph.T. Culmann: Die Christliche Ethik, 1863 (die Auflagen von 1866 und 1874 enthielten noch später separat unter dem Titel »Vier theosophische Aufsätze« erschienene Arbeiten C.s, von denen besonders wichtig sind: Die Prinzipien der Philosophie Fr.v. Baaders und E.A.v. Schadens; Wuttkes christliche Sittenlehre und der Notstand dieser Disziplin).

C.: Lebensabriß (anonym; in der Auflage der Ethik von 1889, 9-14); J. Ohlemacher: Das Reich Gottes in Deutschland bauen, 1986, 108.

H. Burkhardt

Curriculumtheorie

1. Wort und Begriff

Das lat. Wort *curriculum* (ursprüngl. einfach »Lauf«) bedeutet im Spätlatein und im mittelalterl. Latein »Ablauf, Zeitabschnitt, Alljährlichkeit«. Seit dem 16./17. Jh. dringt es in die Pädagogik ein und ist seit dem Barock die maßgebliche Bezeichnung für das, was in den Schulen und Universitäten gelehrt werden soll. Im deutschsprachigen Bereich wird es in dieser Funktion seit dem ausgehenden 18. Jh. durch die neue Wortbildung »Lehrplan« ersetzt. In der angelsächsischen Welt hat es sich dagegen bis heute erhalten. Dort hat der Begriff aber eine mehrfache Wandlung durchgemacht. Er bezeichnet nicht mehr nur die im Unterricht zu behandelnden Stoffe, sondern bezieht soziales und emotionales Lernen mit ein, »the sum total of experience that are sponsored by the school« (D. Tonner bei H. Blankertz, 122). Unter angelsächsischem Einfluß ist der Begriff auch bei uns seit Mitte der sechziger Jahre wieder eingeführt worden, um im Unterschied zum Lehrplan, der zu einem reinen Stoffplan verkommen war, den untrennbaren Zusammenhang von Zielen,

Inhalten, Methoden und Medien unter Berücksichtigung der Lernlage der Schüler und möglicher Überprüfungen der Lernergebnisse zu bezeichnen. Ein Curriculum sollte die »Aufgaben der Schule in Form einer organisierten Sequenz von Lernerfahrungen, die auf beabsichtigte Verhaltensdispositionen gerichtet sind« (D. Knab, 160), beschreiben. Aufgabe der C. sollte dabei sein, diesen Zusammenhang wissenschaftl. zu begründen.

2. Allgemeine pädagogische Bedeutung

Nach der geisteswissenschaftl. Lehrplantheorie sind Lehrpläne das Ergebnis des Kampfes gesellschaftl. Mächte (Erich Weniger) wie der polit. Parteien, der Wirtschaft, der Wissenschaft, der Kirchen usw. Die Vertreter der C. traten mit dem Anspruch auf, die sich auf diese Weise ergebenden wechselnden Koalitionen mit hist. zufälligen Ergebnissen der Lehrplangestaltung durch eine objektive wissenschaftl. Arbeit abzulösen. Am einflußreichsten war Saul B. Robinsohn vom Berliner Max-Planck-Institut für Bildungsforschung mit seiner Schrift »Bildungsreform als Revision des Curriculum« (1967). Lehrinhalte sollen nicht mehr einfach von der Tradition vorgegeben werden, sondern es sollen nur solche Gegenstände mit entsprechender Intention im Unterricht thematisiert werden, die Fähigkeiten (Qualifikationen) vermitteln, die die Schüler im Blick auf zukünftige Anforderungen und Lebenssituationen benötigen. Auf wissenschaftliche Weise mit Hilfe der Methoden der empirischen Sozialforschung sollten die zukünftig erwartbaren Lebenssituationen erhoben werden, die dafür notwendigen Qualifikationen ermittelt und in einem interdisziplinären Diskurs zwischen Fachwissenschaften, zukünftigen »Abnehmern« der Schüler und Vertretern von auf den Menschen bezogenen Wissenschaften Lehrinhalte und Ziele ermittelt werden. Als Kriterien für die Auswahl der Inhalte sollten gelten: a) Ihre Bedeutung im Gefüge der Wissenschaft, b) die Leistung für Weltverstehen, c) ihre Funktion in Verwendungssituationen des privaten und öffentl. Lebens.

Die C. war der letzte große Impuls, der die Erziehungswissenschaft in Deutschland 15 Jahre lang bewegte. Die heutigen Lehrpläne wären zwar ohne die mannigfachen Beeinflussungen durch die C. nicht zustande gekommen, aufs ganze gesehen vermochte sie jedoch ihr eigenes Programm nicht einzulösen, die – aus ihrer Sicht – hist. zufällig gewachsenen Lehrpläne durch »wissenschaftliche« Curricula abzulösen. Der vorausgesetzte positivistische Wissenschaftsbegriff war trügerisch. Ohne Weltanschauungen, Werte und Normen ließen sich nicht Qualifikationen zu Situationen, Lernziele zu Qualifikationen und Lerninhalte zu Lernzielen zuordnen. Die C. bedarf einer leitenden Bildungstheorie, um zu funktionieren. Am Scheitern der C. rächte sich, daß Robinsohn die deutsche Bildungstradition gar nicht wahrgenommen hatte (A. Flitner). Geblieben sind ein größerer Problemhorizont und ein höheres Reflexionsniveau, aber dadurch auch ein Zurückschrekken der Praktiker vor der Erziehungswissenschaft, der sie theoretische Verstiegenheit vorwerfen.

3. Bedeutung für Religionspädagogik und Praktische Theologie

Das Aufblühen der C. traf auf eine Krise der Religionspädagogik. Viele Religionspädagogen versuchten mit Hilfe der C. den erlittenen Relevanzverlust wieder wettzumachen. Besonders die Lernzielorientierung erschien manchen dabei als willkommenes Instrumentarium zur Reform des Religionsunterrichts, um vermeintlich überholte Inhalte abstreifen zu können. Anfangs wurde dabei übersehen, daß sich die damit verbundene sog. Operationalisierung (Kleinarbeitung der Lernziele mit dem Zweck, ihr Erreichen anschließend kontrollieren zu können) bei Prozessen des Glaubenlernens kaum anwenden ließ. Als ausgesprochen hilfreich erwies sich aber die Nötigung, Unterrichtsinhalte in ihrer Bedeutung für die Lebenswirklichkeit der Schüler begründen zu müssen und nicht einfach ihre Wichtigkeit voraussetzen zu können. Damit hat die → Didaktik lediglich an eine beinahe selbstverständliche, aber oft vergessene theol. Aussage erinnert, die H.B. Kaufmann einmal so formulierte: »Die Frage nach Gott und das Zeugnis des Neuen Testaments vom Heil in Jesus, dem Gekreuzigten und Auferstandenen, sowie die paulinische Rechtfertigungslehre gehen auf das Ganze der Wirklichkeit und des Menschseins. Sie kommen deshalb in ihrer Bedeutung nur dann recht in den Blick, wenn es gelingt, sie im Kontext der geschichtl. Welt und der menschlichen Lebenswirklichkeit sowie im Dialog mit dem Welt- und Selbstverständnis der heute lebenden Menschen zur Sprache zu bringen.« (1973, 23) Die Leistung theol. Aussagen für das Verstehen der Welt und ihre Funktion im täglichen, privaten und öffentlichen Leben zum Ausdruck zu bringen, ist notwendigerweise Aufgabe aller praktisch-theol. Rede von Gott, wenn diese nicht zum klerikalen Monolog verkümmern will.

Lit.: F. Achtenhagen, H.L. Meyer (Hg.): Curriculumrevision. Möglichkeiten und Grenzen, 1971; I. Baldermann, G. Kittel: Die Sache des Religionsunterrichts. Zwischen

Curriculum und Biblizismus, 1975; H. Blankertz: Theorien und Modelle der Didaktik, [9]1975; J. Dolch: Lehrplan des Abendlandes, 1959; U. Hemel: »Ziele religiöser Lernprozesse«: Handbuch religionspädagogischer Grundbegriffe Bd. 2, hg. v. G. Bitter, G. Miller, 1986, 488-494; G. Hilger: »Lehrplan/Curriculum«: ebd., 482-488; H.-B. Kaufmann: Streit um den problemorientierten Unterricht in Schule und Kirche, 1973; D. Knab: Konsequenzen der Curriculum-Problematik im Hinblick auf Curriculumforschung und Lehrplanentscheidungen in der Bundesrepublik, in: F. Achtenhagen, H.L. Meyer (Hg.): a.a.O., 159-177; Kontinuität und Traditionsbrüche in der Pädagogik. Ein Gespräch zwischen den Generationen, hg. v. H.B. Kaufmann u.a., 1991; G. Stachel: »Theorie und Praxis des Curriculum«, in: Handbuch der Religionspädagogik Bd. 2, hg. v. E. Feifel et al., [2]1978, 34-72; S.B. Robinsohn: Bildungsreform als Revision des Curriculum, [5]1975; K. Riedel: »Curriculum«, in: Pädagogische Grundbegriffe Bd. 1, hg. v. D. Lenzen, 1989, 298-301.

H.-J. Abromeit

Cusanus → Nikolaus von Kues

CVJM → Christlicher Verein Junger Männer

Cyprian, Thascius Cäcilius (gest. 258)

C. wurde wohl zu Beginn des 3.Jh.s in Karthago geboren und war seit 248/49 Bischof der Stadt. Er starb am 14.9.258 den Märtyrertod in der Verfolgung unter Kaiser Valerian.

C. stammte aus einer vornehmen und wohlhabenden Familie und hatte eine klass.-rhetorische Ausbildung erhalten, die ihn zum höheren Staatsdienst befähigte.(Später wandte er große Teile seines Vermögens der Armenfürsorge zu.) Anfang der 40er Jahre des 3. Jh. war er zum Christentum übergetreten. Als Gründe für seine Entscheidung nennt er: die Sittenlosigkeit der Schauspiele, die Grausamkeit der Gladiatorenkämpfe und den allgemeinen Verfall der Moral im öffentlichen und privaten Leben (»Ad Donatum«; vgl. auch die Lebensbeschreibung des Pontius).

Sein Martyrium hat C. ein bleibendes Andenken in der Kirche verschafft. In ihm vollendete sich sein Lebenswerk als engagierter Bischof und Seelsorger. Seine zahlreichen Schriften und Briefe erweisen ihn zugleich auch als einen leidenschaftlichen Streiter für die Einheit und Reinheit der Kirche in einer kritischen Zeit.

In der Mitte des 3. Jh.s wurde die Kirche von mehreren schweren Verfolgungen (unter den Kaisern Decius und Valerian) heimgesucht und hatte eine Reihe – damit verbundener – innerer Krisen zu überstehen. Gleich nach dem Ende der decischen Verfolgung (251) entstand in Rom eine Kirchenspaltung (Schisma) durch den Presbyter Novatian. Dieser hatte sich an der laxen Bußpraxis des römischen Bischofs Cornelius und seiner Nachfolger im Umgang mit den bei der Verfolgung Abgefallenen (*lapsi*) gestoßen und versucht, eine »Kirche der Reinen« um sich zu sammeln, die dem Todsünder keine Vergebung in diesem Leben gewährte. Obwohl C. ebenfalls einer strengen Auffassung von der → Buße zuneigte, beteiligte er sich nicht an diesem Schisma. Vielmehr kämpfte er um die Einheit der Kirche, »in der allein das Heil gegeben ist« (ep. 72).

Im Streit um die Anerkennung der Häretikertaufe (→ Ketzertaufstreit) verfocht C. gegenüber Rom (Stephanus I. 254-257) den Standpunkt, daß Häretiker (und Schismatiker!) beim Übertritt in die Kirche getauft werden müßten. Das Sakrament der Taufe sei nur gültig und heilswirksam in der kath., durch den Bischof repräsentierten Kirche.

C. gehört zu den herausragenden Bischofsgestalten der Alten Kirche und hat an der Ausformung dieses Amtes wesentlich mitgewirkt. C. war jedoch kein spekulativer Theologe, sondern ein Mann der Praxis.

Die Kirche Nordafrikas wurde von ihm nachhaltig mitgeprägt. Die Donatisten (→ Donatismus), aber auch → Augustin beriefen sich später auf ihn als kirchl. und theol. Autorität.

Lit.: J. Baer: Des Hl. Kirchenvaters Cäcilius Cyprianus sämtliche Schriften übers., 2 Bde. (BKC 34.60), 1918/1928; Pontius, Vita et martirio di San Cipriano, ed. M. Pellegrino, 1955; M. Bévenot: »Cyprian von Karthago«, TRE 8, 1981, 246-254 (Lit.); H. Gülzow: Cyprian und Novation (BHTh 48), 1975; G. Haendler: Von Tertullian bis zu Ambrosius (KGE I/3), [3]1986, 14. 54-75; U. Wikkert: »Cyprian von Karthago«, GdKG 1 (1984), 158-175; ders.: Sacramentum unitatis (BZNW 41), 1971.

W. A. Bienert

Cyrillus (826-869) und Methodius (ca. 815-885)

Die Brüder C. (eigentlich: Konstantinos, den Mönchsnamen Kyrillos nahm er erst auf dem Sterbebett an; 826-869) und M. (ca. 815-885), die byz. »Slawenapostel«, entstammten einer höheren Beamtenfamilie in Thessaloniki. M., der ältere, hatte sich zunächst für den Staatsdienst entschieden, ehe er Mönch wurde. Konstantinos hatte theol.-wissenschaftl. Interessen. Er wird als Gelehrter und Philosoph bezeichnet, der sich in Religionsgesprächen mit Muslimen und Juden hervortat. Beide dienten dem byz. Kaiser Michael III. (842-867) in verschiedenen Gesandtschaften, bevor sie im Jahre 863 im Auftrag des Patriarchen von Konstantinopel und der Patriarchatssynode auf Bitten des Fürsten Rastislav (846-870) nach Mähren gesandt wurden. Sie sollten dort den christl. Glauben in slavischer Sprache verbreiten und vor allem eine slavische Liturgie für den Gottesdienst in der Muttersprache erarbeiten.

Die Brüder aus Thessaloniki brachten dafür besondere Voraussetzungen mit. Denn sie waren von ihrer Jugend an mit der südslavischen Sprache vertraut und hatten für die slavische Bevölkerung im

Umkreis der bithynischen Klöster wohl schon früher das sog. glagolitische Alphabet geschaffen, das dem slavischen Lautsystem entgegenkam. Daraus wurde später die kirchenslavische und schließlich die »kyrillische« Schrift (Bulgarien, 10. Jh.).

Ziel der Arbeit in Mähren war nicht die Bekehrung, denn dieses Land war durch bayerisch-fränkische Missionare bereits christianisiert worden. Rastislav suchte vielmehr das Bündnis mit Byzanz im Gegenüber zu den benachbarten Bulgaren und den mit ihnen verbündeten Franken. Der fränkische Klerus im Land vertrieb jedoch die Byzantiner (866), die daraufhin ihre Tätigkeit nach Pannonien verlegten. Von dort zogen sie nach Rom, um vom Papst Unterstützung für ihre Arbeit zu erhalten. C. starb in Rom (14.2.869). M. kehrte zwar als Bischof nach Pannonien zurück, wurde aber vom dortigen Klerus gefangengesetzt und kam erst 873 durch die Hilfe Papst Johannes VIII. (872-882) wieder frei. Er wurde nun Erzbischof für das Großmährische Reich, mußte aber auf die Feier der slavischen Liturgie verzichten. Die Arbeit wurde immer schwieriger, auch weil in Mähren die Regierung auf Svatopluk übergegangen war (870). Nach dem Tod des M. (6.4.885) wurden seine Schüler endgültig vertrieben. Diese fanden Zuflucht in Kroatien und Bulgarien und setzten von dort (vor allem von Ohrid aus) ihr Werk fort.

Trotz der kurzen und scheinbar erfolglosen Wirksamkeit in Mähren war die Arbeit der »Slavenlehrer« C. und M. von großer Bedeutung. Durch die Erfindung des glagolitischen Alphabets und die Übersetzung der Bibel, der Liturgie und kirchenrechtlicher Schriften ins Slavische hatten sie ein dauerhaftes Fundament geschaffen für den Aufbau und die Entwicklung einer eigenständigen slavisch-christl. Kultur.

Lit.: J. Bujnoch: Zwischen Rom und Byzanz (Slav. Geschichtsschreiber 1), [2]1972; N. Randow: Die pannonischen Legenden, 1972; F. Dvornik: Byzantine Missions among the Slavs, 1970; F. Grivex: Konstantin und Method. Lehrer der Slaven, 1960; Chr. Hannick: »Cyrillus und Methodius«, TRE 8, 1981, 266-270; ders.: Die byzantinischen Missionen, in: K. Schäferdiek (Hg.): Die Kirche des früheren Mittelalters (KGMG II/1), 1978, 279-359.

W. A. Bienert

Cyrillus von Alexandrien (ca. 380-444)

C., Bischof und Oberhaupt der ägypt. Kirche seit 412, war der letzte große Theologe und Kirchenvater der alexandrinischen Kirche. C. war ein bedeutender Exeget und Bibeltheologe, aber auch ein Kirchenpolitiker, der sich nicht scheute, das Mittel der Intrige und der Bestechung einzusetzen. C. war der Neffe seines Amtsvorgängers Theophilos (385-412), der ihn 403 zur »Eichensynode« nach Konstantinopel mitnahm, auf der Johannes Chrysostomos (gest. 407), damals Bischof von Konstantinopel, verurteilt und in die Verbannung geschickt wurde. Die Rivalität zwischen Alexandrien und Konstantinopel, die später im Streit zwischen C. und Nestorios (428-431) eine bedeutsame Rolle spielte, hatte also bereits eine längere Vorgeschichte.

C. verfügte über eine umfassende klass.-antike Bildung (C. verstand auch Latein!), sein Interesse galt aber mehr der Bibel und den Kirchenvätern. Theol. knüpfte C. vor allem an → Athanasius an. Der heidnischen Philosophie stand er ablehnend gegenüber. Man beschuldigte ihn sogar, er habe Mönche und Volk zur Ermordung der Philosophin Hypatia (415) aufgehetzt. Mit seiner Streitschrift gegen Julian (Apostata) verfaßte er eine umfangreiche Apologie des christl. Glaubens. Auch gegen das Judentum richteten sich seine Angriffe. C. wandte sich damit zumeist gegen ein damals unter (intellektuellen) Christen verbreitetes Interesse an heidnischen Kulten, die sich in Ägypten dem Hellenismus angenähert hatten (→ Synkretismus; vgl. auch das hellen. Judentum in Alexandrien). Im Kampf gegen die Häresien (Arianer, Novatianer) folgte C. der Tradition seiner Amtsvorgänger.

Ende 428 beginnt der christologische Streit mit dem kurz zuvor zum Bischof von Konstantinopel erhobenen Nestorios. Darin tritt C. leidenschaftlich für die Einheit des fleischgewordenen Logos in Christus ein. Nur in der Einheit mit Gott sei Christus der Garant unserer → Erlösung. Dagegen betont Nestorios (in antiochenischer Tradition) die Unterscheidung der göttlichen und menschlichen Natur und lehnt darum auch den in der Volksfrömmigkeit verbreiteten Ausdruck »Gottesgebärerin« (*Theotókos*) für Maria ab. Durch geschicktes Vorgehen gelingt es C., Papst

Cölestin I. (422-432) für sich zu gewinnen, so daß eine röm. Synode Nestorios verurteilt und zum Widerruf auffordert (August 430). Auf dem Konzil in Ephesus (431), dem »3. Ökumenischen Konzil«, wird diese Verurteilung bestätigt. Die strenge Position C.s vom November 430 (12 Anathematismen), in der die Einheit Christi nicht nur als »wesenhaft« (hypostatisch), sondern als »naturhaft« (physisch) bezeichnet wurde, setzte sich allerdings nicht durch. Sie erinnerte zu sehr an die Lehre des → Apollinaris von Laodicea von der »einen, Fleisch gewordenen Natur Christi«.

Nach dem dramatischen Verlauf des Konzils von Ephesus, auf dem die verschiedenen Parteien sich zunächst gegenseitig verdammt hatten, kommt es 433 zu einer Einigungsformel, die wohl von → Theodoret von Kyros, einem Vertreter der antiochenischen Tradition, verfaßt wurde. In ihr wird Maria zwar als »Gottesgebärerin« bezeichnet, aber zugleich wird die Unterscheidung der göttlichen und der menschlichen Natur in Christus betont. Ihre Trennung wird jedoch verworfen. C. sieht so die Einheit und Göttlichkeit Christi gewahrt und interpretiert die Formel so, daß in Christus beide Naturen untrennbar verbunden sind und aneinander teilhaben. Diese Unionsformel wurde später zu einer wichtigen Grundlage bei der Ausformulierung des christologischen Dogmas von → Chalkedon (451).

Lit.: A. Grillmeier: Jesus der Christus im Glauben der Kirche I, 2 1982; A. de Halleux: Cyrill von Alexandrien, in: Klassiker der Theologie I, hg. v. H. Fries, G. Kretschmar, 1981, 130-149. 403f; E.R. Hardy: »Cyrillus von Alexandrien«, TRE 8, 1981, 254-260; G. Jouassard: Cyrill v. Alexandrien: RAC 3, 1957, 499-516; H.J. Vogt: Cyrill von Alexandrien: GdKG 2, 1984, 227-238.

W. A. Bienert

Dahlemer Erklärung

Am 19./20. 10. 1934 trat in Berlin-Dahlem die zweite Bekenntnissynode der Deutschen Evangelischen Kirche (DEK) zusammen. Direkter Anlaß war der gewaltsame Eingriff der Reichskirchenregierung (Reichsbischof Müller, »Rechtswalter« Dr. Jäger) in die Leitung der Landeskirchen von Württemberg und Bayern, um auch diese in die DEK einzugliedern. Dagegen proklamierte die Synode ein kirchl. Notrecht, das mit der Trennung von der deutsch-christl. Reichskirchenregierung und der Schaffung eigener Leitungsorgane die praktischen und rechtlichen Folgerungen aus der → Barmer Theologischen Erklärung zog. Die Botschaft der Bekenntnissynode enthält in ihrem Kern drei Punkte: Die Leitung und Vertretung der DEK ist auf die Bekenntnissynode und von ihr bestellte Organe übergegangen; die Gemeinden werden aufgefordert, von der bisherigen Reichskirchenregierung keine Weisungen mehr anzunehmen; die Zusammenarbeit mit denen, die diesem Kirchenregiment gehorchen, ist abzubrechen. Besonders der dritte Punkt war und blieb – zumal in seiner Durchführbarkeit – umstritten. Auch weitere inhärente theol. Fragen blieben ungelöst. Dennoch war die Botschaft »nach der Theologischen Erklärung von Barmen zweifellos die wichtigste Entscheidung der Bekennenden Kirche« (Scholder) und der entscheidende Schritt zu deren Konsolidierung.

Lit.:K. Meier: Der evangelische Kirchenkampf, Bd. 1, 1976; W. Niemöller: Die zweite Bekenntnissynode der Deutschen Evangelischen Kirche zu Dahlem, 1958; K.D. Schmidt: Die Bekenntnisse und grundsätzlichen Äußerungen zur Kirchenfrage, Bd. 2: Das Jahr 1934, 1935; K. Scholder: Die Kirchen und das Dritte Reich, Bd. 2, 1985.

H. Kirchner

Dallmeyer, Heinrich (1870- 1925)

D., geb. am 25. 2. 1870 in Bordesholm, gest. am 28. 11. 1925 in Nachrodt, Kr. Altena. Nach einer Müllerlehre absolvierte er eine Ausbildung am → Johanneum. Ab 1896 war er Jugendsekretär in Dortmund, 1899 Arbeitermissionar in Kassel-Rothenditmold, 1902 Pfarrgehilfe in Langendreer, 1906 wurde er durch H. Dannert in den Evangelistendienst geholt. Auf der Brieger Woche 1907 begegnete er Pastor J. → Paul und wurde für die → Pfingstbewegung gewonnen. In Hamburg erlebte D. am 25. 6. 1907 nach eigener Darstellung die Geistestaufe, verbunden mit der Heilung von einem körperlichen Leiden. Gemeinsam mit seinem Bruder August, dem Leiter des Kasseler Blaukreuzvereins und Schriftleiter der Zeitschrift »Der Reichgottesarbeiter«, und Theodor → Haarbeck lud D. im Juli 1907 zu einer Evangelisation des Gnadauer Verbandes nach Kassel ein, auf der neben ihm zwei Norwegerinnen dienten. Es kam zu einer Erweckung, aber auch zu Auswüchsen und Tumulten, so daß D. die Evangelisation auf Bitten der Polizei nach vierwöchiger Dauer abbrechen mußte. In einem offenen Brief trennte sich D. am 27. 11. 1907 von der von ihm »Los-Angeles-Bewegung« genannten Gruppe. Ebenso verurteilte sein Bruder August D. die Geschehnisse, die er auf einen »Lügengeist« zurückführte, der auf »Verwüstung« aus ist. Als »Kasseler Bewegung« wurde sie vom → Gnadauer Gemeinschaftsverband in der »→ Berliner Erklärung« (I) von 1909 verurteilt. – Später war D. vor allem als Evangelist tätig, schrieb mehrere Schriften über die Pfingstbewegung (zuletzt 1924), über Möttlingen und über »Biblische Kindererziehung« (stark gesetzlich geprägt).

Lit.: H. Dallmeyer: Die Zungenbewegung, 1924.

S. Rothenberg

Damaskusschrift

Der Name »Damaskusschrift« wurde diesem titellosen, in hebr. Sprache abgefaßten Werk deshalb gegeben, weil es für eine »Gemeinde des neuen Bundes im Land Damaskus« bestimmt ist. Auch die Bezeichnung »Cairo Document« (CD) wird vielfach verwendet; sie ist vom Fundort, der Geniza der Esra-Synagoge in Alt-Kairo, bestimmt. Dort hatte Samuel Schechter diese Schrift 1896/7 entdeckt, und zwar in zwei mittelalterl. Handschriften: A, 16 Kolumnen enthaltend, B, einen Paralleltext zu A 7,5-9,1ff mit anderen Schriftzitaten bietend. Schechter selbst nannte das Werk »A Zadokite Work«, da die Mitglieder dieser Gemeinde auch als »Sadoq Söhne« bezeichnet sind (4,3), in denen Schechter mit Recht jüd. Sektierer sah. Die Datierung und historische Einordnung blieben lange Zeit umstritten (frühjüd. oder mittelalterl.?, pharisäisch, zadokidisch, vor-karaäisch?). Mit der Entdeckung der Schriftrollen vom Toten Meer (Qumran) ließ sich die Heimat der D. bestimmen: Sie ist wie diese Rollen von den sog. »Essenern« verfaßt worden und besonders der »Gemeinderegel« (1 QS) nah verwandt; Fragmente der D. wurden in Höhle 4 und 6 von Qumran gefunden.

Der erste Teil der D. (Kol. 1-8) besteht aus Mahnreden, die auch über die Geschichte dieser Gemeinde manches verraten. Sie entstand aus einer Bußbewegung, die von dem aus anderen Qumrantexten bekannten »Lehrer der Gerechtigkeit« entscheidend geprägt wurde (1,11f); allerdings wird er in B als bereits verstorben bezeichnet (20,14f). Kritisiert werden die Priester in Jerusalem (4,15-27), ferner »der Lügenmann«, der die Gemeinde gespalten haben muß (20,15). Einzelne Schriftworte werden - z.T. allegorisch ausgelegt - auf die Geschichte der Gemeinde bezogen; sie besteht aus Priestern, Leviten und Laien, die aus dem Lande Juda auszogen (4,2ff). Der 2. Teil der D. (Kol. 9-16) enthält rigorose Vorschriften für ein gemeinsames Leben in Lagern (13,1ff), die jeweils von einem Aufseher geleitet werden; die Einhaltung des Sabbats und der rituellen Reinheit, die Abgaben an den Tempel, der Verkehr mit den Heiden werden im einzelnen geregelt. Für die Glieder der Gemeinde wird die Ehe vorausgesetzt (7,6f; 12,1f), auch der Besitz von Geld (10,18; 12,7f), so daß die D. für den von Josephus erwähnten »zweiten Orden« der Essener bestimmt sein könnte (Bell 2,160f). Es ist umstritten, ob die Bezeichnung »Land Damaskus« einer Gegend um Damaskus gilt oder aber als verschlüsselter Name die Wüste Juda und Qumran meint; die letztere Annahme ist deshalb weniger wahrscheinlich, weil der Auszug der Büßer aus dem Land Juda mehrfach betont wird (4,2; 6,5).

Lit.: C. Rabin: The Zadokite Documents, ²1955; L. Rost: Die Damaskusschrift, Kl T 167, 1933; S. Schechter: Documents of Jewish Sectaries. Vol. I, Fragments of a Zadokite Work, 1910;

O. Betz

Dammann, Julius (1840-1908)

D., geb. am 8. 4. 1840 in Warburg (Westf.), gest. am 10. 12. 1908 in Eisenach, Führer der deutschen Gemeinschaftsbewegung. Nach dem Theologiestudium in Halle und Berlin nahm er verschiedene Hauslehrerstellen an und wurde bald darauf Prädikant und Lehrer in Peseckendorf bei Hadmersleben. 1866 wurde er Leiter der städt. Schulen zu Löbejün und nach seinem Rektorexamen Rektor der Bürgerschule in Tangermünde. Nach Aufgabe des Lehrerberufs nahm er den Ruf als Pfarrer nach Burgscheidungen a.d. Unstrut an. Als Pfarrer seit 1879 in Siegen erlebte er dort seine Bekehrung und schloß sich der Gemeinschaftsbewegung an. Seit 1885 wirkte D. segensreich als Prediger in Essen, wo er eine Erweckung hervorrief. Im Kampf um die kirchl. entfremdeten Arbeiter und gegen den polit. Atheismus und die liberale Theologie erwies er sich als streitbarer Theologe und Evangelist, aber auch als Seelsorger. Seinem evangelist. Engagement diente das 1889 von ihm gegründete Blatt »Licht und Leben«.

Lit.: W. Busch: Die von Herzen dir nachwandeln. Gestalten des rhein.-westf. Pietismus, ²1950, 148ff; O. Hasselmann: Pastor Julius Dammann, Volksmann, Seelsorger, Evangelist, ²1931.

V. Gäckle

Dämon, dämonische Besessenheit → Satan

Dänemark → Skandinavien

Daniel → Apokalyptik

Dänisch-Hallesche Mission

Friedrich IV. von Dänemark suchte 1705 Missionare für die dänischen Besitzungen in West- und Ostindien (Besitz in Ostindien seit 1620, in Westindien seit 1672). Über den deutschen Hofprediger in Kopenhagen Franz Julius Lütkens wurden Bartholomäus Ziegenbalg (1682-1719) und Heinrich Plütschau (1677-1746) für die Missionsarbeit gewonnen. Der erstere stammte aus Pulsnitz in der Oberlausitz, der letztere aus Wesenberg in Mecklenburg, beide hatten Theologie in Halle bei August Hermann → Francke studiert. Am 9. Juli 1706 betraten Ziegenbalg und Plütschau als erste ev. Missionare in der Hafenstadt Transquebar an der Koromandelküste indischen Boden. Die so entstandene D.-H.M. wurde von deutschen, dänischen und englischen erweckten Kreisen geistl. und finanziell getragen und trug als luth. geprägte Mission durch die Kooperation mit Anglikanern von Anfang an einen ökumen. Akzent.

Ziegenbalg beherrschte Tamil und übersetzte u.a. Luthers Kleinen Katechismus in diese Sprache. Bereits 1709 begehrte er für indische Mitarbeiter das Ordinationsrecht. Mit seiner Arbeitsweise unter den Hindus wurde er zum Prototyp des ev. Missionars. Plütschau verließ 1711 Indien und wurde Pastor in Beidenfleth in Holstein. Ziegenbalg verstarb 36jährig in Tranquebar. Claus → Harms nennt 1823 die D.-H.M. das »schönste Juwel in der dänischen Königskrone«. Die größten Erfolge betrafen die Anfangszeit (40.000 Bekehrte). Innere Auseinandersetzungen und nicht zuletzt rationalistische Missionstheologien brachten die D.-H.M. zum Erliegen. Ihr Erbe im Tamulenland Südindiens betreuten Engländer, bis es 1841 die »Evang.-Luth. Mission zu Leipzig« (Leipziger Mission) übernahm. 1845 wurde Tranquebar an die Britisch Ostindische Kompanie verkauft.

L. Hein

Dänische Missionsgesellschaften → Skandinavien

Dankopfer → Opfer (biblisch)

Dannhauer, Johann Conrad (1603-1666)

D., geb. am 24. 3. 1603 zu Köndringen im Breisgau, gest. am 7. 11. 1666 in Straßburg. Nach Schul- und Universitätsbesuch in Straßburg sowie Studien in Marburg, Altdorf und Jena wurde D. nach Straßburg berufen, übernahm 1633 eine theol. Professur, wurde Pfarrer am Münster und 1658 Straßburger Kirchenpräsident. Als Theologe war er ein Vertreter der strengen luth. Orthodoxie, vor allem als Polemiker. Seine Dogmatik »Hodosophia christiana seu

Theologia positiva« erlebte vier Auflagen (1649, [4]1713). Die umfangreiche kasuistische Ethik »Liber conscientiae apertus, sive Theologiae conscientariae« (1662/1667) nimmt Grundzüge puritanischer Gewissenserforschung auf (W. Amesius, s. → Orthodoxie, protestantische). Die umfänglichste homiletische Auslegung des Katechismus im Luthertum, sie erschien in 10 Quartbänden (1642-1673) unter dem Titel »Katechismusmilch«, entstand aus sonntäglichen Vesperpredigten im Münster. Sie zeigt D. als eindringlichen, volkskirchl. Prediger. P.J. Spener, der Begründer des luth. → Pietismus, hat bei D. Dogmatik, Ethik und Polemik studiert und ihn stets als seinen theol. Lehrer bezeichnet. Mit seinen 1690 veröffentlichten »Tabulae Hodosophicae«, einer ursprünglich für seine Straßburger Studenten erstellten Kurzfassung der Hodosophia, hat Spener erheblich zur Verbreitung der Dogmatik D.s beitragen. In seinen pietistischen Gedanken und Bestrebungen ist er allerdings nicht von D. gefördert worden.

Lit.: W. Horning: Der Straßburger Universitätsprofessor, Münsterprediger und Präsident des Kirchenkonvents Dr. Johann Conrad Dannhauer, 1883; J. Wallmann: Philipp Jakob Spener und die Anfänge des Pietismus, [2]1986, 100-125.

J.O. Rüttgardt

Dante Alighieri (1265-1321)

D., italienischer Dichter, wurde Mai/Juni 1265 in Florenz geboren. 1274 lernte er Beatrice (Portinari? gest. 1290) kennen, die sein Werk entscheidend inspirierte. Seiner Ehe mit Gemma di Manetto Donati entstammten vier (drei?) Kinder, von denen Jacobo (1322) und Pietro (1341/48) zu den ersten Kommentatoren seiner Commedia gehörten. Er starb am 13./14. September 1321 in Ravenna.

In Florenz übernahm D. 1289/90 diplomatische und polit. Funktionen (1295 Zunft der Ärzte und Apotheker, 1295ff Rat der Hundert, 1300 Rat der sechs Prioren). Als Gegner der päpstlichen Partei (Papst Bonifatius VIII.) wurde er 1302 auf Dauer aus Florenz verbannt und irrte seitdem durch Italien. Im Traktat De Monarchia (Über die Monarchie: 1312/13, vielleicht schon 1308/09?) forderte D. eine von päpstlichem Übergewicht unabhängige Universalmonarchie, die wie die Kirche eine zentrale Rolle im göttlichen Heilsplan spielt.

D. genoß eine vielseitige Bildung, die antike (Aristoteles, Platon, Cicero, Vergil), theol.-phil. Elemente (Ordensschulen der Franziskaner und Dominikaner, Universität Bologna (?): Boethius, Thomas von Aquin, Albertus Magnus), aber auch Rhetorisches (13 lat. Epistol(a)e, Briefe) und naturwissenschaftl.-kosmologische Bereiche (Zahlensymbolik) einbezog. Zeittendenzen entsprechend versuchte er, Wissen in popularisierter Form und in der Volkssprache einem adelig-bürgerlichen Publikum in den Städten nutzbar zu machen.

Seine thematisch und stilistisch vielfältige Lyrik steht in der Tradition provencalischer Dichtung und der Scuola Siciliana.

Hauptwerk D.s ist die (Divina) Commedia (1307-1321), ein phil.-theol. Lehrgedicht in 100 Gesängen über eine Reise D.s durch Hölle und Fegefeuer (Führung Vergils), sowie das Paradies. In Hinwendung zum Glauben und mit zeitgeschichtl. Bezügen werden göttlicher Heilsplan und Gerechtigkeit dargestellt in einem symbolhaften, mathematisch aufgebauten Kosmos.

Eine breite Rezeption (Boccaccio, Vico) setzte bald europaweit ein. Die italienische Einigungsbewegung knüpfte an D.s volkssprachliche Ideen an; entscheidend für die D.-Rezeption wurden die kritische Commedia-Ausgabe von Karl Witte 1862, der 1865 die »Deutsche Dante-Gesellschaft« gründete, und die »Socièta Dantesca Italiana« (1888).

Lit.: BBKL I, 1975, 1212-1221; Enciclopedia Dantesca (hg. von Umberto Bosco), 6 Bde., 1970-1978; Le opere di Dante, ²1960; F. Schneider: Dante. Leben und Werk, ⁵1960; LexMA, Bd. 3, 1986, 544-563.

G. Knetsch

Darby, John Nelson (1800-1882)

D., geb. am 18. 11. 1800 in London, gest. am 29. 4. 1882 in Bournemouth, studierte nach juristischem Examen 1819 Theologie, war 1826-1830 Pfarrer der anglikanischen Kirche, die er 1834 verließ. Zuvor war er in engen Kontakt zu freien Versammlungen getreten. Er übernahm die Führung dieser »Brüderbewegung«, deren »exklusiven« Flügel er bestimmte (→ Versammlung).

Die Kirche ist nach D. seit den Tagen der Apostel verfallen. Da zu ihrer Wiederherstellung die apostol. Vollmacht fehlt, vertrat D. gegenüber der Vielzahl der Kirchen den Gedanken der einen Kirche aller Gläubigen, die sich nur im Namen Jesu (Mt 18,20) zu allsonntäglichem Brotbrechen versammelt. Dort wird nur zugelassen, wer sich durch Glauben, reinen Wandel, gesunde Lehre und Trennung vom Bösen (alle Kirchen und Sekten) auszeichnet. Das Brotbrechen ist geistige Vergegenwärtigung des Leidensweges Jesu und Ausdruck der Einheit des Leibes Jesu. Ausgedehnte Reisen nach Westeuropa, Nordamerika und Australien dienten der Sammlung der philadelphischen Geistkirche der Endzeit zur Vorbereitung der Wiederkunft Jesu (s.a. → Scofield-Bibel).

Lit.: J.N. Darby: Collected Writings, 34 Bde., ²1961-67; ders.: Letters, 3 Bde., o.J.
E. Geldbach: Christliche Versammlung und Heilsgeschichte bei J.N.Darby, ³1975.

E. Geldbach

Darbysten → Versammlung, christliche

Darwin (1809-1882) / Darwinismus

Der britische Naturforscher Charles Robert D. (1809-1882) gilt als Hauptbegründer der → Evolutionstheorie (Deszendenztheorie, Abstammungslehre). Danach stammen alle Lebewesen von einem einzigen einzelligen Urorganismus ab; der Mensch entstammt somit dem Tierreich. Schon vor D. gab es zahlreiche spekulative evolutionäre Vorstellungen. Aber erst mit D.s Hauptwerk »Über die Entstehung der Arten durch natürliche Zuchtwahl« (1859) erlangte die Abstammungsidee allgemeine Akzeptanz. Im Gegensatz zu seinen Vorläufern konnte D. reiches Tatsachenmaterial als Beleg für seine These vorweisen sowie ein mechanistisches Prinzip der Artenwandlung vorlegen, das Selektionsprinzip. Die Selektionstheorie ist das eigentliche Spezifikum D.s gegenüber seinen Vorläufern.

Die Selektionstheorie basiert auf drei grundlegenden Beobachtungen:

Es gibt eine Variabilität der Lebewesen.

Es gibt eine Überproduktion von Nachkommen.

Dennoch bleiben die Populationsgrößen langfristig konstant.

D. schloß daraus, daß aus dem Überangebot der Nachkommen nur die am besten an die Umwelt angepaßten überleben (»survival of the fittest«). Durch diese natürliche Auslese (Selektion) und den damit verbundenen Anpassungsprozeß sollten sich nach D.s Vorstellung die Arten stufenweise zu immer komplexeren Formen entwickeln. In D.s eigenen Worten: »Es folgt deshalb, durch den Kampf der Natur, infolge Hungersnot und Tod, das höchste Ziel, das man sich erdenken kann – die Hervorbringung höherer Lebewesen« (aus: »Über die Entstehung der Arten«, 1859).

Das Selektionsprinzip ist unter dem Schlagwort Darwinismus bekannt geworden. Man verbindet mit dem D.ismus gewöhnlich gleichzeitig die Vorstellung der gemeinsamen Abstammung aller Organismen; doch muß man korrekterweise zwischen der Evolutionslehre (die die Abstammung als solche behauptet) und dem D.ismus unterscheiden, der einen speziellen Evolutionsmechanismus (das Selektionsprinzip) propagiert.

Im Gegensatz zum Evolutionsgedanken war der D.ismus heftig umstritten. Bis heute wird auch von zahlreichen Vertretern der Evolutionslehre das Selektionsprinzip als hauptsächlicher Mechanismus der Artenwandlung bestritten und nach alternativen Konzepten gesucht (Riedl 1975, Illies 1983, Kimura 1983, Schmidt 1985, Lima-de-Faria 1988). Im allgemeinen gilt aber das darwinistische Prinzip als wesentlicher Bestandteil auch der modernen Evolutionstheorien, wobei zahlreiche weitere Faktoren berücksichtigt werden.

Die Kritik von theol. Seite muß in ähnlicher Weise differenziert werden: Während viele Theologen von der Zeit D.s bis heute keine grundsätzlichen Probleme in der Akzeptanz des Abstammungsgedankens sehen, erregt die im Selektionsprinzip eingeschlossene Vorstellung eines plan- und ziellosen Werdens des Menschen bis heute z.T. heftigen Widerspruch. Neben der Mechanismenkritik (Darwinismuskritik) wird in neuerer Zeit auch wieder die Evolutionsanschauung als Rahmenkonzept von einer wachsenden Zahl von Wissenschaftlern abgelehnt. Die Kritik wird naturwissenschaftl. und bibl. begründet. Zu ersterem Bereich wird auf das regelhafte Fehlen von Zwischengliedern zwischen verschiedenen Organisationstypen (z.B. Fisch und Amphibie) verwiesen, das auch von Evolutionstheoretikern eingeräumt wird (Eldredge und Gould, 1972 und nachfolgende Arbeiten; Denton 1985). Außerdem konnte durch die experimentelle Forschung nur eine begrenzte Veränderlichkeit der Lebewesen nachgewiesen werden, die nach Auffassung von Kritikern prinzipieller Natur zu sein scheint (Junker, Scherer 1988, Lönnig 1988). Die Entstehung ersten Lebens unter präbiotischen Bedingungen ist ungeklärt (Dose 1987, Shapiro 1987). Alternative Konzepte gehen von einer separaten Erschaffung von Grundtypen aus, die schöpfungsbedingt ein weites, aber begrenztes Maß an Variabilität aufweisen (Junker, Scherer 1988).

Die theol. Kritik am Evolutionskonzept betrifft vor allem die Fragen der Entstehung der Sünde (ist Sünde evolutionsbedingt?) und der Bewertung des Todes (der Tod als Feind Gottes - 1Kor 15,26 - ist im Rahmen der Evolution ein schöpferischer Faktor). Da mit der Bewertung von Sünde und Tod die ntl. Heilslehre zentral betroffen ist, betrifft die Evolutionslehre wesentliche Fragen der christl. Botschaft (Gitt 1990).

Lit.: Ch. Darwin: On the origin of species by means of natural selection, 1859; M. Denton: Evolution: a theory in crisis, 1985; K. Dose: Präbiotische Evolution und der Ursprung des Lebens. (Zs.) Chemie und Zeit 21, (1987), 177-185; N. Eldredge, S.J. Gould: Punctuated equilibria: an alternative to phyletic gradualisms, in: Schopf TJM (ed) Models in paleobiology, 1972; W. Gitt: Schuf Gott durch Evolution?, 1990; J. Illies: Der Jahrhundertirrtum, 1983; R. Junker, S. Scherer: Entstehung und Geschichte der Lebewesen, 1988; M. Kumura: The neutral theory of molecular evolution, 1983; A. Lima-de-Faria: Evolution without selection, 1988; W.E. Lönnig: Artbildung, Evolution und Schöpfung, 1988; R. Riedl: Die Ordnung des Lebendigen, 1975; F. Schmidt: Grundlagen der kybernetischen Evolution, 1985; R. Shapiro : Schöpfung und Zufall, 1987; F.M. Wuketits: Grundriß der Evolutionstheorie, 1989.

R. Junker

Datenschutz

D. dient dazu, Menschen vor dem Mißbrauch der sie persönlich betreffenden Informationen (den sog. personenbezogenen Daten) zu schützen. D. ist besonders wichtig im Bereich der → Computer-Technik, da elektronisch erfaßte Daten (Dateien) unbemerkt verbreitet und bearbeitet werden können. Rechtliche Grundlage des D.es sind Grundgesetz, seit 1971 Länderdatenschutzgesetze, seit 1977 das Bundesdatenschutzgesetz und eigene Gesetze der Kirchen.

Jede personenbezogene Datei muß beim zuständigen »Kirchlichen Beauftragten für den D.« angemeldet werden, auch wenn sie sich z.B. auf dem privaten Personal-Computer des Pfarrers befindet. Es ist sicherzustellen, daß Unbefugten der Zugang zu diesen Dateien nicht möglich ist (Zugangsschutz), daß Dateien nicht mitgenommen oder kopiert werden können (Abgangskontrolle), und daß sich feststellen läßt, wer sie zuletzt gelesen oder verändert hat (Eingabekontrolle). In der Praxis geschieht dies meist über verschlüsselte Speicherungen mit Paßwortschutz. Alle Mitarbeiter, die mit personenbezogenen Dateien zu tun haben, sind über den D. zu belehren und auf seine Einhaltung schriftlich zu verpflichten. D. legt auch fest, welche Personendaten gespeichert werden dürfen. In der Regel sind dies die von den Einwohnermeldeämtern übernommenen Meldedaten und kirchl. Daten über Amtshandlungen und Mitarbeit in Gruppen. Notizen z.B. über Seelsorgegespräche dürfen in keiner Form gespeichert werden.

Lit.: W. Fuchs-Stratmann, H. Przybylski: Hilfe durch Bruder Computer?, 1987; Rechtssammlungen der einzelnen Landeskirchen; H.H. Schulze: Das rororo Computer Lexikon, 1991.

W. Küstenmacher

Daub, Karl (1765-1836)

D., geb. am 20. 3. 1765 in Kassel, gest. am 22. 11. 1836 in Heidelberg. Nach dem Studium der Theologie war er zunächst 1791 Dozent für Philosophie und hebr. Philologie und Theologie in Marburg,

1793 Prof. für Philosophie an der Hohen Landesschule Hanau, 1785 wurde er Prof. der Theologie in Heidelberg.

D. war ursprünglich Kantianer und somit Rationalist. In seiner Schrift »Judas Ischariot oder das Böse im Verhältnis zum Guten« (1816-1818) ging er zum dt. → Idealismus, zunächst zu → Hegel, dann zu → Schelling über und wurde zusammen mit Ph. Marheineke (1780-1846, seit 1807 ebenfalls in Heidelberg) Führer der Rechtshegelianer und Vertreter einer »spekulativen Restauration des orthodoxen Dogmas«, er war Antipode D.F.E. → Schleiermachers.

Lit.: K. Daub: Lehrbuch der Katechetik, 1801; ders.: Die dogmatische Theologie jetziger Zeit oder die Selbstsucht in der Wissenschaft des Glaubens 1833.

M.R. Landerer: »Daub«, RE 4, [3]1898, 496-502.

G. Ruhbach

David, Davididen, Davidsbund

1. D., der König über Juda und Israel (1010-970 v.Chr.; vgl. 2Sam 5,4f), gewann eine zentrale Stellung in der Geschichte Israels (vgl. 1Sam 16-1Kön 2,12; 1Chr 10-29). Diese läßt auch der Stammbaum Jesu nach Matthäus, der einen Abriß der Geschichte Israels darstellt, klar erkennen (Mt 1,1-17; vgl. bes. 6f.17): Die dreimal vier Glieder dieses Stammbaums (V. 17) sind wohl gematrisch am Namen D. (drei Buchstaben mit dem Zahlenwert 14) orientiert. Auch wurde das von D. eroberte und zur Hauptstadt des Großreichs erhobene Jerusalem zur Mitte des Landes (»Stadt Davids« 1Kön 3,1; 8,1). Diese beherrschende Rolle D.s und seiner Stadt hat man bald der Erwählung Gottes zugeschrieben; sie erlangte deshalb eine bleibende theol. Bedeutung. Das gilt nicht zuletzt von der Messiaserwartung der ntl. Zeit: Die Herkunft D.s aus dem Stamm Juda (vgl. 1Mo 49,10), die Tatsache, daß D. als jüngster Sohn Isais in Bethlehem geboren wurde (1Sam 16,1; 20,27; 1Chr 2,13-15), prägte das Bild des endzeitl. Herrschers (Jes 11,1; Mi 5,1-4; Mt 2,6). Er mußte ganz ein König von Gottes Gnaden wie D. sein. Die göttliche Führung zeigte sich auch darin, daß die Moabiterin Rut durch ihren Mann Boas zu D.s Ahnen zählte (Rut 4,17.20-22; vgl. Mt 1,5) oder daß Gott den jungen D. von der Herde weggenommen und zum Hirten seines Volkes bestimmt (2Sam 7,8f; Ps 89,21f; Apg 13,22f) und die Eroberung Jerusalems durch seine Erwählung bestätigt hatte (Ps 132,13-18; Achtzehn-Bitten-Gebet 14). D.s Salbung durch den Propheten Samuel und die mit ihr verbundene Geistbegabung (1Sam 16,13) bewirkten, daß der endzeitl. Erlöser und Herrscher als Messias bezeichnet wurde (Ps Sal 17,36). Bedeutungsvoll waren auch D.s Heldentaten in der Kraft des Gottesgeistes (1Sam 16,14-23; 17,41-54; vgl. Kriegsrolle von Qumran 11,1f), dann sein Eintreten für Recht und Gerechtigkeit (2Sam 14; vgl. Jes 11,4; Ps Sal 17,42-51b Sanh 19a), seine Verfolgung durch den noch amtierenden Herrscher Saul (1Sam 19-24; vgl. Apg 9,4f), schließlich sein Grab in Jerusalem, das bis auf den heutigen Tag verehrt wird (1Kön 2,10; Apg 2,29; 13,36).

2. Das »Haus Davids« bildete eine Dynastie; die Könige des Südreichs waren Davididen. Die davidische Abstammung galt auch für den Messias: Er wurde »David« genannt (Jer 30,9; Ez 34,23f; Hos 3,5) oder »Davidssohn« (Ps Sal 17,23; Mk 10,47 parr; Mt 1,1; 9,27; 15,22; vgl. 20,30; gängige Messiasbezeichnung bei den Rabbinen) und »Davidsproß« (Sach 3,8; 6,12; vgl. Offb 5,5; 22,16). Das Großreich, das D. als König über die zwölf Stämme Israels und nach der Unterwerfung der Philister (2Sam 5,25; 1Chr 14,16), der Moabiter, Aramäer und Edomiter (2Sam 8,1-14) sowie der Ammoniter (10,1-4) beherrschte, wurde von Herodes dem Großen angestrebt und konnte als »Reich Davids« (Mk 11,10) eine Bezeichnung für die Messiasherrschaft sein. Dagegen wurden die Gefahren, die die Eroberungs- und Bündnispolitik D.s in sich trug, in der späteren Zeit eher übersehen, so etwa die Entmündigung der Stämme durch das Gesetz des Königs mit Abgaben, Frondienst und Volkszählung (1Sam 8,10-17, vgl. 2Sam 20,1f), dann die Einbeziehung vieler Heiden in das Großreich und die dadurch bedingte Beeinflussung durch die kanaan. Religion, die Zentralisation des Gottesdienstes durch die Überführung der Lade (2Sam 6) und den Plan des Tempelbaus (2Sam 7). Vielmehr wurde die Frömmigkeit D.s, des Verfassers vieler Psalmen, hervorgehoben (b Pes 117a; b BB 14b), bei den Rabbinen auch das nächtliche Studium der Tora (b Ber 3b); viel seltener war die Kritik (b Ber 4a).

3. Die Begründung für diese Hochschätzung bildete vor allem der Bund Gottes mit D., der in dem Orakel des Propheten Nathan (2Sam 7,10-16) verankert ist: Gott wird einen leiblichen Nachkommen D.s inthronisieren (V. 12) und diesen wie seinen Sohn achten und führen (V. 14). Diese Zusage konnte auch als Bund und eidliche Zusage Gottes betrachtet werden (Ps 89,4f.35; vgl. 132,11; Apg 2,30). Auf das Nathanorakel gründete sich nicht nur die davidische Dynastie im Südreich, sondern auch die messianische Hoffnung in Israel (vgl. Ps 89,30-38; 132,11f; Jes 11,1ff; 55,3). In Qumran wurde 2Sam auf die Endzeit und auf den »Messias Israels« bezogen, der auf dem Zion »aufstehen wird, um Israel zu retten« (4 Q Florilegium 1,11f; vgl. Ps Sal 17,5.23). Unter den ersten Christen war die davidische Abstammung Jesu unbestritten (Röm 1,3; 2Tim 2,8; Offb 22,16); sie wird durch die Stammbäume Mt 1,1-17; Lk 3,23-37 (V. 31) unterstrichen, obwohl gerade diese beiden Evangelisten von der Zeugung

durch den Hl. Geist und der jungfräulichen Geburt berichten (Mt 1,18; Lk 1,35). Die Mk 12,35-37 berichtete Frage Jesu nach der Davidssohnschaft des Messias zielt nicht auf deren Ablehnung hin, sondern auf die richtige Einstufung: David konnte in Ps 110,1 den (messianischen) Davidssohn seinen »Herrn« nennen, weil dieser aufgrund von 2Sam 7,14 auch von Gott als Sohn anerkannt und deshalb dem leiblichen Vater überlegen war. Auch der Ablauf des Verhörs Jesu vor dem Hohenpriester Kaiphas (Mk 14,53-62) ist von 2Sam 7,12-14 bestimmt. Das Wort vom Tempelbau (Mk 14,58) wird von 2Sam 7,13 her zum indirekten Hinweis auf einen Messiasanspruch Jesu, den dann die im Sinne von 2Sam 7,14 gestellte, direkte Frage des Hohenpriesters: »Bist du der Christus, der Sohn des Hochgelobten?« eindeutig klären soll (Mk 14,61f). Die doppelte Sohnschaft des Christus wird in Röm 1,3f; Lk 1,32f; Apg 2,30-36; 13,32-37 ausdrücklich festgestellt; aus 2Sam 7,14 (vgl. Ps 2,7) wurde der Messiastitel »Gottessohn«, aus Ps 110,1 »Herr« gewonnen (vgl. Apg 2,33-36; 13,33-36; Röm 1,3f; Hebr 1,13; 10,12f); D. galt als Prophet des Messias (Apg 2,30).

Lit.: A. Alt: Kleine Schriften 2, 1953, 66-75; K. Elliger: PJ 31, 1935, 29-75; T.H. Jones: »David«, GBL 1, 256-260 (Lit.).

O. Betz

Decius, Nikolaus → Liedgut/Liederbücher

Deismus

1. Zum Begriff

Der ref. Theologe Pierre Viret teilt in seiner »Instruction chrétienne« (Genf 1564) mit, daß es eine »Bande« gäbe, die sich selbst Deisten nenne, und diese »Monstren« seien schlimmer als Türken und Juden, die ebenfalls Jesus Christus als Sohn Gottes und Erlöser leugnen. Nach Viret gibt es Deisten, die die Unsterblichkeit der Seele leugnen und solche, die die Fürsorge (»Vorsehung«) Gottes, seine Leitung des Geschicks der Menschen, ablehnen.

Da das neue zeitliche Phänomen D. sehr vielfältig ist, wird eine Definition äußerst problematisch, zumal D. keineswegs durchgängige Eigenbezeichnung ist. Die weitaus häufigere Eigenbezeichnung war → Freidenker. Will man trotzdem eine Definition des D. versuchen, die den geschichtl. Erscheinungsformen einigermaßen gerecht wird, so kann man sagen, der D. erschließt durch freie rationale Prüfung eine natürliche Religion, die Regel und Norm aller tatsächlichen Religion ist, und die die Konflikte, die sich aus der konfessionellen Aufspaltung seit der Reformation ergeben haben, beseitigt und so zur Grundlage eines glücklichen und friedlichen Zusammenlebens wird.

2. Geschichte des Deismus

Der D. entstand in der zweiten Hälfte des 16. Jh.s in den Gebieten, die vom Calvinismus beeinflußt waren. Er belebt rel. Reformideen des Humanismus des 15. Jh.s und tritt als Gegener der durch die → Reformation bedingten konfessionellen Streitigkeiten auf. Diese Streitigkeiten und die zunehmende Kenntnis anderer Religionen seit dem ausgehenden 15. Jh. haben die Suche nach einer allgemeinen ursprünglichen Religion provoziert. Diese natürliche Religion wird als die wahre hinter allen tatsächlichen (positiven) Religionen behauptet. Sie führt auch ohne Offenbarung zum Heil.

Eine umfassende Bewegung wird der D. erst in den englischen Bürgerkriegen des 17. Jh.s, die aus dem Gegensatz zwischen englischem Episkopalismus und ref. Presbyterianismus, dem sog. Puritanismus, entstanden. Diese Glaubensgegensätze, die durch ähnliche Erfahrungen des 14./15. Jh.s (John → Wyclif) vorbereitet waren, führten in Verbindung mit dem entstehenden Empirismus zum englischen D., als dessen Begründer Edward Lord Herbert of Cherbury (gest. 1648) gilt. Er hatte als Gesandter Jakob I. die deistischen Gedanken in Frankreich kennengelernt und sie als die fünf Wahrheiten der vernünftigen Religion durch sein berühmtes Werk »Über die Wahrheit« (1624) in England bekannt gemacht: Glaube an eine höchste Gottheit, Pflicht sie zu verehren, Tugend und Frömmigkeit als wesentlicher Teil des Gottesdienstes, Reue und Umkehr als Wiedergutmachung von Sünde, Glaube an ein jenseitiges Leben.

Die wahre ursprüngliche Religion ist Gemeinbesitz, auf Grund der allen Menschen eingeborenen Ideen von Gott, die sich an den in allen Religionen übereinstimmenden Aussagen ablesen lassen. Im Laufe der Geschichte sind dieser Religion durch die Priester Unwahrheiten zugewachsen, die sie trübten. Herbert wollte auf diesem Wege den konfessionsbedingten Streit und das damit verbundene Leid überwinden.

John → Locke (1632-1704) lehnte die Vorstellung Herberts von den eingeborenen Ideen von Gott ab und vertrat stattdessen die Anschauung, daß man von der Existenz der Welt durch vernünftige Schlußfolgerungen zur Existenz Gottes gelange. Er erwies sich als Deist, indem er die so von der Erfahrung ausgehende Gotteserkenntnis für das Heil ausreichend hielt, auch wenn er die Offenbarung nicht ablehnte, aber sie trat nur bekräftigend und verstärkend hinzu.

In der Bibelauslegung verfolgten die Deisten vor allem drei Anliegen: den Nachweis des keineswegs geheimnisvollen und übernatürlichen Inhalts der Schrift, dies geschah durch den Aufweis außerbibl. Parallelen und Einflüsse; die kritische Untersuchung der atl. Weissagungen und der Wunderberichte; die Herausarbeitung des ethischen Gehalts der Schrift.

Charles Blount (1654-1693), der sich selbst als Deist bezeichnet, vergleicht Jesus Christus mit dem antiken Wundertäter Apollonius von Tyana; John Toland (1670-1722), einer der bedeutendsten Deisten, betont die Geheimnislosigkeit des christl. Glaubens und den ethisch-rel. leicht faßlichen Inhalt des NT; John Anthony Collins (1676-1729) verteidigt die freie, an keine Autorität gebundene Untersuchung der Schrift, wodurch ein Land von den Hexenprozessen und der Priestermacht befreit würde; Matthew → Tindal (1657-1733) vertritt die Identität von den Gesetzen der Natur mit der wahren Ur-Religion, so daß alle Menschen zur Erkenntnis der Wahrheit und damit zu einem menschlichen, glücklichen Leben gelangen können, und er ist überzeugt, daß Jesus mit seinem Evangelium nichts anderes als diese Ur-Religion vom Schutt der menschlichen Zusätze befreien wollte; Thomas Woolston (1670-1733) deutet die Wundergeschichten der Evv. allegorisch, so sind die Totenauferweckungen letztlich Sinnbilder für die Erneuerung der Menschheit zu ihrer ursprünglichen Freiheit und Glückseligkeit, dabei läßt er offen, was den Wundergeschichten historisch zugrunde liegt; Thomas Morgan (1680-1743) nennt sich – wie vor ihm schon Matthew Tindal – einen »christlichen Deisten«, weil er die besondere moralische Kraft der Verkündigung Jesu betont; Peter Annet (1693-1769) vergleicht kritisch die Paulusbriefe mit der Apostelgeschichte und die verschiedenen Überlieferungen von der Auferweckung Jesu. Insbesondere von Annet übernahm → Voltaire, der sich von 1726-29 in England aufhielt, die deistischen Anschauungen und reimportierte sie nach Frankreich. Dabei gewann der D. seine antikirchl., materialistisch-atheistische Zuspitzung. Erschien in Frankreich die röm.-kath. Kirche als wichtigste Stütze des feudalen, absolutistischen Staates, so sah man in den deistischen Anschauungen eine Waffe gegen jede kirchl. Autorität und der damit verbundenen polit. Unterdrückung und verschärfte ihre religionskritische Seite.

In Deutschland wurden die deistischen Anschauungen vor allem durch die antideistische Literatur bekannt. Wirklicher Deist war in Deutschland nur der Hamburger Theologe Hermann Samuel → Reimarus (1694-1768), der in seiner Schrift »Abhandlung über die vornehmsten Wahrheiten der natürlichen Religion« (1754) die Meinung vertrat, daß die wahre Religion ebensogut durch das Studium des menschlichen Herzens und der Natur erlangt werden kann, wie durch den Katechismus. In den von Gotthold Ephraim → Lessing (1729-81) zwischen 1774 und 1778 veröffentlichten »Fragmenten eines Ungenannten«, die dem Werk des Reimarus »Apologie oder Schutzschrift für die vernünftigen Verehrer Gottes« (vollständig erst 1972 veröffentlicht) entstammten, werden die Ergebnisse der englischen deistischen Exegese vertieft und zugespitzt zu der These, daß die Auferstehung Jesu als Grunddatum des Christentums auf einem Jüngerbetrug beruhe.

3. Antideistische Literatur

Schon früh wurde den anglikanischen Theologen klar, daß der D. die Grundlagen des christl. Glaubens umfassend angriff. Der Naturforscher Robert Boyle (1627-91) stiftete die jährlich zweimal zu haltenden Boyle's Lectures, die die Übereinstimmung der christl. Wahrheiten mit den neuen naturwissenschaftl. Erkenntnissen aufweisen sollten. Wandten die Deisten zunehmend die Vernunft, insbesondere die naturwissenschaftl. geschulte Vernunft gegen die Offenbarung und ließen nur gelten, was dieser Vernunft entsprach, so zeigten die Prediger der Boyle's Lectures die Übereinstimmung dieser Vernunft mit der Offenbarung auf und sahen in den Wundern eine Analogie zu den Rätseln in der Natur. In diesem Zusammenhang stehen auch die Werke der sog. → Physikotheologen, die in den naturwissenschaftl. Beobachtungen Beweise für die göttliche Güte und Fürsorge bis in die Gegenwart sahen. Die naturgesetzliche Stabilität der Wirklichkeit war ihnen Ausdruck der Treue Gottes, wodurch bis in die Gegenwart eine lebensfördernde Wirklichkeit von Gott erhalten wird.

Hauptvertreter der Physikotheologie in Deutschland war der Hamburger Theologe Jahann Albert → Fabricius (1668-1736), der zunächst in einem umfassenden Werk (1725) die antideistische Literatur gesammelt und durch Vorworte und Übersetzungen vermittelt hat, um dann selbst in eigenen Werken (ab 1730) physikotheol. Gedanken vorzutragen.

Die physikotheol. Bekämpfung des D. hat dazu geführt, daß D. einseitig mit der Vorstellung von einem Schöpfergott gleichgesetzt wurde, der sich nach der Schöpfung aus dieser Welt zurückgezogen hat. In der deutschen Theologie hat die Physikotheologie bewirkt, daß die Aufklärung mit Theologie und Kirche verlief und nicht gegen sie.

Lit.: E. Hirsch, Geschichte der neueren evangelischen Theologie, Bd 1, [5]1975, 292ff.; U. Krolzik: Säkularisierung der Natur, 1988; G.V. Lechler: Geschichte des englischen Deismus, (1841), 1965; W. Philipp (Hg.): Das Zeitalter der Aufklärung, 1963, LXXXff.; H. Graf Reventlow: Bibelautorität und Geist der Moderne. Die Bedeutung des Bibelverständnisses für die geistesgeschichtliche und politische Entwicklung in England von der Reformation bis zur Aufklärung, 1980.

U. Krolzik

Dekalog

a) biblisch

1. Die sprachliche Gestalt

Die Zehn Gebote oder Zehn Worte (griech./lat.: Dekalog) liegen uns in zwei Fassungen vor, die nur an wenigen Punkten voneinander abweichen (2Mo 20,2-17; 5Mo 5,6-21). Die ursprüngliche Zählung und Reihenfolge ist umstritten; mit H. Gese, der sich u.a. auf den alten Papyrus Nash und Codex B der LXX stützen kann, wird neuerdings oft diese Abfolge angenommen (die folgende, möglichst wortgetreue Übersetzung möchte den Kern des jeweiligen Gebots herausstellen und die Gliederung des Dekalogs anzeigen):

Die Worte 1 und 2 ermöglichen die personale Gottesbeziehung:

1. Nicht sollst du andere Götter haben mir ins Angesicht.

2. Nicht sollst du dir ein Gottesbild machen . . .

Die Worte 3 und 4 wahren den Kultus – den heiligen Ort und die heilige Zeit:

3. Nicht sollst du erheben den Namen Jahwes, deines Gottes, zu Üblem . . .

4. Denke an den Sabbattag, ihn zu heiligen . . .

Die Worte 5 und 6 schützen die Familie, den innersten Lebenskreis:

5. Ehre deinen Vater und deine Mutter . . .

6. Nicht sollst du ehebrechen.

Die Worte 7 und 8 proklamieren allgemeine Menschenrechte:

7. Nicht sollst du töten.

8. Nicht sollst du (Menschen) stehlen.

Die Worte 9 und 10 schützen die Nachbarschaft (Bereich der Ortschaft):

9. Nicht sollst du aussagen gegen deinen Nächsten als Lügenzeuge.

10. Nicht sollst du begehren deines Nächsten Haus . . .

Von einem absoluten Gleichmaß der 10 Worte kann keine Rede sein. Neben den lapidar kurzen, sich anscheinend von selbst verstehenden Verboten 6-9 stehen andere, mit Aufzählungen, Begründungen, Strafandrohungen, Verheißungen und Sinngebungen erweiterte.

2. Die einzelnen Gebote – ihr historischer Sinn

zu 1: In Israel stellte eine Erfahrung alle anderen in den Schatten: Israel ist aus dem Sklavenhaus Ägypten befreit worden und hat auf dem Wüstenzug die helfende Gegenwart seines Gottes erfahren: Seinem Gott Jahwe verdankte Israel Leben in Freiheit. Und es wußte vom Sinai her, daß dieser Gott wie eine liebende menschliche Person eine tiefe Beziehung »von Angesicht zu Angesicht« (5Mo 5,4) will, eine so tiefe, daß andere Beziehungen ausgeschlossen werden müssen.

zu 2: Israel lernte, »daß Jahwe nie so dem Menschen zuhanden sei, wie es die Gottheit in den Ritualformen der Umwelt war, in welchen das Gottesbild bedient, bekleidet, geschmückt, gespeist, aber dann auch zu mantischer Praktik gehandhabt wurde« (Zimmerli, 104f). Ein solcher Wandel des rel. Bewußtseins ist ohne Parallele im Alten Orient: Gott wurde erkannt als lebendige, je neu begegnen wollende Person, verläßlich, aber nicht ausrechenbar, mit auf dem Wege, aber nie verfügbar.

zu 3: Der Name ist für den Hebräer nicht bloß Schall und Rauch. Mit seinem Namen hat Gott sein Wesen offenbart (2Mo 3,14). Mit seinem Namen, der seit Davids Zeiten auf dem Zion »wohnt«, läßt Er sich anrufen (vgl. 1Mo 4,26; 2Mo 3,15; 5Mo 12,5). An seinem Namen haftet Jahwes Ehre oder Unehre in der Welt (Hes 36,20ff). Ihn zu Üblem »erheben«, d.h. gezielt in böser Absicht aussprechen, konnte man auf manche Weise: durch ein Gelübde, das man dann nicht einlöste (vgl. 1Mo 28,20-22; 4Mo 30,2ff); durch Prophezeien ohne Auftrag (5Mo 18,20ff); indem man sich mit einem »Reinigungseid« am Heiligtum von einer schweren Beschuldigung befreite – und wußte doch: man hatte es getan (vgl. 2Mo 22,7); durch Flüche und Gotteslästerung (vgl. 2Mo 22,27). So verbittet sich Gott im dritten Wort den Mißbrauch des Kultes: Die Bemäntelung eigensüchtiger und die Verstärkung aggressiver Taten durch Berufung auf seinen Namen.

zu 4: Im Blick auf drei Arbeitsqualitäten – Fronarbeit, (bäuerliche) Schweißarbeit, schöpferische Arbeit – wurde in Israel ein heilsamer Zeittakt von sechs Arbeitstagen und einem Ruhetag als Gottes Wille und Gabe verkündet. Israels Umwelt hatte es anders verteilt: alle Muße den Göttern und den Herren auf Erden, alle Arbeit dem Menschen als dem Vieh der Götter, und unter den Menschen alle Arbeit den Sklaven, Frauen und anderen Untergebenen. Und nun heißt es im Jahwevolk, den eben erst dem ägypt. Frondienst Entronnenen: Ein Ruhetag für alle, die sechs Tage gearbeitet haben! Arbeit und Muße sind revolutionär neuverteilt, nicht mehr auf Hochgestellte und Unterdrückte, sondern auf die lineare Zeitstrecke eines jeden Menschen (N. Lohfink).

zu 5: Das fünfte Wort ist wie die anderen an die erwachsenen Kinder, die Söhne vor allem, gerichtet. Es ist nicht gedacht als göttlicher Beistand zur Zähmung widerspenstiger Kinder, sondern: Die ohne Hilfe im Alter nicht mehr lebensfähigen Eltern sollen mit allem Lebensnotwendigen – dazu zählte Nahrung, Kleidung, Wohnung und ein würdevolles Begräbnis – versorgt werden, und dies um so mehr, als es damals eine institutionelle Altersversorgung nirgends gab. Die Kinder schulden den Eltern Dank und Respekt, haben diese ihnen doch das Leben vermittelt, besonders durch die umfassende, auch rel. und berufliche Unterweisung einschließende → Erziehung, die in Israel vor allen Dingen zu einem Leben »in der Ehrfurcht vor Jahwe« hinführte (vgl. Spr 4,3f; Ps 111,10).

zu 6: Angesprochen ist im sechsten Wort der israelit. Mann, dem die Beziehung zu einer verheirateten oder rechtlich verlobten Frau verboten wird.

zu 7: Das siebte Wort, in Israels Bewußtsein einem allg. Menschenrecht entsprechend (vgl. Am 1-2), will elementar den Grundwert »Leben« sichern. Es wehrt allem gewaltsamen ungesetzlichen Töten, einschließlich aller Machenschaften, die zum Tod eines Menschen führen.

zu 8: Aus dem Sklavenhaus Ägypten befreit, soll der Israelit seine elementare Freiheit nicht wieder verlieren. In diesem Sinne werden alle Arten von »Menschendiebstahl« verboten, aber auch die materielle Lebensgrundlage des Israeliten geschützt: der Erbbesitz der Familien, der immer als Leihgabe Jahwes zur Sicherung des Lebensunterhalts angesehen wurde (vgl. 2Mo 22,6-8 neben 21,16).

zu 9: Verboten wird die bewußte Falschaussage des mit großer Verantwortung belasteten Zeugen vor Gericht, die in vielen Fällen Verlust der Ehre, ja des Lebens eines »Nächsten« bedeuten konnte (vgl. 1Kön 21).

zu 10: Das Verbot des *chāmad* bezeichnet die zweite Stufe in der geprägten Reihe »sehen«, »begehren«, »nehmen« (vgl. Jos 7,21). Es zielt gegen die Begehrlichkeit als eine von zwei Wurzeln des sozialen Verbrechens. (Die andere ist die strukturelle Macht; vgl. Mi 2,1f). Wer »begehrte«, konnte, Recht umgehend oder Gesetzeslücken nutzend, auch im gesetzeskundlichen Israel den Nächsten um seine Lebensgrundlage bringen.

3. Ort und Bedeutung des Dekalogs in biblischer Zeit

Viele Forscher nehmen mit guten Gründen an, daß eine solche Reihe »apodiktischer« Gebote – im Unterschied zu kasuistischen Sätzen, die einen Rechtsfall beschreiben und das Strafmaß festlegen – immer wieder im Gottesdienst Israels verlesen wurde. Das bestätigen die Ps 50 und 81, die eine mehrstimmige und mehrphasige Liturgie darstellen, welche im Jerusalemer Heiligtum, vielleicht während des Herbstfestes (→ Feste), gehalten wurde. In ihrem Verlauf kam es zu einer feierlichen D.-Vorhaltung durch den prophetischen oder priesterlichen Sprecher (vgl. Ps 81,9-11; 50,16-23); so vergegenwärtigte man in periodischer Wiederkehr das Grundgesetz des Bundes-Volkes. In der grandiosen Schau von Jes 48,17-19 schafft es Israel einen umfriedeten Raum, in dem stetiger Segen fließt (»schalom«).

Der Hauptteil des Deuteronomiums mit seinen Geboten, Paränesen und vor allem Gesetzen (5Mo 12-26) läßt als Anordnungsprinzip des Stoffes noch den Dekalog erkennen; darin spiegelt sich, daß er auch die Maßstäbe für Rechtsetzung und Rechtsprechung gab. Darüber hinaus ist die Zehnzahl sowie die Symbolik der beiden Tafeln und des »Fingers Gottes« (2Mo 31,18; 32,15f; 34,1) ein Hinweis darauf, daß die abzählbaren Worte auf Lernen und Memorieren angelegt sind (vgl. Ps 50,16ff).

In der Umwelt Israels findet sich für den D. kein Vorbild und keine außerisraelit. Vorgeschichte, allenfalls formal vergleichbare Reihen in anderen Religionen. Er enthält in strenger Konzentration das Wesentliche der Religion Israels und ihrer ethischen Konsequenzen – insbesondere im ersten, zweiten und vierten Wort.

Auch im NT behält der D. seine Gültigkeit. Jesus hat die Gebote bestätigt (Mk 10,17-22), gegen Satzungen der Menschen verteidigt (Mk 7,8-13), interpretiert (Mk 2,27) und radikalisiert (Mt 5,21ff.27ff.33ff). Nach Paulus wird die zweite Tafel des D.s durch das Gebot der Nächstenliebe auf einen Nenner gebracht. Die Liebe ist aber nicht nur das Prinzip des das → Gesetz repräsentierenden D.s, sondern sie besitzt auch die Kraft, das Gesetz zu erfüllen (Röm 13,8-10; vgl. Gal 5,14) - der Gesetzesforderung als solcher ist diese Kraft nicht inne.

Lit.: S.B. Chorin: Die Tafeln des Bundes, 1979; F. Crüsemann: Bewahrung der Freiheit, 1983; H. Gese: Der Dekalog als Ganzheit betrachtet, in: Vom Sinai zum Zion, 1974; F.L. Hossfeld: Der Dekalog, OBO 45, 1982; H. van Oyen: Ethik des AT, 1967, 102-132; L. Perlitt: »Dekalog im AT«, TRE 8, 1981, 408-413; W. Zimmerli: Grundriß der alttestamentlichen Theologie, [4]1982, 94-122.

W. Grimm

b) praktisch-theologisch

Der Glaube bedarf geprägter und einprägsamer Worte. Als zentrale Offenbarung des Willens Gottes im AT (2Mo 20) bleibt der D. durch die Zeiten gültig und aktuell. Jesus hat den D. verschärft (Mt 5,21ff), neu und korrigierend ausgelegt (Mk 2,27; 7,9ff) und ihn zusammengefaßt im Doppelgebot der Liebe (Mt 22,34ff). Als erstes Hauptstück stellte → Luther die 10 Gebote an den Anfang des Katechismus. → Spener folgte ihm darin (Katechismus Erklärung 1677, 22-410), während der → Heidelberger Katechismus von 1563 die Gebote im dritten Teil »Von der Dankbarkeit« (Frage 86-115) behandelt. In der Geschichte der Christenheit diente der D. nicht nur als Beichtspiegel und zur Kinderlehre, sondern ebenso als Predigttext und Anweisung für die Hausväter.

Die 10 Gebote sind nicht ohne die übrigen Hauptstücke zu verstehen, aber sie gelten für alle Menschen. Gott, der Schöpfer, hat seinen Willen universal offenbart.

Vor der Kraft der Erklärungen Luthers verblaßten alle Versuche, sie neu zu formulieren. Die Geschichte der Gebotsunterweisung hat teil an den pädagog. und theol. Einsichten und Grenzen der jeweiligen Epochen - bis hin zum Abrutschen in den libertinistischen Mißbrauch in Gestalt der »10 Erlaubnisse« der Feministin Elga Sorge.

In der Orientierungsunsicherheit und im Traditionsabbruch der Gegenwart fordert der D. uns heraus zur bibelgemäßen, altersstufengerechten und situationsbezogenen Erklärung. Diese kann nur angesichts der Spannung zwischen einem engen Moralismus und der Tendenz zur Beliebigkeit allen Handelns gegeben werden. Die Welt verändert sich, doch es bleiben unaufgebbare Mandate und Weisungen Gottes. Auch die demokratische Gesellschaft und die Erziehung in der pluralistischen öffentlichen Schule bedarf gemeinsamer Werte. Die Frage nach Gott und den Götzen kann nur zum Schaden der Menschen ausgespart werden. Der D. will anleiten, Gottes Gaben zu achten und sich stärken zu lassen im Verzicht angesichts der Flut zerstörerischer Angebote aus der Umwelt. Wer Schöpfung und Menschenwürde bewahren will, muß nach dem Willen des Schöpfers fragen. Dabei muß jeder, der Menschen zu ihrem Wohl beistehen will, auf den zeitgenössischen Protest gegen Gottes Gebote hinhören. Nur so kann die Deutung des D. heute helfen, die eigene Familie und Ehe, sowie Eigentum und Ehre anderer zu schützen. In Predigt und Evangelisation, Kinder- und Jugendarbeit ist uns die Verkündigung des D.s neu aufgegeben. Gottes Gebote wollen in der Gemeinde gelernt und mit ihr gelebt werden.

Lit.: B. Affeld u.a. (Hg.): Erzähl mir von Gott. Kinderkatechismus, 1986; K. Bockmühl: Christliche Lebensführung. Eine Ethik des Dekalogs, 1993; Hj. Bräumer: In Freiheit leben. Gottes Gebote setzen Maßstäbe, 1981; Evangelischer Erwachsenen Katechismus, hg. von der VELKD, [5]1989; H.-J. Fraas: Katechismustradition, 1970; L. Perlitt, J. Magonet, H. Hübner, H.-G. Fritzsche, H.-W. Surkau: »Dekalog« TRE 8, 1981, 408-430; A. Peters: Kommentar zu Luthers Katechismen Bd. 1: Die 10 Gebote, 1990; T. Sorg u.a. (Hg.): Dekalog heute. Predigthilfen, 1979.

K. Hauschildt

Dekan → Kirchliche Ämter

Dekret Gottes → Erwählung

Dekretalen

D. (*litterae* bzw. *epistulae decretales*) sind Papstschreiben, die eine kirchl. Rechts- oder Disziplinarfrage entscheiden (ursprünglich Antwortbriefe auf eine entsprechende Anfrage, meist eines einzelnen, später auch ohne solchen Anlaß; die Geltung reicht über den konkreten Anlaß hinaus). Sie bilden eine zunehmend wichtiger werdende Quelle des (mittelalterl.) Kirchenrechts (neben Aussagen der Kirchenväter, Konzilsentscheidungen usw.). Als älteste erhaltene Dekretale gilt ein Brief von Papst Siricius

(384/85-399) an Bischof Himerius von Tarragona von 385; angeblich ältere D. sind Fälschungen, die es auch sonst gibt (z.B. die berühmten pseudoisidorischen D., Mitte 9. Jh.). Vom 5. Jh. an werden die D. in entsprechende Sammlungen von Kirchenrechtsquellen aufgenommen (nicht immer unverändert). Deren gibt es eine große Fülle unterschiedlicher Art über die Jh.e hin; die erste bedeutsame ist die sog. Collectio Dionysiana des Dionysius Exiguus (gest. 545). Eine »neue Epoche des Kirchenrechts und der Geschichte der Kirchenrechtsquellen« (May) leitet das berühmte Decretum des Kirchenrechtslehrers Johannes Gratian in Bologna ein (Mitte 12. Jh.). Es ersetzt alle bisherigen Sammlungen, systematisiert und ordnet den Stoff und sucht einander widersprechende Aussagen auszugleichen. Es wird in der Folgezeit, obwohl nie amtlich autorisiert, den kirchenrechtlichen Entscheidungen und der Lehre zugrunde gelegt und lediglich durch neuere D.(sammlungen) ergänzt, wobei nunmehr, seit Papst Alexander III. (1159-1181) die D.-«Produktion« zunimmt. Amtlich (»authentisch«) sind die D.-Sammlungen Liber Extra (1234), Liber Sextus (1298) und Clementinae (1317), nicht-amtlich die späteren D.-Sammlungen Extravagantes Johannis XXII. (1325) und Extravagantes communes (Ende 15. Jh.). Diese fünf D.-Sammlungen bilden zusammen mit dem Dekret Gratians das sog. → Corpus Iuris Canonici, das 1500 zuerst gedruckt wurde und Grundlage des kath. Kirchenrechts blieb bis zur Neukodifizierung im → Codex Iuris Canonici (CIC) von 1917 (erneuert 1983).

Lit.: G. May: »Kirchenrechtsquellen I«, TRE 19, 1989, 1-44 (Lit.); H. van der Wouw, St. Chodorow, R. Weigand: »Dekretalen«, »Dekretalensammlungen«; »Dekretalisten«, »Dekretalistik«, »Dekretisten«, »Dekretistik«, LexMA 3, 1986, 655-664;

B. Steinseifer

Delitzsch, Franz Julius (1813-1890)

D., bedeutender Erweckungs-Theologe luth. Prägung, wurde am 23. 2. 1813 in Leipzig geboren. Den Besuch des Nikolaigymnasiums sowie das Studium der Theologie in Leipzig ermöglichte ihm Levy Hirsch, ein jüd. Freund der Familie. Bald nach Studienbeginn erlebte D. eine Bekehrung. Seine geistl. Heimat fand er in erweckten Kreisen der Studentenschaft und des Leipziger Bürgertums. 1835 legte er das theol. Kandidatenexamen ab und promovierte zum Doktor phil. In der Folgezeit widmete er sich semitistischen und judaistischen Studien, die er als Vorbereitung auf eine Tätigkeit als Judenmissionar ansah. Zu einer förmlichen Anstellung kam es infolge Geldmangels seitens der Missionsgesellschaft nicht. Zwischendurch hat D. darum gerungen, ob er mit seinen einstigen streng luth. gesinnten Studienfreunden nach Nordamerika auswandern sollte. Schließlich entschied er sich für die akademische Laufbahn und habilitierte sich 1842 in Leipzig für das Fach Altes Testament. Bis zu seiner Berufung als o. Professor nach Rostock (1846) entfaltete

er bereits in Leipzig eine erfolgreiche Lehrtätigkeit als Privatdozent und a.o. Prof. 1845 hatte er sich mit einer Leipziger Bürgerstochter, Clara Silber, verheiratet. Der Ehe entstammten vier Söhne, deren bekanntester Friedrich D., der nachmalige Assyriologe, war. 1850 folgte D. einem Ruf nach Erlangen, wo er in enger Arbeitsgemeinschaft mit → Hofmann stand, kehrte aber 1867 an die Leipziger Universität zurück, wo er bis zu seinem Tode am 4. 3. 1890 wirkte.

In Forschung und Lehre war D. erklärtermaßen Bibeltheologe. Wenn er sich auch in erster Linie dem AT verpflichtet fühlte, so hielt er darüberhinaus vielbeachtete Vorlesungen über ntl. Bücher und Themen. Nicht nur über seine akademische und kirchl. Vortragstätigkeit, sondern auch über sein umfangreiches publizistisches Lebenswerk wirkte D. weit in die Öffentlichkeit hinein. Bis heute bekannt und geschätzt sind seine Kommentare zu Genesis, Jesaja, Psalmen, Hiob, Sprüche Salomos u.a., die auch ins Englische übersetzt worden sind und gegenwärtig wieder Neuauflagen erleben. D. verband hohe Gelehrsamkeit mit tiefer Frömmigkeit. Für letztere zeugt auch ein umfängliches Erbauungsschrifttum. Als Erweckungs-Theologe setzte er sich mit der historisch-kritischen Forschung auseinander, ohne sie in Bausch und Bogen abzulehnen. Mit der Übersetzung des NT in Hebr. (10 Auflagen zu seinen Lebzeiten ab 1877) blieb er seiner Liebe zum alten Bundesvolk treu. Er war Mitbegründer des »Ev.-luth. Centralvereins für die Mission unter Israel« (1870) und dessen 1. Vorsitzender (1871). Dem aufkommenden Antisemitismus trat er mutig in Wort und Schrift entgegen. Die Errichtung des → Institutum Judaicum in Leipzig (1886) diente der sachkundigen Einführung interessierter Theologen in Wesen, Sitten und Literatur des Judentums. Viele Schüler im weiteren und engeren Sinn verdankten D. entscheidende Impulse für ihre Arbeit in Theologie und Kirche.

Lit.: S. Wagner: Franz Delitzsch. Leben und Werk, [2]1991 (mit Bibliographie).

S. Wagner

Delitzsch, Friedrich Conrad Gerhard (1850-1922)

D., berühmter Assyriologe, wurde am 3. 9. 1850 als jüngster von vier Söhnen des Franz Julius → D. in Erlangen geboren. Er studierte in Leipzig und Berlin orientalische Sprachen und Philologie, promovierte 1873 in Leipzig zum Dr. phil., habilitierte sich nach Spezialstudien in Jena (E. Schrader) 1874 in Leipzig für das Fach Assyriologie und wurde 1877 dort auf die erste (ao.) Professur für Assyriologie in Deutschland berufen. Er verhalf durch erfolgreiche Lehr- und Forschungstätigkeit seinem Fachgebiet zu hoher Geltung weit über die Landesgrenzen hinaus. 1893 als ordentl. Professor nach Breslau berufen, ging er 1899 nach Berlin und war dort zugleich Direktor der Vorderasiatischen Abteilung der Königlichen Museen bis 1919.

Sein bleibendes Verdienst besteht darin, der Assyriologie durch umfangreiche Studien an den Texten in methodischer, grammatisch-philolog. und lexikographischer Hinsicht sichere wissenschaftl. Fundamente verschafft zu haben. Auf diesen Gebieten lagen seine wichtigsten Publikationen (u.a. Assyr. Grammatik, Assyr. Wörterbuch, Assyr. Lesestücke, Sumerische Grammatik, Sumerisches Glossar). Einer breiteren Öffentlichkeit ist D. durch den sog. → Bibel-Babel-Streit bekannt geworden. In dessen Folge erklärte er das AT, dem das Lebenswerk seines Vaters gegolten hatte, für die christl. Kirche als entbehrlich. 1920 trat er in den Ruhestand und verstarb am 19. 12. 1922 in Langenschwalbach bei Wiesbaden.

S. Wagner

Demiurg → Gnosis; → Marcion; → Schöpfung

Demokratie

1. Politisch

Der griech. Begriff bedeutet wörtlich »Volksmacht« oder »Volksherrschaft«. Es geht mithin um die Form der Macht- und Herrschaftsausübung - zunächst im Staat, dann auch in der Gesellschaft. In der polit. Philosophie des Aristoteles wird D. neben Monarchie und Aristokratie als dritte gute Verfassungsform angesehen, denen jeweils eine Verfallsform (Tyrannis, Oligarchie und Ochlokratie) entgegensteht. Die klass. antike Verwirklichung von D. im Stadtstaat Athen des 5. und 4. Jh.s v.Chr. entspricht jedoch nicht heutigen Vorstellungen von D., weil sie ständisch eingeschränkt war. Nur die männlichen, freien Vollbürger waren stimmberechtigt.

Die Abgrenzung der D. gegen Ochlokratie (Pöbelherrschaft) zeigt, daß D. und Mehrheitsprinzip nicht gleichzusetzen sind. Das Mehrheitsprinzip kann nur ein Hilfsmittel der D. zur Entscheidungsfindung nach Meinungsbildung unter gleichberechtigten, mündigen Menschen darstellen. D. zu verwirklichen ist daher auch eine Bildungsaufgabe.

Der entwickelten D. liegt ein bestimmtes Menschenbild zugrunde, das sich im Zuge der abendländischen Geistesgeschichte entfaltete und seit der → Aufklärung auch politisch zum Durchbruch kam. Meilensteine auf diesem Weg bildeten das Grundsatzbekenntnis aus der Unabhängigkeitserklärung der 13 Gründerstaaten der USA vom 4. Juli 1776 (»daß alle Menschen gleich geschaffen sind«) und die Prinzipien der Französischen Revolution »Freiheit, Gleichheit, Brüderlichkeit«. Verfassungsmäßig verknüpft sich damit der Gedanke der Volkssouveränität (Rousseau). Die Beachtung der Menschenrechte bildet die Voraussetzung zur Verwirklichung von D., wie umgekehrt die vornehmste Aufgabe der D. darin besteht, Menschenrechte und Menschenwürde zu schützen (vgl. Art. 1 Abs. 1.2 Grundgesetz der Bundesrepublik Deutschland). Wenn dieses Menschenbild auch erst in der Aufklärung polit. zum Zug kam, so geht es doch auf christl. Wurzeln zurück.

Bei der praktischen Gestaltung von D. ist zwischen repräsentativer D. und unmittelbarer D. zu unterscheiden. In der repräsentativen D. überträgt das Volk gewählten Abgeordneten für begrenzte Zeit ein Mandat, während in der unmittelbaren D. die Versammlung des Volks direkt Entscheidungen trifft (z.B. in den Landgemeinden der schweizerischen Kantone). Wegen der Schwierigkeit, bei allen auftretenden Fragen ein Plebiszit durchzuführen, und wegen des Problems der jeweiligen Sachkompetenz ist unmittelbare D. heute nur noch selten anzutreffen, jedoch sind in manchen Verfassungen plebiszitäre Elemente aufgenommen.

Wird Abgeordneten auf Zeit ein Mandat übertragen, so handeln sie frei nach ihrer Sacheinsicht und ihrem Gewissen. In der Form des »imperativen Mandats« kann versucht werden, Abgeordnete an Meinungen von Parteien oder Wählern zu binden. Dabei entsteht aber die Gefahr extremistischer Entwicklungen, sei es im Sinne einer autoritär »gelenkten« D. oder einer totalitären »absoluten Gemeinschaft« (vgl. »Volksdemokratie«).

Ein grundlegendes Element der modernen demokratischen Staatsverfassung bildet die Gewaltenteilung. Die Staatsgewalt sondert sich nach ihren Hauptfunktionen in Gesetzgebung (Legislative), Regierung mit Verwaltung (Exekutive) und Rechtspflege (Jurisdiktion). Theoretisch formulierte Montesquieu die Gewaltentrennung in seinem Werk »De l‹ Esprit des lois« (1748). Sie richtet sich gegen den Absolutismus und dient der demokratischen Kontrolle der Macht.

Eine wichtige aktuelle Frage ist, wie – über die demokratische Staatsverfassung hinaus – einzelne gesellschaftl. Bereiche in Richtung auf mehr D. gestaltet werden können. Denn D. ist nicht bloß als formale Verfassungsform anzusehen; sie bedarf ständiger Belebung und Erneuerung. Bei der Forderung nach Demokratisierung der Gesellschaft darf jedoch nicht übersehen werden, daß allein dem Staat das Gewaltmonopol zusteht, nicht einzelnen gesellschaftl. Institutionen oder Gruppen.

Zwischen Staat und Gesellschaft ist deshalb zu unterscheiden. Im Rahmen z.B. der Wirtschaft spricht man besser von Mitbestimmung. Demokratisierung der Gesellschaft bedeutet die Forderung nach mündiger Teilhabe aller von einer Entscheidung Betroffenen. Prinzipielle Ablehung von Macht und der damit verbundenen Entscheidungsbefugnisse gehört hingegen in den Bereich der Utopien (→ Anarchismus). Diese Spannung ist nicht aufzulösen. Jedoch ist es richtig, mehr D. zu wagen, denn »nicht in einer Weltregierung besteht die friedenspolitisch-menschenrechtliche Chance, sondern im Abbau inner- und vor allem zwischengesellschaftlicher Ungleichheit« (W.-D. Narr).

2. Theologisch

D. kann als gesellschaftl. Postulat nicht direkt aus der Bibel abgeleitet werden, denn es gibt keine »christliche« Gesellschaftsordnung. Aber die Grundgedanken, aus denen heraus ein demokratischer Staat seine Aufgaben wahrnimmt, weisen »eine Nähe zum christlichen Menschenbild« auf (EKD Denkschrift).

Bibl. leiten sich die auf D. zielenden Gedanken vor allem aus der Erlösungs- und Heilsordnung ab. Für das AT gilt, daß die ganze israelit. Volksgemeinde Bundespartner Gottes ist, daß es deshalb auf das Tun jedes einzelnen Volksgenossen ankommt (vgl. z.B. Heiligkeitsgesetz 3Mo 17-26). Die Erwählung und Errettung Israels durch Gott bildet die Grundlage der altisraelit. Freiheitsrechte (vgl. 5Mo 15,15). Ebenso sind nach dem NT »in Christus« alle Geschlechts-, Rassen- und Standunterschiede zwischen den Menschen aufgehoben (vgl. Gal 3,28). Das wirkt sich an erster Stelle auf die Gemeindeordnung aus. Sie wird mit dem paulin. Bild vom Leib beschrieben (vgl. Röm 12,3ff; 1Kor 12,12ff): Die Glieder haben zwar unterschiedliche Gaben und Aufgaben, sind jedoch gleichwertig. Zwar läßt sich in einigen Briefen des NT ein Ansatz zur Entwicklung auf eine kirchl. Hierarchie hin beobachten, doch wird diese Hierarchie nicht als Heilsordnung angesehen. Dem gibt das reformat. Prinzip vom »Priestertum aller Gläubigen« Ausdruck.

So beginnen die Spannungen, unter denen D. steht, mit der Spannung zwischen Geist und Amt bereits in der Kirche. Wichtig ist auch zu beachten, daß das Bild vom Leib, also das damit verbundene organologische Denken, mit dem im NT die Kirche beschrieben wird, nicht auf die Gesellschaft übertragen werden kann. Insofern gilt die alte soziologische Unterscheidung von Tönnies zwischen Gemeinschaft (hier: Kirche) und Gesellschaft (hier: polit. Bereich) nach wie vor.

Die im ev. Raum gültige, der bibl. Sicht vom Priestertum aller Gläubigen entsprechende Praxis, die z.B. möglich macht, daß ein Bischof bei einem einfachen Gemeindeglied beichtet und von diesem die Sündenvergebung vollgültig zugesprochen erhält, bedeutet einen stetigen Impuls für das christl. Menschenverständnis in Kirche und Gesellschaft: Trotz aller Ämter und Aufgabenteilungen ist und bleibt die Kirche stets Leib Christi als Gemeinschaft aller zum Priestertum berufenen Gläubigen; Staat und Gesellschaft aber sind, allen Tendenzen sich verfestigender Strukturen zum Trotz, beständig auf mehr Teilhabe hin zu gestalten, in vorläufigen Ordnungen und revidierbaren Institutionen, demokratisch und bescheiden.

Lit.: Denkschrift der EKD: »Evangelische Kirche und freiheitliche Demokratie«, 1985; G. Leibholz, Strukturprobleme der modernen D., [3]1967; H. Thielicke, Theologische Ethik II/2, 1958.

R. Mayer

Demut → Tugend/-en

Denken → Glauben und Denken

Denkschrift

Mit D.en werden allg. Eingaben, Berichte oder Abhandlungen bezeichnet, mit denen der Absender beim Empfänger Einsicht vermitteln oder etwas bewirken will. Kirchengeschichtl. besonders hervorzuhebende D.en sind J.H. Wicherns Programmschrift »Die innere Mission der Deutschen Evangelischen Kirche. Eine Denkschrift an die deutsche Nation« (1849), die D. der Zweiten vorläufigen Kirchenleitung der Dt. Ev. Kirche (VKL) u.a. gegen Entchristlichung und Judenhaß an Hitler (1936) und die D. der EKD »Die Lage der Vertriebenen und das Verhältnis des deutschen Volkes zu seinen östlichen Nachbarn« (1965).

Stand die Bezeichnung D. bis dahin in der Kirche mehr oder weniger zufällig neben anderen, wie z.B. »Wort« oder »Erklärung«, so schuf sich die EKD ab 1962 mit den D.en gezielt ein Instrument, um ihre Öffentlichkeitsverantwortung wahrzunehmen. Vom Rat der EKD eingesetzte Fachgremien (Kammern, Kommissionen, Ausschüsse) erarbeiten Stellungnahmen zu gesellschaftl. und polit. Fragen. Diese werden im Auftrag des Rates publiziert. Der Rat selbst identifiziert sich danach, wie meist aus dem jeweiligen Vorwort hervorgeht, ganz oder teilweise mit den Ausführungen. Daneben gibt die EKD auch Studien, Gutachten, Thesenreihen, Kommentare usw. heraus, für die, begrifflich unscharf, ebenfalls oft die Sammelbezeichnung D. gebraucht wird. Sachlich sind die Grenzen in der Tat fließend. Im Unterschied zu den päpstlichen Enzykliken in der röm.-kath. Kirche sind mit den D.en jedoch keine lehramtlichen Ansprüche verknüpft. Ziel ist, zu drängenden Problemen oder kontroversen Fragen in Gesellschaft und Politik einen Beitrag zu leisten, der nicht interessengeleitet ist, somit die grundlegenden Alternativen aufdeckt und zur Versachlichung der Diskussion beiträgt. Gesichtspunkte theolog. Sozialethik fließen dabei ein. Die Autorität der D.en leitet sich dabei allein aus der Kompetenz der beteiligten christl. Fachleute ab.

Seit 1962 erschienen D.en zu Themenkreisen wie Frieden, Versöhnung, Menschrechte; zur sozialen Ordnung, Staat und Demokratie; zur Bildungspolitik, Sexualethik und zur Situation einzelner gesellschaftlicher Gruppen.

Weil die ersten D.en, insbesondere die erwähnte Vertriebenendenkschrift (1965), ein breites, aber auch kontroverses Echo ausgelöst hatten, gab der Rat der EKD 1970 eine D. mit dem Thema »Aufgaben und Grenzen kirchlicher Äußerungen zu gesellschaftlichen Fragen« (auch »Denkschriften-Denkschrift« genannt) heraus. Diese gibt Auskunft über das Selbstverständnis der kirchl. D.en. Es geht demnach um »Gruppenseelsorge« oder auch »gesellschaftliche Diakonie«. Die D.en dienen in erster Linie der innerkirchl. Klärung. Angesprochen sind des weiteren die Verantwortlichen in Politik und Wirtschaft. Zum Reden ermächtigt wird die Kirche durch ihr »Wächteramt«.

Gegenwärtig ist zu beobachten, daß die D.en kaum bis zu den Gemeinden durchdringen und in der Öffenlichkeit relativ wenig Beachtung finden. Das mag an der Fülle der Veröffentlichungen liegen, denn inzwischen gibt es kaum ein aktuelles Thema, das nicht zum Gegenstand einer kirchl. Stellungnahme oder D. geworden wäre. Die geringe Öffentlichkeitswirkung ist z.T. zu bedauern, jedoch wäre auch eine Neubesinnung nötig. Nicht zu jeder aktuellen Frage muß sich die Kirche äußern. Die Art, wie D.en entstehen, ist zu kopflastig. Da die Kriterien der D. allein ihre Schriftgemäßheit und Sachgemäßheit sind, bedürfen sie der Prüfung und Rezeption durch mündige Gemeinden.

Lit.: W. Böhme, E. Wilkens (Hg.): Möglichkeit und Grenze politischer Wirksamkeit der Kirche, 1970; Die Denkschriften der EKD (hg. von der Kirchenkanzlei der EKD), z.Zt. 4 Bde.; H. Schulze, Ethik im Dialog (Kommentar zur »Denkschriften-Denkschrift«), 1972.

R. Mayer

Denomination

D. bedeutet eine autonome (= rechtlich selbständige) christl. Glaubensgemeinschaft. So setzt sich der ÖRK (1991) aus 317 D.en = selbständigen Mitgliedskirchen in über 90 Ländern zusammen. Meistens erstreckt sich eine D. auf das Gebiet eines Landes oder darin einer Region. Gelegentlich ist sie länderübergreifend (z.B. weltweit die röm.-kath. Kirche und die Heilsarmee), üblicherweise dann mit einer gewissen innerkirchl. Teilautonomie in den einzelnen Ländern.

Der schon im 18. Jh. im englischen Sprachraum benutzte Begriff D. (wörtlich: »Benennung«) wurde im engeren Sinn angewandt auf prot. Freikirchen im Unterschied zur etablierten Kirche (Landes-, Staatskirche) und zu den »Sekten«. Im weiteren, heute üblichen Sinn sind alle autonomen christl. Glaubensgemeinschaften D.en: Staats- und Freikirchen, Volks- und Freiwilligkeitskirchen; Gemeinschaften mit hierarchischer, bischöflicher, synodaler und kongregationalistischer Verfassung; Konfessionskirchen und Unionen aus verschiedenen prot. konfessionellen Traditionen; Gemeinschaften, die in der gesamtchristl. Tradition stehen sowie Sondergemeinschaften.

Von D.en wird vor allem in Ländern mit einem Nebeneinander gleichberechtigter Glaubensgemeinschaften gesprochen, etwa im »denominationalen Kirchensystem der USA« (J. Matthes, 127). Da sich dieser rel. Pluralismus auch in Ländern mit herkömmlicherweise »volkskirchlichem Muster« wie in Deutschland ausbreitet, ist der Begriff D. allgemein sinnvoll.

Ein Gewinn des Begriffs D. liegt im Verzicht auf Wertungen. Die röm.-kath. Kirche bezeichnet sich selbst als »die Kirche« und Glaubensgemeinschaften mit von ihr anerkannter apostol. Sukzession der Bischöfe als »Kirchen«, billigt aber den reformat. Kirchen nur den Status »kirchliche Gemeinschaften« zu. Das von den in gesamtchristl. Tradition stehenden Konfessionsfamilien auf die Sondergemeinschaften angewandte Etikett »Sekte« wirkt noch stärker disqualifizierend. Manche prot. Freikirchen kennen keine für ihre besondere Tradition maßgebenden Bekenntnisse (Konfessionen) und nennen sich deshalb nicht »Konfession«, manche nennen sich auch nicht »Kirche«, wegen der dabei aufkommenden »amtskirchlichen« Assoziationen. Alle derartigen Probleme des Selbstverständnisses christl. Glaubensgemeinschaften und ihrer Beurteilung anderer Glaubensgemeinschaften sind in dem wertneutralen Begriff D. ausgeblendet. Die Wahrheitsfrage, inwieweit die einzelnen D.en in Lehre und Praxis der bibl. Botschaft entsprechen, ist dadurch aber nicht erledigt.

Lit.: E. Geldbach: »Denomination«, ÖL^2, 235; J. Matthes: Kirche und Gesellschaft. Einführung in die Religionssoziologie II, 1969; A. Rössler: Positionen Konfessionen - Denominationen. Eine kleine Kirchenkunde, 1988.

A. Rössler

Descartes, René (1596-1650)

1. D. wurde am 31. 3. 1596 im franz. La Haye geboren und ist am 11. 2. 1650 in Stockholm gestorben. Von 1614-29 befand er sich auf Reisen durch ganz Europa. Danach lebte er in den Niederlanden und seit 1649 auf Einladung der Königin Christine am Hof in Stockholm.

Seine Bedeutung für die Entwicklung neuzeitlicher Philosophie, den Weg und das Selbstverständnis der Natur- und Geisteswissenschaften, die Konzeption menschlicher Naturbeherrschung und den Fortschrittsgedanken sowie für den Ansatz heutiger Anthropologie wie Theologie kann kaum überschätzt werden.

An der Schwelle vom späten MA zur Neuzeit, deren Mitbegründer er vor allen anderen ist, wagt D. – unter Einsatz seines Lebens (Specht, 47) – eine systematische und alle traditionellen Autoritäten in Frage stellende, damit am Fundament von Kirche, Theologie und Staat rüttelnde Offensive für eine von allen »Vorurteilen« und bloßen »Meinungen« freie und allein auf Evidenz und Wahrnehmung gestützte Erkenntnis und Wahrheit.

D. verfolgt keine bloß akademischen und auch keine antiklerikalen Ziele: Vielmehr will er die Theologie von der Überfremdung durch den mittelalterl. → Aristotelismus befreien, einer durch die Konfessionskriege erschütterten Menschheit eine phil. Methode präsentieren, die darin eine friedenstiftende Funktion hat, daß sie die Wahrheit »klar und deutlich« und damit gewiß erkennen und darum alle Streitfragen hinter sich läßt, und er will den sozialen, technischen und phil. Fortschritt der Menschheit dadurch ermöglichen, daß er die Wissenschaft von dem die Wahrnehmung verstellenden scholastischen Korsett befreit.

2. D. hat seine rationalistische Methode am ausführlichsten in seinen Meditationes de prima philosophia (1641) entfaltet. Eine reife Zusammenfassung gibt D. in seinen Principia philosophiae von 1644: Wenn man ein unerschütterliches Fundament (*fundamentum incossum)* sucht, muß man alles bezweifeln, was bezweifelbar ist. Zu den bezweifelbaren bloßen Meinungen (*opiniones*) zählt auch, »daß es einen Gott gibt«. Doch auf dem Boden dieses radikalen, selbst Gott - als traditonellen Garanten der Zuverlässigkeit der Erkenntnis - in Frage stellenden Zweifels angelangt, muß der Mensch nicht verzweifeln. Er findet vielmehr am Ende seines Reflexionsweges die eine unbezweifelbare Gewißheit vor, die Grundlage aller weiteren Erkenntnis wird: Selbst wenn der Mensch sich in allem täuschen oder irren sollte, so ist doch offensichtlich und notwendig zu denken: Wer denkt, - auch wenn er sich irrt - der existiert jedenfalls. Mit dem davon abgeleiteten Grund-Satz *cogito ergo sum* (Ich denke, »aha« ich bin [selbst wenn ich falsch denke]; Simon), hat D. aber nur die Existenz des denkenden Ichs (*res cogitans*, wird zum Erkenntnis-Subjekt) bewiesen, aber noch nicht die Existenz der von diesem Ich im Prozeß der Zweifelsbewegung geschiedenen (Außen-)Welt (*res extensa(e)* wird zum Erkenntnis-Objekt). Um diese zu erreichen, bedient er sich des klass., schon bei → Anselm von Canterbury zu findenden ontologischen → Gottesbeweises: Der Mensch findet in sich den Begriff eines vollkommenen Wesens vor. Dieser Begriff ist aber nur dann wirklich vollkommen, wenn er auch existiert. Denn, würde er nicht existieren, fehlte ihm die entscheidende Eigenschaft: eben zu existieren. Diesen Beweis stützt D. dann noch durch die zusätzliche Überlegung ab, daß nur der vollkommene Gott selbst Verursacher dieser vollkommenen Idee sein kann. Wenn aber Gott existiert, dann ist es durch das natürliche Licht (*lumen naturale)* der Vernunft offenbar, daß er wahrhaftig ist und uns nicht als Wesen geschaffen hat, die grundsätzlich irren. Daraus resultiert die Abwehr des radikalen Zweifels, die Einsicht in die grundsätzliche Zuverlässigkeit unserer Erkenntnis und das für D. entscheidende Wahrheitskriterium der Evidenz.

3. Über die Tragfähigkeit cartesischer Philosophie, v.a. Erkenntnistheorie (vgl. Brands), und deren Wirkungsgeschichte gibt es eine kaum noch zu überschauende Literatur (Marshall).

a. Sehr bald ist der zirkuläre Charakter der Argumentation D.' erkannt worden: Um sich Gottes gewiß zu werden, vergewissert sich D. seiner selbst. Das Cogito-Argument beruht seinerseits auf der Wahrheit einer Evidenz, auf die D. nur bauen kann, wenn er von der grundsätzlichen, nur von Gott garantierten Zuverlässigkeit seiner Erkenntnis ausgehen kann. Es ist freilich zu fragen, ob dieser Zirkelschluß einen Einwand bedeutet oder nicht bereits die moderne Einsicht in den unauflösbaren Zusammenhang von Gottes- und Selbstgewißheit vorwegnimmt und damit auch in der Sache deutlich macht, daß D.' Denken sich nicht eignet zur Selbst-Begründung des Menschen.

b. F. Nietzsche hat gezeigt, daß die Evidenz des Cogito-Argumentes bedingt ist durch sprachliche Gewöhnung, »welche zu einem Tun [dem Denken] einen Täter [das denkende Ich] setzt« (Nietzsche, 158).

c. Die D. leitende Vorstellung einer Befreiung der Vernunft von den Bedingtheiten der Sinnlichkeit *(mentem a sensibus abducere)* und die resultierende Vorstellung eines reinen Vernunft- bzw. Erkenntnisvermögens bedeutet eine Fiktion, die davon lebt, daß sie die schon über die Sprachlichkeit aller Begriffe gegebene unüberholbare Individualität und Geschichtlichkeit jeder Vernunft übersieht (s. oben b. vgl. Hempelmann, GBL 1).

d. Die moderne Wissenschaftstheorie hat die Subjekt-Objekt-Spaltung D.' und das aus ihr abgeleitete Objektivitätsideal als erkenntnistheoretisch naiv aufgewiesen (vgl. Hempelmann, 1987).

e. Zumindest für die Kopenhagener Deutung der Quantentheorie ist die cartesische Trennung von *res cogitans* und *res extensa(e)* (Außen-Welt) empirisch widerlegt (Heisenberg; v. Weizsäcker; Gutsche/ Hafner).

Hinsichtlich der von D. vorgelegten Gottesbeweise ist zu fragen, a) inwieweit »Existenz« eine Eigenschaft darstellt (Kant: hundert bloß gedachte Taler sind noch lange keine 100 existierenden) und b) inwiefern nicht gerade der unvollkommene, endliche Mensch *via negationis* die Idee eines vollkommenen, unendlichen Wesens aus sich heraus entwirft (vgl. L. Feuerbachs Religionskritik).

Lit.: O. Bayer: Descartes und die Freiheit, in: ders.: Umstrittene Freiheit, 1981, 39-65; H. Brands: »Cogito ergo sum«. Interpretationen von Kant bis Nietzsche, 1982; R. Descartes: (Oeuvres de Descartes, hg. von Ch. Adam, P. Tannery, 12 Bde., 1897-1910 oder eine der Ausgaben der phil. Bibliothek Meiner); E. Gutsche, H. Hafner (Hg.): Descartes und die Folgen. Anfragen an die Grundlagen naturwissenschaftlicher Weltbilder, 1988; W. Heisenberg: Das Naturbild der heutigen Physik, 1955; ders.: Quantentheorie und Philosophie, 1979; H. Hempelmann: »Erkennen/Erkenntnis«, GBL 1, 1987, 325-333; ders.: Kritischer Rationalismus und Theologie als Wissenschaft. Zur Frage nach dem Wirklichkeitsbezug des christlichen Glaubens, [2]1987; D.J. Marshall: Prinzipien der Descartes-Exegese, 1979; F. Nietzsche: Kritische Studienausgabe, hg. von G. Colli/M. Montinari, Bd. 12, 1980; A. Schlatter: Die philosphische Arbeit seit Cartesius, [5]1981; G. Schmidt: Aufklärung und Metaphysik. Die Neubegründung des Wissens durch Descartes, 1965; W. Schulz: Der Gott der neuzeitlichen Metaphysik, [5]1974, 57-85; J. Simon: Wahrheit als Freiheit, 1978; R. Specht: Descartes, 1966; C.F. von Weizsäcker: Aufbau der Physik, 1985.

H. Hempelmann

Deszendenztheorie → Darwin, Darwinismus; → Evolution, Evolutionstheorie

Determinismus → Freiheit; → Willensfreiheit, menschliche

Deuteronomium → Pentateuch

Deutsche Bischofskonferenz

1848 tagten erstmals vom 23.10-16.11. in Würzburg die kath. deutschen Bischöfe zu gemeinsamer Beratung seelsorgerl. und kirchenpolit. Fragen, was sie später mehrmals in Fulda zur Vor- und Nachbereitung des 1. Vatikan. Konzils taten. Seit 1871 tagten jährlich wenigstens einmal wegen des Kulturkampfes die preußischen Bischöfe in Fulda und die bayerischen Bischöfe in Freising. Diese beiden Konferenzen vereinigten sich in den 30er Jahren des 20. Jh.s zur Fuldaer Bischofskonferenz, die jährlich mindestens einmal tagte, außer den mehrmals tagenden regionalen Konferenzen.

Aufgrund dieser und anderer Erfahrungen sowie des Wunsches vieler Bischöfe wurde schließlich auf dem Zweiten Vatikanischen Konzil im Bischofsdekret Art. 38 die Bischofskonferenz als echte Zwischeninstanz zwischen dem Papst und den Einzelbischöfen eingerichtet und durch die folgende Gesetzgebung mit Gesetzgebungsbefugnis in vielen Einzelfällen ausgestattet. Nachdem in Deutschland neben der Fuldaer Bischofskonferenz für den Westteil seit 1976 die rechtl. eigenständige Berliner Ordinarienkonferenz für die DDR bestand, bilden die deutschen Bischöfe seit Herbst 1990 eine Deutsche Bischofskonferenz. Außer der Vollversammlung (jährlich zweimal), zu der die Diözesan- und Weihbischöfe gehören, kennt sie den unter demselben Vorsitzenden (ein auf sechs Jahre gewählter Diözesanbischof) gewöhnlich zweimonatlich tagenden Ständigen Rat sowie jetzt 14 Kommissionen zur Vorbereitung der Arbeit und ein Sekretariat. Rechtl. eigenständig, aber personell (bes. im Vorsitzenden) damit verbunden ist der Verband der Diözesen Deutschlands für finanzielle Entscheidungen. Beschlüsse der Bischofskonferenz sind rechtsverbindlich, wenn sie im Rahmen ihrer Zuständigkeit liegen, mit Zweidrittelmehrheit ihrer Mitglieder beschlossen und vom Apostol. Stuhl bestätigt werden. Für Statutenänderungen sind allein die Diözesanbischöfe zuständig.

Lit.: R. Lill: Die ersten deutschen Bischofskonferenzen, 1964; H. Müller, H.J. Pottmeyer: Die Bischofskonferenz. Theologischer und juridischer Status, 1989; H. Schmitz: Die Einheit der katholischen Kirche in Deutschland: Archiv für katholisches Kirchenrecht 159, 1980, 623-634 (Lit.).

R. Weigand

Deutsche Christen

Die »Glaubensbewegung ›Deutsche Christen‹« (DC), gegründet am 6. 6. 1932, ist in dieser Form zwar ein Phänomen der nationalsozialistischen Ära, fügt sich jedoch ein in einen Strom der deutschen Geistesgeschichte, der bereits im 19. Jh. einsetzte und in gewissen Ausprägungen auch jene Zeit überdauerte. Der »Bund für Deutsche Kirche« (gegründet 1921), der völlig in der Tradition deutschgläubiger Bewegungen stand, gehörte zu den wichtigsten Wegbereitern. Die »Christlich-deutsche Bewegung« (gegründet 1930) sammelte die rechten Kräfte im deutschen Protestantismus für eine nationale Ausrichtung. In Thüringen trat 1931 erstmals eine Gruppe »Kirchenbewegung ›Deutsche Christen‹« hervor, in deren Programm die christl.-völkische Erneuerung der deutschen Nation stand und damit von vornherein die Option für den Nationalsozialismus. Sie gab auch der Glaubensbewegung DC ihren Namen und ordnete sich ihr als Gau Thüringen ein.

Seitens der NSDAP verfocht vor allem Gauleiter W. Kube (Berlin) das Ziel, die ev. Kirche zu erobern. Ein brauchbares Instrument dafür bot eine Gruppe nationalsozialistischer Pfarrer um J. Hossenfelder (Berlin, Parteimitglied seit 1929). Dieser entwarf Richtlinien zunächst für eine Liste eigener Kandidaten zur Kirchenwahl in Preußen 1932, damit aber auch schon für eine das ganze Reich umfassende Bewegung. Diese formierte sich insofern durchaus kirchenintern und nicht als Gliederung der Partei.

Die Richtlinien treten ein für eine »artgemäßen Christus-Glauben«, eine »evangelische Kirche, die im Volkstum wurzelt«, für die Pflege von »Rasse, Volkstum und Nation« als »von Gott geschenkte ... Lebensordnung«. Kirchenpolit. Ziel war die Errichtung einer ev. Reichskirche. Mit deutlichem Bezug auf Art. 24 des Programms der NSDAP (»positives Christentum«) erhoffte man sich die Möglichkeit für eine breite Volksmission und die Überwindung der vielfältigen Säkularisierungserscheinungen, wobei theol. und vor allem Bekenntnisfragen ausgeblendet wurden.

In der Tat brachten die Kirchenwahlen erhebliche Erfolge. Die polit. Ereignisse 1933 führten zu einer förmlichen Eintrittswelle. Auch namhafte Theologen schlossen sich an. Es gelang, wichtige Positionen in der Kirche zu besetzen. Die Brüchigkeit des Unternehmens zeigte sich jedoch schnell. Die Sportpalastkundgebung in Berlin am 13. 11. 1933 mit der Rede des Gauobmanns Dr. Krause offenbarte ein derartiges zumal theol. Substanzdefizit, daß sich nicht nur viele Einzelpersonen abwendeten, sondern die Bewegung als soche in verschiedene Gruppen zerfiel, die jeweils für sich unter z.T. wechselnden Bezeichnungen fortexistierten, von denen aber nur wenige, nun schon als freireligiöse Vereinigungen außerhalb der Kirche, den NS-Staat überdauerten.

Lit.: K. Meier: Die Deutschen Christen, 1965; ders.: Der evangelische Kirchenkampf, Bd. 1, 1976; K.D. Schmidt: Die Bekenntnisse des Jahres 1933, 1934; K. Scholder: Die Kirchen und das Dritte Reich, Bd. 1, 1977; H.-J. Sonne: Die politische Theologie der Deutschen Christen, 1982.

H. Kirchner

Deutsche Christliche Studenten-Vereinigung (DCSV)

Die DCSV hat ihre Wurzeln in der → Erweckungs- und der → Gemeinschaftsbewegung des 19. Jh.s. Anstöße aus der Schüler-Bibelkreis-Bewegung, aus dem Berliner CVJM und von Studentenkonferenzen in Amerika führten – vor allem auf Initiative von Graf E. v. → Pückler – zur ersten »Allgemeinen Christl. Studentenkonferenz« 1890 in Niesky: »Konferenz zur Vertiefung christl. Lebens und Anregung christl. Arbeit unter der studierenden Jugend Deutschlands«.

Einzelne Bibel- und Gebetskreise bildeten sich an den Universitäten. 1895 kam es auf der sechsten Konferenz in Großalmerode in Anwesenheit von J. → Mott zur Gründung der DCSV (der Name wird ab 1897 geführt). Die Zielsetzung der DCSV ist eindeutig mission. bestimmt: »So viele Studenten als möglich in persönliche Berührung mit dem Heiland zu bringen und sie zur Mitarbeit für ihn zu bewegen.« Das Motto lautet: »Deutschlands studierende Jugend für Jesus.« Zentrale Veranstaltung der Kreise ist die Bibelstunde.

Mit der Verfassung von 1897 verlagert sich der Schwerpunkt von den Konferenzen zu den Studentenkreisen. Die Kreise vor Ort werden zum Träger der Bewegung. Die Studenten erhalten eine größere Selbständigkeit gegenüber den Gründervätern. Zur Begleitung der Gruppen und zur Evangelisation an den Universitäten werden Sekretäre berufen (H. Witt 1896, K. → Heim 1899 und andere).

1896 entsteht in enger Verbindung mit der DCSV der Studentenbund für Mission, 1901 Beginn der Altfreundearbeit, 1905 Anfänge der Deutschen Christl. Vereinigung Studierender Frauen (DCVSF). Publikationen sind ab 1897 die »Mitteilungen«, ab 1910 die Zeitschrift »Die Furche« (Furche-Verlag).

Als erste deutsche studentische Gruppe kümmert sich die DCSV seit 1912 in besonderer Weise um ausländische Studenten (dies führt 1933 zur Ablehnung des Arierparagraphen). Im Ersten Weltkrieg wird ein umfangreiches soziales Hilfswerk organisiert. Die Ausweitung der Arbeit führt aber auch zu inneren Auseinandersetzungen. Manchem geht sie zu Lasten des Wesens und Ziels der DCSV. Auch die Jugendbewegung bringt Belastungen mit sich. Ganz entscheidend gelingt es P. → Humburg (Generalsekretär 1919-21) durch seine Gaben der Seelsorge und Schriftauslegung, die DCSV wieder zu ihren ursprünglichen Linien zurückzuführen. Die NS-Zeit ist weniger eine Zeit der Erweckung als vielmehr der Bewährung. Unter den Generalsekretären H. → Lilje und E. → Müller kommt es zu einem verstärkten theol. Arbeiten und zu engeren Kontakten mit der Bekennenden Kirche. Im Juli 1938 wird die DCSV verboten.

Unter kirchl. Dach haben sich dennoch während des Krieges christl. Studenten zu Bibelstunden getroffen: Es entsteht die »Studentengemeinde«, aus der später die Evangelische Studentengemeinde hervorgeht. Nach dem Krieg kommt es zu keiner Neugründung der DCSV. In Struktur und Zielsetzung findet sie aber einen Nachfolger in der ab 1946 entstehenden → Studentenmission in Deutschland (SMD).

Lit.: K. Kupisch: Studenten entdecken die Bibel – die Geschichte der DCSV, 1964; E. Stange: Ein Menschenalter deutscher christlicher Studentenbewegung, 1920.

M. Haizmann

Deutsche Evangelische Allianz → Allianz, Evangelische

Deutsche Evangelistenkonferenz

In der besonderen mission. Situation nach dem Zusammenbruch Deutschlands fanden sich 1949 vier Persönlichkeiten aus den Volksmissionarischen Ämtern der Landeskirchen, aus Freikirchen und freien Werken im Haus »Friedewald« bei Betzdorf/Sieg zusammen und berieten die Möglichkeiten der → Evangelisation, besonders in Form der Zeltmission. Sie luden für das Jahr 1958 zur ersten Evangelistenkonferenz ein, die von nun an jährlich stattfand, anfangs im Haus Friedewald, ab 1952 im »Haus Patmos«, der Zentrale der → Deutschen Zeltmission, in Siegen-Geisweid. Inhalt der Konferenz war und ist die immer neue Vergewisserung des Auftrags zur Evangelisation, die Möglichkeit gelebter Bruderschaft und gegenseitiger Seelsorge unter den Evangelisten und Austausch von Erfahrungen. Zum Vorsitzenden wurde Pfr. Wilhelm Brauer gewählt. Seit 1973 ist es Pfr. Rolf Woyke. Dem jeweiligen Vorsitzenden ist ein Vertrauensrat zur Seite gestellt. Die aufgenommenen Mitglieder aus verschiedenen Prägungen der Ev. → Allianz tragen verantwortlich die Konferenz mit. Angegliedert ist die »Arbeitsgemeinschaft für Zeltmission«. Aus der D.E. hatten sich eigene Konferenzen in der DDR und in der Schweiz entwickelt. Im Jahr 1991 beschlossen die Vertrauensräte und Mitgliederversammlungen der DDR und der Bundesrepublik die Vereinigung beider Konferenzen ab 1992.

R. Woyke

Deutsche Gesellschaft für Biblisch-therapeutische Seelsorge (DGBTS)

Die 1987 gegründete und von Prof. Dr. Michael Dieterich geleitete DGBTS (Kernen bei Stuttgart) hat auf der Basis der Ev. → Allianz in Deutschland zum Ziel, das Angebot der → Seelsorge für psychisch leidende Menschen in christl. Gemeinden durch eine qualifizierte Ausbildung von haupt- und nebenamtlichen Mitarbeitern zu vermehren.

Seelsorge versteht die DGBTS als »die in Christus beschlossene, alle menschliche Seelen- und Lebensnot von ihrer letzten Ursache her verstehende, aufdeckende und überwindende Glaubens- und Lebenshilfe« (A.D. Müller, 1961). Hierbei wird versucht, Methoden etablierter Psychotherapie in das bibl. Wirklichkeitsverständnis mit einzubeziehen. Für die DGBTS ist die bibl. Sicht des Menschen grundlegend. In der Praxis der bibl.-therapeutischen Seelsorge zeigt sich, daß einige psychotherapeutische Vorgehensweisen unabhängig von ihrem ideologischen Überbau zu sehen sind und daß sie dem bibl.-weisheitlichen Denken entsprechen. Die DGBTS weiß sich der methodischen Vielfalt seelsorgerl. Arbeitens verpflichtet und verwendet dabei neben Formen des Tröstens, des Ermahnens, des Lösens und Bindens auch lernorientierte, gesprächsorientierte und tiefenpsychologisch fundierte Therapieverfahren.

Lit.: M. Dieterich: Psychologie, Seelsorge, Biblisch-therapeutische Seelsorge, 1987; ders.: Handbuch Psychologie und Seelsorge, 1989.

W. Veeser

Deutsche Gesellschaft für Pastoralpsychologie (DGfP)

Die DGfP wurde im April 1972 gegründet. Sie umschließt Theologen unterschiedlicher Konfessionen, die sich unter zwei Bedingungen zusammengefunden haben:

Alle Mitglieder haben eine zusätzliche Qualifikation auf dem Gebiet psych., pastoralpsych. oder seelsorgerl. Arbeit.

Alle Mitglieder sind auch als Hochschullehrer, Seelsorgelehrer, Trainer oder Ausbilder in der Kirche tätig.

Die DGfP versteht sich damit als eine Supervisorengesellschaft. Sie ist nicht für jedermann offen. Der Beitritt und die (ordentliche oder außerordentliche) Mitgliedschaft sind an bestimmte Bedingungen (Standards) gebunden. Die Gesellschaft gliedert sich in vier Sektionen, die eine gewisse Nähe zu bestimmten psych. Schulen haben.

Die »Sektion Tiefenpsychologie« (91 Mitglieder) umfaßt Theologen, die psychoanalytische Kenntnisse und Praktiken in Theologie und Kirche anwenden wollen. Hier finden sich Psychoanalytiker freudianischer Herkunft, Individualpsychologen aus der Schule Alfred Adlers und Psychotherapeuten im Sinne C.G. Jungs.

Die »Sektion Gruppendynamik« vereinigt 51 Mitglieder, die im weitesten Sinne gruppendynamisch tätig sind.

Die zahlenmäßig größte Sektion ist die »Sektion Klinische Seelsorgeausbildung«. 133 Mitglieder vertreten ein Konzept von Seelsorgeausbildung, das sich vor allem an Carl Rogers anschließt. Rogers versteht sein therapeutisches Wirken als »Hebammenkunst«, die es dem Klienten (nicht: Patienten) erlaubt, verdrängte Anteile seines Ich angstfrei wahr- und anzunehmen (indem er Annahme durch den Therapeuten erfährt) und so zu einer integrierteren Persönlichkeit zu reifen. Dieses Modell ist in der theol. und kirchl. Seelsorgeausbildung nahezu »klassisch« geworden, andererseits im Blick auf das dahinterstehende Menschenbild und auf den Verzicht einer verbalen Mitteilung des Evangeliums auch kritisiert worden.

1975 wurde die »Sektion Kommunikations- und Verhaltenspsychologie« gegründet. Sie hat 57 Mitglieder. Die meisten von ihnen stehen der klientenzentrierten Schule von C. Rogers nahe, jedoch gibt es auch Mitglieder mit einem verhaltenstherapeutischen oder kommunikationstheoretischen Hintergrund. Mit 12 assoziierten Mitgliedern hat die Gesellschaft damit nach dem Stand vom 1. 1. 1991 insgesamt 348 Mitglieder. Theol. Standort und Glaubensausprägung der Mitglieder sind durch die Sektionen nicht eindeutig definiert.

Lit.: I. Baumgartner (Hg.): Handbuch der Pastoralpsychologie, 1990; G. Besier: Seelsorge und Klinische Psychologie. Defizite in Theorie und Praxis der Pastoralpsychologie, 1980; Frielingsdorf, Kühnholz, Riess, Schall, Schmidt: Zur Situation der Pastoralpsychologie in der Bundesrepublik Deutschland, 1978; T.U. Schall: Seelsorge und Klinische Psychologie, in: Wege zum Menschen 34. Jg. (1982), 391-399.

T. Schall

Deutsche Glaubensbewegung → Völkisch-religiöse Richtungen

Deutsche Glaubensfront → Völkisch-religiöse Richtungen

Deutsche Indianer-Pionier-Mission → Indianermission

Deutsche Messe

Martin → Luther wollte keinen radikalen Umsturz der Gottesdienstformen; er strebte vielmehr eine gründliche Reinigung der Messe an. Dieser eher vorsichtige Grundzug zeigt sich in allen seinen Schriften über den → Gottesdienst.

Luthers Hauptanliegen war die Reinigung der Messe von der Opfervorstellung, die den Gottesdienst zum verdienstlichen Werk der Gemeinde macht. Aus der Gabe Gottes im → Abendmahl (*sacramentum*) war eine Sühneleistung des Menschen (*sacrificium*) geworden. Außerdem wollte Luther, daß die Predigt als Schriftauslegung wieder ins Zentrum des christl. Gottesdienst komme. Bei der Einweihung der Torgauer Schloßkirche 1544 sagt Luther ganz knapp, was er will, nämlich »daß nichts anderes geschehe, denn daß unser lieber Herr selbst mit uns rede durch sein heiliges Wort, und wir wiederum mit ihm reden durch Gebet und Lobgesang« (zitiert nach Kalb, 31). Somit ist der reformat. verstandene Gottesdienst eine Elipse mit ihren zwei Mittelpunkten: der Predigt und dem Abendmahl. Deutlicher äußerte sich Luther nach seiner Wartburg-Zeit (1521/22), als man in seiner Abwesenheit in Wittenberg radikale Reformen eingeleitet hatte (vor allem durch Karlstadt und Zwilling). In seinen Invocavit-Predigten 1522 rief Luther zur Ordnung zurück und warnte davor, ein neues Gesetz aufzurichten. In den folgenden Jahren entstanden Luthers liturgische Hauptschriften, zunächst 1523 »Von Ordnung Gottesdiensts in der Gemeine« und »Formula Missae et Communionis«, eine gereinigte Form der lat. Messe mit landessprachlicher Predigt, und dann 1526 die »Deutsche Messe«. Deutsche Gottesdienste wurden zu dieser Zeit bereits an vielen Orten gefeiert, aber Luther sträubte sich lange dagegen, selbst eine Messe in deutscher Sprache vorzulegen. Er sah große musikalische Probleme, da er nicht einfach deutsche Texte unter die alten Melodien legen wollte. Außerdem war er gegen normative Meßordnungen. Erst auf Bitten des Zwickauer Pfarrers Nikolaus Hausmann und auf Drängen des Kurfürsten Johann begab sich Luther, unterstützt durch die Musiker Konrad Ruppsch und Johann Walther, im Herbst 1525 an die Arbeit. Das Ergebnis unterstellte er am 29.10.1525 dem Willen Gottes: alles Eigene solle »untergehen und stinken« und nur, was aus Gott war, Bestand haben (Brecht, 249).

Von besonderer Bedeutung und bleibender innovativer Kraft für die ev. Christenheit blieb Luthers Vorrede. In ihr finden sich grundlegende reformat. Aussagen über Gottesdienst und Gemeindeaufbau.

Luther beginnt mit der Warnung, aus seiner Schrift »ja kein nötig Gesetz« zu machen (WA 19,72). Er betont im Sinn der »Freiheit eines Christenmenschen« (1520) die Freiheit und die Liebe als Eckpfeiler liturgischer Arbeit. Nur innerhalb eines Territoriums sollte der Gottesdienst gleichförmig sein. Drei Formen des Gottesdienstes sieht Luther vor: zum einen die lat. Messe nach der »Formula

Missae«, die ihren Vorteil darin hat, daß sie überall in der ganzen Welt gefeiert werden könnte, zum anderen die deutsche Messe, diese aber vor allem für das ungebildete und jugendliche Volk. Die deutsche Messe hat einen durchweg evangelistischen Zug: Man muß sie haben »um derer willen . . ., die noch Christen sollen werden« (a.a.O., 73). Der Gottesdienst in deutscher Sprache ist vor allem »eine öffentliche Reizung zum Glauben und zum Christentum« (a.a.O., 75). Die dritte Weise des Gottesdienstes schließlich hat bis heute den Pietismus in besonderer Weise geprägt und angeregt: »Diejenigen, so mit Ernst Christen wollen sein und das Evangelion mit Hand und Munde bekennen, müßten mit Namen sich einzeichnen und etwa in einem Hause alleine sich versammeln zum Gebet, zu lesen, zu taufen, das Sakrament zu empfangen und andere christliche Werk zu üben. In dieser Ordnung könnt man die, so sich nicht christlich hielten, kennen, strafen, bessern, ausstoßen oder in den Bann tun nach der Regel Christi, Matth. 18,15f« (a.a.O., 75; → Hauskreis, → Gemeindezucht). Allerdings, so Luther, habe er die Leute nicht und könne darum eine solche Gemeinde auch nicht einrichten.

Luther gibt in der »Deutsche(n) Messe« genaue Angaben, was an den einzelnen Wochen- und Sonntagen gepredigt werden soll und bietet schließlich seinen schlichten Entwurf der deutschsprachigen Messe an: ein deutsches Lied als Introitus, das → Kyrie (ohne → Gloria), ein → Kollektengebet, Epistel, Wochenlied und Evangelium, das Glaubensbekenntnis als Lied (EKG 132, von Luther), die Predigt, eine Vaterunser-Paraphrase als Abendmahlsermahnung, die → Konsekration (gleich nach den Worten der Segnung soll das Brot gereicht werden, noch vor der Segnung des Kelchs), dabei deutsches »Sanctus« (EKG 135, von Luther), dann Segnung des Kelchs und Austeilung, dabei deutsches »→ Agnus Dei« (EKG 136, von Luther), schließlich Dankgebet und Segen.

Das Besondere an der »Deutschen Messe«: sie beteiligt die Gemeinde, vor allem durch den Gesang, sie stellt die Predigt ins Zentrum, sie entfernt jegliche Opfervorstellung und bietet das Abendmahl unter beiderlei Gestalt (also mit Brot und Wein), und sie gibt die Möglichkeit, in der Muttersprache den ganzen Gottesdienst zu feiern. Diese Verdienste bleiben der »Deutschen Messe« trotz der nicht unberechtigten Kritik, Luther habe, vor allem im Abendmahlsteil, älteste und durchaus nicht unev. Stücke zum Schaden des ev. Gottesdienstes gestrichen.

Luthers Entwurf konnte sich allerdings nicht einmal in Wittenberg ganz durchsetzen. Erheblich wirksamer wurde eine 1528 von → Bugenhagen und → Jonas weiterentwickelte Form.

Lit.: M. Brecht: Martin Luther, Bd. 2, 1986, 246-253; P. Cornehl: »Gottesdienst, VIII. Evangelische Kirche«, TRE, 14, 1985, 54-59; F. Kalb: Grundriß der Liturgik, ^{2}1982, 31-35.

M. Herbst

Deutsche Missionsgemeinschaft (DMG)

Die DMG, Verein für Wohltätigkeit e.V., ist ein selbständiges, unabhängiges Missionswerk, gegründet im August 1951. Ihre Merkmale sind:

1. Die DMG wird von einem sog. persönlichen Freundeskreis getragen. Jeder Missionar ist selbst verantwortlich, von Gemeinden und Freunden seine Unterstützung durch Gebet und Gaben zu erhalten.

2. Die DMG verzichtet auf die Eröffnung von eigenen Arbeitsgebieten. Alle Missionare werden bestehenden evangelikalen Partnermissionen unterstellt.

3. Die DMG vertritt und repräsentiert diese Partnermissionen in Deutschland. Zur Zeit bestehen mit ca. 25 Partnermissionen Arbeitsverträge.

Die DMG bekennt sich zur Glaubensgrundlage der Deutschen Ev. → Allianz. Sie ist Mitglied in der → Arbeitsgemeinschaft Evangelikaler Missionen. Die DMG ist ein Allianzwerk mit Gliedern aus Kirchen und Freikirchen, die zur Allianz gehören. Zur Zeit werden etwa 250 Missionare in über 50 Ländern voll unterstützt. Das Missionszentrum befindet sich im Buchenauerhof bei Sinsheim im Kraichgau.

B. Herm †

Deutsche Volkskirche → Völkisch-religiöse Richtungen

Deutsche Zeltmission (DZM)

Die im deutschen Volk um sich greifende Gottlosigkeit beschäftigte den späteren Gründer der DZM, Jakob → Vetter, während seiner Ausbildung auf St. Chrischona/Schweiz tief. Im Nachdenken darüber, wie diesen Gott entfremdeten Massen das Evangelium nahegebracht werden könnte, sah Vetter im Geist ein großes Zirkuszelt vor sich. Er gewann die Gewißheit: Dies ist der Ort, an dem du viele dem Glauben fernstehende Menschen erreichen kannst.

Bei einem Besuch in England erfuhr → Vetter, daß man in England und Amerika bereits im Zelt Menschen das Evangelium verkündigte. Nun betete Vetter intensiv um ein Zelt in Deutschland, vermied es aber, öffentlich um Spenden dafür zu werben.

Im Jahr 1902 konnte er das erste Missionszelt kaufen. Am 27. April wurde das Zelt in Mülheim/Ruhr erstmals in Dienst genommen und damit die Zeltmission gegründet. Innerhalb der nächsten fünf Jahre wurden vier weitere Zelte angeschafft; drei standen schwerpunktmäßig in Deutschland, eines in Holland, eins in der Schweiz. Hinzu kam 1905 das zentrale Erholungs- und Nacharbeitungszentrum »Patmos« der DZM. Zu jedem Zelt gehören außer dem Evangelisten der Zeltmeister, Zeltdiakone und viele Mitarbeiter aus den Gemeinden. Einer der bekanntesten Evangelisten der DZM war Gerhard → Bergmann.

R. Woyke

Deutscher Evangelischer Missionstag

→ Evangelisches Missionswerk

Deutscher Gemeinschafts-Diakonieverband (DGD)

1. Geschichte

Die Wurzeln des DGD liegen in der ostdeutschen Erweckungsbewegung Ende des 19. Jh.s. Pfarrer Blazejewski legte am 20.10.1899 mit vier Diakonissen im Pfarrhaus zu Borken/Ostpreußen den Grund für die Diakonissenarbeit. Nach dessen plötzlichem Tod führte Pfarrer Theophil Krawielitzki das junge Werk in Vandsburg/Westpreußen weiter. Er gilt als der eigentliche Gründer des Werkes und gab dem Gemeinschaftsdiakonissenwerk das geistl. und organisatorische Gepräge. Durch seine Initiative entstanden folgende Diakonissen-Mutterhäuser und das Brüderhaus »Tabor«:

- Hebron (Marburg) 1908
- Hensoltshöhe (Gunzenhausen) 1909
- Brüderhaus Tabor (Marburg) 1909
- Elbingerode 1921
- Lachen 1932.

Wegen der Folgen des Zweiten Weltkriegs mußte das Mutterhaus in Vandsburg aufgegeben werden. Die Diakonissen fanden eine neue Bleibe in Lemförde (Niedersachsen). Ein Teil der Diakonissen des Mutterhauses Elbingerode zog 1945 beim Einmarsch der Roten Armee nach Westen und gründete in Velbert (Rheinland) ein weiteres Mutterhaus. Auch außerhalb Deutschlands wird das Anliegen der Gemeinschafts-Diakonie aufgenommen. Es entstehen folgende Diakonissenarbeiten:

- 1933 Liberty Corner (USA)
- 1935 Amerongen (Niederlande)
- 1980 Curitiba (Brasilien)
- 1985 Kobe (Japan).

Im Jahre 1922 wurden die damals schon bestehenden Diakonissen-Mutterhäuser und das Brüderhaus zum »DGD« zusammengefaßt. Es entstanden die Arbeitsbereiche:

- Verkündigungs- und Seelsorgedienst: (sieben Gemeinschaftsverbände) Evangelistische Zentrale (Blättermission und Evangelisation), Marburger Mission (Brasilien, Thailand, Taiwan, Japan, Afrika);
- Soziale Aufgaben: Krankenpflege, Altenpflege, Psychotherapie, Suchttherapie;
- Pädagogische Aufgaben: Kindergarten, Realschule, Ausbildungsbetriebe, Pflegevorschulen, Krankenpflegeschulen, Krankenpflege-Hochschule, Fachakademie für Sozialpädagogik, Berufsfachschule für Hauswirtschaft, Marburger Bibelseminar;
- Literaturarbeit (Francke-Verlag und Buchhandlung mit mehreren Filialen);
- Verwaltungs- und Wirtschaftsdienst.

2. Geistliche Zielsetzung

a. Missionarische Diakonie. Das Priestertum aller Gläubigen ist auch auf die Diakonissen anzuwenden. Die Diakonisse ist zum Zeugendienst gerufen. Alle diakon. Aufgaben sollen diesen Zentralauftrag berücksichtigen. Die missionarische Diakonie zielt auf die Rettung des ganzen Menschen. Auch das Mutterhaus hat einen evangelist.-mission. Auftrag wahrzunehmen. So wurden im DGD sowohl von den Mutterhäusern als auch vom Brüderhaus regelmäßige evangelist. Konferenzen eingerichtet.

b. Seelsorge. Der geistl. Mensch auf dem Wege zum Ziel bedarf der intensiven Pflege (Heiligung). Seelsorge durch regelmäßige geistl. Zurüstung (Verkündigung und Gespräche), durch Briefkontakt zwischen Hauseltern und Diakonissen erhalten einen besonderen Akzent in der Gemeinschafts-Diakonie.

c. Glaubenswerk. Der DGD lebt nicht von finanziellen Unterstützungen des Staates und der Kirche (abgesehen von sozialen Einrichtungen wie Krankenhäuser und Altenheime), sondern vertraut auf die Fürsorge Gottes. Die notwendigen Mittel werden erbeten. Glieder des Werkes können nur die sein, die ihres Heils gewiß sind. Der DGD erwartet im Glauben, daß Gott junge Menschen in seinen Dienst beruft und sendet. Der Verband gehört zur

→ Evangelischen Kirche in Deutschland und ist Mitglied des deutschen Verbandes für Gemeinschaftspflege und Evangelisation (→ Evangelischer Gnadauer Verband). Zum DGD gehören z.Zt. ca. 2.400 Diakonissen, 450 Brüder und etwa 50 freie Mitarbeiter.

Lit.: H. Burkhardt: Der Dienst des Christen und die Mutterhausdiakonie, 1991; s.a. → Diakon, -in, -isse und → Diakonie.

Th. Wendel

Deutscher Hilfsbund für christliches Liebeswerk im Orient (DHB)

Der DHB ist mit dem Schicksal des armenischen Volkes eng verbunden. Er wurde auf die erschrekkenden Nachrichten von den blutigen Massakern unter den Armeniern 1895/96 in der Türkei von Pastor Ernst Lohmann im Juli 1896 gegründet.

Es entstanden Waisenhäuser, ein Krankenhaus, Schulen, handwerkliche Werkstätten, ein Lehrer- und Lehrerinnenseminar, eine Ausbildungsstätte für Bibelfrauen und eine Evangelistenschule. Bis zum Ersten Weltkrieg hatte der DHB zahlreiche Missionsstationen mit vielen Missionaren und Schwestern, v.a. aus der von Lohmann hierfür 1898 gegründeten Bibelschule der → Frauenmission Malche in Freienwalde/O.

Der Dienst wurde von Anfang an diakon.-mission. verstanden aus der Erkenntnis heraus, daß durchgreifende Hilfe nur durch persönliche Glaubensbeziehung zu Jesus Christus erfolgen könne. Man dachte auch an Einwirkungen des Evangeliums in die moslemische Umwelt hinein durch Krankenarbeit, Hausbesuche u.a. In der päd. Arbeit wurde das einheimisch-armenische Element in die Erziehungsarbeit mit einbezogen.

Die härteste Verfolgung der Armenier brach 1915 unter der jungtürkischen Regierung herein, die einen unabhängigen Nationalstaat anstrebte. Hierbei sind etwa 1 bis 1,5 Mio. Menschen bei den Massakern und Deportationen in der Wüste umgekommen oder umgebracht worden.

Nach dem Krieg bemühte sich der DHB um die armenischen Flüchtlinge in Bulgarien und Mazedonien. Während des Zweiten Weltkrieges sprangen die Schweizer Freunde ein, die dann als »Schweizer Hilfsbund« zusammen mit dem DHB 1947 die Arbeit unter den armenischen Flüchtlingen im Libanon neu aufnahmen.

Gegenwärtig unterhält der DHB zusammen mit dem SHB im Flüchtlingsdorf Anjar im Libanon nahe der syr. Grenze eine Höhere Schule mit 410 Schülern und drei Heime für 155 Kinder, sowie eine Grundschule im moslemischen Nachbardorf Medjdel mit 500 Kindern.

Die neue polit. Situation in der ehemaligen UdSSR, die Erdbebennot in Sowjet-Armenien und der gegenwärtige Aufbruch der dortigen Bevölkerung zum Evangelium haben den DHB 1991 bewogen, auch in diesem Gebiet eine helfende Arbeit aufzunehmen.

J. Eichler

Deutscher Orden

Auch Orden der Ritter des Hospitals St. Marien des Deutschen Hauses zu Jerusalem, auch Deutschherren oder Marianer genannt. Er ist der letzte der drei großen geistl. Ritterorden, die zur Zeit der Kreuzzüge gegründet wurden. Er erhielt am 6.2.1191 bzw. am 19.2.1199 die päpstliche Bestätigung. Außer den drei Mönchsgelübden übernahm er wie die Templer die Verpflichtung zum Kampf gegen die Heiden (Kleidung: weißer Mantel mit schwarzem Kreuz). Der Orden wuchs schnell an Grundbesitz in allen europäischen Staaten, vor allem in Deutschland.

1225 wurde er von Herzog Konrad von Masovien mit der Bekämpfung der heidnischen Preußen beauftragt. 1226 übertrug ihm Friedrich II. ihr Land als Reichslehen für den Fall der Eroberung. 1237 vereinigte sich der D.O. mit dem Orden der Schwertbrüder. Jahrzehntelange Kämpfe um Landbesitz waren erforderlich, um den gegründeten Ordensstaat Preußen zu sichern. Stärke- wie Schwächeperioden wechselten sich ab. 1525 wurde Hochmeister Albrecht von Brandenburg für die Reformation gewonnen und verwandelte – auf Rat Luthers – den Ordensstaat in ein weltliches Herzogtum. Papst und Kaiser erkannten diese Entscheidung niemals an, so daß der Orden nominell weiter bestehen blieb. Mergentheim wurde Hauptsitz und die noch vorhandenen Güter in zwölf Balleien verteilt. 1809 erklärte Napoleon den Orden in allen Staaten des Rheinbundes für aufgelöst, so daß nur Österreich und die Niederlande übrigblieben. Der österreichische Kaiser nahm den Orden unter seinen Schutz, und bis 1918 war ein österreichischer Herzog Hochmeister. 1960 wurde der Deutschherrenorden als Laienorden neu aufgebaut.

Lit.: H. Boockmann: Der deutsche Orden, 1981; H. Wieser (Hg.): Acht Jahrhunderte Deutscher Orden in Einzeldarstellungen, 1967.

G. Ruhbach

Deutscher Verband Evangelischer Büchereien e.V. (DVEB)

Der 1927 erstmals gegründete DVEB mußte sein Wirken 1933 einstellen. 1952 erfolgte die Neugründung in Göttingen. Ihm gehören Büchereiverbände von derzeit 13 Landeskirchen in der EKD an. Als Zentralstelle der Büchereiarbeit in der EKD wird er von ihr finanziell getragen und nimmt überregionale Aufgaben wahr. Er hat eine Reihe von Fachausschüssen, die die Arbeit begleiten. Der DVEB vertritt die ev. Büchereiarbeit in Kirche und Öffentlichkeit und nimmt zu büchereipolit. Fragen Stellung. Zur Förderung der Zusammenarbeit mit der kath. und der kommunalen Bibliotheksarbeit wirkt er in kirchl. und staatl. Gremien mit. Mit dem seit 1979 jährlich vergebenen Evangelischen Buchpreis will der DVEB Bücher fördern, die dazu anregen, über das Christliche in der Literatur neu nachzudenken. Für die fast ausschließlich ehrenamtlichen Mitarbeiter/innen in ev. öffentlichen Büchereien bietet er die Ausbildung zum/zur »Büchereiassistent/in im kirchlichen Dienst« an, außerdem Fortbildungsseminare zu literarischen und bibliothekarischen Themen. Seine seit 1947 vierteljährlich erscheinende Rezensionszeitschrift »Der Evangelische Buchberater« dient als Hilfe beim Bestandsaufbau, die Loseblattsammlungen »Evangelische Büchereiarbeit« und »Öffentlichkeitsarbeit der Bücherei« als Arbeitshilfen bei der Verwaltung ev. öffentlicher Büchereien. Zur Unterstützung der Werbung für ev. Büchereiarbeit stellt der DVEB Werbemittel bereit.

B. Burmeister

Deutschkirche → Völkisch-religiöse Richtungen

Devotio Moderna

Die D.M. ist eine Frömmigkeitsbewegung, die im 14. und 15. Jh. von den Niederlanden ausging und sich schnell über ganz Europa ausbreitete. Es waren in der Regel Gemeinschaften von Klerikern und Laien, die ohne approbierte Gelübde und Regeln als Semireligiöse (Halbmönche/nonnen) geistl. zusammenlebten. Das neue (moderne) Glaubens- und Lebensverständnis des späten MAs verschafft sich in ihnen Ausdruck: Ihre Lebensformen sind nicht so sehr Kritik an der Kirche überhaupt, wohl aber Kritik an deren Formalisierung und Klerikalisierung. »Es war ein Ansatz, den Begriff der Kirche zum Kirchenvolk hin auszuweiten« (J. Lortz).

Die D.M. verdankt sich einer popularisierten Mystik, etwa J. → Taulers und H. → Seuses und J. Ruysbroeks; sie erscheint in sehr unterschiedlichen Formen, u.a. der → Begarden und Beginen, der → Brüder/Schwestern vom gemeinsamen Leben bis hin zu Randgruppen wie den spanischen Illuminados bzw. den Brüdern und Schwestern vom freien Geist. Sie lebt in Häusern statt in Klöstern, vornehmlich von eigener Arbeit, z.B. dem Abschreiben von Büchern oder der Aufnahme und Betreuung von Schülern. Sie hat sich, auch in den später ev. gewordenen Konventen wie Herford, z.T. bis ins 18. Jh. hinein gehalten. Das bekannteste literarische Werk aus der Tradition der D.M. sind die vier Bücher von der Nachfolge Christi, deren Überarbeiter und vielleicht Verfasser → Thomas von Kempen war. Der D.M. verdanken sich außerdem zwei Reformbewegungen, die das Klosterwesen im späten MA erneuerten: die Windesheimer Kongregation (Augustinerchorherren) und die Bursfelder Kongregation (→ Benediktiner).

Lit.: E. Brouette, R. Mokrosch: »Devotio Moderna«, TRE 8, 1981, 605-616; M.A. Lücher: Meister Eckhart und die Devotio Moderna, 1950; R.R. Post: The Modern Devotion, 1968; R. Stupperich: Devotio Moderna und reformatorische Frömmigkeit, in: JUSKG 60, 1967, 11-26.

G. Ruhbach

Devotionalien

D. sind meist graphische Andachtsgegenstände für die persönliche Frömmigkeit und Erbauung, die seit dem MA in großer Zahl und Vielfalt bekannt sind. Ihre Ursprünge liegen in der spätmittelalterl. deutschen Mystik der Hochgotik, besonders dem »Herz-Jesu-Kult«. Die D. gehören zur rel. Kleinkunst, die den einfachen Menschen ansprechen soll und bis auf wenige Ausnahmen (z.B. Marien- und Passionsdarstellungen Dürers und Totentanzzyklen Holbeins) ohne jeden künstlerischen Anspruch, zum Teil in Massenproduktion, hergestellt wird. Es werden in der Regel heilige Gestalten, sowie bibl. und legendäre Wunder- und Heilsgeschichten dargestellt, die zur Erinnerung sowohl an kath. Glaubensinhalte als auch an persönlich erlebte sakramentale Handlungen (Beicht-, Kommunion-, Primizbildchen) dienen.

Durch die priesterliche Benediktion (Segnung) oder Weihe können D. zu Sakramentalien werden, gelten dann als heilsam und können mit Ablaß belegt werden (CIC cc. 1144-1153). Ein magischer Mißbrauch als Amulett oder Talisman wird jedoch grundsätzlich abgelehnt.

Im prot. Raum fanden entsprechende Bildchen und Graphiken im Pietismus des 18. Jh., vor allem in der Brüdergemeine (→ Brüder-Unität; → Zinzendorf), Verbreitung und wirkten im kirchl. Raum in Form von graphisch gestalteten Urkunden zur Taufe, Konfirmation und Trauung nach.

Lit.: R. Guardini: Vom Geist der Liturgie, (17)1949; ders.: Von heiligen Zeichen, 1928; A. Spamer: Das kleine Andachtsbild vom 14.-20. Jh., 1930.

V. Gäckle

De Wette, Wilhelm Martin Leberecht (1780-1849)

De W., geb. am 12. Januar 1780 in Ulla (bei Weimar), gest. am 16. Juni 1849 in Basel – entstammt einem ursprünglich holländischen, seit langer Zeit in Deutschland lebenden Geschlecht, sein Vater war Pfarrer. Besuch des Gymnasiums in Weimar, wo er Schüler Herders war. 1799 Studium in Jena, 1805 Dr. phil. und Dozent für Theologie in Jena, 1807 a.o. Prof., 1809 o. Prof. für Theologie in Heidelberg, wo er Freundschaft mit J.F. → Fries schloß, von dessen Philosophie er wesentliche Anregungen empfing. 1810 Berufung an die Universität Berlin, wo er Vorlesungen über atl. und ntl. Schriften hielt (»Kommentar über die Psalmen«, 1811; »Lehrbuch der hist.-krit. Einleitung in die kanonischen und apokryphen Bücher des AT«, 1817). Zugleich hielt er auch systematische Vorlesungen. – 1819 schrieb er einen Trostbrief an die ihm bekannte Mutter des Kotzebue-Mörders Sand. Dieser durch Indiskretion verbreitete Brief hatte seine Entlassung von der Universität zur Folge. Er zog nach Weimar, ohne feste Anstellung, erhielt dann 1822 einen Ruf an die Universität Basel, wo er bis zu seinem Tode gewirkt hat. Viermal war er Rektor der Universität. – Wie J.F. Fries und auch → Schleiermacher versteht de W. das Christentum als höchste Entfaltung der in allen Menschen vorhandenen rel. → Anlage. Religion ist für ihn Sache des »Gefühls«, nicht des Verstandes oder des Wissens. Das rel. Gefühl bringe Ahnungen des Göttlichen hervor, die zur inneren Gewißheit dem Glauben – führen. Beim Anblick der Wunder der Natur, und in der Folge besonderer Erfahrungen, ahne der Mensch die Allmacht, die alles nach einem heiligen Willen hervorbringt und zum Ziel führt. Zumeist würden die rel. Ahnungen und Ideen freilich unterdrückt durch die irdische Sinnlichkeit und den materiellen Sinn. Nur bei einzelnen Menschen entfalte sich die rel. Ahnung in visionären Bildern und Erleuchtungen des Geistes, d.h. in prophetischen Offenbarungen. Aus diesen bilde sich die Erfahrung und die dogmatische Überlieferung der Glaubensgemeinschaften. In den Symbolen werde jedoch etwas festgehalten und zum Ausdruck gebracht, was den rel. Erfahrungen gemeinsam ist. Weil aber die Symbole bzw. die dogmat. Vorstellungen auf Ahnungen und bildhaften Eingebungen beruhen, können sie auch symbolisch gedeutet werden. So sei z.B. die Menschwerdung Gottes in Christus zu verstehen als Symbol für das Göttliche, das in allen Menschen angelegt ist, aber freilich in Christus als erstem und einzigem Menschen voll zur Entfaltung gekommen sei, ungehindert von der Sinnlichkeit, im Geiste voll und ganz eins mit Gott. In ihm habe sich die Menschlichkeit in ihrer vollen Würde als Gottessohnschaft offenbart, d.h. bis zum Gleichwerden mit Gott.

Der Dogmatik entspricht die Ethik bzw. die christl. Sittenlehre. Sie sei nicht Vorschrift, sondern Geistwirkung, die (wie der Glaube) dem Gefühl als der rel.-sittlichen Anlage entspringe, indem diese das Herz und den Willen zur Tugend und zur Pflichtübung bewege. Auch hier sei Christus das Urbild, denn die Sittlichkeit gehöre zur vollen Verwirklichung des gottgleichen Wesens des Menschen.

De W. will zwei Anliegen vereinen: Einerseits die seiner Zeit gemäße Ansicht, daß die Religion bzw. das Christentum, die Voraussetzung zur Höherentwicklung der Menschheit zu ihrem eigentlichen, gottgleichen Wesen sei – anderseits die Aussage des Glaubens, daß die Vollendung, das Ziel der Geschichte, von Gott durch Christus, den Erlöser, bewirkt ist. Die nie ganz zu überbrückende Spannung zwischen beiden Anliegen ist unverkennbar.

In den Jahren 1836-1848 veröffentlichte de W. sein »Kurzgefaßtes exegetisches Handbuch zum Neuen Testament« (3 Bde, 10 Teilbde.), eine Auslegung, die weniger theol. als sprachlich-exeget. ausgerichtet ist und de W.s gründliche Kenntnis der griech. und hebr. Sprache erkennen läßt. Sein Vorwort zur Erklärung der »Offenbarung Johannis« zeigt, daß er im Unterschied etwa zu Schleiermacher offenbar nicht mehr erwartete, daß der Fortschritt, an den sein Zeitalter glaubte, auch zum Wachstum des Reiches Gottes führen werde. Er schreibt: ». . .der Gedanke an die Schicksale, die uns und wahrscheinlich auch der Kirche bevorstehen, begleiteten fast jeden Federzug, den ich that. Ich konnte mich nicht enthalten den von Johannes geschilderten Antichrist, obschon in veränderter äusserer Gestalt und in noch schwärzeren Zügen, in unserer Zeit zu erblicken. Die Selbstvergötterung des römischen Antichrists erscheint mir ein Kinderspiel gegen gottesleugnerischen ungläubigen übermüthigen alle Zügel von sich werfenden Egoismus unserer Tage«.

Lit.: De Wette: Lehrbuch der christlichen Dogmatik I, 1813; 1816; Christliche Sittenlehre, 4 Bde. 1819-1823; Über Religion und Theologie, 1815; (dazu die im Text erwähnten Werke).

K.H. Bernhardt: »De Wette«, TRE 8, 1981, 616f; F. Flückiger: Die Protestantische Theologie des 19. Jahrhunderts, 1975, 46-50; R. Smend: W.M.L. de Wettes Arbeit am AT und NT, 1958; E. Staehelin: Dewettiana. Forschungen und Texte zu W.M.L. de Wettes Leben und Werk, 1956.

F. Flückiger

Diakon, -in, -isse

1. Die Anfänge des Diakonats

a. Diakonos im Neuen Testament

Das griech. Wort *diakonos* entstammt dem profanen Sprachgebrauch (von *diēkō*, »hingelangen«) und bezeichnet den Boten sowie v.a. den, der zu Tisch dient. Dieser weltliche Begriff wurde im NT aufgenommen. Jesus selbst bezeichnet sich als Dienenden (Lk 22,27). Damit ist auch in der Nachfolge Jesu jeder zum *diakonos* berufen (Mk 9,35). Neben diesem allg. Gebrauch von *diakonos* bekommt dieses Wort bereits im NT die Bedeutung einer Amtsbezeichnung. In Phil 1,1 und 1Tim 3 werden D.e zusammen mit Bischöfen genannt. Beide Ämter scheinen sich in paulin. Gemeinden herausgebildet zu haben, während es in judenchristl. Gemeinden das Presbyter- bzw. Ältestenamt gegeben hat, ähnlich wie in der Synagoge. Ob auch D.e bereits durch Handauflegung ordiniert wurden (vgl. 1Tim 5,22), muß offenbleiben.

b. Dienstauftrag der Diakone

In 1Tim 3,8-13 kann man den Dienstauftrag nur aus den vom D. geforderten Fähigkeiten her rückschließen: Offenbar hatten D.e → Aufgaben im finanziellen Bereich und waren zuständig für die Armenfürsorge. Vermutlich hatten sie auch eine Funktion beim Abendmahl. Ob die Aussage »das Geheimnis des Glaubens mit reinem Gewissen bewahren« auf einen Verkündigungsauftrag hinweist oder »nur« sagen will, daß D.e nicht durch ihre Lebensführung unglaubwürdig werden dürfen, ist offen. Von Apg 6 her ist nur sehr bedingt etwas über den Dienstauftrag der D.e zu erfahren. Apg 7-8 wird deutlich, daß »die Sieben« Leiter der griech.-sprechenden Urgemeinde waren und einen Verkündigungsauftrag hatten. Nicht umsonst fehlt auch Apg 6 der Diakonentitel.

c. Diakone in der frühen Kirche

Um 110 n.Chr. spricht Ignatius von Antiochia vom Bischof als Repräsentanten Gottes, von den Presbytern als Ratsversammlung Gottes und von den D.en als Dienern »der Geheimnisse Jesu Christi... nicht für Speisen und Getränke... sondern der Kirche Gottes Diener« (IgnTrall 2,3). Die Presbyter nehmen den zweiten Rang ein, die D.e den dritten, obwohl sie als rechte Hand des Bischofs oft mehr Einfluß hatten. Es kam zu jahrhundertelangen Rivalitäten zwischen Presbytern und D.en, die schließlich damit endeten, »daß das Diakonenamt ... zur Durchgangsstufe« zu dem inzwischen priesterlich verstandenen Presbyteramt »verkümmerte« (Philippi, 623).

d. Das weibliche Diakonat

Bereits im NT gibt es auch das Amt des weiblichen D.s; Röm 16,1 wird Phöbe ausdrücklich mit dem männlichen Titel *diakonos* bezeichnet. 1Tim 3,11 wird wahrscheinlich nicht von der Frau des D.s, sondern von der Frau im D.enamt gesprochen, während das mit künftiger Ehelosigkeit verbundene Witwenamt (1Tim 5,3-16) wohl kaum mit dem D.innenamt zusammengesehen werden darf. Die D.innen waren zum Dienst an Frauen bei der Krankenpflege, der Taufe und dem Abendmahl eingesetzt. Sie brachten auch kranken und schwangeren Frauen die Osterkommunion. Ab 325 n.Chr. werden sie nicht mehr D.in, sondern D.isse genannt. Während das weibliche D.enamt im Westen im Gegensatz zum Osten nie recht zur Blüte kam, wurde seine Liebestätigkeit später immer mehr von Frauenklöstern übernommen.

2. Das Diakonat bei den Reformatoren

a. → Luther hat kein kirchl. Diakonat neben dem Pfarramt eingerichtet. Die → Confessio Augustana nennt nur das Predigtamt. Bugenhagen jedoch setzte in Hamburg ehrenamtliche, auf Zeit gewählte D.e ein, die mit dem städtischen Rat zusammen für die Armen sorgen sollten.

b. → Bucer hielt das Amt des D.s für unentbehrlich. Die D.e sollten die Not der Christen feststellen und nach Möglichkeit lindern.

c. → Calvin sah – im Anschluß an Bucer – vom NT her vier geistl. Ämter geboten: neben dem der Pastoren, der Lehrer, der Ältesten das der D.e für die Armen- und Krankenpflege. Calvin hat dabei auch an ein weibliches D.enamt gedacht.

3. Neuentdeckung des Diakonats

Angesichts der Nöte der beginnenden Industrialisierung lebte im 19. Jh. das D.enamt neu auf.

a. → Fliedner gründete, angeregt durch Elisabeth Fry, 1836 in Kaiserswerth die D.issenanstalt als »Bildungsanstalt für evangelische Pflegerinnen«. Er gab den D.issen bewußt die Tracht der verheirateten Bürgersfrau mit Haube. Das Mutterhaus sollte ihre Heimat werden. Bald wurden weitere Mutterhäuser gegründet, auch weit über Deutschland hinaus. 1936 gab es in der Kaiserswerther Generalkonferenz insgesamt 105 Mutterhäuser mit 36.000 D.issen. Heute ist die Zahl der D.issen rapide zurückgegangen. 1990 gehörten dem Kaiserswerther Verband in den alten Bundesländern nur noch 1.250 aktive D.issen an. Dafür steigt die Zahl der Diakonischen Schwestern, zu der auch inzwischen eine kleine Gruppe Diakonischer Brüder gehört. Es gibt aber auch D.issen, die dem »Bund deutscher Gemeinschaftsdiakonissen-Mutterhäuser«, D.issen die dem »Deutschen Gemeinschafts-Diakonie-Verband«, und D.issen, die dem »Verband ev. freikirchlicher Diakonissenmutterhäuser« angehören. Außerdem gibt es Diakonieschwesternschaften, die im »Zehlendorfer Verband« zusammengeschlossen sind.

b. → Wichern wurde der Vater der männlichen Diakonie. 1833 gründete er das »Rauhe Haus« in Horn bei Hamburg als Heimat und Erziehungsanstalt für verwahrloste Kinder. Für ihre Erziehung bildete er dort zugleich auch »Gehilfen« aus durch theoretischen Unterricht und praktische Arbeit. Sehr bald entstanden, durch Wichern angeregt, weitere D.enanstalten. Wichern nannte die Gehilfen »Brüder«. Er sträubte sich lange, sie D.e zu nennen, weil er neben dem Pfarramt in der Gemeinde den apostol. Diakonat schaffen wollte. Auf diese D.e, über denen dann ein Archidiakon stehen sollte, wollte er den Diakonentitel beschränkt sehen.

4. Heutige Lage des Diakons, der Diakonin

Seit vielen Jahren bemüht man sich in den Landeskirchen, das Amt des D.s neu zu formulieren und ihm eine klare gesetzliche Grundlage zu geben. Das D.enamt ist »ein hauptberufliches Amt im Rahmen des diakonischen Auftrags der Kirche« (so z.B. das Kirchl. Gesetz über die Berufung in das Amt des Diakons der württembergischen Landeskirche, 1974). Nach dem Selbstverständnis des »Verbandes Evangelischer Diakonen- und Diakoninnengemeinschaften in Deutschland e.V.« (VEDD) haben D.e und D.innen in der Regel eine doppelte Qualifikation erworben, d.h. einen kirchl. und einen staatlichen Abschluß erhalten. Die Ausbildung geschieht auf Fachschul- oder Fachhochschulebene. Das Ziel der Ausbildung ist die Einsegnung und Berufung in das Amt des D.s. D.e gehören in der Regel einer Gemeinschaft an.

5. Diakonat in der röm.-kath. Kirche

Die röm.-kath. Kirche kennt neben dem D. als niedere Weihe und Durchgangsstufe zum Priester auch den ehrenamtlichen oder hauptamtlichen Diakonat, zu dem auch verheiratete Männer Zugang haben. Angesichts des wachsenden Priestermangels kommt ihm immer mehr Bedeutung zu.

Lit.: E. Beyreuther: Geschichte der Diakonie und inneren Mission in der Neuzeit, ^{3}1983; P. Philippi: »Diakonie I«, TRE 8, 1981, 621-644; ders.: Das sogenannte Diakonenamt, 1968; J. Roloff, R.P.C. Hanson, H. Fagerberg, C.H. Ratschow: »Amt/Ämter/Amtsverständnis IV-VIII«, TRE 2, 1977, 509-622; F. Siegert: Prophetie und Diakonie, Th Beitr 22/1991, 174–194; A. Stein: »Diakon, Diakonisse«, EKL^{3}, I, 1986, 848-850; J.H. Wichern: Ausgewählte Schriften Bd 1, hg. von K. Janssen, 1956.

L. Mattern

6. Diakonat in Freikirchen

Parallel zur Entwicklung in den ev. Landeskirchen gründeten die drei klass. → Freikirchen in Deutschland (Bund Ev.-freikirchl.Gemeinden/Baptisten, Ev.-method. Kirche, Bund Freier ev. Gemeinden) in der zweiten Hälfte des 19. Jh.s eigene Diakonissenmutterhäuser. Der Dienst der D.isse wurde nach dem Vorbild ntl. Gemeinden als geistl. Auftrag verstanden. Waren die D.issen zunächst überwiegend in der Gemeindearbeit und Hauskrankenpflege eingesetzt, verlagerte sich der Schwerpunkt der Arbeit nach dem Ersten Weltkrieg auf den Einsatz der D.issen in den Krankenhäusern, die den Diakonissenmutterhäusern angeschlossen waren. Wie in den kirchl. Mutterhäusern ist auch in den ev. Freikirchen die Zahl der D.issen rückläufig. 1990 gehörten zu den im Verband freikirchl. Diakoniewerke zusammengeschlossenen zehn Mutterhäusern 1.135 D.issen, von denen 414 in verschiedenen Arbeitsbereichen tätig waren.

Einzelne freikirchl. Gemeinden haben Diakonate eingerichtet. Diakonatsleiter (D.e) sind bewährte Christen, die in ihren Wohnbezirken seelsorgerl. Kontakte zu den Gemeindegliedern pflegen und sie in praktischen Fragen des Gemeindelebens beraten. In vielen Baptistengemeinden wird innerhalb des Gemeindevorstandes zwischen → Ältesten und D.en bzw. D.innen unterschieden, wobei die D.e bzw.

D.innen für einen Teilbereich der Gemeindearbeit die Ältesten in der Leitung unterstützen. Außerdem sind Frauen und Männer vollzeitlich als Gemeindediakone und -diakoninnen in Jugendarbeit, Evangelisation und caritativer Arbeit tätig.

F. Laubach

Diakonie

a) Grundsätzliches

D. ist Wesens- und Lebensäußerung der Kirche, ohne die Kirche als Zeugnis- und Dienstgemeinschaft aufhören würde, wirlich Kirche zu sein. In der Präambel der Satzung des Diakonischen Werkes der EKD wird formuliert: »Die Kirche hat den Auftrag, Gottes Liebe zur Welt in Jesus Christuns allen Menschen zu bezeugen. D. ist eine Gestalt dieses Zeugnisses und nimmt sich besonders der Menschen in leiblicher Not, in seelischer Bedrängnis und in sozial ungerechten Verhältnissen an ... Da die Entfremdung von Gott die tiefste Not des Menschen ist und sein Heil und Wohl untrennbar zusammengehören, vollzieht sich D. in Wort und Tat als ganzheitlicher Dienst am Menschen.«

1. Biblische Grundlagen

Die Grundaussagen bedürfen ihrer Begründung in der bibl. Überlieferung:

a. In der Apostelgeschichte ist dokumentiert, daß die Urgemeinde in Jerusalem - wie die zeitgenössischen jüd. Gemeinden - von Anfang an ihre bedürftigen Mitglieder auch materiell unterstützt hat. Apg 6,1-6 berichtet im Zusammenhang eines Streites um die Witwenversorgung in der Gemeinde von der Einsetzung sieben erprobter Männer speziell für diese Aufgabe. So wird hier seit dem Kirchenvater Irenäus (haer. 1,26,3 u.ö.) die Geburtsstunde des geordneten und institutionell verfaßten Hilfehandelns der Kirche, des »Diakonats«, gesehen. Auch Paulus kennt bereits neben dem Amt des Bischofs das des »Diakons« (Phil 1,1; vgl. Röm 16,1), was belegt, daß es schon bald die an ein kirchliches Amt gebundene Übertragung der der ganzen Gemeinde aufgegebenen sozialen Dienstpflicht an einzelne gegeben haben muß.

b. Der theol. Grund für die urchristl. D. liegt im Vorbild Jesu Christi, wie sich exemplarisch an Matthäus 20,25-28 zeigt: »Aber Jesus rief sie (die Jünger) zu sich und sprach: Ihr wißt, daß die Herrscher ihre Völker niederhalten und die Mächtigen ihnen Gewalt antun. So soll es nicht sein unter euch; sondern wer unter euch groß sein will, der sei euer Diener; und wer unter euch der Erste sein will, der sei euer Knecht. So wie der Menschensohn nicht gekommen ist, daß er sich dienen lasse, sondern daß er diene und gebe sein Leben zu einer Erlösung für viele.« Der besondere Charakter der christl. D. liegt in dem »so wie« begründet: wie Jesus, so auch seine Gemeinde.

Jesus, von dem im Evangelium gesagt wird (Mt 11,19 u.ä.), daß er ein »Freund der Zöllner und Sünder« ist, hat sich besonders den ausgestoßenen und übersehenen Menschen, den Armen, Elenden und Kranken zugewandt. Damit hat er der Gemeinde ein Beispiel gegeben. Der selbstlose Einsatz der frühen Christen für die eigenen in Not geratenen Glaubensgenossen und ab dem 2. Jh. verstärkt auch für Nichtchristen (Begräbnis, Armenunterstützung, Hilfe bei Katastrophen wie den Pestepidemien von 259 und 312) war sprichwörtlich und hat wesentlich zum Siegeszug des Christentums in der Alten Welt beigetragen.

Für Jesus gehören die Ansage des Reiches Gottes und ihre zeichenhafte Verwirklichung, Verkündigen und Heilen untrennbar zusammen: die konkrete Hilfe bildet ab, was die Verkündigung aussagt. So kann Paulus denn auch die Gemeinde in Rom auffordern, das ganze Leben als dem Wort von Jesus Christus angemessenen Gottesdienst zu geben (Röm 12,1). Dienst der Hand und Dienst der Verkündigung können im Neuen Testament beide mit dem gleichen Begriff »diakonia« bezeichnet werden (vgl. Apg 20,24).

c. Der konkrete Ort der D. der Urgemeinde war die Mahlversammlung: hier wurden die Gaben eingesammelt und an die Bedürftigen verteilt. Schon der Ursprung des griech. Wortes *diakonia/diakonein* verweist zurück auf den Tischdienst. Der enge theol. Zusammenhang zwischen Abendmahl und D. ergibt sich aus Dienstworten Jesu wie Mk 10,45: »Der Menschensohn ist nicht gekommen, um sich dienen zu lassen, sondern um zu dienen und sein Leben als Lösegeld hinzugeben für die Vielen«. Hier steht der Gedanke des Dienstes Jesu, der das Vorbild der D. ist, in direkter Beziehung zu seiner Selbsthingabe, auf die sich die Kirche in der Feier des Abendmahls gründete. Die D. gehört auch hier vom Ansatz her zum Wesen der Kirche.

2. Das Ringen um die Einlösung des theol. Anspruchs spiegelt sich in der Geschichte der Kirche wider:

a. War in der Verfolgungszeit die D. noch wesentlich auf den sozialen Zusammenhalt der Gemeinde gerichtet, so führte der Übergang zur Staatskirche dazu, daß die kirchliche D. mehr und mehr die Stelle des zusammenbrechenden staatl. Armendienstes einnahm. Mit diesen größeren Aufgaben hängt zusammen, daß die D. immer mehr von der Aufgabe der einzelnen Gemeinde zur Aufgabe besonderer Anstalten wie Hospitäler usw. wurde. Diese Entwicklung setzte sich im MA weiter fort: die diakon. Arbeit wurde jetzt von Klöstern und ab der Jahrtausendwende zunehmend auch von (Laien-)Bruderschaften und Stiftungen betrieben.

b. Der bedeutendste Beitrag der Reformation zur D. liegt in der gewandelten theol. Begründung: Die diakon. Tat wird nun als Dank für die zuvor neuerkannte Gnade Gottes verstanden. Organisiert wurde die D. durch die »Kastenordnungen«, in denen die Gemeinden in enger Kooperation mit der Obrigkeit ihre soziale Hilfe regeln wollten. Die angestrebte Neuordnung scheiterte am Ende an dem Bestreben der Obrigkeiten, möglichst viele Kompetenzen an sich allein zu bingen. Immerhin wird im Ergebnis ein größeres Bewußtsein um die soziale Verantwortung erzielt.

c. Starke Impulse zu einer Erneuerung der D. gehen vom deutschen Pietismus des 17./18. Jahrhunderts aus: Die ab 1695 von A.H. Francke gegründeten Erziehungseinrichtungen und Wirtschaftsanstalten bei Halle zielen durch ein Greifbarmachen der Liebe Gottes auf Umkehr und Bekehrung der in ihr Betreuten. Die Herrnhuter Brüdergemeine des Reichsgrafen Zinzendorf verstand dagegen ihre D. mehr von einem Leitbild der Christengemeinde als »Liebensvereinigung«, in der der Not gewehrt wird, her.

b) in Deutschland

d. Die Wurzeln der modernen D. liegen in den zahlreichen Initiativen der Inneren Mission des 19. Jh.s. Namen wie J.H. Wichern, T. Fliedner und F.v. Bodelschwingh stehen für eine Bewegung, die zunächst unter dem Dach des christl. Vereinswesens einer verkündigungszentrierten Kirche neu einzuschärfen versucht, daß sie des Zeugnisses der rettenden Liebe zur Bezeugung des Glaubens bedarf, daß Wort- und Tatzeugnis zusammengehören.

1848 wurde von Wichern der »Central-Ausschuß für die Innere Mission« als Zusammenschluß der verschiedenen neuen Initiativen ins Leben gerufen, der in der Folge zur Gestaltung des neuzeitl. Wohlfahrtsstaates wesentlich beigetragen hat. Seit 1975 ist die Innere Mission mit dem 1945 von den Kirchen gegründeten »Hilfswerk« zum Diakonischen Werk der Ev. Kirche in Deutschland e.V. vereinigt.

Mit dem Begriff D. kann sowohl das aus dem Glauben an Jesus Christus erwachsende Leben und Tun des einzelnen Christen und der christl. Gemeinde als auch die institutionalisierte D. in Gestalt eines Wohlfahrtsverbandes, von diakon. Werken, Einrichtungen, ambulanten Diensten und weiteren Angeboten des diakon. Netzwerkes beschrieben werden. Die D. des einzelnen Christen und die in der Gemeinde am Ort praktizierte D. bedarf einer Ergänzung durch ein dichtgeknüpftes Netz spezieller Dienste und Einrichrungen.

D. sieht ihre Hauptaufgabe darin, für den hilfesuchenden Bürger tätig zu sein und nicht etwa Funktionen des Staates zu übernehmen. Aus diesem Grund ist es auch die Aufgabe der D., in Fragen der sozialen Politik ein Wächteramt wahrzunehmen.

D. wird auch immer dafür eintreten, daß die Ansprüche des Bürgers, die er als Steuerzahler und Versicherter erworben hat, ihm auch gewährt werden. Soziale Leistungen sind im modernen Sozialstaat kein Almosen, sondern Recht und Anspruch des Bürgers. Da sich die D. und die gesamte Freie Wohlfahrtspflege in der Bundesrepublik weitgehend über Tages- und Pflegesätze sowie staatliche Zuschüsse an Institutionen finanzieren, wurde ein großes Wachstum der D. ermöglicht.

Im → Diakonischen Werk der EKD arbeiten alle Landes- und Freikirchen, über 100 Fachverbände, ungezählte Ehrenamtliche und über 350.000 Hauptberufliche zusammen. Sie helfen z.B. in der → Beratung und → Telefonseelsorge, betreuen Alte, Behinderte und Kranke, organisieren Besuchsdienste bei neu zugezogenen oder ans Haus gebundenen Menschen. Viele Kindergärten, Krankenhäuser, Altenheime, Aus- und Fortbildungsstätten, Beratungsstellen und Diakoniestationen werden im Zeichen des Kronenkreuzes betrieben. Hilfe wird in über 29.000 Einrichtungen gewährt.

Lit.: P. Philippi: »Diakonie I«, TRE 8, 1981, 621-644; J. Roloff: Zur diakonischen Dimension und Bedeutung von Gottesdienst und Herrenmahl, in: Diakonie – bibilische Grundlagen und Orientierungen, hg. von G.K. Schäfer, T. Strohm, 1990, 186-211; R. Weth: Diakonie, in: Gemeindepraxis in Grundbegriffen, hg. von C. Bäumler, N. Mette, 1987, 116-126.

K.H. Neukamm

c) in der Schweiz

Zahlreiche diakon. Projekte und Initiativen in der Schweiz haben ihre Wurzeln in Deutschland. Die Schweiz hat aber auch ihre eigene humanitäre Tradition. Namen wie Henri → Dunant (er gründete 1863 das Rote Kreuz), Heinrich Pestalozzi (1746-1827) mit seiner pädagog. Pionierleistung oder Pfr. Louis-Lucien Rochat, Gründer des Blauen Kreuzes (1877), machten die Schweiz weit über die Grenzen Europas hinaus bekannt.

Es war vor allem der Pietismus mit seinen starken theolog. und diakon. Impulsen, der in der Schweiz viele diakon. Initiativen freisetzte. Die überragende Gestalt des 19. Jh.s war dabei Christian Friedrich → Spittler in Basel. Seine mission. und diakon. Überzeugung führte zur Gründung von über 30 verschiedenen Werken und Institutionen. Unter dem Motto: »Was hilft's, wenn wir beim warmen Ofen und einer Pfeife Tabak die Notstände der Zeit bejammern? Hand anlegen müssen wir, und sei es auch ganz im Kleinen!« gründete er zum Beispiel das Diakonissenhaus Riehen, das Kinderspital Basel, ein Lehrerseminar, eine Taubstummen- und eine Erziehungsanstalt. Die Anliegen der inneren und äußeren Mission waren für ihn gleichwertig: »Wenn wir dafür sorgen, daß die Heiden Christen werden, so dürfen wir nicht versäumen, auch darauf bedacht zu sein, daß die Christen keine Heiden werden.« Im zeitlichen Abstand von 25 Jahren gründete er die Basler Mission und die Pilgermission St. Chrischona zur Ausbildung von »Handwerkermissionaren«.

Auch die Mutterhaus-D. hat ihre Wurzeln in Deutschland, entwickelte aber in der Schweiz ein eigenständiges Profil. In den insgesamt elf Mutterhäusern ließen sich Tausende von jungen Frauen ausbilden. In koordinierten Einsätzen gelang es ihnen, medizinische oder soziale Mißstände aufzuzeigen und auf breiter Front praktische Hilfe anzubieten.

Während des Ersten Weltkrieges eröffnete »Vater Rupflin« (1885-1966) in Felsberg ein erstes Kinderheim. Er sollte zu einem Pionier auf dem Gebiet der Erziehung und Betreuung heimatloser Kinder werden. Durch seine von Eva von → Tiele-Winckler übernommene Art der Heimführung faßte der Gedanke der Familien- und Gruppenerziehung in der Schweiz Fuß. Aus den bescheidenen Anfängen wuchs die Stiftung »→ Gott hilft«, zu der heute eine ganze Reihe von Kinderheimen, heilpädagogischen Pflegefamilien, eine Heimerzieherschule und verschiedene andere Heime gehören.

Neue Problemstellungen rufen nach neuen Lösungen. So sind auch in der Schweizer D. des ausgehenden 20. Jh.s erfreuliche neue Initiativen auszumachen. Vor allem die kleinen, beweglichen Zellen, die Kommunitäten und Lebensgemeinschaften liegen der jungen Generation am Herzen. Aus der Fülle von Angeboten einige Beispiele: Im Bereich der Drogenrehabilitation leistet vor allem das Projekt »Best Hope« in Nieschberg bei Herisau Pionierdienste. Der Zürcher Pfarrer Ernst Sieber ist durch sein beharrliches Einstehen für die Obdachlosen und Randsiedler der Gesellschaft bekannt geworden. In seiner »Therapeutischen Lebensgemeinschaft Christuszentrum« haben unzählige junge Menschen aus der »Szene« neuen Halt und Orientierung bei Jesus Christus gefunden. Verschiedene Initiativen im Raum Basel verfolgen ähnliche Ziele. In den »Weizenkorn«-Werkstätten (herausgewachsen aus der charismat. Alban-Arbeit) werden psychisch und sozial behinderte und gefährdete Jugendliche zu einer sinnvollen Tätigkeit angeleitet. Der Haß gegen Ausländer nimmt bedrohliche Formen an. Vor diesem Hintergrund ist das Engagement der Heilsarmee Schweiz im Bereich der Asylanten-Betreuung beispielhaft. In einem neuen Projekt der Diakonie-Gemeinschaft Bethanien in Zürich werden Aids-Kranke umfassend begleitet. Die Berner Landes- und Freikirchen haben 1991 eine gemeinsame diakon. Initiative gestartet.

Es fehlt nicht an Bemühungen, die verschiedenen Initiativen zu koordinieren und von den Erfahrungen anderer zu profitieren. Bekannt ist dabei vor allem der Verband für innere Mission und Diakonie. Seit 1986 gibt es die »Arbeitsgemeinschaft christlicher Lebenshilfe« (ACL), die durch eine öffentliche Stellungnahme zur Drogenpolitik des Bundes Aufsehen erregte. Vom Schweizerischen Evangelischen Kirchenbund wurde 1986 eine »Diakoniekonferenz« ins Leben gerufen. Auf internationaler Ebene gelingt es den Hilfswerken »Brot für alle«, HEKS (Hilfswerk der Ev. Kirche der Schweiz), »Allianzhilfe Schweiz« und anderen immer wieder, große Summen für konkrete Hilfsaktionen freizusetzen.

Mehr und mehr faßt die D. aber auch in der christl. Gemeinde selber Fuß. D. darf nicht einfach an Spezialisten delegiert werden. Aufsehen erregte 1974 ein Passus in der »Lausanner Verpflichtung« zur sozialen Verantwortung der Christen: »Evangelisation und soziale wie polit. Betätigung gehören gleichermaßen zu unserer Pflicht als Christen.« Der Evangelisation wird zwar nach wie vor das Primat zugewiesen. Aber nie zuvor ist in einer offiziellen Verlautbarung von evangelikaler Seite der D. ein so hoher Stellenwert zuerkannt worden. Eine gesunde Gemeinde ist nicht nur mission., sie ist auch diakon. Durch die Gemeindeglieder ist sie viel unmittelbarer an den Knotenpunkten menschlicher Not anwesend. Das Image einer Gemeinde in der Öffentlichkeit kann durch diakon. Projekte entscheidend verbessert werden. Evangelisationen wirken glaubwürdiger und stoßen auf breitere Akzeptanz, wenn sie durch praktische Hilfeleistungen vorbereitet und begleitet werden.

D. ist nicht in unser Belieben gestellt. Die Botschaft Jesu war eindeutig. Er selber verstand sich als Diakon (Lk 22,27). Dabei muß D. – richtig verstanden – absichtsfrei bleiben. Wir dienen dem anderen nicht, um etwas für uns herauszuholen (und sei es ein gutes Gewissen!). Antrieb zur barmherzigen Tat bleibt einzig und allein die Liebe, die Jesus Christus uns erwiesen hat. Die Liebe zum bedürftigen Nächsten ist Dank für Gottes Liebe zu uns. Dann bleibt sie echt und verbraucht sich nicht.

Lit.: Liebe hat Hände und Füße. Diakonie in der Schweiz, 1991.

K. Albietz

d) in Österreich

Nichts hat in den vergangenen 200 Jahren die Evangelische Kirche in Österreich mehr bereichert und befruchtet als die Innere Mission und D. Viele Menschen haben aus der persönlichen Überzeugung ihres Glaubens ihr ganzes Leben in den Dienst dienender Liebe gestellt. Auch der Frau hat erst die D. ein Wirkungsfeld in der Kirche geöffnet. In der Verfassung der Evangelischen Kirche Augsburgischen und Helvetischen Bekenntnises in Österreich ist die D. fest verankert. Sie gehört »zu den wesentlichen Aufgaben der Kirche als Lebensäußerung evangelischen Glaubens . . .(und zum) Dienst christlicher Nächstenliebe in den vielfachen, leiblichen, seelischen und geistlichen Nöten« (§ 223,1).

1. Entwicklungen

Die D. in Österreich entwickelte sich aus einem stark geprägten Pietismus, besonders in den Toleranzgemeinden (Gemeinden nach 1781), die aus der Not des Geheimprotestantismus in der Zeit der Verfolgung und Rekatholisierung entstanden waren. Die Gemeinden sind geprägt von großer innerer Frömmigkeit, die ihren Glauben in der Diaspora in Wort und Tat leben wollen. Die D. wurde aus dem Bewußtsein glaubender Menschen geboren, die die Liebe Christi umsetzen in Hilfe und Einsatz für andere Menschen. Dies begann in den Zeiten besonderer sozialer Nöte, wie an anderen Orten in Europa im 19. Jh.:

a. Karl Albrecht Vogel, Ritter von Frommannshausen (1822-1890), Professor an der Theologischen Fakultät Wien, begründete 1870 die Sonntagsschularbeit in Wien. Das Kernstück war ein Gruppensystem mit der wöchentlichen Vorbereitungsstunde für die Helfer. Er führte auch Theologiestudenten darin ein. Sein Hauptgedanke war, D. in den Gemeinden bewußt zu machen. Damit war der Beginn der Inneren Mission in Wien gelegt, dem heutigen Ev. Diakoniewerk für Wien, Niederösterreich und Burgenland.

b. Pfarrer Ludwig Schwarz (1833-1910) kam als erster Pfarrer nach 1871 nach Gallneukirchen/Oberösterreich in eine von dem kath. Priester Martin Boos gut vorbereiteten reformat. Gemeinde. 1874 gründete er den Verein für Innere Mission in Oberösterreich, das spätere Ev. Diakoniewerk → Gallneukirchen. Die diakon. Arbeit begann er mit einem Waisen- und Rettungshaus in Weikersdorf, 1906 baute er die ev. Kirche und 1909 das einzige Diakonissenmutterhaus in Österreich. Schon 1877 wurde in Thening die erste Diakonisse eingesegnet.

c. Pfarrer Ernst Schwarz (1845-1925) kam 1871 als Pfarrer nach Waiern/Kärnten. Er war erst der zweite Pfarrer dieser Toleranzgemeinde. 1873 begann er mit der diakon. Arbeit, der Kinderrettungsarbeit, für die er 1881 ein Statut schuf und 1901 den Verein für Innere Mission Kärnten gründete, das heutige Ev. Diakoniewerk Waiern.

d. Gräfin Elvine de La Tour (1841-1916) begann 1873 ihre Arbeit im Süden der damaligen österreichischen Monarchie auf dem Schloß Russiz bei Görz – heute Italien – mit einer Kinderrettungsarbeit im Schloß. Nach Erwerb des Schlosses → Treffen in Kärnten fing sie 1891 die Sonntagsschularbeit an, gründete eine ev. Volksschule und startete mit der Kinderrettungsarbeit und der Arbeit der Alkoholikerfürsorge. 1915 übersiedelte die Arbeit aus Russiz ganz nach Treffen.

e. Superintendent Theodor Zöckler (1866-1949), der 1891 Pfarrer der Gemeinde Stanislau/Galizien wurde, gründete 1894 ein erstes Haus für Kinder. Später schuf er ein Schulwesen, Lehrerausbildungsstätten und eine Diakonissenanstalt. Die Arbeit mußte nach dem Ersten Weltkrieg teilweise und mit Beginn des Zweiten Weltkrieges endgültig aufgegeben werden.

2. Das Diakonische Werk in Österreich

Das Diakon. Werk für Österreich entstand 1968 aus seinen Vorgängern, dem auf Initiative von Zöckler 1912 gegründeten Zentralverein für Innere Mission in Österreich und dem 1950 gegründeten Zentralausschuß für Innere Mission und Diakonie in Österreich.

Im Diakon. Werk arbeiten mehr als 200 verschiedene Rechtsträger, Einrichtungen, Werke und Arbeitszweige zusammen. Annähernd 3.000 Mitarbeiter betreuen, helfen, pflegen jährlich über 180.000 Mitmenschen. Dem Diakon. Werk für Österreich gehören 35 Mitgliedsorganisationen an. Die D. in Österreich gibt Hilfen bei menschlicher Not in der Pfarrgemeinde und ihrem Umfeld (Gemeindediakonie), in verschiedenartigen Heimen, Krankenhäusern, Pflegeeinrichtungen und dergleichen (Anstaltsdiakonie), für Menschen in Not aus anderen Ländern und bei Katastrophen im In- und Ausland (ökumen. Diakonie).

In der Praxis ist das Netz von Hilfsangeboten sehr weit: stationäre Einrichtungen, Kindergärten, Werkstätten, Beratungsstellen, Nachbarschaftshilfe, Ausbildungsstätten in kirchl. und sozialen Berufen, besonders Fachschulen für Behindertenhilfe, Krankenpflege und Diakonenausbildung.

3. Die Diakonie im Wandel der Zeit

Heute steht D. neuen Herausforderungen gegenüber, wie z.B. der Sinnkrise, seelischen Störungen, psychischen Behinderungen, Drogenabhängigkeit, Alkoholgenuß, Selbstmord und dgl. Neue Aufgaben warten, besonders Betreuung und Pflege schwerst geistig behinderter und alter Menschen. Wichtig ist es, profilierte ev. Christen zu finden und die Ökumene mit den anderen christl. Kirchen zu stärken, Mitarbeiter auszubilden und ökumen. Weite zu leben. Die Gemeindediakonie muß gestärkt, Fachkenntnisse müssen vermittelt werden. Dabei sind besonders wichtig der diakon. Einsatz und der Einsatz der Zivildienstleistenden. Das ist eine große Chance, junge Menschen mit der D. und ihren Aufgaben vertraut zu machen. Mit der Betreuung von Gastarbeitern hat das Diakon. Werk seit vielen Jahren ein wichtiges Arbeitsgebiet. Die Methodistenkirche in Österreich hat zur D. ein besonders enges Verhältnis und arbeitet als Mitglied im Diakon. Werk mit.

Das Kronenkreuz ist das Zeichen der D. Es erinnert uns Christen an Jesus Christus. Das Kreuz weist hin auf den Tod, die Krone auf Hoffnung und Aufstehung. Die Verbindung von Kreuz und Krone macht deutlich, daß Not überwunden werden kann, weil Christus der auferstandene Herr ist. Alle Arbeit der D. geschieht unter diesem Zeichen.

Lit.: E. Gläser: Diakonie in Österreich, Faltblatt, 1991; H. Hauck: Kirchengeschichte, [4]1963; H. Jaquemar: Innere Mission. Das Werden und Wirken der organisierten christlichen Liebestätigkeit in der Evangelischen Kirche Österreichs, 1951; W. Nausner: 15 Jahre Diakonisches Werk für Österreich, 1983; Statuten des Diakonischen Werkes für Österreich, 1968; Verfassung der Evangelischen Kirche Augsburgischen und Helvetischen Bekenntnises in Österreich, 1983.

P. G. Hülser

Diakonieverein, evangelischer

→ Evangelischer Diakonieverein

Diakonisches Jahr

Bei der Hundertjahrfeier der Diakonissenanstalt Neuendettelsau (1954) rief der damalige Rektor Dietzfelbinger – einen Gedanken des Anstaltsgründers Wilhelm Löhe aufgreifend – die Jugend auf: »Wagt ein Jahr eures Lebens für die Diakonie!« Gemeint war der Dienst für Behinderte, Alte und Kranke. Im Gegensatz zum immer wieder diskutierten sozialen Pflichtjahr sollte beim D.J. nicht das sozial geforderte Helfen-Müssen, sondern das glaubensstärkende Helfen-Wollen Leitmotiv sein – also eine Chance zur Einübung in eine christl. Existenz in einer weltlichen Welt. »Ihr werdet ausgebildet werden im Dienen, Beten, Leiden, Mittragen. Da will der Glaube bewährt werden, der Gottes Kraft in den Schwachen mächtig sieht. Die Liebe Christi soll geübt, die Hoffnung will erprobt werden. Wer aber in diesen Fächern bewährt ist, der ist bewährt fürs Leben.«

Im Lauf der Jahre entwickelte sich das D.J. immer mehr zu einem sozialen Bildungsjahr mit sozialpädagogischer Begleitung und bei vielen zu einem Berufsfindungsjahr.

Bis heute sind über 50.000 Frauen und Männer aus ev. Landes- und Freikirchen in viele diakon. Einsatzorte Europas diesem Ruf gefolgt.

1964 nahm die deutsche Bundesregierung das D.J. und das parallel entstandene kath. »Jahr für den Nächsten« zum Anstoß, ein »Freiwilliges soziales Jahr« anzubieten und sozialgesetzlich abzusichern.

Th. Schober

Diakonisches Werk

Ihren diakon. Auftrag nimmt die Ev. Kirche in Deutschland gemeinsam mit den ev. Freikirchen durch das Diakonische Werk der EKD e.V. wahr. Seine Arbeit – eine »Gestalt des Zeugnisses von Gottes Liebe zur Welt in Jesus Christus« – wendet sich an Menschen in leiblicher Not, in seelischer Bedrängnis und in sozial ungerechten Verhältnissen.

Zugleich sollen die Ursachen dieser Nöte beseitigt werden (Satzung).

Zu den vielfältigen Einzeldiensten gehören:

die Jugendhilfe mit Angeboten offener Arbeit, Heimpädagogik, Gemeindekindergärten, Kindererholung;

die Familienhilfe mit Familienbildungsstätten, Mutter-und- Kind-Einrichtungen, Frauenhäusern, Angebote für Alleinerziehende, Beratungsstellen für Ehe-, Familien- und Lebensfragen, Schwangerschaftskonfliktberatung, offene Sozialarbeit;

die Krankenhilfe in ev. Krankenhäusern, in Diakonie- bzw. Sozialstationen; ferner Alten- und Behindertenhilfe, Hilfen für psychisch Kranke, für Gefährdete, für Suchtkranke;

Soziale Integration geschieht durch Arbeitslosenprogramme, Sozialberatung für Ausländer, Hilfen für Aussiedler und ausländische Flüchtlinge.

Einen eigenen Bereich stellt die ökumen. Diakonie dar. Zu ihr gehören die kirchl. Entwicklungshilfe »→ Brot für die Welt«, die Katastrophenhilfe, das Programm »Kirchen helfen Kirchen«, Stipendienprogramme. Nicht immer lassen sich gemeindliche und bibl. Orientierung der Aktivitäten augenfällig machen. Zu groß sind Vielfalt und professionelle Differenzierung der Aufgaben, zu stark die Einbindungen in das flächendeckende System des Sozialstaats. Inwiefern trotzdem Charismen der Gemeinde wirksam sind, ist eine Frage der Diakonie an sich selbst. Spannungsvoll ist auch das Miteinander von Professionellen und Ehrenamtlichen, von Einrichtungen, Selbsthilfegruppen und Gemeindediakonie.

Mitglieder des Diakon. Werkes der EKD e.V. sind: die Diakon. Werke der 24 ev. Landeskirchen, die Werke und Einrichtungen der ev. Freikirchen sowie die über hundert Fachverbände der Diakonie. Organe: die Diakonische Konferenz und der Diakonische Rat – die Hauptgeschäftsstelle hat ihren Sitz in Stuttgart. Entstanden aus der Zusammenführung von Innerer Mission und Evangelischem Hilfswerk – eingeleitet 1957 (→ Ev. Hilfswerk) – ist das D. W. zugleich ein Spitzenverband der Freien Wohlfahrtspflege, zusammen mit → Caritas, Rotem Kreuz, Arbeiterwohlfahrt, Paritätischem Wohlfahrtsverband und Zentraler Wohlfahrtsstelle der Juden.

R. Boeckler

Diakonissenmutterhaus Aidlingen

In dem westl. von Böblingen gelegenen Dorf Aidlingen fanden sich schon am Anfang des 18. Jh.s kleine Kreise um die Bibel, später besonders beeinflußt durch Pfarrer W.L. Hosch (gest. 1811) und Michael → Hahn (gest. 1819). 1921 entstand durch eine Mitarbeiterin von Christa von Viebahn (geb. 1873) ein Kreis für Mädchen und junge Frauen. Durch erweckliche Verkündigung und Evangelisation wurden in Aidlingen und im weiteren Umkreis viele erreicht. Ein Versammlungssaal wurde gebaut und zum Mutterhaus erweitert. Der 13. November 1927 ist der Gründungstag der jungen Schwesternschaft, die Christa von Viebahn als Oberin bis zu ihrem Tod am 2. Januar 1955 leitete. Im Mittelpunkt der Arbeit stehen bibl. Zurüstung und Evangelisation. 1915 übernahm Christa von Viebahn von ihrem Vater Georg von Viebahn (1840-1915) die Erarbeitung des »Bibellesezettels«, der in einer Auflage von 86.000 Exemplaren durch den Verlag des Mutterhauses auch heute noch im ganzen dt. Sprachraum versandt wird. Für junge Menschen wird »Jugend liest die Bibel« in 26.000 Exemplaren aufgelegt. Beide Hefte werden ins Spanische und Portugiesische übersetzt.

Der Bibelschule (Beginn 1927) folgten die Haushaltungsschule (1945) und die Krankenpflegeschule am Kreiskrankenhaus Kirchheim/Teck (1949). Neben anderen weiterführenden Schulen ist das Mutterhaus seit 1970 Ausbildungsstätte für Katechetinnen und Gemeindediakoninnen mit kirchl. anerkanntem Abschluß. Unterrichts- und Anschauungsmaterial für den Religionsunterricht und für Kinder- und Jugendarbeit wird hier erarbeitet.

Ausgedehnte Bibelkurs- und Freizeitarbeit für Erwachsene, Jugendliche und Kinder findet in Villingen, Michelsberg, Titisee und Aidlingen statt. Weitere Aufgabenbereiche der Schwestern sind Kindergarten, Religionsunterricht, Jugend- und Gemeindearbeit, Krankenpflege.

Besondere Veranstaltungen sind das große Pfingstjugendtreffen in Aidlingen, die Neujahrstagung in Stuttgart, sowie sonntägliche Bibelstunden im Neuen Mutterhaus (eingeweiht 1964) am östl. Ortsrand.

Seit 1955 leitet Schwester Berta Kempf als Oberin das Werk, dem 372 Diakonissen angehören. Über den → Bund deutscher Gemeinschaftsdiakonissenmutterhäuser ist die Schwesternschaft Mitglied im → Ev. Gnadauer Gemeinschaftsverband.

Lit.: H. Brandenburg: Ich hatte Durst nach Gott. Aus dem Leben und Dienen von Christa von Viebahn, 1978; ders.: Georg von Viebahn – General und Evangelist, 1984; Chr. von Viebahn: Neues Testament, Teil I und II; dies.: »Vom Leben im Geist«.

A. Bube

Dialektik

D. stellt bei Platon die Methode der Unterscheidung bzw. Verbindung der im Dialog zu bestimmenden Washeiten der Dinge im Rückgang auf die obersten Ideen dar. Die platonische Kunst der Unterteilung des Einen in Vieles bzw. der Gattungen in Arten richtet sich nach dem auszuweisenden Begründungszusammenhang. Auch die Zusammengehörigkeit bzw. Verschiedenheit der fünf obersten Gattungen: Ruhe (*stasis*), Bewegung (*kinesis*), Seiendes (*on*), Seligkeit (*auton*), Verschiedenheit (*tateron*) wird geregelt durch den auszuschließenden Widerspruch. Die genannten Gegensätze bleiben trotz ihrer Beziehung zum Gegenteil mit sich selbst identisch (Sophistes, 254a, 230b, 263d). Diese den Widerspruch prinzipiell ausschließende platonische D. ordnet Aristoteles in die Topik als Teil seiner Logik ein.

Erst mit dem 16. Jh. wird die auch im MA z.B. bei Augustinus, A. Magnus, Th. von Aquin vorgenommene Gleichsetzung von Logik und D. durch M. Luther in eine Gegensatzeinheit aufgehoben. Luther läßt Gott von sich selbst sagen: »Ich bin der Herr, der Gutes und Böses schafft.«(WA II,417). So allmächtig ist Gott nach Luthers Meinung, daß er die nach dem Satz des Widerspruchs sich ausschließenden Weisen von Gut und Böse auf die Einheit seiner ewigen Natur zurückführt. An dem »Widereinandersein« von Gott und Mensch, der Zweinaturenlehre Christi, die den schärfsten Gegensatz umfaßt und dem »simul justus et peccator« (»zugleich gerecht und Sünder«) der menschlichen Natur, scheitert die Redeform, die die Wesenhaftigkeit unterschiedlicher Naturen festhält und sie nicht durch einen dialektischen Werdeprozeß in eine neue Einheit aufhebt.

Kant gibt den antik mittelalterl. Gedanken der Teilnahme des Endlichen an der Vollkommenheit Gottes in der Spur Luthers preis und beschreibt die Antinomien, in die die endliche Vernunft sich notwendigerweise verstrickt, sofern sie über das absolute Ganze der Erscheinungen, ihren Ursprung, ihr inneres Wesen eine Aussage zu machen versucht. Aus Respekt vor dem Ding an sich bzw. dem verborgenen Gott schreibt Kant den Widerspruch der Endlichkeit menschlicher Erkenntnisart zu.

Nach Hegels Auffassung bedarf die bisherige Logik einer totalen Umarbeitung (Wissenschaft der Logik I, 1951, 33, hg. von Lasson): Die antinomischen Denkstrukturen drücken den widersprüchlichen Sachverhalt aus! »Im Fassen des Entgegengesetzten in seiner Einheit - oder des Positiven im Negativen besteht das Spekulative dieser Dialektik« (vgl. ebd. 38). Die von Luther »zum Bade geführte Metaphysik« (vgl. U. Asendorf, Luther und Hegel) wird Fundament für das Hegelsche Denken (vgl. R. Kroner, Von Kant bis Hegel). »Das, wodurch der Begriff sich selbst weiterleitet, ist das Negative, das er in sich selbst hat. Dies macht das wahrhaft Dialektische aus!« (Hegel, Wissenschaft der Logik I, 37). »Das Negative in Gott selbst« (ebd. 70), »das Hineinnehmen des Widerspruchs ins Zentrum, in das Wesen des Geistes versteht Asendorf als die luth. Spur im Denken Hegels schlechthin« (U. Asendorf, Luther und Hegel, 358).

K. Marx nennt »das Große an der hegelschen Dialektik als dem bewegenden und erzeugenden Prinzip, daß sie die Selbsterzeugungen des Menschen als Prozeß faßt . . . und den wahren weil wirklichen Menschen als Resultat seiner eigenen Arbeit begreift.« (K. Marx, Frühschriften, 1953, 269). An die Stelle der Gegensatzeinheit Gott - Mensch tritt der »Stoffwechselprozeß Natur - Mensch«. Nietzsche: »Ohne Hegel kein Darwin«, im kühnen »Durchgriff durch alle logischen Gewohnheiten entwickelt Hegel die Artbegriffe auseinander und bringt damit . . . den entscheidenden Begriff Entwicklung in die Wissenschaft« (Nietzsche, Fröhliche Wissenschaft Nr. 357). Heideggers Dialektik fordert die prinzipiell unversöhnliche »Gegenwendigkeit« von Gut und Böse, Licht und Finsternis, Leben und Tod, den »strittigen Streit« als Erscheinungsstätte »des letzten Gottes, dem ganz Anderen, gegen die Gewesenen, zumal den christlichen« (Heidegger, Beiträge zur Philosophie Bd. 65, 1989, 403).

Lit.: K. Düsing: Ontologie und Dialektik bei Plato und Hegel, in: Hegelstudien 1980; ders.: Hegel und die Geschichte der Philosophie. Ontologie und Dialektik in Antike und Neuzeit, 1983; E. de Negri: Offenbarung und Dialektik. Luthers Realtheologie, 1973; A. von Stockhausen: Der Geist im Widerspruch, Schriftenreihe der Gustav-Siewerth- Akademie, Bd. 3; P. Wust: Dialektik des Geistes, 1928.

A. von Stockhausen

Dialektische Theologie

Die D.Th. ist kennzeichnend für eine zeitlich begrenzte Phase theol. Denkens in Deutschland und in der Schweiz. Repräsentative Vertreter dieser Theologie waren Karl → Barth, Friedrich → Gogarten, Rudolf → Bultmann, Emil → Brunner, Eduard → Thurneysen, die aber alle später den ursprünglichen Ansatz der D.Th. erweitert oder z.T. preisgegeben haben. Sie gründeten 1922 die Zeitschrift »Zwischen den Zeiten«, mit Georg Merz als Schriftleiter. Weil der Mitarbeiterkreis sich auflöste, wurde die Zeitschrift 1933 aufgegeben. Zu diesem Zeitpunkt war die Phase der D.Th. eigentlich schon vorbei. Aber ihre Einsichten und Anliegen wirkten nachhaltig weiter.

Der zeitgeschichtl. Hintergrund dieser Theologie war die Kulturkrise, die in → Nietzsches Infragestellung aller Werte oder in Oswald Spenglers kulturgeschichtlichem Werk »Der Untergang des Abendlandes« (1918/22) Ausdruck gefunden hatte und in der Katastrophe des Ersten Weltkrieges auch polit. bestätigt wurde. Aber auch positive theol. Impulse wurden aufgenommen und verarbeitet, wie der wachsende Einfluß der Schriften Sören → Kierkegaards oder neue Akzente der Lutherforschung (Karl → Holl).

»Dialektik« bedeutet das Denken in (unaufhebbaren) Gegensätzen, wie Gott und Welt, Zeit und Ewigkeit, endlich und unendlich. Auch der für die D.Th. grundlegende Begriff »Wort Gottes« ist dialektisch zu verstehen: Er bezeichnet einerseits das Menschenwort der Predigt; aber der Prediger kann nicht »machen«, daß Gott selber durch dieses Wort redet. Andererseits meint »Wort Gottes« im eigentlichen Sinn die je und je Ereignis werdende Selbstmitteilung Gottes durch das menschliche Wort: die Wirkung des heiligen Geistes. Glaube gründet im Ereignis des Redens Gottes durch das Zeugnis menschlicher Predigt.

Folgende Grundpositionen gehören zur D.Th.:

1. Die D.Th. geht aus von der absoluten Transzendenz Gottes bzw. vom unendlichen qualitativen Unterschied von Gott und Welt, Ewigkeit und Zeit. Jeder Schluß vom Endlichen und Vergänglichen auf das Unendliche und Ewige ist Vergöttlichung der Kreatur, ist Religion - im Gegensatz zu Glauben bzw. Offenbarung -, ist rel. Eigenmächtigkeit im Sinne von Röm 1,18ff. Unter dieselbe Beurteilung fällt jede »natürliche Religion« und jeder Gottesbegriff phil. Metaphysik.

2. Gott ist in seinem Reden und Handeln frei und unverfügbar. Historisch läßt sich Gottes Herrschaft in der Geschichte nicht aufweisen, auch nicht in der Kirchengeschichte. Ebensowenig läßt sich im Weltlauf Gott als Weltgeist (im Sinne Hegels und der idealistischen Geschichtsphilosophie) nachweisen, noch in einer fortschreitenden Durchdringung der Menschheit mit dem göttlichen Geist im Sinne Schleiermachers. Gott ist nur erkennbar, wo er sich selbst zu erkennen gibt: In seinem Wort. Und dieses Wort deckt gerade die Sünde, die Auflehnung der Welt gegen Gott auf. Man hat deshalb der D.Th. vorgeworfen, daß sie zuviel vom Gericht und von der Verlorenheit der Menschen rede. Aber die Absicht der Gerichtspredigt ist, die Menschen dahin zu führen, wo sie sich ihrer Verlorenheit bewußt werden, um offen zu werden für den Zuspruch der Gnade. Die »Mitte« der Verkündigung in der D.Th. ist das Wort vom Kreuz, das Gerichtsoffenbarung und Gnadenbotschaft in einem ist.

Im Grunde ist in der D.Th. die stets wiederholte Predigt (»es predigt«) und der sich bezeugende Glaube das einzige geschichtl. Kontinuum. Hier suchte man neue Wege: Barth fand sie in der Hinwendung zum Bekenntnis der Kirche und hinter diesem den zum Mensch gewordenen Christus. Gogarten und Brunner suchten einen Ansatz natürlicher Gotteserkenntnis im Menschen. Bultmann radikalisierte den unendlichen qualitativen Unterschied von Gott und Mensch so sehr, daß Gott letztlich auch dem Glauben unerkennbar bleibt als der unbekannte, unaussagbare Gott.

Lit.: Eine übersichtliche Wiedergabe von Texten der D.Th. findet sich bei J. Moltmann (Hg.): Anfänge der dialektischen Theologie I/II, 1962.

K. Barth: Das Wort Gottes und die Theologie, 1924; ders.: Die Theologie und die Kirche, 1928; ders.: Der Römerbrief (2. Aufl.) 1922; E. Brunner: Erlebnis, Erkenntnis und Glaube, 1921; ders.: Die Mystik und das Wort, 1924; ders.: Natur und Gnade, 1934; ders.: Wahrheit als Begegnung, 1938; R. Bultmann: Jesus, 1926; ders.: Glauben und Verstehen I, 1933; II, 1952; F. Gogarten: Die religiöse Entscheidung, 1921; ders.: Ich glaube an den dreieinigen Gott, 1926; ders.: Von Glauben und Offenbarung, 1926; ders.: Gericht oder Skepsis, 1937; E. Thurneysen: Das Wort Gottes und die Kirche, 1927.

F. Flückiger

Dialog

1. Zum Begriff

Das griech. Wort *dialogos* bedeutet ursprünglich »Gespräch, Unterredung«. In den phil. Sprachgebrauch kam es durch die von Plato aufgezeichneten bzw. erdachten Lehrgespräche des Sokrates, bei denen es in Anwendung seiner *mäeuthischen* (geburtshelferischen) Methode galt, durch Aufdeckung der Irrtümer und Klärung der Begriffe gemeinsam zur Wahrheit vorzudringen, die in jedem Menschen schlummert. Dem phil., z.T. auch rel. D. liegt also die Voraussetzung eines schon vorfindlichen Fundamental-Konsensus zugrunde, den es zu entdekken, festigen und erweitern gilt. In diesem Sinne läßt sich D. definieren als Bemühen von Menschen unterschiedlicher Überzeugungen, im Gespräch einander verstehen zu lernen, Gemeinsamkeiten abzustecken und sodann entweder den anderen für die eigene Erkenntnis zu gewinnen oder aber zu einer beiderseitig erweiterten Wahrheitserkenntnis zu gelangen.

2. Zur Gestalt

Die Gestalt des D.s variiert entsprechend der angedeuteten unterschiedlichen Voraussetzungen und Zielsetzungen. Es kann sich um spontane geistige Begegnungen, wissenschaftl. Symposien, Streitgespräche oder auch um Bekehrungsversuche handeln. D.e können bilateralen oder multilateralen Charakter tragen, je nachdem, ob zwei oder mehrere Partner beteiligt sind. In jedem Fall geht es im D. um mehr als einen unverbindlichen Meinungsaustausch, nämlich um ein engagiertes Ringen um die Wahrheit, in welchem die Teilnehmer sich mit ihrer ganzen Existenz einzubringen suchen. Von den D.-Partnern wird zugleich »Verwundbarkeit« und existentielle Offenheit für die Position des anderen erwartet. Brisant wird das neuerdings im »spirituellen Tiefendialog«, in welchem die Partner am mystisch-kultischen Vollzug der anderen Religionen teilnehmen.

3. Zur Geschichte

Das NT kennt D. zwar nicht dem Begriff, aber der Sache nach (z.B. Jesu Gespräche mit Nikodemus und der Samaritanerin, Joh 3; 4; Paulus mit den Philosophen in Athen, Apg 17). Dabei handelt es sich in jedem Fall eindeutig um mission. Gespräche mit der Absicht, den anderen der Unvollkommenheit seiner bisherigen Erkenntnis zu überführen und ihn zum lebendigen Glauben an Jesus Christus zu führen. – In diesem Sinne hat es in der ganzen Kirchengeschichte mission. D.e gegeben, insonderheit mit Juden (z.B. durch Justin d. Märtyrer, gest. 165) und Muslimen (z.B. K.G. Pfander, gest. 1865). Entsprechend der Überzeugung von der Absolutheit der christl. Botschaft und der wesentlichen »Diskontinuität« (Hendrik Kraemer) zwischen dem Evangelium als Gottes Heilsangebot an die Menschen und den nicht-christl. Religionen als menschlichen Selbsterlösungswegen trug die mission. Begegnung mit diesen nur anknüpfungsweise den Charakter des D.s, während die entscheidende Kommunikation in der Verkündigung mit dem Ziel der → Bekehrung bestand. Erst in den 60er Jahren des 20. Jh.s wurde aufgrund einer gewandelten »Theologie der Religionen« sowohl in der Missionstheologie des ÖRK als auch der der röm.-kath. Kirche stärker Gewicht auf den D. als wesentliche Form interreligiöser Begegnung gelegt. Das führte zur Einrichtung eines vatikanischen Sekretariates für die Nichtchristen (1964) und einer Genfer Abteilung für den »Dialog mit Menschen anderer Religionen und Ideologien« (1971), hier zunächst unter bahnbrechender Leitung des indischen Theologen Dr. St. Samartha. Vorbereitet und wirksam werden diese Einrichtungen durch zahlreiche multilaterale und bilaterale Konsultationen (z.B. in Kandy, Sri Lanka, 1967; Ajaltoun 1970; Chiang Mai 1977 und Hongkong 1991), an denen Christen aller Konfessionen und Vertreter nicht-christl. Religionen gleichberechtigt teilnahmen. Ebenso bedeutsam war der Weltgebetstag der Religionen für den Frieden am 27.10.1986 in Assisi. Für das theol. Verständnis und die Gestaltung des D.s erließen der ÖRK (1977) und der Vatikan (1986) Richtlinien. – Sowohl auf evangelikaler als auch auf konservativ-kath. Seite stieß das neue ökumen. Verständnis des D.s wegen befürchteter Tendenzen zur Relativierung der Einzigartigkeit Jesu Christi und der lähmenden Konsequenzen für die Evangelisation auf Einspruch (z.B. in der → Frankfurter Erklärung, Artikel VI und in der Lausanner Verpflichtung, Artikel III), bei gleichzeitiger Bestätigung der Bedeutsamkeit eines D.s im bibl. Sinn (LV Artikel IV).

4. Beurteilung

Der D. hat in der mission. Begegnung mit den anderen Religionen eine unaufgebbare Funktion als ein Mittel, »durch einfühlsames Hören zum Verstehen des anderen« zu gelangen (LV Artikel IV). Er ist wichtig zur Kontaktaufnahme, zur Erkundung der vorfindlichen rel. Überzeugungen des nicht-christl. Gesprächspartners, zur diakritischen Unterscheidung zwischen echten Wahrheitselementen in den nicht-christl. Religionen, die aus dem Erlösungsverlangen ihrer Anhänger und der allg. Offenbarung stammen, einerseits und gefährlichen Irrtümern andererseits, wie schließlich auch zur Korrektur einer mangelhaften Erfassung des eigenen Glaubens durch den christl. Gesprächspartner. – Abzulehnen dagegen ist ein D., der die wesentliche Gleichheit aller Religionen als Manifestationen einer allg. Religionsgeschichte (E. Troeltsch; P. Tillich; P. Knitter) behauptet, die christl. Pflicht zur Bekehrungspredigt bestreitet oder gar einer allg. Verschmelzung der Religionen als Grundlage einer Weltfriedensordnung das Wort redet.

Lit.: T. Arai, W. Ariarajah (Hg.): Spirituality in Interfaith Dialogue, 1989; P. Beyerhaus: »Der Dialog als Ausdruck eines neuen ökumenischen Missionsverständnisses«, in: ders.: Krise und Neuaufbruch der Weltmission, 1987, 83-110; H. Burkhardt: Wiederkehr der Religiosität, 1990, 56-75; J. Dörmann: Die eine Wahrheit und die vielen Religionen (Schriftenreihe Respondeo 8), hg. von J. Bökmann, 1988; H.J. Margull, St.J. Samartha (Hg.): Dialog mit anderen Religionen, 1972.

P. Beyerhaus

Diaspora

D. (griech. »Zerstreuung«, »Zerstreut-werden«). In Apg 8,4 wird anläßlich der Steinigung des Stephanus berichtet: »Die nun zerstreut worden waren, zogen umher und predigten das Wort.« Denn von Anfang an ist die D. mit dem Missionsbefehl (Mt 28,18ff) verbunden. Die Jünger trugen das → Evangelium mutig in kleinen Gruppen »unter alle Völker«, d.h. nach Mk 16,15 unter die ganze Menschheit/Schöpfung. So erfüllt sich Jesu Verheißung nach Mt 24,14: »daß allen Völkern auf dem Erdkreis die Heilsbotschaft vom Reich als Zeugnis gepredigt wird«.

»Diaspora« ist auch in den allg. Wortschatz übernommen worden und bedeutet dort eine Minderheit, die in sprachlicher, religiöser bzw. konfessioneller, ethnischer und kultureller oder auch in sozial-gesellschaftl.-polit. Hinsicht schutzbedürftig ist. Der Minderheitenschutz will in einer andersartigen Umwelt den Bestand einer Sondergruppe bewahren helfen. Es handelt sich um eine demokratische Forderung, die von der UNO in die Menschenrechtsdeklaration aufgenommen wurde.

Zwei Ereignisse haben eine besondere Art der D. geschaffen:

1. Seit der → Reformation und → Gegenreformation entstand eine konfessionelle D.

2. Durch die Aufklärung ausgelöst hat die Franz. Revolution eine Säkularisierung des Bewußtseins vorangetrieben, so daß engagierte, gläubige Christen und Gemeinden in einer neuen weltanschaulichen D. der Gleichgültigkeit und des Atheismus leben.

Auch traditionalisierte, konservative Kirchlichkeit, die nicht mehr auf die Nöte und Fragen der heutigen Menschen einzugehen versteht, und nicht aus dem Glauben ihr Leben gestaltet, hat das begünstigt.

H. Karzel

Dibelius, Martin → Neues Testament, Geschichte der Erforschung

Dibelius, Otto (1880-1967)

D., geb. am 15. 5. 1880 in Berlin, gest. am 31. 1. 1967 ebenda, war eine der bekanntesten und wirksamsten Gestalten der ev. Kirche. Er studierte bei A. → Harnack, ohne seine Theologie zu übernehmen; 1903 Dr. phil. in Gießen, 1906 Lic. theol. in Berlin, Pfr. in ostdeutschen Gemeinden, 1915-25 in Berlin, nebenamtlich Oberkonsistorialrat, seit 1925 Generalsuperintendent der Kurmark. Als Organisator und kirchl. Schriftsteller verfaßte er bedeutende Programmschriften: »Das Jahrhundert der Kirche« [6]1928, »Friede auf Erden?« [3]1930, »Kirche und ihr Recht«. Als maßgebender kirchl. Publizist wurde er vom nationalsozialistischen Staat 1933 abgesetzt. Er war eine der markantesten Gestalten im Kirchenkampf 1933-45; Minister Kerrl verlor den Prozeß gegen ihn. Theologisch war er Gegner von Karl Barth, mit dem er 1930/31 ein vielbeachtetes »Aufsatz- bzw. Vortragsduell« über »Das Jahrhundert der Kirche« führte.

Seit 1945 Bischof von Berlin, entfaltete er eine umfassende Tätigkeit beim Aufbau der ev. Kirche. 1948 wird er erster Ratsvorsitzender der neu organisierten EKD und bleibt es über zwei Wahlperioden. Im Ausland hoch angesehen (Einweihung der Kirche in Coventry), wurde er vor Niemöller Präsident im Weltrat der Kirchen 1954-60. In Deutschland hatte er im Gegensatz zur Niemöller-Gruppe – infolge des von der EKD-Synode beschlossenen Militärseelsorgevertrags von 1957, der sich im »Obrigkeitsstreit« 1960 zuspitzte – schwere Folgen zu tragen (vgl. »Reden an die gespaltene Stadt«, 1961). 1958 wurde er zum Ehrenbürger von Berlin ernannt.

D. war gleichbedeutend als Theologe (Bericht von Jesus von Nazareth, Werdende Kirche u.a.), Übersetzer des NT, beeindruckender Prediger und Leiter der Diakonie. Zum geflügelten Wort wurde sein Zeugnis »Ein Christ ist immer im Dienst« (1961); D.‹ Schriftenverzeichnis umfaßt 450 Nummern.

Lit.: R. Stupperich: O. Dibelius. Ein Bischof im Umbruch der Zeiten, 1989; ders.: Dibelius und Söderblom, ZKG 100, 1990; ders.: Otto Dibelius. Sein Denken und Wollen, 1970.

R. Stupperich

Dichotomie → Mensch

Dichtung, christliche

Seit jeher umstritten ist, ob es eine »christliche« D. überhaupt geben kann. »Wie, Christ und Poet, meinst du den Glauben und die Kunst, Ästhetik und Religion miteinander verbinden zu können?« hatte bereits Sören Kierkegaard gefragt. Doch während die Frage, ob denn das, was Christen dichten, christl. D. ebenso sei wie etwa die Mathematik, die Christen betreiben, dann christl. Mathematik sein müsse, ihren Platz in der literaturwissenschaftl. Debatte haben muß, hat es seit den Anfängen des Christentums zweifellos immer wieder Werke gegeben, die sinnvoll nicht anders als mit der Bezeichnung »christliche Dichtung« erfaßt werden können. Das »Hohelied der Liebe« des Paulus von Tarsus (1Kor 13,1-13) ist bereits ein erstes, durchgeformtes Meisterwerk, und noch aus der Frühzeit des Christentums wären mit den Hymnen des Ambrosius und dem »Tagzeitenbuch« des Prudentius (2. Hälfte des 4. Jh.) herausragende Beispiele für eine innovative Lyrik zu nennen, die nicht anders als christl. verstanden werden will. Bereits hier trifft die Reichenberger Definition, »christliche Literatur ist eine Literatur, die ein von Jesus Christus ergriffener Mensch schreibt, und in der dieses Ergriffensein zu erkennen ist«. Innovativ zeigte sich christl. D. von Anfang an auch in den beiden anderen Großgattungen, Roman und Drama.

Während die Apg des Lukas noch demonstriert, wie hist. Begebenheiten nicht zuletzt im Dienste einer bewußt konzipierten Leserbindung mit Stilmitteln des Romans dargeboten werden können – eine literarische Meisterleistung, die gegen manche Kritiker des lukanischen Geschichtswerks nachdrücklich betont werden muß -, ist bereits im 2. Jh. vor allen vergleichbaren säkularen Romanen die später maßstabsetzende Form ausgeprägt, in der hist. Grundlagen zur fiktiven, auf Unterhaltung abzielenden Belletristik ausgeweitet werden. Beispielhaft dafür sind die »Acta Petri« (ca. 180 n.Chr.) und die beiden Clemens-Romane der »Homilien« und »Recognitionen« (4. Jh.).

Dem Drama standen christl. Dichter lange reserviert gegenüber; Tertullian hatte in »De spectaculis« (ca. 197 n.Chr.) den Besuch von Schauspielen aller Art als sittenverderbend untersagt, und dieses Verdikt hatte lange nachgewirkt. Doch der Durchbruch, den die Gandersheimer Nonne Hrotsvith (ca. 935-975) mit ihren sechs Dramen erzielte, bewirkte zugleich die Wiederentdeckung des antiken Dramas als Theater: Mit der Edition ihrer auf christl. Adaptationen von Stoffen des Terenz gründenden Stücke durch den Humanisten Konrad Celtis wurde auch Terenz selbst als bühnenwirksamer Dramatiker wiederentdeckt. Mag das auch nicht in der Absicht der Nonne Hrotsvith von Gandersheim gelegen haben, so war doch damit auch das christl. Drama, für das es bis dahin nur in den frühen Osterspielen Vorläufer gegeben hatte, gegen Tertullian akzeptabel geworden.

Christl. D. entwickelte sich in der Folgezeit weit über die traditionellen Gattungen hinaus; auch wenn sie ausdrücklich im Dienst von Kirche und Gemeinde stand, war Zweckgebundenheit nie automatisch gleichbedeutend mit künstlerischer Minderwertigkeit. Zwar konnte ein Reinhold → Schneider die im literarischen Widerstand gegen den Nationalsozialismus entstandenen Werke bescheiden als »literarischen Sanitätsdienst« bezeichnen, doch sind darunter ebenso bleibende Meisterwerke (»Las Casas vor Karl V.«, 1937, u.a.m.), wie etwa gleichzeitig Rudolf Alexander → Schröder und Jochen → Klepper mit ihren Kirchenliedern eine Form der Lyrik schufen, deren literarischer Rang unbestritten ist. Die Unterschätzung des prot. Kirchenlieds als eigenständige Form der D. gehört zu den Lücken der gegenwärtigen – und nicht nur der christlichen – Literaturwissenschaft.

Christl. D. durchläuft in der unmittelbaren Gegenwart eine Krise, die weniger im Fehlen bedeutender Autoren liegt (unter den älteren v.a. Gertrud Fussenegger, Albrecht Goes, Rudolf Otto Wiemer, unter den jüngeren begabter Nachwuchs wie Oliver Kohler und der Kreis um die Zeitschrift »Ambo«), sondern in einer tiefgreifenden Rezeptionsproblematik. Bis zum Ende der 50er Jahre hatte christl. D. einen etablierten Platz in der literarischen Landschaft, der mit großen Namen wie Gertrud von Le Fort, Werner Bergengruen, Reinhold Schneider oder Bernt von Heiseler unter den auch öffentlich

Auftretenden verbunden war – ein Platz, der sich nicht zuletzt der gesellschaftl. Wirkung christl. D. gerade im Widerstand und in der »inneren Emigration« unter dem Nationalsozialismus und dem Engagement während der Aufbauphase der Bundesrepublik verdankte, für das der 1957 an Reinhold Schneider verliehene Friedenspreis des deutschen Buchhandels Höhepunkt und in gewisser Weise zugleich Abschluß war. Eine vergleichbare Außenwirkung hat christl. D. seitdem nicht mehr erreicht, wenngleich sich der 1972 mit dem Literatur-Nobelpreis ausgezeichnete Heinrich Böll gerade in seinem gesellschaftspolit. Handeln selbst immer als Christ verstand.

Diese Wirkungslosigkeit christl. D. heute, die sich auch an einer Verinnerlichung und Parochialisierung ablesen läßt, muß als eine Herausforderung begriffen werden: Kaum eine Zeit hat christl.-literarisches, dichterisches Engagement so nötig wie die vom Neuheidentum und Synkretismus geprägte Auslaufphase des 20. Jh.s.

Lit.: W. Jens, H. Küng, K.-J. Kuschel (Hg.): Theologie und Literatur. Zum Stand des Dialogs, 1986; G. Kranz: Was ist christliche Dichtung?, 1987; Zur »Reichenberger Definition«: C.P. Thiede (Hg.): Christlicher Glaube und Literatur, Bd. 1, 1987; ferner die Bände 2-6, 1988-1992.

C.P. Thiede

Didache → Apostolische Väter

Didaktik

1. Der Begriff Didaktik

a. Der Begriff D. leitet sich aus dem Griech. her. Das Stammverb *didaskein* heißt: »lehren, aufklären, auseinandersetzen, beweisen, vorschreiben, einstudieren, aufführen (lassen)«. Der Begriff D. hatte also im antiken Kontext noch keine spezifisch päd. Bedeutung. Das »Didaktische« war z.B. auch eine Gattung des griech. Epos. Bis heute verwendet die französ. Sprache das Wort in diesem Sinne.

b. Seine päd. Zuspitzung erhielt der Begriff D. erst durch Amos → Comenius (1592-1670) und dessen Hauptwerk »Didactica Magna«. Comenius entwikkelt dort eine »Erziehungstheologie«. Die D. soll dem gefallenen Menschen ein Stück seiner Gottesebenbildlichkeit zurückgeben, indem sie ihn positiv verändert.

c. Die moderne Alltagssprache, aber auch einige Fachdidaktiken, haben ein sehr oberflächenhaftes Verständnis von D. Sie wird mit Methodik gleichgesetzt und auf reine Unterrichtstechnik reduziert. Demgegenüber stehen die Bemühungen um D. als eine »Theorie der Bildung«, die alles umfaßt: Sinngebung – Ziele Inhalte – Formen des Lehrens.

2. Modelle der Allgemeinen Didaktik

a. Normative Didaktik

Diese älteste Form von D. stammt aus dem vorwissenschaftl. Bereich, sie hat dort die Form von Erfahrungssätzen. Auf der wissenschaftl. Ebene wird daraus ein System, das von obersten Sinnormen für das menschliche Leben ausgeht. Diese Normen werden dann ausgelegt auf Erziehungsziele hin. Daraus ergeben sich die Unterrichtsinhalte und auch die Methoden. Es wird alles deduziert aus vorgegebenen phil. Postulaten, rel. Offenbarungen oder polit. Zielen.

Die Schwäche dieser normativen D. sind unerwünschte Nebenwirkungen, weil die empirischen Bedingungen für Lernen und Verhaltensänderung nicht genügend bekannt sind.

Es entwickelten sich in hist. Reihenfolge deshalb auch drei Gegenpositionen:

b. Bildungstheoretische Didaktik

Sie hat ihre Wurzeln in der geisteswissenschaftlichen Pädagogik. Ihre Hauptvertreter sind: H. Nohl, E. Weniger, W. Klafki. Diese Schule arbeitet ganz bewußt nicht mit dem Lernbegriff, sondern mit dem Bildungsbegriff und setzt an bei der Analyse von Erziehungsvorgängen. Was braucht der Jugendliche, um eine Persönlichkeit zu werden? Die objektiven Erziehungsmächte: Kultur, Gesellschaft, Staat, Familie, sollen ernstgenommen, aber ihr Absolutheitsanspruch muß gebrochen werden. Der Lernende soll eine »kategoriale« Bildung erhalten. Das bedeutet zum Beispiel für den Geschichtsunterricht, daß Kenntnis und Verstehen der Geschichte nur Zwischenstufen sind auf dem Weg zu polit. Verantwortung.

c. Lerntheoretische Didaktik

Die Lerntheoretiker – auch unter der Bezeichnung »Berliner Schule« bekannt – stellen sich die Aufgabe, alle Faktoren des komplexen Lehr-Lern-Prozesses durch empirische Analysen zu erhellen. D. ist hier die »Wissenschaft vom Unterricht«. Die Hauptvertreter dieser Richtung sind: P. Heimann, W. Schulz.

d. Informationstheoretische oder kybernetische Didaktik

Diese jüngste Richtung kommt aus der Naturwissenschaft. Sie arbeitet mit der engsten Definition von D. »Lernen« ist lediglich Aufnahme, Speicherung, Verarbeitung und Wiedergabe von Information. D. steuert diese Prozesse. Die Hauptvertreter dieser Richtung sind: F. van Cube, H. Frank.

Alle anderen Modelle der D. sind Variationen dieser vier oben genannten oder der Versuch einer Synthese, wobei in der Moderne ein besonderer Akzent auf Kommunkationsvorgänge gelegt wird.

3. Rezeption der Modelle in der Religionsdidaktik

Alle modernen Entwürfe zeigen, daß der Religionsdidaktik mit ihrer seelsorgerl. Komponente die bildungstheoretische Schule am nächsten steht und die kybernetische am fernsten, obwohl in der Religionsdidaktik auch mit Lernprogrammen gearbeitet wird. Die Forschungsergebnisse der lerntheoretischen Schule aber sind auch in der Religionsdidaktik Allgemeingut geworden.

Lit.: H. Blankertz: Theorien und Modelle der Didaktik, 1975; G. Lämmermann: Grundriß der Religionsdidaktik, 1991; H.P. Siller: Handbuch der Religionsdidaktik, 1991.

D. Nowak

Didaskalia → Apostolische Konstitutionen

Diebstahl → Eigentum

Dienst

Begriff und Sache des D.es erfahren seit jeher vehemente Bestreitung und vielfache Ablehnung. Die fassungslose Frage des Sophisten Kallikles in Platos Dialog »Gorgias« (491 e): »Wie könnte wohl ein Mensch glücklich sein, wenn er irgendwem dient?« steht für eine heute nicht weniger aktuelle Mentalität. Wer dient, der läßt sich in seinem Handeln ja offenbar von einem anderen beeinflussen, scheint also in seiner freien Selbstbestimmung beeinträchtigt. Als Lebensideal gilt dem Menschen der antikgriech. wie der neuzeitlichen Aufklärung die Befriedigung des Machtstrebens, die Durchsetzung des eigenen Rechts in jeder Hinsicht sowie der uneingeschränkte Lebensgenuß, geschehe dies nun in der »dionysischen« Form (sinnlich-materiell) oder in der »apollinischen« (geistig-kulturell). Beide Typen des säkularen Humanismus – sie sind in Goethes »Faust« repräsentiert – ignorieren den konkreten Mitmenschen und verfehlen sich an ihm.

Demgegenüber offenbart sich nach dem Zeugnis der Bibel Gott als der den Menschen in ihrer Geschichte aktuell zu Hilfe kommende Gott. Sein rettendes Eingreifen an Israel ist die Aktualisierung und Steigerung seines allg. Erhaltungshandelns. Das eine wie das andere zeigt Gott als den, der seinem Geschöpf dient: »Der Herr ist allen gütig und erbarmt sich aller seiner Werke. Der Herr richtet die Niedergeschlagenen auf, er heilt die zerbrochenen Herzen und verbindet ihre Wunden« (Ps 145,8ff). Gott übt seine Herrschaft als D. aus, nicht nur im regelmäßigen Bewahren, vielmehr ebenso im aktuellen Heilen und Erretten des Verlorenen: »Ich will das Verlorene wieder suchen und das Verirrte zurückbringen« (Hes 34,16). Dieser rettende D. Gottes gipfelt in der Sendung seines Sohnes. Gott offenbart sich in der Existenz eines »Knechtes«(*doulos*), der dient (Phil 2,7).

Ausgehend vom Doppelgebot der Liebe (Mt 22,37-39) lebt Jesus als einer, der Gott und dem Mitmenschen dient. Gegenüber dem ichzentrierten Weltbild des profanen Humanismus liegt der Schwerpunkt der Menschlichkeit Jesu in Gott und dem Nächsten. Jesus sucht nicht das eigene Glück, sondern den D. am Nächsten unter der Herrschaft Gottes. Sinnbildlich zeigt das Gleichnis in Mt 24,45-51 die Alternative von Selbstkultur und D. auf. Auch die Weisung Jesu an seine Jünger (Mt 20,25f) trägt die Gestalt des Gegensatzes: Es kommt alles darauf an, Größe nicht auf Kosten, sondern zugunsten des Nächsten auszuleben!

Diese von ihm stets gelehrte Lebensperspektive – »für die Menschen eingesetzt zum Dienst vor Gott« (Hebr 5,1) unterstreicht Jesus durch sein eigenes Vorbild: »Er ging umher, Gutes zu tun« (Apg 10,38). Er heilte die Kranken, speiste die Hungrigen, schenkte Schuldigen die Vergebung und rief Menschen in seine Gemeinschaft.

In der Erfüllung der messianischen Prophetie (»Das geknickte Rohr wird er nicht zerbrechen und den glimmenden Docht wird er nicht auslöschen«, Jes 42,3; Mt 12,20) offenbart Jesus nicht nur das wahre Wesen Gottes, des barmherzigen Königs und Hirten, sondern zugleich auch das wahre Wesen des Menschen: Echte Humanität ist nicht Herrenmenschen-Existenz nach dem Motto F. Nietzsches: »Was da fallen will, das soll man auch noch stoßen!«, sondern Freiheit zum D. an Geknickten und Erschöpften.

Freiheit und D. gehören demnach unter dem bibl. Horizont der Herrschaft Gottes untrennbar zusammen, wie ja bereits die Bezeichnung »Knecht Gottes« im AT ein Hoheitstitel ist. Das JohEv. zeigt uns das vollkommene Einverständnis Jesu mit seinem himmlischen Vater als die Grundeinstellung seines D.es. Zugleich wird immerzu sichtbar, daß Jesus seinen D. nicht in sklavischer Gesinnung ausübt, vielmehr mit dem Selbstbewußtsein, daß ihm »der Vater alles in seine Hände gegeben hat« (Joh 13,3). Es ist dieser vollmächtige, freie, königliche Mensch, der seinen Jüngern die Füße wäscht und zu ihnen sagen kann: »Ich bin unter euch als ein Diener« (Lk 22,27). An Jesus sieht man, daß es so etwas gibt wie eine freiwillige Selbstbestimmung zum Dienen, ein bereitwilliges Sich-zur-Verfügung-Stellen für Gottes Werk.

Dies soll nun auch von den Jüngern Jesu gelten. Leben in der Nachfolge dessen, der um unsrer Freiheit willen sein Leben hingab (Mt 20,28), bedeutet deshalb: im Handeln Jesus ähnlich werden, sich der persönlichen Mühe um Menschen von Jesus bestimmen lassen, also andern dienen mit jener Hingabe und Selbstvergessenheit, Aufmerksamkeit und Liebe, die man von ihm empfangen und gelernt hat. Im Wirkungsbereich Jesu ist das Leben des Nächsten nicht nur garantiert, sondern auch der besonderen Fürsorge aufgegeben. Das NT zeigt durch eine Vielfalt von Bezeichnungen, wie fundamental und umgreifend das Leben »in Christus« von den ersten Gemeinden als D. begriffen wurde. A. Schlatter hat deshalb statt von »Ethik« viel lieber vom »Dienst des Christen« gesprochen.

Unter der Führung der Liebe, die »sucht, was der andere braucht« (1Kor 10,24; Phil 2,4) richtet sich der D. des Christen zunächst auf die geschöpflichen Bedürfnisse des Menschen: Nahrung, Kleidung, Wohnung sowie das Erleben von Gemeinschaft (vgl. Mt 25,31-46). Diakonie in ihren vielfältigen Formen gehört wesentlich den »Geringen« und Übersehenen; sie richtet das schwache und verwundete Leben wieder auf (Lk 10,30-37) und realisiert jene Barmherzigkeit, welche das Prinzip des *do-ut-des* (dt.: Wie ich dir, so du mir!) weit hinter sich läßt.

Weiterhin richtet sich der D. der Gläubigen inhaltlich gleichermaßen auf die geistl. Grundbedürfnisse des Menschen, angefangen von der Erstbezeugung des Evangeliums (1Petr 2,9) bis dorthin, wo die Neuschöpfung und die Verähnlichung mit Christus im Leben von Menschen Gestalt annimmt (vgl. Kol 1,28f). So bezieht sich der Reich-Gottes-Dienst des Christen sowohl auf die Erhaltungsordnung als auch auf die Erlösungsordnung und umfaßt stets beides: Mission und Diakonie.

Leiblich-praktischer D. und »Dienst des Wortes« ergänzen einander (Apg 6,2ff; 1Petr 4,10f). So kann Paulus die Kollekte für die notleidende Gemeinde in Jerusalem einen »Gemeinschaftsdienst für die Heiligen« nennen (2Kor 8,4), während er seinen Missionsauftrag als »Dienst der Versöhnung« bezeichnet (2Kor 5,18f).

Dabei führt der Weg im Gefolgschafts-Dienst Jesu stets zu konkreten, einzelnen Menschen, wenngleich der Christ die umfassende Weite des Reiches Gottes für alle Menschen im Blick behält. »Im Kleinbetrieb des Dienens an dem einzelnen wird die große Sache Gottes durchgesetzt« (M. Kähler): daß nämlich erneut einer aufhört, sich selbst zu dienen, um statt dessen als »neue Kreatur« in den D. Jesu zu treten (2Kor 5,14-15). Denn »Geben ist seliger als Nehmen, und Dienst ist das Ziel der Gnade« (A. Schlatter).

Lit.: K. Bockmühl: Reich Gottes und Humanismus, in: Theologie und Lebensführung, Ges. Aufsätze II, 1982; H. Burkhardt: Der Dienst des Christen und die Mutterhausdiakonie, 1991; R. Frische: Wasser aus der Wüste. Impulse für eine Spiritualität des Dienstes, 1986; ders.: Biblische Reichsgotteserwartung und Ethik, in: Begründung ethischer Normen, hg. von H. Burkhardt, 1988; ders.: Haushalterschaft contra Selbstherrschaft. Christen im Paradigmenkonflikt, in: Die Kunst gemeinsamer Nachfolge im Narzißmus unserer Zeit. FS H.U. Herrmann, 1992; A. Schlatter: Der Dienst des Christen in der älteren Dogmatik, BFchTh, 1897, Bd. 1.

R. Frische

Dienste in Übersee

Mit dem Verein »Dienste in Übersee – Arbeitsgemeinschaft evangelischer Kirchen in Deutschland, e.V.« haben sich die ev. Landes- und Freikirchen ein Instrument zur Vermittlung ev. Fachkräfte in Entwicklungsländer geschaffen. Die Vermittlung erfolgt auf Anforderungen aus kirchl. oder gemeinnützigen Organisationen der betreffenden Länder. Besonders gefragt sind medizinische, technische, betriebs- und finanzwirtschaftl. sowie landwirtschaftl. Berufe. Mindestens 25 Jahre muß ein(e) Bewerber(in) sein, Ausbildung und zwei Jahre Berufspraxis muß hinter ihm (ihr) liegen. Die christl. motivierte Mitarbeit zielt nicht nur auf die wirtschaftl., sie dient auch der sozialen und soziopolit. Entwicklung im Einsatzland und, nach der Rückkehr, der Bewußtseinsbildung zu Hause. D.i.Ü., 1960 gegründet mit der Geschäftsstelle in Stuttgart, versteht sich als Ergänzung zu »→ Brot für die Welt«. Ein »Übersee-Register« dient der Sammlung von Interessenten, über kirchl. Entwicklungsarbeit informiert die Zeitschrift »Der Überblick«. D.i.Ü. gehört der »Arbeitsgemeinschaft Kirchlicher Entwicklungsdienst« an.

S.a. → Christliche Fachkräfte International)

R. Boeckler

Dietrich, Christian (1844-1919)

D., geb. am 8. 4. 1844 in Gschwend/Württ., gest. am 22. 2. 1919 in Stuttgart, wuchs ab 1852 bei dem Bruder seines Vaters, dem Lehrer Christian Dietrich (1823-1898) - Erwecker des Hohenloher Landes - in Homberg auf. Nach Ausbildung am Ev. Lehrerseminar Tempelhof wirkte er als Lehrer und (seit 1896) als Rektor am Ev. Töchterinstitut in Stuttgart.

Er gründete 1865 den »Verein christl. Lehrgehilfen (später: Lehrer)«, dem er von 1896-1918 vorstand. Vom Onkel im Geiste des innerkirchl. württembergischen Pietismus geprägt, stand er der Oxforder → Heiligungsbewegung kritisch gegenüber. In der aufkommenden → Gemeinschaftsbewegung spielte er früh als Schriftführer des »Deutschen Komitees für evangelische Gemeinschaftspflege« (seit 1897 Gnadauer Verband: → Evangelischer Gnadauer Verband) und Herausgeber des Monatsblattes »Philadelphia« eine entscheidende Rolle. 1897 übernahm er den Vorsitz des Verbandes der altpietist. Gemeinschaften in Württemberg. Als Mitglied des Gnadauer Vorstandes sorgte er in den Auseinandersetzungen mit der aufkommenden → Pfingstbewegung mit für das Durchhalten reformat.-theol. Grundpositionen.

Lit.: Ch. Dietrich: Kirchliche Fragen der Gegenwart, (1887); ders., D. Brockes: Die Privaterbauungsgemeinschaften innerhalb der evangelischen Kirche Deutschlands, 1903; G. Schmid: Von Kraft zu Kraft. Rektor Dietrichs Lebensgang und Lebenswerk, 1919.

J. Ohlemacher

Dietzfelbinger, Hermann (1908-1984)

D., geb. am 14. 7. 1908 in Ermershausen, gest. am 15. 11. 1984 in München, ev. Pfarrer in Rüdenhausen (Bayern) und München 1931-1943, Studentenpfarrer in München 1943-1949, Direktor des Predigerseminars Nürnberg 1945-1953, Vorsteher des Diakonissenmutterhauses Neuendettelsau 1953-1955, Landesbischof der ev.-luth. Kirche in Bayern 1955-1975, Ratsvorsitzender der EKD 1967-1973.

D. gilt als einer der bedeutendsten konservativen Bischöfe der Nachkriegszeit.

Lit.: H. Dietzfelbinger: Christus praesens. Vorträge, Aufsätze, Predigten, 1968; ders.: Veränderung und Beständigkeit. Erinnerungen, 1984; O. Steiner, W. Rupprecht (Hg.): H. Dietzfelbinger: Dein Wort bewegt des Herzens Grund. Bibelarbeiten und Vorträge, 1988.

G. Ruhbach

DIGUNA

Die Gute Nachricht für Afrika e.V., Mitglied in der → Arbeitsgemeinschaft evangelikaler Missionen, gegründet 1978, Sitz in Haiger (Hessen), freies Missionswerk als Glaubensmission auf Spendenbasis, ist hervorgegangen aus dem »Kongoteam«, welches 1972 durch V. Paul, H. Kommerau und W. Weber begründet wurde.

Entstanden aus der Missionsarbeit von Austin Paul (Vater des Mitbegründers Vic Paul, Afrika-Inland-Mission), der zu Fuß und mit dem Fahrrad im Ostteil von Zaire (damals Kongo) unterwegs war, um zu evangelisieren. Nach dessen Tod hat dessen Sohn die Aufgabe von der einheimischen Kirche übertragen bekommen. Besonderes Merkmal sind die geländegängigen ehemaligen Armeefahrzeuge, die aus Deutschland nach Afrika, zunächst auf dem Landweg, dann auf dem Seeweg gebracht wurden.

Es entwickelte sich eine mobile Evangelisationstätigkeit, die sich später auf Kenia ausdehnte. Besondere Ziele der Diguna-Arbeit: Hilfe für die einheimische Gemeinde und Kirche bei der Aufgabe der Evangelisation, besonders in schwer zugänglichen oder total unerreichten Gebieten Ost- und Zentralafrikas. Arbeitsgebiete: Kenia, Zaire, Tanzania, Uganda.

Zur Zeit hat DIGUNA etwa 160 Mitarbeiter, etwa die Hälfte sind Einheimische aus Kenia, Zaire und Uganda. Einstieg in die Missionsarbeit ist für zwei bis vier Jahre oder länger möglich. Gefragt sind praktische Begabungen sowie mission. Lebensstil.

Arbeitszweige bilden neben der mobilen Evangelisation mit Bibelverbreitung eine Jüngerschule und eine Trompetenschule als Ausbildung für Einheimische, Freizeiten für einheimische Schüler und Studenten; außerdem ein Schulevangelisationsprogramm im dichtbesiedelten Westen Kenias.

Lit.: H. Kommerau: Licht über Afrika, 1990.

B. Glasow

Dilthey, Wilhelm (1833-1911)

In der ersten Hälfte des 19. Jh.s gelang es den hist. Wissenschaften, ein eigenes Selbstverständnis zu gewinnen, das ihnen einen besonderen Rang sicherte. Dabei standen sie zunächst vor allem im Gegensatz zum deutschen Idealismus, der die konkrete Wirklichkeit abwertete und über das Recht des einzelnen hinwegschritt. Demgegenüber betonten sie die Einmaligkeit und Besonderheit hist. Gestalten und Erscheinungen. Die konkrete hist. Erfahrung könne zwar an jedem Punkt auch Allgemeingültiges vernehmen, lasse sich jedoch nicht durch allgemeingültige Erkenntnisse ersetzen. Das Allgemeine lasse sich nur in der jeweiligen individuellen Besonderheit begreifen.

Diese Hochschätzung des Einmaligen und Besonderen wurde jedoch durch den Fortschritt der hist. Wissenschaft selbst zunehmend in Frage gestellt. Je mehr Jahrtausende und je mehr Völker und Kulturen in die hist. Forschung einbezogen wurden, desto bedeutungsloser schien jede individuelle Einzelentscheidung und jedes einzelne Subjekt der Geschichte. Aus dieser Lage suchte D. die Konsequenzen zu ziehen.

Er wurde am 19. 11. 1833 in Biebrich geboren, wirkte als Professor in Basel, Kiel und Breslau und schließlich seit 1882 in Berlin. Am 1. 10. 1911 starb er in Seis am Schlern.

Es geht D. im wesentlichen um eine systematische Grundlegung der Geisteswissenschaften, deren Eigenständigkeit im Hinblick auf Gegenstand und Methode er betont. Er ist davon überzeugt, daß der Mensch nur durch die Geschichte erfährt, wer er ist. Dazu bedürfe es einer inneren Erfassung geistesgeschichtl. Vorgänge. Es gelte, sie seelisch nachzuerleben. Nur die Geisteswissenschaften hätten es mit dem Menschen als Ganzen zu tun. Zu seinem Verständnis sei eine beschreibende und vergleichende Psychologie notwendig.

Angesichts der vielfältigen Erscheinungsformen und Deutungen menschlichen Lebens im Laufe der Jahrtausende lehnt D. jede auf allgemeine Wahrheitserkenntnis abzielende Metaphysik ab. Er unterscheidet drei Grundtypen der in der Geschichte vorfindlichen Weltanschauungen. Jeder von ihnen sei jedoch in seiner Weise einseitig und unzureichend. Es könne nur darum gehen, sie in ihrem jeweils zeitgebundenen Kontext zu begreifen und sich in diesem umfassenden Begreifen über ihre Unzulänglichkeiten zu erheben.

Ein Ziel der gesamten geschichtl. Entwicklung ist

nach D.s Überzeugung nicht erkennbar. So ist das Ergebnis seiner Überlegungen letzten Endes ein allgemeiner Skeptizismus. Auch die Philosophie könne die Wahrheitsfrage nicht lösen. Sie habe daher legitimerweise nur die Aufgabe, die bisherigen Bemühungen um eine angemessene Deutung der Welt verständnisvoll nachzuvollziehen und zu beschreiben. Ihr Gegenstand sei nicht die Wahrheit, sondern die Darstellung bisheriger menschlicher Denkbemühungen. Damit wird Philosophie zur Philosophiegeschichte umgeprägt. Die Wirkungen D.s auf die weitere geistige Entwicklung, u.a. auch auf die hermeneutische Theologie der Schule R. → Bultmanns, sind vielfältig und nachhaltig.

Lit.: W. Dilthey: Ges. Schriften, 12 Bde., 1913ff (zahlreiche Neudrucke).

R. Bultmann: Das Problem der Hermeneutik, GuV II, 1972, 211-235. O.F. Bollnow: Dilthey, [2]1955; H. Diwald: Wilhelm Dilthey 1963.

H. Staudinger

Dimissoriale

D. bezeichnet die vorübergehende Entlassung (lat. *dimittere*, »entlassen«) eines Gemeindeglieds aus dem Zuständigkeitsbereich seines Gemeindepfarrers. Nach den Ordnungen der Landeskirchen ist jedes Gemeindeglied dem Seelsorgebereich eines bestimmten Pfarrers zugeordnet, jeder Pfarrer an bestimmte Gemeindeglieder gewiesen. In der Regel ist der Zuständigkeitsbereich eines Gemeindepfarrers an örtliche Merkmale geknüpft (Parochie). In Ausnahmefällen sind persönliche Merkmale bestimmend (Personalgemeinde, Anstaltsgemeinde). In seinem Zuständigkeitsbereich hat der Gemeindepfarrer das Recht und die Pflicht zu Seelsorge und kirchl. Handlungen (Taufe, Konfirmation, Trauung, Bestattung). In dem durch die kirchl. Ordnung bestimmten Rahmen hat jedoch jedes Gemeindeglied die Möglichkeit, sich an einen Seelsorger seiner Wahl zu wenden. Erfolgt diese Wahl allgemein und auf Dauer, so spricht man von Abmeldung zur Seelsorge. Diese unterliegt den geringsten Einschränkungen, wenn sie innerhalb einer einheitlichen Gemeinde mit mehreren Pfarrstellen erfolgt. Sie ist aber auch möglich über die Grenzen der Kirchengemeinde hinweg. Vorauszusetzen ist dabei, daß das Gemeindeglied willens und in der Lage ist, in der Gemeinde seiner Wahl am kirchl. Leben teilzunehmen. Ist die Abmeldung erfolgt, so ist eine neue Zuständigkeit begründet. Ein D. ist erforderlich, wenn die freie Wahl des Seelsorgers nur im Blick auf eine bestimmte Amtshandlung erfolgt. Hat sich ein nicht zuständiger Pfarrer zur Vornahme einer solchen Amtshandlung bereit erklärt, so ist es seine Sache, das D. beim zuständigen Gemeindepfarrer einzuholen. In der Regel darf dieser das D. nicht verweigern, wenn die in der kirchl. Ordnung vorgesehenen Voraussetzungen für die Amtshandlung gegeben sind. Er muß hierzu den Sachverhalt prüfen und ggf. die erforderlichen Gespräche führen. Er trägt außerdem die Verantwortung dafür, daß der Pfarrer, der das D. beantragt, zur Vornahme der Amtshandlung ermächtigt ist.

M. Daur

Diognetbrief → Apostolische Väter

Dionysius Areopagita (Ende 5. Jh.)

Es ist anzunehmen, daß D. am Ende des 5. Jh.s gelebt hat. Vielleicht war er ein syrischer Mönch. Er selbst bezeichnet sich als D. vom Areopag. Allerdings kann er nicht der gewesen sein, als der er sich ausgibt: Der in der Apostelgeschichte (17,34) erwähnte Ratsherr von Athen, der als einziger Zuhörer vom Apostel Paulus durch dessen Predigt auf dem Areopag bekehrt worden war, Dionysius Areopagita. »Mit dieser Fiktion spekulierte der Verfasser auf erhöhtes Prestige, was sich in Ost und West bald auch einstellte« (K. Flasch).

Über das Leben des D. läßt sich kaum etwas aussagen. Sein Ansehen im Westen wurde besonders dadurch unterstrichen, daß man D. mit dem Pariser

Märtyrer Dionysius identifizierte, der Schutzpatron des franz. Königtums wurde. Der zentrale Ort war die Kathedrale von St.-Denis im Norden von Paris, die zur Grablege der franz. Könige wurde.

Seit dem 9. Jh. beeinflußte D. das europäische Denken in entscheidener Weise.

Vier Schriften und zehn Briefe sind von D. bekannt. »Die Werke über die ›Himmlische Hierarchie‹ und die ›Kirchliche Hierarchie‹, über die ›Göttlichen Namen‹ und die kurze Programmschrift ›Mystische Theologie‹ sind seine wichtigsten theoretischen Erörterungen. In den Briefen kommt dann die praktische Seite stärker zum Tragen« (V. Keil).

»Mit der Bezeichnung ›Hierarch‹ für den → Bischof und der Wortschöpfung ›Hierarchie‹ bringt D. ein neues Verständnis von Kirche und Theologie zum Ausdruck. Die Bestimmung des Bischofs als Stifter und Gebieter über die heiligen Dinge und seines Amtes als Stiftung und Verwaltung derselben ermöglicht, die Kirche in einem größeren Zusammenhang zu sehen« (G. Heil).

In ›Die Namen Gottes‹ sagt D.: »Trotz aller Partizipation bleibt das Wesen Gottes verborgen und unerkennbar, trotz aller trinitarischen Wahrheiten sind Aussagen zum Wesen der Trinität unmöglich, trotz aller christologischen Feststellungen bleibt das Wesen der Menschwerdung Jesu unbenennbar und nicht zu erkennen.« Seine Antwort lautet: »Nur mystische Schauung läßt das Wesen Gottes erahnen« (B.R. Suchla).

Bestimmend waren für D. das östliche Mönchtum sowie die neuplatonische Philosophie.

So kontemplativ seine Gedanken waren, sie hatten doch polit.-praktische Bedeutung durch die Darlegungen von »den himmlischen und kirchlichen Hierarchien«.

Die kirchl. Hierarchie besteht aus zwei mal drei Stufen: Bischöfe, Priester, Diakone einerseits, Mönche (die in der Regel nicht Priester waren), Gläubige und Katechumene bzw. Büßer andererseits.

Der Zentralgedanke des D. ist die Gottesidee. Wie an der Sonne alles Licht und Leben teilhat, so an Gott alles Sein und Leben, alle Welt und alle Schönheit.

Der gesamte Weltprozeß ist eine Hinbewegung zu Gott. Der Weg ist ein dreifacher: Reinigung, Erleuchtung, Vollendung. Meister Eckhart kannte D., Nikolaus von Cues hat ihn zitiert, Thomas von Aquin kommentierte seine Schriften.

»Dionysius kann uns ... keinen Weg zeigen, den wir so nachgehen können... Aber er kommt in seinen Texten zu uns als Wegweiser, der uns eine Richtung zeigt, in die wir gehen können« (V. Keil).

Lit.: K. Flasch: Das philosophische Denken im Mittelalter. Von Augustin zu Machiavelli, o.J.; W. Gessel (Hg.): Pseudo-Dionysius Areopagita. Die Namen Gottes, 1988; V. Keil (Hg.): Dionysius Areopagita. Ich schaue Gott im Schweigen, 1985; P. Wirth, W. Gessel (Hg.): Pseudo-Dionysius Areopagita Über die himmlische Hierarchie. Über die kirchliche Hierarchie, 1986.

K. Wittstadt

Diözese

Der Begriff D. ist von dem griech. Wort *dioikesis*, »(Staats-) Haushalt«, abgeleitet, der in der röm. Amtssprache einen Verwaltungsbezirk, der wiederum Teil einer Provinz war, bezeichnete. Diese Begriffsbedeutung von D. wurde von der lat. Kirche des Westens auf den Amtsbezirk eines → Bischofs übertragen. Die D. ist die erste untergeordnete Instanz der ständigen Kirchenleitung, direkt vom Papst abhängig, und die Grundlage der röm.-kath. Territorialgliederung.

In den ersten christl. Jh.en war die D. beschränkt auf die bischöfliche Stadtgemeinde. Nachdem im Zuge mission. Bemühungen umliegende Gebiete und Städte erreicht wurden, sind die dortigen Stadt- oder Landgemeinden der D. angegliedert worden, und es entstanden größere Diözesanterritorien, die seit dem 3. Jh. in einzelne Pfarreien unterteilt wurden. Die Schlüsselstellung der D. und die Leitungsfunktion ihres Bischofs gelten als apostolisch und sind somit göttliches Recht (CIC c. 329,§1).

Im Rahmen der Gesamtkirche gilt die D. als der »Teil des Gottesvolkes, der dem Bischof in Zusammenarbeit mit dem Presbyterium zu weiden anvertraut ist« und als »eine Teilkirche, in der die eine, heilige, katholische und apostolische Kirche Christi wahrhaft gegenwärtig ist und wirkt.«

Dem Bischof sind als beratende und helfende Instanzen die Diözesankurie und die Diözesansynode zur Seite gestellt. Im Byzantinischen Reich bezeichnete D. entsprechend der späteren röm. Bezeichnung einer D. als Gesamtgebiet mehrerer Provinzen den Amtsbezirk eines Patriarchen. Heute entspricht eine D. der Orthodoxen Kirche einem Bistum.

In der ev. Kirche verstand man früher unter der D. den Bezirk eines Superintendenten bzw. Dekans. Als analoge Begriffe dienen heute Bistum, Sprengel, Prälatur, Propstei, Stift, Kirchenkreis und Landeskirche.

Lit.: CIC/1983 c.368-374.

V. Gäckle

Dippel, Johann Konrad (1673-1734)

D. (Pseudonym »Christianus Democritus«), geb. am 10. 8. 1673 auf Schloß Frankenstein bei Darmstadt, gest. am 25. 4. 1734 auf Schloß Wittgenstein, Theologe, Chemiker und Arzt. Hochbegabt, doch als Person stets umstritten, trat der Student in Gießen und Marburg als Anhänger der luth. Orthodoxie auf, wurde aber 1697 von G. → Arnold für den → Pietismus gewonnen. Während Arnold zur Kirche zurückfand, wurde D. zum schärfsten Kritiker der luth. Kirche (1698 Vorwurf des protestant. Papismus) und zum vorbehaltlosen Verfechter des radikalen Pietismus. Auf Grund seiner mystisch-spiritualistischen Glaubensüberzeugung handelte D. stets als freies Subjekt und geriet darum immer wieder in Konflikt mit Staat und Kirche. 1704-1707 im pietistenfreundlichen Berlin, begegnete D. → Spener, erfand als Alchemist das Berliner Blau und forderte 1706 den preußischen König mit seiner ökumen. Programmschrift »Ein Hirt und eine Herde oder Unfehlbare Methode, alle Secten und Religionen zur einigen wahren Kirche und Religion zu bringen« dazu auf, nur noch »unparteiische« Männer in den Kirchenschuldienst zu berufen, denen es ausschließlich um die wahre innere Herzensfrömmigkeit gehe.

Zahlreiche Konflikte führten zu einem unsteten Leben: Nach 1706 Flucht in die Niederlande, 1711 medizinischer Doktorgrad in Leiden, 1726 Entlassung und Aufenthalt in Stockholm, ab 1729 Lebensabend in Berleburg in der Grafschaft Sayn-Wittgenstein. Wo D. auftrat, gewann er Einfluß, durch seine zahlreichen, überwiegend deutschsprachigen Publikationen wurde er zu einem der meistgelesenen Autoren des Jh.s; sein kritischer Geist arbeitete der späteren → Aufklärung zu. Wie Jakob → Böhme Gott ausschließlich als Liebe denkend, verwarf D. die orth.-luth. Heilslehre. Die Vorstellung vom erlösenden Opfertod Jesu hielt er für heidnisch, den Rechtfertigungsglauben für illusionär. Die Lehre von der Heiligen Schrift bekämpfte er als »Bibliolatrie«, da Gott nach D. nur durch das innere Wort unmittelbar im Herzen wirke. Besondere Kirchen oder Konfessionen haben damit jegliche Berechtigung verloren. D. endete als rel. Individualist, konsequent lehnte er auch pietistische oder separatistische Gruppenbildungen ab und starb ohne jegliche Gemeinschaftsbindung.

Lit.: Gesamtausgabe: Eröffneter Weg zum Frieden mit Gott und allen Kreaturen, 3 Bde., 1747.

W. Bender: Johann Konrad Dippel, 1882; K. L. Voss: Johann Konrad Dippel, in: Orthodoxie und Pietismus, 1982, 277-285; J. Wallmann: Der Pietismus, 1990, 95-99.

J. O. Rüttgardt

Disciples of Christ (Christian Church)

Die vielfältigen kirchl. Experimente unter den geographischen Gegebenheiten der amerikanischen frontier-Erfahrung des 19. Jh. führten zu immer neuen kirchl. Spaltungen. Daher erwuchs das Hauptanliegen der D., die Einheit herzustellen. Dies konnte nur auf der Grundlage der Bibel geschehen: »Wo die Schrift redet, reden wir; wo sie schweigt, schweigen auch wir.« Entsprechend will man alle Verfälschungen abschütteln und zur apostol. Kirche in einer Art christl. »Primitivismus« zurückkehren. Zwei ursprünglich von Alexander Campbell (1788-1866) und Barton Stone (1772-1844) begründete, getrennte Bewegungen verbanden sich in den 30er Jahren. Sie wuchsen rasch und hatten zu Beginn des 20. Jh.s eine Mio. Mitglieder.

Die Entwicklung zur Überwindung der Spaltungen führte jedoch zu drei neuen Denominationen: der Disciples of Christ (Jünger Christi), die heute annähernd zwei Mio. Mitglieder zählt und zu den ökumen. aufgeschlossenen Denominationen (eigene ökumen. Zeitschrift: Midway) gehört, der Churches of Christ, deren Mitgliederzahl nur geschätzt werden kann (etwa auch zwei Mio.) und die sehr konservativ ist. Dazwischen stehen die Christian Churches, die über etwa eine Mio. Mitglieder verfügen. Die D. haben auf Weltebene mit der röm.-kath. Kirche einen fruchtbaren Dialog geführt.

Lit.: G.G. Beazley (Hg.): Die Kirche der Jünger Christi, 1977.

E. Geldbach

Dispens

1. Begriff

Während D. anfangs die sinnvolle Anwendung eines Gesetzes überhaupt meinte, versteht man unter D. seit der Mitte des 12. Jh.s einen hoheitlichen Akt der zuständigen Autorität, der die Verpflichtungskraft eines rein kirchl. Gesetzes aus bestimmten Gründen für einzelne Personen oder Personengruppen teilweise oder vorübergehend aufhebt (CIC c. 85). Die sog. D. von einem Gelübde oder einem Versprechenseid sowie die dispensatorische Auflösung des Ehebandes in wenigen Sonderfällen ist sachlich etwas anderes.

2. Dispensgewalt

Von göttlichen Gesetzen kann niemand dispensieren. Ferner kann nicht von Formvorschriften dispensiert werden, die den Wesensgehalt einer Rechtseinrichtung oder eines Rechtsaktes betreffen.

Von kirchl. Gesetzen kann der Gesetzgeber, sein Vorgesetzter und der von ihm Beauftragte dispensieren. Der Papst kann von allen Kirchengesetzen dispensieren. Diese Gewalt übt er durch die Kurienkongregationen und für den inneren Bereich durch die Apostol. Pönitentiarie aus. Seit 1966 haben die Diözesanbischöfe die Vollmacht, von den Partikulargesetzen und auch den allgemeinen kirchl. (Disziplinar-)Gesetzen zu dispensieren, außer die D. ist ausdrücklich dem Papst vorbehalten, z.B. bei einigen Ehehindernissen. Zuvor konnten sie nur von den eigenen Gesetzen und von allgemeinen Kirchengesetzen dann dispensieren, wenn ihnen dazu die Vollmacht kraft Gesetzes oder durch Verfügungen des Apostol. Stuhls verliehen war. Pfarrer, andere Seelsorger und Beichtväter (letztere nur für den inneren Bereich) können in Sonderfällen, besonders in Todesgefahr, von manchen Kirchengesetzen dispensieren, von denen die zuständige Autorität zu dispensieren pflegt.

3. Für die Gewährung einer D. ist ein gerechter und vernünftiger Grund erforderlich, der der Bedeutung des Gesetzes entspricht, von dem dispensiert werden soll. Eine ohne vernünftigen Grund erfolgte D. ist unerlaubt; wenn sie nicht vom Gesetzgeber selbst oder dessen Oberen gewährt wird, ist sie ebenfalls ungültig.

4. In den ev. Kirchen spielt die D. praktisch keine Rolle.

Lit.: J. Brys: De dispensatione in iure canonico, 1925; Handbücher des Katholischen Kirchenrechts, bes. zur Erklärung der cc. 85-93 CIC; J. Lederer: Der Dispensbegriff des kanonischen Rechts, 1957.

R. Weigand

Dispensationalismus

Als D. (=Heilszeitentheologie) wird eine besondere Ausprägung heilsgeschichtl. Theologie bezeichnet, die seit Ende des 19. Jh.s weite Verbreitung gefunden hat. Der Name geht auf das griech. Wort *oikonomia* (engl. dispensation; dt. Hausverwaltung, Heilsordnung, Heilsplan) zurück, wie es sich in Eph 1,10; 3,2.9; Kol 1,25f findet. Paulus spricht hier von einer zukünftigen Heilsordnung der Fülle der Zeiten sowie von einer mit dem Geheimnis der Gemeinde zusammenhängenden gegenwärtigen Heilsordnung, die zuvor so nicht geoffenbart war. Der D. schließt daraus, daß es innerhalb der → Heilsgeschichte im Zuge der fortschreitenden Offenbarung einander ablösende Ökonomien oder Heilsordnungen gibt, die Gott jeweils einsetzt. Z. Zt. leben wir in der Heilsordnung der ntl. Gemeinde.

Die Einteilung der Heilsgeschichte in verschiedene Perioden ist allerdings älter als der D. Seit den Zeiten der Alten Kirche fand sich häufig die Dreiteilung: ›vor dem Gesetz‹, ›unter dem Gesetz‹, ›unter der Gnade‹; doch es gab auch Vier-, Fünf-, Sechs- und Siebenteilungen der Heilsgeschichte. In der späteren → Föderaltheologie (H. Witsius) und der mit ihr verwandten Prophetischen Theologie (C. Vitringa) wurde im 17. u. frühen 18. Jh. der Gedanke einer Aufeinanderfolge von Ökonomien zentral (ähnlich bei P. Poiret, der indirekt J.A. → Bengel beeinflußte). Drei wesentliche Impulse für die Ausformung des D. lieferte J.N. → Darby (1800-1882), der Begründer der Brüderbewegung (→ Versammlung, christliche): Zum einen mit seiner strikten Unterscheidung von Israel und Gemeinde Jesu, zum andern mit seiner Verfallstheorie (daß nämlich Gott in jeder Heilsordnung den Gehorsam des Menschen durch bestimmte Gebote prüft; wird gegen diese gesündigt, ist damit die Heilsordnung unwiderruflich verfallen und muß durch eine neue ersetzt werden), und zum dritten mit seiner Erwartung einer wörtlichen künftigen Erfüllung aller atl. und ntl. Prophetien. Bedeutende Vertreter des D. sind C.I. Scofield (1843-1921), L.S. Chafer (1871-1952), E. Sauer (1898-1959). Bei allen Unterschieden eint sie ein Festhalten am Literalsinn der Bibel speziell in der Lehre von der Endzeit und in der Unterscheidung von Israel und Gemeinde sowie ein Beachten unterschiedlicher Epochen im Fortschreiten der Heilsgeschichte.

S.a. → Erlösungsplan

Lit.: C.B. Bass: Backgrounds to Dispensationalism, 1960; L.S. Chafer: Systematic Theology Bd. IV, [6]1962; A.D. Ehlert, »A bibliography of dispensationalism«, Bibliotheca Sacra, 101 (1944), 95ff. 199ff. 319ff. 447ff; 102 (1945), 84ff. 207ff. 322ff. 445ff; 103 (1946), 57ff; E. Geldbach: Christliche Versammlung und Heilsgeschichte bei J.N. Darby, [2]1972; Cl. Rogers: »Paulus und die Heilsgeschichte«, in Epochen der Heilsgeschichte, hg. von H. Stadelmann, 1984, S. 55-66; Ch.C. Ryrie: Dispensationalism Today, [10]1965; E. Sauer: Morgenrot der Welterlösung, [6]1976, ders.: Der Triumph des Gekreuzigten, [12]1988; ders.: Der göttliche Erlösungsplan, 1959; C.I. Scofield: Legen wir die Bibel richtig aus?, 1974; Neue Scofield Bibel (1914), 1972, 1992.

H. Stadelmann

Dissenters

Der Begriff D. bezieht sich auf diejenigen Gruppen, die außerhalb der englischen Staatskirche ihre Gottesdienste abhielten, und geht zurück auf die Lollardenbewegung im 14. und 15. Jh. Mit dem Regierungsantritt von Königin Elisabeth I. (1558) kam es zu Verfolgungen und offenem Separatismus. Während der Englischen Revolution (1640-1660) wurden diese Tendenzen fortgesetzt. Die Dissenters waren bereits fest etabliert, als es 1660 zur Wiederherstellung der Monarchie und Neuordnung der Staatskirche und 1662 zur Verabschiedung des Clarendon-Gesetzes gegen sie kam. Diese D. (Old Dissent) wurden auch »Nonkonformisten« genannt und umfaßten → Presbyterianer, → Independenten (→ Kongregationalisten), → Baptisten (General und Particular) und → Quäker. Sie verteidigten den Pluralismus mit der Behauptung, jede rel. Gemeinschaft (→ Denomination) habe Anteil an der Wahrheit. Trotz Gefängnis und hohen Geldstrafen setzten sie ihre Gottesdienste fort und leiteten ihre berühmten Akademien. Ihre Existenz bestätigt, daß die Staatskirche nicht allumfassend war. Die Thronbesteigung von Wilhelm III. von Oranien und Maria führte 1689 zur Toleranzakte (Act of Toleration), deren Wirkung jedoch durch das Occasional Conformity Gesetz von 1711, ergänzt 1714, begrenzt wurde. Die D. wurden vom öffentlichen Leben weitgehend ausgegrenzt und entwickelten daher ihre eigene Kultur. Im Laufe des 18. Jh.s haben sie ihren Kampf für rel. Freiheit unermüdlich fortgesetzt, doch vergrößerten sich ihre Gemeinschaften nicht wesentlich. Die Entstehung des »New Dissent« (Methodismus) und die Countess of Huntingdon Connection, inspiriert von George → Whitefield, hat den Alten Dissent neu belebt. Die polit. und soziale Reformtätigkeit aller D. während und nach der Französischen Revolution markiert den Beginn des Kampfes für Rechtsgleichheit, der bis in das 20. Jh. andauerte und einen friedlichen Übergang zu echter Demokratie und Pluralismus ohne Revolution in England ermöglichte. Als polit. Aktivisten haben die Nonkonformisten mit der Liberalen Partei und später mit der Labour Party zusammengearbeitet. Bevor die Säkularisierung der Gesellschaft die polit. Wirkung der Nonkonformisten beendete, hat sie durchaus das Wahlverhalten in England beeinflußt. Im Jahre 1900 war ein Drittel der britischen Parlamentsabgeordneten Nonkonformisten und zwei aus ihren Reihen, Herbert H. Asquith und Neville Chamberlain, wurden sogar Premierminister von Großbritannien.

Lit.: D. Davie: A Gathered Church. The Literature of the English Dissenting Interest 1700-1930, 1978; B.R. Knox: Reformation Conformity and Dissent. Essays in honour of Geoffrey Nuttall, 1977; M.R. Watts: The Dissenters. Vol. I: From the Reformation to the French Revolution, 1978.

R.C. Walton

Dissidenten

Man bezeichnet polit., rel. und andere Gruppen oder Individuen, die von einer herrschenden Meinung abweichen, als D. Im Warschauer Frieden (Pax dissidentium 1573) werden die von der röm. Kirche Getrennten so bezeichnet. Überall dort, wo sich Staats- oder Volkskirchen etablierten, oder wenn, wie zum Beispiel in Preußen, mehrere Kirchen öffentliche Befugnisse besitzen, waren die Abweichler »Dissidenten«. Eine Verengung des Sprachgebrauchs war nach dem Ersten Weltkrieg zu beobachten, als Personen, die keiner Glaubensgemeinschaft angehörten, die also konfessionslos waren, mitunter als D. oder auch als → Freidenker bezeichnet wurden.

Im englischen Sprachraum wurden die Worte »→ Dissenters«, »Nonkonformisten« oder »Separatisten« gleichbedeutend gebraucht. Im 19. Jh. kam in Schottland das Wort Free Church (→ Freikirche) auf. Damit wird der Anspruch verknüpft, neben der Kirche von England und der Presbyterianischen Kirche von Schottland ebenfalls »Kirche« im Vollsinn zu sein. Der Beigeschmack des »Abweichlers« soll damit verschwinden. Es zeigt sich, daß das jeweilige rel. und damit auch gesellschaftl. Umfeld darüber entscheidet, wer als D. eingestuft wird. So zum Beispiel galten Anglikaner in Schottland und Presbyterianer in England als D., weil sie nicht der Staatskirche zugehörig waren. In England galten alle als Dissenters, die sich der Uniformitätsakte von 1662 widersetzten. Das Ziel, die rel. Uniformität durch Zwangseintritt der D. in die Staatskirche wiederherzustellen, wurde nicht erreicht. Statt dessen wurde den D. 1689 in der Toleranzakte die freie Gottesdienstausübung gewährt; doch blieben sie bis weit ins 19. Jh. Bürger zweiter Klasse. Ab 1827 erhielten Nonkonformisten Zugang zu Staatsämtern. 1868 wurde die Kirchensteuerverpflichtung aufgehoben, und erst 1871 hatten sie Zugang zu den Universitäten Oxford und Cambridge. Das rel. und kulturelle Leben Englands ist vielfältig von den D. bestimmt worden. Unter → Cromwell (1599-1658) errichteten sie eine Republik. Der Dichter John Milton (1608-1674; »Verlorenes Paradies«) verteidigte die Hinrichtung des Königs und trat für Pressefreiheit ein. John → Bunyan (1628-1688) schrieb im Gefängnis »Die Pilgerreise«, eines der meistgelesenen Erbauungsbücher der Christenheit. Der Begründer der Quäker, George → Fox (1624-1691), und der Liederdichter Isaac Watts (1674-1748) haben ebenso ihre Spuren in der Geschichte der Kirche hinterlassen wie die machtvollen Prediger John → Wesley (1703-1791), George → Whitefield (1714-1770) und

Charles H. → Spurgeon (1834-1892). Zu den D. gehörten auch die »Pilgerväter«, in deren Gefolge Nordamerika zum Refugium der Abweichler wurde.

Lit.: H. Davis: The English Free Churches, 1952; M.R. Watts: The Dissenters, 1978ff.

E. Geldbach

Distler, Hugo → Kirchenmusik

Disziplinarverfahren → Lehrzucht, Lehrverfahren

Doctor ecclesiae → Kirchenlehrer

Dodd, Charles Harold (1884-1973)

D., geb. am 7. 4. 1884 in Wrexham (Nordwales), gest. am 21. 9. 1973 in Oxford, war kongregationalistischer Pastor und Lehrer für NT, graduierte in Oxford und hielt dort am Mansfield College von

1915-30 Vorlesungen im NT. 1930-36 war D. Professor für Exegese an der Universität Manchester und von 1936-49 in Cambridge. Nach seiner Emeritierung war er Direktor des Komitees zur Übersetzung der New English Bible.

D. dominierte die britische ntl. Theologie während seiner akademischen Laufbahn und darüber hinaus. Sein Buch über die Gleichnisse (1935) gab in der englischsprachigen Welt ebenso den Ton an, wie es Jülichers Werk in Deutschland getan hatte. D.s Interpretation des Lehrens Jesu als »realisierte Eschatologie« sowie die Identifizierung einer gemeinsamen Grundlinie des Kerygmas in der → Alten Kirche (The Apostolic Preaching and Its Developments, 1936) zogen die Aufmerksamkeit der ntl. Forschung für Jahrzehnte auf sich. In »According to the Scriptures« (1952) stellte D. die Gleichförmigkeit heraus, mit der die ntl. Schreiber das AT benutzten und führte dies auf das Lehren Jesu zurück. In seinem Römerbriefkommentar (1932) trat er dafür ein, das bibl. Konzept des Zornes Gottes als unpersonalen Vergeltungsprozeß in der menschlichen Geschichte zu verstehen, nicht aber als göttliche Reaktion auf die Sünde der Menschheit. Auch verwarf er den Sühnegedanken als im wesentlichen unbibl. »Interpretation of the Fourth Gospel« (1953) und »Historical Tradition in the Fourth Gospel« (1963) kennzeichnen den Höhepunkt seines wissenschaftl. Werkes.

Lit.: W.D. Davies, D. Daube (Hg.): The Background of the NT and Its Eschatology, [2]1964; W.D. Davies: In memoriam C.H. Dodd, 1884-1973, in: NTS 20, 1974, I-IV; F.W. Dillistone: C.H. Dodd, Interpretor of the NT, 1977.

W. W. Gasque

Dogma

Das Christentum ist eine denkende Religion. Nicht Gefühle oder Emotionen bestimmen den Glauben, sondern die Inhalte der bibl. Verkündigung. Diese Inhalte, die das Glaubenszeugnis der Bibel vermitteln, wollen auf ihre Bedeutsamkeit für das Heute des Glaubens reflektiert sein. Der Glaube reflektiert seine zentralen Inhalte – Wort, Werk und Person Jesu – auf ihre Aktualität und Aussage im Westeuropa des ausgehenden 20. Jh.s. Dabei leiten ihn die seit Bestehen der christl. Kirche aufgestellten Grundsätze, die sog. Dogmen. Der Begriff wird schon in der Apg (16,4) für die Beschlüsse des Apostelkonzils in Jerusalem verwendet. In den D.en gewinnt der Konsens des christl. Glaubens über seine Inhalte Gestalt. Sie schlagen sich nieder in den frühen Taufbekenntnissen.

Es sind drei Gesichtspunkte, die beim D. stets mitbedacht sein wollen: Erstens ist jedes D. auf sein Verhältnis zum bibl. Kerygma anzusehen. Diese Grundthematik prägt sowohl die kath. wie die ev. Diskussion in der Gegenwart. Weil das Verständnis der bibl. Verkündigung nicht einhellig ist, muß die Diskussion über die D.en geführt werden. Die Angemessenheit der D.en gegenüber der bibl. Verkündigung entscheidet über ihren christl. Charakter. Zweitens sind die D.en in Bildung wie Tradierung, in Veränderung wie Rezeption an Entscheidungen der Kirchen bzw. Gemeinden gebunden. Die Kirche verpflichtet die angehenden Geistlichen auf die in ihren Gemeinden geltenden D.en und trägt Sorge für die Wahrung derselben. Drittens faßt die Kirche ihre zentralen D.en in → Bekenntnissen zusammen. Dies gilt zumal für die Taufbekenntnisse der alten Kirche oder für die Beschlüsse der ersten sieben ökumen. Synoden. Dies gilt auch für die reformat. Lehrbekenntnisse, wie die Confessio Augustana oder die sog. fides Catholica. Die christl. Kirchen als Konfessionen sind seit dem 16. Jh. Bekenntnis-Kirchen.

Lit.: M. Blondel: Geschichte und Dogma, 1963; Y. Congar: Die Tradition und die Traditionen, 1965; H.-G. Fritzsche: Lehrbuch der Dogmatik Bd. I, 1964; A. Jeffner: Kriterien christlicher Glaubenslehre, AUU 15, 1977; W. Joest: Endgültigkeit und Abgeschlossenheit des Dogmas, ThLZ 79, 1954; C.H. Ratschow: »Dogma II«, TRE 9, 1982, 34-41 (Lit.); H. Roudet: Ändern sich die Dogmen?, CiW 5/12, 1965; C. Stange: Das Dogma und seine Beurteilung in der neueren Dogmengeschichte, 1898.

C.H. Ratschow

Dogmatik

1. D. und Ethik bilden die sog. Systematische Theologie, in der der Glaube nach seinen Glaubensinhalten wie nach seinen Handlungsnotwendigkeiten reflektiert wird. Die D. geht in fünf Schritten vor: Erstens erhebt sie die gegenwärtig in den Gemeinden lebendigen Fragen und Probleme des Glaubens in bezug auf seine Inhalte. Zweitens klärt sie diese Fragen an der Wirkungsgeschichte des Glaubens und drittens an der Religionsgeschichte ab. Diese so geklärten Fragen stellt sie viertens an die bibl. Überlieferung, um die Antworten fünftens in religionsphil. Vorgehen an die Gegenwart zurückzugeben. Nur in diesen fünf Schritten kann die D. hoffen, dem lebendigen Glaubensgeschehen dahingehend zu helfen, daß seine überlieferten Inhalte nicht veraltet oder unzeitgemäß erscheinen, sondern ihrer Gegenwart eröffnet bleiben.

2. Die D. geht in ihrem Aufbau fast überall nach dem heilsgeschichtl. Schema vor. Sie beginnt mit Gott und verhandelt dabei die Welt als → Schöpfung. Es folgt der Mensch und mit ihm die Sünde. Darauf wird Jesus Christus behandelt und die → Versöhnung der Welt. Darauf folgt das Wirken des Heiligen Geistes, die Heilsgaben und die → Kirche. Am Ende pflegen dann die letzten Dinge (→ Eschatologie) verhandelt zu werden. Dieser dogmatische Aufbau ist mit dem Glauben selbst gegeben. Keinen festen dogmatischen Ort hat die Behandlung der Trinitätslehre. Sie kann am Anfang, wie bei Karl → Barth, aber auch jenseits des Schlusses stehen, wie bei → Schleiermacher. Die Trinitätslehre hat in dem heilsgeschichtl. Schema keinen Ort, denn sie stellt eine Reflexion des Ganzen dar.

3. Die D. hat es in allen ihren Teilen mit drei Grundproblemen zu tun, die antinomisch (durch die ihnen innewohnende Spannung) die Behandlung aller dogmat. Fragen prägen bzw. komplementär ihre Natur ausmachen. Das erste Grundproblem betrifft die Tatsache, daß alle Glaubensaussagen Überzeugung des einzelnen Glaubenden und »zugleich« christl. Gemeinglaube sind. Die Gemeinsamkeit oder Kirchlichkeit der Glaubensaussagen ist ebenso unerläßlich wie ihre individuierte Übernahme durch den einzelnen Glaubenden. Das eine geht nicht aus dem anderen hervor. Beide Komplemente sind zugleich oder gar nicht da. Das zweite Grundproblem betrifft die Tatsache, daß alle Glaubensüberzeugungen auf der Person Jesu Christi als der Wahrheit (Joh 14,6) ruhen und »zugleich« wahre Urteile über diesen israelit. Mann beinhalten. Man kann mit Gloege von der Antinomie personaler und ontologischer Aussagen im Glauben sprechen. Dieses komplementäre Miteinander gilt nicht etwa nur für christologische Einsichten, sondern prägt alle dogmatischen Aussagen über Gott, Welt und Mensch. Die dogmat. Bewältigung der mit der hist. Forschung gegebenen Schwierigkeiten ist in der Handhabung der Antinomie des zweiten Grundproblems gegeben. Das dritte Grundproblem können wir am leichtesten erkennen. Es ist in dem »Zugleich« von Gesetz und Evangelium in allen dogmat. Hinsichten gegeben. Ob man der ref. Erfassung des Problems als Evangelium und Gesetz oder der luth. als Gesetz und Evangelium folgt, ändert daran nichts, ist nur von einem anderen Standort aus geurteilt. Die reformat. Problemanzeige von *simul iustus et peccator* oder die neuzeitliche Frage nach Rechtfertigung und Heiligung zeigen die ganze Weite dieses dritten Grundproblems.

Die drei Grundprobleme sind in allen dogmat. Teilen anwesend. Sie liegen den Einzelheiten voraus. Wer sie nicht erkennt, neigt dazu, dialektische Setzungen in den Einzelheiten zu entdecken, was zu keinen Lösungen führt. Die D. kann diese drei Antinomien (Spannungen, Widersprüchlichkeiten) nicht lösen. Sie muß ihre Komplementarität (Gegensatzverhältnis) handhaben, um dem dialektischen Schein zu entgehen.

Lit.: Lehrbücher der Dogmatik.

E.H. Amberg: Christologie und Dogmatik, 1966; ders.: Literatur zur Dogmatik, ThLZ 103 (1978), 327-332; G. Ebeling: Dogmatik und Exegese, ZThK 77 (1980), 269-286; H. Fritzsche: Was macht Systematische Theologie zur Theologie?, ThLZ 104 (1979), 785-795; E. Lessing: Dogmatik als Aufgabe der Systematischen Theologie, ZThK 75 (1978), 350-35; E. Schlink: Die Struktur der dogmatischen Aussage als ökumenisches Problem, KuD 3 (1957), 251-306; G. Wingren: Theologie zwischen Dogmatik und Analyse, NZSTh 12 (1970), 184-195.

C.H. Ratschow

Dogmengeschichte

D. ist die Geschichte der Entstehung und Entwicklung kirchl. Lehrnormen. Insofern ist sie ein Teil der allgemeinen Kirchengeschichte bzw. der hist. Theologie. Denn Theologie, Kirche und → Dogma sind untrennbar miteinander verbunden. Es gibt keine Kirche ohne Dogmen, ohne verbindliche und zugleich verbindende Lehrnormen. Sie sind Ausdruck des Glaubens, aber auch Orientierung für die, die sich zu diesem Glauben bekennen. Sie sind Erkennungszeichen (Symbole) für die Glieder der Kirche und zugleich Identifikationsmerkmale für Außenstehende. Inhaltlich sind diese Dogmen bezogen auf Offenbarung, Schrift und Tradition, deren normative Bedeutung bereits dogmatisch vorausgesetzt wird. Ihre Annahme durch den einzelnen und die Gemeinde geschieht jedoch immer wieder neu und auf immer neue Weise. Auch das Verständnis der Dogmen wandelt sich ebenso wie das Verständnis ihrer Normativität. Darüber denkt die D. als theol. Disziplin nach. Als Wissenschaft erforscht sie den Prozeß der Entstehung, der Annahme und der Ausgestaltung kirchlicher Lehre und ihrer Normen. Sie hat dabei eine kritische Funktion, ist aber selbst abhängig vom jeweiligen - auch geschichtl. bedingten Erkenntnisstand.

Zum Verständnis der D. als einer eigenständigen theol. Disziplin gehört ein Blick in ihre Geschichte. Als eigenständige Disziplin innerhalb der ev. Theologie entstand die D. als Ausdruck der Dogmenkritik im Zeitalter der Aufklärung und des Rationalismus im 18. Jh. Auch der Pietismus nahm Anstoß am Dogma vor allem, wenn damit eine Überordnung der Lehre gegenüber der lebendigen Glaubenserfahrung verbunden war. Auch kritisierte er die Verwendung des Dogmas als Lehrgesetz in der (staatlich unterstützten) Auseinandersetzung mit Ketzern oder Andersgläubigen. Statt dessen verwies man auf die Anfänge der Kirche (G. Arnold) und verlangte nach einer bibl. Gestalt der Lehre. - Dem Anspruch auf zeitlose, ewige Gültigkeit widersprach die Einsicht in die Entstehungsgeschichte der altkirchl. Dogmen (vgl. D.F. Strauß: »Die wahre Kritik des Dogmas ist seine Geschichte«, Glaubenslehre I,71). Für eine »Religion innerhalb der Grenzen der bloßen Vernunft« (I. → Kant) mußte es zwangsläufig zum Streit um den Vorrang zwischen Glaubenswahrheiten und Vernunftwahrheiten kommen, zumal zufällige Geschichtswahrheiten im Sinne von veränderlichen Lehrmeinungen schwerlich den Vernunftwahrheiten übergeordnet werden könnten (G.E. → Lessing).

Aber nicht nur durch die Einsicht in ihre Geschichtlichkeit suchte man die Autorität der Dogmen zu beseitigen. Einigen galten sie sogar als Fremdkörper in der christl. Tradition. Am schärfsten formulierte es A.v. → Harnack (1851-1930): »Das Dogma ist in seiner Conception und in seinem Ausbau ein Werk des griechischen Geistes auf dem Boden des Evangeliums« (Lehrbuch der D., I,20). Anders ausgedrückt: Das reine Evangelium des Ursprungs wurde durch Anpassung an den griech. Geist nach und nach in eine Glaubenslehre verwandelt und damit verfälscht. Harnacks Lehrbuch der D. will diese Fehlentwicklung im einzelnen aufweisen und so das Christentum vom Dogma befreien. Ziel ist ein undogmatisches, humanistisches Christentum, das sich allein auf das unverfälschte, von Jesus verkündigte Evangelium gründet. Harnacks Dogmengeschichtsschreibung bildet den Höhepunkt hist. und sachlicher Kritik am überlieferten Dogma, markiert aber zugleich einen Wendepunkt.

Der Umbruch kam zunächst durch eine neue, positive Bewertung des Dogmas in der Theologie K. → Barths, aber auch im Luthertum, das die Kontinuität kirchl. Lehre betonte (W. → Elert) und auf den Zusammenhang von Bekenntnis und Dogma verwies (B. Lohse). Die kritische Erforschung der Entstehung der altkirchl. Dogmen, der Harnacks besondere Aufmerksamkeit galt, wurde fortgesetzt. Doch sie hat inzwischen Harnacks Thesen vom Dogma als Ausdruck der Hellenisierung des Christentums weithin widerlegt. Das altkirchl. (trinitarische und christologische) Dogma wendet sich vielmehr *gegen* Versuche (z.B. im Arianismus/→ Arianer), die bibl. Lehre von Gott und Christus der phil. Tradition der Antike anzupassen. Das Bekenntnis von Nicaea 325 erweist sich bei genauer Betrachtung als »Krisis des altchristlichen Platonismus« (F. Ricken). Der leidenschaftliche Kampf des → Athanasius um die nicaenische Orthodoxie, der schließlich zur Ausbildung des trinitarischen Dogmas führte, steht ganz im Zeichen der Bewahrung der bibl. Botschaft vor dem Eindringen phil. Vorstellungen in den christl. Gottesbegriff ebenso wie vor einem ›schlichten‹ Biblizismus, der nur auf die Wörter, nicht aber auf das Wort (Christus) achtet.

Als Kern altkirchl. Dogmenbildung erweist sich der Streit um die Bewahrung des Christusbekenntnisses, wie es im bibl. Zeugnis überliefert ist (vgl. dazu bereits 1Joh 4,2). Um nichts anderes ging es der → Reformation Luthers. Mit Recht nannte A.v. Harnack Luther den »Restaurator des alten Dogmas« (Lehrbuch der D., III, 814).

Was bleibt, ist die Schwierigkeit, die Normativität des Dogmas und seine Geschichtlichkeit zusammenzudenken (vgl. K. Beyschlag 1, 1ff). Wer das Dogma als zeitlos ewige Wahrheit versteht, übersieht die Notwendigkeit, daß sich die Wahrheit des Glaubens in der Geschichte immer wieder neu bewähren muß. Christl. Glaube ist nicht einfach Dogmenglaube, aber er orientiert sich an den Erfahrungen derer, die die Heilswahrheit dieses Glaubens erfahren, bezeugt und bewahrt haben. Das altkirchl. Dogma ist aus dem Streit um die Wahrheit des Christusbekenntnisses unter Berufung auf das apostol. Zeugnis hervorgegangen. Mit ihm aber wurde zugleich die Grenze zwischen Orthodoxie und Häresie, zwischen Kirche und Nicht-Kirche bestimmt. Seitdem gehört das altkirchl. Dogma neben der Bibel und dem altkirchl. Bekenntnis zu den unveräußerlichen Kennzeichen der Kirche mit ökumen. Bedeutung.

Wenn es gilt, daß die Kirche ein Werk des Hl. Geistes ist, dann sind die in ihr gültigen Dogmen weder bloße theol. Lehrmeinungen noch Glaubensvorschriften, sondern geistl. Orientierung für alle, die nach dem Weg des Heils fragen und für die die Kirche der Ort ist, an dem die bibl. Heilsbotschaft zuverlässig bewahrt und weitergegeben wird. Welche Schwierigkeiten dabei entstehen, zeigt ein Blick in die Geschichte der Kirche. Der Streit um die Wahrheit des Glaubens begleitet die Kirche seit ihren Anfängen und wird sie auch weiter begleiten, solange der christl. Glaube strittiger und angefochtener Glaube ist.

Lit.: A. Adam: Lehrbuch der Dogmengeschichte I-II, (1965-1968) [5]1985/86; C. Andresen (Hg.): Handbuch der Dogmen- und Theologiegeschichte I-III, (1980-1984) [2]1988; K. Beyschlag: Grundriß der Dogmengeschichte 1, [2]1988, 2/1, 1991; M. Elze: Der Begriff des Dogmas in der Alten Kirche: ZThK 61 (1964), 421-438; A. v. Harnack: Lehrbuch der Dogmengeschichte I-III, [4]1909/10 (= 1983); ders.: Dogmengeschichte, ([7]1931), ND 1991; W.-D. Hauschild: »Dogmengeschichtsschreibung«, TRE 9, 1982, 116-125; M.A. Lipps: Dogmengeschichte als Dogmenkritik (BSHST 48), 1983; W. Löser et al. (Hg.): Dogmengeschichte und katholische Theologie, 1985; B. Lohse: Epochen der Dogmengeschichte, [6]1986.

W. A. Bienert

Doketen/Doketismus → Gnosis; → Jesus Christus

Döllinger, Johann Joseph Ignaz von (1799-1890)

D., geb. am 28. 2. 1799 in Bamberg, gest. am 10. 1. 1890 in München, röm.-kath. Theologe, Prof. der Kirchengeschichte in München, mehrfach Rektor der Universität, 1848/49 Abgeordneter im Frankfurter Parlament, verschiedentlich auch Abgeordneter im Bayerischen Landtag, vielfach kirchl. und staatl. ausgezeichnet, 1860 in den persönlichen Adelsstand erhoben, geistiger Wegbereiter der altkath. Bewegung nach dem I. Vatikan. Konzil (1869/70), 1871 exkommuniziert.

Im Wirken dieses wohl bedeutendsten kath. Theologen Deutschlands im 19. Jh. sind verschiedene Phasen unterscheidbar. In einer ersten Schaffensperiode überwiegen der kirchenpolit. Einsatz, publizistische Tätigkeit (»Historisch-politische Blätter«) sowie Beiträge zur interkonfessionellen polemischen Auseinandersetzung (»Die Reformation«, 3 Bde., 1846-1848). Nach einem Jahrzehnt der Konzentration auf hist.-wissenschaftl. Aufgaben (erste

Bände einer breit angelegten Kirchengeschichte) wandte er sich in den 60er Jahren verstärkt wieder kirchenpolit. Fragen zu. In demselben Maße, wie seine wissenschaftl. Arbeit und interkonfessionellen Kontakte sein Urteil über die von Rom getrennten Kirchen klärten und ökumen. Aufgaben deutlich machten, wuchsen kritische Einsichten über gefährliche Tendenzen in der eigenen Kirche unter der unversöhnlichen, starren Führung Papst Pius‹ IX. (Kirchenstaat, Syllabus). Dagegen betonte D. die Geschichtlichkeit auch der Kirche. Im Festhalten eines bibl.-patristischen Bildes von der Kirche protestierte er leidenschaftlich gegen die Unfehlbarkeitsforderungen im Vorfeld des I. Vatikan. Konzils und begleitete dieses mit kritischen Kommentaren. Auf seine Initiative hin sammelten sich die in Opposition gegen das verkündete Dogma von der Unfehlbarkeit des Papstes verharrenden Theologen (Altkatholikenkongresse 1871/72), doch widersprach D. entschieden allen Versuchen, die Oppositionsbewegung als eine eigene Kirche zu organisieren und damit »Altar gegen Altar« zu stellen. Nur ausgesprochene Notlösungen vermochte er mitzutragen. Er verschloß sich deshalb auch der Anfrage, in der sich trotzdem bildenden altkath. Kirche das Bischofsamt zu übernehmen. Erst auf dem Sterbebett empfing er aus der Hand eines altkath. Priesters die Sakramente.

Lit.: V. Conzemius: »Döllinger«, TRE 9, 1982, 20-26; ders.: Gestalten der Kirchengeschichte, Bd. 9,1, 1985, 263-280; C. Deyen: Döllinger als Altkatholik. Eine Bestandsaufnahme, in: IKZ 80, 1990, 67-105; J. Finsterhölzl: Ignaz v. Döllinger. Wegbereiter heutiger Theologie, 1969; J. Friedrich: Ignaz v. Döllinger, 3 Bde., 1899-1901; Geschichtlichkeit und Glaube. Zum 100. Todestag Johann Josef Ignaz von Döllingers (1799-1890), hg. von G. Denzler, E.L. Grasmück, 1990; P. Neuner: Döllinger als Theologe der Ökumene, 1979; G. Schwaiger, Katholische Theologen Deutschlands im 19. Jh., [3]1975, 9-43; ders. in: Klassiker der Theologie, Bd. 2, 1983, 127-150.

H. Kirchner

Dom, Domkirche, Domkapitel

Als D. (lat. *domus* »Haus«) bezeichnet man die Bischofskirche, die Hauptkirche einer Diözese (in Süddeutschland auch »Münster« genannt). Die Dombauten haben in der abendländischen Baugeschichte weithin stilbildend gewirkt. Als Bischofskirche verselbständigten sich viele D.e so sehr, daß sie nicht mehr einer Ortsgemeinde als Gotteshaus dienten, was in vielen Orten dazu führte, daß unmittelbar neben dem Dom eine Pfarrkirche erbaut wurde.

Die D.e wurden zu einem großen Teil aus Stiftungen finanziert und unterhalten (Domstiftsverwaltungen). Doch waren meist auch die Diözesankirchen beitragspflichtig.

Das D.kapitel ist der Zusammenschluß der an der Bischofskirche amtierenden Priester. Die Bezeichnung stammt von der Sitte, bei den täglichen Versammlungen jeweils ein Kapitel vorzulesen. Der Begriff wurde zunächst auf den Versammlungsraum (Kapitelsaal), schließlich auch auf die Gruppe der Domherren übertragen. Im Mittelalter wurden auch säkulare Domherren zugelassen. Seit dem 12. Jh. obliegt dem D.kapitel die Bischofswahl.

In den Kirchen der → Reformation wurden die D.kapitel entweder aufgelöst, oder sie blieben formal weiter bestehen, etwa im Sinne eines Aufsichtsrats. Im Zuge der Säkularisation wurden die D.kapitel 1803 den Landesherren unterstellt.

In neuester Zeit wird mehr und mehr versucht, die D.kirchen einer festen Ortsgemeinde zuzuordnen.

Lit.: B.J. Comaskey: »Cathedral«, NCE, Bd. 3, 1967, 247ff; J. Gilchrist: »Cathedral Chapter«, ebenda, 249ff; P. Hinschius: »Kapitel«, RE 10, [3]1901, 35ff; G.P. Marchal: »Domkapitel«, TRE 9, 1982, 136ff.

Chr. Albrecht

Dominikaner

Der D.-orden wurde 1215 durch den Spanier Dominicus Gúzman (geb. ca. 1175 in Caleruega/Kastilien, gest. 1221 in Bologna, heiliggesprochen 1234) im Zusammenhang mit der Bekämpfung der Katharer und → Waldenser in Toulouse gegründet. Predigt in Armut und Einfachheit sollten mehr überzeugen als die alten Methoden. Die neue Ordensgemeinschaft ist daher die erste, in der ein gründliches, systematisches Studium vorgeschrieben ist. Auf Verlangen des Papstes wird eine bereits bestehende Ordensregel übernommen, die der Augustiner. 1218 erhält die Gemeinschaft den Namen »Fratres ordinis Praedicatorum« (O.P.) und den offiziellen päpstlichen Auftrag zur Predigt in aller Welt.

An der Spitze der D. steht der Generalmeister. Selbständige Einheiten sind die Provinzen mit einem Provinzial und einem Provinzkapitel. Im Gegensatz zu den alten Orden kennen die D. keine dauernde Bindung an ein Kloster, jeder einzelne ist überall einsetzbar. Die alte monastische Handarbeit ist durch das Studium ersetzt.

Der neugegründete Orden verbreitete sich rasch in ganz Europa. 1220 fand das erste Generalkapitel statt, auf dem die Verpflichtung zur Armut festgelegt wurde. Als schließlich die Inquisition eine feste Institution zur Ketzerbekämpfung wurde, wurden vor allem D. damit beauftragt. Ende des 13. Jh.s kam es zu einem Niedergang aus verschiedenen Gründen: Aufgabe der Bettelarmut (offiziell 1475/77), Lockerung der Disziplin, Pestepidemie, Schisma u.a. In der Folge entstanden verschiedene Reformkonvente. Die Predigt nahm aber auch im Spätmittelalter den ersten Rang ein.

Durch → Thomas v. Aquin erlangten die D. große Bedeutung für die theol. Wissenschaft, wurden aber auch in verschiedene Streitigkeiten verwickelt. Im 14. Jh. brachten sie die Mystik zu neuer Blüte (Meister → Eckart, J. → Tauler, H. → Seuse).

Eine zweite Epoche des Niedergangs wurde durch die Reformation hervorgerufen, zu deren Bekämpfung wieder D. eingesetzt waren. Seither lag der Schwerpunkt des Ordens mehr in den romanischen Ländern. Die neuentdeckten Erdteile wurden zu bevorzugten Missionsgebieten. Durch die französische Revolution und die Säkularisation wurden die D. erneut in starke Mitleidenschaft gezogen, bis nach dem Wiener Kongreß ein Neubeginn einsetzte. Heute zählen die D. 42 Provinzen.

Von Dominicus wurden auch Frauenklöster gegründet (das erste in Prouille bei Toulouse), um die Predigt durch Gebet zu unterstützen. Diese Konvente waren in Deutschland im 14. Jh. Zentren der Mystik. Außerdem entstand ein Tertiarierorden sowie ein klösterlicher dritter Orden, der mehr nach außen gerichtet ist.

Lit.: A. Eßer: »Dominikaner«, TRE 9, 1982, 127-136.

D. Heller

Donatismus

Der D. war ursprünglich eine auf das westl. Nordafrika (heute: Algerien, Tunesien) beschränkte, im 4. Jh. entstandene Sonderkirche, benannt nach ihrem Oberhaupt Donatus (313-355). In Resten bestand der D. bis zum Beginn des Arabersturms (Anfang 8. Jh.). Seine Blütezeit reicht bis zum Beginn des 5. Jh.s. Danach verliert er unter dem Druck des Staates und der kath. Kirche (→ Augustin) an Bedeutung.

Die Spaltung der Kirche Nordafrikas entstand bei der Wahl eines Nachfolgers für Bischof Mensurius von Karthago (311) kurz nach der diokletianischen Verfolgung. Spannungen zwischen Verfechtern einer reinen, der Märtyrertradition verpflichteten Kirche und Vertretern einer nachgiebigeren Haltung, die in der diokletianischen Verfolgungszeit (303-305) aufgetreten waren, führten zu einer Doppelwahl.

Schon Mensurius hatte man beschuldigt, er habe heilige Bücher an die heidnischen Behörden ausgeliefert (*traditor*). Als sein Erzdiakon Caecilian zum Nachfolger geweiht wurde, erklärte die Gegenseite diese Weihe für ungültig, weil er von ›Traditoren‹ (u.a. Bischof Felix von Abthugni, dessen Unschuld später jedoch erwiesen wurde) geweiht worden sei. Man erhob statt dessen den Lektor Maiorinus zum Bischof (dem kurz darauf Donatus folgte).

Der Grundsatz (vgl. → Cyprian), daß die Weihe bzw. das Sakrament eines in der Verfolgung Abgefallenen (Todsünders) ungültig sei, wurde zu einem charakteristischen Merkmal der Donatisten. Erst die Heiligkeit des Spenders garantiere die Gültigkeit des Sakraments. Deswegen wurden auch Katholiken beim Übertritt (noch einmal) getauft. Die gegenteilige Auffassung, nach der die Wirksamkeit des Sakraments von seinem Spender unabhängig sei, wird von Augustin später ausführlich begründet.

Der Konflikt zwischen den mit Rom verbundenen Katholiken und den Donatisten verschärft sich, als diese von den großzügigen Zuwendungen Konstantins (312) ausgeschlossen werden. Auf Antrag der Donatisten läßt der Kaiser die Angelegenheit auf zwei Synoden in Rom (313) und Arles (314) offiziell untersuchen. Der Antrag der Donatisten wird jedoch verworfen. Der anschließende Versuch, die Einheit der nordafrikanischen Kirche mit Gewalt zu erzwingen, scheitert am Widerstand der Donatisten, die zum Martyrium bereit sind. Dabei zeigt sich, daß auch polit.-nationale (Punier und Berber gegen Rom) und soziale Probleme (Landarbeiter gegen röm. Großgrundbesitzer) in diesem Konflikt eine wichtige Rolle spielen.

Bis zur Zeit Augustins bildeten die Donatisten wohl die Mehrheit des nordafrikanischen Christentums. Außerhalb Afrikas waren sie jedoch so gut wie unbekannt. Erst unter Aurelius von Karthago und Augustin werden die Donatisten mit staatlicher Unterstützung und z.T. mit militärischem Druck, den auch Augustin gutheißt, mit der kath. Kirche zwangsweise vereint (d.h. man erklärt sie zu Häretikern, ihre Gottesdienste werden verboten und ihr Vermögen der kath. Kirche übertragen; Unionsedikt vom 30. 1. 412).

In der späteren Kirchengeschichte (z.B. in der Reformationszeit) spricht man gelegentlich von donatistischen Tendenzen dort, wo die Heiligkeit der Kirche von der Heiligkeit ihrer Mitglieder und die Heilswirksamkeit der Sakramente von der Würdigkeit ihrer Spender abhängig gemacht werden (vgl. CA VIII; Täufertum).

Lit.: W.H.C. Frend: The Donatist Church (1952), ²1971; ders.: »Donatismus«, RAC 4, 1959, 128-147; K.M. Girardet: Kaisergericht und Bischofsgericht, 1975; E.L. Grasmück: Coercitio. Staat und Kirche im Donatistenstreit (BHF 22), 1964; B. Kriegbaum: Kirche der Traditoren oder Kirche der Märtyrer? Die Vorgeschichte des Donatismus (ITS 16), 1986; J.-L. Maier: Le dossier du donatisme I-II (TU 134/135), 1987-1989; H. v. Soden (Hg.): Urkunden für Entstehungsgeschichte des Donatismus, 2. Aufl. hg. von H. v. Campenhausen (KlT 122), 1950; E. Tengström: Donatisten und Katholiken (SGLG 18), 1964.

W. A. Bienert

Dordrechter Synode (1618/19)

Die D.S. ist eine Nationalsynode der ref. Kirche der Niederlande mit internationaler ref. Beteiligung. Mitglieder waren Pfarrer, Älteste, Professoren, polit. Kommissare und die ausländischen Delegierten bzw. Gäste (aus Deutschland: Pfalz, Hessen, Bremen, Emden, Nassau). Anlaß waren Differenzen und landesweite Diskussionen hinsichtlich der Erwählungslehre, verursacht durch prädestinationskritische Thesen des Jakob Arminius (gest. 1609), konkret ausgelöst durch deren Zusammenfassung und Publikation durch seine Anhänger (Arminianer) in fünf Artikeln 1610 (sog. »Remonstration«), die die (orthodox-calvinistischen) Gegner 1611 zu Gegenthesen herausforderte (sog. »Kontraremonstration«). Verzögert durch Verquickung mit politischen Differenzen (Oldenbarnevelt auf Seiten der Remonstranten, Prinz Moritz auf Seiten der »Orthodoxen«), vorbereitet auf Provinzialsynoden usw., kommt die Nationalsynode schließlich zustande und tagt, mit Unterbrechung, vom 14. November 1618 bis zum 29. Mai 1619 in Dordrecht. In insgesamt 154 Sitzungen geht es, neben anderen Themen (Bibelübersetzung, Katechismuspredigt, Kirchl. Unterricht, Geltung der Bekenntnisse, nämlich der Confessio Belgica und des Heidelberger Katechismus) schwerpunktmäßig um Fragen im Umkreis der Prädestination. Am 6. Dezember 1618 treffen die »Remonstranten« auf der Synode ein (als Angeklagte behandelt), erläutern ihre fünf Artikel, lösen Streit aus und werden schließlich von der weiteren Teilnahme ausgeschlossen. In ihrer Abwesenheit beschließt die Synode, nach langwierigen Diskussionen und Abstimmungen, analog zu den fünf Artikeln, fünf »Canones« mit angehängten Verwerfungen; diese werden am 6. Mai 1619 feierlich verkündet. Sie enthalten »eine großzügige Zusammenfassung des orthodoxen reformierten Systems vom Mittelpunkt der Prädestination her« (Seeberg).

Im einzelnen: Can. 1: Erwählung und Verwerfung beruhen auf Gottes ewigem Ratschluß; Erwählung bedeutet nicht Vorauswissen (Präszienz) des Glaubens der Glaubenden, sondern wirklich Erwählung (Prädestination) – wobei die Gewißheit der Erwählung aus den »unfehlbaren Früchten der Erwählung« (fructus electionis infallibiles: Glaube, christl. Leben) erlangt wird.

Can. 2: Christi Erlösungstod war notwendig (vgl. Anselm von Canterbury) und galt allen zum Heil, kommt aber nur den Erwählten zugute; an ihnen erweist sich Gottes Barmherzigkeit, an den Verworfenen Gottes Gerechtigkeit.

Can. 3/4: Der Glaube der Gläubigen ist Gottes Werk, die Wiedergeburt vollkommen übernatürlich (plane supernaturalis), der Unglaube der Ungläubigen aber gleichwohl deren Schuld.

Can. 5: Gott läßt die Erwählten nicht aus der Gnade fallen, sondern beharren (Perseveranz).

In Folge der Synode werden über 200 »remonstrantische« Pfarrer ihres Amtes enthoben.

Lit.: Text der Canones: E.F.K. Müller: Die Bekenntnisschriften der reform. Kirche (1903) 1988, 843-861.

J.P. van Dooren: »Dordrechter Synode«, TRE 9, 1982, 140-147 (Lit., meist niederländisch); R. Seeberg: Lehrbuch der Dogmengeschichte 4.2, 1920, § 97, 678-700.

B. Steinseifer

Dorner, Isaak August (1809-1884)

D. wurde am 20. Juni 1809 in Neuhausen ob Eck (Württemberg) geboren. Studium der Philosophie und Theologie in Tübingen, stark beeinflußt von → Hegel und → Schleiermacher. 1834 Repetent in Tübingen, 1838 a.o. Prof. in Tübingen, 1839-43 o. Prof. in Kiel, 1843-46 in Königsberg, 1847-53 in Bonn, 1853-62 in Göttingen, 1862 Berufung nach Berlin, wo er zugleich Mitglied des Oberkirchenrates wurde. 1883 trat er krankheitshalber vom Lehramt zurück, 1884 auch Rücktritt als Oberkirchenrat. Am 8. Juli 1884 verstarb er während eines Kuraufenthaltes in Wiesbaden. D. gilt als einer der bedeutendsten Vertreter der Vermittlungstheologie, die einen Ausgleich zwischen dem überlieferten Glauben und dem zeitgenössischen Denken (d.h. der idealistischen Philosophie) suchte. Der »Einheitspunkt«, von dem für D. christl. Lehre und Ethik ausgehen, ist die christl. Erfahrung bzw. der christl. Glaube. Aufgabe der Theologie ist es, die unmittelbare Gewißheit des Glaubens zur »wissenschaftlichen Erkenntnis oder zum Bewußtsein von dem inneren Zusammenhang und der objectiven Begründung dieses Inhalts« zu bringen (Chr. Glaubenslehre I, § i). Im Blick auf seine Zeit spricht er von der »Zerstörung der alten Form der Christologie durch die Philosophie der einseitigen »Subjektivität« (Entwicklungsgeschichte S. 931). Wenn Gott ganz in die Subjektivität hineingenommen wird, dann ist die Konsequenz, daß das Ich sich mit Gott identifiziert, oder aber im Nihilismus kein Absolutes mehr anerkennt. Subjektiver Glaube und objektives Zeugnis bedingen einander und müssen eine Einheit bilden. Nicht der Glaube kann das Begründende des Christentums heißen, sondern das »objective Christentum, wie es durch Christus offenbar, von der heiligen Schrift aber bezeugt ist, in letzter Beziehung zu Gott liegt die begründende Macht für den Glauben« (Christl. Glaubenslehre 1, S. 157).

In der Gotteslehre folgt D. zunächst der phil. Tradition, die Gott als das absolute Sein versteht. Dann aber geht er aus von den ethischen Bestimmungen des Offenbarungszeugnisses: Gottes Gerechtigkeit, Heiligkeit, Liebe.

In der Christologie sagt D., daß die von Anfang an gesetzte Einheit der Persönlichkeit des Gottmenschen entsprechend dem natürlich-menschlichen Wachstum Jesu auch ein Reifeprozeß bis zur vollen Erkenntnis und zum vollmächtigen Handeln gewesen sei. In der Einzigkeit der gottmenschlichen Person ist Christus der zweite Adam, der Vollender der Schöpfung, das Haupt der neuen Menschheit, die in ihm mit Gott vereinigt ist, die »Incarnation des göttlichen Weltcentrums oder des Logos« (Christl. Glaubenslehre II, S. 422). Christus ist also nicht nur hist. der Anfänger der Erlösung und Stifter der Gemeinde der Glaubenden, sondern als das Haupt ist er gegenwärtig und bleibend der Erlöser, der durch Wort und Sakrament und die Sendung des Hl. Geistes Menschen in die Gottesgemeinschaft hineinnimmt (Christl. Glaubenslehre II/2 S. 682ff).

Posthum erschien 1885 die Christliche Sittenlehre, als Seitenstück zur Dogmatik. Sie befaßt sich zunächst mit der natürlichen Ethik, entfaltet unter den Aspekten des Gesetzes, des Gewissens und der Freiheit. Zur natürlichen Ethik gehört auch das Rechtsbewußtsein, dem die Lehre vom Staat beigeordnet ist. Die spezifisch christl. Ethik setzt zwar die natürliche voraus, nimmt aber ihren Ansatz in der Gottmenschheit Christi und orientiert sich auf die in ihm geschehende Gottesgemeinschaft (als christl. Persönlichkeitsethik und im Blick auf die kosmische, auch die Engel umfassende Weltvollendung in Christus).

Lit.: I.A. Dorner: Entwicklungsgeschichte der Lehre von der Person Christi, 1839; 2. erw. Aufl. in zwei Teilen 1845/1853; Briefwechsel zwischen H.L. Martensen und J.A. Dorner, I/II 1888; Geschichte der protestantischen Theologie, bes. in Deutschland, 1867; System der Christlichen Glaubenslehre I. 1879; II (1. Teil) 1880, (2. Teil) 1881.

R. Rothermund: »Dorner, Isaak August«, TRE 9, 1982, 155-158 (Lit).

F. Flückiger

Dorothea-Mission e.V.

1942 begann Hans von Staden (1905-1986), der Gründer des Werkes, mit der mission. Arbeit unter schwarzen Einwanderern in den Elendsgebieten Johannesburgs (Südafrika). Bald darauf entstand eine Bibelschule für junge afrikanische Christen. Seit 1953 bemühte sich Sw. Dorothea Hesse, die die Mission in Südafrika kennenlernte, um den Aufbau eines Freundeskreises in der Bundesrepublik. Nach dem Tod des Gründers übernahm dessen Sohn Prof. Paul von Soden die Leitung der Mission. Zielgruppe der mission. Arbeit ist nach wie vor die schwarze Stadtbevölkerung in den Großstädten des südlichen Afrika. Mittlerweile sind ca. 80 vollzeitliche Mitarbeiter (davon die Hälfte Schwarze) in Südafrika, Namibia, Simbabwe, Sambia und Malawi tätig. Die Arbeit reicht von der Bibelschule über Bibelstunden, Kinderarbeit, Fernunterricht, Frei- und Zeltversammlungen bis zu einer eigenen Radioarbeit und Druckerei für christl. Literatur.

Die Mission arbeitet auf der Glaubensgrundlage der ev. → Allianz und finanziert sich durch Spenden, die in der Hauptsache aus dem ca. 600 Mitglieder umfassenden Freundeskreis eingehen.

D. Hesse/Red.

Dörpfeld, Friedrich Wilhelm (1824-1893)

D., geb. am 8. März 1824 in Wermelskirchen bei Lennep als Sohn eines Schmiedemeisters, gest. am 26. Oktober 1893 in Ronsdorf (Wuppertal), besuchte das Lehrerseminar in Moers und wurde dort Präparandenlehrer, ab 1845 Hauptlehrer, dann Rektor einer Volksschule in Barmen (Wuppertal) bis zum Ruhestand im Jahre 1880.

1857 gründete D. das »Evangelische Schulblatt«, ein konfessionelles Organ der ev. Lehrer von Rheinland und Westfalen. An der Gründung und Leitung des »Vereins Evangelischer Lehrer und Schulfreunde in Rheinland und Westfalen« war D. beteiligt, ebenso am »Deutschen Evangelischen Schulverein« sowie an Bibelkonferenzen für Lehrer. Als profilierter Vertreter ev. Pädagogik und Schulpolitik engagierte er sich für die Bekenntnisschule, geistl. Schulaufsicht hingegen lehnte er ab.

D. hat die Pädagogik F. Herbarts weiterentwikkelt im Blick auf Schulverwaltung und -verfassung; die Gründung freier Schulgemeinden, in denen die Eltern, die Kirchengemeinde und die polit. Gemeinde vertreten sind, geht auf seine Initiative zurück.

Lit.: F.W. Dörpfeld: Ausgewählte pädagogische Schriften, hg. von A. Reble, 1963.

E. Hindrichs: F.W. Dörpfeld, der geistige Vater unserer evangelischen Schulgemeinde, in seinem Leben und Wirken, 1926; G. Werner: F.W. Dörpfeld, in: Wuppertaler Biographien 3, 1961, 53ff.

K. Günther

Dostojewski, Fjódor Michájlowitsch (1821-1881)

D., geb. am 30. 10. (11. 11.) 1821 in Moskau, gest. am 28. 1. (9. 2.) 1881 in Petersburg, einer der größten Schriftsteller des 19. Jh.s, ist auch als rel. Erscheinung hochbedeutsam und hat das rel. Bewußtsein der nachfolgenden Zeit wie kaum ein anderer Schriftsteller oder Theologe des 19. Jh.s beeinflußt.

Aufgewachsen in einem Christentum, das einerseits von der russ.-orth. Tradition, andererseits von der Bibelfrömmigkeit und Jesusliebe des → Pietismus und der Romantik geprägt war, kam er in den Literatenkreisen in Petersburg in den 40er Jahren unter den Einfluß des atheistischen Sozialismus und der Religionskritik eines → Feuerbach und D.F. → Strauß. Wegen Beteiligung an einem revolutionären Zirkel wurde er 1849 zum Tode verurteilt und erst auf dem Hinrichtungsplatz zu vier Jahren Zwangsarbeit begnadigt. Seit dieser Zeit fand er zurück zu einem Gottesglauben, der vor allem auf der Liebe zur Gestalt Jesu begründet war, an der er auch in der Zeit seiner größten Zweifel festgehalten hatte. Jesus Christus war ihm das »Wunder der Weltgeschichte«, die Erfüllung jener Vorstellung vom wahren Menschsein, die jeder als Ideal in sich trägt. Darum, wenn wir Christus folgen, unterstellen wir uns nicht einem fremden Gesetz, sondern folgen dem tiefsten Drang unseres eigenen Herzens. Wir glauben an Gott, weil wir sehen, daß die Kraft zu einem Leben, wie Christus es geführt hat, nur aus dem Gottesglauben erwächst. Eine Bestätigung für die Wahrheit des Glaubens ist das dem Menschen eingeborene Empfinden der ewigen Verantwortung für sein Tun. Ewige Verantwortung gibt es nur, wenn es Gott und Unsterblichkeit gibt. Voraussetzung für Verantwortung aber ist sittliche Freiheit. Diese ermöglicht die Wiedergeburt, die sittlich-rel. Auferstehung auch des tief gefallenen Menschen. Die Todesstrafe ist abzulehnen, weil sie dem gefallenen Menschen die Möglichkeit der sittlichen Wiedergeburt nimmt. Ziel der Geschichte ist die brüderliche Vereinigung aller Menschen und Völker, in der sie sich nicht mehr gegenseitig ausschließen und bekämpfen, aber in ihrer Persönlichkeit und Eigenart erhalten bleiben - eine neue Erde, »auf welcher Gerechtigkeit wohnt« (2Petr 3,13). Streng kirchl. denkende orth. Theologen haben in der Religion D.s Züge gefunden, die nicht aus der östl.-orth. Theologie stammen und nicht mit ihr vereinbar sind. In der Tat ist D. nicht nur der kirchl.-christl. Tradition, sondern auch der → Aufklärung, dem deutschen → Idealismus und dem sozialen Humanismus des 19. Jh.s tief verbunden. Aber alle diese Elemente sind eingeschmolzen durch das Feuer eines leidenschaftl. rel. Suchens und Ringens und haben zu einer eigenartigen und höchst fruchtbaren rel. Synthese geführt.

Lit.: F.M. Dostojewski: Sämtliche Werke, 10 Bde., 1980; ders.: Sämtliche Romane und Erzählungen, 16 Bde., 1986.
U. Elsäßer-Feist: Fjodor M. Dostojewski, 1991; J. Frank: Dostoevsky (engl.), 5 Bde., bisher erschienen Bde. 1-3, 1976ff; G. Kjetsaa: Dostojewskij, 1985; L. Müller: Dostojewskij. Sein Leben, sein Werk, sein Vermächtnis, ^{2}1990.

L. Müller

Doxologie

Eine D. (griech. »Ruhmrede, Preisgesang«) ist eine lobpreisende Schlußformel eines Gebetes oder einer Schriftlesung; zu einer D. gehören vier Bestandteile:
der ausgeführte Name dessen, dem der Lobpreis gilt,
die Entfaltung der Prädikation,
eine Ewigkeitsformel,
das Amen als Aneignungsformel der Gemeinde.
In dieser Form begegnet uns die D. schon im AT (Ps 41,14; 72,18f u.a.). Die Übernahme in den christl. Gottesdienst erfolgte vor allem in Anlehnung an Formeln aus dem hellen. Judentum.

Mannigfache Umschreibungen des Gottesnamens (z.B. Röm 16,25ff; Eph 3,20) und mehrgliedrige Prädikationen (Vierzahl Jud 25; Siebenzahl Offb 7,12) werden zusammengestellt. Aus der folgenden christologischen Schlußformel (z.B. Eph 3,21; Jud 25) wird die Christusdoxologie entwickelt (z.B. 1Tim 6,15f; Offb 1,6). Die Schlußwendungen der altkirchl. D. zeigen die Entwicklung über eine triadische Formel (. . .dem Vater durch den Sohn im Heiligen Geist) zum trinitarischen Abschluß. Jedes Gebet, jede Predigt wurde mit einer D. beschlossen. Die doppelte handschriftliche Überlieferung des Vaterunsers (Mt 6,13: teils mit, teils ohne D.) belegt die alte Praxis, ein Gebet auch dann mit einer D. abzuschließen, wo sie nicht ausdrücklich überliefert war.

Lit.: G. Delling: Der Gottesdienst im Neuen Testament, 1952; J.A. Jungmann: Missarium Sollemnia, 2 Bde., ^{5}1962; H. Graf Reventlow, R. Deichgräber, S.G. Hall, H.-Ch. Schmidt-Lauber: »Formeln, Liturgische«, TRE 11, 1983, 252-271.

Chr. Albrecht

Drechsel, Thomas → Zwickauer Propheten

Dreieinigkeit → Trinität

Dreißigjähriger Krieg

Der schon seit 1648 nachweisbare Sammelbegriff »Dreißigjähriger Krieg« bezeichnet eine Serie von militärischen Auseinandersetzungen, die Europa 1618-48 nacheinander heimsuchten. Er galt bis zum Zweiten Weltkrieg als die schwerste und grausamste polit. Katastrophe der Neuzeit. Der D.K. war ein gesamteuropäisches Ereignis; nie zuvor hatten so große Heere so lange miteinander gekämpft, und nie zuvor waren fast alle außerdeutschen Staaten in das deutsche Kriegsgeschehen direkt (Dänemark, Schweden, Venedig, Frankreich, Spanien, Generalstaaten) oder indirekt (Türkei, Rußland, Polen-Litauen, Schweiz, Portugal und der Papst) verwickelt, überdies hatte der Friedensschluß weitreichende Bedeutung für die europ. Staatenwelt. Dabei ist freilich zu beachten, daß der D.K. bis 1635 ein Ereignis der deutschen Geschichte und erst danach ein europ. Krieg auf deutschem Boden war.

1. Anlaß

Unmittelbar ausgelöst wurde der D.K. durch den Prager Fenstersturz am 23. Mai 1618, der eine geplante Adelsrevolution gegen die böhmische Krone der österreichischen Habsburger auslöste. Dem war vorausgegangen der böhmische Majestätsbrief vom 9. Juli 1609, in dem Kaiser Rudolf II. dem Land größere Religionsfreiheit zugesichert hatte, die von seinen Nachfolgern schrittweise wieder abgebaut wurde und so zur Erbitterung der prot. Böhmen führte. Hinter diesen Anlässen stehen ältere Probleme der Machtverteilung zwischen Krone und Oberschichten, eine europäische Dauerschwierigkeit, die durch das Konfessionsproblem infolge der Reformation noch verschärft worden war. Dabei ist zu berücksichtigen, daß dem frühneuzeitlichen Staat bürgerliche oder kirchl. Toleranz genauso fremd war wie den Großkirchen; sie mußte in der Praxis erkämpft werden. Wenn man von einem konfessionellen Zeitalter spricht, so hatte damals das Konfessionelle wohl innenpolit. Bedeutung, aber keine Priorität in der Außenpolitik. Neben der sicher vorhandenen rel. Motivation waren es also vor allem Machtinteressen, die die angestrengte Balance der Jahrzehnte zuvor 1618 schlagartig zusammenbrechen ließ.

2. Der böhmisch-pfälzische Krieg 1618-1623

Die böhmische Revolution, in der sich weder die eigenen noch die kaiserlichen Truppen durchsetzen konnten, verlief sich, als 1619 König Matthias starb.

Der bereits 1617 vorgekrönte Ferdinand wurde abgewählt und Friedrich V. von der Pfalz zum böhmischen König ausgerufen. Die ev. Sachsen, deren König Johann Georg auch in Betracht gekommen wäre, schlugen sich aus Enttäuschung auf die Seite des kath. Kaisers. Da der »Winterkönig« Friedrich keine ausländische Unterstützung zu gewinnen vermochte und Kaiser Ferdinand II. eine Unterstützungszusage von Maximilian von Bayern erhielt, konnte die kath. Liga in der Entscheidungsschlacht am Weißen Berg bei Prag am 8. November 1620 Böhmen zurückerobern. Das Land wurde gewaltsam rekatholisiert, die Oberpfalz Bayern zugeschlagen, das auch die Kurwürde übernahm, die Rheinpfalz ebenfalls katholisiert (damals kam die berühmte Bibliotheca Palatina von Heidelberg nach Rom). Das entscheidende Ergebnis dieser Kriegsphase war das Auseinanderbrechen der protestant. Liga.

3. Der niedersächsisch-dänische Krieg 1625-1629

Die Gefährdung der deutschen Protestanten rief die Dänen auf den Plan, die sich, unterstützt von England, mit den niedersächsischen Kreisständen gegen das kaiserliche Heer verbündeten, das unter dem Feldherrn Tilly plündernd und brandschatzend in Norddeutschland eingefallen war. Der in Bedrängnis geratene Kaiser bildete 1625 eine neue Armee unter Wallenstein, die zum stärksten militärischen Faktor in Europa wurde. Entscheidend dafür war das Kontributionssystem, nach dem ab 1627 alle Armeen finanziert wurden. Durch dieses System wurde Wallenstein zu einem der bedeutendsten Heeresorganisatoren der neueren europäischen Geschichte. Es bedeutete, daß unter fast vollständiger Umgehung der Zivilverwaltung (und damit Entlastung der kaiserlichen Finanzen) sich die Armeen gleichsam selbst finanzieren mußten (»Der Krieg ernährt den Krieg«). Sie machten dadurch im Grunde das plündernde Unrecht zum System, weshalb es im Wortsinne zutrifft, daß das deutsche Volk den D.K. selbst bezahlt hat. Wallenstein gelang es, die Dänen zu besiegen und am 22. Mai 1629 den Frieden von Lübeck zu schließen. Der Kaiser erließ in der Hochgestimmtheit des Sieges am 6. März 1629 das Restitutionsedikt, nach dem die Protestanten alle eingezogenen Kirchengüter zurückgeben sollten. Der Schutz des Augsburger Religionsfriedens sollte nur den Lutheranern, nicht aber den Reformierten gelten. Für den Protestantismus stellte sich damit die Existenzfrage.

4. Der schwedische Krieg 1630-1635

Die Machtfülle des kath. Kaisers führte zum Eingreifen des prot. Königs Gustav Adolf, der am 6. Juli 1630 mit einem kleinen Heer auf Usedom landete. Das ev. Deutschland war macht- und orientierungslos, das kath. konnte sich nicht auf die Kriegsziele einigen. In dieser Situation konnte der Schwede innerhalb von knapp zwei Jahren eine Wende herbeiführen. Zwar vermochte er die Einnahme Magdeburgs durch Tilly nicht zu verhindern, schlug ihn aber in der Schlacht bei Breitenfeld am 17. September 1631 vernichtend und stand bald in Süddeutschland; die kath. Front brach auseinander. Aus dem kleinen Brückenkopf in Pommern war die Herrschaft über halb Deutschland geworden, ein Restitutionsedikt war nun nicht mehr denkbar. Über die Motive des nüchternen Pragmatikers Gustav Adolf ist in der Forschung viel diskutiert worden, man wird in ihnen eine Mischung aus rel., polit. und wirtschaftl. Interessen sehen müssen. Der Kaiser setzte in seiner höchsten Not den zuvor entlassenen Wallenstein wieder ein und gab ihm größte Vollmachten. Ihm gelang es bald, den Schweden aus Süddeutschland zu vertreiben; Gustav Adolf fiel in der Schlacht bei Lützen am 16. November 1632. Wallenstein taktierte nun nach eigenem Ermessen und nahm auch polit. Verhandlungen mit der Gegenseite auf. Als am kaiserlichen Hof der Verdacht seines Verrates sich verdichtete, wurde er abgesetzt und schließlich in Eger am 25. Februar 1634 von einem Dragonerhauptmann getötet. Die Forschung, die von der Tatsache seines Verrates ausgeht, aber uneins über dessen Motive ist, bezeichnet dies je nach Standpunkt als Hinrichtung, Tötung oder Ermordung. Im Frieden von Prag 1635 konnte eine Befriedung des Reiches noch nicht erreicht werden.

5. Der europäische Krieg in Deutschland 1635-1648

In dieser letzten Phase, in der es allein um die polit. Vorherrschaft in Europa ging, traten die Franzosen an der Seite Schwedens in den Krieg, während spanische Truppen die Habsburger unterstützten. Eine Kriegsentscheidung konnten die militärischen Aktionen dennoch nicht erreichen. Das Kriegsglück wogte hin und her. Als die schwedischen Truppen im Oktober 1648 Prag belagerten, erreichte sie die Nachricht vom Friedensschluß. Der D.K. endete dort, wo er eine Generation zuvor begonnen hatte.

6. Der Westfälische Friede von 1648

Der infolge von Kriegsmüdigkeit und Erschöpfung herbeigesehnte Friede gelang erst nach siebenjährigen Verhandlungen und wurde dann am 24. Oktober 1648 im Friedenssaal zu Münster mit folgenden Bestimmungen unterzeichnet: Geistliche Gebiete werden zu Lasten der kath. Kirche besonders in Norddeutschland säkularisiert; Schweden erhält unter anderem Vorpommern und Rügen; Frankreich Metz, Toul, Verdun und Rechte im Elsaß; die Niederlande und die Schweiz werden endgültig als selbständige Staaten anerkannt; Deutschland ist zersplittert in eine Vielzahl von Territorien.

Der sog. rel. Besitzstand bleibt ungefähr auf dem Vorkriegsstand, die Reformierten werden als zum Augsburger Frieden zugehörig betrachtet. Die prot. Stände verbinden sich zum Corpus evangelicorum, zunächst von Sachsen, dann von den Hohenzollern geführt. Vor Gericht haben die Konfessionen den gleichen Stand, bei einem Konfessionswechsel muß die Bevölkerung dem ius reformandi des Landesherren nicht folgen.

7. Folgen

Der D.K. hat tiefer als der Zweite Weltkrieg in den Bestand des deutschen Volkes eingegriffen: der Bevölkerungsverlust wird auf ca. 40% geschätzt, nicht in erster Linie durch direkte Kampfhandlungen, sondern durch die Folgen von Flucht, Unterernährung und Epidemien. Der D.K. hat die Kultur in Deutschland an den Rand des Verfalls gebracht, die Verrohung der Sitten und die Verwilderung des Volkes zerstörte auch das kirchl. Leben. Viele Gebiete waren endgültig für den Protestantismus verloren, die Gegenreformation wirkte erfolgreich, namentlich in Österreich und Frankreich. Entscheidend war ferner der Säkularisierungseffekt: Die Konfessionsfrage war zwar noch vorhanden, spielte aber keine entscheidende Rolle mehr im politischen Leben. Damit wurde eine Entwicklung der allgemeinen Emanzipation eingeleitet, die auf längere Sicht von einer antikirchl. zu einer antirel. überhaupt voranschritt, wie die bald beginnende Aufklärungsepoche konkretisiert. Der Friedensschluß von Münster und Osnabrück hat immerhin eine relativ dauerhafte Friedensordnung herbeigeführt und eine schreckliche Zeit beendet, so daß man verstehen kann, wenn 1648 ein Schautaler das Gefühl der betroffenen Menschen in die Devise gefaßt hat: pax optima rerum.

Lit.: J. Burkhardt: Der Dreißigjährige Krieg, 1991; F. Dickmann: Der Westfälische Frieden, (1959) ^{4}1977; H. Jessen, (Hg.): Der Dreißigjährige Krieg in Augenzeugenberichten, (1963) ND 1971; G. Mann: Das Zeitalter des dreißigjährigen Krieges, Propyläen Weltgeschichte 7, 1964, 133-230; ders.: Wallenstein, 1971; G. Parker: Der Dreißigjährige Krieg, 1987; K. Repgen: »Dreißigjähriger Krieg«, TRE 9, 1982, 169-188; H.U. Rudolf (Hg.): Der Dreißigjährige Krieg, (Wege der Forschung 451), 1977; S.H. Steinberg: Der dreißigjährige Krieg und der Kampf um seine Friedensordnung in Europa zwischen 1617 und 1635, 1967.

L.E. v. Padberg

Drews, Paul (1858-1912)

D., geb. am 8. 5. 1858 in Eibenstock/Erzgebirge, gest. am 2. 8. 1912 in Halle/Saale. Pfarrer 1883 in Burkau/Lausitz und 1889 in Dresden, 1894 a.o. Prof. der Praktischen Theologie in Jena, 1901 o. Prof. in Gießen, 1908 in Halle. D. war Mitbegründer der liberalen Zeitschrift »Christliche Welt«. Er gilt als »Vater der ev. Kirchenkunde und rel. Volkskunde«, weitere Spezialgebiete waren die Geschichte der Liturgie und der Reformation. Auch für Bemühungen zur Lösung der sozialen Frage war er offen.

Lit.: BBKL I., 1975, 1382 (Werke); E. v. Dobschütz: Paul Drews, Biographisches Jahrbuch 1913, 64ff; K. Eger: ThStKr 90, 1917, 1ff; W. Rudolph: Paul Drews, Der Vater der evangelischen Kirchenkunde und religiösen Volkskunde, Diss. Leipzig, 1968.

G. Ruhbach

Drogen → Sucht/-kranke

Droste zu Vischering → Ultramontanismus

Droste-Hülshoff, Annette Freiin von (1797-1848)

Anna Elisabeth (Annette) Freiin von D.-H., geb. am 10. 1. 1797 auf Burg Hülshoff bei Münster, gest. am 24. 5. 1848 in Meersburg am Bodensee. Bedeutende kath. Dichterin, zu Lebzeiten kaum bekannt, seit Ende des 19. Jh.s zunehmend gewürdigt. Konservativ und standesbewußt erzogen, von Jugend an krank oder kränkelnd, nach mißglückten bzw. enttäuschten Liebesneigungen (1820 Heinrich Straube, 1842/43 Levin Schücking) unverheiratet, lebt sie nach dem Tod des Vaters (1826) bei der Mutter in Rüschhaus, wo ihre meisten Werke entstanden, seit 1841 bis zum Tod häufig auch in Meersburg (Erwerb eines Domizils 1843) bei ihrer verständnisvollen Schwester Jenny, verh. v. Laßberg. Gefördert wird sie von konservativ wie von liberal gesinnten Freunden (v.a. Chr.B. Schlüter in Münster, L. Schücking).

Im Lebensgefühl und literarischen Schaffen von D.-H. verbinden sich restaurative Kräfte ihrer Herkunft und Umgebung (Familie, Standesbewußtsein, Katholizismus), Landschaft und Historie der westfälischen Heimat und ein emanzipativer Wille zu künstlerischer (beiläufig zeichnet und komponiert sie) und fraulicher Selbstverwirklichung. Das Spannungsfeld von Schuld/Scheitern, Sühne/Ergebung und Gnade/Versöhntheit, in dem D.-H. sich selber und die Umbrüche ihrer Zeit erfährt, prägt auch (offen oder versteckt) ihr ganzes Werk. In der Natur gewahrt sie die bergenden wie die dämonischen Elemente; ihre treu kath. Frömmigkeit gründet im Gewissen und ist zugleich anfällig für Glaubensnöte des säkularisierten Bewußtseins. In bildkräftiger, detailgenauer (manchmal auch ungeschmeidig schwerfälliger) Sprache, mit symbolischen wie realistischen Mitteln gestaltet D.-H. menschlich ergreifende Themen, die über bloß konfessionsbedingte Probleme weit hinausgehen.

Wichtigste Werke: »Das geistliche Jahr« (Gedichtzyklus entstanden 1820/39, publiziert 1851), »Die Judenbuche« (Novelle 1842), »Der Spiritus familiaris des Roßtäuschers« (Versepos 1844); Natur-, Landschafts- und reflexive Gedichte sowie Balladen (z.B. »Der Weiher«, »Im Grase«, »Am Turme«, »Das Spiegelbild«, »Mondesaufgang«, »Der Knabe im Moor«; Gedichte in Auswahl 1838 und 1844).

Lit.: Werke: Briefwechsel in 14 Bdn (hist.- krit.) hg. von W. Woesler, 1978ff; Sämtliche Werke in 2 Bdn. hg. von G. Weydt, W. Woesler, 1973/78 (ausführlich kommentiert).

P. Berglar: A.v.Droste-Hülshoff in Selbstzeugnissen und Bilddokumenten, 1967; W. Gödden: Die andere Annette. A.v. Droste-Hülshoff als Briefschreiberin, 1991; C. Heselhaus: A.v. Droste-Hülshoff. Werk und Leben, 1971; R. Schneider: A.v. Droste-Hülshoff, 1977; K. Schulte Kemmighausen, W. Woesler: A.v. Droste-Hülshoff, ⁴1981 (zahlr. Abb.).

R. Görisch

Dualismus

1. Zum Begriff und Gesamtphänomen Dualismus

D. bezeichnet im Unterschied zum Monismus eine Weltsicht, die von zwei grundlegend unterschiedlichen oder sogar gegensätzlichen Prinzipien bzw. Polen der Wirklichkeitserfahrung ausgeht. Dabei ist jeweils das Verhältnis der dualen Prinzipien entweder als antagonistisch, antithetisch, analogisch oder komplementär zu bestimmen, je nachdem ob der Gegensatz als unauflöslicher Widerspruch oder als konstruktive Ergänzung gefaßt ist. Ferner ist zu fragen, welche menschlichen Erfahrungen sich in den gegensätzlichen Polen der Wirklichkeit spiegeln und wie diese eventuell im sozialen Gefüge institutionalisiert werden. Schließlich können in den verschiedenen Religionen und phil. Systemen die dualen Exponenten der Wirklichkeit in gänzlich unterschiedlichen Dimensionen des Seins manifestiert werden. Je nach ihrer Bestimmung liegt ein polit., kosmologischer, anthropologischer, metaphysischer, illusionärer, ethischer oder eschatologischer D. vor.

2. Religionsgeschichtliche und philosophische Grundformen des Dualismus

a. Theologischer Dualismus in den Gottesbildern nichtchristlicher Religionen

Am ausgeprägtesten begegnet in der Gotteslehre des Parsismus (→ Zoroastrismus) ein theol. D., der zwei gleichrangige Götter des Guten (Ohrmazd) und des Bösen (Ahriman) einander antagonistisch gegenüberstellt. Mitunter werden derartig widersprüchliche Gottesvorstellungen auch mythologisch durch die Annahme von Zwillingsgöttern beschrieben; so ermordet z.B. in der nordischen Edda Hödr, der böse Gott, seinen Bruder Baldr, den guten Gott. In der hinduistischen Bhagavadgita (»Das

Lied des Erhabenen«) kann die Gottheit Vishnu zwei höchst ambivalente Verkörperungen entweder des radikal gütigen oder des radikal zornigen Gottes annehmen.

b. Kosmogonischer bzw. Kosmologischer Dualismus

Der theol., d.h. auf die Gottheit selbst bezogene D., ist häufig mit einem kosmogonischen (die Entstehung der Welt betreffenden) bzw. kosmologischen D. verbunden. So spaltet beispielsweise in dem babylon. Weltentstehungsepos Enuma elis der Stadtgott Marduk die Chaosmacht Tiamat und formt aus deren Leib Himmel und Erde sowie aus Blut und Erde die Menschen. Sehr viel subtiler, aber ebenfalls einen kosmologischen D. voraussetzend, ist die → Gnosis einschließlich des Manichäismus. Sie stellt sich den Weltprozeß als unrechtmäßige Vermischung der geistigen und materiellen Sphäre vor, die ein böser Schöpfergott, ein Demiurg, verursacht hat.

c. Ontologisch-anthropologischer Dualismus

In der Tradition der idealistischen Philosophie von → Platon über Plotin bis zu den sog. deutschen Idealisten ist der ontologische (seinsmäßige) Dualismus zwischen der guten Wirklichkeit des Geistes bzw. der Seele einerseits und der bösen verderblichen Wirklichkeit des Leibes bzw. der Materie bestimmend. In der Philosophie J. G. → Fichtes stehen sich Ich und Nicht-Ich, geistige Persönlichkeit und die von ihr gesetzte materiale Natur unvereinbar gegenüber. F. W. → Schelling und G. W. F. → Hegel bemühen sich, in ihren Systemen Natur und Geschichte zusammenzudenken, allerdings immer unter der bestimmenden Macht des Geistes. Diese kommt nach Hegel nur im denkenden Subjekt zu sich selbst und radikalisiert so den ontologischen D., der immer auch einen anthropologischen (Leib-Seele-Trennung) und einen erkenntnistheoretischen D. (Trennung von erkennendem Subjekt und erkanntem Objekt) impliziert.

Eine im Unterschied zur Antithetik des abendländischen D. harmonische Gestalt des anthropologischen D. liegt dem ostasiatischen → Taoismus zugrunde. Das Tao beschreibt die Polarität zwischen Yang, dem männlichen Prinzip, und Yin, dem weiblichen Prinzip. Beide ergänzen sich harmonisch und spiegeln analogisch den D. des Tao im Makrokosmos auf menschlicher Ebene wider.

3. Dualismus in biblisch-theologischer Sicht

a. Der uneigentliche Dualismus von Schöpfer und Geschöpf

Zunächst ist das bibl. Denken in dem Sinne monistisch, daß Gott von allen Dualismen, die seine Aseität (d.h. sein An-Sich-Sein) polar ergänzen oder gar bedingen würden, absolut frei ist. Die Schöpfung und die Vollendung der Welt und des Menschen ist Gottes souveräne Tat. Das duale Gegenüber von Immanenz und Transzendenz, von Zeit und Ewigkeit etc. beschreibt theol. keine Notwendigkeit für Gott, sondern seine freie Setzung. Der D. von Schöpfer und Geschöpf impliziert also die bleibende Aseität Gottes und ist daher nur im uneigentlichen Sinne dualistisch. Dies gilt erst recht für den Antagonismus von Gott und Satan bzw. Gott und Sünder. Gott allein ist absolut Herr. Die Möglichkeit zum Bösen kennzeichnet lediglich den Mißbrauch der Freiheit seitens des Geschöpfes, hat aber keine Ursache in Gott. Die marcionitische Lehre von einem bösen Weltschöpfer wurde deshalb zu Recht aus der Kirche ausgeschieden.

Bei Luthers Unterscheidung zwischen dem *deus revelatus*, der sich zum Heil offenbart, und dem *deus absconditus*, der in seiner Unfaßbarkeit verborgen bleibt, handelt es sich nicht um einen theol. (vgl. 2.b.), sondern um einen erkenntnistheoretischen D. Dieser bezieht sich allein auf die Gotteserkenntnis des Menschen, nicht aber auf die Eigenschaften oder das Wesen Gottes.

b. Die ontologische Einheit der Schöpfung – vor und nach dem Fall

Unter der Voraussetzung der ursprünglich sehr guten Schöpfung und ihrer Korruption durch die Sünde des Menschen lehnt die christl. Theologie den ontologischen D. der idealistischen Philosophie ab. Geist, Seele und Leib – einschließlich der Sexualität – gehören ganzheitlich zur guten Schöpfung Gottes, und die Verderbnis der Sünde infiziert ihrerseits alle Lebensbereiche der menschlichen Individualität und Sozialität gleichermaßen. Die idealistische Trennung eines an sich guten intellegiblen Seins (griech. *nous*) von einem an sich verwerflichen materiellen Sein (griech. *hyle*) ist weder aus der Schöpfungslehre noch aus dem bibl. Verständnis der Sünde ableitbar.

c. Ethischer und eschatologischer Dualismus

Statt dessen ist für die Bibel der ethische D. von Sünde des Menschen und Gerechtigkeit Gottes wesentlich. Das → Evangelium zielt auf die ewige Errettung des Sünders aus dem Gericht Gottes. Der gefallene Mensch soll aus dem Machtbereich der Finsternis in den des Lichtes versetzt werden. Besonders Johannes und Paulus kontrastieren in dualistischen Begriffen den hier bestehenden Gegensatz: Kirche und Welt; Licht und Finsternis; Fleisch und Geist etc. Die duale Wirksamkeit von → Gesetz und

Evangelium entspricht diesem soteriologischen, auf das Heil ausgerichteten Tatbestand. Der ethisch-soteriologische D. mündet in einen eschatologischen. Das bedeutet: Am Ende wird die im Glauben vollzogene Entscheidung zwischen Glaube und Unglaube durch Gottes Gericht zum endgültigen, d.h. am Ende gültigen Entschiedensein der ewig Geretteten und Verlorenen.

Lit.: A. Bertholet: Götterspaltung und Göttervereinigung, 1933; H. Köster: Symbolik des chinesischen Universismus, 1958; G. von der Leeuw: Phänomenologie der Religion, ²1956; R. Otto: Das Heilige, ³⁰1958; A. Vierkandt: Der Dualismus im modernen Weltbild, ²1923; G. Wingren: Religionsphänomenologie, 1969.

R. Hille

Dunant, Henri (1828-1910)

D., geb. am 8. 5. 1828 in Genf, gest. am 30. 10. 1910 in Heiden/Appenzell. Schon als junger Kaufmann evangelisierte er um 1850 in Genf und wurde 1856 zu einem der Mitbegründer des Weltbundes des CVJM (→ Christlicher Verein junger Menschen).

Anläßlich einer Reise nach Afrika wurde er »zufällig« am 25. 6. 1859 Zeuge der Schlacht von Solferino/Oberitalien und der entsetzlichen Leiden der zahllosen unversorgten Verwundeten. Er half selbst mit, mobilisierte die Öffentlichkeit mit dem Vorschlag, freiwillige Hilfskorps für die Verwundeten einzurichten (Un Souvenir de Solférino, 1862), und reiste für seinen Gedanken rastlos durch Europa. 1863 trat eine internationale Konferenz zusammen, die die → Genfer Konvention von 1864 vorbereitete, den Sanitätsdienst ins Leben rief, diesen gegenüber den kämpfenden Parteien neutralisierte und durch die weiße Binde mit rotem Kreuz weithin erkennbar machte. Das »Rote Kreuz« war damit geschaffen und wurde von D. tatkräftig, auch aus eigenen Finanzmitteln unterstützt. Dafür mußte sein eigener, lange vernachlässigter Betrieb Konkurs anmelden. Vergessen von der Öffentlichkeit, lebte D. als überzeugter Christ jahrzehntelang im Armenhaus in Heiden, bis er dort von einem Journalisten aufgespürt und nun von allen Seiten - gegen seinen Willen - geehrt wurde. 1901 erhielt er den Friedensnobelpreis.

Lit.: R. Krug v. Nidda: Henri Dunant. Genie der Menschlichkeit, 1959.

G. Ruhbach

Dunkelmännerbriefe

Die D. sind eine humanistische Spottschrift aus dem Kreis der Kölner Theologen, die im 1511 ausgebrochenen Streit zwischen J. → Reuchlin und und den Kölner Dominikanern, hauptsächlich vertreten durch den getauften Juden J. Pfefferkorn, um Vernichtung oder Erhaltung der jüd. Bücher für Reuchlin Partei ergriffen. Reuchlin fertigte aus humanistischer Sicht ein Gutachten über rabbinische Literatur an und vertrat darin die Auffassung, daß sie trotz ihrer antichristl. Polemik vom hist. Standpunkt her erhaltenswert seien. Bei den D. handelt es sich um eine 1515 erschienene Sammlung von 41 anonymen fiktiven Briefen, hinter denen vor allem J. Crotus Rubianus und andere Humanisten, z.B. U. von → Hutten, als Verfasser stehen. In der zweiten Auflage 1516 wurden weitere Briefe hinzugefügt. Sie kritisieren rein äußerlich die Position Reuchlins, tun dies aber in einer derart dilettantischen Art und Weise, daß die ironische, prohumanistische und proreuchlinistische Grundabsicht deutlich wird und richten sich in scharfer Kritik gegen das kirchl. Leben und den scholastischen Wissenschaftsbetrieb; sie wurden - nicht nur wegen ihres grobianistischen Stiles - sowohl von Rom als auch von → Erasmus und → Luther abgelehnt.

Lit.: Text: A. Bömer (Hg.): Epistolae obscurorum virorum, 2 Bde., 1924; ders.: Die Verfasser und Drucke der Epistolae obscurorum virorum, in: ZfB 41, 1924, 1-12.

G. Ruhbach

Duns Scotus, Johannes (ca. 1265/66-1308)

J.D.C. ist ca. 1265/66 in Schottland (Duns) geboren. Er wird mit 15 Jahren Franziskaner, 1291 Priester, studiert in Oxford und Paris. Er liest über die Sentenzen des Petrus Lombardus in Cambridge, Oxford und Paris. Dort wird er vertrieben (Streitigkeiten Papst/König), kehrt später zurück, wird 1305 Doctor und Magister regens (»Professor«). 1307 geht er nach Köln und stirbt dort am 8. November 1308; sein Grab ist in der Minoritenkirche.

D. ist der bedeutendste Franziskanertheologe des ausgehenden 13. Jh.s (Übergang zur Spätscholastik). An theol.(-phil.) Werken hat er hinterlassen: Disputationen, Aristoteles-Kommentare, zwei Traktate (»De primo principio« und »Theoremata«) und, als sein Hauptwerk, einen umfangreichen

Kommentar zu den Sentenzen des Petrus Lombardus. Dieser liegt in dreifacher Gestalt vor: (1) »Lectura prima« (1298-1302 Cambridge und Oxford; Hörernachschriften); (2) »Reportatio maior« bzw. »examinata« (1302-1305 Paris; Hörernachschriften, teilweise von D. durchgesehen und ergänzt); (3) »ordinatio« (nach 1305; von D. zur Veröffentlichung bestimmte, als »authentische« Fassung unvollendet, früher »Opus Oxoniense« genannt).

D. ist Theologe, der der Offenbarung Vorrang einräumt, jedoch das phil. Rüstzeug der Zeit eigenständig und subtil handhabt (»Doctor subtilis«) und in den Dienst der Theologie stellt. Er gelangt dabei, in z.T. schwierigen Gedankengängen, zu eigenständigen Auffassungen, die von denen der Zeitgenossen abweichen (z.B. Univozität des Seinsbegriffs - derselbe Begriff des Seienden für Gott und die Geschöpfe - im Unterschied zur Analogielehre; Personbegriff; Akzeptationstheorie in der Heilslehre: Gott nimmt das auf die Gnade gegründete verdienstliche Handeln des Menschen in freier souveräner Willensentscheidung an zu dessen Heil - Nähe zu reformat. Intentionen; Betonung der Kontingenz (Nicht-Notwendigkeit) der Heilsgeschichte; Hervorhebung des Willens Gottes als Liebeswille). Sein Eintreten für die unbefleckte Empfängnis Mariens (1854 dogmatisiert) hat ihm den Titel »Doctor marianus« eingebracht.

Lit.: Gesamtausgabe (noch unvollständig): Joannis Duns Scoti ... Opera Omnia, hg. von C. Balic et al.; Ioannis Duns Scoti Tractatus De primo principio, hg. u. übers. von W. Kluxen, 1974.

W. Dettloff: J.D. Scotus, in: Klassiker der Theologie 1, 1981, 226-237 u. 412-413; ders.: »Duns Scotus/Scotismus I«, TRE 9, 1982, 218-231 (Lit.); H.-J. Werner: J.D. Scotus, in: Gestalten der Kirchengeschichte 4.2, hg. von M. Greschat, 1983, 73-91; Homo et mundus. Acta Quinti Congressus Scotistici Internationalis Salmanticae ..., hg. von C. Bérubé, 1984; E. Gilson: J.D. Scotus. Einführung in die Grundgedanken seiner Lehre, 1959.

B. Steinseifer

Duplessis-Mornay, Philipp → Hugenotten

Dürer, Albrecht (1471-1528)

D., geb. am 21. 5. 1471 in Nürnberg, gest. ebd. am 6. 4. 1528. Der Name weist auf die Herkunft aus dem ungarischen Gyula (=Tür) hin. D. lernte zuerst beim Vater das Goldschmiede- und 1486-90 bei Michael Wolgemut in Nürnberg das Malerhandwerk; ab 1492 erscheint er in Basel als begehrter Buchillustrator (u.a. Holzschnitte zum Narrenschiff des Sebastian Brant). 1494 heiratete er in Nürnberg Agnes Frey. Im August 1494 floh D. vor der Pest über die Alpen nach Venedig, wo er durch die deutsche Gemeinde Zugang zu den führenden Künstlern der italienischen Renaissance erhielt. Im Frühjahr 1495 kehrte er über Innsbruck nach Nürnberg zurück. Hier entstanden neben großen Holzschnittfolgen, Kupferstichen und Aquarellen Gemälde rel. Inhalts und Portraits. Das Selbstbildnis von 1500 mit seiner Christusähnlichkeit drückt exemplarisch das Ringen um das Selbstverständnis des Renaissancekünstlers aus.

Im Herbst 1505 wich er erneut vor der Pest nach

Venedig, wo er nach Vollendung des »Rosenkranzfestes« mit Aufträgen überhäuft wurde, und kehrte Mitte Februar 1507 nach Nürnberg zurück.

Nun folgten Meisterwerke wie die »Marter der zehntausend Christen« für die Heiligtumskammer Kurfürst Friedrichs des Weisen in der Wittenberger Schloßkirche. 1509 erwarb D. das sog. Dürerhaus in Nürnberg und wurde in den Großen Rat der Stadt gewählt. Ab 1512 war er durch Aufträge Kaiser Maximilians I. stark beansprucht. Daneben schuf er aber so berühmte Werke wie die Kupferstiche der Melancholie und des Hieronymus im Gehäus (1514) oder das Bildnis seines Lehrers Wolgemut (1516). Im Sommer 1518 gehörte er der Nürnberger Gesandtschaft auf dem Reichstag in Augsburg an. Dort portraitierte er die gesamte Prominenz. Die Schriften Luthers, »der mir aus grossen engsten geholfen hat« (1520 an Spalatin), beeindruckten ihn tief.

Seine letzte Reise (das Tagebuch ist erhalten) unternahm D. (zusammen mit seiner Frau und einer Magd) 1520-21 in die Niederlande, um sich eine von Kaiser Maximilian zugesagte Rente von König Karl auf Lebenszeit bestätigen zu lassen. Er wohnte in Antwerpen, wo er sehr ehrenvoll aufgenommen wurde. In Seeland hat er sich vermutlich mit Malaria infiziert. Auf der Rückreise im Sommer 1521 erfuhr er von Luthers Gefangennahme und war, da er die Hintergründe nicht kannte, zutiefst betroffen.

D.s letzte Lebensjahre sind durch seine Krankheit, vor allem aber durch die polit. und rel. Unruhen der Zeit, namentlich in Nürnberg, beeinträchtigt. Er brachte jetzt seine drei theoretischen Schriften zum Abschluß, zuletzt sein Hauptwerk »Vier bücher von menschlicher Proportion«, dessen Erscheinen im Oktober 1528 er nicht mehr erlebte. Aber er erreichte noch einmal einen künsterlischen Gipfel in den beiden Tafeln der »Vier Apostel« (1526), die er, mit Zitaten des jeweiligen Apostels versehen, seiner Vaterstadt vermacht und sie ermahnt hat, bei der rechten Lehre zu bleiben. Daß D. damit etwas anderes meint als das »reine Evangelium«, wie er es durch Luther erfahren hat, ist schwer vorstellbar. Aber es wurde viel darüber gestritten.

Lit.: F. Anzelewsky: Dürer. Werk und Wirkung, 1988; M. Mende: Dürer-Bibliographie (Bibliographie der Kunst in Bayern, Sonderband), 1971; H. Rupprich (Hg.): Dürer. Schriftlicher Nachlaß, 3 Bde., 1956-69.

H. Scheible

Dwight, Timothy → Neu-England-Theologie

Ebenbild Gottes → Mensch

Ebioniten

E. oder »Ebionäer« war ursprünglich wohl die Selbstbezeichnung einer judenchristl. Gruppe, die sich als »Arme« (von hebr. *aebjonim*) vor Gott verstand (vgl. Lk 6,20) und damit ihren besonderen Grad der Erwählung durch Gott zum Ausdruck brachte. Ob der Begriff ursprünglich Selbstbezeichnung der → Urgemeinde war, ist umstritten, aber nicht sehr wahrscheinlich.

Zuerst begegnet er bei Irenäus (haer. I 26,2) und wird von da an bei den Kirchenvätern zu einem Sammelbegriff für das häretische Judenchristentum insgesamt. Origenes deutet ihn ironisch als Spottname für die »Armen in ihrem Verstand«, die die Worte Jesu (z.B. Mt 15,24), aber auch die bibl. Verheißungen »fleischlich« auf das Israel »nach dem Fleisch« beziehen (princ. IV 3,8) und nicht auf die Kirche, d.h. auf die Gemeinschaft der von Gott aus *allen* Völkern durch seinen Geist frei Erwählten.

Tertullian (praescr. X,8) und Hippolyt (ref. VII 35,1) führen den Namen E. auf einen Sektengründer mit Namen »Ebion« zurück und zeigen damit, daß sie den hebr. Hintergrund nicht mehr kannten. Gleichwohl deutet ihre Polemik gegen die E. darauf hin, daß der Ablösungsprozeß des Christentums vom Judentum noch nicht abgeschlossen ist, sondern bis ins 4. Jh. (vgl. Epiphanius, pan. 30) andauert.

Charakteristische Merkmale der Theologie der E., die von den Evv. nur das MtEv. anerkannten, sind ihre Kritik an der Lehre von der → Jungfrauengeburt Jesu und ihr Festhalten am jüd. Gesetz. Sie praktizieren weiterhin die Beschneidung und betrachten Paulus als Gesetzesabtrünnigen. Wegen ihres Bekenntnisses zu Jesus werden sie jedoch auch von der jüd. Synagoge verworfen. »Da sie Juden und Christen sein wollen, sind sie weder Juden noch Christen«, schreibt Hieronymus (ep. 112,13).

Der Sammelbegriff → Judenchristen ist insgesamt zu vielschichtig und verlangt nach genauerer Differenzierung (z.B. auch im Hinblick auf gelegentlich zu beobachtende gnostische Einflüsse).

Lit.: G. Kretschmar: Die Kirche aus Juden und Heiden, in: Juden und Christen in der Antike, hg. von J. van Amersfoort, J. van Ort, 1990, 9-34; J. Maier: Jüdische Auseinandersetzung mit dem Christentum in der Antike (EdF 122), 1982; G. Strecker: »Ebioniten«, RAC 4, 1959, 487-500; ders.: »Judenchristentum«, TRE 17, 1988, 310-325.

W. A. Bienert

EC → Jugendbund für Entschiedenes Christentum

Eccard, Johann → Kirchenmusik

Ecclesia → Gemeinde der Christen

Eck, Johannes (1486-1543)

E., geb. am 13. 11. 1486 in Egg an der Günz, gest. am 10. 2. 1543 in Ingolstadt, eigentlich Maier, nach seinem Geburtsort Egg an der Günz genannt, war seit 1510 Theologieprofessor an der Universität Ingolstadt.

Er wurde zunächst bekannt durch seine ethische Rechtfertigung der modernen Kapitalwirtschaft. Aufgeschlossen für den Humanismus, stand er zunächst in einem guten Verhältnis zu Luther. Durch Karlstadt wurden die beiden dann in eine theol. Auseinandersetzung getrieben, die 1519 bei der

Leipziger Disputation zum Austrag kam. E. trat dabei als der Verteidiger der herkömmlichen spätmittelalterl. Theologie und Kirche auf. Er brachte Luther dazu, seine Zweifel an der Unfehlbarkeit von Papst und Konzilien zu äußern. Den Sieg in der Disputation sprach die humanistische Öffentlichkeit dann aber doch nicht E., sondern dem »Ketzer« Luther zu. 1520 war E. an der Ausfertigung der Bannandrohungsbulle gegen Luther und danach an ihrer Bekanntmachung beteiligt. In der Folgezeit blieb E. einer der entschiedensten theol. Verteidiger der altgläubigen Kirche. Für den Augsburger Reichstag 1530 stellte er z.B. nicht weniger als 404 Artikel gegen Luther auf. Auftragsgemäß konnte er sich in Augsburg oder später in Regensburg aber auch um den konfessionellen Ausgleich bemühen. Insgesamt war es seine undankbare Rolle, den kath. Gegensatz gegen die Reformation hervorzuheben.

Lit.: E. Iserloh: Johannes Eck, 1981.

M. Brecht

Eckhart, Meister (ca. 1260 – ca. 1327)

E., geb. um 1260 in Hochheim/Thüringen, gest. um 1327 in Avignon (?). Ob E. aus adligem Geschlecht stammt, ist ungewiß. Um 1280 trat er ins Dominikanerkloster Erfurt ein, studierte in Köln, war 1298 Prior und Ordensvikar in Thüringen, 1300-1303 und 1311-1313 Prof. an der Pariser Universität als Magister sacrae theologiae (daher: Meister), 1304 bis 1311 Ordensprovinzial der Saxonia, ab 1307 auch Generalvikar für Böhmen, ab 1314 Ordensprovinzial im Elsaß, ab 1325 Prof. an der Ordenshochschule Köln.

E.s Werk liegt noch keineswegs vollständig ediert vor. Es zerfällt in lat. und dt. Schriften. Die lat. Schriften erweisen ihn als einen der Tradition verpflichteten Scholastiker, der sich auf die herkömmlichen Autoritäten, besonders seinen Ordensbruder → Thomas von Aquin bezieht. Allerdings ist er mehr Exeget als Dogmatiker. Seine eigentliche Bedeutung hat er über seine dt. Schriften gefunden: drei Traktate und 45 Predigten. Er gilt als Vater der dt. Mystik und vertritt die »Ein-Bildung« des Glaubenden in den Seelengrund, in dem Gott dem Menschen liebevoll entgegenkommt und ihn zur Wiedergeburt bringt. Ob seine Gedankenwelt Intensivchristentum, Pantheismus oder Häresie ist, war immer umstritten. E. hatte viele Anhänger und Schüler, z.B. J. → Tauler und H. → Seuse, aber auch Randgruppen wie die Gottesfreunde und die → Begarden und Beginen, selbst die Brüder und Schwestern vom freien Geiste beriefen sich auf ihn. Sein Kölner Bischof ließ daher einen Ketzerprozeß gegen ihn führen. Eine päpstliche Bulle vom 27.3.1329 verurteilte 26 Schriftsätze aus seinen Werken, allerdings nur für die Kölner Diözese. Trotzdem geriet E. dadurch in Verdacht und Vergessenheit, auch wenn manche seiner Schüler, so z.B. Nikolaus von Kues seine Schriften sammelten und z.T. pseudonym herausgaben. Erst die Romantik (F. von → Baader und → Hegel) entdeckte E. wieder als den »erleuchtetsten Theologen des Mittelalters«. Seitdem wurde er besonders für Germanisten als Vater der mittelhochdeutschen Kunstsprache interessant, und im 20. Jh. haben ihn die Nationalsozialisten wegen seines Deutschtums gepflegt. Das neue Interesse an → Mystik läßt auch E. wieder hervortreten. Zweifellos gehört E. zu den unvergänglichen Lehrern und Lebemeistern des späteren MAs.

Lit.: J. Quint u.a.: Die deutschen und lateinischen Werke, 1936ff (noch unabgeschlossen); J. Quint (Hg.): Deutsche Predigten und Traktate, 1955.

A.M. Haas: Meister Eckhart als normative Gestalt geistlichen Lebens, 1979; ders.: Gott leiden, Gott lieben, 1989; K. Ruh: Meister Eckhart. Theologe, Prediger, Mystiker, 1985.

G. Ruhbach

Eddy, Mary Baker → Christliche Wissenschaft

Edel, Eugen → Pfingstbewegung

Edwards, Jonathan (1703-1758)

E. wurde nach dem Studium am Yale College Pfarrer der kongregationalist. Gemeinde in Northampton, Massachusetts, als Nachfolger seines Großvaters Solomon Stoddard (1643-1729). Weil er sich mit seinem Versuch, eine strenge Abendmahlszucht einzuführen, nicht durchsetzen konnte, wurde er 1750 abgesetzt, war Prediger in Stockbridge und wurde 1757 zum Präsidenten des Princeton College berufen, wo er aber bald nach Dienstantritt starb.

Seine mehr als 1000 Predigten erweisen ihn als bedeutenden Exegeten und Systematiker in der Tradition des Puritanismus Neuenglands; sie waren zumeist gegen den Arminianismus gerichtet. Ab 1734/35 kam es zu »Erweckungen«, die er 1737 beschrieb (A Faithful Narrative of the Surprising Work of God in the Conversion of Many Hundred Souls). Hier und anderswo erweist er sich als einfühlsamer Seelsorger und als Vorläufer der Religionspsychologie. Vor allem aber wird er zum Verteidiger der »Großen Erweckung« (Great Awakening), die das Prädikat »groß« weniger wegen der Zahl als wegen des Unerwarteten und darum Überraschenden, mit dem sich die Bekehrungen vollzogen, verdiente. Sein Gegenspieler war Charles Chauncy in Boston, der die Gefühlsregungen (affections) angriff. E. erwiderte mit dem Hinweis auf »gnädige« und »heilige« Gefühle (gracious, holy affections). Er wird Verteidiger der calvinist. Prädestinationslehre, die er gegen die arminianische Willensfreiheit verteidigte (Freedom of the Will, 1754). Er versuchte auch, die Erkenntnistheorie John Lockes (1632-1704) in sein Denken einzubeziehen. Seine erst posthum veröffentlichten Werke On the Nature of True Virtue und Concerning the End for Which God Created the World erweisen ihn als spekulativen Ontologen und Geschichtstheologen. Der Aufrichtung des Königreiches Christi dienen Werkbund (covenant of works = Naturgesetz) und Gnadenbund (covenant of grace). Letzterer ist weniger systematisch entfaltet, sondern ordnet die eigenen Erfahrungen der Erweckung in das Auf und Ab von göttlichen Gerichts- und Gnadenzeiten ein. Auf dieser Linie erwartete er den Anbruch des Tausendjährigen Reiches in Amerika.

E.' Einfluß war beträchtlich. Er gilt noch heute als bedeutendster Theologe Nordamerikas. Erst jüngste Veröffentlichungen seiner literarischen Hinterlassenschaft haben die Breite und Tiefe seiner Gedanken gezeigt.

Lit.: The Works of Jonathan Edwards, 1957ff.
E.S. Gaustad: The Great Awakening in New England, 1957; S.H. Lee: The Philosophical Theology of J. Edwards, 1988.

E. Geldbach

Egede, Hans → Skandinavien

Egoismus

Der E., als Begriff seit dem 18. Jh. allg. gebräuchlich, bezeichnet eine Haltung, die eigene Zwecke und Ziele den Zwecken und Zielen anderer grundsätzlich vorordnet. Im Rahmen einer Ethik wird E. meist im Zusammenhang mit seinem Gegenbegriff Altruismus behandelt, wobei Altruismus eine Haltung ist, in der es wesentlich um die Wahrung fremder Interessen geht. In der phil. Ethik ersetzt man heute E. gelegentlich durch den Begriff Selbstinteresse. Was das Verhältnis von Selbstinteresse zu Fremdinteresse angeht, so lassen sich, gerade auch unter Einbeziehung tiefenpsych. Erkenntnisse, etwa folgende Ergebnisse festhalten: Selbstinteresse und Fremdinteresse sollten keine einander ausschließenden Gegensätze bilden, sondern in einer gesunden Spannung zueinander stehen. Ein vernünftiges Verfolgen fremder Interessen dient dabei stets berechtigten Eigeninteressen. So gemeinschaftzerstörend ein reiner E. sein kann, so verkehrt wäre ein unbedingter Altruismus. Dieser kann sogar einem krankhaften Selbstaufopferungswillen (Masochismus) entsprechen oder Ausdruck eines Helfer-Syndroms sein (»Ich brauche zu meiner Selbstbestätigung andere Menschen, um die ich mich unablässig kümmere«). Er wäre damit nur eine Spielart des E., der wie falsch ausgeübte Nächstenliebe den anderen an sich bindet oder Macht über ihn gewinnt. Diese Erkenntnisse kann christl. Ethik aufnehmen und sie noch vertiefen. Denn gerade in der Selbstliebe des Menschen in all ihren Formen sieht sie den tiefsten Ausdruck seiner sündhaften Verkehrtheit, die auch die Formen frommer Selbstsucht und pharisäerhafter Selbstgerechtigkeit annehmen kann. Nur Christus kann den Menschen daraus befreien. Denn wer aus der Gewißheit des Heils lebt, hat sich um sich selbst ausgekümmert und ist frei zu echter Nächstenliebe. Allerdings entsteht aus der Formulierung des Gebotes »Du sollst deinen Nächsten lieben wie dich selbst« die Frage: Soll man sich selbst zuerst lieben, weil ohne rechte Selbstliebe keine Nächstenliebe möglich ist? Augustin hat diese Frage bejaht. Die kath. Ethik ist ihm darin weitgehend gefolgt. Luther und nach ihm viele prot. Ethiker sehen es anders. Für sie kann Eigenliebe als Ausdruck der Sündhaftigkeit des Menschen nie bestimmend sein für Nächstenliebe. Dennoch müssen sich beide Standpunkte nicht völlig ausschließen. Denn im Glauben wird der Christ zwar die sündhafte Eigenliebe mit Christus in den Tod geben. Andererseits wird er in einem durch Christus befreiten Leben auch sich selbst annehmen, weil er von Christus angenommen ist. Er wird seinen E. überwinden, indem er in Christi Kraft seinem Nächsten das zukommen läßt, was er selber von Gott erwarten darf. Hier ist Selbstannahme nicht E., sondern dankbares Echo auf Gottes Liebe.

Lit.: O. Höffe: »Selbstinteresse«, Lexikon der Ethik, hg. von O. Höffe, ²1980, 215-216; W. Lütgert: Ethik der Liebe, 1938, 17-21; N.H. Søe: Christliche Ethik, 1949 (Selbstliebe).

K.H. Bormuth

Ehe, -bruch, -scheidung

a) biblisch

1. Ehe

Die umfassendste bibl. Deutung der E. gibt Eph 5,22-33. Was E. in Gottes Augen ist und was sie in der Kraft des christl. Glaubens werden kann, wird hier gleichnishaft am Verhältnis des auferstandenen Christus zu seiner Gemeinde geschildert. Demnach ist die E. zu verstehen als ein Einübungsfeld in gelingende, liebende Kommunikation auf der Grundlage einer schon durch die E. gesetzten, von Gott verliehenen Einheit der Eheleute. Gleichzeitig wird an diesem Abschnitt deutlich, daß die hier beschriebene Dimension der E. nur im Glauben erfahrbar ist (5,22 »als dem Herrn«; 5,25 »gleichwie Christus«).

Die Deutung der E. als Kommunikationsgeschehen greift Grundeinsichten atl. Anthropologie auf. Der Mensch ist Geschöpf eines trinitarischen, kommunizierenden Gottes (1Mo 1,26). Seine Berufung zum Ebenbild Gottes meint, daß er diese Wesensart Gottes, die sich in Liebe und Fürsorge zeigt, repräsentieren soll. E. und Gemeinde sind dafür vorrangige Praxisfelder. Die Institution der E. ist, bibl. gesehen, eine Stiftung Gottes. Mit der komplementären Erschaffung von Mann und Frau ist die E. gesetzt. Indem Adam eine Frau – und nicht mehrere – als sein Gegenüber bekommt, ist die E. monogamisch konstitutiert. Indem Eva zur ganzheitlichen Hilfe für Adam bestimmt wird, ist die lebenslange Dauer der E. begründet, denn eine Gemeinschaft auf Abruf vermag kein Programm ganzheitlicher Hilfe zu vermitteln (1Mo 2,18).

Nach der atl. Überlieferung hat Lamech aus der Nachkommenschaft Kains eigenmächtig die Mehrehe eingeführt (1Mo 4,19). Die Mehr- bzw. Vielehen der Erzväter und Könige Israels werden mit ihren emotionalen, erzieherischen, erbrechtlichen und geistl. Nöten offen geschildert. Die Bewertung der Monogamie als die von Gott eingesetzte Eheform bleibt jedoch in den Ehevorschriften für die Priester und Könige (!) erhalten (3Mo 21,13ff; 5Mo 17,17). In Israel bis zur Zeit Jesu war sie die normale Eheform.

Als Stiftung Gottes und damit als besonderes Rechtsgut genießt die E. in den atl. Rechtsvorschriften einen hervorragenden Schutz (2Mo 20,14; 5Mo 5,18; 3Mo 20,10; 5Mo 22,12, vgl. 1Mo 20,19). Die eheliche Treue galt als hochrangiges Gut (Spr 5,18f; Mal 2,14-16).

Als Spruch atl. Eheweisheit kann 1Mo 2,24 gelten. Das »Verlassen«, das »Freigeben« und das beständig wiederholte »Anhangen« sind elementare – auch psych. begründbare – Voraussetzungen für das Gelingen der E., für das »Ein-Fleisch-Sein«, d.h. für die beglückende Erfahrung der Einheit in der Verschiedenheit.

Grundlegend für das ntl. Ehebild ist die seelsorgerl. akzentuierte geschlechtsspezifische Zuordnung der Geschlechter. Der Mann wird ermahnt, im Blick auf Christus Hingabe und Verantwortung für seine Frau und Familie zu lernen und zu üben (Eph 5,25ff; Kol 3,19; 1Petr 3,7). Die Frau wird ermahnt, sich nicht über den Mann zu überheben, sondern ihm im Geist der Unterordnung zu helfen (Eph 5,22ff; Kol 3,18; 1Tim 2,12; Tit 2,5; 1Petr 3,1-6). Das Hauptsein des Mannes ist als Ausdruck für seine Verantwortungsverpflichtung zu verstehen und die geforderte Unterordnung der Frau darf nicht als Unterwürfigkeit gedeutet werden, sondern als Verpflichtung zum Hilfesein. Auch 1Kor 11,1-16 sollte nicht strukturell im Sinn einer Rang- oder Stufenfolge ausgelegt werden. Hier geht es um die Frage der Ehrerbietung. So wie der Mann Christus als sein Haupt ehren soll, weil er von ihm Wesen und Würde echten Mannseins empfängt, so soll die Frau den Mann als ihr Haupt ehren, weil sie Sinnbestimmung und Lebenserfüllung im Hilfesein für ihn findet. Beide, Mann und Frau, sollen an der Ehre, die Christus Gott als seinem Haupt gibt, die ihnen gebotene spezifische Ehrerbietung lernen und verwirklichen.

In der bibl. Perspektive hat die Intimgemeinschaft von Mann und Frau ihren Platz ausschließlich in der E. Vorehelicher Intimverkehr gilt als Unzucht, außerehelicher Intimverkehr mit einer verheirateten Frau gilt als Ehebruch (s. 2.). Das eheliche Intimleben wird in das Licht der ntl. Liebesethik gestellt. Da die Liebe nicht das Ihre sucht, geben beide Ehegatten die Verfügung über ihre Sexualität gegenseitig ab und suchen die Beglückung des anderen (1Kor 7,4).

Die E. beginnt nach bibl. Auffassung mit der Heimholung der Braut durch den Bräutigam unter Anteilnahme der Öffentlichkeit (1Mo 29,12; Ri 14,10ff; Mt 22,1ff; 25,1ff; Joh 2,1ff). Sie endet mit dem Tod eines Ehegatten (Röm 7,2; 1Kor 7,39) bzw. durch Scheidung (s. 3.).

2. Ehebruch

Der Hochschätzung der E. als Stiftung Gottes entspricht im AT ihr öffentlich-rechtlicher Schutz. Schon die Verführung eines noch nicht verlobten Mädchens zum Intimverkehr zog strafrechtliche Folgen nach sich (2Mo 22,15f; 5Mo 22,28f). Die Verführung eines verlobten Mädchens war genauso wie der Intimverkehr mit einer verheirateten Frau bei Todesstrafe verboten (5Mo 22,22-27). Auch die Bestimmung, daß eine Frau, die ihrem Verlobten ihre eigene voreheliche Unzucht verschwiegen hatte, nach der Hochzeit gesteinigt werden konnte, diente dem Schutz der E. (5Mo 22,13-21). Der Begriff des E.bruchs wird in 3Mo 20,10 verwendet (s.a. 2Mo 20,14; 5Mo 5,18; 4Mo 5,11-31; Spr 7,10-27). Aufgrund dieser Belege läßt sich E.bruch im atl. Sinn definieren als der außereheliche Intimverkehr einer verheirateten Frau. Die Ehefrau, der von Gott die Weitergabe menschlichen Lebens anvertraut ist, trägt gleichzeitig die Verantwortung vor Gott für die Reinheit ihrer E.

Das NT hält an der strengen Verurteilung des E.bruchs fest (1Kor 6,9). Das Gebot »Du sollst nicht ehebrechen« deckt nach Jesu Auslegung in den Antithesen der → Bergpredigt den sexuellen Egoismus des Mannes auf und soll ihn zur Umkehr bewegen. Erst der durch Christus erneuerte Mensch vermag aber durch die ihm verliehene Liebe seine ehebrecherischen Gedanken zu überwinden. Der Begriff des E.bruchs erfährt durch Jesus eine radikale Veränderung. Da er an der Unauflöslichkeit der E. festhält, bezeichnet er eine Wiederheirat nach Scheidung zu Lebzeiten des früheren Ehegatten als E.bruch. Die vor Gott unlösbare, also auch nach der Scheidung weiterexistierende E. wird durch eine erneute Heirat gebrochen (Mt 5,27-32; 19,8; vgl. Mk 10,10-12; Lk 16,18).

3. Ehescheidung

Ein ausgesprochenes Ehescheidungsrecht kennt weder das AT noch das NT. Das bibl. Bild der E. als einer Stiftung Gottes, in welcher sich die unkündbare Treue des auferstandenen Christus zu seiner Gemeinde abbildet, schließt die Möglichkeit einer Scheidung aus. Mit dem gegenseitigen, öffentlichen, auf Lebenszeit gegebenen Treueversprechen tritt das Ehepaar in die göttliche und damit unauflösbare Stiftung der E. ein. In diesem Sinn sind die beiden »von Gott zusammengefügt« (Mt 19,6; Mk 10,8).

Laut 5Mo 24,1-4 hat Mose die Möglichkeit zur Scheidung gegeben »im Blick auf die Herzenshärtigkeit« Israels (Mt 19,8; Mk 10,5). Die Herzenshärtigkeit ist nicht der Grund, sondern der Zweck dieser Anordnung. Jede Scheidung dient ihrer Herausstellung, offenbart Israels geistl. Verstockung und wird damit zum Straf- und Gerichtsgeschehen.

Eine besondere Situation schildern das Buch Esra und Nehemia. Einige der Mitte des 5. Jh.s v.Chr. von Babel nach Jerusalem zurückgekehrten Juden hatten sich heidnische Frauen genommen. Die geistl. und nationale Identität Israels stand auf dem Spiel. In dieser heilsgeschichtl. Ausnahmesituation entschlossen sich Esra und Nehemia, die Betreffenden zur Scheidung aufzufordern (Esra 9; 10; Neh 13). In Mal 2,10-16 wendet sich der Prophet eindringlich gegen die unter den heimgekehrten Juden aufkommene Tendenz, sich von ihren Frauen zu scheiden und heidnische Frauen zu heiraten.

Die ablehnende Stellungnahme Jesu zur Ehescheidung ist in den Texten Mk 10,1-12 und Lk 16,18 eindeutig. Schwierig ist das Verständnis der beiden einschlägigen Texte im MtEv. 5,31f und 19,3-9 wegen der hier auftretenden sog. Unzuchtsklauseln. Es ist hier an den ursprünglichen speziellen, nämlich jüd. und judenchristl. Leserkreis des Matthäusevangeliums zu denken. Mit »Unzucht« scheint Mt wie im sog. Aposteldekret (Apg 15,29) bestimmte, nach 3Mo 18,6-18 verbotene »Unzuchtsehen« anzusprechen. Es ist wahrscheinlich, daß die E. des Herodes Antipas mit der Herodias, seiner Nichte und früheren Frau seines Bruders Philippus, die eine solche verbotene Eheform darstellte, den aktuellen Anlaß für diese Stellungnahme Jesu abgab. Die weitverbreitete Deutung der Unzuchtsklauseln als außerehelichen Intimverkehr der Frau ist jedenfalls abzulehnen, denn dies ist »Ehebruch« und wäre von Mt mit einem eigenen Begriff benannt worden.

Die Lehrauffassung des Apostels Paulus zur E.scheidung ist mit derjenigen Jesu identisch (1Kor 7,10). Christen sollen sich nicht scheiden. Falls sie schon geschieden sind, sollen sie ehelos bleiben oder sich wieder mit ihrem Ehegatten aussöhnen. Die Möglichkeit einer Wiederheirat nach erfolgter Scheidung eröffnet Paulus nicht (1Kor 7,11). Für den Fall, daß in einer E. von zwei Nichtgläubigen einer zum Glauben findet, erteilt Paulus folgende Weisung: Der Gläubige soll an der E. festhalten. Falls der ungläubige Teil sich scheiden lassen will, muß der gläubige Teil nicht um jeden Preis die E. aufrechterhalten (12-16). Aber auch in diesem Fall eröffnet der Apostel nicht den Weg in eine andere E. (V. 39).

Lit.: H. Baltensweiler: Die Ehe im Neuen Testament, 1967; J. Cochlovius: Lieben und Helfen. Ein Eheseminar, ^{2}1990; G. Friedrich: Sexualität und Ehe. Rückfragen an das Neue Testament, 1977; W.A. Heth, G.J. Wenham: Jesus and divorce, ^{2}1985; J.C. Laney: ...bis der Tod euch scheidet? Scheidung und Wiederverheiratung, 1988; W. Neuer: Mann und Frau in christlicher Sicht, ^{3}1985; ders.: »Ehe, Ehescheidung, Ehelosigkeit«, GBL 1, 1987; C.H. Ratschow, J. Scharbert, Z.W. Falk, B. Reiche, H. Cronzel, L. Brink, M.E. Schild, H. Ringeling, A. Stein: »Ehe, Eherecht, Ehescheidung« I-IX, TRE 9, 1982, 308- 362 (Lit.); C.-D. Stoll: Ehe und Ehescheidung. Die Weisungen Jesu, 1983.

J. Cochlovius

b) theologiegeschichtlich

1. In der Alten Kirche vollzog sich die Ausbildung des kirchl. E.verständnisses in ständiger Auseinandersetzung mit einer hell.-platonischen Leibfeindlichkeit, die in der christl. Gnosis gleichermaßen zu asketisch-zölibatären (ebenso bei Marcion und im Montanismus) wie zu libertinistischen Ehekonzepten führte. Daneben trugen auch die vielfältigen Probleme der ersten Jh.e mit Mischehen, E.bruch (neben Mord und Abfall vom Glauben eine der drei Todsünden), E.scheidung, Wiederverheiratung, insbesondere bei Klerikern, dazu bei, daß sich innerhalb der Kirche bis ins Spätmittelalter ein äußerst spannungsreicher E.begriff durchsetzte. Einerseits galt die E. als ein Gut, dessen Zweck in der Kinderzeugung, der ehelichen Treue und der Verhütung von Unzucht liegt. Der bibl. Aspekt der gegenseitigen Liebe und personalen Gemeinschaft (1Mo 2,18) kam nur noch vereinzelt in den Blick (→ Clemens v. Alexandrien). Auf der anderen Seite vollzog sich durch die Abwertung der E. gegenüber der monastischen E.losigkeit, die als die reinere Form der Christusnachfolge verstanden wurde, eine Degradierung des E.standes. Dieser Trend setzte sich durch die augustinische Erbsündenlehre fort, in der die Begierde (lat. *concupiscentia*) als die eigentliche Form der Erbsünde verstanden wurde, die es folglich auch im Geschlechtsakt auszuschalten galt. Die geschlechtliche Gemeinschaft in der E. war somit allein als lustfreie Zeugung von Kindern erlaubt.

2. Dieser Spannung begegnete das Hochmittelalter mit einer zunehmenden Klerikalisierung und Sakramentalisierung. Die E.schließung war etwa bis zur Jahrtausendwende ein rein weltlicher Vorgang, der durch einen E.vertrag zwischen dem Freier und dem Vormund der Braut rechtlich begründet (Muntehe) und durch den Geschlechtsakt gültig vollzogen wurde. Dagegen wurde schon im Decretum Gratiani (1140) die geistl. Gerichtsbarkeit in E.fragen festgeschrieben. Die E. galt durch die Übereinkunft der E.leute als geschlossen (lat. *consensus facit nuptias*) und durch den Geschlechtsakt vollzogen (Verbindung von röm. mit german. Recht). In Anlehnung an Eph 5,22-33 vollzog sich parallel eine Sakramentalisierung der E., die von den Konzilien von Verona (1184) und Lyon (1274), endgültig vom Konzil von Florenz (1439), bestätigt wurde. Danach spenden sich die Eheleute im Beisein eines Priesters gegenseitig das Sakrament.

3. Gegen den Sakramentscharakter der E. und ihre gleichzeitige Abwertung gegenüber dem monastischen Ideal des Zölibats erhob sich der heftige Widerspruch der Reformation. Luther verstand die E. als ein »weltlich Ding«, das zwar von Gott als heiliger und ihm wohlgefälliger Stand verordnet und eingesetzt ist (*ordinatio* und *institutio divina*), aber als Teil des weltlichen Regiments Gottes dem geistl. Regiment des Glaubens gegenübersteht (→ Zwei-Reiche-Lehre). Die E. gibt nicht Gnade vor Gott, sondern Gott gibt den E.leuten seine Gnade zur E. Damit ist sie ebenso wertvoll wie die E.losigkeit (1Kor 7,7), was für Luther die Ablehnung des Zölibats und der Klostergelübde begründete. Mit dem Wegfall des sakramentalen Charakters war für Luther aber auch die E.scheidung aus verschiedenen Gründen (E.bruch, Verlassen des E.partners, Impotenz) möglich. Er urteilte in dieser Beziehung in der Regel seelsorgerl.-pragmatisch. Die E.gerichtsbarkeit wurde in die Hände der Konsistorien gelegt, einem weltlichen Gremium mit geistl. Beisitzern.

Trotz der weitreichenden reformat. Durchdringung blieb in Luthers E.begriff eine gewisse Spannung erhalten. Diese wurzelt – analog zu Augustin – in der fehlenden Unterscheidung zwischen dem geschöpflichen, natürlichen Geschlechtstrieb und seiner egoistischen Verzerrung zu sündhafter Begierde. Demgegenüber unterschied er zwischen einem guten, natürlichen Fortpflanzungstrieb und sündiger Lust, die vom Geschlechtsakt so weit als möglich fernzuhalten war. Entsprechend war auch für Luther der E.zweck weniger die personale Liebesbeziehung zwischen Mann und Frau und die damit verbundene Freude, als in erster Linie die Kinderzeugung und der Schutz vor Unzucht. Damit gab auch er dem – abgesehen vom Adel – allg. und bis ins 18. Jh. gültigen Lebensgefühl Ausdruck, das E. und Liebe als zwei isolierte Größen betrachtete. Unter den Reformatoren war es einzig M. Bucer, der den partnerschaftlichen Charakter der E. betonte.

4. Auch der → Pietismus wertete das Lustgefühl im Geschlechtstrieb als Sünde, die es zu unterbinden galt. Diese Auffassung führte hinsichtlich des E.be-

griffs zu einem überaus schillernden Bild. In den Reihen radikaler Gruppierungen gab es sowohl asketisch-platonisierende E.auffassungen einer rein geistigen Beziehung als auch libertinistische Exzesse. Zu einer Überhöhung der ehelichen Geschlechtlichkeit kam es im Verständnis Zinzendorfs, dessen eigentliches Anliegen in der Aufwertung der E. als gottgewollter Lebensgemeinschaft lag. Im Anschluß an den paulin. Vergleich der E. mit der Beziehung Christi zur Gemeinde (Eph 5,22-33) verstand er den Geschlechtsakt als Äquivalent der Vereinigung Christi mit der Gemeinde, der fern jeglicher Lustbefriedigung als sakramentaler Akt vollzogen werden solle.

5. Während die → Aufklärung die E. in rationalistischer Weise als vertragliche Vereinbarung (die auch prinzipiell auflösbar ist) zum gemeinsamen Leben und der Zeugung von Kindern verstand, kam es im Zuge der Romantik zur einer umfassenden Neubewertung ehelicher Liebe als tiefer seelischer Gemeinschaft und Lebenserfüllung. Damit ging eine Privatisierung der E. und ihre gleichzeitige Überforderung durch ein überzogenes Harmonie-Ideal einher. Entsprechend dem Charakter der E. als ewige Liebesbeziehung galt sie als unauflöslich, so daß z.B. Schleiermacher die E.scheidung ablehnte.

Im 20. Jh. steht neben Bemühungen, die E. von der Schöpfungsordnung her zu begründen (luth.: W. Elert, P. Althaus, H. Thielicke; ref.: E. Brunner), eine zunehmende Resignation christl. Eheethiker. Es ist angesichts der im Zuge der Säkularisation einhergehenden Liberalisierung zwischenmenschlicher Beziehungen zunehmend schwieriger, bibl. Maßstäbe in einer pluralistischen Gesellschaft zu vermitteln. Eine fundierte christl. Begründung der E. wird aber umso dringlicher, je mehr die gängige Unverbindlichkeit in E.fragen zu gesellschaftl. Verfallserscheinungen führt.

Lit.: W. Elert: Morphologie des Luthertums, Bd. 2, (1932) ²1953; C. H. Ratschow, J. Scharbert, Z. W. Falk, B. Reicke, H. Crouzel, L. Brink, M. E. Schild, H. Ringeling, A. Stein: »Ehe, Eherecht, Ehescheidung«, TRE 9, 1982, 311-362; H. Thielicke: Eros und Agape. Ethik der Geschlechter, in: Theologische Ethik, Bd. 3, 1964, 507-810.

V. Gäckle

c) systematisch-theologisch

1. Ehe

Da weder im AT noch im NT die Eheschließung mit einer Heilszusage Gottes verbunden ist, muß die ev. Theologie an Luthers Entscheidung, den sakramentalen Charakter der E. zu bestreiten, festhalten. Der Ehestand ist ein »weltlich Geschäft« (Traubüchlein 1529). Luther meint damit nicht, daß sie menschlicher Verfügung oder Willkür unterstellt sein soll, sondern daß sie ein mit der Erschaffung des Menschen gesetzter und nur für die irdische Lebenszeit geltender Stand ist (vgl. Mt. 22, 30 par.).

Nach der bibl. Offenbarung ist die E. der von Gott gestiftete Stand für die Gemeinschaft eines Mannes mit seiner Frau. Der Schöpfungsbericht und die Paradieserzählung in 1Mo 1 u. 2 sind also konstitutiv für eine theol. Begründung der E.

Der Ehestand als Stiftung Gottes ist »Schöpfungs- und Erhaltungsordnung«, gleichzeitig »Voraussetzung für die Chance des Heils« (Thielicke, Theol. Ethik III, 2220ff). Schöpfungsordnung ist die E., weil sie allen Menschen gilt. Erhaltungsordnung ist sie, weil sie das Miteinander der Geschlechter in einer gefallenen Welt ordnet und damit sichert, konkret gesagt: weil sie den Egoismus der Geschlechter durch die den Ehegatten auferlegte Verantwortung füreinander und für die Kinder zügelt.

Der Zweck der E. ist nach 1Mo 1,26f und 1Mo 2,18 als Kommunikations- und Hilfsgemeinschaft zu definieren. Mann und Frau sind Geschöpfe des trinitarischen, in drei Personen mit sich selbst kommunizierenden Gottes. Damit sind die Ehegatten zur Kommunikation berufen. Im Gespräch, durch Fürsorge, Anteilnehmen sowie gegenseitige leibliche Beglückung soll und kann sich der Zweck der E. verwirklichen. Gleichzeitig ist sie damit Vorbereitung auf die ewige Kommunikation des erlösten Menschen in Gottes Vollendungswelt.

Die Frau ist berufen, ihrem Mann im umfassenden Sinn des Wortes Hilfe zu sein. Der Gehalt des Begriffs »Hilfe« ist dabei vom Hilfe-sein Gottes zu bestimmen. Keineswegs ist damit gemeint, daß die Frau Erfüllungsgehilfin der Wünsche ihres Mannes sein soll. Vielmehr soll sie ihm helfen, ein Mann nach dem Bilde Gottes zu werden, ein Mann, der sich in liebender Verantwortung für seine Frau und Familie einsetzt. Die schöpfungsgemäße leibliche und seelisch-geistige Veranlagung der Frau zur Mutterschaft bildet eine elementare Voraussetzung für ihr Hilfe-sein gegenüber ihrem Mann. Der Mann ist aufgerufen, die ganzheitliche Hilfe seiner Frau anzunehmen und ihr mit Hingabe und Treue lebenslang beizustehen.

Mit der Berufung der Frau zur Hilfe ihres Mannes ist die E. ein für allemal monogam und auf Lebenszeit eingesetzt. »Hilfsgemeinschaft« kann nämlich nur die monogame E. sein, »weil nur durch diese Form der Ehe dem Gatten das ganze Leben und Vermögen ohne Teilung dargegeben wird« (Schlatter, Die christliche Ethik, 341). Ebenso verhält es sich mit der Dauerhaftigkeit. Nur wenn Mann und Frau sich verbindlich, d.h. öffentlich, den Willen zur lebenslangen Treue bezeugen und damit in den Stand der E. eintreten, vermag ihre Gemeinschaft ganzheitliche Hilfe und echten Beistand zu vermitteln.

Die E. als Schöpfungs- und Erhaltungsordnung trägt die göttliche Verheißung, daß die Ehegatten »ein Fleisch«, d.h. eine von Gott selbst gewährleistete und gesegnete Gemeinschaft sind (1Mo 2,24). Beide dürfen sich bei aller bleibenden Verschiedenheit im gelebten Füreinander als eine beglückende Einheit erfahren, in der jeder für die ergänzende Andersartigkeit des anderen dankbar wird.

Zu Recht werden in der neueren theol. Ethik Bedenken gegen eine »Verzweckung« der E. geäußert (Rendtorff, Ethik Bd. 2, 19), wenn etwa die E. hauptsächlich mit der Fortpflanzung, mit der Erhaltung des Eigentums, mit der Bildung der Persönlichkeit (Schleiermacher) oder mit der Abwehr von Unzucht begründet wird. Wenn wir hier den Zweck der E. als Kommunikations- und Hilfsgemeinschaft bestimmen, dann unternehmen wir jedenfalls keine neue »Verzweckung«. Diese theol. Sinnbestimmung der E. ist vielmehr zutiefst im Wesen ihres Stifters begründet: Gottes Wesen ist Kommunikation und helfende Liebe.

Die theol. Definition der E. schließt eine soziologische oder juristische Betrachtungsweise nicht aus, aber sie transzendiert sie. Einer mit der Aufklärungszeit aufgekommenen rein juristischen Beschreibung der E. als zwischenmenschlicher Vertrag (so schon Kant, Metaphysik der Sitten, § 24) muß aber um Gottes und des Menschen willen widersprochen werden. Der Stiftungscharakter wird dadurch ausgehöhlt, und dem Menschen wird die Last aufgebürdet, die E. zu »halten«, während doch in Wirklichkeit die E. ihn halten will.

Die E. beginnt mit dem öffentlichen, gegenseitigen, auf Lebenszeit gegebenen Treueversprechen, wobei die Öffentlichkeit durch unterschiedliche Institutionen repräsentiert werden kann (in Deutschland seit dem Personenstandsgesetz von 1875 durch das Standesamt). Die Bestimmung des E.endes hängt von der E.auffassung ab. Als auf Lebensdauer angelegte Stiftung Gottes verstanden, endet die E. mit dem Tod eines Ehepartners (Röm 7,2; 1Kor 7,39). Als menschlicher Vertrag verstanden, endet sie mit der öffentlich bestätigten Vertragskündigung durch einen E.gatten (s. u. 3.).

Wie alle anderen menschlichen Beziehungen ist auch die E. seit dem Sündenfall dem Mißbrauch durch den → Egoismus preisgegeben. Die Chance beglückender Kommunikation wird verfehlt. Statt Hilfsgemeinschaft zu sein, ist sie in der Gefahr, Kampffeld der Geschlechter um Macht und Vorherrschaft zu werden. Die Monogamie wird durch Polygamie einschließlich sukzessiver Polygamie in Frage gestellt. Die lebenslange Dauer wird durch Scheidung aufgehoben. Ihre Ausschließlichkeit wird durch nichteheliche Beziehungen unterlaufen. Daß die E. angesichts dieser massiven Infragestellung überhaupt noch existiert, ist ein deutlicher Hinweis auf ihre göttliche Stiftung.

Erst der durch den Glauben an Christus erneuerte Mensch vermag dank der Liebe, die er empfängt, im bibl. Ehekonzept die Liebe Gottes zu entdecken. Die E.frau empfängt aus der Liebe Gottes die Kraft, sich ihrem Mann unterzuordnen und die Weisheit, ihm helfen zu können. Der E.mann läßt sich durch das Bild Christi zu Hingabe und Verantwortungsbereitschaft verändern (Eph 5,22-33). So gewährleistet der Glaube zwar keine vollkommene E., aber er befreit die E. zu gelingender Kommunikation, zu Dienst und Hingabe. Die E. kann heranreifen zum Abbild der Gemeinschaft, die Christus mit seiner Gemeinde pflegt. Die Geborgenheit, die sie gibt, wird zum Abglanz der Glaubensgeborgenheit, in welcher sich die Gemeinde wissen darf. Die Treue, die sich die E.gatten schenken, wird zum Hinweis auf die unwandelbare Treue Christi zu den Seinen. Dieser Abbildcharakter einer E., die aus der veränderten Kraft des Glaubens gelebt wird, ist die tiefste Bestimmung, welche die bibl. Offenbarung der E. überhaupt gibt.

2. Ehebruch

E.bruch als Eindringen in eine bestehende E. ist ein Vergehen gegen den Stifterwillen Gottes, der die E. als monogame Kommunikations- und Hilfsgemeinschaft dem Menschen gegeben hat, damit dieser in ihr die Fürsorge Gottes erkennen soll. Das neue Leben in der Gemeinschaft mit Christus sucht in der Kraft der Liebe Gottes das Beste des Nächsten. Der Christ, der aus dieser Kraft lebt, bleibt nicht bei einer bloßen Nicht-Verletzung der E. der anderen stehen, sondern er versucht, diese E.n nach Kräften zu schützen, zu stabilisieren und aufzubauen. »Also ist so viel gefordert, daß ein jeglicher für sich selbst keusch lebe und dem Nächsten auch dazu helfe« (Luther, Großer Katechismus). Das Leben im neuen Äon verhilft gleichzeitig zu einem neuen Bild vom jeweils anderen Geschlecht.

Der Mensch des anderen Geschlechts erscheint als Geschöpf Gottes, dem als solches eine einmalige Würde zukommt. Im Lichte des Wortes Gottes erkennt der Christ in sich selbst die Quelle sexueller egoistischer Gedanken (Mt 5,28), er darf aber Vergebung, Reinigung und Heiligung seines Verhältnisses zum anderen Geschlecht erbitten und empfangen. Ein Rückfall in ehebrecherische Verhaltensweisen kann durch Beichte und Vergebungszuspruch geistl. bewältigt werden (vgl. Joh 8,3ff).

Die sog. Unzuchtsklauseln in Jesu Worten von der E.scheidung (Mt 5,32; 19,9) wurden im Verlauf der Kirchengeschichte öfters, besonders seit Luther im Protestantismus als Erlaubnis ausgelegt, bei E.bruch eines E.gatten die Scheidung der E. zu vollziehen. Der Gesamtcharakter der → Bergpredigt als Proklamation der in Christus begonnenen Gottesherrschaft, die zu einem aus Liebe völlig erneuerten Leben führt, schließt jedoch faktisch aus, daß Jesus an die Möglichkeit gedacht hat, daß Christen noch E.bruch begehen könnten. Wahrscheinlich sind an diesen beiden Stellen eheliche Verbindungen gemeint, die nach jüd. Gesetz Unzucht waren (also E.n in bestimmten Verwandtschaftsgraden). Wenn in christl. E.n E.bruchshandlungen vorkommen, dann gehören sie in die Beichte und dürfen den Vergebungszuspruch empfangen. Zur Scheidung der E. müssen sie nicht führen. Daß ehebrecherisches Verhalten die E. als Stiftung Gottes zerstört, ist exegetisch nicht zu begründen (gegen Elert, Das christl. Ethos, 132). Die Kraft der Vergebung Gottes ist stärker als das Zerstörungspotential, das zweifellos durch den E.bruch freigesetzt wird.

3. Ehescheidung

Der Wert und die Schönheit der E. als göttliche Stiftung bestehen darin, daß das E.paar in ihr abbildmäßig die Fürsorge und die Treue Gottes erfahren kann. Die Dauerhaftigkeit der E. ist also kein bloßes Attribut, über das zu diskutieren wäre, sondern ein Wesensmerkmal. Nur die auf Lebenszeit geschlossene E. vermag ein Abbild der Treue Gottes zu sein.

Nach dem schon zitierten Jesuswort Mt 19,6 soll die E. von Menschenhand nicht geschieden werden. Mit dieser autoritativen Aussage verleiht Jesus der E. den denkbar stärksten Schutz, und er erklärt sie faktisch für unantastbar. Der Gemeinde ist damit ein unaufgebbares E.bild zugesprochen, dessen Anspruch allerdings unerreichbar hoch zu sein scheint. Jesus selbst deutet es in Mt 19,11 an, daß der Mensch nur mit Hilfe Gottes diesem Anspruch genügen kann.

Das röm.-kath. Kirchenrecht hält prinzipiell an der Unscheidbarkeit gültig geschlossener sakramentaler und nichtsakramentaler E.n fest, kennt aber genau formulierte Dispens- und Aufhebungsbestimmungen. Im Luthertum galten als E.scheidungsgründe der E.bruch (unter Hinweis auf Mt 5,32; 19,9), das sog. böswillige Verlassen (nach 1Kor 7,15) und das sog. privilegium Paulinum (ebenfalls 1Kor 7,15), nach dem der christl. Teil in eine vom nichtchristl. Teil vollzogene Scheidung um des Friedens willen einwilligen darf. K. Barth hat die Frage aufgeworfen, ob jede geschlossene E. als von Gott zusammengefügt angesehen werden dürfe, und den »Grenzfall« offengehalten, daß eine E. »im Urteil Gottes keine haltbare Ehe ist« (KD III, 4, 237).

Der hohe Anspruch des von Jesus verkündigten E.bildes sollte aus Ehrfurcht vor dem Wort des Herrn, aber auch um der Würde der E. willen theol. durchgehalten werden. Wo er in der Verkündigung aufrechterhalten wird, muß er allerdings begleitet werden von intensiver Ermutigung zum Glauben, von der Fürbitte der Gemeinde, von bibl. orientierter E.schulung, und er muß gegründet sein im Vorbild gelingender E.n. Der Christ, der befreit ist von Herzenshärtigkeit (vgl. Mt 19,8), darf sich der Hilfe Gottes gewiß sein, wenn er in E.krisen an der E. festhält und den Gedanken an eine Scheidung abweist. Dabei bleibt ihm um des Friedens (oder auch um der Kinder) willen die Möglichkeit einer – zeitweisen – Trennung offen, wenn der E.gatte es will (1Kor 7,15). Auch in diesem Fall wird er sich seinem E.gatten weiterhin vor Gott verbunden wissen und deswegen eine andere E. nicht suchen (vgl. 1Kor 7,11).

Die staatliche Scheidungsgesetzgebung hat in Deutschland seit der Aufklärungszeit mit der damals aufgekommenen sog. Konventionalscheidung eine insgesamt zunehmende Liberalisierung erfahren. In der nationalsozialistischen Zeit wurde das Zerrüttungsprinzip als möglicher Scheidungsgrund eingeführt (Ehegesetz von 1938), das über die sog. objektive Zerrüttung im Ehegesetz von 1946 dann im Ersten Eherechtsreformgesetz von 1976 zum einzigen Scheidungsgrund erhoben wurde. »In dem jahrhundertelangen Kampf um die Ehescheidung hatte die scheidungsfreundliche Partei über die scheidungsfeindliche gesiegt« (Hattenhauer, Die Privatisierung der Ehe, 18). Will man diese Rechtsentwicklung theol. bewerten, dann fällt vor allem das allmähliche Zurücktreten des Schuldfaktors auf. Menschliches Schuldigwerden vor Gott und den Menschen ist aber eine elementare Dimension menschlicher Existenz, die auf Strafe, Sühne und Vergebung angelegt und angewiesen ist. Der Verzicht des Gesetzgebers, diese Dimension anzusprechen, muß in der Perspektive bibl. Theologie als Ausdruck weit fortgeschrittener Entchristlichung der Gesellschaft gedeutet werden. Angesichts dieser

Entwicklung kommt auf Kirche und Gemeinde die immense Aufgabe zu, die in der Rechtsprechung verlorengegangenen Kategorien von Schuld, Strafe, Sühne und Vergebung zu bewahren und sowohl innerhalb ihrer Strukturen als auch gegenüber säkularisierten Menschen zu praktizieren und zu verkündigen, als Dienst vor Gott und für die Menschen.

Lit.: K. Barth: KD III/4, Die Lehre von der Schöpfung, 1951; O. Bayer (Hg.): Ehe. Zeit zur Antwort, 1988; Th. Bovet: Ehekunde 2 Bde., 1961/62; W. Elert: Das christliche Ethos, [2]1961; H. Hattenhauer: Die Privatisierung der Ehe, 1986; M. Holland: »Ehe und Ehebruch/Ehescheidung«, BBW, [2]1986; J.C. Laney: . . .bis daß der Tod euch scheidet? Scheidung und Wiederverheiratung, 1988; Rat der EKD (Hg.): Zur Reform des Ehescheidungsrechts in der Bundesrepublik Deutschland. Eine Denkschrift, 1969; C.H. Ratschow, J. Scharbert, Z.W. Falk, B. Reicke, H. Cronzel, L. Brink, M.E. Schild, H. Ringeling, A. Stein: »Ehe/Eherecht/Ehescheidung«, TRE 9, 1982, 308-362; T. Rendtorff: Ethik Bd. 2, 1981; A. Schlatter: Die christliche Ethik, [2]1924; C.-D. Stoll: Ehe und Ehescheidung. Die Weisungen Jesu, 1983; H. Thielicke: Theologische Ethik, 3. Bd., 1964; W. Trillhaas: Ethik, 1959; E. Wilkens (Hg.): Ehe und Ehescheidung. Ein Symposion, 1963.

J. Cochlovius

d) praktisch-theologisch

Aufgrund des bibl. Befunds ist jungen Menschen die E. in Predigt, Seelsorge und Unterricht als etwas Befreiendes und Beglückendes aufzuweisen. Vor allem wäre es angesichts der Institutionenfeindlichkeit junger Menschen nötig, darauf hinzuweisen, daß die Institution E. Schutz- und Schonraum der sexuellen Partnerschaft ist, nicht ihr Gefängnis. Es müßte – auch aufgrund von soziologischen und psych. Gutachten – klargemacht werden, daß es im Wesen der Sexualität selbst liegt, sich an den anderen und an ihn alleine zu binden, für immer mit dem anderen zusammenzubleiben, Treue zu geben und zu empfangen. So erwächst Gewißheit, daß der andere bei mir bleibt und mir der Boden des Vertrauens nicht weggezogen wird. Nur ein unbedingter und letztgültiger Treuebund wie die E. kann Glück auf Dauer und somit wahres Glück vermitteln, nicht »Test-Ehen« wie die E. auf Zeit oder freie Lebensgemeinschaften, in denen Angst, den anderen zu verlieren, Partnerschaft immer wieder gefährdet. Ähnliches gilt vom Zusammenleben auf Probe mit dem Ziel der E., nicht nur von alternativen Lebensformen anstelle der E. Die unbedingt liebende Liebe, die das Wesen erotischer Beziehungen ausmacht, wird hier von Vorbedingungen abhängig gemacht, ihre vorbehaltlose Hingabe durch Vorbehalte verfälscht. Unterderhand wird in solchen Probeehen der Partner zum Objekt erniedrigt, statt Subjekt zu sein. Nur die unwiderrufliche Zusage: »Ich kann mich auf dich verlassen, ich will dich nie verlassen«, macht E. aus und schenkt wahres, weil verläßliches Glück.

Viele Menschen fragen hier zurück: Kann ich das nicht auch ohne Trauschein haben? Warum brauchen wir die Öffentlichkeit des E.schlusses, warum die Rechtsform der E.? Sie ist wichtig, denn sie schützt nicht nur die Kinder, die eine verläßliche Zuwendung benötigen, sie schützt auch die Partner voreinander und den Partner vor sich selbst, sie schützt ihn vor seinem »alten Adam« und dessen Versuchungen.

So lebt die E. von der Vergebung, gerade auch, wenn sie in Gedanken, Worten und Werken gebrochen wird. Nicht der erhobene Zeigefinger, sondern der Hinweis auf Umkehr und Vergebung, von der alle E.leute immer neu leben, ist in der Seelsorge im Blick auf einen E.bruch wichtig. Daß Gottes unverbrüchliches Ja unser zerbrechliches Ja trägt, ist für christl. E. konstitutiv, nicht die Ideal-E. und Perfektion. Doch die größere Gefahr für die heutige E. ist nicht der E.bruch, sondern Langeweile, Gleichgültigkeit und das Aneinander-Vorbeileben der Partner. Die vielen »verkorksten« und »miesen« E.n, die nichts mehr von der Spannung und dem Geheimnis spüren lassen, die uns in der Bibel begegnen (Eph 5,32), sind es vor allem, die junge Menschen von der E. abschrecken. Die Liebe stirbt nicht an der E., sondern an Langeweile und Preisgabe der Mühe um den anderen (1Thess 4,4).

Jesus wollte die E. als grundsätzlich unscheidbaren, exklusiven und letztverbindlichen Treuebund wieder erneuern (Mt 19,5f). Es ist daher in der Seelsorge immer wieder zu versuchen, von der E.scheidung abzuraten. Trotzdem gibt es den Grenzfall, wo dieser grundsätzlich unauflösbare Treuebund der E. im Blick auf die »Herzenshärtigkeit« (Mt 19,8) geschieden werden kann. Bedenklich ist, daß dieser Grenzfall heute fast zum Normalfall geworden ist. Beständig ist nur noch der Wandel. E. und Familie konkurrieren zunehmend mit wechselnden alternativen Lebensformen. Der einzelne, der sich gern zum Maß erhebt (Narziß), wechselt Lebensform und Partner auf der Suche nach Glück und Geborgenheit mehrfach. Doch gerade Geborgenheit und verläßliche Fürsorge bleiben so auf der Strecke. So wird die christl. verstandene E. zum zeugnishaften alternativen Lebensentwurf.

Lit.: s.o. unter *a), b), c)*

H.G. Pöhlmann

Eheberatung

1. Entwicklung

Gab es schon in der Zeit zwischen 1919 und 1933 vereinzelt E.sstellen, so ist ein besonderer Beginn von E. in Deutschland nach dem Zweiten Weltkrieg anzusetzen. 1949 wurde in Detmold die »Deutsche Arbeitsgemeinschaft für Jugend- und Eheberatung« (DAJEB) gegründet, in der sich Fachleute aus verschiedenen Berufen und Konfessionen zusammenschlossen. Ziel war es, durch Krieg, Flucht, Vertreibung sowie Gefangenschaft belastete Ehen zu begleiten und zu stützen. Ziel war weiter, auch unterschiedliche Ansätze und Bemühungen zum Erhalt belasteter Ehen zusammenzufassen. Konnte das erste Ziel – wenigstens teilweise – erreicht werden, war das zweite Ziel nicht durchzuhalten. Von der DAJEB, die noch heute als überparteilicher und überkonfessioneller Verband besteht, lösten sich nach und nach einzelne Gruppierungen und gründeten eigene Verbände. Zuerst sonderten sich die kath. Berater ab. Sie sind heute in der »Bundesarbeitsgemeinschaft für Beratung« (BAG) zusammengefaßt. Ev. Berater folgten ihnen und gründeten ihrerseits die »Evangelische Konferenz für Familien- und Lebensberatung« (EKFuL). Zu diesen drei separaten Verbänden kamen noch zwei andere: »Bundeskonferenz für Erziehungsberatung« (BKfE) und »Pro Familia«. Diese fünf Verbände schlossen sich im »Deutschen Arbeitskreis für Ehe-, Familien- und Lebensberatung« zusammen. Ev. und kirchl. gebundene und angestellte Berater finden sich nicht nur in der EKFuL, die etwa 500 Mitglieder (1991) umfaßt. Sie sind aufgrund alter Tradition auch in der DAJEB vertreten, wo sie neben kath., kommunalen und anderen Beratern keinen unerheblichen Mitgliederanteil darstellen.

2. Kirchliche Eheberatung

Nach und nach gründeten immer mehr Kirchen, Kirchengemeinden und kirchl. Werke Beratungsstellen für Familien-, Ehe- und Lebensfragen. Auf kath. Seite wird dabei bis heute eine strenge Trennung zwischen diesem Beratungsbereich (EFL-Beratung) und anderen Beratungsfeldern wie Erziehungsberatung und Schwangerschaftskonfliktberatung durchgehalten. Auf ev. Seite sind häufig »integrierte Stellen« anzutreffen, wo neben der Ehe- und Lebensberatung auch Erziehungsberatung und Schwangerschaftskonfliktberatung angeboten werden. Innerhalb der Landeskirchen wurden besondere Verantwortliche bestellt. Sie sind als Leiter der jeweiligen Beratungsarbeit landeskirchl. Beauftragte oder Hauptstellenleiter in der »Konferenz der Hauptstellenleiter und landeskirchlichen Beauftragten« in der EKD zusammengefaßt.

3. Methodik

In die ersten Anfänge von E. flossen Fachkenntnisse unterschiedlicher Berufsgruppen ein: Ärzte, Juristen, Pädagogen und Theologen erarbeiteten miteinander Hilfen für belastete, gefährdete und zerbrechende Ehen. E. war in dieser Zeit oft »Rat geben«, wie es noch heute von vielen Ratsuchenden verstanden wird.

Tiefenpsych., z.B. psychoanalytische Kenntnisse boten sich bald an, tiefergehende Störungen zu bearbeiten und aufzulösen. Wird E. so von der Geschichte her mit Psychoanalyse in Verbindung gebracht, hat sie heute ein viel breiteres methodisches Fundament. Verhaltenstherapeutische Konzepte stehen neben klientenzentrierter E. Neben dem kommunikationstheoretischen Ansatz wird auch »systemisch« gearbeitet. Damit ist gemeint, daß Berater und Ratsuchende in der Beratung miteinander »beraten«, was am besten zu tun sei. Berater verstehen sich dabei weniger als wissende Experten, die nach einer Diagnose entsprechende »Ratschläge« geben, sondern vielmehr als Partner bei gemeinsamer Problemlösung. Dafür bringen sie ihre Erfahrung und ihr Wissen ein.

4. Ziele und Werte

E. hat zuerst ein bewahrendes Ziel. Sie soll Eheleute fähig machen, Konflikte besser zu klären und zu lösen, z.B. bei Störungen der sexuellen Gemeinschaft, bei zunehmenden ungelösten Partnerschaftskonflikten und einem allmählichen Auseinanderleben. Neue Vereinbarungen sollen möglich werden, erneuerte Gesprächsbereitschaft und Vergebung alter Schuld. Von ihrem Ursprung her soll E. helfen, Treue zu bewahren. Durch diese primären Ziele kollidiert (kirchl.) E. mit zeitgenössischen Autonomiebestrebungen, die vorschnelle Auflösung von Ehen wünschen, um im Zuge einer falsch verstandenen »Selbstverwirklichung« lediglich eigene Wünsche zu verfolgen. Kirchl. gebundene E. sieht die Ehe unter dem Segen und Anspruch Gottes. Berater und Eheleute wissen innerhalb eines solches Verständnisses nicht, welche Wege Gott für sie bereit hat. Darum ist E. oft auch Begleitung unter und zur Geduld. Gleichwohl können Ehen trotz intensiver Beratung scheitern. Eheleute können so in ihren Verstrickungen befangen sein, daß ein Weg zueinander nicht mehr möglich ist. Hier hat E. die Aufgabe, dazu zu helfen, daß solche Eheleute in Frieden und ohne Haß auseinandergehen können, dies schon zum Besten eventuell vorhandener Kinder. Besonders im Falle verlassener Partner ist E. Begleitung durch Scheidung hindurch und Hilfe zu einem veränderten Leben.

5. Konkrete Seelsorge

Die Zuordnung ev. E. zu gesamtkirchl. Arbeit ist nicht eindeutig. In einigen Landeskirchen ist die Ehe-, Familien- und Lebensberatung der → Diakonie zugeordnet und rückt so in die Nähe kirchl. Sozialarbeit. Oft liegt hier die Betonung stärker auf der fachlich guten Beratung. Das kann dazu führen, daß Aspekte des Glaubens zurücktreten. In anderen Landeskirchen wird die E. der → Seelsorge zugeordnet. Sie wird damit als »Konkrete Seelsorge« im Gesamtauftrag der Kirche verstanden. Ratsuchende werden unter dem Anspruch und Trost des Willens Gottes gesehen. Ehe- und Lebensberater verstehen sich hier ausdrücklich als Christen und Mitarbeiter der Kirche. Ausrichtung, Auswahl und geistl. wie fachliche Weiterbildung von Beraterinnen und Beratern rücken hier in verstärktes Interesse. Die Einbindung von Beratungsdiensten in Gemeinde und Kirche ist ein mancherorts noch nicht voll erreichtes Ziel.

Lit.: H. Halberstadt: Psychologische Beratungsarbeit in der evangelischen Kirche, 1983; T.U. Schall: Eheberatung - Konkrete Seelsorge in Familie und Gemeinde, 1983.

T. U. Schall

Ehelosigkeit

Im NT sind E. und → Ehe zwei gleichwertige Dienstordnungen mit je eigener Gabe und Berufung (1Kor 7,7; Mt 19,11). In Not und Verfolgung gilt E. als die bessere Lebensordnung (1Kor 7,26), nicht aber grundsätzlich. Eine falsch motivierte E. wird kritisiert, vor allem in 1Tim 4,3ff, aber auch in 1Kor 7,1-7.36-38. Gegen gnostische Irrlehrer, »die zu heiraten verbieten«, betont der 1Tim: »Alles, was Gott geschaffen hat, ist gut ...« (4,3f). Grundsätzliche Kritik an Ehe und Leiblichkeit kann sich somit nicht auf das NT berufen.

Die Überordnung der E. über die Ehe seit der Alten und mittelalterl. Kirche ist auf einen sexual- und leibfeindlichen Platonismus zurückzuführen, der in die Kirche seit → Augustinus eindrang. Die → Reformation korrigiert diese verhängnisvolle Entwicklung, die zur Verachtung der Ehe als eines von Gott gestifteten Bundes führte: Die Ehe ist eine gute Schöpfungsordnung Gottes, die man niemandem - auch nicht Priestern - verbieten darf (Zwangszölibat). Die Gabe der E., die selten ist, steht nicht über der Ehe (Augsburger Bekenntnis und Apologie, Art. 23). Die röm.-kath. Kirche verwirft im Trienter Konzil die Meinung der Reformatoren, »es sei nicht besser und seliger, im Stande der Jungfräulichkeit oder Ehelosigkeit zu bleiben, als durch die Ehe sich zu verbinden« (D 1810). Im Zuge der Verbürgerlichung des Christentums gibt es sicher auch das andere Extrem, die E. abzuwerten und im Ehelosen einen halben Menschen zu erblicken. Durch ev. Ordensgemeinschaften wurde die E. zu Recht wieder aufgewertet.

Lit.: G. Friedrich: Sexualität und Ehe. Rückfragen an das NT, 1977; B. Reicke: »Ehe, Eherecht, Ehescheidung IV.«, TRE 9, 1982, 318-325.

H. G. Pöhlmann

Ehre

a) Ehre Gottes

Das griech. Wort für E. Gottes (*doxa*; hebr. *kabod*) bekommt im NT gegenüber dem sonstigen griech. Sprachgebrauch drei besondere Bedeutungen, die ihren Ursprung schon im AT haben (2Mo 24,15ff; Ps 97,3ff), nämlich himmlischer Lichtglanz, Erhabenheit oder Majestät Gottes, ja Wesen der göttlichen Welt überhaupt, und zwar von der Weihnachtsgeschichte über Verklärung und Ostern bis zum himmlischen Tempel und der himmlischen Stadt (Lk 2,9; 9,28ff; 2Petr 1,17; Apg 22,11; Offb 15,8; 21,23). Besonders die Offb nimmt atl. Aussagen auf, die auf die endgültige Verwirklichung des Herrschaftsanspruchs Gottes vorausweisen (Jes 6,3; Ps 72,19). Die Auferweckung Jesu ist durch die göttliche *doxa* ebenso gewirkt (Röm 6,4), wie der Erhöhte in die göttliche Herrlichkeit aufgenommen wird (1Tim 3,16). Nicht zufällig werden also Aussagen über Gottes Ehre und Herrlichkeit auf Christus übertragen (Lk 2,14; Offb 5,12f). Wie bei den Synoptikern muß freilich auch bei Johannes die göttliche Herrlichkeit Jesu enthüllt und geglaubt werden (Joh 1,14). Wendepunkt ist das Kreuz, wenn das Weizenkorn stirbt und nur so Frucht bringt (12,23ff), und die gesamte Passion unter dem Zeichen der Erhöhung und Verherrlichung steht (12,28ff), in der zugleich der Vater durch den Sohn verherrlicht wird und umgekehrt (13,31f). Die Glaubenden haben schon jetzt an der anbrechenden endzeitlichen Herrlichkeit Anteil (Röm 8,17ff; 2Kor 3,7ff; 4,6), so daß auch Dienst bzw. Amt (*diakonia*) und Herrlichkeit zusammengehören.

Die E. und Herrlichkeit Gottes finden, beginnend mit den atl. Doxologien (Jes 6,3), ihren besonderen Ausdruck in den gottesdienstl. → Doxologien in Form der großen Doxologie (Ehre sei Gott in der Höhe/→ Gloria in Excelsis) und der kleinen (Ehre sei dem Vater und dem Sohne und dem Heiligen Geiste/→ Gloria patri). Besonders eindrucksvoll ist die vor dem 4. Jh. gebräuchliche Formel: Ehre sei dem Vater durch den Sohn in dem Heiligen Geist.

Die E. Gottes im anbetenden Lobpreis hat ihre Entsprechung in den Erklärungen Luthers zu den Geboten im Kleinen Katechismus und ihrer stereotypen Einleitungsformel: Wir sollen Gott fürchten und lieben. Der anbetenden gottesdienstl. Verherrlichung Gottes entspricht das Halten seiner Gebote. Innerhalb der ev. Tradition gehört die E. Gottes zu den markanten Zügen der Theologie → Calvins.

Wie die Verbindung von gottesdienstl. Anbetung und dem Halten der Gebote zeigt, umfaßt die E. Gottes nicht nur die jenseitige Welt, sondern an ihr entscheidet sich auch das Handeln des Christen in der Welt, wie es besonders in der bibl. Einheit von Liturgie und Diakonie zum Ausdruck kommt, beispielhaft etwa im Wirken von Wilhelm → Löhe in → Neuendettelsau.

Lit.: H. Cremer: Die christliche Lehre von den Eigenschaften Gottes, 1897 (Nachdruck 1983); G. Kittel, G. v. Rad: ThWNT II, 1935, 235-258.

U. Asendorf

b) Ehre eines Menschen

E. und Ehrerbietung einem Menschen gegenüber erscheinen im Zusammenhang von Röm 12,1ff im Rahmen des für Gott dahingegebenen Opfers der Leiber als des »vernünftigen Gottesdienstes«, verbunden mit der Mahnung, sich nicht der Welt gleichzustellen, sondern sich durch Sinnesänderung zu erneuern. Jeder soll sich selbst maßvoll einschätzen, wie es den vielen Gliedern am Leib Christi zukommt (3ff; 1Kor 12,23f). In diesem Sinne und unter Berufung auf die brüderliche Liebe ergeht die Aufforderung, dem anderen mit Ehrerbietung zuvorzukommen (Rö 12,10). Auch wird die Forderung, der Obrigkeit untertan zu sein, durch den Hinweis ergänzt, neben den schuldigen Abgaben wie Steuer und Zoll Furcht und E. zu erweisen, wem sie gebührt (13,1ff; 1Petr 2,17). Im Gesamtzeugnis der Bibel wird besonders gefordert, die Eltern zu ehren (2Mo 20,12; 5Mo 5,16; Mk 7,10; 10,19; Mt 15,4; 19,19 ; Lk 18,20; Eph 6,2). Besonders aber soll – entgegen der gemeinantiken Regel – der Frau als Geschöpf Gottes E. und liebevolle Rücksicht erwiesen werden (1Thess 4,4; 1Petr 3,7), besonders auch den Witwen (1Tim 5,3). Das Gleiche gilt auch für das wechselseitige Verhältnis von Eltern und Kindern (Eph 6,1ff). Auch die Sklaven werden ihren Herren gegenüber zur Ehrerbietung aufgerufen, auch mit deutlicher Kritik (1Tim 6,1f; Eph 6,5ff; 1Petr 2,18). In die gleiche Richtung geht Luthers Erklärung des vierten und achten Gebots.

Da E. und Würde des Menschen unteilbar zusammengehören, hat die heutige Christenheit angesichts der generellen Verachtung der göttlichen Gebote in einer emanzipierten Gesellschaft und ihrer manipulierbaren Meinung wie angesichts totalitärer Herrschaft für die E. des Menschen im Namen Gottes einzutreten. Das ist zugleich einer ihrer wesentliche Beiträge zur Humanität gegenüber allen Religionen, Völkern und Rassen.

Lit.: D. Bonhoeffer: Ethik, [12]1988, 152-199 (Abschnitt: Das Natürliche); J. Schneider: ThWNT VIII, 1969, 170-182.

U. Asendorf

Ehrfurcht → Furcht/Furcht Gottes

Ehrlichkeit → Wahrhaftigkeit

Eichendorff, Joseph Karl Benedikt Freiherr von (1788-1857)

E., geb. am 10. 3. 1788 auf Schloß Lubowitz, Oberschlesien, gest. am 26. 11. 1857 in Neiße, aus altem schlesischem Adelsgeschlecht, Sohn des Adolf Freiherr von E. und der Karoline, geb. Freiin von Kloch.

Schon als Kind beginnt er zu dichten und setzt die Versuche während der Schulzeit in Breslau (St. Josephs-Konvikt) und des Studiums in Halle (Jura, ab 1805) und Heidelberg (ab 1807) fort. Nach dem Referendarsexamen in Wien (1811) arbeitet er an seinem ersten und bedeutendsten Roman, »Ahnung und Gegenwart«, den er 1813 beendet. Im gleichen Jahr schließt er sich dem Lützowschen Freikorps an und kämpft in den Befreiungskriegen gegen die Franzosen. 1815 heiratet er Luise von Larisch, stellt eine Landwehrkompanie zusammen, verfolgt bei Waterloo die Franzosen und nimmt am Einzug in Paris teil. Während er anschließend seine juristische Karriere fortsetzt, erscheinen weitere Hauptwerke, darunter die Erzählungen »Das Marmorbild«

(1819) und »Aus dem Leben eines Taugenichts« (1821). 1832 wird der engagierte Katholik E. als Regierungsrat an die Abteilung für kath. Kirchen- und Schulwesen beim preußischen Kultusministerium in Berlin versetzt. Eine Sammlung der Gedichte und die Erzählung »Das Schloß Dürande« erscheinen 1837; der (1841) zum Geheimen Regierungsrat beförderte E. erlebt im gleichen Jahr eine vierbändige Werkausgabe. 1847 veröffentlicht er die Buchfassung eines auch aus christl. Sicht bleibend wertvollen Werkes: »Über die ethische und religiöse Bedeutung der neueren romantischen Poesie in Deutschland«; 1851 folgt »Der deutsche Roman des 18. Jahrhunderts in seinem Verhältnis zum Christentum«. E. gilt zu recht als einer der großen christl. Dichter der europäischen Romantik; über der scheinbaren Harmlosigkeit des zur Schullektüre gewordenen »Taugenichts« wird die subtile Sprachkunst und gedankliche Klarsichtigkeit seiner Werke oft verkannt.

Lit.: Neue Gesamtausgabe der Werke und Schriften, hg. von G. Baumann, S. Grosse, 4 Bde, 1957ff; Werke, 5 Bde, 1976ff;

W. Frühwald, F. Heiduk: Joseph von Eichendorff. Leben und Werk in Texten und Bildern, 1988; M. Kessler, H. Koopmann (Hg.): Eichendorffs Modernität, 1989.

C.P. Thiede

Eichenkreuz → Christlicher Verein Junger Männer

Eid

1. Begriff und Bedeutung

Unter E. (= Schwur) verstehen wir die Bekräftigung der Wahrheit einer Aussage (assertorischer E., vor allem in Gerichtsverfahren) oder das Versprechen, bestimmte Verpflichtungen gegenüber einem E.nehmer einzuhalten (promissorischer E. von Amtsträgern, Soldaten, Hippokratischer E. der Ärzte). Zum Wesen des E.es gehört die Anrufung eines die Wahrheit kennenden Gottes als Zeugen und Bürgen der Aussage bzw. des Versprechens. Der E. ist oft verbunden mit einer symbolischen Handlung (wie der Handauflegung auf einen hl. Gegenstand, z.B. Bibel, Koran). Damit wird das Urteil Gottes herbeigerufen, wenn die Wahrheit nicht gesagt oder das Versprechen nicht gehalten wird. Der E. hat also auch den Charakter der Selbstverfluchung vor Gott, so daß Meineid Gotteslästerung ist und deshalb im MA nach kirchl. Recht bestraft wurde.

2. Biblisch

Im AT ist überwiegend der Versprechenseid im Blick. Gott schwört bei sich selbst (1Mo 22,16), verbürgt damit seine Verheißungen, schließt einen auf Treue beruhenden Bund mit seinem Volk, dem dieses durch Halten seiner Gebote entsprechen soll (2Mo 20; 34). Im Rechtswesen sind die E.e von Frauen nur bedingt gültig (4Mo 30,4ff). Da E.e im Namen Gottes geschworen werden, verbietet der → Dekalog (2Mo 20,7) den Mißbrauch des Namens Gottes durch falsches Schwören, und ist das Schwören bei anderen Göttern Gotteslästerung (5Mo 6,12f; Am 8,14). Ab dem 3. Jh. v.Chr. meidet man im Judentum den Namen Gottes immer mehr und schwört statt dessen bei Ersatznamen (Mt 23,16ff). Nach der Bergpredigt (Mt 5,34) lehnt Jesus nicht nur das mißbräuchliche, sondern das Schwören überhaupt ab und läßt nur das einfache »Ja« oder »Nein« ohne Anrufung Gottes gelten (ebenso Jak 5,12). Das Schwören setzt insgeheim voraus, daß im alltäglichen Leben ohne Schwur die Lüge geduldet ist. Vor dem Hohen Rat (Mt 26,63f) verweigert Jesus die geforderte eidliche Erklärung durch das einfache »Du sagst es« (= Ja). Die Einleitung von Jesusworten durch Beteuerungsformeln (z.B. »Amen«) widerspricht dem nicht. Hebr 6,16f ist keine Anweisung an die Gemeinde zum Schwören, sondern erwähnt im Anschluß an die auch sonst zitierten atl. Worte vom Schwören Gottes (Lk 1,73; Apg 2,30; Hebr 3,11.18; 4,3) die außerhalb der Gemeinde übliche Schwurpraxis nur zur Veranschaulichung.

3. Geschichtlich

Die meisten Väter der frühen Kirche raten dazu, den E. generell zu vermeiden, und verbieten ihn, wenn er einen Akt heidnischer Götterverehrung (z.B. des Kaisers) einschließt. Erst die lat. Kirchenväter → Ambrosius, → Hieronymus, → Augustinus halten den E. unter Anrufung des Namens Gottes (aber nicht irdischer Größen) grundsätzlich für erlaubt. Jesus habe nur vor dem Bruch des E.es warnen wollen. So wurde mit beginnendem Staatskirchentum das Verbot Jesu zunehmend außer Kraft gesetzt, doch konnte die Kirche von unrechtmäßigem E. entbinden. Im MA gewinnt die germanische Tradition des Treueids große Bedeutung. Der E. wird im kanonischen Recht ausführlich geregelt. Verweigert wurde der E. nur von »Sekten« (→ Waldenser, Böhmische Brüder) und in und nach der Reformationszeit von den → Täufern (Mennoniten) und ihren Nachfahren (Quäker u.a.), teils einfach mit Berufung auf das Verbot Jesu, teils, weil man gegenüber Menschen keine bedingungslose Verpflichtung eingehen und sich vor Gott nicht auf Zukünftiges festlegen dürfe. Die Reformatoren halten freie Gelübde (CA 27) für verwerflich und nur das mißbräuchliche Schwören im eigenen Interesse und den Meineid für einen Mißbrauch des Namens Gottes. Die Obrigkeit ist vorbehaltlos zur Eidesforderung berechtigt (CA 16; Luthers Großer Katechismus 1,2; Genfer Katechismus 159ff; → Heidelberger Katechismus 99,101), um Recht und Unrecht zu scheiden (Zwei-Reiche-Lehre) und um die Untertanen zur Treue zu verpflichten. Vorausgesetzt wird dabei eine Obrigkeit, die - von Gott eingesetzt - in Gottes Auftrag gemäß seinen Geboten handelt, und eine christl. Gesellschaft, die keinen Atheismus und rel. Neutralität kennt. Innerhalb der Kirche soll es jedoch - im Gegensatz zum kath. Kirchenrecht - keine eidlichen Gelübde und E.e geben. In der Neuzeit wird der E. wegen seines rel. Charakters von Philosophen wie I. Kant gerade deshalb kritisiert, weil der Staat damit alle Menschen zwinge, an göttliche Mächte zu glauben, und der E. so der Freiheit (insbesondere der Religionsfreiheit) widerspreche.

4. Fragwürdigkeit des Eides heute

Innerhalb der ev. Kirchen ist die Stellung zum E. umstritten. Luth. Theologen bejahen ihn als Ausdruck einer Verantwortung, die »das Gewissen an Gottes Willen bindet« (W. Künneth), andere sehen im E. »einen Mißbrauch der Religion für profane Zwecke« (H. Strathmann). Vor allem im »Dritten Reich« hat sich gezeigt, daß staatl. Machthaber dazu neigen, mittels des Treueids unbedingten Gehorsam zu fordern, ohne sich selbst Gott unterstellt zu wissen. Vertretbar ist der E. für Christen nur als Bitte um Gottes Beistand, daß die Aussage zutreffend und das Treueversprechen ehrlich gemeint sein möge, aber niemals als Verfügung über die Wahrheit oder als unbedingter Gehorsam gegenüber Menschen (Apg 5,29). Ein ev.-kath. Ausschuß hat in »Thesen zur Eidesfrage« (1972) Einschränkungen der Vereidigungen empfohlen und die Einführung nicht-rel. Eidesformen gefordert, zumal das Grundgesetz es freistellt, auf die Formel »Ich schwöre bei Gott. . .« zu verzichten. Da der E. dennoch seinen rel. Charakter behält, wird von Theologen auch gefordert, ihn durch andere Formen öffentlicher Beteuerung und Verpflichtung zu ersetzen. Wenigstens sollte allen Bürgern die Verweigerung des E.es ohne Nachteile freigestellt werden, zumal sich der E. in der Rechtsprechung heute als entbehrlich erweist, da immer mehr nur nach überzeugenden Beweisen be- und verurteilt wird.

Lit.: H. Bethke: Eid, Gewissen, Treuepflicht, 1965; H.-W. Gensichen, H. Seebaß, N. Oswald, G. Dautzenberg, P. Landau, H.-H. Schrey, B. Maurer: »Eid I-VII«, TRE 9, 1982, 373-399; G. Niemeyer (Hg.): Ich schwöre. Bd. I und II, 1968; Thesen zur Eidesfrage, ZEE 17 (1972), 106-112.

U. Eibach

Eigengesetzlichkeit

1. Zum grundsätzlichen Gehalt des Begriffes

Über den Begriff der E. als theol. Begriff wird seit dem Ende des 19. Jh.s gestritten. Dabei rührt er aus einer Fragestellung, die mit der grundsätzlichen Stellung des Christen zur Welt zu tun hat: nämlich inwieweit geglaubt, bekannt und konkret damit gerechnet werden darf, daß alle Gebiete menschlichen Lebens unter die Herrschaft Gottes gewiesen sind.

Rechnete → Augustin noch alles außerhalb der Kirche zum Reich des Teufels, so sehen die Reformatoren im Rahmen der → Zwei-Reiche-Lehre sowohl Kirche als auch den Staat unter der Herrschaft Gottes. Die Neuzeit mit ihren Emanzipations- und Autonomie-Bestrebungen stellt jedoch dieses universale und integrative christl. Weltdeutungsmuster in Frage. Vor diesem Hintergrund bedeutet die Rede von der E. der Lebensgebiete zweierlei: Einerseits hätten sich christl. Denk- und Glaubensweisen auf bestimmte Segmente des Lebens zurückzuziehen. Andererseits unterliege alles Übrige den »eigenen« Gesetzen dieser Lebensgebiete, auf welche Glaube und christl. Ethik keinerlei Einfluß hätten und in denen deshalb eine Unterscheidung von Gut und Böse nicht möglich sei. Ein solches Verständnis von E. ist jedoch ursprünglich so nicht beabsichtigt gewesen.

2. Zur Begriffs-Entwicklung im 19. Jahrhundert

In Reaktion auf die Franz. Revolution kam es in Deutschland zu umfangreichem Zusammenwirken von Kirche und Staat, bis hin zur Forderung nach einem christl. Staat (F.J. Stahl). Das induzierte jedoch doppelten Widerspruch: Zum einen interessierten sich weite Teile der damaligen Erweckungsbewegung mehr für die »Innerlichkeit«, d.h. das individuelle Erlebnis der »Wiedergeburt«, als für staatspolit. oder sozialethische Fragestellungen. Zum anderen wurde aus luth. Theologie (Luthardt) an die »Eigenständigkeit« oder »relative Autonomie« des Staates gegenüber der Kirche erinnert, ohne jedoch eine absolute Verselbständigung dieser Bereiche fördern zu wollen.

Gegen Ende des 19. Jh.s wurde der Gedanken der E. folgenschwer verstärkt: Die nationale Begeisterung, die nach der kleindeutschen Reichsgründung das Land ergriff, machte auch vor Theologie und Kirche nicht halt und unterband weitgehend kirchl. Kritik an der »Realpolitik« der neuen souveränen Großmacht. Darüber hinaus beeindruckten die nationalen Erfolge in Wissenschaft, Wirtschaft und Technik, allerdings vielfach ohne durch das theol., naturwissenschaftl. nicht geschulte Denken durchdrungen werden zu können. Sie fanden aber ihre Einbettung in der weit verbreiteten Überzeugung, daß jeder eigengesetzliche polit., kulturelle, wirtschaftl. oder technologische Fortschritt nur dem Guten dienen könne.

3. Im Kirchenkampf

Eine Weiterentwicklung des Konzepts der E. bildete die Theologie der »Schöpfungsordnungen«. In ihr gewann u.a. der Begriff des Volkes besondere Bedeutung. Als Ausdruck nationalsozialistischer Ideologie stand er für das Streben, den Menschen total für sich vereinnahmen und damit dem Anspruch Gottes entziehen zu wollen. Dagegen setzte Karl → Barth 1934 auf der Barmer Bekenntnissynode die II. These. Mit ihr betont er den Anspruch Gottes auf das ganze Leben des Christen und bestreitet mit Nachdruck, daß es »Bereiche unseres Lebens« gäbe, in denen »wir nicht Jesus Christus, sondern anderen Herren zu eigen wären«. Dieses Bekenntnis Barths zur »Königsherrschaft Christi« gab im Kern nichts anderes wieder als das ntl. gut belegte Kyrios-Bekenntnis, daß »Christus sei mein Herr« (Luthers Erklärung zum 2. Artikel).

Barths christologische Bestreitung aller E. gab dem Kirchenkampf im Dritten Reich seine Basis und prägte auch die Nachkriegszeit, in der sich Christen und Kirche bewußt am Aufbau der neuen bundesrepublikanischen Gesellschaft beteiligten.

4. Christliche Verantwortung für die ganze Welt?

In der Christenheit der Gegenwart hat neben dem zentralen Bekenntnis zu Christus und seiner Herrschaft die Frage nach der Praxis ein eigenes Gewicht gewonnen, d.h. ob und wie es in allen Lebensbereichen und für die ganze Welt neben dem von der Vernunft Gebotenen immer eine theol. Alternative geben kann. Jeder überzogene Kampf gegen E. aus christl. »Weltverantwortung« im Sinne der »Königsherrschaft Christi« steht jedoch in der Gefahr zu übersehen, daß Christi Herrschaft im gegenwärtigen Äon (→ Äon/Äonenlehre) im Verborgenen bleiben oder z.T. sogar dem Augenschein entgegen wirken will. Ferner droht eine zu intensive Wahrnehmung von »Weltverantwortung« christl. »Spiritualität« und geistl. Sensibilität zu verkürzen oder gar Kirche und Pfarrerschaft schwärmerisch zu »politisieren«.

Als Alternative sowohl zur Lehre Barths als auch zur Preisgabe der Welt an ihre E. versteht sich das Konzept A. Richs, nach dem es in der christl. Ethik um die Berücksichtigung des »Sachgemäßen« und des »Humanum« aus Glaube, Liebe, Hoffnung zu gehen habe.

Lit.: M. Honecker: Das Problem der Eigengesetzlichkeit, in: ZThK 73 (1976), 92-130; F. Karrenberg: Gestalt und Kritik des Westens, 1959; W. Künneth: Politik zwischen Dämon und Gott, 1954; A. Rich: Wirtschaftsethik, 1984; H. Thielicke: Theologische Ethik I-III, 1958ff (besonders I, 5-14).

A. Pawlas

Eigenkirche, Eigenkirchenwesen

Das Rechtsinstitut der E. reicht in frühchristl.-spätantike (388: *ecclesiae publicae et privatae*), wohl nicht in indogermanische (Feine) oder germanische Zeit (Stutz) zurück und erlebte seinen Höhepunkt im 8./9. Jh. Es geht dabei um Kirchen, die nicht den Bischöfen unterstanden, sondern Eigentum und Herrschaftsobjekte Dritter (Laien, Kleriker, kirchl. Institutionen) waren.

Privat- bzw. E. finden sich ebenso im byz. Raum (Ktitoren-, d.h. Stifterrecht), in Gallien (441), besonders im Frankenreich, aber auch in Italien (471), Spanien (546), Skandinavien, auf den britischen Inseln und bei den Slawen.

Da die Bischöfe mit Sitz in den Städten, zumal in kirchl. noch nicht organisierten Missionsgebieten, häufig nicht in der Lage waren, auf dem flachen Land ausreichend Kirchen zu errichten, gründeten, unterhielten und besetzten der König und adelige Grundherren, aber auch Klöster und auswärtige Bischöfe auf ihrem Land (Eigen-)Kirchen und (Eigen-)Klöster, die sie als Eigenkirchenherren samt Zubehör veräußern oder vererben konnten und die sie seit dem Frühmittelalter zunehmend wirtschaftl. nutzten (Kirchenvermögen, Stolgebühren, Nachlaß der Geistlichen, Zehnten usw.). Es kommen auch Eigenbistümer (Normandie, Midi) vor. Die »volle geistliche Leitungsgewalt« (Stutz) und Kirchenherrschaft lag beim E.nherr, nicht beim an sich zuständigen Diözesanbischof, der seinerseit häufig E.nherr wurde. Kirchenrecht und Organisation paßten sich damit gesellschaftl.-ökonomischen Gegebenheiten zumal des germanischen Raumes (adeliges Erbcharisma, Grundherrschaft; s. Dopsch) an. Eigenklöster wurden seit Columban häufig Zentren monastischer Reform.

Diskussionen (Hinkmar von Reims, De ecclesiis et capellis) um das E.nwesen und Mißbräuche (zunächst oft Besetzung mit Unfreien) und Versuche zu seiner Reform mehren sich seit dem 8. Jh., auch von Seiten des Königtums (794, 818/819). Diese Frage spielte allerdings – trotz überragender Bedeutung – im Kirchenrecht selbst eine eher nachgeordnete Rolle. Seit dem Investiturstreit (1078, 1096/96), vor allem seit dem 2. Laterankonzil (1139) wird das E.nwesen allmählich verdrängt durch das verwandte → Patronatsrecht (Gratian, Rufinus), aber auch durch die Inkorporation von Kirchen in Klöster, hier allerdings aufgrund entsprechender Zuweisung durch die Bischöfe selbst.

Lit.: A. Dopsch: Wirtschaftliche und soziale Grundlagen der europäischen Kulturentwicklung II, ²1924; H.E. Feine: Kirchliche Rechtsgeschichte, ⁵1972; P. Landau: »Eigenkirchenwesen«, TRE 9, 1982, 399-404; U. Stutz: Die Eigenkirche als Element des mittelalterlich-germanischen Kirchenrechts, 1895; LexMA, Bd. 3, 1986, 1705-1710.

G. Knetsch

Eigenschaften Gottes → Gott, Eigenschaften

Eigentum

Im deutschen Recht wird zwischen »Besitzer« und »Eigentümer« unterschieden. Der Besitzer übt die tatsächliche Herrschaft über eine Sache aus, der Eigentümer hat darüber die uneingeschränkte Verfügungsgewalt. In der wirtschaftswissenschaftl. Literatur wird von Eigentumsrechten (property rights) gesprochen. E. ordnet eine Sache bestimmten Verfügungsberechtigten zu. Diese Verfügungsgewalt kann einer Person, mehreren Personen (Privateigentum, Miteigentum) oder der Gesamtheit (Gemein-, Kollektiv- oder Staatseigentum) zugeordnet werden. Gesellschaftl. Kritik unterliegt insbesondere das private E. an Produktionsmitteln und die E.sverteilung.

1. Historische Bemerkungen

Die These des Urkommunismus wird heute nicht mehr aufrechterhalten. Schon in frühgeschichtl. Zeit waren Gegenstände des persönlichen Gebrauchs sowie Erzeugnisse der eigenen Arbeitsleistung Privateigentum. Grund und Boden wurden gemeinschaftlich genutzt. Die Entwicklung von privaten E.srechten war noch nicht erforderlich, weil Grund und Boden als freie Güter angesehen wurden, die nicht gesondert zugeteilt werden mußten. E.srechte benötigt man nur für knappe Güter. Im Rahmen der »enclosure«-Bewegung (Einfriedung der Allmende im 18./19. Jh., in England im 15./16. Jh.) wurde das gemeinsam genutzte Land (Allmende) »privatisiert«. Es begann eine stürmische Entwicklung der landwirtschaftl. Produktivität, die pessimistische Hungerprognosen (Malthus) widerlegten.

2. Ökonomische Sicht

Langlebige Wirtschaftsgüter entstehen durch Arbeit und Konsumverzicht (Sparen), sie bedeuten einen kurzfristigen Konsumverzicht bei langfristig höheren Einkommenserwartungen (Umwegproduktion: Produktivitätssteigerung der menschlichen Arbeit). Die staatliche Garantie von E.srechten hilft nun, Kampfkosten zu ersparen, die dem Besitzer von Sachen zu ihrer Verteidigung anfallen würden.

Privateigentum an Produktionsmitteln (Kapital) dient der individuellen Vorsorge und als Schutz gegenüber der staatlichen Gewalt. Im röm. Recht wurde zwischen *imperium* (staatliche Gewalt) und *dominium* (Privateigentum) unterschieden, das vor staatlichen Eingriffen geschützt war. Bei Privateigentum werden Güter verantwortlicher genutzt, da der Nutzer zugleich der Pfleger ist. Der Privateigentümer haftet mit seinem Eigentum für Fehlentscheidungen und wird schnellstmögliche Korrekturen bei falschen Entscheidungen vornehmen. Bei Gemeineigentum kommt es oft zu einer Übernutzung (Tragik der Allmende!). Gesellschaften mit Wettbewerb (vgl. → Konkurrenz) und Privateigentum haben bei der Befriedigung der Grundbedürfnisse ihrer Bevölkerung erheblich besser abgeschnitten als Staaten mit Kollektiveigentum.

Als auf den Eigentümer bezogene Funktionen des E.s werden genannt: Unabhängigkeitsfunktion (Möglichkeit der Selbstversorgung), Sicherungsfunktion (soziale Sicherheit), Ertragsfunktion (Einkommenserzielung) und Prestigefunktion. Bei den gesellschaftlichen E.sfunktionen wird zwischen außerökonomischen und ökonomischen unterschieden. Zu den ersteren gehören z.B. die Entwicklung von Verantwortungs- und Rechtsbewußtsein. Eine breite E.sstreuung kann auch zur Entproletarisierung der Armen beitragen. Zu den ökonomischen Funktionen gehören die Einkommensverteilungsfunktion, die Wettbewerbsförderung sowie die Allokationsfunktion. Dezentrale Eigentumsrechte fördern die bestmögliche Verwendung knapper Ressourcen.

3. Eigentumsverteilung

Diese Effizienzfunktion des E.s kommt aber nur zum Tragen, wenn die Verfügungsgewalt auch ausgeübt werden kann. Dies spricht gegen eine starke E.skonzentration. Großgrundbesitz (z.B. Latifundien in Lateinamerika) führt zu einer Verschwendung knapper Ressourcen. Dem ökonomischen Ideal entspräche ein »Mittelstand«, da hierbei E. verantwortungsvoll genutzt werden kann.

P.J. Proudhon (1809-1865) behauptete: E. ist Diebstahl (*La propriété, c'est le vol*), aber auch: E. ist Freiheit (*La propriété, c'est la liberté*). Bei genauer Analyse wird deutlich, daß nicht das Privateigentum als solches, sondern seine Verteilung von Sozialisten und Sozialreformern kritisiert wurde. Wer über E. an Produktionsmitteln verfügt, besitzt Macht, die zur Ausbeutung führen kann (Marx) und deshalb gebändigt werden muß. Sozialisten haben sich deshalb für ein Kollektiveigentum an Produktionsmitteln ausgesprochen. Das deutsche Recht betont (germanische Tradition) die Sozialpflichtigkeit des E.s (E. verpflichtet, Art 14.2 Grundgesetz). In modernen Gesellschaften wird ein Funktionswandel sichtbar: Trennung von Eigentümer und Unternehmer: Eigentumskontrolle, Nutzung und Verfügungsgewalt wird von verschiedenen Personenkreisen ausgeübt. Die in letzter Zeit zunehmende Kollektivierung der sozialen Sicherung (vgl. → Sozialpolitik) führt zu einer »Nationalisierung der Menschen« (Röpke). Rechtliche Befugnisse über sich selbst stehen zur Disposition und werden auf in Nationen zusammengefaßte Kollektive übertragen, wodurch die Mitglieder ihrer persönlichen Rechte und Würde beraubt werden können. Es findet eine Refeudalisierung der Gesellschaft (neue Abhängigkeit von Bürokratie und Staat) statt.

4. Biblische und theologische Aspekte

Das AT bejaht das Privateigentum, das unter Gottes Schutz steht. (Du sollst nicht stehlen! Du sollst nicht begehren...). E. wird sogar langfristig geschützt. Die von Mose und Josua durchgeführte Verteilung des Landbesitzes (in jener Zeit das Produktionsmittel) sollte alle 50 Jahre wiederhergestellt werden (3Mo 25). Gott will nicht, daß ein Mensch permanent verarmt, er soll in der Lage sein, sich die Mittel zum Lebensunterhalt selbst zu erarbeiten (vgl. → Arbeit). Zusätzlich gab es alle sieben Jahre ein »Erlaßjahr«, in dem alle persönlich haftenden Schulden erlassen wurden. Eine hohe Konzentration des Privateigentums an Produktionsmitteln und eine hohe Verschuldung einzelner sind demzufolge unbibl.

Da Gott Israel aus Ägyptenland führte und ihm Kanaan zuteilte, bleibt im Grunde Gott der Eigentümer des Landes. Die Israeliten wurden nur Besitzer! Der Mensch ist demzufolge nur Haushalter des Eigentums Gottes. So konnte Augustin schreiben: Wir verfügen über unseren Privatbesitz ... als über das Gut der Armen, deren Rechte wir ... vertreten (MPL 33.809). Das atl. Ideal ist wohl der Mittelstand (»... jeder unter seinem Weinstock und Feigenbaum...«, 1Kön 5,5; Mi 4,4). E. ist auch im AT sozialverpflichtend, der Schutz des Armen ist den Reichen anbefohlen (vgl. → Reichtum). Das NT erkennt Privateigentum an, selbst den Großbesitz (Mt 24,45ff).

Abschaffung des E.s kann zur Anarchie führen. Ohne E. kann man Gott nicht dienen. Die Ordnung des Privateigentums wird aus kath. Sicht als Erfüllung des göttlichen Liebesgebots gedeutet (Naturrecht). Im Protestantismus bleibt E. ein theol. Problem. Die Reformatoren betonten die Haushalterschaft (Luther: Dein Gut ist nicht Dein, sondern Deines Nächsten). Diese Sicht führte zur Forderung sozialer Reformen (Zwingli). Calvin betrachtete E. als Aufgabe (Teilhabe an göttlicher Weltregierung). Die starke Betonung der persönlichen Verantwortung vor Gott führte, insbesondere im Puritanismus, zu wirtschaftl. Aufschwung (M. Weber, E. Troeltsch). Die fortschreitende Säkularisierung führte dann jedoch zum Kapitalismus und Liberalismus sowie später über die Sozialreformen zum Sozialismus.

Lit.: E. Brunner: Das Gebot und die Ordnungen, [4]1978; H. Cremer: Arbeit und Eigentum in christlicher Sicht, 1984; G. Gutmann, A. Schüller (Hg.): Ethik und Ordnungsfragen der Wirtschaft, 1989; W. Lachmann: Wirtschaft und Ethik, [2]1989; G.W. Locher: Der Eigentumsbegriff als Problem evangelischer Theologie, 1962; Ludwig-Erhard-Stiftung (Hg.): Eigentum als Grundrecht und Element der Ordnungspolitik, 1984; P.J. Proudhon: Was ist Eigentum? in: Th. Ramm (Hg.): P.J. Proudhon: Ausgewählte Texte, Stuttgart 1963, 1-119; A. Schüller (Hg.): Property Rights und ökonomische Theorie, 1983; E. Troeltsch: Die Soziallehren der christlichen Kirchen und Gruppen, 1977 ([3]1922); H.-J. Wagener: Zur Analyse von Wirtschaftssytemen, 1979; Walter-Raymond-Stiftung (Hg.): Eigentum - Wirtschaft - Fortschritt, (Bd. 12) 1970; M. Weber: Die protestantische Ethik und der Geist des Kapitalismus, in: Max Weber. Gesammelte Aufsätze, [9]1988; H. Willgerodt: Eigentumsordnung (einschl. Bodenordnung), in: W. Albers et al. (Hg.): Handwörterbuch der Wirtschaftswissenschaft, Bd. 2, 1980, 175-189.

W. Lachmann

Einfachheit Gottes → Gott, Eigenschaften

Einheitsübersetzung → Bibelübersetzungen

Einigungsbestrebungen der Kirchen → Ökumenische Bewegung

Einigungswerk, kirchliches → Kirchenkampf

Einleitung in AT und NT → Bibel a) Entstehung

Einsetzungsworte → Abendmahl

Einsiedler → Mönchtum

Einzelbeichte → Beichte

Eisenach, Kirchenversammlung → Evangelische Kirche in Deutschland

Eisenacher Bund

1902 riefen S. Keller, J. Lepsius und Th. Josenhans mit Unterstützung der Prof. H. → Cremer, M. → Kähler und A. → Schlatter die Eisenacher Konferenz ins Leben (nicht zu verwechseln mit der 1852 gegründeten Eisenacher Konferenz der ev. Kirchenleitungen in Deutschland). Absicht der Gründung war, kirchenoffene Vertreter der → Gemeinschaftsbewegung und für die Anliegen der Gemeinschaftsbewegung geöffnete Christen aus den Landeskirchen miteinander ins Gespräch zu bringen. Die Auseinandersetzungen um Lepsius und Keller zwischen 1902 und 1904 in der Ev. → Allianz und in der Gemeinschaftsbewegung blockierten allerdings den guten Anfang. So wurde die »Konferenz« nicht weitergeführt, sondern 1905 der E.B. ins Leben gerufen mit einer doppelten Zielsetzung: 1. »gegen den Sektengeist des Allianzchristentums« (Blankenburger Konferenzen) und 2. gegen die moderne Theologie »anzutreten«. Jedes Jahr fand eine größere Tagung statt (außer 1917 bis 1920). Nach 1945 trat der E.B. nicht wieder zusammen.

G. Ruhbach

Eisenacher Kirchenkonferenz → Evangelische Kirche in Deutschland; → Liedgut/Liederbücher

Eisenbahner, christliche → Berufsmissionen

EKD → Evangelische Kirche in Deutschland

Ekklesiologie → Gemeinde

Ekstase

E. bezeichnet einen vorübergehenden Zustand des menschlichen Bewußtseins »außer sich«, d.h. außerhalb der Alltagswirklichkeit in Raum und Zeit, unterschieden von der Enstase, die mit introvertiert-ruhiger Disziplin auch einen veränderten Zustand des Bewußtseins meint. Die Aufmerksamkeit ist dabei weitgehend verengt oder ganz von der Wahrnehmung der Umwelt abgezogen; desto stärker sind andere Eindrücke wie Visionen oder Auditionen. E. ist mehr als die jedermann bekannte Begeisterung. Sie kann spontan auftreten, aber auch vorbereitet, gelernt werden, z.B. von Medien in Trancekulten. Dazu dienen Reizeinschränkung, Atemtechniken, Tanz, starke Rhythmen mit niedrigen Frequenzen, konditionierende Signale, aber auch Stimulantien und Psychopharmaka.

Diese Erfahrung wird im Geisterglauben entweder als Besessenheit - ein anderer Geist steuert die Person in E. - oder als Reise der Seele zum Ort der Geister in Himmel und Höllen gedeutet (so im Schamanismus). Sie kann als Annäherung an die Schau der Gotteswelt, als Realisierung der Buddhanatur oder der Einheit von Atman und Brahman verstanden werden. Dann aber entzieht sie sich dem eingeübten Zugriff und bleibt unverfügbar.

Der psychische Vorgang, der auch simuliert werden kann, sagt nichts über den Wahrheitsgehalt der inneren Erfahrung; diese drängt aber auf Mitteilung. Die ekstatische Erfahrung kann von einer Lichterscheinung oder einer starken Ergriffenheit zu ganz detailreichen Visionen mit Deutung oder längeren Auditionen gehen.

Religionen schriftloser Völker geben der E. einen breiten Raum, während Religionen mit schriftlich fixierter Offenbarungstradition weniger Raum bieten, aber es gibt überall feste Anschauungen, ob und wieso eine E. der Beachtung würdig ist.

Die → Aufklärung tendierte dazu, E.n als wahnhaft anzusehen, die Psychoanalyse suchte ihre Wurzeln im Unterbewußtsein. Sie bleibt eine Erfahrung von großer Stärke. Die Begegnung mit existentieller Wahrheit kann oft nicht ohne ekstatisches Element des Überwältigenden erfolgen. Aber die Wahrheit kann sich nicht in der E., sondern in dem von ihr getragenen Leben bewähren. Christen sind deshalb angehalten, um den Hl. Geist zu beten und auf seine Hilfe zu bauen, auch in der nötigen Unterscheidung der Geister.

Lit.: N.P. Duerr: Traumzeit, 1978; M. Eliade: Schamanismus und archaische Ekstasetechnik, 1975; I.M. Lewis: Ecstatic Religion, 1971; A. Schimmel: Mystische Dimensionen des Islam, 1985; U. Wössner: Zur Deutung des Göttertanzes in Indien und Griechenland, 1981.

N.P. Moritzen

Elberfelder Bibel → Bibelübersetzungen

Elert, Werner (1885-1954)

E., geb. am 19. 8. 1885 in Heldrungen, gest. am 21. 11. 1954 in Erlangen, empfing durch sein pommersches Elternhaus die altluth. Freikirche als geistl. Heimat. Daß er sich im Studium neben der Theologie auch der Philosophie, Geschichte, Literaturgeschichte, Psychologie und Jura zuwandte und sich ungewöhnliche Kenntnisse in preußischer Heeres- und Kriegsgeschichte aneignete, zeigt die Breite seiner Begabung und seiner Interessen. Nach zweifacher Promotion (Philosophie und Theologie) wirk-

te er zunächst als Pastor und im Ersten Weltkrieg als Feldprediger. Von 1919 bis 1923 war er Direktor des Theologischen Seminars der Altlutheraner in Breslau. 1923 wurde er als Ordinarius für Kirchen- und Dogmengeschichte sowie Symbolik nach Erlangen berufen, konnte aber 1932 auf den Lehrstuhl für syst. und hist. Theologie überwechseln. Obwohl er den nationalsozialistischen Staat zunächst bejahte, wurde er kein Parteimitglied und grenzte sich auch von den »→ Deutschen Christen« ab. Er starb in Erlangen im Jahr nach seiner Emeritierung.

Abgesehen von geschichtsphil. und psych. Studien in der Anfangszeit entfaltete sich E.s theol. Werk schrittweise in folgenden vier Themenbereichen: Christentum und Kultur, Lehre und Morphologie des Luthertums, Dogma und Ethos, Dogmengeschichte. Während die scharfe Ablehnung nicht nur K. Barths, sondern auch J. Calvins ihn als Konfessionalisten erscheinen ließ, blieb er im Kern Erfahrungstheologe. Das in tiefster existentieller Erschütterung gemachte »Urerlebnis« von Gericht und Gnade Gottes, Verurteilung durch das Gesetz und Freispruch durch das Evangelium wurde für sein ganzes Denken bestimmend (→ Gesetz und Evangelium). Dabei versteht er das Gesetz unter dem Einfluß von O. Spengler und R. Otto als lebensfeindliche Schicksalsmacht und grauenerregendes Geheimnis, vor dem wir nur zu Christus als dem Versöhner fliehen können. Das Evangelium als Aufhebung unseres (gesetzlichen) Todesurteils läßt nach E. keinen Raum für einen Brauch des Gesetzes als Lebensregel für Christen.

Von mindestens ebenso großer Bedeutung wie seine syst.-theol. Arbeiten sind seine historischen Untersuchungen der Theologiegeschichte des 19. Jh.s, der umfassenden Sozialwirkungen des Luthertums und der altkirchl. Dogmengeschichte. Im Unterschied zu → Harnack sieht er vom 4. bis 7. Jh. eine zunehmende Enthellenisierung des Dogmas aufgrund des anschaulichen Christusbildes der Evangelien.

Lit.: Hauptschriften: Der christliche Glaube, (1940) [6]1988; Morphologie des Luthertums, 2 Bde., (1931/32) [3]1965.

Bibliographie: Gedenkschrift für D. Werner Elert, 1955, 411ff; R. Hauber: s.u., 138ff.

K. Beyschlag: W. Elert in memoriam, Homiletisch-Liturgisches Korrespondenzblatt NF 9, 1991/92, 5ff; R. Hauber: Werner Elert, NZSTh 29/1987, 113ff; L. Langemeyer: Gesetz u. Evangelium, 1970; A. Peters: Unter Gottes Heimsuchung, KuD 31/1985, 250ff; M. Roensch: Das Verständnis der Dogmen- und Theologiegeschichte bei W. Elert, Luth. Theol. u. Kirche 9/1985, 143ff; W. Trillhaas: Konservative Theologie und moderne Welt, in: Troeltsch-Studien, Bd. 4, hg. von H. Renz und F.W. Graf, 1987, 305ff.

U. Swarat

Elia → Propheten Israels

Elim-Gemeinden

Die »Christen-Gemeinden Elim« sind eine Gründung des früheren Gemeinschaftspredigers und → Evangelisten Heinrich Vietheer (Schwiegersohn von J. → Paul). Ursprünglich arbeitete er im → Christlichen Gemeinschaftsverband Mülheim mit, von dem er sich 1912 trennte. Als Zeltevangelist war er sehr erfolgreich. 1921 gründete er die »Zeltmission Berlin-Lichterfelde«. Er evangelisierte im Auftrag der »Christlichen Gemeinschaft«, der Ev. Allianz und der Methodisten, mit denen es aber nacheinander zum Zerwürfnis über seine pfingstlerischen Anschauungen kam. Aus der Evangelistentätigkeit Vietheers erwuchsen Gemeinden vor allem in Sachsen, Ostpreußen, Schlesien, Thüringen und Hamburg. Die erste »Christen-Gemeinde Elim« entstand 1926 in Hamburg. In Lauter im Erzgebirge, dem Wohnsitz Vietheers, wurde ein Heim als Zentrale und für Bibelkurse geschaffen. Um einem Verbot zu entgehen, teils aber auch im Zuge von Kontaktbestrebungen mit täuferischen Gruppen ließen sich im Jahre 1938 etwa 5.000 Mitglieder der E.-G.n in den Bund der Baptistengemeinden aufnehmen, wodurch sich die E.-G.n zunächst auflösten. Lediglich die großen E.-G.n bestanden im eigenen Bund während des Krieges weiter. Nach 1945 haben sich im Westen fast alle E.-G.n von dem inzwischen aus dem Bund freikirchl. Christen (Versammlung) und dem Bund der Baptistengemeinden gegründeten Bund Ev.-Freikirchl. Gemeinden wieder getrennt, nach 1990 auch die meisten der E.-G.n in den neuen Bundesländern, und sich zum großen Teil dem Bund freikirchl. Pfingstgemeinden (→ Pfingstbewegung) angeschlossen. Die einzelnen Gemeinden sind selbständig. Sie haben pfingstlerischen Charakter und legen Wert auf → Bekehrung, Gläubigentaufe, »Geistestaufe« und »Geistesgaben«.

Lit.: H. Reller: Handbuch Religiöse Gemeinschaften, 1978, 273ff.

W. Grün/Red.

Elisa → Propheten Israels

Elisabeth von Thüringen (1207-1231)

E., geb. 1207 auf der Burg Sárospatak (Nordungarn) als Tochter des Ungarnkönigs Andreas II. aus dem Geschlecht der Arpaden und seiner Frau Gertrud von Andechs. Nach früher Verlobung mit dem älteren Bruder (gest. 1216) ihres späteren Mannes, des Landgrafen Ludwig IV. von Thüringen (1200/1217-1227), wurde Elisabeth seit 1211 am dortigen Hof erzogen bis zur Eheschließung 1221. Aus der Ehe gingen drei Kinder hervor.

Schon 1224/1225 förderte sie die in Thüringen tätig werdenden → Franziskaner. Entscheidend wurde 1226 die Begegnung mit dem hochgelehrten und rigoros-asketischen Kreuzzugsprediger und späteren Ketzerrichter Magister Konrad von Marburg (gest. 1233), dem sie als Beichtvater und Seelenführer besondere Gehorsamsgelübde ablegte. Trotz der zunehmenden Konflikte mit ihrer Rolle als Fürstin versuchte E. ohne Rücksicht auf sich selbst, ihre radikalen Frömmigkeitsziele, vor allem tätige Nächstenliebe zu verwirklichen. Damit erscheint sie, ähnlich wie → Franz von Assisi als eine

zentrale Gestalt in den Frömmigkeits- und Armutsbestrebungen des 13. Jh.s, die am Rande bzw. außerhalb des bisherigen Ordenswesens (*status tertius*) gerade auch von Frauen (Beginen; → Begarden und Beginen) aufgenommen worden sind. Entsprechend rasch und tief war die Wirkung ihrer Verehrung auch beim einfachen Volk.

»Die Herrin der Wartburg setzte sich nicht nur für die Armen ein, sie verehrt in ihnen die gleiche Liebe Gottes, die sie im Glück ihrer Ehe erfährt und die sie im Aufblick zum gekreuzigten Herrn anbetet« (J. Lang).

Nach dem Tod Ludwigs 1227 auf dem Kreuzzug und zunehmenden Anfeindungen vom thüringischen Hof aus begab sich E. schließlich nach Marburg; hier gründete sie 1228/29 das Franziskus-Hospital, wohl das erste nach Franz von Assisi benannte Spital überhaupt. Am 17. November 1231 starb sie und wurde 1235 von Papst Gregor IX. heiliggesprochen (Grab in der Elisabethenkirche in Marburg/Lahn).

Lit.: Neue Deutsche Biographie, Bd. 4, 1959, 452; Sankt Elisabeth. Fürstin, Dienerin, Heilige: Aufsätze, Dokumentation, Katalog zur Ausstellung zum 750. Todestag der hl. Elisabeth, Marburg, Landgrafenschloß und Elisabethkirche, hg. von der Philipps-Universität Marburg in Verbindung mit dem Hessischen Landesamt für geschichtliche Landeskunde, 1981; LexMA, Bd. 3, 1986, 1838-1842.

G. Knetsch

Ellersche Sekte → Ronsdorfer Sekte

Elohist → Pentateuch

Emanzipation → Autonomie; → Frauenbewegung

Empirische Theologie

1. Unter e.T. im engeren Sinne ist jede Form von Theologie zu verstehen, die sich der Aufgabe stellt, die Erkenntnisse der empirischen Wissenschaften (Anthropologie, Psychologie, Sozialwissenschaften) in die theol. Reflexion einzubeziehen und sich einem interdisziplinären Dialog zu öffnen (Arnd Hollweg).

2. Als e.T. im weiteren Sinne kann man all jene theol. Konzeptionen bezeichnen, welche die christl. Glaubensinhalte nicht nur (wie z.B. die → Dialektische Theologie) aus der Schrift oder (wie Schleiermacher und die ihm folgende Bewußtseinstheologie des 19. Jh.s) aus dem rel. Bewußtsein abzuleiten suchen, sondern direkt aus der in Heilsgeschichte (Geschichte Israels und Jesu) und Schöpfung (Natur und Menschsein) erkennbaren Wirklichkeit göttlicher Offenbarung.

Den wohl konsequentesten Versuch einer e.T. in diesem Sinne hat im 20. Jh. Adolf → Schlatter unternommen, der seinen dogmat. Ansatz ausdrücklich als »beobachtende« oder »empirische« Theologie kennzeichnete: Schlatter bemühte sich darum, seine Dogmatik als »Theologie der Tatsachen« zu entfalten, deren Inhalte nicht bloß aus Schrift, kirchl. Dogma oder rel. Bewußtsein als nicht mehr hinterfragbaren Voraussetzungen theol. Erkennens deduziert werden, sondern aus der (grundsätzlich auch für Nichtglaubende nachvollziehbaren!) Wahrnehmung der Schöpfungswirklichkeit und der in der Bibel bezeugten Heilsgeschichte erwachsen. Schlatter verbindet diesen Ansatz mit einer bewußten Überwindung des seit Kant in der Philosophie, aber auch in der ev. Theologie weitverbreiteten antimetaphysischen Erkenntnisskeptizismus, indem er im Sinne eines erkenntnistheoretischen Realismus die objektive (seinsgerechte) Erkennbarkeit des Wirklichen betont und die Begriffe »Wahrnehmung« (bzw. »Beobachtung«) und »Empirie« so weit entgrenzt, daß sie das Ganze menschlicher Wirklichkeitserfahrung einschließlich ihrer rel. und metaphysischen Dimension umfassen. Schlatter sieht in seiner Konzeption einer »Theologie der Beobachtung« keinen Gegensatz zur notwendigen Schriftgebundenheit christl. Theologie, da die realitätskonforme Wahrnehmung der in der Bibel bezeugten einzigartigen Offenbarungsgeschichte seiner Ansicht nach mit sachlicher Notwendigkeit zur Anerkennung der Schriftautorität führt. Andererseits bedeutet die kanonische Geltung der Schrift nach Schlatter keine sklavische Bindung des theol. Erkennens an die Bibel: Als Werkzeug der göttlichen Gnade befreit die Schrift zur unbefangenen Wahrnehmung Gottes in den Werken der Schöpfung, so daß für die Theologie auch die kreatürliche Realität (freilich nie losgelöst von der Bibel) zum Erkenntnisobjekt werden kann.

Schlatters Konzeption einer e.T. konnte sich angesichts der in der ev. Theologie dominierenden Leugnung eines dem Glauben vorausgehenden, in der Wahrnehmung begründeten Erkennens nicht durchsetzen, hat aber die systematischen Entwürfe seiner Schüler Wilhelm → Lütgert und Paul → Althaus maßgeblich beeinflußt. In neuerer Zeit war es vor allem Wolfhart Pannenberg, der die Verankerung der christl. Theologie in der wahrnehmbaren Realität betonte: Gott hat seine Gottheit nach Pannenberg in der Geschichte Jesu und damit in der »Sprache der Tatsachen« geoffenbart. Da Gott als alles bestimmende Wirklichkeit nicht von der erfahrbaren Realität getrennt werden kann, hat die christl. Theologie Pannenberg zufolge grundsätzlich die Aufgabe, den Wirklichkeitsbezug ihrer Wahrheiten so zu verdeutlichen, daß er »für gegenwärtige Erfahrung einlösbar ist«.

Das Konzept einer e.T. im weiteren Sinne hat seine Berechtigung sicherlich darin, daß Gott sich tatsächlich in der Geschichte Israels und in Wort und Werk Jesu geoffenbart hat und nach dem bibl. Zeugnis auch in den Werken der Schöpfung (Röm 1,18f) erkennbar ist. Angesichts der seit Kant um sich greifenden Skepsis gegenüber der Möglichkeit einer wirklichen Gotteserkenntnis hat die christl. Theologie aufgrund ihres wissenschaftlichen Anspruches, aber auch aus Gründen missionarischer Diakonie (vgl. 1Petr 3,15) allen Anlaß, ihren Wahrheitsanspruch nicht nur zu postulieren oder zu dekretieren, sondern so weit wie möglich in seiner realen Begründetheit und logischen Plausibilität aufzuzeigen. Dabei wird sie sich freilich bewußt bleiben müssen, daß die ihr anvertrauten Glaubenswahrheiten zwar »empirisch« vermittelt sind, aber in ihrem Inhalt und in ihrer Geltung grundsätzlich überempirischen Charakter haben. Dies gilt insbesondere für jene Aussagen, welche die eschatologische Hoffnung des Christen entfalten, die nicht nur (wie alle Gotteserfahrung) jede bloß immanente Wirklichkeitserfahrung, sondern auch alles bisher erfahrene Handeln Gottes grundsätzlich transzendieren.

Lit.: P. Althaus: Die christliche Wahrheit, [8]1972; A. Hollweg: Theologie und Empirie, 1971; W. Lütgert: Schöpfung und Offenbarung, 1934 ([2]1984); K.H. Michel: Immanuel Kant und die Frage der Erkennbarkeit Gottes, 1987; W. Neuer: Der Zusammenhang von Dogmatik und Ethik bei Adolf Schlatter, 1986 (§ 6); W. Pannenberg (Hg.): Offenbarung als Geschichte, 1961; ders.: Wissenschaftstheorie und Theologie, 1973; A. Schlatter: Das christliche Dogma, [2]1923 (1984); ders.: Briefe über das christliche Dogma, 1912 ([2]1978).

W. Neuer

Empirismus

Der E. ist eine erkenntnistheoretische Position, die als alleinige Quelle der → Erkenntnis die Erfahrung behauptet. Der E. steht damit im Gegensatz zum → Rationalismus, für den die Vernunft die einzige (legitime) Quelle der Erkenntnis darstellt. Während sich eine Erkenntnis allein aus Vernunftbegriffen in Widersprüche verwickelt (→ Antinomie) und eine wissenschaftl. Erkenntnis nicht zu begründen vermag, versucht sich der E. im Gegensatz zu dieser vor allem kontinentaleuropäischen rationalistischen Tradition pragmatisch an den Tatsachen, der → Erfahrung, den *facts*, zu orientieren.

Der traditionell angelsächsische E. (Hauptvertreter: J. → Locke; G. → Berkeley; D. → Hume) mit seiner erkenntniskritischen, zuweilen gar skeptischen Position (Hume) steht freilich seinerseits vor phil. Problemen, die er nicht zu lösen vermag: So kann eine konsequent empiristische Position weder die Frage nach der Gültigkeit bzw. Anwendbarkeit mathematischer Grundsätze beantworten noch die Legitimität der Annahme allgemeiner Naturgesetze rechtfertigen. In der Tradition des klassischen E. steht ab den 20er Jahren des 20 Jh.s der sog. logische E. (man spricht auch vom logischem Positivismus) des »Wiener Kreises« (Kraft, 1968). Diese interdisziplinäre Gelehrtenvereinigung von Philosophen, Mathematikern, Logikern und Physikern ist orientiert am Ideal naturwissenschaftl. Forschens und verfolgt das doppelte Ziel (a) einer Einheitswissenschaft und (b) einer wissenschaftl. Weltanschauung (zur Lit. vgl. Hempelmann, 1987, 31-69). Der Philosophie kommt im Rahmen des logischen E. nicht mehr die Rolle zu, Erkenntnis zu gewinnen; sie hat nur noch eine erkenntniskritische, kathartische Aufgabe: Sie soll überzogene, d.h. nicht wissenschaftl. zu rechtfertigende, – in der Sprache des logischen E. – »metaphysische Aussagen« entlarven und destruieren (→ Metaphysik; vgl. Carnap, 1931/

32; 1976). Dazu dient ihr das doppelte Instrumentarium (a) des Verifikationsprinzips und (b) des Sinnkriteriums.

Zu a: Alle Aussagen, für die man den Anspruch auf Wissenschaftlichkeit erhebt, müssen sich entweder direkt auf bestimmte Beobachtungen bzw. Beschreibungen von Beobachtungen (sog. »Protokollsätze«) oder aber mit Hilfe von verschiedenen, nach genau zu definierenden Regeln (»logische Syntax«) verknüpften Aussagen auf die empirische Basis zurückführen lassen.

Zu b: Nur solche Aussagen, die sich solchermaßen verifizieren, d.h. vollständig überprüfen und bewahrheiten lassen, erfüllen das Sinnkriterium. Alle anderen Sätze sind entweder sinnlos oder gar unsinnig. Vor allem dieses »Sinnkriterium« des logischen E. (wie der frühen analytischen Philosophie, A.J. Ayer, 1936) offenbart das dezidiert antimetaphysische Interesse des logischen E., das sich zugleich auch auf theol. Aussagen richtet, die als in diesem Sinne »metaphysisch« gelten: Metaphysische und theol. Aussagen lassen sich nicht verifizieren und sind darum sinnlos. Ihnen kommt allenfalls ein expressionistischer Wert zu: Sie drücken wie Musik, Malerei und bildende Kunst etwas aus, ohne – im strengen Sinne – etwas auszusagen, das dann ja empirisch verifizierbar sein müßte.

Es ist vor allem das Verdienst K.R. Poppers, auf entscheidende Schwächen des logischen E. aufmerksam gemacht zu haben (Popper, 1973):

Es gelingt auch dem logischen E. nicht, die naturwissenschaftl. Aussagen vollständig auf eine empirische Basis zurückzuführen (vgl. Stegmüller, 1970). Wenn aber selbst naturwissenschaftl. Aussagesysteme nicht »verifizierbar« sind, sondern streng genommen als »sinnlos« qualifiziert werden müßten, dann ist der logische E. in seinem Anspruch gescheitert, den Begriff einer wissenschaftl. im Gegensatz zu einer metaphysischen Aussage zu definieren.

Das entscheidende sprachphil. Problem besteht darin, daß Theorien nie direkt mit der Erfahrung oder gar »der Wirklichkeit« verglichen werden können. Vergleichbar sind nur Sätze mit Sätzen, etwa Theorien mit Beobachtungssätzen. In die Formulierung letzterer gehen aber – man denke z.B. an die sprachlichen Universalien – notwendig trans-empirische Größen ein, die nicht mehr durch die Erfahrung selbst begründet werden können. Jede Beschreibung einer Erfahrung ist sprachlicher Natur. Über die benutzte Terminologie gehen ganze theoretische Hintergründe in die Beobachtungssätze ein, die zudem noch (a) der Anerkennung durch die *scientific community* bedürfen (so ist im Einzelfall zu entscheiden, ob ein von der Norm abweichendes Meßergebnis Wahrnehmung der Wirklichkeit oder bloß ein Meßfehler ist) als auch (b) auf bestimmten anerkannten bzw. anzuerkennenden Konventionen beruhen (vgl. Kuhn, 1973; dazu Hempelmann, 1987, 244-251; 269f).

Schließlich hebt sich das Konzept des logischen E. in seiner metaphysikkritischen Spitze schon dadurch selbst auf, als ja auch Verifikationsprinzip und Sinnkriterium nicht aus der Empirie abgeleitet werden können, mithin selbst metaphysischer Natur sind und darum als »sinnlos« gelten müssen (Patzig, 1976).

Der weltanschaulich hybride Anspruch des logischen E. ist mitsamt seiner impliziten Theologiekritik gescheitert. Es bleibt die Frage, ob ihm nicht eine Theologie vorgearbeitet hat, die a priori jeden Erkenntnisanspruch aufgegeben hatte, weil sie das ihr Wesentliche weder als ein Wissen noch als ein Tun definierte, sondern als eine Bestimmtheit des Gefühls (→ Schleiermacher). Es bleibt die Aufgabe, energischer als bisher im Kontext eines naturwissenschaftl.-technisch geprägten Weltbewußtseins nach dem Wirklichkeitsbezug der Aussagen des christl. Glaubens zu fragen.

Lit.: A.J. Ayer: Language, Truth, and Logic, 1936; R. Carnap: Überwindung der Metaphysik durch logische Analyse der Sprache, in: Erkenntnis II, 1931/32, 219-241; ders.: Scheinprobleme in der Philosophie. Das Fremdpsychische und der Realismusstreit (1928) 1976, Nachwort von G. Patzig; R. Hegselmann: »Empirismus« (Logischer), in: E. Braun, H. Radermacher (Hg.): Wissenschaftstheoretisches Lexikon, 1978, 126f; H. Hempelmann: Kritischer Rationalismus und Theologie als Wissenschaft. Zur Frage nach dem Wirklichkeitsbezug des christlichen Glaubens, [2]1987; F. Kambartel: »Empirismus«, in: Enzyklopädie Philosophie und Wissenschaftstheorie, Bd. 1, hg. von J. Mittelstraß, 1980, 542f; V. Kraft: »Positivismus, logischer«, HWP, Bd. 7, 1989, 1122-1124; ders.: Der Wiener Kreis. Der Ursprung des Neopositivismus, [2]1968; Th.S. Kuhn: Die Struktur wissenschaftlicher Revolutionen, 1973; K. Lorenz: »Empirismus, logischer«, in: Enzyklopädie Philosophie und Wissenschaftstheorie, Bd. 1, hg. von J. Mittelstraß, 1980, 543f; G. Patzig: Nachwort, in: Carnap (1976), 85-143; K.R. Popper: Logik der Forschung, [5]1973; W. Stegmüller: Probleme und Resultate der Wissenschaftstheorie und analytischen Philosophie, Bd. II Theorie und Erfahrung, Teil C: Beobachtungssprache, theoretische Sprache und die partielle Deutung von Theorien, 1970.

H. Hempelmann

Emser Punktation → Febronius, Justinus

Endzeit → Eschatologie

Engel

Die Bibel rechnet sowohl im AT als auch im NT mit der Wirklichkeit der E. (hebr. *maleach*; griech. *angelos*). Sie gehören zur Welt Gottes und werden als Repräsentanten der unsichtbaren Welt verstanden.

1. Die Engel als Zeugen der Herrlichkeit Gottes

Die Bibel bezeugt den lebendigen Gott in einer großen Fülle von Herrlichkeit und Leben. Die E. stellen den Hofstaat Gottes dar und sind mit dem Lobpreis und der Anbetung Gottes befaßt (Ps 103,20ff; Dan 4,10-14; 7,10; Ps 29,1). Auch die Serafim, die den Thron Gottes umgeben, strahlen die ganze Majestät und Herrlichkeit Gottes aus (Jes 6). Die Cherubim (Hes 10,1.5.16.20.21; 28,14.16; 2Sam 22,11) sind hier ebenso einzuordnen. Die Liturgie, der himmlische Gottesdienst, gehört zu den wesentlichen Aufgaben der E. (s.a. Lk 2,14). Damit wird zugleich unterstrichen, daß der lebendige Gott in seiner Größe nur in der Anbetung wirklich erfaßt wird. Alle Erkenntnis muß letzten Endes in die Anbetung Gottes führen.

2. Die Engel als Boten Gottes

Sie tauchen an den zentralen Wendepunkten der Heilsgeschichte auf.

a. In der Patriarchengeschichte (1Mo 18-19; 28,12; 32,25ff)

b. Zu Beginn der Herausführung aus Ägypten (2Mo 3,2f)

c. Bei der Gesetzgebung am Sinai (Apg 7,53; Gal 3,19)

d. Vor besonderen Aufgaben des Volkes Gottes (Ri 5,20; Jes 6)

e. Bei der Ankündigung der Menschwerdung (Lk 1,26f; 2,9f)

f. Bei der Ankündigung der Auferstehung (Mt 28,1f).

Sie überbringen also Gottes Botschaft und künden das Heil an. Sie repräsentieren die andere Welt und reden mit den Menschen über das göttliche Heilsgeschehen. In den meisten Begegnungen zwischen E.n und Menschen lösen die E. zunächst Furcht aus, weil sie die heilige Welt Gottes verkörpern. Die Menschen sehen in der Begegnung mit den E.n ihre Unheiligkeit. Die E. haben aber auch teil an der Heilsoffenbarung: So freuen sie sich über die Umkehr der Sünder (Lk 15,10) und über deren Erlösung (1Petr 1,12).

3. Die Engel als Vollstrecker des Gerichtes Gottes (2Sam 24,16.17; 1Chr 21,12)

Sie können als Unheilsengel auftreten (Ps 78,49), als Würg-E. (2Mo 12,23), als Wiederhersteller der Ehre Gottes (Apg 12,23). Immer handeln sie ganz im Auftrag Gottes. Auch in den eschatologischen Reden begleiten die E. den Menschensohn beim Gerichtsgeschehen bzw. sie sind selbst Mitwirkende beim Gericht Gottes (Mk 8,38; Mt 13,41.42; 16,27; 25,31; 2Thess 1,7).

4. Die Engel als Zeugen der Fürsorge und Bewahrung Gottes

Sie erscheinen im Traum und geben Weisungen (1Mo 28,12; 31,11; Mt 1,20). Der E. schützt Israel am Schilfmeer (2Mo 14,19) und geleitet das Volk (2Mo 23,20). Elia erfährt durch den E. Gottes Ermutigung und Stärkung (1Kön 19,7). Die E. üben beim Volke Gottes eine bewahrende Funktion aus (Ps 34,8; 91,11). Bei Sacharja hat der E. die Aufgabe, die Interessen Israels zu vertreten. »Er ist die Person gewordene Hilfe Jahwes für Israel.« Der E. kümmert sich um die Hagar in der Wüste (1Mo 16,7f; 21,17f) und tritt bei Abraham für die Verschonung Isaaks ein (1Mo 22). Daniel wird in der Löwengrube bewahrt (Dan 6). Der E. ist also Zeichen der Gnade Gottes. Hebr 1,12 umschreibt die Funktion der E. als Diener derer, die zum Volk Gottes gehören. So stärken die E. Jesus nach der Versuchung (Mt 4,11). Petrus wird durch einen E. aus dem Gefängnis befreit (Apg 12), Paulus in Seenot ermutigt (Apg 27,23). So vermitteln die E. in kritischen Situationen die Gewißheit der Gegenwart Gottes. Die Gemeinde darf gerade in der Anfechtung der besonderen Fürsorge durch die E. gewiß sein. In diesem Zusammenhang ist der Gedanke von Bedeutung, daß den Kleinen und Geringen persönlich ein E. Gottes zugeordnet ist (Mt 18,10), wie auch Apg 12,15 so ausgelegt werden kann, daß jeder Gläubige auch seinen E. hat.

5. Christus und die Engel

Christus nimmt im ntl. Zeugnis eine völlig andere Stellung ein als die E. Christus ist durch Leiden und Sterben in die Herrlichkeit Gottes eingegangen und hat Anteil an der Herrschaft Gottes. So steht er höher als die E. (Hebr 1,4). Die Stellung Jesu Christi ist unvergleichlich. An der Stellung zu ihm entscheidet sich unser Schicksal. Die E. stehen darum ganz im Schatten des Christus. Im Kolosserbrief tritt Paulus einem Engelkult entgegen, der offensichtlich in die

Gemeinde eingedrungen war und die überragende Stellung Jesu zu verdunkeln drohte (Kol 2,18).

6. Aspekte der Kirchengeschichte

Nach → Thomas von Aquin bilden die E. mit den Dämonen ein Zwischenreich zwischen Gott und Mensch. Die E. gehören zur unsichtbaren Welt. Die kath. Kirche lehrt, daß mit der Taufe jedem Christen ein besonderer Schutzengel zur Seite tritt. Die orth. Kirche betont vor allem den himmlischen Gottesdienst, den die E. feiern. Im irdischen Gottesdienst vollzieht sich die Abschattung des himmlischen Gottesdienstes. Die Christen feiern den himmlischen Gottesdienst mit.

Die Reformation konzentriert den Glauben wieder ganz auf Christus. In ihm allein ist das Heil gegeben. Die E. werden dem ersten Artikel zugeordnet. Sie haben an Gottes Weltregierung teil. Sie schützen und bewahren die Gläubigen. »Gott führt durch seine Engel, welches so zugeht, daß die lieben Engel da sind und durch inwendig Anregen plötzlich einen Rat oder Sinn eingeben oder äußerlich ein Zeichen oder Anstoß in den Weg legen, damit der Mensch gewarnet und gewendet wird, dies zu tun, das zu lassen, diesen Weg zu ziehen und diesen zu meiden, auch oft wider den ersten Vorsatz« (Luther). Auch in Luthers Morgen- und Abendsegen hat der Schutzengel Eingang gefunden.

Für die rationalistische Theologie ist die Engelvorstellung untrennbar mit dem antiken Weltbild verbunden (Stockwerktheorie), das für den modernen Menschen überholt sei.

7. Theologische Markierungen

a. Das umfassende bibl. Zeugnis vom Dienst der E. sowie die Autorität Jesu lassen es nicht zu, den E.-Glauben zu relativieren.

b. Das Gottesbild der Bibel bezieht sich auf die Schöpfung des Sichtbaren und Unsichtbaren, also auch auf das, was wir mit unseren Sinnen nicht wahrnehmen. Die Wirklichkeit der E.welt ist Ausdruck der Fülle und Herrlichkeit Gottes.

c. Die Erfahrungen der Missionsgeschichte und der besonderen Krisenzeiten der Kirche Jesu Christi bestätigen den bewahrenden und helfenden Dienst der E.

d. Es ist allen Spekulationen zu wehren, die über Wesen und Rangordnung der E. Aussagen machen wollen bzw. sie in menschliche Kategorien einordnen wollen. Der E.-Glaube muß sich auf die oben erwähnten Funktionen des E.dienstes beschränken. Der E.-Glaube darf das Zentralzeugnis der Schrift nicht verdrängen, das die Heilsoffenbarung Gottes in Christus zum Gegenstand hat. (Zu »gefallene Engel« s. → Satan).

Lit.: P.L. Berger: Auf den Spuren der Engel, 1968; H. Lutz: Die Engel, 1948; U. Mann: Das Wunderbare. Wunder-Segen und Engel, 1979; E. Schick: Die Botschaft der Engel im NT, 1940; H. Schlier: Mächte und Gewalten im NT, 1958; G. Tavard: Die Engel, 1970.

Th. Wendel

Engels, Friedrich (1820-1895)

E., geb. am 28. 11. 1820 in Wuppertal-Barmen, gest. am 3. 8. 1895 in London. Aufgewachsen in einer großbürgerlich-pietist. Familie in Barmen, von der er sich früh löste, blieb er zunächst bis ca. 1870 als Kaufmann tätig. Früh kam er in intensive Lese-Berührung mit F.D.E. → Schleiermacher, G.W.F. → Hegel, D.F. Strauß und L. Feuerbach, über den er zum Materialisten wurde. Besonders von der radikalen Hegelschen Linken um Bruno → Bauer war er angezogen.

1845 begann die lebenslange Freundschaft mit K. → Marx, mit dem zusammen er den »historischen und wissenschaftlichen Sozialismus« in einer Reihe von Schriften ausarbeitete (1845 die Heilige Familie, 1848 das Kommunistische Manifest). Fragen, die K. Marx eher am Rande interessierten, wurden von E. ausführlich und wirkungsvoll für spätere Generationen bedacht (z.B. Herrn E. Dührings Umwälzung der Wissenschaft, 1878; Der Ursprung der Familie, des Privateigentums und des Staates, 1848). E. war 1864 Mitbegründer der 1. Internationale und ab 1870 ihr Sekretär. E. hat K. Marx nach 1883 eindrucksvoll popularisiert, dem Sozialismus unter der Arbeiterschaft Bahn gebrochen und K. Marx zum System des Marxismus verarbeitet. Nach dem Tod von Marx verwaltete er dessen literarischen Nachlaß. Sein Fortschrittsoptimismus war säkularisierte christl. Eschatologie; auch sonst hat er immer wieder an christl. Vorstellungen angeknüpft und diese atheistisch uminterpretiert. Zum Ende seines Lebens ist E. von manchen seiner früheren Auffassungen abgerückt. In den marxistischen Schulen und Staaten galt F.E. als jenseits aller Kritik stehender Klassiker des Marxismus.

Lit.: K. Marx, F. Engels: Werke, 1971-1975.
A. Cornu: K. Marx und F. Engels, 3 Bde., 1954-1968; K. Kupisch: Vom Pietismus zum Kommunismus, 1953; G. Mayer: F. Engels. Eine Biographie, 2 Bde., 1920; H. Mehringer, G. Mergner: Debatte um Engels, 2 Bde., 1973.

G. Ruhbach

Engels, Jakob Gerhard (1826-1897)

E., geb. am 5. 10. 1826 in Inden bei Jülich, gest. am 16. 2. 1897 in Nümbrecht im Bergischen Land, war einer der bedeutendsten Vertreter des niederrheinischen Pietismus und der westdeutschen Erwekkungsbewegung im 19. Jh. Der Pfarrersohn stammte aus einem alten Hugenottengeschlecht, das seit sieben Generationen Pfarrer hervorbrachte, die ausnahmslos in ref. Gemeinden am Niederrhein und im Bergischen Land wirkten.

Er studierte ein Semester Philosophie in Berlin, um sich anschließend in Bonn dem Theologiestudium zu widmen. Während seines Vikariats in Kaiserswerth erlebte er die entscheidende Lebenswende hin zu einem persönlichen Glauben an Jesus. Von 1851 an war er bis zu seinem Lebensende Pfarrer einer Landgemeinde in Nümbrecht. In der sittlich und vom Rationalismus auch geistl. verwüsteten Gemeinde begann er unter großem persönlichen Einsatz eine mission. und diakon. Arbeit. Er gründete einen Armenverein, um der Bettelei zu begegnen, machte zahllose Haus- und Krankenbesuche und hielt Bibelstunden in den weit verstreut liegenden Dörfern und Höfen. Als Frucht dieser Arbeit erlebte E. 1877 eine große Erweckung in Nümbrecht. Bekannt geworden sind seine 30 geistl. Leitsätze für jeden Tag des Monats, die an seinem Sterbebett gefunden wurden.

Lit.: H. Horn: J.G.Engels, in: Rheinische Lebensbilder 6, 1975; A. Pagel: J.G. Engels. Von der Macht eines wahren Jüngers Jesu, 1951.

V. Gäckle

England → Großbritannien

England, Kirche von → Anglikaner/Anglikanismus

Englische Missionen → Großbritannien

Enkratiten → Askese

Entfremdung

E. war bis in die siebziger Jahre des 20. Jh.s ein linksintellektuelles Modewort. Sprachlich meint E. das Fremdwerden, Fremdsein oder Sich-Fremdwerden bis zur Trennung von Personen, Sachen und Gemeinschaften. Die Aufklärungsphilosophie (Rousseau, Kant, Fichte, Hegel) versuchte durch diesen Begriff mit der negativen Erfahrung von Menschen fertigzuwerden, denen die von ihnen angeblich unterworfene Welt und Natur nun fremd und feindlich gegenübertritt (»Krise der Subjektivität«). G.F.W. → Hegel (1770-1831) beabsichtigte in seinen reiferen Werken, den Geist der menschlichen Freiheit mit der christl. Tradition in Einklang zu bringen. L. Feuerbach (1804-1872) machte Religion und Glauben für die Entzweiung des Menschen mit sich selbst verantwortlich und forderte, an die Stelle Gottes den Menschen, an die Stelle der Theologie Anthropologie zu setzen. K. Marx (1808-1872) sah die Arbeitsteilung, d.h. die Trennung des Arbeitenden von seinem Arbeitsprodukt als Ursache der Verelendung des Proletariats sowie das Privateigentum als Ursache der »Mißgestaltung« des gesamten Lebens an. Marx verkannte dabei die Bedingungen und positiven Entwicklungsmöglichkeiten technischer und wirtschaftl. Prozesse. In Soziologie und Sozialpsychologie (E. Durkheim, T. Parsons, R.K. Merton, M. Seeman) wurde das Gefühl der Machtlosigkeit, Meinungslosigkeit, Normlosigkeit und Isolation in einer unüberschaubar gewordenen Welt als E. bezeichnet, während neuerdings unter empirisch arbeitenden Soziologen das Unbehagen an derartig globalen Schlagwörtern wächst. Sinnvoll wäre es, auf den Begriff der E. ganz zu verzichten und statt dessen genauer zu beschreiben, wer sich von was oder wem und warum »entfremdet« und was man dagegen tun kann, z.B. in der Arbeitswissenschaft die negativen Folgen der monotonen Teilarbeit durch Veränderung der Arbeitsorganisation und Verbesserung der menschlichen Beziehungen zu erleichtern. Dabei ist allerdings auf das sog. »Perversionssyndrom« von Menschen ohne Glauben hinzuweisen, die sich, obwohl es ihnen immer besser geht, immer schlechter fühlen. In der Theologie hatte der Begriff der E. keine große Bedeutung, außer bei Theologen, die Wert auf einen sog. »Dialog« mit dem Sozialismus legten (K. Barth, P. Tillich, J. Moltmann). Für Christen ist die Wirklichkeit der Sünde nicht durch andere Begriffe zu vernebeln. Im Schatten des Urfalls (1Joh 5,19) bezeichnet Sünde die Gottentfremdung des Menschen, seine gottfernen und widergöttlichen Willenshaltungen, Grundeinstellungen und Verhaltensweisen (Eph 2,12; Gal 4,8; 1Kor 2,14; Joh 3,19f). Infolge der Gottesentfremdung entfernen sich Menschen von sich selbst, von den Mitmenschen und von der Natur. Durch die in Jesus Christus geschenkte Offenbarung erkennen Christen die Heillosigkeit und den Erlösungsbedarf der gesamten Weltexistenz, nehmen dankbar die Gnade der Erlösung und Überwindung der Gottesentfremdung an (Eph 2,13) und hoffen auf die Erfüllung des Schöpfungshandelns Gottes, wenn alles nahe bei Gott sein wird (Röm 8,19; Kol 1,16).

Lit.: H.-H. Schrey (Hg.): Entfremdung, 1975 (WdF 437), 481-507.

J. Kniffka

Enthaltsamkeit → Askese

Enthaltsamkeitsvereine

1.Entstehung

Angesichts des Elendsalkoholismus der Industrialisierung im 19. Jh. und im Geist der → Erweckungsbewegung gründete der Schweizer Pfarrer Louis-Lucien Rochat am 21. 9. 1877 in Genf das → Blaue Kreuz. Die Parole lautet seither: Evangelium und Abstinenz. Der Berner Pfarrer Arnold Bovet trug diesen Gedanken über die Grenzen nach Deutschland (Hagen 5. 10. 1885 – erster deutscher Enthaltsamkeitsverein), wo er den Oberstleutnant Curt von → Knobelsdorff für diese Arbeit gewann. 1914 gab es in Deutschland schon 43.000 Mitglieder des Blauen Kreuzes.

2. Beweggrund und Ziel

Rochat litt unter der physischen und psychischen Not sowie der »ewigen Verlorenheit der Trinker«. In England hatte er Süchtige kennengelernt, die durch den Glauben an Jesus Christus freigeworden waren. Gleichzeitig erkannte er, ohne um die modernen Erkenntnisse von Suchtentstehung und -entwicklung zu wissen, daß der Suchtkranke und dessen Angehörige totale »Abstinenz« nötig haben, wenn der Süchtige nicht rückfällig werden will, und daß alle dazu des persönlichen Glaubens an Jesus bedürfen sowie der stärkenden Gemeinschaft der Gläubigen. Nicht Antialkoholiker wollten die Blau-Kreuzler sein, sondern Helfer zur irdischen Heilung und zum ewigen Heil. Das Blaue Kreuz unterhält eine Fachklinik in Radevormwald und mehrere Rehabilitationsheime. Es betreibt Jugendarbeit und Öffentlichkeitsarbeit und begleitet Alkoholiker in mehr als 200 Vereinen.

3. Enthaltsamkeitsvereine heute

Blaues Kreuz in Deutschland e.V. (Wuppertal): ca. 5.000 Mitglieder und 7.000 zur Enthaltsamkeit verpflichtete Freunde; Blaues Kreuz in der EKD e.V. (Rendsburg): ca. 3.000 Mitglieder; Kreuzbund e.V. (kath.) (Hamm): ca. 12.000 Mitglieder; Deutscher Guttempler Orden (IOGT e.V. – Hamburg): ca. 10.000 Mitglieder; die von den rel. geprägten Männern Bill und Bob in den USA gegründete Bewegung der »Anonymen Alkoholiker«, seit 1935 weltweit »AA« genannt: ca. 400.000 Mitglieder. Viele berufsständische Organisationen bildeten sich: z.B. der Bund abstinenter Kraftfahrer e.V., der Bund für drogenfreie Erziehung e.V., der Deutsche Frauenbund für alkoholfreie Kultur e.V., die Gemeinschaft drogenfreier Jugend oder die Bundesarbeitsgemeinschaft der Freundeskreise für Suchtkrankenhilfe in Deutschland e.V. Alle Verbände sind zusammengeschlossen in der »Arbeitsgemeinschaft der Deutschen Abstinenzverbände« (Stuttgart).

Lit.: B. Gustafsson: »Abstinenz«, TRE 1, 1977, 392-398; E. Rieth: Alkoholkrank? Die heutigen Erkenntnisse über den süchtigen Alkoholiker, 1973.

M. Holland

Entkirchlichung → Säkularisierung

Entmythologisierung

Die Forderung, die ntl. Botschaft müsse »entmythologisiert« werden, ist von R. Bultmann 1941 in seinem programmatischen Vortrag »Neues Testament und Mythologie/Das Problem der Entmythologisierung der neutestamentlichen Verkündigung« erhoben worden. »Entmythologisiert« durch die moderne Naturwissenschaft sei bereits das »mythische« Weltbild des NT. Dem mythischen Weltbild entspreche die ntl. Darstellung des Heilsgeschehens: Die Menschwerdung, die stellvertretende Sühne durch den Tod Christi, die Auferstehung und die Erhöhung Christi. »Das alles ist mythologische Rede... sofern es nun mythologische Rede ist, ist es für den Menschen von heute unglaubhaft, weil für ihn das mythische Weltbild vergangen ist« (Neues Testament und Mythologie, 13f). Bultmanns Vortrag bewirkte eine sehr lebhafte Diskussion. (Zustimmende und widersprechende Beiträge, auch weitere Stellungnahmen Bultmanns sind enthalten in der Reihe »Kerygma und Mythos« I-VI,2; der Vortrag findet sich in Bd. I, 15-48, hg. von H.W. Bartsch; eine Sonderausgabe des Vortrages, hg. von E. Jüngel, erschien 1985; nach dieser Ausgabe wird hier zitiert).

Mythisches Denken ist bei Bultmann der Gegenbegriff für wissenschaftl. Denken. Für das mythische Denken sei das Weltgeschehen offen für den Eingriff jenseitiger Mächte, »also durchlöchert vom Gesichtspunkt des wissenschaftlichen Denkens aus. Für dieses sind Welt und Weltgeschehen »geschlossen«, geschlossen nämlich gegen den Eingriff unweltlicher Mächte« (Kerygma und Mythos, II, 181).

Interessanterweise gelte aber der »geschlossene Kausalzusammenhang«, der ein Einwirken übernatürlicher Mächte ausschließe, für den Menschen nicht. »Der Mensch ist nicht wie ein Naturwesen dem kausalen Zusammenhang des Naturgeschehens eingeordnet, sondern er hat sein Sein selber zu übernehmen, ist für sich selbst verantwortlich« (Kerygma und Mythos VI, 21). Deshalb ist der Bestand der Welt dem Menschen ja auch »durchschau- und beherrschbar«. Bultmann versteht den Kausalzusammenhang im Grunde mechanistisch, wogegen er die menschliche Existenz einseitig als geistiges Prinzip (in seinem eigentlichen Sein) versteht. Wenn der menschliche Geist sich (im Glauben) von der Weltabhängigkeit lösen kann und anderseits die Welt beherrscht, dann kann das Argument des geschlossenen Kausalzusammenhanges nicht gegen den Geist Gottes (und auch nicht gegen dämonische Mächte) vorgebracht werden. Bultmann lehnt aber die Rede vom heiligen Geist (*pneuma*) und auch von den Sakramenten als »schlechterdings fremd und unverständlich« ab. »Der rein biologisch sich verstehende Mensch sieht nicht ein, daß überhaupt in das geschlossene Gefüge der natürlichen Kräfte ein übernatürliches Etwas, das *pneuma*, eindringen und in ihm wirksam sein könne. Er weiß sich für sich selbst verantwortlich...« (Neues Testament und Mythologie, 17f).

Die E. setzt voraus, daß dem Mythos doch eine Wirklichkeit zugrunde liege – nicht das, was ein ntl. Text »objektivierend« aussagt, sondern das diesem Text zugrunde liegende menschliche Selbstverständnis. Zur E. gehört deshalb die → existentiale Interpretation: Der auszulegende Text wird nicht befragt nach seiner objektiven Aussage, sondern nach dem ihm zugrunde liegenden menschlichen Selbstverständnis, und dieses Selbstverständnis soll dann in der Predigt »zur Sprache« kommen.

Aber schon dem von Bultmann selber zum Modell des mythischen Denkens gemachten antiken Weltbild liegt ein Weltverständnis zugrunde, nicht ein Selbstverständnis. Selbstverständlich hat das Weltverständnis auch eine subjektive Seite, aber diese ist abhängig von der objektiven Welterkenntnis und Welterfahrung. Der Kosmos wird nicht durch mein subjektives Verständnis hervorgebracht, sondern »mein« Weltverständnis hängt davon ab, wie ich die vorhandene Welt sehe und erfahre. Was das Weltbild der Bibel anbelangt, so ist dieses nicht das ptolemäische Weltbild, das erst im 2. Jh. n.Chr. entstanden ist. Es ist aber auch nicht das Weltbild der vor- und außerbibl. Kulturen bzw. Religionen. Letztere sahen in den Gestirnen Götter, die angebetet wurden. Gegenüber der mythischen Vergötterung der Gestirne in dieser Astralreligion war der bibl. Schöpfungsglaube tatsächlich eine radikale E.: Auch die Sterne sind »gemacht« und vergänglich wie alles Irdische. Paulus sieht im Rückfall der Galater in die frühere Verehrung der Weltelemente einen Rückfall ins Heidentum (Gal 4,3.8-11). Auffällig ist, daß jetzt der »moderne Mensch« des 20. Jh.s in der verbreiteten → Astrologie die alte Astralreligion wieder erneuert, unabhängig davon, daß die Sterne für ihn keine Götter mehr sind. Offenbar war der eigentliche Mythos der Glaube an die der Berechenbarkeit des Laufs der Gestirne entsprechende Berechenbarkeit des Schicksals, und dieser ist durch das wissenschaftl. Denken nicht überwunden.

Die gleiche Problematik ergibt sich in bezug auf den Erlöser-Mythos. Nach Bultmann ist der christl. »Erlöser-Mythos« aus der hell. Gnosis übernommen und mit Elementen der jüd. Apokalyptik und Elementen der Jesus-Überlieferung zu einer synkretistischen Religion verbunden worden. »Das Christuskerygma ist also Kultlegende, und die Evangelien sind erweiterte Kultlegende« (Geschichte der synoptischen Tradition, 396). Der verkündigte Christus sei nicht mehr der hist. Jesus. Nun ist aber in der ntl. Verkündigung durchweg der hist. Jesus, den die Jünger gekannt haben, der gekreuzigt wurde, identisch mit dem auferstandenen und erhöhten Christus. »Gott hat ihn zum Herrn und Christus gemacht, diesen Jesus, den ihr gekreuzigt habt« (Apg 2,36). In den Auferstehungsberichten ist es der Auferstandene selbst, der sich als Jesus zu erkennen gibt. ». . . er war gehorsam bis zum Tode, bis zum Tod am Kreuz, darum hat Gott ihn erhöht. . .« (Phil 2,8f). Ein (gnostischer) Erlöser-Mythos, der den Namen Christus trägt, entspricht sicher nicht dem im NT gepredigten Glauben und darum auch nicht dem Selbstverständnis der urchristl. Gemeinde, das ja die dem Kerygma zugrundeliegende Wirklichkeit sein soll. Zum gnostischen Erlöser-Mythos ist zudem zu sagen, daß es keine authentischen Texte dieses Mythos gibt, deren Vorhandensein schon für die Zeit der Evangelienbildung und der Paulusbriefe nachweisbar ist. Nach Meinung der Kirchenväter warnt das NT vielmehr die synkretistischen Gnostiker, welche die Botschaft vom Erlöser vom Christentum übernommen und in ein System der Selbsterlösung umgewandelt haben.

Lit.: H.W. Bartsch (Hg.): Der gegenwärtige Stand der Entmythologisierungsdebatte, 1954; R. Bultmann: Neues Testament und Mythologie (1941), 1985; ders.: Jesus Christus und die Mythologie, in: Kerygma und Mythos, Bd. I-VI,2, 1948-62; ders.: Glauben und Verstehen, I/II 1933/1952; ders.: Die Geschichte der synoptischen Tradition, [8]1970; F. Flückiger: Existenz und Glaube, 1966; K. Jaspers, R. Bultmann: Die Frage der Entmythologisierung, 1954; E. Jüngel: Glauben und Verstehen. Zum Theologiebegriff R. Bultmanns. Sitzungsberichte der Heidelberger Akademie der Wissenschaften, 1985.

F. Flückiger

Entrückung

1. Biblischer Befund

Die Lehre von der E. geht auf 1Thess 4,17 zurück. Die Gemeinde in Thessalonich ist um das Schicksal der schon entschlafenen Gemeindeglieder besorgt. Sind sie nicht im Nachteil, wenn die Wiederkunft Jesu erst noch bevorsteht? Paulus antwortet: Wenn Jesus Christus wiederkommt, werden die bereits Entschlafenen zuerst auferweckt. Dann wird die noch lebende Gemeinde dem Herrn entgegengerückt, gemeinsam mit den Entschlafenen (wörtl.: entrafft, hingerissen). Die E. erfolgt zur Einholung des Herrn (Apantesis). Dies ist ein Begriff, der in der röm. Geschichte zu Hause ist. Wenn der röm. Kaiser siegreich aus der Schlacht zurückkehrte, wurde er von einer Abordnung der Stadt Rom feierlich eingeholt. So wird durch die E. der Tod gleichsam übersprungen, und die noch Lebenden werden in die Gemeinschaft mit dem auferstandenen Herrn hineingenommen.

Ein ähnlicher Vorgang wird in 1Kor 15,50-55 bezeugt. V. 52: Die Toten in Christus werden auferweckt; alle, die Lebenden und schon Entschlafenen, werden verwandelt werden und mit dem Herrn vereint sein.

Offb 20,4-6 spricht nicht von der E., sondern von der ersten Auferstehung, an der die teilhaben, die nicht das Tier angebetet haben. Es handelt sich hier um eine »Vorweg-Auferstehung«, die vor der allgemeinen Auferstehung der Toten sich vollzieht (Offb 20).

2. Kirchengeschichtlicher Aspekt

Der Gedanke der E. hat eine besondere Ausprägung durch E. Irving (1792-1854, Gründer der → Katholisch-Apostolischen Gemeinde) in England erfahren. Er entwickelte eine Vor-Entrückungslehre und gab Entrückungs-Prophezeiungen heraus, die sich nicht erfüllten. Vor-Entrückung bedeutet: Die wahre auserwählte Gemeinde wird vor der letzten großen Trübsal der Welt entrückt und damit allen Versuchungen, die aus dem Kommen des → Antichristen zu erklären sind, entnommen.

Im Rahmen der Gnadauer Pfingstkonferenz 1908 wurde durch Th. Krawielitzki der Gedanke einer Auswahlgemeinde vorgetragen, die zur E. kommt. Nach Krawielitzki werden nicht alle Erretteten zur E. kommen, sondern nur diejenigen, bei denen der geistl. Umgestaltungsprozeß zum Abschluß gekommen ist. Der Gedanke von der E. einer Eliteschar setzte sich jedoch in der Gemeinschaftsbewegung nicht durch (D. Lange: Eine Bewegung bricht sich Bahn, 191).

3. Systematisch-theologische Markierungen

a. Das bibl. Wort von der E. will besagen: Gott hat seine Gemeinde in dieser Welt nicht vergessen. Sie wird nicht dem Untergang preisgegeben, sondern zur Vollendung kommen.

b. Die Schrift gibt keine näheren Erläuterungen

über das »Wie« der E. Hier ist allen Spekulationen zu wehren. Die E. bleibt ein Geheimnis. Das Ziel der E. ist die Gemeinschaft mit dem erhöhten Herrn, sowohl derer, die zum Zeitpunkt der Wiederkunft Jesu bereits entschlafen sind - sie werden durch die Kraft des Auferstandenen auferweckt -, als auch der zum Zeitpunkt der Wiederkunft Jesu noch Lebenden, die eine Verwandlung erfahren (1Kor 15,51ff). Zur E. gelangen die, die Christus angehören bzw. die »in dem Herrn« gestorben sind. Die E.slehre ist nicht unumstritten. So spricht Walter Tlach bewußt nicht von einer E., sondern von einem »Versetztwerden« in die unsichtbare Gotteswelt (»Hinaufgerissen«). »Es findet keine Entrückung statt, sondern eine Versetzung aller Gläubigen. Das ist dann die erste Auferstehung.«

c. Das ntl. Zeugnis von der E. spricht nicht von einer Verschonung *vor* der großen Trübsal. Die Gemeinde wird der Versuchung durch den Antichristen nicht entnommen. Offb 7,14 unterstreicht: Die Gemeinde, die am Ziel ist, kommt aus der großen Trübsal. Offb 3,10 bezeugt eindeutig die Bewahrung in der Stunde der Versuchung, konkret: die Bewahrung vor dem Untergang durch die Verfolgung Domitians. Nach F. Grünzweig findet die E. gegen Ende der antichristl. Zeit statt. Er verweist auf 2Mo 15, das Modell für E. Aus dem NT läßt sich eine genaue zeitliche Festlegung der E. nicht entnehmen.

d. Die E. einer Eliteschar, wie sie in der Vor-E.slehre zum Ausdruck kommt, ist aus dem Gesamtzeugnis der Schrift nicht herauszuhören. Es haben an ihr alle diejenigen teil, die aus dem Geist Gottes neu geboren sind. Das Zeugnis vom Kommen Jesu ist zwar immer als Weckruf zur Buße, zum Glauben und Gehorsam verstanden worden, aber die Qualität der Entrückten liegt nicht in einem Vollkommenheitsstreben, sondern in der Fürsprache Jesu und in der Kraft seiner Vergebung. »Sie haben ihre Kleider hell gemacht im Blute des Lammes« (Offb 7,14).

Lit.: H. Burkhardt: Ausharren bei Jesus. Überlegungen zum theologischen Verständnis der Johannesoffenbarung, ThBeitr 17/86, 234-247 (245); F. Grünzweig: Heilsgeschichte und Vollendung des Reiches Gottes, in: »Dem Auftrag verpflichtet«, 1988; F. Hubmer: Der Heilsplan Gottes. Schöpfung, Erlösung, Vollendung, (1949) [8]1987; W. Schäble: Die glaubende Gemeinde in der Endzeit. Schlüsselfragen biblischer Prophetie, o.J., 106ff; W. Tlach: Der letzte Krieg, 1991.

Th. Wendel

Entscheidung, Aufruf zur → Evangelisation

Entwicklung → Evolution; → Geschichte, Geschichtsphilosophie

Entwicklungshilfe

Der Begriff E. wird unterschiedlich verwendet. In der Öffentlichkeit werden alle Übertragungen von Kapital und Wissen in die Entwicklungsländer als E. bezeichnet. In der offiziellen Statistik zählen nur die Übertragungen staatl. Organisationen als E., die gegenüber kommerziell motivierten Transfers mindestens ein Zuschußelement von 25 % beinhalten. 1989 betrug die private E. 1,3 Mrd. DM und die öffentliche E. 9,3 Mrd. DM. Mit einem Anteil der E. am Bruttosozialprodukt von 0,41 % liegt Deutschland über dem Durchschnitt aller Industrieländer (0,33 %). Die Bundesregierung hat von 1959-1989 333 Mrd. DM an finanziellen Leistungen für die Entwicklungsländer aufgewandt.

Aus psycholog. Erwägungen heraus wird auf das Wort Hilfe in letzter Zeit verzichtet. Man spricht statt dessen von »Zusammenarbeit«.

1. Begründung der Entwicklungshilfe

Die E. wird unterschiedlich begründet. Die Entwicklungsländer fordern wegen der kolonialen Vergangenheit E. als Kompensation für in der Vergangenheit erlittenes Unrecht ein. Die Industriestaaten geben E. aus humanitären Gründen, teilweise wird die E. außenpolitisch genutzt.

E. soll die Entwicklung der Dritten Welt vorantreiben und damit Märkte erschließen, die wiederum die Nachfrage nach Produkten im eigenen Lande erhöhen. Vom Standpunkt der Weltwohlfahrt ist eine E. dann gerechtfertigt, wenn die Rentabilität in der Dritten Welt höher liegt als beim heimischen Gebrauch der Ressourcen.

2. Auswirkungen der Entwicklungshilfe

Die Wirkungen der E. sind umstritten. Zu Beginn der 50er Jahre ging man davon aus, daß zur wirtschaftl. Entwicklung der Dritten Welt finanzielle Mittel notwendig sind, da im fehlenden Kapital das Entwicklungshemmnis gesehen wurde. Das zu geringe Sparaufkommen und die Devisenknappheit waren Ursache für den Entwicklungsrückstand (Zwei-Lücken-Theorien). Mit massiver Kapitalhilfe sollte zudem der Teufelskreis der Armut überwunden werden. Als Erfinder der E. in diesem Sinne kann der schwedische Nobelpreisträger Gunnar Myrdal angesehen werden.

Die hohen Kapitalübertragungen haben in der Dritten Welt kaum zur Entwicklung geführt. Vereinzelt wird die E. als mitverursachend für die wirtschaftl. Misere in den Entwicklungsländern angesehen (Tödliche Hilfe). E. hat demotiviert. Die kommerzielle E. hat in Schwellenländern, die kurz vor dem wirtschaftl. Aufschwung stehen, zur internationalen Verschuldung beigetragen, die wegen der Rückzahlung der Darlehen und Begleichung der Zinsen die Entwicklungsmöglichkeiten hemmte. Vereinzelt meinen Kritiker, daß die E. gegeben wird, um wirtschaftl. Probleme der Industriestaaten, also der Gebernationen zu lösen (Nahrungsmittelhilfe).

3. Arten der Entwicklungshilfe

Im allgemeinen wird zwischen finanzieller, technischer und personeller Zusammenarbeit unterschieden.

Die finanzielle Zusammenarbeit kann teilweise in Form von Projekthilfen oder als Programmhilfe vergeben werden. Bei Projekten handelt es sich um einzelne, abgrenzbare Investitionsvorhaben (Bau einer Straße, einer Düngermittelfabrik oder eines Stromnetzes). Bei der Programmhilfe steht nicht das einzelne Projekt im Vordergrund, sondern die Gesamtheit mehrerer aufeinander abgestimmter Maßnahmen (eine bestimmte Bevölkerungsgruppe, ein Sektor oder eine Region des Entwicklungslandes). Zur finanziellen Zusammenarbeit gehört auch die Nahrungsmittelhilfe, die jedoch mittelfristig eine negative Auswirkung auf die wirtschaftl. Entwicklung des Entwicklungslandes haben kann. Da die Nahrungsmittelhilfe meist kostenlos zur Verfügung gestellt wird, führt sie zu niedrigen Agrarpreisen in der Dritten Welt, wodurch die einheimischen Bauern keinen Anlaß sehen, Nahrungsmittel selber für den Markt zu produzieren. Verstärkte Abhängigkeit von Nahrungsmittelhilfen und Nahrungsimporten ist die Folge, obgleich die meisten Entwicklungsländer potentielle agrarische Selbstversorger sind. Die finanzielle Zusammenarbeit wird über die Kreditanstalt für Wiederaufbau abgewickelt.

Die technische Zusammenarbeit beinhaltet z.B. die Entsendung und Finanzierung von Beratern, Ausbildern, Sachverständigen und Gutachtern, die Entsendung von Fachkräften sowie Produktionsmitteln, ebenso zählt die Gewährung von Zuschüssen und Zahlungen von Gehältern an Fachkräfte, die das Entwicklungsland unter Vertrag nimmt, zur technischen Zusammenarbeit. Für die technische Zusammenarbeit ist die Gesellschaft für technische Zusammenarbeit (GTZ) hauptsächlich verantwortlich.

Die Bundesrepublik hat verschiedene Programme der personellen Zusammenarbeit, wie die Förderung der Existenzgründung und beruflichen Eingliederung, die Entsendung, Vermittlung und der Einsatz von Fachkräften (wie z.B. der Senioren-Experten-Service). Zur personellen Zusammenarbeit gehören auch die Ausgaben für Entwicklungshelfer der sechs anerkannten Trägerorganisationen:

- die kath. Arbeitsgemeinschaft für Entwicklungshilfe AGEH (1989: 325 Entwicklungshelfer),
- der Deutsche Entwicklungsdienst – DED (1989: 987 Entwicklungshelfer),
- Dienste in Übersee – DÜ (ev.), (1989: 193 Entwicklungshelfer),
- EIRENE (34 Entwicklungshelfer),
- Weltfriedensdienst (15 Entwicklungshelfer),
- Christliche Fachkräfte International (Deutsche Ev. Allianz und evangelikale Missionsgesellschaften), (31 Entwicklungshelfer).

Das Problem der E. liegt darin, die einheimische Bevölkerung zu motivieren. Diese Motivation kann aus motivierenden Rahmenbedingungen kommen (Öffnung für mehr Markt) und über die Beeinflussung der Denkmentalität in den Entwicklungsländern (dynamische Unternehmer) erreicht werden.

Die Mission ist teilweise in der öffentlichen Meinung unter kritischen Beschuß geraten, weil sie die Menschen aus ihrer kulturellen Identität genommen hätte. Aber wenn Menschen durch die Übernahme des Christentums anders denken, bestimmte Tabus ablegen, langfristig für die Zukunft planen, die Welt naturwissenschaftl. betrachten und ein Verantwortungsgefühl entwickeln, dann sind diese erneuerten Menschen Mitträger der wirtschaftl. Entwicklung. Man könnte überspitzt formulieren: Mission ist die beste E., wenn dadurch die Motivation der Menschen beeinflußt, die Korruption bekämpft, verantwortliches wirtschaftl. Handeln vor Gott gelernt, die Angst vor Göttern in der Natur reduziert wird usw. Die Missionsgesellschaften haben aber auch praktische E. geleistet (Pioniermissionen), insbesondere im Gesundheits- und Bildungsbereich. Das sind wichtige Voraussetzungen für die Verbesserung der Lebensumstände in der Dritten Welt.

Lit.: J.A. Agarwal et al.: Wirkungen der Entwicklungshilfe. Bestandsaufnahmen und Überprüfung für die zweite Entwicklungsdekade, 1984 (Forschungsberichte des Bundesministeriums für wirtschaftliche Zusammenarbeit, Bd. 50); R. Cassen: Entwicklungszusammenarbeit, 1990; B. Erler: Die tödliche Hilfe. Bericht von meiner letzten Dienstreise in Sachen Entwicklungshilfe, 1985; H.-R. Hemmer: Wirtschaftsprobleme der Entwicklungsländer.

Eine Einführung, [2]1989; W. Lachmann: Leben wir auf Kosten der Dritten Welt?, [2]1987; ders.: Überwindung der Not in der Dritten Welt durch marktwirtschaftliche Ordnung?, in: Aus Politik und Zeitgeschichte (Beilage zur Wochenzeitung Das Parlament), vom 21. 2. 1987 (B 8/87); ders.: Realitätsnähe der Entwicklungshilfe im Rahmen der von der Bundesregierung verfolgten Entwicklungsstrategie, in: G. Rüther (Hg.): Die notwendige Hilfe. Grundlagen, Leitlinien und Instrumente der Entwicklungszusammenarbeit, 1986; ders.: Die deutsche Entwicklungspolitik - eine Beurteilung aus marktwirtschaftlicher Sicht, in: El-Shagi El-Shagi (Hg.): Deutsche Entwicklungspolitik, 1988; W.P. Wiesebach: »Entwicklungspolitik, II. Entwicklungshilfe«, Handwörterbuch der Wirtschaftswissenschaften, Bd. 2, 1980. Sehr gute Informationen bietet das jährlich herauskommende Journalisten-Handbuch Entwicklungspolitik des Bundesministeriums für wirtschaftliche Zusammenarbeit und die seit 1978 erscheinenden Weltentwicklungsberichte der Weltbank.

W. Lachmann

Enzyklika, Enzykliken

In der → Alten Kirche, im 4. Jh. belegt, hießen die Rundschreiben der Bischöfe E.en. Als Bezeichnung für ein päpstliches Dokument taucht das Wort im 7. Jh. auf. Allerdings wurde der Name E. erst seit Benedikt XIV. wirklich gebräuchlich. Mit »Ubi primum« vom 3. Dez. 1740 hat er die Reihe der neuzeitlichen Lehrschreiben eröffnet. Seit Gregor XVI. haben die Päpste sich immer häufiger der E. bei der Leitung der Kirche bedient. Spätestens seit Leo XIII. (1878-1903) sind die E.en eine Hauptquelle für die allg. Verkündigung der kath. Kirche geworden.

Die amtliche Erstfassung der E. ist in der Regel in lat. Sprache. Die E.en werden nach den Anfangswörtern zitiert. Die amtliche Veröffentlichung erfolgt durch die Acta Apostolicae Sedis. E.en sind, wo sie sich an die Gesamtkirche wenden, Ausdruck der obersten Lehrgewalt des Papstes; sie besitzen aber nur eine disziplinäre, keine unfehlbare Lehrautorität. Doch haben die Gläubigen »den Lehrgehalt mit einem Akt positiver, innerer und sicherer Zustimmung zu übernehmen, der aber, weil nicht schlechthin unwiderruflich, vom eigenen Glaubensakt wohl zu unterscheiden ist« (H. Bacht).

Besonders im Bereich der kath. Soziallehre bilden die sog. Sozialenzykliken die Grundlage lehramtlicher Äußerungen. Deren Reihe wird eröffnet mit »Rerum novarum« (1891) Leos XIII. Das Lehrschreiben setzte Maßstäbe für die Zukunft. Mit der E. wurde die kirchl. Anerkennung der demokratischen Prinzipien vollzogen. Zum 40jährigen Gedächtnis von Rerum Novarum erschien die E. »Quadragesimo anno«. Als Ziel wird eine neue, klassenfreie Gesellschaft anvisiert.

Mit der E. »Mater et magistra«, die Johannes XXIII. am 15. Mai 1960 erläßt, setzt eine neue Zeit ein. Diese E. »kniet sich in die soziale Wirklichkeit hinein«. Diese E. hat der Kirche und ihrer Soziallehre Sympathien gewonnen wie keine andere zuvor. Sie behandelt die jüngsten Entwicklungen des gesellschaftl. Lebens und seine Gestaltung im Lichte der christl. Lehre. Hervorgehoben werden Solidarität und Zusammenarbeit sowie die Verantwortung gegenüber dem Gemeinwohl. Die E. »Populorum progressio«, über die Entwicklung der Völker, verkündet am 26. März 1967 von Paul VI., will die vollmenschliche Entfaltung der Persönlichkeit im christl. Sinne. Hier knüpft auch Johannes Paul II. an. Nach »Laborem exercens«, über die menschliche Arbeit, (1981) und »Sollicitudo rei socialis«, über die aktuellen Fragen der Entwicklung der Menschen und Völker, (1987) stellt »Centesimus Annus« (1991) bereits seine dritte Sozialenzyklika dar. Sie unterstreichen die Bedeutung, die der Papst der Soziallehre der Kirche in der Welt von heute beimißt. Die E. »Centesimus annus« verbindet die traditionellen Aussagen der Soziallehre mit neueren Erkenntnissen der phil. und theol. Anthropologie. Neben den klassischen Zielen der sozialen Marktwirtschaft fordert der Papst die ökologische Verträglichkeit aller wirtschaftl. Handlungen und die Zumutbarkeit des Güteraustausches für alle Völker. Auch fordert der Papst ein verantwortliches Verbraucherverhalten sowie ein hohes Verantwortungsbewußtsein von Produzenten, Trägern der Kommunikationsmittel und ein Eingreifen staatlicher Behörden. »An einem Wendepunkt der Geschichte ist die neue Enzyklika ein Plädoyer für eine menschenwürdige Ordnung, für Solidarität, für Freiheit und soziale Gerechtigkeit« (A. Rausche).

Eine Reihe von E.en markieren die Entwicklung des Verhältnisses der kath. Kirche zu den Vorstellungen und Forderungen der Moderne. Gregor XVI. brachte am 15. August 1832 die E. »Mirari vos« heraus. Der Papst wandte sich hierin gegen die Gewissensfreiheit, ferner gegen die Druck- und Pressefreiheit: »Hierher gehört jene grundschlechte und niemals hinreichend verurteilte abscheuliche Freiheit der Buchdruckerkunst, Schriften unter das Volk zu bringen, wie sie einige Leute mit so großem Geschrei zu fordern und zu fördern wagen.« Pius IX. entwirft in seiner E. »Qui pluribus« (9. Nov. 1846) ein rel.-sittliches Zeitgemälde. Der Papst sieht einen Krieg »gegen alles Katholische« angezettelt. Am 8. Dezember 1864 erschien die E. »Quanta cura« in der »die Zeitirrtümer« verurteilt wurden, z.B.

der Sozialismus und Kommunismus. In seiner E. »Quod Apostolici muneris« vom 28. Dez. 1878 griff Leo XIII. das Thema Sozialismus und Kommunismus wieder auf: »Hingerissen endlich von der Gier nach den gegenwärtigen Gütern, welche die Wurzel aller Übel ist, und sich ihr ergebend, sind einige vom Glauben abgewichen (1Tim 6,10), bekämpfen sie das durch die Natur geheiligte Eigentumsrecht, und indem sie den Bedürfnissen aller Menschen zu dienen und ihren Wünschen zu entsprechen scheinen, suchen sie durch unsäglichen Frevel zu rauben und als Gemeingut zu erklären, was immer auf Grund rechtmäßiger Erbschaft, oder durch geistige und körperliche Arbeit oder durch Sparsamkeit erworben wurde«. Es werden dann die Gegensätze zwischen Christentum und Sozialismus herausgearbeitet. Ein Aufsehen erregendes Dokument war die E. »Pascendi« vom 8. September 1907. Hier setzt sich Pius X. mit den Lehren der Modernisten auseinander. Den Modernismus nennt er ein Sammelbecken aller Irrlehren. Es heißt in der E.: Es wird deutlich, »wie alle Wege des Modernismus zum Atheismus und zur Vernichtung aller Religion führen. Der Protestantismus war der erste Schritt; dann folgt der Modernismus; das Ende ist der Atheismus«. Am 19. März 1937 erschien die E. »Divini Redemptoris«. In dieser E. setzt sich Pius XI. neuerlich mit dem Kommunismus auseinander. »Der heutige Kommunismus birgt in einem höheren Maße, als es bei anderen ähnlichen Bewegungen der Vergangenheit der Fall war, eine falsche Erlösungsidee in sich.« Im Zusammenhang mit der Verurteilung des Kommunismus betont der Papst, daß er in »keiner Weise die Völker der Sowjetunion in ihrer Gesamtheit verurteilen« will.

Die Ebene der Ausgrenzungen und Verurteilungen verläßt dann die E. »Pacem in terris« (11. April 1963): Über den Frieden unter allen Völkern in Wahrheit, Gerechtigkeit, Liebe und Freiheit. Zu Recht wird diese E. eine Charta der Menschenrechte genannt. Sie stellt das Vermächtnis Johannes‹ XXIII. dar. Diese Gedanken führt Paul VI. fort in der E. »Ecclesiam suam« (10. August 1964): Über die Kirche und die Menschheit von heute. Eine große Rolle in dieser E. spielt der Dialog: der Dialog der Kirche, die Religion als Dialog zwischen Gott und den Menschen, die Kennzeichen des Heilsdialogs.

Eine Reihe von E.en bemüht sich um die Klärung moraltheol. Probleme. Die kath. Lehre über die Ehe ist grundgelegt in der am 31. Dezember 1930 erschienenen E. »Casti conubii«: Über die christl. Ehe in der heutigen Zeit. Scharf wendet sich hier der Papst gegen Abtreibung und jede Form künstlicher Empfängnisverhütung. Am 25. Juli 1968 erscheint die heftig diskutierte E. »Humanae vitae«: Über die rechte Ordnung der Weitergabe menschlichen Lebens, wo an den Aussagen »Casti conubii« festgehalten wird.

Weitere E.en gaben dem theol. Studium Wegweisung. In der E. »Aeterni Patris Filius« vom 4. August 1879 werden Größe und Grenzen der Philosophie herausgearbeitet. Es wird dargelegt, worin die Bedeutung der Philosophie als Wegbereiterin des Glaubens liegt. Der Papst empfiehlt den echten Thomismus. Die E. »Providentissimus Deus« vom 18. Dezember 1893 widmet sich dem Studium der Heiligen Schrift, die als Quelle der christl. Verkündigung herausgestellt, sowie als Seele der Theologie bezeichnet wird. Am 30. September 1943 erschien die E. »Divino afflante Spiritu«. Der Papst behandelt hier die zeitgemäße Förderung der bibl. Studien. Besonders wird die Textkritik gewürdigt; aber es wird auch von der trostspendenden Kraft der Schrift gesprochen, »der zermarterten und angsterfüllten Menschheit öffnen sich die Quellen der göttlichen Gnade... Hier endlich werden alle Christus kennenlernen«.

Zu erwähnen sind noch E.en, die sich um die Fortentwicklung dogmat. Fragen bemühen. Einen hervorragenden Rang nimmt dabei die am 29. Juni 1943 erschienene E. »Mystici Corporis«, »Über den mystischen Leib Jesu Christi«, ein. Zunächst geht es um die Menschwerdung Gottes und die Gründung der Kirche sowie das Geheimnis unserer Verbindung mit Christus in der Kirche: »Wie nämlich der Erlöser den Beistand, den Geist der Wahrheit, gesandt hat, damit er an seiner Statt die unsichtbare Leitung der Kirche übernehme, so hat er dem Petrus und seinen Nachfolgern aufgetragen, ihn auf Erden zu vertreten und die sichtbare Leitung der christlichen Gemeinschaft zu übernehmen.« Eine christologisch orientierte Anthropologie entwickelt Johannes Paul II. in seiner Enzyklika »Redemptor hominis« (4. März 1979).

Wichtige Themen von E.en sind noch Liturgie und Mission. Am 20. November 1947 erschien die Enzyklika »Mediator Dei et hominum«: Über die heilige Liturgie. Ausführlich geht der Papst auf die Verdienste und Gefahren der liturg. Erneuerung ein. Das Thema Mission wird erstmals in der E. »Probe nostis« am 18. September 1840 aufgegriffen. Sie leitet eine verstärkte Phase der kirchl. Missionstätigkeiten ein. In der E. »Evangelii praecones« vom 2. Juni 1951 behandelt Pius XII. die Förderung der kath. Missionen. Als Ziel der Missionsarbeit stellt er die einheimische Kirche heraus, ein Eingeborenen-Klerus muß herangebildet werden. Besonders schärfte der Papst die Ehrfurcht vor der »einheimischen Kultur« ein. In der E. »Fidei donum« vom 21. April 1957 nimmt der Papst zur Lage der Kirche in Afrika Stellung; er stellt heraus, daß die Missionsliebe das Kennzeichen kath. Gesinnung ist. 1959 erschien die Missionsenzyklika »Princeps Pastorum«, wo die spezifischen Aufgaben der Laien in der Missionsarbeit herausgestellt werden.

Eine Besonderheit stellt die am 14. März 1937 von Papst Pius XII. erlassene E. »Ardenti cura« (Mit brennender Sorge) dar. Sie ist gerichtet an die Bischöfe und Katholiken des Deutschen Reiches. Sie betont: »Der Anschauungskampf der vergangenen Jahre klärt die Verantwortlichkeiten. Er enthüllt Machenschaften, die von Anfang an kein anderes Ziel kannten als den Vernichtungskampf.« Der Nationalsozialismus wird als eine schreckliche Verirrung gebrandmarkt.

Zusammenfassend kann herausgestellt werden, daß in den E.en alle Bereiche kirchl. Lebens angesprochen werden. Zeitbedingtheit und Wandlungsfähigkeit kommen in ihnen ebenso zum Ausdruck wie die Kontinuität kath. Denkens.

Lit.: Acta apostolicae sedis; Verlautbarungen des Apostolischen Stuhls, hg. v. Sekretariat der Deutschen Bischofskonferenz (seit 1975).

K. Wittstadt

Enzyklopädie

1. Das wissenschaftstheoretische Ideal der Enzyklopädie

Der Begriff »Enzyklopädie« wurde im ausgehenden 15. Jh. von humanistischen Gelehrten in bewußter Anlehnung an die Tradition der griech. Sophistik geschaffen.

Die griech. Wortverbindung *enkyklios paideia* (»kreisförmige Bildung«) beschreibt den Horizont des Wissens, das sich der gebildete Mensch in der Antike (seit dem 1. Jh. v. Chr.) vor seiner speziellen Ausbildung bzw. vor seinem Eintritt in das praktische Berufsleben zu erwerben hatte.

Enzyklopädische Bemühungen sind grundlegend an dem Ideal orientiert, den jeweiligen Erkenntnisstand ihrer Zeit summarisch aufzuarbeiten und systematisch darzustellen. Damit ist die wissenschaftstheoretische Aufgabe verbunden, vor dem Überblick über das reale Detailwissen eine Konzeption für den wesensmäßigen Sachzusammenhang aller Erkenntnisse und ihrer inhaltlichen Verbindungen zu entwickeln und zu begründen. In der Geschichte der E.n wurde dieses Ziel mit z.T. sehr gegensätzlichen weltanschaulichen Prämissen und wissenschaftstheoretischen Ansätzen angegangen. Unterschiedlich erwies sich in verschiedenen Epochen die Zuordnung von einer möglichst umfassenden Darstellung aller erkennbaren Realien einerseits und den prinzipiellen Leitideen zur systematischen Organisation des Faktenwissens andererseits. Deutlich wird die Spannung zwischen Einzelwissen und universalem Denkhorizont bereits in der formalen Aufarbeitung des enzyklopädischen Materials. Diese folgt entweder dem Alphabet oder einer thematischen Durchgliederung des Stoffes. In der Regel werden in neuerer Zeit beide Aspekte durch eine Kombination der alphabetischen Anordnung mit sachlich-systematischen Querverweisen und Registern verbunden.

2. Zur geschichtlichen Entwicklung enzyklopädischer Werke

Bereits die Tontafeln der Sumerer und Assyrer sowie Inschriften der Ägypter lassen auf kulturgeschichtl. frühe Bemühungen schließen, das im Altertum vorhandene Wissen zu ordnen und zu bewahren. In der Antike versuchte der Platonschüler Speusippos den Ertrag der phil. Akademie enzyklopädisch zusammenzustellen; diesem Vorbild folgten später griech. und röm. Autoren.

Das MA schuf mit der Gründung von Universitäten auch einen allg. Bildungskanon, der seinen bedeutendsten Niederschlag im Konzept der sog. *artes liberales* (der »freien Künste«) erfuhr, die als Grundlage jeder darauf aufbauenden spezifischen Wissenschaft dienten. Die *unitas*, d.h. die »innere Einheit« dieses universitären Wissenschaftsbetriebes, war durch die Theologie als unbestrittener Leitwissenschaft und die methodische Vorgabe der aristotelischen Philosophie gewährleistet.

Unter dem phil. Vorzeichen der franz. Aufklärung mit ihrem rationalistischen Ansatz und ihrer atheistischen Grundeinstellung gaben Jean le Rond d'Alembert und Denis Diderot im 18. Jh. unter dem Titel »Encyclopédie ou Dictionnaire raisonné des sciences, des arts et des métiers« die erste umfassende Realenzyklopädie heraus. Das Werk umfaßte 17 Folio- und 11 Tafelbände. Es wendet sich an das mit der franz. Revolution entstandene Bildungsbürgertum und organisiert das damals vorhandene Faktenwissen durch Wissenschafts- und Übersichtstabellen zu den 60.200 Stichworten. Die ideologische Zielsetzung ist entscheidend von den polit., phil. und atheistischen Maximen der bürgerlichen Revolution (1789) bestimmt.

Im angelsächsischen Bereich wurde die Tradition

monumentaler E.n bis zur Gegenwart von der »Encyclopaedia Britannica« (seit 1768) gepflegt. In Deutschland wandte sich der Verleger Arnold Brockhaus Ende des 18. Jh.s mit dem Plan eines »Konversationslexikons« bewußt an gebildete Laien; 1796 wurde das »Conversationslexikon mit vorzüglicher Rücksicht auf die gegenwärtigen Zeiten« begonnen. Die Brockhaus-Enzyklopädie ist bis heute neben der Meyerschen Enzyklopädie im deutschsprachigen Bereich das lexikalische Standardwerk.

Neben den universal angelegten Realenzyklopädien sind die unterschiedlichen phil. und wissenschaftstheoretischen Abhandlungen zu beachten, die im Sinne eines allgemeinverbindlichen Entwurfs die erkenntnistheoretische Möglichkeit des Wissens prüfen und ihre systematische Durchdringung zu sichern trachten. Hier dürfte G.W.F. → Hegels »Enzyklopädie der philosophischen Wissenschaften im Grundrisse« von besonderer Bedeutung sein (^{3}1830). In einer Epoche der Wissens- und Informationsexplosion gewinnt ein solches Unterfangen vermehrte Bedeutung für die Integration wissenschaftl. Arbeit.

3. Theologische Fachenzyklopädien

Neben den interdisziplinär angelegten Realenzyklopädien sind die Fach-E.n und wissenschaftl. Handbücher in nahezu jedem Wissensgebiet von Bedeutung. Bei der Entwicklung dieser lexikalischen Literatur haben phil. und theol. Werke eine vorzügliche Rolle gespielt.

Der interdisziplinäre Dialog zwischen der entstehenden christl. Theologie und dem antiken Wissenschaftsbetrieb setzt bereits mit den Apologeten des 2. Jh.s ein. Einen weiteren Meilenstein in der enzyklopädischen Wissenschaftsgeschichte der Theologie stellt die Sentenzensammlung des Petrus → Lombardus im 12. Jh. dar. Die herausragendste systematische Leistung des MAs ist die »Summa theologica« des Thomas von Aquin mit ihrer einleitenden Prinzipiendiskussion. Ein Anspruch auf enzyklopädische Theologie steht auch hinter den »Loci communes rerum theologicarum« (1521) des Philipp → Melanchton sowie hinter Johannes → Calvins »Christianae religionis Institutio« (1536). Die großen Systeme der altprot. Dogmatiker sind ebenfalls in dieser Traditionslinie zu sehen.

Vielfältige E.nentwürfe der Aufklärungstheologie münden im 19. Jh. in die bedeutende »Realenzyklopädie für protestantische Theologie und Kirche« (RE: 22 Bände, Leipzig 1854-1866; 3. Aufl. 1896-1909).

Ein weiteres maßgebliches theol. Lexikon stellt das Werk »Die Religion in Geschichte und Gegenwart« (RGG^{3}; 6 Bände, ^{3}1957-1965; 1. Aufl. in 5 Bdn., 1909-1913) dar.

Das kath. Gegenstück ist das zehnbändige »Lexikon für Theologie und Kirche« (LThK), das durch eine umfangreiche Dokumentation des II. Vatikanums ergänzt wird.

Auf prot. Seite nimmt inzwischen die seit 1977 in Berlin und New York erscheinende »Theologische Realenzyklopädie« (TRE) umfangmäßig bei weitem den ersten Rang ein.

Im universalen Wahrheitsanspruch der Theologie liegen die vielfältigen enzyklopädischen Darstellungen begründet – sei es zur propädeutischen Einführung ins theol. Studium oder zur wissenschaftstheoretischen Rechtfertigung der Theologie im Kontext der säkularen Universität. Einflußreich war vor allem F.D.E. → Schleiermachers »Kurze Darstellung des theologischen Studiums« (1811) mit der Differenzierung zwischen hist., phil. und prakt. Theologie. Die spätere Vermittlungstheologie, aber auch die luth. geprägte → Erlanger Schule hat die enzyklopädischen Impulse auf der Ebene theol. Wissenschaftsbegründung weitergeführt. P. Tillich, G. Ebeling, G. Sauter und W. Pannenberg haben aus hermeneutischer, wissenschaftsanalytischer und geschichtstheoretischer Perspektive die enzyklopädische Diskussion im 20. Jh. weitergeführt.

4. Enzyklopädische Theologie aus biblischem Ansatz

In der Tradition des → Pietismus stehende Theologen haben versucht, die bibl. Offenbarung in ihrer Ganzheit als organische Einheit zu verstehen und aus ihr nicht nur die E. der theol. Disziplinen zu entwickeln, sondern auch interdisziplinär den universalen Wahrheitsanspruch der Bibel zur Geltung zu bringen. Repräsentativ für dieses Anliegen sind z.B. F.Ch. → Oetinger mit seiner »Philosophia sacra« und vor allem seine »Theologia ex idea vitae deducta« (1765); sowie J.T. → Beck mit seiner »Einleitung in das System der christlichen Lehre« (1838) und seinem Werk »Die christliche Lehrwissenschaft nach den biblischen Urkunden« (1840) sowie das sechsbändige Hauptwerk des Tübinger Systematikers Karl Heim »Der evangelische Glaube und das Denken der Gegenwart. Grundzüge einer christlichen Lebensanschauung« (1931-52).

In Weiterführung der hier beispielhaft genannten biblizistischen Ansätze greift die evangelikale Theologie das enzyklopädische Interesse auf, um zu zeigen, daß die bibl. Botschaft ein aus sich selbst verständliches heilsgeschichtl. Kontinuum darstellt. Dieses läßt sich zwar nicht als formallogisch kohärentes System aufweisen, wohl aber als ein lebendiges »Organon« der göttlichen Selbstoffenbarung entfalten. Diese innere Einheit der Schrift in apologetischer Auseinandersetzung gegenüber der Philosophie und den Wissenschaften kritisch zu bewähren, ist bleibende Aufgabe der bibl. orientierten Systematik im Horizont der abendländischen enzyklopädischen Denktradition. Innertheol. beschreibt dann die Kirchen- und Theologiegeschichte von der bibl. Geschichtstheologie ausgehend die Wirkungsgeschichte des Wortes und setzt sich kritisch mit Fehlentwicklungen und Häresien in der Kirche auseinander. Enzyklopädische Theologie in bibl. Verantwortung erweist ihren auf die Gemeinde Jesu Christi bezogenen Charakter schließlich in einem am Missions-, Seelsorge- und Diakonieauftrag orientierten Praxisbezug.

Lit.: K. Barth: Einführung in die evangelische Theologie, 1962; O. Bayer: Was ist das, Theologie? Eine Skizze, 1973: H.-G. Fritzsche: Theologie als positive Wissenschaft, 1953; E. Grassi: Die zweite Aufklärung. Enzyklopädie heute, 1958; G. Chr. A. von Harleß: Theologische Encyklopädie und Methodologie vom Standpunkt der protestantischen Kirchen, 1837; J. Henningsen: Enzyklopädie. Zur Sprach- und Bedeutungsgeschichte eines pädagogischen Begriffs, 1964; W. Pannenberg: Wissenschaftstheorie und Theologie, 1973; F. Schalk: Einleitung in die Encyklopädie der französischen Aufklärung, 1936; P. Tillich: Das System der Wissenschaften nach Gegenständen und Methoden, 1923.

R. Hille

Epheserbrief → Paulus, Apostel

Ephesus

Die uralte karische, später attische Siedlung wurde in hell. Zeit neu angelegt und kam 133 v.Chr. in röm. Besitz. Von 29 v.Chr. 297 n.Chr. war E. Hauptstadt der senatorischen Provinz Asia und in Konkurrenz mit Pergamon und Smyrna eine der reichsten und bedeutendsten Städte Kleinasiens.

Mehr noch als der Kaisertempel (Sebasteion), wo sich Archiv, Kasse und Gericht der Provinz befanden, war der Tempel der Artemis das wichtigste Heiligtum der Stadt. Der nach Zerstörung des Baus aus dem 6. Jh.v.Chr. an einer heiligen Stätte im 4. Jh. v.Chr. errichtete Marmortempel von 110 x 55 m wurde zu den Sieben Wundern der Welt gerechnet. Hier wurde die Kultstatue der ephesinischen Artemis aufbewahrt, deren Holz durch jahrhundertelange Ölung geschwärzt war. Ihre Kleidung und ihr Schmuck waren abnehmbar; besonders typisch der bis heute nicht überzeugend gedeutete Brustschmuck. Der Kult fand eine weite Verbreitung, wie die Fundorte ephesinischer Artemis-Devotionalien zeigen. Apg 19,23-40 schildert so eine lebensechte Episode.

Die Blüte der Stadt in der Kaiserzeit kommt durch die Plünderung durch die Araber (655) und Seldschuken (1090) zu einem Ende, und nach der Zerstörung durch Timur Leng (1403) sank die griech. Stadt, die 1923 durch Bevölkerungsaustausch zur türkischen wurde, zur Bedeutungslosigkeit herab (heute Seltschuk).

Das dort gefundene vorpaulin. Christentum organisierte Paulus während seines mehr als zweijährigen Aufenthaltes neu und benutzte E. als mission. Zentrum für die Umgebung. Die Paulustradition blieb auch darin lebendig, daß Timotheus, dessen Gebeine 356 nach Konstantinopel überführt wurden, an der Spitze der Bischofsliste von E. steht.

Daneben ist eine weitere Aposteltradition mit E. verbunden, die des Johannes, greifbarer seit dem Ende des 2. Jh.s. Die johanneische Literatur wird mit guten Gründen mit E. verbunden und trotz Unsicherheit in der Identifizierung von »Johannes« ist der Lieblingsjünger der für die ephesinische Kirchengeschichte bedeutendste Heilige. Seine Grabanlage aus dem 3. Jh. entwickelte sich zu einem der bedeutendsten Wallfahrtszentren (Staubwunder), dessen Ruinen heute die Ruinenlandschaft von E. dominieren und dessen Name im heutigen türkischen Ortsnamen enthalten ist. Neben zu vermutenden Erinnerungen an Artemis führte wohl gerade der Zusammenhang mit Johannes dazu, daß E. zu einem wichtigen Ausgangspunkt des Marienkultes wurde (um 400 große Marienkirche am Hafen; »Konzilskirche«, vgl. → Ephesus, Konzil von 431, doch wurde das »Sterbehaus der Maria«, Panaya Kapulu, erst aufgrund der Visionen der Anna Katharina von Emmerich am Ende des 19. Jh.s entdeckt). Auch die im 5. Jh. entstandene Legende der Siebenschläfer ist mit E. und einer dortigen altchristl. Grabanlage verbunden.

Der auf allen Konzilien vertretene Bischof von E. war zeitweise Metropolit von weit über die staatlichen Provinzgrenzen hinausreichenden Bistümern. Die Wahl von E. als Schauplatz für Reichssynoden (neben dem Konzil von 431 für die sog. Räubersynode von 449) zeigt ebenso die Bedeutung von E. wie der zweite Platz in der Rangliste der Hierarchie des Patriarchates Konstantinopel.

Lit.: F. Miltner: Ephesus. Stadt der Artemis und des Johannes, 1958; M. Restle: RBK 2, 1971, 164-207.

W. Wischmeyer

Ephesus, Konzil von 431

Zu Pfingsten 431 lud Kaiser Theodosius II. zu einer Synode nach E., die von der Tradition als das dritte Ökumen. Konzil rezipiert wurde. Von seinen Verhandlungen besitzen wir die ältesten Konzilsakten, die von den theol. Parteien publiziert wurden. Anlaß war der Streit zwischen Nestorius, seit 429 Patriarch von Konstantinopel, und Kyrill, unter dessen Patriarchat 412-444 Alexandria den Höhepunkt seiner Macht erreichen konnte. Gegenstand des Streites waren Fragen der Christologie, und zwar betrafen sie gerade den Zusammenhang von Theologie und Frömmigkeit. Ausgangspunkt war die Polemik des Nestorius gegen die volksreligiös übliche Marienbezeichnung »Gottesgebärerin« und sein Eintreten für den Ehrentitel »Christusgebärerin«. Nestorius blieb den Verhandlungen fern. Kyrill beherrschte die Teilsynode seiner Partei, die die Mehrheit besaß und der sich auch die später eingetroffenen Legaten Coelestins I. aus Rom anschlossen. Die ebenfalls später eingetroffene Minorität unter Johannes von Antiochia setzte Kyrill und den Ortsbischof Memnon ab, nachdem schon vorher die Mehrheit Kyrills zweiten Brief an Nestorius von 430 als in Übereinstimmung mit dem Bekenntnis von Nicaea stehend erklärt und Nestorius abgesetzt hatte. Daraufhin mußte der Kaiser beide Patriarchen in Haft nehmen.

Der chaotische Verlauf der Synode 431 barg in sich doch die Möglichkeit, zum Unionstext von 433 zu gelangen, der, da von der antiochenischen Minorität 431 entworfen, Symbolum Ephesinum genannt wird. Der Text wurde von Kyrill anerkannt, weil er den Ehrentitel »Theotokos« (Gottesgebärerin) enthält, obwohl er auch mit einer antiochenischen Grundformel von der Einwohnung des göttlichen Logos im Menschen Jesus redet. Zwar wird infolgedessen die antiochenische Schule gesprengt, da ein Teil der Dyophysiten die Verurteilung des Nestorius nicht anerkennt. Doch der theol. Kompromiß, der sowohl von zwei Naturen und ihrer Vereinigung redet, als auch von der Einheit des Gottmenschen Christus und von der Gottesgebärerin, führte seit Chalcedon 451 zur Anerkennung des Konzils von Ephesus als eines ökumen. Der sicher gegebene Zusammenhang unseres Konzils mit der Entwicklung des Marienkultes ist im einzelnen in der Forschung bisher undeutlich.

Lit.: A.M. Ritter: Handbuch der Dogmen- und Theologiegeschichte, hg. von C. Andresen, 1, 1982, 249-253.

W. Wischmeyer

Epigraphik

Die Beschäftigung mit der Inschriftenkunde geht in der Regel im Zusammenhang der historischen Hilfswissenschaften vor sich. Dabei eröffnen die inschriftlichen Quellen zum Teil Aussagebereiche, die die literarische Überlieferung, speziell der hohen theol. und phil. Tradition, ergänzen. In kirchengeschichtl. Hinsicht bedeutet das, daß z.B. die griech., lat., kopt., syr. Inschriften der älteren Zeit ebenso wie Inschriften in den europäischen Sprachen der neueren Zeit wichtige Aussagen zur Missions- und Ortskirchengeschichte enthalten, für sie oft die einzige Quelle darstellen. So ist etwa eine Missionsgeschichte der → Alten Kirche nicht ohne Benutzung des inschriftlichen Materials vorstellbar. Gleichzeitig bilden Inschriften eine wichtige Quelle zur Sozialgeschichte der Kirche und enthalten wichtige Aussagen zur Sozial- und Bildungsgeschichte der christl. Bevölkerung. Darüber hinaus können in den Inschriften Motive und Themen der Volksreligion beobachtet werden, die in der theol. Überlieferung ausfallen bzw. stark zurücktreten. Was die Inschriften aus altchristl. Zeit angeht, so zeigt sich in ihnen zum Teil ein sehr eigentümlicher Verschmelzungsprozeß von Antike und Christentum.

Unter den Inschriften überwiegt als Material aus dem Zusammenhang von Tod und Begräbnis vor allem die Masse der Grabinschriften. Von großer hist. Bedeutung sind die Bauinschriften, die sehr oft die einzige Quelle zur Datierung einer Kirche oder eines Klosters sind. Darüber hinaus sind etwa die Pilgerinschriften zu nennen, die die Reichweite bestimmter rel. Phänomene illustrieren.

Lit.: E. Gose: »Epigraphik II.«, RGG^3 2, 526-528; W. Wischmeyer: Griechische und lateinische Inschriften zur Sozialgeschichte der Alten Kirche, 1982.

W. Wischmeyer

Epiklese

Nach dem → Sanctus (»Heilig, heilig, heilig...«) in der Abendmahlsliturgie bietet der Entwurf zur erneuerten → Agende ein erstes Abendmahlsgebet an. Es lautet (Erneuerte Agende, Vorentwurf, 1990, S. 57): »Wir loben dich, Herr des Himmels und der Erde. Du hast dich über deine Geschöpfe erbarmt und deinen Sohn Mensch werden lassen. Wir danken dir für die Erlösung, die er am Kreuz für uns vollbracht hat. Wir bitten dich: Sende auf uns herab den Heiligen Geist, heilige und erneuere uns an Leib und Seele, damit wir unter diesem Brot und Wein den Leib und das Blut Jesu Christi zu unserem Heil empfangen, wenn wir tun, was er uns geboten hat.« Es folgen die Einsetzungsworte.

Dieses Abendmahlsgebet heißt E. (Herabrufung des Hl. Geistes). Es ist ein altkirchl. Abendmahlsgebet, in dem die Gemeinde darum bittet, daß der Heilige Geist auf die Empfänger des Abendmahls komme. Im frühen MA änderte sich die Richtung dieses Gebetes: nun wurde das Kommen des Geistes im Sinne der Meßopfertheologie auf die Gaben, also auf Brot und Wein, erbeten. Die E. wurde zum »Wandlungsgebet« und ist dies bis heute noch in der orth. Kirche. Im hohen MA fiel die E. weg, so daß Luther sie nicht mehr kannte und darum auch in seine Gottesdienstformen nicht aufnahm.

Gegenüber dieser Verarmung ist es ratsam, wieder an die → Alte Kirche anzuschließen und eine E. in die Abendmahlsfeier aufzunehmen. Dabei ist zu beachten:

Die E. kann nur fakultativ sein, denn notwendig sind allein die Einsetzungsworte, die uns die Gegenwart Jesu Christi in, mit und unter Brot und Wein verbürgen.

Die E. bewahrt uns davor, in ein magisches Denken zu verfallen, als ob wir mittels der Einsetzungsworte über Gott im Abendmahl verfügen könnten. Wir bitten demütig um den Hl. Geist, damit die Verheißung Gottes auch für uns wahr werde.

Darum bitten wir nicht um das Kommen des Geistes auf die Elemente, sondern auf die versammelte Gemeinde.

In der Gestaltung ist die schlichte Form der Erneuerten Agende sinnvoll, auch wenn andere Formen, selbst Lieder, denkbar sind.

Lit.: F. Kalb: Grundriß der Liturgie, [2]1982, 155-157.

M. Herbst

Epikureismus

Der E. gehört zu jenen ethisch-rel. Schulen der nachklass. Philosophie, in denen theoretische Fragestellungen von den Bemühungen um die praktische Meisterung des Lebens abgelöst wurden. Sein Begründer ist Epikur von Samos (342/41-271/70 v.Chr.), für dessen phil. Bildung Demokrit und Aristoteles prägend waren. 306 erwarb Epikur in Athen ein Haus, in dessen berühmtem Garten (griech. *kepos*) sich seine Schüler und Freunde trafen. Mit ihnen lebte er dort in einer Schul- und Hausgemeinschaft, der es weniger auf Erkenntnisgewinn als absolutem Wert ankam, sondern eher auf die Bewährung der gewonnenen Erkenntnis im Zusammenleben. Als Epikur nach langem, schmerzhaftem Leiden starb, hinterließ er nicht nur ein Testament (Diogenes Laertios 10,16-22), das ein bewegendes Zeugnis seiner Fürsorge für die Freundesgruppe darstellt, sondern auch einen reichen schriftlichen Nachlaß. Dadurch ist er der einzige hellen. Philosoph, dessen Texte sich in nennenswertem Umfang erhalten haben.

Weil sich Epikurs Schule streng von der unbelehrbaren Masse abgrenzte, haftete ihr früh der Ruf des Sektenhaften an. Obwohl über sein stilles Leben wenig zu berichten war, mag dies zu manchen Legendenbildungen beigetragen haben. Sie haben sich insbesondere in der modernen Welt zum E. verdichtet, dessen durch ›Lust‹ geprägte Form der Lebensführung durch Abkoppelung vom ursprünglichen Sinn geeignet war, zum Charakteristikum einer Weltanschauung zu werden. Epikur dagegen kam es auf die Bewältigung konkreter Lebenssituationen durch die Entmythologisierung der Natur und der Götter an. Im Unterschied zu Platon ist für ihn das Sein nicht transzendent hinter, sondern in den Dingen. Konsequent leugnet er daher jede Absolutheit der Werte. Alles ist im Werden, weshalb die unveränderlichen Götter auch von der Welt getrennt sind und nicht in ihren Lauf eingreifen können. Sie existieren in heiterer Gelassenheit und kümmern sich nicht um die Menschen. Deren Ziel muß es sein, Schmerz zu vermeiden und Lust zu gewinnen. Lust bedeutet Lebenskunst, die in der Beschäftigung mit Philosophie gipfelt. Epikurs Ziel ist demnach das intensiv gelebte Leben, das zum ruhigen Gleichmaß der Seele gelangt (griech. *ataraxiá*). Dazu müssen Störungen vermieden werden, weshalb sich die Epikureer der Politik fern hielten. Auch die Angst vor dem Tode galt ihnen als überwindbar, zerfalle der Mensch dabei doch nur in seine Atome: »Solange wir da sind, ist er nicht da; und wenn er da ist, sind wir nicht mehr.«

Insgesamt stellt sich Epikurs Lehre, die freilich leicht mißzuverstehen war, mit ihrem Akzent auf der Forderung nach Erlösung von Schmerz und Unruhe als Heilslehre dar, die von kleinen Kreisen Gleichgesinnter gepflegt wurde. Für die Botschaft des Paulus, der ihnen in Athen begegnete (Apg 17,18), hatten sie verständlicherweise nur Spott übrig. Im Anschluß an die Kritik Ciceros wurde in frühchristl. Zeit ›Epikureer‹ zum Synonym für ›Lüstling‹ und ›Atheist‹. Weitere undifferenzierte Entstellungen, die den E. mit ausschweifenden Vergnügungen gleichsetzten, ließen ihn zum Schlagwort verkommen. Die damit bezeichnete Lebensform, der das Streben nach Sinnenlust und Lustgewinn höchstes Glück ist, entspricht eher der antiken

Haltung des Hedonismus und hat mit Epikurs materialistischer Lebenskunstlehre wenig zu tun.

Lit.: H. Dörrie: »Epikuros«, KP, 2, 1975, 314-318; W. Hochkeppel: War Epikur ein Epikureer?, 1984, 145-166; W. Schmid: »Epikur«, RAC 5, 1960, 681-819.

L.E. v. Padberg

Epiphanias

Am 6. Januar begeht die ökumen. Christenheit das Fest der Erscheinung des Herrn (Epiphanias, griech. *epiphaneia*, Erscheinung). Es entstand – etwa zeitgleich mit dem in Rom beheimateten Weihnachtsfest – im 3. Jh. in Alexandrien in Ägypten. In der zweiten Hälfte des 4. Jh.s breitete es sich rasch aus und gelangte auch nach Rom, wo es dem Weihnachtsfest zur Seite trat, das im Zuge einer gegenläufigen Wanderung Aufnahme in den Kirchen des Ostens (mit Ausnahme der armenischen Kirche) fand.

Anfänglich hatte E. die Geburt Jesu, seine Taufe im Jordan (Mt 3,13-17 par) und sein erstes Zeichen auf der Hochzeit zu Kana (Joh 2,1-12), an manchen Orten auch die Speisungswunder Jesu (Mt 14,13-21 par) zum Inhalt. Als man im Osten das Weihnachtsfest übernahm, wanderte das Motiv der Menschwerdung Gottes vom 6. Januar auf den 25. Dezember; E. stand hier nunmehr im Zeichen der Taufe Jesu und wurde – besonders in Kleinasien und Byzanz – zum großen Tauftag der Gemeinden. An das Fest schloß sich ein vierzigtägiges Fasten zum Gedächtnis des Fastens Jesu nach seiner Taufe (Mt 4,1-11 par) an.

In Rom wurde der Motivkomplex Geburt Jesu – Weise aus dem Morgenland – Taufe Jesu – Hochzeit zu Kana auseinandergefaltet: Die Geburt Jesu wurde am 25. 12. gefeiert, die Anbetung der Weisen stand am 6. 1. im Mittelpunkt, am Oktavtag von E. (13. 1.; heute: am Sonntag nach dem 6. 1.) gedachte man der Taufe Jesu, am Sonntag darauf der Hochzeit zu Kana. So wurde E. im Abendland schließlich zum Tag der »Heiligen Drei Könige«: Ist Mt 2,1-12 nur von Weisen allgemein die Rede, so wurde ihre Zahl schon von Origenes (185-254) aufgrund der dreifachen Gaben auf drei festgesetzt. Später wurden sie zu Königen, deren Namen man kannte: Balthasar (Bithisarea), Melchior (Melichior) und Caspar (Gathaspa). Am 23. 7. 1164 wurden ihre Reliquien von Mailand nach Köln überführt; ein starker Aufschwung ihrer Verehrung war die Folge. So gewann der 6. 1. im Abendland immer stärker den Charakter eines Heiligenfestes.

In ev. wie kath. Gottesdiensten wird zu E. Jes 60,1-6, Eph 3,2-3a.5-6 und Mt 2,1-12 gelesen. Im Mittelpunkt von Gebeten und Liedern steht Jesus Christus als das Licht der Völker; auch der Gedanke der Königsherrschaft Christi wird entfaltet; besonders in ev. Gemeinden spielt das Motiv der Mission eine Rolle. Zum Brauchtum des Festes gehören Dreikönigsspiele, das Sternsingen und die Haussegnung, wobei an die Türbalken die Jahreszahl, verbunden mit den Anfangsbuchstaben der Namen der Heiligen Drei Könige (von manchen auch als »Christus mansionem benedicat«, »Christus segne dieses Haus« gelesen), geschrieben wird. Im Osten, wo wesentlicher Festinhalt die Taufe Jesu ist, wird die »Große Wasserweihe« vollzogen, bei der ein Kreuz ins Wasser gesenkt wird.

Lit.: H. Auf der Maur: Feiern im Rhythmus der Zeit I, Gottesdienst der Kirche, 5, 1983; H.-J. Schulz: Liturgie, Tagzeiten und Kirchenjahr des byzantinischen Ritus, HOK, 1970, 386ff.

K.-H. Bieritz

Episkopalismus

1. Katholischer Begriff

In der Geschichte der kath. Kirchenverfassung bezeichnet E. die Anschauung, daß alle Kirchengewalt nach göttlichem Recht vom einzelnen → Bischof ausgeht, bzw. von der im allgemeinen Konzil versammelten Gesamtheit der Bischöfe.

a. Seine grundlegende Formulierung fand der E. bei → Cyprian von Karthago (gest. 258). Vom Urchristentum her wurde der eschatologische Charakter der Kirche noch bei → Tertullian (gest. nach 220) so verstanden, daß die in Christus vorgegebene, überweltliche Einheit der Kirche in jeder gottesdienstl. Versammlung Gestalt gewinnt. Bei Cyprian erscheint nun die überweltliche Einheit der Kirche empirisch im Bischofsamt. Dabei repräsentieren die einzelnen Bischöfe innerhalb ihres Amtsbezirks die Kirche schlechthin; der Universalepiskopat erscheint als »Ganzes im Teil« des Ortsepiskopats. Der Bischof von Rom hat laut Cyprian als Nachfolger Petri die Aufgabe, innerhalb des Kollegiums gleichberechtigter Bischöfe als »einer an aller Statt« zu sprechen.

b. Nachdem schon Cyprian im → Ketzertaufstreit genötigt war, gesamtkirchl. Machtansprüchen des röm. Bischofs entgegenzutreten, bekam der E. seit dem 11. Jh. große Bedeutung als Alternative zum universalen Jurisdiktionsprimat des Papstes. Er verband sich dabei mit dem staatskirchl. Absolutismus und dem erwachenden Nationalbewußtsein der europäischen Völker. Während des großen Papst-Schismas 1378-1418 wurde an der Pariser Universität die Überordnung des allgemeinen Bischofskonzils über den Papst als einzige Möglichkeit zu grundlegender Kirchenreform herausgestellt (→ Konziliarismus). Die französische Kirche erklärte sich ausdrücklich als dem Papst nicht untergeordnet (→ Gallikanismus). Im 17. und 18. Jh. liegt die Blütezeit des E. Innerhalb des Reiches bekam er ein theoretisches Fundament durch eine (unter dem Pseudonym Justinus → Febronius veröffentlichte) Schrift des Trierer Weihbischofs Nikolaus von Hontheim, und polit. angestrebt wurde er im absolutistischen Staatskirchentum Österreichs (→ Josephinismus).

c. Viel von seiner Stoßkraft verlor der E., weil das Papsttum es immer wieder verstand, sich mit dem Staatskirchentum zu arrangieren. Die französische Revolution und die 1803 im Reich verfügte Säkularisation aller Kirchengüter (Reichsdeputationshauptschluß) entzog dem E. auch die materielle Basis. Schließlich wurde er durch die Erneuerung des kath.-kirchl. Lebens im 19. Jh. fast ganz zum Erliegen gebracht. Das I. Vatikanische Konzil (1870) dogmatisierte mit der Unfehlbarkeit des Papstes auch seinen Universalepiskopat, so daß im Codex Iuris Canonici (CIC) von 1917 (und ebenso in seiner überarbeiteten Fassung von 1983) festgeschrieben werden konnte: Ein allgemeines Konzil kann nur durch den Papst einberufen werden, und seine Beschlüsse erlangen nur durch päpstliche Bestätigung Rechtskraft. Die Berufung gegen den Papst an ein allgemeines Konzil ist ausgeschlossen.

d. Das II. Vatikanische Konzil (Dogmat. Konstitution über die Kirche, 1964) stellte zwar heraus, daß die Bischöfe in ihren Teilkirchen als Stellvertreter Christi - nicht etwa als Stellvertreter des Papstes - eine »eigene, ordentliche und unmittelbare Vollmacht« haben; dennoch können sie ihr Lehr- und Leitungsamt nur »in hierarchischer Gemeinschaft« mit dem Papst ausüben, d.h. unter Beachtung seines Primats. Die Gesamtheit der Bischöfe wird betont als »Kollegium« bezeichnet, das als »Träger der höchsten und ganzen Vollmacht gegenüber der ganzen Kirche« auftritt - unter der entscheidenden Voraussetzung allerdings, daß es in Verbindung mit dem Papst und nicht unabhängig von ihm handelt.

2. Protestantischer Begriff

In der Geschichte der ev. Kirchenverfassung wird mit E. oder Episkopalsystem die von der altprot. Orthodoxie vertretene Anschauung vom »landesherrlichen Summepiskopat« bezeichnet. Um eine reichsrechtliche Legitimation für das bereits praktizierte Kirchenregiment durch die ev. Landesherrn zu schaffen, griffen die Brüder Johannes und Matthias Stephani in Publikationen von 1599 und 1609 auf den → Augsburger Religionsfrieden von 1555 zurück. Die dort suspendierte Jurisdiktionsgewalt der kath. Bischöfe über die Protestanten sei treuhänderisch auf die Landesherrn übergegangen, die demzufolge die gleichen Zuständigkeiten hätten wie die kath. Bischöfe. Diese bischöfliche Vollmacht des Landesherrn müsse jedoch von ihrer weltlichen Herrschaft streng unterschieden und dürfe nur durch eigene geistl. Behörden ausgeübt werden.

Johann → Gerhard (1582-1637) verstand die Regelung von 1555 als »Restitution« des ursprünglichen Rechts; nach → Melanchthon habe nämlich der Landesherr über »beide Tafeln des Gesetzes« zu wachen (*custodia utriusque tabulae*), also auch für die wahre Gottesverehrung zu sorgen. Außerdem verband Gerhard den E. mit der Dreiständelehre Luthers, derzufolge die Leitung der Kirche sowohl durch den Lehrstand (die Theologen) und den Hausstand (die christl. Väter) als auch durch den Regierstand (die Landesherrn) ausgeübt wird.

In der Zeit der → Aufklärung wurde das Episkopalsystem durch das Territorialsystem abgelöst; das landesherrliche Kirchenregiment wird nun dadurch begründet, daß man die Kirche einfach als Teil des Staates ansieht.

Lit.: A. von Campenhausen: Staatskirchenrecht, [2]1983; H.E. Feine: Kirchliche Rechtsgeschichte. Die Katholische Kirche, (1950) [5]1972; M. Heckel: Staat und Kirche nach den Lehren der evangelischen Juristen Deutschlands in der ersten Hälfte des 17. Jahrhunderts, 1968; U. Wickert: Sacramentum Unitatis. Ein Beitrag zum Verständnis der Kirche bei Cyprian (BZNW 41), 1971;

U. Swarat

Epistulae obscurorum virorum → Dunkelmännerbriefe

Equiprobabilismus → Probabilismus

Erasmus von Rotterdam, Desiderius (1466?-1539)

Desiderius E., geb. am 28. 10. 1466 oder 1469 in Rotterdam; gest. am 12. 7. 1539 in Basel, größter Gelehrter des Humanismus in Mitteleuropa, entstammte einer Priesterehe. Er erhielt seine Schulbildung in Deventer und s'Hertogenbosch unter dem Einfluß der → Devotio moderna durch die »→ Brüder vom gemeinsamen Leben«. 1487 trat er in das Augustinerkloster Steyn bei Gouda ein, empfing 1492 die Priesterweihe, wurde 1493 Sekretär des Bischofs von Cambrai und studierte von 1495 bis 1499 in Paris Theologie, Philosophie, Latein und Griechisch. Mit den Pariser Humanisten hatte er engen Kontakt. Von Paris ging er einige Monate nach London, wo er unter dem Einfluß von John

Colet sich der Theologie zuwandte mit der Absicht, nun auch seine humanistischen Studien der Theologie ganz nutzbar zu machen.

Der Geist der Antike sollte sich mit dem Geist des Christentums verbinden. Die Synthese von Humanismus und Theologie war sein Ideal. Die Grundlage war eine bibl. Theologie unter enger Einbeziehung der Lehren der Kirchenväter. Sie sollte der Erneuerung der Kirche und der Gesellschaft dienen. Als Zeugnis seiner humanistischen Gelehrsamkeit erschienen 1500 die »Adagia«, eine Sprichwörtersammlung der Antike mit Kommentierungen. Das weitverbreitete »Enchiridion militis Christiani« (Handbuch eines christlichen Streiters, 1501, gedruckt 1503, 1518-36 in über 50 Ausgaben in ganz Europa verbreitet) ist ein frühes Zeugnis seines bibl. orientierten christl. Humanismus.

Auf vielen Reisen zwischen England und Italien, bei denen er 1506 in Turin den theol. Doktorgrad erwarb, sammelte er Handschriften für eine Edition der Kirchenväter und des NT, das zum ersten Mal 1516 in griech. Sprache erschien und für fast 300 Jahre als Standardausgabe die Grundlage der Auslegung des NT war (»textus receptus«). 1516-21 lebte und lehrte E. in Löwen (1517 Entlassung aus dem Mönchsstatus!), 1521-29 in Basel, 1529-35 in Freiburg/Br. und schließlich wieder bis zu seinem Tod in Basel. In den frühen Jahren der → Reformation galt E. vielen Zeitgenossen als Auslöser der reformat. Bewegung; denn in vielen Städten waren es humanistisch Gebildete, die Reformen durchsetzten und sich von der Kirche trennten. Dies mochte E. jedoch nicht tun, vielmehr wollte er die alte Kirche mit der »philosophia Christi« erneuern. Sein Vorhaben wurde aber von der Reformation Luthers durchkreuzt, den er anfänglich unterstützte. Im Streit um den freien Willen kam es dann zur Trennung von → Luther, als E. 1524 mit der »Untersuchung über den freien Willen« dem Menschen eine Mitwirkung am Zustandekommen des Heils einräumte (1524). Luther bestritt dies mit heftiger Deutlichkeit in seiner Schrift »Vom unfreien Willen« (1525). E.' Wirkung auf den Prostestantismus war dennoch stark über das NT, die Kirchenväterausgaben und seine Bibelkommentare.

In der Moderne hat Hans Küng (»Theologie im Aufbruch«, 1987) E. als Vorbild einer »anderen Katholizität«, »einer lebendigen Synthese aus humaner Universalität und evangelischer Christozentrik«, dargestellt und für eine ökumen. Reformtheologie reklamiert.

Lit.: Opera Omnia, Amsterdam 1969ff; Ausgewählte Schriften, 7 Bde., 1967ff.

C. Augustijn: Erasmus von Rotterdam, GdKG 5, 1981, 53-75; R.H. Bainton: Erasmus of Christendom, 1969; J. Huizinga: Erasmus, 1924, dt. 1936; J.S. Weiland (Hg.): Erasmus von Rotterdam. Die Aktualität seines Denkens, 1988.

Ch. Windhorst

Erbauung

1. Im Neuen Testament

Der ntl. Begriff E. (griech. *oikodome*) hat im Griech. ausschließlich profane Bedeutung im Kontext des Hausbaus. Diese Bedeutung findet sich auch in den bibl. Schriften, z.B. in der Verheißung des Bauens des Hauses Davids im Sinne der davidischen Dynastie (2Sam 7,11; Am 9,11), in der Verheißung des Wiederaufbaus nach dem babylon. Exil (Jer 1,10; 31,4 u.ö.) oder in der Rede vom Bauen Gottes an seinem Haus bzw. Tempel, die als Metapher für die ntl. Gemeinde steht (Mt 16,18; 1Kor 3,9.16f; 1Tim 3,15; Hebr 3,1-6). Die angegebenen Stellen lassen die im AT wurzelnde Gewichtsverlagerung des Begriffs deutlich zugunsten der rel. Bedeutung von »erbauen« im Sinne von »fördern«, »stärken« und »ermuntern« erkennen.

Christus als der »Eckstein« (Jes 28,16; Ps 118,22; vgl. Eph 2,20; 1Petr 2,6-8) ist zugleich das Fundament der Gemeinde (1Kor 3,11f; 2Tim 2,19), die sein Tempel ist. Er bedient sich dabei der Jünger (Petrus als Fels der Gemeinde: Mt 16,18), der Apostel (Paulus als Architekt: 1Kor 3,10; 2Kor 10,8; 13,10), der Propheten, Evangelisten, Hirten und Lehrer (Eph 4,11-13), sowie aller Gemeindeglieder als »lebendige Steine zum geistlichen Haus« (1Petr 2,4f).

Als Mittel der E. dienen das Wort Gottes (Jer 1,9f; 1Kor 14,3), Psalmen, Lehre, Offenbarungen, Zungenrede und ihre Auslegung (1Kor 14,26) und nicht zuletzt das ermahnende Wort zur geistl. Lebensführung (Eph 4,29; 1Thess 5,11).

Paulus beschreibt in Eph 4,12ff als Ziel der E. die völlige Glaubens- und Erkenntniseinheit sowie die Mündigkeit und Festigkeit des Leibes Christi in allen seinen Gliedern. Die besondere ekklesiologische Bedeutung des Begriffs E. für Paulus wird vor allem in der Auseinandersetzung des Apostels mit der Gemeinde von Korinth deutlich. An den konkreten Konflikten um das Götzenopferfleisch (1Kor 8) und die Zungenrede (1Kor 14) zeigt Paulus, daß weder rücksichtslose Freiheit (1Kor 8,1.9ff) noch egozentrisch gebrauchte Charismen (1Kor 14,2ff.17.22) der E. der Gemeinde dienen. Für Paulus kann es keine E. des einzelnen geben, die nicht gleichzeitig zur E. der Gemeinde führt. Ein wesentlicher Faktor der E. ist für Paulus die Liebe (1Kor 8,1; 10,23f), die in der rücksichtsvollen Annahme des anderen für die E. am förderlichsten ist.

2. In der Theologiegeschichte

Der Begriff E. verlor in der nachkanonischen Zeit weitgehend die Bedeutung, die ihm Paulus in seinen Briefen beilegte. Weder in altkirchl. Zeit noch im MA hatte der Begriff eine bedeutende ekklesiologische Relevanz. Auch bei Luther trat der Begriff nach 1523 aus nicht mehr sicher ermittelbaren Gründen zurück. Evtl. hatte »E.« im Gefolge → Müntzers und des Täufertums einen mystisch-spiritualistischen Klang bekommen, dem Luthers Glaubensbegriff gegenüberstand. Der Sache nach ist E. freilich sehr wohl ein Thema bei Luther. Im Sinne von E. ist das Wort aus den Schmalkaldischen Artikeln (1537) zu verstehen, wo er von der »Stärkung des Bruders und dem wechselseitigen Gespräch« redet als einer Weise der Weitergabe des Evangeliums (ASm III,4).

Eine breite Verwendung erfuhr der Begriff erst wieder im → Pietismus. Daher ist die weithin übliche Kritik, der Pietismus habe E. individualistisch und psychologisierend verzerrt, in doppelter Hinsicht zu hinterfragen.

Erstens beginnt ein neues Interesse an der E. nicht erst mit dem Pietismus, sondern, wie u.a. die Geschichte des → Erbauungsschrifttums zeigt, bereits zwei Generationen vorher, am Anfang des 17. Jh.s. So redet z.B. Johann → Arndt (»Vier Bücher vom Wahren Christentum«, 1609) gerne von E. und strebt damit Erneuerung und Verinnerlichung des Glaubenslebens an.

Zweitens ist der Pietismus keineswegs nur auf den einzelnen und sein Innenleben aus. Den bahnbrechenden Vertretern dieser Bewegung (z.B. Ph.J. Spener, A.H. Francke, N.L. v. Zinzendorf) ging es elementar um die Reform der Kirche. Der Begriff E. stand also für die Förderung des christl. Lebens der einzelnen in der kirchl. Gemeinschaft. So dienten Speners Collegia pietatis sowohl zur seelischen E. ihrer zu Bibellektüre, -gespräch und Gebet versammelten Glieder als auch der qualitativen und quantitativen E. der ganzen Gemeinde durch deren Engagement. Erst während des 18. Jh.s kam es im Zusammenhang der Epochen der »Empfindsamkeit« und der Aufklärung zu der heute von vielen Theologen beklagten Privatisierung und Säkularisierung des Begriffs E. im Sinne natürlicher Frömmigkeit, moralischen Wertes und ästhetischer Gefühle und der damit verbundenen Reduktion auf die Subjektivität des einzelnen. Die erbaulichen Gefühle rel. Individuen wurden durch entsprechende Literatur gepflegt, und auch die Predigt wurde im Gefolge F.D.E. Schleiermachers vorwiegend nach dem Gesichtspunkt der Erbaulichkeit beurteilt, ob sie dem einzelnen rel. »Genuß« verschafft habe. Es zeigt sich hier ein breit angelegter geistesgeschichtl. Prozeß (vgl. etwa → Kant, → Schleiermacher, → Kierkegaard), in dem das Seelenleben des einzelnen eine immer stärkere Aufmerksamkeit erhielt. Gleichzeitig wird aber auch deutlich, daß die allgemeinen Tendenzen zur Individualisierung sich auch in erweckten Kreisen zeigten, so daß die E. des einzelnen als Genuß rel. Empfindungen der E. der Gemeinde vorgeordnet wurde.

Im 20. Jh. findet sich die ausführlichste Behandlung des Begriffs bei K. → Barth im Rahmen seiner christologischen Ekklesiologie (KD IV/2, 695-824). Nach Barth ist E. »das Handeln Jesu im hl.

Geist, das der Christenheit in der Welt als seiner irdisch-geschichtlichen Existenzform Sein, Wachstum, Erhaltung und Ordnung gibt« (Krause, 27). Die bei Barth angedeutete Rückkehr zur bibl. Weite des Begriffs fand seit Anfang der 70er Jahre eine Fortsetzung in der Diskussion um den Gemeindeaufbau und den bewußt an den ntl. Begriff *oikodomē* anschließenden Konzepten von Th. Sorg, M. Herbst, C. Möller u.a. (s.a. → Gemeindeaufbau).

Lit.: G. Friedrich, G. Krause: »Erbauung I. II.«, TRE 10, 1982, 18-28.

W. Eisenblätter/V. Gäckle

Erbauungsschrifttum

1. Begriff und Bedeutung

Zum E. zählen Schriften und Bücher, die weniger der mission. Verbreitung als vielmehr der Förderung und Pflege geistl. Lebens in der Gemeinde und beim einzelnen dienen wollen. Die Ganzheit der bibl., christl. und kirchl. Lehre soll auf die persönliche Existenz angewandt werden und zu einer praktizierenden Christusnachfolge und gelebter Heiligung führen. Das E. nimmt damit auch eine starke seelsorgerl. Funktion an schwachen, angefochtenen und zweifelnden Christen wahr. Der Charakter der Allgemeinverständlichkeit und die damit verbundene Möglichkeit der Privatlektüre, seine Verwendung bei Hausandachten im kleinen Kreis sowie die konfessionelle Ungebundenheit in vielen Fällen machten das E. zur dominierenden christl.-ökumen. Laienliteratur, deren Verbreitung und Wirkung wissenschaftl.-theol. Werke in der Regel weit übertraf.

Durch stilistische Mittel wie die Brief- oder Dialogform wurde versucht, die Distanz und Anonymität gegenüber dem Leser zu überbrücken. Als Hilfe zur Memorierbarkeit und Verinnerlichung findet sich häufig die Spruch-, Lied- oder Gedichtform.

2. Geschichte

a. In der Zeit der → Alten Kirche fand die Individualfrömmigkeit vor allem in sog. hagiographischen Schriften ihren Ausdruck. In Märtyrerakten (während den großen Verfolgungswellen im 3. Jh.) und Heiligenlegenden wurde das vorbildliche Leben und Sterben treuer Bekenner den Gläubigen als Beispiel der Nachfolge vor Augen gestellt. Eine besondere Gattung des E. bildete das ab dem 4. Jh. sich verbreitende Mönchtum aus. Mönchsviten, wie die Vita Antonii (vor 367 von → Athanasius verfaßt) über den Eremiten Antonius (ca. 250-356), und Sammlungen von Mönchssprüchen, sog. Apophthegmata, waren nicht nur in Mönchskreisen weit verbreitet. Diese Literatur fand in der stark mystisch geprägten Gebetsfrömmigkeit des ostkirchl. Mönchtums eine breite Fortführung in liturgischen Gebetsbüchern und Litaneien (z.B. Makarius, Joh. Klimakus u.a.).

b. Gebetsbücher (z.B. »libelli precum« von Alkuin) und Mönchsregeln waren auch im mittelalterl. Abendland zunächst das vorwiegende E. Im 13. Jh. fanden die sog. Stundenbücher (lat. *horae*) als liturgische Tageszeitengebetsbücher große Beliebtheit. Seit dem 12. Jh. machte sich auch in abendländischen Klöstern zunehmend der Einfluß der Mystik bemerkbar (→ Mechthild v. Magdeburg, → Hildegard v. Bingen, Meister → Eckhart, Johannes → Tauler, Johann v. → Staupitz u.v.a.). Die Passionsmystik fand ihren literarischen Ausdruck in sog. Passionalen (z.B. »Meditationen über das Leiden Jesu« von Ludolf v. Sachsen). Das meistverbreitete Erbauungsbuch des MAs ist »De imitatione Christi« des Niederländers Thomas a → Kempis (1380-1471), ebenfalls mit stark mystischem Einschlag.

c. Für die Epoche der → Gegenreformation erlangten die Meditationsschriften der Jesuiten (→ Ignatius v. Loyola - exercitia spiritualia) und Canisius Bedeutung neben einer eher quietistisch ausgerichteten Erbauungsliteratur (z.B. Madame de → Guyon). Im 18. Jh. versuchte Michael Sailer in seinem Gebetbuch (1783) eine Verbindung von kath. Frömmigkeit mit nationalistisch-aufgeklärtem und ev. Gedankengut zu schaffen.

d. Das klass. Erbauungsbuch der → Reformation und der ev. Christenheit wurde die Bibelübersetzung Luthers (zunächst das sog. Septembertestament, 1522 erschienen). Zur Gattung des E.s dürfen auch Luthers frühe Sermone (bis 1520), die »Vierzehn Trostmittel für Mühselige und Beladene« (1520) für den kranken Kurfürsten → Friedrich den Weisen und sein Betbüchlein (1522) gezählt werden. Zu später, aber dafür um so breiterer Wirkung gelangte das von Luther geschaffene und vielfach erweiterte Gesangbuch (→ Liedgut). In dieser Phase kam der Verbreitung des E.s die Erfindung des Buchdrucks zu Hilfe.

Die bekannteste Erbauungsschrift nach Luthers Bibel wurde zu vorpietist. Zeit Johann → Arndts

»Vier Bücher vom wahren Christentum« (1605-1609), die großen Einfluß auf den gesamten Pietismus hatten und unzählige Auflagen erlebten. Als Vorrede einer dieser Auflagen waren die »Pia desideria« (Fromme Wünsche) von Ph.J. → Spener gedacht, die freilich selbst sowohl als Erbauungsschrift wie auch als Reformprogramm epochale Bedeutung erlangten. Bekannte Erbauungsschriften des Pietismus wurden ferner von A.H. → Francke, G. → Tersteegen, J.J. Rambach, J.Fr. Starck und N. Graf v. → Zinzendorf verfaßt. Die täglichen Losungen der Herrnhuter Brüdergemeine sind bis heute Bestseller. Zwei besondere literarische Gattungen bilden zum einen der erbauliche Bibelkommentar (z.B. J.A. Bengel, Gnomon, 1752) und die pietist. (Auto-) Biographie (z.B. J.H. Reitz, Historie der Wiedergeborenen, 1698ff; ebenso Francke, Jung-Stilling u.a.). Eine bis heute noch unabsehbare Wirkungsgeschichte geht von den Liedern luth.- und ref.-orth. sowie pietist. Dichter aus (P. Gerhardt, G. Tersteegen, N.v. Zinzendorf u.v.a.).

Eine eigene Tradition von E. entstand im Zuge des Puritanismus in England. Die Allegorie »Pilgerreise nach dem Berge Zion« (1665, dt. 1694) von J. Bunyan ist das meistgelesene Erbauungsbuch überhaupt.

Für das ev. E. des 19. Jh.s in Deutschland stehen Autoren wie J.E. → Gossner, L. → Hofacker, A. → Tholuck, J.W. → Wichern, W. → Löhe, Fr. v. → Bodelschwingh und C.H. → Spurgeon, dessen Predigten ab ca. 1860 in Deutschland veröffentlicht wurden. Eine neue Form der E. stellte das Traktat dar, das neben seiner mission. auch eine geistl. vertretende Funktion erfüllte.

Auch im 20. Jh. erfreuen sich nach wie vor alte Formen wie Lied (J. Klepper, R.A. Schröder, M. Siebald), Andacht (W. Busch, H. Giesen), Predigtbände und Biographien großer Beliebtheit. Daneben treten neue Formen wie Bildmeditationen und Bild-Text-Bände.

Lit.: J. Procopé, R. Mohr, H. Wulf: »Erbauungsliteratur I-IV«, TRE 10, 1982, 28-83.

S. Eisenblätter/V. Gäckle

Erbsünde → Sünde

Erde, neue → Eschatologie

Eremiten → Mönchtum

Erfahrung/Erfahrungstheologie

1. Der Begriff

Der Begriff E. besitzt eine Vielzahl verschiedener Aspekte, die teilweise zueinander in Spannung stehen und sich in seiner historischen Verwendung widerspiegeln. Zunächst läßt sich etymologisch sowohl eine aktive als auch eine passive Komponente aufweisen. Die aktive Komponente im Sinne von »versuchen« (griech. *peirasthai*; lat. *experiri*, Subst. *experimentum*) ist im dt. Verb »erfahren« (= durch Fahren einholen) noch deutlich hörbar und betont das Sich-Einlassen auf eine E. mit dem Risiko, durch eine E. selbst verändert zu werden. Die passive Komponente im Sinne von »empfinden«, »erleiden« ist seit dem Mittelhochdeutschen nachweisbar und weist auf die Unkalkulierbarkeit und den Widerfahrnischarakter jeder E. Das Verhältnis beider Komponenten wird durch die Unterscheidungen zwischen einer rel.-theol. Glaubense. und einer allg.-profanen Wirklichkeitse. sowie zwischen innerer und äußerer E. nochmals verkompliziert. Ein anderes Strukturmerkmal des E.sbegriffes ist sein Verhältnis zur Theorie. Einerseits widersetzt sich E. als individuelle, einmalige Wahrnehmung am bestimmten Einzelfall in einer bestimmten Situation einer theoretischen Systematik, andererseits ist E. als interpretierte Wahrnehmung schon immer in einen bestimmten Theorierahmen eingezeichnet. Eine weitere Spannung liegt in der Subjektivität jeder E., die auf das Engste mit dem Erfahrenden verbunden ist, aber gleichzeitig auf eine intersubjektive Vermittlung drängt. Wie kann eine unwiederholbare Einzel-E. mit anderen E.en in Beziehung gesetzt oder als Gesetzmäßigkeit formuliert werden? Diese Komplexität der Aspekte gilt es bei der konkreten Verwendung des Begriffs ständig im Auge zu behalten.

2. Philosophiegeschichtlich

a. Aristoteles bestimmte die E. (griech. *empeiria*; lat. *experientia*) als Erinnerung an die erlebte Praxis, die die Handlungsfähigkeit des Menschen überhaupt erst begründet. Inhalt der E. sind also die individuellen Fälle des Umgangs mit alltäglichen Dingen und Situationen. Das unterscheidet sie von der Kunstfertigkeit (griech. *techne*, »methodisierbares Know how«) und dem aus ewigen Prinzipien abgeleiteten Wissen (griech. *episteme*) über allg. und unveränderliche Sachverhalte.

b. Aber eben diese praktische Effektivität der aus der E. gewonnenen Kenntnisse rückte im neuzeitlichen → Empirismus (abgeleitet von griech. *empeiria*) in den Mittelpunkt des Interesses. Die Natur kann nach F. → Bacon (1561-1626) vom Menschen nur unterworfen werden, wenn ihm die Ursachen und Gesetze natürlicher Vorgänge bekannt sind. Diese aber sind zuverlässig nur über methodisch geordnete E. zu erkennen. Im Unterschied zu Aristoteles ist damit die methodisch angewandte E. selbst zum Weg und zur Bedingung wirklichen Wissens und damit zu einem neuen Zugang zur Wirklichkeit geworden. Konstant bleibt dagegen die Beschränkung der E. auf die für den Menschen erfahrbare Außenwelt.

Den E.sbegriff der Neuzeit formulierte schließlich John Locke (1632-1704), der E. als »die Gegebenheitsweise von Gegenständen möglicher Gewißheit« beschrieb.

c. Es war I. → Kant (1724-1804), der darauf hinwies, daß die Gegenstände unserer Wahrnehmung uns immer schon durch unsere subjektive E. und der dabei wirksamen Kategorien und Verstandesgrundsätze unserer Vernunft vermittelt erscheinen (vgl. → Erkenntnis, 4.). Das Selbstbewußtsein ist aktiv an der Vorstellungsbildung beteiligt, indem es die Fülle von Anschauungsformen und Begriffen zur Synthese bringt. Entsprechend können nach G.F.W. → Hegel (1770-1831) nur die Inhalte als wahr beurteilt werden, die der Erkennende als kongruent mit seiner Selbstgewißheit erfährt.

3. Theologiegeschichtlich

a. Während sowohl im AT wie im NT ein eigener E.sbegriff fehlt, existiert mit dem hebr. Verb *jd'* (= *jada*, »erkennen, erfahren«; Subst. *daat*) ein Begriff, der die in der geschichtl.-leiblichen Begegnung (vgl. 1Mo 4,1; 2Mo 6,7 u.ö.) sich ereignende Erkenntnis meint, die das Erkenntnissubjekt einer Bewußtseinsveränderung unterwirft und sachlich die rel. E. einschließt.

Das ntl. Äquivalent zu hebr. *jd'* bildet das griech. Verb *gignoskein*. Der aktive Aspekt von E. im Sinne von »versuchen«, »testen« wird in Joh 7,17 deutlich: Die Wahrheit der Lehre und Botschaft Jesu kann nur im gläubigen Sich-Einlassen bzw. in der gehorsamen Nachfolge »erfahren« werden (vgl. → Luther und → Kierkegaard).

b. In der Alten Kirche waren Reflexionen über rel. E. eher selten. Zu sehr standen die Lehrauseinandersetzungen um das trinitarische und christologische Bekenntnis im Vordergrund, als daß man auch der Innenseite des Glaubens Aufmerksamkeit hätte widmen können. Das bedeutendste Werk über rel. E. stellen somit die autobiographischen Bekenntnisse (Confessiones) des → Augustinus (354-430) dar, der ausgehend von seiner Bekehrungse. auch die psych. Innenseite seines bisherigen Lebens beleuchtet.

Einen breiten Raum gewinnt das theol. Nachdenken über E. erst im → Mönchtum (vgl. Apophthegmata Patrum). In der Selbstbeobachtung und Konzentration auf das innere Leben in der Klausur kann der Mönch seine eigenen E.en beobachten und diese unter der Anleitung des »erfahrenen« Beichtvaters und bereits systematisierter E.en anderer Mönche auch interpretieren. Besonders in der stark mystischen Tradition des griech. Mönchtums wurde die Möglichkeit, das Wesen und die Erlangung rel. Erfahrungen thematisiert (→ Hesychasmus, → Athos).

c. Im abendländischen Mönchtum dauerte es bis zum 12. Jh., bis die eigene Glaubense. wieder Gegenstand theol. Reflexion wurde. Es war → Bernhard von Clairvaux (1090-1153), der die passive E. (»Erfahrung ist Geschenk Gottes«) in der mystischen Innenschau bis hin zur mystischen Vereinigung betonte. Dieser auf die innere Vereinigung der Seele mit Gott eingeschränkte E.sbegriff fand bei den Mystikern des Spätmittelalters in der Rede vom göttlichen Seelenfunken und der Geburt Christi in der Seele seine Fortsetzung (Meister → Eckhart, → Tauler, → Seuse; → Mystik). Bei → Thomas von Aquin (1225-1274) ist die Selbste. des Gnadenstandes nur eine untergeordnete Möglichkeit der Gnadenerkenntnis neben der bibl. Offenbarung und ihrer deduktiven Ableitung aus höheren Prinzipien. Überhaupt ist das Hochmittelalter eher skeptisch gegenüber einer methodischen Anwendung der E. im Bereich der Glaubenswahrheit.

Mit der im Vergleich zu Bernhard konträren Einschränkung des E.sbegriffs auf die Wahrnehmung der den Menschen sinnlich affizierenden Umwelt im Zuge des spätmittelalterl. → Aristotelismus und der aufkommenden empirischen Naturwissenschaft (vgl. 2.) verlor die rel. E. des eigenen Glaubens an Bedeutung. Auf eine revolutionär neue Art rückte die Glaubense. dagegen bei Luther in den Mittelpunkt.

d. Während bei Thomas von Aquin der Gnadenstand durch einen bestimmten Seelenzustand erfahren (oder besser erfühlt) wird, ist für Luther die E. der dem Menschen heilbringenden Selbstoffenbarung Gottes in, mit und durch das äußere Wort selbst schon der gewißmachende Erweis der Gnade. Denn die → Offenbarung der Gnade Gottes vollzieht sich beim Menschen durch die vom Hl. Geist durch das äußere Wort Gottes gewirkte Verwandlung seiner Wahrnehmung und E., so daß der Mensch sich selbst als verlorenen Sünder, Christus aber als die ihn gerechtmachende Liebe Gottes »erfährt«, »schmeckt«, »spürt« und auch »fühlt«. Diese passive Form des E.sbegriffes macht ihn für Luther zum Prädikat dessen, was er unter Glauben versteht: das von Gottes Offenbarung im Wort eröffnete, die ganze Existenz umfassende Für-sich-als-wahr-Erfahren des Evangeliums. So kann Luther Glaube und E. bisweilen gleichsetzen (vgl. WA 5,642,7 und 19,489,15f). Gleichwohl wird bei Luther auch die Mehrdeutigkeit des E.sbegriffs deutlich. So kann er der bedrängenden Wirklichkeitse. den allein gewißmachenden Glauben an das Wort der Verheißung entgegenstellen, ebenso wie die durch Anfechtung getrübte Selbste. keinen Hinweis auf den Gnadenstand gibt.

Dabei kommt gerade der Anfechtungse., die das gesamte Leben und Glauben des Christen durchzieht, eine hermeneutische Funktion zu. Die Anfechtung hilft das Leben und damit auch die Hl. Schrift zu verstehen.

Die für Luther konstitutive Bindung der Glaubense. an das äußere Wort wird bei Thomas Müntzer, im Täufertum und im Kreis der Spiritualisten bestritten. Es wird in diesen Kreisen die Unmittelbarkeit der göttlichen Offenbarung in Form einer direkten Anrede des Gläubigen durch den Hl. Geist gelehrt. Damit gewinnt wiederum die subjektive E. des Gläubigen eine maßgebende Rolle und wird zum Kriterium des Glaubens.

e. Gegenüber einer Übergewichtung intellektueller Lehrinhalte in der altprot. Orthodoxie bemüht sich der → Pietismus, Glaube und E., Theorie und Praxis wieder in eine lebendige Beziehung zu setzen. So wie der Glaube sich im Sinne Luthers auf der E. der Selbstoffenbarung Gottes in seinem Wort gründet, so folgen aus dieser E. viele weitere Glaubense.en im täglichen Leben.

f. Zu einer E.stheologie im engeren Sinne, d.h. einer Theologie, die nicht mehr in erster Linie von der bibl. Offenbarung, sondern von der subjektiven E. des Menschen ihren Ausgang nimmt, kommt es erst bei F.D.E. → Schleiermacher (1768-1834). Er bestimmt die Religion als das »Gefühl schlechthinniger Abhängigkeit«, eine E. unmittelbaren Ergriffenseins. Seine »christliche Glaubenslehre« versteht er folglich als Reflexion über die christl. Gestalt dieses Gefühls. Ziel christl. Existenz ist die Intensivierung des Gottesbewußtseins und die Ausbildung der frommen Persönlichkeit im Rahmen der Kirche als rel. Gemeinschaft, die sich durch das gemeinsame Gefühl der Abhängigkeit, d.h. durch die Äquivalenz der E., verbunden weiß. Mit dieser Konzeption hat Schleiermacher die bisherige Zuordnung von Glaube und E. auf den Kopf gestellt. Nahm die bisherige Theologie stets ihren Ausgang bei der bibl. Offenbarung, entfaltet er seine Glaubenslehre allein aus der E.

An die E.stheologie Schleiermachers, verbunden mit Einflüssen der Erweckungstheologie und der Romantik, knüpfte im 19. Jh. die konfessionell-luth. geprägte Erlanger Schule an (→ Erlanger Theologie). A. von → Harleß, J.Chr.K. von → Hofmann und F.H.R. → Frank gingen von der Einsicht aus, daß sich der Christ in seinem Christsein einer Erweckungs- bzw. Bekehrungse. verdankt und Theologie folglich bei dieser E. als unmittelbarer Gewißheit ihren Ausgang zu nehmen hat. Während aber bei Hofmann die Gewißheit der Glaubense. aus der Übereinstimmung mit der Hl. Schrift und der Gemeinde folgt, ergibt sie sich bei Frank aus der E. der Wiedergeburt und → Bekehrung selbst.

Als im Zuge der Religionsgeschichtl. Schule des 19. Jh.s in Verbindung mit der hist.-kritischen Erforschung die Messianität und Gottessohnschaft Jesu in Frage gestellt wurde und lediglich seine sittliche Persönlichkeit als moralisches Vorbild für den christl. Glauben relevant blieb, war es wiederum die rel. E., die als Vermittlungsinstanz für die sittlich-rel. Kraft Jesu diente. Nach W. Herrmann gewinnt der Glaube seine Gewißheit aus der Begegnung mit dem »inneren Leben Jesu«. Die sittlichen Gedanken Jesu befördern die Reifung zur sittlichen Persönlichkeit.

g. Im 20. Jh. bestritt in betontem Widerspruch zu Schleiermacher K. → Barth (1886-1968) in seiner Theologie des Wortes Gottes sowohl die Möglichkeit als auch die Notwendigkeit, mittels rel. E. Gewißheit über dieses dem Menschen unverfügbare Wort zu erhalten. Barth verstand Glaubense. streng intellektuell als E. des den Menschen in Frage stellenden Wortes Gottes, als rein geistige Einsicht in die Bestimmtheit der eigenen Existenz durch dieses Wort. Damit ist freilich der E.sbegriff seines traditionellen Sinnes entleert und das theol. Gespräch mit den Fragen und Problemen des allg. E.sbegriffs in der Neuzeit abgebrochen.

Um eben dieses Gespräch zwischen Glaube und allgemeiner Welte. und der damit zusammenhängenden Anknüpfungsproblematik bemühten sich Entwürfe luth. Theologen (W. → Elert, P. → Althaus, H. → Thielicke) ebenso wie das Lebenswerk von P. → Tillich, dessen Werk der Frage nach dem Zusammenhang der Offenbarung zur Weltwirklichkeit gewidmet ist. Er versucht mittels einer Methode der Korrelation Offenbarung und Wirklichkeit aufeinander zu beziehen, indem die ontologisch interpretierte Offenbarung (so ist z.B. Jesus die Offenbarung des »Neuen Seins«) alle Bereiche der menschlichen Wirklichkeitse. durchdringt und auslegt.

4. Systematisch-theologisch

Der christl. Glaube bezieht sich auf die in der Hl. Schrift geoffenbarten geschichtl. Heilssetzungen Gottes in Kreuz und Auferstehung Jesu Christi. Insofern liegt der Grund des Glaubens außerhalb des Menschen und vor jeder E. Der Glaube ist dem Menschen aber nur möglich durch die persönliche Offenbarung Gottes im äußeren Wort, vermittelt durch den Hl. Geist bei der Bekehrung und Wiedergeburt. Hier erfährt sich der Mensch nicht nur intellektuell, sondern auch leiblich und seelisch (im Sinne des hebr. *jd'*) als Sünder, den aber die zugesprochene Gerechtigkeit Christi vor dem Sündentod rettet. So sehr der Christ seine Glaubensgewißheit aus dem Zuspruch des Evangeliums und nicht mystisch aus seelischen Stimmungen oder außerordentlichen E.en gewinnt, wird lebendiger Glaube stets E.en machen und diese im Lichte der Hl. Schrift als Handeln Gottes in seinem persönlichen Leben verstehen, ohne sie für andere absolut zu setzen.

Lit. P. Althaus »Erfahrungstheologie«, RGG³ Bd.II, 1958, 552-553; O. Betz: Religiöse Erfahrungen. Wege zur Sensibilität, 1977; ders. (Hg.) Zugänge zur religiösen Erfahrung, 1980; G. Ebeling: Die Klage über das Erfahrungsdefizit in der Theologie als Frage nach ihrer Sache, in: ders.: Wort und Glaube III, 1975, 3-28; W. Elert: Der christliche Glaube, ⁶1988, 59-109; R. Guardini: Religion. Erfahrung und Glaube, 1974; A.M. Haas: Die Problematik von Sprache und Erfahrung in der deutschen Mystik, in: W. Beierwaltes, H.U.v. Balthasar, A.M. Haas (Hg.): Grundfragen der Mystik, 1974, 73-104; K. Heim: Glaubensgewißheit. Eine Untersuchung über die Lebensfragen der Religion, 1920; W. Hess: Erfahrung und Intuition bei Aristoteles, in: Phron. 15, 1970, 48-82; H. Holzhey: Kants Erfahrungsbegriff, 1970; W. Joest: Erfahrung als theologisches Prinzip in der älteren Erlanger Schule, in: Glaube und Gesellschaft. FS W. Kasch, 1981, 165-176; A.S. Kessler, A. Schöpf, Ch. Wild: »Erfahrung«, HPhG 1, 1973, 373-385; A. Köberle: Legitimation der religiösen Erfahrung, NZSTh 18 (1976), 91-110; I.H. Marshall (Hg.): Christian Experience in Theologie and Life, 1988; H.M. Müller: Glaube und Erfahrung bei Luther, 1929; G. Ruhbach (Hg.): Glaube – Erfahrung – Meditation, 1977; R. Slenzka: Gotteserkenntnis und Gotteserfahrung. Randbemerkungen zu einem dogmatischen Gespräch, in: F. Mildenberger, J. Track (Hg.): Zugang zur Theologie, 1979, 130-146; J. Track: Erfahrungen Gottes. Versuch einer Annäherung, KuD 27, 1976, 1-21; H. Wißmann, E. Herms, U. Köpf, J. Track, D. Zilleßen: »Erfahrungen«, TRE 10, 1982, 83-141 (Lit.!).

V. Gäckle

Erhaltung → Schöpfung; → Vorsehung

Eriugena Scotus, Johannes → Duns Scotus

Erkenntnis

1. Erkenntnis als Problem

In der Tradition der abendländischen Philosophie (vgl. H. Krings, H.M. Baumgartner) gibt es eine große, kaum zu überschauende Zahl von Antworten auf die Fragen: Was ist E.? Wie kommt es zu E.? Die Vielzahl der Entwürfe, die zueinander z.T. in einem diametralen Gegensatz stehen, ist einer der Gründe für die phil. Disziplin der Erkenntnistheorie. Die Erkenntnistheorie unterzieht die Erkenntnisansprüche und die verschiedenen erkenntnistheoretischen Modelle einer kritischen Prüfung. Ein zweiter Grund für die Einsicht in die Notwendigkeit kritischer Prüfung von »Erkenntnis« ist die Fraglichkeit der E., d.h. der Erkennbarkeit der → Wahrheit über die Welt. Die Tatsache, daß uns unsere Sinneswahrnehmungen täuschen können, daß wir uns faktisch vielfältig irren, und die Einsicht, daß sich sogar streng logisches Denken in Widersprüche verwickeln kann (→ Antinomie), läßt die Zuverlässigkeit wie überhaupt die Erschlossenheit der Welt für die E.-Bemühung des Menschen fraglich erscheinen.

So fraglich die Erkennbarkeit der Welt auch ist, so notwendig ist sie doch für den Menschen. Als Wesen, das instinktreduziert (K. Lorenz, 1965) und nicht umweltgebunden ist wie das Tier (J.v. Uexküll 1921; 1962), lebt der Mensch weltoffen (M. Scheler; H. Plessner) in einer Distanz zu seiner Um-Welt, die ihm die Fähigkeit ein-räumt, über sich und seine Welt zu reflektieren (A. Portmann; A. Gehlen).

2. Formen der Erkenntniskritik

Entscheidend ist die Frage nach den Quellen zuverlässiger E. In der Tradition klass. Philosophierens gibt es zunächst Ansätze, die die Möglichkeit einer verläßlichen E. und eines sicheren Wissens generell und grundsätzlich in Frage stellen. Zu nennen (vgl. A. Diemer) sind die verschiedenen Spielarten eines radikalen oder gemäßigten → Skeptizismus, der von der Beobachtung lebt, daß man alles, was verläßlich zu sein scheint, in Frage stellen und auf seine Voraussetzungen hin befragen kann; die verschiedenen Formen eines weltanschaulichen oder auch wissenschaftl. → Agnostizismus, der die wesentlichen, »metaphysischen« Fragen aus dem Rahmen dessen ausklammert, was er »wissenschaftlich« zu erkennen sucht oder was er prinzipiell für sicher erkennbar hält; schließlich ein Relativismus, der den unterschiedslosen Zusammenhang alles Seienden unterstellt (lat. *relatio*, »Beziehung«) und darum die Möglichkeit eines aller Bedingtheit enthobenen Standpunktes als Bedingung der Möglichkeit von E. bestreitet.

Das Grundproblem der genannten skeptischen Positionen liegt für ihre Vertreter darin, daß auch sie ethische Probleme entscheiden und auf die Fragen nach Woher? Wohin? und Warum? Antworten finden müssen bzw. diese Fragen faktisch so oder so beantworten. Die genannten erkenntniskritischen Positionen können darum höchstens sensibilisieren für vorschnelle oder nur scheinbar sichere Erkenntnisse.

3. Die Quellen der Erkenntnis

Wer nach dem Grund zuverlässiger E. sucht, stößt in der klass. Tradition abendländischer Philosophie v.a. auf → Verstand und → Erfahrung als die beiden Hauptquellen der E. Welche Quelle jeweils bevorzugt wird, hängt von der Vorentscheidung darüber ab, welche Sicht von Wirklichkeit (→ Ontologie) leitend ist. Sind alle Begriffe, Denk- und Naturgesetze letztlich nur Schöpfungen des Geistes, dann kann sich »wirkliches« Erkennen letztlich nicht auf diese rationalen Größen gründen, sondern nur auf die als »rein« unterstellte Erfahrung (→ Empirismus). Liegt das Wesentliche der Wirklichkeit dagegen im Begriff, der z.B. über Abstraktion von dem »bloß« Sinnlichen erreichbar ist, dann ist die Empirie nur ein sekundäres Medium, durch das hindurch erst zu dem Wesentlichen durchgestoßen werden muß (Descartes: Man muß »den Geist von den Sinnen abziehen«). Im ersteren Fall mißtraut man den »metaphysischen Spekulationen«, die unkontrollierbar scheinen und sogar zu Widersprüchen führen können. Im letzteren Fall mißtraut man der Erfahrung, die täuschen kann, die ja immer bloß individuell, kontingent und endlich ist und nie ein zuverlässiges Urteil über die Wirklichkeit im Ganzen erlaubt.

4. Der Ansatz I. Kants

Am nachhaltigsten wirksam geworden ist der Versuch I. → Kants, die Alternative eines skeptischen Empirismus (D. Hume) und eines unkritischen »dogmatischen« Rationalismus (vgl. Chr. Wolff und seine Schule) zu überwinden (Kant, Kritik der reinen Vernunft A/B; dazu H.M. Baumgartner). Ein empiristisches Modell, das sich ganz allein aus der Erfahrung begründen will, kann letztlich die Frage, inwiefern E. allgemeingültig, weil notwendig und objektiv sein kann, nicht beantworten. Denn noch soviele Einzelbeobachtungen rechtfertigen logisch keine allgemeinen Aussagen über alle Sachverhalte der betreffenden Art (sog. Induktionsproblem). Ein rein rationalistischer Ansatz kann letztlich die Frage nicht beantworten, ob und wie seine Erkenntnisse überprüfbar sein sollen.

Kant löst beide Probleme, indem er eine bis dahin weithin gültige Voraussetzung der Erkenntnistheorie revolutionär umkehrt: »Bisher nahm man an, alle unsere Erkenntnis müsse sich nach den Gegenständen richten.« Nachdem alle entsprechenden Versuche der E. gescheitert sind, besteht Kants »kopernikanische Wende« in der Philosophie darin, daß er vorschlägt: »Man versuche es daher einmal, ob wir nicht . . . damit besser fortkommen, daß wir annehmen, die Gegenstände müssen sich nach unserem Erkennen richten. . .« (KrV, B XVI). Nicht die Wirklichkeit, der E.-Gegenstand (das E.-Objekt) schreibt dem Beobachter (E.-Subjekt) vor, was er als E. zu formulieren hat; vielmehr schreibt das erkennende Ich dem E.-Objekt seine Gesetze vor: wie es beschaffen ist, oder besser: wie es uns »erscheint«, d.h.: wie es sich uns zu erkennen gibt. Das E.-Subjekt steht dem E.-Objekt nicht als *tabula rasa* gegenüber. Es erscheint vielmehr als in vielfacher Weise von Anfang an strukturiert: von vornherein (»a priori«) in bestimmten Formen der Anschauung und Kategorien des Verstandes (z.B. Ursache-Wirkung; Möglichkeit-Unmöglichkeit; Dasein-Nicht-Sein; Einheit-Vielheit-Allheit, vgl. KrV B, 106). Diese Strukturen liest das E.-Subjekt nicht vom E.-Objekt ab. Es schreibt sie ihm vielmehr vor. Die entsprechenden »Erkenntnisse« sind darum »notwendig«, weil sie nicht von der Notwendigkeit einer Erfahrung (»a posteriori«) abhängen, sondern vor aller, d.h. unabhängig von aller Erfahrung (»a priori«) gegeben sind. Sie sind in dieser Notwendigkeit allgemeingültig und d.h. objektiv, weil sie nicht in das Belieben eines Individuums gestellt sind oder durch individuelle Unterschiede geprägt sind, sondern sich – so Kant – logisch aus einer Analyse unseres Verstandes ableiten lassen (zur Kritik an der These von der Apriorizität unseres Erkenntnisapparates vgl. K. Lorenz, 1973; G. Vollmer).

Mit dem hier nur skizzierten Ansatz gelingt Kant (a) eine Begründung der Auffassung von der Allgemeingültigkeit der Erfahrung, die es dann auch erlaubt, von (Natur-)Gesetzen zu sprechen: Wir finden diese nicht in der Erfahrung; wir schreiben sie ihr vielmehr vor; (b) es gelingt ein geordneter, kontrollierter Gebrauch der rationalen Begriffe. Auch wenn die inhaltliche Quelle der E. nur die Erfahrung sein kann und es z.B. verboten ist, über die Grenzen des Wahrnehmbaren hinaus nach Ursache-Wirkungs-Zusammenhängen zu fragen (vgl. die alte metaphysische Frage nach der »ersten Ursache«), so wird doch eine konstitutive Bedeutung der Vernunfterkenntnis für die E. der Wirklichkeit darin festgehalten, daß die Verstandesbegriffe eine regulative, die Sinneserkenntnis leitende und ihr ihre Struktur vorschreibende Funktion besitzen.

5. Zur Tragweite wissenschaftlicher Welterkenntnis

Für die moderne Wissenschaftstheorie ist die Kantsche Einsicht grundlegend geworden, daß die wissenschaftl. Erkenntnisbemühung die Natur nicht als solche erkennt (vgl. A. Eddington; H.-P. Dürr). Mit den Fragen, die eine wissenschaftl. Disziplin an »die Natur« stellt, schreibt sie dieser die Antworten schon vor. Die (natur)wissenschaftl. Forschung mit ihrer sehr präzisen, weil auf einen ganz bestimmten Aspekt reduzierten Fragestellung gleicht einem Fischernetz, dessen Maschen durch ganz bestimmte Charakteristika wie Größe, Beschaffenheit etc. gekennzeichnet sind. Wie in diesem Netz nicht das Meer als solches hängenbleibt, sondern nur das, was der Beschaffenheit des einzelnen Netzes entspricht, so fängt auch die jeweilige wissenschaftl. Disziplin nie die Wirklichkeit als solche in ihr Begriffsnetz ein, sondern immer nur einen Aspekt, eine Dimension. Wissenschaftl. E. ist darum per se keine *Erklärung* der Welt, sondern nur eine *Beschreibung* der Art und Weise, wie sie sich unter einem bestimmten Zugriff darstellt. Diese wissenschaftstheoretische Einsicht ist von größter theol. Relevanz (A. Schlatter). Eine wissenschaftl. Disziplin stellt die Welt deshalb nur als ein Modell unter vielen anderen denkbaren Modellen dar (F. Kaulbach; A. Meesen; H.W. Beck). Die Beschaffenheit des begrifflichen Theorie-Netzes, das die jeweilige Wissenschaftler-Gemeinschaft durch das Wirklichkeits-Meer zieht, entscheidet vorweg über die Struktur des Bildes, das Modell, das am Ende des E.-Prozesses herauskommt. Der jeweilige E.-Zugriff bedeutet eine bestimmte Gegenstandskonstitution.

Damit ist – jedenfalls im Grundsatz – auch der Versuch gescheitert, das neuzeitliche Unternehmen Wissenschaft vor den ideologischen Karren einer Emanzipation des »modernen Menschen« von Glaube, Religion und Kirche zu spannen. Da, wo Wissenschaftler weltanschauliche Aussagen – und sei es auch in einem wissenschaftl. Gewand! – formulieren, da reden sie nicht in der Autorität der Wissenschaft, sondern als Privatpersonen. Der Übertritt von Wissenschaft als Welt-Beschreibung zur Weltanschauung als Versuch einer Welt-Erklärung bedeutet eine *metabasis eis allo genos* (Aristoteles, An. pr. 1, 7, 75 a30 b20).

6. Zum Problem »objektiver Erkenntis«

So einsichtig das Postulat »objektive Erkenntnis!« als Forderung einer von persönlichen Interessen und den Bedingtheiten einer subjektiven Lage unabhängigen E. ist, so sehr meldet die moderne E.- und Wissenschaftstheorie als auch Sprachphilosophie unüberhörbare Fragen an diese Forderung an:

a. Die Vorstellung eines rationalen Unternehmens »Wissenschaft« impliziert zum einen eine gemeinsame theorieneutrale Beobachtungssprache und zum andern eine gemeinsame Theoriesprache. Beide Größen sind von Th.S. Kuhn unter Hinweis auf die Wissenschaftsgeschichte in Zweifel gezogen worden. Sprachphilosophische, im Anschluß v.a. an den »späten Wittgenstein« (1984) vollzogene Überlegungen haben deutlich werden lassen, in welchem Umfang sämtliche sprachliche Leistungen des Menschen inclusive seiner wissenschaftl. Orientierungsversuche einen konstruktiven Charakter besitzen und eine jeweils spezifische Welt herstellen (N. Goodman).

b. Das durch → Descartes begründete erkenntnistheoretische Modell einer Subjekt-Objekt-Spaltung als Voraussetzung wissenschaftl. Objektivität ist nicht in der Lage, die Beobachtungen und Theorien der Elementarteilchenphysik adäquat zu interpretieren (W. Heisenberg, 21; H. Rohrbach, 123ff). Erfahrungen und E.se der modernen Physik legen es dagegen nahe, der Verfassung des E.-Subjekts eine mitkonstitutive Bedeutung für die E. wie für die spezifische Weise der Existenz (!) des E.-Objekts zuzuweisen (H. Rohrbach; P. Davies, 45).

c. Mit diesen wissenschaftstheoretischen Befunden konvergiert das spezifisch biblische Sprachzeugnis von »erkennen« (hebr. *jd'*; griech. *ginosko*). Die sich in der bibl. Sprachgestalt niederschlagenden Erfahrungen und Reflexionen der Wirklichkeit des Gottes Israels und Vaters Jesu Christi führen zu einer Semantik von »erkennen«, die neben den für das griech.-abendländische Denken wesentlichen kognitiven und konstatierenden Bedeutungselementen drei weitere Bedeutungskomponenten von »Erkenntnis« in den Vordergrund stellt: E. hat bibl. ebensosehr eine kontaktive wie kommunikative wie (mit-)konstitutive Dimension. Wenn es gebraucht werden kann zur Bezeichnung der körperlichen Vereinigung von Mann und Frau (Adam erkannte seine Frau Eva, 1Mo 4,1), dann ist hier nicht die Erfahrung äußerster Distanz, sondern größter Nähe als Bedingung und Konstituens von E. leitend. Wenn es gebraucht werden kann als Bezeichnung für den Akt der Schöpfung (Spr 3,20), dann bricht sich hier die Erfahrung semantisch Bahn, daß dem Akt der E. als solcher eine den Gegenstand der E. nicht nur tangierende (kontaktive), sondern sogar mitkonstituierende Bedeutung zukommt. E. ist bibl. Herstellen einer Relation, ist ein kommunikatives Sich-Beziehen auf etwas (Gott »erkennt« das verlorene Volk Israel in der Wüste und rettet es dadurch), das diesem Gegenüber sein Leben schenkt bzw. erhält (vgl. zum spezifischen hebr.-bibl. Profil von E. die Durchsicht und Zusammenordnung der Belege bei Hempelmann, 1989).

d. Ein weiteres Problem des Objektivitätspostulats besteht in der von Kant unterstellten objektiven Gültigkeit und allg. Notwendigkeit der Begriffe, mit deren Hilfe Kant das Funktionieren unserer Wahrnehmung, unseres Verstandes und unserer Vernunft beschreibt und bestimmt. Kant unterstellt eine absolute Geltung der von ihm getroffenen und für seine E.-Theorie wesentlichen, für zeitlos gültig gehaltenen, übersubjektiven, in Wahrheit aber höchst individuellen Distinktionen wie »a priori-aposteriori«, »synthetisch-analytisch« etc. (Kant, 1800). Demgegenüber hat schon J.G. Hamann darauf aufmerksam gemacht, daß Kant den sprachlichen, damit geschichtlichen, damit kontingenten und somit letztlich »zufälligen« Charakter der von ihm als absolut notwendig geglaubten Begriffe übersieht (Hamann, 1781; 1784). Während sich Kants Unternehmen einer »*Kritik* der *reinen* Vernunft« gerade um eine Unterscheidung von bloß geschichtlichen, empirischen einerseits und demgegenüber notwendigen, unabhängig von aller Erfahrung geltenden Sätzen und Einsichten andererseits bemüht, zeigt Hamann (1781; 1784), daß gerade dieses Vorhaben einer Reinigung der Vernunft von allem Bedingten nicht gelingen kann. Das Unternehmen der Kritik übersieht - so die Metakritik Hamanns -, daß sich auch diese Kritik selbst nur wieder sprachlich, d.h. mit »unreinen« Mitteln vollziehen kann. Denn die von Kant in der KrV verwendeten Begriffe sind sprachlicher Natur, damit aber geschichtliche Größen. Alles Geschichtliche ist aber gerade nicht unbedingt und darum auch nicht abstrakt gültig.

7. Offenheit und Demut als Bedingung von Gottes- und Welt-Erkenntnis

Diese bis heute gültige Meta-Kritik hat exemplarische Bedeutung. Gegenüber allen Versuchen des nach verläßlicher Orientierung suchenden Menschen, sich selbst zu begründen, ist auf die unüberholbare Individualität, Lokalität und Temporalität jedes denkenden Ichs hinzuweisen. Es kann dem Menschen nur um den Preis einer Täuschung über seine eigenen Möglichkeit gelingen, sich über seinen immer begrenzten, immer individuellen, »bedingten« Horizont zu erheben und sich aus seiner Endlichkeit herauszureflektieren. Gegenüber allen Versuchen, objektive, allg. oder »ewig gültige« Orientierungen zu begründen, gehört es gerade zur Aufgabe des Christen, auf dem Stückwerk-Charakter aller E., die bibl. unter einem eschatologischen Vorbehalt steht (1Kor 13,9), zu insistieren und erkenntniskritisch alle Selbstüberhebung und Täuschung des Menschen zu entlarven, der sich in diesen Theorien selbst zum Gott macht.

Der gefallene Mensch gebärdet sich darin als »Gott«, daß er sich seine Begriffe von Gott, Welt und Mensch schafft und diese absolut setzt. Der *homo incurvatus in se* (»auf sich selbst zurückgekrümmte Mensch«; Luther) will sich aus sich selbst heraus begründen, statt als Gottes Ebenbild *coram Deo* auf den Gott zu vertrauen, der allein den Menschen zu begründen vermag. Gott hat die Weisheit dieses gefallenen, natürlichen Menschen (1Kor 2,14) zur Torheit gemacht (1Kor 1,20), indem er an dessen erkenntnistheoretischer Hybris in der Knechtsgestalt der Fleischwerdung vorbeigegangen ist. In seiner Niedrigkeit läßt sich Gott gerade nicht auf die Begriffe ein, die die Menschen sich von ihm bilden. Er muß darum viel Widerspruch von Seiten der Sünder erfahren (Hebr 12,3), die in ihrer *gnosis* (»Erkenntnis«) und ihrer erkenntnistheoretischen

Selbstbegründung und Überhebung an der Niedrigkeitsgestalt Gottes scheitern (1Kor 1,18).

E. Gottes wie der Welt kann nur da gelingen, wo der Mensch sich auf die E.-theorie Israels (G. v. Rad, 94) einläßt: Die Furcht Gottes ist der Anfang der E. (Spr 1,7). Nur da, wo der Mensch das exklusive Gottsein Gottes respektiert und sich in die eigene, bloß endliche Konstitution findet, wo er dann auf einen Versuch einer Selbstbegründung durch E. verzichtet, den er als Mensch nicht leisten kann, gelangt er zu einer geistl. Demut und - damit korrespondierend - einer erkenntnistheoretischen Offenheit, die der Grundsatz und der Beginn aller wissenschaftl. Welt-E. ebenso wie aller E. Gottes ist.

Lit.: H.M. Baumgartner: Kants »Kritik der reinen Vernunft«, 1985; H.W. Beck: Die Welt als Modell. Gegen den Mythos vom geschlossenen Weltbild, 1973; H. und G. Böhme: Das Andere der Zukunft. Zur Entwicklung von Rationalitätsstrukturen am Beispiel Kants, 1983; R. Descartes: Meditationen über die erste Philosophie (Paris 1641), ^{2}1977; A. Diemer: »Erkenntnistheorie«, in: Philosophie (Fischer-Lexikon), hg. von A. Diemer, I. Frenzel, Neubearbeitung 1970, 32-43; H.-P. Dürr: Das Netz des Physikers. Naturwissenschaftliche Erkenntnis in der Verantwortung, 1988, 26-49; J.G. Hamann: Kritik der reinen Vernunft (Rezension), in: ders.: Sämtliche Werke. Historisch-kritische Ausgabe von J. Nadler, Bd. III, 1951 (= N III), 275-280; ders.: Metakritik über den Purismum der Vernunft, in: N. III, 281-289; W. Heisenberg: Das Naturbild der heutigen Physik, 1965; H. Hempelmann: »Erkennen/Erkenntnis«, GBL 1, 1987, 325-332; ders.: Kritischer Rationalismus und Theologie als Wissenschaft. Zur Frage nach dem Wirklichkeitsbezug des christlichen Glaubens, ^{2}1987; ders.: Veritas Hebraica als Grundlage christlicher Theologie. Zur systematisch-theologischen Relevanz der biblisch-hebräischen Sprachgestalt, in: K. Haacker, H. Hempelmann: Hebraica veritas. Die hebräische Grundlage der biblischen Theologie als exegetische und systematische Aufgabe, 1989, 39-78; P. Hoyningen-Huene: Die Wissenschaftsphilosophie Thomas S. Kuhns, 1989; K. Hübner: Kritik der wissenschaftlichen Vernunft, 1978; ders: Die Wahrheit des Mythos, 1985; I. Kant: Anthropologie in pragmatischer Hinsicht, AA Bd. VII, 117-333 (1798; 1907); ders.: Kritik der reinen Vernunft, A (1. Aufl.) 1791; B (1787); ders.: Logik. Ein Handbuch für Vorlesungen, hg. von G.B. Jäsche, in: AA Bd. IX, 1-150; F. Kaulbach: »Modell I«, HWP 6, 1984, 45-47; H. Krings, H.M. Baumgartner: »Erkennen/Erkenntnis I«, HWP 2, 1972, 643-662; K. Lorenz: Die Rückseite des Spiegels. Versuch einer Naturgeschichte menschlichen Erkennens, 1973; A. Meesen: Begriffsbildung und Modellvorstellungen in der Physik, in: N.A. Luyten (Hg.): Wirklichkeitsbezug wissenschaftl. Begriffe? Gleichnis oder Gleichung, 1986, 11-59; F. Nietzsche: Die »Vernunft« in der Philosophie, in: ders.: Götzendämmerung oder wie man mit dem Hammer philosophiert, in: KSA Bd. 6, 74-79; M. Planck: Sinn und Grenzen der exakten Wissenschaft, in: ders.: Vorträge und Erinnerungen, ^{10}1975, 363-380; H. Plessner: Die Stufen des Organischen und der Mensch (1928), ^{3}1975; K.R. Popper: Logik der Forschung, ^{5}1973; A. Portmann: Zoologie und das neue Bild vom Menschen, 1962; G. v. Rad: Weisheit in Israel, 1970; H. Rohrbach: Naturwissenschaft, Weltbild, Glaube, 1967; M. Scheler: Die Stellung des Menschen im Kosmos (1928), ^{7}1966; A. Schlatter: Atheistische Methoden in der Theologie (1905), mit einem Beitrag von P. Jäger, hg. von H. Hempelmann, 1985; J. Simon: Vornehme und apokalyptische Töne in der Philosophie, in: Zs. f. phil. Forschung Bd. 40 (1986), 489-519; J.v. Uexküll: Umwelt und Innenwelt der Tiere, 1921; ders.: Streifzüge durch die Umwelt und von Tieren und Menschen, 1962; G. Vollmer: Evolutionäre Erkenntnistheorie, 1981; C.F. v. Weizsäcker: Die Tragweite der Wissenschaft, ^{6}1990; B.L. Whorf: Sprache, Denken, Wirklichkeit, 1963; L. Wittgenstein: Philosophische Untersuchungen (1953), Ges. Werke, 1984, Bd. 1.

H. Hempelmann

Erlanger Theologie

Mit »Erlanger Theologie« (= E.Th.) pflegt man jene besondere Ausprägung zu bezeichnen, die der ev. Theologie an der Erlanger Fakultät in den beiden letzten Dritteln des 19. Jh.s gegeben wurde. Die führenden Gestalten waren dabei A. → Harleß (von 1833-45 an der Fakultät), J.v. → Hofmann (1845-77) und R.v. → Frank (1857-94), neben denen jedoch auch J.W.F. → Höfling (1833-52), G. → Thomasius (1842-75), Franz → Delitzsch (1850-67) und Th. → Harnack (1853-66) wesentliche Bedeutung hatten. Es handelt sich nicht eigentlich um eine theol. »Schule«, sondern um eine Arbeitsgemeinschaft selbständiger, im Innersten aber gleich gerichteter Theologen. Sie begann 1833 mit der Berufung von Harleß und Höfling und endete 1894 mit dem Tod Franks als ihrem letzten Vertreter. In der »Zeitschrift für Protestantismus und Kirche; ZPK« (1838-76) hatte sie sich ein gemeinsames Sprachrohr geschaffen. Theol. Nachwirkungen lassen sich auch bei Chr.E. → Luthardt (gest. 1902), L. → Ihmels (gest. 1933), Th. → Zahn (gest. 1933) und R. Seeberg (gest. 1935) feststellen.

Ungeachtet aller zwischen jenen Theologen bestehenden Unterschiede repräsentierten sie doch im Kontext des damaligen Protestantismus eine relativ einheitliche Richtung, die man als luth. → Erfahrungstheologie bezeichnen kann: Sie teilten persönlich die gleiche Erfahrung, und sie machten diese Erfahrung zugleich zum Ausgangspunkt ihrer jeweiligen theol. Arbeit. Die gemeinsam geteilte Erfahrung ist die der → Bekehrung zu einem in Herz und Gewissen verankerten Christusglauben. Die Formulierung dieser Erfahrung ist unterschiedlich: Harleß spricht von der Wirksamkeit von Gesetz und Evangelium am Gewissen, Hofmann von der in Christus vermittelten persönlichen Gemeinschaft

Gottes und der Menschheit, Frank vom neuen, wiedergeborenen Ich. Alle drei meinen sie jedoch die existentielle Gewißheit des Heils in Christus. Die E.Th. war also aus der von A. → Tholuck, K.v. Raumer und Chr. → Krafft geprägten → Erwekkungsbewegung hervorgegangen und versuchte nun, sie auch auf wissenschaftl.-theol. Weise zu vertreten.

Die Selbständigkeit der Theologie gegenüber der Philosophie und anderen Wissenschaften und damit ihren zugleich kirchl. und wissenschaftl. Charakter wollen diese Theologen dadurch sichern, daß sie (ähnlich → Descartes' »cogito ergo sum«) von der persönlichen Heilserfahrung des Theologen als dem unmittelbar Gegebenen und absolut Gewissen ausgehen. In dieser Heilserfahrung ist für sie die ganze christl. Wahrheit einschlußweise enthalten, so daß alle Inhalte des Glaubens (durch Rückschluß von der Wirkung auf die Ursache) aus dem Tatbestand der Heilsgewißheit heraus entwickelt werden können.

Dieser Ausgangspunkt bei der Erfahrung ist weder subjektivistisch (wie bei Fr. → Schleiermacher) noch individualistisch, denn die persönliche Heilserfahrung ist nach der E.Th. sowohl von der bibl. Offenbarung als auch vom Glauben der Kirche bedingt und vermittelt. Gerade auf den harmonischen Dreiklang von persönlicher Erfahrung, Bibel und kirchl. Bekenntnis kam es entscheidend an: Die Theologie hat die Aufgabe, die in der Heilsgewißheit beschlossenen Gehalte mit Schrift und Bekenntnis zu vergleichen und an der Übereinstimmung dieser drei die Wahrheit und Gewißheit ihres Inhalts wissenschaftl. darzulegen. Das im Glauben unmittelbar Gewisse wird durch sie also methodisch kontrolliert vergewissert.

Die Bibel wird dabei als einheitliches, inspiriertes »Denkmal« der Heilsgeschichte gesehen. Ihre Einheit besteht in der organischen Verknüpfung aller Teile der Heilsgeschichte, und ihre Inspiration ist dadurch gewiß, daß sie im vorliegenden Umfang den bleibend wirksamen Ursprung der Kirche vollständig abbildet. Die kirchl. Bekenntnisse sind für die E.Th. der durch die Abwehr konkreter Irrlehren begrifflich bestimmte Ausdruck der gemeinsamen kirchl. Heilserfahrung und nicht ihrer Form, aber doch der Substanz nach verbindlich. Speziell in den luth. Bekenntnisschriften und ihrer Rechtfertigungslehre fanden die Erlanger Theologen denselben Inhalt, der ihnen schon zuvor durch Schrift und persönliche Erfahrung gewiß geworden war, so daß die Erweckungstheologie hier (Thomasius: »Frei, von innen heraus!«) eine betont luth. Gestalt bekam.

Das Erlanger Verständnis von der Aufgabe der Theologie ermöglichte gegenüber Schrift und Bekenntnis Bindung und Freiheit zugleich. Es betrachtete die Geschichtlichkeit von Schrift und Bekenntnis nicht als Widerlegung, sondern als Begründung ihrer Verbindlichkeit, und es verband in der Gewißheitsfrage subjektive Erfahrung und objektiven Glaubensgrund. Wohl ist die Erlanger Fassung der Heilsgewißheit als Gewißheit des Gläubigen um sich selbst unzureichend; Heilsgewißheit ist immer zuerst eine Gewißheit um Christus und dann erst um mich selbst. Dennoch hat die E.Th. insgesamt gezeigt, wie eine lebendige Theologie auch die Infragestellung des kirchl. Glaubens durch Rationalismus und skeptische Bibelkritik (in der gleichzeitigen »Tübinger Schule« F.Chr. → Baurs) überwinden konnte: Sie antwortete nicht mit einfacher Wiederherstellung der altprotest. Orthodoxie, sondern mit einer »neuen Weise, alte Wahrheit zu lehren« (Hofmann), indem sie wissenschaftl. Denken zur Vergewisserung des Glaubens einsetzte. (Vgl. auch die Artikel zu den einzelnen genannten Personen.)

Lit.: Ph. Bachmann: Stellung u. Eigenart der sog. Erlanger Theologie. Festgabe für Th. Zahn, 1928,1ff; M. Hein: Lutherisches Bekenntnis und Erlanger Theologie im 19. Jh., 1984; R. Jelke: Die Eigenart der Erlanger Theologie, NKZ 41/1930, 19ff; Fr.W. Kantzenbach: Die Erlanger Theologie, 1960; M. Keller-Hüschemenger: Das Problem der Heilsgewißheit in der Erlanger Theologie im 19. u. 20. Jh., 1963.

U. Swarat

Erlaßjahr

Vorläufer und Grundlage des E.es ist ein sakraler Brauch, der in der ältesten Gesetzessammlung des AT, dem sog. »Bundesbuch« (2Mo 21-23), geregelt ist: In jedem siebten Jahr soll ein Acker nicht bestellt und abgeerntet, sondern »in Ruhe gelassen« werden, brach liegen (2Mo 23,10f). Damit wird JHWH als Schöpfer und Eigentümer des Landes geehrt, und das Land kehrt in seinen schöpfungsgemäßen, ursprünglichen Zustand zurück. Die Früchte des Wildwuchses im Brachjahr dürfen die Armen und die wilden Tiere nehmen. Eine Vorstufe des deuteronomischen E.es stellt auch die Regelung von 2Mo 21,2-11 betreffs der Freilassung eines hebr. Sklaven nach sechs Dienstjahren dar.

Die im Deuteronomium verbindlich festgeschriebene Interpretation der Brache in jedem siebten Jahr überträgt den agrarischen Vorgang auf wirtschaftl. Rechtsgeschäfte: Ein Gläubiger darf ein gegebenes Darlehen vom Schuldner im siebten (jetzt kalendarisch festgelegten) Jahr nicht zurückfordern. Mehr noch: Er hat die Schuld zu erlassen, sofern der Schuldner ein Volksgenosse (und damit Bruder!) und nicht ein Ausländer ist. Der hohe soziale Wert der mosaischen »*šemittâ*« besteht darin, daß sie nicht von einer gnädigen Herablassung der Mächtigen abhängt - solche Schuldenerlasse sind im damaligen Vorderen Orient öfter belegt -; vielmehr hat jeder verarmte Israelit einen Rechtsanspruch auf sie. Dem Schuldenerlaß eignet gottesdienstl. Dignität (5Mo 15,2: »für JHWH«); es ist ja JHWHs Wille, daß die schlimmen Folgen der Überschuldung ganzer Bevölkerungsteile (z.B. Verarmung, Pfändung, Schuldknechtschaft) regelmäßig gebrochen werden. Was aber, wenn die Besitzenden hart reagieren und angesichts eines bevorstehenden E.es Kredite verweigern? Dem entgegenzuwirken, steht den Promulgatoren des E.es nur der eindringliche Appell zu Gebote: »Öffne deinem Bruder die Hand!« (5Mo 15,1-11).

Zur Zeit Jesu hat allerdings Rabbi Hillel den »Prosbol« (Vorbehalt) eingeführt, den ein Gläubiger machen durfte, um sein Darlehen jederzeit - auch nach dem E. - zurückfordern zu können (Mischna Schebiith 10,3ff).

Wahrscheinlich erst für die Zeit des zweiten Tempels haben priesterliche Kreise ein kalendarisches »Sabbatjahr« (3Mo 25,2-7.20-22) - Variationen des alten Brachjahres - in Kombination mit dem → Jobeljahr (3Mo 25,8-55) konzipiert.

Lit.: O. Betz: »Sabbatjahr und Jobeljahr«, GBL 3, 1989, 1313f.

W. Grimm

Erlebnis → Erfahrung/Erfahrungstheologie

Erleuchtung

Der Begriff E. hat in der Antike (seit Platon und besonders in den gnostischen Mysterienkulten), im MA (besonders seit Augustin) und in allen Formen der christl. Mystik (bis zu → Tersteegen) eine jeweils eigene Bedeutung. Im Buddhismus, Zen- und Amida-Buddhismus, im Islam, bei den Quäkern und allen spiritualistisch-mystischen Bewegungen spielt die E. eine je verschiedene Rolle.

AT und NT verwenden den Begriff »Erleuchtung« (auch »Licht«), um vor allem die Erkenntnis der → Offenbarung und des Willens Gottes und des Evangeliums von Christus durch den Hl. Geist zu beschreiben. Luther hat in der Erklärung zum dritten Glaubensartikel (Kl. Katechismus) klassisch formuliert: ». . .der Heilige Geist hat mich durch das Evangelium berufen, mit seinen Gaben erleuchtet, im rechten Glauben geheiliget und erhalten.«

E. durch das Wort des Evangeliums in der Kraft des Hl. Geistes ist die Beschreibung lebendigen Glaubens als heilsame Erkenntnis der Sünde (tägliche → Buße) und der Gnade (Nachfolge und Heiligung). Die Reformatoren → Luther und → Calvin haben sich beide entschieden gegen eine von den Schwärmern behauptete »unmittelbare Erleuchtung« durch den Hl. Geist ohne die Bindung an das Wort der Hl. Schrift gewandt.

In der altprot. Orthodoxie hat seit Hollaz in der Lehre vom »ordo salutis« (→ Heilsordnung) der Begriff E. einen festen Platz erhalten. Im → Pietismus (z.B. J. → Arndt u. P. J. → Spener) wird die E. mit der → Bekehrung (Buße) und Wiedergeburt (Heiligung und Nachfolge) in enge Beziehung gesetzt.

In der neueren ev. Dogmatik spielt der Begriff der E. - außer bei W. → Elert (Der christliche Glaube, [5]1988, § 81, 464ff) und K. → Barth (KD IV, 3/2, 1959, 584ff) - kaum eine Rolle. Die letzte umfassende Darlegung findet sich bei E. Wacker, Die Heilsordnung (1898), hg. von M. Pörksen (1960) im 3. Kap.: »Von der Erleuchtung und geistlichen Erkenntnis« (Heilsordnung).

Lit.: J. Auer: »Erleuchtungsgnade«, LThK[2], Bd. 3, 1959, 1015f; W. Beierwaltes: »Erleuchtung«, HWP, Bd. 2, 1972, 712-717; L. Cassut: »Erleuchtung«, LThK[2], Bd. 3, 1959, 1014; E. Fahlbusch: »Heilsordnung«, EKL[2], 1962, 91-94; M. Koch: Der ordo salutis in der alt-prot. Dogmatik, 1899; R. Kübel: »Erleuchtung«, RE[2], Bd. 4, 1879, 297-299; L. Richter: »Erleuchtung«, RGG[3] II, 1958, 573-576; F.W. Schmidt: »Erleuchtung«, RGG[2] II, 1928, 258-260; R. Seeberg: »Erleuchtung«, RE[3], Bd. 5, 1898, 457-459; E. Wacker: Ordo salutis. Die Heilsordnung 1898, hg. von M. Pörksen 1960; F. Wagner: »Erleuchtung«, TRE 10, 1982, 164-174.

J. Heubach

Erlösung

a) religionsgeschichtlich

Man kann hören, alle Religionen seien E.sreligionen. Diese Annahme ist insofern richtig, als alle Religionen den Druck der Leiden dieser Zeit aufzuheben und den Menschen ihr Heil zu geben suchen. Aber diese Annahme ist insofern unrichtig, als das Heil, das die verschiedenen Religionen vermitteln, so verschiedenartig ist, daß die darin angezeigte E. nicht auf einen Nenner zu bringen ist. Wir brauchen hierfür nur den → Buddhismus in seinen verschiedenen Ausprägungen anzusehen. Im ursprünglichen Buddhismus verwirklicht der Heilige (*arhat*) das Heil als Lösung vom Daseinsdurst und Eingehen in die vier Schauungen, wodurch die Erleuchtung (*bodhi*) vermittelt wird, so daß das Erlöschen (*nibbāna*) erfolgen kann. Ganz andersartig ist das Heil z.B. im japanischen Amida-Buddhismus vermittelt: Es erfolgt durch das vertrauensvolle Wiederholen des Nembutsu: »Verehrung sei dem Buddha des unermeßlichen Lichtglanzes.« Eigenes Tun ist dabei überflüssig. Man hat die tiefen Unterschiede der E.swege der Religionen mit den drei Heilswegen des Hinduismus zu typisieren gesucht, der den »Weg der Werke« (*karma-mārga*) und den »Weg der Erkenntnis« (*jnāna-mārga*) und den »Weg der Hingabe« (*bhakti-mārga*) unterscheidet. Aber auch diese drei Typen erfassen die Vielfalt des rel. Heils nur sehr formal, bleiben aber hinter der inhaltlichen Wirklichkeit der E.s-Vorstellungen weit zurück. Wir können daher nur konkret die Heilsvorstellungen jedes einzelnen E.sweges kennzeichnen, ohne ihre Verschiedenheit auf allgemeine nichtssagende Abstrakta wie E. oder Heil zu übertragen.

Lit.: C. Clemen: Das Leben nach dem Tode im Glauben der Menschheit, 1920; H. v. Glasenapp: Unsterblichkeit und Erlösung in den indischen Religionen, SKG.G 14,1, 1937; G. Lanczkowski: »Heil und Erlösung I«, TRE 14, 1985, 605-609 (Lit.); R. Reitzenstein: Die hellenistischen Mysterienreligionen, [5]1980; J. Wach: Der Erlösungsgedanke und seine Deutung, 1922.

C.H. Ratschow

b) biblisch

1. Altes Testament

a. Die beiden hebr. Begriffe *gā'al* und *pādāh* bedeuten »loskaufen, abgelten, auslösen, losmachen, erlösen. . .« usw. und bezeichnen damit einen rechtlichen Vorgang aus dem Bereich des Zivilrechtes (Sklaven bzw. Erbloskauf) bzw. auch des kultischen Rechts (Auslösung von Erstgeburt usw.). Subjekt des Begriffes können Menschen oder Gott sein, wie aber auch andere Götter.

b. Die Begriffe für E. werden häufig im Austausch zu den Begriffen Rettung/→ Heil einerseits und Versöhnung/Sühne/sühnen andererseits verwendet und darum in Übersetzungen auch sehr verschieden wiedergegeben. Dabei sind sie sprachlich und sachlich klar zu unterscheiden, gerade auch dann, wenn sie denselben Vorgang bezeichnen. »Rettung« sagt etwas über Ziel und Absicht von Gottes Handeln aus und betont, daß bei solchem Einsatz Gottes der Mensch nichts dazu beitragen kann. »Loskauf/Erlösung« deutet denselben Vorgang in seiner rechtlichen Tiefe und zeigt, daß Gott dafür einen Kaufpreis einsetzt, während »Sühne/Versöhnung« den kultischen Aspekt aufdeckt: beim Kaufpreis, den Gott einsetzt, geht es um Opfer, also um Leben für verwirktes Leben.

c. Israel hat seine Errettung aus Ägypten als die große, zentrale Errettungstat Gottes erfahren und als »Loskauf« verstanden (2Mo 6,6; 15,13; Ps 74,2; 77,16; Jes 63,16; häufig in 5Mo 5-26).

An diesem Ereignis hat Israel seinen Glauben an Gottes E. festgemacht, immer wieder erneuert (→ Feste a) biblisch) und seine Hoffnung fortwährend vertieft (vgl. Sach 10,8ff; Neh 1,5-11) und unter der Unterweisung der Propheten gelernt, daß Gott auf diese Weise auch weiterhin handeln kann und will. Die Erwartung eines zweiten Exodus in Analogie (und Überbietung!) zum ersten gehört zur Hoffnung und Erwartung Israels (Jes 43,1; 44,22f; 48,20; 51,10; 52,3.9 u.v.a.), die in der Rückführung des Volkes aus dem Exil in Babylon wenigstenszeichenhaft Wirklichkeit wurde. Daß jedoch die erfahrene Wirklichkeit das Maß der Verheißung nicht erreichte, vertiefte die Hoffnung auf eine messianische, endzeitliche E. für das ganze Volk, ja die ganze Schöpfung und insofern auch für den einzelnen (Jes 35,9.10; 62,12).

d. Diese Vorgänge der Errettung werden nun als »Loskauf« gedeutet. Dabei geht es um einen Rechtsvorgang, der sich uns in zwei Bereichen zeigt. Einerseits in der rechtlichen (finanziellen) Auslösung von Sklaven, Grundbesitz, Familienmitgliedern (Israeliten als Sklaven in Fremdherrschaft; vor allem 3Mo 25) bzw. von Familienbesitz und Witwen durch Verwandte der Familie, denen das Recht zum Loskauf nicht nur zusteht, sondern auch auferlegt ist (Rut; 1Kön 16,11 u.a.). Der »Erlöser« ist der Loskäufer, der vom Sippenrecht her dazu bestimmt ist, die Loskaufsumme (Lösegeld) zu bringen.

Andererseits berührt das Loskaufrecht auch den Bereich des kultischen Rechts, wenn es um die »Erlösung« von dem Tempel Geweihtem (Tiere, Häuser, Felder, Zehnter; vgl. 3Mo 27) durch Geld geht. Was jedoch dem Bann verfallen ist, darf nicht gelöst werden (27,28f), während über die E. von Erstgeburt genaue Vorschriften bestehen (27,27; vgl. 2Mo 34,20; 13,13; 4Mo 18,15ff).

Dieser Rechtshintergrund zeigt, daß die bibl. Erlösungsauffassung ohne den Gedanken an einen

Erlöser und an eine Stellvertretung (Loskaufsumme) nicht gedacht werden kann, also dem Vorgang der Sühne (Opfer, Stellvertretung) nahesteht.

e. Was Israel durch Gottes Handeln als Ganzes erfahren hat (Exodus), das erhofft auch der einzelne von Gott als Hilfe (Spr 23,11; Klgl 3,58; Hiob 19,25; Ps 19,15; 69,19), da kein Mensch für sich oder für einen anderen die Loskaufsumme erbringen kann (Ps 49,8f); ja die Hoffnung auf Loskauf weist über den Tod hinaus (Hiob 5,20; 33,38) und umfaßt sowohl Hoffnung für den Leib (Heilung) wie für die menschliche Schuldvergebung (Ps 130,7.8; vgl. 34,23; 49,8f; 103,2f; Jes 44,22; 59,20).

f. Im nachbibl. Judentum setzt sich der bibl. Sprachgebrauch fort, wobei je nach Zeit, Situation und Richtung verschiedene Seiten der Hoffnung (polit., messianisch anhand 5Mo 18,15; apokalyptisch) vertieft werden.

2. Neues Testament

a. Wie im AT treten zu den Begriffen für »Loskauf« *apolytrōsis, lytroō; (ex)agorazō*, »(los)kaufen«, eine Reihe anderer Vorstellungen, die zusammen die Grundlage des ntl. Heilsverständnisses entfalten (→ Heil/Soteriologie; zu berücksichtigen sind v.a. → Sühne/Versöhnung; → Rechtfertigung; Heil/Rettung; aber auch Opfer; Blut; Kreuz usw.). »Erlösung« ist eine Vorstellung, die in diesem Zusammenhang ihr eigenes Profil hat.

b. Die einzelnen Bedeutungsbereiche, die im AT unterschieden sind, werden in der Sprache des NT vorausgesetzt und aufgenommen. Auch hier ist der Exodus Typos von Gottes erlösendem Handeln, aufgrund dessen auf die kommende »Erlösung Israels« gewartet werden darf (Lk 16,8; 2,38; 24,21; Jes 41,14; 43,14).

c. Jesus muß angesichts der Ablehnung seiner Sendung durch die jüd. Oberen und des naheliegenden polit. Mißverständnisses mit seinem gewaltsamen Tod gerechnet haben. Er hat die Bedeutung dieses Todes durch das bibl. Wort zu verstehen gesucht und als »Loskauf« (Sühne, Opfer) gedeutet (Mk 10,45 = Jes 43,4; vgl. 53,10-12 und 11,11f; 1Tim 2,5f), was auch in den Abendmahlsworten (→ Abendmahl) anklingt.

d. Die ntl. Briefe verwenden die Begriffe »erlösen/loskaufen« im Zusammenhang einer weit gefächerten Terminologie (z.B. Dahingabeformel, Röm 8,32f; »für uns ...«; versöhnen ... usw.). Von »Erlösung und Loskauf« wird gesagt:

Grund des Loskaufs ist Gottes erwählende Liebe, die aber nie kosmisch-universal, sondern immer geschichtlich-konkret gemeint ist und an Gottes Weg der Erwählung Israels gebunden bleibt und sich auf diesem Weg allen Menschen (Heiden) zuwendet (Röm 3,24; Eph 1,4-7).

Losgekauft wird vom Fluch des Gesetzes und der Sünde, die vor allem als eine Macht gesehen wird, die den einzelnen ergreift (Gal 3,13; Tit 2,14; vgl. Offb 1,5).

Der Loskauf geschah durch Jesu Tod am Kreuz, d.h. durch sein »Blut« (Eph 1,7; vgl. 1Petr 1,18f; Offb 1,5; 5,9), wo sich die Vorstellungen von Sühne/Opfer mit der des Loskaufes berühren.

Die unmittelbare Folge des Loskaufes besteht in einem umfassenden Herrschaftswechsel (1Kor 7,22f; Kol 1,23f; Eph 1,14). Damit verbunden ist die Vergebung der Schuld (Eph 1,7; Kol 1,14), die Annahme an Sohnes Statt, die ihrerseits Freiheit bedeutet (Gal 5,1), zu Gottes Eigentum erklärt (Tit 2,14; vgl. Offb 1,5f) und die Gabe der Sohnschaft (→ Gotteskindschaft) durch die Gabe des Geistes (als Angeld auf eschatologische Vollendung) besiegelt (Röm 8,14-23; Gal 4,4-7; Eph 1,11-14).

e. Allen Zeugen des NT steht fest, daß mit dem Heilsgeschehen Jesu (Tod, Auferstehung) der Loskauf rechtlich ein für allemal vollzogen und insofern bereits (rechtlich) Gegenwart ist. Auf dieses Recht hat sich der Glaubende auch zu berufen. Aber ebenso wissen die ntl. Zeugen, daß die Durchsetzung dieses Rechtes erst zeichenhaft begonnen hat (Wunder Jesu, der Urgemeinde, Heilungen als Zeichen der anbrechenden Herrschaft Gottes). Die Erlösung ist jedoch noch nicht »in Macht« durchgesetzt oder gar (vom Menschen; von der Kirche) durchsetzbar, sondern immer noch Gegenstand der Hoffnung. Insofern bleibt sie zwar in Zeichen anschaubar, in ihrer Wirklichkeit jedoch unter Schwachheit, Verfolgung und Tod verborgen (bis in ihr Gegenteil). Darum hofft die Gemeinde mit der ganzen Schöpfung auf die Erlösung (Eph 1,14; 4,30; Röm 8,20-23) bis Jesus wiederkommt.

Lit.: F. Büchsel: ThWNT I, ND 1990, 125-128; W. Haubeck: Loskauf durch Christus. Herkunft, Gestalt und Bedeutung des paulinischen Loskaufmotivs, 1985; E. Pax: Der Loskauf. Zur Geschichte eines ntl. Begriffes, in: Antonianum 37, 1962, 239-278; O. Procksch, F. Büchsel: ThWNT IV, ND 1990, 329-359.

W.J. Bittner

c) systematisch-theologisch

Mitte und Spitze der ntl. Theologie ist die Botschaft, daß Christus unser einziger Weg (Joh 14,6) und Grund (1Kor 3,11) der E. ist. Die Reformation wollte diesen »Hauptartikel« von der »E.« durch Christus allein (Schmalkaldische Artikel II, 1), der durch soteriologische Nebenzentren in Frage gestellt war (Maria, die Heiligen, Papst, die Kirche, der Mensch) wieder ins Zentrum von Glauben und Leben rücken. Durch die → Dialektische Theologie und ihren Hauptvertreter Karl → Barth wurde das Grundkerygma der Kirche von der E. durch Christus allein wieder zum Angelpunkt der Theologie im Kampf gegen die anderen Glaubens- und Heilsquellen des Neuprotestantismus und der liberalen Theologie. Die von K. Barth stammende erste These der → Barmer Erklärung 1934 bekennt sich gegen die falschen Heilswege der → Deutschen Christen mit Joh 14,6 und Joh 14,1.9 zu Jesus Christus als dem einzigen »Weg« zum »Vater« und der einzigen »Tür« zum Heil. »Jesus Christus ist« nach ihr »das eine Wort Gottes, das wir zu hören, dem wir im Leben und Sterben zu vertrauen und zu gehorchen haben«. An der Spitze der zweiten These der Barmer Erklärung steht das Bibelwort 1Kor 1,30: »Jesus Christus ist uns gemacht von Gott zur Weisheit und zur Gerechtigkeit und zur Heiligung und zur Erlösung«. Der Ökumenische Rat der Kirchen versteht sich in seiner für alle ihm angehörenden Kirchen verpflichtenden »Basis« als »eine Gemeinschaft von Kirchen, die den Herrn Jesus Christus gemäß der Heiligen Schrift als Gott und Heiland bekennen . . .«

Trotz dieses Fundamentalkonsenses der Kirchen im Grunddogma christl. Glaubens wird es heute nicht selten in der Theologie bestritten, neuerdings vor allem im christl.-jüd. und im interrel. Dialog. So wenn u.a. P.v.d. Osten-Sacken einen christologischen »Besitzverzicht« gegenüber dem Judentum fordert, Jesus sei nicht der »einzige Weg zum Vater«. Ähnlich P. Knitter, der in seiner »pluralistischen Theologie der Religionen« die These vertritt, Jesus Christus sei zwar »der universale Erlöser«, aber nicht »der einzige universale Erlöser«. Nach J. Moltmann geben wir, wenn wir die »Einzigartigkeit Jesu Christi« bestreiten, unsere »christliche Identität« und uns selber auf, wie er mit Recht gegen Knitter vermerkt.

Tendenzen, diesen einen Heilsgrund Jesus Christus umzustoßen, gibt es auch z.T. in der lateinamerikanischen Befreiungstheologie (die Armen werden die Welt richten und retten; der Mensch errichtet das Reich Gottes durch die Revolution) und im Feminismus (von der Frau ist das Heil der Welt zu erwarten).

Die E. allein durch Jesus Christus steht und fällt mit der Gottheit Christi (Basis des Ökumenischen Rates!). Ist Jesus Christus bloß ein Mensch und nicht der menschgewordene Gott, dann hätte er uns nicht erlösen können, denn der Mensch kann sich nicht selber erlösen. Daher war die Grundentscheidung der Kirche auf dem Konzil von Nicäa (325) gegen Arius von axialer Bedeutung: Jesus Christus ist »wesenseins« mit dem Vater. Die E. wird in Frage gestellt, wenn diese Wesenseinheit Jesu mit Gott (Phil2,6; Joh 1,1; 10,30; 14,9; 20,28) in Zweifel gezogen und seine Einheit mit Gott zu einer bloßen Offenbarungs- und Willenseinheit verfälscht wird, wie das bei P. → Tillich, F. → Gogarten, H. Küng, D. Soelle u.a. der Fall ist. Jesus *ist* Gott, offenbart aber nicht nur Gott oder ist nicht nur willenseins mit ihm wie jeder Christ, nur intensiver.

S.a. → Heil; → Versöhnung

Lit.: W. Lütgert: Der Erlösungsgedanke in der neueren Theologie, BFChTh 32,2/1928; M. Seils: »Heil und Erlösung IV.«, TRE 14, 1985, 622-637 (Lit.).

H.G. Pöhlmann

Erlösungsplan

Ausgehend von der Geschichtlichkeit des göttlichen Erlösungshandelns in Raum und Zeit wurde schon von altkirchl. Theologen der Versuch unternommen, sowohl das individuelle Erlösungshandeln Gottes mit dem einzelnen Menschen als auch das universelle Heilsgeschehen zu gliedern und zu periodisieren (→ Heilsordnung, → Heilsgeschichte). So fand → Irenäus von Lyon (gest. um 200) den Dreischritt: 1. Schöpfung, 2. Sündenfall, 3. Wiederherstellung und Zusammenfassung zu Christus (recapitulatio). → Augustin (354-430) stellte im Anschluß an die paulin. → Äonenlehre (Röm 12,2; Gal 1,4; Eph 1,9f; 3,8f) das Erlösungsgeschehen im geschichtl. Spannungsfeld des Kampfes zwischen dem Reich Gottes und dem Reich des Teufels dar. Im MA erlangte das chiliastische Konzept der drei Weltzeiten (des Vaters, des Sohnes und des hl. Geistes) von → Joachim von Fiore (ca. 1130-1202) große Bedeutung. Die → Reformation und die luth. Orthodoxie legten in Abwehr der mittelalterl. Rechtfertigungslehre den Ton auf das individuelle Heilshandeln Gottes am Menschen. So redet Luther in der Auslegung des dritten Glaubensartikels im Kleinen Katechismus von der Reihenfolge: »berufen, erleuchtet, geheiligt und erhalten«.

Die ref.-orth. → Föderaltheologie (*foedus*, »Bund«) im Anschluß an → Coccejus (1603-1669), der angelsächsische Evangelikalismus (→ Dispensationalismus) und die deutsche heilsgeschichtl. Theologie des 19. Jh.s griffen die paulin. Äonenlehre wieder auf und machten sie zur Grundlage einer heilsökonomischen Periodisierung der Geschichte in einzelne Weltzeitalter.

Eine gebräuchliche Zählung der Zeitalter ist folgende:

1. Das Zeitalter des Paradieses von der Erschaffung des Menschen bis zum Sündenfall.
2. Das Zeitalter der Selbstbestimmung vom Sündenfall bis zur Sintflut.
3. Das Zeitalter der menschlichen Herrschaft von der Sintflut bis zur Sprachenverwirrung.
4. Das Zeitalter der Patriarchen von Abraham bis Mose.
5. Das Zeitalter des Gesetzes von Mose bis Christus.
6. Das Zeitalter der Kirche oder Gemeinde Christi von Pfingsten bis zur → Wiederkunft Christi.
7. Das Zeitalter des Königsreichs (Tausendjähriges Reich) von der Wiederkunft bis zum Weltgericht, dem die Vollendung in Ewigkeit folgt.

In diesen Zeitaltern erfüllen sich die drei Hauptstücke des E.es: die Heilsvorbereitung (1. bis 5. Zeitalter), die Heilserfüllung (6. Zeitalter), die Heilsvollendung (7. Zeitalter).

Lit.: G. Lanczkowski, A. Schenker, E. Larsson, M. Seils: »Heil und Erlösung« I.-IV.«, TRE 14, 1985, 605-637 (Lit.); E. Sauer: Offenbarung Gottes und Antwort des Glaubens (im Anhang Heilskarte mit Erläuterungen) 1969; ders.: Morgenrot der Welterlösung, [6]1976; ders.: Der Triumph des Gekreuzigten, [13]1989; Fr. Hubmer: Der Heilsplan Gottes, [7]1968; ders.: Weltreich und Gottesreich in Prophetie und Erfüllung, [5]1971.

V. Gäckle

Erneuerung

1. E. ist ein vielschichtiger Begriff, der eine ganze Reihe von Aspekten beinhalten kann: von der materiellen E. im Sinne einer Restaurierung bis hin zur geistigen E. einer ganzen Gesellschaft. Im christlichen Sinne kann zwischen der individuellen geistlichen E. des Menschen in der Bekehrung und der umfassenden E. einzelner Gemeinden, ja einer ganzen Kirche (z.B. im Sinne einer → Erweckung) unterschieden werden. Der inflationäre Gebrauch des Begriffs in der Gegenwart wirft Licht auf die Sehnsucht nach E. als einer menschlichen Grundkonstante, die nicht selten manches Alte nur in neuem Licht erscheinen läßt.

2. In der Bibel wird dieser Tatbestand deutlich gesehen. Der Prediger Salomo betont, daß es »unter der Sonne nichts Neues gibt« (Pred 1,9). Statt dessen vermittelt er die weise Erkenntnis, daß »alles seine Zeit hat« (Pred 3,1-8); auch das Neue hat demnach seine Zeit. Im NT führt Lukas uns die Athener vor Augen, die immer »darauf aus waren, etwas Neues zu sagen oder zu hören« (Apg 17,21). Sie werden zum Sinnbild des ständig hektisch sich nach Neuem ausrichtenden Zeitgenossen, der unzufrieden ist mit der Alltäglichkeit seines Lebens.

3. Das alles heißt aber nicht, daß die Bibel nicht doch wirklich Neues kennt. In der prophetischen Botschaft kündigen Jeremia und Hesekiel an, daß Gott seinem Volk einen neuen Bund, ein neues Herz, einen neuen Geist geben wird (Jer 31,31; Hes 11,19 u.ö.). Im NT wird die Verheißung zur großen Erfüllung: »Ist jemand in Christus, so ist er eine neue Kreatur. Das Alte ist vergangen, siehe, Neues ist geworden« (2Kor 5,17; vgl. auch Joh 3,3.5). Und der Ausblick auf »den neuen Himmel und die neue Erde« (Off 21,1) zeigt an, daß es in der Vollendung noch einmal einen neuen Anfang geben wird. Der Wegbegleiter zwischen Erfüllung und Vollendung ist der Hl. Geist, dessen belebende Kraft wirkliche E. (und nicht Restaurierungen) herbeiführen kann (vgl. Apg 1,8).

4. So hat die Kirche Jesu Christi sorgfältig zu prüfen, ob bei der so faszinierenden Rede von der E. wirklich Neues anklingt. Nach bibl. Botschaft ist neu, was vom Geist Gottes gewirkt ist und das Leben der Gemeinde entwickelt und aufrechterhält. Darum wird eine kirchl. E.sbewegung geistliche Kräfte in Anspruch nehmen, sie wird aus dem Gebet und aus Gottes Wort, aus → Beichte und Vergebung herauswachsen. Sie wird den gekreuzigten Christus großmachen wollen und zur Nachfolge einladen. Dann wird sie sich auch moderner Methoden bedienen, wird Gemeindewachstumsstrategien etc. mitbedenken und auch weltliche Werbemethoden nicht verachten, wenn sie dem Evangelium nicht zuwiderlaufen. Bei allem gilt aber: Eine wirkliche E. bedarf des »Platzregens des Heiligen Geistes« (M. Luther). So hängt alle E. an Gottes eigenem Wollen und Vollbringen. Wir sollen, im Wissen, daß Gott zu seinen Verheißungen steht, tapfer und fröhlich unsere Arbeit tun (Phil 2,12f).

5. Leider aber gilt, auch für die lebendigste Gemeinde: Auch die wunderbarste E. hat ihre Begrenzung,

weil die Vollendung noch aussteht. Wenn es denn doch wieder »menschelt«, wenn auf das Blühen der ersten Generation das Stöhnen der zweiten Generation folgt: Wir sind noch nicht am Ziel! Dem stöhnenden Paulus hat Christus gesagt: »Laß dir an meiner Gnade genügen, denn meine Kraft ist in den Schwachen mächtig« (2Kor 12,9).

6. So bleiben wir immer wieder auf neue Kraft angewiesene »Neulinge«. Wir werden reifer im Glauben, gewiß, aber wie Kinder strecken wir – je länger desto mehr – unsere leeren Hände Christus entgegen, um sie von ihm füllen zu lassen (Röm 5,2; Joh 21,4).

Lit.: J. Schniewind, Zur Erneuerung des Christenstandes, 1966; T. Sorg: Wie wird die Kirche neu?, 1977.

H. Bärend

Ernst I., der Fromme (1601-1675)

E., geb. am 25. 12. 1601 auf Schloß Altenburg, gest. am 26. 3. 1675 in Gotha. Seit 1640 Herzog zu Sachsen-Gotha und Altenburg, der Inbegriff des patriarchalischen luth. Landesfürsten, widmete E. sich intensiv der »zeitlichen und ewigen Wohlfahrt« seiner Untertanen. Auf Grund seiner tiefen Frömmigkeit machte er die Kirchenreform und die rel. Bildung zum Zentrum des umfassenden öffentlichen Wiederaufbaus nach den Verwüstungen des → Dreißigjährigen Krieges: Generallandvisitation (1641-45); Begründung der allg. Volksschule durch Unterrichtsreform und Einführung der Schulpflicht; Überwindung des Analphabetismus durch Katechismusunterricht für Erwachsene (»Informationswerk«); erstes ev. Landesgesangbuch (»Geistliches Gesangbüchlein« 1660); schließlich die von E. veranlaßte »Ernestinische Bibel« (auch weimarische, gothische, nürnberger oder jenaische Bibel genannt, Erstdruck 1641, zuletzt 1880 in St. Louis), eine durch umfangreiche Erklärungen erweiterte Lutherbibel. Der fromme Fürst, dessen polit. Werk über Deutschland hinaus Bewunderer fand, wurde von seinen Landeskindern »Bete-Ernst« genannt.

Lit.: G. Loesche: »Ernst der Fromme«, RE^3 Bd. 5, 1898, 477-481; ADB VI, 302.

J. O. Rüttgardt

Erntedankfest

Ev. Gemeinden begehen das E. in der Regel am Sonntag nach Michaelis (29. 9.) bzw. am ersten Oktobersonntag. Es ist üblich, Altar und Altarraum mit Erntegaben zu schmücken (Getreidegarben, Brot, Weintrauben u.a.). Man liest 2Kor 9,2-16 (Sammlung für die Gemeinde in Jerusalem, verglichen mit Aussaat und Ernte) und Lk 12, (13f) 15-21 (Gleichnis vom reichen Kornbauern).

Kirchenordnungen der Reformationszeit hatten zunächst unterschiedliche Bestimmungen hinsichtlich des Termins getroffen (so zu Michaelis, zum Bartholomäustag am 24. 8., zum Sonntag nach Ägidii am 1. 9. oder nach Martini am 11. 11.).

Auch kath. Gemeinden begehen das Fest, örtlicher Gewohnheit folgend, am letzten September- oder am ersten Oktobersonntag; zudem können die Herbstquatember in der ersten Oktoberwoche (von lat. *quattuor tempora*, »vier Zeiten«, für die vier über das Jahr verteilten Quatemberwochen, die auf den Beginn der Jahreszeiten und heidnisch-röm. Aussaat- und Erntetage verweisen) unter das Thema Erntedank gestellt werden. Die Segnung der Erntegaben kann innerhalb der Messe oder in einer eigenen Feier stattfinden; sie sollen danach »in das gemeinsame häusliche Mahl einbezogen« oder »Armen, Kranken und alten Menschen gebracht« werden (Benediktionale). Die Erntegaben diakon. Zwecken zuzuführen, ist auch in ev. Gemeinden üblich.

Lit.: A. Adam: Das Kirchenjahr mitfeiern, 1979; G. v. Gynz-Rekowski: Der Festkreis des Jahres, ^{2}1985.

K.-H. Bieritz

Eros → Liebe; → Sexualethik

Erwachsenenbildung

Zu den Aufgaben der Kirche gehört seit ihren Anfängen die E. »Sie hat teil an einer Grundaufgabe von Kirche, dem Lehren und Lernen.« (Evangelische Erwachsenenbildung als Aufgabe der Evangelischen Kirche. Grundsätze, EKD 1983). Ihre Anfänge finden sich im NT: »Verstehst du auch, was du da liest?« (Apg 8). Das menschliche Begreifen als Antwort auf das Ergriffenwerden durch Gott ist die Voraussetzung der Taufe. Erwachsene waren die ersten Katechumenen. Der ev. Erwachsenenkatechismus (hg. von H. Jetter u.a. 1975, 1989) setzt die Katechismustradition der Reformation fort. Im 19. Jh. hat der dänische Bischof N.F.S. → Grundtvig den Zusammenhang von E. und Gemeindebildung, in gesellschaftl. wie in kirchl. Hinsicht, erkannt und Einrichtungen der E. angeregt und gefördert (Gemeindehuset). Er gilt als einer der Väter moderner E. überhaupt.

Ev. E. heute muß sich auch verstehen und legitimieren vor dem Hintergrund der E. insgesamt, deren Wurzeln in der europäischen Aufklärung liegen und die der Industrialisierung wichtige Impulse verdankt. In Deutschland hat die E. seit der Weimarer Republik gesellschaftl. Anerkennung gefunden. Eine freie Volksbildung sollte zur berufsbezogenen Weiterbildung, staatsbürgerlichen Bildung, und auch zur Überwindung der Kluft zwischen den mit der Hand arbeitenden und den »gebildeten« Menschen beitragen; die Volkshochschulen entstanden. Spätestens seit dem Strukturplan des Deutschen Bildungsrates gilt die E. als eine wichtige staatl. Aufgabe. Immer mehr Erwachsene müssen immer häufiger die »Schulbank« drücken. Die beruflichen Anforderungen steigen, das Wissen veraltet frühzeitiger, ein Lernen auf Vorrat ist immer weniger möglich. Diese Entwicklungen führen zu einer verstärkten Nachfrage beruflicher E. Aber auch die sozialen und polit. Veränderungen erfordern immer öfter Neu- und Umlernen. Für eine verantwortungsbewußte Demokratie wichtig ist die polit. Bildung (z.B. durch die Stiftungen der Parteien, Gewerkschaften, aber auch – in größerer Distanz und Neutralität – verschiedener ev. Träger). Auch werden dem einzelnen Menschen immer mehr selbständige Entscheidungen abverlangt. Um sich dabei zurechtzufinden, selbständige Entscheidungen begründet treffen und sich angesichts persönlicher wie gesellschaftl. Krisen verantwortungsvoll orientieren zu können, bedarf es der Angebote personorientierter, sozialer, kommunikativer und kultureller E. Pluralität der Träger ist ein Kennzeichen von E. seit den Anfängen freier Volksbildung. Ev. E. ist Teil dieses pluralen Angebots. Sie leistet auch einen wichtigen Beitrag zur allg. E., indem sie auf die Pluralität achtet und inhaltlichen wie finanziellen Verkürzungen der E. generell wehrt, so daß sich E. z.B. nicht in beruflichen Maßnahmen oder polit. Kursen erschöpft. Deshalb sind Angebote der E. notwendig, die sich auf die Menschen in ihren unterschiedlichen Lebenssituationen beziehen und den Menschen dabei nicht auf einen Teilaspekt reduzieren. Solche situations- und personorientierten Angebote dürfen gegenüber einer beruflichen oder politischen E. finanziell nicht benachteiligt werden.

Auf Pluralität zu achten, fällt ev. E. nicht schwer, denn sie verdankt sich selbst der Vielfalt im ev. Bereich. Die ersten Ansätze einer ev. E. entwickelten sich z.B. in Männer- bzw. Frauenarbeit, Industrie- bzw. Handwerkerarbeit. In Grundtvigscher Tradition kamen Heimvolkshochschulen hinzu. Ab 1945 wurden in allen Landeskirchen die ev. → Akademien eingerichtet. Ev. E. ist heute nur in der Vielfalt von Angebot und Träger (Werke, Verbände, Kirchenkreise, Gemeinden...) denkbar. Entsprechend gibt es ganz unterschiedliche Arbeitsformen in der ev. E., angefangen bei den Hauskreisen, über Initiativgruppen, bis hin zu Tagungen (z.B. der Akademien), Fernstudium und Zukunftswerkstätten. Als theol. Bildung, als gesellschaftl., polit. oder gemeindeorientierte Bildung, ob (weniger) als Vortragsveranstaltung oder (mehr) als Seminar, ob kreativ oder verbal, gruppen- oder inhaltsorientiert, ev. E. ist immer dialogisch. Deshalb nimmt sie auch den Ausgang bei den Nöten und Nachfragen ihrer Teilnehmer(innen). Das ist keine nur taktische Regel. Ev. E. nimmt den Menschen als Gottes Ebenbild ernst. Vier Prinzipien haben sich in der ev. E. herauskristallisiert:

1. Gewinnung der inhaltlich-thematischen Fragestellungen aus der alltäglichen Lebenswelt der jeweils angesprochenen Adressatengruppen.

2. Verwirklichung eines mehrdimensionalen Lernbegriffs, in dem orientierende Aufklärung und befreiende Erfahrungsverarbeitung, Gemeinschaftserfahrung und kritische Handlungsbefähigung eine unlösliche Verbindung eingehen.

3. Aufbau eines differenzierten Systems der E. in ev. Trägerschaft in systematischer Weiterentwicklung der bisherigen Strukturen.

4. Entscheidung für die Beteiligung an einem plural verfaßten System der E. unter öffentlicher Verantwortung, ohne auf eine kritische Mitgestaltung dieses Systems zu verzichten, die darauf ausgerichtet ist, humanes, befreiendes und sinnstiftendes Lernen nicht nur zu ermöglichen, sondern herauszufordern« (DEAE). In der Deutschen Evangelischen Arbeitsgemeinschaft für Erwachsenenbildung (DEAE) und ihren landeskirchl. Arbeitskreisen arbeiten alle Träger ev. E. auf dieser Grundlage zusammen. Sie ist Ausdruck der Absicht, das Evangelium als helfende und befreiende Botschaft in die Bearbeitung alltäglicher persönlicher, kirchl. bzw. gesellschaftl. Problemstellungen einzubringen.

Lit.: G. Buttler et al.: Einrichtungen der evangelischen Erwachsenenbildung (EKD-Reihe Bd. 12), 1982; G. Bromm et al. (Hg.): Einrichtungen der Evangelischen Erwachsenenbildung (EKD-Reihe Bd. 3), 1978; Kirchenamt der EKD (Hg.): Erwachsenenbildung als Aufgabe der evangelischen Kirche. Grundsätze, 1983; K.E. Nipkow: Bildung als Lebensbegleitung und Erneuerung. Kirchliche Bildungsverantwortung in Gemeinde, Schule und Gesellschaft, 1990 (bes. Kap. 12); K. Wegenast: Evangelische Erwachsenenbildung, in: G. Adam, R. Lachmann (Hg.): Gemeindepädagogisches Kompendium, 1987 (Kap. 12).

Die DEAE veröffentlicht regelmäßig aktuelle Informationen aus der ev. E. in ihrem »Nachrichtendienst«.

Ch. Th. Scheilke

Erwählung

a) biblisch

Durch seine E. wählt Gott einzelne oder Gruppen aus einer größeren Menge aus. Im AT wird dafür meist das Verb *bachar* (LXX: *eklegesthai*) gebraucht, im NT die Wortgruppe *eklegesthai, eklogē*.

1. Im Alten Testament

a. Gott hat Israel aus allen Völkern als sein Volk erwählt, nicht wegen eines Vorzugs, sondern weil er es liebte (5Mo 7,6-8; vgl. 9,4-6; Ps 106,4f). Diese freie E. Gottes vollzog sich durch die Befreiung aus Ägypten. Dadurch wurde Israel zu Gottes Eigentumsvolk, das er segnet und für das er sorgt. Die E. bedeutet für Israel zugleich, daß es nun Gott dienen und lieben und nach seinem Willen leben soll (5Mo 10,12ff; 4,37ff). Durch Ungehorsam hat das Volk im Lauf der Geschichte die großen Möglichkeiten der E. vertan (vgl. Hes 20,5ff).

In und nach dem babylon. Exil wird neu an die Erwählungszusagen angeknüpft (Jes 41,8f; Jer 33,24-26; Sach 1,17; 2,16; vgl. Jes 14,1). Die Heilszusagen werden z.T. auf einen glaubenden »Rest« Israels eingeschränkt.

b. Aus seinem Volk hat Gott bestimmte Personen erwählt für besondere Aufgaben. So erwählte er Abraham (Neh 9,7; Jes 41,8), Mose (Ps 106,23), Aaron (105,26), die Priester (5Mo 18,5; 1Chr 15,2; 2Chr 29,11) und Könige (1Sam 10,24;2Sam 6,21; 1Chr 28,4ff). Er hat auch den »Knecht Gottes« erwählt (Jes 42,1), der durch sein stellvertretendes Leiden den vielen Gerechtigkeit schaffen soll (vgl. Jes 53).

2. Im Neuen Testament

a. Von der E. Israels spricht das NT nur noch an wenigen Stellen (Apg 13,17; Röm 11,5ff.28). Gott hat Israel nicht verstoßen, sondern er erweist seine Treue dadurch, daß entsprechend seiner E. ein »Rest« aus Israel an Christus glaubt und so das Heil erlangt.

b. Vor allem werden die Glieder der Gemeinde, die an Christus glauben, nun als die Auserwählten Gottes bezeichnet (Mk 13,20ff par.; Kol 3,12; 2Tim 2,10). Gott erwählt Menschen nicht wegen ihrer besonderen Qualitäten(1Kor 1,27f; vgl. Jak 2,5), sondern auf Grund seiner Gnade bzw. Liebe (vgl. Röm 9,11f; Eph 1,4f). Die Auserwählten sollen heilig leben und Gott verherrlichen, und sie erhalten Anteil an Christi Herrlichkeit und am himmlischen Erbe (Eph 1,4ff; vgl. Joh 15,16; 2Petr 1,10).

c. Jesus wird bezeichnet als Gottes auserwählter Sohn (Lk 9,35), als der auserwählte Eckstein, durch den Gott Menschen rettet (1Petr 2,4-6).

d. Als einzelne hat Gott → Paulus (Apg 9,15) und Petrus (15,7) für besondere mission. Aufgaben erwählt. Jesus hat aus dem größeren Jüngerkreis zwölf als seine → Apostel erwählt (Lk 6,13; Joh 6,70; vgl. 15,16).

e. Das Wissen um die E. Gottes motiviert zu Lob und Dank. Es schenkt die Gewißheit des Heils, weil dieses in Gottes Liebe und nicht in menschlichen Leistungen gründet (Röm 8,31ff). Vor einer falschen Heilssicherheit auf Grund der E. warnt Jesus durch eine Unterscheidung zwischen Berufung und E. (Mt 22,14). Parallel werden beide Begriffe gebraucht in Röm 9,11; 11,28; 2Petr 1,10; Offb 17,14.

E. ist nicht gleichzusetzen mit Prädestination. Mit *eklegomai* wird nur in Eph 1,4 von Gottes E. vor Grundlegung der Welt gesprochen; Gott faßte seinen Heilsplan im präexistenten Christus und erwählte so die, die an ihn glauben (vgl. 2Thess 2,13f).

Lit.: G. Schrenk, G. Quell: ThWNT IV, 1942, 147-197; L. Coenen: TBLNT I, [8]1990, 282-291; H. Wildberger: THAT I, [4]1984, 275-300; J.I. Packer: GBL 1, 1987, 340-342.

W. Haubeck

b) theologiegeschichtlich

Augustinus hat erstmals in der Theologiegeschichte die Lehre von der Gnade, der Erwählung und Prädestination (Vorherbestimmung) in die Mitte theol. Denkens gerückt. Die Gnade wirkt nach ihm unwiderstehlich, sie ist an keine Bedingungen geknüpft, sondern ergeht unbedingt, sie ist als freie Gnade reines Geschenk. Er lehrt eine doppelte Prädestination: Aus der »Masse der Verdammnis« (*massa perditionis*) reißt Gott die Erwählten heraus, (de corr.et grat 13,39), die er »vorherbestimmt hat zur Gnade«, während er einen anderen Teil der Menschheit »gerechterweise zur Strafe vorherbestimmt hat« (enchir. 100), gerechterweise, weil ja im Grunde alle Menschen die Verdammnis verdient haben und er die Verdammten ihrer selbstverschuldeten Verdammnis überläßt. Auf die Frage, warum Gott nicht alle erwählt, sondern einen Teil verdammt habe, gibt Augustinus die Antwort: »Warum sonst, als weil er es so gewollt hat. Warum hat er es aber gewollt? Mensch, wer bist du, daß du Gott zur Rede stellen willst?« (Epist. ad. Rom. 186,23).

Im allg. wurde - sieht man von Gottschalk und einigen anderen ab - im MA die Prädestinationslehre Augustins vollkommen umgedeutet. Die »Vorherbestimmung« und »Verwerfung« wurde mit dem »Vorherwissen« Gottes gleichgesetzt, der menschliches Verhalten voraussieht (so etwa Petrus Lombardus, sent. libr. IV dist. 40).

In ihrem Kampf gegen die Werkgerechtigkeit und die Heilsverwaltung der kath. Kirche griffen die Reformatoren auf die Lehre der göttlichen Prädestination, in der sich die Alleinwirksamkeit Gottes zum Heil ausdrückt, zurück. Die Lehre Augustins von der E. aus Gnade und Nicht-E. aus Gerechtigkeit wird von ihnen zur doppelten Prädestination - E. und Verdammnis - ausgebaut.

Die durch die Vernunft nicht verrechenbare Abgründigkeit göttlicher Prädestination wurde vom jungen → Luther und von → Melanchthon, vor allem aber von → Zwingli und → Calvin erneut im Anschluß an Augustinus wiederentdeckt. Zwingli, der die doppelte Prädestination lehrt, antwortet auf die Frage, wieso die Verworfenen deswegen verdammt werden, weil sie nichts Gutes tun, obschon sie doch gar nichts Gutes tun können: »Lies Matth. 7,18f. Wenn Du nun nicht gute Frucht bringst, so ist es ein Zeichen, daß Du ein böser Baum bist!« (20. Art. der Auslegung der Schlußreden).

Calvin meint: »Gott hat in seinem ewigen und unwandelbaren Ratschluß ein für allemal festgesetzt, welche er einst zum Heil annehmen und welche er andererseits dem Verderben anheimgeben will.« Wichtig ist auch ihm, wie Zwingli, daß der Herr seine Auserwählten »kenntlich macht«, ebenso wie er den Verworfenen durch »Zeichen« ihren Ausschluß vom Heil und der Heiligung zu erkennen gibt (Institutio III 21,7). Die → Bekenntnisschriften der luth. Reformation kennen nur eine Prädestination zum Heil, nicht zum Unheil, Prädestination und E. sind identisch (1577 Konkordienformel Art. 11). Die röm.-kath. Kirche hat im Trienter Konzil in der sechsten Sitzung 1547 die doppelte Prädestination verworfen, ebenso wie Papst Innozenz X. 1653 in Abwehr des Jansenismus, einer innerkath., augustinisch orientierten Bewegung. Durch die → Dordrechter Synode 1618-1619 wurde der ref. Christenheit die calvinistische Prädestinationslehre gegen die holländischen Remonstranten oder Arminianer (→ Arminius), die sie bestritten, lehramtlich fixiert.

Calvin spricht von einem dreifachen Nutzen der E.s- und Prädestinationslehre: Gewißheit, Demut und Dankbarkeit (Institutio III 21,1). Auf jeden Fall aktiviert das E.sbewußtsein den Menschen in enormem Ausmaß, muß er doch die E. durch gute Werke ausweisen (Syllogismus practicus). Wirtschaft und Industrie prosperierten nicht zufällig gerade in calvinistischen Ländern der früheren Neuzeit wie Holland, England, Nordamerika, der Schweiz und bei den franz. → Hugenotten. Der Religionsphilosoph E. Troeltsch meinte sogar: »Es ist schon so: Erwählung, Gnade, Prädestination, Auslese ist alles ... Gnade und Erwählung sind das Geheimnis und Wesen der Geschichte« (Der Historismus und seine Probleme, 1922, 101).

H.G. Pöhlmann

c) systematisch-theologisch

Ähnlich wie vorher schon → Augustinus haben → Calvin und die traditionelle ref. Theologie den Erwählungsgedanken und die doppelte Prädestination zum Ausgangs- und Zielpunkt theol. Denkens gemacht. Calvin definiert die »Prädestination« als »die ewige Anordnung Gottes, derzufolge er bei sich beschloß, was aus jedem Menschen werden sollte nach seinem Willen. Denn sie werden nicht alle mit der gleichen Bestimmung geschaffen, sondern den einen wird das ewige Leben, den anderen die ewige Verdammnis im voraus verordnet.« Die luth. Konkordienformel (1577) lehnt die doppelte Prädestination zum Heil und Unheil ab: Die »Prädestination« ist identisch mit der »ewigen Erwählung Gottes«.

Ist Prädestination und E. dasselbe und besteht sie nur in der Prädestination zum Heil oder auch zum Unheil? Das Luthertum hat bis heute gegen die herkömmliche ref. Lehre von der doppelten Prädestination im Namen der Universalität des Heils protestiert, das allen Menschen angeboten wird (2Petr 3,9; 1Tim 2,4; Tit 2,11; Mt 28,19). Interessant ist die Selbstkorrektur der ref. Prädestinationslehre durch K. → Barth und E. → Brunner. Die Prädestination ist bei Barth eine »doppelte«, aber nicht in dem traditionell calvinist. Sinn, daß ein Teil der Menschheit von Ewigkeit her erwählt, der andere verworfen ist, sondern in dem Sinn, daß in Jesus Christus alle Menschen erwählt sind, obschon sie ohne ihn alle verworfen sind; denn Jesus Christus ist der einzig erwählte und der einzig verworfene Mensch. Gott verwirft sich selbst am Kreuz stellvertretend für alle Menschen, so daß kein Mensch verworfen und alle erwählt sind. Gott tauscht mit uns. Dieser »Tausch« auf Golgatha ist »nicht mehr rückgängig zu machen«. E. Brunner hat mit Recht darauf hingewiesen, daß diese Lehre Barths im Widerspruch zum NT steht und daher keine überzeugende Alternative zu Calvins Prädestinationslehre sein kann. Die doppelte Prädestination Calvins wird von E. Brunner abgelehnt, weil sie der »Liebe Gottes« widerspricht, wie umgekehrt die Lehre von der Apokatastasis (→ Allversöhnung), der Barth zuneigt, unvereinbar wäre mit Gottes »Heiligkeit«. Die Bibel lehrt zwar, daß das Heil in der ewigen E. begründet ist, doch die naheliegende Konsequenz wird gerade nicht gezogen, daß auch das Unheil in einem entsprechenden ewigen Unheilsratschluß begründet sei. »Wir sollen die Schrift so unsymmetrisch lassen, wie sie... ist« (Unser Glaube, 1934, 33).

In der Tat ist nirgendwo in Röm 9, auch nicht in den Versen 13.15-18 und 21f von einer von Ewigkeit her beschlossenen und ewig dauernden Verwerfung die Rede. Zudem muß Röm 9 im Kontext von Röm 10 und 11 interpretiert werden. Nach Röm 10,17ff ist die Verwerfung des einzelnen seine eigene Schuld, weil er nicht glaubt. Von Röm 11,25f und 32 her gilt die Verstockung nicht als letztes, sondern als vorletztes Wort Gottes. Paulus kennt keine letztgültige, unabänderliche Verwerfung. Die Prädestination ist keine doppelte, sondern nur eine Prädestination zum Heil (Eph 1,4f; Röm 8,28), Prädestination ist E.

Lit.: K. Barth: KD II/2, 1942, 1ff; E. Brunner: Dogmatik I, ^{2}1953; W. Elert: Der christliche Glaube, ^{6}1988, 453ff.

H.G. Pöhlmann

Erweckung

1. Begriff und Sprachgebrauch

Der Begriff E. umfaßt die beiden Momente des Erweckens und des Erwachens. »Erwecken« steht für den von außen ertönenden Ruf bzw. das von außen aufstrahlende Licht des neuen Tages, während »Erwachen« den Akzent auf die neue Sicht der Welt und Wirklichkeit ebenso wie auf die neue Aktivität legt, vor denen das Alte verblaßt. E. ist somit die geistige Entsprechung zum allmorgendlichen Aufwecken und Aufwachen.

Im christl. Sprachgebrauch bezeichnet E. das Geschehen, in dem ein Mensch durch den Geist Gottes im eigentlichen Sinne Christ wird. Der Weckruf ist in diesem Kontext Bild für das Wort Gottes, das Licht des neuen Tages für den Geist Gottes.

Auch außerhalb des Christentums findet sich der Vorgang geistiger E., z.B. in der sog. → Gnosis, der mittelalterl. Licht-Mystik und der → Aufklärung des 17. Jh.s. Die Gefahren letzterer liegen in ihrer Neigung, sich selbst zu verabsolutieren und damit als Wege der Selbsterlösung zu erscheinen.

2. Biblisch-bestimmte Erweckung

Den bibl. E.sbegriff deutet der urgemeindliche Hymnus in Eph 5,14 »Wache auf, der du schläfst, und stehe auf von den Toten, so wird dich Christus erleuchten.« Der Noch-nicht-Erweckte wird als Schlafender, ja als Toter angerufen, und der mit todüberwindender Kraft ausgestattete Weckruf führt ihn zu Jesus Christus und damit ins Licht des neuen Lebens.

a. Erweckung aus Gottes Liebe

Im NT bezeichnet »Erwecken« im geistigen Sinne die Auferweckung Jesu (1Kor 15,3-5), die die Grundlage und das Unterpfand (2Kor 1,22; 5,5) ist, zum einen für die Auferweckung des Menschen aus dem Tode der Sünde in die Christusgemeinschaft (vgl. Eph 2,1-6) und zum anderen für die leibliche Auferweckung der Toten am Jüngsten Tage (1Kor 15,12-57). Grund für dieses erweckende und lebenschaffende Handeln Gottes ist allein seine Liebe zu den Menschen (Joh 3,16).

b. Erweckung aus Gottes Wort

Der E.sruf ist Gottes Wort, primär in der raum- und zeitübergreifenden Gestalt der Heiligen Schrift. Der Mensch darf sich vor Gott auf dieses geschriebene Wort berufen. Es hat Charakter und Kraft eines Samens und erzeugt im Hörenden die Fähigkeit zu einer geistl. Schriftauslegung und einer entsprechenden schriftgemäßen Bezeugung.

c. Erweckung aus dem Tod zu Glaube und Leben

Der Nicht-Erweckte weiß von seinem Tod in der Sünde so wenig wie der Schlafende davon, daß seine Vorstellungen bloße Träume sind. Darum geschieht E. nur durch den Vollzug des Zorngerichts Gottes über die Sünde und die Aufdeckung unserer Ungerechtigkeit hindurch (Röm 1,17f), d.h. durch den Tod Jesu »für uns« hindurch. Durch die → Taufe wissen wir davon, daß wir mit Christus gestorben und »mit ihm begraben sind durch die Taufe in den Tod, damit, wie Christus auferweckt ist von den Toten durch die Herrlichkeit des Vaters, auch wir in einem neuen Leben wandeln« (Röm 6,4). Mit der Taufe hängt für den Christen der Glaube zusammen wie Tod und Auferstehung Jesu. Er ist mit Christus gestorben in der Taufe und mit ihm auferstanden durch den Glauben (Kol 2,12). E. ist als geistige Auferweckung vom Tod der Sünde E. zu einem von Gott bestimmten Leben mit Christus, das von dem alten, selbstbestimmten Leben deutlich abgegrenzt ist. Das »Leben im Geist« ist Ziel des erweckenden Rufes Christi.

d. Erweckung zur Gemeinde

Die E. des einzelnen führt in die Gemeinschaft der Glaubenden, die im Abendmahl Ausdruck findet (1Kor 11,20f) und im NT Leib Christi (1Kor 12), neues Gottesvolk (1Petr 2,9f) oder endzeitliche Brautgemeinde genannt wird. Die erste E. zur Gemeinde wird in Apg 2 als gegenseitiges Verstehen aufgrund der Überwindung der babylonischen Sprachverwirrung (1Mo 11) sowie als Frucht geistl. Schriftauslegung (Apg 2,16) und persönlicher Zeugenschaft (Apg 2,32), die durchs Herz geht (Apg 2,37), berichtet.

Im Rahmen der sich ausbildenden Institution Kirche unterscheidet sich die erweckte → Gemeinde als Kirche im eigentlichen Sinne von der offiziellen Kirche im weiteren Sinne.

3. Gestalt und Gefährdung der Erweckung

Die Elemente bibl. Erweckung zeigen sich beispielhaft an der Reformationsbewegung des 16. Jh.s. Dem unter Gottes Wort und Gericht erschrockenen Gewissen wird von außen her durch Hören auf das Wort der Glaube zur Rettung durch Rechtfertigung, die Erneuerung des Herzens und die → Wiedergeburt durch den Heiligen Geist zu neuem Leben gegeben. Aus der E. erwächst eine geistl. Schriftauslegung, reine Lehre, erweckende Verkündigung und rechter Umgang mit den Sakramenten.

E. ruft in der die Erweckten nach wie vor umgebenden alten Wirklichkeit umfassende Gegenwehr hervor. Den Versuch, die Erweckten in ihre alten Bindungen zurückzuführen, erfahren diese als Anfechtung, Versuchung und Gefährdung ihres Gehorsams gegen den Willen Gottes.

4. Erweckende Verkündigung und Theologie

Theologie ist erweckend, sofern sie – der genauen Wortbedeutung entsprechend – von Gott her bestimmt ist, d.h. wenn sie im Denken mit dem, was Gott bestimmt, übereinstimmt und der jeweilige Theologe selbst danach sucht, in seinem Leben und Denken von Gott her bestimmt zu sein.

S.a. → Erweckungsbewegung.

Lit.: G.A. Benrath, R. Deichgräber, W. Hollenweger: »Erweckung«, TRE 10, 1982, 205-227; O. Riecker: Erweckung heute und ihre Botschaft an uns, 1958; ders.: Erwecklich singen? Wert und Bedeutung des erwecklichen Liedes, 1967; P.J. Spener: »Umkehr in die Zukunft«. Reformprogramm des Pietismus. Pia desideria, hg. von E. Beyreuther [2]1975; J.W. van Zeijl: Wenn Gottes Winde wehen, 1955.

S. Findeisen

Erweckungsbewegung

1. Zwischen dem Wiener Kongreß 1815 und den »Revolutionen« bis 1850 gab es auf vielen Feldern des Lebens mancherlei Impulse zu Aufbrüchen und Reformen. Auch die Kirchen blieben davon nicht unberührt; sowohl im kath. als auch im ev. Raum kam es zwischen 1820 und 1850 zu Aufbrüchen, die hier und dort einzelne Menschen, andernorts ganze Landstriche erfaßten und veränderten. »Erwekkungsbewegung«, so lautet die nachträgliche Bezeichnung für dieses Phänomen; unbestimmt, wie sie ist, markiert sie den Aufbruchscharakter, der im Wort »Bewegung« zum Ausdruck kommt, und die Bereitschaft, zu neuen, noch nicht klaren Lebensveränderungen zu gelangen.

Das Wort »Erweckung« findet sich schon in der Heiligen Schrift (z.B. Jes 60,1; 1Thess 5,1ff; Eph 5,14 u.a.) und zielt auf Verlebendigung des Glaubens, auf Auszug aus starr gewordener Frömmigkeit. Erweckungen finden sich in der ganzen Kirchengeschichte, z.B. im Mönchtum, in der Reformation und im Frühpietismus. Oft begegnen auch andere Begriffe dafür, die sich gegenseitig interpretieren, z.B. → Berufung, → Bekehrung, → Erleuchtung und → Wiedergeburt. Im geprägten Sinn findet sich »→ Erweckung« zuerst bei A.H. → Francke und seinen Schülern, dann um 1770 bei Johann Kaspar Lavater (1741-1801). Wahrscheinlich bringt Lavater nur auf den Begriff, was virulent und in dieser und jener begrifflichen Ausprägung längst da war. Revival und awakening, réveil und Erweckung sind Bewegungen (und Worte) in der angelsächsischen Welt ebenso wie in Frankreich, Holland und Deutschland. E. meint ein europäisches, ja internationales Phänomen, auch wenn sie sich – der europäischen Vielstaaterei entsprechend – eher partiell als universal ausbreitet, ihren Anfang eher von unten als von oben nimmt und mit den sie in Gang setzenden Personen (Pastoren oder Laien) oft auch ihr Ende findet. Einige Kennzeichen der E. als ganzer lassen sich angeben:

a. Alle Erweckten treten ein für die Überwindung des tiefsinnigen oder platten Rationalismus der Aufklärungszeit und für Rückkehr zu einer bibelorientierten, lebendigen Frömmigkeit.

b. Sie erfahren sich in diesem Anliegen verbunden in einer weltweiten Gemeinschaft, die sich »rings um die Erde die Hände reicht als Brüder« (J.H. Volkening). Die Begründung der Evangelischen → Allianz 1846 als eines christl. Bruderbundes, der Christen aller Konfessionen vereinigt, ist ein Indiz dafür.

c. Auf die Frage, ob man, von den zeitlichen und geographischen Unterschieden ausgehend, eher von E.en oder, die Ähnlichkeit in Motivation und Durchführung im Auge, von der E. sprechen sollte, entscheiden sich die meisten Forscher gegenwärtig eher für den Singular: selbst wenn es eine »Einheit im Negativen«, nämlich in der Überwindung der Aufklärung sein sollte, so gibt es doch viele weitere Übereinstimmungen im Anliegen und in der Mentalität ihrer Vertreter.

d. E. ist Glaubenserneuerung, Bußbewegung, Rückkehr zu reformat. Grundanliegen. U. Gäbler faßt diese Grundanliegen instruktiv in fünf Hinsichten zusammen:

– Die E. hat ein »prophetisches Motiv«: Analyse der Zeit und Anklage der Kirchen wegen ihrer Verfallenheit an den Zeitgeist. Damit lebt die Geschichts- und Lebenskritik der atl. Propheten wieder auf.

– Das »Reich Gottes«, seine Nähe und seine Verwirklichung wird zur zentralen Vorstellung, die allenthalben auftaucht und als zukünftige Tat Gottes verkündet wird. Reich Gottes hat eine endzeitliche Perspektive, die zur Judenmission mahnt und nicht nur die gegenwärtigen Christentümer und Kirchen erneuern will.

– Die Versöhnung der großen Konfessionen, wie sie in der Herrnhuter Brüdergemeine begonnen hatte und in den Vereinigten Staaten von Amerika konkretisiert wurde, war verbreitetes Hoffnungsgut der E.

– Glaube wird allenthalben als persönlicher Glaube verstanden. Christsein ist nicht Theorie, nicht Spekulation, sondern begründet eine Lebensgestalt (Spener) und errichtet damit einen wirksamen Schutz gegen den Atheismus der Neuzeit. Die Erfahrung neuen Lebens findet ihren Niederschlag in neuer, gelebter Frömmigkeit, in lebendigem Interesse an Erbauungsliteratur wie am Aufblühen der Autobiographie.

– Diese persönliche Frömmigkeit führt schließlich zur Erneuerung bzw. zur Begründung zahlloser rel. Vereine und Gesellschaften, die gegenseitige Erbauung und innerweltliche Verantwortung zum Ziel hatten. Die »Sozietät« des 18. Jh.s erlebt im »Verein« des 19. Jh.s ihre Fortsetzung. Zur Kirche gehörte man durch Kindertaufe, im Verein konnte Mitglied werden, wer dessen Ziele bejahte. Katholiken und Protestanten, Radikale und Orthodoxe zählten dazu; nicht nur die Evangelische Allianz, sondern auch der CVJM und viele andere internationale christl. Vereinigungen legten zwar auf die persönliche Beziehung zu Jesus Wert, aber nicht eigentlich auf die Zugehörigkeit zu einer Kirche.

Einige der hervorstechenden und immer wieder begegnenden Vereinsziele innerhalb der E. seien genannt: Mission unter Juden und Heiden, Evangelisation im eigenen Land, Christenlehre und Sonntagsschule für die Erweckten, die Chor- und bald auch die Posaunenarbeit als spezifische Form christl. Jugendarbeit und natürlich die Jünglings- und Jungfrauenvereine überhaupt, die Bibel- und Traktatverbreitung, die Armen- und Waisenunterstützung. Jetzt entstanden die großen Bibel- und Missionsgesellschaften im angelsächsischen und kontinentalen Raum. Die Gründung von Diakonissenhäusern und Einrichtungen der Inneren Mission vom Rauhen Haus in Hamburg bis zu den Betheler Anstalten gehört ebenfalls zu den Früchten der E. Daß die E. die Frömmigkeit der Täufer und Spiritualisten fortsetzte, weltabgewandt, ja weltverneinend wäre, solche Einschätzung gehört lange der Vergangenheit an.

e. Schließlich besteht Übereinstimmung darin, daß die E. in Deutschland (und darüber hinaus) ihre Wurzeln vornehmlich in Reformation und Frühpietismus/Puritanismus, besonders formkräftig aber in der → Christentumsgesellschaft in Basel und in der Herrnhuter → Brüdergemeine hatte, die über ihre Sendboten sogar abgelegene Gebiete erreichte und gerade dort große Wirkungen erzielte, so in Minden-Ravensberg, im Siegerland und in Wittgenstein, im Oberbergischen, am Niederrhein und in Ostfriesland.

Schließlich waren wie in jeder Bewegung einzelne Personen von besonderer Bedeutung wie L. → Hofacker (über seinen Predigtband), Heinrich → Jung-Stilling (über sein allgemeines Ansehen) und J.H. → Volkening, der über seine Predigttätigkeit besonders bei Missionsfesten in ganz Deutschland Einfluß ausübte.

2. Jede geschichtl. Bewegung ist Teil ihrer Zeit. Nicht zufällig hatten die Befreiungskriege vom napoleonischen Joch ausgesprochen rel. Züge.«Nationale Erhebung« und »Religiöse Erweckung« verstärkten sich gegenseitig; das 1816 von → Friedrich Wilhelm III. eingeführte und am letzten Sonntag im Kirchenjahr zu begehende »Totenfest« als Erinnerung für die Opfer der Erhebung unterstreicht die rel. Einfärbung nationaler Heldenverehrung deutlich. Zwar war die E. in ihren Wurzeln älter und in ihrem Anliegen eindeutig bibl. orientiert. Sie kann daher nicht als Tochter oder Fortsetzung der Nationalen Erhebung bezeichnet wer-

den; aber emotional war die Bevölkerung eingestimmt, und als die Restauration ab 1817 polit. Aktivitäten zunehmend einschränkte, blieb – zumal für konservative Kreise – vor allem der rel. Bereich für gelebte Begeisterung und praktiziertes Engagement übrig.

Europa wurde zwischen 1789 und 1815 von einem ersten Säkularisierungsschub erfaßt. Was die → Aufklärung vorbereitet hatte, kam in den Revolutionen von 1786 und 1789 zur Gestalt und blieb als gärkräftiges Ferment auch nach 1815 erhalten: die in einer Verfassung geregelte Mitwirkung der Bürger am Gemeinwesen, der Zusammenklang von Vernunft und Gottes Willen (und damit die endgültige Beendigung des Teufelsglaubens und der Hexenprozesse wie die Einführung wissenschaftl. Methoden im Umgang mit Gottesdienst und Bibel), die Erziehung der Gesellschaft zu größtmöglicher Moralität und Verantwortung und damit Befreiung des einzelnen von den gegebenen Zwängen durch Bildung und Fortschrittsglauben. Das → Bürgertum setzte sich nunmehr endgültig als selbständige politische Kraft gegenüber dem fürstlichen Absolutismus durch, und die neue Liberalität bereitete den künftigen Liberalismus in Ökonomie, Politik und Bildung als prägende Tendenz des 19. Jh.s vor.

Viele Christen blieben dieser Entwicklung gegenüber zurückhaltend eingestellt; sie reaktivierten überkommene Traditionen, glaubten angesichts der zahllosen Lebensmühsale, daß das Ende der Zeit unmittelbar bevorstehe und wanderten entweder nach Rußland oder in die Vereinigten Staaten von Amerika aus oder ließen sich auf die Auseinandersetzung mit dem gottlosen Zeitgeist aktiv und unverdrossen ein. Die Begründung von Missions- und Bibelgesellschaften, der Aufruf → Wicherns zur → Evangelisation gegenüber dem andrängenden Kommunismus und die Gründung von kirchl.-diakon. Anstalten als Gegenmaßnahmen gegen den Zeitgeist ist augenfälliges Kennzeichen dafür.

Der Kontakt zu den Arbeitern und ihren Führern wurde weder gesucht noch gefunden. Vielmehr wurden Feindbilder gegen Rationalismus, Liberalismus und Sozialismus errichtet und durchgehalten. Darin unterscheidet sich die E. trotzdem vom Frühpietismus, daß unter dem Aspekt der »Reich-Gottes-Arbeit« die Öffentlichkeitszuwendung – durch die genannten Vereine und Werke – weit intensiver erfolgte als im 17. und 18. Jh., zur Zeit der »Stillen im Lande«. Darin kommt auch die neue Beziehung zwischen E. und Spätaufklärung zum Ausdruck. Die Reklamation der Welt für Christus war zwar von einem tiefen Mißtrauen gegenüber der sich selbstbewußt gebenden neuen Zeit bestimmt, aber auch von einem großen Eifer geprägt, die Welt für Christus zurückzugewinnen. Die polit. Einstellung der E. findet hierin ihre Erklärung. Das wirtschaftl. Elend, das die Industrialisierung mit sich brachte, wurde als »Gericht Gottes über unser Vaterland« und damit als Appell zur Buße und Umkehr gesehen, dem dann der Aufruf zu tatkräftiger Hilfe folgte.

Dennoch hat die E. – trotz ihrer Beschränkung auf bestimmte Bereiche des alltäglichen Lebens – die Bejahung der Welt als Schöpfung Gottes keineswegs preisgegeben. Die Reisefreudigkeit der Erweckten nicht nur ins kontinentale, sondern auch ins nordamerikanische Ausland als Tagungsteilnehmer oder Konferenzredner ist auffallend, ebenso die ausländischen Brüdern und Schwestern gewährte Gastfreundschaft, mit der immer eine Horizonterweiterung verbunden war. Hierzu gehört auch die Festkultur der Erweckten, die bei Festen der Äußeren und Inneren Mission wie bei »Jahresfesten« allerlei Art entwickelt wurde und in ländlichen Bereichen an die Stelle der Kirmes bzw. des Schützenfestes trat. Auf diese Weise gelang es, die ganze Familie, ja ganze Dörfer und Regionen in die neue Frömmigkeit einzubeziehen und diese weiteren Generationen zu vererben.

Schließlich sollte auch die neue Mentalität, die manchmal kleinbürgerlich und gesetzlich erscheint, in ihrer positiven Wirkung nicht unterschätzt werden. Zum Kleinbürgertum und zur Arbeiterschaft – auch auf dem Land – gehörten ohnehin die meisten Erweckten, und traditionelle Liturgie und Predigt, Kirchenmusik und Choral entsprachen seit eh und je nicht ihrem rel. und musikalischen Empfinden. Die neue, schlichte Art der Glaubensverkündigung, das »englische Lied« und die durch Chor- und Posaunenmission aktivierte Mitarbeit vieler Gemeindeglieder am Gottesdienst hatten deutlich verlebendigende Wirkung. Durch die gepredigte Heiligung wurde dem Alkoholismus und der Amoralität in den Ballungszentren der Industriearbeit (wie im deutschen Ruhrgebiet) oder der zunehmenden Verarmung (wie in Finnland) ein Riegel vorgeschoben und ein neuer, christl. Lebensstil mit zahlreichen Vereinsgründungen ermöglicht. Was Lars Levi Laestadius (1800-1861) für die finnischen Lappen und Johann Heinrich → Volkening (1796-1876) für Minden-Ravensberg bedeutete, ist noch in der Gegenwart spürbar. Unter den Vätern der Inneren Mission mit ihren verschiedenen Anstaltsgründungen dürfte es vom Baron von → Kottwitz bis zu Friedrich von

→ Bodelschwingh kaum jemanden gegeben haben, der nicht durch die E. entscheidend mitgeprägt wurde. Zwar hat sich die E. - anders als der Methodismus in Großbritannien - nicht an der Gründung von Gewerkschaften beteiligt; doch wenn ein beträchtlicher Teil der Industrie- und Landarbeiterschaft wie des Kleinbürgertums der Kirche, sogar in tätiger Mitarbeit, erhalten blieb, ist dies wesentlich der E. zu verdanken.

Ob es eine ausdrückliche Erweckungstheologie gibt, ist eher fraglich. Die wenigen Theologen, die der Erweckung zugerechnet werden, wie C. → Harms und F.A. → Tholuck, Chr. → Krafft und A. → Neander, F. → Delitzsch und W. → Löhe sind zu verschieden, als daß man sie einer bestimmten Theologie zuordnen könnte. Was sie verbindet, ist ihre Nähe zur Gemeinde und ihrem Gottesdienst, ihre Offenheit für das den einzelnen angehende Wort Gottes, für missionarische Verkündigung und praktizierte Seelsorge, vor allem auch unter Theologiestudenten.

3. Zu den Voraussetzungen der E. gehört mehrerlei: öffentlich wahrgenommene und als solche benannte Mißstände in der Kirche, vorhandene Kreise, die sich für Bibel und Erneuerung der Gemeinde einsetzen, und charismatische Persönlichkeiten, Pfarrer und Nichttheologen, die in Wort und Tat das Evangelium predigen und für Erweckung in ihrem Lebensbereich eintreten, schließlich aber der »zündende Funke«, der außerhalb menschlicher Möglichkeiten liegt. Kein Wunder, daß es daher landeskirchl. verschieden, mancherlei Vorstufen und Übergänge, Verbindungen und Sonderentwicklungen gab.

Gewiß kommt der kath. Erweckung im Allgäu, die von Johann Michael → Sailer (1751-1832), dem späteren Bischof von Regensburg, ausging, besondere Bedeutung für die meisten landeskirchl. Aufbrüche im Protestantismus zu. Frei von jedem Verdacht, er wolle diesen oder jenen Konfessionalismus oder Pietismus fortsetzen, trat Sailer für eine erneuerte Frömmigkeit ein, für die Gemeinschaft von erweckten Brüdern und Schwestern in Christo, für eine bibl. Christus- und Rechtfertigungserfahrung und für eine ökumen., die sichtbaren Konfessionen übergreifende Kirche: »Die Protestanten sind als Christen unsere Brüder, als Protestanten unser Wetzstein, als Menschen Kinder eines Gottes« (Sailer). Zahlreiche Protestanten besuchten Sailer und seine Freunde (M. Boos, J.M. Feneberg u.a.) in Bayern und Österreich. Mehrere seiner Schüler, z.B. J.E. → Goßner (1773-1858) und A. → Henhöfer (1789-1862) konvertierten zum Protestantismus und brachten ihm ihre neugewonnenen Einsichten und Erfahrungen mit. Schließlich hielt ein Kreis ev. Laien, besonders Frauen wie Anna → Schlatter und Auguste von Stolberg-Wernigerode, intensiven Brief- und Besuchskontakt zu Sailer. So erhielt die kath. E. eine bemerkenswerte Strahlkraft vor allem nach Süddeutschland und nach Preußen hin.

In Berlin gab es um 1810 »noch gegen 20 altpietistische Zirkel«, außerdem existierten verschiedene von der Romantik geprägte Kreise, wie die »Tischgesellschaft« und die »Maikäferei«, zu denen die bedeutendsten Vertreter der Berliner gehobenen Gesellschaft gehörten wie Friedrich Karl Savigny, Heinrich von Kleist, Karl von Clausewitz, die drei Brüder von → Gerlach u.a. 1816 erfuhr Savigny von der Erweckung in Bayern und reiste mit einigen Freunden nach Süddeutschland, um den Aufbruch kennenzulernen. Tief berührt kehrten sie nach Berlin zurück und begannen, für geistl. Verlebendigung des Christentums einzutreten. Sie kamen nun in Verbindung mit dem seit 1773 zum lebendigen Glauben gekommenen Baron Hans-Ernst von → Kottwitz (1757-1843), der seine Lebenswende dem Bischof der Herrnhuter Brüdergemeine A.G. → Spangenberg verdankte, von Schlesien nach Berlin zog und sich dort mit allen Kräften und Mitteln der Armenfürsorge widmete. Auf viele Pastoren, auch auf A. → Tholuck und A. → Neander hat er tiefe Wirkungen ausgeübt. Die Kreise um Savigny und Kottwitz, die Brüdergemeine, der von München nach Berlin gekommene J.E. Goßner und viele andere Pastoren (z.B. Lisco, Theremin und Couard) hielten die Erweckung in Berlin lebendig.

Die 1829 begründete Ev. Kirchenzeitung trennte allerdings bald die Erweckten in solche, die der Erweckung die Treue hielten wie z.B. A. Neander, und andere, die polit. und theol. Restauration betrieben wie die Brüder von Gerlach und E.W. → Hengstenberg. Durch → Friedrich Wilhelm IV. erhielt die Berliner E. sogar über zwei Jahrzente hin (kirchen)polit. Einfluß in Preußen.

Mehrere in Berlin erweckte jüngere Adelige kehrten in ihre pommersche Heimat zurück und brachten den geistl. Aufbruch dorthin. Die Brüder von Below neigten allerdings zu randkirchl. schwärmerischen Bestrebungen. Adolf von → Thadden, der die Erweckung auf sein Gut Trieglaff gebracht hatte, erreichte ein gutes Verhältnis zur Landeskirche und veranstaltete seit 1829 die Trieglaffer Konferenzen, die zum Zentrum der erweckten Pastoren (z.T. über 100) und Gemeindeglieder wurde. Hier hat auch Otto von → Bismarck 1847 seine Wende zum christl. Glauben vollzogen. Neben den Gutsbesitzern waren Pastoren die Träger der E. in Pommern, besonders Moritz Görcke und Gustav Knak, auf den die Einrichtung vieler Missionsfeste zurückgeht. Auf einem dieser Missionsfeste hat der junge Friedrich von → Bodelschwingh um 1853 seine Bekehrung erlebt.

In Posen, Ostpreußen, Brandenburg und in der Provinz Sachsen kam es zu keiner eigentlichen E.; es blieb dort bei einzelnen »Erweckungsherden«, die durch Herrnhuter Sendboten oder Laien und Pastoren zustande kamen.Allein Schlesien erlebte eine größere Erweckung in und um Breslau herum sowie im Riesengebirge im Bannkreis der Gräfin Friederike von → Reden. Durch den massiven Widerstand gegen die Union wurde die schlesische E. allerdings bald in ein streng luth. Fahrwasser gebracht. Ihr Anführer, der Breslauer Theologieprofessor Johann Gottfried → Scheibel (1783-1843), begründete 1840 die altluth. Kirche, der sich 1848 auch Adolf von Thadden mit vielen anderen Erweckten in Pommern anschloß.

Die Einführung der Union (und ihrer neuen Agende) hat die Erweckung in Ostdeutschland weithin konfessionalisiert und sogar zur Auswanderung in die USA bzw. zum Schritt in die Freikirche Anlaß gegeben. Die staatl. und kirchl. Schikanen gegen die Pietisten im 17. und 18. Jh. setzten sich auch im 19. Jh. fort, führten jedoch - dem Geist der Zeit entsprechend - zu für Staat und Kirche unerwarteten und ungewollten Reaktionen, z.B. zum Kirchenaustritt aus Glaubensgründen.

In den neuen preußischen Westprovinzen Rheinland und Westfalen wurden weite Landstriche von der E. überhaupt nicht erfaßt. Ausgebreitet hat sie sich am Niederrhein und im Wuppertal, im Siegerland und im Oberbergischen, außerdem in Minden-Ravensberg. Im Siegerland und am Niederrhein gab es langanhaltende, feste Verbindungen nach Süddeutschland. Die Herrnhuter Sendboten waren überall in den preußischen Westprovinzen unauffällige Vermittler der Erweckung, am Niederrhein auch die weit verbreiteten Kreise der Tersteegen-Anhänger.

Die Siegerländer E. erhielt ihre Wirkung in die anliegenden Gebiete ins Hessische hinein bis nach Herborn und Biedenkopf, nach Wittgenstein und ins Oberbergische. Der Schuhmacher Heinrich Weisgerber war ein eher nach innen gekehrter, der Tersteegen-Tradition verbundener Mann, aber mit beträchtlicher Wirkung auf viele Erweckte, während Tillmann → Siebel, ein aktiver Gerbermeister aus Freudenberg, weiten Einfluß hatte und die »Missionshilfsvereine der Rheinischen Missionsgesellschaft« und den »Verein für Reiseprediger« im Siegerland ins Leben rief. Da sich die Siegerländer Pfarrer der E. weitgehend versagten, wurde diese vornehmlich von Laien getragen und stand daher immer wieder in der Gefahr, zur Freikirche abzugleiten.

Der Niederrhein, weitgehend von der Aufklärung unberührt geblieben, dafür offen für den Pietismus in verschiedensten Schattierungen, auch von Holland aus, ist vor allem durch die Brüder → Krummacher zur Erweckung gekommen. Der ältere Friedrich Adolf (1768-1845) durchlief zunächst eine bedeutende theol. Laufbahn, wurde aber nach und nach für die Erweckung gewonnen. Sein Bruder Gottfried Daniel (1774-1837) ist die eigentliche Zentralgestalt der rheinischen E., bei dem sich mancherlei Frömmigkeitstraditionen trafen. Die Bibel und allerlei Erbauungsschriften (vor allem → Thomas von Kempen und → Gerhard Tersteegen) wurden nach seiner Bekehrung 1798 Grundlage seiner Verkündigung, allerdings auch das ref. Bekenntnis im Sinn einer strengen Prädestinationslehre und im Eintreten für eine presbyterial-synodale Kirchenordnung. Der Schwerpunkt der Erweckung verlagerte sich durch das Wirkungsfeld Krummachers vom Niederrhein zum Wuppertal, in dem weitgehend rel. Toleranz herrschte und sich die E. in vielen Spielarten, z.T. auch Absonderlichkeiten, ausbreiten und halten konnte. Von hier aus griff sie ins benachbarte westfälische Schwelm über, aber auch nach Hagen und Altena und natürlich ins Oberbergische. Gewirkt hat sie bis nach Bremen, das durch seine ref. Prägung immer schon Beziehungen zum Niederrhein hatte. Der Pastor und Theologe Gottfried → Menken (1768-1831) ist die tragende Gestalt der Bremer Erweckung.

Die Erweckung in Minden-Ravensberg hat nahezu die gesamte Landschaft erfaßt und erst vor den Toren Mindens und Bielefelds Halt gemacht. In nahezu allen Gemeinden wirkten erweckte Pastoren, was durch die presbyteriale Wahlordnung gelingen konnte. J.H. → Volkening (1796-1877) ist der wichtigste Träger und Prediger der Ravensberger E., Theodor Schmalenbach, sein Freund und Superintendent in Herford ihr Theologe. Dem Charakter der Gegend entsprechend war die Erweckung luth. geprägt, allerdings vorwiegend im Blick auf die Predigt von Gesetz und Evangelium und nicht so sehr hinsichtlich eines luth. Konfessionalismus. Zwar gab es seit 1821 die Lutherische Konferenz, die Pastoren der Region zu theol. Arbeit, aber gleichwohl nicht eigentlich zum Widerstand gegen die Union versammelte. Durch die fast totale Prägung der Landschaft durch die Erweckung über mehrere Generationen hin entwickelten sich hier wirksame Formen des Gemeindeaufbaus in Männer-, Frauen-

und Jugendarbeit, aber auch ein intensives Interesse an der kirchl. Musikpflege in Chor- und Posaunenarbeit, an der Äußeren Mission (der Rheinischen Missionsgesellschaft in Barmen) und an der Bibelverbreitung, z.B. in der Mindener Bibelgesellschaft von 1817-1868. Die Gründung eines Evangelischen Gymnasiums in Gütersloh, das Kinder im Geist der Erweckung erziehen sollte, ist ebenfalls ein wichtiges Indiz für die Fruchtbarkeit der Bewegung. Daß im 19. Jh. gerade in Ostwestfalen zahlreiche diakon. Einrichtungen (Bethel, Wittekindshof, Schweicheln u.a.) gegründet wurden, zeigt den weltoffenen Charakter der Minden-Ravensberger Erweckung. Am Niederrhein hat lediglich der Graf von der Recke-Volmarstein in Düsselthal ein diakon. Rettungswerk ins Leben gerufen, das von Erweckten in ganz Deutschland mitgetragen wurde.

Zum Kernland der E. gehört Württemberg, in dem der Frühpietismus über → Bengel und → Oetinger die ganze Landschaft nachhaltig geprägt hatten und über die Brüder → Hofacker dann wirkungsvolle Erweckungsprediger fand. Auch in Baden hat sich die E. vor allem über den konvertierten Sailer-Schüler A. → Henhöfer weit verbreitet. Bodenständig war die Erweckung in Franken, wo sich Pietismus und Luthertum, z.B. über W. → Löhe, eindrucksvoll und nachhaltig verbanden. Wahrscheinlich von Franken aus ist das sächsische Erzgebirge für die E. erschlossen worden. In manchen Landeskirchen gab es allerdings kaum Anzeichen einer tiefergreifenden Erweckung, z.B. in Hannover, abgesehen von → Hermannsburg, das die Lüneburger Heide weit geprägt hat und immer noch prägt, Braunschweig, Thüringen, die Kirchenprovinz Sachsen, Mecklenburg, Schleswig-Holstein (außer Breklum). Ein besonderes Zentrum der E. war das abgelegene Ostfriesland. In Oldenburg ist von der Erweckung ebenfalls wenig zu spüren gewesen. Über amerikanische Missionare oder Rückwanderer fand die EB. besonders in den Freikirchen viele Anhänger und rief diese z. T. sogar erst ins Leben, wie z.B. die Freie evangelische Gemeinde. Hier ist vor allem die angelsächsische Erweckungstradition gepflegt und fortgesetzt worden, in Verkündigung wie im Liedgut. Die Ev. Allianz hat für alle Erweckten das Sammelbecken zu gegenseitiger Gemeinschaft und Befruchtung gegeben.

Blicken wir auf die E. als ganze zurück, läßt sich feststellen, daß sie einen beträchtlichen Teil der Bevölkerung in Deutschland wieder für das Evangelium und ein christl. Leben aufgeschlossen hat. Zwar hat sie wesentlich die unteren Volksschichten geprägt und nur einen geringen Teil der Pfarrerschaft, der Gebildeten und des Adels erfaßt. Dadurch ist sie weithin unliterarisch und ohne Einfluß auf Kunst und Musik geblieben, weithin auch unpolit. und am Geschehen der Weltgeschichte unbeteiligt. Dadurch, daß sich, vom Siegerland abgesehen, in der Regel Pfarrer an die Spitze der Erweckung stellten, ist die Stellung der Erweckten zur Kirche - aufs ganze gesehen - stabil geblieben. Schlesien, aber auch das Siegerland und die in sich vielfältig ausgeprägte, z.T. privatistisch ausufernde Wuppertaler Erwekkung zeigen freilich auch andere Trends auf, die, von der schlesischen Separation abgesehen, allerdings erst im 20. Jh. ihre eigene Ausprägung erhalten.

Lit.: Quellen: W. Heienbrok: Zeugen und Zeugnisse aus Minden-Ravensberg, 2 Bde, 1931; L. Tiesmeyer: Die Erweckungsbewegung in Deutschland während des 19. Jahrhunderts, 4 Bde. 1905-1912.

G.A. Benrath: »Erweckung/Erweckungsbewegungen I«, TRE 10, 1982, 205-220; E. Beyreuther: Die Erwekkungsbewegung, [2]1977; ders.: Frömmigkeit und Theologie. Ges. Aufsätze zum Pietismus und zur Erweckungsbewegung, 1980; R. Carwardine: Trans-Atlantic Revivalism. Popular Evangelism in Britain and America 1790-1865, 1978; U. Gäbler: Erweckung im europäischen und amerikanischen Protestantismus, PuN 15, 1989, 24-39; M. Greschat: Die Erweckungsbewegung. Versuch einer Übersicht, in JWKG 66, 1973, 97-148; F.W. Kantzenbach: Die Erweckungsbewegung, 1957; L. Rott: Die englischen Beziehungen der Erweckungsbewegung und die Anfänge des wesleyanischen Methodismus in Deutschland, 1968; P. Scharpff: Geschichte der Evangelisation, 1964; M. Schmidt: Die innere Einheit der Erweckungsfrömmigkeit im Übergangsstadium zum lutherischen Konfessionalismus, ThLZ 74, 1949, 17-28; J. Schmitt: Die Gnade bricht durch. Aus der Geschichte der Erweckungsbewegung im Siegerland, [3]1958.

G. Ruhbach

Erweckungspredigt → Erweckung; → Erwekkungsbewegung

Erzbischof → Bischof

Erzengel → Engel

Erziehung

1. Begriff

Wenn man den Menschen als veränderbar und unfertig, als »homo educandus« sieht, dann gehört seine E. zu den wichtigen menschlichen Grundaufgaben. Im allg. Sprachgebrauch wird E. als eine der Hauptaufgaben der Pädagogik gesehen. Eine differenziertere Unterscheidung sieht weitere Handlungsfelder. Hierzu gehört u.a. die Vermittlung von → Bildung, eines allg. Gutes an Wissen, die Vermittlung von Ausbildung, eines eher für bestimmte Aufgaben vorgesehenen Wissens, Sozialisation, eine Hinführung in die Gesellschaft der anderen Menschen. E. im engeren Sinne ist bei dieser Unterscheidung dann eher die Vermittlung sittlicher Werteordnungen.

Unabhängig davon, ob die engere oder weitere Definition gebraucht wird, muß E. vermittelt werden. Hierzu bedarf es der Bestimmung von E.szielen sowie der E.smethoden – eine der Hauptaufgaben der Didaktik.

2. Biblischer Ansatz

Übernimmt man von R.F. Mager den bekannten Satz »Wer nicht weiß, wohin er will, braucht sich nicht zu wundern, wenn er ganz woanders ankommt« in Verbindung mit den didaktischen Ansätzen Klafkis vom Primat der E.sziele vor den E.smethoden (aber auch die Gedanken der früheren Pädagogen z.B. im Sinne der »erzieherischen Absicht«), so zeigt sich vor diesem Hintergrund auch der Ansatz zur E. in der Bibel. »Ihr Väter reizet eure Kinder nicht zum Zorn, sondern zieht sie auf in der Zucht und Vermahnung zum Herrn« (Eph 6,14) macht deutlich, daß die Ziele (»Vermahnung zum Herrn«) vorgeordnet sind. Damit ist nicht gesagt, daß die Bibel keine methodischen Aussagen macht (wobei mit »Methode« die Art und Weise des erzieherischen Vorgehens gemeint ist, z.B. ein E.sziel durch Fragen, durch Selbsterfahrung, durch Imitation, im Einzel- oder Gruppengespräch usw. zu erreichen), wichtiger aber sind die E.sziele und die hilfreichen Gebote, Normen, Vorgaben, um diese Ziele zu erreichen. Hierzu macht sie grundsätzliche Aussagen, z.B. in der Weisheitsliteratur des AT oder zur Liebe (1Kor 13), zur Ehrerbietung (Röm 12,9ff), zum Dienst (Phil 2,5ff) usw., gipfelnd in der kategorischen Aussage Jesu: »Wie ihr wollt, daß euch die Leute tun sollen, also tut ihnen auch« (Luk 6,31).

Die Bibel zeigt uns auch an Beispielen, wie verschiedenartig die jeweiligen Persönlichkeiten ihre E.saufgabe wahrnehmen und wie deutlich sich die Methoden in den jeweiligen Zeitepochen unterscheiden.

Jesus selbst macht uns E. vor. Er sucht die Begegnung mit Kindern und stellt sie seinen Zuhörern als Vorbild dar. Er zeigt aber auch, daß E. nicht nur bei Kindern notwendig, sondern ein lebenslanger Prozeß ist, indem er z.B. die Geldwechsler vom Tempelplatz verjagt (Joh 2, par) – also sehr konsequent sein kann – oder beispielsweise mit der Frau am Jakobsbrunnen ein überaus einfühlsames Gespräch führt (Joh 4).

Die Bibel als »systematisches Methodenbuch« für E. zu gebrauchen ist jedoch nicht in ihrem Sinne. Wer sich dennoch um Methoden bemüht, findet verstreut eine Reihe von Aussagen. Die Besonderheit der Predigt Jesu zeigt sich z.B. daran, daß sie in der Regel aus kurzen Stücken besteht und sehr bilderreich ist. Er setzte sich zum Lehren nieder, wie es bei den jüd. Lehrern üblich war (Mt 13,1; 24,3; Mk 13,3). Weil die Hörer seine Botschaft bedenken sollten, blieb ihnen kaum etwas anderes übrig, als sie durch Wiederholung zu erlernen. Weil viele seiner Zuhörer nicht lesen (und damit repetieren) konnten, war er besonders auf die Eindringlichkeit seiner Worte bedacht. Stilmittel wie Paradoxien, Rätsel, Gleichnisse und starke Kontraste machen dies deutlich. Besonders typisch für die Reden Jesu sind die häufigen Imperative (Riesner, 1984). Wie die Propheten im AT redete er die Menschen häufig in der zweiten Person Plural (ihr, euch) an. Auch die besondere poetische Formung der Worte Jesu deutet darauf hin, daß er diese Stilmittel einsetzt, um das Memorieren zu erleichtern. Insgesamt gesehen dürfen wir davon ausgehen, daß die rabbinische Maxime »zuerst auswendig lernen und dann verstehen« zum methodischen Vorgehen Jesu gehörte.

Trotz all dieser Befunde müssen wir jedoch wiederholen, daß die Bibel keine systemat. Methodenlehre anbietet. Die relative Unbestimmtheit bei solchen Fragen hat auch dazu geführt, daß von theol. Seite nur sehr spärliche Ansätze hierzu nachweisbar sind. Man kann zwar bei vielen bedeutenden Pädagogen christl. Wertvorstellungen und E.sziele erkennen (vgl. u.a. → Comenius, → Pestalozzi, → Herbart usw.). Von A.H. → Francke ist bekannt, daß er sich intensiv mit den praktischen Anteilen der E. beschäftigte, bis dahin, daß er genaue Vorgaben für den Naturlehreunterricht machte, aber eine eindeutig »christliche« E.smethode ist nicht erkennbar. Auch so bekannte Bibelabschnitte wie die »christliche Haustafel« (Eph 5; Kol 3) müssen, was die Methoden ihrer Durchführung anbelangt, in die jeweilige Zeit umgesetzt werden.

3. Martin Luther

Luther hat die Spannung zwischen Zielen und Methoden recht deutlich gesehen, wenn er davon ausging, daß E. einerseits ein weltliches Werk ist, das mit Vernunft getan wird, und daß andererseits die E. in ständiger Beziehung zu Gott getan werden muß, wenn sie nicht scheitern soll. Vor diesem Hintergrund verzichtet er auf Belehrungen in methodischen Fragen, und auch seine bekannteste Schrift zu diesem Thema, der Sendbrief an die Ratsherren, ist keine Schrift mit genauen methodischen Handlungsanweisungen: »Der Theologe ist kein Fachmann in Erziehungsfragen. Erziehung ist ein weltliches Werk, das auch die Heiden tun (und oft so, daß sich Christen schämen müssen), denn Gott hat dem Menschen dazu die Vernunft gegeben.«

4. Weltliche Erziehungssysteme

Untersucht man vor diesem Hintergrund die weltlichen E.ssysteme, so ist festzustellen, daß in unserem Kulturkreis bis zum Zeitalter der Aufklärung die Vertiefung der bibl. Lehrinhalte vorrangiges Unterrichtsziel war. J.A. → Comenius hat z.B. in der Mitte des 17 Jh.s in seiner »Großen Didaktik« ein aus allen Künsten und Wissenschaften abgeleitetes E.skonzept entworfen, das vor allem auch durch die Ehrfurcht vor Gott gekennzeichnet war. Auch die Grundgedanken der »pädagogischen Begegnung« oder des »pädagogischen Bezugs« sind von der Bibel her inspiriert (vgl. Buber 1962).

In den ersten Jahrzehnten des 20. Jh.s kam es in Deutschland zur reformpäd. Bewegung: Landerziehungsheim, Lebensgemeinschaftsschule und die Jena-Plan-Schule sollten den ganzen Menschen ansprechen und formen, die Schulen nicht »Anstalten«, sondern Heime mit jugendgemäßem Lebensstil sein, deshalb wurde auch auf die Internatsausbildung großen Wert gelegt.

Daneben entstanden seit 1919, begründet von Rudolf → Steiner, die → Waldorfschulen mit einem E.skonzept, das bis heute zunehmendes Interesse erweckt. Es gibt in diesen Schulen kein Sitzenbleiben, der Unterrichtsstoff wird in Epochen behandelt usw. Die Gewichtung dieser Schulen liegt deutlich im künstlerischen Bereich. Durch die Verknüpfung des geistigen Lebens in das musisch-körperliche ergibt sich als methodische Konsequenz die Eurythmie (d.h. die körperliche Darstellung von sinnlichen oder geistigen Elementen). Bei allen päd. Besonderheiten, die viele Eltern heute sehr ansprechen, und obwohl die Waldorfpädagogik auch christl. Religionsunterricht kennt, darf nicht übersehen werden, daß das Menschenbild der → Anthroposophie funktional deutlich prägend wirkt, d.h. die Ideologisierung der Waldorfpädagogik ist unverkennbar.

Im zweiten Teil des 20. Jh.s gab es eine Reihe von päd. Bewegungen, z.B. die sog. »antiautoritäre Erziehung« (Neill, 1969) oder auch die »demokratische Erziehung« (Tausch, 1963), mit denen versucht wurde, in einer partnerschaftlich-symmetrisch strukturierten Begegnung erzieherische Antworten auf die veränderten gesellschaftl. Anforderungen der Nachkriegsgeneration und der durch den schnellen Wirtschaftsaufschwung entstandenen Probleme zu finden.

Die päd. Strömungen unserer Tage sind vor dem Hintergrund einer pluralistischen Gesellschaft zu sehen. Ihre E.sziele haben sich in vielen Fällen weit von bibl. Grundprinzipien entfernt oder gehen nur am Rande darauf ein. Chancengleichheit und eine demokratische Leistungsschule sind heute wichtige Maximen im Schulbereich.

5. Christliche Erziehnung heute

Nach Abschaffung der Konfessionsschulen als Regelschulen in den 60er Jahren sind konfessionell geprägte Schulen nur noch als Privatschulen möglich. Neben den kath. Privatschulen entstanden auf Initiative von Eltern, die eine eindeutige bibl. Zielsetzung des E.sgeschehens wünschten, auch »Evangelische Bekenntnisschulen« (erstmalig in Reutlingen im Jahr 1973), die anfangs nur im Primarbereich, heute aber teilweise bis zur Sekundarstufe II ausbilden. In diesen ca. 30 »Schulen auf biblischer Basis« (Stand Mitte 1992) wird versucht, angefangen bei der Auswahl der Lehrer bis hin zu den E.sinhalten, eine eindeutig bibl. orientierte Prägung zu vermitteln (Schaude, ^{2}1989).

Von pietist. Seite wurde durch den Gnadauer Pädagogischen Arbeitskreis zusammengetragen, welchen Beitrag eine christl. E. heute und in der Zukunft leisten kann:

Christl. E. bietet eine konstruktive Hilfestellung für das Zusammenleben in der pluralistischen Gesellschaft: Liebe, Versöhnung, gegenseitige Achtung, Vergebung der Schuld und die Möglichkeit des Neuanfangs durch den Glauben an Jesus Christus sind ordnende Faktoren im Zusammenleben der Menschen.

Christl. E. versteht Ehe und Familie als von Gott gestiftete Institutionen. Die Familie ist der wichtigste Schutzraum für die gesunde Entfaltung der Persönlichkeit des Kindes. Durch das Opfer der Eltern an Zeit, Kraft und Lebensstandard erfährt das Kind Liebe und Geborgenheit, die ihm andere soziologische Organisationsformen nicht bieten können.

Christl. E. leistet in einer pluralistischen Gesellschaft einen wichtigen Beitrag zur Wertorientierung dadurch, daß sie ein realistisches Bild vom Menschen zeigt sowie klare E.sziele und erzieherische Haltungen vorgibt.

Mit klaren Zielen bietet die christl. E. jungen Menschen eine wichtige Orientierungshilfe in einer durch weltanschaulichen Pluralismus verursachten Orientierungslosigkeit. Sie leistet damit einen entscheidenden Beitrag zur Klärung der wichtigen Frage junger Menschen nach dem Sinn ihres Lebens.

Christl. E. muß aus Liebe zum Kinde auch Grenzen setzen. Durch die Begegnung mit Autoritäten, die solche Grenzmarkierungen vorgeben, trägt sie zur Stabilisierung der Persönlichkeit und damit auch zur Identitätsfindung bei.

Christl. E. wirkt dem teilweise verführerischen Ansturm der Massenmedien entgegen. U.a. durch alternative Angebote qualifizierter Medien, aber auch durch die Möglichkeit gemeinsamer Freizeitgestaltung in Familie und Jugendgruppe.

Als Geschöpf Gottes weiß sich der Mensch für die ihm von Gott anvertraute Schöpfung verantwortlich. Christl. E. ist deshalb auch E. zum verantwortlichen Umgang mit all dem, was uns in Natur und Umwelt anvertraut ist.

Mit Gott versöhnte Menschen werden friedensfähig für diese Welt. Christl. E. ist deshalb immer auch eine E. zum Frieden.

Lit.: G. Bohne: Grundlagen der Erziehung, Bd. I, [2]1958, Bd. II, [2]1960; M. Buber: Werke, 1962; O. Hammelsbeck: Evangelische Lehre von der Erziehung, [2]1958; W. Klafki: Didaktische Analyse als Kern der Unterrichtsvorbereitung, 1964; R.F. Mager: Lernziele und Programmierter Unterricht, 1965; A.S. Neill: Theorie und Praxis der antiautoritären Erziehung, 1969; R. Riesner: Jesus als Lehrer, 1984; R. u. A. Tausch: Erziehungspsychologie, 1963; O. Schaude: Schulen auf biblischer Basis, [2]1989.

M. Dieterich

Erzväter

Die Schrift erzählt von den E.n (Patriarchen) Abraham, Isaak und Jakob in zwei großen Blöcken:

a. 1Mo 11,27-25,11 enthält die Abrahamsüberlieferungen;

b. die Jakobsgeschichte, deren Hauptthema die Auseinandersetzung zweier verfeindeter Brüder ist, findet sich in 1Mo 25, 19-34; 27,1-35,29 (ohne 1Mo 34). Weitere Überlieferungen von Jakobs Aufbruch nach Ägypten, Segnung der Söhne, Tod und Begräbnis finden sich im Rahmen der Josefsgeschichte (1Mo 46, 1-34; 47,27-50,26).

c. Die Isaak-Erzählungen sind so eng mit den anderen Traditionen verbunden, daß sie gar keine eigene Größe darstellen; lediglich 1Mo 26 ist als eigenständiger Traditionskomplex zu bezeichnen. Die anderen Erzählungen erscheinen entweder innerhalb der Abrahamsüberlieferungen (Geburt Isaaks, 1Mo 21; Opferung Isaaks, 1Mo 22; Brautwerbung für Isaak, 1Mo 24), oder im Rahmen der Jakobsgeschichte: Erlistung des Erstgeburtssegens, 1Mo 27.

Die E., in deren Verwandtschaftsverhältnissen die genealogischen Beziehungen der Völker Palästinas wurzeln, waren vermutlich Sippenoberhäupter von Nomaden. Sie wohnten in Zelten (vgl. 1Mo 12,8; 13,3.18; 18,1ff; 25,27; 26,25; 31,25.33f) und lebten vornehmlich von der Kleintierzucht (vgl. 1Mo 12,16; 20,14; 21,27; 27,9; 30,32ff; 32,6.8.15f u.ö.). Im Gegensatz zu den Kamelnomaden, die mit ihren Karawanen die Wüsten durchziehen, hielten sich die Väter Israels am Rande des Kulturlandes und in dessen unfruchtbaren Gebieten auf; man bezeichnet sie daher als Rand-, Berg- oder Kulturlandnomaden. Das Verhältnis zu den Bewohnern der Städte und Dörfer, in deren Nähe die Nomaden lebten, wurde durch Verträge geregelt (vgl. die Abmachung über die Brunnenrechte 1Mo 21,22-31; 26,15-33).

Da die Vätergeschichten keine direkten Anhaltspunkte für eine hist. Datierung enthalten, ist ihre zeitl. Einordnung schwierig. Die Parallelen zwischen verschiedenen Dokumenten des Alten Orients und den Patriarchennamen sowie den zahlreichen in den Vätergeschichten vorkommenden Rechtsbräuchen (vgl. die Adoption eines Sklaven bei Kinderlosigkeit, 1Mo 15,1ff, oder der Brauch des »Auf-den-Knien-Gebärens«, wodurch das Kind einer Sklavin als der rechtliche Nachkomme ihrer kinderlosen Herrin gilt, 1Mo 16.30) zeigen den realen Hintergrund der Überlieferung der Schrift und den engen Bezug der Väter zu den altorientalischen Kulturen des 2. Jt.s v.Chr.

In theol. Hinsicht kommt den Patriarchengestalten große Bedeutung zu: Der Vater eines Volkes, der am Anfang steht, ist »Repräsentant des Heils« (H. Gese, 29). Was im Anfang geschieht, ist Urbild und Prototyp des Zukünftigen; in dem, was dem Vater widerfährt, bilden sich exemplarisch die Erfahrungen des Volkes mit seinem Gott ab. An Abraham zeigt sich Gottes Führung, wenn dieser ihm befiehlt, seine Heimat zu verlassen und in ein bisher unbekanntes Land zu ziehen (1Mo 12,1-9); göttlicher Schutz wird ihm zuteil, wenn er in Ägypten, wohin er wegen einer Hungersnot aufzubrechen gezwungen war, aus der Hand des

Pharao errettet wird (1Mo 12,10-20); Abrahams Gottesfurcht und Hingabe an den göttlichen Willen kommt in der Erzählung von der Opferung Isaaks zum Ausdruck (1Mo 22). Von zentraler Bedeutung schließlich ist der Bundesschluß Gottes mit Abraham, in dem ihm Nachkommen und Land verheißen werden (1Mo 15.17).Wo man von der Theorie der Quellenscheidung innerhalb des Pentateuch ausgeht, stellen die verschiedenen Erzähltraditionen des Pentateuch unterschiedliche Aspekte in den Vordergrund. Während in der einen Tradition der Glaube Abrahams, den dieser der unvorstellbaren göttlichen Verheißung entgegenbringt, besonders betont wird (1Mo 15,6), legt eine andere Tradition großes Gewicht auf den durch das Zeichen der Beschneidung geschlossenen Bund (1Mo 17,7) und seine Unauflöslichkeit. Das theol. Hauptmotiv der Jakobserzählung, das bereits bei der Rivalität der feindlichen Brüder eine Rolle spielt (vgl. 1Mo 27) und in der Geschichte vom nächtlichen Kampf am Jabbok entfaltet wird (1Mo 32,23-32), bildet die Weitergabe des göttlichen Segens, den Gott bereits dem Abraham verheißen hatte (vgl. 1Mo 12,1-3).

Lit.: C. Westermann: Genesis 12-50 (EdF 48), ^{2}1987; H. Gese: Die Komposition der Abrahamserzählung, in: ders. Alttestamentliche Studien, 1991, 29-51; J. Goldingay, A.R. Millard: Die Väter Israels, 1984.

B. Ego

Eschatologie

a) biblisch

1. Einführung

Der Begriff E. wurde erst in der Neuzeit geprägt und bezeichnet unscharf die »Lehre von den letzten Dingen«, d.h. vom Ende der Welt, der Geschichte, ja auch des einzelnen Menschen (Tod, Auferstehung, ewiges Leben).

E. ist ein Teil der bibl. Geschichtsauffassung, die von einigen Voraussetzungen ausgeht, die auch für die E. gelten:

a. Geschichte ist von Gott begonnen, getragen und gestaltet.

b. Geschichte hat einen Anfang und ein klares, unüberholbares Ende.

c. Einzelne Ereignisse der Geschichte haben von Gott her einen Sinn, der die ganze Folgezeit prägt (z.B. Erwählung Abrahams und Israels; Tod und Auferstehung Jesu).

d. Von Jesu Geburt, Tod und Auferstehung her ist nicht nur von einem Anfang und einem Ende, sondern auch von einer Mitte der Geschichte zu sprechen, mit der die »Endzeit« (→ Reich Gottes) beginnt.

Im Grunde gehen alle Bücher der Bibel von dieser Geschichtsauffassung aus, sind also auch da eschatologisch (d.h. vom Wissen um die von Gott gestaltete Geschichte und eine kommende bzw. mit Jesus angebrochene Endzeit geprägt), wo E. im engeren Sinn nicht ihr Thema ist. Es ist darum methodisch verfehlt, eine bibl. E. nur aus den explizit »eschatologischen« Texten zu erheben.

Daraus wird klar, daß bibl. E. unlösbar mit der Christologie (also: Menschwerdung, Kreuz und Auferstehung Jesu) verbunden ist (Gal 4, 4). Durch die Sendung Jesu in diese Welt wird die nach ihm kommende Zeit als Endzeit qualifiziert.

Ebenso unlösbar hängen darum auch E. und → Ethik zusammen. Gibt man Jesu Anspruch glaubend recht, dann zeigt sich das in einem Verhalten, das der verborgenen und erwarteten Gegenwart Jesu entspricht.

Die Gegenwart erscheint seit dem Kommen Jesu unter einem doppelten Aspekt, der den Grundcharakter der Gegenwart als »Endzeit« ausmacht: Vom (ersten) Kommen Jesu (Geburt, Kreuz und Auferstehung) und der damit gegebenen endgültigen Überwindung des Bösen (→ Erlösung) an stehen wir jetzt schon in der Fülle des Heiles Gottes (2Kor 5,17). Daß jedoch Jesu (zweites) Kommen als Endpunkt unserer Geschichte erwartet wird, zeigt, daß das → Böse zwar (de jure) bereits überwunden, aber (de facto) noch nicht entmachtet und vernichtet ist, sondern von Gott im Verlauf der Geschichte noch Raum zur Entfaltung seiner eigentlichen Gestalt hat (→ Apokalyptik; → Antichrist).

Das bedeutet, daß die Endzeit einen zunehmenden Kampfcharakter hat. Das Böse und ebenso die Gemeinde Jesu werden in ihrer gegenseitigen Bezogenheit in dieser Geschichte zu ihrer letzten Gestalt heranreifen bis zum Gericht und zum Offenbarwerden des Sieges Jesu.

2. Altes Testament

Der Ursprung atl. E. liegt in der Erfahrung Israels mit seinem Gott, der einzelne Menschen und ein ganzes Volk aus den Völkern erwählt, einen Bund mit ihm schließt und seine Geschichte mit diesem Volk (und auch gegen es!) gestaltet und einem Ziel entgegenführt: dem Heil der ganzen Welt. Der Weg Israels beginnt mit der Berufung Abrahams (1Mo 12,1-3), weist schon an seinem Anfang weit in die Zukunft hinein und läßt die Bedeutung dieser Berufung für alle Geschlechter der Erde erkennen. Ebenso wird die Erwählung Israels sofort mit Gottes Eigentumsrecht an der »ganzen Erde« in Beziehung gesetzt (2Mo 19,4-6).

Werden Heil und Gericht zunächst in irdischen Vorgängen angekündigt, erwartet und erfahren (→ Heil, → Erlösung, Tag Jahwes), so erweitern und vertiefen sich sowohl aus den geschichtl. Erfahrungen, als auch aus den Verheißungen Gottes die Hoffnungen; sie weisen in die Zukunft, ja weisen am Ende auch über eine irdisch erwartete Zukunft hinaus. Erwartete Israel zunächst einen Umbruch innerhalb der Zeit (mit vorangehender Bedrängnis, Endkampf, Notzeit), so vertiefte sich auch diese Hoffnung noch einmal zur Erwartung des Abbruchs dieser Weltzeit (→ Äon) und des Anbruchs einer neuen Zeit, ja bis hin zur Erwartung eines völlig neuen Himmels und einer neuen Erde. Da in diesem Prozeß der Vertiefung die alten Verheißungen Gottes und die damit gegebenen Vorstellungen und Begriffe immer neu aufgenommen und neu verstanden werden, ist es oft schwierig zu sehen, ob z.B. beim »Tag des Herrn« ein Gerichtstag Gottes innerhalb des irdischen Geschichtsverlaufes gemeint ist, oder ob die Erwartung eines Endgerichtes am Ende der Geschichte vorliegt.

Fragt man nach den Grundprozessen, in denen diese Erneuerung und Vertiefung geschieht, so weist die Forschung vor allem auf einzelne Propheten, die an alte Traditionen und Geschichtserfahrungen (vgl. die Bedeutung des → Exodus) anknüpfen, um sie für eine neue Zeit in der Vollmacht Gottes zu vertiefen (z.B. Jes 40,1ff; 43,19; 52,11f; 54,12 u.a.). Ebenso aber ist an die Liturgie der Feste zu denken, in denen die heilsstiftenden Ereignisse der Vergangenheit nicht bloß als vergangene Ereignisse »erinnert«, sondern vielmehr vergegenwärtigt werden, um die eigene Gegenwart in diese vergangenen Heilsereignisse gleichsam einzuholen.

Damit ist klar, daß das AT kein geschlossenes Bild einer E. bieten kann. Es handelt sich um einen durch Geschichtserzählung (innerhalb familiärer und priesterlicher Unterweisung), durch immer neue Vergegenwärtigung der heilsstiftenden Vergangenheit im Fest und durch Prophetie stimulierten dynamischen Prozeß, aus dem sich immer neue Ansätze und Anläufe ergeben.

Im Rahmen dieses Vorbehaltes läßt sich dennoch das Bild eines eschatologischen Geschichtsverlaufes grob skizzieren. Die Geschichte drängt auf ein Ende hin, das die Rückführung der zerstreuten Kinder Israels aus allen Völkern in ihr Land (Jes 11,1ff; Hes 36,22-24 u.a.) und die Erneuerung des (Sinai-)Bundes in einem Neuen Bund bringen wird (Jer 31,31ff; Hes 36,25-27). Ebenso aber kommt es (zur selben Zeit? davor? danach?) zur Verschärfung des Kampfes, so daß sich die Völker gegen Israel/Jerusalem/Zion aufmachen, um Gottes Volk zu vernichten, ja letztlich mit einem solchen Kampf den Gott Israels selbst herauszufordern (Hes 38-39; Sach 12; Joel 3). Dieser Kampf wird nicht mehr von Israel, sondern (in Analogie zum »Typos« dieses Kampfes, dem Exodus; vgl. 2Mo 14-15) von Gott selbst geführt werden. So kommt es zum »Tag des Herrn«, dem Weltgericht (Sach 14), auf das der endgültige Friede, die Neuerweckung Israels und die Hinwendung der Völker zu Israel/Jerusalem/Zion folgen wird (Jes 2,1-5; Sach 8,20-23; 14,16ff u.a). Israel und die Völker werden dann in einem Friedensreich zusammen wohnen. Im Rahmen dieser Geschichtsanschauung taucht auch die Vorstellung eines endzeitlichen Königs aus dem Haus Davids (→ Messias) auf. Die atl. E. endet mit dem Ausblick, daß Gott die ganze Schöpfung abbrechen und einen neuen Himmel und eine neue Erde schaffen will (Jes 65,17ff; 66,22).

3. Neues Testament

a. Jesus

In der Mitte der Verkündigung Jesu steht sein Hinweis, daß die »Herrschaft Gottes« (→ Reich Gottes) in die Gegenwart einbricht (Mk 1,15; Lk 4,16-21). Entscheidend ist, daß die Herrschaft Gottes von Jesus nicht nur in seiner Verkündigung angesagt wird, sondern auch in den helfenden Taten der Befreiung, Heilung, Speisung und Erweckung nach atl. Verheißungen zeichenhaft hereinbricht und anschaubar wird (Mt 11,2-6; Jes 35,5f; Jes 61,1f u.a.). Jesus greift also die atl. Hoffnung auf endzeitliche Hilfe auf, kündet sie an und bringt ihre Erfüllung erfahrbar in die Gegenwart. Ebenso lassen sich jedoch auch E. und Ethik nicht voneinander trennen (Bergpredigt, Gemeinde- und Jüngerunterweisung als eschatologische Ethik; vgl. Mt 19,8; Mt 19,12). Und doch bleibt Jesu Dienst offen auf die Zukunft: der Abbruch der alten Weltzeit, die völlige Entmachtung des Bösen, die völlige Erscheinung der Heilszeit stehen noch aus. Der Verweis auf die Zukunft der Vollendung durchzieht Jesu Botschaft und Jesu Tun: er kündet an, was kommen wird; er macht zeichenhaft sichtbar, was vollendet werden wird.

In den eschatologischen Abschnitten seiner Botschaft (Mk 13; Mt 24; Lk 21; vgl. 12,35-59!) verweist Jesus auf erkennbare »Zeichen« der Nähe des kommenden Endes (Mk 13,4-23 par; vgl. auch Mt 16,1ff: Verführungen, Krieg, Hunger, Erdbeben, sowie Bedrängnis der Gemeinde durch Verfolgung, Abfall, Irrlehre, Gesetz- und Lieblosigkeit), spricht auch von einzelnen Ereignissen, die »zuvor« eintreten müssen (Mk 13,7; Lk 21,20-24: Israel/Jerusalem; Mt 24,14: Mission), lehnt jedoch jede Berechnung des »Endes« als unmöglich ab, da die »Stunde« nur der Vater kennt (Mk 13,32). Ziel der eschatologischen Unterweisung ist die ständige (hoffende!) Bereitschaft (Mt 24,42-44).

b. Die Gegenwart als Zwischenzeit zwischen Kreuz und Auferstehung Jesu und seiner Wiederkunft

In Jesu Sendung, in seinem Tod und seiner Auferstehung hat die urchristl. Gemeinde den Umbruch der Zeiten erkannt Die Geschichte erscheint zwischen zwei Pole eingespannt und wird als »Zwischenzeit« zwischen dem ersten Kommen Jesu und seiner Wiederkunft erfahren. Der Sinn dieser »Wartezeit« wird darin gesehen, daß damit dem Evangelium der Raum zur Mission gegeben ist, daß Gott für seinen Weg mit Israel noch Zeit hat, daß Gott in seiner Langmut den Menschen immer noch Raum zur Umkehr läßt (2Petr 3,9; vgl. Röm 2,4).

c. Paulus

Paulus greift auf die im AT sich abzeichnende und im Frühjudentum ausgestaltete Vorstellung der Äonenwende zurück. Dabei tritt die Spannung zwischen dem »schon jetzt« und dem »noch nicht« als Grundkennzeichen gegenwärtiger Existenz in der Welt deutlich hervor, in die die ganze Schöpfung mit einbezogen ist (Röm 8,16-25), wobei die Gabe des Geistes als Angeld der Vollendung und Zeichen des Kommenden begriffen wird (Röm 8,16.31; vgl. 2Kor 1,22). Die Gegenwart steht einerseits unter dem Zeichen des Sieges Jesu (2Kor 5,14 u.a.), ist aber gerade darum eine Zeit des Harrens auf die Vollendung (Röm 8,23). Einer Berechnung des Endes hat Paulus deutlich widerstanden und in Aufnahme von Jesuslogien die Wachsamkeit und ständige Bereitschaft betont (1Thess 5,1-8). Paulus kennt wie Jesus eine bestimmte Reihenfolge der Ereignisse (1Kor 15,20-28; 1Thess 4,13-17) und widersteht doch einer drängenden Naherwartung mit dem Hinweis auf »Bedingungen«, die innerhalb des Geschichtslaufes zuvor erfüllt sein müssen (2Thess 2,1-12), in denen Gott das Böse zwingt, sich unverhüllt in der Welt zu zeigen (→ Antichrist).

Sehr scharf tritt bei Paulus der Zusammenhang von E. und Ethik heraus. Da die Gegenwart eschatologische Entscheidungszeit ist (Röm 13,11ff), in die das Ende bereits hereinleuchtet, können bisher normale Verhaltensweisen nur noch als »vergehende« und damit für den Christen nur noch relative gelten: man kann nur noch »haben, als hätte man nicht«. Dahinter steht keine asketische Abwertung des Geschöpflichen, sondern die eschatologische Relativierung des Normalen (1Kor 7,29-35).

d. Zeitliche und räumliche Vorstellungen

Die ntl. Geschichtsanschauung kennt zwei Vorstellungen. Gottes Kommen wird »von oben her« als Einbruch erwartet (priesterl. Denkform; Himmel) und »von vorne her« als Ankunft (Geschichte). Beide Vorstellungen stehen parallel zueinander und ergänzen sich. Räumliche Vorstellungen liegen vor allem dem Denken des Joh-Ev.s und dem Hebräerbrief (vgl. Hebr 6,18-20; 10,19f.25; 12,1ff) zugrunde und dominieren auch im Epheser- und Kolosserbrief (vgl. z.B. Eph 2,1f, wo »Äon« - eigentl. ein Zeitbegriff! - als räumlich anwesender Weltzeitherrscher gesehen ist; Kol 3,1ff). Die Gewißheit der »Nähe« Jesu, die für die christl. Gemeinde so charakteristisch war, enthält das räumliche und das zeitliche Element. Die Feier des Gottesdienstes mit dem → Abendmahl und die Erfahrung des Geistes in seiner Gegenwart und seinen Wirkungen war Erfahrung der »Nähe«, an der sich die Hoffnung auf »Nähe«, also auf die Wiederkunft Jesu immer neu entzündete.

e. Verzögerung der Wiederkunft

Das Problem der Naherwartung und der Verzögerung der Wiederkunft Jesu wird ausdrücklich in 2Petr 3,1-10 besprochen und mit dem Hinweis auf Gottes Güte, die zur Umkehr noch Raum gibt (3,9) beantwortet. Es ist damit zu rechnen, daß die frühe Gemeinde gewiß war, daß Gott den Geschichtslauf souverän in seinen Händen hält und aus Gründen seiner Liebe, seiner Langmut und seines Weges mit seinem Volk Israel und seiner Schöpfung Zeitläufe dehnen und verkürzen kann, ja will (vgl. 2Petr 3,9; Mt 16,28; 24,22).

f. Offenbarung

Das letzte Buch der Bibel betont, daß im Geschichtsverlauf das Böse sich immer unverhüllter ausgestalten wird, ja auch Katastrophen und Gerichte einer ständigen Steigerung unterliegen, die andererseits zur immer tiefergehenden Reinigung der Gemeinde führen. Die Vorstellung, daß das Böse auch polit. Gestalt annimmt und zu weltweiter Anerkennung kommt (13), die vor allem wirtschaftl. (18) und auch militärisch (19,11-21) dominiert, ist deutlich. Auf eine letzte kriegerische Auseinandersetzung (19,19-21) folgt ein Friedensreich

(20,1-6), an dessen Ende ein letzter Krieg steht, der mit der endgültigen Entmachtung des Bösen, der allgemeinen Totenauferstehung und dem Gericht endet (20,7-15) und den Weg frei macht zu einem neuen Himmel und einer neuen Erde (21,1-22,5).

W.J. Bittner

b) theologiegeschichtlich

Charakteristikum der ntl. E. ist die Spannung zwischen dem Schon-jetzt und Noch-nicht des Eschatons oder Endheils. Eschatologischer Schlüsselbegriff ist die *basileia tou theou*, die Königsherrschaft Gottes, der radikale Umbruch des Bestehenden. Sie ist – im Unterschied zum Judentum – nahe (Mt 4,17), und zwar in Jesus von Nazareth (Lk 11,20; 17,21). In Abwehr prägnostischen Spiritualismus' verficht das NT die → Auferstehung des Leibes, die aber im Gegensatz zum Judentum nicht fleischlich (1Kor 15,50), sondern geistlich verstanden wird (1Kor 15,44 »geistlicher Leib«).

Die Seele ist nach dem AT nicht – wie im griech. Platonismus – ein vom Leib abtrennbarer Teil des Menschen, sondern der Mensch selbst.

In und seit der → Alten Kirche wird die Spannung zwischen dem Schon-jetzt und Noch-nicht des Eschatons nicht selten aufgelöst und eine individualisierte Jenseits-E. bekommt mehr und mehr den Vorrang. Der platonisch-hellen. Glaube an die persönliche Unsterblichkeit gewinnt an Bedeutung. Das theol. Interesse an der Kontinuität zwischen dem Leben vor und nach dem Tode ist groß. Trotzdem vergißt man neben dem kontinuierlichen nicht den totalen Aspekt und neben dem individuellen nicht den universal-kosmischen Zug bibl. E. So ist in der Alten Kirche der Glaube an die eigene Auferstehung und sogar an das Tausendjährige Reich, das Millennium (Offb 20,1ff), lebendig geblieben. → Papias und → Irenäus malen sich dieses Reich in ganz irdischen Farben aus. Dieser Chiliasmus, der das Tausendjährige Reich als diesseitige Größe versteht, verlor durch → Origenes mehr und mehr an Einfluß auf die Kirche und wanderte schließlich in die Sekten aus. → Augustinus hat ihn in seiner irdisch-materiellen Form verworfen, aber in einer vergeistigten Form anerkannt, wenn er das Millennium mit der Zeit der Kirche gleichsetzt. Die Kirche ist nach seiner Sicht das Reich Christi. Die rein jenseitig gedachte ewige Seligkeit besteht nach ihm in der »Schau« und im Genuß »Gottes«. Die Auferstehung der → Toten wird in der Alten Kirche zum Teil grob-sinnlich – wie etwa von → Justin, → Tertullian und → Hieronymus – und zum Teil geistig – wie von Origenes – verstanden. Das → Apostolische Glaubensbekenntnis redet ganz massiv von der »Auferstehung des Fleisches«. Bei Origenes, der durch seine Vergeistigung der E. vor allem auf die griech. Theologie stark eingewirkt hat, findet man auch schon die Lehre vom Reinigungsfeuer nach dem Tode sowie die Vorstellung von der *apokatástasis pántōn*, der Allbeseligung, der schließlichen Seligwerdung aller Menschen (→ Allversöhnung). Die Hölle ist nach dieser Lehre nicht ewig, sondern als Reinigungsfeuer gedacht. Im Apostolischen Glaubensbekenntnis bekennt sich die Alte Kirche zu folgenden letzten Dingen: »er wird kommen, zu richten die Lebenden und die Toten«, »Auferstehung des Fleisches und ein ewiges Leben«.

Im MA bildet sich u.a. die Lehre von den fünf eschatologischen Aufnahmeräumen aus: Zwischen »Hölle« und »Himmel« gibt es den »Reinigungsort« oder das Fegfeuer, den »Raum der Kinder«, die ungetauft gestorben sind und den »Raum der Väter«, der Frommen des AT.

Bezeichnend für die apokalyptische Grundhaltung des mittelalterl. Menschen ist die eschatologische Spannung, die sich der Menschen mit dem Herannahen der Jahrtausendwende bemächtigte. Damals erwartete man das Ende des → Tausendjährigen Reiches, das nach Augustinus zu diesem Zeitpunkt abgelaufen war, und den Jüngsten Tag. Die Reichserwartung → Joachims von Fiore (das dritte Reich des Geistes) löste im Spätmittelalter ebenso eine Welle eschatologisch-chiliastischer Hoffnungen aus. Neben einem kosmisch-apokalyptischen Endzeitbewußtsein behauptete sich eine individualisierte Jenseitseschatologie. Im fünften Laterankonzil wurde 1513 die Unsterblichkeit der Seele dogmatisiert. Christus wird im MA vorwiegend als Richter verstanden.

Die → Reformation wendet sich gegen die mittelalterl. Angstreligion und die Vergesetzlichung des → Evangeliums. Christus wird in erster Linie als Retter denn als Richter begriffen. Von dem alles fordernden und alles schenkenden Gott her ist Christus wesentlich der gerichtete Richter, der stellvertretend für seine Geschöpfe am Kreuz das Gericht auf sich genommen hat, das wir verdient haben. Wenn wir gegen das Gesetz an das Evangelium glauben, läßt er Gnade vor Recht ergehen, obschon wir das Gericht verdient haben. Die Reformation verwirft den Chiliasmus der Täufer, ihre Allversöhnungslehre und die Fegfeuervorstellung der mittelalterl. Kirche.

Die Reformatoren hatten eine eschatologische Grundeinstellung, die sich überall vor das Letzte gestellt sah und Christi baldige Wiederkunft erwartete.

In der Aufklärungszeit wird weithin der Gerichtshorizont abgeblendet und das Eschaton ins Gewissen, den »inneren Gerichtshof« (Kant) verlegt. Im Zuge dieser Verinnerlichung und Verdiesseitigung des Eschatons bekommt die Unsterblichkeit der Seele alles Gewicht, und das Reich Gottes wird rein moralisch verstanden (Kant). Diese enteschatologisierende Tendenz der → Aufklärung setzt sich im → Idealismus und in der liberalen Theologie fort. Nach F. Schleiermacher kommt den Lehren »von den letzten Dingen« nicht der »gleiche Wert« zu wie den anderen. Die letzten Dinge werden wirklich zu letzten Dingen, zu Randfragen. Die gegenwärtige Vereinigung der Seele mit Gott ist wichtiger als die letzten Dinge. Ganz ähnlich messen Harnack und Troeltsch, beide Vertreter der liberalen Theologie, der Menschenseele einen »unendlichen Wert« zu, der alles andere in der Theologie, auch ihre E., relativiert. An die Stelle der Universaleschatologie tritt in der liberalen Theologie häufig eine idealistische Individualeschatologie. Die letzten Dinge werden »geistig« verstanden, ihre leiblich-kosmische Dimension wird bestritten.

Bei A. → Ritschl rückt das Reich Gottes in den Mittelpunkt der Theologie; er versteht es wie → Kant moralisch. J.Chr. → Blumhardt entdeckt ganz neu die kosmische Dimension des Reiches Gottes. Chr. Blumhardt d.J. sieht das Reich Gottes vor allem im sozialen Umbruch am Werk. Demgegenüber kommt es im 19. und beginnenden 20. Jh. zu einem neuen eschatologischen Aufbruch und Naherwartungsglauben im Pietismus und in vielen Sekten.

Lit.: G. Maier: Die Johannesoffenbarung und die Kirche, WUNT 25, 1981.

H.G. Pöhlmann

c) systematisch-theologisch

1. Das Endgültige zwischen »Schon jetzt« und »Noch nicht«

Die Wiederentdeckung der eschatologischen Verkündigung Jesu steht am Beginn der modernen, bibl.-orientierten Theologie und ist weitgehend mit dem Namen A. → Schweitzers verbunden. Er präsentierte erstmals eine durchgehend eschatologische Interpretation Jesu, eine Position, die oft konsequente E. genannt wird. Jesu Ethik wird als Interimsethik verstanden, die zur Vorbereitung auf das Reich Gottes diente. Da das Reich nicht kam, könne jedoch unsere Ethik nicht von Jesu Ethik abgeleitet werden.

R. → Bultmann übernahm die Grundentscheidung Schweitzers, betonte aber die existentielle Ausrichtung der E. Nach Bultmann ist die mythische E. des NT unhaltbar, da die Wiederkunft Christi niemals so stattfand wie sie das NT erwartete. Der mythische Rahmen ist nach Bultmann unnötig, da die Wiederkunft nicht kosmologisch, sondern vielmehr anthropologisch oder existential interpretiert werden will. Der einzelne begegnet dem Eschaton in der unmittelbaren Gegenwart, wodurch er wahrhaft eschatologisch in radikaler Offenheit für die Zukunft existiert.

Etwas anderer Meinung war C.H. → Dodd, der betonte, das Reich Gottes sei mit Jesus schon gekommen. Diese Interpretation wird als »Sich verwirklichende Eschatologie« bezeichnet, denn sie versucht zu zeigen, daß die Christen allmählich verstanden, das entscheidende Ereignis, das Kommen Christi, hätte sich schon ereignet. Es wird nur sein Kommen jenseits der Geschichte stattfinden, wenn alle Geschichte in Gottes ewigem Ziel aufgenommen wird.

Eine dritte Interpretationsart versucht, die Zukunftsgerichtetheit der E. beizubehalten. O. → Cullmann betont deshalb, daß die temporal-zukünftig verstandene E. zum Zentrum der ntl. Botschaft gehört. Sinngebende Mitte des christl. Zeitverständnisses sind der Tod und die Auferstehung Christi. Christliche Existenz steht daher in der Spannung zwischen der durch Jesus schon vollbrachten Erösung und ihrer noch nicht vollendeten leibhaften Verwirklichung, die durch die Wiederkunft Christi geschehen wird.

Konservativere Theologen, wie Anthony A. Hoekema weisen auch darauf hin, daß Jesus niemals einen Zeitpunkt für seine Wiederkunft bekanntgegeben hatte. Die Idee einer Parusieverzögerung widerspräche so dem NT. Da niemand genau wisse, wann die Wiederkunft stattfindet, sei es wichtig, stets für sie bereit zu sein. Jesu Auferstehung sei sowohl Vorschau als auch Garantie der Wiederkunft, die sich in ihrer eigenen Zeit ereignen wird.

E. muß beides im Auge behalten. »Sie handelt von dem, was unbedingt zu erwarten steht, und hat ihren Grund in gegenwärtiger Erfahrung des Unbedingten« (P. Althaus). Präsentische (gegenwärtige) und futurische (zukünftige) E. können zwar unterschieden, dürften aber nicht alternativ gegeneinander ausgespielt werden. An dieser Voraussetzung haben sich sowohl die präsentische als auch die futurische E. und im Rahmen der letzteren die individuelle, universale und kosmische E. zu orientieren.

2. Neuere eschatologische Konzepte

In neuerer Zeit wies besonders J. Moltmann darauf hin, daß die E. nicht auf die sog. Letzten Dinge, wie

Jüngstes Gericht, Wiederkehr Christi, Auferstehung der Toten usw. beschränkt werden soll, die sich am Ende ereignen, sondern den ganzen Verlauf der Geschichte, der sich auf dieses Ende zubewegt, mit berücksichtigen muß. Demnach ist die E. die Lehre der christl. Hoffnung, die sowohl das erhoffte Ziel als auch die Hoffnung, die sich daran knüpft, umfassen muß. Ähnlich betont W. Pannenberg den vorwegnehmenden Aspekt der E. In Christi Auferstehung hat sich das erwartete Ende schon in proleptischer Vorwegnahme ereignet, d.h. das Ende verwirklichte sich schon in einzigartiger Weise, ohne dadurch die endzeitliche und universale Verwirklichung zunichte zu machen.

Die → Befreiungstheologie erinnert besonders im Hinblick auf die atl. Propheten daran, daß diese ein Friedensreich Gottes ankündigten, das nicht einfach eine überweltliche Wirklichkeit ist, sondern auf dieser Erde errichtet werden sollte. Deshalb betont sie, daß die eschatologischen Verheißungen teilweise in Geschichtsereignissen ihre Erfüllung finden sollen, die sich dann in die Zukunft hin ausweiten und eine ständige geschichtl. Mobilität erzeugen.

3. Das Christusereignis als Begründung der Eschatologie

Angesichts dieser Interpretationen muß man festhalten, daß sich die christl. E. im Christusereignis gründet, d.h. besonders in der Auferstehung Christi. Dieses Ereignis hat gegenwarts- und zukunftsbegründende Macht. Die erste Christengemeinde erfuhr die Auferstehung Christi nicht nur als Grund ihrer Zukunftshoffnung oder als Anstoß, das → Evangelium zu verkünden. Wie Paulus betonte, hat das Sterben und Auferstehen mit Christus auch grundlegende Konsequenzen für unser gegenwärtiges Leben (Röm 6,4).

Die → Taufe befähigt die Christen, an Christi Tod und Auferstehung teilzunehmen und macht sie zu Gliedern der christl. Gemeinschaft des Leibes Christi und zu neuen Menschen, die an dem teilhaben, was durch Christi Tod und Auferstehung erreicht wurde. Ihr Verhältnis zu Gott in Christus ist neu geworden und spiegelt sich in unserem Verhalten zu anderen Menschen wider. Somit besteht eine enge Beziehung zwischen E. und → Ethik. Da die Christen nach dem Geist Gottes leben, der ihnen in der Taufe zuteil wurde, wandeln sie in einem neuen Leben. Aber das gegenwärtige Leben ist nur ein Zwischenstatus. Durch ihr Sein in Christus leben die Christen schon auf das Ziel der allumfassenden neuen Schöpfung zu.

Der proleptische (das Kommende vorweg empfangende) Aspekt der christl. Existenz kommt in den liturg. Handlungen der Kirche besonders gut zur Darstellung. Wenn sich die Gemeinde zum → Abendmahl versammelt, fallen alle Unterschiede des Ranges und der sozialen Stellung weg. Die enge Kommunion der Gläubigen mit ihrem Herrn zeigt vorweg schon etwas von dem neuen Zustand der Gottesgemeinschaft in der himmlischen Stadt an. Dem entsprechend ist der zweifache Hinweis »tut dies zu meinem Gedächtnis« in den Einsetzungsworten des Abendmahls an die Christen gerichtet, damit sie sich an Christi Opfer erinnern. Zudem enthält es die Bitte an Gott, daß er um des Opfers seines Sohnes willen die Vollendung seines Reiches verwirklichen soll. Bei der Feier des Abendmahls betet die Gemeinde um das Kommen des Herrn, sie verkündigt den Beginn der Heilszeit und nimmt den Segen der Wiederkunft vorweg.

4. Christliche Zukunftserwartung

Sowohl AT wie NT bezeugen, daß mit dem Tod nur die menschliche Existenz auf Erden beendet ist. Dies war trotz aller Betonung des diesseitigen Verständnisses der Lebenserfüllung schon im AT selbstverständlich. Doch erwuchs erst langsam in der jüd.-christl. Tradition die Gewißheit, daß es Erfüllung des menschlichen Lebensziels und der Schöpfung Gottes nicht schon in diesem, sondern erst in einem neuen, von Gott bereiteten Leben geben wird.

a. Individuelle Eschatologie

Von der Christusoffenbarung her wird deutlich, daß es für die Gläubigen ein neues Leben jenseits des Todes in und bei Christus geben wird. Somit bezeugt das NT auch einen zweifachen Ausgang der Geschichte, der jedoch für die Gläubigen nichts Bedrohliches enthält, da der Richter gleichzeitig der Erlöser ist. Obwohl von einem Gericht nach den Werken gesprochen wird (1Kor 3,12-15; 2Kor 5,10), wird verdeutlicht, daß jeder aufgrund seiner sündhaften Entfremdung von Gott nur den ewigen Tod verdient hätte. Die Gerechtsprechung im Gericht kann deshalb nicht aufgrund der eigenen Werke erfolgen, sondern durch die Gerechtigkeit, die den Gläubigen aufgrund des Erlösungswerkes Christi zugesprochen wird.

Das Schicksal derer, die Christus nicht als ihren Erlöser bekennen, ist nicht Gegenstand des christl. Glaubens, sondern es ist Anlaß zur Verkündigung der erlösenden Botschaft und Notwendigkeit zum fürbittenden Gebet an den Gott, der nicht will, daß einer verloren gehe (2Petr 3,9). Für den Christen verbietet sich einerseits die Aussage, daß die Hölle leer sein wird, da diese Feststellung allein von Gott getroffen werden kann, wie auch die andere Behauptung, daß nur eine gewisse Anzahl von Menschen die ewige Seligkeit empfangen werde.

Die Frage nach einer zeitlichen Abfolge der Endereignisse ist für den christl. Glauben unwichtig. Die Tradition hat oft einen Zwischenzustand behauptet, etwa in Anlehnung an Lk 16,23-26, obwohl andere ntl. Aussagen ein unmittelbares Erlangen des Endzustandes nahelegen (Lk 23,43). Wie das NT einschärft, ist nicht eine zeitliche Abfolge entscheidend, sondern daß die Gläubigen jederzeit bereit sind, von Gott in seinem Reich empfangen zu werden.

Die persönliche Identität des verstorbenen mit dem auferweckten Menschen steht für das bibl. Zeugnis außer Frage. Doch darf man keine geradlinige Kontinuität zwischen dem gegenwärtigen und dem zukünftigen Leben annehmen, da man dadurch das Zukünftige seiner Andersartigkeit berauben würde. Während besonders die dialektische Theologie vehement die Unsterblichkeit der Seele ablehnte, da sie befürchtete, eine »natürliche Unsterblichkeit« zu befürworten, hat man inzwischen eingesehen, daß die Unsterblichkeit der Seele auch die christl. Grundüberzeugung adäquat ausdrücken kann, daß der Gott, der uns in diesem Leben erhält, uns durch den Tod hindurch zu neuem Leben erhalten wird. Der Mensch stürzt im Tod in kein Nichts, sondern er wird durch den Tod hindurch von dem Gott getragen, dem er schon im Leben seine Existenz verdankte. Trotz aller Andersartigkeit des Lebens hier und dort (vgl. 1Kor 15,35-49), muß an der Personalidentität des Menschen festgehalten werden, da sonst auch die Vollendung der persönlichen Zukunftshoffnung unbefriedigend bliebe. Der Gedanke des Aufgehens des einzelnen in den größeren Seinszusammenhang Gottes als Ziel endzeitl. Erfüllung widerspricht der bibl. Zukunftsverheißung, die sich immer auch an den einzelnen und auf sein individuelles Geschick richtet.

b. Universale und kosmische Eschatologie

Die Letzten Dinge betreffen nicht nur den einzelnen Menschen, sondern auch den raumzeitlichen Kontext, in dem er sich bewegt. Es ist christl. Überzeugung, daß mit der Wiederkunft Christi die ganze Schöpfung und der ganze Kosmos »zu einem neuen Himmel und einer neuen Erde« verwandelt und erneuert werden. Wiederum ist es hier unerheblich, ob man von einer totalen Neuschöpfung ausgeht, die eine Vernichtung des Bisherigen voraussetzt, oder von einer Umwandlung, die das Bisherige gleichsam als Teilbausteine in das Neue miteinbezieht. Wichtig ist, daß die Neuschöpfung völlig anders strukturiert wird, so daß die begrenzenden und schmerzverursachenden Phänomene dieser Welt nicht mehr zum Tragen kommen.

Die Endverwandlung der Welt setzt die Wiederkunft Christi voraus, und die Eliminierung aller widergöttlichen Mächte, so daß die Schöpfung in ihrer ursprünglich intendierten Reinheit und Vollendung zum Leuchten kommt.

Verschiedene geschichtl. Phänomene werden als Vorzeichen der Vollendung erwähnt, wie die Vollendung der Weltmission (Mk 13,10), das Kommen des Antichrists und ein antichristliches Weltreich (2Thess 2,3ff; Off 13), die Verfolgung der Gemeinde und des Volkes Israel (Mt 24,9f), die Bekehrung Israels (Röm 11,15.25f), sowie ein tausendjähriges Reich (Off 20,1-6). Alle diese Phänomene bezeugen einerseits einen tatsächlichen Fortschritt auf die verheißene Erfüllung hin.

Andererseits verändert sich die Geschichte aber nicht so, daß am Ende das Reich Gottes als Ergebnis menschlicher Anstrengungen hervortritt. Die widergöttl. Kräfte scheinen vielmehr zu einem letzten Angriff auf die Gläubigen anzusetzen, um jegliche Zukunftshoffnung zunichte zu machen. Trotz aller Widerwärtigkeiten hält jedoch der christl. Glaube daran fest, daß Gott den Sieg davontragen wird, denn dieser Sieg zeichnet sich in der Auferstehung Jesu Christi schon vorweg ab.

Die Interimslage zwischen Christi Auferstehung und der letztlichen Erfüllung des Reiches Gottes hat Christen oft dazu verleitet, ein Datum für das Kommen des Reiches zu suchen oder den eschatologischen Fortschritt durch die Erwartung eines Tausendjährigen Reiches vor Christi Wiederkunft anschaulicher zu machen. Dennoch müssen wir uns an die Ermahnung halten: »Doch jenen Tag und jene Stunde kennt niemand, auch nicht die Engel im Himmel, nicht einmal der Sohn, sondern nur der Vater« (Mt 24,36). Das Eschaton ist das von Gott gegebene Ziel, das zu einem gewissen, von Gott festgesetzten Punkt in Fülle hervortreten wird und woraufhin unser ganzes Leben ausgerichtet sein soll. Die dem Evangelium gemäße Haltung der Christen besteht darin, auf die Wiederkunft Christi und den Eingang in das Reich Gottes bereit zu sein und etwas von dem im Leben transparent werden zu lassen, auf das hin sie glauben.

S.a. → Antichrist; → Äon/Äonenlehre; → Apokalyptik; → Auferstehung der Toten; → Ewiges Leben; → Gericht Gottes; → Gog und Magog; → Leiblichkeit; → Seele; → Tausendjähriges Reich; → Tod/Sterben; → Unsterblichkeit.

Lit.: P. Althaus: Die letzten Dinge, [7]1957; H. Burkhardt: Ausharren bei Jesus. Zum theologischen Verständnis der Johannesoffenbarung, ThBeitr 17 (1986), 234-247; H. Cremer: Jenseits des Grabes, [8]1987; G. Maier (Hg.): Zukunftserwartung in biblischer Sicht. Beiträge zur Eschatologie, 1984; J. Moltmann: Theologie der Hoffnung, Untersuchungen zur Begründung und zu den Konsequenzen einer christlichen Eschatologie, [6]1966; R. Schaeffler: Was dürfen wir hoffen? 1979; H. Schwarz: Jenseits von Utopie und Resignation. Einführung in die christliche Eschatologie, 1991.

H. Schwarz

Esoterik → Geheimwissen

Esra → Israel (biblisch)

Essener → Israel (biblisch); → Qumran

Essenz → Ontologie

Ester → Megilloth

Estland → Baltikum

Ethik

1. Begriff

a. Ethik und Moral

Der Begriff E. ist sprachlich abzuleiten aus griech. *ethos* (»Wohnung, Gewohnheit«), das dann, unter leichter Veränderung (Dehnung des e), die Bedeutung Sitte, Charakter annimmt. Von dem antiken Gedanken her, daß das von alters her Gewohnte auch verpflichtende Kraft hat (→ Positivismus), entsteht der Begriff des Ethos als Normbegriff: das vom Menschen geforderte Verhalten. Die theoretische Beschäftigung mit dem, was als Verhalten des Menschen zu fordern ist, ist dann die ethische Theorie (Aristoteles). Das Wort Moral kommt von lat. *mos* (Adj. *moralis*; verwandt mit dt. »Mut, Gemüt«) her, das seit Cicero (de fato, 1) Übersetzungsbegriff für griech. *ethos* ist. Die heute im prot. Sprachgebrauch übliche negative Wertung des Begriffs (»ein Stil äußerlichen Verhaltens« Trillhaas, 8) ist vom Ursprung des Wortes her völlig unbegründet, zugleich eine fragwürdige Disqualifizierung kath. Ethik, die traditionell die Begriffe Moral (= Ethos) bzw. Moraltheologie (= Ethik) bevorzugt.

b. Biblische Äquivalente

Die Begriffe *ethos* (z.B. Lk 22,39: »Gewohnheit«; Apg 25,16: »Sitte«) bzw. *ēthos* (nur 1Kor 15,33: »Charakter«) kommen in der Bibel nur am Rande vor. In der Apg ist *ethos* bewußt hellen. formulierte Umschreibung für das mosaische Gesetz (»Sitten des Mose« 6,14 u.ö.), für das sonst griech. *nomos* (für hebr. *thora*) steht.

Der Bedeutung von *thora* als Wegweisung entspricht das in der Bibel oft für das Leben des Menschen und seine Führung gebrauchte Bild des Weges (*däräch* Spr 5,21 u.ö.; *hodos* Jak 1,8 u.ö.; vgl. Ps 86,11; 1Kor 12,31) bzw. des Wandels (*anastrophē* 1Petr 2,12 u.ö.). Dabei ist die Unterschiedlichkeit der Bilder auffallend: in der griech. Überlieferung das mehr statische Bild des Hauses, in der bibl. Überlieferung das mehr dynamische Bild des Weges. Man hat deshalb mit gewissem Recht die Brauchbarkeit des Begriffs E. für bibl. Theologie in Frage gestellt, weil er ungeeignet sei, die typisch bibl. Führung ins Ungewohnte (Abraham, Nachfolgeethik) wiederzugeben. Andererseits gibt es bisher keine im wissenschaftl. Sprachgebrauch verwendbare Alternative zu Ethos bzw. Moral. Außerdem hat der Gedanke des gewohnten Handelns durchaus auch bibl. Recht (vgl. Lk 4,16).

2. Zur Geschichte der Ethik als wissenschaftlicher Disziplin

E. als wissenschaftl. Disziplin entstand im 5. Jh. v.Chr. in der sokratischen Schule als Antwort auf die durch die sophistische Aufklärung im 5. Jh. v.Chr. hervorgerufene Krise des traditionellen Ethos. → Aristoteles war der erste Verfasser eines wissenschaftl. Lehrbuches der E. (Nikomachische Ethik) als naturrechtlich vom Wesen des Menschen her begründeter Tugendethik, bei Plato als Ideal, bei Aristoteles als der Vernünftigkeit des Menschen entsprechendes Mittelmaß gedacht. In der → Stoa (seit Ende des 4 Jh.s) stand die ethische Frage im Zentrum aller phil. Bemühung.

Die erste auf dem Boden bibl. Überlieferung systematisch reflektierte E. entwarf der jüd. Religionsphilosoph → Philo von Alexandrien (in der Schriftenreihe, die mit der Weltschöpfung als Grundlegung beginnt und sich in der Auslegung des Dekalogs und den daran anschließenden vier Büchern über die Spezialgesetze fortsetzt, wobei die zehn Gebote als Gliederungsprinzip dienen).

Während die → Alte Kirche (mit Ausnahme am ehesten des Paidagogos von → Clemens von Alexandrien) mehr nur Schriften zu einzelnen ethischen Fragen hervorbrachte, versuchte die mittelalterl. → Scholastik, die ethische Fragestellung in das Gesamtsystem ihres theol. Denkens einzuordnen, bei → Thomas v. Aquin im Zusammenhang der Lehre vom Menschen als Ebenbild Gottes. Dabei knüpfte Thomas an die antike Naturrechtslehre an, indem er sie zur Lehre vom vierfachen Gesetz (lex aeterna, lex naturae, lex divina, lex humana) theol. umgestaltete. Inhaltlich entfaltete er die E. als Tugendlehre, die vier antiken → Kardinaltugenden Weisheit, Besonnenheit, Tapferkeit und Gerechtigkeit durch die christl. Tugenden Glaube, Liebe und Hoffnung ergänzend.

Die luth. Reformation konzentrierte sich auf die Frage des Verhältnisses von Gesetz und Evangelium und der Notwendigkeit guter Werke mehr unter dogmatischem als ethischem Blickwinkel. Die Dekalogauslegungen vor allem der Katechismen Luthers entfalteten zwar eine weitreichende volksbildende Wirksamkeit, beschränkten allerdings die E. zugleich wesentlich auf das Leben in den natürlichen bürgerlichen Ordnungen (→ Beruf, → Berufung). Dem entsprach es auch, daß Ph. → Melanchthon seine Moralphilosophie in Wiederaufnahme des antik-mittelalterl. Naturrechts entwarf. In Fortführung und Neufassung der scholastischen Integration der E. in einen theol. Gesamtentwurf erörterte J. → Calvin im zweiten Buch der Institutio im Anschluß an die Lehre von der Verlorenheit des Menschen die Lehre vom Gesetz (II, 7ff), im dritten Buch als Frucht der angeeigneten Gnade das Leben des Christenmenschen (III, 6-20) und im vierten Buch, im Zusammenhang der äußeren Mittel zum Heil und sachlich im Anschluß an Luthers → Zwei-Reiche-Lehre, die politische E. (IV, 20).

In der Zeit der prot. Orthodoxie entwarf der luth. Theologe G. → Calixt die erste formal selbständige theol. E. (Epitome theologiae moralis, 1634) mit Berufung darauf, daß die E. mit dem Naturgesetz eine von der christl. Heilsoffenbarung unabhängige Basis habe.

In der → Aufklärung führte die Loslösung von der geschichtl. Offenbarungswahrheit zu einer Konzentration der Theologie auf die E. als eigentlichem Kern der christl. Religion, klass. zum Ausdruck kommend im rein ethischen Wahrheitskriterium der Ringparabel → Lessings (siehe »Nathan, der Weise). I. → Kant rüttelte zwar mit seiner Lehre vom (in der Sinnlichkeit begründeten) sog. radikal Bösen im Menschen (Religion innerhalb, 21ff) am sittlichen Optimismus der Aufklärung, mit seiner Pflichtlehre (KpV, 154) an ihrem → Eudämonismus. Aber in der Auflösung der traditionellen → Gottesbeweise und der Begründung des Daseins Gottes auf ein Postulat der praktischen Vernunft (KpV, 223ff) ersetzte er, ganz im Geist der Aufklärung, die herkömmliche Abhängigkeit der E. von der → Dogmatik durch Abhängigkeit der Dogmatik von der E.

Indem F.D.E. → Schleiermacher in seiner romantischen Theologie die Religion auf das rel. Gefühl als »eigne Provinz im Gemüt« (Reden über die Religion, 37) zurückführte, löste er sie wieder aus der Abhängigkeit von der E., verfestigte aber zugleich deren Trennung von der Dogmatik. In der Erneuerung der bibl. Lehre von der Sünde als Selbstsucht und Feindschaft gegen Gott (nicht nur Mangel des rel. Gefühls) überwand die Erweckungstheologie (→ Tholuck) die romantische Trennung von Religion und E.C.I. → Nitzsch entwarf dann sein »System der christl. Lehre« wieder als Einheit von Dogmatik und E. Ihm folgten J.T. → Beck und der Tholuck-Schüler M. → Kähler, später, unter anderen Voraussetzungen (→ Dialektische Theologie), K. → Barth. Gleichzeitig blieb aber, besonders unter dem wirksamen Einfluß von W. → Herrmann, auch die Auffassung von der Selbständigkeit der E. lebendig: nach ihm gibt es weder eine spezifisch christl. noch überhaupt eine theol. E., sondern nur E. schlechthin, als Beantwortung »der Frage, welche Gedanken wir damit haben, daß wirs anderen vertrauen« (Herrmann, VII).

Nachdem in der Zeit des Dritten Reiches eine angepaßte, dualistisch interpretierte neuluth. Zwei-Reiche-Lehre diese durch die Annahme einer → Eigengesetzlichkeit des »Reiches zur Linken« diskreditiert hatte, wurde sie, vor allem durch den Einfluß der dialektischen Theologie K. Barths, nach dem Zweiten Weltkrieg weithin durch eine einlinige christokratische Konzeption verdrängt. Mit diesem Ansatz bei der Christusherrschaft und der Verwerfung aller sog. natürlichen Theologie fiel auch der nach dem Krieg zunächst wieder neu aufgelebte Naturrechtsgedanke theol. Kritik anheim. Theol. E. wurde hier nur noch als spezifisch christl. E. gedacht.

Die gegenwärtige prot. E. ist einerseits bestimmt von dem Versuch, den christokratischen Ansatz zur sozialrevolutionären → Befreiungstheologie und der Theorie des → konziliaren Prozesses weiterzuführen. Andererseits ist, begünstigt von einer weitverbreiteten existentialistischen Grundstimmung, eine mehr oder weniger konsequente emanzipatorische → Situations-E. bestimmend. Im evangelikalen Bereich neigt man bisher entweder zur herkömmlichen dualistischen Zwei-Reiche-Lehre oder aber neuerdings (J. Wallis, R. Sider) zur Annäherung an die christokratische Konzeption. Einen eigenständigen weiterführenden Ansatz bietet im Bereich evangelikaler Theologie am ehesten die heilsgeschichtl.-theozentrische E. K. → Bockmühls.

In der kath. Moraltheologie hat nach wie vor die thomistische Naturrechtslehre (J. Messner, J. Höffner) großen Einfluß. Vor allem durch ihre konstruktive Aufnahme der → sozialen Frage vermochte sie sich auch gesellschaftl. Anerkennung zu verschaffen. Andererseits wird auch die kath. Moraltheologie zunehmend in die Grundlagenkrise der prot. E. hineingezogen (Infragestellung des Naturrechts, situationsethische Kritik an der offiziellen Sexual-E. der Kirche).

3. Grundprobleme der Ethik

a. Dogmatik und Ethik

Sofern alle E. mit dem Handeln des Menschen zu tun hat, liegt ein anthropologischer Ansatz der E. nahe. Die bibl. Lehre vom Menschen als Gottes Ebenbild aber führt von der Frage nach dem Menschen notwendig weiter zur Frage nach Gott. Eine den bibl. Linien folgende christl. E. kann deshalb nur theol., genauer theozentrische, d.h. vom bibl. bezeugten Wesen und Werk Gottes ausgehende E. sein. E. ist also ebensowenig von ihrem dogmatischen Grund, der schöpferischen und erlösenden Güte Gottes, ablösbar wie Dogmatik von ihrem sittlichen Horizont, der Herrschaft Gottes.

Dieser Feststellung entspricht auch die Struktur ethischer Rede in der Bibel: Dem Dekalog ist der Hinweis auf die Heilstat Gottes vorangestellt (2Mo 20,2). Ebenso folgt in den apostol. Briefen in der Regel auf den dogmat.-hymnischen ersten Teil ein zweiter paränetischer (Röm 1-11 und 12-15, mit 12,1 als Verbindungsglied »ich ermahne euch um der Barmherzigkeit Gottes willen«, vgl. Eph 1-3 und 4-6; Gal 1-5,11 und 5,12-6 u.ö.).

b. Begründung ethischer Normen

Schöpfungstheol. Begründung: In phil. Ethik gilt heute weithin der gegen das Naturrecht gerichtete Satz, daß aus einem Sein kein Sollen ableitbar sei. Tatsächlich aber ist nur aus Seiendem (der Welt als Gottes Werk und insofern Ausdruck seines Willens) wirklich verpflichtendes Sollen ableitbar, alles andere Sollen bleibt in Willkür und Unverbindlichkeit stecken. Das gilt von der → Situations-E., die ohne Rückgriff auf gewisse utilitaristische Grundwerte gar nicht durchführbar ist, ebenso aber auch von jeder Form utilitaristischer (auf bloße Nützlichkeit gerichteter) E., die zwar sittliche Teilwahrheiten zu formulieren vermag (seelisches Glück, Bewahrung physischen Lebens), aber die Fragen nach einer näheren Bestimmung solcher Werte wie nach dem Warum offenlassen muß.

Hier führte die antike Naturrechtslehre mit ihrem Ansatz bei dem kritischer Reflexion vorgegebenen Sosein des Menschen weiter. Sofern man allerdings beim Menschen als Maß aller Dinge (Protagoras) oder dem als unveränderlich gedachten Kosmos (Stoa) stehen blieb, verharrte man auch dort im Vorläufigen. Erst die bei Philo und dann im NT (Röm 1-2; 1Kor 11,14) vollzogene Integration des Naturrechtsgedankens in den Schöpfungsglauben vermag eine letzte Antwort im Wesen und Werk Gottes zu finden: Gott hat die Welt als strukturierten Organismus geschaffen, der in bestimmten, in ihm angelegten Ordnungen lebt. Dem Menschen als Gottes Ebenbild ist die Freiheit gegeben, die Ordnungen zu erkennen, zu bejahen und im vorgegebenen Rahmen eigenständig auszugestalten – oder sie zu verneinen, damit aber schuldig zu werden und schließlich zu scheitern (Röm 1,22ff; 2,14-16). Dieser Sicht des Menschen als »ersten Freigelassenen der Schöpfung« (Herder) entspricht die empirische Anthropologie mit ihrer Deutung des Menschen als relativ instinktfreien, unspezialisierten, aber vernunftbegabten »Mängelwesens« (A. Gehlen, A. Portmann), wobei diese Freiheit recht verstanden nicht Freiheit zur Naturwidrigkeit, sondern zur Kultur als »zweiter Natur« ist (Landmann, 166).

– Offenbarungsgeschichtliche Begründung: Als Gottes Ebenbild ist der Mensch angewiesen auf Gottes Anrede und Weisung. Der Sündenfall ist der Versuch eines Ausbruchs aus diesem Angewiesensein (»sein wie Gott und wissen, was gut und böse ist«, 1Mo 3,5). Tatsächlich verschärft der Sündenfall aber durch die ihm folgende Einschränkung menschlichen Erkenntnisvermögens (Röm 1,21) das Angewiesensein auf sittliche Orientierung, ohne doch die Möglichkeit, an den natürlichen Gegebenheiten das dem Willen Gottes Entsprechende zu erkennen (Röm 2,14f), ganz aufzuheben. Die Offenbarung des in seinem Kern (insbesondere dem → Dekalog) universal gültigen → Gesetzes an Israel (2Mo 20,11; 5Mo 4,6) gibt damit Licht in die sittliche Dämmerung des natürlichen Menschen.

– Eschatologische Begründung: Aber auch die Offenbarung des Willens Gottes im Gesetz vermag die menschliche Sünde bestenfalls in ihren Auswirkungen zu hindern (Röm 13), aber nicht wirklich zu überwinden. Gerade innerhalb der Gesetzesfrömmigkeit können gut und böse heillos verwirrt werden (Röm 2,17ff; 10,2f).

Damit werden wir auf einen, in der atl. Verheißung (Jer 31) vorbereiteten neuen Ansatz christl. E. geführt: In der von Gott dem Christen geschenkten Erneuerung zur Neuen Schöpfung durch → Wiedergeburt und → Bekehrung im Glauben an Jesus Christus. Dieser in der → Heiligung sich fortsetzenden inneren Erneuerung als willentlicher Unterstellung unter die Herrschaft Gottes entspricht eine das atl. Gesetz nicht aufhebende, aber überbietende neue Sittlichkeit (→ Bergpredigt). Anders als die in Schöpfung und geschichtl. Offenbarung begründete E. ist ihre Gültigkeit aber nicht universal, sondern auf die gläubigen Christen beschränkt. Auch hier aber gilt sie nicht als äußeres Gesetz, sondern als individuelle Führung durch den Geist Gottes (→ Geistesleitung), die künftige Vollendung des Reiches Gottes als Reiches der Liebe (1Kor 13) bruchstückhaft vorausdarstellend. In diesem Sinn ist neben und im Unterschied zu einer allg. oder Schöpfungs-E. (2.a. und 2.b.), in der es über weite Strecken zu Übereinstimmungen und Gemeinsamkeiten mit nichtchristl. E. kommen kann, auch von einer spezifisch christl. oder Reich-Gottes-E. zu sprechen, die eigene Normen (Feindesliebe) und eigene Mandate (Mission, Diakonie, Gemeinschaft, Gebet) kennt.

c. Verwirklichung ethischer Normen

Die Begründung der E. im Schöpfungswerk Gottes ermöglicht nicht nur die Erkenntnis ihr entsprechender Normen, sondern vermittelt auch Motivation zu ihrer Verwirklichung: im Gefühl der Dankbarkeit wie vor allem im Wissen darum, daß diese Normen ja nicht etwas dem Menschen Fremdes sind, sondern der Zielrichtung seines eigenen Seins und Lebens entsprechen.

Andererseits aber stört die Sünde diese Zusammenhänge schon im Verhältnis des Menschen zu sich selbst und zur Umwelt, mehr noch im zwischenmenschlichen Bereich, vollends und vom Menschen aus unaufhebbar im Verhältnis zu Gott. Wo dagegen die Feindschaft des Menschen gegen Gott durch die im Glauben an Jesus Christus geschenkte Versöhnung in Frieden umgewandelt ist, da erwächst aus diesem neuen Verhältnis zu Gott und der damit gegebenen Gegenwart des Geistes stets neu weltüberwindende Kraft zum Tun des Guten in allen Bereichen menschlichen Lebens.

d. Individual-Ethik und Sozial-Ethik

Die bis ins 20. Jh. hinein inhaltlich weithin als Tugend-E. entworfene E. hatte einen ausgesprochen individualistischen Zug: Die Entfaltung des einzelnen als sittliche Persönlichkeit war Ziel der E. Die im Gegenzug dazu heute weitverbreitete Betonung der → Sozial-E. neigt dazu, den Menschen als Kollektiv-Wesen zu verstehen und → Erziehung einseitig als Sozialisation zu begreifen.

In beiden Tendenzen wird verkannt, daß der Mensch wesentlich beides ist: Individuum und Sozialwesen, das eine nie ohne das andere. Der Mensch kann sich nicht isoliert zum Gegenstand der E. machen, weil er immer in allem zugleich in Relation lebt. Es kann also keine Individual-E. im Sinne eines eigenen Gegenstandsbereichs geben, sondern höchstens als ein Aspekt menschlichen Handelns: der Ausbildung einer gewissen subjektiven Konstanz im Tun des Guten (→ Tugend). Sozial-E. dagegen als ethische Reflexion der gesellschaftl. Ordnungen (Familie, Staat etc.) ist ein Teilbereich neben anderen wie Religions-, Lebens-, Sexual-, Wirtschafts- und Kultur-E.

Lit.: Lehrbücher: K. Bockmühl: Christliche Lebensführung, 1993; D. Bonhoeffer: Ethik, 1949; K. Heim: Christliche Ethik, 1955; W. Hermannn: Ethik, [6]1921; Hertz, Korff, Rendtoff, Ringeling (Hg.): Handbuch der christlichen Ethik, 2 Bde., 1978; W. Lütgert: Ethik der Liebe, 1938; J. Messner: Das Naturrecht. Handbuch der Gesellschaftsethik, Staatsethik und Wirtschaftsethik, 1950; A. Schlatter: Christliche Ethik, 1911; N.H. Soe: Christliche Ethik, dt. 1949; H. Thielicke: Theologische Ethik, 3 Bde., 1958-1964; W. Trillhaas: Ethik, 1959.

Böckle, Bockenförde (Hg): Naturrecht in der Kritik, 1973; K. Bockmühl: Glauben und Handeln. Beiträge zur Begründung evangelischer Ethik, 1975; ders.: Gott im Exil. Zur Kritik der Neuen Moral, 1975; ders.: Christliche Lebensführung. Eine Ethik der Zehn Gebote, 1993; ders.: Theologie und Lebensführung. Gesammelte Aufsätze, 1982; ders.: Gesetz und Geist. Eine kritische Würdigung des Erbes protestantischer Ethik, 1987; H. Burkhardt (Hg.): Begründung ethischer Normen, 1988 (darin zu Philo, 81ff); ders.: Kraft zur Ethik, in: W. Lachmann (Hg.): Wirtschaftsethik in einer pluralistischen Welt, 1991; A.F. Holmes: Wege zum ethischen Urteil. Grundlagen und Modelle, 1987; M. Landmann: Philosophische Anthropologie, 1964; W. Neuer: Der Zusammenhang von Dogmatik und Ethik bei A. Schlatter, 1986; R. Romberg: »Ethik«, HWP 2, 1972, 759ff; R. Sider: Der Weg durchs Nadelöhr, 1977.

H. Burkhardt

Ethnologie

Die E. (Bezeichnung des Fachs an deutschen Universitäten: Völkerkunde) ist eine der Wissenschaften, die sich mit den Kulturen menschlicher Gruppierungen (Ethnien, Stämme, Völker) beschäftigen. Forschungsgegenstand der E. sind die Naturvölker, deren Kulturen durch geringe Komplexität, einfache Technologie und Schriftlosigkeit gekennzeichnet sind.

Im englischsprachigen Raum heißt die E. cultural anthropology oder einfach anthropology. Dies hat dazu geführt, daß die christl. Missionen, insbesondere die evangelikalen, die E. mehr und mehr mit dem Terminus Anthropologie bezeichnen, was im säkularen Wissenschaftsbetrieb physische Anthropologie (griech. *anthropos*, »Mensch«) bedeutet. Diese beschreibt den Menschen als körperliches Wesen (z.B. Rassenmerkmale). Die Kulturanthropologie dagegen, eine wichtige Nachbarwissenschaft der E., beschreibt ihn als Wesen, das im Unterschied zum Tier Kultur besitzt. Die Kulturanthropologie hat aber, anders als die E., einen allg., theoretischen Kulturbegriff im Blick, den es in der Wirklichkeit nicht gibt. Die E. dagegen ist die Wissenschaft von den real existierenden Kulturen, aus denen sie durch Vergleich Aussagen darüber gewinnt, was Kultur ihrem Wesen nach ist.

Was die E. unter Kultur versteht, läßt sich schwerlich in kurzer Form definieren. Kultur ist die Gesamtheit aller Vorstellungen und Dinge, mit deren Hilfe eine menschliche Gruppierung ihr Leben gestaltet. Kultur ist eine Strategie zur Bewältigung des Daseins. So gesehen ist Kultur primär etwas Geistiges, ein System von Denkformen, mit dessen Hilfe die Wirklichkeit interpretiert, geordnet und entsprechend gestaltet werden kann. Die materiellen Erzeugnisse einer Kultur (Werkzeuge, Trachten usw.) dagegen sind sekundäre Ausprägungen von Vorstellungen, die ihnen zugrunde liegen.

Kulturen als Denksysteme oder Strategien zur Daseinsbewältigung bestehen aus Teilsystemen, die untereinander in enger Verbindung stehen. Verwandtschaftssysteme weisen den Individuen einer Abstammungsgruppe unterschiedliche Rollen zu, die über Verwandtschaftsbezeichnungen sprachlich faßbar sind. Solche Gruppen (Kernfamilie, Lineage, Klan) sind Einheiten, die gemeinsam Existenzsicherung betreiben. Im Bereich der Naturvölker bzw. schriftloser Kulturen unterscheidet die E. vier Wirtschaftsformen: Wildbeuter (Jäger und Sammler), Pflanzer (Knollenpflanzen), Ackerbauer (Körnerfrüchte) und Viehzüchter (Nomaden).

Ein Teilbereich von elementarer Bedeutung in jeder Kultur ist die Religion. Sie bildet ein Denk- und Ordnungssystem von hoher Komplexität. Grundlage schriftloser Religionen ist in der Regel Animismus. In seinem Zentrum steht ein Menschenbild: das Individuum besteht aus einem materiellen Körper und einem (oder mehreren) geistartigen Wesen (Seele), das diesen zu Lebzeiten begleitet, gegen Attacken böser Geister beschützt, den Tod des Körpers überlebt und so die Persönlichkeit des Individuums fortsetzt. Eingebettet ist dieses Menschenbild in einen Vorstellungskomplex vom Aufbau der Welt, die von einem sog. Höchsten Wesen geschaffen wurde. Berichte über diesen Schöpfungsakt sind in der Mythologie überliefert.

Nach Edward Burnett Tylor (1832-1917), einem Vertreter des Evolutionismus in der E., entstand der Animismus aus der Erfahrung des Traums, in dem der Mensch ohne Bewußtsein ist und sich dennoch als existent erlebt. Daraus, so Tylor, habe der Mensch geschlossen, daß neben seinem Körper ein zweites Wesen zu ihm gehöre. Dies habe zur Konzeption einer Seele geführt, die den Körper ergänze und unabdingbare Voraussetzung für dessen Leben sei. Diese Seelenvorstellung und der dazugehörige Glaube an die Existenz und Wirksamkeit von Geistern sei der Ausgangspunkt menschlichen Religionsverhaltens überhaupt. Menschliche Seelen seien nach dem Tode der Betreffenden als Ahnengeister und später als gottähnliche Wesen verehrt worden. Aus höherrangigen Geistern habe sich schließlich einer zum Höchsten Wesen entwickelt. Auf diese Weise sei in einer späten Entwicklungsphase der Kultur die Lehre von einem einzigen Gott entstanden (Monotheismus).

Wilhelm Schmidt (1868-1954), kath. Theologe und Begründer der Wiener Schule der E., ging den umgekehrten Weg. Er vertrat die These, die Menschen hätten ursprünglich ein monotheistisches Gottesbild besessen, das im Lauf der Geschichte der Kultur verblaßte und zum Animismus verkam (Degenerationshypothese).

Religionen als Denk- und Ordnungssysteme sind direkter Beobachtung nur in eingeschränktem Maß zugänglich und daher in weiten Bereichen nur über die Untersuchung von Sprachstrukturen zu erfassen. Dies hat zur Bildung einer Methodenkombination aus E. und Linguistik geführt, die als kognitive Anthropologie Bedeutung erlangt hat. Sie spielt zunehmend eine Rolle beim Prozeß der Inkulturation christl. Elemente in fremde Kulturen (Kontextualisierung des Evangeliums): Mit Hilfe der kognitiven Anthropologie kann erkannt werden, ob Denkstrukturen in der Empfängerkultur die Aufnahme neuer Elemente zulassen oder verhindern. Dies könnte zur Entwicklung einer Missionsethnologie führen, die gegenwärtig erst in Ansätzen vorhanden ist.

Lit.: H. Fischer, (Hg.): Ethnologie. Einführung und Überblick, 1992; L. Käser: Animismus. Die Religionen traditionaler Kulturen in neuerer Sicht, Evangelikale Missiologie 8 (1992) 3, 35-40; J. F. Thiel: Religionsethnologie. Grundbegriffe der Religionen schriftloser Völker, 1984.

L. Käser

Eucharistie → Abendmahl

Eucharistischer Weltkongreß

Die E. W.e setzen sich das Ziel, die Einheit der Kirche über regionale und nationale Grenzen hinweg im Zeichen des eucharistischen Mahles und Brotes bewußt zu machen und zu stärken. Innerkath. sollen sie das Eucharistieverständnis und die eucharistische Frömmigkeit vertiefen.

Ausgangspunkt ist der Gedanke, von dem 1873 Maria Martha Tamisier in Paray-le-Monial, dem Zentrum der Herz-Jesu-Verehrung, ergriffen wurde: »die Welt retten durch die heilige Eucharistie«. Diese Vorstellung mündete in den 1. Internationalen Eucharistischen Kongreß in Lille 1881. In Seoul konnte 1989 der 44. E. W. stattfinden.

In der Anfangszeit besaßen die E.W.e einen stark bekenntnishaften und durchaus triumphalistischen Charakter, welcher aus der gegenreformat. Tradition und der antimodernistischen Stimmung der Jahrhundertwende zu erklären ist und von ev. Christen als Provokation empfunden werden konnte. Ein eindeutiger Wandel kündigte sich auf dem E.W. in München 1960 an, wo sich die liturg. Erneuerungsbewegung niederschlug: Das eucharistische Mahl als Zentrum eucharistischer Frömmigkeit wurde stärker betont; im eucharistischen Leib sollte nicht mehr ein Mittel kirchl. Selbstdarstellung gesehen werden, sondern im Ereignis der Eucharistie die lebendige Beziehung Christi zu den Menschen sichtbar werden. Nach dem II. Vatikanischen Konzil trat besonders hervor, daß die eucharistische Gemeinschaft mitmenschliche Solidarität zur Folge haben muß. So stand der 39. E.W. in Bogota 1968 unter dem Leitwort »Band der Liebe«. Papst Paul VI. besuchte den E.W. und verkündigte dort seine Sozialenzyklika »Populorum progressio«. Die Tendenz, das Mysterium der Eucharistie zu sehr mit sozialen und ethischen Anliegen zu überlagern, fand auch Kritik. In seiner Botschaft für den E.W. in Lourdes 1981 betonte daher Johannes Paul II., daß das »Zeichen des Brotbrechens primär auf das Kreuzesopfer Christi und seine reale Vergegenwärtigung in der Eucharistiefeier der Kirche« hindeute. In jüngster Zeit wurden die E.W.e durch die Anwesenheit von Päpsten aufgewertet, verloren aber angesichts der Vielzahl internationaler Treffen ihre einmalige Bedeutung für die Begegnung der Weltkirche.

W. Weiß

Euchiten

E. (griech., syr. Messalianer), eine enthusiastisch-spiritualistische Sonderströmung des frühen östl. Mönchtums, die im 4./5. Jh. vor allem in Syrien und Kleinasien verbreitet ist. Den E. gilt die Sünde als Ausdruck des Wirkens feindlicher Mächte. Jeder Mensch wird seit seiner Geburt von einem Dämon verfolgt und beeinflußt. Diese Verstrickung ins Böse kann aber nicht durch asketische Anstrengung überwunden werden. Auch das Sakrament der Taufe beseitigt nur die Aktualsünden. Allein der Geist Gottes, der durch anhaltendes, inständiges Beten in den Menschen gerufen wird, vermag deren Wurzel zu tilgen. Der bibl. Aufforderung »Betet ohne Unterlaß« (Lk 18,1; 1Thess 5,17) suchen die E. (dt. Betende) darum buchstäblich zu folgen. Einige von ihnen lehnen sogar die Handarbeit ab und leben vom Bettel. Ist der Dämon ausgetrieben, erhält der Beter himmlische Offenbarungen und vermag Gott zu schauen. Im Bewußtsein ihrer Vollkommenheit lehnen die E. die kirchl. Ordnung ab und tolerieren möglicherweise sogar das Zusammenleben von Männern und Frauen. Schon früh wurden sie mit dem Häresieverdacht belegt (Ephraem; Epiphanius) und von verschiedenen Synoden verurteilt (Side in Pamphylien 390; Konstantinopel 426), abschließend auf dem dritten Ökumen. Konzil in Ephesus 431. In den unter dem Namen des Makarios überlieferten Homilien des Symeon von Mesopotamien sind Schriften der Messalianer (u.a. das Asketikon) erhalten geblieben. Gregor von Nyssa greift ihre Anliegen auf und führt sie seelsorgerl. korrigierend weiter.

Lit.: H. Dörries (Hg.): Die 50 geistlichen Homilien des Makarios, 1964; ders.: Die Theologie des Makarios/ Symeon, 1978; R. Staats: Gregor von Nyssa und die Messalianer, 1968; ders. (Hg.): Makarios-Symeon, Epistola Magna, 1984.

H. Holze

Eudämonismus

E. bezeichnet jene phil. Lehre, die im Glück die Sinnerfüllung menschlichen Daseins sieht und nur entsprechendes Handeln als »gut« gelten läßt. Jede anders motivierte Tätigkeit wird danach als ethisch nicht akzeptabel angesehen. Für den individuellen E. der Antike bedeutete dies das Streben nach Übereinstimmung mit der Natur und der Bestimmung des Menschen, so daß man nahezu die gesamte antike Ethik unter dem Aspekt des E. verstehen kann. Unter dem Einfluß des humanistischen Utilitarismus (auf bloße Nützlichkeit gerichtete Ethik) kam in der Neuzeit der Sozial-E. auf, wonach das Wesen des Guten nicht nur im Erstreben der eigenen, sondern vor allem der allgemeinen Glückseligkeit bestehe. Das Problem des E. liegt darin, daß Glück kein letztes ethisches Prinzip sein kann, weil es von Wertvorstellungen abhängt, die entweder subjektiv (z.B. → Hedonismus) oder objektiv (z.B. göttliche Weltordnung) bestimmt sind. Als Lehre von den Motiven und Zielen menschlichen Handelns führt der E. daher leicht in Bedürfnisbefriedigung oder Nützlichkeitsstreben. Gottes absolutes Gebot schließt jeden E. als Handlungstheorie aus, denn Glück ist Ausdruck der zugewandten Gnade Gottes, die sich einer auf menschlichen Werken beruhenden Berechnung entzieht.

Lit.: S. Pfürtner et al.: Ethik in der europäischen Geschichte, 2 Bde., 1988; H. Reiner: »Eudämonismus«, HWP 2, 1972, 819-823.

L.E. v. Padberg

Eugenik

1. Begriff und Geschichte

Unter E. versteht man die Bestrebungen, das menschliche Erbgut vor Verfall und Schädigung zu bewahren, die Weitergabe schlechten Erbguts durch Zeugungsverbot (Sterilisierung u.a.) zu verhindern (negative E.) und die Verbreitung guten Erbguts zu fördern bzw. es zu verbessern (positive E.). Eugenische Bemühungen gab es bereits in der Antike (→ Euthanasie). Der Begriff wurde von F. Galton (1833) eingeführt. Er erlangte zu Beginn des 20. Jh.s im Sozialdarwinismus (→ Euthanasie) große Bedeutung im Zusammenhang mit der Rassenideologie und der Rassenhygiene. Auch in den USA und anderen Ländern wurden aus Angst vor der Degeneration des Erbguts eugenische Zwangssterilisierungen gesetzlich ermöglicht und durchgeführt. Im »Dritten Reich« wurden 200-400.000 Menschen nicht nur wegen Erbkrankheiten (z.B. Sinnesbehinderte), sondern auch wegen angeblicher rassischer Minderwertigkeit (Sinti, Roma, Kommunisten u.a.) zwangsweise sterilisiert. Die ev. Kirchen haben – aus Sorge um das »Deutsche Volk« – an diesen Maßnahmen großenteils bereitwillig mitgewirkt und nicht das Gefälle von der Bestreitung des Rechts auf Fortpflanzung zu der des Rechts auf Leben behinderter Menschen bemerkt.

2. Heutige Probleme

Eugenische Tendenzen werden durch die neuen Methoden der Gendiagnostik (→ Gentechnik) und der vorgeburtlichen Diagnostik wiederbelebt. Zwar sind Humangenetiker meist bemüht, bevölkerungseugenische Zielsetzungen abzuwehren und genetische Beratung und Diagnostik nur am Wohl des einzelnen und der Familie auszurichten, doch wird aufgrund der rapide zunehmenden Diagnosemöglichkeiten die Gefahr immer deutlicher, daß mittels Gendiagnostik der Gesellschaft die Belastung durch erblich behinderte Menschen erspart werden soll.

3. Ethische Beurteilung

Jede Form der E. steht in Gefahr, Leben in höher- und minderwertiges aufzuteilen. Der Wert des Lebens wird von seinem Nutzen für die Gattung her begründet und soll in erster Linie von der Güte des Erbguts abhängen. Damit wird die Würde des Menschenlebens auf seine biologische Funktionstüchtigkeit reduziert, und diese wird gemessen am volksgesundheitlich Wünschbaren. Der oberste biologische Wert, das Überleben der Stärksten, wird zum höchsten sittlichen Wert. Deshalb wird den »Lebensuntüchtigen« zunächst das Recht auf Fortpflanzung und dann auch das Recht auf Leben abgesprochen, wie es im Falle vorgeburtlicher → Euthanasie schon deutlich ist. Demgegenüber ist aus christl. Sicht dafür einzutreten, daß die Interessen der Gesellschaft keinen Vorrang vor denen des einzelnen haben, wenn Grundrechte, wie die Achtung vor der von Gott verliehenen Würde und das Recht auf Leben, zur Diskussion stehen. Deshalb haben die Kirchen darüber zu wachen, daß die neuen genetischen Diagnoseverfahren sich nicht zu einer Bedrohung der Würde und des Lebensrechts der schwächsten Glieder der Gesellschaft entwikkeln.

Lit.: s. Lit. zu → Euthanasie; U. Eibach: Gentechnik – der Griff nach dem Leben, ²1988, 132-181; W. Furch (Hg.): Keine Chance für Behinderte?, 1989; Gott ist ein Freund des Lebens, hg. vom Rat der EKD und der Deutschen Bischofskonferenz, 1989; P. Weingart, J. Kroll, K. Bayertz: Rasse, Blut und Gene, 1988.

U. Eibach

Europäische Baptistische Mission (EBM)

Die EBM verantwortet und koordiniert für zwölf Baptistenbünde deren außenmissionarische Aktivitäten in Afrika und Südamerika. Sie will dadurch

»Gottes Liebe zur Welt in Christus zum Heil und Wohl der Menschen bezeugen«.

1. Geschichte

Gegründet wurde die EBM 1954 in Zürich, wo sie bis heute ihren Rechtssitz hat. Die Gründungsmitglieder Schweiz, Frankreich, Deutschland nahmen damit, einer Empfehlung der EBF folgend, die durch zwei Weltkriege unterbrochene Arbeit der ehemaligen deutschen baptistischen Kamerunmission wieder auf.

1955 erfolgte eine Ausweitung auf den Norden Kameruns durch die französischen Missionare Farelly. 1965 übernahm die EBM auf Einladung der Londoner Baptist Missionary Society deren kleine Pionierarbeit in Sierra Leone und seit 1984 unterhält die EBM eine Partnerschaft zum selbständigen Baptistenbund U.F.E.B. in der Zentralafrikanischen Republik.

Die 1969 begonnenen »Missionarischen Aktionen in Südamerika« (MASA) wurden 1979 in den Rahmen der EBM als ein eigenständiges Südamerika-Referat integriert und verzichten, im Gegensatz zur EBM-Afrika, fast vollständig auf die Entsendung europ. Missionare. Ihre Arbeitsgebiete sind Argentinien, Brasilien, Peru und Portugal. Partnerschaften mit weiteren afrikanischen und südamerikanischen Baptistenbünden sind in Vorbereitung.

Mitglieder der EBM waren 1991 die Baptistenbünde aus der Schweiz, Frankreich, Deutschland, Holland, Italien, Finnland, Spanien, Portugal, Belgien, Österreich, Jugoslawien und Ungarn mit 70 Missionaren (davon 15 in Vorbereitung). Die Partnerunionen in Übersee gelten als »assoziierte« Mitglieder mit vollem Stimmrecht.

2. Arbeitsbereiche

Die Arbeit der EBM in Afrika umfaßt vor allem folgende Bereiche:

- Gemeindearbeit und Evangelisation,
- Krankenarbeit und Gesundheitsvorsorge,
- Schule und Ausbildung,
- Landwirtschaft, Aufforstung, ländliche Entwicklung,
- theol. Ausbildung.

In Südamerika engagiert sich die EBM über MASA insbesondere durch evangelist. und soziale Projekte unter abgegrenzten ethnischen Gruppen (Indianerstämme, Pommern, etc.) beim Aufbau und bei der Unterstützung theol. Ausbildungsstätten sowie bei der langfristigen Betreuung obdachloser Kinder in Heimen.

3. Grundsätze der EBM

a. Partnerschaft aller kooperierenden Baptistenbünde in Europa und Übersee;
b. Ganzheitlichkeit beim Zusammenwirken des mission. und diakon. Handelns;
c. Glaubensweckung und Jüngerschaft als Zielvorgabe des mission. Alltags.

D. Lütz

Europäische Evangelikale Akkreditierungsvereinigung (EEAV)

In der EEAV sind gegenwärtig über 30 evangelikale bibl.-theol. Ausbildungsstätten in ganz Europa zusammengeschlossen. Die EEAV strebt im wesentlichen folgende Ziele an:

1. Bibl.-theol. Ausbildungsstätten sollen durch externe Besucherteams darin unterstützt werden, ihre eigenen Ziele in der Zurüstung von Mitarbeitern für die Reichsgottesarbeit besser in die Praxis umzusetzen und die Qualität ihrer Ausbildung zu verbessern.

2. Durch die Schaffung anerkannter Kriterien und die Definierung bestimmter Ausbildungsziele soll es zu einer Vergleichbarkeit der verschiedenen Ausbildungsstätten kommen, die den Übergang zu einem weiterführenden Studium in Europa oder in Übersee erleichtert.

3. Die Akkreditierungsvereinigung verleiht den Absolventen akkreditierter Schulen Zertifikate, die nicht zum Führen eines akademischen Grades berechtigen, die aber auf internationaler Ebene die Vergleichbarkeit des jeweiligen Abschlusses einer Ausbildungsstätte dokumentieren.

Die EEAV wurde durch die Delegierten von 23 Ausbildungsstätten offiziell am 31. 10. 1979 in St. Chrischona (Schweiz) gegründet und ist seit 1990 eingetragener Verein. Die Akkreditierungsvereinigung ist assoziiertes Mitglied der Europäischen Evangelischen → Allianz und Gründungsmitglied des International Council of Accrediting Agencies, einer autonomen Abteilung innerhalb der World Evangelical Fellowship. In diesem Rahmen besteht ein ständiger Kontakt mit evangelikalen Akkreditierungsvereinigungen auf allen Kontinenten.

Die Arbeit der EEAV wird durch Spenden und Mitgliederbeiträge bzw. Gebühren der im Akkreditierungsprozeß befindlichen Ausbildungsstätten finanziert.

Die EEAV hat ihren Sitz in Korntal-Münchingen.

H. Born

Europäische Evangelische Allianz → Allianz, Evangelische

Europäische Mennonitische Bibelschule

Die E.M.B. wurde 1950 in Basel gegründet und befindet sich seit 1957 auf dem Bienenberg bei Liestal/Schweiz. Als zweisprachig (dt./franz.) geführte bibl.-theol. Ausbildungs- und Tagungsstätte für voll- und teilzeitlich tätige kirchl. Mitarbeiter/innen aus verschiedenen Konfessionen und Denominationen hat sie bisher einigen Tausend Menschen ihr Rüstzeug gegeben für vielfältige Dienste im In- und Ausland.

Im ein-, zwei- oder dreijährigen Hauptkursprogramm unterrichten derzeit fünf voll- und mehrere teilzeitlich Lehrende etwa 50 bis 60 Studenten. Die Schule wird getragen von europ. Mennonitengemeinden: Die Mennoniten gelten als die älteste prot. Freikirche und gehen auf die Täuferbewegung der Reformationszeit zurück. Zu deren Hauptanliegen gehört bis heute die Förderung von unabhängigen, auf freiwilliger Mitgliedschaft beruhenden Gemeinden, in denen Frauen und Männer in der Nachfolge Jesu gemeinsam das zu leben versuchen, was sie glauben.

Dementsprechend sind auch die Zielsetzungen der Schule: Es soll versucht werden zu verbinden, was so oft auseinanderklafft: Lehre und Leben, Frömmigkeit und Weltoffenheit, Evangelisation und soziales Handeln, Gotteslob und Feindesliebe.

Lit.: S. Gerber: Mit Freuden Wasser schöpfen. Europäische Mennonitische Bibelschule 1950-1990, 1990.

H. Jecker

Eusebius von Caesarea (ca. 263-339)

Schüler und Nachfolger des in der Origenestradition stehenden Märtyrers Pamphilus, des Leiters der Bibliothek und Schule von Caesarea; seit 313 Bischof, zunächst für den radikalen → Arius eingenommen und deshalb auch 324 exkommuniziert, legte er auf dem Konzil von Nicaea 325 ein vermittelndes Bekenntnis vor, durch das er wieder die Rechtgläubigkeit und vor allem die Freundschaft mit Kaiser Konstantin erlangte, die bis zu dessen Tod anhielt. Als Theologe des Ausgleichs war er allen Radikalismen abhold und hat seiner Kirche dadurch – nach der unerwarteten Wende 313 – zur Stabilität verholfen.

Unter seinen erhalten gebliebenen, zahl- und umfangreichen Schriften befinden sich apologet. Werke an Heiden und Juden, zwei Lobschriften auf Konstantin nach dessen Tod, vor allem aber hist. Schriften, darunter sein Hauptwerk, die zehn Bücher der Kirchengeschichte, die den Weg der Kirche von den Anfängen bis zum Sieg unter Konstantin 324 beschreiben. Durch Quellenzitate und seine Darstellungsweise ist er zum »Vater der christlichen Kirchenhistorie« geworden, an dem sich Generationen von Nachfolgern orientiert haben und noch orientieren.

Lit.: Eusebius' Werke in MPG und GCS, in deutscher Auswahl in der Bibliothek der Kirchenväter (BKV).

H. Berkhof: Die Theologie des Eusebius, 1939; H. von Campenhausen: Die griechischen Kirchenväter, [7]1986; G. Ruhbach: Eusebius als politischer Theologe, in: G. Ruhbach (Hg.): Die Kirche angesichts der konstantinischen Wende, 1976, 236-258; ders.: »Eusebius von Caesarea«, GdKG I, 1984, 224-235; E. Schwartz: »Eusebius von Caesarea«, PRE 11, 1907, 1370ff.

G. Ruhbach

Euthanasie

1. Begriff

Mit E. (griech., »guter Tod«) bezeichnet man so verschiedene Verfahren wie die Erleichterung von Sterben (Sterbehilfe), den Verzicht auf lebensverlängernde Maßnahmen (passive E.), die bewußte Beschleunigung des Sterbens oder direkte Verursachung des Todes Sterbender (aktive E.) mit oder ohne ihre Einwilligung und auch die Tötung unheilbar kranker und behinderter, aber nicht sterbender Menschen mit oder ohne deren Verlangen (Vernichtung »lebensunwerten« Lebens). Der Begriff wird hier auf die beiden aktiven Formen der E. eingegrenzt (vgl. → Sterbebegleitung).

2. Geschichte

Platon und Aristoteles (Politik VII, 14) empfahlen, »verkrüppelte Geburten« nicht aufzuziehen und die, die an »der Seele mißraten und unheilbar« sind, umzubringen (Platon, Politeia, 410). Das Lebensrecht des einzelnen erlischt, wenn er für den Staat nur eine Belastung darstellt. Ebenso war die Glorifizierung des geistig hochstehenden und des jugendlich vitalen Menschen (Athlet) Ursache für die Vernichtung »lebensunwerten« Lebens, in der Antike wie auch im »Dritten Reich«. Die geistigen Hintergründe für die Verbrechen der Medizin im »Dritten Reich« sind in der Rassentheorie und dem Sozialdarwinismus (Ende 19./Anfang 20. Jh.) zu finden, der Darwins Theorien über die Entwicklung des Lebens (Kampf ums Dasein, Ausrottung der Schwachen) zum Maßstab menschlichen Zusammenlebens erhob. Der Lebenswert des einzelnen wurde als empirisch feststellbarer Sachverhalt aufgefaßt und gemäß seinem Nutzen für die Gesellschaft berechnet, so daß er in Verlust gerät, wenn das Leben nur eine Last darstellt (so der Jurist K. Binding und der Psychiater A. Hoche, 1922). Der NS-Staat hat dieses Gedankengut in die Tat umgesetzt und ca. 300.000 Menschen wegen Krankheit, Behinderung u.a. als »lebensunwertes Leben« umgebracht.

Ein zweiter Typ von E. geht auf die stoische Philosophie zurück. Nach ihr soll der Mensch die Freiheit seines Ichs gegenüber leidvollen äußeren Umständen (z.B. Krankheit) immer so bewahren, daß er sich stets als Herr über sein Leben erweist. Wenn die Persönlichkeit durch Krankheit entmächtigt zu werden droht, soll sich der Weise vorher selbst umbringen oder dazu die Hilfe des Arztes erbitten. Der Tod soll also nicht ein Naturereignis sein, das unwillentlich erlitten wird, sondern soll zu einer freien Tat des Menschen umgestaltet werden, wie es am radikalsten F. Nietzsche (Also sprach Zarathustra) ausdrückte: »Meinen Tod lobe ich euch, den freien Tod, der mir kommt, weil ich will« und nicht, wenn die »Natur« oder »ein Gott« es will. Der bloß naturbedingte Tod sei des Menschen unwürdig. Bei der Tötung angeblich »lebensunwerten Lebens« beurteilen andere den Lebenswert und vernichten Leben ohne seine Einwilligung. Beim zweiten Typ von E. wird ganz auf die Freiheit des Menschen abgestellt, die ein Recht zur totalen Verfügung über das eigene Leben bis hin zur Selbsttötung und Tötung auf Verlangen einschließt. Die Rechtfertigung dafür besteht letztlich aber doch in der Annahme, daß es ein »lebensunwertes Leben« gibt. Das Urteil »lebensunwert« ist also in beiden Typen von E. grundlegend. Das Lebensrecht unheilbar schwerkranker und behinderter Menschen wird heute insbesondere durch den australischen Philosophen P. Singer (Praktische Ethik, 1979, dt. 1984) mit ähnlichen Begründungen wie im Sozialdarwinismus wieder in Frage gestellt.

3. Theologische Beurteilung

Entscheidend für die theol. Beurteilung beider Formen der E. sind die Fragen, worin der »Lebenswert« gründet und ob jemand das Recht hat, über ihn zu urteilen und über das Leben total zu verfügen. Nach christl. Lehre ist die Würde, Mensch und Person zu sein (Gottebenbildlichkeit), nicht darin begründet, daß der Mensch in seinen geistigen Leistungen über dem Tier steht, sondern darin, daß Gott seinem Leben eine besondere Bestimmung und Verheißung gibt, die sich erst im Reich Gottes vollendet, auch bei denen, die sie in dieser Welt aufgrund von Versehrungen des Geistes und der Seele gar nicht leben können. Im Lichte des Auferstehungsglaubens hat auch solches Leben voll an der letztlich zukünftigen Würde teil und ist entsprechend zu achten und zu behandeln. Person ist der Mensch ohne sein Zutun allein durch Gottes Handeln und Verheißung. Die Würde des Menschen gründet also nicht in den aufweisbaren geistigen Leistungen, ist keine empirische Qualität, sondern eine von Gott her zugeeignete »transzendente« Würde (*dignitas aliena*), so daß sie jedem Moment des Lebens und Sterbens gilt und durch Krankheit und Behinderung nicht in Verlust geraten kann. Wer von Menschen geboren ist, ist und bleibt Mensch bis zu seinem Tod (D. Bonhoeffer) und über ihn hinaus. Ein Richten über den Lebenswert sowohl des eigenen, wie erst recht des Lebens anderer, steht keinem Menschen zu. Alles von Gott geschaffene Leben steht unter seinem im Tötungverbot gebotenen Schutz.

Diese christl. Sicht wird heute vor allem in bezug auf das eigene Leben zunehmend bestritten. Die Verdiesseitigung des Lebens macht die Gesundheit zum höchsten Gut, läßt unheilbar schwere Lebenszustände als »lebensunwert« erscheinen. Die Behauptung einer letzten Unverfügbarkeit des Lebens wird als eine entwürdigende Fremdbestimmung durch ein blindes Naturgeschick angesehen, das rel. als Fügung Gottes gedeutet werde. Demgegenüber sei die Forderung nach einem selbstbestimmten »gnädigen« Tod als spezifisch humanes Recht geltend zu machen. Aus christl. Sicht ist jedoch zu sagen, daß es des Menschen nicht unwürdig ist, das Ende – wie den Anfang – des Lebens zu erleiden (bis hin zur Entmächtigung der Persönlichkeit), sich im Sterben ganz dem Handeln Gottes anzuvertrauen, bis er das Leben abberuft (Röm 8,31ff). Das besagt nicht, daß Leben gegen den Willen des Menschen zu verlängern ist, auch wenn der Tod unausweichlich ist. Das Sterben sollte auch vor Manipulationen durch andere geschützt sein.

In Grenzfällen unbehebbarer schwerer Schmerzzustände kann der Schrei nach Erlösung vom Elend aufkommen, ohne daß damit eine autonome Selbstverfügung, eine Auflehnung gegen Gott oder ein Richten über den Lebenswert verbunden ist. Wenn in solchen ganz seltenen Grenzfällen aus Verzweiflung zu lebensverkürzenden Mitteln gegriffen wird, so entzieht sich solches Handeln jeder normativen ethischen Beurteilung. Der Handelnde steht mit seinem Gewissen allein vor Gott, muß die Schuld und auch die rechtlichen Konsequenzen auf sich nehmen. Solche Grenzfälle können ethisch und rechtlich nicht objektiviert werden und dürfen nicht zur Unterhöhlung des für den Schutz des Lebens grundlegenden Tötungsverbots führen.

Lit.: U. Eibach: Medizin und Menschenwürde, [3]1988; ders.: Sterbehilfe – Tötung auf Verlangen?, 1988 (Lit.); K. Nowak: »Euthanasie« und Sterilisierung im »Dritten Reich«, [3]1984.

U. Eibach

Eutychianismus → Monophysiten

Eva

E. (*chawwah*), die erste Frau und Gattin → Adams, wurde nach dem priesterlichen Schöpfungsbericht zusammen mit dem Manne durch das Wort und nach dem Bilde Gottes geschaffen (1Mo 1,27; vgl. 5,2). Die wesenhafte Einheit von Mann und Frau wird auch im zweiten (jahwistischen) Bericht zur Geltung gebracht. Nach 1Mo 2,21-25 wurde die Frau aus einer Rippe des Mannes »erbaut«, um eine ihm entsprechende Gehilfin zu sein (2,20; vgl. Tob 8,8); diesem ihrem Ursprung und Wesen entspricht der Name ʾishshah (2,23, volksetymologisch von ʾīsh, »Mann«; Luther: »Männin«). Der Name ›Eva‹ (*chawwah*, »Lebenspenderin«), der die »Stammutter aller Lebenden« kennzeichnet (1Mo 3,20), wurde erst nach dem Sündenfall gegeben, bei dem die Frau von der Schlange verführt worden war (3,1-7). Als Strafe wurde über sie die Unterordnung unter den Mann und der Schmerz beim Kindergebären verhängt (3,17); Eva gebar Kain, Abel und Set (4,1.2.25).

Im Frühjudentum wurde die bibl. Überlieferung von E. erbaulich erweitert, so deren Erschaffung (Tg Jer I zu 2,21), die eheliche Verbindung mit Adam (ARN 38) und vor allem ihre Verführung durch die Schlange = Satan (Gen r 19; ARN 1,5), wobei der Name Chawwah mit aram. *chēwjaʾ*, »Schlange« verbunden wurde (1Mo 20,11; 22,2). Schließlich erzählte man von einer Buße Evas (Vit. Ad. et Evae 15-19), ihrem Tod und Begräbnis (ibid. 43-46).

Im NT wird zwar die Verführung Evas nicht verschwiegen (2Kor 11,3), aber die theol. Bedeutung des Sündenfalls an Adam dargestellt (Röm 5,12-21). Maßgebend wird die Ehe des ersten Menschenpaares, weil sie Fügung Gottes ist (Mk 10,6-9); für Paulus war E. ein Antitypos für die Kirche, die Braut des zweiten Adam Christus (2Kor 11,2; vgl. Eph 5,25-31).

In der christl. Gnosis, in der die Bedeutung von Paradies und Sündenfall in ihr Gegenteil verkehrt wurden, konnte E. als Verkörperung der himmlischen »Erkenntnis des Lichtes« gelten, wodurch sie zur wahren Hilfe Adams wurde (Ap Joh NH II, 20-22; BG 56-61).

Lit.: A. Böhlig: Der Name Gottes in Gnostizismus und Manichäismus, in: Der Name Gottes, 1975, 149f; Heon-Wook Park: Sōma Christou, 1992.

O. Betz

Evagrius Ponticus (345-399)

Bedeutender ägypt. Mönchstheologe des 4. Jh.s. Geb. 345 in Pontus, wird E. in Konstantinopel von Gregor von Nazianz zum Diakon geweiht. 381/83 begibt er sich über Jerusalem zu den ägypt. Mönchen in die nitrische Wüste, wo er eine reiche literarische Tätigkeit entfaltet. Im Streit um das bibl. Gottesverständnis stellt sich E. gegen die Anthropomorphiten auf die Seite der Origenisten. E. stirbt 399. Seine Lehre stößt wegen ihrer Nähe zur Theologie des → Origenes schon früh auf Kritik (Hieronymus), die 553 auf dem fünften Ökumen. Konzil von Konstantinopel in der Verurteilung E.' als Häretiker gipfelt. Nur z.T. liegen darum die Werke des E. im griech. Original vor (Praktikos; Mönchsspiegel u.a.); zumeist sind sie ins Syrische und Armenische übersetzt (Kephalaia Gnostika; Antirrhetikos; Briefe u.a.) oder unter anderem Namen (Nilus von Ancyra) überliefert.

E. unterscheidet zwischen einem tätigen und einem kontemplativen Leben. Der Mönch durchläuft durch seine Absage an die Welt und seinen Kampf gegen die Versuchungen (Acht-Laster-Lehre) einen inneren Aufstieg, der ihn zur Ruhe, zur Leidenschaftslosigkeit und zuletzt zur Erkenntnis Gottes führt. Diese vollkommene Hingabe an Gott ist ein unablässiges Gebet. In seiner Metaphysik nimmt E. an, daß von der göttlichen Ureinheit Vernunftwesen abgefallen sind; dies führte zur Schöpfung und erklärt die Erlösungssehnsucht des Geschaffenen. Allein Christus führt als göttlicher Logos zum Ursprung zurück. Trotz seiner postumen Verurteilung hat E. auf das ägypt. (Hist. Laus.; Hist. Mon.; Apophthegmata Patrum) und lat. Mönchtum (Joh. Cassian, Rufin; Gennadius) gewirkt. Besonders in der Ostkirche und vor allem in Syrien wird das Gedächtnis an ihn ehrend bewahrt (Maximus Confessor).

Lit.: A. Guillaumont: »Evagrius Ponticus«, TRE 10, 1982, 565-570; E. Ponticus, Briefe aus der Wüste, hg. G. Bunge, 1986; M. Viller, K. Rahner: Aszese und Mystik in der Väterzeit, [2]1989.

H. Holze

Evangelien, neutestamentliche

1. Der Ursprung der Evv.überlieferung liegt bei Jesus selbst. Er hat in Logien und Gleichnissen seine Lehre zusammengefaßt und sich dabei zur besseren Behältlichkeit oft poetischer Kunstformen bedient. Seine Lehrsummarien hat Jesus wiederholt als Eröffnung, Abschluß oder Illustration von Reden und Gesprächen vorgetragen. Eine Aufgabe des vorösterlichen Jüngerkreises bestand darin, sich als Schüler die Lehre Jesu einzuprägen, um sie dann bei der vorösterlichen Mission in Israel weitergeben zu können (Lk 10,16). Für die Jünger, die Jesu messianischem Anspruch Glauben schenkten, besaßen seine Worte höchste Autorität (Mk 8,38; 13,31).

2. Durch die Auferstehung wurde Jesu vorösterliche Verkündigung mit ihrer Deutung seines Leidens und Sterbens als stellvertretende Sühne durch Gott bestätigt. Die Überlieferung der Jerusalemer Urgemeinde umfaßte a) die vorösterlichen Worte Jesu, b) einen Passionsbericht, der Jesu Leiden im Licht des AT deutete (1Kor 11,23-25), c) einzelne Geschichten aus dem Leben Jesu und d) erste Zusammenfassungen des gemeinsamen Glaubens (1Kor 15,3-5). Eine umfassendere Logiensammlung und eine ausführlichere Passionsgeschichte wurden wahrscheinlich schon vor 40 n.Chr. in Jerusalem schriftlich festgehalten und auch ins Griech. übersetzt. In dieser Zeit hatte der vorösterliche Zwölferkreis maßgeblichen Einfluß auf die Gestaltung der Überlieferung (vgl. Apg. 2,42).

3. Wie die Paulus-Briefe zeigen, wurde die urkirchl. Jesus-Überlieferung auch in den heidenchristl. Missionsgemeinden weitergegeben (1Kor 7,10f; 9,14 u.ö.). Vereinfacht lassen sich folgende Überlieferungsströme voneinander unterscheiden: a) die Tradition der konservativen Jerusalemer Judenchristen um den Herrenbruder Jakobus (hebraisierende lukanische Sonderüberlieferung), b) die petrinische Überlieferung (vor allem hinter Markus), c) eine galiläische Tradition (in Teilen des Matthäus) sowie d) die Überlieferung Jerusalemer und dann Antiochener Hellenisten (Teile der Logientradition des Matthäus und Lukas).

4. Das Verhältnis zwischen den drei synoptischen Evv. Matthäus, Markus und Lukas kann nur durch eine literarische Verwandtschaft befriedigend erklärt werden, so sehr der weitergehende Einfluß mündlicher Überlieferung immer in Rechnung zu stellen ist. Die Mehrheit der Forscher vertritt heute die Zwei-Quellen-Theorie, nach der Matthäus und Lukas gemeinsam den Markus sowie eine Redenquelle Q vorliegen hatten. Die zum Teil sehr abweichenden Fassungen dieser Hypothese weisen darauf hin, daß sie den synoptischen Sachverhalt nur sehr schematisch erklären kann. Deshalb haben in letzter Zeit auch andere Erklärungsversuche an Einfluß gewonnen. Die erneuerte Griesbach-Hypothese hält Matthäus für das älteste Ev., das Lukas vorlag, während Markus eine Zusammenschreibung der beiden Vorgänger darstelle. Andere Forscher lehnen eine direkte Benutzung der Synoptiker untereinander ab und erklären die Übereinstimmungen durch gemeinsam benutzte Quellen (Mehr-Quellen-Hypothese).

5. Die entscheidende Phase für die Ablösung von inoffiziellen schriftlichen Aufzeichnungen durch öffentlich herausgegebene Evv.schriften war die Zeit um 70 n.Chr., als die apostol. Generation aus natürlichen Altersgründen, aber auch durch das Martyrium erlosch. In den wichtigsten Kirchengebieten lösten schriftliche Evv. die lebendige Autorität der apostol. Augen- und Ohrenzeugen ab und sicherten so die Jesus-Überlieferung auch für die kommende Generation:

a. Markus in Rom (noch vor 70 n.Chr.) die petrinische Tradition,

b. Lukas im paulin. Missionsgebiet (Achaja?, Ephesus?) Antiochener und Jerusalemer Überlieferungen,

c. Matthäus eine zum Teil aus der Schultradition dieses Zwölferjüngers stammende Überlieferung für Palästina und Syrien.

6. Das JohEv. geht auf eine gegenüber den Synoptikern eigenständige palästinische Jesus-Tradition zurück, die in Sprache und Vorstellungswelt gewisse Berührungen zu Qumran aufweist. Das vierte Ev. setzte die übrigen voraus und wollte sie bewußt ergänzen. Seine Endgestalt erhielt es offenbar nach

dem Tod des Johannes in seinem Schülerkreis (Joh 21) in Ephesus. Besonders in den Reden des vierten Ev.s sind treue Überlieferung und theol. Deutung sehr eng miteinander verwoben.

7. Die Vier-Evv.-Sammlung entstand am Beginn des 2. Jh.s n.Chr. und hängt vielleicht ebenfalls mit dem johanneischen Schülerkreis zusammen. Sehr alt sind auch die Überschriften »Evangelium nach Matthäus« usw., die zum Ausdruck bringen, daß es nur eine Frohbotschaft von Jesus Christus gibt, wenn auch in verschiedener Bezeugung. Von der Überschrift in Mk 1,1 her wurde »Evangelium« dann zur Gattungsbezeichnung für eine Darstellung des Lebens und der Lehre Jesu. Die handschriftliche Bezeugung der Evv. reicht mit dem unumstrittenen Fragment des Papyrus 52 (Joh 18) bis ins erste Viertel des 2. Jh.s zurück. Ob in der 7. Höhle von Qumran ein Bruchstück des Markus-Ev.s gefunden wurde (7Q5 = Mk 6,52f), wird kontrovers diskutiert.

8. Lange Zeit hat man die vier kanonischen Evv. als übereinstimmendes Christus-Zeugnis aufgefaßt, auch wenn schon die alte Kirche manche Schwierigkeiten bei der Harmonisierung empfand. Während sich in der alten und mittelalterl. Kirche Matthäus großer Beliebtheit erfreute, schätzten die Reformatoren vor allem Johannes. Seit der Aufklärung des 18. Jh.s rückte dann bei der Frage nach dem sog. »historischen Jesus« Markus als anscheinend ältestes und am wenigsten dogmatisch überformtes Ev. in den Mittelpunkt des Interesses. Wenn in neuester Zeit apokryphe Evv. wie das des Thomas den kanonischen Evv. als Geschichtsquellen gleichberechtigt an die Seite gestellt werden, so stellt das einen Rückschritt der Forschung dar. Bei all ihren Grenzen als antike Geschichtsdarstellungen legen die Evv. auch den modernen Historiker auf ein deutliches Bild von Person, Geschichte und Verkündigung Jesu fest.

Lit.: M.-É. Boismard, A. Lamouille: Aus der Werkstatt der Evangelisten, 1980; H. Cancik (Hg.): Markus-Philologie, 1984; M. Hengel: Zur urchristlichen Geschichtsschreibung, ²1984; W.G. Kümmel: Einleitung in das NT, ²¹1973; R. Riesner: Jesus als Lehrer. Eine Untersuchung zum Ursprung der Evangelien-Überlieferung, ³1988; J.A.T. Robinson: Wann entstand das NT?, 1986; H.H. Stoldt: Geschichte und Kritik der Markushypothese, ²1986; F. Stuhlhofer: Jesus und seine Schüler, 1992; P. Stuhlmacher (Hg.): Das Evangelium und die Evangelien, 1983; G. Theißen: Lokalkolorit und Zeitgeschichte in den Evangelien, 1989; C.P. Thiede: Markus in Qumran?, ³1992.

R. Riesner

Evangelien, apokryphe

Im Unterschied zu den in die griech. Bibel (LXX) aufgenommenen »gut und nützlich« zu lesenden → Apokryphen des AT wurden die pseudoapostol. Apokryphen zum NT schon früh aus dem gottesdienstl. Gebrauch der Kirche ausgeschieden bzw. gar nicht erst in ihn aufgenommen. Es handelt sich bei ihnen um Evangelien, Apostelakten, Briefe und Offenbarungen, die zwar beanspruchen, von Augenzeugen der Jesusgeschichte verfaßt zu sein, aber unser Wissen von ihm nicht bereichern. Unter ihnen enthalten die a. E. entweder legendenhafte Ausschmückungen von Jesu Leben, vor allem von seiner Kindheit (a) oder aber häretisch gefärbte Jesusworte bzw. esoterische Offenbarungen des Auferstandenen (b).

zu a. Das (griech.) Jakobusbuch oder Protevangelium erzählt wunderbare Begebenheiten aus der Vorgeschichte bzw. Kindheit Jesu, die zum Teil von berühmten Malern des Mittelalters dargestellt und durch sie bekannt sind; so von den Eltern der Mutter Jesu, Joachim und Anna, von der späten Geburt Marias und ihren im Tempel verbrachten Mädchenjahren, schließlich von ihrer Verlobung mit Josef (1-10). Stark erweitert und legendenhaft ausgeschmückt ist die aus Mt 1-2 und Lk 1-2 bekannte Geschichte von der Geburt Jesu (Kapp. 11ff).

Im Kindheitsevangelium des Thomas (zwei verschiedene Versionen in Griech. und Lat.) werden wunderbare Taten des Jesuskindes erzählt, die seine übernatürliche Kraft und Weisheit offenbaren. Noch spätere Berichte über die Eltern und die Kindheit Jesu sind in kopt., armen. und arab. Evangelien enthalten.

zu b. Ebensowenig konnten die von christl. Sondergruppen, besonders in gnostizistischen Kreisen verfaßten E. sich in der Großkirche durchsetzen. Durch Zitate, die sich bei Kirchenvätern wie Irenäus oder Eusebius finden, sowie durch kleine zum Fund von Oxyrynchus gehörende griech. Fragmente, sind uns Bruchstücke eines Hebräerevangeliums (= Nazaräerevangelium) bekannt (über die Empfängnis Jesu durch den hl. Geist, seine Taufe), eines Ebionitenevangeliums (= Evangelium der Zwölf; über Johannes den Täufer), dann Logien Jesu aus einem Ägypter-Evangelium, einem Evangelium des Thomas, einem Philippus-Evangelium. Die beiden letzteren wurden zusammen mit vielen anderen Apokryphen in der von christl. Gnostikern stammenden Bibliothek kopt. Handschriften 1945 in Nag Hammadi (Oberägypten) entdeckt. Da das zu ihnen gehörende »Apokryphon des Johannes« (NH II,1 u.a.)

von Irenäus teilweise dargestellt wird, können einzelne dieser ursprünglich wohl in griech. Sprache abgefaßten Schriften bereits in der Mitte des 2.Jh.s n.Chr. entstanden sein. Das »Evangelium der Wahrheit« (NH I,3 und XII,2) schildert Jesus als göttlichen Sohn und Logos, der den Vater offenbart. Das wohl zu gleicher Zeit entstandene Thomasevangelium (NH II,2) bietet die »geheimen Worte, die der lebendige (d.h. auferstandene) Jesus sprach«. Dabei handelt es sich um Gleichnisse oder Logien, die den synoptischen Evv. entnommen, aber verkürzt oder erweitert und z.T. auch mit anderen Jesusworten so verbunden sind, daß sie einen neuen, geheimnisvollen Sinn erhalten; auch uns bisher unbekannte Jesusworte sind eingefügt. Der Versuch, in diesen Logien des Thomasevangeliums die Reste alter Jesusüberlieferung zu finden (J. Jeremias, K.H. Hunzinger u.a.), dürfte kaum gelungen sein. Das Philippusevangelium (NH, II,3) bietet eine Jesustradition, die von der uns bekannten weit entfernt ist und ein besonderes Interesse an den fünf gnostischen Sakramenten verrät. Auch andere, nicht ausdrücklich als E. bezeichnete NH-Texte (z.B. das »Apokryphon des Johannes«, auch in Codex BG 8502) bieten Lehren des Auferstandenen an die Jünger, während das »Evangelium der Maria« (nur in Codex BG 8502) von einem Gespräch zwischen den Jüngern und Maria (Magdalena) berichtet, der eine Vision des Herrn und eine besondere Offenbarung zuteil wurde.

Lit.: F.F. Bruce, E. Güting: Außerbiblische Zeugnisse über Jesus und das frühe Christentum, 1991; E. Klostermann: Apocrypha II, Evangelien KlT 8, 1929; I.M. Robinson: The Nag Hammadi Library in English, [3]1988; W. Schneemelcher: Neutestamentliche Apokryphen Bd. I, Evangelien, [4]1968.

O. Betz

Evangelienharmonie

Eine E. versucht, die vier Evv. des NT in eine zusammenfassende Darstellung unter Berücksichtigung der Erzähl- und Redestoffe aller Evv. zu bringen. Dahinter steht der Wunsch, das Ärgernis zu überwinden, daß die Jesusüberlieferung so unterschiedlich tradiert worden ist. Natürlich kann ein solcher Versuch nicht gelingen, weil sich der Bearbeiter (z.B. im Fall der vierfachen Überlieferung des Petrusbekenntnisses bei Caesarea Philippi, Mk 8,27ff, par.) für eine der überlieferten Versionen bzw. deren Addition entscheiden muß. Durch eine E. entsteht so, unbefriedigend genug, ein künstlich konstruiertes fünftes Evangelium. Deshalb hat die Kirche diese Versuchung immer wieder abgewehrt.

Folgende E.n liegen vor:

1. Das Diatessaron (= eines aus vieren) des Tatian, ein offenbar weit verbreitetes Buch, das allerdings in keinem Exemplar mehr vorhanden ist. So bleiben Sprache, Entstehungsort und -zeit dunkel, und nur Vermutungen sind möglich. Da Tatian als Fast-Häretiker betrachtet wurde, galt sein Diatessaron als »Evangelium der Getrennten« und wurde von der Kirche eingezogen und wahrscheinlich vernichtet. Immerhin hat es Übersetzungen ins Lat. und Armen., Syr. und Arab., Mittelenglische, Mittelniederländische und Altitalienische gegeben. Das Diatessaron wurde auch in Kurzform (Epitome) gebracht und episch bearbeitet, angefangen beim Heliand um 830 bis zu den Gesta Christi (J. → Hus?) um 1400 und den beiden Harmonien des Luscinius 1523 und 1524.

2. Augustin hat keine E. zusammengestellt, aber Richtlinien für eine solche Arbeit in seiner Schrift »De consensu evangelistarum« niedergelegt.

3. Das Monotessaron Gersons (1369-1429) ist eine möglichst wortgetreue Bearbeitung des Bibeltextes unter Aufnahme aller Worte des Evangeliums. Es wurde übersetzt nach dem Luther-Deutsch von Erlinger 1524-1530, außerdem von Branteghen 1537, Dupryherbault 1541 und Antonius von Königstein 1542. Im 16. Jh. muß es ca. 40 E.n gegeben haben.

4. Berühmt wurde die 1537 erschienene Harmonia evangelica von A. Osiander mit vielen Nachdrukken, Bearbeitungen und Neuversuchen im 16. Jh. 1583 erscheint dafür erstmals der Begriff Synopsis.

5. Eine E., an der mehrere Theologen und verschiedene Generationen gearbeitet haben, ist die Harmonia evangelica des M. Chemnitz, P. Leyser und J. Gerhard, endgültig abgeschlossen und erschienen 1652. Auch im Zeitalter des → Pietismus gibt es noch mehrere E.n.

Lit.: C. Peters: Das Diatessaron Tatians, 1939; D. Wünsch: Evangelienharmonie im Reformationsjahrhundert, 1982; ders.: »Evangelienharmonie«, TRE 10, 1982, 626-636 (Lit.).

G. Ruhbach

Evangelikal

1. Der Begriff »evangelikal«

Der Begriff e. reicht im angelsächsischen Bereich bis in die Zeit John → Wycliffs (14. Jh.) zurück. Die Anhänger der → Reformation wurden in England, weil sie dem → Evangelium gemäß glaubten und lebten, »Evangelicalles« genannt. In der Folgezeit wurde bis zur großen methodistischen Erweckung des 18. Jh.s der Begriff in Großbritannien allerdings durch die Bezeichnung »protestant« zurückgedrängt. In Deutschland wird die englische Bezeichnung »evangelical« seit dem 16. Jh. als Übersetzung des deutschen »evangelisch« gebraucht; so ist im Oxford Dictionary of the Christian Church der Name »EKD« mit »Evangelical Church in Germany« wiedergegeben, während umgekehrt die »Evangelical Alliance« mit Evangelische Allianz übersetzt wird. Seit den 70er Jahren des 20. Jh.s bezeichnet der Begriff e. in Deutschland jedoch zunehmend die pietistisch-erweckliche und reformat.-bekennende Bewegung in den verschiedenen ev. Landes- und Freikirchen.

2. Entstehung und Geschichte

Der Evangelikalismus wurzelt im angelsächsischen Bereich in der puritanischen Erweckung und im kontinentaleuropäischen Bereich im → Pietismus des 17. Jh.s. Seine Weiterführung im 18. Jh. ist die methodistische Bewegung in England und Schottland, das Great Awakening in den amerikanischen Kolonien und die deutsche → Erweckungsbewegung. Die englische → Keswick-Bewegung und die deutsche → Gemeinschaftsbewegung des 20. Jh.s stehen in der unmittelbaren Tradition des Evangelikalismus.

Für die Integration der sehr vielgestaltigen e.en Gruppierungen zu einer ökumen. aktiven Weltbewegung wurde die 1846 in London erfolgte Gründung der Ev. → Allianz entscheidend wichtig.

3. Organisationsformen und Verbreitung

Die Evangelikalen bilden keine eigene Konfessionskirche, sondern verstehen sich als geistl. Erneuerungsbewegung in den verschiedenen Denominationen. So bildet in der anglikan. Kirche der e.e Flügel die sog. »low church«. In den USA sind z.B. die Southern Baptist Convention und die Missouri-Lutheraner stark e. geprägte Kirchen. Weltweit ist der Evangelikalismus von der Heiligungsbewegung (z.B. Church of the Nazarene), den Pfingstkirchen, der neueren → charismatischen Bewegung, aber auch von Einflüssen der amerikanischen Social-gospel-Bewegung bestimmt. Viele junge Kirchen in der Dritten Welt, die durch pietist. Missionsgesellschaften gegründet wurden, sind bis heute weithin e.

Noch bedeutsamer als der Einfluß in einzelnen Kirchen und Denominationen sind die großen international wirksamen Zusammenschlüsse der Evangelikalen. Im 19. Jh. sind hier u.a. die Gründung der YMCA (George Williams; → Christlicher Verein junger Menschen), die → Heilsarmee (William → Booth) und repräsentativ für die Gründung neuer Missionsgesellschaften die China-Inland-Mission (Hudson → Taylor) zu nennen. Im 20. Jh. stellen die 1951 erfolgte Gründung der World Evangelical Fellowship (WEF) und die Entstehung der → Lausanner Bewegung für Weltevangelisation (1974) wichtige Foren für die E.en dar. Entscheidende Impulse sind im 20. Jh. von der → Billy Graham Evangelistic Association ausgegangen. Der amerikanische baptistische Evangelist B. Graham ist zweifellos die bekannteste und herausragendste Führungspersönlichkeit in der gegenwärtigen e.en Bewegung.

Die Basisarbeit der E.en geschieht weltweit vor allem im Rahmen der national und kontinental organisierten Evangelischen Allianzen unter dem Dach der WEF; so z.B. in der amerikanischen National Association of Evangelicals oder in der Deutschen Evangelischen → Allianz, die ihrerseits Mitglied der Europäischen Evangelischen Allianz ist.

Die kontinuierliche praktische Arbeit vollzieht sich in einem weitläufigen Netzwerk von Gebetswochen, Konferenzen, theol. Hochschulen, publizistischen Einrichtungen, Evangelisationsprojekten, parakirchlichen Missionswerken, diakon. Einrichtungen sowie Bibel- und Missionsgesellschaften.

Nach Auskunft der World Christian Encyclopedia sind weltweit ca. 150 Mio. Christen zur e.en Bewegung zu rechnen.

4. Theologie und Spiritualität

Der Evangelikalismus ist seinem Wesen nach primär eine Frömmigkeitsbewegung, die in der Erfahrung des Christwerdens durch → Buße, → Bekehrung und Wiedergeburt wurzelt. Wichtig ist weiterhin das praktizierte Christsein durch ethische Heiligung, die spirituelle Praxis des Gebets, der gegenseitigen Erbauung und Seelsorge sowie persönliche und gemeinschaftliche Bibellese bzw. Bibelauslegung. Die sog. »Stille Zeit« über der Bibel und die Praxis der Gebetsgemeinschaften mit frei formulierten Gebeten haben einen hohen Stellenwert. In ihren Aktivitäten räumen die E.en der Mission und persönlichen → Evangelisation – verbunden mit diakon. Engagement – hohe Priorität ein.

In Auseinandersetzung mit dem von der → Aufklärung bestimmten prot. Liberalismus und Modernismus haben sich die Evangelikalen vor allem in den großen Konfessionskirchen als entschiedene Gegenbewegung formiert. Charakteristisch für ihre

Theologie ist das bewußte Festhalten am »historical Christian faith«, wie er sich in der Bibel und den altkirchl. ökumen. → Bekenntnissen findet. In Abgrenzung gegenüber der → Bibelkritik des Neuprotestantismus betonen die Evangelikalen die Geltung der gesamten Hl. Schrift als höchster und einzig verbindlicher Lehrautorität in der Kirche und als Norm aller Theologie. Begründet wird die Normativität der Schrift gewöhnlich mit dem Hinweis auf deren Inspiration; wobei das Inspirationsverständnis mit unterschiedlichen Akzentuierungen interpretiert wird (das Spektrum umfaßt fundamentalistische und biblizistische Positionen).

Mit der → Reformation wird von Evangelikalen die ausschließliche Heilsbedeutung Jesu Christi unter besonderem Hinweis auf seinen stellvertretenden Sühnetod, seine leibliche Auferstehung und seine zu erwartende sichtbare Wiederkunft festgehalten. Die e.e Ekklesiologie (Lehre von der Kirche) geht primär von der heilsnotwendigen Wiedergeburtserfahrung und Heiligung des einzelnen aus. Sie gründet christl. Ökumene deshalb auf den Zusammenschluß einzelner Christen, die bewußt Nachfolge Jesu leben wollen, sich zur gemeinsamen Glaubensbasis bekennen, in Mission und Diakonie zusammenarbeiten und Formen geistl. Lebens miteinander praktizieren; darüber hinausgehende konfessionelle Lehrunterschiede und sakramentale Vollzüge des kirchl. Lebens sind für die E.en sekundär und obwohl kirchentrennend, letztlich nicht glaubensspaltend.

Grundlegende Dokumente e.er Theologie sind die Glaubensbasis der Evangelischen Allianz (1846), die → Frankfurter Erklärung zur Grundlagenkrise der Mission (1970), die Lausanner Verpflichtung (1974) und das Manila-Manifest (1989).

Lit.: D.G. Bloesch: The Future of Evangelical Christianity, 1983; K. Bockmühl: Evangelikale Sozialethik, 1975; E. Geldbach: Evangelikalismus. Versuch einer historischen Typologie, in: R. Frieling: Die Kirchen und ihre Konservativen, 1984, 53-83; J.D. Hunter: American Evangelicalism, 1983; F. Laubach: Aufbruch der Evangelikalen, 1972; B. Shelley: Evangelicalism in America, 1967; J.R. Stott: Einheit der Evangelikalen, 1975.

R. Hille

Evangelisation

1. Begriff

E. ist öffentliche und leidenschaftliche Ankündigung der mit Kreuz und Auferstehung Jesu eröffneten letzten Zeit. Sie lädt zu einem neuen Leben in Hoffnung ein, dringend, aber nicht drängerisch. E. gehört zum »Wesen der Kirche« (H. Lilje). Sie ist »aggressiver« Ruf zur Umkehr, gerichtet an Menschen, »die an der zukunftslosen Realität orientiert sind« (W. Kohler). Sie ist Heilsbotschaft, »doch mit dem konstitutiven Horizont der Gerichtsdrohung« (W. Klaiber). E. stiftet Unruhe und ruft zur Weltverantwortung als Antwort auf die Einzigartigkeit Jesu Christi. E. hat Anteil an der Missio Dei (Mt 28,18-20), als »ein Auftrag unter anderen, wenngleich der wichtigste« (J. Moltmann). Ihre Sprache ist einfach, werbend, christozentrisch, freundlich und aufmerksam ausgerichtet auf die Hörer. E. will erweckend wirken an Getauften und nicht Getauften. Sie ruft in die Gemeinde und zu einem Leben in der Heiligung.

2. Zur Geschichte

Die → Alte Kirche war Missions- und Evangelisationskirche, im O bis zur islam. Überfremdung (nach 634); im W bis ins MA. Die → Reformation zielte auf die Erweckung der Christenheit, ihre → Bekenntnisschriften rufen Getaufte zu Buße und Umkehr. Der → Pietismus verstand sich als Weiterführung der unvollendeten Reformation, um mit dem Priestertum der Glaubenden andere zum Glauben einzuladen. Im angloamerikanischen Bereich begann die klass. E. mit der Predigt von George → Whitefield (1714-1770) vor Bergleuten in England (2. Febr. 1739). Seither gehören erweckende Predigt und soziale Verantwortung in der E. zusammen gemäß John → Wesleys (1703-1791) Ziel: »reform the nation and not especially the church«. Er war auch Bahnbrecher der engl. Arbeiterbewegung. Der Revivalismus in den USA (nach 1791) verband Erweckung mit vorbildlicher Sozialarbeit. Erst nach dem Zweiten Weltkrieg erfolgte die Beschränkung der E. auf persönliche Erweckung und »church planting« in der Abwehr des von der Erweckung losgelösten »social gospel«. In Deutschland wird die E. seit J.H. → Wichern (1808-1891) im Zusammenhang mit der Inneren Mission (1848) gefordert. Der Gnadauer Verband (1888) verantwortet neben den Freikirchen »Evangelisation und Gemeinschaftspflege«. Das drängerische Element trat immer mehr zurück zugunsten des bibl. Zeugnisses mit seiner vertiefenden Seelsorge, z.B. bei Elias → Schrenk (1831-1913) und Samuel → Keller (1856-1925). Die Zeltmission begann mit Jakob → Vetter (1872-1918) im Jahre 1902. Zur Volksmission in den Landeskirchen rief G. Hilbert 1916 auf. Nach dem Zweiten Weltkrieg erhielt die E. neue Impulse aus der evangelikalen Bewegung und dem Weltrat der

Kirchen (ÖRK Amsterdam 1948ff). E. wurde eschatologisch begründet, ihre Weltverantwortung auf die Vollendung des Reiches Gottes ausgerichtet. Mit Uppsala 1968 (ÖRK) kam es zwischen beiden Richtungen zu Spannungen. Der eschatologische Schalom wurde im ÖRK verstanden als »soziale Harmonie ... ohne eine vergleichbare Sorge um den geistlichen Hunger der Menschen« (John Stott). Die Evangelikalen schlossen sich 1974 in Lausanne (→ Lausanner Bewegung) zusammen. Sie sind weltweit Impulsgeber der E. unter Anerkennung der sozialen Verantwortung. Das Missionarische Jahr 1980 in Deutschland ging z.B. auf die Initiative von Lausanne zurück. Die Verbindung zwischen ÖRK und Lausanne ist nicht abgerissen, Annäherungen zeichnen sich ab, weil Wort und Tat unlösbar zusammengehören.

3. Fragestellungen

a. Bis in die Mitte der 50er Jahre war »Mission« Ruf an Menschen außerhalb der christl. Welt (Gustav Warneck, 1834-1919). E. war der Erweckungsruf an Getaufte. Heute bildet Mission als Missio Dei den Oberbegriff für die gesamte Sammlung und Sendung der Gemeinde Jesu zu Martyria (= Zeugnis), Diakonia (= Weltzuwendung) und Koinonia (Gemeinschaft). Alle E. ist auch Mission, aber nicht alle Mission ist gleichzeitig E.

b. Träger der E. ist die Ortsgemeinde, d.h. alle Christen, die an einem Ort wohnen, unabhängig von ihrer kirchl. Zugehörigkeit. Alleinvertretungsansprüche einzelner Kirchen oder Gruppen rauben der E. geistl. Kraft und innere Vollmacht. Die Ortsgemeinde ist vor Ort der Brief Christi (2Kor 3,3); ihre bloße Existenz ist - positiv oder negativ - Zeugnis vor Menschen.

c. Kommunikation zwischen Glaube und Unglaube ist Aufgabe der E. Die Verstehensmöglichkeiten zwischen Kirche und Welt sind heute äußerst gering. E. braucht daher Geistesgegenwart im Hinhören und Ernstnehmen der Vielfalt von Mentalitäten, Denk- und Sprachformen einer multikulturellen Gesellschaft.

d. Laien waren von der Urchristenheit bis heute Träger von E. »Der Laie ist der Missionar des 20. Jahrhunderts« (ÖRK-Evanston 1954). Der Laie verdeutlicht in seiner Existenz Kirche in der Welt. Laien erfahren handfest, daß das »Corpus Christianum« erledigt ist. Laiendienst ist als E. mitgeteiltes Leben und Zeugnis der Hoffnung (1Petr 3,15) inmitten der Welt.

e. Der Ruf zur Entscheidung gehört zum klass. Verständnis der E. Was Hilfe sein will, kann als Manipulation verstanden werden. E. Schrenk, W. → Busch u.a. haben den Ruf nach vorne abgelehnt. Das persönliche Ja zum Ja Gottes ist bibl. fundiert. Hilfen dazu können liturg. Formen sein, in denen personhaft erfahrbar wird, daß Gottes Gnade dem Fragenden gilt. Der Schatz des Segens ist für die E. noch nicht ausgeschöpft.

f. Gesellschaftskritik gehört zur E. Nach M. Luther muß »sündlicher Stand« aufgehoben werden, d.h. sündige Strukturen hindern nicht nur den Lauf des Evangeliums; sie müssen darüber hinaus öffentlich unter das Gericht Gottes gestellt werden. Das erfordert Geistesgegenwart in Sachkenntnis, Augenmaß, Gegenwartsbezug, Zucht und Leidensbereitschaft.

g. E. in der Bildungs- und Kommunikationsgesellschaft fordert zu neuen Formen heraus. Der »außengeleitete Mensch« vermag seine eigenen Kräfte nur schwer sachgemäß einzuschätzen. Die Emotionen spielen eine beherrschende Rolle.

Lit.: W. Bub: Evangelisationspredigt in der Volkskirche, 1989; J. Hansen, Chr. Möller: Evangelisation und Theologie, 1980; J.Chr. Hoekendik: Die Zukunft der Kirche und die Kirche der Zukunft, 1964; W.J. Hollenweger: Evangelisation gestern und heute, 1973; W. Klaiber: Ruf und Antwort, 1990; W. Kohler: Umkehr und Umdenken, 1988; H.J. Margull: Theologie der missionarischen Verkündigung, 1959; H. Marquardt, U. Parzany (Hg.): Evangelisation mit Leidenschaft, 1990; V. Samuel, A. Hauser: Proclaiming Christ in Christ's way, 1989; P.W. Schäfer: Evangelisation, viele Wege, ein Ziel, 1989; P. Scharpff: Geschichte der Evangelisation, [2]1980; A. Schulte: Evangelisation praktisch, 1979; J.R.W. Stott: Gesandt wie Christus, 1976; K. Teschner (Hg.): Die Botschaft von der freien Gnade, FS J. Hansen, 1990; J. Witzke (Hg.): Dein Wille geschehe, 1989.

J. Hasselhorn

Evangelisationsverein, Deutscher

Der E. wurde 1884 in Bonn auf Betreiben Th. → Christliebs zusammen mit E. → Schrenk als erfahrenem Evangelisten, J.v. → Oertzen, E.v. → Pückler, A.v. → Bernstorff u.a. gegründet. Das Ziel, »die gemeinsamen Interessen der deutschen Evangelisation zu vertreten und zu fördern, vorzüglich eine Vereinigung aller herbeizuführen, welchen die → Evangelisation am Herzen liege« (so Pückler 1886), also eine Art Dachverband der verschiedenen Evangelisationsbestrebungen kirchl. Charakters zu schaffen, konnte angesichts vorhandener selbständiger Organisationen (→ Innere Mission, Stadtmission, → Evangelische Gesellschaft, Verein für Reisepredigt u.a.) nicht erreicht werden. Von der zugleich als Problem erkannten Tatsache eines speziellen »Evangelistenamtes« neben dem geordneten Pfarramt überzeugt, beschloß der E. 1886 die Einrichtung der Evangelistenschule → Johanneum (→ Ausbildung, theologische b.) zur Ausbildung evangelistisch begabter Laien. Anläßlich der Übersiedlung der Schule nach Wuppertal-Barmen 1893 löste sich der E. auf; seine Hauptanliegen Evangelisation und »Weiterpflege der Erweckten« sind von der noch durch Christlieb und seine Freunde einberufenen ersten Gnadauer Pfingstkonferenz 1888 aufgegriffen worden und haben schließlich im Gnadauer Verband (→ Evangelischer Gnadauer Verband) eine in die Zukunft führende Struktur gefunden.

Lit.: E. Fleisch: Die moderne Gemeinschaftsbewegung I, ^{2}1912, 82-87; H. Klemm: Elias Schrenk. Der Weg eines Evangelisten, 1961, 260-338.

G. Balders

Evangelisch

1. Der normative Begriff »evangelisch«

Das Wort »evangelisch« weist als Adjektiv, das vom griech. Begriff *euangelion*, »Frohbotschaft«, abgeleitet ist, darauf hin, daß etwas »dem → Evangelium zugeordnet« bzw. »dem Evangelium gemäß« ist. Die Übersetzung »dem Evangelium gemäß« signalisiert zugleich, daß es sich um einen Normbegriff handelt. Er macht deutlich, daß ein Verhalten oder eine Lehre mit dem Evangelium von Jesus Christus übereinstimmt. Sobald diese Übereinstimmung fraglich wird, wird der im Begriff »evangelisch« enthaltene normative Anspruch deutlich und relevant.

2. Die Konfessionalisierung des Begriffs

Bereits im MA wurde der Hinweis auf die »vita evangelica et apostolica« zeitweise kritisch gegen die verweltlichte Kirche verwendet.

Vor allem die Reformatoren kennzeichneten ihre am Zentrum des Evangeliums neuentdeckte Rechtfertigungsbotschaft als »evangelisch« und zwar im elementaren Sinne des Wortes.

E. ist nach ihrer Überzeugung die ursprüngliche und für die weltweite Christenheit verpflichtend gültige Gestalt christl. Glaubens und Lebens überhaupt. Allerdings setzte Martin → Luthers Gegenspieler Johann → Eck schon 1519 die Bezeichnung »evangelisch« polemisch ein; so begegnet sie 1529 auch bei → Erasmus von Rotterdam. Der Begriff »evangelisch« wurde bald von den entstehenden prot. Kirchen zur Selbstbezeichung verwendet; er setzte sich damit als Konfessionsname durch. 1653 schloß man sowohl Lutheraner als auch Reformierte im Corpus Evangelicorum reichsrechtlich als die nichtkath. Stände zu einer Gesandtenkonferenz zusammen. Die preußische Union von 1817 schuf schließlich aus den ehemals getrennten luth. und ref. Kirchen auf ihrem Staatsgebiet eine neue »evangelisch-christliche« Kirche. Die traditionelle Konfessionsbezeichnung »evangelisch« hat sich bis in den Namen »Evangelische Kirche in Deutschland« etc. bis heute durchgesetzt.

3. Das unverzichtbar »Evangelische«

Ungeachtet der kirchenpolit. Verengung des Begriffs »evangelisch« ist der ökumen. und normative Ursprungscharakter des Begriffs festzuhalten und in je neuen hist. Situationen der Kirche sachlich zu bewähren. Die grundlegenden Erkenntnisse der Reformation - allein Christus als Mittler zwischen Gott und Mensch, allein die Schrift als Maßstab der Lehre und Verkündigung und allein der Glaube als gnädige Rechtfertigung des Sünders bestimmen inhaltlich die Normativität des Begriffs »evangelisch«. Kirchenpolit. und theol. Diskussion um die aus dem angelsächsischen Bereich ins Deutsche übernommene Bezeichung »→ evangelikal« im Unterschied zu »evangelisch« macht erneut deutlich, daß der normative Anspruch des Evangeliums von der Kirche je neu in der Sache eingelöst werden muß. Dabei geht es also nicht um konkurrierende Religionsparteien, die gewisse Namen zur Selbstbezeichung für sich beanspruchen, sondern um das eine, der ganzen Christenheit auf Erden anvertraute und sie verpflichtende Evangelium. In diesem Sinne ist der normative Begriff »evangelisch« unverzichtbar, zumal etymologisch die Worte »evangelisch« und »evangelikal« inhaltlich identisch sind und auf dieses eine Evangelium zurückverweisen.

Lit.: W. Brändly: Zur Selbstbezeichnung der Evangelischen, Zwingliana 8 (1944-48), 471-486; H. Heppe: Ursprung und Geschichte der Bezeichnung »reformierte« und »lutherische« Kirche, 1859.

R. Hille

Evangelisch-freikirchliche Gemeinden

→ Baptisten; → Elim-Gemeinden; → Versammlung, christliche

Evangelisch Johannische Kirche

Sie wurde von Joseph Weißenberg (1855-1941) gegründet. Weißenberg verfügte von Jugend an über besondere Fähigkeiten (Reden in Trance, Heilungen durch Handauflegung, Christusvisionen u.a.). In Berlin eröffnete er ein »Heil-Institut« und nannte sich Heilmagnetiseur. Seit ca. 1900 sammelte er einen Kreis von Anhängern um sich, konvertierte 1904 zur ev. Kirche, trat 1926 wegen Streitigkeiten mit dem Gemeindekirchenrat wieder aus und gründete noch im gleichen Jahr die E.J.K. (nach Offb 21,3). Immer wieder gab es in der Öffentlichkeit Probleme um seine Person, Prozesse und Inhaftierungen. In seinem Hauptmedium Grete Müller sah seine Gemeinde eine Inkarnation der Mutter Jesu, auch Weißenberg selbst ließ sich göttlich verehren (und z.B. in das Glaubensbekenntnis aufnehmen). Seine Geistheilungen und sein Jenseitsglaube, seine Selbstbezeichnung als Inkarnation Christi, sein »Drittes Testament«, das das AT und NT überbietet, das Sakrament der geistigen Heilung, die Gründung einer neuen Kirche u.a., all das enthüllt ihn als Häretiker. Kirchengemeinschaft in irgendeiner Form ist mit seiner Gruppierung nicht möglich.

1935 wurde die »Kirche« vom NS-Staat verboten. Nach 1945 erholte sie sich nicht mehr, sondern ging von 126.000 Anhängern (1929) auf ca. 4.000 Anhänger (1981) zurück.

Lit.: K. Hutten: Seher, Grübler, Enthusiasten, [12]1982, 514-531; M. Kießig, H. Reller: Handbuch Religiöse Gemeinschaften, [3]1985, 265-280.

G. Ruhbach

Evangelisch-lutherische Kirche in Baden

→ Baden, Ev.-luth. Kirche

Evangelisch-lutherische Kirche in Bayern

→ Bayern, Ev.-luth. Kirche

Evangelisch-methodistische Kirche

→ Methodisten

Evangelisch-Sozialer Kongreß (ESK)

Der ESK wurde im Mai 1890 unter wesentlicher Anteilnahme von Adolf → Stoecker (1835-1909) gegründet. Es gelang zunächst, verschiedene kirchenpolit. Richtungen zusammenzuführen, weil man einen wissenschaftl. Austausch zwischen Theologen, Ökonomen, Juristen, Soziologen u.a. auf hohem Niveau angesichts der wirtschaftl. und ethischen Probleme der Zeit anstrebte. Die Satzung schrieb dem ESK die Aufgabe zu, »die sozialen Zustände unseres Volkes vorurteilslos zu untersuchen, sie an dem Maßstab der sittlichen und religiösen Forderung des Evangeliums zu messen und diese selbst für das heutige Wirtschaftsleben fruchtbar zu machen«. Die Sekretäre Paul Göhre (1864-1928) und Friedrich Naumann (1860-1919) wollten unmittelbar (»von unten«) sozialpolit. aktiv werden. Dies führte zu Spannungen, die durch Angriffe auf Adolf → Harnack (1851-1930) und durch die Wiederaufnahme der parteipolit. Tätigkeit Stoeckers verstärkt wurden. Dieser trat mit seinen Anhängern 1896 aus und schuf 1897 die »Kirchlich-soziale Konferenz«. Auch Naumann wandte sich vom ESK ab und gründete den »National-sozialen Verein«.

Der ESK versuchte, seine wissenschaftl. Arbeit auf großen Tagungen fortzuführen. Seine Vorsitzenden (seit 1902 Harnack, seit 1912 O. Baumgarten, 1858-1934) kamen aus dem »freien« Protestantismus. 1904 wurde die Zeitschrift »Evangelisch-sozial« von W. Schneemelcher gegründet; sie erschien bis 1941. 1923 wurde die Arbeit wieder aufgenommen. Die 1925 vom Evangelischen Kirchenausschuß angenommenen »Richtlinien für die sozialkirchliche Arbeit« zeigen den Einfluß des ESK, ebenso wie die erste Vollversammlung der Bewegung für Praktisches Christentum 1925 in Stockholm. Trotz Versuchen des letzten Vorsitzenden J. Herz gelang nach dem Zweiten Weltkrieg kein Neubeginn.

Lit.: W. Schneemelcher: ESL, [7]1980, 386f; ders., W. Liese: Christlich-soziale Bestrebungen, in: Handwörterbuch der Staatswissenschaften III, 1926, 174ff.

E. Geldbach

Evangelische Allianz

→ Allianz, Evangelische

Evangelische Buchhilfe

→ Literaturarbeit

Evangelische Gemeinschaft

→ Albrecht, Jakob; → Methodisten

Evangelische Gesellschaft für Deutschland – Neukirchener Mission

»Wollen wir nicht Deutschland evangelisieren?« Auf diesen Aufruf von Pastor L. Feldner (1805-1890) am 25. 8. 1848 hin kamen 53 Pastoren und

Laien in Elberfeld zusammen und gründeten die »Evangelische Gesellschaft für Deutschland« (EGfD). Anlaß waren die zunehmende Säkularisierung und die Erschütterungen des Revolutionsjahres. Kolporteure wurden ausgesandt in die deutschen Provinzen vom Saarland bis Posen. Die ersten Stadtmissionen wurden in Breslau (1855) und Dortmund (1856) gegründet. 22 »Boten« hielten 1857 an 140 Orten in ganz Deutschland regelmäßig Bibelstunden und verteilten Bibeln und christl. Schriften in den Häusern. Als offizielle Organe entstanden: »Der feste Grund« und ab 1905 auch das Blatt »Licht und Leben« (von 1948-66 war Pastor W. → Busch Schriftleiter). Als Glaubensgrundlage dienen das apostolische Glaubensbekenntnis und das »Wuppertaler Bekenntnis« zur Unfehlbarkeit der Heiligen Schrift (von Pastor Heinrich Jochums 1905-1986). 1960 erfolgte die Gründung des »Bibelseminars Wuppertal« (Fachschule für Theologie). Leitende Mitglieder der EGfD waren u.a. die Pastoren H. und F. → Coerper, E. → Buddeberg und H. Jochums.

Die Neukirchener Mission (NM) wurde im Januar 1882 von Pfarrer Ludwig Doll (1846-1883) gegründet und arbeitet auf Missionsgebieten in Java (seit 1884), Ostafrika (seit 1887), Peru (seit 1966), Belgien und Italien (seit 1988). Die Arbeit geschieht auf der Glaubensgrundlage der Ev. → Allianz. 1975 kam es zur Fusion von EGfD und NM. Heute sind im Heimatdienst ca. 75 Missionsprediger, in der äußeren Mission ca. 40 Mitarbeiter tätig. Die EGfD-NM ist Mitglied des → Ev. Gnadauer Gemeinschaftsverbandes und des Diakonischen Werkes der Inneren Mission. Die NM ist Mitglied der → AEM und der EUKUMINDO.

Lit.: Mitteilungen der E.G. seit 1851; ZS: Der feste Grund;

O. Erdmann: Arbeiten und Erfahrungen, 1873/74; Fr. Coerper: 50 Jahre der E.G., 1925; D. Schäfer: 100 Jahre E.G., 1948; H.Jochums: 125 Jahre E.G. für Deutschland,1973.

W. Hoffmann

Evangelische Gesellschaft Stuttgart

Als »Verein zur Ausbreitung kleiner religiöser Schriften« wurde die E.G.S. von dem Theologen Christoph Ulrich Hahn 1830 gegründet zum Zweck der »Ausbreitung des Reiches Gottes und unseres hochgelobten Heilandes«. Das Ziel war, Menschen mit Traktaten zur Bibel zu führen, gegen den Zerfall kirchl. Lebens und den Liberalismus zu kämpfen. Maßgebliche Persönlichkeiten des württembergischen Pietismus wie → Hofacker, Kapff, → Knapp, Scholl, prägten das Werk. Schriftenkolporteure wurden angestellt, ein eigener Verlag entstand: der Quell Verlag mit sechs Buchhandlungen, dazu das Ev. Gemeindeblatt für Württemberg.

Ab 1900 vollzog sich der Aufbau der Stadtmission (Falch, Wurm). Es folgte die Bestellung von Stadtmissionaren, die in Gemeinden eingesetzt wurden. Der Aufbau der weiblichen Jugendhilfe, der Diakonieschule für Gemeindehelferinnen, Heime für Gefährdete, Mitternachtsmission, Gefängnisseelsorge, Kellnermission, Trinkerfürsorge schlossen sich an. Nach 1945 entstanden neue Hilfseinrichtungen gegen die Massennot. Mit der Schaffung zahlreicher Wohnheime und Werkstätten, Beratungseinrichtungen, Telefonseelsorge, Diensten in der offenen Alten- und Behindertenhilfe wurde der Not ganzheitlich begegnet.

Heute gliedert sich die E.G.S. in die Abteilungen: Gesamtleitung, Stadtmission, Jugendhilfe, Erwachsenenhilfe, Diakon. Bezirksstelle, ›Seelische Gesundheit‹, Fortbildungsstätte Denkendorf, Verwaltung, dazu die juristisch selbständige Verlagsgruppe Quell und Kaiser Verlag und die Ev. Gemeindepresse GmbH.

Lit.: A. Hinderer: Was zur Tat wurde, 1909; A. Kircher: 150 Jahre Dienst am Nächsten, in: . . .daß allen Menschen geholfen wird. FS »Diakonie seit 1830«, hg. von der Ev. Gesellschaft Stuttgart, 1980; M. Remppis: In Gottes Rüstung vorwärts. Aus der 100jährigen Geschichte der Ev. Gesellschaft Stuttgart 1830-1930, o.J.

W. Meng

Evangelische Gesellschaften (Schweiz)

Als Auswirkung des Genfer Réveil zu Beginn des 19. Jh.s und unter Einfluß des Basler Pietismus entstanden in Genf (1831), Bern (1831), Zürich (1835) und St. Gallen/Appenzell (1864) innerhalb der Landeskirchen sogenannte »Evangelische Gesellschaften« (E.G.).

Gegründet zum Zweck der Sammlung erwecklich Gesinnter, zur Aufrechterhaltung der bibl.-reformat. Lehre und zur Verbreitung christl. Literatur wurden die E.G. nach und nach zum Sammelpunkt der positiven Kräfte in den entsprechenden Landeskirchen. Hier wurde der Not der sozial Benachteiligten entgegengetreten und der Kampf gegen den wachsenden Liberalismus in den Kirchen aufgenommen. Zahlreiche freie Werke im Sozial- wie im Bildungsbereich wurden ins Leben gerufen: Kinderheime, Armenvereine, Stiftungen für Behinderte und Suchtkranke, Diakonissenhäuser, staatsunabhängige Lehrerseminare und Gymnasien, Stadtmissionen, Telefonseelsorge u.a.m. Die E.G. waren auch Pioniere der Sonntagschule, der Jugendarbeit und der kirchl. Laienschulung.

Auch in der Theologenausbildung machten die E.G. ihren Einfluß geltend: In Genf gründete die »Société évangélique« bereits 1832 eine freie Theol. Fakultät, in Bern und Zürich gelang es später, an den staatlichen Theol. Fakultäten Privatdozenten ihrer Richtung anzustellen.

Die geschichtliche Entwicklung der E.G. in den verschiedenen Kantonen verlief unterschiedlich: In Genf ging die E.G. bereits 1849 in die neugegründete freie ev. Kirche ein. In Bern erlebte die E.G. durch den nachhaltigen Einfluß der Evangelisationstätigkeit von Elias → Schrenk nach 1880 eine große Ausdehnung der Arbeit vor allem im Versammlungswesen. Heute beschäftigt sie über 50 vollzeitliche Mitarbeiter und unterhält zahlreiche Häuser (z.B. das Zentrum für ev. Erwachsenenbildung »Schloß Hünigen«). Immer wieder neu ist ihr die Aufgabe gestellt, trotz mancherorten faktisch freigemeindlicher Tätigkeit neue Formen der Evangelisation und der verbindlichen Aufbauarbeit innerhalb der Landeskirche zu finden (z.B. Mitarbeitergemeinschaft Looslistraße, Bern). Demgegenüber verlief die Entwicklung der E.G. in Zürich und St. Gallen/Appenzell im 20. Jh. eher rückläufig und konzentriert sich heute vorwiegend auf die Arbeit der beiden Stadtmissionen.

Lit.: W. Hadorn: Geschichte des Pietismus in den Schweizerischen Reformierten Kirchen, Konstanz und Emmishofen, 1901; R. Dellsperger, M. Nägeli, Ramser: Auf dein Wort. Beiträge zur Geschichte und Theologie der Evangelischen Gesellschaft des Kantons Bern im 19. Jahrhundert, 1981. Jahresberichte.

M. Nägeli

Evangelische Karmelmission

Die E.K. wurde 1904 gegründet durch Johannes Seitz mit dem Ziel, das Evangelium zunächst unter deutschen Siedlern und Juden in Palästina und später unter Muslimen zu verkündigen. 1948 wurde der ganze Besitz durch die Gründung des Staates Israel beschlagnahmt. 1952 schenkte Gott einen Neubeginn der Missionsarbeit in Libanon.

1968 begann die Schriftenmission:

- Pastoren der Beirut-Kirche baten, eine Bibellese mit Erklärungen herauszubringen.
- Radiostationen baten, die Auslegungen jeden Morgen ausstrahlen zu dürfen.
- Hunderte von Muslimen stellten Fragen. Die Antworten auf die wichtigsten Fragen erschienen in gedruckter Form.

Auf die große Nachfrage hin wurden Traktate gedruckt; jeder bekommt monatlich so viele Traktate, wie er zu verteilen verspricht. In kurzer Zeit standen mehr als 4.000 freiwillige Verteiler in der arab. Welt zur Verfügung.

Tausende beantworten die Fragen, die nach jedem Tagesabschnitt der Bibellese gestellt werden. Daraus entstand die Gemeindebibelschule im Fernbriefkurs-System mit (1992) weit über 100.000 Teilnehmern.

Schriften, die Muslime besonders ansprechen, erscheinen in Arabisch, Englisch, Französisch, Türkisch, Haussa, Kisuaheli, Persisch, Urdu, Malayalam, Bengali, Tamil, Telegu, Marathi, Russisch, Kasachisch, Mandurin-Chinesisch, Indonesisch.

Die E.K. arbeitet im Libanon, in Syrien, Jordanien, im Heiligen Land, in Ägypten, Sudan, Kenia, Nigeria, Ghana, Sierra Leone, Marokko, Türkei, Iran, Pakistan, Indien, Bangladesh, Hongkong/China, Indonesien und unter Arabern in den USA.

S. Fehr

Evangelische Kirche der Union → Union, Evangelische Kirche der

Evangelische Kirche des Görlitzer Kirchengebietes → Schlesische Oberlausitz, Evangelische Kirche der

Evangelische Kirche in Berlin-Brandenburg → Berlin-Brandenburg, Evangelische Kirche in

Evangelische Kirche in Deutschland (EKD)

1. Die EKD wurde 1948 als Zusammenschluß der damals 27 deutschen ev. Landeskirchen gegründet. Seit 1969 – nach Inkrafttreten der neuen Verfassung der DDR – war den östl. Gliedkirchen die Zugehörigkeit zur EKD, weil das Staatsgebiet übergreifend (Hintergrund: Militärseelsorgevertrag), nicht länger gestattet; sie schlossen sich zum »→ Bund evangelischer Kirchen« zusammen und suchten eine eigene Gestalt des Lebens unter dem Evangelium (»Kirche im Sozialismus« als Kennzeichnung des Umfeldes). Auf beiden Seiten wurde jedoch – auch in den Grundordnungen – die »besondere Gemeinschaft« bewahrt und durch gegenseitige Besuche, gemeinsame Beratungen und finanzielle Unterstützung aus dem Westen in Milliardenhöhe praktiziert und gefe-

stigt. Nach Öffnung der Grenze und Aufhebung der polit. Teilung des Landes beschlossen die Synoden beider Seiten im Februar 1991 die Wiederzusammenführung, die im Juni 1991 in Coburg vollzogen wurde. Seitdem gehören zur EKD 24 Gliedkirchen und die Ev. Kirche der Union; angeschlossen ist die Brüder-Unität. Die Zahlendifferenz zu 1948 erklärt sich aus dem Zusammenschluß von vier Landeskirchen zur Nordelbischen Ev.-Luth. Kirche. Zehn der Gliedkirchen sind ev.-luth. (davon drei im östl. Teil des Landes), von denen sieben zur Vereinigten Ev.-Luth. Kirche (VELKD) gehören und zwei ref. Bekenntnisses sind. Die übrigen 12 Gliedkirchen sind Unionskirchen; sieben von ihnen (auf dem ursprünglich preußischen Territorium) gehören zur Ev. Kirche der → Union; alle stimmen gemeinsame Anliegen (zusammen mit den nicht zur VELKD gehörenden luth. Landeskirchen) in der → Arnoldshainer Konferenz ab. Die ref. Kirchen und Einzelgemeinden in Unionskirchen sind im → Reformierten Bund zusammengeschlossen.

Zu den Gliedkirchen der EKD gehören ca. 29 Mio. ev. Christen (ca. 24 in West-, 5 in Mitteldeutschland). Die Mitgliedschaft wird durch die (in der Regel: Kinder-) → Taufe begründet; volle Rechte gelten mit der Konfirmation (meist mit 14-16 Jahren). Hauptberufliche Mitarbeiter: ca. 22.000 Pfarrer (Ausbildung an Theol. Fakultäten und Kirchl. Hochschulen) im aktiven Dienst; etwa 12 % sind Frauen. Dazu kommen über 300.000 weitere Mitarbeiter (Küster, Kirchenmusiker, in Verwaltung, Sozialarbeit, Heimen und Krankenhäusern, Kindergärten, Bildungsstätten etc.).

2. Die EKD und ihre Gliedkirchen gelten als »Volkskirchen«, was sowohl als »Kirche des Volkes« wie auch als »Kirche für das Volk« interpretiert werden kann (in den alten Bundesländern gehören immer noch vier von fünf Einwohnern den Großkirchen an, in den neuen nur noch jeder fünfte). Das hat geschichtl. Gründe: Die → Reformation wurde nach den geistl. Impulsen Luthers und seiner Mitstreiter in Deutschland weitgehend von den Landesfürsten durchgesetzt bzw. eingeführt, soweit sie nicht von ihnen oder den Fürstbischöfen unterdrückt wurde. Sie übernahmen statt der Bischöfe die Sorge für die rechtliche und materielle Existenz der Kirche in ihrem Territorium. Nach dem → Dreißigjährigen Krieg wurde im Westfälischen Frieden 1648 die Regelung des Augsburger Religionsfriedens von 1555 bestätigt, daß in jedem Territorium nur die Religion des Landesherrn gelte, der die Untertanen zu folgen oder in ein anderes Gebiet auszuwandern hatten. Faktisch entstanden so homogene Gebiete, und die Konfession wurde durch die Geburt bestimmt. Daraus erklärt sich auch, daß einige Landesherren zu Beginn des 19. Jh.s auf die Union zwischen luth. und ref. Gemeinden drangen, um eine einheitliche Kirche in ihrem Gebiet zu haben (z.B. Nassau, Preußen, Baden). Erst durch die mit der Industrialisierung einsetzende Wanderung und den demokratischen Aufbruch in der Mitte des 19. Jh.s entstanden konfessionelle Mischsituationen und damit die Zulassung auch anderer Konfessionen in bisher homogenen Gebieten wie auch neue, eigenständige kirchl. Formen, die sog. »Freikirchen« (z.B. → Baptisten, → Methodisten, Freie ev. Gemeinden u.a.). Als das landesherrliche Kirchenregiment 1918 endete, konstituierten sich die Kirchen in den Territorien zu selbständigen Landeskirchen mit eigenem Recht, eigener Ordnung und Leitung, zunächst nur in einigen luth. Kirchen auch mit Bischöfen (heute mit Ausnahme der ref. und einiger Unionskirchen fast allgemein).

Als erste lockere Kooperationsform der Territorialkirchen bildete sich 1852 die Eisenacher Konferenz deutscher ev. Kirchenregierungen mit dem Ziel, die gemeinsame Basis zu stärken (Bibelrevision, Perikopenreihe, sog. Kernlieder für die Gesangbücher), die 1903 im Deutschen Ev. Kirchenausschuß verfestigt wurde. Nach dem Ersten Weltkrieg schlossen sich die Landeskirchen 1922 zum Deutschen Evangelischen Kirchenbund zusammen, aus dem – unterschiedlichen Motiven und Interessen folgend – 1933 die Deutsche Evangelische Kirche entstand, in der jedoch die Landeskirchen ihre Eigenständigkeit in Bekenntnis und Kultus behielten. Als die sog. Glaubensbewegung »→ Deutsche Christen« im Juli 1933 bei den Kirchenwahlen eine Synodalmehrheit errang und mit einem Reichsbischof die Kirche auf »völkischen« Kurs bringen wollte, rief die Bekennende Kirche, z.T. innerhalb der bestehenden Strukturen, z.T. neben ihnen, die Kirche zur ausschließlichen Bindung an Schrift und Bekenntnis zurück (→ Kirchenkampf, → Barmer Theol. Erklärung 1934). Nach dem Ende des NS-Staates kam es dann 1948 zur Gründung der EKD, fast gleichzeitig mit der des Ökumenischen Rates der Kirchen.

3. Unbeschadet der weitgehenden Selbständigkeit der Landeskirchen im Blick auf Lehre, Gottesdienst- und Gemeindeordnung (die EKD hat lediglich ein Einspruchsrecht, wo Gesetze der gemeinsamen Grundordnung widersprechen) sind die Gemeinsamkeiten der Gliedkirchen ständig gewachsen: Zwei Revisionen der Lutherbibel wurden 1957 und 1984 herausgegeben und dienen den Gemeinden. Aus den ursprünglich 150 Kernliedern des dt. ev. Kirchengesangbuches von 1854 wurden im Evang. Kir-

chengesangbuch von 1950 394, die als Stammteil, ergänzt durch landeskirchl. Anhänge, in jedem Gesangbuch enthalten sind; eine erweiterte Neubearbeitung soll noch in den 90er Jahren erscheinen. Die Ordnungen der Gottesdienste und der vorgeschlagenen Lesungen und Predigttexte wurden stärker einander angeglichen. Mit alledem wurde die Gemeinschaft verfestigt und vertieft, wie es der Grundordnung entspricht. Gemeinsam verstärkt werden auch ökumen. Kontakte, sowohl mit Kirchen reformat. Tradition wie auch mit orthodoxen und der röm.-kath. Der EKD ist die Vertretung der gesamtkirchl. Anliegen gegenüber den Inhabern öffentlicher Gewalt, die Förderung der theol. Wissenschaft und der Publizistik, die Koordinierung der Lebens- und Ausbildungsordnungen, auch die Seelsorge in der Bundeswehr, im Bundesgrenzschutz und in den deutschsprachigen Auslandsgemeinden aufgetragen.

4. Als ein »Bund lutherischer, reformierter und unierter Kirchen« bekennt sich die EKD zum Evangelium von Jesus Christus, wie es im AT und NT bezeugt ist, zur Basis der altchristl. und reformat. Bekenntnisse (entsprechend der Konfession) und zur Barmer Theologischen Erklärung. Nach dem Zweiten Weltkrieg kam es über die Arnoldshainer Thesen (1957) durch die Leuenberger Konkordie (1973) zur vollen Kanzel- und Abendmahlsgemeinschaft der reformat. Konfessionen, seit den 80er Jahren ausgedehnt auch auf die → Anglikaner, → Methodisten und → Altkatholiken. Ökumen. arbeitet die EKD neben vielen Beziehungen zu einzelnen Kirchen (Besuche, Dialoge) seit deren Gründung 1948 mit in der → Arbeitsgemeinschaft Christl. Kirchen (ACK), der Konferenz Europäischer Kirchen und dem Ökumen. Rat der Kirchen (ÖRK). Zur Koordinierung der diakon. und sozialen Arbeit entstand (aus der früheren Inneren Mission und dem Ev. Hilfswerk) das → Diakonische Werk der EKD, zu dem auch die ev. Freikirchen gehören. Dieses nimmt auch Aufgaben ökumen. Diakonie wahr (z.B. → Brot für die Welt). Aufgaben der Weltmission werden vom Ev. Missionswerk in Hamburg koordiniert, dem die EKD zusammen mit einigen Freikirchen und regionalen wie freien Missionswerken angehört.

5. Oberstes Organ der EKD ist die jährlich tagende Synode (134 von den Gliedkirchen entsandte und 26 vom Rat berufene fachkundige Mitglieder, überwiegend Nichttheologen, jeweils für sechs Jahre), in der die Vielfalt kirchl. Einsichten und Dienste zur Geltung kommt. Sie wählt zur ständigen Leitung und Vertretung der EKD nach außen den 18-köpfigen Rat, während die Leitungen der Gliedkirchen die gemeinsamen Angelegenheiten in der von ihnen gebildeten Kirchenkonferenz abstimmen. Die Geschäftsführung für alle drei Organe, unter deren Mitgliedern niemand hauptberuflich im Dienst der EKD steht, liegt beim Kirchenamt in Hannover. Für grundlegende und langfristige Entscheidungen wird der Rat durch Kommissionen und Kammern (z.B. für Theologie, Jugend, Bildung, öffentliche Verantwortung, Publizistik, Ausländer und ethnische Minderheiten u.a.) beraten, die für ihn Studien und Denkschriften vorbereiten. Der Rat ist bei der Bundesregierung durch einen eigenen Bevollmächtigten vertreten; für besondere Aufgabenbereiche ernennt er Beauftragte (z.B. Umsiedlerfragen, Kommunitäten, Film/Fernsehen). Die EKD ist – wie ihre Gliedkirchen und Gemeinden – Körperschaft des öffentlichen Rechtes. Ihr finanzieller Bedarf für die Gemeinschaftsaufgaben wird von den Gliedkirchen durch Umlage aus ihren Kirchensteuermitteln aufgebracht.

Lit.: W.-D. Hauschild: »Evangelische Kirche in Deutschland«, TRE 10, 1982, 656-677 (Lit.).

L. Coenen

Evangelische Kirche in Österreich

Im 16. Jh. hat sich Österreich weitgehend der → Reformation geöffnet (ca. 90% der Bevölkerung). Von Ferdinand II. (1608-1657) wurde die Gegenreformation aber massiv durchgeführt (Verfolgungen, Deportationen), und Österreich wurde wieder ein kath. Land. Erst 1781 hat Joseph II. das Toleranzpatent für die ev. Minderheit erlassen und private Religionsausübung der »Akatholiken« (!) gestattet. Das Protestantenpatent von 1861 verschaffte die Gleichberechtigung in der Öffentlichkeit und die Anerkennung als Kirche. Heute hat die ev. Kirche ca. 400.000 Mitglieder (5,5 % der Bevölkerung) und hält in 177 Gemeinden an ca. 1.000 Orten Gottesdienst. Die ev. Kirche organisiert sich als ev. Kirche Augsburger (AB) und Helvetischen (HB) Bekenntnisses. Diese Verbindung ist allerdings nichts als eine Verwaltungsunion. Zu weitergehenden Gesprächen ist es noch nicht gekommen. Beide Kirchen haben getrennte Synoden und Kirchenleitungen mit einem Bischof (AB) und einem Landessuperintendenten (HB) an der Spitze, allerdings eine gemeinsame Generalsynode und einen gemeinsamen Oberkirchenrat (AB und HB). Dogmat. und liturg. Fragen werden von den Sektionen einzeln behandelt und entschieden. Die Kirchenverfassung von 1949 ist presbyterial-synodal orientiert und bindet die luth. Seite an das Konkordienbuch und die ref. an den → Heidelberger

Katechismus und die Confessio Helvetica Posterior. 1961 hat sich der österreichische Staat verpflichtet, die Ev. Theol. Fakultät der Wiener Universität, den Religionsunterricht und die Militärseelsorge zu finanzieren und diakon. Einrichtungen der Kirche zu unterstützen. Im übrigen trägt sich die Kirche finanziell selbst, von einer Staatspauschale für die Pfarrgehälter abgesehen. Die Gemeindearbeit gestaltet sich schwierig, weil sie – trotz der Minderheitensituation – volkskirchl. und wenig mission. betrieben wird.

Lit.: P. Barton: Die Bekenntnisentwicklung in der evangelischen Kirche AB von Österreich, in: V. Vajta u.a. (Hg.): Das Bekenntnis im Leben der Kirche, 1963, 115-129; G. May: Die evangelische Kirche in Österreich, 1962; G. Mecenseffy: Geschichte der Protestanten in Österreich, 1956.

G. Ruhbach

Evangelische Landeskirche in Baden → Baden, Evangelische Landeskirche in

Evangelische Marienschwesternschaft → Marienschwesternschaft, Evangelische

Evangelische Michaelsbruderschaft (EMB)

Die EMB, erwachsen aus der Berneuchener Bewegung (→ Berneuchen), wurde am 1. Oktober 1931 in Marburg gestiftet. Ihr gehören inzwischen im gesamten deutschen Sprachgebiet etwa 500 Männer aus verschiedenen Berufen an. Sie ist in regionale Konvente gegliedert und wird von einem Rat unter Vorsitz des Bruder-Ältesten geleitet. Ihr eingegliedert ist die Ev. Jungbruderschaft St. Michael; ihr verbunden sind die Gemeinschaft St. Michael und eine Bruderschaft in Südafrika; diesen drei Gruppen gehören auch Frauen an.

Die EMB, »erwachsen aus der gemeinsam erfahrenen Not der Kirche, begründet in dem Glauben an die der Kirche Jesu Christi gegebene Verheißung«, verdankt ihre Stiftung der Einsicht, »daß für die Erneuerung des gesamten kirchlichen und christlichen Lebens nichts nötiger und wertvoller ist als die Bildung lebendiger Zellen kirchlichen Lebens«, in denen »leibhafte Kirche als tragende und verpflichtende Wirklichkeit erfahren wird«. So stellt die EMB dem im Protestantismus verbreiteten Individualismus die Gemeinschaft, der Beliebigkeit die Verbindlichkeit entgegen.

Die Brüder leben je an ihrem Ort, in ihrer Familie, in ihrem Beruf. Aber sie »erneuern ihre Bruderschaft in Tagen gemeinsamen Lebens«. Diese Tage sind geprägt vom gemeinsamen Gebet (vier Gebetszeiten täglich) und der Feier des hl. Abendmahls, von bibl. Besinnung und Vortrag, von Gespräch und Stille; auch die »geistlichen Übungen«, insbesondere die Meditation, haben hier ihren Ort. Die dabei entwikkelten Ordnungen des gemeinsamen Gebets (»Evangelisches Tagzeiten Buch«) sind weit über die EMB hinaus verbreitet; so hat sie die kirchl. Agendenwerke der jüngeren Zeit und alternative Gottesdienstgestaltungen (»Abendmahl in der Tischgemeinschaft«) beeinflußt. Dabei hat sich das ökumen. Gespräch, an dem die EMB von Anfang an beteiligt war, prägend ausgewirkt (Abendmahl als »Eucharistische Feier«). Die Stifter der EMB gehörten verschiedenen ev. (landeskirchl.) Traditionen an; inzwischen ist sie in ihrer konfessionellen Breite weit darüber hinaus gewachsen.

Leben die Brüder auch allein, so bleiben sie doch in der Fürbitte einander verbunden und »helfen einander in allen Nöten des Leibes und der Seele nach bestem Vermögen«. Jeder Bruder hat einen »Helfer«, der »ihm in besonderem Maße Rat und Beistand gewährt«. Bei Entscheidungen sucht er den »Rat der Brüder«, vor denen er jährlich Rechenschaft gibt über sein Tun. So bemüht sich die EMB, ihren Gliedern zu helfen, daß sie ihren Auftrag in Familie und Beruf, in Kirche und Öffentlichkeit erfüllen. (Zitate aus Urkunde und Regel.)

Lit.: Die Evang. Michaelsbruderschaft, hg. von G. Hage (Kirche zwischen Planen und Hoffen, N.F.H. 23), 1981; Zeitschrift: Quatember (vierteljährlich)

J.-F. Moes

Evangelische Mission im Tschad (EMT)

Die EMT entstand nach dem Zweiten Weltkrieg in Frankreich. Die Aussendung des dt. Missionars Walter Utermann machte 1959 die Gründung eines dt. Zweiges (Sitz in Kernen) nötig. Später entstanden Zweige in der Schweiz (dt.- und franz.-sprachig). 1962/63 begann Utermann eine Pionierarbeit unter dem animistischen Sokorostamm im Hadjarai-Gebiet (Station Gogmi) des südl. Tschad. Die entstehenden Gemeinden wurden der Assemblée Chrétienne au Tschad (ACT, über 500 Gemeinden) angeschlossen. Durch den Bürgerkrieg (1968-82) wurde die wachsende Arbeit der EMT sehr in Mitleidenschaft gezogen. In der Hauptstadt N'Djamena und im Tschadseegebiet ergaben sich neue Einsatzmöglichkeiten, ab 1981 auch wieder im Süden (Koyom). Die EMT legt das Hauptgewicht auf Evangelisation, Gemeindebau und Ausbildung (Bibelschule und Handwerk), ist aber auch im Gesundheitsdienst tätig. Die EMT ist in Deutschland und in der Schweiz Mitglied der → Arbeitsgemeinschaft evangelikaler Missionen (AEM). Von 1980-84 war die dt. EMT mit dem dt. Freundeskreis der Schweizer Sudan-Mission zur Vereinigten Kamerun- und Tschad-Mission zusammengeschlossen. Seit 1984 besteht die dt. EMT wieder als eigenständiger e.V. Mitte 1992 hatten die vier Zweige der EMT 16 Mitarbeiter aus Deutschland, Frankreich, den Niederlanden und der Schweiz im Einsatz innerhalb der ACT.

Lit.: M. Clauss: Collège in Koyom. Lehren und lernen im Tschad, 1992; vierteljährlicher Rundbrief der EMT.

E. Troeger

Evangelische Mission in Oberägypten

→ Evangeliumsgemeinschaft Mittlerer Osten

Evangelische Notgemeinschaft in Deutschland (E.N.i.D.)

Die »Evangelische Notgemeinschaft in Deutschland« versteht sich als Zusammenschluß von Männern und Frauen, die die innere Not der ev. Kirche auf den Plan gerufen hat. Auf der Grundlage von Schrift und Bekenntnis tritt sie dafür ein, daß die Kirche sich nicht im Pluralismus verzettelt, sondern ihren Auftrag verwirklicht: die rechte Verkündigung des Evangeliums, Seelsorge und Dienst am Nächsten. »Kirche muß Kirche bleiben« ist das Motto. In Treue zum Glauben der Väter will sie sich dem Zeitgeist und der Aufsplitterung in Parteien und Gruppen innerhalb der Kirche widersetzen. Sie ist seit September 1966 als eingetragener Verein organisiert, dessen Zweck ist »die Besinnung auf den Auftrag der Kirche, der in der rechten Verkündigung des Evangeliums besteht. Daraus ergibt sich notwendig auch die Treue im Umkreis der irdischen Pflichten zur Familie, zum Nächsten, zu Volk und Vaterland« (§ 2 der Satzung). Die Mitglieder sammeln sich in örtlichen und regionalen Gruppen. Jährlich werden zwei bis drei Studientagungen zu aktuellen Fragen von Zeit und Kirche durchgeführt. Die Zeitschrift »Erneuerung und Abwehr« erscheint monatlich. In unregelmäßigen Abständen werden Sonderhefte zu aktuellen Themen veröffentlicht. Die E.N.i.D. ist Mitglied der Konferenz Bekennender Gemeinschaften.

Lit.: Die Ev. Notgemeinschaft in Deutschland e.V. Ziele und Aufgaben, 1990; Kirche muß Kirche bleiben, hrsg. von A. Hudak, 1979; ZS Erneuerung und Abwehr.

H. Schrödl

Evangelische Schlesische Kirche

→ Schlesische Oberlausitz, Evangelische Kirche der

Evangelische Studentengemeinde

→ Studentengemeinde, evangelische/katholische

Evangelische Studiengemeinschaft

→ Studiengemeinschaft, Evangelische

Evangelische Zentralstelle für Weltanschauungsfragen (EZW)

Die EZW in Stuttgart wurde 1960 als ein Institut der EKD gegründet. Anregung gab Kirchenrat Kurt Hutten, der dann ihr erster Leiter wurde. Wie ihre Vorläuferin, die Apologetische Centrale in Berlin-Spandau, die 1937 von den NS-Behörden aufgelöst wurde, ist die EZW ein apologet. Institut. Doch liegt bei ihr ein stärkeres Gewicht auf eigenen Recherchen und Weitergabe von Forschungsergebnissen, interpretierender Information und einem unmittelbaren Kontakt zu den rel.-weltanschaulichen Gruppierungen und Bewegungen, denen sie auftragsgemäß zugeordnet ist. Das Spektrum reicht von Frömmigkeitsbewegungen im kirchl. Raum über christl. Sondergruppen (Sekten) bis zu fremdrel. und synkretistischen Strömungen (etwa New Age), okkulten Praktiken und modernen weltanschaulichen Entwürfen und Ideologien. Die anerkannte Effizienz der EZW beruht auf ihrer Verbindung von phänomenologischer Forschung, apologet. Reflexion und großer Praxisnähe (Zusammenarbeit mit den landeskirchl. Beauftragten für Sekten und Weltanschauungsfragen).

Lit.: Materialdienst der EZW, monatl., 1992 im 55. Jahrg.; EZW-Texte; EZW-Studienbücher; K. Hutten: Seher, Grübler, Enthusiasten. Das Buch der traditionellen Sekten und religiösen Sonderbewegungen, ^{13}1983.

Über die EZW: Materialdienst der EZW 10/1985, 282ff.

D. Reimer

Evangelischer Arbeiterverein

→ Arbeiterbewegung

Evangelischer Ausländerdienst (EAS)

Als 1960 im Anschluß an eine Evangelisation in Solingen italienische Gastarbeiter zum Glauben kamen und dadurch Christen die Möglichkeit und Notwendigkeit der Mission unter ausländischen Mitbürgern erkannten, gründete Adolf B. Welter den Ev. Ausländerdienst Solingen (EAS).

Die mission. und diakon. Arbeit unter Ausländern umfaßt heute neben der Verteilung von christl. Literatur (Bibeln, Traktaten, Kalendern, Büchern etc.) auch den Versand von Ton-, Lichtbild- und Videokassetten sowie den Einsatz von Simultan-Dolmetsch-Anlagen bei Evangelisationen und Konferenzen.

Seit 1972 bzw. 1987 sind die Korea-Mission in Deutschland und die Thai-Mission dem EAS angeschlossen.

Die Arbeit geschieht auf der Glaubensgrundlage der Ev. → Allianz und wird von Mitgliedern aus Landeskirchen, landeskirchl. Gemeinschaften und Freikirchen getragen.

Der EAS, der seit 1977 seine Geschäftsstelle in Dortmund hat, beschäftigt elf hauptamtliche und ca. zehn freie Mitarbeiter.

Red.

Evangelischer Blinden- und Sehbehindertendienst in Deutschland

In der Bundesrepublik Deutschland leben 150.000 Blinde. Rund 60.000 von ihnen gehören einer ev. Landes- oder Freikirche an. Die Zahl der Sehbehinderten (bis 10 % Sehvermögen) beträgt ca. 450.000.

Blindenseelsorge geschieht in allen Landeskirchen der EKD durch haupt- und/oder ehrenamtliche Mitarbeiter. Formen der Arbeit sind:

- Bibelwochen und Kurzfreizeiten (rund 90 pro Jahr)
- Tages- und Nachmittagstreffen an zentral gelegenen Orten (meist monatlich)
- Zeitschriften in Normaldruck, Blindendruck, Großdruck und auf Kassetten
- Einzelseelsorge am Telefon, im Briefwechsel und beim Hausbesuch.

Die Mitarbeiter der landeskirchl. Arbeitszweige sind zusammengefaßt im Dachverband »Evangelischer Blinden- und Sehbehindertendienst in Deutschland e.V.« (EBS Deutschland), Marburg, gegründet 1953, gegliedert in 18 Landesgruppen.

Neben der Koordination der Blindenseelsorge ist Spezialaufgabe des Dachverbandes die Arbeit mit Taubblinden und die Unterhaltung einer Ev. Blindenhörbücherei mit weit über 2.000 Titeln aus allen Bereichen der ev. Literatur. 120 Bücher werden jährlich auf Tonträger gelesen und dem Bestand hinzugefügt. Die Ausleihe ist kostenlos.

Das Ziel der Arbeit besteht darin, unter den Blinden und Sehbehinderten christl. Glauben und christl. Leben zu wecken und zu vertiefen und sie zur Teilnahme am Leben ihrer Gemeinden zu ermutigen und zu befähigen.

Ab 1992 übernimmt der EBS auch die Ev. Druckerei und das christl. Blindenerholungsheim in Wernigerode/Harz.

H. Rupp

Evangelischer Brüderverein (Bergerianer)

Gründer: Fritz → Berger (1868-1950), geb. in Trachselwald (Emmental), von Beruf Wagner, von Kartenspiel und Trunksucht befreit, Mitglied des → Blauen Kreuzes, später vollzeitlicher Mitarbeiter. Wegen Lehrdifferenzen 1909 aus dem Blauen Kreuz ausgeschlossen, gründete Berger aus dem »Drang, das Evangelium zu verkündigen«, den E.B. am 9. Okt. 1914. Versammlungen gibt es in der Schweiz und in Süddeutschland. B. betont Anliegen der Heiligungsbewegung: Christus ist uns nicht nur gegeben zur Rechtfertigung, sondern auch zur Heiligung. Das »volle Heil« in Christus hat entsprechende Konsequenzen im praktischen Leben. Der Christ ist nicht sündlos, aber von der Sünde frei, solange er in Verbindung mit Christus lebt (Röm 8). Die fünfte Bitte im Unser-Vater wird in Erinnerung an Christi Vergebungstat gebetet und ist für die »Gerechten« nicht mehr nötig. »Ich muß nicht deshalb nicht um Vergebung bitten, weil ich keine Fehler mache, sondern weil die Schuld bezahlt ist.« Streng dem bibl. Zeugnis verpflichtet, wird Beitritt zur Landeskirche (wegen → Bibelkritik und Tolerierung verschiedener Lehrmeinungen) und zur Ev. → Allianz (keine klare Abgrenzung zwischen Gläubigen und Ungläubigen) abgelehnt. Zentrum des E.B.s: Wydibühl, Herbligen (Bern), ca. 150 Versammlungsplätze, 62 Vereinshäuser, 24 Evangelisten und viele Laienprediger, Altenarbeit, Missionsstationen in Papua-Neuguinea.

Lit.: F. Berger: Von der überschwenglichen Gnade Gottes in meinem Leben, 1940; »Etwas über das Unser-Vater«; FS »75 Jahre Evang. Brüderverein - Mein Wort behalten«, 1984.
ZSen: »Friedensbotschaft« und »Schäfli-Hirt« (für Kinder).

E. Schmid

Evangelischer Bund

Der EB wurde 1886 zur »Wahrung deutsch-protestantischer Interessen« gegründet, trat für mehr ev. Einheit und gegen den Absolutheitsanspruch Roms ein. Er verfügte 1914 über 500.000 Mitglieder, doch kam es im Gefolge beider Weltkriege und der Zeit des Nationalsozialismus zu starkem Mitgliederschwund und Zerstörung der Zentrale in Berlin (1943).

Der EB versteht sich heute als Arbeitswerk der EKD. Er unterhält seit 1947 das Konfessionskundliche Institut in Bensheim mit derzeit acht wissenschaftl. Mitarbeitern. Dort werden Vorgänge in Kirchen, Freikirchen und Gruppen beobachtet und analysiert, um zur ev. Selbstbesinnung anzuleiten und das zwischenkirchl. Gespräch zu erleichtern. Vielfältige Publikationen (Materialdienst des Konfessionskundlichen Instituts, Jahrbuch des EB, Bensheimer Hefte, Kirche und Konfessionen) sowie Tagungen und Vortragsarbeit dienen diesem Ziel. Ein Europäischer Arbeitskreis für Konfessionskunde wurde ins Leben gerufen.

Lit.: W. Fleischmann-Bisten, H. Grote: Protestanten auf dem Wege. Geschichte des EB, 1986; G. Maron (Hg.): Evangelisch und ökumenisch. Beiträge zum 100jährigen Bestehen des EB, 1986.

E. Geldbach

Evangelischer Diakonieverein (EvDV)

Von Friedrich Zimmer 1894 gegründet und seit 1898 mit dem Heimathaus in Berlin-Zehlendorf hat der Ev. Diakonieverein e.V. (EvDV) sein Ziel »Sicherstellung von Dienstleistungen der ev. Diakonie« durch seine Schwesternschaft und durch Ausbildung in Diakonieseminaren bis heute verfolgt. Schwerpunkt der Ausbildungen und der Tätigkeit der Diakonieschwestern ist die Kranken- und Kinderkrankenpflege sowie die Altenpflege. Derzeit sind es ca. 2.500 Schwestern und 20 Diakonieseminare. In Gruppen oder einzeln sind die Schwestern durch Gestellungsvertrag in 100 Arbeitsfeldern tätig.

Ursprüngliche Aufgaben der Genossenschaft sind heute durch allg. Gesetzgebung und Tarifverträge abgedeckt.

Bleibende Aufgaben, besonders in der Pflege, sind über die fachliche Qualifikation hinaus die Sinnfrage der Arbeit und die Freiheit ihrer diakon. Gestaltung, Persönlichkeitsbildung und die Gemeinschaft der Gleichgesinnten. So sucht die Schwesternschaft in genossenschaftlicher Selbstbestimmung die zeitgemäße Gestalt der »Diakonie an Frauen und durch Frauen« (F. Zimmer).

Zwangsweise durch die Gesetzgebung der DDR 1968 getrennt, konnte die Wiedervereinigung 1991 vollzogen werden. Damit ist der EvDV wieder die Vertretung dieser Schwesternschaft in ganz Deutschland.

Nach dem Heimatort des EvDV benannt, haben sich Schwesternschaften ähnlicher Tradition mit insgesamt ca. 5.400 Schwestern im »Zehlendorfer Verband für ev. Diakonie« zusammengeschlossen. Er vertritt sie im Weltbund DIAKONIA und in der »Arbeitsgemeinschaft Deutscher Schwesternschaften« (ADS).

Lit.: G. Großmann: »Der Evangelische Diakonieverein: Seine Geschichte, Aufgaben und Arbeit«, 1911; L. Katscher: »Krankenpflege und Drittes Reich«. Der Weg der Schwesternschaft des EvDV 1933-1939, 1990; I. Kracker von Schwartzenfeld: »Auftrag und Wagnis«. Der Weg des Ev. Diakonievereins 1894-1969, 1969; F. Zimmer: »Frauennot und Frauendienst«, ^{6}1901.

»Die Diakonieschwester«, neue Folge der Blätter aus dem Evangelischen Diakonieverein und des Zehlendorfer Verbandes für Ev. Diakonie, 87. Jg.

H.-Ch. Henckel

Evangelischer Gemeinschaftsverband Siegerland und Nachbargebiete e.V.

Der E.G. ist die Dachorganisation der (meisten) ev. (landeskirchl.) Gemeinschaften im Siegerland und in der näheren Umgebung mit Sitz (Geschäftsführung) in Siegen-Weidenau. Er ist Nachfolger (seit 1974) des »Vereins für Reisepredigt« (gegründet 1853). Dieser entstammt der → Erweckungsbewegung im Siegerland (seit 1822 in Freudenberg, in den Jahren danach auf ziemlich alle ev. Orte des Siegerlandes ausstrahlend). Da sich die ursprüngliche Absicht, »erweckte« Kandidaten und Pfarrer für eine Zeit als »Reiseprediger« zu gewinnen, nicht verwirklichen ließ, stellte der Verein und stellt der Verband eigene (Reise-)Prediger an, z.Zt. vier. Sie betreuen geistl. die (z.Zt. ca. 100) angeschlossenen Gemeinschaften (Bibelstunden usw.). Der Verband verwaltet auch die Ev. Vereinshäuser (z.Zt. ca. 80). Er gibt die Zeitschrift »Der Evangelist aus dem Siegerland« heraus (seit 1863).

Kirchenkritisch-separatistische Neigungen bzw. Tendenzen haben die Erweckungsbewegung im Siegerland sowie Verein und Verband in unterschiedlicher Intensität immer begleitet, jedoch nie im ganzen zur Trennung von der Kirche geführt. Sie scheinen im Augenblick da und dort zuzunehmen (eigene Gottesdienste usw.), wobei der Vorstand dem zumindest nicht entgegentritt.

Lit.: A. Kühn: Die Gemeinschaftsbewegung im Siegerland, in: Unter dem Wort... Das evangelische Siegerland in Vergangenheit und Gegenwart..., hg. von W. Thiemann, 1967, 48-62; J. Schmitt: Die Gnade bricht durch. Aus der Geschichte der Erweckungsbewegung im Siegerland..., (1953) ^{2}1954 (Nachdrucke); ZS: Der Evangelist aus dem Siegerland, 129. Jg. 1992.

B. Steinseifer

Evangelischer Gnadauer Gemeinschaftsverband

Der E.G.G. stellt das weitaus größte Sammelbecken für »Gemeinschaftsbewegung« in Deutschland, Österreich und den Niederlanden dar. Die → Gemeinschaftsbewegung ist aus dem pietist. Neuaufbruch erwachsen, der sich innerhalb der ev. Landeskirchen Deutschlands im letzten Drittel des 19. Jh.s ereignet hat. Hierbei erwachte eine neue Verantwortung für die Verkündigung des Evangeliums an die vom pfarramtlichen Dienst nicht erreichten Menschen. Zugleich prägte sich eine neue Form der Sammlung und Betreuung sowie des gemeinsamen Lebens derer aus, die zum Glauben gekommen waren.

1. Die Wurzeln der Gemeinschaftsbewegung liegen vor allem:

a. in der → Reformation, deren zentrale inhaltliche Anliegen aufgenommen wurden (*solus Christus, sola scriptura, sola fide, sola gratia*). Daneben wird der Gedanke des allg. Priestertums aller Glaubenden aufgegriffen, wobei die »dritte Form des Gottesdienstes« (nach M. Luther, Einleitung zur Deutschen Messe, 1526) besonders hervorgehoben wird.

b. im Frühpietismus des 18. Jh.s, zu dem besonders in Württemberg unmittelbare geschichtl. Verbindungen bestehen, weil dort Gemeinschaften existieren, die die Epoche des Rationalismus überdauert haben und direkt in die Gemeinschaftsbewegung einmünden. Stärker noch zeigen sich die Verwurzelungen im Inhaltlichen: So wurden in der Gemeinschaftsbewegung die sog. »collegia pietatis« als kleine Gruppen heimisch, die sich außerhalb des Gemeindegottesdienstes zu Bibellektüre und Gebet treffen.

c. in der Erweckungsbewegung des beginnenden 19. Jh.s, die weite Bereiche der ev. Kirche erfaßte und geistl. belebte.

d. in anglo-amerikanischen Einflüssen (Methodismus, Heiligungsbewegung, evangelist. Aktivitäten).

2. Das Werden der Gemeinschaftsbewegung vollzog sich in einer Zeit wachsender geistl. und geistiger Not in Kirche und Volk (Entkirchlichung und Entchristlichung der Massen). Aus den genannten Quellen gespeist, brach an vielen Stellen die Gemeinschaftsbewegung auf, die ihre Schwerpunkte in »Gemeinschaftspflege und Evangelisation« setzte. Regionale und nationale Verbindungen und Zusammenschlüsse bildeten sich, die dann im »Gnadauer Verband« ihr Organisationszentrum fanden. Im Jahre 1888 fand die erste Pfingstkonferenz in Gnadau (daher der Name) bei Magdeburg statt. Neun Jahre später gab sich die Gemeinschaftsbewegung ihre endgültige Form im »Deutschen Verband für evangelische Gemeinschaftspflege und Evangelisation«. In den Jahren 1907 bis 1910 geriet die junge Gemeinschaftsbewegung durch die aufbrechende → Pfingstbewegung in eine ernste Krise, die jedoch unter dem Preis schmerzlicher Trennungen überwunden wurde. Bereits in der Anfangszeit des Nationalsozialismus lehnte sich Gnadau an die Bekennende Kirche an und setzte sich von den »→ Deutschen Christen« ab. In der Nachkriegszeit wurde die organisatorische Einheit durch die polit. Umstände zerbrochen. Es bildeten sich aus der gemeinsamen geschichtl. Wurzel der »Gnadauer Verband« (Bundesrepublik) sowie das »Evangelisch-kirchliche Gnadauer Gemeinschaftswerk in der DDR«. Nach Überwindung der deutschen Teilung war es beiden Verbänden möglich, die gemeinsame Tradition fortzuführen und sich 1991 zum »Evangelischen Gnadauer Gemeinschaftsverband« zusammenzuschließen.

3. Das Wesen der Gemeinschaftsbewegung läßt sich in folgenden Merkmalen charakterisieren:

a. Der Ruf zur Bekehrung als der erstmaligen und entscheidenden Umkehr des Menschen aus dem Unglauben zum Glauben.

b. Die Lehre von der Wiedergeburt als dem alleinigen Werk des Heiligen Geistes.

c. In der durch die Gotteskindschaft begründeten Gemeinschaft der Glaubenden, die sich im gemeinsamen Hören auf das Wort und im Dienst der Liebe betätigt.

d. Die Bedeutung und Pflege des persönlichen und gemeinsamen Gebets.

e. Der Ruf zur Heiligung als im Glauben gestalteter Weg der Nachfolge Jesu.

f. Die Beteiligung der Laien an der Wortverkündigung und die Aktivierung aller Glieder zum Dienst im und für das Reich Gottes.

g. Die Anerkennung der ganzen Heiligen Schrift als alleinigen und verbindlichen Maßstab für Glauben und Leben im Sinne der reformat. Bekenntnisse.

h. Bejahung des Standortes innerhalb der ev. Landeskirche und das Arbeiten in ihr und für sie durch ergänzenden und stellvertretenden Dienst.

4. Die gegenwärtige Gestalt der Gemeinschaftsbewegung ist die eines freien mission. Werkes, das innerhalb der ev. Landeskirchen und darüber hinaus seinen Dienst tut. Die örtlichen Gemeinschaften (Landeskirchl. Gemeinschaften, Stadtmissionen

etc.) sind in regionalen Verbänden zusammengeschlossen. Unter dem Dach des E.G.G.es sind 38 Regionalverbände miteinander verbunden. Die hauptamtlichen Mitarbeiter werden überwiegend in den zehn Gnadauer Bibelschulen ausgebildet. Dazu kommen acht Missionsgesellschaften und 16 Diakonissen-Mutterhäuser. Weiter gehören zum Verband spezielle Werke, wie z.B. das → Blaue Kreuz, der → Jugendbund für Entschiedenes Christentum (EC) und der → Evangelische Sängerbund.

Der Sitz der Zentrale ist Dillenburg. Dort wird auch ein Verlag betrieben, der Schrifttum der Gemeinschaftsbewegung erstellt und vertreibt, u.a. das »Gnadauer Gemeinschaftsblatt« und die Bibellese »Leben aus dem Wort«.

Lit.: K. Heimbucher (Hg.): Dem Auftrag verpflichtet, 1988; D. Lange: Eine Bewegung bricht sich Bahn, 1979; E. Sauberzweig: Er der Meister - wir die Brüder, 1959.

Ch. Morgner

Evangelischer Pressedienst (epd)

Eine institutionelle ev. Pressearbeit entstand mit den Ev. Presseverbänden. In deren 1910 in Berlin gebildeter Dachorganisation, dem Ev. Preßverband für Deutschland (EPD), begründete August Hinderer (1877-1947) den Ev. Pressedienst (epd) als moderne Nachrichtenagentur und entwickelte so ein positives Verhältnis zur allg. Publizistik. Der Nationalsozialismus führte zur restlosen Vernichtung. Der Neuaufbau begann 1947 von Westfalen (Bethel) aus. 1948 erfolgte der Zusammenschluß der (westlichen) Landesdienste mit der Zentralredaktion zu einem wirksamen Verbund. Seit 1968 in Frankfurt/M. ansässig, wurde der epd Fachbereich des 1973 gegründeten → Gemeinschaftswerks der Ev. Publizistik (GEP) und arbeitet seit 1975 nach den gleichen »Grundsätzen«. Es erscheinen insgesamt elf regelmäßige Publikationen des epd, darunter Spezialdienste für Rundfunk, Film und Entwicklungspolitik und für kirchl. Leser die »Evangelische Information«. Der Auftrag des epd umfaßt neben kirchl. auch relevante gesellschaftl. Bereiche. Ihm wird ein »Gesamtmandat« zugeschrieben, das ihn verpflichtet, »alle Kräfte und Richtungen angemessen zur Geltung zu bringen« (Gesamtplan). 1990 entstand unter Beteiligung der östl. Landeskirchen der Ev. Presseverband Ost als Träger des epd-Ost.

Lit.: G. Mehnert: Evangelische Presse. Geschichte und Erscheinungsbild von der Reformation bis zu Gegenwart, 1983; Publizistischer Gesamtplan der Evangelischen Kirche in Deutschland, 1979.

G. Heinrich

Evangelischer Sängerbund (ESB)

1898 aus dem überwiegend freikirchl. → Christl. Sängerbund hervorgegangener Zusammenschluß von Chören der Landeskirchl. Gemeinschaften, Kirchenchören und Einzelmitgliedern. Ein Werk des → Ev. Gnadauer Gemeinschaftsverbandes, das sich dem innerkirchl. Pietismus verpflichtet weiß. Ziel dieser Laienarbeit ist lt. Satzung: »Dem Volk das Evangelium ins Herz« zu singen.

Arbeitszweige: Gemischte Chöre, Männer-, Frauen-, Jugend- und Kinderchöre. Das Liedgut des ESB entspricht seinem volksmission. Auftrag und der Leistungsfähigkeit seiner Chöre. Die Verkündigung des gesungenen Evangeliums durch theol. einwandfreie und sprachlich verständliche, zeitgemäße Texte hat Vorrang vor musikalischer Höchstleistung.

Arbeitsfelder: Gottesdienstliche Veranstaltungen, Altenheime, Krankenhäuser, Justizvollzugsanstalten u.a.

Vier hauptamtliche Bundeswarte stehen für Chorbesuche, Chorleiterrüsten, Singwochen und -freizeiten zur Verfügung. Das Verlagsangebot (Notenblätter, Bundesblatt »Singet dem Herrn«, eine praxisbezogene »Chorleiterhilfe« nebst Übungs-Musik-Cassette sowie Chorbücher, Tonträger: LP, MC, CD) dient ausschließlich satzungsmäßigen Zwecken. Organisationsstruktur: 13 Landesverbände, 47 Kreisverbände, ca. 600 Chöre mit 12.000 Mitgliedern, mehrere Auslandschöre.

Lit.: W. Hennes: Der ESB, in: H.v. Sauberzweig: Er der Meister, wir die Brüder, 1959, 486-489; M. Leuchtmann: Dem Volk ins Herz. 75 Jahre ESB, 1972.

M. Krause

Evangelischer Verein für innere Mission, Augsburgischen Bekenntnisses

1. Entstehung

Nachdem in Baden im 18. Jh. der → Pietismus unterdrückt worden war, kam es durch den kath. Priester Aloys → Henhöfer (1789-1862) zu einer nachhaltigen Erweckung. Er wurde 1823 ev. Pfarrer in Graben und 1827 in Spöck und Staffort nördlich von Karlsruhe. Menschen, die durch seine Verkündigung von Christus ergriffen wurden, bildeten hin und her Gemeinschaften. Durch Theologen, die sich ihm anschlossen, und durch Seminardirektor Stern in Karlsruhe und von ihm ausgebildete Lehrer wurde sein Anliegen weitergetragen. Gemeinschaftsleiter und Pfarrer gründeten am 24.1.1849 in (Karlsruhe-)Durlach den Verein. Während in der badischen Unionsurkunde von 1821 die Geltung des → Augsburger Bekenntnisses eingeschränkt war durch ein »insofern und insoweit«, stellten sich die Gründer uneingeschränkt auf dieses Bekenntnis und seinen dritten Artikel: »Jesus Christus, wahrer Gott und Mensch, wahrhaftig am dritten Tage von den Toten auferstanden.«

2. Geschichte

Bereits vor der Gründung des Vereins bestanden Gemeinschaften. Die vier ersten Reiseprediger bekamen den Auftrag, diese Kreise zu besuchen und neue zu gründen. Zunächst waren es Brüder ohne theol. Ausbildung. 1856 kam der erste → Chrischona-Prediger in den Verein. Die Arbeit erfuhr eine kräftige Belebung, als 1903 Pfarrer Theodor Böhmerle (1870-1927) von Langensteinbach zum hauptamtlichen Inspektor des Vereins berufen wurde. 1909 gründete er das Bibelheim »Bethanien« in (Karlsbad-)Langensteinbach. Im Mittelpunkt stand von Anfang an bis heute das Zeugnis von Jesus Christus und von seiner herausgerufenen Gemeinde, von Israel und dem prophetischen Wort bis zur Vollendung. Pfarrer Wilhelm Beck (1894-1980) schlug in der Zeit des Nationalsozialismus einen klaren Kurs ein. Die Aufgabe bleibt, Menschen zu Christus zu rufen und zu einem zielklaren Glaubenslauf zu führen.

3. Heutiger Stand

In annähernd 400 Gemeinschaften dienen neben vielen örtlichen Brüdern 25 Prediger und 12 Missionsschwestern, die auch Kinder- und Jugendarbeit tun. Jeden Winter werden die Bezirke durch zwei Brüder auf einer »Brüderreise« besucht. Außer dem Bibelheim hat der Verein zwei Alten- und Pflegeheime mit täglichen Andachten. Das Gemeinschaftsblatt »Reich-Gottes-Bote« erscheint seit 1844. Geschäftsstelle, Buchhandlung und Verlag befinden sich in Karlsruhe.

Lit.: H. Stöckle: 100 Jahre Gemeinschaftsarbeit in Baden, 1949; G. Urbahn: Theodor Böhmerle. Ein Zeuge Jesu Christi und seiner Gemeinde, 1973.

W. Hauser

Evangelisches Hilfswerk

Das Ev. H., 1945 von der Kirchenkonferenz in Treysa beschlossen, ist ein Werk Eugen Gerstenmaiers (1906-1986, führender Repräsentant des prot. Flügels der CDU, 1956-1969 Präsident des Dt. Bundestages) gewesen. Nicht bloß deutscher Zweig der ÖRK-Hilfe für den kirchl. Wiederaufbau, sondern ein Selbsthilfewerk, das angesichts der Nachkriegsnot eigene Kräfte mobilisierte und die Wirkung ökumen. Spenden vervielfachte. Kirchl. Wiederaufbau bildete einen Teilbereich, Schwerpunkte jedoch waren allg. Nothilfe und Flüchtlingshilfe: mit selbstorganisierten Vertriebenenhilfskomitees, der Flüchtlingsstadt Espelkamp, der »Gemeinnützigen Siedlungsgesellschaft« zur Linderung der Wohnungsnot. Tat, die aus der Verkündigung erwuchs, wollte das Hilfswerk sein, ein Neuaufbruch kirchl. Diakonie, der die vereinsgebundene Innere Mission ablösen müsse und gesellschaftspolit. Engagement einbezog. Die Innere Mission kehrte demgegenüber das Missionarische christl. Liebestätigkeit heraus sowie das Erfordernis vereinsrechtl. Organisation. Die Normalisierung der Nachkriegsverhältnisse ließ auch den Einfluß des Hilfswerks zurückgehen, Innere Mission blieb unverzichtbar, eine Zweigleisigkeit diakon. Tätigkeit erschien hinderlich. 1957 beschloß die Synode in Spandau die Fusion der beiden Werke, unausgetragen blieb die theol. Differenz.

Lit.: J.M. Wischnath: Kirche in Aktion. Das Evangelische Hilfswerk 1945-1957 und sein Verhältnis zu Kirche und Innerer Mission, 1986 (Lit.).

R. Boeckler

Evangelisches Johannesstift

Das E. J. in Berlin ist 1858 durch Johann Hinrich → Wichern begründet worden und geht auf eine Schenkung des Grafen von Bismarck-Bohlen zurück, der zum Zwecke der »Errichtung eines Brüderhauses« 1.000 Taler zur Verfügung stellte. Das Brüderhaus vereinte in sich die tätige Samariterliebe mit der Ausbildung und der Befähigung junger Männer dazu.

Aus der Wichernschen »Brüdersache« entwikkelte sich später der Beruf des Diakons. Heute ist die Diakonenausbildung mit der Arbeit in der Einrichtung nicht mehr so eng verknüpft. Neben der Samaritertätigkeit und Diakonenausbildung hat das E. J. den Zusammenhang von Diakonie und Bildung gepflegt. Es ist Ende der 20er Jahre Standort der Ev. Sozialschule, des Kirchl. Kunstdienstes und der Apologetischen Centrale gewesen. Diese hat in der weltanschaulichen Auseinandersetzung mit der nationalsozialistischen Ideologie eine wichtige Rolle gespielt. Dabei ist die Auseinandersetzung mit Rosenbergs »Mythos des 20. Jahrhunderts« durch Walter Künneth besonders zu benennen.

In den Jahren nach 1945 war das E. J. eine wichtige gesamtkirchl. Begegnungsstätte und Tagungsort bedeutender EKD-Synoden. Auf seinem Gelände in Spandau widmet sich das E. J. heute verschiedenen diakon. Arbeitszweigen: Pädagogik, Behindertenarbeit, Altenpflege. Es unterhält zu diesem Zweck Werkstätten, Versorgungsbetriebe, ein Krankenhaus, dazu Schulen, besonders die Berliner Kirchenmusikschule. Es betreibt eine ausgedehnte Öffentlichkeits- und Tagungsarbeit. 1.030 Mitarbeiter in über 80 verschiedenen Berufen betreuen ca. 965 Menschen. Die Rede Wicherns zur Gründung des E. J.s am 25. April 1858 gehört zu den wichtigen Zeugnissen für die Anfänge der Inneren Mission in Deutschland.

Lit.: H. Becker: Das Ev. Johannesstift in Berlin-Spandau. Seine Geschichte von 1858-1983, 1983; W. Künneth: Lebensführungen. Der Wahrheit verpflichtet, 1979; J.H. Wichern: Sämtliche Werke, hg. von P. Meinhold, 1962ff.

H.A. Oelker

Evangelisches Missionswerk (EMW)

Die Anfänge des im Jahre 1975 gegründeten EMW im Bereich der Bundesrepublik Deutschland und Berlin-West mit Sitz in Hamburg, das nach der Vereinigung der beiden deutschen Teilstaaten nun ganz Deutschland umfaßt, gehen zurück in die Zeit der Weltmissionskonferenz in Jerusalem (1928), als man das Verhältnis zwischen den Missionsgesellschaften und den auf den Missionsfeldern entstehenden »jungen Kirchen« neu zu bestimmen versuchte. Die Missionsgesellschaften mußten »in der Stunde, da Gott unser deutsches Volk eine große geschichtliche Wende erleben läßt, (und) sich die deutschen evangelischen Kirchen zu einer einigen Deutschen Evangelischen Kirche« verbanden, ihr Verhältnis zu den sog. »Deutschen Christen« klären. Die → Deutschen Christen (DC) forderten 1933 die Integration von Kirche und Mission. Der Leiter der Auslandsabteilung »Deutsches Haus« in Stuttgart, Dr. Csaki, betont in seinem Gutachten vom 25. Mai 1934, daß »die deutsche Missionsarbeit ... für das Ansehen deutscher Kulturleistung unter fremden Völkern sowie für die deutsche Kolonialpolitik im allgemeinen« eine große Bedeutung gehabt habe. Die Mission verdiene »daher die Förderung des gesamten deutschen Volkes und besonders ihres Heimatlandes«. Die DC forderten die Gleichschaltung von Mission und Kirche unter ihrer Führung. Nach dem »Berliner Entwurf« (26./27. Mai 1933) sollte die gesamte Äußere Mission vom Geistlichen Ministerium über eine Missionskammer und die Missionsräte nach dem Führerprinzip hierarchisch strukturiert und dem Reichsbischof unterstellt werden. Als Ziel galt die »Verkirchlichung der Mission und Vermissionierung der Kirche«.

Die beiden führenden Missionstheologen Karl → Hartenstein und Walter → Freytag stellten sich aus missionstheol. Gründen entschieden dagegen. Die Kirche sei als »una sancta ecclesia« die weltweite Kirche. Die Mission dürfe deshalb keiner partikularen Kirche untergeordnet werden. Möglich sei höchstens eine Integration der Kirche in die Mission. Nach heftigen Debatten stellten sich die Vertreter des Deutschen Evangelischen Missions-Rates (DEMR) auf die Seite der Barmer Bekenntnissynode.

Kurz vor Ausbruch des Zweiten Weltkrieges war das »Wunder der Kirche unter den Völkern der Erde« – so lautete der Titel des deutschen Berichtsbandes – zum Zentrum der missionstheol. Debatte in Tambaram/Madras (1938/39) geworden. Die theol. Neuorientierung der Mission als Teilhabe an Gottes Mission (*missio Dei*), die sich an Gottes Handeln in Geschichte und Gegenwart ausrichtet und auf die Versöhnung der ganzen Schöpfung mit Gott zielt, führte nach der Gründung des ÖRK in Amsterdam 1948 in Neu Delhi 1961 zur Integration des IMR in den ÖRK und zur Veränderung zahlreicher kirchl. Missionsstrukturen auf regionaler und nationaler Ebene. »Die Landeskirche als Teil der Weltmission« (W. Freytag) übernahm die Initiative. Im März 1963 bevollmächtigte die Synode der EKD den Rat der EKD, eine »Vereinbarung« zwischen EKD und dem Deutschen Ev. Missions-Tag (DEMT), dem 1922 gegründeten Zusammenschluß der meisten deutschen Missionsgesellschaften, abzuschließen und die »Evangelische Arbeitsgemeinschaft für Weltmission« (EAGWM) zu gründen, die dann eine regionale Neuordnung von Kirche und Mission in die Wege leitete. Aus den verschiedenen Missionswerken entstand dann 1975 das Evangelische Missionswerk (EMW) mit Sitz in Hamburg, das sich aus verschiedenen Freikirchen, regionalen Missionszentren sowie einzelnen mission. Einrichtungen zusammensetzt. Das EMW übernahm die Aufgaben vom DEMR und EAGWM und fördert durch die »Liste des Bedarfs« mission.-ökumen. Aufgaben, die Bibel- und Rundfunkmission sowie die Studienzentren und theol. Ausbildungsstätten. Die Mittel kommen aus den verschiedenen Landeskirchen.

Die Frage nach dem richtigen Verständnis von »Heil heute« führte in Deutschland seit der »Frankfurter Erklärung zur Grundlagenkrise der Mission« (1970) zur Trennung der Mission. Die evangelikale Bewegung sammelte sich in der → Arbeitsgemeinschaft Evangelikaler Missionen (AEM), die heute über 45 Missionen mit mehr als 1.200 aktiven Missionaren in allen Kontinenten umfaßt. Die Integration von Mission und Kirche blieb bis heute unvollendet.

Lit.: J. Rossel: Über die grundsätzliche Bedeutung der Integration des IMC in den ÖRK für das Verhältnis von Mission und Kirche, EMM 1963, Heft 1, 5ff; Die unvollendete Integration von Mission und Kirche, ÖR 1982, Heft 1; Das Zeitalter der Missionsgesellschaften ist vorbei - wirklich?, idea-Dokumentation 3/83.

K. Rennstich

Evangelisches Studienwerk Villigst → Studienwerk Villigst

Evangelist

Der E. ist Hoffnungszeuge, Zeitansager der Gegenwart und Zukunft Jesu Christi, Teilhaber am Werk des »treuen Zeugen« (Offb 1,5). In seine Berufung wird er durch den Geist Gottes hineingerissen (Apg 8,26-40). E.en sind im NT den → Aposteln untergeordnet und setzen deren Arbeit fort: Eph 4,11; Apg 21,8; 2Tim 4,5. Sie wurden von der Gemeinde als Wanderprediger ausgesandt. Ihre Bedeutung für die Kirche ab der zweiten Generation kann kaum überschätzt werden. E.en im MA waren u.a. → Bernhard v. Clairvaux (1093-1153), → Berthold v. Regensburg (gest. 1272), Franz v. Assisi (1182-1226) und John → Wycliff (1320-1384). Predigt und Wirkungsweise vieler Reformatoren war E.en-Dienst. Nach der Reformation ließen staatskirchl. Einbindung und Furcht vor »Schwärmerei« das Amt des E.en in den Kirchen verblassen. Kirchl. Lexika bis ins 20. Jh. kennen unter dem Stichwort »Evangelist« nur die Verfasser der Evangelien. Afrikan. und asiat. Kirchen bezeichnen immer noch den nichtordinierten, wenig ausgebildeten Gemeindeleiter als E. Die Berufung zum E.en begann neu in England (1739) und Nordamerika (→ Whitefield, → Wesley, → Finney, → Moody, → Spurgeon). Das Amt des E.en prägte in Deutschland Elias → Schrenk ab 1880. Es entstanden Evangelistenschulen (St. → Chrischona, → Johanneum, → Bahnauer Bruderschaft u.a.).

Die großen E.en des 18. u. 19. Jh.s waren nüchterne, mit großer Denk- und Gestaltungskraft begabte Männer, tief betroffen von den rel. und sozialen Problemen ihrer Zeit.

Anfragen an das Amt des Evangelisten:

a. Der E. muß dringend, aber nicht drängerisch ausrufen: »Extra Christum nulla salus est« (Außerhalb von Christus gibt es kein Heil!). Dieser Ruf muß sowohl bibl. als auch gegenwartsnah ausgerichtet werden.

b. Der Ruf zur Umkehr ist für den E.en die Bitte eines Bettlers an andere Bettler, die geballten Fäuste zu öffnen und sich die leeren Hände füllen zu lassen.

c. Das Grundthema des E.en ist die Rechtfertigung des Sünders. »Der Sünder kommt nicht zu Gott, Gott kommt zu ihm« (Spurgeon). Einübung in Kreuzestheologie ist ihm die Quelle seiner Lebensarbeit (2Kor 5,19ff).

d. Das immer neue Auftreten vor andern Menschen hat eine große Verführungsmacht. Der E. lebt geistl. von der Korrektur und Fürbitte der Gemeinde. Nur so bleibt er begnadigter Sünder unter Sündern.

e. Wie jeder andere ist auch der E. dem Zeitgeist ausgeliefert. Nicht auf wachsende Zahlen darf er sehen, allein die treue Ausrichtung der Botschaft ist sein Dienst.

f. Die argumentative, dialogische → Evangelisation setzt einen reifen Zeugen voraus, der bereit ist, in lebenslänglicher Übung Gottvertrauen, Anfechtung und Leiden auf sich zu nehmen.

Lit.: W. Bub: Evangelisationspredigt in der Volkskirche, 1990; H. Beintker: Martin Luther als Evangelist, ThZ 39/5, 1983; B. Graham: Biblische Richtlinien für Evangelisten, 1986; H. Klemm: Elias Schrenk. Der Weg eines Evangelisten, ^{2}1986; O. Riecker: Das evangelistische Wort, 1953; C.H. Spurgeon: Der Seelengewinner, o.J.

J. Hasselhorn

Evangelium

1. Unter den bibl. Autoren spricht Paulus am häufigsten und deutlichsten von »Evangelium« (griech. *euangelion*, »gute Botschaft«). Er versteht darunter die Heilsbotschaft vom gekreuzigten und auferstandenen Jesus Christus, durch den Gott die Welt mit sich versöhnt hat (1Kor 15,1-11; 2Kor 5,19-21). Der Inhalt dieser Botschaft ist wirksam zur Rettung für jeden, der ihn annimmt (Röm 1,16); er ist rückbezogen auf die Endzeitverheißungen des AT, und er ist den Aposteln als Mittel der Gemeindegründung anvertraut (Röm 1,1-6). Diese Botschaft heißt »Evangelium Christi« (1Thess 3,2; Röm 15,19 u.ö.), weil Christus ihr Inhalt ist und weil er in ihr selbst zur Sprache kommt. Sie heißt »Evangelium Gottes« (1Thess 2,8f; Röm 15,16 u.ö.), weil Gottes freie Offenbarung ihr Ursprung ist und ihre Autorität aus-

macht. Paulus nennt sie auch »mein Evangelium« (Gal 1,11; Röm 2,16), weil ihm durch seine Bekehrung vor Damaskus (Apg 9,1ff; Gal 1,11ff) stärker als den Uraposteln der Sinn des E.s als »Ende des Gesetzes« (Röm 10,4) aufgegangen und zur Weitergabe anvertraut war: Im E. wird die Gerechtigkeit Gottes offenbar, die uns ohne Werke allein durch den Glauben an das Sühnopfer Christi in die Gemeinschaft mit Gott zurückführt (Röm 1,17; 3,28).

2. Während das Verständnis des E.s dem Paulus durch die unmittelbare Offenbarung Christi vor Damaskus (Gal 1,11f) geöffnet wurde, empfing er den Inhalt des E.s durch geschichtl. Überlieferung von den Osterzeugen her (1Kor 15,1.3). Dabei läßt sich der Begriff des E.s von Paulus über Jesus bis auf das atl. Buch Jesaja zurückführen (vgl. Röm 10,14-17). In Jes 52,7ff wird von dem endzeitlichen »Freudenboten« (hebr. *mebasser*) gesprochen, der den Anbruch des Reiches Gottes verkündet, und in Jes 61,1-3 übernimmt der Prophet selbst die Aufgabe, den Armen »frohe Botschaft« zu bringen. Jesus macht den nahen Anbruch des Gottesreiches zum Inhalt seiner Verkündigung (Mt 4,17; vgl. Mk 1,15) und wendet das Prophetenwort Jes 61,1f auf seine eigene Sendung an (Lk 4,17ff; 7,22); er versteht sich also selber als den endzeitlichen »Freudenboten«. Dementsprechend wird seine Botschaft im MtEv. als »Evangelium vom Reich« (Mt 4,23; 9,35; 24,14) bezeichnet. Nachdem die Auferstehung klar machte, daß die Gottesherrschaft in Christus als Person angebrochen ist, wurde schließlich das E. vom Reich Gottes notwendigerweise zum E. von Jesus Christus.

Das griech. Verständnis von E. als Siegesbotschaft oder der Sprachgebrauch des röm. Kaiserkultes (z.B. auf der Inschrift von Priene in bezug auf Augustus: »Der Geburtstag des Gottes war für die Welt der Anfang der Freudenbotschaften, ›euangelia‹, die seinetwegen ergangen sind«) hat auf das urchristl. Verständnis von E. keinen nachweisbaren Einfluß ausgeübt.

3. E. bezeichnet zunächst nur die mündliche Heilsbotschaft Christi und seiner Apostel, wird aber seit der Mitte (vielleicht schon seit Anfang) des 2. Jh.s auch als Buchtitel, bzw. als Bezeichnung für die viergestaltig aufgezeichnete Geschichte Jesu verwendet (»Evangelium nach Matthäus, Markus, Lukas, Johannes«). Darin kommt ganz sachgemäß zum Ausdruck, daß der christl. Glaube wesenhaft an die geschichtl. Offenbarung Gottes in den Worten und Taten Jesu gebunden ist. Aus dem geschichtl. Kerygma (1Kor 15,1-11; Röm 1,1.3f; vor allem Apg 10,36-43) wird die kerygmatische Geschichtserzählung.

4. Die theol. Entwicklung des 2. Jh.s ging dahin, den mit »Evangelium« bezeichneten Inhalt der Christusoffenbarung vor allem als »neues Gesetz«, als eine neue, das Naturrecht vollendende Ethik anzusehen. Dieses neue Gesetz unterscheide sich vom jüd. Gesetz dadurch, daß es frei ist von dessen kultischen Vorschriften und daß seine moralischen Gebote nicht aus Zwang, sondern von Herzen erfüllt werden. Von Augustin bis ins MA wird die Gnade Gottes als die (sakramental vermittelte) Kraft angesehen, die zur Erfüllung des neuen Gesetzes fähig macht. Demgegenüber versteht Luther E. als wesenhaft mündlichen Gnadenzuspruch, als »eine Predigt und Geschrei von der Gnade und Barmherzigkeit Gottes, durch den Herren Christum mit seinem Tod verdienet und erworben« (WA 12, 259, 5). Als solches ist das E. die Befreiung der Gewissen vom tötenden Urteilsspruch des Gesetzes (→ Gesetz und Evangelium). In der altprot. Orthodoxie nimmt E. den Sinn von »geoffenbarter Gotteserkenntnis« an, während der theol. Idealismus im E. den Durchbruch eines neuen Gottesgedankens sieht. A. Harnack versteht unter E. ausschließlich die Verkündigung des historischen Jesus; sie habe keine Christologie zum Inhalt gehabt, sondern allein Gott den Vater und den unendlichen Wert der Menschenseele. Im Gegensatz dazu sieht R. → Bultmann nur das paulin. (und johann.) E. als maßgebend an (von ihm ausschließlich »Wort« und »Kerygma« genannt) und unterstreicht, daß es seinem Wesen nach Anrede sei, in dem sich das vergangene Heilsgeschehen gegenwärtig ereigne.

5. Das dogmat. Urteil muß vor allem festhalten, daß die Person Jesu Christi der spezifische Inhalt des E.s ist. Nicht ein neuer Gedanke (etwa die Vaterliebe Gottes, die Nähe der Gottesherrschaft oder die Rechtfertigung der Gottlosen) ist das Eigentliche des E.s, sondern die neue Wirklichkeit, daß Gott im Menschen Jesus als Versöhner und Erlöser der Menschheit handelt. Jesus ist nicht nur Zeuge oder Verkörperung einer Wahrheit, sondern er ist die Wahrheit selbst; als geschichtl. Gestalt ist er die Heilsgegenwart Gottes bei den Menschen. Formal ist das E. deshalb immer zugleich Bericht und Anrede; es berichtet von Leben, Lehre, Leiden und Auferstehen Jesu mit der Absicht, daß seine Hörer sich als von diesem Geschehen existentiell betroffen erkennen. Da es das Handeln Gottes in Christus zum Inhalt hat, ist es auch selber ein Handeln Gottes, durch das Gott der Heilige Geist das vergangene

Geschehen gegenwärtig macht. Die Tat Gottes in Christus besteht zunächst darin, daß er durch den Sühnetod am Kreuz Vergebung der Sünde ermöglicht und so die zerbrochene Gemeinschaft von Gott und Mensch wieder herstellt. Das E. setzt also die Schuld der Menschheit und damit die Geltung und Anerkennung des → Gesetzes Gottes voraus. Sodann ist das E. aber auch Verheißung und Anbruch des umfassenden und endgültigen Heils im Reich Gottes. Anbruch der völligen → Erlösung ist das E., weil es sowohl Glauben als auch neuen Gehorsam gegen Gott wirkt und auf diese Weise Gemeinde als Keimzelle der neuen Menschheit schafft. Verheißung des Gottesreiches ist das E., weil die gegenwärtige Erfahrung von Vergebung und Glaube auch die Gewißheit um eine endgültige und vollständige Überwindung von Sünde, Tod und Leid in sich trägt.

Lit.: P. Althaus: Die christliche Wahrheit, 71966, 102ff; H. Frankemölle: Evangelium - Begriff und Gattung, 1988; W. Pannenberg: Systematische Theologie, Bd. II, 1991, 501ff; J. Schniewind: Euangelion, BFChTh 31/1927; P. Stuhlmacher (Hg.): Das Evangelium und die Evangelien, 1983; E. Wolf: »Gesetz und Evangelium, dogmengeschichtlich«, RGG3 Bd. II, 1958, 1519ff.

U. Swarat

Evangeliums-Rundfunk - International e.V. (ERF-Int.)

Der ERF mit Sitz in Wetzlar ist Dachverband für ERF-D, ERF-CH (Zürich), ERF-A (Wien) und ERF-Südtirol (Meran). Die Aufgabe des Vereins ist »die Förderung des kulturellen und geistlichen Lebens, vornehmlich in Europa, sowie sozial-diakonischer Belange« (wie etwa die von verschiedenen nationalen Radiosendern in Afrika übertragenen Sendungen der Aktion »Afrika soll leben«), »vorwiegend durch Rundfunk, elektronische und Print-Medien, welche die Verkündigung des Evangeliums von Jesus Christus durch Wort, Lied und Bild zum Inhalt haben« (Satzung).

Fast 200 fest angestellte Mitarbeiter und über 1.000 freie Mitarbeiter (Pfarrer, Evangelisten, Jugendleiter u.a. - Stand 1992) kommen aus den verschiedenen christl. Kirchen. Die gemeinsame Arbeit geschieht auf der Basis der Deutschen Evangelischen → Allianz.

Der ERF ist Partner der internationalen Radiomissionsgesellschaft Trans World Radio (TWR) mit Sitz in Cary/USA (Gründer und Präsident: Paul E. Freed) und »Co-Founder« von TWR-Europa. Weltweit arbeitet TWR über sieben eigene und gemietete Sender in 90 Sprachen von Monte Carlo/Monaco, Zypern, Bonaire (Karibik), Uruguay, Swasiland, Sri Lanka und Guam aus. Der ERF nutzt vorwiegend Mittelwelle und Kurzwelle von Radio Monte Carlo, produziert darüber hinaus Beiträge für ca. 40 UKW-Sender in Deutschland, in der Schweiz, in Österreich und Südtirol. Zur Programmgestaltung werden neben Vorträgen und Gottesdiensten alle funkischen Formen genutzt, wie z.B. Hörspiele, Musiksendungen, Magazine, Features, Reportagen. Seit 1984 werden Fernsehsendungen produziert, seit 1990 im eigenen Studio.

Für Seelsorge suchende Radiohörer und Fernsehzuschauer arbeiten eine Seelsorgeabteilung und der Glaubenshof »Cyriaxweimar« bei Marburg, eine Lebensgemeinschaft für sozial-therapeutische Seelsorge.

Geschichte:

- 1954-1959: »Stimme von Tanger« als Vorläufer von TWR;
- 1959: Vertrag zwischen TWR und Radio Monte Carlo;
- 19. 10. 1959: Gründung des ERF auf Initiative von Hermann Schulte und Helmut Gaertner;
- 5. 2. 1961: Beginn der Sendetätigkeit auf Kurzwelle, seit 1966 auch über Mittelwelle;
- 1968: deutschsprachige Sendungen für Hörer in Südamerika; Gründung von Geschäftsstellen in Sao Paulo und Buenos Aires;
- seit 1969: Tonbandservice für Krankenhäuser;
- 1971: eigenes Studio- und Verwaltungsgebäude in Wetzlar-Dalheim (Erweiterungen: 1980, 1990);
- 1972: Geschäftsstelle in der Schweiz;
- 1974: Mittelwellensender Monte Carlo auf 1.200 kW aufgestockt und seither überall in Europa zu hören;
- 1976: Geschäftsstelle in Österreich und Nairobi/Kenia, dort Produktion von Sendungen für TWR-Swasiland und diverse afrikanische Radiostationen;
- 1977: Gründung des ERF-Verlages in Wetzlar;
- 1978: Einrichtung einer ERF-Geschäftsstelle in Johannesburg/Republik Südafrika;
- 1984: Gründung der nationalen ERF-Verbände;
- 1985: Hörfunk- und Fernsehsendungen über Kabelsysteme und Regional- bzw. Lokalsender;
- 1992: Hörfunksendungen über Satellit ASTRA 1 A.

Missionsleitung: H. Marquardt (Direktor), K. Scherer (stellv. Direktor), M. Fischer (Leiter ERF-CH), U. Rüsch (Geschäftsführer), J. Werth (Leiter ERF-D).

Monatliche Publikation: »antenne« (Auflage 250.000).

Lit.: E. Diehl, K. Sprenger: »Mehr Evangelium in den Medien«, 1982; P.E. Freed: »Frohe Botschaft wir künden den Völkern«, 41972; H. Lützenbürger: »...aber Gottes Wort ist nicht gebunden«, 1977; H. Marquardt: Tips für Radioprediger, 21984; J. Schmidt: »Rundfunkmission – ein Massenmedium wird Instrument«, 1980.

H. Marquardt

Evangeliumschristen

Evangeliumschristen-Allrussischer Bund der E., entstanden 1906-1909 in Petersburg und Südrußland. Gründer und langjähriger Vorsitzender war I. S. Prochanow. Zunächst auf Allianzbasis organisiert, unter Aufnahme der Erweckungsanstöße durch Lord Radstock in Petersburg und in Abgrenzung vom durch → Oncken mitgeprägten russischen Baptismus, entwickelte sich der Bund jedoch zunehmend zu baptistischen Prinzipien. Theol. und organisatorisch waren die Parallelen zu den Vereinigungen freier Gemeinden in Deutschland und Schweden deutlich. Einwirkungen erfolgten von Schweden und vor allem von England her, darunter in den Anfängen darbystische in verschiedenen Ausprägungen. Früh einsetzende Bemühungen um Vereinigung mit dem Bund der Baptisten (1907 Petersburg, weiter 1917-1922) blieben erfolglos. Erst nach weitgehender Zerschlagung der Organisationen beider Bünde erfolgte 1944 in Moskau unter staatlicher Förderung die Gründung des Bundes der E. und Baptisten, nach der zusätzlichen Aufnahme von Pfingstgemeinden 1945 »Bund der »Evangeliumschristen/Baptisten« benannt. In der Führungsmannschaft des vereinigten Bundes nahmen, auch in Folge der Ausfälle unter den Baptisten, Angehörige der E. bedeutenden Raum ein. Der Bund der E. führte von 1909-1926 insgesammt 10 Bundeskongresse durch. Um 1928 entsprach die Zahl der Glieder mit rund 1 Mio. der der Baptisten. Nach der Trennung des Bundes vom Baptistischen Weltbund 1928, als Folge von Spannungen, wurde von Prochanow ein Weltbund der E. gegründet. Ihm gehörten Gemeinden vor allem in Polen, den baltischen Ländern, Bulgarien und den USA an; er zerfiel im Zweiten Weltkrieg. Nach wie vor bestehen Zusammenschlüsse von ev. christl. Gemeinden, u. a. in Polen und Kanada.

Lit.: ZSen: Christianin (1906-1928 mit Unterbrechung); Bratskij Listok (Bruderblatt) 1908 ff.; Utrennjaja Zvezda (Der Morgenstern), Wochenblatt 1910 ff. Duchovnye Pesni (Geistliche Gesänge-Hymnenbuch) 1924.

I. S. Prochanow: Erfolge des Evangeliums in Rußland, 1929; ders.: In the Cauldron of Russia, 1933; W. Kahle: Evangelische Christen in Rußland und der Sovjetunion, 1978; L. Senderovskij: Evangel'skie Christiane (russ.), 1980; W. Sawatsky: Soviet Evangelicals Since World War II, 1981; V. Popov: I. C. Prochanov, in: Bratskij Vestnik, Jg. 1989/1990.

W. Kahle

Evangeliumsgemeinschaft Mittlerer Osten (EMO)

Die EMO wurde 1900 auf Initiative des Deutsch-Briten Karl Kumm als Sudan-Pionier-Mission (SPM) in Eisenach gegründet, bis 1906 schrittweise nach Wiesbaden verlegt und hier in die volksmission. Arbeit von Pfarrer Th. Ziemendorff integriert. Als Ausgangspunkt für die Evangelisierung des Sudan-Gürtels wurde Assuan (Oberägypten) gewählt (Anstellung des Nubiers Samuel A. Hussein). Aus polit. Gründen blieb die dt. SPM lange auf Assuan und Umgebung beschränkt (Verkündigung, Schul-, Literatur- und Gesundheitsdienst). K. Kumm gründete nach Ausscheiden aus der dt. SPM Ende 1902 eine brit. Sudan-Mission (seit 1904 SUM). Erster Weltkrieg und nationalsozialistische Herrschaft führten zur Verselbständigung des Schweizer Freundeskreises (heute Schweizer. Ev. Nilland-Mission). Das dt. Werk änderte 1937 seinen Namen in Ev. Muhammedaner-Mission, 1953 in Ev. Mission in Oberägypten und 1989 in Evangeliumsgemeinschaft Mittlerer Osten. 1963 beteiligte sich die EMO an der Gründung des Orientdienstes, begann 1970 die Förderung einer Schularbeit in Tunis und 1979 die Entsendung von Krankenschwestern in den Sudan (Nord-Sudan-Dienste). Mitte 1992 hatte die EMO 33 Mitarbeiter (elf in Ägypten, sechs im Sudan, zehn in Deutschland – darunter vier in der Ev. Buchhandlung Wiesbaden – und sechs in Vorbereitung). Die EMO ist Mitglied der → Arbeitsgemeinschaft Evangelikaler Missionen (AEM) in Deutschland.

Lit.: E. v. Dessien u.a.(Hg.): Wasser auf dürres Land. 85 Jahre Sudan-Pionier-Mission/Ev. Mission in Oberägypten, 1985; R. Werner (Hg.): Die Wüste soll blühen. Anfänge im Nordsudan, 1989; Zeitschrift EMO-Nachrichten. Zeugnis und Dienst im Mittleren Osten (zweimonatlich).

E. Troeger

Evolution, Evolutionstheorie

Über viele Jahrhunderte lang orientierte sich das abendländische Verständnis der Natur an der Lehre des griech. Denkers → Aristoteles. Dieser war von der Ewigkeit und Unvergänglichkeit der Welt überzeugt. Dem entsprach seine Lehre, derzufolge die einzelnen Arten der Pflanzen und Tiere durch die

Zeit hindurch stets gleich blieben. Diese Lehre konnte sich auf die Erfahrung stützen, daß von einer Generation zur anderen aus dem Samen der Pflanzen immer wieder die gleichen Pflanzen entstehen, und daß die Tiere Junge zur Welt bringen, die der gleichen Art angehören.

Die mittelalterl. Theologie korrigierte die Lehre des Aristoteles nur insofern, als sie die Welt als Schöpfung Gottes betrachtete und daher die These von der Ewigkeit der Welt ablehnte. Sie hielt jedoch an der Auffassung des Aristoteles von dem stets gleichbleibenden Bestand der Arten der Pflanzen und Tiere fest. Dementsprechend interpretierte sie den Schöpfungsbericht des AT so, daß Gott die Arten der Pflanzen und Tiere in je besonderen Schöpfungsakten unmittelbar so geschaffen habe, wie sie seither vorkommen. Eine Entwicklung neuer Arten gab es in dieser Schöpfungstheologie nicht.

In Auseinandersetzung mit dieser Schöpfungstheologie setzte sich unter dem Einfluß Darwins (→ Darwin, Darwinismus), Haeckels und anderer Naturwissenschaftler seit der zweiten Hälfte des 19. Jh.s die E.theorie durch. Ihr zufolge gibt es keine zeitübergreifende Konstanz der Arten. Vielmehr sei der heutige Bestand an Pflanzen und Tieren das Ergebnis einer langen Entwicklung. Durch geringe, vom Zufall bedingte Abweichungen von einer Generation zur anderen entstünden jeweils Exemplare, die für den »Kampf ums Dasein« besser, und andere, die schlechter ausgerüstet sind. Da sich jeweils die besseren bzw. ihrer Umwelt besser angepaßten Exemplare durchsetzten und zur Vermehrung gelangten, entstehe eine allg. Tendenz zu einer der jeweiligen Umwelt entsprechenden Ausdifferenzierung und einer Höherentwicklung der Arten. Dementsprechend stünden einfache Lebewesen am Anfang der gesamten Entwicklung und erst im Laufe langer Zeiträume habe sich das Lebendige zu seiner heutigen Komplexität und Fülle ausdifferenziert.

Diese zunächst für die Welt der Lebewesen entwickelte Grundkonzeption eines evolutionären Geschehens wurde im Laufe des 20. Jh.s ausgedehnt. Sie wurde einerseits analog auf den Kosmos angewandt. Andererseits wurde auch die Herausbildung des menschlichen Bewußtseins samt seiner personalen Geistigkeit ausdrücklich als Ergebnis evolutionärer Prozesse gedeutet. Im Endergebnis betrachtet die E.stheorie schließlich als den Ausgangspunkt aller Wirklichkeit einen »Urknall« oder auch eine Ur-Materie - die von manchen E.stheoretikern selbst wiederum auf eine E. des Raumes zurückgeführt wird. Die gesamte Entwicklung bis zum heutigen Zustand erscheint als ein sich selbst durch »Zufall und Notwendigkeit« bzw. durch »Selbstorganisation der Materie« vorantreibender Prozeß. Verfechter dieser Auffassung machen geltend, daß eine solche Entwicklung zwar in mancher Hinsicht unwahrscheinlich, jedoch nicht »undenkbar« sei. Trotz zahlreicher Variationen im einzelnen ist die gekennzeichnete Grundstruktur den heute gängigen E.theorien gemeinsam. Gott kommt in ihnen nicht vor. Daher sehen Vorkämpfer des → Atheismus in der E.theorie eine Widerlegung des Schöpfungsglaubens.

Die Kirchen und engagierte christl. Wissenschaftler reagierten auf die E.stheorie in einer doppelten Weise: Die einen hielten an der aristotelischen Interpretation des Schöpfungsberichtes fest und lehnten den Gedanken einer artübergreifenden Entwicklung des Lebendigen ab. Dementsprechend suchten sie die E.stheorie insgesamt zu widerlegen. Dabei konnten und können sie zu recht auf Widersprüche zwischen verschiedenen Richtungen der E.stheorie und auf andere Ungereimtheiten hinweisen. Diese Position wird am eindrucksvollsten und konsequentesten von den sogenannten »Kreationisten« vertreten, die insbesondere in Amerika beachtlichen Einfluß gewonnen haben. In ihrer Konzeption erscheint der Schöpfungsbericht der Genesis als Alternative zum Grundgedanken der E.stheorie.

Andere kirchl. Gruppierungen und christl. engagierte Wissenschaftler lösten sich von der aristotelischen Interpretation des Schöpfungsberichtes. Sie wiesen darauf hin, daß der Schöpfungsbericht selbst zwischen drei Phasen des Schöpfungsgeschehens unterscheide: Nur in der ersten Phase sei Gott allein wirksam: »Im Anfang schuf Gott Himmel und Erde.« In der zweiten Schöpfungsphase jedoch gebe Gott der bereits ins Dasein gerufenen Schöpfung selbst Anteil am weiteren Geschehen, indem er der Erde und dem Meer gebietet, Pflanzen und Tiere hervorzubringen. Diese gebietenden Schöpfungsworte Gottes fänden jeweils eine entsprechende Antwort von seiten der Schöpfung, von der mit den Worten »Und es geschah so« berichtet werde. Es handele sich also in dieser Schöpfungsphase um eine Art dialogisches Geschehen. Zwar gingen die entscheidenden Impulse von Gott aus. Die bereits vorhandene Schöpfung werde jedoch zur Mitwirkung bzw. zur Antwort auf die Schöpfungsworte Gottes aufgerufen. Schließlich werde dann in der dritten Schöpfungsphase durch einen eigenen Akt der Zuwendung Gottes der Mensch nach dessen Bild ins Dasein gerufen.

Diese christl. Gruppen gestehen also durchaus zu, daß es eine E. im Sinne einer Entstehung neuer Tier- und Pflanzenarten gebe. Sie machen jedoch mit Nachdruck geltend, daß dieses Geschehen sich nicht allein durch »Zufall und Notwendigkeit« bzw. durch

»Selbstorganisation der Materie« hinreichend erklären lasse. Es seien vielmehr koordinierende schöpferische Impulse Gottes gewesen, die nach der ersten Schöpfungsphase das weitere Geschehen lenkten und ihm die Richtung gaben. Der Mensch als Person schließlich sei durch eine besondere und eigene personale Zuwendung Gottes ins Dasein getreten.

Bei einer allseits kritischen Einschätzung der Auseinandersetzung um die E.stheorie müssen vor allem folgende Tatsachen und Argumente bedacht werden:

1. Daß es eine evolutionäre Entwicklung gegeben hat, wird durch zahlreiche Tatsachen und Argumente nahegelegt und kann in diesem Sinne als gesichert gelten. Dies gilt ebenso für die Gestaltung des Kosmos wie für die Entfaltung des Lebendigen. Daher muß die aristotelische Lehre von der Ewigkeit der Welt und von der Konstanz der Arten als widerlegt gelten.

2. Wie diese Entwicklung des Kosmos und des Lebendigen im einzelnen vonstatten gegangen ist, ist weithin unklar. Zahlreiche Beobachtungen und Funde legen den Schluß nahe, daß es neben kontinuierlichen Fortentwicklungen an entscheidenden Stellen sprunghafte Veränderungen im Erscheinungsbild der Lebewesen gegeben hat, die jeweils im Genotyp vorbereitet wurden.

3. Ein Teil dieser Veränderungen kann als Anpassung an veränderte Umweltbedingungen interpretiert werden. Andere lassen sich jedoch auf diese Weise nicht erklären, sondern gehen auf eine zielgerichtete Spontaneität der betreffenden Lebewesen zurück. Wodurch diese Spontaneität jeweils ausgelöst wurde und woher die Richtungsimpulse für das gesamte Geschehen kamen, läßt sich wissenschaftlich nicht sagen.

4. Ebensowenig ist es gelungen, eine wissenschaftl. Hypothese zu entwickeln, die die Frage, wie es zum Auftreten des Menschen kam, überzeugend beantwortet. Der Mensch in seiner selbstbewußten Personalität und seinem »freien« Weltverhältnis muß als ein Lebewesen völlig neuer Qualität betrachtet werden.

5. Eine der wichtigsten Basisthesen der E.stheoretiker, daß das jeweils theoretisch Denkbare auch faktisch möglich sei, ist nachweislich falsch. So ist z.B. theoretisch jede beliebige Geschwindigkeit und jeder Grad von Temperatur denkbar, faktisch möglich jedoch sind nur Geschwindigkeiten bis zur Lichtgeschwindigkeit und Temperaturen bis zum absoluten Nullpunkt. Bei der E. ist eine Ausdifferenzierung und Höherentwicklung der Wirklichkeit allein »von unten«, d.h. durch »Zufall und Notwendigkeit« bzw. durch eine »Selbstorganisation der Materie« – ebenso wie eine geglückte Autofahrt von Moskau nach Lissabon mit verbundenen Augen – zwar theoretisch denkbar, faktisch jedoch unmöglich.

Angesichts dieses Forschungsstandes kann heute von einer »Widerlegung des Schöpfungsglaubens« durch die E.stheorie keine Rede sein. Widerlegt ist allenfalls eine aristotelische Interpretation des Schöpfungsberichtes. Dagegen vermag alleine eine angemessene Deutung der Genesis überzeugend zu erklären, wodurch die evolutionäre Entwicklung der Welt und des Lebendigen in Gang gesetzt wurde und ihre richtungsgebenden Impulse erhielt.

Lit.: E. Mayr: Die Entwicklung der biologischen Gedankenwelt, 1984; dazu: Spektrum der Wissenschaft: Evolution, 1982; U. Niemann: Zum Problem der Selbstorganisation der Materie. Tonbandnachschrift eines Symposions zwischen Naturwissenschaftlern, Philosophen und Theologen, 1991.

Zum Kreationismus: A.E. Wilder-Smith: Planender Geist gegen planlose Entwicklung, 1983.

Zur Gesamtproblematik: G. Masuch, H. Staudinger: Geschöpfe ohne Schöpfer. Der Darwinismus als biologisches und theologisches Problem, [2]1990.

H. Staudinger

Ewiges Leben → Leben, ewiges

Ewigkeit → Zeit und Ewigkeit

Ewigkeit Gottes → Gott, Eigenschaften

Ewigkeitssonntag

Friedrich Wilhelm III. von Preußen bestimmte durch Kabinettsorder vom 17. 11. 1816 den letzten Sonntag des Kirchenjahres zum »allgemeinen Kirchenfest zur Erinnerung an die Verstorbenen«; dabei spielte das Gedächtnis der in den Befreiungskriegen Gefallenen, aber auch die Trauer um die 1810 verstorbene und fast wie eine Märtyrerin verehrte Königin Luise eine Rolle. Dieses »Totenfest« zum Abschluß des Kirchenjahres wurde auch von anderen Landeskirchen übernommen und gewann als Totensonntag große Popularität.

In gewisser Weise bildet der Tag das ev. Gegenstück zu → Allerseelen; es ist üblich, die Gräber zu schmücken und zu besuchen, in den Gottesdiensten die Namen der Verstorbenen des letzten Jahres zu verlesen und Andachten auf den Friedhöfen zu halten. Freilich ist die Berechtigung eines solchen Tages, in dem sich offenbar ein tiefes menschliches Bedürfnis ausdrückt, immer wieder mit theol. Gründen bestritten worden. Die neueren Agenden und Lektionare vermeiden die Bezeichnung Totensonntag und sprechen statt dessen vom Letzten Sonntag des Kirchenjahres (Ewigkeitssonntag, Sonntag vom Jüngsten Tage). Innerkirchl. hat sich die Bezeichnung E. weitgehend durchgesetzt; zusammen mit dem drittletzten und vorletzten Sonntag und dem → Buß- und Bettag verleiht er dem letzten Abschnitt des Kirchenjahres ein endzeitliches Gepräge, das sich freilich in den Sonntagen im → Advent fortsetzt. Gottesdienstl. Lesungen sind Offb 21,1-7 (neuer Himmel – neue Erde) und Mt 25,1-13 (Gleichnis von den zehn Jungfrauen). Wie ihre Vorgängerinnen bietet auch die »Erneuerte Agende« von 1990 eigene Texte für den »Gedenktag der Entschlafenen«; sie sollen im Früh- oder Vespergottesdienst oder am Vortage Verwendung finden, die Texte des E.es im Hauptgottesdienst jedoch nicht verdrängen.

Lit.: K.-H. Bieritz: Das Kirchenjahr. Feste, Gedenk- und Feiertage in Geschichte und Gegenwart, [3]1991.

K.-H. Bieritz

Ex cathedra

Mit Cathedra wird seit der Antike der Sitz (Thron) des Bischofs in seiner Kirche (Kathedralkirche) bezeichnet. Sie gibt Ausdruck von seiner Autorität als des obersten Lehrers und Leiters seiner Gemeinde (Ortskirche). Als Repräsentant der Ortskirche und Nachfolger der Apostel verkündet der → Bischof von der Cathedra aus die Botschaft Christi authentisch den Gläubigen. Die Cathedra wird so zum Symbol für die amtliche Lehrverkündigung. Seit der Frühzeit der Kirche beansprucht der röm. Bischof als Nachfolger auf der cathedra Petri eine hervorgehobene Stellung. Von der besonderen Berufung des Petrus (Mt 16,18) leitet sich die Primatsidee ab. Sah man ursprünglich die Irrtumslosigkeit der Gesamtkirche im ökumen. Konzil garantiert, trat zunehmend der Anspruch des röm. Bischofs als Repräsentant und Haupt der Gesamtkirche und Stellvertreters Christi hervor, die volle und höchste Autorität (*plenitudo potestatis*) zu besitzen und irrtumslos für die Gesamtkirche sprechen zu können (→ Leo I., Gregor VII., Innozenz III., Bonifaz VIII.). Dagegen artikulierte sich im Spätmittelalter die Auffassung der Oberhoheit des ökumen. Konzils über den Papst (→ Konziliarismus).

Die Frage fand auf dem I. Vatikanischen Konzil in der dogmatischen Konstitution »Pastor aeternus« eine Klärung. Hier wurde dem Papst Unfehlbarkeit (Infallibilität) zuerkannt, wenn er »ex cathedra spricht, d.h. wenn er in seinem Amt als oberster Hirt und Lehrer aller Christen, durch seine höchste apostolische Autorität eine Glaubens- und Sittenlehre als von der ganzen Kirche festzuhalten definiert«. Derartige päpstliche Entscheidungen (Kathedralentscheidungen) sind »aus sich, nicht aber aus der Zustimmung der Kirche, unabänderlich« (DS 3074). Zu einer Kathedralentscheidung in diesem Sinne kam es bisher erst einmal und zwar 1950, als Papst Pius XII. das Dogma der leiblichen Aufnahme Marias in den Himmel verkündete. Nur hier wurde der definitive Charakter der päpstlichen Entscheidung eindeutig zum Ausdruck gebracht, während bei anderen autoritativen päpstlichen Äußerungen in Glaubens- und Sittenfragen der Anspruch der Unfehlbarkeit nicht erhoben wurde.

Durch das II. Vatikanische Konzil wurde »Pastor aeternus« insofern ergänzt, als höchste Autorität und Unfehlbarkeit zugleich dem Papst als Haupt des Bischofskollegiums und dem Bischofskollegium in Verbindung mit dem Papst zukommen. Nach der Erfahrung der jüngsten Kirchengeschichte ist »der primäre Ort der päpstlichen ›Unfehlbarkeit‹ nicht die Ex-cathedra-Entscheidung, sondern das ökumenische ... Konzil. Unfehlbare Definitionen außerhalb des Konzils müssen als möglicher, aber defizienter Modus des Engagements des kirchl. Lehramts angesehen werden... Und darum ist auch nicht zu erwarten, daß sie dieselbe Bedeutung für Glauben und Leben der Kirche erlangen wie Konzilsentscheidungen, noch auch, daß es ihnen gelingt, die ganze Glaubenswahrheit in gleicher Ausgewogenheit und Berücksichtigung all ihrer Aspekte auszusagen« (K. Schatz).

Lit.: U. Horst: Unfehlbarkeit und Geschichte. Studien zur Unfehlbarkeitsdiskussion von Melchior Cano bis zum I. Vatikanischen Konzil, 1982; K. Schatz: Der päpstliche Primat. Seine Geschichte von den Ursprüngen bis zur Gegenwart, 1990; ders.: Welche bisherigen päpstlichen Entscheidungen sind »ex cathedra«? Historische und theologische Überlegungen, in: W. Löser et.al. (Hg.): Dogmengeschichte und katholische Theologie, [2]1988, 404-422.

W. Weiß

Exegese → Schriftauslegung

Exequien → Begräbnis

Exerzitien

1. Geschichte

Von E. wird seit Ignatius von Loyola gesprochen. Seine »Exercitia spiritualia« (1541) fassen Erfahrungen geistl. Begleitung zusammen, die in klass. Ausprägung ein wichtiges Element der Erneuerung der Frömmigkeit in der kath. Kirche sind. Ursprünglich Entscheidungshilfe für Berufungen, helfen sie allg. zu Klarheit in der Nachfolge. Das Verbot der Gesellschaft Jesu 1773 brachte die E. fast zum Erliegen. Seit der Neuzulassung 1814 sind sie eine der wichtigsten Aufgaben des Ordens.

2. Ökumenische Bedeutung

Ihr bibl. Inhalt macht die Übernahme im ev. Bereich möglich. Vorbild der E. ist der regelmäßige Rückzug Jesu zum Gebet, seine Einladung an die Jünger zu ruhen (Mk 6,31). In der anglikan. Kirche begann vor 100 Jahren mit der Erneuerung kommunitären Lebens eine eigene Retreatarbeit, die bis heute zu über 100 Retreathäusern in Großbritannien geführt hat. Nach ihrem Vorbild entstanden nach 1945 in Schweden (Rättvik) und in Deutschland (Bethel) Häuser der Stille. Auch in der ref. Kirche sind Retraiten bekannt (Grandchamp, Taizé, Reuilly).

3. Inhalt

Zielsetzung der ignatianischen E. ist: Gottes Willen zu suchen und zu finden und größere Bereitschaft zu erlangen, ihn zu erfüllen. Benediktinische Akzentuierung betont Zurückfinden zum Gottvertrauen und Neuverwurzeln in seine Liebe. Ignatius gibt präzise Anweisungen für vier Wochen in täglich fünf Gebetsstunden, die genügend Freizeit zur individuellen Entfaltung lassen, wenig von Reglementierungen, alles von der Gnade erwartend. Dem Fundament der ersten Woche (Gewissenserforschung, Absolution, Hilfe zur Selbstannahme) folgt die Betrachtung des Lebens Jesu, des Kreuzes und der Auferstehung in jeweils einer Woche, die zur Neuorientierung am Vorbild Jesu, zur Aufarbeitung von Leid und Kreuz und zur Entfaltung neuen Lebens dienen. Der Leiter muß als Begleiter unbedingt »dem Schöpfer gestatten, unmittelbar mit seinem Geschöpf zu verkehren«. Jede Dominanz zerstört das geistl. Geschehen. Sein Verzicht auf Beeinflussung hilft zur Indifferenz, der ignatianischen Variante christl. Freiheit, die Ziel der E. ist.

4. Teilnehmer

Lange auf Kleriker und Ordensleute beschränkt, für die ursprünglich die 30-tägigen E. bestimmt waren, werden E. heute für alle angeboten, die im Glauben wachsen möchten, in unterschiedlicher Dauer, von zweieinhalb bis zehn Tagen. Einzelexerzitien erlauben durch tägliches persönliches Gespräch mit dem Begleiter intensivere Beratung und Betreuung.

5. Häuser

Sie gehören einer → Diözese oder einem Orden, zu Diakonissenhäusern (Bethel), Kommunitäten (Grandchamp) oder Landeskirchen (Magdeburg, Pommern, Rheinland). Sie haben Einzelzimmer, durchgängiges Schweigen, eigene Kapelle für tägliche Sakramentsfeier und Tagzeitengebet.

Lit.: Ignatius von Loyola: Geistliche Übungen, übersetzt und erklärt von P. Knauer, 1978; P. Köster, H. Andriessen: Sein Leben ordnen, 1991; G. Wolff: Zeiten mit Gott, 1980.

G. Wolff

Exil, Babylonisches

Das babylon. E. ist das Ergebnis der Deportation von 4600 Judäern (Jer 52,30 – höhere Zahlen nennt der Bericht von 2Kön 24-25), die der babylon. Großkönig Nebukadnezar nach seinen erfolgreichen Feldzügen gegen das davidische Königreich Juda 597 und 587 v.Chr. durchführen ließ. Das Exilschicksal traf vor allem die Familien der gesellschaftl. Oberschicht; die »kleinen Leute«, Ackerbauern und Weinbauern blieben im Lande (2Kön 24,14-16; 25,11-12).

Die assyrische Herrschaft über den Alten Orient war unter den Angriffen der verbündeten Babylonier und Meder 612 v.Chr. zusammengebrochen; 605 v.Chr. trat in Babylon Nebukadnezar II., aus der Dynastie der aramäischen Chaldäer, die Regierung an. Seine Hegemonialpolitik zielte sofort auf Gebietszuwachs; Babylon wurde Zentrum der damals bekannten Welt. 589 rückte das babylon. Heer, nachdem der letzte judäische König, Zedekia, Nebukadnezar die Vasallentreue aufgekündigt hatte, zum zweiten Mal nach Juda vor; 587 nahm der chaldäische Feldherr Nebusaradan Jerusalem ein und verwandelte es in ein Trümmerfeld (vgl. Jes 49,19), ließ den Tempel samt Lade (?) niederbrennen, nur die Wertgegenstände ausgenommen, die man mit nach Babel nahm. Die Kinder des Königs tötete man vor seinen Augen; ihm selbst stach man die Augen aus und verschleppte ihn nach Babylon. Damit endete die Existenz des Südstaates Juda und des davidischen Königtums.

Die Exulanten wurden in geschlossenen Wohnkolonien angesiedelt (vgl. z.B. Hes 1,1). Die äußeren Lebensbedingungen waren erträglich; es stand ihnen frei, Häuser zu bauen, Gärten anzulegen, Handel zu treiben; ja, sie konnten ihre familienübergreifenden Angelegenheiten wohl bis zu einem gewissen Grad selbst - durch »die Ältesten Israels« (Hes 14,1; 20,1) - verwalten (vgl. besonders Jer 29). In ihrer Freiheit wurden sie kaum mehr als die übrige Untertanenbevölkerung eingeschränkt. Ihr Elend war von subtilerer Art: Babylonien galt ihnen als unreines Land (Hes 4,13); die großen Feste mit den Götterprozessionen (vgl. Jes 44,10-20; 46) bedeuteten eine harte Anfechtung ihres Glaubens an JHWH als den Herrn der Geschichte. Die Symbole der JHWH-Religion - Jerusalem, die heilige Stadt, und der Tempel - wurden schmerzlich vermißt. Je länger das E. währte, desto häufiger kam es zu depressiven Verstimmungen (vgl. Ps 137 und Jes 40,27f).

Doch leiteten vor allem die Propheten Hesekiel und Deuterojesaja (Jes 40-55) an, die Katastrophe des E.s als Strafgericht Gottes anzunehmen und so frei zu werden für ein »neues« Heilshandeln JHWHs (vgl. z.B. Jes 43,18f; 44,24-28).

Für die Weiterentwicklung der Glaubensüberzeugungen Israels waren die Jahre des E.s eine ungemein fruchtbare Zeit. Damals erhielten die Bräuche des Sabbats und der → Beschneidung das große Gewicht von Bundeszeichen (vgl. 2Mo 31,17; 1Mo 17); durch die Botschaft Deuterojesajas setzte sich der strenge Monotheismus durch - zusammen mit einem Universalismus, der das Heil aller Völker von Israel ausgehen sah (z.B. Jes 45,18-25); die ideale oder real existierende Gottesknechtsgestalt (Jes 42,1ff; 53) revolutionierte die Messiaserwartung.

538 erlaubte ein Erlaß des Perserkönigs Kyros II., der dem morsch gewordenen babylon. Weltreich ein Ende gesetzt hatte, die Heimkehr der Exulanten und den Wiederaufbau des Tempels (Esr 6,3-5 wird von den meisten Forschern ein höherer hist. Wert zugemessen als Esr 1,1-4). Klug kalkulierend, tolerierten die Perserkönige die Religionen der unterworfenen Völker und sicherten gerade so für lange Zeit ihr Imperium. Keineswegs alle Judäer machten von der Möglichkeit, nach Judäa zurückzukehren, Gebrauch. Der Zustand der Heimat blieb auf Jahre hinaus wenig attraktiv.

Lit.: C.D. Stoll: »Exil«, GBL 1, 1987, 368-369 (Lit.)

W. Grimm

Existentiale Interpretation

Der Ausdruck »Existentiale Interpretation« entstammt der Philosophie M. Heideggers (vgl. »Sein und Zeit«, 1927, wo er sich auf die Analyse menschlichen Daseins, d.h. der menschlichen Verhaltensmöglichkeiten bezieht). R. → Bultmann hat den Ausdruck aufgenommen als Bezeichnung für die von ihm als zeitgemäß eingeführte neue Methode der Interpretation bibl. Texte.

Die Botschaft bibl. Texte - für Bultmann speziell das ntl. Kerygma, d.h. die ntl. Botschaft - sei nun aber in ihrer Denk- und Ausdrucksweise dem modernen Menschen unverständlich. Der moderne Mensch denke wissenschaftl., die Vorstellungswelt der Bibel einschließlich der Botschaft von Christi Sühnetod, Auferstehung und Erhöhung aber sei mythisch. Um sie heute verständlich zu machen, müsse sie → entmythologisiert werden. »Entmythologisieren« heiße nicht, den Mythos zu eliminieren, sondern ihn zu interpretieren. Die Wahrheit des Mythos sei nicht, was in mythischen Vorstellungen vom Handeln Gottes ausgesagt wird, die Wahrheit sei vielmehr das christl. Selbstverständnis des Glaubens, das den mythischen Vorstellungen zugrunde liege. Es ist also zu fragen: »Kann es eine entmythologisierende Interpretation geben, die die Wahrheit des Kerygmas als Kerygma für den nicht mythologisch denkenden Menschen aufdeckt?« Die Frage wird bejaht: Die bibl. Mythologien haben ihren Sinn nicht in ihren mythologisierenden Vorstellungen, sondern müssen auf das ihnen zugrunde liegende Existenzverständnis hin, d.h. existential interpretiert werden (NT und Mythologie, 28.29).

Wie sieht der Mensch sich selber, der Christus verkündet? Er sieht sich als ein Erlöster, als ein zur Freiheit der Kinder Gottes Berufener. Er weiß sich in der Welt zugleich umgeben von bösen Mächten und Gefahren, und er weiß auch, daß er sein Leben weder mit guten Werken, noch mit Besitz oder Wissen sichern kann. Aber als einer, der durch das Wort zum Leben »im Glauben« gerufen wurde, hat er die Möglichkeit ergriffen, sich von der Weltverfallenheit zu lösen. Glaube ist »das Vertrauen, daß gerade das Unsichtbare, Unbekannte, Unverfügbare dem Menschen als Liebe begegnet, ihm seine Zukunft entgegenbringt, nicht Tod, sondern Leben für ihn bedeutet« (NT und Mythologie, 34). Im Glauben versteht sich der Mensch als von Gott gerufen, wobei Gott nicht »Objekt« ist. »Gott« ist transzendent, unerkennbar und unverfügbar. Und der Name Jesus Christus bedeutet, existential interpretiert, nicht mehr eine göttliche Person, sondern ein Geschehen, eben das Zum-Glauben-Kommen als Antwort auf das Angerufen-Sein durch das Wort. »Das eschatologische Ereignis, das Jesus Christus heißt, geschieht hier und jetzt, wo das Wort gepredigt wird« (Jesus Christus und die Mythologie, 96). Und das »ein für allemal des Todes Jesu am Kreuz« (Hebr 7,27; 9,12; 10,10) bedeute nun, daß das eschatologische Ereignis des Glaubens allemal, d.h. heute wie schon zur Zeit der apostolischen Predigt, in gleicher Weise geschieht (Jesus Christus und die Mythologie, 96f).

Das Programm der E.I. hatte eine lange Diskussion unter Fachtheologen zur Folge, deren Niederschlag insbesondere die Sammelbände »Kerygma und Mythos« zugänglich machen. Aber viele Fragen blieben offen. H.W. Bartsch sagt, daß die E.I. bibl. Texte nach dem Selbstverständnis des Autors eines Bibeltextes befragen muß. Er stellt aber fest, daß sich in den ntl. Texten kein übereinstimmendes Selbstverständnis feststellen läßt. Das gilt schon für die Texte der apostol. Zeit, aber mehr noch, wenn auch nach dem Selbstverständnis Jesu gefragt wird, wie das E. Fuchs versucht hat (vgl. Kerygma und Mythos VI,1, 77ff).

Was Bultmann als christl. Daseinsverständnis versteht, ist modernes Verständnis, abhängig von → Kierkegaards Frage nach der christl. Existenz, von → Diltheys Aufspaltung zwischen Verstehen seiner selbst und objektivierendem Erkennen und von → Heideggers Existenzanalyse. Das heißt aber, daß in der »entmythologisierenden« Verkündigung gar nicht das den bibl. Texten zugrundeliegende Verstehen der eigenen Existenz »zur Sprache« kommt, sondern das moderne Verständnis des Predigers.

Besonders starke Auswirkung hat die E.I. (und die mit ihr zusammenhängende Entmythologisierung) durch die radikale Trennung von Historie (Geschichte) und Botschaft. Die Bibel wird in ihren hist. Aussagen ganz der hist.-kritischen Wissenschaft überlassen und soll nach gleichen Regeln der Literatur- und Geschichtswissenschaft behandelt werden wie andere Literatur des Altertums. Das Kerygma, die zu verkündigende Botschaft der Bibel, hingegen wird als mythische Vorstellung »enthistorisiert« und einzig nach dem ihm zugrundeliegenden subjektiven Selbstverständnis befragt.

Für die bibl. Botschaft jedoch gehören Geschichte und Botschaft untrennbar zusammen. Der historische Jesus von Nazareth, der unter Pontius Pilatus gekreuzigt wurde, ist der erhöhte Christus, der *kyrios.* Paulus wird von Christus selber berufen und zu den Völkern gesandt. Und schon der Bund Gottes mit Israel ist untrennbar Geschichte und Offenbarung Gottes. Israels Segnung und Verheißung beginnt mit Abraham, Gott führt Israel aus Ägypten und gibt dem Volk durch Mose am Sinai sein Gesetz. Die bibl. Geschichte ist → Heilsgeschichte, in der das sonst verborgene Handeln Gottes prophetisch erhellt und durch das Wort kundgetan wird. Das prophetische Wort schenkt dem einzelnen nicht nur ein neues Verständnis seiner selbst, sondern ruft ihn zugleich in eine Gemeinschaft, in den Bund einer Verheißung, die dem Volk, der Gemeinde gegeben ist.

Das Anliegen der E.I., daß der Glaube nicht ein hist. Wissen sei und auch nicht in der Annahme einer Lehre besteht, sondern Zuwendung zu dem transzendenten Gott ist, der im verkündigenden Wort begegnet, hat bleibende Berechtigung. Aber es bleiben einige Fragen, die gerade auf Grund der bisherigen theologischen Diskussion zu stellen sind:

1. Genügt der an die Bibel herangetragene Begriff des Mythos zur wissenschaftl. Kennzeichnung der bibl. Rede vom Handeln Gottes, d.h. der prophetischen Rede, zu deren Wesenszug auch die fortwährende Bezugnahme auf Geschichte gehört (und ganz abgesehen davon, daß die Meinung, der moderne Mensch verstehe mythisches Denken nicht mehr, kaum haltbar ist in einer Zeit, die von Okkultismus, Spiritismus, Astrologie, New-Age-Mythologie und sogar Hexen- und Satanskulten geradezu überschwemmt wird) – müßte dieser Begriff des Mythos hier nicht durch den der prophetischen Rede von Gott ersetzt werden? Wobei Prophetie als bibl. Rede vom Handeln Gottes auf Grund des reichlich vorhandenen bibl. Materials und in Abgrenzung gegenüber dem allg. religionsgeschichtl. Mythosbegriff umfassend zu beschreiben und zu erklären wäre.

2. Ist das als »existentiale Interpretation« formulierte Konstrukt einer existentialontologisch begründeten Textinterpretation und einer entsprechenden Auffassung vom Glauben (als einem existentiellen Verstehen) nicht eine vergewaltigende Einengung der Freiheit der Predigt und der Offenheit des Glaubens? Und muß die Reduzierung des Glaubens auf ein bloßes Selbstverständnis nicht zur Ablösung von der Gemeinde führen (auch wenn das von den Vertretern dieser Theologie keineswegs gewünscht wird)? Wenn Gott nicht mehr personal-objektivierend angerufen werden kann (im Namen »Vater«, im Namen »Christus der Herr« Phil 2,9-11), dann ist die Konsequenz die »Abwesenheit« Gottes, die ja auch nach Bultmann

ausgesagt worden ist (Herbert Braun, Dorothee Sölle).

Lit.: R. Bultmann: Neues Testament und Mythologie, (1941), 1985, hg. von E. Jüngel; R. Bultmann: Jesus Christus und die Mythologie, 1964; ders.: Glauben und Verstehen I-IV, 1952-1965; Kerygma und Mythos, Bd. I-IV 1/2, hg. von H.W. Bartsch, 1948-1962 (in Bd. I auch der Vortrag von Bultmann, NT und Mythologie).

M. Boutin: Rationalität als Verstehensprinzip bei Rudolf Bultmann, 1974; F. Flückiger: Existenz und Glaube. Kritische Betrachtungen zur existentialen Interpretation, 1966; E. Fuchs: Hermeneutik, 1954; ders.: Zum hermeneutischen Problem in der Theologie. Die existentiale Interpretation, 1959; B. Jaspert (Hg.): Bibel und Mythos, 1991; J.M. Robinsohn, B.C. Copp Jr. (Hg.): Neuland in der Theologie, Bd. 2: Die neue Hermeneutik, 1965.

F. Flückiger

Existentialismus/Existentialphilosophie

Eine Voraussetzung für den E. war der Übergang zur mobilen Gesellschaft, in der dem einzelnen seine Stelle nicht vorgegeben ist. Bezeichnenderweise erklärte schon einer der Vorkämpfer der Französischen Revolution, Sieyès: »Je me donnerai une existence ou je périrai – Ich werde mir eine Existenz schaffen oder zugrundegehen«.

Eine weitere Voraussetzung war der Zustand der überkommenen Philosophie. Mit dem ausgehenden 19. Jh. verlor insbesonders die Metaphysik zunehmend an Überzeugungskraft. Das hatte Rückwirkungen auch für theol. Konzeptionen, insbesondere die Scholastik. Überzeugende Deutungen von Mensch und Welt gab es nicht mehr. Auch die Wissenschaften vermochten trotz imponierender »Fortschritte« den Sinn des Daseins nicht zu erhellen.

In dieser Situation ging es den Vertretern des Existentialismus – Wegbereiter waren Sören → Kierkegaard und Friedrich → Nietzsche gewesen – nicht mehr um die Essenz – um das Sein und Wesen der Dinge –, sondern um die Existenz des endlichen und bedrohten menschlichen Daseins. Diese Akzentuierung ist allen Richtungen des E. gemeinsam, so verschieden die Lösungsversuche bzw. Antworten auch sein mögen.

Beispielhaft für diese Spannweite sind die Franzosen Gabriel Marcel (1889-1973) und Jean-Paul Sartre (1905-1980). Für Gabriel Marcel bedeutet sein Philosophieren zugleich eine Wende zum christl.-kath. Glauben, den er in einer vertieften Weise zu verstehen sucht. Realisierung der Existenz sei zugleich Engagement im Sein, denn »es steht nicht in unserer Macht, aus ihm herauszutreten«. Marcels Leitmotiv sind Freiheit, Wagnis, Treue, Glaube, Liebe und Tod, die gemeinsam getragen werden von einer Haltung der Hoffnung. Sie ist zutiefst rel. verankert. In seinem »Entwurf einer Phänomenologie und einer Metaphysik der Hoffnung« stellt er heraus, daß die Aussage »Ich hoffe« auf die Formel »Ich hoffe auf Dich für uns« erweitert werden müsse. Denn die Existenz des Menschen sei in Gott begründet und dialogisch auf den Nächsten angelegt. Wie es im Joh-Ev. heißt, kam das Licht in die Welt und »wir müssen dieses Licht einer für den anderen ausstrahlen«. Hoffnung ist für Marcel kein Versuch, die Abgründe und Gefährdungen der menschlichen Existenz zu überspielen. Die Angst könne jedoch »nicht das Letzte« sein: »Das letzte Wort, ich fühle es zutiefst, kann nur die Liebe haben und die Freude.«

Im Gegensatz dazu betrachtet Jean-Paul Sartre das menschliche Dasein als absurd. Es gäbe »keine menschliche Natur, da es keinen Gott gibt, um sie zu entwerfen. . . Der Mensch ist nichts anderes als wozu er sich macht«. Indem er die Absurdität aushält und sich bejaht, etwas unternimmt und durchhält, schafft er sich eine Existenz. Sartres 1943 erschienenes Werk L'être et le néant, »Das Sein und das Nichts«, kann als das vielleicht wirkungsmächtigste Werk des französischen E. betrachtet werden.

In Deutschland gehört Martin Heidegger (1889-1976) zu den wichtigsten Vertretern der existentialistischen Richtung. Sein Hauptwerk »Sein und Zeit« erschien erstmals 1927. Die Sprache Heideggers ist bis an die Grenze des Erträglichen manieriert. Sie erschwert das Verständnis und überspielt die Probleme mehr als sie zu lösen, wirkt jedoch auf Anhänger faszinierend und nachahmenswert. Sätze wie »Einzig, weil das Nichts im Grunde des Daseins offenbar ist, kann die volle Befremdlichkeit des Seienden über uns kommen« wirken wie eine Kreuzung zwischen Tiefsinn und Glasperlenspiel. Es ist sicher kein Zufall, daß Heidegger von dem politischen Pathos des Dritten Reiches nicht unberührt blieb und als Rektor der Universität Freiburg seinen Studenten zurief: »Nicht Lehrsätze und ›Ideen‹ seien die Regeln eures Seins. Der Führer selbst und allein ist die heutige und künftige deutsche Wirklichkeit und ihr Gesetz.«

Im Gegensatz dazu erhielt Karl Jaspers (1863-1969) von den Machthabern des Dritten Reiches »Lehrverbote«. Seine erste Veröffentlichung war eine »allgemeine Psychopathologie«. Bald jedoch verlegte er den Schwerpunkt seiner Überlegungen zur Philosophie und schuf eine Existentialphilosophie eigener Akzentuierung. Dabei stellt er sich auch der Frage nach »Ursprung und Ziel der Geschichte« (1949). Denn »wir wollen die Gesschichte als ein Ganzes verstehen, um uns selbst zu verstehen«. Die Überlegungen Jaspers' entsprangen dem Bewußtsein einer drohenden Gefahr: »Während die frühere Geschichte mit ihren Ereignissen die Substanz des Menschseins wenig betraf, scheint jetzt diese Substanz... in ihrem Kern bedroht.« In dieser Situation schien es ihm gewiß zu sein, daß »im Bezug unseres Glaubens auf die biblische Religion zuletzt die Entscheidung über die Zukunft unseres abendländischen Menschseins liegt«.

Die Existenzphilosophie hatte auch Rückwirkungen auf die Theologie, insbesondere die → dialektische Theologie und die entmythologisierende Exegese. Dabei ließ man sich bewußt oder auch unterschwellig von dem Gedanken leiten, daß eine existentielle Erfassung der Heiligen Schriften »historische Absicherungen« überflüssig mache. Während Angelus Silesius formuliert hatte, »Wär Jesus tausendmal in Bethlehem geboren, und nicht in Dir, so bliebst Du doch verloren«, wurde nunmehr die historisch Rückkopplung – entgegen der Tendenz des Neuen Testaments selbst – für unwichtig bzw. überflüssig erklärt.

Lit.: O.F. Bollnow: Existenzphilosophie, [6]1964; F. Flückiger: Existenz und Glaube, 1966; K. Jaspers: Der philosophische Glaube angesichts der Offenbarung, 1984; G. Marcel: Homo viator – Philosophie der Hoffnung, 1949.

H. Staudinger

Exkommunikation

1. Katholisch

Nach c. 1311 des kirchl. Gesetzbuches (→ Codex Iuris Canonici CIC) ist es »das angeborene und eigene Recht der Kirche, straffällig gewordene Gläubige durch Strafmittel zurechtzuweisen«. Solche Strafmittel sind »Besserungs- oder Beugestrafen« und »Sühnestrafen« (c. 1312 CIC). Zu den Beugestrafen (*censurae*), die in erster Linie darauf zielen, den straffällig Gewordenen zu bessern, gehören neben Interdikt (Ausschluß vom Gottesdienst) und Suspension (Dienstenthebung) die E. (Kirchenbann). Sie bedeutet nicht Ausschluß aus der Kirche, sondern aus der aktiven Gemeinschaft der Kirche. Sie kann von selbst eintreten oder auch ausdrücklich verhängt oder erklärt werden.

Die E. hat bestimmte Rechtswirkungen, die kirchenrechtlich festgelegt sind. So ist allen Exkommunizierten, also auch denen, bei denen die E. von selbst eingetreten ist, jeder Dienst beim eucharistischen Opfer oder sonstigen gottesdienstlichen Feiern untersagt, weiter ist verboten die Spendung von Sakramenten oder Sakramentalien und der Empfang von Sakramenten, sowie jede Ausübung kirchl. Ämter, Dienste oder Aufgaben und die Setzung von Akten der Leitungsgewalt (c. 1331 § 1 CIC). Bei Tätern, bei denen die E. durch einen kirchl. Akt verhängt oder erklärt wurde, treten zusätzliche Rechtswirkungen ein, die in c. 1331 § 2 CIC aufgeführt sind.

Von dem Verbot der Spendung von Sakramenten oder Sakramentalien und der Setzung von Akten der Leitungsgewalt werden Ausnahmen bei den Beugestrafen gemacht (Suspension), also auch bei der E., sooft es für das Heil sich in Todesgefahr befindlicher Gläubiger notwendig ist, sowie bei nicht kirchenamtlich festgestellten Beugestrafen, sooft ein Gläubiger um solch eine Handlung bittet, was ihm aus jedem gerechten Grund erlaubt ist (c. 1335 CIC).

Die E. dauert, bis sie durch einen kirchl. Akt erlassen wird. Dazu ist nötig, daß der Exkommunizierte vorher seine Widersetzlichkeit aufgibt, wofür Zeichen sind das Bereuen der Straftat, angemessene Schadenswiedergutmachung und Behebung des entstandenen Ärgernisses (c. 1347 § 2 CIC). Nach Aufgabe der Widersetzlichkeit muß der Erlaß der Strafe gewährt werden (c. 1358 § 1 CIC).

2. Evangelisch

Es darf der Kirche nicht gleichgültig sein, ob ihre Glieder bewußt an Sünden festhalten oder gar mit bewußtem Verstoßen gegen die Grundordnungen der Bibel öffentlich Anlaß zu Ärgernis oder Desorientierung geben (vgl. Barmer Erklärung, These 3). Schon in der Bibel ist darauf hingewiesen (etwa Mt 18,15ff). So hat Luther zwar den »großen Bann«, der ganz aus der kirchl. Gemeinschaft und Gliedschaft ausschließt, abgelehnt, den »kleinen Bann« (Ausschluß von Sakrament oder sonstiger kirchl. Gemeinschaft) aber bejaht (ASm III). Calvin war die Kirchenzucht ein wichtiges Anliegen (Institutio IV 12,1ff). Heute ist die Übung der Kirchenzucht in ev. Kirchen nicht von großer Bedeutung (→ Gemeindezucht). Dennoch ist die Tatsache, daß es auch heute noch kirchl. die – wenn auch kaum geübte – Möglichkeit gibt, etwa in groben Fällen unchristl. Handelns vom Abendmahl auszuschließen, ein Hinweis darauf, daß die Gemeindeglieder füreinander und für die Darstellung der Gemeinde mitverantwortlich sind, und daß die Kirche sich in ihrer geistlichen Struktur noch nicht aufgelöst hat.

Lit.: C. Link: »Bann I.«, EStL, 1966; H. Schwendenwein: Das neue Kirchenrecht, 1984; A. Stein: Evangelisches Kirchenrecht, 1980.

K. Baral

Exodus → Pentateuch

Exorzismus

E. ist ein im Namen Jesu oder des Dreieinigen Gottes an einen bösen Geist (Teufel; s. → Satan, Dämon) gerichteter Befehl, einen Menschen zu verlassen bzw. von ihm abzulassen, etwa: »Im Namen Jesu gebiete ich dir, du böser Geist, wer immer du bist, diesen Menschen zu verlassen.« Voraussetzung ist dabei die Umsessenheit oder Besessenheit eines Menschen, die trotz gegenteiliger Ansichten auch in der Gegenwart sich ereignen kann. Im unsichtbaren Reich der Finsternis existieren Satan und Dämonen als unsichtbare Geister und wirken in das Sichtbare ein (Rohrbach, 138ff). Eine Umsessenheit (*circumsessio*) besteht, wenn böse Geister den Menschen nur von außen beeinflussen, eine Besessenheit, wenn sie ihm beherrschend innewohnen, genauer: Teilbesessenheit (*obsessio*), wenn sie zeitweise, Vollbesessenheit (possessio), wenn sie dauernd Besitz ergriffen haben. Im Fall von Umsessenheit wird im E. das Ablassen vom Menschen, bei einer Besessenheit das Verlassen des Menschen (das Ausfahren) geboten (Rohrbach, 100ff). Ein E. bewirkt zunächst kein sofortiges Ablassen oder Ausfahren, bereitet es aber vor; er ist so oft wie nötig zu wiederholen. Ein E. darf nur bei echter Um- oder Besessenheit angewandt werden (nicht bei schwächeren Geistereinwirkungen wie Versuchung, okkulter Belastung, okkulter Bedrohung, (s. Rohrbach, 92f), da man sonst Geister erst herbeiruft. Der sicherste Weg zur Klärung von Um- oder Besessenheit ist der Probe-E.: Im Verdachtsfall wird über dem Betroffenen ein E. gesprochen, ohne daß er davon weiß (etwa im Nebenraum, während ein Beobachter bei ihm verbleibt). Tritt der Krisenzustand ein, im allg. ein Trancezustand, in dem Verstand und Willen völlig ausgeschaltet sind, so kann man Besessenheit annehmen. Liegt sie vor, so darf der Exorzist bestimmte Fragen an den Geist (die Geister) stellen: nach dem Namen des (Haupt-)Geistes, nach ihrer Anzahl, nach dem Grund des Einfahrens, nach dem Termin des Ausfahrens – das alles befehlend im Namen Jesu. Gehorchen werden die Geister nur dem von Jesus bestimmten Exorzisten. Fragen aus Neugier, Antworten auf Fragen der Geister sind unzulässig. Zum angegebenen Termin erfolgt der entscheidende E. zum Ausfahren. Jedem ausfahrenden Geist ist im Namen Jesu das Zurückkommen zu verbieten. Der letzte, der ausfährt, hat als Zeichen auszurufen: Jesus ist Sieger. Alles hat der Verherrlichung Jesu zu dienen. Fehlt die Vollmacht, so ist der Fall einem anderen Exorzisten abzugeben, den Jesus zuführt oder der zu erbeten ist. In der kath. Kirche wird der Exorzist vom zuständigen Bischof bestellt.

Lit.: A. Rodewyk: Dämonische Besessenheit heute, 1966; H. Rohrbach: Unsichtbare Mächte und die Macht Jesu, [3]1988.

H. Rohrbach

Extra Calvinisticum

Ein – nach längerer Vorgeschichte – 1620 von dem luth. Theologen Thumm geprägtes Schlagwort der luth. Polemik gegen die von J. → Calvin her bestimmte Theologie. Es bezieht sich auf ein bestimmte ref. Auffassung im Zusammenhang der Frage, wie sich »wahrer Gott und wahrer Mensch« in der einen Person Jesu Christi zueinander verhalten. Nach dieser Auffassung nimmt der Sohn Gottes in seiner Menschwerdung zwar ganz unsere Menschlichkeit an, ohne sich jedoch mit ihr zu vermischen. Es ist darum zu sagen, daß er zugleich »ihr ganz einwohnt und ganz außerhalb von ihr ist (lat.: *et extra eam sit*)« (so der Reformierte Maresius 1662). Von diesem *et extra* (»und außerhalb«) leitet sich das Schlagwort ab, und es verbindet sich mit dem Namen Calvin, weil schon er lehrte: »Das Wort (Gottes) ist zwar in der Unermeßlichkeit seines Wesens mit der Natur des Menschen zu einer Person zusammengewachsen, aber doch nicht darin eingeschlossen« (Institutio II,13,4; vgl. Heidelberger Katechismus Frage 48). Die luth. Polemik hat diese Lehre oft zum Anlaß genommen, der ref. Theologie das Bedingtsein durch ein phil. Prinzip vorzuwerfen (*Finitum non capax infiniti*, »Das Endliche kann das Unendliche nicht fassen«). Der Vorwurf ist nicht richtig, nicht nur, weil diese ref. Lehre gute, alte theol. Tradition für sich hat, sondern vor allem darum, weil ja mit der Lehre keineswegs die wirkliche, »ganze Einwohnung« des Gottessohns in der Menschheit bestritten wird; sie behauptet ja zugleich die ganze Verbindung des Gottessohns mit dem von ihm angenommenen »Fleisch«. Das Anliegen dieser Lehre ist vielmehr zum einen die Betonung, daß der vom Gottessohn in seine Gemeinschaft aufgenommene Mensch wirklich Mensch ist, einer wie wir, da wir sonst nicht unserer Erlösung gewiß sein könnten. Ihr Anliegen ist zum anderen die Hervorhebung des Ereignisses der Menschwerdung in ihrem Gefälle von Gott her, so daß ihr Ertrag nicht in ein menschliches »Haben« umgedeutet werden kann. Beides vermißten die Reformierten in der luth. Lehre, die dagegen stark das ganze Eingegangensein des göttlichen Worts in das menschliche »Fleisch« und das dadurch bewirkte Hineingenommensein des Fleisches in das göttliche Wesen aussagte. Die Reformierten sahen dort die Gefahr der Vergottung des menschlichen »Fleisches« drohen. Umgekehrt hatten sie selbst Mühe, den luth. Vorwurf zu entkräften, sie trennten hier, was Gott zusammengefügt habe: Gott und Mensch. Es ist heute unter Reformierten anerkannt (vgl. K. Barth, KD II/1, 548ff), daß in dieser Sache eine Lösung gefunden werden muß, in der die Anliegen beider Positionen verbunden und in der die auf beiden Seiten drohenden Gefahren ausgeschlossen sind.

Lit.: W. Neuser, in: C. Andresen (Hg.): Handbuch der Dogmen- und Theologiegeschichte. Bd. 2, 1980, 247-250, 320-321.

E. Busch

Extra ecclesiam nulla salus

»Es gibt kein Heil außerhalb der Kirche.« → Cyprian (gest. 259) (ep 73,21 u.ö., aber z.B. auch Origenes: »Außerhalb dieses Hauses, d.h. der Kirche, wird niemand gerettet.« Hom. Iesus Nave 3,5) betonte gegen die durch die dezische Christenverfolgung zu Einfluß gekommenen enthusiastischen Strömungen (Novatian) die Heilsnotwendigkeit der Kirche. Der in der Sukzession der → Apostel stehende → Bischof ist Repräsentant und Garant der Einheit. Innerhalb des durch ihn markierten Raumes findet sich das Heil. Die → Reformation rezipierte diesen Satz und interpretierte ihn von dem in seinem Wort durch den Heiligen Geist gegenwärtigen Herrn her: Kirche Jesu Christi entsteht nicht durch den Entschluß von einzelnen Gläubigen, sondern ist Schöpfung Gottes, in der dieser - durch Wort und Sakrament (CA VII) - Menschen zum Glauben ruft, heiligt, begabt, in Dienst stellt. Die luth. Orthodoxie hielt von Eph 2,12f; 4,17; 5,8; 1Petr 2,9; Offb 22,15; 21,8 her fest: »Diejenigen, die sich außerhalb der (sc. so gekennzeichneten) Kirche befinden, sind fern von Gott, von Christus, von den Wohltaten des himmlischen Reiches und der Hoffnung auf das ewige Heil.« (Joh. Gerhard, Loci theol. XI, 39).

Lit.: Y. Congar: Heilige Kirche, 1966, 434ff.

E. Hahn

Ezechiel → Propheten Israels

Eznik von Kolb → Armenien

Faber Stapulensis (ca. 1455-1536)

F., Jakob, genannt Stapulensis, gilt als führende Persönlichkeit des franz. Humanismus. In vertieftem Wissen sah er einen Zugang zu einem intensiveren Glaubensleben. Er inspirierte die reformat. Bewegung und kath. Reform.

F. wurde zwischen 1450 und 1460 in Etaples (Picardie) geboren, erhielt 1479 den Bachelier des arts und lehrte dann am Collège du Cardinal Lemoine in Paris. Während eines längeren Italienaufenthalts (wohl 1492-1500) kam er in Kontakt mit führenden Humanisten. Ab 1508 befand er sich auf Einladung des Abtes Guillaume Briçonnet im Kloster St. Germain des Prés. Als Briconnet 1516 Bischof von Meaux wurde, folgte F. ihm ca. 1520 und unterstützte ihn in der Diözesanverwaltung (1521 Generalvikar). Während seiner Pariser Lehrtätigkeit bemühte sich F. erfolgreich um eine umfassende Edition des → Aristoteles. Er strebte danach, aristotelische und platonische Konzeptionen miteinander zu verbinden. Angeregt durch die Mystik und Vertreter der → Devotio moderna rückte zunehmend das Bibelstudium in den Mittelpunkt. Dabei bildet die 1530 erschienene franz. Vulgataübersetzung seine größte Leistung. F. wollte die Bibel einer breiten Leserschicht zugänglich machen, damit jeder über die Schrift Christus begegnen kann.

Bei seinen exeget. Studien bediente sich F. philologischer Methoden und kam zu Einsichten, die der Tradition widersprachen, wodurch er in Konflikt mit der theol. Fakultät der Sorbonne geriet. König Franz I. bewahrte F. vor einem bereits eingeleiteten Ketzerprozeß. F. trat 1526 in dessen Dienst und lebte ab 1530 bis zu seinem Tod 1536 am Hof der Königin Margarete von Navarra, einer Schwester des franz. Königs.

Lit.: BBKL 1, 1975, 1582-1584 (Werke u. Lit.); LexMA 5, 1991, 1793f (Lit.).

W. Weiß

Fabri, Friedrich (1824-1891)

F., geb. am 12. 6. 1824 in Schweinfurt/Main, gest. am 18. 7. 1891 in Würzburg. Studium der Theologie von 1841-45 in Erlangen (K. v. Raumer, E.A. v. Schaden) und Berlin (→ Ranke, → Schelling, → Steffens, → Marheinecke, → Neander, → Henstenberg), 1848 Stadtvikar in Würzburg, 1851 Pfarrer in Bonnland (Begegnung mit C.A. → Auberlen, Studium der Schriften → Oetingers und → Baaders), 1857-1884 Inspektor der Rheinischen Mission in Barmen, 1889 Honorarprofessor in Bonn. F. hatte eine umfassende Schau von der Aufgabe ev. → Mission und war offen für die → Erweckungsbewegung und die Ev. → Allianz. F. überwand die konfessionellen Gegensätze bei Missionaren und Heimatgemeinden, indem er sie zur gegenseitigen Achtung der luth., ref. und unierten Eigenheiten verpflichten konnte. Er sorgte für eine Vertiefung der theol. Ausbildung am Barmer Missionshaus (theol. Hauptwerk: Der Sensus Communis, das Organ der Offenbarung Gottes in allen Menschen, 1861, v.a. von Oetinger beeinflußt) und eine Ausweitung der Missionsarbeit in Indonesien. Darüber hinaus wirkte er literarisch im Bereich der Sozialpolitik (Arbeiterfrage, Armenpflege), der Kirchenpolitik (Trennung von Kirche und preußischem Staat unter Beibehaltung der Volkskirche, Ausgleich der konfessionellen Standpunkte in der Union) und der Kolonialpolitik. Mit seiner Schrift: »Bedarf Deutschland der Kolonien?« (1879) hat er einen Anstoß zur kolonialen Bewegung in Deutschland gegeben. Er forderte ein Verbot der Alkoholeinfuhr in den Kolonien und aktive Unterdrückung des Sklavenhandels. Als Freund Th. → Christliebs schrieb er dessen Nekrolog (1889).

Lit.: K.J. Bade: Friedrich Fabri und der Imperialismus in der Bismarckzeit, 1975; J. Ohlemacher: Das Reich Gottes in Deutschland bauen, 1986, 106-120; E. Sachsse: »Fabri, Friedrich«, RE^3, 723-730; W.R. Schmidt: Mission, Kirche und Reich Gottes bei F. Fabri, 1965.

L. Rott

Fabricius, Johann Albert (1668-1736)

F., geb. am 11. 11. 1668 in Leipzig, gest. am 16. 1. 1736 in Hamburg, ursprünglich Philologe und Literaturhistoriker, Professor und später Rektor am Gymnasium Johanneum in Hamburg, Schwiegervater von H.S. → Reimarus, der 1737 über das Leben und die Werke von F. (in lat. Sprache) berichtete. Seine Beschäftigung mit der griech. und lat. Literatur, aber auch mit der Kirchen- und Missionsgeschichte, schließlich auch mit der Pseudepigraphie des AT und NT öffneten ihn für die Theologie. Mit zahlreichen Freunden gründete er die physiko-theologische Bewegung, welche die Majestät Gottes in seiner Schöpfung suchte, erkannte und pries. F. gilt als wichtiger Vertreter der werdenden → Aufklärung in Deutschland, hat aber sowohl die Skepsis eines Chr. → Wolff als auch den engl. und französ. → Deismus abgelehnt und sich auf Grund eines klaren Offenbarungsglaubens für das Christentum eindrucksvoll apologetisch in seinem »Syllabus« eingesetzt.

Lit.: U. Möller: J.A.Fabricius, in: Zeitschrift des Vereins für Hamburgische Geschichte 36, 1937 (Lit.).

G. Ruhbach

Fachbereiche, theologische → Fakultäten, theologische

Fachhochschulen für Sozialwesen → Sozialwesen, Fachhochschulen für

Fachschaften, theologische → Fakultäten, theologische

Fackelträger

Die Missionsgemeinschaft der F. ist international und überkonfessionell in ihrem Charakter. In Deutschland sieht sie ihre Dienste im Rahmen volksmission. Möglichkeiten innerhalb der Ev. → Allianz. Major W. Ian Thomas, der Gründer dieser Bewegung, begann 1947 die Arbeit in Capernwray Hall, England. 1958 entstand die Klostermühle in Obernhof/Lahn als Freizeitheim, und 1960 wurde die erste Bibelschule durchgeführt. Das Anliegen der F. ist es, junge Menschen mit der Bibel zu konfrontieren und den Glauben an den lebendigen, auferstandenen Jesus Christus zu bezeugen. Im Sommer finden in den Jugendzentren Freizeiten, Fitness- und Musikwochen sowie Tagungen für junge Familien statt. In den Wintermonaten wird ein sechsmonatiger Bibelkurs durchgeführt. In einem parallel laufenden Programm werden Konfirmandengruppen betreut.

Bis 1975 leitete J. Dwight Wadsworth die F.arbeit in der Klostermühle, seitdem Bernhard Rebsch.

Weitere Zentren: Bodenseehof/Friedrichshafen, Schloß Klaus/Österreich, Tauernhof/Österreich, Hinterholz/Schweiz, Holsby-Brunn/Schweden und in Costa Rica, Texas, Colorado, Kanada, Indonesien, Australien, Neuseeland, Japan und Capernwray Hall/England.

Lit.: W. I. Thomas: Christus in Euch-Dynamik des Lebens, [9]1990; ders.: Man braucht Gott um Mensch zu sein, [2]1988; ders.: Tote können nicht sterben, [2]1989.

B. Rebsch

Fakultät/-en, theologische

(Vorbemerkung: Der Artikel beschränkt sich auf die T.F.en im deutschsprachigen Raum seit dem 16. Jh.).

T.F.en gibt es, seit es ab dem 13. Jh. Universitäten mit mehreren F.en gibt. Die T.F. gehört zu den oberen F.en und nahm vor der juristischen und medizinischen F. den ersten Rang ein. Als Zubringer für die oberen F.en galt die Artistenfakultät, die jeder Student zu durchlaufen hatte. Im MA erfolgte die Klerikerausbildung weitgehend an Kloster- bzw. Kathedralschulen des zuständigen Bischofs. Die T.F.en waren also vorwiegend für den gelehrten Nachwuchs vorgesehen. → Humanismus und → Reformation stellten die gesamte Bildung der Zeit auf eine höhere Stufe. Trotzdem gab es noch im ganzen 16. Jh. Pfarrer ohne akademische Ausbildung oder nur mit Abschluß in der Artistenfakultät. Ab ca. 1600 hatte jeder ev. Geistliche ein akademisches Studium mit Examen vor seiner Anstellung nachzuweisen. Nun erst erfolgte generell in den T.F.en die Ausbildung zum Pfarrer und Lehrer; letztere waren bis ins 19. Jh. hinein in der Regel ebenfalls Theologen. Bis ca. 1850 hatte eine normale T.F. 15 bis 20% aller Studenten einer Universität. Dieser Studentenanteil ist erst im 20. Jh. rasant zurückgegangen.

Die im 16. Jh. erneuerten Kirchen waren in der Regel zu Landeskirchen geworden, für die der Landesherr die Fürsorge – auch in der Pfarrerausbildung – übernommen hatte. So wurden zahlreiche Universitäten bzw. F.en neu gegründet: Marburg 1527; Königsberg 1544; Jena 1548; Straßburg 1566; Helmstedt 1568; Altdorf b. Nürnberg 1580; Herborn 1584. Die Professoren der T.F.en waren neben ihrer Lehrtätigkeit auch als Gutachter, Eherichter, Visitatoren und im Konsistorium der Landeskirche tätig, gelegentlich auch als Ordinatoren. Über Jh.e hin hat sie das fest mit der Kirche verbunden, und erst im 19. Jh. änderte sich diese enge Beziehung im Sinne eines deutlich größeren Abstandes zwischen F. und Landeskirche. Besonders für die Territorien, die keine Landesuniversität/F. hatten, hatten die Professoren über längere Zeit hin landesübergreifende Bedeutung. Immer haben auch Ausländer (in Ostdeutschland aus Polen und den Balkanstaaten, in Mittel- und Süddeutschland aus Holland, Frankreich und der Schweiz, in Rostock aus Skandinavien) an deutschen F.en studiert. Dagegen haben immer wieder deutsche Landesherren ihren Landeskindern untersagt, außerhalb der eigenen Territorialuniversität zu studieren.

Im 17. und 18. Jh. wurden weitere Universitäten gegründet: Gießen 1607 (gegen das ref. gewordene Marburg; es hatte die erste pietist. Fakultät in Deutschland noch vor Halle), Rinteln 1621, Kassel 1632, Kiel 1655, Halle 1693, Göttingen 1734, Erlangen 1743, jeweils mit einer T.F. Im Zusammenhang mit den Folgen der Franz. Revolution wurden mehrere, vor allem kleinere Universitäten bzw. F.en aufgehoben: in ev. Territorien Altdorf, Erfurt, Helmstedt, Herborn, Rinteln, Straßburg und Wittenberg. Im 19. Jh. wurden Berlin (1810), Bonn (1819) und Straßburg (1871) neu gegründet, Bonn und Straßburg mit zwei T.F.en. Auch an anderen Universitäten gibt es seit dem 19. Jh. zwei F.en: in Breslau 1811, Tübingen 1817, Gießen 1827 auch eine kath. T.F. und in Münster 1914 eine ev. T.F. Die nach dem Ersten Weltkrieg gegründeten Universitäten Frankfurt/Main, Hamburg und Köln blieben zunächst ohne T.F. In Hamburg wurde die dortige Kirchliche Hochschule 1952 in eine ev. T.F. verwandelt, in Frankfurt/Main wurden aus den »Betriebseinheiten Theologie« vor wenigen Jahren zwei T.F.en. Die ev. T.F.en in Breslau, Gießen und Königsberg sind nach 1945 erloschen. Die Universitätsneugründungen (nach 1945) Mainz und Bochum haben zwei T.F.en, die bayerischen Neugründungen Augsburg, Bamberg, Regensburg und Passau eine kath. T.F. erhalten; auch die neu errichteten Gesamthochschulen sind in der Regel mit theol. Lehrstühlen ausgestattet, wenngleich meistens ohne Fakultätsstatus.

Gegenwärtig gibt es 12 ev. T.F.en an den Universitäten der alten Bundesländer (Tübingen, Heidelberg, Erlangen, München, Mainz, Bonn, Münster, Bochum, Marburg, Göttingen, Hamburg und Kiel) und 6 ev. T.F.en in den neuen Bundesländern (Berlin, Greifswald, Halle, Jena, Leipzig, Rostock). Die Bestandsgarantie der Fakultäten ist durch Landesverfassung und Staatskirchenverträge zwischen Bundesländern und Landeskirchen geregelt, allerdings nicht für die T.F.en in den neuen Bundesländern. Bei der Berufung der Professoren stellt der Kultusminister zu den jeweiligen Landeskirchen das Benehmen, bei der Berufung eines Praktischen Theologen das Einvernehmen her. Im übrigen sind die Mitwirkungsrechte der ev. Landeskirchen bei der Fakultätsbesetzung sehr gering.

Seit der Aufklärung (vgl. I. Kant: Streit der Fakultäten, 1798) ist die Stellung der T.F. im ganzen der Universitäten umstritten (angebliche Unvereinbarkeit von Voraussetzungslosigkeit wissenschaftl. Denkens mit rel.-kirchl. Bindung). Andererseits ist der rel.-neutrale Staat verpflichtet, die Religions- und Kirchenfreiheit zu schützen und zu garantieren. Ob die Existenz der T.F. an der Universität in absehbarer Zeit gefährdet sein wird, läßt sich schwer voraussagen. Die Befürchtung, die Errichtung Kirchlicher Hochschulen im 20. Jh., die das staatliche Bildungsmonopol in der Theologenausbildung durchbrochen hat, könne die Universitätsfakultäten bedrohen, hat sich längst als unbegründet erwiesen.

Aufgabe einer T.F. ist die Pflege der Theologie als Wissenschaft in Forschung und Lehre sowie die Ausbildung von Pastoren und Religionslehrern v. a. für die beiden großen Kirchen. Im MA und im 16. Jh. hat es in der Regel nur zwei Professuren an einer T.F. gegeben, eine für bibl. und eine für dogmat. Theologie. Im 18. Jh. differenzierte sich die bibl. Theologie in zwei Professuren aus, in Altes Testament und Neues Testament, außerdem kam die Kirchengeschichte als neue Disziplin hinzu. An den einzelnen Fakultäten erfolgte die Differenzierung zeitlich sehr verschieden; so wurde die Kirchengeschichte als Disziplin in Helmstedt 1650, in Tübingen erst 1720 eingeführt. Vorher hatte sie Gastrecht in der juristischen, in der philosophischen und sogar in der medizinischen Fakultät. Die Praktische Theologie kam erst im 19. Jh. – unter dem Einfluß Schleiermachers – als eigene Disziplin hinzu. Habilitationen in Theologie gibt es erst seit dem 19. Jh., und zwar nur im deutschsprachigen Gebiet. Bei diesen fünf Professuren ist es über lange Zeit geblieben. Missions- und Religionswissenschaft als Disziplin gibt es erst nach 1945, und zwar nur in Hamburg, Bochum, Mainz, Heidelberg, Tübingen und Erlangen; über einen Lehrstuhl für Sozialethik bzw. christl. Gesellschaftslehre verfügen mittlerweile die meisten ev. T.F.en, christl. Archäologie wird hier und dort durch andere Disziplinen mit vertreten. Nach dem Zweiten Weltkrieg hat sich die Zahl der Lehrstühle je nach Studentenzahl verdoppelt oder sogar verdreifacht. Bei der restriktiven Hochschulpolitik der Bundesländer haben bereits mehrere T.F.en Lehrstühle abgeben müssen.

Die kath. Theologenausbildung ist – in der Reaktion auf die Reformation – durch das Tridentinum und im 20. Jh. durch das II. Vaticanum grundlegend reformiert worden. Im Zuge der Gegenreformation haben vor allem die Jesuiten die Theologie auf ein mit der ev. Theologie vergleichbares Niveau gehoben, neue Ausbildungsstätten (Kollegs bzw. Universitäten) eingerichtet und alte neu besetzt. Jeder Bischof ist seit dem späten 16. Jh. verpflichtet, zumindest über Diözesanseminare für eine qualifizierte Ausbildung der Priester zu sorgen. Seit 1564 müssen Professoren vor Übernahme des Lehramtes ein »Glaubensbekenntnis« (professio fidei) ablegen, das erst nach 1965 durch eine offenere Erklärung ersetzt wurde. Der für die F. zuständige Bischof hat das Recht, bei der Besetzung der Professur mitzuwirken. Ohne sein »nihil obstat« kann der Kultusminister, wie im noch gültigen Reichskonkordat von 1933 geregelt, nicht berufen; der Bischof kann auch die missio canonica, also die Lehrbefugnis, bei Einwänden gegen Lehre und Lebenswandel des Hochschullehrers entziehen. Der Kultusminister muß dann den Lehrstuhl neu besetzen und dem entlassenen Professor (als Staatsbeamten) eine neue, entsprechende

Lehrtätigkeit verschaffen. Im 19. Jh., besonders im → Kulturkampf, hat sich die kath. Kirche diese Rechte erstritten und bis in die Gegenwart hinein bewahrt.

In den alten Bundesländern gibt es 12 kath. T.F.en (Tübingen, Freiburg, München, Würzburg, Regensburg, Augsburg, Passau, Bamberg, Mainz, Bonn, Münster und Bochum). Eichstätt hat eine T.F. an der Katholischen Universität in Trägerschaft der Kirche. In der früheren DDR gab es keine kath. T.F. Das Phil.-Theol. Seminar in Erfurt soll bei Begründung einer Erfurter Universität zur kath. T.F. werden. Die Lehrstühle an kath. T.F.en entsprechen denen an ev. T.F.en. Eigene Lehrstühle gibt es für christl. Philosophie, für Fundamental-, Moral- und Pastoraltheologie, auch für christl. Gesellschaftslehre. Die Kirchengeschichte ist grundsätzlich in Patristik einerseits und mittelalterl. und neuere Kirchengeschichte andererseits aufgeteilt. Wie weit sich an Universitäten mit zwei T.F.en die jeweilige Doppelbesetzung halten lassen wird, bleibt abzuwarten.

In Österreich gibt es eine ev. T.F. in Wien (1384; seit 1819 Prot. theol. Lehranstalt, 1850 Rechte einer F., 1922 Eingliederung in die Universität) und vier kath. T.F.en in Wien, Graz, Salzburg und Innsbruck.

In der Schweiz bestehen ev. T.F.en in Basel (1460), Bern (1528, Ausbau zur F. 1805 bzw. 1834), Genf (1559, Ausbau zur F. 1877), Neuchâtel, Lausanne und Zürich (1523, Ausbau der F. 1833) und kath. T.F.en in Fribourg und Luzern. Altkatholische Theologie kann in Bonn (Seminar) und Bern (Christ.kath. F.) studiert werden. Basel hatte seit 1836 bis in die 60er Jahre des 20. Jh.s eine, zeitweise zwei von ursprünglich pietist. Kreisen aus der → Christentumsgesellschaft getragene Stiftungsprofessuren (J. T. → Beck; J. → Kaftan; A. → Köberle); ab 1993 besteht wieder eine Stiftungsprofessur »in pietistischer Tradition«, initiiert von der Pilgermission St. → Chrischona in Verbindung mit einem Förderkreis in Deutschland und der Schweiz.

Neben den von Saat oder Kirchen getragenen F.en bestehen im deutschsprachigen Bereich zwei freie T.F.en mit evangelikaler Prägung: Die 1970 gegründete Freie Ev.-Theol. Akademie in Riehen bei Basel (als Akademie staatlich anerkannt, mit Promotionsrecht einer Filiale in Genf) und die Freie Theol. Akademie in Gießen (1974 in Seeheim gegründet).

Lit.: G.A. Benrath: Die Universität der Reformationszeit, ARG 57, 1966, 32-53; A. von Harnack: Die Bedeutung der Theologische Fakultät, in: PrJ 175, 1919, 362-374; M. Kähler: Die ev. Kirche und die Theologische Fakultät, in: Die Universitäten und das öffentliche Leben 1891, 99-129; H. Mulert: Evangelische Kirche und Theologische Fakultät, 1930; H. Mussinghoff: Theologische Fakultät im Spannungsfeld von Staat und Kirche, 1979; F. Paulsen: Geschichte des gelehrten Unterrichts auf den deutschen Schulen und Universitäten vom Ausgang des Mittelalters bis zur Gegenwart, [3]1919-1921; E.-L. Solte: »Fakultät Theologische«, TRE 10, 1982, 788-795; H. Thielicke: Was ist Wahrheit? Die Theologische Fakultät im System der Wissenschaften, 1954; W. Weber: Der gegenwärtige Status der Theologischen Fakultäten und Hochschulen, in: Tymbos für W. Ahlmann, 1951, 309-326.

G. Ruhbach

Falk, Johannes Daniel (1768-1826)

F., geb. am 28. 10. 1768 in Danzig, gest. am 14. 2. 1826 in Weimar, Dichter von »O du fröhliche«, war zunächst als satirischer Schriftsteller, hernach als Vater verwahrloster Kinder und christl. Pädagoge tätig.

Enttäuscht von einer rationalistisch geprägten Theologie wandte sich F. als Student in Halle der schönen Literatur zu. Gefördert von Gleim und Wieland ließ er sich 1797 in Weimar nieder, wo er in engem Kontakt mit Wieland und Herder stand. Aus seinen häufigen Begegnungen mit → Goethe entstand ein vielbeachtetes Büchlein über diesen (posthum 1832). 1806 sorgte F. als Diplomat für Linderung der Kriegsnot und wurde daraufhin zum Legationsrat ernannt. 1813 starben vier seiner Kinder; in derselben Zeit erkannte F. es als seine Aufgabe, durch den Krieg elternlos gewordene, verwahrloste Kinder bei sich aufzunehmen, sie in christl. Glauben und Freiheit zu erziehen und ihnen eine solide Berufsausbildung zu vermitteln. Seine »Gesellschaft der Freunde in der Not« förderte bis zu F.s Tod über 500

Zöglinge. Das Werk fand Unterstützung und Nachahmung im In- und Ausland. Wichern sah in F. eines seiner großen Vorbilder.

Lit.: Geheimes Tagebuch, hg. v.E. Schering, 1964; Die Prinzessin mit dem Schweinerüssel. Lustspiele, Gedichte, Publizistik, hg. v. P. Saupe, 1988. *J. Demandt*

Falkenberg, Bibelschule → Gnadauer Bibelschule Falkenberg

Familie

1. Die Familie als Institution der Gesellschaft

Soziologisch betrachtet ist die F. eine Institution in der Gesellschaft, ist also menschlicher Beobachtung und Erforschung zugänglich. Trotz aller Wandlungen des Familienverständnisses in den einzelnen Kulturen und im Laufe der Geschichte werden doch noch die meisten Menschen in F.n geboren und leben in F.n. Selbst starke ideologische Angriffe auf die F. im herkömmlichen Verständnis haben nicht zu ihrer grundsätzlichen Auflösung oder Ersetzung durch andere Strukturgebilde führen können. H. Thielicke weist das beispielsweise nach an der »Ehe und Familie im Marxismus« (vgl. Theol. Ethik, Bd. 3, § 290-316). F. ist nach wie vor die bedeutendste Primärgruppe, durch die die entscheidende Sozialisation des Menschen erfolgt, wenn auch heute andere Bereiche des gesellschaftl. Lebens entlastend, ergänzend und weiterführend hier mitbeteiligt sind. W. Trillhaas nennt sie »Keimzelle der Völker« und »Urform des Gemeinschaftslebens«. Auch die psychoanalytische Forschung hat die Bedeutung der Eltern als entscheidender primärer Bezugspersonen im Blick auf die frühkindliche Sozialisierung herausgestellt. Damit hat sie »Argumente geliefert für den Alleinerziehungsanspruch der Eltern in der frühen Kindheit« (S. Keil). Als Lebens- und Erziehungsgemeinschaft ist die F. eine »ursprüngliche und vorstaatliche biosoziale Gruppe« (S. Keil). Die entscheidenden Funktionen, aus denen sich die speziell familienbezogenen Verhaltensmuster ergeben, sind die Gattenfunktion und die Eltern-Kind-Funktion. Man nennt sie die Kernfunktionen und spricht deshalb auch von der F., sobald und solange diese Funktionen vorhanden sind, als von der Kernfamilie.

2. Die Familie im gesellschaftlichen Wandel

Im Verlauf der Geschichte begegnen uns im wesentlichen drei bedeutende F.nformen: die patriarchalische Großfamilie, die patriarchalische Kleinfamilie, die moderne F.

a. Die patriarchalische Großfamilie umfaßt in der Regel die Eltern mit den verheirateten und unverheirateten Kindern und ihren Kindern, also drei Generationen. Wie ihr Name sagt, galt die Vorrangstellung des Mannes als F.noberhaupt. Sie begegnet vor allem in vorindustrieller Zeit in haus- und dorfwirtschaftl. ausgerichteten Gesellschaften. Ihre Besonderheit ist ihr Funktionenreichtum. Vielfach war sie eine wirtschaftl., juristische, kulturelle und rel. Einheit, da alle diese Funktionen in ihrem Rahmen abgewickelt wurden. Und sie legten sich wie ein schützender Kranz um die Kernfunktionen des Gatten- und Generationenverhältnisses. Das gab dieser Familienform besondere Stabilität.

b. Die patriarchalische Kleinfamilie umfaßt Eltern und unverheiratete Kinder, jedenfalls soweit sie nicht durch Beruf und Alter den engeren F.nverband verließen. Diese F. findet sich in Europa und den USA meist noch bis zum Zweiten Weltkrieg.

c. Die moderne F. umfaßt Eltern und unverheiratete, noch nicht erwachsene Kinder. Sie kam in den USA und Europa auf und greift allmählich auf die übrigen Kulturkreise über. Ihre besonderen Kennzeichen sind:

- Partnerschaftliches anstelle patriarchalischen Gattenverhältnisses;
- Abbau des autoritären Eltern-Kind-Verhältnisses;
- Häufige Berufstätigkeit beider Eltern;
- Neigung der Kinder, bei der Partner- und Berufswahl sich vom Willen der Eltern unabhängig zu machen;
- Ideal der Kleinfamilie;
- Häufiger Orts- und Berufswechsel der Eltern (Mobilität);
- Zunehmend kinderfeindliche Struktur moderner Wohnverhältnisse.

Dazu kommen zwei weitere Kennzeichen: Die Desintegration und Desorganisation der moderen F. Beides hängt zugleich zusammen.

Desintegration meint die zunehmende Ausklammerung der F. aus den gesamtgesellschaftl. Funktionen, die sie in früheren Zeiten erfüllt hat. Das zeigt sich einmal darin, daß ein großer Teil der für das Leben nötigen Informationen durch außerfamiliäre Institutionen geliefert wird. Dann werden viele gesellschaftl. wichtige Verhaltensmuster erst außerhalb der F. erlernt. Auch der Wertepluralismus der Moderne nimmt der F. die entscheidend prägende Funktion hinsichtlich der Wertvorstellungen des jungen Menschen. Schließlich erfolgt ein deutlicher Bruch mit jahrhundertelang gültigen Traditionen hinsichtlich des Lebensstils in Essen, Trinken, Kleidung, Fest- und Feiergestaltung, der Einstellung zu Volkstum, Vaterland, Religion, Sitte.

Desorganisation bedeutet die fortschreitende Veränderung der Innenstruktur der F. Da der größte Teil des Lernens außerhalb der F. erfolgt, verbringt der junge Mensch auch die meiste Zeit in außerfamiliären Bereichen (Schule, Vereine, Kurse, Interessengruppen). Freizeitgestaltung vollzieht sich ebenfalls meist in außerfamiliären Bereichen. Problembearbeitung, die früher im Kreis der F. geschah, wird mehr von modernen Therapieangeboten oder dem Rat Gleichgesinnter übernommen.

Gerade angesichts dieser Herausforderungen beteiligt sich auch die christl. Sozialethik an der Sorge um den Weiterbestand der F. Bevor sie Lösungsangebote anbieten kann, muß sie sich auf das Wesen der F. im christl. Sinne besinnen.

3. Die Familie als Stiftung Gottes

Wenn auch die F. als unaufgebbare Institution von Soziologie und Psychologie weithin erkannt wird, wenn man auch F. aus bestimmten grundlegenden Bedürfnissen des Menschen wie Sexualtrieb, Gesellungstrieb, Verlangen nach Sicherheit und Nahrung herleiten kann, so ist damit für christl. Theologie noch nicht das entscheidende Fundament gelegt. Denn gesellschaftl. über lange Zeit stabile Einrichtungen können ja auch fragwürdigen Tendenzen der sündigen Natur des Menschen entspringen, was das Beispiel der Kriege zeigt. Sie können ebenso vorübergehende, hilfreiche Institutionen sein, die zu gegebener Zeit durch andere mit dem gleichen Recht abgelöst werden können.

Als göttliche Stiftung jedoch sind sie verbindlich durch göttliche Anordnung, in der der Wille des Schöpfers und Erlösers zum Ausdruck kommt. Das zeigt sich bei der F. in drei Grundfunktionen:

a. Zuordnung der Partner

Gott hat Mann und Frau zu gegenseitiger Gemeinschaft in Entsprechung geschaffen und bestimmt (1Mo 2,18-23). Diese Gemeinschaft ist vorrangig vor jeder anderen Beziehung (1Mo 2,24).

b. Vermehrung und Weltgestaltung

Der Mensch soll durch Vermehrung zugleich eine Bereicherung und ein Segen für die ihm anvertraute Welt sein und über sie eine befreiende Herrschaft ausüben, um sie so ihrer göttlichen Bestimmung zuzuführen (1Mo 1,28-30; 2,15; Ps 8).

c. Generationenverantwortung

Wie das von Gott gesetzte Gattenverhältnis nur unter Gottes Segen und unter seinem Wort die rechte Ausprägung findet, so gilt es auch im Blick auf das Generationenverhältnis. Es vollzieht sich nicht instinktmäßig wie Brutpflege und Aufzucht bei den Tieren, sondern lebt vom beiderseitigen Hören auf das Wort des Schöpfers und Erlösers. Schon im AT sind die Weitergabe des Wortes Gottes und die Vermittlung der heilsgeschichtl. Traditionen vornehmste Aufgabe der Eltern gegenüber den Kindern (5Mo 6,20-25). Dies wird von den Haustafeln des NT aufgenommen und spiegelt sich dort in der Redewendung »in dem Herrn« (Eph 6,1-4; Kol 3,20-22). Wo dies Verhältnis recht verstanden wird, kann auch die durch die jeweilige gesellschaftl. Situation bestimmte Alternative von emanzipiertem und autoritativem Verhalten durchbrochen werden. An ihre Stelle tritt dann eine Zuordnung in Liebe, die den anderen jeweils in seiner Gabe und Aufgabe, die ihm von Gott zukommt, annimmt.

4. Christliche Familie in der Herausforderung

Es ist wichtig, daß christliche F. heute sich weder zu einer Auflösung der F.ngemeinschaft infolge von Desintegration und Desorganisation drängen läßt, noch daß sie sich ängstlich in den Innenbereich der F. zurückzieht. Sie muß und darf auch die gegenwärtige Situation als von Gott überwaltet annehmen. Sie wird die »Notwendigkeit ergänzender, die Kleinfamiliensozialisation erweiternder Sozialisationsräume« (Keil) wie Schule, Berufsbildungswesen, Gruppen, Vereine u.ä. anerkennen. Aber sie wird die durch die damit verbundenen Begegnungen und Informationen aufgeworfenen Fragen und Probleme in ihrem Innenbereich bearbeiten müssen. So wird sie für den einzelnen zu einer Art Umschlaghafen der Gesellschaft und erlangt eine neue Bedeutung. Auch wird christl. F. im Rahmen der individuellen Möglichkeiten Anlaufstelle für Vereinsamte und andere Menschen mit sozialen Integrationsschwierigkeiten sein können. Von christl. Kirchen und Gemeinden und ihren verantwortlichen Vertretern darf erwartet werden, daß sie den staatlichen Organen gegenüber darauf hinarbeiten, daß die Rahmenbedingungen für eine gesunde Familienentwicklung im erwähnten Sinne gewährleistet sind.

Im Gemeindeleben werden christl. F.n gerade angesichts zunehmender Entchristlichung großer Bevölkerungsteile durch Hauskreisarbeit, Besuchs-

und Einladearbeit, auf dem Wege über Kontakte und Nachbarschaftshilfe einen wesentlichen Teil unterstützender Vorfeldarbeit leisten können.

Lit.: L. Bormuth: Keine Angst vor der Familie, 1985; S. Keil: »Familie«, TRE 11, 1983, 1-23; H. Thielicke: Theologische Ethik, Bd. 3, ²1968; W. Trillhaas: Ethik, ³1970.

K.-H. Bormuth

Farel, Guillaume (1489-1565)

G.F. ist 1489 in Gap (Dauphiné, Frankreich) geboren. 1509 geht er zum Studium nach Paris, wird 1517 Magister artium, Lehrer am Collège Cardinal LeMoine, 1521 Laienprediger in der Diözese Meaux. In dieser Zeit (1519/22) löst er sich, unter dem Einfluß von → Faber Stapulensis u.a. von der bestehenden Kirche, wird zum scharfen Kritiker ihrer Mißstände und öffnet sich reformat. Gedanken. Dies setzt sich seit 1523 in Basel fort (Begegnung mit Oekolampad u.a.). Nach seiner Vertreibung dort (Kritik an → Erasmus) wirkt er in der Grafschaft Montbéliard (seinerzeit württembergisch), predigt und verwaltet die Sakramente, obwohl nicht ordiniert. Nach kurzem Aufenthalt in Straßburg (Begegnung mit → Capito u.a., 1525/26) geht er nach Aigle (1526-1530) und Murten (1530-1533) in der franz. Schweiz, jeweils, nicht unangefochten, reformatorisch wirkend. Ende 1533 kommt er nach Genf, erreicht die Einführung der Reformation am

21. Mai 1536 und gewinnt Calvin zu deren Befestigung und Ausbau. Als beide 1538 ausgewiesen werden, geht F. nach Neuchâtel und wirkt dort 27 Jahre bis an sein Lebensende, bemüht sich aber auch von hier aus weiterhin um die Durchführung der Reformation im französischsprachigen Gebiet (Genf, Metz u.a.). 1558 heiratet er; am 13. September 1565 stirbt er in Neuchâtel.

Hinsichtlich der Beachtung seines Wirkens und seiner Werke steht er im Schatten Calvins. Gleichwohl sind einige der insgesamt 17 zu seinen Lebzeiten gedruckten Werke »Erstlinge«: Ein liturgisches »Handbuch« (vielleicht 1528 entstanden, 1533 gedruckt) ist »der erste gedruckte Zeuge einer französischen Liturgie der reformierten Kirchen« (Gilmont); der »Summaire & briefue declaration...« (»Zusammenfassung und kurze Erklärung...«, 1529, nicht 1525) ist »das erste Werk in französischer Sprache über die wesentlichen Punkte der reformierten Lehre« (Hofer; nur Trinität und Kindertaufe werden vermißt); die Genfer »Confession de la foy« (1536), die die Forschung jetzt F. zuschreibt, nicht Calvin, ist das erste franz. »Bekenntnis«. Im übrigen hat er Thesen für Disputationen verfaßt (Basel 1524, Lausanne 1536), das Vaterunser ausgelegt (1524 und 1541) sowie über das Abendmahl (1553) und »den wahren Brauch des Kreuzes« geschrieben (1560; letztes Werk; Polemik gegen die kath. Kreuzverehrung). Inhaltlich steht er in einigem → Zwingli nahe (Abendmahl: keine Betonung der Realpräsenz), in vielem Calvin, den er selbst als den Größeren anerkennt. Gleichwohl ist er »eine zentrale Figur für die Durchführung der Reformation in der französischsprachigen Welt« (Fatio).

Lit.: Keine Gesamtausgabe. Neuere Einzelausgaben: Sommaire et brève declaration 1525, hg. von A.-L. Hofer, 1980 (Text und Übertragung in modernes Franz.); Du vrai usage de la Croix et autres traités, hg. von E. Urech, 1980 (modernisiert, enthält auch das liturg. »Handbuch«); Le Pater noster et la Credo en francoys, hg. von F. Higman, 1982.

O. Fatio: »Farel, Guillaume«, TRE 11, 1983, 30-36 (Lit.); Actes du colloque G. Farel (1980), hg. von P. Bartehl u.a., 2 Bde., 1983 (Bd. I: Abhandlungen; Bd. II: Repertorium der insges. 1029 Briefe, v. D. Quadroni; Bibliographie der gedruckten Werke, v. J.-F. Gilmont); La dispute de Lausanne (1536) ... Textes du colloque international ... (1986), Lausanne 1988 (mehrere Abhandlungen zu Farel); E. Jacobs: Die Sakramentslehre Wilhelm Farels, 1978.

B. Steinseifer

Fasching → Fastnacht

Fasten

a) biblisch

In fast allen Religionen gibt es das Bedürfnis, sich durch F. körperlich und geistig auf die Begegnung mit den Göttern vorzubereiten. In Judentum und Christentum bekam dieses urreligiöse Phänomen spezifische Ausprägungen.

So bereitete sich Mose durch 40tägiges F. am Sinai vor, als ihm die zehn Gebote offenbart wurden. Das Trauerfasten, das z.B. David praktizierte (2Sam 12,16-23), war eng verbunden mit der ethischen Dimension des F.s. Es galt als Ausdruck persönlicher und gesellschaftl. Umkehr, als Besinnung und Sühne für eine Schuld. Dies wird allgemein deutlich am Großen Versöhnungstag (3Mo 16,29). Die Propheten kritisierten eine Veräußerlichung und Scheinheiligkeit des F.s (Jes 58,1-5; Jer 14,12). Echtes F. soll zu einem veränderten Verhalten führen, persönlich, rel. und polit. Auch Jesus ging in die Wüste, um zu fasten, bevor er den Menschen seine Botschaft vom nahen Reich Gottes verkündigte (Mt 4,1ff). Die Jünger fasteten allerdings nicht, solange er bei ihnen war (Mk 2,18ff). Die urchristl. Gemeinden nahmen die jüd. Fastenpraxis bald auf und interpretierten sie christologisch. Jesus hielt nichts von einer gesetzlichen, zur Schau gestellten Frömmigkeit. Er verkündigte vielmehr Gottes Anspruch auf unser ganzes Leben, so daß das F. – für sich genommen – kein verdienstliches Werk mehr sein sollte wie bei den Pharisäern (Lk 18,9ff). Es kann nur eine Haltung symbolisieren auf der tiefen Suche nach Gott, bei der sich der Mensch der Verlassenheit innerer Wüsten aussetzt und vor seinem Herrn mit leeren Händen steht.

H. Westphal

b) praktisch-theologisch

Fastenübungen, wie sie in der Ostkirche recht streng, in der röm.-kath. Kirche abgemildert üblich sind, haben seit der → Reformation in der ev. Kirche an Bedeutung verloren. Zu stark schätzte man die Gefahr der Werkgerechtigkeit ein, die sich schnell mit solchen rel. Praktiken verbindet. 1983 wurde aber die Fastentradition in der ev. Kirche Deutschlands durch die Passionsaktion »Sieben Wochen ohne« neu belebt. Sie holt auch kirchl. Randsiedler ab, z.B. bei ihrem somatischen Bedürfnis nach einer Frühlingskur, oder bei ihrem Unbehagen über das Ungleichgewicht in unserer Gesellschaft: Während die einen hungern, werden bei uns immer mehr andere – vom Alkoholiker bis zum Workaholic (Arbeitssüchtigen) – am Überfluß krank.

Die Teilnehmer der Fastenaktion werden eingeladen, in den 46 Tagen zwischen Aschermittwoch und Ostern ihren eigenen Standort zwischen Freiheit und Abhängigkeit zu finden, indem sie sich freiwillig verpflichten, auf Alkohol, Süßigkeiten oder Rauchen, auf zuviel Autofahren, Fernsehen oder Hektik, auf Gedankenlosigkeit, üble Nachrede oder andere ethische Verfehlungen zu verzichten. Sie werden durch Durchhaltebriefe, Fastenkalender, Teilnehmertreffen und Passionsandachten in den Kirchengemeinden unterstützt. Dabei machen viele die Erfahrung: Wo es nicht nur um eine Frühlingsdiät, sondern um mehr Lebensqualität und verantwortete Freiheit geht, kommt auch die Frage nach dem Sinn des Lebens, nach Gott und das Bedenken der Passion Jesu ins Spiel. Die finnische Kirche griff die deutsche Fasteninitiative mit ihrer Aktion »Seitsemän vapaata viikkoa« (sieben freie Wochen) auf und legte ihren Schwerpunkt vor allem auf Gottesdienst und Gebet. Nach jenen siebenwöchigen F.aktionen treffen sich immer mehr Christen in Gemeinden, Akademien und Häusern der Stille, um mit F., Feiern und gottesdienstl. Liturgien das Osterfest gemeinsam zu erleben.

Lit.: N. Brantschen: Fasten neu erleben. Warum? Wie? Wozu?, 1992; J. Griesbeck: Weniger ist mehr. Ein Werkbuch zum Fasten, 1980; A. Grün: Fasten. Beten mit Leib und Seele, 1984; M. Seitz, H.R. Müller-Schwefe: Evangelische Askese, 1979.

H. Westphal

Fastnacht

Im engeren Sinne bezeichnet F. den Dienstag vor Aschermittwoch, im weiteren Sinne den Zeitraum, der der Fastenzeit vor Ostern vorausgeht. Andere Bezeichnungen hierfür sind Fasching (von *vastschanc*, dem vor Beginn der Fastenzeit üblichen Trunk), Karneval (vielleicht von *carnem levare*, »das Fleisch weglegen, auf das Fleisch verzichten«; volkstümlich auch *carne vale*, »Fleisch, lebe wohl«; andere Ableitung von *curris navalis*, dem »Schiffswagen«, der bei Karnevalsumzügen mitgeführt wurde), Fasenacht und Faselavn evtl. von fasen (faseln, vaseln = wirr und unsinnig reden, aber auch zeugen, befruchten).

Die F. als eine Festzeit eigener Art beginnt am Donnerstag vor Invokavit und erreicht in der Dreitagefeier von Karnevalssonntag, Rosenmontag und F.sdienstag ihren Höhepunkt wie ihren Abschluß. Dazu stimmt die These, die in der F. eine am Zweistaatenmodell des Kirchenvaters Augustin orientierte kirchl.-katechetische Institution sehen will, die sich im 13. Jh. durchsetzt: Den Gläubigen soll auf anschauliche Weise der Gegensatz von Gottesstaat und Teufelsstaat (= Narrenstaat) vor Augen geführt werden. Wahrscheinlicher ist freilich, daß die F. tief in vorchristl. Frühlings- und Fruchtbarkeitsbräuchen (Winteraustreiben; Bacchanalien u.a.) wurzelt, die in der christl. Volksfrömmigkeit im Vorfeld der Fastenzeit ihren Platz fanden. Typisch für zahlreiche F.sbräuche ist die Umkehrung der natürlichen und gesellschaftl. Verhältnisse und Ordnungen (Verkleidung, Rollenwechsel, Parodien des Staats- und Militärwesens, Übernahme der Stadtgewalt durch die »Narren« u.a.), Vorgänge, die sich in durchaus vergleichbarer Weise schon in der Antike nachweisen lassen.

Lit.: G. v. Gynz-Rekovski: Der Festkreis des Jahres, [2]1985; D.-R. Moser: Fastnacht - Fasching - Karneval, 1986.

K. H. Bieritz

Fatalismus

Der Begriff »fatalisme« begegnet im Anfang des 18. Jh.s zuerst als Charakteristik Spinozas. Er bezeichnet jede Lehre, die die blinde Notwendigkeit jeden Geschehens behauptet. Der F. ist von Friedrich Heinrich → Jacobi in die phil. Sprache des 18. Jh.s als Charakteristik Lessings eingeführt, den er in seinem Brief an Moses Mendelsohn als Fatalisten kennzeichnet (F.H. Jacobi, Werke Bd.IV, S. 55). → Kant hat als F. auch bezeichnet, wenn das Handeln eines höchsten Wesens den Grund der Handlungen der Menschen enthält (Kritik der Praktischen Vernunft Bd.V, 101). Kant meint, damit sei die → Freiheit des Menschen vertan. Die Meinung Kants ist insofern falsch, als Gott keine reine Notwendigkeit, sondern persönliches Gegenüber ist, von dem Christen wissen, daß er der barmherzige Vater ist. Anders ist das für den Muslim. Ihm gilt der Wille Allahs, der sich in allem Geschehen als unwidersprechliche Notwendigkeit ausspricht. Man spricht hinsichtlich der Vorherbestimmung (*kadaa*) aller Ereignisse durch Allah, die Muhammad im Laufe seines Lebens immer strenger verfocht, von einem »starren« F. im Qur'an (Koran). Dies ist im christl. Glauben anders, da wir mit Wort, Werk und Person Jesu die väterliche Liebe Gottes als den Kern aller Werke Gottes glauben und im Gebet zu dieser Liebe trotz aller Schrecken der Welt hindurchgreifen.

Lit.: H.v. Arnim: Die stoische Lehre von Fatalismus und Willensfreiheit, 1905; I. Goldziher: Vorlesungen über den Islam, [2]1925.

C.H. Ratschow

Father Divine's Peace Mission

Ein eklektischer Kult, der den Glauben vertritt, daß sein Gründer, Father Divine genannt, nicht einfach ein Prophet oder Messias war, sondern eine Inkarnation Gottes.

Der Gründer der Bewegung, George Baker, wurde etwa 1878 in einer armen schwarzen Familie im ländlichen Georgia geboren. Im Alter zwischen 20 und 30 versammelte er in Valdosta, Georgia, eine Gemeinde um sich, wurde aber wegen Erregung öffentlichen Ärgernisses festgenommen und gezwungen, den Staat zu verlassen. So zog er nach Sayville, N.Y., wo er als Reverend Major J. Devine unzählige Gefolgsleute in der »Peace Mission Movement« organisierte.

Angezogen von der Versorgung mit reichlichem Essen und sauberen Schlafquartieren, wuchs seine Anhängerzahl in der Zeit der Weltwirtschaftskrise um ein Vielfaches. 1930 erlebte Baker eine Wiedergeburt als Father Divine, und 1941 verlegte er sein Hauptquartier nach Philadelphia. Bei seinem Tod im Jahr 1965 ging Father Devines Führungsrolle auf seine weiße Witwe, Mother Divine, über.

Father Divines Worte wurden in der Zeitschrift New Day als heilige Schrift veröffentlicht. Er lehrte, daß der Himmel jetzt auf der Erde sei; das Abendmahl wurde bei Festessen mit Gott selbst gefeiert, das Zeitalter der Kirche und die Wassertaufe seien überholt, und es gebe keine Trennung zwischen Klerus und Laien. Sünde, Krankheit und Tod seien Folgen des Unglauben, und wahrer Sieg und Heiligkeit schon in diesem Leben möglich.

Laster wie Trinksucht, Rauchen, Spielsucht und Ehebruch wurden verurteilt. Father Divine trat ein für Rassengleichheit, öffentliche Erziehung, Massenproduktion zur Beseitigung der Armut und geschäftlich Transaktionen, die ausschließlich mit Bargeld abgewickelt wurde.

In Theorie und Praxis förderte die Bewegung eine Massenkooperative oder eine Art primitiven Kommunismus.

Lit.: O. Eggenberger: Die Kirchen, Sondergruppen und religiösen Vereinigungen, [4]1986, 157.

J. Mitchell

Faulhaber, Michael v. (1869-1952)

F., geb. am 5. 3. 1869 in Heidenfeld (Unterfranken), gest. am 12. 6. 1952 in München, röm.-kath. Theologe, 1903 Professor für atl. Exegese in Straßburg,

1911 Bischof von Speyer, 1917 Kardinal; »einer der letzten Kirchenfürsten«, »eine der profiliertesten kath. Bischofsgestalten des Jahrhunderts« (Schwaiger). Schon als junger Wissenschaftler als Lehrer, Seelsorger und mitreißender Redner geschätzt, erlangte F. besondere Bedeutung als Kirchenpolitiker, Wortführer des bayerischen Episkopats und später der dt. Bischöfe überhaupt. Sein Wahlspruch »Vox temporis vox Dei« unterstrich das Anliegen der je aktuellen Glaubensverkündigung. F. war geprägt durch eine patriotische und entschieden monarchische Gesinnung. Sein Widerspruch gegen die Weimarer Republik (Eklat auf dem Münchener Katholikentag 1922) wurde erst durch das Bayernkonkordat 1924 gemildert, weil damit dem föderalen Anliegen Rechnung getragen schien. Analog lähmte das Reichskonkordat 1933 den Widerstand gegen den Nationalsozialismus. Kompromißlos in Fragen des Glaubens und der Rechte der Kirche, ließ F. doch keinen Zweifel an seiner Loyalität und suchte einen mittleren Kurs zwischen entschiedenem Widerstreben (Bischof v. Preysing, Berlin) und gesprächsbereiter Zurückhaltung (Kardinal v. Bertram, Breslau).

Lit.: L. Volk (Hg.): Akten Kardinal Michael von Faulhaber 1917-45, 2 Bde., 1975, 1978; ders.: Kardinal Michael von Faulhaber (1869-1952), in: ders.: Katholische Kirche und Nationalsozialismus, 1987, 201-251.

H. Kirchner

Febronius, Justinus (1701-1790)

Der Trierer Weihbischof Johann Nikolaus von Hontheim (geb. am 27. 1. 1701 in Tier, gest. am 2. 9. 1790 auf Schloß Montquintin in Luxemburg) veröffentlichte 1673 unter dem Pseudonym »Justinus Febronius« ein kirchenrechtliches Werk »De statu ecclesiae et legitima potestate Romani Pontificis. . .«, das den umfassendsten Versuch darstellt, das System des → Episkopalismus zur Grundlage der kath. Kirchenverfassung zu machen. F. bestritt das monarchische Verständnis des Papsttums und die Macht der Kurie und faßte dazu die seit dem MA vorgetragenen episkopalen Traditionen in einem modernen System zusammen. Er forderte, zur ursprünglichen Gleichberechtigung der Apostel bzw. Bischöfe zurückzukehren, gestand den Nationalkirchen erhebliche Eigenständigkeit zu und sah in einem allg. Konzil die höchste kirchl. Autorität. Dem Papst wurde lediglich ein Ehrenprimat zugestanden. Mit der Rückkehr zur ursprünglichen Verfassung der Kirche wollte von Hontheim die Wiedervereinigung der getrennten Christen ermöglichen. Trotz erzwungenem Widerruf (1778) gewann der Febronianismus über Deutschland (Emser Kongreß) und Österreich (→ Josephinismus) hinaus beachtliche Wirkung. Erst die Unfehlbarkeitsentscheidung des I. Vatikanums 1870 entzog ihm die Grundlage.

Lit.: V. Pitzer: »Febronius/Febronianismus«, TRE 11, 1983, 67-69; v. Schulte: »Hontheim«, RE[3] Bd. 8, 1900, 340-342.

J.O. Rüttgardt

FEET – Fellowship of European Evangelical Theologians → Gemeinschaft europäischer evangelikaler Theologen

Fegfeuer

Das Wort »Fegfeuer« (lat. *purgatorium*) meint Reinigungsfeuer. Ihm sollen laut röm.-kath. Lehre nach dem Tod die Seelen derer, die selig werden, aber von Sünden befleckt sind, vorübergehend ausgesetzt sein. »Nicht alle in der Gnade Gottes sterbenden Menschen sind frei von sittlichen Mängeln und der selbstsüchtigen Verkrampfung im eigenen Ich, von allen Makeln der Sünde und allen Überresten von Sündenstrafen. So fordert schon das sittliche Empfinden des Christen einen jenseitigen Läuterungsprozeß« (K. Algermissen). Diesem Postulat entspricht die bibl. → Eschatologie jedoch nicht. Im Unterschied zu anderen Religionen, die solche Läuterungsprozesse vorsehen, spricht die Bibel nur von peinigendem, nicht von reinigendem jenseitigem Feuer (Lk 16,24). In 1Kor 3,11-15 ist vom Feuer des Gerichts, nicht von einem Fegfeuer die Rede. Daher haben sowohl die orth. Ostkirchen als auch die Bekenntnisse der → Reformation die – von Gregor dem Großen in volkserzieherischer Absicht entwickelte – Lehre vom F., die aus der Theorie und Praxis des → Ablasses als Erlaß jener zeitlich begrenzten jenseitigen Sündenstrafen abgeleitet wurde, als unbibl. abgelehnt. In der Bannandrohungsbulle gegen Martin → Luther wurde 1520 unter anderem die Aussage, das F. lasse sich nicht aus der Heiligen Schrift belegen, als Irrtum gebrandmarkt. Das Konzil von Lyon hatte 1274 die Lehre vom Fegfeuer verbindlich gemacht.

Lit.: E. Koch: »Fegfeuer«, TRE 11, 1983, 69-78 (Lit.); Unser Glaube. Die Bekenntnisschriften der ev.-luth. Kirche. bearb. von H.G. Pöhlmann, 1986.

W. Schlichting

Feldner, Ludwig → Evangelische Gesellschaft

Feminismus

1. Definition und Abgrenzung

Der F. ist eine Strömung der Emanzipationsbewegung in der zweiten Hälfte des 20. Jh.s. Von Erfahrungen und Bedürfnissen der Frau ausgehend, strebt der F. eine grundlegende Veränderung der gesellschaftl. Normen an. Selbstverständnis wie Zielvorstellung machen ihn zu einer kulturrevolutionären Bewegung. Vom F. zu trennen ist die Frauenbewegung des 19. und frühen 20. Jh.s, der es im Rahmen der Menschenrechtsbewegung um die Durchsetzung des legitimen Rechtes auf Gleichstellung der Frau ging. Ziel war die Verbesserung der Bildungs- und Berufschancen sowie die Erlangung des allg. Stimm- und Wahlrechtes, Grundlage die Vorstellung der Gleichwertigkeit, aber Verschiedenartigkeit der Geschlechter. Die Forderungen der Frauenbewegung sind durch den Rechtssatz der Gleichberechtigung (Grundgesetz Art. 3.2 und 3) in der Bundesrepublik Deutschland festgeschrieben. Zwischen Verfassungsnorm und gesellschaftl. Wirklichkeit besteht allerdings noch immer eine Kluft.

2. Entwicklungsgeschichte

Der F. entstand in den 60er Jahren in den USA (Women's Liberation Movement) und entfaltete sich in drei Richtungen: der an die Frauenbewegung anknüpfende Kampf gegen die Diskriminierung von Frauen und für deren gleiche Beteiligung in polit. Entscheidungsgremien; die radikale Befreiungsbewegung, die die Unterdrückung der Frau als das herrschende Prinzip in Familie, Kirche, Staat und Gesellschaft ansieht und zum Widerstand dagegen aufruft, die Geschlechter trennt, damit die Frauen als Schwestern ihre Identität finden und eine neue Humanisierung der Welt einleiten können; die androgyne Richtung, die in jedem Mann auch weibliche und in jeder Frau auch männliche Züge sieht und zu einem ergänzenden Miteinander dieser speziellen Charakteristika kommen möchte. Unter Aufnahme der radikalen Spielart war in Deutschland der Kampf um die Freigabe der Abtreibung (§ 218 StGB) die Geburtsstunde des F. In den Jahren 1971 bis 1975 bildete sich auf der Basis entsprechender Aktivitäten allmählich ein feministisches Gruppenbewußtsein heraus. In der zweiten Phase ab 1975 traten Selbsterfahrungskreise in den Vordergrund. Der dadurch begünstigte Bewußtwerdungsprozeß förderte die Besinnung der Frauen auf ihre Emotionalität als Maßstab ihrer Werte und Normen. Die dritte Phase seit Ende der 70er Jahre vermochte den F. als legitimen Zweig der gesellschaftl. Realität zu etablieren. Durch den Aufbau eines feministischen Netzwerkes ist es gelungen, Bestandteile einer Gegenkultur aufzubauen. Die Aktivitäten erstrecken sich auf Bewußtseinsbildung von Frauen durch Seminare, Tagungen und Selbsterfahrungsgruppen, auf wissenschaftl. Forschungen zur Sozialisation, zur matriarchalischen Frühgeschichte, zu patriarchalischen Unterdrückungsmechanismen, zur → feministischen Theologie und auf vielfältige publizistische Tätigkeiten.

3. Zielvorstellungen

Die Bandbreite des F. reicht von gemäßigten zu radikalen Spielarten. Folgende Aspekte sind ihnen gemeinsam:

a. Kampf gegen den Sexismus

Unter Sexismus versteht der F. die ungerechte unterschiedliche Behandlung von Menschen aufgrund ihres Geschlechtes, speziell die Unterdrückung der Frauen durch patriarchalische Strukturen. »Sexismus war immer Ausbeutung, Verstümmelung, Vernichtung, Beherrschung, Verfolgung von Frauen. Sexismus ist gleichzeitig subtil und tödlich und bedeutet die Verneinung des weiblichen Körpers, die Gewalt gegenüber dem Ich der Frau, die Achtlosigkeit gegenüber ihrer Existenz, die Enteignung ihrer Gedanken, die Kolonialisierung und Nutznießung ihres Körpers, den Entzug der eigenen Sprache bis zur Kontrolle ihres Gewissens« (M. Janssen-Jurreit).

b. Überwindung des Patriarchats

Für den F. stand am Anfang der Geschichte das Matriarchat, die auf Mutterrecht beruhende Herrschaft der Frauen. Die Entstehung von Ehe, Familie und Eigentum habe die Herrschaft der Väter, das Patriarchat, hervorgebracht, dessen ideologische Basis der Sexismus sei. Da Matriarchat als das absolut gute und Patriarchat als das absolut böse Prinzip gilt, ermöglicht nur eine Feminisierung der Gesellschaft die Rückkehr zu paradiesischen Zuständen.

c. Ablehnung der Geschlechterrollen

Der F. leugnet die Verschiedenartigkeit der Geschlechter, die er auf das Rollendiktat der patriarchalischen Gesellschaft zurückführt. Neue Formen der Erziehung sollen die einseitige Sozialisation überwinden. Radikale Spielarten des F. sehen in Schwangerschaft, Mutterschaft und Familie patriarchalische Repressionsmaßnahmen, andere kultivieren das mütterliche Hegen und Nähren im Gegensatz zu dem nüchternen Berechnen und Planen der Männergesellschaft.

d. Selbstbestimmung der Sexualität

Der F. plädiert für eine frei auslebbare Sexualität ohne Tabus, also einschließlich der Möglichkeit von Inzest und Lesbianismus. Einige sehen in der Ehe ein »Konzentrationslager« (B. Friedan) und fordern daher neue Formen des Zusammenlebens, zumal die Einehe ein Diktat des Patriarchats sei. Letztlich ist alles erlaubt, was gefällt.

e. Aufbau eines neuen Wertesystems

Der F. versteht sich selbst nicht als Organisation, sondern als Ausdruck eines neuen Bewußtseins. Als ersten Schritt auf dem Weg zu einer neuen Gesellschaft ist man um die Befreiung der Frau von der Männerherrschaft durch deren Konzentration auf ihre Selbstheilungskräfte bemüht.

Die → Feministische Theologie, die sich als Teil des umfassenden Kampfes der Frauen sieht, sucht nach einer der weiblichen Spiritualität angepaßten Glaubensweise. Es findet sich die Form der kirchenkritischen Theologie, die mit feministischer Praxis die Veränderung der vom Patriarchat geprägten Kirche anstrebt; die Form feministischer Religiosität, die über außerbibl. Leitbilder den Zugang zu neuen Formen der Offenbarung erwartet; die Form neuer Spiritualität, die aus dem Selbstverständnis der Frauen ein matriarchalisches Gottesbild entwickeln will. Analog zum profanen F. ergeben sich daraus folgende Zielvorstellungen:

a. Überwindung der patriarchalischen Degeneration des Christentums durch dessen Versöhnung mit der archaischen Matriarchatsreligion. Dazu soll die Bibel als »garstiges Buch« (C. Halkes) von den Entstellungen der Männerherrschaft gereinigt werden, was auch sprachliche Korrekturen einschließt (»Jesa Christa«, »Mutterunser«).

b. Entfaltung eines neuen Gottesbildes durch dessen konsequente Verweiblichung. Dazu wird das neu entdeckte Selbstverständnis der Frauen auf Gott übertragen und an die Stelle der Theologie die »Theophantasie« (E. Moltmann-Wendel) gesetzt.

c. Veränderung des Sündenverständnisses durch Überwindung der bibl. »Sündenideologie« (E. Sorge). Der bibl. Bericht vom Sündenfall sei ein »Schwindel von kosmischen Ausmaßen« (M. Daly), den das Patriarchat zur Unterdrückung der Frau konstruiert habe. Sünde sei allein die Machtergreifung der Männer, denn Frauen seien aufgrund ihrer Naturnähe ohne Fehl. Daher erwüchsen aus ihren zu entfaltenden kosmischen Energien die zur Gesundung von Kirche und Gesellschaft erforderlichen Kräfte.

d. Bildung einer »Kirche der Schwesterlichkeit« (M. Daly) durch Aufbau eines spirituellen Netzwerkes. Dessen Kristallisationspunkt sind die göttlich-natürlichen Kräfte der Frauen, in denen sich die Offenbarung prozeßhaft fortsetzt.

F. wie feministische Theologie zielen demnach nicht auf die Veränderung von Teilbereichen der Gesellschaft, sondern streben ein grundsätzlich neues Denken und Handeln an. Der F. ist kulturrevolutionär und will aus der besonderen Selbsterlösungskraft der Frauen das Paradies auf Erden schaffen. Denn nach Überzeugung vor allem der radikaleren Spielarten wird erst eine Neuwerdung des Menschen in diesem Sinne eine ganzheitliche Existenz in Glück, Frieden, Freiheit und Selbstbestimmung ermöglichen.

4. Zur Bewertung

Als geschlossenes System mit festgefügtem Geschichtsbild, Kampfbereitschaft, Ablehnung Andersdenkender und Zukunftsvision weist der F. die Struktur einer Ideologie auf. In typischer Weise führt der Weg zum Frieden über den radikalen Kampf. Die immer stärker werdende Aufspaltung der Gesellschaft in weibliche und männliche Verhaltensweisen gehört ebenso dazu wie das aus dem Emanzipationsdenken bekannte Muster der Diffamierung vorhandener gesellschaftl. Strukturen. So wird die Möglichkeit eines erfüllenden und beglükkenden Miteinanders der Geschlechter als dem eigentlichen Weg zur Harmonie gar nicht erst in Betracht gezogen. Anders als die frühere Frauenbewegung gelingt es dem F. durch die Segmentierung der Gesellschaft und die Konfrontationspolitik indes kaum, das noch vorhandene Ungleichgewicht zwischen den Geschlechtern abzubauen. Für den Christen ist der Bewertungsmaßstab das sich aus dem Gesamtzeugnis der Bibel ergebende Bild von Mann und Frau. Aus dieser Sicht ist der F. eine Revolte gegen Gottes Schöpfungs- und Erhaltungsordnung, in der Mann und Frau in ihren spezifischen und unveränderlichen Eigenarten mit den entsprechenden Aufgaben einander so zugeordnet wurden, daß daraus erfüllendes Leben ebenso erwachsen kann wie ein friedliches Miteinander in der Gesellschaft.

F. wie feministische Theologie haben allerdings – das darf bei aller berechtigten Kritik nicht vergessen werden – ihre tiefste Ursache in geistigen und gesellschaftl. Fehlentwicklungen, die eine entsprechende Reaktion geradezu provozieren mußten. Denn im Kern ist der F. eine Folge der jahrtausendewährenden, von der Kirche nicht unerheblich geförderten Diskriminierung der Frau. Die Loslösung des Mannes von seinem schöpfungsgemäßen Auftrag hat zur Vergötzung seiner Macht geführt und in der Tat einen Patriarchalismus wachsen lassen, der durch Selbstherrlichkeit und Bindungslosigkeit bestimmt ist. Wenn sich die gottgewollte Autorität des Mannes von der Ordnung Gottes abkoppelt, wird sie zwangsläufig hohl und kann zum Unterdrückungsmechanismus ausarten. Das Aufbegehren des F. dagegen ist in das gleiche Gebaren umgeschlagen, weil ebenfalls schuldhaft der Autorität Gottes entflohen. Das Nichternstnehmen der bibl. Ordnung ist demnach der eigentliche Grund für die Krise des Miteinanders der Geschlechter.

Lit.: (feministisch) M. Daly: Gyn/Ökologie. Die Metaethik des radikalen Feminismus, 1981; B. Friedan: Der Weiblichkeitswahn oder die Selbstbefreiung der Frau. Ein Emanzipationskonzept, 1975; C. Halkes: Gott hat nicht nur starke Söhne. Grundzüge einer feministischen Theologie, 1980; M. Janssen-Jurreit: Sexismus. Über die Abtreibung der Frauenfrage, 1980; E. Moltmann-Wendel: Ein eigener Mensch werden. Frauen um Jesus, 1982; E. Sorge: Religion und Frau. Weibliche Spiritualität im Christentum, 1987;
(kritisch) P. Beyerhaus (Hg.): Frauen im theologischen Aufstand. Eine Orientierungshilfe zur »Feministischen Theologie« (Wort und Wissen 14), 1983; I. Hauschildt: Die feministische Versuchung und die Antwort der christlichen Frau, 1989; W. Neuer: Mann und Frau in christlicher Sicht, 1985; L.E. v. Padberg: Feminismus – eine ideologische und theologische Herausforderung, 1985; ders.: New Age und Feminismus. Die neue Spiritualität, 1990.

L.E.v. Padberg

Feministische Theologie

F. Th. ist der christl. Zweig der allg. geistesgeschichtl. Bewegungen des → Feminismus. F. Th. ist kein einheitlicher Block, sondern hat viele unterschiedliche Flügel.

1. Feministische Exegese

Die Feministische Exegese bevorzugt einseitig sog. »Frauentexte«. Sie werden von heutiger Frauen-Erfahrung und - Identität hergeleitet, die oft zum fixierten Auslegungs-Schlüssel wird (»Wir sind der Text«).

a. Jesus wird zum freundlichen Bruder mit »weiblichen Anteilen in seiner Person«, der versteht, hilft und heilt. Das Kreuz wird zusammengesehen mit den »Kreuzen« aller leidenden Menschen und damit seiner Einmaligkeit beraubt. Die Auferstehung wird nur spirituell gedeutet. Die Paulus-Briefe werden weitgehend abgelehnt (vor allem wegen der angeblich »frauenfeindlichen« Äußerungen – 1Kor 14,34 und 1Tim 2,12; dagegen viel zitiert Gal 3,28), damit auch die Rechtfertigungslehre mit ihrer Botschaft von Sünde und Gnade.

b. Die »Theologie der Beziehung« behauptet, Jesus habe nur durch sein Lernen von den Frauen zu seiner Aufgabe finden können. Christus wird eingeebnet in die Menschheit und darf nicht mehr Herr und Gottessohn sein. Ähnlich geschieht in Gemeinde und Verkündigung alles durch Beziehung und Gegenseitigkeit; ein echtes Gegenüber von Verkündigungsamt und Gemeinde darf es nicht mehr geben.

2. Fremdreligiöse Einflüsse

Während die F. Th. die Transzendenz im Sinne der christl. Tradition weitgehend ausblendet, führt sie sie von anderer Seite wieder ein.

a. Emotionalität, Mystik, Esoterik und Pantheismus

Der erste Glaubensartikel wird wichtiger als der zweite, die »sisterhood« aller Frauen der ganzen Welt wichtiger als die Bruderschaft des Glaubens. In Blume und Baum, Tier und Mitmensch meint man Gott mehr zu begegnen als im Wort der Schrift. Deshalb werden Tanz und Meditation, Gefühl und Umarmung, Lieder und bunte Tücher wesentliche Elemente der Gemeinsamkeit.

b. Matriarchatsträume und Zukunfts-Utopien

Vom angeblichen früheren Matriarchat her bezieht man alle Nöte der heutigen Welt auf den »Sündenfall des Patriarchats«. Diesen müßten wir durchbrechen und bewußt hinarbeiten auf eine neue heile Welt, entweder als erneuertes Matriarchat oder als ein friedevolles Miteinander von »androgynen« Menschen (die weder Mann noch Frau sind bzw. eine Addition männlich-weiblich).

c. Göttinnengestalten und ihre angeblichen »Reste« in der Bibel

Viele feministische Theologinnen sind überzeugt, daß Frauen für ihren Glauben eine weibliche »Identitätsfigur«, also eine Art Göttin, brauchen. Aus dem alten Vorderen Orient werden verschiedene angeboten: Isis, Astarte, Magna Mater, Demeter (fast durchweg Fruchtbarkeitsgöttinnen!). In der Bibel meint man Reste solcher Überlieferungen zu finden, besonders in der wie personifiziert erscheinenden Weisheit, Spr 8, die gelegentlich als weibliche Person in der Trinität angesehen wird. Dabei wird der Abwehrkampf der Propheten gegen die Baalim und Asteroth bewußt als Fehlweg abgelehnt.

3. Einflußnahme in der Kirche

a. In kirchl. Institutionen ist die F. Th. seit Ende der 70er Jahre zur bestimmenden Kraft geworden. Vorangegangen sind die Frauenwerke der Landeskirchen. Sie prägen den Zusammenschluß aller kirchl. Frauenverbände, die EFD. Diese verstärkt ihrerseits feministische Überzeugungen, besonders im Arbeitsmaterial zum Frauen-Weltgebetstag und in ökumen. Aktionen. Ev. Akademien haben feministische Themen aufgegriffen und publik gemacht. Theol. Fakultäten und viele kirchl. Ausbildungsstätten bieten Seminare und Vorlesungen über F. Th. an, so daß sie als selbstverständlicher und notwendiger Teil theol. Arbeit erscheint.

b. Frauenquoten in Leitungsämtern

In den Kirchenvorständen der Gemeinden sind fast überall viele Frauen tätig. Gleiches wird für Synoden der Kirchenkreise und Landeskirchen angestrebt. Es werden Quoten aufgestellt, deren Verwirklichung eingeklagt wird. Vielerorts werden »Frauenreferate« eingerichtet, parallel zu den Gleichstellungsbeauftragten bei kommunalen und staatlichen Organen. Für Theologinnen wurde in jahrzehntelangem Kampf die Ordination durchgesetzt. Jetzt werden zunehmend auch kirchl. Leitungsämter von Frauen übernommen, und das unter erheblichem Meinungsdruck außerkirchl. Medien. Die Frage nach der Qualifikation für Leitungsämter in der Kirche tritt dabei oft in den Hintergrund.

c. Forderung einer »frauenfreundlichen Sprache«

Es wird darauf hingewiesen, daß die bisherige Amtssprache grammatisch maskulin sei. So wird gefordert, daß auch der weibliche Ausdruck neben dem männlichen in Gesetzestexte aufgenommen wird (»MitarbeiterInnen«), und Bibelabschnitte, liturg. Texte und Lieder umgeschrieben werden. Das Wort »Herr« für Gott und für Jesus dürfe nicht mehr vorkommen, weil darin eine Unterdrückung der Frau stecke. – Es liegt auf der Hand, daß mit solchen Eingriffen auch massive inhaltliche Umdeutungen geschehen.

Lit.: Feministische Theologie. Perspektiven zur Orientierung, hg. von M. Kassel, 1988; I. Hauschildt: Gott eine Frau?, 1983; dies.: Die feministische Versuchung und die Antwort der christlichen Frau, 1989; W. Schlichting: Maria, die Mutter Jesu in Bibel, Tradition und Feminismus, 1989; U. Schmidhäuser: Soll Gott nicht mehr Herr genannt werden? Zum gegenwärtigen Feminismus in Gesellschaft und Kirche, 1991; Werkstattbücher Feministisch Theol.-Praxis, Ev. Akademie Bad Boll 1981 und 1992.

I. Hauschildt

Fénelon, Francois de Salignac, (1651-1715)

F., geb. am 6. 8. 1651 in Sainte-Modane, gest. am 7. 1. 1715 in Cambrai, kath. Theologe, Studium in Paris, Predigtausbildung und Seelsorge bei den Sulpizianern, 1675 Priesterweihe, 1676-88 Leiter eines Internats für junge Konvertitinnen, 1689 von Ludwig XIV. zum Erzieher seiner Enkel bestimmt. Aus seiner päd. Erfahrung entstanden die vielgelesenen Schriften: »Traité de l' éducation des filles« (1687) und der antikisierende Erziehungsroman »Les Aventures de Télémaque« (1699). Bei Hofe Günstling und Berater der Mme de Maintenons, der Gattin Ludwigs XIV., wurde F. auf deren Betreiben 1695 zum Erzbischof von Cambrai geweiht. Das theoretische wie praktische Interesse des Theologen, Predigers und Seelsorgers galt vor allem der Bekämpfung und Wiedergewinnung der Protestanten und Jansenisten.

In Ungnade fiel F. durch sein Eintreten für Mme de → Guyon, eine Vertreterin der quietistischen Mystik, die ab 1685 in Paris weilte und deren Lehren 1694 von → Bossuet, dem theol. Führer des gallikanischen Klerus, verurteilt worden waren. Mit den Schriften »Maximes des Saints« und »Explication des Maximes des Saints sur la vie intérieure« (1696) entfachte F. eine in ganz Europa beachtete theol. Kontroverse mit Bossuet, die F. 1699 eine milde päpstliche Verurteilung und die Verbannung nach Cambrai eintrug. Bis zu seinem Tode wirkte F. in seiner Bischofsstadt als geistl. Hirte und Schriftsteller. Im Mittelpunkt seiner Theologie steht die Lehre von der völlig interesselosen Gottesliebe (»pur amour«). Durch innere Selbstaufgabe lernt der Mensch auf den eigenen Willen sowie alle Wünsche und Heilserfahrungen zu verzichten, auch auf das ewige Heil. Selbst von der Liebe zu Gott weiß die

passive, interesselose Seele nichts mehr. Indem sich die Seele so mit allem Eigenleben vernichten läßt, wird sie mit Gottes Wollen und Leben identisch, Gott wird zur Seele der Seele. Die Aussagen F.s, dem eigene mystische Erlebnisse fehlten, können im Sinne mystischer Erfahrung gedeutet werden, und so haben sie auf den deutschen → Pietismus eingewirkt (G. → Arnold, G. → Tersteegen, M. → Claudius). Beachtet man jedoch die Distanz zu christl. Glaubenslehren und kirchl. Handlungen sowie die Herkunft aus der antiken Philosophie und frühchristl. Vorstellungen, so wird eine Einstellung erkennbar, die sich von der konkreten Religion emanzipiert hat und zur aufklärerischen Ethik hinüberleitet. Jedenfalls hat die europ. → Aufklärung das Andenken an den »sanften Fénelon« als Idealbild eines edlen, tugendhaften Menschen stets in Ehren gehalten.

Lit.: Geistliche Werke. Einleitung und Textauswahl von F. Varillon, übers. von P. Manns, 1961.

Christliche Mystik, hg. von G. Ruhbach und J. Sudbrack, 1989, 377-388; K. Heitmann: »Fénelon«, TRE 11, 1983, 81-83; R. Spaemann: Reflexion und Spontaneität. Studien über Fénelon, 1963.

J.O. Rüttgardt

Ferienseminare → Pfarrer-Gebets-Bruderschaft

Fernsehen und Kirche

F. (die Aufnahme, Übertragung und Wiedergabe bewegter Bilder oder stehender Bildvorlagen auf drahtlosem Wege durch elektromagnetische Wellen oder über Kabel) wurde in Deutschland seit 1952 schrittweise eingeführt. Nach 40 Jahren ist das F. praktisch flächendeckend verbreitet und erreicht mit geringfügigen Ausnahmen (weniger als zwei Prozent) die gesamte Bevölkerung. Es ist damit zum wichtigsten neuzeitlichen Medium geworden und gilt auch in der Einschätzung der Nutzer als das Leitmedium. Auf Nachfragen bezeichnen die Nutzer F. als das verläßlichste Medium. Das wird weniger an der Schnelligkeit der Übermittlung von Nachrichten liegen (Hörfunk ist in der Regel schneller) noch an der Gründlichkeit der Berichterstattung (Zeitungsberichte sind umfassender und genauer). Vielmehr vermittelt die Faszinationskraft der Bilder den Zuschauern die Illusion, sie seien bei den entscheidenden Ereignissen der Gegenwart als Augenzeugen dabei. Dabei darf nicht übersehen werden, daß F. aus dramaturgischen Gründen die Wirklichkeit inszenieren muß, um sie vorzeigbar machen zu können. Nur durch Erzeugung von Illusion kann F. im Wettlauf der Medien bestehen. Da aber ist es unschlagbar.

Entsprechend ist die stärkste Seite des F.s seine Fähigkeit, durch visuelle Eindrücke die Gefühle der Zuschauer zu beeinflussen, sie zu Mitleid oder Abscheu zu bewegen, ihnen Identifikation oder Distanz zu oder mit Personen oder Ereignissen nahezulegen. In diesem Sinn ist F. da am stärksten, wo es seine Zuschauer unterhält, ohne selbst eindeutig Stellung zu nehmen. Maßstab ist dabei in der Regel das Unterhaltungsbedürfnis der F.- Zuschauer. An ihm orientieren sich F.-Redakteure und Programmverantwortliche.

Diese Tendenz wird durch den Kampf um die Einschaltquoten noch unterstützt. Denn F. ist ein teures Medium. Als Faustregel darf gelten, daß die Herstellung von F.-Programmen etwa fünfzig- bis sechzigmal teurer ist als die Herstellung von Radio-Programmen (Eine Minute Radio-Programm kostete 1991 durchschnittlich DM 100.-; eine Minute F.-Programm etwa DM 6.000.-). Da alle F.-Anbieter (auch die F.-Anstalten öffentlichen Rechts) ihr Programm zu einem großen Teil aus Werbeeinnahmen finanzieren, erscheint ein massenattraktives Programm aus ökonomischen Gründen unerläßlich. Das hat fast zwangsläufig die Ausrichtung der Programmplanung am unteren Rand des in der Gesellschaft geschmacklich Erlaubten zur Folge. So kann nicht verwundern, daß Sex und Crime die Themen der F.-Unterhaltung bestimmen. Eine konstante Gefährdung nicht nur der jugendlichen Zuschauer durch ein derart verzerrtes Bild der Wirklichkeit ist die unabweisbare Folge dieser Programmphilosophie.

Dennoch kann man dem F. nicht die Möglichkeit absprechen, durch Darstellung von Personen und Ereignissen auch einen positiven Einfluß auf seine Zuschauer ausüben zu können. Das gilt sowohl für allg. menschliche Werte und Tugenden wie Gemeinsinn und Verantwortung für andere, besonders schwächere Glieder der Gesellschaft, als auch für spezifisch christl. Anliegen. Ein Erscheinen christl. oder kirchl. Themen im F. liegt darum im Interesse aller christl. Gruppen. Denn wenn F. das Leitmedium der Gegenwart ist, bedeutet der Ausschluß christl. Themen aus dem F. praktisch einen Ausschluß des Evangeliums aus der Öffentlichkeit. Das aber darf um des Evangeliums willen nicht zugelassen werden.

Allerdings müssen sich Christen und Kirchen klar machen, daß sie sich den technischen und dramaturgischen Gegebenheiten des F.s anpassen müssen, wenn sie auf diesem Feld bestehen wollen. Im F. zählen Bilder und Ereignisse; deswegen können glaubwürdige christl. Persönlichkeiten, deren Lebensgeschichte die Wirkungen des Evangeliums deutlich macht, auch solche Zuschauer beeindrukken, die dem christl. Glauben oder den Kirchen fernstehen. F. ist immer eindrucksvoll, wenn es Geschichten erzählen kann. Weniger eindrücklich sind hingegen Stellungnahmen, die minutiös auf dogmatische Korrektheit bedacht sind oder binnenkirchliche Fragestellungen vor einem breiten Publikum erörtern wollen. Für die Zuschauer zählt nur, was erkennbar für ihr Leben Bedeutung hat, und weil F.-Redakteure sich am Zuschauerinteresse orientieren, wird im F. auch nur das zur Sprache kommen und ins Bild gesetzt werden, was diesen Kriterien entspricht. Dieser Sachverhalt erklärt auch die Grenzen, die der Übertragung von Gottesdiensten im F. gesetzt sind. Abgesehen davon, daß viele gottesdienstliche Elemente Außenstehenden schwer verständlich sind, muß bedacht werden, daß im F. letztlich Regisseur und Bildmischerin entscheiden, was beim Zuschauer ankommt, so daß das gottesdienstl. Geschehen den Akteuren, der Gemeinde also, entgleitet und zu einer neuen Wirklichkeit wird: aus dem Gottesdienst wird eine Sendung des F.s. Konsequenterweise bevorzugen darum christl. F.-Veranstalter in Nordamerika auch die Programmform der F.-Show, um ihre mission. Anliegen fernsehgerecht umsetzen zu können.

Lit.: H. Albrecht: Kirche im Fernsehen. Massenkommunikationsforschung am Beispiel der Sendereihe »Das Wort zum Sonntag«, 1974; E. Diehl, K. Sprenger: Mehr Evangelium in den Medien, 1982; N. Postman: Wir amüsieren uns zu Tode. Urteilsbildung im Zeitalter der Unterhaltungsindustrie, 1985; H.E. Thomé: Gottesdienst frei Haus? Fernsehübertragungen von Gottesdiensten, 1991; R. Uhlmann: Chancen und Kriterien christlicher Verkündigung im Fernsehen, 1991.

J. Goetzmann

Feste

a) biblisch

1. Die F. im Alten Israel waren streng auf den einen Gott, den Schöpfer der Welt und Erlöser Israels, bezogen; sie wurden manchmal ausdrücklich »Festzeiten des Herrn« (*mo'ade* JHWH, 3Mo 23,2.4. 37.44) genannt; auch das Wort *ḥāg*, das für die Bezeichnung der drei Wallfahrtsfeste, aber auch für den Sabbat oder den Neumond verwendet wird, hat oft die Näherbestimmung »Fest Jahwes« bzw. »Fest für Jahwe« (2Mo 13,6; 32,5; 3Mo 23,39). Dabei wurde Gott als Herr der Zeiten, als Ernährer von Mensch und Tier geehrt, der auch einem kleinen Volk wie Israel das Recht auf ein Leben in Freiheit sichert. Kennzeichen der israelit. Feste waren die Darbringung der Erstlinge der Ernte und besondere Opfer, dann die Arbeitsruhe zur Heiligung des besonderen Tages, ferner die gemeinsam erlebte Freude mit Essen und Trinken, abgesehen vom Großen Versöhnungstag und Neujahrsfest, die von Buße und Fasten bestimmt waren. Nach dem Siebener-Rhythmus (Mondkalender) sind vor allem der Neumond und der Sabbat (Hos 2,13; 1Mo 2,1-3; 2Mo 20,8-11; Am 8,4f) sowie das Sabbatjahr (2Mo 23,10f) und das Jobeljahr (3Mo 25,8-55) geordnet. Die Siebenzahl machte sich auch bei den drei Erntefesten geltend, da deren Dauer sieben Tage betragen soll, von denen allerdings nur der erste und letzte arbeitsfrei waren. Das gilt für das Mazzenfest *ḥāg ha-massōth* (15.-22. Nisan, im Frühjahr), ursprünglich eine Feier der Gerstenernte (3Mo 23,6-8), und für das Lesefest im Herbst (*ḥāg ha-sukkōth*, »Laubhüttenfest«), an dem man für die Früchte von Baum und Weinstock dankte (15.-22. Tishri: 3Mo 23,33-44), ebenso für das im 2. Jh. v.Chr eingeführte Fest der Tempelweihe (*Chanukkah, egkainia*, ab 25. Kislew: 1Makk 4,36ff). Dazwischen lag das Wochenfest, (*ḥāg ha-schabūʿōth*), am 50. Tag (*pentekostē* = 6. Siwan) nach der Darbringung der Omergarbe, das als Abschluß der sieben Wochen lang dauernden Getreideernte gefeiert wurde (3Mo 23,15-21). Das Neujahrsfest (1. Tishri) wurde durch das Blasen auf dem Widderhorn gefeiert (daher der Name *jōm tĕrūʿāh*, 4Mo 29,1) und der Große Versöhnungstag (*jōm kippūr*, 3Mo 16), ein Tag der Buße und des Fastens im heutigen Judentum.

In der Tempelrolle von Qumran ist darüber hinaus das siebentätige Fest der Priesterweihe vorgesehen (*millū'īm*, 2.-10. Nisan; 15,3-17,5); nach dem Wochenfest folgen dort jeweils in sieben-wöchigem Abstand das Fest des (neuen) Weins (3. Ab, 18,11-21,10), dann das Fest des Öls (22. Ellul; 22,11-23), und gleich darauf das Fest des Holzes für den Tempel (23. Ellul, 23-25,1).

2. Der theol., dem Glauben Israels angemessene Charakter der F. wurde schon früh dadurch verstärkt, daß sie zusätzlich als Gedenktage an grundlegende heilsgeschichtl. Ereignisse begangen wurden. Das Passa (14. Nisan), ursprünglich wohl ein Hirtenfest, wurde auf die Herausführung Israels aus Ägypten bezogen und mit dem ähnlich gedeuteten Mazzenfest verbunden (2Mo 12 und 13), das Laubhüttenfest erinnerte an die Wüstenwanderung, an Pfingsten wurde später der Sinaigesetzgebung gedacht (ab 2. Jh.v.Chr., Jub.Buch). Das spätere Purimfest (14./15. Adar) wurde zum Gedenken der Rettung der Juden in Persien eingesetzt (Ester 3,7; 9,26-28), die Tempelweihe zur Erinnerung an die Vertreibung der Syrer aus Jerusalem; in der sog. »Fastenrolle« werden weitere solcher nationalen Feiertage erwähnt, an denen das → Fasten (aber wohl kaum die Arbeit) verboten wurde (vgl. Mischna Traktat Jōm Tōb).

3. Im NT bot das Wirken Jesu den Anlaß zu einer neuen Deutung der bibl. Feste. Jesus selbst gab dem Sabbat seine ursprüngliche Bestimmung als Tag der Erholung, des Atemholens und der Restauration des Lebens zurück (Mk 2,27-3,6; vgl. Joh 5,17- 23). Das Todespassa nutzte er zur Einsetzung des Herrenmahls (Mk 14,22-24 parr). Die ersten Christen haben den ersten Tag der Woche zum Gedenken an die Auferstehung Jesu als »Herrntag« gefeiert (Offb 1,10; allerdings anfangs nicht als Ruhetag). Auch das Wochenfest erhielt einen neuen Inhalt, weil nun nicht mehr der Übergabe des Gesetzes, sondern der Ausgießung des Hl. Geistes gedacht wurde (Apg 2).

Lit.: D. Freeman: »Feste«, GBL 1, 1987, 376-378; W. Grimm: Der Ruhetag, 1980.

O. Betz

b) praktisch-theologisch

1. Wenn die Christenheit Ereignisse der Heils- und Glaubensgeschichte im Zusammenhang besonderer, im Jahresrhythmus wiederkehrender Tage und Zeiten festlich begeht, folgt sie damit einer grundlegenden Bedingung des Menschseins: (Lebens-)Zeit bedarf der Strukturierung durch Höhepunkte intensiven, bedeutungsvollen Erlebens, um überhaupt - im individuellen wie im sozialen Bereich - als ein sinnvoller Zusammenhang erfahren und gestaltet werden zu können. So ist das Fest wohl ein ursprüngliches Element aller menschlichen Kultur; es verbindet sich mit den für das soziale Leben bedeutsamen Ereignissen des kosmisch-vegetativen Zyklus (dem Wechsel von Hell und Dunkel, Sommer und Winter, Regen- und Trockenzeiten, Aussaat und Ernte) ebenso wie mit den Wendepunkten des Lebenszyklus (Geburt, Reife, Heirat, Alter, Tod), kann aber auch geschichtl. - bzw. als geschichtl. aufgefaßte - Geschehnisse (Stadt- und Staatsgründungen, Kriege und Friedensschlüsse, Revolutionen, Geburt und Tod bedeutender Menschen usw.) zum Anlaß nehmen. Dabei eignet ihm eine ebenso ursprüngliche rel. Qualität: Jahreszyklische Daten und Ereignisse des gesellschaftl.-polit. Lebens werden zum Erscheinen und Wirken von Gottheiten in Beziehung gesetzt, mit ihrem Namen und Geschick verbunden. Auf den Sinn des Festes verweist seine Archē (griech. »Anfang, Ursprung«), seine Ursprungsgeschichte (Kurt Hübner): Was in einer »Zeit vor aller Zeit« geschah, wird im Fest in beständiger Wiederkehr erinnert, wiederholt und erneuert; nur so kann die Ursprungshandlung weiter wirken.

2. In unmittelbarer Erwartung der Wiederkunft Christi lebend, hatten die ersten Christengemeinden kaum ein Interesse daran, einen eigenen Festkalender zu entwickeln; judenchristl. Gemeinden folgten vermutlich weiter der jüd. Festpraxis. Zum »Urfest der Christenheit« (Adolf Adam) wurde der als »Tag des Herrn« (Offb 1,10) begangene Sonntag, an dem die Christen sich versammelten, um im Wort und im gemeinsamen Mahl (»Herrenmahl«, 1Kor 11,20) den Tod und die Auferstehung Jesu Christi zu verkünden, »bis er kommt« (1Kor 11,26). Das älteste - und zunächst einzige - christl. Jahresfest war Ostern; trotz einiger Andeutungen im NT (1Kor 5,7; vielleicht auch Apg 12,1-7) finden sich eindeutige Belege für eine christl. Passafeier erst im 2. Jh. Sie wurde mit einem nächtlichen Gottesdienst begangen, der bis in die Morgenstunden dauerte und mit der Feier des Herrenmahls schloß; erinnert wurde der Weg Jesu durch den Tod in das Leben beim Vater, nicht nur das Ereignis seiner Auferstehung. Eine gleichsam hist. Entfaltung des als Einheit geschauten Christusereignisses setzte erst mit dem 4. Jh. ein; dabei kam es zunächst zur Ausgliederung der »heiligen drei Tage« (Karfreitag als Tag des Leidens und Sterbens, Karsamstag als Tag der

Grabesruhe, Ostersonntag als Tag der Auferstehung), später dann zur Ausgestaltung der »heiligen Woche« (Karwoche mit Palmsonntag und Gründonnerstag) und der österlichen Freudenzeit (»Weiße Woche«, Christi Himmelfahrt am 40. Tag nach Ostern). Dabei spielte das Vorbild der Jerusalemer Gemeinde eine Rolle, in der es üblich geworden war, die Ereignisse der Christusgeschichte an den Tagen und Orten zu begehen, an denen sie der Überlieferung nach stattgefunden hatten. Der 50. Tag nach Ostern (Pfingsten, von griech. *pentekostē*) war ursprünglich der Abschluß der Osterfeier; seit dem Ende des 4. Jh.s wurde hier das Gedächtnis der Ausgießung des Heiligen Geistes (Apg 2) begangen. Die beiden anderen großen christl. Jahresfeste, Weihnachten und Epiphanias, haben im Unterschied zu Ostern und Pfingsten keinen Anhalt am jüd. Festjahr; sie sind wohl – in der Auseinandersetzung mit dem Heidentum – aus dem Versuch hervorgegangen, Geburts- bzw. Erscheinungsfeste heidnischer Gottheiten zu verchristlichen.

3. Neben den F.n und Festzeiten mit Bezug auf die Christusgeschichte umfaßt der christl. Festkalender heute die Gedenktage der Heiligen, Gedenktage zu Ereignissen der Kirchen- und Glaubensgeschichte (ev.: → Reformationstag; in gewisser Weise auch das → Kirchweihfest) sowie Tage, die in einer Beziehung zum Naturjahr (→ Erntedankfest) oder zum bürgerlichen Jahr stehen (Jahreswechsel). Daneben begegnen »Ideenfeste«, die eine bestimmte Glaubensaussage entfalten (Trinitatis; in gewisser Weise auch → Bußtag und → Ewigkeitssonntag); ihnen müssen neuere Versuche zugerechnet werden, einzelne Sonntage thematisch zu akzentuieren (Sonntag der Kirchenmusik, der Diakonie, der Weltmission usw.).

4. Von großer Bedeutung für die christl. Lebenspraxis wie für den Aufbau der Gemeinde sind Feste mit lebenszyklischem Hintergrund, in denen sich biographische Einschnitte mit den Stationen eines geistl. Lebenslaufes verbinden. So kann z.B. die Konfirmation, meist an bestimmte »Festpunkte« des Kirchenjahres gebunden, einen festlichen Höhepunkt im Leben der Familien und Gemeinden bilden, zumal dort, wo es gelingt, sie wirklich als Gemeindefest zu gestalten. Von ihrem Sinn her ist auch die → Taufe darauf angelegt, in der Gemeinschaft der Getauften – und nicht nur im familiären Rahmen – festlich begangen zu werden; die großen Tauffeste der alten Kirche mit ihren festen Tauftherminen (zunächst in der Osternacht, dann auch zu Epiphanias und Pfingsten) können hier als Vorbild dienen. Die Möglichkeit, auch andere lebenszyklische Ereignisse (Trauung, Jubiläen usw.) im Rahmen der Gemeinde – und damit zugleich im Zusammenhang des Kirchenjahres – festlich zu begehen, sollte zumindest erwogen werden; in vielen Gemeinden sind ja Silberne und Goldene Konfirmation bereits in den Festkalender integriert.

Lit.: A. Adam, R. Berger: Pastoralliturgisches Handlexikon, 1980; K. Hübner: Die Wahrheit des Mythos, 1985; D. Trautwein: Mut zum Fest, 1975.

K.-H. Bieritz

Fetischismus

F. (von portugiesisch *feticio*, »verzauberter Gegenstand, Zauber«, dies wiederum von lat. *factitius*, »künstlich hergestellt, Zauber«) bezeichnet seit dem 17. Jh. den rituellen Gebrauch von »Fetischen«, also gefertigten – nicht natürlichen – Objekten, in denen eine unpersönliche Kraft oder eine persönliche Macht wohnt, die man durch Opfer und Geschenke beeinflussen und zum eigenen Vorteil oder Schaden anderer aktivieren kann. Die Bedeutung erhält der Fetisch nicht durch seine äußere, meist unfertig wirkende Gestalt, wie die Portugiesen bei der Prägung des Begriffes fälschlich annahmen, sondern durch die innewohnende Kraft, die mit → Mana zu vergleichen ist. Manche ältere völkerkundliche Autoren sahen im F. ein Entwicklungsstadium in der Religionsevolution, das dem Animismus und dem Polytheismus voranging. Zusammen mit dem Ende religionsevolutionistischer Entwürfe wurde auch der Gebrauch des Begriffes seltener. Heute wird er in der Ethnologie und Religionswissenschaft vor allem deswegen ungern verwendet, weil er unter einem formalen Begriff Phänomene zusammenfaßt, die in den einzelnen Kulturen völlig unterschiedliche Bedeutungen haben.

Die Übertragung des Begriffes im Bereich von Neurologie und Psychologie durch Sigmund Freud in die Sexualforschung als Fixiertsein auf Gegenstände des Partners hat mit der ursprünglichen Bedeutung wenig gemeinsam.

Lit.: H.G. Kippenberg (Hg.): Neue Ansätze in der Religionswissenschaft, 1983, 59-74; R.H. Miligan: The Fetish Folk of West Africa, 1912; J.F. Thiel et al.: Was sind Fetische?, 1986; ders.: Ahnen, Geister, Höchste Wesen, 1977.

Th. Schirrmacher

Feuerbach, Ludwig Andreas (1804-1872)

L.A. F., geb. am 28. 7. 1804 in Landshut, Sohn des bedeutenden Juristen Anselm v. Feuerbach, Philosoph, 1828 Priv. Doz. in Erlangen, privatisierte seit 1836 in Bruckberg bei Ansbach, seit 1860 auf dem Rechenberg bei Nürnberg, wo er am 13. 9. 1872 starb.

F. wandte sich, nach angefangenem Theologiestudium, der Philosophie zu und gehörte zum Kreis der Hegelschen Linken, die sich vom Idealismus dem Naturalismus oder Materialismus zuwandten. Für F. ist nicht mehr der absolute Geist (Gott) der Urgrund alles Wirklichen, sondern die Natur, die auch den Menschen und den menschlichen Geist (Gefühl, Bewußtsein, Denken, Phantasie) hervorgebracht hat. Sein Verständnis der Natur, die er für ewig ansieht, und des Menschen ist allerdings noch philosophisch, noch nicht von der aufkommenden Naturwissenschaft geprägt. Er fragt nach dem »Wesen«, d.h. hegelisch nach dem Begriff. In Umkehrung von Hegels Satz, daß das Denken des Menschen von Gott im Grunde das Denken Gottes (des Weltgeistes) von sich selber ist, folgert F., das Wissen des Menschen von Gott sei in Wahrheit sein Wissen von sich selber, von seinem eigenen Wesen (Wesen des Christentums, Kap. 24). Gott ist ein Gedanke des Menschen, nicht umgekehrt. »Gott ist nichts anderes als das vergötterte Wesen des Menschen.« Theologie soll daher Anthropologie werden, aber nicht durch einen bloß destruktiven Atheismus, sondern durch einen »christlichen« Humanismus, der die Prädikate des Göttlichen - Liebe, sittliche Vollkommenheit (Heiligkeit), Weisheit - als das »Absolute« des Gottesbildes in das menschliche Selbstverständnis aufnimmt. Die Religion hat das Verdienst, dem Menschen sein Wesen, als Wesen der Gattung, ins Bewußtsein gebracht zu haben, aber in falscher Weise, indem dieses »Wesen« personifiziert und als Gott über den Menschen erhöht wurde. In diesem Sinn ist die Religion ein Akt der Selbstentfremdung des Menschen. Ihre Aufhebung führt ihn zum Bewußtsein seiner selbst, indem er das Wesen »Gottes« als seine eigene Bestimmung des Menschseins erkennt. Es ist kein Zufall, daß das Christentum in seinem Gottesbild dem Wesen des Menschen am nächsten kam. Das Christentum sei die Religion der Subjektivität. In der Subjektivität löst sich der Mensch von den Schranken der Objektivität, der Welt. Die Subjektivität ist grenzenlos. Deshalb gehört zum Christentum auch der Ewigkeitsglaube. Die andern Religionen sind noch weltabhängig, beschränkt, ihre Religiösität ist noch stark geprägt durch weltliche Wünsche und Glückserwartungen.

F. hat nicht nur über die Religion geschrieben. In der Auseinandersetzung mit Hegel setzte er dessen Logik den Sensualismus entgegen. Die Sinne sind Ausgang aller Erkenntnis. Er erkennt auch die Bedeutung der Sprache als Mittel des Bewußtwerdens im Zusammenhang mit dem Dialog, der Begegnung mit dem Mitmenschen. Aber der Gedanke, daß die Wahrheit der Theologie die Anthropologie sei, war doch sein eigentliches Thema, dessen Bearbeitung ihm Ruhm und große Wirkung verschaffte. Allerdings auch Widerspruch: Karl Marx hielt ihm entgegen, daß das menschliche »Wesen« kein dem Individuum innewohnendes Abstraktum sei, sondern »das Ensemble der gesellschaftlichen Verhältnisse« (Thesen über Feuerbach). Später war es dann Friedrich Nietzsche, der als Konsequenz aus dem naturalistischen Atheismus die Umwertung aller Werte verkündete, d.h. die Unvereinbarkeit dieses Atheismus mit absoluten Werten des christl. Gottesbildes.

Lit.: L. Feuerbach: Gedanken über Tod und Unsterblichkeit, 1830; Das Wesen des Christentums, 1941; Grundsätze der Philosophie der Zukunft, 1843; Das Wesen der Religion, 1951; Theogonie, 1957; Gottheit, Freiheit, Unsterblichkeit, 1866.

Gesamtausgaben: Sämtliche Werke, 10 Bde., 1846-1866; Sämtliche Werke, neu hg. von W. Bolin und F. Jodl, 1903-1911 (2. Aufl. mit 3 Ergänzungsbdn., Hg. H.M. Sass, 1960); Ges. Werke, hg. von W. Schuffenhauer, 1969ff.

K. Bockmühl: Leiblichkeit und Gesellschaft. Studien zur Religionskritik und Anthropologie im Frühwerk von L. Feuerbach und K. Marx, [2]1980; S. Rawidowicz: Ludwig Feuerbachs Philosophie, (1931) [2]1964; E. Schneider: Die

Theologie und Feuerbachs Religionskritik, 1972 (mit reicher Literaturangabe der Schriften über Feuerbach); W. Schuffenhauer: Ludwig Feuerbachs Entwicklung zum philosophischen Materialisten, Diss. Berlin (Ost), 1956.

F. Flückiger

Fichte, Johann Gottlieb (1762-1814)

1. Das Leben Fichtes

J. G. F. wurde am 19. Mai 1762 in Rammenau bei Bischofswerda in der sächsischen Oberlausitz als erstes von acht Kindern geboren. Der Vater war ein armer, pietist. geprägter Leineweber. Der Patronatsherr Haubold von Miltritz wurde auf den achtjährigen Jungen aufmerksam, als dieser ihm eine versäumte Sonntagspredigt auswendig rezitieren konnte. Von Miltritz ermöglichte F. von 1774 an den Besuch der berühmten Fürstenschule in Pforta, wo der Junge heimlich Schriften von G. E. → Lessing (Anti-Goeze) und J.-J. Rousseau las. 1780 begann F. mit dem Theologiestudium in Jena, das er 1781 in Leipzig fortsetzte. Ab 1784 erduldete er das kärgliche Leben eines Hauslehrers. 1788 wechselte er nach Zürich, wo er mit dem rel. Schriftsteller J. C. → Lavater Bekanntschaft machte. Er verlobte sich dort mit Johanna Maria Rahn, einer Nichte des Dichters F. Klopstock. 1791 besuchte er I. Kant in Königsberg und veröffentlichte mit dessen Empfehlung 1792 seine Schrift »Versuch einer Kritik aller Offenbarung«. Dieses anonym erschienene Werk wurde zunächst als ein Beitrag Kants angesehen und machte F. nach Bekanntwerden seiner Verfasserschaft über Nacht berühmt. Literarisch trat F. seit 1789 leidenschaftlich für die Ideale der franz. Revolution ein.

1794 wurde er zum ao. Prof. für Philosophie nach Jena berufen. Sein steiler Aufstieg erfuhr jedoch 1799 durch den sog. Atheismusstreit eine jähe Unterbrechung. F. hatte im »Philosophischen Journal« eine pantheistisch orientierte Abhandlung »Über den Grund unseres Glaubens an eine göttliche Weltregierung« veröffentlicht, die von der kursächsischen Regierung beschlagnahmt wurde. Er wechselte als freier Schriftsteller in das tolerante Berlin, wo er mit dem Romantikerkreis (F. Schlegel, Dorothea Veit und F. D. E. Schleiermacher u.a.) in Verbindung stand. 1804 hielt er drei aufsehenerregende Vortragsreihen über die »Wissenschaftslehre«. Diesen Vorträgen schlossen sich 1805 »Die philosophische Charakteristik des Zeitalters« und eine »Vorlesung über Gottes-, Sitten- und Rechtslehre« an. 1807/08 hielt er ungeachtet der Gegenwart franz. Abgesandter seine vierzehn »Reden an die deutsche Nation«, die wesentlich zur Ausbildung des deutschen Nationalbewußtseins beitrugen und in den Bedrängnissen der Befreiungskriege gegen die Napoleonische Gewaltherrschaft den geistigen Widerstand stärkten. 1810 wirkte F. bei der Gründung der Berliner Universität mit, wurde Dekan der phil. Fakultät und danach ihr erster gewählter Rektor. Am 29. Januar 1814 starb F., 51-jährig, am Lazarettfieber.

2. Fichtes philosophisches System

Ausgangspunkt des F.schen Denkens ist die Erkenntniskritik I. Kants. Die Gegenstände der sinnlichen Erfahrung kommen durch die dem vernünftigen Subjekt innewohnenden Kategorien der Erkenntnis ins Bewußtsein. Über die objektive Realität der Welt, also das »Ding an sich«, vermag das Ich keine Aussage zu machen. F. radikalisiert diesen idealistischen Ansatz, indem er die gesamte Vorstellungswelt als Schöpfung der je eigenen Bewußtseinswelt beschreibt. Das Ich setzt in freien Tathandlungen das Nicht-Ich. Damit löst sich die gegenständliche Welt in eine reine Vorstellungswelt auf. Sinn dieser Konstruktion ist es, die absolute menschliche Freiheit des Ich gegenüber der Natur zu wahren. Das Ich steht über der äußeren Welt und beherrscht sie; es ist unendlich viel mehr als ein unbedeutendes Rädchen im kausal-determinierten Kosmos. Die äußere Welt ist vielmehr bloßes Material zur Pflichterfüllung. Die sinnliche Wirklichkeit fordert den kategorischen Imperativ im sittlichen Subjekt heraus. Die gegenständliche Welt erfährt nur vom Ich her ihren Ernst und ihre sinnvolle Begründung. In der Überlegenheit des sittlichen Ich über die Natur realisiert dieses seine Freiheit. Der Mensch verwirklicht sich, indem er allein und ausschließlich dem autonomen Pflichtbewußtsein seines Gewissens folgt. Dabei sucht F. den individualistischen Ansatz der Moral durch eine umfasssende Ethik des Staates und des Rechts weiterzuentwikkeln. Das als Rechtsstaat zu konstituierende Gemeinwesen hat vor allem durch die Bildungspolitik hohe erzieherische Aufgaben am einzelnen. Das ausgeprägte Nationalbewußtsein F.s hat vor allem in dessen Bildungsideal seine Wurzeln. Er rühmt die Deutschen vor allem als das Volk der Dichter und Denker, dessen bedeutendste Repräsentanten die Gelehrten, also die Universitätsprofessoren, sind.

Da jedoch auch der Rechtsstaat am polit. Gewaltmonopol festhalten muß, entwickelt F. die Utopie eines Staates, in dem das Recht als Norm überflüssig wird. Der Bürger verwirklicht in autonomer Freiheit, nur seinem Gewissen folgend, von sich aus das Recht. Der Staat geht dann in eine Art innerweltliches Reich Gottes über, gekennzeichnet durch vollkommene Freiheit und Sittlichkeit.

In seiner Religionsphilosophie »Anleitung zum seligen Leben« (1806) entfaltet F. pantheistisch-mystische Vorstellungen, die den platonischen Idealismus inhaltlich mit der Botschaft des johanneischen Christus identifizieren. Im Akt des Denkens findet der Mensch aus der Vielheit der Welt zu sich selbst und in seinem schöpferisch-sittlichen Handeln wird er sich seiner wesentlichen Einheit mit Gott bewußt.

F. hat mit seinem System sowohl die weitere phil. Entwicklung als auch die polit. Geschichte in Deutschland nachhaltig beeinflußt.

3. Theologische Kritik

Die Ich-Philosophie F.s trägt Züge titanischer Selbstüberschätzung des Menschen, indem sie entgegen aller geschichtlichen Erfahrung dem Individuum autonome Freiheit und sittliche Vollkommenheit zuspricht. F. verkennt den grundlegenden Unterschied von Schöpfer und Geschöpf, indem er den Menschen mit seiner Tathandlung zum beherrschenden Subjekt über die Natur erhebt und ihn als Schöpfer seiner Welt preist. F. mißachtet dabei vor allem den radikalen Gegensatz zwischen dem heiligen Gott und dem sündigen Menschen, weil er mystisch die Gemeinschaft des rel. Individuums mit dem pantheistisch verstandenen Göttlichen voraussetzt. Der Mensch erhebt sich ohne Buße und Vergebung kraft seiner Sittlichkeit zur Einheit mit dem Seinsgrund; er bedarf keiner Rechtfertigung durch einen Mittler. F. spielt dabei die johanneische Christologie, die er bewußt im Widerspruch zu ihrem bibl. Wortlaut interpretiert, gegen Paulus aus. Dahinter steht die aufklärerische These, daß das Historische an Jesus als bloß zufällige Geschichtstatsache keine universale Bedeutung haben könne. Jesus ist nach F. deshalb nur moralisches Vorbild, aber nicht der ewige Sohn Gottes, der Erlöser der Sünder und der Vollender des kommenden Reiches Gottes.

Lit.: J.G. Fichte: Sämtliche Werke, hg. von I.H. Fichte, 8 Bde. (1845-1846), 1971; Nachgelassene Werke, 3 Bde. (1834-1835), 1971.

G. Geiss: Im Labyrinth der Philosophen, 1968, 158-162; H. Lamparter: Prüfet die Geister, 1961, 32-45; W. Ritzel: Fichtes Religionsphilosophie, 1956; A. Schlatter, Die philosophische Arbeit seit Cartesius, [5]1981, 168-178.

R. Hille

Filioque

Kurze Bezeichnung der wichtigsten Lehrdifferenz zwischen der Kirche des Ostens und der des Westens. Im ursprünglichen Text des → Nicaenoconstantinopolitanum (381) wird gesagt, daß der Hl. Geist vom Vater ausgeht. Im Westen wurde hier der Satzteil »filioque« d.h. »und vom Sohn« eingefügt, zuerst in Spanien, dann durch Karl d. Großen und zuletzt durch Papst Benedikt VIII (1014). Diese Einfügung führte 1054 zur Spaltung zwischen dem Osten und dem Westen. Hinter dieser Kontroverse liegt ein Unterschied im Verständnis des gemeinsamen trinitarischen Bekenntnisses. Im Westen wird unter Einfluß von Augustinus mehr die Einheit der drei göttlichen Personen, im Osten mehr die Verschiedenheit betont. Die Kritik des Ostens an dem F. wurde zuerst massiv formuliert von Photius, Patriarch von Konstantinopel (9. Jh.). Wie die kath. Kirche hat die Kirche der Reformation sich zum F. bekannt. Als Ausnahme in der westlichen Kirche hat die altkath. (oder christkath.) Kirche das F. abgelehnt. Frühere Versuche zur Einigung zwischen dem Osten und dem Westen sind, auch aufgrund polit. Faktoren, erfolglos geblieben. In der Gegenwart finden erneut Gespräche statt, die durch Beseitigung von Mißverständnissen und Klärung der Positionen einen Konsens vorbereiten wollen. Dabei geht man von wichtigen Punkten von Übereinstimmung aus, z.B. der auch vom Osten geteilten Überzeugung, daß in der geschichtl. Vermittlung des Heils der Geist als der Geist Jesu Christi auftritt.

Mit Recht hat man die östliche Verwerfung der zentralistischen päpstlichen Gewalt wie auch die Offenheit des Ostens für das Wirken des Geistes und für Mystik mit der Ablehnung des F. in Zusammenhang gebracht.

J. Veenhof

Film und Kirche → Medien, Medienarbeit

Filmevangelisation → Medien, Medienarbeit

Finney, Charles Grandison (1792-1875)

F., geb. am 29. 8. 1792 in Warren, Conn., gest. am 16. 8. 1875 in Oberlin, Ohio; erster Berufsevangelist. Zunächst Rechtsanwalt, bekehrte er sich 1821, um von Stund an das »Plädoyer für Jesus Christus« zu halten und Sünder in die Entscheidung für Christus zu rufen. Nach selbständigem Bibelstudium legte er 1824 das Examen ab und wurde von der »Free Presbyterian Church« zum Pfarrer ordiniert. Er entwickelte »Erweckungstechniken« wie die Bußbank, Hausgebetskreise, Hausbesuche, allabendliche Versammlungen über zwei oder drei Wochen, besonders Rhetorik für seine »Feldzüge« in den Großstädten Philadelphia (1827), New York (1829) und Boston (1831) und den Städten der Ost- und Mittelstaaten.

Wegen der → Prädestinationslehre ging er 1834 von den Presbyterianern zu den Kongregationalisten. In New York baute man ihm im selben Jahr mit dem Broadway Tabernacle einen eigenen Versammlungssaal. 1835 riefen ihn die Gebrüder Tappan und Th. Wald an das Oberlin College, wo er Generationen von Pastoren und → Evangelisten (revival men) ausbildete. 1851-1866 war er Präsident des College. 1849/50 und 1858/60 hielt er sich zu Evangelisationen in England auf. Ausgehend von einer sehr optimistischen Anthropologie hinsichtlich der Fähigkeiten und des Willens des Menschen, teilte F. die Anschauung, daß Christen durch die → Geistestaufe (zweite Segnung) Vollkommenheit (→ Perfektionismus) erreichen könnten.

Lit.: Lectures on Revival, 1835; Sermons on Important Subjects, 1836; Memoirs, 1876, dt. von E.v. Felitzsch, 1902; Erinnerungen und Reden bearbeitet von K. Richter, 1927; Erweckung. Gottes Verheißung und unsere Verantwortung, 1987.

S.C. Henry: »Finney, Charles Grandison«,TRE 11, 1983, 177- 178 (Lit.); W.G. McLoughlin: Modern Revivalism. C.G. Finney to Billy Graham, 1959.

E. Geldbach

Finnische Missionsgesellschaft → Skandinavien

Firmung → Sakramente (katholisch)

Fisch

F. tauchen im Alten Orient, in Ägypten und Syrien in den verschiedensten Lebenszusammenhängen auf. Im AT begegnen F. oft als Nahrung, einmal auch als Medizin (Tob.). In der griech.-röm. Welt sind sie teils billiges Volksnahrungsmittel, teils hochgeschätzter Luxus. Dies erklärt die Häufigkeit der Verwendung auch in ntl. Zusammenhängen.

Für die Kirche wird erst die Abkürzung des griech. Wortes für F., ΙΞΘΥΣ, im 2. Jh. von Bedeutung: *Iēsus Christos Theou Hyios Sotēr*, »Jesus Christus Gottes Sohn (ist) Heiland oder Jesus Christus (ist) Gottes Sohn (und) Heiland«. Diese Abkürzung und ihre bekenntnishafte Bedeutung steht ebenso am Anfang des Glaubensbekenntnisses wie eines vielfältigen Spiels mit dem Fischsymbol in der Literatur und der Kunst. Allerdings muß bei der Interpretation zu größter Vorsicht gemahnt werden angesichts des auch sonst beliebten F.-Themas in der griech.-röm. Welt. Alle Beispiele aus dem Genrezusammenhang der griech.-röm. Kunst und der Bildsprache, der ja von den frühen Christen als Ausdruck des Zeitstils übernommen wird, eignen sich nicht für eine solche bekenntnishafte christusbezogene Interpretation als Fischsymbol, die im 6. Jh. im Westen mit dem Verlust des Griech. verloren ging.

Als Fastenspeise ist F. seit dem 4. Jh. belegt, doch dauert es länger, bis sich der Bedeutungswandel von einer Luxusspeise zum Fleischersatz durchsetzte.

Lit.: J. Engemann: RAC 7, 959-1097.

W. Wischmayer

Flacius, Matthias Illyricus (1520-1575)

F. (eigentlich Matija Vlacic) wurde am 3. 3. 1520 in Albona, Illyrien, geboren. Sein Onkel, ein Franziskanerprovinzial, sympathisierte mit der → Reformation und riet ihm zum Studium in Tübingen und Basel. Seit 1541 studierte F. in Wittenberg, wo er 1544 Prof. für Hebr. wurde. Prägend für ihn war die Begegnung mit → Luther und dessen Seelsorge.

Nachdem → Melanchthon das Leipziger Interim angenommen hatte, führte F. einen leidenschaftlichen Kampf gegen die darin der kath. Seite gemachten Zugeständnisse in sog. Mitteldingen. Das führte zur Vertreibung des F. aus Wittenberg. Ab 1549 leistete er zusammen mit Gallus, Amsdorf u.a. in Magdeburg Widerstand gegen das Interim.

Auch in die darauf folgenden Auseinandersetzungen (majoristischer, synergistischer Streit) griff F. aktiv ein. Er reagierte um der Sache Willen heftig, oft polemisch, jedoch nicht aus persönlicher Abneigung.

Im Dezember 1544 bereits begann die Arbeit an den sog. »Magdeburger Zenturien«, der ersten reformat. Kirchengeschichte. Bis zu Gottfried Arnolds »Unparteiischer Kirchen- und Ketzer- Historie« (1699/1700) blieb das Werk für die ev. Geschichtsschreibung wegweisend.

Nachdem F. 1557 in Jena Professor geworden war, kam es 1560 auf dem Weimarer Kolloquium zum Bruch mit dem übrigen Luthertum. Darauf mußte er Jena verlassen, wo er von 1557-61 gewirkt und das Weimarer Confutationsbuch verfaßt hatte. An verschiedenen Orten, so in Regensburg, fand er Zuflucht. Später wandte er sich nach Straßburg (1567-1573), geriet aber mehr und mehr in menschliche wie theol. Isolation. Bereits auf dem Altenburger Kolloquium 1568/69 wurde F. und seine Lehre als Grund für die Uneinigkeit im Luthertum benannt. 1573 wurde er zu Weihnachten mit seiner Familie aus Straßburg ausgewiesen. Seine letzten beiden Lebensjahre verbrachte er im Kloster der Weißen Frauen in Frankfurt a.M. Dort starb er am 11. 3. 1575 und wurde ohne kirchl. Begräbnis bestattet.

Lit.: P. Barton: Matthias Flacius Illyricus, GdKG 4, 1981, 227-293; J. Baur: Flacius Radikale Theologie, ZThK 72 (1975), 365-380; L. Haikola: Gesetz und Evangelium bei Matthias Flacius Illyricus, 1952; R. Keller: Der Schlüssel zur Schrift. Die Lehre vom Wort Gottes bei Matthias Flacius Illyricus, 1984; G. Moldaenke: Schriftverständnis und Schriftdeutung im Zeitalter der Reformation, 1936; W. Preger: Matthias Flacius und seine Zeit, 2 Bde., (1859/61) 1964.

H.-J. Hoeppke

Flagellanten → Geißler

Fliedner, Friederike → Fliedner, Theodor

Fliedner, Karoline → Fliedner, Theodor

Fliedner, Theodor (1800-1864)

F. wurde in Eppstein am 21. 1. 1800 als Pfarrerssohn geboren. Während seines Theologiestudiums in Gießen und Göttingen prägte ihn der Rationalismus. 1820 legt er sein Examen ab und wurde Hauslehrer und Mitarbeiter der Kölner Bibelgesellschaft. 1822 nahm er die Pfarrstelle in Kaiserswerth bei Düsseldorf an. In England kam er mit der Gefangenenarbeit von Elizabeth Fry in Berührung, nachdem er vorher in Holland bei den Mennoniten das

Diakonissenamt kennengelernt hatte. Er erlebte eine innere Wende weg von den »lichtscheuen Rationalisten« zu einer bibl. Erweckungstheologie. Dadurch erkannte er die Not der Gefangenen im Kaiserswerther Arresthaus und besuchte sie regelmäßig. 1826 gründete er die »Rheinisch-Westfälische Gefängnis-Gesellschaft« und begann eine zeitgemäße → Gefängnisseelsorge, ebenso eine Strafentlassenenfürsorge. Auch richtete er ein Asyl für weibliche Strafentlassene ein. 1836 gründete F. das erste Diakonissenkrankenhaus zur Ausbildung »evangelischer Pflegerinnen«. Er rief junge, unverheiratete Frauen dazu auf, Diakonissen zu werden. 1828 heiratete F. Friederike Münster nach einer lediglich schriftlichen Brautwerbung. Friederike F. wurde 1836 die erste Vorsteherin des Mutterhauses, starb aber bereits 1842.

Die Zahl der Pflege- und Lehr-Diakonissen wuchs stetig. 1856 gab es bereits 228. Damit vergrößerten sich auch die Kaiserswerther Anstalten (z.B. Kleinkindschule 1836, Mädchen- Waisenhaus 1842, Lehrerinnenseminar 1847, Heilanstalt für weibliche Gemütskranke 1852). Auch im Ausland wurde F. diakonisch aktiv (Pittsburgh 1849, Jerusalem 1851, Istanbul 1852). Die Verbindungen F.s waren weit gespannt. So lernte Florence → Nightingale 1850/51 die Kaiserswerther Krankenpflege kennen. 1844 wurde in Mülheim auch eine Pastoralgehilfenanstalt, die spätere Diakonenanstalt, gegründet. Seit 1861 wurden sämtliche Mutterhäuser, auch die ausländischen, in der Kaiserswerther Generalkonferenz zusammengeschlossen. Als F. am 1. 10. 1864 starb, gehörten 32 Mutterhäuser dazu. Heute gehören die Kaiserswerther Anstalten zum Kaiserswerther Verband und zum Bund der Diakonissenverbände Diakonia.

F.s diakon. Aufbauarbeit verband erweckliche Frömmigkeit mit sozialem Tun. Die Wiederherstellung des bibl. Diakonissenamtes führte zur Schaffung eines gesellschaftl. anerkannten Berufsstandes für die ev. Frau.

Lit.: G. Fliedner: Theodor Fliedner. Durch Gottes Gnaden Erneuerer des apostolischen Diakonissenamtes in der evangelischen Kirche, 3 Bde., 1908-1912; M. Gerhardt: Theodor Fliedner. Ein Lebensbild, 2 Bde., 1933/37 (Lit.); A. Sticker: Friederike Fliedner und die Anfänge der Frauendiakonie. Ein Quellenbuch, [2]1963 (Lit.); dies.: Theodor und Friederike Fliedner, 1989.

H.-J. Hoeppke

Fluch/Fluchen

F./F.en als Gegenstück zum Segen/Segnen ist auch in den außerbibl. Religionen bekannt. Dort werden Fluchsprüche meist in einem magischen Sinne verstanden. Sie wirken wie Worte, denen eine eigene Wirkkraft innewohnt. Für den davon Betroffenen können sie Unheil und Schaden an Leib und Leben, Ausschluß aus der Gemeinschaft, sogar auch die Vernichtung bedeuten. Im AT hat der Fluchspruch auch eine Wirkung, aber sie ist weder eine Eigendynamik noch hängt sie von der Macht des Fluchenden ab. Vielmehr liegen F. und seine Wirkung allein in der Hand Gottes. Er verflucht den Ackerboden, um dem sündigen Menschen Grenzen zu setzen (1Mo 3,17), und verflucht die Schlange, die sich zum Werkzeug des Bösen machen ließ (1Mo 3,14). Auch später trägt die Erde den Fluch um der Sünde des Gottesvolkes willen (Jes 24,6). Gottloses Leben, Brechen des Gelübdes und Vertrauen auf Vergängliches ziehen Gottes F. nach sich (Spr 3,33; Mal 1,14; Jer 17,5). Wenn auch ein Mensch nicht von sich aus verfluchen darf, so kann doch Gott Menschen beauftragen, in seinem Namen F. auszusprechen (5Mo 27-28). Wie wenig dieses F. mit menschlicher Willkür verbunden ist, zeigt die Tatsache, daß es im Zusammenhang mit der Nichtbefolgung des Gebotes

Gottes steht. So trifft auch ein unverdienter F. nicht (Spr 26,2), und eigenmächtiges F.en wird von Gott verhindert (4Mo 23,7-8). Aus alledem wird klar, daß F., auch wenn er von Gott oder den von ihm beauftragten Menschen kommt, nicht wie eine unabwendbare Voraussage des Schicksals ist, sondern immer ein Ziel hat: der Betroffene soll gewarnt und zur Umkehr gerufen werden; zumindest soll er durch die Folgen des F.s vor Selbstüberhebung und noch größerem Sündigen bewahrt werden. Deshalb will Gott auch nicht die Selbstverfluchung des Menschen; denn damit würde er das Vertrauen in die auch aus letzter Schuld, Not und Verzweiflung rettende Macht und Liebe Gottes aufgeben.

Auch das NT kennt Verfluchung im Auftrag Gottes. Sie gilt einmal denen, die das → Evangelium verfälschen (Gal 1,8-9), andererseits auch allen, die die Liebe Gottes in Christus nicht mit Gegenliebe beantworten (1Kor 16,22). Beidesmal steht das Wort *anathema*, das bedeutet, daß diese Menschen dem Endgericht Gottes ausgeliefert werden. Auch hier bleibt noch Raum zur Umkehr vor dem Gericht. Im übrigen sollen Christen nach dem NT alles Böse von seiten anderer Menschen nicht mit F., sondern mit Wohltun und Segnen beantworten (Mt 5,44; Röm 12,14). Dies alles ist ihnen nur möglich, weil sie nicht unter dem Gesetz stehen und den Fluch der Gesetzesübertreter zu tragen hätten (Gal 3,10), sondern im Glauben an Christus, der selber ein F. für uns wurde (Gal 3,13) und uns damit vom F. des Gesetzes erlöst hat.

Lit.: H. Aust, D. Müller, W. Mundle, Th. Sorg: »Fluchen«, TBLNT I,[8]1990, 348-353.

K.H. Bormuth

Flüchtlinge/Flüchtlingsarbeit der Kirche

Gegenwärtig sind weltweit, nach Schätzungen des UNO-Hochkommissariats für Flüchtlinge, ca. 17 Mio. Menschen auf der Flucht. Die Kirchen vertreten nicht die Auffassung, daß die Bundesrepublik Deutschland grenzenlos F. aufnehmen solle; angesichts der wachsenden internationalen Flüchtlingsnot muß jedoch auch die Bundesrepublik ihren angemessenen Beitrag zur Bewältigung dieses Problems leisten. Dazu gehört nicht nur die verstärkte Unterstützung von internationalen und regionalen Flüchtlingsprogrammen in aller Welt, sondern auch die unmittelbare Aufnahme von Flüchtlingen in unserem Land. Viele Flüchtlinge sind Christen. Die Flüchtlingshilfe der Diakonie kann sich jedoch nicht alleine auf Christen beschränken; das Gebot der Nächstenliebe gilt allen Bedürftigen und Hilfesuchenden, ohne Ansehen von Rasse, Hautfarbe, Volkszugehörigkeit und Religion. Jesus selbst identifiziert sich mit allen Bedürftigen, die er seine Brüder nennt, und denen er ausdrücklich die Fremden zurechnet.

Die Kirchen und ihre → Diakonie versuchen durch verschiedene Einrichtungen zur Beratung und Betreuung den Asylsuchenden und Geflüchteten in ihrer schwierigen Situation zu helfen. Vielfach arbeiten sie dabei mit anderen Wohlfahrtsverbänden zusammen, häufig auch mit den zuständigen staatlichen Stellen. Beispiele kirchl.-diakon. Flüchtlingsarbeit sind:

- Erstversorgung von ankommenden Asylsuchenden im Flughafen bzw. in Transitstellen;
- Beratung und Betreuung in Sammelunterkünften und Wohnheimen;
- gemeinwesenbezogene Beratung und Betreuung bei privater Unterbringung;
- bundesweit organisierte qualifizierte Rechtsberatung;
- bundesweit abgestimmte qualifizierte psychosoziale Beratung und Therapie;
- Beratung und Unterstützung bei Rückkehr bzw. Weiterwanderungsabsichten;
- Sprachunterricht, Orientierungskurse und Hilfen zur beruflichen Eingliederung;
- Schaffung von persönlichen Kontakten zur Einbindung in die Gemeinde;
- spezifische Betreuungsangebote für Kinder und Familien;
- Unterstützung der Familienzusammenführung;
- Hilfen bei der Integration, insbesondere in beruflicher und sozialer Hinsicht nach der Anerkennung als Asylberechtigte;
- Unterstützung von Selbsthilfeinitiativen der Flüchtlinge.

Eine weitere wichtige Aufgabe kirchl.-diakon. Arbeit besteht auch darin, durch Informationen und Öffentlichkeitsarbeit die Aufnahmebereitschaft unter der Bevölkerung zu stärken.

Die kirchl. Bemühungen um Flüchtlinge und Asylsuchende sind in vielen Orten auf die ehrenamtliche Arbeit von einzelnen Christen oder Initiativgruppen und die Unterstützung von Kirchengemeinden angewiesen.

Lit.: EKD Texte Nr. 16: Flüchtlinge und Asylsuchende in unserem Land, 1986, hg. vom Kirchenamt der EKD.

Ch. Gutekunst

Flut → Sintflut

Focolarini

F. sind Angehörige einer verpflichteten rel. Gemeinschaft innerhalb der röm.-kath. Christenheit. Sie wurde 1943 von Chiara Lubich in Trient gegründet und umfaßt Menschen in allen Alters- und Berufsgruppen. Inzwischen hat sich diese Gemeinschaft in aller Welt ausgebreitet. F., »Herdgemeinschaften«, sind Zentren gemeinsamen Lebens, die das Zeugnis des Auferstandenen, des Geistes Gottes, des Wortes und der Liebe Gottes in alle Welt tragen und glaubwürdig zu leben versuchen. Sie sind von ökumen. Weite und haben mancherlei Aufbruchsbewegungen auch im ev. Raum geprägt, z.B. die Lebenswortbewegung und die ev. Bischöfe → Dietzfelbinger, Hanselmann, Kruse und Wilckens. Sie wirken über kleinere, fast familiäre Gruppen und halten über das Jahr verteilt zahlreiche Regionaltagungen.

Lit.: A. Diana (Hg.): Die Bewegung der Fokolare, 1975; ZS: Città Nouva (dt. Neue Stadt, dies ist auch der Name des Verlages in München).

G. Ruhbach

Föderaltheologie

Eine Theologie mit dem Zentralbegriff des von Gott mit den Menschen geschlossenen → Bundes (lat. *foedus*). Sie geht zurück auf die Schweizer Reformation (vgl. H. → Bullinger, Vom einen und ewigen Bund Gottes, 1534). Bei J. → Calvin bestimmt der Begriff »Bund« das Verhältnis von AT und NT: »Der Bund mit den Vätern ist im Wesen von dem unsrigen nicht unterschieden, sondern ein und dasselbe. Verschieden ist die äußere Darbietung« (Inst. II, 10,2). Dabei gilt Christus als die Substanz des einen Bundes. In der deutschreformierten Theologie wurde der Bundesbegriff erweitert durch die These Melanchthons vom göttlichen »Naturgesetz«. Man unterschied nun zwischen dem bibl. Bund und einem ihm vorangehenden »Naturbund«. Diesen nannte man (so Polanus) einen »Werkbund«, weil in ihm das göttliche Naturgesetz das Heil vom Tun guter Werke erwarte. Jenen nannte man einen »Gnadenbund«, geschlossen mit Sündern, die den »Naturbund« nicht halten können. Durch diese Unterscheidung konnte die Rede von Gottes Gnadenbund relativiert werden durch das Rechnen mit einem ursprünglichen Willen Gottes, der vom Menschen nur eben Werke fordert.

1648 verfaßte Johannes → Coccejus die Schrift, die ihn zum Vater der eigentlichen F. machte: Summa doctrina de foedere et testamento Dei (Zusammengefaßte Lehre vom Bund und Testament Gottes). Nach ihm hat zwar Gott anfänglich einen Werkbund mit den Menschen geschlossen, der aber in der Geschichte Gottes mit den Menschen sukzessive beseitigt und durch einen auf Gnade begründeten Bund ersetzt wird. Das geschieht durch fünf »Abschaffungen«: durch die Sünde, durch die Stiftung eines Gnadenbundes in einem Pakt zwischen Gott Vater und Sohn, durch die »Ökonomie« des AT, durch den »Tod des Leibes« (→ Rechtfertigung und → Heiligung durch das Werk Christi), durch die künftige Auferweckung des Leibes.

Die Bedeutung dieser F. lag darin, daß sie an die Stelle der theol. Systeme der altprot. Orthodoxie eine heilsgeschichtl. Betrachtung der bibl. Zeugnisse rückte. Jedoch konnte einerseits die juristische Fassung des Bundesbegriffs im Sinn eines »Vertrages« bei weiteren Vertretern der F. (H. Witsius, A. Heidanus) einen Rationalismus anbahnen, der auf dem Nenner eines naturgesetzlichen Werkbundes stand. Andererseits führte die F. auch zu einer heilsgeschichtl. Theologie, die einen »Plan« im Handeln Gottes zu den verschiedenen Zeiten zu erkennen suchte (Vitringa, → Bengel, → Collenbusch, von → Hofmann). Wurde diese Bemühung von der Erkenntnis des Gnadenwillens Gottes gelöst, trat an die Stelle der Bibel die menschliche Geschichte als Quelle der Gotteserkenntnis (Hegel). Im 20. Jh. ist in der Theologie K. → Barths, im Rückgriff auf Calvin, der Bundesbegriff zentral.

Lit.: G. Schrenk: Gottesreich und Bund im älteren Protestantismus, 1923.

E. Busch

Formgeschichte → Bibelwissenschaft, moderne

Foucauld, Charles de (1858-1916)

F. wurde am 15. 9. 1858 in Straßburg geboren als Angehöriger eines alten franz. Adelsgeschlechts. Besuch der Offiziersschule Saint-Cyr, wegen leichtfertig-ausschweifenden Lebenswandels zeitweise vom Dienst suspendiert. 1882 Demission zum Zweck einer zweijährigen Forschungsreise ins Innere der Sahara. Die Begegnung mit dem Islam weckt in dem jungen Abenteurer Interesse für rel. Fragen. 1866 Bekehrung zu Christus in radikaler Lebensbeichte. 1890 Eintritt in den Zisterzienser-Orden (Trappisten), auf Geheiß der Ordensoberen Theologiestudium an der Gregoriana in Rom. Nach dreijährigem Aufenthalt in Nazareth (»verborgene Jahre« der Meditation und des niedrigsten Dienstes am Nächsten) 1901 Priesterweihe. 1901 bis 1916 als unabhäniger Missionar in Algerien, zuletzt als Einsiedler im Hoggar-Gebirge, darum bemüht, den mißtrauischen Tuaregs ein Freund und Bruder zu werden. Am 1. 12. 1916 von Aufständischen getötet.

Im anbrechenden Zeitalter des Säkularismus gehört F. zu jenen Menschen, die von einer leidenschaftlichen Welthörigkeit hinfanden zu einer neuen, größeren Leidenschaft: Gott zu lieben und im selbstlosen Dienst an den Menschen Christus ähnlich zu werden.

Zwanzig Jahre nach F.s Tod ging die »Saat der Wüste« auf in den beiden Orden der »Kleinen Brüder Jesu« und der »Kleinen Schwestern Jesu«. Diese leben heute unter den Allerärmsten in den Industriestädten Europas, bei den Nomaden Nordafrikas, in den Slums von Beirut, in den Gefängnissen New Yorks und unter dem Proletariat Lateinamerikas als »Nester innigen geistlichen Lebens« und Zentren der Ausstrahlung von Liebe.

Lit.: Charles de Foucauld: Der letzte Platz. Aufzeichnungen und Briefe, ausgewählt und eingeleitet von M. Gisi, 1957 (Sigillum 8).

R. Frische: Wasser aus der Wüste. Impulse für eine Spiritualität des Dienstes, 1986; ders.: Gott lieben und seinen Willen tun. Verähnlichung mit Christus im Leben von Charles de Foucauld, in: M. Bockmühl, H. Burkhardt (Hg.): Gott lieben und seine Gebote halten, 1991 (122-141); J.-F. Six: Charles de Foucauld. Der geistliche Werdegang, 1978.

R. Frische

Fox, George (1624-1691)

F. wurde als Sohn eines wohlhabenden puritanischen Webers in der engl. Grafschaft Leicestershire geboren. Er war der Begründer der Society of Friends; seit 1651 wurden diese von ihren Gegnern → Quäker genannt, weil ihre Zusammenkünfte denjenigen der späteren Pfingstler ähnelten. Sie wiegten ihre Körper, stöhnten, seufzten und weinten. F. rechtfertige diese Gewohnheit als das Zittern des Menschen vor Gott und als Beweis der Wirkung des Hl. Geistes. Die Gemeinde verharrte still, bis der Hl. Geist einige Mitglieder zum Sprechen bewegte. Die geistl. Entwicklung F.' ist nur im Zusammenhang mit der rel. Gärung, die durch die puritanische Revolution ausgelöst wurde, zu verstehen.

Die Bewegung der Quäker wurde zu einem Sammelbecken der von der Revolution Enttäuschten aus allen Bevölkerungsschichten. In seinem Anliegen, eine Vereinigung aus tätiger Frömmigkeit und Glauben zu vollziehen, ist F. typisch puritanisch. Die calvinistische Theologie mit ihrer Betonung der Notwendigkeit einer Bekehrung lehnt er aber ab. Viele Bräuche, die man heute als für die Quäker typisch ansieht, fanden sich im 17. Jh. bei anderen radikalen Separatisten. Diese haben F. als einen auf der Suche befindlichen Schuhmachergesellen seit 1643 beeinflußt.

Er übernahm von der Gemeinschaft der Suchenden (»Seeker«) und radikalen → Baptisten die Lehre vom inneren Licht Christi und die Überzeugung, daß diejenigen, die dem Licht folgen, die christl. Vollkommenheit erlangen werden. Von dieser baptistischen Sonderrichtung und indirekt auch von den deutschen Familisten beeinflußt, gab F. dem inneren Licht den Vorrang vor der Heiligen Schrift. Er erkannte die geistige Taufe als einziges Sakrament an. Von den Levellers aus der Armee Cromwells lernte F., jeden zu duzen und das Ziehen des Hutes zu verweigern.

Der Gedanke der Gewaltlosigkeit aber war durch die Restauration bedingt. Außerdem lehnte F. jede Art von Eid ab. In der Errichtung einer lebensfähigen Struktur für seine Bewegung zeigte F. seine Fähigkeiten. Seine größte Leistung war die Entwicklung einer Theologie des Geistes in seinen bewegenden und aggressiven Predigten und öffentlichen Heilungen für die Kinder des Lichtes, die die ganze Welt bekehren sollte. Diese Theologie verlangt die Bereitschaft, die Erleuchtung durch den Geist Christi zu erfahren und ihm zu folgen, und spiegelt die Erfahrungen F.' zwischen 1646-1642.

Lit.: P. Held: Der Quäker G. Fox, 1949; J. C. Nickalls (Hg.): The Journal of George Fox, 1952; ZS: The Friend, 1827ff.

R.C. Walton

Franck, Melchior → Liedgut/Liederbücher

Franck, Sebastian (1499-1542/43)

F., in Donauwörth geboren, war nach Studium in Ingolstadt und Heidelberg sowie Seelsorgetätigkeit im Bistum Augsburg zunächst Pfarrverweser in Büchenbach bei Schwabach (1525) und dann Frühmesser in Gustenfelden (1527). Wohl vor allem wegen mangelnden Erfolges im Predigtamt gab er 1528/29 sein Pfarramt auf und ließ sich als Literat in Nürnberg nieder; wahrscheinlich hat er hier schon Kontakte zum »Linken Flügel« der Reformation gefunden. Im Herbst 1529 übersiedelte er nach Straßburg, wo er, mit Täufern, Spiritualisten und Antitrinitariern (Bünderlin, → Schwenckfeld, Campanus, → Servet) in Verbindung stehend, vollends zum Kritiker der Reformation und Propagator des → Spiritualismus wurde. Wegen seiner Geschichtsbibel (1531), die mannigfaches Aufsehen erregte, wurde er ausgewiesen. Über Kehl begab er sich nach Esslingen, um sich und seine Familie hier als Seifensieder zu ernähren, bis er im Spätjahr 1534 in Ulm das Bürgerrecht erhielt. In großer literarischer Produktivität verfaßte er mehrere Werke (u.a. Weltbuch, 1534, Paradoxa, 1534), die teils in seiner eigenen, teils in auswärtigen Druckereien erschienen. Auch betätigte er sich als Herausgeber und Übersetzer fremder Schriften (u.a. von → Erasmus, Agrippa). Wegen dieser Schriftstellerei wurde er (auf Drängen Philipps von Hessen und der Ulmer Geistlichkeit) erneut in zwei Prozesse verwickelt; trotz der Fürsprache einflußreicher Freunde mußte er Anfang 1539 die Stadt verlassen. In Basel, wo er sich als Drucker niederlassen konnte, ist er weiterhin literarisch tätig gewesen (Sprichwörter, 1540) und ist wahrscheinlich hier 1542 oder 1543 verstorben. F. hat es nicht vermocht, seine spiritualistischen Vorstellungen - vielfach von → Mystik und → Humanismus beeinflußt - zu systematisieren, jedoch werden sie aus seinem Gesamtwerk deutlich. Danach hat Gott, der »aller Wesen Wesen« (Paradoxa, Nr. 3) ist, sein göttliches oder inneres Wort nicht nur aller Kreatur eingedrückt, sondern vor allem als »ein Muster, Zundel, eine Spur, Licht und ein Bild in des Menschen Herz gelegt« (Nr. 101-102). Dieses von der Sünde verdeckte innere Wort muß nun vom Menschen neu entdeckt und durch Gelassenheit aktualisiert werden, wenn es zur Wiedergeburt bzw. Entstehung des Neuen Menschen kommen soll. Hierbei ist Jesus Christus - selber »ein Schatten und eine Figur« (Nr. 50) des Wortes Gottes - Paradigma und Pädagoge zugleich; denn er »erinnert an das, was vorhin in uns war, wir aber nicht wissen wollten« (Nr. 115-118). Alle diejenigen, bei denen es zu einer Aktualisierung des inneren Wertes gekommen ist (d.h. Christen, atl. Fromme und erleuchtete Heiden) gehören zur Geistkirche.

Obwohl F. sowohl von kath. (Cochläus) als auch ev. Theologen (z.B. Luther, Melanchthon, Calvin) und sogar von Spiritualisten (Schwenckfeld) Kritik und Zurückweisung erfahren hat, sind seine Gedanken später vom mystischen Spiritualismus (Weigel), → Pietismus (→ Arnold) und → Idealismus mannigfach rezipiert worden.

Lit.: S.o. im Text sowie K. Kaczerowsky: Sebastian Franck. Bibliographie. Verzeichnisse von Francks Werken, der von ihm gedruckten Bücher sowie der Sekundär-Literatur, 1976.

H. Weigelt: Sebastian Franck und die lutherische Reformation, 1972 (Lit.).

H. Weigelt

Francke, August Hermann (1663-1727)

F., geb. am 12. 3. 1663 in Lübeck, gest. am 8. 6. 1927 in Halle, ev. Theologe, bedeutender Vertreter des luth. Pietismus. Als Sohn eines Juristen frühzeitig für den Theologenberuf bestimmt, verließ der hochbegabte F. bereits mit 15 Jahren das berühmte Gothaer Gymnasium, um sich im Studium in Erfurt, Kiel und Hamburg umfassende bibl. Gelehrsamkeit, insbesondere Sprachkenntnisse zu erwerben. Von den Ideen des Gothaer Reformprogramms und der luth. Reformorthodoxie (Christian Kortholt) geprägt, gründete F. mit Freunden 1686 in Leipzig ein Collegium philobiblicum. Aus der Beschäftigung mit der quietistischen → Mystik entstand die lat. Übersetzung des »Guida spirituale« des Michael Molinos. Philipp Jakob → Spener, dem F. im April 1687 begegnete, versuchte, das Collegium stärker auf die persönliche Erbauung auszurichten. Doch erst im Herbst des Jahres wurde F. durch sein für den späteren → Pietismus prototypisches Bekehrungserlebnis in Lüneburg ganz für Spener und dessen Anliegen gewonnen. Anläßlich der Predigtvorbereitung zu Joh 20,31 brach eine existentielle Glaubenskrise aus, die F. an der Kirche, der Bibel, ja an Gott selbst zweifeln ließ. Doch waren nach einem Gebet um Errettung aus den Anfechtungen plötzlich alle Zweifel wie weggefegt, und sie kehrten nie wieder.

Innerlich gewandelt und gefestigt kehrte F. 1689 nach Leipzig zurück und begann gemeinsam mit Paul Anton und Johann Caspar Schade derartig eindringliche Bibelauslegungen zu halten, daß nicht nur die Studentenschaft, sondern bald auch viele Bürger der Stadt erfaßt wurden. Die mit dieser Erweckung verbundene Abkehr von der orthodoxen Gelehrsamkeit ließ die Hörsäle der theol. Fakultät veröden. Der Konflikt mit den Theologen der Universität und Stadt war unvermeidlich. Diesen gelang es, die Leipziger pietist. Bewegung zu unterdrücken und die Anführer aus dem Land zu drängen. Als Diakon fand F. 1690 in Erfurt Anstellung, mußte aber bereits 1691 wieder weichen. Spener, inzwischen Konsistorialrat in Berlin – F. hatte bereits 1688/89 zwei Monate in seinem Haus verbracht – gelang es, eine brandenburgische Anstellung zu vermitteln. 1692 begann F. seinen Dienst als Pfarrer in Glaucha und als Prof. für Griech. und orientalische Sprachen an der neu gegründeten brandenburgischen Reformuniversität in Halle. In dieser Stellung gelang es ihm als dem begabtesten und tatkräftigsten Schüler und Mitstreiter Speners, dessen pietist. Reformprogramm so zu realisieren, daß der → Pietismus zum Durchbruch kam und als »hallischer Pietismus« über Europa hinaus segensreich wirken konnte.

Bedeutung gewann die von F. durchgeführte Reform des Theologiestudiums. Fromme und tüchtige Pfarrer sollten ausgebildet werden. Darum traten die Sprachen, die Bibelexegese sowie die Praktische Theologie in den Vordergrund, erstmalig wurden homiletische Übungen angeboten. 1695 gab F. mit den »Observationes biblicae« die erste exeget. Monatszeitschrift heraus, die die Verbesserung der Bibelübersetzung Luthers zum Ziel hatte. F.s akademischer Schwerpunkt lag neben der Seelsorge in der bibl. Exegese und Hermeneutik.

Die angestrebte pietist. Gemeindeerneuerung in der Parochie Glaucha konnte nur ansatzweise verwirklicht werden. Dafür entwickelte sich in wenigen Jahren aus der 1695 für Glaucha gegründeten Armenschule der umfangreiche Komplex der hallischen Anstalten. Der Armenschule folgte das Waisenhaus, dem sich wenig später das ganze System der Franckeschen Schulanstalten anschloß: die Volksschule für Bauern und Handwerker, die Lateinschule für Begabte aller Schichten, die Ausbildungsstätte für zukünftige Offiziere und Staatsdiener. Als überzeugter Pädagoge wollte F. gottesfürchtige und berufstüchtige Menschen heranbilden. Die Erziehung war bei pietist. Strenge ausgesprochen modern, erstmalig wurden im Unterricht Realien verwandt. Auch die Anfänge einer geordneten Lehrerausbildung gehen auf F. zurück.

Die hallischen Anstalten, die 1727 3.000 Personen Lern- und Arbeitsmöglichkeiten boten, vielen auch Unterkunft und Verpflegung, hatten sich in wenigen Jahren mit der Buchhandlung, der Bibelanstalt (seit 1721, offiziell seit 1775 Cansteinsche Bibelanstalt) sowie der gewinnbringenden Apotheke zu einem erfolgreichen Wirtschaftsunternehmen entwickelt, das F. umfangreiche ökumen. und diakon. Projekte ermöglichte: Freitische für bedürftige Studenten, auch aus dem Ausland, preisgünstige Bibeln für die ärmere Bevölkerung, Unterstützung ev. Diasporakirchen durch Bibeln, Schrifttum und entsandte Pfarrer, die Gründung luth. Volkskirchen in Pennsylvania und in Südindien, die dänisch-hallische Mission. F. hatte den Horizont landeskirchl. und konfessioneller Enge verlassen, er wirkte für das Reich Gottes, seine universalen ökumen. Reformpläne (der große Aufsatz von 1701) zielten auf Europa und darüber hinaus, Ziele, die sich nur ansatzweise verwirklichen ließen, fehlten doch im Laufe der Zeit vor allem fähige Mitarbeiter.

Nur das Bündnis mit dem Königshaus Preußen bewahrte den Pietismus davor, von der Orthodoxie und den luth. Landständen unterdrückt zu werden. Dafür gelang es Preußen, die von Halle ausgehende polit.-soziale Reformbewegung vor allem für den inneren Aufbau des eigenen Staates fruchtbar werden zu lassen. Seit dem Besuch Friedrich Wilhelms I. in Halle 1713 genoß F. die volle Unterstützung Preußens; mit dem Wechsel auf die Stadtpfarrstelle St. Ulrich 1715 war der orth. Widerstand in Halle gebrochen. Die innere Glaubensgewißheit hatte F. seit seiner Bekehrung nicht verlassen. In dem Wachstum seiner Anstalten erblickte er »Die Fußstapfen des noch lebenden und waltenden liebreichen und getreuen Gottes« (Titel des 1701 veröffentlichten Berichtes über die hallischen Anstalten). Gleichwohl sind F. Enttäuschungen und Rückschläge, der frühe Tod unersetzlicher Mitarbeiter und eigenes, schweres Krankenlager nicht erspart geblieben. Nur von kurzer Dauer war die radikale Distanz zur Aufklärung, die der anfänglichen Nähe zur Frühaufklärung (Christian → Thomasius) gefolgt war; die Vertreibung Christian → Wolffs 1723 hat F. als Gebetserhörung erfahren. Die Vernachlässigung der Philosophie erwies sich als verhängnisvoll, wie die hallische Theologie überhaupt zu wenig Verständnis für die schöpfungsmäßigen Fähigkeiten des natürlichen Menschen zeigte. Weil F. nur Bibel und Bekehrung gelten ließ, sich aber der Auseinandersetzung mit der neuzeitlichen Philosophie verschloß, siegte bereits wenige Jahre nach seinem Tode an der Universität der Geist der Aufklärung, der dann über die Erzieher auch in die Schulen der Anstalten eindrang.

Lit.: A.H. Francke: Werke in Auswahl, hg. von E. Peschke, 1969.

E. Beyreuther: August Hermann Francke, [2]1961; K. Deppermann: Der hallesche Pietismus und der preußische Staat unter Friedrich III., 1961; G. Kramer: August Hermann Francke. Ein Lebensbild, 2 Bde., 1861-75; J. Wallmann: Der Pietismus, 1990, 59-70.

J.O. Rüttgardt

Frank, Franz Hermann Reinhold (1827-1894)

Im sächsischen Altenburg am 25. 3. 1827 als Pfarrerssohn geboren, wurde F. während seines Studiums in Leipzig (1845-48) besonders von A. → Harleß geprägt. Nach dem Examen betrieb er drei Jahre lang selbständige Studien und promovierte in Philosophie und Theologie, arbeitete dann sechs Jahre als Schullehrer in Ratzeburg und Altenburg und wurde schließlich 1857 an die Erlanger Fakultät berufen. Nach 37 Jahren erfolgreichen Unterrichtes starb er dort am 7. 2. 1894.

Als der eigentliche Systematiker der → Erlanger Theologie entwickelte F. das von → Hofmann ganz überwiegend exeget. durchgeführte theol. Programm in eigenständiger und zugleich einseitiger Form weiter. Er teilt mit Hofmann die Wiedergeburtserfahrung als Ausgangspunkt der theol. Vergewisserungsbemühung, versteht sie aber noch subjektiver als innere ethische Erneuerung des Menschen, entfaltet aus ihr auch keine Geschichte, sondern einen metaphysischen Kosmos und arbeitet weniger am Dreiklang von Bibel, Kirche und Erfahrung als am Aufbau des Systems.

Sein Hauptwerk, das »System der christlichen Gewißheit« (1870/73; [2]1881/83), will von der Realität des »Neuen Ichs« des Wiedergeborenen her die Realität auch der damit gegebenen Glaubensobjekte begründen, nämlich der immanenten Objekte

(Sünde des alten und Gerechtigkeit des neuen Ich), der transzendenten Objekte (Persönlichkeit Gottes, Trinität, der Gottmensch als stellvertretender Sühner) und der transeunten, zwischen Gott und Bewußtsein vermittelnden Faktoren (Kirche, Wort Gottes, Sakramente). Im »System der christlichen Wahrheit« (1878/80; [3]1894) stellt F. die so gewonnenen Glaubensobjekte nach ihrem inneren Zusammenhang (bezogen auf das Werden der Menschheit Gottes) dar, und im »System der christlichen Sittlichkeit« (1884/87) beschreibt er, welches Verhalten sich aus der Tatsache der Wiedergeburt notwendig ergibt.

Lit.: Hauptschriften: S. o. im Text.

H. Edelmann: Subjektivität und Erfahrung, Diss. theol., München, 1980; F.W. Kantzenbach: Die Erlanger Theologie, 1960, 221ff; M. Keller-Hüschemenger: Das Problem der Heilsgewißheit in der Erlanger Theologie im 19. und 20. Jh., 1963, 57ff; J. Kunze: Frank und Hofmann. FS zum 50jährigen Stiftungsfest des Theol. Studentenvereins Erlangen, 1910, 235ff; R. Seeberg: Frank, NKZ 38/1927, 156ff.

U. Swarat

Franken → Germanen, Christianisierung der

Frankfurter Erklärung zur Grundlagenkrise der Mission

Am 4. März 1970 verabschiedete der Theologische Konvent der → Bekenntnisbewegung »Kein anderes Evangelium« und anderer bekennender Gemeinschaften in Frankfurt eine Thesenreihe zu Grundfragen des Missionsverständnisses. Die von Prof. P. Beyerhaus unter Mitwirkung von Prof. G. Vicedom entworfene Erklärung fand durch zahlreiche Übersetzungen rasch eine weltweite Verbreitung. Die F.E. stellte gewissermaßen die Initialzündung für die weltweite Auseinandersetzung um den Weg des Ökumenischen Rates und der von ihm bestimmten Kirchen und Missionen dar. Die sieben Thesen und Antithesen der Erklärung haben den säkularistischen Umbruch in der Missionstheologie auf eine prägnante Formel gebracht. Vorausgegangen war die tiefe Beunruhigung über den Weg der ev. Mission, die durch die sozialrevolutionären Akzente der Konferenz für »Kirche und Gesellschaft« in Genf 1966 und die Auseinandersetzungen um das Missionsverständnis besonders in Sektion II während der V. Vollversammlung des Ökumen. Rates der Kirchen in Uppsala 1968 aufgebrochen war.

Sieben in der gegenwärtigen Situation umstrittene Grundelemente der Mission werden zur Sprache gebracht:

1. Die christl. Mission erhält ihre Begründung, Zielsetzung und Arbeitsaufgabe und den Inhalt ihrer Verkündigung nicht durch die Tagesordnung der Welt, sondern aus dem Auftrag Jesu Christi.

2. Humanisierung ist nicht vorrangiges Ziel der Mission, sondern eine Folge.

3. Die Einzigartigkeit Christi wird bezeugt entgegen der Idee einer anonymen Präsenz Christi in den Religionen und Revolutionen.

4. Gegen Heilsuniversalismus wird festgestellt, daß das Heil allein im Glauben zugeeignet wird.

5. Vorrangiges Ziel der Mission ist die Pflanzung und Bewahrung der Kirche.

6. Gegen die Ineinssetzung von Fortschritt und messianischem Heil wird im Eintreten für Gerechtigkeit und Frieden die humanisierende Konsequenz der Bekehrung gesehen.

Die F.E. hat eine erregte Debatte über das Missionsverständnis ausgelöst. Die weitere Entwicklung der ökumen. Missionstheologie mit dem umstrittenen Antirassismusprogramm des Ökumen. Rates der Kirchen, dem veränderten Heilsverständnis (Bangkok 1973), der Aufnahme der Theologie der Armen (Melbourne 1980) und dem Dialogprogramm mit Menschen anderer Religionen (Canberra 1991) hat die Grundthese von der Krise der Mission und die warnenden und abgrenzenden Aussagen eher bestätigt. Während aus den ökumen. orientierten Missionsgesellschaften nur vereinzelte Zustimmung kam, machte sich die 1969 gegründete → Arbeitsgemeinschaft Evangelikaler Missionen die F. E. - mit einer Zusatzbemerkung zum Kirchen- und Sakramentsverständnis - als Ausdruck ihres Missionsverständnisses geschlossen zu eigen.

Mit der F.E. ist ein wesentlicher Schritt unternommen worden in dem Bemühen, die evangelikale Missionsbewegung missionstheol. zu begründen. Die deutsche ev. Missionsbewegung nimmt damit Anstöße auf, die im nordamerikanischen Raum die Erklärung des Wheaton-Kongresses evangelikaler Missionen schon im Jahr 1966 ausgelöst hatte. Im Jahr 1974 findet der Prozeß der Formulierung eines eigenständigen evangelikalen Missionsverständnisses in der Lausanner Verpflichtung seinen vorläufigen Höhepunkt (→ Lausanner Bewegung).

Lit.: P. Beyerhaus: Humanisierung - einzige Hoffnung der Welt?, 1969, (2. erw. Aufl. 1970); ders.: Krise und Neuaufbruch der Weltmission, 1987; K. Bockmühl: Was heißt heute Mission?, 1974; Text der Frankfurter Erklärung u.a. in: Bekenntnisse der Kirche, hg. von H. Steubing, 1985, 319-325.

E. Berneburg

Frankfurter Schule

Die Bezeichnung F.S. ist gang und gäbe für eine Gruppe von Denkern, die sich um den Philosophen und Soziologen Max Horkheimer gruppierte. Horkheimer hatte seit 1930 eine Professur an der Universität Frankfurt und übernahm die Leitung des 1923 von F. Weil begründeten und von 1924 bis 1930 von C. Grünberg weitergeführten »Instituts für Sozialforschung«. Nach der »Machtergreifung« Hitlers wich er mit dem Institut zunächst nach Genf und 1934 in die Vereinigten Staaten aus. Während einige seiner Mitarbeiter – insbesondere Herbert Marcuse, Erich Fromm und Leo Löwenthal – in Amerika blieben, kehrte Horkheimer 1949 zurück und übernahm zusammen mit Theodor W. Adorno und Friedrich Pollock den Wiederaufbau des Instituts in Frankfurt. Die räumliche Aufspaltung zwischen Amerika und Frankfurt machte sich schon bald auch geistig bemerkbar. In Deutschland gewannen neben den Rückkehrern rasch auch Wissenschaftler der folgenden Generation wie Jürgen Habermas, Ludwig von Friedeburg und Alfred Schmidt eigenständige Bedeutung. Dazu kam, daß nach dem Tode Adornos (1969), Pollocks (1970) und schließlich Horkheimers (1973) trotz des nach wie vor in Frankfurt tätigen Sozialinstituts ein anerkannter geistiger Kristallisationspunkt fehlte. So verlor die F.S. ihre ursprüngliche relative Geschlossenheit.

Der gemeinsame Ausgangspunkt war vor allem eine durch empirische Untersuchungen untermauerte Analyse der durch wissenschaftl.-technischen Fortschritt geprägten Industriegesellschaft. In dieser Analyse wurde der innere Zusammenhang zwischen der durch die Aufklärung repräsentierten europäischen Geistesentwicklung und der durch einen ungeistigen Positivismus gekennzeichneten Weltgestaltung des Industriezeitalters aufgewiesen. Die Vorarbeiten dazu liegen bereits in den 30er Jahren. Eine umfassendere Untersuchung Max Horkheimers unter dem Titel »Zur Kritik der instrumentellen Vernunft« erschien 1947 in New York. Im gleichen Jahre veröffentlichten Horkheimer und Adorno gemeinsam in Amsterdam ihre in der Wirkungsgeschichte nachhaltigste Untersuchung »Dialektik der Aufklärung«.

In ihr gehen sie davon aus, daß Aufklärung den Menschen durch Entmythologisierung von der Furcht vor übermenschlichen Mächten befreien wolle. Dabei gehe die Vernunft immer konsequenter einen Bund mit der Mathematik ein. Denn eine absolute Berechenbarkeit allen Geschehens werde als Garant voller Sicherheit empfunden. Die Konzentration auf das Berechenbare und Machbare bedeute jedoch zugleich Verzicht auf die Frage nach Sinn. Dazu komme, daß mathematische Berechnungen von allem Individuellen und Einmaligen abstrahieren, da das Individuelle und Einmalige sich der Berechenbarkeit entzieht. Das habe schwerwiegende Auswirkungen: »Die Eliminierung der Qualitäten, ihre Umrechnung in Funktionen, überträgt sich von der Wissenschaft, vermöge der rationalisierten Arbeitsweisen auf die Erfahrungswelt der Völker. . .« So werde in der wissenschaftl.-technisch gestalteten Welt der einzelne Mensch zum bloßen Funktionsträger. Wie jeder Hebel und wie jedes Rädchen sei er austauschbar und ersetzbar, ständig gezwungen, sich in das Getriebe des Ganzen einzupassen.

Während der Grundansatz dieser Analyse von allen Vertretern der F.S. anerkannt wurde, waren die Akzentuierungen und insbesondere die daraus gezogenen Konsequenzen höchst unterschiedlich. So betonte Herbert Marcuse die »Eindimensionalität« der Gesellschaft und des Denkens. Angesichts des Konformitätsdruckes sei Befreiung nur noch durch eine »Große Weigerung«, d.h. durch revolutionäre Gewalt nicht-integrierter Minderheiten möglich. Dagegen erhoffte sich Jürgen Habermas eine Überwindung der gegenwärtigen Sinn- und Orientierungslosigkeit durch eine polit. Willensbildung in einem »herrschaftsfreien Dialog«. Beide Impulse wurden von der Studentenbewegung 1968 aufgenommen: Einerseits Gewalt gegen Sachen, die oft auch zu Gewalt gegen Personen wurde, andererseits die Forderung nach Diskussion auf allen Ebenen bzw. nach einer »Demokratisierung der Gesellschaft«. Das Erlebnis dieser Bewegung mitsamt ihren Ausschreitungen hat in weiten Kreisen das Bild der F.S. wesentlich geprägt.

Dabei wird jedoch übersehen, daß die beiden bedeutendsten Theoretiker der Frankfurter Schule, Max Horkheimer und Theodor W. Adorno, sich von der Studentenbewegung ausdrücklich distanziert haben und ihre eigenen Gedanken in einer Weise weiterentwickelten, die positive Möglichkeiten zu eröffnen suchte. Dabei beziehen sich beide in je eigener Weise auf die rel. Tradition.

Adorno wollte in Auseinandersetzung mit der idealistischen und marxistischen Dialektik, die alles Besondere in immer neuen Synthesen zu verschlingen droht, dem Individuellen bleibende Bedeutung sichern. Daher erklärte er, der Gedanke eines absoluten Todes widerstreite dem Denken kaum weniger als der Gedanke an eine Unsterblichkeit der Seele im Sinne der platonischen Konzeption: »Hoffnung aber heftet sich. . . an den verklärten Leib. Metaphysik will davon nichts hören, nicht mit Materiellem sich gemein machen... Die christliche Dogmatik, welche die Erweckung der Seele mit der Auferstehung des Fleisches zusammendachte, war metaphysisch folgerechter, wenn man will: aufgeklärter als die spekulative Metaphysik.«

Horkheimer war davon überzeugt, daß mit der Ausschaltung der Theologie durch das wissenschaftl. Denk- und Gesellschaftssystem »das, was wir ›Sinn‹ nennen, aus der Welt« verschwindet. Er hielt diese Entwicklung für unumkehrbar und schrieb (mir): »Leider können wir nicht erwarten, daß unsere theoretischen Aktivitäten die gesellschaftliche Tendenz des Rückgangs von Philosophie und Theologie verändern werden.« Dabei empfand er im Hinblick auf Gott die Wahrheitsfrage als das dringendste Problem. Notvoll formulierte er: »Ich bin mehr und mehr der Meinung, man sollte nicht von der Sehnsucht sprechen, sondern von der Furcht, daß es diesen Gott nicht gebe.«

Lit.: Th.W. Adorno: Negative Dialektik, 1975; J. Habermas: Technik und Wissenschaft als Ideologie, 1975; M. Horkheimer, Th.W. Adorno: Dialektik der Aufklärung, [4]1991; H. Marcuse: Der eindimensionale Mensch, [22]1988; H. Staudinger: Die Frankfurter Schule - Menetekel der Gegenwart und Herausforderung an die christliche Theologie, 1982.

H. Staudinger

Frankreich

Eine Reihe von Anhaltspunkten macht es wahrscheinlich, daß die christl. Botschaft bereits im 1.Jh. in die damals röm. Provinz Gallien, zunächst in die Hafenstadt Marseille, gelangte. Nach Meinung einiger Forscher gibt es dafür sogar einen bibl. Beleg. In 2Tim 4,10 erwähnt Paulus, daß sein Mitarbeiter Kreszens nach Galatien gegangen sei. Die wichtige Handschrift des Codex Sinaiticus liest statt Galatien an dieser Stelle »Gallien«. Hat also evtl. einer der Mitarbeiter - nachdem er Paulus in röm. Gefangenschaft besucht hatte - ebenso wie dieser den Westen der mediterranen Welt als Missionsziel ins Auge gefaßt?

Sicher belegt ist die Existenz christl. Gemeinden (zunächst griech. Exulanten) im 2.Jh. Zentren waren Lyon und das benachbarte Vienne. Beide Städte sahen 177/78 auch die erste große Christenverfolgung auf franz. Boden, der neben vielen anderen auch Photinus, der Bischof von Lyon, zum Opfer fiel. Sein Nachfolger → Irenäus zählte zu den bedeutendsten Theologen des 2. Jh.s.

1. Die römisch-katholische Kirche in Frankreich

Nach der Konstantinischen Wende und dem Toleranzedikt von 313 ging die Christianisierung des Landes abseits der großen Städte nur zögernd voran. Einen entscheidenden Fortschritt bedeutete der Übertritt des Frankenkönigs Chlodwig zum kath. Glauben (um 500). Er und seine Nachfolger, namentlich der fränkische Hausmeier Karl Martell (714-741) und der spätere Kaiser Karl der Große (768-814), unterstützten die Missionsbestrebungen iroschottischer und angelsächsischer Mönche wie Columban und später → Bonifatius ebenso wie die Gründung von Klöstern, denen als Missionszentren entscheidende Bedeutung zukam.

Das Kloster → Cluny in Burgund brachte im 11. Jh. eine Reformation des gesamten abendländischen Kloster- und Ordenswesens in Gang. Weitere monastische Reformbewegungen gingen im 12. und 13. Jh. von Citeaux (→ Zisterzienser) und der Gründung weiterer Orden in F. aus.

Führend war F. auch in der Unterstützung der Kreuzzugsidee. Aus F. kam nicht nur der bedeutendste Kreuzzugsprediger des MAs, → Bernhard von Clairvaux, sondern auch die Mehrzahl aller Kreuzfahrer.

Südf. war im 12./13. Jh. gleichzeitig ein Zentrum der sog. Ketzerverfolgung. Gegen von der Kirche abtrünnige Glaubensgemeinschaften wie → Waldenser und → Albingenser (oder Katharer) wurden grausame Pogrome inszeniert. Überhaupt wurde die kompromißlose Verfolgung von Andersgläubigen bis zur Franz. Revolution ein Merkmal franz. Religionspolitik.

Für die Theologiegeschichte des Spätmittelalters spielte die Universität von Paris eine dominierende Rolle. Neben überragenden Denkern wie → Alexander von Hales, → Bonaventura, → Albertus Magnus, → Thomas von Aquin und Siger von Brabant gingen aus der Pariser Universität auch die vorreformat. Reformvorschläge der Professoren P. d'Ailly und J. Gerson hervor.

Die Macht, die das franz. Königtum mittlerweile über das Papsttum gewonnen hatte, wurde vor allem während des Exils des Papsttums in Avignon (1309-77) deutlich. In diesem Jh. waren die Päpste vollkommen vom absolutistisch regierenden Herrscher abhängig (»Babylonische Gefangenschaft« des Papsttums). Der franz. König war es wiederum, der 1378 nach der Rückkehr des Papsttums nach Rom für die Bestellung eines Gegenpapstes in Avignon sorgte und damit das »Große abendländische → Schisma« (1378-1415) provozierte. Diese nationalkirchl.-antiröm. Tendenzen des franz. Klerus, die seit dem spätmittelalterl. → Konziliarismus zu Tage treten, werden als → Gallikanismus bezeichnet.

Die Reformationszeit ist in F. im wesentlichen durch die Verfolgung der prot. Bewegung, namentlich der → Hugenotten, gekennzeichnet (s. u. 2.).

Zu einer Erneuerung des Katholizismus kam es erst wieder im Zuge der → Gegenreformation. Namentlich die Jesuiten sorgten mit ihrer Erziehungsarbeit und ihrer Priesterausbildung für eine Reform der Kirchen und Klöster. Die rel. Intoleranz des franz. Klerus wie des Adels bekamen im 17./18.Jh. neben den Protestanten auch die Bewegungen des → Jansenismus und des Quietismus (Mme de → Guyon, → Molinos, → Fenelon) zu spüren.

Im Zuge der Franz. Revolution (1789) wurde teils eine atheistische, teils eine deistische Vernunftreligion anstelle des überkommenen Glaubens propagiert, an deren Ende die Trennung von Kirche und Staat stand. Die hier zu Tage getretenen antiklerikalen Tendenzen setzten sich im 19. und 20. Jh. in Form des staatlich favorisierten Laizismus fort, der die Verminderung des kirchl. und überhaupt des rel. Einflusses auf das öffentliche Leben verfolgt.

Heute zählt F. zu den am meisten säkularisierten Staaten Europas. Die Mehrheit der Bevölkerung steht dem christl. Glauben eher gleichgültig gegenüber (in vielen Gegenden beträgt der Anteil der Christen weniger als 30% !). Mit ihrem kirchl. Angebot erreicht die kath. Kirche allenfalls noch 50% aller Franzosen, davon nimmt allerdings nur ein Bruchteil am kirchl. Leben teil. Gleichzeitig ist vor allem unter der jungen Generation eine verstärkte Suche nach rel. Fundamenten und Erfahrungen zu beobachten, was die Zunahme von Jugendsekten und okkulten Kreisen zeigt. *V. Gäckle*

2. Die prot. Kirchen in Frankreich

Zu Beginn des 16. Jh.s übersetzten christl. Theologen die Bibel in die deutsche (→ Luther) und in die franz. Sprache .Während Faber → Faber Stapulensis jedoch nicht zu den Reformatoren gerechnet werden kann, kamen in F. zwischen 1527 und 1530 übersetzte Streitschriften Luthers in Umlauf. Die von ihnen beeinflußten Humanisten G. → Farel und J. → Calvin flohen nach Genf bzw. Straßburg. Vergleichbar mit dem eine Generation früher wirkenden Luther entstand unter dem Einfluß Calvins in F. eine große Anzahl ref. Kirchen. Calvin erreichte durch seine »Institutio christianae religionis«, die Katechismen und Kirchenordnungen (ebenso wie das Glaubensbekenntnis von La Rochelle, die ursprüngliche Confessio Gallicana, welche von der Nationalsynode der ref. Kirchen angenommen wurde) um 1571 etwa zwei Mio. Menschen, d.h. zwischen 8 und 12 % der Bevölkerung, die sich zu seiner Lehre bekannten. Mehr als andere haben die ref. Kirchen F.s die verheerenden Auswirkungen der Religionskriege, die endgültig erst am Vorabend der Revolution von 1789 beendet wurden, durchleiden müssen. Angefacht durch das Massaker an den → Hugenotten in der Bartholomäusnacht (1572), bei dem auch ihr bedeutendster Führer, Admiral → Coligny, getötet wurde, führten acht Religionskriege fast zur Ausrottung der Protestanten. 1598 unterschrieb der ehemalige Hugenottenführer Heinrich IV., der mit der Thronübernahme zum Katholizismus übergetreten war, einen Friedensvertrag, das Edikt von Nantes. Den Hugenotten, die vornehmlich in den Südprovinzen und an der Atlantikküste siedelten, wurden gewisse rel. und militärische Freiheiten eingeräumt. Ein heimlicher Krieg ersetzte nun den bewaffneten Konflikt.

Der Durchhaltewille der Hugenotten im 17. Jh. bis zur Aufhebung des Edikts von Nantes (1685) beruht zu einem großen Teil auf der aufopfernden Arbeit der Konsistorien, die sich zu einer echten rel. Elite entwickelten. Unter der Aufsicht der Synoden waren sie für die gedeihliche Wirksamkeit der Pfarreien verantwortlich. Die ref. Akademien (Universitäten) in Sedan, Saumur, Die, Montauban und Nîmes unterrichteten außer den traditionellen Grundwissenschaften (den »sieben freien Künsten«) nur Theologie und bildeten vornehmlich Pfarrer aus. Während Sedan sich als Verteidigerin der strengen Orthodoxie verstand, lehrte → Amyraut in Saumur als gemäßigter Calvinist einen hypothetischen Universalismus. Beide Strömungen wurden von den Synoden akzeptiert.

Der skeptische Geist der Aufklärung, der das Land im 18. Jh. erreichte, wurde spürbar in den Publikationen der fähigsten kath. und prot. Autoren, die in ihrer Unverbindlichkeit nicht wenig zur Demontierung der Dogmen, des praktischen rel. Lebens und letztlich des persönlichen Glaubens ihrer Zeitgenossen beitrugen. Gegen Ende des 17. Jh.s versuchte Ludwig XIV. (1643-1715) nach der Devise »Ein Glaube, ein Gesetz, ein König« die Reformierten mit einer Politik von Zuckerbrot und Peitsche zur Rückkehr zum Katholizismus zu bewegen. 1685 widerrief er das Edikt von Nantes, verbannte die Pastoren, ließ ref. Kirchen zerstören und verbot die Möglichkeit der Auswanderung. Von den 20 Mio. Einwohnern bekannten sich immerhin noch eine Mio. zum prot. Glauben. In den folgenden Flüchtlingswellen gelang es etwa einem Viertel, Zuflucht in den prot. Ländern Europas und anderswo zu finden. Entgegen anfänglicher Hoffnungen sollte die Repression in F. noch lange andauern und die im Exil lebende Elite nie mehr zurückkehren. Für die Nation bedeutete dies einen schweren Verlust.

Obwohl untersagt, fanden weiterhin prot. Gottesdienste statt. Eher vorsichtig beim wohlhabenden Bürgertum, im Kreise der Familie, deutlich mutiger bei den kleinen Leuten, die sich nachts an abgelegenen Orten zu den »Assemblées du Désert«, den Wüstenversammlungen, trafen. Laienprediger, unter ihnen der Advokat Brousson, predigten dort bis zur Auflösung der Versammlungen um 1701. Hier und da reagierten die »petits prophètes« (kleine Propheten), Männer, Frauen und Kinder (z.B. Isabeau) auf eigene Faust auf die unerbittlichen Nachstellungen, bis die »prophètes guerriers« (Kriegspropheten), die »Camisards«, sich erhoben und als Widerstandskämpfer in den Cevennen unter der Führung von Roland, Mazel und Cavalier drei Jahre lang dem Druck der königlichen Armee standhielten, bevor sie sich zerstreuten. Als im Todesjahr Ludwigs XIV. (1715) die Eglise du Désert (Wüstenkirche) fast schon verschwunden schien, feierte sie eine bemerkenswerte Auferstehung. Innerhalb von 30 Jahren konstituierten sich die ref. Kirchen im Süden und Westen neu. Von 1760 an ließen die Verfolgungen unter Ludwig XV. (1715-1774) im Innern F.s nach, und die bürgerlichen Protestanten konnten sich wieder in ihren Kirchen versammeln.

Trotz dieser äußerlich günstigen Umstände fanden sie nicht wieder zu der Einheit und Stärke zurück, die zu Beginn des Jh.s in der festen Bindung an Bibel und calvinistische Theologie begründet war. Kaum wurden den Protestanten durch das Toleranzedikt von 1789 bürgerliche und rel. Freiheiten zugesagt, wurden sie durch die Ereignisse der Revolution von 1789 getroffen. Nach allen Heimsuchungen, Verfolgungen und Entsagungen zogen sich die prot. Kirchen ohne große Anzeichen von Vitalität auf sich selbst zurück.

Im Verlauf des 19. Jh.s prägten zwei große Strömungen den Protestantismus: auf der einen Seite ein in der Aufklärung wurzelnder Liberalismus, für den die alten Dogmen ihren Sinn verloren hatten. Auf der anderen Seite war die aus der Schweiz und England ins Land kommende → Erweckungsbewegung von fundamentaler Bedeutung für die Neugliederung der Kirchen. Die Brüder Frédéric und Adolphe → Monod sind bekannte Repräsentanten dieser Bewegung. Die Erweckung brachte neue Kirchen hervor: Freie evangelische Gemeinden, aus der ref. Kirche herkommend, Methodisten, Baptisten, Brüdergemeinden. In diese Zeit fällt auch die Gründung zahlreicher Werke im Sozial-, Gesundheits- und Erziehungsbereich.

Gegen Ende des Jh.s ist der prot. Einfluß in F. weit größer, als es die immer noch kleine Zahl vermuten läßt (fünf von neun Ministern der Regierung von 1879 sind Protestanten). Nicht zuletzt ist dies auf die Unterstützung von antiklerikalen und antikath. Kräften zurückzuführen, die 1905 mit Erfolg die Einführung der konfessionslosen Schulen und die Trennung von Kirche und Staat erreichten. Für die bisher dem Konkordat unterstehende Kirche wurde die Bezahlung ihrer Pastoren zum Hauptproblem. Die Freikirchen hatten diesen Anpassungsprozeß schon hinter sich. Die Folgen des Ersten Weltkriegs waren gleichermaßen schwer zu tragen. Von drei Theologiestudenten blieb einer im Krieg. Im Osten konnten die Kirche des Augsburgischen Bekenntnisses von Elsaß-Lothringen und die Reformierte Kirche von Elsaß-Lothringen ihren Konkordatsstatus und ihr spezifisch kirchl. Leben beibehalten.

1933 kam es zu einer ökumen. Annäherung verschiedener prot. Kirchen, die 1938 zu einer Neugliederung der Reformierten Kirche Frankreichs führte. 7/8 der Union des Eglises Réformées wurden Mitglied, ebenso die Hälfte der Freien evangelischen Gemeinden und der Methodistenkirchen.

Indessen hat das Fehlen einer dominierenden theol. Schule Einheit und Ausstrahlungskraft des franz. Protestantismus geschwächt. Die Barthsche Theologie stand im Widerspruch zum Liberalismus des Elsässers A. → Schweitzer. Die sechziger Jahre markieren einen Wendepunkt in der Geschichte der ref. und luth. Kirchen. Die positiven Resultate der Evangelisationen des 19. Jh.s wurden durch die Indifferenz der meist in sie hineingeborenen Mitglieder weitgehend verspielt. Der prot. Journalist J.P. Richardot stellte 1980 öffentlich die Frage, ob es in 40 Jahren überhaupt noch Protestanten in Frankreich geben werde. Während die klass. prot. Kirchen mit den oben geschilderten Problemen kämpfen, gibt die Entwicklung der evangelikalen Richtungen zur Hoffnung Anlaß. Neben den traditionellen evangelikalen Kirchen sind dies auch Pfingstler und Charismatiker. Nach einer neueren Schätzung (1989) nehmen sonntäglich 59.000 Personen an luth. oder ref. Gottesdiensten teil, hingegen etwa 158.000 Personen an evangelikalen Gottesdiensten. Wichtigste theol. Ausbildungsstätte der Evangelikalen ist die Freie Fakultät in Vaux-sur-Seine.

Lit.: Ch. Pietri, A. Vauches, J. Le Brun, M. Lienhard: »Frankreich I-III/2«, TRE 11, 1983, 346-385 (Lit.) Histoire des Protestants en France, (Privatdruck Institut Emmaus), 1977; J. Bauherot: Le Retour des Huguenots, 1985.

J. Winston

Franz von Assisi (1181/82-1226)

F., geb. 1181/1182 in Assisi, gest. am 3. 10. 1226 in Portiuncula. W. Nigg nennt F. »das lebendige Christussymbol und die intensivste Christuserinnerung«.

F. kam aus einem wohlhabenden Elternhaus. Sein Vater, der Tuchhändler Pietro Bernadone, nannte seinen Sohn, der auf den Namen Giovanni getauft war, wohl wegen dessen Vorliebe für Frankreich Francesco. Der jugendliche F. wird als dichterisch, leidenschaftlich und ehrgeizig beurteilt.

Im Jahre 1202 nahm F. am Krieg zwischen Assisi und Perugia teil und geriet in Kriegsgefangenschaft, nach einem Jahr kam er aus Gesundheitsgründen frei. 1204 machte er eine lange schwere Erkrankung durch.

1205 zog er erneut in den Krieg. In Spoleto hatte er eine Art »mystisches Erlebnis«. Dieses bedeutete für ihn den Beginn einer Berufung, die sein weiteres Leben bestimmen sollte. In einer einsamen Höhle außerhalb Assisis wurde ihm zur Gewißheit, dem gekreuzigten Christus nachzufolgen. Dies äußerte sich in der Zuwendung zu den Aussätzigen, in denen er Christus sah. Ende des Jahres 1205 hörte F. vor dem Kreuz in der Kapelle von San Damiano die Stimme Christi: »Geh und baue meine Kirche wieder auf.« Er nahm zunächst den Auftrag wörtlich und baute in der Umgebung von Assisi zerfallene Kirchen auf.

F. vollzog die Lösung von seinem Elternhaus und dessen Lebensstil. Er verzichtete in einer Gerichtssitzung vor dem Stadtbischof auf Besitz und Erbschaft, »tauschte den bisherigen Weltstand mit dem eines Büßers« (I. W. Frank) und dokumentierte dies in einer öffentlichen Entkleidungsszene.

Wohl am 24. Februar 1209 entdeckte F. während einer Messe in der Portiuncula-Kapelle seine endgültige Berufung, die darin bestand, »nach der Form des heiligen Evangeliums zu leben« (Testament). Der Herr verlangte von ihm nicht die Wiederherstellung eines steinernen Gotteshauses, sondern die des Leibes Christi. Arm, wie die Apostel es waren, machte er sich auf, ihrem Beispiel zu folgen und von Jesus Christus Zeugnis abzulegen. Es dauerte nicht lange, bis es zur Bildung einer Bruderschar (→ Franziskaner) kam. In der Zeit vom 15. August bis zum 29. September 1224 prägten sich ihm die Wundmale Jesu ein. Bestätigt wurde damit seine enge Christusverbundenheit.

In Portiuncula diktierte der vom Tode gezeichnete F. sein Testament. Am Abend des 3. Oktober 1226 starb F. in Portiuncula. Am 16. Juli 1228 wurde er von Papst Gregor IX. heiliggesprochen. Nach Reinhold Schneider war die tiefste Eigenart des F., das Wort des Herrn zu tun. »Das Einzigartige liegt in dem Mut

zur Unbedingtheit. . . es liegt darin, daß mit dem äußersten Ernste von Christus her, im Gehorsam gegen Christus ein Leben gelebt wurde; in der unerhörten Kühnheit des Verlangens, auf dem Wege demütiger Nachfolge in Christus verwandelt zu werden.«

Lit.: L. Hardik OFM, E. Grau OFM (Hg.): Die Schriften des heiligen Franziskus von Assisi (Franziskanische Quellenschriften, Bd. 1, 1981).

I.W. Frank: Franz von Assisi. Frage auf eine Antwort, 1982; W. Nigg, T. Schneiders: Der Mann aus Assisi. Franziskus und seine Welt, [7]1976; A. Rotzetter, W.Chr. van Dijk, Th. Matura: Franz von Assisi. Ein Anfang und was davon bleibt, 1981.

K. Wittstadt

Franz von Sales (1567-1622)

F., geb. am 21. 8. 1567 in Sales/Savoyen, gest. am 28. 12. 1622 in Lyon. Er war Jurist und Theologe und glaubte über Calvins Prädestinationslehre, er sei zu ewiger Verdammnis bestimmt, fand dann aber zum Glauben und wurde 1594 Priester, der mit allem, z.T. gewaltsamen Einsatz für die Gegenreformation in den franz. Gegenden um den Genfer See eintrat und 1602 zum Bischof von Genf ernannt wurde (Residenz in Annecy).

1604 wurde er zum geistl. Begleiter und Freund der J.-F. Chantal, mit der er den kontemplativen Orden von der Heimsuchung Mariae (Salesianerinnen) ins Leben rief. Schon 1665 wurde er heilig gesprochen, 1877 zum Kirchenlehrer und 1922 von Pius XI. zum Patron des kath. Schrifttums ernannt. Er war überzeugender Repräsentant für die kath. Barockfrömmigkeit, ein vielgesuchter Prediger, Vertreter und Lehrer einer schlichten, lebbaren Mystik und hat durch seine Schriften nicht nur geistl., sondern auch kulturell gewirkt. Sein Hauptwerk ist die bis in die Gegenwart hinein wirksame und gelesene Philothea (1608).

Lit.: Franz von Sales: Über die Gottesliebe (Philothea, mit Kurzbiographie von R. Schneider), 1978; Deutsche Ausgabe seiner Werke in 12 Bdn., 1959-1983;
A. Hämel-Stier: Franz von Sales, 1956; A. Mattes: Franz von Sales, in: G. Ruhbach, J. Sudbrack (Hg.): Große Mystiker, 1984, 237-250; M. Müller: Frohe Gottesliebe, 1968; W. Nigg: Franz von Sales, in: Große Heilige, 1947; A. Nobis: Geistlicher Briefwechsel des hl. Franz von Sales mit J.F. von Chantal, 1967; A. Ravier: Franz von Sales, 1963; Jahrbuch für Salesianische Studien seit 1963.

G. Ruhbach

Franziskaner

Um → Franz von Assisi (1181/82-1226) scharte sich sehr schnell eine Gruppe Gleichgesinnter, die wie er die radikale Nachfolge Christi suchten. So zog Franziskus im Jahre 1210 mit seinen ersten elf Gefährten nach Rom, um sich von Papst Innozenz III. (1198-1216) seine Lebensweise bestätigen zu lassen. Ab 1215 verstärkte sich der Zulauf. Der Franziskus-Biograph Thomas von Celano bemerkt: »Damals machten sich, durch Gottes Gnade getrieben, viele auf den Weg zu Franziskus: Adelige und Nichtadelige, Kleriker und Laien.«

Die Hauptursache für die schnelle Verbreitung des Ordens war die lebendige Gestalt des Franz von Assisi und sein begeisterndes Beispiel. Als sie eine Gruppe von zwölf waren, schrieb Franziskus seine Urregel, die sich auf eine Reihe von Evangeliumstexten bezog. In dieser Urregel ging es um folgende Punkte: die Verpflichtung zu einem Leben nach dem Evangelium, die vollkommene Armut der Gruppe, ein Leben der Wanderschaft durch die Welt ohne jede Vorsorge. Arbeit und Almosen sollten je nach Gelegenheit den Lebensunterhalt gewähren. Bis zur Einführung des Noviziats im Jahre 1220 wurden die einzelnen Bewerber - durch die Einkleidung mit dem Habit - in den Orden aufgenommen. Der Beweis für die Berufung zum Leben nach dem Evangelium war der Verzicht auf allen Besitz und der Dienst an den Leprakranken.

Im Jahre 1212 schloß sich der Lebensweise des Franziskus Klara von Assisi an, die mit ihren Schwestern nach San Damiano bei Assisi zog. Mit dieser Schwesterngemeinschaft war der zweite franziskanische Orden entstanden (Klarissen). Auch Verheiratete wollten in ihren Familien nach den Idealen des Franziskus leben; daraus entwickelte sich der Dritte Orden, der 1221 offiziell anerkannt wurde.

Wie schnell der Orden angewachsen war, zeigt, daß sich 1221 mehr als 3.000 Brüder bei Portiuncula zum sog. Mattenkapitel einfanden. Eine ausführliche Lebensordnung wurde verabschiedet (regula non bullata). »Offiziell wurden Brüder in alle europäischen Länder ausgesandt, um die schon angebahnte weltweite Ausbreitung des Ordens fortzusetzen« (K. S. Frank). 1223 schrieb Franziskus mit Hilfe des Kardinals Hugolin von Ostia (des späteren Papstes Gregor IX.) eine neue Regel, die am 29. November 1223 von Papst Honorius III. bestätigt wurde (regula bullata). Auffallend an dem neuen Orden war, daß er keine Klöster im alten Sinne hatte. Vielmehr zogen die Brüder als wandernde Prediger durch die Welt und wirkten besonders in den Städten.

Bereits 1221 kamen auch Brüder nach Deutschland und gründeten Konvente, in Augsburg, Würzburg, Worms und Speyer; 1230 gab es bereits zwei Provinzen (Rhenia und Saxonia); die rheinische

Provinz wurde 1239 in die niederdeutsche (Köln) und oberdeutsche (Straßburg) Provinz aufgeteilt.

Mit der Institutionalisierung und der Einbindung in die kirchl. Strukturen geriet der junge Orden bald in Konflikt darüber, wie er den ursprünglichen Intentionen des Gründers gerecht werden konnte. Es bildeten sich früh zwei Blöcke im Orden heraus, die Spiritualen, die das Recht zur geistl. Beobachtung der Regel einforderten, und die Kommunität, die den von offizieller Seite dem Orden vorgezeichneten Weg beschritt. Da die Spiritualen, die in geistiger Nähe zu den eschatologischen Auffassungen des Abtes → Joachim von Fiore standen, zunehmend kirchenkritische und antihierarchische Positionen einnahmen, wurden sie von der Amtskirche bekämpft und verboten.

Aber auch innerhalb des offiziell anerkannten Franziskanerordens zogen sich die Auseinandersetzungen um den wahren Sinngehalt der Regel bis ins 16. Jh. hin. Es war der Konflikt zwischen dem reinen Ideal und den tatsächlichen Erfordernissen des Lebens. Erstere Bestrebungen nahmen in der Observanz Gestalt an, letztere im Konventualismus. Leo X. besiegelte im Jahre 1517 die endgültige Trennung zwischen Observanten und Konventualen. Zu diesem Zeitpunkt zählte der Orden mehr als 50.000 Mitglieder: 20.000 bis 25.000 Konventualen in 34 Provinzen und 30.000 bis 32.000 Observanten in 53 Provinzen.

In der Anfangszeit des Ordens lebten Kleriker und Laien als Minderbrüder in vollkommener Gleichheit zusammen. F. nannte die Welt »die Region der Ungleichheiten« und wollte, daß Reiche und Arme, Adelige und Bürgerliche, Gelehrte und Ungebildete beim Eintritt in die Gemeinschaft vollständig gleichgestellt wurden. Doch gerade die Predigt erforderte ausgebildete Brüder, d.h. Priester. So veränderte sich das Erscheinungsbild der Brüdergemeinschaft grundlegend. Der Orden wurde zu einem Klerikerorden. Der erste große Prediger dieses Ordens war der heilige Antonius von Padua, der in weniger als zehn Jahren mit seiner Beredsamkeit ganz Italien und Südfrankreich mobilisierte. In Deutschland wirkte → Berthold von Regensburg, der berühmteste deutsche Volksprediger des MAs.

Die erste Zielgruppe der Minderbrüder waren die notleidenden Menschen. Als caritative Initiativen verdienen über die täglich den Armen an der Klosterpforte ausgeteilten Almosen hinaus eigens erwähnt zu werden: die von Franziskus so bevorzugte Sorge für die Aussätzigen, die Pflege der Pestkranken und die verschiedenen Wohltätigkeitseinrichtungen, wie Asyle und Krankenhäuser, die durch den Einsatz der Minderbrüder errichtet und für gewöhnlich der Leitung der Terziaren anvertraut wurden.

Auch die Mission war ein wichtiges Betätigungsfeld der F. Als Missionsmethode steht an erster Stelle das Zeugnis eines wahrhaft christl. Lebens.

Obwohl Franziskus der Wissenschaft sehr distanziert gegenüberstand, bildeten sich im 13. und 14. Jh. zwei franziskanische Bildungszentren heraus: Paris und Oxford. Der glanzvollste Gelehrte der Oxforder Universität war Johannes → Duns Scotus (gest. 1308), der später in Paris lehrte. Auch Wilhelm von → Occam (gest. 1347) erhielt seine Ausbildung in Oxford. Er schuf ein eigenes phil. System, das die Bezeichnung → Nominalismus erhielt. Der Occamismus war die Philosophie des 14. Jh.s, mit der sich später auch Luther intensiv auseinandersetzte. Im Bestreben nach Reformen innerhalb des Franziskanerordens entstand im Jahre 1528 die Gemeinschaft der Kapuziner. Der Name »Scapuccini« spielte auf die lange Kapuze an.

Seit Ende des 19. Jh.s hielt das Wachstum des Ordens beständig an und erreichte bei den F.n im Jahre 1963, bei den Kapuzinern 1964 und bei den Konventualen 1968 seinen Höchststand. In den Jahren danach ist – wie bei allen anderen Ordensgemeinschaften auch – eine deutlich spürbare Abnahme zu verzeichnen.

Lit.: K. Esser OFM: Anfänge und ursprüngliche Zielsetzungen des Ordens der Minderbrüder (Studia et documenta franciscana IV), 1966; L. Iriarte OFM Cap.: Der Franziskusorden. Handbuch der franziskanischen Ordensgeschichte, 1984.

K. Wittstadt

Frau

a) biblisch

1. Im AT wird die Stellung der F. schon in den Berichten von der Schöpfung und dem Sündenfall (1Mo 1-3) klar aufgezeigt. Der nach dem Bilde Gottes geschaffene Mensch existiert als Einheit von Mann und F. (1,27), und dem Begriff nach ist die F. der weibliche »Mann« (*'ishshāh*, Luther: »Männin«, von *'ish*), d.h. sie ist Teil von ihm (2,23), sein Gegenüber und seine Gehilfin (2,18), ohne die er nicht leben kann (2,23). Ferner geht ihre lebenswichtige Bedeutung aus der Erklärung des Namens »→ Eva« (*Chawwāh*) hervor: Er bezeichnet die Mutter jedes Lebenden (Menschen, 1Mo 3,20; vgl. 1Kor 11,12). Die Unterordnung der F. unter den Mann (1Mo 2,18) wird verstärkt als Straffolge des Sündenfalls (3,16). Durch die Bezeichnung des Ehegatten als

baʿal (»Herr, Besitzer«, 2Mo 21,3.22) erhielt die Verhältnisbestimmung von Mann und F. einen der ursprünglichen, göttlichen Setzung unangemessenen, allzu menschlichen Ausdruck. Allerdings wird die Unterordnung der F. durch die Liebe des Gatten und durch schützende Bestimmungen in der Tora vor Mißbrauch bewahrt. Der Vater pflegte seine Tochter in die Ehe zu geben und erhielt für sie einen Brautpreis; aber der Wunsch der Tochter wurde respektiert (vgl. 1Mo 24; 4Mo 36,6). Auch behielt sie ihren Namen und ihre persönliche Würde. Die Familienordnung war patriarchalisch, aber gerade die bibl. Patriarchenerzählung stellt die Ahnfrauen Israels als selbstbewußt und geachtet dar. Der Mann konnte zwar mehrere F.en haben; aber das war eher eine Ausnahme, die vor allem den Königen – und auch da mit Einschränkungen – zugestanden wurde (5Mo 17,17). Der Mann konnte seine Ehefrau entlassen, aber er hatte ihr dann einen Scheidebrief auszustellen, der sie vor Willkür und Elend schützen sollte (5Mo 24,1-4). Die Schwagerehe war Verpflichtung (5Mo 25,5-10; vgl. Mk 12,18-27). Eine Jungfrau durfte nicht entehrt oder in einen üblen Ruf gebracht werden (5Mo 22,13-29); kultische Prostitution war verboten (5Mo 23,18). Wie der Vater war auch die Mutter von den Kindern zu ehren (3Mo 20,9; 5Mo 27,16), da sie ihnen das Leben gab (Spr 23,25b) und durch Backen und Weben für Nahrung und Kleidung sorgte; im Lob der tüchtigen Hausfrau (Spr 31,10-31) wird dies besonders liebevoll geschildert. In der Regel blieb die Aufgabe der F. auf Haus und Familie beschränkt; jedoch gab es auffallende Ausnahmen, so bei den charismatischen Gestalten Mirjam (2Mo 15), Debora (Ri 4-5), Hulda (2Kön 22,14), der F. Jesajas (8,3), bei Ester und Judit. Sicherlich nahmen die F.en an den Wallfahrtsfesten teil (Ri 21,19-21; 1Sam 1-2; 2Kön 4,23), und bis hin zum Martyrium verteidigte die Mutter der sieben Söhne ihre Glaubenstreue (2Makk 7). Freilich waren Töchter weniger geachtet als Söhne (3Mo 12,1-5); sie konnten auch von einem verschuldeten Vater in die Sklaverei verkauft werden (2Mo 21,7; vgl. Neh 5,5) und wurden im Sabbatjahr nicht automatisch wieder frei (3Mo 25,40).

2. Das messianische Wirken des irdischen Jesus und sein Regiment als Herr der Kirche markiert den Anbruch der endzeitlichen Ordnung, die Aufhebung der Folgen des Sündenfalls und damit letztlich die Gleichstellung von Mann und F. Für die → Ehe machte Jesus die Ordnung der Schöpfung geltend und verbot die Scheidung (Mk 10,6-9 parr, nach 1Mo 1,27; 2,24; vgl. 1Kor 7,10). Auch konnte er das Ethos der Gottesherrschaft durch Doppelgleichnisse lehren, in denen einerseits der Bauer bzw. Hirt, andererseits die Hausfrau als Paradigma dargestellt wird (Mt 13: Schatz im Acker und Sauerteig; Lk 15: Verlorenes Schaf und verlorener Groschen). Die F. behält das von ihr selbst erwählte (endzeitliche) Los, Hörerin Jesu zu sein (Lk 10,38-42). An der Nachfolge sind auch F.en beteiligt (Lk 8,1-3). Diese harren bei Jesus aus und werden Zeugen der Kreuzigung (Mk 15,40-41) und zu ersten Empfängern der Osterbotschaft (Mk 16,1-7 parr); sie gehören zu den ersten Gliedern der Urgemeinde (Apg 1,14).

3. Für Paulus ist die Kirche der Leib Christi. Sie ist gleichsam als endzeitliche, geistl. Eva aus dem erhöhten Herrn und zweiten Adam hervorgegangen, von seinem »Fleisch und Bein« (Eph 5,30 vgl. 1Mo 2,23). Sie wird vom Apostel als reine Jungfrau zu Christus gebracht, wie damals Eva zu Adam (2Kor 11,2f; Eph 5,27, vgl. 1Mo 2,24), wird von diesem geliebt wie eine F. von ihrem Mann (Eph 5,25f). Die Unterordnung der F. bleibt zwar bei Paulus insofern bestehen, als der Mann das »Haupt« der Ehefrau ist wie auch Christus das Haupt der Kirche (Eph 5,23). Aber der Apostel sieht diese Unterordnung nicht im Fluch nach dem Sündenfall, sondern in der schöpfungsmäßigen Tatsache begründet, daß der Erstgeschaffene Anfang (*reʾshīt*) und somit »Haupt« (*roʾsh*) der F. ist (1Kor 11,3.8 nach 1Mo 2,22).

Lit.: K. Brandt: »Frau«, GBL 1, 1987, 385-386. (Lit.).

O. Betz

b) theologiegeschichtlich

Das NT birgt im Gegensatz zu Antike und Judentum in den Berichten über Jesu Tun und Reden wie in einzelnen Briefstellen des Paulus Ansätze zu einer partnerschaftlichen Sicht des Verhältnisses von F. und Mann in sich (Gal 3,28). Gleichzeitig enthält es aber auch die Forderung nach der weiblichen Unterordnung unter den Mann, die schöpfungstheol. begründet wird (1Kor 11,3.8; 1Tim 2,11-14). Im Zuge der Ausbildung amtskirchl. Strukturen sowie der Abwehr häretischer Gefahren gewannen schon im 1. Jh. frauenskeptische Tendenzen die Oberhand (1Kor 14,34f). Infolge der Hochschätzung der Sexualaskese und beginnender Marienverehrung wurde der verbreitete katechetische, gottesdienstl., mission. und soziale Diakonissendienst frommer Witwen mehr und mehr durch Jungfrauen verrichtet, gegen Ende des 4. Jh.s stark eingeschränkt und schließlich im 6. Jh. im weiblichen Mönchtum aufgehoben. Die Idealisierung von eheloser Enthaltsamkeit, verbunden mit der Verteufelung des Geschlechtstriebes, führte trotz späterer Qualifizierung der Ehe als Sakrament zu jahrhundertelangen frauendiskriminierenden und eheverachtenden Einstellungen, die durch Thomas v. Aquin im 13. Jh. ihre endgültige theol. Begründung erhielten. Fürstinnen und F.en des Hochadels genossen demgegenüber zu allen Zeiten uneingeschränkte Wertschätzung, allerdings kaum Möglichkeiten zur selbstverantwortlichen Lebensgestaltung. Ihr Stand hob gleichsam die Geschlechtsspezifica auf. Was den übrigen F.en als Töchtern Evas abgesprochen und angelastet wurde, fand entweder in gesteigerter Marienverehrung oder hinter Klostermauern seinen Ausgleich. Kanonissenstifte, Benediktinerinnen-, Zisterzienserinnen- und Prämonstratenserinnenklöster boten vielen, insbesondere adeligen F.en Bildungs- wie Entfaltungsmöglichkeiten bei höchster gesellschaftl. Anerkennung (Hrotsvitha v. Gandersheim 10. Jh.). Die mystischen Theologinnen (z.B. → Hildegard von Bingen) gewannen erheblichen Einfluß als Schriftstellerinnen, Ratgeberinnen und Predigerinnen. Die Klosterwirklichkeit entsprach bald nicht mehr der ursprünglichen Strenge der Gelübde, so daß insbesondere im 12. und 13. Jh. unter Rückbezug auf Bibel und Urchristentum eine weithin von F.en getragene Armuts- und Nachfolgebewegung aufkam, an deren Ausgang die kirchl. rezipierten Bettelorden mit jeweils weiblichen Zweigen (Franziskanerinnen, Dominikanerinnen) und das freiere Beginentum (→ Begarden und Beginen) zahlreichen F.en als Stätten der Frömmigkeitspflege und Diakonie zur Verfügung standen (Mechthild von Magdeburg, → Elisabeth von Thüringen), während Katharer und Waldenser wegen ihrer kirchenkritischen Haltung der Inquisition anheimfielen. Außerdem hatten diese den F.en die Gottesdienstfähigkeit eingeräumt und dadurch weibliche Emanzipationsbedürfnisse unterstützt. Als Alternative zum rel. oder semirel. Leben konnten F.en am Ende des MAs auch als zunftfähige Unternehmerinnen, Hebammen, Pflegerinnen und im gesellschaftl. akzeptierten Bordellwesen tätig sein. Unter dem Einfluß der Renaissance im 15. Jh. genoß die europ. F. das größte Maß an Gleichberechtigung und Anerkennung (Vittoria Colonna). Demgegenüber brachten → Humanismus und → Reformation wieder Rückschritte. Ersterer erneuerte den antiken Antifeminismus, der dem um die Jahrhundertwende sich steigernden Hexenglauben mit unzähligen weiblichen Opfern kein Gegengewicht bot (Malleus maleficarum, 1487). Luther vertrat zwar die schöpfungs- und tauftheol. begründete Gleichheit aller Menschen vor Gott und verkündete das Priestertum aller Gläubigen. Doch zog er keine kirchl. und gesellschaftl. Konsequenzen für F.en daraus. Vielmehr engte er durch die Aufwertung der Ehe zum eigentlich gottgewollten Stand den Handlungs- und Entfaltungsspielraum von F.en erheblich ein. Er trug durch die Kritik an den Mönchsgelübden zur Auflösung vieler Klöster bei, lieferte der unverheirateten F. aber kein alternatives Lebenskonzept, so daß das Ideal der Gattin, Mutter und Pfarrfrau (Katharina Luther, geb. v. Bora) für Epochen festgeschrieben wurde. Dessen ungeachtet setzten einzelne F.en durch theol. Publikationen und kirchl. Mitarbeit wegweisende entgegengesetzte Akzente (Argula v. Grambach, Katharina Zell), ganz zu schweigen von Fürstinnen mit beachtlichen Führungsqualitäten (Elisabeth v. Calenberg, Elisabeth I. v. England). Unter mystischem Einfluß, der zunächst im nachreformatorischen Katholizismus zur Geltung kam, erstarkte das weibliche Selbstbewußtsein (Teresa v. Avila, Jeanne Marie de → Guyon). Zu einer gründlichen Veränderung des Frauenbildes und des Umgangs der Geschlechter miteinander kam es indessen erst im → Pietismus, am weitestgehenden in den separatistischen Gruppierungen (Johanna Eleonora Petersen, Rosamunde Juliane v. Asseburg). Durch Anstöße A.H. → Franckes und G. → Arnolds gelangten diese Impulse unter N.L. Graf v. → Zinzendorf und seiner Gattin Erdmuthe Dorothea zu einem bewußt bibl. begründeten (Gal 3,28) partnerschaftlichen Miteinander von F.en und Männern in den Siedlungen der Brüdergemeine. Trotz wieder gegenläufiger Entwicklungen in der Zeit der Aufklärung (J.J. → Rousseau) setzte sich die veränderte Einschätzung von F., Ehe und Sexualität in Romantik und Idealismus fort. Der durch Herrnhut geprägte F. D. E. → Schleiermacher propagierte zu Beginn des 19. Jh.s in vielgelesenen Schriften die »befreiende Liebe« zur Überwindung der Herrschaft von Männern über F.en in Familie, Kirche und Gesellschaft. Damit waren bescheidene Voraussetzungen für eine beginnende weibliche Emanzipation gegeben (Bettina v. Arnim, Luise Hensel), die allerdings für viele F.en doch nur in die von erweckten Theologen geleitete diakon. Arbeit führte (Friederike Fliedner), während z.B. Amalie Sieveking mehr für die Selbstverantwortung pflegerisch tätiger F.en eintrat. Das Bürgertum des 19. Jh.s band die »Hausfrau« allerdings zurück an den privaten Bereich. Die im Zusammenhang mit Industrialisierung und sozialer Frage um die Jahrhundertmitte einsetzende sozialistische Beschäftigung mit der Frauenfrage und die aufbrechende Frauenbewegung selbst (Hedwig Dohm) mit ihrer Einforderung polit. und sozialer Rechte für F.en führte 1919 in Deutschland zur Erteilung des aktiven und passiven Wahlrechts, fand in der Kirche aber so gut wie keine Resonanz.

Im Ökumen. Rat der Kirchen sowie im Luth. Weltbund ist inzwischen ein Konsens über den aus gleichberechtigten F.en und Männern bestehenden Leib Christi erzielt worden.

Lit.: H.-J. Greschat, J. Ebach, F. Dexinger, H. Ringeling, I. Ludolphy, G. Scharffenorth, E. Reichle, Chr. Meyers-Herwatz: »Frau I-VIII«,TRE 11, 1983, 417-469.

I. Mager

c) systematisch-theologisch

1. Eine dogmat. Klärung von Wesen und Auftrag der F. ist hinsichtlich ihrer Erkenntnisgrundlagen an die Hl. Schrift gebunden, denn die bibl. Offenbarung beansprucht nicht nur in soteriologischer, sondern auch in anthropologischer Hinsicht normative Geltung. Um ein tieferes Verständnis der bibl. Sicht der F. zu gewinnen und im Denkhorizont der Gegenwart vertreten zu können, ist es freilich unerläßlich, auch die kirchl. Tradition (als systematisierte Interpretation der bibl. Wahrheit) und die Humanwissenschaften (Medizin, Psychologie, Soziologie, Ethnologie, Geschichte, Philosophie) zu berücksichtigen.

2. Für das christl. Verständnis der F. sind vor allem drei bibl. Voraussetzungen von wegweisender Bedeutung:

a. Die F. besitzt aufgrund ihrer schöpfungsmäßigen Gottebenbildlichkeit (1Mo 1,26f) und ihrer Berufung zur Gotteskindschaft (Gal 3,28; Joh 1,12) die gleiche Würde wie der Mann. Damit ist jede Form von Minderbewertung und Unterdrückung der F. als Sünde zu verurteilen.

b. Wesen und Auftrag der F. sind aufgrund der Erschaffung nicht identisch mit Wesen und Auftrag des Mannes: Während dem Mann vor allem die geistige Durchdringung und praktische Umgestaltung der Welt anvertraut sind (1Mo 2,15.19f; 3,17ff), ist die F. in besonderer Weise mit der personalen Aufgabe betraut, ergänzende Gefährtin des Mannes (1Mo 2,18; Tit 2,4) und Mutter (1Mo 3,16; 1Tim 2,15; 5,10.14; Tit 2,4) zu sein. Aus der im Schöpfungsbericht vollzogenen Zuordnung der F. auf den Mann als (kreatürlichen) Ursprung und Ziel ihres Daseins (1Mo 2,18.10-23) ergibt sich für die bibl. Schau der Geschlechter die Hauptstellung des Mannes (1Kor 11,3; Eph 5,23; Kol 3,18; Tit 2,5; 1Petr 3,1), die für den Mann die hingabebereite Leitung in Ehe, Familie und Kirche nach dem Vorbild Christi bedeutet (Eph 5,2-33; 6,4; 1Tim 3,1-7; 1Petr 3,7; 5,1-3), während sie die F. in den genannten Bereichen zur dienenden, begleitenden und ergänzenden Mitwirkung durch ihre spezifisch weiblichen Gaben beruft (Eph 5,24.33; 1Tim 5,3-14; Tit 2,3-5).

c. Die Kirche hat in ihrem Lebensvollzug und in ihrer institutionellen Ordnung sowohl der schöpfungsmäßigen und soteriologischen Gleichwertigkeit als auch der geschöpflichen Verschiedenartigkeit von Mann und F. Rechnung zu tragen: Die apostol. Gemeinden brachten beide Aspekte zur Geltung, indem sie die F.en einerseits uneingeschränkt als »Miterben der Gnade« (1Petr 3,7) anerkannten und sie in reichem Maße an der Auferbauung der Gemeinde durch Charismen und Dienste beteiligten (Röm 16,1ff.6.12.13.15; Phil 4,2f; 1Kor 11,5), andererseits aber nur Männer (ihrer kreatürlichen Hauptstellung entsprechend) mit den spezifischen Ämtern der öffentlichen Lehre und Gemeindeleitung betrauten (1Kor 14,34f; 1Tim 2,13; 3,2; Tit 1,5), während den F.en vornehmlich die Wahrnehmung ihrer geschöpflichen Berufung (als Gefährtin des Mannes und Mutter) und die für das menschliche Klima der Gemeinde fundamentalen diakon. Aufgaben der Gastfreundschaft, caritativen Hilfe, seelsorgerl. Zuwendung und des fürbittenden Gebets zugewiesen wurden (1Tim 5,3-14; Tit 2,3-5). Angesichts von 1Kor 14,34f ist umstritten, ob der in 1Kor 11,5 und Apg 21,9 klar bezeugte prophetische Dienst der F. auch im urchristl. Gemeindegottesdienst praktiziert wurde.

3. Während die erste Grundvoraussetzung (die Gleichwertigkeit der Geschlechter) in der christl. Theologie unumstritten war und ist (wenngleich ihr in der kirchl. Wirklichkeit nicht immer gebührend Rechnung getragen wurde), stoßen die beiden anderen Voraussetzungen in der prot. und röm.-kath. (im Unterschied zur orth.) Theologie gegenwärtig auf heftigen Widerspruch: Sowohl durch den säkularen wie durch den theol. → Feminismus wird die (in der zweiten Voraussetzung implizierte) kreatürliche Verschiedenartigkeit von Mann und F. radikal bestritten und als sekundäre, sozial bedingte und überwindbare Rollenfixierung gedeutet. Eine geschlechtsspezifische Zuordnung verschiedener Aufgaben und Dienste in Kirche und Gesellschaft, wie sie die dritte Voraussetzung einschließt, ist in dieser Sicht natürlich völlig unplausibel und als eine die freie Selbstbestimmung der F. beschneidende »Rollenfixierung« abzulehnen, indem das bibl. Zeugnis über die Geschlechter als einer »patriarchalischen« Zeit verhaftete und heute überholte Auffassung

dargestellt wird. Die Verwerfung der bibl. Überzeugung einer spezifischen Wesensart und Beauftragung der F. als zeitbedingte Anschauung stellt freilich nicht nur die Normativität der bibl. Offenbarung für die christl. Anthropologie in Frage, sondern hat darüber hinaus auch den ausdrücklichen Wahrheitsanspruch der maßgeblichen Bibeltexte gegen sich: Das NT begründet die in feministischer Sicht besonders anstößige Hauptstellung des Mannes und das ihm zugewiesene Leitungsamt in Ehe, Familie und Gemeinde nicht pragmatisch, sondern sehr grundsätzlich mit der göttlichen Schöpfungsordnung (1Kor 11,3.8.9; 1Tim 2,13) und Erlösungsordnung (Eph 5,22ff), mit dem Wesen des dreieinigen Gottes (1Kor 11,3) und mit einem Gebot Jesu (1Kor 14,37). Das theol. Gewicht dieser Begründungen verbietet es, in den betreffenden Texten eine Konzession an das antike Denken zu sehen, zumal sich die gesellschaftl. Emanzipation der F. in der hell. Welt des 1. Jh.s n.Chr. mit der des 20. Jh.s z.T. durchaus messen kann: Unternehmerinnen, Ärztinnen und Ringkämpferinnen waren ebenso akzeptiert wie Philosophinnen, Priesterinnen und Volkspredigerinnen. Der zeitgeschichtliche Hintergrund hätte eine Betrauung der F. mit geistl. Leitungsaufgaben durchaus zugelassen.

Die Verneinung der Verschiedenartigkeit von Wesen und Auftrag der Geschlechter widerspricht auch zahlreichen Befunden der Humanwissenschaften: Die phil. unabweisbare Einsicht in die Ganzheitlichkeit des Menschen, die ethnologisch feststellbare Universalität bestimmter geschlechtsspezifischer Zuordnungen, die in zahlreichen psych. Untersuchungen weltweit erhärtete Verschiedenheit von Denken, Empfinden und Verhalten der Geschlechter, neuere Ergebnisse der Gehirnforschung u.a. bestätigen die bibl. Überzeugung, daß sich Mann und F. in ihrer Wesensart unterscheiden und die F. besonders geeignet ist, die personalen Aufgaben als Gattin und Mutter wahrzunehmen. Darüber hinaus weisen viele Beobachtungen darauf hin, daß das vom Feminismus propagierte Ideal der Selbstbestimmung und Emanzipation der F. von den natürlichen »Fesseln« der Ehe und Mutterschaft sowohl individualpsychologisch (Alkoholismus, Depressivität) als auch soziologisch (erhebliche Zunahme von kindlichen Verhaltensstörungen, Scheidungen, Abtreibungen, Kriminalität u.a) gravierende zerstörerische Folgen nach sich zieht, während sich das bibl. Leitbild der F. in der Praxis als lebensbejahendes und schöpfungsgemäßes Ethos erweist, das der F. zur wahren Selbstverwirklichung verhilft. All dies macht deutlich, daß die bibl. Sicht der F. keineswegs »überholt« ist, sondern auch heute (in Theorie und Praxis) einer Bewährung standhält.

4. Die Christenheit hat daher die Aufgabe, die fortdauernde Geltung der bibl. Sicht der F. in Wort und Tat zu bezeugen und deren bleibende Aktualität als wohltuende Schöpfungsordnung aufzuzeigen: Sie hat einerseits die Würde der F. gegen jede Form gesellschaftl. Mißachtung oder Ausbeutung zu verteidigen. Andererseits aber muß sie die vom Feminismus propagierte (die weibliche Wesensart zutiefst verachtende) Einebnung der Geschlechtsunterschiede und die heute verbreitete (zutiefst leibfeindliche) Geringschätzung der Mutterschaft als schöpfungswidrig zurückweisen und sich darum bemühen, auch der heutigen F. ihre von Gott erteilte Berufung zur Gefährtin des Mannes und zur Mutterschaft als besondere Entfaltungsmöglichkeit ihrer spezifisch weiblichen Gaben nahezubringen. Damit ist keineswegs notwendig eine Fixierung der F. auf Ehe und Familie verbunden. Denn zum einen ist der primäre Bezugspunkt weiblicher Existenz nicht der Mann, sondern der dreieinige Gott. Zum andern aber läßt sich der Auftrag zur Ergänzung des Mannes und zur (keineswegs nur biologisch zu verstehenden!) Mütterlichkeit auch außerhalb von Ehe und Familie in Beruf, Gesellschaft und Kirche verwirklichen. Die christl. Sicht der F. ist daher hinsichtlich ihrer Verwirklichung in keiner Weise an vergangene Gesellschaftsformen gebunden, die der F. außerhalb der Familie kaum Entfaltungsmöglichkeiten boten. Die im 20. Jh. möglich gewordene staatsbürgerliche, rechtliche und soziale Gleichstellung der Geschlechter ist aufgrund der beiden eigenen Personwürde und Gottebenbildlichkeit uneingeschränkt zu bejahen, solange aus ihr nicht Konsequenzen gezogen werden, welche die besondere geschöpfliche Beauftragung der F. verneinen oder gefährden. Die christl. Kirchen müssen ein solches schöpfungswidriges Emanzipationskonzept als mit der bibl. Offenbarung unvereinbar ablehnen und in ihrem eigenen Bereich die verschiedene Berufung der Geschlechter deutlich machen. Zwar sind sie durch das bibl. Zeugnis ermächtigt, die im 20. Jh. eröffneten beruflichen und akademischen Möglichkeiten für die F. im Hinblick auf das gesellschaftl. und kirchl. Leben als Chance zu bejahen, zugleich aber auch aufgefordert, in ihrer kirchl. Ordnung die unterschiedliche Beauftragung der Geschlechter zum Ausdruck zu bringen: Die Mitarbeit von F.en ist grundsätzlich nicht nur im diakon. und sozialen Bereich zu begrüßen, sondern auch in der Kirchenverwaltung (Gemeinderat, Synode u.a.), Kirchenmusik, theol. Forschung, Katechese, Seelsorge, Ver-

kündigung (v.a. in bezug auf Kinder, Jugendliche und F.en) und in der Mission. Gleichzeitig aber muß jedes egalitäre Gleichheitsdenken als schriftwidrig zurückgewiesen werden, welches das kirchl. Leben durch Quotenregelungen zu reglementieren sucht oder das Hirtenamt (d.h. die Gemeindeleitung, gottesdienstl. Wortverkündigung und Sakramentsverwaltung) für die F. beansprucht. Denn die Mehrzahl der christl. Kirchen (die röm.-kath., orth., ein Teil der anglik. und prot. Kirchen), die sich bislang der Ordination von F.en zum geistl. Amt verweigert haben, kann sich nicht nur auf die Hl. Schrift, sondern auch auf eine 1900 Jahre lang nahezu unangefochtene ökumen. Tradition stützen.

Lit.: Die Sendung der Frau in der Kirche. Die Erklärung »Inter insigniores« der Kongregation für die Glaubenslehre mit Kommentar und theologischen Studien, 1978; Die Frau in Familie, Kirche und Gesellschaft (hg. von der Kirchenkanzlei im Auftrage des Rates der EKiD), 1979; Die Stellung der Frau in der Orth. Kirche und die Frage der Ordination der Frauen, in: Orthodoxes Forum 3 (1989/1), 93-102; D.S. Bailey: Mann und Frau im christlichen Denken, 1963; K. Barth: KD III/4, 1951; P. Beyerhaus (Hg.): Frauen im theologischen Aufstand, 1983; L. Bouyer: Frau und Kirche, 1977; P. Brunner: Das Hirtenamt und die Frau; in: ders.: Pro Ecclesia, 310-341, 1962; S.B. Clark: Man and Woman in Christ, 1980; E.S. Gerstenberger, W. Schrage: Frau und Mann, 1980; M. Hauke: Die Problematik um das Frauenpriestertum vor dem Hintergrund der Schöpfungs- und Erlösungsordnung, [3]1991; I. Hauschildt: Die feministische Versuchung und die Antwort der christlichen Frau, 1989;The Church and Women. A Compendium (ed. by H. Moll), 1988; W. Neuer: Mann und Frau in christlicher Sicht, [4]1988; L.v. Padberg: Feminismus - eine ideologische und theologische Herausforderung, 1985.

W. Neuer

Frauenarbeit

Die Anfänge ev. F. finden sich im 19. Jh. 1832 gründete Amalie Sieveking (1794-1859) in Hamburg den »Verein für Armen- und Krankenpflege«. 1899 wurden der Deutsche Evangelische Frauenbund mit dem Arbeitsschwerpunkt Bildungsarbeit und die Evangelische Frauenhilfe als diakon.-gemeindebezogene Arbeit gegründet. Der Dachverband, die Evangelische Frauenarbeit in Deutschland, entstand 1919. Anlaß war u.a. das durch die Weimarer Reichsverfassung den Frauen gewährte Wahlrecht - zu seiner Wahrnehmung war die Vermittlung staatsbürgerlicher Bildung eine vorrangige Aufgabe. Die Evangelische Frauenarbeit in Deutschland e.V. bemüht sich heute vornehmlich um Gemeinschaftsaufgaben ihrer Mitgliedsorganisationen (z.Zt. 38), die Stärkung der Frau in Kirche und Gesellschaft und die ökumen. Gemeinschaft mit Frauen aus anderen Ländern und Kirchen. Dabei wirkt sie u.a. mit im Deutschen Komitee des Weltgebetstages der Frauen, der seit 1897 jährlich am ersten Freitag im März stattfindet und Frauen aller christl. Kirchen weltweit verbindet.

Organisation, Zielsetzung und theol. Ausrichtung der einzelnen Träger ev. Frauenarbeit sind sehr unterschiedlich. Neben gemeindebezogenen Werken (z.B. Frauenhilfe) finden sich zielgruppenorientierte Verbände (z.B. Berufstätigenarbeit), Berufsverbände (z.B. Theologinnen), Schwesternschaften und Frauenkommunitäten.

In den letzten Jahren sieht sich die traditionelle F. zunehmend der neuen Frauenbewegung gegenüber. In der Kirche wird das Thema »Gemeinschaft von Frauen und Männern« neu bedacht (Die Gemeinschaft von Frauen und Männern in der Kirche, Synode der Evangelischen Kirche in Deutschland, 1990). Neue Formen der F. sind entstanden, neben örtlichen Fraueninitiativen - mit zumeist feministischem Hintergrund - u.a. auch die überkonfessionellen Frühstückstreffen für Frauen. Sie wurden 1983 in Zürich ins Leben gerufen. Mittlerweile gibt es sie in über 90 europäischen Städten. Ihr Ziel ist es, auf der Grundlage des Evangeliums ein Forum zu schaffen, in dem Frauen untereinander über Lebens- und Glaubensfragen diskutieren können.

Lit.: E. Diehl, E. Wetter: Frauen. Ein Werkbuch für die Arbeit in den Gemeinden, [2]1989; E. Diehl, B. Blunck, G. Strauch (Hg.): Stundenbilder für die Frauenarbeit, 1992; B. Jakob: Mehr als nur ein Frühstück. Von Frauen für Frauen, 1987.

B. Winterhoff

Frauenbewegung

In der Forschung wird von einer F. bereits in der → Alten Kirche und im MA gesprochen. Mit diesem Begriff wird das Streben der Frauen bezeichnet, ihr Leben in Eigenverantwortung zu führen und ein eigenes Denken zu entwickeln, was oft mit einem Ausbrechen aus den vorgegebenen Strukturen verbunden war: So entstand im Zusammenhang der mittelalterl. Armutsbewegung mit den Beginen (→ Begarden und Beginen) eine F., die zu einer Blüte der Mystik mit einer eigenen weiblichen Spiritualität auch in den institutionalisierten Orden führte (vgl. Hildegard v. Bingen, Gertrud v. Helfta u.a.). Dieser Aufbruch war sehr vielgestaltig und rief unterschiedliche Reaktionen der offiziellen Kirche hervor.

Die moderne F. entstand erst im Zusammenhang der Industrialisierung im 19. Jh. und der dadurch eingeleiteten gesellschaftl. Veränderung im säkularen Bereich. Ihre Wurzeln sind aber bereits in der Menschenrechtsbewegung im angelsächsischen Raum und in der franz. Revolution zu finden. Dabei muß die F. immer im Kontext der jeweiligen Länder verstanden werden. Als Beginn der Bewegung in Deutschland gilt die erste deutsche Frauenkonferenz 1865. Ende des 19. Jh.s wurde der »Bund deutscher Frauenvereine« gegründet. Im Laufe der Zeit fielen dann eine bürgerliche und eine proletarische F. auseinander. Im kirchl. und theol. Bereich blieb man lange blind für die Veränderungen in der Gesellschaft und die Probleme der Frauen. Nur der »→ Evangelische Diakonieverein« griff diese Fragen auf. Ein grundlegendes Erkennen der Probleme der Frauen ist jedoch erst beim → Ev.-sozialen Kongreß 1895 in Erfurt erkennbar. Mit der Gründung des »Deutschen ev. Frauenbundes« (1899) und des »Kath. deutschen Frauenbundes« (1903) entstand die konfessionelle F.

Zu Beginn des 20. Jh.s geriet die F. unter den Einfluß einer völkischen, sozialdarwinistischen Bevölkerungspolitik, die für ähnliche Forderungen, jedoch mit anderem Interesse eintrat. Um der nationalsozialistischen Mutterschaftsideologie zu widersprechen, waren die Frauenorganisationen ungenügend vorbereitet.

In den 60er Jahren formierte sich in den USA eine neue F., die in den Kirchen viele Anhängerinnen fand, aber gleichzeitig durch ihre teils radikale Art auch viele Gegengruppen hervorbrachte (→ Feminismus; → Feministische Theologie). Dennoch entstand ein neues Selbstverständnis der Frauen, das nationale und konfessionelle Grenzen überschreitet. Die Schwerpunkte dieser F. liegen in der Bewußtseinsbildung durch Seminare und Tagungen, in der wissenschaftl. Forschung zur Geschichte der Frau und Veröffentlichungen verschiedener Art. Dadurch wurde auch in den Kirchen eine selbstkritische Besinnung eingeleitet. Es geht um eine Erneuerung der Beziehung von Männern und Frauen von der Bibel her.

Lit.: O. Bangerter: Frauen im Aufbruch. Die Geschichte einer Frauenbewegung in der Alten Kirche, 1971; B. Degler-Spengler: Die religiöse Frauenbewegung des Mittelalters, in: Rottenburger Jahrbuch für Kirchengeschichte 1984, 75-88; P. Dinzelbacher, D.R. Bauer (Hg.): Religiöse Frauenbewegung und mystische Frömmigkeit im Mittelalter, 1988; E. Ennen: Frauen im Mittelalter, 1984; Handbuch der Frauenbewegung, hg. v. H. Lange, G. Bäumer, 4 Bde., (1901) 1981; G. Scharffenorth: »Frauenbewegung«, TRE 11, 1983, 471-481; dies.: »Frauenbewegung in der Ökumene«, ÖL [2]1987, 388-392; dies. et al. (Hg.): Frauen auf neuen Wegen, 1978.

D. Heller

Frauenfrage → Frau; → Frauenbewegung

Frauenmission Malche

Gegründet 1898 von Pfarrer Ernst Lohmann. Er wollte Mission von Frauen an Frauen. Die »Malche« ist ein kleines Tal vor den Toren von Bad Freienwalde an der Oder. Die Familie von Hochstetter stellte es für das Werk zur Verfügung. Drei Frauen aus dieser Familie, aber vor allem die hinzugerufene Lehrerin und Missionarin Jeanne Wasserzug, prägten zusammen mit E. Lohmann das Werk bis in die dreißiger Jahre.

Frauen mit Beruf erhielten eine einjährige Bibelschulausbildung. Andere erlernten noch den Beruf der Krankenschwester oder Hebamme. Ein staatlich anerkanntes Lehrerinnenseminar bildete im Malchetal bis zum Krieg Missionslehrerinnen aus. In den zwanziger Jahren kam zum einjährigen Kursus der Oberkursus. Eigene Missionsfelder hatte das Werk nie. Es gab die Absolventinnen an viele Missionen und freie Werke ab; viele von ihnen arbeiteten im Orient an verfolgten Armeniern. Heute arbeiten die meisten als Gemeindehelferinnen/-Diakoninnen und als Katechetinnen. Nach 1945 wurde eine »Westmalche« nötig, die ihren Sitz in Porta Westfalica bei Minden hat. Hier werden seit 1970 auch Männer ausgebildet. Zielsetzung ist missionarische Gemeindearbeit in landeskirchl. Gemeinden, freien Werken und in Missionsgebieten der Dritten Welt.

H. Ockert

Frauenordination → Ordination

Frauenvereine, -verbände → Frauenarbeit

Freidenker

Die Wurzeln der F. liegen in der Aufklärungsphilosophie des 17./18. Jh.s. Der Begriff stammt von W. Molyneux (1656-1698) und wurde durch eine Abhandlung von A. Collins weithin bekannt: »Free-Thinking« (1713). Dt. begegnet er 1715 bei Leibniz in Konkurrenz zu »Freigeist«. Der Bedeutungsgehalt schwankt in ziemlicher Breite zwischen undogmatischem Christentum und erklärtem Atheismus (Freydenker-Lexikon, 1759).

Eine organisierte F.-Bewegung entstand im 19. Jh. Befördert durch weitere Vorläuferbewegungen

(Dt.-Katholizismus und → Lichtfreunde, 1859 zum Bund Freireligiöser Gemeinden zusammengeschlossen) und neue geistige Impulse (Religionskritik: L. → Feuerbach, D. F. Strauß; Dialektischer Materialismus: K. Marx; neues mechanistisches Weltbild: L. Büchner, E. Haeckel) konstituierte sich 1880 in Brüssel der Internationale F.-Bund als »Vereinigung aller rationalistischen Gesellschaften der Welt«, um die »Verbreitung rationalistischer Ideen durch eine Verständigung all derer zu erleichtern, welche die Gesellschaft von rel. Vorurteilen befreien und die Freiheit des Gewissens sicherstellen wollen« (Satzung). 1881 entstand der Dt. F.-Bund (DFB). Einen eigenen Weg beschritt seit 1908 der Zentralverband Dt. F.-Vereine (ab 1911 Zentralverband proletarischer F. Deutschlands), während sich der mehr bürgerliche DFB ein Jahr später mit dem 1906 gegründeten Dt. Monistenbund und weiteren kleineren entsprechenden Organisationen zum »Weimarer Kartell« zusammenschloß. Die 1925 gegründete Internationale proletarischer F. brach bald wieder in einen kommunistischen und einen sozialdemokratischen Verband auseinander. Der ideologische Anspruch der proletarischen F. im Rahmen der Arbeiterbewegung ließ ohnehin das Verhältnis zu den polit. Parteien im Unklaren. Kernpunkte der bürgerlichen F. blieben optimistischer Fortschrittsglaube, aufgeklärter Humanismus und die Betonung entsprechender ethischer Werte. Beide Richtungen beschränkten sich nicht auf antikirchl. Polemik und Kirchenaustrittspropaganda, sondern mühten sich um alternative Gestaltungsformen für herausgehobene Lebensabschnitte und -vollzüge (Namensgebung, Jugendweihe, neue Sinngebung für Feste und Feiertage, Feuerbestattung). Während des Nationalsozialismus zunächst stark eingeschränkt, dann ganz verboten, gelang eine Wiederbelebung nach 1945 nur in Ansätzen. Auch der Versuch, 1989 in der ehemaligen DDR an die alten proletarischen Traditionen anzuknüpfen, mißlang.

Lit.: F. Heyer, V. Pitzer: Religion ohne Kirche. Die Bewegung der Freireligiösen, ²1979; J.-C. Kaiser: Arbeiterbewegung und organisierte Religionskritik, 1981; J. Mehlhausen: »Freidenker«, TRE 11, 1983, 489-493; C. Schweitzer, W. Künneth (Hg.): Freidenkertum und Kirche, 1932.

H. Kirchner

Freie Evangelisch-Theologische Akademie → Fakultäten, Theologische

Freie evangelische Gemeinden → Bund Freier evangelischer Gemeinden

Freie Missionsgemeinden (CH) → Vereinigung Freier Missionsgemeinden

Freie Theologische Akademie → Fakultäten, Theologische

Freier Wille → Willensfreiheit, menschliche

Freiheit

Über die Frage, ob der Wille des in Sünde gefallenen, d.h. des real existierenden Menschen frei oder unfrei sei, ist es zur tiefsten Auseinandersetzung zwischen einem christl. Humanismus (→ Erasmus von Rotterdam) und reformat. Theologie (Martin → Luther) gekommen. Luther behauptete, der Mensch gleiche einem Reittier, das entweder von Gott oder vom Teufel geritten werde (»Vom unfreien Willen«, 1525). Das entspricht der paulin. Vorstellung, daß der Mensch entweder »nach dem Fleisch« oder »nach dem Geist« lebt; eine neutrale Plattform freier Entscheidung für das eine oder andere besteht nicht. Der Begriff »Freiheit« wird jedoch nicht immer in dem theol. Sinne gebraucht, den Luther meinte.

1. Freiheit ist die begrenzte Wahlmöglichkeit des in Sünde gefallenen, d.h. des vorfindlichen Menschen.

a. Sie ist das Vermögen, spontan oder nach Überlegung zu entscheiden, d.h., eine Möglichkeit zu wählen und andere Möglichkeiten zu verwerfen. Unter dem Eindruck des kausalmechanischen Weltbildes einer überholten Naturwissenschaft wurde die Frage des Determinismus dringend. Der Verdacht kam auf, die F. menschlicher Selbsterfahrung könnte eine Selbsttäuschung sein. Wenn aber ethische Entscheidungen überhaupt möglich sein sollen, und wenn Menschen verantwortlich zu machen sind, dann muß F. vorausgesetzt werden. I. Kant formulierte diese Einsicht als Postulat der praktischen Vernunft. Während tatsächlich durch zahllose Einflüsse, die oft nicht ins Bewußtsein treten, vermeintliche Entscheidungen gleichsam programmiert werden, scheinen doch gelegentlich Entscheidungen offen zu bleiben, die man verantwortlich fällen muß. (Sie sind mit Weichenstellungen zu vergleichen).

b. Der menschlichen Fähigkeit zu freier Entscheidung muß ein Spielraum eingeräumt werden. Dem zur Entscheidung fähigen Menschen darf die Möglichkeit zu entscheiden nicht vorenthalten werden. Aus der Fähigkeit zur F. folgt ein Recht auf F. Der Kampf um Befreiung zielt darauf, den Raum der F. zu erweitern und Beschränkungen der F. abzubauen. Individualistisches Freiheitsstreben führt, ins Extrem getrieben, zum → Anarchismus. In Gemeinschaftsbindung wird F. durch ein Recht zur Mitsprache und Mitbestimmung ausgeübt.

c. Angesichts mangelnden Spielraums und äußerer Zwänge kann der F. gelegentlich nur noch der Ausweg innerer Emigration offenstehen. (»Gedanken sind frei«. F. Schiller: »Der Mensch ist frei geboren, ist frei, und wär er in Ketten geboren«). Äußere Bedürfnislosigkeit und innere Unabhängigkeit läßt auch bei extrem eingeengtem Spielraum noch eine Selbsterfahrung der F. zu.

d. Auch von eigenen körperlichen Bedürfnissen, deren Erfüllung man als schädlich erkennt, und von Neigungen, deren Gefährlichkeit man durchschaut, kann man sich durch Entschluß und Übung befreien. Selbstbeherrschung ist ein Erweis der F. Im bewußten Verzicht auf Möglichkeiten, denen man spontan zuneigen würde, erfährt man Befreiung.

2. Freiheit ist die Folge der Befreiung von Sünde.

a. Der von Gott abgekommene (gottlos gewordene) Mensch hat nicht die Fähigkeit (»Freiheit«), auf Gott zurückzukommen. Paulus schreibt den Römern, sie seien »Knechte der Sünde« gewesen (6,17). Der in Sünde gefallene, d.h. der real existierende Mensch steht unter dem Zwang der Sünde. Er ist unfähig, sich von diesem Zwang zu befreien. Das Zwanghafte besteht darin, daß er immer auf sich selbst zurückkommen muß. Luther sprach von einer Verkrümmung in sich selbst (*incurvatio in se ipsum*). Auch durch moralische und rel. Selbstbefreiungsversuche kommt der Mensch von der sündigen Fixierung auf sich selbst nicht los und findet nicht zu Gott zurück. Indem er durch Gehorsamsleistung gegenüber Gottes Gesetz vor Gott seine eigene Gerechtigkeit aufzurichten trachtet, bleibt seine Frömmigkeit selbstbezogen und »gesetzlich«, weit entfernt von Liebe, die Gott im Menschen hervorrufen möchte. »Wer Sünde tut, der ist der Sünde Knecht« (Joh 8,34).

b. Christus ist gekommen, um die Knechte der Sünde aus dieser Knechtschaft zu befreien. Paulus spricht die Christen als Menschen an, die »frei geworden« sind »von der Sünde« (Röm 6,18). Er sagt die Offenbarung der »herrlichen Freiheit der Kinder Gottes« an (Röm 8,21), betont: »Zur Freiheit hat uns Christus befreit« (Gal 5,1), und warnt davor, diese F. durch → Gesetzlichkeit wieder zu verspielen. Diese F. bedeutet, daß man von der Fixierung auf sich selbst, die in der Bemühung gipfelt, sich das eigene Heil zu besorgen, loskommt. »Freiheit heißt jetzt nicht mehr nur, daß ich tue, was ich will, sondern daß ich will, was Gott tut« (E. Fuchs). Der um sich selbst nicht mehr besorgte, weil im Glauben an Christus seines Heils gewiß gewordene Mensch ist frei zu selbstloser Liebe. Wo »der Geist des Herrn« als innere Antriebskraft wirkt, »da ist Freiheit« (2Kor 3,17). Die psychologisierende Betonung der Notwendigkeit von Selbstliebe, damit man fähig wird, auch andere zu lieben, ist, wenn sie als theol. Aussage gelten soll, ein Anzeichen des Verlustes dieser F. und der Gefahr eines Rückfalls in Selbstbezogenheit und Gesetzlichkeit.

c. Martin Luther hat die »Freiheit eines Christenmenschen« in zwei Sätzen klassisch zum Ausdruck gebracht. Im Glauben ist der Christ »ein freier Herr aller Dinge und niemandem untertan«. In seiner ausschließlichen Bindung an Gott ist er über alle anderen Bindungen erhaben. Dies ist aber nur die halbe Wahrheit. Hinzukommt die Aussage: in der Liebe ist der Christ »ein dienstbarer Knecht aller Dinge und jedermann untertan«. In einer Liebe, die »nicht das Ihre« sucht (1Kor 13,5), bestimmt sich der freie Herr aller Dinge (»alles ist euer, ihr aber seid Christi«, 1Kor 3,22f) freiwillig zum Diener anderer (»wer der erste sein will unter euch, sei euer Knecht«, Mt 20,27). Der Christ ist befreit von dem Zwang zum Kampf um Selbstbefreiung. Er erfährt seine F. nicht in innerer Emigration, sondern in liebender Zuwendung zu denen, die seiner Hilfe bedürfen.

Lit.: H.W. Bartsch, R. Heiligenthal, H. Greive, R. Mehl, A. Schwan: »Freiheit«, TRE 11, 1983, 497-549; G. Ebeling: Die königlich-priesterliche Freiheit, in: Luther-Studien. Bd. 3, 1985, 157-180; ders.: Luther. Einführung in sein Denken, 1964, 239-258.

W. Schlichting

Freikirchen

Aus Protest gegen Patronatsrechte und gerichtliche Eingriffe verließen 1843 unter Führung von Thomas → Chalmers (1780-1847) mehr als 200 Pfarrer die Kirche von Schottland und gründeten die Free Church. Etwa zur gleichen Zeit kam es in der

Schweiz um Alexandre Vinet (1797-1847) zu Gründungen freier Gemeinden. Offenbar konnte im ref. Umfeld das Wort »Kirche« unbefangen für die neuen Bildungen gebraucht werden. Erst 1892 wagten es die englischen Nonkonformisten (→ Dissenters; → Dissidenten), das Wort auch auf sich anzuwenden, als sie einen »Freikirchenrat« bildeten. Der Gegensatz von church und chapel, église und temple, Kirche und Kapelle (im Deutschen nur auf das Gebäude bezogen) signalisiert sprachlich die Abweichung der F. von etablierten Volks-, Staats- oder Landeskirchen. Dahinter verbirgt sich ein grundlegendes Strukturmerkmal, das einem Paradigmawechsel im Verhältnis von Kirche und Gesellschaft gleichkommt: Bürger- und Christengemeinde sind nicht deckungsgleich. Damit geht die Forderung nach Religions-, Glaubens- und Gewissensfreiheit Hand in Hand. Rel. Pluriformität tritt an die Stelle von Uniformität.

Das moderne F.tum hat seine Wurzeln in der Täuferbewegung der Reformationszeit. Im 17. Jh. war der englische Puritanismus Wurzelgrund für das Entstehen des → Presbyterianismus, → Kongregationalismus, Baptismus (→ Baptisten) und des Quäkertums (→ Quäker). Man wird im Puritanismus den Einfluß John → Wyclifs (ca. 1320-1382) nicht übersehen dürfen, der auch auf → Hus (ca. 1371-1415) und die Hussiten und damit auch auf die → Waldenser Einfluß nahm, so daß das F.tum auch mittelalterl. Vorläufer kennt. Die englischen Dissenters wurden nach der Restauration des unter Oliver Cromwell (1599-1658) abgeschafften Königtums hart verfolgt, erzwangen aber 1689 die Toleranzakte, die sie jedoch immer noch Restriktionen unterwarf. So durften sie z.B. nicht die Universitäten beziehen und gründeten eigene Akademien.

Im 18. Jh. trat die Erweckungsbewegung des Methodismus (→ Methodisten) hinzu, die entgegen der Absicht John Wesleys (1703-1791) sich zu einer eigenständigen Kirche entwickeln mußte. Ähnliches gilt für die Brüder-Unität (Moravian Church) des Grafen Zinzendorf (1700-1760). Im 19. Jh. entstanden die → Heilsarmee, die Disciples of Christ, die Freien evangelischen Gemeinden (→ Bund Freier ev. Gemeinden), die Gemeinden der Siebenten-Tags- Adventisten (→ Adventisten), die Kirche des → Nazareners und die → Pfingstbewegung.

Nach Charakter und Art ihrer Entstehung sind von diesen »klassischen« F. die beiden »konfessionellen« F. zu unterscheiden: die Altlutheraner (→ SELK) und die Altreformierten (→ Altreformierte Kirche).

Durch Auswanderung rel. Dissenters nach Nordamerika und durch Baptisten wie Roger Williams (1644) und Quäker wie William Penn (1682) wurde schließlich die Religionsfreiheit 1789 garantiert. Der Staat verzichtete um seiner selbst und um des Gedeihens der Denominationen willen auf eine Aufsicht über diese oder gar eine Begünstigung der einen oder der anderen. Damit trug das F.tum wesentlich zur Herausbildung der modernen pluralistischen und demokratischen Gesellschaft bei.

Während in Deutschland die Kirchen, die nicht im Westfälischen Frieden (1648) einbezogen waren, als »Sekten« abqualifiziert wurden (so der Kirchentag in Eisenach 1855 mit Nachwirkungen im Volksbewußtsein bis heute), gebrauchten die F. den wertneutralen Begriff »Denomination«. Alle christl. Gemeinschaften - die röm. Kirche war davon anfänglich ausgenommen - sind wie Zweige an dem einen großen Baum der Kirche. Diese *branch theory* wurde ökumen. bedeutsam, weil man auf der Grundlage der Gleichheit aller die Einheit im wesentlichen betonen konnte. Es ist darum nur folgerichtig, wenn die Anfänge der ökumen. Bewegung auch auf freikirchl. Ansätze zurückgehen. Dies gilt für die Evangelische → Allianz (1846) ebenso wie für die christl. Jugend- und Studentenarbeit, die Mission (Edinburgh 1910) und schließlich die Entstehung des Ökumen. Rats der Kirchen (1948), die alle dem Einsatz des Methodisten John R. → Mott (1865-1955) viel verdanken. Die moderne Missionsbewegung erhielt durch den Baptisten William → Carey (1761-1834) entscheidende Anstöße. Viele »Junge Kirchen« sind freikirchl. strukturiert.

Die F. verlangen eine Entscheidung zur Mitgliedschaft. Dadurch ist das Verantwortungsbewußtsein der Glieder (Haushalterschaft, Gottesdienstbesuch) groß und die Laienmitarbeit (Priestertum aller Gläubigen) weit entwickelt. Maßnahmen der Kirchenzucht können aus seelsorgerl. Gründen Anwendung finden. Der Freiwilligkeit entsprechen der evangelistisch-mission. Einsatz sowie die diakon. Anstrengungen. Auf Erziehungs- und Jugendarbeit (Sonntagsschule, Gemeindebibelschule) wird großer Wert gelegt.

Freikirchl. Gemeinden sind wegen ihrer Überschaubarkeit (in der Regel weniger als 300 Mitglieder für einen Pastor) und der »Nestwärme« anziehend. Es können leicht intensive Kontakte, dadurch aber auch interne Spannungen entstehen. Aufgrund soziologischer Gegebenheiten waren F. häufig die Kirchen der »kleinen Leute«, so daß es bei sozialem Aufstieg zu Übertritten in »respektablere« Kirchen kommen kann. Gegenwärtig lassen sich jedoch auch soziologische Verschiebungen erkennen.

In Deutschland gibt es seit 1926 die Vereinigung Evangelischer Freikirchen (VEF).

Lit.: E. Geldbach: Freikirchen - Erbe, Gestalt und Wirkung (Bensheimer Hefte 70), 1989; W.E. Heinrichs: Freikirchen - eine moderne Kirchenform, 1989; F.H. Littell: Von der Freiheit der Kirche, 1957.

E. Geldbach

Freimaurer

1. Der Ursprung der modernen F. und ihres Brauchtums liegt im mittelalterl. Großbritannien, im Umfeld des Kathedralenbaus (York, Canterbury, u.a.). Die dort künstlerisch mit dem »Freestone« (Sand- oder Kalkstein) arbeitenden Steinmetze wurden »Freestone Masons« genannt; in der verkürzten Form »Freemasons« (»Freimaurer«) erstmalig 1376 in einer Londoner Urkunde belegt. Die Angehörigen dieser Zunft lebten in »Lodges« (Bauhütten). Mit dem Begriff (davon abgeleitet »Loge«) wurden später auch die Zusammenschlüsse der »Freemasons« bezeichnet. In den schottischen Werk-Logen entstand der Brauch, den Mitgliedern als Schutz vor dem Eindringen unqualifizierter Handwerker bestimmte Erkennungszeichen (Handgriffe) und »Maurerworte« mitzuteilen. Sie gehören noch heute zum Brauchtum der F. Als im 17. Jh. auf die »Logen« in stärkerem Maße soziale und kulturelle Aufgaben zukamen, wurden auch »Nicht-Maurer« (Ärzte, Schriftsteller, Adlige) aufgenommen, die man »Accepted Masons« (Angenommene Maurer) nannte. Zahlenmäßig gewannen sie im Laufe der Zeit die Überhand; heute dürfte es kaum noch »echte« Maurer in den Logen geben.

Am 24. Juni 1717 schlossen sich vier Londoner Logen zur ersten »Großloge« der Welt zusammen und machten 1723 das von dem anglikan. Pfarrer James Anderson erarbeitete »Konstitutionenbuch«, mit dem wichtigen Abschnitt »Die Alten Pflichten«, zur Grundlage ihrer Theorie und Praxis. »Die Alten Pflichten« sind für alle Freimaurerlogen der Welt bis heute verbindlich geblieben. 1725 sprang die Idee der Freimaurerei auf das europäische Festland über; 1737 wurde in Hamburg die erste deutsche Loge gegründet. Gegenwärtig (1991) zählen die F. in Deutschland (Vereinigte Großloge) rund 14.000 Mitglieder, die zu etwa 400 Logen gehören.

2. Die F. verstehen sich nicht als Geheimbund; sie möchten vielmehr ein »ethischer Bruderbund« sein, dessen Mitglieder gehalten sind, in den Logen Toleranz, Humanität und Brüderlichkeit einzuüben. Dazu verhilft besonders die »Arbeit« in der Loge, d.h. die gemeinschaftliche Pflege eines bestimmten Brauchtums, einschließlich der Einweihung der »Brüder« in die Grade »Lehrling«, »Geselle« und »Meister«, sowie das subjektive Erleben überkommener Symbole und Rituale (als das eigentliche »freimaurerische Geheimnis« bezeichnet). Die normalerweise zwischen Männern kontrovers diskutierten Themen »Politik«, »Religion« und »Frauen« sind aus der Logen-»Arbeit« verbannt. Frauen können aus Gründen der Tradition nicht Logen-Mitglieder werden.

3. Die kath. Kirche ist den F.n gegenüber kritisch eingestellt und hält die Mitgliedschaft in einer Loge mit dem kath. Glauben für unvereinbar. Die Ev. Kirche in Deutschland überläßt die Entscheidung über die Zugehörigkeit zu einer Loge dem einzelnen Christen (Erklärung von Tutzing, 1973).

Lit.: R. Appel, D. Möller: Was ist Freimaurerei?, 1975; F.-W. Haack: Freimaurer, 1988; E. Lennhoff, O. Posner: Internationales Freimaurerlexikon, 1980; A. Mellor: Logen Rituale Hochgrade - Handbuch der Freimaurerei, 1967.

R. Hauth

Freireligiöse → Freidenker

Freitod → Suizid

Freiversammlungsmission

Eine mobile Art der → Volksmission. Die mission. Einsätze geschehen auf Straßen und offenen Plätzen, aber auch auf Campingplätzen oder in Erholungsgebieten. In Deutschland verfügt die Freiversammlungs-Mission e.V. mit Sitz in Wuppertal über Missionswagen, die in Form von »Kanzelwagen« konstruiert sind und überall eingesetzt werden können. Die Mission wurde um die Jahrhundertwende in Australien ins Leben gerufen und arbeitet heute in vielen Ländern der Erde.

E. Geldbach

Freizeit

Ein Zeitverständnis, das nicht vom christl. Glauben getragen ist, stockt vor den Schwierigkeiten, erstens »Arbeit« und »Freizeit« zu unterscheiden, zweitens den Sinn beider zu verstehen und drittens zu verdeutlichen, wie Menschen sich in ihnen verhalten sollen. F. ist normalerweise alle frei verfügbare freie Zeit am Feierabend, am Wochenende, im Urlaub und im Ruhestand. Ihr Umfang ist für viele Menschen in den letzten Jahrzehnten ständig gewachsen, während bestimmte Berufe wie z.B. Landwirte, selbständige Handwerker, leitende Angestellte, Ärzte, Architekten, Politiker, Künstler 10 bis 12 Stunden täglich arbeiten. Christen haben sich vor einer Vergötzung der → Arbeit wie der F. zu hüten. Seit Max Weber (1864-1920) werden besonders die Reformatoren → Luther und → Calvin für die Entstehung eines sog. »protestantischen Arbeitsethos‹«, d.h. einer Hochschätzung der Arbeit zusammen mit einer Abwertung der Muße verantwortlich gemacht. Luthers neue Bewertung der Arbeit als → Berufung, d.h. jeder Mensch solle in dem ihm zugewiesenen Stand Gott dienen und wissen, daß auch die unscheinbarste Arbeit Gott wohlgefällig ist, und Calvins Lehre, daß auf gehorsamer Berufsarbeit Gottes Segen liege, und daß sich der Christ an diesem Segen als Zeichen der Erwählung freuen könne, dürfen nicht aus ihren theol. Zusammenhängen, der Rechtfertigungslehre und der Erwählungslehre, gelöst werden. Menschen leben und handeln allein aus Dankbarkeit für die all ihrem Tun bereits vorausliegende Versöhnung mit Gott. Durch Christus ist der Mensch bereits gerechtfertigt und muß sich nicht selbst mit seinen Werken das Heil erarbeiten. Die Erwählungsgewißheit ist allein Sache des Glaubens, des beharrlichen Zutrauens auf Christus. Auf der anderen Seite aber gilt Luthers Grundsatz, formuliert im Blick auf Gottes Ruhe als Abschluß und Ergänzung des Schöpfungshandelns (1Mo 2,2; Hebr 3,7ff): »Gott dient man auch durch Ruhe und Muße, ja durch nichts dient man ihm mehr als dadurch« (WA.Br 5,317,40). Die → Säkularisierung (die Loslösung vom Glauben) des Zeitverständnisses durch die Aufklärungsphilosophie begründete ein neues Verständnis von Arbeit und F. Das aufklärerische Leitprinzip der menschlichen Selbstverwirklichung durch Arbeit (F. Bacon, Th. Hobbes, J. Locke: A. Smith, K. Marx) wird heute von den Propheten einer »emanzipierten Freizeitgesellschaft« (H. Opaschowski, W. Nahrstedt) durch die Utopie einer quasirel. F. ersetzt, deren wichtigste Ziele Selbstgewißheit, soziale Vergewisserung und Lebensgenuß zu sein scheinen. Für Christen gilt gegenüber den Gütern und Werten der Welt eschatologische (auf das erwartete Reich Gottes bezogene) Distanz (1Kor 7,29ff). Das gilt auch für die christl. F.gestaltung. Christen bekennen: »Meine Zeit steht in Deinen Händen« (Ps 31,16). Arbeit hat ihre Zeit, F. hat ihre Zeit (Pred 3,1ff). Die Aufgabe der Christen ist es, in allen Lebensbereichen die Botschaft von dem dreieinigen Gott zu verkünden. Diesem mission. Ziel fühlte sich der ev. Dienst in der F. der 50er und 60er Jahre noch weithin verpflichtet. Die inzwischen weit ausgefächerte kirchl. F.arbeit in Form von Familienf.en, Jugend- und Studienreisen, Camping-, Urlauber- und Kurseelsorge u.a.m. (→ Freizeiten) muß sich fragen lassen, ob sie nicht unter den Stichworten »ganzheitlicher Dienst am Menschen« und »diakonische Betreuung« als Einfallstüren Erwartungen nachgibt, die sich von den bibl. -theol. verantwortbaren Zielen immer weiter entfernen.

Lit.: Ch. Gremmels: »Freizeit«, TRE 11, 1983, 572-578 (Lit.).

J. Kniffka

Freizeit/-en

Der Begriff F. wird erstmals 1913 im »Ev. Verband für die weibliche Jugend Deutschlands« für eine »Rüst- und Besinnungszeit« verwendet. Inzwischen wird unter F., im Gegensatz zu Tagungen und Seminaren, eine Erholungsmaßnahme in einer Gruppengemeinschaft verstanden. Gewachsener Wohlstand im christl.-kirchl. Mittelstand, eine weitere Zunahme an selbstbestimmt zu gestaltender, arbeitsfreier Zeit (→ Freizeit), der Trend zum zweifachen Urlaub pro Jahr und zum Wochenend-Kurzurlaub sowie die weltweite Tourismusindustrie mit ihren ökologischen und anderen Risiken bilden den einen Teil des soziologischen Umfeldes christl. F.en. Den anderen Teil bilden die permanente Konsumorientierung und Individualisierung unserer Gesellschaft. Immer besseren technischen Kommunikations- und Unterhaltungsmöglichkeiten stehen immer anonymere zwischenmenschliche Beziehungen bis hin zur Gemeinschafts- und Freizeit-Unfähigkeit bzw. -Unwilligkeit gegenüber. Den vielfältigen Erwartungen entsprechend – F. ist in sich schon mit der Erwartung des Besonderen behaftet – entwikkelt sich heute eine Spezialisierung der F.-Angebote nach Zielorten, Altersgruppen, Familienstand und Familienzusammensetzung, sozialer Schichtung, Berufsgruppen und nach Erlebnis-, Bildungs- und Aktionsinhalten. Das Ziel christl. F.en muß sich dem Ziel aller christl. Gemeindearbeit zuordnen, nämlich Vermittlung und Gestaltung des Lebens in der Gemeinschaft mit Jesus Christus. Im einzelnen gehört dazu: Glauben finden und behalten an die uns in Jesus Christus aufgeschlossene, unverdiente

Zuwendung Gottes; eigene Befähigungen entdekken und in persönlichkeitsentfaltenden Aufgaben bewähren; in der Orientierung an Jesus Christus Maßstäbe zu konstruktiver und kritischer Lebens- und Weltgestaltung gewinnen; ein Mitmensch werden, der für Gott und mit anderen lebt. F.en kommt dabei die unverwechselbare Aufgabe zu, dies in einer zeitlich befristeten, ganzheitlichen Lebensgemeinschaft mit Christen und Nichtchristen zu verwirklichen. Als Einübungsfeld in gelebten christl. Glauben haben christl. F.en heute angesichts des Ausscheidens traditioneller christl. Sozialisationsinstanzen eine unvergleichliche Bedeutung. Programminhalte von F.en sind deshalb tägliche Verkündigung in Bibelarbeit, Andacht o.ä., Geselligkeit, lebenskundliche Bildung, Sport, Musisch-Kreatives, Kultur-, Landschafts- und Aktionserlebnisse, Seelsorge. Methodisch ist zu bedenken, daß der Genuß persönlicher Freiheit oberstes Urlaubsziel vieler F.-Teilnehmer ist. Die Bewältigung der daraus resultierenden Spannung zwischen Angebots- und Verbindlichkeitscharakter des F.-Programms bleibt Daueraufgabe der F.-Leitung. Ebenso die Spannung zwischen dem Wunsch nach Mitmach- und Mitverantwortungsmöglichkeiten auf der einen und eingefleischter Konsumentenmentalität auf der anderen Seite. Gesprächsgruppen, Hilfen zu argumentativer Auseinandersetzung, Erlebnis-Vermittlung, spielerisch-kreative Elemente, gezielter Medieneinsatz und »learning by doing« bieten sich als Methodenfelder an. Von entscheidender Bedeutung ist die Delegation von Verantwortungsbereichen der F. an ehrenamtliche Mitarbeiter. Ohne deren lebendige Glaubensbeziehung zu Jesus Christus, ihre Kontakt- und Kooperationsfähigkeiten sowie ihre Programmbeiträge und ihr Organisationstalent sind die o.a. Ziele und Inhalte nicht realisierbar.

Lit.: R. Frey, G. Terner, E.G. Wenzler: Praxisbuch Freizeitarbeit, 1989; S. Hölzel: Freizeitpädagogik zwischen Gleichgültigkeit und Zwang, 1971; J. Schilling: Planung von Ferienlagern und Freizeiten, 1981.

P.L. Böcking

Freude

Das deutsche Wort »Freude« ist abgeleitet von der Bildung »froh«. Dieses Wort »froh« hatte ursprünglich die Bedeutung »eilig«, »schnell«, was sich auch im außerdeutschen Raum niedergeschlagen hat (russ. *pryt*, »schneller Lauf«). Die indogermanische Wurzel heißt *pren*, »springen«.

F. hat also immer mit Bewegung zu tun (vgl. die Bildungen »vor Freude taumeln«, »Freudentänze aufführen« usw.). F. reißt mit und erfaßt den ganzen Menschen.

Im Griech. wiederum kommt das Wort *chara*, »Freude«, von der Bildung *charis*, »Gnade«. Der Zusammenhang zwischen F. und Gnade ist hier erkannt und sprachlich festgehalten worden: F. als Antwort auf Gottes Gnadenhandeln.

Ein Blick in die Bibel zeigt ein buntes Bild. Das Wort »Freude« kommt häufig und an entscheidenden Stellen vor.

1. Sehr auffällig ist im AT (und bis heute in der jüd. Frömmigkeit!) der Zusammenhang zwischen F. und Fest. Das Feiern spielt im Leben des gläubigen Juden eine erhebliche Rolle, und das spiegelt sich im AT: z.B. 5Mo 16,15; 2Chr 30,21; Esr 6,22; Est 8,16.17. Aber auch in anderen Lebensbereichen herrscht der Grundton der F.: Die F. am Singen (2Chr 29,30; Jer 30,19), am Spiel (Ps 45,16), die Lebensfreude insgesamt durchzieht die atl. Botschaft. Aber gleichermaßen gilt: Wo F. entschwunden ist (Jes 24,11; Joel 1,12.16), da ist es finster, und Leben kann sich nicht mehr entfalten.

2. Das alles ergibt sich aus dem Verhältnis Gottes zum Menschen, speziell zu seinem Volk. Bei Gott selbst ist die F. (1Chr 29,3; 2Chr 20,27). Auf seiten des Volkes kann die Antwort auf Gottes freundliche Zuwendung auch nur F. sein: »Dienet dem Herrn mit Freuden« (Ps 100,2; Neh 8,10). So kann auch das gesamte gottesdienstl. Leben nur Ausdruck von F. sein; das Laubhüttenfest wird ausdrücklich als Fest der F. proklamiert (5Mo 16,15), und Israel freut sich an den Geboten Gottes (Ps 119,47). Am Ende der Tage wird Gott dann alle Trauer fortnehmen (Jer 31,13).

3. Im NT durchzieht der Grundton der F. alle Bücher, angefangen vom Lobpreis der Engel: »Siehe, ich verkündige euch große Freude« (Lk 2,10) bis zur Darstellung bei Johannes (1Joh 1,4). Jesus selbst ist Botschafter der F., er möchte, daß seine F. seinen Jüngern zuteil wird (Joh 15,11; 16,24; 17,13), und die Jünger nehmen »mit großer Freude« Anteil an seinem Leben: Die Auferstehung ist das Fest der F. (Mt 28,8; Lk 24,52)! So fordert der Apostel Paulus wieder und wieder in seinen Briefen, und vor allem im Philipperbrief, auf: »Freuet euch in dem Herrn allewege!« (4,4).

Ein besonderer Aspekt im NT ist noch der, daß F. und Anfechtung verbunden werden: »Achtet es für lauter Freude, wenn ihr in mancherlei Versuchungen geratet« (Jak 1,2). Die F. im Leid, die Fähigkeit, in Drangsal und Verfolgung doch Gott loben zu können (Apg 16,25), durchzieht die Frömmigkeitsgeschichte der Christen und ist ein tiefer Ausdruck der Tatsache, daß F. nach der Botschaft der Bibel nicht menschliche Erfindung, sondern Gnadengeschenk Gottes ist. Nicht umsonst (und leider viel zu wenig beachtet) heißt das Abendmahl eigentlich und zuerst Freudenmahl, spricht uns doch Christus in Brot und Wein die F. zu, die er uns verheißen hat. Schließlich ist die F. nach der Botschaft des NT eine Frucht des Geistes (Apg 13,52; Röm 14,17; Gal 5,22).

F. kann man nicht machen, sagen wir. Das stimmt. Aber die F., die Christus schenkt, steckt an, macht sich Bahn, teilt sich mit, reißt davon. Sie macht heiter, weckt das Spiel, das Lied, die Gemeinschaft. In unserem Leben, in unserer Gesellschaft, in unserer Welt ist viel Ernst, auch viel Glaubensernst, tiefe Frömmigkeit, aber auch Fanatismus und Enge. Gottes Geschichte mit seinem Volk, das Kommen Jesu Christi in diese Welt weckt eine F., die durchträgt.

Lit.: J. Schniewind: Die Freude im Neuen Testament, in: ders.: Die Freude der Buße, 1956, 9-18.

H. Bärend

Freundschaft

In der Antike gilt F. (*philia*) als »die Mutter aller Tugenden«. Neben der Bluts- und Stammesverwandtschaft zeigt sie sich vor allem in der Gastfreundschaft. Das griech.-röm. Ideal begrenzt F. allerdings streng auf den Kreis der Altersgenossen, Ebenbürtigen, Gleichgesinnten und Sympathischen. Die *philia* ist insofern egozentrisch fixiert, als allen Handlungen die *timē* vorausgeht, das Werturteil über den andern, das ihn erst eines Freundschaftserweises für würdig erklärt (vgl. Aristoteles, Nikomachische Ethik, hg. von F. Dirlmeier, 187f). Für Cicero ist F. »Übereinstimmung in allen Dingen, verbunden mit gutem Willen und Zuneigung« (Laelius sive de amicitia, 20).

In der Bibel findet sich eine Art Definition in 5Mo 13,7: Ein Freund ist einer, »der dir so lieb ist wie dein Leben«. Ein hebr. Sprichwort sagt: »Ein Freund liebt mehr und steht fester bei als ein Bruder« (Spr 18,24; vgl. die F. zwischen Jonatan und David: 1Sam 18,1ff). Für die Weisheitsliteratur spielt die Mahnung zu echter F. eine wichtige Rolle. Sir 6,5-17 bietet ein Summarium, wobei als die Voraussetzung treuer F. die Gottesfurcht genannt wird.

Darüber hinaus ist in der Bibel auch von Gottesfreundschaft die Rede. Diese bezeichnet eine erstaunliche Vertrautheit der Beziehung von Menschen zu Gott. So wird Abraham »Freund Gottes« genannt (Jes 41,8; 2Chr 20,7). Weil er Gott Gehör und Glauben schenkt, zieht Gott ihn ins Vertrauen (1Mo 18,17). Mit Mose spricht Gott so, »wie einer mit seinem Freund spricht« (2Mo 33,11). F. ist hier bezogen auf die enge, vertrauensvolle, geradezu partnerschaftliche Zusammenarbeit mit Gott. Nach Ps 25,14 gilt Gottes F. uneingeschränkt allen, die ihn ernst nehmen.

Im NT ist auffällig, daß Jesus nicht nur seine Jünger mit »meine Freunde« anredet (Lk 12,4; Joh 11,11), sondern daß er seine F. gerade auch den Schuldiggewordenen und allseits Verachteten schenkt. Als »Freund der Zöllner und Sünder« (Lk 7,34) ermöglicht Jesus eine tiefgreifende Änderung im Leben von Menschen auf der Basis vorbehaltlosen Vertrauens (Lk 19,1ff). In seinen Gleichnissen beschreibt Jesus Gott als den persönlichen Freund des Menschen, den man jederzeit bitten und bemühen darf (Lk 11,5ff). Seine Jünger nennt Jesus ausdrücklich »nicht mehr Knechte, sondern Freunde« (Joh 15,14f; vgl. auch Eph 2,19: »Gottes Hausgenossen«) und stellt sie damit in eine unmittelbare, beteiligte Beziehung zu sich selbst und zum Handeln Gottes: ». . .denn ich habe euch alles mitgeteilt, was ich von meinem Vater gehört habe.«

F. mit Jesus konkretisiert sich im Gebet, in der vertrauensvollen Zwiesprache und im erwartenden Hören auf ihn. Diese F. ist nicht nur kostbar, sondern zugleich anspruchsvoll, indem sie das Ausführen der Aufträge Jesu zur Bedingung macht (Joh 15,14). F. beschränkt sich christl. nie nur auf die Ebene des Genießens, sondern hat den Einsatz für die Ehre und Herrschaft Gottes im Blick. Grundlage christl. F. bleibt der Wille Gottes (vgl. Mt 12,50).

Die Gläubigen sind deshalb gerufen, F. »in Christus« weiterzugeben: andere vorurteilslos und geschwisterlich anzunehmen, ihnen aufmerksam beizustehen, sie mitverantwortlich einzubeziehen in den eigenen Dienst für Gott und ihnen so auf jede Weise das innere Wachstum vor Gott zu erleichtern. Zur Qualität christl. F. gehören Aufrichtigkeit, Treue, Herzlichkeit, Hochachtung, Großmut, Besonnenheit sowie der dauernde Respekt vor der Freiheit des andern (vgl. auch Gal 5,22!).

In den wenigsten Lehrbüchern der Ethik finden sich Ausführungen über F. Für E. → Brunner gehört sie zu den freiheitlichen Gemeinschaftsformen, eine Gabe Gottes, die jedoch stets in Gefahr steht, zum »Besitzanspruch und zur exklusiven Genießerei« zu werden. Deshalb müsse auch die F. wiedergeboren werden (Das Gebot und die Ordnungen, 1933, Kap.

42). D. → Bonhoeffer schätzt F. als »das seltenste und kostbarste Gut« innerhalb des von Gott gewährten Bereichs der → Freiheit. Die F. gehöre in ihrer Eigenart zu den ethischen Gütern »wie die Kornblume zum Ährenfeld« (Brief vom 23. 1. 1944: Ethik, 1949, 222, Anm. 2; vgl. auch Bonhoeffers Gedicht »Der Freund« (1944) in »Widerstand und Ergebung«).

Lit.: H.-H. Schrey: »Freundschaft«, TRE 11, 1983, 590-599 (Lit.).

R. Frische

Frey, Hellmuth (1901-1982)

F., geb. am 20. 12. 1901 in Torri/Estland, 1921-28 Studium in Dorpat bei Bulmerincq, v. Stromberg, in Tübingen bei Procksch, Schlatter, Heim, 1923 Mag. theol., ab 1928 Pastor und Dozent für AT in Dorpat, 1941-43 Pastor in Lissa, 1943-45 Kriegsdienst und Gefangenschaft mit Lehrtätigkeit in der Kriegsgefangenenhochschule Norton Camp, ab 1946 Dozent für AT und Seelsorger für geistig Behinderte in Bielefeld-Bethel, gest. am 27. 12. 1982 in Bethel.

Literarische Tätigkeit: Auslegung des AT »für Freunde und Verächter der Bibel« in der Reihe »Botschaft des AT« als geistl. Schriftauslegung unter dem Eindruck der gesellschaftl. und polit. Krisen der beiden Weltkriege, der Kriegsgefangenschaft, des Verlustes geistl. Bindung der Schriftauslegung in der Nachkriegszeit.

Aus seinem Selbstverständnis als Lehrer der ev. Kirche heraus begann F. 1950 den Kampf gegen die Zersetzung der Glaubensgrundlage durch die phil. Überfremdung der Theologie. In diesem Zusammenhang wurde er Mitbegründer des »Bethelkreises« (1960) und der aus ihm 1966 erwachsenen → Bekenntnisbewegung »Kein anderes Evangelium«, deren Wortführer er in ihren Anfängen war. In dieser Auseinandersetzung entstanden zahlreiche Aufsätze und Schriften (s. Lit.).

Das Grundanliegen von F.s theol. Arbeit besteht darin, vor dem Hintergrund der Heiligkeit Gottes die Genugsamkeit des Heilswerkes Christi in der gegenwärtigen Situation zur Geltung zu bringen. Die sog. »pneumatische Exegese« geht, in Anknüpfung an K. → Girgensohn, davon aus, daß der Buße und Glaube wirkende Heilige Geist durch die Schrift selbst »ihr Interpret« ist, durch den allein sie in ihrer geschichtlich gewordenen Gestalt sachgemäß verstanden werden kann. Von daher eröffnete für F. auch erst der Glaube an Jesus Christus den Zugang zum AT.

Um F. sammelten sich, vor allem seit 1966, Bibel- und Gebetskreise der Betheler Theologiestudenten, die zum Anfang einer eigenständigen Studienvorbereitung und -begleitung für Theologiestudenten geworden sind (Seminare, Freizeiten in Pura, Geistl. Rüstzentrum Krelingen; Studienstiftung »Kein anderes Evangelium«; Arbeitsgemeinschaft Geistliche Orientierung im Theologiestudium/AgO). Hier wird versucht, das bibl.-reformat. und seelsorgerl.-erweckliche Grundanliegen F.s aufzunehmen und in den kirchl. Dienst wie in die theol. Arbeit und Ausbildung hinein umzusetzen.

Lit.: »Die Botschaft des Alten Testaments«, ab 1935: (1 Mo; 2 Mo; Jes 40-55; kleine Propheten; Hos; Am); »Das Ziel aller Dinge«, Bibelstudien über Offb 1-22, [3]1964; Handkommentar zum Buch Jesaia: Kp. 1-5, 1975; Kp. 6-12, 1978; Um den Ansatz theologischer Arbeit, in: Abraham unser Vater, FS O. Michel, 1963; Die Krise der Theologie. Historische Kritik und pneumatische Auslegung im Lichte der Krise, 1971; Die Frage nach dem Zeugnis von Jesus Christus heute. Die christologische Konzeption Willi Marxens und ihre weltanschauliche Bestimmtheit, 1966.

S. Findeisen, H. Frey, W. Johanning: Das Kreuz Jesu und die Krise der Evangelischen Kirche, 1967; A. Sierszyn: Die Bibel im Griff? Historisch-kritische Denkweise und biblische Theologie, 1978; Die Frühlingswiese Gottes. Theologie und Erweckung heute, hg. von G. Diekmeyer, 1983.

S. Findeisen

Freylinghausen, Johannes Anastasius (1670-1739)

Ev. Theologe, geb. am 2. 12. 1670 in Gandersheim, gest. am 12. 2. 1739 in Halle. Als Theologiestudent 1691 in Erfurt für den → Pietismus gewonnen, wurde F. 1695 in bescheidener Stellung (ohne Gehalt) für 20 Jahre A.H. → Franckes Gehilfe im Pfarramt zu Glaucha und im Waisenhaus. 1715 Franckes Adjunkt an der Ulrichskirche in Halle, heiratete er Franckes einzige Tochter. Nach Franckes Tod 1727 übernahm F. gemeinsam mit dessen Sohn die Leitung der Franckeschen Anstalten. Für das Pädagogium veröffentlichte er 1703 das häufig aufgelegte Lehrbuch »Grundlegung der Theologie« (14 Auflagen). Auf Bitten der Theol. Fakultät hielt er homiletische Vorlesungen und führte als erster praktische Predigtübungen durch. Bekannt wurde F. als Liederdichter (44 Gesänge) und als Herausgeber pietist. geprägter Gesangbücher »Geistreiches Gesangbuch« (1704 mit 683 Liedern), »Neues geistreiches Gesangbuch« (1714 mit 815 Liedern). 1741 veröffentlichte Franckes Sohn das »Vollständige Freylinghausensche Gesangbuch«, das alle von F. herausgegebenen Lieder enthielt, mit 1582 Liedern eine der reichhaltigsten pietist. Sammlungen.

Lit.: (Chr. v. Palmer) C. Bertheau: »Freylinghausen«, RE[3] Bd. 6, 1899, 269-272; J. Klepper: Der Soldatenkönig und die Stillen im Lande, 1938; W. Lueken: »Freylinghausen«, RGG[3] II, 1958, 1132.

J. O. Rüttgardt

Freytag, Walter (1899-1959)

F., geb. am 28. Mai 1899 im thüringischen Neudietendorf bei Erfurt, gest. am 24. Oktober 1959 in Hamburg als Prof. für Missionswissenschaft, wurde durch die »unreflektierte Frömmigkeit« seiner Jugendzeit in der Brüdergemeine, der er zeitlebens angehörte, geprägt. Gleichzeitig diente er als Pfarrer der luth. Kirche und lehnte das ihm (dreimal!) angetragene Amt des Bischofs von Hamburg ab.

Da seine Vorbereitungen für den Missionsdienst in China der polit. Entwicklung Chinas wegen nicht zum Ziele führten, konzentrierte sich F. auf die Arbeit in der Heimat. Er wurde nach dem ersten Theol. Examen 1924 in Halle und dem zweiten Examen 1925 Vikar in Sachsen und promovierte 1925 in Hamburg, wurde 1926 Sekretär und 1928 Direktor der 1913 gegründeten Stiftung Deutsche Evangelische Missionshilfe. Mit Martin Schlunk zusammen reiste er zur 2. Weltmissionskonferenz nach Jerusalem, wurde 1929 als Nachfolger Schlunks zum Hanseatischen Missionsdirektor berufen und übernahm den damit verbundenen Lehrauftrag für Missionswissenschaft an den Universitäten Hamburg und Kiel bis zum Lehrverbot 1943. Nach dem Krieg wurde er 1947 zum Honorarprofessor für Missionswissenschaft und 1953 zum Ordinarius berufen, nachdem drei Jahre zuvor die Universität Tübingen ihm den Ehrendoktortitel verliehen hatte. Die Gründung der Missionsakademie an der Universität Hamburg ist sein Verdienst.

F. wurde 1930 zum Mitglied des Deutschen Evangelischen Missions-Rates (DEMR) berufen und (war seit 1946 bis zu seinem Tode als dessen Vorsitzender) wesentlich an den Entscheidungen dieses alle deutschen Missionsgesellschaften umfassenden Gremiums beteiligt. Zusammen mit seinem Freund K. → Hartenstein verhinderte er die von den → Deutschen Christen geforderte Integration von (Deutscher) Kirche und Mission. 1954 wurde er Vorsitzender der Studienabteilung des Ökumen. Rates der Kirchen (ÖRK) und 1958 einer der Vizepräsidenten des Internationalen Missionsrates (IMR). Obwohl selber nie im aktiven Missionsdienst tätig, bereiste er mehrfach Indien, China, Indonesien und Neuguinea und verwertete diese Reiseerfahrungen in seinem einzigen Buch »Die junge Christenheit im Umbruch des Ostens - Vom Gehorsam des Glaubens unter den Völkern«, das zum grundlegenden Vorbereitungsmaterial der 3. Weltmissionskonferenz in Tambaram/Madras 1938/39 wurde. Zusammen mit K. Hartenstein nahm er an dieser letzten Versammlung vor Ausbruch des Krieges teil und wurde nach dem Zweiten Weltkrieg als einer der ersten Deutschen wieder zur 4. Weltmissionskonferenz in Whitby/Kanada (1947) und Willingen (1952) sowie Achimota/Ghana (1958), wo er zum Vizepräsidenten des IMR gewählt wurde, für grundlegende Vorträge eingeladen. Auch in der Ökumene hatte er seinen festen Platz und nahm sowohl an der Gründungsversammlung in Amsterdam 1948 als auch in Evanston 1954 teil. Die Landeskirche verstand er als Teil der Weltmission und leitete damit die früher abgelehnte Integration von Kirche und Mission ein, die dann 1961 in Neu Delhi durch den Zusammenschluß von IMR und ÖRK ihren ersten Ausdruck fand.

Theol. begründete er die Mission aus der → Eschatologie und war sich klar darüber, daß die Kirchen in der »Dritten Welt« andere Formen annehmen werden als in Europa und USA; andererseits würden aber nur die Kirchen, die sich senden lassen, der Verwirklichung der Einheit entgegenschreiten.

Lit.: Bibliographie der wichtigsten Werke Freytags in: Basileia. FS für W. Freytag, 1959; W. Freytag: Reden und Aufsätze, 2 Bde., 1961.

K. Bockmühl: Die neuere Missionstheologie, 1964; R. Hering: Theologische Wissenschaft und »Drittes Reich«. Studien zur Hamburger Wissenschafts- und Kirchengeschichte im 20. Jahrhundert. Reihe Geisteswissenschaften Bd. 20, 1990; J. Triebel: Bekehrung als Ziel der missionarischen Verkündigung. Die Theologie Walter Freytags und das ökumenische Gespräch, 1976.

K. Rennstich

Frieden

1. Aktualität der Friedensfrage

In der wissenschaftl.-technischen Zivilisation, die laufend komplexere Strukturen und damit wachsende Abhängigkeiten schafft, und einer Welt, die immer näher zusammenrückt, gehört F. zu den Überlebensbedingungen der Menschheit. Die Bedeutung des Themas zeigt sich u.a. daran, daß seit den 60er Jahren auch in Deutschland die F.s- und Konfliktforschung als neuer Wissenschaftszweig hervortrat. Dabei spiegeln sich die Fülle der Probleme und die verschiedenen Auffassungen von F. in diesen Bemühungen. Bezüglich einiger Grundsätze herrscht jedoch weitgehende Übereinstimmung:

a. F. kann nicht nur negativ definiert werden, d.h. er ist mehr als die Abwesenheit von → Krieg. Zum F. gehören auch andere Werte wie z.B. die Wahrung der Menschenrechte.

b. F. darf nicht statisch verstanden werden. Denn die unterschiedlichen Vorstellungen von gesellschaftl.-polit. Idealzuständen führen oft in den Nebel utopischer Wunschträume. Erhebt sich eine Friedensideologie gegen die andere, kann das Friedenspostulat selbst in Krieg umschlagen.

c. Zur Friedfertigkeit gehört auch die Konfliktfähigkeit als Bereitschaft, mit Konflikten in rechter Weise umzugehen. F. ist kein ein für allemal vorhandener Zustand, sondern muß immer neu erworben werden.

2. Biblische Bezüge

F. (Schalom) ist im AT ein umfassender Begriff, der alle persönlichen und sozialen Lebensbereiche einbezieht. Nur da, wo in all diesen Bereichen und zwischen ihnen eine Leben ermöglichende Geordnetheit besteht, kann von Schalom die Rede sein. Der vollkommene F. ist dabei der bestehenden Situation voraus. In diesem Sinne wird F. als Gruß und Segen zugesprochen. Jahwe schafft F. und ist sein eigentlicher Garant. Schalom herrscht nur dort, wo Güte und Treue einander begegnen und Gerechtigkeit und F. sich küssen (Ps 85,9-14). Die eschatologische Orientierung des F.sverständnisses nimmt im Rahmen der atl. Überlieferung an Deutlichkeit zu. Am Ziel der Zeit wird es keine Kriege mehr geben, und die Nationen werden ihre Schwerter zu Pflugscharen und ihre Spieße zu Rebmessern schmieden (Jes 2,4; Mi 4,3).

Das Wissen darum, daß F. von Gott herkommt und allem menschlichen Tun vorausgeht, findet im NT seinen vollen Ausdruck. Mit der Erfüllung der messianischen Erwartung in der Sendung Jesu wird der Gottesfriede zeichenhaft schon jetzt sichtbar (vgl. Lk 2,14). Wenn Jesus Geheilte mit der Aufforderung entläßt: »Gehe hin in Frieden« (Mk 5,34), so sind darin soziale, körperliche und geistig-seelische Dimensionen eingeschlossen, das Wohl und das Heil. Weil Jesus Christus am Kreuz zwischen Gott und Menschen F. schloß, gewährt die Rechtfertigung aus Glauben F. mit Gott (Röm 5,1). Folglich ist durch das Kreuz Jesu die Mauer der Feindschaft auch zwischen den Menschen abgerissen. Diese christologische Sicht des F.-Stiftens gipfelt in dem Satz von Eph 2,14: »Denn ER ist unser Friede« Als Boten des F.s (vgl. Mt 5,9) werden Jesu Jünger beauftragt, den »Söhnen des Friedens« (Lk 10,6), d.h. allen denen, die zur Annahme der Botschaft bereit sind, den in Jesus Christus gekommenen F. wirksam zuzusprechen. Dieser F., der »höher ist als alle Vernunft« (Phil 4,7), gilt auch gegen allen Augenschein inmitten von Angst und Not in der Welt (vgl. Joh 16,33).

3. Christliche Friedensethik

Nach ursprünglicher Distanz der frühen Christenheit gegenüber Staat und Kriegsdienst, trat mit der Erhebung des Christentums zur Staatsreligion im Römischen Reich eine Wende ein. In dieser Situation entwickelte Augustinus (354-430) unter Anknüpfung an ältere Tradition (Cicero/Origenes) in seiner Schrift »De civitate Dei« die für das Abendland geschichtlich grundlegende christl. Sicht zum Thema Krieg und F. Seine Lehre vom »gerechten Krieg« geht davon aus, daß Krieg nur zulässig ist als Mittel zur Wiederherstellung der durch Angriff (d.h. durch das Böse) gestörten F.sordnung. Es geht keineswegs um direkte Rechtfertigung des Krieges, sondern um eine ethische Anweisung, die im Blick auf das hohe Ziel des gerechten und ewigen F.s Gottes auch um das Elend der »gerechten Kriege« und um die Vorläufigkeit des irdischen F.s weiß. »Denn solange die beiden Reiche miteinander vermischt sind, bedienen auch wir uns des F.s Babylons« (De civitate Dei XIX,26).

Die Kriterien für den »gerechten Krieg« wurden in der mittelalterl. scholastischen Theologie bis zum Höhepunkt bei → Thomas von Aquin (1225-1274) immer genauer zu fassen versucht. Die mittelalterl. Gottesfrieden- und Landfriedensbewegung zeigt die Notwendigkeit und Sehnsucht nach einer rechtlich geschützten F.sordnung.

Renaissance und Humanismus wollten die F.sidee durch Vernunftgründe und den Humanitätsgedanken festigen. Diese humanistische Tradition schließt mit der Absolutheit der sittlichen Pflicht zum F. die Vorstellung von seiner Realisierbarkeit ein (vgl. I. Kant, Zum ewigen Frieden, 1795). Die Lehre der Reformatoren bleibt im wesentlichen im Rahmen der traditionellen Auffassung vom »gerechten Krieg«, jedoch wird die persönliche Gewissensprüfung der Regierenden und Abhängigen betont. Religionskriege und Kreuzzüge fallen nach reformat. Verständnis grundsätzlich nicht unter die Kategorie des »gerechten Krieges«.

Aus Täufergruppen und anderen in der Reformation verwurzelten Bewegungen, die jede Tötungsgewalt ablehnen, gingen die hist. → Friedenskirchen → Quäker, Kirche der Brüder (Church of the Brethren) und → Mennoniten hervor.

Den Ausgangspunkt der neueren ökumen. F.sethik bildet das Grunddilemma der atomaren Abschreckung: Die Drohung mit dem Einsatz von Atomwaffen soll diesen Einsatz gerade verhindern. Angesichts der neuzeitlichen Massenvernichtungsmittel führen sich die herkömmlichen Kriterien für einen »gerechten Krieg« ad absurdum, denn was geschützt werden soll, wird vernichtet. Entsprechend kann Krieg heute nicht mehr als »Fortsetzung des politischen Verkehrs mit anderen Mitteln« (v. Clausewitz) angesehen werden. Umgekehrt lautet die Forderung gegenwärtig nach »Abschaffung des Krieges als politischer Institution« (C.F. v. Weizsäcker).

Bei der Diskussion um den Wehrdienst von Christen ist im Bereich der EKD mit den »Heidelberger Thesen« von 1959 ein Kompromiß vorgeschlagen worden: »Friedensdienst mit Waffen« oder »Friedensdienst ohne Waffen« lautet die Formel für die nach Gewissensentscheidung möglichen christl. Haltungen; beide, so wird gesagt, ergänzen sich letztlich (wirken komplementär). Aber diese Regel gilt nur so lange, wie das Ziel des F.s und der Abrüstung im Auge behalten wird. Auch der Kompromiß der »Heidelberger Thesen« ist also dynamisch zu verstehen. Er gilt nur für eine Übergangszeit.

Die → Friedensbewegung als soziale Erscheinung erfaßte seit Beginn der 80er Jahre auf breiter Basis auch die Kirchen. Dabei mischten sich humanistische und christl. Motive. Je nach Akzentuierung ergeben sich auch unter Christen verschiedene Positionen. Nach bibl. Sicht ist jedoch deutlich, daß die Schuldverstrickung des Menschen und die Zwiespältigkeit der Welt zu groß sind, als daß sich der umfassende F. (innerer und äußerer F.) in der Geschichte durchsetzen könnte. Dennoch ist F. nicht rein jenseitig zu verstehen. Er bleibt das eschatologische Ziel der Welt, das der Mensch zwar nicht in eigene Regie übernehmen kann (→ Reich Gottes), das Christen aber doch Orientierung für ihr Handeln in der Welt gibt (→ Bergpredigt). Als fundamentale christl. Erkenntnis bei allen unterschiedlichen ethischen Positionen im einzelnen gilt, daß im Blick auf die F.sfrage nicht »gegen Fleisch und Blut«, sondern »gegen Fürsten und Gewalten« (Eph 6,12) zu kämpfen ist. »Die Mächte der Dämonen werden nicht durch Organisationen gebrochen, sondern durch Gebet und Fasten« (D. → Bonhoeffer). Gegenüber manchen humanitären Illusionen ist biblisch zu betonen, daß zum F.-Stiften Leid und Kreuz gehören. So wenig diese Feststellung dem selbstverständlichen menschlichen Streben entspricht, so gewiß gilt diesem Weg die Verheißung des Evangeliums.

Lit.: Frieden wahren, fördern und erneuern. Denkschrift der EKD, [2]1981; E. Jüngel: Zum Wesen des Friedens, 1983; E. Lorenz, Th. Strom (Hg.): Das Wagnis engagierter Friedensarbeit, 1985; H. Schmidt: Frieden, 1969.

R. Mayer

Friedensbewegung

Die Erfahrungen zweier Weltkriege und zahlloser Stellvertreterkriege nach 1945, dazu das enorme Vernichtungspotential moderner Waffensysteme sowie die Abschreckungsdoktrin haben die F., deren Wurzeln ins 16. und intensiv ins 19. Jh. zurückreichen (Mennoniten bis Religiöse Sozialisten), durch verschiedene Aktionen und Publikationen an die breite Öffentlichkeit treten lassen. Politiker und Offiziere wurden so gezwungen, die möglichen Folgen getroffener Entscheidungen wie Mittelverteilung im Haushalt, Militärdoktrin und Rüstungsentwicklung, Ost-West-Konfrontation, Implikationen für Ökologie und Entwicklungspolitik, Rolle der transnationalen Konzerne und Banken zu überdenken. Die F. regte alternative Strategiemodelle angesichts der von ihr aufgezeigten Mängel in der bisherigen Politik an.

In der F. arbeiten Gruppen unterschiedlicher Herkunft in einer »Koalition« der Friedenskräfte zusammen. Die christl. motivierten Friedensgruppen haben maßgeblichen Anteil an der F., so daß die Kirchen ihrerseits gezwungen waren, sich zu Wort zu melden. Die EKD-Denkschrift »Frieden wahren, fördern und erneuern« (1981), aber auch die Erklärung des Moderamens des Reformierten Bundes, in der der status confessionis angesichts der Hochrüstung ausgerufen wurde, sind ebenso Beispiele wie röm.-kath. Hirtenworte und Enzykliken. Der konziliare Prozeß zu Gerechtigkeit, Frieden und Bewahrung der Schöpfung gehört in diesen Zusammenhang, wenngleich die hier kooperierenden Kirchen der → Arbeitsgemeinschaft christlicher Kirchen (ACK) in der Stuttgarter Erklärung (1988) nicht so radikal formulieren konnten, wie es einzelne Gruppen gerne gesehen hätten. Dennoch wird, wie in anderen kirchl. Dokumenten auch, mit der F. Kritik an der nuklearen Abschreckung geübt und die Verantwortlichkeit der Industrienationen für die unmenschlichen Folgen der Militarisierung der Zwei-Drittel-Welt zum Ausdruck gebracht.

Der Golfkrieg (1990/91) hat eine neue Diskussion entfacht, in der es besonders um die Sicherheit Israels, um die Waffenlieferungen deutscher Rüstungskonzerne an Diktatoren und um den Umgang der internationalen Staatengemeinschaften mit aggressiven Diktatoren geht.

Lit.: G. Baadte et.al. (Hg.): Frieden stiften. Die Christen zur Abrüstung. Eine Dokumentation, 1984; E. Stammler: Die Friedensbewegung in der Krise, in: Sicherung des Friedens 11, Mai 1991.

E. Geldbach

Friedenskirchen

Zu den »historischen Friedenskirchen« gehören drei kleine, aber sehr aktive Denominationen: die Mennoniten (mit Amish Brethren und Hutterern), die Quäker und die Kirche der Brüder (Church of Brethren). Alle drei Kirchen stimmen überein in der Ablehnung des Krieges und in der Wahrnehmung der Friedensverantwortung als Ausdrucksform der Nachfolge Jesu. Zu diesem Zwecke bildeten sie 1935 einen »Verbindungsausschuß der historischen Friedenskirchen« (»Continuation Committee of Historic Peace Churches«), in dessen Namen die Bezeichnung »historische Friedenskirche« für diese Gruppen erscheint.

Die Ursprünge der F. liegen in Europa, ihre Beheimatung fanden sie überwiegend in Amerika. Die Mennoniten (Menno Simons) gehen zurück auf das Täufertum des 16. Jh.s, das schon in den → Schleitheimer Artikeln 1527 Gewaltlosigkeit und Verweigerung staatlicher Dienste forderte und dafür blutig verfolgt wurde. Zwar wurde der Gedanke der Wehrlosigkeit und des Friedensdienstes in der Geschichte des Mennonitentums nicht immer als selbstverständlicher Ausdruck christl. Existenz gesehen, gewann aber besonders nach 1945 im Ruf nach einem christl. Pazifismus vor allem in Deutschland an Gestalt: 1956 wurde das »Deutsche Mennonitische Friedenskommittee« gegründet.

Die Quäker gehen Mitte des 17. Jh.s aus dem englischen Puritanismus hervor (George → Fox, William → Penn). Sie lehnten Wehr- und Kriegsdienst leidenschaftlich ab, weil dies dem Geist Jesu Christi widersprach. Die Nachfolge Jesu kennt keinen persönlichen Widerstand, sie fordert vielmehr Gewaltlosigkeit und Friedensdienst, was wiederum die Quäker in Opposition zum Staat brachte und zu ihrer Verfolgung führte.

Die »Brüder« haben ihren Ursprung in pietistischen und täuferischen Kreisen Anfang des 18. Jh.s in Westdeutschland. Sie wanderten unter dem Verfolgungsdruck der Obrigkeit in die USA aus. Liebestätigkeit und christl. Pazifismus gehören zu ihren wesentlichen Kennzeichen.

In den USA kam es durch den Ersten Weltkrieg zu Kontakten der F. untereinander und zur Gründung eines gemeinsamen Hilfswerkes unter der Hauptbeteiligung der Quäker (»Quäkerspeisung«).

Verbindend war auch die Frage der Kriegsdienstverweigerung. Als es 1935 zur Gründung des Continuation Committee kam, konnte man mit Beginn des Zweiten Weltkrieges in den USA 11.000 Kriegsdienstverweigerern mit einem von den drei Kirchen organisierten und finanzierten staatlich anerkannten Ersatzdienst helfen. Nach 1945 kam es wieder zu großen Hilfsaktionen. 1947 wurde in Europa ein Verbindungsausschuß der F. gegründet, der sich im Rahmen des ÖRK zur Kriegsfrage äußerte und die Arbeitsgemeinschaft »Kirche und Frieden« (»Puidoux-Konferenz«) ins Leben rief (1955 in Puidoux, Schweiz).

Lit.: D.F. Durnbaugh (Hg.): On Earth Peace. Discussions on War/Peace Issues between Friends, Mennonites, Brethren and European Churches 1935-1975, 1978; H. Fast: Beiträge zu einer Friedenstheologie. Eine Stimme aus den historischen Friedenskirchen, 1982; E. Geldbach: Die historischen Friedenskirchen, in: MdKI 33, 1982, 111f; H. Krüger: »Friedenskirchen«, EStL 1, 1987, 1014-1016.

Chr. Windhorst

Friedhof

F. (eigentlich Freithof, von althochdeutsch *friten*, »hegen, schonen«) meint ursprünglich den »eingefriedeten« Bezirk, in dem der Flüchtige Asyl genießt; die volksetymologische Ableitung von »Friede« ist sekundär. Andere Bezeichnungen sind Kirchhof, Totenhof und Gottesacker (in Anlehnung an 1Kor 15,42; von Luther bevorzugt).

Die ersten Christen bestatteten ihre Toten - jeweils örtlichem Brauch folgend - in Einzel- bzw. Familiengrabstätten sowohl in Felsenhöhlen wie in Gruften und Erdgräbern.

Atl.-jüd. Sitte verpflichtet, lehnten sie die im hell.-röm. Raum verbreitete Feuerbestattung ab. Wohlhabendere Gemeindeglieder stellten ihre Grabstätten (Coemeterien, von lat. *coemeterium*, »Ruhestätte«) ärmeren zur Verfügung; so entstanden gemeinschaftliche Begräbnisplätze, die schließlich in den Besitz der Gemeinden übergingen. In Rom und an anderen Orten, wo die geologischen Voraussetzungen dies erlaubten (Tuffgestein), bevorzugte man unterirdische Grabanlagen, die den Namen Katakomben (übernommen von einer einzelnen Anlage dieser Art in San Sebastiano bei Rom) erhielten; sie bestehen aus einem Netz unterirdischer Gänge, in deren Wände Grab neben Grab eingelassen ist. Während der Christenverfolgungen dienten sie als Zufluchtsstätten. Sie waren zugleich Orte des Gedenkens an die Märtyrer: An ihrem Sterbetag versammelte man sich an ihrem Grab, las den Bericht über ihr Leiden und Sterben und feierte die Eucharistie. Später errichtete man über den Katakomben und Märtyrergräbern vielfach Kirchen und Kapellen.

Im frühen MA wurde es üblich, sich in den Kirchen (ein Vorrecht, das vor allem Adeligen und hohen Klerikern zukam) oder in ihrem Umkreis bestatten zu lassen, um den Gebeinen der Heiligen und den über ihnen errichteten Altären, auf denen das Meßopfer dargebracht wurde, besonders nahe zu sein. So entstanden Begräbnisstätten um die Kirchen herum (Kirchhöfe), für die ein eigener Weiheritus - vergleichbar der Kirchweihe - in Brauch kam; Selbstmörder, Andersgläubige, unbußfertig Gestorbene u.a. wurden nicht in »geweihter Erde« beigesetzt, ungetaufte Kinder und als unrein geltende Wöchnerinnen häufig auf einem »ungeweihten« Platz in der Nähe der Friedhofsmauer.

Die reformat. Kirchen kennen keine Weihe des F.s; es ist aber üblich, ihn beim ersten Begräbnis mit Bibellesung und Gebet seiner Bestimmung zu übergeben. Luther setzte sich dafür ein, die F.e aus hygienischen Gründen wieder vor die Ortschaften zu verlegen. Die Trennung nach Konfessionen und die oben genannten Beschränkungen wirkten jedoch noch lange nach.

Grabmale in unterschiedlicher Gestalt (Sarkophage, Grabplatten, -kreuze, -steine) sind von den Christen immer auch dazu genutzt worden, ihren Glauben, insbesondere ihre Auferstehungshoffnung, bildnerisch zur Darstellung zu bringen. Beispiele, wie ganze F.e aus diesem Geiste heraus gestaltet werden können, bieten insbesondere die Gottesäcker der Herrnhuter Brüdergemeine.

Lit.: H.-K. Boehlke: Das Bestattungs- und Friedhofswesen in Europa, 1977; J. Schweizer: Kirchhof und Friedhof, 1956.

K.-H. Bieritz

Friedrich der Weise (1463-1525)

F., geb. am 17. 1. 1463 in Torgau, gest. am 5. 5. 1525 in Lockau bei Torgau, war seit 1486 Kurfürst von Sachsen, einem der bedeutendsten, aufstrebenden Territorien des Reiches. Er wurzelte in der spätmittelalterl. Frömmigkeit, pilgerte ins Heilige Land und sammelte in der Wittenberger Schloßkirche einen großen Reliquienschatz.

Für sein Land gründete er 1502, beraten durch Johann von → Staupitz, die Universität Wittenberg. 1512 kam er für die Kosten von Luthers Doktorat auf. Als dieser wegen des Ablasses in den Streit mit Rom geriet, verhinderte F. die Auslieferung seines berühmten Professors. Wegen der Kaiserwahl 1519 mußte Rom Rücksicht auf F. nehmen und stoppte das Vorgehen gegen → Luther. 1521 erreichte F. bei Karl V., daß der gebannte Luther auf dem Wormser Reichstag verhört wurde. Als über diesen die Reichsacht verhängt wurde, ließ er ihn auf der Wartburg verstecken. Ohne den Schutz seines Landesherrn hätte Luther die ersten Jahre des Konflikts schwerlich überstanden. Luther liebte ihn, »weil er die Bibel liebt«, durfte aber nie persönlich vor ihm erscheinen. Für eine aktive Ausgestaltung der → Reformation war der vorsichtige F. freilich nicht zu gewinnen. Gegen seinen Willen kehrte Luther von der Wartburg nach Wittenberg zurück. Die fällige kirchl. Neuordnung kam erst nach F.s Tod in Gang. Auf dem Sterbebett nahm er das Abendmahl in beiderlei Gestalt.

Lit.: I. Ludolphy: Friedrich der Weise, 1984.

M. Brecht

Friedrich II., der Große (1712-1786)

Kein anderer preußischer König hat so widersprüchliche Deutungen erfahren wie Friedrich II., geb. am 24. 1. 1712 in Berlin, gest. am 17. 8. 1786 in Potsdam. Für die Entwicklung seiner Persönlichkeit ist die Auseinandersetzung mit seinem Vater → Friedrich Wilhelm I. von entscheidender Bedeutung gewesen. Äußerlich hat er dessen Werk vollendet. Preußen wurde nach drei Schlesischen Kriegen zur fünften europ. Großmacht. Mit der Eroberung Schlesiens erhielt Preußen dazu die bevölkerungsmäßige und wirtschaftl. Voraussetzung. In seiner Weltanschauung unterschied sich F. allerdings diametral von seinem Vater. Er war fasziniert von den Ideen der franz. → Aufklärung und wollte diese während seiner Regierung in die Praxis umsetzen. Dazu gehörte die Schaffung eines einheitlichen Rechts für alle Staatsbürger. Es wurde im »Allgemeinen Landrecht für die preußischen Staaten« posthum 1794 erlassen. Der König durfte selbst nicht mehr in das Rechtsverfahren eingreifen.

F. war → Freidenker, darum war die Durchsetzung des Toleranzgedankens in Preußen folgerichtig. Der König war in seinem Denken und Handeln der antiken → Stoa verpflichtet. In verzweifelter Kriegslage schrieb er 1760 an seinen Freund: »Es ist nicht wichtig, daß ich lebe, wohl aber, daß ich meine Pflicht tue.« Als erster Diener des Staates hatte er immer auf Posten zu sein. Entsprechend ruhte der Staat auf dem Ehrbegriff des Offiziers und der unbestechlichen Moral des preußischen Beamten. Das Preußische dieser Gesinnung setzte sich in ganz Preußen und langsam auch darüber hinaus im Deutschen Reich durch. Dabei herrschte F. absolut. Er sorgte für das Volk – ohne das Volk. Die Ruhmsucht des jüngeren F. wich im Alter dem Pessimismus, der Menschenverachtung und Skepsis. Windspiele wurden zu seinen besten Freunden, mit denen zusammen er auch beigesetzt werden wollte. F. der Große – erstmals gab man ihm diesen Beinamen nach seiner Rückkehr aus dem zweiten Schlesischen Krieg nach Berlin – vereinigte in seiner Persönlichkeit nicht nur widerstrebende Tendenzen, er war genial. Die phil. Tafelrunde von Sanssouci, bei der zeitweise → Voltaire zu Gast war, ist dafür ebenso ein Indiz wie F.s geschichtl., polit. und phil. Werke. Er war Dichter und hat auch komponiert. Schloß Sanssouci ist nach seinen eigenen Vorstellungen erbaut worden. Mit F. kam der Aufstieg Preußens zu einem vorläufigen Abschluß. Die »Gefahr des Untergangs«, 1740 erstmals heraufbeschworen, gehörte seitdem zur Problematik Preußens. Es zeigte sich nur eine Generation später, daß F. Preußen überanstrengt hatte. Seine Ressourcen reichten nicht aus, die gewonnene Großmachtstellung auf Dauer zu halten.

Lit.: Friedrich der Große: Mein lieber Marquis! Sein Briefwechsel mit Jean-Baptiste d'Argens während des Siebenjährigen Krieges, 1985; L. Reiners: Friedrich. Das Leben, 1952; H.-J. Schoeps: Preußen. Geschichte eines Staates, [6]1967, 62ff.

P. Zimmerling

Friedrich Wilhelm, der Große Kurfürst (1620-1688)

F.W., geb. am 16. 2. 1620 in Berlin, gest. am 9. 5. 1688 in Potsdam, begründete die Entwicklung Brandenburg-Preußens zur europ. Großmacht. 1640, mitten im → Dreißigjährigen Krieg zur Herrschaft gelangt, erlebte er, wie das Reich und auch Brandenburg-Preußen wehrlos dem Zugriff fremder Mächte ausgeliefert waren. Dazu trug das Fehlen natürlicher Grenzen, vor allem aber eines schlagkräftigen Heeres bei. Der Große Kurfürst baute eine gut organisierte Armee auf, mit der er die militärischen Traditionen Preußens begründete. Als absolutistischer Herrscher betrieb er eine höchst bewegliche Politik mit ständig wechselnden Koalitionen. Seine Devise war ein Wort Senecas: die Notwendigkeit bricht jedes Gesetz. Der Adel wurde zum Staatsdienst und zum Dienst in der Armee herangezogen. Damit war die Voraussetzung für den künftigen preußischen Rechts- und Militärstaat geschaffen.

Trotz seines Sieges bei Fehrbellin 1675 über die Schweden, den er dem Willen Gottes zuschrieb, war er ein friedliebender Monarch. In seinem Politischen Testament von 1667 forderte er seinen Nachfolger zu einer friedliebenden Außenpolitik auf, ohne prinzipiell auf militärische Machtausübung zu verzichten. Neben → Hugenotten, Juden, → Waldensern, Mennoniten nahm er die Salzburger in seinem Land auf. Dazu bewogen ihn neben polit. und wirtschaftl. Erwägungen vor allem rel. Motive. Als calvinist. Herrscher in einem luth. Land strebte er nach Konfessionsfrieden und Auflockerung konfessionalistischer Denkweise, sorgte allerdings auch für die Verbannung Paul Gerhardts von Berlin in den Spreewald.

Lit.: L. Hüttel: Friedrich Wilhelm von Brandenburg, der Große Kurfürst, 1981; H.-J. Schoeps: Preußen. Geschichte eines Staates, [6]1967, 31ff.

P. Zimmerling

Friedrich Wilhelm I. (1688-1740)

F.W. I., geb. am 14. 8. 1688 in Berlin-Kölln, gest. am 31. 5. 1740 in Potsdam, ist »die widersprüchlichste, die originellste, die verblüffendste Figur der preußischen Geschichte« (Venohr). Man hat ihn auch den Pietisten auf Preußens Königsthron genannt. Im Vergleich zur Verschwendungssucht seines Vaters hat er die sparsamste Hofführung gepflegt, die sich in dieser Zeit denken läßt.

Der → Pietismus, zunächst hallischer, später herrnhutischer Prägung, hat mit zur Entstehung eines Beamtenstandes geführt, dessen Arbeitsgesinnung ethisch-rel. begründet war. Auch im Adel wirkte sich diese Gesinnung aus. Neben dem Pietismus wurzelt das Preußentum, wie es unter dem »Soldatenkönig« Gestalt gewann, im Calvinismus des Herrscherhauses und in aus Holland stammenden neu-stoischen Gedanken. F.W. I. hat immer wieder mit dem Gedanken gespielt, abzutreten und in Holland als normaler Bürger zu leben. Er verstand sich als »erster Diener des Königs von Preußen«. Seine Devise war ein tätiges Christentum, das ihn zu »Preußens größtem inneren König« (Th. von Schöns) werden ließ. Er herrschte uneingeschränkt, fühlte sich jedoch gegenüber Gott und dem Recht verantwortlich. Preußen wurde unter ihm zum bestorganisierten Staat Europas mit der viertstärksten Armee. Aus christl.-moralischen Bedenken heraus verzichtete er jedoch auf Machtgebrauch und Machtentfaltung. Seinen Sohn, den späteren → Friedrich II., versuchte er – erfolglos – zum eigenen Glauben zu zwingen.

Lit.: J. Klepper: In tormentis pinxit. Bilder und Briefe des Soldatenkönigs, 1959²; ders.: Der König und die Stillen im Lande, ⁴1962; ders.: Der Vater. Roman eines Königs, 1991; H.-J. Schoeps: Preußen. Geschichte eines Staates, ⁶1967, 47ff.

P. Zimmerling

Friedrich Wilhelm III. (1770-1840)

F.W., geb. am 3. 8. 1770 in Potsdam, gest. am 7. 6. 1840 in Berlin: Die Regierung F.W.s III. (1797-1840) ist reich an einschneidenden Veränderungen: 1806 wurde Preußen bei Jena und Auerstedt von Napoleon vernichtend geschlagen. Im Frieden von Tilsit verlor Preußen seinen westelbischen Besitz. Man war auf den Lorbeeren → Friedrichs des Großen eingeschlafen (Königin Luise). 1806-1813 erlebte es durch die Reformen von Stein und Hardenberg eine innere Wiedergeburt. F.W. III. dachte und lebte im Gegensatz zu seinem Vater → Friedrich Wilhelm II. haushälterisch-sparsam. Seine Lebensanschauung war bürgerlich-schlicht: Er hielt auf Pflichtbewußtsein, Zuverlässigkeit und Pünktlichkeit. Zusammen mit seiner Frau Luise wurde er darin für die preußische Gesellschaft vorbildhaft.

Persönlich unentschlossen, ließ er sich nach 1806 von der Notwendigkeit tiefgreifender Veränderungen überzeugen: die Leibeigenschaft wurde abgeschafft, die Judenemanzipation durchgeführt, selbständige Ministerien eingerichtet, städtische und ländliche Selbstverwaltung ermöglicht – Voraussetzungen, um die napoleonische Besetzung zu überwinden. Dazu kam eine von Wilhelm von Humboldt geprägte neue Universitätsidee. Sie sollte eine aus dem Idealismus gespeiste, den ganzen Menschen umfassende → Bildung ermöglichen. Durch Neugründung oder Verlegung entstanden die Universitäten von Berlin (1810), Breslau (1812), Bonn (1818). Am Ende der Befreiungskriege gegen Napoleon stand 1815 der Wiener Kongreß mit der Gründung des Deutschen Bundes und der »Heiligen Allianz«. Preußen wurde durch Gewinne im Westen des Reiches endgültig zur Vormacht im nord- und ostdeutschen Raum.

Die Zeit nach 1815 stand im Zeichen der Reaktion und des Kampfes um eine Verfassung. F.W. III. war persönlich fromm. Darum war er der Heiligen Allianz beigetreten, die die Religion, den Frieden und die Gerechtigkeit schützen sollte. Deshalb brachte er eine Kirchenunion auf den Weg, durch die die preußische ev. Kirche zur größten ev. Kirche der Welt werden sollte.

Lit.: H.-J. Schoeps: Preußen. Geschichte eines Staates, ⁶1967, 106ff; T. Stamm-Kuhlmann: König in Preußens großer Zeit. Friedrich Wilhelm III., der Melancholiker auf dem Thron, o.J.

P. Zimmerling

Friedrich Wilhelm IV. (1795-1861)

F.W. IV., geb. am 15. 10. 1795 in Berlin, gest. am 2. 1. 1861 in Potsdam, der Romantiker auf Preußens Königsthron (1840-1861), muß von der preußischen → Erweckungsbewegung her verstanden werden. Wie deren Anhänger war F.W.IV. nicht nur persönlich fromm, sondern bemühte sich um den Aufbau des Reiches Gottes in der Welt. Zusammen mit seinem engeren Freundeskreis, dem »anderen Preußen« (Schoeps), stand für ihn die Kirche sogar über dem Staat. Die Bibel war ihm persönliche Kraftquelle und Anleitung für das praktische Handeln. Die romantische Beeinflussung seiner Frömmigkeit zeigte sich z.B. darin, daß er begann, öffentliche Reden zu halten. F.W.IV. verstand sich als König von Gottes Gnaden und erwartete darum von Gott besondere Ausrüstung für seine Aufgaben. Da er sich zum patriarchalischen Regiment bekannte, lehnte er jede Verfassung ab, die sich seiner Meinung nach zwischen ihn und sein Volk stellen würde. Eine episkopale Erneuerung der preußischen Kirche konnte er nicht durchsetzen. Dafür hat er später Unternehmungen der → Inneren Mission und den Neubau von Kirchen gefördert. Auf seine Anregung geht die Errichtung eines luth.-anglik. Bistums von Jerusalem zurück. Die Revolution von 1848 brachte endgültig zum Vorschein, daß sich F.W.s IV. Staatsideen überlebt hatten. In der Folge ging man von der Ideen- zur Realpolitik über. Dadurch, daß der König jedes Machtstaatsdenken ablehnte, hat er für Preußen sowohl bei Olmütz wie auch im Krimkrieg den Frieden bewahrt.

Lit.: W. Bußmann: Zwischen Preußen und Deutschland. Friedrich Wilhelm IV., 1990; H.-J. Schoeps: Preußen. Geschichte eines Staates, [6]1967, 187ff.

P. Zimmerling

Fries, Jakob Friedrich (1771-1843)

F. wurde geboren am 21. 8. 1771 in Barby, er starb am 10. 8. 1843 in Jena. Er entstammt der Herrnhuter Brüdergemeine und besuchte deren Schulen in Niesky (gemeinsam mit → Schleiermacher) und in Barby, wandte sich dann der Philosophie zu (→ Kant, → Jacobi), was die Trennung von der Brüdergemeine zur Folge hatte. Es folgten 1796 Studium in Leipzig, 1797 in Jena, und 1800 Promotion, anschließend Habilitation in Jena, wo F. 1805 ao. Prof. für Philosophie wurde. 1812 wurde er o. Prof. für Philosophie und Physik in Heidelberg, Freundschaft entstand mit dem Theologen W. → de Wette. 1816 wurde F. wieder nach Jena berufen. Mit Kant lehnte er die phil. Metaphysik ab: Wissen und Glauben sind unterschiedliche Bereiche des Bewußtseins. Das Wissen bezieht sich auf das Endliche, auf die Welt, der Glaube bezieht sich auf das Ewige. Das Innewerden des Ewigen im Glauben, als Religion verstanden, gründet in der ästhetischen Wahrnehmung und im Gefühl (ähnlich dem, was Schleiermacher mit Anschauung und Gefühl des Unendlichen beschreibt), dazu kommt die »Ahnung«, die ein eigentlich rel. Sinn für die Gegenwart des Ewigen ist. Im Zusammenhang mit dem rel. Bewußtsein steht auch die Sittlichkeit, die Tugend. Wie der Mensch sich über die »Ahnung« hinaus die Gottheit vorstellt, ist immer nur Symbol, denn das letzte Geheimnis des Ewigen bleibt dem menschlichen Geiste verborgen.

F.' Religionsphilosophie zeigt deutlich den Einfluß der deutschen Romantik, insofern diese sich vom einseitigen Vernunftbegriff der → Aufklärung abkehrte und die menschliche Innenwelt, d.h. das → Gefühl, die Phantasie, die Intuition, bis zu Magie und zum Okkulten als eigene Bereiche des Bewußtseins entdeckte. F. übte einen starken Einfluß auf die Theologie aus. Besonders nahe stand ihm de Wette. Aber auch bei → Biedermann ist seine Wirkung noch spürbar.

F. befaßte sich auch mit rechts- und staatsphil. Problemen. Er setzte sich für bürgerliche Freiheit und für eine freiheitliche Verfassung ein. Wegen seiner polit. Ansichten mußte er seine phil. Vorlesungen einstellen bzw. auf Lesungen privatim beschränken, erhielt aber die Professur für Physik und konnte ungehindert phil. Schriften veröffentlichen. Die ihm auferlegten Beschränkungen waren auf preußischen und österreichischen Druck hin erfolgt.

Lit.: Neue oder anthropologische Kritik der Vernunft, 1807, [2]1830; System der Logik, 1811; Von deutscher Art, Philosophie und Kunst, 1812 (eine Stellungnahme für Jacobi in dessen Streit mit Schelling); Julius und Evagoras (1844, 1822); Vom deutschen Bund und deutscher Staatsverfassung, 1817; Handbuch der praktischen Philosophie 1818, 2. Band mit der Religionsphilosophie 1832; Handbuch der psychischen Anthropologie, 2 Bde. 1820/21; System der Metaphysik, 1824; Geschichte der Philosophie, 2 Bde. 1837/40; Politik (posthum 1848).

J. Hasenfuss: Die Religionsphilosophie bei J.F. Fries, 1937; M. Hasselblarr: J.F. Fries, 1922; R. Otto: Kantisch-Friessche Religionsphilosophie, 1909.

F. Flückiger

Friesen → Germanen, Christianisierung der

Fröbel, Friedrich (1782-1852)

F., geb. am 21. 4. 1782 in Oberweißbach (Thüringen), gest. am 21. 6. 1852 in Marienthal (Thüringen), Pädagoge und Begründer des Kindergartens. Nach landwirtschaftl., forstwirtschaftl. und natur-

wissenschaftl. Ausbildung kam er als Lehrer und Erzieher (1806-1811) in Kontakt mit J.H. → Pestalozzi und dessen Erziehungsideen. 1816 gründete F. eine Erziehungsanstalt bei Stadtilm, ab 1817 in Keilhau bei Rudolfstadt. Von 1831-1837 lebte F. in der Schweiz, wo er neue Anstalten ins Leben rief. Zurück in Blankenburg hielt F. seit 1839 Kurse für Kinderpflegerinnen und gründete am 28.6.1840 den ersten »Allgemeinen deutschen Kindergarten«, dem weitere folgten. Nachdem das preußische Kultusministerium am 7.8.1851 das »Kindergartenverbot« wegen angeblicher »destruktiver Tendenzen auf dem Gebiet der Religion und Politik« erließ, war die Kindergartenbewegung bis zur Wiederzulassung 1860 lahmgelegt.

F.s Hauptwerk »Die Menschenerziehung« (1826) enthält eine Fülle psych. Beobachtungen und geniale pädagog. Ideen. Er wollte die pädagog. Grundlage für eine neue Epoche der Menschheitsentwicklung legen, in der jeder Mensch selbständig zu den Höhen des reinen Menschentums gelangen kann. Zu diesem Zweck muß die → Erziehung bereits im Vorschulalter beginnen, ohne daß die Familie dabei überflüssig würde; im Gegenteil, sie soll dadurch zu ihrer eigentlichen pädagog. Bestimmung gelangen. Obwohl F. seine Erziehung betont im Sinne der »christlichen Religion« verstand, stand er einem phil. Panentheismus nahe.

Lit.: E.v. Hoffmann (Hg.): Friedrich Fröbel, Ausgewählte Schriften (5 Bde.), [4]1984ff.

H. Heiland: Literatur und Trends in der Fröbelforschung (mit vollständiger Bibliographie zu F.s Lit.), 1972; ders.: Fröbel und die Nachwelt, 1982; ders.: Friedrich Fröbel, 1982; ders.: Die Pädagogik Friedrich Fröbels. Aufsätze zur Fröbelforschung 1969-1989, 1989.

V. Gäckle

Frommel, Emil (1828-1896)

F., geb. am 5. 1. 1828 in Karlsruhe, gest. am 9. 11. 1896 in Plön, war einer der im besten Sinne volkstümlichen und mit Recht beliebten Prediger des 19. Jh.s.

Nach Jahren des Ringens und der Kritik wurde er in Erlangen (→ Erlanger Theologie) unter dem Einfluß J. C. K. von → Hofmanns und eines baltischen Kommilitonen ein bibelgläubiger, weitherziger luth. Christ. 1850-1864 steht er im badischen Kirchendienst (im Anfang einer kurzen Zeit als Vikar bei → Henhöfer). Nach sechs weiteren Jahren in Barmen war F. 1870-1896 erst Garnisons-, ab 1872 einer der Hofprediger in Berlin, mit engen seelsorgerl. Beziehungen zum Kaiserhaus. Er genoß ein hohes Ansehen bei allen gesellschaftl. Schichten, so daß ihn Kaiser Wilhelm I. ebenso wie Wilhelm II. zum geistl. Berater wählte.

Lit.: Gesammelte Schriften, 11 Bde. 1873-97.

A. Katterfeld: Emil Frommel. Blicke in sein Leben, [2]1952; V. Besau: E. Frommel. Dienst und Freiheit, 1990.

E. Mülhaupt

Frömmigkeit

»Fromm« ist eigentlich gar kein rel. Begriff. Er stammt aus einer alten Wortfamilie, zu der auch das lat. *primus* und das deutsche *Fürst* gehören. »Fromm« bedeutet, dem Wortlaut folgend (*primus* »der Erste«; »Fürst« kommt von »fördern«) zunächst »förderlich«, »tapfer«. Auf Personen bezogen bedeutet »fromm« soviel wie »rechtschaffen«, »tüchtig«.

Erst Luthers Bibelübersetzung hat den Anstoß gegeben, das Wort »fromm« auch auf den rel. Bereich zu übertragen. Aber auch Luther hat am Ursinn des Wortes festgehalten, so z.B. in Lk 2, 25: Simeon wird hier als fromm und gottesfürchtig beschrieben; gemeint ist damit, daß er rechtschaffen (im Griech.: »gerecht«) war.

Diese mehr das sittliche Verhalten beschreibende Deutung des Wortes »fromm« hat sich auch später noch behauptet, so z.B. bei F. Schiller (aus Wilhelm Tell): »Es kann der Frömmste nicht im Frieden bleiben, wenn es dem bösen Nachbarn nicht gefällt.«

F. wurde dann von der Theologie beschlagnahmt, als F. D. E. → Schleiermacher zu Beginn des 19. Jh.s dem Gefühlsleben des rel. Menschen besondere Aufmerksamkeit widmete: »Die Frömmigkeit, welche die Basis aller kirchlichen Gemeinschaft ausmacht, ist, rein für sich betrachtet, weder ein Wissen noch ein Tun, sondern eine Bestimmtheit des Gefühls.« F. und Gefühl werden eng miteinander verzahnt. Schleiermacher kann vom frommen Selbstbewußtsein sprechen und setzt damit den Begriff der F. mit dem der Religion gleich. F. ist der Zustand des Ausgerichtetseins auf Gott – so ließe sich in der Sprache der damaligen Zeit die neue Deutung des Wortes beschreiben. Mit aller Schärfe ist dann K. → Barth gegen diese rel. Deutung zu Felde gezogen. Überhaupt hat er jedes Reden von Gefühl, Religion und F. strikt abgelehnt: »Gott im Sinne des christlichen Glaubens befindet sich nicht in der Reihe der Götter. Er befindet sich nicht in dem Pantheon menschlicher Frömmigkeit und religiöser Erfindungskunst.«

Frömmelei mag die weltliche Begleitmusik dieser theol. Kritik sein. Bis vor kurzem war der Begriff »Frömmigkeit« fast verpönt. Eher abfällig wurde (und wird manchmal immer noch) bestimmtes christl. Verhalten als »Frömmelei« oder »scheinfromm« bezeichnet. Auch Christen tun sich mit dem Wort schwer. Fromm möchte kaum einer sein, weil er dahinter muffige Enge riecht: »Allzusehr scheint uns dieses Wort besetzt mit weltabgewandter Innerlichkeit, weltunfähiger Kirchlichkeit und ähnlichem. Es läßt an Lebensformen denken, die aus einer vorindustriellen Welt stammen und die im heutigen Leben keinen Platz mehr haben« (Evangelischer Erwachsenenkatechismus).

Fromm sein möchte also kaum einer, und trotzdem hat sich das Wort in jüngster Zeit in einer Weise wieder durchgesetzt, wie das noch vor zehn Jahren niemand vermutet hätte. Landeskirchen und Kirchengemeinden entdecken die Sache der F. neu, aber auch die theol. Fakultäten wenden dem Thema neue Aufmerksamkeit zu. So hat der verstorbene Hamburger Bischof H.O. Wölber formuliert: »Frömmigkeit bedeutet die Wendung weg von der Sklaverei des Sachweltdenkens hin zum Wagnis der Subjektivität zur Selbsterfahrung. Und darum will Frömmigkeit bekennen durch Erleben, Empfinden, Erfahren, Betroffensein. Aus ihrer ungerechten Abdrängung werden diejenigen Lebenswirklichkeiten wieder hervorgeholt, in denen jeder von uns unvertretbar ist, seine Entscheidungen, seine Gefühle, seine Liebe.« Also doch zurück zu Schleiermacher? In einer Weise ja: F. und Gefühlswelt werden wieder stärker aufeinander bezogen. Damit bekommt das Stichwort F. aber heute nicht das theol. Schwergewicht wie bei Schleiermacher. Vielmehr geht es um Formen gelebten Glaubens, um die Gestaltung der F., um das »Fromm-Sein«.

Darum schließt der Evangelische Erwachsenenkatechismus (1975) auch mit dem Abschnitt über »Grundformen der Frömmigkeit«. So wird das Wort F. im Sinne von »fromm sein« neu und bewußt gebraucht. Unter diesem Aspekt wird heute wieder nachgedacht über das große F.s-erbe unserer Kirche (Meditation, Ordensgemeinschaften, Mönchtum, Gestaltungsreichtum der Ostkirche etc.). Das Gebet und die Arbeit mit der Bibel (»Jahr mit der Bibel« 1992) rücken wieder stärker ins Blickfeld. So bekommt die F. eine praktisch-geistl. Bedeutung. F. ist kein strenger theol. Hauptbegriff mehr, aber Theologie lehnt F. auch nicht mehr rigoros ab: »Beide Weisen bedürfen einander. Die Theologie ist das Gewissen der Frömmigkeit, und die Frömmigkeit ist das Gewissen der Theologie« (Evangelischer Erwachsenenkatechismus).

Und: Damit werden endlich auch in jüngster Zeit die großen Zeugnisse zum Thema F. im NT, die beiden Timotheus-Briefe des Apostels Paulus, wiederentdeckt und als wegweisend für die christl. Nachfolge neu erschlossen.

Lit.: G. Ruhbach: Theologie und Spiritualität, 1987; Evangelische Spiritualität. Überlegungen und Anstöße zur Neuorientierung, vorgelegt von einer Arbeitsgruppe der Evangelischen Kirche in Deutschland, 1979.

H. Bärend

Fronleichnam

Am Donnerstag der zweiten Woche nach → Pfingsten (wo dieser nicht Feiertag ist, am Sonntag darauf) begeht die kath. Kirche das Hochfest des Leibes und Blutes Christi (F. von *vron* oder *fron*, »Herr«, und *lichnam*, »lebendiger Leib«). Die Texte der Festmesse umkreisen das Geheimnis der Eucharistie; sie ziehen zu ihrer Deutung die Berichte über die Einsetzung des Abendmahls (Mk 14,12-16; 1Kor 11,23-26), die johanneische Brotrede (Joh 6,51-58), die Erzählung von der Speisung der Fünftausend (Lk 9,11b-17) und atl. Überlieferungen (1Mo 14,18-20; 2Mo 24,3-8; 5Mo 8,2-3.14b-16a) heran. Der Messe folgt die Prozession, der das Fest seine besondere Volkstümlichkeit verdankt: Man zieht mit dem Sakrament zu vier Stationsaltären, wo jeweils die Anfänge der vier Evv. gelesen werden, gefolgt von Fürbitten und dem sakramentalen Segen. Die Prozession kehrt zur Kirche zurück, wo der Priester das Volk abschließend mit dem Sakrament segnet. Sonderformen sind Schiffsprozessionen auf Seen und Flüssen.

F. gehört zur Gruppe der Ideenfeste, die jeweils bestimmte Themen der christl. Lehre und Frömmigkeit aufgreifen; seine Entstehung hängt mit der Herausbildung einer am Anschauen und an der Verehrung des Sakraments interessierten Frömmigkeit sowie mit der Lehre von der Wesensverwandlung (Transsubstantiation) der Abendmahlselemente zusammen, die 1215 vom IV. Laterankonzil zum Dogma erhoben wurde. Eine Vision der Augustinernonne Juliane von Lüttich im Jahre 1209 (eine Vollmondscheibe mit einer dunklen Stelle) wurde als Hinweis auf die Notwendigkeit eines besonderen Festes zu Ehren der Eucharistie gedeutet. Das Fest wurde zuerst 1247 in Lüttich eingeführt, 1264 von Urban IV. für die Gesamtkirche vorgeschrieben und 1317 von Johannes XXII. bestätigt. Die Texte für Messe und Stundengebet an F. soll Thomas von Aquin (1225-1274) verfaßt haben. Die Prozession, kein ursprünglicher Bestandteil des Festes, breitete sich im 14. Jh. aus und verband sich in Deutschland im 15. Jh. mit den hier üblichen Flurumgängen, bei denen ein bestimmtes Gebiet umschritten, an den vier Himmelsrichtungen haltgemacht, der Wettersegen gespendet und zu dessen Bekräftigung jeweils ein Evangelienanfang gelesen wurde. Der prunkvolle Umzug unter Mitführung von Fahnen, Bildern und Reliquien gewann seit der Zeit der → Gegenreformation den Charakter kämpferischer Demonstration kath. Frömmigkeit.

Lit.: P. Browe: Die Verehrung der Eucharistie im Mittelalter, 1933; A. Häußling: Leitideen für Fronleichnam heute, Gottesdienst 3 (1969), 78f.

K.-H. Bieritz

Frühjudentum → Israel (biblisch)

Frühkatholizismus

Oft im gleichen Sinne wie »frühkatholisch« wird »nachapostolisch« bzw. »altkatholisch« oder »vorkatholisch«. gebraucht. F. ist als prot. Kampfbegriff gegen die Entwicklung des Katholizismus im 19. Jh., zunächst in der kirchengeschichtl. (Ritschl, Harnack, Troeltsch), dann ntl. (Käsemann, Schulz, Luz) Forschung aufgenommen, die die Kontinuität reformat. Theologie mit dem Urchristentum erweisen wollte. F. meinte hier die Entfremdung der Kirche und ihrer Theologie von den Ursprüngen, wie sie im 2. Jh. bei den »frühkatholischen Vätern« – z.B. → Irenäus, → Clemens von Alexandrien u.a. – begonnen hat, meint die »Verchristlichung des antiken Denkens«, die »Hellenisierung des Christentums« (A. von Harnack). Die kath. Theologie (Neufeld, Wagner, Schürmann u.a.) hat dagegen den Zusammenhang zwischen Urchristentum, gesamter → Alter Kirche bis in die kath. Kirche und Theologie der Gegenwart hinein zu erheben versucht. Alles in allem ist die Diskussion um den F. eine spitzfindig und gelehrt geführte, aber letzthin unhist. und ökumen. unfruchtbare Streitfrage.

Lit.: U. Luz: »Erwägungen zur Entstehung des Frühkatholizismus«, ZNW 65, 1974, 88-111; K.H. Neufeld: »Frühkatholizismus. Idee und Begriff«, ZKTh 94, 1972, 1-28; J. Rogge, G. Schille (Hg.): Frühkatholizismus im ökumenischen Gespräch, 1981; H. Wagner: An den Ursprüngen des frühkatholischen Problems. Die Ortsbestimmung des Katholizismus im älteren Luthertum, 1973.

G. Ruhbach

Fuchs, Ernst → Existentiale Interpretation

Führung → Geistesleitung

Fulgentius von Ruspe (ca. 467-531)

F., geb. ca. 467 in Telepte/Nordafrika, gest. am 1. 1. 531 in Ruspe, war ein gebildeter Theologe, zunächst Mönch und Asket, seit 507 Bischof von Ruspe in Nordafrika, von 508-515 und 517-523 nach Sardinien verbannt, vielleicht der bedeutendste lat. sprechende kath. Theologe der zweiten Hälfte des fünften Jh.s. Er war wirkungsvoller Bekämpfer des → Arianismus und → Pelagianismus, Vertreter der augustinischen Theologie. Seine Biographie wurde kurz nach seinem Tod von seinem Schüler Ferrandus abgefaßt. Außer den antiarianischen und antipelagianischen Schriften sind Briefe, Predigten und einige andere Abhandlungen überliefert.

Lit.: J.H. Collins: »Fulgentius«, TRE 11, 723-727; H.J. Diesner: Fulgentius von Ruspe als Theologe und Kirchenpolitiker, 1966.

G. Ruhbach

Funcke, Otto (1836-1910)

F., geb. am 9. 3. 1836 in Wülfrath, gest. am 26. 12. 1910 in Bremen; ev. Pfarrer, Schriftsteller.

Vom heimischen niederrheinischen → Pietismus, dann als Theologiestudent (Halle, Tübingen, Bonn) vor allem durch J.T. → Beck geprägt, diente er nach kurzer Hilfspredigerzeit in Wülfrath und Wuppertal von 1862-68 als Pfarrer in Holpe (im Oberbergischen). In diese Zeit fielen schwere Prüfungen durch den Tod seiner ersten (1863) und zweiten Frau (1867), die jeweils nach ein bzw. zwei Jahren Ehe verstarben und je ein Kind hinterließen. Seit 1868 bis zu seiner Emeritierung 1903 war er als Inspektor der → Inneren Mission und Pfarrer einer von ihm gegründeten Vorstadtgemeinde in Bremen tätig. Als Seelsorger und fruchtbarer Schriftsteller achtete er besonders auf die »Fußspuren des lebendigen Gottes, in meinem Leben« (Autobiographie), die er in volkstümlich origineller Weise praktisch und lebensnah darzustellen verstand. An dogmat. Fragen wenig interessiert, wollte er durch »Jesus allein« eigene und fremde »Zweifel zu bezweifeln« (Beck) suchen und lehren, »wie man glücklich wird und glücklich macht«.

Lit.: O. Funcke: Fußspuren Gottes in meinem Leben. Gekürzte und überarbeitete Ausgabe, ²1986; A. Pagel: Otto Funcke. Ein echter Mensch - ein ganzer Christ, ³1962.

G. Balders

Fundamentalismus

1. Geschichte

Als F. bezeichnet man zunächst eine apologet. Bibelbewegung in Amerika, die am Anfang des 20. Jh.s gegen die Auswirkungen des Liberalismus in Staat und Kirche vorging. Erweckungs- und Heiligungsbewegung, presbyterianische »Tatsachentheologie« und der aus der Brüderbewegung stammende → Dispensationalismus verbanden sich zu einer schlagkräftigen Abwehrbewegung, die insbesondere innerhalb des Baptismus und der presbyterianischen Kirchen einen Kampf um die Besetzung von kirchl. Schlüsselpositionen führte.

Die 1910-15 erschienenen zwölf Bände der »Fundamentals« dienten als literarisches Manifest der neuen Bewegung. Dabei stand die Abwehr des Liberalismus und Modernismus im Vordergrund der Beiträge von populären Theologen und Predigern aus England und Amerika (z.B. Warfield, Torrey, Orr, Weight u. a.). Die 1919 unter W.B. Riley gegründete »World Christian Fundamental Association« und die Anti-Evolutions-Kampagnen von W.J. Bryan machten den amerikanischen F. auch über die nationalen Grenzen hinaus bekannt. Die Kreationisten verloren 1925 ihr Ansehen durch den »Scopes-Prozeß« - ein juristisches und journalistisches Spektakel um den gesellschaftlichen Einfluß im Lande.

Der F. wurde nach 1925 separatistisch: seine Anhänger zogen sich aus den Denominationen zurück und gründeten eigene Kirchen und theol. Seminare. Militante Kreise um Carl McIntire sprachen sich gegen die Ökumen. Bewegung und die offene Haltung der evangelikalen Kreise aus. Diese wiederum gründeten 1942 die »National Association of Evangelicals«, um sich von der kämpferischen Art des neuen F. zu distanzieren. Aber auch den Separatisten blieben weitere Spaltungen nicht erspart: in Amerika unterscheidet man heute zwischen den militanten (McIntire) und den offenen (Falwell) Fundamentalisten. Durch die starke Zunahme von apokalyptischen Bewegungen (Dispensationalismus) in Amerika und das Einsetzen modernster Telekommunikation nahm die Anhängerschaft der Fundamentalisten in den 70er und 80er Jahren wieder stark zu. Der offene F. nimmt zudem Einfluß auf das polit. und gesellschaftl. Leben der Nation.

In Deutschland gab es schon im 19. Jahrhundert eine breite Abwehr gegen den Rationalismus und Liberalismus in der Theologie. Der konfessionelle Zweig des Luthertums (z.B. E.W. Hengstenberg) und Kreise der → Erweckungsbewegung (z. B. G. Menken) wandten sich gegen die glaubenszersetzenden Methoden einer kritischen Exegese. Aber erst im luth. »→ Bibelbund«, dessen Mitglieder an der Irrtumslosigkeit der Bibel festhalten, bekam diese Strömung 1894 eine organisatorische Größe. Gesinnungsgenossen in den verschiedenen Freikirchen wurden aus konfessionellen Gründen zunächst nicht als Bündnispartner akzeptiert, die → Gemeinschaftsbewegung rang zudem selber mit der Frage nach der Verbalinspiration (Lepsius-Streit). Erst die Auseinandersetzung um die → existentiale Interpretation Rudolf → Bultmanns in den 50er und 60er Jahren ließ die Rückbesinnung auf die Fundamente des Glaubens erwachen, wenn auch die dadurch entstandenen Bekenntnisbewegungen keinen Konsens über das Bibelverständnis fanden. Der Einfluß amerikanischer Fundamentalisten machte sich nach den Weltkriegen besonders in den Freikirchen, aber auch im »Bibelbund« bemerkbar. Zu separatistischen Tendenzen ist es aber in Deutschland nicht gekommen.

2. Lehre

Der F. beruft sich in seinem Selbstverständnis auf die Bibel als die irrtumslose Offenbarung Gottes, ohne an einer mechanischen Diktatinspiration festzuhalten. Die Bibel ist frei von Widersprüchen und Fehlern, glaubwürdig auch in naturkundlichen und geschichtl. Aussagen. In der Hermeneutik des F. wird eine wörtliche Auslegung der Schrift vorgezogen, jegliche Bibelkritik dagegen als unsachgemäß und glaubenszerstörend verworfen.

In der Darwinschen → Evolutionslehre sehen die Fundamentalisten einen massiven Angriff auf die christl. Gesellschaft und das bibl. Menschenbild. In ihren Auswirkungen zerstöre sie jegliche Ethik und führe zum brutalen Nützlichkeitsdenken. Auch würden neuere naturwissenschaftl. Entdeckungen und Forschungen gegen eine allmähliche Höherentwicklung und für eine junge Erde sprechen. Eine von Gott gelenkte Evolution der Materie und des Lebens wird als unbibl. abgelehnt.

Viele Fundamentalisten vertreten eine besondere Form des Chiliasmus, die mit dem baldigen Ende dieser Welt und mit der Wiederkunft Christi vor dem → Tausendjährigen Reich rechnet (Prämillenniarismus). Die Gemeinde Jesu habe sich wachsam bereit zu halten für Christi Ankunft, bevor die ganze Welt in einer siebenjährigen Trübsalszeit in ein Chaos stürzen wird (Vortrübsalsentrückung). Erst die Wiederkunft Christi in Macht und Herrlichkeit beende die Schreckensherrschaft Satans, der gegen das wiedererweckte Israel kämpfen wird. Im Tausendjährigen Reich regiere dann Christus in seinem Königreich bis zum letzten Gericht über Satan und die Ungläubigen. Gepaart mit dieser eschatologischen Schau steht die Anfälligkeit des F. für Weltverschwörungstheorien.

Der F. fordert die Trennung des Gläubigen von allem Sündigen in der Welt. Darüber hinaus wird von einigen Fundamentalisten auch die Absonderung von andersdenkenden Christen gefordert, die spezielle Erkenntnisse des F. nicht nachvollziehen können. Dabei tritt eine gewisse Gesetzlichkeit auf, die mit Militanz und Überheblichkeit gepaart sein kann.

3. Globaler Fundamentalismus

Der Begriff F. erhielt Anfang der 70er Jahre eine unsachgemäße rel. und polit. Ausweitung. Zunächst wurde er von Vertretern des »Kritischen Rationalismus« als Schlagwort für die Gegner ihres »Fallibilismus« gebraucht. Kurze Zeit später tauchte er erstmals für antiwestliche Bestrebungen im Islam auf, es folgte die Bezeichnung für reaktionäre Gruppen im Judentum. Auch die Bewegung um den abtrünnigen Erzbischof Lefèbvre wird mit diesem Wort kategorisiert. Später wurde der Begriff auf zivilisationskritische Denkformen innerhalb der grünen Bewegung angewandt und wurde zum allg. Schimpfwort für jeglichen Konservativismus.

Diese Begriffsausweitungen übersehen die Diskontinuität zwischen verschiedenen rel. und polit. Ansätzen. So spricht man im Falle des Islam besser von »Islamismus«, im Falle der kath. Kirche von »Traditionalismus«. Die gemeinsame Kategorisierung »Antimodernismus« greift ebenfalls zu kurz, da der prot. F. gerne auf modernste technische Hilfsmittel zur Ausbreitung seiner Botschaft zurückgreift.

Lit.: J. Barr: Fundamentalismus, 1981 (engl. 1977); S. Holthaus: Protestantischer Fundamentalismus in Deutschland, Diss. theol., Leuven, 1992; G. M. Marschen: Fundamentalism and American Culture, 1980; E. R. Sandeen: The Roots of Fundamentalism, 1970.

S. Holthaus

Fundamentaltheologie

F. ist als theol. Begriff in der ersten Hälfte des 19. Jh.s aufgetaucht. Er stammt als Begriff – nach G. Ebelings Nachweis – aus dem Kreis der Schleiermacher-Schule. Als theol. Disziplin ist die F. im Bereich der kath. Theologie vor allem gepflegt. Die kath. F. ist nach dem I. Vaticanum vor allem dem Leitsatz gewidmet: »Die richtig gebrauchte Vernunft beweist die Grundlagen des Glaubens« (*recta ratio fidei fundamenta demonstrat*). Die F. ist nahezu identisch mit der → Apologetik gebraucht und nimmt ihre Aufgaben wahr.

Im ev. Bereich ist die Apologetik wenig angesehen gewesen. Durch die Theologie K. → Barths ist die F. als natürliche Theologie in Verruf geraten. Seit dem Abklingen dieser Tendenzen wird die F. auch in der ev. Theologie wieder als Aufgabe erkannt. Die Arbeit von G. Ebeling von 1970 mit dem Titel »Erwägungen zu einer evangelischen Fundamentaltheologie« hat hier die ersten Schritte getan. Freilich ist die F. im ev. Bereich weniger apologetisch als vielmehr eine Erörterung der Grundlagen von christl. Theologie überhaupt. So versteht W. Joest, der die erste ev. F. schrieb, seine Aufgabe ebenfalls. Es handelt sich nach ihm »um die Besinnung auf Grund, Normen und Methode theologischer Aussagen« (S. 9), wenn F. geschieht.

Lit.: G. Ebeling: »Erwägungen zu einer evangelischen Fundamentaltheologie«, ZThK 67 (1970), 479-524; C. Geffré: »Die neuere Geschichte der Fundamentaltheologie«, Concilium 5 (1969), 518-429; W. Joest: Fundamentaltheologie, [2]1981; K. Lehmann: »Apologetik und Fundamentaltheologie«, Communio 7 (1978), 289-299; H. Petri: »Die Entdeckung der Fundamentaltheologie in der evangelischen Theologie«, Catholica 39 (1979), 241-261; H. Wagner: Einführung in die Fundamentaltheologie., 1981.

C.H. Ratschow

Fürbitte → Gebet

Furcht Gottes

Die F.G. gehört zu den Grunderfahrungen des Rel. schlechthin, wie es R. Otto als das »Moment des ›tremendum‹ (des Schauervollen)« beschrieben hat oder als »schlechthinnige Unnahbarkeit«, dem negativ Tabuierungen wie positiv rituelle Begehungen entsprechen. Bibl. gesehen ist das Gefälle vom AT zum NT unübersehbar. So erschrickt Israel vor Gottes Zorn und vor seiner Gegenwart (2Mo 20,18f; 1Sam 6,20). Entsprechendes gilt von den Berufungsgeschichten der Propheten (Jes 6,5; Hes 1,28). Daher lautet die Offenbarungsformel »Fürchte dich nicht!« (1Mo 15,1; 21,17; 26,24). Im Unterschied zu den Religionen stehen Israel aber nicht Götter, sondern der eine Gott gegenüber. Das Erschrecken vor Gott verwandelt sich aber auch in Scheu und Ehrfurcht, ja in Liebe vor dem Gott des Bundes, der Furcht und Liebe fordert (5Mo 10,12).

Dagegen spricht das NT generell relativ selten von der F.G. Mit der Furcht vor der Begegnung mit Gott verbindet sich die Freude (Lk 2,9), wie auch die Christusliebe die Furcht austreibt (1Joh 4,17f). Bezeichnend ist auch der Wechsel von der Genitiv- zur Akkusativkonstruktion, bezogen nicht auf irgend etwas, sondern auf den Gott, der Leib und Seele verderben kann, der aber zu seinen Bekennern steht (Mt 10,28ff par). Das vertrauensvolle Abba-Rufen (Röm 8,15), das ein gegenüber dem Judentum neues väterliches Vertrauen zu Gott ausdrückt, hebt die Mahnungen zu Furcht und Zittern beim Wirken des ewigen Heils (Phil 2,12; 1Petr 1,17ff) nicht auf. Genauso gehören Rechtfertigung durch den Glauben und das Gericht nach den Werken zusammen.

Der reformat. Durchbruch gewinnt die bibl. Grundkonstellation gegenüber der mittelalterl. Tradition zurück, wenn Luther den Zorn Gottes in der Anfechtung in einem Grade erfährt, der die prophetische und paulin. Gerichtsdimension existentiell zurückgewinnt. Die mittelalterl. Kiche hat demgegenüber von Augustin zu Thomas ein Verständnis der Gottesfurcht begründet, das sich in einem ausgewogenen System von Reue, Bekenntnis und Genugtuung bewegt (→ Buße, theologiegeschichtlich) und das im Zusammenhang mit dem Bußsakrament den Christen von der knechtischen zur kindlichen Furcht führt, die immer kräftiger wird. Die F.G. wird damit in ein bis heute tradiertes Erziehungssystem einbezogen. Der reformat. Angriff dagegen durchbricht die mittelalterl. Front an zwei Stellen, indem der Zorn Gottes einmal alle kirchl. Kanalisierungsmöglichkeiten zunichte macht, weil sie an der Wirklichkeit Gottes zerbrechen, und zum andern, weil die reformat. Rechtfertigungsgewißheit an die Stelle einer bleibenden letzten Heilsungewißheit tritt. Luthers Formel: »Von Gott zu Gott zu fliehen«, macht den Unterschied deutlich. Luther gelingt es auch, das Gemeinte in griffige Formeln umzusetzen wie in der Erklärung zum ersten Gebot im Kleinen Katechismus: »Wir sollen Gott über alle Dinge fürchten, lieben und vertrauen« entsprechend der Einleitungsformel zu den einzelnen Geboten: »Wir sollen Gott fürchten und lieben. . .«.

In dem Bußernst der → Erweckungsbewegungen lebt vieles aus dieser reformat. Tradition weiter, wird aber im weiteren Verlauf schon seit der → Aufklärung immer weiter durch eine bibl. unqualifizierte Rede von der Liebe Gottes, der alle Elemente der F.G. fehlen, verdrängt; die »teure Gnade« wird, mit D. → Bonhoeffer geredet, immer mehr zur »billigen Gnade«. Sobald aber der Horizont des Zornes und der F.G. ausgeblendet ist, wird aus dem → Evangelium eine christl. Weltanschauung.

Die heutige Gemeinde lebt in einer alles tolerierenden permissiven Gesellschaft, besonders seit der sog. zweiten Aufklärung der späten sechziger Jahre. Daraus folgt nicht nur eine allg. Orientierungslosigkeit, sondern auch unkontrollierte Aggressionen. Bestimmte Vorstufen artikulieren sich schon in einem existenzialistischen Atheismus, wie ihn J.P. Sartre etwa in »Die Fliegen« (1943) vertritt. Das erfolgreiche Theaterstück will die Menschheit, besonders in Krisenzeiten, von einer überholten Gottesfurcht befreien.

Dagegen gehören in einer bibl. Gotteserfahrung

Gottesfurcht und Gottesliebe unauflöslich zusammen. Sie verhindern zugleich das Abgleiten der bibl. Botschaft in ein allg. gesellschaftspolit. Engagement. Zugleich ist die christl. Gemeinde immer stärker dazu aufgerufen, der Manipulation des Lebens in → Euthanasie und → Abtreibung entgegenzutreten. Sie hat darum auch und gerade in der heutigen Gesellschaft unter Berufung auf das Liebesgebot aber genauso auch auf die Gottesfurcht für das Leben in der göttlichen Schöpfung einzutreten. Jedwede Gewissensschärfung geht daher mit einer neuen Bewußtmachung der F.G. einher. Anders läßt sich die von Christus geforderte »bessere Gerechtigkeit« (Mt 5,20) nicht realisieren. Die Wiedergewinnung der bibl. Dimension der F.G. gehört damit zu den besonderen Aufgaben heutiger Verkündigung, ohne die das → Evangelium nicht mehr Evangelium bleibt.

Lit.: U. Asendorf: Eschatologie bei Luther, 1967; D. Bonhoeffer: Nachfolge, 1937; W. Lütgert: Die Furcht Gottes, in: ders.: Natur und Geist Gottes, 1910, 70-91; R. Otto: Das Heilige. Über das Irrationale in der Idee des Göttlichen und sein Verhältnis zum Rationalen, 26-28 1947; C.H. Ratschow, J. Fichtner, H.J. Iwand: »Furcht Gottes«, RGG3 II, 1958, 1791-1798.

U. Asendorf

Fürsorge

Das Herz aller F. schlägt in der persönlichen Hilfe von Mensch zu Mensch. Je mehr eine Gesellschaft die Kompliziertheit und drohende Anonymität menschlicher Beziehungen erfährt, desto nötiger bleibt die personale Zuwendung. Sonst werden Hilfegewährung und -entgegennahme nicht selten kränkend im Sinne von krankmachend empfunden. Schon im Sprachgebrauch sind Begriffe zu vermeiden, die – früher einmal richtig – im Lauf der Jahre von Betroffenen als demütigend erlitten wurden. So ist aus der Armen-Hilfe die Fürsorge und schließlich aus der Fürsorge die Sozialhilfe (BSHG von 1961) geworden und bei manchem auch schon wieder suspekt.

Das bibl. Menschenbild geht von der Würde jedes Menschen aus, der als Gottes Geschöpf einen Anspruch auf Hilfe zum Leben hat, sofern er nicht kraft eigener Berufsarbeit oder im Familienverband ausreichend versorgt ist. Dabei genügt nicht die Sicherstellung eines nur physischen Existenzminimums (s. den Streit um den »Warenkorb«!). Ein moderner sozialer Rechtsstaat muß darüber hinaus dafür Sorge tragen, daß auch der Sozialhilfe-Empfänger am kulturellen Leben teilhaben kann. Letztes Ziel fürsorgerischer Arbeit ist es freilich, dem in eine Notlage Geratenen dazu zu helfen, seine Schwierigkeiten möglichst aus eigener Kraft zu meistern. Nur durch »Hilfe zur Selbsthilfe« (im sozialen Alltag wie in der weltweiten Entwicklungshilfe) erfährt der Mensch die befreiende Unabhängigkeit von fremder Zuwendung.

Aber auch wo der einzelne auf solche Hilfen staatlicher (öffentlicher) oder privater F.-Träger angewiesen ist, verlangt es seine Würde, daß diese Hilfe

- nachrangig gewährt wird (also seine Eigenverantwortung nicht lähmt),
- familiengerecht (vorbeugend oder nachgehend) geschieht (um den noch bestehenden Familienzusammenhalt zu festigen),
- der individuellen und örtlichen Situation und den je persönlichen Bedürfnissen angepaßt wird,
- als einklagbarer Rechtsanspruch verstanden werden kann, der den Empfänger nicht zum Bettler degradiert.

Die Persönlichkeitsrechte des Grundgesetzes stehen auch ihm uneingeschränkt zu!

Dazu gehört auch das Recht jedes Bürgers, die ihm nach dem Gesetz zustehenden sozialen Leistungen sich jeweils von dem freien oder öffentlichen Träger vermitteln zu lassen, der seiner persönlichen (z.B. rel.) Grundrichtung am meisten entspricht, sofern dadurch nicht unvertretbare Mehrkosten entstehen. Dieses soziale Wahlrecht des Empfängers setzt ein deutliches Angebotsprofil der verschiedenen Sozialhilfe-Träger in einer pluralen Gesellschaft voraus.

Das derart partnerschaftlich bestimmte Zusammenspiel freier und öffentlicher Wohlfahrtspflege hat sich in Deutschland als optimale Form menschengerechter Fürsorge-Praxis bewährt, nicht zuletzt auch dadurch, daß sich besonders motivierte Dienstgruppen (z.B. der Kirchen) im Haupt- und Nebenamt gleichrangig an dieser gesellschaftl. Aufgabe beteiligen können.

Lit.: W. Schellhorn et al.: Das Bundessozialhilfegesetz. Kommentar, 10 1979; H. Scherpner: Theorie der Fürsorge, 1962.

Th. Schober

Fußwaschung

Die F. war aus hygienischen Gründen in allen antiken Kulturen des Mittelmeerraumes üblich.

Bei Griechen und Römern wurden vorwiegend Sklaven zur F. herangezogen.

Bei den Juden gehörte die F. zur täglichen Reinigung am Abend. Ferner diente sie zur Begrüßung des Gastes. Der Reinheit wegen war sie vor jeder rel. Handlung vorgeschrieben. Das NT setzt die Fußwaschung als lebendige Übung voraus. Die durch die F. bekundete und von Christus angenommene Glaubenshingabe führt die Sündenvergebung herbei (Lk 7,44).

Joh 13,4.12 wird über die F. berichtet, die Christus am Vorabend seines Leidens an seinen Aposteln vornahm. Die F. findet während des Mahles statt; sie ist also nicht zu verstehen als die übliche Zurüstung der Geladenen für das Mahl. »Christus will seine Jünger die neue Ordnung der Liebe und des Dienens lehren« (B. Kötting).

In der → Alten Kirche formte sich die vom Judentum überkommene Vorstellung von der reinigenden Kraft der F. zur Lehre von der sündentilgenden Wirkung der F. Das Beispiel der Demut, das Christus durch die F. gegeben hatte, wurde immer wieder allen Christen zur Nachahmung empfohlen.

Bereits vom 3. Jh. an gehört die F. in manchen Gebieten als Komplementärritus zur → Taufe. Aus dem ursprünglichen Sklavendienst ist in der christl. Gemeinde ein Bruderdienst geworden.

Die Entwicklung der Karliturgie als Nachvollzug der Passion des Herrn führte zu einer besonders feierlichen Form der F. am Gründonnerstag. Die ersten Spuren einer solchen Liturgie außerhalb der Klöster finden sich in Spanien (694). In Rom läßt sich die F. im Zusammenhang der Karwoche erst im 10. Jh. nachweisen, ebenfalls in der griech. Kirche.

Bei den → Adventisten und der pfingstlerischen → Gemeinde Gottes wird die F. regelmäßig in Verbindung mit Taufe und Abendmahl als »göttliche Verordnung« praktiziert.

»Die Fußwaschung ist ein Zeichen, das das Testament des Herrn deutet und bewußt macht: ›Ein neues Gebot gebe ich euch: Liebt einander wie ich euch geliebt habe, so sollt auch ihr einander lieben‹ (Mt 20,28).« (Th. Maas-Ewerd).

Lit.: B. Kötting: »Fußwaschung«, AC, Bd. 8, 1972, 743-777; Th. Maas-Ewerd: Plädoyer für die Fußwaschung am Gründonnerstag, in: Liturgisches Jahrbuch (22), 1972, 18-26; Abendmahl und Fußwaschung (Studien zur adventistischen Ekklesiologie, Bd. 1), 1991.

K. Wittstadt